中国公路学会桥梁和结构工程分会

2023年
桥梁学术会议论文集

主办单位：中国公路学会桥梁和结构工程分会
　　　　　江苏省交通工程建设局

协办单位：中交第二航务工程局有限公司
　　　　　中铁大桥局集团有限公司
　　　　　中交路桥建设有限公司
　　　　　四川公路桥梁建设集团有限公司
　　　　　中交一公局集团有限公司
　　　　　中国铁建大桥工程局集团有限公司
　　　　　中铁山桥集团有限公司
　　　　　中铁宝桥集团有限公司
　　　　　上海振华重工（集团）股份有限公司
　　　　　镇江蓝舶科技股份有限公司
　　　　　华设设计集团股份有限公司
　　　　　江苏法尔胜缆索有限公司
　　　　　宁波路宝科技实业集团有限公司
　　　　　德阳天元重工股份有限公司
　　　　　武汉船用机械有限责任公司
　　　　　中铁九桥工程有限公司
　　　　　成都市新筑交通科技有限公司

承办单位：江苏省交通工程建设局张靖皋长江大桥建设指挥部
　　　　　中交公路规划设计院有限公司
　　　　　中交公路长大桥建设国家工程研究中心有限公司
　　　　　东南大学
　　　　　江苏省土木建筑学会桥梁隧道专业委员会
　　　　　《桥梁》杂志社

人民交通出版社股份有限公司
北　京

图书在版编目（CIP）数据

中国公路学会桥梁和结构工程分会 2023 年桥梁学术会议论文集／中国公路学会桥梁和结构工程分会编. — 北京：人民交通出版社股份有限公司，2023.11
ISBN 978-7-114-19076-6

Ⅰ．①中… Ⅱ．①中… Ⅲ．①桥梁工程—学术会议—文集 Ⅳ．①U44-53

中国国家版本馆 CIP 数据核字（2023）第 203476 号

Zhongguo Gonglu Xuehui Qiaoliang he Jiegou Gongcheng Fenhui 2023 Nian Qiaoliang Xueshu Huiyi Lunwenji

书　　　名：	中国公路学会桥梁和结构工程分会 2023 年桥梁学术会议论文集
著 作 者：	中国公路学会桥梁和结构工程分会
责任编辑：	韩亚楠　张征宇　齐黄柏盈
责任校对：	赵媛媛　魏佳宁　卢　弦　宋佳时
责任印制：	张　凯
出版发行：	人民交通出版社股份有限公司
地　　址：	（100011）北京市朝阳区安定门外外馆斜街 3 号
网　　址：	http://www.ccpcl.com.cn
销售电话：	（010）59757973
总 经 销：	人民交通出版社股份有限公司发行部
经　　销：	各地新华书店
印　　刷：	北京市密东印刷有限公司
开　　本：	889×1194　1/16
印　　张：	78
字　　数：	2395 千
版　　次：	2023 年 11 月　第 1 版
印　　次：	2023 年 11 月　第 1 次印刷
书　　号：	ISBN 978-7-114-19076-6
定　　价：	180.00 元

（有印刷、装订质量问题的图书，由本公司负责调换）

中国公路学会桥梁和结构工程分会
2023 年桥梁学术会议论文集
编 委 会

主　　编	张喜刚　蒋振雄
副 主 编	冯良平　杨玉冬　黄　健　周　进　杨志刚 谭昌富　李文杰　过　超　李会驰　阮　欣 韩亚楠
审稿专家	冯良平　曾宪武　赵君黎　王　健　阮　静 张志新　秦大航　过　超　李会驰
工 作 组	李洪涛　李　镇　胡　尧　赵　阳　魏巍巍 杨　雪　杜　静　周　立　胡文萍　朱尧于 李　冲
责任编辑	韩亚楠　张征宇　齐黄柏盈

目 录

I 规划与设计

1. 平安百年品质工程创建的现代化管理与实践
   ——以"世界第一跨"张靖皋长江大桥为例 ……………………………………………… 李洪涛(3)
2. 张靖皋长江大桥南航道桥总体设计与关键技术
   ………………………………… 王仁贵 魏乐永 郝海龙 梁振有 颜智法 郭昊天(13)
3. 张靖皋长江大桥北航道桥总体设计 ……………………… 韩大章 周彦锋 刘 伟 任鹏杰(21)
4. 张靖皋长江大桥数字化建设与展望 ……………………… 阮 静 梁进军 李 琦 姜 军(28)
5. 张靖皋长江大桥支护转结构复合地连墙锚碇基础设计
   ……………………………………… 王仁贵 梁振有 魏乐永 邓会元 陈 锐(36)
6. 张靖皋长江大桥新型组合索塔设计 ……………………………… 颜智法 张 愉 魏乐永(44)
7. 张靖皋长江大桥南航道桥缆索系统设计 ………………………… 郝海龙 刘箐霖 魏乐永(54)
8. 张靖皋长江大桥北航道桥锚碇基础设计 ……………………… 唐 政 周彦锋 华 新 韩大章(59)
9. 复合地基地连墙锚碇基础关键技术研究 ……………… 华 新 周彦锋 唐 政 韩冬冬 韩大章(67)
10. 张靖皋长江大桥北航道桥钢塔设计 …………………… 金红亮 周彦锋 华 新 韩大章(73)
11. 新形势下张靖皋长江大桥安全管理的挑战与探索 ……………… 杨玉冬 史永龙 徐文昕(79)
12. 数字孪生技术在常泰长江大桥智慧建设中的应用
    ……………………………… 沈孔健 蒋振雄 李 镇 张 凡 刘 华 王景全(84)
13. 长大桥梁建设管理技术 …………………………………………………………… 夏国星(90)
14. 张靖皋长江大桥建筑景观设计研究 ……………… 丁建明 王仁贵 曹 菲 杨 倩 景国庆(95)
15. 常泰长江大桥天星洲专用航道桥扣背索张拉方案比选 ……… 穆文均 李 杰 周仁忠(103)
16. 大跨长联连拱桥建筑造型创作与设计关键技术 ……………………………………… 黄晓彬(109)
17. 基于架桥机建造大跨径钢混组合梁桥的概念设计 ……………… 张士红 李斐然 袁 波(115)
18. 基于法国标准的阿比让四桥设计与建造浅析
    ……………………………………… 王治群 姚新科 鲁 重 葛胜锦 苏佳园(125)
19. 基于绿色公路理念的安家庄高架桥设计要点 ……………… 郑永星 陈翼军 潘可明(134)
20. 斜拉索载人检修装备的设计及应用 ……………………… 罗 英 王 蔚 谢海清 胡先朋(141)
21. 跨海桥梁预制构件品质工程建设技术初探 ………………………………………… 陈 磊(148)
22. 鲁疃西路跨温榆河景观桥设计 ……………………………………………………… 王 美(152)
23. 常泰长江大桥高塔柱高抗裂准清水混凝土设计与应用 ……… 蒋 伟 熊小一 张士山(160)
24. 大跨钢管拱桥性能综合提升设计关键技术 ……………………… 潘可明 肖永铭 路文发(166)
25. 近20年跨海桥梁工程的耐久性设计与发展——从东海大桥到深中通道 ……… 戴建国(172)
26. 蓼子特大桥免涂装耐候钢箱拱设计和建造技术
    ……………………………………… 陈奉民 佘 健 许天祥 黄龙显 谢小华(179)
27. 眉山锦江大桥总体设计 ……………………………… 李明金 谢 峰 安 朗 杨 星(189)
28. 潜在扩散模型在景观桥梁方案创作中的探索与应用 …… 丁建明 曹 菲 邹震宇 杨嘉晖(195)

29. 三塔空间缆悬索桥的设计与创新 …………………………………… 吴明远 张 伟 黄月超(202)
30. 悬索桥主缆中央送气管道干空气除湿系统设计与应用
   ………………………………………………………… 赵 军 陈 巍 沈锐利 周祝兵(214)
31. 张靖皋长江大桥现代项目管理方法研究
   …………………… 张佳浩 王雨妍 程茂林 肖 浩 易 飞 冷志坚 李国锋 余 果(220)

Ⅱ 施工与控制

1. 张靖皋长江大桥锚碇地连墙智能建造系统研发与应用 ………………………… 刘晨熙(227)
2. 支护转结构复合地连墙施工关键技术 …………… 朱其敏 夏 欢 付金磊 曾旭涛(235)
3. 张靖皋长江大桥南航道桥北锚碇地连墙施工技术 …………………… 关 健 王 瑞(242)
4. 智能建造技术在张靖皋长江大桥南航道桥北锚碇施工中的应用 …… 史 晶 潘 军 李奔琦(248)
5. 刚性接头地连墙接头箱施工设计 …………………………………………………… 程孝康(253)
6. 张靖皋长江大桥北锚碇地连墙施工组织设计与优化 ………………………………… 张 洋(262)
7. 张靖皋长江大桥南航道桥北主塔围堰结构与施工技术 ……………………………… 田智源(271)
8. 大型锚碇超高压旋喷桩复合地基施工技术研究 …………… 朱晓亮 何思元 方 升(277)
9. 张靖皋长江大桥北航道桥北锚碇区旧管桩拔除施工技术
   ………………………………… 王东伟 王显臣 苟小平 彭林林 张志新(286)
10. 张靖皋长江大桥北航道桥北锚碇沉井钢壳拼装技术
    ………………………………… 张志新 菅玉莹 陈 柯 才宝山 王为军(295)
11. 张靖皋长江大桥北航道桥北锚碇沉井钢壳制造技术
    ………………………………… 陈 柯 王东伟 王为军 张志新 杨晓明(303)
12. 地球物理勘探技术结合地基清障智能管理系统在沉井地基清障过程中的应用
    ………………………………………………… 王东伟 张志新 周 阳 李 林(312)
13. 基于"BIM+IoT"技术的沉井5D智能建造系统在超大规模陆上沉井下沉阶段中的应用
    ………………………………… 李 林 王东伟 徐 安 周 阳 张志新(318)
14. 张靖皋长江大桥辅塔钢壳制造工艺 …………… 马浩鹏 曾省伟 徐 犇 全 宓(324)
15. 浅谈张靖皋长江大桥钢塔智能制造技术 …………… 穆长春 余 超 张杜雪(331)
16. 钢桥梁制造智能仓储与ERP系统的集成应用 …………… 朱 涛 杨 亮 陈婉莹(340)
17. 基于三维激光跟踪仪的大型悬索桥钢塔虚拟预拼装应用 …… 陈旭骏 赵凌凌 吴绍丰(344)
18. 分块式栓焊型钢塔节段整体制造关键技术 …………………… 田盛德 徐 天(351)
19. 栓焊型钢塔立式预拼装工艺解析 ………………………………… 叶 茴 王振华(357)
20. 浅谈超大规模桥梁施工起重吊装作业精细化管理的运用 …… 伍勇军 吴建华 谭 炜(363)
21. 浅谈沉井施工下沉测量管控——沉井下沉测量控制要点 …… 简 迪 孙玉强 李子豪(367)
22. 张靖皋长江大桥(跨江段)施工安全总体风险评估及对策措施研究
    ………………………………………………… 戴云峰 史永龙 靳 鹏 印 月(373)
23. 常泰长江大桥5号墩索塔下横梁施工关键技术 …………… 厉勇辉 张 毅 陈沿松 袁 灿(377)
24. 张靖皋长江大桥锚碇基础地下连续墙施工技术 …………………… 魏 豪 赵俊臣(384)
25. 大跨钢-混结合梁斜拉桥合龙施工关键技术 …………………… 周仁忠 翁方文(390)
26. 亚热带季风气候库区钢吊箱施工技术研究 …………………… 吴舒谦 金吉诚(396)
27. 伶仃洋大桥接线非通航孔桥连续钢箱梁整跨顶推施工关键技术 …… 袁 航 张 健(404)
28. 全焊接桥梁钢塔柱(索塔钢壳)预拼装及线形控制技术 …………… 李军平 车 平(409)
29. 波形钢腹板PC梁桥运转一体化吊架施工技术研究
    ………………………………………………… 罗 勇 胡积兴 郑 刚 王靖文 鲁 桥(415)

30. 超大直径钢护筒智能化加工技术 …………………… 罗 勇 王靖文 鲁 桥 郑 刚(420)
31. 白居寺长江大桥水滴形索塔施工控制技术研究 ………………… 李 杰 穆文均 龙 强(425)
32. 基于真空预压及夹芯搅拌桩处理的深厚软基梁场建设关键技术 …………………… 刘小强(431)
33. 600m 劲性骨架拱桥关键施工技术 ……………… 韩 玉 罗小斌 赵玉峰 李彩霞(440)
34. 深水自然保护区大节段钢箱梁悬吊施工技术研究与应用
　…………………………………………………… 周 彬 曾令华 石虎强 李 松(446)
35. 大跨变高连续钢桁梁桥施工关键技术 ……………………………… 张 聪 李望平(454)
36. 浅析薄壁墩墩身施工技术及质量控制 ………………………… 曾令海 邓轶民 王 麟(458)
37. 应用于节段梁结构桥梁中的现浇隐横梁墩顶块施工方法 ……………………… 冯 新(465)
38. 大跨斜拉桥水滴异形高塔施工关键技术 …………………………………… 龙 强 李 杰(473)
39. 绿色智造背景下的跨海桥梁施工技术探究 ………………………………………… 陈 磊(479)
40. 常泰长江大桥下横梁施工过程受力分析与监测 ………………… 孙南昌 吕昕睿 黄甘乐(484)
41. 超大型深水裸岩埋置式承台围堰施工技术 ……………………… 刘 颖 万世成 汤俊祥(493)
42. 基于 K-means 聚类法的高空作业施工安全关键技术指标研究
　………………………………………………… 冯晓楠 李加朋 张建东 刘 朵(499)
43. 基于中央梁段浮运-吊装法的自锚式悬索-斜拉协作体系桥梁施工方案探讨
　…………………………………………………………… 罗锦鹏 孟 杰 刘 钊(506)
44. 超长地连墙钢筋笼整节段吊装技术研究 …………………………………… 张 振 魏 豪(510)
45. 沱江大桥下塔区 V 形钢塔施工关键技术研究 …… 曹利景 刘 颖 万世成 邓 栋 孙浚杰(514)
46. 大跨悬臂浇筑拱桥施工发展方向 …………………………… 裴宾嘉 牟廷敏 王应良(521)
47. 张靖皋长江大桥辅塔锁扣钢管桩围堰设计与施工实践 … 徐家宝 肖福春 黄修平 高宏磊(532)
48. 水毁桥梁抢修技术与应用 ……………… 裴宾嘉 李玉友 柏国胜 王子龙 王若海(539)
49. 山区小半径钢箱梁架设关键技术 …………………… 冉凌波 瞿 飞 黄 平 裴宾嘉(546)
50. 远岸钻石形空间四塔肢索塔施工测量技术 …………… 解光路 秦 淇 刘 建 贺志中(558)

Ⅲ 结构分析与实验研究

1. 刚性接头地连墙钢箱下放导向及调位关键技术研究
　………………………………………… 顾 健 钟永新 饶为胜 李 靖 江 船(571)
2. 超深异形地连墙槽段分步成槽施工关键技术研究 ……………… 王 通 付金磊 屈 成 郭 龙(575)
3. 刚性接头地连墙混凝土防绕流关键技术研究 …… 周宴平 范金祝 栾寿福 徐 滔 徐 博(580)
4. 基于改进蚁群算法的无人驾驶装载机集群作业调度方法 ………… 程茂林 程雪聪 杨俊雅(584)
5. 支护转结构复合地连墙钢筋笼吊装研究 ……………………………………………… 黄 锋(592)
6. 钢管桩插打力学行为数值分析 ………………………………… 朱晓亮 赵俊臣 方 升(597)
7. 江心孤岛锚碇地下连续墙基础数智建造技术研究与应用
　………………………………………………… 欧长阳 方 升 何思元 赵俊臣(603)
8. 附着作用下钢塔与塔式起重机的局部受力及整体稳定性研究
　…………………………………………… 储长青 王皓冬 刘 亮 刘 杰 周 彬(611)
9. 基于 CDP 的混凝土抗浮性能分析及损伤研究 …… 王皓冬 刘 杰 刘 亮 李清培 余贵杨(616)
10. 临江深厚覆盖层大型锚碇基础工程基坑降水模拟研究
　………………………………………… 林海峰 武志远 张志新 庄 超 周志芳(623)
11. 大厚度淤泥质土层锁扣钢管桩围堰支护下的基坑变形研究
　——基于张靖皋长江大桥 A6 标段北索塔承台围堰的案例分析 ………………… 宋 超 朱星晨(630)

12. 基于BIM技术的大体积混凝土全过程动态智能温控系统开发及应用 ……… 王海啸 徐永明（639）
13. 自动化焊接技术在钢壳塔制造中的应用研究 ……… 刘伯清 曾希琦 何 涛（649）
14. 钢塔智能涂装生产线的开发与应用研究 ……… 李鸿伟 吴建华 厉志成（654）
15. 张靖皋长江大桥新型热泵复合除湿系统 ……… 潘晓惠 胡颖健 朱 军 王 潇（659）
16. 大体积混凝土施工质量控制关键技术研究 ……… 谭 炜 龚海鑫 汪碧清 赵亚军（663）
17. 智慧试验室系统在张靖皋长江大桥项目中的应用研究 ……… 李 祥 胡怀秋（669）
18. 大型觇牌在高精度长距离跨江水准测量中的应用 ……… 孙玉强 李子豪（673）
19. 临江富承压水超深基坑抗突涌方案设计及基坑开挖对周边环境影响分析
……… 朱颖浩 励彦德 韩冬冬 付佰勇（678）
20. 桥梁钢结构厚薄板对接焊缝无损检测对比分析 ……… 姚 腾 邓志刚 孙 文（686）
21. 超大跨径扁平钢箱梁悬索桥颤振气动措施试验研究 ……… 李 琦 孙研博 高广中 李加武（693）
22. 大跨悬索桥正交异性钢桥面板抗疲劳性能优化研究
……… 王仁贵 吴 冲 徐秀丽 钱思博 贺欣怡 李雪红（699）
23. 开口肋正交异性钢桥面高韧冷拌树脂铺装足尺试验研究
……… 刘李君 张 辉 李 娣 崔 磊（706）
24. 超大跨径悬索桥在随机车流和风荷载作用下的阻尼系统研究
……… 王仁贵 封周权 陈 智 魏乐永 张弘毅 陈政清（712）
25. 浅析冲刷对桩基承载力的影响 ……… 林惠文 冯清海（721）
26. 张靖皋长江大桥南航道桥吊索空间受力有限元分析
……… 朱志远 刘 森 路顺权 苏 翰 郝海龙 魏乐永 杜进生 周祝兵（724）
27. 气流组织在桥梁一体化智能除湿系统中的应用
……… 赵 峰 李 鹏 魏乐永 颜智法 郝海龙（730）
28. 张靖皋长江大桥混凝土质量提升探索与应用 ……… 李 明 林 玮 姜 骞（735）
29. 桥梁施工累计误差分析信息化应用
……… 彭运动 袁川峰 陈 亮 芮文建 张 凯 曹竞文（742）
30. 桥梁混凝土节段梁智慧管控技术及系统研究 ……… 闫振海 王小宁 刘天成（748）
31. 南京仙新路跨江大桥抗火性能及其防护方法研究
……… 丁鸿志 李雪红 原 帅 周祝兵 唐贺强 徐秀丽（754）
32. 免涂装耐候钢在沙溪大桥上的应用
……… 彭运动 李 铭 张 凯 胡云天 杨 颖 王 佩（767）
33. 混凝土拌合物温度智能控制研究 ……… 王小宁 闫振海 王 伟 张 松（775）
34. 大坡度预应力混凝土连续小箱梁悬臂顶升监控分析 ……… 孙全胜 张 超 胡博文 唐连成（781）
35. 混凝土泵送性能研究 ……… 易佳龙 吴舒谦（789）
36. 基于安全管控的公路桥梁智慧工地建设探析 ……… 李长寿 张素君（797）
37. BIM神经网络之模型逻辑树扩展及通用数据结构研究 ……… 张师定（801）
38. 基于BIM的高速公路桥梁施工安全管理研究 ……… 肖 旭（811）
39. 钢壳组合索塔施工图BIM模型参数化出图及算量技术研究
……… 刘泽坡 张 倩 刘天成 程 潜（815）
40. 基于分布式测温系统的混凝土液面高程自动检测技术
……… 杨华东 朱 浩 李 浩 王永威 刘志昂（820）
41. 跨海斜拉桥系统抗灾性能评估研究 ……… 白晓宇（824）
42. BIM数字化技术在斜拉桥异形索塔中的应用 ……… 魏晗琦 王成伟 田 壮（830）
43. 基于VAR模型的大型水下沉井底面刃脚反力预测技术 ……… 焦岚馨 朱 浩（836）

44. 基于有限元的常泰长江大桥稳定性研究 ………… 郑 兴 黄 侨 Maria Anna Polak(843)
45. 新型消除残余应力抗疲劳钢桥面制作工法研究 ………… 杨 红 程江江 王洪福(847)
46. 悬索桥锚固钢拉杆螺纹弹塑性有限元分析研究 ………… 陈远林 付超然 张 旭 黄安明(852)
47. 基于施工过程中的斜拉桥异形主塔力学性能分析
……………………………… 陆潇雄 陈露晔 杨世杰 宋志远 袁江川 周 超(856)
48. 大跨变截面连续箱梁合龙高差处理新方法研究 ………… 杨世杰 陈露晔 欧阳静 袁江川(861)
49. 高塔型矮塔斜拉桥力学性能分析 ………………………………… 宋 涛 王保群 彭 义(868)
50. 大型桩基础锚碇结构初探 …………………………………………………… 朱秀玲 张志新(872)
51. 32m跨钢-UHPC组合箱梁桥在高速铁路中的应用研究
………………………………………………… 黄星云 胡玉庆 班新林 王景全(878)
52. 自锚式悬索桥极限跨径影响参数分析 ………………… 崔存玉 戴建国 卢永成(884)
53. 大跨悬索桥主缆防护系统研究与应用新进展 ………………………………… 杨建平 金 芳(888)
54. 变截面单箱多室波形钢腹板PC连续刚构桥数值模拟方法探讨 ……… 张 说 李维生(894)
55. 高烈度区大跨径刚构桥约束体系研究 ………………… 刘得运 吕佳乐 张聪正(899)
56. 大跨径桥梁风振及抗风减振技术 ……………………………………………………… 程 斌(904)
57. 空间扭索面曲塔钢箱梁斜拉桥抗震性能研究
……………………………… 左依洋 励晓峰 蒋仕持 吴成峻 王志强(911)
58. 变截面波形钢腹板组合悬臂梁扭转与畸变性能研究 ……… 裴辉腾 吴廷楹 贾丽君 邓文琴(919)
59. 基于临时墩的桥梁顶推-转体组合施工受力分析
……………………………… 包龙生 吕本强 张子轩 于 玲 郝 薇(925)
60. 超高性能混凝土补偿收缩调控技术研究 ………………………………… 谢恩慧 王志金(931)
61. 超千米级斜拉桥斜拉索施工期扭转影响研究分析 ……… 袁 灿 厉勇辉 康学云 李昕飞(938)
62. 车辆火灾下吊索系统的抗火性能计算方法 ………………………………… 刘 志 李国强(943)
63. 大跨径波形钢腹板组合梁桥底板水化热及温控措施研究
……………………………… 陈加富 侯 爵 张家祥 张爱军 刘 朵 张建东(950)
64. 单纵肋磨光顶紧主索鞍制造技术研究 ………………………………… 石红昌 黄安明(957)
65. 短悬臂预应力混凝土盖梁力学性能研究 ………………… 项楚渝 李 涛 王胜斌 徐 栋(962)
66. 钢横梁布置形式对拼宽桥梁湿接缝性能影响研究 ……… 张森奇 窦 巍 张 浩 徐 栋(968)
67. 钢结构桥梁疲劳裂纹红外热成像检测技术研究
……………………………… 谢俊贤 刘 朵 范 杰 杨 昇 张建东(972)
68. 公路桥梁桩基竖向承载力速载法检测技术研究
……………………………… 赵学亮 张圣建 龚维明 戴国亮 郭 庆 嵇鹏飞 王宇尘(978)
69. 灌浆套筒连接离心预制矩形管墩抗震性能试验研究
……………………………… 王志强 雷 彬 闫兴非 郝晨宇 杨 通 张 涛(984)
70. 混凝土T梁施工阶段温度梯度与作用效应研究 ………………………………… 吕良宏 何恒波(994)
71. 火灾下悬索桥缆索构件热力学响应及抗火性能研究 ………………… 陈 巍 沈锐利(1001)
72. 基于贝叶斯优化及高斯过程代理模型的桥梁有限元模型更新方法
……………………………… 曹 宇 陈宝龙 刘兴宝 施志俊 王 磊 吴 涛 刘 超(1007)
73. 基于布谷鸟搜索算法的应用于桥梁涡振控制的TMDI参数优化分析
……………………………………………… 苏如珅 杨詠昕 柴智敏 周 锐(1013)
74. 基于点云数据与有限元模型自动转化的混凝土梁桥数字孪生方法
……………………………………………… 曾子粤 舒江鹏 周姝康 项贻强(1019)
75. 基于钢桥面系服役感知的钢桥面板-U肋焊缝应变特性分析 ……… 张 辉 罗瑞林 潘友强(1026)

76. 基于三维重建的桥梁数字孪生模型生成方法研究
　　……………………刘兴宝　许博强　陈宝龙　施志俊　王　磊　吴　涛　刘　超(1032)
77. 基于视觉增强的桥梁微小振动检测方法
　　………………………朱尧于　李佳欢　何　超　刘玉静　朱　力　刘　涛　宋国华(1037)
78. 双轮铣深搅(CSM)工法在锚碇地连墙基础中的应用 ……………………殷东明　魏　豪(1042)
79. 边检修道的气动外形对两种箱梁断面颤振性能的影响分析 ……毛　汇　杨詠昕　周　锐(1048)
80. 旗门港大桥梁上运梁监测数据分析 ………陈嘉琪　王全修　李继平　许越楷　寇　静(1054)
81. 浅谈挂篮行走结构设计及同步性监控应用 …………………杨翔宇　彭叔理　王士方(1059)
82. 桥下活动断裂带错动对悬索桥的静力影响分析
　　………………………刘　瑞　邹　宇　庄卫林　栗怀广　季申增　彭佳余　姚宜成(1065)
83. 铁路H形桥斜拉桥塔钢锚梁结构数值分析 ………魏孟春　刘国慧　熊　刚　付治强(1072)
84. 大跨径钢箱梁桥静风稳定性及改进措施研究 ………………涂　健　段　志　雷俊卿(1077)
85. 箱室内外温差对混凝土箱梁横向框架受力影响分析
　　……………………………………………张森奇　蒋海里　刘　佳　窦　巍　徐　栋(1085)
86. 斜拉索设置方案对独塔斜拉-自锚悬索桥力学特性影响探究 …徐旭航　禹鹏飞　张国栋(1090)
87. 预制节段箱梁接缝断面临时预压应力精细分析 ……孙宇凡　蒋海里　刘　佳　徐　栋(1096)
88. 原材料对粗集料UHPC力学性能的影响研究 …………………………谢恩慧　王志金(1100)
89. 浙江省大件运输通行桥梁安全评估实践
　　……………………………田　浩　王吉吉　叶　品　陈嘉琪　王旭燚　韩万水(1107)
90. 智能监测型复合功能阻尼器设计研发及试验研究 …………王志强　张精岳　刘福康(1114)
91. 大跨径双层三榀钢桁架连续梁桥火灾结构性能分析 …………张博蒝　阮　欣　梁　力(1118)
92. 大跨径变截面连续组合箱梁桥日照温度效应分析 ……于春江　徐利超　苏　皓　阮　欣(1126)
93. 大跨径变截面连续钢箱组合梁施工技术研究 …………………苏　皓　窦唯禹　阮　欣(1134)
94. 碳纤维增强基复合材料(CFRP)钢筋和绞线弯曲性能比较研究 ………林雨婷　杜隆基(1140)

Ⅳ　养护管理、检测、加固及其他

1. 提高超高压旋喷桩加固硬化材料置换率关键技术研究
　　……………………………………………………………朱晓亮　王　荣　何思元　魏　豪(1151)
2. 张靖皋长江大桥南航道桥南锚碇基础施工期安全监测技术研究
　　………………………………………徐　杰　耍荆荆　韩冬冬　励彦德　管维东(1155)
3. 粘贴铁基形状记忆合金Fe-SMA加固钢桥面板嵌补段焊缝疲劳裂纹
　　……………………………………………………………………姜　旭　吕志林　强旭红(1165)
4. 现代桥梁伸缩装置——浮动齿桥梁伸缩缝 ………侯炳才　郑朝辉　李汉军　史　鹏(1171)
5. 基于拉拔法的悬索桥索夹螺杆紧固力检测技术研究
　　………………………穆丰睿　周勇军　赵　煜　曹资源　景　媛　药天运(1177)
6. 两座墩柱偏位桥梁的检测评估与纠偏加固案例 ………郑舟军　孙海滨　叶　奂　樊晋安(1183)
7. 固结扩盘桩在滨海软土地区大跨径斜拉桥主墩基础中的探索应用
　　……………………………………………田山坡　刘　涛　刘海涛　裴晓峰　祝　波(1189)
8. 基于索夹齿缝间距监测的悬索桥索夹紧固状态评估方法研究 …………于海波　周文松(1195)
9. 桥梁监测系统在大跨径桥梁养护管理及决策中的应用研究
　　………………………………………………………贾　萌　周立平　朱润秋　任　驰(1202)
10. 超高性能混凝土内养护技术研究 ……………………………………………………谢恩慧(1209)

11. 高强抗裂玄武岩纤维复合材料网格在黄茅海跨海通道中的应用
　　………………………………………… 梁志磊　冯玉祥　魏　星　王　策　陈占力(1212)
12. 公路桥梁结构健康监测及安全性分析 ………………………………… 何乃福　周琪琪(1218)
13. 海洋环境下特大跨径悬索桥主缆长效养护技术 ………… 周建峰　刘舟峰　官　华　李　鹏(1224)
14. 三塔悬索桥中塔钢混叠合段性能评估及养护对策研究 ………… 徐志民　张　婷　刘少超(1229)

Ⅰ 规划与设计

1. 平安百年品质工程创建的现代化管理与实践
——以"世界第一跨"张靖皋长江大桥为例

李洪涛

(江苏省交通工程建设局张靖皋长江大桥建设指挥部)

摘　要　平安百年品质工程创建是交通工程建设的重要课题。张靖皋长江大桥在以往品质工程创建经验的基础上,响应新时代新要求,担当大工程大使命,紧扣"现代化管理"这个核心,通过顶层设计迭代管理理念、重塑管理体系,探索出一条以"'五化'联动、交互促进"为典型特征的交通工程平安百年品质工程创建新路径,并据此做了诸多开创性的有益探索,形成了一批可行、有效的做法。

关键词　平安百年品质工程　交通工程建设　张靖皋长江大桥　现代化管理

一、引　言

党的二十大擘画了"全面建设社会主义现代化国家"和"以中国式现代化全面推进中华民族伟大复兴"的宏伟蓝图。交通运输现代化是中国式现代化中不可或缺的组成部分,交通运输也是中国式现代化的开路先锋。

现代化建设是一个长期过程,推进行业现代化宜从交通运输的构成要素入手,分步骤、分领域逐步推进,其重点领域包括交通基础设施现代化、技术装备现代化等。2022年,交通运输部印发《公路"十四五"发展规划》,强调要构建现代化高质量综合立体交通网,推动平安百年品质工程建设,实现智慧化管理。2023年,江苏省交通运输厅印发《2023年江苏交通运输现代化示范区平安百年品质工程建设工作要点》,明确要深入推进交通运输现代化示范区平安百年品质工程建设,构建现代化工程管理体系,实现工程现代化管理。同年,江苏省交通工程建设局迅速响应,提出要大力推进"设计数字化、施工标准化、预制工厂化、建造智能化、管理现代化"建设,打造"苏式建造"新品牌。

张靖皋长江大桥作为江苏省交通工程建设局直管的重点项目,亦是世界在建最大跨径桥梁。自大桥建设伊始,建设者们便立志打造"交通强国建设江苏样板标志性工程、中国桥梁科技创新引领代表性工程、世界特大跨悬索桥建设里程碑工程",并将创建省部级平安百年品质工程示范项目作为实现上述目标的基本路径和首要环节。基于上述认识,指挥部突破常规的"问题→对策"单向线性思维,将"时代要求与机遇、大桥特点与定位、行业现状与短板"通盘考虑、综合分析,碰撞出"现代化的火花",在平安百年品质工程创建上,产生了更具现代化特征的管理思路,构建了更具现代化特征的管理体系,探索了更具现代化特征的应用场景。

二、张靖皋长江大桥面临的新形势与新挑战

1. 项目概况

张靖皋长江大桥是《长江干线过江通道布局规划(2020—2035年)》中明确的"十四五"期间重点推动建设的过江通道项目,也是《江苏省长江经济带综合立体交通运输走廊规划(2018—2035年)》明确的过江通道重点实施项目,项目建成后对推进长江三角洲区域一体化发展和长江经济带发展、推进扬子江城市群建设具有重要意义。

张靖皋长江大桥全长29.8km,其中跨江段长7859m,分为南、北两座航道桥和南、中、北三段引桥。其中南航道桥为主跨2300m的双跨吊悬索桥,北航道桥为主跨1208m的单跨吊悬索桥,建成后将超越土耳其1915恰纳卡莱大桥,成为世界最大跨径桥梁,实现中国桥梁建设从千米跨径到两千米跨径的突破。

2. 新形势与新挑战

进入新时代,交通运输部提出公路建设管理要以"五化"(即发展理念人本化、项目管理专业化、工程施工标准化、管理手段信息化、日常管理精细化)为重要抓手,突破传统的以成本、工期、质量为主要对象的"铁三角"式管理,将原有的以技术管理活动为主要内容的单一管理转变为经济与社会的综合管理。随着当今信息化与数字经济时代的到来,公路建设管理更要推进信息技术与制造技术深度融合,全面提升公路建设的工业化、数字化、智能化水平。

张靖皋长江大桥因其世界第一跨自身秉性与建设条件,在推进建设管理的现代化之路上,面临着方方面面的困难与挑战。因大桥跨径的突破性跨越,这些困难与挑战的层级也呈现出几何式的飞跃增长。

1) 工程规模大

张靖皋长江大桥跨江段全长7859m,由一座梁跨布置为2300m + 717m的双跨吊悬索桥和一座主跨为1208m的单跨吊悬索桥组合而成,跨径规模世所罕见。项目横跨长江主航道,联通张家港、靖江、如皋三市,关联面广,关注度高,实现现代化、高质量管理的难度极大。

2) 桥梁跨径大

综合考虑桥位处河势、通航、防洪等建设条件和控制因素,南航道桥主跨为2300m,是目前世界上在建跨径最大的桥梁,并将由此创下六项世界之最。同时,为实现超大跨径,大桥在抗风、抗震、结构体系等方面必须具备更强性能,但国内外尚无2000m级超大跨径悬索桥的设计标准,六项世界首创技术应运而生。

3) 施工难度大

南航道桥锚碇采用世界首创支护转结构复合地连墙锚碇基础,既无过往参照,也无先进指导。南锚碇距离长江大堤仅47.6m,在确保大堤安全的同时,要实现83m深地连墙高精度铣槽、超长超重钢箱拼接及吊装下放、一二期槽段刚性接头精准对接等施工,难度极大。南航道桥主塔为350m高的钢箱-钢管约束混凝土索塔,施工中将面临超高索塔线形控制、塔底超大面积压浆、自平衡索鞍高精度定位安装等前所未有的难题。此外,大桥建设还面临着北航道桥国内公路工程最大规模沉井基础下沉、首个跨千米全钢塔悬索桥偏拉索塔法预偏等技术难题。

4) 安全风险高

南航道桥锚碇地连墙基础大型吊装吊重大、持荷长、作业频繁,小隔仓有限空间作业时间长;南北航道桥水上和高空作业频繁、持续周期长;施工现场地下水位高,与长江水系联通,基础施工管涌、翻砂风险大;桥址处位于长江入海口,江面风速高,施工受台风、龙卷风影响大。大桥建设的整个周期均面临较高的安全风险,实现有效管控的压力巨大。

5) 大型装备多

万吨米级塔式起重机、高精度铣槽机、千吨级履带式起重机、大吨位跨缆起重机、超大直径紧缆机、超大牵引力主缆卷扬机等大型、特种机械设备应用集中,可测、可视、可控的施工目标对设备的智能化研发提出较高要求,并给现场管理带来新的难题。

6) 环保要求高

项目穿越长江张家港重要湿地、长江如皋段刀鲚国家级水产种质资源保护区、江心洲重要湿地和焦港河(如皋市)清水通道维护区等多处生态空间管控区,对文明环保施工提出极高要求。

三、张靖皋长江大桥提出的新要求与新目标

张靖皋长江大桥项目以"精益求精、生命至上、勇攀高峰、世界一流"为建设方针,并遵循"技术创新引领,科学试验验证"的原则解决重大工程技术难题,力求将张靖皋长江大桥打造成"交通强国建设江苏样板标志性工程、中国桥梁科技创新引领代表性工程、世界特大跨悬索桥建设里程碑工程"。为实现上述目标,指挥部组织编制了《张靖皋长江大桥平安百年品质工程创建示范项目总体实施方案》,明确了平安百年品质工程项目创建在质量、安全、环保、智慧等方面的具体目标要求。

1. 质量目标：争创国家优质工程金奖、鲁班奖、詹天佑奖等

质量是工程建设管理的底线，在设计阶段，从全生命周期设计、耐久性设计、数字化设计等方面开展超大跨钢箱梁悬索桥创新设计研究；在施工阶段，通过明确分项质量目标、加强质量重难点管理和过程质量控制，建立健全质量管理网络，规范管理程序，实现工程质量提升。

2. 安全目标：创建省级"平安工地"，争创国家级"平安工程"

安全是工程建设管理的红线，张靖皋长江大桥重点从人员素质提升、技术方案编制与执行、现场作业监督管理、应急突发事件处置等入手，以"提升人员素质"为基础，以"三措两案"（组织措施、安全措施、技术措施、施工方案、应急预案）为统领，以"平安工地创建"为载体，以"科技兴安"为抓手，最大程度实现"本质安全"。

3. 环保目标：打造首个超大跨径绿色低碳大桥

为响应"双碳"及生态文明建设等要求，张靖皋长江大桥在前期设计阶段，开展多方选线及选型优化，避让生态保护红线等敏感区域；在施工阶段，开展全线环境网格化在线监测，开发绿色低碳信息化管理平台，联动江苏省环境监测中心数据，实现环境精准化监测和差别化分级管控。

4. 智慧目标：打造国家级智慧工地示范工程

张靖皋长江大桥项目梳理了58个智慧工地场景并将之纳入主体工程招标文件，内容贯穿设计、施工、运营、养护等桥梁的全生命周期，覆盖塔、缆、锚、梁等全部结构构件，涵盖人、机、料、法、环等各项生产要素，旨在满足工程建设特别是隐蔽工程施工过程中的可视、可测、可控需求，支撑工程建设安全、优质、高效、绿色、环保的目标。

四、"五化"并举的现代化管理体系

面对大桥建设的新形势、新挑战、新要求，江苏省交通工程建设局瞄准平安百年品质工程创建"现代化管理"方向，构建以临建标准化、工点工厂化、作业机械化、施工装配化为核心的现场工业化体系，着重实践了以地连墙施工、沉井施工、索塔施工为典型场景的建造智能化体系，以安全标准化、工艺标准化、管理标准化为要素的施工标准化体系，以数字化设计、施工全过程可溯源、建管养一体化为要素的产品数字化体系和以办公自动化（OA）、进度计量、多业务协同为要素的管理信息化体系。"五化"管理体系（图1）的运行彼此联动、交互促进、良性循环，是具有现代化特征的管理体系，可全面提升大型基础设施建设管理水平。

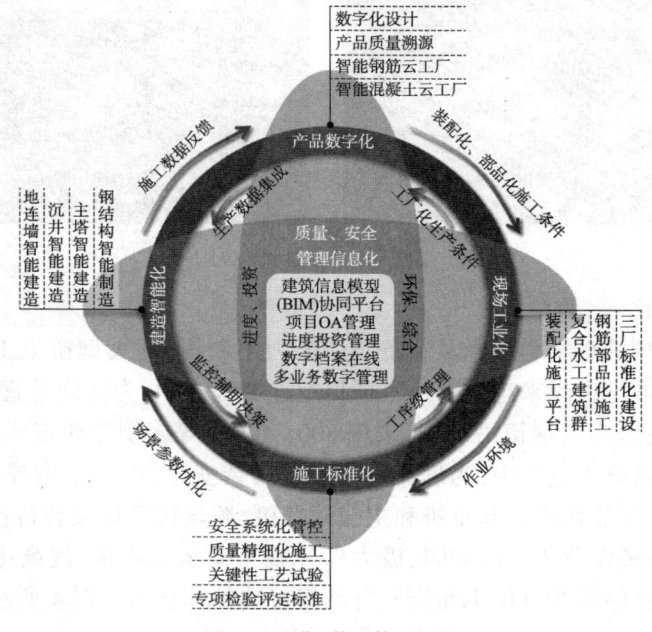

图1 "五化"管理体系架构

1. 全方位工业化建设

在工程建设领域,传统的手工作业为主的建造方式越来越难以适应高质量发展的要求。现场工业化是指在工程建设现场引入工业化生产方式,以新一代信息技术驱动,通过工点工厂化、施工装配化、作业机械化建设,不断提升工程质量,缩短建设周期,降低工程成本,减少环境污染。

1)钢筋混凝土生产中心化

设立钢筋加工中心和混凝土供应中心。钢筋加工方面,通过钢筋笼一体化自动生产线和人工智能算法,实现钢筋笼加工全机械化,提升了钢筋加工效率,减少损耗,降低成本。混凝土生产方面,开展了混凝土无人工厂研究与示范应用,首次实现混凝土基于机器感知和执行的智能生产,实现了混凝土自动配料、拌和、生产。钢筋、混凝土生产中心如图2所示。

图2 钢筋、混凝土生产中心

2)工点工厂化

通过工点工厂化创建,合理规划施工组织及各功能分区,使现场施工区域更加合理,各类材料机具堆放更加规范,有效提高作业空间利用率,实现流水化施工。南航道桥锚碇基础地连墙施工期间,通过合理设置地连墙作业区、泥浆处理后台区、钢筋笼加工区、钢箱存放区以及重载交通区,有序规划各功能区域,减少交叉作业环节,避免不同作业班组之间出现管理盲区。北航道桥北锚碇沉井合理布设作业环道、钢壳存放区、部品化钢筋存放区,有效提高沉井接高施工效率。锚碇地连墙及沉井工点工厂化如图3所示。

图3 锚碇地连墙及沉井工点工厂化

3)作业机械化、自动化

随着工程规模扩大、技术难度增加以及装备制造能力不断提升,大型桥梁工程施工机械化程度越来越高,对于保证工程顺利推进也越来越重要。本项目地连墙施工中,为保证垂直度满足1/800要求,引入宝峨BC40、BC50铣槽机;地连墙钢箱吊装中,采用800t、1000t等多型号履带式起重机双机抬吊,以保证地连墙吊装作业安全;索塔施工过程中,为确保钢塔节段吊装安全,引入了世界最大吨位塔式起重机;上部结构施工中,研发大型、智能化跨缆起重机和主缆紧缆机、缠丝机等机械装备;索塔现场安装中,引入自爬升平台,在满足焊接、涂装作业要求的同时,极大保障施工安全和质量,提高生产效率;钢结构加工中,明确自动化焊接率要求,督促产业单位不断研发自动焊接装备和技术。图4所示为钢筋自动生产线和料仓无人装载机。

图 4 钢筋自动生产线和料仓无人装载机

4）施工装配化、部品化

张靖皋长江大桥设计充分考虑工厂化、装配化施工理念，南、北航道桥索塔分别采用钢-混组合结构索塔和钢塔，加劲梁采用扁平钢箱梁，引桥上部结构采用节段梁等结构形式，结构构件通过工厂集中制造、现场匹配安装，提升工程质量的同时，也大大减小现场作业量，提升生产效率；北航道桥北锚碇沉井基础通过部品化钢筋制作，极大程度地降低了沉井接高过程中钢筋高空绑扎作业风险，保障了钢筋绑扎质量；引桥墩身采用液压爬模系统，集爬升、钢筋绑扎、养护于一体，降低了常规翻模法施工作业风险。图5所示为液压爬模及钢筋施工平台。

图 5 液压爬模及钢箱施工平台

2. 全场景智能化建造

项目依托第五代移动通信技术（5G）、北斗卫星、BIM等新一代信息技术，围绕锚碇地连墙、沉井、钢塔等关键结构研发智能建造系统，关联大型智能化装备施工运行模块，汇聚工业化制造、智能化施工、数字化监测全过程建造数据，建立新一代桥梁工程智能建造体系，实现施工全场景可视、可测、可控。

1）锚碇地连墙智能建造

支护转结构复合地连墙施工工序复杂，精度要求高。通过抓取施工现场全要素感知数据，实现地连墙施工铣槽、钢筋笼/钢箱下放、混凝土浇筑的全过程监控。铣槽作业过程中，通过实时获取铣槽机运行数据，对成槽过程进行数字仿真建模，对槽孔垂直度、泥浆指标进行动态纠偏；钢箱下放过程中，通过数据可视化技术实现水下钢箱姿态数字孪生模型，通过姿态调整系统满足钢箱下放精度要求；混凝土浇筑过程中，对分布式光纤传感器温度监测数据进行分析，确认是否发生混凝土绕流，并进行报警，实现地连墙施工过程智能控制。图6所示为锚碇地连墙智能建造系统。

图 6 锚碇地连墙智能建造系统

2）深层地基加固智能建造

大桥桥址处基础软弱，覆盖层深厚。为确保锚碇基础满足承载能力、抗滑移能力和防渗要求，南、北航道桥均进行了大规模深层地基加固。施工过程中，实时采集提升速度、提升步距、浆液流量等关键指标，实现旋喷施工全过程的动态监控；并实时动态监控高压泵、空压机等后台设备运行状态以及水、浆、气的压力和流量等参数，保证数据稳定、设备安全可靠。每根高压旋喷桩均形成独立施工数字档案，包含引孔、喷浆全过程的施工参数，便于质量溯源管理。图7所示为深层地基加固智能建造系统。

3）沉井智能建造

在锚碇沉井钢壳节段制造中，采用焊接群控技术进行智能焊接云管理，实现焊机参数预控、焊接过程监测、焊后质量追溯、设备预警维护等管理需求，有效控制壁板错台、尺寸偏差，提高焊接生产效率和保证质量稳定性。在沉井接高下沉施工中，搭建沉井智能建造系统（图8）。全方位预埋智能传感器，将数据接入平台，对沉井施工中的水位变化、土体沉降、应力应变、空间姿态等关键指标进行实时监测与孪生。同时，结合智能取土装备、智能决策算法，实现沉井接高下沉过程的全时段可视、可测、可控，减小以往施工技术人员凭借个人经验进行主观判断所带来的不利影响。

 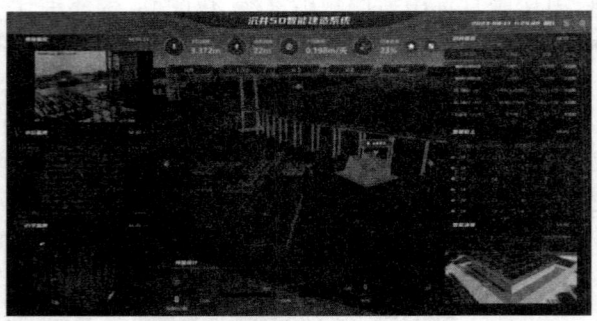

图7　深层地基加固智能建造系统　　　　　　　　图8　沉井智能建造系统

4）主塔智能建造

针对钢塔节段形状不规则、截面尺寸大、吨位重、焊接控制要求高等技术难题，项目开展了后场焊接变形研究，研制合理的组焊工艺，辅以采用反变形船位焊接专机、龙门式隔板焊接机器人完成自动焊接；针对桥位钢塔拼装，开展了虚拟同位拼装技术（图9），钢塔环缝及纵向对接焊缝首次采用轨道式机器人、履带式机器人、多位置焊接机器人等，实现桥位焊缝的自动化焊接（图10），确保焊缝质量的稳定性。

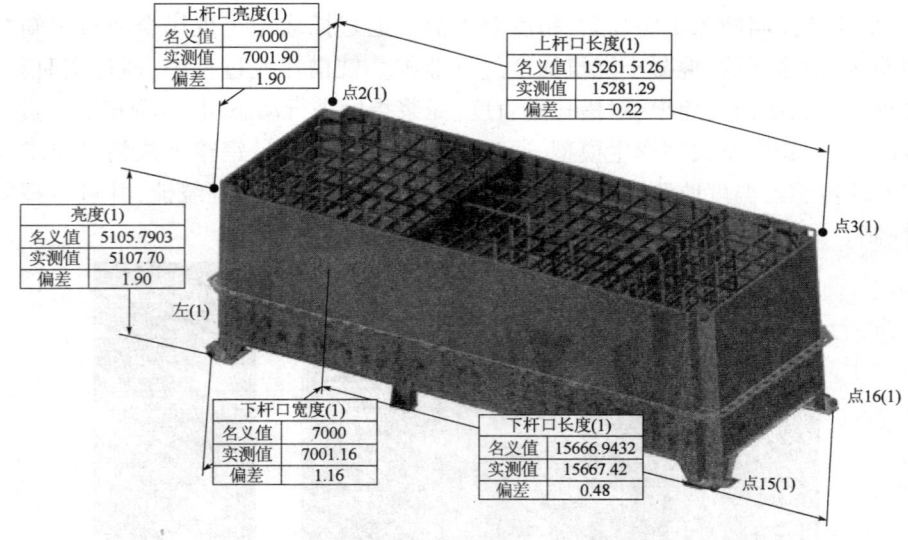

图9　虚拟同位拼装

同步开发主塔数字孪生系统(图11)。通过现场智能门禁、人员佩戴智能手环等方式,实时把控工区内人员数量与工种分布,实现人员管理;实时监控机械设备在场数量和状态,并基于AI智能视频分析,对不安全因素进行抓拍,引导现场施工人员规范作业;开发基于BIM的大体积混凝土温控监测系统,自动化温度传感器实时监测混凝土的温度状态,与冷却水管协调联动,有效预防大体积混凝土温度裂缝的产生;针对水上、陆上承台,开发基于BIM的围堰监测平台,通过自动化应变采集结合人工变形测量数据,并采用监测平台和微信公众号双通道预警,实现围堰变形与受力精准监控。

图10 桥位焊缝自动化焊接

图11 主塔数字孪生系统

3. 全要素标准化施工

标准化是现代化的重要标志,也是实现工业化生产的重要手段。项目推行安全、质量标准化管理,构建全方位全覆盖全过程安全质量保证体系,开展关键工序工艺试验,落实精细化施工质量管控,持续推进质量管理标准化。

1)安全管理标准化(图12)

在日常安全管理过程中,紧密围绕"人、机、料、法、环"五要素推进安全管理标准化,着力构建风险分级管控和隐患排查治理双重预防体系。一是人员标准化。新进场人员参加产业工人培训中心的进场体检、安全培训、技术交底,建立一人一档,严格落实岗前培训和持证上岗。二是机械设备标准化。机械设备进场前严格执行报验程序,落实特种设备一机一档,每月对机械设备开展清单式检查,委托专业单位定期维护,做到不留检查盲区、不带病作业。三是安全材料标准化。每日开工前进行安全生产条件核查,检查安全防护用品、劳保用品是否损坏,全面推行安全防护设施(如梯笼、人员通道等)标准化、装配化和定型化。四是施工方案标准化。严格落实专项施工方案"四审、三核、两确认、一回头"审核程序,严格执行"吊装令""拆模令"等危险作业审批程序。五是现场作业环境标准化。在编制施工方案时合理规划场地布局及安全通道设施,推行"5S"(整理、整顿、清扫、清洁、素养)现场管理和班组六步走标准化管理,保持良好的作业环境。

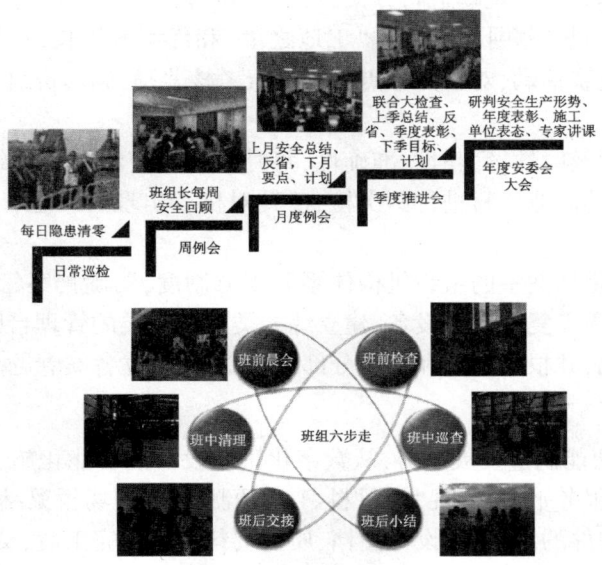

图12 安全管理标准化

2）施工工艺标准化

对于结构复杂、施工技术难度大的地连墙刚性接头、锚碇深层地基加固等，开展工艺试验，选定试验参数，固化施工工艺，通过总结工艺试验成果等方式，为主体工程大规模施工提供技术支撑；为保证引桥墩身、索塔承台及塔座等关键混凝土结构构件外观质量，通过材料-试块-构件多尺度、多阶段试验，确定材料配合比、脱模剂型号以及振捣工艺，不断提升混凝土外观质量，确保混凝土工程"内实外美"；针对塔底大面积压浆质量控制困难、无法检测的技术难题，从材料配合比、开孔部位、压浆工艺等方面开展现场试验，确定工艺参数，保证灌浆效果。图13所示为开展深层地基加固及塔底灌浆工艺试验。

图13 深层地基加固及塔底灌浆工艺试验

3）工程管理标准化

（1）质量健康安全环境（QHSE）四位一体管理体系。

探索应用质量健康安全环境（QHSE）四位一体管理体系，通过管理体系要求和实施指南等文件编制，旨在建立建设、施工、监理、检测等单位全覆盖、管理全要素、过程全范围的质量、健康、安全、环境整合管理体系，推动工程建设管理在标准的轨道下规范运行，促进交通工程建设管理工作规范化、标准化、程序化和信息化。

（2）班组管理标准化。

班组管理是工程管理的重点和难点，也是打通品质工程创建的"最后一公里"。指挥部制定下发《张靖皋长江大桥项目班组标准化建设管理办法》，全面推行班组标准化建设。各标段以班组"5S"管理为核心，积极推行班组管理标准化，推动班组作业人员向专业化的建筑产业工人转变，目前班组人员实名制达到100%并全部在平安守护系统录入。

准备阶段抓培训，定期开展安全质量教育培训活动，对新进场人员进行三级安全教育，坚决做到先培训后上岗；施工阶段抓过程，分项工程施工前，与班组签订安全质量责任书并进行技术交底、安全交底，项目部管理人员每天对班组进行早点名及班前讲话，每周由项目经理带队进行安全质量大检查，每天由专职人员进行日常共性、惯性问题检查，技术人员不定期进行方案、交底的执行检查，所有检查的问题均在曝光台曝光并限期整改闭合；取得实效抓考核，每月组织评选"工地之星"和优秀班组长，每月对班组长履职进行考核，不定期组织安全质量知识竞赛活动，对重点节点目标进行考核奖励，调动班组人员的积极性。

（3）档案管理标准化。

为确保内业资料整理的及时性、完整性、准确性，每月对内业资料自查自纠，对存在的问题及时进行整改；每季度对各参建单位的内业资料进行两次检查，针对检查出现的问题，下发内部通报，并列入本月个人考核。

设立专门的档案室，制定档案室的组织机构体系和规章制度，明确档案管理责任人；并配备档案柜、碎纸机、彩色激光打印机和激光复印机等设备，建立综合类和施工类的管理台账；档案管理人员负责对形成的文件档案每月收集归档，并根据类别和单位分部分项划分，建立各案卷题名和案卷的存放索引。

4. 全过程数字化生产

响应工业4.0、物联网智能制造发展趋势，从数字化正向设计到智能化施工管控，全面布局数字化应用场景，通过一站式大数据服务平台，实现"原材料-工厂预制构件-现场桥梁结构"三级材料正反向溯源，通过平台可查验任意结构构件的原材料、设计图档、质检资料。项目完工后，交付含设计、施工、桥梁初始状态的全过程数据资料,实现真正意义上的桥梁工程数字化交付。

1) 模块化正向设计

依托 BIM、人工智能、云计算等新一代信息技术,对悬索桥基础、加劲梁、索塔、锚碇和缆索等关键结构开展 BIM 正向设计、校审及设计可视化交付。对塔、缆、锚、梁等关键结构构件,打通设计-制造-施工多方的数据传输壁垒,实现"一模到底、一模多用",让设计阶段的 BIM 模型在桥梁建设全过程实现数据传递功能,而非单一演示功能。单元结构模块化设计与生产如图 14 所示。

图 14　单元结构模块化设计与生产

2) 材料生产云工厂

围绕钢筋原材料进场、订单提交、加工配送等流程,开发钢筋生产执行系统(MES),采用智能网关打通钢筋设备与云端的数据通道,实现生产任务在线下发和生产数据的自动采集(图 15)。完成订单、翻样、排产、加工、配送全业务数字化以及全流程的数据整合,全面提高钢筋加工的数字化和智能化水平,降低管理成本;混凝土智能生产远程集中控制中心应用集业务流程管理、远程操控、视频监控、原材料温度监控、质量卡控于一体的智能拌和站管理系统,实现拌和站远程集中操控少人化、业务流程管理自动化、混凝土生产全环节的自动管控和质量追溯,打造绿色智能的示范性拌和站。

图 15　智慧生产云工厂

3) 产品质量溯源

为满足世界级大跨径桥梁建设的原材料品控需求,研发材料溯源系统及智慧试验室平台(图 16),构建完整的检验综合管理和产品质量监控体系。基于移动端对材料的批次、类别、数量等信息进行登记,结合材料试验检测系统和拌和站 MES 的数据,完成原材料的"来源和去向"追踪,实现混凝土、钢筋等材料批次与结构部位正反向溯源。同时辅以 AI 盯仓系统应用,实现原材料入库后的动态监测、混堆预警、空仓监测等,解决原材料入库后存在的管理"盲区"。

5. 全业务信息化管理

项目响应江苏省交通工程建设局"数字交建"建设需求,依托新一代 BIM 信息技术,在施工、监理进场前,搭建了"张靖皋长江大桥智慧建设 BIM 协同管理综合平台"。平台集成 OA 办公、BIM 模型、设计图档、进度管理、质量管理、安全管理、计量支付等多个功能模块,同时与智慧工地、智慧工厂、智能建造等系统高效集成,统一参建各方业务系统数据标准,打破数据孤岛,建成共享数据中心,保障大桥建设期数字资产完整真实,为后续大桥设计、施工、养护、运营全生命周期数字化管理奠定数字底座,真正意义上实现工程项目建设全流程、全要素信息化管控,实现无纸化办公。

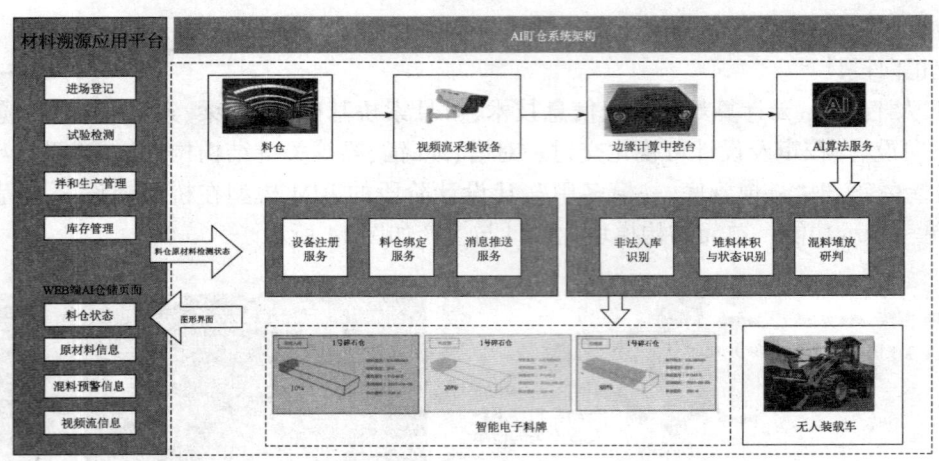

图 16 产品质量溯源系统

1）文件流转电子档案

针对项目建设周期长、参建单位多、协同流程繁杂、工序质检环节多等特点，基于 BIM 协同管理平台应用，在江苏省内交通工程建设中首次实现了"质量—安全—进度—计量—电子档案"的协同管理（图 17）。通过项目 OA 系统规范工程管理用表，参建各方文件实现线上流转。进度、质量、计量、档案等系统采用统一的工作分解结构（WBS），质量系统的工序报验流程推送至进度系统，完成实际进度统计与分析，计量支付系统提取质量检验合格分项工程自动生成可计量清单，质量系统推送经审核的质检电子文件至档案系统，同时辅以纸云同步＋电子云签章＋区块链融合的新技术，电子文件填报错误后须保留错误文件方可重新进行填报，杜绝了工序资料人为修改，实现电子文件的信息化采集、自动化流转、实时化归集，提高项目内业管理的真实性和时效性。

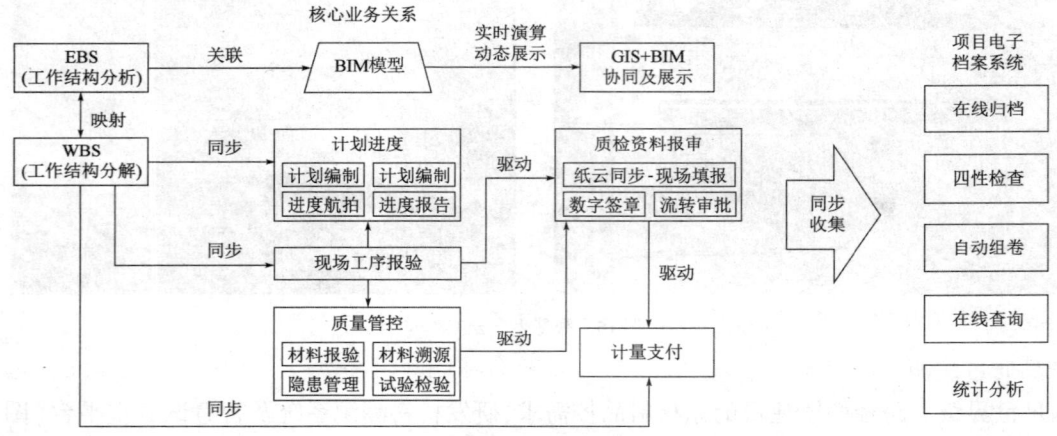

图 17 协同管理数据流程

2）施工信息智慧品控

通过优化大桥结构 BIM，对实际施工工序进行模型拆分与 WBS 编码，依托数字化平台进行施工期全过程、全要素数据采集，通过基础单元结构信息与设计图档文件、工序质量检测资料、试验室报告以及隐蔽工程照片关联，实现各施工工序在线智慧品控以及三维可视化管理与展示（图 18）。

3）计量支付在线管理

基于 BIM 协同管理平台搭建计量支付在线模块（图 19），实现计量支付工作的线上流转、自动计算及与 BIM 模型的自动关联。同步支持分项计量，并实现超计预警与控制，避免漏计、超计，便于投资控制。计量支付依据统一的 WBS 进行清单分解，基于分解后的清单实现中间计量的自动计算与统计，基于数字签章实现计量支付工作的线上流转与审批。

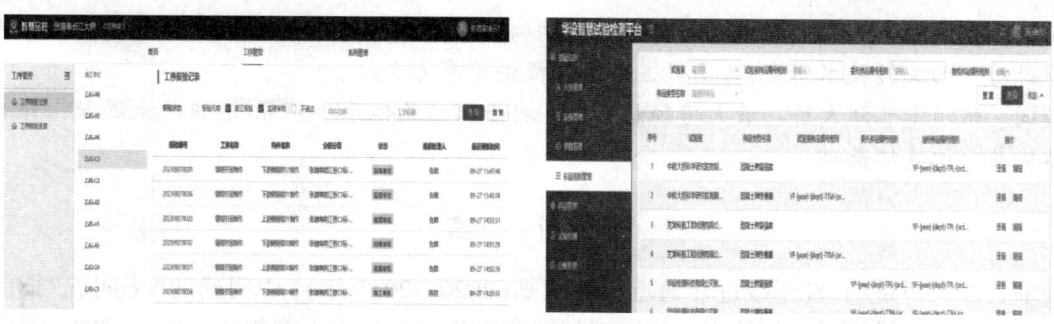

图 18 工序报验智慧品控

图 19 计量支付在线管理

五、结　语

平安百年品质工程是国家立足新发展阶段、基于全生命周期理念提出的交通工程建设高质量发展新要求。张靖皋长江大桥在平安百年品质工程创建探索中创新性地提出了以"现场工业化、建造智能化、施工标准化、产品数字化、管理信息化"为典型特征的现代化管理理念,有力推动了交通工程建设管理模式由传统向现代的深度变革,展现出极大价值与强大生命力,可为后续类似工程的现代化管理建设提供一定参考经验,助力打造一批"安全耐久、经济绿色、传承百年、人民满意"的平安百年品质工程项目。

参考文献

[1] 郑健.交通工程管理中存在的问题及对策[J].住宅与房地产,2018(2):127-128.
[2] 管鑫.我国交通工程管理存在的问题及对策研究[J].时代汽车,2021(4):189-190.
[3] 张印.高速公路品质工程创建工作思路分析[J].工程技术研究,2021,6(1):163-164.
[4] 鲁华英.现代品质工程的理解与实践[J].中国港湾建设,2019,39(8):85-89.
[5] 梁小军.品质工程项目建设管理[J].交通世界,2019(7):138-139.

2. 张靖皋长江大桥南航道桥总体设计与关键技术

王仁贵　魏乐永　郝海龙　梁振有　颜智法　郭昊天
(中交公路规划设计院有限公司)

摘　要　张靖皋长江大桥位于江苏省长江下游河段,连通张家港、靖江、如皋三市。张靖皋长江大桥设置南、北两座航道桥,南航道桥是一座双跨吊悬索桥,为最大限度减小桥梁建设对长江航运及生态环境影响,梁跨布置为2300m+717m,缆跨布置为660m+2300m+1220m。项目建成后,将成为世界第一大跨径悬索桥。桥梁跨径突破世界所有已建桥梁工程,缺乏建设标准及建设经验,为解决超大跨径所带来的技术难题,项目建设团队以科技创新为引领,在总体设计时进行了系统性顶层构思,并从设计标准、结构静动力特性、新型结构体系、新材料及新型关键结构、桥梁工业化与智能化建造、桥梁建养一体化等多方面开展有针对性的关键技术研究，为南航道桥设计提供了有力支撑。

关键词 张靖皋长江大桥 最大跨径悬索桥 自平衡结构体系 钢箱-钢管约束混凝土组合索塔 支护转结构复合地连墙基础

一、引　言

张靖皋长江大桥是《长江干线过江通道布局规划（2020—2035年）》中明确的"十四五"期间重点推动建设的过江通道项目，也是《江苏省长江经济带综合立体交通运输走廊规划（2018—2035年）》明确的过江通道重点实施项目。对于贯彻落实长江三角洲区域一体化发展和长江经济带发展战略，优化长江干线过江通道布局，完善区域路网布局，推进扬子江城市群建设和跨江融合发展，实现张靖皋长江大桥的早日建成通车具有显著意义。

项目路线全长约30km，共设置南、北两座航道桥，分别跨越长江福姜沙水道和如皋中汊航道。其中，针对主跨2300m的南航道桥，项目开展了桥梁结构体系、塔、缆、锚碇、梁、索鞍等构件关键技术的研究。

二、建　设　条　件

1. 气象

工程区位于长江入海口区域，属亚热带，具有海洋气候特征。工程区域年平均气温15.1℃，极端最高气温39.5℃，极端最低气温－13.4℃。工程区域多年平均风速2.4m/s，实测最大风速18.5m/s。

2. 工程地质

张靖皋长江大桥跨越长江澄通河段如皋沙群段，整体属河相海相冲积平原。全线覆盖层较厚，主要分布为粉细砂、淤泥、粉质黏土，以及中砂、粗砂。基岩为中风化灰岩，埋深超过120m。

3. 河势演变

桥位位于长江澄通河段如皋沙群段，为多分汊河型，经过多年的演变和多部门综合治理，河道内沙洲合并或并岸，河道宽度逐渐缩窄，总体河势趋向稳定。

福姜沙水道横断如图1所示。

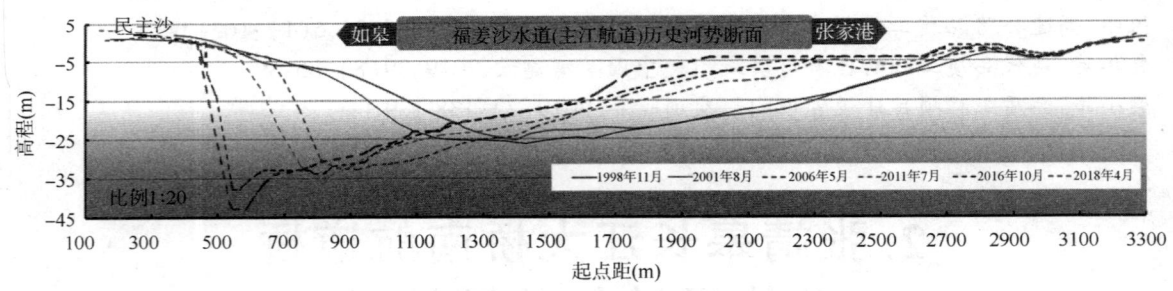

图1　福姜沙水道横断面变化图

4. 生态环保

南航道桥涉及省级生态空间管控区域两处，分别为江心洲重要湿地、长江张家港重要湿地。

三、大桥总体设计

在桥跨布置时，为充分适应航道条件，并减小工程建设对河势、防洪、环保的影响，确保长江岸坡稳定，南航道桥采用主跨2300m整体式钢箱梁悬索桥，缆跨布置为660m＋2300m＋1220m，梁跨布置为2300m＋717m，主缆矢跨比1/9，南航道桥桥型布置如图2所示。由于南边跨长达1220m，边中跨比高达0.53，在南边跨额外设置了一座辅塔以增强主缆稳定性，减小主缆缆力。

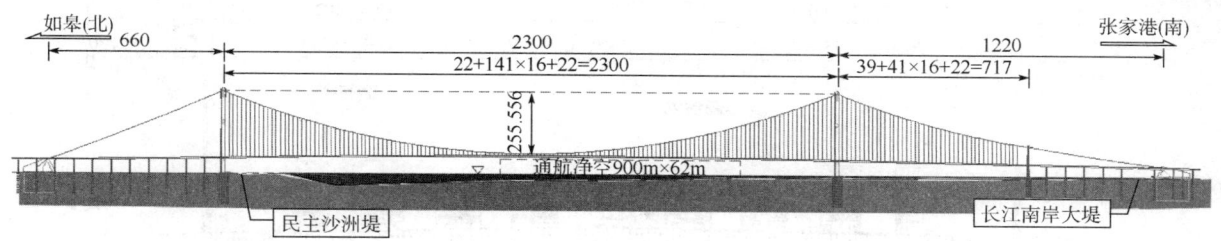

图 2 南航道桥桥型布置图(尺寸单位:m)

南航道桥主要技术标准如下:
①道路等级:高速公路;
②车道数:双向八车道;
③设计速度:跨江段 100km/h;
④汽车荷载:公路—Ⅰ级;
⑤设计洪水频率:1/300;
⑥通航标准:设计最高通航水位为 5.09m,南航道桥单孔双向通航 900m×62m;
⑦地震:Ⅵ区,基本峰值加速度 0.05g;
⑧桥梁结构设计基准期:100 年。

1. 索塔及基础

索塔采用钢箱-钢管约束混凝土组合索塔结构,塔高 350m,共设三道钢横梁。索塔材料选用 Q420D 钢材及 C60 自密实混凝土。塔柱外轮廓采用矩形带凹槽结构形式,以改善塔柱空气动力性能。塔顶截面尺寸 18.6m×12m(纵向×横向),中间设圆曲线过渡,塔底截面尺寸为 16.5m×12m(纵向×横向)。钢箱内设 4 根直径 3.6m 钢管约束混凝土柱,通过腹板、横隔板与钢箱形成整体。索塔基础采用整体式承台 + 群桩基础结构形式,塔座为八边形棱台形构造,如图 3 所示。

辅塔采用钢壳混凝土组合结构,塔高 130m,塔顶设置副索鞍,加劲梁处设一道钢横梁。辅塔材料采用 Q355D 和 C55 自密实补偿收缩混凝土。塔柱横向轮廓尺寸从塔顶 6m 渐变至塔底 15.5m,塔柱中间镂空,外肢横向宽 3m,内肢横向宽 4~6m。辅塔基础采用哑铃形承台 + 群桩基础结构形式,如图 4 所示。

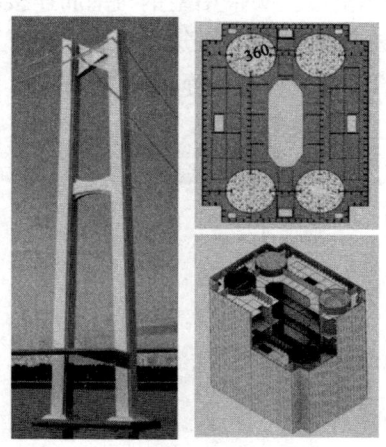

图 3 主塔结构形式(尺寸单位:cm)

图 4 辅塔结构形式(尺寸单位:cm)

2. 加劲梁

南航道桥加劲梁采用扁平流线型的整体式钢箱梁断面,梁高 4.5m,全宽 51.7m(含风嘴及导流板)。桥面板采用正交异性钢桥面板。为提高桥面板的抗疲劳性能,顶板纵肋采用苹果孔 L 肋。钢箱梁内设实腹式横隔板,横隔板标准间距为 3.2m,两道横隔板之间布设一道倒 T 形横肋,钢箱梁底板采用 U 形加劲肋,钢箱梁材料选用 Q355D 钢材,结构形式如图 5 所示。

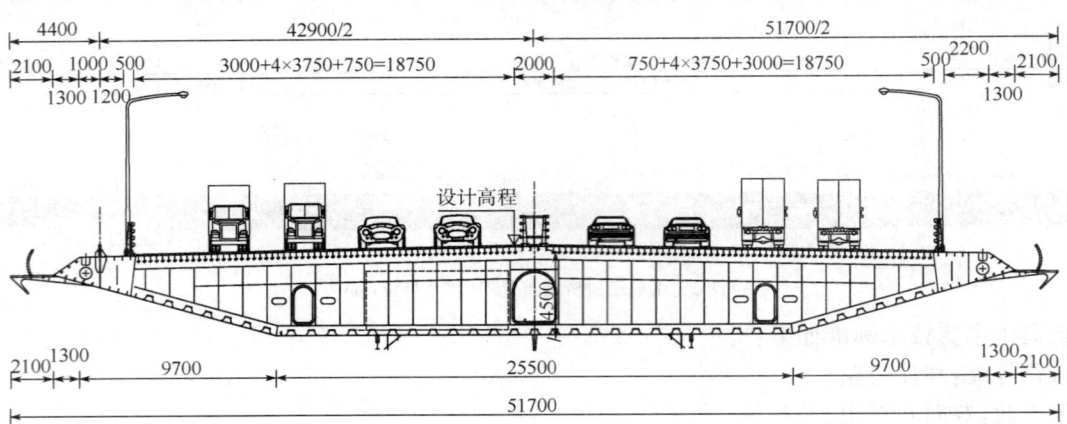

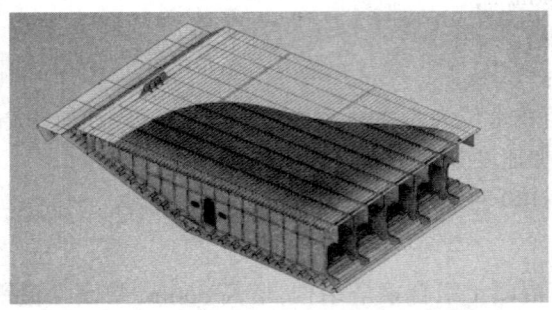

图 5 加劲梁结构形式(尺寸单位:mm)

3. 锚碇基础

锚碇基础采用支护转结构复合地连墙基础,南锚碇基础平面尺寸为 110m×75m×83m,北锚碇基础平面尺寸为 118m×75m×67m。地连墙厚 1.5m,双层墙净间距 4.3m,锚碇双层墙间采用地连墙分隔成多个矩形隔仓,隔仓采用钢筋混凝土结构形式,与双层地连墙形成 7.3m 厚复合墙体。地连墙采用 C35 混凝土,结构形式如图 6 所示。

为保证地连墙的整体性及荷载传递的可靠性,一期槽段与二期槽段接头采用型钢与钢筋连接的刚性接头结构形式,此时地连墙不仅作为基坑开挖期间的支护结构,也是永久结构的一部分。一期槽段分为一字形、L形、T-1 形、T-2 形、十字形五种类型,二期槽段分为一字形、T-1 形、T-2 形三种类型等,刚性接头如图 7 所示。

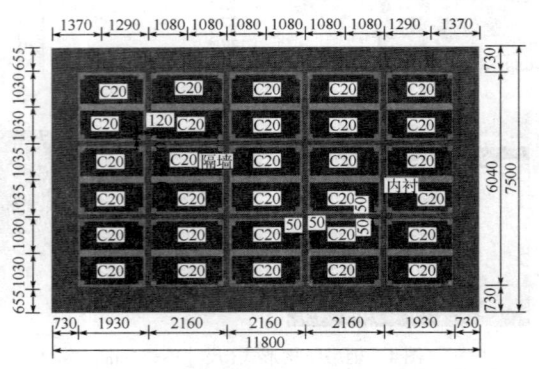

图 6 锚碇基础结构形式(尺寸单位:cm)

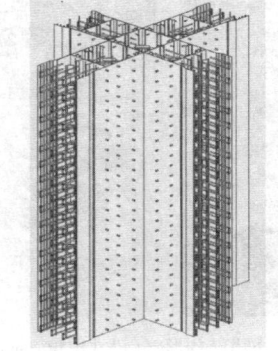

图 7 十字形刚性接头结构形式

4. 主缆及吊索

全桥设置两根主缆,横向间距 42.9m,索夹内直径 1114mm。主缆采用预制平行高强钢丝索股结构(PPWS),由 247 根通长索股和 5 根主缆通气管道组成,通气管道分别设置于四周与中心,如图 8 所示。每根索股由 127 丝、直径为 5.65mm 的高强镀锌铝钢丝组成,钢丝公称抗拉强度为 2200MPa。索股两端设索股锚头,采用热铸锚,在锚杯内浇注锌铜合金,使主缆钢丝与锚杯相连。

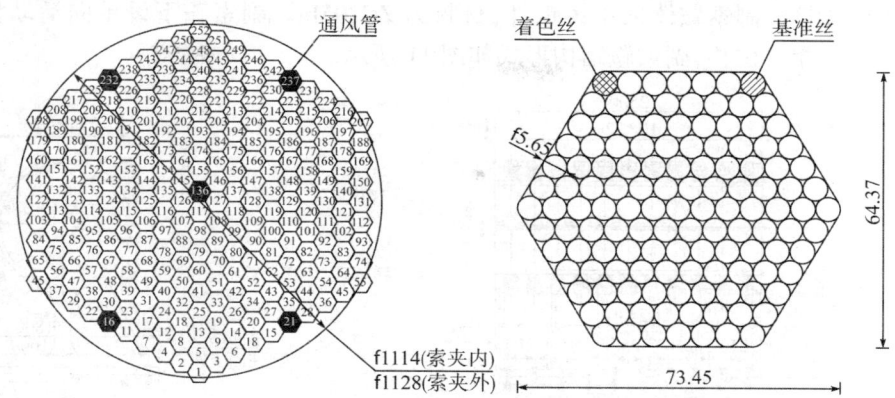

图8　PPWS法主缆与索股断面(尺寸单位:mm)

吊索采用抗拉强度为1770MPa平行钢丝吊索,标准吊索间距16m、直径82mm、塔侧吊索间距22m、直径116mm。

5. 索鞍

主塔塔顶采用全焊接滚轴式主索鞍,索鞍纵向尺寸为18.6m,横向为8.3m,设置双纵肋、20片横肋传递竖向压力。索鞍鞍体钢材选用Q420R,鞍体为全焊接装配式,由于索鞍鞍体长度大,为使制造、安装便利,鞍体纵向划分为两块,用高强螺栓+定位销的方式装配为一体。主索鞍结构形式如图9所示。

图9　主索鞍结构形式

南、北锚碇内设摆轴式散索鞍。散索鞍采用全焊接的结构形式,钢材采用Q420R。索股发散前的鞍槽宽度为1277.5mm,鞍槽内设竖向隔板,鞍槽顶部设置三道压紧梁,以压紧鞍槽内的主缆,散索鞍结构形式如图10所示。

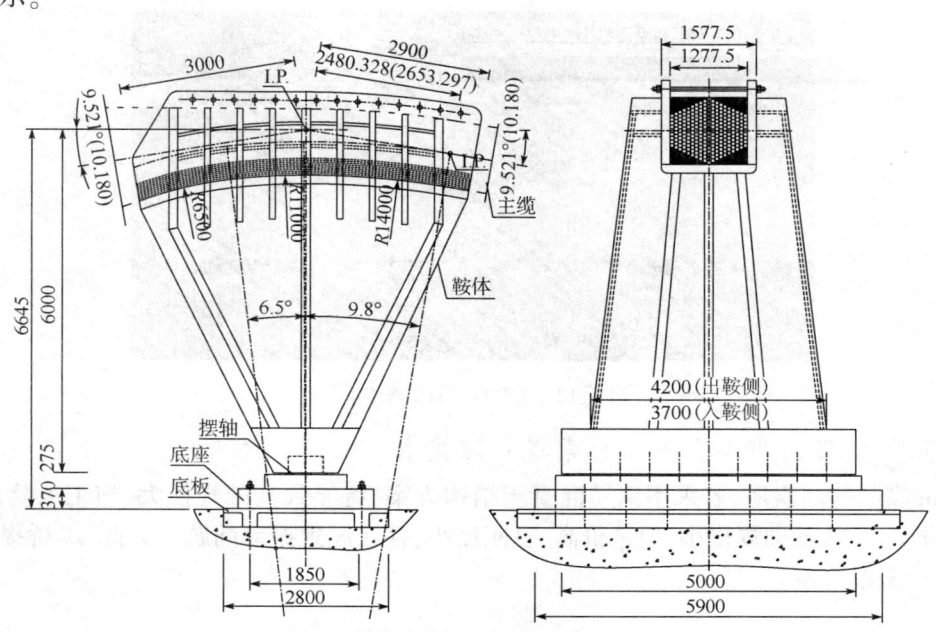

图10　散索鞍结构形式(尺寸单位:mm)

辅塔上设副索鞍,具有支承主缆,使主缆产生位移和转角的功能。副索鞍采用上下对合的结构,上下两半鞍体间用螺杆连接。副索鞍体采用铸钢件,材料为ZG20Mn。副索鞍下设单向活动柱面支座,以实现索鞍相与辅塔间的相对位移,副索鞍结构形式如图11所示。

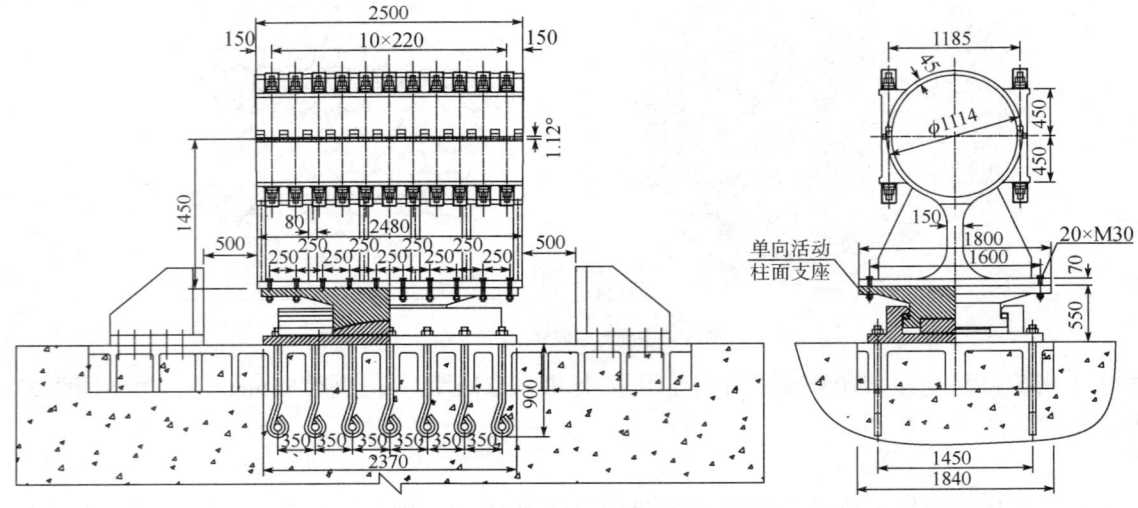

图11 副索鞍结构形式(尺寸单位:mm)

四、关键技术

面对建设标准及可借鉴经验缺乏的情况,项目建设团队初期就明确以科技创新为引领,针对主跨2300m的南航道桥,从结构体系、索塔、锚碇、索鞍、锚固体系防腐体系方面开展了研究,形成了相应的关键技术。

1. 超大跨径悬索桥主缆自平衡结构体系关键技术

由于南航道桥边中跨比高达0.53,塔顶处的不平衡缆力将控制索鞍抗滑稳定性、索塔受力及索塔基础规模。为减小主缆在塔顶处的不平衡缆力所带来的不利影响,塔顶处采用自平衡结构体系。当索塔承受较大的不平衡缆力时,通过使鞍座与索塔产生纵向相对位移,释放不平衡缆力,实现在常遇荷载作用下,两侧主缆水平分力和索鞍滚动摩擦力三者自平衡,降低塔底弯矩,有效地减小了索塔受力和基础规模,如图12所示。

图12 主缆自平衡结构体系

2. 超高钢箱-钢管约束混凝土组合索塔关键技术

针对350m高的超高索塔,若采用钢筋混凝土结构方案,将导致基础规模大、施工风险高、施工工期长;采用钢塔方案,虽然基础规模小,但造价高,且刚度小,存在风致振动问题。为此,本桥提出钢箱-钢管约束混凝土组合索塔方案。

本方案具有以下特点：①充分利用了混凝土抗压强度与钢结构抗拉强度，刚度较为适中，同时可利用钢结构断面改善索塔气动外形；②减轻自重，仅为混凝土塔重量的一半，降低了基础规模；③钢箱-钢管约束混凝土可采用工厂化、装配化的施工方案，可大幅缩短建设工期。

3. 超大规模支护转结构复合地连墙锚碇基础关键技术

由于锚碇基础需要承担巨大的水平力及竖向力，且项目位于长江沿岸，地质条件差，距离长江大堤距离不足50m，锚碇基础设计的技术难题尤为突出。项目提出超大规模支护转结构复合地连墙锚碇基础关键技术：①利用双层地连墙形成隔仓，采用水下开挖、水下封底的方式确保施工期安全；②隔仓开挖完成后，采用双层地连墙+钢筋混凝土填芯组成复合结构体，形成强大的外墙结构，以保障基础开挖的安全性，并降低对大堤的影响；③通过对深层地基进行加固处理，大幅降低基础开挖深度及施工风险。

4. 超大型自行走装配式索鞍关键技术

为实现自平衡结构体系，通过在索鞍底部设置滚轴，在汽车荷载、温度荷载等工况下实现索鞍与索塔间纵向滑动，并通过设置纵向挡块，使索鞍只发生有限位移，确保结构安全。针对强风、地震等偶然作用，通过阻尼器等装置，使索鞍处于制动状态，保证全桥的安全稳定，如图13所示。

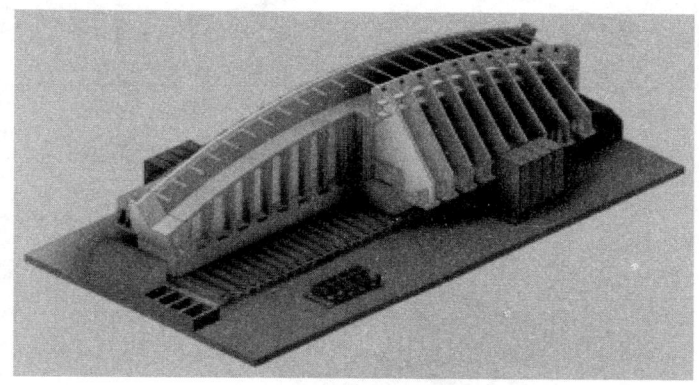

图13 自行走装配式索鞍

5. 智能感知可更换锚固体系关键技术

由于既有主缆锚固体系在出现损伤后无法更换或更换困难，本项目研究提出了新型智能感知可更换锚固体系，通过在前锚面连接器两侧预埋固定端锚具，在更换施工时安装自锁式工具拉杆和两瓣式压板，以实现连接器、拉杆组件和预应力锚固体系的整体更换。通过埋入湿度传感器、探测仪等检测器件，实现智能感知，以更好地监测锚固体系工作状态，如图14所示。

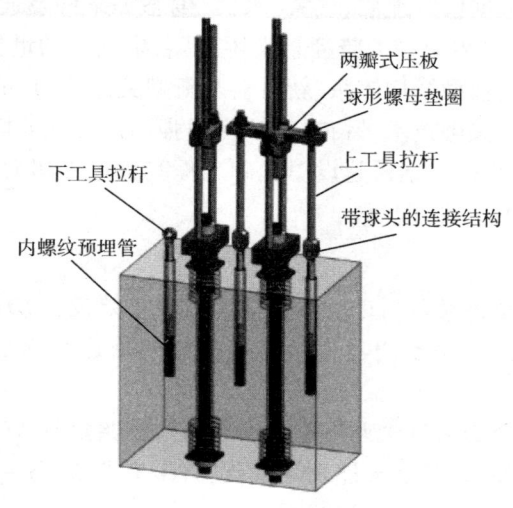

图14 智能感知可更换锚固体系

6. 全桥一体化智能防腐体系关键技术

为更好地解决主缆钢丝锈蚀问题,提出主缆"集中+分布式"除湿系统。全桥共设置6套空气制备站,通过统筹优化气流组织,使主缆、鞍室、锚室、加劲梁、索塔尽可能共用除湿设备。主缆外设4根通风管、中心设1根通风管道,使主缆内外围钢丝处在低压干燥空气环境中,并通过埋设温湿度检测传感器,对全桥主缆进行智能监测,以确保主缆处在最佳工作环境,如图15所示。

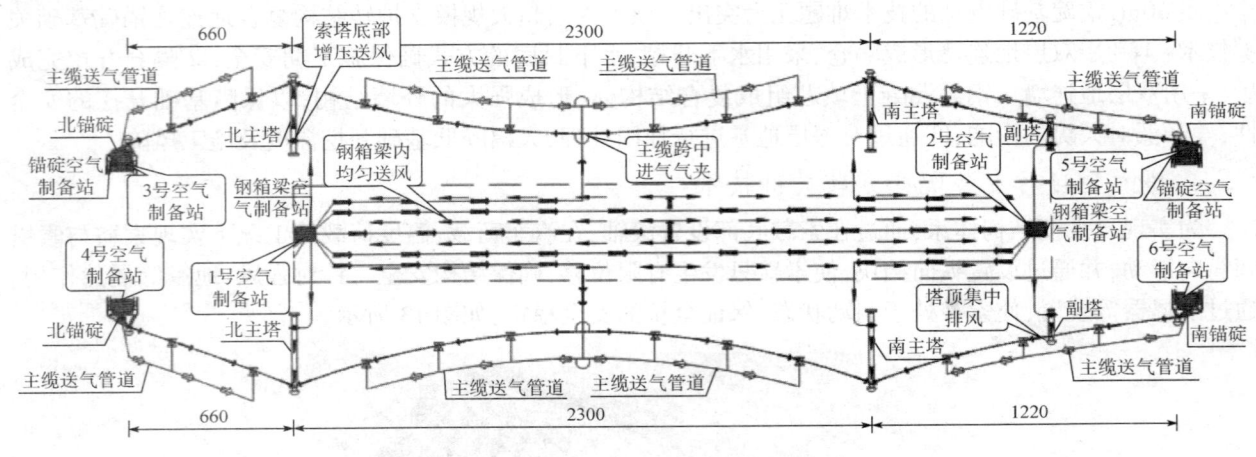

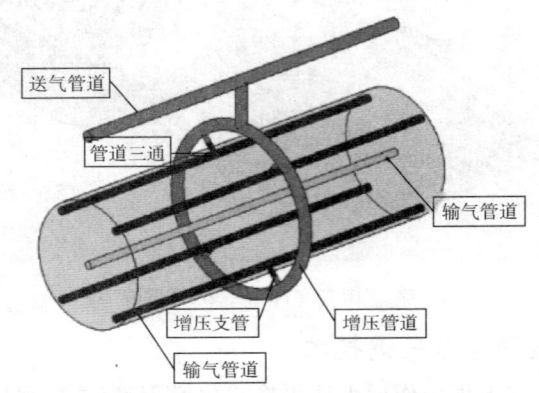

图15 全桥一体化智能防腐体系(尺寸单位:m)

五、结　语

张靖皋长江大桥南航道桥根据桥区地质、气象、水文、生态等条件及通航需求,确定桥梁方案采用主跨2300m悬索桥,建成后将成为世界第一大跨径悬索桥,是名副其实的世界级超级工程。从超大跨径悬索桥设计标准、结构静动力特性、新型结构体系、新材料及新型关键结构、桥梁工业化与智能化建造、桥梁建养一体化等多方面形成了一套关键技术,旨在打造"交通强国建设江苏样板标志性工程、中国桥梁科技创新引领代表性工程、世界特大跨径悬索桥建设里程碑工程",为世界超大跨径桥梁发展及桥梁全寿命周期建设提供新的发展思路。

参考文献

[1] 毛伟琦,胡雄伟.中国大跨度桥梁最新进展与展望[J].桥梁建设,2020,50(1):13-19.

[2] 王路,沈锐利,王昌将,等.悬索桥主缆与索鞍间侧向力理论计算方法与公式研究[J].土木工程学报,2017,50(12):87-96.

[3] 刘斌,马健,汪磊,等.云南金安金沙江大桥总体设计[J].桥梁建设,2018,48(1):82-87.

[4] 中华人民共和国交通运输部.公路悬索桥设计规范:JTG/T D65-05—2015[S].北京:人民交通出版社股份有限公司,2015.

[5] 孟凡超.悬索桥[M].北京:人民交通出版社,2011.
[6] 戴国亮,龚维明,李辉,等.井筒式地下连续墙基础荷载传递法[J].土木建筑与环境工程,2011,33(S1):96-99.
[7] 戴国亮,周香琴,刘云忠,等.井筒式地下连续墙水平承载能力模型试验研究[J].岩石力学,2011,32(S2):195-197.

3. 张靖皋长江大桥北航道桥总体设计

韩大章　周彦锋　刘　伟　任鹏杰
（华设设计集团股份有限公司）

摘　要　张靖皋长江大桥北航道桥一孔跨越长江如皋中汊水道,通过对悬索桥方案和斜拉桥方案进行综合比选,最终采用单跨吊悬索桥作为实施方案,其主缆跨径布置为530m+1208m+530m,边中跨比达0.44。本文提出设置限位挡块和电涡流+摩擦阻尼器组合的纵向约束方案及索塔预偏+鞍座顶推组合施工方案,以适应大边中跨比单跨悬索桥的结构特征;同时,结合地质条件,南、北锚碇基础分别采用复合地基圆形地连墙基础和沉井基础。

关键词　悬索桥　总体设计　大边跨　索塔预偏　复合地基

一、引　言

张靖皋长江大桥是如皋至张家港高速公路(S91)跨越长江的重要跨江节点工程,连通南岸张家港和北岸如皋、靖江。大桥位于长江下游澄通河段如皋沙群段,上距江阴长江公路大桥约28km,下距沪苏通长江公铁大桥约16km。全桥跨江段长7.859km,分为北引桥、北航道桥、中引桥、南航道桥和南引桥五个部分。本文介绍的北航道桥是跨越长江北岸和江中民主沙之间如皋中汊航道的重要工程。

桥梁设计基准期为100年,按照高速公路双向八车道设计,设计速度100km/h,汽车荷载等级采用公路—Ⅰ级。桥位区地震基本烈度为Ⅵ度,基本动峰值加速度0.05g;设计基本风速为31.1m/s。

二、主要建设条件

1. 地形地貌、工程地质

桥位处长江两侧地势均比较平坦,属河相海相冲积平原,地势平坦。江心发育有长青沙、民主沙,将长江河道分为主江及如皋中汊。根据工程地质成果,地层主要为第四系冲洪积粉砂,局部夹粉土、粉质黏土、淤泥质粉质黏土、中砂、粗砂等,其中上部地层松散~稍密,中部稍密~中密,下部地层密实。长江范围第四系覆盖层较厚,基岩埋深超过130m。

2. 水文及河势

本桥所处工程段河势总体稳定,岸线基本稳定。深泓线、局部深槽仍有一定变化。1998—2006年,如皋中汊深泓线总体表现为右移,约230m。2006—2018年,如皋中汊深泓线局部小幅摆动。从历年变化可见,如皋中汊河势总体趋于稳定。

3. 通航

桥址区12.5m深水航道已建设完成,河段航道等级为Ⅰ级,桥梁设计最高通航水位为5.09m(85高程,下同),设计最低通航水位均为-1.12m;桥梁通航净空高度在设计最高通航水位以上应不低于62m;桥区定线制航路通航净宽应不小于400m。

三、总体设计方案

1. 桥跨布置

北航道桥主墩布设主要受通航、码头岸线、河势、防洪、环保等方面因素影响,其中主要受控因素为通航条件以及路线与码头岸线的关系。路线上跨如皋中汊水道(单孔单向上行航道),通航净空为400m×62m,通航区域内不可设置桥墩。如皋侧厂区及码头众多,如阳鸿石化码头、华泰重工船厂、中铁山桥港池及在建的江苏长源通用码头。为满足桥梁与阳鸿石化码头的安全距离要求,北岸选择在华泰重工船厂登陆,北航道桥应采用一跨通过通航水域的桥型方案,以减小对近岸码头船只往来的影响,同时亦可降低船撞风险。

路线上跨如皋中汊区段水域为如皋段刀鲚国家级水产种质保护区实验区,考虑降低对水产种质资源保护区实验区的影响,北航道桥应采取较大跨径一跨跨越该水域。

结合河势演变资料,如皋中汊水道存在近25m深槽,断面形态近10年来基本稳定,局部河床冲刷,幅度较小。历年12.5m深槽水域摆动范围约700m,主墩设置位置及跨径布置应有效覆盖该区域。

综合以上因素,如皋中汊水道通航孔桥采用主跨1208m的方案,北塔置于长江北岸陆域,南塔置于民主沙左缘(北岸)民堤内的陆地区域,一跨跨越可通航水域,可较好满足河势、防洪、通航、生态环保的要求。

2. 桥型方案比选

对于主跨1208m,设计拟定了悬索桥和斜拉桥两个桥型方案。受两岸路线线形要求,主塔以外位于$R=1330$m曲线段,斜拉桥方案边跨位于曲线段,若采用全钢箱梁方案,适用性较差,因此,斜拉桥初步拟定采用混合梁方案(主跨钢箱梁+边跨混凝土梁),对边跨曲线段具有一定适应性,且边跨均为陆域,具有施工条件。悬索桥拟定单跨吊方案,两侧接曲线段引桥,适应性较好。

通过对两个方案的对比可知,斜拉桥方案主塔高度达365m,并且边跨全部位于曲线段内,塔高、梁弯对施工控制要求高,具备最大跨径、曲线弯梁、钢混混合等多项技术特征,实施难度较大。相较于斜拉桥方案,悬索桥方案技术成熟,工程风险和施工难度较低,且造价较斜拉桥方案低。综合比选,北航道桥推荐采用主跨1208m单跨吊悬索桥方案。

3. 总体布置

经比选,本桥采用主跨1208m单跨吊悬索桥方案(图1),缆跨布置为530m+1208m+530m,矢跨比为1/9,顺桥向标准索距为16m。加劲梁采用整体断面扁平钢箱梁,梁宽为50.7m(含风嘴),索塔和锚碇均位于岸上,索塔为门式框架构造的钢塔,南北锚碇均采用重力式。

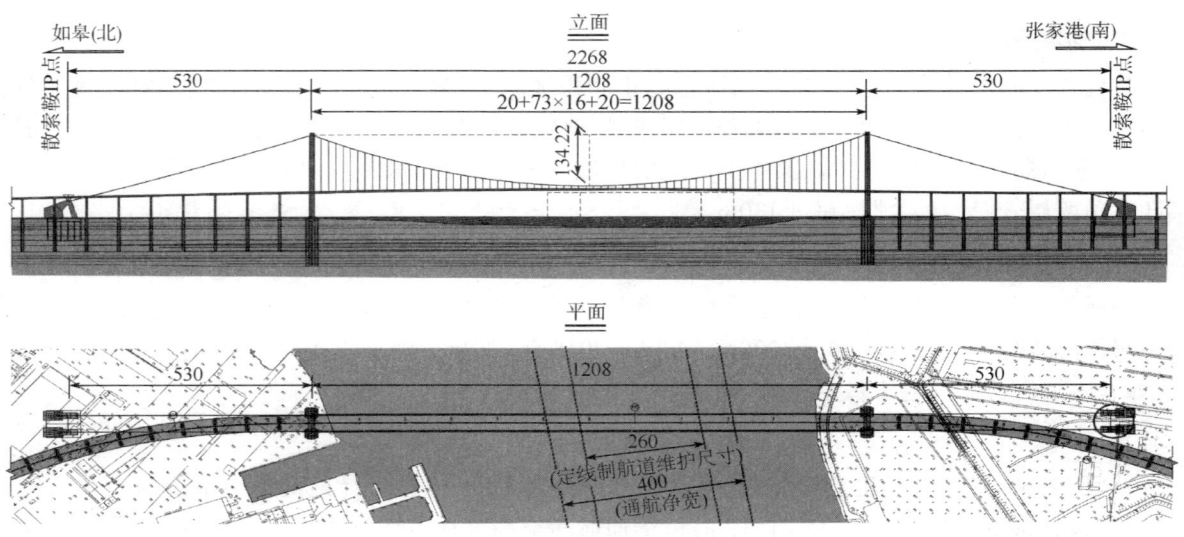

图1 北航道桥桥型布置图(尺寸单位:m)

四、技术特点与对策

1. 超大主缆边中跨比单跨悬索桥

本桥受路线控制,两岸主缆边跨范围内路线平面进入了曲线段,锚碇位于路线外侧,主缆从引桥上方跨越(图2)。综合考虑总体受力、路线设计,并保证净空高度达12m(满足后期安全运营和养护需求),北航道桥主缆跨度布置为530m+1208m+530m,边中跨比达0.44,大于一般单跨悬索桥的边中跨比(即0.2~0.35,见表1)。超大的主缆边中跨比使得全桥整体刚度降低和施工过程鞍座顶推位移量大幅增加。

图2 主缆净空示意图

国内部分单跨悬吊悬索桥边中跨比资料表 表1

桥名	建成时间(年)	主缆矢跨比	主缆分跨(m)	加劲梁结构	边中跨比
西陵长江大桥	1996	1/10.465	225+900+255	钢箱梁	0.283
虎门大桥	1997	1/10.5	302+888+348.5	钢箱梁	0.340
江阴长江公路大桥	1999	1/10.5	328+1385+295	钢箱梁	0.237
宜昌长江公路大桥	2001	1/10	246.255+960+301.355	钢箱梁	0.314
润扬长江公路大桥	2005	1/10	470+1490+470	钢箱梁	0.315
阳逻大桥	2007	1/10.5	250+1280+440	钢箱梁	0.344
黄埔大桥	2008	1/10	290+1108+350	钢箱梁	0.316
四渡河大桥	2009	1/10	120+900+232.3	钢桁梁	0.258
坝陵河大桥	2009	1/10.3	248+1088+228	钢桁梁	0.228
矮寨大桥	2012	1/9.6	242+1176+116	钢桁梁	0.206
马鞍山长江大桥	2013	1/9	360+1080+1080+360	钢桁梁	0.333
清水河大桥	2015	1/10	258+1130+345	钢桁梁	0.305
云南龙江大桥	2016	1/10.5	320+1196+320	钢桁梁	0.268
驷马长江大桥	2017	1/10	300+1050+300	钢箱梁	0.286
寸滩长江大桥	2017	1/8.8	250+880+250	钢箱梁	0.284
泸定大渡河大桥	2018	1/9	220+1100+253	钢桁梁	0.230
金安金沙江大桥	2020	1/10	320+1386+205	钢桁梁	0.231
五峰山长江大桥	2020	1/10	350+1092+350	钢桁梁	0.321
棋盘洲大桥	2021	1/9	340+1038+305	钢箱梁	0.328
宜都长江大桥	2021	1/9	276+1000+269	钢桁架	0.276
新田长江大桥	2022	1/10	247+1020+280	钢箱梁	0.275

针对全桥刚度降低、结构偏柔,加劲梁纵向伸缩位移和累计位移量增加的特点,采取设置纵向限位挡块和电涡流+摩擦阻尼器的措施(图3):①纵向限位挡块的设置可以限制加劲梁的纵向位移,减小梁端伸缩缝的规模。通过对多种纵向限位挡块间隙进行比选(图4),发现随着挡块间隙的减少,梁端伸缩量不断减小,伸缩缝规模也相应减小,但限位力不断增加。最终选定700mm的限位间隙,此时限位力6000kN,梁端伸缩量可减小19%,伸缩缝规格为D1950,控制在2m以内,限位力也控制在合理范围内。②电涡流+摩擦阻尼器的采用可以在减小结构地震响应、提高结构抗震性能的同时,有效减小桥梁运营期累计位移,提高约束构件的使用寿命。

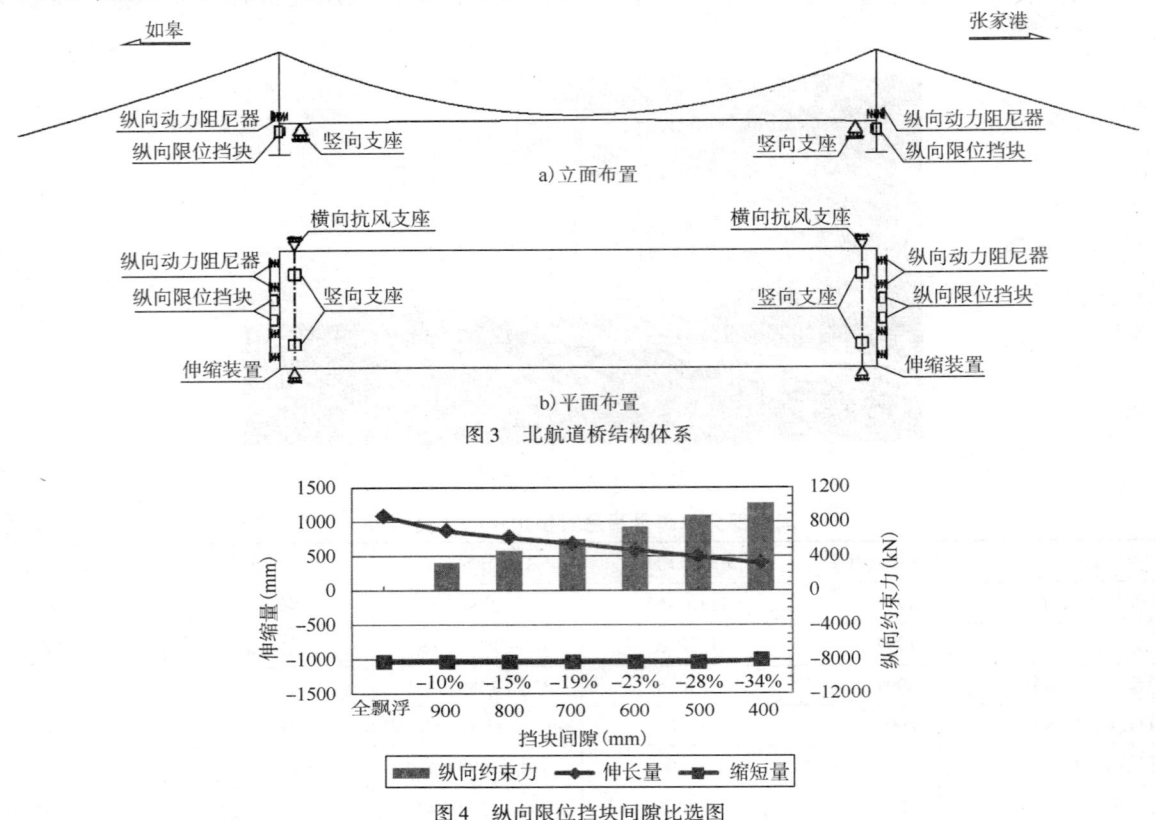

图3 北航道桥结构体系

图4 纵向限位挡块间隙比选图

针对施工过程鞍座顶推位移量大幅增加现象,结合主塔施工期受力,创造性地提出索塔预偏+鞍座顶推组合施工方案。本桥主索鞍施工期预偏达到3.616m,如采用常规的顶推方案,初始状态下主索鞍节段的重心在主塔塔顶范围外,需增加塔顶临时构造的规模,并且空缆状态至第一次顶推前,中跨主缆与主塔冲突,塔顶需开槽,同时超长的顶推行程,增加了主索鞍滑动面损伤的风险,一旦滑动面损伤,主索鞍难以顶推到位,施工风险较大。

通过调研,国外多座桥梁在施工过程中采用了索塔预偏的方式,以减少主索鞍顶推行程或者实现索鞍不顶推。北航道桥索塔为压弯构件,采用钢塔形式,较混凝土塔能适应更大的纵向变形,进行索塔预偏时更有优势,故提出索塔预偏+鞍座顶推组合施工方案(图5)。本方案先通过预偏拉索将索塔往岸侧预偏1.25m,此时主塔最大拉应力为49MPa,最大压应力92MPa,结构安全可靠,同时不增加永久工程量,剩余的2.366m位于常规行程范围内,鞍座顶推易于实现。

2. 地质条件差、锚碇受力大

本桥南锚位于江中民主沙上,覆盖层主要为流塑~可塑粉质黏土,渗透系数低,隔水性较好,但是承载力低,基底摩擦因数小,地层-44m以下为密实砂层,承载力和摩擦因数都较好,可作为锚碇基础的持力层,其透水性强,承压水水头高。北锚位于长江北岸,覆盖层以粉土、粉砂为主,表层为淤泥质粉质黏土,在-45m附近存在2~9m厚的不连续的粉质黏土层,基础持力层设置在密实状粉砂层,其埋深在-48.5m以下。

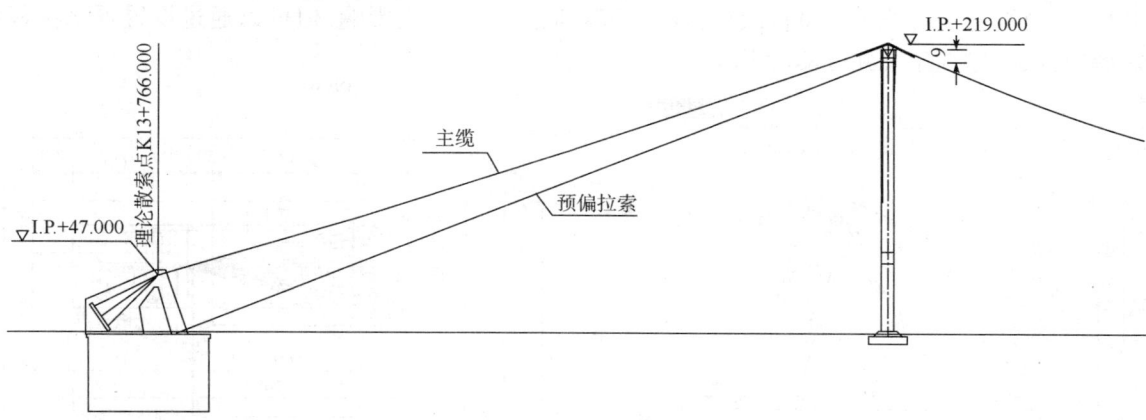

图 5　索塔预偏拉施工示意图(高程单位:m)

由于本桥按照双向八车道设计,加劲梁宽度、高度均较大,恒载及运营期活载作用下缆力均比同跨径六车道桥梁大,单个锚碇总缆力达 6.8×10^5 kN。八车道横向缆距大,加之采用单索股锚固方案,也加大了锚体横向尺寸,导致锚体较重,基础横向尺寸较大。并且锚碇位于路线外侧,主缆从引桥上方跨越,为保证通车净空要求,本桥锚碇的散索鞍 IP 点达 47.000m,增加了主缆力的作用力臂,锚碇基础倾覆力矩大。基于以上不利的受力特点,在本桥较差土层采用的锚碇基础规模及设计难度较大。

对于锚碇基础,针对本桥锚碇的受力特征,同时结合南、北锚碇各自的地质特征,分别对南、北锚碇进行方案研究。南锚处覆盖层以粉质黏土为主,相较于地连墙方案,沉井方案在下沉过程中需要穿越深厚黏土层,取土较困难,沉井下沉效率低,下沉姿态控制难,施工风险较大,宜选用地连墙方案。但此处不存在强度、摩擦因数和渗透性均满足要求的天然持力层,常规地连墙基础难以应用。针对常规地连墙基础在本项目应用的难题,本桥首次提出了一种基于深层地基加固的复合地基地连墙基础形式(图 6)。地连墙仍作为基坑开挖的围护结构,抵抗基坑外的水土压力。基底以下土体采用加固处理,加固层底面位于密实粉砂层,加固层土体的强度和摩擦因数满足锚碇基础受力要求,通过深层地基加固也进一步降低了粉质黏土层的渗透系数,减小了基坑开挖深度,降低了施工期间基坑底承压水突涌风险,给基坑开挖和基础施工创造了良好的干作业环境。

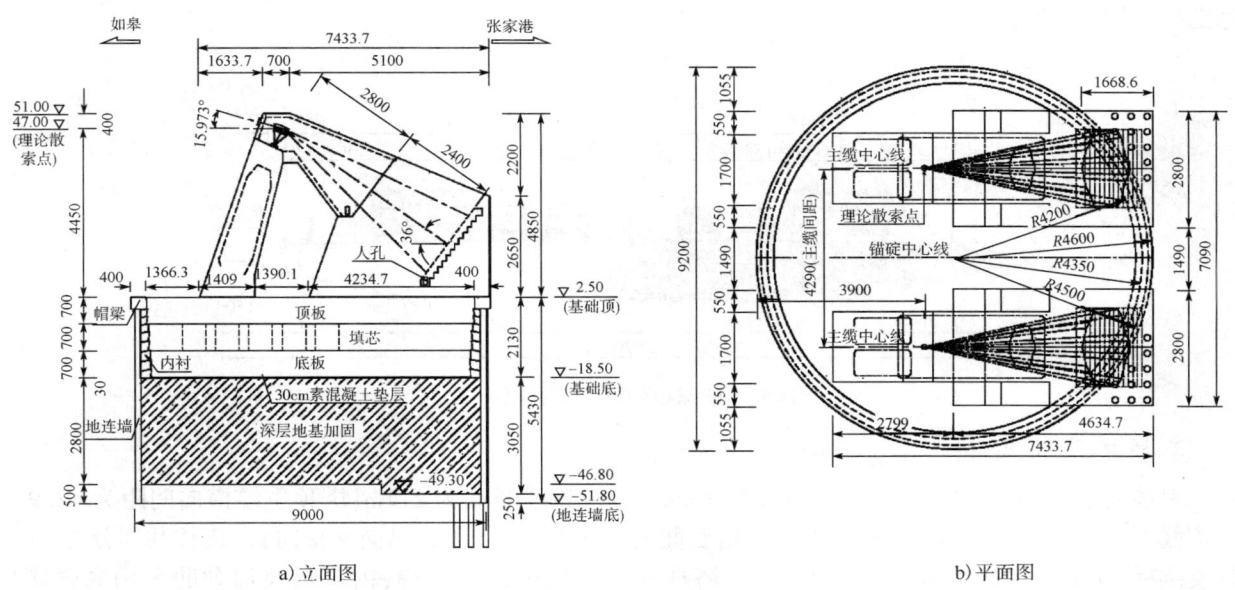

图 6　南锚碇构造图(尺寸单位:cm;高程单位:m)

北锚处覆盖层以粉土、粉砂为主,同南锚碇一样不存在强度、摩擦因数和渗透性均满足要求的天然持力层,同时此处不存在满足要求的天然隔水层,常规地连墙基础也难以应用。但是此处以砂、粉土为主的地质条件,适合沉井下沉施工。虽首次降排水下沉对周边存在一定影响,但可以通过设置隔水帷幕和回灌措施解决,故北锚选用沉井方案(图7)。

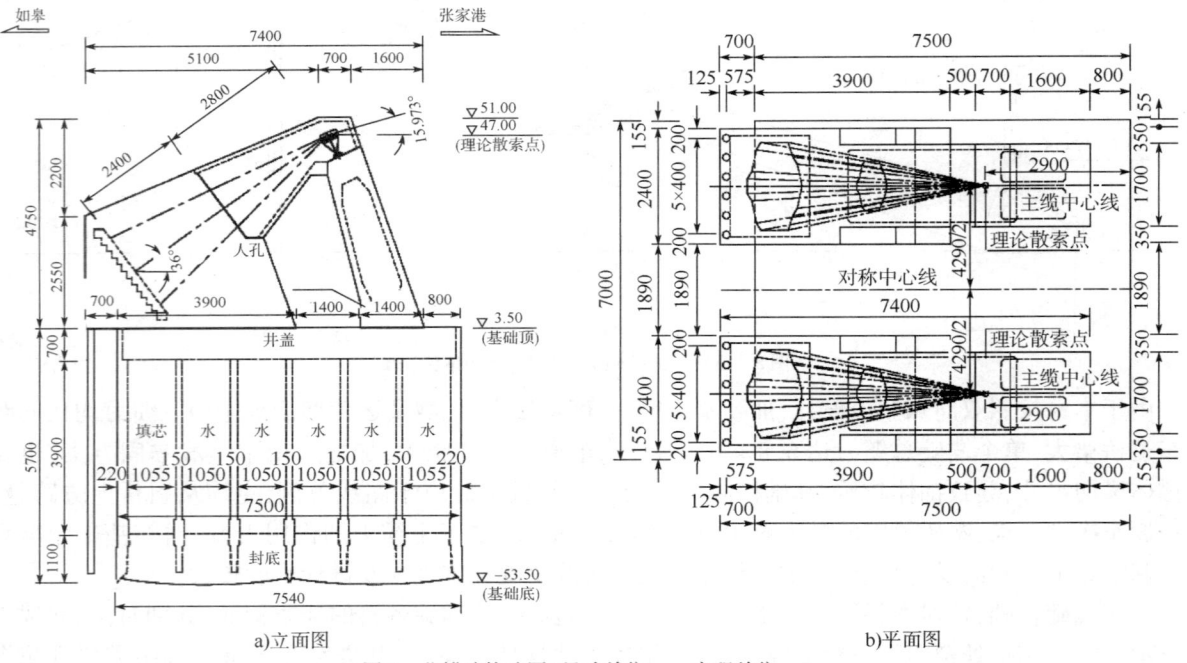

a)立面图   b)平面图

图7 北锚碇构造图(尺寸单位:cm;高程单位:m)

五、主要结构构造

1. 加劲梁

加劲梁采用扁平流线型的整体式钢箱梁断面(图8),桥轴线处梁内净高4.0m,全宽(含风嘴)50.7m,顺桥向每隔3.2m设置1道横隔板,采用Q355D钢材。顶板采用开口L肋的正交异性桥面板,提高顶板的疲劳性能。为保证抗风稳定性,采用"两侧各设置1.5m水平导流板+检修道导流板+上中央稳定板"的气动措施方案。

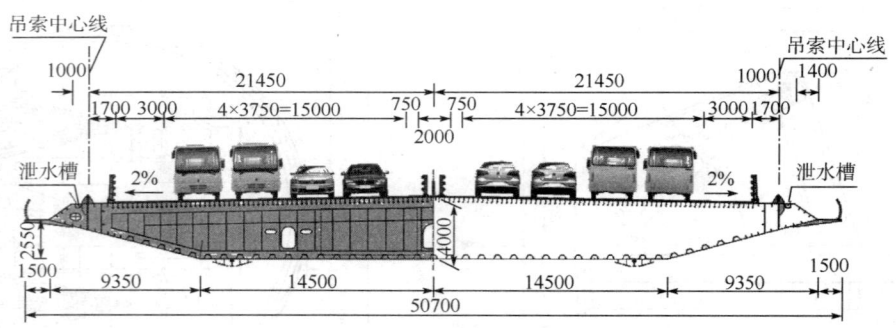

图8 加劲梁标准断面(尺寸单位:mm)

2. 桥塔及其基础

索塔采用全钢门式框架结构,底部设置4m高塔座,钢塔塔高为217m;塔顶主缆横向间距为42.9m;塔顶截面尺寸为11m×7m(纵向×横向),塔底截面尺寸为10m×7m(纵向×横向)。塔柱共划分为23个节段,节段间采用焊栓结合的连接方式,即塔柱外壁板均采用坡口焊,内腹板及加劲肋采用高强螺栓连接。

索塔基础采用群桩基础,承台平面尺寸81.6m×29m,厚6.0m,下设46根D2.5m钻孔灌注桩,桩长116m。

3. 锚碇及其基础

1) 锚体及锚固系统

北航道桥南、北锚碇采用上、下游分离的框架式锚体，前支墩采用空心薄壁结构，后锚块采用实体结构。锚碇总高度为48.5m(南锚)/47.5m(北锚)。在锚体尾部设置1.5m桩基以确保锚体的施工期的受力性能。

锚固体系采用改良的可更换无黏结预应力钢绞线锚固系统，采用"镀锌钢绞线+两端防腐油脂+PE+通干空气"防腐体系以提高其耐久性。

2) 锚碇基础

南锚碇基础采用复合地基圆形地连墙基础。圆形地连墙外径90m。基础挖深21.3m，地连墙深54.3m，通过地基加固提高基础底部土体的强度，摩擦因数加固厚度为28~30.5m。

北锚碇基础采用普通钢筋混凝土矩形沉井基础。沉井基础长75m、宽70m，高度为57m。首次接高四节采用降排水下沉，共下沉22m，剩余高度采用不排水下沉。

4. 缆索系统

1) 主缆

本桥横向布置两根平行主缆，中心间距为42.9m，主缆矢跨比采用1/9。每根主缆通长索股由127根索股组成，每根索股由127丝直径为6.0mm的锌铝合金镀层高强钢丝组成，钢丝抗拉极限强度为1860MPa。主缆采用"S形缠丝+缠包带密封+干燥空气除湿"的防护体系。

2) 吊索及索夹

考虑到加劲梁分段、加劲梁吊重、吊索受力，并综合考虑景观等因素，吊点纵向标准间距16m，塔侧吊索距离主塔中心线20m。吊索采用预制平行钢丝束，每个吊点设置两根吊索。吊索采用销接式，跨中20根吊索连接处设置关节轴承，以提高短吊索的抗疲劳性能。钢丝标准抗拉强度1770MPa。吊索分为加强吊索、普通吊索两类。加强吊索由211ϕ5mm镀锌高强钢丝构成，普通吊索由163ϕ5mm镀锌高强钢丝构成。与吊索相适应，索夹采用上下对合的形式。

六、结　语

张靖皋长江大桥北航道桥综合考虑通航、码头岸线、河势、防洪、环保、地质等建设条件，针对技术难度、施工风险等因素进行综合比选，最终采用主跨1208m的悬索桥作为实施方案，主缆跨径布置为530m+1208m+530m，中跨比达0.44。采用设纵向限位挡块和电涡流+摩擦阻尼器组合的纵向约束方案，可减小伸缩缝规模、结构在地震作用下的响应和运营期累计位移。在国内首次采用索塔预偏+鞍座顶推组合施工方案，确保施工期结构安全，减小施工风险。锚碇采用重力式锚碇，结合两岸地质条件，北锚碇基础为沉井基础，规模及尺寸为公路悬索桥最大；南锚碇基础为超大规模复合地基圆形地连墙基础，为悬索桥锚碇基础设计首创。北航道桥相关设计和研究成果可为类似大跨径桥梁设计提供一定的借鉴价值。本桥于2021年6月全面开工建设，预计2028年建成通车，北航道桥建成后的效果如图9所示。

图9　北航道桥效果图

参考文献

[1] 中华人民共和国交通运输部.公路悬索桥设计规范:JTG/T D65-05—2015[S].北京:人民交通出版社股份有限公司,2015.
[2] 孟凡超.悬索桥[M].北京:人民交通出版社,2011.
[3] 叶华文.重返世界名桥修建现场[M].成都:西南交通大学出版社,2022.
[4] 西南交通大学.张靖皋长江大桥超大跨度悬索桥抗风性能试验研究[R].成都:西南交通大学,2022.
[5] 陈开利.中日悬索桥缆索养护管理关键技术[J].世界桥梁,2020,48(6):70-76.

4. 张靖皋长江大桥数字化建设与展望

阮 静[1] 梁进军[2] 李 琦[1] 姜 军[2]

(1.江苏省交通工程建设局;2.江苏狄诺尼信息技术有限责任公司)

摘 要 基于全生命周期数字化建设规划,张靖皋长江大桥在施工阶段重点打造协同管理、智慧工地、智能建造一体化数字平台,平台在统一数据标准的基础上,覆盖施工阶段全流程、全要素。基于建设管理智慧协同技术、材料溯源技术、预制构件全流程管控技术等实现大桥建设期的智慧化管理,融合智慧工地及智能建造技术,实现大桥建设全过程的动态感知和安全立体防控。

关键词 张靖皋长江大桥 数字化 协同管理 智慧工地 智能建造

一、引 言

张靖皋长江大桥跨江段全长7859m,包含南、北两座航道桥以及南、中、北三段引桥。南航道桥跨越长江主江航道,采用缆跨布置为660m+2300m+1220m,梁跨布置为2300m+717m的两跨吊悬索桥。北航道桥跨越长江如皋中汊航道,采用缆跨布置为530m+1208m+530m的单跨吊悬索桥。引桥采用预制拼装结构。项目建成后将成为世界最大跨径桥梁工程。张靖皋长江大桥效果图如图1所示。

图1 张靖皋长江大桥效果图

张靖皋长江大桥科技含量高、技术难度大、施工周期长。建设期间,参与大桥建设的协作单位多,协同管理难度大。项目包括塔、梁、缆、锚等各部件的施工,支护转结构回字形基础等新型结构、特殊结构应用无成熟施工经验,水上、高空作业多,安全管控要求高。鉴于此,该桥建设过程中全面应用数字化技术克服桥型构造复杂以及大量新技术、新材料、新工艺首次应用带来的安全、质量管控困难,提升智能建桥水平,为数字智慧大桥建设打下良好基础。

二、数字化建设总体规划

1. 全生命周期数字化建设规划

基于张靖皋长江大桥全生命周期数字化管理的理念,综合运用大数据、云计算、物联网、移动互联网、建筑信息模型(BIM)、数字孪生等信息化、数字化、智能化技术,通过 BIM 正向设计、智慧化建造、智能化养护运维,多目标、全要素、全周期打造国家级数字智慧大桥示范工程。

在大桥设计阶段,建立数字化协同设计平台,针对悬索桥基础、加劲梁、索塔、锚碇和缆索等关键结构开展 BIM 正向设计,实现多专业协同设计,提交三维 BIM 设计成果,实现设计成果数字化交付,并顺利传递至施工阶段开展数字化应用。

在大桥施工阶段,根据实际施工计划,对设计模型进行深化设计并按实际施工工序进行模型拆分与编码,依托数字化建设管理平台进行施工期全过程、全要素数据采集,以 BIM 为载体,加载质量、进度、安全、成本等施工管理要素,实现施工阶段信息的传递。

在大桥运营阶段,基于大桥建养运一体化目标,以数据为核心,与数字化建设管理平台无缝衔接,集成设计阶段、施工阶段数据信息,实现桥梁结构技术状态的高效评估。建设数字化建养运一体化管理平台,基于大桥全生命周期信息,充分发挥全生命周期数字化成果的价值,实现智慧化运营与预防性养护。张靖皋长江大桥全生命周期数字化建设规划如图 2 所示。

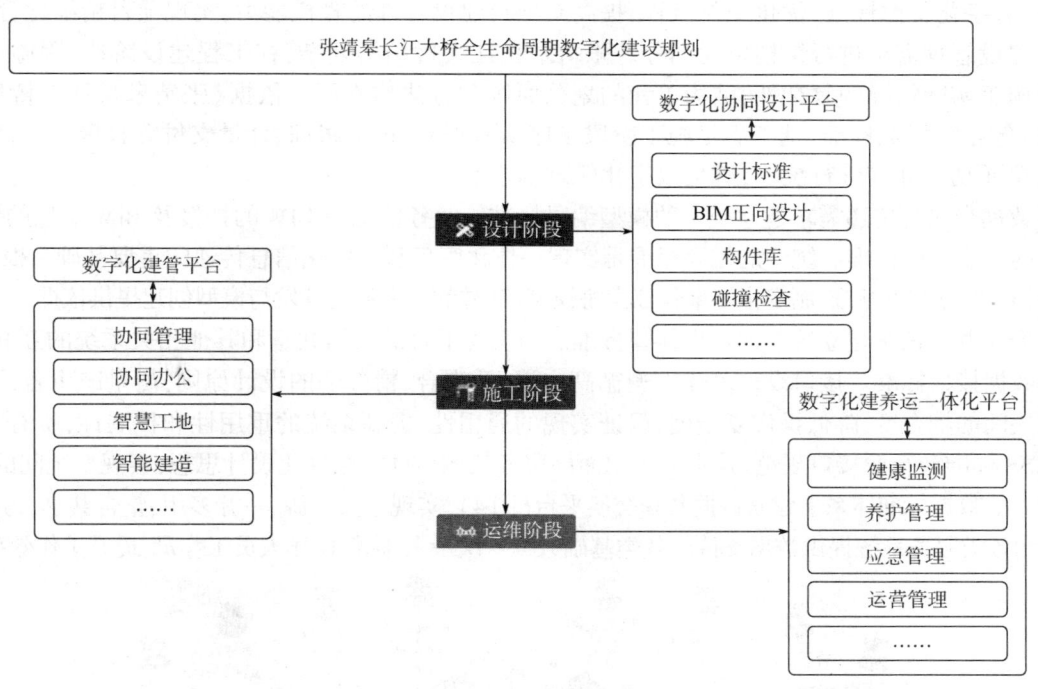

图 2　张靖皋长江大桥全生命周期数字化建设规划

2. 施工阶段数字化规划

在施工阶段,张靖皋长江大桥聚焦于建设覆盖全流程、全要素数字化建设管理平台,通过一个平台统一项目数字化工作标准与流程,实现项目建设期管理与施工各项业务数据的互联互通。聚焦特大跨径悬索桥工程特点,基于数字化建设管理平台实现建设期的进度、质量、计量、档案等关键业务的智慧化协同管理;融合项目智慧工地、智能建造、智慧工厂等系统,形成协同管理、智慧工地、智能建造一体化数字平台。张靖皋长江大桥施工阶段数字化规划如图 3 所示。

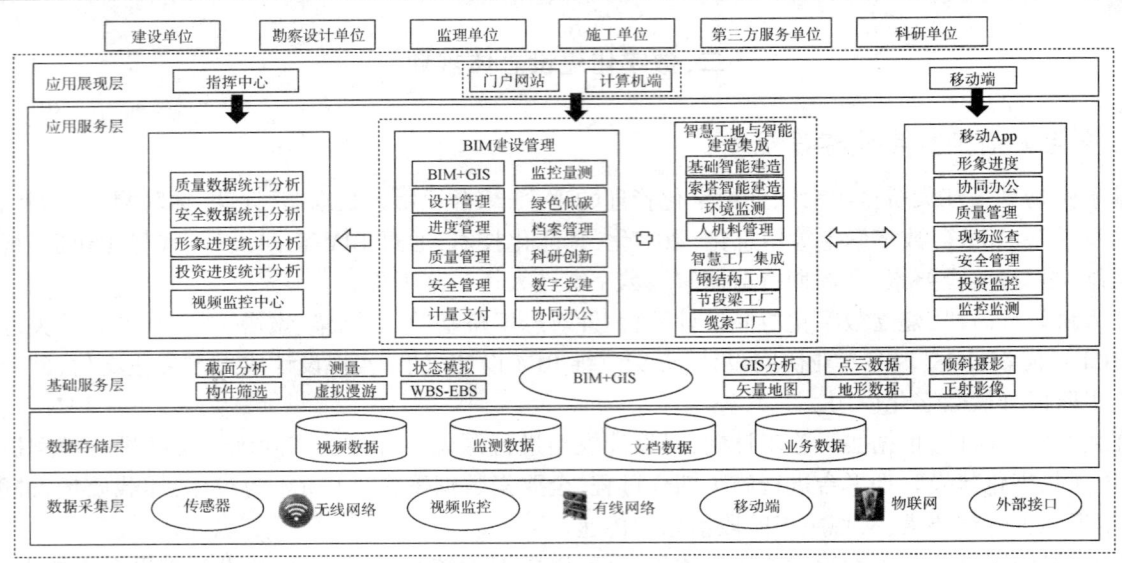

图 3　张靖皋长江大桥施工阶段数字化规划

三、建设管理数字化支撑标准的统一

针对大桥结构复杂、建设管理数据繁多、实际管理中数据多头填报的问题，做好平台顶层设计，统一身份认证、数字化支撑标准，优化工作流程，提高对项目建设管理的管控能力，实现项目精细化管理。

基于建设管理需求进行结构单元划分。张靖皋长江大桥结构复杂，在工程建设阶段，因施工工艺的多样化及施工实际情况的复杂性，结构单元的划分原则和方法均不同。依据《张靖皋长江大桥质量检验评定标准》等相关规范标准，基于满足施工阶段工序质检报验、进度跟踪、计量支付等管理需求，对桥梁结构的结构单元划分标准进行统一，满足数字化管理需求。

基于数据交换与传递需求建立统一的模型编码标准。业务信息与 BIM 的挂接及 BIM 信息的传递需要一套统一的模型编码标准。统一的编码标准是实现一体化管理和一体化信息传递的重要基础。根据工程特点，参照国家、地方有关标准，制定张靖皋长江大桥模型编码标准，为系统开发与模型创建提供依据。

基于数据共享需求建立统一的数据接口标准。为实现平台的数据共享和其他相关系统的互联互通，建立统一的数据接口标准。接口设计总体上遵循高内聚、低耦合、精分解的设计原则，尽量减少各系统间、系统内各模块间的耦合度、降低操作复杂度、保证实现的通用性、提高系统的重用性和扩展性，所有的接口设计遵循 ITSS 标准及行业接口规范；技术上采用面向服务架构（SOA）组件化设计思想，实现系统间的松耦合。

在统一的数据标准体系下建立数据共享交换平台（图4），实现一数一源、一源多用、整合共享，为各个业务应用系统和各类服务系统提供数据支持。各类基础数据一次录入，降低操作人员工作量，提升工作效率。

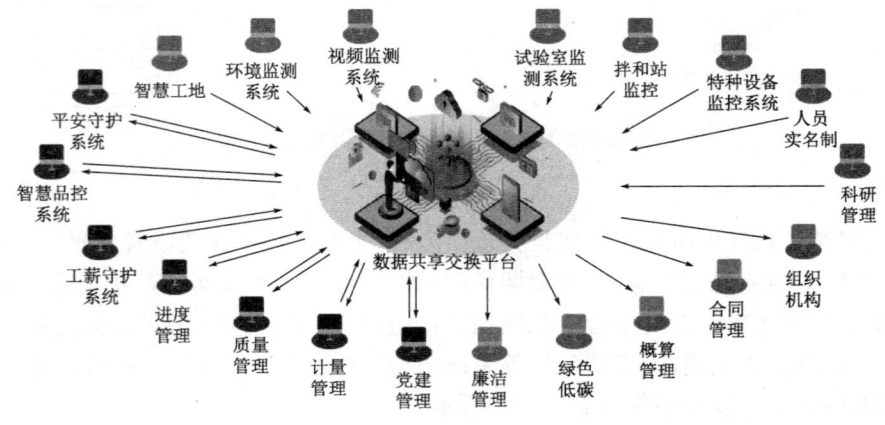

图 4　数据共享交换示意图

四、数字化协同管理关键技术

1. 基于统一WBS编码的建设管理智慧协同技术

张靖皋长江大桥建设管理关键业务主要涉及进度、质量、安全、投资等，业务数据相互关联、相互制约。系统核心功能模块基于WBS进行数据关联，基于BIM进行协同与展示。以计划进度牵引，质量管控为重点，风险管控为保障，投资控制为制约，打通各模块数据关联关系，实现智慧协同管理。

基于统一的WBS，质量系统的工序报验流程推送至进度系统完成实际进度统计与分析；计量支付系统提取质量检验合格分项工程自动生成可计量清单，将项目全过程的计量工作由人工计量改为系统自动计量。质量系统推送经审核的质检电子文件至档案系统，实现电子文件的信息化采集、自动化流转、实时化归集。试验检测系统通过统一的WBS与其他系统进行数据交互，试验报告线上流转，消除数据孤岛，实现数据的共享、交换、提取和推送，达到核心业务的智慧化管理，具体流程如图5所示。文件流转与审批符合国家电子签名法的认证，具有法律效应，实现在线协同、数据跑腿、一步一签、版本留痕，保证电子档案的真实性、完整性、可用性和安全性，在重大交通工程建设中率先实现了全项目"质量—安全—进度—计量—电子档案"的数字化协同管理新模式。

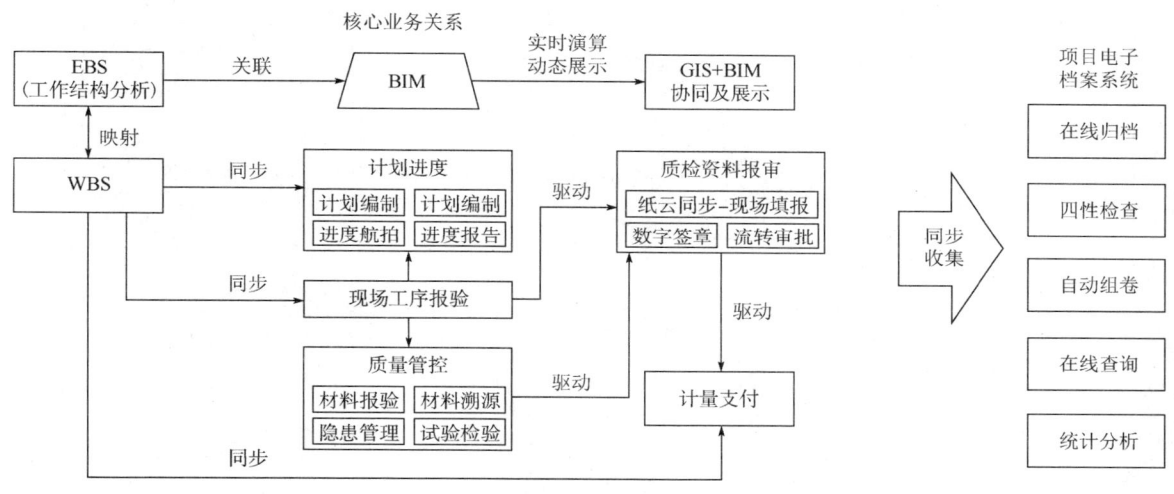

图5 智慧协同管理流程

2. 基于材料报验+AI盯仓的材料溯源技术

世界第一大跨径大桥建设对原材料要求极其严格，通过材料报验数据与拌和站数据、试验室数据的深度融合+AI盯仓实现混凝土原材料的正反向溯源。材料报验系统主要负责原材料的"来源+去向"；AI盯仓主要负责原材料入库后的动态监测、混堆预警、空仓监测等，解决原材料入库后存在的管理"盲区"。

其中材料报验系统基于移动端对材料的批次、类别、数量等信息进行登记，结合材料试验检测系统和拌和站MES系统的数据，实现原材料的"来源和去向"追踪。为了解决原材料混料的问题，搭建与材料溯源应用配套的AI盯仓系统，对原材料进行动态算法识别，对混料情形进行预警，提升材料溯源的可靠性、准确性，系统架构如图6所示。

3. 基于二维码及数据接口的预制构件全流程数字化管控技术

张靖皋长江大桥涉及大量工业化预制构件，如预制节段梁、钢箱梁等，根据项目实际，工厂生产管理系统实现关键构件生产、运输阶段的数字化管理，数字化建设管理平台实现预制构件现场堆场及安装的数字化管理。两者结合实现预制构件生产、配送、存储、安装一体化数字化管理，如图7所示。

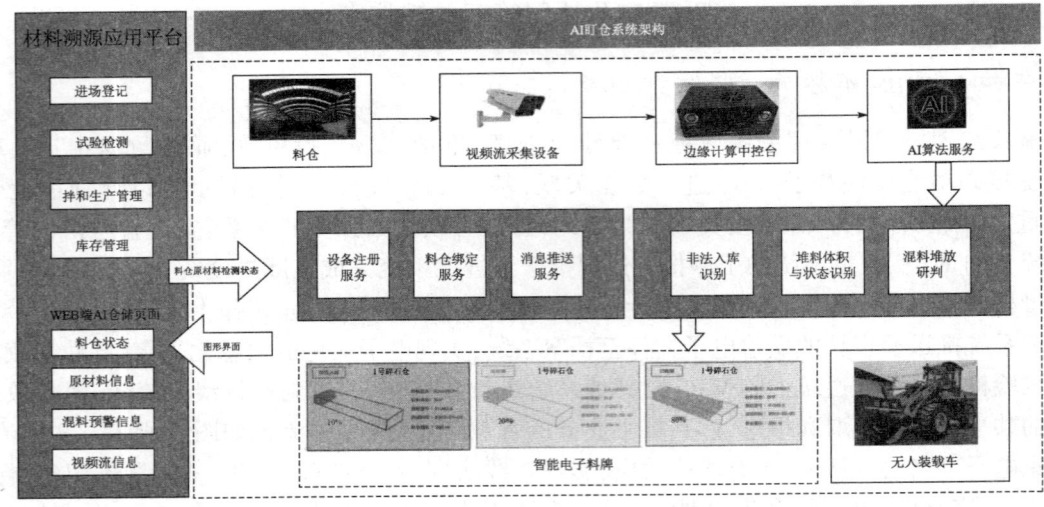

图 6　材料溯源系统架构

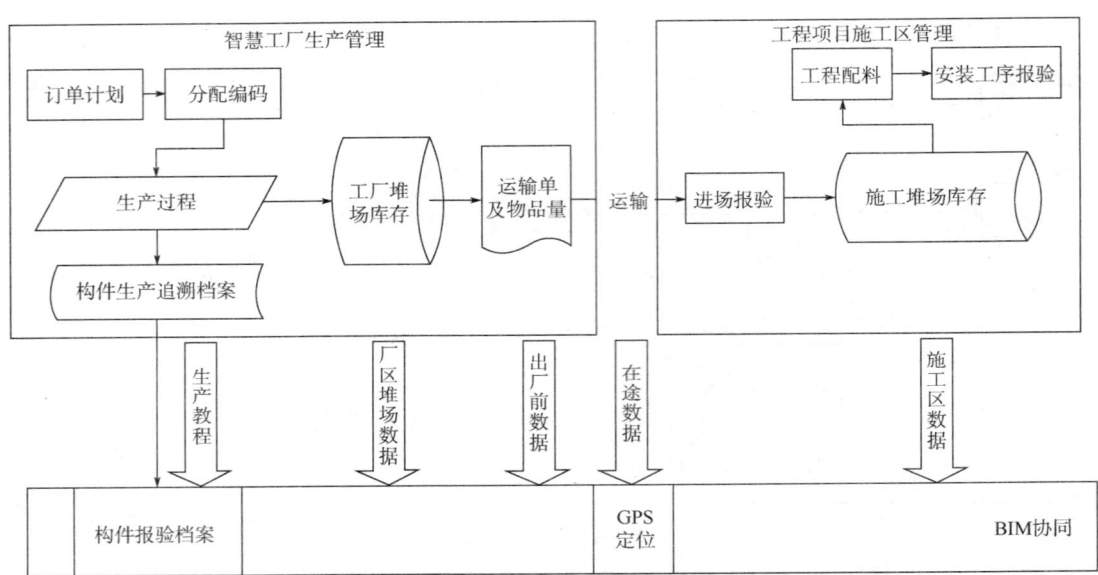

图 7　预制构件全流程数字化管控图

通过数据深度融合实现关键构件的全流程数字化管控,全面提升关键构件的质量管理、进度管理的信息化水平。建立预制构件一物一码编码体系,确保施工方与生产方统一的编码规则;明确建设管理平台与预制件生产管理系统的业务划分与边界。两者统一数据接口标准,有机集成,实现数据互联互通,以二维码为载体,实现预制构件的全过程精确数字化管控。

五、智慧工地与智能建造

张靖皋长江大桥智慧工地与智能建造建设紧抓"三条主线",从设计、施工贯穿到运营、养护全生命周期,从塔、梁、锚、缆各个结构部位,从人、机、料、法、环等质量安全管控全部要素进行统筹谋划、综合布局。坚持"三个导向",坚持需求导向,满足工程建设特别是隐蔽工程可视、可测、可控的需求;坚持目标导向,实现工程建设安全、优质、高效、绿色、环保的目标;坚持问题导向,解决工程建设中质量、安全和环保方面的痛点、难点、风险点,实现人员行为、设备状态和工程质量可控。把握"四个层面",基础层面要完善设计、制定相关标准规范;生产层面要实现工器具智能化和作业自动化;管控层面要分级管理,实现管理流程数字化、产品检评数字化和环境数字化;总控协同层面要实现具备辅助决策功能的协同管理平台。

从设计、施工及运养三个阶段，提前策划智慧工地与智能建造场景，具体场景策划如图8所示。根据工程进展逐步落实各项场景落地实施。

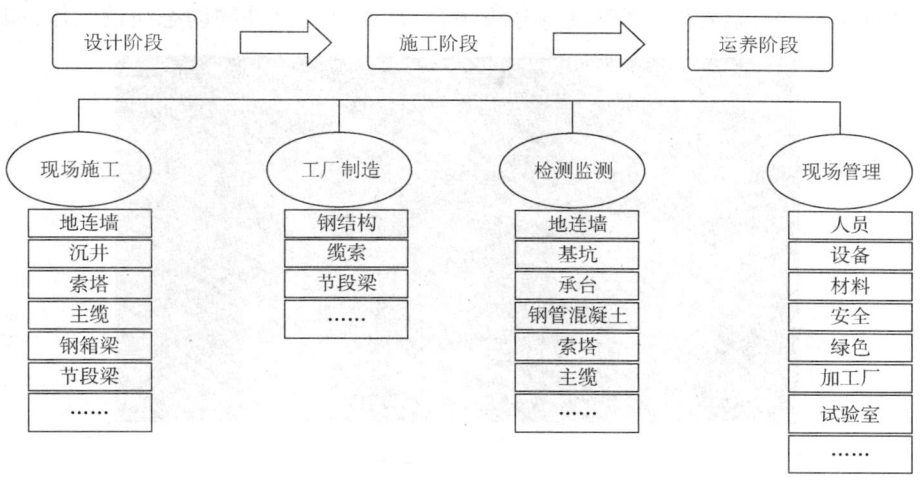

图8　张靖皋长江大桥智慧工地与智能建造场景

1. 地连墙智能建造系统

围绕锚碇、主辅塔基础地连墙施工重难点，遵循"可视、可测、可控"目标，以智能物联装备为手段，打造基于工序的智能建造体系，形成"数据感知—实时分析—智能决策—精准执行"智能闭环。

打造地连墙虚拟建造系统：一是搭建工序级的虚拟建造场景，实现地连墙成槽、钢箱钢筋笼安放、混凝土浇筑等工序虚拟仿真。二是实现地连墙施工智能监控：开发集成槽设备、钢筋笼姿态、结构应力、混凝土浇筑、分布式光纤温度、大堤监测、基坑监测等功能于一体的地连墙施工三维数字化监控系统，具体界面如图9所示。

图9　地连墙墙体智能建造系统界面

打造地连墙智能压浆系统，针对墙底、墙侧分别进行压浆实时监测，可动态查看压浆状态，实时获取压浆参数。采集不同压浆点位处的压浆量、压力、高程数据，对压浆量、注浆压力进行监控，严格控制压浆终止标准，确保压浆密实。

2. 沉井智能建造系统

沉井智能建造系统将沉井施工中的应力应变、空间姿态、土体沉降、水位变化等关键指标进行实时监测与孪生，同时结合智能取土装备、智能决策算法，实现沉井下沉接高过程中的全时段可视、可测、可控。

实时监测与孪生地下水位、井孔水位，自动分析井孔水头差、泥面水位差，水头差超过预警值自动推送报警信息，及时提醒沉井施工中地下水的降水工作及井孔的补水工作，避免沉井翻砂。实时监测沉井底部土压力、侧壁土压力、钢壳及混凝土应力，分析土压力大小分布情况，判断土体的支撑状态，了解沉井下沉的阻力分布情况；同时通过模型查看沉井穿越地质情况，查询当前刃角所处的地质，分析土体性质，便于施工人员动态调整取土顺序，保证结构受力安全。实时监测与孪生当前的沉井三维姿态，实际姿态与理论姿态实时对比，姿态偏位超出阈值进行分级预警，从而指导沉井的动态纠偏工作，如图10所示。

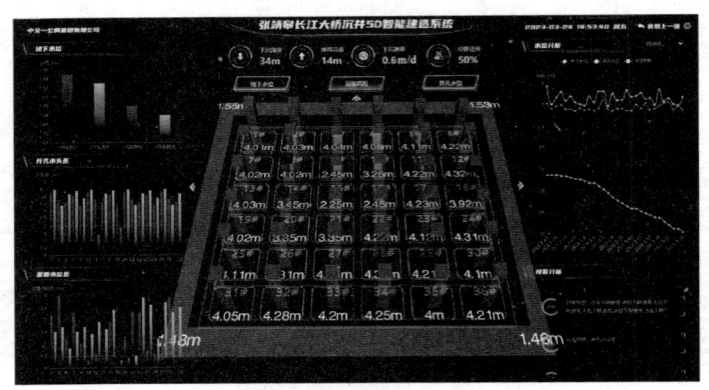

图10 沉井智能建造系统界面

基于门式起重机智能吸泥装备，实现定点定量地取土，实现取土可控。采用门式起重机自动规划路径进行吸泥工作，大量减少施工人员的投入，实现自动化减人，同时采用"吸泥深度+吸泥时间"两个关键指标来控制单点吸泥的取土量，防止人工以个人经验水平操作门式起重机吸泥时，难以把握吸泥深度，出现超吸或者少吸的情况；建造系统避免了井下取土不均匀，保证了下沉安全和工效。同时，通过吸泥管进行井底泥面高程自动测量，系统拟合形成三维泥面高程模型，可视化查看井底泥面状态，指导门式起重机实现定点取土工作。

3. 钢筋云工厂

建立钢筋云工厂。现场管理人员依据施工进度通过移动端下发生产订单，深化设计人员使用翻样产品，输出基于机械可识别的标准化料单，并上传到云平台中。智能型数据加工设备通过无线传输方式接收云平台输出的数据，并依据加工方案进行加工，保证加工数据的准确性以及产品质量，并能保障相对较高的原材出材率。加工过程中实时将加工数据反馈至云平台，为生产管理者提升产能、减少浪费提供数据支持。加工完成的成品钢筋，依据配送计划进行配送，配送数据会实时记录至配送管理模块中。从钢筋原材进场至钢筋成品出厂，全过程的数据均可被智能管理系统采集，形成详细的质量溯源图（图11），为质量提升提供数据保障。

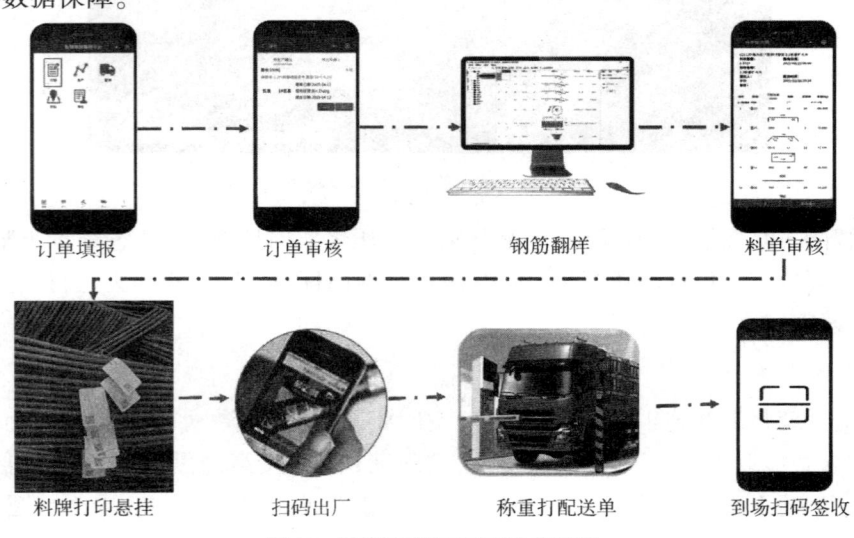

图11 钢筋加工"云工厂"生产流程

4. 混凝土拌和站智慧云工厂

混凝土智能生产远程集中控制中心（图12）应用集业务流程管理、远程操控、视频监控、原材料温度监控、质量卡控于一体的智能拌和站管理系统，实现拌和站远程集中操控少人化、业务流程管理自动化、混凝土生产全环节的自动管控和质量追溯，打造绿色、环保、智能化的示范性拌和站。

图12　混凝土智能生产远程集中控制中心

5. 人员、设备管理

开发Web端及手机端智能人事劳务管理系统，结合智能手环、智能门禁等硬件实现劳务管理、日常办公、人事管理、安全行为积分管理。通过智能门禁等方式，对现场人员进行智能考勤。基于人员定位手环，对人员密集等关键区域的人员位置、血压、心率等信息进行实时采集和分析展示，实现人员网格化管理。与安全管理系统数据对接，实时查看人员进场教育、安全技术交底信息。

通过对工程设备的安全监控，协同数字化管理平台，实现智能监管、吊钩可视化、司机实名制上岗等功能，达到监督作业状态、危险预警/报警、避免事故发生的效果。基于车载北斗、智能车牌识别、无人值守地磅，实现混凝土运输车实时定位、运输状态查询，常用车辆进出栈桥、锚碇工区号牌智能识别，水泥运输车智能过磅等功能。避免常规施工车辆超速、超载等违规操作。设备管理界面如图13所示。

图13　设备管理界面

六、结　语

张靖皋长江大桥以多目标、全要素、全周期打造国家级数字智慧大桥示范工程为目标，在数字化建设方面从设计、施工、运维全生命周期整体考虑进行顶层设计和规划，基于统一的数字底座和数据标准实现各阶段信息的采集与传递。其中施工阶段的数字化建设是打造国家级数字智慧大桥的重要环节，在全生命周期数字化建设中起到承上启下的作用。

在施工阶段以张靖皋长江大桥一体化数字平台为基础的数字化建设与应用，集成数字化协同管理、智慧工地、智能建造，一个平台、分级管控，有力地保障了大桥安全、高质量地建设。数字化协同管理实现每天上千份的工程建设管理资料全电子化线上流转审批，实现了业务数据同步收集、同步归档。进度、质量、计量的数据的共享、提取、推送实现核心业务智慧化管理。主要材料的正反向溯源实现工程建设质量的可追溯性。大桥智慧工地建设覆盖人、机、料、法、环整个环节，智能建造涉及塔、梁、锚、索等结构，BIM协同+智慧工地+智能建造数据融合实现了整个工程建设的动态立体管控，经济和社会效益显著。

随着大桥施工进程，基于智能手环的人员定位及健康监测系统、施工期结构安全自动化监测系统、钢结构制造系统、节段梁预制安装全流程管控系统等不断投入应用，张靖皋长江大桥施工阶段数字化建设将不断由蓝图变为现实，为大桥建设提供强有力的技术支撑。

将来在完整全面的建设期数据及模型移交基础上，利用信息化、数字技术手段，将建设期质量、进度、施工监控、安全等数据和运营期健康监测、养护、运营等全过程数据进行深度融合和关联。例如针对特大悬索桥结构特点，实时监测桥梁在自然环境、交通荷载等因素作用下的代表性、关键结构构件响应，与施工期监测数据融合对比，对大桥运营环境及关键部位结构响应进行分析并实现安全预警，对桥梁技术状况、宏观受力、耐久性、承载力等进行综合评估，为大桥的管养决策提供科学依据及建议。总之将大桥的建设、养护、运营等各个环节数据通过数字化手段紧密结合起来，实现各环节之间的信息共享与交互，从而提高大桥整体的运营效率，为大桥的建养运一体化平台提供支撑，实现大桥的智慧管养与运营。

参考文献

[1] 甘雨鑫.基于BIM的跨海桥梁数字化建设管理关键技术研究[D].重庆:重庆交通大学,2020.
[2] 宋子婧.公路桥梁建养一体化信息管理研究[D].南京:东南大学,2015.
[3] 张贵忠.沪通长江大桥BIM建设管理平台研发及应用[J].桥梁建设,2018,48(5):6-10.
[4] 刘建华 杨贵荣.基于WBS和EBS的公路工程BIM工序交验研究[J].项目管理技术,2019,17(6):84-87.

5. 张靖皋长江大桥支护转结构复合地连墙锚碇基础设计

王仁贵　梁振有　魏乐永　邓会元　陈　锐

(中交公路规划设计院有限公司)

摘　要　张靖皋长江大桥南航道桥为主跨2300m的双塔双跨吊钢箱梁悬索桥。该南航道桥南北锚碇均采用支护转结构复合地连墙锚碇基础方案。南锚碇地连墙平面尺寸为110.05m×75.05m，外围双层地连墙深83m。北锚碇地连墙平面尺寸为118.05m×75.05m，外围双层地连墙深67m。南、北锚碇地连墙厚均为1.55m，双层墙净间距4.25m，外围共设置32个小隔仓，内部地连墙将基坑划分为15个矩形隔仓，小隔仓填芯后形成7.35m厚结构墙体。地连墙槽段采用排插式刚性接头，有效保证基础整体性，既为临时围护结构也是永久受力结构。

关键词　悬索桥　复合地连墙锚碇基础　支护转结构　刚性接头　软弱地基　深层地基加固

大跨径悬索桥因其跨越能力强，目前已广泛应用于跨越江河湖海工程。随着土耳其1915恰纳卡莱大桥建成通车，悬索桥主跨最大跨径已从1991m提升到2023m。目前正在建设的狮子洋大桥(主跨2180m)和张靖皋长江大桥跨越能力更大，即将建成2300m级悬索桥。

随着悬索桥跨径的增加，传递到锚碇基础的荷载随之增加，势必对主要受力结构锚碇基础设计带来更大的挑战，特别是对于特殊地质条件和复杂建设环境，往往需因地制宜，选择一种受力安全经济合理的基础形式。如跨越高山峡谷的矮寨大桥[1]、雅康高速公路大渡河特大桥[2]等因岸侧岩体稳定、强度高，锚碇基础采用了隧道锚方案。处于岩层埋置浅条件的西堠门大桥[3]、燕矶长江大桥北锚碇[4]等，则采用更为经济合理的扩大式重力锚碇基础。而对于上覆土较厚，岩层埋置较深的条件，常选择沉井基础、地下连续墙基础(简称地连墙基础)或复合锚碇基础。地连墙基础因其受力性能好、整体性强、工效高、地质适应性强等优点,现被大力推广应用,目前已成功应用于阳逻大桥[5]、虎门大桥[6]、南京长江第四大桥[7]、黄石三桥[8]等工程。

张靖皋长江大桥面临的地质条件更复杂,对临近长江大堤安全控制较严,传统的圆形或∞字形地连墙已难以满足建设安全要求。因此,有必要因地制宜,对锚碇基础进行技术创新,以解决滑移、突涌、施工变形和受力安全控制等难题。

一、引　言

张靖皋长江大桥位于已建江阴长江公路大桥下游约28km处,距苏通大桥约57km。拟建主航道桥(即南航道桥)为双塔双跨吊钢箱梁悬索桥(图1),其桥梁跨径布置为2300m+717m=3017m,缆跨布置为660m+2300m+1220m。主塔采用钢箱-钢管约束混凝土组合索塔,辅塔采用钢壳混凝土组合索塔,塔基均采用钻孔灌注桩群桩基础,锚碇基础采用支护转结构复合地连墙基础,锚体采用框架式混凝土锚体结构,主缆采用标准强度为2200MPa的高强度钢丝,采用预制平行索股(PPWS)法架设,加劲梁采用整体式钢箱梁结构。

大桥采用双向八车道,设计荷载为公路—I级,设计速度为跨江段100km/h,设计使用寿命为100年[9]。

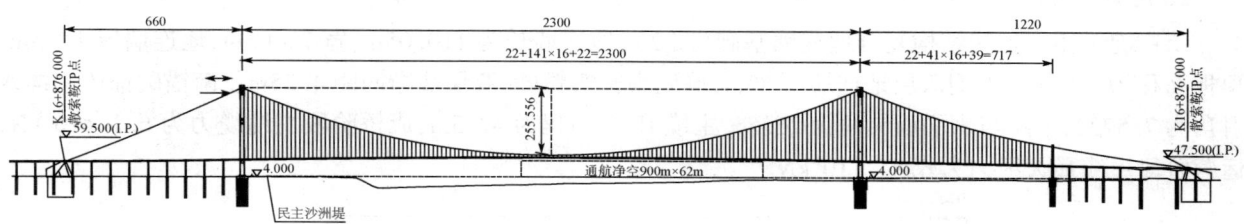

图1　张靖皋长江大桥南航道桥主桥立面图(尺寸单位:m;高程单位:m)

二、锚碇基础建设条件

1. 南锚碇建设条件

南锚碇位于农田和菜地,地面高程2.0m左右,地形平坦,周围沟渠分布较多,地表水体较发育。浅部地层为全新世冲积淤泥质粉质黏土、粉土、粉砂及粉质黏土,其下为晚更新世粉砂、中砂。南锚碇潜水含水层主要岩性为粉砂,水位埋深0.32~1.50m,下部承压水主要岩性为粉砂、中砂、粗砂,水位埋深1.61~1.71m。锚碇区潜水、承压水含水层均与长江水存在水力联系,其静止水位随长江潮汐水位变化而变化,且存在滞后性,滞后时间0.5~1.5h,水位变化幅度小于长江水位变化幅度,约为长江水位变化幅度的四分之一。

2. 北锚碇建设条件

北锚碇位于民主沙,周边为农田和林地,地面高程2.60~5.00m,地形平坦,周围沟渠分布较多,地表水体较发育。浅部主要岩性为粉质黏土局部夹粉砂层等,上部为粉砂地层,中部为粉质黏土局部夹粉砂,局部地段为粉砂,下部为粉砂、中粗砂(含砾)、粗砂(含砾)等,属典型的河谷冲积形成的具多元结构的含水层。潜水含水层主要为②层、③层、④层粉砂,含水层厚约30m。承压含水层组岩性主要为⑦₅层粉砂、⑧₆层中砂、⑨层中砂、⑩层粗砂等。

三、锚碇基础设计方案

1. 锚碇基础方案选型

根据勘察报告[10],南锚锚址周边区域地势均比较平坦,锚碇位于大堤南侧,地勘钻孔资料显示,锚址处覆盖层较厚,地表以下67m范围内各地层物理力学指标较差,中间夹杂着厚约40m的粉质黏土层,为不透水层;67m往下有密实的粉砂、中砂,地层物理力学指标相对较好,但均为承压水分布层;勘察孔钻孔深度(140m)范围内无岩石层。

北锚位于民主沙(马洲岛)中部,地势平坦,岛内地貌主要为既有道路及农田。地勘钻孔资料显示,锚址处覆盖层较厚,地表以下48m范围内各地层物理力学指标较差,中间夹杂着厚约20m的粉质黏土层,为不透水层;48m往下有密实的中砂、粗砂,地层物理力学指标相对较好,但均为承压水分布层;勘察孔钻孔深度(140m)范围内无岩石层。北锚与南锚地质条件类似。

在深厚冲积地层软弱地基下,锚碇常用的基础形式包括沉井基础、地连墙基础[11,12]。

沉井基础先地面制作后排水下沉,整体性好,承载能力高。但沉井基础施工工期较长,对粉砂、细砂类土在井内抽水时易发生流沙、翻砂等现象,造成沉井倾斜失稳;遇深厚黏土层、孤石等,下沉会有较大的难度,不可预测的施工风险较高。

常规地连墙锚碇基础常用于嵌岩或具有良好隔水层的地质条件下,地连墙作为基坑开挖围护结构,基坑内降水干开挖到基础底面,然后浇筑底板、隔墙、顶板,具有对周边环境影响小、施工简便、工期短等优点。本项目南锚处岩层埋藏深,-67~-27m范围内为软塑或可塑状粉质黏土层,虽为不透水层,但地基承载力低,不宜作为持力层,而-67m以下虽然地基承载力有所提高,但均为承压水层。如采用传统地连墙基础,需对粉质黏土层进行大范围的地基加固,提高其承载能力。

为克服沉井基础及传统地连墙中的技术难点,该项目提出了支护转结构复合地连墙基础方案。

2. 南锚碇设计方案

南锚碇采用支护转结构复合地连墙基础(图2),地连墙长为110.05m,宽75.05m,地连墙厚1.55m,顶板高程为+1.0m,外围双层地连墙深83m,墙底为密实粉砂,双层墙净间距4.25m。南锚碇锚体主缆入射角为7.572°,锚跨与水平面夹角为26.5°,主缆IP点高程为47.5m,成桥阶段主缆缆力为6.1×10^5kN,运营阶段主缆最大缆力为6.84×10^5kN。

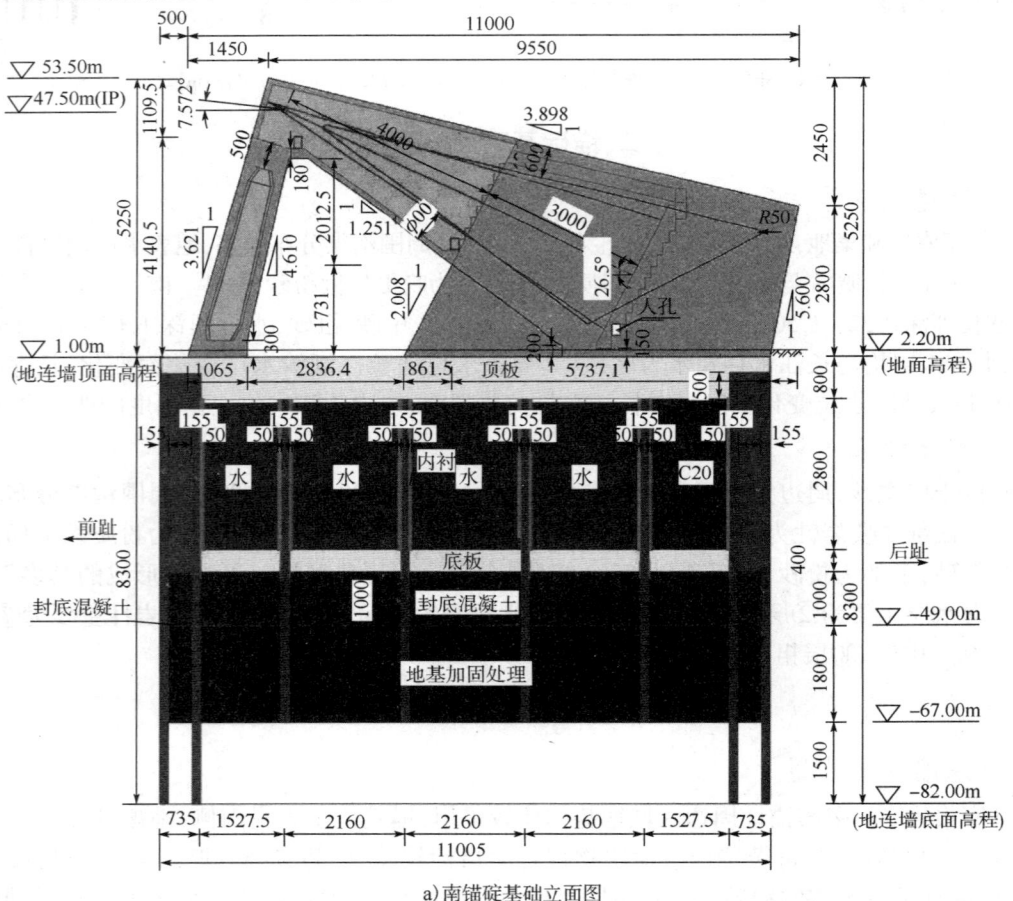

a) 南锚碇基础立面图

图 2

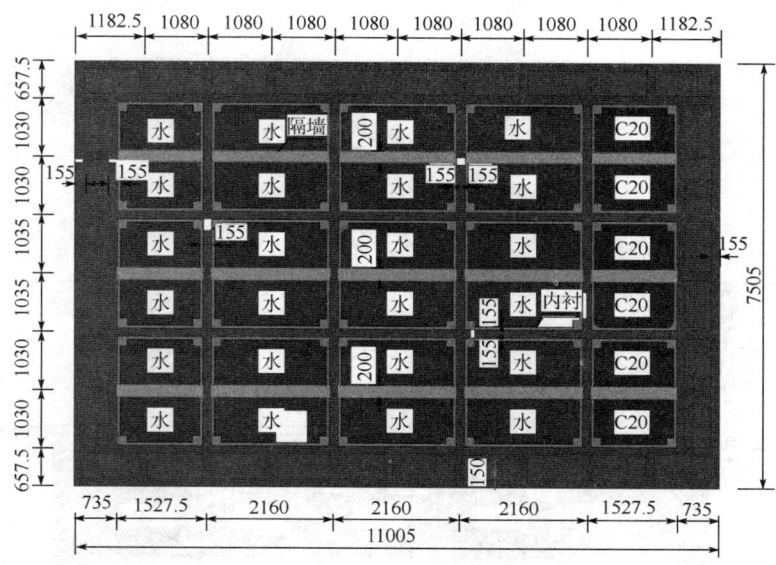

b) 南锚碇基础平面图

图2 南锚碇基础总体布置(尺寸单位:cm)

双层墙间采用地连墙分隔长边方向形成8个9.25m×4.25m和2个9.5m×4.25m矩形隔仓,短边方向形成2个8.8m×4.25m和4个8.75m×4.25m矩形隔仓。双层墙间水下开挖土体至-49m后,水下10m厚混凝土封底,边抽水边安装钢支撑,凿除地连墙松散混凝土,清理表面,之后浇筑双层墙间夹层混凝土,与双层地连墙形成7.35m厚墙体,作为基坑开挖时围护结构。

外围地连墙与内部地连墙形成格构式框架结构,同时内部地连墙将基坑划分为15个矩形隔仓,最大隔仓为20.05m×19.15m,隔仓内先坑内排水干开挖至-9m,破除内部地连墙二期槽段上部8m素混凝土段和外侧双层墙二期槽段上部3m素混凝土段,搭设施工平台;之后水下吸泥取土开挖,所有隔仓分层带水开挖,每层开挖深度3m,开挖至基坑底面高程为-49m后,浇筑10m厚水下封底混凝土,之后按相邻隔仓2m水头差均匀抽水,直至抽干隔仓内部水,接着干浇4m厚底板,大隔仓内部干作业施工0.5m厚内衬以及三道顺桥向2m厚隔墙,后趾隔仓用C20混凝土填充,其他隔仓采用清水填充。

3. 北锚碇设计方案

北锚碇采用支护转结构复合地连墙基础(图3),地连墙长为118.05m,宽为75.05m,地连墙厚1.55m,顶板高程为+1.0m,外围双层地连墙深68m,墙底为中砂层,双层墙净间距为4.25m。北锚碇锚体主缆入射角为21.523°,锚跨与水平面夹角为39.5°,主缆IP点高程为59.5m,成桥阶段主缆缆力$6.49×10^5$kN,运营阶段主缆缆力$7.26×10^5$kN。

双层墙间采用地连墙分隔长边方向形成6个9.25m×4.25m、2个11.35m×4.25m和2个11.4m×4.25m矩形隔仓,短边方向形成2个8.8m×4.25m和4个8.75m×4.25m矩形隔仓。双层墙间水下开挖土体至-35m后,水下5m厚混凝土封底,边抽水边安装钢支撑,之后浇筑双层墙间夹层混凝土,与双层地连墙形成7.35m厚墙体,作为基坑开挖时围护结构。

外围地连墙与内部地连墙形成格构式框架结构,同时内部地连墙将基坑划分为15个矩形隔仓,最大隔仓尺寸19.95m×17.85m,大隔仓内先干开挖至-9m,破除内部地连墙二期槽段上部8m素混凝土段和外侧双层墙二期槽段上部3m素混凝土段,搭设施工平台;接着水下吸泥取土开挖,所有隔仓分层带水开挖,每层开挖深度3m,开挖至基坑底面高程为-35m后,浇筑8m厚水下封底混凝土,之后按相邻隔仓2m水头差均匀抽水,直至抽干隔仓内部水,接着干浇5m厚底板,大隔仓内部地连墙干作业施工0.5m厚内衬以及三道顺桥向2m宽隔墙,隔仓用C20混凝土填充。

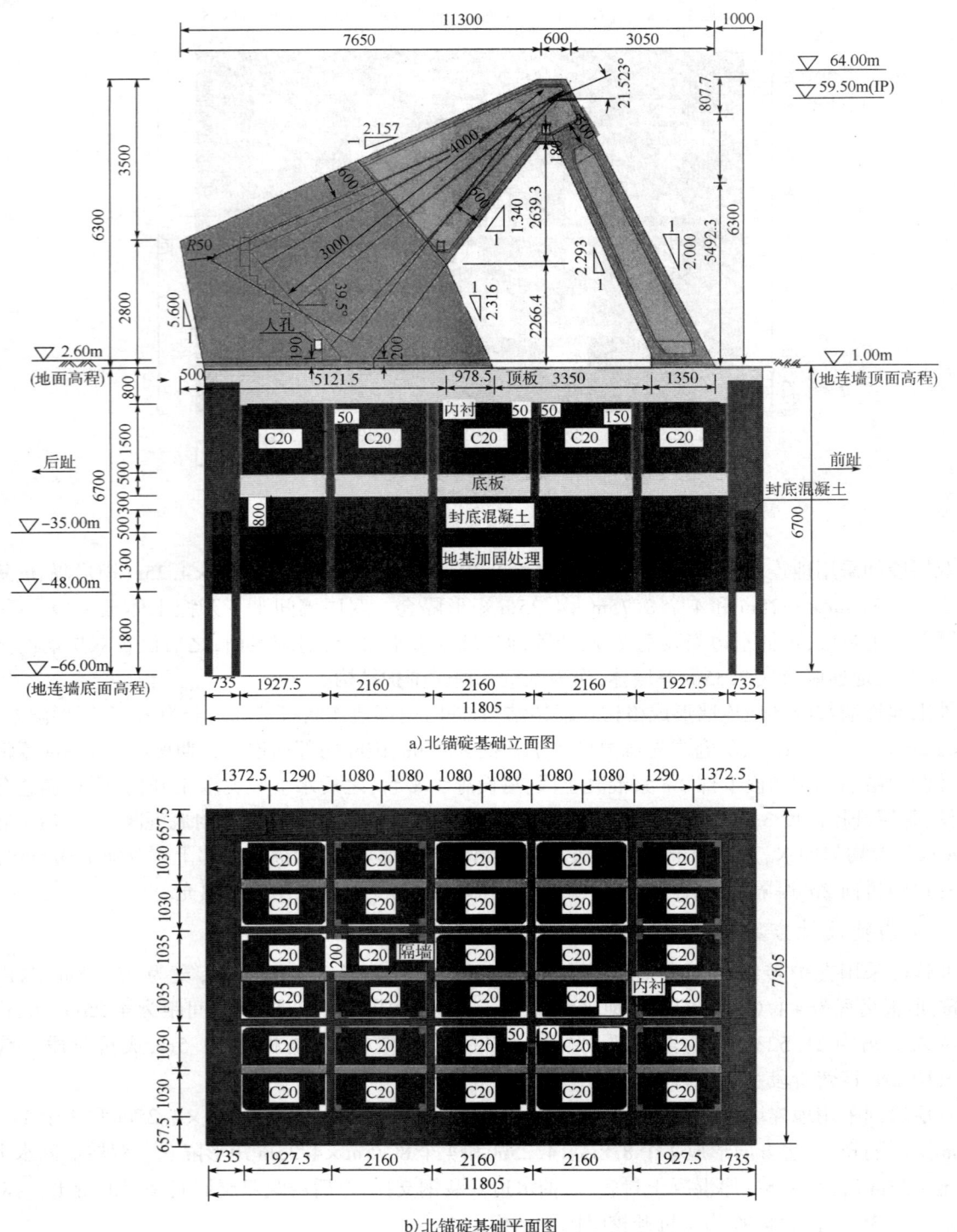

图 3 北锚碇基础总体布置(尺寸单位:cm)

四、锚碇基础性能提升技术

1. 地连墙槽段刚性接头设计

地连墙施工槽段分一期、二期槽段,槽段通过刚性接头方式连接,一、二期槽段在接头处,采用多道钢筋网片排插连接方式。南锚碇基础设置一期槽段94个、二期槽段104个,共198个槽段(图4)。北锚碇基础设置一期槽段102个、二期槽段112个,共214个槽段。

Ⅰ 规划与设计

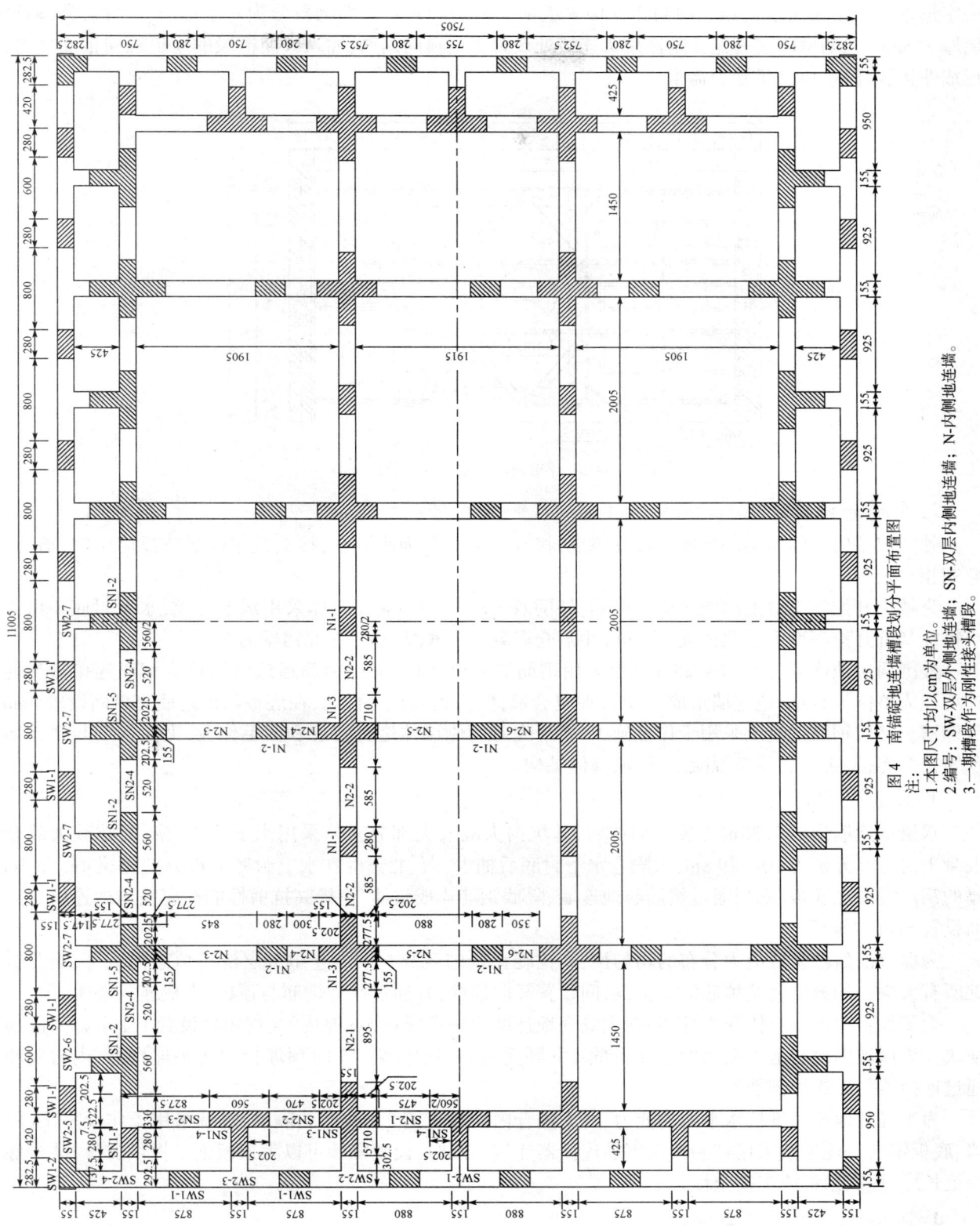

图 4 南锚碇地连墙槽段划分平面布置图

注：
1. 本图尺寸均以 cm 为单位。
2. 编号：SW-双层外侧地连墙；SN-双层内侧地连墙；N-内侧地连墙。
3. 一期槽段作为刚性接头槽段。

一期槽段分为一字形、L 形、T 形、十字形四种类型。地连墙厚 1.55m,放置封闭钢箱结构(其中一种一字形钢箱如图 5 所示),钢箱向两侧外伸 4 道横向钢筋网片。二期槽段分为一字形、T 形两大类,地连墙厚 1.55m,二期槽段钢筋笼在刚性接头连接处设置 2 道横向钢筋,插入一期槽段的 4 道横向钢筋之内,形成非接触搭接,以满足受力需求。

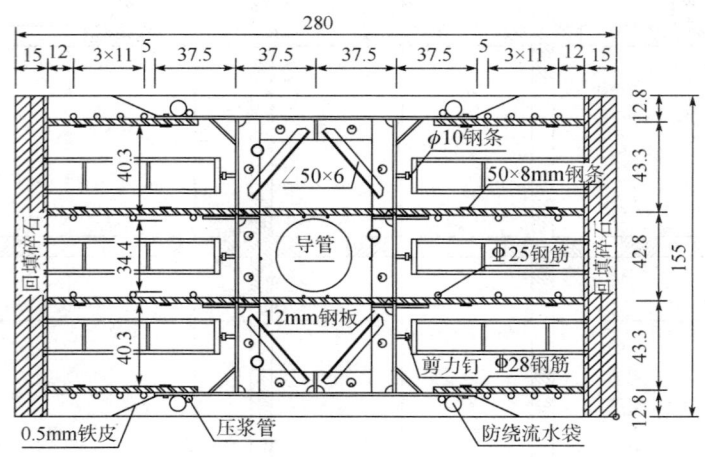

图 5　典型一字形钢箱平面图(尺寸单位:cm)

2. 小隔仓设计

外围双层墙之间每隔一定间距设支撑墙,将双层墙划分为小隔仓,接头位于两道支撑墙中间,剪力、弯矩相对较小。

为减小开挖施工对地连墙结构的影响,外围双层墙间的小隔仓土体采用水下开挖,水下封底。由于南锚碇基坑开挖深度大于北锚碇,南锚碇小隔仓混凝土封底厚 10m,而北锚碇为 5m。

外围两层地连墙之间的 4.25m 夹层采用钢筋混凝土结构,夹层钢筋通过特制接头钢筋连接器与地连墙连成整体,与双层地连墙形成 7.35m 厚复合墙体,为提高抗剪性能,在底板与地连墙交界面设置 8cm 深榫槽。夹层钢筋混凝土采用干作业施工,要求先对两侧墙体进行清理和凿毛作业,夹层钢筋与地连墙预埋接头连接,再分层浇筑混凝土,形成整体结构。

3. 大隔仓设计

双层地连墙形成 7.35m 厚复合墙体后,基坑内大隔仓大部分土体采用水下开挖,南、北锚碇大隔仓混凝土封底厚分别为 10m 和 8m,大隔仓水下封底后抽水,南、北锚碇在水下封底上再分别浇筑 4m 和 5m 厚的钢筋混凝土底板,底板通过钢筋与地连墙、隔墙钢筋连成整体,为提高抗剪性能在底板与地连墙交界面设置 8cm 深榫槽。

为保持前后趾基底应力分布的均匀性,南锚碇在基础后趾 6 个隔仓中分层浇筑填芯混凝土,而北锚碇所有大隔仓均分层浇筑填芯混凝土,层间设置竖向插筋,并通过预埋钢筋与顶板、底板连成整体。

为了加强地连墙整体受力性能,在大隔仓地连墙内侧设置 0.5m 厚内衬,拐角处设置 1.2m×1.2m 加强块。为保证内衬与地连墙间的连接质量及共同受力,在地连墙施工时预埋特制接头连接器,内衬钢筋通过连接器与地连墙钢筋相连。

为了提升地连墙抵抗水平力的能力,在大隔仓内设置三道 2.0m 厚的隔墙,隔墙采用干作业施工,隔墙、底板钢筋与地连墙采用特制接头钢筋连接器连接。同时,设置隔墙可以为顶板施工提供支撑,减少底模梁长度,提高顶板施工安全性。

4. 深层地基加固方案设计

南锚碇地下连续墙墙底位于⑦$_5$ 层粉砂内,基础开挖深度 51.2m,基础底面为⑥$_1$ 层粉质黏土,该层土具有水平层理,多以黏性土夹粉土、粉砂为主,夹层厚度不一,均匀性较差,承载力较低,压缩性高。为提高基础抗滑性能及地基承载力,减少基坑开挖深度,降低施工风险,减少结构蠕变,需要对每个隔仓内封底底面以下的地基进行加固处理,设计采用超高压旋喷桩工艺对基底进行加固。南锚碇地基加固范围为 $-67\sim-49$m,北锚碇地基加固范围为 $-48\sim-35$m。为降低地基加固离散性对结构的影响,要求加固时较设计顶高程多加固0.5m,并在封底前将上述多加固的0.5m进行剥刷。高压旋喷桩90d无侧限抗压强度平均值$\geq$3.3MPa,水泥质量有效掺入比$\geq$35%,地基加固层地基整体摩擦因数不低于0.37。

5. 墙侧分布式压浆、墙底压浆设计

在一期槽钢箱外侧、二期槽钢筋笼外侧布置直径57mm、壁厚3.5mm压浆管,对锚碇基础地基加固区域(南锚碇为 $-67\sim-49$m,北锚碇为 $-48\sim-35$m)地连墙体与地基加固薄弱界面及一期钢箱外侧10cm间隙进行墙侧分布式压浆,提高墙土接触面抗渗性能,增加隔仓开挖抗突涌安全系数。在一期槽钢箱内侧及二期槽钢筋笼内侧布置压浆管,对外圈双层地连墙墙底进行墙底压浆,弥补施工缺陷,提高基础承载能力。通过对地连墙基础墙侧压浆、墙底压浆,可以进一步提升基础整体受力性能。

五、结 语

张靖皋长江大桥南航道桥南、北锚碇采用超大支护转结构复合地连墙基础,该方案将地连墙永临结合,兼具沉井和地连墙优点,有效降低施工风险,适应软弱地基上建造超大水平力锚碇基础的建设需求。具体技术特点如下:

(1)采用格构式地连墙,地连墙之间采用可传递剪力和弯矩的刚性接头,保证地连墙结构的整体性,既作为临时围护结构也是永久受力结构,永临结合,降低造价。

(2)基础外侧地连墙采用双层地连墙,地连墙施工完成后,开挖小隔仓土体,并浇筑钢筋混凝土填芯,形成双层地连墙+混凝土填芯的复合结构体,以保证结构整体性和基坑开挖期间基坑安全性。

(3)双层地连墙形成复合结构后,基础分隔仓进行水下开挖、水下封底,降低基坑开挖的风险。同时内侧墙增设剪力墙、内衬,受力钢筋接头连接,增强基础的整体性。

(4)通过一定范围的深层地基加固,有利于加大基底摩擦因数,提高地基承载力,降低土体渗透系数,形成有效隔水层,减少基坑开挖深度,降低施工风险。原软弱土层加固后可减少结构变位和蠕变。

(5)通过对地连墙基础墙侧、墙底压浆,可以解决抗突涌及墙土接触面抗渗问题,弥补施工缺陷,提高承载力,进一步提升基础整体受力性能。

参考文献

[1] 方联民,谢立新,喻波.矮寨大桥施工技术创新[J].公路工程,2016,41(6):308-313.
[2] 周咏凯,张润泽.雅康高速大渡河特大桥猫道设计与架设[J].城市道桥与防洪,2017(11):143-148,16.
[3] 宋晖,王晓冬.舟山大陆连岛工程西堠门大桥总体设计[J].公路,2009(1):8-16.
[4] 彭元诚,丁少凌,任蒙,等.湖北燕矶长江大桥体系构思与总体设计[J].桥梁建设,2022,52(3):1-7.
[5] 徐国平,刘明虎,刘化图.阳逻长江大桥南锚碇圆形地下连续墙设计[J].公路,2004(10):11-14.
[6] 王志仁,张东曾,易金明.虎门大桥东锚碇基坑的深开挖及防护[J].桥梁建设,1995(2):48-52.
[7] 崔冰,贾立峰,李丹.南京长江第四大桥南锚碇地下连续墙支护结构设计[J].中国工程科学,2013,15(8):26-30.
[8] 王志诚,梁振有,闫永伦,等.棋盘洲长江公路大桥南锚碇地下连续墙设计[J].桥梁建设,2018,48(2):89-93.
[9] 中交公路规划设计院有限公司与华设设计集团股份有限公司联合体.张靖皋长江大桥施工图设计[R].北京:2022.
[10] 中交公路规划设计院有限公司与华设设计集团股份有限公司联合体.张靖皋长江大桥施工图设计工程地质勘察报告[R].北京:2022.
[11] 邵国建,潘辉,胡丰.深厚覆盖层下锚碇沉井基础选型的量化对比分析[J].地下空间与工程学报,2013,9(S2):1996-2001.
[12] 戴显荣,王昌将,王晓阳,等.温州瓯江北口大桥主桥总体设计及结构选型[J].桥梁建设,2019,49(3):80-85.

6. 张靖皋长江大桥新型组合索塔设计

颜智法　张　愉　魏乐永

(中交公路规划设计院有限公司)

摘　要　张靖皋长江大桥南航道桥为主跨2300m的双塔双跨吊悬索桥，主塔高350m。该桥塔具有塔高、塔顶压力大、结构体量大、基础地质差等特点。为适应建设条件特点，并结合悬索桥索塔受力特点，创造性提出了钢箱-钢管约束混凝土组合索塔。索塔外部设钢箱结构，内置4根直径3.6m钢管混凝土，通过纵横腹板、横隔板等构件相互联系形成整体。该索塔充分利用了钢管混凝土的承压性能，利用外壁钢板承弯，采用工厂化、装配化、快速化建造方法，并利用钢管的约束效果提高了管内混凝土单次浇筑高度，具有轻型化、高承压、承弯强、工效高等优势。该索塔充分发挥了两种不同构件的性能优势、传力途径明确、受力合理、抗震性能优异，拓展了大跨径悬索桥索塔形式。

关键词　张靖皋长江大桥　钢箱-钢管约束混凝土组合索塔　钢管混凝土　索塔形式

一、引　言

张靖皋长江大桥连接张家港与如皋市，是江苏省内重要过江通道之一，上游距江阴长江公路大桥约28km，下游距沪苏通长江公铁大桥约16km。该桥为主跨2300m的双塔双跨吊悬索桥，建成后将成为世界最大跨径悬索桥，采用双向八车道、公路—Ⅰ级标准设计，缆跨布置为660+2300+1220=4180(m)，梁跨布置为2300+717=3013(m)，主缆矢跨比1/9，塔高350m，主缆横向间距42.9m，标准索距16m；加劲梁梁高4.5m。南航道桥桥型布置如图1所示。

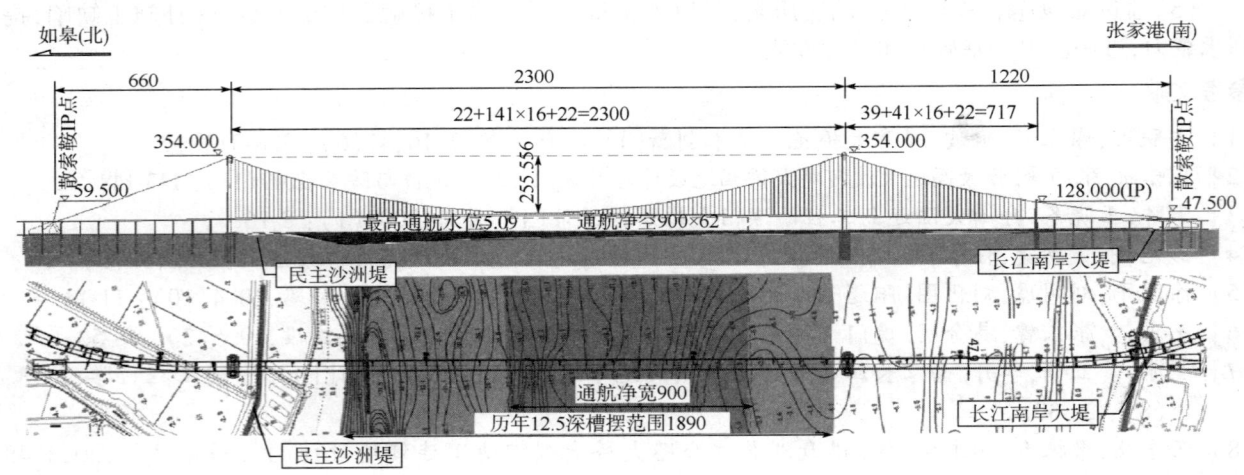

图1　张靖皋长江大桥南航道桥桥型布置(尺寸单位:m;高程单位:m)

张靖皋长江大桥跨径大，桥位处于长江中下游软弱地基上，地勘揭示140m未见基岩出露，具有塔高、工程体量大、塔顶压力大、工期长、施工复杂等特点。为此，在设计过程中针对建设条件特点，并结合悬索桥索塔受力特点开展了一系列研究，确定了索塔方案。

二、方案研究

对于主跨2300m悬索桥，调研国内外桥梁工程实践(表1)，传统常用的混凝土索塔、钢索塔均具有可行性。

国内外大跨径悬索桥索塔调研

表1

桥名	所在地	桥跨(m)	塔高(m)	材料
墨西拿大桥	意大利	3300	354.9	钢材
恰纳卡莱大桥	土耳其	2023	315	钢材
明石海峡大桥	日本	1991	297	钢材
六横大桥	中国浙江	1768	247	混凝土
仙新路大桥	中国江苏	1760	263.8	混凝土
杨泗港大桥	中国湖北	1700	260	混凝土
南沙大桥	中国广东	1688	260	混凝土
西堠门大桥	中国浙江	1650	211.29	混凝土

1. 混凝土塔方案

索塔采用门式框架结构,索塔总高度350m;索塔设上、中、下三道横梁,塔顶尺寸为18.6m×10m(纵向×横向),塔底截面尺寸为20m×14m(纵向×横向)。根据受力计算,壁厚分别采用140cm、180cm、220cm、260cm;索塔采用C55混凝土,索塔混凝土共计16.5万m^3。索塔基础采用168根2.8~3.2m钻孔灌注桩,桩长128m,承台采用整体式八边形承台,厚11.5m(图2)。索塔常用液压爬模施工。根据施工组织安排,索塔桩基、承台及塔座、索塔基础施工合计24个月;塔柱标准节段长6m,工期合计24个月;混凝土索塔方案索塔及基础施工合计48个月。

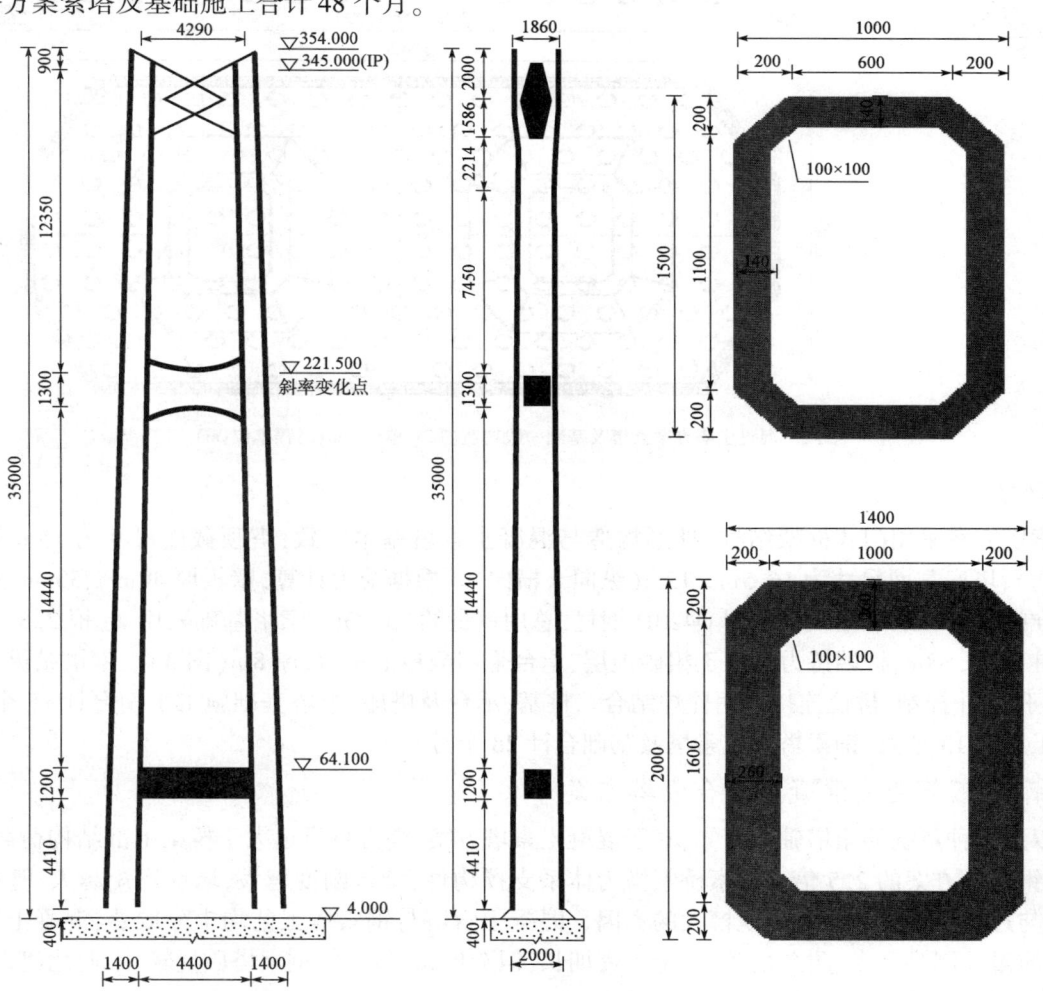

图 2

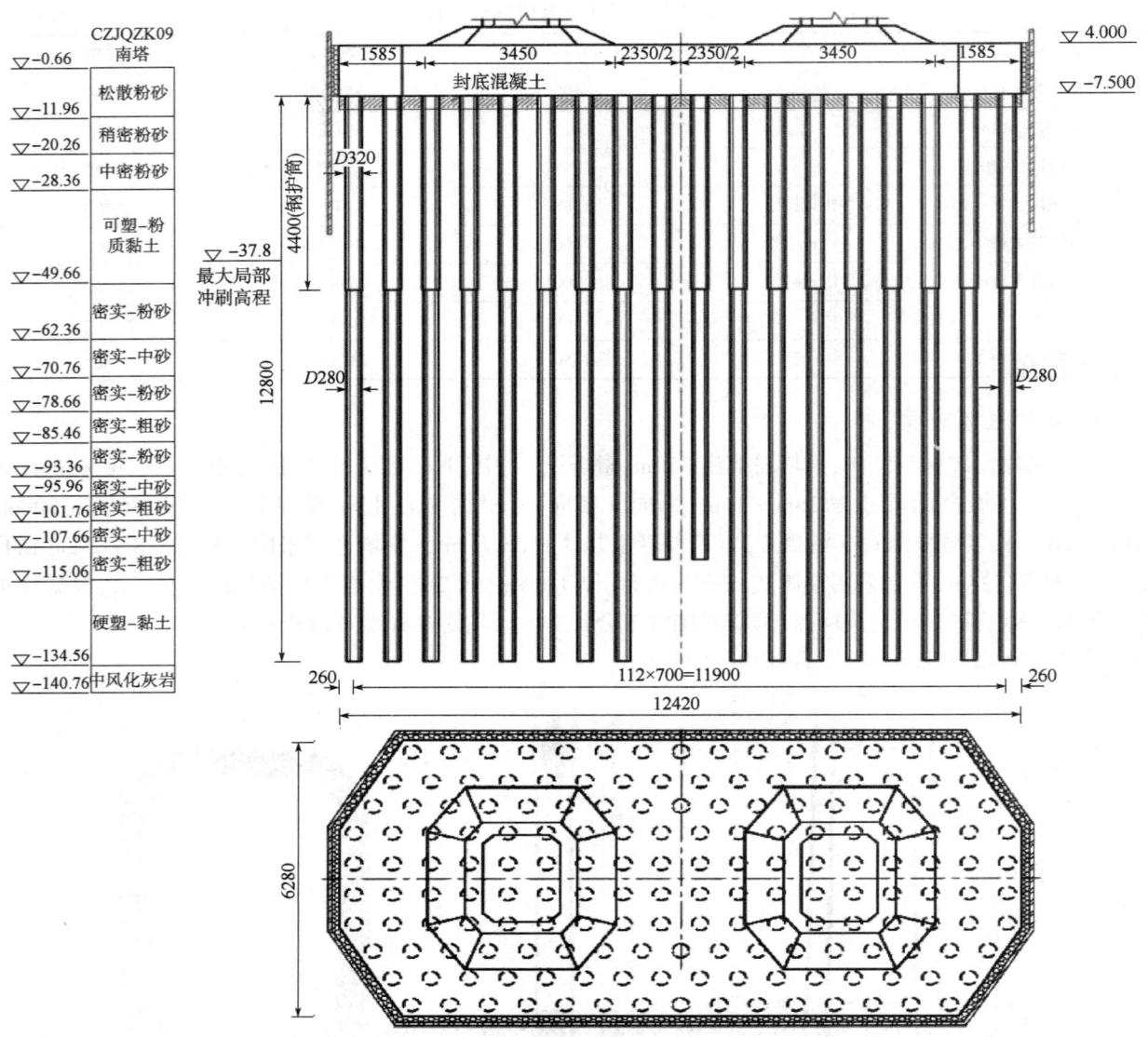

图 2　混凝土塔方案索塔及基础一般构造（尺寸单位:cm;高程单位:m）

2. 钢索塔方案

钢索塔方案采用门式框架结构；外形构造与混凝土索塔基本一致；塔顶截面尺寸为 15m×12m（纵向×横向），塔底截面尺寸为 16.5m×12m（纵向×横向）。根据受力计算，壁板厚 40mm、50mm、60mm，横隔板标准间距 3m，索塔钢结构采用 Q420D 钢材，总用钢量约 85723t。索塔基础采用 76 根 2.8～3.2m 钻孔灌注桩，桩长 98m，桩端持力层位于粗砂地层，承台采用哑铃形承台，厚 8m（图 3）。钢塔结纵向分三块吊装，吊重 250t 控制，桥位连接采用栓焊结合。桩基、承台及塔座、索塔基础施工工期合计 15 个月，索塔塔柱施工周期 13 个月，钢索塔方案索塔及基础合计 28 个月。

3. 钢箱-钢管约束混凝土组合索塔方案

由以上两种传统的索塔轴力可知，对于混凝土索塔方案，塔身自重远大于桥梁上部结构荷载，基础规模大，是钢索塔方案的 2.5 倍。悬索桥索塔为体系支撑构件，结构刚度越大，塔底弯矩越大，基础规模越大，自重与过大刚度是导致基础规模大的本因。混凝土索塔与钢索塔工艺均十分成熟，混凝土索塔截面大、表观质量控制难度大、耐久性较低、施工周期长，但造价相对较低；钢索塔质量轻、工业化建造程度高、周期短，但刚度弱、易诱发风致振动，对比见表 2。

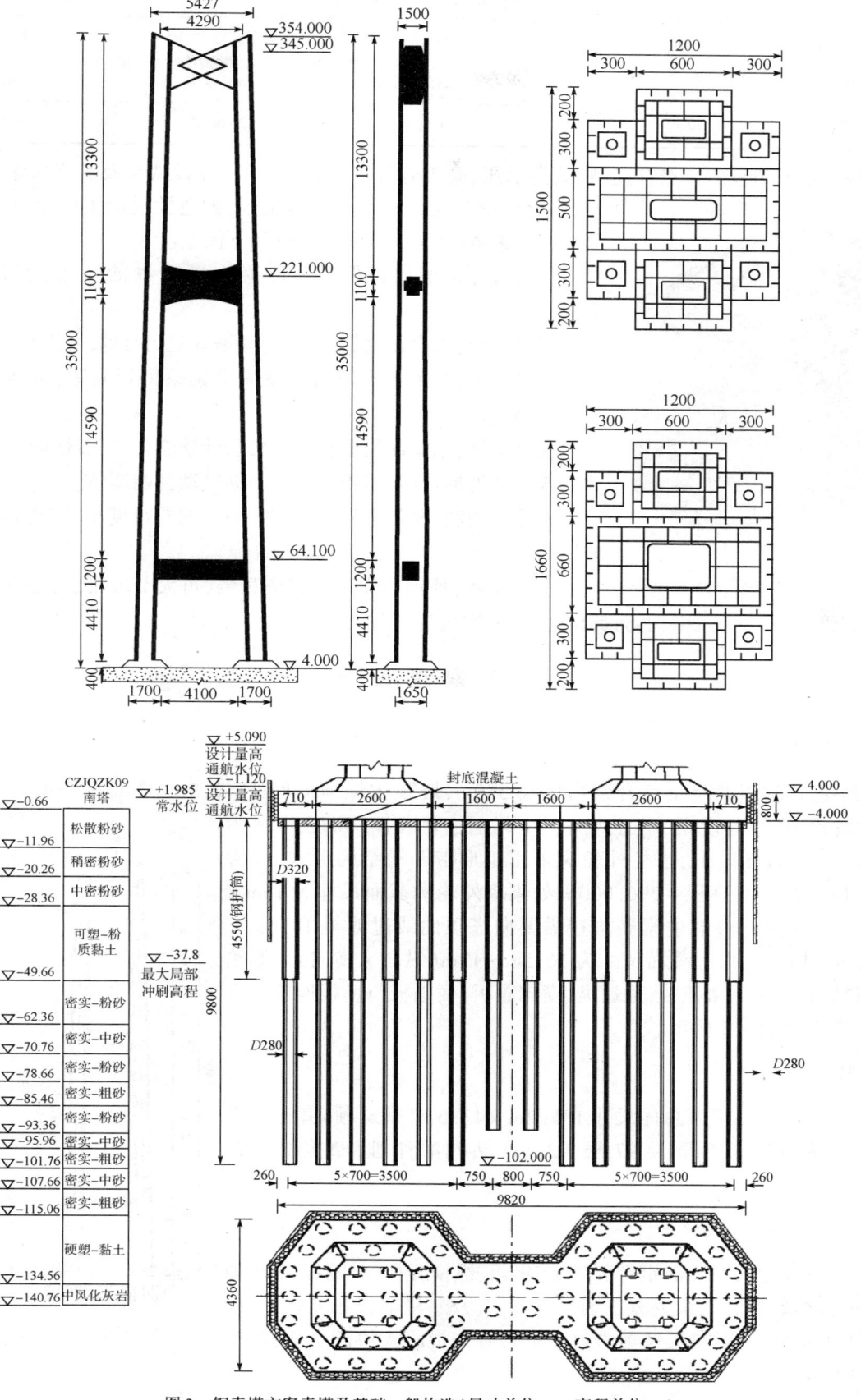

图3 钢索塔方案索塔及基础一般构造(尺寸单位:cm;高程单位:m)

混凝土索塔与钢索塔轴力对比　　　　　　　　　　　　　　　　　　　　表2

项目	塔顶轴力(kN)	塔身自重(kN)	承台底轴力(kN)	塔底弯矩(kN·m)
混凝土索塔	1088140	2159750	5671480	7894990
钢索塔		428610	2349800	1614190

本桥索塔最适宜的特点有轻型化、高承压、高工效等特点,结合项目建设特点及悬索桥索塔受力特点,将钢管混凝土及钢结构索塔结合,创造性提出了钢箱-钢管约束混凝土组合索塔(图4),该索塔具有如下优点:

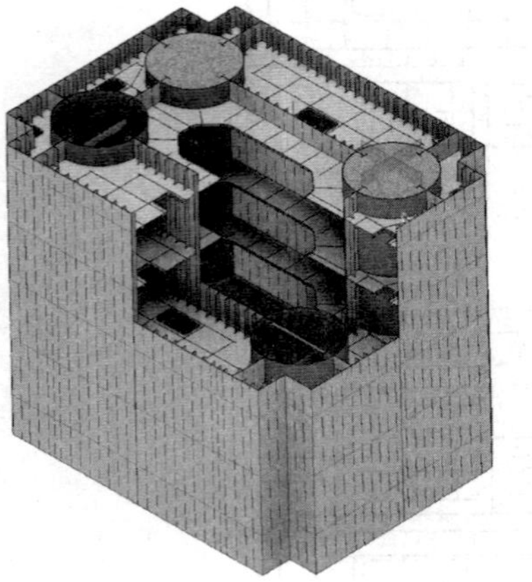

①轻型化:重约10万t,为混凝土塔重量的一半,基础规模降低45%。

②高承压:大直径钢管混凝土,套箍效应仍有效,可提高约20%。

③刚度可调:可根据塔身刚度需求调整钢管间距,可演变为单钢管+钢箱结构。

④高延性:钢管混凝土提升了构造延性能力、抗震性能好。

⑤气动外形可塑:钢箱结构易根据气动性能调整。

⑥施工便利、质量可靠:壁板薄,加工制造难度小,实现索塔装配化施工。

图4　钢箱-钢管约束混凝土组合索塔

⑦高工效:外钢箱安装与钢塔相当,可大节段吊装,混凝土浇筑充分利用钢管套箍,提高混凝土浇筑高度,约8次可完成混凝土施工。

三、索塔设计

1. 总体设计

钢箱-钢管约束混凝土组合索塔塔高350m,塔顶主缆横向间距42.9m,塔底索塔截面中心间距58m;索塔设三道钢横梁,分上塔柱、中塔柱、下塔柱,高度分别为143.5m、152.4m、54.1m;塔柱外轮廓采用矩形带凹槽结构形式,改善塔柱空气动力性能;高程+296.000m处索塔外轮廓截面尺寸为15m×12m(纵向×横向),考虑主索鞍构造需要向塔顶曲线过渡至18.6m×12m(纵向×横向),塔底截面尺寸为16.5m×12m(纵向×横向)。钢箱内设4根钢管约束混凝土柱,通过纵、横向腹板、横隔板与壁板连接形成整体,主塔构造如图5所示。

2. 基础设计

承台为八边形,平面总体尺寸105.2m×43.6m(横×顺)并相应设置倒角,厚8.5m,承台下设97根D2.8m钻孔灌注桩,摩擦桩设计(图6)。

3. 塔柱一般构造

索塔由4根直径3.6m钢管混凝土、钢箱、纵横腹板、横隔板、T形加劲肋组成;钢箱、钢管约束混凝土通过纵横实腹板、横隔板相互联系;钢管内设T形加劲肋、对拉板及剪力钉增强钢管与混凝土协调受力;标准节段高10.8m、13.5m(图7)。

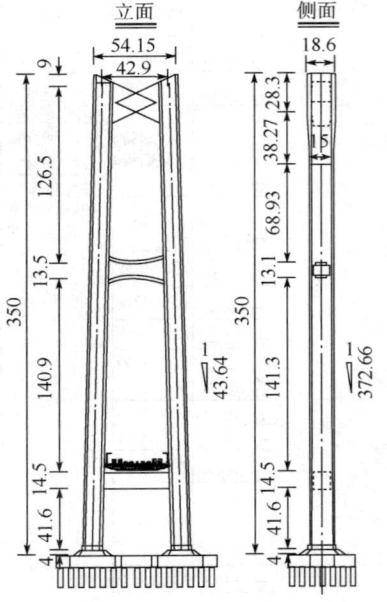

图5　主塔构造(尺寸单位:m)

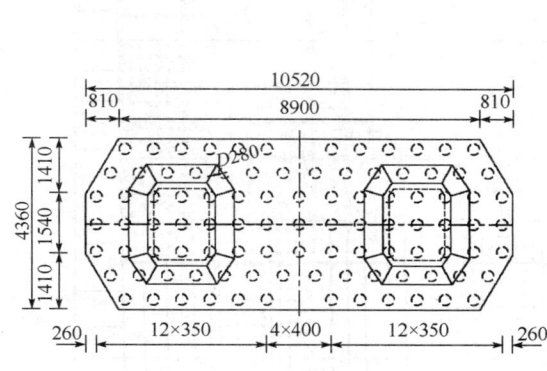 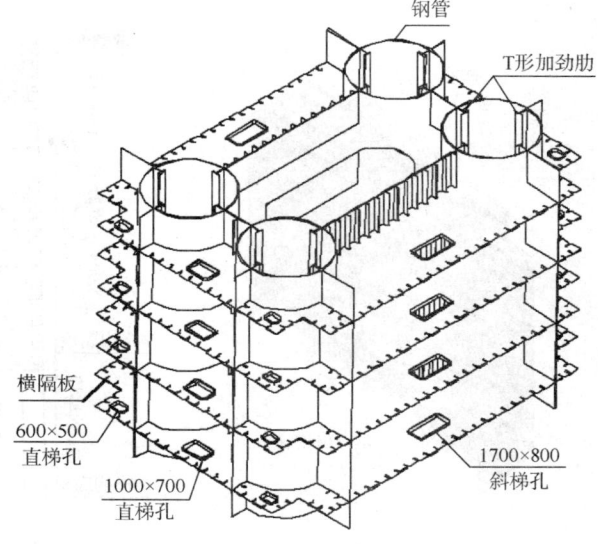

图6 桩基承台布置(尺寸单位:cm)　　图7 钢箱-钢管约束混凝土内部构造(尺寸单位:mm)

4. 关键构造

塔底锚固采用承压板和锚固螺杆相结合的方式,分钢箱锚固与钢管锚固两部分(图8)。塔底设置120mm厚承压钢板及50mm压浆层,保证塔底与承台密贴,钢箱及钢管截面周圈设置直径130mm高强螺杆,钢箱锚固螺杆施工张拉控制力为4000kN,钢管锚固螺杆施工张拉控制力为3500kN。

横梁处受框架效应影响,有较大的横向弯矩,钢管与管内混凝土有较大的黏结力需求,另外横梁传力需较为顺畅传递给塔柱。该部位塔柱钢管内设有PBL剪力环板,竖向间距0.5~1m,同时管内增设横向开孔实腹板传递横梁腹板内力,将钢管内剪力钉在该部位加密处理(图9)。

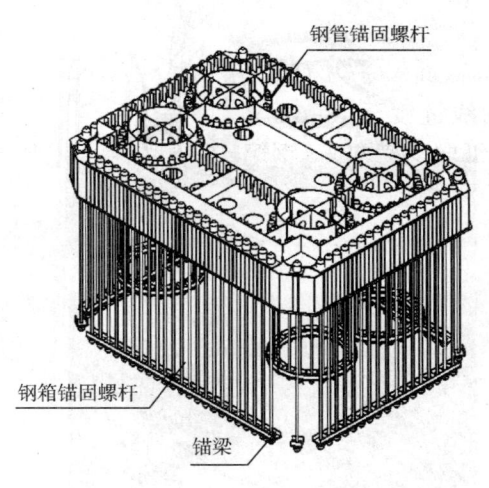 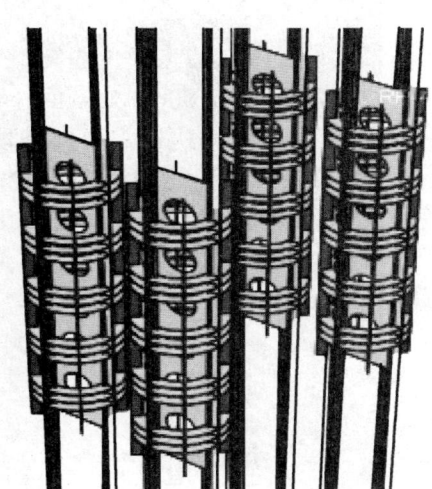

图8 塔底锚固构造　　图9 连梁部位连接构造

塔顶承受索鞍传递的巨大轴向力,将轴力均匀传递给4根钢管混凝土。该部位采用类似于桩基+承台+墩身传力模型(图10),塔顶设6.9m厚C60混凝土实心段+2.0m高格构支撑组成,顶部1m采用超高性能混凝土(UHPC)。

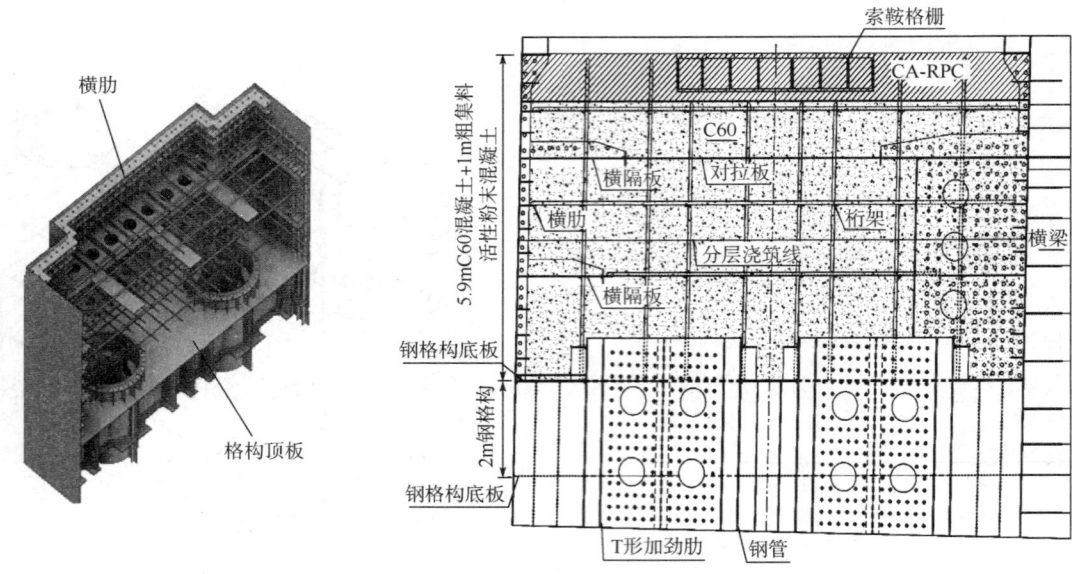

图 10　传力模型

5. 主塔施工方案

索塔采用工厂化、装配化的快速施工方法。索塔标准节段钢结构均在工厂内加工,并进行工厂内预拼装。首节段采用大型履带式起重机或者浮式起重机吊装,其余节段采用 12000t·m 以上塔式起重机横向分块吊装;钢管顶设置混凝土浇筑平台,分批分节浇筑钢管内混凝土,最大单次混凝土浇筑高度 40m。塔柱施工如图 11 所示。

图 11　塔柱施工

四、索塔研究

钢箱-钢管约束混凝土组合索塔为新型构造,为保证结构安全,更好地支撑构造设计,开展了钢混组合索塔结构受力行为分析及试验研究、超高索塔用混凝土制备与应用关键技术研究、超高钢混组合索塔非线性稳定分析、钢管约束混凝土组合索塔施工关键技术研究等专项研究。针对新型索塔构造关注的大直径小径厚比钢管约束混凝土的承载力、大直径无收缩自密实混凝土性能要求、组合结构传力模式、协同受力性能、钢管混凝土黏结力需求、超长距离下行施工保障措施等关键问题进行了分析研究。其中部分主要研究结论介绍如下:

1. 钢管混凝土轴压试验

开展了直径1m、高3m、C60钢管混凝土轴压试验(图12),是世界上最大的钢管混凝土轴压试验。通过试验可知:试件延性很好;破坏现象为钢管底部鼓曲;对于一般试件,约束效应可将强度提高13%~16%;对于有外置横隔约束试件,强度可提高21%以上。增加钢管厚度、内置T形加劲肋、外置横隔板均可增加钢管混凝土轴压承载力。

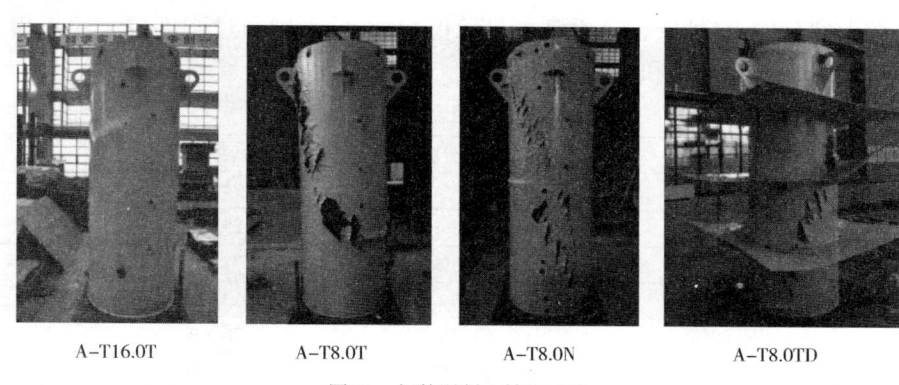

图12　钢管混凝土轴压试验

2. 钢管混凝土性能

钢管内混凝土无收缩性能主要通过多元复合分时膨胀补偿收缩材料给予实现,该材料能够精准匹配管内混凝土收缩类型、发生时间及大小,实现无收缩(残余应变为正值,储存一定膨胀预压应力),并通过足尺模型试验验证(图13)。

图13　钢管混凝土足尺模型试验

钢管混凝土徐变效应主要发生基本徐变,通过试验fib 2010模型与室内徐变试验基本吻合,张靖皋长江大桥索塔10年徐变系数取值为0.85,如图14、图15所示。

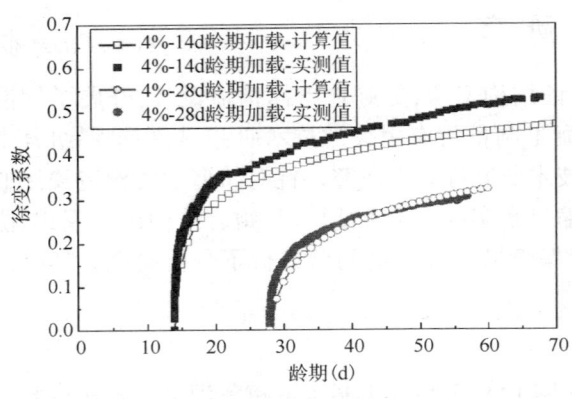 

图14 钢管混凝土实测徐变曲线与计算值对比　　　　图15 钢管混凝土徐变实测试验

3. 钢管混凝土性能

对张靖皋长江大桥新型索塔结构上中下塔柱依次选取截面进行传力模式分配分析。通过计算可知，钢管混凝土承受较大部分轴力，外壁钢箱主要参与承担弯矩，剪力则通过刚度较大的纵横腹板路径进行传递，与预期结果较为吻合，如表3和图16所示。

张靖皋长江大桥组合索塔内力分配　　　　表3

截面	部位	轴力分配	纵弯分配	横弯分配
上塔柱	钢管混凝土	69.7%	74.3%	49.2%
	钢结构	30.3%	25.7%	50.8%
中塔柱	钢管混凝土	68.5%	77.0%	46.6%
	钢结构	31.5%	23.0%	53.4%
下塔柱	钢管混凝土	64.2%	73.6%	45.9%
	钢结构	35.8%	26.4%	54.1%

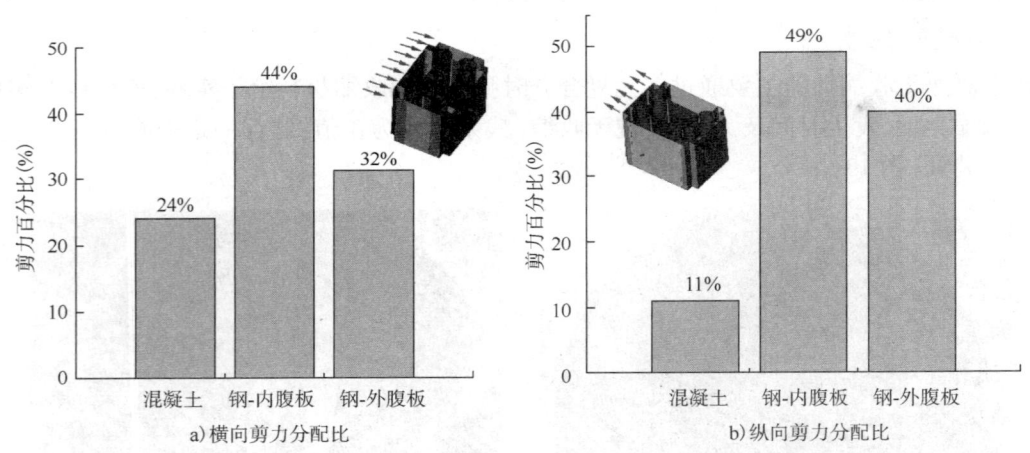

图16 组合索塔构件剪力分配

4. 截面协同性能

采用数值分析对截面变形进行分析，并通过组合结构缩尺模型试验进行验证。通过计算分析可知：纵桥向荷载作用下，组合索塔各构件协同工作性能较好，各截面满足平截面假定；横桥向荷载作用下，除塔底、塔-梁节点外基本满足平截面假定，如图17所示。

5. 组合结构压弯试验

开展了截面缩尺比1∶10，截面长1200mm、宽100mm、净高5300mm组合结构缩尺模型压弯试验（图18）。通过试验可知：钢箱-钢管混凝土组合索塔在压弯荷载作用下的滞回曲线较为饱满，具有一定的耗能能力,试件表现出较好的延性;组合索塔在压弯荷载作用下的破坏模式为底部外围钢箱发生局部屈曲及拉断,内部钢管混凝土变形不明显;试件底部截面在变形后逐渐偏离平截面,除底部外其余截面在变形后基本保持平截面,钢箱翼缘在加载过程中出现轻微的剪力滞效应;将钢箱-钢管混凝土组合索塔截面分为外部钢结构和内部钢管混凝土格构柱分别计算压弯承载力,外部钢结构按全截面屈服计算,内部钢管混凝土格构柱按满足平截面假定的修正格构式算法计算,再将二者加和得到截面的压弯承载力,计算结果较为精准且偏于安全。

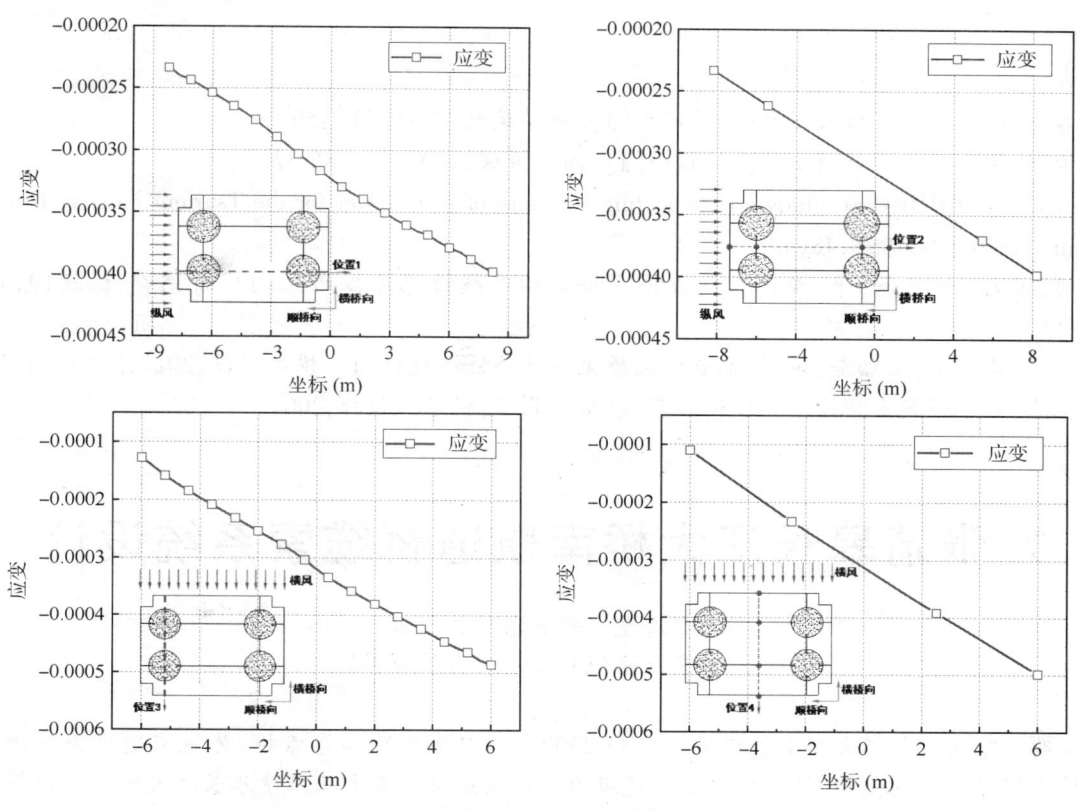

图 17 组合索塔不同位置变形

图 18 组合索塔压弯试验

五、结　语

张靖皋长江大桥南航道桥为桥跨布置2300m+717m的双跨吊悬索桥,主塔采用了新型钢箱-钢管约束混凝土组合结构,充分吸收了钢管混凝土及钢索塔优势,有效解决了软弱地基上超大体量索塔建设的难题。该结构充分结合了悬索桥索塔受力特点,传递路径明确,受力可靠,施工便利,经济性较好,通过各项研究支撑了设计结论。该类型索塔拓展了悬索桥索塔类型,可为类似超大跨径悬索桥设计提供参考。

参考文献

[1] 佚名.塞维利亚市阿拉米罗大桥,西班牙[J].世界建筑,2001(11):56-57.
[2] 孙传洲.捷克易北河玛丽安独塔斜拉桥[J].国外桥梁,2002(2):36-37.
[3] YUKIO A, AKIHIRO M. Study on connecting structure of main tower for the Tsurumi Fairway Bridge[J]. Sumitomo Metals, 1996, 48(1): 64-74.
[4] 吕梁,崔冰,钟汉清,等.南京长江五桥主桥结构非线性稳定性研究[J].桥梁建设,2019,49(4):40-45.
[5] 张金涛,傅战工,秦顺全,等.常泰长江大桥主航道桥桥塔设计[J].桥梁建设,2022,52(5):1-7.
[6] 韩林海.钢管混凝土结构——理论与实践[M].北京:科学出版社,2004.

7. 张靖皋长江大桥南航道桥缆索系统设计

郝海龙　刘箐霖　魏乐永

(中交公路规划设计院有限公司)

摘　要　张靖皋长江大桥南航道桥为主跨2300m的双塔双跨吊悬索桥,为适应建设条件特点并结合悬索桥索塔受力特点,创新性地提出了主缆缆力自平衡体系。本文从张靖皋长江大桥南航道桥缆索系统的功能需求出发,对缆索系统的合理形式选择、结构设计、选材等问题进行阐述,为类似工程提供参考。

关键词　悬索桥　缆索系统　自平衡　装配式设计

一、引　言

张靖皋长江大桥南航道桥主缆跨度为660m+2300m+1220m,加劲梁两跨悬吊,分跨布置为2300m+717m。主缆横桥向中心距42.9m,标准吊索间距16.0m。南边跨主缆有较长的无吊索区,在过渡墩处设置辅塔。为适应建设条件特点并结合悬索桥索塔受力特点,创新性地提出了主缆缆力自平衡体系。加劲梁采用带风嘴的扁平钢箱梁,桥轴线处加劲梁高4.5m;桥面纵坡为2.0%的双向人字坡。主桥桥型立面布置如图1所示。

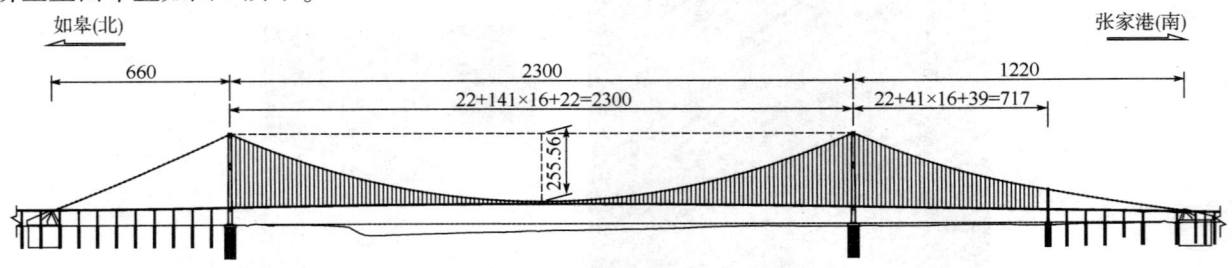

图1　张靖皋长江大桥南航道桥总体布置图(尺寸单位:m)

二、缆索系统总体布置

张靖皋长江大桥南航道桥缆索系统主要包括主缆、吊索、索夹、主索鞍、散索鞍、副索鞍以及主缆检修道等附属设施。

张靖皋长江大桥南航道桥上、下游共设两根主缆,主缆中心间距42.9m,根据不同矢跨比对桥梁扭转频率、抗风性能需求、结构刚度以及工程量的影响分析,中跨矢跨比设计为1/9;在主跨及南边跨钢箱梁区域布设吊索,吊索采用平行钢丝吊索,标准间距为16m;在如皋侧北塔、张家港侧南塔塔顶设置主索鞍,实现对主缆的支承转向,并满足主缆缆力自平衡体系对主索鞍的功能要求。在如皋侧及张家港侧锚碇内设置散索鞍,支承主缆并引导主缆索股发散锚固于锚碇前锚面。在辅塔塔顶设置自带柱面活动支座的副索鞍,具有支承主缆并实现适应主缆位移和转角的功能。主缆上方设置主缆检修道,由布置在主缆两侧的立柱、钢芯钢丝绳制成的扶手绳及栏杆绳等组成。

三、主　缆

张靖皋长江大桥南航道桥为超大跨径悬索桥,主缆自重占恒载比重大,宜采用2060MPa及以上超高强度的主缆钢丝,以降低主缆缆力、主缆直径、主缆工程量。项目研发并采用了2200MPa级别主缆钢丝,经鉴定,桥梁缆索用2200MPa锌铝合金镀层钢丝产品和技术达到国际领先水平。

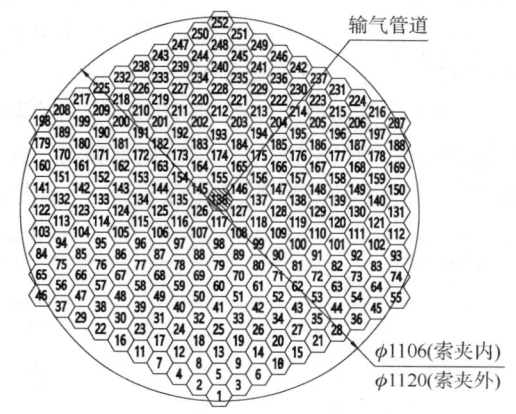

图2　主缆断面(尺寸单位:mm)

主缆采用预制平行钢丝索股法架设(PPWS)。每根主缆中,从如皋侧锚碇到张家港侧锚碇的通长索股有251股。每根索股由127根 ϕ5.6mm的2200MPa高强度镀锌铝合金钢丝及1根主缆输气管道组成。主缆在架设时竖向排列成尖顶的近似正六边形,紧缆后主缆为圆形。紧缆后索夹内孔隙率为18%,索夹外为20%;索夹内直径为1106mm,索夹外直径为1120mm(图2)。

索股两端设热铸锚锚头,在锚杯内浇注锌铜合金,使主缆钢丝与锚杯相连。主缆防护采用钢丝表面镀锌铝合金+S形钢丝缠绕+氯磺化聚乙烯橡胶带+主缆分布式除湿的配套体系。主缆输气管道由镀锌铝合金螺旋钢丝+不锈钢螺纹钢管复合而成。

四、吊索及索夹

根据吊索受力特点,并综合考虑材料性能、制造加工、安装维护、后期更换等因素,本桥采用平行钢丝吊索,每侧吊点设2根吊索。吊索与索夹、钢箱梁为销铰式连接(图3)。

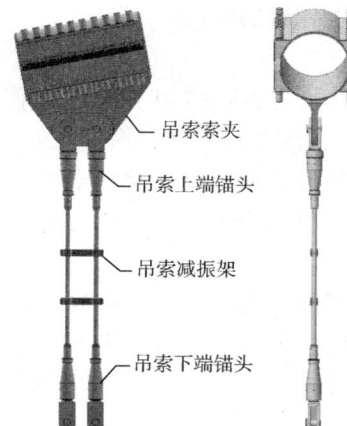

图3　吊索及索夹

全桥吊索采用预制平行钢丝索股(PPWS)吊索,普通吊索采用 ϕ5.6mm-121丝镀锌铝高强钢丝;塔侧2个吊点为特殊吊索,采用直径为 ϕ5.9mm-241丝镀锌铝高强钢丝,钢丝标准强度≥1770MPa,外包双层黑色内层彩色外层(PE)进行防护。

吊索两端锚头采用叉形热铸锚;下锚头采用"瓦片"式防水设计;在主塔尾流区长吊索、非主塔尾流区>160m的长吊索区域设置减振架+梁端阻尼器;36~160m之间的吊索设置减振架以抑制风致振动。

在跨中、塔侧及梁端全桥共24个吊点设置预埋传感器的智能吊索,实现吊索的索力、应力应变、振动、温度和湿度等的自感知。

与吊索相适应,索夹采用上下对合、下带耳板的形式,上下两半索夹间用螺杆加紧。索夹体是铸钢件,索夹材料为ZG20Mn,螺杆材料为高强度合金钢40CrNiMoA。为保证在预紧螺栓作用下索夹能紧箍主缆，在两半索夹间留有适当的空隙，上下半索夹的外侧嵌填橡胶弹簧密封带防水。

五、主索鞍

悬索桥主索鞍[1]是位于悬索桥索塔顶端直接承受主缆强大压力的主要部件，其作用是将主缆的强大压力均匀传递到索塔上，主索鞍鞍座与塔顶间通常采用格栅的方式传递压力，纵向将鞍座与桥塔设置约束的方式来传递剪力。张靖皋长江大桥为世界最大跨径悬索桥，为释放鞍座与桥塔顶剪力，降低基础规模，创新性地提出了主缆缆力自平衡体系，实现主缆缆力自平衡体系的关键构造即采用多排滚轴的主索鞍。

1. 自平衡装配式主索鞍总体设计

1）活动副的选择

滑动摩擦因数是摩擦副系统的综合特性，受到滑动过程中各种因素的影响，例如：材料副配对性质、静止接触时间、法向荷载的大小和加载速度、摩擦副的刚度和弹性、滑动速度、温度状况、摩擦表面接触几何特性和表面层物理性质，以及环境介质的化学作用等。这就使得摩擦因数随着工况条件的变化很大，因而预先确定摩擦因数准确的数据和全面估计各种因素的影响是十分困难的[2]。

在良好润滑情况下，滑动摩擦副摩擦因数最低为3%[3]，与自平衡索鞍要求的1‰差距很大，滑动摩擦副自平衡索鞍方案是不成立的。

滚动摩擦与滑动摩擦的机理不同。滚动摩擦因数是描述滚动阻碍作用的常用参数。有量纲滚动摩擦因数 k 定义为滚动摩擦力矩 FR 与法向荷载 W 之比，即：$k = FR/W = e$。k 为有量纲滚动摩擦因数，它具有长度量纲，且与材料硬度及湿度等因素有关，其值通常由试验测定。几种常用材料摩擦副的滚动摩擦因数见表1。

常用材料摩擦副的滚动摩擦因数 k　　表1

材料名称	k	材料名称	k
铸铁与铸铁	0.05	软钢与软钢	0.05
钢质车轮与钢轨	0.05	淬火钢之间	0.01
软钢与钢	0.5	木与钢	0.3~0.4
木与木	0.5~0.8	软木与软木	1.5

在摩擦学的 Dupuit 定律中，滚动阻力系数为：

$$f_r = \frac{k}{\sqrt{D}}$$

式中：D——滚动体直径，$D = 2R$；

k——有量纲滚动摩擦因数。

由以上可知，滚动阻力系数远小于滑动摩擦因数。自平衡索鞍活动副采用多排滚轴的形式是合适的。

2）铸造、铸焊与全焊接形式的选择

张靖皋长江大桥南航道桥主跨为2300m，是目前世界上跨径最大的悬索桥，主索鞍结构不仅体量增大，而且各核心受力构件的尺寸也因匹配巨大的主缆力而随之增大。铸件虽然有优良的机械、物理性能，但因液态成型组织疏松、晶粒粗大，内部易产生缩孔、缩松、气孔等缺陷，厚大铸件的成型质量及力学性能在实际中面临挑战。从降低工程量、方便施工、保证索鞍结构性能等角度出发，提出全焊接式索鞍的方案是非常必要的。

张靖皋长江大桥南航道桥缆力大、索股多，鞍槽宽度达到1.3785m，纵肋间距为600mm。索鞍底部为设置多排滚轴，底部纵向尺寸也大于常规索鞍。索鞍鞍体较大的格构、空腔尺寸为焊接提供了方便。相比通常规模悬索桥的索鞍，本项目更适宜采用全焊接式索鞍。

3）装配式鞍体设计思路

尺寸较大的索鞍在加工制造以及运输吊装方面存在困难，采取"化整为零、集零为整"的思路进行设计、加工、运输及吊装是合理的思路。对索鞍纵向提出合理的构造分块思路;对影响滚轴-承板系统平整性的上下承板进行整体制作,对鞍槽内阶梯状台阶构造提出装配化分块思路,在满足索鞍功能性的前提下实现索鞍的装配化设计、制造、运输及安装。

2. 鞍体设计

自平衡装配式索鞍主要由鞍体、上下承板、滚轴系统、横向挡块、横向限位构造、纵向挡块、纵向阻尼器、纵向导向构造、临时顶推限位构造、拉杆、隔板、锌填块、格栅及反力架组成(图4)。

鞍体采用全焊接装配式的形式,钢材采用Q420R。索鞍鞍体采用双纵肋+20片横肋的形式,采用底板填充UHPC混凝土的结构改善多排滚轴受力不均匀的问题,UHPC层净厚度700mm。鞍槽侧壁、底板均采用150mm厚度钢板;纵肋采用150mm厚度钢板;横肋采用120mm厚度钢板,纵肋间距750mm,横肋标准间距820mm。鞍槽内的台阶垫块采用厚钢板加工,并用定位销装配至鞍槽底板。鞍体纵向划分为三块,用高强螺栓+定位销的方式装配为一体。

鞍体底部纵向长度15.2m,鞍槽区域纵向长度16.8m,纵向挡块外缘间距18.6m(索塔纵向全宽);索鞍总成高度7.1m(IP点至格栅顶面);鞍槽净宽1387.5mm,索鞍滚轴长度3500mm,横肋宽度超出滚轴范围1.3m,作为索鞍顶升及人员维护换轴的操作空间(图5)。

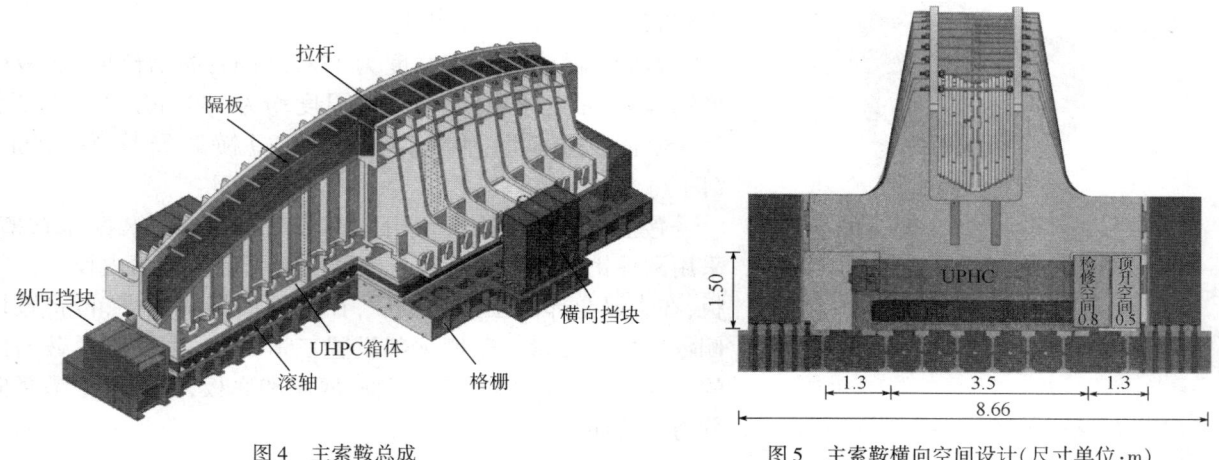

图4 主索鞍总成　　　　　　图5 主索鞍横向空间设计(尺寸单位:m)

根据总体设计需要,在索鞍横向两侧共设置2套纵向减振耗能黏滞阻尼器+2套纵向限力阻尼器,在纵向挡块接触面固定橡胶板,减缓大风、地震工况下的冲击。横向设置4组横向挡块,在挡块与鞍体之间设置横向限位构造,以引导索鞍的移动方向,并起到横向限位的功能。索鞍移动量通过纵向挡块与鞍体间的间隙实现。

3. 滚轴系统设计

索鞍滚轴系统主要由滚轴、上下承板和滚轴框架及辅助零部件组成。考虑到表面硬度直接影响到接触应力、滚动摩擦因数,滚轴及上下承板均采用合金钢9Cr3Mo制作,滚轴表面硬度为HRC60,上下承板表面硬度为HRC62。单套主索鞍包括36根滚轴,滚轴直径为400mm,长度为3.5m,排列间距为410mm,两端与定位框架连接,使其成为能前后滚动的稳定结构,保证36根滚轴滚动的同步性。在主索鞍预偏范围设置4根临时滚轴,随主索鞍顶推,逐根移除(图6)。

滚轴及承板属于高硬度、高精度零部件,属于自平衡索鞍最为核心的构件。从冶炼、锻钢、热处理、机械加工到装配都提出了严格的要求。滚轴表面硬度为HRC≥60,有效淬硬层深度15mm。上下承板与滚轴接触面硬度为HRC≥62,有效淬硬层深度15mm。为减小制作难度,将承板划分为多块制作。各板块之间分界线为斜线,滚轴滚动时仅与分界线产生点接触,避免了滚动风险。各板块用沉头螺栓装配于基础板之上,整体运输、吊装,将施工过程对高精度零部件的不利影响降至最低。

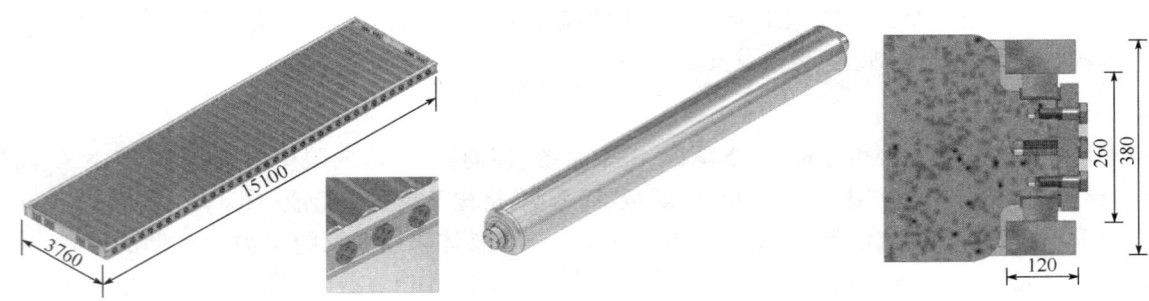

图 6 滚轴及框架(尺寸单位:mm)

六、散 索 鞍

如皋侧、张家港侧锚碇锚室内均设置摆轴式散索鞍。散索鞍鞍体采用全焊接的形式,索鞍鞍头由两侧壁板+底板组成;索鞍鞍体由 3 条纵肋+3 条主横肋组成,主横肋之间设置 3 条短横肋。

索股发散前的鞍槽宽度为 1387.5mm;鞍槽侧壁、底板厚度均为 150mm,中纵肋、中横肋厚度均为 150mm,边纵肋厚度为 150mm,边横肋厚度为 150mm,短横肋厚度为 100mm(图 7)。

鞍槽内阶梯台阶垫块由厚钢板加工完毕后装配至鞍槽,采用圆柱销的方式将垫块与鞍槽底板固定。鞍槽内设竖向隔板,在索股全部就位并调股后,在顶部用锌块填平,再将鞍槽侧壁用拉杆夹紧。鞍槽顶部设置三道压紧梁,以压紧鞍槽内的主缆。散索鞍下部设置摆轴、底座和底板,以完成主缆竖向分力的传递。

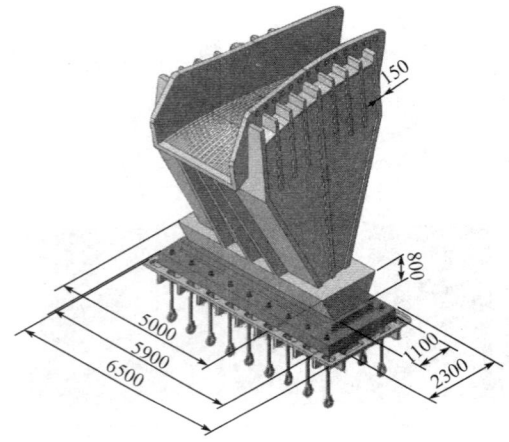

图 7 摆轴式散索鞍(尺寸单位:mm)

七、副 索 鞍

副索鞍具有支承主缆、实现适应主缆位移和转角的功能。副索鞍设计为上下对合的结构,上下两半鞍体用螺杆夹紧。副索鞍鞍体为铸钢件,材料为 ZG20Mn,螺杆材料为高强度合金钢 40CrNiMoA。上下半鞍体的外侧嵌填橡胶弹簧密封带防水。

副索鞍下设单向活动柱面支座,支座端部设置挡块,整体安装于辅塔塔顶。此类支座属于常规大吨位支座,在达到使用年限后,临时顶升副索鞍,能够方便更换支座的滑板等易损零部件。副索鞍设计顶升力为 18000kN,副索鞍横肋端部区域为顶升点,共设置 2×8=16 个顶升点,需要顶升作业时,拆下支座侧压板,安放 16 个千斤顶,同步顶升副索鞍更换滑板(图 8)。

图 8 副索鞍(尺寸单位:mm)

八、结 语

张靖皋长江大桥南航道桥首次采用了摩擦因数极低的滚轴式自平衡装配式主索鞍,该索鞍基于桥梁结构体系对索鞍的功能要求,综合考虑摩擦因数、结构受力、制作安装难度、施工过程需求、维护保养等问题,在索鞍的合理形式选择、结构设计、滚动副设计等方面达到了较好的平衡,通过试验验证,实现了设计意图。

张靖皋长江大桥南航道桥缆索系统进行了2200MPa超高强度主缆钢丝、自平衡装配式主索鞍、全焊接式散索鞍等多项创新设计,可为类似工程项目提供借鉴参考。

参考文献

[1] 孟凡超.悬索桥[M].北京:人民交通出版社,2011.
[2] 温诗铸,黄平.摩擦学原理[M].北京:清华大学出版社,2018.
[3] 中华人民共和国交通运输部.公路桥涵设计通用规范:JTG/T D60—2015[S].北京:人民交通出版社股份有限公司,2015.

8. 张靖皋长江大桥北航道桥锚碇基础设计

唐 政　周彦锋　华 新　韩大章
(华设设计集团股份有限公司)

摘　要　张靖皋长江大桥北航道桥为跨径1208m的单跨钢塔钢箱梁悬索桥,南北锚均采用重力式锚碇。大桥最大缆力达6.8×10^5kN,锚碇位置软弱覆盖层厚,地下水位高,南北锚碇处地质差异大。针对锚碇受力特点和南北锚碇处不同的地质条件,研究了适宜的锚碇基础结构形式,最终确定南北锚碇分别采用新型复合地基地连墙基础和沉井基础。

关键词　悬索桥　锚碇　复合地基　地连墙　沉井　深层地基处理

一、引　言

张靖皋长江大桥位于长江澄通河段如皋沙群段,连接张家港、靖江、如皋三市,距离上游江阴长江公路大桥约28km,距离下游沪苏通长江公铁大桥约16km,路线全长29.849km。工程跨江段采用双向八车道高速公路标准建设,设计速度为100km/h,自北向南分为北引桥、北航道桥、中引桥、南航道桥、南引桥五部分,总长7.859km。北航道桥为跨径1208m的双塔单跨悬索桥,一孔跨越如皋中汊水域,缆跨布置为530m+1208m+530m,主缆矢跨比为1/9,加劲梁采用整体断面扁平钢箱梁,梁宽50.7m(含风嘴),索塔和锚碇均位于岸上,索塔为门式框架构造的钢塔,南北锚碇均采用重力式,北航道桥桥型布置如图1所示。

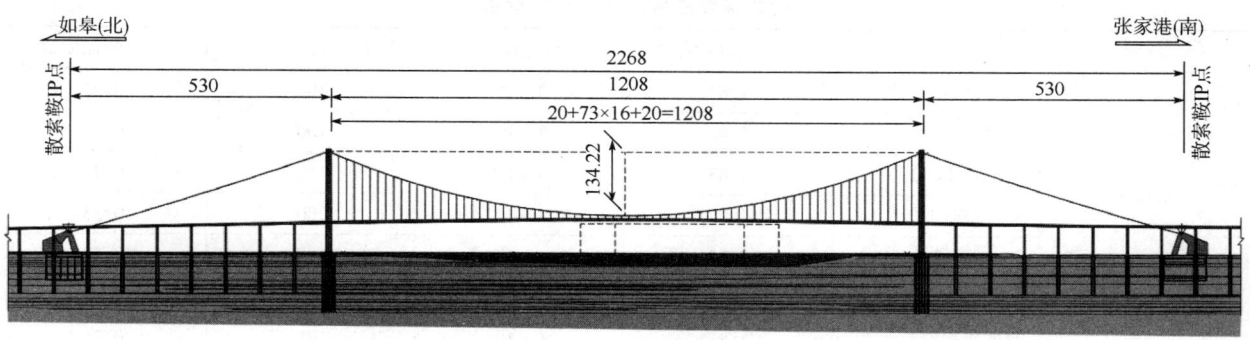

图1　北航道桥桥型布置图(尺寸单位:m)

二、建　设　条　件

1. 地形地貌

工程位于长江下游冲积平原区,地形平坦。南锚碇位于江心洲民主沙岛上,周边为农田和林地,地面高程为2.6~3.6m。北锚碇位于如皋华泰重工厂区内,地面高程为3.5~4.0m。

2. 工程地质

根据地勘资料，南北锚碇处地层主要为第四系全新统和晚更新统冲积砂层和粉质黏土层，基岩埋深均超过120m。南北锚碇地层分布差异较大，分别如图2和图3所示。南锚碇处从地表往下约50m深度范围主要为流塑~可塑状粉质黏土，夹杂很薄的砂层，土层物理力学指标差，50m深度以下为密实砂层，物理力学指标较好。北锚碇处除②$_1$淤泥质粉质黏土层（地表以下约10m深度）以及⑥$_1$粉质黏土层（高程为-48.5~-38.5m）外主要为砂层，其中密实状态的砂层分布在-48.5m以下，物理力学指标较好，南北锚碇处主要土层岩土设计参数见表1。

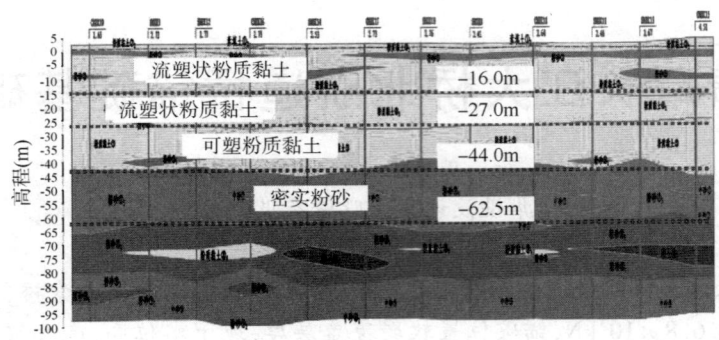

图2 南锚碇场区地层分布图

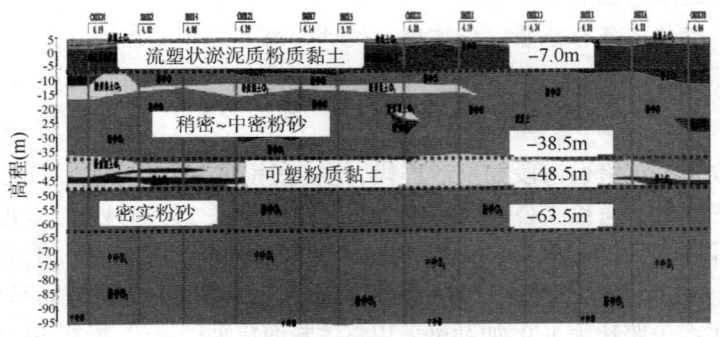

图3 北锚碇场区地层分布图

南北锚碇主要土层岩土设计参数　　　　表1

位置	主要土层	天然密度(g/cm³)	渗透系数(cm/s)	承载力特征值(kPa)	基底摩擦因数
南锚碇	粉质黏土②$_2$	1.84	2.3×10^{-6}	100	0.25
	粉质黏土④$_2$	1.82	2.3×10^{-6}	100	0.26
	粉质黏土⑤	1.83	2.3×10^{-6}	110	0.27
	粉砂⑦$_5$	1.97	1.4×10^{-2}	200	0.33
	粗砂⑧$_1$	2.03	2.4×10^{-2}	450	0.38
	中砂⑦	1.98	1.4×10^{-2}	400	0.36
北锚碇	淤泥质粉质黏土②$_1$	1.81	1.6×10^{-6}	80	0.25
	粉砂③	1.98	8.3×10^{-3}	110	0.30
	粉砂④	1.85	8.3×10^{-3}	150	0.31
	粉砂⑤$_1$	2.00	8.3×10^{-3}	150	0.32
	粉质黏土⑥$_1$	1.90	1.7×10^{-6}	160	0.27
	粉砂⑦$_5$	2.00	2.8×10^{-2}	200	0.33
	中砂⑧$_6$	2.08	2.8×10^{-2}	400	0.37

3. 水文地质

锚碇处地下水自上而下分为潜水和承压水。潜水水位变化受大气降水、季节及江水的影响,水位埋深 0.5~2.5m,水位年幅度变化为 1.0~3.0m。承压水水位埋深 1.5~3.5m,水位年幅度变化为 2.0~3.0m。锚碇区潜水、承压水含水层均与长江水存在水力联系,其静止水位随长江潮汐水位变化而变化。

三、锚碇基础设计

张靖皋长江大桥跨江段按双向八车道设计,北航道桥桥面宽 50.7m(含风嘴),梁高 4m,恒活载大,最大缆力达 682MN,与润扬长江公路大桥南汊桥缆力相当(681MN),略低于龙潭大桥缆力(694MN)。桥面采用八车道布置,主缆横向间距大,加之主缆采用单索股锚固,锚体及基础横向尺寸大。另外,由于主塔外引桥位于 $R=1330m$ 的平曲线上,主缆需要从边跨引桥上方斜传而过;考虑到安全防护及行车视野,主缆与桥面净距按 12m 控制,导致主缆散索鞍处 IP 点较高,主缆水平力引起的基底弯矩大。锚碇位置软弱覆盖层厚、地下水位高、持力层埋深大渗透性强,锚碇基础的选型和设计是北航道桥的难点之一。针对南北锚碇基础受力特点及所处的不同地质条件,分析了沉井基础和地连墙基础等基础形式在本桥的适用性,最终提出适宜于本桥的锚碇基础形式。

1. 南锚碇基础设计

1) 基础方案比选

根据国内外大跨径悬索桥建设经验,适用于深厚冲积地层的大型锚碇基础主要为地连墙基础和沉井基础。

地连墙基础中地连墙作为基坑开挖围护结构,墙身刚度大、抗渗性能好,基坑开挖过程对周边环境影响小,安全性高。采用地连墙基础的国内大跨径悬索桥锚碇统计见表 2。一般锚碇地连墙基础的基底均位于岩石层或坚硬土层,以获得可靠的摩擦因数和强度。地连墙墙底则嵌入风化程度低、性质更好的基岩或坚硬土层,以解决施工期基坑底部的封水问题,提供干作业环境,提高施工效率。地连墙基础方案的关键是持力层的选择。

国内大跨径悬索桥锚碇地连墙基础统计　　　　　　　　　　　表2

项目	形状	尺寸(m)	挖深(m)	墙厚(m)	基础持力层	地连墙嵌固情况
润扬长江公路大桥北锚碇	矩形	69×50	48	1.2	强风化基岩	强~微风化岩,平均约4m
阳逻大桥南锚碇	圆形	Φ73	45.5	1.5	卵石(圆砾)层	弱风化岩1~2.5m
南京栖霞山长江大桥南锚碇	∞形	82×59	42	1.5	中风化砂岩	中风化砂岩约3m
龙潭长江大桥北锚碇	圆形	Φ72	22.5	1.5	弱胶结砂岩	弱胶结含砾砂岩11m
仙新路长江大桥南锚碇	圆形	Φ65	54	1.5	微风化砾岩	微风化砾岩
五峰山大桥南锚碇	圆形	Φ90	39	1.5	弱、微风化岩	微风化基岩2m
棋盘洲大桥锚碇	圆形	Φ64	52	1.5	卵石层	中风化岩不小于3~6m
深中通道中山大桥锚碇	∞形	107×65	42	1.5	中风化基岩	完整中风化花岗岩5m
杨泗港长江大桥南锚碇	圆形	Φ98	39	1.5	砾砂、圆砾土	坚硬黏土层不小于7m

南锚碇上部粉质黏土隔水性好,作为基础持力层,辅以降排水可干开挖施工。但是,粉质黏土的摩擦因数低,会导致工程量增加,同时,粉质黏土的强度低,需要加大基础平面尺寸以降低基底应力,根据计算地连墙基础直径达 120m,施工难度较大。粉质黏土的蠕变特性引起的锚碇长期变位难以准确模拟,对结构受力不利,将大型锚碇基础的基底置于可塑的粉质黏土层在国内也无先例。

南锚碇下部砂层摩擦因数和承载力较好,但透水性强,作为基础持力层时,施工期地下水处理难度大。如通过降水实现干作业,最大降水深度达 50m,南锚碇位于江心洲上,超深降水难度和风险极大。如带水开挖,然后通过水下封底实现干作业,超大面积和体量的水下混凝土封底(地连墙内径 87m),施工组织难度极大,封底质量难以保证。

由此可见,南锚碇处不存在强度、摩擦因数和隔水性均满足要求的天然持力层,使得常规地连墙基础难以应用。设计提出了两种新型的地连墙基础方案,具体构造如图4和图5所示。两种方案均通过深层地基处理,增强原软弱土体的物理力学性能,以满足基础受力的要求,同时减小开挖深度。

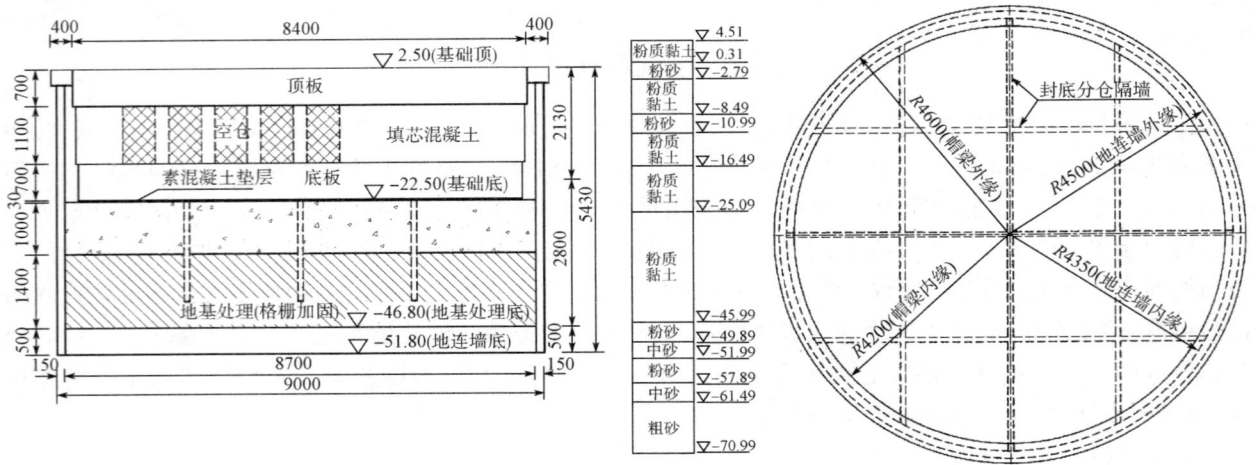

图4 南锚碇新型地连墙基础方案一(尺寸单位:cm;高程单位:m)

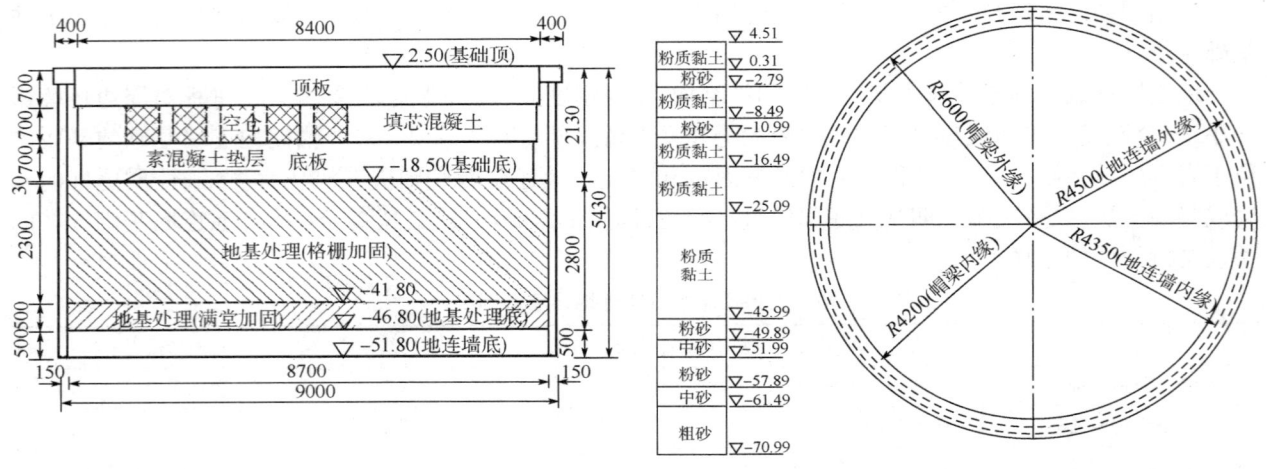

图5 南锚碇新型地连墙基础方案二(尺寸单位:cm;高程单位:m)

方案一采用深层地基处理+水下封底来实现基础施工的干作业环境。主要施工流程为:先施工地连墙,再进行地基加固,然开挖基坑内土体;开挖采用干开挖(浅层)+水下取土(深层)结合,在开挖至地基加固顶面后,浇筑水下混凝土封底,然后边抽水边做内衬,最后施工基础顶底板及填芯。由于基坑面积大,需要设置较多的分仓隔墙以减小每次封底的混凝土方量,降低水下封底难度,导致临时工程量大。同时,封底混凝土与地连墙的界面隔水性处理要求高。边抽水边做内衬,内衬变成了水上作业,施工难度增加。为进一步降低施工难度,减小工序的复杂程度,提出了基底全处理干开挖的方案二。

方案二施工流程为:先施工地连墙,再进行深层地基处理,后续施工跟普通地连墙基础施工无区别。方案二的地基处理在提高土体强度和摩擦因数的基础上增加了封水性要求。与方案一相比,方案二(下称复合地基地连墙基础)地基处理规模有所增加,但施工工序简单,施工难度减小,作为推荐的地连墙基础方案。

沉井基础结构刚度大、整体性强,能承受较大的垂直荷载和水平荷载,国内从南京长江大桥就开始应用,是一种成熟的基础形式,也是在南锚碇基础可行的方案之一。

从结构受力、施工、造价等方面对复合地基地连墙基础和沉井基础进行了比选,见表3。新型复合地基地连墙基础方案解决了传统地连墙基础在本项目应用的难题,虽然造价高于沉井基础,但是深层地基加固效果可视可检,施工期风险可控,基坑开挖和基础施工均在干作业环境下进行,施工效率高、工期短。南锚碇地层上部存在厚度接近50m的流塑~可塑粉质黏土,沉井下沉存在取土困难、启动难、易突沉等情况,施工过程中不确定因素较多。南锚碇最终采用复合地基地连墙基础。

南锚碇基础方案综合比较表 表3

方案	沉井基础	复合地基地连墙基础
结构形式	矩形沉井,外轮廓尺寸75m×70m×53m,井壁厚2.2m,隔墙厚1.8m。首节采用钢壳混凝土,其余采用普通钢筋混凝土	外径90m圆形地连墙基础,地墙壁厚1.5m,地墙深54.3m。基础开挖深度21.3m,基底加固厚度28m
结构受力	沉井基础结构刚度大,整体性好,矩形截面基底受力较合理	地连墙为施工期挡水挡土结构,采用圆形地墙+内衬形式,不需设置复杂内支撑,开挖面大且干作业,施工效率高
施工方案	沉井多次接高多次下沉,首次一般采用降排水下沉,提高施工效率,形成良好下沉通道,后续采用不排水下沉	先完成地连墙施工,再进行深层地基加固,开挖基坑,逆作法施工内衬,最后施工顶底板连成整体
施工安全性	沉井平面尺寸和下沉深度均较大,姿态控制难。下沉过程需穿越深厚黏土层,取土较困难,沉井下沉效率低,具有较大的不确定性	地基处理在基坑开挖之前施工。基坑开挖深度浅,无水下作业,施工期渗流、突涌风险小
建安费	4.33亿元	4.95亿元
基础工期	25个月	22个月

2)深层地基处理设计

地基处理的深度及厚度由粉质黏土层分布深度和施工期基坑的抗突涌确定。首先,地基处理层底高程要低于粉质黏土层的底高程,确保软弱土层完全被加固。其次,基坑开挖至基底时,加固层的重量能够压住承压水水头,确保抗突涌安全。根据计算确定,地基处理底高程为 -46.8m,加固深度为49.3m,地基处理顶高程为 -18.8m,地理基础厚度为28m。地基处理方法多,适用条件各不相同。本项目地基处理深度深、要求高,经比选,推荐采用高压旋喷注浆工艺。该工艺是通过喷射高压的水、气和水泥浆液切割原状土,切割后形成的泥浆和一部分水泥浆液经钻杆和引孔间的间隙排至地表,剩余的大部分水泥浆液和原状土充分混合,形成类圆柱状水泥土,固化后改善土体性能。该工艺的最大处理深度超过了80m,能够满足本项目需求。

通过深层地基加固形成的复合地基,不同深度处指标要求不尽相同。复合地基上部的控制因素为强度和摩擦因数,高压旋喷加固时的重点是桩身强度和置换率。复合地基下部"人工隔水层"增加了封水性要求,由于旋喷桩桩体本身隔水性好,下部高压旋喷加固的关键是通过桩身的搭接重叠来消除桩间原状土可能形成的渗透路径。

结合旋喷桩的施工特点,提出了变桩径分层加固方式,如图6所示。在桩中心距不变的情况下,通过调节喷浆压力、转速、提速等参数,改变加固桩的成桩直径,满足不同深度的加固需求,该方式能大大减少引孔工作量。考虑到施工效率和旋喷控制难度,桩径变化次数不宜过多,设计采用一次变化。根据旋喷设备的能力(主要是喷浆压力和流量)和加固深度,拟定下部5m范围满堂加固区的桩径采用2.4m;根据旋喷桩平面位置误差(≤50mm)和垂直度误差(≤1/300)的控制水平,确定旋喷桩间距为1.7m。上部格栅加固区的桩间距保持不变,桩径采用1.7m,此时,桩土置换率为0.907;根据计算,加固桩的90d无侧限抗压强度平均值要求≥2.7MPa,摩擦因数≥0.37,渗透系数≤1.0×10^{-6}cm/s。

通过现场工艺试验验证,采用高压旋喷工艺加固后土体的抗压强度、摩擦因数、渗透系数以及桩径均能达到设计的指标要求,旋喷桩平面位置和垂直度误差均没超过设计允许值。

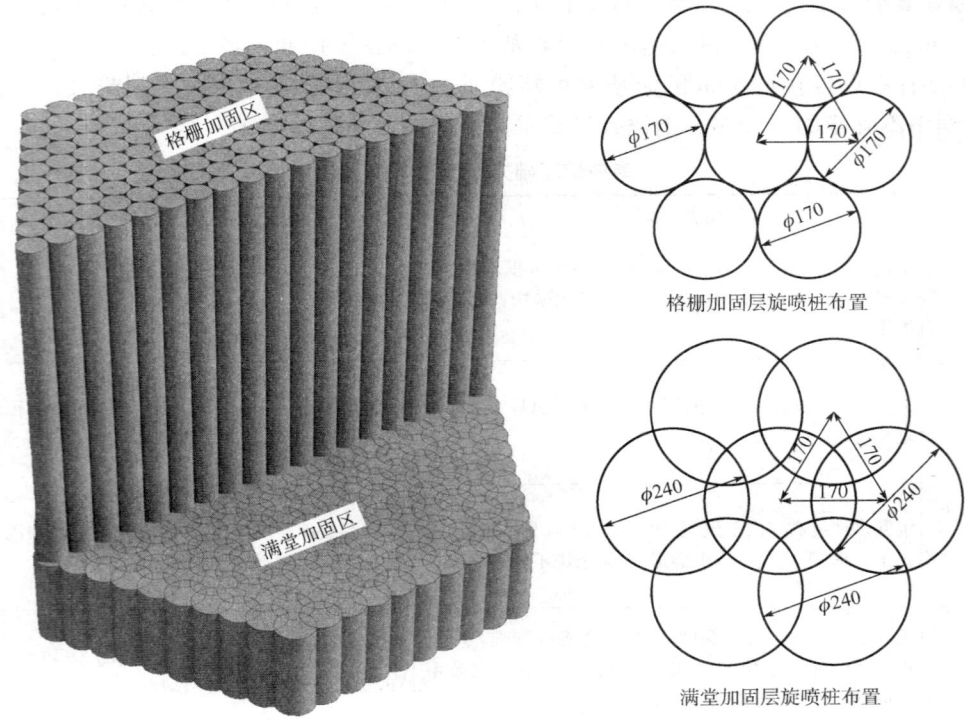

图6 复合地基分层加固方案(尺寸单位:cm)

3) 基础封水及降排水设计

南锚碇位于江心洲上,地下水丰富,承压水水头高,且与长江存在水力联系,设计采用多种措施,杜绝可能的渗透通道,确保基坑在开挖过程中的抗渗透、抗突涌的安全度。①通过侧壁注浆,增强地连墙和基底土体的黏结,加强界面止水性,侧壁注浆范围为地连墙嵌固段。②在地连墙槽段接缝的外侧采用高压喷射注浆封水处理,增强地墙接缝的抗渗透性,减小基坑水平向渗漏的风险。③在基坑外设置降压井。当基坑开挖接近基底时,启动基坑外降压井,降低承压水水头,确保基坑底抗突涌安全系数不小于1.1,开启时机和降深根据现场承压水水头测量确定。

通过以上封水、降水、排水措施,提高了基坑的防水性,辅以施工期监控监测,能够确保基坑安全可靠开挖,保证基坑混凝土的浇筑质量。

2. 北锚碇基础设计

1) 基础方案拟定

北锚碇处地层除淤泥质粉质黏土层②$_1$和粉质黏土层⑥$_1$外,基本以粉土、砂土为主,沉井比较容易下沉。淤泥质粉质黏土②$_1$层分布在地表以下10m范围内,未超出沉井降排水下沉深度,降排水下沉时,取土面始终高于地下水位,取土可视可控,沉井在②$_1$中下沉难度较小。粉质黏土层埋深约45m,分布不均,厚度只有2~9m,通过在沉井的刃脚和分区隔墙底设置射水装置,主动射水冲破黏土层,减小端阻力,可降低沉井在⑥$_1$层的下沉难度。总体上,沉井在北锚碇处下沉难度不大,风险可控。北锚碇处也不存在常规地连墙基础需要的理想持力层。综合分析,北锚碇采用沉井基础是合适的。

2) 沉井基础设计

由地层分布可知,密实粉砂层埋深约50m,密实中砂层的埋深则超过了63m,后者的强度和摩擦因数更高,作为持力层,虽然能够减小基础规模,但是沉井的下沉深度将达到65m,施工难度增大造成的成本增加更多。因此,持力层选择在⑦$_5$密实粉砂层。根据计算拟定,沉井平面尺寸为75m×70m,沉井高57m,沉井底进入密实粉砂层5~7m。

沉井高度方向共分十一节,第一节为钢壳混凝土结构,第二节至第十一节均为钢筋混凝土结构。为传递封底混凝土基底反力,增强封底混凝土与井壁、隔墙的整体性,在第二节沉井设置6m高的剪力键,封底混凝土厚11m。沉井标准段井壁厚2.2m,隔墙厚1.5m,共有36个矩形井孔,井孔标准尺寸为10.5m×9.7m,其中后端6个井孔采用C20素混凝土填充,前端30个井孔采用清水混凝土填充。沉井刃脚高2.2m,踏面宽0.2m。沉井一般构造如图7所示。

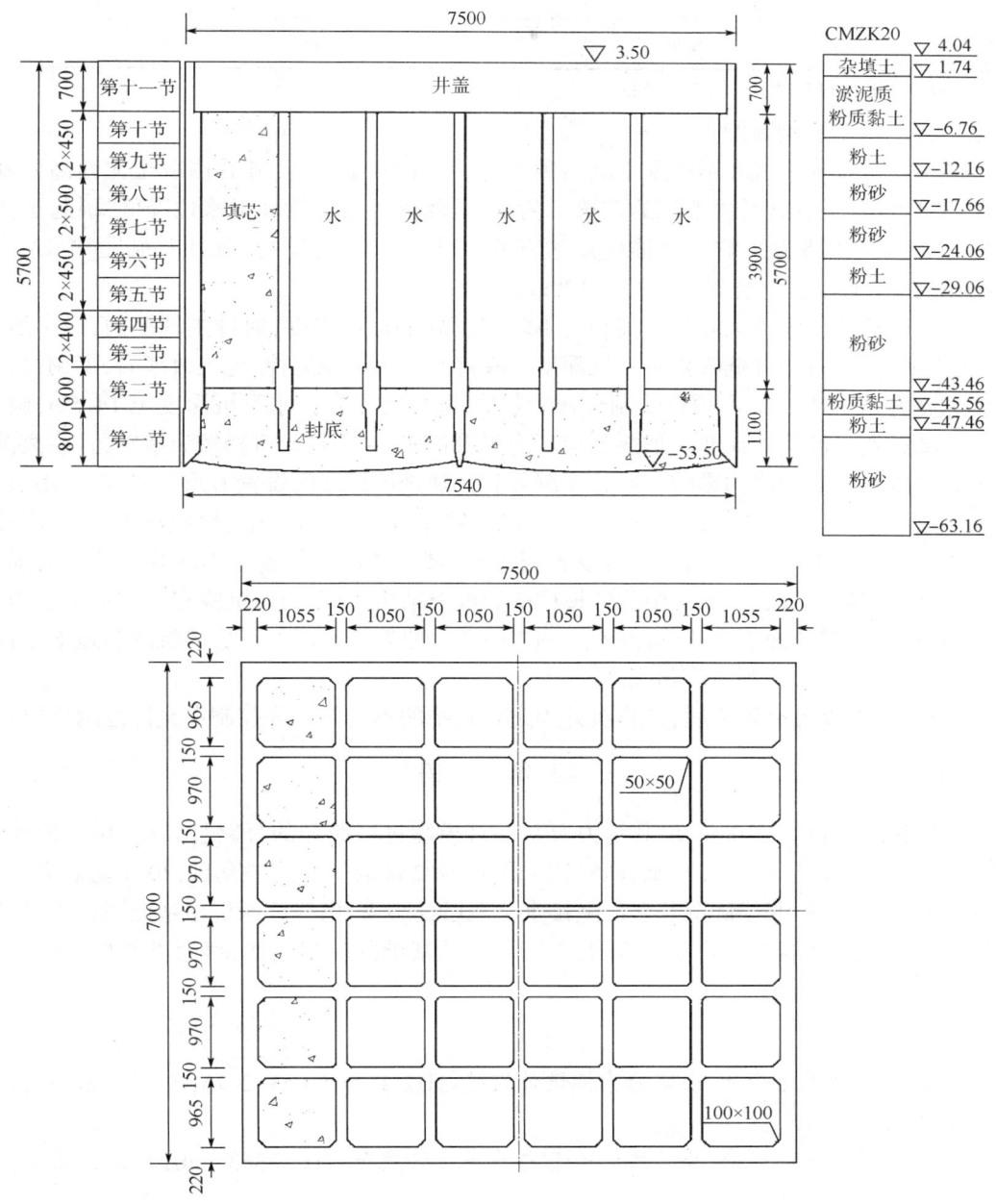

图7 北锚碇沉井基础一般构造(尺寸单位:cm;高程单位:m)

相比于运营期,沉井在施工期的受力更为不利,为了提高沉井接高下沉的安全度,针对沉井下沉难、姿态控制难、钢壳易开裂等问题采取了针对性的措施。①提高重度系数,从根本上提高下沉动力。沉井重度系数为沉井的浮重度与沉井井壁外表面的比值,江苏省内大型陆上沉井的重度系数统计见表4,重度系数越大,沉井越容易下沉。②配置完备的助沉措施。本项目配置了完备的空气幕、砂套以及射水装置,分别从减小侧阻力和端阻力方面减少下沉阻力。③增加钢壳混凝土段钢板强度和厚度,增大安全储备。沉井钢壳采用Q355C,钢板最大厚度为36mm。④设置与刃脚等高的分区隔墙,并要求沉井在下沉过程中,刃脚和分区隔墙底部始终埋在泥面以下,避免了"大锅底"状态的出现,减小了钢壳的应力,也有利于沉井姿态的调整。

江苏省大型陆上沉井重度系数统计表　　表4

锚碇	泰州大桥南锚碇	泰州大桥北锚碇	仙新路过江通道北锚碇	龙潭大桥南锚碇	南京栖霞山长江大桥北锚碇	张靖皋长江大桥北航道桥北锚碇
重度系数	5.86*	5.96*	7.156	7.835	6.47*	7.829

注：*施工过程通过增加井壁厚度提高了重度系数。

3）沉井降排水施工影响控制

沉井下沉采用降排水下沉和不排水下沉两种工艺。降排水下沉时，井孔内取土泥面高程容易控制，沉井姿态调整难度小，是沉井首次下沉的首选工艺，但是降排水会导致地下水位降低，引起土体沉降，进而对沉井周边的构筑物造成影响。北锚碇周边存在较多的人工构筑物，沉井基础距离长江大堤约为330m，距离东边的江北添加剂公司厂房约为120m。

根据周边敏感建筑物距离沉井的距离和对不均匀沉降的适应程度，通过主动控制，减小地下水变化造成的影响，主要措施有：①降低降排水下沉深度。降排水下沉可视易控，施工效率高，据调研，一般沉井降排水下沉深度为20m左右。本项目受制于环境条件，降低首次降排水下沉深度至14.5m，整体上降低了降水深度。②设置防渗墙。江北添加剂公司厂房里管道多，对不均匀沉降较为敏感，且距离沉井很近，需要严格控制降排水对其造成的影响。因此在沉井和添加剂工厂之间设置L形防渗墙，防渗墙采用混合搅拌壁式地下连续墙施工（TRD）工法，墙体连续性好，隔水性强；墙深45m，墙底深入⑥$_1$粉质黏土层，能有效隔断墙体两侧的水力联系，在墙的两端设置回灌井，减小绕流。③设置回灌井。长江大堤和国鼎管桩厂房距离沉井外壁均超过了300m，国鼎管桩厂房为框架结构，对不均匀沉降有一定适应能力。由于距离较远，沉降降排水引起的地下水位降深较小，施工过程严格监控大堤及厂房的沉降和地下水位高度，通过回灌保证地下水位高度，控制不均匀沉降。

经计算分析，采取以上措施以后，能将沉井周边建筑物的不均匀沉降控制在允许范围之内。

四、结　语

虽然北航道桥跨径仅为1208m，但其缆力及基础规模超过同跨径的公路悬索桥，桥位处地质条件复杂，设计因地制宜，北锚碇采用沉井基础，南锚碇采用新型复合地基地连墙基础，很好地解决了结构受力和地质条件的矛盾。目前，北锚碇沉井首次降排水下沉已经结束，南锚碇深层地基加固施工也进展过半。该项目的实施拓展了地连墙基础的应用范围，丰富了沉井基础的应用实践，可为类似桥梁锚碇基础的选择提供参考。

参考文献

[1] 中华人民共和国交通运输部.公路悬索桥设计规范:JTG/T D65-05—2015[S].北京:人民交通出版社股份有限公司,2015.

[2] 中华人民共和国交通运输部.公路桥涵地基与基础设计规范:JTG 3363—2019[S].北京:人民交通出版社股份有限公司,2020.

[3] 孟凡超.悬索桥[M].北京:人民交通出版社,2011.

[4] 龚晓南.复合地基设计和施工指南[M].北京:人民交通出版社,2003.

[5] 丛蔼森.地下连续墙的设计施工与应用[M].北京:中国水利水电出版社,2002.

[6] 张杰,钱冬生.大跨悬索桥塔和锚碇的合理设计[J].桥梁建设,2000(4):20-22.

[7] 周世忠.江阴长江公路大桥北锚碇的施工与控制[J].国外桥梁,2000(4):56-59.

9. 复合地基地连墙锚碇基础关键技术研究

华 新[1] 周彦锋[1] 唐 政[1] 韩冬冬[2] 韩大章[1]

(1. 华设设计集团股份有限公司；2. 中交公路长大桥建设国家工程研究中心有限公司)

摘 要 张靖皋长江大桥北航道桥南锚碇位于江心洲民主沙岛上，复杂的地质条件使得常规地连墙基础难以在本项目应用，基于复合地基加固技术，设计中提出一种新型的复合地基地连墙基础。通过现场工艺试验，验证了该复合地基基础各项设计参数均满足设计要求，方案合理可行，为以后类似地质条件下锚碇基础的选择提供了新思路。

关键词 锚碇 复合地基 地连墙 高压旋喷桩

一、引 言

张靖皋长江大桥北航道桥为跨径1208m双塔单跨吊悬索桥，一孔跨越如皋中汊水域，缆跨布置为530m+1208m+530m，主缆矢跨比为1/9，加劲梁采用整体断面扁平钢箱梁，索塔和锚碇均位于岸上，索塔为门式框架构造的钢塔，南北锚碇均采用重力式。

北航道桥南锚碇位于江心洲民主沙岛上，地层主要为第四系全新统和晚更新统冲积砂层和黏土层，基岩埋深均超过120m。南锚碇处从地表往下约50m深度范围主要为流塑～可塑状粉质黏土，夹杂很薄的砂层，土层物理力学指标差，渗透系数小；50m深度以下为砂层，物理力学指标较好。锚碇处从上到下各主要土层参数见表1。

南锚碇各地层岩土设计参数   表1

主要土层	天然含水率（%）	天然密度（g/cm³）	压缩系数（MPa⁻¹）	黏聚力（直快）（kPa）	摩擦角（直快）（°）	渗透系数（cm/s）	承载力特征值（kPa）	标准贯入击数（击/30cm）	天然孔隙比（e）	基底摩擦因数	密实度
粉质黏土②₂	35	1.84	0.48	12.2	6.9	2.3×10^{-6}	100	6	0.984	0.25	
粉砂②	25.6	1.90	0.17	3.1	27.9	6.4×10^{-3}	90	6	0.772	0.30	松散
粉质黏土④₂	34.2	1.82	0.51	10.8	8.2	2.3×10^{-6}	100	10	0.992	0.26	
粉质黏土⑤	31.3	1.83	0.46	14.0	8.2	2.3×10^{-6}	110	15	0.924	0.27	
粉砂⑦₅	17.9	1.97	0.13	3.3	29	1.4×10^{-2}	200	>50	0.592	0.33	密实
中砂⑦	17.8	1.98	0.11	4.0	28.3	1.4×10^{-2}	400	47	0.587	0.36	密实
粗砂⑧₁	10.6	2.03	0.12	4	28.5	2.4×10^{-2}	450	>50	0.455	0.38	密实

由于南锚碇地层上部存在厚度接近50m的流塑～可塑粉质黏土，如采用沉井基础，沉井在软塑～可塑粉质黏土厚度达39～43m，黏性土中存在取土困难、下沉启动难、易突沉等风险，助沉措施效果不明显，施工过程不确定因素较多。因此，在方案比选阶段，经综合比选，排除了沉井基础方案。

地连墙作为基坑开挖围护结构，墙身刚度大、抗渗性能好，基坑开挖过程对周边环境影响小，安全性高。南锚碇上部粉质黏土渗透系数低，如作为基础持力层，基坑底隔水性较好，辅以降排水可干作业；但粉质黏土的强度和摩擦因数低，需要加大基础平面尺寸以降低基底应力，根据计算地连墙基础直径达120m，这会使工程量增加，施工难度和风险巨大。另一方面，南锚碇下部砂层摩擦因数和承载力较好，可作为基础持力层，但是砂层属强透水土层。如通过坑外降水实现干作业，最大降水深度达50m，超深降水难度和风险极大。如带水取土，然后通过水下封底实现干作业，超大面积的水下混凝土封底（地连墙直径

90m),施工组织难度也非常大,封底质量难以保证。

因此,南锚碇处不存在强度、摩擦因数和隔水性均满足设计要求的天然持力层,使得常规地连墙基础难以应用。设计组采用了一种基于复合地基加固的新型复合地基地连墙基础形式,即,外围地连墙仍作为基坑开挖的围护结构,抵抗基坑外的水土压力;基底置于粉质黏土层,减小开挖深度,降低施工期间基坑底承压水突涌风险;对基底以下软弱土体,采用高压旋喷工艺进行复合地基加固,以使加固后的复合地基基础满足设计所需的各项参数指标。南锚碇复合地基基础构造如图1所示。

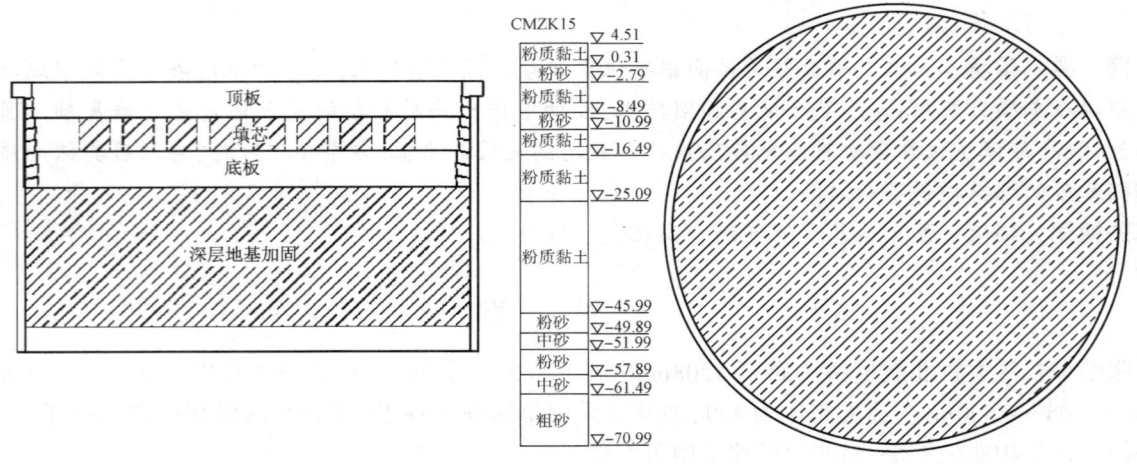

图1 复合地基加固地连墙基础方案(单位:m)

二、复合地基地连墙锚碇基础设计

1. 复合地基地连墙基础设计

根据地质情况和锚碇总体设计需要,基础采用外径90m、墙厚1.5m的圆形地连墙加环形钢筋混凝土内衬支护结构。基础高度为21m,基底以下为28m厚人工处理地基,人工处理地基底高程位于密实粉砂⑦₅层。地连墙底在基底的嵌固深度为32m。逆作法分层开挖基坑土和施工内衬,基础设置7m厚顶板、7m厚底板和7m高混凝土填芯;为提高基底应力分布的均匀性,在基础前半部填芯设置32个6m×6m空仓。

复合地基加固方案是从强化地基土体的角度出发,将基础持力层设置在表1中的④₂粉质黏土层;由于④₂土体不能满足锚碇受力要求,采用复合地基处理的方法对基底至密实粉砂层的软弱粉质黏土进行加固,形成复合地基,提高地基基础的强度和摩擦因数,并进一步降低渗透系数。

地连墙抵挡了水平方向的坑外水土压力,复合地基加固层隔绝了基坑底部的渗流,使得基坑内具有良好的干作业环境。开挖至基底时,复合地基加固效果可视可检,由于开挖深度浅,施工期风险低,如果出现渗漏通道,处理难度小。施工流程为:①地连墙施工;②复合地基加固施工;③检验基坑封水性,干开挖基坑内土;④干作业底板、填芯和顶板,基础施工完毕。

2. 复合地基加固工艺工法选择

确保复合地基加固质量是本复合地基地连墙基础方案的关键,其中复合地基处理工艺的选择尤为重要。南锚碇基底土体最大加固深度达50m,常规的三轴搅拌桩、单双液注浆加固、常规水泥旋喷桩均不能应对本项目的需求。根据调研,能够满足本项目加固需要的主要有两种工艺:深层搅拌注浆加固和高压喷射注浆加固。

深层搅拌注浆,是采用双轮铣头或是链锯形刀盘竖直向下切割搅拌土体,并注入水泥浆,使其与原状土搅拌均匀,形成水泥土加固墙(矩形)。根据工程需要可以上下来回搅拌多次(图2),其代表工法有CSM工法、TRD工法等,最大加固深度都能达到80m,受制于铣轮和刀盘的宽度,单幅墙宽度在550～

1200mm之间。加固原理如图2所示。

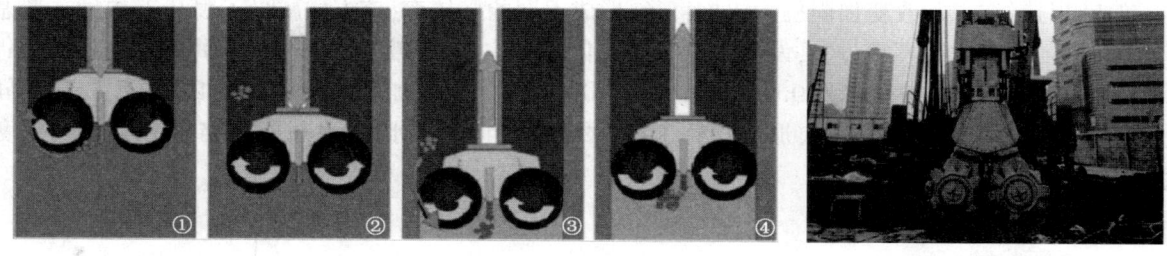

图2　深层搅拌注浆加固原理

高压喷射注浆是采用高压水气(压力超过20MPa)和高压水泥浆(压力超过35MPa)喷射旋转水平切割土体,将土层的组织结构破坏,被其破坏了的土粒与水泥浆液混合,固化后在地层中形成水泥土加固桩,其代表工法有MJS工法、RJP工法、N-jet工法以及SJT工法等,其加固原理和施工效果如图3所示。根据工法不同,加固深度在40～100m之间,旋喷桩直径在2～5m之间。旋喷桩桩体强度与水泥掺量相关。

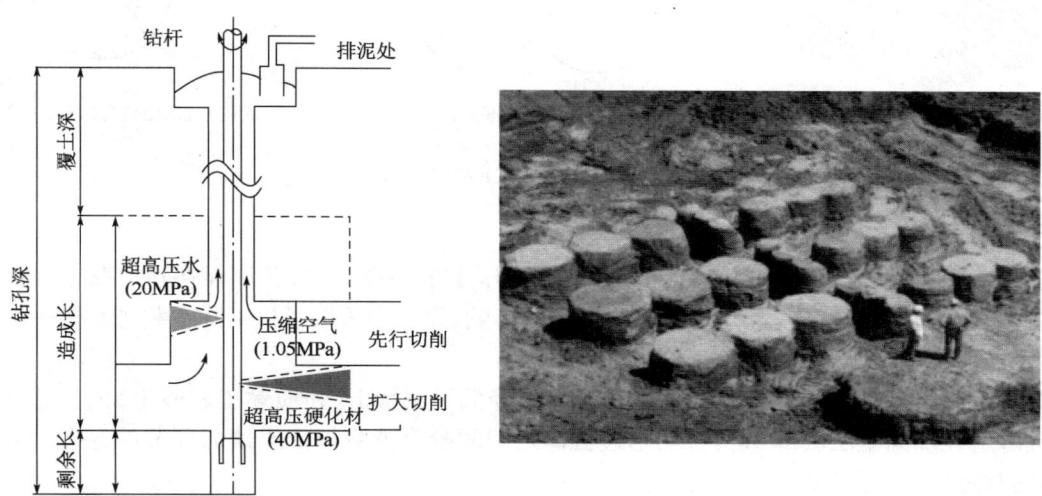

图3　高压旋喷桩加固原理和施工效果图

深层搅拌注浆工艺在施工效率、加固体质量的均匀性方面占优,加固体的交接面少。高压喷射注浆工艺在加固体强度、对地层的适应性方面占优。由于深层搅拌注浆工艺需要从地面开始搅拌土体,对不需要加固的土体扰动大,对圆形基坑边缘处的适应性差,南锚碇的地基加固采用高压喷射注浆工法。

3. 复合地基加固设计

南锚碇的软弱覆盖层厚,通过复合地基处理,大大减小了开挖深度。由于抗突涌的要求,需要开挖后的、经加固的复合地基自重应力大于基底封水加固层底的水头压力,并有一定的安全系数,需加固处理的地基厚度大。结合锚碇基础的受力特点,基底以下不同深度处,对地基加固要求的侧重点不相同,设计中提出了分层加固方式,以减小加固体量,提高新型复合地基地连墙方案的经济性。

基础底面的控制因素为基底与复合地基的摩擦因数。抗滑移稳定性由重量乘以摩擦因数确定,设计中偏安全地不考虑桩间土的竖向承载力,加固桩承担了基础的全部重量,只要单桩的摩擦因数满足要求,基础底面复合地基的整体抗滑移亦能满足要求,与加固桩的搭接率关系不大。随着深度的增加,复合地基的控制因素转变为强度,复合地基内部的应力逐渐增大,需要增加置换率(单桩搭接率)来提高复合地基的强度。到了加固体最下部,因需要设置一个"人工隔水层"以满足基坑干开挖的要求,此时,加固桩的搭接率已远远超过强度要求的搭接率,加固桩的搭接宽度由加固深度、加固桩直径以及高压旋喷桩的施工垂直度确定。

根据旋喷桩的施工特点，设计提出了变桩径分层加固方式，在桩中心距不变的情况下，通过调节喷浆压力、转速、提速等参数，改变加固桩的成桩直径，形成不同的搭接率，该方式减少了引孔工作量。考虑到施工效率，桩径变化次数不宜过多，设计采用一次变化：基底23m厚度范围内，采用引孔中心距1.7m、直径1.7m的加固桩，各桩搭接率为0.91，形成加固厚度23m的格栅加固层；在格栅加固桩下方5m厚度，引孔中心距不变，但增大注浆压力，形成直径2.4m的满堂加固桩封水层，各桩间搭接率为1.75。深度方向旋喷桩搭接变化如图4所示。

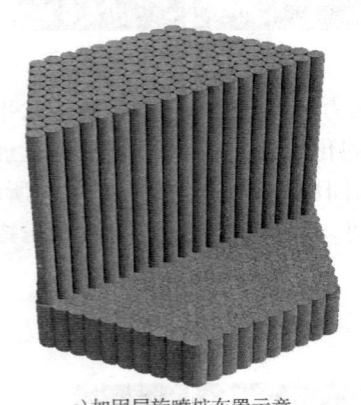 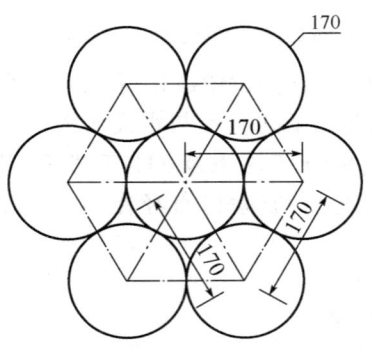 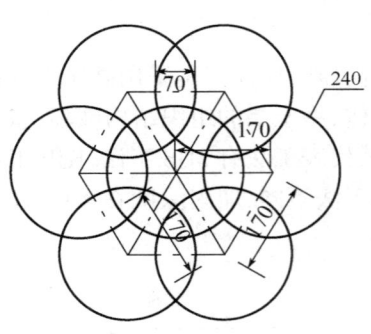

a) 加固层旋喷桩布置示意　　b) 格栅加固层旋喷桩搭接示意　　c) 满堂加固层旋喷桩搭接示意

图4　复合地基加固旋喷桩布置（尺寸单位：cm）

4. 基础封水及降排水设计

南锚碇基坑位于江心民主沙岛上，地下水丰富，承压水水头高，且与长江存在水力联系，为了确保基坑开挖过程的施工安全，降低基坑开挖对周边环境的影响，设计中采取了以下降水和排水措施，创造了良好的基础干作业环境。

（1）复合土体加固止水。高压旋喷注浆工艺有效降低了原状土（粉质黏土和砂土）的渗透性，桩体本身的隔水性好，在加固土层底部3m范围，通过桩体之间的咬合消除桩间土薄弱环节的存在，形成一个全基坑断面的封水层，保证了基坑底的隔水。

（2）地连墙侧壁压浆止水。地连墙和基底土体的竖向界面，也是地下水竖向渗透的薄弱环节之一，通过侧壁注浆，增强地连墙和基底土体的黏结，加强界面止水性，侧壁注浆范围为地连墙嵌入段。

（3）地连墙接缝高压旋喷止水。地连墙墙体本身的抗渗性极好，地连墙渗透的主要通道是Ⅰ期槽段和Ⅱ期槽段的接缝，通过在地连墙接缝的外侧采用高压喷射注浆封水处理，能有效增强地墙接缝的抗渗透性，减小基坑水平向渗漏的风险。

（4）基坑内疏干。基坑内设置集水坑用于收集基坑内雨水、施工用水等，采用水泵排至坑外。同时，基坑内设置疏干井，抽排开挖土层的潜水，保证地下水位位于开挖面1m以下。

（5）基坑外降压井。由于南锚碇处承压水水头高，随着基坑开挖的进行，覆土重量减小，基坑的抗突涌安全度降低。在基坑外设置降压井，平时作为观测井。当基坑开挖接近基底时，启动基坑外降压井，降低承压水水头，确保基坑底抗突涌安全系数不小于1.1，具体开启时机和降深根据现场测量确定。

通过以上封水、降水、排水措施，提高了基坑的防水性，辅以施工期监控监测，能够确保基坑安全可靠开挖，保证基坑混凝土的浇筑质量。

三、复合地基加固现场工艺试验研究

复合地基加固效果是南锚碇复合地基地连墙基础设计的关键。根据计算分析，提出了三个关键参数指标，分别是：加固后土体90d无侧限抗压强度平均值≥2.7MPa，摩擦因数≥0.37，渗透系数≤1.0×10^{-6}cm/s。为了验证以上指标的可行性，采用了两种施工工艺（SJT和RJP），在桥位现场开展工艺试验。

1. 旋喷桩桩体关键指标统计分析

1）强度

水泥土的无侧限抗压强度是国内外通用的旋喷桩强度设计指标，其大小受多种因素的影响，包括水泥掺量、水泥浆水灰比、水泥标号、水泥品种、土体矿物特性、土体含水率、养护条件、养护龄期等。根据水泥土强度增长曲线较缓，持续时间较长的特点，设计采用90d龄期强度。表2为高压旋喷桩的两种不同施工工艺90d龄期取芯测试结果。

高压旋喷桩取芯无侧限抗压强度　　　表2

施工工艺	原地层	位置	统计个数	平均值（MPa）	标准差（MPa）	变异系数	统计修正系数	标准值（MPa）
SJT	粉质黏土	桩体	12	3.51	1.82	0.52	0.62	2.15
		咬合处	10	3.00	0.89	0.30	0.78	2.34
	粉砂	桩体	14	11.83	3.90	0.33	0.76	8.95
		咬合处	4	7.16	1.61	0.22	0.83	5.97
RJP	粉质黏土	桩体	10	3.30	1.39	0.42	0.69	2.27
	粉砂	桩体	5	11.49	1.64	0.14	0.89	10.28

根据对试验结果的分析可知：

（1）旋喷桩咬合处强度要低于桩体本身强度，但是强度平均值均满足设计要求。

（2）原状土为粉质黏土的加固体强度，总体上比原状土为粉砂的加固体强度低，复合地基加固重点是要提高和控制粉质黏土层加固效果。

（3）粉质黏土无侧限抗压强度变异系数较大，说明桩体强度离散型大，旋喷桩桩体强度不均匀，需要进一步优化施工工艺并采取措施减少质量波动。

2）摩擦因数

试验利用直剪仪测试混凝土与水泥土界面摩擦因数。按照标准方法制备、养护符合直剪仪尺寸的试样，直剪盒下半部替换为混凝土块试样、上半部放入水泥土试样。由于加固层底位于密实粉砂层，只需要试验粉质黏土加固体的摩擦因数即可，测试结果见表3。

粉质黏土加固体直剪试验摩擦因数　　　表3

编号		竖向应力（kPa）			摩擦因数
		500	750	1000	
SJT	D-A-3-13m	273.8	282.4	556.4	0.50
	D-A-3-25m	252.8	330.4	439.4	0.45
	D-A-3-42m	242.3	346.6	459.1	0.46
	D-A-6-35m	216.3	316.3	420.8	0.42
	D-A-6-36m	209.5	337.1	459.7	0.45
	D-A-6-38m	206.3	333.1	445.0	0.44
	D-A-6-42m	222.7	346.5	471.9	0.47
	D-A-6-43m	198.6	302.9	443.9	0.43
RJP	D-B-2-36m	178.7	306.3	456.4	0.43
	D-B-2-42m	253.4	374.4	412	0.45

根据试验可知，界面摩擦因数均满足≥0.37的要求。

3）渗透系数

现场取样以后，在室内做变水头渗透试验，不同土层、不同位置以及不同工艺的旋喷桩渗透系数见表4。加固后的水泥土比原状土渗透系数总体要小，粉质黏土和砂土加固以后都基本满足土体渗透系数≤1.0×10^{-6}cm/s 的要求,粉砂加固后渗透系数降低更明显。

旋喷桩取芯室内试验渗透系数 表4

类别	编号	取芯部位	土体类型	渗透系数 k(cm/s)
SJT	Y-A-1-35m	三桩咬合	粉质黏土	4.40×10^{-7}
	Y-A-1-38m	三桩咬合	粉质黏土	2.61×10^{-7}
	Y-A-2-31m	两桩咬合	粉质黏土	1.13×10^{-7}
	Y-A-4-40m	三桩咬合	粉质黏土	3.62×10^{-8}
	Y-A-4-50m	三桩咬合	砂土	6.50×10^{-8}
	Y-A-4-51m	三桩咬合	砂土	3.42×10^{-6}
	Y-A-2-50m	两桩咬合	砂土	6.56×10^{-8}
	Y-A-2-51m	两桩咬合	砂土	5.12×10^{-7}
	Y-A-5-32m	桩体	粉质黏土	4.39×10^{-7}
	Y-A-5-35m	桩体	粉质黏土	1.94×10^{-6}
	Y-A-5-43m	桩体	粉质黏土	2.81×10^{-7}
	Y-A-5-49m	桩体	砂土	1.84×10^{-7}
	Y-A-5-52m	桩体	砂土	2.26×10^{-6}
RJP	Y-B-5-48m	三桩咬合	砂土	6.04×10^{-9}
	Y-B-5-49m	三桩咬合	砂土	1.87×10^{-7}
	Y-B-5-50m	三桩咬合	砂土	5.02×10^{-7}
	Y-B-4-38m	桩体	粉质黏土	2.68×10^{-7}
	Y-B-4-50m	桩体	砂土	1.52×10^{-7}
	Y-B-4-51m	桩体	砂土	1.35×10^{-6}

2. 工艺试验结论

通过现场工艺试验研究发现,试验所采用的两种高压喷射注浆工艺(SJT 和 RJP),形成的水泥土加固体的强度、摩擦因数和渗透系数三项重要设计参数,均能满足设计要求。相比较而言,强度的离散性较大;为了更好地控制加固质量,设计在强度平均值的基础上,提出了变异系数和最小强度保证率的要求。

试验结果表明,旋喷桩桩体强度与水泥掺量成正比,相同的水泥掺量,砂土的加固效果要优于粉质黏土。施工时可通过调节旋喷桩的施工参数,以保证不同土层加固效果均满足要求。旋喷桩施工参数较多,如钻杆提速、转速、水气压力和流量、浆液压力和流量,施工前应进一步开展试验固化施工参数研究。

四、结 语

张靖皋长江大桥北航道桥南锚碇位于高承压水的深厚软弱地层,设计中结合地层分布,采用了新型复合地基地连墙基础,基底以下 28m 采用高压旋喷注浆进行加固,形成了一个人工处理地基,在不同高度处,分别满足了基底强度、摩擦因数和封水止水的设计要求。该锚碇基础形式为国内交通工程领域首创,该项目的实施可为类似桥梁锚碇基础的选择提供参考。

参考文献

[1] 中华人民共和国交通运输部. 公路桥涵地基与基础设计规范:JTG 3363—2019[S]. 北京:人民交通出版社股份有限公司,2020.
[2] 龚晓南. 复合地基设计和施工指南[M]. 北京:人民交通出版社,2003.
[3] 丛蔼森. 地下连续墙的设计施工与应用[M]. 北京:中国水利水电出版社,2002.
[4] 贾剑青,刘杰,赖远明,等. 高压旋喷桩复合地基承载力研究[J]. 中国铁道科学,2018,39(6):1-7.
[5] 陈国栋,梁永辉,詹金林. 高压旋喷桩复合地基在世博项目中的应用[J]. 岩土工程学报,2010,32(S2):414-417.

10. 张靖皋长江大桥北航道桥钢塔设计

金红亮 周彦锋 华 新 韩大章

(华设设计集团股份有限公司)

摘 要 张靖皋长江大桥北航道桥为跨径1208m的单跨吊全钢结构悬索桥,基于利用索塔柔度、工业化建造角度确定钢塔方案,并从索塔构造尺寸、节段划分、节段连接、塔顶设计、索塔预偏设计及塔底锚固等方面,介绍了北航道桥索塔的一些设计特点。

关键词 悬索桥 钢塔设计 节段连接 预偏设计

一、引 言

张靖皋长江大桥位于长江下游澄通河段如皋沙群段,在张家港和如皋、靖江境内跨越长江,距离江阴长江公路大桥约28km、沪苏通长江公铁大桥约16km。跨江段设有两座航道桥,其中南航道桥跨越长江主江福姜沙水道,采用桥跨布置2300m+717m=3017m的两跨吊悬索桥;北航道桥跨越如皋中汊福北水道,采用主跨1208m单跨吊悬索桥。

北航道桥一孔跨越如皋中汊水域,缆跨布置为530m+1208m+530m,主缆矢跨比为1/9,加劲梁采用整体断面扁平钢箱梁,梁宽50.7m(含风嘴);主塔采用门形钢索塔,索塔基础采用群桩基础;南北锚碇均采用重力式。北航道桥桥型布置如图1所示。

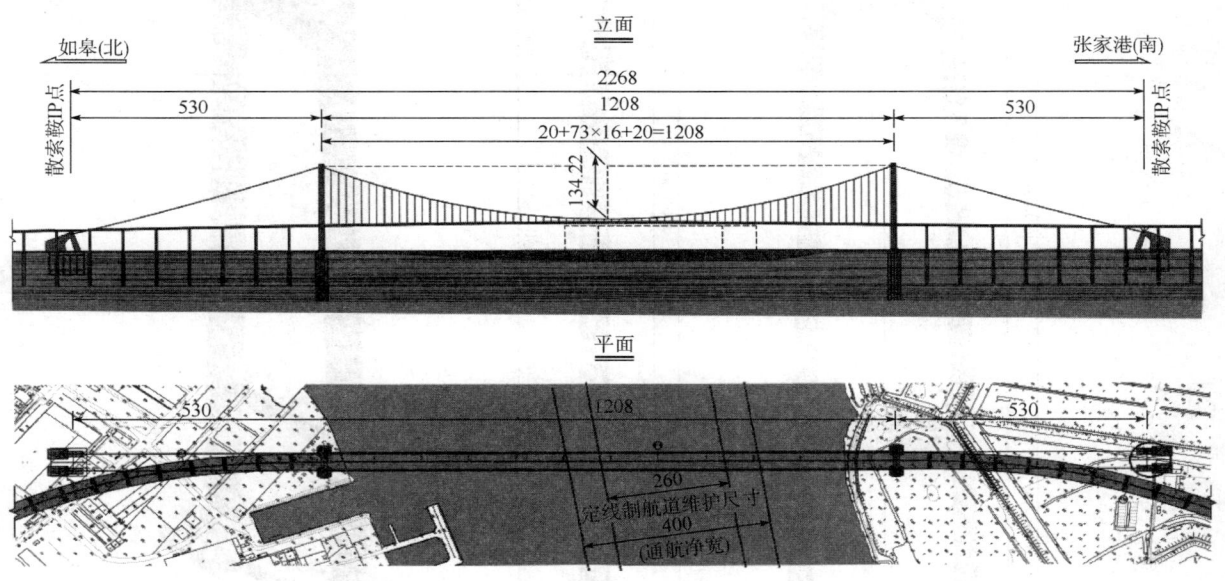

图1 北航道桥桥型布置图(尺寸单位:m;高程单位:m)

二、索塔设计

1. 索塔方案

悬索桥索塔以承受轴力为主、弯矩为辅。千米级悬索桥一般多采用混凝土塔,如南京仙新路过江通道、龙潭长江大桥、润扬长江公路大桥、江阴长江公路大桥等。泰州大桥和马鞍山长江大桥的中塔则采用钢塔,适当利用了钢塔的柔度,使得全桥在最不利工况下,加劲缆抗滑移安全系数和加劲梁挠跨比能够同时满足规范要求。

国内外常规的单跨吊悬索桥,主缆边中跨比一般为 0.2～0.35。由于北航道桥锚碇位于路线外侧,主缆从引桥上方跨越,需要确保主缆与桥面间有足够的行车净空,同时考虑行车视野的通透性、突发状况的安全性,主缆至桥面的净距按照 12m 控制,由此导致边跨长达 530m,边中跨比为 0.44。由于边中跨比较大,全桥刚度下降较多,桥梁竖弯频率、扭转频率和边跨缆力较边中跨比为 0.3 时降幅明显,其中扭转频率下降 13.6%,边跨缆力降低 5.5%。同时加劲梁挠度和梁端位移,以及塔顶索鞍的预偏量大幅度增加,其中塔顶鞍座预偏量达 3.616m。

国外多座大跨径悬索桥,在施工过程中,采用钢丝绳将索塔向岸侧预拉的方式,以减少索鞍顶推行程或使索鞍不顶推。北航道桥在设计中也采取了该方法,采用钢索塔方案,利用钢塔的柔度,架缆前将索塔向岸侧预拉,使索塔向岸侧预偏,以减小塔顶鞍座顶推行程量和顶推风险。

悬索桥索塔常见的基础形式一般有沉井基础、桩基础。钻孔灌注桩基础施工技术成熟,无须大型起重设备,可以适应不同水文、地质条件,具有良好的适应性,施工组织尤为方便,工效快,优势明显。北航道桥采用了常规的桩基础方案,承台平面尺寸为 81.6m×29m,厚 6.0m,下设 46 根直径为 2.5m 钻孔灌注桩,桩长 116m。

2. 索塔塔身构造尺寸的拟定

悬索桥索塔采用门式结构钢塔,根据桥梁主缆矢跨比及桥面高程,确定塔柱总高及下横梁位置。主缆矢跨比 1∶9,钢塔高度采用 217m(含塔冠),塔冠高 9m,横梁及以下高度为 58.1m,如图 2 所示。

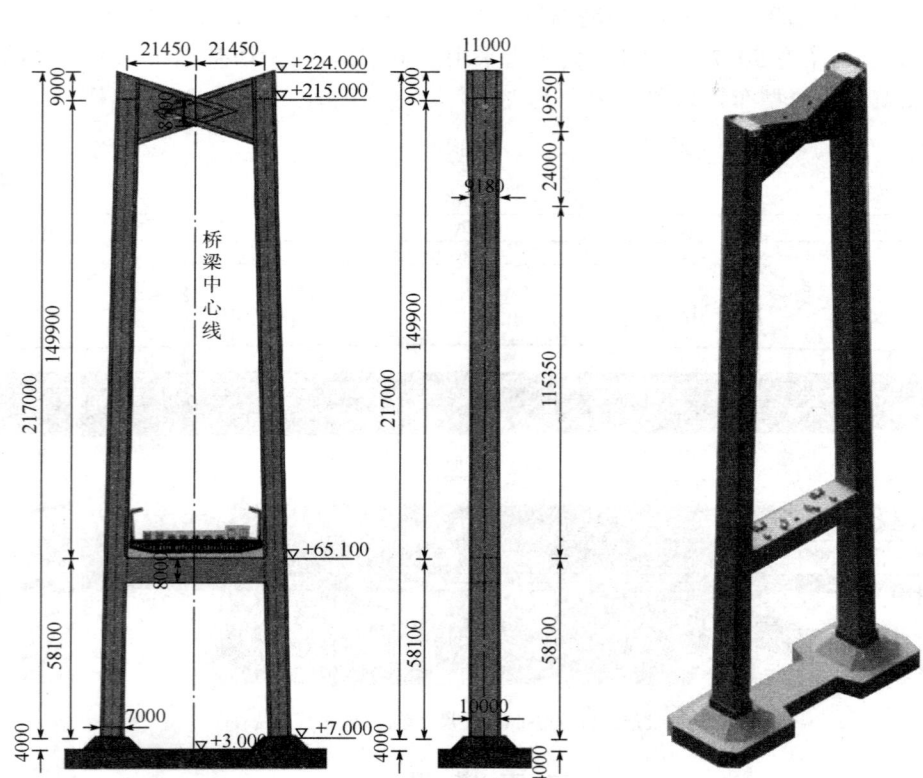

图 2　索塔立面图(尺寸单位:mm;高程单位:m)

塔柱典型断面采用单箱三室断面,断面由周圈壁板和两道腹板构成。为减小塔柱截面风阻系数,改善涡振性能,外轮廓设置尺寸为 0.8m×0.8m 切角将截面进行钝化,如图 3 所示。

塔柱设计时需满足强度、刚度、稳定性要求,在稳定性满足要求的情况下,可将索塔应力用充足一些,以节省钢材用量。

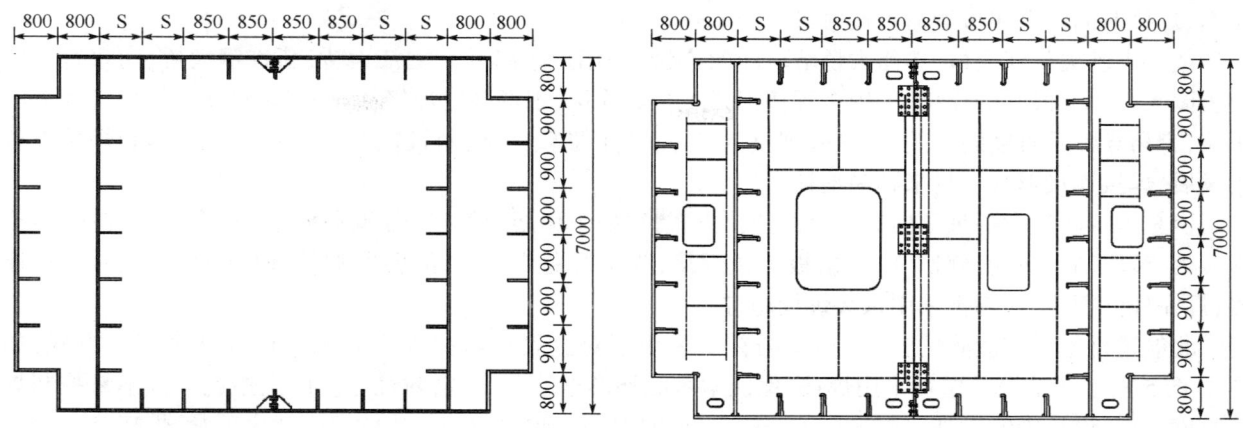

图 3 索塔断面图(尺寸单位:mm)

塔柱尺寸按照横桥向等宽 7.0m、纵桥向自塔顶至塔底 9~10m 初拟尺寸,由于索鞍顶推的需求,考虑 2.5m 的索鞍顶推距离及顶推托架尺寸合适,在塔顶纵向需局部加宽,尺寸加宽至 11m。根据总体应力水平,钢塔采用 Q420D、Q390D 两种材质,其中塔柱及塔顶部分采用 Q420D 材质,其余位置采用 Q390D 材质。此时最不利工况下,塔柱三向应力最大处约为钢材容许应力的 95%。

根据应力水平设置了 44~50mm 塔柱壁板、腹板厚度。壁板、腹板采用板式加劲肋,根据相关规范,加劲肋需满足刚性加劲要求,一般加劲肋间距取 20~24 倍板厚。加劲肋采用 40mm×400mm,间距在 800~1000mm 之间。

通过对全桥杆系有限元模型和独塔板壳单元模型进行分析,在裸塔和成桥阶段,索塔的弹性稳定系数均大于 4。通过对独塔板壳单元模型以及全桥多尺度模型进行非线性稳定分析,钢索塔结构的非线性稳定系数均大于 1.75。

钢塔柱内横隔板的标准间距为 3m 左右,此时索塔壁板、腹板的局部稳定能够满足要求,横隔板采用 16mm 厚度,特殊受力处,横隔板局部加厚。例如,在下横梁处,横隔板厚度加厚至 40mm,与下横梁端部顶、底板厚度一致。

北航道桥设计了临时工装匹配件,在预拼装及现场架设时通过临时工装匹配件精确定位横隔板位置,确保现场隔板能够精确定位焊接。

3. 塔柱节段划分

索塔的节段长度根据吊装方式和吊装能力划分,由于南、北索塔均在岸上,塔底节段可考虑采用履带式起重机安装,往上的节段按照塔式起重机架设安装。履带式起重机的吊装能力一般不控制,因此在初步设计阶段根据以往经验按照 150t 吊装能力对市场中塔式起重机的吊装能力进行了调研。

国内的大型塔式起重机吊装能力一般在 100t 左右,吊装能力 150t 以上的较少,市场上共 4 台吊装能力大于 150t 的塔式起重机,包括中交二公局的 1 台 STT3930、中交二航局的 2 台 MD3600、中铁大桥局 1 台 D5200-240K。

在北航道桥设计时,国内市场内仅有 STT3930 塔式起重机、D5200-240K 塔式起重机可供选择。因此在设计阶段,北航道桥钢塔吊重是按 STT3930 塔式起重机起吊能力控制设计的。将 STT3930 塔式起重机横向布设于索塔两塔柱中间,按照最大吊臂约 27m 测算,吊重须控制在 150t 以内。

索塔节段的划分,按不超过 150t 控制。为增大节段长度和减少节段间环焊缝,设计时采用了竖向分块的方案,这样索塔节段在不增加质量的情况下,分段长度在 5.6~11.2m 范围内。

其中 T0 节段为塔底节段,可采用履带式起重机吊装,因此采用的是整体节段、未纵向分块。但因为要从水路运输至现场、通过栈桥运至塔位,因此受到栈桥容许荷载的限制,栈桥容许荷载 450t,T0 节段质量最终为 393.2t,栈桥承载力满足使用需求。

4. 节段的连接

悬索桥钢塔主要为压弯构件,常用的接头形式有栓接、焊接和栓焊结合。其中,栓焊结合又分为栓接断面、焊接断面的金属接触与不接触等几种形式。

南京大胜关长江大桥、泰州大桥节段间的连接，采用栓接形式。之江大桥、新首钢大桥、南京青奥体育公园人行桥节段间的连接，采用全焊接形式。全焊连接，现场高空焊接作业量大，而且由于焊接变形的影响，容易导致垂直度的误差，但是外观整洁，后期养护量较少，密封性能好。随着焊接技术和焊接设备的发展，焊接连接形式也越来越多地被采用。

伊兹米特海湾大桥采用栓焊结合的连接方式，壁板采用熔透焊接，内部加劲肋采用全螺栓连接，螺栓连接处，节段间金属不接触。由于壁板熔透焊接，为了避免焊接收缩变形，焊接前内部采用临时螺栓连接，焊完外壁板后，内部再采用永久螺栓施拧。

北航道桥钢塔节段间的连接，在国内首次采用了对金属接触率提出要求的栓焊结合连接方式，如图4、图5所示。节段外壁板采用焊接，保证索塔的外形整洁美观、密封性好。但全熔透焊接不易控制焊接收缩变形，设计中索塔外壁板采用坡口焊+钝边的形式，焊缝收缩钝边的端面就会顶紧，焊接竖向变形影响很小。因此，塔柱内部螺栓可先完成终拧，再进行外壁板的坡口焊接，减少了以往采用临时螺栓或先初拧再终拧的多道工序。这是与以往焊接或者栓焊钢塔的一个不同点。

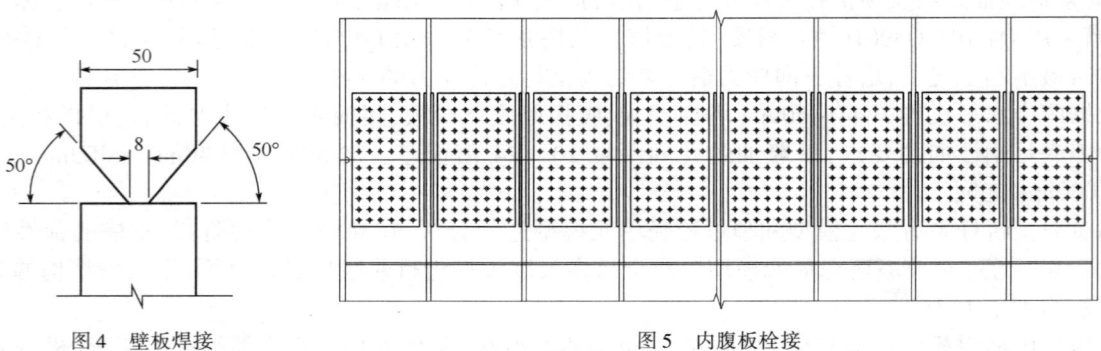

图4 壁板焊接　　　　　　　　　图5 内腹板栓接

塔柱内侧腹板、加劲肋采用栓接+端面金属接触传力的形式连接，根据以往的制造经验，同时为了减小螺栓数量，对内部板件的接触率做了详细要求。节段立拼时对壁板、腹板和加劲板的金属接触率要求分别达到75%、75%和60%，现场安装时金属接触率要求分别达到50%、50%和40%。这个接触率指标相较于南京大胜关长江大桥及泰州大桥有所提高，与南京上坝夹江大桥的标准一致，按照现有的制造能力，能够满足受力、加工和安装精度的要求。

由于索塔在架设过程中的姿态可能有偏差，在T5及T19节段的上端口设置了调节接缝，以达到调节塔柱安装姿态的目的。在调节接缝处，外壁板采用熔透焊接，内部腹板及加劲肋采用栓接，该处的焊接和栓接，均不考虑金属接触率的作用。同时，在调节接缝处，节段长度里也考虑了索塔本身的弹性压缩预留长度，并通过现场测量数据，以此作为后场节段配切的依据。

三、索塔预偏设计

1. 索塔的预偏设计

国外多座悬索桥在施工过程中均采用了索塔纵向预拉预偏的方式，以减少索鞍顶推行程或者索鞍不顶推，见表1。

国外索塔预偏案例　　　　　　　　　　表1

桥名	国家	塔形	索塔岸侧偏移量(m)
赛文桥	英国	钢塔	0.787
博斯普鲁斯一桥	土耳其	钢塔	0.3
博斯普鲁斯二桥	土耳其	钢塔	0.82
大海带桥	丹麦	混凝土塔	1.24
恰纳卡莱大桥	土耳其	钢塔	—

北航道桥索鞍预偏量高达3.616m,若是采用索鞍全部顶推的方案,岸侧一半索鞍节段的重心落在了主塔范围外,主索鞍合成整体后的重心则靠近塔边缘,上部结构架设时索塔为大偏心受力,施工风险相对较高。同时,由于索鞍大位移量的预偏,架梁时主缆在江侧塔顶需要额外开设槽口,否则主缆将与塔顶钢结构发生冲突。

顶推过程中,塔顶变形方式不断变化:在横向,塔顶竖向变形一直为一个锅底的形状;在纵向,顶推过程中塔顶是一个从爬坡(岸侧底、江侧高)到锅底(中间低、两侧高)的变化过程。索鞍滑动副中四氟板采用高分子材料,由于厚度小,过大的塔顶不平度将造成四氟板局部应力大、受力不均匀,可能会出现四氟板局部挤压破坏的情况,进而导致滑动副结构摩擦因数的不稳定,间接影响顶推。

因此考虑将索塔向岸侧纵移一定距离以减少索鞍的顶推距离,采用索塔预偏+鞍座顶推组合施工方案。

预偏量的选取按以下原则考虑:第一,预偏时,钢塔应力不宜过大,至少应该比运营状态时的应力水平低,本桥的施工状态钢塔应力按照100MPa以内来控制;第二,塔底锚杆数量不应由施工阶段预偏工况来控制,预拉产生的临时弯矩不能影响塔底永久锚杆的设计;第三,预偏量值的大小,必须方便预偏设备安装和构造措施的实现。根据上述原则,最终确定预偏量值为1.25m,预偏阶段索塔最大拉应力为49MPa,最大压应力92MPa。此时塔底截面无拉力出现(底板不出现缝隙),塔底锚杆数量也不因预偏而增加。

2. 适应顶推的塔顶设计

根据总体计算结果,预偏量达到3.616m,考虑预偏索塔后仍需在塔顶进行索鞍的顶推作业,顶推的距离约2.4m。根据调研,为了保证索鞍构造中的滑动副在施工过程中的可靠性和有效性,索鞍顶推时对塔顶的平整度要求极高,局部的竖向变形不得超过2mm。故塔顶构造不仅要满足强度的要求,塔顶的竖向刚度也需同时满足要求。

根据塔顶刚度的要求,塔顶中间设置了2块横桥向9.6m高腹板,其余通过设置纵横向格构增加刚度。根据受力和构造要求,格构间距为750~1200mm。由于受塔式起重机起重能力限制,塔顶节段须纵向分块,且节段高度只能做到5.6m,如图6所示。

图6 塔顶构造

由于钢塔的刚度较混凝土的刚度小,北航道桥的塔顶鞍座顶推托架,必须设计得比混凝土索塔的塔顶临时托架更加强劲,托架腹板与塔顶节段间采用坡口焊接,托架顶板与塔顶顶板对接熔透焊,在顶推施工完成后,对顶推托架进行割除。

单个索塔采用4组预偏拉索来预偏,一个塔肢2组,拉索采用成品索的形式,以便施工。在钢塔端,锚固点设置在离塔顶9.6m处、边跨侧两个索塔凹角处;在锚碇端,锚固点设置在锚体顶部实心段区域,这样既避开了上部结构架设时的一些塔上的临时构造,也避开了桥梁两端引桥的梁体及墩柱。塔端的锚固构造采用钢锚箱,形式采用焊接(施工完之后割除),在索塔节段内部与锚箱对应位置设置补强加劲；在锚碇端采用专用锚具与分配横梁进行连接，专用锚具预埋在锚体顶端，每根预偏拉索在锚碇端都通过分配横梁，将索力传至两根钢制长螺杆上，通过调节长螺杆以达到控制张拉及放张长度的目的。

在索塔预偏施工的时序上，初步考虑先预偏索塔，拉索可以同步分级对称张拉控制，此时拉索轴力变化幅度较小，桥塔偏位变化也比较均匀。索塔向边跨偏移 1.25m 后再安装猫道，并按照预偏后的实际塔顶跨距来设置猫道。然后依次进行主缆架设、紧缆、索夹及吊索安装。通过计算，吊装跨中 6 片钢梁后，索塔接近竖直状态，此时索塔向跨中偏移约 0.03m，分级放张预偏索，并将其拆除。进一步分析表明，在钢梁架设到第 6 片钢梁的过程中，预偏拉索的索力在逐渐变大，由 1587kN 增加至 3067kN。在这个过程中，预偏索力、塔顶位移和索鞍鞍槽中索股抗滑移安全系数（边、中跨缆力）需重点关注。整个过程中，索股抗滑移系数都要求大于 2.0。如果待索塔完全回正后再分级放张，预偏拉索的最大索力值偏大，导致索体规格选取偏大。因此进一步考虑预偏拉索的放张时机，在满足索股抗滑移系数大于 2 的前提下，可考虑在主缆架设完成之后或者架设完 2~3 片加劲梁时，提前放张预偏索，以达到减小拉索规格的目的，从而减少整套预偏措施的规模及费用。

四、塔底锚固

1. 塔底钢混连接方式

钢塔需要与承台塔座可靠连接，一般有螺杆连接或者埋入式连接两种方式。

螺杆连接是将塔柱底板通过预埋在基础混凝土中的螺杆与基础连接在一起。此时，塔柱根部的压力通过塔柱底板传递到混凝土，而弯矩、剪力通过锚固螺杆传递。塔柱底板一般采用厚钢板以满足强度与刚度的要求。为保证压力传递均匀，塔柱底板需与塔座顶混凝土密贴。有两种方法可以达到这种要求，一种是将混凝土塔座顶打磨至平整度满足要求，同时将塔柱底板底面进行机加工保证平整度，然后进行首节段就位并安装螺杆；另一种是采用灌浆的方式，先进行首节段就位，再对塔座顶面与塔底承压板间进行压浆，通过工艺试验保证压浆的密实度，以此来实现塔柱底板与塔座顶混凝土的密贴要求。

日本多座悬索桥采用的是第一种方法，我国如泰州大桥和南京上坝夹江大桥采用的是第二种方法。两种方式均为可行的方法。

埋入式连接是将塔柱钢板延伸埋入混凝土基础中，通过塔柱与混凝土之间的剪力连接件，将塔柱的轴力以剪力形式传递给基础。此时，如何保证塔柱板件与混凝土充分黏结并能均匀传递荷载，是设计和施工需考虑解决的主要问题。一般是在埋入混凝土基础中的塔柱钢板上，设置剪力钉或者开孔板并穿钢筋形成 PBL 剪力键。南京大胜关长江大桥索塔的钢混结合段，就是采用的这种连接方式。

2. 本桥锚固形式

北航道桥索塔塔柱与塔座间的连接，设计上应确保具有良好的强度和耐久性，构造上需要施工便捷、养护方便。由于塔底承受巨大的轴力和弯矩，在弯矩作用下，塔底钢混接触面处可能会产生拉应力。通过对螺杆施加预拉力，使得塔底在任何工况下，均不会出现拉应力。根据计算，在塔底截面设置了 54 根直径为 130mm 的 40CrNiMoA 螺栓，每根螺杆张拉力为 3000kN。

北航道桥钢塔塔座底板尺寸为 8.4m×11.4m，大面积混凝土顶面的高平整度浇筑和打磨工艺，给施工单位提出了极高的要求，国内可借鉴的打磨技术的案例也较少。工艺试验表明，必须专门研发专用打磨机械设备，否则每条打磨缝间易产生微小错台，难以保证塔底钢板与混凝土顶面密贴。考虑到压浆工艺在泰州大桥、南京上坝夹江大桥上的成功应用，北航道桥塔底钢混连接处也采用塔底注浆的方法来实现塔底钢混连接。根据以往经验，塔座底板下设置 5cm 压浆层，砂浆采用高强无收缩水泥基砂浆，28d 抗压强度≥50MPa，注浆密实度要求≥95%。塔底注浆达到设计强度后，初张拉塔底锚固螺杆，单个螺杆预拉力为 2000kN。正常工作状态时预拉力为 3000kN，此时各工况下塔底截面无拉力出现。

五、结　语

张靖皋长江大桥北航道桥是国内首个单跨吊全钢结构悬索桥。在设计钢塔时,对索塔构造尺寸、节段划分、节段连接,以及索塔预偏、塔底锚固等进行了独到的设计,体现了钢塔的设计特点。对钢塔的架设、安装和预拉预偏设计进行了一定程度的探索和尝试,为后续大跨桥梁钢塔设计积累了一定经验,并可为类似桥梁设计提供参考。

参考文献

[1] 孟凡超.悬索桥[M].北京:人民交通出版社,2011.
[2] 华新,郑修典,周彦锋,等.泰州长江大桥三塔悬索桥钢中塔设计[J].公路,2009(7):68-74.
[3] 韩大章,华新,周彦锋,等.泰州大桥中塔塔底锚固设计中的几个关键问题及分析处理[J].公路,2012,4:92-98.
[4] 华新,韩大章,周彦锋,等.泰州长江公路大桥中塔结构行为特点及设计特色[J].公路,2010(11):59-63.
[5] 吉林,张永利.人字型钢塔制造总体工艺设计[J].中国工程科学,2010,12(4):43-46.
[6] 苏茂材,马碧波.舟山市秀山大桥索塔设计[J].华东公路,2017,2:12-14.

11. 新形势下张靖皋长江大桥安全管理的挑战与探索

杨玉冬　史永龙　徐文昕

(江苏省交通工程建设局张靖皋长江大桥建设指挥部)

摘　要　张靖皋长江大桥工程拥有六项"世界之最"和六项"世界首创",其施工工艺复杂、施工难度大、安全风险高,给工程安全管理工作提出了更高的要求。本文通过对当前张靖皋长江大桥安全管理的挑战与困难进行分析,结合项目安全管理现状,从双重预防体系、信息化建设、安全文化建设、应急协调方面提出针对性的措施。希望本文能为类似项目建设安全管理工作提供借鉴。

关键词　桥梁　悬索桥　双重预防体系　信息化　安全文化

一、引　言

随着工程建设规模性发展、技术推陈出新以及投资力度加大,安全管理工作在施工管理中的地位和作用日显突出。在新的历史机遇和挑战下,安全管理的特点和形势对加强施工安全管理十分重要。

张靖皋长江大桥是《长江干线过江通道布局规划(2020—2035年)》中明确的"十四五"期间重点推进的过江通道项目,对落实长江三角洲区域一体化发展和长江经济带发展战略具有重要意义。工程横跨两岸三市及两个长江主航道,两座超千米级悬索桥同步建设,跨江规模国内罕见;南航道桥主跨2300m,是目前在建世界上主跨跨径最大的桥梁,将创下六项世界之最。支护转结构复合式双回字形地连墙基础等新型结构、特殊结构应用无成熟施工经验,新工艺、新技术给大桥施工安全带来不确定性,给工程建设安全管理工作带来新的挑战。水上和高空作业量大、周期长,航道保通要求高,民主沙泄洪岛作业面广、施工人员多,台风及汛期安全撤离压力大,施工安全风险大。万吨米级塔式起重机、高精度铣槽机、千吨级履带式起重机、大吨位跨缆式起重机、超大牵引力主缆卷扬机、超大直径紧缆机等大型机械设备应用多,智能化要求高,需实现施工可测、可视、可控,提升工程安全。

二、当前安全管理新形势

"十四五"时期是我国在全面建成小康社会、实现第一个百年奋斗目标之后,乘势而上开启全面建设社会主义现代化国家新征程、向第二个百年奋斗目标进军的第一个五年。党中央、国务院对安全生产工作提出更高要求,强调始终坚持人民至上、生命至上,统筹好发展和安全两件大事,为做好新时期安全生产工作指明了方向。但同时我国各类事故隐患和安全风险交织叠加、易发多发,安全生产正处于爬坡过坎、攻坚克难的关键时期。

(1)从国家层面看,2022年地震、洪水、干旱、山火等自然灾害和一些安全事故,让人触目揪心。东航"3·21"客机坠毁、湖南"4·29"居民自建房倒塌、河南"11·21"厂房火灾等重特大事故,严重危及人民群众生命财产安全。国务院安全生产委员会5次全国安全生产电视电话会议及提出的安全生产"十五条硬措施",要求对安全生产失信行为的企业和个人严格实施联合惩戒和"黑名单"监管。国家对安全生产的工作监管力度之大、会议部署频次之高、整体管控措施之严,前所未有。

(2)从国资央企看,"中央企业安全管理强化年"活动"六个切实"要求企业准确把握工作要求,兜牢安全底线红线,彰显社会责任和政治担当,以安全生产稳定新局面服务构建新安全格局,以新安全格局服务保障高质量发展。

(3)从建筑行业看,石景山隧道"7·15"透水事故、住建部追责资质降级等,充分印证了"企业不消灭事故、事故就消灭企业"。

(4)从地方监管看,江苏实施"顶格处罚、一案双查、联合查处",直接判定事故施工单位安全生产条件降低,禁止参与市场投标;湖北发布生产经营单位主要负责人安全生产职责清单和全员安全生产责任清单,明确追责措施;深圳对存在重大安全隐患未按期整改或发生事故的单位实施红色警示,禁止承接新的业务。各级政府安全生产执法力度在逐步加大,企业一旦发生事故,一切业绩都将"归零"。

(5)从工程项目看,日益成熟的工程设计,跨越式发展的施工技术,推陈出新的科技创新,众多高、新、特、难的工程无疑给施工安全管理工作带来了巨大挑战。工程建设者要深刻认识当前安全生产的特殊性和艰巨性,切实增强做好安全生产工作的紧迫感和责任感,结合项目特点,创新管理方法,狠抓安全防范各项措施落实。

三、张靖皋长江大桥安全管理的困难与挑战

1. 创新地连墙施工工艺对安全管理提出更高要求

南航道桥南北锚碇采用的是支护转结构复合地连墙基础,北航道桥南锚碇采用的是圆形地连墙加环形钢筋混凝土内衬支护结构。南航道桥南锚碇地连墙基础采用水下开挖最大深度为83m,隔仓最大开挖深度45m,小隔仓内部空间小,工序多;隔仓开挖需边开挖边支撑,涉及有限空间作业,存在照明不良、通风不良风险,施工安全风险大。钢箱、钢筋笼等重量大、数量多,吊装风险高。锚碇处于长江边,地质较差,地下水丰富,施工过程中易出现止水帷幕渗水、基底涌水涌砂等情况。基坑开槽时存在槽壁坍塌、围护结构变形超限等风险。首创复合地连墙施工工艺需要开展工艺验证试验,验证其可行性、科学性、安全性、可靠性。其安全管理没有可参考的标准化成果,本工程安全管理工作面临挑战。

2. 超大型沉井基础施工对定位精度及安全管理要求高

北航道桥北锚碇基础采用沉井基础,沉井长宽分别为75m和70m。钢壳块段数量多,重量大,吊装风险高。沉井体积大,混凝土施工周期较长,在下沉过程中遭遇复杂的地质变化,容易发生沉井结构应力变形风险。沉井下沉过程中易出现下沉困难、突然下沉、倾斜等问题。

3. 大面积全断面深层地基加固方案考验安全管理

北航道桥南锚碇位于江心岛,基础软弱覆盖层厚,上层流塑、软塑状粉质黏土厚度超过45m;场区承压水头高,下卧砂层透水性强,承压水不断地随潮位变化,始终处于不稳定状态。锚碇基础创新性采用

"悬挂式复合地基圆形地连墙基础",以超高压旋喷桩形成人工隔水层阻断承压水,大面积全断面深层地基加固水平封底方案为桥梁首创,可借鉴经验少,极具挑战性。加固面积接近6000m^2,桩体数量2497根,如果安全管理存在疏忽,极易出现基坑涌水、翻砂等险情。

4. 最高索塔结构施工安全管理带来挑战

钻孔灌注桩数量多,长度大,最长可达114m,存在塌孔、高处坠落、钻机倒塌等风险。北航道桥南北索塔高度217m,南航道桥南北索塔高度350m,辅塔高度130m。施工时受外部环境影响大,若发生火灾救援十分困难。钢塔柱分段、分块数量大,现场拼装、焊接工程量大。南航道桥南北索塔均分为30个节段,首节段重量约为763t,北航道桥南北索塔均分为23个节段,首节段重量约为394.7t,吊装风险大。

5. 超大型机械设备使用安全管理是重中之重

本工程投入大量的超大型的门式起重机、塔式起重机、履带式起重机、汽车起重机、铣槽机等重要机械设备,起重吊装作业多是本项目的特点。锚碇区及主塔区域超大吨位起重机经常性地边吊装边移动、吊装作业经常处于高频率、大重量、长时间负荷状态,机械设备构件与配件(如吊装用分配梁、钢丝绳)容易发生疲劳、老化、损坏、断裂,可能导致事故频发。需要参建各方高度重视日常例行检查与维修保养。

四、安全问题分析与安全管理探索

1. 施工工艺复杂,风险防范化解难度高

1)问题分析

建设需求和结构形式具有不同的施工要素和技术特点,决定了安全管理的复杂性、多样性。张靖皋长江大桥项目鉴于其使用功能、经济性、审美性和环境协调性等建设需求的不同,建设过程中存在不同的安全风险;支护转结构复合地连墙、钢壳混凝土索塔、350m高塔等施工,结构构成涉及桩基施工、基础施工、高墩施工以及上部结构施工,作业空间涉及了地下、地面、高空等立体空间,施工工艺涉及桩基、高大模板、跨线施工、特殊工艺等,其高、新、特、难的特点,带来了众多安全风险,应着重防范化解风险,采取针对性安全管理措施。

2)对策及探索

聚焦危大工程,完善双重预防机制。梳理影响项目生产安全的顽症痼疾,深入剖析问题,抓住要害、找准根源,切实解决问题。对工作的执行情况进行监督检查,及时发现和消除各类风险隐患,对业务人员的安全履职情况进行监督检查,切实履行安全责任、执行安全要求。结合总体风险评估结果对安全风险进行分类梳理,与隐患排查联动,不断调整风险举措,前移安全关口,使施工现场安全风险处于受控状态。隐患排查治理是双重预防机制建立的重要一环,项目遵循PDCA循环(Plan 计划、Do 执行、Check 检查和Act 处理)[1],构建隐患排查治理长效机制,扎实开展隐患排查治理。制订检查计划,定期综合检查、专项检查、日常安全巡查、班前班后检查工作,抓细抓实施工、监理单位安全管理职责。对于现场隐患,明确专人负责督促整改闭环,坚持隐患每日清零。此外,以积分制管理为抓手,促进班组常态化开展隐患排查治理工作,同时鼓励工人对事故隐患和违章行为进行有奖举报,提高产业工人隐患排查治理积极性。

风险管理可视化、作业指导书图表化。针对高风险工序,以"安全部门出标准、技术部门绘图"的方式积极推动作业指导书图表化工作,绘制风险四色分布图,编制风险分级管控手册,将技术标准、管理要求等内容转化为现场具体可执行的操作,帮助施工人员更直观、清晰地查找作业环境中存在的安全隐患,认识存在的风险,班组每日班前会进行风险告知,从而达到提高员工安全意识、确保施工安全的目的。

强化科技创新引领,数字赋能安全管理。张靖皋长江大桥建设周期长、风险大、要求高,项目将从现场工厂化、建造智能化、施工标准化、产品数字化、管理信息化等方面全面提升项目施工管理标准化水平。通过研发信息化、智能化、无人化的安全生产风险监测预警装备,重点提升索塔超大吨位塔式起重机、门式起重机、节段梁架桥机等安全生产危险工艺设备的机械化自动化水平,着力破解南北航道桥4个富水软土地层锚碇基础施工重大安全风险的超前预测、动态监测、主动预警、自动纠偏等关键技术瓶颈,对地连墙、沉井、索塔、主缆等施工开展数字化检测监测,利用三维场景重构、时空信息映射、实时态势感知、智能分析决策技术,实现施工全周期可测、可视、可控,以科技兴安为抓手提升本质安全。

2. 人员设备众多,安全资源配置难度高

1)问题分析

不同的结构物需要不同的资源配置、不同强度和力度的资源投入。差异较大的实际资源投入对施工进度和安全管理压力有着明显影响,高均衡性的资源配置和严谨科学的施工进度计划给安全管理提出了高要求。工人技能、材料、设备、管理团队等因素直接决定了安全管理难度和管理方法。应通过智能化、信息化手段,推动安全管理资源合理配置。

2)对策及探索

人员信息动态管理。在工地出入口配备实名制门禁系统,工人上下班必须经过该系统通道,并结合信息化平台对工人的出勤、工种、安全教育、奖惩情况进行统计。加强特种作业人员信息档案登记,有效掌握证书有效期情况,避免证书到期失效情况的发生,方便管理人员核查,结合日常检查巡视,记录现场施工人员日常行为,对好的行为予以表彰,对不好的行为予以惩罚,配合安全积分制管理制度,逐步形成施工人员诚信档案。

信息手段助力人员素质提升。基于"平安守护"系统,进一步广泛应用工地云课堂、工地云教室、工地云货柜、工地云手环等信息化手段,管理人员和一线工人通过人脸自动签到、课程自动匹配、过程自动监管、课时精准计算、记录自动归档等方式,实现在线教育学习、在线答题考试,有效利用一线工人碎片化时间。采用积分制对各层级人员的个人能力、行为表现进行量化考核,实行积分奖品兑换,充分调动一线工人积极性。

运用智能手环加强人员盯控。为加强安全生产隐患管理,保障每位施工人员的生命安全,应对人员安全进行动态管理[2]。张靖皋长江大桥通过配备智能监测手环,日常存放于手环智能管理货柜,在人员扫脸开门的同时动态绑定,之后凭手环可进出施工场地,通过科技手段对工人身体状况、定位进行实时监测,记录时间和位置,通过物联网上传到云端,再经过云端服务器处理,得出人员的位置和分布区域信息,并绘制全天移动轨迹。并赋予手环紧急通信、危险监测等功能,对异常状态及时进行预警提示,实时把控现场工人适岗状态。

机械设备精细化管理。要进行基于工艺风险控制的设备安全全生命周期的系统化管理,确保各项制度管理责任明确[3]。一是在制度中细化机械设备管理分工,完善设备进场验收程序,明确机械设备管理的检查验收标准、维修保养标准等,落实作业前安全条件核查。二是高危工序严格按照人机站位图进行作业,设置警戒区,网格员全程旁站,确保作业环境安全。三是通过制订机械设备操作人员手机管理办法、设置手机存放柜等措施,规范设备操作手行为。四是引进有资质的专业维护保养单位对现场机械设备定期进行维护保养,并通过信息化手段对维护保养情况进行记录,形成对维护保养工作的多层监督。

"十不吊"全过程智能管控。本项目针对起重吊装的全过程进行了智能化的监测预警与主动控制管理,系统高度集成各项应用功能,针对性地将相关功能应用到对应的施工场景,整体功能涉及了吊装过程的人员安全识别、吊装环境感知、设备运行安全感知、起重设备结构安全感知、吊装可视辅助等。相比传统安全监测均为割裂式的单点式应用、滞后式管理,智能系统是一种全覆盖、成体系、多手段、智能化、及时性、分级管理推送的全新管控模式,充分地落实了安全"十不吊"要求的内容,整体系统可以应用推广到所有基础设施吊装施工场景当中。

作业环境信息化监控。一是建立数字化监控系统监控现场的违章行为,如 AI 安全行为智能抓拍、防护用品佩戴检测等,及时发现人、物、环境的不安全状态,实现自动化监管,从而减轻安全监管人员现场监管负担,解决人工盯控的"盲区"。

3. 参建企业众多,安全文化建设水平不一

1) 问题分析

张靖皋长江大桥涉及6个主体施工企业、4个钢结构施工企业,各施工企业来自省内外不同地区,安全文化建设侧重点不一,安全管理水平参差不齐。同时,施工企业的作业班组安全管理水平参差不齐,班前教育走过场,警示教育缺乏效果、工人安全意识不高、缺乏安全管理的主人翁意识,产业工人综合素质难以全面提高。

2) 对策及探索

完善安全文化物质基础。班组队伍是安全生产的基石。要践行"安全管理是企业第一管理"的理念,就必须建设一支素质过硬、精干高效、善打硬仗的班组队伍,选优配强各级各岗位人员。把好人才准入关,做实培训考核,促进上岗即履职;把好人员过程培养关,增强班组安全能力;把好绩效考核关,利用考核手段促进安全责任的落地、推动安全工作的落实。在基础设施层面,通过实名制管理系统,运用模拟现实、工艺交底、实操教学、安全隐患分析等多种形式安全教育培训,积极引导工人主动守护安全、主动落实安全,把各项安全生产管理措施贯穿到班组一线,打造一批高素质、高水平的产业工人队伍。

强化安全文化管理效果。在管理层面,推广班组"5S"管理制度、安全积分制管理,实行区域化安全管理,分类放置各类机具材料,培养工人保持工作场所清洁整齐、有条不紊的习惯,辅以光荣榜、先进表彰、积分制[4]等"正向激励"方式,提高工人参与安全管理积极性。在思想层面,通过多形式的安全教育、可视化的安全技术交底,多角度调动工人的情绪、注意力和兴趣,加深操作人员的理解,提高交底和培训实效,让工人能切身感受作业过程中的风险,对安全措施、应急处置流程产生清晰的认识。

加强施工企业间安全交流。通过定期组织安全管理座谈会、技能比武、知识竞赛等活动,在各参建单位、各班组、各岗位中掀起学习安全文化的热潮,加强企业间、班组间的安全管理交流,互相提高安全管理认识及知识水平。同时,在各单位施工安全管理中遇到弱点、缺陷时,尽早尽快"纠偏",取长补短,促进各单位安全管理文化更新迭代。

引导安全技术创新研究。立足提升本质安全水平,鼓励研发实用新型专利。结合现场实际,针对高处作业、临时用电、起重吊装等方面,从一体化、装配化的角度出发,积极开展安全技术创新研究,如钢筋笼拼接工装平台、地连墙钢筋笼自适应平衡安放平台、滑触线式电焊机安全作业支架等,以创新为驱动,推动项目本质安全水平持续提升。

4. 建设背景复杂,应急协调难度高

1) 问题分析

公路、隧道、铁路、桥梁等结构物,分布在不同地域,具有不同的地域性特点和施工难点,决定了安全管理的特征和差异性。张靖皋长江大桥地处长三角城市群的中心,位于重点规划的锡常泰、(沪)苏通都市圈和沿江经济发展带的结合处,其重要的地理位置和地方政府的高关注点,对应急预案衔接要求极高;靖江民主沙岛是长江下游流域的行洪岛,因大桥建设需要,岛上3个标段超2000余名施工人员驻岛工作、生活,施工环境特殊,交通不便,应急救援难度高。

2) 对策及探索

强化应急预案编制。按照工程进展,及时调整应急预案,并根据演练和救援的实战效果不断更新和完善各单位的应急组织体系。在编制综合应急预案的基础上,结合实战撤离、应急演练中存在的不足,持续完善应急预案编制。同时,细化防台防汛应急预案编制,针对有崩岸危险的洲堤段,做好占用段洲堤的监测巡护,督促各级单位针对不同工区优化应急响应流程,强化应急处置措施。

完善应急响应体系。为强化信息沟通共享,项目与消防、医疗、交通、电力等多部门建立长期、有效的联动机制。张靖皋长江大桥与海事部门组建张靖皋长江大桥建桥"先锋"党建联盟,邀请应急管理部门现场培训,为大桥建设保驾护航。同时,通过应急演练提高各个部门的配合默契程度,使应急活动高效、有序进行。

强化应急救援物资配置。加强项目应急物资管理规范化,对应急物资库房进行系统排查,确保项目

应急处置能力。各施工企业合理安排应急物资的投入,根据企业事故救援的需要,合理预算,围绕应急救援物资特点,重点抓好各类物资的基础管理。

五、结　语

随着国家经济改革、考核体系改变以及法律的完善,安全所面临的挑战和困难也在不断升级,只有分析安全管理特点、研判其发展趋势、落实重点把控措施,才能为项目施工安全提供有力保障。

参考文献

[1] 苗鹏.关于建筑工程安全管理中PDCA循环管理模式的应用分析[J].工程建设和设计,2019(17):284-286.
[2] 徐驰.智慧化工地在安全隐患排查和人员动态管理中的应用[J].建筑安全,2023,4(38):64-66.
[3] 姚永芳.全员管好设备的全生命周期[J].现代职业安全,2023,9:12-14.
[4] 聂鑫.某建筑施工企业职业健康安全积分应用研究[J].建筑安全,2023,4(38):71-75.

12. 数字孪生技术在常泰长江大桥智慧建设中的应用

沈孔健[1,2,5]　蒋振雄[1]　李镇[1]　张凡[3]　刘华[4,5]　王景全[2,3,6]

(1.江苏省交通工程建设局;2.东南大学桥梁研究中心;3.长大桥梁安全长寿与健康运维全国重点实验室;4.中铁大桥勘测设计院集团有限公司;5.中铁桥隧技术有限公司;6.江苏大学)

摘　要　本文以常泰长江大桥为工程背景,介绍了数字孪生技术在我国超大跨径桥梁智慧建设中的创新技术及应用。常泰长江大桥建设过程中全面探索了数字孪生技术在大跨径桥梁建设中的应用,创新研究多源化信息模型格式转换技术,综合设计、施工、制造及养护管理对工程结构的分解细度需求,首次实践设计、建设、运维全生命周期数字化模型编码的应用,同时建立的参数化建模及模型联动技术,提升设计工作效率。在项目实践应用过程中,逐步形成超大型沉井智慧施工控制技术、复杂索塔数字孪生施工技术、全桥智慧施工监控系统。通过基于BIM+GIS等技术的平台研发、数据集成,实现多元化工程场景智慧建设,多维度业务智慧协同管理,实现数据融合,打造智慧建设管理新模式。

关键词　长大桥梁　智慧建设　数字孪生　常泰长江大桥　施工监控

一、引　言

长大桥梁是交通基础设施互联互通的咽喉节点,是国家安全、国民经济发展的重要保障。当前,我国桥梁总数已超100万座[1],是世界第一桥梁大国,正向桥梁强国迈进。近年来,"交通强国"[2]"质量强国"[3]和"数字中国建设"[4]等国家重大战略对大跨径桥梁数字化技术研发与应用提出了重大需求。随着工业物联网、大数据、云计算、第五代移动通信技术(5G)以及人工智能等现代信息、通信、计算机科学技术的日益成熟,引领制造和建设行业的生产方式发生重大变革,促进产业升级。交通基础设施建设,正面临着重大的机遇和挑战。

当前,在桥梁建设领域,施工过程中数据多数是通过建筑信息模型(BIM)等直观可视化形式进行管理,并作为历史数据进行溯源,未能将其用于实现物理空间与信息空间的虚实映射和交互融合[5]。桥梁各参建单位对于施工过程中结构安全状态和设备运行状态等相关状态监测数据的在线监测、实时展示以及闭环反馈控制需求日渐增加。数字孪生技术可以准确地仿真和刻画物理实体在真实世界中的行为[6,7]，桥梁施工过程数字孪生模型的建立可以使桥梁建设更加数字化、透明化、智能化。对于桥梁建设过程优化、降本增效、提升质量等具有重要的现实意义，对于传统桥梁建设走向智能建造产业升级起到实质性推动作用。本文结合常泰长江大桥，探索数字孪生技术在在建的世界最大跨径公铁两用斜拉桥建设过程中的创新实施方案，采用智能数字化技术提升特大型复杂桥梁的建设质量和效率。

二、工程背景

常泰长江大桥南北分别连接常州市与泰兴市，位于泰州大桥与江阴长江公路大桥之间，分别距离泰州大桥和江阴长江公路大桥约28.5km和30.2km。该项目建设对服务"长江经济带"建设、响应"一带一路"倡议和长江三角洲区域一体化发展等具有重大意义，同时对推动跨江城市群战略发展，促进扬子江城市群协调发展、同城化发展、一体化发展，加强常州、泰州城市间紧密联系，促进锡常泰城市组团式发展等起到了十分重要的作用。

常泰长江大桥是世界上首座集高速公路、城际铁路、普通公路为一体的过江通道。项目全长约10.03km，主航道桥采用主跨1176m斜拉桥，专用航道桥采用主跨388m钢桁梁拱桥，均创下同类桥梁跨径世界第一的记录[8]，如图1所示。大桥首创温度自适应塔梁纵向约束体系[9]、台阶型减冲刷减自重沉井基础[10]、钢混混合结构空间钻石形桥塔[11]及钢箱-核芯混凝土组合索塔锚固结构[12]四项"世界首创"。建成后实现最大规模多功能荷载非对称布置桥梁、最大跨径斜拉桥、最大连续长度钢桁梁、最大跨径公铁两用钢桁拱桥、最大尺度碳纤维复合材料拉索与最高强度桥用平行钢丝斜拉索6个"世界之最"[13]。

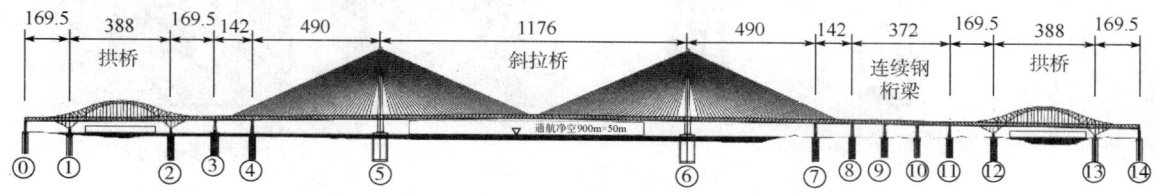

图1 常泰长江大桥主航道桥和专用航道桥桥型布置图（尺寸单位：m）

为将常泰长江大桥打造成交通强国建设江苏样板标志性工程、中国超大跨径多功能桥梁里程碑工程、桥梁建设技术国际领先的经典工程[14]，江苏省交通工程建设局坚持创新驱动，联合国内高校、科研院所、设计、施工、制造、监控等多家单位，以智慧建设为目标，以数字孪生技术为主干，贯穿参数化正向设计、智能化施工建造、自动化监测监控、数字化制造涂装，重构一体化智慧建设平台的创新管理模式。

三、数字孪生模型关键技术创新

1. 全生命周期模型编码及模型转换技术

结合常泰长江大桥工程结构特点，在多源数据融合技术支持的基础上，建立贯穿项目全生命周期信息模型需求的分类与编码标准，解决基于模型的数据传递问题。标准的编制确保不背离现行工业基础类别（IFC）+国际字典框架（IFD）+信息交付手册（IDM）的通用标准体系，确保与国际通用标准体系、国家现行标准与行业现行标准的对接。立足于支撑跨建设养护全周期的整合、交换和共享的数据资源管理的需求，建立基于工程实体结构物（全生命周期管理对象）分解的分类与编码标准体系，来辅助打通通用体系下建设与养护全生命周期数据传递的壁垒，满足建设、养护全生命周期内的数字化技术应用。

在模型转换技术方面，以Inventor软件的正向设计模型为基础[15]，分别实现了向Revit软件施工模型、CATIA软件施工模型和Tekla软件制造模型的转化。其中，Revit软件和CATIA软件施工模型重点考虑施工阶段使用的BIM精细度，符合施工规范与现场实际情形，可满足施工过程管理，例如质量三检、工序报验等关键工作，可协助完成施工层次BIM深化工作。Tekla软件制造模型需考虑制造层级模型具有误差范围在2mm的高精度要求，依据设计数据完成制造线性深化模型。在项目实施的整个过程中，为保证建设管理信息模型（管理平台）与现场基本同步，在各阶段均需向管理平台提交信息模型。Inventor软件、Revit软件、CATIA软件以及Tekla软件模型均需输出标准IFC格式。为保证模型在管理平台正常使用以及具备较好的可视化展示,制定具体的建模标准,规定项目分部分项模型编码在各软件中的添加与输出方法。

2. 参数化建模及模型联动技术

参数化建模是通过简单改变模型中的参数值就能建立和分析新的模型。参数化建模技术在辅助建筑设计上的应用越来越广泛,其发展时间短暂,发展速度较快。在各种常用的参数化辅助设计软件当中,Inventor和Tekla组成的参数化设计平台是目前最为流行、使用最为广泛的一套设计平台。常泰长江大桥在建模之初,在技术细节资料匮乏的情况下,做了大量的研究工作,通过不断尝试设置设计模型关键参数,最终实现了整个设计过程参数化驱动[16],采用几何约束与尺寸约束项结合的方式建模,便于设计周期内快速准确进行方案调整与模型联动修改,支持模型建设到快速出图,如图2所示。

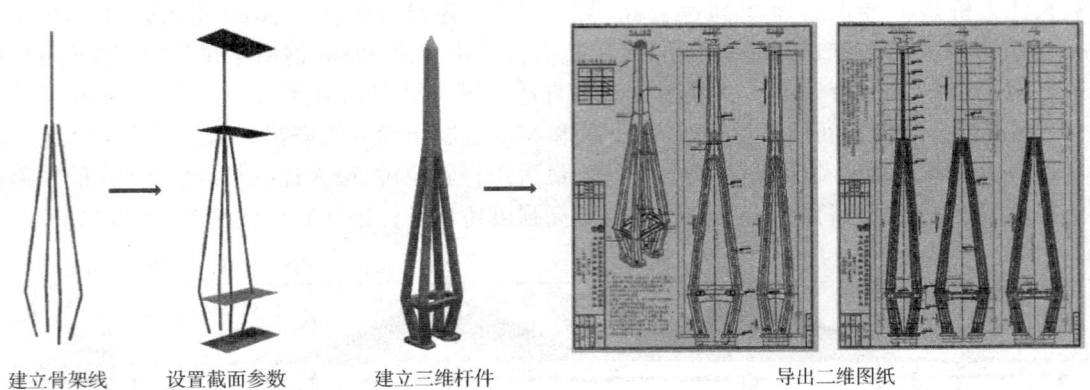

图2 正向设计快速出图示意

随着BIM在桥梁设计工程实践中应用的扩大和深入,领域内积累的模型的重复利用问题逐渐受到重视。设计人员普遍希望能够通过灵活组装已有模型,快速构建结构或节段结构类同的同类模型,通过重复利用模型实现节段复制、重复利用的目的。常泰长江大桥在建立支持模型重用与组合的建模仿真概念框架的基础上,根据模型重用与领域问题空间相关性,创造性地提出重复利用模型设计理念,实现了匹配模型可重用的设计目的。具体内容包括:钢桁梁节段模型利用、沉井块体相似模型利用和斜拉索参数化设计模型利用。本研究内容提出的模型可重用方法提高了建模效率和出图的准确性;模型重用能快速生成大量同类模型,仅需修改参数即可实现其余节段模型的建立,大大提高设计工作效率。

在初步设计、施工图设计等阶段,由模型直接生成施工图,根据不同设计阶段,调整细化模型精度,实现从初步设计到施工图设计一体化建模。为了更贴合设计实际需求,在设计过程中研究了设计计算一体化和设计出图一体化设计方法。如图3所示,该建模方法借助已建立BIM三维模型,导入Hypermesh等软件直接进行网格划分,完成相关设置,使用常用有限元软件进行计算,实现了BIM-Hypermesh-有限元软件联合计算,计算模型与设计模型一致,模型精准度高,避免二维空间先图纸再模型的烦琐重复劳动。

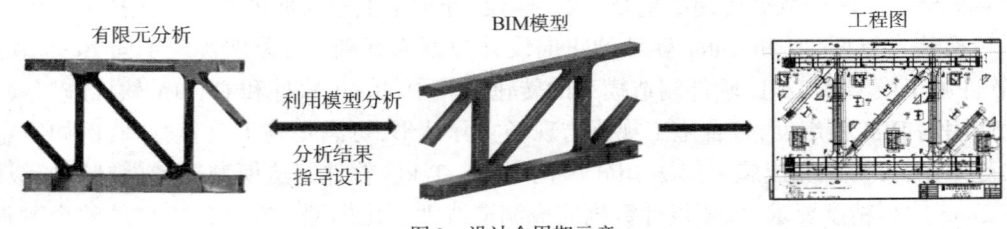

图3 设计全周期示意

四、多场景智慧建设方案创新及应用

1. 沉井智慧施工场景

常泰长江大桥主塔基础采用台阶形沉井,沉井顶部平面尺寸为77m×39.8m,底部平面尺寸为95m×57.8m,沉井体量大,下沉精度控制要求高。沉井下沉采取边取土边在沉井夹壁中浇筑混凝土的下沉方式。项目首创沉井"台阶式渐进"取土技术[17],协调内外井孔土体变形形态,确保了沉井下沉姿态的稳定。沉井取土采用施工智能装备(图4a),开发了设备集中控制系统,实现了吸泥设备沿预设路径自动移位、吸泥管高度智能化调整、取土深度精确控制、泥面高程自动测量、作业过程可视、作业数据可追溯。为实现沉井可视化下沉施工,引进水下扫测机器人,通过搭载声呐系统,将水下机器人下放到井孔内,在井孔内进行扫测,再利用图像处理软件对扫测数据进行分析,从而实现沉井可视化下沉(图4b)。

a)智能取土装备

b)水下沉井可视化下沉

图4 沉井滞回施工装备与可视化

当前国内大型沉井施工过程未形成成熟的沉井监控体系,一般的监控平台仅具有监测功能,智能预测和辅助决策功能缺失,无法有效地预警施工风险,更无法实现对下沉施工的辅助决策,制约沉井技术的发展。为解决以上问题,项目研发了沉井阻力和结构应力的智能感知系统[18],如图5所示,在刃脚底部布置119个土压力传感器,实时感知刃脚土体支撑状态;在外井壁沿高度方向布置6层共计72个土压力传感器,实时感知侧摩阻力分布状态;在结构内部布置了93个应力传感器,实时感知施工全过程沉井结构自身应力变化。

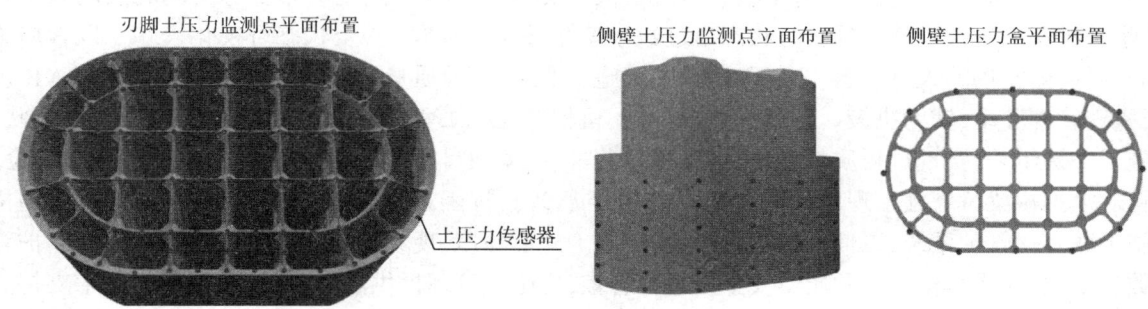

图5 沉井传感器布置图

同时,研发了以北斗定位为手段的空间姿态智能感知技术,在沉井结构顶面布置了4个北斗卫星定位移动站测点,实时监测沉井基础施工全过程的空间姿态。采用GNSS载波相位差分技术,平面精度可以达到±(1~2)cm,高程精度为±(2~3)cm。在此基础上,建立了基于实时数据驱动沉井下穿复杂地层的数据交互技术,如图6所示,采用GNSS实时监测数据在计算机内驱动沉井基础BIM,关联沉井与地层(BIM包含几何参数与物理参数等)的动态相对位置关系,实现数字模型和物理模型孪生互联。沉井及地层的BIM可任意剖切,直观展示交互关系,以此指导后期差异化取土。

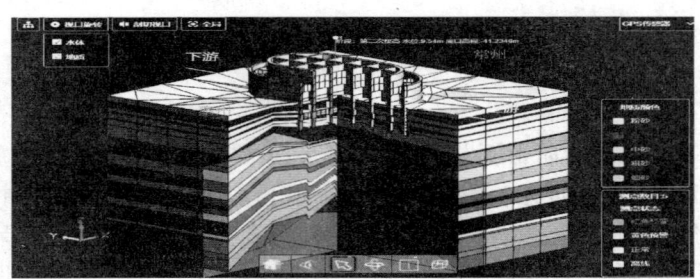

图 6　沉井复杂地层数字孪生模型

2. 索塔数字孪生场景

为实现索塔施工全过程的安全、进度信息化管理，设备、设施实时监测等功能，项目通过 BIM 三维模型、GIS 数据在 Unity 游戏引擎中搭建"展示端+业务端"的实时数据驱动场景模型的框架体系，通过游戏引擎加载现场施工模型，实时展示大型设备及临时设施状态信息，形象展示形象进度，实现索塔施工数字孪生(图 7)。系统后台业务端包括信息查询、预警信息、进度管理、工艺管理、视频监控、系统设置六大功能模块，系统联动前后场的关键施工数据，实现施工进度管控，风险预警及质量控制，通过打通多个平台之间数据壁垒，实现工程数据全方位集成、减少施工风险；同时能够推演施工状态，模拟关键工艺，实时施工关键信息共智共享、推动项目施工要素一体化管理、有效辅助管理决策。

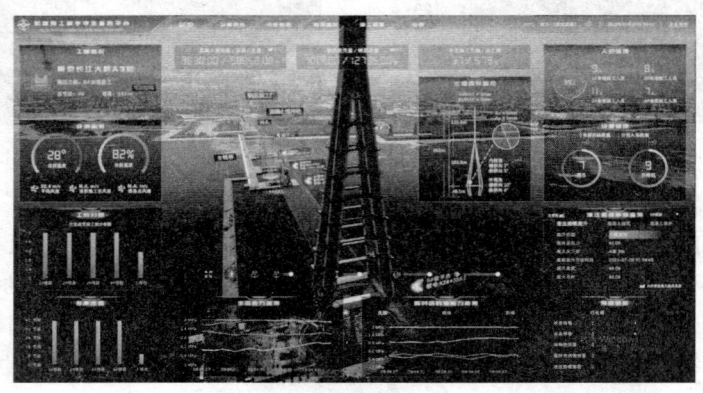

图 7　索塔数字孪生技术系统

通过对主塔、临时结构、塔式起重机、升降机、液压爬模、施工环境、现场布置等实际场景的数字化建模，将常泰长江大桥索塔施工的实时状态通过数字孪生技术对质量、安全状态可视化表达。以索塔施工为核心，联动前后场的人、机、料、法、环、测等关键施工要素，打通质量、安全信息壁垒，同时辅以 VR 虚拟漫游，实现管理互动、辅助决策。基于大数据分析、机器算法、物理机理及现有数据条件，推演施工状态，模拟施工关键工艺，实现过程质量、安全信息智慧共享、推动项目施工要素一体化管理、减少施工风险。

针对大型桥梁桥塔施工现场环境复杂、多方协同管理指挥困难、自动化水平低等问题，形成大型桥塔模板施工数字化管理系统，以信息技术为纽带，将施工外部环境、现场动态、爬模运行参数、喷淋养护等多维度数据集成，完成爬模施工的质量安全全过程管控，为施工管理提供高效准确、可视化的技术支持。在 BIM+监控监测上，在目前正在施工的上部结构施工标段，现场部署了智能温控系统。通过智能温度传感器对混凝土温度场进行实时自动监测，利用无线网络将数据传输至云平台，依托云平台内置温控数据分析处理算法，智能判断混凝土温度状态，自动向智能温控室的调控设备发送指令，调节分布在大体积混凝土结构中冷却水管的通水流量，确保大体积混凝土各处温度均衡，升降温速率控制在规范要求内减小温度应力，防止裂缝产生，实现数据监测自动化、数据分析智能化、温控控制智慧化。

3. 全桥智慧施工监控场景

常泰长江大桥智能化施工监控系统如图 8 所示。主桥为双塔斜拉桥采用钢混混合空间钻石形桥塔，存在施工难度大、监控项目多、精度要求高等特点。为系统解决上述问题,项目采用三维仿真网页架构、驾驶舱风格界面,展示桥梁施工综合情况其中,包含施工现场环境、主塔应力、主塔各截面应力实时数据与历史曲线、主塔横撑与支架应力、主塔塔偏曲线、三维虚拟施工场景等监控界面。以全桥三维模型为基础,利用颜色填充直观反映当前施工进度。建立施工数据展示界面,可通过鼠标操作,可查看主梁横撑、临时托架等结构施工中实时数据。系统可设置不同登录权限,当数据超限时,后台根据超限程度,向施工管理人员发送预警短信。

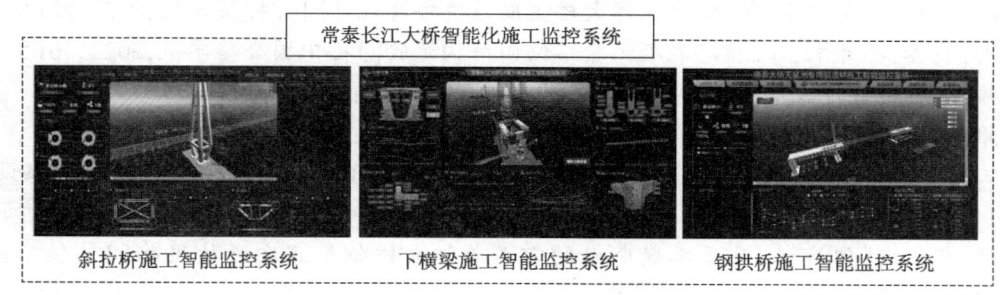

图 8 智能化施工监控系统

同时,项目研发并应用了下横梁专项施工智能监控系统,对结构应力、模板位移、混凝土温度等关键数据进行实时采集、分析和预警,为下横梁施工全过程提供强有力的安全与技术支撑。建立了钢拱桥全过程施工控制体系,监测结构应力、索力及线形等关键参数,通过自动化数据分析模块下发远程指令,快速实现拱梁线形调整和对位,确保施工安全与质量。针对拱桥施工步骤复杂,施工过程各阶段监控测点多,数据量大等特点,为其量身定制了常泰大桥天星洲专用航道桥施工智能监控系统。该系统采用 3DMAX + Unity 引擎、物联网等技术,构建物理场景数字化模型,展示拱桥施工综合情况。根据监测要求,梳理各项监测指标,整合设备平台数据并进行有效融合。用户可通过下拉选择,查看拱桥各杆件线形情况,了解全桥通测线形。中间为全桥三维虚拟施工场景,点击线形误差,模型中各杆件节点可展示其线形数据。

五、结　　语

常泰长江大桥以智慧建设为目标,通过对数字孪生技术的创新应用,在多源数据融合技术支持的基础上,建立了贯穿项目全生命周期的数字模型编码系统,创新了多源化信息模型格式转换技术,全面推进正向设计参数化建模技术,深挖 BIM + GIS 的施工可视化技术与数字孪生技术驱动的高精度施工智能监控技术,通过信息交互实现了整个生产过程的协同设计、优化控制、智能调度、状态监控、质量管理,实际运行及应用过程取得了明显的经济效益,极大地推动了项目对质量、安全、进度等专项业务工作的精细化管理水平,为我国同类型大跨径桥梁智慧建设提供了技术创新与应用案例。

参考文献

[1] 中华人民共和国交通运输部.2022年交通运输行业发展统计公报[R].北京:中华人民共和国交通运输部,2023.
[2] 中国共产党中央委员会,中华人民共和国国务院.交通强国建设纲要[M].北京:人民出版社,2019.
[3] 中国共产党中央委员会,中华人民共和国国务院.质量强国建设纲要[M].北京:人民出版社,2023.
[4] 中国共产党中央委员会,中华人民共和国国务院.数字中国建设整体布局规划[M].北京:人民出版社,2023.
[5] 唐清东.基于BIM的大跨度悬索桥施工监控研究[D].成都:西南交通大学,2017.
[6] GRIEVES M. Digital twin:manufacturing excellence through virtual factory replication[EB/OL].[2016-12-20]. https://www.researchgate.net/profile/Michael-Grieves/publication/275211047_Digital_Twin_Manufacturing_Excellence_through_Virtual_Factory_Replication/links/5535186a0cf23947bc0b17fa/Digit-

al-Twin-Manufacturing-Excellence-through-Virtual-Factory-Replication. pdf.
[7] 陈华鹏,鹿守山,雷晓燕,等.数字孪生研究进展及在铁路智能运维中的应用[J].华东交通大学学报,2021,38(4):27-44.
[8] 秦顺全,徐伟,陆勤丰,等.常泰长江大桥主航道桥总体设计与方案构思[J].桥梁建设,2020,50(3):1-10.
[9] 秦顺全,苑仁安,郑清刚,等.超大跨度公铁两用斜拉桥结构体系研究[J].桥梁建设,2020,50(4):1-8.
[10] 胡勇.常泰长江大桥主航道桥桥塔基础选型研究[J].桥梁建设,2021,51(2):1-9.
[11] 张金涛,傅战工,秦顺全,等.常泰长江大桥主航道桥桥塔设计[J].桥梁建设,2022,52(5):1-7.
[12] 曾显志,吴鑫,邓开来,等.核芯混凝土索塔锚固结构试验[J].中国公路学报,2023,36(5):140-149.
[13] 蒋振雄.江苏桥隧建设发展与创新[J].江苏建筑,2020(5):1-7,17.
[14] 蒋振雄.江苏跨江桥梁建设发展与创新[J].桥梁,2021(3):26-30.
[15] 傅战工,张金涛,张锐.基于Inventor的常泰长江大桥主塔BIM正向设计[J].铁道标准设计,2020,64(S1):190-194.
[16] 张皓清,苑仁安,傅战工.基于参数驱动的常泰长江大桥钢桁正向设计思路[J].铁路技术创新,2020(4):63-67.
[17] 秦顺全,谭国宏,陆勤丰,等.超大沉井基础设计及下沉方法研究[J].桥梁建设,2020,50(5):1-9.
[18] 蒋凡,刘华,岳青,等.超大沉井基础施工控制智能感知系统设计研究[J].地下空间与工程学报,2022,18(S1):233-242.

13. 长大桥梁建设管理技术

夏国星

(江苏省交通工程建设局)

摘 要 长大桥梁的建设是一个复杂的系统工程,其对促进中国经济发展和社会进步起着至关重要的作用。进入21世纪以来,我国先后建成了一批世界级桥梁,积累了一定的建设管理经验。本文从建设理念、管理方法、决策方式、组织形式、现场实施和科技创新等方面对长大桥梁建设管理进行了全方位的阐释。

关键词 长大桥梁 建设管理 决策管理 组织管理 现场管理 科技创新

一、引 言

改革开放40多年来,我国建成了一批世界级桥梁:世界上最长的跨海大桥——港珠澳大桥,世界上第一座千米级斜拉桥——苏通大桥,世界上第一座千米级三塔两跨悬索桥——泰州大桥,世界上第一座千米级公铁两用悬索桥——五峰山大桥,还有世界最大跨径的拱桥——平南三桥等。我国长大桥梁在材料技术、设计技术、施工技术、管养技术方面达到世界先进水平。长大桥梁的发展,不仅是桥梁建造技术的进步,也是桥梁工程管理的进步,是自然科学和人文科学管理双轮驱动的结果。一流的桥梁出自一流的管理,现从以下几个方面来阐述长大桥梁的建设管理。

二、长大桥梁建设理念

建设理念至关重要,是工程的灵魂,贯穿工程始终。技术方案错了影响一座桥,建设理念错了影响一批桥。

1. 系统工程理念——综合集成

长大桥梁是复杂的系统工程,涉及众多技术要素和非技术要素,需综合考虑各种因素,汇集多种资源,集成多种方法,运用系统科学、系统思维、系统方法,统筹兼顾,综合平衡,反复比选,科学决策,从而实现工程最优目标。

2. 和谐共生理念——与自然、社会相协调

长大桥梁是具有交通功能的地标式建筑,应与自然相协调,树立人与自然社会和谐共生的理念,强调以人为本、人民至上、生命至上、安全第一的理念,统筹好建设与安全的关系。坚持环境友好,资源节约,注重美学,美化环境。应与城乡规划相协调,处理好建设与地方经济的关系,从而达到安全、适用、经济、美观、环保、耐久的目标。

3. 全生命周期理念——质量是长大桥梁建设的根本

长大桥梁是百年大计,质量的优劣,直接关系到工程的寿命和经济效益社会经济发展,关系到人民财产安全。建设者必须树立"质量第一"的观点,抓好工程质量,首先是人的质量,以人的质量保证设计质量、施工质量、产品质量。树立全生命周期的理念,提升工程品质,精心设计,精细化施工,提高工程的耐久性,充分考虑运营管理的需要,建管养一体化,坚持高质量发展。

4. 守正创新理念——创新是长大桥梁发展的动力

长大桥梁工程规模大,科技含量高,工程中的难题需要通过创新才能解决。世界桥梁的发展史就是长大桥梁科技创新史、人类征服天堑史。随着桥梁跨径的增大,桥梁的建设难度也不断增加。只有通过每座桥梁的渐进式创新,才能实现突破创新,实现更大跨越,不断提高长大桥梁建设技术水平和管理水平,从而实现从桥梁大国迈向桥梁强国。

改革开放40多年来,长大桥梁的发展历程正是"创新、绿色、协调、开放、共享"五大发展理念实践的过程。

三、长大桥梁建设管理方法

项目管理是以项目为管理对象,根据项目的内在规律,对项目全过程进行有效的计划、组织、协调和控制,从而最优地实现项目目标。从项目管理角度理解,长大桥梁建设内容包括前期工作、组织机构、资金筹措、招标采购、设计管理、计划管理、施工管理、合同管理、科研管理等,而从工程管理角度来理解则是决策管理、组织管理、现场管理、科技创新。

长大桥梁的建设是一个复杂的系统工程,不仅涉及复杂的技术要素,包括地质、水文、气象、土木、材料、机械、电子、通信、计算机等各种基础学科的基本原理和理论,而且涉及众多的非技术要素,如组织、资源、经济、文化、环境、美学、管理等。

20世纪70年代,我国著名科学家钱学森针对复杂系统工程,提出了综合集成的方法论。在认识复杂事物时,从系统整体出发将系统进行分解,在分析研究的基础上综合到整体,实现$1+1>2$的整体涌现,最终解决问题。还原论是采用定量的方法,整体论是采用定性的方法,钱学森提出"从定性到定量的综合集成方法"。

对于长大桥梁,我们仅用项目管理是不能解决问题的,而应把项目管理与系统工程理论相结合,运用综合集成法,即以项目管理为基础,运用系统工程的理论和方法,实现质量、进度、投资、安全、环保五大控制,建造最优目标的工程。

综合集成法在长大桥梁工程中的应用表现在以下方面:

(1)综合集成,就是把专家经验、知识和智慧融汇起来,把各项数据、信息和资料结合起来;把各种必要的工具、方法和技术汇集起来,有效地解决工程建设管理中重大决策、资源整合和配置、科技创新、现场管理等一系列复杂性问题。把自然科学、社会科学与人文科学相结合,政府职能与市场职能相结合,相互渗透,融为一体。综合吸收已建桥梁的经验和教训。

(2)综合集成本身是一种方法论,是在多种方法论基础上"综合"和"集成"形成的"群"。综合集成的关键技术包括定性定量相结合技术、人机网络一体化技术、群体协同技术、综合评价技术、协调控制

（3）长大桥梁建设管理综合集成的工具和方法，包括制度、机制、文化、规章、协议、程序、规范、标准、约定、会议、平台等。综合借鉴已建桥梁好的管理方法。

（4）系统分析与综合集成。对于长大桥梁工程，需要进行系统分析，综合—分析—集成—分解……的迭代过程。

（5）综合集成过程是一个动态的迭代过程。必然是一个认识—实践—再认识……螺旋式逼近过程，建设管理主体逐步减少了对工程认识的模糊性与不确定性。

（6）综合集成的主体，就是建设管理的主体，一般由各相关领域有经验、懂管理的专业人员组成，并由经验丰富、知识面广、熟悉系统工程的管理专家担任领导，形成团队。

四、长大桥梁决策管理

决策管理，著名的管理学家西蒙提出了管理即决策的观点，指出决策贯穿于管理的全过程，从而确立了决策在管理中的重要地位和作用。

长大桥梁工程决策主要致力解决工程建设的三个基本问题：为什么要建设这个桥梁？建什么样的桥梁？如何建设这个桥梁？这三个问题实际上就是我们建设管理的任务，决策管理贯穿全过程。

（1）前期立项决策，主要论述项目建设的必要性和可行性。长大桥梁工程前期决策包括：项目规划研究、预可行性研究阶段、提出项目建议、工程可行性研究以及项目总体评估和立项审批等程序。

长大桥梁建设的必要性，主要从项目区域经济社会发展需求和交通需求两个方面来考量。国家省路网规划和区域城市规划是重要依据。

长大桥梁建设的可行性，一般从桥位选择、桥隧比选、通航论证、桥型选择、防洪评价、结构选型、环境影响评价、土地预审、资金筹措等方面论证。综合考虑公路、铁路、航运、水利、城市规划等各方面因素，因地制宜，宜隧则隧，宜桥则桥，有条件时优先考虑建双层公路桥和公铁合建。

前期立项决策考虑的因素较多，涉及审批部门多，需关注多方利益和需求，统筹兼顾、权衡利弊、综合比选、反复论证，运用综合集成方法，即在由专家体系、知识体系和计算机体系的综合系统内，通过定性与定量、还原论和整体论、人与计算机的有机结合，集智慧之大成。

（2）后期实施决策，在项目立项以后，业主组织招标采购、设计管理、施工管理、科研管理等过程中存在大量的一般性问题决策，依据标准化的规范和制度进行程序化管理和决策。当然也有一些复杂问题，如设计方案、施工方案的确定，依然需要运用综合集成方法，充分发挥设计施工的力量，邀请有经验的专家参与决策，力求做到决策科学化、民主化、法治化。

五、长大桥梁组织管理

改革开放初期，以政府为主导的自管模式（临时指挥部）为典型的早期工程组织管理模式，在特定历史环境下最大限度地整合了多方资源、快速有效地配置了工程所需资源。从20世纪90年代开始，国家实行项目法人制，并实行工程监理制、工程招投标制和工程合同制。

从长大桥梁项目法人的性质来看，存在事业法人和公司法人两种。事业法人主要为各地以交通工程建设局、高速公路管理局等形式存在的相关政府机构，公司法人主要有各地的交通控股公司或投资集团。大部分省份都是公司法人，以广东、浙江、安徽等省为代表在交通控股公司下成立专门的指挥部或项目办来建设，建成后公司管养，充分体现建管养一体化的特征。

无论是事业法人还是公司法人，长大桥梁的建设一般都需构建一个权责清晰、职责分明、科学有效的指挥部，建设指挥部作为综合集成主体，承担大量的决策、计划、组织、协调、控制的任务，完成这些任务需要每个管理人员处于专职状态，也就是说，建设指挥部是一个专职的管理机构，这与一般工程可以采用的矩阵式管理结构是不同的。在空间上，因为要对工程活动中发生的任何突发事件做出快速反应，并做到对任何细节了然于胸，因此，有必要将建设指挥部设立在工程现场。建设指挥部内部的机构设置按照工程活动的内容进行划分,一般设置为总工办、计划处、工程处、财务处和综合处,视项目不同而调整(图1)。重大桥梁会采用"省部领导协调、专家技术支持、公司筹集资金、指挥部建设管理"的模式。长大铁路桥梁一般由中铁总局或铁路分局成立类似的指挥部。

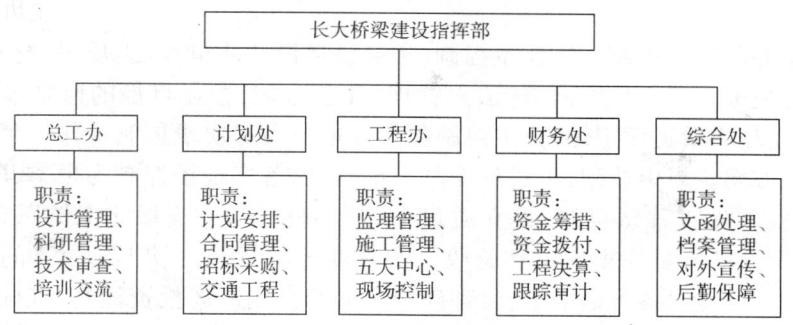

图1 长大桥梁建设指挥部构成

六、长大桥梁建设现场管理

1. 长大桥梁建设现场特点

(1)建设环境复杂:跨海大桥,海上风大浪高、防腐要求高;跨江大桥,水文地质复杂;山区桥梁,地质复杂、地形狭隘、无水运条件,施工场地小,施工道路差。

(2)高空作业,塔高、缆高、墩高。

(3)建设主体众多,涉及面广。

2. 现场管理主要内容

(1)以业主为核心的综合协调,业主通过招标选择优秀的设计、施工、监理、咨询、科研单位,组成一个共同体。大桥工程还涉及地方政府、水利、海事、航运、国土、环保等部门,业主作为主导力量,以制度、会议、合同、法律等手段组织与协调工程系统内外的各主体。

业主协调管理技术有:

①合同化管理,贯彻事前控制的理念,要求在工程实施的初期阶段,明确业主与其他参与方的责任和义务,明确各参与方在工程实施过程中的定位制定规范、详细的管理办法,并在招标文件的合同条款中列出,从而统一认识和要求,避免工程实施过程中可能出现的各种矛盾。保障工程各项目标的顺利实现,体现的是"有约在先"。

②格式化管理,格式技术通过结构化、有序化工程建设信息与资料,固化管理职能,提高管理效率。为加强对工程的执行控制统一管理标准,将工程目标管理与流程管理的全部内容采用统一的格式进行管理,参与工程实施的各方相互之间业务关系的最终成果基本上采用表格来反映,统一标准、统一格式、统一管理,用格式化工作语言固化管理职能、优化管理流程、提高管理效率、实现管理创新。

③程序化管理,管理业务流程化、明确职责权限、规范管理行为,减少管理中的混乱。程序化管理是将工作内在逻辑关系集中起来的一系列相互关联的活动所实施的程序性管理方式。通常,程序化管理包括进行某种活动或完成某项工作的主要内容、操作方法及其相应的规则和前后衔接、递进关系,也可以包括运营结果的反馈机制。实施程序化管理的管理者一般将反复出现的业务编制成具有相对固定的程序,执行人员按照编好的程序去做,就能取得较好的效果。程序化管理通常以管理制度的形式来实施,具有清晰、明了、易于控制、可复制的特点,是组织工作高效、自动运作的基本保障,是管理者的"分身术"、员工的"指南针"。

业主协调手段有:①法律、政策和程序,遵循国家基本建设程序,执行国家和部委的相关政策。②合同约束,与设计、施工、监理等单位的合同。③会议协调,建设指挥部定期组织召开工作月度例会、月度质量会议、月度安全会议,这是一种有效的协调机制。组织召开设计科研审查会、施工方案审查会、设计交底会议;对于重大技术方案、施工工艺、新材料、新技术的应用,建设指挥部组织召开专家咨询会议。④制度协调。综合集成已建桥梁各项管理制度:上级制定的制度,包括国家和省、部相关规定及管理办法、行业标准、技术规范和规则等;指挥部制定的各项制度;参建单位制定的制度包括设计单位、施工单位、监理单位、供货单位等。

(2)以质量为核心的综合控制。①质量控制,主要包括设计质量、施工质量、材料质量。设计质量是前提,施工质量是关键。建立政府监督、法人管理、社会监理、企业自检的监管体系,是质量管理的有效组织保障。企业是质量责任主体,业主协调各参建单位做好质量控制工作。事前控制,优化设计方案,细化施工组织方案。事中控制,以过程控制为重点,以落实现场控制为根本,以合格率为指标导向,推行足尺试件制、首件工程认可制,设立质量中心和测量中心,确保质保体系正常运转。事后控制,项目完工后,组织开展质量检查评定和验收。②进度控制,做好"快"与"好"的平衡,在保证工程质量和安全前提下,综合考虑各方面因素,合理确定工期和计划。③投资控制,准确做好概预算,合理确定招标限价,计量支付及时、公平、合理、控制适度。④安全控制,通过完善安全组织机构、强化安全责任制、加大安全教育力度、落实施工现场安全防控、制定安全应急预案五个子系统,形成完整且行之有效的大桥工程安全控制体系,实现对大桥全方位、全过程、全人员的安全控制。⑤环境保护,根据环境影响评估报告的要求,贯彻资源节约与环境友好的设计理念,推行资源节约和环境友好的管理方式,进行环保培训和环境教育,践行资源节约和环境友好的施工方法,环保管理体系化,切实采取措施,落实环境保护方案。

(3)以信息技术为基础的现代化。建造实现信息化、工厂化、智能化。信息化,通过建立远程管理、协同工作信息平台,使信息化管理不仅局限于基本的控制层面,而是拓展到整个项目管理过程中,从单元化管理整合到集成管理。建立以建筑信息模型(BIM)技术为底层框架的管理平台,打造全项目数字化基础设施,实现模型构件与工序报验、试验检测、材料溯源和计量支付业务之间的协同工作。充分集成特种设备监控、安全管控、拌和站生产、环境监测、视频监控等外部系统数据,提升数据管理能力,帮助项目控制决策,实施数字孪生。工厂化,提升预制装配化程度,将大量的现场工作转移到工厂,构件预制质量高,速度快;现场安装简便,施工更环保。智能化,提升智能化建造水平,如采用自动化钢箱梁制造,应用焊接机器人、涂装机器人、一体化筑塔机等设备,采用基于物联网技术的施工监测监控,越来越多的工作机械化、自动化、智能化,控制施工过程关键指标实时准确,降低人为操作的不确定性,减员增效。

七、长大桥梁科技创新

改革开放40多年来,我国长大桥梁建设走出了一条自主创新之路,形成了科学有效的技术创新的管理方法,建立了"工程导向、业主培育、企业主体、多方支撑"的技术创新平台。这个平台由"官、产、学、研"共同构成。"官"即政府在重大工程技术创新中具有引导作用,"产"是重大工程技术创新的主体,"学""研"是重大工程技术创新的支撑力量。

工程导向,长大桥梁技术创新的最根本就是以工程为导向,满足工程建设的需求。工程技术创新包括原理创新、结构创新、材料创新、工艺创新、设备创新。从前期工作的论证,到设计方案、施工方案都需要依靠大量的科研来实现技术创新。

企业主体,企业从来都是工程技术创新的主体,他们既是技术创新成功的直接受益者,又必须承担必要的创新风险。只有企业才能将技术创新成果转化为现实生产力,转化成工程实物。

业主培育,业主应注重对国内企业的扶持与培育,为工程技术创新提供良好的环境与基础,业主在长大桥梁技术创新中发挥主导作用,业主应积极倡导新技术新工艺,将信息技术与长大桥梁有机结合,从而实现长大桥梁建造的工业化、智能化、数字化。

由于长大桥梁工程的复杂性,还需要来自很多技术单位的支持,有时还会聘请国际咨询机构,有的列入国家科技支撑计划,长大桥梁科技创新是国家技术创新体系的重要组成部分。

从长期长大桥梁建设管理实践中体会到：

(1)长大桥梁的发展再次证明了工程位于"科学—技术—工程—产业—经济—社会"的知识链和知识网络的中心位置。长大桥梁建设技术复杂，属于技术密集型，科学技术推动了长大桥梁的发展，长大桥梁的建成，又推动了交通行业、材料产业等领域的技术进步，极大地促进中国经济的发展和社会进步。

(2)长大桥梁快速发展的重要原因之一是中国特色社会主义制度优势——集中力量办大事。政府在长大桥梁规划、资金筹措、科技攻关、政策法规、技术标准、质量监督、征地拆迁等方面发挥主导作用，各级政府的综合治理能力和综合协调能力，推动了中国长大桥梁快速发展。

(3)长大桥梁的建设是一个复杂的系统工程，我们应在项目管理的基础上，强化哲学思维、系统思维、综合思维、集成思维，运用系统工程的理论和方法，实现质量、安全、投资、进度、环保五大控制，建造最优工程。

(4)长大桥梁建设应坚持建管养一体化，以运营养护过程中发现的问题为导向，不断改进，守正创新，从而提高长大桥梁建设质量和水平。

(5)长大桥梁的建设，尽管取得很大成绩，但我们依然要在原始创新、基础研究、建造精细化、结构耐久性、桥梁美学等方面下功夫，努力向工业化、智能化、信息化方向发展，把我国建成国际一流的桥梁强国。

14. 张靖皋长江大桥建筑景观设计研究

丁建明[1]　王仁贵[2]　曹　菲[1]　杨　倩[1]　景国庆[1]

(1. 东南大学建筑设计研究院有限公司;2. 中交公路规划设计院有限公司)

摘　要　张靖皋长江大桥的建设是贯彻长江三角洲区域一体化战略、落实长江经济带发展的重要举措。此次大桥建筑景观设计研究融入了"结构表现、建筑文化、环境融合、多元体验"设计理念，并对大桥的建筑景观造型进行了整体艺术化提升。大桥建筑景观造型设计是长三角文化和桥梁造型的紧密结合，共同体现长江三角洲区域一体化战略主题，其中主桥主跨达2300m，建成后将成为"世界第一跨"大桥，为长三角地区打造具有地标意义的桥梁建筑景观。

关键词　跨江大桥　建筑景观设计　世界第一跨　长江三角洲区域一体化　桥塔景观

一、引　言

张靖皋长江大桥工程是江苏省境内连接苏州张家港市、泰州靖江市及南通如皋市的高速公路桥梁群，北起张家港市，向南依次跨越长江，跨越民主沙子堤，南至如皋市，总体鸟瞰图如图1所示。主线为双向八车道，设计速度为100km/h，跨江段线路总长为7973m。

图1　张靖皋长江大桥总体鸟瞰图

张靖皋长江大桥位于江阴长江公路大桥与沪苏通长江公铁大桥之间，其中距江阴长江公路大桥28.4km，距沪苏通长江公铁大桥15.2km。桥梁北侧着陆点位于如皋又来沙华泰重工港口区域，周边为长源码头、德源高科、中铁山桥及大片的农田，与如皋市直线距离35km，与靖江市直线距离28km。

张靖皋长江大桥起始点为长江南岸大堤；向北岸依次为引桥段—主桥副塔段—主航道桥段（跨径为2300m，跨越长江江面，主桥南岸桥塔坐落在长江水域中，北岸桥塔坐落在民主沙子堤上）—民主沙子堤引桥段—民主沙子堤跨堤桥—中汊航道桥段（跨径为1208m，跨越长江江面，南面桥塔坐落在民主沙子堤上，北面桥塔坐落在如皋市江岸）—引桥段—长江北岸大堤的跨堤孔桥段。

张靖皋长江大桥桥梁群的桥塔建筑有两座，一座为主跨2300m的主航道桥桥塔，塔高344m，北岸另有一座副塔，塔高120m；另一座为主跨1208m的中汊航道桥桥塔，塔高214m。建筑景观设计研究主要就桥梁群总体景观布局、主跨2300m的主航道桥桥塔造型、副塔桥塔造型、主跨1208m的中汊航道桥塔造型、锚碇造型以及桥梁群景观视线分析、夜景亮化等方面展开研究，如图2所示。

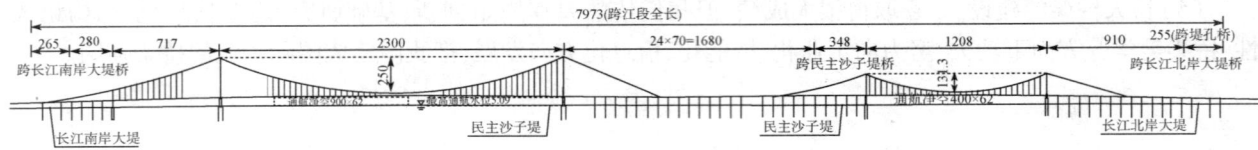

图2　跨江段桥梁概略布置图（尺寸单位：m）

二、设计主题与元素

1.设计主题

对桥梁建筑景观设计进行研究，是为了使大桥具有永恒的文化寓意，将文化、景观与桥梁结构相结合，提升当代背景下桥梁的文化品质。张靖皋长江大桥的总体设计主题为"携手长三角"，设计主题灵感来自桥梁所处的桥位环境。由于大桥地处长三角城市群核心位置，地理位置优越，且本身具有巨大的体量及影响力——张靖皋长江大桥建成后将成为全世界最大跨径悬索桥，因此以"携手长三角，建设新江苏"为设计主题，打造长三角张家港、如皋，乃至江苏及长三角地区的新地标，寓意长三角一体化，引领长三角城市群携手聚力、共同发展、走向世界、面向未来（图3）。张靖皋长江大桥主航道桥效果图如图4所示。

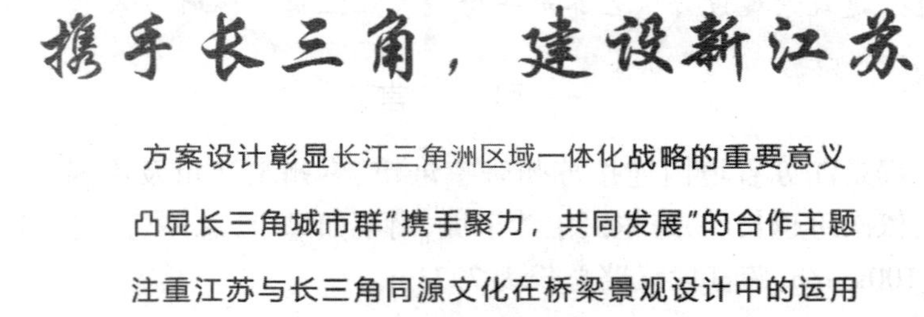

携手长三角，建设新江苏

方案设计彰显长江三角洲区域一体化战略的重要意义

凸显长三角城市群"携手聚力，共同发展"的合作主题

注重江苏与长三角同源文化在桥梁景观设计中的运用

图3　总体设计主题

图4　张靖皋长江大桥主航道桥效果图

2. 桥梁群结构造型景观设计

桥梁群主要通过主通航桥桥塔、中汊航道桥桥塔、大桥锚碇等主体结构的景观造型来彰显设计主题（图5），其中主航道桥桥塔分为主塔上横梁建筑景观设计、中横梁建筑景观设计以及副塔景观设计等。

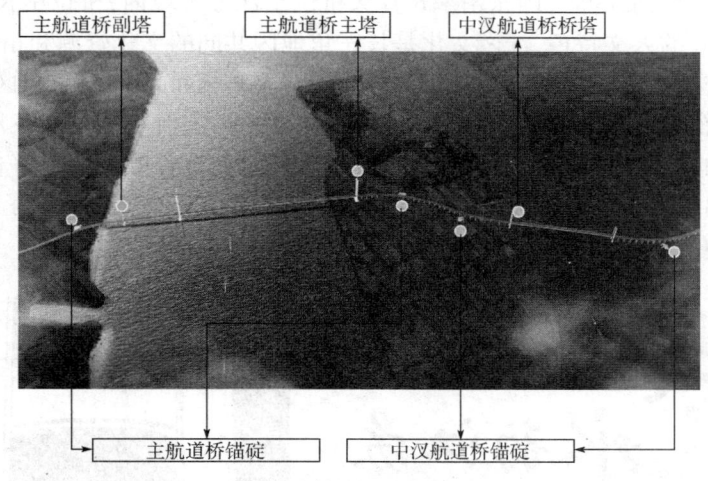

图5 桥梁群主体结构造型景观节点分布

1）主航道桥桥塔上横梁

桥塔总高346m，塔顶设上横梁，方案上横梁造型紧扣"携手长三角"主题，将长江三角洲区域一体化与携手的形态结合起来，以三角形的几何形式进行表现，在塔顶处设计两块三角形体块相互交错、相互融合，形似两只手紧握在一起，寓意长江三角洲城市群携手共进，高质量发展（图6）。桥塔具有丰富的阴影效果和线条装饰，空间立体感强，视觉上简约灵动，造型新颖，线条明快，具有强烈的标志性（图7）。

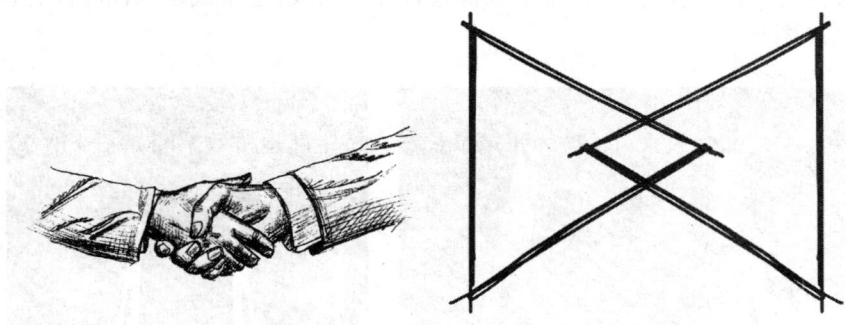

图6 "携手长三角"思路演变

 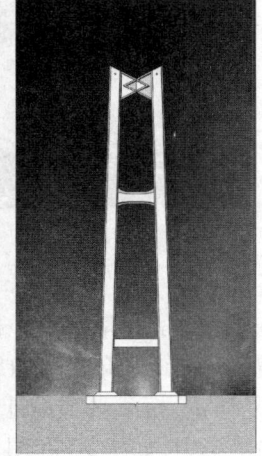

图7 主航道桥桥塔效果图及立面图

2）主航道桥桥塔中横梁

为突出桥塔顶端三角形交错的上横梁造型，烘托长三角一体化主题，方案将主航道桥的中横梁设计为简约的横梁造型，使桥塔主题更突出、明确。

中横梁设计主题为"水韵江苏"，因张靖皋长江大桥位于江苏省境内，桥位是长三角的核心区，"水韵江苏"能够体现江南水乡的人文特色，江南文化是长三角地区共同的文化资源和精神家园，是长三角一体化发展的文化基础。挖掘好、利用好丰富的江南文化资源，可积极推动长三角地区的文化交融与协同发展，持续提升区域文化软实力，助力长三角成为中国转型发展的"主引擎"、创新发展的"主阵地"。灵动、诗意的水是江南文化的代表，也是江南文化的灵魂，"水韵江苏"是对方案的最好概括，采用轻灵的水波线条刻画出江南水的绵长与高雅，体现了江南水乡人与自然的和谐、美好，揭示了江南文化以"水"为核心的"清新、雅致"（图8）。

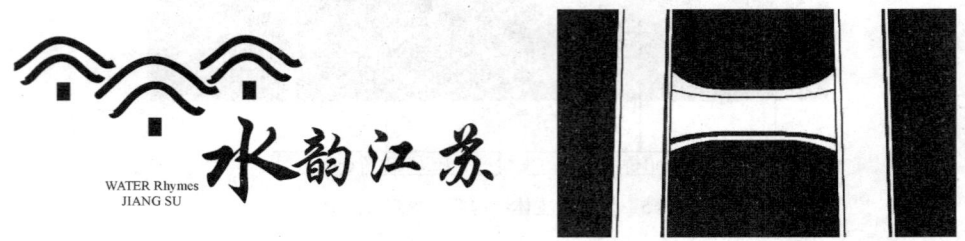

图8 "水韵江苏"及主航道桥桥塔中横梁造型立面图

3）主航道桥副塔

主航道桥副塔高127m，将桥塔放置在加劲梁两侧，不设计中间横梁。无横梁副塔确保了行车视角观赏主塔无遮挡的视觉效果，并起到衬托主塔的作用。副塔造型为狭长的三角形，稳固地立于加劲梁两侧，整体线条为直线与流线型相结合的形式，桥塔底部包含部分曲线，造型线条现代时尚，气势宏伟，与"携手长三角"主题相呼应（图9）。

 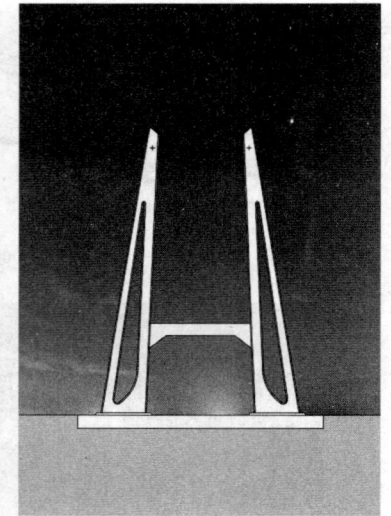

图9 主航道桥副塔效果图及立面图

4）中汊航道桥桥塔

中汊航道桥桥塔高213m，桥塔只有上横梁，没有中横梁，其上横梁建筑造型风格与主航道桥保持统一、协调一致。中汊航道桥在建筑造型和风格上，也与主航道桥保持高度统一，组成遥相呼应的"姊妹桥"。无论是风格还是体量，桥梁景观设计都增加了张靖皋长江大桥桥梁群的整体辨识度和记忆触点，使桥梁群更具标志性和感染力，如图10和图11所示。

图 10 中汉航道桥桥塔效果图及立面图

图 11 中汉航道桥效果图

5）锚碇

锚碇造型同样采用三角形设计，设计成两个三角形叠加。在原锚碇构造不变的基础上，适当增加侧面厚度，设计出凹凸有致、简洁刚直的三角形造型，形成光暗面互衬的立体三角形景观效果，与桥塔上横梁的"携手长三角"主题相契合（图12）。

图 12 主航道桥锚碇效果图及立面图

三、总体景观布局及景观视线分析

1. 总体景观布局设计

大桥采用主跨2300m主航道桥和主跨1208m中汉桥两座大跨径悬索桥跨越长江，景观总体布局按层次分明、重点突出的原则进行设计，其中主航道桥为视觉焦点区，民主沙子堤段为景观过渡区，中汉航道桥段为文化溯源区。视觉焦点区以 2300m 主桥为核心,采用简洁优美、雄伟大气的桥塔风格,创意主题以长江三角洲区域一体化的国家战略为背景。景观过渡区的引桥、连接桥部分以环境协调、线条流畅为原则,以减少视觉干扰,形成主桥之间连接的视觉过渡。文化溯源区桥梁风格与主桥保持协调,造型以溯源区域文化为创意主题,体现地域性和文化性(图 13)。

图 13　总体景观布局分析

根据水道的方向和接线位置,两座桥平面采用 S 形布置,通过引桥相连,以适应桥梁跨越和通航的需要。桥梁平纵组合同时需要考虑道路和桥梁的视觉关系,避免产生行车方向上的线形视觉扭曲和不顺畅。优化平纵组合能够提升桥梁的整体视觉舒适性,提高行车舒适性和安全感。两座桥形成的 S 形曲线能够满足行车和行船的各个视角,能从更多角度同时观赏到两座桥,避免因单一线条形成的视觉疲劳和单调。通过平纵线形的组合变化,能够更好地提升桥梁景观的效果和用户体验。

2. 视线分析

桥体沿路线行进方向的景观视线采用起伏式设计,以高低结合的结构造型呼应行进过程中景观布局的开始、高潮与结束。观桥景观视线整体呈流线型分布,无论在江上、岸边还是汽车行进过程中均具有良好的视觉感受,如图 14~图 16 所示。

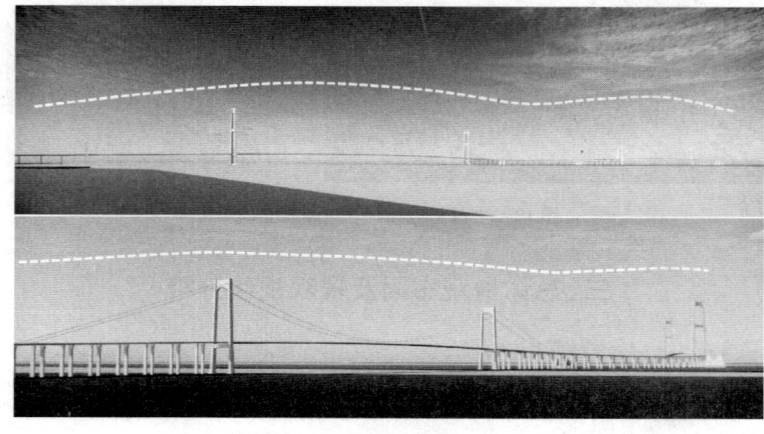

图 14　岸边视角

图 15　行船视角

图 16　行车视角

四、夜景照明设计

1. 夜景设计思路

作为世界级桥梁工程，张靖皋长江大桥的建设是城市形象工程的重要体现，也是城市重要的地理坐标和精神地标。大桥不仅需要在白天能够展示出高品质的景观风貌，而且对夜晚的亮化景观也有极高的要求，需要展现与白天截然不同的独特景象。

大桥夜景亮化应体现亮化技术与建筑物结合的特点，并与当地文化艺术的完美结合。通过运用灯光亮度和颜色的变化，展现大桥在夜色中的结构形式美，展现出桥梁力与美的雄伟气势，构成梦幻般的夜景亮化效果，从而使桥梁作为地标的形象更为突出。

在对长三角城市群环境充分调查的基础上，确定张皋过江通道夜景亮化的设计原则：

（1）张皋过江通道作为连接长江两岸的夜间景观，要能表现跨江大桥宏伟壮观的结构气质，展现大桥的结构形象和力学之美。

（2）张皋过江通道作为地区大型的建筑物和江中夜景的主体，是重要的城市地标，亮化设计应突出桥梁的地标特性。

（3）结合大桥结构特点，做到亮化主次分明，重点突出，创造壮观奇特、层次丰富的大桥夜晚景观。

（4）立足于区域江南文化，融入人光互动概念，凸显夜景特色本质，展现桥梁丰富的文化内涵。

（5）本着经济可行、绿色低碳、节能实用的原则实施夜景工程，避免光源浪费和眩光。

2. 夜景设计主题

桥梁夜景设计主题为"多彩江南"（图17），利用江南文化中典型的色彩元素渲染设计主题，彰显地域文化，凸显桥梁造型，展现空间特质。在主缆上设计"多彩江南"主题的彩色灯光，体现繁荣富饶的江南文化，在拉索上投射"江苏欢迎您"字样，体现长三角地区人民热情奔放的精神风貌。主航道桥夜景效果如图18所示，中汊航道桥夜景效果如图19所示。

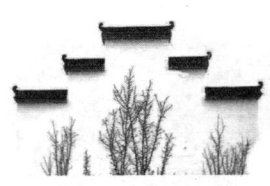
粉墙白、黛瓦黑

桃花红、柳叶绿

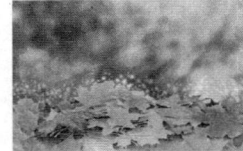
暖日黄

花布蓝

水波青

图 17 "多彩江南"元素

图 18 主航道桥夜景效果图

图 19 中汊航道桥夜景效果图

五、结　语

张靖皋长江大桥是江苏省重大交通工程，也是全国乃至世界上重要的桥梁工程，主跨 2300m 的悬索桥桥塔，是其标志性建筑物，桥梁的建筑景观设计是本桥外部造型表现的重要内容。本文引入长三角城市群的核心文化和时代精神，基于地域文化、城市特色、时代特征、环境协调等诸多因素进行建筑景观造型创新设计，打造以"携手长三角"为主题的桥塔造型方案。大桥造型简洁、刚柔并济、风格统一、标志性突出，与长三角城市群、长江水道等地域环境协调融合，在桥梁行车、行船、陆地等多个视点都具有良好的观景效果。作为在建的世界最大跨径悬索桥，张靖皋长江大桥主航道桥将成为长江经济带最具辨识度和影响力的人工建筑物，是长三角城市群亮丽的名片。

15. 常泰长江大桥天星洲专用航道桥扣背索张拉方案比选

穆文均[1,2,3]　李　杰[1,2,3]　周仁忠[1,2,3]

(1. 中交第二航务工程局有限公司；2. 长大桥梁建设施工技术交通行业重点实验室；
3. 交通运输行业交通基础设施智能制造技术研发中心)

摘　要　常泰长江大桥天星洲专用航道桥中跨采用"拱梁并进"法，辅助以大型斜拉扣挂系统悬臂架设，针对泰兴侧扣、背索钢绞线非对称布设提出了5种张拉方案，并采用midas Civil基于等值张拉法建立张拉控制模型，计算出单根钢绞线的张拉力，对5种方案张拉过程中的张拉力和扣塔垂直度变化趋势进行对比分析并选出最佳方案。1号扣背索张拉结果表明选择的连续张拉方案可行，为同类采用斜拉扣挂法悬臂施工的工程提供了参考。

关键词　斜拉扣挂系统　非对称布设　张拉方案　等值张拉法　扣塔垂直度

一、工　程　概　况

常泰长江大桥天星洲专用航道桥是一座三跨连续中承式拱桥(主跨388m)，是目前世界上在建最大跨径的公铁两用钢桁拱桥，钢桁主梁采用N形两主桁结构，桁间距35m，桁高15.104m，节间长度为14m/16m/13m。钢桁拱架线形为抛物线，采用N形结构，拱桁架矢高55m，矢跨比为55∶146 = 1∶2.655，跨中桁高11m，如图1所示。拱脚与上弦节点刚性连接，拱中间节点与上弦节点之间采用平行钢丝吊索，吊索间距13m；桥面板为整体结构，采用纵、横梁结构体系，上下层桥面板按"1 + 2"分块，最大单块重量80t。桥梁横断面方向功能区不同，上层均为高速公路，下层下游为一级公路，上游为铁路，这导致恒载在横断面上分布不对称，铁路侧二期恒载较公路侧多63kN/m，结构一期恒载公路侧主桁用钢量较铁路侧少15%。边跨采用少支点法悬臂架设，中跨钢梁架设采用拱梁并进法。

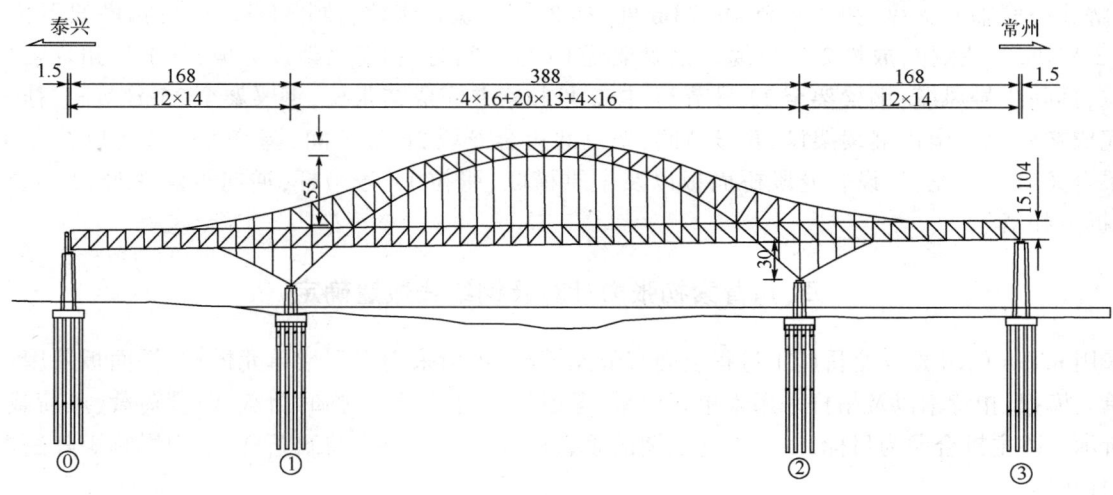

图1　常泰长江大桥专用航道桥立面布置(尺寸单位:m)

二、扣塔结构形式

中跨悬臂架设时,为控制主桁结构线形和应力,辅助以大型斜拉扣挂系统,如图2所示。扣塔总高度89.73m,由铰梁和底部分配梁、钢管立柱、顶部分配梁和锚箱组成。扣塔系统和风缆系统均设置上、中、下三层,共12组拉索。对于扣塔系统,单组拉索由4束钢绞线组成,每束钢绞线规格有42-7ϕ15.24-1860和37-7ϕ15.24-1860两种,对于风缆系统,单组拉索由2束钢绞线组成,单束钢绞线规格为7-7ϕ15.24-1860。

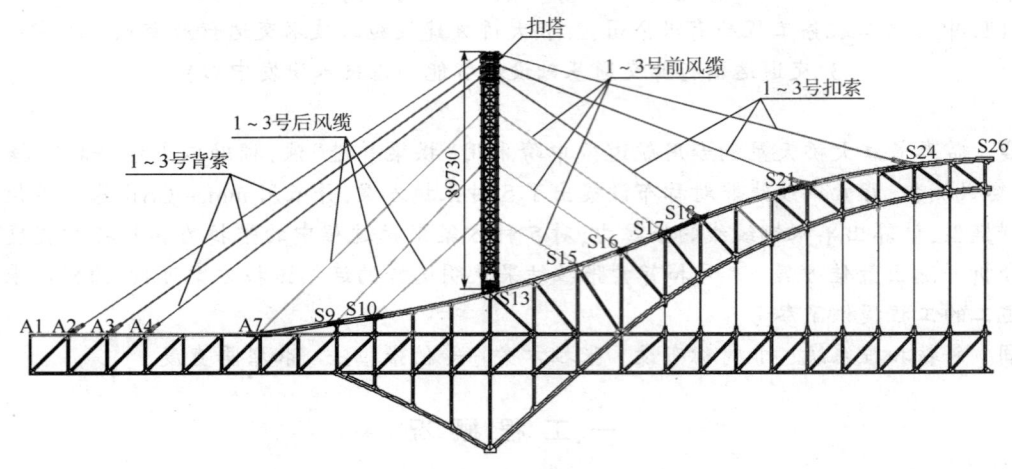

图2 斜拉扣挂系统立面图

扣塔底部铰接支承在主桁S13节点上,扣、背索上端均锚固于扣塔顶部锚固梁上,下端分别锚固于上弦杆A2、A3、A4、S18、S21、S24节点上,拉索与主桁之间用钢锚箱连接,拉索上端为锚固端,下端为张拉端。同样,风缆上端锚固扣塔上,下端分别锚固于上弦杆A7、S9、S10、S15、S16、S17节点上。

三、总体施工方法

1号、2号主墩上下游两侧各布置1台400t·m塔式起重机,用于扣塔系统安拆施工。钢梁架至15号节间时开始安装扣塔底部铰梁,并和主桁节点临时固结。扣塔架设至29.73m处,挂1号风缆并张拉,解除塔底临时支撑;扣塔架至49.73m处,挂2号风缆并张拉,放松1号风缆;扣塔架至79.73m处,挂3号风缆并张拉,放松2号风缆。钢梁架至19号节间时,扣塔已架设完成,挂1号扣背索并完成初张拉,拆除3号风缆;钢梁架至22号节间,挂2号扣索并完成初张拉;钢梁架至25号节间,挂3号扣索并完成初张拉。南边继续架设26号节间,架设北边合龙段26号节间,调整主拱合龙口并合龙。调整主梁合龙口并合龙,架设合龙段桥面板以及主拱横联,张拉11号吊杆,逆向拆除3号、2号、1号扣背索,拆除扣塔。

四、扣背索初张力计算及钢绞线数量确定

采用midas Civil建立全桥施工过程空间有限元模型,主桁采用空间梁单元模拟,桥面板采用六自由度板单元模拟,扣背索以及吊杆采用索单元模型,考虑结构自重、施工临时荷载、温度荷载、风荷载等,如图3所示。以主拱合龙为目标,以扣塔施工期的垂直度(不大于3‰)控制条件,采用影响矩阵法求取扣背索的初张力。

经过有限元计算,基于安全和经济的原则,泰兴侧1号、2号扣背索采用非对称钢绞线,扣索采用4束42ϕ15.24钢绞线,背索采用4束37ϕ15.24钢绞线,钢绞线极限抗拉强度都为1860MPa;泰兴侧3号扣背索以及常州侧1~3号扣背索均采用对称钢绞线,具体如表1所示。安全系数均在2.4~2.8之间。

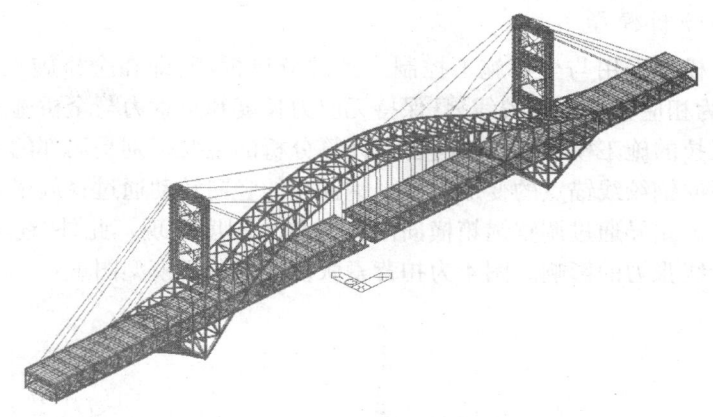

图3 扣背索张拉力计算施工模型

天星洲专用航道桥施工扣背索汇总表 表1

索编号		规格 7φ15.2	总破断力(kN)	初张拉控制力(kN)	施工最大索力(kN)	安全系数
1号索	泰兴侧-下游-扣索	4×37	38539	9150	14414	2.7
	泰兴侧-下游-背索	4×42	43747	9750	15405	2.8
	泰兴侧-上游-扣索	4×37	38539	9260	14634	2.6
	泰兴侧-上游-背索	4×42	43747	9860	15625	2.8
	常州侧-下游-扣索	4×42	43747	10400	15799	2.8
	常州侧-下游-背索	4×42	43747	10608	16673	2.6
	常州侧-上游-扣索	4×42	43747	10500	15999	2.7
	常州侧-上游-背索	4×42	43747	10710	16877	2.6
2号索	泰兴侧-下游-扣索	4×37	38539	9878	14864	2.6
	泰兴侧-下游-背索	4×42	43747	11723	16307	2.7
	泰兴侧-上游-扣索	4×37	38539	10088	15284	2.5
	泰兴侧-上游-背索	4×42	43747	11933	16727	2.6
	常州侧-下游-扣索	4×42	43747	10550	15854	2.8
	常州侧-下游-背索	4×42	43747	11660	16371	2.7
	常州侧-上游-扣索	4×42	43747	10760	16274	2.7
	常州侧-上游-背索	4×42	43747	11870	16791	2.6
3号索	泰兴侧-下游-扣索	4×37	38539	13892	13882	2.8
	泰兴侧-下游-背索	4×37	38539	14857	14948	2.6
	泰兴侧-上游-扣索	4×37	38539	14102	14302	2.7
	泰兴侧-上游-背索	4×37	38539	15067	15368	2.5
	常州侧-下游-扣索	4×37	38539	14042	14282	2.7
	常州侧-下游-背索	4×37	38539	15234	15488	2.5
	常州侧-上游-扣索	4×37	38539	14252	14702	2.6
	常州侧-上游-背索	4×37	38539	15444	15908	2.4

五、扣背索张拉顺序优化

从上文可知，常州侧1~3号扣背索以及泰兴侧3号扣背索钢绞线均采用对称布置，按照常规对称张拉即可；而对于泰兴侧1号、2号扣背索，其扣索和背索钢绞线采用非对称布设，有多种张拉方案，故有必要对不同张拉方案进行对比分析。

1. 张拉控制计算分析模型

张拉控制计算分析模型采用与全桥施工控制一致的分析模型,即在全桥施工控制分析模型的基础上,将整体扣背索细分为相应数量的钢绞线,且保持无应力长度和总索力与全桥施工控制分析模型一致,然后进行钢绞线单根张拉的施工模拟分析。与普通计算分析的主要区别是局部的考虑更精细:模拟了钢锚箱的竖向转动和横桥向钢绞线锚点的变形差异。钢锚箱的竖向转动通过释放锚箱端部约束实现,横桥向钢绞线锚点的不同变形差异通过调整锚箱横向刚臂的单元刚度实现。此外,还考虑了温度、临时荷载和风荷载等对基准钢绞线张力的影响。图4为扣背索张拉计算分析模型图。

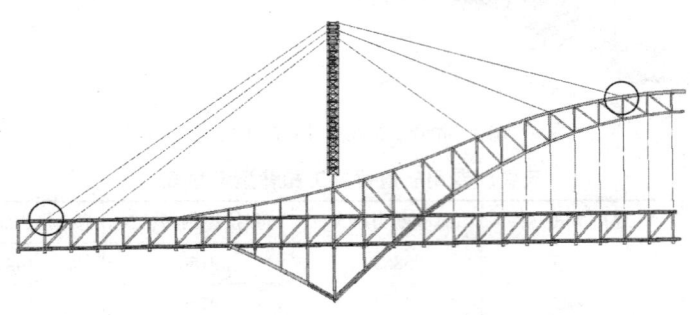

图4 张拉计算分析模型(图中圆圈部分为钢锚箱)

2. 张拉方案比选

对于泰兴侧1号、2号扣背索钢绞线为非对称布设,边跨背索为4束42根,共计168根,中跨扣索为4束37根,共计148根,为选择合理的张拉顺序,提出了五种张拉方案,具体见表2。

泰兴侧1号、2号扣背索钢绞线张拉顺序方案比选　　　　　　表2

方案类型	边跨背索张拉方式	中跨扣索张拉方式
方案一	84组,每组2根	74组,每组2根
方案二	84组,每组2根	74组,每组2根;前44组连续张拉,后30组跳组张拉
方案三	84组,每组2根	先张64组(每组2根),后张20组(每组1根)
方案四	84组,每组2根	先张20组(每组1根),后张64组(每组2根)
方案五	84组,每组2根	采用"2+1"循环张拉方式

注:方案二中,中跨前44组与边跨对称连续张拉,后30组为"7×(0+4)+1×(0+0+0+2)"组对应边跨8×5组,跳组张拉,"0"表示该组不张拉。

五个方案边跨背索钢绞线的张拉方式均相同,均为84组(2根为一组),区别在于中跨扣索钢绞线的张拉方式。方案一和方案二均采用2根为一组进行张拉,共计74组,不同之处在于:方案一连续对称张拉74组;方案二为先连续对称张拉44组,然后按边跨张拉5组、中跨张拉4组(空第一组)的规则循环7次,最后一次循环空前3组,最后2组与边跨一起张拉完成。方案三、四、五采用2根、1根钢绞线组合张拉,共计84组,区别在于:方案三为先张拉以2根为一组的钢绞线64组,然后张拉单根为一组的钢绞线20组;方案四为先张拉单根为一组的钢绞线20组,然后张拉64组(每组2根)钢绞线;方案五为先张拉2根,再张拉1根,循环往复20次,最后张拉64组(每组2根)。

3. 五种方案计算结果对比分析

对泰兴侧1号扣背索不同张拉方案进行了计算,结果如图5所示,从图中可知方案一、二、三中背索钢绞线的张拉力整体呈平缓下降趋势,前44组变化趋势完全一致,后40组中,方案一的张拉力有小幅变化。而对于扣索钢绞线的张拉力:方案一的张拉力与张拉组序近似呈线性关系,均匀下降;方案二中,由于在44组后每5组跳1组张拉,故第45组张拉力小幅增加;方案三中,由于后20组为单根钢绞线张拉,故呈上升趋势。

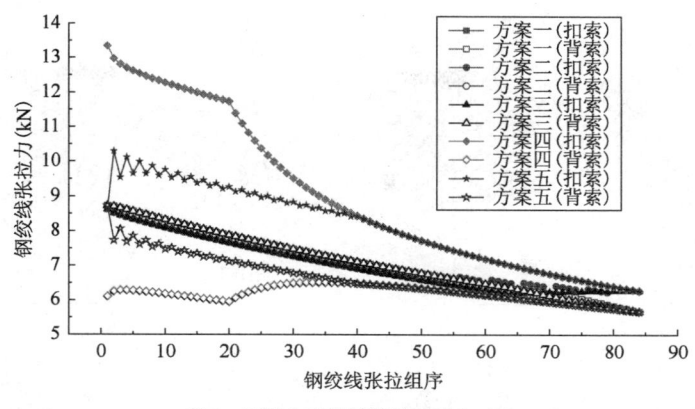

图5 不同方案钢绞线控制张力对比

而对于方案四,由于前20组为非对称张拉,背索钢绞线张拉力整体缓慢减小,而扣索钢绞线的初始张拉力很大,而后较大幅度减小,后64组对称张拉,背索钢绞线张拉力先急剧增大后缓慢减小,而扣索钢绞线张拉力急剧减小,超张拉系数为2.13;对于方案五,背索和扣索钢绞线张拉力整体上都呈减小趋势,但前40组张拉力有着较大幅度跳动,之后缓慢减小。

五种张拉方案张拉过程中扣塔垂直度的变化情况图如图6所示,从图中可知,方案一、二、三中,扣塔偏位均较均匀小幅度减小,而方案四前40组有较大幅度的变化,方案五刚张拉前几组塔偏有突变。

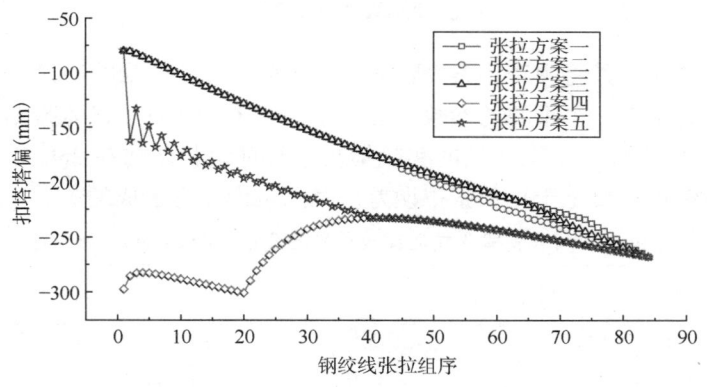

图6 不同方案扣塔垂直度对比趋势图
注:塔偏正值往跨中偏,负值往边跨偏。

综合可见,如采用方案四、方案五,不仅与常规钢绞线拉索张拉的规律不吻合,而且钢绞线的超张拉系数过大,这对于张拉安全控制也是不利的。此外,若采用跳组张拉,或2根、1根钢绞线组合张拉,现场操作有一定难度,不利于现场施工。因此综合考虑,拟采用方案一的张拉顺序。2号扣背索的计算结果规律几乎一致,也采用方案一。

六、扣索张拉控制

泰兴侧1号、2号扣背索的钢绞线有两种规格,分别为4束42根和4束37根,其张拉顺序如图7所示。对4束钢绞线的扣背索,内侧2束为一组,外侧2束外一组,同组的钢绞线同步张拉,即每次张拉2根钢绞线,按照从上往下的顺序依次挂索、张拉,并且张拉时,边、中跨的上游、下游四个点位同步张拉。

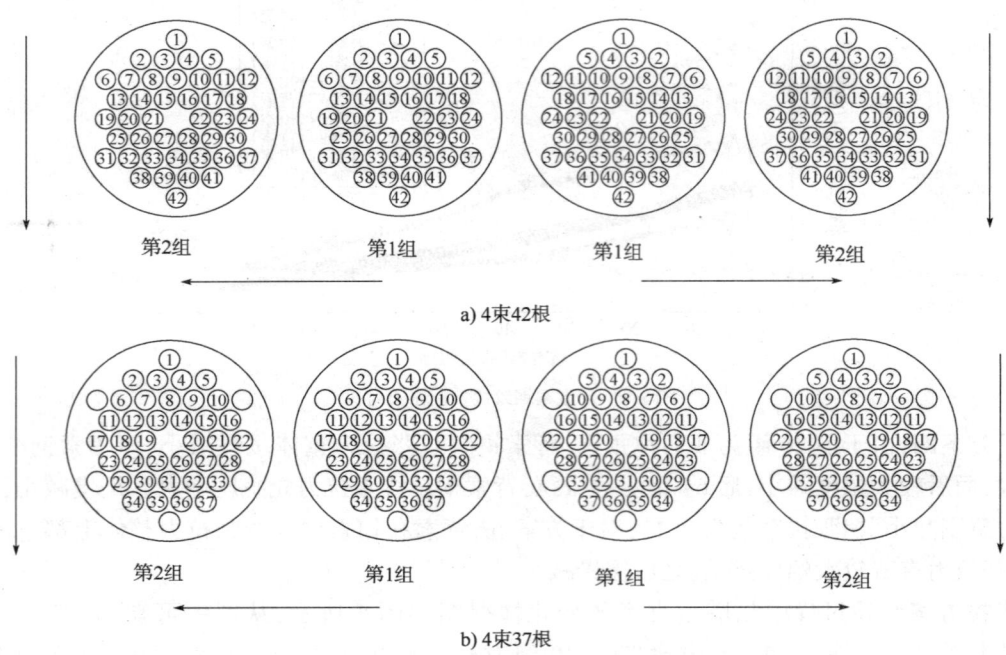

a) 4束42根

b) 4束37根

图7 每股钢绞线张拉顺序

七、测试结果分析

斜拉扣挂系统的主要作用是将中跨钢梁"提"起来，以便于后续钢梁的架设以及主拱合龙，故扣背索张拉前后钢梁前端的抬高量是一个重要的参数。当前泰兴侧1号扣背索已张拉结束，其张拉前后钢梁抬高情况见表3。从表中可以看出，钢梁前端的实际抬高量与理论相差均在2cm以内，满足施工要求。实际抬高值较理论抬高值偏小主要是千斤顶张拉误差以及测量误差等造成的。

1号扣背索张拉后钢梁前端抬高值(单位:cm) 表3

前端节点	实际抬高值	理论抬高值	差值(实际 − 理论)
S20	23	24	−1
Z20	22	24	−2
A20	22	24	−2
E20	22.5	24	−1.5

八、结　语

本文对常泰长江大桥天星洲专用航道桥扣背索钢绞线不对称布设的不同张拉方案进行了计算分析，研究表明：

(1)对于扣背索初张拉力，以主拱合龙为目标，以施工期扣塔垂直度为控制条件，采用影响矩阵法进行计算。

(2)对于扣背索钢绞线非对称布设，有5种张拉方案，可采用基于"等值张拉法"张拉控制模型进行计算分析，对于不同方案以张拉力和扣塔垂直度变化均匀性为指标进行综合分析，分析表明：方案一、二、三均满足张拉过程中张拉力均匀性和塔偏均匀性，而方案四、五则会有较大的突变。

(3)经工程实践证明,基于施工便利性和安全控制,选择扣索、背索连续对称张拉的方案一满足工程要求。

参考文献

[1] 中交二航局.常泰长江大桥天星洲专用航道桥钢桁拱安装施工控制方案[R].武汉:2021.
[2] 秦顺全,徐伟,陆勤丰,等.常泰长江大桥主航道桥总体设计与方案构思[J].桥梁建设,2020,50(3):1-10.
[3] 夏鹏飞,李少骏.常泰过江通道专用航道桥方案比选[J].桥梁建设,2018,48(6):104-109.
[4] 徐伟,王恒,李少骏.常泰长江大桥专用航道桥设计[J].桥梁建设,2020,50(6):85-90.
[5] 王恒,李少骏,梁志雯.常泰长江大桥专用航道桥恒载非对称力学行为分析研究[J].现代交通与冶金材料,2022,2(4):14-18.
[6] 李少骏,徐伟,李镇,等.常泰长江大桥专用航道桥钢梁安装方案设计[J].桥梁建设,2022,52(1):139-144.
[7] 中铁大桥勘测设计院集团有限公司.常泰长江大桥施工图[Z].武汉:2020.
[8] 张辉,周仁忠,李宗哲.重庆朝天门长江大桥的施工监测与控制[J].中国港湾建设,2010(4):1-7.
[9] 段雪炜,徐伟.重庆朝天门长江大桥主桥设计与技术特点[J].桥梁建设,2010(2):37-40.
[10] 周仁忠,徐国平,汪存书,等.重庆朝天门长江大桥施工控制关键技术研究[J].中外公路,2010,30(1):119-125.
[11] 由瑞凯,刘颖,周仁忠.横琴二桥主桥钢桁拱架设控制关键技术研究[J].施工技术,2017,46(S1):869-873.
[12] 周仁忠,田唯,苟东亮,等.横琴二桥主桥钢桁拱架设施工关键技术[J].桥梁建设,2016,46(6):100-105.
[13] 刘学文.京沪高铁南京大胜关长江大桥主桥施工技术综述[J].桥梁建设,2010(4):1-4.

16. 大跨长联连拱桥建筑造型创作与设计关键技术

黄晓彬[1,2]

(1.同济大学建筑设计研究院(集团)有限公司;2.同济大学)

摘 要 洛阳市新街跨洛河大桥位于隋唐洛阳城遗址区,桥梁建筑艺术形态重点结合历史地理文脉,体现古韵新风的创作理念。主桥采用不等跨上承式九跨钢筋混凝土连拱桥方案,与洛阳"九朝古都"的美誉相呼应。桥梁总体布置与建筑形态充分统一,体现建筑造型与结构受力相得益彰的美感。在砂卵石地基上采用大型群桩复合地基的推力基础方案,开展了大型群桩复合地基推力基础的理论及现场试验专题研究,并对大跨连拱桥防连续倒塌止推墩及基础的合理设置、大跨长联连拱桥抗震设计等设计关键问题进行了探讨。

关键词 遗址区 建筑造型 连拱桥 群桩推力基础 理论研究 试验研究 抗震

一、引 言

洛阳市新街跨洛河大桥工程位于河南省洛阳市城区东部,是跨越洛河南北两岸的一座重要城市景观桥梁。新街桥位于隋唐洛阳城遗址区,洛河以北为宫城区,以南为里坊区。

隋唐洛阳城是隋唐两朝的都城遗址,是当时全世界最繁华的国际化大都市。唐高宗称其"中兹宇宙,均朝宗于万国",是当时世界政治、经济、文化中心。沿用至五代北宋,共500余年,是中国古代沿用时间最长的都城。

二、桥型建筑创作

为满足城区东部居民往来洛河南北的交通需求,政府决定兴建新街跨洛河大桥。由于桥梁所处的特殊地理位置,其建筑造型是特别需要关注的问题。在建筑创作过程中,将桥梁整体建筑设计风格与桥位所在处的历史文化相结合,体现古韵新风的创作理念,如图1所示。

图1 桥梁实景图

1.桥梁建筑与历史文化的融合

桥梁建筑艺术形态与古都洛阳的历史文化充分融合。新街跨洛河大桥所处地理位置为隋唐洛阳城遗址区,桥梁建筑造型及景观设计充分考虑到桥址所处的特殊地理位置,桥梁建筑艺术形态重点结合历史地理文脉,充分注重历史文脉、地方个性和现代气息的平衡。以大气唯美的对称结构布局,采用优美的古建筑尺度比例,细节处理上以古典风格融合隋唐风格,体现洛阳古都特色,具有历史传统造型图案符号。

建筑形态设计采用极富韵律感的连拱造型来表现,以简洁起伏的线条全新演绎古桥新韵的风采。主桥采用不等跨上承式九跨钢筋混凝土连拱桥方案,与洛阳"九朝古都"的美誉相呼应。各跨跨径从岸边至河中间依次增大,形成一种大小拱的韵律感,造型优美,与洛阳深厚的文化底蕴相协调。

新街跨洛河大桥桥头堡和桥墩建筑借鉴了传统的隋唐时代建筑特点,桥头堡的外立面采用独特的隋唐风格,厚重的底座体现了中国传统建筑"筑台而建"的特点,使整座桥梁显得庄严、典雅、大气、挺拔(图2)。桥头堡和拱顶外挑处的设计借鉴了盛唐的经典建筑符号"斗拱飞檐",于细节之处体现设计之匠心。

图2 桥头堡造型

2.建筑造型与结构受力相得益彰

桥梁结构总体布置与建筑形态充分统一,体现建筑造型与结构受力相得益彰的美感。主桥采用不等跨上承式九跨钢筋混凝土连拱桥方案,根据建筑造型的需要,两侧边孔无法采用"飞燕式"拱的方案,需要布置为整跨拱。桥梁结构总体布置结合桥梁纵坡、竖曲线,通过调整拱轴线的矢跨比来减小恒载作用下相邻拱肋之间基础的水平推力,使得整体受力体系平衡、合理。

桥梁建筑造型设计充分结合当地历史文化,充分考虑连拱桥的结构特点与工程地质条件,精心设计,达到了造型美与结构受力合理的统一,整体气势恢宏、大气,细节之处显匠心,体现了优秀的设计水准。

新街桥体量和设计造型均体现其为重要标志性建筑之一,在提升城市通行效率的同时也为展示洛阳古都风貌提供了独特的舞台。

三、桥梁总体设计

新街跨洛河大桥主引桥正线总长度1113m,洛河南岸设互通立交1座。跨河主桥为不等跨上承式九跨连拱桥,设计为有推力拱桥结构。跨河主桥跨径布置58m+64m+70m+76m+82m+76m+70m+64m+58m=618m,两岸引桥采用预应力混凝土连续梁,跨径在25~40m之间。道路设计速度为50km/h,主桥桥面宽35.5m,断面布置为双向六车道+人行道。拱桥主拱圈采用大跨径钢筋混凝土箱(板)拱,拱圈上设置立柱,上方为桥面体系(图3)。工程已于2017年底建成通车,目前运营状况良好。

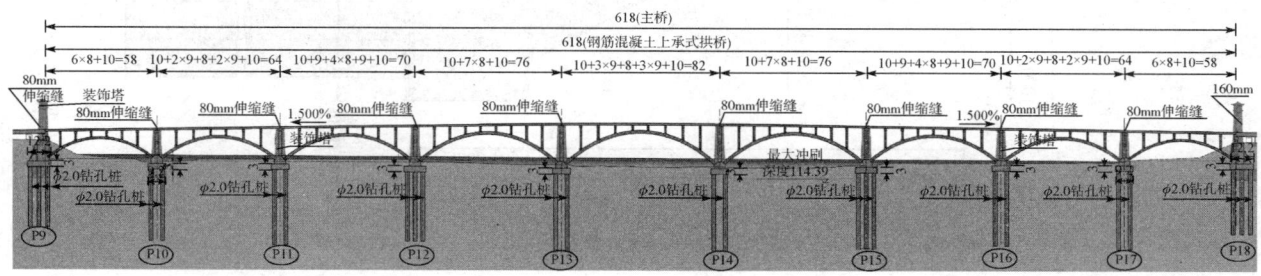

图3 桥梁总体立面布置图(尺寸单位:m)

新街跨洛河大桥跨河主桥拱圈单拱最大跨径为82m,连拱长度达618m,为目前国内建成的单孔跨径最大的上承式超长连拱桥。表1列出了部分国内规模较大的连拱桥[1-4]。

部分国内规模较大的连拱桥　　　　表1

桥名	单孔最大跨径(m)	连拱长度(m)	地基条件	推力解决措施
洛阳新街跨洛河大桥	82	618	砂卵石地层	推力基础
重庆木洞苏家浩大桥	80	400	岩石地基	推力基础
绍兴梅山大桥	50	460	软土地基	体外索
余姚四明湖大桥	39	351	软土地基	体外索
济宁北湖桥	35.2	1009	非岩石地基	推力基础

重庆木洞苏家浩大桥跨径80m,因其地基为岩石地基,推力问题易于解决;绍兴梅山大桥、余姚四明湖大桥为11跨连拱桥,均位于软土地区,采用体外索平衡恒载水平推力;济宁北湖桥连拱总长度为1009m,单孔跨径为15.2~35.2m,为小跨径拱桥,因此其水平推力小,技术难度要比大跨径拱桥小得多。洛阳新街跨洛河大桥因其跨径大、连拱长,两岸桥台处的水平推力达到近70000kN(图4)。

下承式拱桥阻水相对较大,为考虑桥梁建设对河道防洪的影响,专门开展了桥梁防洪影响评价。利用相关水文资料成果和河道测量图等资料,分析计算新街跨洛河大桥所在河段的设计洪峰流量、推求水面线、壅水高度、冲刷深度和影响范围,分析新街跨洛河大桥建成后该河段的河势变化。新街跨洛河大桥防洪标准为100年一遇,根据评价结果,100年一遇洪水桥前最大壅水高度为0.09m,回水影响长度为219.5m,设计洪水位为133.45m,低于现有河道左右岸堤顶2.93m。经防洪评价,新街跨洛河大桥建设项目满足防洪要求。

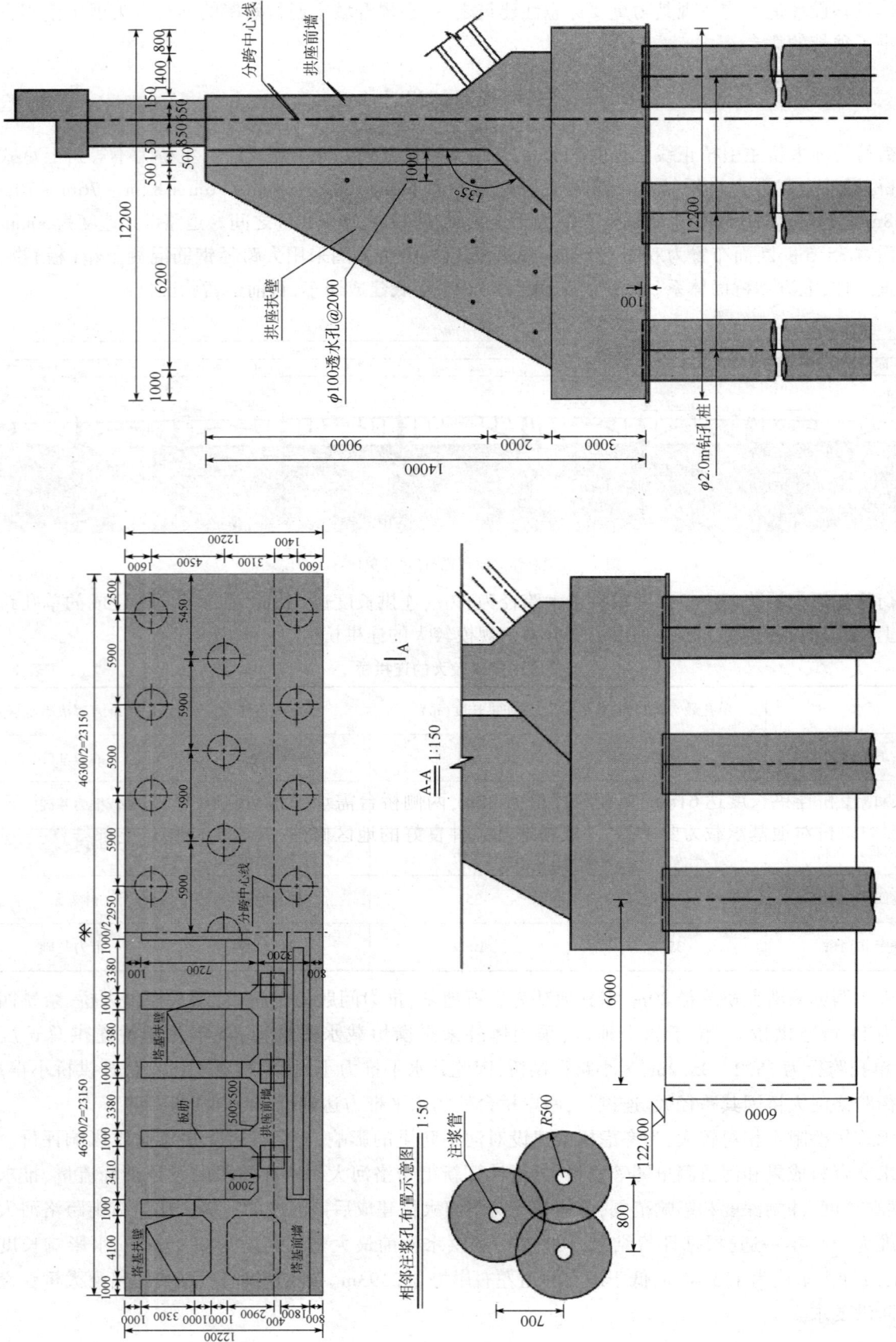

图4 P9、P18桥台推力基础(尺寸单位：mm；高程单位：m)

四、桥梁结构设计

为体现洛阳"九朝古都"的历史风貌,新街跨洛河大桥主桥采用不等跨上承式九跨钢筋混凝土连拱桥方案,为有推力拱桥结构。拱桥主拱圈采用大跨径钢筋混凝土箱(板)拱,拱跨度从岸边向河中心依次加大,拱圈上设置立柱,上方为桥面体系。每3跨拱设置一个止推墩,共设置2个中间止推墩,将拱结构划分为3联。桥面系在各孔处断开,设置伸缩缝。桥梁整体与河道呈正交布置,断面全宽35.5m,分两幅设置。主桥两侧各设置一对桥头堡,并在各个桥墩位置设置装饰柱及人行观景平台。

主拱圈设计:58m跨拱截面高度为1m的板拱,64m跨、70m跨为1.4m高箱拱,76m跨、82m跨拱圈为1.5m高箱拱。由于拱上立柱布置较密,拱圈的拱轴线均采用悬链线作为拱圈合理拱轴线。拱圈的矢高从10.4~17.3m不等,矢跨比1/5.6~1/4.7。

拱上立柱设计:拱圈上设置立柱,每幅桥横向设置三根,矩形截面,尺寸(0.6,0.8,1.0)m×1.2m,立柱下缘与拱圈固结,立柱上设置盖梁。

桥面板设计:桥面板支承于盖梁上。立柱间采用预制Π形桥面板作为拱上建筑,高度0.9m,顶板板厚为0.18m,标准板宽度3.6m;外侧板为非标准板,侧面造型根据桥梁侧面造型需要进行设计。Π形桥面板预制完成后运至桥位处,然后吊装至拱上,现浇湿接缝连接形成整体。

基础设计:主桥基础采用桩基础,桩径2.0m,桩长32~42m。P12、P15墩基础设计为止推基础,可以承担单侧拱圈的不平衡水平推力,防止在极端情况下整座拱桥的连续倒塌。P9、P18桥台基础为承担约70000kN的恒载、活载水平力大型群桩复合地基推力基础,桥台兼做大堤的支挡结构。设计采用23根直径2.0m的大直径桩基承担竖向荷载及拱的水平推力,并在承台底以下6m深度范围内进行地基处理,以提高抗水平荷载和抗蠕变能力。

五、工程难点与技术创新

多跨连拱桥当一孔桥跨加载受力时,加载孔与相邻孔桥墩及孔跨都将产生变形,即通常所说的"连拱效应"[5]。连拱桥中桥墩处的恒载水平力多数可由两侧拱桥产生的水平推力抵消,但桥台处的水平推力需根据地质条件慎重解决。

本项目主桥连拱长度达618m,单孔跨径最大82m,两侧桥台需承受约70000kN的恒载、活载水平推力。有推力拱桥对地基承载力要求高,一般在地基条件良好的地区修建,其墩台位移对上部结构受力影响较大。

因此水平推力是连拱桥最关键的问题,两侧桥台的推力基础是全桥的生命线。新街跨洛河大桥桥位处的地质条件主要为砂卵石等非岩石地质,本项目结合桥址处的地质条件,对目前所采用的主要推力基础方案及系杆索体外预应力方案进行了充分研究及比选后,因地制宜,首创在砂卵石地基上建造大型群桩复合地基推力基础,创新了大跨径超长连拱桥水平推力设计技术,取得良好的经济效果。

工程实施过程及运营中,以本项目为依托,围绕大型群桩复合地基推力基础设计、群桩基础的长期水平承载特性、水平力长期作用下地基蠕变等问题展开了相应的理论研究与现场观测、试验,取得了一系列卓有成效的研究成果,指导设计与施工,为工程建设提供了有力的支持。

1. 巨大型推力基础设计及试验研究

(1)对连拱桥推力解决方案进行多方案比选,放弃了造价高昂的体外系杆索方案,因地制宜,采用了群桩复合地基推力基础方案。

设计过程中对连拱桥推力解决方案进行了多方案比选。一般来说,岩石地基条件下水平推力可直接由地基直接承受,而软土地基则通常采用阻滑板、群桩基础加阻滑板、沉井基础加阻滑板、斜桩、地基加固等措施来抵抗水平推力,也可以通过设置系杆索体外预应力来平衡,或同时采取几种组合措施。

本桥若采用系杆索方案平衡拱的水平推力,需设置长达618m的体外索,主要存在以下问题:①超长体外索的施工较为复杂,施工精确度高;②造价高、全生命成本高,需要特殊的防护,在设计使用期内需要多次换索(换索周期 20~30 年);③体外索易损坏和着火,需要采取特殊的防护手段,另外由于振动需要沿桥跨设置支撑体系和转向体系;④安全性能相对较低,体外索锚头失效则意味着预应力丧失。

本桥桥位处主要为卵石地基。其地基承载力介于岩石土与软弱地基土之间。经研究比选,结合工程地质条件,因地制宜,创新地采用桩基及地基处理相结合的推力基础形式。两端桥台推力基础采用 23 根直径 2.0m 的桩基础承担竖向荷载及拱的水平推力,并在承台底以下 6m 深度范围内进行注浆处理,以提高基础抗水平荷载的能力。

采用大型群桩复合地基推力基础相比于系杆索方案更经济合理,对于在砂卵石地层的地质条件下解决巨大水平推力的问题是一大创新,同时也是一大挑战。地基在水平力作用下产生的蠕变是难以量化和控制的,而拱桥是一种有推力的超静定结构,对基础位移特别是水平位移非常敏感,过大的水平位移将直接影响结构承载力,须通过理论研究结合现场试验获取可靠的设计参数,以指导及验证设计。

(2)开展大型群桩复合地基推力基础的理论及现场试验专题研究。

桥台推力基础是全桥结构的生命线,必须保证万无一失。对于新街跨洛河大桥主桥桥台卵石、砂石地层群桩推力基础此类规模的大型群桩推力基础,目前国内对其地基基础工程特性、基础结构形式、承载机理、长期服役性能的评价及蠕变特性等关键技术等方面研究不足,须通过理论研究结合现场试验以获取可靠的设计参数。

在项目实施过程中,以本项目为依托,我院联合东南大学岩土团队,主要针对以下内容开展了研究[6]:①考虑时变效应的拱桥群桩推力基础承载特性数值计算;②拱桥群桩推力基础长期水平位移计算方法研究;③拱桥群桩推力基础现场长期水平荷载试验;④单桩基础室内模型长期水平荷载试验;⑤基于位移控制指标的地基处理方法。

2. 大跨连拱桥防连续倒塌止推墩及基础的合理设置

多孔拱桥设置止推墩是一个不容忽视的问题,其必要性已基本得到业界的认可。对于新街跨洛河大桥这座如此大规模的连拱桥,止推墩及基础设计牵涉到复杂的经济、技术比较问题。工程措施过强,工程投资猛增,有可能造成浪费;工程措施不足,又难以达到设计的目标。

目前,现行规范与有关文献对于多孔拱桥止推墩的合理设置没有统一的原则。本项目设计考虑由于部分桥孔出现倒塌的概率较小,按照剩余桥孔结构不会破坏、经修复仍可继续使用的原则进行止推墩及基础的设计,以节省建桥工程投资,提高桥梁结构安全性,最大限度降低出现塌孔后的经济损失。

本项目设计时,结合本项目工程规模、孔跨布置、地质条件,拟定多种止推墩基础方案,对造价进行测算比较,最终将每隔 3 孔的桥墩设置为止推墩,并以此为界将全桥结构分为三联,有利于减弱拱桥相邻联间的效应,防止运营期间因一孔意外破坏而引起全桥的连续垮塌。

新街跨洛河大桥止推墩的设置还考虑到施工落架的实际情况,9 跨连拱桥一次性落架困难,每隔 3 孔设置的止推墩给分批落架创造了条件,便于施工。止推墩基础设计综合考虑连拱桥防连续倒塌的结构安全性、工程造价的经济性、施工落架的实施便利性,做到了合理设置。

3. 大跨长联连拱桥抗震设计

新街桥桥址区抗震设防烈度为Ⅶ度,并且单孔跨径大,连拱长度长,给桥梁的抗震设计带来难题。通过对包括汶川大地震及几次大地震的震害调查表明,拱桥的抗震能力与其结构形式、地基条件等密切相关。新街桥设计过程中,针对大跨长联连拱桥的抗震设计做了以下关键工作:

(1)研究了连拱桥动力特性及地震响应计算图式。通过理论模型实验和震害调查,提出了考虑拱上建筑实际状态时的简化计算图式。考虑砂卵石地层的基础刚度,采用集中质量模型,考虑了桩土效应的抗震计算的影响,连拱桥的动力特性及地震响应更加准确。

(2)重点对连拱桥的拱轴线系数、矢跨比这两个影响主拱圈受力的关键参数进行分析。在新街跨洛河大桥设计过程中,着重对上承式拱桥的主拱圈的地震内力随着拱轴系数和矢跨比,以及地震动输入方式的变化产生的规律进行了大量的计算,探讨了同一计算跨径下,不同矢跨比、不同拱轴系数的主拱圈的地震内力的变化规律,最终结合静力及动力要求,确定了新街跨洛河大桥的矢跨比与拱轴系数,使得在满足静力要求的前提下,尽可能降低结构的地震响应。

(3)探讨了竖向地震作用对大跨长联连拱桥的影响,设计考虑更为充分、安全。新街跨洛河大桥设计计算中,沿单向和多向输入地震激励,采用反应谱法计算了主拱圈的地震反应,通过改变反应谱输入方式和该桥的矢跨比、拱轴系数,比较了不同矢跨比、不同拱轴系数下结构的地震内力,考虑竖向地震作用对主拱圈内力的放大影响,据此指导结构的配筋设计。

六、结　　语

本文介绍了洛阳市新街跨洛河大桥的桥型建筑设计,设计风格充分与历史文化相融合;重点介绍了桥梁大跨长联连拱桥结构设计的关键技术,结合工程地质条件及结构特点提出设计方案,解决本项目大型群桩复合地基推力基础、止推墩的合理设计、抗震设计等难题,为类似工程提供借鉴。

夜幕降临之时,洛水之灯火璀璨,新街跨洛河大桥横跨洛水,仿佛一道水中长廊,回荡着古韵,谱写着新章。该工程获得了2022—2023年度第一批国家优质工程奖。

参考文献

[1] 王关明,王伟锋,贾桂兰,等.软土地基多跨连拱桥的设计与施工[J].公路,2008(10):22-25.
[2] 任国红,李海军.多跨连拱桥设计研究[J].城市道桥与防洪,2012(9):79-82,329.
[3] 李琦,颜俊.重庆木洞苏家浩大桥设计简介[J].公路交通技术,2012(3):65-67.
[4] 胡胜来.济宁市北湖超长连续拱桥总体设计[J].中国水运,2011,11(3):195-196.
[5] 王国鼎.拱桥连拱计算[M].3版.北京:人民交通出版社,2009.
[6] 董天韵.连拱桥群桩推力基础长期承载特性研究[D].南京:东南大学,2017.

17. 基于架桥机建造大跨径钢混组合梁桥的概念设计

张士红　李斐然　袁　波

(河南省交通规划设计研究院股份有限公司)

摘　要　为提高大跨径钢混组合梁建造的经济性,本文提出了基于架桥机整孔架设钢混组合梁桥的施工方法,随后从施工可行性、施工关键技术和施工阶段受力分析等方面开展了架桥机建造大跨径钢混组合梁的概念设计,随后进行了实桥试验验证,最后从优化吊拉力和提高施工效率两个方面对施工工艺进一步优化,得到的主要结论如下:与传统无支架施工方法相比,本文提出的基于架桥机建造大跨径钢混组合梁桥的方法,能大幅降低钢梁应力,同时增加跨中区域桥面板的压应力储备,可显著提升大跨径钢混组合梁的力学性能;施工桥面板时,架桥机施加的吊拉力越大,对钢梁和桥面板的受力越有利,但考虑架桥机和钢混组合梁一体化设计时,吊拉力大小存在最优值;采用两孔连做的施工方案能显著提高钢混组合梁的架设效率,缩短施工工期。

关键词　钢混组合梁　架桥机　无支架施工　支架施工　预弯度　吊拉力　两孔连做施工

一、引　　言

钢混组合梁具有结构轻巧、跨越能力大和施工速度快等一系列优点,近年来在大中跨径桥梁中得到越来越广泛的应用[1-3],国内典型大跨径钢混组合梁桥工程见表1。

国内典型大跨径钢混组合梁桥工程案例　　　　　　　　　　表1

桥名	跨径布置（m）	梁高（m）	单幅桥宽（m）	建成通车时间（年）	施工方法
上海长江大桥主桥[4]	90+5×105+85	5.0	16.95	2009	整孔预制吊装
武汉二七长江大桥副桥[5]	6×90	4.0	14.7	2011	顶推
长沙福元路大桥副桥[6]	90+5×85+60	4.5	15.65	2012	顶推
杭州九堡大桥副桥[7]	55+2×85+90/80+9×85+55	4.5	31.3	2012	顶推
银川滨河黄河大桥副桥[8]	6×80/5×80	4.0	17.0	2016	顶推
港珠澳大桥副桥[9]	6×85+5×85/5×85+8×(6×85)	4.3	16.3	2018	整孔预制吊装
福建沙埕湾跨海大桥南副桥[10]	(6×80)+(64+4×80+64)/(6×80)+(64+4×80)	4.0	17.9	2021	顶推
孟州黄河大桥主桥[11]	2×(6×80)+(7×80)	4.0	16.06	2022	架桥机整孔施工

利用钢梁自重轻的特点，钢混组合梁桥普遍采用钢梁与混凝土桥面板分步施工[1]。钢梁架设普遍采用吊装法、顶推法等。由于钢梁需承受自重、施工过程中的机具及桥面板自重等荷载，直到混凝土达到强度后，桥面板才作为组合梁的一部分参与受力，采用此种方法施工的组合梁称为不完全组合梁。另外，小部分钢梁采用支架施工，这种施工方法适用于平坦陆地、支架搭设成本低、钢梁节段运输方便的情形。采用支架施工时，钢梁、混凝土自重和运营期的活载均由组合梁承担，采用此种方法施工的钢混组合梁被称为完全组合梁。显然，完全组合梁的钢材利用效率比不完全组合梁高，经济性更优。

此外，在上海长江大桥[4]和港珠澳大桥[9]等跨海桥梁工程建设中，还采用了钢混组合梁整孔预制吊装施工方法。整孔预制吊装的钢混组合梁本质上属于完全组合梁，但这种施工方法仅限于在具备浮运条件的跨海、跨江地区使用，不适用于内陆地区。

基于架桥机架设整孔预应力混凝土箱梁的思路，若采用架桥机架设重量较轻的钢梁，并在桥面板施工阶段对钢梁施加吊拉力，待钢梁与混凝土桥面板形成组合梁后再释放吊拉力，既能实现钢梁的整孔架设，又能实现结构内力调整。对于大跨径钢混组合梁桥来说，如果架桥机法可行，将是钢混组合梁桥的理想施工方法。本文针对这种新型施工工艺，开展大跨径钢混组合结构梁桥的设计与施工概念设计。

二、概念设计

1. 可行性分析

架桥机悬拼预应力混凝土具有架设速度快、不受桥下环境影响等优点，文献[12]详述了重载架桥机在国内外典型桥梁工程上的应用情况。其中，最大架梁跨径可达120m，最大起重重量达到千吨以上；由于预应力混凝土梁自重大，60m以上跨径均采用节段悬臂拼装，而为提高架设效率，60m以下跨径普遍采用整孔架设。

采用架桥机悬臂拼装预应力混凝土箱梁的过程中，架桥机主要经历悬臂过孔、首跨悬挂、末跨悬挂和后中支腿前移四个工况。通常架桥机的控制性工况为以下两种工况之一：

(1)工况一：架桥机过孔时最大悬臂状态(架桥机最大负弯矩工况)，如图1a)所示。

(2)工况二：边跨最大吊重状态(架桥机最大正弯矩工况)，如图1b)所示。

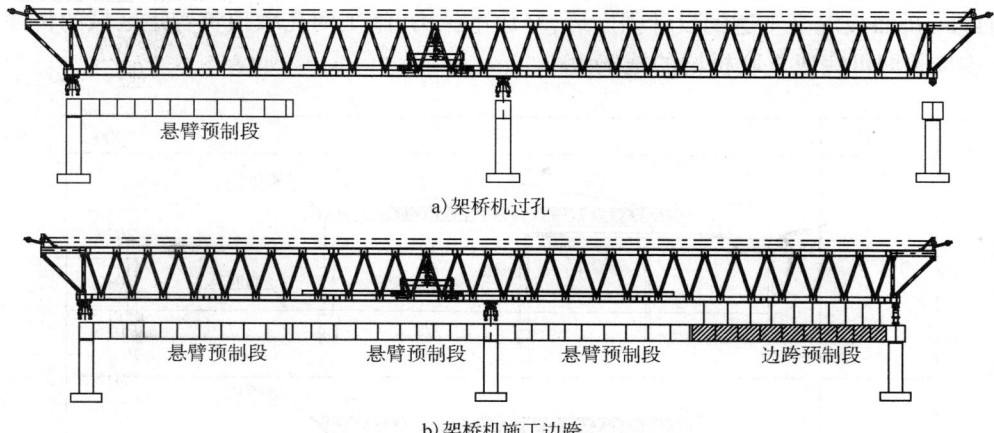

a) 架桥机过孔

b) 架桥机施工边跨

图1 节段拼装施工预制混凝土箱梁典型工况

假设架桥机桁架的线重为 q_1，预应力混凝土箱梁的线重为 q_2，桥梁跨径为 L_c，架桥机上桁架跨中承受的最大正弯矩为 Q_1：

$$Q_1 = \frac{(q_1+q_2)L_c^2}{8}$$

架设钢梁的过程中采用整孔架梁法，假定钢梁线重量为 q_3，桥梁跨径为 L_s，钢梁整孔架设时，架桥机上桁架跨中承受的最大正弯矩为 Q_2：

$$Q_2 = \frac{q_1 L_s^2}{8} + \frac{(q_3 L_s/2)L_s}{4} = \frac{(q_1+q_3)L_s^2}{8}$$

钢梁的重量大约相当等效混凝土梁自重的30%，可假设 $q_3 = 0.3 q_2$。假设架桥机在架设混凝土箱梁桥和钢梁时最大正弯矩相等，满足 $Q_1 = Q_2$：

$$\frac{(q_1+0.3q_2)L_s^2}{8} = \frac{(q_1+q_2)L_c^2}{8}$$

可得：

$$\frac{L_s}{L_c} = \sqrt{\frac{1+q_2/q_1}{1+0.3q_2/q_1}}$$

通常情况下 $q_1 < q_2$，可得 $L_s > 1.24 L_c$。也就是说，采用节段拼装法施工预应力混凝土梁的架桥机至少可用于架设1.24倍跨径的钢梁，而对于钢混组合梁来说，这个数值至少1.3倍。

当桥梁跨径较大，工况一通常成为架桥机设计的控制性工况，这也就意味着，架桥机在吊梁悬拼工况时还有剩余承载力未被充分利用。鉴于此，本文提出了一种在采用架桥机架设钢混组合梁时，通过施加吊拉力，提高钢梁与混凝土桥面板组合效率的新型施工方法。下文对本文提出的采用架桥机吊拉钢梁的整孔架设方法在原理和施工细节上进行说明。

2. 关键施工工序

本文提出的采用架桥机吊拉钢梁的整孔架设施工工艺，主要包括如下主要步骤，如图2所示：

（1）第一步，架桥机过孔，同时将预制钢梁运输至架桥机后端喂梁。

（2）第二步，架桥机将整孔预制钢梁吊装就位，与前一孔钢梁焊接。

（3）第三步，架桥机上的吊拉设备与钢梁上临时吊点采用吊索连接，吊拉力张拉至设计值并锁定后，施工跨中区域的桥面板。

(4)第四步,桥面板混凝土达到设计强度后,释放吊拉力,施工两孔墩顶负弯矩区域的桥面板。
重复上述步骤即可完成整联桥梁的施工。

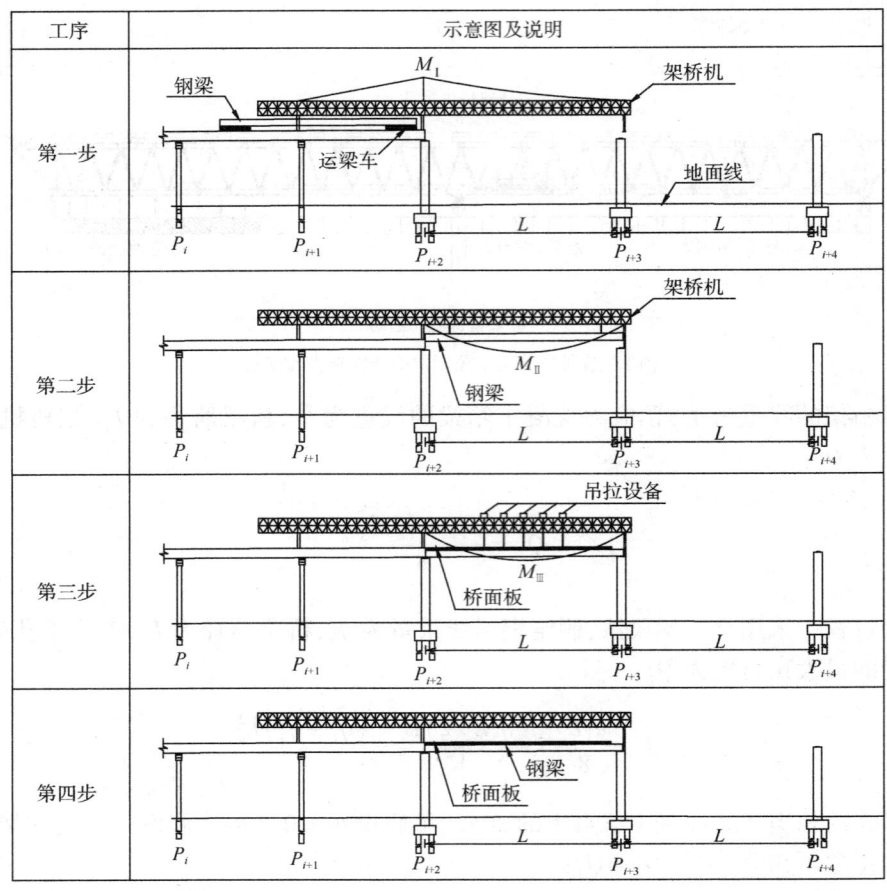

图2 关键施工工序

3. 施工阶段受力分析

对于钢混组合梁施工来说,与传统的无支架施工和支架施工方法相比,本文提出的架桥机吊拉钢梁的整孔架设施工方法在施工工艺和工序上的差异见表2。

三种施工方法关键施工工序　　　　表2

关键工序	施工方法		
	支架施工	本文施工方法	无支架施工
工序1	搭设支架,钢梁架设就位	钢梁架设就位	钢梁架设就位
工序2	施工桥面板	施工桥面板,吊拉钢梁	施工桥面板
工序3	桥面板与钢梁形成组合梁后,拆除支架	桥面板与钢梁形成组合梁后,释放吊拉力	桥面板与钢梁形成组合梁
工序4	施工桥面系,通车	施工桥面系,通车	施工桥面系,通车

下文采用跨径为 L 的简支钢混组合梁近似模拟简支变连续施工的钢混组合梁,对组合梁跨中截面在各施工阶段进行受力分析,相关的计算图式及组合梁横断面如图3所示。

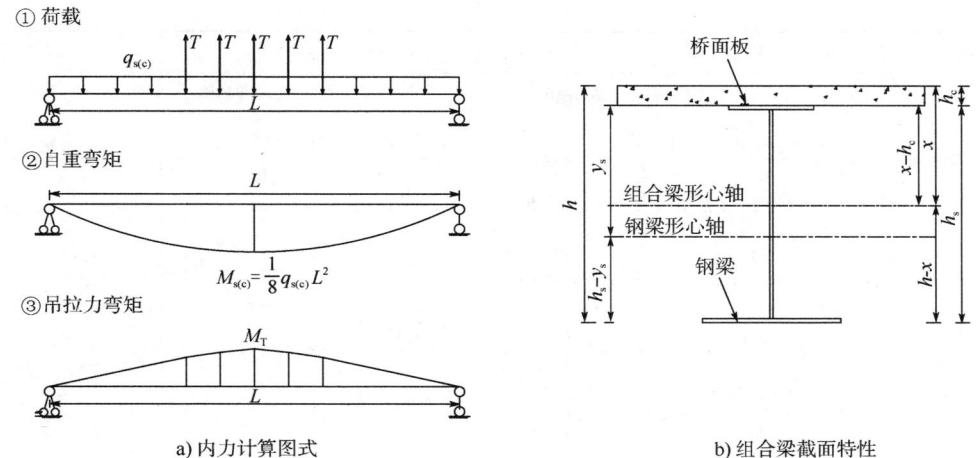

a) 内力计算图式　　　　b) 组合梁截面特性

图3　简支钢混组合梁计算模型

M_s-钢梁自重(q_s)产生的弯矩;M_c-桥面板自重(q_c)产生的弯矩;h_c-桥面板厚度;h_s-钢梁的高度;h-组合梁总高度,$h = h_s + h_c$;y_s-钢梁截面中性轴至钢梁上翼缘距离;x-组合梁中性轴轴至混凝土桥面板顶面的距离

对比分析采用三种不同施工方法,钢混组合梁跨中截面在各主要施工阶段的受力见表3。

主要施工阶段受力对比　　　　　　　　　　表3

工序	跨中截面位置	无支架施工	本文施工方法	支架施工
工序1	钢梁上翼缘	$\sigma_s^t = \dfrac{M_s}{I_s} y_s$	$\sigma_s^t = \dfrac{M_s}{I_s} y_s$	$\sigma_s^t = 0$
工序1	钢梁下翼缘	$\sigma_s^b = \dfrac{M_s}{I_s}(h_s - y_s)$	$\sigma_s^b = \dfrac{M_s}{I_s}(h_s - y_s)$	$\sigma_s^b = 0$
工序1	桥面板	$\sigma_c^t = 0$	$\sigma_c^t = 0$	$\sigma_c^t = 0$
工序2	钢梁上翼缘	$\sigma_s^t = \dfrac{M_s + M_c}{I_s} y_s$	$\sigma_s^t = \dfrac{M_s + M_c - M_T}{I_s} y_s$	$\sigma_s^t = 0$
工序2	钢梁下翼缘	$\sigma_s^b = \dfrac{M_s + M_c}{I_s}(h_s - y_s)$	$\sigma_s^b = \dfrac{M_s + M_c - M_T}{I_s}(h_s - y_s)$	$\sigma_s^b = 0$
工序2	桥面板	$\sigma_c^t = 0$	$\sigma_c^t = 0$	$\sigma_c^t = 0$
工序3	钢梁上翼缘	$\sigma_s^t = \dfrac{M_s + M_c}{I_s} y_s$	$\sigma_s^t = \dfrac{M_s + M_c - M_T}{I_s} y_s + \dfrac{M_T}{I_0}(x - h_c)$	$\sigma_s^t = \dfrac{M_s + M_c - M_T}{I_0}(x - h_c)$
工序3	钢梁下翼缘	$\sigma_s^b = \dfrac{M_s + M_c}{I_s}(h_s - y_s)$	$\sigma_s^b = \dfrac{M_s + M_c - M_T}{I_s}(h_s - y_s) + \dfrac{M_T}{I_0}(h - x)$	$\sigma_s^b = \dfrac{M_s + M_c}{I_0}(h - x)$
工序3	桥面板	$\sigma_c^t = 0$	$\sigma_c^t = \dfrac{M_T}{nI_0} x$	$\sigma_c^t = \dfrac{M_T}{nI_0} x$

工序	跨中截面位置	无支架施工	本文施工方法	支架施工
工序 4	钢梁上翼缘	$\sigma_s^t = \dfrac{M_s + M_c}{I_s} y_s + \dfrac{M_g + M_q}{I_0} \times (x - h_c)$	$\sigma_s^t = \dfrac{M_s + M_c - M_T}{I_s} y_s + \dfrac{M_T + M_g + M_q}{I_0} \times (x - h_c)$	$\sigma_s^t = \dfrac{M_s + M_c + M_T + M_g + M_q}{I_0} \times (x - h_c)$
	钢梁下翼缘	$\sigma_s^b = \dfrac{M_s + M_c}{I_s}(h_s - y_s) + \dfrac{M_g + M_q}{I_0}(h - x)$	$\sigma_s^b = \dfrac{M_s + M_c - M_T}{I_s}(h_s - y_s) + \dfrac{M_T + M_g + M_q}{I_0}(h - x)$	$\sigma_s^b = \dfrac{M_s + M_c + M_T + M_g + M_q}{I_0} \times (h - x)$
	桥面板	$\sigma_c^t = \dfrac{M_g + M_q}{nI_0} x$	$\sigma_c^t = \dfrac{M_T + M_g + M_q}{nI_0} x$	$\sigma_c^t = \dfrac{M_s + M_c + M_g + M_q}{nI_0} x$

由表3可知,采用本文方法施工的钢混组合梁,主要施工阶段的结构受力状态介于无支架施工和支架施工两种状态之间。与无支架施工方法相比,钢梁上、下翼缘和混凝土桥面板在成桥阶段的应力差值如式(1)所示。其中,"-"表示应力差值为负,"+"表示应力差值为正。

$$\begin{cases} -\Delta\sigma_s^t = \left(\dfrac{y_s}{I_s} - \dfrac{x - h_c}{I_0}\right) M_T \\ -\Delta\sigma_s^b = \left(\dfrac{h_s - y_s}{I_s} - \dfrac{h - x}{I_0}\right) M_T \\ +\Delta\sigma_c^t = \dfrac{M_T}{nI_0} x \end{cases} \quad (1)$$

由式(1)可知,与无支架施工方法相比,本文提出的施工方法能降低钢梁上、下翼缘的应力,同时增大桥面板的压应力,具有以下优点:①改善跨中区域钢梁受力,通过吊拉钢梁,跨中区桥面板参与受压,使其受力接近于完全组合梁,节省跨中区域用钢量。②增大跨中区桥面板的压应力储备,通过吊拉钢梁,桥面板会产生一定的压应力,这对运营期的桥面板会因收缩产生拉应力是有利的。

此外,引入组合梁预弯度 P 为广义吊拉力 T 产生的弯矩 M_T 与组合梁自重(包括钢梁自重和桥面板自重)弯矩($M_s + M_c$)之比,以此来衡量广义吊拉力 T 对组合梁内力的改善程度大小,即:

$$P = \dfrac{M_T}{M_s + M_c} \quad (2)$$

显然,采用无支架施工的组合梁预弯度 $P = 0$,采用本文施工方法的组合梁预弯度 $0 < P < 1$,而采用支架施工的完全组合梁预弯度 $P = 1.0$。

4. 实桥试验与验证

为验证本文施工方法的实施效果,在孟州黄河大桥80m钢混组合梁施工过程中设置了试验段,试验梁的主要施工过程如图4所示。同时为验证理论计算结果,在试验梁的4个断面合计布置了16个钢梁应力测点和6个桥面板挠度测点,如图5所示,并在不同施工阶段分别进行了应变与挠度测量。实桥应变、挠度测量值与采用表3的理论计算值对比分别见表4、表5。需要说明的是,表4和表5中各测点试验值均为同一断面对称两点取平均值得到。

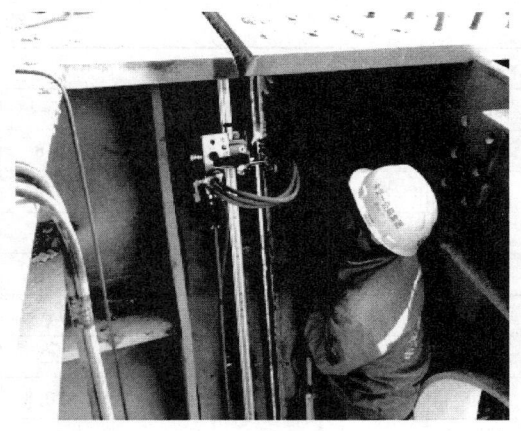
a）与上一孔钢梁焊接

b）预制桥面板吊装就位

c）吊拉力张拉并锁定

d）浇筑湿接缝混凝土

图 4　80m 钢混组合试验梁主要施工过程

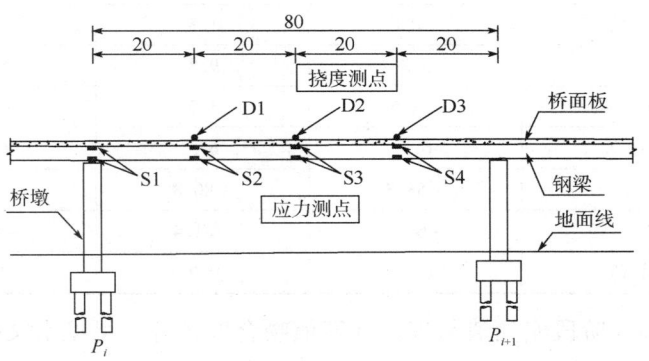

图 5　测点布置图（尺寸单位：m）

应力实测值与计算值对比表（单位：MPa）　　表 4

施工工序	项目	测点					
		S1-t	S1-b	S2-t	S2-b	S3-t	S3-b
第一次吊拉 $\Delta T_1 = 100$kN	试验值	-31.3	23	19.8	-15.6	53.5	-29.3
	计算值	-33.9	25.5	17.7	-11.9	56.5	-31.3
	试验值-计算值	2.6	-2.5	2.1	-3.7	-3.0	2.0
架设桥面板	试验值	18.0	-15.5	-13.9	9.1	-2.2	6.3
	计算值	21.2	-15.6	-15.3	10.3	-6.1	3.4
	试验值-计算值	-3.2	0.1	1.4	-1.2	3.9	2.9

续上表

施工工序	项目	测点					
		S1-t	S1-b	S2-t	S2-b	S3-t	S3-b
第二次吊拉 $\Delta T_2 = 33.3$ kN	试验值	-10.8	4.7	4.3	-6.5	35.8	-20.4
	计算值	-11.1	8.6	3.7	-2.6	33.9	-18.6
	试验值-计算值	0.3	-3.9	0.6	-3.9	1.9	-1.8
浇筑湿接缝	试验值	8.5	-7.6	-9.4	8.4	13.8	-5.7
	计算值	11.1	-7.9	-7.1	4.7	11.6	-6.3
	试验值-计算值	-2.6	0.3	-2.3	3.7	2.2	0.6
释放吊拉力	试验值	55.8	-16.2	-8.2	47.5	-20.8	85.9
	计算值	57.0	-18.5	-10.4	45.2	-21.5	82.6
	试验值-计算值	-1.2	2.3	2.2	2.3	0.7	3.3

挠度实测值与计算值对比表（单位：mm）　　　　表5

施工工序	项目	测点		
		D1	D2	D3
第一次吊拉 $\Delta T_1 = 100$ kN	试验值	46.8	69.0	53.0
	计算值	38.9	65.5	46.7
	试验值-计算值	7.8	3.5	6.3
架设桥面板	试验值	-16.3	-11.8	-14.8
	计算值	-15.1	-16.1	-12.4
	试验值-计算值	-1.2	4.4	-2.3
第二次吊拉 $\Delta T_2 = 33.3$ kN	试验值	15.5	33.3	19.5
	计算值	16.3	32.0	19.7
	试验值-计算值	-0.8	1.3	-0.2
浇筑湿接缝	试验值	3.8	9.8	5.5
	计算值	-2.6	3.3	-1.3
	试验值-计算值	6.3	6.5	6.8
释放吊拉力	试验值	-58.3	-80.8	-52.8
	计算值	-64.7	-81.4	-56.7
	试验值-计算值	6.4	0.9	4.0

由表4和表5可知，除个别点外，各施工阶段实测值与理论计算值吻合度较好。可见本文提出的施工方法能达到理论分析的效果，且上文的施工阶段内力分析方法满足工程精度要求。

三、施工优化分析

1. 吊拉力优化

本文提出的施工方法关键在于桥面板施工时架桥机对钢梁施加预设的吊拉力。式(1)表明，架桥机施加的吊拉力越大，对钢梁和桥面板的受力越有利。对于采用架桥机施工的组合梁来说，预弯度 P 能达到1甚至大于1。但在考虑架桥机与主梁一体化设计时，吊拉力还应满足以下三个条件：

(1) 条件1：架桥机在吊拉钢梁工况时的跨中正弯矩（即 M_{I}，参见图2）不超过其过孔工况时的负弯矩（即 M_{III}，参见图2）。

(2) 条件2：吊拉钢梁时支座不脱空（不考虑墩梁固结的情形）。

(3) 条件3：同时满足钢梁施工阶段和桥面板混凝土成桥阶段的受力要求。

$$\begin{cases} 条件1: M_I \leq M_{III} \\ 条件2: 0 < \sum T \leq G \\ 条件3: \sigma_c^t(\sigma_s^t) < f_d \end{cases} \quad (3)$$

定义架桥机、钢梁和桥面板的线自重分别为 q_b、q_s 和 q_c，则架桥机跨越跨径为 L 的桥梁时承受的最大负弯矩为 M_I，满足：

$$M_I = \frac{q_b L^2}{2} \quad （参见图2，第一步）$$

在钢梁两端设置吊点，架桥机提升整孔钢梁时承受的最大正弯矩为 M_{II}，满足：

$$M_{II} = \frac{q_b L^2}{8} + \frac{(q_s L/2)L}{4} = \frac{(q_b + q_s)L^2}{8} \quad （参见图2，第二步）$$

在钢梁跨中区域等间距设置的多个临时吊点所施加的吊拉力可视为均布线荷载 q_T，架桥机吊拉钢梁时承受的最大正弯矩为 M_{III}，满足：

$$M_{III} = \frac{(q_b + q_T)L^2}{8} \quad （参见图2，第三步）$$

根据式(3)的条件1可知，架桥机在施工阶段的弯矩应满足 $M_I \leq M_{III}$，即：

$$q_T \geq q_s + q_c \quad (4)$$

式(4)表明，基于过孔工况控制设计的架桥机，其吊拉力能消除包括钢梁和桥面在内的全部自重。

由表5可知，采用本文施工方法建造的钢混组合梁，在工序1和工序4时，钢梁上翼缘应力分别为：

$$\sigma_s^t(1) = \frac{M_s}{I_s} y_s \quad （参见表3，工序1）$$

$$\sigma_s^t(4) = \frac{M_s + M_c - M_T}{I_s} y_s + \frac{M_T + M_g + M_q}{I_0}(x - h_c) \quad （参见表4，工序4）$$

而对于中等跨径的公路钢混组合梁桥梁来说，恒载弯矩占总设计弯矩的60%～85%，且该比例随着桥梁跨径的增加而增大[13]。为简化分析，忽略运营期的活载弯矩，采用本文施工方法建造的钢混组合梁在运营期钢梁上翼缘应力近似为：

$$\sigma_s^t(4) \approx \sigma_s^t(3) = \frac{M_s + M_c - M_T}{I_s} y_s + \frac{M_T}{I_0}(x - h_c) \quad （参见表3，工序3）$$

吊拉力越大，对钢梁上翼缘受力越有利，钢梁上翼缘板厚相应可以减小；但当吊拉力超过一定数值时，钢梁上翼缘板厚不能继续减小，此时钢梁上翼缘板厚由工序1控制设计。即有 $\sigma_s^t(1) \leq \sigma_s^t(4)$，将 $\eta = \frac{I_s}{I_0}$、$\kappa = \frac{x - h_c}{y_s}$ 带入，可得：

$$\frac{M_c}{M_T} \geq 1 - \eta\kappa \quad (5)$$

将式(5)带入式(2)，取临界值即可得到最优预弯度 P_{opt}，如式(6)所示：

$$P_{opt} = \frac{1}{\left(1 + \frac{M_s}{M_c}\right)(1 - \eta\kappa)} = \frac{1}{\left(1 + \frac{q_s}{q_c}\right)(1 - \eta\kappa)} \quad (6)$$

综上可知，在考虑架桥机和钢混组合梁一体化设计时，吊拉力存在最优值。

2. 两孔连做施工

为进一步提高施工效率，在前述逐孔施工方法的基础上，参考已有工程的实践经验[14]，提出了基于架桥机施工钢混组合梁的两孔连做施工方案。主梁施工功效分析如表6所示。

主梁施工功效分析　　　　　　　　　　　　　　　　表6

方案一:逐孔施工		方案二:两孔连做施工a		方案三:两孔连做施工b	
工序	时间(d)	工序	时间(d)	工序	时间(d)
架桥机过孔	1	架桥机过孔	1	架桥机过孔	1
第N孔钢梁运梁与安装	1	第N孔钢梁运梁与安装	1	第N孔钢梁运梁与安装	1
第N孔钢梁与$N-1$孔钢梁焊接	1	第$N+1$孔钢梁运梁与安装	1	第$N+1$孔钢梁运梁与安装	1
第N孔梁桥面板安装,吊拉	3	相邻两孔钢梁焊接	1	第N孔梁桥面板安装,吊拉	3
湿接缝钢筋绑扎,混凝土浇筑	3	第N孔梁桥面板安装,吊拉	3	第$N+1$孔桥面板安装,吊拉	3
湿接缝混凝土等强	7	第$N+1$孔桥面板安装,吊拉	3	第$N-1$孔和第N孔钢梁嵌补段施工,焊接钢梁	1
拆除第N孔钢梁吊拉力	0.5	湿接缝钢筋绑扎,混凝土浇筑	3	湿接缝钢筋绑扎,跨中和墩顶混凝土浇筑	3
—	—	湿接缝混凝土等强	7	湿接缝混凝土等强	7
—	—	拆除第N孔和$N+1$钢梁吊拉力	0.5	拆除第N孔和$N+1$钢梁吊拉力	0.5
合计	16.5	合计	20.5	合计	20.5

由表6分析可知:①采用架桥机逐孔施工过程中,湿接缝浇筑及等强占用了较长时间,缩短此项工序的时间是提高施工效率的关键。与方案一相比,采用架桥机两孔连做的施工工艺能有效提高组合梁架设效率,但同时付出的代价是架桥机规模的增加。②方案二和方案三的区别在于相邻两孔钢梁焊接时机不同。计算结果表明,与方案三相比,采用方案二的墩顶负弯矩区钢梁上翼缘和桥面板应力均较大。而方案三本质上属于简支变连续施工,能有效避免墩顶负弯矩过大的问题,但增加了墩顶区嵌补段钢梁施工的工序。

四、结　语

本文提出了基于架桥机整孔架设钢混组合梁桥的新型施工方案,随后从施工可行性、施工关键技术和施工阶段受力分析等方面开展了架桥机施工大跨径钢混组合梁的概念设计,并开展了实桥试验进行验证,最后从优化吊拉力和提高施工效率两个方面对施工方案进一步优化,得到以下结论:

(1)理论分析和实桥试验均表明,与传统无支架方法相比,本文提出的基于架桥机施工大跨径钢混组合梁桥的方法,能大幅降低钢梁应力,同时增加跨中区域桥面板的压应力储备,可显著提升大跨钢混组合梁的力学性能。

(2)架桥机施加的吊拉力越大,对钢梁和桥面板的受力越有利,但考虑架桥机和钢混组合梁一体化设计时,吊拉力大小存在最优值。

(3)采用两孔连做施工方案能显著提高钢混组合梁的施工效率,缩短工期。

参考文献

[1] 邵长宇.梁式组合结构桥梁[M].北京:中国建筑工业出版社,2015.
[2] 聂建国.钢-混凝土组合结构桥梁[M].北京:人民交通出版社,2011.
[3] JOHNSON R P,BUCKBY R J. Composite structures of steel and concrete[M]. London:Collins,1986.
[4] 陈理平,黄勇.105m钢-混凝土组合箱梁长距离运输架设技术[J].桥梁建设,2008(4):77-80.
[5] 张先蓉,胡佳安.武汉二七长江大桥6×90m钢-混组合连续梁设计[J].世界桥梁,2012,40(4):11-14.

[6] 周仁忠,谭浩明,杨炎华.空间曲线钢混组合结构桥梁施工技术研究[J].中外公路,2016(4):220-224.

[7] 邵长宇.九堡大桥组合结构桥梁的技术构思与特色[J].桥梁建设,2009(6):46-49.

[8] 王同民,任文辉.银川滨河黄河大桥东水中引桥施工关键技术[J].桥梁建设,2017(3):105-110.

[9] 朴泷,周高明,吴小兵,等.港珠澳大桥浅水区非通航孔桥钢-混组合梁施工技术[J].桥梁建设,2016(2):13-18.

[10] 陈宏宝.海上大跨径大曲率高墩槽型梁桥顶推方案优化设计[J].中国港湾建设,2019,39(12):41-45.

[11] 李斐然,张士红,袁波.孟州黄河公路大桥组合梁整孔架设受力分析[J].桥梁建设,2021,51(2):78-84.

[12] 黄耀怡,余春红.略论我国大吨位架桥机从创始到世界领先之路[J].铁道建筑技术,2015,(2):1-13,23.

[13] 赵剑丽.中等跨径公路钢箱梁桥结构内力分析[J].钢结构,2016,31(11):9-14.

[14] 徐光兴,李朝红,梁亮,等.平潭海峡公铁两用大桥北东口水道桥两孔连做节段拼装技术[J].桥梁建设,2018(3):105-110.

18. 基于法国标准的阿比让四桥设计与建造浅析

王治群[1] 姚新科[1] 鲁 重[1] 葛胜锦[2] 苏佳园[2]

(1. 中建五局土木工程有限公司;2. 中交柏嘉工程技术研究院有限公司)

摘 要 本文以科特迪瓦共和国阿比让四桥项目Banco湾主桥桥梁工程的设计建造为实例,详细介绍了法国规范下的大跨径桥梁工程的设计计算要点和流程,以及施工建造工艺和方法,为后续以法国规范为主的欧洲标准项目桥梁工程的设计与建造提供实践参考。

关键词 非洲 法国规范 桥梁设计 工程建造 大跨径桥梁

一、引 言

近年来,在国内"一带一路"倡议、国际"产能合作"等宏观政策环境的积极推动下,越来越多的中资企业走出国门,在非洲大地承担交通、市政、水利、水电等基础设施建设项目。科特迪瓦共和国阿比让四桥工程(简称"阿比让四桥")是"一带一路"倡议在西部非洲国家——科特迪瓦共和国的典型代表项目,也是科特迪瓦总体发展战略的重要组成部分。该项目的建设将极大地强化中科经贸合作、增进两国人民友谊,也将有效改善科特迪瓦沿线区域的环境、交通状况,并有利于加强阿比让市内交通联系和对外交流。

阿比让四桥项目位于科特迪瓦共和国的经济首都阿比让市,是一个连接约普贡和普拉多地区的城市结构性干道项目,由中国企业——中国建筑第五工程局有限公司负责承建。本项目采用双向六车道标准建设,设计速度80km/h,全长约7.5km,包括5.8km的市政道路与1.7km的市政桥梁/7座。按照科特迪瓦政府管理部门要求,本项目在建设过程中的全部工程设计、材料设备采购、施工建造管理等须完全按照法国规范为主的欧洲标准进行。

本项目主桥跨越Banco湾潟湖,全桥分为南北两幅,每幅一联,长792.5m。主桥桥跨布置为54m+7×90m+68m+40.5m,采用"体内束+体外束"的组合预应力技术,桥梁上部为现浇预应力混凝土变截面连续箱梁,采用挂篮法悬臂浇筑施工。该项目已于2018年底开展设计施工,目前主体工程已完工,预计 2023 年年底通车运营。成桥效果如图 1 所示。

图 1　成桥效果图

二、主要难点与挑战

阿比让四桥项目是科特迪瓦迄今为止单体投资规模最大的市政工程,也是由中国企业在科特迪瓦共和国承建的第一座完全采用法国标准设计、施工的大跨径变截面连续箱梁桥。主桥桥址区的潟湖相对两岸的高地下陷深度较大,潟湖大部分水深约 10m,局部最大水深 15m。桥址区潟湖西岸地形起伏较小,地表主要为细砂,下层为密实的细砂或中砂;潟湖中地层为黑色淤泥层与含黏土的砂层交替存在,下层为密实的细砂;潟湖东岸表层为含黏土的砂层,下层为密实的细砂或中砂。

本项目主桥为长大跨海桥梁,且分项工程多、地质条件复杂,无可供参考的中资企业承担法国标准的类似工程勘察设计及施工建造,如何遵照法国规范为主的欧洲标准,并结合当地的法律法规、建设需求、工程条件等,进行如此规模和复杂程度的长大跨径桥梁工程的设计建造,是本项目需要解决的重点和难点。此外,若因囿于使用法国标准,在非洲地区交通市政建设中直接照搬照抄法国技术,势必会面临着十分严峻的技术适用性、质量可靠性和经济合理性问题。

因此,承建单位根据项目建设要求,结合非洲地区交通建设实际情况和具体需求,以中法技术和标准的对比分析为基础,以解决工程实际问题和产业发展为导向,研究两国结构与材料设计理论的差异性,建立中法指标的相关关系和关联模型,并在工程建设过程中对施工工艺、控制技术等进行研究总结,聚焦国家、企业发展的关键核心技术,较好地解决工程难题,对于提升中国企业的科技创新和专业化能力以及践行"一带一路"倡议等具有重要意义。

三、桥梁设计计算

本项目桥梁设计计算内容严格执行法国标准,桥梁设计计算要点包含主要材料参数、计算荷载、荷载组合、结构计算等。

1. 主要材料参数

1)混凝土

(1)预应力混凝土箱梁:B40 混凝土。

(2)桥台、桥墩、盖梁、承台、桩基:B35 混凝土。

①强度特征:根据 CCTG 第 62 分册第 1 卷第 1 部分第 2.1.2、2.1.3 条计算混凝土强度特征,结果见表 1。

混凝土强度特征一览表 　表1

材料	特征强度(MPa) f_{c28}/f_{t28}	抗压强度(MPa) $f_{cj}=\dfrac{j}{4.76+0.83j}f_{c28}$				抗拉强度(MPa) $f_{tj}=0.6+0.06f_{cj}$			
	$j\geq 28$	$j=10$	$j=12$	$j=14$	$j=16$	$j=10$	$j=12$	$j=14$	$j=16$
B35	35/2.7	26.8	28.53	29.91	31.04	2.21	2.31	2.39	2.46
B40	40/3	30.63	32.61	34.19	35.48	2.44	2.56	2.65	2.73

②弹性模量：根据 CCTG 第62分册第1卷第2部分第2.1.4条,在计算结构受力及验算结构变形时,对于作用时间小于24h的短期荷载(如车辆活载),混凝土计算弹性变形模量见表2。

混凝土弹性模量一览表 　表2

材料	剪切模量 $G=0.4E_b$(MPa)	变形弹性模量(MPa) $E_{ij}=11000\sqrt[3]{f_{cj}}$				
		$j=10$	$j=12$	$j=14$	$j=16$	$j\geq 28$
B35	14393	32918	33613	34147	34571	35982
B40	15048	34416	35143	35701	36144	37619

③泊松比：$v=0.2$

2) 钢筋

采用的普通钢材,并应满足 CCTG 第62分册第1卷第2部分第2.3节的相关要求。

①钢筋型号：Fe E500。

②钢筋重度：$\gamma=78.5\text{kN/m}^3$。

③弹性极限强度：$f_e=500\text{MPa}$。

④变形弹性模量：$E_s=200\text{GPa}$。

2. 计算荷载

1) 结构自重恒载

混凝土重度按 25.5kN/m^3 考虑,特征系数按 ± 0.03 考虑。桥面其他荷载见表3。

二期恒载一览表 　表3

类型	荷载	系数	
		最小	最大
桥面防水铺装	24.0kN/m³	0.8	1.2
沥青路面铺装	24.0kN/m³	0.8	1.4
箱梁	25.0kN/m³	0.97	1.03
挑檐	4.0kN/m	0.97	1.03
BN4护栏	0.7kN/m	0.95	1.05
GBA护栏	6.05kN/m	0.95	1.05
挑檐排水沟	6.12kN/m	0	1.0

2)温度荷载

①线胀系数:$10 \times 10^{-6} K^{-1}$。

②均匀温度变化范围:$-6 \sim +9℃$,围绕 $26℃$ 变化。

③温度梯度如下:$+10℃$(升温),$-5℃$(降温)。

注:上述参数值对应稀有组合,频遇组合按稀有组合的 60% 考虑。

3)风荷载

运营阶段风荷载按照 $2kN/m^2$ 考虑;挂篮施工时,竖向风为 $0.2kN/m^2$,水平风(横桥向)为 $1.25kN/m^2$。

4)车辆荷载

(1)A 系列荷载

根据 CCTG 第 61 分册桥隧工程的设计、计算和试验第 2 卷第 4.1 条和 4.2 条,A 系列车道荷载在桥面一个或多个车道作用的分布荷载值(以 kN/m^2 计)按下式计算:

$$A_2(L) = a_1 a_2 A(L) \quad (L = 荷载加载长度)$$

$$A(L; L < 200m) = 2.30 + 360/(L+12) \quad (kN/m^2)$$

式中:L——荷载加载长度;

$A(L)$——与荷载加载长度相关的荷载函数。

(2)B 系列荷载

B 系列荷载按 CCTG 第 61 分册桥隧工程的设计、计算和试验第 2 卷加载,B 系列荷载加载遵守以下条件:

①Bc 纵向放置 2 辆车。

②Bt 纵向放置 1 辆车。

③B 荷载的动力系数均取为 1.2。

(3)Mc120 系列军事荷载

Mc120 在 CCTG 第 61 分册桥隧工程的设计、计算和试验第 2 卷第 9 条中定义:总质量为 110t,车道限制为 1 个;将其横向和纵向放置在最不利于结构的位置;动力系数按 1.1 考虑。

5)制动力

①A(l):对于 Banco 主桥,A 荷载对应的制动力为 500kN。

②Bc:计算 Bc 荷载时,制动力取 500kN。

6)收缩徐变

BPEL91 规定收缩徐变按照 BPEL 的附录一计算,阿比让四桥项目的相对湿度取 75%。

7)施工荷载

①挂篮:挂篮重 70t,挂篮施工验算时,考虑挂篮跌落的情况。

②施工荷载:面荷载为 $0.2kN/m^2$,点荷载为 $50 + 5b kN$。

8)沉降及抬升

①沉降:每个支座随机沉降将等于 0 或 1cm,基础沉降为 0。

②抬升:支座抬升时,活载考虑单个车道的频遇组合。

9)特殊荷载 E

E 荷载在 CCTG 第 61 分册桥隧工程的设计、计算和试验第 2 卷第 10 条中定义。总质量为 400t,车道限制为 1 个。

3. 荷载组合

依据法国标准规范,结构计算时采取的荷载组合应满足表 4 要求。

荷载符号注释 表4

符号	说明	符号	说明
G_{max}	全部不利的长期作用力	Q_{rp}	D,E,MC 等特殊荷载
G_{min}	全部有利的长期作用力	Q_v	单车道 A 荷载或 B 荷载
TP	沉降（=0cm）	T	温度荷载
TPD	支座沉降（=1cm）	V	预应力
TPA	TP + TPD	W	风荷载
Q_r	车辆荷载（A 或 B）及人行道荷载		

ELS 准永久组合：

$$G_{max} + G_{min} + TPA \tag{1}$$

ELS 常规组合：

$$G_{max} + G_{min} + TPA + 0.6 \times 1.2 Q_r \tag{2}$$

$$G_{max} + G_{min} + TPA + 0.6T \tag{3}$$

ELS 稀有组合：

$$G_{max} + G_{min} + TPA + 1.2 Q_r + 0.5 \times T \tag{4}$$

$$G_{max} + G_{min} + TPA + Q_{rp} \tag{5}$$

$$G_{max} + G_{min} + TPA + T \tag{6}$$

$$G_{max} + G_{min} + TPA + W + 0.5 \times T \tag{7}$$

$$G_{max} + G_{min} + TPA + Q_v + V \tag{8}$$

ELU 基本组合：

$$1.35 \times G_{max} + G_{min} + 1.35 \times TPA + 1.6 \times Q_r \tag{9}$$

$$1.35 \times G_{max} + G_{min} + 1.35 \times TPA + 1.35 \times Q_{tp} \tag{10}$$

$$1.35 \times G_{max} + G_{min} + 1.35 \times TPA \times T \tag{11}$$

$$1.35 \times G_{max} + G_{min} + 1.35 \times TPA + 1.5 \times W \tag{12}$$

4. 结构计算

本项目桥梁上部结构计算分析采用专业软件 midas Civil 和 Robot 进行，其中，内力计算采用 midas Civil，截面配筋计算采用 Robot 进行。全桥分别采用上述软件建立结构仿真模型进行计算，以实现自动化设计、计算和结构安全检查[1-4]。

限于文章篇幅，本文只展示计算要点和部分计算内容。

（1）悬臂施工临时固结计算

①荷载：验算考虑的事故荷载为上一个节段浇筑完成，两侧对称安装下一节段挂篮时，一侧挂篮跌落。挂篮跌落为瞬时荷载，考虑动力系数为 2.0。

②计算假定：临时支座混凝土强度为 40。根据 BAEL91 第 8.4.23 条，考虑加箍的有利作用，临时支座的体积配箍率不低于 0.04。混凝土计算强度为：

$$f_c \left(1 + 2\rho \frac{f_e}{f_c}\right) = 80 \text{MPa}$$

临时支座的高度取 0.6m,临时锚固钢束的长度约为 10m。钢束张拉应力为 1480MPa,假定张拉应力损失 15%。

③验算规则:验算规则见表 5。

验算规则表　　　　　　　　　　　　　　　　　　　　　表 5

ELU	$\varepsilon_{concrete} > -0.002$	
ELS	$-0.002 < \varepsilon_{concrete} < 0$	$\sigma_{strand} < 1428MPa$
ELA	$\varepsilon_{concrete} > -0.002$	$\sigma_{strand} < 1644MPa$

(2) 全桥纵向计算

①验算标准:按二类预应力混凝土构件验算,验算标准见表 6。

验算规则表　　　　　　　　　　　　　　　　　　　　　表 6

组合	正应力	剪应力
ELU	BPEL99.6.3	BPEL99.7.3
ELS	$0 < \sigma_c < 24MPa$	BPEL99.7.2

②剪力滞后效应:分析模型如图 2 所示,壳单元模型模拟 Banco 北桥的 P7~P10。加载工况为箱梁自重。

图 2　剪力滞后效应分析模型

有效宽度计算方法,分析箱梁顶板中面的正应力分布。有效宽度计算公式:

$$e_{width} = \frac{\int \sigma dA}{t \times \max(\sigma)}$$

纵向计算时,按以下方法考虑剪力滞效应:内力分析时按全截面考虑;应力和承载能力分析时,按有效截面考虑。

(3) 施工阶段桥面板计算

计算 P8-S 最后一个节段施工(悬臂浇筑),桥面板的计算简图和模型如图 3、图 4 所示。

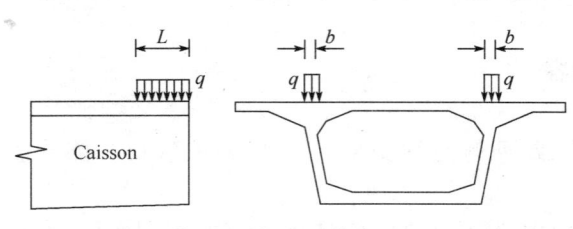

图 3　桥面板计算简图

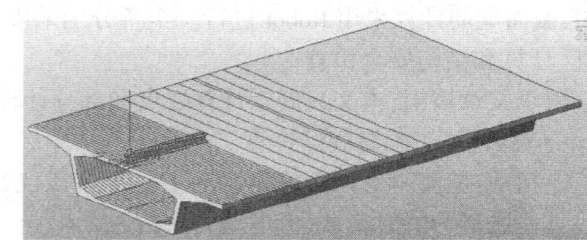

图 4　桥面板计算模型

(4) 运营阶段桥面板计算

①计算假定:计算模型如图 5、图 6 所示。

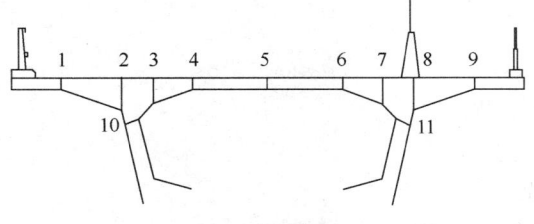

图 5 设计截面

图 6 计算模型

成桥:
$$K_{\text{short}} = \frac{3 \times K_{\text{short}} \times 1}{L}$$

②验算标准:普通钢筋混凝土构件验算标准见表7。

验算规则表　　　　　　　　　　　　　　　　　　　　　　　　　　　　　　　　表7

ELU	混凝土压应变小于0.0035	钢筋拉应变小于0.01
ELS	混凝土压应力小于$0.6 \times 40 = 24\text{MPa}$	钢筋拉应力小于250MPa

三类预应力钢筋混凝土构件的验算标准见表8。

验算规则表　　　　　　　　　　　　　　　　　　　　　　　　　　　　　　　　表8

ELU	混凝土压应变小于0.0035	钢筋拉应变小于0.01	
ELSR	混凝土压应力小于$0.6 \times 40 = 24\text{MPa}$	钢筋拉应力小于250MPa	钢束超张不超过186MPa
ELSF	混凝土压应力小于$0.6 \times 40 = 24\text{MPa}$	钢筋拉应力小于175MPa	钢束超张不超过100MPa
ELSQ	混凝土压应力小于$0.5 \times 40 = 20\text{MPa}$	钢筋拉应力小于175MPa	裂纹深度不入侵纵向预应力区域

(5)中横梁计算

①计算模型。

中横梁截面计算模型及预应力配束立面如图7所示。横梁共18个单元,梁高2.8m,梁宽2.2m。

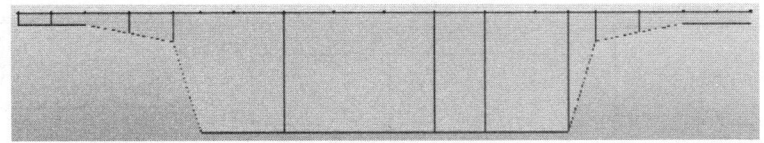

图 7 中横梁截面计算模型

②荷载。

恒载考虑结构自重、二期恒载、预应力二次力、沉降、温度效应等,其中,15%按桥面宽度的均布荷载考虑,85%按腹板中心处的集中力加载,各腹板分配的荷载按腹板及其相邻顶底板面积之和的比值确定。

活载考虑汽车荷载的作用。先根据纵向计算出车道荷载支反力,再将其15%按桥面宽度的均布荷载考虑,85%按腹板中心处的集中力加载,并比较不同车道数加载结果,取最不利情况验算。

(6)端横梁计算

①计算模型:端横梁截面计算模型如图8所示,横梁共16个单元,梁高2.8m,梁宽2.0m。

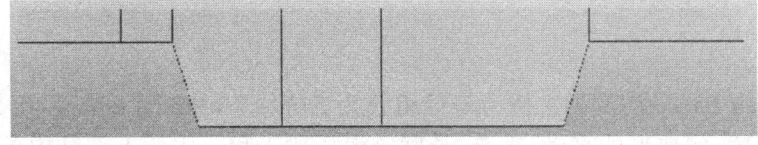

图 8 端横梁截面计算模型

②荷载:恒载及活载加载方式同"中横梁计算"。

(7)局部应力计算

①锚下应力的计算假定如下:

a. 表层应力钢筋:参照 BPEL91 附录 4 第 1 章第 1.2.1 节。

b. 破裂应力钢筋:参照 BPEL91 附录 4 第 1 章第 1.2.22 节。

c. 应力验证:参照 BPEL91 附录 4 第 1 章第 1.2.21 节。

②扩展应力的计算假定:参照 BPEL91 附录 4 第 1 章第 1.3 节。

③齿板的计算假定:纵向钢筋计算参照 BPEL91 附录 4 第 1 章第 2.3 节。计算时 σ_b 按 0MPa 考虑。

④梁端联杆的计算假定如下:

a. 参照 BPEL91 附录 4 第 2 章第 2.1 节。计算简图如图 9 所示。

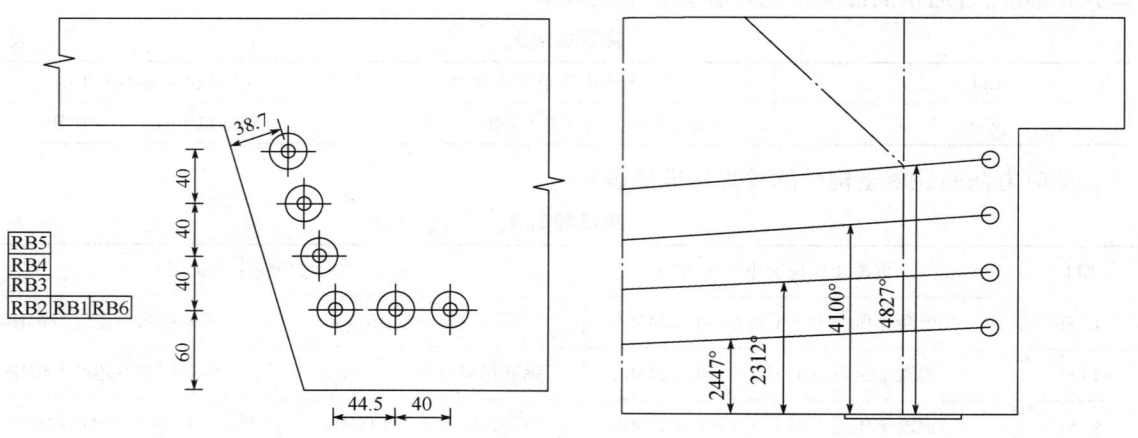

图 9　端梁计算简图(尺寸单位:cm)

b. 忽略钢筋。假定钢束损失为 20%,计算应力为 $\min(1.2 \times 1480 \times 0.8, 1644/1.15)$

⑤梁端边角平衡的计算假定:参照 BPEL91 附录 4 第 2 章第 3 节。计算简图如图 10 所示。

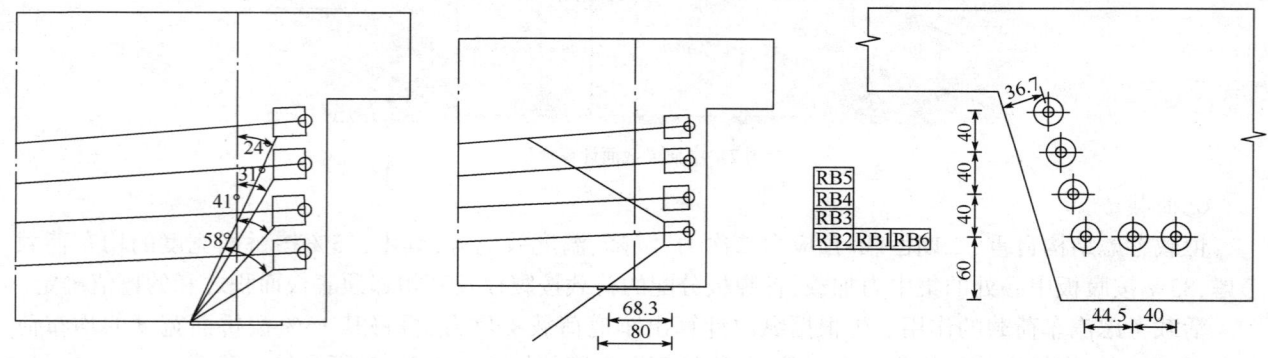

图 10　端梁边角计算简图(尺寸单位:cm)

四、施 工 建 造

1. 梁体施工

阿比让四桥项目跨 Banco 湾潟湖主桥为跨径组合为 54m + 7×90m + 68m + 40.5m 的现浇预应力混凝土变截面连续箱梁桥,属典型的高墩、大跨、长联跨海桥梁工程。主桥上部结构单跨分 0 号块(VSP)、1~12 号节段、跨中及边跨合龙段,边跨设置支架现浇段,P1~P9 段箱梁采用挂篮法悬臂浇筑施工,施工时从0号块往两边对称进行。

0号块施工采用在承台上搭设钢管桩支架,支架采用钢管桩、工字钢、槽钢等组合方式搭设,钢管桩顶安设双工字钢横梁作为承重结构,并铺设工字钢分配梁。支架安装完毕,检查各部分连接情况,进行加固、调整,对临时支架进行预压,预压重量为0号节段重量的1.2倍。

悬浇段施工采用三角挂篮逐段悬臂浇筑,悬浇挂篮及模板重量按500kN控制,最大变形量不大于2cm。在悬浇施工前须对挂篮进行预压,以检测挂篮强度和稳定性,消除其非弹性压缩变形和测出弹性变形,为各梁段施工预拱度提供参数,预压荷载按最大悬浇段重量的1.2倍。

跨中及边跨合龙段长2.0m,采用吊架施工。合龙顺序为先边跨合龙,再次边跨,后中跨依次合龙;合龙段采用微膨胀混凝土浇筑。合龙段的劲性骨架焊接和混凝土浇筑在一天中最低气温时完成;合龙时,梁端相对高差、相对轴线偏差应符合规范要求;按照合龙段的重量施加平衡重,浇筑合龙段混凝土的同时,需分级拆除平衡重。

箱梁钢筋绑扎完成后,安装预应力管道。混凝土浇筑完成并达到张拉强度、龄期要求后,两端同时对称张拉,采用应力和伸长值双控,做好张拉记录。当预应力加至设计值达到稳定并持荷2min后方可锚固。实际伸长值和理论伸长值的偏差不应超过6%。

2. 承台施工

桥址处Banco湾的水深大概在10~12m,P2~P7承台位于水中,承台底面距离河床大概有8~10m。水中承台施工采用有底钢套箱围堰,并利用钢套箱作为承台模板。

主墩承台施工时,应根据承台高度、高程及Banco湾的水位高程,拟定钢套箱高度4.5m(不含底板),侧板顶面高程+1.58m。根据承台尺寸,拟定钢吊箱长、宽分别为15.3m、10m。封底混凝土厚度采用1.0m,封底混凝土采用B25水下混凝土浇筑,浇筑前尽量保持套箱内外水位差一致。封底混凝土达到强度要求后,进行围堰抽水,采用砂浆进行找平,凿除桩头后进行承台施工。

3. 桩基施工

本项目主桥跨越Banco湾,主桥桩基较长,部分桩长超过80m,分陆上桩、水下桩两种,桩径2.0m。桩基采用永久性钢护筒,钢护筒内径比桩基直径长30cm,φ2.0m桩基钢护筒壁厚为25mm。水下桩基钢护筒穿过淤泥层并入泥沙层至少2m以上,陆上桩钢护筒保证地下水不会流入桩孔内;同时护筒需高于地面线30cm,防止有地表水或杂物掉落桩孔。桩基施工采用回旋钻进行施工。陆地桩基施工采用在墩位间挖设泥浆池,水上桩基施工采用钢制泥浆箱。

五、结 语

阿比让四桥是中国建筑企业在非洲地区承建的单体投资规模最大的市政工程和最大跨径的跨海桥梁工程,本文结合阿比让四桥Banco湾主桥的设计建造为实例,基于法国规范为主的欧洲标准,从材料参数、荷载及其组合、结构验算等方面介绍了长大跨径变截面连续箱梁桥的设计计算要点及过程,以及桥梁上、下部结构的施工工序和工艺方法,为后续国内承包商在法语地区国家承建类似长大跨径的桥梁工程提供了必要技术参考和实践经验借鉴,可进一步强化中国工程师对以法国规范为主的欧洲标准的理解能力和设计建造该类大型国际工程项目的业务能力,为更好地走出国门、践行"一带一路"倡议奠定坚实基础。

值得一提的是,阿比让四桥项目的承建单位中建五局,针对本项目难重点开展了专题科研,形成了系列技术成果,相关工作为推进我国及非洲国家路桥工程工业设计和施工建造的技术进步、为该类国际工程"商业项目"建设提供科学实践经验,对促进我国路桥建设技术和现行规范的完善,进一步拓展"中国技术及标准"的海外应用领域,提升国际影响力,加快企业更快实现科技自立自强,提高企业管理质量水平,增加经济效益和市场竞争力等均提供了有力保障。

参考文献

[1] 陈宏俊,余培玉.基于法国规范的桥梁盖梁设计示例[J].公路,2008(9):199-204.
[2] 张洪权.阿尔及利亚东西高速路简支梁桥下部结构计算[J].山西建筑,2011,37(9):183-185.
[3] 李军,余培玉.阿尔及利亚东西高速公路桥梁设计总体思路[J].公路,2008(9):209-212.
[4] 姜学良,葛胜锦.中欧标准结构设计和绘图的异同点[J].公路.2008(9):252-260.

19. 基于绿色公路理念的安家庄高架桥设计要点

郑永星　陈翼军　潘可明

（北京市市政工程设计研究总院有限公司）

摘　要　109新线高速公路是北京地区规模最大的山区高速公路,山区桥梁众多。本标段中,安家庄高架桥南侧为山体陡坡,北侧紧邻永定河,线位与现况109国道交叉伴行,工程难度大。设计中从投资效益、环保、施工、运维、景观等多维度对桥梁方案进行了深入比选,最终推荐50m跨钢板组合梁桥梁方案。桥梁上部钢梁采用耐候钢,可减少后期维护成本。桥面板负弯矩区接缝采用超高性能混凝土（UHPC）,增强了混凝土结构的耐久性。桥梁还采用除冰雪路面和长大桥雨水集中收排技术,最大程度减少对永定河的影响。

关键词　钢板组合梁　方案比选　耐候钢　UHPC　绿色公路

一、工程背景

109新线高速公路是北京市门头沟区首条高速公路,建成后将填补北京西部地区高速公路空白,促进京津冀区域交通一体化发展。工程全长约65.5km,桥梁面积约70万 m^2,工程桥隧比高达83%,是北京规模最大的山区高速公路。

安家庄高架桥受永定河环保要求、丰沙铁路、现况109国道及陡峭山体制约,设计和施工均为全线难度最大的桥梁之一。桥梁采用分幅设计,左幅全长1715m,右幅全长1692m。单幅桥梁断面宽度为16.2m,左右幅全长3355m,桥梁面积共计54353 m^2。

二、桥梁制约因素

安家庄高架桥主要制约因素有以下几个：
(1)高架桥左幅位于陡峭山体段,拟建桥梁沿线坡体陡峭,节理裂隙发育,广泛分布（潜在）危岩体。
(2)安家庄高架桥与现况109国道交叉伴行,对桥梁结构设计和施工影响较大。
(3)右幅紧邻永定河一级水源保护区,环保、洪评要求严格。桥位图见图1,高架桥效果图见图2。

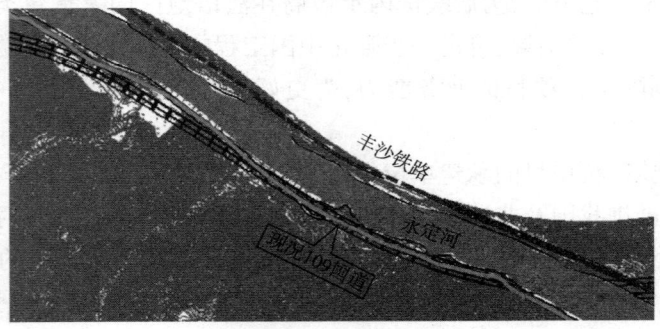

图1　安家庄高架桥桥位示意图

图 2 安家庄高架桥效果图

三、桥梁方案概况

山区高速公路由于交通运输和场地预制等条件较差,应尽量采用标准化、装配化设计[1]。同时,对于山区高速公路桥梁而言,还应着重考虑施工难易程度、山区地质病害及环境保护等影响因素[2]。

1. 推荐方案

安家庄高架桥推荐上部结构采用钢板组合梁结构,梁高 2.65m,其中预制桥面板高度 0.25m,钢梁高度 2.4m,桥梁断面宽度为 16.2m,桥梁典型断面如图 3 所示。左幅跨径组合为 47.48m + 29 × 50m + 3 × 45m + 2 × 40m;右幅跨径组合为 39.53m + 33 × 50m。下部结构墩柱高度在 18~42m 之间,根据地形地势,以及结构刚度的匹配,下部结构形式采用桩接柱、空心墩薄壁墩接承台桩基础、门架墩接承台桩基础等结构形式。

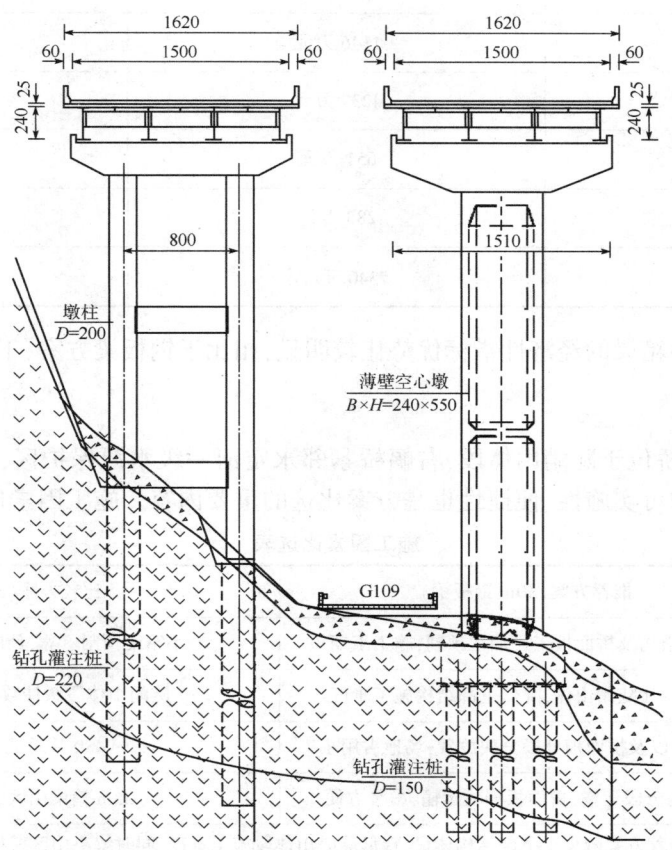

图 3 安家庄高架桥推荐方案断面图(尺寸单位:cm)

钢板组合梁桥为近年国内开始推广应用的一种钢-混组合结构,具有构造简单、强度高、自重轻、工厂化生产程度高、施工速度快、造价适宜等优点。20世纪50年代起,就在日本、欧美发达国家得到了广泛应用[3]。

钢板组合梁的经济跨径在60m以内,与钢筋混凝土结构相比,可以减轻自重,缩短施工周期;与传统钢-混组合箱梁结构相比,可以减小用钢量,钢结构防腐涂刷面积大大减少,同时开口断面便于施工和后期维护保养。在交通运输部关于绿色公路建设和《关于推进公路钢结构桥梁建设的指导意见》的倡导下,在我国"双碳"目标的背景下,钢板组合梁目前也在国内迎来重要发展期。

2. 比较方案

比较方案上部结构采用装配式简支小箱梁方案。跨径主要采用35m跨径组合,梁高1.8m。桥梁长度和桥梁面积同推荐方案。

四、桥梁方案比选

设计中从经济、环保、施工、运维、景观等维度对两个桥梁方案进行了深入比选,具体比选内容如下。

1. 经济性比选

经济适用性原则为桥梁设计的基本原则。109新线高速公路工程为政府和社会资本合作模式(PPP)项目,造价投资控制应为重点考虑因素。安家庄高架桥经济性比选见表1。

经济性因素比选表　　　　表1

项目	推荐方案(50m钢板梁)	比较方案(35m小箱梁)
基础	1023万元	1439万元
下部结构	1146万元	2163万元
上部结构	4237万元	1665万元
其他	651万元	651万元
山体防护	283万元	361万元
桥梁造价指标	7340元/m²	6278元/m²

由上表可以看出,小箱梁的经济性指标优势比较明显,相比于钢板梁方案,工程造价约减少15%。

2. 施工因素比选

安家庄高架桥左幅桥位于陡峭山体段,右幅桥紧邻永定河一级水源保护区,同时与109公路交叉伴行,施工难度大。施工的可实施性、便捷性也是方案比选的重要内容。施工因素比选见表2。

施工因素比选表　　　　表2

对比	推荐方案(50m钢板梁)	比较方案(35m小箱梁)
工期	主梁钢结构及桥面板工厂加工预制,施工工期短	小箱梁预制蒸养,预应力张拉,施工工期长
施工难度	有效避让陡峭山体,降低下部结构施工难度	陡峭山体段墩柱数量较多,施工难度大
场地占用	钢结构以及桥面板分段分块放置,场地占用小	480片箱梁,场地占用大
运输吊装	钢结构分段运输,桥面板分块运输,吊装方便	35m箱梁山区运输吊装较困难
比较结果	推荐方案减少了下部结构体量,降低陡峭山体段施工难度,同时解决山区桥梁预制场地和运输问题	

推荐方案在施工因素方面优势明显,可以有效降低施工难度。

3. 环境因素比选

109新线高速公路坚持"不破坏就是最大保护"的理念,尽量减小施工对自然环境的影响。环境因素比选表见表3。

环境因素比选表　　表3

对比	推荐方案(50m钢板梁)	比较方案(35m小箱梁)
山体开挖量	3.9万m^3	5.8万m^3
山体防护面积	4232m^2	5577m^2
山体陡峭段墩位	13处	20处
桥梁跨数	34跨	48跨
下部结构体量	6328万m^3	11100万m^3
比较结果	山体开挖减少34%,山体防护减少25%	

推荐方案减少了下部结构体量,相对于比较方案,山体开挖量减少了34%,山体防护量减少了25%,最大限度地减少了对山体的开挖和破坏。

4. 景观及运维因素比选

安家庄高架桥位于永定河畔,景观要求相对较高。同时,山区高架桥梁后期管养运营维护存在一定困难,设计过程中应充分考虑。景观及运维因素比选见表4。

景观及运维比选表　　表4

对比	推荐方案(50m钢板梁)	比较方案(35m小箱梁)
景观效果	跨径与墩高协调,墩柱较少,景观效果好	跨径与墩高协调性一般,墩柱多,景观效果一般
门架盖梁个数	10处	17处
运维管养	耐候钢,后期免涂装,后期维护量较少	后期维护少
比较结果	推荐方案景观效果,全生命周期内钢板梁养护成本低	

推荐方案跨径大,与墩高匹配,门架数量较少,景观效果好。同时上部钢结构采用耐候钢材质,后期免涂装,极大地减少了全生命周期内的钢梁养护成本。

5. 桥梁方案比选结论

为了更直观深入地对桥梁方案进行比选,本节将各个比选项赋予权重并量化,最后给两个方案进行加权打分,使得方案比选更加科学直观。方案评价见表5。

方案评价一览表　　表5

方案	经济性	山区保护	施工因素	景观效果	后期维护	对109旧线影响	综合评价
权重	50%	10%	20%	5%	10%	5%	100%
钢板组合梁方案	42	10	20	5	8	5	90
预制小箱梁方案	50	7	15	4	9	4	89

通过上述表格,可以给决策部门以清晰直观科学的量化指标。同时可以看出,在经济性指标权重占比50%的情况下,钢板组合梁的综合评价得分仍略高于预制小箱梁方案。因此,本次推荐方案为50m跨钢板组合梁。

五、钢板组合梁方案优化

安家庄高架桥为北京地区首次大规模应用钢板组合梁结构体系。故在钢板组合梁方案的基础上,对桥梁的上下部结构方案进行了优化设计。

1. 截面形式选择

本桥在初设阶段对钢板组合梁的截面形式进行了调研和比选,比选截面如图4~图6所示。

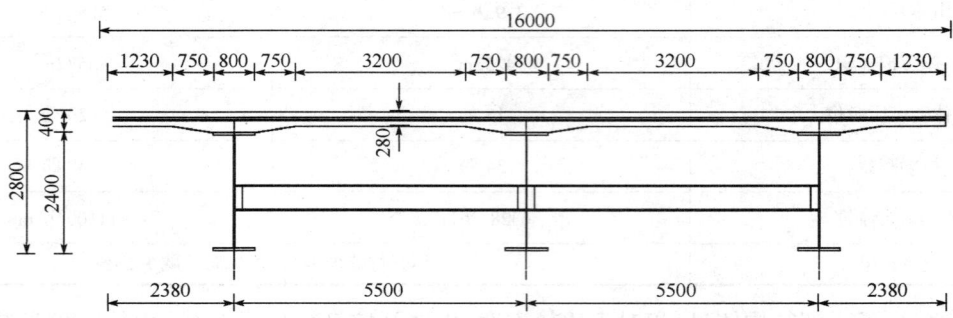

图4 钢板组合梁截面一(尺寸单位:mm)

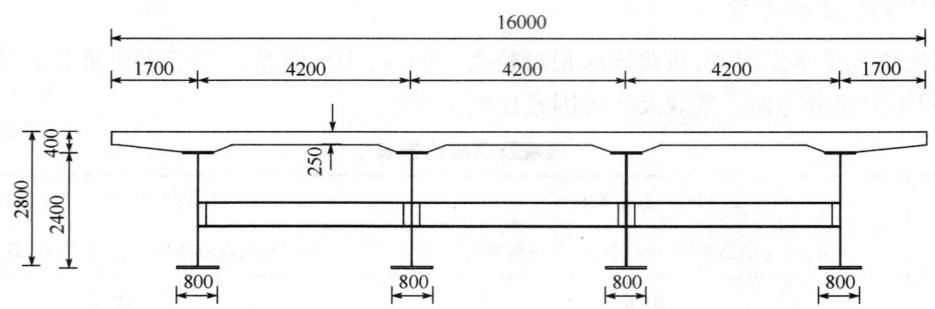

图5 钢板组合梁截面二(尺寸单位:mm)

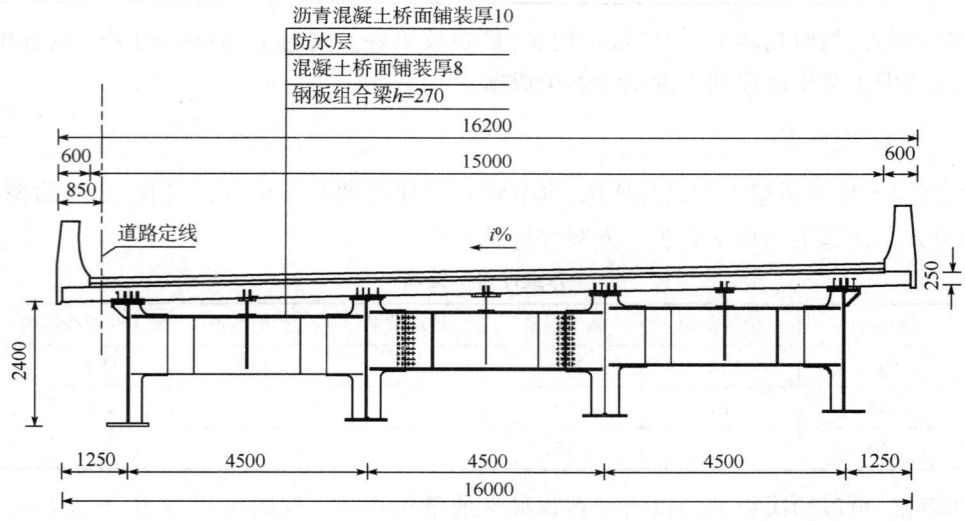

图6 钢板组合梁截面三(尺寸单位:mm)

截面一采用三片梁模型,钢梁间距为5.5m,需张拉横向预应力,施工不方便,且易产生横向上拱。截面二采用四片梁模型,桥面板采用加掖变截面形式,这种形式不利于现场湿接缝施工,更适用于现浇桥面板。截面三采用四片梁模型,桥面板采用等截面形式,方便工厂化预制施工,同时,主梁间设置小纵梁支撑作为桥面板支撑,取消桥面板横向预应力。综上对比,本项目采用钢板组合梁截面三。

2. 下部结构形式

结合本项目山区地形变化大、地质条件复杂、环境保护要求高、景观要求高等特点,下部结构形式根据以下几点进行选型:

(1)尽量减小基础的开挖,减小桥梁基础施工对山体及自然环境的破坏。

(2)重视山区桥高矮墩刚度协调、刚度匹配,从结构自身性能出发提高抗震安全性。

(3)位于山体上的左幅桥尽量采用圆截面墩柱,尽量减小基础的开挖,减小桥梁基础施工对山体及自然环境的破坏。

下部结构选型如图7所示。

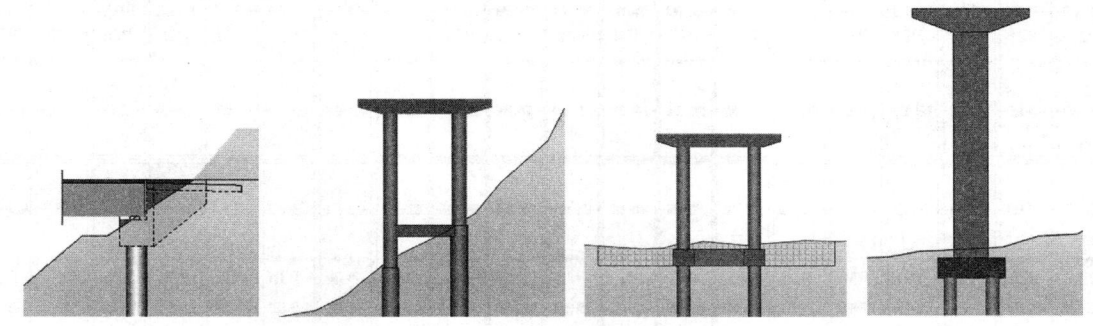

图7 下部结构形式示意图

本项目桥梁工程规模大,左幅桥梁下部结构尽量采用桩接柱结构形式。根据本工程实际情况,并结合后期计算分析,下部结构形式见表6。

下部结构形式表(单位:m) 表6

类型	桩基尺寸	墩柱尺寸	墩高使用范围
桩接柱	$D=1.8$	$D=1.6$	$10<H\leq15$
	$D=2.0$	$D=1.8$	$15<H\leq20$
	$D=2.2$	$D=2.0$	$20<H\leq30$
薄壁空心墩	六桩$D=1.5$	5.5×2.4	$30<H\leq40$

3. 盖梁采用普通钢筋混凝土盖梁

桥梁跨径选择应注重高跨比的协调,合理选择经济、美观的高跨组合形式,尊重工程与生态环境的协调统一[2]。跨径与墩高的关系按桥梁美学原则,一般应选择比值为0.618~1[4]。

本桥墩柱高度较高,平均墩高在30m左右,双圆柱墩柱间距为8.0m,空心薄壁墩盖梁净悬臂4.75m。若盖梁采用预应力盖梁,则造成山区高墩预应力盖梁张拉困难,且预应力盖梁截面较小,与墩柱高度不匹配。本次设计充分利用墩高优势,适当增加盖梁的截面高度,将预应力盖梁优化为普通钢筋盖梁,降低了施工难度,同时视觉上与墩柱高度相匹配。

六、新材料新技术应用

1. 免涂装耐候钢应用

由于安家庄高架桥右幅紧邻永定河一级水源保护区,环保要求高,传统的钢梁涂装方案会对永定河产生一定的影响。为了尽可能减少后期钢结构养护的工作量,降低全生命周期内的钢梁养护成本,上部钢梁采用免涂装耐候钢 Q420qDNH。

在一定的环境下,耐候钢材可免涂装使用,从而大幅节省桥梁运营阶段的维护费用。在西方发达国家地区新建钢桥中,耐候钢的应用比例超过50%[5]。我国学者研究表明,免涂装耐候钢桥梁可以节约20%以上的全生命周期成本[6]。

2. 超高性能混凝土应用(UHPC)

本次设计所采用预制桥面板为非预应力混凝土桥面板。根据工程经验,墩顶负弯矩区为桥面板受力最不利位置,极易产生裂缝和其他工程病害。本次设计在主梁负弯矩 1/4L 范围内桥面板湿接缝以及剪力槽采用UHPC,见图8,从而增加现浇缝的抗拉性能,减少裂缝产生,增强结构的耐久性。UHPC 性能指标见表7。

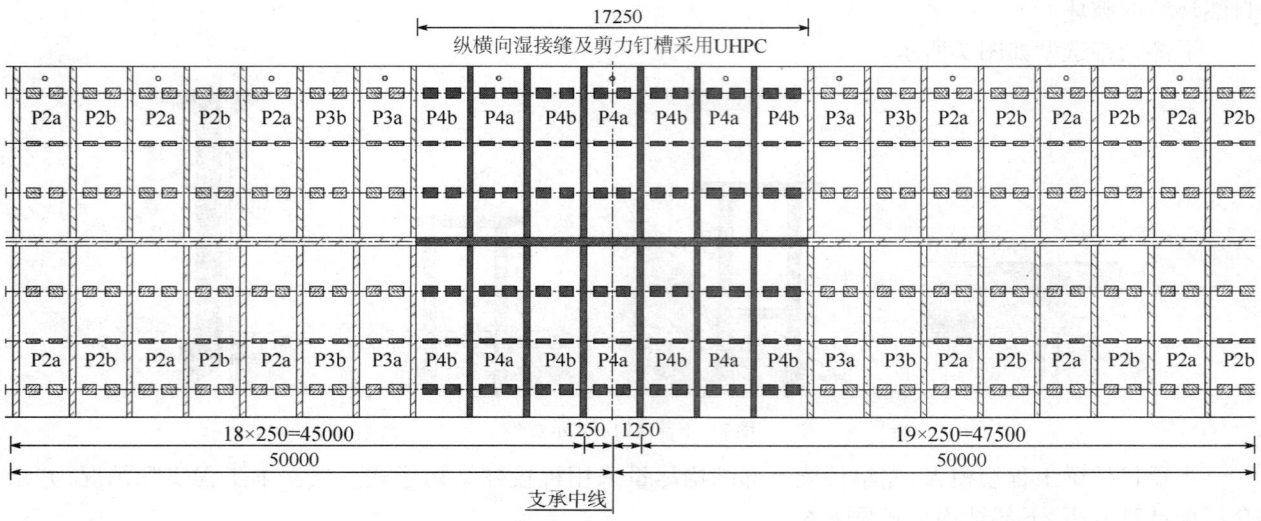

图8 主梁支点负弯矩区湿接缝及剪力槽采用UHPC(尺寸单位:mm)

UHPC 力学性能　　　　　　　　　　　　　　　　表7

抗压强度 (MPa)	抗渗性能 氯离子扩散系数	抗拉强度 (MPa)	抗折强度 (MPa)	收缩率 (56d, ×10⁻⁶)	扩展度 (mm)
≥140	≤20×10⁻¹⁴	≥12	≥26	≤450	550~700

据不完全统计,至 2016 年底,世界各国应用 UHPC 材料的桥梁已超过 400 座,其中超过 150 座桥梁采用UHPC 作为主体结构材料[7]。《2019 年度中国超高性能混凝土(UHPC)技术与应用发展报告》中,明确指出 UHPC 用于预制构件间的连接时,可显著提高装配式结构的抗裂、抗震、抗疲劳等性能,克服了传统方式连接构件"连接节点弱"的难题[8]。

3. 抗冰防滑功能型沥青路面应用

北京地区冬季环境温度低、降雪量大,冬季路面冻融作用频繁。传统的融雪剂对桥梁结构尤其是钢结构的腐蚀性大。本桥上部桥面铺装沥青层采用抗冰防滑功能型沥青技术,减少除冰盐的使用对钢梁产生的腐蚀危害,增加了结构的耐久性。

本桥右幅紧邻永定河一级水源保护区,环保、洪评要求严格。永定河为北京的母亲河,要求桥面雨水不能直接排入河道内,要将桥面水集中收排到雨水池处理。本桥通过 $D300 \sim D600$ 的排水钢管,将桥面雨水集中收集到 13 号轴,然后通过管道集中排放到雨水应急池内处理。同时考虑桥面水量过大的情况下,允许桥面在超过一定的流量下,通过防撞的溢流口进行溢流,避免桥面大面积积水,影响桥上的行车安全。

七、结　语

（1）安家庄特大桥上部结构采用大跨径钢板组合梁结构形式，能够减少下部结构体量，减少山体开挖。同时通过合理的结构选型，做到工厂化全预制加工，现场施工难度小，质量可靠，经济指标合理。

（2）基于安全环保、施工便捷的设计理念，优化了上下部的结构设计。

（3）通过对新材料、新技术的应用，增强了结构的耐久性，减少了桥梁全生命周期的养护成本。

（4）采用除冰雪路面和长大桥集中收排技术，最大限度地减少对永定河的影响。

综上，109新线高速公路安家庄高架桥在经济适用的原则下，积极践行绿色、低碳、环保、可循环的设计理念，为类似的山区桥梁设计提供工程借鉴。

参考文献

[1] 葛胜锦,王学军.山区高速公路桥梁的设计方法与实践[J].公路,2008(9):238-240.
[2] 陈中冶,王敏.山区中小跨径桥梁设计要点[J].中外公路,2013,33(2):180-184.
[3] 张超,段亚军,胡祥森.钢板组合梁桥国内外设计探讨[J].城市道桥与防洪,2019(11):38-41+9.
[4] 陈四德,李章喜.山区高速公路桥梁设计探讨[J].中外公路,2006,26(1):125-127.
[5] 韩富庆,娄健,万志勇,等.耐候钢钢板组合梁桥的设计与应用[J].公路,2021,66(9):197-202.
[6] 郑凯锋,张宇,衡俊霖,等.高强度耐候钢及其在桥梁中的应用与前景[J].哈尔滨工业大学学报,2020,52(3):1-6.
[7] 邵旭东,邱明红,晏班夫,等.超高性能混凝土在国内外桥梁工程中的研究与应用进展[J].材料导报,2017,31(23):33-43.
[8] 蒋欣,汤大洋,胡所亭,等.超高性能混凝土在国内外桥梁工程中的应用[J].铁道建筑,2021,61(12):1-7.

20. 斜拉索载人检修装备的设计及应用

罗　英　王　蔚　谢海清　胡先朋

（中交第二航务工程局有限公司）

摘　要　斜拉索是斜拉桥重要的承力构件，拉索四周均是临空面，且斜拉索聚乙烯（PE）护套硬度相对较小，目前国内外尚缺少安全可靠的检修平台。针对斜拉索索体不可避免的病害现象及急迫的检修需求，结合斜拉索的特点，进行了斜拉索载人检修装备的设计，其主要包括检修车和主动力系统两部分，针对各部分的组件进行了详细设计，重点开展了检修车载人篮体、行走和制动机构关键部件的受力分析，并对检修车沿拉索运行过程中对PE护套的影响进行了分析。最后分别在某跨珠江和某跨长江的双塔双索面斜拉桥上开展了中试试验和实桥应用，取得了良好的试验及应用效果。

关键词　斜拉索　载人检修　装备

一、引　言

斜拉索作为斜拉桥重要的承力构件，主要结构组成包括锚具、钢丝束（钢绞线）、PE护套等。PE护套作为斜拉索防护"软猬甲"，是斜拉索保持较长使用寿命的重要保障。据统计，在我国运营时间超过10年的斜拉桥中，70%以上的桥梁拉索索体PE护套表面出现不同程度的裂纹和微裂纹。若不及时修复，会造成索体内部钢丝锈蚀断裂，严重影响斜拉索的使用寿命[1-4]。

二、斜拉索检修装备现状

目前,国内外对斜拉索的养护装备主要以检查机器人的研究为主,在载人检修装备上的研发及创新上尚未有较好的研究。检查机器人可以通过多角度的摄像头对斜拉索 PE 护套进行外观检查,由于其自重轻,可较好地在斜拉索上自由上下[1-5]。但是机器人以检查为主,目前东南大学、无锡市市政设施养护管理有限公司、江西赣东路桥建设集团有限公司等已经进行了斜拉索清扫机器人的研究,但是斜拉索的修复和聚氟乙烯(PVF)带施工还是需采用人工手段进行[6,7]。

国内斜拉索索体检修的方式包括蜘蛛人、搭设脚手架或简易的爬索检修平台。国外对检修装备的载人篮体进行了部分优化设计,但也未能很好地解决施工人员安全及斜拉索索体 PE 护套的保护等问题[5-9],如图 1 所示。

a) 国内常规爬索检修平台   b) 国外新型检修平台

图 1 部分常用斜拉索载人检修装备

针对斜拉索索体不可避免的病害现象及急迫的检修需求,从斜拉索的特点、养护需求出发,结合现有的新技术、新材料,研制了一种基于斜拉索行走的全新斜拉索载人检修装备,开展了斜拉索检修装备的详细设计,研制了样机并开展了实桥应用,为斜拉索 PE 护套处治及索体检测提供了一套更安全、更人性化的作业平台,为解决长大拉索载人检测维护的"卡脖子"问题提供了新的解决思路。

三、斜拉索载人检修装备设计

1. 设计目标

结合斜拉桥的特点,斜拉索载人检修装备需满足:

(1) 高效的爬升能力:载重满足两人重量和足够的作业装备,运行快速平稳。

(2) 准确的定位能力:能在高空中微调轿厢姿态、位置,准确固定在最合适工位。

(3) 可靠的安全防护:保证人员空中作业视觉和感觉的安全感,作业人员在任何情况下安全返回桥面。

(4) 较高的抗风能力:在运行或作业过程中,做到小风不晃、大风不摆、狂风不翻。

(5) 完善的作业条件:满足检测、清理、维修、更换等养护作业条件。

(6) 高度信息化水平:具备全程视频监控、作业信息实时下传、空中地面交互、具备一定无人运行能力。

(7) 斜拉索护套保护:运行过程中最大程度减少对斜拉索 PE 护套的损伤。

2. 总体设计

设计的斜拉索载人检修装备主要是由斜拉索上的检修车及牵引检修车用的主动力系统两部分。其中检修车包括集成载人篮体和防风摆装置两套组件，主动力系统包括纤维绳卷扬机和转向系统两套组件[10,11]。其详细装备组成原理如图 2 所示。

此套装备设计最大的特点是主动力系统牵引和液压驱动自行走双动力系统，正常沿斜拉索行走时，由主动力系统提供牵引力，以确保行走速度和平稳性；当主动力系统突发失效(如纤维绳卷扬机突发断绳)时，检修车的行走及制动机构能够立即制动，夹持住斜拉索，防止检修车沿拉索下滑；制动后，检修车内作业人员可操控助检修车自身的液压驱动自行走系统沿斜拉索下降，从而保障了安全；同时液压驱动自行走系统也可控制检修车使其沿斜拉索上升，确保其空中姿态调整更加精准。

3. 检修车

检修车主要包括集成载人篮体和防风摆装置两套组件，其中集成载人篮体包括载人篮体、行走及制动结构、导向机构和液压及电控系统，四部分组装于一体安装在待检修的斜拉索索体上，防风摆装置为具有一定配重作用的导向轮，设置在待检修斜拉索相邻的一根索上。集成载人篮体与防风摆装置之间通过高强纤维绳连接[9,10]，总体布置如图 3 所示。

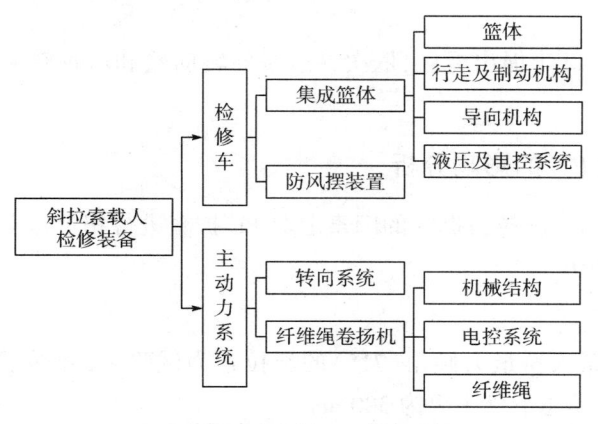

图 2　斜拉索载人检修装备组成原理图

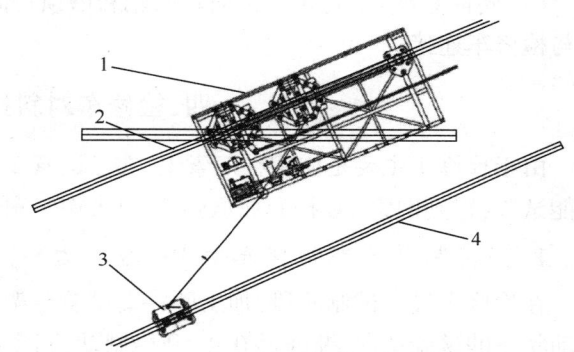

图 3　检修车总体布置图
1-检修车；2-待检修斜拉索；3-防风摆装置；4-相邻于待检修斜拉索

(1)载人篮体：主要包括封闭式防护网、防护框架等，采用铝合金整体式结构设计，便于现场装配式安装和转运。

(2)行走及制动机构：行走及制动机构由推力油缸及与推力油缸两端配套的夹持制动机构组成。每套制动机构包括各自的制动油缸。制动油缸通过控制可实现独立夹持/放松于索体；推力油缸通过控制可推/拉一端的制动机构沿斜拉索运动。

(3)导向机构：导向机构安装在检修车的前端，连同制动一起用于稳定检修车在斜拉索上的姿态。

(4)液压及电控系统：液压系统主要是执行电控系统对推力油缸、制动油缸等的动作指令，主要包括集成泵站、相关阀门及连接油管等。电控系统的主控制器采用可编程微计算机控制模块，由车规级别电池供电。其具有相序保护装置，能够有效确保电控系统自身的稳定性和可靠性。

4. 主动力系统

主动力系统包括纤维绳卷扬机和转向系统部分。

(1)纤维绳卷扬机：包括机械结构、电控系统及纤维绳，设计牵引为 0~10m/min。配备荷载显示系统与出绳长度显示系统，能够实时显示荷载状态。纤维绳卷扬机实物图如图 4 所示。

图4 纤维绳卷扬机实物图

牵引绳由超高分子量聚乙烯材质制成,选用直径为16mm,最小破断力235kN。纤维绳参考的规范为《超高分子量聚乙烯纤维8股、12股编绳和复编绳索》(GB/T 30668—2014)。纤维绳端头编制成环,通过销轴与检修小车连接。

(2)转向系统:主要包括桥面转向轮和塔顶转向轮,纤维绳出绳后,依次穿过桥面转向轮和塔顶转向轮与检修车连接。

四、检修车对斜拉索PE的影响分析

由于检修车主要是应用在旧索上,在已运营23年的某斜拉桥拆除的旧索上取PE护套进行相关力学性能试验,得到旧索PE护套屈服强度19.6MPa,硬度$59H_D$。

1. 夹持制动状态检修车对PE压应力

在检修车设计试制阶段,加工肋一套试验台架,以某大桥最大倾角(71°)的斜拉索为试验索,开展了制动状态的试验情况,断绳后0.2s开始制动,到完成制动总下落距离为300mm。

沿索体自由下滑阶段:$F = G_{吊篮} \times \sin71° = 1750 \times \sin71° = 16500(N)$

对应的加速度为:$a_{自由} = \dfrac{F}{G_{小车}} = \dfrac{1650 \times 10}{1750} \approx 9.5(m/s^2)$

自由下滑时的位移:$L_1 = \dfrac{1}{2} a_{自由} t^2 = 190(mm)$

检修小车从断绳到制动完成先后经历自由下滑和减速制动两个阶段,总位移为300mm,自由下滑阶段位移为190mm(L_1),则制动阶段位移为110mm(L_2)。

根据上述分析则存在下列等式关系:
$$a_{自由} L_1 = a_{制动} L_2$$

计算得到制动状态下小车的制动加速度为:
$$a_{制动} = \dfrac{a_{自由} L_1}{L_2} = 16.4(m/s^2)$$

对应的制动力(摩擦力):$F_{制动} = mg\sin\alpha + ma_{制动} = 45200(N)$

检修小车的制动力与小车制动器内部夹持材料与斜拉索PE护套之间的摩擦力以及制动器对小车PE护套表面的正压力有关。小车制动器内加持材料为夹布橡胶,根据试验结果,夹布橡胶与斜拉索PE护套(光滑表面)的摩擦因数为0.25,计算时保守取值按照0.2计,则对应的制动器对小车PE护套表面的正压力值为:$F_N = 226000N$。

夹持机构为哈弗式结构，单个制动器由两片长380mm、宽（弧度长度）90mm的哈弗片内衬夹布橡胶组成，根据上述数据，计算得到在断绳后制动器工作时对斜拉索PE护套的正压应力值：

$$P = \frac{F_N}{S} = 3.16(\text{MPa})$$

2. 行走状态检修车车滚轮对斜拉索PE护套的压应力

以某大桥最小倾角（23°）的斜拉索为分析基础，当检修车在23°斜拉索牵引行走时，拉索受轮压最大分析计算见下。

拉索最小倾斜角23°时，$G_{oy} = G_o \times \cos 23° = 16.1(\text{kN})$。

轮压F_1距重心距离$L_1 = 835\text{mm}$，F_2距重心距离$L_2 = 2320\text{mm}$。

$$F_2 = \frac{L_1}{L_2} G_{0y} = 5.79(\text{kN})$$

$$F_1 = G_{0y} - F_2 = 12(\text{kN})$$

F_1处有双轮承压，单轮承压面积$A_1 = 110 \times 5 = 550(\text{mm}^2)$。

则单位面积承压力：

$$P = \frac{F_1}{2A_1} = \frac{12000}{1100} = 10.9(\text{MPa})$$

综上分析，检修车在夹持制动和正常行走工况下，对斜拉索PE护套产生的附加应力最大值为10.9MPa，小于斜拉索PE护套的屈服应力。

五、拉索载人检修车中试及实桥应用

1. 中试情况

1）中试桥梁概况

某跨越珠江的双塔双索面混合梁斜拉桥，跨径组合为144m + 360m + 144m = 648m，主塔高128.45m，共$36 \times 4 \times 2 = 144$根平行钢丝斜拉索，大桥于1998年建成通车。2019年检测斜拉索存在PE护套开裂严重、锚具锈蚀严重等病害，经专项设计与施工，大桥于2021年完成了全桥斜拉索更换。

2）斜拉索的选择及试验内容

结合大桥现场和施工情况，在该桥东塔边跨下游9号旧索开展试验工作，规格PES7-163，拉索直径115mm，倾角为55.74°，总长度约95m，试验索位置如图5所示。

图5 某大桥斜拉索PE护套典型病害图

主要试验在卷扬机牵引和载人检修车自行走空载和负载工况的不同工况条件下，检修车对斜拉索PE护套产生的附加应力和PE护套的外观状况、检修车的整体稳定性进行检修；检修牵引绳突发断绳情况下小车滑移情况和对斜拉索PE护套产生的附加应力情况，其中负载按250kg考虑。

3）试验结果

经现场记录,检修车卷扬机牵引空载上升牵引力值为5.8kN左右,下降的牵引力值为3.3kN左右;负载上升的牵引力值为7.3kN左右,下降的牵引力值为3.8kN左右,行走过程中总体平稳,变化平缓。检修车自行走试验显示,在无外部牵引力作用下,检修车依靠自身的动力系统以及行走及制动机构的作用,能够可靠的沿斜拉索进行上升和下降。

在各试验工况下,拉索PE护套附加应力最大值发生在卷扬机牵引负载上升行走时,其值为9.7MPa,小于斜拉索PE护套的屈服应力;斜拉索PE护套表观良好,无明显变化。拉索载人检修车中试达到了预期的试验效果,中试应用现场照片如图6所示。

图6 斜拉索载人检修车中试现场照片

2. 实桥应用

1）桥梁概况

某跨越长江的双塔双索面钢箱梁斜拉桥,桥面总宽41m,两侧设置有宽度1.5m检修通道。斜拉索为空间双索面扇形布置,共计34×4×2=272根。采用平行钢丝成品拉索,共八种规格,最小为PES7-139,最大为PES7-313。最长索为577m。根据大桥十年重点复检报告,全桥共有18根斜拉索PE护套存在局部刮伤、破裂等病害,影响斜拉索的耐久性。

2）装备系统布置

选择大桥北塔中跨最长的34号斜拉索进行实桥试验,根据大桥索塔、主梁及斜拉索空间相对位置关系,将纤维绳卷扬机布置在靠近主塔的主梁检修通道上,桥面转向轮布置在塔梁结合部位的主梁检修通道上,塔顶转向轮通过悬挑梁伸出主塔侧壁30～50cm距离,检修小车安装在对应的斜拉索上靠近桥面的位置,然后在相邻的一根斜拉索上安装防风摆装置,其总体布置如图7所示。

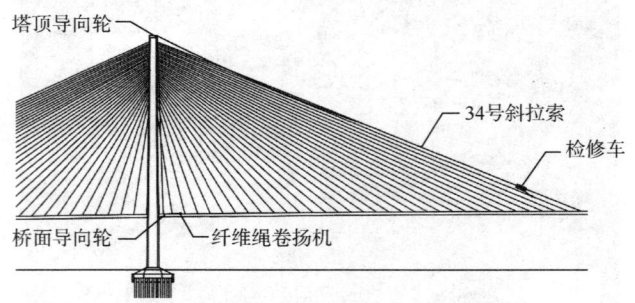

图7 实桥应用拉索载人检修车系统布置图

3）应用情况

现场安装好后开展了卷扬机牵引、检修车自行走试验。试验后,现场载人对NJU34斜拉索进行了检测及PE护套修复,经检测斜拉索在255m、277m和416m,3处存在PE护套病害,随即对其进行了修复,达到了预期的试验效果。实桥应用现场照片如图8所示。

图8 斜拉索载人检修车实桥应用现场照片

六、结　语

针对斜拉索检测维修无安全、可靠的作业平台，常规的检测维修方式可靠性低、安全风险大等问题，开展了斜拉索载人检修装备的设计，对载人篮体和行走及制动机构等关键构件进行了受力分析及检修车对斜拉索PE护套的影响分析。

同时还进行了实桥应用，应用结果表明，研制的载人检修车能够安全、可靠地沿斜拉索行走，并具备载人对斜拉索进行检测和维修的功能，为斜拉索尤其是超长、超大斜拉索的检测、维修提供了一种安全、可靠的工作平台，有效解决了斜拉索检测维修的卡脖子问题，为其他建筑结构中类似平行钢丝斜拉索的载人检查、维修平台设计提供了参考。

结合应用情况，接下来还需在载人检修平台的轻便化、智能化等方面开展进一步的深化研究，为斜拉索检修提供更加安全可靠的施工作业平台。

参考文献

[1] 尹晨阳.斜拉索越障与检修机器人设计[D].南京:东南大学,2020.
[2] 徐晓峰.轮式斜拉桥拉索爬升装置的研究[D].杭州:中国计量大学,2018.
[3] 吴志勇.缆索检修机器人控制及检测模块设计[D].南京:东南大学,2018.
[4] 陈开利,刘海燕.日本桥梁自动化检测技术研究新进展[J].世界桥梁,2023,51(1):1-8.
[5] 李晓磊,赵艳.武汉白沙洲大桥斜拉索维修施工技术[J].预应力技术,2012(4):29-32.
[6] 黄绍桥,郭良友.斜拉索的检查与维修[J].世界桥梁,2008(Z1):80-83,94.
[7] 方亚非,王祺明.PVF缠包带在斜拉索防护维修中的应用[C]//中国土木工程学会桥梁及结构工程分会.第二十三届全国桥梁学术会议论文集.北京:人民交通出版社股份有限公司,2018:1007-1011.
[8] 吴育苗,蒋湘成,朱利明.斜拉桥斜拉索体系病害分析与处理方案[J].世界桥梁,2013,41(3):77-80,84.
[9] 黄侨,任远,马文刚.斜拉索病害及其养护维修[J].预应力技术,2011(3):19-25.
[10] 中交二航局建筑科技有限公司.一种基于斜拉索设置的检修小车系统:202022881157.3[P].2021-10-29.
[11] 中交第二航务工程局有限公司,中交武汉港湾工程设计研究院有限公司.一种平行钢丝斜拉索载人检修小车:201911206783.8[P].2020-04-21.

21. 跨海桥梁预制构件品质工程建设技术初探

陈 磊

(中铁大桥局集团第二工程有限公司)

摘 要 近年来,随着交通运输部发布《关于打造公路水运品质工程的指导意见》,推进公路品质工程建设已经成为工程建设的热门话题。本文以宁波舟山港主通道项目舟岱大桥为例,分析施工过程中面临的标准高、工期紧以及组织协调难度大等问题;并举例说明该工程如何从"强化管理理念,指引品质创建;现场科学布局,贯彻品质理念;严抓工艺试验,确保首件品质"等六个方面全面贯彻落实品质工程,为后续桥梁工程品质建设提供借鉴。

关键词 品质工程 跨海桥梁 预制构件 技术创新

一、引 言

近年来,随着我国对基础建设行业投入的不断加大,高速公路和铁路也迎来了建设的高峰期,尤其是在靠近我国东海沿线,一座座举世瞩目的跨海桥梁给人民的生活带来了诸多便利。但是,如何建造出一座高质量、高标准、高规格的品质桥梁工程是项目建设初期面临的一项难题。

我国在2016年12月就提出了品质工程的建设理念,简言之就是以全面质量管理为基础,以标准化管理为手段,建造出实用、舒适、方便、细节周到、精致美观的工程。2019年9月,中共中央、国务院印发《交通强国建设纲要》,要求各地区各部门结合实际认真贯彻落实。如今,在公路桥梁的建设中,品质工程建设已成为我国工程行业发展的趋势。

本文以宁波舟山港主通道项目舟岱大桥为例,分析预制墩身和箱梁生产过程中面临的标准高、工期紧以及组织协调难度大等问题;并举例说明该工程如何从"强化管理理念,指引品质创建;现场科学布局,贯彻品质理念;严抓工艺试验,确保首件品质"等六个方面全面贯彻落实品质工程,为后续桥梁工程品质建设提供借鉴。

二、工 程 概 况

宁波舟山港主通道项目位于中国东海灰鳖洋海域,项目全线连接富翅岛、舟山本岛、长白岛、岱山岛、鱼山岛5座岛屿,具有典型的工程环境及建设技术复杂的多重性工程特征。项目建成后的大桥与甬舟高速公路相连接,使舟山连岛工程跨越8个岛屿,拥有10座大桥,其工程规模为在建外海工程之首,混凝土总量超过200万m^3、钢材总量超过80万t,与杭州湾跨海大桥、港珠澳大桥桥梁主体工程相当,成为世界上最大的连岛高速公路和跨海桥梁群。

其中,连接舟山岛和岱山岛的非通航孔桥墩身和箱梁全部在预制厂内集中预制,然后通过驳船运输至海上施工区域。墩身预制数量为368座/694节,墩高11.157~49.67m,最高节段高18.7m,最重节段质量为560t。70m跨预制箱梁共计370片,根据箱梁构造不同,将箱梁分为三类,分别为等宽段预制梁、变宽段主线梁、变宽段拼宽梁。其中,等宽段预制梁334片,变宽段主线梁及变宽段拼宽梁各18片,箱梁最大吊重1854t。

三、跨海桥梁品质工程建设总体技术思路

1. 分析品质工程建设重难点

宁波舟山港主通道(鱼山石化疏港公路)工程以打造品质工程"浙江样本"、全国"品质工程"建设示

范项目为目标,以期实现"公路交通优质工程奖",力争"国家优质工程奖"。因此,需要以高标准、高质量完成各项工作。

同时,本标段合同工期为42个月,包含施工场地建设、构件预制、构件海上安装及桥面附属结构施工。考虑台风、大风、雷暴、大雨、雾等不利天气影响,实际有效施工工期不足29个月,建设工期紧。

此外,本项目结构复杂,工序多。其中,预制墩身底部是一个5.8m高度的向外扩大的"金钟罩"结构,墩底与承台通过防水带、墩底坐浆及防水带压浆三道工序满足连接处的防水要求;墩身内部与承台之间通过预埋的竖向主筋一一对应连接,并分两次现浇墩内填芯混凝土实现墩身与承台的连接;墩身节段间连接采用墩内齿块+墩底PT锚竖向预应力体系,墩内齿块是上小下大的异形结构,齿块钢筋数量多、间距小,振捣质量难以控制;海上预应力穿束采用单根穿束的方法,穿索时间长;墩内下排齿块距离混凝土面只有0.7m,预应力施工操作空间狭小,预应力施工质量控制难度大。项目全线大型构件数量多、吊装作业频繁。综合安全、质量、工期考虑,墩身、箱梁匹配预制及架设协调组织难度大。

2. 强化管理理念,指引品质创建

项目全力推动"质安文化进工地""中国智造、智慧工地",着力打造一条安全耐久、舒适环保、服务优质、美丽山水的绿色高速公路通道。项目质量管理全面推行"三化"(工厂化、标准化、信息化)、"三集中"(构件集中预制、混凝土集中拌和、钢筋集中加工)、"四控制"(方案控制、材料控制、设备控制、工艺控制)等管理措施,实行标准化管理,采取班组"6S"管理,集中生产、从严控制、落实责任,做到全过程、全员、全面的管理。安全管理树立本质安全理念,实行制度化、标准化、科技化管理手段,借助专业化服务提高安全管理水平。运用信息化管理手段,提高项目管理效率,提高项目集约化、机械化、智能化、信息化施工控制水平。

项目深入贯彻落实"创新、协调、绿色、开放、共享"新发展理念,坚持"四个交通"发展要求,运用"五化"(人本化、专业化、标准化、信息化、精细化)管理举措,坚持工艺技术创新,深化现代工程管理,推行精细化和标准化管理。

项目部实行扁平化项目管理,组建以项目经理为核心的管理团队。项目部组织机构设置管理层和作业层,管理层为六部两室;作业层采用"工区+班组"的方式进行管理。预制场按照工区管理模式组织生产,设置工区经理、调度、各区域负责人、作业队长、技术员、安全员、试验员、测量员等,并由以上人员组成管理团队,将作业队伍编排成若干班组,构建项目部—工区—班组的"横向到边、纵向到底"管理体系。制定班组作业标准化实施方案和考核办法,通过运用"6S"、六步走、网格化管理等,提高班组作业标准化水平。

3. 现场科学布局,贯彻品质理念

海域70m跨非通航孔桥的所有墩身、箱梁均在陆地预制,采用海运方式抵达桥址区进行架设安装,故预制场的规划建设是项目管理的重要环节,必须贯彻预制构件"品质工程"要求和桥梁工业化理念。

预制场规划满足《浙江省高速公路标准化管理实施细则》要求,总体布局合理、作业分区明确、施工组织有序,遵循"三化、三集中、四控制",设置一个预制厂、一个钢筋加工厂、一个拌和站,实现构件集中预制、混凝土集中拌和、钢筋集中加工。生产设施按照"三化"原则,充分体现自动化、智能化、信息化。工人生活区充分体现人文关怀,采用庭院式砖混结构房屋。结合本项目特点布置预制场,设置办公生活区、生产保障区、墩身生产区、箱梁生产区、出海码头五大功能区。

按照总体工期安排及墩身、箱梁月度生产能力,合理设置预制和存放台座。墩身台座共18个,墩身生产线按东西方向布置。为减少对周围居民的干扰,墩身预制区设在西边海堤侧,东侧为墩身存放区。

箱梁预制区设 2 条生产线，共 6 个预制台座，设置 4 个单层存梁台座、15 个双层存梁台座。

2017 年 9 月 6 日，宁波舟山港主通道建设指挥部现场协调约 20.67 万 m^2 预制场交地事宜。2017 年 10 月，项目组织人员、机械设备进场，对原金塘梁场的地坪及桩头进行破除和整平处理，自此拉开了预制场建设的序幕。2018 年 3 月，混凝土拌和站具备生产条件，开始供应混凝土。2018 年 9 月，预制场各配套设施落地，标志着预制场建设全面完成。

4. 严抓工艺试验，确保首件品质

根据本项目质量管理办法，预制墩身和预制箱梁需要先开展工艺试验，通过工艺试验验证施工方案的可行性，并对施工方案进行优化，为后续施工总结经验，确定最优的施工工艺和施工组织。工艺试验项目包括施工方法及工艺、技术参数、质量检测等。根据首件制管理要求，工艺试验发现的质量通病解决后方可进行首件施工。

根据墩身、箱梁结构及类型，墩身选取了墩帽、金钟罩、标准节段、剪力键及剪力槽匹配面作为工艺试验对象，箱梁选取了主线桥等宽段中跨箱梁的端头、中部（上下带齿块）、内箱变截面三个位置，通过钢筋、模板、混凝土浇筑和养护等工序进行试验。

2018 年 3 月 1 日，开始墩身工艺试验，2018 年 10 月 8 日，完成首件预制墩身总结批复，耗时 7.2 个月，先后进行了 17 次墩身预制工艺试验。2018 年 4 月 16 日，开始箱梁工艺试验，2018 年 11 月 3 日，完成首件预制箱梁总结批复，耗时 6.6 个月，先后进行了 14 次箱梁预制工艺试验。

四、跨海桥梁品质工程建设技术创新

1. 预埋钢筋定位架为预制墩身与承台连接保驾护航

本项目墩身与承台为预埋钢筋对接连接，墩身内腔现浇混凝土，因此墩身预制时对预埋钢筋的定位精度要求非常高。为了解决墩身预埋钢筋精确定位问题，通过研究墩身结构，利用现有条件，设计出一种预埋钢筋精确定位架。预埋钢筋定位架根据每种类型墩身截面尺寸和钢筋接头间距设计，定位架采用螺栓连接固定于模板顶口（与模板法兰对接），保证整体稳固。预埋钢筋定位架具有结构简单、安拆方便、定位精度高的特点。

2. 自动开合模板助力墩身预制精确化、快速化

结合高品质、快速化施工的理念，考虑金钟罩结构的复杂性，项目部与模板厂共同研究设计金钟罩变截面模板，将金钟罩模板设计为无拉杆的整体外模，采用轨道式滑移技术、液压油缸驱动实现模板的开启、闭合及纵横向移动。根据现场台座布置，设置 5 套金钟罩自动开合模板，相邻两个台座通过纵横移轨道共用一套模板，服务 10 个 A 类预制台座。

3. 自动液压箱梁内模助力大箱梁预制化繁为简

目前已建成的 70m 跨海域预制箱梁有东海大桥、杭州湾跨海大桥。随着吊装技术的发展，本项目 70m 梁钢筋与模板施工工艺也实现了很大提升。项目部在东海大桥、杭州湾跨海大桥基础上进行技术优化，将以往底腹板钢筋、顶板钢筋分别吊装技术优化为底腹板钢筋 + 顶板钢筋整体吊装技术，减少了一半的吊装次数，进而降低吊装风险，质量也可控。结合东海大桥、杭州湾跨海大桥预制箱梁的模板经验，箱梁内模采用全自动液压结构，即采用液压油缸调整内模缩、张，内模安拆利用 5t 卷扬机牵引内模沿轨道整体滑移实现。

4. 蒸汽发生器 + 封闭式帆布篷冬季养护新工艺

由于冬季气温较低，混凝土内外温差较大，养护过程中强度发展较慢，因此，浇筑成型的箱梁采用蒸汽养护工艺。大型箱梁养护主要涉及顶板、底腹板、内腔三部分，顶板采用封闭式帆布篷 + 蒸汽发生器，腹板采用保温板封闭 + 蒸汽发生器，底板采用两端封闭 + 锅炉蒸汽管路，内腔采用梁端封闭 + 蒸汽发

生器。

5. 大型搬运机确保预制构件安全运输

项目部针对本项目的预制构件,联合厂家制造了3台搬运机,为构件的移运保驾护航。墩身场内运输通过一台650t搬运机实现;箱梁在预制场内预制完成并张拉一期预应力后,通过两台1200t通用门式起重机抬吊移运至存梁台座简支存放。搬运机均设置定点转向功能,满足各存放区域和出海装船要求,两台1200t门式起重机拥有网络连接同步行走系统,吊具采用自平衡设计,实现"四点起吊、三点平衡",并将吊具的吊杆优化为软吊索连接,保证移运安全。

五、跨海桥梁品质工程建设总结

1. 品质工程创建过程中的不足

(1)预制场选址的不足:第一,预制场选址距离居民生活区较近。首先,施工期间存在扰民问题,其次,环保要求也高。第二,预制场选址距离海上施工区域较远,构件运输时间长、风险大、架设效率低。第三,预制场选址处地质条件差,由于本项目单节墩身最大质量有650t,单片箱梁最大吊重有1854t,构件质量大,对地基承载力要求高,现场地基处理时间长,投入成本较大。

(2)工艺试验耗时长:一是墩身及箱梁结构复杂,工艺试验过程中解决了大量的设计冲突问题;二是保护层指标高,要求保护层偏差控制在0~5mm且保护层合格率达到98%以上,这对大型预制构件来说极其困难,导致工艺试验用时长。

(3)BIM信息化应用不理想:由于本项目BIM建模单位进场较晚,导致工艺试验阶段建立的模型不够细致,错过了通过BIM模型进行碰撞检查的最佳时机。另外,BIM软件在机械、物资、安全管理等方面未起到实质性的作用。

2. 品质工程创建过程中的提升

(1)形成了先进的管理理念:一是管理践行"三真三抓"理念;质量推行"三化、三集中、四控制"措施,实行标准化管理;班组推行"6S""六步走"管理;安全推行"三化、四助力""三个标准化""工点工厂化"等。二是大型临时工程施工按照主体施工要求控制;墩身箱梁首件前进行工艺试验。三是班组作业标准化管理,通过开展"质安文化进工地""最美班组""示范标杆"等创建和宣传活动,结合立功竞赛、信用评价、目标考核等激励机制,全面提高项目管理水平。

(2)形成了一系列技术创新成果:一是新设备,项目部通过两台1200t大型搬运设备进行预制场箱梁搬运,通过高精度三向千斤顶进行墩身精度调整;二是新工艺,墩身节段采用干接缝施工技术,墩身钢筋骨架、模板采用整体施工技术;三是新结构,墩身与承台通过预埋钢筋进行连接,节段之间通过剪力槽、剪力键及预应力体系进行连接;四是新材料,采用自锁式预应力体系进行节段间的连接。

(3)形成了成套指南及标准化文件:项目在品质工程创建过程中,编制完成《品质工程攻关指南》《主通道项目管理总结》《主通道项目科技示范》《海上施工安全标准化指南》等规范与方案,对后续的品质工程创建工作具有重要的借鉴价值。

六、结　语

宁波舟山港主通道项目舟岱大桥在品质工程建设过程中,分析实施过程中的重难点,以精益建造管理为导向,强化贯彻品质理念,严抓工艺、首件品质,展现技术创新与突破,并总结过程不足及提升,成功推动该桥梁向着高质量、高标准、高品质的方向发展,真正意义上实现了跨海桥梁品质工程的创建,为后续类似项目的建设提供了借鉴。

22. 鲁疃西路跨温榆河景观桥设计

王 美

（北京市市政工程设计研究总院有限公司）

摘 要 本文结合鲁疃西路跨温榆河大桥的工程特点，对桥梁景观设计、桥梁结构体系、拱轴线线形、主梁截面、V形墩等进行了综合比选和优化。抗震设计采用减隔震技术，通过减隔震支座的耗能装置大大减少传递到下部结构的地震力和能量，使下部结构保持在弹性状态，提高桥梁结构的安全性。此种技术可为今后同类桥梁的设计提供参考。

关键词 景观桥 异形拱 梁拱组合 减隔震支座

一、工程概况

2008年11月至2009年1月期间，中组部、国资委等部门提出拟在北京市建立中央企业创新创业基地，组织有条件的十余家大型中央企业在基地内组建研发机构，要将该基地建设成为一个交通便利、环境优美、配套齐全、适应未来科学发展的创新科技区，即未来科技城。未来科技城选址于北京市昌平区北七家镇，核心区占地约958万 m^2，将逐步建设成为生态环境优越的高端研发园区。

鲁疃西路位于北京市昌平区北七家镇，属规划未来科技城范围内。道路位于京承高速公路以西，是北京市昌平区东部地区一条与京承高速公路平行的重要主干路。同时，鲁疃西路也是进出未来科技城的主要道路。

二、主要技术标准

(1) 道路等级：城市主干路；设计速度为60km/h。
(2) 设计基准期：桥梁结构的设计基准期为100年。
(3) 结构安全等级：一级。
(4) 设计荷载：汽车荷载为城A级。
(5) 抗震设计标准：地震基本烈度Ⅷ度，地震动加速度峰值0.2g，抗震设防类别为A类。
(6) 设计洪水频率：按100年一遇水位考虑，其水位为31.53m。

三、桥梁景观设计

1. 桥梁设计原则

(1) 鲁疃西路跨温榆河大桥位于未来科技城内科技走廊与生态走廊相交节点位置，是整个未来科技城的核心位置。桥梁设计应遵循未来科技城总体规划设计理念，即遵循"创新、开放、人本、低碳、共生"，大桥景观应与未来科技城的规划风格相协调，力求造型新颖、技术先进、具有时代气息，建成后将成为未来科技城的标志性建筑。

(2) 未来科技城内拥有多座标志性景观建筑，因此，跨温榆河大桥的景观效果应与周边特色建筑相互融合、协调，同时又具有自身独特的桥梁文化。

(3) 桥梁跨越温榆河，桥位处温榆河河道实行封河育草，建设生态景观河道。鲁疃西路跨温榆河大桥的桥梁建设应合理布置跨径，尽量避免在河道中设立墩柱，尽可能减小对河道的影响。

(4) 桥梁不但具有交通功能，还需体现未来科技城的文化主题，因此桥梁景观设计所占比例大大提高。

2. 桥型方案比选

为尽量减少桥梁下部结构对温榆河生态环境的影响,同时营造更好的景观效果,在桥型设计中考虑采用悬索桥、斜拉桥、拱桥等大跨径桥梁结构形式,在功能上能减少桥梁下部结构的阻水影响,在景观上避免了采用小跨径梁式桥所产生的桥墩林立的视觉污染,提高了桥梁的景观效果。大跨径桥梁还可以成为地区内标志性建筑,提高影响力。下面分别就几种大跨径桥梁结构形式进行分析、比较,详见表1。

桥梁方案综合比较　　　　　　　　　　　表1

项目		桥梁方案		
		悬索桥	斜拉桥	拱桥
跨越能力		优	优	较优
抗风性能		较好	好	较好
抗震性能		较好	较好	好
基础规模		大	较大	较大
施工	难度	工艺复杂,难度大	技术成熟,难度较大	难度较大
	速度	慢	较慢	较慢
维修养护费用		高	较高	较高
景观效果		好	好	好
造价		高	高	低

从表1可以看出,以上三种桥型均能满足鲁疃西路跨温榆河大桥在功能上的要求。

鲁疃西路跨温榆河大桥位于未来科技城内核心位置,作为区内重要的标志性建筑,其造型应新颖、独特,不与区域内其他桥梁结构形式雷同。因桥位处附近有一座三跨自锚式悬索桥,因此在方案设计上不考虑悬索桥结构。

未来科技城的定位为高端研发区,环境优美,温榆河两岸绿树成荫,河水潺潺,生态环境优越。因此,在桥型方案的选择上,桥梁景观如何在视觉上与周围环境融为一体,给人们一种美的享受,体现文化特色,是设计时首要考虑的问题。根据多方案比选,最终桥型确定为造型丰富多彩、造价相对较低的异形拱桥,通过异形拱简洁、柔美的曲线来展现新区"未来、科技"之感,如图1所示。

图1　拱桥方案效果图

四、桥梁结构设计

1. 结构体系的确定

拱桥按结构受力体系,可划分为简单体系拱桥和组合式体系拱桥。

在简单体系拱桥中,行车系结构不与主拱一起受力,主拱以裸拱的形式作为主要承重结构。拱的水平力直接由墩台或基础承受。

组合式体系拱桥是将行车系结构与主拱按不同的构造方式构成一个整体,以共同承受荷载,在造价经济性上、施工上具有一定的优势。

结合景观设计，本桥矢跨比较大，线形为异形拱，拱肋受力不同于传统意义上的拱桥。设计考虑把梁、拱两种基本结构组合起来，采用刚梁刚拱形式，拱肋和主梁都有一定的抗弯刚度，荷载引起的弯矩在拱肋和主梁间按刚度分配，梁、拱共同承受荷载作用。这种组合体系称作梁拱组合，梁、拱受力均匀，尺寸可做适当比例的配合从而达到外形协调，增加美感。

根据建筑师所做建筑效果，拱脚处截面宽度约为20m，与下部V形墩呼应。在支承体系的选择上，可采用拱、梁、V形墩固结或拱、梁固结（图2）和V形墩顶设置盆式支座（图3）两种支承体系。

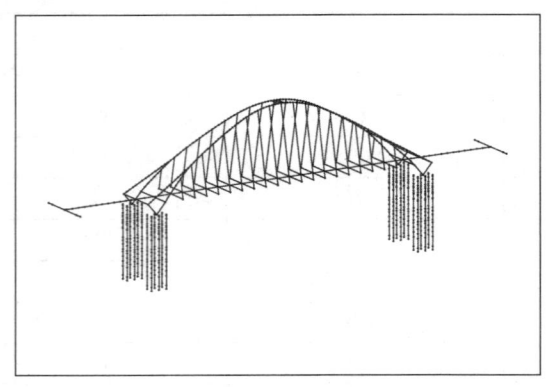

图2 拱、梁、墩固结模型　　　　　　　　图3 盆式支座模型

拱、梁、墩固结体系下，拱肋所产生的水平推力与温度力均由下部结构基础承担，分别针对系杆张拉力大小验算下部结构基础。

从相关计算结果得出，当采用拱、梁、墩固结体系时，在常态下其下部结构基础及主梁均需付出很大的代价，而且张拉系杆力效应与温降组合叠加，进一步恶化了结构受力，故该桥不适合做成拱、梁、墩固结体系。

采用支座支承体系，在常态下拱肋的水平推力由钢主梁承受，通过采用滑动支座使外部无水平推力，采用减隔震手段减小地震作用后，支座支承体系能够有效地降低工程造价，保证结构受力安全。经过比选，最后确定该桥采用支座支承体系。

下部结构纵桥向采用V形墩形式，V形墩顶纵桥向可做成单支承或双支承形式。图4、图5为不同支座体系主梁的弯矩图（截图）。

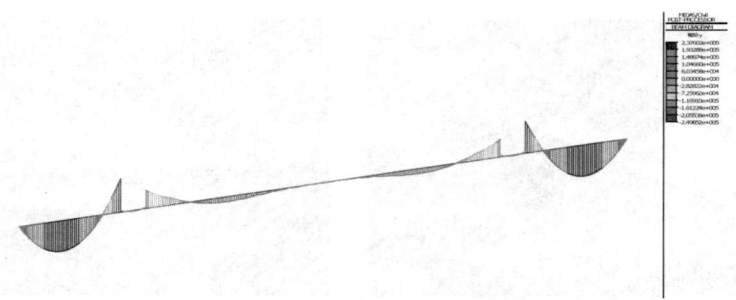

图4 双支座模型恒载下主梁弯矩图（负弯矩最大值均为240000kN·m）

图5 单支座模型恒载下主梁弯矩图（正负弯矩最大值均为300000kN·m）

计算结果表明,为中墩双支座模型时,支座不会出现负反力,前后支座支反力相差10%,采用两个支座主梁弯矩比单支座主梁弯矩消减25%的弯矩峰值。最终确定该桥顺桥向V形墩顶采用双支座形式,具体支座布置如图6所示。

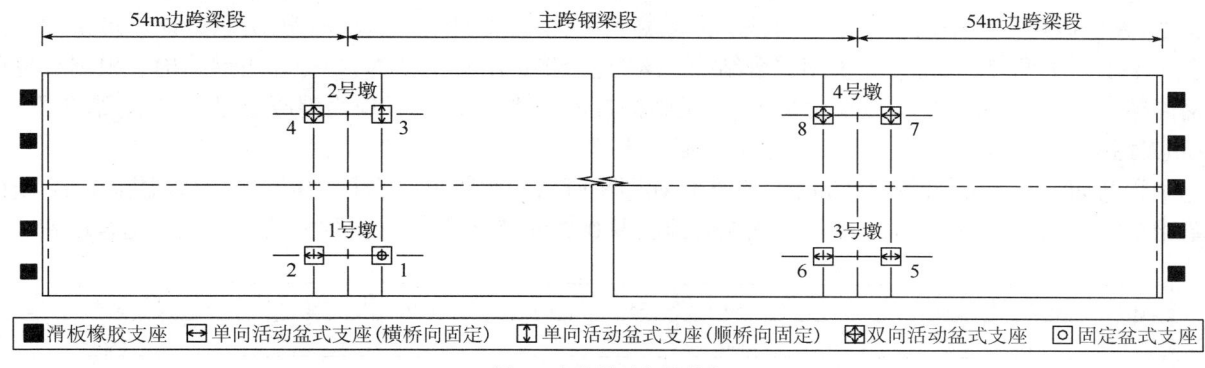

图6 支座平面布置形式

2. 拱轴线的优化

拱轴线的形状直接影响主拱截面内力的分布和大小,选择拱轴线的原则是尽可能降低由于荷载产生的弯矩值。最理想的拱轴线是与拱肋各种荷载的压力线吻合,这时主拱截面上只有轴向压力,无弯矩及剪力作用,应力均匀。但事实上不可能获得这样理想的拱轴线,因为主拱受到恒载、活载、温度变化等作用,各荷载的压力线是不同的。选择拱轴线时,除了要考虑主拱受力外,还应该考虑外形景观、施工简便等。根据景观效果,本桥拱轴线无法选取一般的圆曲线、抛物线或者悬链线,而是通过线形组合及受力相对合理确定的。在满足景观效果的前提下,设计初拟三种不同的组合线形进行比较分析,如图7所示。

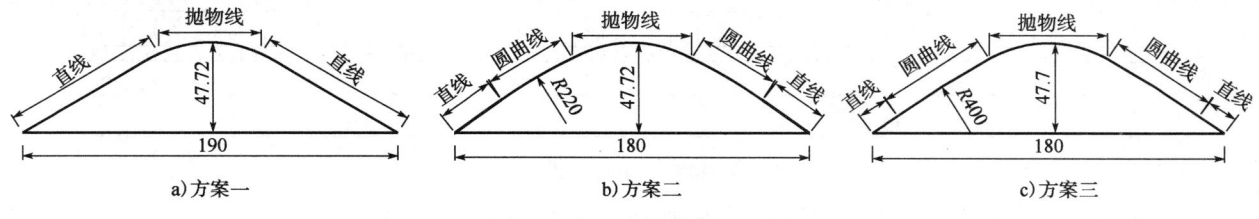

图7 初拟拱轴线图(尺寸单位:m)

由于恒载占的比重比较大,一般采用恒载压力线作为拱轴线,但是超静定拱在恒载作用下,主拱的轴线将产生压缩变形。此外,温度变化等也会使拱轴线变化从而引起一定的弯矩,故选择拱轴线只能尽量将主拱截面的弯矩减小。

拱轴线的线形设计与吊杆力的大小是相辅相成的。计算假定各模型采用相同的主梁、拱肋及吊杆力,仅拱轴线线形不同。计算的优化目标是主梁弯矩为零,通过调整吊杆力,基本消除主梁弯矩,此时,各模型拱肋的弯矩和变形会有所不同。三种方案计算结果见表2。

三种拱轴线信息及计算结果 表2

方案	基本信息				与景观符合度	恒载下计算结果	
	线性组合	主跨跨径(m)	矢高(m)	矢跨比		拱肋弯矩	拱肋变形
方案一	抛物线+直线	190	47.72	1/4	很好	大	130mm
方案二	抛物线+圆曲线+直线	180	47.72	1/3.77	一般	小	70mm
方案三	抛物线+圆曲线+直线	180	47.7	1/3.77	好	中等	83mm

从表2可以看出,景观符合度最好的拱轴线受力不合理。经景观效果与受力合理两个因素综合考虑后,选择方案三作为最终拱轴线。

3. 主梁截面的优化

大桥采用三跨连续梁拱组合结构,实际上是三跨连续梁,中跨采用拱肋加强,以减小中跨梁高尺寸。该桥中墩采用V形墩结构,每个V形墩前后设置两个支座,为平衡支座反力,防止靠近边跨侧支座出现负反力,大桥边跨主梁采用自重较大的预应力混凝土梁,中跨主梁则应追求轻型化,以保证异形拱肋受力安全。基于以上两点,大桥主梁采用混合结构,主梁边跨采用混凝土结构,中跨采用钢结构。根据计算确定钢混结合段放在边跨,V形墩反力均匀,主梁结构具体布置为36m(预应力混凝土梁)+2m(结合段)+212m(钢主梁)+2m(结合段)+36m(预应力混凝土梁)=288m。

主梁断面全宽45m,梁高2.68m(中心高),如图8所示。边跨36m范围内采用预应力混凝土梁,断面为单箱9室结构,箱室宽3.5m,腹板厚0.5m,顶板厚0.22m,底板厚0.2m;端横梁宽1.5m,结合段宽2m。

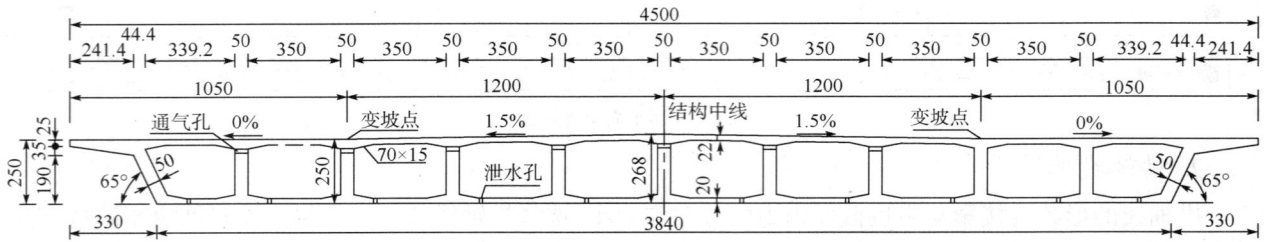

图8 混凝土主梁断面图(尺寸单位:cm)

其余208m主梁断面采用钢梁,推荐采用扁平钢箱,顶板厚16mm、20mm,底板厚14mm,腹板厚14mm、10mm,如图9所示。钢箱梁横隔板标准间距为4m,钢箱梁内设置7道中纵腹板。

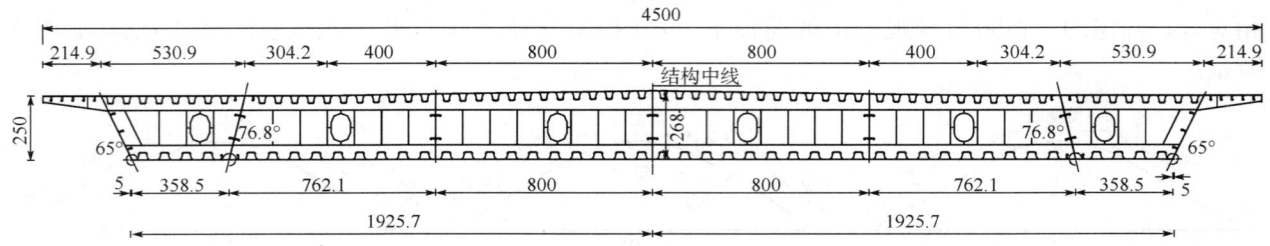

图9 扁平钢箱断面图(尺寸单位:cm)

主梁截面按扁平钢箱及钢主梁加横梁两种截面考虑,计算结果见表3。

截面参数对比表　　　　表3

主梁截面形式	恒载应力(MPa)	恒载位移(mm)	活载下挠位移(mm)	用钢量(kg/m²)	有无系杆
钢主梁	120	86	28	420	有
扁平钢箱	95	66	21	500	无

根据计算结果可知,钢主梁虽然用钢量低,但是应力相对较大,此外还需要大量的系杆来抵抗温度力;扁平钢箱虽然用钢量大,但是大幅消减了系杆索用量,同时简化了桥面布置,方便施工。另外考虑到该桥拱肋只有在拱顶有横撑,为了提高结构的稳定性,最后确定钢主梁截面采用刚度较大的扁平钢箱断面。

4. V形墩结构计算

1) V形墩外形的确定

下部墩柱采用V形墩,有两个原因:一是桥梁景观强调拱轴线的柔美,采用V形墩,保证其优美的线条能够在下部结构得以延伸;二是V形墩上可设置两个支座,消减主梁的弯矩。

支承体系优化时,经过计算,支座间距取13m可以有效平衡正负弯矩。为降低V形墩的厚重感,保证V形墩镂空的部分与拱脚装饰的一致性,本桥V形上部采用斜腿加横系梁的方式。一般V形墩斜腿的合适角度为30°~45°,按照13m间距同时考虑拱肋延伸效果,V形墩斜腿倾角采用40°。V形墩外形如图10所示。

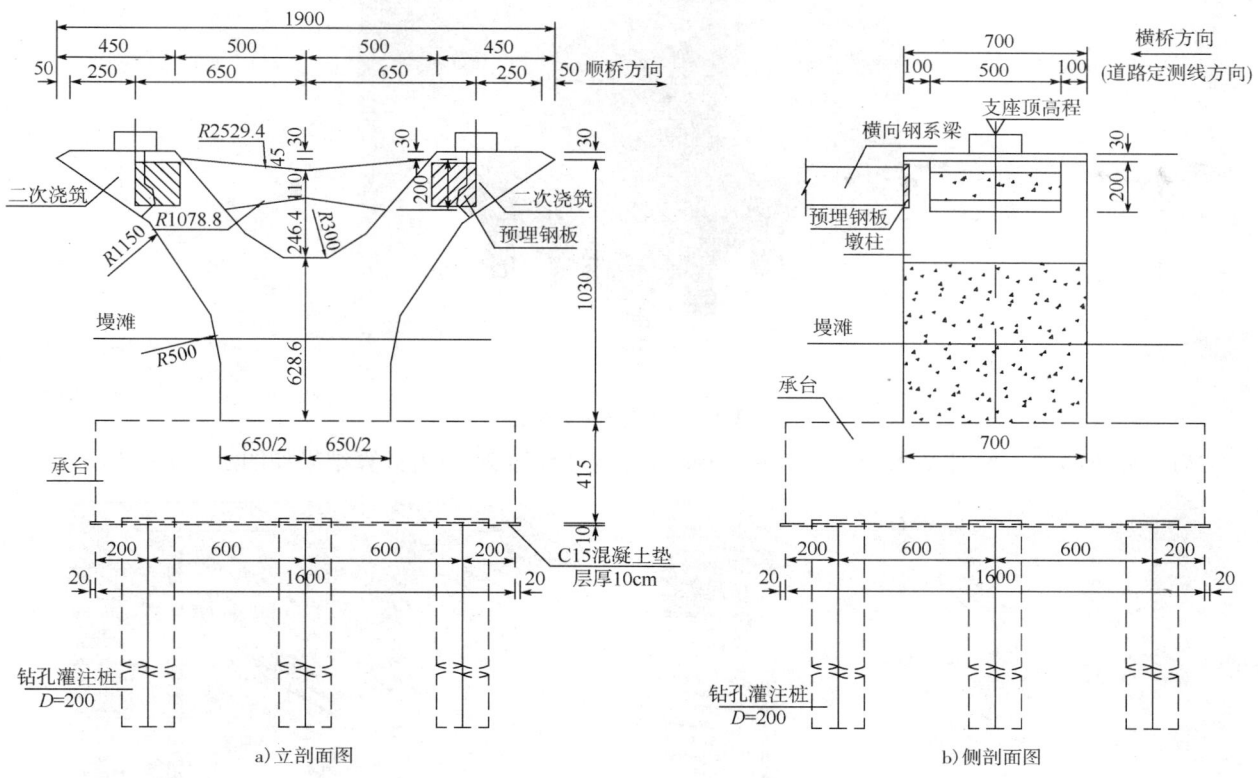

图10 V形墩外形图(尺寸单位:cm)

2) V形墩计算工况的确定

本桥抗震设计采用摩擦摆式减隔震支座,通过计算,E2地震下,桥梁基本周期为原来的2.75倍,隔震率为85%。

因永久作用效应+地震作用效应组合控制本桥下部结构计算,V形墩柱的局部分析采用下面两种工况:

第一种工况:摩擦摆减隔震支座限滑螺栓被剪断后,才能起到减隔震作用,本工况取限滑螺栓极限剪断力作为墩柱弹性状态的水平力控制值进行设计。

第二种工况:本桥V形墩是主要受力构件,对整个桥梁结构的安全至关重要。摩擦摆减隔震支座的隔震率为85%。为应对发生超水准地震作用,采用E2地震作用下水平力的30%作为第二种工况荷载来验算墩柱承载能力是非常有必要的。选取受力最不利的1号V形墩按表4所示支座反力进行计算。

各工况下支座反力(单位:kN)　　　　　表4

位置	第一种工况		第二种工况	
	左侧支座	右侧支座	左侧支座	右侧支座
轴力	23520	22080	23520	22080
横桥向	4500	4500	20526	15825
顺桥向	—	4500	—	28546

3) 计算模型及结果

V形墩是一个复杂的空间受力构件,为了准确地分析结构的空间传力机理和应力集中问题,计算采用midas FEA软件建立实体仿真模型,混凝土采用8节点6面体单元;预应力钢筋采用空间钢筋单元模拟,构件共划分10万个单元,对V形墩进行局部静力分析。V形墩有限元模型如图11所示。

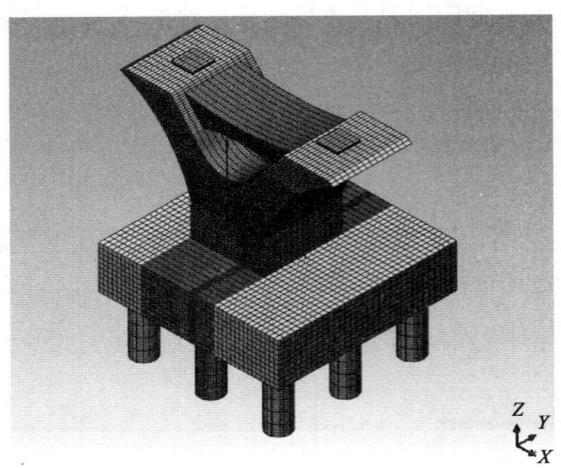

图 11　V形墩有限元模型

为了分析两种工况对V形墩受力影响,分别对模型进行加载,应力计算结果如图12~图15所示。

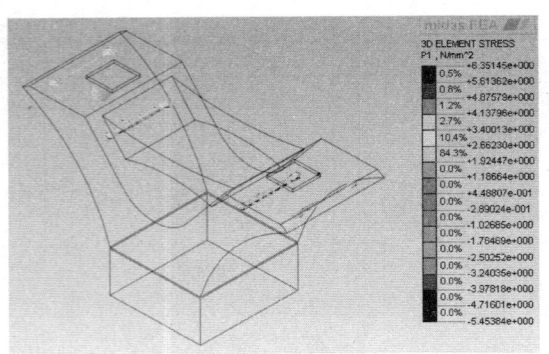

图 12　第一种工况第一主应力(高于2.65MPa)

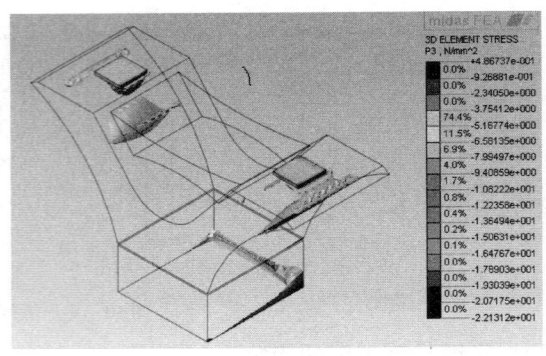

图 13　第一种工况第三主应力(低于-5MPa)

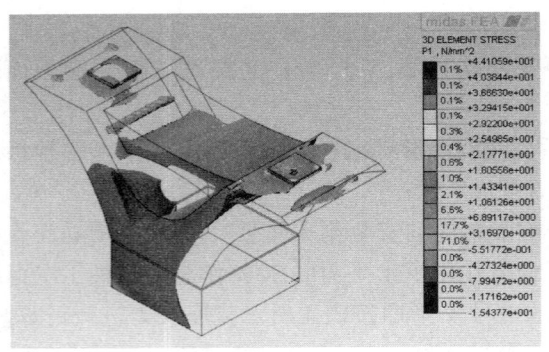

图 14　第二种工况第一主应力(高于2.65MPa)

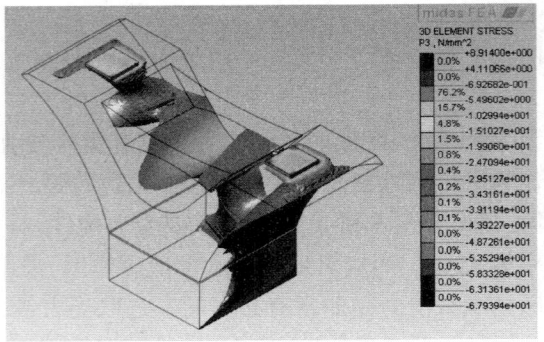

图 15　第二种工况第三主应力(低于-5MPa)

从图12~图15可以看出,除横系梁的角点、V形墩的内外侧角点和墩柱的角点出现应力集中现象外,其余部位均未出现较大的应力,说明结构传力明确,应力扩散和传递顺畅。地震作用下,摩擦摆减隔震支座正常工作,墩柱应力很小,保持全截面受压状态。即使发生超水准地震时,只有局部应力过大,但仍然处于可以修复的状态。

参考《公路桥梁抗震设计细则》(JTG/T B02-01—2008)的配筋要求,计算出各种工况下承载力和裂缝结果,如图16~图18所示。

从以上结果可以看出,在第一种工况下,承载力和裂缝基本满足设计要求;第二种工况下,承载力和裂缝局部区域不满足设计要求,但仍处于可修复状态。

根据以上分析可得出结论:V形墩初拟尺寸合适,结构受力安全。

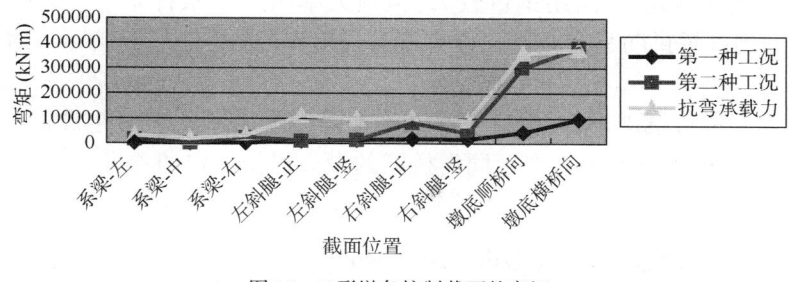

图 16　V 形墩各控制截面的弯矩

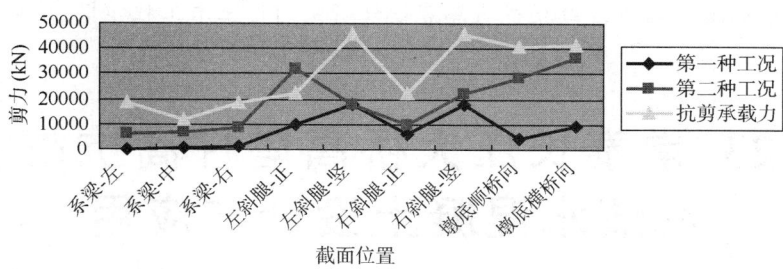

图 17　V 形墩各控制截面的剪力

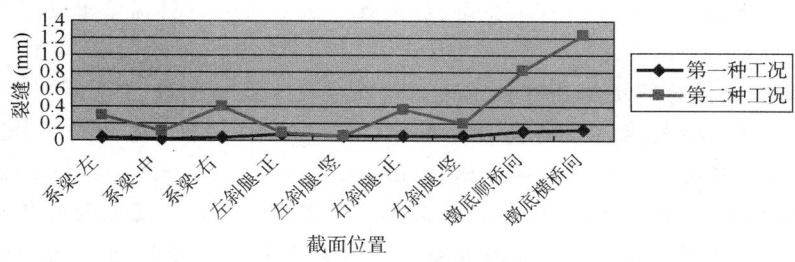

图 18　V 形墩各控制截面的裂缝宽度

5. 小结

根据以上计算、比选及优化,最终确定鲁疃西路跨温榆河大桥主桥采用三跨连续梁拱组合桥,拱脚与主梁固结,主梁与 V 形墩通过支座连接,抗震设计采用减隔震支座。主桥跨径布置为 54m + 180m + 54m。主墩顺桥向采用 V 形墩形式,墩顶设置两个支座;为了平衡支座受力均匀,边跨 38m 范围采用预应力混凝土主梁结构,其中包括 2m 钢混结合段,其余主梁采用扁平钢箱结构,钢混结合段设在边跨。主梁采用等截面设计,桥面宽 45m,梁高 2.68m(中心高)。主桥横桥向设置两片拱肋,拱肋矢高 47.7m,矢跨比为 1/3.77。中跨设置 19 对吊杆,吊杆中心间距为 8m。主跨中墩采用 V 形墩柱,横桥向两片 V 形墩采用钢横梁连接,纵桥向每个 V 形墩顶设有预应力混凝土横系梁。墩柱下设钢筋混凝土承台,承台下接 9 根直径为 2m 的钻孔灌注桩,桩长 58.5m,持力层为细砂层,采用后压浆加强桩端承载力。

五、结　语

鲁疃西路跨温榆河大桥现已开通运营。大桥景观造型简洁、优美,构造合理、可靠,各项力学指标良好,施工方法合理、可行。本文结合作者在鲁疃西路跨温榆河大桥设计期间所做工作,得出以下结论:

(1)鲁疃西路跨温榆河大桥以"科技、创新"为设计主题,用简洁而柔美的曲线充分展现了大桥的"未来、科技"之感,突出了大桥的时代性和地域性。景观设计贯穿整个设计过程,并与结构设计协调统一,使得桥梁设计达到了结构力学与桥梁美学的完美统一。

(2)对于不同于常规拱桥的异形拱轴线,桥梁采用梁拱组合体系。结构采用刚梁刚拱形式,拱肋和主梁都有一定的抗弯刚度,梁拱共同承受荷载作用,保证结构受力安全、合理。

(3)主梁采用扁平钢箱形式,虽然用钢量较大,但是大幅减少了系杆索用量,同时简化了桥面布置,方便施工。另外,考虑到该桥拱肋只有在拱顶设有横撑,刚度较大的扁平钢箱断面对提高结构的稳定性有很大帮助。

(4)采用减隔震支座进行抗震设计,保证下部结构在强震作用下处于弹性状态。这种既提高结构抗震性能又降低工程造价的抗震技术可为今后同类桥梁的设计提供一定的参考。

参考文献

[1] 顾安邦.桥梁工程[M].北京:人民交通出版社,1999.
[2] 上海市政工程设计研究总院.桥梁设计工程师手册[M].北京:人民交通出版社,2007.
[3] 郭磊,李建中,范立础.大跨度连续梁桥减隔震设计研究[J].土木工程学报,2006(3):81-85.

23. 常泰长江大桥高塔柱高抗裂准清水混凝土设计与应用

蒋 伟[1]　熊小一[1]　张士山[2]

(1.中交第二航务工程局有限公司;2.高性能土木工程材料国家重点实验室)

摘　要　常泰长江大桥为解决超高塔柱泵送困难及混凝土裂缝问题,5号主墩塔柱混凝土配合比采用 HME®-V 混凝土(温升抑制、微膨胀)高效抗裂剂、SBT®-HDC(Ⅲ)高性能混凝土流变改性材料配置,主塔塔柱混凝土实现超高桥塔结构高强大体积混凝土力学性能(设计强度等级 $C60_{60d}$)、高程泵送性能(最大泵送压力≤18MPa)、抗裂性能(塔柱混凝土不开裂保证率≥95%且表面无可见裂缝)及外观质量保障的有机统一,解决了工程建设面临的普通混凝土材料方面的突出矛盾与难点,为工程建设质量提供有力保障。结果表明,5号主墩塔柱混凝土拆模后未发现有害裂缝,控裂效果良好,混凝土工作性能良好,实现了混凝土一泵到顶的目标,达到了预期效果。

关键词　超高塔柱　高抗裂　准清水　高性能混凝土　高效抗裂剂　流变改性材料

一、引　言

桥塔工程是大跨径桥梁的关键控制性工程之一,其施工质量直接影响桥梁整体景观效果及工程的耐久性与服役寿命。主塔上塔柱施工时,混凝土泵送高程达到300m以上,采用既有的混凝土配制技术在施工过程中常常会遇到黏度大、泵送压力高等问题,如何减少混凝土拌合物黏度,提高混凝土可泵性,随着塔柱施工高度的增加而显得越来越迫切。桥塔大体积混凝土强度等级通常不低于C50,且要求快速施工,混凝土早期强度与弹性模量发展迅速,胶凝材料水化放热快、温升高、自收缩大[1],湿热耦合变形受到内、外强大约束,同时因地处江面之上,周边空旷,施工环境受季节性气候变化影响较大,混凝土拆模后立面养护难度高,普通养护措施在本工程中基本都难以有效发挥作用,从而导致了收缩开裂风险突出,混凝土控裂是桥梁工程建设的一大重点和难点[2]。

二、塔柱混凝土设计、制备与性能要求

1. 工程概况

常泰长江大桥位于泰州大桥与江阴长江公路大桥之间,采取"高速公路+城际铁路+普通公路"方式过江,其中桥梁上层为高速公路,下层为城际铁路和普通公路[3]。常泰长江大桥5号主墩采取"钢-混"混合结构空间钻石形桥塔,设计总高352m,分为上塔柱、中塔柱和下塔柱三个区段,上塔柱为钢混组合构

造，中、下塔柱设计为钢筋混凝土结构(图1)。上塔柱钢混组合结构核芯混凝土设计采用C60无收缩混凝土，中、下塔柱钢筋混凝土结构设计采用C60高强度、高抗裂、准清水混凝土。

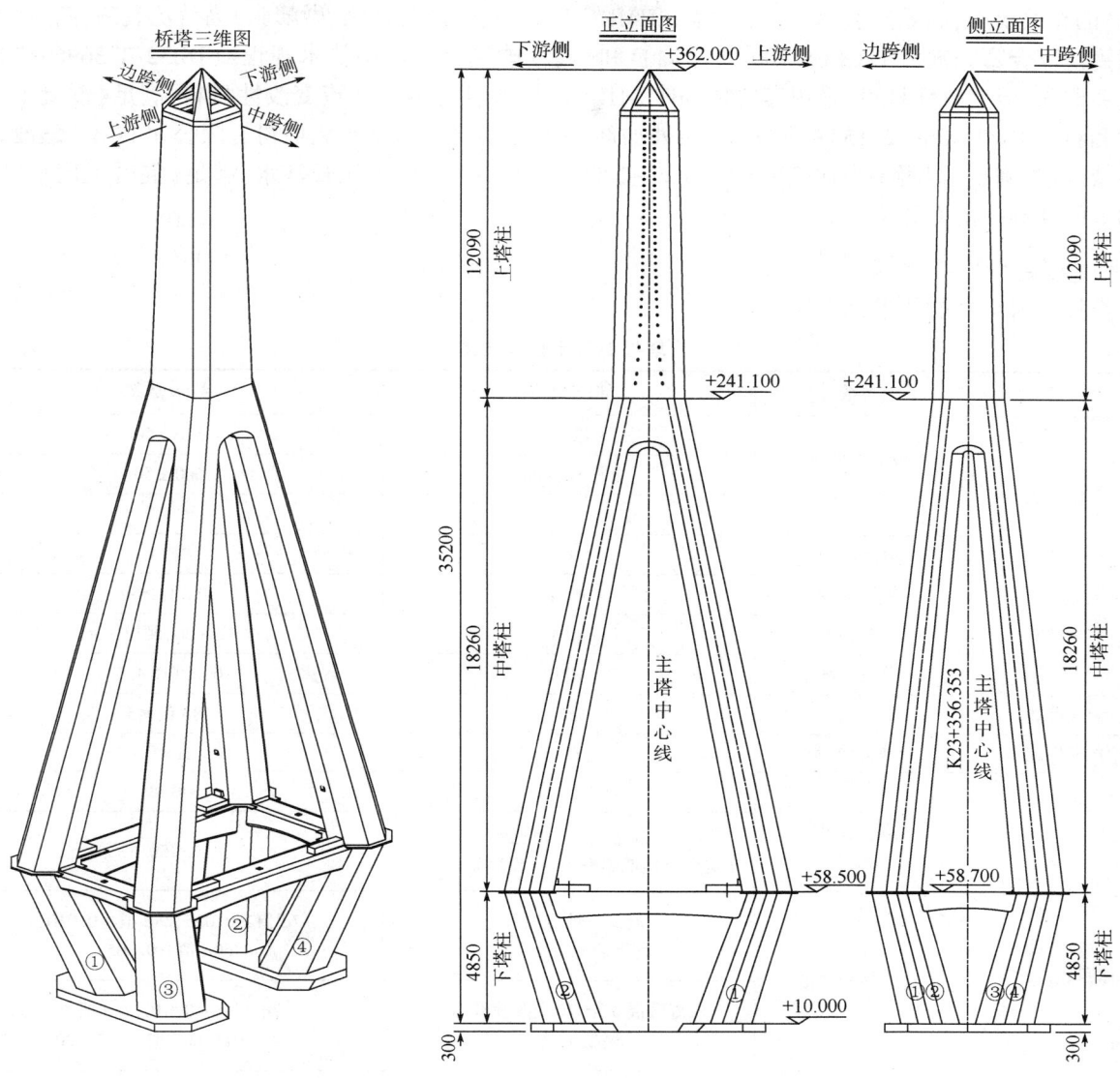

图1　5号墩索塔结构(尺寸单位：cm；高程单位：m)

2. 塔柱混凝土配合比设计要点

常泰长江大桥5号墩塔柱配合比设计的总体思路：所选原材料性能应稳定，且符合相关现行标准规范要求，配置混凝土在满足工作性能、力学性能、耐久性能的基础上，降低总胶凝材料以及水泥用量，减小水化热和混凝土的收缩，主要以抗裂为核心，兼顾泵送性能，采取低水胶比、大掺量矿物掺和料、高效抗裂剂、流变改性材料及高性能聚羧酸减水剂，调整掺配比例配制出塔柱C60低温升、高抗裂、准清水高性能混凝土[4]。

3. 混凝土原材料

水泥：采用句容台泥水泥有限公司P·Ⅱ 52.5级硅酸盐水泥，满足《通用硅酸盐水泥》(GB 175—2007)的相关要求；粉煤灰：采用国家能源集团谏壁发电厂F类Ⅰ级粉煤灰，满足《用于水泥和混凝土中的粉煤灰》(GB/T 1596—2017)的相关要求；矿粉：采用南京南钢嘉华新型材料有限公司S95级矿粉，满足《用于水泥、砂浆和混凝土中的粒化高炉矿渣粉》(GB/T 18046—2017)的相关要求；砂：选用鄱阳湖Ⅱ区河砂，满足《公路桥涵施工技术规范》(JTG/T 3650—2020)、《铁路混凝土工程施工质量验收标准》

(TB 10424—2018)的相关要求;碎石:选用江西彭泽广源矿业有限公司 5~10mm、10~20mm 两级配碎石,满足《公路桥涵施工技术规范》(JTG/T 3650—2020)、《铁路混凝土工程施工质量验收标准》(TB 10424—2018)的相关要求;高效抗裂剂:采用苏博特 HME®-V 混凝土(温升抑制、微膨胀)高效抗裂剂,满足《混凝土用钙镁复合膨胀剂》(T/CECS 10082—2020)和《高性能混凝土应用技术规程》(DB32/T 3696—2019)的相关要求;流变改性材料:采用苏博特 SBT®-HDC(Ⅲ)高性能混凝土流变改性材料,满足《混凝土用复合掺和料》(JG/T 486—2015)的相关要求;外加剂:选用江苏苏博特新材料股份有限公司 PCA-I 缓凝型高性能减水剂,满足《混凝土外加剂》(GB 8076—2008)相关要求;水:采用长江水,满足《混凝土用水标准》(JGJ 63—2006)相关要求。

4. 塔柱混凝土性能要求

塔柱混凝土性能要求见表1。

塔柱混凝土性能要求　　　　　　表1

项目	参数	部位/单位	技术要求
工作性能	坍落扩展度	中、下塔柱(mm)	520±50
		上塔柱(mm)	600±50
	含气量	%	≤3.0
	凝结时间	h	≥14
力学性能	抗压强度	MPa	60d 值≥60
	早期强度	MPa	松模≥20,爬模≥30
	劈拉强度	MPa	60d 值≥4.5
耐久性能	碳化深度	mm	28d 值≤5
长期性能	干燥收缩率	%	60d 值<0.035
抗裂性能(体积稳定性)	绝热温升	7d(℃)	≤48
		1d 值占 7d 值比例(流变改性低温升、高抗裂混凝土,%)	≤50
	自生体积变形	流变改性低温升、高抗裂混凝土(%)	7d 值≥0.015,28d 值≥0.010,60d 值≥0.005
		低温升混凝土/流变改性低温升混凝土(%)	7d 值≥-0.010,28d 值≥-0.015,60d 值≥-0.020
	开裂风险系数(中下塔柱)		中心、表面点均≤0.7,不开裂保证率≥95%
	膨胀预压应力(上塔柱,MPa)		≥0.2

5. 塔柱混凝土配合比

塔柱混凝土配合比见表2。

塔柱混凝土配合比(单位:kg/m³)　　　　表2

序号	水泥	粉煤灰	矿粉	抗裂剂	流变改性材料	砂	碎石	外加剂	水
1号	295	90	0	38	47	736	1058	5.64	146
2号	295	104	71	0	0	736	1058	5.64	146
3号	295	81	47	0	47	736	1058	5.64	146
4号	295	97	0	49	49	777	1028	5.64	152

三、塔柱混凝土高效抗裂剂配置与性能研究

1. 采用高效抗裂剂机理

常泰长江大桥塔柱采用苏博特 HME®-V 混凝土（温升抑制、微膨胀）高效抗裂剂，一方面在放热总量不变的情况下，水化放热速率降低后，结构混凝土的温峰值相应减小，温峰所用的时间延长，温峰后的降温速率也同样变慢；另一方面利用特制的氧化钙类膨胀组分实现早期膨胀，利用高活性氧化镁膨胀组分实现中期膨胀，利用低活性氧化镁膨胀组分实现后期膨胀，从而达到全过程补偿混凝土收缩的目的，最终提高混凝土抗裂性能[5]。

2. 采用高效抗裂剂性能比对试验研究

常泰长江大桥塔柱采用表2配合比制备的C60普通、抗裂混凝土早期绝热温升试验结果如图2所示。根据成果可知，相对于2号普通混凝土，采取了水泥水化放热过程调控技术制备的1号抗裂混凝土初期水化放热速度较慢，初凝后1d绝热温升值较基准配合比混凝土降低了约47%，且占其自身7d值比例不到50%，有利于充分利用散热条件，减小实体结构混凝土初期温升与温降收缩及其引起的开裂危险；采用了水泥水化放热历程调控技术制备的抗裂混凝土7d绝热温升值较基准配合比降低了约8%，降低率较1d时明显减小，说明其对胶凝材料长期水化放热总量影响较小。表2所示配合比混凝土自生体积变形试验成果如图3所示，从图中可以看出，2号配合比不掺加抗裂剂时，混凝土28d自收缩达到235με；掺加抗裂剂后，混凝土产生了显著的早期自生体积膨胀，1号配合比混凝土28d自生体积膨胀达到212με。

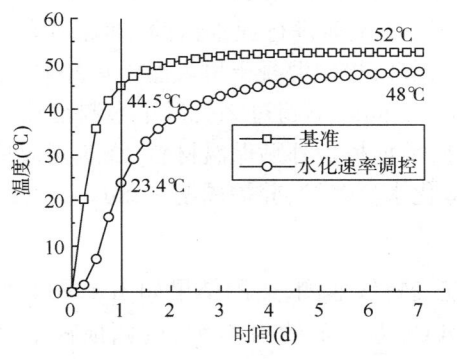

图2 水化调控材料对混凝土绝热温升的影响

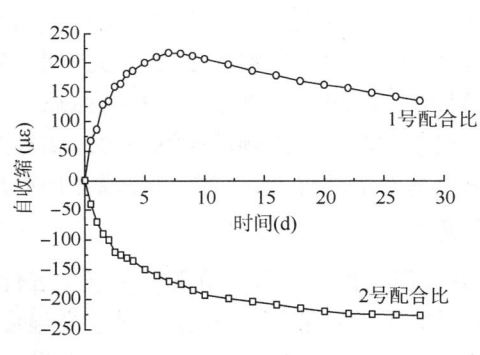

图3 混凝土自生体积变形

四、塔柱混凝土流变改性材料配置与性能研究

1. 采用流变改性材料机理

常泰长江大桥塔柱采用苏博特 SBT®-HDC(Ⅲ)高性能混凝土流变改性材料，在不增加现有超高程泵送高强混凝土的胶凝材料用量和水胶比的条件下，通过优选粒形良好的混凝土原材料，以及掺入适量的具有大量活性的超细微球滚珠的降黏剂，可以实现对混凝土由细观到宏观多尺度颗粒的合理级配设计与密实堆积，释放出更多自由水，发挥超细微球的滚珠润滑和密实填充作用。

2. 采用流变改性材料性能比对试验研究

常泰长江大桥塔柱混凝土的工作性能及流变性能分别见表3、表4。从表可以看出，基准2号混凝土拌合物的坍落扩展时间(T_{500})为11.7s，采用流变改性材料后拌合物的坍落扩展时间(T_{500})为7~8s，间隙通过性达PA2,3h扩展度损失较小，3h含气量降低0.7%~1.1%。相对于对比配合比混凝土屈服应力提高了34%~45%，塑性黏度降低了50%~55%，混凝土拌合物状态较散不黏，和易性改善明显，同时稳定性得到显著改善。

混凝土拌合物工作性能　　　　　　　　　　　　　　　　　　　　　　　　　表3

编号	坍落度(mm)		坍落扩展度(mm)		含气量(%)		泌水率(%)	
	出机	3h	出机	3h	出机	3h	常压	压力
基准2号	265	250	650	620	2.8	2.6	0	0
对比1号	270	260	660	650	2.7	2.5	0	0
对比3号	265	255	650	640	2.8	2.5	0	0
对比4号	265	260	650	640	2.7	2.4	0	0

混凝土流变性能　　　　　　　　　　　　　　　　　　　　　　　　　　　　表4

序号	扩展时间 T_{500}(s)	间隙通过性PA(mm)	离析率SR(%)	屈服应力(Pa)	塑性黏度(Pa·s)
基准2号	11.7	35	14.1	225	165.1
对比1号	7.3	26	9.1	315	78.1
对比3号	7.8	24	9.9	301	82.3
对比4号	7.5	22	9.3	321	75.3

五、塔柱混凝土应用与效果

1. 应用

常泰长江大桥5号墩首节塔柱采用1号低温升、高抗裂配合比，主要控制技术指标及工艺措施包括：①严格控制混凝土入模温度，通过粉料罐喷水降温、集料喷雾降温、搅拌用水制冷及加冰、现场制冰屑等手段，严格控制塔柱混凝土入模温度≤26℃；②设置冷却水管，浇筑前进行通水试验，确保所有回路通畅且不漏水，浇筑过程中每层混凝土浇筑覆盖到位后立即通水循环，控制混凝土里表温差≤20℃，通水水温与混凝土温差≤25℃；③合理布置下料及振捣工艺，浇筑布料点间距不超过2m，每个布料点设置串筒并及时提升，控制混凝土自由倾落高度不超过2m；④养护措施，前期模板外贴保温材料、浇筑完成后带模养护≥5d，拆模后对塔柱外围设置防风保温养护罩且内部通雾化水汽养护，养护周期≥28d。

2. 效果

对常泰长江大桥5号墩首节塔柱混凝土进行了温度、应变持续监测，监测结果如图4、图5所示。由监测结果可知，上游首节塔柱中心位置最高温度约为70.4℃，温升值约为44℃；内侧模板最高温度为72.4℃，高于中心测点，可能原因是中心测点靠近冷却水管，且内侧混凝土不易散热；靠近塔座底部测点最高温度为63.7℃；外侧靠近木模板、距外侧0.5m、距外侧1.0m的混凝土，最高温度分别为61.6℃、68.7℃、72.2℃。由变形监测结果可知，底部长度方向最大变形为440.1με，中心长度方向、厚度方向、高度方向最大变形分别为363.45με、662.7με、978.55με；从监测成果来看，塔柱混凝土抗裂性能良好。

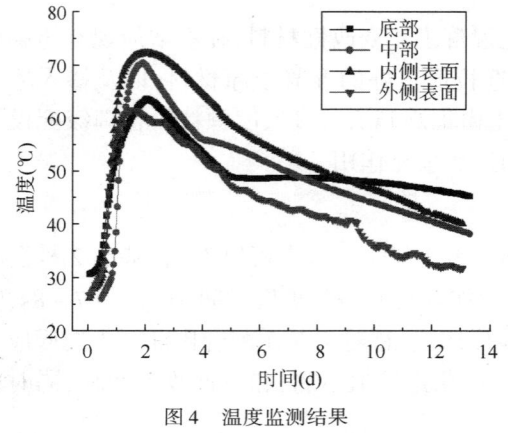

图4　温度监测结果

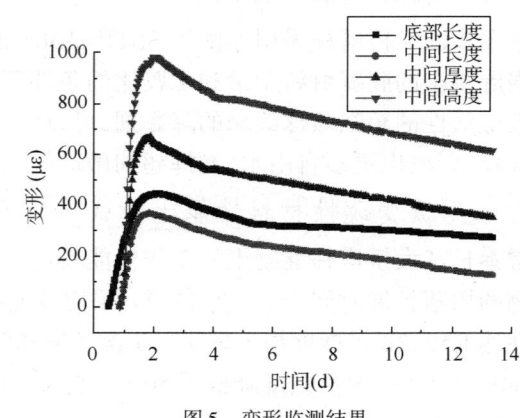

图5　变形监测结果

塔柱混凝土拆模后,通过观察、尺量,塔柱混凝土表面未发现有害裂缝,外观色泽均匀,无明显色差、无漏浆流淌及冲刷痕迹,无油迹、墨迹及锈斑,无粉化物,明缝位置规则整齐,深度一致,水平交圈,禅缝横平竖直,竖向成线,水平交圈,塔柱混凝土外观质量达到准清水标准。塔柱混凝土外观实体质量如图6、图7所示。

图6 塔柱混凝土外观质量

图7 塔柱混凝土外观质量

六、结　语

常泰长江大桥塔柱混凝土配合比,采取苏博特 HME®-V 混凝土(温升抑制、微膨胀)高效抗裂剂,从降低温度收缩和抵偿收缩两个方面抑制混凝土结构初期体积变形的不利发展,对于控制发热、减缩效果明显,达到全过程补偿混凝土收缩的目的,有效降低了塔柱开裂风险,大幅度提升了混凝土结构的耐久性和服役寿命。采取苏博特 SBT®-HDC(Ⅲ)高性能混凝土流变改性材料,有效提高混凝土的流动性,屈服应力提高且有明显降低混凝土塑性黏度的效果,解决了高塔柱高强混凝土施工泵送困难。实际应用表明,5号墩塔柱混凝土各项指标满足控制指标要求,混凝土拆模至今未发现有害裂缝,控裂效果明显,混凝土工作性能良好,实现了高桥塔泵送混凝土一泵到顶的目标,塔柱外观达到了准清水的预期效果,实现了超高桥塔塔柱混凝土"内实外美"的总体目标,同时取得了较好的施工质量和经济技术效益,为今后同类型桥梁高塔柱混凝土工程提供了相关参考。

参考文献

[1] 苏博特混凝土裂缝控制技术为沪苏通铁路大桥提供保障[J].江西建材,2020,(7):6.
[2] 徐文,张士山,李军堂.超高索塔结构混凝土裂缝控制关键技术研究[J].混凝土与水泥制品,2019,(7):84-87.
[3] 秦顺全,徐伟,陆勤丰,等.常泰长江大桥主航道桥总体设计与方案构思[J].桥梁建设,2020,50(3):1-10.
[4] 张士山,徐文,闫志刚,等.超高索塔结构抗裂混凝土性能研究[J].新型建筑材料,2019,46(10):146-151.
[5] 陆安群,徐文,王瑞,等.T/CECS 10082—2020《混凝土用钙镁复合膨胀剂》标准解读[J].混凝土与水泥制品,2020,(9):74-78.

24. 大跨钢管拱桥性能综合提升设计关键技术

潘可明 肖永铭 路文发

(北京市市政工程设计研究总院有限公司)

摘 要 本文介绍了浙江省绍兴市曹娥江袍江大桥的维修提升方案。首先分析了拱桥的主要病害和性能退化的问题,主要是钢管混凝土脱空、风化侵蚀、基础冲刷等问题。然后提出了一套有针对性的维修提升方案,包括增设钢纵梁、更换部分吊杆、注浆修复拱肋等措施,旨在提升桥梁的安全性、耐久性和美观性。最后探讨了超载问题和后期管理问题,强调了非现场治超和健康监测的重要性。本文对钢管混凝土拱桥的设计、施工和养护有一定的参考价值。

关键词 曹娥江袍江大桥 钢管混凝土拱桥 维修方案设计 钢纵梁 全寿命周期

一、概 述

绍兴市曹娥江袍江大桥(图1)工程位于绍兴市袍江新区,南起袍江新区三江路同越兴路交叉口,往北跨越曹娥江中游,北至上虞市沥海镇南汇村。袍江大桥全长1977.4m,跨径布置为5×40m+2×49m+8×40m+(40m+3×185m+40m)+18×40m,主桥长638.2m,北引桥长720.6m,南引桥长618.6m。主桥为带飞燕式边拱的多跨连续系杆拱,宽度为45m,设计为双向八车道,引桥为先简支后连续的预应力混凝土T梁结构。

图1 袍江大桥实景鸟瞰图

桥梁按城市主干道Ⅰ级、城市特大桥设计,主桥设计荷载等级为汽车—超20级、挂车—120,引桥设计荷载等级为城A级,设计速度为60km/h,通航标准为1000吨级海轮,最高通航水位为5.14m,通航净空为宽108m,高23m。该桥于2008年开始施工,于2011年7月竣工通车。

2022年2月,管理单位对主桥进行荷载试验并进行了桥梁检测,得出以下结论:经过11年的运营,袍江大桥主桥整体工作性能在成桥状态的基础上有所退化,结构承载能力不完全满足要求,卸载后的恢复性能也不完全满足要求。袍江大桥主桥按照《公路桥梁技术状况评定标准》(JTG/T H21—2011)进行评估,最终评定结果为:桥面系、上部结构、下部结构的部件评级分别为3类、3类、2类,主桥综合技术状况评定为79.56分,桥梁的状况评估等级为3类。

二、主桥结构设计

1. 总体布置

主桥采用带边拱的三主跨钢管混凝土拱桥,中间三孔跨径均为185m,两边孔跨径均为40m,主桥全长635m;横向布置为4.25m(人行道)+2.5m(拱肋区)+15.5m(非机动车道+机动行道)+0.5m(隔离带)+15.5m(非机动车道+机动车道)+2.5m(拱肋区)+4.25m(人行道),横断面总宽度45m。为平衡拱肋的水平推力,在桥面设置预应力钢束系杆,边跨设置飞鸟式边拱以提供系杆的张拉构造。主桥总体布置如图2所示,桥面宽45m,1/2桥面布置为4.25m(人行道及非机动车道)+2.25m(拱肋区)+16m(机动车道)。主桥位于半径为5000m的竖曲线上,设双向2.1%的纵坡。

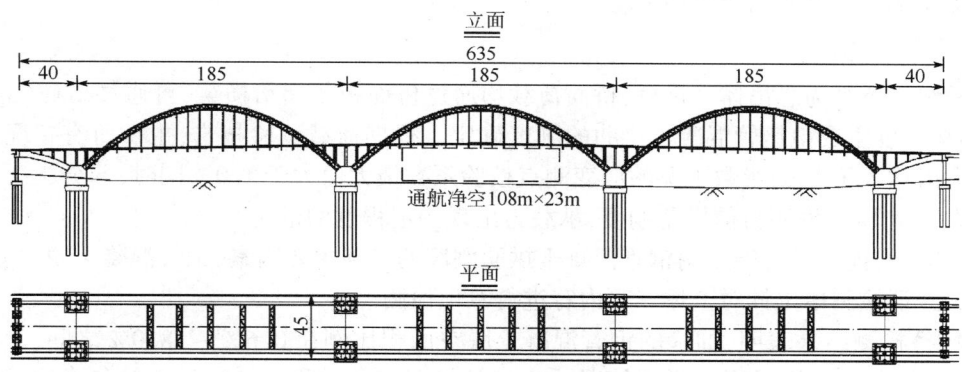

图2 主桥总体布置图(尺寸单位:m)

2. 拱肋

主拱肋为抛物线形,主跨拱脚中心距175m,矢高43.75m,矢跨比为1/4。主拱肋由4根900mm的钢管通过中腹板组成2个横哑铃形断面,再通过腹杆构成矩形截面,截面高4m、宽2.25m,主拱钢管壁厚20~22mm,腹板壁厚与主拱钢管相同,腹杆采用400mm×12mm的钢管,主拱肋横截面如图3所示。主拱肋纵向4根钢管和哑铃形断面内灌注C50无收缩混凝土。

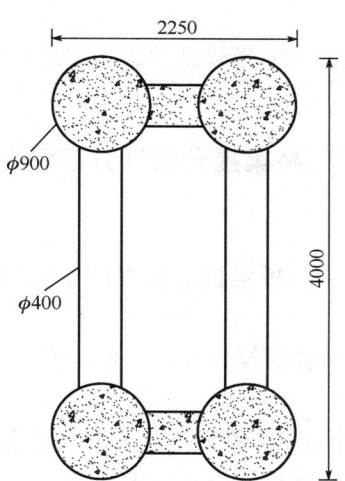

图3 主拱肋横截面图(尺寸单位:mm)

3. 系杆与吊杆

每片拱肋布设12束27-ϕ15.24mm钢绞线柔性成品系杆,系杆通过设置在横梁上的导向支撑沿纵向布设,并在两边跨梁端锚固。每个吊点设2根85-7mm镀锌平行钢丝成品索吊杆,钢丝抗拉强度标准值为1670MPa。吊杆标准间距8.0m,端部间距分别为6.5m、8.75m。

4. 桥面系

桥面系由吊杆横梁、拱肋横梁、拱上立柱横梁、墩上立柱横梁、端横梁及钢筋混凝土板构成。端横梁采用混凝土结构,其余横梁均采用钢结构。

三、桥梁主要病因分析

根据袍江大桥最近三次检测报告(2022年2月《荷载试验报告》、2022年7月《检测报告》、2023年6月《补充检测报告》)的主要结论,袍江大桥大多数病害为耐久性病害,该类病害在后期维修方案设计中逐项分析并给出相应维修措施。2022年2月《荷载试验报告》的主要结论为:经过11年的运营,袍江大桥主桥整体工作性能在成桥状态的基础上有所退化,结构承载能力不完全满足要求,卸载后的恢复性能也不完全满足要求。主要病因分析如下。

1. 拱肋刚度退化

袍江大桥结构体系为悬吊体系拱桥,桥面荷载均通过桥面板传递给横梁,再通过吊杆(立柱)传递给拱肋,桥梁结构刚度主要由钢管混凝土拱肋的刚度确定。根据荷载试验报告,主桥所有工况的挠度测点校验系数最大值均大于1.0,半数工况的应变测点校验系数最大值大于1.0。同时,部分工况主要应变测点残余变形大于20%。说明目前拱肋刚度、承载力出现一定程度的退化。

针对上述问题,提出了可能影响钢管混凝土拱肋刚度的三项主要因素:钢管混凝土脱空、主拱圈线形和基础冲刷。并请检测单位针对上述三项内容进行专项检测。

《检测报告》检测结果表明,抽检的钢管混凝土脱空面积比例在0.6%~18.0%之间,个别钢管出现带状、点状区域脱空。钢管混凝土脱空情况分为三种情况:60cm脱空、90cm脱空和连续脱空。根据计算,三种脱空情况下钢管混凝土压缩刚度分别折减为原截面刚度的95%、78%和89%。拱肋钢管混凝土脱空对拱肋刚度有一定影响,是导致拱肋刚度退化的病因之一。

2. 拱轴线形与基础冲刷

经检测,现况主拱圈拱轴线形与原设计基本一致。由于19号墩基础发生一定冲刷,对桥梁的动力特性有一定的影响,也是导致19号、20号拱肋较其他跨刚度退化的病因之一,但对拱肋挠度影响较小。

3. 小结

综上所述,拱肋钢管混凝土脱空是导致《荷载试验报告》提及的刚度和结构动力性能退化问题的主要因素。

四、桥梁提升设计方案研究

1. 设计原则

(1)根据现有检测资料及现场勘察,对桥梁目前存在的主要问题进行研究分析,有针对性地制订维修方案。

(2)借鉴现有成功设计经验,优先选择可操作性强、效果可靠、经济合理、技术可行、施工方便的维修改造方案。

(3)设计方案充分考虑结构安全性与耐久性及后期养护的工作量与便利性。

(4)维持原设计主桥结构体系不变,维持原设计标准不变。

2. 设计目标

(1)消除人行道落梁风险。

(2)增设钢纵梁,增强桥面整体性,改善桥梁结构动力性能。

(3)针对主拱圈混凝土脱空进行注浆加固,提升拱圈刚度,恢复桥梁承载能力。

(4)更换部分吊杆,减少结构安全隐患。

(5)修复桥梁常规病害,提升袍江大桥使用功能。

(6)建立非现场治超系统与桥梁健康监控系统,保障桥梁安全运营。

3. 设计技术指标

(1)设计荷载:维持原桥设计标准,即主桥采用汽车—超20级、挂车—120;引桥采用城A级;人群荷载为4.0kN/m²。

(2)设计安全等级:一级。

(3)道路等级:城市主干路。

(4)基本风压:0.5kN/m²(1/100);最大风速:28.6m/s(1/100)。

4. 增设钢纵梁

依据《钢管混凝土拱桥技术规范》(GB 50923—2013)中7.5.1条"中承式和下承式拱桥的悬吊桥面系应采用整体性结构,以横梁受力为主的悬吊桥面系必须设置加劲纵梁,并应具有一根横梁相对应的吊索失效后不落梁的能力"相关规定,经核算,目前一根吊索失效后行车道桥面板承载能力难以满足要求。《公路钢管混凝土拱桥设计规范》(JTG/T D65-06—2015)8.7.2条中规定:"中、下承式钢管混凝土拱桥的桥面梁(板)必须采用连续结构体系,连续结构体系的主纵梁应满足2倍吊索跨度的承载能力要求。对于桥面梁(板)与吊杆横梁分离的结构体系,主纵梁应设在吊杆横梁的吊杆对应位置处。"《公路危旧桥梁排查和改造技术要求》(交办公路函〔2021〕321号)3.2.3条规定:"中、下承式拱桥吊杆更换时,对于未设加劲纵梁的结构宜增设劲性纵梁,防止因单根吊索失效后引起桥面板(梁)坍塌。"鉴于袍江大桥为中承式拱桥,为保证桥梁结构的安全,防止出现吊杆断裂桥面垮塌的事故,应在吊杆横梁间增设钢纵梁。

拟在主拱每跨设置2道双拼工字钢钢纵梁。在单侧吊杆外侧(人行道侧)对称设置钢纵梁(图4),钢纵梁高2.1m。将钢纵梁与人行道共同设置,以充分利用桥梁空间。纵梁梁端支撑于拱肋横梁处新增牛腿,牛腿与纵梁间设置四氟滑板支座。该方案钢纵梁置于吊杆区域外侧,可有效防止吊杆突然断裂,出现桥面垮塌的安全隐患。同时,将钢纵梁与人行道桥相结合,充分利用人行道处空间,景观效果好,体现集约设计的理念。

5. 增设钢纵梁后结构验算

依据设计目标,增加钢纵梁主要为避免因吊杆突然断裂时出现桥梁垮塌事故,因此,分别验算持久状况和偶然状况下新增钢纵梁的受力情况。

1)持久状况验算

针对持久状况下主拱圈、横梁、吊杆受力分别进行验算。

(1)钢管混凝土主拱圈验算结果。

依据《钢管混凝土拱桥技术规范》(GB 50923—2013)6.0.5条进行验算,钢管最大应力为211MPa,满足现行规范要求。活载作用下(人群和汽车)主拱圈上挠变形为45.4mm,主拱圈下挠变形为53.2mm;现行规范主拱圈挠度验算依据《钢管混凝土拱桥技术规范》(GB 50923—2013)6.0.4条的相关要求,一跨范围内正负挠度绝对值之和不超过$L/1000$,本桥中主拱圈上下挠度变形45.4 + 53.2 = 98.6mm < 175000/1000 = 175mm,满足现行规范要求。

(2)吊杆验算。

本桥吊杆标准组合内力为1119~1429kN,主拱圈吊杆最小安全系数为3.82,满足现行规范要求。

(3)吊杆横梁验算。

分别验算基本组合下钢横梁应力情况,基本组合作用下钢横梁上缘最大应力172MPa,下缘最大应力178MPa,满足规范要求。钢横梁活载作用下挠度为6.2cm,满足现行规范要求。

(4)钢纵梁验算。

由于钢纵梁为本次新增构件,钢纵梁不承受主体结构恒载,主要承受活载和后期新增恒载。新增钢纵梁整体应力均较小,验算结果满足现行规范要求。

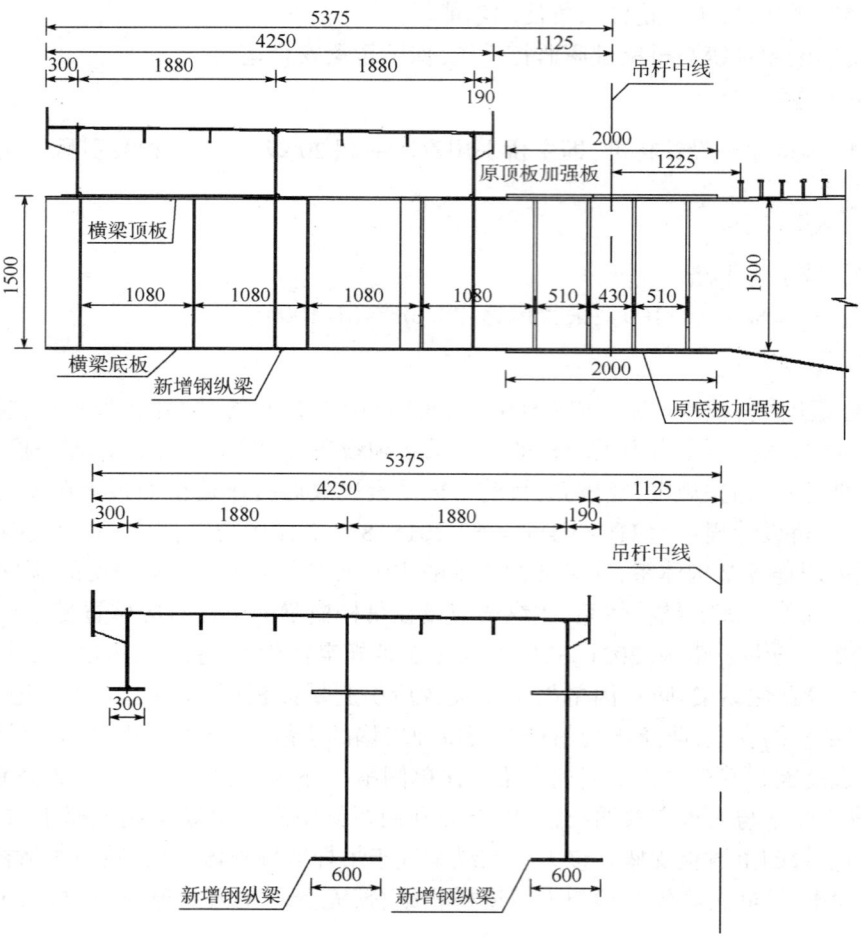

图 4 新增钢纵梁示意图(尺寸单位:mm)

2)偶然状况验算

针对偶然状况下主拱圈、横梁、吊杆受力进行验算。吊杆断裂工况考虑吊杆断裂时的冲击荷载,冲击荷载按照2倍吊杆恒载索力考虑;偶然状况下荷载组合为偶然组合,即恒载+0.7活载。

(1)长吊杆断裂偶然组合。

偶然组合作用下钢横梁上缘最大应力为171MPa,下缘最大应力为182MPa;偶然组合作用下钢纵梁上缘最大应力为127MPa,下缘最大应力为182MPa,满足现行规范要求。本桥吊杆偶然组合内力为1716kN,吊杆破断力为5462kN,主拱圈吊杆最小安全系数为3.18,仍有较大的安全储备。

(2)短吊杆断裂偶然组合。

偶然组合作用下钢横梁上缘最大应力为197MPa,下缘最大应力为180MPa;偶然组合作用下钢纵梁上缘最大应力为127MPa,下缘最大应力为145MPa,满足现行规范要求。本桥吊杆偶然组合内力为2296kN,吊杆破断力为5789kN,主拱圈吊杆最小安全系数为2.52,仍有较大的安全储备。

6. 主桥吊杆更换方案

吊杆的防腐蚀一直是系杆拱桥设计、运维过程中重点关注问题。本桥吊杆索体采用PES7X-85C/CEJ成品索,设置有内外双层聚乙烯(PE)护套;锚具采用OVMLZM7-85型锚具,经现场观察,该锚具为冷铸墩头锚,锚头内已灌注环氧铁砂,耐久性较传统墩头锚更好,可以有效阻断下锚头因进水腐蚀索体的通道,防止索在锚头部位的锈蚀。本次维修提升工程推荐采用部分更换吊杆+吊杆专项维护方案。考虑到近年来系杆拱桥短吊杆在疲劳荷载下出现病害的情况较多,短吊杆是全桥的主要薄弱部位,短吊杆疲劳效应较为明显,且吊杆均存在一定的耐久性病害,为确保桥梁结构安全,对最短的3组短吊杆进行更换。对于未更换吊杆,在打开防雨罩后,现场观察下导管内 PE 护套是否破损,是否存在钢绞线断丝等病害;若存在较为严重病害,现场确定吊杆处治方案。全桥共更换 114 根吊杆,所更换吊杆采用较原设计规格高的 1770MPa 的 85 丝 ϕ7mm 高强度镀锌钢丝,锚具采用冷铸锚 LZM7-85。

7. 主桥系杆

《补充检测报告》对系杆力进行复测,总系杆力与成桥时基本一致,能够满足桥梁的正常使用。本次维修提升工程更换系杆保护罩,锚头除锈,系杆滚轴缠包 PE 护套。针对系杆,主要耐久性病害进行专项维护,延长系杆使用寿命。针对锚头,采用专业清洁剂和除锈剂进行清理,重新喷涂专用阻蚀密封蜡防腐,更换系杆保护罩。

8. 主桥拱肋维护方案

(1)拱肋、风撑锈蚀、剥落部分进行局部除锈、重新防腐涂装,对其余部分重新喷涂面漆,以提升桥梁结构整体景观。

(2)混凝土拱肋出现的裂缝、锈胀露筋等病害按常规措施进行处理,在后期养护中加强观测,视裂缝有无进一步发展再进行针对性处置。

(3)混凝土拱肋外表面采用硅烷保护剂进行涂刷,提高其耐久性和美观性。

(4)钢管混凝土拱肋注浆维修。

对于钢管混凝土不密实病害,采用注浆法进行维修。采用负压注浆、压力充填等手段对钢管中出现的空洞、脱空区域进行处治,使钢管与混凝土黏结在一起,保证钢管与混凝土共同作用,改善了拱肋受力特性,延长桥梁的使用寿命。

钢管混凝土拱肋注浆维修采用无收缩改性环氧基灌浆料。无收缩改性环氧基灌浆料必须具有低黏度、高强度、高渗透、无收缩的特性。无收缩改性环氧基灌浆料与普通裂缝灌注胶不同,从适用期、固化收缩及强度增长等方面都应有特殊的要求,应满足以下性能指标:

(1)在早期应具有黏度低、渗透性强的特性,可以保证胶体对整个钢管的充盈程度。

(2)在中期应具有瞬时固化、固化后收缩小的特点,即使有车辆荷载的冲剪作用,仍然能够最大限度地保证环氧固化形成的内聚强度,并与混凝土基层形成有效黏接。

(3)在潮湿、积水或稍有油污的环境中也能与混凝土基层形成良好的黏接,从而更好地适应钢管内实际使用环境,进一步保证维修效果。无收缩改性环氧基灌浆料除应满足以上的功能要求,还应符合《混凝土加固设计规范》(GB 50367—2013)和《工程结构加固材料安全性鉴定技术规范》(GB 50728—2011)相关要求。

9. 非现场治超系统设计

超限超载非现场执法系统,从总体结构划分为非现场执法前端检测系统和非现场执法综合管理平台。结合现状,综合考虑环境因素、车流量、车速快及交通影响和现场无人值守的要求以及周边城市的使用经验,本次设计拟采用"平板式"公路治超非现场执法系统(图5)。

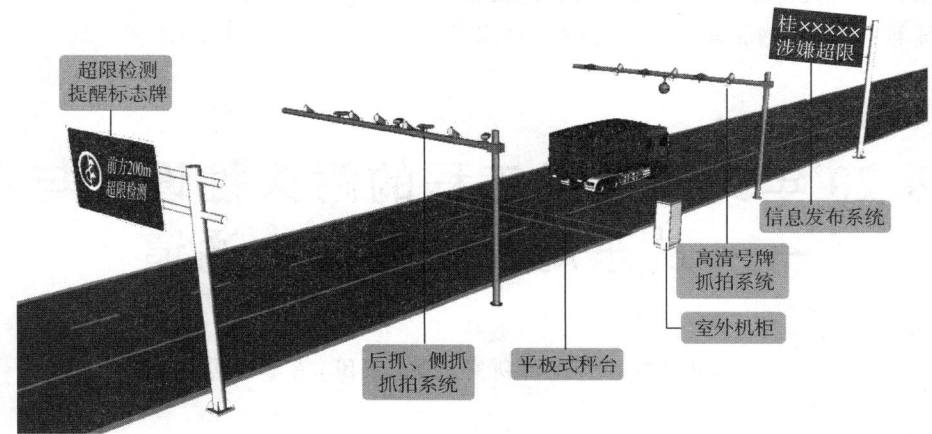

图5 货车称重系统结构

采用"平板式"公路治超非现场执法系统,结合市政道路、桥梁选取点位,点位选取在上桥路段,采取上桥路段安装"平板式"不停车超限检测系统+下桥路段安装卡口的模式。系统可在不停车、不减速、不以特定速度行驶的前提下及时准确地获得超重车辆的重量、牌照、速度等信息,对过桥车辆进行全天候监控,将称重数据、车辆信息和视频监控图像通过电信光纤线路实时传输至中心监控设备和视频显示终端,并通过桥梁超重软件对实测数据和交通流量进行分析,现场通过设置可变情报模块对超重车辆进行引导,告知货车驾驶员涉嫌超限,同时超限车辆由城管进行处罚,从而为桥梁管理的决策提供有力保障,真正实现对桥梁超重状况的动态实时监控。

五、结　　语

本文结论如下:

(1)本工程的性能提升方案设计保证了结构的安全性和耐久性,通过性能提升恢复了原设计标准。

(2)针对此类型悬吊体系的拱桥,本方案中增设钢纵梁是必要的安全措施。增设钢纵梁,可以有效提高桥梁的抗弯刚度和抗剪承载力,减少桥面板的应力集中和疲劳损伤,延长桥梁的使用寿命。

(3)本次方案设计中重视桥梁的耐久性问题,采取了多种措施进行防护和维护。例如,在桥面板上设置防雨罩,防止下锚头的锈蚀;在桥面混凝土外露面与主墩墩身设置渗透防腐涂层;重视吊杆、钢结构与混凝土结构的耐久性设计,保证桥梁安全的前提下提升设计使用年限。

(4)随着经济的迅速发展,城市交通量快速提升,重载(甚至超载)问题成为影响桥梁安全的重大问题。袍江大桥运营12年来,桥梁承受了远大于设计荷载的运营压力,为了保障桥梁的长期安全运营,后期需要重点加强非现场治超和长大桥梁健康监控工作,确保大跨桥梁结构的安全运营。

(5)依据全寿命周期工程建设理念,大跨桥梁设计时宜适当预留一定的安全储备,虽然建设投资成本有所增加,在全寿命周期内结合运维成本及社会效益等综合考虑其性价比更优。

参考文献

[1] 中华人民共和国住房和城乡建设部.钢管混凝土拱桥技术规范:GB 50923—2013[S].北京:中国计划出版社,2013.

[2] 中华人民共和国交通运输部.公路钢管混凝土拱桥设计规范:JTG/T D65-06—2015[S].北京:人民交通出版社股份有限公司,2015.

[3] 中华人民共和国交通运输部.公路钢筋混凝土及预应力混凝土桥涵设计规范:JTG 3362—2018[S].北京:人民交通出版社股份有限公司,2018.

[4] 中华人民共和国交通运输部.公路桥梁加固设计规范:JTG/T J22—2008[S].北京:人民交通出版社,2008.

[5] 中华人民共和国交通运输部.公路工程混凝土结构耐久性设计规范:JTG/T 3310—2019[S].北京:人民交通出版社股份有限公司,2019.

[6] 蔡若红.绍兴袍江大桥主桥设计[J].桥梁建设,2019,49(4):91-95.

[7] 董晓兵,陈毓娟.五跨钢管混凝土系杆拱桥的地震响应分析[J].公路,2016,61(2):98-102.

25. 近20年跨海桥梁工程的耐久性设计与发展
——从东海大桥到深中通道

戴建国

(上海市政工程设计研究总院(集团)有限公司)

摘　要　不同于陆上桥隧工程,跨海桥隧工程在海洋腐蚀环境下,对结构耐久性问题必须充分重视,对混凝土结构、钢结构的防腐蚀措施必须考虑得当,以保证项目达到设计寿命的要求。上海东海大桥工程作为国内第一座特大型跨外海桥梁,在国内第一次提出了"正常使用100年"的建设目标。自2005年东海大桥建成后,国内又相继建设了杭州湾跨海大桥、胶州湾大桥、嘉绍大桥等跨海工程,近年又有港珠澳大桥建成通车,深中通道完成贯通。本文重点对近20年以来,跨海大桥在结构耐久性设计构思与技术措施方面的发展进行介绍,希望对将来类似跨海通道的建设提供有益的参考。

关键词 跨海工程 桥梁 耐久性 混凝土 钢结构

一、引 言

进入21世纪以来,我国修建了多座跨海桥隧工程。不同于陆上桥隧工程,跨海桥隧工程在海洋腐蚀环境下,对结构耐久性问题必须充分重视,对混凝土结构、钢结构的防腐蚀措施必须考虑得当,以保证项目达到设计寿命的要求。

在修建跨海通道之前,我国在耐久性方面的研究主要服务于沿海港口工程,其研究成果也有力指导了跨海通道的建设。同时,随着跨海通道的建设,关于耐久性的研究也在逐步深入,标准规范体系的建设逐步完善,耐久性技术在工程中的应用逐步成熟,有利于高品质、长寿命工程的建设和运营。

二、21世纪之前的耐久性研究与发展

自新中国成立以来,沿海港口工程的建设持续发展,港口货物吞吐量也持续增加,作为重要的交通运输基础设施,海港工程在我国国民经济中发挥了重要作用。

但是,在20世纪的港口工程建设中,结构耐久性措施或者防腐蚀技术还是经历了一个从忽视到轻视再到重视的过程。特别是交通运输部(交通部)组织行业内相关单位针对海港工程结构耐久性问题进行了科技攻关,在海水环境混凝土结构耐久性基础理论、混凝土防护、高性能混凝土以及耐久性施工技术等方面均取得了一系列技术突破,耐久性相关行业技术标准也逐步向国际先进水平靠拢。

1. 我国海港工程耐久性破坏特点

我国大陆海岸线长约1.8万km,由北向南气候条件相差很大,海水含盐量也有一定差异,低的地区在2%左右,高的要达4%上下。北方地区海港码头还受冻融腐蚀的影响。

调查结果表明,氯盐引起的锈蚀破坏是我国港口工程的主要破坏形式,在20世纪70年代以后,由于北方地区普遍采用了掺引气剂的抗冻措施,冻融破坏问题已不是非常突出。

根据腐蚀环境的差异,我们通常把海港工程构件所处区域分为大气区、浪溅区、潮差区(水位变动区)和水下区(图1)。调查显示,海港工程的锈蚀破坏以浪溅区部位最严重,因为该区域频繁遭受潮汐、海浪作用,氯离子易于积聚,处于非饱水状态的混凝土氯离子较容易向深层渗透扩散,且该区域供氧充分,锈蚀过程极易发生。

另外,港口工程的破坏情况也因不同的环境条件而有所差异,比如,北方地区的较东南地区破坏程度轻,开敞通风区域较不通风区域破坏程度轻。在所有结构形式的码头中,腐蚀破坏最严重的是桩基梁板结构物,锈蚀破坏部位主要发生在浪溅区的桩、桩帽、纵横梁和板上。

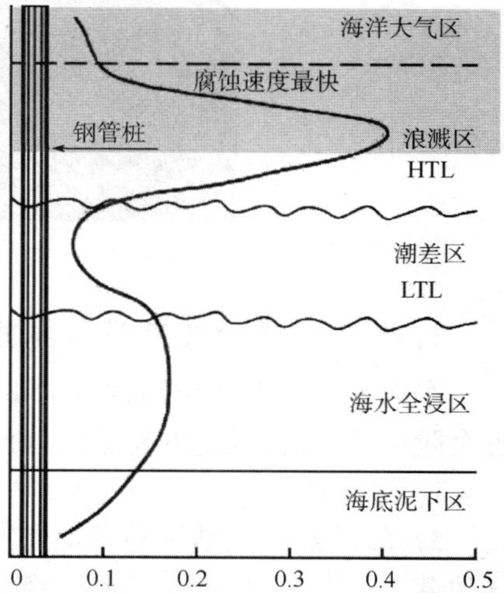

图1 海港工程耐久性区域划分

2. 耐久性标准规范的发展情况

对海港工程混凝土结构的耐久性认识不足,也表现在标准规范的不足上。最早于20世纪70年代执行的《港口工程技术规范》,没有制订针对防止氯离子渗入引发的钢筋锈蚀的有效措施,耐久性的关键技

术指标的规定也不合理,比如混凝土水灰比最大允许值偏大,保护层厚度偏小,缺少最小水泥用量等规定。

1987年,交通部颁布实施了《海港钢筋混凝土结构防腐蚀技术规定》(JTJ 228—87)和《海港预应力混凝土结构防腐蚀技术规定》(JTJ 229—87),明确了"四区"的划分,提高了对最大水灰比的要求,加大了最小保护层厚度,并对粗集料最大粒径提出了要求,提出在南方地区可采用粉煤灰水泥。

又过了9年,交通部于1996年颁布实施了《水运工程混凝土质量控制标准》(JTJ 269—1996)和《水运工程混凝土施工规范》(JTJ 268—1996),对有关内容做了进一步的修订:将浪溅区混凝土保护层最小厚度规定为65mm,最大水灰比不得大于0.4,混凝土拌合物允许外掺粉煤灰、矿渣粉、硅灰等掺合料。其中,率先允许外掺活性矿物掺合料配制混凝土,奠定了活性掺合料作为提高混凝土抗氯离子渗透性能措施的技术基础。

20世纪90年代末,为推广应用大批耐久性新技术和新材料,交通部又于2000年制定颁发了《海港工程混凝土结构防腐蚀技术规范》(JTJ 275—2000)。该规范第一次规定了耐久性质量控制指标,确定了大掺量掺合料配制高性能混凝土的技术途径,并将高性能混凝土作为提高海港混凝土结构耐久性的首选措施;同时,系统地对海工混凝土结构制定了附加防腐措施的规定。

三、东海大桥的耐久性策略与设计

21世纪伊始,上海东海大桥(图2)作为国内第一座特大型跨外海桥梁,在国内第一次提出了"正常使用100年"的建设目标。在JTJ 275—2000的基础上,专门开展了"外海桥梁耐久性研究",对跨海桥梁结构中的钢、混凝土、附属结构等都进行了系统深入的研究,以指导东海大桥的建设,确保工程质量。

图2 东海大桥建成鸟瞰图

1. 跨海桥梁耐久性设计构思

东海大桥的主体结构材料主要为钢和混凝土两种,耐久性设计措施必须贯穿设计、施工、监测和维护各个阶段,以确保规定的桥梁设计使用寿命。

1) 钢结构

海洋环境下,钢结构易发生点蚀、应力腐蚀、疲劳腐蚀等形式的腐蚀。腐蚀造成的危害也比较大,会导致截面削弱,结构强度、刚度、稳定性难以保证。因此,必须采取防腐蚀措施,以保证达到设计使用年限的要求。主要防腐措施有:

(1) 机械隔离:用某种材料包覆在钢结构表面,使之与海水、氧气等产生腐蚀的物质隔离,以达到防腐蚀的目的。

(2) 金属喷涂隔离:金属涂层一方面对结构起到机械封闭作用,另一方面也起到局部牺牲阳极的保护作用。

(3) 重防腐涂装:采用性能良好的具有一定厚度的底漆、中间漆和面漆,对钢结构进行防腐蚀保护。

(4) 阴极保护:通过牺牲阳极或者外加电流对钢材进行保护。

(5) 特种钢材:采用耐海水的特种钢材达到耐久性要求。

2) 混凝土结构

东南沿海地区海工结构混凝土的主要威胁是氯离子渗透导致的钢筋腐蚀。防止或减缓氯化物侵蚀主要有以下技术措施:

(1) 高性能混凝土:通过掺加硅粉等掺料提高混凝土的特定性能,如高弹性模量、低渗透性等。

(2) 加大混凝土中钢筋的保护层厚度,以延长钢筋表面氯离子浓度达到临界值的时间。

(3) 控制混凝土的水灰比,以提高其密实性和抗腐蚀性。

(4) 使用阻锈剂,可以有效阻止或延缓氯离子对钢筋钝化膜的破坏。

(5) 采用不锈钢筋或环氧涂层钢筋。

(6) 混凝土表面涂层,降低氯离子渗透速率和混凝土碳化速率。

(7) 采用阴极保护方法保护钢筋。

2. 东海大桥结构耐久性技术措施

东海大桥的主要构件为混凝土结构和钢结构,根据 JTJ 275—2000 的规定,划定大气区、浪溅区、水位变动区和水下区(泥下),针对不同结构采用不同的耐久性技术措施。

1) 桩基础

对于预应力混凝土管桩,推荐采用高性能混凝土 + 钢筋保护层(>50mm) + 纤维增强复合层包覆(玻璃钢) + 桩内混凝土填芯。

对于钢管桩,采用牺牲阳极的阴极保护法(35 年更换) + 重防腐涂层(1100μm,10 年寿命) + 桩内混凝土填芯 + 预留钢管桩腐蚀量(7mm)。

对于钻孔灌注桩,采用掺合料混凝土 + 钢筋保护层厚度(>75mm) + 保留钢护筒。

2) 承台、墩柱、主梁

承台、墩柱和主梁均为混凝土结构,其中主梁位于大气区,承台位于浪溅区,而墩柱下部分位于浪溅区,上部分位于大气区。主要的防腐措施是采用高性能混凝土和加大钢筋保护层厚度,其中承台保护层厚度为 80mm,墩柱保护层厚度为 70mm,连续箱梁的普通钢筋保护层厚度为 40mm,预应力钢束保护层厚度为 70mm。同时在结构设计时,严格控制拉应力大小和裂缝宽度。浪溅区承台和墩柱表面增用防腐涂料保护。

高性能混凝土性能控制的主要控制指标为氯离子扩散系数和电通量:氯离子扩散系数的试验方法参照 NTBuild443 方法执行,标准养护 28d 的混凝土试件浸泡于质量浓度为 3.0% 的 NaCl 溶液中至指定龄期(90d)后,按要求测试;电通量试验仪器采用 ASTMC1202 电量法测试仪,通过量测混凝土试件在 60V 直流电压下通电 6h 通过的电量,以评价混凝土的渗透性。

保护层厚度参考 JTJ 275—2000 的规定,并根据高性能混凝土的设计模型 FICK 定律来确定。

3) 组合梁

东海大桥有两座斜拉桥采用钢-混凝土组合梁结构,其中钢结构的防腐措施包括:外表面采用电弧喷铝保护 + 中间漆 + 面漆涂层。钢箱内则设置了除湿设备,控制相对湿度在 50% 以下。

4) 斜拉索

斜拉索的防腐采取多层防护体系:钢丝镀锌 + 外裹热挤高密度聚乙烯护套 + 密封防水。

3. 结构耐久性的检测和维护

防腐监控是结构检测的一种重要补充手段,其目的是通过预防手段来维护结构。东海大桥在岛上设置了长期暴露实验站,摆放模拟桥梁结构的试件,定期取样试验,以全面掌握实际结构的腐蚀情况。

另外,所有桥梁结构提供用于检查、维护和修复的进出人孔;斜拉桥梁底设置检查行车,可对主梁外表面进行检查和维护；主塔内设置电梯与步梯供维护人员上下；塔顶预埋挂钩吊放升降吊篮，检查人员可以全面维护主塔外表面。

四、深中通道的耐久性策略与设计

在东海大桥建成以后，国内又相继修建了多座跨海桥梁，见表1。

东海大桥之后我国跨海通道的建设 表1

序号	桥名	通车运营时间（年）	主要描述
1	杭州湾跨海大桥	2008	全长32.5km
2	舟山连岛工程	2009	全长48.16km，包括金塘大桥、西堠门大桥
3	胶州湾大桥	2011	全长36.48km
4	港珠澳大桥	2018	主体工程桥梁长29.6km
5	平潭海峡大桥	2020	全长16.4km
6	深中通道	在建，预计2024	桥梁长约17km，包括主跨1666m的伶仃洋大桥

同时，关于耐久性设计的规范标准也得到了进一步完善和修订。2007年发布了修订后的《海港工程钢结构防腐蚀技术规范》（JTS 153-3—2007），并于2008年正式实施，取代了使用近20年的89版规范。2015年，交通运输部颁布实施《水运工程结构耐久性设计标准》（JTS 153—2015），将JTJ 275中关于混凝土结构和JTS 153-3中关于钢结构的防腐设计进行了修编汇总。

另外，2004年，交通部颁布施行《公路钢筋混凝土结构及预应力混凝土桥涵设计规范》（JTG D62—2004），取代了使用近20年的85版规范。新规范在"总则"中对结构混凝土的耐久性提出了基本要求。2006年，颁布《公路工程混凝土结构防腐蚀技术规范》（JTG/T B07-01—2006），以指导公路桥梁的耐久性设计。

近年来，基于工程数据与实际经验，失效概率或可靠性的耐久性定量设计方法逐渐被写入各国规范，建立了设计使用寿命和耐久性指标之间可靠的对应关系。

1. 深中通道的耐久性设计方法

深中通道工程（图3）建设之际，先行建设的港珠澳大桥于2018年通车运营。两者相距40km，服役环境类似。因此，深中通道在借鉴港珠澳大桥耐久性设计成果和工程经验的同时，对部分技术进行了优化和深入研究，以更好地指导工程建设。

图3 深中通道工程效果图

1）基于概率的耐久性设计

耐久性设计基于混凝土氯离子渗透理论，以钢筋表面氯离子浓度达到临界浓度作为极限状态，并以概率理论为基础，通过分项系数表示。

通过分析暴露试验数据和施工检测数据，对相关参数（氯离子临界浓度、表面浓度、扩散系数及扩散系数衰减率)进行统计分析,在采用 $\beta=1.3$ 的可靠指标条件下,得到各参数的特征值和分项系数。其中分项系数见表2。

深中通道混凝土耐久性相关参数的分项系数　　　　表2

暴露区域	氯离子临界浓度(%)	氯离子表面浓度(%)	氯离子扩散系数($\times 10^{-12} m^2/s$)	氯离子扩散系数衰减率(%)
大气区	1.1	1.2	1.1	1.4
浪溅区	1.7	1.1	1.1	1.1
水位变动区	1.2	1.1	1.2	1.2
水下区	2.0	1.1	1.1	1.1

另外,通过对多个海港工程的保护层厚度的调查数据进行分析后得到,保证率为95%的保护层厚度安全裕度为 +8mm。

2)考虑荷载的耐久性设计

荷载与环境的耦合,对氯离子扩散系数影响较大,不同的受荷类型存在差异。因此,深中通道的耐久性设计考虑了荷载的影响。

在受弯荷载试件上,混凝土氯离子扩散系数的变化与弯曲应力水平呈指数函数关系;在受压荷载试件上,随着弯曲应力水平的逐渐增加,混凝土氯离子扩散系数呈先减小后增大的趋势。在耐久性设计过程中,通过增大混凝土荷载影响系数考虑不同荷载类型和水平的影响。

2. 深中通道的耐久性设计指标

1)混凝土结构

如前所述,混凝土结构耐久性设计的基本措施就是提高混凝土材料本身致密性和耐氯离子渗透性,通常是规定混凝土材料的最大氯离子扩散系数和混凝土最小保护层厚度等指标。而这些指标,在由统计确定的相关参数下,可根据公式计算得到。

混凝土的抗氯离子渗透检测按《普通混凝土长期性能和耐久性能试验方法标准》(GB/T 50082—2009)的规定执行,深中通道不同结构混凝土的指标按表3控制。

深中通道不同结构混凝土最大氯离子扩散系数控制指标　　　　表3

使用年限(年)	暴露环境	最大氯离子扩散系数($\times 10^{-12} m^2/s$)	
		28d	56d
100	大气区	7.0	5.0
	浪溅区	6.5	4.5
	水位变动区	6.5	4.5
	水下区	7.0	5.0

深中通道混凝土构件钢筋保护层厚度设置见表4(以非通航孔桥为例)。

深中通道非通航孔桥混凝土构件钢筋保护层厚度　　　　表4

结构物	构件	部位/所处环境	净保护层厚度(mm)
非通航孔桥	混凝土箱梁	浅滩区	48
		岛桥结合部	78(外侧)/55(内侧)
	墩身	大气区	78
		浪溅区、水变区	
	墩承台	水变区、水下区	78
	桩基	水下区	78
	整幅盖梁	大气区、低盐雾区	50
	分幅盖梁	高盐雾区	78

混凝土结构的附加防腐蚀措施中,近十多年的实践证明,硅烷涂层具有施工方便、保护效果好、不改变混凝土外观、有表面自清洁功能且重涂容易等优点。JTS 153—2015 规定,硅烷的保护有效期为 15 年。因此,深中通道项目采用的主要措施就包括硅烷浸渍和外层采用环氧涂层钢筋。具体采用附加防腐措施的构件见表5。

深中通道混凝土结构的耐久性附加措施　　　　　　　　　　　表5

构件	腐蚀环境	附加防腐蚀措施
箱梁	大气区	硅烷浸渍
盖梁	大气区	硅烷浸渍
主塔塔身	大气区	硅烷浸渍
	浪溅区	硅烷浸渍 + 外层环氧钢筋
主塔承台	浪溅区、水变区	外层环氧钢筋
桥墩	大气区	硅烷浸渍
	浪溅区、水变区	硅烷浸渍 + 外层环氧钢筋
	水下区	—
墩承台	浪溅区、水变区	硅烷浸渍 + 外层环氧钢筋
	水下区	—

2)结构钢

深中通道钢箱梁外壁采用金属热喷涂体系,内壁采用内部除湿 + 富锌底漆涂层配套(表6)。

深中通道钢箱梁的防腐蚀体系　　　　　　　　　　　表6

部位	涂装体系及用料	技术要求(最低干膜厚度)
钢箱梁外表面	二次表面喷砂除锈	Sa3 级,Rz60μm 以上
	热喷铝(锌)	200μm
	环氧封闭漆	50μm×1
	环氧云铁中间漆	75μm×2
	氟碳树脂面漆	40μm×2
钢箱梁内表面	二次表面喷砂除锈	Sa2.5 级,Rz50μm 以上
	环氧富锌底漆	80μm×1
	环氧树脂漆	120μm×1

外表面总的干膜厚度达到 480μm,比东海大桥 360μm 的要求提高了不少。

3)缆索系统

深中通道主缆钢丝开发应用了锌铝多元合金镀层技术,耐久性寿命较锌铝合金提升50%以上,主缆采用缠包带 + 除湿系统,也是近十多年通过引进国外技术进而实现国产化的优秀技术。

3. 深中通道的耐久性维护策略

深中通道耐久性设计明确了主要实体结构的基本检测内容和监测内容,建立了主要构件检测、监测的基本制度,初步形成了深中通道主体结构的耐久性维护策略。

针对施工过程中的现浇构件和运营期间的检测构件,明确了耐久性再设计的对象和内容;对于施工阶段的现浇构件,主要通过表面处理和调整阴极保护的启动时间来实现,对于运营期间的构件主要通过调整表面处理的维护周期和阴极保护的启动时间来实现;最终建立了施工期间和运营期间的耐久性再设计基本方法。

五、结　语

进入 21 世纪以来,中国连续开工建设了多座跨海通道,其中桥梁工程的耐久性设计也经历了一个发展过程。从对耐久性认识和经验不足到形成具有系统理论基础的耐久性技术标准,从基于经验的设计到基于概率的设计,从单纯考虑环境的作用到综合考虑荷载和环境的耦合作用,耐久性技术的不断发展,使我国跨海桥梁的结构耐久性满足100年的设计使用寿命的要求。

2019年,交通运输部发布实施了《公路工程混凝土结构耐久性设计规范》(JTG/T 3310—2019),取代了原规范《公路工程混凝土结构防腐蚀技术规范》(JTG/T B07-01—2006);2020年,颁布实施了《水运工程结构防腐蚀施工规范》(JTS/T 209—2020)和《水运工程结构耐久性设计标准》(JTS 153—2015),共同形成水运工程完善的设计、施工标准。

随着工程经验的积累、研究工作的深入、标准规范的完善,我国跨海工程的耐久性技术也将跨入世界领先行列。

参考文献

[1] 王胜年.我国海港工程混凝土耐久性技术发展及现状[J].水运工程,2010(10):1-7,118.
[2] 卢永成,艾伏平.东海大桥结构耐久性设计与技术措施[J].上海公路,2005(1):23-27,5.
[3] 高雷,姜雪峰.提高东海大桥混凝土结构耐久性的措施[J].中国港湾建设,2007(3):65-68.
[4] 盛峰平,华自勇.海工高性能混凝土在东海大桥工程中的应用[J].中国市政工程,2006(4):29-32,106.
[5] 王康臣,方翔,范志宏,等.深中通道混凝土结构耐久性设计[J].腐蚀与防护,2022,43(12):88-94,99.
[6] 王胜年,苏权科,范志宏,等.港珠澳大桥混凝土结构耐久性设计原则与方法[J].土木工程学报,2014,47(6):1-8.
[7] 王胜年,李克非,范志宏,等.港珠澳大桥主体混凝土结构120a使用寿命耐久性对策[J].水运工程,2015(3):78-84,92.
[8] 宋神友,陈伟乐.深中通道桥梁工程方案及主要创新技术[J].桥梁建设,2021,51(5):1-7.
[9] 倪静妁,方翔,王彭生.海洋环境中硅烷对混凝土结构保护的评估[J].腐蚀与防护,2020,41(10):29-32,56.

26. 蓼子特大桥免涂装耐候钢箱拱设计和建造技术

陈奉民[1]　佘健[2]　许天祥[3,4]　黄龙显[2]　谢小华[1]

(1.中铁长江交通设计集团有限公司;2.重庆高速工程顾问有限公司;
3.山地城镇建设与新技术教育部重点实验室(重庆大学);4.重庆大学土木工程学院)

摘要　蓼子特大桥主桥采用计算跨径252m中承式钢箱拱桥,矢跨比1/4.5,拱轴系数1.3。为提升结构防腐、耐久及环保性能,降低大桥全寿命周期成本,主体结构设计均采用了免涂装耐候钢,是国内首座免涂装高性能耐候钢箱拱桥。同时,提出了合理的构造细节并开展了锈层稳定化技术研究。综合考虑运输条件和建造场地条件,创造性地采用了单肋空中多次平竖复合转体工艺以及拱肋吊机负载行走运架一体化技术。该桥的建设为国内免涂装耐候钢桥技术的应用及发展进行了有益探索。

关键词　钢箱拱　免涂装耐候钢　细节设计　锈层稳定　复合转体　拱上吊机

一、工程概况

蓼子特大桥位于重庆市城口县蓼子乡,是G69银百高速公路重庆城口(陕渝界)至开州高速公路上的关键控制性工程。该桥设计基准期为100年,公路等级为双向四车道高速公路,设计速度为80km/h,荷载等级为公路—I级,桥址区设计基准风速$V_{10}=27.3$m/s,地震动峰值加速度为$0.05g$,地震基本烈度为VI度。

桥梁跨越省道S202走廊带及前河河谷,桥轴线与河道相交约60°,轴线地面高程相对高差约142m。桥位处属亚热带季风气候,四季分明,降水充沛,日照充足,山高谷深具有山区立体气候特征,年平均相对湿度为72.17%～76.25%。图1为蓼子特大桥桥位三维实景图。

图1 蓼子特大桥桥位三维实景图

图2所示为蓼子特大桥总体布置图,蓼子特大桥全长330.812m,由主桥和两岸引桥组成,跨径组合为2×22m(城口岸引桥)+259m(主桥)+17.1m(开州岸引桥)。主桥为计算跨径252m中承式免涂装耐候钢箱拱桥,矢跨比1/4.5,拱轴系数1.3;引桥为预应力混凝土连续箱梁。两岸拱座位于山脊处,地形极为陡峭险峻。城口岸拱座地段纵向地面坡角40°~45°,横向地形坡角为10°~25°,微地形为一凹槽,拱座南侧为峡谷地形,坡角达70°~80°,局部直立,坡面岩块局部突出悬空;开州岸拱座地段为单斜山脊,山脊线走向318°,山体相对较单薄,沿山脊线走向地形坡角一般为30°~55°,线路小里程方向为前河顺向斜坡,坡角45°~60°,地形与岩层面倾角基本一致,但局部地段达70°~80°,岩层形成临空。

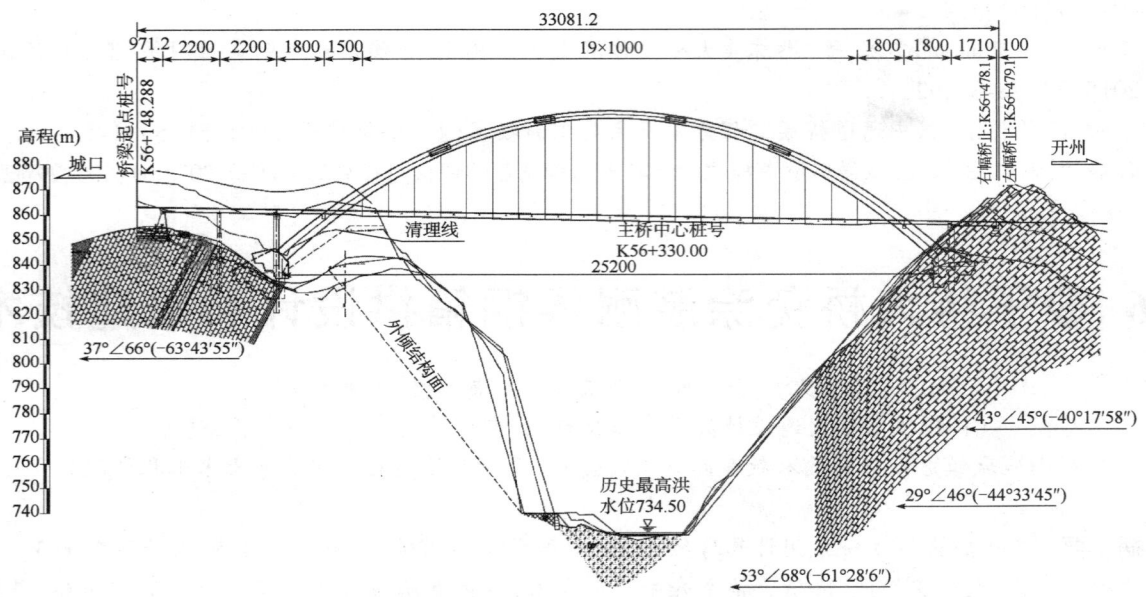

a)立面图(尺寸单位:cm;高程单位:m)

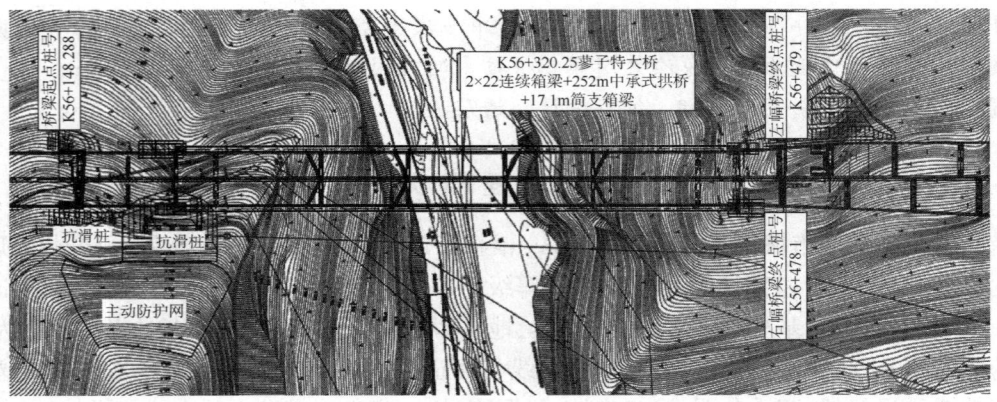

b)平面图

图2 蓼子特大桥总体布置图

主桥拱肋为平行钢箱拱,中心间距28m,采用变高度箱形截面,截面宽2.4m,高3～5.5m。沿拱肋纵向每隔约2m垂直于拱轴线设置一道横隔板,厚度为20mm,吊杆处设置30mm厚横隔板,其方向同吊杆。为将拱肋连接为整体,保证结构的稳定性,并横向分布荷载,蓼子特大桥全桥共设置4道K形风撑,采用等高度箱形截面,高1.8m,垂直宽1.5m,沿中心线每隔3m设一道横隔板,板厚为12mm。全桥设置共20对吊杆,间距为10m,吊杆钢绞线采用$\Phi^S 15.20$高强低松弛钢绞线,其标准强度为1860MPa。如图3a)所示,主桥桥面系采用钢纵梁(中纵梁、边纵梁)、横梁(吊杆横梁、次横梁、拱间横梁、小横梁)与混凝土桥面板形成的组合格构体系,桥面系标准断面如图3b)所示。主桥拱座宽5.4m,拱座襟边为1.5m,考虑到城口岸左侧、开州岸右侧地形落差较大,均设置台阶状扩大基础置于中风化岩层上,最小埋置深度5m。

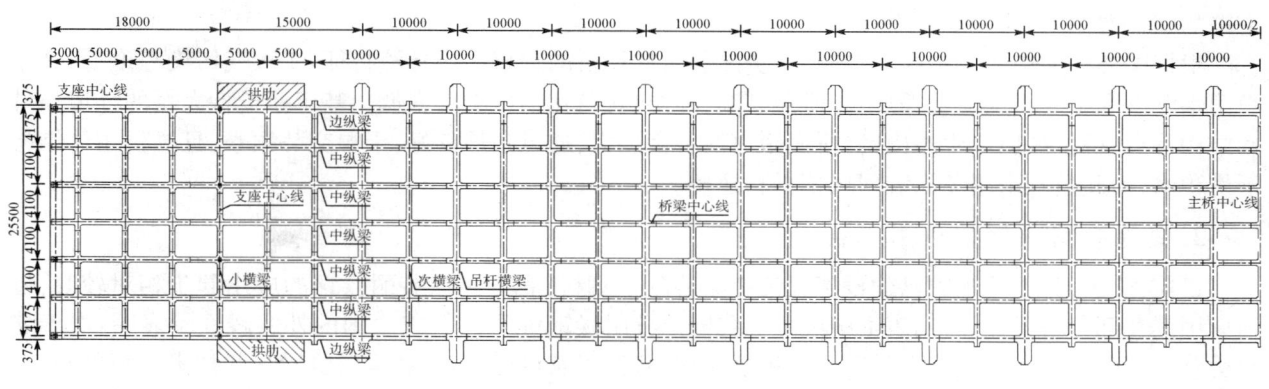

a) 钢纵、横梁布置图

b) 桥面系标准横截面

图3 蓼子特大桥主桥桥面布置图(尺寸单位:mm)

二、免涂装耐候钢桥适应性及应用现状

1. 免涂装耐候钢桥适应性

钢结构桥梁处于露天环境易受大气中的水汽、尘埃、Cl^- 和 SO_2 等污染物的腐蚀，传统做法是进行涂装提高其耐腐蚀性以保证使用寿命，但涂装材料含大量有机物，会造成污染环境，且桥梁全寿命周期内还需要进行定期检查多次维修，经济性能较差。耐候钢是一种添加了适量 Cu、Cr、Ni 等耐腐蚀元素的低合金钢，上述合金能够通过化学反应在钢材表面形成一层致密的氧化皮（保护性锈层），实现"以锈防锈"，抑制腐蚀进程，降低腐蚀速率，从而提高其耐久性能，因此，在适宜的环境及使用条件下可不进行涂装使用。免涂装耐候钢桥降低了对后期检测养护的要求，不仅减少了直接费用，还减少了维修期间中断交通带来的间接费用[1-4]。

根据国外长期使用总结和大量研究，免涂装耐候钢桥的理想适用环境特征：①大气污染程度低；②干净雨水湿润和空气干燥交替循环；③避免高温、高湿；④氯化物影响程度低。基于蓼子特大桥的环境条件和结构特点，桥位区属原生态山区，桥面距离河谷高差大，通风条件良好，干湿交替频繁，且拱桥主体结构不易积水，因此适宜采用免涂装耐候钢材料建桥。

2. 免涂装耐候钢桥应用现状

目前，美国、日本等国家已建设了大量免涂装耐候钢桥，我国免涂装耐候钢的应用起步相对较晚，逐渐应用其在部分桥梁建设中，表1中展示了我国部分耐候钢桥项目[2,4-8]。国内外实践经验表明：由于建设运营管理部门和工程技术人员对耐候钢桥认识不足，以及设计、施工和运营阶段一些技术环境的缺乏，导致一些耐候钢出现严重腐蚀病害，甚至发生垮塌事故。对病害和事故原因进行分析，主要是氯离子侵蚀导致耐候锈层破坏，以及构造细节设计不当或未及时维护导致稳定锈层无法形成，进而诱发持续锈蚀导致结构劣化失效。

我国部分耐候钢桥　　　　　　　　　　　　　　　　　　　　　表1

桥名	建成时间（年）	跨径组成（m）	结构特征	耐候钢种类	涂装部位
巡司河桥	1991	3×19.3	钢箱梁桥	NHq35	两跨钢梁
沈阳后丁香大桥	2013	38+61+38、38+61+61+48、48+61+38	钢箱梁桥	Q345qENH	箱梁表面
陕西眉县常兴二号桥	2014	54	管翼缘组合梁桥	Q500qDNH、Q345qDNH	—
西藏墨脱达国大桥	2015	81	钢桁架悬索桥	Q345qDNH	垫圈等区域
西藏墨脱西漠河大桥	2015	126	钢桁架悬索桥	Q345qDNH	垫圈等区域
官厅水库公路大桥	2019	210+720+210	双塔单跨悬索桥	Q345qENH	—
潍莱高铁跨青荣特大桥	2020	120+82	连续钢桁梁+框架墩	Q370qENH、Q345qDNH	梁端顺桥向1.8m范围
福州新洪塘大桥引桥	2021	35+22×40+4×35	自锚式单塔双索面悬索桥	Q345qDNH	—
藏木雅鲁藏布江大桥	2021	430	中承式钢管混凝土拱桥	Q420qENH、Q345qENH	桥面以下拱脚
大连普湾新区十六号路跨海大桥	在建	200	五跨钢箱拱桥	Q345qENH、Q345qENH-Z15、Q420qENH	涂装

三、主桥细部结构设计及制造技术

1. 免涂装耐候钢细节设计

免涂装耐候钢在桥梁结构中的使用,技术核心是形成稳定的保护性锈层。影响腐蚀的主要因素包括环境条件、钢材种类和结构外形,而通风良好、保持钢材表面反复干湿交替、防止漏水、积水和积尘是形成保护性锈层的必要条件,因此免涂装耐候钢结构设计时在材料选用基础上需针对性研究组成构件的构造细节,并通过合理的细节设计使得结构表面易于形成保护性锈层。文献[9]中为保证稳定锈层的快速形成,针对主结构(I形截面、箱形截面和桁架截面)、梁端部、焊接部分、桥面板和下部基础给出了构造细节。张钰伯[10]基于某新建高速公路上跨桥中的工字形钢-混凝土组合梁进行了研究并提出了排水构造细节。王春生等[11]对已有构造细节进行总结,提出了钢板梁、钢箱梁、钢桁梁、梁端部及桥面连接处和桥墩及桥台的构造细节。

蓼子特大桥设计时对长期暴露在充沛雨量、湿润空气中无任何遮蔽的拱肋、K形撑和横梁采用Q420qNHD耐候钢,桥面格子梁采用Q345qDNH耐候钢,其技术标准应满足《耐候结构钢》(GB/T 4171—2008)[12]及《低合金高强度结构钢》(GB/T 1591—2018)的要求。为保证钢板的焊接性能及抗层状撕裂要求,要求主桥主体钢材耐大气腐蚀指数$I \geq 6.5$,交货状态为热机械控制轧制(TMCP)+回火。主桥拱肋属于关键受力构件,还应符合《厚度方向性能钢板》(GB/T 5313—2010)[13]规定中的Z35标准。

欧洲耐候钢桥梁设计指南[14]指出,即使处理得当,耐候钢在桥梁使用寿命期间不会发生显著的持续腐蚀,但仍会造成材料损失,因此须考虑板厚损失裕量。对于典型环境C3,板厚损失建议值为1.0mm。日本耐候钢桥梁指南[15]指出,耐候钢50年的腐蚀量为0.3mm以下,100年为0.5mm以下。蓼子特大桥处于山区通风良好的农村环境,设计考虑板厚裕量为1.0mm,同时钢板有效厚度按C类公差控制。合理结构细节方面,蓼子特大桥设计时基于已有工程经验主要采取了以下改善通风、改善排水和避免积水的合理化构造措施:

(1)拱肋及K撑箱形截面上翼缘局部伸出30mm以减少上缘流水影响腹板,两侧腹板下伸30mm以防止下缘表面积水(图4)。

(2)I形截面竖肋下端开高100mm的过水孔(图4)。

(3)桥面以下范围拱肋及横梁表面易受桥面积水飞溅等影响,保护性锈层难以形成,因此拱脚沿拱轴线5m范围内进行了外表面局部防腐涂装。

(4)考虑到梁端伸缩装置漏水、通风性差等因素,梁端处于易腐蚀环境中,因此端横梁采用了外包混凝土组合结构(图5)。

(5)拱肋内设置2套除湿系统和8套通风系统,以保证拱肋箱体内部的干湿交替。

2. 免涂装耐候钢细节设计

1)焊接

相比于普通钢材,耐候钢添加的合金元素对其焊接性能有较大影响,因此,焊接材料和焊接工艺选择尤为重要。日本常以耐候钢化学成分和冲击韧性为依据选择焊材,其化学成分中Cu、Cr、Ni的含量不应低于《焊接结构用耐大气腐蚀热轧钢材》(JIS G3114—2008)[16]中W类钢的下限值。美国Bridge Welding Code(AASHTO/AWS D1.5MD/1.5—2010)[17]中对焊材提出了以下规定:①焊材应与母材性能和成分匹配;②焊接接头最大填充金属扩散氢含量不应超过8ml/100g焊缝熔敷金属;③单道焊缝焊脚尺寸小于8mm时可采用传统焊材,大于8mm时应采用耐候性焊材;④多道焊缝下层焊材可仅考虑强度匹配,但上层焊材应采用耐候性焊材。目前,我国尚无耐候桥梁钢用耐候焊材标准,一般参考《铁道车辆用耐大气腐蚀钢及不锈钢焊接材料》(T/CWAN 0018—2020)[18]进行焊材选择,但其无法满足耐候桥梁钢对低温韧性的要求。此外,美国、日本针对耐候钢焊接工艺进行了大量研究,并形成了焊接技术标准。近年来,我国学者针对耐候钢焊材和焊接工艺也开展了大量的试验研究和理论分析[19-23]。

a) 拱脚截面 b) 拱顶截面 c) 拱间横梁

d) 边纵梁 e) 中纵梁

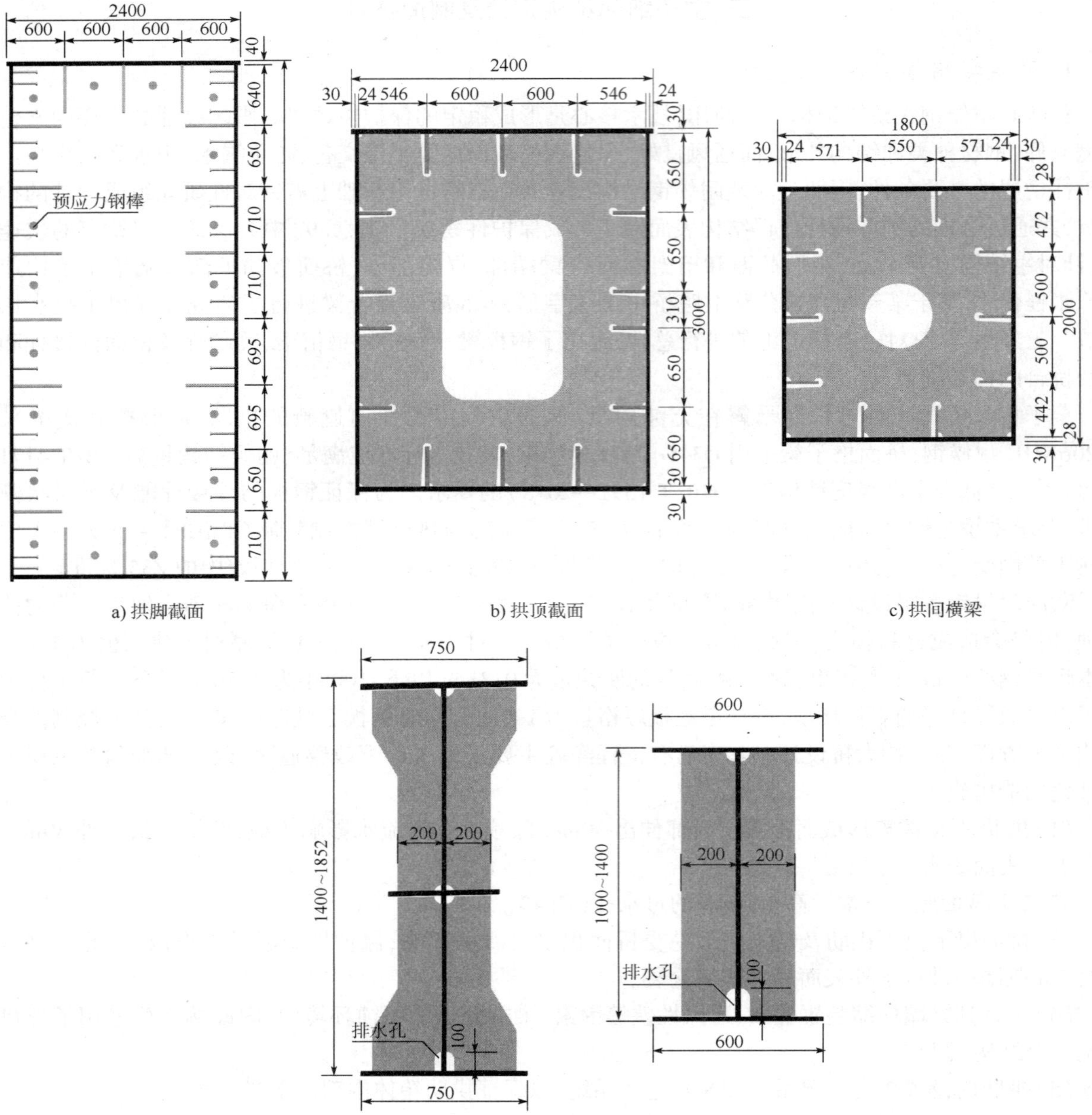

图4 拱肋、拱间横梁和纵梁典型截面(尺寸单位:mm)

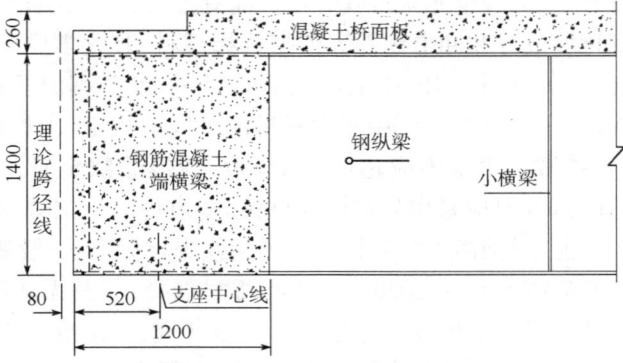

图5 梁端局部外包混凝土防腐构造(尺寸单位:mm)

蓼子特大桥拱肋箱形棱角焊缝采用双面坡口部分熔透角焊缝,焊缝熔深不小于开坡口板厚的80%,且坡口焊满后匀顺焊接不小于8mm角焊缝,但在与拱间横梁、吊杆、K形撑交叉局部区域采用全熔透焊缝。

所有采用半自动焊及手工焊的焊缝均应打磨匀顺。除应符合《公路钢结构桥梁制造和安装施工规范》(JTG/T 3651—2022)[24]规定外,其顶板、底板、腹板和隔板需要提高检验要求,其质量等级要求为Ⅰ级,探伤方法为超声波探伤(100%)、射线探伤(100%)、磁粉探伤(100%);检验等级为B级(单面双侧),探伤部位为焊缝全长。

2)高强螺栓连接

耐候钢桥的螺栓连接不仅应保证传力明确和安全可靠,还应便于加工制造和后期维护。耐候钢桥的大量调查结果表明螺栓孔处常存在较为严重的缝隙腐蚀,应在高强螺栓连接设计和施工时予以注意,并采取相应的构造和工艺措施。日本耐候钢桥建设时采用添加Cu、Cr、Ni等元素的耐候高强螺栓,且所采用的高强度六角头螺栓、螺母和垫圈连接副应满足《摩擦夹紧连接用高强度六角螺栓、六角螺母及平垫圈系列》(JIS B1186—2007)[25]中所规定的技术标准。美国目前主要采用ASTM F3125 A325/A325M和ASTM A490/A490M Type3耐候高强螺栓,螺栓头或螺母应与水平线成一定角度并进行涂装以防止螺栓上堆积水等污染物,此外,螺栓部件外孔的尺寸应按标准尺寸选取,且应选用不小于8mm厚的板式垫圈对螺栓进行完全包裹。目前,我国尚无明确的技术规范,陶晓燕等[26]对中铁山桥集团有限公司制造的耐候高强螺栓进行了研究,结果表明采用喷砂和钢丝刷相结合的处理工艺可满足免涂装耐候钢桥的连接要求,但室外放置半年后抗滑移系数显著下降,此外,耐候高强螺栓栓接接头无锈蚀和锈蚀条件下均可采用《铁路桥梁钢结构设计规范》(TB 10091—2017)中的栓接疲劳曲线进行疲劳设计,且偏于安全。

蓼子特大桥高强螺栓均采用耐候型高强螺栓,性能等级为10.9S级,符合《钢结构用高强度大六角头螺栓》(GB/T 1228—2006)中要求。高强螺栓、螺母和垫圈用钢材料均应符合耐候钢高强螺栓用钢相关技术要求,其耐大气腐蚀系数I≥6.5。高强螺栓摩擦面除锈等级应达到Sa3级,表面粗糙度Ra应达到$50\sim100\mu m$,为了运营期间的抗滑系数得到保障,摩擦面仍然喷涂无机富锌防滑涂料,连接副经终拧检查合格后,其栓接板束的板缝及螺栓与拼接板间的缝隙采用腻子密封。

3. 免涂装耐候钢锈层稳定化技术

锈层的稳定性和一致性对耐候钢耐腐蚀性能的发挥具有重要意义。已有研究表明:耐候钢腐蚀速度取决于液膜厚度、干湿变化频率和氧气扩散进入液膜与金属界面的速度。目前,常用的锈层稳定化处理技术有耐候性涂膜处理、氧化物涂层处理、涂装氧化铁-磷酸盐系漆、周期水浸等,日本学者在聚乙烯缩丁醛树脂中加少量硫酸铬制成了一种新型表面复合处理剂,日本川崎制铁公司运用微细铁氧化物腐蚀形成的锈核来促进耐候钢锈层的形成。周期水浸即对耐候钢构件进行定期水浸,使钢板表面经过周期性的湿润和干燥过程,加快锈层的稳定化。

蓼子特大桥耐候钢构件厂内制作完成后进行了整体喷砂处理,除锈等级达到Sa2级,实践证明整体高标准的喷砂或抛丸处理是形成一致性稳定保护性锈层的保证。采用周期水浸法促进锈层稳定,喷砂除锈后表面进行周期性洒水处理,每天至少3次,维持钢结构表面干湿交替状态,至少干湿循环3个月,保证钢结构表面形成均匀的锈层,洒水时应采用低压洒水或水雾洒水,严禁采用高压水枪。耐候钢构件出厂时保护性锈层厚度平均值应不小于$10\mu m\pm1\mu m$,锈层颜色应均匀,整体颜色均匀一致,运输及安装过程中不应破坏已形成的保护性锈层,且应防止混凝土、砂浆、沥青和油脂污染构件表面。

四、复合转体及桥面系安装施工技术

蓼子特大桥为典型山岭重丘区桥梁,施工场地布置严重受限,便道修建开挖量大,大型机械难以到位。采用传统缆索吊装模式,锚碇布设困难,对山体破坏大,施工投入大,不利于绿色环保施工,且与桥头接线工程存在较大干扰。综合考虑运输条件和场地条件,拱肋在现场搭设支架进行卧拼,之后采用单拱肋竖转和平转相结合的工艺施工。吊索及桥面钢梁采用拱上吊机负载行走对称起吊安装,预制桥面板还利用汽车吊辅助安装。

1. 拱座施工

拱座设置为分离式,每岸左右各1个拱座,设上下转盘。如图6所示,上下转盘间设置球铰、撑脚、环道和牵引反力座。下转盘共三种形式:①A类二次竖转(城口岸右侧、开州岸左侧);②B类一次竖转(城口岸左侧);③C类一次竖转(开州岸右侧)。上转盘共两种形式:①A类两次竖转(城口岸右侧、开州岸左侧);②B类一次竖转(城口岸左侧、开州岸右侧)。

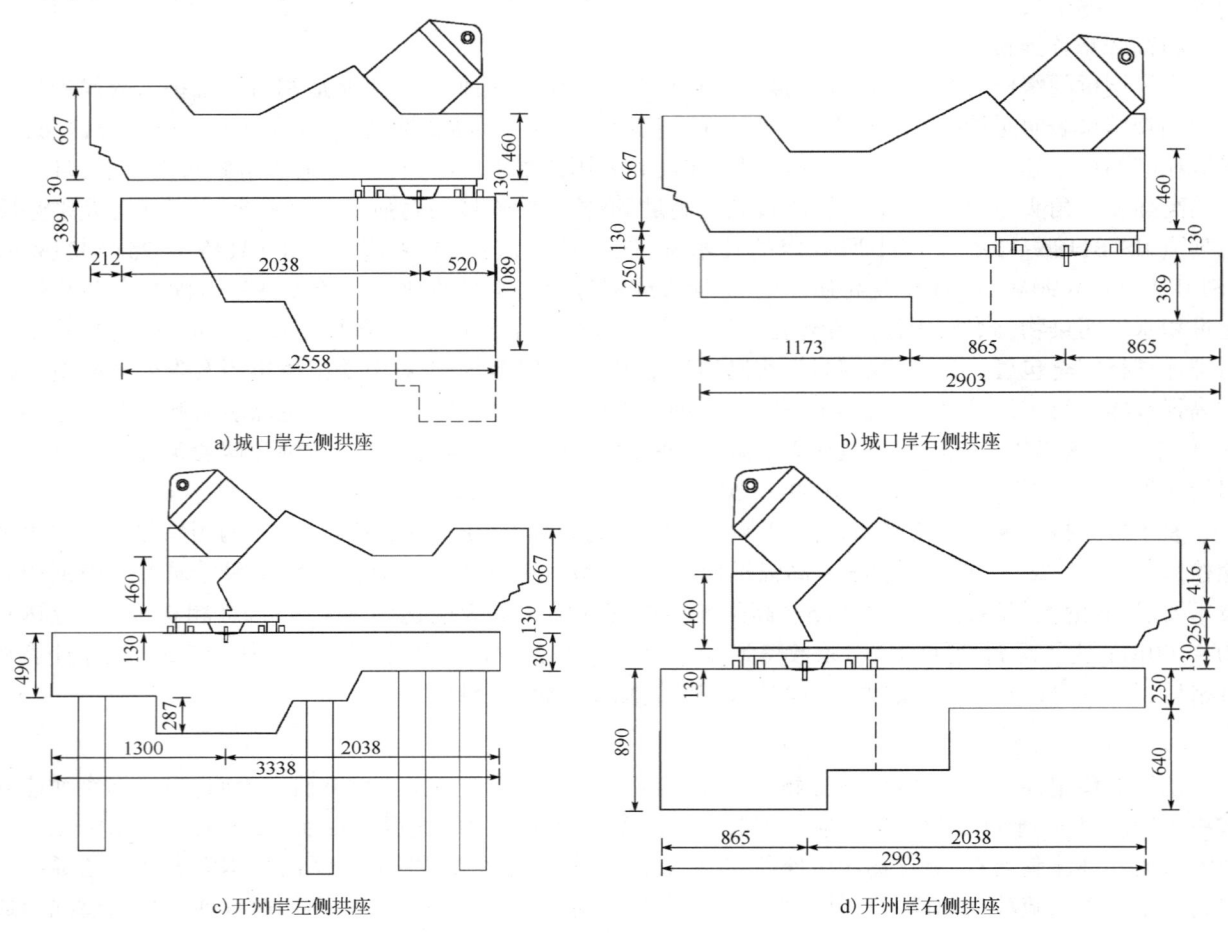

a) 城口岸左侧拱座

b) 城口岸右侧拱座

c) 开州岸左侧拱座

d) 开州岸右侧拱座

图6 拱座上下转盘图(尺寸单位:mm)

2. 拱肋转体施工

拱肋施工采用竖转、平转、竖转相结合的方式进行单肋分幅转体合龙,施工过程如图7所示。对于城口岸左侧、开州岸右侧拱肋,因其绕山体外侧无任何障碍物,直接在拼装位置竖转到设计高程,竖转到位后直接平转合龙。对于城口岸右侧、开州岸左侧拱肋,因其绕山体内侧转动,位于设计高程的拱肋无法翻越山体,故第一次竖转时需将拱肋竖转到高于设计拱肋线30°(城口岸右侧)/26°(开州岸左侧)位置进行平转,平转到位后,再二次竖转下放至设计高程进行合龙。

图8所示为平转牵引系统示意图,主要由钢绞线、连续张拉千斤顶和牵引反力座组成。一个拱肋设置一对牵引反力座,分别锚固在下转盘上。牵引采用一组钢绞线形成转动力偶,钢绞线一端锚固于上转盘中,缠绕在上转盘上,另一端则与连续张拉千斤顶相连。布置牵引索、牵引千斤顶及辅助顶推千斤顶,牵引索按理论动摩擦力张拉,辅助顶推千斤顶以克服动摩擦与静摩擦力差值,辅助千斤顶直接顶推撑脚。在起动时辅助千斤顶与牵引千斤顶同时作用,起动后仅有牵引千斤顶工作。对一次竖转的拱肋,平转到位后,准备合龙,同时浇筑上下转盘间混凝土封固转盘;对于二次竖转的拱肋,平转到位后,将上下转盘固结,浇筑混凝土封固转盘,同时张拉后锚,准备下放。

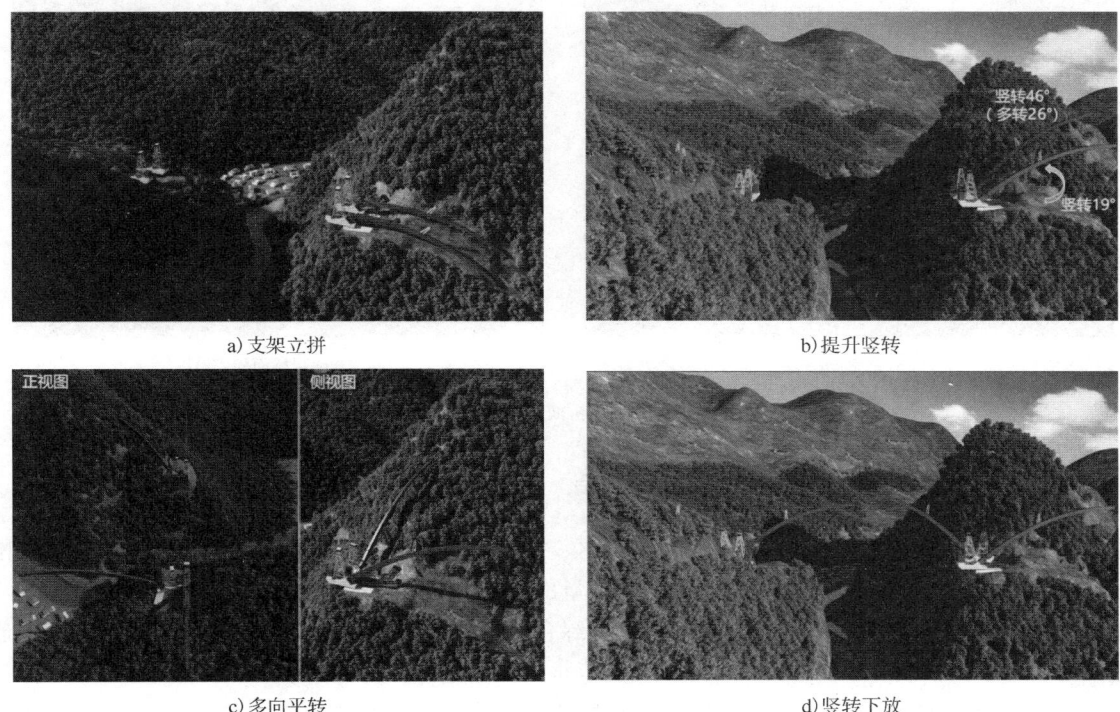

a) 支架立拼　　　　b) 提升竖转

c) 多向平转　　　　d) 竖转下放

图7　蓼子特大桥单拱肋复合转体施工示意图

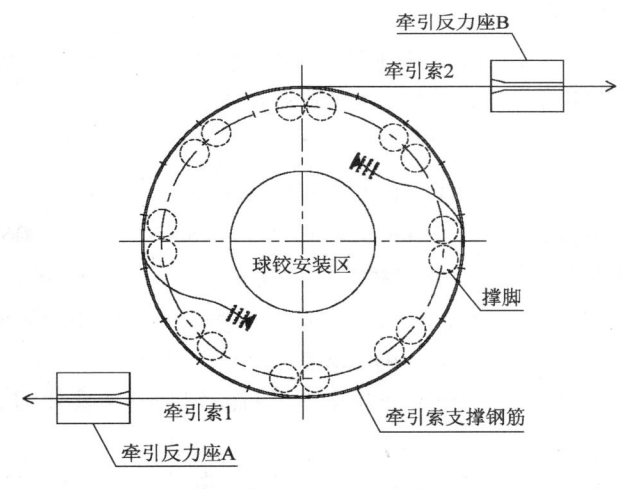

图8　蓼子特大桥牵引系统图

3. 桥面系安装

桥面系采用钢-混凝土组合结构,由钢主梁和预制桥面板结合而成。如图9a)所示,钢主梁可分为立柱支承区段和吊索区段,其中两岸立柱支承区钢梁节段运输至拱座吊装区域拼装成工地安装节段后采用220t汽车起重机吊装,吊索区钢梁运输至桥位下方的谷底拼装平台,利用门式起重机拼装成工地安装节段后采用拱上吊机负载行走对称起吊安装桥面钢梁至跨中合龙。预制桥面板的安装则从预制场经开州岸桥后引桥运输至吊装位置,如图9b)所示,采用80t汽车起重机在桥面中心轴线横向铺设两块桥面预制板带,再利用铺设的板带作为通道运输并对称安装其余桥面板,之后浇筑桥面湿接缝。

a) 钢主梁吊装

b) 预制桥面板安装

图 9 桥面系安装

五、结　语

蓼子特大桥地处生态脆弱环境敏感的复杂山区，主桥充分适应地形地质条件，采用了中承式钢箱拱桥方案。为有效改善桥梁的耐腐蚀性能，实现最少量的后期维护，在环境适用评价和试验研究基础上，主体结构采用了高强高韧、耐腐蚀抗疲劳、省工节能、绿色低碳的免涂装耐候钢材料，建造成本与传统涂装钢材相当。

针对蓼子特大桥免涂装耐候钢箱拱桥的结构特点，耐候钢板腐蚀富余量取值为1.0mm；结构设计采取了利于排水、通风的合理构造细节，对易腐蚀的梁端和桥面下方拱肋部位采取了外包混凝土和局部涂装处理；研究并合理选用了焊缝连接及焊材和高强螺栓连接的技术要求；结合国内建造经验，提出了保护性锈层稳定化、一致化的工艺措施。

为适应山峭谷深的建设条件，创造性采用了现场立拼、单拱肋多向复合转体、拱上吊机负载运架等快速化绿色建造工艺，有效提高建造效率，经济与环保效益显著。

参考文献

[1] KAMIMUMA T, HARA S, MIYUKI H, et al. Composition and protective ability of rust layer formed on weathering steel exposed to various environments[J]. Corrosion Science, 2006(48): 2799-2812.

[2] 李军平. 免涂装耐候钢在雅鲁藏布江钢管拱桥上的研究应用[J]. 钢结构, 2019, 34(6): 107-111.

[3] SU H, WANG J, DU J S. Fatigue behavior of corroded non-load-carrying bridge weathering steel Q345qDNH fillet welded joints[J]. Structures, 2020(26): 859-869.

[4] 孙宗磊, 张上. 潍莱铁路跨青荣特大桥全焊接免涂装耐候钢钢桁梁设计[J]. 桥梁建设, 2021, 51(1): 109-114.

[5] 贺君, 刘玉擎, 陈艾荣. 耐候钢在桥梁工程中的应用[J]. 北京交通大学学报, 2006, 30(S): 310-315.

[6] 褚冰纯. 后丁香大桥钢箱梁工地焊接质量控制[J]. 北方交通, 2014(3): 66-68.

[7] 王春生, 常全禄, 翟晓亮, 等. 管翼缘组合梁桥设计与结构分析[J]. 钢结构, 2015, 30(6): 17-21.

[8] 邓玮琳. 福州洪塘大桥总体设计和技术创新[J]. 中国市政工程, 2018(1): 8-12.

[9] 王柏重. 耐候钢裸用桥梁的现状及其设计和施工[J]. 国外桥梁, 1988(3): 24-52.

[10] 张钰伯. 高性能耐候钢在钢板组合梁桥中的应用[J]. 工程建设与设计, 2020(3): 236-238.

[11] 王春生, 张静雯, 段兰, 等. 长寿命高性能耐候钢桥研究进展与工程应用[J]. 交通运输工程学报, 2020, 20(1): 1-26.

[12] 中国钢铁工业协会. 耐候结构钢: GB/T 4171—2008[S]. 北京: 中国标准出版社, 2008.

[13] 全国钢标准化技术委员会. 厚度方向性能钢板: GB/T 5313—2010[S]. 北京: 中国标准出版社, 2010.

[14] ECCS AC3 BRIDGE COMMITTEE. European design guide for the use of weathering steel in bridge construction[S]. Brussels：European Convention for Constructional Steel Work ECCS CECM EKS，2021.
[15] 日本桥梁建设协会.耐候性钢桥梁の手引き[S].日本：日本桥梁建设协会,2013.
[16] 日本工业标准调查会.焊接结构用耐大气腐蚀热轧钢材：JIS G3114—2008[S].日本：日本规格协会,2008.
[17] CORUS CONSTRUCTION AND INDUSTRIAL. Weathering steel bridges[R]. London：Corus Construction and Industrial，2010.
[18] 中国焊接协会.铁道车辆用耐大气腐蚀钢及不锈钢焊接材料：T/CWAN 0018—2020[S].北京：中国标准出版社,2008.
[19] 刘博维.S355J2W耐候钢焊接接头组织及性能研究[D].北京：北京交通大学,2012.
[20] 荣豪.耐候钢SMA490BW激光-MAG电弧复合焊接工艺研究[D].四川：西南交通大学,2014.
[21] 刘春涛,胡连海,张小红,等.高强度耐候钢Q450NQR1激光复合焊接头组织与性能[J].热加工工艺,2016,45(11)：250-252.
[22] 曲晓敏.免涂装耐候钢桥梁钢用耐候焊材焊接接头的组织和性能研究[D].河北：燕山大学,2018.
[23] 黄宸,黄峰,张宇,等.高强耐候钢焊接接头电偶腐蚀行为研究[J].中国腐蚀与防护学报,2019,39(6)：527-535.
[24] 中华人民共和国交通运输部.公路钢结构桥梁制造和安装施工规范：JTG/T 3651—2022[S].北京：人民交通出版社股份有限公司,2022.
[25] 日本工业标准调查会.摩擦夹紧连接用高强度六角螺栓、六角螺母及平垫圈系列：JIS B1186—2007[S].日本：日本规格协会,2008.
[26] 陶晓燕,史志强,韩继月,等.耐候钢桥的高强度螺栓连接试验研究[J].钢结构,2017,33(1)：105-108.

27. 眉山锦江大桥总体设计

李明金[1]　谢峰[2,3]　安朗[3]　杨星[3]

(1.中国空气动力研究与发展中心；2.同济大学土木工程学院；3.中国建筑西南设计研究院有限公司)

摘　要　眉山锦江大桥位于眉山市彭山区锦江镇，横跨府河，是目前眉山天府新区的第一座跨江钢结构大桥，也是加速成眉同城化的重要项目。眉山锦江大桥全长258.5m，主桥为25m+100m+25m三跨连续下承式钢桁架拱桥，采用"钢拱梁整体顶推，一次性顶推到位"的施工方法，两岸设置欧式桥塔与附近中法农业合作园内建筑风格相融合。本文主要介绍眉山锦江大桥结构设计、主桥受力性能分析及施工关键技术等内容。

关键词　钢桁架拱桥　大跨径　桥梁结构设计　顶推施工法　拱脚局部分析

一、桥梁结构设计

1. 工程概况

眉山锦江大桥项目位于眉山市彭山区锦江镇，于牧马新镇旁横跨府河，连接锦江镇和双流区黄龙溪镇，是成眉同城化发展的重要交通项目。该桥处于城市主干路，设计速度为50km/h，汽车荷载等级为城A级。大桥与锦江正交，整体呈东西走向，桥址所在区域主要地层从上到下为松散卵石、强风化泥岩、中风化泥岩。

眉山锦江大桥全长258.5m，桥宽30m，为减小水中墩数量，降低施工难度，桥跨布置为2×25m预制混凝土小箱梁+(25+100+25)m下承式钢桁架拱桥+2×25m预制混凝土小箱梁，主跨拱圈线形采用二次抛物线，拱肋矢跨比1:5，在两岸设置欧式桥塔与周围建筑相融合。该桥梁设计安全等级为Ⅰ级，结构重要性系数为1.1；抗震设防类别为丙类，按照Ⅷ度设计桥梁抗震构造措施，工程场地的地震基本烈度为Ⅶ度，50年超越概率10%地震动水平峰值加速度为0.1g。桥梁立面布置如图1所示。

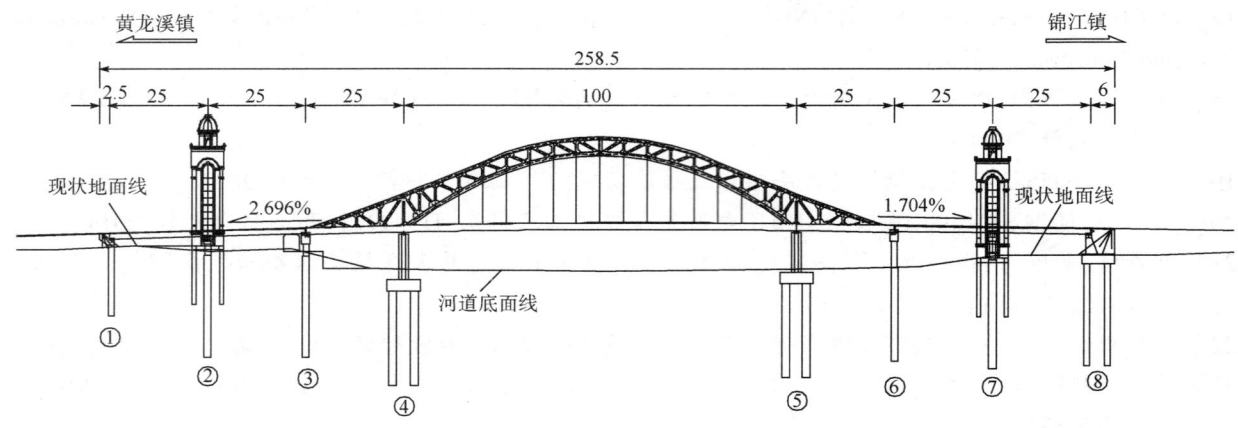

图1 桥梁立面图(尺寸单位:m)

2. 上部结构设计

1) 桥面系布置

眉山锦江大桥桥面结构采用纵横梁形式，由钢纵梁、钢横梁、人行道挑梁和U形加劲肋钢桥面板组成。钢纵梁与上下弦杆连接，中心间距23m。钢横梁和人行道挑梁标准间距3.0m。钢纵梁、钢横梁、人行道挑梁组成了桥面格子梁体系，与桥面板共同构成桥面的整体受力体系。桥面设1.5%双向横坡，人行道设2%单向反坡。主纵梁采用单箱三室钢箱梁，宽2.5m，梁高1.8m，主梁横断面如图2所示。

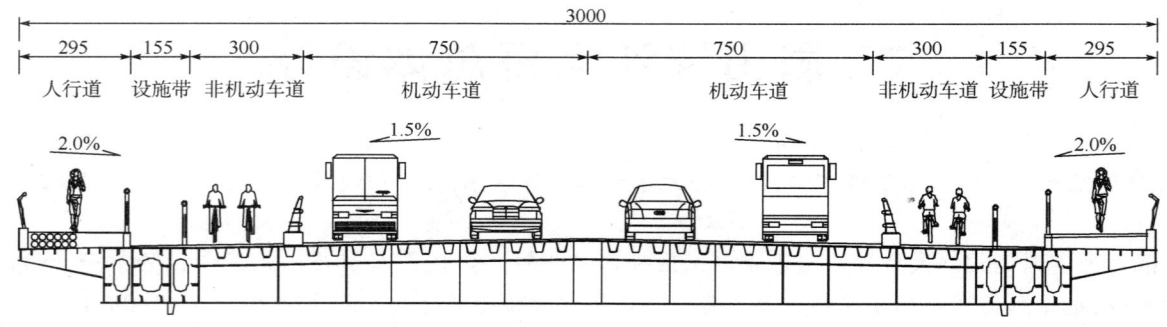

图2 主桥横断面(尺寸单位:cm)

主纵梁顶板厚16mm，底板厚25mm，腹板处中支点附近5m范围内采用40mm，其余均采用16mm或20mm，加劲肋均采用12×120mm板肋，间距约400mm，主纵梁采用16mm厚实腹式横隔板，间距3m。次纵梁采用工字型钢梁，梁高1.4m，宽0.4m，腹板及底板厚16mm。次纵梁与钢桥面板焊接，并在横隔板处与隔板焊接。普通横梁采用工字形钢梁，分为吊点横梁与非吊点横梁两种形式，标准间距3m，长22.0m，顶面设双向1.5%横坡，跨中梁高1.965m，端部梁高1.8m，底板设平坡。非吊点横梁底板宽400mm，厚25mm；腹板厚16mm，在腹板上设置双面加劲肋，纵向加劲肋厚12mm、高140mm，横向加劲肋厚14mm、高160mm；腹板横向加劲肋与底板之间间隙80mm。吊点横梁底板宽600mm，厚25mm；腹板厚16mm，在腹板上设置双面加劲肋，纵向加劲肋厚12mm、高140mm，横向加劲肋厚14mm、高160mm。

2) 拱肋布置

主桥拱肋矢跨比采用1:5，两个相平行的桁架拱肋采用风撑连接。桁架拱由上弦杆、下弦杆和腹杆组成。上下弦杆为箱形截面,腹杆为工字形截面。上下弦杆节段间及与腹杆间均采用焊接。上弦杆采用二次抛物线和圆曲线,其中拱顶48m范围采用二次抛物线,其余范围均采用圆曲线;下弦杆采用二次抛物线。下弦杆中心线跨径为100m,高度20m;上弦杆中心线跨径为150m,高度24m,拱顶处上下弦杆间距4.0m,中支点至上下弦杆间距9.0m。上下弦杆均采用箱形截面。上弦杆截面高×宽为800mm×1000mm,板厚采用20mm和25mm,其中边跨到跨中47.88m段采用20mm,跨中54.0m采用25mm,以线性过渡。下弦杆截面高×宽为1000mm×1000mm,板厚40mm、25mm和20mm,其中中支点9.0m范围内采用40mm,支点到跨中25.0m段采用25mm,跨中42.0m采用20mm。

主桥两片桁架横向采用风撑连接,其中上弦杆设置9道,下弦杆设置2道,采用K形及米字形。上弦杆风撑除两端采用箱形截面外,其余均采用工字形截面。箱形截面高800mm,宽1000mm;工字形截面宽600mm,高800mm。下弦杆采用工字形截面,工字形截面宽600mm,高1000mm。截面顶底板厚25mm,腹板厚20mm。

3) 吊杆设计

吊杆立面上整体对称、竖向布置,梁上顺桥向吊杆间距6m,横桥向吊杆间距23.0m,锚固于主纵梁;吊杆共13对,最长索长17.8m,最短索长约7.0m。本桥采用冷铸镦头锚平行钢丝拉索体系,拉索抗拉强度 $f_{ptk}=1770$MPa。拉索型号根据索力采用PES7-55,安全系数均不小于2.5。

4) 预制小箱梁

引桥段25m小箱梁梁高1600mm,顶板厚0.20m,腹板厚0.18~0.30m,腹板采用斜率为1:3.5,底板厚0.20~0.30m。纵向在梁两端各设一道端横梁。单幅桥设置中梁3片,内、外边梁各1片;中梁预制宽2400mm,内、外边梁预制宽2850mm,湿接缝宽522mm。

3. 下部结构设计

1) 主桥桥墩设计

主墩采用柱式墩,承台埋置于规划河道线以下,由于墩位处地质条件较好,桩基础按照嵌岩桩进行设计。墩柱高约10.0m,长4.5m,宽2.5m。主墩承台高3.0m,长8.35m,宽8.35m。主墩基础布置4根直径2.0m钻孔灌注桩,桩长25m,以中风化泥岩为持力层。桩基顺桥向2排,间距5.15m,横桥向2排,间距5.15m,桩基边缘距承台边缘0.6m。

2) 引桥桥墩设计

引桥桥墩位于河道岸坡上,采用盖梁柱式墩,其地质条件从上至下依次为松散卵石、强风化泥岩、中风化泥岩等。根据勘察钻孔资料显示,墩位处地质较好,桩基础按照嵌岩桩进行设计。桥墩盖梁采用钢筋混凝土结构,长13.4m,高1.8m。桥墩采用圆形截面,直径1.5m,高3~7m。桩基础采用1.8m,桩长25~29m。

3) 桥台设计

本桥桥台根据起桥高度,采用重力式桥台、轻型桥台。其中1号处桥台采用轻型桥台,盖梁高度1.2m,基础横向布置6根直径1.5m钻孔灌注桩,间距5.5m,桩长19m,以中风化砂岩或中风化泥岩为持力层。8号处桥台采用重力式桥台,台身高约4.0m,承台采用长×宽×高=30m×8.16m×2.5m,基础采用桩基础,横向布置6根直径1.5m钻孔灌注桩,间距5.5m,顺桥向布置2排桩,间距5.16m,桩长27m,桥台、承台均在中间位置设一道2cm变形缝。

二、主桥受力性能分析

1. 有限元模型建立

钢桁架拱桥以其自重轻、用钢量小、跨越能力强、装配程度高、造型优美而广泛应用[1],为研究设计方案的合理性及关键构造的安全性,建立midas Civil空间有限元模型,模型按照实际结构尺寸、支承情况建立,桥面板采用板单元模拟,吊杆采用桁架单元模拟,其余结构采用梁单元模拟。考虑到拱脚节点处构造复杂,处于多向受力,应力状态复杂[2],建立其局部细化模型,主桥模型及拱脚局部模型具体如图 3 所示。

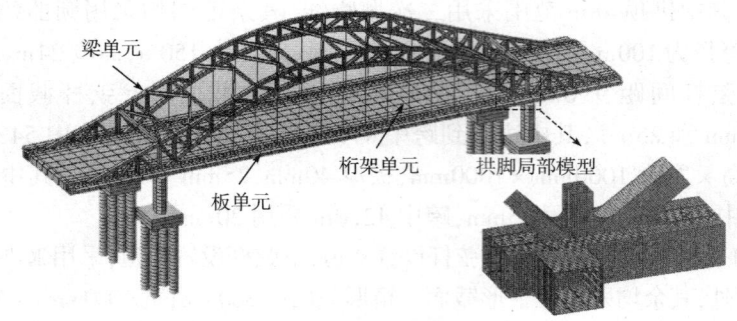

图 3　主桥及拱脚局部 midas 计算模型

眉山锦江大桥主体钢结构采用 Q345qD,吊索采用热挤聚乙烯锌铝合金镀层钢丝拉索,索体钢丝直径为 7mm,小箱梁采用 C50 混凝土,桥台与承台采用 C40,桩基采用 C35 水下混凝土。钢材与吊杆重度取 78.5kN/m³,考虑焊缝重量模型中自重系数取 1.05;混凝土重度取 26kN/m³;钢桥面板 7cm 沥青混凝土铺装,沥青混凝土重度取 24kN/m³;防撞护栏按 8.0kN/m 计,共计 2 道;单侧人行道栏杆按 1.5kN/m 计,分两侧布置;过桥管线荷载按单边 5.0kN/m 计;非机动车道和人行道缘石、盖板等取单边 11.4kN/m;人群荷载及非机动车道荷载取 2.5kPa。

2. 静力分析

1) 强度计算

考虑结构重要性系数 1.1,基本组合作用下,下弦杆最大正应力 145.0MPa,最大剪应力 73.8MPa,最大组合应力 195.6MPa;上弦杆最大正应力 100.6MPa,最大剪应力 39.2MPa,最大组合应力 148.0MPa;腹杆最大正应力 72.2MPa,最大剪应力 67.5MPa,最大组合应力 127.7MPa;横撑最大正应力 10.7MPa,最大剪应力 34.6MPa,最大组合应力 56.2MPa。主纵梁最大正应力 95.2MPa;最大剪应力 110.1MPa,最大组合应力 116.7MPa;横梁最大正应力 75.4MPa,最大剪应力 118.9MPa,最大组合应力 169.8MPa。桥面板最大正应力 98.3MPa;最大剪应力 34.6MPa,最大组合应力 92.6MPa。基本组合下,关键构件的组合应力包络图,如图 4 所示。

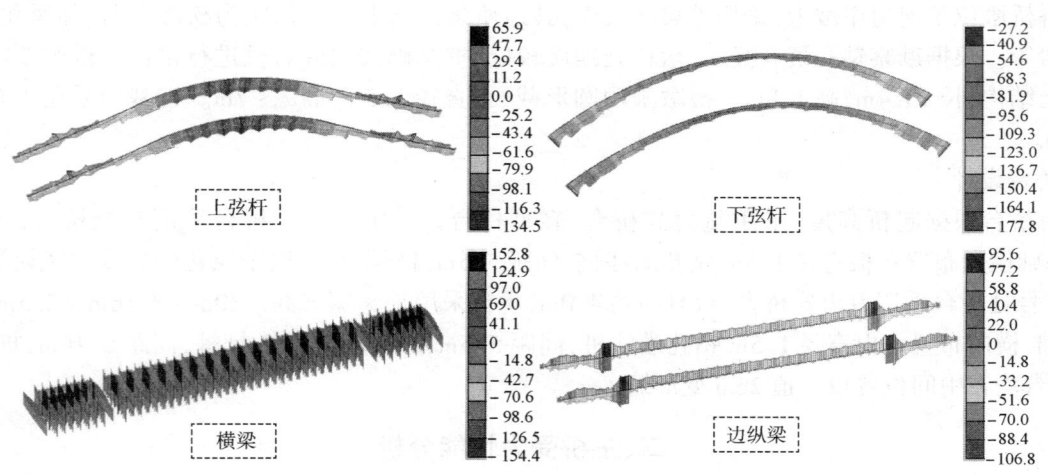

图 4　基本组合下关键构件组合应力包络图(单位:MPa)

吊索最大轴力为 1259.6kN,最小轴力为 1132.8kN,平行钢丝拉索安全系数均大于 2.5。

在全桥模型基础验算各构件强度均满足规范要求基础上,建立拱脚局部模型分析其应力状况,该拱脚处各板件在基本组合下的应力状态如图 5 所示。拱脚处最大 Mises 应力为 259.9MPa,出现在拱脚底板上,可得拱脚局部强度也满足规范要求。

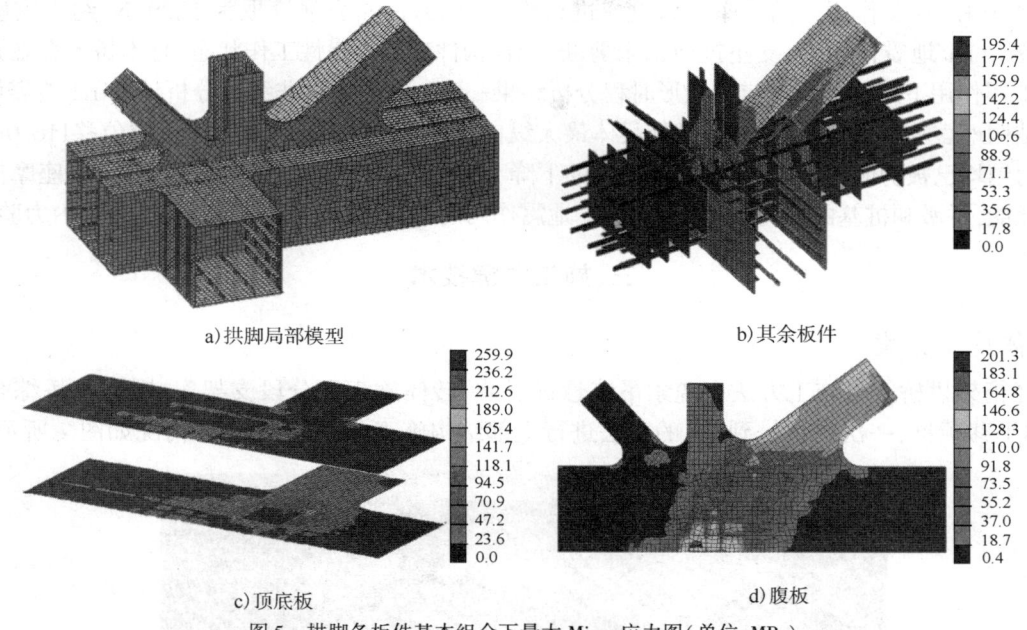

a) 拱脚局部模型　　b) 其余板件

c) 顶底板　　d) 腹板

图5　拱脚各板件基本组合下最大Mises应力图（单位：MPa）

2) 刚度计算

在汽车与人群荷载作用下，中跨主梁最小竖向挠度-36.9mm，最大竖向挠度2.0mm，活载挠跨比1/2570；边跨主梁最小竖向挠度-15.2mm，最大竖向挠度1.9mm，活载挠跨比1/1462，满足规范要求。

拱肋最小竖向挠度-13.5mm，最大竖向挠度2.7mm，拱肋竖向正负挠度合计16.2mm，下弦杆计算跨径约100m，活载挠跨比1/6172，可见拱肋刚度较大，满足规范要求。

对于钢桥面板局部刚度，钢桥面板局部计算取后轮轴重200kN，接触面积取0.6m×0.25m。车辆荷载作用下，桥面顶板$D_1=-0.189$mm，$D_2=-0.209$mm，本桥正交异性钢桥面板顶板跨径$L_1=L_2=300$mm，挠度限值为0.428mm，均满足规范要求。

3. 减隔震设计

根据桥址场地地震安全性评价报告相关参数，得到在50年超越概率10%和50年超越概率2%两种地震作用下的各3条加速度时程曲线与振型参与质量为95%前60阶振型组合的反应谱曲线，计算分析以完成减隔震设计，具体流程如图6所示。midas Civil全桥三维有限元模型以顺桥向为x轴，横桥向为y轴。采用m法计算桩侧土弹簧刚度以模拟桩-土相互作用，取$m_{动}=2.5m_{静}$。

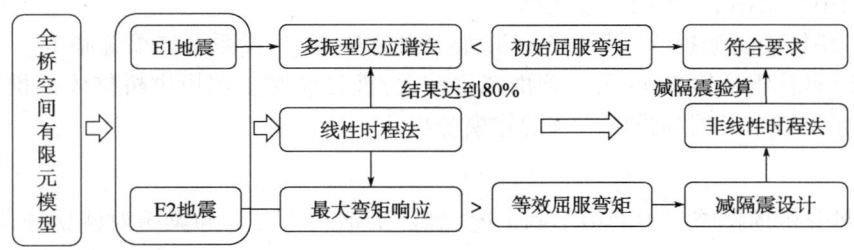

图6　减隔震设计流程

采用线性时程法，在E1地震作用下，桥墩最大弯矩为52274.8kN·m约为多振型反应谱法计算值的85%>80%，满足规范要求，此时主墩在E1地震作用下，最大剪力响应为5305.7kN，最大弯矩响应为52274.8kN·m；在E2地震作用下，柱墩的最大剪力响应为10308.9kN，最大弯矩响应为101986.4kN·m。经计算求得4号桥墩作为制动墩，桥墩初始屈服弯矩为64771kN·m，等效屈服弯矩为86468.3kN·m，可知在E1地震荷载作用下桥墩处于弹性阶段，E2地震荷载作用下桥墩已进入延性阶段。

在此基础上，考虑采用摩擦摆减隔震支座以减小E2地震作用下桥墩的地震响应。摩擦摆支座抗剪销屈服强度按 E1 地震作用下的支座剪力效应进行设计,抗剪销屈服强度取为 5500kN,约为支座竖向承载力的 37%。E1 地震作用下,支座抗剪销未剪断,结构构件均处于弹性工作状态,且本桥不存在几何非线性,故 E1 地震作用下结构地震响应与线形时程分析结果一致。需要通过非线性分析计算 E2 地震作用下减隔震状态结构地震响应,可得工况下桥墩处梁体最大纵向位移为 117.0mm,最大横桥向位移 116.0mm,支座顺桥向剪力销均已被剪断,且随着支座水平刚度的下降,整个结构体系的抗推刚度也下降,支座摩擦副通过滑移不断耗能,桥墩和桩基的内力值将下降至 E1 地震作用的约 20%,已不必进行桥墩、桩基内力验算。

三、施工关键技术

1. 总体施工方案

大跨径桁架拱桥常见施工方法有缆索吊装悬拼拼装、转体施工和分段支架安装等,本桥综合各要素采用"整体平移顶推,一次性顶推到位"的方法进行上部结构施工,现场施工作业情况如图 7 所示。

图 7 现场施工作业情况

具体施工步骤如下:

(1)施工准备、场地平整、修筑土石围堰及临时支墩钢护筒埋设、施工桥梁下部结构。

(2)顶推滑移支架基础处理、临时支墩施工、支架搭设、滑移梁及滑移轨道安装、顶推设施安装、墩顶安全操作平台安装。

(3)梁体拼装、拱圈拼装、胎架搭设及拼装、吊索安装、导梁安装。

(4)拱圈拼装支架拆除及加固支架安装、吊索安装、焊缝检测、顶推设施及管路等安装。

(5)顶推设备、支架及管路检查验收,监控设施布置,试顶推,顶推就位。

(6)导梁拆除、顶推滑移设备及设施拆除、支架部分拆除、卸载设备、支座安装、梁体卸载。

(7)顶推滑移支架拆除、卸载设备及设施拆除、东岸边预制小箱梁吊装、土石围堰拆除。

(8)西岸预制小箱梁吊装、小箱梁湿接缝施工。

(9)钢桁架主桥加固支架拆除、吊杆张拉、防腐及油漆喷涂、桥梁系及伸缩缝施工。

其中由于钢桁架总质量达 3200 余 t,顶推吨位较大,且目前对于钢桁拱桥整体顶推法的实践和研究相对较少[3,4],将在下节中开展顶推施工法的建模分析。

2. 顶推施工

结合施工方案分析顶推施工中的最不利工况,确定最不利工况为导梁至对侧墩顶前的阶段,此时最大悬臂为 48m,midas Civil 计算模型如图 8 所示。

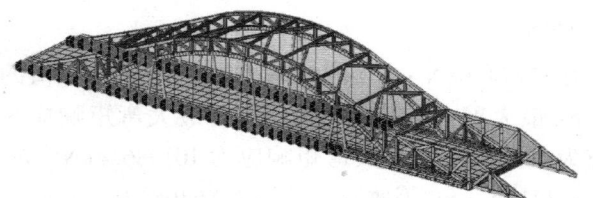

图 8 最大悬臂状态 midas Civil 有限元模型

由计算分析可得,在施工阶段最不利工况下,主桥结构最大组合应力为 148.9MPa,小于钢材 Q345 设计容许应力 270MPa;临时支撑及导梁结构最大组合应力为 137.9MPa,小于钢材 Q235 设计容许应力 180MPa,结构在施工过程中满足规范要求,且导梁需设置 187.4mm 向上预拱度。

四、结　语

目前,眉山锦江大桥是眉山天府新区的第一座跨江钢结构大桥,也是加速成眉同城化的重要项目。大桥为一座三跨连续下承式钢桁架拱桥,中跨主梁部分采用纵横梁形式,纵梁采用单箱三室钢箱梁,桥梁面采用正交异性钢桥面板,引桥部分采用预制混凝土小箱梁。为减小对于通航的影响,施工过程中采用"钢拱梁整体顶推,一次性顶推到位"的方法,将总质量达3200余t的钢桁架结构整体跨河顶推作业,完成眉山天府新区首次顶推和成都周边最大吨位的顶推。眉山锦江大桥于2020年9月开工建设,于2021年12月通车运营。

参考文献

[1] 郝俊芳,伍星.某下承式钢桁架拱桥施工控制技术[J].公路,2020,65(11):188-193.
[2] 顾晓毅,袁建兵.大跨度钢桁架拱桥拱梁结合关键节点设计[J].城市道桥与防洪,2021(5):93-95,15.
[3] 孙泓发.大跨度钢箱拱桥顶推施工过程分析及安全控制研究[D].烟台:烟台大学,2021.
[4] 任煌.钢桁架拱桥整体顶推施工技术研究[J].交通科技与管理,2023,4(13):42-44.

28. 潜在扩散模型在景观桥梁方案创作中的探索与应用

丁建明[1,2]　曹　菲[2]　邹震宇[2]　杨嘉晖[2]

(1.东南大学交通学院;2.东南大学建筑设计研究院有限公司)

摘　要　随着国民经济、文化需求的不断发展,人们的审美意识和水平也在不断提高,对市政桥梁的美学要求也逐步提升。人工智能技术经过多年发展与变革,取得了巨大的进步,其中图像生成领域形成的潜在扩散算法,在基础和各垂类场景应用表现优异,建筑行业也开始探索其应用。本文通过潜在扩散模型的基本原理、微调原理,结合景观桥梁的形式类别,探索景观桥梁方案创作的新思路,助力景观桥梁设计数字化、智能化提升。

关键词　人工智能　潜在扩散模型　低秩适应器　景观桥梁　方案创作

一、引　言

随着经济社会、文化需求的不断发展,人们的审美意识和水平也在不断提高。而桥梁作为现代交通必不可少的一部分,对其美学要求越来越受到人们的重视。现代桥梁已经不再单一地满足"出行"的需求,设计师在设计时需要更多地考虑桥梁造型的独特性、桥梁与环境的适应性、桥梁与当地文化的相宜性等因素。桥梁不再是单纯的交通设施,而是被看作是城市景色的延续,甚至可以担当城市地标性建筑。设计出兼具使用性、观赏性、地标性、易建性等多元属性为一体的城市景观桥梁,理应成为当代优秀设计师不断探索并竭力追求的重要目标。如何使景观桥梁具有更加独特的造型、展现更多的人文价值、传递更多的社会信息,不少设计师将目光转向了人工智能。

2012年,自动编码器(Variational Autoencoder,VAE)和生成对抗网络(Generative Adversial Network,GAN)的出现,开启了深度学习的黄金时代;2015年,斯坦福大学将非均衡热力学引入深度无监督学习,为扩散模型(Diffusion Models)奠定了基础;2020年,加州大学伯克利分校提出去噪扩散概率模型(Denoising Diffusion Probabilistic Models,DDPM),简化了损失函数,将训练目标转为预测当前步添加的噪声信息,极大降低了训练难度,并将网络模块由全卷积网络替换为Unet,提升模型表达能力;2021年,CompVis和Runway团队提出了"潜在扩散模型"（Latent Diffusion Model，LDM）结构,将最耗时的扩散过程放在"潜空间",大大降低算力需求以及个人部署门槛;2022年,基于Latent Diffusion的Stable Diffusion发布,与Disco Diffusion、DALL·E2、Midjourney等模型一起揭开了AIGC（Artificial Inteligence Generated Content）时代的序幕。

在艺术、游戏、建筑、影像等领域,潜在扩散模型取得了惊人的应用效果。在建筑设计领域,设计师或利用潜在扩散模型从线稿或体块图生成建筑效果图,或结合不同风格的低秩适应（LoRA）模型寻找方案创作的灵感,或针对性训练模型来美化二维的设计成果。总体来说,其应用范围广阔,效果惊艳。但在建筑学与结构工程交叉的景观桥梁领域,由于建筑形式的差异、景观桥梁SD模型训练素材的缺乏、共享微调模型资源的匮乏等因素,导致SD对于景观桥梁生成效果较差。本文尝试探索利用SD对景观桥梁进行稳定的方案输出的方法,并尝试对景观桥梁部分方案成果进行美观性及技术上的提升。

本文从潜在扩散模型的原理入手,探究微调模型的方式,选择最合适的方式对推理过程微调;并对景观桥梁进行美学上的分类,针对各种类别的景观桥梁分别训练对应的低秩适应器,综合各方面因素后选取最合适的模型,并投入方案创作应用;最后评估潜在扩散模型的应用对景观桥梁创作的影响。

二、潜在扩散模型原理及微调办法

1. 潜在扩散模型原理

潜在扩散模型（Latent Diffusion Models，LDMs）由CompVis和Runway团队于2022年在论文[1]中提出,其本质是利用扩散原理来生成图像。它通过在输入图像上应用随机噪声,然后逐渐减退噪声的强度,使图像逐渐恢复到原始状态。这个过程类似于热力学中的热扩散,其中噪声代表热量,而图像代表物质。通过不断迭代的过程,模型可以生成不同程度的扩散效果,从而创建出多个变化的图像。

基于潜在扩散模型的原理（图1）,现行的扩散生成算法还结合稳定性原理来生成合理的图像。在生成图像的过程中,模型会引入一个提示词或几个提示词,这些提示词描述了需要在图像中出现或省略的元素。模型通过优化损失函数来确保生成的图像在保留原始图像基本结构的同时,尽量满足这些提示词的要求。通过控制稳定性参数,可以调整生成图像和提示词之间的平衡,以获得满足设计需求的最终结果。

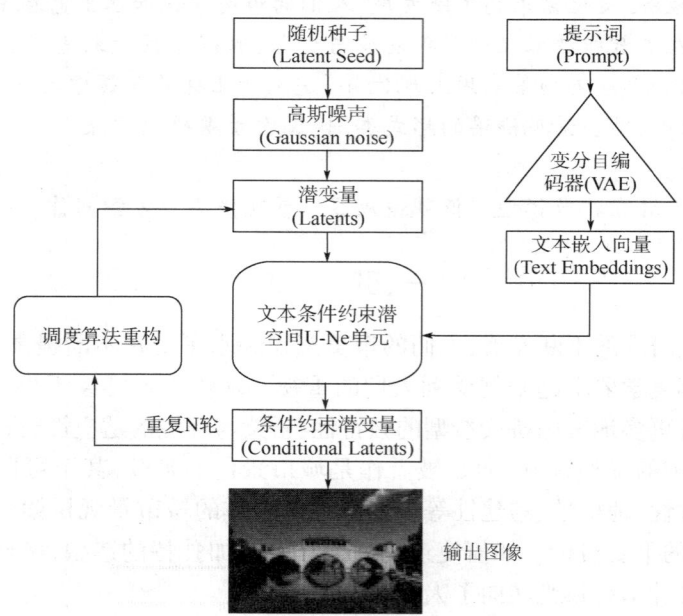

图1 潜在扩散模型推理原理

通过将扩散和稳定性原理结合,扩散算法能够生成具有一定扩散效果的合理图像。在建筑设计中,这个模型可以用于探索和发现新的设计灵感。设计师可以通过调整提示词来引导模型生成具有特定特征和元素的图像,从而有助于在创意过程中获得更多的启发。同时,潜在扩散模型还可以帮助设计师在多个设计选项之间进行比较和选择,进一步提高设计的质量和效率。

总之,潜在扩散模型利用深度学习、扩散和稳定性原理来生成新的图像,为景观桥梁设计提供了一种新的方法。它可以帮助设计师发现新的设计灵感,并在设计过程中提供有针对性的指导。尽管还有一些挑战需要克服,但其在景观桥梁设计中的应用潜力令人期待。

2. 大模型微调办法

一般来说,现阶段深度学习的大模型参数规模都是十亿甚至百亿级别起步的,训练成本高昂,对于垂类应用领域不友好。微调(Fine-Tuning)技术能低成本地针对已有训练好的大模型进一步在指定任务上进行训练,从而使得推理过程能够适应该任务的数据和要求;嵌入(Embedding)技术是能将高维离散数据转换为低维连续向量表示的技术,常用于将文本、图像等离散数据编码成数值形式,便于深度学习模型处理和学习。这两种技术通常结合使用在微调模型的训练和推理过程中。

对于主流的扩散算法来说,现阶段主要有 Dreambooth、LoRA、Textual Inversion、Hypernetworks 4 种微调方式。

(1) Dreambooth 是对整个神经网络所有层(Layer)的权重进行调整,它会将输入的图像样本训练 Stable Diffusion 模型,它的本质是在参考模型的基础上做了微调并独立形成了一个新模型,这种方式使用场景广、效果好,但是训练时相对其他技术要消耗更多的显存,训练速度慢。

(2) LoRA(Low-Rank Adaptation of Large Language Models) 即大模型低秩适应器(简称 LoRA 模型),通过修改 Unet 中的 Cross-Attention 层并优化插入层的参数数量,这样只需少量的样本就能获得较好的效果。这种方式训练速度快,占用显存少,推理效果好,在效率和质量之间取得了较好的平衡。

(3) Textual Inversion 没有修改参考模型,而是通过训练找到图像的目标特征参数,通过小模型保存。这种方式有很大的局限性,它只能在参考模型现有的特征参数的基础上进行微调。

(4) Hypernetworks 是一个单独的神经网络模型,用于输出可以插入到参考模型的中间层。因此,这种方式通过训练会产生一个新的神经网络模型,通过向模型中插入合适的中间层及对应的参数,使得输出图像与输入指令之间产生关联。

综合各方面因素考虑,现阶段使用 LoRA 模型的方式对大模型在垂类行业的应用进行微调是较为经济且高效的方式。

3. LoRA 模型原理

LoRA 模型的核心思想是将原始的大型参数矩阵分解成两个或者多个低秩矩阵,这样可以大大减少可训练参数的数量,从而减少计算量和存储需求,并在部署期间实现了高效的任务切换,而不会带来推导延迟的问题,从而提高训练效率和模型性能,如图 2 所示。

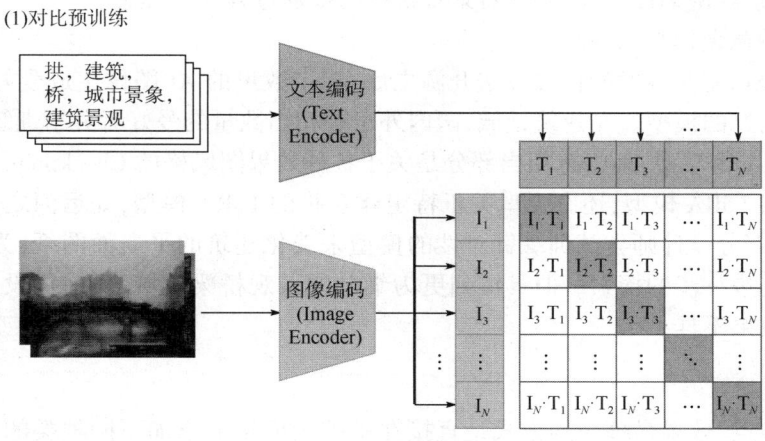

图 2

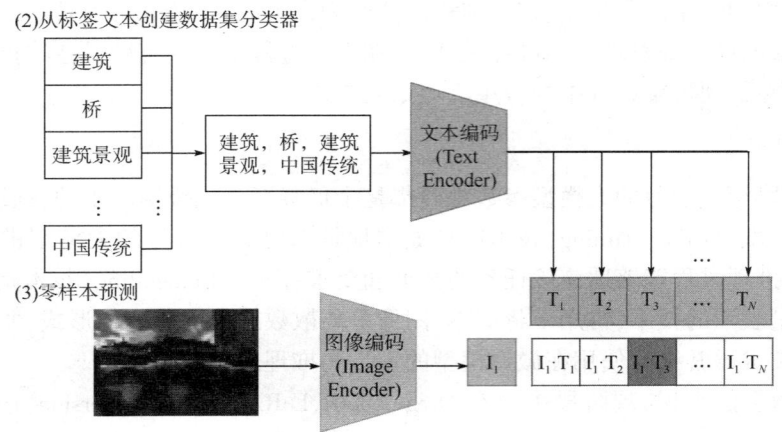

图 2　LoRA 模型训练及推理

三、潜在扩散模型在景观桥梁设计中的思考与探索

1. 潜在扩散模型在景观桥梁设计中的应用难点

尽管潜在扩散模型在民用建筑领域取得了较多的应用成果,但在景观桥梁领域的应用近乎空白,主要原因有以下几点:

1)建筑形态的差异性

景观桥梁作为工业建筑,与基于民用建筑和商用建筑的建筑景观在建筑特征上有较大的差异性。建筑景观设计主要体现在建筑景观的外表面上,反映到观察者眼中就是建筑形象,观察者从不同的角度观察得到相似的视觉体验。大部分情况下建筑景观的设计空间都是连续、渐变的大块幕墙,这些幕墙的形状和尺寸由具体的建筑功能、规模、外形所限制,宽度和高度比值范围大,不同的建筑外形也催生了形态各异的建筑形态。

而桥梁则受到通行功能的约束,桥梁的长度和高度的比值由桥梁类型、规模所影响,除下承式拱桥外均较大,反映到观察者眼中的建筑形象就是桥梁显得非常"细长";相较于建筑,桥梁展现出来的结构构件更多,不同结构类型的桥梁的外在表现也大不相同;不少构件之间还有一定的拓扑关系,这也增加了推理得到合理方案的难度。

2)基础大模型中桥梁样本的匮乏性

在基础大模型中,训练集中桥梁相关的样本较少,种类也较为单一,而景观桥梁的训练样本更为匮乏,缺少造型独特的景观桥梁样本,因此针对景观桥梁的推理过程并不理想。

3)景观桥梁领域微调模型的缺乏性

在 Stability AI 公司将其开发的扩散算法开源之后,相当数量的 AI 图像生成爱好者在互联网相关社区分享了训练或微调好的模型。在建筑领域,国内外也有相当数量的爱好者分享训练的各种有针对性风格的 Checkpoint、LoRA 等模型,其中有相当部分是关于各种效果图风格的 Checkpoint 模型,也有部分是关于各种设计师风格的 LoRA 模型,还有少量关于特定建筑物的 LoRA 模型,如运河之家、古罗马穹顶建筑等。此外,国内还有部分设计师尝试训练针对性的模型来美化建筑的平立面图纸,为潜在扩散模型在建筑领域的应用做了更进一步的探索。但具体到更为细分的景观桥梁领域,目前仍没有相关微调模型,这也使得整体的推理效果不佳。

2. 解决办法

针对以上应用难点,效果最理想的方式是直接在基础大模型上添加不同种类的景观桥梁进行训练,从而得到微调的 Checkpoint 模型。但这种方式训练周期长,硬件要求高,不利于模型的评估测试及迭代。因而,选用针对每种桥型训练单独的 LoRA 模型。

四、基于潜在扩散模型的景观桥梁分类及应用探索

1. 桥梁景观元素空间分析

由于潜在扩散模型是针对图像进行训练,因此选取合适的景观桥梁图片作为训练集非常重要,而不同种类的景观桥所侧重的景观元素不一样,不同的景观元素侧重的空间需求也不一致。

1)桥梁公共的景观元素空间

车道隔离、护栏、梁体是所有桥型都具有的且能够布置景观元素的空间,如图3所示。

a)济南横一路大寺河桥

b)广东深圳前海合作区听海桂湾河桥

图3　隔离、梁体的景观元素表现形式

2)梁体及刚构桥

梁桥和刚构桥虽然结构受力形式不一样,但从外观造型的角度来看有相似之处,可以归为一类来考虑。此种类景观元素侧重于顶棚,如图4所示。

a)山西太原清徐跨汾河大桥(连续梁桥)

b)广东深圳前海公共空间人行桥T6

图4　梁桥中顶棚景观元素表现形式

3)拱桥、梁拱组合体系桥梁设计空间

同样,梁桥和梁拱组合体系桥梁受力形式不同,但就景观而言有共通之处,故归为一类考虑。拱桥作为广泛应用于城市场景的桥梁类型,本身就造型多变、线条优美。此种类景观元素侧重于拱结构的变化与顶棚,如图5所示。

a)山东威海石家河大桥

b)广东东莞龙涌人行桥

图　5

c) 江苏南京浦口青奥公园桥

d) 格鲁吉亚第比利斯和平桥

图 5 多种拱桥的景观元素表现形式

4) 斜拉桥设计空间

景观斜拉桥为了造型的新颖独特，其桥塔或根据文化意象进行抽象、提炼，或根据空间几何进行拓扑、嬗变，造型都非常独特。因此斜拉桥应注重桥塔的造型和索的布置，如图 6 所示。

a) 河北崇礼太子城冬奥五环桥

b) 江苏江阴滨江路跨黄山路桥

图 6 斜拉桥中桥塔和索面景观元素表现形式

5) 悬索桥设计空间

和斜拉桥类似，悬索桥的索塔也同样是造型设计、景观运用的极佳空间。但不同的是，悬索桥的吊杆不像斜拉桥的拉索一样能够进行形态上的大幅度变化，如图 7 所示。

a) 南京仙新路跨江大桥

b) 扬州三湾湿地公园剪影桥

图 7 悬索桥中桥塔景观元素表现形式

2. 基于景观元素空间的景观桥梁分类

从桥型、风格、材质、功能、文化内涵等多维度考虑，景观桥梁似乎无法实现一个各种维度都合适的分类。但根据上文景观桥梁中景观元素的设计空间讨论，可以得到一个 LoRA 模型训练的大致方向（表 1）。

基于景观元素空间的景观桥梁分类 表1

编号	桥型	共同设计空间	不同的设计空间	景观桥细分种类
1	梁桥及刚构桥	车道隔离、护栏、梁体	顶棚	中式梁桥
				现代梁桥
2	拱桥及梁拱组合体系桥		拱结构、顶棚	多肢多杆拱
				提梁拱
				异形间桁架
				廊桥(同梁桥)
3	斜拉桥		索塔、拉索	艺术桥塔
				空间索面
4	悬索桥		索塔、吊杆	艺术桥塔

当然,以上的景观桥梁分类只是方便使用潜在扩散模型的一个参考,根据不同的需要和目标桥梁特点,可以灵活的调整分类。

3. 景观桥梁 LoRA 模型训练与评价

不同种类的景观桥梁 LoRA 模型训练时要注意的细节都各有偏重,这里以中式廊桥为例。首先,整理关于中式廊桥的图片,根据桥梁景观设计要求筛选合适的图片,并按照 BLIP 或者 DeepBooru 格式设置标签(Tag),然后设置合适的训练参数进行训练,最后对训练得到的模型进行对比。图8为同一批次训练得到的多个 LoRA 模型在不同权重下的推理对比。

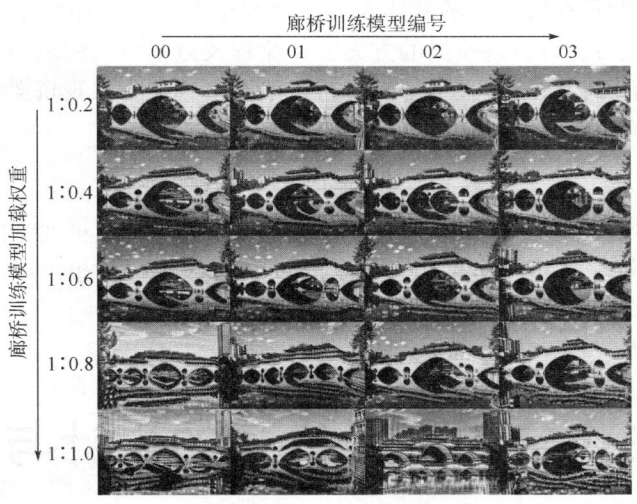

图8 中式廊桥 LoRA 模型对比

选择图8中效果最好的 LoRA 模型作为推理模型,推理效果如图9所示。

图 9

图 9 中式廊桥 LoRA 推理效果

由图可见,推理效果有一定的参考价值和使用价值,对于方案创作有一定启发意义。当然,中式廊桥属于景观桥梁中较容易训练的桥型,推理效果也较为稳定、理想。其他桥型的模型训练原则一致,但都需要根据各自的特点进行一定程度的调整。

五、结　语

本文总结了潜在扩散模型相关原理以及在景观桥梁设计中的应用尝试,这是在 AIGC 浪潮中涌现出来的一种全新的创作方式。

通过对目标桥型进行景观桥梁 LoRA 模型的针对性训练,并结合一些约束条件进行推理,可以在较短的时间内得到大量有参考价值的方案,在项目前期可以快速迭代出具有一定质量的创作方案。

采用潜在扩散模型辅助景观桥梁方案设计人员后极大地提高了创作效率,自然地突破创作瓶颈,灵活地选择方案后续优化的方式,对景观桥梁的方案创作流程及方案成果的输出有着颠覆性的改变。尽管仍然存在很多的问题,但不可否认结合人工智能进行桥梁方案选型为景观桥梁创作方法的革新推开了一扇大门,是一种面向未来的、有无限前景的设计技术。

参考文献

[1] ROMBACH R, BLATTMANN A, LORENZ D, et al. High-resolution image synthesis with latent diffusion models[C] // Proceedings of the 2022 IEEE/CVF Conference on Computer Vision and Pattern Recognition. New Orleans: IEEE, 2022: 10684-10695.

29. 三塔空间缆悬索桥的设计与创新

吴明远　张　伟　黄月超

(中交公路规划设计院有限公司)

摘　要　苍容浔江大桥是世界上最大跨径的三塔空间缆地锚式悬索桥,也是苍容高速公路全线关键控制性工程。大桥位于梧州市藤县与苍梧县交界处,跨越浔江,全长 1688m,采用中央独塔设计,跨径布置为 55m+2×520m+55m,中塔位于浔江中央,边塔位于浔江两岸。

关键词　苍容浔江大桥　三塔空间缆　总体设计　锚碇基础　分体钢箱梁抗风　自适应空间缆吊索

一、工程概况

苍容高速公路是《广西高速公路网规划(2018—2030 年)》"联 14 线"梧州—玉林—钦州公路的重要

组成部分,主线全长105.307km,项目建成后,将进一步完善广西高速公路网,强化北部湾城市群之间的联系,提升珠江—西江经济带发展,为梧州市打造黄金水道中心城市战略构想提供交通支撑,对进一步融入粤港澳大湾区,构建广西"南向、北联、东融、西合"的全方位开放发展格局具有重要意义。

苍容浔江大桥是苍容高速公路在梧州市藤县境内跨越浔江的一座特大桥。桥位位于苍梧县岭脚镇上大义村附近至藤县维定村附近,路线与浔江交角接近90°,江面宽约1020m。

二、主要技术标准

主要技术标准如下:
(1)设计基准期:100年。
(2)路线及桥梁等级:高速公路。
(3)设计速度:120km/h。
(4)设计车道:双向四车道。
(5)桥面宽度:主桥桥面全宽36.2m(含检修道),分离钢箱梁连接箱宽6m。
(6)汽车荷载:公路—Ⅰ级。
(7)设计基本风速:26.3m/s。
(8)地震烈度:地震基本烈度为Ⅵ度,动峰值加速度为0.05g。
(9)抗震设防标准:E1地震作用下采用50年超越概率10%的概率水准;E2地震作用下按采用50年超越概率2.5%的概率水准。
(10)设计洪水频率:1/300,相应水位(85高程)+30.55m。
(11)通航:Ⅰ级航道,通航净空为286m×18m,最高通航水位+27.58m(85高程,下同),最低通航水位+18.74m。

三、主要建设条件

1. 地形地貌

苍容浔江大桥位于苍梧县岭脚镇上大义村附近至藤县维定村附近,路线与浔江交角接近90°,江面宽约1020m。两岸为丘间谷地,沿线海拔高程北段一般+46.50m,与坡脚高差约19.50~23.50m,南段一般+40~+58m,山顶与坡脚或沟谷高差一般20~30m,地势起伏大,山顶相对平坦。北岸桥下同时跨越S304省道(在建的梧州至藤县藤州镇公路),桥头为村庄和农田;南岸在藤县维定村附近,桥头为村庄和果园,两桥台均落在山坡上。

2. 通航条件

桥位河段为单一河段,河道宽阔,水流平顺,水深充裕,河床稳定,附近无易变的洲滩。桥位最大江面宽约1020m,最大水深达37.6m。

桥位距上游藤县西江大桥约21.18km、郁江桂平航运枢纽约146.2km、黔江在建大藤峡水利枢纽约153.2km;距下游长洲水利枢纽约为10.8km,桥址属于长洲水利枢纽库区。本工程主桥通航净宽尺度见表1。

通航孔净空尺度表(单位:m) 表1

通航方式	正交通航净宽	横流加宽值	斜交加宽值	安全富裕宽度	通航净宽值	紊流加宽值	最小通航孔净宽
单孔双向	220	20	16	30	286	45	331

3. 航空限高

桥位距离梧州西江机场约3.5km,处于机场航行服务程序净空保护区域的锥形面、内水平面、22号、

04号进近面、爬升面及DVOR台导航设施范围内。结合考虑梧州西江机场远期规划需要,苍容浔江大桥桥塔顶限制高程为+134.858m(85高程)。

4. 工程地质

路线所经区域地形地貌可分为构造剥蚀丘陵及丘间谷地和冲洪积平原、江域河流三个地貌单元,地貌条件属复杂。桥位区特殊性岩土主要有素填土、冲洪积细砂、可塑粉质黏土、流塑-软塑淤泥质土、软塑粉质黏土、残坡积粉质黏土;场地下伏基岩粉砂岩,局部夹板岩。桥位处江面范围覆盖层薄,厚度仅为0~0.5m,部分区域为裸露中风化粉砂岩。

四、总体设计

1. 设计原则

(1) 桥位处最大水深达37.6m,且河床覆盖层很薄部分基岩裸露,应尽量减少在水中设置桥墩。结合通航、防洪的相关要求,若水中设置2个桥墩(含)以上时,应将承台埋置于河床面以下,若水中设置一个桥墩可将承台提高至水面。考虑降低承台施工难度和施工风险,水中应设置一个桥墩或者不设置桥墩。

(2) 江面宽度1020m,受航空限高的影响,2×520m的三塔斜拉桥和主跨1040m的单跨吊悬索桥桥塔高度无法满足要求,因此选用2×520m的三塔悬索桥方案。

(3) 综合考虑施工难度、景观、工期及经济性等因素,苍容浔江大桥采用主跨2×520m三塔空间缆悬索桥。方案综合比较见表2。

方案综合比较表　　　　　表2

索塔造型	中央独柱塔	门形塔
效果图		
加劲梁形式	分体式钢箱梁	整体式钢箱梁
施工难度	中央塔施工便捷; 整体式基础防撞能力强; 空间缆空缆架设完成后需撑开	门形塔分幅基础,工作平面多; 塔柱施工需设置临时横撑; 塔顶设预应力横梁,施工较复杂
景观比较	中央塔方案标志性突出, 三塔结构设计大气、优雅、简洁	门式塔较常规, 塔柱偏矮,设多个塔柱略显冗余
施工工期	34.5个月	41个月
建安费	8.51亿元	8.62亿元
推荐意见	推荐	不推荐

2. 桥型布置

苍容浔江大桥采用主跨2×520m三塔空间缆钢箱梁悬索桥,塔顶高程为+129.6m(85高程),引桥采用30m、40m预制T梁,桥型总体布置如图1所示。

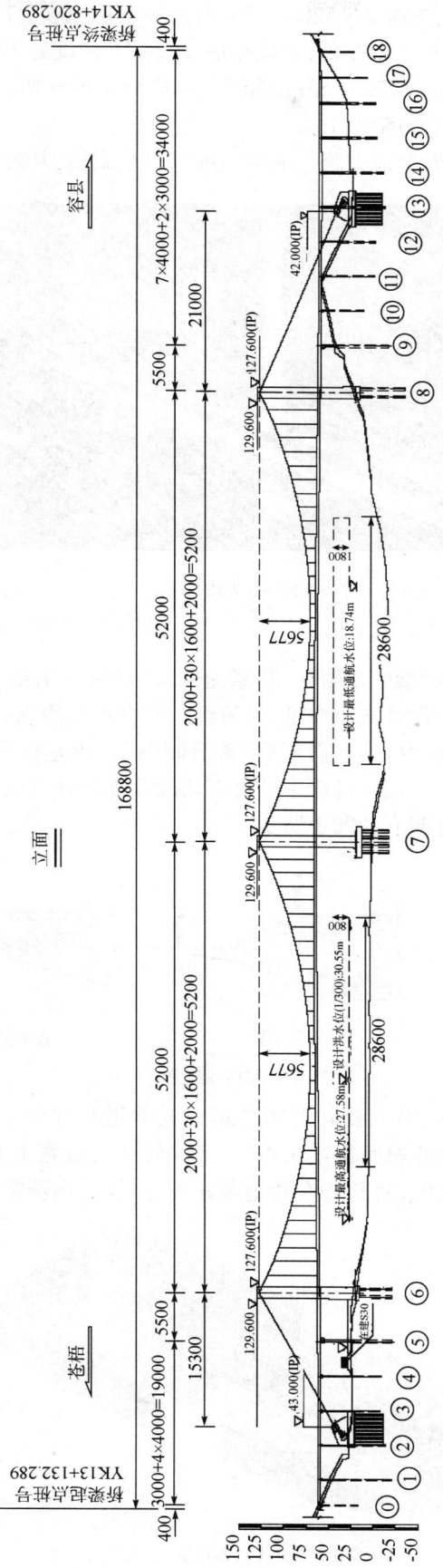

图1 桥型布置图(尺寸单位: cm; 高程单位: m)

本项目路线自北向南,主桥采用主跨2×520m双跨吊钢箱梁悬索桥,主缆采用空间缆,主缆跨径布置为153m+2×520m+210m,矢跨比为1/9.16,主缆在塔顶、跨中、锚碇处IP点横向间距分别为1m、31m和46m。加劲梁跨径布置为55m+2×520m+55m,索塔处设横向抗风支座,过渡墩处设竖向支座和横向抗风支座。每跨布置31对吊索,吊索间距为16m。

苍容浔江大桥建成后将成为世界上最大跨径的空间缆三塔悬索桥,其效果图如图2所示。

图2 苍容浔江大桥效果图

3. 加劲梁设计

苍容浔江大桥首次在分体箱钢箱梁中采用新型"紊流制振"风嘴。钢箱梁抗风常采用的V形和Y形风嘴是考虑层流抑振,将加劲梁断面设计成流线型,气流经过不会产生规则旋涡脱落,尽可能地不发生任何分离现象,从而可以有效抑制桥梁的振动。而新型"紊流制振"风嘴是根据紊流制振原理,通过在附属结构设计中选用特定一些构造尺寸,气流经过产生的旋涡之间相互消耗,同时也不会产生规则的涡,从而能够达到抑振的目的,钢箱梁的风嘴演变如图3所示。

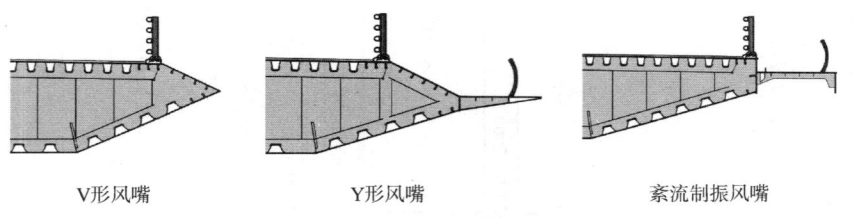

图3 钢箱梁风嘴演变

苍容浔江大桥钢箱梁梁高3.0m,钢箱梁全宽36.2m(含检修道),加劲梁吊点横向间距32.4m。单侧顶板宽13.35m,平底板宽8.25m,外侧斜底板宽5.4m。箱梁外侧设置宽1.677m检修道,同时起到优化钢箱梁气动外形的作用。平底板两边设置检查车轨道及轨道导风板,钢箱梁三维图如图4所示。

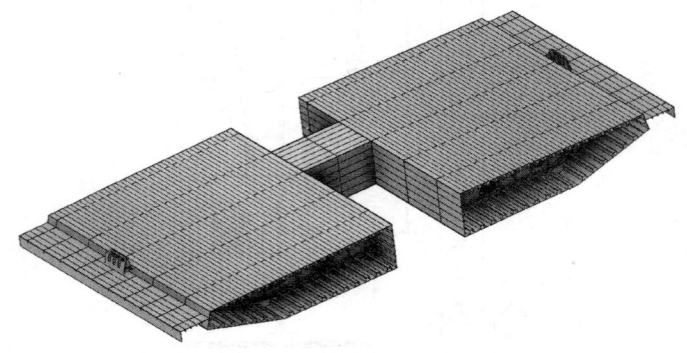

图4 苍容浔江大桥钢箱梁三维图

标准梁段(B梁段)长16m,设置五道实腹式横隔板,横隔板间距3.2m。顶板U肋上口宽300mm,下口宽180mm,高300mm,U肋中心距600mm。底板U肋上口宽240mm,下口宽500mm,高260mm,U肋中心距800mm。

标准顶板厚度采用18mm以降低各疲劳细节的活载应力幅,同时采用端部加厚的热轧U肋,进一步加大U肋与桥面板的焊缝熔深和焊喉尺寸,提高钢桥面板疲劳性能。底板、斜底板厚10mm,U肋板厚6mm,外侧腹板厚30mm,内侧腹板厚14mm。标准横隔板由上、下两块板竖向组焊而成,上板为顶板横向加劲板,厚14mm,下板为实腹式横隔板,厚度12mm,上设竖向、水平向加劲,与上板通过水平加劲熔透焊接,与底板和斜底板焊接。横隔板设置两个高1.8m的人洞及6处管线孔道。每个吊索截面处设横向连接箱,横向连接箱宽3.2m,高3m,加劲梁标准横断面如图5所示。

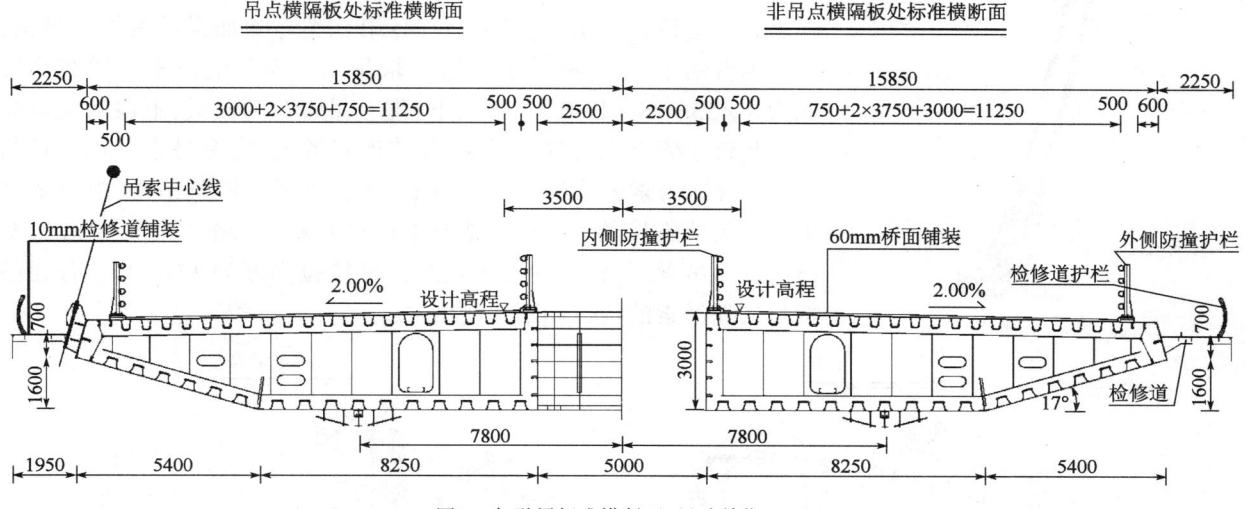

图5 加劲梁标准横断面(尺寸单位:mm)

4. 缆索设计

1)主缆

苍容浔江大桥共设两根主缆,主跨侧为空间缆,索塔缆中心距为1m,跨中缆中心间距为31m,锚碇处缆中心距为46m,主缆采用预制平行钢丝索股法(PPWS)制作。主缆由37股通长索股组成,每根主缆有效面积为0.132861m^2。每根预制索股由相互平行的127丝、直径6.0mm的高强钢丝组成,钢丝标准强度为1960MPa,外表面镀锌-铝合金镀层防护。主缆空隙率索夹内取18%,索夹外取20%。主缆经索夹箍紧的直径为454mm,索夹以外主缆直径为460mm,主缆横断面如图6所示。

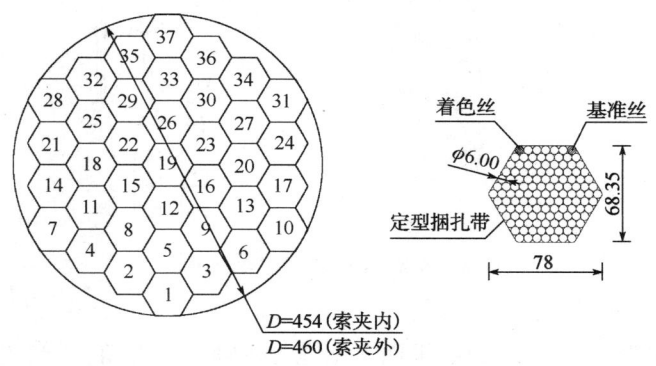

图6 主缆横断面(尺寸单位:mm)

主缆索股两端的锚具为锌铜合金灌注的热铸锚,锚具的结构形式采用锚板与锚杯合一的整体铸钢件,以最大限度地减少材料用量并方便施工。

主缆防护采用 S 形镀锌钢丝缠绕 + 干燥空气除湿体系,为了保证 S 形钢丝的密封性,在 S 形钢丝外面缠绕橡胶密封带进行密封。

2)吊索及索夹

为适应空间缆吊索双向转角,吊索为两段式。上段为钢丝绳吊索骑跨于索夹上,锚固于钢制关节连接器上。下段为平行钢丝吊索,上端锚固于钢制关节连接器上,下端锚固于钢梁耳板上。吊索结构在施工及后期运营阶段均可适应纵、横向转角,吊索构造图如图 7 所示。

苍容浔江大桥吊索分为两类,第一类是受力较大和变形有特殊要求的塔侧长吊索,定义为加强吊索,塔旁侧吊点设置 3 根吊索,加强吊索下端设置可调节长度的套筒;第二类是除加强吊索外的吊索,定义为普通吊索,每侧吊点设置 2 根吊索。钢丝绳吊索采用结构形式为 8×55SWS + IWR 的镀锌钢丝绳。吊索为两段式,上段为钢丝绳吊索骑跨于索夹上,锚固于钢制关节连接器上,塔旁吊索公称直径为 76mm,普通吊索公称直径为 60mm。下段为平行钢丝吊索,上端锚固于钢制关节连接器上,下端锚固于钢梁耳板上,塔旁吊索规格为 5-151,普通吊索规格为 5-91,钢丝绳公称抗拉强度为 1770MPa,普通吊索与加强吊索的构造如图 8 所示。

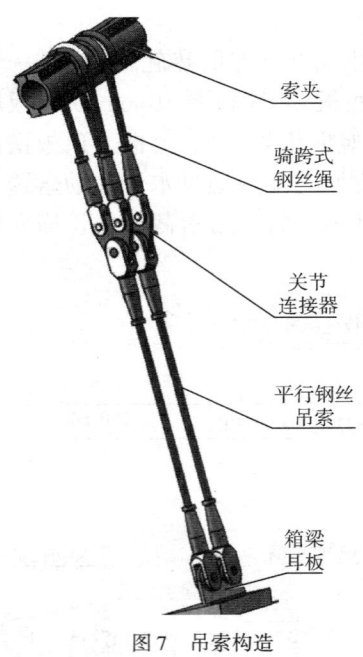

图 7 吊索构造

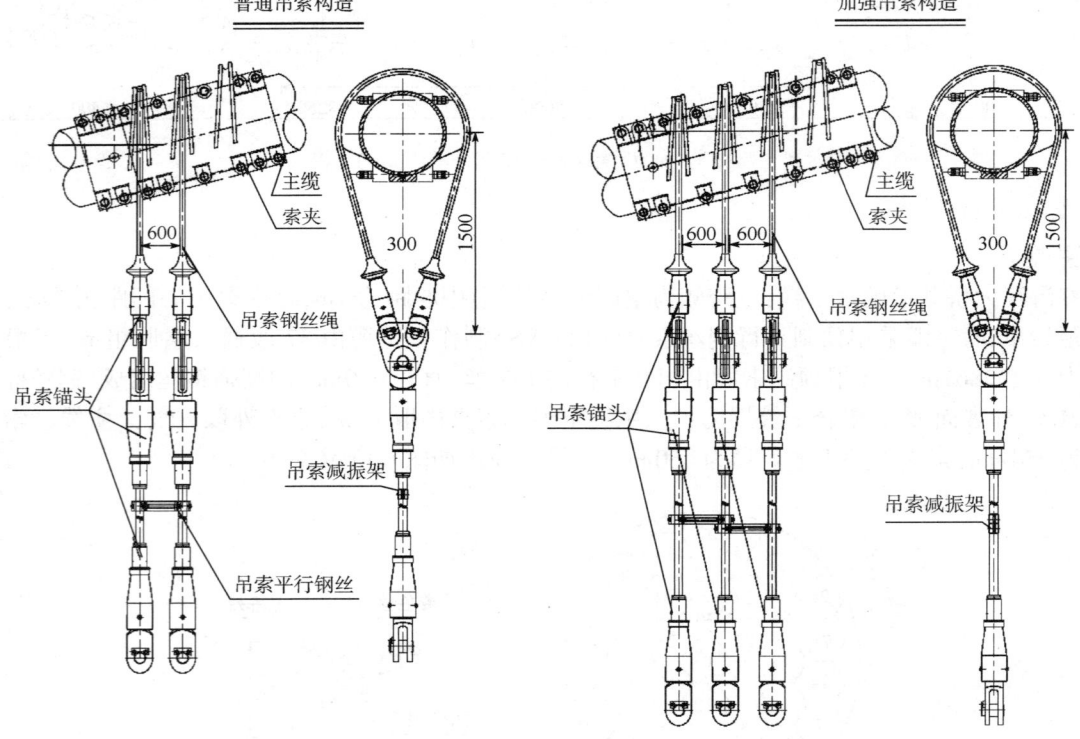

图 8 吊索一般构造(尺寸单位:mm)

3)主索鞍

苍容浔江大桥主索鞍为合并式主索鞍,平面上主缆与桥轴线的夹角,北侧边跨为 8.3°,主跨为 6.5°,南侧边跨为 6.1°。主缆中心圆弧半径为 4300mm。鞍槽侧壁最小厚度为 120mm,鞍槽底部厚度为 280mm,共设置两道纵肋板,纵肋板厚 100mm,横肋板厚 85mm。主索鞍鞍体长约 4.5m,高约 3m,宽约 3.3m。鞍槽拉杆为通长穿过鞍槽侧壁,主索鞍一般构造如图 9 所示。

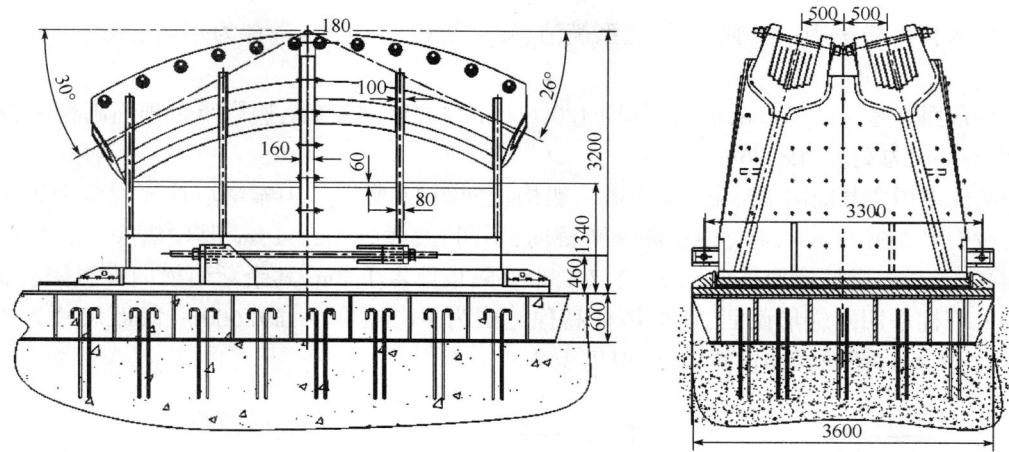

图9 主索鞍一般构造(尺寸单位:mm)

4)散索鞍

苍容浔江大桥散索鞍采用摆轴式散索鞍,由鞍体和底座组成。鞍体采用铸焊结合的混合结构,鞍槽部分是铸钢件,鞍体部分为板焊件并与鞍槽焊接。鞍槽内设竖向隔板,鞍槽顶部设置三道压紧梁,以压紧鞍槽内的主缆,增加主缆与鞍槽间的摩阻力,并方便索股定位。散索鞍下部设置摆轴、底座和底板,以完成主缆竖向分力的传递。散索鞍第一段竖弯半径5000mm,第二段竖弯半径4000mm,第三段竖弯半径2600mm,第四段竖弯半径1300mm。鞍槽侧壁最小厚度120mm,鞍槽底厚150mm,肋板板厚80mm,散索鞍构造如图10所示。

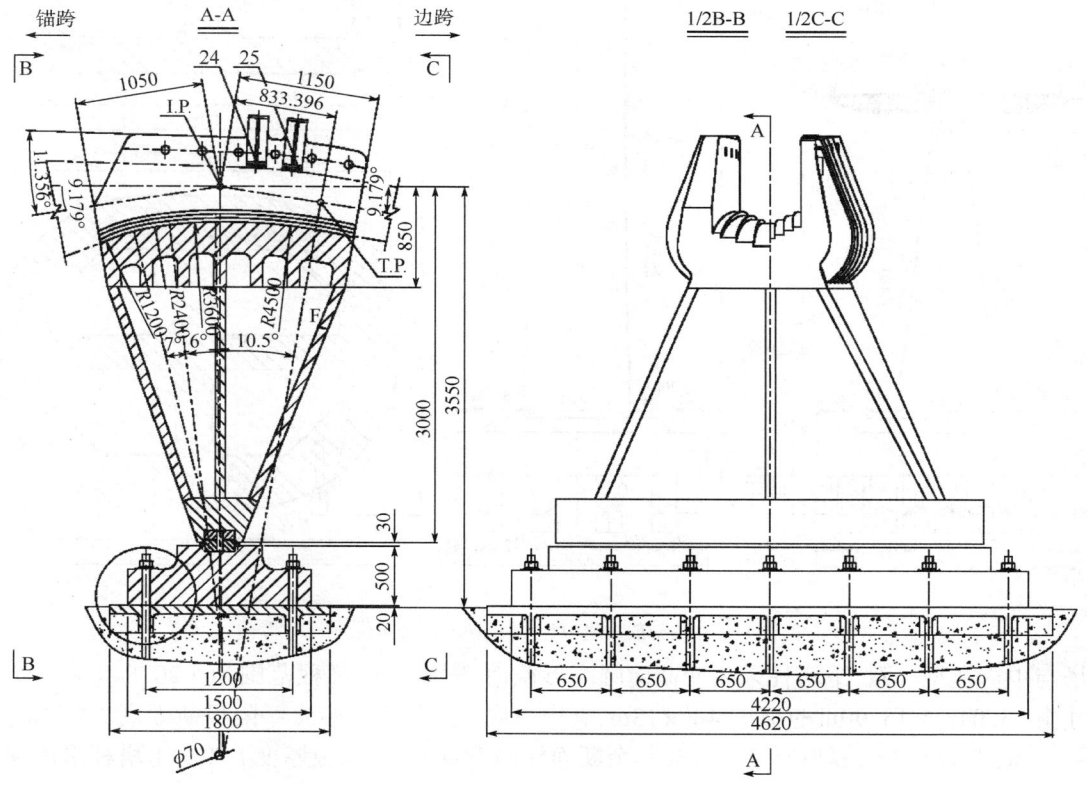

图10 散索鞍构造(尺寸单位:mm)

5. 索塔设计

苍容浔江大桥索塔采用中央独柱塔,造型简洁、施工便利、工期短,塔柱为钢筋混凝土结构,采用C55混凝土。

中塔承台顶面高程+18.700m,塔顶高程+129.600m,总高度108.9m;边塔承台顶面高程+20.840m,塔顶高程+129.600m,总高度108.76m。

中塔下塔柱采用变截面圆端形截面(中塔一般构造如图11所示),中索塔塔柱高程范围为+20.700~+63.100m,截面尺寸由14m×14m(横桥向×顺桥向,下同)过渡到4m×13m,其中塔底实心段高2m,带十字隔板断面高33.3m,塔柱壁厚横向1.2~2.7m,十字隔板厚度1.2m,其余断面横向设置隔板,横向隔板厚度1.2m;上塔柱采用圆端形截面,索塔塔柱高程范围为+63.1~+129.600m,截面尺寸为4m×13m,塔柱壁厚1.2~1.6m,截面横向设置隔板,厚度1.2m。

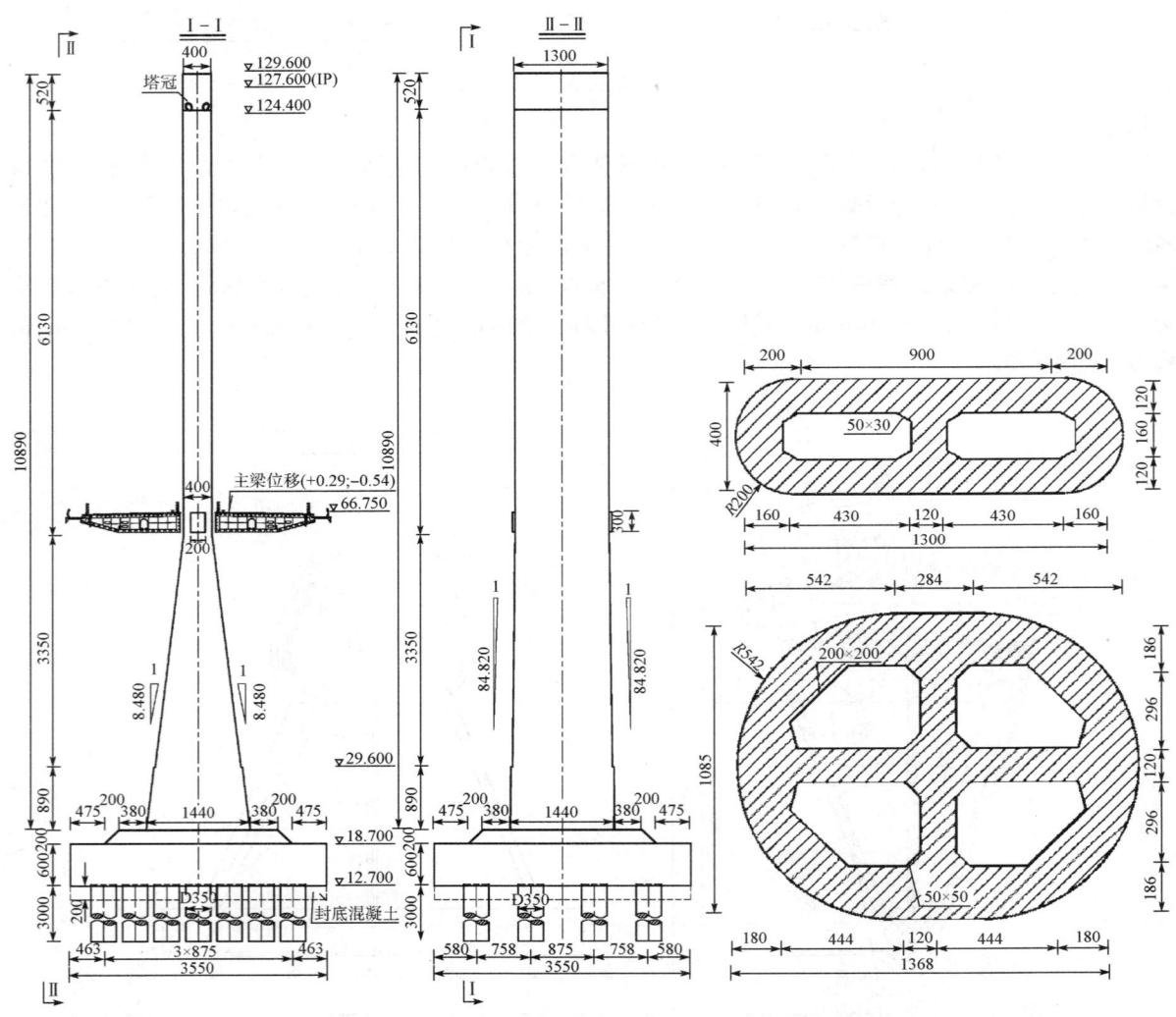

图11 中塔一般构造(尺寸单位:cm;高程单位:m)

边塔与中塔造型一致,下塔柱采用变截面圆端形截面,索塔塔柱高程范围为+20.840~+59.150m,截面尺寸由13.04m×13.90m过渡到4m×13m,其中塔底实心段2m,带十字隔板断面高30.24m,壁厚横向1.2~2.0m,纵向1.8m,隔板厚度1.2m,其余断面横向设置隔板,隔板厚度1.2m;上塔柱采用圆端形截面,索塔塔柱高程范围为+59.150~+129.600m,截面尺寸为4m×13m,壁厚1.2~1.6m,截面横向设置隔板,厚度1.2m。

索塔基础设计采用群桩基础,采用整体式承台。中塔承台为圆形,直径35.5m,厚度6.0m,塔座为圆台形,顶面直径22.0m,底面直径26m,厚度2.0m。中塔承台设置14根直径3.5m桩基。边塔承台为矩形,平面外轮廓尺寸为18.6m×15.6m(横桥向尺寸×纵桥向尺寸),厚度5.5m。边塔承台各设6根直径3.0m桩基。

6. 锚碇设计

锚碇是悬索桥结构重要组成部分,是将主缆拉力传递给地基的关键结构。它的稳定性直接关系到整座悬索桥结构的安全。

大跨径悬索桥锚碇基础常采用的结构形式有扩大基础、地下连续墙基础、沉井(沉箱)基础以及隧道锚,锚碇样式如图12所示。每种基础均需要开挖施工,施工周期长。

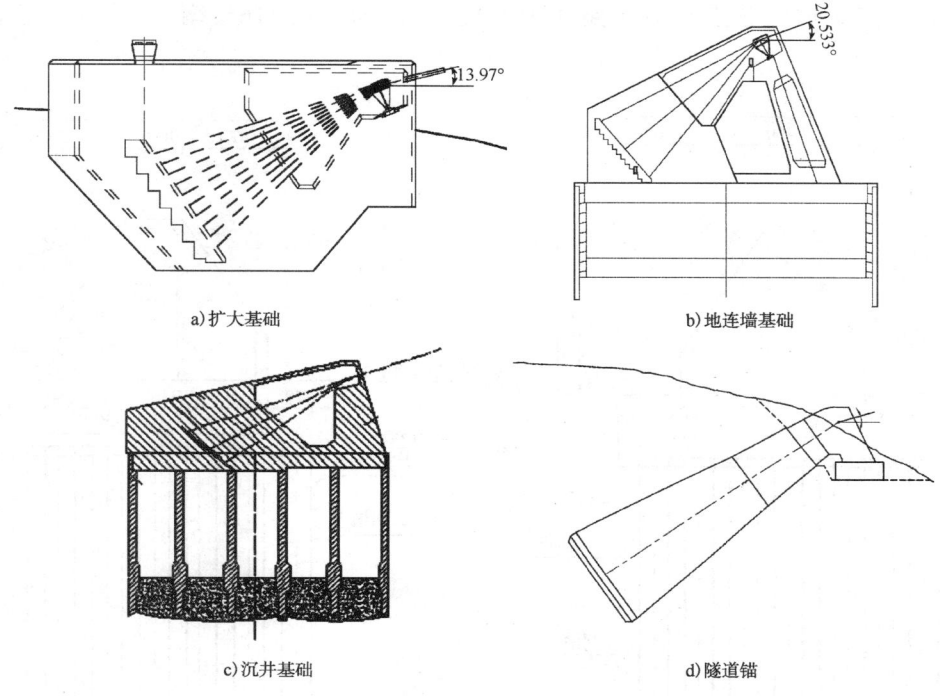

图12 锚碇样式

根据地质情况及锚体受力需要,苍容浔江大桥锚碇采用大直径桩基+铣接头结构方案(锚碇三维图如图13所示)。桩基与二期槽形成的剪力墙结构,抵抗主缆拉力。剪力墙锚碇基础为免开挖的新型结构,施工便利,同时桩基和二期槽组成的剪力墙结构参与结构受力,锚碇基础平面如图14所示。

图13 苍容浔江大桥锚碇三维图

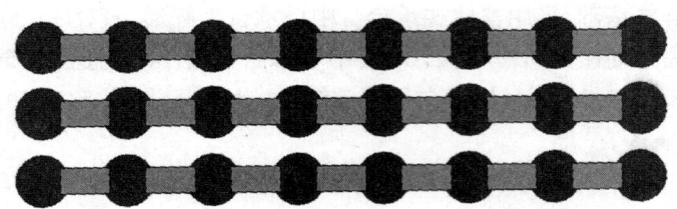

图 14　苍容浔江大桥锚碇基础平面

苍容浔江大桥锚体采用实腹式结构,南北锚体高度分别为 18.0m、17m,主缆 IP 点高程分别为 43.0m、42.0m。锚体平面采用前小后大的梯形,后锚室位于高水位线以上,保证锚固系统的耐久性,前锚室侧墙、前墙厚度 0.80m,顶板厚度 1m。锚体采用 C40 混凝土。边跨为空间缆,IP 点横向间距 46m,锚体与主缆方向相同,南北锚体分别相对于路线中心旋转 8.366°、6.116°;南、北锚碇一般构造如图 15 所示。

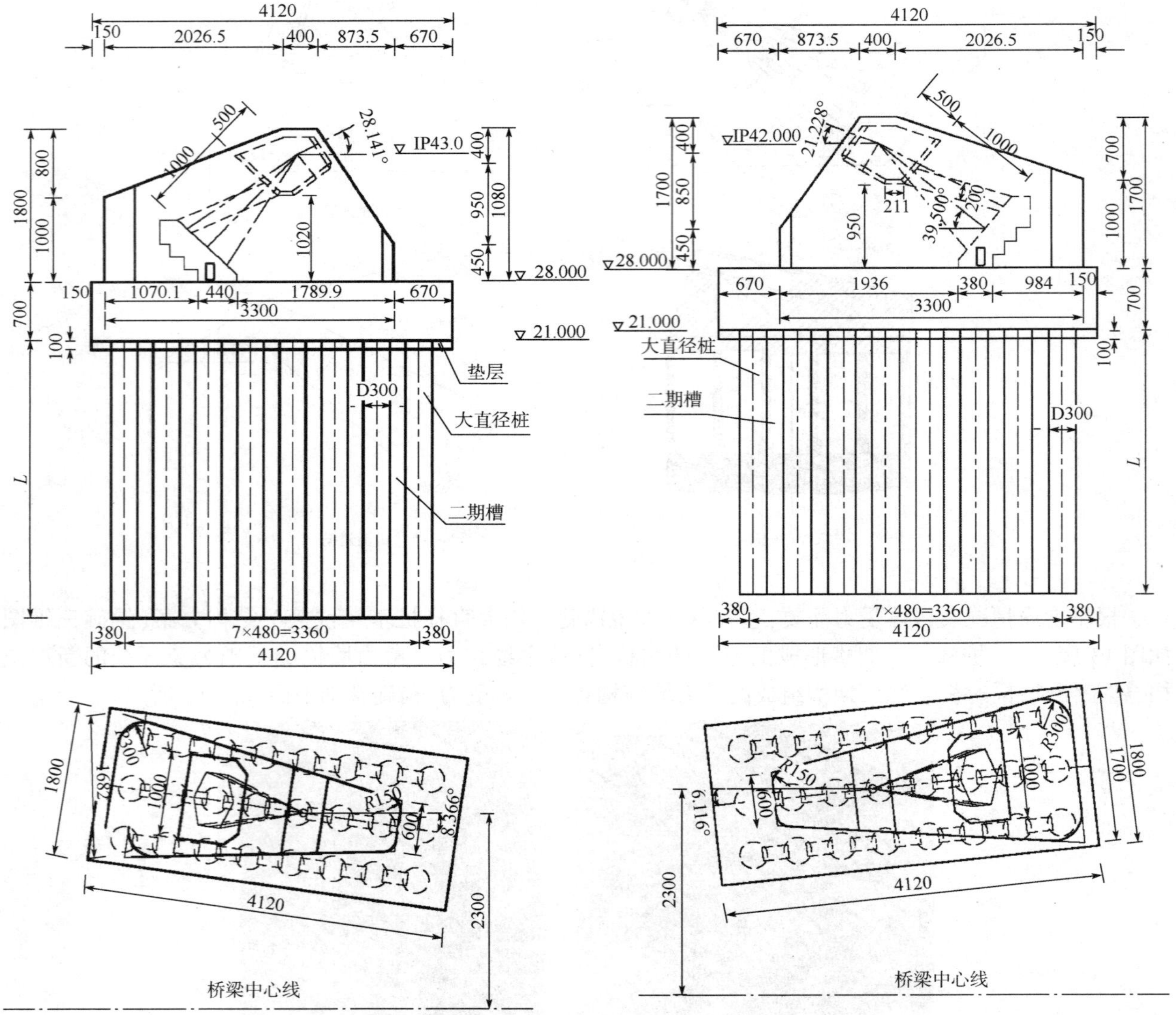

图 15　南、北锚碇一般构造(尺寸单位:cm;高程单位:m)

锚碇基础桩基直径 3m,每岸单侧锚碇基础纵桥向采用 3 列桩,每列 8 根,共 24 根桩基,两侧共 48 根桩基,基底嵌入中风化岩层不少于 5m,桩基之间采用铣槽机铣槽,形成二期槽段,与桩基搭接,桩基与二期槽形成剪力墙,顶部设 7m 厚承台。承台下设 1m 厚垫层。Ⅱ期槽段长 2.8m,宽 1.5m,Ⅱ期槽段与桩基在轴线处搭接长度为0.5m。承台顶高程+28.00m。

苍容浔江大桥锚碇中取消传统的预应力锚固体系,主缆索股通过连接器与锚块内成品索连接(锚固系统立面布置如图16所示),成品索直接散索至后锚固面,减小了前锚室空间,降低了锚块高度,散索系统前、后锚面布置如图17所示。

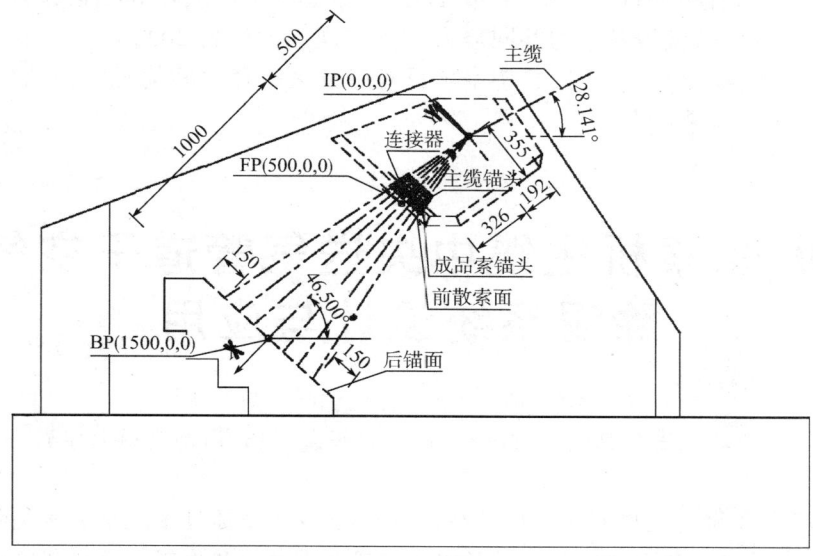

图16 锚固系统立面布置(尺寸单位:cm)

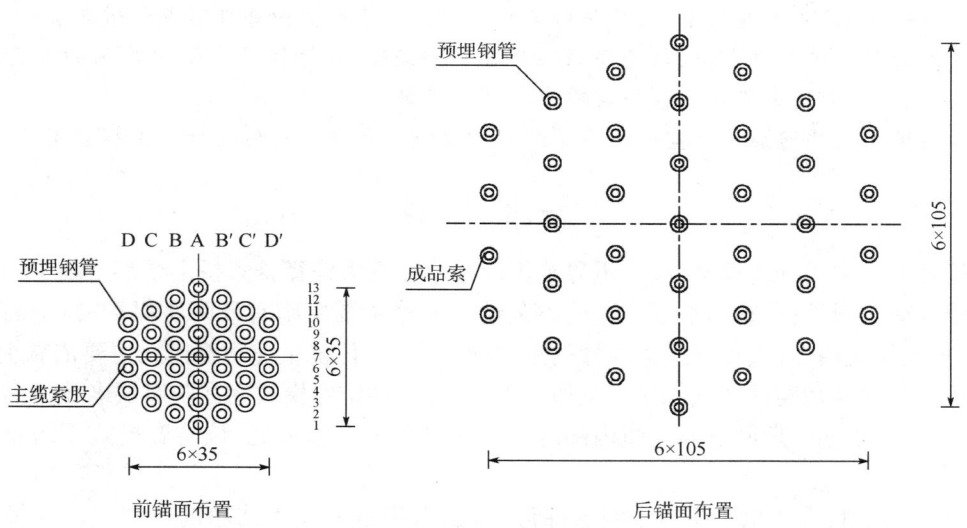

图17 散索系统前、后锚面布置(尺寸单位:cm)

五、创 新 总 结

苍容浔江大桥首次在分体箱钢箱梁中采用新型紊流制振风嘴,根据紊流制振原理,通过在附属结构设计中选用特定一些构造尺寸,气流经过产生的旋涡之间相互消耗,同时也不会产生规则的涡,从而达到抑振的目的。该新型风嘴在广西另外三座整幅钢箱梁索桥也得到应用,分别为主跨1098m单跨吊悬索桥龙门大桥、双主跨2×638m独塔空间斜拉-悬索协作体系的藤州浔江大桥、主跨580m双塔混合梁斜拉桥横钦高速公路郁江大桥。

苍容浔江大桥锚碇首次采用大直径桩基+铣接头结构方案,桩基和二期槽组成的剪力墙结构参与结构受力,基础为免开挖的新型结构,施工便利,节约工期和建设成本。

为适应空间缆吊索双向转角，苍容浔江大桥吊索设计分为两段式结构，可适应在施工及后期运营阶段的双向转动。

六、结　　语

苍容浔江大桥的设计充分体现了安全、适用、经济和美观基本原则，创新的设计理念需要项目建设、施工、监理、监控以及科研试验等各方的共同努力才能实现。大桥自2023年4月正式开工建设，计划于2025年6月完成，建设工期26个月，希望本项目对后续大跨径空间缆悬索桥的建设有参考和借鉴意义。

30. 悬索桥主缆中央送气管道干空气除湿系统设计与应用

赵　军[1]　陈　巍[2,3]　沈锐利[3]　周祝兵[1]

（1. 江苏法尔胜缆索有限公司；2. 三峡大学；3. 西南交通大学）

摘　要　为改善悬索桥主缆现有防腐技术存在的问题，提出了通过主缆中央送气管道输送干空气除湿的新系统，该除湿系统可以提升干空气输送效率并实现正常运营状态下主缆内部微正压保持与主缆内部状态的实时监测。首先进行了该除湿系统总体设计；其次进行了塔顶送气口及内部送气管道的构造设计，解决了系统设计的两项关键技术；最后针对不同跨径的悬索桥提出合理送气管道布置方案建议，以满足送气需求。结合张靖皋长江大桥，讨论了该除湿系统在2300m跨径悬索桥中应用的可行性及需要考虑的问题，研究结果可为超大跨径悬索桥实桥应用提供指导。

关键词　悬索桥主缆防腐　干空气除湿系统　中央送气管道　总体设计　工程应用

一、引　　言

近年来的悬索桥主缆开缆检测发现，世界范围内很多在役大跨径悬索桥主缆都出现了因高强钢丝腐蚀而导致的强度退化问题，严重影响了主缆的耐久性[1]。对主缆实施有效防腐保护，减慢高强钢丝的腐蚀速率，是延长主缆使用寿命、提高其耐久性的重要途径[2,3]。传统主缆防腐模式主要依靠主缆表面的防腐层阻隔环境中的雨水和腐蚀性气体侵入主缆内部，这种被动防腐模式存在防腐层老化开裂等问题。此外，被动防腐模式对于施工期间进入主缆内部的水分无能为力[4]。因此，该防腐模式因防腐效果差已基本被淘汰。

20世纪90年代，日本提出了主缆干空气除湿方法，采用送气夹将洁净的干空气由主缆表面压入主缆内部，达到主缆除湿及防腐的目的[5]。主缆外部通干空气除湿系统已广泛应用于国内外大跨径悬索桥上，如日本的明石海峡大桥、来岛大桥，中国的润扬长江公路大桥、杨泗港长江大桥，国外许多悬索桥也采用了该系统进行主缆防腐[6-8]。相对于传统被动防腐模式，主缆外部通干空气除湿系统，从本质上改变了主缆内部工作环境，且可通过自动化系统监测主缆排气口的空气湿度状态，防腐效果有显著提升。然而，经过十多年运营，主缆外部通干空气除湿系统也暴露出一些问题，如干空气往主缆内部输送效率较低、干空气在主缆内部的覆盖性差、远距离送气阻力大、对主缆表面密封性要求高及外部送气管道耐久性难以保证等。

基于主缆现有防腐技术存在的问题，龙潭长江大桥研究设计了主缆中央送气管道干空气除湿系统。通过埋置在主缆截面中央的送气管道向主缆内部输送干空气，干空气由主缆截面中心向表面扩散，可实现主缆"全断面、无盲点"除湿。本文首先介绍了主缆中央送气管道干空气除湿系统的总体设计，明确除湿系统的结构组成、关键构造、除湿原理及技术提升等。然后针对不同跨径的悬索桥设计合理的主缆内部送气管道布置方案及送气策略,以张靖皋长江大桥南航道桥为背景,讨论了主缆中央送气管道干空气除湿系统在超大跨径悬索桥中应用的可行性。

二、主缆中央送气管道干空气除湿系统设计构思

1.除湿系统方案构思

由日本提出的主缆外部通干空气除湿系统通过除湿机组制备干燥、洁净的空气,降温并加压,通过固定在主缆扶手绳上的送气管道和进气夹压入主缆,干空气依赖压力向主缆内部渗透、纵向沿钢丝间流动,从排气夹处排出。通过保持钢丝间干空气持续流动,带出水分,形成主缆内部干燥环境,阻止主缆钢丝锈蚀,同时监控整个系统的运行。主缆外部通干空气除湿系统的除湿流程示意图如图1所示。

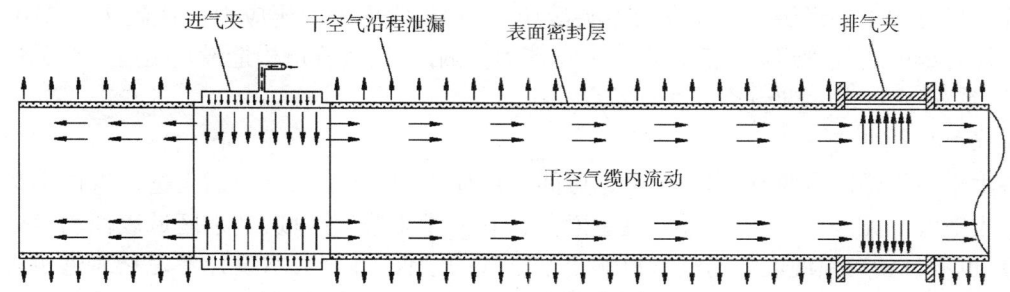

图1 主缆外部通干空气除湿系统除湿流程示意图

目前,悬索桥常用的外部通干空气除湿系统在实际工程应用中暴露出一些问题,影响其防腐效果。分析主要原因在于外部通干空气除湿系统的干空气送气方式存在先天不足:①干空气是由主缆表面压入主缆内部,干空气沿主缆径向流动压力损失大,对于大直径主缆干空气很难流动至主缆截面中心位置;②干空气依靠气压差进入主缆内部,因此对主缆表面密封性要求很高,若主缆表面密封性较差,则干空气会直接从主缆表面泄漏,不利于远距离输送干空气;③外部送气管道常年暴露在环境中,受环境中的腐蚀介质侵蚀,外部送气管道的耐久性难以得到保证。对此,在龙潭大桥主缆设计中,放弃常规干空气输送思路,采用了从主缆内部进行干空气输送的方式,有效改善了外部通干空气除湿系统存在的不足,并提升干空气往主缆内部的输送效率[9,10]。新的送气方式通过埋置在主缆截面中心的送气管道实现,干空气首先被送入送气管道中,此后干空气从缆内送气管道上的进气点进入主缆内部,并在主缆内部流动。主缆中央送气管道干空气除湿系统除湿流程示意图如图2所示。

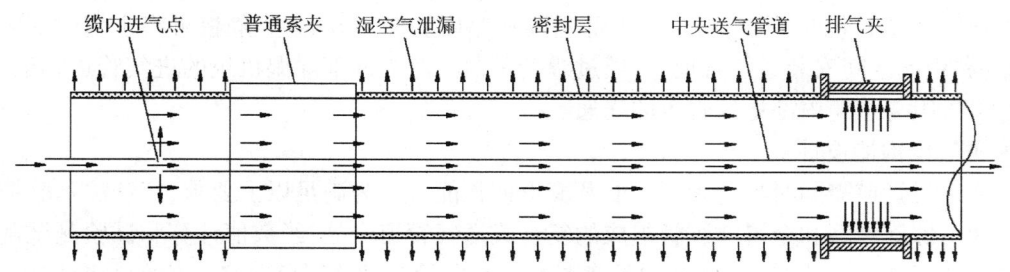

图2 主缆中央送气管道干空气除湿系统除湿流程示意图

2.除湿系统总体构造设计

主缆中央送气管道干空气除湿系统的主要组成结构包括塔顶除湿机组、高压风机、内部送气管道、排气夹、监测夹等。除湿流程如下:普通空气→除湿机组除尘及除湿→高压风机增压→主缆内送气管道输送干空气→主缆内部钢丝除湿→排气夹排放湿空气。主缆中央送气管道干空气除湿系统的总体设计示意图如图3所示。

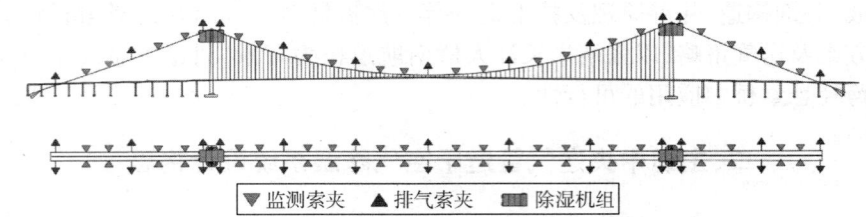

▽ 监测索夹　▲ 排气索夹　■■ 除湿机组

图3　主缆中央送气管道干空气除湿系统总体设计示意图

悬索桥主缆在各跨范围内是一个通长的整体,主缆表面紧密包裹防腐密封层。因此,主缆中央送气管道干空气除湿系统设计的首要关键技术是如何将塔顶除湿机组制备的干空气输送到埋置在主缆内部的送气管道中。另外,埋置在主缆内部的送气管道,需适应主缆的伸长变形。主缆运营阶段的应力可达到 600~850MPa[11],普通金属材料管道难以满足伸长变形需求,且金属管道不易形成主缆的曲率线形。悬索桥主缆成形过程中要经历紧缆及安装索夹等施工环节,索夹下的压应力可达到 7~12MPa[12],这要求埋置于主缆内部的送气管道需具备足够的承压能力。因此,送气管道构造设计是另一个关键技术。

3. 除湿系统关键构造设计

1) 塔顶送气口构造设计

悬索桥主索鞍鞍槽内索股紧密排列,且索股间挤压应力很大,难以直接插入进气管向主缆内部送气管道中输送干空气。此外,主缆沿程除靠近主索鞍处有一段非缠丝区域,其余区域表面均紧密缠绕有钢丝及缠包带,也不具备向主缆内部送气管道输送干空气的条件。因此,本设计考虑从靠近主索鞍的主缆非缠丝段处将干空气输送到主缆内部送气管道中。靠近主索鞍主缆非缠丝段处的送气口构造细节如图4所示。

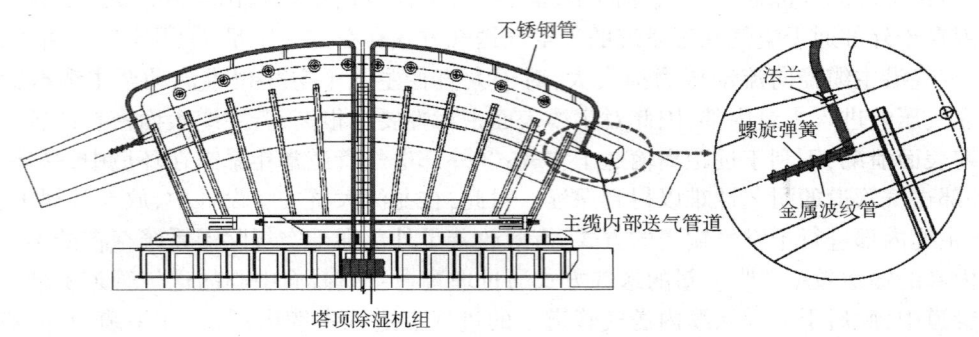

图4　靠近主索鞍主缆非缠丝段送气口构造细节

对主索鞍结构进行优化调整,将鞍槽中部竖隔板厚度加厚至6cm,竖隔板可将主缆内部索股间撑开一定的空隙,利用此空间安装送气管道,并通过缆套预留法兰与外部除湿机组的进气管道相连,进而实现主缆外部除湿机组与主缆内部送气管道的连通。

2) 塔顶送气口构造设计

主缆内部送气管道需同时具备承压性能及变形伸长能力。为满足以上要求,江苏法尔胜缆索有限公司首创了一种由螺旋弹簧和金属波纹管组成的复合式送气管道产品,经数值计算和试验测试确定了复合式送气管道的合理结构尺寸[13,14],其结构示意图如图5所示。螺旋弹簧具备一定的径向抗压能力,能抵抗主缆内钢丝索股的挤压作用。同时,螺旋弹簧的柔韧性较好、延伸能力强,能适应主缆的线形和变形。波纹管能减少干空气输送过程中的压力损失,保证干空气能被输送到跨中主缆位置。

4. 新型除湿系统技术优势及进一步提升方向

主缆中央送气管道干空气除湿系统通过改变干空气输送方式,以克服目前常用的主缆外部通干空气除湿系统存在的问题。与外部通干空气除湿系统相比,主缆中央送气管道干空气除湿系统有以下几方面的技术优势:

①干空气由主缆截面中心往表面钢丝扩散,易实现干空气在主缆横截面的全覆盖,即该除湿系统的干空气覆盖性较既有除湿系统更好。

②输送干空气的送气管道埋置在主缆截面中心,采用与主缆同材料、同寿命设计,后期无须更换,故送气管道的耐久性可得到保障。

③该除湿系统的干空气主要依靠内部送气管道输送,对主缆表面的密封性要求较外部通干空气除湿系统更低。此外,从主缆表面泄漏的空气是经过充分除湿后的湿空气,即主缆表面存在少量湿空气泄漏对该除湿系统的除湿效果影响不大。

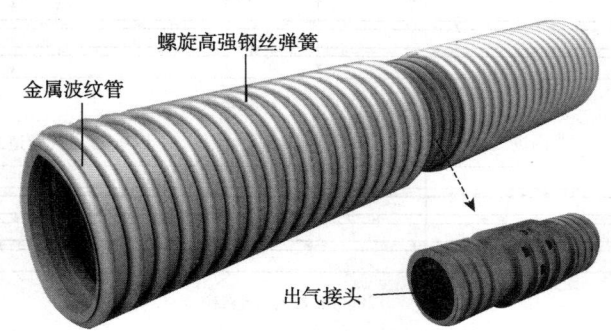

图5 螺旋弹簧和金属波纹管组成的复合式送气管道结构

在龙潭长江大桥除湿系统基础上,可进一步结合中央送气管道结构及系统特点开展集成创新:

(1)主缆内部状态实时监测系统开发。

主缆外部通干空气除湿系统的监测传感器设置在表面的排气监测索夹内,只能掌握主缆表面气流及湿度参数。该除湿系统在主缆截面中心埋置送气管道,为主缆内部监测传感器的设置提供了通道。因此,该除湿系统不仅能掌握主缆表面气流及湿度参数,也能获得工程上更为关心的主缆内部气流及湿度参数,更有利于对整个主缆内部状态的监控。

(2)主缆除湿防腐系统运维策略改革。

新型除湿系统的干燥空气从主缆内部向层挤压,由表面排气索夹测试到的湿度状态是主缆内部湿度最高的数据,因此外部测试数据达到要求的控制值后,可判断主缆内部的空气湿度是否真实地满足了设计要求。在此基础上,可关闭排气索夹,让主缆内部保持微气压,可避免主缆外部水汽进入主缆。除湿系统采用这样的运维策略,可减少能耗、减少运维费用且实现主缆内部保持干燥状态。

(3)除湿设备模块化。

按照上述除湿系统运维策略,可对除湿设备进行模块化设计。该除湿系统设计时可采用多台小功率除湿机并联设计。除湿初期多台除湿机同时运行,以快速降低主缆内部湿度。达到预期除湿目标后可关闭大部分除湿机,仅运行少数除湿机保持主缆内部干空气微正压,从而阻隔环境中的湿空气侵入主缆内部。该设计策略的优点在于既能满足该除湿系统初期需要输出较高的气压的要求,又能满足长期运营阶段微气压输送时降低能耗的要求。

三、主缆中央送气管道干空气除湿系统应用

1. 不同跨径悬索桥送气管道布置方案

本文提出的除湿系统存在的最大挑战在于干空气只能通过靠近主索鞍的主缆非缠丝段送到内部送气管道中。因此,远距离送气存在送气压力大等问题。尤其是跨径超过2000m的悬索桥,中跨主缆的干空气输送距离将超过1000m,采用单根管道送气,需要的气压高。工程应用中比较关心的是除湿系统的干空气能否覆盖主缆全长范围。为解决该除湿系统远距离送气问题,针对不同跨径的悬索桥,应设计不同的送气管道布置方案,以满足远距离送气需求。其中,1000m、1500m和2000m级跨径悬索桥主缆除湿系统的送气管道布置方案如图6所示。

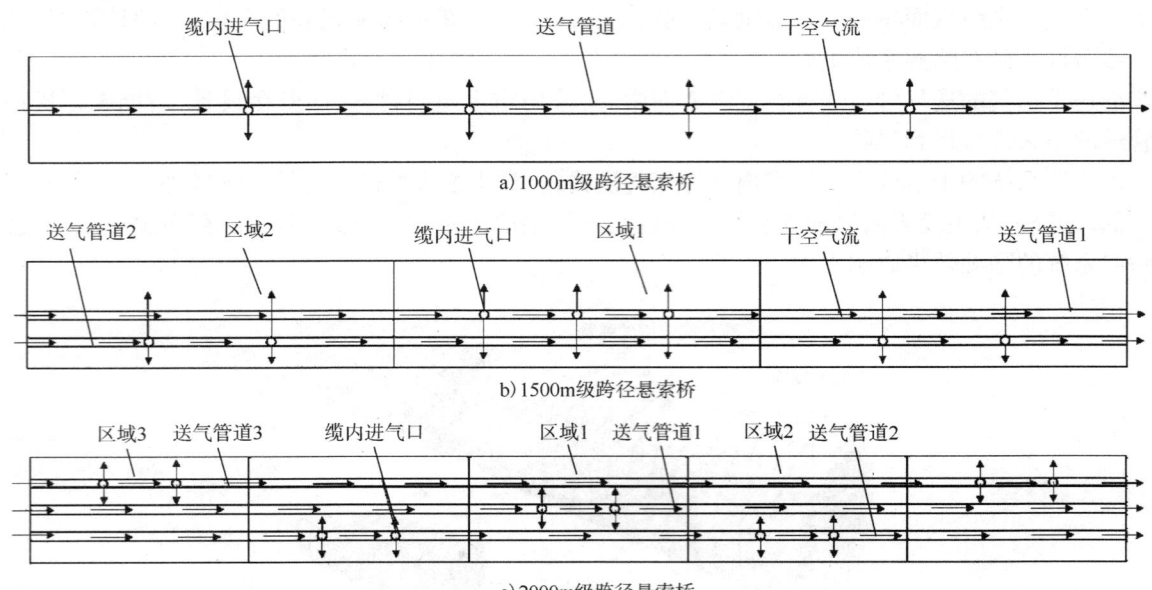

图6 不同跨径悬索桥主缆除湿系统送气管道布置方案

图6中,1000m级跨径悬索桥建议在主缆截面中心设置一根送气管道,1500m级跨径悬索桥建议在主缆截面中心及下半主缆设置两根送气管道,2000m级跨径悬索桥建议在主缆截面中心、上半主缆及下半主缆设置三根及以上送气管道。根据前期研究结果,对于1000m级跨径悬索桥,送气管道内径达到60mm、送气压力达到10kPa时,干空气可送通主缆全长范围;相同条件下,对于1500m级跨径悬索桥,需要更高的送气压力才能保证干空气送通主缆全长范围。如龙潭长江大桥的跨径为1560m,送气压力需达到18kPa时干空气才能覆盖中跨主缆全长范围。因此,建议采用两根送气管道方案以降低送气压力。如图6b)所示,送气管道1主要用于区域1主缆的干空气输送(送气管道两端不开出气孔),送气管道2主要用于区域2主缆的干空气输送(送气管道中间不开出气孔);对于2000m级跨径悬索桥,可进一步增加主缆内部的送气管道布置数量,以降低单根管道的送气压力。如图6c)所示,送气管道1~3分别用于区域1~3主缆的干空气输送。

2. 超大跨径悬索桥应用设计方案探讨

张靖皋长江大桥南航道桥为主跨2300m的双塔双跨吊钢箱梁悬索桥,主缆采用极限强度为2200MPa的高强度钢丝索股制作,单根索股采用127丝直径为5.6mm的高强钢丝制作,中跨索股数量达到252股,主缆直径达到1139mm。针对该超大跨径悬索桥缆索系统,采用主缆中央送气管道干空气除湿系统的防腐方案保障主缆的耐久性。分别讨论主缆内部设置单送气管道、双送气管道及三送气管道,以确定该超大跨径悬索桥主缆内部合理的送气管道布置方案,如图7所示。

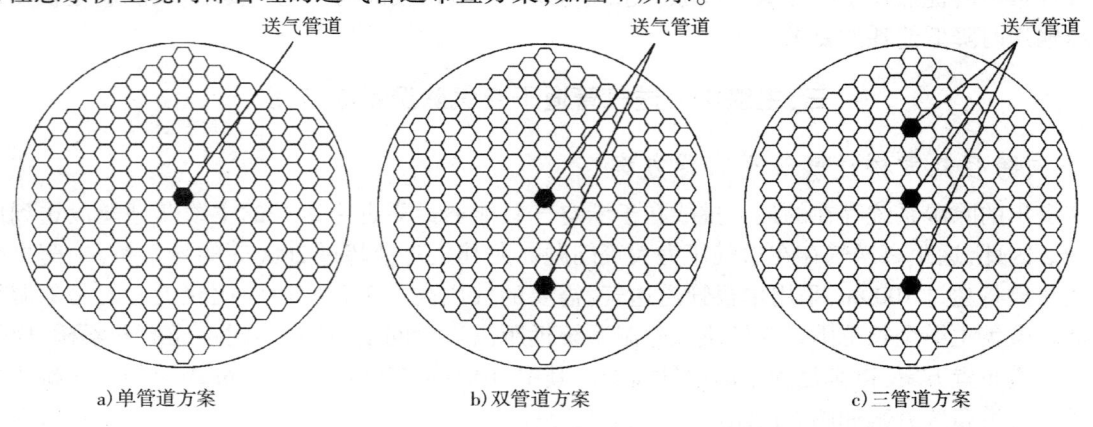

图7 张靖皋长江大桥南航道桥主缆内部不同送气管道布置方案

张靖皋长江大桥南航道桥中跨主缆全长约为2370m,根据索股的大小设计中央送气管道的外径为68mm、内径为58mm。干空气送气流量按70m³/h考虑、平均流速为3.68m/s,送气管道阻力系数按试验测试结果取0.111,干空气密度取1.293kg/m³,缆内送气管道沿程各出气口压力损失取300Pa。通过流体力学公式初步计算三种送气管道布置方案所需的初始送气压力,见表1。

三种送气管道布置方案所需的初始送气压力理论计算结果 表1

管道布置方案	最小送气距离（m）	缆内出气口间距（m）	缆内出气口数量	缆内出气口总压力损失（kPa）	沿程阻力损失（kPa）	最小送气压力（kPa）
单管道	1185	50	24	7.2	19.85	27.05
双管道	790	50	16	4.8	13.24	18.04
三管道	474	50	10	3.0	7.94	10.94

由表1计算结果可知,主缆内部三种送气管道布置方案的初始送气压力分别达到27.05kPa、18.04kPa和10.94kPa时,干空气可送至送气管道末端位置,满足跨中主缆的干空气输送需求。因此,提出的中央送气管道干空气除湿系统用于2300m超大跨径悬索桥主缆防腐保护切实可行。然而,2300m超大跨径悬索桥采用单送气管道方案时将具有很大的送气压力,不仅增大了干空气沿程压力损失,也增加了送气能耗需求。因此,可采用缆内布置三根送气管道方案降低送气压力。

本文仅讨论方案的可行性,与该桥的实际采用方案无关。

四、结　语

本文结论如下：

（1）为改善传统干空气输送方式的不足,提出了主缆中央送气管道送气方案。设计了从靠近主鞍座主缆非缠丝段处送气方案,解决了将干空气由主缆外部除湿机组输送到主缆内部送气管道中的技术难题。设计了由螺旋弹簧和波纹管组成的复合式送气管道结构,解决了送气管道需兼顾承压能力及变形伸长能力的技术难题。

（2）明确了主缆中央送气管道干空气除湿系统的技术提升,主要表现在干空气输送效率高、干空气在主缆截面覆盖性好、送气管道耐久性好、对主缆表面密封性要求更低、长期运营阶段的能耗低及可智能监控整个主缆内部状态等方面。

（3）针对不同跨径悬索桥主缆提出不同送气管道布置方案,本文建议1000m、1500m和2000m级跨径悬索桥主缆分别采用单管道、双管道、三根及以上多管道方案,以满足不同跨径主缆的远距离送气需求,保证干空气能覆盖主缆全长范围。讨论了张靖皋长江大桥南航道桥中跨主缆送气策略,结果表明提出的中央送气管道干空气除湿系统用于超大跨径悬索桥主缆防腐保护切实可行。

参考文献

[1] SHOICHI S, KAZUHIKO F. Corrosion protection of suspension bridge cables[J]. Construction of Civil Engineering Structures, 2003, 63(7):35-37.

[2] 叶觉明,李荣庆.现代悬索桥主缆防护现状与展望[J].桥梁建设,2009(6):67-71.

[3] 张强先,赵华伟,方圆,等.悬索桥主缆钢丝腐蚀与防护的应用进展[J].南京工业大学学报(自然科学版),2020,42(3):278-283.

[4] 万田保,陈巍,沈锐利,等.基于主缆内部输气的大跨度悬索桥除湿系统总体设计[J].桥梁建设,2020,50(S2):55-61.

[5] 刘海燕.日本悬索桥主缆送气干燥系统[J].世界桥梁,2018,46(4):94-95.

[6] 陈开利.日本桥梁长寿命研究新进展[J].世界桥梁,2019,47(2):50-54.

[7] COCKSEDGE C P E, BULMER M J. Extending the life of the main cables of two major UK suspension bridges through dehumidification[J]. Bridge Structures, 2009, 5(4):159-173.

[8] 陈巍,沈锐利,万田保,等.悬索桥主缆内部通干空气除湿系统送气压力损失[J].东南大学学报(自然科学版),2021,51(2):227-234.

[9] CHEN W, SHEN R, WANG H, et al. Study of anticorrosion system and anticorrosion mechanism for the main cable of suspension bridge[J]. Journal of Bridge Engineering, 2021, 26(12): 4021088.1-4021088.12.

[10] CHEN W, SHEN R, QUE M, et al. New dehumidification system design and dehumidification test for the main cable of suspension bridge[J]. Journal of Civil Structural Health Monitoring, 2021, 11(5): 1321-1335.

[11] XU F Y, CHEN Y L, ZHENG X L, et al. Experimental study on corrosion and mechanical behavior of main cable wires considering the effect of strain[J]. Materials, 2019, 12(5):753-767.

[12] MIAO R, SHEN R, WANG L, et al. Theoretical and numerical studies of the slip resistance of main cable clamp composed of an upper and a lower part[J]. Advances in Structural Engineering, 2021, 24(4):691-705.

[13] 沈锐利,陈巍,陈鑫,等.一种高承压高伸长管道结构:210088192U[P].2020-02-18.

[14] 陈巍,万田保,王忠彬,等.悬索桥主缆除湿的内部送气管道设计与性能[J]吉林大学学报(工学版),2021,51(5):1749-1755.

31. 张靖皋长江大桥现代项目管理方法研究

张佳浩[1,3,4] 王雨妍[1,2] 程茂林[1,3,4] 肖浩[1,3,4] 易飞[1,3,4] 冷志坚[1,3,4] 李国锋[1,3,4] 余果[1,3,4]

(1. 中交第二航务工程局有限公司;2. 中交武汉智行国际工程咨询有限公司;
3. 长大桥梁建设施工技术交通行业重点实验室;
4. 交通运输行业交通基础设施智能制造技术研发中心)

摘要 近年来,随着中共中央、国务院《交通强国建设纲要》的提出,平安百年品质工程已经成为工程建设热点。本文以张靖皋长江大桥项目为例,对其存在的工程规模大、桥梁跨径大、施工难度大、安全风险大、大型装备多、环保要求高等特点,按照项目混凝土云工厂标准化要求、钢筋云工厂标准化要求进行施工组织,有效提升了工程品质。张靖皋长江大桥项目的现代化管理研究中,不仅运用计划、领导、控制、组织、创新等传统的管理方法,融入数字化转型升级的现代化系统和智能化管理模式进行科学化的管理,通过项目管理先期策划,运用项目管理的控制策略与项目管理的保证措施,进行项目的进度、成本及质量的管理,打造数字项目的标杆,实现了智能项目与低碳节能的目标。

关键词 张靖皋长江大桥 现代化管理 智能化 数字化 绿色低碳 转型升级

一、项目背景

张靖皋长江大桥项目跨江段长7859m,由南、北两座航道桥以及南、中、北三段引桥组成(图1),南航道桥主跨2300m,为世界最大跨径悬索桥,北航道桥主跨1208m。采用双向八车道,设计速度为100km/h,具有工程规模大、桥梁跨径大、施工难度大、安全风险大、大型装备多、环保要求高等特点。大桥建成后,将实现主缆自平衡体系、钢箱-钢管约束混凝土组合索塔、支护转结构复合地连墙锚碇基础、自行走装配索鞍、智能感知可更换锚固体系、全桥一体化智能防腐体系等六项"世界首创",创下最大跨桥梁、最高悬索桥索塔、最长主缆、最大锚碇基础、最长钢箱梁、最大伸缩装置等六项"世界之最"[1]。

基于张靖皋长江大桥项目,为打造平安百年品质工程,实现工程项目的现代化管理,本文对现场的施工项目管理方法进行研究。首先介绍了项目的组织结构,通过项目策划制定相应的项目管理目标,并制订一系列详细的项目管理计划,采用科学的项目进度管理方法,项目成本管控措施以及项目质量管理方式,利用项目的控制与项目的保证措施,完成项目制定的目标。

图1 张靖皋长江大桥设计图

二、项 目 概 况

1. 项目简介

1) 张靖皋长江大桥项目的组织结构介绍

张靖皋长江大桥项目采用传统的工程项目组织结构,设立项目经理作为总负责人,下设项目总工程师与项目副经理为第二负责人,分管技术方案与现场项目施工事宜。项目组织架构内包含技术部门、施工部门、质量安全部门、供应链管理(SCM)部门、行政部门以及项目办公室,如图2所示。

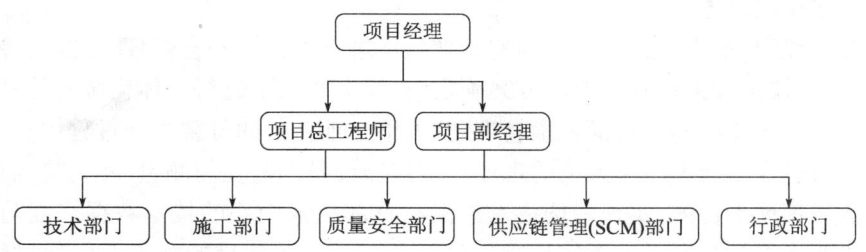

图2 张靖皋长江大桥项目部组织结构

2) 张靖皋长江大桥项目管理介绍

张靖皋长江大桥项目通过制定"技术创新、精益管理、绿色低碳、BIM应用、交旅融合"五个主攻方向,基于平安百年品质工程,进行现代化管理研究。通过运用领导、控制、组织、用人、计划、创新等传统的管理方法,融合数字现代化的系统和手段进行科学化管理,打造数字建造项目,将传统工程建造项目打造为智能项目与绿色低碳项目,通过项目管理的数字化全生命周期策划,运用项目管理的智能化控制策略与项目管理的数字化保证措施,进行项目进度、项目成本及项目质量的管理,利用数字化转型升级的管理系统及监控设备助力项目实现最大跨径桥梁、最高悬索桥索塔、最长主缆、最大锚碇基础、最长钢箱梁、最大伸缩装置六项"世界之最"的总目标。

2. 项目管理现状分析

在张靖皋长江大桥项目的管理过程中,建养一体化对智能化提出了更高要求,需要运用现代化的技术手段进行控制,以保证项目的质量、进度、成本满足项目初期制定的管理目标[2]。

在项目质量管理方面,考虑在项目的全生命周期管理过程中运用5M1E的质量管理控制措施,对人机料法环测等方面进行质量保证管理,采用PDCA循环法的质量管理科学手段进行项目的质量管理控制;在项目进度管理方面,通过甘特图和采用数字化BIM建筑项目的进度管理与可视化看板软件进行全流程的项目进度管理,在项目的主控室内实时更新项目的进度显示与项目进度的预警信息;在项目成本管理方面,采用项目前期全面成本预算管理,在一体化财务云系统中提前一个周期制订下一周期的资金计划,通过数字化的财务管理软件,与项目的合同评审与履约系统接轨,将主数据严格按照资金计划进行项目的收入与支出管理,实现项目在建设全流程的资金计划管控,并且借助各个数字化系统的协同,在每一期合同条款履约的过程中,通过使用现代化的合同评审与履约系统,集成财务共享平台进行项目成本的集中管控[3]。

基于平安百年品质工程的要求,在项目安全管理方面,项目部逐级建立安全委员会的各级管理组织机构,由项目经理担任项目的第一安全负责人,同时成立安全委员会小组,项目总工程师与项目副经理作为小组成员参与安全委员会的日常事务管理。在各个相关部门设立部门安全管理机构,由部门负责人担任该部门的第一安全责任人,全面负责项目的安全管理工作。其次,在项目安全管理的过程中,借助现代化的管理手段,通过数字化的监控平台,利用人工智能结合高清监控设备对现场未按要求穿戴安全劳保设备的人员进行识别,对未按照要求报备人员进入现场人员进行管理,以保证项目的安全管理[4]。

三、项目现代化管理方法研究

1. 项目数字化转型升级管理模式

项目的数字化转型升级,标志着项目按照打造平安百年品质工程的方向,实现大跨径桥梁建设现代化管理的进一步创新。从项目进场的人员信息转化为二维码名片管理,到现场工程装备及施工设备的实时位置与行为监控,以及项目中涉及的安全管理、质量管理、进度管理、成本管理的智能化看板系统,集成混凝土云工厂、钢筋云工厂与现场工程融合的项目管理调度系统不断将传统的桥梁建筑施工项目推向数字化转型升级的智能化项目方向[5]。

在项目的管理过程中,采用项目全生命周期管理软件进行项目的安全管理、进度管理、质量管理与成本管理。从项目立项、技术方案编制与施工方案确定,在线上和线下进行一体化统筹管理,项目组人员通过项目部的组织架构进入相应的项目部人事管理,纳入整个项目部的日常管理过程中。

项目技术部门通过现场技术服务人员的现场测量仪器设备的监控与测量,实时将项目施工现场的技术数据更新到云数据管理平台内,实现现场技术数据与总部技术中心的技术数据交互与动态更新,通过现代化的管理模式严格贯彻落实平安百年品质工程的各项要求。项目的施工部门通过线上云课堂的微课与线下的日常管理培训相结合,在施工工艺方面的实际进度过程中,不断推出新的施工工艺与创新施工工法,为打造平安百年品质工程不断积累现代化的管理经验,通过现代化的管理落实平安百年品质工程的施工管理[6]。

项目质量安全部门通过高清晰度的视频影像监控系统和实时捕捉的安全信息采集系统,全天候对施工工地现场的违规行为进行监控与信息上报,严格贯彻落实平安百年品质工程安全要求。项目的SCM部门通过先进的钢筋云工厂和混凝土云工厂,对现场施工涉及的原材料供应进行统筹规划,由智能化的项目云管理系统进行调度与分配,实现智能化、信息化、数字化、平台化的现代化管理,通过现代化的管理严格贯彻落实平安百年品质工程供应链管理要求。项目的行政部门通过MIS、OA等一体化办公协同系统[7],与总部实时保持数据报送与管理信息交互,不断创新项目的行政现代化管理,运用ERP线上的办公流程审批系统[8],简化项目各个部门的办事流程(表1),不断实现无纸化办公和现代化办公方式,实现项目办公区域的绿色低碳节能减排的目标。

项目组织管理职责		表1
项目部门	管理职责	数字化系统
技术部门	项目技术数据的监控与测量	项目全生命周期管理系统
施工部门	项目施工工艺与创新施工工法	线上云课堂系统
质量安全部门	项目施工质量管理与安全风险监控	安全信息采集系统
行政部门	项目办公流程数据报送与管理	一体化办公协同系统

2. 项目智能化管理模式

项目下一阶段的目标即锚准智能化管理的方向，按照平安百年品质工程的要求，不断推陈出新，借助现代化的数字管理体系与智能化的系统软件，将项目工地的人机料法环测等要素进行智能化改造[9]。

不断打造数字化建造的项目管理平台，结合项目全生命周期管理系统、财务云共享管理系统、项目全面预算管理系统、安全风险监控平台以及项目云智造系统的有机统一，通过传统建筑行业的管理模式向新型制造业管理模式的转变，不断创新项目的智能化管理模式，引入云计算、5G+、北斗系统、大数据管理平台、人工智能与机器学习等先进科学技术，通过智能建造技术的基础研究，结合先进的科学工具，实现智能建造向工厂化智能制造的管理模式的逐步迭代升级，不断引入先进的信息化管理模式，与传统的项目管理模式融合，使项目的各项数据呈现在智能化的管理系统中，便于项目管理者进行计划的动态调整，实现组织的统一管理，协助项目负责人的领导与决策，有利于整个项目团队智能化管理模式的创新[10]。

张靖皋长江大桥项目物料供应链方面智能化管理模式的方式体现在以下方面：通过引入钢筋云工厂的一体化生产加工的工厂化管理系统，从钢筋物资的入场清点、钢筋的折弯、捆绑与焊接、钢筋的吊装与运输的各个流程，通过制造执行系统（MES系统），将钢筋加工的每一个阶段都能够数字化呈现在MES系统内，同时，进一步研发基于机器学习的钢筋物料的清点识别系统，通过神经网络进行钢筋物料的调度与协调。通过混凝土云工厂的全公司内的统筹集约的调度系统，将公司所有在建项目的混凝土加工车间的余量与动态运输方量等进行数据化管理，统一呈现在混凝土云工厂管理系统可视化平台上，运用运筹学的方法通过蚁群算法将混凝土供应链的调度达到最优化的路径与供应决策。不断协同现场的钢筋、混凝土的统一调度和调控，考虑引入塔式、桥式、门式起重机等工程施工机械的模式数据识别与采集，运用大数据在实际施工项目中的集成应用，将人机料法环测融为一体，通过供应链的智能化管理模式的创新，不断完善项目的智能化管理。

四、结　语

张靖皋长江大桥项目在传统桥梁建设工程项目的基础上，基于平安百年品质工程与现代化管理，融入了混凝土云工厂、钢筋云工厂、项目全生命周期管理系统、财务云共享管理系统、项目全面预算管理系统、安全风险监控平台以及项目云智造系统，将桥梁建设工程项目转化为工厂化、智能化、无人化、数字化、低碳化的现代化工程项目，为后续工程项目提供借鉴与参考。

参考文献

[1] 蒋振雄.张靖皋长江大桥建设综述[J].公路，2023,68(6):1-7.
[2] 姜颖.高速公路施工机械设备的现代化管理措施思考[J].中国设备工程，2023(5):50-52.
[3] 高晓炜.浅谈交通运输企业现代化管理体系[J].内蒙古公路与运输，2022(6):56-58.
[4] 陈开良.建筑工程现代化管理方式研究[J].四川水泥，2020(6):209.
[5] 巩金平.建筑施工管理的现代化管理措施研讨分析[J].居舍，2022(9):127-129.

[6] 韦永都.施工现代化管理在建筑工程项目中的实施[J].四川水泥,2015(1):48.
[7] 冯小静.MIS 在建筑施工企业现代化管理中的重要地位[J].科技创新导报,2014,11(20):184.
[8] 余潇茜.ERP:建筑施工企业现代化管理的重要推手[J].中国建设信息,2012(22):21-23.
[9] 赵勇.工程施工的现代化管理[J].中外建筑,2011(9):112.
[10] 闫鹏,冯玉平.中小型水利工程泵站运行调度及现代化管理分析[J].工程建设与设计,2021(24):219-221.

II 施工与控制

1. 张靖皋长江大桥锚碇地连墙智能建造系统研发与应用

刘晨熙

(中交二航局第四工程有限公司)

摘　要　张靖皋长江大桥南航道桥南锚碇基础采用的支护转结构复合地连墙,锚碇顺桥向长110m,横桥向宽75m,深度为83m,墙厚度1.5m。针对该地连墙异形槽段数量多、成槽垂直度控制难度大、钢箱吊装施工风险高的重难点问题,本文围绕悬索桥锚碇地连墙智能化施工管控开展了关键技术研究,研发了基于数字孪生的张靖皋长江大桥锚碇地连墙智能建造系统,形成"数据感知—实时分析—智能决策—精准执行"的施工控制闭环,实现关键工序的数字化管理、智能化生产、信息化协同。

关键词　张靖皋长江大桥　锚碇地连墙　智能建造　数字孪生　施工管理

一、引　言

传统桥梁锚碇建造等地下工程施工存在监控不到位、数据不及时、施工困难多、管理协调难度大等问题。近年来,随着国家政策推动和行业内创新变革,交通运输行业逐步开始向绿色化、信息化、工业化的方向发展,而计算机和通信技术的进步,为其转型升级提供了有力支持。在当今智能化的发展趋势下,以信息技术推动的传统工科专业转型势在必行。为更好地适应国家创新驱动发展战略,实行智能建造刻不容缓。目前,大型项目特别是特大型桥梁,均在开展BIM应用、数智化平台、智能建造、智慧工地等数字化建设,一方面源自业主的要求,另一方面是项目管理提升的需求,实现关键部位、关键要素数字化管理、智能化生产、信息化协同,进而实现工程品质、安全水平和服务品质的提升。

大型桥梁锚碇建造施工建造过程的智能建造,需要数字化模型、实时的管理信息、覆盖全面的智能感知网络,必须通过运用数字孪生手段,并连接物联网的大数据等相关技术,利用"协同、互联、智慧"方式来实现传统模式的转变。

二、工程概况

张靖皋长江大桥地处长江三角洲城市群的中心,跨江段设有两座航道桥,其中南航道桥跨越长江主江福姜沙水道,采用桥跨布置为2300m+717m=3017m的两跨吊悬索桥。南锚碇基础采用支护转结构复合地连墙基础,锚体置于地连墙顶板顶面,为三角框架造型重力式锚体(图1)。地连墙长110m,宽75m,地连墙厚1.5m,顶板高程+1.0m,外围双层地连墙深83m,墙底为密实粉砂,双层墙净间距4.3m。原设计共划分为198个槽段(图2),其中一期刚性接头槽段94个,外侧小隔仓地下连续墙长度为83m,内侧大隔仓地下连续墙长度为68m;二期钢筋笼槽段104个,外侧小隔仓地下连续墙长度为78m,内侧大隔仓地下连续墙长度为58~73m。地连墙分幅设计如图2所示。后变更为三槽连做施工后共计162幅槽段,如图3所示。

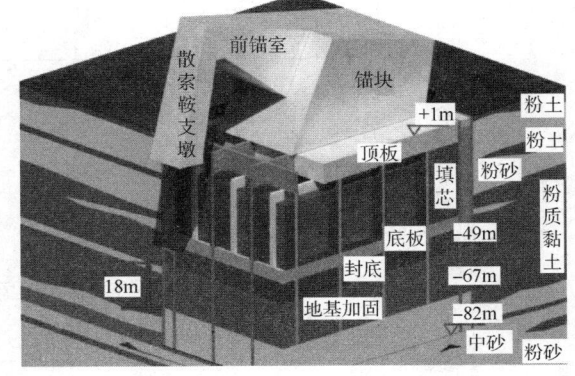

图1　张靖皋长江大桥南锚碇地连墙示意图

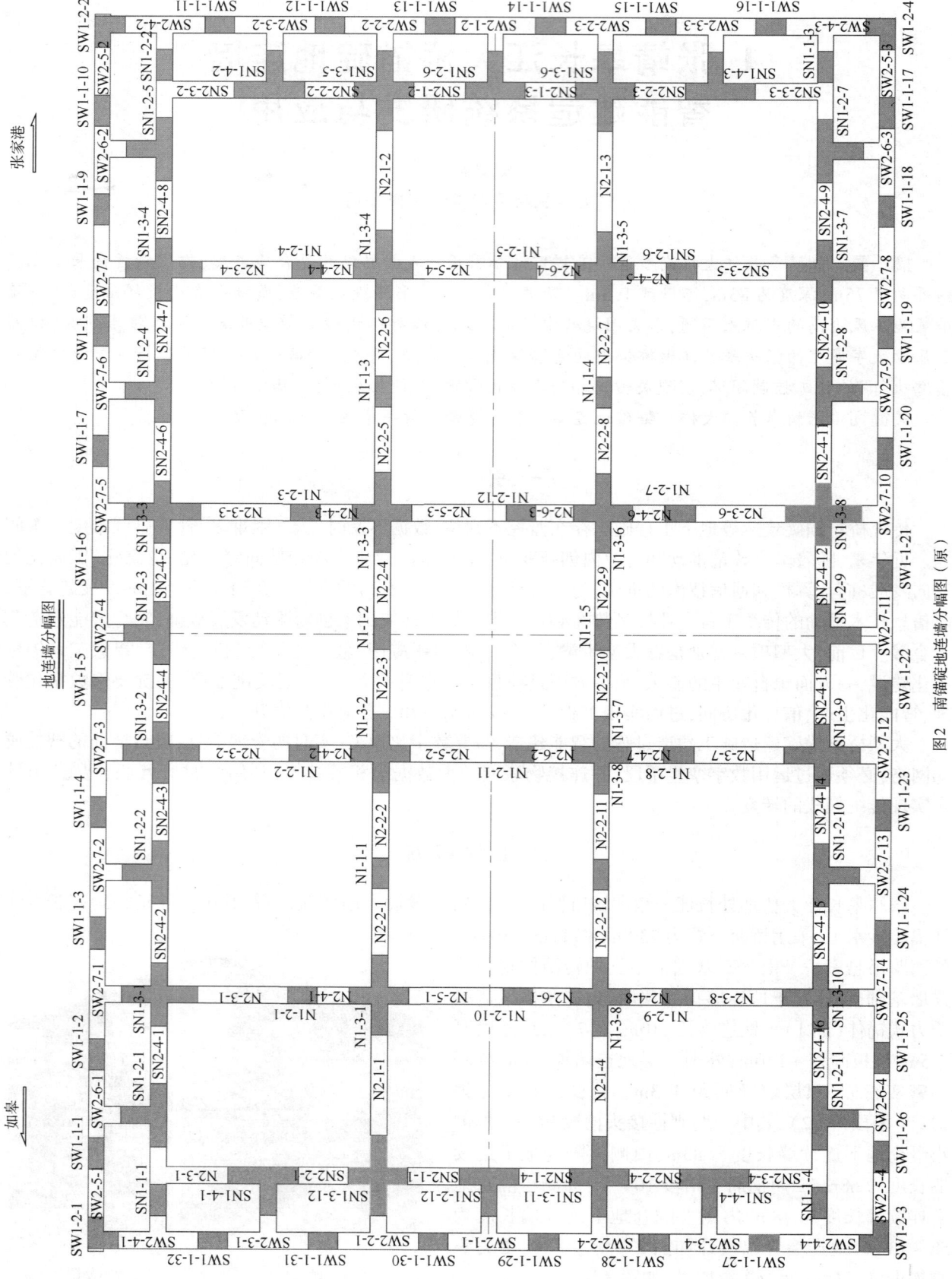

图 2　南锚碇地连墙分幅图（原）

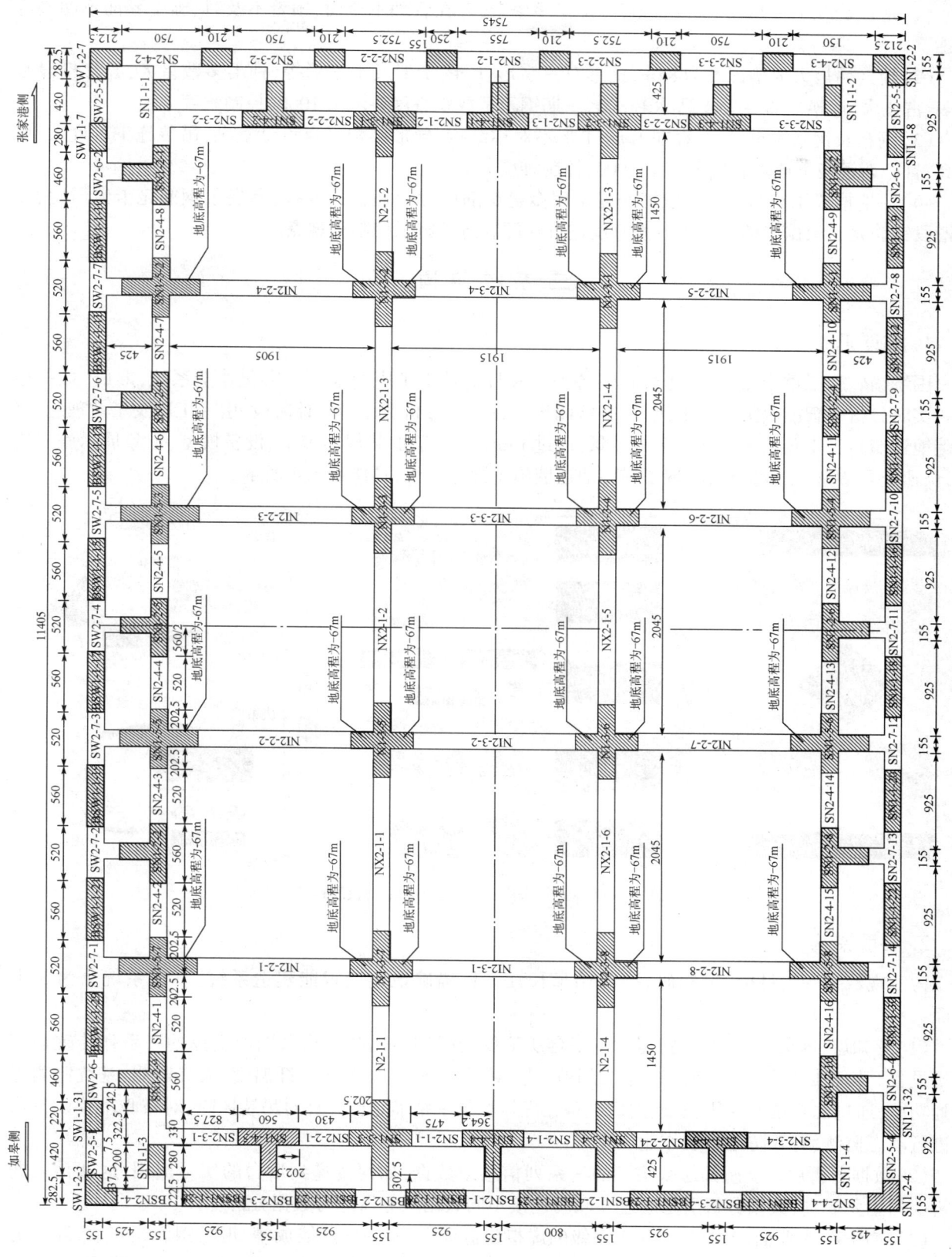

图3 南锚碇地连墙分幅图（变更后）（尺寸单位：cm）

张靖皋长江大桥南锚碇施工工程规模宏大,技术复杂,存在如下施工难点:

(1)地连墙施工参与人员、设备多,施工工序繁杂,存在管理不全面、预警不及时、施工界面不明确等问题。

(2)地连墙最大成槽深度为85m,槽形有一字形、L形、T形及十字形等,种类多数量大,异形槽段数量多、占比大,成槽垂直度要求高达1/800,一期钢箱下放垂直度要求1/1000,控制难度大。

(3)钢箱及钢筋笼重量大,存在L形、T形不对称结构,异形结构吊点设计复杂,吊装施工难度大、风险高,且一期钢箱下放垂直度要求1/1000,控制难度大。

(4)一期槽段钢箱与二期槽段钢筋笼采用多道钢筋网片对插方式连接,易发生钢筋笼卡笼风险,二期槽段钢筋笼需根据一期钢箱下放垂直度进行匹配制造是施工控制重难点。

三、系统架构

1. 建设思路

围绕锚碇施工重难点,以智能物联装备等手段打造基于工序的锚碇数字化建造系统,形成"数据感知—实时分析—智能决策—精准执行"智能闭环。在需求分析及原型设计阶段,引入工序及工效理念,将锚碇地连墙施工工艺流程分解成多级场景,通过Unity3d引擎加载现场施工、设备模型,形象展示施工进度,快速查看质量、工效信息,实现了锚碇地连墙施工数字孪生,具体如图4所示。

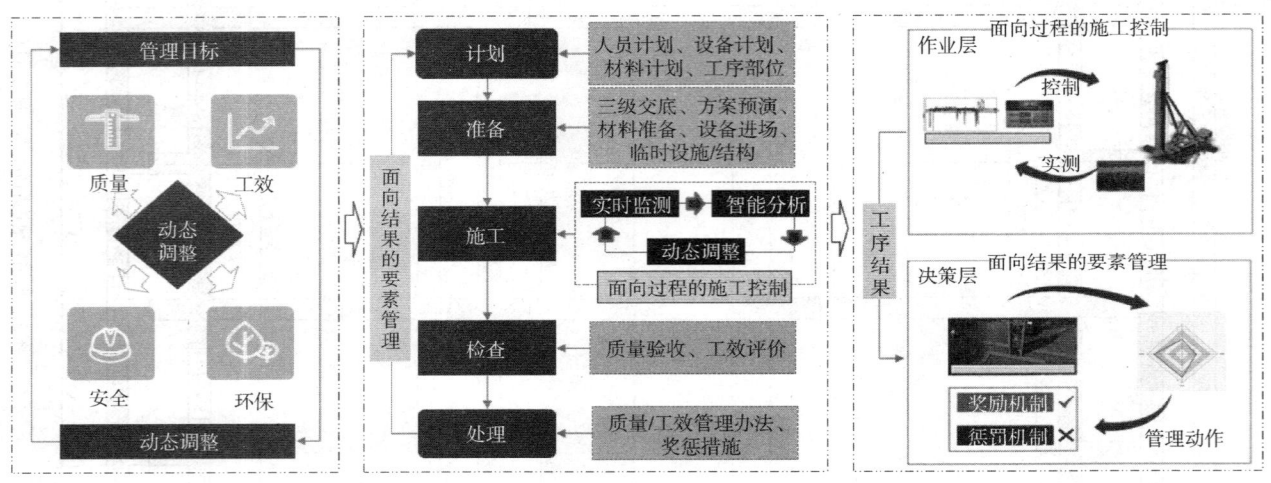

图4 以智能闭环为特征的智能建造系统流程图

2. 应用架构

为实现数字孪生目标,定制研发"张靖皋长江大桥锚碇地连墙智能建造系统"。该系统分为3个层面:

(1)感知层,即数据采集层,智能建造平台所依据的感知层是基于物联网所支撑的一系列传感器等采集设备。构建成槽设备、钢筋笼姿态、结构应力、混凝土浇筑、分布式光纤温度、大堤监测、基坑监测等系列功能,通过北斗技术应用,实现大型装备在虚拟场景中精准定位。针对吊装风险,对核心吊装设备状态进行动态监测,有效防范吊装作业风险。

(2)数据分析层。从感知层采集到的一系列信息或数据,如何传递到后台的实际应用,这就是数据分析层的主要职责,数据分析层是通过互联网连接不同数据服务器进行数据分析统计。

(3)应用层,主要面向用户,搭建工序级的虚拟建造场景,实现地连墙成槽、钢箱钢筋笼安放、混凝土浇筑、降水施工、地基加固等工序虚拟仿真。根据施工计划,梳理关键工序表单,建立工序资料库,进行虚拟预演和计划偏差分析,把握施工工效。

系统总体架构如图 5 所示,所有数据通过无线网络传递,在云服务器中储存管理。

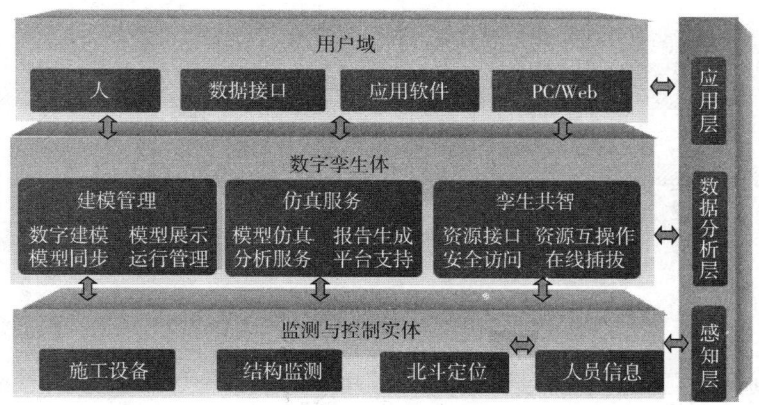

图 5　智能建造系统架构图

四、锚碇智能建造系统

系统以地理信息为基准,将 BIM 模型和倾斜摄影地理场景相结合搭建数字沙盘,以信息技术为纽带,将宏观的地理环境与微观的构件信息相结合,模拟施工关键工艺,实现施工过程质量、工效、安全、环保的管控目标,形成项目施工要素一体化管控,降低施工风险;对人员、设备(铣槽机、成槽机、履带式起重机)、料(钢筋、混凝土)、环(天气、温湿度、风速、颗粒物等)等管理数据实时监测,动态反馈。实现锚碇地连墙施工全过程的安全、进度信息化管理功能。

1. 数字孪生场景打造

1)地连墙数字孪生全景

系统分为多级场景构建,创新性地应用"全场景 + 深化场景"模式,减去了以往孪生场景中通过卡片点选切换,极大提高了体验度、集成度和应用效率。在进度工效方面,对地连墙槽段进行一一对应建模,直观地体现已完成和正在施工的槽段,精准地体现施工进度,如图 6 所示。区别于一般的数字孪生场景中简单的进度标识模式,本系统针对地连墙每一幅槽段,创新性的设定唯一标识码,无缝匹配槽段施工顺序变化,解决历来地连墙施工槽段进度管理自适应痛点和难点。同时,围绕成槽等关键工序,梳理分析核心指标项,与实际施工进行比对,实现工效优化,指导后续槽段施工,如图 7 所示。

图 6　锚碇地连墙智能建造数字孪生场景图

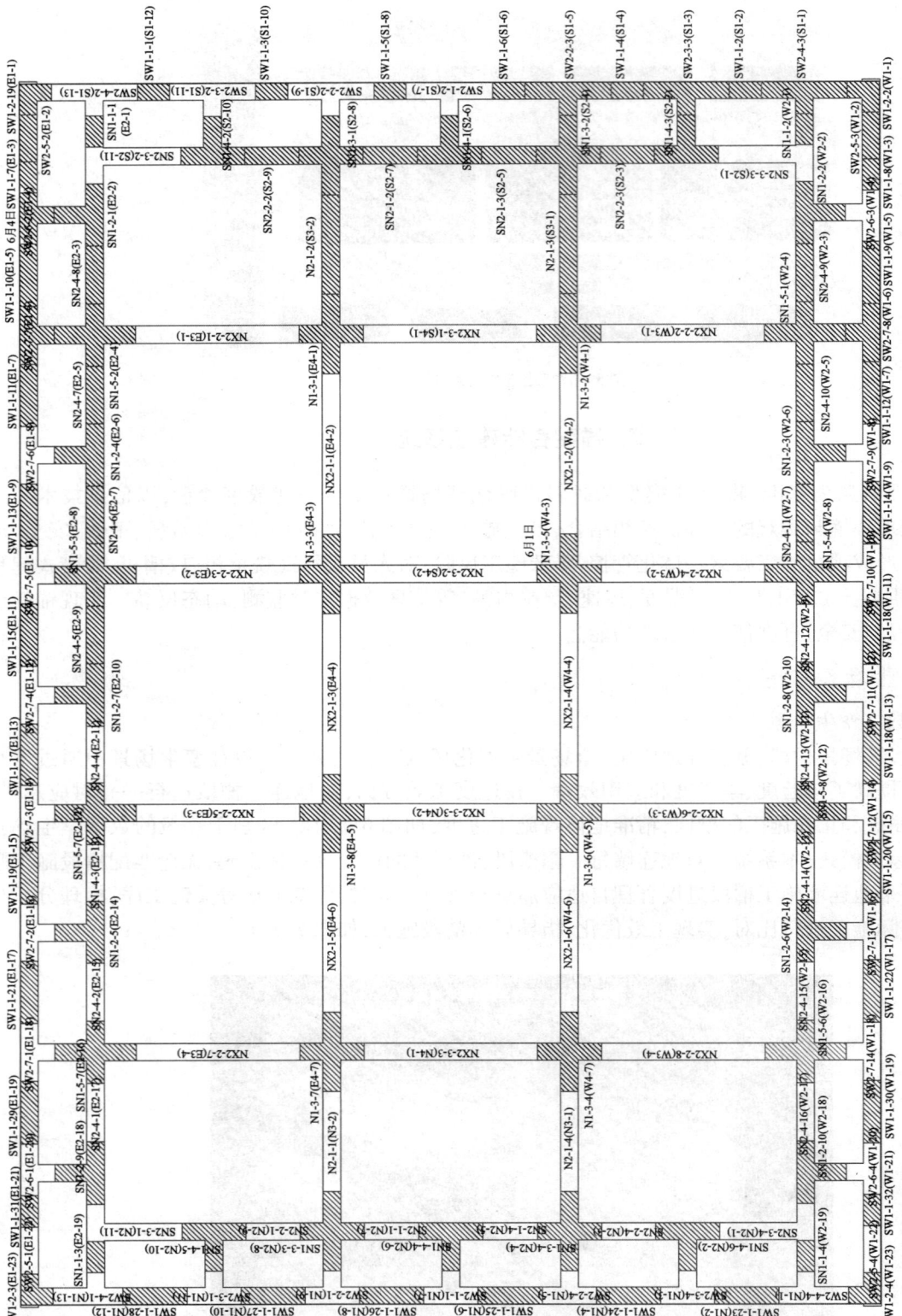

图 7 槽段设定唯一识别码

唯一编号规则：
1. 编号第一位ESWN为东南西北。
2. 编号第二位数字从外到内层数，编号1-4，最外层为1；第1层W、E各23个，N、S各13个；第2层W、E各19个，N、S各11个；第3层W、E各4个，N、S各2个；第4层W、E各7个，N、S各1个。
3. 第三位编号按从南到北、从西向东规律逐渐增大

2) 地连墙深化场景

对施工中涉及的工序虚拟仿真,搭建工序级的虚拟仿真场景,为项目管理提供数据支撑,实现工程实体数字化。针对地连墙每一幅槽段,开发单槽深化场景界面,针对每一幅地连墙的关键控制指标,如成槽、吊装、浇筑时间、泥浆指标、垂直度、槽孔形态等进行深度体现,让管理人员全面总结已施工槽段,指导计划施工槽段。

2. 北斗技术及物联网应用

创新性地采用北斗高精度组合导航技术,利用实时动态(RTK)载波相位差分技术在中央子午线不同测点进行精准角点参数采集,并通过北斗主、从基站和在大型设备上加装北斗定位模块,在大型设备定位、场站及工区的车辆管理、人员管理中得以应用,实现大型装备在虚拟建造场景中的精准定位。同时,深化BIM+物联网(IoT)+大数据应用,联合动臂塔式起重机、履带式起重机、铣槽机、超高压旋喷桩机等装备厂商,通过对核心设备的实时作业工况数据进行秒级抓取并建立接口,与虚拟建造场景中的BIM孪生模型进行关联互动,对原始数据处理并分析,为施工管理夯实数据基础。

3. 质量管控与精度控制

1) 地连墙成槽施工

为控制地连墙成槽施工质量,采集铣槽机实时数据进行仿真建模,利用偏位数据实时监测成槽形态,及时纠偏(图8);同时,采用接触式成孔检测仪,过程中间隔性对槽段垂直度进行检测,实现槽孔形态可视化精准质量管控。成槽过程中每隔20m对槽段垂直度进行一次检测,根据检测结果,更新槽段三维模型,进行超限分析,并调整设备参数,确保成槽质量。

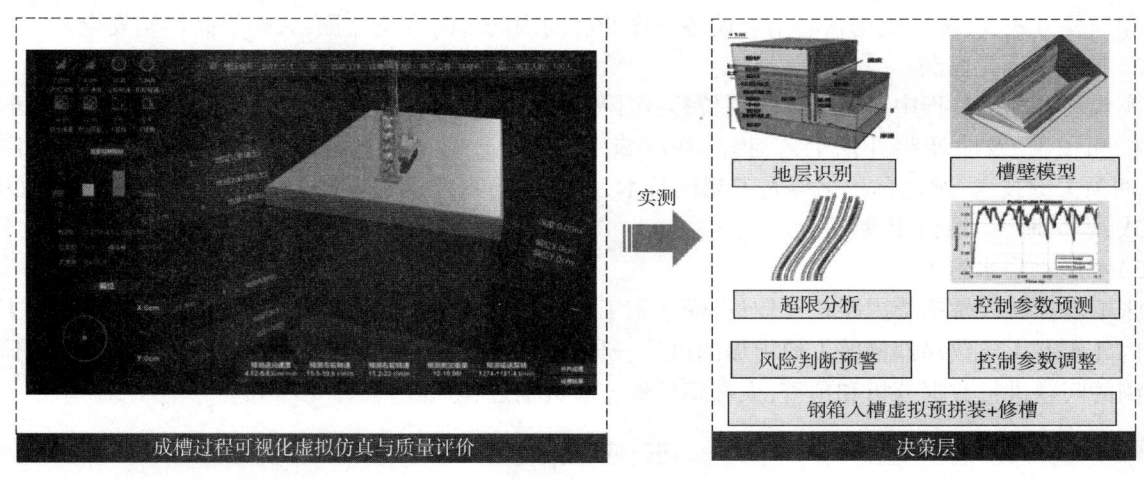

图8 地连墙成槽施工场景图

2) 钢箱(刚性接头)入槽姿态控制

钢箱在下放及浇筑过程中的姿态是地连墙精度控制的核心之一,通过在底、中、顶节钢箱上布设倾角仪,实时监测钢箱的偏角及偏移量,并实时反馈到调平装置,实现(多段)钢箱下放整体姿态实时纠偏。如图9所示,试验段十字形钢箱下放完成后垂直槽宽(东西)方向垂直度1/1154,最大偏移量向西7.32cm;平行槽宽(南北)方向垂直度1/1025,最大偏移量向南8.24cm,精度高于设计标准1/800。为方便现场施工使用,研发移动端看板界面,指导完成现场千斤顶调平。

同时,利用设计模型对钢箱及钢筋笼下放过程进行预模拟和实时碰撞监测,根据一期钢箱姿态对二期钢筋笼尺寸进行调整,利用钢筋笼微调工装实现钢筋笼匹配制造,实现了钢箱下放整体姿态全过程精度控制。打造双机协同吊装模块,实时展现孪生双机吊装施工情况,围绕吊装精度,获取设备运行数据和钢结构、吊耳应力数据,通过吊装全过程在孪生系统中的实时映射表达,有效监测双机协同吊装过程中设备与被吊物状态。

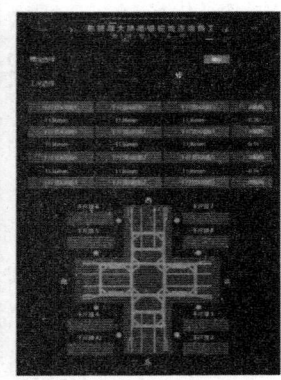

图9 地连墙吊装调平施工场景图

3)钢筋笼应力监测

通过分布式应力片布设,对一字、T字等不同类型钢筋笼吊筋进行实时应力监测。通过监测扁担上吊筋应力,及时卸荷,完成体系转换。同时,在钢筋笼中安装钢筋计,未来在隔仓开挖过程中,有效监测地连墙墙体受力情况,强化取土施工安全保障。

4. 安全与风险管控

1)核心吊装设备监控监测

牢固树立"本质安全"理念,联合三一、中联等国内大型装备制造商,通过对现场大型履带式起重机的实时吊装数据进行高频次抓取,并以平台端、移动端双模式展现,同时采用基于视频监控、声光警报的布设和预警方式,实现对现场核心吊装设备全作业区间内的实时安全监测,大幅提高吊装安全。

2)基坑一体化监测

实现基坑施工过程中地层土体深层位移、沉降、水位、地连墙墙体应力等关键参数的监测,并进行数据分析和预警,及时调整开挖工艺,提高基坑施工安全性。基于智能传感、物联网、大数据、人工智能(AI)四项关键技术,融合自动化与人工测试技术,以关键信息监测为基础,构建以风险预警为核心的应用模式,满足地连墙施工控制目标。

3)承压水降水施工

张靖皋长江大桥锚碇因距长江较近,降水施工对于槽壁稳定性起到重要作用。为避免在成槽过程中因墙内外水差大导致局部槽壁失稳坍塌的风险,研发降水施工监测系统,针对降水井数量多、数据不易实时监测的问题进行数据分析和预警,大幅降低地连墙成槽过程风险。

五、应用效果

以地连墙施工工序为核心的创新智能施工系统能够实现对工程项目进行全方位、立体化的管控与协调,应用效果主要体现在以下方面。

1. 提高施工安全质量

关键指标预警联动,通过采用各种传感器、北斗导航、施工设备、智能监测仪对地连墙施工进行虚拟仿真和精准控制,为锚碇后续施工提供了数据基础。经超声波检测成槽垂直度精度均高于施工控制标准1/800,应用系统后试验段十字形钢箱下放完成后垂直槽宽(东西)方向垂直度、平行槽宽(南北)方向垂直度精度可达1/1000。

2. 强化施工风险管控

整合各项指标、视频流及预警信息,系统可通过虚拟建造平台或手机端查看或接收预警,有效且针对性地采取应急措施。监测吊装施工全过程的实时吊重数据,钢箱最大质量达420t,钢筋笼最大质量达280t。对核心吊装设备的实时作业工况数据进行秒级抓取并建立接口,现场人员通过移动端对现场吊装作业进行全程监测,大幅提高吊装安全,并未发生吊装安全事故。

3. 提升管理能力

企业对项目的管理力度增强能通过接口,从项目管理平台中提取信息数据,为企业管理和资源支撑做好服务。政府、业主、监理管控高效,政府监管部门直接通过接口从智慧建造系统提取信息数据进行管理。智慧建造系统增加业主、监理等单位管理及参与的功能。

六、结　语

张靖皋长江大桥锚碇地连墙智能建造系统基于GIS+3D引擎构建三维虚拟场景,同步物联数据及各级平台数据,以数字孪生沙盘的形式进行三维数据的动态加载和可视化,实现地连墙施工的数字孪生,构建统一编码体系,研发一键式导入插件处理模型,并通过统一的数据中台解决了多源数据融合的问题,集中展示包括项目进度、人员、设备、环境、作业等要素的风险提醒,同时对质量、工效关键要素以图表形式进行多维度的统计分析,并对上述要素均加以监控预警。通过虚拟建造平台的打造,实现锚碇地连墙施工工艺中成槽、吊装和浇筑等关键工序的数字化管理、智能化生产、信息化协同,对关键信息预警并分析,实现锚碇施工"可视、可测、可控"。依托共性技术、模块、思路,可推广到斜拉桥、悬索桥的锚碇施工智能建造中进行深度的应用。

参考文献

[1] 刘创,周千帆,许立山,等."智慧、透明、绿色"的数字孪生工地关键技术研究及应用[J].施工技术,2019,48(1):4-8.

[2] 李云贵.普及应用BIM技术推进绿色建筑发展[J].建设科技,2015(23):43-46.

[3] 李欣洳,胡亚婕,刘馨,等.基于数字孪生技术下的智慧工地架构应用研究——以瑾晖实验小学项目为例[J].福建建筑,2023(3):127-130.

[4] 朱贺,张军,宁文忠,等.智慧工地应用探索——智能化建造、智慧型管理[J].中国建设信息化,2017(9):76-78.

[5] 李霞,吴跃明.物联网+下的智慧工地项目发展探索[J].建筑安全,2017,32(2):35-39.

2. 支护转结构复合地连墙施工关键技术

朱其敏[1,2]　夏欢[1,2]　付金磊[1,2]　曾旭涛[1,3]

(1. 中交第二航务工程局有限公司;2. 中交二航局第四工程有限公司;
3. 长大桥梁建设施工技术交通行业重点实验室)

摘　要　以张靖皋长江大桥南航道桥南锚碇基础地连墙为依托,对支护转结构复合地连墙施工过程中的关键工艺进行了创新及验证,结果表明:在超深地连墙施工过程中采用抓铣结合工艺、调整施工顺序并引入加长型孔口导向架,可以在保证垂直度的基础上提高成槽质量;针对三槽合一槽段成槽施工,通过调整成槽流程、压缩晾槽时间、控制泥浆相对密度,可以有效维持超长槽段的槽壁稳定性;基于先行幅钢箱的高精度入槽技术以及后行幅钢筋笼的匹配制造技术,可以实现刚性接头的高精度安装;在混凝土浇筑前采用多种刷壁器进行刷壁作业,并应用同步浇筑技术和以防绕流水带为核心的新式防绕流技术,可有效降低混凝土浇筑绕流风险,提高地连墙成墙质量。通过地连墙智能建造系统的研发及应用实践,聚焦关键工序的数字化管理、智能化生产、信息化协同,实现了地连墙施工全过程的可视、可测、可控、可调,有效提高了地连墙施工质量,降低了施工风险。该关键技术可为后续类似项目提供参考。

关键词　支护转结构复合地连墙　刚性接头　三槽合一　施工关键技术　智能建造

一、引　言

地下连续墙由于其地层适应性强、施工效率高、整体刚度大等优点，被广泛应用于桥梁基础、大型基坑支护结构等工程中[1-4]。

随着地连墙技术的不断发展和应用场景的不断更新，地连墙的形式和结构也越发复杂，随之而来的是槽段规模的巨大化、接头形式的多样化和工艺控制的精确化。近年来，诸多学者和技术人员都对复杂条件下地连墙施工工艺和控制方法进行了研究：刘杨等[5]从理论上分析了槽段局部失稳机制，构建了局部失稳模型，分析出槽段稳定性主要受槽段长度、软弱层强度和覆土层厚度影响。夏明铗[6]对超深、超厚地连墙施工中成槽技术、泥浆施工、钢筋笼吊装、槽幅接头防水等关键技术进行了分析。金晓飞等[7]介绍了Ⅱ形刚性接头的施工工艺流程，并对施工过程中的槽壁稳定性问题提出了改进措施。王飞[8]等分析了H形刚性接头施工过程中混凝土绕流的成因，并提出了相应的防绕流措施及处理方法。

张靖皋长江大桥南航道桥南锚碇采用了支护转结构复合地连墙锚碇基础，该结构具有槽段深、槽幅长、接头新等特点，新工艺的应用对地连墙的成槽精度、槽壁稳定性控制、接头的安装精度以及混凝土的浇筑质量都提出了新的要求。本文结合实际施工，对施工过程中的关键技术进行分析和总结，旨在为类似工程提供思路和经验。

二、工　程　概　况

1. 项目概况

张靖皋长江大桥地处长江三角洲城市群的中心，位于重点规划的锡常泰、（沪）苏通都市圈和沿江经济发展带的结合处，大桥位于江阴长江公路大桥下游约28km处、苏通长江公路大桥上游约57km处、沪苏通长江公铁大桥上游约16km，是国家发展改革委《长江干线过江通道布局规划（2020—2035年）》中规划的公路过江通道之一。其中南航道桥南锚碇采用了支护转结构复合地连墙基础，地连墙顺桥向长110.05m，横桥向宽75.05m，最大深度为83m，墙厚1.55m。地连墙基础总体构造如图1所示。

2. 施工工艺简介

支护转结构复合地连墙施工工艺，是以刚性接头替代了传统地连墙施工中先行幅中的钢筋笼，使之与后行幅中的钢筋笼在混凝土的作用下构成墙体的施工方法。刚性接头的主体是由等厚钢板制成的钢箱，钢箱每侧均设有4道由钢筋和锚固板组合而成的钢筋网片，后行幅钢筋笼在刚性接头连接处设置2道横向钢筋，施工时将其插入先行幅的4道横向钢筋网片之内，从而形成非接触搭接。本项目中刚性接头的形式包括十字形、T形、L形、一字形，其搭接样式如图2所示。

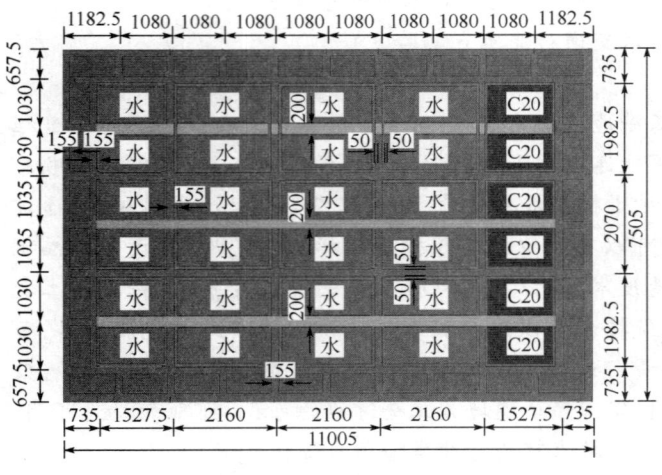

图1　地连墙基础总体构造（尺寸单位：cm）

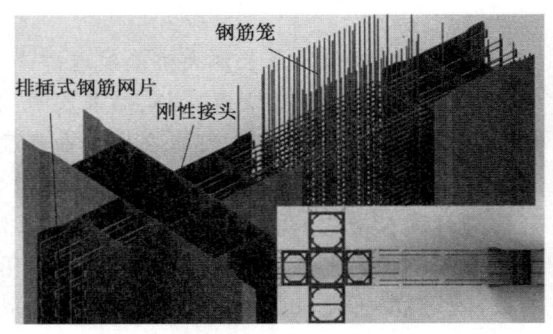

图2　排插式网片刚性接头示意图

三、超深异形地连墙成槽控制技术

1. 抓铣结合工艺

为优化施工工效,降低施工成本,通过以双轮铣施工为主、液压抓斗施工为辅的抓铣结合工艺进行施工。在槽壁加固段采用便于控制成槽垂直度的双轮铣施工,避免由于局部槽壁加固不均诱发的成槽偏斜;自槽壁加固底高程至槽段底高程以上-15m范围内采用液压抓斗施工,以充分发挥液压抓斗工效高、泥浆劣化程度低的优势,最后再更换双轮铣施工,自上而下进行修槽并施工至槽段底高程,从而保证整个槽段的垂直度。

为确保成槽机械自身的纠偏功能可以在异形槽段施工过程中得到充分发挥,在施工组织过程中对异形槽段成槽顺序进行优化,使成槽机械的纠偏板始终受槽壁的支撑反力作用,避免纠偏板临空(图3)。

在异形槽段多铣成槽背景下,不同铣之间可能出现错台的情况,影响后期钢筋笼吊装施工,为此引入长度可以覆盖相邻两铣槽段的加长型孔口导向架(图4),确保相邻两铣施工时轴线始终重合,从而提高槽段整体精度。

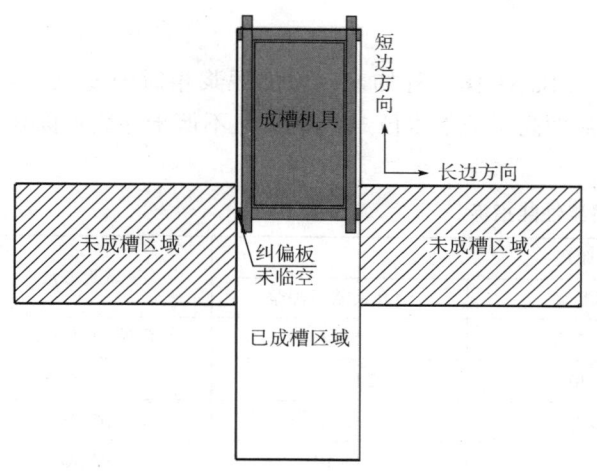

图3 纠偏板与槽壁相对位置

图4 超长形孔口导向架

成槽完毕后进行成槽验收,验收结果显示成槽垂直度达到了1/860(图5),满足1/800的控制标准,且由于液压抓斗施工过程中无须进行泥浆循环,故而可以节省大量材料成本。

2. 三槽合一槽段成槽控制工艺

在本项目地连墙内部隔仓处,存在共计18组需要由1个一字先行幅和2个一字后行幅组成的连续槽段,该槽段施工过程中工序转换烦琐、场地流转困难,同时由于槽段存在2处接头,其成墙后的完整性和防渗性都将大打折扣,不利于后期基坑开挖。因此,本项目施工过程中提出以18个超长槽段替代上述18组连续槽段的施工方法。超长槽段长度分别为14.25m、14.5m、15.1m,槽壁失稳风险高,本项目施工过程中通过调整施工顺序和泥浆相对密度以确保施工过程中槽段稳定。

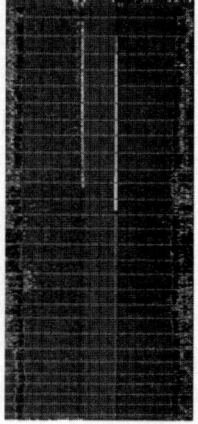

图5 槽壁垂直度监测

1)优化施工顺序

超长槽段成槽施工时,将槽段共分为7铣,采用两台成槽设备同时进行跳槽施工,依次施工第1、第2铣,第3、第4铣,第5、第6铣,每一铣施工完毕后,在槽口设置钢横撑,限制槽口土体位移,在前6铣施工完毕后,暂不对第7铣施工,转而进行清孔刷壁作业,待各项工作完成后,再对第7铣进行施工,从而最大程度缩短超长槽段的晾槽时间，降低塌孔风险。超长槽段成槽顺序如图6所示。

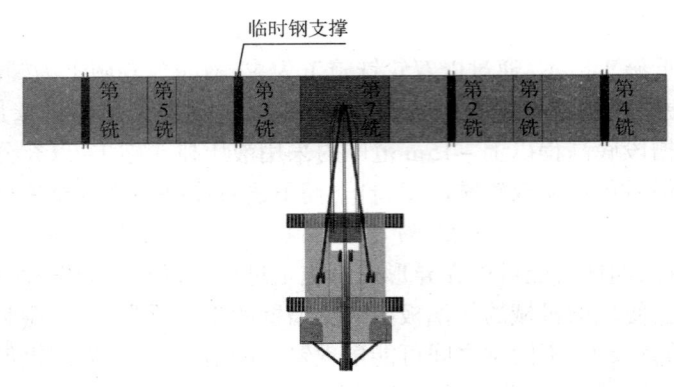

图6 超长槽段成槽顺序

2) 调整泥浆相对密度

为维持成槽过程中槽壁的稳定性，在泥浆中增加 $BaSO_4$ 作为外加剂以增加泥浆相对密度，从而充分发挥泥浆的护壁作用，施工过程中应保证槽内泥浆液面高于地下水位1m以上，且不低于导墙顶面0.5m。成槽期间应按照表1要求持续进行泥浆指标监测。

各阶段泥浆性能指标　　　　　　　　　　　　　　　　　　　　　　　　　　表1

泥浆性能	施工阶段			试验方法
	新制泥浆	循环泥浆	清孔换浆后泥浆	
相对密度（g/cm^3）	1.05～1.10	1.15～1.25	1.15～1.20	泥浆相对密度计
黏度（s）	20～25s	20～30s	24～35s	苏式漏斗
含砂率	≤1%	≤8%	≤4%	洗砂瓶
pH值	8～9	8～11	8～10	pH试纸
取样位置	槽段上部	槽段底部、中部和上部		—

四、刚性接头安装精度控制技术

刚性接头不同于传统的接头形式，其体量大、刚度高、接头形式复杂，因此对先行幅的钢箱和后行幅的钢筋笼都提出了更高的安装精度要求。确保接头顺利搭接，是施工控制的关键。

1. 钢箱下放

为确保钢箱高精度垂直下放，在其顶部安装有倾角仪，钢箱下放过程中通过倾角仪监测钢箱姿态，并由人工通过全站仪进行复测，下放过程中依据监测结果动态调整起吊设备，从而维持较为良好的钢箱姿态。

为避免钢箱在入槽过程中出现偏位及扭转，预先在槽口设有由丝杆和滚筒构成的导向装置（图7），该装置可通过转动丝杆调节滚筒的伸出量，从而限制钢箱的水平位置，钢箱入槽时与滚筒接触并带动滚筒转动，以实现钢箱平缓入槽。

在接头下放前沿槽壁布置8台各方向行程均为200mm的三维液压千斤顶（图8）。刚性接头下放后，"搁置牛腿"落于千斤顶顶部，通过控制液压千斤顶的伸缩可调整刚性接头的姿态，在刚性接头姿态调整完毕后，利用限位钢板将接头外壁与布置在导墙上的预埋钢板进行焊接，从而约束刚性接头顶口的空间位置，避免其在姿态校正后再次出现位移。

图7 导向装置

图8 三维液压千斤顶调平

2. 钢筋笼下放

为避免钢筋笼下放过程中出现卡笼的情况，在钢筋笼制作过程中以已下放的先行幅刚性接头的相对位置为依据，计算先行幅钢箱间的最小净空，采用匹配制造工艺，根据先行幅刚性接头平行于槽壁方向的偏位，调整钢筋笼排插式钢筋网片的长度，从而避免由于下放空间不足导致的卡笼或由于两端刚性接头间距过大导致的搭接长度不足等情况；根据先行幅钢筋笼垂直于槽壁方向的偏位，在钢筋笼两侧安装特定尺寸的保护层垫块以限制钢筋笼下放过程中垂直于槽壁方向的位移，保证排插式钢筋网片的搭接间距。

五、混凝土浇筑技术

1. 刷壁技术

与传统的工字钢接头相比，排插式网片刚性接头存在大量密布的钢筋网片，死角较多，更易附着泥渣，且地连墙施工时穿越不同地层，沉渣在不同空间位置上存在不同的分布特点，单一的刷壁设备难以控制刷壁质量，为提高刷壁效果，共研制了三类适用于不同区域的刷壁器（图9）。

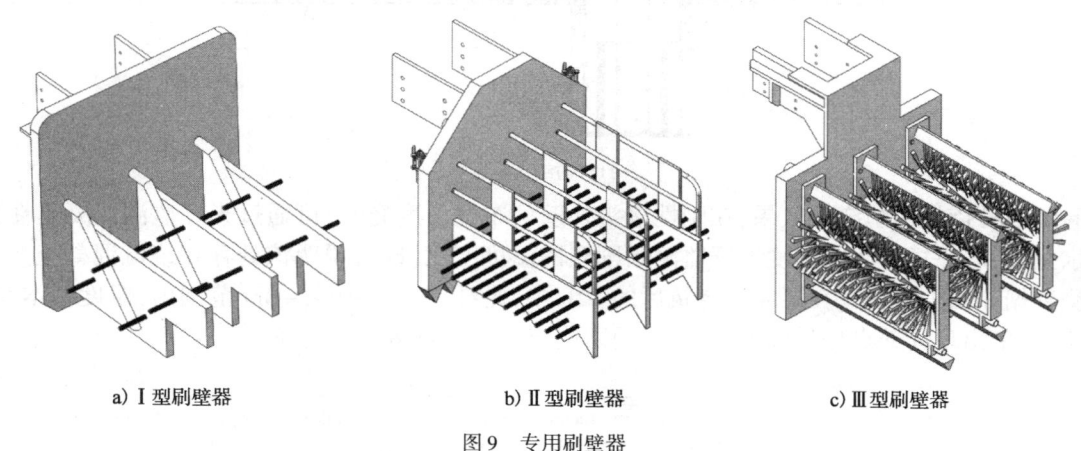

a) Ⅰ型刷壁器　　　　　b) Ⅱ型刷壁器　　　　　c) Ⅲ型刷壁器

图9 专用刷壁器

刷壁器可固定在双轮铣上，并随双轮铣铣头上下移动，从而起到刷壁作用，其中Ⅰ型刷壁器适用于接头底部浮浆和泥渣混合而成的顽固沉渣，Ⅱ型刷壁器适用于附着在接头处的较硬的黏土层或大块土体，Ⅲ型刷壁器适用于分布较为松散的流态泥渣。刷壁后通过超声波测壁仪验证刷壁效果，超声波结果显示能够有效检测到接头处的翼板或槽壁，表明钢筋网片处无泥渣附着，刷壁效果良好。

2. 同步浇筑技术

异形先行幅槽段所对应的钢箱存在多个隔仓，后期混凝土浇筑期间，若不同隔仓内混凝土液面高差过大，将不利于钢箱整体的受力变形及姿态控制，因此需控制多隔仓同步浇筑。

图 10 混凝土同步浇筑

受限于其结构形式,场地内空间难以同时布置多套导管及料斗,无法直接利用罐车实现多隔仓同步浇筑。针对上述问题,本项目采用了新式的同步浇筑平台和专用分料斗,将同步浇筑平台布置在十字形刚性接头上方,浇筑平台在各隔仓对应位置留有供导管下放的开口,在该位置布置导管及料斗,并利用溜槽将出料口与各隔仓的料斗连接,浇筑时利用天泵同时向各个分料斗中供料,再经由分料斗向钢箱各隔仓中浇筑,从而实现同步浇筑(图10)。

3. 防绕流技术

混凝土绕流是地连墙施工过程长期存在的难题。本项目在后行幅浇筑混凝土的过程中,混凝土可能会沿保护层的空隙向其他接头处绕流,导致其余后行幅钢筋笼无法顺利下放。受限于排插式网片刚性接头的结构特征,一旦混凝土发生绕流,基本无法在不损坏接头处排插钢筋的情况下清理混凝土,因此除传统防绕流手段外,还需要一种更加高效的防绕流工艺。

为解决上述问题,在本项目施工过程中增设了防绕流水带。防绕流水带为长85m、内径150mm的涤纶纤维高压软管,利用钢压条将防绕流水带固定在刚性接头底部,并随钢箱下放,在后行幅混凝土浇筑前,注水充盈水带,使水带填充刚性接头与槽壁间的空隙,阻挡混凝土(图11)。

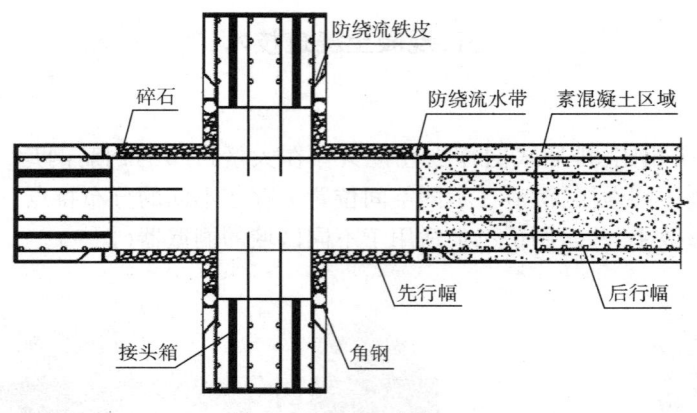

图 11 防绕流示意图

为验证各种措施的防绕流效果,在刚性接头外壁处布置温度光纤,可通过光纤监测混凝土在凝固过程中的水化热,若在短时间内温度光纤监测到剧烈的温度变化,即可说明该处存在绕流混凝土。温度光纤的监测数据如图12所示,在混凝土浇筑后的12h中,光纤周边 -80 ~ -8m 范围内,温度基本在 ±1℃ 之间变化,并未出现局部点位的温度突变,说明防绕流体系的封堵效果良好。

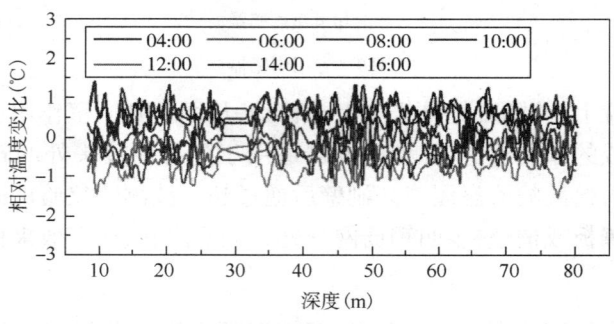

图 12 温度光纤监测曲线

六、智能建造技术

为实现施工过程的可视、可测、可控、可调,以多种传感器为媒介,利用物联网(IoT)、数字孪生、大数据、人工智能四项关键技术,集成项目软、硬件系统,结合关键信息监测,搭建了地连墙智能建造平台。

在成槽阶段可自动录入双轮铣成槽过程中的实时参数(图13),并生成虚拟模型,从而动态反映槽段深度、垂直度等信息,配合泥浆性能自动检测装置,可对槽内泥浆的性能参数进行监测。成槽完毕后,通过向三维界面中导入实际成槽数字孪生模型及钢箱和钢筋笼模型,可对钢箱和钢筋笼下放过程进行预模拟和实时碰撞监测(图14)。根据一期钢箱姿态对二期钢筋笼尺寸进行调整,利用钢筋笼微调工装实现钢筋笼匹配制造。

图13 数字化成槽施工　　　　　　图14 预模拟碰撞监测

吊装过程可实时读取主、副履带吊装工作性能关键参数以及钢箱、钢筋笼状态,并对钢箱、钢筋笼抬吊工艺进行虚拟施工预演,在施工过程中,通过建立碰撞模型,可实现设备与设备、设备与结构之间的碰撞监测(图15),以确保施工的安全性。

在混凝土浇筑过程中,采用光纤传感器对浇筑过程进行监测,并以三维可视化方式展示浇筑进度及过程中钢箱结构应力的变化情况(图16),实时显示混凝土浇筑方量及扩孔系数分析结果,并指导施工进行干预。

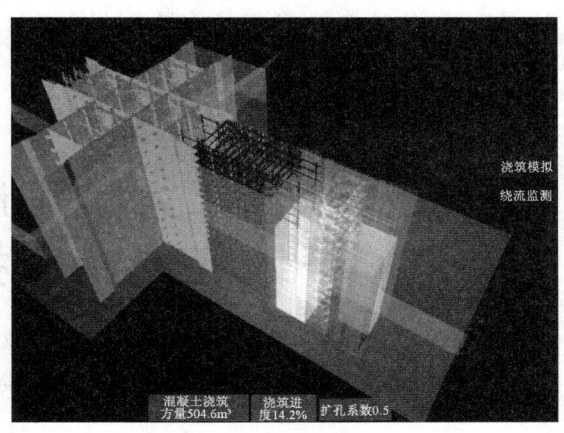

图15 设备碰撞监测　　　　　　图16 混凝土浇筑三维可视化界面

七、结　　语

本文以张靖皋长江大桥南锚碇基础地连墙为依托,对支护转结构复合地连墙施工过程中的核心工艺进行分析和总结,为此类工程的施工提供了切实可行的思路和方法。

本文结论如下:

(1)在超深异形槽段的成槽施工过程中,采用抓铣结合工艺,并引入加长型孔口导向架,可在控制槽壁垂直度的同时实现降本增效,实现垂直度控制1/800的控制目标。

（2）针对超长槽段施工过程中槽壁易失稳的难题，采用优化施工顺序，压缩晾槽时间，调整泥浆相对密度等手段，可有效维持槽壁的稳定性，避免出现塌孔的情况。

（3）为确保刚性接头的安装精度，在钢箱吊装下放过程中采用倾角仪和三维液压千斤顶进行接头姿态调整，并利用导向装置辅助入槽，可有效控制钢箱的入槽精度；以钢箱的最终平面位置为依据，对后行幅钢筋笼进行匹配制造，可有效控制钢箱和钢筋笼的相对位置，确保接头的搭接长度和搭接间距。

（4）在混凝土浇筑前采用多种专用刷壁器进行刷壁，有效提高刷壁质量。在浇筑环节应用混凝土同步浇筑技术，确保混凝土浇筑质量，更有利于控制接头的变形和姿态。通过布设防绕流水带，可填补钢箱和槽壁间的空隙，更高效地避免混凝土绕流。

（5）通过地连墙智能建造系统的研发及应用实践，聚焦关键工序的数字化管理、智能化生产、信息化协同，实现了地连墙施工全过程的可视、可测、可控、可调，有效提高了地连墙施工质量，降低了施工风险。

参考文献

[1] 刘明虎.桥梁地下连续墙基础发展与展望[J].重庆交通大学学报(自然科学版),2021,40(10):41-51.

[2] 刘波,唐碧波,李家洪,等.武汉绿地中心临江基坑超深地下连续墙施工技术[J].施工技术,2016,45(10):10-13.

[3] 翁其平,王卫东,周建龙.超深圆形基坑逆作法"两墙合一"地下连续墙设计[J].建筑结构学报,2010,31(5):188-194.

[4] 陈其志,徐良英,徐长节,等."两墙合一"技术在深基坑围护优化设计中的应用[J].地下空间与工程学报,2015,11(S1):189-194.

[5] 刘杨,刘维,史培新,等.超深地连墙成槽富水软弱层局部失稳理论研究[J].岩土力学,2020,41(S1):10-18.

[6] 夏明锁.支护与主体结构一体化地连墙施工技术研究[J].铁道建筑技术,2021(7):101-105.

[7] 金晓飞,骆明红,梁书亭,等."Ⅱ"型接头地连墙的施工方法及应用研究[J].建筑科学,2015,31(9):98-103.

[8] 王飞,王凡,屈天葵.地连墙H型钢接头混凝土绕流预防及处理技术[J].现代隧道技术,2021,58(S2):192-196.

3. 张靖皋长江大桥南航道桥北锚碇地连墙施工技术

关 健[1] 王 瑞[2]

(1.江苏省交通工程建设局；2.中铁大桥局集团第二工程有限公司)

摘 要 张靖皋长江大桥南航道桥为主跨2300m的双塔双跨吊钢箱梁悬索桥，南、北锚碇均为重力式锚碇，锚碇基础采用支护转结构复合地下连续墙结构，地下连续墙在施工阶段作为基坑开挖的支护结构，成桥后作为锚碇主体结构共同参与受力。北锚碇地下连续墙(长118.05m、宽75.05m、深67m)分为102个一期槽段(封闭钢箱混凝土结构)和112个二期槽段(钢筋混凝土结构)，间隔分布，一期槽段钢箱外伸的4道钢筋网片与二期槽段钢筋笼外伸的2道钢筋网片采用无接触搭接，形成排插钢筋刚性接头。先施工一期槽段，再施工二期槽段。一期槽段采用液压铣槽机纯铣法成槽，二期槽段采用液压抓斗和铣槽机"抓铣结合法"成槽；钢箱和钢筋笼采用长线法分节段制造，利用大型履带式起重机分节吊装，在槽口连接为整体后下放安装；一期槽段接头区域安装特制接头箱进行防护，并在接头箱背面回填碎石；相邻二期槽段成槽后,拔除接头箱,采用特制刷壁器刷洗接头区域的泥渣;混凝土采用导管法水下灌注;一期钢箱侧面设置防绕流水袋,并在水袋之间回填碎石,防止先期施工的二期槽段混凝土绕流至另一侧接头处;通过智能建造系统对地下连续墙施工的关键指标设置预警值,实现全过程监控,保证了地下连续墙施工质量。

关键词 悬索桥 锚碇 地下连续墙 排插钢筋刚性接头 防绕流 施工技术

一、引　言

张靖皋长江大桥南航道桥为2300m+717m的双塔双跨吊钢箱梁悬索桥,缆跨布置为660m+2300m+1220m,其立面布置如图1所示。大桥采用高速公路标准建设,双向八车道,设计速度为100km/h。该桥设2个主塔和1个辅塔,主塔采用钢箱-钢管约束混凝土组合结构,辅塔采用钢壳混凝土组合结构,桥塔均采用钻孔桩群桩基础。主缆采用标准强度2200MPa的高强度钢丝,加劲梁采用整体式钢箱梁结构。

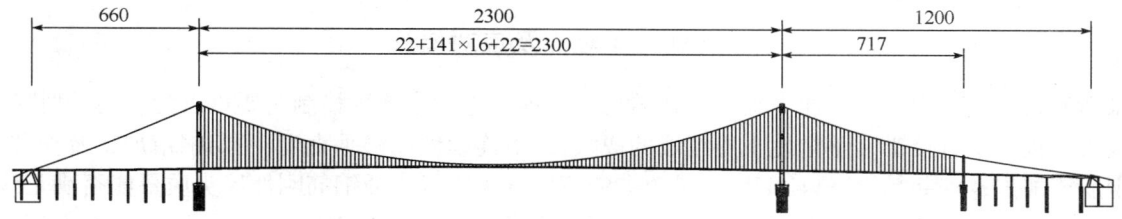

图1　张靖皋长江大桥南航道桥立面布置(尺寸单位:m)

南、北锚碇均为重力式锚碇,锚碇基础采用支护转结构复合地下连续墙结构[1,2],锚体为三角框架形混凝土结构。地下连续墙在施工阶段作为基坑开挖的支护结构,成桥后作为锚碇主体结构共同参与受力。其中,北锚碇地下连续墙长118.05m、宽75.05m(图2),顶端高程+1.0m,墙厚1.55m,深67m。外围双层地下连续墙(双层墙净间距4.25m)与内部地下连续墙形成格构式框架结构[2]。地下连续墙施工槽段分一期槽段(102个)和二期槽段(112个)[3,4],其中一期槽段核心部分采用封闭钢箱混凝土结构(一期钢箱),通过钢箱结构向二期槽段延伸4道横向钢筋网片;二期槽段采用钢筋混凝土结构(二期钢筋笼),钢筋笼在接头处设置2道横钢筋网片,插入一期钢箱的4道横向钢筋网片之间,形成非接触搭接。为有效传递结构荷载,在一期槽段和二期槽段的接头处,创新性地采用多道钢筋网片排插式搭接,形成排插钢筋刚性接头。排插钢筋刚性接头示意如图3所示。

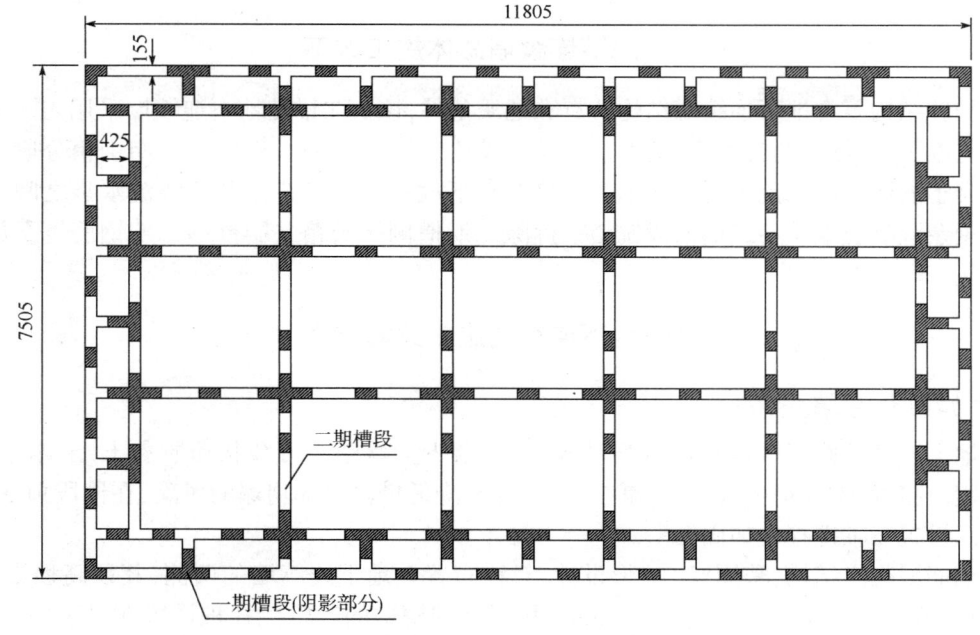

图2　北锚碇地下连续墙平面布置(尺寸单位:cm)

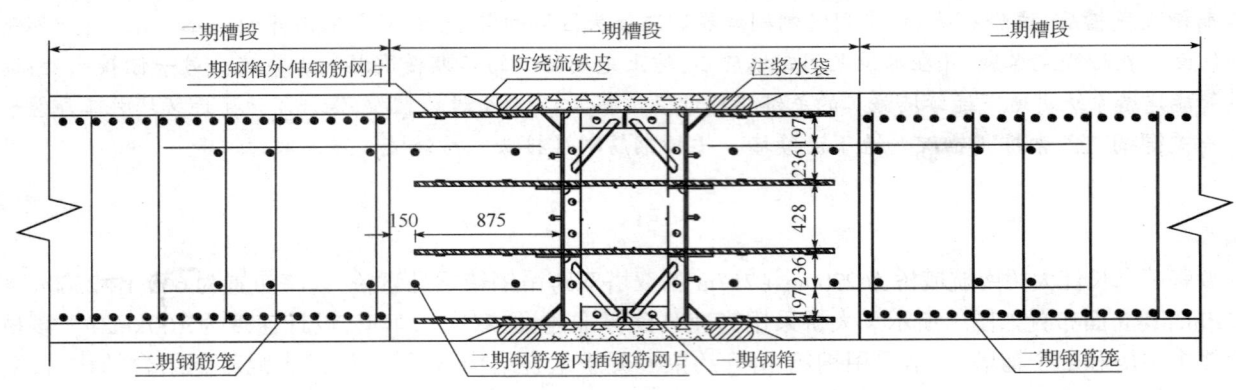

图 3 排插钢筋刚性接头示意（尺寸单位：mm）

二、施工重难点及应对措施

张靖皋长江大桥南航道桥北锚碇支护转结构复合地下连续墙施工控制主要难点为：①新型排插钢筋刚性接头连接质量直接影响整个地下连续墙的成败，地下连续墙成槽垂直度、一期钢箱加工及安装精度、二期钢筋笼加工及安装精度、排插钢筋处是否夹渣等因素决定了排插钢筋刚性接头质量能否满足设计要求[5]。②一期钢箱与槽壁间存在空隙，二期槽段混凝土灌注时，会对一期钢箱产生侧向压力，保证一期钢箱在单侧受压的状态下变形可控是施工的关键[5]。③二期槽段混凝土灌注时，存在混凝土沿一期钢箱和槽壁之间的空隙绕流至另一侧的可能性，防绕流措施是否有效决定了后续槽段能否顺利施工[5]。

针对上述难点，拟采取以下措施：①一期槽段采用"纯铣法"成槽，二期槽段采用"抓铣结合法"成槽，铣槽过程勤测勤纠，控制地下连续墙成槽垂直度以满足要求；一期钢箱和二期钢筋笼均采用长线法分节制造，现场接长匹配安装，对接时利用倾角计监测一期钢箱和二期钢筋笼的姿态，保证安装精度；通过一期钢箱翼缘外设置防绕流铁皮并安装特制接头箱的方式，防止相邻槽段铣槽时土体滑入接头范围，待接头箱拔除后，利用特制刷壁器对接头处进行刷壁，减少排插钢筋处的夹渣[5]。②接头箱与槽壁间空隙采用碎石回填密实，将二期槽段混凝土灌注时对一期钢箱产生的侧压力由接头箱和碎石传递给槽壁，控制一期钢箱的应力和变形[5]。③在一期钢箱与槽壁间布设 2 根水袋，并向水袋内注水加压，使水袋顶紧钢箱和槽壁，同时在同侧 2 根水袋之间回填碎石，达到防绕流的目的[5]。

三、地下连续墙总体施工方案

结合支护转结构复合地下连续墙结构特点和地质条件，该桥北锚碇地下连续墙采用先一期槽段后二期槽段的工艺施工，具体工艺流程为：槽壁加固及导墙施工→一期槽段铣槽→一期钢箱分段下放→一期钢箱锚固混凝土灌注→防绕流水袋注水加压→接头箱下放→接头箱背面及防绕流水袋之间回填碎石→一期钢箱内剩余混凝土灌注→二期槽段铣槽→拆除二期槽侧接头箱并刷壁→二期钢筋笼下放→二期槽段混凝土灌注。

四、地下连续墙施工关键技术

1. 槽壁加固及导墙施工

北锚碇地下连续墙施工区域地质以粉砂为主，夹杂少量软塑～可塑状粉质黏土，土体稳定性较差。为提高槽段定位精度、增强槽壁稳定性、减少槽口沉降、降低槽段顶部坍塌的风险，在槽段顶部设置导墙，并在导墙底部设置三轴搅拌桩加固槽壁。

导墙为钢筋混凝土结构，采用双"L"形设计，对称布置在地下连续墙的两侧，其顶高程为 +3.5m，底高程为 +1.7m，墙高 1.8m，墙间净距为 1.63m。用于加固槽壁的三轴搅拌桩设置在导墙底部，沿地下连续墙槽壁边缘布置，桩顶高程为 +1.7m，一般区域桩长为 20m，阳角区域桩长为 30m，桩径为 0.85m，桩中心间距为0.6m,咬合0.25m,采用套接一孔工艺,搅拌桩施工垂直度偏差不超过1/250[2]。

2. 一期槽段铣槽施工

一期槽段采用钢箱混凝土结构,包括一字形、L形、T形和十字形四种断面类型。结合混凝土防绕流要求考虑,一期槽段对成槽垂直度、槽壁顺直度要求更高,故一期槽段采用BC40铣槽机"纯铣法"成槽,一字形槽段一铣成槽,L形槽段二铣成槽,T形槽段三铣成槽,十字形槽段四铣成槽。铣槽过程中通过控制泥浆指标、铣槽机铣槽速度、压力等参数保证成槽质量[6,7]。成槽后,将槽内泥浆全部更换为新浆,并利用超声波成槽检测仪对槽型和垂直度进行检测,一期槽段实测垂直度偏差不超过1/900,满足小于1/800的设计要求。

3. 一期钢箱加工及安装

一期钢箱总长66.5m,采用长线法制造,一字形和L形钢箱沿长度方向分2个节段,T形和十字形钢箱沿长度方向分3个节段,钢箱最大质量为330t,单个节段最大质量为120t。钢箱节段制造后在胎架上预拼,节段间设置匹配件,节段运至现场后由1000t履带式起重机(主起重机)和350t履带式起重机(副起重机)翻身下放,每安装一节、采用三维千斤顶调平一节、对接一节,同时设置导向板,以确保安装精度(图4)。下放到槽中的一期钢箱垂直度通过2种方式测量:①采用高精度全站仪测量一期钢箱顶口四角处标记点的高程(四角标记点在厂内已提前做好,并冲眼标记,标记点在同一平面,且与一期钢箱轴线垂直),将四角标记点标高调整一致,使一期钢箱姿态竖直;②根据钢箱上倾角计显示的角度,判断

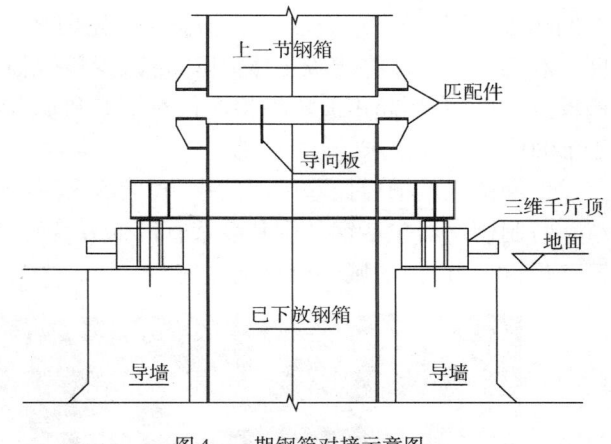

图4 一期钢箱对接示意图

钢箱的竖直情况。实施过程中以倾角计监测数据为主、高精度全站仪测量为辅。钢箱安装后实测垂直度满足小于1/1000的设计要求。

4. 一期钢箱锚固混凝土灌注

一期钢箱安装完成后,底部距离槽底0.5m,为封闭钢箱底口、防止钢箱在后续施工时发生晃动、提高钢箱抗变形能力,同时便于将钢箱和混凝土荷载传递至槽底,需在槽段底部灌注2m高锚固混凝土,锚固混凝土采用拔球法进行水下灌注。

5. 水袋注水加压及接头箱安装

在一期钢箱与槽壁间每侧布设2根直径20cm的水袋,水袋随一期钢箱同步下放。在一期钢箱封底混凝土灌注完后,向水袋内注水加压至0.2MPa,使水袋顶紧一期钢箱和槽壁,以防止混凝土绕流;然后在接头处安装特制接头箱,接头箱与一期钢箱翼缘外设置的防绕流铁皮形成封闭空间(图5),防止铣削土层滑入接头范围[8-11]。

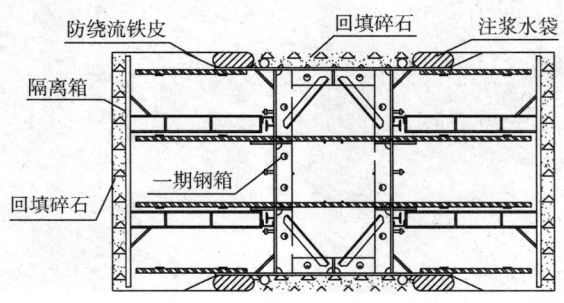

图5 一期钢箱外侧接头箱及防绕流措施示意图

6. 碎石回填

在两根水袋之间以及接头箱与槽壁之间回填粒径 3～5cm 的碎石(图5),水袋之间回填的碎石可增强防绕流的能力,二期槽段混凝土灌注对一期钢箱产生的侧压力可由接头箱和碎石传递给槽壁,降低钢箱变形的风险。地下连续墙施工过程中,钢箱变形均在可控范围内,未出现混凝土绕流现象。

7. 一期钢箱内混凝土灌注

一期钢箱内剩余混凝土采用拔球法水下灌注,灌注速度约为 15m/h,T 形和十字形钢箱为多箱室结构,每个箱室均设置灌注导管,相邻箱室混凝土灌注高差不超过 0.5m。

8. 二期槽段铣槽及刷壁

二期槽段采用钢筋混凝土结构,包括一字形、L 形和 T 形三类断面类型。铣槽之前,为防止相邻一期钢箱在不平衡侧压力作用下发生变形或位移,采用"撑顶结合"的工艺对一期钢箱顶口进行锁定(图6)。二期槽段采用"抓铣结合法"工艺成槽,即先用液压铣槽机抓槽至 1.5m 宽,再利用铣槽机修槽至设计宽度。利用液压抓斗将槽段土体抓除,可减少粉砂颗粒混入泥浆中的量,降低泥浆含砂率和废浆率。二期槽段成槽后,利用超声波成槽检测仪对槽型和垂直度进行检测,实测垂直度偏差不超过 1/850,均满足小于 1/800 的设计要求。

二期槽段成槽后拔除两侧接头箱,然后采用特制刷壁器刷洗接头钢筋[12,13](图7),防止接头区域夹渣。特制刷壁器包括钢丝刷和喷浆管两部分,钢丝刷可插入排插钢筋区域进行刷洗,喷浆管朝向一期钢箱壁板,可对边角区域进行喷浆冲洗。

图6 一期钢箱顶口锁定

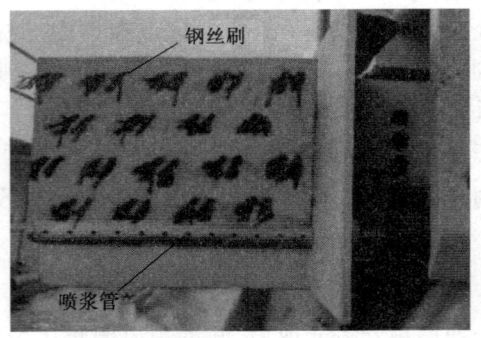

图7 刷壁器

9. 二期钢筋笼加工及安装

二期钢筋笼总长 64.5m,在绑扎台座上分 2 节制作,采用 800t 履带式起重机(主起重机)和 350t 履带式起重机(副起重机)分节翻身,在槽口连接为整体后下放安装[14,15]。钢筋绑扎台座上按照横向分布筋和纵向主筋的设计间距设置定位卡槽(图8),确保钢筋定位准确。二期钢筋笼排插钢筋外伸长度根据两侧一期钢箱姿态进行调整,确保搭接长度满足设计要求。

图8 钢筋笼绑扎胎架示意

10. 二期槽段混凝土灌注

二期槽段混凝土采用拔球法水下灌注,根据槽段尺寸,设置1~5根导管同步灌注,相邻导管混凝土灌注高差不超过0.5m,灌注速度约为6m/h。

11. 智能建造

地下连续墙施工过程中,通过智能视频识别技术实时获取铣槽机运行状态及成槽垂直度,对铣槽参数进行监测和预警;成槽后通过超声成槽检测仪对孔壁垂直度进行检测,检测数据实时上传系统;钢箱及钢筋笼起吊及下放过程应用数字孪生技术,在数字孪生平台上实时显示钢箱及钢筋笼姿态,实现远程指挥、实时管控;钢箱下放到位后,通过高精度倾角仪及智能千斤顶,对钢箱进行调平。通过应用智能建造技术,实现了地下连续墙施工全过程可视、可控,有效保证施工安全和质量(图9)。

图9 智能建造系统

五、结 语

张靖皋长江大桥南航道桥北锚碇支护转结构复合地下连续墙为创新结构,新型排插钢筋刚性接头施工精度要求高、施工难度大,在施工区域不利地质和水文条件下,给施工带来了巨大的挑战和风险。结合结构特点和施工条件,一期槽段采用"纯铣法"成槽,二期槽段采用"抓铣结合法"成槽,同时兼顾了高质量和经济性的要求;钢箱和钢筋笼采用长线法分节段制造,利用大型履带式起重机分节吊装,安全可靠;一期槽段接头区域安装特制接头箱,接头箱背面与槽壁之间回填碎石,为接头区域钢筋提供有效保护,同时保证钢箱的变形在可控范围内;采用特制刷壁器刷洗接头区域的泥渣,降低了接头区域夹渣的风险,有效保证接头施工质量;一期钢箱侧面设置防绕流水袋,并在水袋之间回填碎石,杜绝了混凝土绕流的可能;通过智能建造系统实现地下连续墙施工全过程监控,为地下连续墙安全高质施工提供可靠保障。该地下连续墙已施工过半,施工中各项指标满足设计要求,经检测均为Ⅰ类墙体,达到了预期目标。

参考文献

[1] 刘明虎.桥梁地下连续墙基础发展与展望[J].重庆交通大学学报(自然科学版),2021,40(10):41-51.

[2] 中交公路规划设计院有限公司.张靖皋长江通道施工图设计[R].北京:中交公路规划设计院有限公司,2022.

[3] 丛蔼森.地下连续墙的设计施工与应用[M].北京:中国水利水电出版社,2002.

[4] 王志诚,梁振有,闫永伦,等.棋盘洲长江公路大桥南锚碇地下连续墙设计[J].桥梁建设,2018,48(2):89-93.

[5] 戴俊平,李奔琦,王瑞.张靖皋长江大桥南航道桥北锚碇地下连续墙施工工艺试验研究[J].桥梁建设,2023,53(3):1-7.

[6] 沈浩,邹丽敏,王碧波.超深圆形基坑地下连续墙成槽垂直度控制施工措施[J].中国给水排水,2020,36(6):83-87.

[7] 韩胜利.武汉杨泗港长江大桥超大型锚碇施工关键技术[J].世界桥梁,2020,48(4):30-34.

[8] 金晓飞,骆明红,梁书亭,等."Ⅱ"型接头地连墙的施工方法及应用研究[J].建筑科学,2015,31(9):98-103.

[9] 杨欢欢,杨双锁,鲍飞翔,等.地下连续墙工字钢接头混凝土绕流机理分析及防治[J].建筑技术,2020,51(4):461-464.

[10] 王飞,王凡,屈天葵.地连墙H型钢接头混凝土绕流预防及处理技术[J].现代隧道技术,2021,58(S2):192-196.

[11] 张金勇.浅谈地下连续墙混凝土绕流处理方法[J].中国水运(下半月),2012(A01):258-259.

[12] 苏婷,雷斌,申小平.地下连续墙抓斗附挂式工字钢接头刷壁器施工技术[J].施工技术,2020,49(S):61-64.

[13] 童阳.地下连续墙工字钢接头刷壁器研制[J].隧道建设,2017,37(S1):199-203.

[14] 李兴华,潘东发.武汉杨泗港长江大桥主桥施工关键技术[J].桥梁建设,2020,50(4):9-16.

[15] 姚志安,陈炳耀.深中通道伶仃洋大桥东锚碇基坑支护施工关键技术[J].桥梁建设,2020,50(3):105-110.

4. 智能建造技术在张靖皋长江大桥南航道桥北锚碇施工中的应用

史 晶[1,2] 潘 军[1,3] 李奔琦[1,3]

(1.桥梁智能与绿色建造全国重点实验室;2.中铁大桥科学研究院有限公司;
3.中铁大桥局集团第二工程有限公司)

摘 要 支护转结构地连墙施工分为铣槽、钢箱及钢筋笼下放、混凝土浇筑等工序。通过对铣槽机运行状态进行智能识别,实时获取铣槽机运行状态及成槽垂直度;钢箱及钢筋笼起吊及下放过程应用数字孪生技术,将钢箱及钢筋笼实时姿态显示在数字孪生平台,实现远程指挥、实时管控;钢箱下放到位后,通过高精度倾角仪及智能千斤顶,对钢箱进行调平。通过应用智能建造技术,提高了地连墙施工的安全性及施工工效。

关键词 地连墙 智能建造 双轮铣槽机 数字孪生 钢箱调平

一、引 言

随着长三角地区融合发展不断加速,建设跨江大桥成为缩短长江两岸交通时间最有效的手段。长江江苏段流域江面宽阔,航运繁忙,修建跨江桥梁时需考虑桥跨布置及施工过程对航运及水文的影响。为了最大限度地降低上述影响,增加桥梁跨径,减少航道内墩身数量是最有效的方法。在超过千米级跨径桥梁中,悬索桥是经济性较高的桥梁形式,故新修建跨江或跨海桥梁大多数选用了悬索桥形式。悬索桥为缆索承重体系,桥梁上部结构荷载及活载均由主缆承担,需在两岸修建锚碇来平衡主缆内力。已建成的众多悬索桥为大型锚碇地连墙基础施工积累了不少宝贵的经验。棋盘洲长江公路大桥为主跨1038m的单跨钢箱梁悬索桥,重力式锚碇采用直径61m的圆形地连墙基础[1];武汉鹦鹉洲长江大桥为主跨850m的三塔四跨悬索桥,重力式锚碇采用直径68m的圆形地连墙基础[2];武汉杨泗港长江大桥为主跨1700m单跨双层悬索桥,重力式锚碇采用直径98m的圆形地连墙基础[3];深中通道伶仃洋大桥为主跨1666m的全飘浮钢箱梁悬索桥,重力式锚碇采用107.1×65m的8字形地下连续墙基础作为基坑开挖的支护结构,采用"旋挖引孔+铣槽"的复合成槽施工工艺[4]。

悬索桥重力式锚碇地连墙基础施工技术在上述悬索桥工程的积累下,已有了较成熟的方案,但是施工过程的监测和控制仍然主要依靠人工完成,人员因素对工程的质量安全进度等方面影响较大。随着智能传感技术和智能控制算法的不断进步和完善,智能建造技术越来越多地应用于桥梁建设工程,尤其是对于锚碇体量更大的大跨径悬索桥施工,智能建造技术可以减少现场人员工作量,降低现场对人员的依赖,降低成本,提高工效,同时提升安全和质量管控水平。

二、工程概况

张靖皋长江大桥总长7859m,设计桩号起止范围为K13+227~K21+086,自北向南分为北引桥、北航道桥、中引桥、南航道桥、南引桥五部分,北航道桥为主跨1208m双塔单跨吊悬索桥,南航道桥为桥跨布置2300m+717m的双塔双跨吊悬索桥,北引桥长1069m,中引桥长2032m,南引桥长533m,均为预应力混凝土连续刚构桥[5],如图1所示。

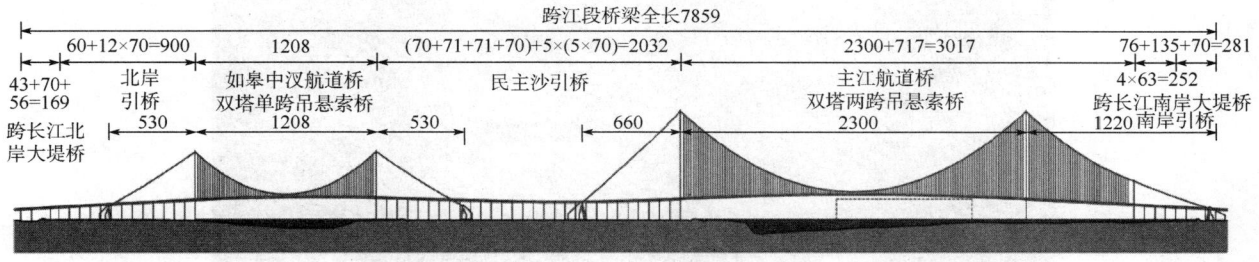

图1 桥跨布置图(尺寸单位:m)

其中,南航道桥北锚碇采用超大支护转结构复合地连墙基础,平面尺寸为118m×75m,最深处达68m,地连墙一、二期槽段之间采用多道钢筋网片排插连接的方式辅助实现槽段之间的刚性连接,该地连墙结构为桥梁建设领域首次采用的新型基础形式。

三、支护转结构地连墙施工方案

1. 总体方案

地连墙采用液压抓斗、双轮铣液压铣槽机进行成槽[6],一期槽钢箱在专业钢结构加工厂制作,现场组拼,二期槽钢筋笼在钢筋笼绑扎胎架上长线法制作;采用履带式起重机安装下放钢箱或钢筋笼,导管法浇注水下混凝土。地连墙施工槽段分一期、二期槽段,槽段通过刚性接头方式连接,一、二期槽段在接头处,采用多道钢筋网片排插连接方式[7]。

2. 成槽施工

地连墙深度为69.5m或51.5m,上部20m采用宝峨BC40/MC96双轮铣铣槽以保证泥浆稳定,后用液压抓斗成1.2m宽槽,最后选用宝峨BC40/MC96双轮铣进行修槽。在成槽过程中,利用机载测斜装置对孔形进行监控,如发现偏斜,不允许继续向下进尺,应及时利用液压纠偏板进行纠偏作业,以保证造孔精度。

3. 一期钢箱施工

一期钢箱分为一字形、L形、T形、十字形四种类型。为减小吊装风险,将钢箱分三节或两节进行下放。钢箱竖转翻身采用双机抬吊的方式,主、副起重机同时起吊,匀速缓慢地同步将钢箱从地面吊起1m左右;主起重机缓慢升钩继续提升,副起重机缓慢落钩;随着钢箱上部的不断提升,副起重机逐渐向主起重机方向靠拢,直至钢箱垂直站立,副起重机撤离,由主起重机单独吊起钢箱前进至槽口,将钢箱缓慢放入槽口,下放到位后通过倾角仪及三向千斤顶调整钢箱姿态,确保垂直度满足要求。

4. 二期钢筋笼施工

二期钢筋笼分为一字形、T形两种类型。钢筋笼起吊翻身下放的流程与一期钢箱类似，区别主要在吊点的设置。由于二期钢筋笼与一期钢箱之间通过排插钢筋实现刚性接头连接，二期钢筋笼下放过程中对垂直度要求更高，下放过程中仍需要对垂直度进行监测，确保施工顺利。

四、地连墙施工智能建造系统

1. 系统架构

地连墙智能建造系统，包括智慧沙盘集成展示界面和工序级数字孪生界面（图2）。智慧沙盘集成展示界面主要围绕人员、机械、原材料、进度、质量、工效分析、安全管控等信息进程集成展示，并且通过三维BIM模型挂接相关信息，实现现场施工信息化、可视化。

图2 智能建筑系统界面

2. 数据接入

1）铣槽机运行数据

铣槽机具有12个传感器，自动记录铣轮转速、压力、进尺、垂直度倾斜状态等，铣槽机自带电脑参数反馈、动态纠偏、辅助决策系统，保证地连墙高精度地成槽。通过采用智能识别的方式，将铣槽机运行参数进行监测，确保铣槽工序质量可控。

2）履带式起重机运行数据

履带式起重机监测监控系统通过一系列智能监测硬件与软件相结合，实时监测履带式起重机的大臂回转角、幅度、载重数据、高度、倾角、风速等运行状态，监测数据与视频信息在平台上可视化，并提供实时预警和自动制动控制，实现大型吊装设备运行状态的直观化、透明化，加强机械设备安全监管过程管控。

3）倾角监测数据

在钢箱及钢筋笼上安装高精度双轴倾角仪，并通过自动化采集设备，在钢箱钢筋笼下放及调平过程中实时监测钢箱钢筋笼的倾角，为钢箱姿态调整提供数据支撑。

3. 工序级数字孪生

工序级数字孪生界面主要包含两个模块，分别是成槽施工工序和钢箱钢筋笼下放工序。成槽施工工序数字孪生界面应用智能视频识别技术（图3），采集铣槽机运行参数，可视化展示铣槽施工各项参数及进度，接入铣槽机的铣轮转速、压力、温度、偏位、偏角、泥浆泵流量、卷扬机荷载等设备自控数据，实现铣槽机运行状态的实时监测，确保成槽垂直度精度，并通过"地层-机器-成槽"参数数据库，智能选择当前地层适宜的铣槽参数，实现智能化铣槽。

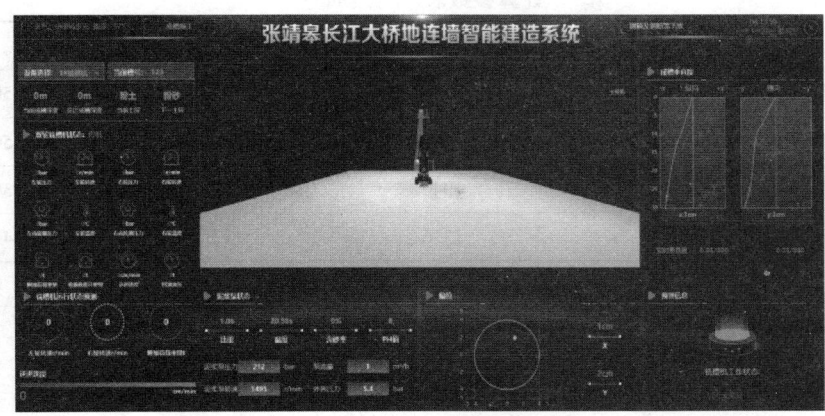

图3　铣槽工序数字孪生界面

钢箱钢筋笼下放数字孪生界面通过构建双机抬吊钢箱竖转下放施工场景(图4),实时采集钢箱位姿数据来驱动模型三维动态展示,实现钢箱吊装施工过程数字孪生,提高钢箱及钢筋笼下放过程的安全管控效果;钢箱下放过程中,监测钢箱倾角,控制下放精度,确保质量与安全。

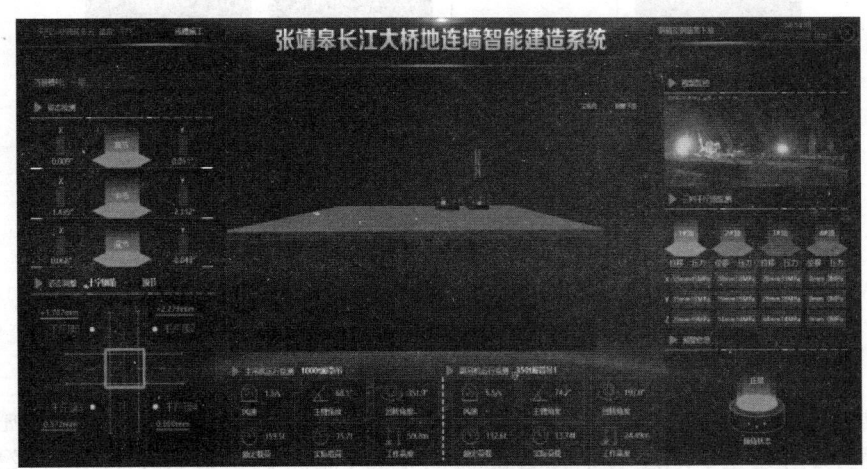

图4　钢箱钢筋笼起吊下放数字孪生界面

4. 姿态调整数据

地连墙钢箱下放过程中,需要对姿态进行实时监测,确保垂直度满足施工要求。钢箱上安装的倾角仪可以显示出钢箱 x 方向和 y 方向的倾斜角度,再通过角度计算出钢箱顶口四角的高差,利用千斤顶调整四角高差,将钢箱的倾斜角度调整至允许范围内。

以图5十字形钢箱为例,默认千斤顶4作为不动支点,通过调整千斤顶1、2、3来调平钢箱。假定 x 轴为横向, y 轴为竖向,根据钢箱制造时千斤顶的牛腿距离 L_x 和 L_y 以及 x 方向和 y 方向的倾角,可以计算出各个千斤顶的调整量:

千斤顶 $1 = L_y \times \tan y + L_x \times \tan x$

千斤顶 $2 = L_y \times \tan y$

千斤顶 $3 = L_x \times \tan x$

千斤顶 $4 = 0$(假定为不动支点)

说明:其中的 x,y 是倾角,因为不同形式的钢箱牛腿的距离不同, L_y 和 L_x 按表1取值。

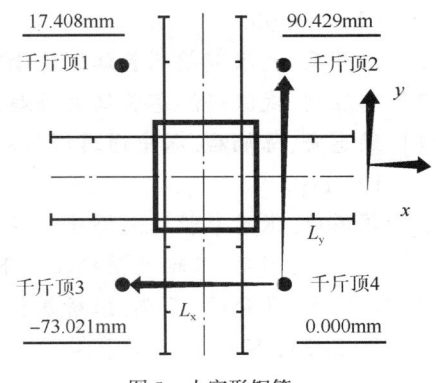

图5　十字形钢箱

计算参数表(单位:mm)　　　　　　　　　　表1

钢箱类型	L_x	L_y
一字钢箱	736	2550
十字钢箱	3486	2550
L形钢箱	1940	1330
T形钢箱	1336	3443

通过上述分析计算过程,现场可以直接获取千斤顶调平指令,无须再进行烦琐的人工测量和计算,提高了地连墙施工过程中测量和调平的效率。

5.手机App应用

为了便于现场快速进行钢箱姿态调平,开发地连墙智能建造App模块(图6),可以通过手机实时查看钢箱下放姿态及千斤顶调平指令、履带式起重机运行状态、现场视频监控等内容。

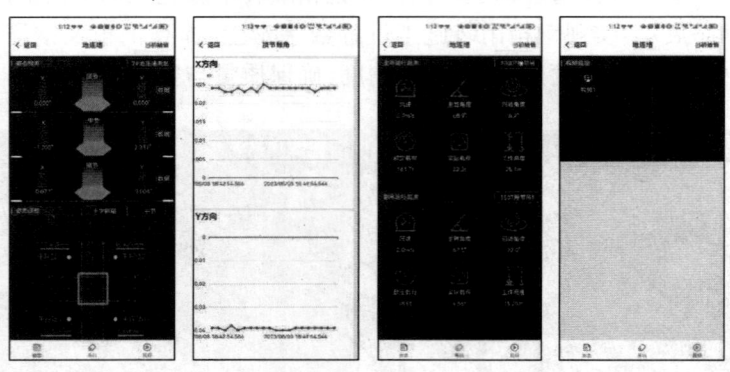

图6　地连墙智能建造手机App

五、结　语

地连墙智能建造系统在张靖皋长江大桥南航道桥北锚碇施工的应用,实现了现场施工工序在BIM平台上的数字孪生,并且建立了地连墙施工智能监测平台,监测数据通过平台屏幕及手机App界面的方式进行展示,便于项目管理人员与现场作业人员从不同角度获取数据,不仅减少了现场测量人员的投入,也提高了支护转结构地连墙施工的质量管控水平和工效,将为国内外类似工程提供有益参考。

参考文献

[1] 王志诚,梁振有,闫永伦,等.棋盘洲长江公路大桥南锚碇地下连续墙设计[J].桥梁建设,2018,48(2):89-93.

[2] 汪丹兵.武汉鹦鹉洲长江大桥南锚碇结构施工关键技术[J].建筑机械化,2022,43(8):56-60.

[3] 韩胜利.武汉杨泗港长江大桥超大型锚碇施工关键技术[J].世界桥梁,2020,48(4):30-34.

[4] 姚志安,陈炳耀.深中通道伶仃洋大桥东锚碇基坑支护施工关键技术[J].桥梁建设,2020,50(3):105-110.

[5] 蒋振雄.张靖皋长江大桥建设综述[J].公路,2023,68(6):1-7.

[6] 胡静,刘新年.双轮铣槽机在地下连续墙施工中的应用[J].建筑机械化,2021,42(11):63-66.

[7] 戴俊平,李奔琦,王瑞.张靖皋长江大桥南航道桥北锚碇地下连续墙施工工艺试验研究[J].桥梁建设,2023,53(3):1-7.

5. 刚性接头地连墙接头箱施工设计

程孝康

(中铁大桥局集团有限公司设计分公司)

摘　要　目前,地下连续墙在桥梁基础中的应用以矩形、圆形、倒∞形为主,其接头形式大多以铣接头为主,而采用钢箱与钢筋笼进行搭接形成的刚性接头在桥梁工程中的应用尚属首次。与铣接头不同的是,刚性接头存在一期钢箱内部受泥土侵入等风险,导致二期钢筋笼无法下放,如何解决箱体内部泥土侵入等问题是刚性接头施工的关键。本文论述了钢箱接头施工中产生箱体内部泥土侵入等现象的原因及危害,并通过接头箱设计等技术措施解决以上问题。

关键词　锚碇　地连墙施工　刚性接头　接头箱　临时结构设计

一、引　言

目前,地下连续墙在桥梁基础中的应用以矩形、圆形、倒∞形为主。在地下连续墙技术中,单元槽段间的连接结构是地下连续墙体系关键核心环节。当前,桥梁基础所采用的地连墙接头形式大多以铣接头为主,而采用钢箱与钢筋笼进行搭接形成的刚性接头,国外相关研究资料较少,没有非常有成效的研究成果可以参考借鉴。

二、工程概况

张靖皋长江大桥南航道桥采用主跨2300m悬索桥,为世界最大跨径桥梁。锚碇采用超大支护转结构复合地连墙基础,平面尺寸为118m×75m,其中北锚碇最深处达68m,地连墙一、二期槽段之间采用多道钢筋网片排插连接的方式辅助实现槽段之间的刚性连接,该地连墙结构为桥梁建设领域首次采用的新型基础形式。地连墙槽段划分如图1所示,槽段接头连接示意图如图2所示。

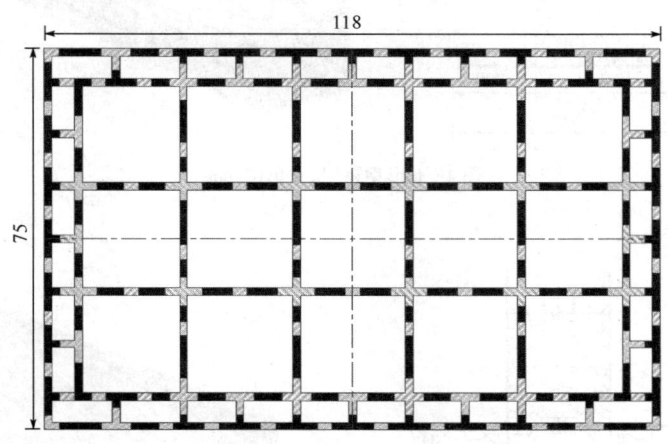

图1　地连墙槽段划分图(尺寸单位:m)

刚性接头由钢箱和钢筋网片组成。钢箱翼缘及腹板均采用$t=14mm$厚钢板,材质为Q355C,钢箱内部在深度方向自上而下布置有角钢平联,腹板内外两侧在沿深度方向均匀设置剪力钉,I期钢箱两侧沿深度方向各布置4排钢筋网片,受力钢筋主要采用材质为HRB400直径为28mm的钢筋。刚性接头有一字形、L形、T形、十字形四种结构形式(图3～图6)。刚性接头均由封闭箱体及敞口箱体结构组成,敞口箱体开口朝向二期槽段,二期槽段钢筋笼钢筋网片伸入敞口箱体,与刚性接头钢筋网片形成搭接。

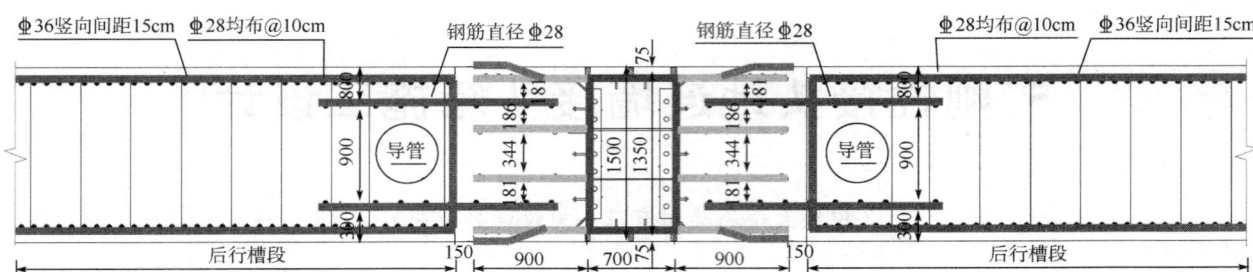

图 2 槽段接头连接示意图(尺寸单位:mm)

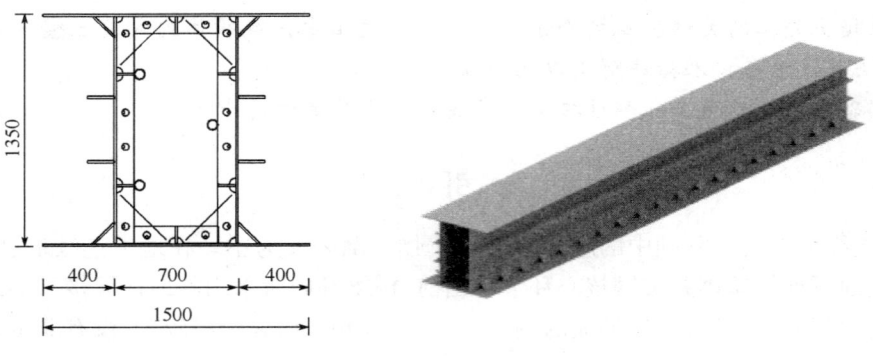

图 3 一字形钢箱(尺寸单位:mm)

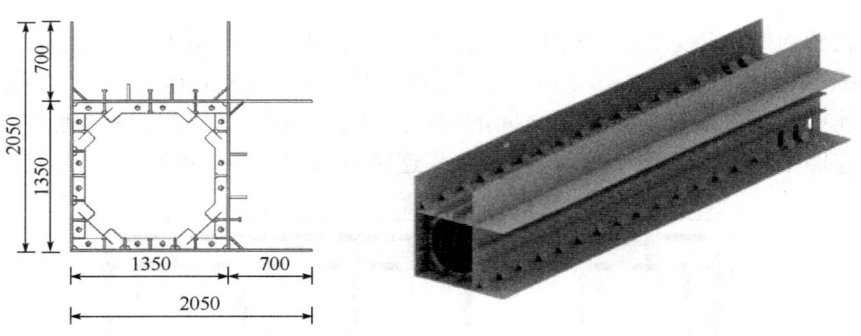

图 4 L形钢箱(尺寸单位:mm)

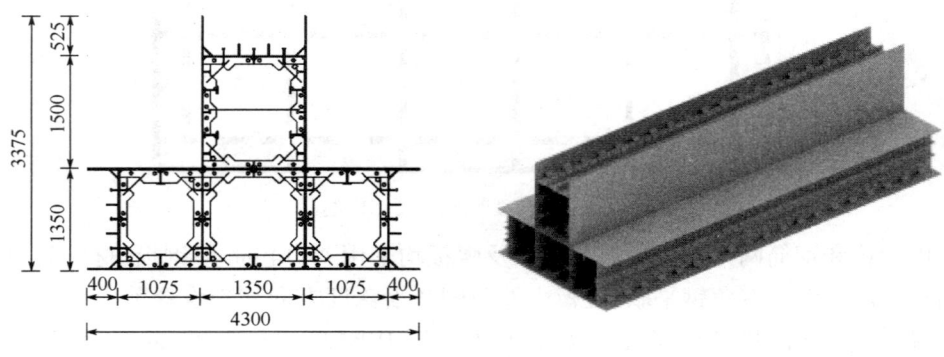

图 5 T形钢箱(尺寸单位:mm)

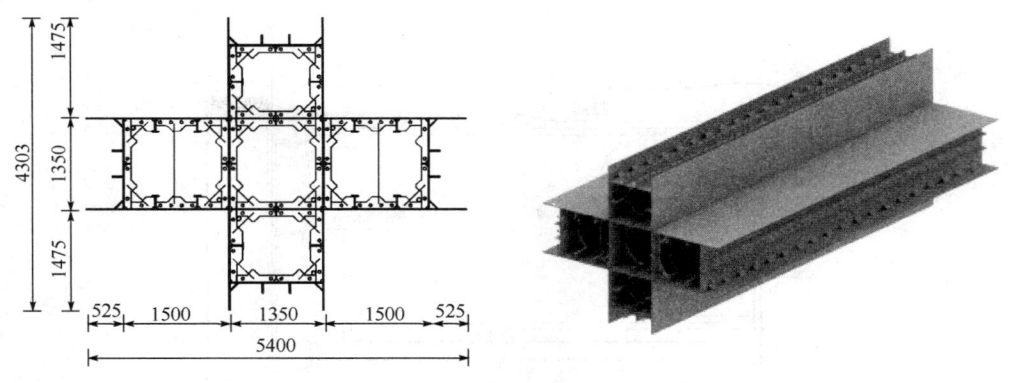

图6 十字形钢箱(尺寸单位:mm)

三、刚性接头施工存在的问题

刚性接头是地连墙一期槽段结构,钢筋笼是地连墙二期槽段结构,由于一、二期槽段间通过钢筋网片搭接的方式来加强地连墙整体性,刚性接头必须做成敞口形式,为二期钢筋笼的钢筋网片提供搭接空间。在一期槽铣孔完成后,下放刚性接头,在封闭箱体内浇筑混凝土,而敞口箱体内部待二期钢筋笼下放到位后方可浇筑混凝土,否则二期钢筋笼无法下放,因此刚性接头的敞口箱体内部在二期钢筋笼下放到位前,必须保持"空心"状态。然而在刚性接头施工完成后,到二期槽段施工的时间间隔最长有2个月,在此期间敞口箱体朝向的槽壁缺乏支撑,易发生塌孔。即使不发生塌孔,在二期槽段铣槽时,泥土亦会涌入箱体内,导致二期钢筋笼无法下放。钢箱宽度仅1.35m,内部布置4片钢筋网片,空间狭窄,箱体内部泥土难以清除。

综上所述,刚性接头施工存在以下问题:
①敞口箱体正对的槽壁缺乏支撑,易塌孔。
②泥土侵入后二期钢筋笼无法下放。
③箱体内部泥土难以清除。

解决以上问题的关键在于,二期钢筋笼下放前使刚性接头敞口箱体处于"封闭"状态,对槽壁提供支撑的同时防止泥土侵入,因此,在刚性接头敞口处设置可拆卸的隔离装置,即可实现敞口箱体的临时封闭。

四、隔离装置结构设计

隔离装置最关键的部位就在于自身与刚性接头的连接。作为隔离结构,首先要保证隔离装置在安装好后,与刚性接头形成闭合结构,其密闭性须满足防止泥土侵入的功能性要求。其次,刚性接头及隔离装置均置于水下数十米,且空间狭窄,下水安装或解除连接的操作无法实现,所有操作在地面即可完成。

1. 方案1:拉簧式接头箱

拉簧式接头箱方案思路主要是利用弹簧的变形特性,即在拉长状态下两端约束,将刚性接头与隔离装置拉紧,解除一端约束后,弹簧回弹,自动解除连接。拉簧式接头箱及其拉簧结构示意如图7所示。

这套方案的关键在于如何便捷地解除弹簧一端的约束。将拉簧一端弯制成圆环,通过设置插销可以实现拉簧的快速解除,但无法在原位进行操作。若设置通长插销,在地面抽拔插销,即可实现所有拉簧约束解除,但由于地连墙槽段深度达67m,插销易变形,变形后难以拔出。最后选择了通长抽拉杆搭配短插销的形式,拆除时,抽拔抽拉杆,抽拉杆带动所有插销,实现地面位置一次性解除拉簧约束,如图8所示。

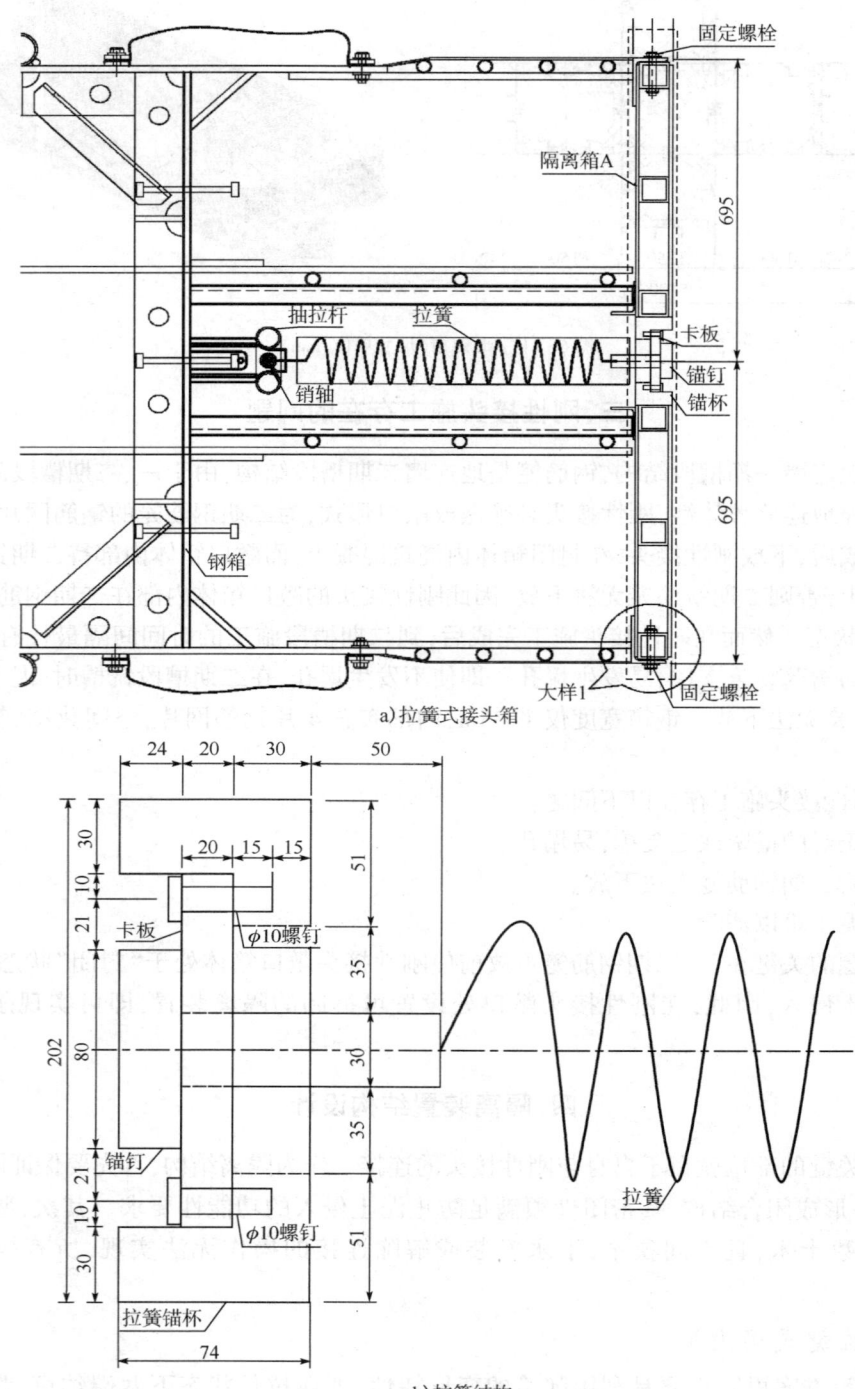

a) 拉簧式接头箱

b) 拉簧结构

图 7 拉簧式接头箱及其拉簧结构(尺寸单位:mm)

拉簧为刚性接头与接头箱之间提供了可靠的约束力,密闭性好。拉簧在拆除时较为便捷,但其安装操作需在连接处原位进行,因此,拉簧式接头箱需在地面提前安装,并与刚性接头一起下放。由于刚性接头自重较大,接头箱结构自重不宜过大,宜采用箱形结构。刚性接头分节吊装,节段间采用焊接连接,为了避免接头箱对节段焊接产生妨碍,接头箱设置活节。施工流程示意如图 9 所示。

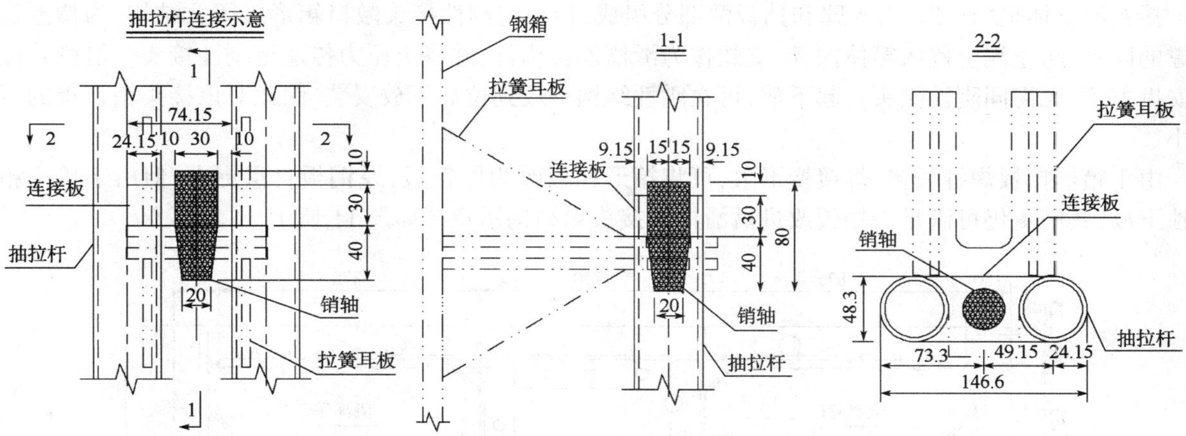

图 8 抽拉杆示意图(尺寸单位:mm)

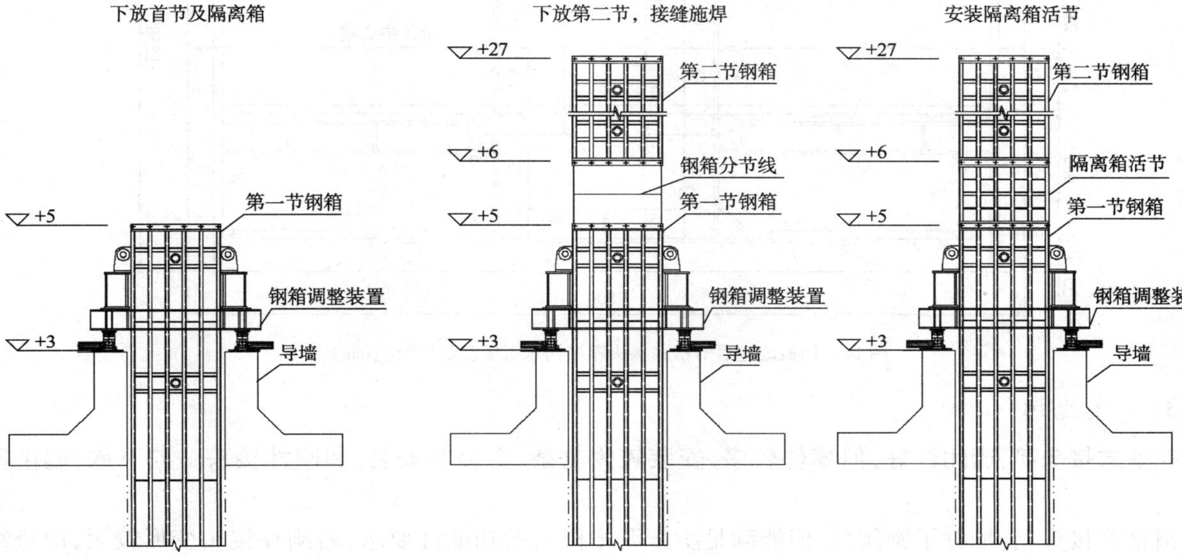

图 9 施工流程示意(高程单位:m)

2. 方案 2:滑槽式接头箱

采用滑槽式连接,限制刚性接头与接头箱之间的相对位移只能沿竖直方向。为避免因刚性接头自身变形使滑槽抱死,导致接头箱难以拔出,应适当加大滑槽间隙宽度。在刚性接头上设置 T 形钢作为滑轨,接头箱上设置槽钢与 T 形钢咬合,槽钢与 T 形钢间保留一定间隙,这种结构形式能更好地保证接头箱顺利安装及拆除,但在一定程度上牺牲了结构密闭性。滑槽式接头箱结构示意图如图 10 所示。

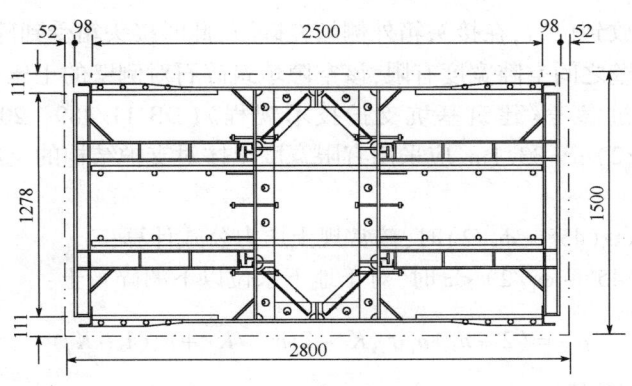

图 10 滑槽式接头箱结构示意图(尺寸单位:mm)

接头箱整体呈"π"形,由支腿和挡板两部分组成,挡板与刚性接头敞口箱形成闭合结构,为槽壁提供支撑的同时,防止泥土侵入箱体内部,支腿作为滑槽连接构件,并将土压力传递至刚性接头。滑槽式接头箱安拆方便,无需同刚性接头一起下放,可在刚性结构下放到位后下放安装,因此对该接头箱自重的限制较小。

由于箱形挡板焊缝较多,焊接变形大,可将箱形挡板改为厚钢板,厚钢板自重更大,但由于接头箱可单独下放,其吊重仍可满足。挡板改进后滑槽式接头箱结构示意图如图11所示。

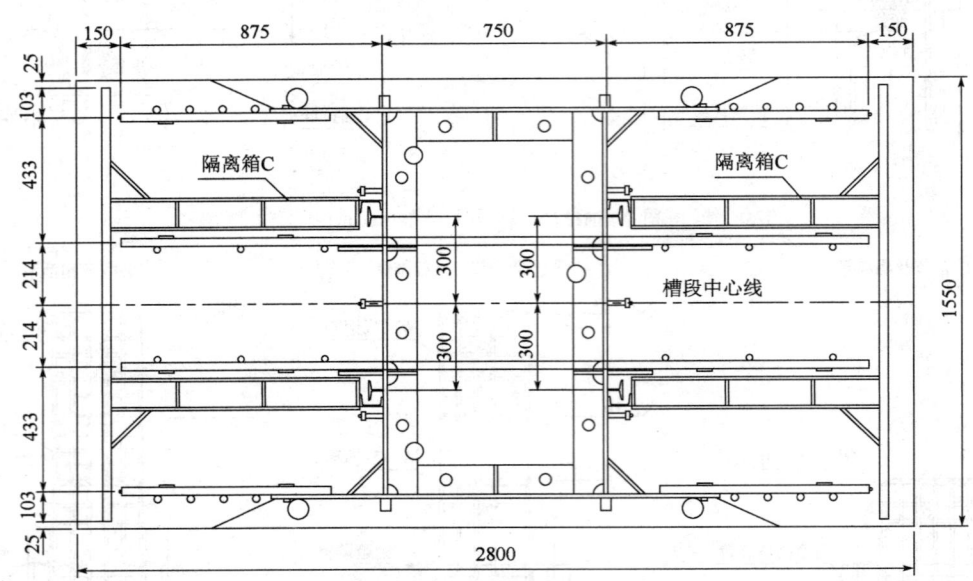

图11 挡板改进后滑槽式接头箱结构示意图(尺寸单位:mm)

3. 方案比选

拉簧式接头箱:密闭性好,但零件较多,安装较为复杂,需提前安装,和刚性接头一同下放,起吊重量大。

滑槽式接头箱:牺牲了密闭性,但能满足防止泥土侵入的功能性要求,若刚性接头变形较大,滑槽结构存在难以下放或拔除的风险。优点是安拆方便,可单独起吊。

经工艺试验,拉簧式接头箱制造及安装工序繁多,不利于现场实施;滑槽式接头箱下放及拔除过程顺利。综合考虑,选择滑槽式接头箱结构。

五、结构计算

1. 有限空间碎石压力计算

一期钢箱及接头箱下放到位后,在接头箱外侧填充碎石,此时接头箱受到碎石侧压力。

由于接头箱与二期槽壁之间空隙宽度有限,该空隙填筑碎石对侧壁的土压力已无法按照常规的土压力计算公式进行计算,通过参考《建筑基坑支护技术规程》(DB 11/489—2016),碎石填筑区域宽度 $0.052 \text{m} < 65 \times \text{tg}(45° - \phi_k/2) \text{m} = 33.1 \text{m}$,应采用有限宽度土体对支护结构的土压力作用来进行该区域碎石对侧壁的侧压力。

当计算点深度 $z \leq b \times \text{ctg}(45° - \phi_k/2)$ 时,按常规土压力公式计算;

当计算点深度 $b \times \text{ctg}(45° - \phi_k/2) < z$ 时,对于地下水位以下的碎石土:

$$p_{ak} = (2 - n_b) n_b \sigma_{ak} K_a - 2cn_b \sqrt{K_a} + u_a(1 - K_a) \tag{1}$$

式中:p_{ak}——主动土压力标准值;

z——计算点深度(m);

ϕ_k——内摩擦角;

c——黏聚力;

b——槽宽;

n_b——系数;

σ_{ak}——支护结构外侧计算点的土中竖向应力标准值;

K_a——主动土压力系数;

u_a——支护结构外侧计算点的水压力。

根据计算,任意深度处,碎石对接头箱的侧向压力可表述为:

$$p_{ak} = (2 - n_b)n_b \sigma_{ak} K_a + u_a(1 - K_a) \quad (2)$$

经有限元模型计算分析(图12),接头箱所受最大组合应力为0.37MPa,最大变形量为0.011mm,受力及变形均满足要求。

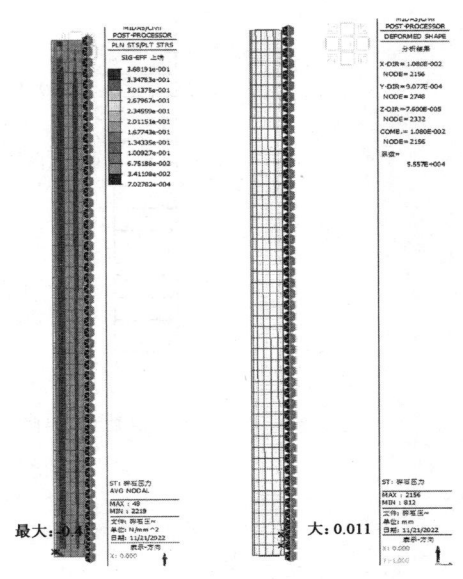

图12 工况计算结果(截图)

2. 相邻侧二期槽段混凝土压力计算

当Ⅰ期钢箱施工完毕,相邻Ⅱ期槽进行混凝土浇筑时,Ⅰ期钢箱结构会受到Ⅱ期槽浇筑混凝土对其产生的侧压力,此侧压力会通过接头箱传递至槽壁。

水下混凝土在浇筑过程中,其凝结硬化过程会直接影响混凝土侧压力分布。任意深度处,侧壁所受到的混凝土侧压力状态可分为三个阶段,分别为流态增长阶段、塑性凝结阶段以及硬化稳定阶段。当混凝土浇筑刚刚上升至基准面时,基准面开始承受混凝土侧压力荷载,随着浇筑面的不断抬高,在其到达基准面以上一定高度(有效浇筑高度)之前,基准面以上混凝土基本处于流态,此阶段混凝土对侧壁产生的侧压力符合流态线性变化规律。当浇筑面超过有效浇筑高度以后,基准面处混凝土流动性逐渐减小,混凝土开始转变为可塑浆体,混凝土可塑性逐渐下降,此时基准面处混凝土侧压力逐渐减小,此阶段为塑性凝结阶段。随着混凝土硬化的进一步进行,基准面处混凝土侧压力演化进入第三阶段,即硬化稳定阶段,此时混凝土失去可塑性,混凝土内部颗粒的水化反应形成致密的结晶结构,整体上看,侧压力值在这一阶段保持平稳。任一点处混凝土侧压力变化规律如图13所示。

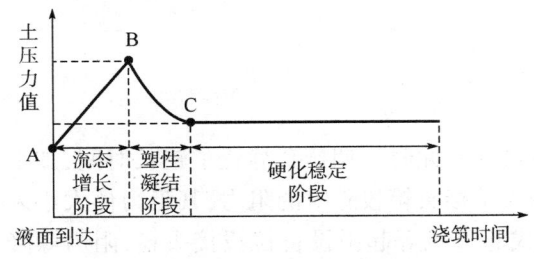

图13 混凝土侧压力随时间变化曲线

任一标高处侧壁所受混凝土侧压力计算公式如下:

当 $H \leq h_c$ 时,混凝土侧压力为:

$$F = \alpha \gamma_c H$$

当 $H \leq h_c + h_s$ 时,混凝土侧压力为:

$$F = \gamma_s H + (\alpha \gamma_c - \gamma_s) h_c - \beta(H - h_c)$$

当 $H > h_c + h_s$ 时,混凝土侧压力为:

$$F = \gamma_s H + (\alpha \gamma_c - \gamma_s) h_c - \beta h_s$$

式中:H——地连墙混凝土顶以下特定槽深部位;

α——有效侧压力系数;

h_c——流态增长阶段的浇筑高度,即有效浇筑高度;

h_s——塑性凝结持续时间内混凝土的浇筑高度;

β——系数;

γ_s——泥浆重度；

γ_c——混凝土重度。

经计算,钢箱顶以下14.74m处,混凝土侧压力为191.93kPa,钢箱顶以下28.14m处,混凝土侧压力为98.11kPa,钢箱在67m高度范围内所受混凝土侧压力如图14所示。

经有限元模型计算分析(图15),接头箱结构所受最大组合应力为204MPa,最大变形量为52mm,受力及变形均满足要求。

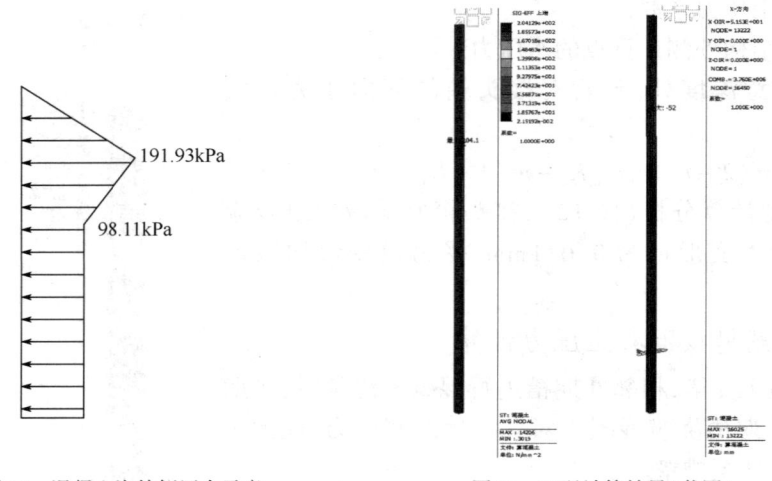

图14　混凝土浇筑侧压力示意　　　　图15　工况计算结果(截图)

六、接头箱施工工艺

1. 接头箱安装

刚性接头施工最终选用滑槽式接头箱,接头箱在刚性接头下放到位并浇筑钢箱混凝土之后分节下放。接头箱下放顺利与否取决于刚性接头以及接头箱自身是否顺直,一方面,控制刚性接头垂直度以及刚性接头与槽壁之间的间距,保证钢箱保护层厚度;另一方面,控制接头箱制造及存放过程中的变形,下放时保持接头箱竖直。

接头箱吊装时,在首节接头箱顶部安装专用吊具,吊具吊点关于接头箱重心线对称设置,以保证接头箱吊装过程竖直。下放至打梢孔后,对接头箱进行打梢,拆除吊具,将吊具安装至第二节接头箱顶部。将第二节接头箱吊装至打梢的接头箱顶部对接,解除打梢,继续下放至第二节接头箱打梢孔后打梢,对接下一节,直至接头箱节段全部吊装完成。

接头箱安装流程示意图如图16所示。

2. 接头箱拆除

接头箱在相邻二期槽段铣槽完成,二期钢筋笼下放前进行拆除,此时一期槽孔静置了较长时间,加上二期铣槽的影响,接头箱底部一定范围可能会被土体包裹,增大了接头箱拔除时的阻力,其阻力值大小未知,且一旦拔起,土体瞬间松动,阻力骤降。若直接采用履带式起重机等起吊设备拉拔接头箱,阻力骤降可能会对吊装作业带来安全风险,宜先采用千斤顶对接头箱进行顶拔,并对顶升力进行监测,土体松动且顶升力较为稳定时,再采用履带式起重机等吊装设备起吊。千斤顶顶拔前,在接头箱顶节安装顶升节,提供地面以上的顶升点,顶升节可设置多个顶升孔,保证接头箱顺利度过阻力较大阶段。采用履带式起重机等吊装设备对接头箱进行拔除的流程是上述接头箱安装流程的逆过程,接头箱拔除过程中出现卡顿时,不得生拉硬拽,以免破坏刚性接头以及接头箱结构。卡顿多是因起拔方向与滑槽方向不平行造成摩擦力增大的现象,可通过接头箱横向位置进行微调来消除卡顿现象。接头箱拆除后清洁表面泥污,妥善存放,以便在其他槽段周转使用。接头箱拆除流程示意图如图17所示。

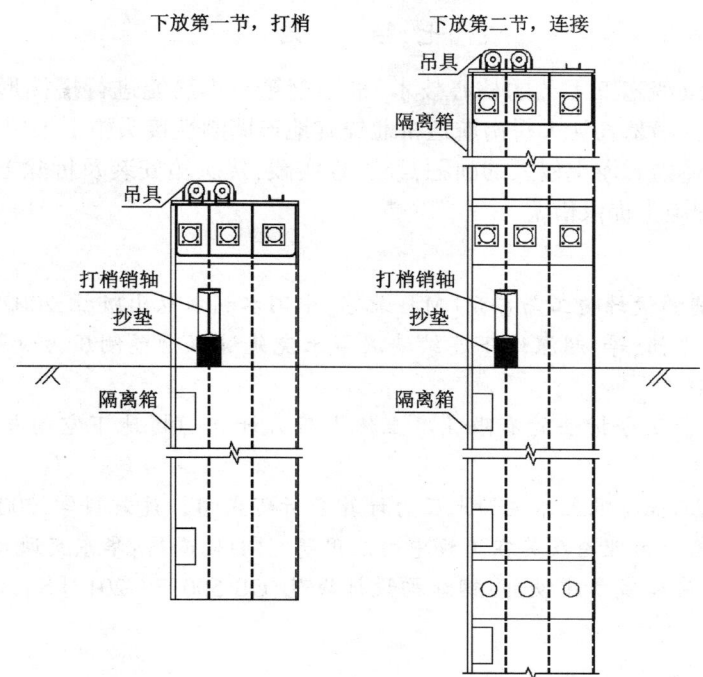

图 16 接头箱安装流程示意图

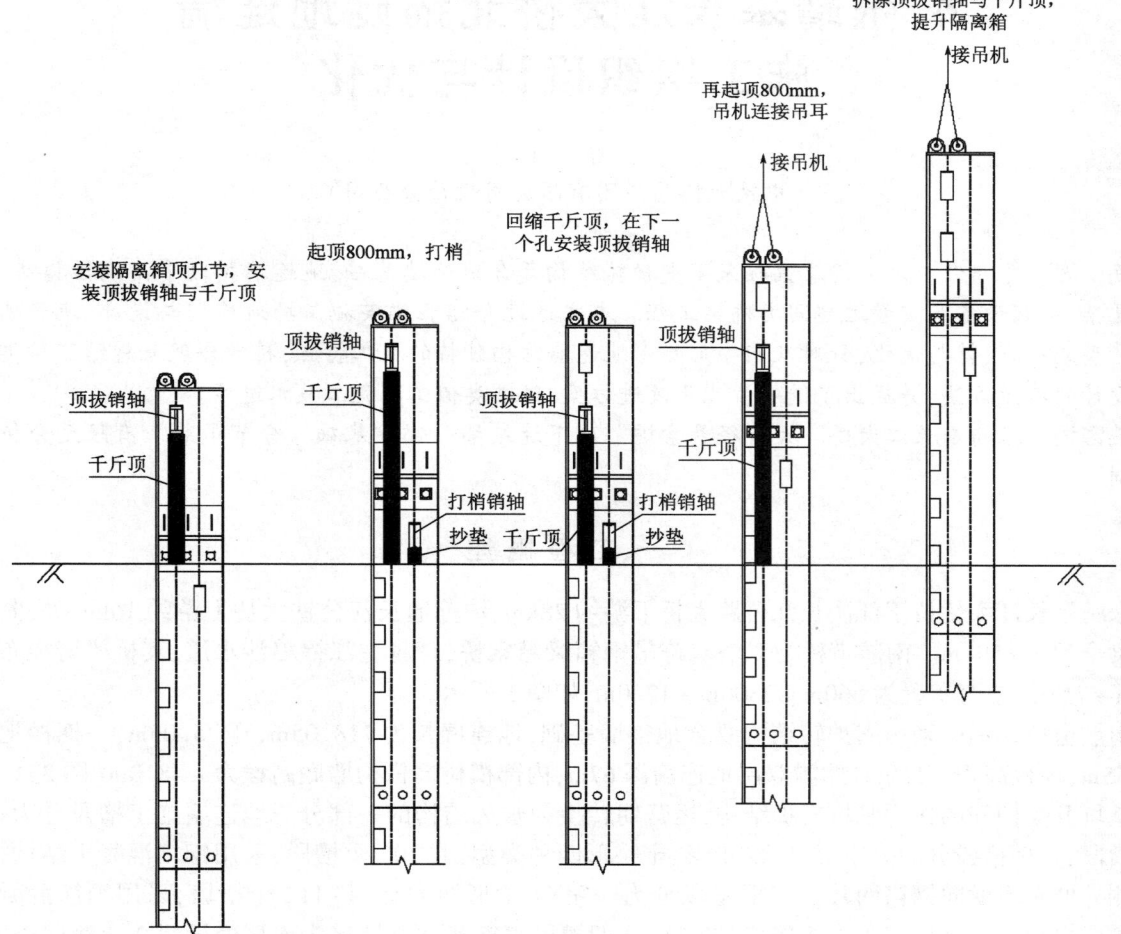

图 17 接头箱拆除流程示意图

七、结　语

槽段接头是地下连续墙施工工艺的核心技术，采用钢箱与钢筋笼进行搭接形成的刚性接头结构新颖，缺乏相关工程经验，张靖皋长江大桥南航道桥北锚碇地连墙刚性接头施工采用了滑槽式接头箱结构，成功解决了刚性接头箱体内部泥土侵入的问题，经工程实践，接头箱安装及拆除方便，隔离效果较好，可周转使用，可对类似工程施工提供借鉴。

参考文献

[1] 丛蔼森. 地下连续墙的设计施工与应用[M]. 北京：中国水利水电出版社，2002.
[2] 邵治理，丁文其，白占伟，等. 超深地下连续墙混凝土浇筑过程槽壁侧压力试验研究[J]. 施工技术，2022，51(7)：89-100.
[3] 廖俊展，苗峰. 基于上限分析法的有限宽度土体土压力计算[J]. 地下空间与工程学报，2016(12)：577-581.
[4] 李峰，郭院成. 基坑工程有限土体主动土压力计算分析研究[J]. 建筑科学，2008，24(1)：15-18.
[5] 杨锐锐. 有限土体土压力理论及其在工程中的应用研究[D]. 南昌：华东交通大学. 2016.
[6] 中华人民共和国住房和城乡建设部. 钢结构设计规范：GB 50017—2017[S]. 北京：中国建筑工业出版社，2017.

6. 张靖皋长江大桥北锚碇地连墙施工组织设计与优化

张　洋

（中铁大桥局集团有限公司设计分公司）

摘　要　张靖皋长江大桥北锚碇采用支护转结构复合地连墙基础，地连墙槽段采用刚性接头，施工工序复杂，吊装设备及重量远超同类桥梁工程。本文通过介绍北锚碇施工场地规划与设计、地连墙施工设备选型、施工设计与优化，针对双回字形矩形地连墙结构独特的施工特点，科学合理地总结了该类结构施工设计的有效方法，并提出了进一步优化改进方案，促进类似工程施工技术进步。

关键词　张靖皋长江大桥　大跨径悬索桥　地下连续墙　锚碇基础　分节吊装　有限元分析　质量控制

一、工程概述

张靖皋长江大桥位于江阴长江公路大桥下游约28km、沪苏通长江公铁大桥上游约16km处，其跨江段桥梁全长7.859km。南航道桥为双塔双跨吊钢箱梁悬索桥，跨越主江福姜沙水道，其桥梁跨径布置为2300m+717m，缆跨布置为660m+2300m+1220m，如图1所示。

南航道桥北锚碇采用支护转结构复合地连墙基础，地连墙长为118.05m，宽75.05m，一期槽地连墙厚1.55m，顶板高程+1.0m，外围双层地连墙深67m，内部横桥向格构墙底高程为-48.0m(图2)。地连墙在基坑开挖期间的作为基坑支护结构，运营期转换为永久结构的一部分。地连墙施工槽段分为一期、二期槽段，一期槽段分为一字形、L形、T形、十字形四种类型，共102个槽段，采用钢箱混凝土结构，钢箱向两侧外伸4道横向钢箱网片。二期槽段分为一字形、T形两大类，共112个槽段，采用钢筋混凝土结构。槽段之间通过刚性接头方式连接(图3)，二期槽段钢筋笼在刚性接头连接处设置2道横向钢筋，插入一期槽段的4道横向钢筋之内，形成非接触搭接锚固，以满足受力需求。

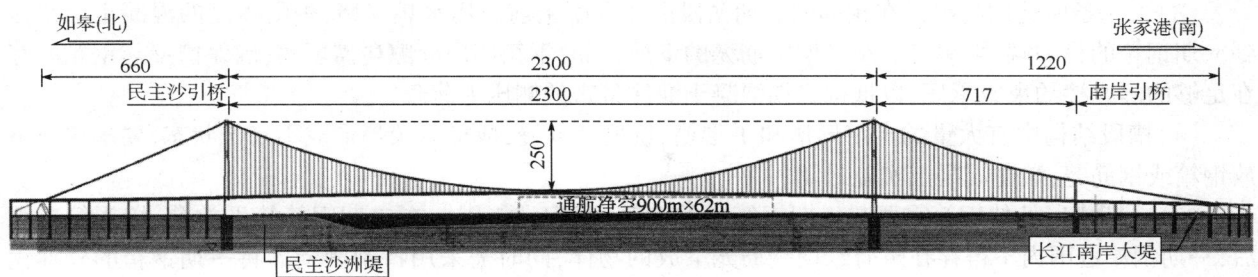

图 1　张靖皋长江大桥南航道桥布置图(尺寸单位:m)

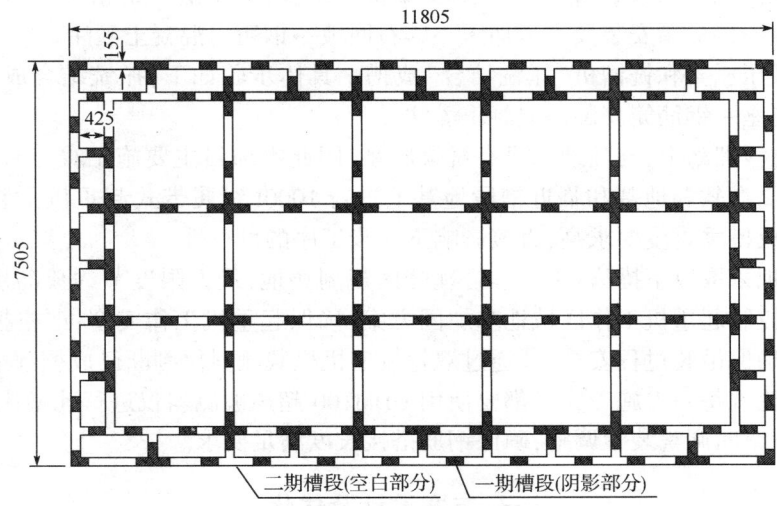

图 2　槽段划分布置图(尺寸单位:cm)

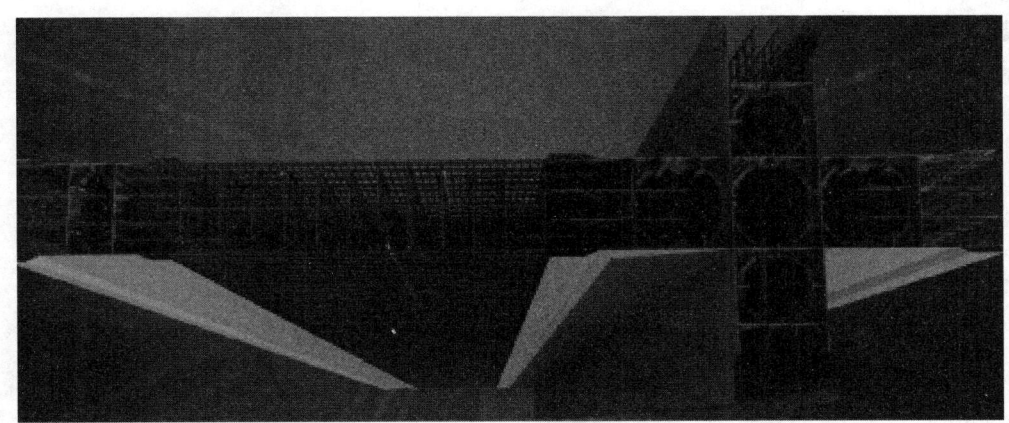

图 3　刚性接头示意图

二、施工重难点分析

从主体结构设计上看,本项目地连墙施工较常规地连墙施工有较大不同:

(1)一期槽段结构骨架为封闭钢箱,下放后,需临时封底锚固,一期混凝土仅灌注在钢箱内部。

(2)一期钢箱与槽壁之间需预留下放的缝隙,由于钢箱横向刚度远大于常规的钢筋笼,因此对槽段垂直度要求极高,槽壁上的异常凸起将导致钢箱不能下放到位。

(3)上一条所述的缝隙需在相邻的二期槽段灌注混凝土前利用水袋封堵,否则灌注的混凝土会绕流到一期钢箱的另一端,影响另一端二期钢筋笼的下放,同时钢箱四周缝隙均需填实,确保槽壁与钢箱间存在足够的静摩擦约束或承压,以抵抗二期混凝土灌注带来的侧压力荷载。

(4)槽段结构中有大量的十字形槽和T形槽,铣槽速度慢,成槽后较易形成不稳定状态,要求快速下放钢箱或钢筋笼,灌注混凝土实施封闭。

(5)二期槽段外伸钢筋需要与一期钢箱中的钢筋交叉互锚,因此在二期钢筋笼下放前、接头箱拆除后,一期钢箱范围内不得存在阻碍二期钢筋笼下放的物体,同时需采用特制刷壁器将一期钢箱的外伸钢筋刷干净,确保表面黏结力。

基于上述分析,地连墙整体施工工艺为:先施工周围一期槽段,再施工中间二期槽段。

一期槽段采用铣槽机"纯铣法"成槽。具体步骤如下:铣槽机成槽→钢箱制造→钢箱安装→顶口锁定→锚固混凝土灌注→接头箱安装及水袋加压→碎石回填→钢箱内混凝土灌注。

二期槽段采用液压抓斗和铣槽机"抓铣结合"成槽。具体步骤如下:抓铣结合成槽→接头箱拆除→刷壁清孔→钢筋笼支座→钢筋笼安装→混凝土灌注。

北锚碇地处民主沙洲岛上,与陆地间没有桥梁联系,因此本项目主要施工难点有:①孤岛施工,施工规划和组织难度大;②在软弱地基和临近槽段地基上进行1000t级履带式起重机吊装翻身作业,吊装安全风险高;③地连墙成槽垂直度要求高,直接影响下一步工序的可行性。

针对上述难点,拟采取以下措施:①科学合理分区规划场地,最大限度节约孤岛用地,提高材料设备进出场效率;②严格控制起重机工作区域地基加固方案,确保起重机工作安全;严格控制钢箱、钢筋笼等主体结构吊装设计,确保吊装过程安全;③通过双轮铣槽机机载测斜仪判断已成槽部分的垂直度,发现问题及时进行纠偏;双轮铣每一刀施工完成都要使用UDM100超声波测斜仪进行孔型比对检测。下放钢箱和钢筋笼过程中设置三向调整装置调整,确保钢筋搭接长度满足要求。

三、方案设计及优化

1. 场地规划设计

地连墙施工场地处理采用分区处理,分别为地连墙施工区、钢筋笼制造及钢箱存放区和施工辅助区,如图4所示。

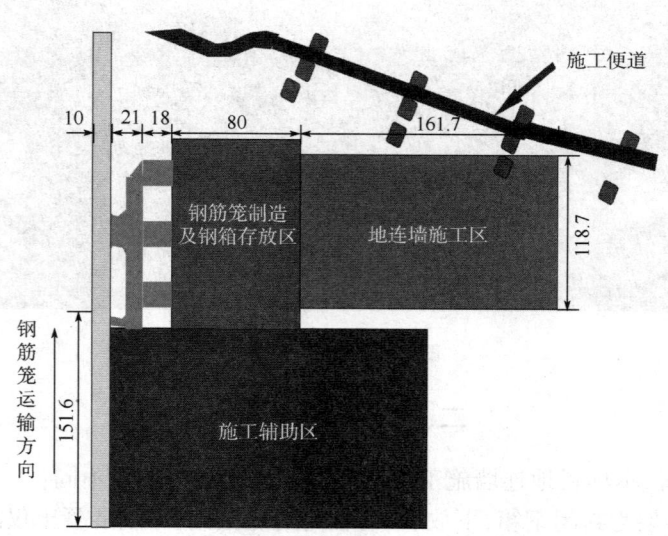

图4 地连墙施工场地布置图(尺寸单位:m)

地连墙施工区包括地连墙外侧施工区和地连墙内侧施工区。考虑到整个施工过程中采用大型吊车，地连墙钢箱、钢筋笼吊重大，需在施工区不同位置确定相应合理的地基加固措施，综合采用水泥搅拌桩（履带式起重机作业范围）、级配碎石、分层填土、现浇混凝土板等措施确保地基承载力满足要求。地连墙外侧施工区围绕北锚碇设置，宽度21m。外侧施工区地基加固结构如图5所示。

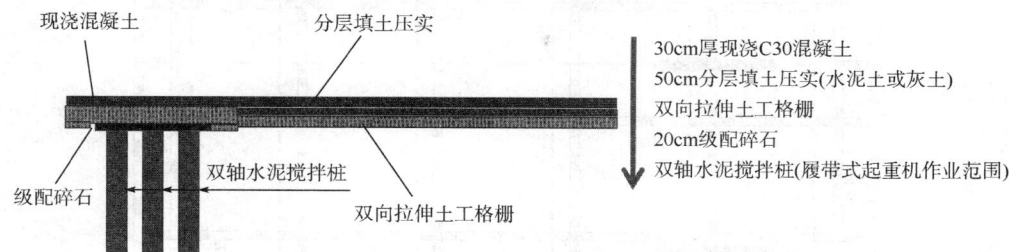

图5　地连墙外侧施工区地基加固示意图

地连墙内侧施工区包括小隔仓施工区、有履带式起重机施工的大隔仓施工区和无履带式起重机施工的大隔仓施工区。内侧施工区地基加固结构如图6所示。

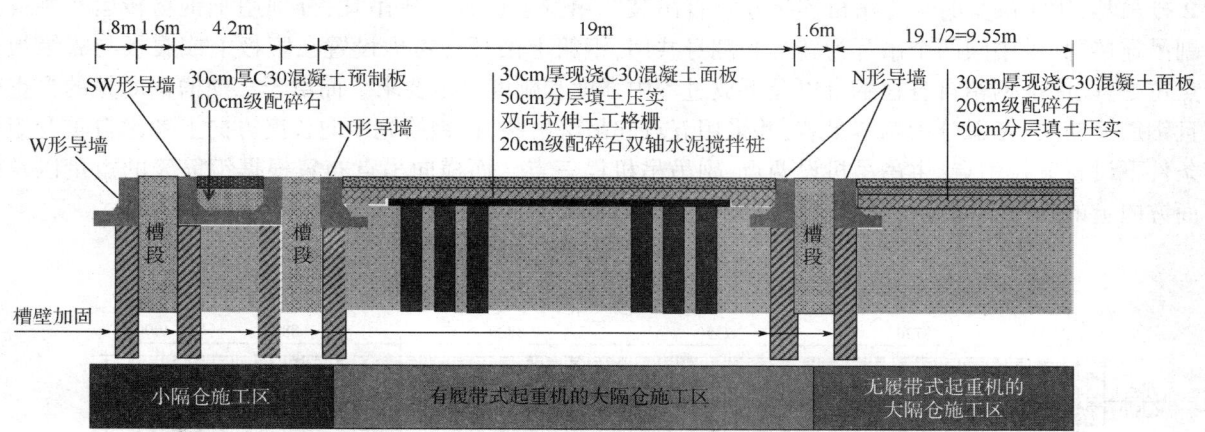

图6　地连墙内侧施工区地基加固示意图

2. 施工设备选型

由于整个地连墙槽段数量众多，工程量大，且工期较为紧张；结合铣槽机功效，在地连墙施工中投入2台宝峨BC40/MC96液压铣槽机、1台土力SC135铣槽机、1台宝峨GB50液压抓斗和1台金泰SG70液压抓斗进行铣槽工作。考虑分类型选取不同规格履带式起重机并结合实际的铣槽机施工功效吊装钢箱钢筋笼，现场总计投入1台1000t履带式起重机、1台800t履带式起重机、2台350t履带式起重机，150t履带式起重机用于钢筋笼制作和现场小型吊装作业。对于大型的一期钢箱，吊重超过320t，采用1000t履带式起重机进行下放；对于大型的钢筋笼，吊重超过220t，采用800t履带式起重机进行下放；而对于小型的钢箱钢筋笼，则使用350t履带式起重机进行下放。

3. 施工顺序

北锚碇地连墙于2022年12月29日开始施工，一期槽共116幅，二期槽共98幅，从一侧短边沿长边方向施工，铣槽、钢箱或钢筋笼下放和混凝土灌注形成流水作业，在开工初期，导墙施工、护壁搅拌桩施工和重载地基处理施工也依照此顺序形成流水作业。地连墙施工顺序如图7所示。

4. 施工方案优化

1）钢箱、钢筋笼吊装设计与优化

考虑到钢箱钢筋笼的自重大，吊机在相应吊幅范围内的起重能力有限，钢箱、钢筋笼的吊装均采用分节吊装再匹配连接的方式。

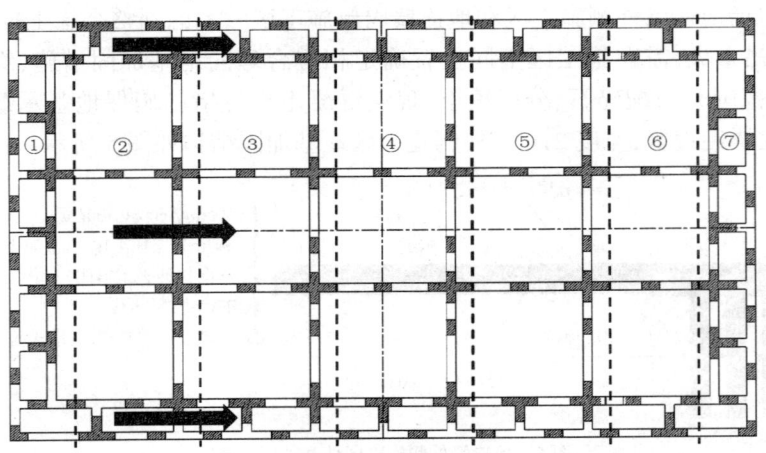

图 7 地连墙施工顺序图

一字形钢箱和 L 形钢箱分 2 节进行吊装，十字形和 T 形钢箱则分 3 节进行吊装。钢箱节段端部均设置 2 排吊耳，用于翻身时与主吊机连接及竖直吊装。箱身上设置 3 排吊耳，分别用于钢箱转运及翻身时与副吊连接，其中中间两个吊耳为转运和翻身共用，钢箱上吊耳均考虑设置在腹板上或腹板与翼缘板连接点位处，以保证钢箱自身在翻身以及下放过程中强度和刚度满足要求。而由于二期槽钢筋笼的自重较大且钢筋笼较柔，考虑分为两节吊装；并采用五点起吊法吊装，在钢筋笼纵向长度方向上考虑自重弯矩平衡条件下设置五排吊点，主吊吊机设两点，副吊吊机设三点。而横向吊点布置根据钢筋笼的重量以及横断面方向上的长度不同设置 2~5 道吊点不等，如图 8 所示。

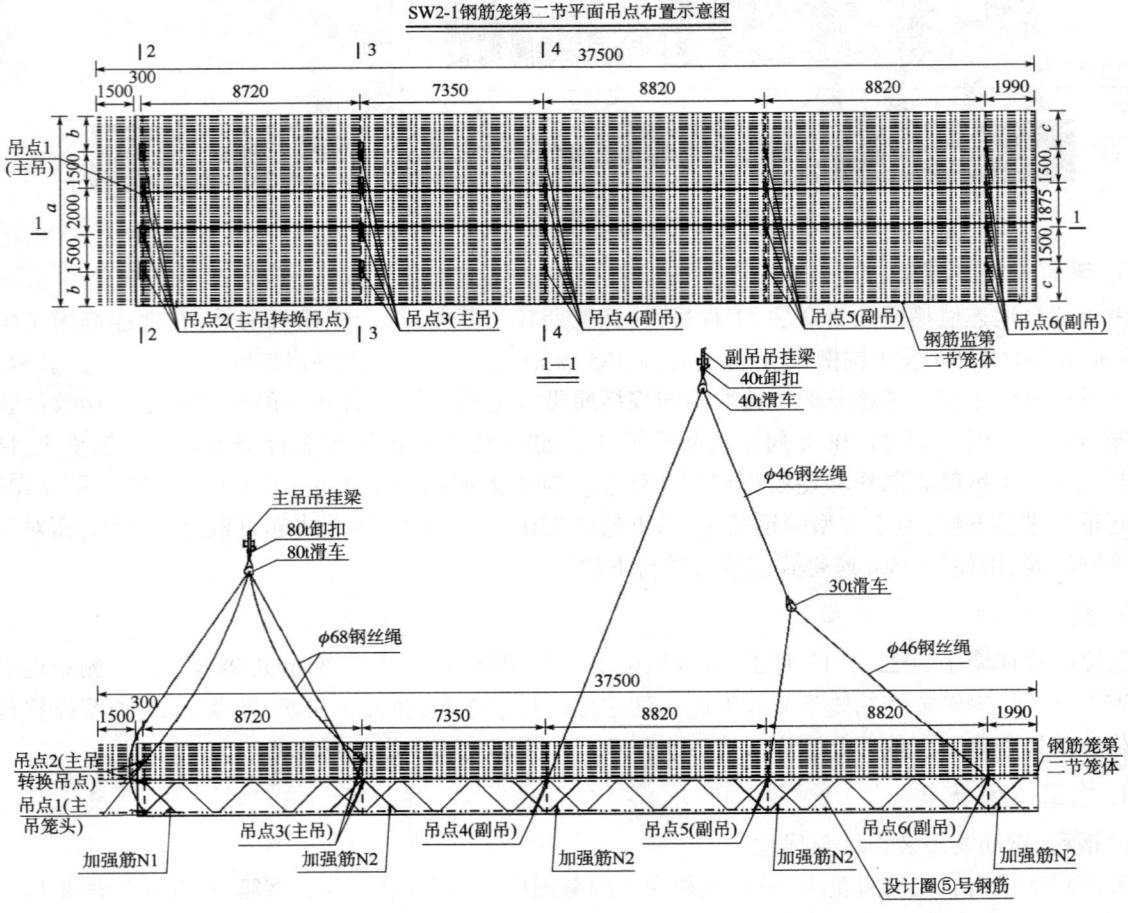

图 8 钢筋笼吊点布置示意图（尺寸单位：mm）

钢箱和钢筋笼均采用"双机抬吊"翻身,其中主吊为1000t、800t和350t履带式起重机,翻身副吊为350t履带式起重机。对于钢箱,在翻身完成钢箱节段下放到位后,利用设置在槽口的4台100t/200t三向千斤顶对其进行调整。钢箱节段连接处设置匹配件,再通过倾角计对节段姿态和线形进行监测。钢箱顶口锁定包括"竖向支撑"和"水平限位"两种方式。在钢箱接长段打捎牛腿底部设置楔块抄垫,通过楔块顶紧钢箱,实现竖向支撑。竖向支撑楔块在钢箱下放后即安装到位,直至相邻二期槽段施工完成后方可拆除。并在钢箱顶口导墙上设置限位牛腿,作为水平限位。限位牛腿顶紧钢箱接长段,底部通过植筋锚固在导墙顶面。钢箱的打捎调整及锁定装置如图9所示。

图9 钢箱的打捎调整及锁定装置

之后在钢箱翼缘处安装钢箱的防绕流水袋,安装完成后,灌注钢箱底部锚固混凝土,用于固定钢箱底口,同时提供竖向支撑和水平支撑。

钢箱底部锚固混凝土采用拔球法水下灌注,与常规水下混凝土灌注不同的是,钢箱封底完成后,因为混凝土面上方泥浆高度大,内外压力差导致导管内有大量混凝土无法下落,若此时直接将导管拔出,则导管中的混凝土在下落过程中会"洗澡",影响混凝土质量,且落下的混凝土易在钢箱内形成锥体堆积,导致后期清渣困难,故采用沿着导管内壁注水的方式,将混凝土压出。锚固混凝土灌注完成后,对水袋进行注水加压,当混凝土终凝后,分节安放接头箱。最后回填碎石,灌注钢箱内部混凝土。

而在进行二期槽钢筋笼安装时,考虑到钢筋笼自身较柔,强度较低需要进行相应的一些加强措施(图10):①增加纵向桁架数量,并将钢筋笼原有纵向桁架和横向桁架由W形调整为X形。②钢筋笼吊点处增加加强钢板,将吊点处的荷载分摊至多根纵向钢筋。③钢筋笼吊点两侧均增加C形加强筋,加强筋采用φ36mm圆钢弯制,两端与加强钢板焊接,增强上下层钢筋笼网片的整体性,保证荷载的有效传递。④若采用一般的施工方法,将卸扣直接连接加强钢板进行吊装,在钢筋笼平吊时,卸扣处于倾斜受力状态,且钢板受到扭力,翻身过程中卸扣无法随翻身角度自由转动,不满足卸扣使用要求。因而采用吊耳方案,即在现有加强钢板的基础上,吊点处增设竖向吊耳,采用双耳板结构,耳板采用20mm厚钢板,与加强钢板通过单边坡口焊连接,中间设置加劲板以增强双耳板的整体性。

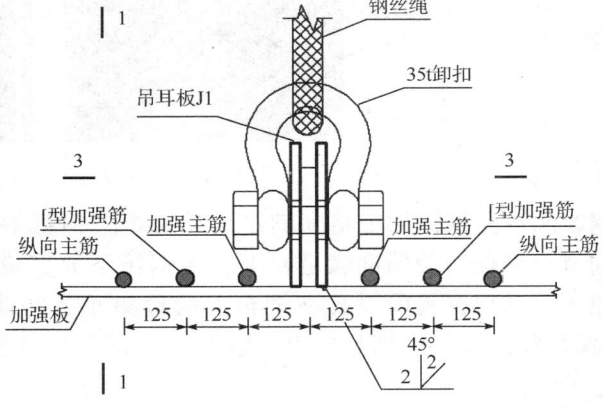

图10 钢筋笼加强措施示意图(尺寸单位:mm)

在钢箱与钢筋笼安装开始之前,使用 midas Civil 软件对其进行建模仿真分析,以确保钢箱钢筋笼的强度和刚度均能满足要求。根据有限元模型运算结果(图11)可知,钢箱、钢筋笼强度和刚度满足要求。施工过程中在多个位置处装设应力计与应变计。施工完成后,根据测量结果分析,有限元模型钢箱、钢筋笼受力以及变形最大位置与实际位置较为吻合,故有限元模型可以较好地模拟出吊装过程中的最不利受力情况,可在今后相关施工中进行计算和运用。

图11 钢筋笼 midas 模型应力云图(截图)

2)控制成槽垂直度和安装精度

本项目要求地连墙成槽垂直度为 $H/500$,成优目标为 $H/800$,根据试验段施工情况,本项目采用的 BC40 铣槽机自身垂直度控制可满足要求,在成槽过程中,双轮铣每铣 20m,提刀架后自由下放,通过双轮铣槽机机载测斜仪判断已成槽部分的垂直度,发现问题及时进行纠偏。双轮铣每一刀施工完成都要采取 UDM100 超声波测斜仪进行孔型比对检测,检测时为防止孔型扭转而未被检测出,需增加检测断面,每刀做三个断面超声波检测,从而判定此刀的垂直度(图12)。

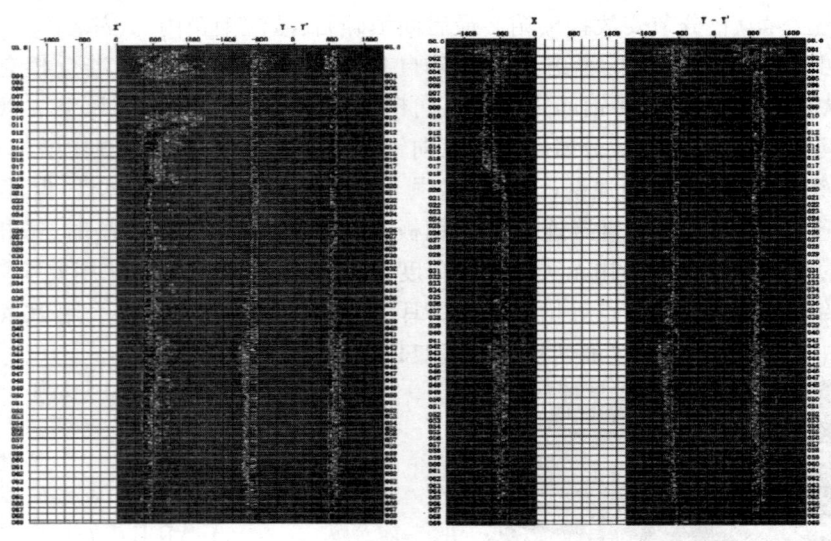

图12 成槽垂直度测定数据(截图)

钢箱制造需保证加工精度满足设计要求。钢箱下放过程中设置导向轮。在钢箱下放对接时,通过三向调整确保对接精度满足要求。在钢箱下放完成后,设置顶部限位装置确保钢箱不发生位移。钢筋笼下放前根据提前设置在钢箱上的检测元器件,测得与钢箱的相对位置,利用三向调整装置调整,确保钢筋搭接长度满足要求。整个过程都采用检测仪器进行安装全过程的精准把控,确保安装精度。

在对下放到槽中的钢箱钢筋笼垂直度通过两种方式进行测量：一是高精度全站仪测量顶口四角处标记点的水平情况，将四角标记点高程调整一致，则钢箱姿态竖直；二是根据倾角计显示的角度，判断其竖直情况。实施过程中以倾角计监测数据为主，高精度全站仪测量为辅，两者数据基本吻合。在下放到位后，通过在预埋测斜管中下放测斜仪检测整体垂直度，并与倾角计数据相互验证。而为了监测一期钢箱和二期钢筋笼横向排插钢筋搭接长度，则需要二期钢筋笼绑扎时，在钢筋笼内安装测斜管，并计算钢筋笼在不同深度处钢筋的搭接长度（图13）。通过以上手段确保整个施工过程中成槽垂直度以及安装精度符合要求。

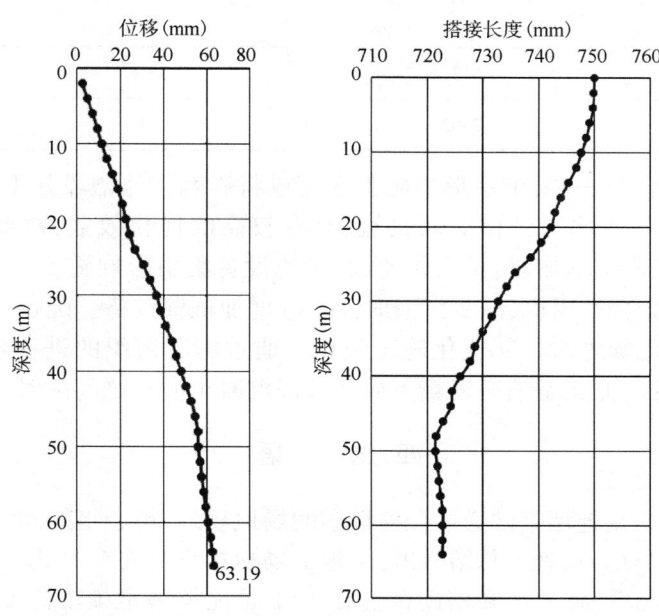

图13 测斜仪监测数据及搭接长度计算

3）施工工效优化

地连墙施工设备是根据平均预计工效配置的，因此施工过程中的工效对比矫正和优化对施工效益具有重要的意义。由前文分析知，一期槽段具体步骤为：铣槽机成槽→钢箱制造→钢箱安装→顶口锁定→锚固混凝土灌注→接头箱安装及水袋加压→碎石回填→钢箱内混凝土灌注。铣槽机成槽和钢箱下放工序均由铣槽机和大型履带式起重机的数量控制，施工工效与设备数量成正比，并非最佳的优化选择，而成槽后清底换浆和其他工序衔接转换时间是可优化的；二期槽段具体步骤为：抓铣结合成槽→接头箱拆除→刷壁清孔→钢筋笼支座→钢筋笼安装→混凝土灌注，与一期槽类似，优化的重点将放在刷壁和清孔等工序的转换上。

经过开工4个月的摸索，已完成槽段施工工效见表1。

已完成槽段施工工效　　　　　　　　表1

槽段类型		最长时间(d)	最短时间(d)	平均时间(d)
一期	一字形	17.88	3.19	9.06
	T形	20.51	8.05	13.83
	十字形	23.65	12.28	17.03
二期	一字形	9.46	4.75	7.05
	T形	18.91	8.9	13.56

从表 1 可得到，十字形槽施工速度最慢，其分部工序见表 2。

十字形槽施工分部工序　　　　表 2

工序	用时（d）	占比	备注
铣槽	7.04	41%	含一清换浆
钢箱下放	2.03	12%	
钢箱封底	0.2	1%	
封孔	0.37	2%	
其他	6.3	43%	
总用时	17.02	100%	

由于施工顺序是一端向另一端，十字形槽施工未完成将影响其他槽段开工，从而引起机械设备窝工，而其他的工序转换时间占比与铣槽时间接近，具有较高的优化效益，对此，工效优化建议如下：①扩大作业面。优先施工十字形槽段，扩大作业面，避免设备集中影响施工。②增加清渣设备。增配 12 套导管、3 套滤砂机和 2 套空压机，减少清渣时间。③增加刷壁设备。配备 2 套刷壁器，每个二期槽段铣槽完成后即可刷壁，无须等待。④优化施工组织。通过施工组织的进一步优化以及人员设备的投入，实现各工序快速衔接，尤其是缩短钢箱下放和锚固混凝土灌注之间的时间间隔。

四、结　语

张靖皋长江大桥北锚碇地连墙基础通过合理科学的场地规划、精心组织和设备选型、扎实的技术和施工现场管理，施工进展良好。从施工总结得出：①施工场地规划需充分考虑工期、构件长度和泥浆循环数量，以本项目应用情况看，施工区和辅助区占比 1∶1 是能够满足施工需要的；②大型履带式起重机在软弱地基和临槽施工时，采用深层双轴搅拌桩处理地基能够满足地基承载力和槽壁安全的要求，施工速度也较换填等其他方案更快捷；③目前国内铣槽机成槽垂直度有保障，成槽合格率高，而采用智能监控监测设备辅助钢箱和钢筋笼下放，也能够达到规范要求。以上经验值得在后续项目中进一步推广。

参考文献

[1] 丛蔼森.地下连续墙的设计施工与应用[M].北京：中国水利水电出版社，2002.
[2] 戴俊平，李奔琦，王瑞.张靖皋长江大桥南航道桥北锚碇地下连续墙施工工艺试验研究[J].桥梁建设，2023，53(3)：1-7.
[3] 李兴华，潘东发.武汉杨泗港长江大桥主桥施工关键技术[J].桥梁建设，2020，50(4)：9-16.
[4] 韩胜利.武汉杨泗港长江大桥超大型锚碇施工关键技术[J].世界桥梁，2020，48(4)：30-34.
[5] 周冠南.地下连续墙钢筋笼吊点设置与加固[J].城市轨道交通研究，2012，15(12)：97-102.
[6] 付小兵，李海鸿，袁果，等.基于数值模拟的超深地下连续墙特重型钢筋笼动态吊装技术研究[J].建筑施工，2021，43(6)：1108-1110，1113.
[7] 赵运梅.超深地下连续墙钢筋笼吊装施工计算方法研究[D].武汉：武汉理工大学，2018.
[8] 苏婷，雷斌，申小平.地下连续墙抓斗附挂式工字钢接头刷壁器施工技术[J].施工技术，2020，49(S1)：61-64.
[9] 姚志安，陈炳耀.深中通道伶仃洋大桥东锚碇基坑支护施工关键技术[J].桥梁建设，2020，50(3)：105-110.

7. 张靖皋长江大桥南航道桥北主塔围堰结构与施工技术

田智源

（中铁大桥局集团第二工程有限公司）

摘要 张靖皋长江大桥南航道桥北主塔承台下设97根ϕ2.8m钻孔灌注桩，采用行列式+梅花式混合布置。北主塔承台平面总体尺寸105.2m×43.6m(横×顺)并相应设置倒角，厚度为8.5m。承台顶高程+4.0m，承台底高程-4.5m，筑岛平台顶高程+4.0m。基坑最大开挖深度为9m，属于深基坑施工。基坑采用拉森Ⅵ形钢板桩围堰+双层内支撑支护结构，钢板桩围堰平面尺寸为108.8m×47.2m(横×顺)；根据地质水文分析，变常规不排水开挖+封底工艺为井管降水干开挖工艺，解决了生态岛上水下开挖沉淀池场地布置及废水排放难题，提高了施工效率，节约了成本。如此大规模的桥梁深基坑钢板桩围堰施工，目前国内比较少见。本文详细介绍了围堰结构与施工技术，对类似工程具有指导意义。

关键词 钢板桩围堰 施工技术 井管降水 深基坑

一、工程概况

张靖皋长江大桥跨江段范围为长江北大堤至长江南大堤之间的桥梁工程，桥梁总长7859m，设计桩号起止范围为K13+227～K21+086，自北向南分为北引桥、北航道桥、中引桥、南航道桥、南引桥五部分，北航道桥为主跨1208m双塔单跨吊悬索桥，南航道桥为桥跨布置2300m+717m的双塔双跨吊悬索桥，北引桥长1069m，中引桥长2032m，南引桥长533m，均为预应力混凝土连续刚构桥，桥跨结构如图1所示。

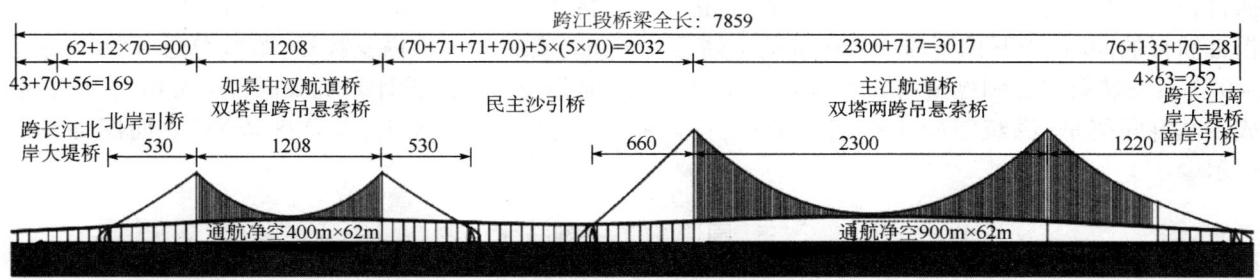

图1 张靖皋长江大桥桥跨结构立面图(尺寸单位：m)

南航道桥北塔采用门式框架外形，钢箱-钢管约束混凝土组合索塔结构形式，主塔上、中、下横梁采用钢横梁。北塔塔座顶高程+8.0m，为八边形棱台型构造。北塔承台顶高程+4.0m，平面为八边形。承台下设97根ϕ2.8m钻孔灌注桩，采用行列式+梅花式混合布置。

北塔塔座顶平面尺寸16.7m×21.2m(横×顺)、底平面尺寸26m×30.5m(横×顺)，顶、底均相应设置倒角，厚4m。塔座顶边缘与塔底锚固构造留有1.5m襟边。两塔肢(塔座)均支撑于承台顶面上，横桥向中心间距58m。北塔承台平面总体尺寸105.2m×43.6m(横×顺)并相应设置倒角，厚8.5m。结构尺寸如图2所示。

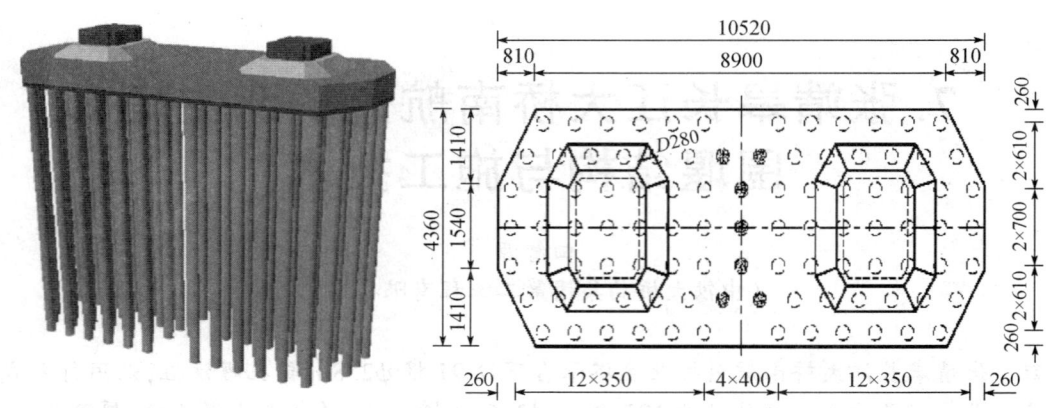

图 2 南航道桥北塔基础概况图(尺寸单位:cm)

二、围堰施工总体方案

围堰设计[1,2],施工平台顶高程+4.0m,钢板桩围堰顶高程+5.7m,钢板桩采用拉森Ⅵ形钢板桩,长度为24m[3,4],钢板桩围堰底高程-18.3m。围堰内设置两层围檩及内支撑,第一道围檩采用2HM588×300,材质为Q235B,第一道内支撑采用$\phi 1000×10/\phi 820×10$钢管,第一道围檩及内支撑高程为+5.2m;第二道围檩采用2HN900×300,材质为Q345B,第二道内支撑采用$\phi 1000×12/\phi 1000×10$钢管,连接系采用$\phi 350×8$钢管,材质为Q235B,第二道围檩及内支撑高程为+0.0m;由于钢板桩围堰跨度较大,横撑自重引起的弯矩较大,采取在横撑中点设置支撑系统,减小跨度,改善横撑受力,并在内支撑钢管相贯位置填充2m/3m长度的混凝土,以防止钢管之间挤压变形,横撑支撑采用角钢制作,底部与指定的钻孔桩顶部钢筋相连。

围堰施工,横撑支撑在做钻孔桩时现将部分横撑支撑同钢筋笼一期下放到位,后期在安装围堰内支撑时将剩余部分横撑支撑同步安装到位。钻孔桩施工完成后,破除钢板桩围堰范围内的混凝土地坪,并进行场地清理。测量放样钢板桩围堰位置,安装第一道围檩,以第一道围檩为插打导向利用2台100t履带式起重机+DZJ-50振动锤逐根吊装、插打钢板桩,从钢板桩围堰一侧长边开始插打,同时向两边顺序插打,直至另一侧长边。钢板桩插打完成后,进行井点降水,降水至基坑底以下2m(高程-7.0m)。钢板桩插打的同时,先开挖围堰中心区域的土体至+1.0m,安装第一道内支撑后,继续分层开挖至高程-0.5m;安装第二道围檩及内支撑(高程-0.0m),继续分层开挖至设计基坑底高程-5.0m。开挖完成后基坑底整平,浇筑混凝土垫层并养护,凿除桩头后进入承台施工,基坑围堰平、立面图如图3所示。

三、围堰施工关键技术

1. 钢板桩插打关键技术

(1)钢板桩插打采用履带式起重机+振动锤配合施工,为了减少插打时锁口间的摩擦和减少围堰的渗漏,在锁口内涂抹黄油混合物油膏(重量配合比为:黄油:沥青:干锯末:干黏土=2:2:2:1),使用吊机的主副两个吊钩组合,将振动锤及钢板桩吊起(主钩吊起振动锤、钢板桩上端开$\phi 30mm$孔栓通过穿保险绳挂在振动锤上)如图4所示,然后运用两个吊钩起吊和下放,使钢板桩成垂直状态后将振动锤夹持钢板桩(落振动锤夹持钢板桩过程中人工辅助临时稳定住钢板桩,脱出副钩将钢板桩移向导向架安插位置),插入已就位的钢板桩锁口中(第一根钢板桩插打时在导向架上测量定位),图5为钢板桩插打实拍图。

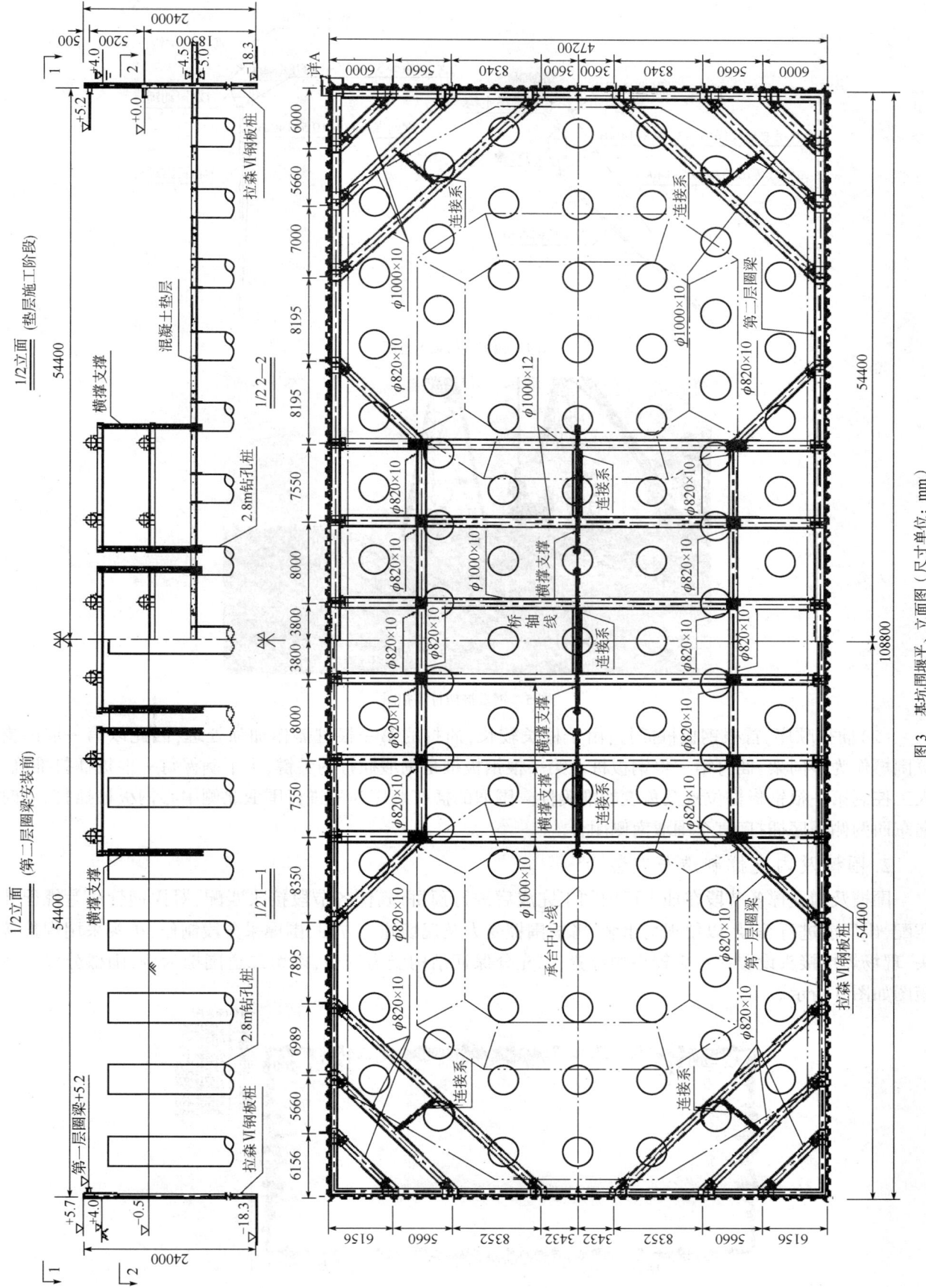

图 3 基坑围堰平、立面图（尺寸单位：mm）

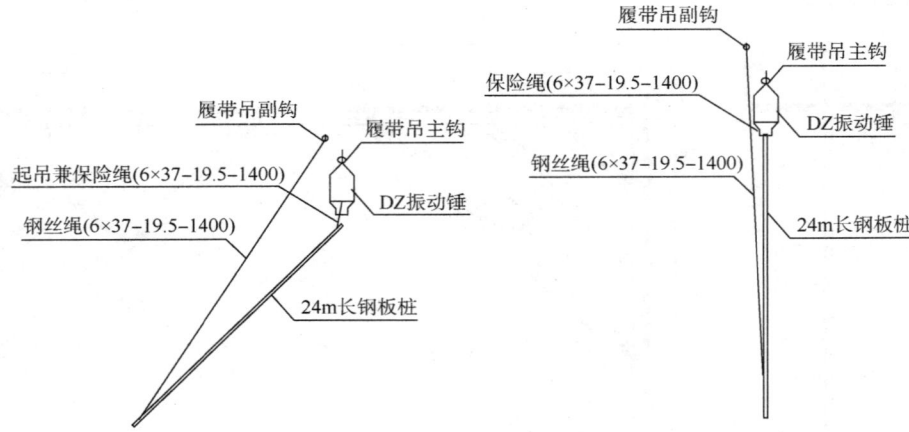

图 4　钢板桩吊装示意图

图 5　钢板桩插打实拍图

（2）插打顺序，首根钢板桩插打：由于桩长较长，插打的第一根桩需作加强处理，因此以第一层内支撑围檩作为导向架，插打第一根钢板桩。第一根钢板桩是围堰插打的关键，为了确保每一根桩插打准确，人工控制第一根钢板桩位置及角度的准确性。围堰的插打顺序为先进行围堰北侧中心钢板桩插打，同时向东西两侧顺序插打，直至围堰南侧闭合。

2. 围檩及内支撑制造与安装[5,6]

围檩及内支撑各节段在加工厂内加工完成后进行预拼，确保各节段接头匹配、对撑钢管法兰螺栓孔匹配，出厂前进行编号，以便现场组装，考虑围檩受力及现场施工方便，围檩采分段制作，接头采用焊接接头，现场焊接接头设置在弯矩较小的位置，以充分保证结构受力安全，以第二道围檩为例，围檩分段及弯矩图如图 6 所示。

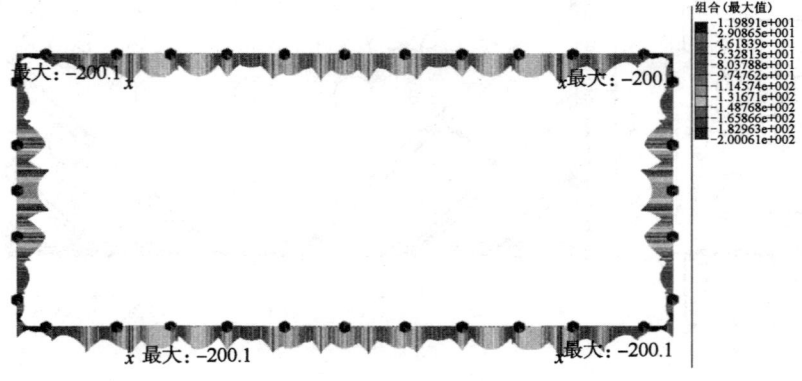

图 6　第二层围檩应力图（截图）

主塔墩钢板桩施工前,采用挖掘机机械臂+液压破碎锤组合对混凝土予以破除,破除后地面高程约+3.7m,然后先插打围檩支撑钢管桩,管桩间距6m(并避开内支撑位置),通过在钢管桩上设置牛腿来安装第一层围檩,同时为保证内支撑下挠问题,主墩钻孔桩施工时,在29号、43号、55号、69号桩钢护筒中提前同钻孔桩钢筋笼子一期安装横撑支撑的立柱,安装第一道横撑前,于横撑支撑的立柱上安装第一层分配梁,为内支撑提供支撑,如图7所示。

图7 第一层围檩安装实拍图

第一层围檩安装就位之后如图8所示,以围檩为导向进行钢板桩插打,钢板桩插打完成后,开始安装第一道横撑,第一道内支撑安装时可以利用钢护筒作为临时支撑以方便内支撑安装。

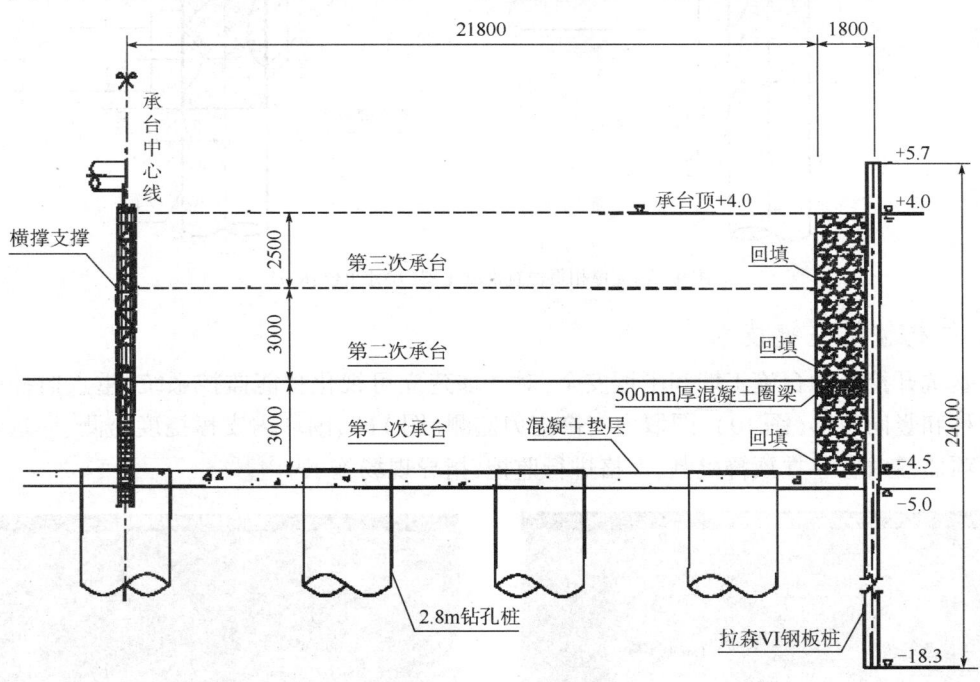

图8 横撑支撑立面图(尺寸单位:cm;高程单位:m)

第一层内支撑及围檩安装完成后,开始井点降水进行基坑开挖,将基坑开挖至-0.5m,安装第二层围檩及内支撑,安装第二道横撑前,先在钢板桩上焊接支撑牛腿,围檩牛腿采用[14a焊接而成,支撑牛腿沿围堰四周按间距6.0m均匀布置于钢板桩内壁,牛腿焊接时需注意保证顶面高程齐平,相邻牛腿间顶面高差小于5mm,利用牛腿安装第二层围檩,第二层围檩安装完成后,安装横撑支撑第二层分配梁,然后先安装角撑,在安装对撑的同时安装第二道对撑,第二道横撑分配梁应提供稳定支撑,以减少内支撑在自身重力下的下挠影响。

3. 横撑支撑施工关键技术

由于钢板桩围堰跨度较大,横撑自重引起的弯矩较大,采取在横撑中点设置支撑系统,减小跨度,改善横撑受力,并在内支撑钢管相贯位置填充2m/3m长度的混凝土,以防止钢管之间挤压变形。

横撑支撑施工步骤如下:①调整钢筋笼方向,对最后一吊钢筋笼打梢,接长需要与立柱焊接的主筋,并新增部分钢筋形成辅笼;②安装立柱将立柱焊接至主筋上,辅笼接长主筋区域焊缝长度300@100mm,既有主筋区域焊缝长度200@100mm,并焊接5层立柱拉结筋;③抽掉打梢梁,下放钢筋笼并精确调整钢筋笼方向,使立柱横桥向中心线与承台横桥向中心线重合。④安装第一道横撑之前,于立柱上安装第一层分配梁,随后安装第一道横撑。⑤安装第二道横撑之前,于立柱上安装第二层分配梁,随后安装第二道横撑。⑥第一层承台浇筑后,拆除第二层内支撑及分配梁;⑦第三次承台施工完成以后,对围堰与承台间进行回填,拆除第一层内支撑及分配梁。

内支撑相贯位置混凝土施工:通过在钢管内设置挡板,然后在内支撑钢管交接位置进行开孔灌注混凝土,如图9所示,混凝土标号为C30,为确保混凝土灌注密实,应使用振捣器振捣充分,同时利用敲击钢管的方式辅助判断混凝土浇筑的密实性,以充分保证施工质量。

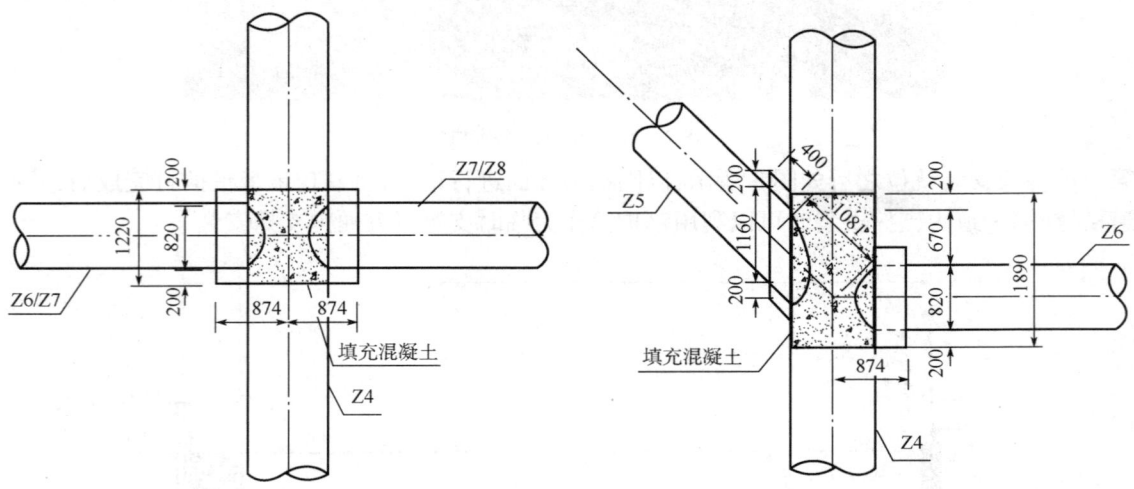

图9 内支撑相贯位置混凝土图(尺寸单位:mm)

4. 围檩结构监控关键技术

为保证基坑开挖及承台施工期间围堰安全,对围堰建立可视化智能监控系统,重点监控围堰钢板桩顶部水平位移和竖向位移(图10)、围堰内支撑应力监测(图11)、围堰内支撑挠度监测、周边环境变形监测。针对每项监控内容建立预警机制,严格进行监控,指导现场施工[7,8]。

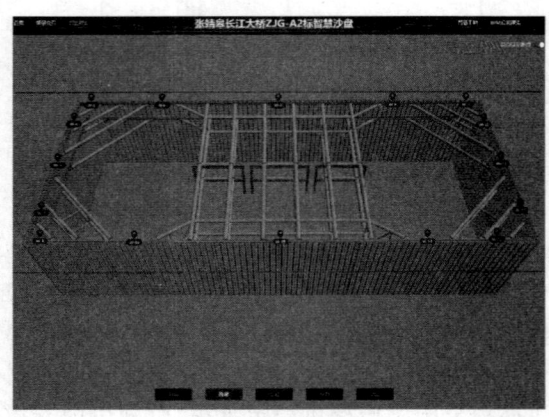 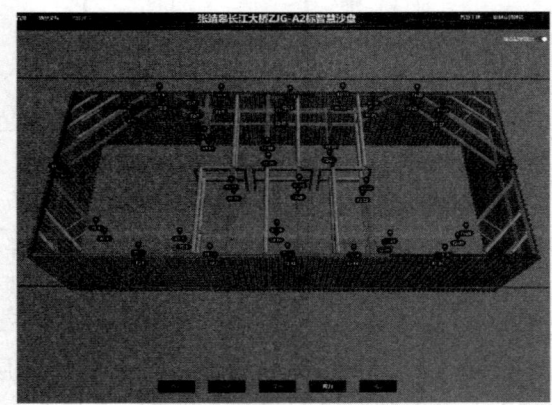

图10 钢板桩顶部水平位移监控界面　　　　　图11 内支撑支撑内力监控界面

四、围堰实施效果

主塔承台基坑围堰施工从开始钢板桩插打至土方开挖完成,历时90余天,整个实施过程严格按照方案施工,其间做好各结构的变形监测和降水施工,主塔承台施工期间基坑围堰结构未发生较大变形,且围堰结构各监测数据均未达到预警值,其中内支撑挠度最大值为56mm(设计预警值为72mm),钢板桩顶部水平位移最大值为23mm(设计预警值为30mm),内支撑应力最大值为137MPa(设计预警值为200MPa)。经实践证明,此大尺寸超长钢板桩围堰结构安全可靠,效果较好。

五、结　语

张靖皋长江大桥南航道桥北塔承台基坑围堰,基坑平面尺寸大,108.8m(长)×47.2m(宽),开挖深度深,地下水水位高,地质情况复杂,基坑底部为淤泥质粉质黏土层,基地不透水层深度为1.5~5.0m,采用超长钢板桩围堰结构进行基坑支护,横向对撑跨度大,通过在支撑中部设置横撑支撑的方式,有效减少了内支撑在自重作用下的下挠影响,减小跨度,改善横撑受力,同时并在内支撑钢管相贯位置填充2m/3m长度的混凝土,以防止钢管之间挤压变形。

参考文献

[1] 李云龙,李艳,李虎.桥梁工程钢板桩围堰施工及质量控制[J].中国公路,2022(17):151-152.
[2] 张基成.钢板桩围堰施工工艺在桥梁工程项目中的应用[J].交通世界,2022(20):165-167,170.
[3] 周新亚,刘昌箭,钱有伟.深水基础超长钢板桩围堰设计与施工关键技术[J].世界桥梁,2020,48(2):20-24.
[4] 王煜涵.钢板桩围堰施工稳定性分析研究[J].建筑机械化,2023,44(2):65-68.
[5] 杨炳阳,杨竞南,廖海峰,等.钢板桩围堰结构设计与应用[J].建设科技,2022(14):77-80.
[6] 张基成.钢板桩围堰施工工艺在桥梁工程项目中的应用[J].交通世界,2022(20):165-167,170.
[7] 李飞,吕钢斧,何凌,等.钢板桩围堰深基坑自动化监测技术应用研究[J].建筑技术开发,2023,50(8):161-163.
[8] 李忠林,史宇超.基坑钢支撑的应力监控[J].筑路机械与施工机械化,2018,35(5):98-101,107.

8. 大型锚碇超高压旋喷桩复合地基施工技术研究

朱晓亮　何思元　方升

(中交路桥华东工程有限公司)

摘　要　本文以张靖皋长江大桥北航道桥南锚碇超高压旋喷桩复合地基工程实践为依托,根据项目特点和工程要求,对RJP工法进行创新性改良,并通过为期9个月的现场工艺试验进行施工工艺选型和施工控制参数选优。搭建智能化控制系统对喷浆压力和流量、高压水压力和流量、水灰比、提升速度等关键施工参数进行实时在线监控,提升超高压旋喷桩质量控制精细化、智能化、数字化程度。结合试验阶段和主体工程施工阶段的成桩质量检测手段,提出提高取芯质量的技术方法。

关键词　锚碇　超高压旋喷桩　复合地基　工艺试验　施工控制

一、工程概况

张靖皋长江大桥为目前在建世界最大跨径桥梁群,其中北航道桥为1208m单跨吊钢箱梁悬索桥,南锚碇位于江心岛,基础软弱覆盖层厚,上层流塑、软塑状粉质黏厚度超过45m;场区承压水头高,下卧砂

层透水性强。富水深厚黏土层锚碇基础,主要面临以下几方面的难题:

(1)隔水难题(渗透系数不大于1×10^{-6}cm/s)。采用地下连续墙基础,就必须采用全断面水平封底形成人工隔水层,解决基坑开挖期间的涌水问题,实现干开挖环境。

(2)承载力难题(90d 无侧限抗压强度≥2.7MPa)。重力式锚碇基础上部传递的荷载大,富水深厚黏土层含水率大、压缩性强、承载能力低、稳定性差,不适合作为重力式锚碇基础。

(3)基底摩擦因数难题(摩擦因数≥0.37MPa)。悬索桥主缆缆力水平分力大,为了防止成桥阶段锚碇产生水平滑移,对锚碇基础底板下土体的基底摩擦因数提出了严格要求,天然黏土层很难满足。

因此,北航道桥南锚碇基础创新性采用"悬挂式复合地基圆形地连墙基础"(图1)。地连墙直径90m,墙深54.3m,墙厚1.5m,圆内墙趾2.5m以上部分采用超高压旋喷桩形成人工隔水层阻断承压水,大面积全断面深层地基加固水平封底方案为桥梁首创,旨在实现基底承载能力、基底渗透系数、基底摩擦因数符合工程需求的复合地基。深层地基加固面积5944.7m²,共计2497根同心变径桩,最大加固深度52.8m,沿深度方向依次分为格栅加固区和满堂加固区,上层格栅加固区桩径1.7m,桩长18m;下层满堂加固区桩径2.4m,咬合搭接0.7m,桩长5m。

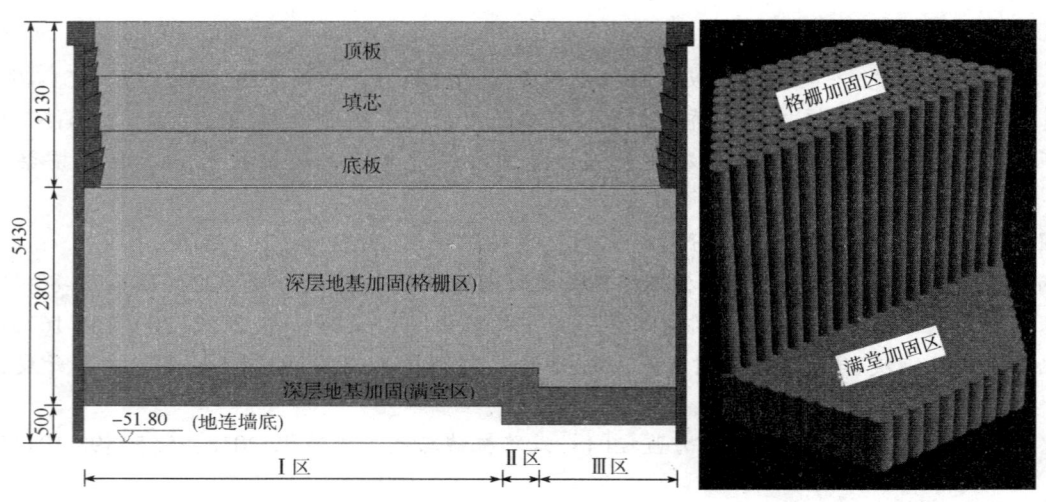

图1 北航道桥南锚碇基础设计示意图(尺寸单位:cm;高程单位:m)

二、工艺选择和参数固化

1.超高压旋喷桩技术现状及工艺创新

超高压喷射注浆技术指将高速流体(水射流或灌浆射流)通过小直径喷嘴注入土壤中,土壤在高速射流的作用下被冲刷、剥离和混合,混合后的浆液经过化学反应形成圆柱形加固体,从而达到改良土体承载力,增加地基的强度和稳定性的目的。

20世纪70年代,超高压旋喷桩被引入日本后,工程师们进行了初步研究,80年代中期至90年代初期,在早期研究的基础上,超高压旋喷桩技术得到改进和优化,由原来的单重管法逐渐发展为二重管法和三重管法。同时,改进了注浆材料的配比和性能,以增强注浆混合物的强度和稳定性。90年代中期至今,随着技术的成熟和经验的积累,超高压旋喷桩的应用范围不断扩大,陆续出现了直径超过3m的超级智能旋喷工艺,其工艺被广泛应用于各种工程领域,包括土地改造、基础处理、地铁、桥梁、隧道和挡土墙等工程中,超高压旋喷桩设备在技术和性能上也有所提升。目前,深度超过40m的超深软弱地基加固方法主要有MJS工法、RJP工法、N-JET工法和SJT工法。其中,N-JET工法和SJT工法属于双重管法,MJS工法、RJP工法属于三重管法。各种工法适用条件及施工参数均不相同,施工参数及优缺点见表1。

超高压旋喷桩施工工艺对比表　　　　　　　　　　　　　　　　　　　　　　　　　　　　表1

工法名称	MJS工法	RJP工法	SJT工法	N-JET工法	D-RJP工法
工艺简介	采用了独特的多孔管和前端造成装置,通过调整强制排浆量来控制地内压力,使深处排泥和地内压力得到合理控制,使地内压力稳定,降低了在施工中出现地表变形的可能性,地内压力降低也进一步保证了成桩直径	一种新型工法,它使用三重管或四重管分别输送水、气、浆三种介质,水泥浆采用超高压(35~40MPa)喷射并在其外围环绕空气流进行二次冲击切削土体,形成更大直径且搅拌均匀的旋喷体	SJT工艺高压注浆泵最大注浆压力可达45~60MPa,流量为200~600L/min的钻机塔架高度达40m,对于40m内工况可一杆到底,无需加接钻杆旋喷压力、流量,效率比传统旋喷技术高一倍以上	针对各种复杂地层,多喷嘴、多角度且可以精准选择不同规格组合的喷嘴实行喷射施工,形成的桩体形状多样。多喷嘴及大流量可以大大提升施工效率。成桩质量更有保障	基于RJP工法进行改进,增大上部高压喷射水压力和流量,一次性切削成孔径,下部喷嘴关闭辅助高压气,仅高压喷射水泥浆搅拌填充桩体,形成更大直径且搅拌均匀的旋喷体
深度/桩径	80m/2.2~2.3m	80m/2.4~2.6m	100m/2.0~8.0m	110m/2.0~8.0m	80m/2.4~2.6m
适用土层	土层、粉细砂、砂砾	土层、砂层	土、砂、砂砾、卵石层	土、砂、砂砾、卵石层等	土层、砂层
施工工效	30~45min/m	15~20min/m	8~12min/m	18~25min/m	20~25min/m
喷浆压力	40MPa	40MPa	45~60MPa	40MPa	40MPa
喷浆流量	120L/min	190L/min	240~300L/min	160~600L/min	120L/min
转速	4~6r/step	4~6r/step	6~8r/step	8~10r/step	4r/step
加固效果对比	上海地区施工试验直径最大达到了3.5m,加固桩体质量均匀,强度可达1.5MPa	成桩直径2.0~3.0m,最大可达3.5m,加固桩体质量均匀,强度可达1.5MPa	成桩直径最大可达到8m,加固桩体质量均匀,强度可达1.5MPa成桩直径最大	成桩直径最大可达到8m,加固桩体质量均匀,强度可达1.2MPa以上	成桩直径2.0~3.0m,最大可达3.5m,加固桩体质量均匀,强度可达3.5MPa,甚至更高
优点	成桩质量好、周边环境影响小	施工效率高、工艺简单、施工经济性好	工艺简单、成桩质量好、施工效率高	工艺简单、成桩强度高、施工效率高	施工效率,水泥用量可调节,废土内水泥含量少,对环境友好
缺点	施工效率低,水泥用量大,工艺复杂	成桩强度低	水泥用量较大,对周围环境影响大	水泥用量大,对周围环境影响大	用水量大,废浆固化困难

根据工程要求和项目特点,项目技术人员创新提出改良RJP工法,将原有的上段75~80L/min的切削水流量增大至180~200L/min,将辅助气气压从0.5~0.7MPa提升至1.05MPa,同时增大辅助气流量至5Nm³/min;上段喷嘴"高压水+高压气"一次性切削土体达到加固桩径,下段喷射高压浆取消辅浆高压空气,高压水浆仅用于搅拌混合,从而提高桩体均匀性和水泥浆液滞留率,增加上段"气包水"喷射喷嘴与下段浆喷嘴的距离,降低上段切削土体时"气包水"对下段浆液混合体的扰动,提高有效水泥掺入量。同时针对硬塑黏土层采用复喷工艺,复喷时关闭上部水喷嘴和上下喷嘴,详细见表1。D-RJP工法改良示意图如图2所示。通过改良,D-RJP工法具有以下优势及特点:

(1)利用38MPa高压水提高上部切削效率,下部充分搅拌填充水泥浆,并形成二次扰动切削,拌和更加均匀。

(2)采用高压水+高压气扩孔,拉开两个喷嘴距离,并关掉下部气,减小上部气举对下部的影响,有利于水泥置换土体的效率。

(3)关闭下喷嘴,有效减少桩体内气泡,有利于桩体强度提高。

(4)增加引孔直径,保证上部喷嘴能量用量更多切削土体,成桩直径更有保障;同时疏通返浆通道,减小地内应力,减少对周边产生较大的挤土效应。

(5)通过复喷,有效提高了超高压旋喷桩在硬塑状态粉质黏土中的成桩强度,平均强度超过4MPa。

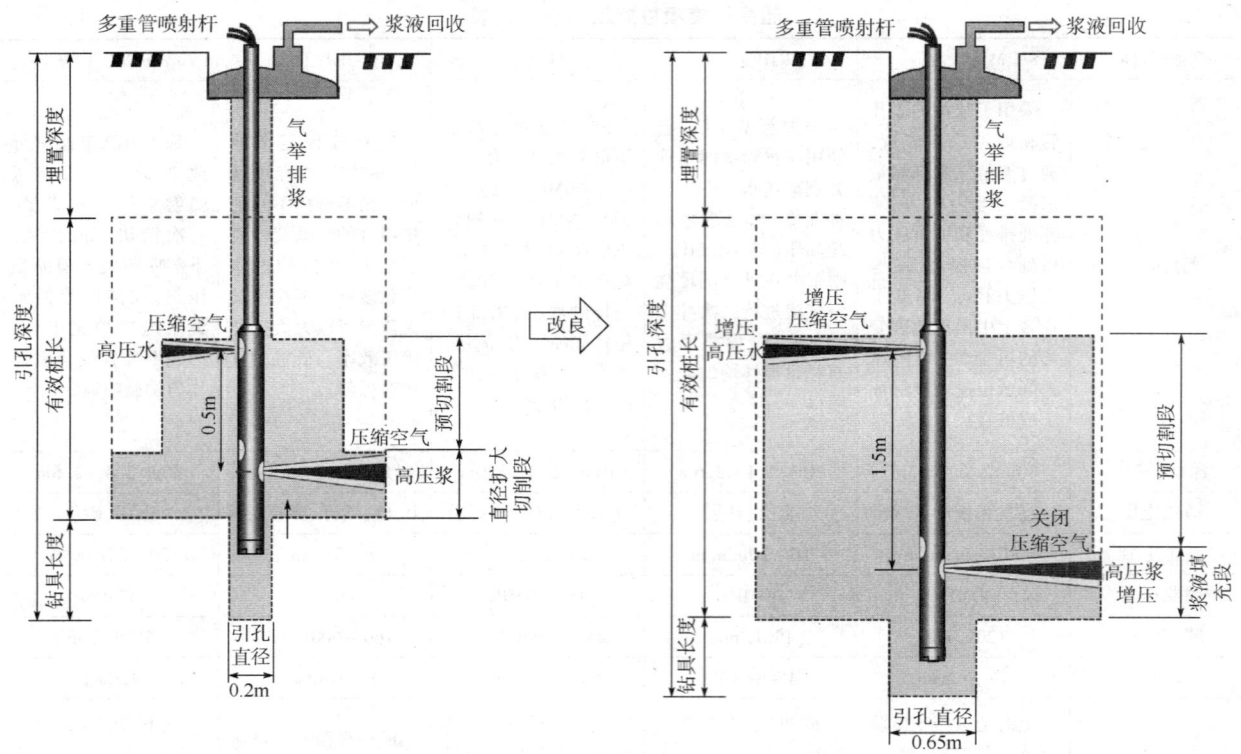

图 2　D-RJP工法改良示意图

2. 工艺选型及施工参数固化

北航道桥大面积全断面深层地基加固水平封底方案为桥梁首创,可借鉴经验少,极具挑战性。粉质黏土层,孔隙率小,切割难度大,桩径随加固深度逐渐变小,加固直径不易保证,同时引孔需穿越粉砂地质层,极易造成孔壁坍塌。成桩时粉质黏土中水泥土硬化化学反应慢,满堂加固桩成桩后满足设计要求难度大。加固施工工艺选择及施工参数的固化需要通过大量现场试验确定,如何控制加固设备及参数稳定是深层地基加固成功的关键问题。根据本项目的工艺特点、现场条件、进度需求、工艺试验施工组织等因素,本次工艺试验主要分为两个阶段(图3)。

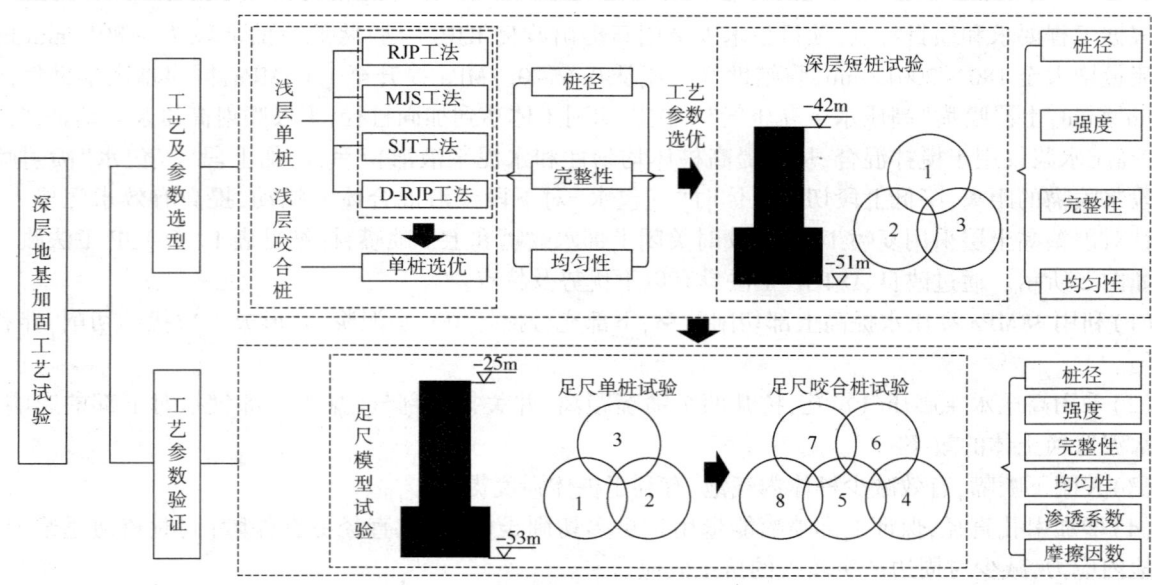

图 3　深层地基加固工艺试验总体思路

(1)第一阶段:工艺及参数选型阶段。施工准备阶段,在锚碇红线范围外寻找合适地层进行三种工艺加固试验,通过试验结果选择最适合本项目的加固工艺,并确定满足设计要求的水泥掺量、浆液水灰比、喷浆压力、流量、转速、提速等施工参数。

(2)第二阶段:工艺参数验证阶段。锚碇工区具备条件施工后,在施工现场选择合适位置和地层进行工艺验证试验,验证在第一阶段选择的最适合本项目的加固工艺和确定的各项参数能否满足设计和施工要求,为后续大面积开展施工提供基础数据和经验。

通过为期9个月的工艺试验,确定了D-RJP工艺为适合本项目的加固工艺,并对确定满足设计要求的水泥掺量、浆液水灰比、喷浆压力、流量、提升速度等施工参数进行了参数选优和验证试验,选定表2中参数作为北航道桥南锚碇深层地基加固大面积施工控制参数。对24.5~43.5m范围进行复喷时,结合钻杆拆卸,采用每6m段进行复喷,关闭上喷嘴"高压水+高压空气",浆喷嘴采用10min/m的提升速度复喷搅拌桩。

北航道桥南锚碇超高压旋喷桩工艺试验固化施工参数　　　　表2

序号	阶段	内容	施工参数	序号	阶段	内容	施工参数
1	引孔	引孔直径	650mm	2	喷浆	转速	4r/step
2	喷浆	桩径	满堂区2.4m、格栅区1.7m	3	复喷	复喷范围	24.5~43.5m
		施工角度	360°			水泥浆压力	≥40MPa
		水泥浆压力	≥40MPa			水泥浆流量	90~100L/min(3.2mm浆喷嘴)
		水泥浆流量	90~100L/min(3.2mm浆喷嘴)			水	保证通畅,压力调到最小
		高压水压力	≥38MPa			辅水空气压力	关
		高压水流量	≥200L/min(4.2mm喷嘴)			辅水空气流量	关
		辅水空气压力	≥1.05MPa			提升速度	10min/m
		辅水空气流量	≥5.0Nm³/min			步距行程	33mm
		成桩垂直度误差	≤1/400			转速	4r/step
		提升速度	咬合区:25min/m 格栅区:20min/m			水灰比	0.8
		步距行程	33mm			转速	4r/step

三、锚碇复合地基施工

1. 施工组织

本次深层地基加固及地连墙接缝注浆止水准备投入12套设备,同时施工总体平面布置(图4)如下:

(1)深层地基加固施工区域按"一中心,一环形、多区域、N条边"平面布置,最大限度利用平面空间,分12块区域同时进行超高压旋喷桩施工,待内部加固桩施工完毕,外圈5套设备施工各自区域的地连墙进行接缝注浆止水,确保完成工期计划。

(2)投入6套后台,每套后台供应2套超高压旋喷设备,沿重载环道均匀布置。

(3)投入6套泥浆压滤系统,6套布置在原深层地基加固试验区域内,设置泥浆集中处理中心,用以集中压滤泥浆。

(4)环道预留7m宽度,保证材料运输车辆双向通行。

(5)施工总体布置4台90t履带式起重机,转运外侧环形8块D-RJP主机及外侧引领钻机,环形内部配置2台汽车式起重机,用于转运中心4块区域D-RJP主机及引孔钻机。

(6)出渣通道设置全自动洗轮机,用于清洗车轮渣土,做好文明施工。

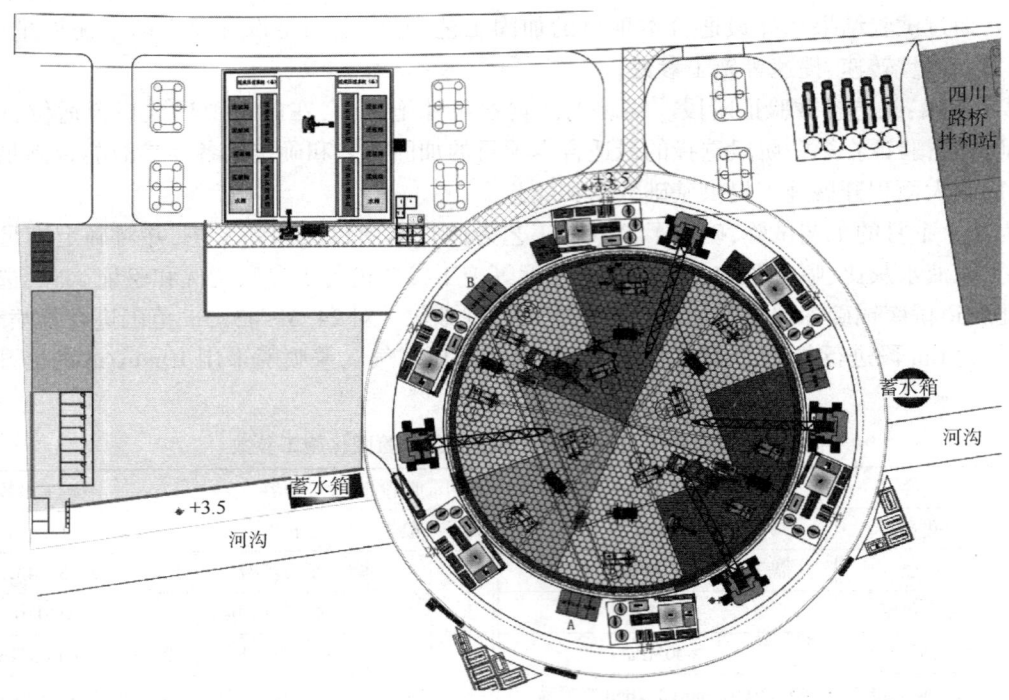

图4　深层地基加固大面积施工平面布置图

2. 施工工艺

D-RJP改良工法施工工艺流程如图5所示。

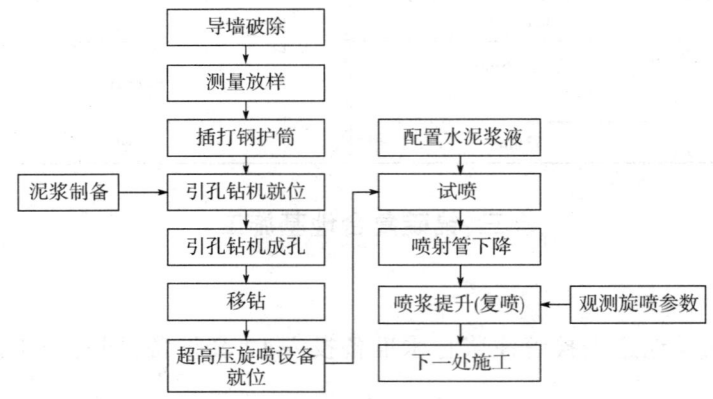

图5　D-RJP改良工法施工工艺流程图

1) 钢护筒插打

根据试验过程中,取芯发现部分桩底出现桩口处黄泥或填渣,根据该情况,大面积施工时,拟在孔口插打7.5m长钢护筒,钢护筒规格分为80cm,钢护筒安装前,先由TR200D旋挖钻进行预成孔,预成孔直径为80cm,其后下放安装钢护筒,缝隙间灌注返回浆液密实。

2) 引孔施工

利用吊车吊装引孔钻机就位,并调整引孔钻机底盘水平、钻塔垂直,动力头回转中心与钻孔中心位于同一铅垂线上。采用GPF-350型反循环钻机配备导向切削钻头进行预钻孔施工,移动旋喷引孔钻机到指定桩位,管线特殊部进行处理将头对准孔位中心,用水平尺和定测锤校准旋喷引钻机使导向架钻杆应与地面垂直,引孔垂直度误差不大于1/400,桩位对中误差不大于3cm。引孔直径宜为650mm,校验钻杆长度并用红油漆在塔旁标注深度线,引孔终孔深度应大于开喷深度0.5m(底部超加固50cm)。引孔过程应注意对垂直度的测量,发现异常应及时调整,以防止塌孔。

3) 主机就位及设置

利用吊车将主机吊放就位,接通主机电源,调整主机位置和方向,使钻头底部中心对准引孔中心,并伸缩支腿对主机进行调平,并用型钢路基板支垫结实。接通电源,检查主机内油量及润滑部位,必要时添加油脂,检查各操作按钮是否正常;按照开机启动顺序,依次打开主电源断路器、变压器一次断路器、油冷却断路器、绞车断路器、操作电源断路器。

4) 试水试压

将钻头吊放入主机动力头内,并安装水龙头,确认各路管线在通畅的前提下进行试喷。旋转钻头使喷嘴至合适位置(应避开人群),主机操作人员通过对讲机通知后台操作人员,依次开启空气压缩机、切削水泵和注浆泵进行试喷,确认钻头喷射是否正常。为减少压力损失,主机与高压泵之间距离不宜大于50m,管路总长不宜大于80m。

5) 水泥浆拌制

D-RJP工法施工配备18个70t水泥罐,6套BZ-20L型拌浆系统。水泥罐及制浆设备安装完成并经过验收后,方可进行浆液制备施工。

6) 喷射注浆

钻头到达预定深度后,开始校零,使动力头"0"刻度、喷嘴、钻杆上白线处于同一条直线,然后设定各工艺参数,包括摇摆角度、引拔速度、回转数等。

开启切削空压机和注浆泵。利用上喷嘴喷射高压水切削土体一次成孔,喷射注浆时确保空气压力、水流量、水压力在设定范围之内,钻杆提升1.5m(为保证下喷嘴开始切削位置在施工加固位置),开启注浆过程边喷浆、边旋转,并按设定步距提升钻杆,使水泥浆与土体充分搅拌均匀。复喷时,结合钻杆拆卸,采用每6m段进行复喷,即每旋喷加固6m段,其后下放钻杆,闭上喷嘴"高压水+高压空气",浆喷嘴采用10min/m的提升速度复喷搅拌桩体。

当水喷嘴位置到达设计桩顶高程以上0.5m时(超喷0.5m),关小水泵压力至5MPa,浆泵和空气压力、流量保持不变,继续提升。当浆喷嘴位置到达设计桩顶高程以上0.5m时,关小注浆压力至20MPa,空气压力、流量保持不变,定点喷射,定喷或孔口水泥浆液冒出,停止喷浆,拆杆移机。

四、智能化控制技术

1. 数智化施工需求

(1) 影响超高压旋喷桩质量的施工参数多,施工时间、桩径(预估)、水泥浆水灰比、浆液相对密度、喷浆压力和流量、空气压力和流量、钻孔垂直度、钻杆提升速度、回转速度等关键施工参数其中任何一项出现偏差都会直接影响成桩质量。

(2) 深层地基加固面积5944.7m²,共计2497根同心变径桩,最大加固深度52.8m。超高压旋喷桩数量多,成桩质量要求高,任何桩体的遗漏都会造成涌水风险,导致严重后果。

(3) 北锚碇超高压旋喷桩复合地基施工前场和后台共计100余台设备,其中高压容器、超高压泵、起重吊装设备占比超2/3,设备长时间运行故障率高,导致施工控制参数出现浮动,起重吊装风险增高。

2. 智能化控制系统搭建

项目构建超高压旋喷桩地基加固数字化监控子平台,对旋喷桩地基加固施工关键参数(喷浆流量、压力、钻杆深度、钻孔垂直度、提升速度等信息)进行实时集中管控、集中分析。统计每天、每周水泥用量并分析,支持数据导出。监控泥浆后台拌浆自动记录泥浆拌制数据和环保型泥浆工厂记录,并分析深层地基加固施工全生命周期渣土、泥浆处理量。智能化控制系统应用场景见表3。

超高压旋喷桩复合地基施工智能化控制系统应用场景列表　　表3

模块	序号	模块子目	效果说明
数据综合看板	1	综合数据展示	①采用数据分析并展示深层地基加固总体进度和总体产值； ②基于水泥罐承重系统，对加固桩总体水泥用量统计和分析，可按每周、每月导出使用记录，同时实时显示后台水泥罐中水泥余量，辅助管理人员报送水泥计划； ③显示在场设备工作状态，具体设备是否正常施工； ④展示目前试验取芯数据及检验进度； ⑤接入现场鹰眼系统，可无死角全方位观看现场施工监控
施工孪生	2	全自动拌浆系统数字孪生	①拌浆系统各项数据实时显示； ②获取浆液制备的数量，分析单根桩、每台设备水泥用量、水泥浆相对密度实时检测，并设定阈值，超过限制即预警； ③以报表的形式形成每日的水泥用量、日(周)水泥用量，可辅助管理人员报送一周后的水泥用量
施工孪生	3	高压泵数字孪生	基于流量计和压力表，动态采集高压浆液、高压水泵、空压气的流量和压力，超出限值即预警
施工孪生	4	材料管理数字孪生	基于称重计，对水泥罐现有存储水泥进行统计和显示，空罐时提醒管理人员补料
施工孪生	5	引孔数字孪生	基于RTK软件，实时进行引孔桩位复核，数字孪生可直观看到加固桩倾斜度、深度、桩径、地层信息等
施工孪生	6	加固桩施工数字孪生	设备自动采集并详细记录每根桩的施工时间、桩径(预估)、水泥浆水灰比、浆液相对密度、喷浆压力和流量、空气压力和流量、钻孔垂直度、钻杆提升速度、回转速度等关键施工参数，实时采集、集成、展示、预警和远程查看
施工孪生	7	桩位检测	桩位位置数据与D-RJP主机上RTK设备采集坐标进行对比，确保桩位准备到位，同时可检测是否漏桩
施工孪生	8	压滤设备孪生	对泥浆压滤设备进行数字孪生，实时关注泥浆工厂压滤机工作状态及处理能力，显示废浆处理效率图
施工进度	9	进度监控	①结合三维显示本项目加固桩的总体进度，并于理论工期对比，及时预警； ②根据加固桩施工的总体进度，统计项目产值； ③根据所有深层地基加固桩，可查询所有桩的施工信息，包含但不限于施工关键参数、施工班组、管理人员等，可实现桩基质量追溯
环保泥浆工厂	10	返浆量测定	通过设备自动监测返浆泥浆中水泥的含量，从而推算出加固桩有效水泥参量
环保泥浆工厂	11	泥浆处理量统计	统计泥浆工厂在深层地基加固全生命周期中废浆量，可支持每周、每月数据分析与导出
环保泥浆工厂	12	循环水pH值测定	关联压滤设备，自动检测水中pH值实时值
环保泥浆工厂	13	出土总量分析	统计泥浆工厂在深层地基加固全生命周期中出土总量，可支持每周、每月数据分析与导出
试验检测	14	引孔垂直度检测	根据监测数据，实施上传引孔垂直度数据
试验检测	15	取芯报告	①加固桩成桩桩径智能化检测； ②施工检测总体情况，包含但不限于检测取芯点位分布总体情况；关联施工检测取芯位置、试验结果情况
网页后台	16	综合数据管理后台	①孪生数据管理系统，通过与前端设备数据的关联，服务孪生动态展示； ②通过孪生数据管理系统，对前端设备数据与孪生系统进行匹配； ③施工桩监测报告等，通过管理系统进行上传，可实时查询单桩数据报告； ④用户权限及数据展示设置； ⑤用于管理所有孪生设备信息，包括设备查询、新增、修改、删除等操作，该功能为系统管理人员使用，初始配置设备所有参数

五、成桩质量检测技术

1. 成桩质量检测手段

成桩质量检测手段(表4)如下：

(1)桩径检测：施工过程中的桩径主要通过28d(90d)取芯进行验证，同时在复合地基大面积施工阶段施作1~2根超高压旋喷桩至原地面以下2m位置，基坑开挖期间对桩体直径进行量测。

(2)桩身强度和质量均匀性检测：在距离桩心25cm、50cm和75cm位置钻孔取芯，室内检测28d(90d)无侧限抗压强度验证桩体强度，通过判断取芯完整率(不小于85%)判断桩身质量均匀性。

(3)桩体渗透系数检测：对桩身和咬合部位钻孔取芯，通过室内渗透系数试验验证芯样渗透系数。

超高压旋喷桩成质量检测手段　　　表4

序号	试验目的	检测试验内容
1	旋喷桩桩径	开挖量测+钻孔取芯
2	完整性和质量均匀性	钻孔取芯
3	旋喷桩强度	无侧向抗压强度
4	桩体渗透系数	室内渗透试验
5	咬合处渗透系数	室内渗透试验
6	加固土与基础底板摩擦因数	直剪试验
7	挤土效应	孔隙水压力监测
8	返浆水泥量测定	相对密度、EDTA滴定

(4)复核地基承载力检测：基坑开挖到位后随机选取9点(3组)做荷载板试验。

(5)基底摩擦因数检测：开挖至基坑底面后做直剪试验，锚碇前后趾各不少于3处。

(6)挤土效应检测：孔隙水压力监测和深层土体位移检测。

(7)返浆水泥量测定：EDTA滴定和相对密度法综合判断。

2. 提升桩体取芯完整率技术

旋喷桩以上土层引孔设备采用垂直度1/400以内，且可自带钢套管引孔至桩顶的引孔设备。旋喷桩取芯时，应选择经验非常丰富的技术人员，采用单动双重管和三重管灵活切换进行取芯，视桩体强度选取Mazier三管取芯器(低强度)和T6取芯器(高强度)。取芯时采用地学研究所高精度测斜仪，测斜仪底部安置"自寻北"陀螺仪，按照每5m测试一次垂直度，如果发现偏斜超出允许值，尽快用水泥浆液回灌。水泥浆液强度达到与桩身强度后采用高精度引孔钻机引孔并下放套管至上次取芯位置，钻机继续取芯。考虑到承压水的存在，取芯检测时钻芯孔底应位于桩底以上2~3m，以避免透水事故，取芯后应采用水泥回灌以保证封孔质量，回灌浆液水灰比宜取0.55。

六、结　　语

通过张靖皋长江大桥北航道桥南锚碇深层超高压旋喷桩复合地基工艺选型及施工参数固化、大面积施工、智能化控制和施工检测施工工程实践，可以得出如下结论：

(1)项目通过对RJP工法改良，有效地解决了深厚黏土地层中高压旋喷桩成桩直径小，成桩强度低的工程难题，为富水深厚软弱覆盖层大跨径桥梁锚碇基础方案提供了一种全新的选择和实践基础。

(2)超高压旋喷桩工艺步骤多，施工控制参数多，主体工程施工前要通过科学严谨的现场和室内试验进行工艺选型及参数选优,确保所选工艺和参数适合工程地质、水文条件及设计要求。

(3)在国家推动智能建造与建筑工业化协同发展的大背景下,超高压旋喷桩智能控制系统对施工过程控制至关重要,实时监控重要施工参数可以大幅度提升施工质量和施工效率。

(4)深层桩体取芯前采用垂直度不小于1/400引孔钻机并下放套管至桩顶位置,超高压旋喷桩宜视桩体强度选取Mazier三管取芯器(低强度)和T6取芯器(高强度)对成桩质量进行验证,取芯过程中按照"勤测斜,勤纠偏"原则,保证取芯垂直度。

参考文献

[1] 南进江,林海峰,唐政,等.大面积深层地基加固渗透系数试验研究[J].公路,2023,68(6):65-74.

[2] 南进江.深厚软弱土层大面积加固圆形地下连续墙锚碇基础施工重难点研究[J].公路,2023,68(5):145-150.

[3] 戴俊平,曾旭涛,夏欢.超深黏土层超高压旋喷桩工艺试验[J].公路,2023,68(6):115-121.

[4] 龚彪,方伽月,孔庆珑,等.深厚密实砂层超深超高压封底技术的应用及质量控制[J].建筑技术,2022,53(6):666-668.

[5] 张斌.超高压大直径旋喷桩施工技术[J].石家庄铁道大学学报(自然科学版),2018,31(S1):10-14.

[6] 史恒飞.沿海沉积软弱地层高压旋喷桩施工技术研究[J].科技资讯,2023,21(15):113-116.

[7] 贺再求,冯晓轩,朱来磊.大功率超高压旋喷技术在超深地下连续墙接缝止水中的应用[J].勘察科学技术,2020(2):26-30.

[8] 胡奇凡,张继清.超高压旋喷注浆法在卵石地层的应用试验研究[J].铁道工程学报,2017,34(12):13-17.

[9] 唐正浩,马秋柱,贺迎喜.提高深层水泥搅拌桩取芯质量的技术方法[J].中国港湾建设,2022,42(2):43-47.

9. 张靖皋长江大桥北航道桥北锚碇区旧管桩拔除施工技术

王东伟[1]　王显臣[1]　苟小平[2]　彭林林[2]　张志新[1]

(1.中交一公局集团有限公司;2.中交一公局第二工程有限公司)

摘　要　张靖皋长江大桥北锚碇厂区内存在既有厂房的预制预应力高强度混凝土(PHC)管桩基础,为满足沉井下沉"无障碍物"的施工,本文介绍了利用物理探测技术、FCEC全回转拔桩法以及智能拔桩管理平台将管桩整根拔除的施工技术,该施工技术经过实践,具有良好的施工效果,可为类似项目提供经验借鉴。

关键词　悬索桥　物理勘探　管桩拔除　FCEC拔桩机　智能拔桩平台

一、引　言

张靖皋长江大桥(跨江段)全长7859m,自北向南分为北引桥、北航道桥、中引桥、南航道桥、南引桥五部分。其中,北航道桥跨越如皋中汊福北水道,采用主跨1208m单跨吊悬索桥,其北锚碇采用沉井基础,为国内公路桥梁领域最大陆域沉井,沉井基础的长和宽分别为75m和70m(第一节沉井长和宽分别为75.4m和70.4m),沉井顶高程为+3.5m,沉井底高程为-53.5m,沉井总高57m,共分十一节,沉井共分四次接高四次下沉,北锚碇结构设计图如图1所示。

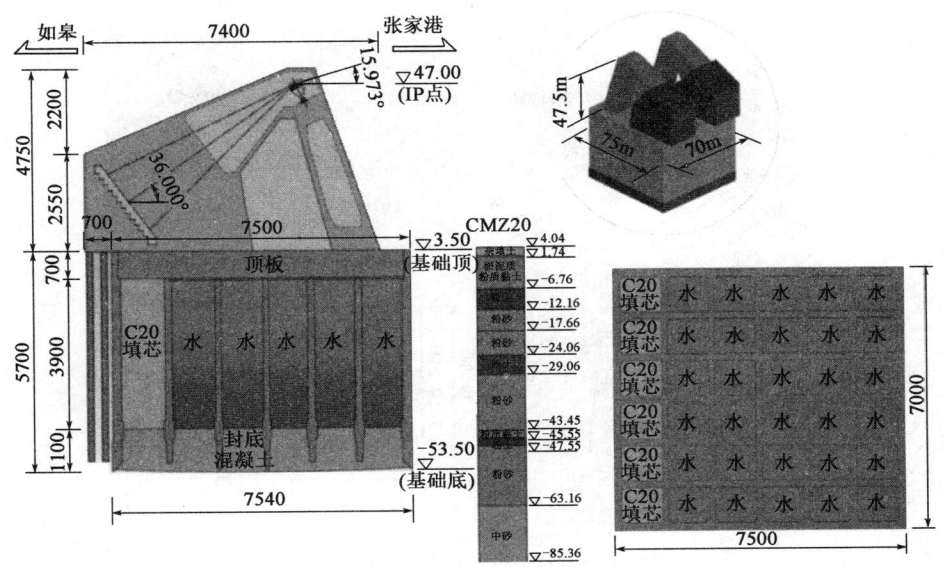

图 1 北航道桥北锚碇结构设计图(尺寸单位:cm,高程单位:m)

二、工程简介

1. 既有管桩概况

张靖皋长江大桥北航道桥北锚碇位于如皋市长江镇华泰重工厂区(图2),锚碇区域为原生产车间厂房,按照原厂区设计图纸,厂房采用排架结构,排架柱间距为9m,立柱采用承台+PHC管桩基础。单个基础下设5根直径φ50cm的预应力高强度混凝土(PHC)管桩,桩长20m。锚碇区域内共计105根PHC管桩基础,等厚度水泥土地下连续墙(TRD)防渗墙区域内共计33根PHC管桩基础,管桩分布如图3所示。

图 2 北航道桥北锚碇地理位置现状航拍图

2. 管桩施工重难点

1) 预制管桩整根拔除施工难度大

为满足沉井下沉无障碍物的施工条件及确保管桩拔除时不漏桩,管桩须采用整根拔除施工;据调研,在下放钢套筒时极易导致管桩扭断,FCEC全回转拔桩法虽可在断桩情况下拔桩,但施工难度较大。

2) 钢套筒垂直度/倾斜度控制难度大

已打设预制管桩的精度未知,无法掌握管桩的具体空间位置,钢套筒旋入时其轴线与管桩轴线同轴控制难度大;遇倾斜桩时,桩架的倾斜度与管桩的倾斜度难以保持一致。

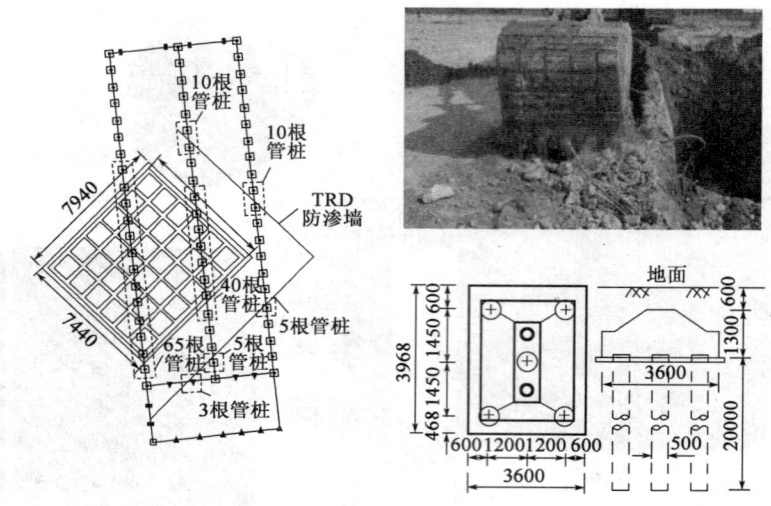

图 3 锚碇施工场地基础管桩位置示意图(尺寸单位:mm)

3)特殊情况下的拔桩处置是难点

原桩倾斜、原桩断桩等特殊条件下的拔桩处置是施工难点;拔桩过程中防断桩、防残留、务必除尽,这是施工关键。

4)环境保护及文明施工要求高

拔桩施工产生的弃桩数量大且难以处理,只能在现场破碎后统计集中处理,扬尘、噪声、固体废弃物的处理措施难度较大。

三、工艺选择

从调研情况看,目前国内的陆地拔桩工法主要集中于静拔法、高压旋喷泥浆拔桩法、振动沉管高压水切割拔桩法、全回转CD机拔桩法、FCEC全回转拔桩法等,拔桩施工工艺比选见表1。

拔桩施工工艺比选表   表1

序号	拔桩工法	工艺优缺点	适用性
1	静拔法	直接将管桩从地层中拔出,但对桩体强度要求高	不适用
2	高压旋喷泥浆拔桩法	高压旋喷泥浆拔桩法在桩体周围进行高压旋喷泥浆破坏桩周土体。缺点是容易造成断桩,受地层密实度影响大,地层扰动大	不适用
3	振动沉管高压水切割拔桩法	振动沉管高压水切割拔桩法多适用于水上拔桩,在陆上使用此工法拔桩,施工速度较慢,地层扰动大	不适用
4	全回转CD机拔桩法	该工艺具有垂直度高、适应各种复杂地质、无噪声的优点;缺点是液压驱动钢套管旋切割速度慢,机械设备需配重借助反力将钢套管下压,行走须用吊车,准确定位难	不适用
5	FCEC全回转拔桩法	FCEC全回转拔桩具有适用范围广、施工效果好的优点,尤其是斜桩和场地附近对于沉降敏感的建筑,但此工法需要有专门的FCEC全回转拔桩机,施工造价高	适用

经过对拔桩工艺的选择,同时结合沉井下沉"无断桩残留"的施工要求,最终选定FCEC拔桩机拔除。

四、施工工艺技术

1. 物理勘探综合应用技术

为探明管桩的具体位置,同时探明沉井下沉区域可能存在的障碍物,应用多种物理勘探技术进行地下物探,确定管桩及障碍物的具体坐标,从而达到精准拔桩的目的。

1）物探方法及技术路线

（1）高精度磁法测量：根据基桩中钢筋及其他金属障碍物的磁性特征,通过高精度磁法工作获取异常位置,再通过特定的数据处理手段圈定基桩。

（2）地质雷达探测：由于高精度磁法使用的局限性（可能会受到周围的电磁干扰）,采用地质雷达可进一步精确定位基桩的位置。

（3）综合解释：根据综合勘察成果,建立三维地质模型,评估划分地块内填埋物的分布区域、深度及填埋形状等特征。

（4）清除完成后,开展地面磁法、瞬变电磁法复测,评估清除效果。

2）物探成果及结论

高精度磁测大致圈定承台和管桩的分布范围,地质雷达进行精确定位,综合两种方法推断管桩的平面位置。在锚碇沉井范围圈划20个承台,依次编号Cn1、……、Cn20,共计100根管桩,如图4所示,场地高精度磁测三维反演磁性源分布如图5所示,推断管桩三维位置分布如图6所示。

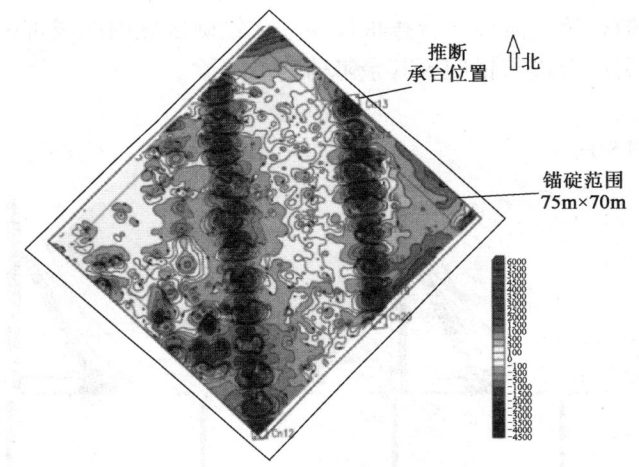

图4 物探推断承台位置图

图5 反演磁性体分布图（管桩与建筑垃圾）

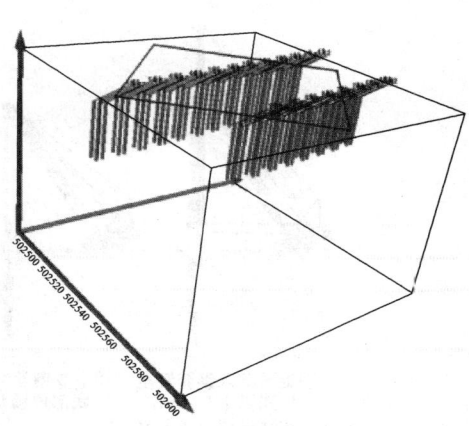

图6 地面物探综合推断管桩分布图

经钻探验证,物探成果显示位置与实际管桩位置基本一致,表明推断承台位置准确可靠。

2. 管桩拔除施工技术

1) 施工平面布置

共计置 2 套 FCEC 拔桩机,每套设备配置 1 台空压机和 1 台气雾喷射器,拔桩施工时就近设置钢套管临时存放点和旧桩存放点,施工平面布置如图 7 所示。

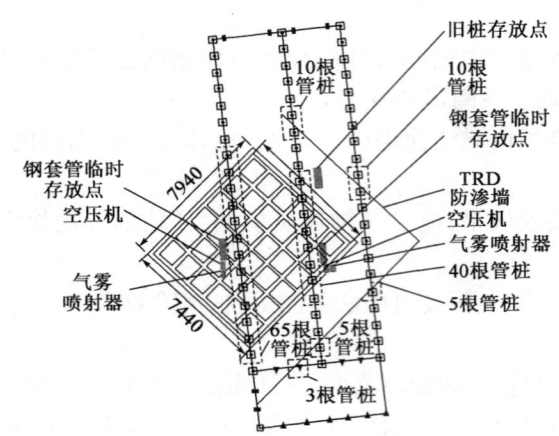

图 7 拔桩施工平面布置图(尺寸单位:cm)

拔桩施工分两个阶段进行,第一阶段 2 台拔桩设备完成锚碇区域内的拔桩施工;随后,其中一台进行防渗墙区域区的拔桩施工,另一台进行锚碇区其余障碍物的清除。

2) 管桩拔除施工流程

管桩拔除施工流程如图 8 所示。

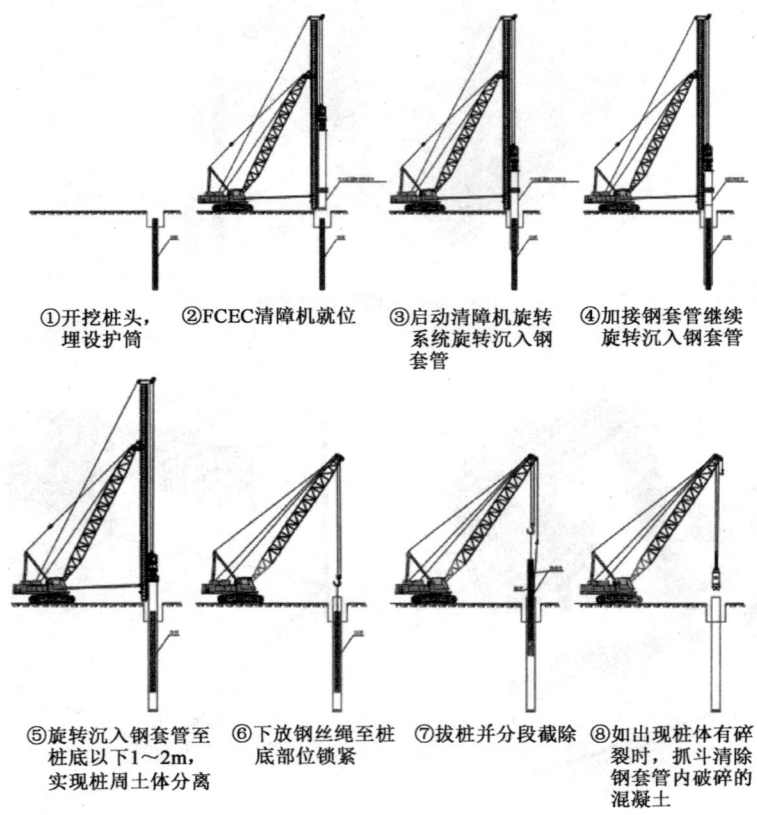

图 8

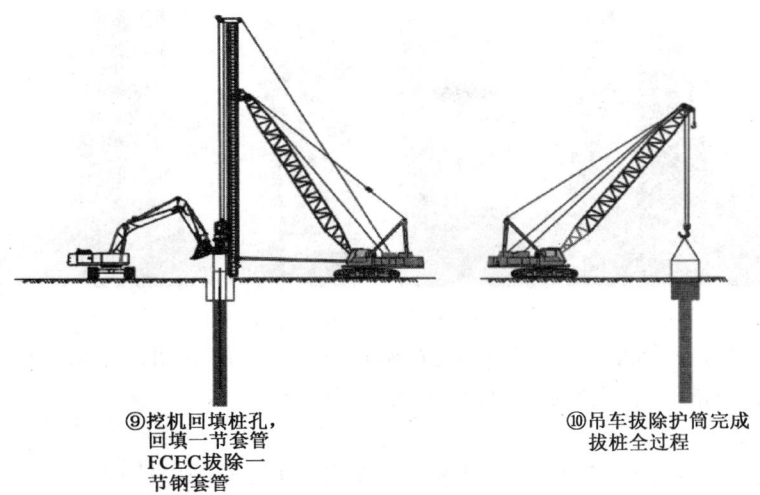

⑨挖机回填桩孔，回填一节套管 FCEC拔除一节钢套管　　⑩吊车拔除护筒完成拔桩全过程

图8　拔桩施工工艺流程图

3）承台破除及钢护筒埋设

单个厂房基础下布置5根预制PHC管桩，管桩顶在原地面高程以下1.9m，管桩顶布置了混凝土承台，承台平面尺寸3.968m×3.6m，承台厚度1.3m，管桩拔除前需放坡开挖并采用镐头机破凿承台，漏出桩头后测定的桩位中心。

因预制管桩桩顶位于原地面以下1.9m，为达到FCEC钻机拔桩施工条件，需埋设钢护筒；钢护筒的轴线并预制管桩同轴线，钢护筒长2~4m，钢护筒平面布置如图9所示，钢护筒埋设施工图如图10所示。根据桩头开挖深度确定埋深，最后采用原状土回填钢护筒四周并压实。

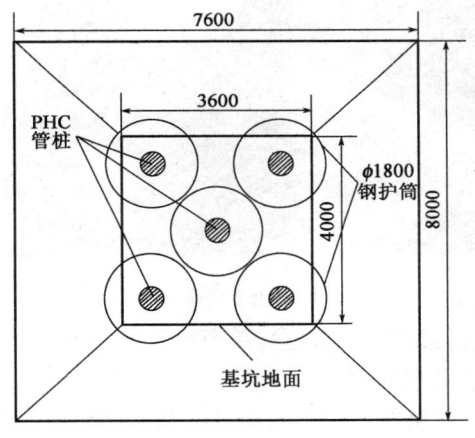

图9　钢护筒平面布置图（尺寸单位：mm）

图10　钢护筒埋设施工图

4）FCEC拔桩机就位

FCEC拔桩机就位前，在钢护筒一侧区域铺设钢板，确保FCEC拔桩机施工过程平稳，利用桩架和水平桅杆适当调整FCEC拔桩机的导杆垂直度。随后利用履带式起重机将第一节钢套管吊至桩位处，提升动力头，打开导杆底部导向架将钢套管固定住，导向架升至动力头处，进行钢套管连接固定，钢套管连接完成后检查套管底口，确保对准管桩桩头，钢套管安装施工如图11所示。

5）旋转沉入钢套管

考虑直径500mm旧桩，打入式预制桩垂直度较差，拔桩时钢套管需与旧桩有一定间隙，同时考虑拔桩预留钢套管在孔内及钢套管内可使用抓斗拔桩，拔桩采用FCEC拔桩机配备φ1200mm钢套管，施工过程中由FCEC拔桩机驱动钢套管快速旋转切割，切削钻进沉入，将桩与四周土体实施分离，减小桩侧摩阻力，钢套筒旋入土体施工图如图12所示。

图 11 FCEC 拔桩机就位安装钢套管

由于钢套管底端镶嵌锯齿状的钛合金刀头,在旋转驱动装置的驱动下,360°快速旋转沉入,即使桩身周边存在其他障碍物,也能一并切割穿透,直至沉入桩底以下 1~2m。

6)管桩拔除

钢套管旋转沉入一定深度后,使桩与四周土体实施分离后,便可以使用履带式起重机将旧桩拔出清除。拔桩时先通过小一号的钢套管(φ760~820mm)送绳器(图 13)将钢丝绳送到桩身部位锁紧,锁桩完成后拔除拔桩钢套管,当钢套管内旧桩已倾斜紧贴钢套管时,需采用抓斗夹住桩顶进行拔桩,为防止拔桩后桩孔塌方,在起拔的过程中,φ1200mm 的钢套管必须保留在孔内。相关准备工作完成后即用履带式起重机起拔。起拔时速度不宜过快,待起拔到一定高度后,为保证安全,实行双点吊将旧桩拔出。拔出的旧桩堆放整齐在不影响拔桩区域。拔桩过程如在地下水作用下出现钢套管内涌砂,需边拔桩边向钢套管内加水稳压,直至水位高度达到稳压不涌砂。

图 12 钢套筒旋入土体施工图　　　　图 13 钢套管送绳器

考虑施工起吊高度及安全考虑,旧桩拔除孔口一定高度后分段截除,单节截除长度根据预制桩单节长度考虑,截桩时需根据预制桩接桩情况确定,电焊焊接采用气割。

为防止漏桩,管桩拔除后应复核桩长,并采用抓斗下放至桩底以下进行二次拔桩,将所有的障碍物进行全部清除,二次拔桩及清理如图 14 所示,拔桩完成后采用测绳对井孔孔深进行复核(图 15)。

图 14 二次拔桩及清理　　　　　　图 15 井孔孔深复核

7) 套管拔除与回填

旧桩拔除后，桩孔必须进行回填。因为后期要进行沉井施工，所以须保障回填料密实，回填宜采用砂水下回填密实。

回填时采用挖机或小型装载机装运砂至空孔，缓慢倒入孔内，砂在水中沉淀至孔内密实，回填完上部第一节钢套管高度后拔除一节钢套管，依次反复直至钢套管全部拔除。

8) 弃桩及渣土外运

废弃的PHC管桩旧桩在拔除后转运至临时破碎场进行集中堆放，场内配置一台镐头机先对废弃的管桩进行破碎处理，管桩内钢筋采用液压钳进行剪切；破碎过程中在破碎场配备一台雾炮机进行降尘，防止扬尘污染。破碎完成后的弃渣由自卸车统一外运处理。

3. 智能化拔桩控制

搭建地下障碍物清理平台，根据地质勘察的成果建立三维地质模型，并将物理探测的成果集成至三维模型，实现在同一平台下地质模型与障碍物模型相融合，实现沉井区域内地下空间的全域可视化；同时将障碍物分类后与清障施工设备关联，统计分析清障工效和数量，确保沉井施工前地层无障碍物或少障碍物。地下障碍物清理平台界面如图16所示，平台具备的功能主要如下：

①可视化查看物探发现的障碍物在地层中的具体位置、深度、形状尺寸，点击障碍物模型可查看其基本性质及原始物探数据，可以辅助施工人员直观地了解何处有何种障碍物需要清理。

②FCEC拔桩机械操作手通过子系统接收指定障碍物清除作业，通过FCEC拔桩机械安装定位设备，指导FCEC拔桩机械到达指定位置，结合平台显示的障碍物模深度及性质信息，指导障碍物清除作业。

③通过设置模型显隐或颜色替换的方式直观地表现障碍物拔桩工作的完成情况，利于管理人员便捷可视化查看，并能通过点击查询该障碍物的清除时间、负责清除的机械及人员，实现溯源，以达到确保地下障碍物拔桩工作精准无遗漏，为后续沉井下沉施工提供保障。

图16 地下障碍物清理平台界面

五、拔桩异常处置措施

1. 桩身倾斜

根据拔桩经验分析，PHC管桩打入时垂直度偏差较大，拔桩时需考虑钢套管旋转沉入碰到管桩，将管桩破碎造成拔桩不彻底，因此在拔桩时需选择合适的钢套管，同时尽可能少地破坏原始土体，根据施工经验，对于500mmPHC管桩，宜采用820~1200mm钢套管最佳。FCEC拔桩机拔桩可用于倾斜桩的拔除，当桩身倾斜时，可倾斜FCEC拔桩机的桩架，将钢套筒倾斜旋入，并进行后续的管桩拔除施工。

2. 管桩断裂、破碎

根据拔桩经验分析，PHC管桩打入时就出现断裂、局部破碎现象，对拔桩时在上部起拔，极易将桩拔断,因此根据拔桩经验,在钢套管将桩周土体分离后,将钢丝绳送至桩底以上2~3m位置锁紧,从底部开始起拔,即使旧桩断裂,也能将旧桩一次性完整拔除;也可采用抓斗夹桩拔除,即使断裂后也可在水下夹桩二次吊拔。

3. 拔桩后地下水上涌

当采用全回转拔桩时,钢套管内必须干作业,当拔桩至地下水位以下时,极易出现管涌现象,造成地面及周边环境严重沉降。而采用FCEC拔桩机拔桩,将钢套管在气雾喷射器的作用下旋转沉入分离桩周土体至桩底以下,在泥浆护壁及高位水压下稳压地下水位将旧桩拔除,防止管涌出现,减少对周边环境的影响。

4. PHC 管桩过于倾斜

若旧桩倾斜,可采用全回转套管机配置钢套管旋转沉入切割旧桩,分节清除,如图17所示。

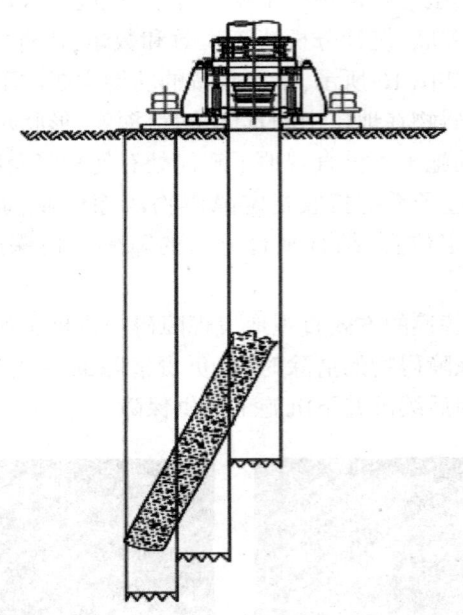

图17 管桩过于倾斜时的处治措施

六、结　语

张靖皋长江大桥北锚碇区域内预制PHC管桩采用FCEC拔桩机进行施工,结合物探勘探技术和智能化清障平台实现了"管桩整根拔除"的施工目标,满足了沉井下沉"无障碍物的"施工要求,经拔桩完成后进行二次物理探测复核,拔桩施工取得良好的施工的效果,在后续施工中对沉井下沉无影响。

参考文献

[1] 张中杰,汤翔,王福林,等.FCEC全回转拔桩技术在越江隧道地下清障中的应用[J].地震工程学报,2015,37(S2):197-200.

[2] 高贤胜.FCEC全回转桩基清障施工技术[J].中小企业管理与科技(上旬刊),2012(4):177-178.

[3] 汪海天.FCEC内螺旋钻外全套管钻机超深桩基清障施工技术[J].建筑施工,2010,32(11):1104-1106.

10. 张靖皋长江大桥北航道桥北锚碇沉井钢壳拼装技术

张志新[1] 菅玉莹[2] 陈柯[3] 才宝山[3] 王为军[3]

(1. 中交一公局集团有限公司;2. 江苏科垣工程技术有限公司;3. 中交世通(重庆)重工有限公司)

摘 要 北航道桥北锚碇沉井钢壳长75.4m、宽70.4m、高8m,矩形井壁内纵横各设5道隔墙,形成36个网格状井孔结构,井壁宽度为2.4m,隔墙宽度为1.5m。井壁和隔墙钢壳为箱形空腔结构,钢壳沉井总重约2978t。钢壳制造时根据制造运输条件合理划分了25种类型79个节段;通过设计专用端口模具和临时支撑,采用智能化焊接技术和虚拟预拼装技术,有效保证钢壳焊接质量及拼装精度。根据大桥专用标准进行工艺质量控制,经检验,钢壳制造质量达到了较高的水平。

关键词 沉井钢壳 拼装精度 测量方法 焊接质量 施工安全

一、工 程 概 况

1. 工程总体概况

张靖皋长江大桥北航道桥北锚碇沉井基础的长和宽分别为75m和70m(第一节沉井长和宽分别为75.4m和70.4m),沉井顶高程为+3.5m,沉井底高程为-53.5m,沉井总高程为57m,共分十一节。第一节为钢壳混凝土结构,高8m;第二节至第十一节均为钢筋混凝土结构。北航道桥北锚碇结构设计如图1所示。

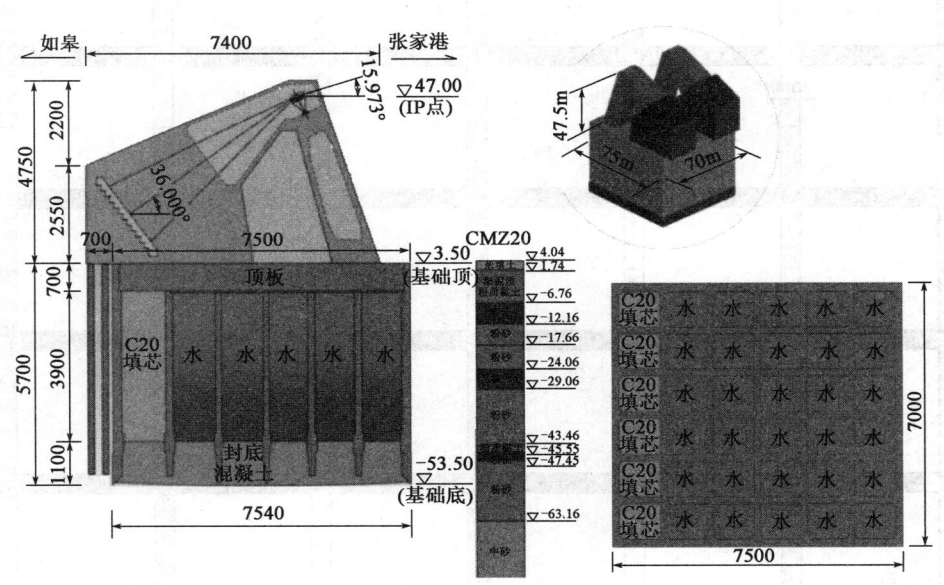

图1 北航道桥北锚碇结构设计图(尺寸单位:cm;高程单位:m)

北锚沉井基础第一节为钢壳混凝土结构。沉井钢壳为矩形布置,长75.4m,宽70.4m,高8m。沉井钢壳由宽度为2.4m的外周单元和宽度为1.5m的纵横连接单元组成,呈田字形结构。沉井钢壳为空腔箱型结构,主要由内外壁板和型钢、板肋骨架组成。沉井钢壳总重约2978t。

2. 钢壳节段划分

钢壳按结构可分为井壁墙(高8m)、分区隔墙(高8m)和普通隔墙(高5.8m)。依据沉井钢壳结构形式共划分为25种类型79个运输、吊装节段,最重节段为A2-2:15040mm×3600mm×8000mm,节段重量为64.4t,具体分段如图2、图3所示。

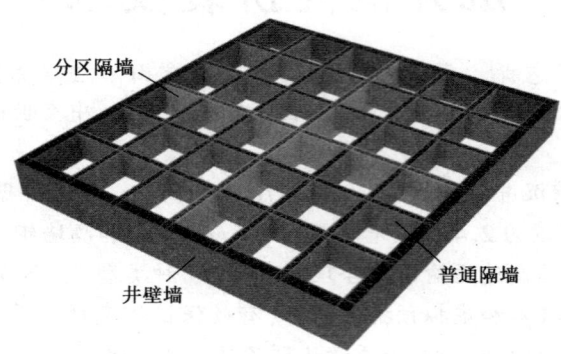

图2 沉井钢壳整体模型示意图

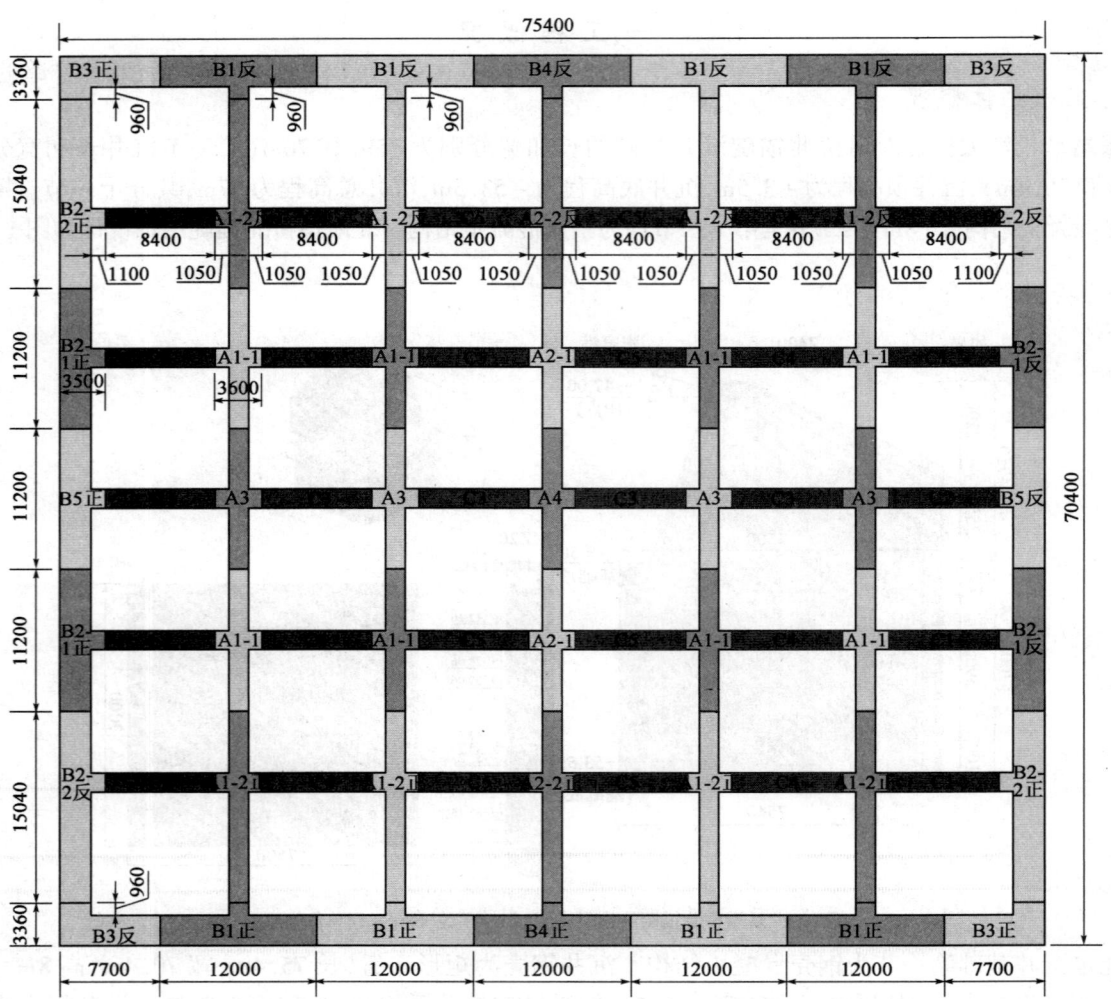

图3 沉井钢壳分段平面示意图(尺寸单位:mm)

二、重难点分析及应对对策

1. 重难点分析

重难点分析如下：

（1）首节段为整个钢壳的定位基准段，自身结构为带刃脚的井壁墙节段，其结构特点无法实现自身稳定，因此首节段吊装施工是重点也是难点。

（2）钢壳安装对基底及垫木平整度要求高，且先安装的节段还可能存在沉降问题，精度控制难度大。

（3）钢壳安装时临时通道及施工平台较多，人员上下基坑进行钢壳节段吊装就位、环口装配及焊接施工存在一定的安全风险，因此对焊接、临边作业等安全防护措施要求较高。

2. 应对措施

针对生产过程中的重点与难点，从以下几个方面进行控制：

（1）钢壳首节段定位，采取全站仪和三维激光扫描的方法相互复核，确保首节段的精确定位；首节段安装时在刃脚下部设置临时支撑架，且在吊装就位经精确调整后，在节段两侧增加斜支撑，以提高首节段的稳定性，待钢壳形成田字形稳定结构后再拆除临时支撑结构。

（2）现场严格控制基底及枕木平整度和高差，通过适当调整相邻节段基底及垫木的高程减小沉降引起的钢壳顶部高差。

（3）现场设置上下钢壳的制式爬梯、进入基坑的标准通道、装配及焊接施工的挂笼、钢壳顶部的临时护栏以及生命线等装配式标准化临时防护措施，保证施工人员的安全。

三、沉井钢壳现场拼装关键技术

1. 钢壳拼装基础处理

1）垫木设置

为消除钢壳拼装时地基的不均匀沉降，在井壁墙及隔墙下设置垫木，根据钢壳节段结构的差异，垫木分为 2 种：井壁墙底部刃脚、分区隔墙底部刃脚下垫放规格为 30cm×25cm×100cm 的垫木；普通隔墙底板下垫放规格为 30cm×25cm×200cm 的垫木。垫木与钢壳、场地接触面宽度均为 30cm。

垫木沿钢壳节段底部宽度方向铺设，施工中严格控制垫木的顶面高程。垫木 1/2 立面布置图如图 4 所示。

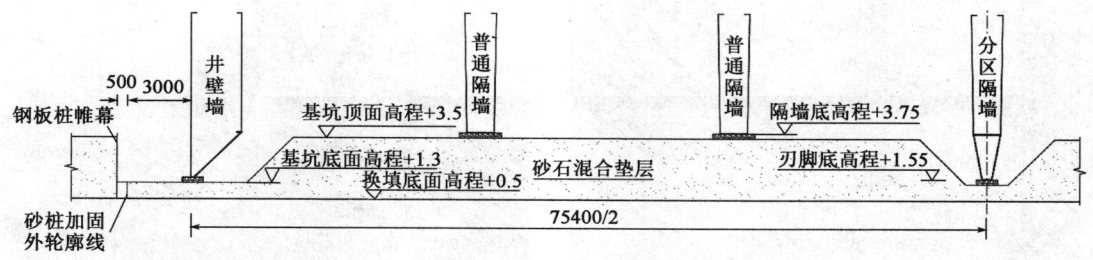

图 4　垫木 1/2 立面布置图（尺寸单位：mm；高程单位：m）

2）铺设垫木施工方法

（1）基础垫层碾压至设计高程，高程复测满足整体平整度要求。

（2）在处理后的基础顶面上，采用全站仪精确的放样出沉井的设计位置，主要控制沉井的轴线点和角点；并在沉井区域外侧放样设置固定的主要轴线定位基准点，用于节段安装时进行定位和复测。然后按照节段安装顺序，逐段开挖井壁墙、分区隔墙下方基槽，与普通隔墙底部形成 2.2m 理论高差，基槽顶面高程+3.5m，底面高程为+1.3m。

（3）开挖后的基槽底面应重新压实并复测高程，确保满足平整度要求。然后重新放样出沉井钢壳的定位轮廓线、轴线和垫木位置，再进行垫木铺设。垫木铺设完成后，利用水准仪检验整体高程并进行微调。垫木顶面高程允许误差 3mm，相邻垫木高差控制在 2mm 以内。

3）垫木间填砂方法及防水措施

（1）铺设垫木后，除钢壳分段接口处预留施工空间外，其余垫木之间均进行填砂处理。填砂范围如图 5 所示。

（2）填砂需用平板式振动器夯实，顶面用 2m 直尺刮平，平整度 1mm。填砂高程控制标准与垫木相同，使填砂层协同垫木一起受力。

（3）为防止雨水冲刷，在填砂外露 30cm 宽顶面加设 80cm 防水布，钢壳外用胶带粘牢。隔墙和刃脚两侧的填砂均加盖防水布，如图 6 所示。

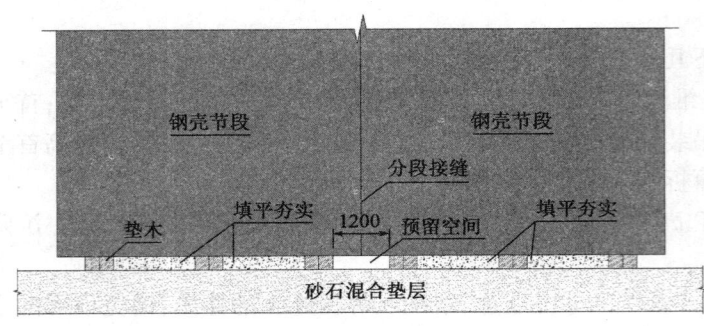
图 5　填砂范围示意图（尺寸单位：mm）

图 6　防水措施

（4）施工期间及时关注天气情况，雨天施工时沿基槽底部挖设 50cm×50cm 集水槽，有积水时采用抽水泵及时抽出。

2. 钢壳节段翻转竖立

节段安装前需要用履带式起重机将节段吊运至安装区域附近，将节段放置在砂垫层上，割除下侧翻转吊耳，并将吊耳区域打磨平整后进行翻转竖立工作，履带式起重机吊钩缓慢下放通过卸扣将节段上侧四个吊耳与卸扣连接，缓慢提升吊钩，使节段上侧缓慢抬起，以下侧刃脚为轴缓慢转动，直至节段完全竖立离开地面，履带式起重机转动大臂将节段吊装至预定位置，钢壳节段翻转竖立如图 7 所示。

图 7　节段翻转竖立

3. 首节段固定

1）设置刃脚临时支撑

沉井钢壳首次吊装的 B3 正、B2-2 正、B1 反井壁墙节段底部为刃脚，钢壳节段不能自稳定，为防止节段偏斜，保证其安装位置精确度，刃脚下部设置临时支撑，在现场与节段焊接成整体后一同吊装，待形成第 1 个田字形稳定结构后拆除支撑架，临时支撑架如图 8 所示。

2）设置斜支撑

为确保首节段钢壳就位后整体稳定性，在安装 B3 正、B2-2 正、B1 反节段时设置斜支撑，作为抗风的稳定性支撑，斜支撑布置在节段两侧，由 $\phi273\text{mm} \times 10\text{mm}$ 钢管与 $H250\text{mm} \times 125\text{mm} \times 6\text{mm} \times 9\text{mm}$ 型钢组成，与节段进行焊接固定。在形成第 1 个田字形稳定结构后拆除，临时斜支撑如图 9 所示。

图 8　临时支撑架

图 9　临时斜支撑

4. 角点起步对角合龙的安装技术

沉井钢壳分为 79 个节段，首先吊装角点节段 B3 正，进行纵、横、高度方向定位调整，临时固定，以此节段作为定位基准段，再按对角线扩展的顺序吊装定位其他节段，形成"口"字形封闭结构，沿其两边呈 90°扩展，再形成"田"字形封闭结构，依次类推在对角位置合龙。具体顺序及步骤如图 10 所示。

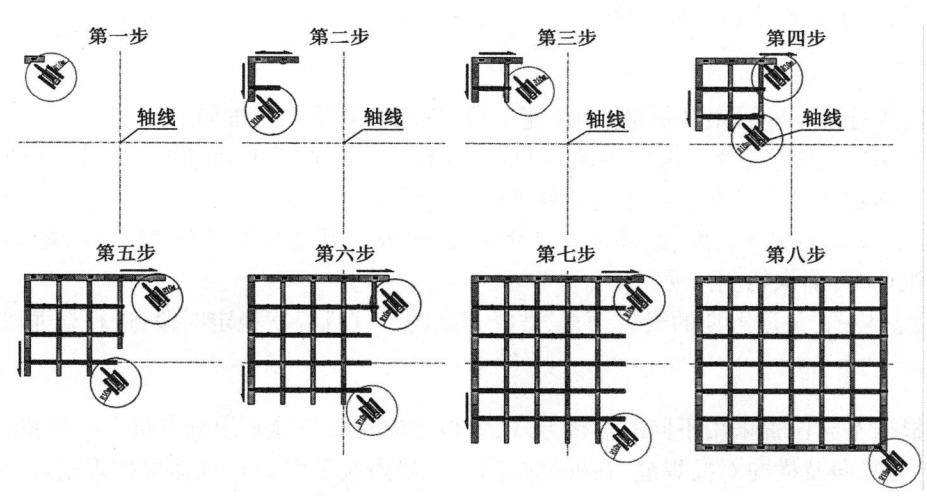

图 10　总体吊装顺序示意图

步骤一：按要求完成测量放样、基槽开挖、压实、复测、铺设垫木工作，满足施工要求后，履带式起重机就位。

步骤二：采用全站仪复测沉井钢壳定位线以及下方垫木的平面位置及高程满足要求后，吊装现场最东侧钢壳首节段 B3 正，采用 1 台 150t 履带式起重机将节段从存放场地吊运至吊装位置，翻转竖立后再进行吊装就位。

采用全站仪复测就位钢壳节段的外轮廓线、角点、平面位置、高程、垂直度、扭转度等，根据测量结果采用千斤顶进行微调精确定位，首节段精确定位后，在壁板外侧设置斜支撑作为抗风的稳定性支撑，并以此为基准段，依次吊装 B2-2 正、B1 反钢壳节段，形成 L 形结构，并利用挂笼进行节段间焊缝的焊接。

步骤三：依次吊装 C1、A1-2 反等节段，并进行节段间焊缝焊接，形成第 1 个田字形稳定结构。同时，重复步骤一进行基槽开挖、垫木铺设工作。

步骤四：重复之前施工步骤，直至完成全部节段安装。最后一个节段为合龙段，吊装施工前，先进行沉井钢壳整体测量，根据测量结果对合龙段进行配切，配切后完成后进行钢壳安装。

钢壳按照角点起步对角合龙的顺序进行安装，对角安装的施工顺序可将施工误差逐步消化，并归于角点合龙段位置，只需在合龙段预留配切量即可保证钢壳总体拼装精度，且角点起步对角合龙的拼装顺序保证了钢壳横、纵向轴线定位精度，可通过节段实际拼装情况反向复核轴线定位是否准确。若采用从钢壳中心向四周进行拼装，会产生多个合龙段，拼装精度控制困难。

5. 节段精确定位

节段精确定位要求如下：

（1）根据节段吊装时的结构形式和节段重量，计算重心位置，在各节段壁板处合理布置吊耳。根据现场吊装工况，选择合适的吊装钢丝绳和卸扣，并确定吊钩两端钢丝绳的长度。

（2）节段置于垫木上后，由测量人员对节段平面位置及垂直度进行复测。若已安装到位，则吊机缓慢松钩，卸载一半的力，然后组织焊接工人将节段与相邻节段进行临时固定。若节段平面偏位较大，则吊机起钩重新对位，节段下部由工人拉溜绳配合节段就位，直至节段安装到位。

（3）节段吊装时若偏位较小，在底部设置千斤顶进行竖直方向的微调纠偏；同时在环板位置壁板外侧焊接定位导向板进行水平方向安装定位，码板临时定位焊接后即可拆除定位导向板。

（4）在节段安装对位过程中，下方要拉紧溜绳，现场指挥时刻注意节段吊装情况，避免节段与垫木发生磕碰。如果吊装对位时出现碰撞引起垫木偏移、顶面不平的情况，应起吊节段，对垫木进行重新处理并复测平整度，满足要求后再进行节段安装。

6. 节段合龙

钢壳合龙段为施工作业区最西侧端头 B3 正节段，现场合龙施工应按如下要求：

（1）对沉井钢壳要进行连续的定期观测，包括平面位置、高程、垂直度、扭转度等。对所观测的数据进行统计、分析，确定沉井钢壳在不同环境条件下的变位情况及规律。

（2）测量出合龙段的实际长度、细部零件尺寸位置等，根据测量结果对合龙段进行配切，合龙段配切采用磁力切割机切割，确保切割面质量。

（3）合龙段安装前，关注近期的天气预报，选择合适的天气且温度稳定时段，进行合龙段安装。

7. 焊接

现场焊缝根据不同位置采用不同的焊接方式，壁板竖向对接焊缝采用全方位自动焊机在结构外侧进行施焊；刃脚板处竖向及横向对接焊缝，在外侧贴陶瓷衬垫内侧采用 CO_2 气体保护焊施焊，确保焊接质量满足设计要求。

1）现场焊缝焊接顺序

根据沉井钢壳接头结构特点，依次焊接踏面板对接焊缝→刃脚板对接焊缝→环板对接焊缝→两侧壁板对接焊缝。

2）工地焊接防护措施

由于焊接环境要求，遇有雨天时一般停止施工，若因进度要求需赶工时，除需局部加热和防风外，整条焊缝需置于有效的防风雨棚保护下才能施工。现场壁板立焊缝焊接时，在挂笼外侧搭设磁吸式挡风条进行防护，如图 11 所示。

3）自动化焊接技术

钢壳采用全方位自动焊机进行立缝焊接，严格按照焊接工艺评定制定的参数进行施焊，降低焊接变形，全方位自动焊机调试、使用如图 12 所示。

图11 挂笼磁吸式防风罩　　　　　图12 全方位自动焊机调试、使用

8.装配式标准化临时结构

1）施工挂笼

沉井钢壳施工挂笼设置在壁板外侧节段焊缝处，用于壁板立焊缝的焊接及防护。挂笼分为7.7m、5.5m两种高度规格，分别适用于井壁墙和分区隔墙节段、普通隔墙节段。挂笼外侧间隔30cm设置横杆作为上下通道踏步；水平位置设置平台板，与钢壳壁板之间留出焊接小车作业空间，且平台板为活动式可拆卸的构件，用于工人作业时放置机具设备。

2）施工爬梯

沉井钢壳施工爬梯设置在壁板内侧，用于工人进入节段内部作业，主要完成刃脚部位及环板部位焊缝的焊接。爬梯分为7.2m、5.2m两种高度规格，分别用于井壁墙和分区隔墙节段、普通隔墙节段，钢壳施工爬梯。

3）制式笼梯及标准通道

施工人员上下钢壳顶面采用制式笼梯，笼梯高度与钢壳高度一致，笼梯采用全封闭式结构，保证施工人员上下安全。

人员进入基坑时采用标准安全通道，且安全通道可根据施工进度拆除和移动。制式笼梯及标准通道如图13所示。

图13 制式笼梯及标准通道

4）临边护栏及生命线设置

节段环口焊接之前安装临时护栏，护栏由$\phi 48 \times 2.7$mm钢管搭设而成，护栏由上下两道横杆及立杆组成，上横杆距环板高度不低于1.2m，下横杆距环板高度不低于0.6m，立杆间距不大于2m，立杆与紧固板进行焊接，通过紧固板与钢壳顶层环板进行机械连接，临时护栏根据焊接接口位置进行搭设，焊接完成后即可拆除临时护栏。生命线由装配式立柱和钢丝绳组成，立柱与首层环板机械连接，钢丝绳带有收紧装置，将立柱与首层环板固定后收紧钢丝绳，施工人员在钢壳上面施工时可将安全带与生命线连接。临边护栏及机械式生命线如图14所示。

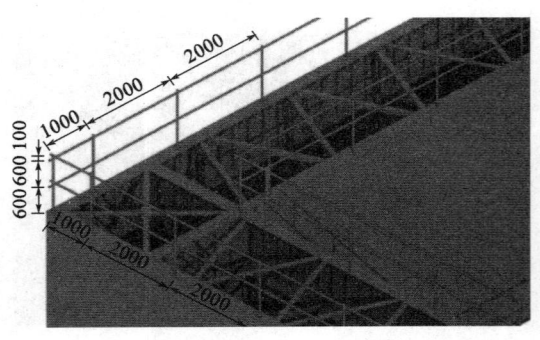 

图 14 临边护栏及机械式生命线（尺寸单位：mm）

9. 多级轴线对中法测量控制技术

钢壳节段现场拼装时，利用多级轴线对中法进行测量控制，即利用钢壳节段出厂前标识的节段轴线与现场测量放样出的拼装轴线相对应，保证各级轴线均出于同一基准点，避免放样偏差。

1) 测量准备

沿用现场现有基准点（图 15），利用现有坐标系，在沉井区域外侧放样设置固定的控制主要轴线定位的基准点，用于节段安装时进行定位和复测，同时考虑到土体的不稳定性，每半个月对控制点进行复核。

2) 钢壳拼装测量

(1) 基槽开挖前先进行基槽边线初步放样，确定开挖位置。基槽开挖后对垫层进行夯实，并进行基槽底部高程复测。铺设垫木后复测垫木顶面高程，垫木顶面高程允许误差 3mm，相邻垫木高差控制在 2mm 以内，然后刮平砂垫层，使砂垫层与垫木顶部平面保持平齐，确保钢壳安装时不产生局部悬空。

(2) 采用全站仪三维坐标法在垫木及换填层顶面放样出沉井刃脚轮廓线，以及中隔墙轴线，并在刃脚轮廓线外侧增加一条平行于轮廓线的检测线，中隔墙轴线两侧各增加一条平行于轴线的检测线，用于复核钢壳节段安装位置。

(3) 在首节段吊装时，上口采用吊线坠的方法定位，保证外井壁垂直。临时就位固定后，采用全站仪对壁板外侧的竖向样冲眼点进行复测，检验钢壳节段竖向是否有扭转；测量壁板外侧下方横向样冲眼点检查节段高程；同时复测节段顶部预设的轴线定位基准点检查轴线偏位，为方便定位复测，各类定位点区域均刷涂油漆做明显的定位标记。根据测量结果，通过千斤顶、缆风绳对节段进行微调，满足设计要求后方可进行下个节段的吊装（图 16）。

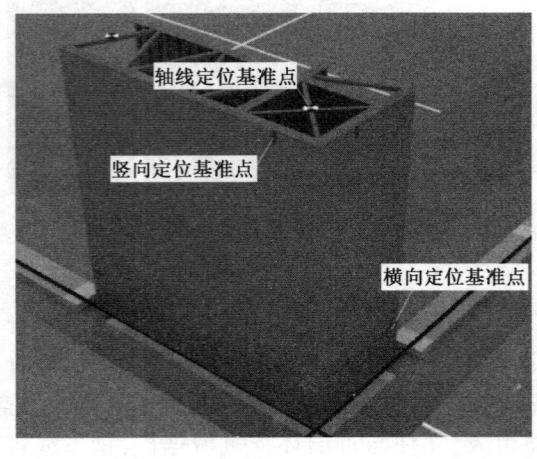 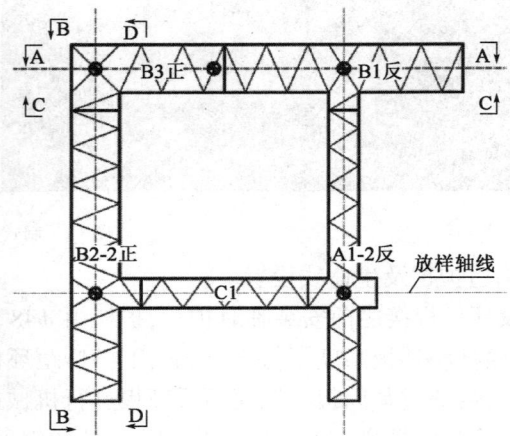

图 15 节段拼装控制点示意图　　图 16 节段拼装测量点平面示意图

(4) 后续节段吊装前，对已就位节段的轴线和高程进行复核，轴线偏差不大于 5mm，高程偏差不大于 2mm。后续节段吊装时，井壁墙节段刃脚外侧对准垫木上放样好的轮廓线，分区隔墙、普通隔墙节段底口对准垫木上放样好的轴线。每吊装就位1个节段后,先检查行水平方向定位是否有偏差,再检查节段是否有扭转,同时复测是否有轴线偏位。

沉井钢壳节段在安装过程中要持续观测钢壳平面位置、高程、垂直度、扭转度等对所观测的数据进行统计、分析,确定沉井钢壳在不同环境条件下的变位情况及规律。最终准确微调至设计位置。

四、结　语

张靖皋长江大桥北航道桥北锚碇沉井钢壳结构复杂、自身刚性弱,安装精度要求高,安全风险大。现场施工时采用了枕木与垫层联合受力的方式,既改善了钢壳拼装时的受力状态,又降低了后续枕木抽出的难度;通过分级轴线对中法提前布设节段拼装轴线及测量基准点,在接口位置设置定位工装,提高了定位节段拼装精度;采用虚拟预拼装与全站仪相互复核的方式消除了测量误差;通过对存放支墩位置、临时吊耳、临时支撑等结构进行详细设计,保证了拼接质量;通过制式爬梯、标准通道和护栏以及机械式生命线等针对性安全措施,防范了人员作业和起重作业安全风险。根据现场实际拼装结果可知,钢壳边长最大尺寸偏差为6mm,最大对角线偏差为8mm,平面扭转角为0.0031°,远远小于设计及规范要求边长±20mm,对角线偏差±30mm,平面扭转角≤0.5°的标准。沉井钢壳拼装焊缝无损检测自检一次合格率均在99.5%以上,最终合格率均为100%,满足设计及规范要求。

沉井钢壳安装通过精细化控制、数智化管理、标准化施工使钢壳现场拼装质量达到了较高的水平,实现了安全、质量和工期目标,为今后大型薄壁钢结构的安装施工积累了宝贵的经验。

参考文献

[1] 蒋能世,许国亮,冯斌,等.南京长江第四大桥北锚碇沉井钢壳制作及拼装技术[J].公路,2010(6):16-19.
[2] 彭武,林帆,赵强,等.超大型薄壁沉井钢壳加工和精度控制[J].中国工程科学,2010,12(4):21-24.
[3] 喻胜强,周立波,张庆伟,等.兴联路大通道项目跨湘江主桥哑铃型双壁钢围堰加工制作技术研究[J].工程技术研究,2023,8(11):93-95.
[4] 李义明.铁路大桥大型双壁钢围堰施工技术探析[J].中国新技术新产品,2022(14):113-115.
[5] 中华人民共和国交通运输部.公路桥涵施工技术规范:JTG/T 3650—2020[S].北京:人民交通出版社股份有限公司,2020.
[6] 中华人民共和国交通运输部.公路钢结构桥梁制造和安装施工规范:JTG/T 3651—2022[S].北京:人民交通出版社股份有限公司,2022.

11. 张靖皋长江大桥北航道桥北锚碇沉井钢壳制造技术

陈　柯[1]　王东伟[2]　王为军[1]　张志新[2]　杨晓明[1]
(1.中交世通(重庆)重工有限公司;2.中交一公局集团有限公司)

摘　要　北航道桥北锚碇沉井钢壳长75.4m、宽70.4m、高8m,矩形井壁内纵横各设5道隔墙,形成36个网格状井孔结构。钢壳制造时根据制造运输条件合理划分了25种类型79个节段;钢壳节段制造通过采用智能数控激光切割机、自动无码装配机、多头龙门式埋弧焊机、三维激光扫描与焊接群控技术等多种智能化设备,保证节段制造质量;设计专用端口模具和临时支撑控制节段接口的精度。根据大桥专用标准进行工艺质量控制,钢壳制造质量达到了较高的水平。

关键词 沉井钢壳 制造关键技术 精度控制 焊接质量 虚拟预拼装

一、引　言

随着国家及城市交通发展需求,跨江跨河桥梁建造日益增多,特大型沉井因其埋深大、整体性强、结构刚度大、稳定性好、承载及抗变形能力强、施工设备简单等优点被更多应用在桥墩、锚碇基础中。在钢壁-混凝土沉井结构中,底节钢壳是沉井基础的最底端部位,也是后续施工的基准,不仅可以作为混凝土浇筑模板使用,也可以提高结构刚度,在沉井下沉过程中保护内部混凝土不受损伤及破坏。本文针对当前全国公路桥梁领域陆地最大沉井基础——张靖皋大桥北航道桥北锚碇基础沉井钢壳加工制造技术进行阐述,旨在为后续类似工程提供参考和借鉴。

二、项目简介

1. 工程总体概况

张靖皋长江大桥工程位于江阴长江公路大桥下游约28km处,沪苏通长江公铁大桥上游约16km处,路线横跨江苏省张家港、如皋及靖江三市。路线全长约29.849km,分跨江段大桥、北接线、南接线三部分。

跨江段大桥全长7859m,设有2座航道桥,北航道桥跨越如皋中汊福北水道,采用主跨1208m单跨吊悬索桥。其中,北航道桥北锚碇沉井基础的长和宽分别为75m和70m,沉井总高57m,共分11节。第一节为钢壳混凝土结构。沉井钢壳为矩形布置,长75.4m,宽70.4m,高8m。沉井钢壳由宽度为2.4m的外周单元和宽度为1.5m的纵横连接单元组成,呈田字形结构。沉井钢壳为空腔箱形结构,主要由内外壁板和型钢、板肋骨架组成。沉井钢壳总重约2978t。北航道桥北锚碇结构设计如图1所示。

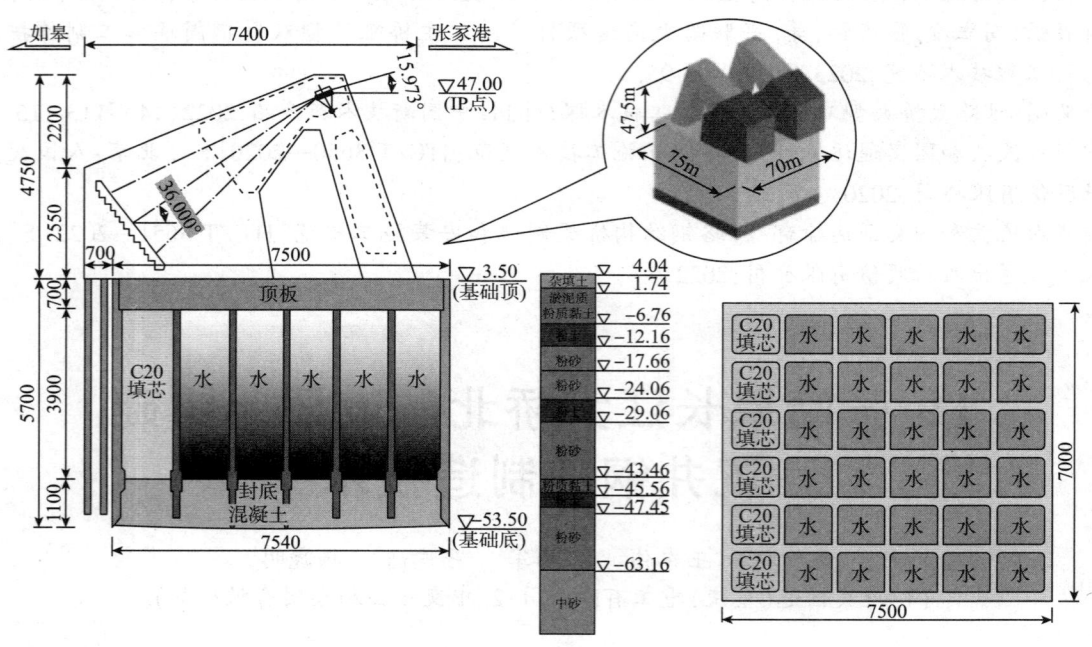

图1 北航道桥北锚碇结构设计图(尺寸单位:cm;高程单位:m)

2. 钢壳主要构造及制作分段

钢壳按结构分为井壁墙(高8m)、分区隔墙(高8m)、普通隔墙(高5.8m)三种类型,结构划分如图2所示。

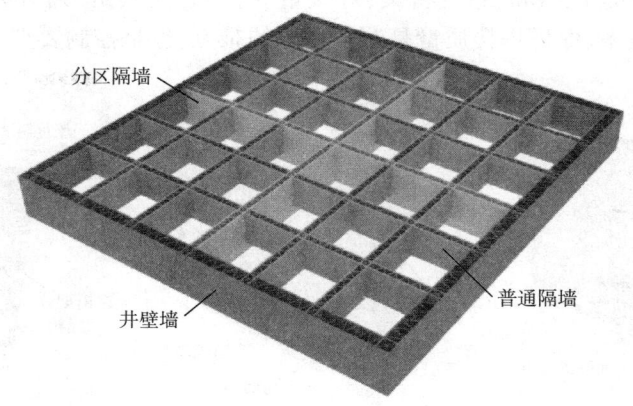

图 2 沉井钢壳整体模型示意图

依据沉井钢壳结构形式为尽量减少现场拼接结合运输条件合理划分了 25 种类型 79 个节段其中最重节段为 A2-2：15040mm×3600mm×8000mm，最大节段重量为 64.4t，具体分段如图 3 所示。

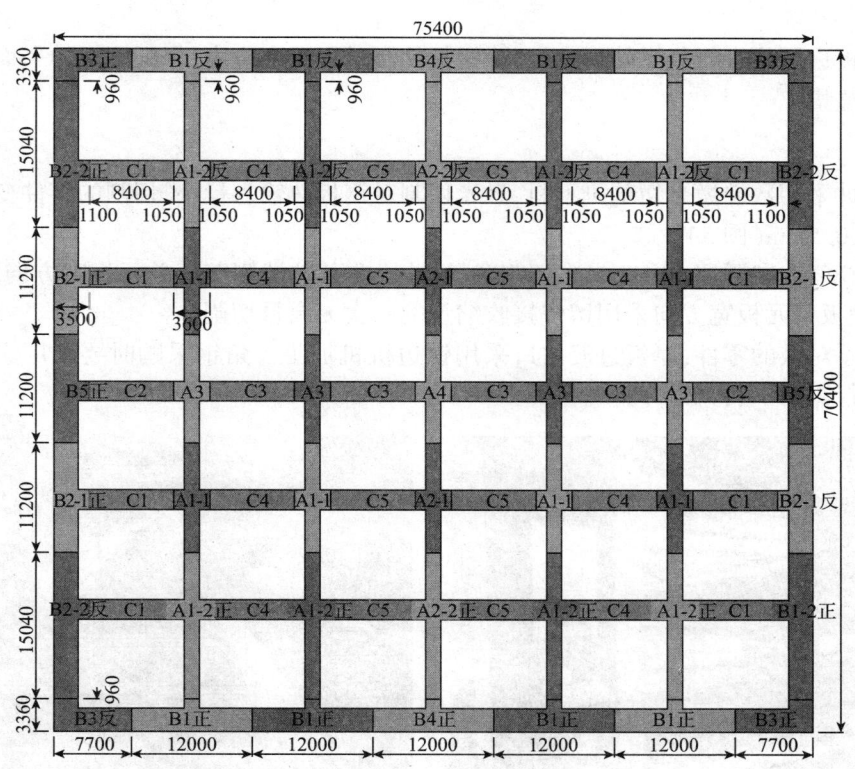

图 3 沉井钢壳分段平面示意图（尺寸单位：mm）

每个节段由单元件组成，单元件分为壁板单元、内隔仓单元（分为井壁墙内隔仓单元、隔墙内隔仓单元）、桁架式横撑单元、普通隔墙接头单元、刃角单元、隔墙底板单元。

三、钢壳制作技术难点及控制要点

钢壳制作技术难点及控制要点如下：

（1）钢壳结构为空间结构（图 4），较为复杂，钢壳隔墙内部结构无整体式横撑，整个框架结构由角钢支撑，整体结构刚度较弱，且制造节段体积大，在制作、转运、存放过程均易产生变形，线型精度控制是制造过程的难点也是控制要点。

（2）钢壳钢板较薄，单元件加劲肋布置密集，焊接量大；钢壳尤其是刃脚部分内部空间狭小，焊缝质量要求高，如何提高焊接效率、保证焊接质量是制造过程的难点，也是控制要点。

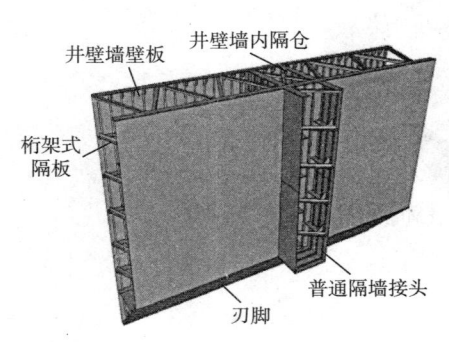
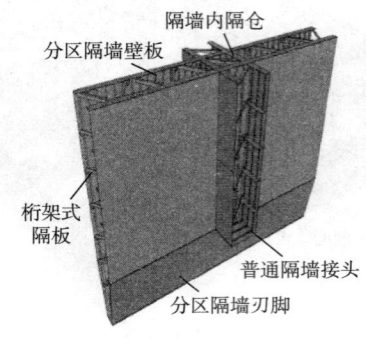
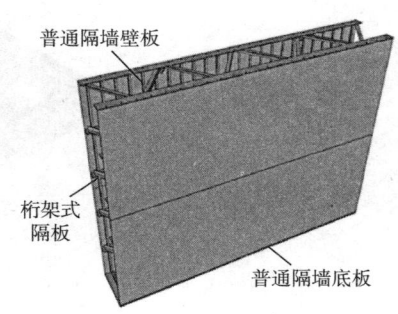

图 4　钢壳节段结构划分示意图

四、钢壳制造关键技术

1. 钢板赶平处理

钢壳所用钢板进厂须进行赶平处理，以消除钢板轧制过程残余应力，保证钢板的平面度符合要求，亦可减少焊后的修整量。

2. 下料

所有板材零件采用数控激光切割机下料，激光切割对钢板热输入量小，切割的零件变形量小；下料精度高，偏差仅为±0.5mm（图5）。

壁板在钢壳高度方向预留30mm二次切割余量，节段非基准端侧壁板单元板宽方向预留30mm二次切割余量，其他壁板单元板宽方向采用留焊接收缩量的一次无余量切割。

对于有不等厚对接的零件，厚板过渡坡口采用铣边机机加工。角钢采购时要求厂家进行调直处理，角钢采用锯床进行锯切下料（图6）。

图 5　智能数控激光切割、划线、打码一体机　　　图 6　型材下料及加工示意图

3. 板单元组装

板单元划线组装应在平台上进行。壁板上精确划出纵横基准线，并打样冲做标记，作为后续节段组装及预拼装时的定位基准，减少各工序制造误差。

板单元的划线分两次进行，先粗划线找到焊道位置，焊道打磨完成后精确划线，按线组装各零件。划线后在专用无码组装平台上采用自动无码组装定位机进行角钢加劲的定位组装（图7），保证角钢组装定位质量（图8）。

图7 无码装配机　　　　　　　　　　　图8 板单元组装

4. 板单元焊接变形控制

板单元的焊接采用多头龙门式埋弧焊机在专用反变形翻转胎架上进行,通过设置反变形量及对多条焊缝进行同步、同向焊接,有效控制板单元变形(图9)。

对于焊后板单元平面度不满足要求的采用焊后矫正(图10)。选择有经验的火工矫正人员对板单元进行矫正。矫正严格按工艺及规范要求控制加热温度和时间,防止过烧影响钢板力学性能。

图9 板单元反变形焊接　　　　　　　　图10 板单元焊后矫正

5. 节段精度控制

节段组装与预拼装拼胎架胎由型钢搭设而成,有足够的强度与刚度,以保证钢沉井的块体组焊时不产生变形。胎架设置纵、横向基准线。胎架基准线仅用于节段制造过程中结构的初步定位,结构的精确定位则依据节段两端的标志塔配合经纬仪或全站仪进行。

胎架搭设完成后根据胎架地样线进行壁板单元上胎(图11),即通过将节段的纵横基线与胎架地样线对齐的方式进行壁板单元粗定位,然后用全站仪复核壁板单元平面位置、高程等对壁板单元进行精确调整,壁板定位完成后与胎架牙板临时连接固定,按线组装桁架隔板、隔仓、刃脚以及上侧壁板等单元,复核组装尺寸后按焊接工艺进行单元件焊缝的焊接。

钢壳节段拼装过程中刃脚部分装配精度控制难度大(图12),常规的测量控制方法难以快速、高效地完成测量检验工作,故针对不同位置刃脚断面设计了检测模板,检测时只需将模板贴靠在刃脚接口上,即可快速反应出刃脚装配尺寸是否有误,以及如何进行调整,如图13、图14所示。

6. 三维激光扫描技术与虚拟预拼装

1) 三维激光扫描

钢壳节段为全焊结构,节段焊接工作量较大,由此产生的焊接变形与收缩也不容忽视,且节段制作过程中也会产生累计误差,使钢壳节段实际尺寸与设计尺寸存在一定差异,故在节段制作过程中根据施工经验加入了焊接收缩量和二次配切量,需要在出厂前对其进行配切修正。常规的钢尺和全站仪测量方法测量效率低下,且测量误差较大,故本项目采用三维激光扫描技术对制作完成的钢壳节段进行扫描。扫描完成后在模型空间建立高精度三维点云模型,在模型上对钢壳节段进行三维切片和拟合分析,对钢壳节段的长、宽、高、平整度、垂直度等信息与设计理论参数进行对比,计算出实际配切量,指导厂内施工。三维激光扫描点云模型如图15所示。

图11 总拼胎架搭设

图12 节段总拼

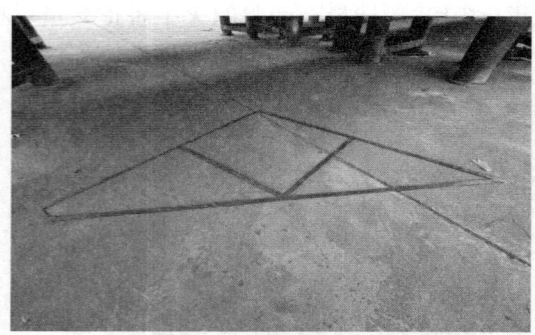

图13 节段端口检查模板

图14 节段端口尺寸检查

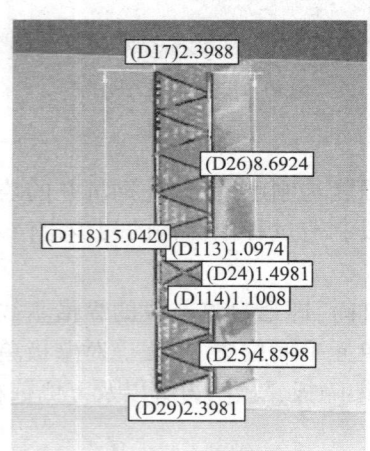

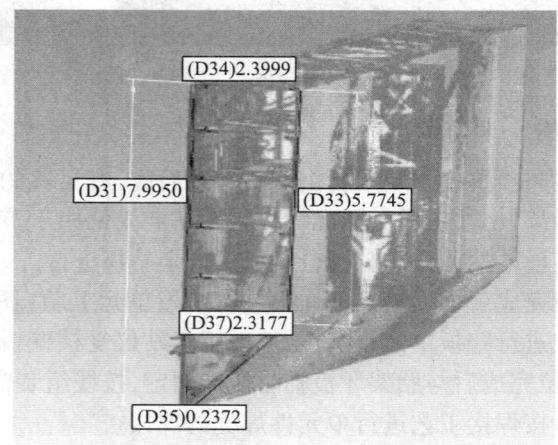

图15 三维扫描模型图

将模型切片结果与设计尺寸相对比,不仅能检测该节段各项尺寸偏差是否满足设计要求,另一方面能在长度方向上给出配切量,指导配切施工。扫描数据与设计数据对比见表1。

扫描数据与设计数据对比　　　　　　　　　　　　　表1

数据编号	检测值(mm)	设计值(mm)	差值/允许偏差(mm)	配切量(mm)
D118	15042.0	15034	+8.0	8.0
D24	1498.1	1500	-1.9/±3	—

续上表

数据编号	检测值(mm)	设计值(mm)	差值/允许偏差(mm)	配切量(mm)
D25	4859.8	4847	+12.8	12.8
D26	8692.4	8687	+5.4	5.4
D113	1097.4	1100	-2.6/±3	—
D114	1100.8	1100	+0.8/±3	—
D17	2398.8	2400	-1.2/±3	—
D29	2398.1	2400	-1.9/±3	—
D31	7995.0	7992	+3.0/±5	—
D33	5774.5	5774	+0.5/±5	—
D34	2399.9	2400	-0.1/±3	—
D35	237.2	240	-2.8/±3	—

根据以上数据对比分析可知,图 11 截面中,矩形截面出现偏差近似为等腰梯形截面。需对长度方向上 D118、D25、D26 对应边进行修整配切,配切量分别为 8mm、12.8mm、5.4mm。

2) 虚拟预拼装

钢壳节段之间具有较强的空间关联性,T 形及十字形节段存在多个接口,对每个接口方向均进行实体预拼装,对场地面积要求高,工作量大,实施起来较困难。因此,为了保证现场节段接口匹配精度,在钢壳节段出厂前需对未参与实体拼装的节段进行虚拟预拼装。虚拟预拼装是将三维激光扫描得出的点云模型在模型空间按节段纵横轴线及高程进行虚拟预拼装,从拼装后的接口切片数据对节段接口进行拟合微调,现场安装时按照虚拟预拼装结果进行节段的安装匹配,保证钢壳节段的安装精度,如图 16 所示。

图 16 虚拟预拼装模型图(截图)

7. 钢壳焊接质量控制

根据本工程的结构特点及焊接质量要求,编制全面、合理的焊接工艺评定试验方案。制定焊接工艺方案的基本原则是:在保证焊接质量的前提下,尽量采用焊接变形小和焊缝收缩量小的焊接工艺;大量采用自动化、智能化的焊接技术以保证焊接质量和提高生产效率。

1) 智能化焊接技术应用

壁板单元采用多头龙门式埋弧焊机在专用船位反变形翻转胎架上进行(图 17),不仅能大幅提高板单元焊接效率,还能保证焊接质量。

横撑等单元件采用龙门式智能焊接机器人(图 18),焊接机器人可实现远程操控及一人多机操控,通过构件模型驱动获取焊缝信息,三维激光扫描自动纠偏,实现焊缝自动焊接。

节段制作时,在拼装场地采用小型焊接设备进行焊接,设备相对分散,焊接作业面多,为规范焊接工艺,确保焊接质量,采用焊接群控系统进行焊接工艺管理。焊接群控技术是一种将人工智能和互联网技术应用于焊接生产管理的技术。通过智能焊接云管理系统与安装在焊机上的智能物联网模块进行连接(图 19),将焊接过程中的各项焊接数据反馈到智能焊接云管理系统进行统计分析(图 20)。

图17 板单元龙门焊接专机

图18 龙门式智能机器人焊接板单元

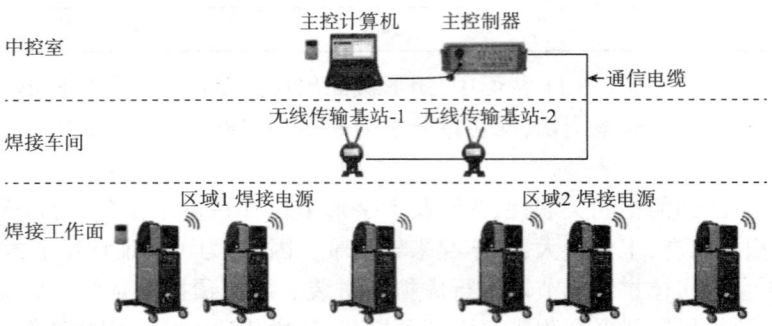
图19 焊接群控系统网络图

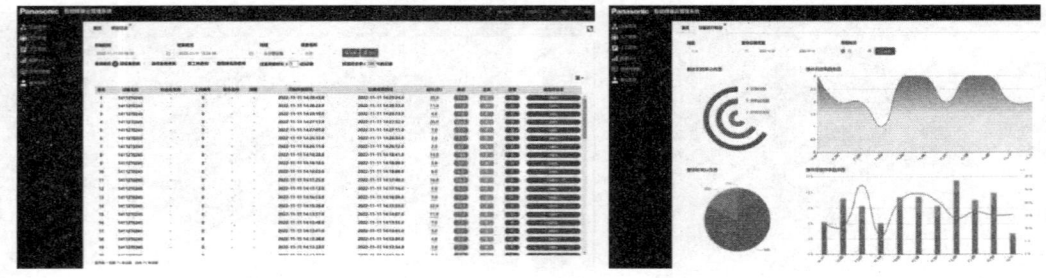
图20 焊接记录及数据自动分析（截图）

在沉井钢壳节段制造过程中，通过智能焊接群控技术的应用，将"工艺要求、焊接参数、设备状态"等质量参数与现场"人员、设备、材料、能耗"等管理信息相结合，进行关键流程焊接过程的实时集中监控，达到了"焊机参数预控、焊接过程监测、焊后质量追溯、设备预警维护"的效果，实现了"焊机焊接时间、工人生产效率、焊材消耗、能源消耗、焊机维护"等数据的统计积累与分析。从而保证了焊接过程规范化施工，减少了人为因素对施焊作业的影响，保证了产品质量，实现了焊接管理精细化、科学化的目标。

2）合理的翻身工艺

针对节段结构特点、焊接接头形式及焊接要求，部分焊缝需将节段翻身后进行焊接（图21、图22），将桁片单元与壁板单元焊接由仰焊变为平焊；同时针对刃脚内空间狭小，刃脚底板与刃脚斜壁板焊接质量要求高的问题，可通过调整刃脚斜底板坡口方向和形式，节段翻身后将刃脚施焊作业由内部转为外部，采用单面焊双面成型工艺，有效保证焊缝的质量。

8. 成品节段变形控制

由于钢壳节段壁板较薄且整体刚性较弱，故需节段下胎、翻身、转运及存放过程中合理设置吊点与支垫，避免在下胎、翻身、转运及存放过程中钢壳由于局部应力过大导致钢壳局部产生变形。

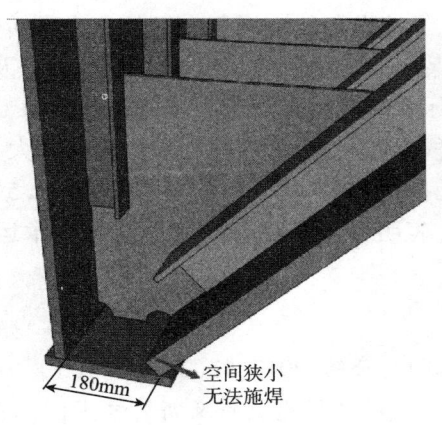

图 21 节段翻身前施焊示意图

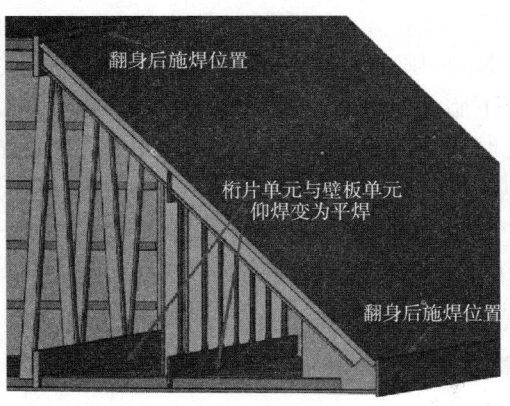

图 22 节段翻身后施焊示意图

1）节段临时吊点设置

沉井钢壳节段分为 25 种类型，各种类型的节段对吊点的布置有不同的要求。吊点设置不仅要考虑节段重心位置，使节段起吊时安全平稳，还应考虑起吊时节段受力情况，针对钢壳壁板较薄、整体刚性弱的特点进行针对性设计验算，并针对性设置加固措施，保证吊装安全且不会造成钢壳局部或整体变形，如图 23、图 24 所示。

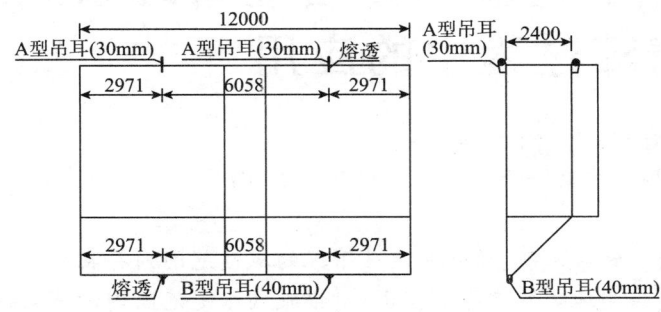

图 23 临时吊点布置图（尺寸单位：mm）　　图 24 节段下胎吊点设计

2）节段转运及存放支垫布置

钢壳节段采用动力模块车进行转运，由于模块车车身宽度有限，不利于支垫布置，且有较大的悬臂，若节段运输及存放过程支垫位置布置不当易造成节段变形，影响钢壳整体精度（图 25）。钢壳支垫时尽量将垫块及支墩支垫在环板和横撑下方（图 26），通过建模计算优化支垫位置，保证节段运输及存放时不产生塑性变形。

图 25 节段转运示意图

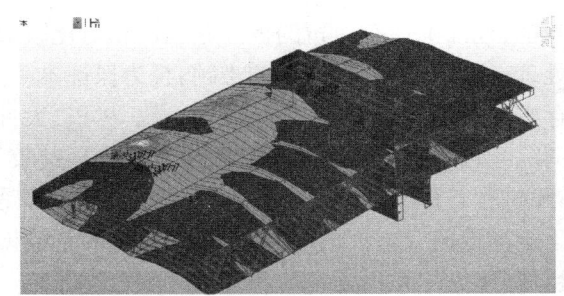

图 26 节段存放支垫设计

五、结　语

北航道桥北锚碇沉井钢壳结构复杂，刚性弱，精度要求高。制造时通过合理分段，减少了现场拼接；采用数控激光切割机精切下料，将零件下料精度由规范要求的 ±2mm 提高至 ±0.5mm；通过设计专用端口模具和临时支撑控制节段接口的精度；通过智能化焊接设备的应用与合理的二次翻转焊接工艺，保证了焊接质量；采用三维激光扫描与虚拟预拼装技术，保证了节段匹配精度；合理设置吊点及支垫等措施避免了钢壳下胎、翻身、转运及存放过程中的变形。实际生产的钢壳节段根据张靖皋大桥专用标准进行工艺质量控制、检验：下料抽检合格率为100%；钢壳节段出厂验收，节段尺寸平均偏差最大为2mm，满足设计及规范要求；沉井钢壳节段制造过程中对焊缝进无损检测，自检一次合格率均在99.5%以上，最终合格率均为100%。钢壳制造质量达到了较高的水平，表明本工程钢壳的制造关键技术运用是合理有效的，也可为以后在制造类似钢壳提供参考借鉴。

参考文献

[1] 李伟,韦蓉,刘苗.超大型薄壁钢壳拼装施工技术[J].公路,2017,62(2):102-105.

[2] 蒋能世,许国亮,冯斌,等.南京长江第四大桥北锚碇沉井钢壳制作及拼装技术[J].公路,2010(6):16-19.

[3] 彭武,林帆,赵强,等.超大型薄壁沉井钢壳加工和精度控制[J].中国工程科学,2010,12(4):21-24.

[4] 陈光福,王海平.超型深水沉井施工技术[J].中国港湾建设,2007(6):47-51.

12. 地球物理勘探技术结合地基清障智能管理系统在沉井地基清障过程中的应用

王东伟[1]　张志新[1]　周阳[2]　李林[2]

(1. 中交一公局集团有限公司；2. 中交一公局第二工程有限公司)

摘　要　本文依托张靖皋长江大桥北航道桥北锚碇工程，为探明沉井下沉的深度范围内存在的地下障碍物类型及分布情况，在沉井首层钢壳施工前，采用地球物理勘探技术，对锚碇区指定范围内的地层情况予以划分，并对该区域范围内可能存在的地下建筑物、树根、金属物体等阻碍工程施工的构件予以排查，同时结合地基清障智能管理系统，将勘探成果以BIM模型的方式可视化展现，提高现场清障管理水平，确保沉井下沉过程安全无阻碍。

关键词　张靖皋长江大桥　沉井　地基清障　地球物理勘探技术　地基清障智能管理系统　BIM　GIS

一、引　言

当前，地面上原有建筑的拆除施工已相对比较成熟，但对原有建筑物拆除后遗留下来的旧有地下基础的处理，往往成为拆除施工的难题，且为保证本项目沉井安全下沉，除旧有地下基础外，还应探明地下可能存在其他类似于大块孤石、混凝土块、树根、大件金属物体等会阻碍沉井下沉施工的障碍物，应予以逐一清除。且以往对各种地基清障施工的管理都较为粗放，在清障范围确定、待清障桩定位、清障路线选择、清障过程管理、清障施工记录管理等方面，大都是依据原有施工经验进行管控，难以精细化管理，尤其是对于全场地的大规模拔桩清障施工，原有的管控模式往往造成施工管理效率低下、差错返工率高、过程管理粗放、施工记录不完备的现状，不能满足新形势下的管理需求。

为解决上述难点问题，本文依托张靖皋长江大桥北航道桥北锚碇工程，在其沉井区域内地基清障施工中，在"超前探测、智慧管理、定点清除"原则的指导下，应用地球物理勘探技术对范围内地下障碍物进行探明，包括高精度磁法测量、地质雷达测量、瞬变电磁法、跨孔电磁波CT、跨孔弹性波CT等方法。并开发应用了地基清障智能管理系统，结合倾斜摄影模型，建立了沉井施工区域的地层地质、障碍物三维模型，根据物探和清障进度动态管理施工顺序、施工计划，记录检测清障全过程的数据，可视化地查看、记录和分析,实现障碍物清除无遗漏,施工过程可追溯,提高地基清障效率。

二、工程概况

张靖皋长江大桥工程位于江阴长江公路大桥下游约28km处,沪苏通长江公铁大桥上游约16km处,路线横跨江苏省张家港、如皋及靖江三市。路线起点接如皋市G40沪陕高速公路,向东南布线,于如皋市华泰重工厂区进入长江,经过靖江市民主沙江岛,于张皋汽渡西侧登陆进入张家港,向南沿现状及规划S259布线,终点接张家港疏港高速,路线全长约29.849km,分跨江段大桥、北接线、南接线三部分。其中,跨江段大桥全长7859m,自北向南分为北引桥、北航道桥、中引桥、南航道桥、南引桥五个部分。张靖皋长江大桥实景图如图1所示。

图1 张靖皋长江大桥实景图

张靖皋长江大桥北航道桥北锚碇位于如皋市长江镇华泰重工厂区,按照原厂区设计图纸,沉井区域为原生产车间厂房,厂房采用排架结构,排架柱间距为9m,立柱采用承台+PHC管桩基础。单个基础下设5根直径为50cm的PHC管桩,桩长20m。锚碇区域内共计105根PHC管桩基础,TRD防渗墙区域内共计33根PHC管桩基础,除此之外,为避免其他未知地下障碍物对沉井下沉的影响,在施工准备阶段进行地下障碍物探测,通过高精度磁法测量、地质雷达测量、瞬变电磁法、跨孔电磁波CT、跨孔弹性波CT等技术的综合应用,准确查明地下障碍物的类型、尺寸、三维位置信息。锚碇施工场地基础管桩位置示意图如图2所示。

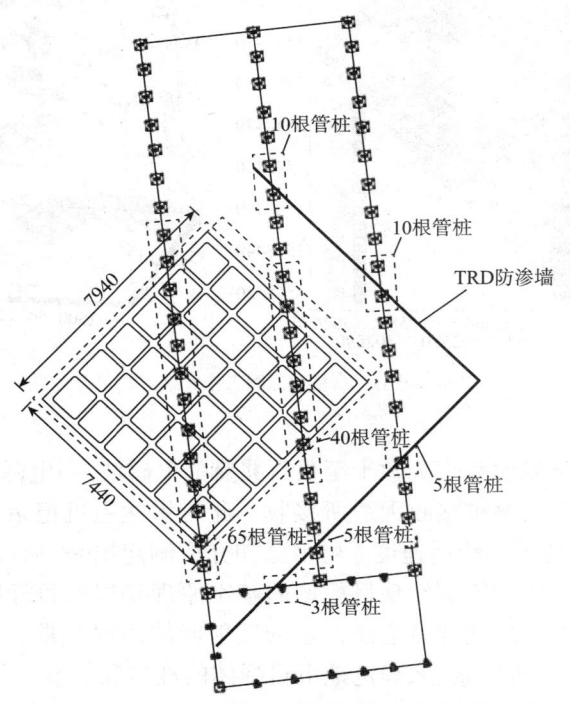

图2 锚碇施工场地基础管桩位置示意图(尺寸单位:mm)

三、地球物理勘探技术结合地基清障智能管理系统的应用

在张靖皋长江大桥北航道桥北锚碇沉井下沉前开展智能化地下清障专题研究,通过采用地球物理探测技术、搭建地基清障智能管理系统、合理选用地基清障施工工艺,进而实现"超前探测、智慧管理、定点清除"的专题研究目标,为沉井下沉施工保驾护航。

1. 地球物理勘探技术

地球物理勘探技术在工程地质勘探中具有举足轻重的地位,有很多种勘探方法和手段。每种勘探技术都有其独特的优势和特点,因此,在本项目中针对不同的勘探需求,选择其最合适的勘探方法,尝试运用两种或者两种以上的勘探技术进行联合勘探,提高勘探结果的有效性和精确性。

1)高精度磁法测量法

磁法勘探是通过观测和分析由岩石、矿石(或其他探测对象)磁性差异所引起的磁异常,进而研究地质构造和矿产资源(或其他探测对象)的分布规律的一种地球物理勘探方法。其中,磁异常是指磁性体产生的磁场叠加在地球磁场之上而引起的地磁场畸变。过去磁法勘探多用来研究大地构造和寻找磁性矿体,近年来磁法勘探在水、工、环方面的应用越来越广泛,比如在探测地下热源、含水破碎带、地下管道、地下电缆等方面均取得了良好的效果。

高精度磁法在无干扰区对磁性体反应灵敏,对钢筋等铁磁性体的识别能力强,在本项目地基清障工作中主要用于圈定 PHC 管桩等铁磁性异常体的位置。本次高精度磁法测量工作采用 EREV-1 + 型质子磁力仪 2 套。该仪器测量精度高,绝对精度小于 0.2nT,普遍为 0.1 ~ 0.2nT;具备全自动磁场调谐功能,不用操作员再去盲猜初始磁场值;具备故障自检功能,方便维护。高精度磁测工作成果如图 3 所示。

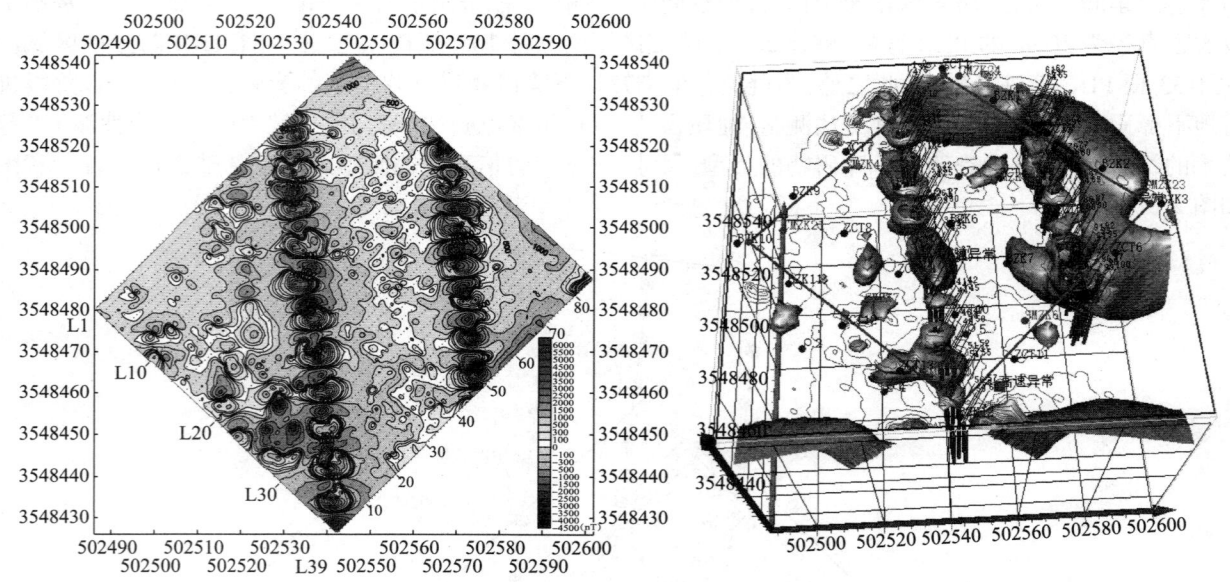

图 3　高精度磁测工作成果

2)地质雷达测量法

地质雷达通过天线向地下发射频率为数十至数百兆赫的电磁波,当电磁波遇到不同媒质的界面时便会发生反射,反射波返回地表面,又被接收天线所接收。此时雷达主机记录下电磁波从发射到接收的双程旅行时 Δt。因为电磁波在地下的传播速度 v 可由已知介质测定出来,所以可由深度 $D = v \cdot \Delta t/2$ 公式求出地下异常体的深度。地质雷达能够发现目标物的基本原理是根据目标物与周围均匀介质在介电常数、磁导率以及电导率方面的差异,这样就会使雷达的反射回波出现异常。对接收到的雷达波进行分析处理,依据波形、强度、几何形态等因素,来确定地下目标体的性质和状态。

本次采用地质雷达查明近地表金属障碍物及承台(基桩)的分布,与高精度磁测成果结合,精确定位

障碍物的位置。仪器采用 GSSI 公司的 SIR-20 型地质雷达,选用 100MHz 屏蔽天线,数据处理采用 RADAN7.0 数据处理软件。SIR 系列地质雷达探测速度快,可以在短时间内迅速采集到地下信息,通过灵活设置观测系统参数,对探测对象快速、高密度成像,达到探测目的。地质雷达探测工作成果如图 4 所示。

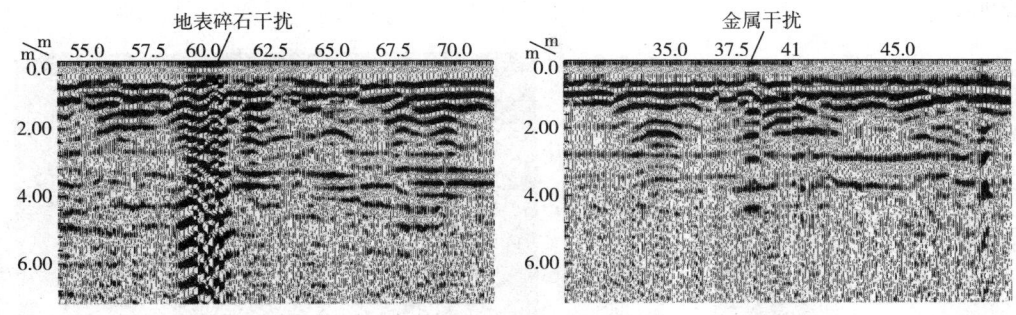

图 4　地质雷达探测工作成果

3）瞬变电磁法

依据场地条件,本项目采用的反磁通瞬变电磁法,可充分满足探测 70m 以下深度的要求,可推断覆盖层的厚度,查明地层含水情况,可以获得较丰富的关于地电断面结构特征的地质信息。测线布置较为灵活,受地形影响较小（带地形反演）,目的是配合钻探、跨孔 CT 等方法进一步划分地层、圈定高阻不均匀体（孤石、古沉船）等。

采用 HPTEM-18 型高精度等值反磁通瞬变电磁系统,该系统采用统一标准的微线圈对偶磁源、高灵敏磁感应接收传感器、高速 24 位采集卡以及高密度测量技术实现浅层高精度瞬变电磁勘探,施工更便捷。

4）跨孔电磁波 CT 法

通过跨孔电磁波 CT 法可发现、圈定矿体和其他异常体（如溶洞、断裂带,煤层陷落柱等）的大小和形状,识别它们的性质（浸染状或致密块状矿体）。无线电波透视法,又称坑透法。电磁波在地下岩层中传播时,由于各种岩、矿石电性（电阻率和介电常数）不同,它们对电磁波能量吸收不同,低阻岩层对电磁波具有较强的吸收作用,当波前进方向遇到断裂构造所出现的界面时,电磁波将在界面上产生反射和折射作用,也造成能量的耗损。电磁波穿过岩层途中断层、陷落柱或其他构造时,波能量被吸收或完全被屏蔽,则在接收孔中收到的信号较弱。微弱信号或收不到透射信号,形成所谓的透视异常。研究各种构造及地质体对电磁波的影响所造成的各种无线电波透视异常,从而进行地质推断和解释。

本项目利用跨孔电磁波 CT 测量成像成果配合钻探、地面物探,进一步查明工作区内地层、桩基以及可能存在的孤石、古沉船等影响沉井施工的障碍物的形态、规模及分布范围等。跨孔电磁波 CT 仪器采用 HX-JDT-02B 井下无线电波透视仪。

5）跨孔弹性波 CT 法

跨孔弹性波 CT 法,又称地震波层析成像技术,这种技术利用大量的地震波速度信息进行专门的反演计算,得到测区内岩土体弹性波速度的分布规律。在钻孔中为了解各种岩层垂直和水平方向的岩体物理力学参数和岩体的完整性,进行单孔的纵波、横波测井和钻孔之间的跨孔法测试。利用这种方法探查异常体的分布、形态及连通性,与其他测试方法比较,分辨率高、效率高、空间位置准确。跨孔弹性波 CT 法工作成果如图 5 所示。

2. 地基清障智能管理系统

项目基于"BIM + GIS"搭建了轻量化协同技术的地基清障智能管理系统,是基于地下管网信息化平台管理与三维地质、障碍物可视化之间的理念相结合的产物,通过将地下物探数据整理出的障碍物和地质信息附加至基于 BIM 技术建立的三维障碍物和地质模型当中,依靠坐标信息与系统平台中的 GIS 定位相关联，通过高程和位置等信息在系统平台中实现地下地质和障碍物三维状态的显示，且通过在平台中对障碍物进行编码的方式与模型关联，每进行一处障碍物的清除，同步在系统平台中的相对应编号障碍物可视化的状态变化。并将地球物理勘探技术的成果可视化地在系统中进行关联展现，结合系统中的进度管理、机械监测、安全及质量巡检、技术资料、实测实量等功能，为项目地基清障工作的展开提供实用且高效的管理手段。

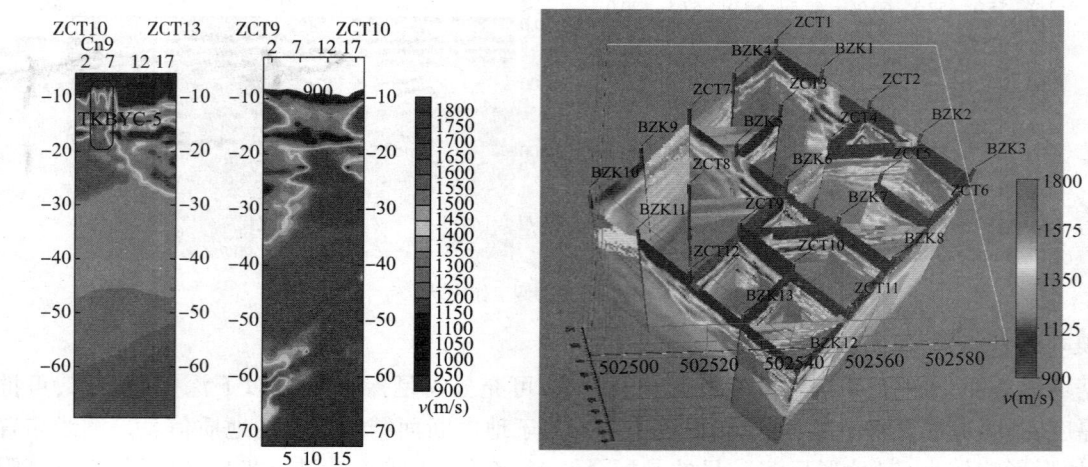

图5 跨孔弹性波CT法工作成果

1）锚碇区域地质及障碍物模型建立

根据分析地球物理探测结果的各项数据，对障碍物进行三维建模，在模型中赋予障碍物属性，包括障碍物类型、编码、深度、尺寸等信息。根据地质补勘报告，利用地质剖面图与钻孔柱状图对待建工程区域地层的地质进行建模，并给每个土层添加属性信息，内容包括：时代成因、地层编号、层底深度、层厚、层底高程、地层描述等。利用障碍物模型与地质模型的坐标信息，将模型叠加，直观查看障碍物的形态与所处地层，还可将物探成果叠加至模型，再次确认障碍物与地层相对位置。地质及障碍物模型如图6所示。

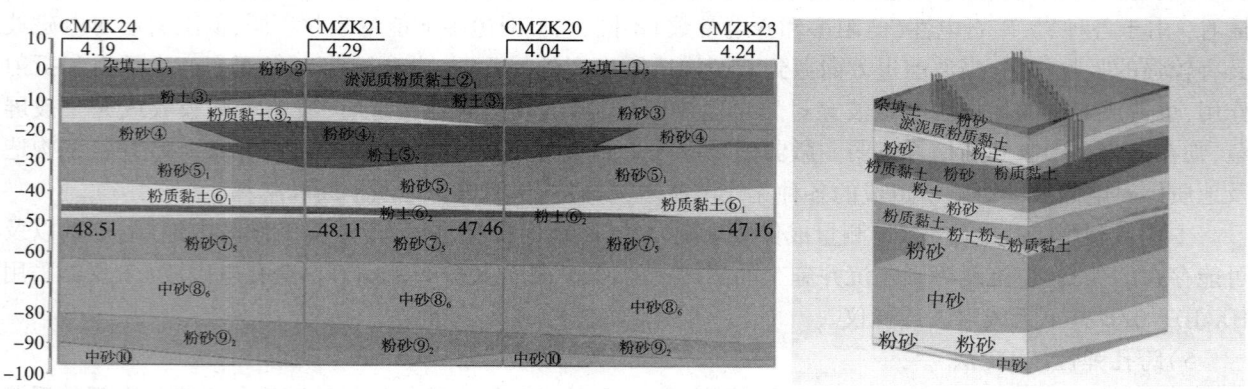

图6 地质及障碍物模型（高程单位：m）

2）进度管理

进度管理模块由进度模型、进度看板及进度全景航拍组成，进度看板功能又由进度计划、实际进度、清障记录三个子功能组成。进度计划是在地基清障施工前，技术人员根据总体地基清障施工计划进行录入，进度计划关联进度模型，是进度对比的依据；清障记录是技术人员在后台制作的简道云表单，与系统进度模型及进度看板相关联，由现场施工技术人员根据现场清障进度情况实时填报，是实际进度的依据，填报信息包含负责人信息、施工机械信息、障碍物编号信息及清除照片等，便于清障追溯；实际进度是现场施工技术人员在移动端上，通过表单填写地基清障记录，在进度模型中根据现场施工技术人员填写的地基清障记录表单实时更新实际完成情况，与进度计划进行对比，实现进度模型分色显示。进度全景是由项目定期使用无人机对现场拍摄全景影像,全方位展示现场范围之内的工程进展情况。进度管理模块如图7所示。

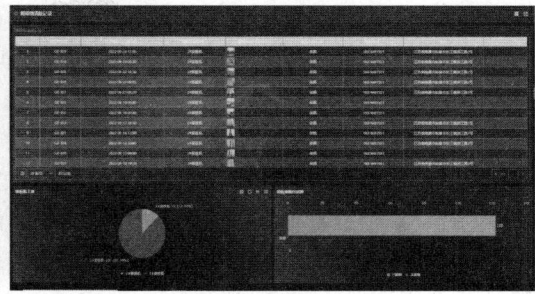

图7 进度管理模块

3)机械监测

通过对在场的移动施工机械安装"机械指挥官"的方式,将驾驶员信息与移动机械进行唯一绑定,对施工机械进行实时监测,包括对移动机械的工作状态、当前定位、移动轨迹、运行速度、工时、耗油量等方面进行智能监管,方便现场管理人员了解现场移动机械的工时工效、位置等信息。地基清障智能管理系统还可接入智慧机械平台,实现施工区域全部机械的工作情况查看、实时状态异常报警和车辆定位。

4)质量及安全巡检

后台技术人员通过简道云制作有定位字段的质量及安全巡检表单,并与有GIS功能的地基清障智能管理系统相关联,巡检表单问题在系统中能够定位显示。巡检表单设置三层巡检审核关系:当质检员、安全员及分管领导在现场发现质量安全问题后,通过巡检表单上传问题描述、问题所在位置、问题照片等信息,推送给现场技术人员;现场技术人员整改完成后将整改情况进行文字描述结合整改照片的形式回复问题提交者;问题提交者对整改回复情况进行确认,没有问题后即可结束流程,若问题未解决,则返回流程继续整改。

5)技术资料

系统将地球物理勘探技术的成果文件、专项施工方案、技术交底及交底视频进行挂接,供现场施工管理人员随时查看,随时了解工艺开展情况,为地基清障工作提供技术辅助支撑。

6)实测实量

在地基清障智能管理系统中,还可结合倾斜摄影模型,对任意区域位置进行方量开挖计算、距离测量、面积测量、光照分析等实用工具的应用,辅助技术人员在场地规划上的措施决策。

四、结　　语

通过本项目对地球物理勘探技术的综合探测应用,前期进行了充足的数据和资源分析,综合多方面进行考虑,针对不同需求选择最佳的勘探方式,提高了勘探技术的规范性,以保证勘探结果的精准化,对沉井下沉区域内规则障碍物、不规则障碍物进行精确定位和定量探测,为本项目沉井后续的下沉工作"扫清道路"。

本项目智能清障平台所使用的三维建模、数字孪生、综合物联技术,虽然各自都为目前较为成熟的信息化技术,鉴于项目清障施工的复杂性和管控系统性,智能清障平台进行了进一步研究和优化,将各项技术进行深度融合、无缝协同,从而成为实用、高效的管理辅助手段,达到了智能清障管理的目标。

地球物理勘探技术结合地基清障智能管理平台将勘察数据、地下障碍物探测数据以及障碍物清除进度情况,以BIM模型的方式在系统中集成,实现障碍物信息查看、障碍物定位、障碍进度可视化展示、清障机械工作情况、物探原始数据及报告记录查阅等应用模块,实现障碍物定点清除无遗漏,施工过程可追溯,实现了地基清障"超前探测、智慧管理、定点清除",该套技术应用为后续类似工程提供了成套的信息化技术支持。

参考文献

[1] 徐良,张洋,李伟,等.轨道交通典型障碍物物探定位研究[J].城市勘测,2016(4):168-171.
[2] 赵沛沛,王艳梅,彭丽,等.物探工区障碍物信息的提取及应用[J].物探装备,2017,27(5):345-350.
[3] 刘伍,曾来,司永峰,等.地下障碍物测井中地震散射波成像数值模拟[J].上海国土资源,2012,33(3):66-70.
[4] 杜恒.地球物理勘探在工程地质勘察中的应用[J].河南科技,2021(31):136-138.
[5] 谢金伟.地球物理勘探在工程地质勘察中的应用[J].工程技术研究,2019(7):74-75.
[6] 赵舒扬.沈阳市智慧城市建设多规合一平台之地下管线平台建设研究[J].测绘与空间地理信息,2019,42(10):162-163,167.
[7] 刘力玮.城市地下管线三维可视化系统研究与实现[D].西安:西安科技大学,2014.
[8] 赵凯慧.基于GIS的地下供水管网运维管理系统开发[D].阜新:辽宁工程技术大学,2017.
[9] 王学海.城市地下管线信息系统建设[J].勘察科学技术,2010(6):29-31.
[10] 蔡宽余,杨晓慧.城市地下管线信息管理系统的设计[J].上海地质,2005(2):37-40.

13. 基于"BIM + IoT"技术的沉井5D智能建造系统在超大规模陆上沉井下沉阶段中的应用

李 林[1] 王东伟[2] 徐 安[3] 周 阳[1] 张志新[2]

(1.中交一公局第二工程有限公司;2.中交一公局集团有限公司;3.中铁桥隧技术有限公司)

摘 要 本文依托张靖皋长江大桥北航道桥北锚碇工程,以其沉井基础钢结构井壁、混凝土接高段及智能化取土设备为载体,针对不同的监测类目布置有针对性的物联网(IoT)智能监测传感器,利用通信及网络技术进行传输、存储,结合BIM技术把采集的数据与对应的结构、环境进行关联与映射。根据沉井下沉施工过程中智能感知的数据,动态分析沉井下沉状态,依据辅助决策功能提供下沉决策参考,实现沉井下沉施工中全时段可视、可测、可控。

关键词 张靖皋长江大桥 超大规模陆上沉井 沉井下沉阶段 智能建造系统 智能化取土 BIM技术

一、引 言

近年来,随着经济水平和交通建设的不断发展,我国桥梁规划、建设数量不断增多,桥梁跨径不断刷新世界纪录。沉井基础具有承载力高、整体性好、刚度大、占地面积小等优点,在大型桥梁建设中的应用日益广泛。然而沉井下沉阶段作为沉井基础施工的重点管控事项,目前国内沉井项目仍主要依靠工程经验进行管控,下沉阻力变化规律不明确,下沉过程可控性差,下沉过程中系统性的监测、直观展示、数据之间的相关性较差,智能化控制的方法和手段缺失,沉井下沉过程的智能化研究亟待加强。

为解决上述难点问题,本文依托张靖皋长江大桥北航道桥北锚碇工程沉井下沉阶段,针对其下沉施工全过程,通过"BIM + IoT"技术,结合数字孪生技术搭建一套具备智能实时感知结构状态与响应、实时参数识别、分析评估及分级预警等功能的沉井5D智能建造系统来实现下沉施工全过程动态监测。此套系统由感知层、汇聚层、应用层、数据权限控制层构成,从"孪生"现在、"反演"过去、"预测"未来、智能取土、工效分析5个原创性的核心功能进行研发,实时监测孪生沉井施工中的关键指标,结合智能取土装备、智能决策算法,实现沉井接高下沉施工中全时段可视、可测、可控,为类似超大规模陆上沉井施工全过程智能化管控提供参考和依据。

二、工程概况

张靖皋长江大桥工程位于江阴长江公路大桥下游约 28km 处，沪苏通长江公铁大桥上游约 16km 处，路线横跨江苏省张家港、如皋及靖江三市。路线起点接如皋市 G40 沪陕高速公路，向东南布线，于如皋市华泰重工厂区进入长江，经过靖江市民主沙江岛，于张皋汽渡西侧登陆进入张家港，向南沿现状及规划 S259 布线，终点接张家港疏港高速公路，路线全长约 29.849km，分跨江段大桥、北接线、南接线三部分。其中，跨江段大桥全长 7859m，自北向南分为北引桥、北航道桥、中引桥、南航道桥、南引桥五个部分。张靖皋长江大桥实景图如图 1 所示。

图 1　张靖皋长江大桥

张靖皋长江大桥北航道桥北锚碇工程包括矩形沉井基础、支撑桩、锚碇锚体及其附属设施等部分。沉井基础底面置于密实粉砂层中，基底摩擦因数取 0.33；锚碇抗滑动安全系数不小于 2.0，抗倾覆安全系数不小于 2.0。沉井基础的长和宽分别为 75m 和 70m（第一节沉井长和宽分别为 75.4m 和 70.4m），沉井高 57m，共分十一节，是国内公路桥梁最大陆地沉井。第一节为钢壳混凝土结构，第二节至十一节均为钢筋混凝土结构。张靖皋长江大桥北航道桥北锚碇结构如图 2 所示。

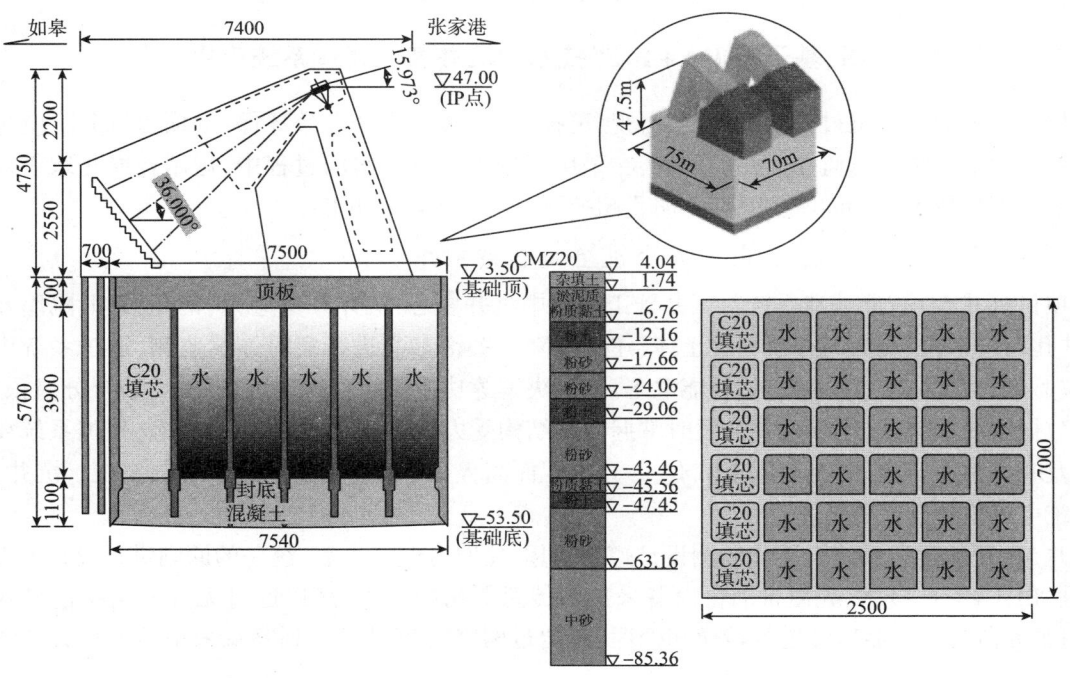

图 2　张靖皋长江大桥北航道桥北锚碇（尺寸单位：cm；高程单位：m）

三、超大规模陆上沉井下沉施工控制方法及监测内容

沉井在下沉过程中可能遇到的问题主要为：下沉困难、突沉或下沉过快、翻砂、倾斜、偏移。其产生的原因主要有两点：一是地层分布不均匀；二是取土方式、取土范围不均衡。其中，地层分布为自然环境条件，不可改变，因此，取土方式就成为控制沉井下沉的决定性因素。

张靖皋长江大桥北航道桥北锚碇工程基础接高下沉施工共分为四次接高、四次下沉。首次下沉采用降排水下沉方案，第二至四次下沉采用不排水下沉方案，以"对称、均匀、同步、精确，取土下沉、留土控制"为原则，按照既定路线循环进行取土下沉。两种不同取土下沉方案，沉井下沉施工过程中需要监测内容是一致的。

1. 沉井降排水下沉

沉井第一次下沉采用降排水下沉，主要采用泥浆泵吸泥除土，按照既定的取土顺序均匀取土下沉。下沉过程保持外井壁刃脚及分区隔墙全埋深，取土时控制基底泥面高差不大于1m，对称隔墙悬空一致，下沉到预定高度时，刃脚、隔墙支撑面积需满足后续沉井接高的要求。

2. 沉井不排水下沉

第一次降排水下沉完成后开始采用不排水下沉，不排水下沉共分三次。非盲区部分采用常规空气吸泥机取土，盲区部分采用弯头空气吸泥机取土，粉质黏土层取土困难时，采用水下液压双绞吸机取土。空气吸泥机取土按照既定的取土顺序均匀取土下沉。下沉过程保持外井壁刃脚及分区隔墙不少于1/2埋深，取土时控制基底泥面高差不大于1m，下沉到预定高度时，刃脚、隔墙支撑面积需满足后续沉井接高的要求。

3. 沉井下沉监测内容

沉井下沉施工监测内容包括：井身混凝土应力、钢壳应力、分区隔墙与刃脚反力、侧壁土压力、沉井几何姿态、周边建筑和土体沉降、井孔内水位、施工期间地下水位、基底应力、环境监测（温度、风速等），固定塔吊承台倾斜率监测、桩体应力监测、翻砂涌水监测、深层土体位移监测。

四、基于"BIM + IoT"技术的沉井智能建造系统应用

为保证沉井取土下沉过程实现可测、可视、可控，下沉施工安全高效环保，本项目沉井下沉施工全过程采用智能建造系统进行监控监测的同时，在采用不排水下沉方案的过程中，运用智能化取土设备和集中控制系统测控技术，精准开挖和量测，防止超挖、欠挖，杜绝随意开挖。

1. 沉井5D智能建造系统在沉井下沉全过程的应用

本项目沉井5D智能建造系统对沉井施工过程中沉井姿态，沉井井身应力、钢壳刃脚、隔墙及侧壁土压力，井孔内外水位、泥面高程及周边土体、建筑沉降等关键参数进行实时连续监测，通过系统内视频监控、水位监测、力学监测、沉井姿态、智能取土、智能决策等功能模块直观地进行展示，结合分级预警功能，对超限数据实时预警，以便参建各方及时掌握沉井结构受力状态，严格控制沉井姿态，根据系统反馈的姿态情况及时调整取土顺序，控制取土节奏、井孔内泥面高程，从而避免沉井发生倾斜、突沉。沉井5D智能建造系统主界面如图3所示。

沉井5D智能建造系统自动化监测设计遵循实用、实时、同步、可靠、统一的原则进行设计的总体方法为：通过"BIM + IoT"技术，先由自动化设备采集各传感器初始信号，然后通过无线网络将信号发送到服务器，由服务器对传感器信号进行转换和处理，再通过网络将信号发送到终端采集站。相关监测项目见表1。

图 3 沉井 5D 智能建造系统主界面

监测项目表 表1

序号	监测内容	测点数量	监测频率
1	几何姿态	4	自动采集：1次/半小时
2	隔墙及刃脚底部应力	40	
3	刃脚根部应力	48	
4	井壁混凝土应力	12	
5	刃脚及隔墙反力	60	
6	侧壁土压力	52	
7	地下水位	4	
8	沉井周边地表沉降	12	人工采集：1次/d
9	变电厂房	4	
10	江北大堤	3	
11	添加剂厂房前道路	3	

1）水位、周边土体监测与孪生

通过在沉井周边及井孔内安装水位传感器，实时监测地下水位与井孔水位，在系统中可视化孪生、分析水位情况，实现不排水下沉阶段井孔补水指导工作，以及降排水下沉阶段地下水降水指导工作。首次降排水下沉阶段的泥面高程采取人工录入系统的方式。同时，在沉井周边设置 GNSS 基准点，监测与分析沉井周边土体的位移沉降，实现控制沉井下沉对周边建筑及土体影响的目的。

2）力学状态监测与孪生

通过在沉井底部及侧壁安装的力学传感器，在系统中实时监测与孪生沉井施工过程的力学变化，测点位置及力学曲线均可视，土压力三维分布模型结合地质剖面中沉井当前所处的地质情况，达到帮助技术人员了解下沉施工中的阻力分布情况及结构受力状态的目的，指导动态调整取土顺序。

3）沉井姿态监测与孪生

通过在沉井顶面安装的四个 GPS 定位传感器，在系统中实时监测与孪生当前沉井三维姿态，与理论姿态实时对比分析预警，指导沉井下沉姿态的动态纠偏。

4）智能取土分析

通过系统与智能化取土设备联动，在集控室控制取土设备按照自动规划的路径在井孔内根据既定点位进行定点定量吸泥取土，研究通过吸泥管探头对井底泥面高程进行自动测量，在系统拟合三维泥面高程模型，可视化查看井底泥面状态，设计取土深度＋取土时间双控机制，避免井下取土不均匀。

5）智能决策

采用深度学习方法深入分析监测数据以进行下沉预测，智能决策技术路线如图 4 所示。首先进行下沉速度分类，采用不同类别描述沉井下沉快慢情况，构建 CNN 模型，提取结构应力的空间特征，预测沉井下沉速度快慢。然后在下沉快慢预测基础上,进一步精确预测沉井下沉速度值,通过构建三维卷积神经网络(Three-Dimensional CNN,3D CNN)模型,结构图如图5所示。同步提取结构应力数据的时间特征与空间特征,合理预测沉井下沉速度值。通过结构应力预测沉井下沉快慢的本质是准确拟合二者间的非线性映射关系。

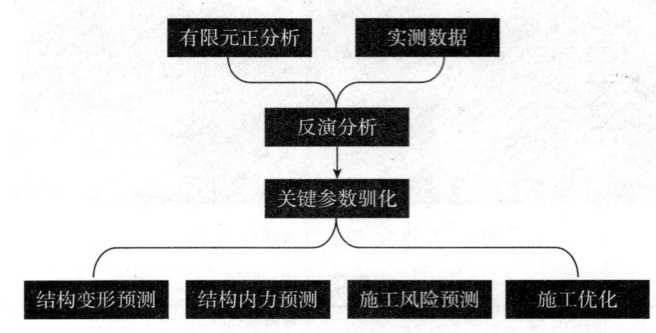

图4 智能决策技术路线图

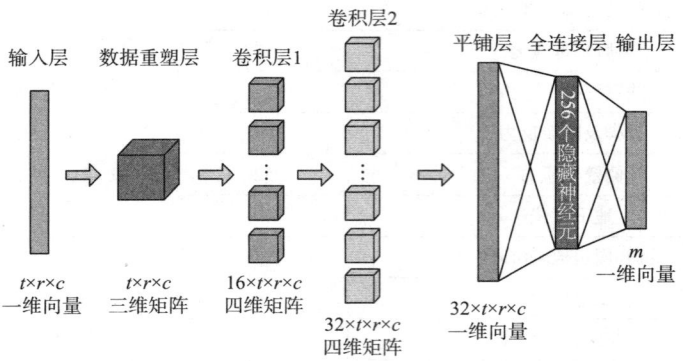

图5 下沉速度预测三维卷积神经网络(3D CNN)模型结构图

6)分级预警信息推送

针对沉井监测项目设置分级预警信息推送功能。预警指标及分级阈值分为黄色预警值、橙色预警值、红色极限值,当监测数据达到阈值时,以短信信息推送的方式分别推送给相应的管理人员,提醒管理人员即刻分析采取相应措施。沉井监测分级预警及阶段推送设置见表2。

沉井监测分级预警及阶段推送表　　表2

预警类型		预警指标及分级阈值			信息推送阶段
		黄色预警值	橙色预警值	红色极限值	
几何姿态	沉井中心偏位	30cm	40cm	50cm	沉井接高、下沉施工全过程
	沉井倾斜度	1/200	1/150	1/100	
	沉井平面扭转角	0.5°	0.8°	1°	
	横桥向高差	35cm	47cm	70cm	
	顺桥向高差	37.5cm	50cm	75cm	
结构应力	钢壳应力	198.8MPa	248.5MPa	—	
	井身混凝土应力	(−1.22,12.88)MPa	(−1.52,16.1)MPa	—	
周边建筑	变电厂房	—	—	2cm	
大堤沉降	江北大堤	—	—	1cm	
井孔水头差	井孔内水位与地下水位差	—	—	2m	不排水下沉阶段
泥面水位差	地下水位与泥面高差	—	—	0.5m	降排水下沉阶段

2. 智能化取土设备及集中控制系统在不排水下沉阶段的应用

不排水下沉阶段空气吸泥机取土法的三项控制要点：单点取土总深度控制、空气吸泥器作业点位控制、吸泥口与泥面相对高程控制。现场集中控制室是实现取土设备远程智能控制的大脑与核心，集控室内配置有操作台，操作台内预设集中控制系统，操作员通过操作台远程控制自动化门式起重机吊装空气吸泥机进行取土作业，同时可通过交换机与智能建造系统相连，读取相关数据。

井孔内的泥面地形通过安装在自动化门式起重机钢丝绳上的位移计和压力传感器以及吸泥机底部的"伸缩尺"进行综合测量，通过钢丝绳上力学传感器的变化来表征此处是否触及泥面，实现泥面高程的自动化监测。取土下沉泥面的监测，包括取土过程对每个点位的吸泥情况的精测，利用智能化传感设备实时采集取土过程中单点泥面的变化情况，记录该点位的泥面高程并自动更新仓内泥面高程，通过单点高程测量的拟合井孔内实时泥面地形，指导下次的取土顺序及取土量，从而控制沉井取土深度及刃脚埋深，避免沉井突沉等现象的发生。

智能化取土设备及集中控制系统对取土施工进展情况、自动化门式起重机的运行状态等信息均与沉井 5D 智能建造系统挂接实现数字孪生，可在沉井 5D 智能建造系统中实时查看。

1）自动吸泥路径规划

在集中控制系统中自定义设置现场对应的智能化取土设备在井孔吸泥点位坐标，自定义选择坐标点位的吸泥顺序，智能化取土设备按照选定的吸泥点位顺序形成吸泥取土路径进行自动行走开展吸泥工作，根据取土方案设计多条路线规划方案，根据工况进行路线规划方案切换。

2）单点吸泥"深度 + 时间"双控机制

在集中控制系统中自定义设置智能化取土设备在吸泥井孔上单点吸泥的预设深度以及吸泥上限时间，实现单点泥面高程吸至设计深度即可自动运行至下一个点位吸泥，若超过上限时间，仍未吸泥至预设深度，也自动运行至下一个点位吸泥，同时，系统发送点位"吸泥困难"信息提示至操作人员，提醒操作人员在下一轮次中此点位采取不同的取土措施。

3）吸泥管自动下放"工效控制"功能

单点吸泥过程中，智能化取土设备可通过自动控制卷扬机钢丝绳下放，使得吸泥管底口始终保持与井底泥面为最佳吸泥距离，在吸泥取土过程中所产生的吸泥时间及取土量等数据在沉井 5D 智能建造系统中实现"功效分析"。

4）泥面高程智能复测功能

通过智能化取土设备的泥面高程复测功能，实现在一个轮次取土施工后，自动进行高程复测的轮次，智能化取土设备控制吸泥管按照吸泥路径测量点位复测一轮次吸泥取土后的泥面高程，并将高程数据反馈至集控系统页面和沉井 5D 智能建造系统当中，拟合三维泥面高程模型。

5）智能取土设备集控功能

通过集控系统可控制单台智能化取土设备自动取土施工，也可控制多台智能化取土设备同时按照预设的路径自动取土施工，集控系统 + 具备数据接口传输功能，可将智能化取土设备坐标数据、吸泥管坐标数据、泥面高程数据、吸泥管底口与泥面实时距离数据、单点吸泥的时间等数据通过接口传输至沉井 5D 智能建造系统的"智能取土"功能模块当中展示。

6）取土过程实时监控功能

在每个门式起重机安装海康威视视频监控，实时监控每个井孔吸泥取土的工作状态，并在集控室大屏显示实时监控画面。

五、结　　语

在超大规模陆地沉井下沉施工中，传统方法采用空压机配合空气吸泥机进行水下取土下沉，沉井井孔水深较深，水下泥沙浑浊，几十米深的水下开挖泥面人眼根本无法准确判断，吸泥管采用人工遥控，吸泥管在哪下放、下放多深、吸土多久、吸泥路径、吸泥量控制等问题均依靠操作人员的经验，不仅现场需要投入大量工人操作吸泥设备,往往施工效率低下,甚至在经验推断偏差的情况下极易导致水下取土不均匀进而出现沉井下沉偏斜,甚至是突沉等问题。

本工程沉井下沉阶段应用沉井5D智能建造系统,根据沉井下沉施工过程中智能感知的数据,动态分析沉井状态,依据智能决策系统进行智能决策分析,及时发布各项指令,控制沉井下沉关键参数,达到了沉井下沉及接高全过程可视、可测、可控的智能管控目标,减小了以往施工技术人员凭借个人经验进行主观判断所带来的不利影响,深入实施了"自动化减人、机械化换人",实现了项目智能建造与安全生产、高质量施工的深度融合,为项目沉井施工装上了智慧的大脑及明亮的双眼。

参考文献

[1] 蒋凡,刘华,岳青,等.超大沉井基础施工控制智能感知系统设计研究[J].地下空间与工程学报,2022,18(S1):233-242.
[2] 秦顺全,谭国宏,陆勤丰,等.超大沉井基础设计及下沉方法研究[J].桥梁建设,2020,50(5):1-9.
[3] 刘加峰.特大超深沉井的下沉施工技术:江阴长江公路大桥北锚沉井施工实践[J].建筑施工,1998,20(3):38-43.
[4] 宋朋远.复杂地质条件下沉井下沉各阶段风险分析及对策[J].工程技术研究,2020,5(20):235-236.
[5] 刘毅,唐炫,冯德定.马鞍山长江大桥北锚碇沉井监测分析[J].公路,2015,107(12):107-113.
[6] 朱浩,王通.超大陆地沉井信息化施工监控技术[J].施工技术,2018,47(24):67-72.
[7] 赵有明,李冰,牛亚洲,等.南京长江第四大桥北锚碇沉井基础施工监控技术[J].桥梁建设,2009(S1):66-69.
[8] 蒋炳楠.沪通长江大桥超深大沉井下沉阻力及突沉现场监测研究[D].成都:西南交通大学,2016.
[9] 罗朝洋.超深大沉井基础沉降监测及数值模拟分析[D].成都:西南交通大学,2019.

14. 张靖皋长江大桥辅塔钢壳制造工艺

马浩鹏 曾省伟 徐犇 全宓

(中铁山桥(南通)有限公司)

摘 要 张靖皋长江大桥南航道桥采用桥跨为2300m+717m的双塔双跨钢箱梁悬索桥,边跨辅塔采用H形钢壳-混凝土组合结构,截面自下向上不断变化,内部钢筋角钢密集。通过对钢塔结构特点的分析及近年来相似结构的制造经验,本文将对钢壳塔制造相关的工艺进行一些概要介绍。

关键词 钢壳塔 钢筋混凝土 制造工艺 精度控制 焊接及变形控制

一、项目概况

张靖皋长江大桥辅塔采用H形钢壳-混凝土组合辅塔,设置一道下横梁,塔柱横向呈三角形结构,钢结构采用Q355D板材和Q235B型材。辅塔高130m,下塔柱高45.8m(含塔座),中塔柱高39.95m,上塔柱高44.25m。辅塔总体呈H形,塔柱为镂空三角形。塔底为内外肢合并段,塔座顶面位置对应横向宽度15.5m,纵向宽7m。塔外肢为矩形带直方倒角实心断面,横向宽度3m,纵向7m,倒角尺寸0.5m×0.5m。辅塔内肢为矩形带直方倒角箱形断面,对应塔座顶面横向宽度6m,至内外肢合并段宽4m,纵向等宽7m,壁厚1~1.2m;内肢在横梁区段塔柱为设置人孔的实心断面;上塔柱双肢合并为单箱单室,横向宽由8.942m逐步过渡至6m,纵向宽7m,壁厚1m。下横梁为钢结构,高7m,宽7m,设置主引桥支座垫石及挡块。南航道桥辅塔截面示意如图1所示。

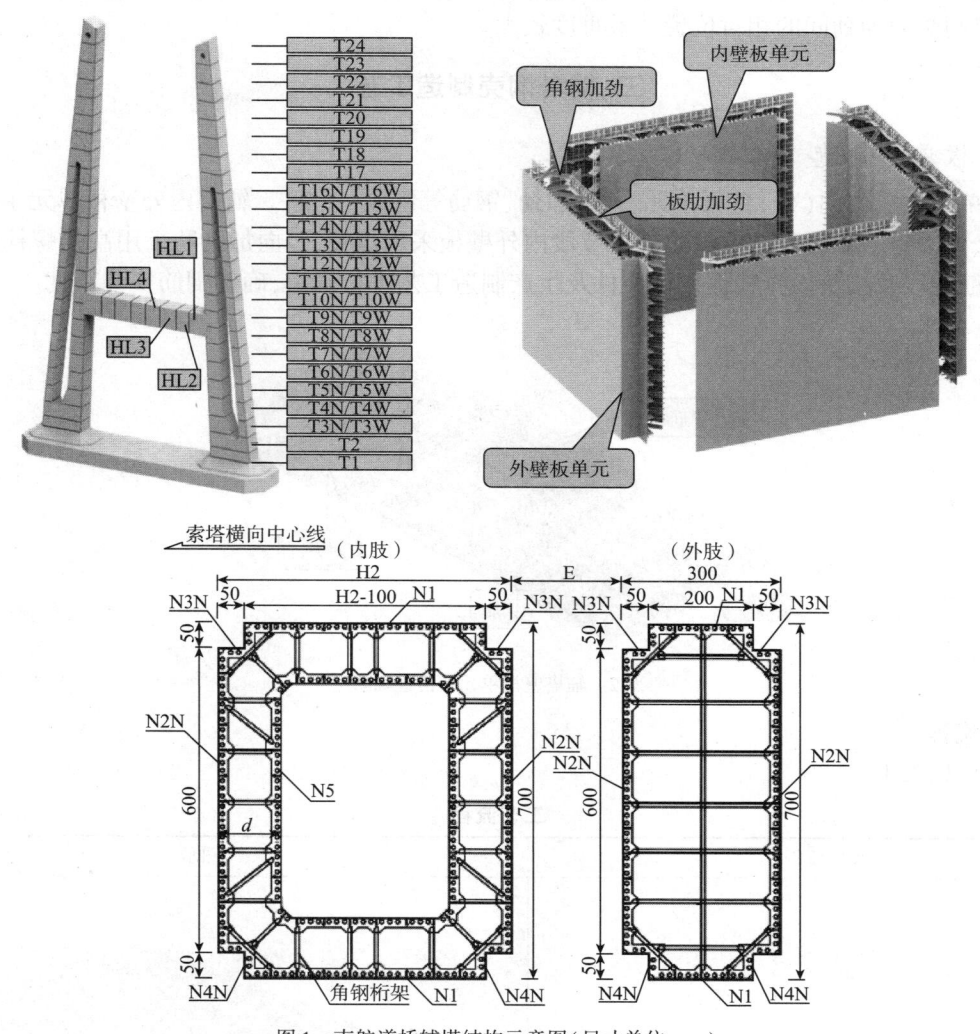

图 1 南航道桥辅塔结构示意图(尺寸单位:mm)

二、制造重点、难点

张靖皋长江大桥是目前在建的世界最大跨径桥梁,建设过程中将实现六项"世界首创",刷新六项"世界之最",这也代表着其制造难度极大、精度要求极高。辅塔采用 H 形钢壳-混凝土组合结构,截面自下向上不断变化,内部钢筋角钢密集。通过对钢塔结构特点的分析及近年来行业内相似结构的制造经验,结合各种设备、场地及技术水平,在辅塔钢壳结构制造过程中主要有以下难点。

(1)钢塔变形控制难度大。

辅塔壁板较薄,内部无刚性结构,其中内壁厚 8mm,壁板横纵向加劲 500mm 一道,面板薄且焊接量大,板单元变形控制难度大;辅塔主体结构由内外壁板单元及角钢加劲构成,块体及节段刚度较小,在拼装、吊装、转运等过程中极易发生变形,影响制造质量。

(2)钢筋安装精度要求高。

辅塔内部水平钢筋错综复杂,在钢塔制造时需根据制造工艺方案进行分段,然后采用直螺纹套筒进行连接,水平钢筋安装精度要求高;辅塔内部竖向钢筋节段间采用锥套锁紧接头连接,单个截面竖向钢筋接头最大达 500 个,竖向钢筋的空间相对位置将直接影响节段间匹配关系、节段间钢筋连接质量,同时控制 500 个钢筋接头相对位置关系难度极大。

(3)端口匹配精度要求高。

辅塔竖向加劲大多采用栓接连接,单个横截面最多达 100 个,经过板单元制造、块体拼装、节段拼装三个环节,控制竖向加劲间的相对位置关系难度较大。

三、辅塔钢壳制造工艺

1. 钢壳板单元制造

辅塔板单元主要由内(外)壁板单元、角钢加劲、钢筋等组成(图2)。辅塔内外壁板单元主要由面板、横纵向加劲、剪力钉、钢筋组成,首轮次辅塔节段内外壁板采用焊接,竖向加劲肋采用高强螺栓连接,其中辅塔单元钢筋分段及接头设置根据设计文件及生产制造工艺进行确定,确保钢筋安装精度。

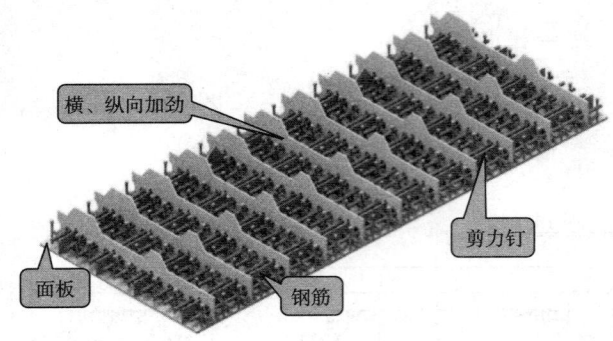

图2 辅塔壁板单元结构直观图

1) 工艺流程

工艺流程见表1。

工艺流程　　　　表1

步骤流程	图示
步骤1:刻画横纵基线。在组装平台上刻画板单元横纵基线,重点控制横纵基线相对角度关系	
步骤2:组焊横、纵向加劲。以板单元横纵基线为基准定位组装加劲,重点控制竖向加劲栓孔相对位置关系、钢筋孔相对位置,合格后采用龙门式隔板焊接机器人焊接加劲角焊缝,通过电弧跟踪技术,自动包角,保证焊接质量	

续上表

步骤流程	图示
步骤3:矫正、检测、焊接剪力钉。焊后在平台上矫正,并检测板单元平面度,然后划剪力钉组装位置线,采用螺柱焊机焊接剪力钉	
步骤4:安装钢筋。以板单元横纵基线为基准,安装横向、竖向钢筋,并采用定位工装进行钢筋固定。板单元制造阶段暂不绑扎钢筋,以方便节段拼装时对钢筋进行调整	

2)工艺控制措施

(1)无横向板肋加劲板单元焊接采用焊接机器人配合反变形船位焊接技术,用焊接机器人施焊,焊后控制松卡温度,配合机械矫正设备进行冷矫。

(2)将板单元的纵、横基线返到无肋板面,打样冲眼,以备块体组装用。

(3)为保证钢筋立向定位尺寸准确,钢筋组装与板单元采用同一基准,组装时在基准端拉线,钢筋一端与基准端对线定位后,在钢筋上端焊接定位板,要求定位板与横肋间靠紧后焊接定位板与钢筋间焊缝。由于钢筋切割误差无法避免,因此对立向钢筋加长部分余量,待节段拼装完成后采用便携式冷切设备对非基准端部进行二次切割保证总体尺寸。

(4)在钢筋端头设置固定措施进行焊接固定,确保竖向钢筋不发生脱落。

(5)塔身设置倾角,横向加劲水平设置,因此,横向加劲与面板间存在角度且内外肢不一致,组装采用角度样板控制、检查横向加劲角度。

2. 钢壳节段拼装工艺

1)胎架制造

综合考虑工期、拼装方案及工艺等各方面因素,辅塔块体及节段采用专用拼装胎架进行,块体拼装胎架由型钢或钢平台组成(图3)。

图3 辅塔块体拼装胎架示意图

2) 钢壳节段拼装工艺流程

钢壳节段拼装工艺流程见表 2。

钢壳节段拼装工艺流程 表 2

步骤流程	图示
步骤 1：定位外壁板单元。以胎架横纵基线为基准，定位块体外壁板单元	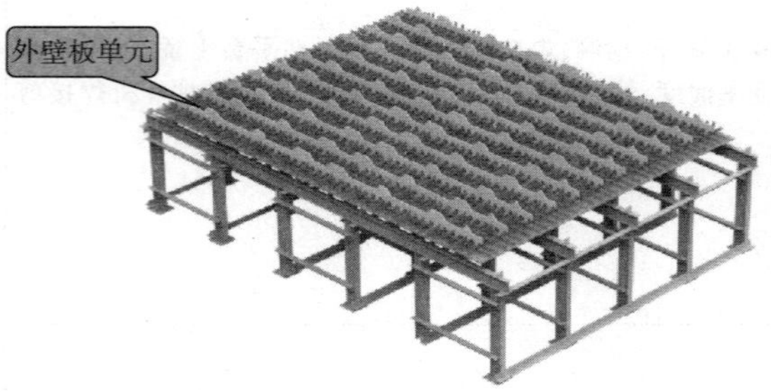
步骤 2：安装临时工艺支撑。以胎架横纵基线及高程水准点为基准，在块体外壁板单元上放样定位临时工艺支撑	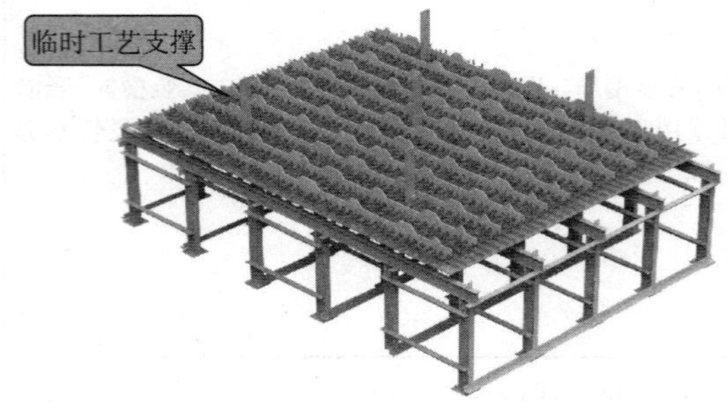
步骤 3：定位块体内壁板单元及角钢加劲。以胎架横纵基线为基准定位"一"型块体内壁板单元，保证内外壁板单元相对位置关系，合格后组焊角钢加劲，重点控制块体箱口长、宽、高及块体匹配精度	
步骤 4：定位一侧块体。以胎架上的横纵基线为基准，组装定位一侧块体	
步骤 5：定位两侧块体。根据块体划分方式，将另外两侧块体拼装就位，定位后调整三个块体位置关系，定位后临时固定	

步骤流程	图示
步骤6：定位另一侧块体。以胎架横纵基线为基准，继续拼装第四个块体，第四个块体定位后测量顶、底面环口尺寸情况，并返出节段轴线、基准线。定位无误后施焊主角焊缝	
步骤7：节段整体测量，切割二次切割量，组装焊接临时匹配件、吊耳、反力座	—

四、焊接及变形控制

1. 焊接变形控制难点

制造过程中焊接变形是无法规避的问题，钢塔节段结构设计为不规则形状，截面尺寸大、吨位重，焊接翻身困难，如有过大变形，不易修整。因此，为防止钢塔制造时出现较大焊接变形，在项目初期根据设计图纸相关要求，开展焊接变形研究，根据钢塔结构特点、制造方案，讨论、分析焊接变形规律，编制合理的组焊工艺，明确合理的组装和焊接顺序，优先采用自动焊、小线能量焊接和分步组、焊、修等工艺措施预防结构焊接应力集中，防止焊接应力变形的产生。

2. 焊接变形控制方法

(1) 优化焊接设备：由于焊接收缩，板单元焊接后产生变形，严重影响板单元平面度，为了控制焊接变形和减小残余应力，使用船位焊双向反变形翻转胎架进行焊接，通过船形焊反变形胎液压自动夹紧、翻转，可使板单元焊缝均处于船位焊接状态，保证焊接质量的同时减少焊接变形；桥位焊接时，采用小型智能焊接机器人，双面焊接，适当增加焊接工艺板，控制焊接变形。

(2) 智能化矫正：板单元焊后仍存在一定程度的变形，采用数控矫正机床实现自动化机械冷矫正，该机床通过图像识别，智能感知平整度，矫正后板单元平面度达到1mm以内。

(3) 预制反变形：钢塔块体拼装前对壁板单元先进行"二拼一"，板单元"二拼一"时对接焊缝采用预制反变形技术，减少焊接变形带来的焊接残余应力。

(4) 增加工装：块体接口部位，刚度薄弱，焊接及运输容易造成变形，对其采用K形撑、空心隔板工装等进行加固。

3. 辅塔钢壳焊接顺序

1) 壁板单元焊接顺序（横隔板焊接机器人）

(1) 焊接钢板对接接料焊缝。

(2) 以板单元横纵基线为基准定位组装横向加劲肋和纵向加劲肋，将组装好的壁板单元卡固在平台上。

(3) 采用横隔板焊接机器人焊接纵向加劲肋角焊缝、横向加劲肋角焊缝、横向加劲肋与纵肋间的立位角焊缝。所有焊缝对称施焊。

(4) 加劲肋角焊缝焊接完成后，采用螺柱焊机焊接剪力钉。

备注：横向加劲肋和纵向加劲肋全部组装完成后，再焊接加劲肋与壁板间角焊缝。

2) 壁板单元焊接顺序（反变形船位焊接机器人）

(1) 焊接钢板对接接料焊缝。

(2) 以板单元横纵基线为基准定位组装纵向加劲肋,将组装好的壁板单元卡固在反变形胎架上。

(3) 采用反变形船位焊接机器人焊接壁板单元纵肋角焊缝,所有焊缝同向施焊。

(4) 组装横向加劲肋,采用横隔板焊接机器人焊接横向加劲肋角焊缝,焊接横向加劲肋与纵肋间的立位角焊缝。

(5) 加劲肋角焊缝焊接完成后,采用螺柱焊机焊接剪力钉。

备注:①纵肋角焊缝同一侧焊缝尽可能同时施焊,或者从中间向两边对称施焊。
②纵肋角焊缝焊接完成后,再组焊横肋角焊缝。

3) 角壁板单元焊接顺序

(1) 组装横肋和角壁板成角壁板单元。

(2) 采用焊接小车焊接角壁板间坡口角焊缝。

(3) 焊接横肋与角壁板间贴脚焊缝。

(4) 最后采用螺柱焊剂焊接剪力钉。

4) 节段的焊接顺序

(1) 板单元对拼,焊接壁板单元间纵向对接焊缝及板肋对接焊缝。

(2) 在外壁板单元上定位临时工艺支撑,定位组装内壁板单元和角钢呈"一"字形块体。

(3) 焊接角钢与加劲肋间角焊缝。

(4) 在节段拼装胎架上依次定位组装块体成"回"字形。

(5) 焊接内壁板间斜对接焊缝,焊接外壁板间角焊缝。

(6) 焊接其他焊缝。

五、智能加工制造

融合下料、加工、拼装、涂装等过程数据,形成钢塔"四线一系统"智能制造服务新模式,进行全自动的钢材预处理,自动生产线可以实现钢板的赶平、抛丸除锈、喷涂车间底漆、烘干等功能。

板材数字化下料生产线可实现联网管控,主要包括空气等离子数控切割机、数控火焰切割机等。板材数字化下料生产线通过板材切割下料管理系统与车间制造执行信息化管控系统(iBIM)融合,由数控切割机、智能套料软件、BIM信息化系统、网络等构成,实现数控切割机的联网管控。划分时尽量实现板单元标准化,以便实现板单元生产规范化、产品标准化、质量稳定化。板单元制造按照"钢板赶平及预处理→数控精切下料→零件加工→组装焊接→板单元数控矫正"的顺序进行,其关键工艺如下:

(1) 预处理:钢板采用预处理自动生产线进行赶平、抛丸、喷漆、烘干。

(2) 下料:板件采用空气等离子及火焰数控切割机下料,切割设备同时完成自动划线和标识喷写,全面提升机械自动化水平。

(3) 面板坡口加工:采用半自动火焰切割设备或三面铣床铣削加工,大幅提高坡口表面质量和生产效率。

(4) 板单元加劲组装与焊接:板单元组装采用磁力线形定位调节器完成加劲肋组装,板单元焊接采用反变形船位焊接专机、龙门式隔板焊接机器人完成板单元自动焊接。

(5) 板单元数控矫正:采用专用数控矫正机床,通过图像识别,智能感知,检测板单元焊后平整度,进行自动化机械矫正。

六、结　语

本文对张靖皋长江大桥钢壳辅塔的制造工艺流程和制造经验进行介绍与总结,可为类似的钢塔、钢壳等结构制造提供一些依据。过程中采用的制造工艺、工装以及焊接变形控制的经验,有效帮助张靖皋长江大桥南航道桥辅塔的顺利制造,具有较高的推广应用价值。

参考文献

[1] 彭强. 南京长江五桥钢壳混凝土桥塔足尺模型工艺试验[J]. 桥梁建设,2019,49(3):46-50.
[2] 席刚. 斜拉桥钢壳混凝土索塔的质量控制[J]. 福建建材,2017(5):67-69,87.
[3] 朱新华. 大跨度桥梁曲线形钢塔整体制造关键技术研究[D]. 石家庄:石家庄铁道大学,2018.
[4] 卢玉春,陆海. 公路桥钢塔制造技术研究[J]. 公路,2015,60(3):75-78.
[5] 张剑峰,车平,孙立雄,等. 桥梁钢塔柱制造焊接技术[J]. 金属加工(热加工),2011(10):29-32.

15. 浅谈张靖皋长江大桥钢塔智能制造技术

穆长春 余超 张杜雪

(中铁宝桥(扬州)有限公司)

摘 要 智能制造是桥梁制造行业未来发展的方向,张靖皋长江大桥钢塔项目在制造过程中,通过Tekla软件的应用、智能焊接平台的搭建、智能焊接设备的应用,以及基于高精度的三维激光扫描仪实现的大型钢塔虚拟预拼装技术,初步探索了智能制造在桥梁钢结构的应用。

关键词 钢塔 智能制造 Tekla 智能焊接 虚拟预拼装

进入21世纪以来,新一代信息通信技术、新材料技术、"互联网+"技术、智能制造技术、人工智能技术等现代科技快速发展,对各行各业转型升级、提高质量等产生了重大影响。各个行业都在不断进行信息化、智能化制造建设,这对于行业的发展以及时代的进步都具有重要意义。为了实现桥梁行业转型升级,必须全面提升中国钢桥梁技术创新能力和水平,必须由传统的制造方式向工业化、数字化建造变革,必须融入先进智能制造技术,向智能制造方向发展。

一、项目概况

张靖皋长江大桥北塔为门式框架结构、群桩基础,塔顶高程+354.000m,塔底高程+4.000m,塔高350m;塔柱外轮廓采用矩形带凹槽结构形式,改善塔柱空气动力性能;钢箱内设4根直径3.6m的钢管约束混凝土柱,通过腹板、横隔板与钢箱形成整体。塔柱划分30个节段(含鞍罩),节段长度除T1外,其余为8.1~13.5m不等,标准节长度10.8m、13.5m。T1节段为底段,T25~T28节段位于曲线过渡段内,其余节段均在直线段上。现场吊装单元质量为180~700t,共计百余个。该项目结构复杂,制造精度要求高,迫切需要更先进的数字化手段来提高钢塔的制造水平。图1为张靖皋长江大桥主桥南航道桥效果图。

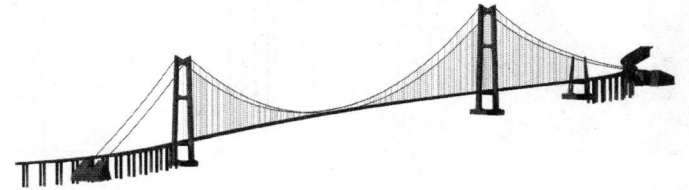

图1 张靖皋长江大桥主桥南航道桥效果图

二、Tekla软件的应用

Tekla Structures(简称Tekla)是一款芬兰公司开发的专业面向钢结构深化的BIM软件,有钢结构深化、钢筋深化、建筑建模、项目管理等多种配置,切换不同的安装环境可对应不同的国家标准,包含三维建模、施工图详图绘制、清单报表汇总、生产信息管理、与其他BIM模型交互等多种功能。软件模型可达到对建筑工程物理特征和功能特征信息的数字化承载和可视化表达,是数字化技术应用的基础。

1. 参数化建模

该项目在不同节段间存在相同的设计逻辑,通过总结相关数据的关联性和变化规律,开发专属于该钢塔的自定义组件。主结构中分为壁板零件、隔板零件、腹板T肋零件、圆管零件、吊耳节点、连接板节点、栓钉细部等,全部以参数驱动。仅修改单个参数便可实现关联数据的对应变化。信息完整的三维模型,可用模型的碰撞检查功能发现模型零件之间或与其他专业模型之间的干涉,在制造之前解决问题,避免后期变更,降低制造成本,保障工期要求。

壁板零件参数面板如图2所示。壁板零件模型如图3所示。

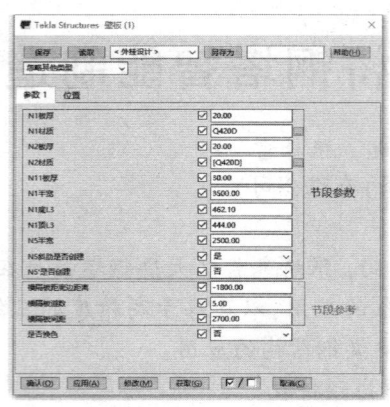 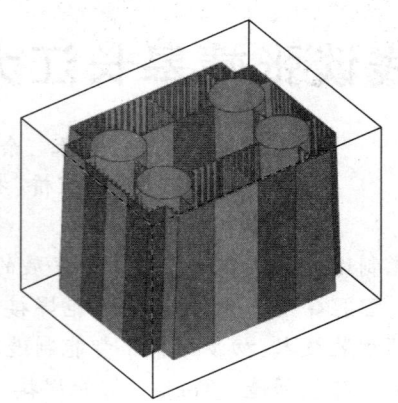

图2 壁板零件参数面板　　　　图3 壁板零件模型

2. 模型正向出图

Tekla的图纸层级分为零件图、构件图、布置图,图纸内容取决于图纸模板的设置和链接的模型信息内容。模型修改,图纸可做到实时更新图形内容,并标示修改的尺寸和标记。模型信息越完善,图纸的细节就可以表达的越丰富;模型相似度越高,批量复制的图纸需要修改的内容就越少,还可批量输出为.dwg或.pdf格式的文件用于整理存档,如图4、图5所示。

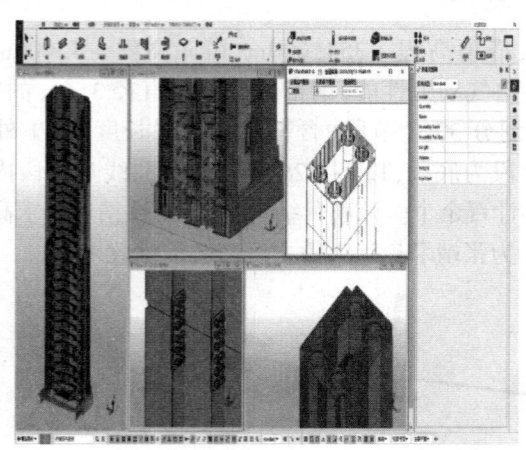 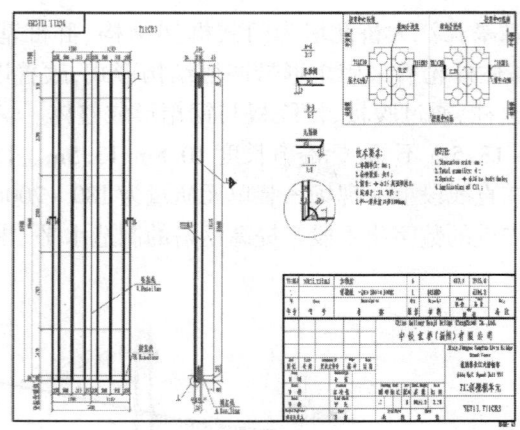

图4 模型信息展示　　　　图5 构件图纸

3. 智能下料

Tekla模型可以直接输出零件NC程序,可以直接被套料程序读取。ERP系统自动读取套料系统钢板提料信息,生成采购清单,执行供应链流程。钢板到货入库后,套料系统调取钢板信息,按照生产计划远程下发到切割设备,实现自动化下料,NC程序执行完成后自动将完工信息反馈到MES系统,完成自动报工。与传统切割下料方式相比,智能切割生产流程基本实现少人化管理,所有操作流程均可在线完成,提高了切割流程效率,可避免人为因素对切割质量的影响,如图6、图7所示。

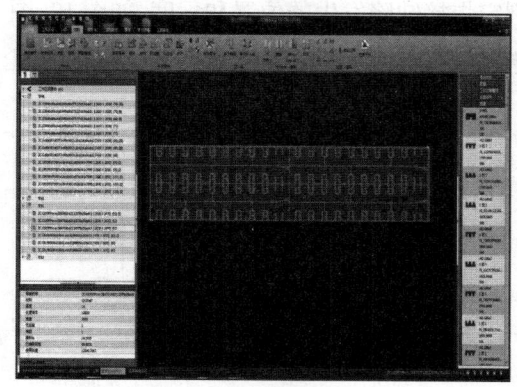
图6　NC代码导入套料软件

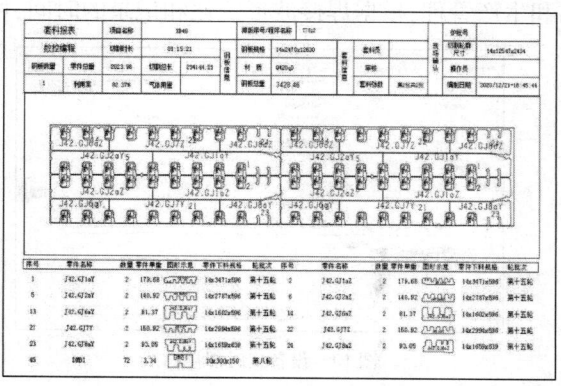
图7　智能排版

4. 清单报表汇总

模型的所有数字信息,均可通过软件自带或用户自定义的清单模板提取,列表显示或汇总,用于合理统计物料和施工方案的相关信息,通过三维模型可以生成多种报表,包括构件清单、材料清单、螺栓清单等,辅助制造和施工,降低生产成本。

5. 生产信息管理

软件的零构件属性管理器,可为模型空间中的每个零构件设置关于制造的信息标注,以配合制造的管理要求;所有层级图纸也均可在文档管理器中标记下发情况、相关人员、相关批次的工期节点等内容,二者可协同实现可视化图形和图纸文档在制造阶段全过程的信息管理,如图8、图9所示。

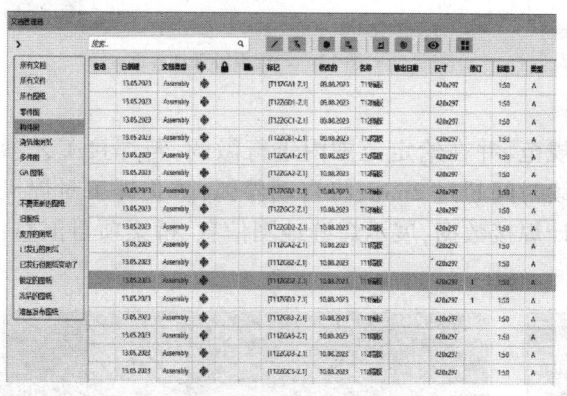
图8　图纸文档管理器

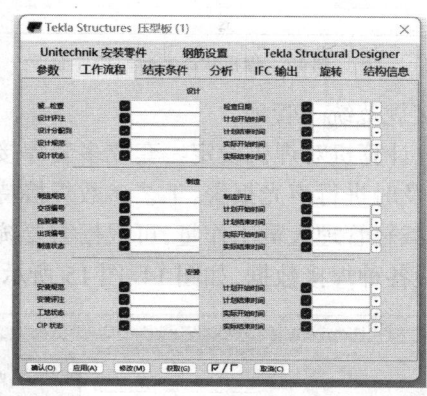
图9　零件属性管理器

6. 与其他软件的交互

Tekla可输入或输出如.dwg、.ifc、.stp、.eli、.nc、.xml、.skp等多种格式的文件,实现和如Autocad、Revit、Bentley、Catia、SketchUp等三维或二维软件的信息交互和数字转化,以实现更多的数字化应用。

三、智能焊接技术

1. 智能焊接平台应用

建立板单元智能焊接生产线,通过应用智能焊接群控系统,改造现有焊机,采用有线、无线等多种通信方式实现焊机与群控服务器的链接,该系统具备焊机管理、焊接规范管理、焊机状态实时监控、焊接数据统计分析、历史数据曲线重现、焊缝质量精准追溯等功能,可协助用户实现对焊机进行集群式控制和管理。

1)焊接质量在线检测

在焊机安装数据采集器,可调取焊机实时焊接数据和历史焊接数据,并以曲线形式显示,便于追溯相关产品和生产管理，根据焊接波形变化和记录的时间，可判定焊接缺陷发生的位置和程度，如图10、图11所示。

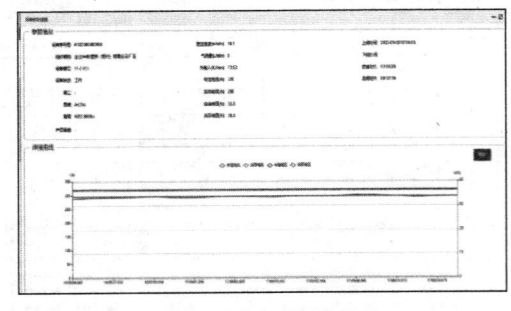

图10 设备实时焊接曲线

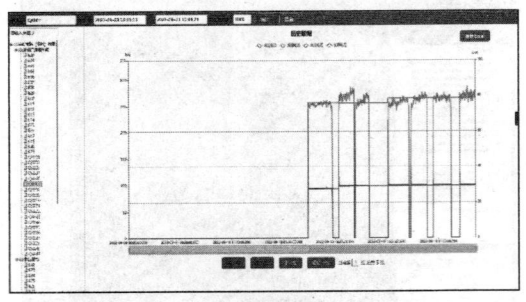

图11 设备历史焊接数据

2）焊机状态实时监控

可分组查看网络内焊机实时工作状态，显示焊机故障信息，从而能及时发现并解决生产过程中的各类问题，如图12、图13所示。

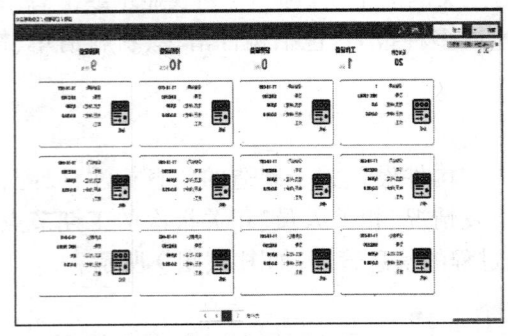

图12 焊机状态实时监控界面

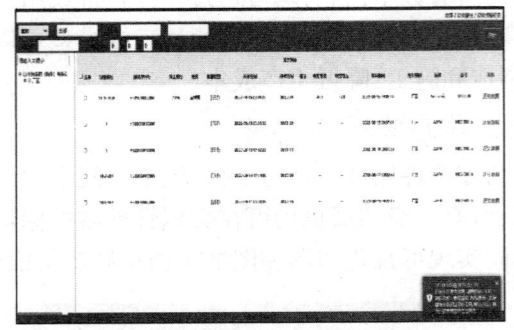

图13 焊机报警管理界面

3）焊接规范统一管理

可通过计算机对焊机设定一套或多套焊接规范，并在给定范围内进行微调，若焊接工艺参数超过允许范围，应及时进行声光报警，工艺参数焊接持续时间超过2min，将自动停弧，防止焊工对焊机规范的误操作，同时减轻管理人员工作量，可根据需要统计焊接数据，展示焊缝地图信息、桥梁项目汇总信息，方便管理者掌握各种焊接数据，如图14、图15所示。

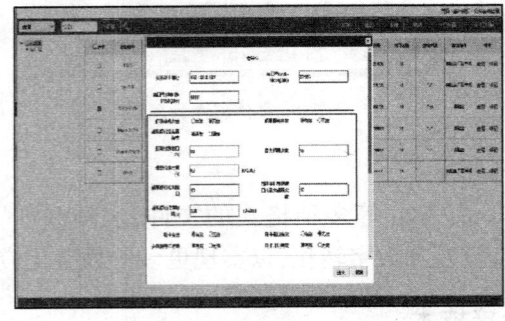

图14 焊机超限参数设置界面

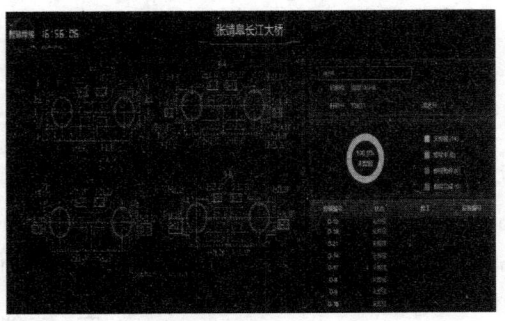

图15 焊缝地图展板

2. 智能焊接设备应用

为提高钢塔智能焊接水平，本项目在钢塔单元件及块体制作工序应用了大量自动化焊接新设备，大大提高了焊缝质量稳定性及焊缝外观一致性。

1）板单元智能化焊接

壁板单元、腹板单元纵向加劲肋采用门式多嘴头埋弧板肋自动焊机焊接，焊接位置为30°船位，焊枪端部应用电子跟踪系统，代替人工调节，实现自动调节跟踪焊缝，如图16所示。

横隔板加劲肋使用横隔板焊接机器人焊接,配置高性能电弧跟踪功能,能够更大程度地适应构件位置与形状的偏差,实现焊缝效果精确跟踪,如图 17 所示。

图 16　壁板单元、腹板单元焊接

图 17　横隔板单元焊接

2）块体智能化焊接

应用便携式焊接机器人焊接横肋与腹板单元之间角焊缝,横隔板与有肋侧腹板、壁板之间角焊缝,该设备质量轻,便携移动,无须进行编程,通过设置路径特征点进行自适应识别,可实现不同焊接位置及焊接参数的自适应切换,操作便捷,如图 18、图 19 所示。

图 18　腹板横肋焊接

图 19　块体横隔板周圈焊缝焊接

横隔板与无肋侧腹板之间焊缝、壁板之间棱角焊缝、腹板与圆管之间焊缝使用无轨道磁吸焊接小车焊接,小车使用导轮导向,可实现全位置长直焊缝自动化焊接,同时设备便携灵巧,可适用于狭小空间焊缝的自动化焊接,如图 20、图 21 所示。

图 20　腹板与圆管仰位焊缝焊接

图 21　块体棱角焊缝焊接

四、虚拟预拼装技术的应用

随着计算机技术的迅猛发展,数字模拟试装技术为传统的实体试装技术带来了工艺革新的契机。人们可以从装配设计的角度出发,利用电脑模拟构件的实际数据进行检验和试装,从而指导工厂及时整修问题构件,避免等实体吊装到一起才发现无法安装的情况,辅助甚至省掉试装过程,极大地减轻工厂工人的劳动强度,提高生产效率,节约时间,对生产向自动化、智能化方向迈进具有重要意义。

1. 基本原理

三维激光扫描技术应用于钢桥数字模拟试装的原理,是利用其能在短时间内测量出千万级数量点云数据的技术优势,快速复制出钢构件的三维点云模型。将不同编号构件的点云模型导入计算机,再按照工艺设计的特征点建立理论模型坐标系,将不同坐标系状态下构件的点云模型统一到理论模型中,从而自动实现数字模拟试装作业。经过必要的反复加工修改与模拟预拼装,直至满足精度要求。

2. 主要硬件及设备

1)数据采集设备

主要包括三维激光扫描仪(Z+F IMAGER ® 5010C)、标靶球、标靶纸及三脚架。三维扫描仪用于获取被扫描钢塔构件几何表面的三维点云数据;标靶球用于提供明显易识别的公共点作为拼接控制点,将多期点云数据转化至统一坐标系下,实现多站配准拼接;标靶纸辅助标靶球进行点云数据配准拼接过程,帮助点云数据与标准模型进行误差识别;三脚架用于支撑激光扫描仪进行扫描作业,防止支撑面倾斜、不稳,辅助扫描仪整平,避免激光扫描仪高程过低。

三维扫描仪(图22)的主要作用是通过对物体和环境的3D扫描来获得相关的具体数据资料。它将搜集到的信息进行三维建模处理,可以得到很直观有效的三维数字模型。激光三维扫描仪,主要利用的是激光测距的原理,即通过对被测物体表面大量点的三维坐标、纹理、反射率等信息的采集,来对其线面体和三维模型等数据进行重建,这种三维数据是由物体表面的均匀采样坐标点集组成。大量坐标点的集合称为点云或点云数据。点云数据所表示的模型就称为点云模型。

图22 三维扫描仪

2)数据处理设备

数据处理设备主要包括工作站、移动硬盘;软件包括VS编程平台、PCL点云数据库、Tekla Structures 2020、Z+FLaserControl、Polyworks。Structures 2020软件主要用于建立试装节段理论模型,为后期数据对比做准备;Z+Flasercontrol软件主要用于扫描模型的点云数据预处理,形成实测模型体;Polyworks软件主要用于完成实测模型和理论模型的拟合,数据对比,形成数据分析报告。移动硬盘用于储存点云数据,工作站用于运行编程语言与其他软件,PCL点云库用于编写数据处理程序,剩余软件用于建模、点云数据转换等工作(图23、图24)。图25所示为搭载PCL点云库的VS平台。

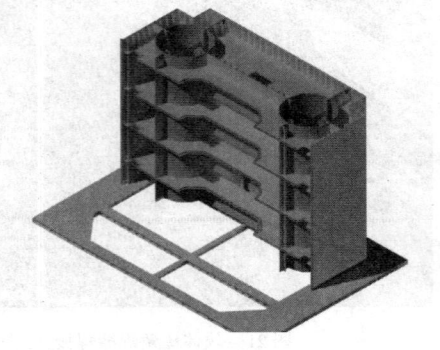

图23 钢塔理论模型

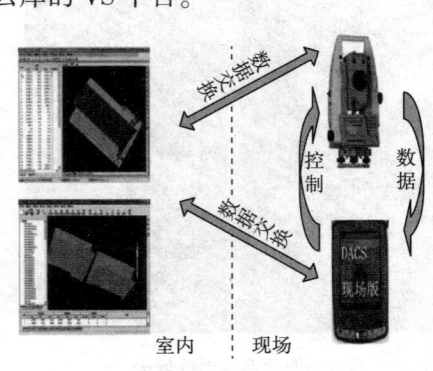

图24 实测模型导入软件

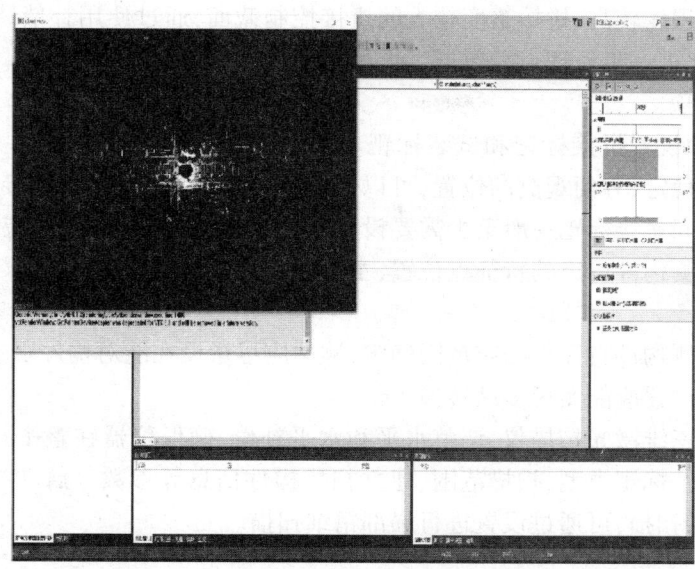

图 25 搭载 PCL 点云库的 VS 平台

3. 三维扫描方案

1）三维扫描准备工作

扫描期间应避免下雨、沙尘暴、雾霾等特殊天气；控制扫描环境扬尘量、湿度；保证扫描仪所在地面 0.5m 以上高度温度低于 45℃。扫描时应避免中午阳光直射环境及交流照明光源。进行扫描作业，避免由于光线过强造成的图像传感器饱和，影响扫描结果。

点云采集工作需借助三维扫描仪完成，根据扫描仪的作业范围、构件结构形式、特征点分布等条件考虑测量站点的设置，进行多站测量时需要借助标靶球实现转战作业。扫描仪的作业现场周围环境应相对稳定，避免过多的振动、干扰，在构件周围应留出足够的工作空间以便设站，并且，测量过程中，构件不能发生相对移动。

2）扫描方案与参数设定

为保证获取到的点云数据质量与拼接精度，同时避免人力、物力的浪费，对单个预制节段进行五站式扫描方案，保证两测站之间扫描重叠度在 20%~30%，其中前三站位于地面，根据每一站点扫描部分复杂程度选择不同精度的粗扫分辨率和补强分辨率，后两站使用架梯将扫描仪与操作人员送至高于预制节段 2~3m 位置，对预制节段上表面使用较高分辨率扫描，通过两站扫描结果相互比对、拟合，获取完整拼接控制截面点云数据（图 26、图 27）。

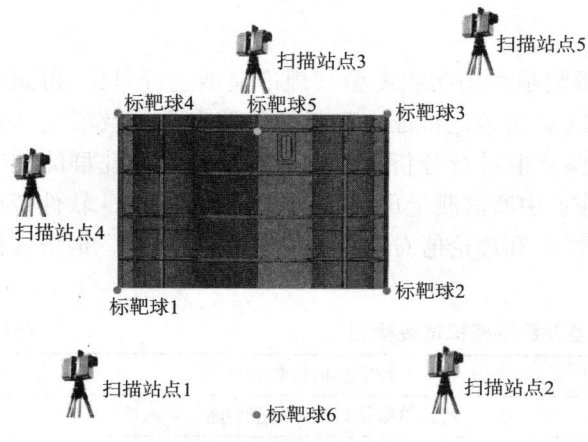

图 26 测站与标靶球总体示意

图 27 扫描现场照片

针对预制节段复杂程度较高、拼接难度较大的拼接控制截面,通过使用补偿装置(内置相机)对相关结构进行颜色捕捉,简化进一步处理点云数据工作量。

3)激光扫描注意事项

激光扫描过程中,须设置拼接标靶和试装标靶。其中,拼接标靶设置在构件外侧,主要用于测站转接。拼接标靶应放置在稳定、方便观测的位置,可以借助周边设施,设置高低拼接标靶,辅助高空及地面扫描过程转站。两站之间拼接标靶一般至少需要设置三枚靶球,三个靶球距离应拉开,以便提升拼接精度。试装标靶安装在所测构件设定的特征点位置,主要用于实测模型特征点拾取,以便于和理论模型特征点作对比。

站点设置应根据所测构件特征点分布范围确定,测站应尽量设在能对构件观察较为全面的位置并避免过多设站。靶球摆放位置应能实现多站转换工作。

按照设站方案架设三维激光扫描仪,调整水平和水平补偿,确保仪器在整个扫描作业过程中保持稳定状态,并设置扫描精度、标靶类型、扫描范围、建立扫描构件信息等参数。启动扫描作业后仪器处于闭环系统,仪器会自动旋转扫描,可通过设置进行局部精细扫描。

4. 钢塔节段数字验收

虚拟试装以 BIM 技术和三维激光扫描技术为支撑,充分利用构件特征面和特征线的面/面、面/线、线/线几何关系实现点云模型与 BIM 模型的匹配以及各类参数据的计算。首先运用 BIM 技术进行三维模型的建立,为后续的检测比较提供设计模型;其次运用三维激光扫描仪进行三维测量实现实物结构的虚拟化,即将真实的构建准确的转变成数字模型;最后将三维扫描的点云数据进行处理,形成点云模型,与 BIM 模型对比拟合考察其构件加工质量(图28、图29)。

图28 扫描结果

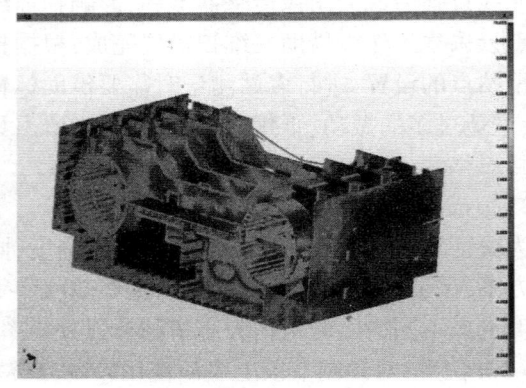
图29 实测数据与模型拟合

5. 虚拟预拼装允许偏差

三维扫描意在还原构件真实模型,数字模拟分析则是利用实测模型与理论模型进行对比,得到对比结果,以此来判断构件制作效果。Polyworks 软件可以实现标记特征点和任意位置点坐标及实测和理论偏差拾取,通过对重点部位,如箱口、孔群等任一点偏差值进行分析可以判断钢梁箱口及孔群的加工精度,从而判断是否满足钢梁间连接要求。对于试装作业中所需测量尺寸,可以通过 Polyworks 软件特征点坐标拾取,通过坐标间距离转换计算得到所需要的数字,和理论值对比得到偏差,进行判断。钢塔虚拟预拼装作业允许偏差、数字模拟试装检测方式见表1。

试装主要尺寸允许偏差及数字模拟试装检测　　表1

序号	项目	允许偏差(mm)	数字模拟检测
1	塔高	±2.0	通过拾取箱口坐标差值判断
2	钢塔箱口尺寸	±2.0	通过拾取箱口坐标差值判断

续上表

序号	项目	允许偏差(mm)	数字模拟检测
3	扭曲	≤3.0	通过箱口特征点坐标值转换计算进行判断
4	旁弯	≤3.0	通过拾取任意点坐标偏差值进行判断
5	断面对角线差	≤3.0	通过拾取四角坐标值转换计算进行判断

6. 钢塔模块虚拟预拼装

数字验收完成后,基于钢塔节段位置编号,对各块体点云模型进行编号,依照模型编号顺序开展节段模型数字拼装。数字拼装中,先做内外侧块体拼装,再做钢塔节段整体拼装,其中需重点关注相邻拼装模块的外轮廓线拼接误差、横隔板中心线拼接误差及加劲板中心线拼接误差和螺栓孔的孔位、孔径、通过率等数据,并将数字拼装模型与钢塔理论模型进行拟合。计算机模拟预测多节段节点拼接结果,通过控制节段节点加工过程精度,进而实现对安装后整体精度的主动控制。防止由于单个节段节点加工误差的累积造成安装后节段节点的位置、线形、扭转等超差(图30、图31)。

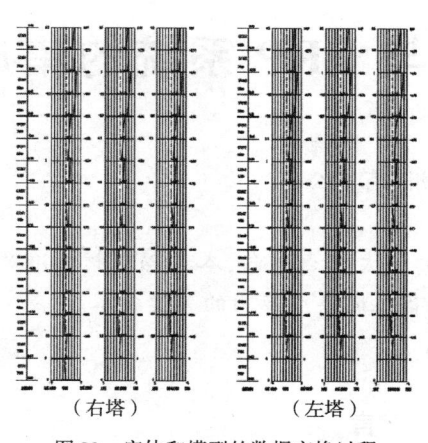

图30 实体和模型的数据交换过程

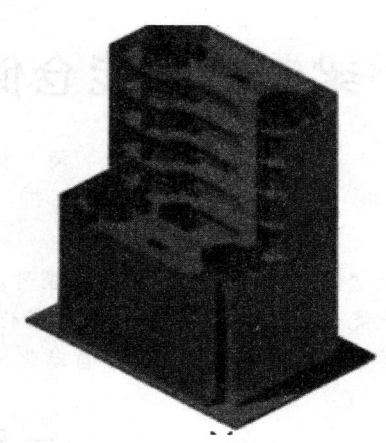

图31 虚拟预拼装顺序

7. 虚拟预拼装结果分析

基于激光扫描获取张靖皋长江大桥南航道桥主塔拼装块体点云数据,通过将虚拟拼装后的点云信息导入软件polyworks,并将标准模型与拼装数据进行模拟拼接,通过对拼接细节的展示和对整体拼接误差的分析,总结了误差走向,并将拼接结果与标准模型进行对比,实现主塔块体的高密度、高效尺寸质量检测。根据扫描与统计结果:T3-T4整体阶段拼装后误差总体控制在2mm以内。综上,首段T3KT1、T3KT2、T4KT1及T4KT2等块体试件制造精度良好,线形轮廓无过大偏差,满足制造要求(图32、图33)。

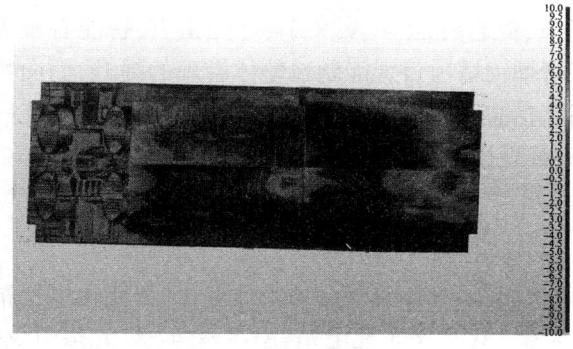

图32 节段预拼装结果

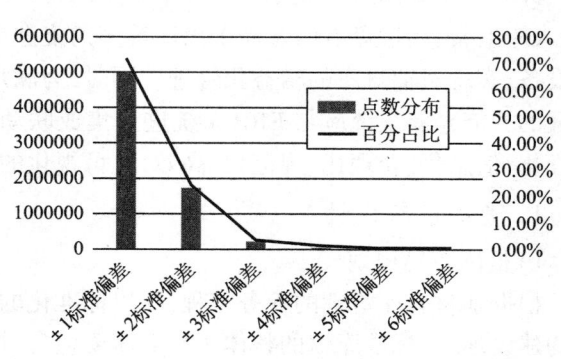

图33 偏差统计结果

五、结 语

张靖皋长江大桥钢塔项目,利用 Tekla 软件的三维建模型功能,完成包含数字化信息的三维模型,高效且准确地生成配套的施工详图和信息报表;将板单元、块体的焊接管理接入智能焊接平台,让焊接实现自动化、智能化,实现对焊接参数控制的质量监测;制造成果用虚拟预拼装技术验证了成品的制造精度,研究误差分析及误差调整纠偏,最终用于指导钢塔智能制造。以上这些都是实现张靖皋长江大桥钢塔智能制造的重要技术手段。

参考文献

[1] 张光先,陈冬岩,李朋. 焊接设备的数字化、网络化及群控系统[J]. 电焊机,2013,43(5):10-16.
[2] 郭满良. 钢结构虚拟预拼装技术[J]. 建筑技术,2018,49(4):381-384.
[3] 姜金泉. 大型受压环形钢箱梁拼装技术研究[J]. 建筑施工,2019,41(5):808-810.

16. 钢桥梁制造智能仓储与 ERP 系统的集成应用

朱 涛 杨 亮 陈婉莹

(中铁宝桥(扬州)有限公司)

摘 要 智能仓储是钢桥梁智能制造转型升级的一大重点方向,本文以辅材标准库房建设为例,介绍钢桥梁制造下智能仓储系统、ERP 系统及自动化装备之间集成应用的关键技术。

关键词 钢桥梁 智能仓储 ERP 自动化装备

一、引 言

近些年,随着信息技术的不断发展,现代物流也已逐渐走向网络化与智能化,智能仓储技术也得到了进一步的探索和应用。在钢桥梁制造企业中,仓储系统作为生产系统的一部分,在企业的生产管理中起到至关重要的作用。因此,智能仓储技术的发展不是与公司其他业务系统相互割裂,而是要与其他业务系统相互集成,整合软硬件资源,打造自动化程度高、业务流程清晰透明、材料管理动态监测的钢桥梁智能仓储新模式。

二、钢桥梁智能仓储与 ERP 系统集成规划

针对钢桥梁制造行业原材料品多类杂的特殊性,可从标准化辅材物料的采购收货、物料拆包、条码打印、入库上架、调拨盘点以及需求出库等多角度业务场景,配合智能 AGV 叉车、灯光指引、智能看板等智能设备,实现对辅材库的精益化管理。同时,为满足张靖皋钢塔项目智能制造整体管理的提升,面向物流管理的智能仓储系统应与 ERP 系统进行集成联动,消除信息孤岛,辅以智能物流硬件,从而建成统一的流程化、信息化、合理化、规范化、高效化、可视化的物流管理模式。整体系统架构如图 1 所示。

1. 硬件布局设计

1)整体布局规划

根据辅材仓库管理的业务流程,配以标准化的仓库布局,同时针对仓储物流数字化、智能化以及精益化的建设理念,标准库房的整体布局需简要包含:标准货架、AGV 叉车充电站、AGV 叉车、灯光指引设备、标签打印机、手持 PDA、智能看板以及整体的网络环境。布局规划详情如图 2 所示。

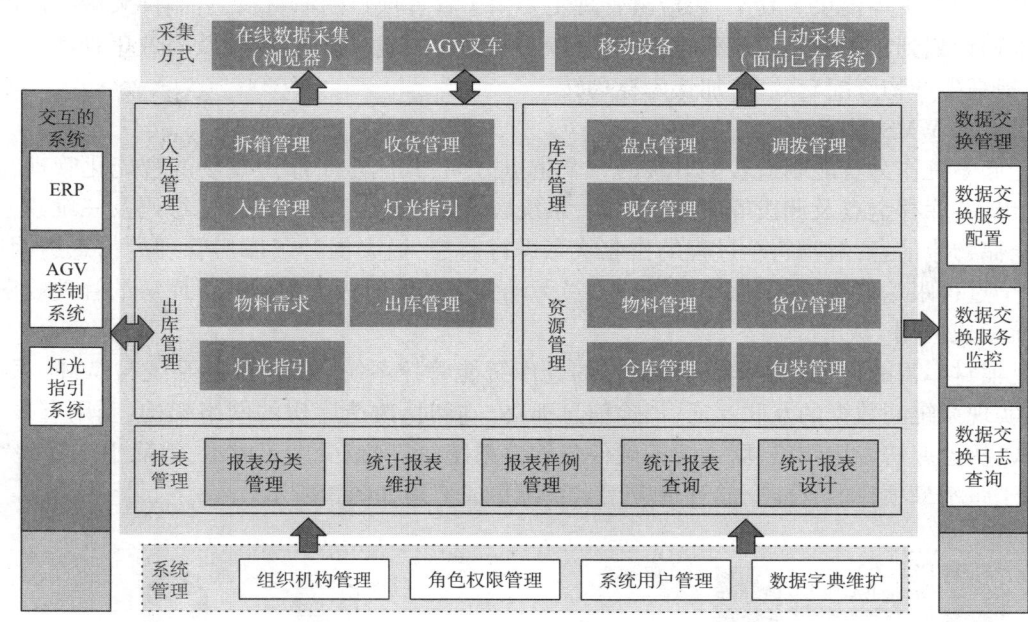

图1 系统整体架构设计

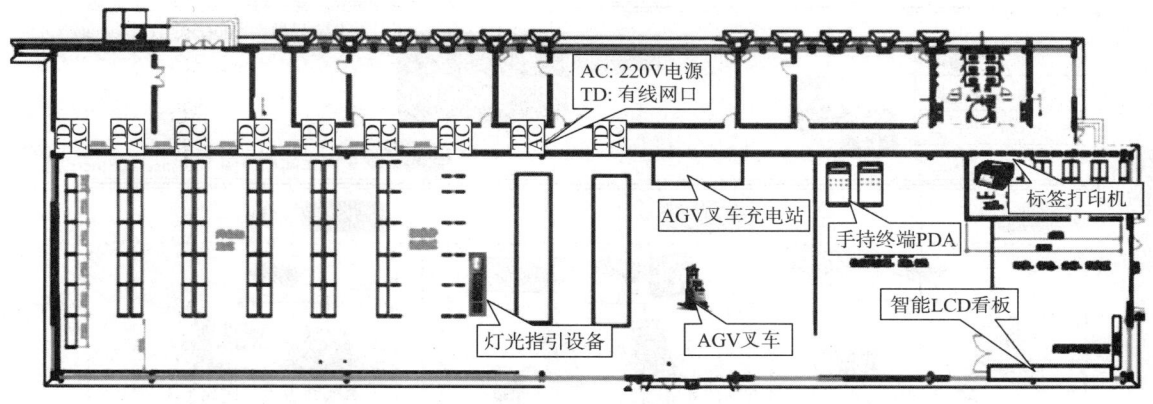

图2 辅材仓库整体布局

2) 灯光指引设备

灯光指引设备主要由智能电子标签及其控制系统组成,采用智能化的电脑辅助上、下架系统,配以手持PDA终端、电子标签设备,将灯号与数字显示作为传输枢纽,引导智能AGV叉车或库房管理人员进行上、下架操作,使仓库的物料出入库处理过程便捷智能。

3) 智能AGV叉车

智能AGV叉车设备主要由自动导航车(激光导航车)和智能监控平台组成,利用AGV自动导向系统,保障设备在不需要人工引航的情况下沿预定的路线自动行驶,将货物或物料自动从起始点运送到目的地,实现无人驾驶。同时智能叉车具备柔性好、自动化程度高等特点,在物料上下架环节,AGV的行驶路径可以根据仓储货位要求的改变而灵活变动。AGV叉车配备有装卸机制,可以与其他物流设备自动交接,实现货物装卸与搬运全过程自动化。此外,AGV叉车还具有绿色环保的特点,AGV叉车依靠自带的蓄电池提供动力,运行过程中无噪声、无污染,在智能化仓库中起着举足轻重的地位。

2. 软件系统设计

1) ERP系统

ERP系统作为张靖皋项目的生产管理主系统,一般包括:合同管理、生产管理、物资管理、资产管理、质量管理及数据分析等模块。其中，供应链管理主要用于管理项目的原材料、自制件及最终产品等，侧重于物资从采购计划到领用出库的流程化管理，可以实现物资的规范化、可控化及高效化管理，保证生产的顺利进行，提高生产物资配套效率，加快库存周转。

2）智能仓储 WMS 系统

智能仓储系统作为智能制造转型升级的一个重点方向，其侧重于库房现场的智能化管理，包含收货入库、发货出库、库存盘点及调拨等业务。同时，系统融合了智能的硬件设备、二维码及三维建模等技术，实时反馈仓储物流信息，对物料全过程的作业状态进行监控，极大提升了库房管理的信息透明度及完整度，实现了全过程跟踪追溯，在降低库房管理人员劳动强度的同时极大地提升了库房的管理效率。

3）系统集成应用

为满足辅材库智能化管理要求，构建完整的仓库智能管控系统，采用 ERP 系统与 WMS 系统数据集成的方式，实现系统间数据的互联互通，消除信息孤岛。同时，改造库房的网络架构，利用有线+无线相结合的方式，构建库房专用网络，联通智能硬件与软件系统，精确减少人工成本，消除生产管理"黑箱"问题，实现基于张靖皋项目的智能仓储管理应用。系统集成架构如图 3 所示。

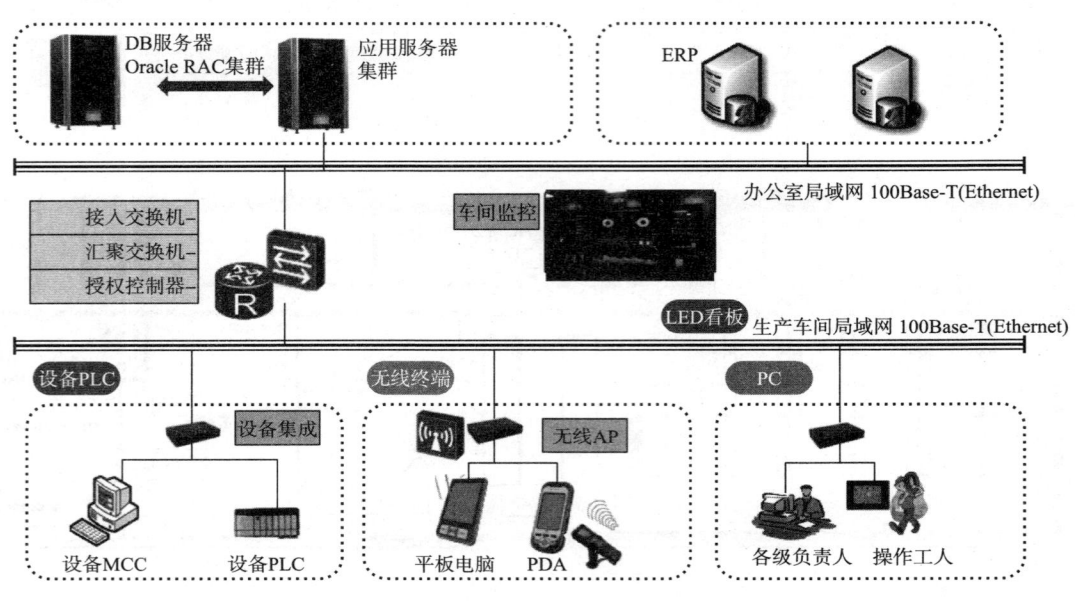

图 3　系统集成架构

三、实施效果

1. 扫码管理

通过二维码识别技术，将每一件物料赋予一个身份信息并伴随物料"一生"，物流人员通过扫码设备对物料二维码进行扫描，即可快速实现物料信息采集、物料身份识别以及物料追踪溯源，极大地提高工作效率和物流信息的准确率。与以往手抄物料信息、单据损坏丢失的情况相比，具有节省人力和物力、信息存储安全等显著特点。扫码管理流程如图 4 所示。

2. 立体仓库

引进三维电子地图功能，通过采用高清工业级 LCD 显示屏配合电子地图系统，建立立体仓库模型，结合灯光管理，可实现对仓储物流状态的可视化监控。管理人员通过电子地图点击任何货位位置，即可查询并展示该货位状态、存储物料信息等数据，从而实现仓储信息、货位信息、物料信息的"一页展示"功能。三维电子地图如图 5 所示。

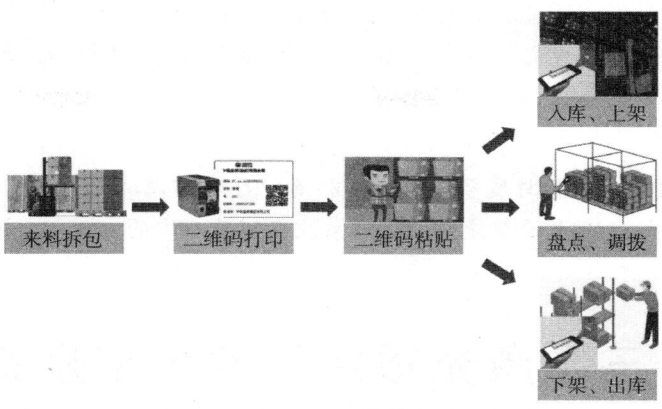

图 4 扫码管理流程

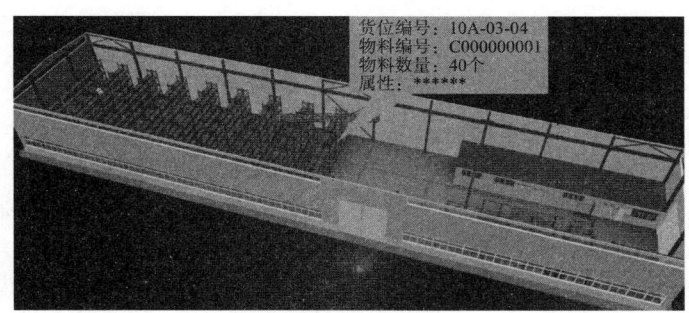

图 5 三维电子地图

3. 智能 AGV 叉车应用

辅材库通过智能叉车,实现物料托盘的自动上、下架业务流程,通过智能仓储系统与 AGV 叉车控制系统接口集成,数据交互,实现上、下架任务指令的快速、准确传递。智能叉车应用情况如图6所示。

图 6 智能叉车应用

物流人员将需要入库上架的托盘放置在 AGV 取货点后,在智能仓储系统生成上架任务并传递给 AGV,其中包含物料信息、取货点以及配送点,AGV 按照指令自动开始执行物料的入库上架,执行成功后,反馈状态,WMS 系统进行记录和库存管理。在物料下架出库业务中,WMS 系统根据物料需求生成 AGV 自动下架任务,AGV 执行任务并反馈。AGV 自动上下架,节省物流人员工作时间,提高物料上、下架的信息的准确性,提高仓储物流的运转效率。

四、结　语

基于智能仓储与 ERP 系统的集成应用,在钢桥梁制造企业建立了真正意义上的辅材智能化仓库,通过信息化系统集成及智能硬件的有效融合,实现了钢桥梁项目辅材的智能化管理。基于张靖皋长江大桥钢塔等项目的实际应用,总结了智能仓储在钢桥梁制造企业的应用效果,积累了实践经验。后续,在信息技术的不断发展和革新下,智能仓储技术必将逐步成为桥梁制造企业转型升级的重点方向,推动行业的高质量发展。

参考文献

［1］张喜刚.中国桥梁技术的现状与展望［J］.中国公路,2017(5):4-45.
［2］李晓辉,赵明.浅谈基于PDA的智能仓储管理系统在制造业中的应用［J］.科技资讯,2019:26,28.

17. 基于三维激光跟踪仪的大型悬索桥钢塔虚拟预拼装应用

陈旭骏　赵凌凌　吴绍丰

（上海振华重工(集团)股份有限公司）

摘　要　虚拟预拼装利用数值模拟在虚拟环境中实现对钢构件的预拼装,减少了实施所需时间和花费。本应用依托张靖皋长江大桥北航道桥钢塔节段,基于高精度的三维激光跟踪仪,提出了一种大型钢塔虚拟预拼装方法,包括在复杂环境下的钢塔节段三维激光测站布置、测量,并结合钢结构分析软件DACS进行数据处理,并评估结果生成拼装界面匹配云图,以实现大型钢塔数字化虚拟预拼装,切实保证钢塔制造精度。

关键词　虚拟预拼装　精度　钢塔　激光跟踪仪　桥梁

一、引　言

1. 应用背景

近十年来,借由计算机技术和数字化模拟的发展,尤其是BIM技术出现以来,可视化虚拟预拼装技术迅速发展,在公路、铁路、船舶、建筑等领域得到很好的应用,并逐步推广。该技术对提升公路桥梁钢结构制造的精度和效率,具有较为理想的应用效果和良好的效益[1]。

随着可视化虚拟预拼装技术的不断发展,测量方式也在不断地突破,有全站仪、三维摄影测量、激光扫描仪、三维激光跟踪仪等。它们有各自的适用场景和适用范围内的测量精度。目前,公路桥梁钢结构领域的虚拟预拼装应用全站仪较多,而三维激光跟踪仪的应用案例尚少。

而钢塔柱断面形式通常以矩形为主,由壁板、腹板及其加劲组成,因为所用钢板较一般钢结构更厚、焊接量更大,且成品为竖直形态。因此在制造中,无法像传统钢箱梁一样,采用纵向试拼装或预拼装检验节段间的接口是否匹配,只能通过精确控制每个塔段两端接口的精度以控制钢塔成品质量,因而对精度要求极高,而虚拟预拼装技术则是验证其精度是否达标的技术手段。

2. 依托项目介绍

1）项目概况

张靖皋长江大桥位于长江下游澄通河段如皋沙群段,在张家港和如皋、靖江境内跨越长江,距离江阴长江公路大桥约28km、沪苏通长江公铁大桥约16km。跨江段设有两座航道桥,其中南航道桥跨越长江主江福姜沙水道,采用桥跨布置2300m+717m两跨吊悬索桥;北航道桥跨越如皋中汊福北水道,采用主跨1208m单跨吊悬索桥。

ZJG-C3标段施工界面为张靖皋长江大桥工程跨江段北航道桥南钢塔及附属钢结构、北钢塔及附属钢结构的制造,北引桥过渡墩检修平台的制造,如图1所示。

图 1 张靖皋长江大桥北航道桥效果图

2) 桥梁结构形式

主桥为双塔单跨吊钢箱梁悬索桥,钢塔采用门式框架外形、钢塔结构形式。主缆跨度布置为 530m + 1208m + 530m 的对称结构,如图 2 所示。

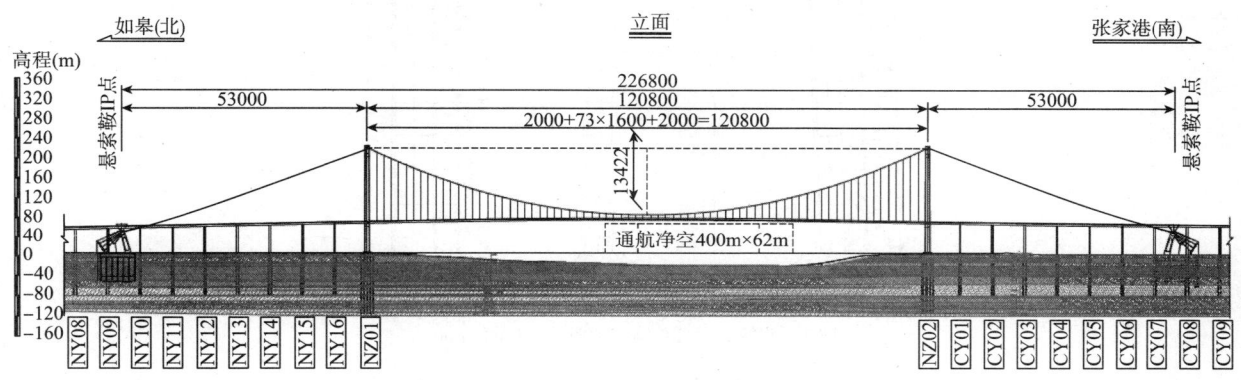

图 2 北航道主桥总体布置图(尺寸单位:cm)

钢塔采用门式结构钢塔,塔柱总高 217m(含塔冠),塔冠高 9m,横梁及以下高度为 58.1m,横梁以上高度 149.9m。塔冠高程 +224.000m,塔顶高程(不含塔冠) +215.00m,塔底中心处高程为 +7.00m。塔柱共设置两道横梁,上横梁顶高程为 +213.7m,下横梁顶高程为 +65.1m,如图 3 所示。

3) 钢塔柱典型结构

钢塔柱横断面为单箱三室断面,由四周壁板和两道腹板构成。为减小塔柱截面风阻系数,改善涡振性能,外轮廓采用矩形带切角断面,切角尺寸为 0.8m × 0.8m。塔柱横桥向尺寸自塔顶至塔底等宽为 7.0m;纵桥向尺寸自塔顶至塔底 9.167 ~ 10m,塔顶纵向加宽至 11m。

塔柱壁板厚度为 44 ~ 50mm,腹板厚度为 44 ~ 50mm;均采用板式加劲肋,加劲肋采用 40mm × 400mm;横隔板的标准间距为 3m、3.1m、2.2m,横隔板厚度一般为 16mm,特殊受力部位采用 28mm 或 40mm,如图 4 所示。

3. 应用目的与意义

本文依托张靖皋长江大桥北航道桥钢塔智能生产和拼装的特点,基于高精度的三维激光跟踪仪,提出了一种大型钢塔虚拟预拼装方法,包括在复杂环境下的钢塔节段三维激光测站布置、测量,确定关键控制点,研究关键点智能测量,研究误差分析及误差调整纠偏技术,最终用于指导钢塔智能制造,提前发现问题,保证在桥位现场做到一次性拼装成功;可视化虚拟拼装技术的研究,可保证和提高制造精度。同时,对基于三维激光跟踪仪的虚拟预拼装技术未来的发展趋势和前景进行展望,为该领域的研究和实践提供有益的思考和启示。

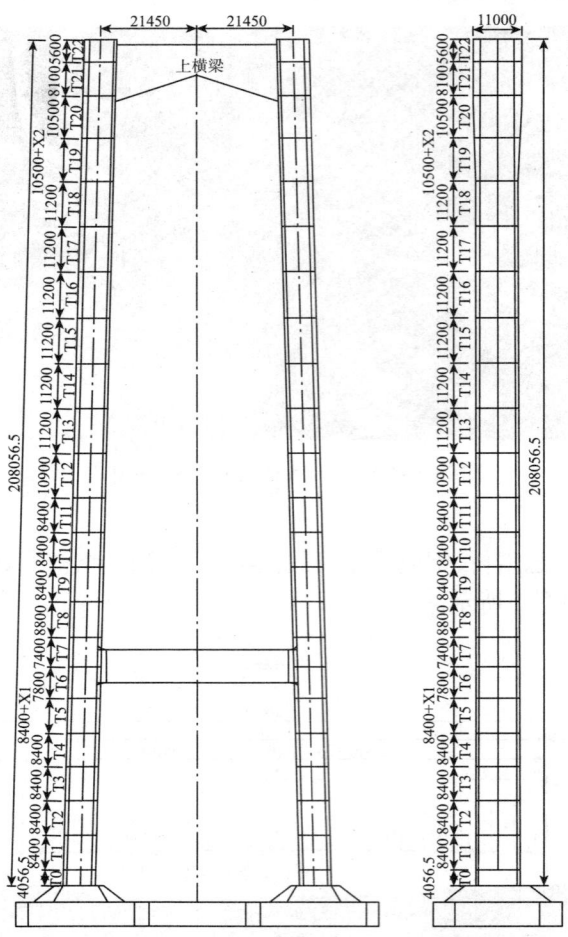

图 3 北航道钢塔总体布置图（尺寸单位：mm）

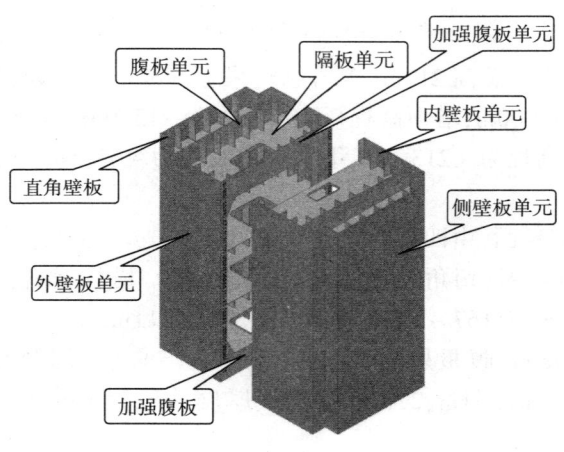

图 4 钢塔标准节段构造图

二、虚拟预拼装技术

1. 技术介绍

桥梁钢结构的"预拼装"或"试拼装"，即钢结构制造厂在厂内或车间里"实体预拼装"，旨在检验所生产的构件是否满足产品规定的质量要求，以保证在桥位现场架设施工时顺利装配，一次性安装成功。"可视化虚拟预拼装"则是利用计算机技术，仿真和模拟预拼装的过程并进行精度控制。

2. 基本原理

可视化虚拟预拼装技术的计算基本原理,是将高精度测量设备测得的实测点,进行空间几何的变换,基于最小二乘法,通过点拟合出线和面,实现与三维深化模型中相应设计点的最佳一致逼近,对拟合后的空间几何图形元素进行数字模拟和数据分析[2]。

3. 测量点与设计点比对算法技术

目前,虚拟预拼装技术主要包括数据采集、拼接控制点提取和拼接控制点比对三个步骤。在数据采集方面,现有虚拟预拼装方法都是采集构件的完整点云数据(如激光扫描仪等方案),或人工选取控制点(全站仪、摄影测量系统等方案),存在采集困难、处理成本高且不利于智能化处理等不足。在拼接控制点提取方面,目前拼接控制点是基于专用软件并通过人工选取得到,存在效率低、主观性大等问题。拼接控制点智能提取与基于测量点数据的特征点智能提取技术息息相关,目前国内外学者已开展了相关研究。Cabaleiro 等先将钢结构节点的测量点数据转化为图像进而采用霍夫变换对型钢翼缘边界进行检测最后通过边界相交提取钢结构节点的角点。Kim 等以预制混凝土桥面板的矩形预留孔洞为研究对象采用随机采样一致性算法对孔洞边界进行检测继而通过边界相交提取孔洞的角点。在拼接控制点匹配方面,Case 等采用广义普氏算法实现了孔位的最优匹配。目前,虚拟预拼装技术结合了以上的学者的研究成果,并以广义普氏算法为主流,并得到较为广泛的应用。

1)实测点与设计点最佳逼近

同一坐标系下,设钢箱梁杆件设计点 P(数字模型中对应的控制点)的三维空间坐标为(X_i, Y_i, Z_i),相应实测点(数字模型中的控制点,通过测量得到了其实际位置)P'的三维空间坐标初始值为(X'_i, Y'_i, Z'_i)。最佳逼近是经过一系列的坐标变换,使得保持刚性位置不变的实测点 P' 与设计点 P 之间的空间距离平方和最小[2]。

设有 n 个实测点 P',其绕 X, Y, Z 轴旋转角度分别为 $\theta_x, \theta_y, \theta_z$,平移值分别为 $\Delta_x, \Delta_y, \Delta_z$,则相应旋转矩阵 $\boldsymbol{R}(X, \theta_x)$、$\boldsymbol{R}(Y, \theta_y)$、$\boldsymbol{R}(Z, \theta_z)$ 和平移矩阵 $\boldsymbol{T}$ 为:

$$\boldsymbol{R}(X, \theta_x) = \begin{bmatrix} 1 & 0 & 0 \\ 0 & \cos\theta_x & -\sin\theta_x \\ 0 & \sin\theta_x & \cos\theta_x \end{bmatrix}$$

$$\boldsymbol{R}(X, \theta_y) = \begin{bmatrix} \cos\theta_y & 0 & \sin\theta_y \\ 0 & 1 & 0 \\ -\sin\theta_y & 0 & \cos\theta_y \end{bmatrix}$$

$$\boldsymbol{R}(X, \theta_z) = \begin{bmatrix} \cos\theta_z & -\sin\theta_z & 0 \\ \sin\theta_z & \cos\theta_z & 0 \\ 0 & 0 & 1 \end{bmatrix}$$

$$\boldsymbol{T} = \begin{bmatrix} \Delta_x \\ \Delta_y \\ \Delta_z \end{bmatrix}$$

经变换后的实测点空间坐标为 $\left(\boldsymbol{R} \begin{bmatrix} X'_i \\ Y'_i \\ Z'_i \end{bmatrix} + \boldsymbol{T} \right)$,依据最小二乘法原理,建立目标函数如下:

$$F(\theta_x,\theta_y,\theta_z,\Delta_x,\Delta_y,\Delta_z) = \min \sum_{i=1}^{n}\left[(X_i - X'_i)^2 + (Y_i - Y'_i)^2 + (Z_i - Z'_i)^2\right]$$

要使 F 最小,则应满足 $\partial F/\partial\theta = 0$,$\partial F/\partial\Delta = 0$。由此得到相应的旋转矩阵 R 和平移矩阵 T,获取最接近设计点的实测点坐标。

2）基于实测点的线、面拟合

通过轴线的交点,拟合出中心点,连接中心点可以来测量桥梁钢结构的长、宽、高、对角线等几何尺寸;求出实测点到拟合平面的法向距离,可以间接计算出桥梁钢结构平面度、垂直度、旁弯和扭曲情况等控制参量。

4. 三维激光跟踪仪概述

三维激光跟踪仪将激光作为测距工具,被称为精密测量领域的"掌上明珠",是一种与反射标靶共同组合使用来进行测距的仪器,可以测量静态甚至动态的目标。

三维激光跟踪仪作为一种高精度空间极坐标测量设备,通过激光测距系统、角度测量系统、跟踪控制系统几个部分组成,辅助使用靶球等光学目标反射器来进行目标点的三维坐标测量以及空间图线的绘制,其精度及范围为三维空间测量精度 $5\text{ppm}(5\mu\text{m/m})$;测量范围大于 60m。

5. 虚拟预拼装实施流程

利用高精度的三维激光跟踪仪等测量设备,对桥梁钢结构端口或拼接点等控制点的位置进行精准测量,生成实测的三维坐标数据,与三维深化设计软件中可视化制造模型的相应控制点的理论坐标,进行拟合比对,分析得出实际制造尺寸与理论尺寸的偏差值,检查分析制造和拼装精度,通过必要的纠偏措施,以确保桥梁钢结构节段能满足规范的精度要求。

三、基于三维激光跟踪仪的虚拟预拼装技术在钢塔制造中的应用

1. 精度要求

张靖皋长江大桥钢塔制作要求高,端面加工精度要求为:平面度 $\leq 0.08\text{mm/m}$,全平面 $\leq 0.25\text{mm}$;垂直度要求:纵横向垂直度不大于 $1/10000$。

2. 三维激光跟踪仪虚拟预拼装技术应用

1）建立精细的地面控制网

在车间建立精细的地面控制网,运用经纬仪划线,通过高精度激光跟踪仪反复校验完成划线,确保基准线零偏差,如图 5 所示。

2）三维激光跟踪仪测站布置和数据采集

在分段制作时,尝试在复杂环境下对钢塔节段三维激光跟踪仪测站布置、数据采集(图 6),并结合钢结构分析软件 DACS 进行数据处理,利用数值和模型模拟实现大型钢塔数字化虚拟预拼装(图 7),减少施工所需时间和成本,切实保证钢塔制造精度。

图 5　地面控制网布设

图 6　三维激光跟踪仪测量

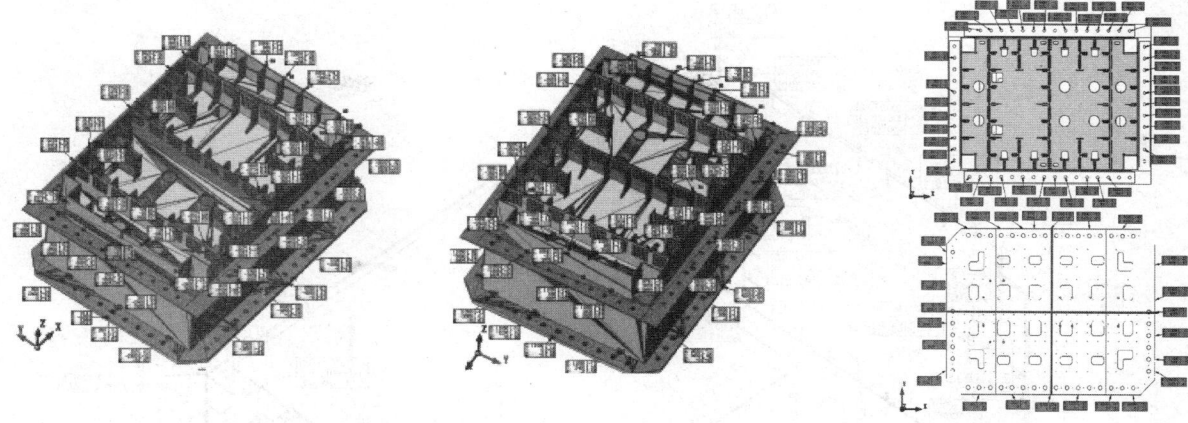

图7 三维激光跟踪仪结果分析二维和三维报告

3)机加工设备直线度和平面度测控与分析

在精加工车间,提前根据铣床在地面时建立轴线控制网和水平动态观测点,利用控制点对机加工设备和机加工节段进行观测。精控人员全过程参与现场管控,全站仪定位分段和测量胎架沉降,激光跟踪仪动态观测精加工变化和精加工端面平面度,确保轴线和平面度(图8),测平仪验证测量端面。

Spatial Length Measurement

Distance to System [m]	Scale Bar orientation	Test Length	Reference Length 1) [mm]	Measured Length [mm]	Error ($E_{Vol,0.1}$) [mm]	Tolerance ($E_{Vol,0.1,MPE}$) [mm]	Tolerance Used
1.5	Horizontal, 0.5 m elevated	A - B	1149.993	1149.985	-0.009	± 0.033	26%
		A - C	2299.834	2299.836	0.002	± 0.032	6%
		B - C	1149.842	1149.852	0.010	± 0.033	31%
	Horizontal, 0°	A - B	1149.993	1149.995	0.002	± 0.032	6%
		A - C	2299.834	2299.838	0.004	± 0.031	13%
		B - C	1149.842	1149.843	0.002	± 0.032	6%
	Horizontal, 90°	A - B	1149.993	1149.993	0.000	± 0.032	0%
		A - C	2299.834	2299.838	0.004	± 0.031	14%
		B - C	1149.842	1149.846	0.004	± 0.033	13%
	Vertical	A - B	1149.993	1150.001	0.008	± 0.033	25%
		A - C	2299.834	2299.842	0.009	± 0.031	29%
		B - C	1149.842	1149.842	0.000	± 0.033	0%
6.0	Vertical	A - B	1149.993	1150.013	0.020	± 0.070	29%
		A - C	2299.834	2299.853	0.019	± 0.070	28%
		B - C	1149.842	1149.840	-0.001	± 0.070	2%
10.0	Horizontal	A - B	1149.993	1150.038	0.044	± 0.107	42%
		A - C	2299.834	2299.828	-0.006	± 0.107	6%
		B - C	1149.842	1149.791	-0.050	± 0.107	47%
20.0	Horizontal	A - B	1149.993	1150.084	0.090	± 0.190	47%
		A - C	2299.834	2299.901	0.067	± 0.190	35%
		B - C	1149.842	1149.818	-0.023	± 0.190	12%

1) Reference length temperature corrected
Temperature at calibration of Scale Bar: 20.0 °C
Actual temperature at Laser Tracker calibration: 22.0 °C

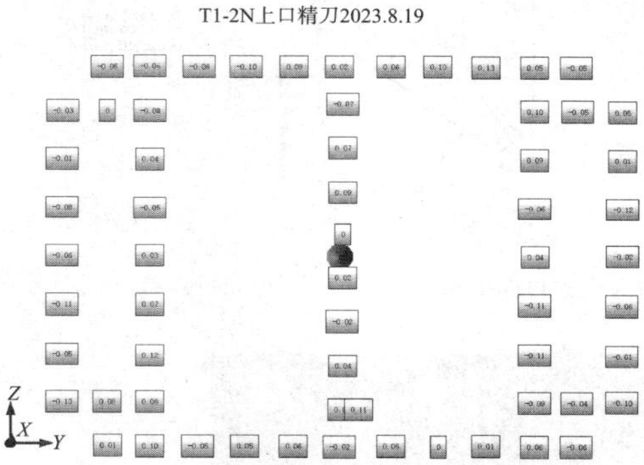

图8 机加工设备平面度数据

4)整体虚拟预拼装搭载模拟

总拼阶段,根据策划方案和工艺单,在总拼区域提前布置控制网进行两侧端口测量(图9),在前道工序不欠债的基础上,提前利用模型模拟实现大型钢塔虚拟预拼装搭载(图10),并生成搭载匹配数据报告(图11),以更好地进行管控,并根据报告指导工人对节段进行修正(图12),以确保段缝间隙0.4mm、结构无错位,且纵横向垂直度不大于1/10000。

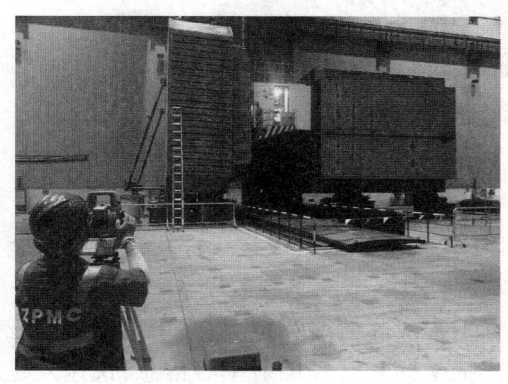

图9 钢塔节段两端口测量

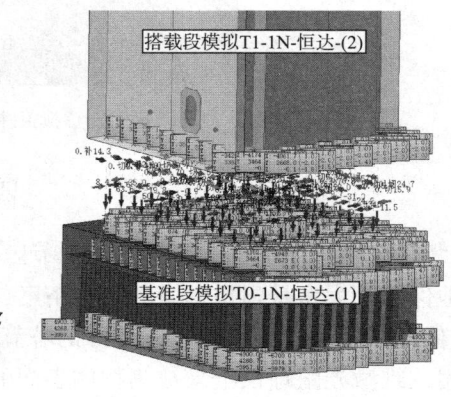

图10 两节段搭载图

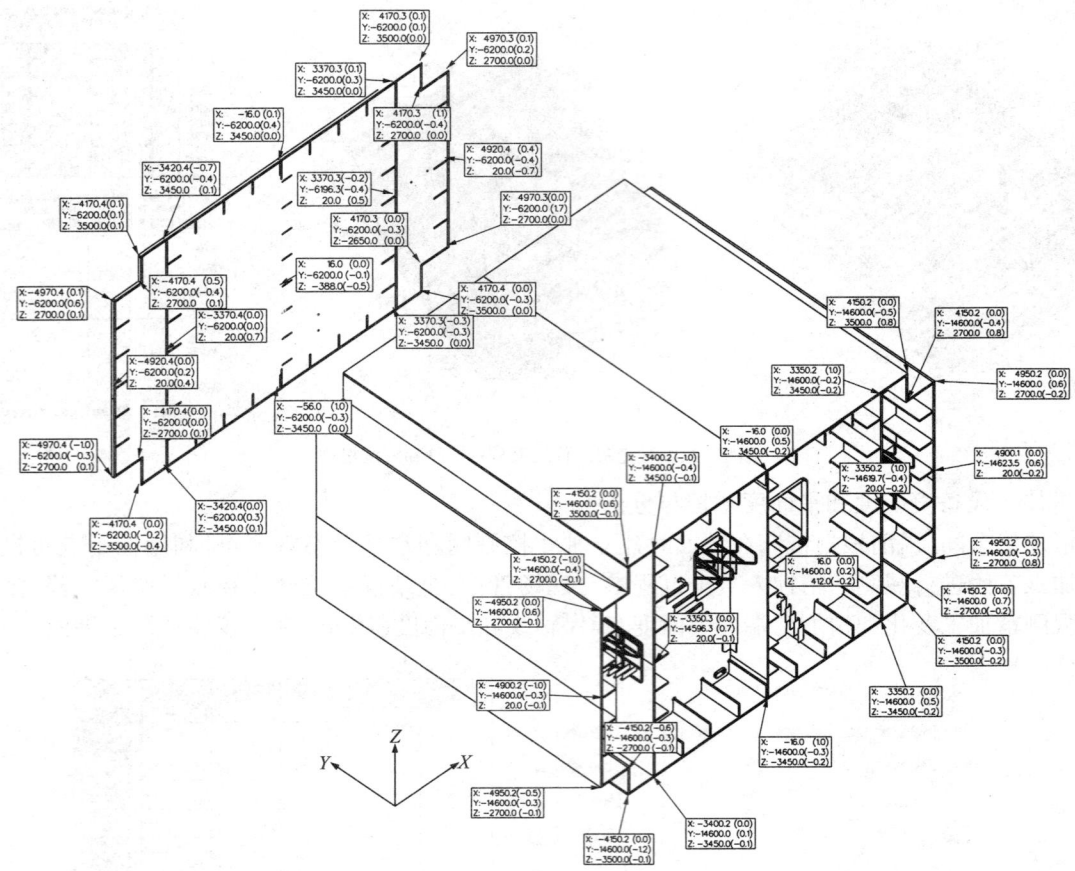

图 11　钢塔节段两端口匹配报告

图 12　虚拟预拼装报告指导工人进行施工修正

四、结　语

预拼装是公路钢结构桥梁制造中验证节段精度和实现精准匹配的关键工序。虚拟预拼装技术的应用，极大地保障了大型悬索桥钢塔的制造精度，缩短了制造周期，节约了制造成本。

本文依托张靖皋长江大桥北航道桥钢塔节段，根据工程实际情况和特点，基于高精度的三维激光跟踪仪，利用三维激光跟踪仪记录被测物体表面的点的三维坐标和纹理反射率等信息，快速复建出被测目标的面、体以及三维模型等各种数据，提出了一种大型钢塔虚拟预拼装方法并进行实际应用，包括在复杂环境下的钢塔节段三维激光测站布置、测量,并结合钢结构分析软件DACS进行数据处理,并评估结果生成预拼装界面匹配报告,并指导施工,从而实现了基于高精度三维激光跟踪仪的大型悬索桥钢塔数字化虚拟预拼装应用,有效提高工作效率,切实保证钢塔制造精度。

参考文献

[1] 郭满良.钢结构虚拟预拼装技术[J].建筑技术,2018,49(4):381-384.

[2] 刘晓光,潘永杰.虚拟预拼装技术在钢桁梁中的应用研究[J].铁道建筑,2020,60(1):1-6.

18. 分块式栓焊型钢塔节段整体制造关键技术

田盛德[1]　徐　天[2]

(1. 上海振华重工(集团)股份有限公司;2. 江苏扬子江高速通道管理有限公司)

摘　要　随着桥梁结构理论的不断完善和更多新型材料的应用,现代桥梁正朝着更大的跨度发展。对比混凝土索塔,钢索塔有体积小、质量轻、施工方便的优点,成为大跨径索塔的首选。但是,随着索塔高度的增高、桥梁跨径的增大,钢索塔截面也随之变大,受现场各种因素的影响,大截面钢塔往往需要纵向进行分段,大大增加了钢索塔工厂制造的难度。本文依托张靖皋长江大桥北航道钢索塔的制造,分析、研究大截面分段式钢塔的制造技术,可为同类型钢塔制造提供借鉴和经验。

关键词　钢塔　分块　板单元　反变形　焊接收缩　孔群　贴合板

一、引　　言

受限于桥位现场吊装设备和施工环境的影响,钢塔塔柱通常划分为若干个节段,在桥位吊装定位完成后进行连接。钢塔节段之间的连接分为焊接型、栓接型和栓焊结合型。三者相比较,焊接型钢塔节段工厂制造要求最低,桥位定位难度最大,焊接热输入引起的变形对钢塔轴线垂直度的影响也最难控制。栓接性钢塔节段工厂制造要求高,需要保证节段端口的整体平整度,同时壁板、腹板和板肋的错边控制也是节段制造的难点,桥位定位和施工相对简单,减少了焊接变形对轴线垂直度的影响。栓焊型钢塔结合了焊接型钢塔和栓接型钢塔的所有特点,对工厂制造和现场连接都有较高的要求。

跨江大桥、跨山谷大桥、跨海大桥,受航道、防洪、地质等因素影响,桥梁跨径不断增加,特别是悬索桥,目前在建的张靖皋长江大桥主跨已达2300mm。随着跨径的增加,钢塔节段截面也越来越大,给工厂制造也提出了更高的要求。

本文以张靖皋长江大桥北航道桥栓焊型钢塔项目为依托,针对制作过程中的技术难点,详细阐述钢塔节段的制造关键技术。

二、工程概况

1. 项目简介

张靖皋长江大桥位于长江下游澄通河段如皋沙群段,在张家港和如皋、靖江境内跨越长江,距离江阴长江公路大桥约28km、沪苏通长江公铁大桥约16km。其中,北航道桥跨越如皋中汊福北水道,采用主跨1208m单跨吊悬索桥。张靖皋长江大桥北航道桥效果图如图1所示。

钢塔采用门式结构钢塔,塔柱总高217m(含塔冠),塔冠高9m,横梁及以下高度为58.1m,横梁以上高度149.9m。塔冠高程+224.000m,塔顶高程(不含塔冠)+215.00m,塔底中心处高程为+7.00m。塔柱共设置两道横梁,上横梁顶高程为+213.7m,下横梁顶高程为+65.1m。

图 1 张靖皋长江大桥北航道桥效果图

2. 钢塔结构形式

钢塔标准节段横断面为单箱三室断面，由四周壁板和两道腹板构成，塔柱横桥向尺寸自塔顶至塔底等宽为7.0m；纵桥向尺寸自塔顶至塔底9.167~10m，塔顶纵向加宽至11m。为增加节段长度，减少横向拼接缝，设计采用竖向分段纵向分块，钢塔节段纵向分成两块在工厂加工制造，经预拼合格后，在现场对接拼装成完整的竖向节段。塔柱节段间，外壁板对接采用坡口焊接和金属接触相结合的连接形式，内腹板和加劲肋采用摩擦型高强度螺栓与金属接触共同传递轴力与弯矩。钢塔节段构造图如图2所示。塔柱节段间连接方式示意如图3所示。

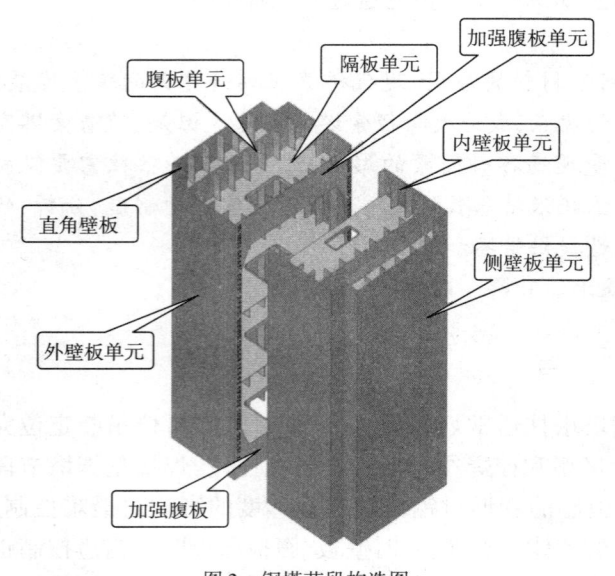

图 2 钢塔节段构造图

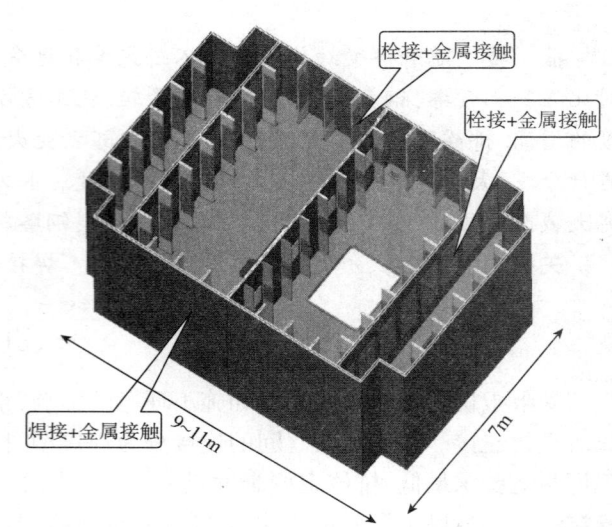

图 3 塔柱节段间连接方式

三、钢塔整体制造难点分析

1. 厚板单元焊接变形控制

钢塔节段采用金属接触的方式进行传力，全部为厚板结构，壁板、腹板板厚分别为44mm、50mm，板肋厚度为40mm。板肋的装配尺寸、焊接收缩和角变形控制不好，将造成板单元平整度超差，增加大量的火工矫正，导致板单元的长度、宽度、对角线尺寸和板肋间距超差，直接增加后续钢塔节段组装时隔板单元的装配难度，最终造成相邻钢塔节段板肋匹配时产生错边，给钢塔节段箱体成型带来非常大的困难。控制板肋的装配尺寸、焊接收缩及厚板在焊接过程中产生的一系列变形是板单元制造的关键。板单元焊接变形应采取措施控制变形，尽可能减少焊后的矫正工作量。

2. 孔群精度控制

钢塔节段间板肋及腹板采用高强螺栓连接，板单元焊接和节段拼装焊接对上下端的螺栓孔群距离影响大，另外，同一截面板肋接头数量多，板肋和腹板孔群相对位置控制难度大。零件制孔精度、板单元组装精度、块体节段拼装精度均会影响节段之间孔群连接，因此，螺栓孔群连接精度是确保节段间可以顺利安装的最大难点。

3. 纵向分块精度控制

为增加节段长度,减少横向拼接缝,设计采用竖向分块方案,将节段纵向分成两个块件在工厂加工制造,两个块体之间通过贴合板贴合连接,其贴合度是节段制造的难点,同时,两个块体之间的拼接精度直接影响塔柱节段间的拼接精度。两个纵向块体的截面外形尺寸以及匹配情况至关重要。

四、钢塔节段制造工艺研究

1. 厚板单元焊接变形控制研究

厚板单元由面板和板肋组成,面板厚44mm和50mm,板肋厚40mm,焊接过程中,钢板受热胀冷缩的影响,会产生收缩和角变形。采用刚性固定的方法可以减小焊接过程中的变形,但刚性固定时,需在母材上进行焊接,也会导致固定处应力集中,再释放固结后造成局部变形。所以,放弃刚性固定的方法,根据厚板焊接的特点,对钢板材质、焊接材料与机器人参数进行研究,不断改善焊接参数和程序控制。最终通过对称焊接和预放反变形的方法控制板单元焊接变形。方案实施前,进行同材质、同板厚的工艺性试验,收集厚板在焊接时的收缩量和反变形量,掌握焊接变形和收缩规律,确定反变形和焊接收缩预放量。反变形工艺试验如图4所示。板肋单元工艺试验数据统计见表1。

图4 反变形工艺试验

板肋单元工艺试验数据统计　　表1

项目	长度收缩量 (mm/m)	宽度收缩量 (mm/m)	板肋间距收缩量 (mm)	宽3m板单元反变形量 (mm)
反变形试验1	0.12	0.15	0.12	76
反变形试验2	0.15	0.16	0.11	80
反变形试验3	0.10	0.15	0.13	77
平均值	0.12	0.15	0.12	78

本项目板单元长度4~11.2m,宽度2.7~4.3m,根据工艺试验数据分析,5m以下板单元板肋上下端螺栓孔孔群距离预放0.5mm焊接收缩量,5m以上板单元板肋上下端螺栓孔孔群距离预放1mm焊接收缩量。宽度方向统一预放1mm焊接收缩量。板肋之间间距预放0.15mm焊接收缩量。

焊接收缩量确定后,另一个难点就是反变形的控制。由于板单元板厚较厚,且板肋焊接填充量大,普通的反变形胎架无法满足项目需求,根据板单元特点及试验数据,设计一套专用液压反变形焊接装置,如图5所示。

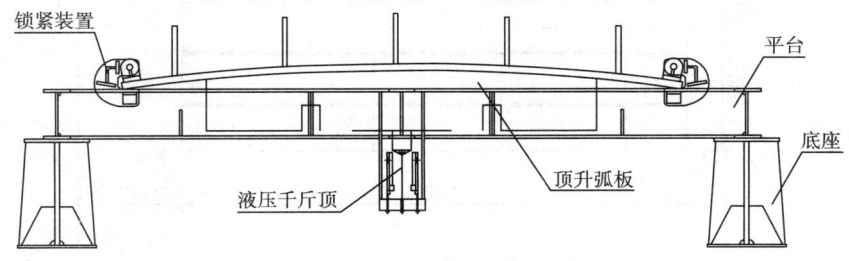

图5 液压反变形焊接装置

液压反变形焊接装置工作原理:
(1)液压反变形焊接装置分为底座、平台、顶升弧板、锁紧装置、液压千斤顶五部分。

（2）液压千斤顶与平台中间的下沉支座栓接固定，千斤顶上方固定顶升弧板，板单元落位后，在宽度方向两侧安装锁紧装置，锁紧装置可根据板单元宽度进行调整。

（3）使用螺栓将锁紧装置固定在轨道上，压紧板单元两侧。中间多个液压千斤顶同步顶升，保证板单元与顶升弧板贴合，达到所需的反变形量。

通过对称焊接、预留焊接收缩量、设置反变形等措施，有效控制焊接变形，将板单元校火量降到最低。

2. 孔群精度控制工艺

钢塔节段板肋、腹板上均布有高强度螺栓孔，由于截面尺寸超大，连接孔群多，孔群的精度不易控制。钻孔的工序越往后，制孔的精度会越高，但是加工难度也会随之加大。综合考虑，本项目制孔时机分为3个阶段：板肋零件阶段钻孔、腹板板单元阶段钻孔、连接板立式预拼装时实测钻孔。

1）板肋零件阶段钻孔

板肋在组装后钻孔难度加大，相邻板肋间的孔群相对位置无法精确保证，所以板肋采用先孔法进行出孔。首先，通过前期工艺试验，确定板肋焊接收缩量，在两端孔群间预放焊接收缩量。同时，为减少或避免人为因素对钻孔工序的影响，设计钻孔限位工装，减少划线，直接通过限位定位板肋，同时对两端进行钻孔，确保所有板肋的孔群尺寸一致。板肋钻孔工位布置示意如图6所示。

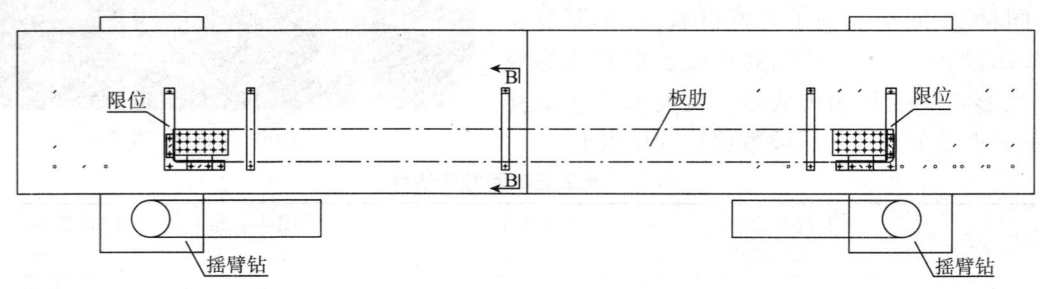

图6　板肋钻孔工位布置示意图

2）腹板板单元阶段钻孔

腹板单元制作孔群控制主要包括板肋装配时的螺栓孔定位精度和腹板上的孔群制孔精度。在腹板上设置横纵向基准线，以横向基准线确定板肋定位线，且板肋定位线为螺栓孔边线，以板肋定位线和板肋孔群为基准，精确定位板肋纵向位置，以纵基线为基准精确定位板肋横向位置。确保装配时所有板肋的螺栓孔同心。板肋装配定位示意如图7所示。

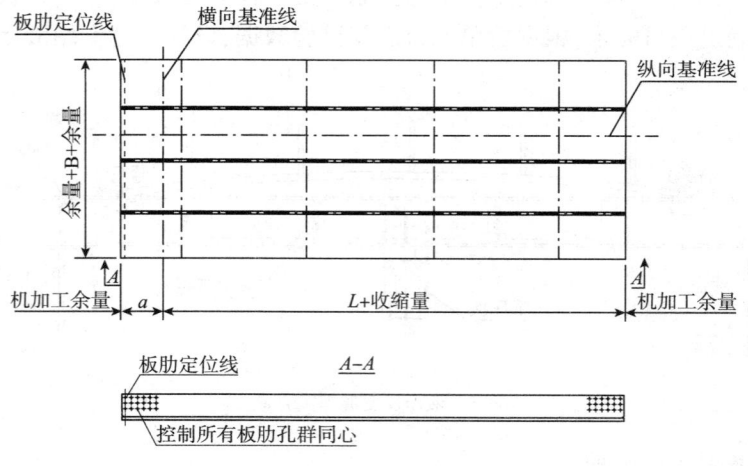

图7　板肋装配定位示意图

除板肋外,同一腹板上孔群数量多,为减少板单元上不同孔群之间的误差,腹板单元制作完成后,以板肋孔群为基准修正横纵基准线,然后以横纵基准线为基准对腹板两端的孔群进行钻孔,并通过通长钻模板控制腹板多孔群的尺寸精度。

3. 纵向分块制作工艺比选

钢塔节段纵向分为两个块体,块体之间通过贴合板贴合后利用高强度螺栓连接。贴合板的贴合度和块体连接处的外型尺寸控制是节段制造的重难点。根据其结构特点,钢塔节段初步确定三种制造方案:分块单独制作后翻身拼装成整体、分块上下整体制造和分开左后整体制造。

1)分块单独制作工艺流程

两个块体单独进行制作,制作完成后将其中一个块体翻身180°,然后对两个块体进行组装。分块单独制作工艺流程如图8所示。

2)分块上下整体制造工艺流程

贴合面在板单元制作节段通过工艺螺栓连接,保证贴合面在节段制作的整个周期内均为贴合状态。块体分为上下块体,从下至上依次进行组装焊接。整体制造完成后再将工艺螺栓拆除,将节段分为两个块体,如图9所示。

3)分开左后整体制造

贴合面在板单元制作节段通过工艺螺栓连接,保证贴合面在节段制作的整个周期内均为贴合状态。块体分为左右块体,从下至上、从中间往两边依次进行组装焊接。整体制造完成后再将工艺螺栓拆除,将节段分为两个块体,如图10所示。

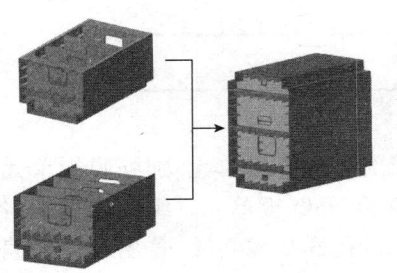

图8 分块单独制作流程　　　图9 分块上下整体制作流程　　　图10 分块左右整体制作流程

对三种制造方案进行比选,其优缺点见表2。

钢塔节段整体制作方案比选　　　　　　　　　表2

序号	方案名称	优点	缺点
1	分块单独制作	1.单个块体装配难度低,尺寸容易控制。 2.不存在高空作业,施工方便。 3.未形成密闭空间,施工环境好	1.块体单独制作,节段组装时匹配性差,容易出现错边的情况。 2.块体贴合面不易保证,容易出现大间隙的情况。 3.块体翻身后进行组装,工序烦琐
2	上下整体制作	1.通过工艺螺栓提前进行贴合面的匹配,可有效保证块体间的贴合度。 2.上下分为4个施工空间,方便施工	1.节段姿态不利于翻身和吊装的吊点设置,需采用焊接吊耳。 2.块体贴合处提前连接为整体,增加装配的难度。 3.形成多个有限空间,施工环境较差。 4.节段纵向尺寸为变值,横向尺寸为固定值,上下整体制作以横向面为基准,需搭设斜胎架
3	左右整体制作	1.通过工艺螺栓提前进行贴合面的匹配,可有效保证块体间的贴合度。 2.左右分为4个施工空间,仰焊工作量减少。 3.节段姿态有利于栓接吊点的设置。 4.节段纵向尺寸为变值,横向尺寸为固定值,左右整体制作以纵向面为基准,可以利用水平胎架进行制作	1.形成多个有限空间,施工环境较差。 2.左右形成4个施工空间,高空作业较多

块体制作,最重要的是控制两个块体之间的匹配度和贴合面的贴合度,根据以上三种方案的比选,分块单独制作的方案,匹配度和贴合度均无法保证,首先排除。上下整体制作和左右整体制作均将板贴合面在板单元制作节段通过工艺螺栓连接,并整体进行组装焊接,均可有效保证匹配度和贴合度,出于装配难易程度和后续节段翻身的考虑,选择左右分块整体制作的方案。

五、钢塔节段制作工艺流程

钢塔节段采用左右分块整体制造的方案,按照"外壁板单元→中间隔板单元→腹板单元→侧隔板单元→直角壁板→侧壁板单元→内壁板单元"的顺序进行组装。首先,通过横纵基准线定位两块贴合壁板单元,然后通过工艺螺栓将贴合板进行连接,对称焊接贴合板外侧焊缝,完成后将工艺螺栓拆除,焊接内侧焊缝并磨平,调校后利用工艺螺栓再次连接贴合板,调整两者之间的间隙满足要求。贴合壁板单元制作示意图如图 11 所示。

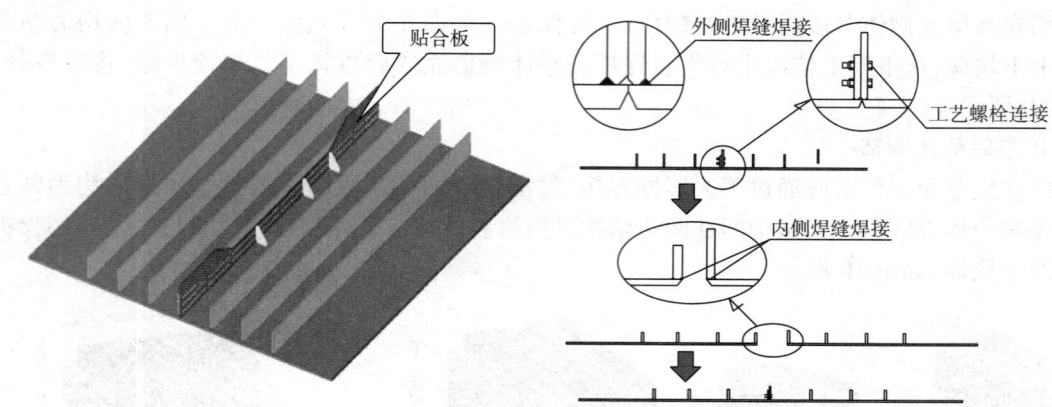

图 11　贴合壁板单元制作示意图

贴合壁板单元制作并定位完成后,从中间向两边,上下而上依次组装隔板单元、加强腹板单元、隔板单元(另一侧)、腹板单元、外侧隔板单元、直角壁板单元、侧壁板单元、外壁板单元。组装过程中,各板单元根据纵横基线进行定位,定位完成后复核两端孔群基线,保证环口孔群基线共线,若出现尺寸偏差,则应找出偏差原因,经修正后重新定位。重点控制钢塔箱体的外形尺寸、端口截面尺寸及各个构件间的孔群相对精度。制作流程如图 12 所示。

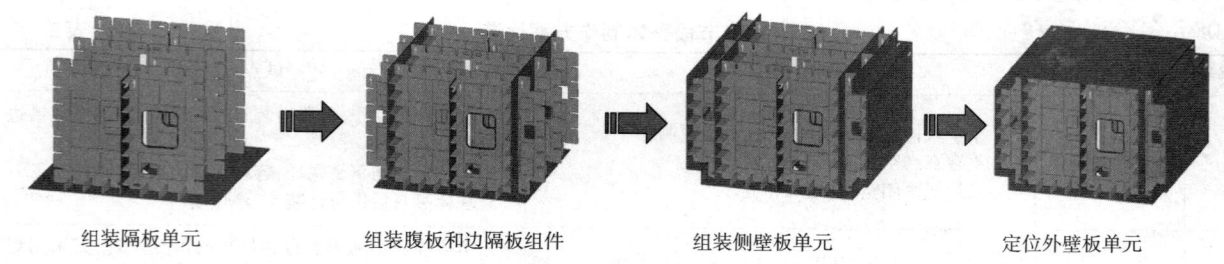

组装隔板单元　　　组装腹板和边隔板组件　　　组装侧壁板单元　　　定位外壁板单元

图 12　钢塔节段制作流程

钢塔节段制造完成后进行两端端面的机加工,本文主要对节段组装进行说明,端面机加工内容暂略,后续将单独进行论述。

六、结　　语

本文通过工艺试验、方案比选对钢塔节段制作过程中的板单元焊接变形控制、孔群精度控制和分段块体制作重点进行了论述,形成以下结论:

(1)厚板单元制作,准确的焊接收缩量预放、设置反变形量,可有效控制焊接过程中的变形,最大限度地减小火工校正量,同时可以确保零件间的相对尺寸。

(2) 板肋和腹板单元采用先孔法制造,将钻孔工序前置,提高整体制造效率。节段组拼时以孔群为基准进行节段的制作,控制板单元间孔群相对尺寸,提高节段制作整体精度,对于拼装过程中产生的偏差,可通过连接板孔群进行调整。

(3) 节段分块制作,采用合二为一,将分块按照整体进行制作,在第一道工序即将分段处贴合板进行连接,整体制造后再拆分为两个块体,进一步提高了钢塔节段施工效率,有效保证钢塔节段的各尺寸的精度。

参考文献

[1] 上海振华重工(集团)股份有限公司. 美国旧金山新海湾大桥钢结构制作技术[M]. 北京:中国建筑工业出版社,2013.

[2] 戴永宁. 南京长江第三大桥钢索塔技术[M]. 北京:人民交通出版社,2005.

[3] 中华人民共和国交通运输部. 公路钢结构桥梁制造和安装施工规范:JTG/T 3651—2022[S]. 北京:人民交通出版社股份有限公司,2022.

19. 栓焊型钢塔立式预拼装工艺解析

叶 荀 王振华

(上海振华重工(集团)股份有限公司)

摘 要 张靖皋长江大桥北航道桥南北塔为栓焊型钢塔,在制作工厂需进行2+1立式预拼装。本文详细介绍了栓焊型钢塔拼装的方案比选、施工准备、拼装流程等各环节,提出了栓焊型钢塔立式拼装的关键控制措施,成功解决了此类钢塔立式预拼装时的精度控制、变形控制问题,为今后同类型的钢塔预拼装积累了经验、奠定了基础。

关键词 悬索桥 栓焊型钢塔 预拼装 关键技术

一、引 言

张靖皋长江大桥位于长江下游澄通河段如皋沙群段,在张家港和如皋、靖江境内跨越长江,距离江阴长江公路大桥约28km、沪苏通长江公铁大桥约16km。北航道桥跨越如皋中汊福北水道,采用主跨1208m单跨吊悬索桥,如图1所示。

图1 张靖皋长江大桥北航道桥效果图

二、钢塔结构概况

1. 结构简介

张靖皋长江大桥北航道桥采用门式结构钢塔,塔柱总高217m(含塔冠),塔冠高9m,横梁及以下高度为58.1m,横梁以上高度149.9m。塔冠高程+224.000m,塔顶高程(不含塔冠)+215.00m,塔底中心处高程为+7.00m。塔柱共设置两道横梁,上横梁顶高程为+213.7m,下横梁顶高程为+65.1m。

2. 钢塔节段划分

根据现场施工需求,北航道桥共分南北两座钢塔,每个钢塔包含两根塔柱,每根塔柱由23个节段组成,全塔92个节段需参与立式预拼装。为了增加节段长度,减少横向拼接缝,设计采用竖向分段纵向分块,将T1~T22节段纵向分成两块在工厂加工制造。经预拼合格后,在现场对接拼装成完整的竖向节段,如图2所示。

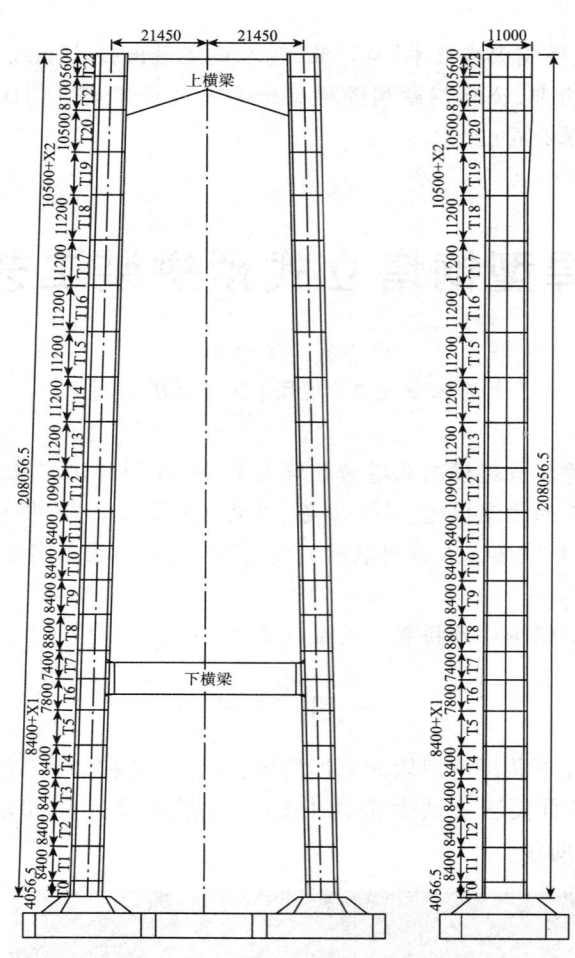

图2 北航道钢塔节段划分图(尺寸单位:mm)

3. 预拼装要求

(1)金属接触率要求:外壁板钝边≥75%,内腹板≥75%,加劲肋≥60%。上、下端面加工的精度要求:平面度≤0.08mm/m;全平面≤0.25mm。

(2)螺栓孔100%自由通过较设计孔径小1mm的试孔器。

(3)垂直精度纵横向均不大于1/10000。

三、钢塔预拼装方案比选

根据钢塔节段自身的结构特点,可采用平面预拼装(卧拼)和立体预拼装(立拼)两种方案。

方案一:卧式拼装方案进行节段预拼,其优缺点有:

优点:①高空作业低空化,降低作业难度,减少作业安全风险;②减少起重压力。

缺点:①无法模拟桥位施工时的实际状态;②无法保证金属接触率要求。

方案二:立式拼装方案进行节段预拼,其优缺点有:

优点:①可以模拟桥位施工时的吊装状态,完全还原现场吊装情况;②方便预拼时进行调整。

缺点:①对厂内起重能力要求高;②需搭设高空施工专用支架平台。

工厂内配有1200t门式起重机等大型起重设备,同时已制大量工装可供立拼时使用,可以弥补立拼方案内的不足处。为了模拟桥位环境,确保桥位的顺利安装,故本项目选择方案二的立式预拼装。

四、钢塔拼装施工准备

1. 翻身工装

钢塔节段端面加工完成后转运至1200t门式起重机拼装场地进行翻身,为保证翻身过程中结构受力稳定,减小变形,根据门式起重机参数,结合节段结构特点,设计翻身专用吊梁。主体结构采用 $\phi 609\mathrm{mm}\times 10$ 螺旋管,根据全塔结构特点,在两端设置多个吊装孔,可满足不同开档的节段吊装、翻身。

2. 拼装胎架

钢塔节段在专用胎架上进行立式预拼装,胎架的设置满足节段承载要求,具有足够的刚度,满足在拼装过程中不发生变形,同时设置顶升胎架和调节楔块,保证参与立式预拼装的节段轴线调整。胎架由承载胎架、顶升胎架、调节楔块组成。

1)承载胎架

整个立式预拼装节段的重力由承载胎架承载,每轮拼装时在最底部节段壁板和腹板位置设置承载胎架24个,按照最终960t计算,每个胎架平均承载约40t。承载胎架主结构利用 $\phi 800\mathrm{mm}\times 12$ 的钢管,内部设置厚度16mm的十字加筋板,上下口焊接封板。

2)顶升胎架

为便于首个节段吊装后进行轴线的调整,共设置4个顶升胎架,顶升胎架分高低两个平台,高平台作为承载胎架使用,低平台作为顶升胎架使用,节段吊装后,在低平台上放置液压千斤顶对节段进行调整。到位后,在高平台上利用调节楔块固定,解除千斤顶受力。

3)调节楔块

节段轴线调整到位后,为保证各承载胎架受力均匀,在每个承载胎架上安装调节楔块,楔块设置在承载与节段壁板、腹板之间,有效保证力的传递,使得各胎架受力均匀。

3. 施工平台

为便于立式预拼装钢塔节段间环口检查,在环口位置搭设支架平台。每个拼装工位由两个登高平台组成,在登高平台之间设置走道平台,将其连接为整体。

4. 有限元分析

针对立拼时节段的各种状态,通过相关软件对各工况进行模拟分析,得出结构变形量,对结构强度较弱和易变形部位进行适当加强。

五、钢塔整体拼装

为检验所有钢塔节段端面的接触率和栓孔通孔率,确保钢塔节段外形尺寸,纵横向垂直精度不大于1/10000,在节段端面机加工完成后进行2+1立式预拼装。一轮立式预拼装后,留下最上端钢塔节段参与下一轮次立式预拼装,确保所有节段满足设计图纸要求。

钢塔节段端面完成机加工,复测尺寸合格后,利用液压平板车将节段转运至1200t立式预拼装区,利用外场布置的1200t门式起重机对钢塔节段进行翻身,翻身后将节段拆分为两个块体,再利用1200t门式起重机分别将两个块体吊装至拼装胎架上,利用工艺螺栓将两个块体重新连接成整体后进行调整。

立式预拼装工艺流程:地样线堪划→拼装胎架搭设→检验→节段转运→节段翻身→节段拆分→块体

吊装→块体连接→节段调节→检验→临时连接→拼接板配钻→拼接板安装→检验→匹配件安装→节段下胎→拼装结束。

1. 胎架布置

在 1200t 门式起重机拼装场地,选取 28m×40m 的场地用于一个塔柱的立式预拼装,以拼装场地滑道为基准,利用钢板将拼装场地垫平,钢板铺设面积覆盖整个胎架布置区域,并将胎架与拼装场地预埋铁焊接牢固。划出十字中心线作为立式预拼装的基准线,再根据基准线确定承载胎架位置。其中,顶升胎架用于基准节段的轴线调整,在顶升胎架下方布置三向千斤顶,每个承载胎架上设置调节锲块,待节段调整到位后,调整调节锲块,使其与节段端面贴紧后焊接固定牢固。

为保证整个拼装过程中的稳定性,利用 H 型钢(200×200×12×8)对承载胎架进行连接,使其形成一个整体,同时,承载胎架与下方铺设的钢板进行焊接,增加其稳定性,如图 3 所示。

2. 限位布置

钢塔节段横桥向等宽 7m,为保证最下端基准节段快速、准确定位,在纵桥向壁板和中心加强腹板处设置限位,限位由 200×200×8×12 的 H 型钢组成。

3. T0 定位

①划线:根据十字中心线,划出壁板和腹板轮廓线,调整可调支座位置,保证可调支座位于壁板和腹板上。

②粗定位:吊装 T0 节段至承载胎架上,以十字中心线为基准,通过门式起重机对节段进行粗定位,节段位置偏差控制在 50mm 范围后松钩。

③精确定位:利用 4 台液压三向千斤顶对节段进行精调,保证节段纵、横基准线与地样线对齐,同时调整 T0 节段高程,确保轴线竖直(即上端加工面水平)。

④调整可调支座:T0 节段调整到位后,调整可调支座的高度,使得支座与壁板、腹板贴紧,并将锁紧螺栓拧紧。

⑤体系转换:调整千斤顶回落,T0 节段全部重力由所有可调支座承载,重新测量节段轴线、高程,出现超差时重复上述动作重新调整直至合格。

⑥节段固定:T0 节段调整到位并检测合格后,在四周设置工艺挡撑及压板固定节段,如图 4 所示。

图 3 胎架布置

图 4 T0 节段定位

⑦基准线修正:T0 节段定位完成后,符合节段上基准线和地样线,出现偏差时,对地样线进行修正。

4. T1 节段定位

T1 节段分为两个块体分别吊装定位,先吊装边跨侧分段块体,块体吊装距离 T0 节段 200mm 时,缓慢下降,4 名操作人员分布于限位装置处,在块体下降过程中引导就位。待节段基本到位时,利用引销穿入导向装置螺栓孔,引导节段精确定位。检查壁板、腹板、板肋错边情况,满足要求后松钩,并安装临时连接板固定块体节段。临时连接板上销钉不小于螺栓孔数量的 10%。

吊装中跨侧分段块体,根据限位装置定位后,利用引销穿入加强腹板螺栓孔处,并安装所有的临时工艺螺栓。检查壁板、腹板、板肋错边情况,满足要求后松钩,安装临时连接板固定块体节段。纵向分块之间安装工艺螺栓和销钉,销钉数量不小于螺栓孔数量的 10%,如图 5 所示。

图 5 T1 节段定位

检查壁板、腹板、板肋错边情况以及金属接触情况,测量 T0、T1 节段轴线、高程偏差情况。

5. T2 节段定位

重复 T1 节段定位步骤,将 T2 节段分段吊装到位。

6. 连接板试装

立式预拼装检测合格后,测量相邻节段板肋、腹板上的孔群中心线相对尺寸,根据测量的尺寸对连接板进行钻孔。为确保拼接板安装时的精确性,钻孔后在连接板指定位置进行编号,编号由 4 部分组成,分别为钢塔节段号 + 南北侧 + 区域号 + 编号。

连接板钻孔完成后,根据编号对连接板进行试装,保证连接板与节段密贴,冲钉不少于螺栓孔总数的 10%,工艺螺栓不少于螺栓孔总数的 20%。同时,利用试孔器对通孔率进行检查。

7. 节段纠偏

每轮立拼完成后,通测整体纵横轴线垂直度。若出现超差的情况,对数据进行充分分析,在后续节段端面加工时进行纠偏,确保整个塔柱的垂直度满足项目要求。

8. 节段拆解

立式预拼装完成后,采用 1200t 门式起重机将节段整体吊装至拼装区外,然后整体翻身 90°,再将两个块体之间的工艺螺栓拆除,再次将节段分为两个块体。为便于贴合面涂装作业,利用模块车将两个块体进行分离,预留足够的空间满足贴合面的涂装作业。

9. 节段稳定措施

立式预拼装过程中,拼装总体高度高,迎风面积大,为确保拼装过程中的安全性,下层节段定位后,在下口板肋上,通过 4 个 10t 手拉葫芦将节段固定在预埋锚固上,中间节段定位后,在四周拉好浪风绳,吊装上层节段时,拆除中间节段浪风绳,待上层节段定位后,在上层节段拉好浪风绳。

塔柱节段预拼装完成后,采用高精度工程测量方式进行复核,为了实现厂内预拼装测量的精度,布设更高精度的小规模控制网点,布置控制网的坐标轴以经过匹配胎架的几何中心的两条相互垂直的轴线组成,以桥塔方向为 x 轴,桥塔横向为 y 轴进行设置。

场内预拼装线形监测:塔柱长度、塔柱垂直度监测、轴线偏移量监测。

六、立式拼装方案总结

本项目通过对地基、胎架的有效加强和计算校核,大大减少了拼装时的沉降影响;通过对节段吊装、翻身等工况的有限元模拟,对薄弱点进行补强,将节段变形影响降至最低,立拼后的金属接触率均在设计要求之上,远超标准要求。

采用立式拼装方案进行预拼,完全还原了桥位的架设情况,将桥位架设过程中可能遇到的问题提前在工厂内发现并解决,有效减少桥位的施工工期。同时,能精确测量连接缝的金属接触率,提前发现错边现象并及时纠正,保证了桥位拼装时的质量控制。

七、钢塔拼装关键技术解析

1. 吊装、翻身变形及的控制

1）分析

①立式预拼装以钢塔节段为单位,尺寸及质量较大,吊装、翻身过程中易引起局部变形及损坏,故钢塔节段吊装、翻身变形控制是预拼装的重点和难点。

②钢塔节段质量大,吊装工作是本项目的关键点。

2）解决方案及措施

①钢塔节段吊装、翻身前,精确计算节段吊装重量及重心位置,编制专项吊装、翻身方案,并进行模拟计算。

②根据模拟计算结果,对结构强度较弱和易变形部位进行适当加强。

③根据拼装场地的吊装设备,结合钢塔节段结构特点,设计专用工装,减少吊装、翻身过程中侧向力,严格控制节段变形。

④吊装过程中若有局部变形或失稳情况,及时与技术人员取得联系,按要求进行处理。

2. 立式预拼装场地选择

1）分析

立式预拼装采取2+1的模式进行,参与预拼装的节段外形尺寸大,质量大,高度最高达35m,重力达960t,对地基承载、拼装场地、吊装设备要求较高。

2）解决方案及措施

①场地选择:立式预拼装节段数不少于2+1,三个节段重量高达960t,为保证拼装不发生沉降,选择1200t门式起重机拼装场地,此区域含有多条滑道,桩基滑道区域最大线荷载850kN/m,承载完成满足拼装要求,确保拼装过程中不发生沉降。

②吊装设备:单个节段最重375t,选用拼装场地2台1200t门式起重机,门式起重机分上小车2个钩头,下小车1个钩头,每个钩头最大吊重450t,吊装高度76m。同时,上下小车可单独运行,满足钢塔节段翻身需求。

八、结 语

张靖皋长江大桥北航道桥钢塔为栓焊型钢塔,对精度要求极高。因此,如何保证预拼装时的精度满足设计要求,是本项目施工时的重中之重。在项目全体技术人员的不懈努力下,成功解决了此类钢塔立式预拼装时的精度控制、变形控制问题,为今后同类型的钢塔预拼装累积了经验、奠定了基础。

参考文献

[1] 中国铁路总公司.铁路钢桥制造规范:Q/CR 9211—2015[S].北京:中国铁道出版社,2015.

[2] 中华人民共和国交通运输部.公路桥涵施工技术规范:JTG/T F50—2011[S].北京:人民交通出版社,2011.

[3] 中华人民共和国交通运输部.公路桥涵施工技术规范:JTG/T 3650—2020[S].北京:人民交通出版社股份有限公司,2020.

[4] 中华人民共和国交通运输部.公路钢结构桥梁制造和安装施工规范:JTG/T 3651—2022[S].北京:人民交通出版社股份有限公司,2020.

[5] 上海振华重工(集团)股份有限公司.美国旧金山新海湾大桥钢结构制作技术[M].北京:中国建筑工业出版社,2013.

[6] 戴永宁.南京长江第三大桥钢索塔技术[M].北京:人民交通出版社,2005.

[7] 吴义龙.马鞍山长江公路大桥钢塔线形控制技术[J].世界桥梁,2014,42(6):21-25.

20. 浅谈超大规模桥梁施工起重吊装作业精细化管理的运用

伍勇军[1]　吴建华[2]　谭炜[1]

(1. 武汉大通工程建设有限公司；2. 江苏省交通工程建设局)

摘　要　随着我国桥梁建设的发展，超大规模桥梁不断涌现，现场工业化、建造智能化建设等新型建设模式逐步推行，超大、超重构件通过现场安装于不同桥梁部位，重型起重安装作业频繁，已经成为常态化，对提高工程建设质量，缩短工期等效果显著，同时也增加了施工安全风险，起重吊装作业精细化管理需求日益彰显，运用程序化、标准化、数据化和信息化的手段，保障组织管理各单元精确、高效、协同和持续运行，以提升安全管理水平。

关键词　桥梁施工　起重吊装　安全　精细化　管理

一、项目背景

1. 桥梁建设规模及主体结构形式

在建张靖皋长江大桥南航道桥为主跨2300m双塔悬索桥，是目前世界最大跨径悬索桥，南主塔高350m，采用钢箱-钢管约束混凝土组合索塔，辅塔高130m，采用钢壳混凝土组合索塔，南锚碇采用支护转结构地连墙基础(世界首创)，地连墙为双回字形结构，铣槽深度最大83m。张靖皋长江大桥南航道桥效果图如图1所示。

2. 主要起重作业任务

主塔钢塔共60个节段，最重钢箱质量761t，采用1000t浮式起重机加12000t塔式起重机吊装。辅塔钢塔共48个节段，最大质量83t，采用3350型动臂塔式起重机安装。南锚碇地连墙一期钢箱单体最大质量160t，三节对接下放最大总质量400t，二期钢筋笼最大重170t，两节对接下放最大总质量350t，均采用1000吨履带式起重机加500t履带吊双机抬吊翻转，对接后整体下放，一期钢箱228节、二期钢筋笼172节共400个节段，大型起重安装作业任务繁重，且起重质量大，构件体积大(对接后高度82m)，安全风险极高，起重作业安全与否决定项目成败，推行起重吊装作业精细化管理意义重大。南锚碇地下连续墙钢筋笼双机抬吊如图2所示。

图1　张靖皋长江大桥南航道桥效果图

图2　南锚碇地下连续墙钢筋笼双机抬吊

二、起重作业精细化管理在本项目的应用

1. 精细化目标管理

精细管理的本质意义就在于它是一种对战略和目标进行分解、细化和落实的过程,是让项目的战略规划能有效贯彻到每个环节并发挥作用的过程,同时也是提升项目整体执行能力的一个重要途径。为认真落实精细化管理,本项目从设备、人员、方案及隐患排查治理制定管理考核目标。

①设备管理目标:机械设备进场登记验收率100%、特种设备检验检测手续办理合格率100%、特种设备使用登记手续办理合格率100%。

②人员管理目标:特种作业人员持证率100%、专职安全管理人员出勤率100%、作业人员教育培训率100%、作业人员劳保用品佩戴率100%。

③方案管理目标:专项施工方案"编审批"手续合格率100%、重大风险建档率100%、专项施工方案安全技术交底率100%。

④隐患排查治理目标:一般隐患整改率100%、重大隐患发生率0。

对上述管理目标每季度进行考核。

2. 精细化管理要素与实施情况

精细化管理重点在于落实管理责任,将管理责任具体化、明确化,它要求每一个管理者都要到位、尽职。每一次都要把工作做到位,工作要日清日结,每天都要对当天的情况进行检查,发现问题及时纠正,及时处理等等。项目从起重设备、作业许可,实施过程等方面实施全面、精细化管理。

1) 起重设备进场管理

起重设备是起重吊装作业安全最重要的保障,为确保设备本质安全,项目从设备选型、设备进场验收、使用检查、维护保养、操作人员、机械设备信息化创新、设备档案等方面实施精细化管理,要求施工单位设置机械设备管理部门,明确分管负责人,负责机械设备综合管理,包括设备进场分类登记验收、使用检查、维护保养,并留存相应记录,安全管理部门负责对设备管理部门和使用部门履职尽责情况和设备隐患情况进行检查,提出整改意见,总监办负责对设备管理进行监督,运用日常检查和专项检查等手段进行管控,对需要安拆的起重设备,项目部应编制专项施工方案,严格履行特种设备监督检验程序,并办理使用登记证。通过实施设备精细化管理,目前在场22台起重设备全部取得使用登记证,且处于良好状态,设备使用落实了定人定机,专人专机管理目标,设备档案落实了一机一档的管理要求。南航道桥南锚碇1000t履带式起重机电子信息化档案如图3所示。

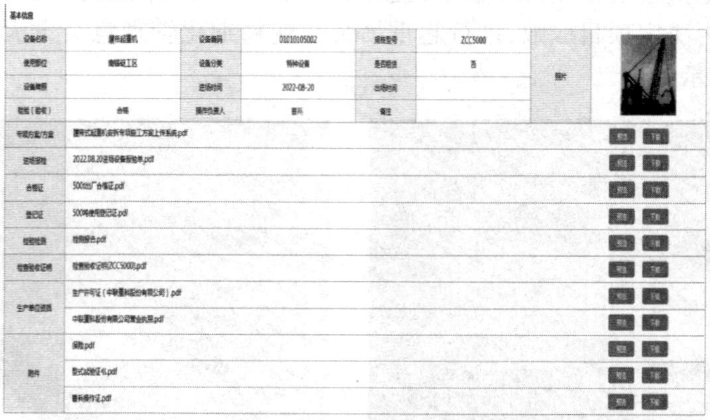

图3 南航道桥南锚碇1000t履带式起重机电子信息化档案

2) 起重吊装过程管理

起重吊装过程管理决定成败,为使吊装作业精细化管理有效实施,项目充分运用程序化手段,从吊装许可、吊装前安全条件确认等方面,按分级管控原则进行管理,如100t及以上(一级)吊装作业许可须由

项目经理、总监办主管安全副总监签字确认,30t以上100t以下(2级)吊装作业须由施工单位生产副经理、现场监理人员签字确认,每次起重作业前组织联合检查,填写检查表多方确认,起重吊装安全检查(格式化检查表)内容包括设备使用、作业人员资质、吊索具状况、作业环境、吊物安全、警戒监护,所设岗位人员共同签字确认,岗位人员包括吊车司机、起重指挥、监护人员、设备员、技术员、安全员、工长、监理人员等,真正做到每一个管理者都要到位、尽职的精细化管理。起重作业安全安全检查表及申请书如图4所示。

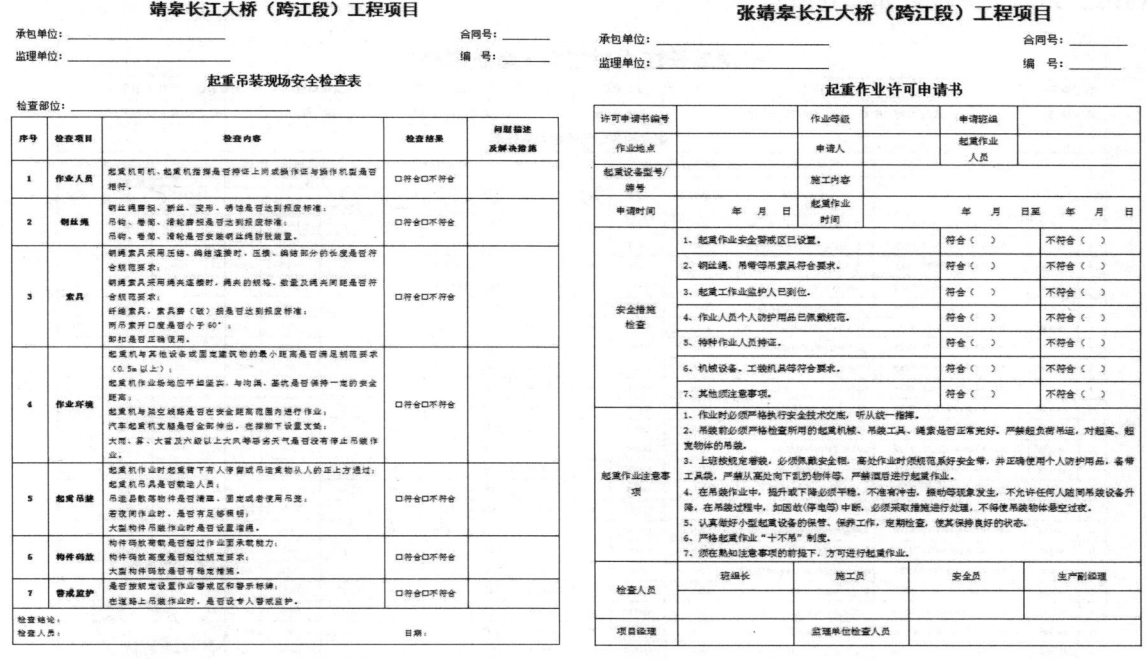

图4 起重作业安全检查表及申请书

3) 起重吊装作业标准化管理

标准化管理是实现精细化管理的重要标志,为高标准推行起重吊装作业精细化管理,项目编制了起重吊装作业标准化指导书,从起重机械操作的人员条件、现场着装要求、指挥信号要求、吊装分级管理、作业许可申请书办理以及时效、起重吊装作业环境和条件准吊制、起重吊装作业区域安全防护等制定标准,要求作业前检查逐项确认,保证所有环节符合条件,真正实现有规可依、有章可循的精细化管理。起重作业标准化指导书如图5所示。

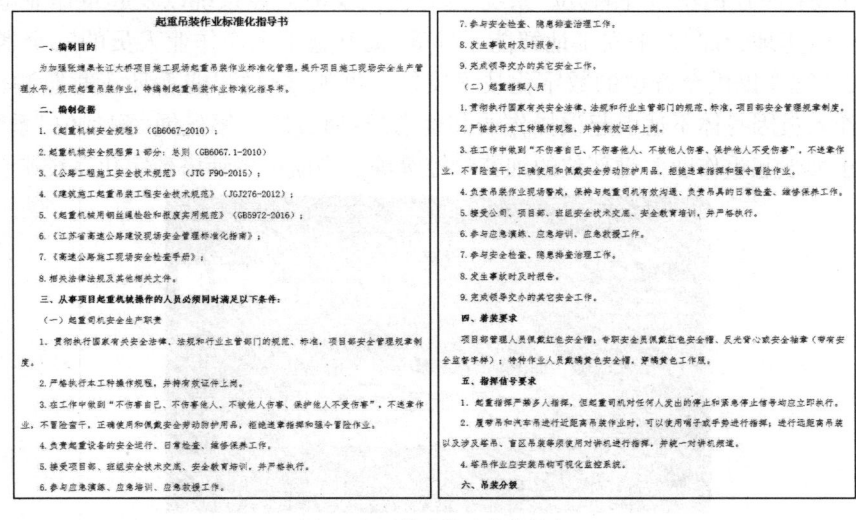

图5 起重作业标准化指导书

4)科学技术应用

应用科技手段是推行精细化管理的重要抓手,吊索具作为起重吊装的关键部件,其工况是否可靠直接影响吊装安全,为确保起重工装安全,所有自制、外委加工工装严格执行专项设计、受力计算、检测、验收程序确保本质安全。对吊索具、工装日常检查,仅凭直观检查,难以保证吊索具(工装)的完好,为此,项目推行吊索具定期开展无损检测科技手段,要求每半月进行大型吊装吊索具无损检测,确保本质安全。起重物吊点无损检测报告如图6所示。

张靖皋长江大桥工程(南航道桥)

施工标段:	ZJG-A1	施工单位:	中交第二航务工程局有限公司	检测单位:	无锡金诚工程技术服务有限公司
监理单位:	武汉大通、中铁二院、船级社联合体	业主单位:	江苏省交通工程建设局	编　号:	JC-ZJG(JL)-A1-MT-0008

钢结构焊缝无损检测委托单

委托单位	武汉大通、中铁二院、船级社联合体	检测标准	GB/T26951-2011	验收标准、级别	GB/T26952-2011 2X级

序号	工件名称	工件编号	焊缝名称	焊缝编号	材质	坡口形式	焊接方法	焊缝等级	规格(mm)	自检 检测长度(mm)	自检 返修长度(mm)	自检 一次合格率	自检 检测日期	第三方检测 检测长度(mm)	第三方检测 检测结果	备注
1	地连墙	SN1-4-4-SNTD-SNT7+SNT8	吊耳板与钢箱壁板间角焊缝	DJ1	Q355C	V	GMAW	2X级	14⊥20	1168	/	100%	2023.05.21	1168	合格	/
2	地连墙	SN1-4-4-SNTD-SNT7+SNT8	吊耳板与钢箱壁板间角焊缝	DJ2	Q355C	V	GMAW	2X级	14⊥20	1168	/	100%	2023.05.21	1168	合格	/
3	地连墙	SN1-4-4-SNTD-SNT7+SNT8	吊耳板与钢箱壁板间角焊缝	DJ3	Q355C	V	GMAW	2X级	14⊥20	1168	/	100%	2023.05.21	1168	合格	/
4	地连墙	SN1-4-4-SNTD-SNT7+SNT8	吊耳板与钢箱壁板间角焊缝	DJ4	Q355C	V	GMAW	2X级	14⊥20	1168	/	100%	2023.05.21	1168	合格	/
5	地连墙	SN1-4-4-SNTD-SNT7+SNT8	吊耳板与钢箱壁板间角焊缝	DJ5	Q355C	V	GMAW	2X级	14⊥20	1168	/	100%	2023.05.21	1168	合格	/
6	地连墙	SN1-4-4-SNTD-SNT7+SNT8	副吊耳板与钢箱壁板间角焊缝	FDJ1	Q355C	V	GMAW	2X级	14⊥20	280	/	100%	2023.05.21	280	合格	/
7	地连墙	SN1-4-4-SNTD-SNT7+SNT8	副吊耳板与钢箱壁板间角焊缝	FDJ2	Q355C	V	GMAW	2X级	14⊥20	280	/	100%	2023.05.21	280	合格	/
8	地连墙	SN1-4-4-SNTD-SNT7+SNT8	副吊耳板与钢箱壁板间角焊缝	FDJ3	Q355C	V	GMAW	2X级	14⊥20	280	/	100%	2023.05.21	280	合格	/
9	地连墙	SN1-4-4-SNTD-SNT7+SNT8	副吊耳板与钢箱壁板间角焊缝	FDJ4	Q355C	V	GMAW	2X级	14⊥20	280	/	100%	2023.05.21	280	合格	/
10	地连墙	SN1-4-4-SNTD-SNT7+SNT8	副吊耳板与钢箱壁板间角焊缝	FDJ5	Q355C	V	GMAW	2X级	14⊥20	280	/	100%	2023.05.21	280	合格	/
11	地连墙	SN1-4-4-SNTD-SNT7+SNT8	副吊耳板与钢箱壁板间角焊缝	FDJ6	Q355C	V	GMAW	2X级	14⊥20	280	/	100%	2023.05.21	280	合格	/
12	地连墙	SN1-4-4-SNTD-SNT7+SNT8	临时吊耳板与钢箱壁板间角焊缝	LDJ1	Q355C	V	GMAW	2X级	14⊥20	280	/	100%	2023.05.21	280	合格	/
13	地连墙	SN1-4-4-SNTD-SNT7+SNT8	临时吊耳板与钢箱壁板间角焊缝	LDJ2	Q355C	V	GMAW	2X级	14⊥20	280	/	100%	2023.05.21	280	合格	/
14	地连墙	SN1-4-4-SNTD-SNT7+SNT8	临时吊耳板与钢箱壁板间角焊缝	LDJ3	Q355C	V	GMAW	2X级	14⊥20	280	/	100%	2023.05.21	280	合格	/
15	地连墙	SN1-4-4-SNTD-SNT7+SNT8	临时吊耳板与钢箱壁板间角焊缝	LDJ4	Q355C	V	GMAW	2X级	14⊥20	280	/	100%	2023.05.21	280	合格	/
16	地连墙	SN1-4-4-SNTD-SNT7+SNT8	临时吊耳板与钢箱壁板间角焊缝	LDJ5	Q355C	V	GMAW	2X级	14⊥20	280	/	100%	2023.05.21	280	合格	/
17	地连墙	SN1-4-4-SNTD-SNT7+SNT8	临时吊耳板与钢箱壁板间角焊缝	LDJ6	Q355C	V	GMAW	2X级	14⊥20	280	/	100%	2023.05.21	[illegible]	[illegible]	/
18	地连墙	SN1-4-4-SNTD-SNT7+SNT8	临时吊耳板与钢箱壁板间角焊缝	LDJ7	Q355C	V	GMAW	2X级	14⊥20	280	/	100%	2023.05[illegible]	[illegible]	[illegible]	/
19	地连墙	SN1-4-4-SNTD-SNT7+SNT8	临时吊耳板与钢箱壁板间角焊缝	LDJ8	Q355C	V	GMAW	2X级	14⊥20	280	/	100%	2023[illegible]	280	[illegible]	/
20	地连墙	SN1-4-4-SNTE-SNT9+SNT10	吊耳板与钢箱壁板间角焊缝	DJ1	Q355C	V	GMAW	2X级	14⊥20	1168	/	100%	2023[illegible]	116[illegible]	合格	/
21	地连墙	SN1-4-4-SNTE-SNT9+SNT10	吊耳板与钢箱壁板间角焊缝	DJ2	Q355C	V	GMAW	2X级	14⊥20	1168	/	100%	2023[illegible]	1168	[illegible]	/
22	地连墙	SN1-4-4-SNTE-SNT9+SNT10	吊耳板与钢箱壁板间角焊缝	DJ3	Q355C	V	GMAW	2X级	14⊥20	1168	/	100%	2023.05[illegible]	[illegible]	[illegible]	/
23	地连墙	SN1-4-4-SNTE-SNT9+SNT10	吊耳板与钢箱壁板间角焊缝	DJ4	Q355C	V	GMAW	2X级	14⊥20	1168	/	100%	2023.05.21	[illegible]	合格	/
24	地连墙	SN1-4-4-SNTE-SNT9+SNT10	吊耳板与钢箱壁板间角焊缝	DJ5	Q355C	V	GMAW	2X级	14⊥20	1168	/	100%	2023.05.21	1168	合格	/

图6　起重物吊点无损检测报告

5)信息化管理手段应用

信息化管理手段是精细化管理趋势,为高质量推行精细化管理,项目鼓励施工单位不断加强信息化、自动化、智能化技术在设备管理中应用和推广。本项目应用了多种信息化手段,建立了施工数字化系统平台,通过各种感应设备和监控设备对各项关键数据进行收集、汇总以及处理,如视频监控系统、红外线动态警戒装置、AI智能识别、冷丘钢丝绳"测到位"系统、起重应力实时监控系统以及起重作业虚拟模拟系统等;通过无人化智慧教室、工地云课堂、平安工地智能手环等,提升施工生产作业人员的安全素养和操作技能,对起重吊装作业安全管理提供全方位的数字化技术支持。例如,通过智能手环实时监测作业人员身体状况,有利于避免操作人员因身体不适引起误操作或其他意外;通过冷丘钢丝绳"测到位"系统实时监控钢丝绳磨损情况,有利于加强起重作业关键部位的细节管控等等。南航道桥辅塔数字化系统平台如图7所示。

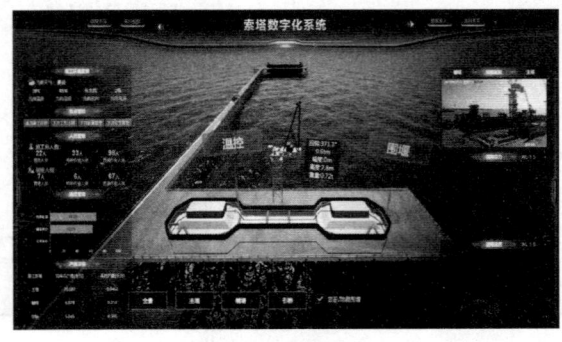

图7　南航道桥辅塔数字化系统平台

6）专业化管理应用

设备维护保养是保障设备本质安全的重要环节，为确保起重设备保持状态良好，杜绝带病作业，项目要求对门式起重机、履带式起重机、塔式起重机等特种设备委托有资质的第三方专业维保单位进行定期维保工作，特殊或定制起重设备要求生产厂家进行专业维保，解决当下建设工程设备现场维保能力不足的难题。

7）全方位管理手段应用

事故分析表明，临时租赁设备管理不到位，是造成起重伤害事故的高风险点，为规避此类风险，项目将临租设备管理列入设备精细化管理内容，建立外租设备管理数据库，优选外部起重设备资源，建立预选设备台账，保证外租设备安全性能和操作人员合规性，避免因设备或人员不满足要求引发意外事故，从全方位实施精细化管理，杜绝管理盲区。

8）应用效果说明

（1）起重吊装作业精细化管理应用，让项目参建人员明确各自管理职责与任务，各项工作有章可依，有法可循，全员安全生产责任制得到较好落实。

（2）通过对起重作业许可、检查验收等环节实施精细化管理，风险分级管控在项目管理过程中得到较好落实。

（3）通过监控、无损检测等科技手段填补人为视觉、感官缺陷，对提高安全系数有很大帮助，"科技兴安"手段在项目真正生根发芽。

三、结　语

加快建设交通强国是习近平总书记对交通运输提出的重要指示和要求。提高工程安全性、耐久性和服务品质，打造一流设施，是重点建设工程的管理方向和目标。本项目在大型起重吊装高风险作业管理上，从全过程、全天候、全员等各方面落实精细化，收到较好成效，已安全、高质量完成271次地连墙大型吊装任务以及2次钢塔吊装任务，实现了零事故的安全管理目标。

参考文献

[1] 李儒. 浅谈起重吊装作业的安全管理[J]. 神华科技, 2015, 13(1): 17-19, 24.

21. 浅谈沉井施工下沉测量管控
——沉井下沉测量控制要点

简　迪[1]　孙玉强[2]　李子豪[2]

(1. 西安方舟工程咨询有限责任公司；2. 中交公路规划设计院有限公司)

摘　要　沉井下沉存在侧壁摩阻力、端摩阻力及不可预估地质条件等影响因素，测量控制难度大，要求对沉井周边地下水位、沉井四角高差、沉降、平面位移、扭转角度等指标进行定期观测，对现场测量工作提出更大挑战。本文以张靖皋长江大桥项目沉井首次下沉为例，对沉井下沉施工测量控制方法和控制重点进行论述。

关键词　测量控制　地下水位　四角高差　沉降位移　扭转角度

一、工程概况

1. 项目概况

张靖皋长江大桥工程位于澄通河段如皋沙群段，江阴长江公路大桥与沪苏通长江公铁大桥之间，路线起自如皋石庄镇西侧与沪陕高速公路交叉处,向南经石庄工业园、如皋港区后,于如皋华泰重工厂区处进入长江,设置主跨1208m的北航道桥跨越长江如皋中汊,经靖江民主沙岛后,设置主跨2300m的南航道桥跨越长江主江航道,于张家港汽渡西侧登陆,向南沿现状及规划259省道布线,先后跨越南沿江公路、港丰公路、规划金港专用铁路,止于张家港疏港高速公路晨阳互通处,路线全长29.849km。张靖皋长江大桥项目路线全长29.849km,全线采用高速公路标准,跨江段双向八车道,设计速度100km/h;南、北接线为双向六车道,设计速度120km/h。其中张靖皋长江大桥跨江段范围为长江北大堤至长江南大堤之间的桥梁工程,桥梁总长7859m,设计桩号起止范围为K13+227~K21+086,自北向南分为北引桥、北航道桥、中引桥、南航道桥、南引桥五部分,北航道桥为主跨1208m双塔单跨吊悬索桥,锚碇结构为沉井和地下连续墙结构。

2. 沉井主要结构

沉井长和宽分别为75m和70m(第一节沉井长和宽分别为75.4m和70.4m),沉井高57m,共分十一节,第一节为钢壳混凝土结构高8m,第二节至第十一节均为钢筋混凝土结构,其中第二节高6m,第三节至第四节高4m,第五、六、九、十节高4.5m,第七、八节高5m,第十一节高7m,沉井井盖厚7m,封底混凝土厚11m,沉井基础顶面高程为+3.50m,基础底面高程为-53.50m。

二、施工测量准备

1. 测量控制网情况

1)控制网等级

平面控制网精度等级:采用全桥二等GNSS控制网。

平面坐标系统采用CGCS2000坐标系参考椭球,长半轴a为6378137m,扁率f为1/298.257222101,中央子午线东经120°32′,投影面正常高为75m。

高程控制网精度等级为二等,高程系统采用1985国家高程基准[1]。

2)沉井独立坐标转换

为方便现场施工测量,沉井坐标采用独立桥轴线坐标系。桥轴线坐标系设南塔中心坐标为(7000,7000),北塔中心坐标为(8208,7000),南塔—北塔方向为x轴正方向,方位角为0°,x轴正方向旋转90°为y轴正方向,建立直角坐标系,桥轴线坐标系与工程独立坐标系之间可以用夹角关系进行换算。

经转换北锚碇中心桥轴坐标为:$x=8746.4991$,$y=7000.0001$。

3)基准网建立

测量基准网应满足表1、表2所示技术要求[2]。

水平位移监控量测控制网技术要求 表1

等级	平均边长(m)	测角中误差(″)	测边相对中误差
Ⅰ	≤200	±1.0	≤1/200000

沉降监控量测控制网的主要技术要求 表2

等级	相邻基准点高差中误差(mm)	每站高差中误差(mm)	往返、附合或环线闭合差(mm)	检测已测高差之较差(mm)
Ⅱ	±0.5	±0.15	$±0.3\sqrt{n}$	$0.4\sqrt{n}$

注:n为测站数,表中内容根据《工程测量标准》(GB 50026—2020)确定。

2. 测量准备工作

沉井下沉前应做好以下测量准备工作:

(1)完成对沉井桥轴坐标、设计尺寸复核,计算出沉井混凝土面四角、中心三维坐标;

(2)定时、定点、定期对长江水位潮汐、地表沉降、周边建筑物进行动态监测;

(3)完成沉井区域基准测量加密点位布设,确保下沉过程中控制点稳定,满足相关要求;

(4)沉井下沉前,在内外壁面上标出纵、横向轴线,在沉井四周标出以沉井刃脚为起算零点的高度控制标尺,并对刃脚底部及顶面高程进行原始数据记录。

三、首次下沉施工测量控制

1. 控制重点

沉井下沉测量主要针对沉井下沉期间的几何姿态进行重点控制,下沉过程中要加强测量控制与监测,要及时对测量成果数据进行分析,一旦发生异常达到预警值,应及时下传现场采取措施进行调整[3]。沉井下沉结束后,必须精确测定沉井姿态,即沉井顶面中心位置及高程,并推算出底口偏移、倾斜、扭转角及刃脚高程,确定沉井的下沉位置。利用全站仪、水准仪精确测出沉井顶面四个轴线点的平面坐标及高程,直接推算出沉井顶中心偏位及高程、沉井平面扭转角及倾斜度,再考虑由沉井自高引起的高差、倾斜偏移值,推算底口中心位置及刃脚高程。沉井控制标准见表3、表4[4]。

张靖皋项目锚碇沉井实测项目　　　　　　　　　　表3

项次	检查项目	规定值或允许偏差(mm)	检查方法和频率
1	沉井刃脚高程(mm)	+50, -200	水准仪:测沉井高度5处,以顶面高程反算
2	中心偏位(纵、横向)(mm)	≤500	全站仪:测沉井每节段顶面边线与两轴线交点
3	竖直度(mm)	H/100	铅锤法:测两轴线位置共4处
4	平面扭转角(°)	1	全站仪:沉井两轴线各2点
5	沉井下沉到位的稳定性(mm)	≤10	水准仪:下沉到位后测量12h的沉降量

注:表中内容根据《张靖皋项目专项验评标准》锚碇篇确定。

张靖皋项目北航道桥北锚碇预警标准　　　　　　　　　　表4

序号	项目		黄色预警值	橙色预警值	红色极限值
1	几何姿态	各边及中心点挠度	80%理论值	理论极值	—
2		沉井中心偏位	30cm	40cm	50cm
3		沉井竖直度	1/200	1/150	1/100
4		沉井平面扭转角	0.6°	0.8°	1°
5		顶底面高差	±40cm	±50cm	—

注:表中内容根据《张靖皋项目专项验评标准》结合项目实际确定。

2. 水位、周边位移监测

沉井首次降排水下沉前期应该对当地水域水位进行动态监测,通过测量统计7月、8月长江水位潮汐情况,得出以下结论:长江口为中等强度的潮汐河口,潮汐为非正规半日潮,每月两次大潮,潮峰集中在每月初、中下旬左右,持续时间不定,平均潮差2m左右。长江水位高程如图1所示。

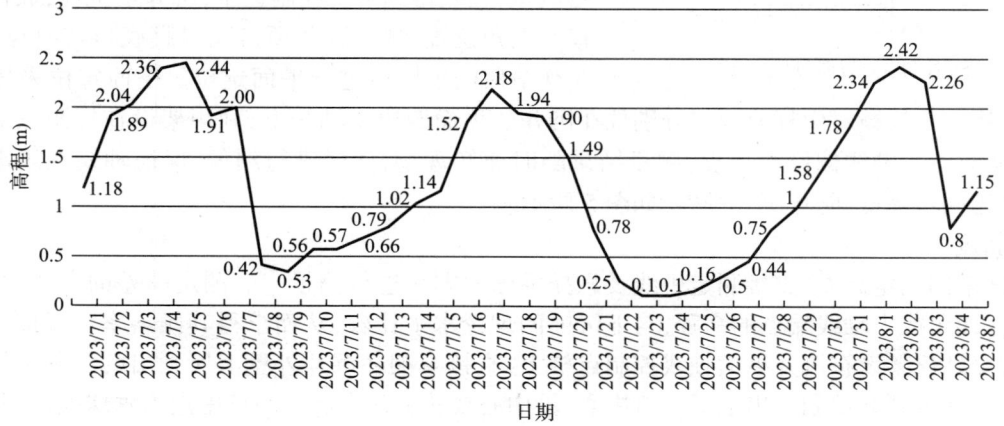

图1　长江水位统计表

布设4个水位观测井,设置于沉井外围约6m处,均匀布设于沉井四角位置,如图2所示。

沉井工程施工会引起周围建筑物及地表产生沉降,为全面了解施工对周围建筑物的影响情况,在施工期间内,在建筑物及地表周围设置沉降观测点,观测沉井施工过程中地表建筑物下沉及倾斜。地表沉降测点按4边中心点3个点设置,往外围按照15m、30m、45m进行拓展,定期观测,存在异常提前预警。沉降点位如图3所示。

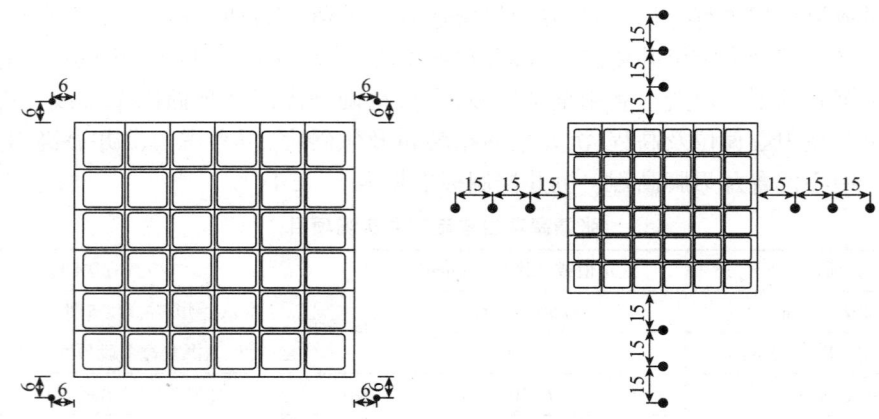

图2 沉井水位监测点(尺寸单位:m)　　图3 沉井周边沉降监测点(尺寸单位:m)

3. 沉井姿态控制方法

沉井在施工下沉过程中,几何姿态受侧壁摩阻力、地质条件等因素的影响,处于不断变动状况,常规的测量方法难以准确测量处于动态中的沉井姿态[5]。因此,在沉井轴线上布设4个GNSS控制点,采用GNSS观测系统三维坐标进行实时动态的测量,系统通过无线组网方式,把沉井顶各个监测点的GNSS定位测量数据实时传输到监控中心,利用软件进行数据分析处理,得出每隔一段时间测点的平均位置,并以此平均位置为基础,推算沉井的倾斜、高程、偏位和扭转等几何姿态信息[6]。由于采用的是GNSS载波相位差分技术,其几何信息的平面精度可以达到±1~±2cm,高程精度为±2~±3cm,能够满足沉井施工质量控制的需要。4个GNSS控制点的安装位置如图4所示。

沉井几何姿态人工控制测量复核主要包括沉井平面定位、高程、倾斜度、中心偏位、平面扭转角度。

1)平面、高程定位

以张靖皋项目为例,定时、定点、定期对沉井布置点位进行测量,相差得到下沉控制速率,沉井下沉前,放样沉井的顶口及四角位置,测量沉井顶口及刃脚底口实时位置,对沉井工作节段的顶底口进行平面定位。平面定位采用全站仪极

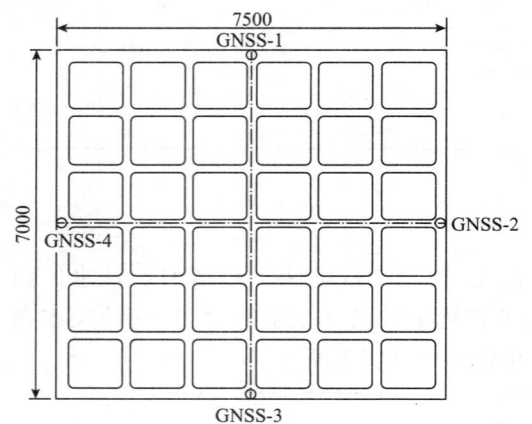

图4 GNSS控制点布置图(尺寸单位:cm)

坐标法,使用2个棱镜对中杆分两组分别放在沉井的顶面四边中轴线上,利用架设在控制点上的2台全站仪对称实时测量轴线偏位及高程,测量结果随时通知现场,适时进行纠偏,保证轴线在规定范围内活动,各点高程同步降低,防止沉井倾斜,如图5所示。

2)倾斜度

倾斜度采用测定高差、直接测定中线及悬挂垂球的方法进行测量[7]。测定高差的方法为:使用水准仪测定沉井四角或中轴线端点的高程,与下沉前的理论水平比较,从而求得其倾斜率。直接测定中线的方法为:将全站仪架设在沉井纵横轴线控制点桩上,直接观测在沉井外壁上所画出的沉井中线。悬挂垂球的方法为:在沉井井壁划分出上下底口中点,沿中心线从上口中点向下口中点吊垂球线,从垂球相对下口中点的位置可以测量出倾斜值。下沉时,沉井处于运动状态,倾斜测量可使用测定高差法及悬挂垂球

法。沉井下沉测量中,倾斜度测量以水准仪测定高差法为主。

沉井纵横向竖直度计算如下[8]:纵向竖直度 = h_{BD}/S_{BD},横向竖直度 = h_{AC}/S_{AC},式中 A、B、C、D 为沉井平面四角点高程,h_{BD} 和 h_{AC} 分别为 B、D 间高差和 A、C 间高差,S_{BD} 和 S_{AC} 分别为 B、D 间距离和 A、C 间距离。底口中心偏移量是根据顶口中心偏移加上由于倾斜引起的偏移量而得到的,$\Delta_{底口} = \Delta_{顶口} \pm \Delta_{倾斜}$,其中,(纵向或横向)倾斜引起的偏移量 $\Delta_{倾斜} = H \times$ 竖直度(纵向或横向),H 为沉井当前高度,当顶口偏移方向与 $\Delta_{倾斜}$ 一致时取正号,相反时取负号,如图6所示。

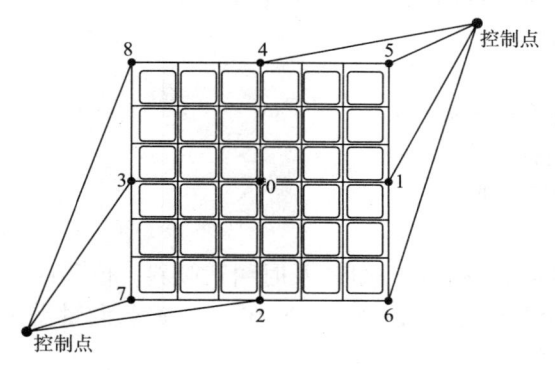

图 5 沉井姿态人工复核示意图

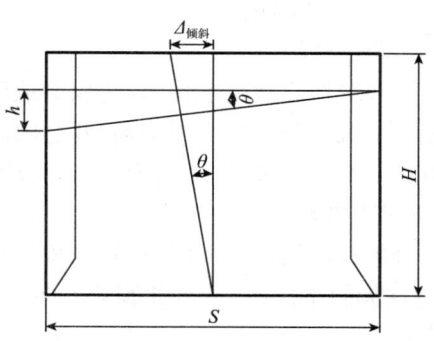

图 6 沉井姿态垂直度示意图

3) 平面扭转度

沉井下沉过程中受到不同地质条件、取土深度等影响,纵横向绕轴线的相对角位称为扭转角度,现场控制方法为:采用全站仪极坐标法测量沉井轴线点平面坐标,计算沉井井壁顺桥向或横桥向两轴线点与桥轴线的夹角,即为平面扭转角,如图7所示。

4) 泥面高程控制

沉井内地下水位达到规定要求后,采用泥浆泵吸泥除土的方式,井孔内必须按对称、均匀的方式进行取土,原则上采用"小锅底"形式取土下沉。取土时外井壁刃脚旁保留4m宽的土不扰动,分区隔墙刃脚保留3m宽的土不扰动,保证刃脚区和分区隔墙区域的埋深,沉井每下沉50cm,对此区域吸泥50cm,控制基底泥面高差不大于2.0m。井孔内吸泥取土时形成的泥面最底面不得低于外井壁刃脚底高程,沉井下沉过程速度可能比较快,且难以控制,因此在下沉过程中必须加强沉降监测,禁止超挖和乱挖,特别注意不均匀沉降,极限状态高程面如图8所示。

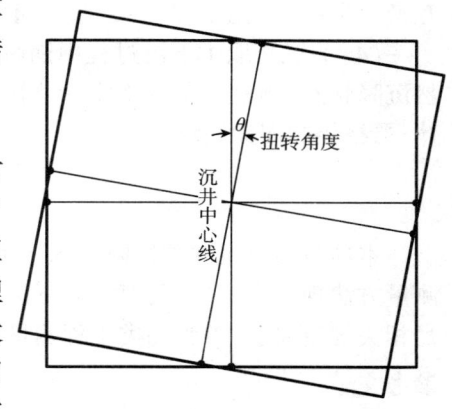

图 7 平面扭转角度示意图

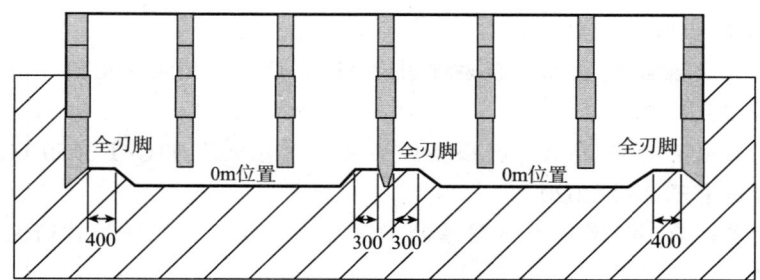

图 8 降排水下沉阶段井孔内吸泥取土极限状态(尺寸单位:cm)

5) 降排水下沉到位检测

沉井下沉到位后,必须精确地测定沉井的位置即顶面中心位置及高程,并推算出底口偏移、倾斜、扭角和刃脚高程,确定沉井首次降排水下沉位置。利用全站仪精确测出四个轴线点的平面坐标,推算出顶面中心偏位,同时利用不同的控制点检核各点的坐标位置。利用水准仪精确测出沉井顶面各点的高程。为了监测沉井的后期下沉情况,在沉井的四角和中心各布设一个位移沉降观测点,利用全站仪和水准仪,测出各位移沉降观测点三维坐标,作为沉井位移沉降观测的起始数据,在后续施工中,定期观测,以掌握基础的稳定性。

4. 沉井下沉纠偏措施

沉井在下沉过程中,均为倾斜下沉,但要防止出现大幅度的倾斜、位移、扭转等情况,必须加强观测,及时发现并采取措施纠正。

1)产生倾斜原因

(1)沉井区域地质软硬不均匀,与探测地质存在较大差异;

(2)挖土下沉过程中取土不均匀,井仓内高差悬殊;

(3)刃脚处掏空过多,沉井受力不均匀,产生突沉现象。

2)预防纠正措施

(1)应避免在倾斜情况下沉,加强四角高差观测,调整取土顺序,及时纠正倾斜。位移纠正一般是使沉井向反方向倾斜下沉,在沿沉井倾斜方向下沉至与中心位置相吻合处,在纠正倾斜,测量需做到配合现场及时预警。

(2)纠偏可采取射水纠偏,向下沉较慢的一侧井仓外部外沿壁注射压力水,使该处的土成为泥浆,以减少土抗力,泥浆还可以起到润滑作用,减少沉井外壁与土之间的摩擦阻力,促使沉井较高的一侧迅速下沉。

(3)纠正扭转角度的方法必须应用土压力郎肯理论,在运动过程中瞬间将主动土压力和被动土压力互换产生极大的土压力互变情况,才可以顺利将沉井纠偏扶正到理论位置。

(4)突沉是取土下沉过程中锅底挖得过深,继续下沉时,井壁摩阻力达到极限值,受重力作用产生突然沉降状态,测量应实时监控,控制取土深度,避免快速形成大锅底状态,保留钢壳刃脚、分区隔墙周边土体,严格控制泥面高程。

四、结　语

本项目通过沉井首次降排水下沉施工过程中沉井面埋设 GNSS 移动站动态监测、加密基准网建设、测量方法现场实际应用,对沉井下沉几何姿态控制起到显著作用。下沉扭转角度、垂直度、四角高差均满足相关规范要求,可为同类工程测量控制提供借鉴与参考。

参考文献

[1] 中华人民共和国住房和城乡建设部. 工程测量标准:GB 50026—2020[S]. 北京:中国计划出版社,2020.

[2] 中华人民共和国国家质量监督检验检疫总局. 国家一、二等水准测量规范:GB/T 12897—2006[S]. 北京:中国质量标准出版社,2006.

[3] 中华人民共和国交通运输部. 公路桥涵施工技术规范:JTG/T 3650—2020[S]. 北京:人民交通出版社股份有限公司,2020.

[4] 中华人民共和国交通运输部. 特大跨径公路桥梁施工测量规范:JTG/T 3650-02—2019[S]. 北京:人民交通出版社股份有限公司.2020.

[5] 周星宇,邢晓东,夏永豪,等. 考虑土体固结的不同层次土层沉井沉降规律研究[J]. 科学技术创新,2022(27):68-71.

[6] 施洲,钟美玲,周勇聪,等. 桥梁大型沉井基础研究综述[J]. 中国铁道科学,2022,43(5):11-22.

[7] 陈保国,贺洁星,骆瑞萍,等. 沉井下沉过程的运动学特性与下沉控制研究[J]. 岩土力学,2022,43(S2):425-430,453.

[8] 李维生,杨彤薇. 锚碇沉井排水下沉期应力特性研究[J]. 公路交通科技,2022,39(7):106-114.

22. 张靖皋长江大桥(跨江段)施工安全总体风险评估及对策措施研究

戴云峰[1]　史永龙[2]　靳　鹏[1]　印　月[1]

(1.华设科技检测有限公司;2.江苏省交通工程建设局张靖皋长江大桥建设指挥部)

摘　要　张靖皋长江大桥(跨江段)建设工程属于超大型悬索桥工程,该桥拥有六项"世界之最"和六项"世界首创工艺",施工安全风险高,风险管控难度大,本文详细介绍了超大型悬索桥施工安全风险总体评估工作,并提出了风险防控的对策措施。供读者借鉴参考。

关键词　悬索桥　桥梁　风险　评估　安全管理　控制措施

一、引　言

张靖皋长江大桥(跨江段)建设工程拥有六项"世界之最",主航道桥跨径2300m,是目前在建世界最大跨径悬索桥;主塔高度350m,为世界最高悬索桥索塔;南航道桥南锚平面尺寸长110m、宽75m、高83m,为世界最大体积地连墙锚碇基础;主缆长4450m,强度为2200MPa,为世界最长高强度主缆;钢箱梁长3017m,为世界最大连续长度钢箱梁;伸缩装置位移量3120mm,为世界最大位移量。本工程安全风险高,易发生安全生产事故。正式开工之初,根据施工内容进行定量或定性的分析,评估桥梁施工风险大小,确定静态条件下的安全风险等级,指导参建单位有针对性的加强风险管控和预警预案管理,降低桥梁施工风险,杜绝生产安全事故的发生。

二、工程总体情况

1. 工程概况

张靖皋长江大桥(跨江段)全线采用高速公路标准建设,路线全长29.849km,分跨江段、北接线、南接线三部分。设互通立交4座、服务区1座、管理分中心1处、养护工点1处。桥梁布置见表1。

桥梁布置表　　　　　表1

桥梁段落	桥梁	跨径布置(m)	结构形式
航道桥	北航道桥	1208	双塔单跨吊悬索桥
	南航道桥	2300 + 717	双塔两跨吊悬索桥
引桥	北引桥	左幅(43 + 70 + 56) + (60 + 4×70) + (2×4×70) 右幅(56 + 70 + 43) + (60 + 4×70) + (2×4×70)	预应力混凝土连续刚构桥
	中引桥	(70 + 71 + 71 + 70) + 5×(5×70)	
	南引桥	左幅(76 + 135 + 70) + (4×63) 右幅(70 + 135 + 76) + (4×63)	

2. 主要结构物

(1)北航道桥。主桥为双塔单跨吊钢箱梁悬索桥,索塔采用门式框架外形、钢索塔结构形式。主缆跨径布置为530m + 1208m + 530m的对称结构。北锚碇采用沉井基础,南锚碇采用深层地基加固的复合地基圆形地连墙基础。南北索塔均采用门式结构钢塔,塔柱总高217m,横梁以上高149.9m。北航道桥采用缆跨布置为530m+1208m+530m=2268m的双塔单跨整体式钢箱梁悬索桥。

（2）南航道桥。南航道桥为双塔双跨吊钢箱梁悬索桥，其桥梁跨径布置为2300m+717m=3017m，缆跨布置为660m+2300m+1220m。主塔采用钢箱-钢管约束混凝土组合索塔，辅塔采用钢壳混凝土组合索塔，塔基均采用钻孔灌注桩群桩基础，锚碇基础采用支护转结构复合地连墙基础，锚体采用框架式混凝土锚体结构。南北塔塔高350m；主缆横向间距42.9m。辅塔高130m，下塔柱高45.8m，中塔柱高39.95m，上塔柱高44.25m。

三、桥梁施工安全总体风险评估过程及方法

1. 评估依据

依据国家现行的安全法律、法规、规章、标准及规范性文件，以《张靖皋长江大桥施工图设计》《张靖皋过江通道南航道桥初步设计阶段安全风险评估报告》《张靖皋长江大桥 ZJG-A1～A6 标段实施性施工组织设计》等为基础，遵循《公路水运工程施工安全风险评估指南 第一部分：总体要求》《江苏省公路水运工程施工安全风险评估报告编制要求》《公路水路行业安全生产风险辨识评估管控基本规范（试行）》《公路桥梁和隧道工程施工安全风险评估指南（试行）》（简称《指南》）有关要求，开展本工程的施工安全风险评估工作。

2. 评估内容

桥梁施工安全风险评估包括总体风险评估和专项风险评估，由张靖皋长江大桥建设指挥部组织开展总体风险评估，由监理单位、施工单位组织开展所属标段的专项风险评估。

3. 桥梁指标体系法

根据影响工程施工安全风险的主要致险因素，建立体现风险特征的评估指标体系，对各评估指标进行数值区间量化分级，并综合考虑各评估指标的权重系数。

总体风险评估是指桥梁工程开工前，根据桥梁工程的建设规模、地质水文条件、气候环境条件、地形地貌、桥位特征、施工技术等6个一级指标建立评估指标体系（亦可视具体施工情况增加其他不定因素为一级指标，所选指标应具有全面性和代表性；每个一级指标应至少设置1个二级指标；二级指标总数不应超过13个且不应少于5个）。估测桥梁工程施工期间的整体安全风险大小，确定静态条件下的安全风险等级。

当总体风险评估为Ⅲ级（高度风险）及以上时，对桥梁施工各作业环节进行专项风险评估，属于动态评估。本次评估按照《指南》推荐的桥梁施工总体风险评估方法，对张靖皋长江大桥南航道桥、北航道桥、南引桥、中引桥、北引桥逐一进行总体评估。确定风险等级后，提出科学合理的对策措施及建议。

4. 评估过程

1）准备阶段

(1) 成立评估小组，明确职责分工。本次安全风险评估工作成立了一支由11名具备高级及以上技术职称、15年及以上公路水运工程建设管理、施工、监理、勘察设计或风险评估等工作经历的评估小组。

(2) 收集国内外悬索桥相关事故案例，了解同类工程的事故情况。

(3) 现场查勘项目所在区域的地理、水文、气象条件，收集张靖皋长江大桥的相关资料，向设计、建设、施工、监理方等了解项目现状、桥梁计划施工工艺、周边环境、交通组织以及工程目前进展等情况。

2）开展总体风险评估

在准备工作完成后，应根据设计阶段风险评估结果，以及类似结构工程安全事故情况，分析桥梁工程项目静态条件下的固有风险特征，并采用指标体系法确定各桥梁工程的施工安全总体风险等级，确定专项风险评估的范围。

3）工程施工安全风险分析

结合项目特点，根据生产区域等进行作业单元划分；然后针对不同作业单元，结合日常安全生产管理

实际,综合考虑历史风险事件发生的情况,研究确定各施工工序发生的风险事件。对各个施工工序的人、物、环境、管理因素等四个因素进行分析,并采用"LC法"得出各个施工工序的风险等级,以指导下一步专项风险评估工作开展。

4)提出风险控制措施

根据识别出的风险,结合风险识别准则,提出相应的风险控制建议及措施。

四、评 估 结 果

根据《指南》推荐的桥梁施工总体风险评估方法,对张靖皋长江大桥南航道桥、北航道桥、南引桥、中引桥、北引桥逐一进行总体评估,具体情况见表2、表3。根据《指南》,当 $45 < R \leq 60$ 时,桥梁施工安全风险评估为Ⅲ级(高度风险),当 $R \geq 60$ 时,桥梁施工安全风险评估为Ⅳ级(极高风险),安全风险评估结果汇总具体情况见表4。

航道桥工程总体风险评估表　　　　　表2

一级指标	二级指标	基本分值	北航道桥		南航道桥	
			权重系数	评估分值	权重系数	评估分值
建设规模	桥型	54	0.16	8.64	0.16	11.36
	墩(塔)高	77	0.15	11.55	0.15	12.3
地质水文	地质条件	11	0.09	0.99	0.09	1.08
	水深	55	0.06	3.3	0.06	4.5
	潮汐	59	0.01	0.59	0.01	0.59
气候环境	极端环境条件	13	0.03	0.39	0.03	0.39
	风力条件	21	0.05	1.05	0.05	1.05
	雾日	22	0.02	0.44	0.02	0.44
地形地貌	地形地貌	13	0.09	1.17	0.09	1.17
桥位特征	跨江、河、海湾	76	0.13	9.88	0.13	10.4
施工技术	工艺成熟度	75	0.1	7.5	0.1	7.8
	施工工艺复杂程度	70	0.12	8.4	0.12	8.65
得分				54.47		59.72

引桥工程总体风险评估表　　　　　表3

一级指标	二级指标	基本分值	北引桥		中引桥		南引桥	
			权重系数	评估分值	权重系数	评估分值	权重系数	评估分值
建设规模	最大单孔跨径	43	0.16	6.88	0.16	7.04	0.16	10.56
	桥型	47	0.17	7.99	0.17	8.16	0.17	7.82
	墩(塔)高	54	0.14	7.56	0.14	7.7	0.14	7.28
地质水文	地质条件	25	0.07	1.75	0.07	1.75	0.07	1.75
气候环境	极端环境条件	13	0.04	0.52	0.04	0.52	0.04	0.52
	风力条件	20	0.03	0.6	0.03	0.6	0.03	0.6
	雾日	19	0.01	0.19	0.01	0.19	0.01	0.19
地形地貌	地形地貌	11	0.06	0.66	0.06	0.72	0.06	0.6
桥位特征	其他	75	0.12	9.00	0.12	9.12	0.12	9.0
施工技术	工艺成熟度	48	0.11	5.28	0.11	5.28	0.11	5.26
	施工工艺复杂程度	55	0.09	4.95	0.09	4.95	0.09	4.95
得分				45.36		46.01		50.32

总体风险评估结果   表4

序号	桥梁名称	风险等级	判别方法
1	北航道桥	54.47(较大风险,Ⅲ级)	指标体系法
2	南航道桥	59.72(较大风险,Ⅲ级)	指标体系法
3	北引桥	45.36(较大风险,Ⅲ级)	指标体系法
4	中引桥	46.01(较大风险,Ⅲ级)	指标体系法
5	南引桥	50.53(较大风险,Ⅲ级)	指标体系法

五、安全风险管控对策措施

针对本项目施工评估结果,充分吸取类似工程施工安全管理经验,提出风险管控对策措施,具体如下。

1. 构建现场隐患排查治理体系,提高应急管理能力

(1)推行高风险工序作业安全许可制。对于大型起重吊装作业、大型临时设施安拆作业等重大作业工况,全面落实安全许可制,实行精细化管控,杜绝无证施工,防范安全事故。

(2)对于超过一定规模的危大工程专项施工方案,推行专家"回头看"机制。杜绝由施工方案落实不到位而引发安全责任事故,定期组织专家开展专项方案巡查和反馈。项目部被发现存在违规、违法行为的,给予严厉处罚,作为反面典型进行通报。

(3)推行安全隐患"日清月结"制。各单位每日开展的巡查工作,应及时通过信息化平台督办项目部整改,项目部必须及时高效做好隐患即查即改、自查自纠、举一反三。

(4)推行安全管理和应急工作一桥多方联席制。

组织建立由地方人民政府、所在市的应急管理局、所在市的交通主管单位、海事管理局、大桥指挥部、总监办、项目部、医院、法院、所在地公安派出所等单位组成的多方联动机制。定期召开安全管理应急工作会,旨在能够高效、快速、合法、合规处理工程施工期间出现的紧急事件,力争将紧急事件的危害和损失降到最低。

(5)聚焦施工现场"两特一危"管理,强化风险分级管控。

①编制特种设备安全管理手册,引进专业机构负责特种设备与吊装配件的定期检测与维修保养,确保特种设备与吊装配件安全。

②编制特种作业人员安全行为准则,规范特种作业人员安全作业行为,杜绝习惯性违章。

③由项目部所在公司的技术负责人对危大工程专项施工方案超前审核并出具审查意见,严格控制方案编制质量,严控现场有效实施,避免"三张皮"现象,杜绝安全责任事故发生。

④编制安全风险"一表四单两卡",研发"安全风险动态管控电子地图",创新风险管控手段。

2. 注重本质安全,推进安全标准化、机械化、智能化

(1)严格落实安全防护标准化。全面推行安全防护设施工具化、定型化、装配化。采用定型化防护栏、装配式梯笼等实现临边围挡及人员上下通道等防护标准化。

(2)推行机械化减人、自动化换人、智能化无人的举措,最大限度减少人员伤亡事故概率。打造索塔施工"空中工厂"。在索塔阶段施工阶段,设计优化集人员安全作业、机器人自动焊接、自动喷涂与自动检测等多功能于一体的自爬升平台,实现高空作业条件工厂化、智能化。在拌和站,积极利用智能化、自动化装载车,实现智能化自动装载上料,减少人员投入,避免疲劳驾驶。

3. 践行"科技兴安",实现智慧管控

(1)采用智能定位与考勤系统,对主要安全管理人员进行履约管理。项目部全面采用智能门禁、AI无感测温、移动打卡、刷脸考勤机,对管理人员实现在线考勤管理,加强主要管理人员履约管理。

(2)搭建特种设备日常运行智能监测管控系统。针对塔式起重机、跨缆起重机、架桥机、施工电梯、大型卷扬机等设施,建设智能化的监控系统,实时掌控机械设备的安全状态指标,预防突发情况。

(3)全面推广临时用电智能管控系统。通过该系统,动态监测用电量、电缆的温度、漏电报警功能,实现临时用电系统的精准管理。

(4)开展施工安全环境动态感知、监控预警工作。安全隐患识别自动化判别、抓取、预警、处置,实现安全隐患快速处置和闭合工作。

4. 加强人员培训,提高人员安全素质

(1)建设智慧化产业工人培训中心。对接实名制管理系统,应用BIM技术、虚拟仿真(VR)技术、增强体验(AR)技术、3D仿真技术等,打造具有工艺质量交底培训、安全隐患分析、安全实操教学、安全VR实景体验、安全知识认知教学等一体化功能的智慧化产业工人培训中心。

(2)开展融入式安全教育培训机制。
①BIM平台分类搭建安全学习知识库,根据工种类别,定向推送至一线作业人员。
②推行工人安全行为积分制,实行动态管理。
③开设工地云课堂,制作事故案例、安全交底、安全知识等,线上线下同步开展融入式安全培训。
④全面推行班组"晨会"制度,强化班组班前讲话、班后小结,不断增强班组施工人员的安全意识。

参考文献

[1] 徐腾.桥梁施工风险评估方法与应用[J].福建建材,2022(3):74-76,80.
[2] 杨鑫.桥梁施工安全风险评估与控制研究[J].工程建设与设计,2021(7):214-217.
[3] 尹亭智.公路桥梁施工总体安全风险评估方法[J].交通世界,2017(17):126-127.
[4] 李光明.浅析高速公路桥梁施工安全管理与因素[J].低碳世界,2021,11(9):201-202.
[5] 杨莉.高原上的公路桥梁工程的施工质量与安全管理措施[J].黑龙江交通科技,2019(7):211-213.
[6] 李杨.建筑施工安全管理难点及应急对措施[J].建筑与预算,2022(5):34-36.
[7] 王德军.公路工程施工安全事故分析及管理控制对策[J].中外企业家,2020(11):238.
[8] 张玉萍.高速公路桥梁施工过程安全评估及监管对策[J].四川水泥,2022(4):198-199,202.
[9] 杨芳.公路工程施工安全事故分析及管理控制对策[J].黑龙江交通科技,2021(9):238-240.

23. 常泰长江大桥5号墩索塔下横梁施工关键技术

厉勇辉[1,2,3,4]　张毅[1,5]　陈沿松[1,5]　袁灿[2,3,4]

(1. 中交第二航务工程局有限公司;2. 长大桥梁建设施工技术交通行业重点实验室;
3. 交通运输行业交通基础设施智能制造技术研发中心;
4. 中交公路长大桥建设国家工程研究中心有限公司;5. 中交二航局第四工程有限公司)

摘　要　常泰长江大桥索塔下横梁规模大、结构复杂,首次采用塔梁同步不分层浇筑工艺,下横梁及对应塔肢分四个L形区域依次浇筑,混凝土一次浇筑方量大,浇筑高度高,施工过程倾覆风险高,线形控制难度大,混凝土和预应力施工质量难保证。采取了多项混凝土和预应力施工措施,研发下横梁智能监测系统,保证施工质量和安全。

关键词　空间钻石索塔　不分层浇筑　抗倾覆支架　一体化钢模　智能监测系统

一、引　言

大跨径缆索承载桥梁桥塔一般在塔梁交会位置处设置横梁,为主梁设置竖向支撑位置,形成框架结

构,提高索塔横桥向稳定性。索塔一般多采用两塔肢或者单塔肢结构,国内外四塔肢索塔桥型较少,例如里翁-安蒂里翁桥、摩洛哥穆罕默德六世大桥主梁施工技术和温州瓯江北口大桥中塔等[1,2]。混凝土索塔下横梁多采用塔梁同步或塔梁异步分层浇筑工艺[3-6],通过已浇筑第一层混凝土和支架协同受力来承受第二层混凝土自重,混凝土浇筑方量和支架规模小,但是在横梁高度方向上存在施工缝,影响下横梁外观质量和整体性。常泰长江大桥索塔中、下塔柱为空间钻石形桥塔,下横梁采用塔梁同步不分层浇筑工艺,在国内外尚属首次实施,混凝土浇筑方量大,下横梁及对应塔柱节段倾角大,施工过程中塔柱及下横梁倾覆风险高,线形控制难度大,混凝土和预应筋施工质量难保证。

二、工程概况

常泰长江大桥是世界上最大跨径斜拉桥,跨径布置为 142m + 490m + 1176m + 490m + 142m,索塔高 352m,首次采用钢-混组合索塔结构,中、下塔柱为空间钻石形四塔肢混凝土索塔结构,下塔柱高 48.5m,中、下塔柱索塔为正八边形截面,下塔柱空间倾角为 15°,共划分了 8 个节段,第 8 个节段和下横梁同步浇筑施工。索塔下横梁为四横梁结构,横桥向横梁采用变截面设计,长度为 52.68m,跨中梁高 8m,梁宽 7m,跨中顶板厚度为 1.0m,底板及腹板厚度为 1.5m,横梁腹板向外倾斜角度为 9.6°,边、中跨下横梁分别设置 112 束和 96 束 25ϕ15.2mm 预应力钢绞线,采用金属波纹管,预应力筋位于下横梁顶、底板,一端锚固在塔肢壁板上,张拉端锚固塔肢腔室顶、底隔板上。纵桥向下横梁跨中高 6m,梁宽 6m,跨中底板及腹板厚度为 1.0m,腹板外倾角度为 12.7°,纵桥向下横梁配置 84 束 25ϕ15.2mm 预应力钢绞线,预应力筋位于下横梁腹板,锚固端位于塔肢横桥向侧壁上,张拉端位于塔肢腔室侧壁上[7-9]。下横梁结构如图 1 所示。

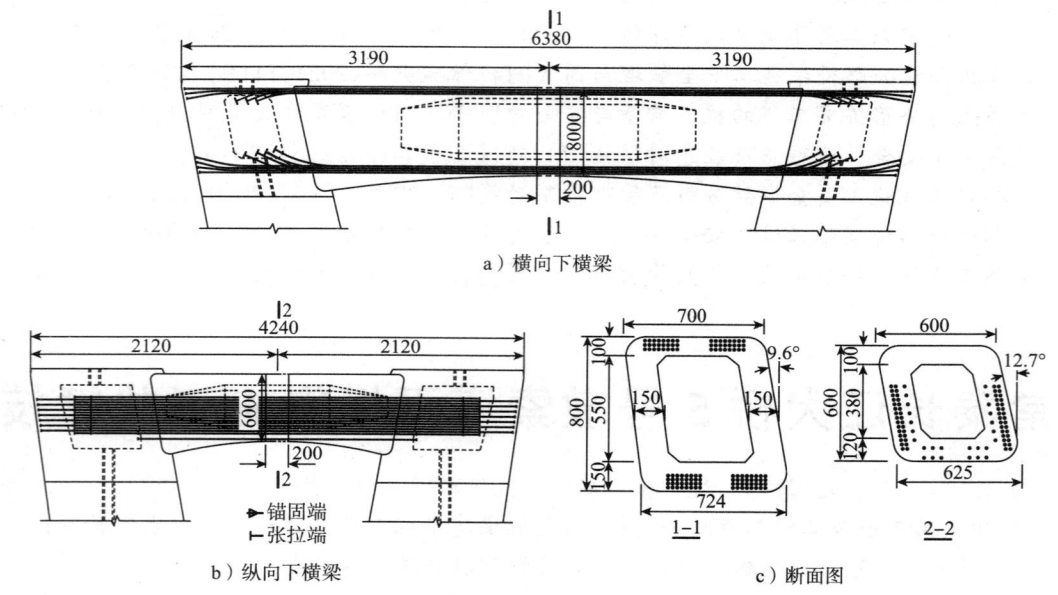

图 1 下横梁结构图(尺寸单位:mm)

三、下横梁塔梁不分层同步浇筑工艺

四个下横梁跨中预留 2m 宽后浇带,组成 4 个 L 形区域,如图 2 所示。每个 L 形区域内混凝土一次性浇筑成型,混凝土单次浇筑方量达到 2145m³,为了减少由于收缩徐变引起合龙口错抬量和四个塔肢内力差异,采用①→②→③→④浇筑顺序[10],下横梁 4 个 L 形区域施工完成后,浇筑横桥向合龙口混凝土,张拉预应力,纵桥向合龙口施加顶推力并临时锁定,浇筑纵桥向合龙口混凝土并张拉预应力,中塔柱施工期间拆除下横梁支架,总体施工流程如图 3 所示。

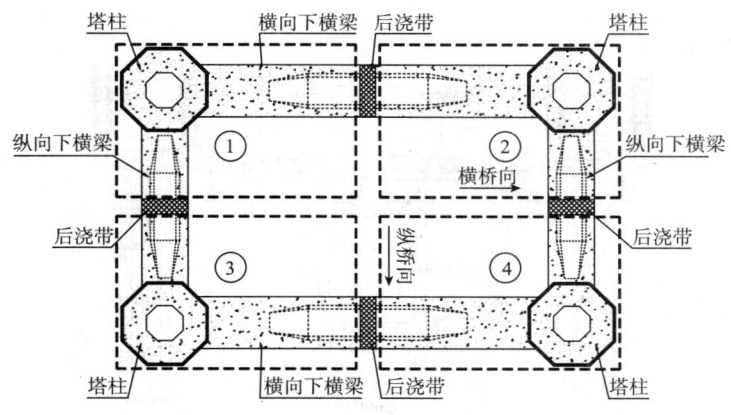

图 2 空间四塔肢下横梁区域划分

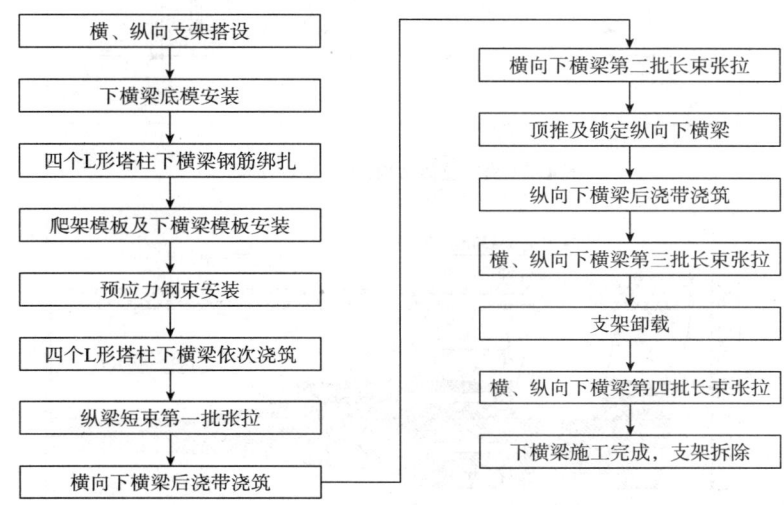

图 3 下横梁塔梁同步不分层浇筑总体施工流程

四、混凝土施工

1. 下横梁支架

下横梁支架由钢立柱、分配梁和拱形桁架组成，其中拱形桁架刚度大，能适应下横梁弧形曲线，减少支撑模板变形，能够有效将混凝土自重荷载传递给支架分配梁。为了减少待浇筑L形区域对已浇筑横梁及塔柱内力影响，下横梁支架后浇带位置处分配梁和第四层水平联钢管采用断开设计，第一至三层水平联钢管不断开设计并设置一层附墙，提高支架整体稳定性，如图4所示。

2. 混凝土施工

每个L形区域内下横梁及对应塔肢节段混凝土从塔肢低处向高处的顺序逐层浇筑，根据塔肢及下横梁结构，先浇筑下横梁底板，再对称浇筑腹板，最后浇筑顶板混凝土，如图5所示。下横梁底板混凝土浇筑完成后，等待2h左右，下横梁底板混凝土进入半塑性状态，再浇筑腹板混凝土，减少下横梁内底板抗浮力。

下横梁倾斜度大，为了实现混凝土浇筑布料，避免混凝土浇筑过程因下落高度大而产生离析，在下横梁腹板和塔肢壁板内设置斜向导向管，下横梁底板设置竖向导向管，导管直径为200mm，壁厚为1.5mm，根据混凝土流动性，布料点间距为3m，最大不超过3.5m。塔肢及横梁钢筋密集，导向管采用整根焊接，便于混凝土浇筑过程中提升和临时固定，混凝土每浇筑1~2m，导管提升一次，并割除顶部多余部分，导管口布料口离混凝土液面高度不超1m，并通过工艺试验，采用10m长导向管，混凝土通过导向管后距离底面高度为1.5m未发生离析。对于齿块位置处，采用导向管和溜槽方式浇筑齿块位置处混凝土。

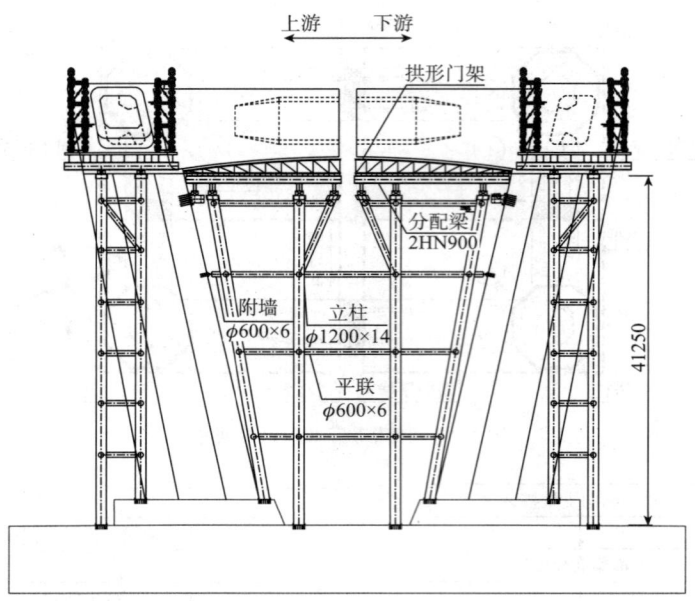

图4 下横梁支架结构(尺寸单位:mm)

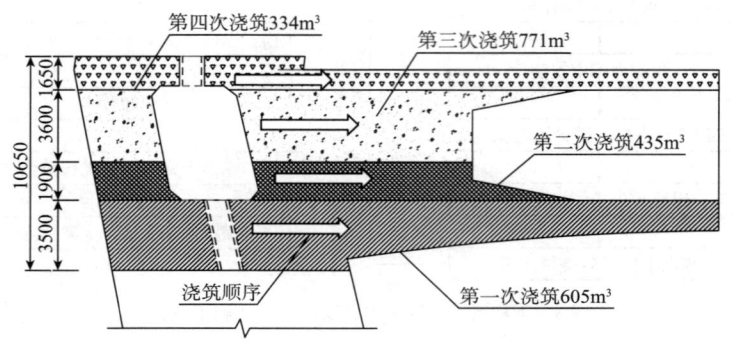

图5 下横梁混凝土浇筑顺序(尺寸单位:mm)

下横梁及塔肢混凝土分区域连续振捣,下横梁顶、底板及塔肢隔板位置处采用人员振捣,塔壁钢筋密集区、纵梁腹板等人员无法进入的部位,采用长振捣棒配合$\phi 70 mm$长螺旋筋导向的方式进行振捣。对于横梁上圆弧段模板下振捣盲区,设置临时振捣孔。针对不同钢筋密度不同设置直径30mm和50mm的振捣棒,下横梁和塔壁位置主要采用直径50mm振捣棒,齿块位置处采用直径30mm振捣棒,对于腹板齿块区域需要在内侧模上安装附着式振捣器辅助振捣。

3. 下横梁及塔柱抗倾覆措施

1)下横梁抗倾覆措施

下横梁结构复杂,模板受力荷载大,为了提高下横梁整体线形,下横梁内模和外模均采用整体式钢模板,下横梁和塔肢节段内模采用一体化设计,内模和外模在工厂内数控下料,内模整体焊接,外模在长度方向分为多个节段匹配制作,节段间采用螺栓连接,实现现场快速化安装。为了提高内模整体抗侧倾刚度,在内模里面设置对撑和满堂支架。在下横梁腹板外模板设置侧向抗倾覆支架,抗倾覆支架在横梁长度方向由多个桁片组成,桁片与横梁垂直方向分配梁焊接,每个桁片通过模板支撑与外模连接,外模和内模间设置临时支撑,下横梁内外侧桁片顶部通过水平杆件连接,使内外桁片及内外钢模及内模内内支撑形成整体,提高下横梁侧向抗倾覆刚度(图6)。除顶板钢筋及内模、支架自重抗浮外,将下横梁底板内模骨架与底板钢筋网片和内腔底模框架梁焊接,利用底板钢筋增加抗浮力。

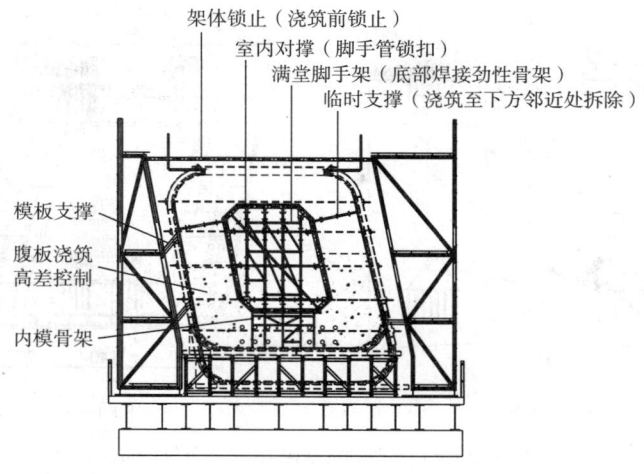

图6 下横梁抗倾覆措施

2) 塔柱抗倾覆措施

下横梁对应塔肢节段高度达到10m,塔肢倾斜角度大,混凝土浇筑过程倾覆风险和线形控制难度大,为了提高塔肢整体侧向抗倾覆刚度,采取了以下三个措施。

(1) 利用塔肢节段钢筋笼刚度,提高塔肢内劲性骨架刚度,通过连接角钢将主筋和劲性骨架形成框架结构,在连接角钢位置主筋和箍筋采用焊接连接,提高钢筋笼刚度。

(2) 在塔肢劲性骨架顶口设置型钢骨架,将各个边劲性骨架连接形成整体,提高劲性骨架整体刚度。

(3) 利用相邻已浇塔肢或者未浇筑劲性骨架刚度,提高待浇段劲性骨架侧向倾覆刚度,下横梁顶板和腹板主筋在合龙口位置通过套筒临时连接,在与塔肢劲性骨架交叉位置焊接连接,通过下横梁主筋将相邻塔肢连接成整体,如图7所示。

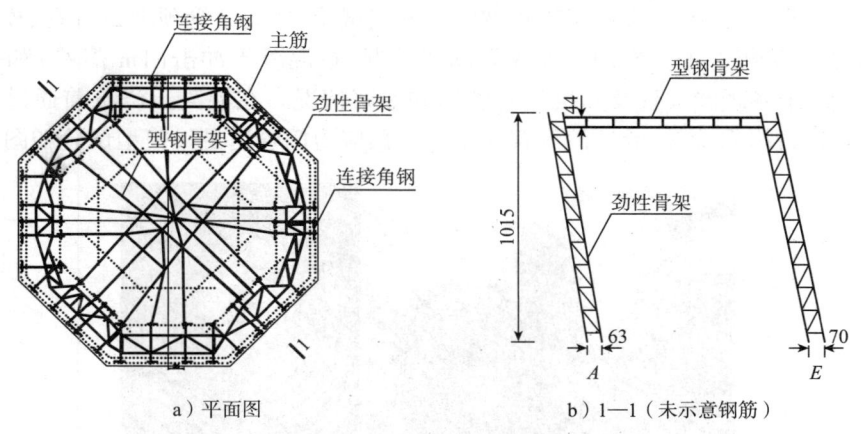

a) 平面图 b) 1—1 (未示意钢筋)

图7 塔肢劲性骨架侧向刚度提升措施(尺寸单位:cm)

4. 下横梁合龙施工

4个L形区域横梁浇筑完后,先合龙横桥向横梁,后合龙纵桥向横梁,合龙前需要在合龙口设置临时锁定装置,减少环境温度变化和风荷载对合龙口混凝土扰动(图8)。在下横梁合龙口顶、底板设置4个钢管撑进行临时锁定。为了改善索塔成桥内力,纵桥向横梁合龙前施加1000kN顶推力,顶推过程中下横梁模板及支架存在摩擦力,导致纵向顶推力损失,以合龙口顶推过程中以顶推位移控制为主,以力控制为辅,合龙口顶推控制位移为1.7mm,采用千分表(精度0.001mm)测量合龙口相对位移。顶推施工完成后,钢管撑和埋件焊接锁定。

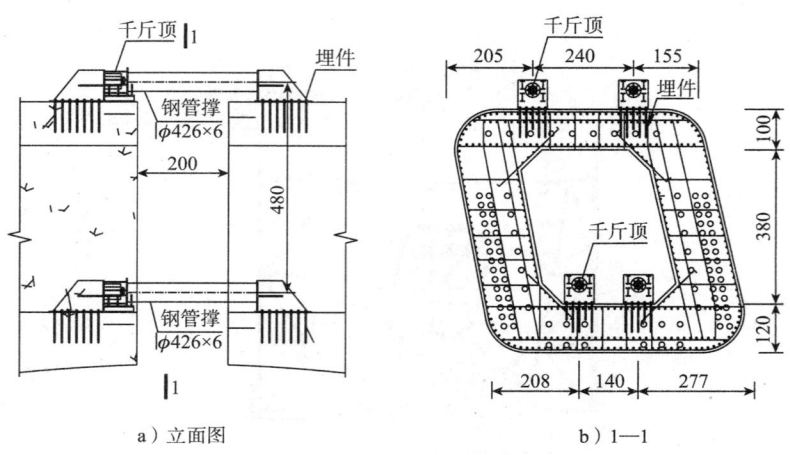

图 8　合龙口临时锁定结构图(尺寸单位:mm)

5. 混凝土水化热控制

下横梁主塔施工混凝土采用流变改性、低温升、高抗裂 C60 准清水混凝土。温度较高时段采用碎冰拌和,加冰量 $10\sim30\text{kg}/\text{m}^3$,混凝土浇筑温度控制在 $14.0\sim16.9℃$,入模温度 $17.2\sim19.8℃$。冷却水管布设 12 层,水管水平间距为 60cm,垂直间距为 80cm,水管距侧面为 $80\sim110\text{cm}$,1 个 L 形区域共配备三套供水系统,每个供水系统接入 $5\sim8$ 个支管进行供水,升温阶段冷却水系统采用江水控制混凝土温升速率及温峰,降温阶段采取部分循环水降温,控制降温速率及进水温度。塔肢及横梁外模贴 15mm 保温棉保温,内腔浇筑完成后蓄水养护,顶面收面后立即覆盖薄膜及土工布,温峰前覆盖养护布,保湿保温养护。根据现场温度实测结果,混凝土内部最高温度为 68.5℃,内表最大温差为 18℃。

6. 预应力筋施工质量保证措施

下横梁预应力波纹管长度长,开展波纹管冲击振捣试验,验证在振捣棒振捣作用下波纹管定位钢筋和波纹管连接接头可靠性,同时也开展了破损波纹管漏浆试验,在波纹管预埋 2cm 孔,模拟焊渣对波纹管损伤,通过试验研究在振捣棒振捣作用下波纹管漏浆情况,在混凝土冲击(1m 落差)和振捣棒持续振捣(2min 以上)情况下,未发现波纹管及其接头有破损和漏浆情况。在混凝土浇筑前通过使用高清工业管道内窥镜对波纹管进行影像检查,验证波纹管完整性。预应力筋管道足尺模型试验如图 9 所示。

图 9　预应力筋管道足尺模型试验

混凝土浇筑刚覆盖波纹管后,在排浆口通气并在压浆口感知气流,判断波纹管是否漏浆,在混凝土初凝前,从波纹管两端压入高压水,后浇带波纹管打开出水,冲散水泥浆,最后两端通气吹干管道内残留水,处理预应力筋管道漏浆情况。

五、施工过程智能监测系统

研发应用下横梁智能监测系统,集成支架、模板变形、模板拉杆内力、混凝土温控五大监测模块和智能预警系统,对下横梁施工过程中各关键要素实时监测,确保下横梁浇筑过程中结构线形和施工安全。采用双轴倾角仪监测模板侧向变形,单个L形区域内共布置24个测点,其中横梁、纵梁模板顶口位置布置6个,塔肢布置18个测点,6个侧面,每个侧面沿高度方向布置3个测点。同时采用全站仪监测下横梁和塔肢模板顶口位移,单个L形区域共设置16个监测点,混凝土每浇筑1m测量一次数据,模板位移监测设置两级预警,预警值分别5mm和10mm。下横梁智能监测系统如图10所示。

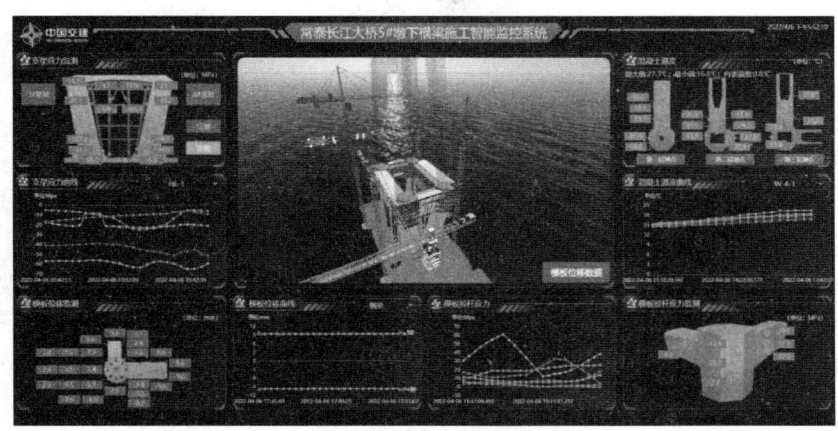

图 10 下横梁智能监测系统

六、结　语

常泰长江大桥5号墩索塔下横梁规模大,首次采用塔梁同步不分层浇筑工艺,采用整体钢模、一体化多功能抗倾覆支架提高下横梁抗倾覆刚度,提出了利用焊接钢筋笼刚度、增设顶层桁架和相连塔肢刚度措施提高塔肢抗倾覆刚度,采用合理混凝土浇筑顺序、混凝土防离析、振捣和预应筋施工保证措施,提高混凝土和预应力筋施工质量,研发下横梁智能监测系统,实现下横梁及塔肢线形实时监测,保证施工过程安全。下横梁施工过程中线形和混凝土质量均满足要求,可对后续下横梁塔梁同步不分层浇筑施工具有重要借鉴意义。

参考文献

[1] 罗扣,舒思利,万田保,等.温州瓯江北口大桥中塔结构形式比选[J].桥梁建设,2018,48(1):88-93.
[2] 董学武,周世忠.希腊里翁-安蒂里翁大桥的设计与施工[J].世界桥梁,2004(4):1-4
[3] 贺鹏,常英,张延河,等.九江长江公路大桥北塔下横梁施工方案研究[J].世界桥梁,2012,40(4):64-68.
[4] 王令侠,刘爱林.商合杭铁路芜湖长江公铁大桥桥塔施工关键技术[J].桥梁建设,2019,49(4):1-6.
[5] 余定军,王吉英,刘勇,等.斜拉桥钻石形主塔下横梁与塔柱异步施工技术[J].公路,2010(11):7-11.
[6] 张勇,李炳乾.厦漳跨海大桥斜拉桥桥塔塔梁异步施工技术[J].世界桥梁,2013,41(5):18-21.
[7] 秦顺全,徐伟,陆勤丰,等.常泰长江大桥主航道桥总体设计与方案构思[J].桥梁建设,2020,50(3):1-10.
[8] 张金涛,傅战工,秦顺全,等.常泰长江大桥主航道桥桥塔设计[J].桥梁建设,2022,52(5):1-7.
[9] 秦顺全,张金涛,陆勤丰,等.常泰长江大桥主航道桥桥塔方案研究[J].桥梁建设,2021,51(4):1-9.
[10] 张皓清,郑清刚,张金涛,等.常泰长江大桥桥塔空间纵横梁施工控制[J].铁道建筑,2023,63(6):69-73.

24. 张靖皋长江大桥锚碇基础地下连续墙施工技术

魏　豪　赵俊臣

(中交路桥华东工程有限公司)

摘　要　张靖皋长江大桥起于如皋市石庄镇焦庄村东侧,上跨S336,经石庄工业园东北、如皋港东升石材产业园东侧,路线转向南偏东,后于如皋华泰重工厂区架桥,采用主跨1208m双塔悬索桥跨越福北水道,进入如皋中汊。该悬索桥南锚碇位于长江江心岛上,其基础采用圆形地下连续墙结构。地下水位受长江水潮汐影响明显,时刻不断地随潮位变化,下水位峰值较长江水位滞后约1~1.5h,对地下连续墙施工影响较大,如何控制成槽及清孔质量、钢筋笼吊装是施工成功的关键。成槽泥浆处理亦是制约整个项目的关键工序。本文介绍了张靖皋长江大桥锚碇基础地下连续墙的施工技术。

关键词　地下连续墙　成槽质量　钢筋笼吊装　泥浆处理　质量通病预防措施

一、工程概况

张靖皋长江大桥北航道桥南锚碇基础采用外径90m、墙厚1.5m的圆形地连墙+环形钢筋混凝土内衬支护结构。地下连续墙底高程-51.80m,顶高程-0.5m,墙体厚度1.5m,嵌固深度33m。

南锚碇基础地面高程约为2.50m,揭露地层均为第四系松散层,浅部地层为全新世冲积粉质黏土、粉土、粉砂,其下为晚更新世中砂、粗砂。地下连续墙需穿过和嵌入的地层为:粉砂,厚度0.50~4.20m,饱和,松散;粉质黏土,厚度1.70~14.70m,流塑~软塑;粉土,厚度1.50~3.50m,稍密;粉质黏土,1.30~20.90m,软塑~可塑;中砂,厚度2.10~6.30m,密实,饱和;粉砂,厚度2.20~26.10m,饱和,密实。

1. 工程地质

桥址区处于区域地质构造活动影响相对稳定地带,根据物探成果,桥址区未见影响桥梁工程建设的全新世活动断裂,区域稳定性较好,综合分析认为近场区主要断裂不会对工程场地的稳定性造成直接影响。

南锚软弱覆盖层以粉质黏土为主,强度和地基摩擦系数低,塑性差,压缩性高,厚度43.8~50.5m。锚碇基础断面见图1。

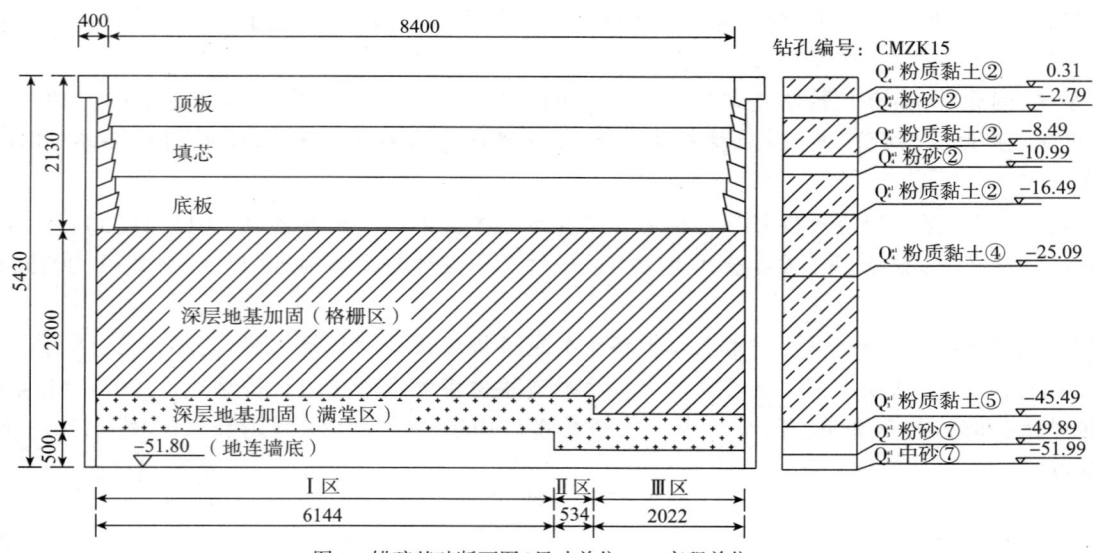

图1　锚碇基础断面图(尺寸单位:cm;高程单位:m)

2. 水文情况

长江等地表水体与地下水的水力联系较好，在丰水期对地下水有补给作用，对区域地下水的补给起了重要的作用。据区域资料及勘察成果，可分为松散层孔隙水和基岩裂隙水，根据埋藏条件，松散层孔隙水分为潜水含水层、承压水含水层，地下水分布柱状图如图2所示。水文主要呈现以下特点：

（1）场地内地下水位较高，埋深不足2m，且周围河流沟渠较多，水系发达。

（2）承压水含水层厚度大、渗透性好、补给条件好，隔水层厚度较薄且不均匀。

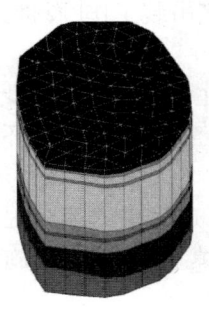 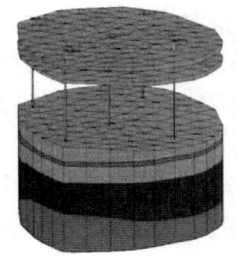 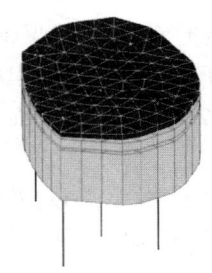

图2 地下水分布柱状图

（3）地下水位受长江水潮汐影响明显，时刻不断地随潮位变化，下水位峰值较长江水位滞后约1～1.5h。锚碇区位地下水与长江水位24h曲线关系如图3所示。

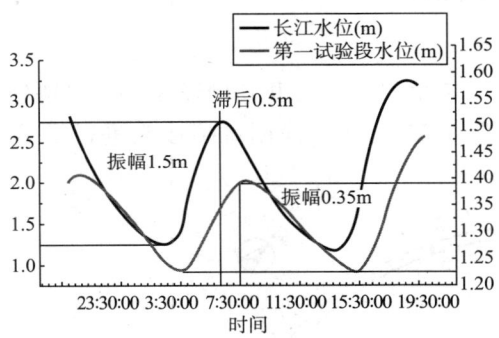 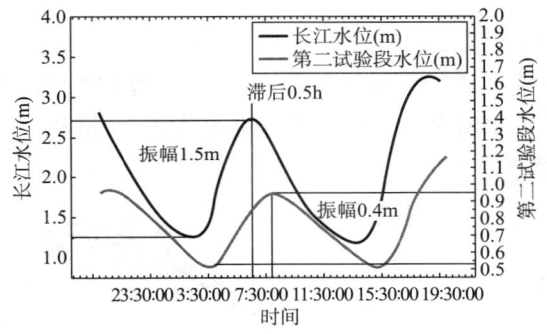

图3 锚碇区位地下水与长江水位24h曲线关系

3. 项目施工重难点

（1）地连墙作为基坑开挖的主要支护结构，地连墙成墙质量直接关系到整个结构的安全。Ⅰ期槽钢筋笼距边缘43cm，Ⅱ期槽施工时，需铣掉25cm搭接长度，其控制距离仅18cm，考虑到铣槽机施工时左右晃动幅度为4cm，其安全距离仅14cm，为避免铣削到钢筋，要求铣槽垂直精度偏差必须小于或等于1/500，该标准远高于质量评定标准要求的1/400，施工难度大。同时地连墙成槽时需2次穿越粉砂层夹层，施工不当极易造成孔壁坍塌。

应对措施：

①铣槽机就位后，采用车载水平仪调整设备的平整度。施工过程中，采用铣槽机自带的垂直度仪表及自动纠偏装置来确保成槽垂直度不得低于设计要求。

②Ⅱ期槽铣切厚度严格按照设计要求的地连墙中心线25cm，保证Ⅱ期槽铣槽时不会切割到Ⅰ期槽钢筋笼。

（2）Ⅰ期槽钢筋笼计算吊装重量为86.08t，长53.65m，为了提高钢筋笼安装精度和加快下放速度，采用260t副吊履带式起重机辅助400t主吊抬吊翻身，其后钢筋笼一次性整体下放。钢筋笼翻身过程中，对履带式起重机操作手同步性要求高。履带式起重机吊运最远距离约150m，带载行走按0.4km/h控制，行走时间约25min，吊运时间长，安全风险高。同时项目区处于江心岛，且施工安排为11月至次年2月，冬季风较多，吊运过程中，突起大风对远距离、长时间吊运提出了更高的要求。

应对措施：

①采用专业有限元分析软件验算钢筋笼吊装翻身过程中的整体刚度及吊点受力，确保钢筋笼结构变形满足要求，吊索吊具按照吊重进行选型，选取合理的安全系数，确保吊装安全。

②吊装前，严格按照方案及设计要求对钢筋笼进行验收，验收合格且签署吊装令后方可吊装。

③吊装过程中，严格按照计算允许吊重控制起吊设备的工作半径及起吊高度；下放过程中，需谨慎平稳且严禁强行下放，防止因笼体晃动而造成槽壁坍塌。

④吊装前检查吊装前置条件，若现场风速超过 6 级，不得进行钢筋笼吊装工作，履带式起重机在行走前，提前清理便道上障碍物，确保钢筋笼行走安全。

（3）项目位于民主沙岛上，周围生态环境敏感，地连墙成槽时将产生大量泥浆，初步计算，回浆量约占铣削土体的 1.2 倍，若泥浆收集并处理不及时，将严重污染岛上环境，渣土外运期间，环境保护难度大。

应对措施：

①项目建立泥浆净化中心，采用自动拉板厢式压滤机集中处理施工过程中的废弃泥浆，主要针对高含水率泥浆进行就地固化处理。将分离后的泥土固化改良后用于路基填筑，从而减少施工废土、废水对沿线的生态环境影响，实现废弃泥浆的再利用。

②渣土运输时不超高超载，并设置覆盖保护。施工现场设全自动洗轮机，渣土外运前需对渣土车轮胎进行清洗，严防车辆车轮带泥上路行驶，清洗完成后方可出场。

二、地下连续墙施工

1. 槽段划分

地下连续墙轴线直径为 88.5m，周长为 278.0309m，Ⅰ期槽段 31 个，Ⅱ其槽段 31 个，共划分为 62 个槽段。Ⅰ期槽段和Ⅱ期槽段在地连墙轴线上搭接长度为 0.25m，接头采用铣接接头进行搭接，交角为 176.7°，如图 4 所示。

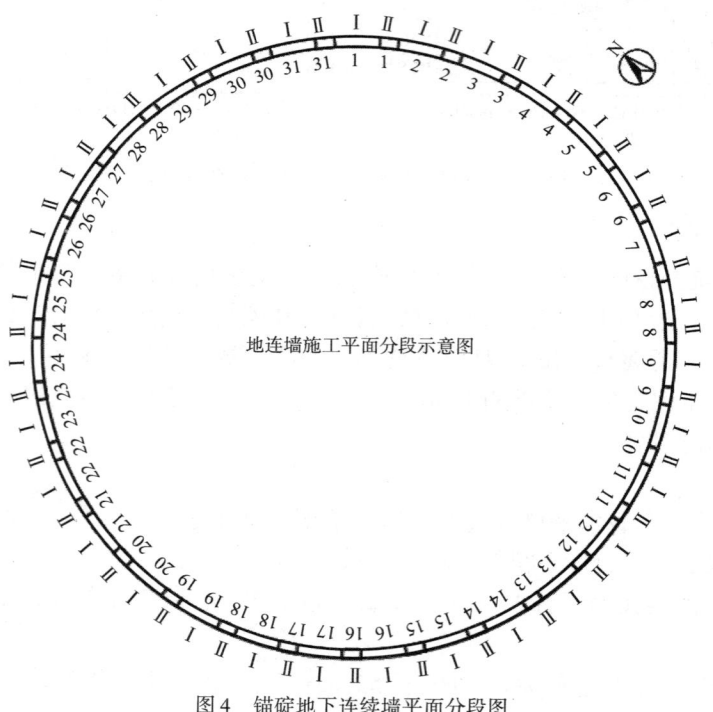

图 4　锚碇地下连续墙平面分段图

2. 主要成槽设备

地连墙主要的成槽设备为德国宝峨 BC50 型铣槽机（M128 型），见表 1。相较于宝峨 BC40 型铣槽机及传统的冲击钻机成槽施工，BC50 型铣槽机在土层中的施工工效可达到 30m³/h，能大量节约工期，同时通过MMH正电胶泥浆浆液、气动负压吸渣法清孔工艺等措施,可提高地连墙成槽速度,较传统工艺可减少50%以上的泥浆使用量,清孔时间大幅减少,可极大地保障成槽质量。

宝峨BC50型铣槽机主要参数　　　　表1

设备型号	BC50	设备示例
主机型号	MC128型履带式起重机	
最大开挖深度	150m	
开挖尺寸	(1.2~2.0)m×2.8m	
发动机功率	709kW	
最大起重能力	68t	
泥浆泵排量	450m³/h	
铣槽机机体	48.9t	
履带式起重机重量	172t	

3. 成槽方式

根据地质情况,槽段上部15~20m部分为松散状粉质黏土层及粉砂层,铣槽机在松散土层中成槽施工工效要比在密实土层中的工效低。为最大限度地提升地连墙的成槽效率,项目采用液压抓斗+BC50型铣槽机进行工序穿插施工。采用该方式进行成槽施工能减小对周边环境的影响,确保成槽质量。成槽过程中随时观察孔内泥浆面的高程并适时补充泥浆,保证泥浆液面高度的同时检测各项泥浆指标要符合技术要求,使泥浆起到良好的护壁作用,降低槽壁坍塌风险[1]。

4. 泥浆控制

在地下连续墙施工过程中泥浆起着举足轻重的作用,江心冲积岛地质条件复杂,泥浆的性能指标是地连墙施工成功的一个关键要素[2,3],要重点加强施工过程中的泥浆指标控制,泥浆工艺流程如图5所示。泥浆性能指标及废浆控制指标见表2、表3。

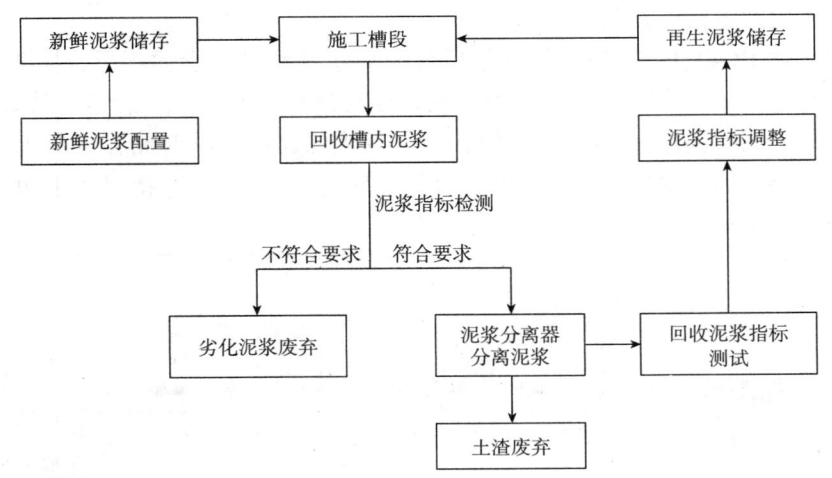

图5　泥浆工艺流程图

泥浆性能指标表　　　　表2

项目	新鲜泥浆	成槽泥浆	清孔后泥浆	检查方法和频率
黏度(s)	30~35	25~35	25~35	黏度计:每槽段测量
相对密度(g/cm³)	1.03~1.10	1.1~1.2	1.03~1.10	比重计:每槽段测量
pH值	8~9	8~10	8~10	pH试纸:每槽段测量
胶体率(%)	>99	>96	>99	量杯法:每批次测量

续上表

项目	新鲜泥浆	成槽泥浆	清孔后泥浆	检查方法和频率
失水量(mL/30min)	<10	<15	<10	失水量仪:每批次测量
泥皮厚(mm)	<1	<1.5	<1	失水量仪:每批次测量
含砂率	—	<8%	<4%	洗砂瓶:每槽段测量

废浆控制指标表　　　　　　　　　　　　　　　　　表3

土层	密度	黏度	含砂率	pH值
黏、砂性土层	≥1.35g/cm³	≥50s	≥10%	>13

5. 钢筋笼下放及混凝土浇筑

地连墙钢筋笼采用智慧化钢筋加工平台进行钢筋下料、加工半成品。加工完成后由平板车运输至工区锚后平台钢筋笼加工区半成品存放区存放。地连墙钢筋笼在定制胎架上整体制作成型。

单个槽段钢筋笼整体一次性吊装下放入槽,采用双机抬吊的方式(400t履带式起重机作为主吊,260t履带式起重机作为副吊)将其从胎架上翻转竖直,然后由主吊单独吊运钢筋笼至施工槽段位置并平稳下放钢筋笼至设计高程[4,5]。

混凝土灌注施工采用移动式浇导架作为施工平台,浇导架通过底座下设4个支撑腿固定于导墙上,支腿横纵间距分别为1.4m、2.6m。浇导架设置卷扬机提升系统,用于吊装、移位料斗,单个浇导架配置一个2m³料斗和一组导管,配合混凝土罐车进行混凝土灌注施工。

三、泥浆处理

项目建立环保型泥浆工厂,由泥浆循环系统、泥浆储备系统、泥浆净化系统和泥浆拌制系统四部分组成,通过泥浆系统集中管理平台智能化控制泥浆循环、泥浆输送、泥浆回收及泥浆分离等,提高泥浆的循环利用率和废浆的零污染排放。环保型泥浆工厂外设封包大棚封闭防护,可有效地控制膨润土扬尘污染,实现全天候、无扬尘及零污染排放的目标[6]。

泥浆净化系统包含BC40、BC50铣槽机自带后台泥浆分离系统、2台国产黑旋风除砂机、1台压滤机及集土坑(36m×6m×1.5m)。泥浆净化系统每小时泥浆处理量为500m³,完全满足净化需求。成槽施工过程中泥浆循环筛分的泥沙、废弃的泥浆经压滤机干化处理的泥饼均临时储存至集土坑中,后由渣土运输车辆外运至指定的弃土场。现场施工时应及时将处理后的泥沙外运,保持现场干净文明的作业环境。泥浆循环及处理如图6所示。

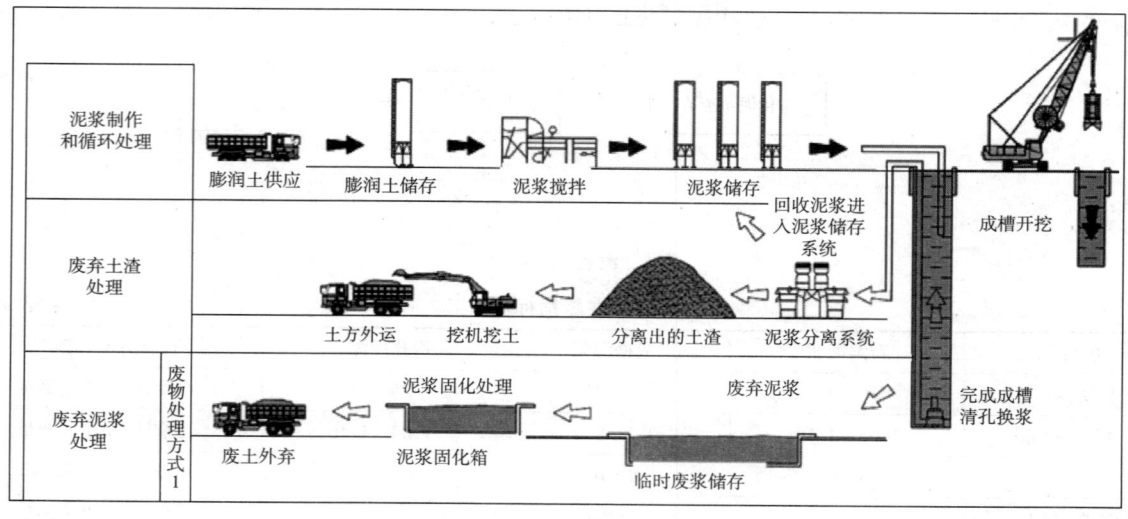

图6　泥浆循环系统示意图

四、质量通病预防措施

1. 钢筋笼加工及安装质量通病预防措施

(1)为保证钢筋笼受力合理、施工方便和加快成墙速度,钢筋笼采用整体制作和吊装;采用 midas 软件对钢筋骨架整体刚度及吊点受力进行模拟验算,确保钢筋笼结构变形满足要求。

(2)对钢筋笼焊接特种作业人员进行细致的技术交底,钢筋骨架在胎架上制作时,按图纸设置桁架筋,保证其整体性和刚度,钢筋笼每个焊点要焊接牢固,对于起吊点处进行加强。

(3)下放到位后及时用水准仪精确复测其顶面高程,确保和设计一致,偏差控制在规范范围内。控制混凝土灌注速度、避免导管埋入过深,导致混凝土上升浮力大于钢筋笼自重使笼体上浮。

2. 地连墙混凝土施工质量通病预防措施

(1)施工过程中增加刷壁次数,保证刷壁质量,保证钢筋笼表面无泥块、沉淀物及其他附着物,保证混凝土的流动性及灌注速度。

(2)控制混凝土浇筑速度,及时测量混凝土顶面高程,计算导管埋管后,确定拆除节数,避免因浇筑过快导致混凝土来不及从导管底部流出,导致混凝土从料斗内溢出到槽内,污染泥浆,使泥浆质量下降,影响混凝土浇筑质量。

五、结　语

本项目地下连续墙槽段经超声波检测,结果表明所有墙体及接缝质量良好,均为Ⅰ类桩。成槽垂直度控制在 1/1000 左右,远超设计成槽垂直度 1/400 要求。在地连墙施工过程中有如下施工体会:

(1)采用液压抓斗开孔效率较高,但成槽精度难以控制,在抓斗下放时不允许强力推入,以保证成槽精度。液压抓斗一般在表层淤泥土中应用,深度控制在 15~20m 之间。

(2)铣槽机在砂层、黏土层中成槽效率较高,是现阶段地连墙成槽施工的主流设备。液压抓斗与铣槽机相结合,采用"抓铣结合"的施工方式能极大地提高成槽效率。

(3)地连墙钢筋笼采用整体吊装施工方法,可节约施工工期,降低人员与设备成本投入;且一次吊装能更好地控制钢筋笼的垂直度,可有效避免Ⅱ期槽施工时对Ⅰ期槽的破坏。

(4)地连墙成槽及清孔泥浆经处理固化后,既有利于环境保护,减少对生态环境污染,固化后的泥饼进行二次利用可为项目降本增效。

参考文献

[1] 黄茂松,王鸿宇,谭廷震,等.地下连续墙成槽整体稳定性的工程评价方法[J].岩土工程学报,2021,43(5):795-803.

[2] 胡永生,赵有明,杜洪池.珠江黄埔大桥锚碇基础地下连续墙施工技[J].桥梁建设,2006(5):59-61,67.

[3] 韩胜利.武汉杨泗港长江大桥超大型锚碇施工关键技术[J].世界桥梁,2020,48(4):30-34.

[4] 赵晶.超深地下连续墙钢筋笼吊装数值分析及简化计算[J].施工技术(中英文),2022,51(19):52-56.

[5] 王朝.地连墙钢筋笼吊装技术控制要点[J].工程建设与设计,2021(21):183-185.

[6] 张海昆,祝军权,莫劲.地下连续墙泥浆零排放一体化处理技术研究[J].清洗世界,2021,37(12):24-25.

25. 大跨钢-混结合梁斜拉桥合龙施工关键技术

周仁忠[1,2,3]　翁方文[1,3]

(1. 中交第二航务工程局有限公司；2. 中交公路长大桥建设国家工程研究中心有限公司；
3. 中交二航局第五工程分公司)

摘　要　新建福厦铁路泉州湾跨海大桥主桥为主跨400m双塔双索面高速铁路钢-混结合梁斜拉桥，施工线形精度要求高。全桥钢梁共77个节段，标准节段长10.5m，中跨合龙段长10m，合龙段重为240t，节段间采用栓焊组合连接。根据现场条件，采用"顶推+配切+调索"的不受温度限制，不需压重的高效合龙工艺。合龙时采用调整合龙口两对斜拉索，使合龙口线形平顺，再进行合龙口误差观测，确定合龙口长度。合龙段在工厂精确匹配制造后运至桥位处，将合龙口一侧顶推16cm，在一侧用400t桥面起重机进行吊装合龙段嵌入合龙口，完成合龙段与一侧钢梁的栓焊连接后，再将钢梁往跨中顶推复位，调整合龙口偏差并锁定，解除塔梁临时固结，先栓后焊合龙段接缝，完成主梁快速高精度无应力合龙。基于无应力状态法控制，精确统计施工荷载和二恒荷载，在梁段架设至合龙阶段过程中对梁段进行预抛高，成桥时再进行少量调整线形和索力，使成桥线形和索力满足设计要求。

关键词　泉州湾跨海大桥　钢-混结合梁　顶推辅助合龙技术　合龙段　有限元分析

一、引　言

钢-混结合梁斜拉桥主梁采用混凝土桥面板+钢箱梁(或槽型钢箱梁等)结合梁结构，与单纯的钢梁相比较，刚度大、局部变形小，有利于高速平稳行车；采用混凝土桥面板替代正交异性钢桥面，能更好地承受斜拉桥的轴向压应力，发挥材料优势，节约了钢材用量，提高了恒载与活载之比，避免了钢桥面疲劳问题，改善了桥梁的耐久性与全寿命经济性；桥面混凝土板通过分块、提前预制，大幅降低混凝土收缩、徐变引起的变形及应力重分配。钢箱梁和预制混凝土桥面板采用工厂化制造，船舶运输、浮式起重机和桥面起重机架设，实现快速化施工。钢-混结合梁斜拉桥目前应用于公路斜拉桥较多(如东海大桥、上海徐浦大桥等)。福厦铁路泉州湾跨海大桥主桥为国内首座全长800m均采用钢-混结合梁的大跨高速铁路桥梁，施工线形精度要求极高，要使成桥线形和内力满足设计要求，中跨合龙是最重要的环节。以福厦铁路泉州湾跨海大桥主桥为例，开展大跨钢-混结合梁斜拉桥合龙施工技术研究，确保大桥顺利无应力合龙，成桥线形和内力满足设计要求。

二、工程概况

新建福厦铁路泉州湾跨海大桥主桥全长800m，跨径布置70m+130m+400m+130m+70m，主跨400m，为双塔双索面钢-混结合梁斜拉桥。每侧边跨设一个辅助墩，半飘浮体系，承载双线客运专线铁路(ZK活载)[1]。有砟轨道，设计速度达350km/h。

主塔采用带曲线造型的H型混凝土索塔，分离式塔柱；塔底以上索塔高160.254m。斜拉索采用抗拉标准强度1770MPa环氧涂层平行钢丝拉索，空间双索面体系，扇形布置。全桥共72对(144根)斜拉索。主梁为混凝土桥面板+槽形钢梁的结合梁，单箱三室，含风嘴全宽21m，梁高4.25m；槽型钢梁主要由平底板、斜底板、中纵腹板、边腹板、锚拉板以及风嘴等组成。全桥钢梁共77个节段，标准节段长10.5m，塔区梁段长12m，中跨合龙段长10m。合龙段重为240t。钢梁节段顶板、边腹板、中腹板及加劲肋采用高强螺栓拼接，底板采用焊接。施工时要求先初拧高强螺栓，底板焊接完成后再终拧高强螺栓至设计值。混凝土桥面板由预制板（231 块，最重 58.4t）、纵向湿接缝以及横向湿接缝三部分组成。预制板采用 C55 高性能混凝土，湿接缝采用 C55 聚丙烯纤维补偿收缩混凝土。为了减小混凝土收缩、徐变对结构的影响，桥面板需存放 6 个月方可与钢梁结合。图 1 为主桥桥型布置图（总体施工布置图）。图 2 为主梁断面图。

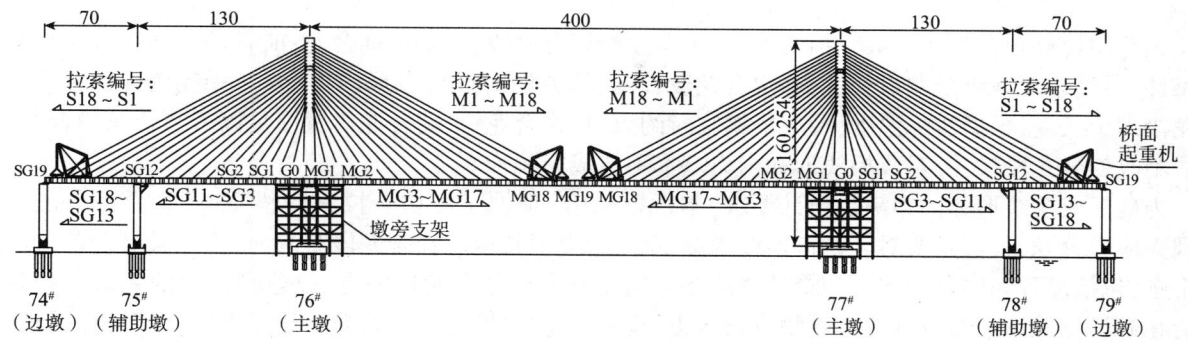

图 1　主桥总体施工布置图（尺寸单位：m）

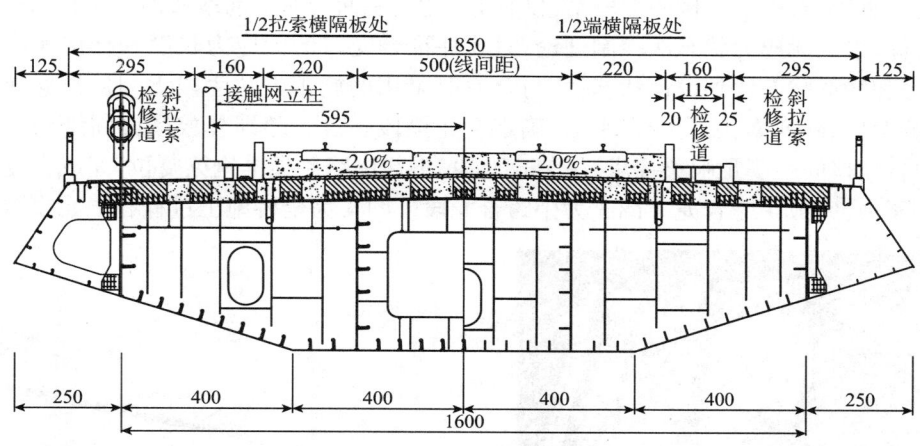

图 2　主梁横截面（尺寸单位：cm）

三、总体施工方案

节段梁安装分八个类别：0# 块梁段、辅助墩支架上梁段、过渡墩支架上梁段、标准梁段、中跨合龙段[2]。其中标准梁段和中跨合龙段采用桥面起重机吊装，其余均采用大型起重船吊装。梁段架设按如下工艺进行施工。

（1）在钢结构制造厂完成钢梁的节段制造，桥面板预制并存放 6 个月。

（2）索塔、辅助墩、连接墩施工完成，索塔、辅助墩、连接墩存梁支架搭设。

（3）利用浮式起重机吊装塔区存梁梁段：SG02、SG01、M0、MG01、MG02；辅助墩存梁梁段：SG13、SG12；连接墩存梁梁段：SG19、SG18。

（4）塔区梁段精确调位，挂设斜拉索 S1、M1、S2、M2 并一张。塔区梁段纵横向湿接缝浇筑及养护；塔区桥面板预应力张拉；在塔区对称安装桥面起重机，S1、M1、S2、M2 二张。0# 支架脱空。

（5）SG03、MG03～SG11、MG11 标准梁段架设。按照标准工序施工：吊装钢梁及对应桥面板—梁段匹配—梁段焊接—斜拉索 1 张—起重机松钩—浇筑湿接缝—桥面起重机前移—斜拉索 2 张—安装下一梁段。

（6）架设 SG12，辅助跨合龙。

（7）SG13、MG13～SG18、MG18 施工。

（8）架设 SG19，边跨合龙。

(9)中跨合龙,架设 MG19。

(10)二恒铺装,成桥索力和线形调整,竣工验收。

四、合龙原理

大跨斜拉桥合龙方法一般包括两种,一是温度配切合龙段,二是顶推合龙;前者是不解除塔梁临时约束条件,通过连续观测合龙口长度,确定合龙段长度,该方法对成桥线形内力存在一定影响;后者不改变合龙段理论长度,根据实际温度,释放塔梁临时约束,顶推合龙口,使合龙口宽度足以吊装合龙段合龙,该方法不改变合龙段尺寸,对成桥线形和内力基本不造成影响[3]。

为确保成桥线形和内力满足设计要求,本桥拟采用"顶推 + 配切 + 拉索调整"的主动合龙方法。要实现无应力合龙,关键是要对合龙口连续观测,确定合龙段长度。在合龙段观测前,首先需对合龙口误差调平顺,包括高程和转角误差。传统的做法是采用压重来调整合龙口姿态,以达到理想的无应力合龙状态。在起吊侧采用水箱或其他等效物进行压重,调整合龙口的高程,使合龙口线形平顺,然后再进行连续观测,根据实测稳定时段温度条件下的合龙口长度配切合龙段,观测完后即可卸载压重。本项目中若考虑压重方法,需压重240t,由于本桥桥面较窄,仅有17m宽,桥面合龙口前端桥面起重机占位后,已没有足够压重空间布置。根据无应力状态法控制理论,只要保证合龙口的无应力长度和杆件无应力曲率,则成桥结构内力状态和线形状态达到设计状态,而与合龙时采用的施工方法手段无关。根据现场条件,通过调整合龙口两侧 M17、M18 索,使合龙口平顺,确定合龙梁段长度。随即释放塔梁固结约束,往边跨侧纵向顶推钢梁,使合龙口间距满足喂梁要求,吊装合龙段,再往中跨侧顶推钢梁复位,完成合龙段匹配连接,恢复 M17、M18 索力,完成中跨合龙。图 3 为中跨合龙段。图 4 为全桥施工过程有限元模型图。

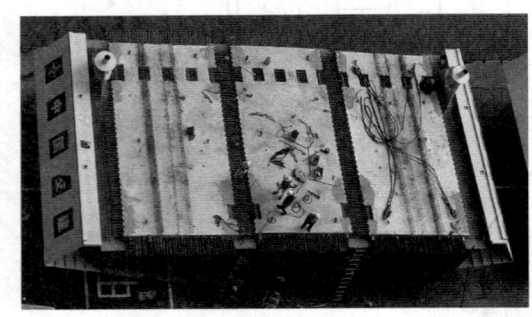

图 3　中跨合龙段

图 4　全桥施工过程有限元模型图

五、理论计算分析

本项目为大跨高速铁路钢-混结合梁斜拉桥,施工线形精度要求极高,而成桥线形是否满足设计要求,中跨无应力合龙是其关键。为确保中跨无应力合龙,对大桥建立有限元分析模型,对施工全过程进行有限元分析。采用 midas Civil 软件建立空间模型,以设计施工图提供的材料和尺寸为依据,用空间杆系单元以及索单元进行模拟。主梁、索塔和墩柱均采用梁单元模拟,斜拉索采用只受拉单元模拟,考虑斜拉索垂度和大位移几何非线性效应的影响。

基于桥梁无应力状态控制理论,当桥梁结构构件单元的无应力长度和无应力曲率一定时,结构的最终内力状态和位移状态与结构的施工过程无关[4]。为了使成桥线形和内力符合设计状态,不仅要求主梁合龙时无应力合龙,包括合龙段无应力长度、合龙段无应力曲率不改变,同时要求整个架设过程中的梁段无应力长度不变,无应力曲率也不变,也即梁段架设过程中需顺接架设。整个梁段架设,都是为最终实现主梁无应力合龙这一目标。为了实现这一目标,需要通过全过程施工控制计算分析,确定杆件的无应力长度、拉索的无应力长度等。除此以外,二恒荷载也是影响成桥目标一个重要因素。

分析拉索在桥面荷载作用下的变化量,由公式 $\Delta L = NL_0/EA$ 得,其中 ΔL 为拉索索长变化量,N 为拉索索力,L_0 为拉索无应力索长,E 为拉索弹性模量,A 为拉索截面面积。采用无应力状态法合龙,其中 L_0、

E 和 A 三个参量在合龙和成桥两个工况中不变,唯一变化的是拉索索力 N。设合龙时拉索索力为 N_1,成桥时拉索索力为 N_2,由于成桥增加了二期铺装,所以 $N_2 > N_1$,由此 ΔL_2(成桥拉索伸长量) $> \Delta L_1$(合龙时拉索伸长量),反映到桥梁高程则是合龙时主梁高程高于成桥时主梁高程,即基于无应力状态法控制,合龙时主梁要预抛高,待二恒加载后主梁高程要回落,理论上就能达到成桥线形和内力。然而实际情况中,由于二恒施工的影响,经常会出现二恒难以统计准确,导致合龙时预抛高量有所偏差,到加载二恒后成桥线形及内力与设计也有所偏差,这就需要成桥后仍需对索力和线形进行调整。前期二恒计算偏差越大,后期调整量也越大,势必导致成桥线形和内力也偏差越大。

基于上述原因,要实现最终成桥目标达到设计要求,理论有限元分析的准确性至关重要。为确保理论分析的准确性,要做到如下要点:①进行一次落架成桥有限元分析结果设计对比满足要求,确保模型计算结果无误,再进行施工过程分析。②充分考虑施工临时荷载,包括桥面起重机等施工机具荷载、桥面临时堆载以及其他一些临时荷载。③充分考虑实际施工工序、混凝土龄期、起重机占位、桥面板和钢梁结合时机、现场温度场等因素进行分析。④通过前期充分调研,准确计算二恒,以实现梁段架设过程中的准确预抛高。综合考虑这些因素,通过施工过程正装迭代分析至成桥,成桥按"塔直梁平"目标[5],当成桥线形内力逼近设计目标时,得出拉索无应力长度、主梁制造长度等参数回代施工过程模型中,再以此模型进行合龙过程的细化分析。

六、合龙敏感性分析

1. 顶推敏感性分析

福厦铁路主桥设计基准温度 18.3℃,合龙时为 8 月初,根据天气分析,合龙段吊装时,按高于设计基准温度 12℃考虑[6],合龙口间距减小 6cm,另外两侧各预留 5cm 喂梁空间,顶推装置最大按顶推量 26cm 设计。对顶推进行敏感性分析,分析顶推时的顶推不平衡力。顶推时,77#墩侧竖向反力总和为 12080kN,按 0.07 摩擦因数计算摩擦力为 840kN。分别针对顶推 10cm、16cm、20cm、26cm 等进行顶推敏感性分析。经计算,顶推 26cm 时,最大顶推力为 7470kN;在顶推 16cm 时,顶推力为 4380kN,实际顶推力为 4450kN,相差仅为 1.6%。中跨合龙时顶推力敏感性如表 1 所示。

中跨合龙时顶推力敏感性分析表(单位:kN)　　表1

工况	边跨和中跨不平衡水平力	不平衡力方向	摩擦力	总顶推力 = 不平衡力 + 摩擦力	顶推力方向
初始状态	570	指向中跨	840	1410	指向边跨
向边跨顶推10cm	2320	指向中跨	840	3160	指向边跨
向边跨顶推16cm	3540	指向中跨	840	4380	指向边跨
向边跨顶推20cm	5100	指向中跨	840	5940	指向边跨
向边跨顶推26cm	6630	指向中跨	840	7470	指向边跨

2. 索力分析

在中跨合龙段吊装前,通过 M17、M18 两对索调整合龙口误差。为此,需进行敏感性分析,建立索力和前端高程误差影响矩阵(表2),可知,76 塔侧 M17 每张拉 10mm,MG17 高程变化 4.4mm,MG18 高程变化 5.3mm;M18 每张拉 10mm,MG17 高程变化 6.1mm,MG18 高程变化 7.6mm;实测中 MG17 需调高 30mm,MG18 需调高 40mm,通过组合,采用 M17 张拉 20mm,M18 张拉 40mm,从而理论上 MG17 调高了 33mm,MG18 调高了 41mm,实际用到现场,MG17 和 MG18 分别调高了 31mm 和 41mm,理论和实际吻合比较好。用相同原理调整 77#塔侧 MG17 和 MG18 梁段高程,使得合龙口两侧转角和高程相同。使合龙口线形平顺,合龙口误差满足要求,实现无应力合龙。

M17 和 M18 调索影响矩阵(单位:mm) 表2

项目	测点位置	张拉 M17(10mm)	张拉 M18(10mm)	实测需调整量	理论调整量	实际调整量
76 塔侧	MG17 高程变化量	4.4	6.1	30	$33.2 = 2 \times 4.4 + 4 \times 6.1$	31
	MG18 高程变化量	5.3	7.6	40	$41 = 2 \times 5.3 + 4 \times 7.6$	41
77 塔侧	MG17 高程变化量	4.8	5.4	45	$46.8 = 3 \times 4.8 + 6 \times 5.4$	46
	MG18 高程变化量	5.9	6.6	55	$57.3 = 3 \times 5.9 + 6 \times 6.6$	56

七、合龙前准备

在中跨合龙前,要先完成边跨合龙,由于福厦铁路主桥边跨辅助墩采用预抬20cm,以改善边跨桥面板压应力储备,当中跨完成合龙后,完成边跨混凝土桥面板湿接缝浇筑,再将辅助墩回落。因此,合龙前需完成如下工序:

(1)边跨合龙:吊装18#梁段,先匹配连接SG18~SG17梁段接缝,满足要求后,完成栓焊连接;调整S17索力、S16索力以及SG19梁段高程,使SG18与SG19合龙口误差满足要求,完成栓焊连接,在连接墩顶部钢梁上施加150t临时压重,恢复S16#索力。

(2)18#梁段湿接缝浇筑和预应力张拉:M18、S18一张,浇筑MG18梁段湿接缝,MG18梁段预应力张拉。

(3)完成主塔支座及抗风支座安装及灌浆施工。

八、合龙实施

1. 合龙连续观测和合龙段长度确定

调整M17、M18索力,使中跨合龙口纵向、竖向误差满足合龙要求。合龙口连续观测48h,观测合龙口纵向、竖向误差随温度变化规律,确定合龙段配切长度。

在钢梁厂内制造合龙段MG19时,合龙段梁长在77#塔侧端面预留20cm加工余量。连接板、MG19钢梁76#塔侧在厂内钻眼,MG19钢梁77#塔侧桥位配切后再进行钻眼。

通过连续观测,绘出合龙口长度与温度变化的时间曲线,由设计推算至预计合龙温度(22℃)时的合龙段长度为9.985m。确定合龙段余长切除21.5cm。(原合龙段长度为10m,制造长度为10.2m)

2. 合龙顶推和合龙段吊装

(1)顶推装置布置:待主墩支座灌浆料达到设计强度后,解除77#墩横向约束及竖向约束,由主墩支座及抗风支座受力,纵向约束转换成纵向顶推装置。

(2)合龙顶推:利用2台500t千斤顶往边跨侧顶推16cm,使合龙口吊装合龙段空间满足要求。图5为合龙时在77#塔侧往边跨侧布置的顶推千斤顶图。

(3)合龙段吊装:77#塔侧跨中桥面起重机拆除吊具后向边跨侧行走7m。待76#塔侧SG19施工完成后,76#塔侧中跨桥面起重机向中跨行走10.5m后进行锚固,利用76#塔侧跨中桥面起重机吊装合龙段。图6为中跨合龙照片图。

图5 合龙辅助顶推千斤顶布置图

图6 中跨合龙图

3. 合龙口调整

待合龙段吊装嵌入合龙口后,再在中跨侧布置2台500t千斤顶往中跨顶推复位。通过调整M17、M18索力,使合龙口线形平顺,合龙口误差满足要求。

施工过程中对同向偏差进行预先调整控制,避免中跨合龙施工时出现同向偏差。梁段悬臂拼装过程中,将每个梁段的轴线偏差控制在10mm以内。合龙口监测前,两侧梁段轴线存在异向偏差时,通过在18#梁段前端的轴线调整系统对合龙口轴线进行局部调整。轴线调整系统由焊接于18#梁段边腹板顶面的反力座、连接反力座的φ50mm精轧螺纹钢及千斤顶组成。

4. 合龙段匹配焊接

合龙段连接时先匹配连接MG19和76#塔侧MG18梁段接缝,完成栓焊连接MG19和76#塔侧MG18。调整M17、M18索力,调整MG19和77#塔侧MG18梁段接缝口误差,满足要求后,迅速焊接MG19和77#塔侧MG18连接型钢,固定合龙口误差。预计在凌晨4:00—8:00期间完成打码作业,考虑码缝期间主梁持续升温10℃,主梁顶板比底板高3℃情况下,主梁产生的内力变化:轴力2153kN,剪力524kN,弯矩2546kN·m,按此内力先施工梁段接缝马板,同时释放77#塔侧纵向顶推千斤顶,栓焊连接MG19和77#塔侧MG18梁段接缝,释放76#塔侧主墩梁底纵向、竖向、横向约束,完成中跨合龙。

本桥中跨合龙采用"顶推+配切+索力调整"的合龙调整方法。通过采用调整合龙口M17、M18两对索力的方法,快速使合龙口平顺。再通过合龙口连续观测,确定合龙段配切长度。

2021年8月6日10时在77#塔侧往边跨顶推16cm后,吊装梁段,14时完成初匹配,18时即完成高精度合龙。实践证明,该桥主动合龙方法温度适应性强,功效高,大幅节省施工时间。

九、后续施工

中跨合龙完成后,进行后续施工如下:拆除边跨和中跨桥面起重机;由边到中浇筑SG19~SG12湿接缝;施工端支点压重;辅助墩回落20cm;恢复S17、S18、M17、M18索力;浇筑跨中湿接缝;张拉边跨预应力;辅助墩压重;张拉跨中预应力;上二期恒载;成桥调索。

十、工程效果验证

在架梁前期对有砟轨道碎石道砟重度进行调研,得出碎石道砟重度按18kN/m³取值,塔区和非塔区二恒分别按148.8kN/m和150.4kN/m取值,主梁合龙时按45cm预抛高。在该桥中跨主梁合龙后对全桥线形进行通测,主梁高程实测值和理论值对比见图7。由图知主梁高程实测值和理论值最大误差均小于18mm,满足规范要求[7]。合龙后主梁线形平顺,实现了中跨主梁无应力合龙。

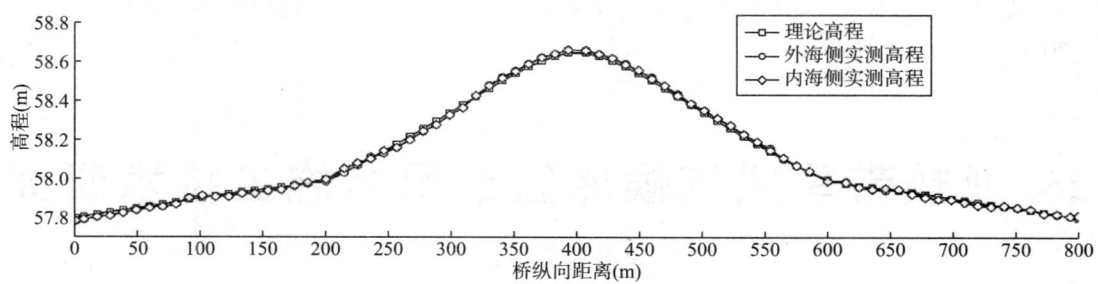

图7 合龙后主梁高程实测值和理论值对比

2023年1月1日,主桥二恒道砟铺设完,对全桥线形通测表明,主梁跨中高程降低了41cm左右,由于桥梁实际刚度和理论刚度的差异以及实际二恒和理论二恒的偏差,成桥高程和理论高程偏差4cm以内,后经对全桥线形索力进行少量调整,得出成桥主梁高程实测值和理论值对比见图8,由图可知主梁高程实测值和理论值最大误差小于20mm,成桥线形满足规范要求[7]。

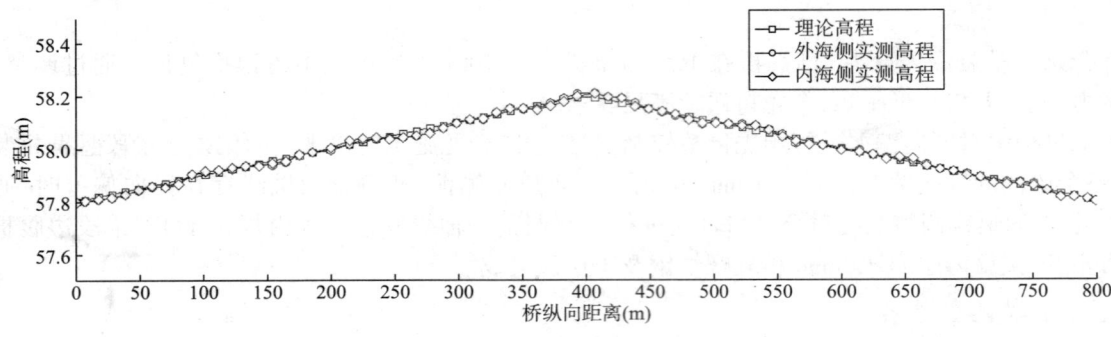

图8 成桥主梁高程实测值和理论值对比

十一、结 语

本桥为大跨高速铁路钢-混结合梁斜拉桥,施工线形精度要求高。基于无应力状态法控制思想,对大桥建立施工过程有限元模型,通过精确统计施工荷载和二恒荷载,在梁段架设至合龙阶段过程中对梁段进行预抛高,成桥时再进行少量调整线形和索力,使成桥线形和索力满足设计要求。由于桥面较窄,而合龙段较重,不能采用常规压重置换调整合龙口误差的方法,采用"顶推+配切+调索"的不受温度影响的主动合龙技术。通过对进行顶推力敏感性分析以及建立索力影响矩阵,调整中跨两对斜拉索,使合龙口线形平顺,合龙口误差满足要求,再进行合龙口观测并确定合龙段长度。该方法不改变合龙段尺寸和无应力曲率,对成桥结构内力和线形影响小。在二恒铺装完成后,成桥线形和索力满足设计规范要求。

参考文献

[1] 聂利芳,严爱国,曾甲华,等.福厦高铁安海湾特大桥无砟轨道钢-混结合梁斜拉桥设计研究[J].铁道标准设计,2020,64(Z1):137-141,146.

[2] 王德志,杨恒,曾甲华,等.福州至厦门高速铁路桥梁总体设计[J].铁道标准设计,2019,63(8):67-73.

[3] 文望青,严爱国,王德志.福厦高铁泉州湾跨海大桥总体设计[J].铁道标准设计,2020,64(S1):7-11.

[4] 曾甲华.福厦高铁泉州湾跨海大桥主桥钢-混结合梁设计[J].世界桥梁,2020,48(Z1):12-16.

[5] 叶德炳,翁方文.跨海高速铁路结合梁斜拉桥上部结构施工关键技术[J].铁道建筑,2022,62(9):93-96.

[6] 周仁忠,黄灿,郑建新.福厦高铁泉州湾跨海大桥主桥施工控制关键技术[J].桥梁建设,2022,52(6):131-139.

[7] 国家铁路局.高速铁路桥涵工程施工质量验收标准:TB 10752—2018[S].北京:中国铁道出版社,2019.

26. 亚热带季风气候库区钢吊箱施工技术研究

吴舒谦 金吉诚

(中交第二航务工程局有限公司)

摘 要 官新高速公路7标的雪峰湖大桥需跨越柘溪水库,其中6号主墩承台位于水库中,水库雨季和旱季常年水位相差14m,同时库区内不具备大型运输及起重设备工作的条件。针对高水头差钢吊箱结构设计、季风气候对工期的影响以及无大型运输设备带来的安全和施工效率等问题进行研究,采用有限元分析软件对钢吊箱各工况进行受力验算,保证施工安全,并阐述亚热带季风气候库区高水头钢吊箱的关键施工过程,可为相同类型钢吊箱围堰的设计与施工提供借鉴。

关键词 钢吊箱 单悬臂挑梁 下放挂腿 拼装下放 高水头差

随着我国交通运输事业的高速发展,桥梁建设也延伸至江、河、海洋[1-3],这就使得深水基础的研究和应用得到了长足的发展[4]。深水基础通常有桩基础、管柱基础、沉井基础、组合基础和特殊基础这五类基础,除沉井、沉箱基础外,其他基础均需采用围堰来进行施工。实际工程围堰的结构形式和材料类别各异,按照材料类别,可分为土石围堰、草土围堰、木笼围堰、钢围堰等。围堰的选取需根据水深、流速、地质及基础形式等结构条件以及施工效率和成本等经济条件决定,其中,钢围堰的结构性能最优,不仅可以放水,还能抵御土壤外界压力的强度,适用于环境复杂的深水基础施工。近年来,随着科技水平的发展,在桥梁水中基础建设中钢围堰得到了广泛的应用。20世纪70年代,我国首次应用双壁钢吊箱[5],之后在大型桥梁建设中广泛应用,积累了丰富的施工经验。罗长维等人[6]对海况复杂的强潮海区钢吊箱易于渗水问题,提出采用哈弗板、增设环向钢筋剪力键和填塞膨胀弹性止水带等多重止水封堵措施,有效保证了止水效果;对于库区内的钢围堰施工而言,太平湖特大桥高桩承台钢吊箱围堰施工采用"钻孔平台与承台围堰合二为一"的施工方法[7],对工厂化作业、整体组装、下水浮运、定位以及搭建平台等施工策略予以探究,切实有效应对了高桩承台基础施工时间紧迫、作业难度高等问题,有效提升施工效率;赵斌[8]对深水裸岩库区复杂工程条件下的钢吊箱下放进行研究,提出浮式平台加单壁钢吊箱方案以解决渠江特大桥水中基础问题。

本文以亚热带季风气候库区[9,10]的特大跨桥梁施工为背景,对库区不具备大型运输及起重设备工作条件、雨季和旱季水位偏差大以及深水等复杂环境下的双壁钢吊箱设计及施工进行了细致的研究,为相关项目积累了经验。

一、工 程 概 况

雪峰湖大桥跨越柘溪水库,主桥为双塔双索面半飘浮体系钢混组合梁斜拉桥,桥跨布置为60m + 160m + 500m + 160m + 60m = 940m。主桥桥跨布置如图1所示。

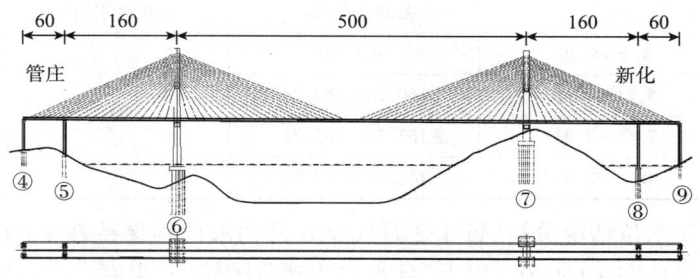

图1 主桥桥跨布置图(尺寸单位:m)

1. 主墩承台概况

官庄侧6号主墩位于柘溪水库中,库区设计高水位 +168.2m,设计低水位 +153.0m,施工常水位 +162.3m。墩位处河床无覆盖层,河床高程 +125 ~ +138m,承台底高程 +151m,顶高程 +157m。承台横桥向尺寸为39.827m,顺桥向尺寸为22.8m,设圆弧倒角,为整体式高桩承台,如图2所示。

2. 自然条件

项目位于湖南中部,属中亚热带季风性湿润气候,雨量充沛,光能热能充足。春湿低温多雨,夏秋多高温。地区年均降雨量1200 ~ 1900mm,雨多集中于4—6月,占全年降雨量的39% ~ 49%;7—9月次之,占23% ~ 28%;1—3月又次之,占15% ~ 18%;10—12月最少,只有10% ~ 16%,平均年降雨日162d。

柘溪水库汛期为每年的4月1日至9月30日,洪水调度按300年一遇处理,高低水位差约18m,基础冲刷深度小于1m。柘溪水库汛期控制水位见表1。

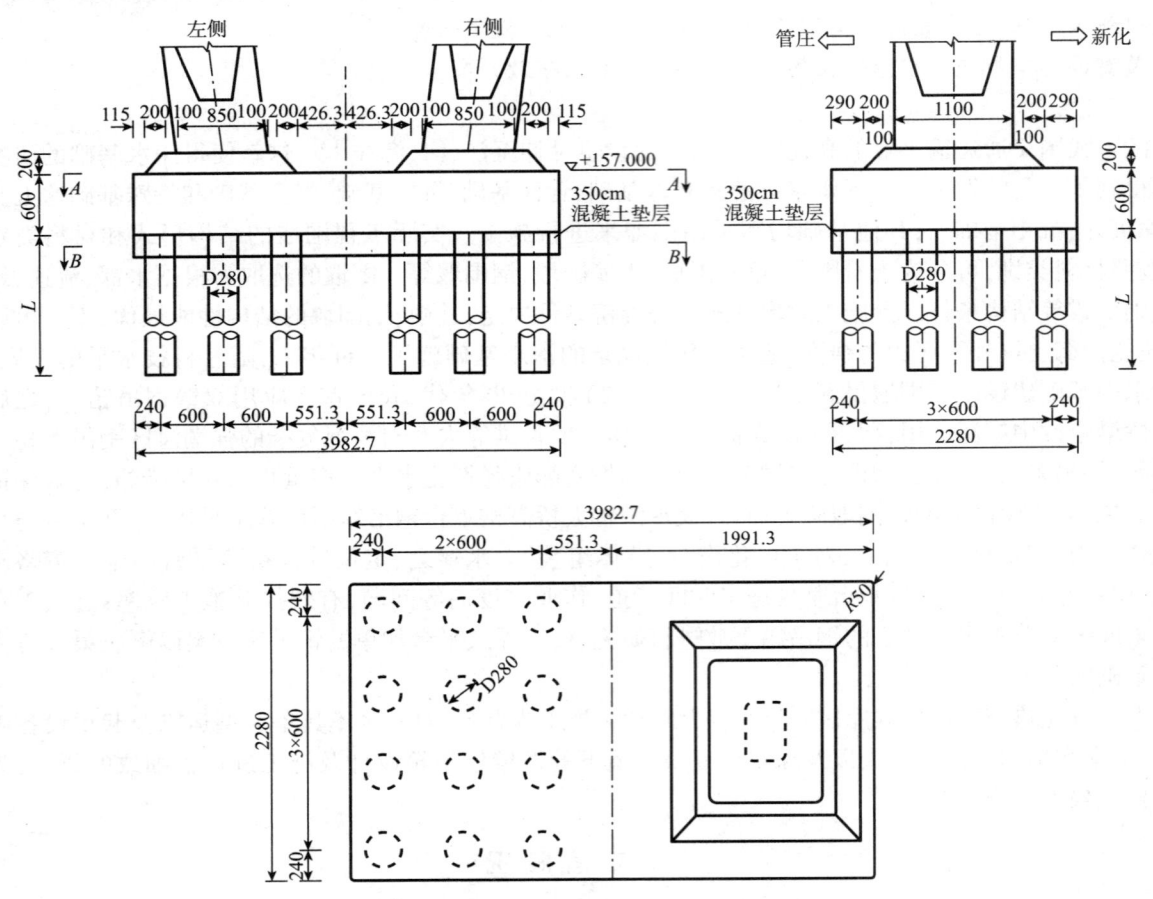

图 2 6号主墩承台一般构造图(尺寸单位:cm)

柘溪水库汛期控制水位　　　　　　　　　　　　　　　　　表1

时间段		控制水位(m)	防洪高水位(m)	正常蓄水位(m)
主汛期	4.1~5.20	163.28	168.28	167.28
	5.21~7.15	160.28~163.28		
后汛期	7.16~7.31	163.28~165.78		
	8.1~9.30	165.78~167.28		

根据近3年柘溪水库水位情况分析,每年2月底至6月初水位均保持在+160.0m以下,6月初到第二年的2月中旬水位均保持在+160.0m以上,且水位波动范围较大,水库水位不同年份分布见图3。

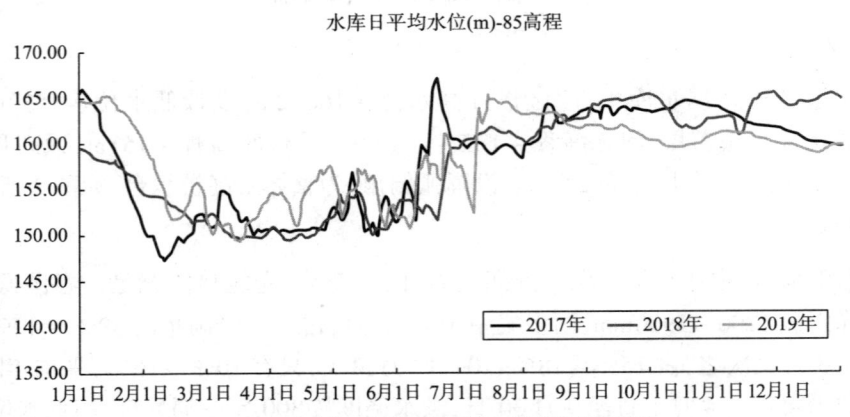

图 3 水库水位不同年份分布图(线框为施工期)

3. 工程特点及解决方案

由上述工程概况可知,设计高水位时承台封底后施工水头差达 15m,对钢吊箱结构要求高,施工安全风险高;受柘溪大坝限制,库区内无大型运输及起重设备,钢吊箱只能采用后场分块加工、现场散拼、逐步下放的方式,施工组织复杂,拼装下放安全风险高;施工地位于水库内,邻近国家湿地、地质公园,施工环保要求高。

面对上述难点,项目部对钢吊箱设计严格要求,细分受力工况,保证施工安全。并首次采用钢护筒上设置单悬臂挑梁、壁体内侧设置下放挂腿的结构形式,提高了下放过程中整体结构稳定性。最后经过严密的工期规划,提高了施工效率。

二、钢吊箱设计

1. 钢吊箱设计条件

钢吊箱原设计考虑施工期在汛期高水位时进行承台施工作业,因疫情等原因现场实际 6 号主墩桩基施工进度滞后,拟定承台施工期间处于枯水期,水位较低。基于此,对钢吊箱设计进行了变更,钢吊箱总体设计条件变更前后对比见表 2。

钢吊箱总体设计条件 表 2

项目	原设计条件	变更后条件
吊箱顶高程(m)	+168.500	+168.200
承台顶高程(m)	+157.000	+157.000
承台底高程(m)	+151.000	+151.000
封底混凝土厚度(m)	3.5	2.7
设计高水位(m)	+167.000	+163.000
设计低水位(m)	+148.000	+148.000
水流流速(m/s)	+1.0	+1.0
护筒直径(m)	3.10	3.10
封底混凝土握裹力(kN/m^2)	150	150
混凝土干重度(kN/m^3)	24	24
混凝土浮重度(kN/m^3)	14	14
钢材重度(kN/m^3)	78.5	78.5
封底混凝土强度	C30	C30

2. 钢吊箱参数

钢吊箱设计考虑在枯水期进行施工作业。基于此,设计水位 +163.0m;设计封底混凝土厚度为 2.7m。壁体分为 A、B 和 C 三节(其中 A 节壁体高 5.6m,B 节壁体高 6.5m)以及 1.5m 的单壁壁体,A、B 两节壁体整体下放。在承台施工期间,实时进行水位监测。综合分析水位及工期后,确定塔座及塔柱施工时是否接高 C 节壁体。钢吊箱平面和立面如图 4、图 5 所示。

钢吊箱底板为型钢网格分配梁底板,面板为 8mm 钢板,主梁为 HN400×200mm 型钢,次梁为 HN150×75mm 型钢,底板封边采用[40a 号槽钢,在桩位处开孔,开孔周圈用 4 根斜主梁加固,具体结构见图 6。

钢吊箱 A 节段壁体内、外壁板采用 6/8mm 钢板,B 节段采用 6mm 钢板,箱梁翼缘板采用 20mm 钢板。A、B 节壁板采用间距 400mm 的 L90mm×56mm×6mm 角钢作纵向次梁加劲。壁体内部沿高度方向设置若干层水平横向支撑结构体系。根据结构受力需要,水平横向支撑结构沿竖向分布的间距为 0.8~1.1m。在双壁壁体有隔仓板或组合箱梁腹板位置,增加一道斜撑,隔仓板和箱梁腹板间隔大于 3m 时,在中间位置增加一道斜撑。

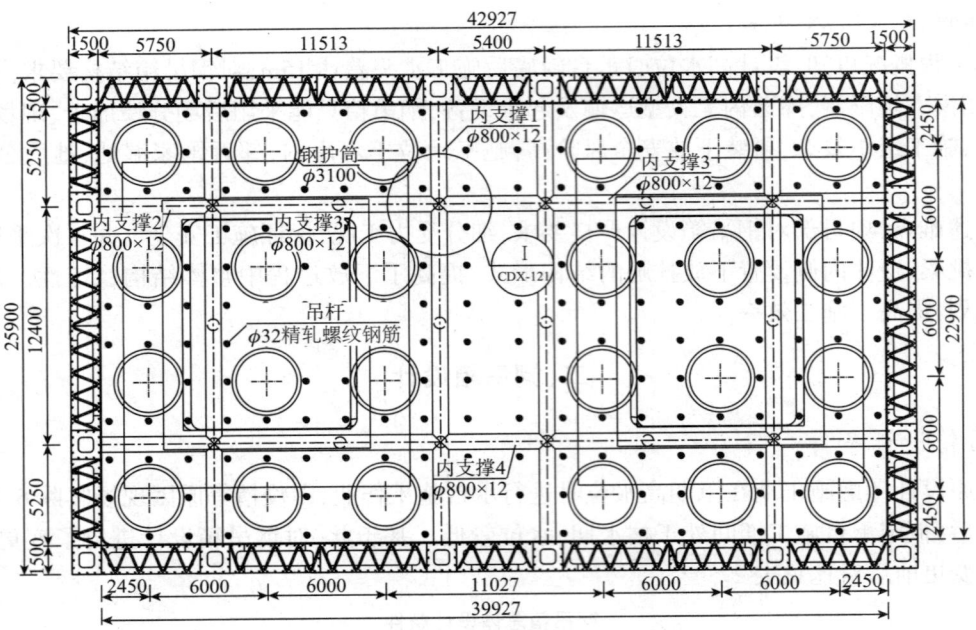

图 4　钢吊箱平面布置图(尺寸单位:mm)

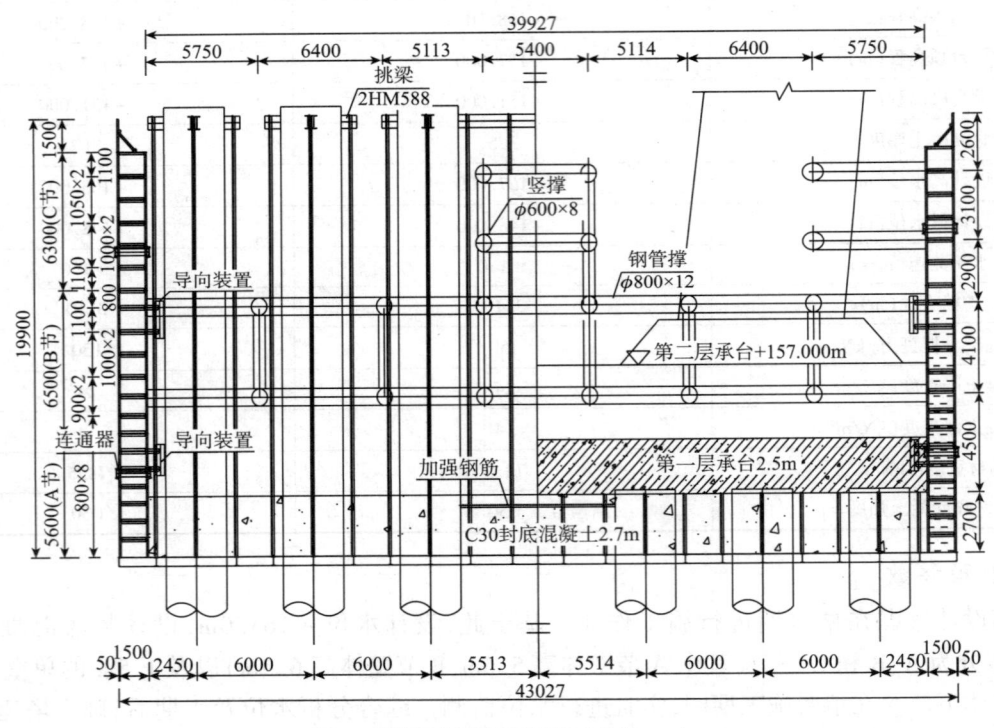

图 5　钢吊箱立面布置图(尺寸单位:mm)

内支撑共分为两层设置，第一层高程为 +159.6m，第二层高程为 +155.5m，支撑点与箱梁位置相对应。吊杆采用 φ32mm PSB930 级精轧螺纹钢筋，下端设铰支座与底板主梁焊接，上端与钢护筒焊接形成挑梁牛腿锚固吊杆，局部区域吊杆安装后预张拉 9kN。吊杆精轧螺纹钢筋采用套筒连接接长，共 196 根。转换压杆由 2[16a 槽钢组成，底部焊接于底板面板对应护筒开孔四周斜主梁中心位置，每个桩孔周圈设 4 处，共 96 根，单根高 3m，钢吊箱内完成抽水后，通过节点钢板将压杆与钢护筒连接。连通器共设置 2 层，每层设置 4 个，钢吊箱长边各布置 1 个，短边各布置 1 个。钢吊箱在 A 节和 B 节设置了导向装置，每层 8 处，共 16 处，均设置在钢吊箱四角处。

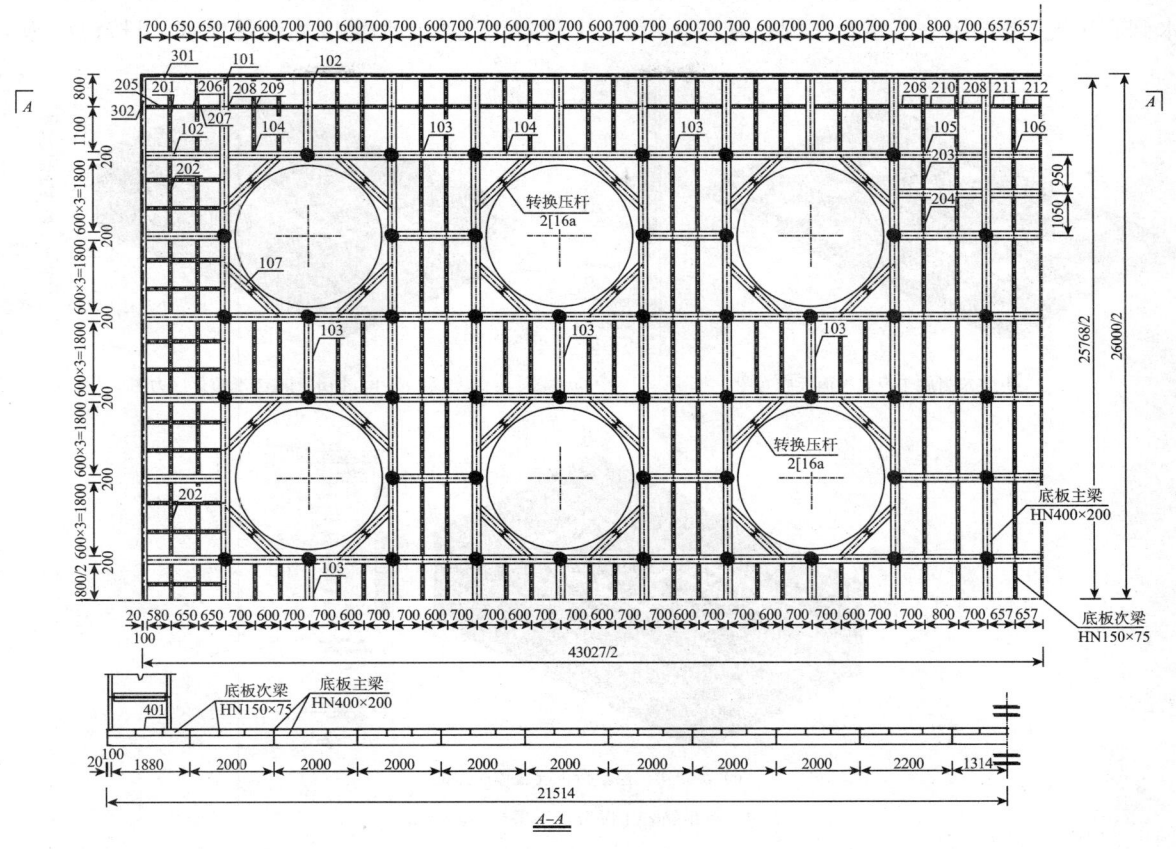

图6　钢吊箱底板结构图（只显示1/4）（尺寸单位：mm）

3. 钢吊箱施工的受力分析

受力分析的控制工况共6个：下放工况、浇筑封底工况、抽水到底工况、浇筑第一层承台工况、浇筑第二层承台工况、高水位塔柱施工工况。

荷载组合考虑标准组合和基本组合，其中，标准组合计算结果用来评价刚度指标，基本组合计算结果用来评价结构强度及稳定性指标。各工况荷载组合见表3。

各工况荷载组合　　　　表3

工况	组合	自重	新浇混凝土自重	浮力	静水压力	水流力
下放	标准	1	—	—	—	—
	基本	0.9×1.3	—	—	—	—
浇筑封底混凝土	标准	1	1	1	1	1
	基本	0.9×1.3	0.9×1.35	0.9×1.35	0.9×1.35	0.9×1.4
抽水到底	标准	1	—	1	1	1
	基本	0.9×1.3	—	0.9×1.35	0.9×1.35	0.9×1.4
浇筑第一层承台	标准	1	1	—	—	—
	基本	0.9×1.3	0.9×1.35	—	—	—
浇筑第二层承台	标准	1	1	—	—	—
	基本	0.9×1.3	0.9×1.35	—	—	—
高水位塔柱施工	标准	1	—	1	1	1
	基本	0.9×1.3	—	0.9×1.35	0.9×1.35	0.9×1.4

采用midas Civil有限元分析软件进行数值模拟分析，由表3可知，最不利工况分别为浇筑封底工况、抽水到底工况、浇筑第一层承台工况。从图7可知，上诉各工况变形和强度均满足要求，可按设计施工。

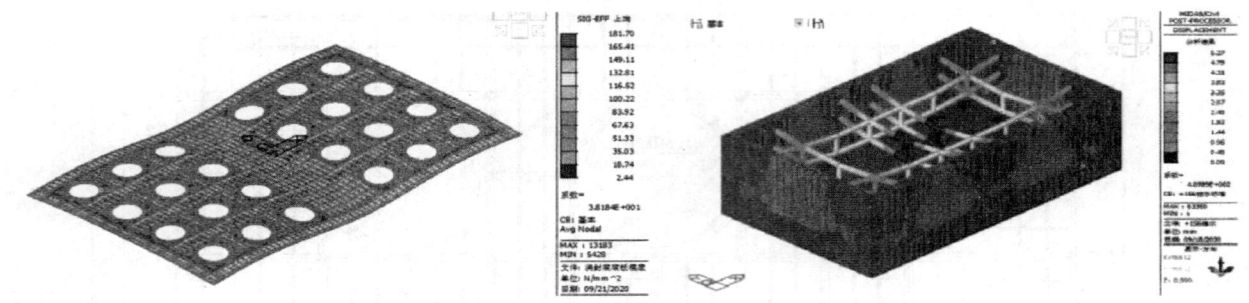

a）浇筑封底工况底板面板应力图　　　b）抽水到底工况整体应力图

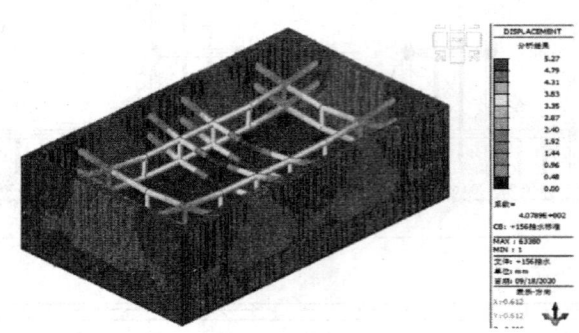

c）浇筑第一层承台工况整体应力图

图7　钢吊箱各工况分析结果（单位：MPa）

三、钢吊箱施工技术

1. 钢吊箱制作及运输

钢筋加工场将底板加工成6大块，单块质量最大30.1t，钢吊箱双壁部分竖向划分为A、B、C三节，每节分为10块，单块最大质量约35.7t，上下节分块位置错开。施工现场采用90t履带式起重机加100t汽车起重机抬吊，转运至主墩平台，由90t门式起重机起吊拼装。

钢吊箱构件加工完成后，按拼装的先后顺序，先由平板车从1号加工场运至临时高桩码头采用70t桅杆吊装船，再由400t驳船运至6号主墩平台，采用90t履带式起重机+100t汽车起重机将构件从驳船吊运至辅助平台90t门式起重机覆盖区摆放。

2. 单悬臂挑梁安装与钢吊箱下放

在4个壁板相近位置的钢护筒上各设置两道单悬臂挑梁作为下放系统的一部分，挑梁位置沿壁板均匀分布，如图8所示。

图8　挑梁现场图

钢吊箱利用8根钢护筒作承重下放,下放系统包括挑梁和千斤顶。挑梁由2HN800×300mm型钢和肋板、加劲板组成,加劲板连接挑梁和钢护筒;每个挑梁上安装1台450t连续千斤顶,千斤顶底座与挑梁之间设置贴板,钢绞线与底节吊箱内壁上的挂腿连接锚固。千斤顶安装要控制底座水平度、千斤顶垂直度满足设备使用要求,夹持器与挂腿锚固端在同一直线,钢绞线保持垂直状态。千斤顶安装后要检查油缸位置,保证钢绞线受力均匀,如图9所示。

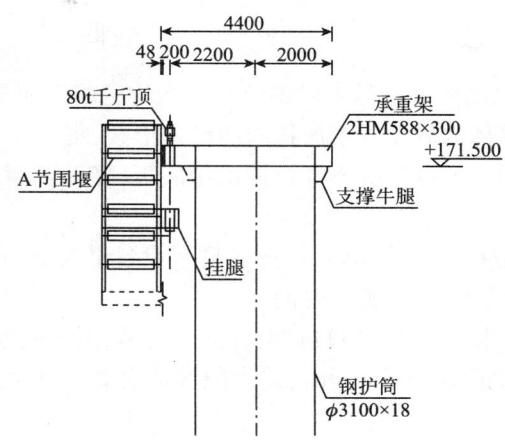

图9 挑梁工作原理(尺寸单位:mm;高程单位:m)

下放系统安装并检查完毕后,按正常起吊程序进行试吊。启动千斤顶液压同步控制系统,收紧所有钢绞线使其受力均匀一致,千斤顶同部顶升;钢吊箱A、B节离开拼装平台5cm后,停止顶升并静置5min,整个吊箱底节由平台支承转变为吊挂系统承载,检查吊箱挂腿锚固、千斤顶夹持器锚固、吊箱结构,检查确认无异常情况后,继续提升钢吊箱,每级提升高度不超过5cm,任意两个相邻吊点的异步差不大于10mm;A、B节提升30cm后,测量复核各点提升高度是否一致,满足要求后将千斤顶全部锁定。拼装底节吊箱时已将拼装平台与吊箱底板就近临时固定,通过护筒与底板之间的缝隙利用割炬割除护筒以外的拼装平台外伸牛腿,牛腿随吊箱一同下放,待吊箱固定后再潜水清理。打开A、B节所有连通器,对吊箱平面位置、顶面高程以及导向架与护筒间距进行检查,满足要求后,启动千斤顶下放A、B节吊箱。A、B节入水即可降低下放速度,底节自浮后可拆除下放系统,割除A、B节内壁挂腿。

3. 钢吊箱封底

因为单悬臂挑梁及壁板挂腿的设置,下放系统不穿过钢吊箱底板,可减少封底混凝土外流的风险,利于环保;同时也减少了底板封堵工作量,提高施工工效,规避了因底板刚度相对较弱下放不均匀可能导致底板变形的风险。

钢护筒顶口到钢吊箱底板距离22.2m,6号主墩封底混凝土设计为C30水下混凝土,方量约1979.6m³,浇筑仓面积733.2m²,封底混凝土底高程+148.3m,顶高程+151.0m,厚2.7m,不分仓一次浇筑。

封底混凝土施工设备主要为:1台90t履带式起重机,1台90t门式起重机,3台37m汽车泵。

导管首封时,利用90t门式起重机转移大料斗,汽车泵臂长37m,分区布料,布置位置如图10所示,对封底区域全覆盖。

4. 钢吊箱抽水

封底混凝土达到设计强度后,潜水员关闭所有连通器,钢吊箱内准备抽水。吊箱内布置8台水泵,吊箱夹壁分6个隔仓,每个隔仓布置1台水泵抽水,吊箱内部与夹壁同时抽水,并安排专人对内部和夹壁隔仓水位进行

图10 封底汽车泵布置图

监测。

钢吊箱抽水时,要根据现场实际水位确定夹壁内填充水量,测量吊箱位置,监测吊箱结构,发生异常时要立即停止抽水,并通知钢吊箱设计单位复核验算。

钢吊箱抽水完成后,检查吊箱壁体和封底混凝土是否渗水,若发现要立即组织对渗水点进行排查,制定封堵方案并实施。

四、结 语

（1）雪峰湖大桥6号主墩整体式承台均已施工完成,通过在千斤顶下放系统中采用钢护筒上设置单悬臂挑梁,壁体内侧设置下放挂腿的结构形式,提高了大型钢底板双壁钢吊箱围堰下放过程中整体结构的稳定性,同时下放系统不穿过钢吊箱底板,降低了封底混凝土外流的风险,减少了底板封堵工作量,提高施工工效。

（2）钢吊箱侧分块运输,以库区现有设备最大运力分配块重,并用90t履带式起重机加100t汽车起重机增加抬吊能力,缩短施工时间。

（3）经有限元分析计算可知,在施工过程中围堰受力安全、结构合理,满足库区高水头钢吊箱围堰施工要求,在保证结构安全同时,最大限度地提高了施工效率。

参考文献

[1] 黄雯.波浪与海流作用下跨海大桥下部结构受力特性研究[D].武汉:华中科技大学,2016.
[2] 李腾飞.裸露基岩桥梁深水承台围堰施工技术研究[J].建筑安全,2021,36(2):30-32.
[3] 程斌,向升.深水浮式桥梁研究应用进展[J].土木工程学报,2021,54(2):107-126.
[4] 曾宪柳,潘文铭.深水急流海峡桥梁桩基础群施工关键技术研究[J].公路,2020,65(10):118-122.
[5] 袁江涛.双壁钢围堰施工技术在桥梁工程中的应用研究[D].淮南:安徽理工大学,2018.
[6] 罗长维,李东辉,周成穗.泉州湾跨海大桥主塔承台钢吊箱围堰施工关键技术[J].中国水运(下半月),2021,21(7):112-114.
[7] 高强.深水峡谷库区高桩承台钢吊箱围堰设计与施工技术研究[J].铁道建筑技术,2022(1):65-70.
[8] 赵斌.库区深水裸岩桥梁基础施工方案研究[C]//中国土木工程学会桥梁及结构工程分会.第十九届全国桥梁学术会议论文集.北京:人民交通出版社,2010:560-565.
[9] 张豪,郑义,韩庆雄.三峡库区桥梁深水基础围堰施工技术[J].中外公路,2020,40(5):118-121.
[10] 余晓川,刘金鑫,周珂.库区深水桥梁桩基组合型钻孔施工平台建造技术[J].四川水泥,2020(10):212-213,181.

27. 伶仃洋大桥接线非通航孔桥连续钢箱梁整跨顶推施工关键技术

袁 航[1,2,3]、张 健[1]

（1.中交第二航务工程局有限公司；2.长大桥梁建设施工技术交通行业重点实验室；
3.中交公路长大桥建设国家工程研究中心有限公司）

摘 要 针对宽阔海域环境下锚碇上方钢箱梁架设及安装难题,以深中通道伶仃洋大桥580m+1666m+580m接线非通航孔桥为背景,进行了多种方案分析与比选,提出了大节段钢箱梁超高支架整跨顶推施工方法,并详细论述了该方法在临时结构布置及设计、大节段钢箱梁吊装及步履式顶推施工等方面的关键施工技术,克服了接线引桥与主桥锚碇基础及上部结构碰撞冲突问题,实现了长节段、大重量钢箱梁高效安全架设。

关键词 锚碇 钢箱梁吊装 高支架 步履式 顶推施工

一、工程概况

深中通道项目是连接广东省深圳市和中山市的超大型集"桥、岛、隧、地下互通"四位一体的世界级跨海集群工程。深中通道项目全长24km,跨海段22.4km,伶仃洋大桥作为桥梁工程中关键控制性工程,为主跨1666m悬索桥,通过东泄洪区非通航孔桥连接西人工岛,长度为2.6km。东泄洪区非通航孔桥共计分为4联,每联六跨,单跨110m,为6×110m六跨钢箱连续梁桥。主梁采用分幅式钢箱梁,单幅钢箱梁总体宽度为20m,整幅梁宽40.5m,中心线高度为4m,单跨单幅质量约1250t,钢箱梁架设为全海洋环境施工作业,整体采用大型浮式起重机整跨吊运安装。

东泄洪区非通航孔桥总体桥型布置图如图1所示,位于伶仃洋大桥东锚碇正上方,长度分别为110m、86.5m,质量分别为1295.3t、1025t,架设高度约为71.00m,架设过程受到海中锚碇筑岛围堰平面位置、架设高度及主缆与钢梁剩余间距的影响,常规施工方法难以适应该复杂工况,因此提出并对比分析多种可行方案,解决海中钢箱梁复杂工况下快速架设的问题。

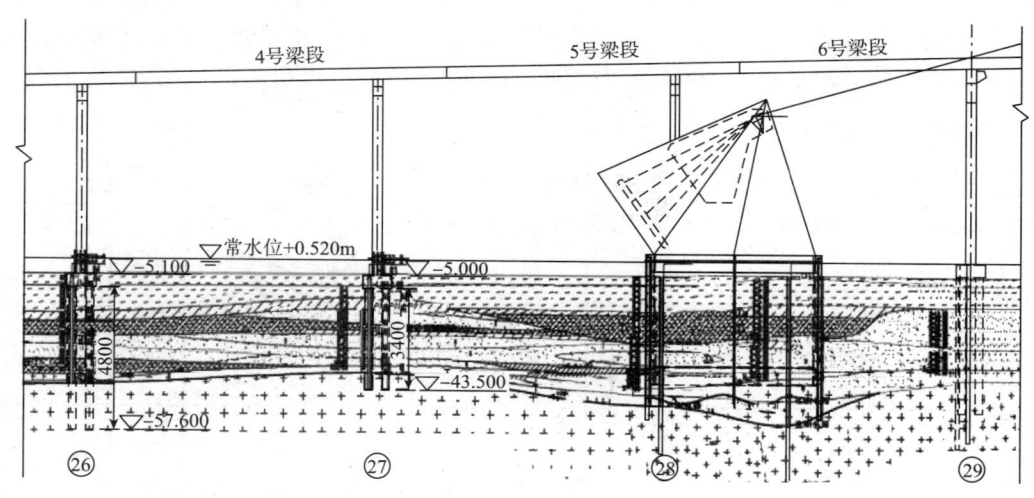

图1 非通航孔桥总体桥型布置图(尺寸单位:cm;高程单位:m)

二、钢箱梁架设方案比选

伶仃洋大桥及非通航孔桥均位于宽阔海域,该桥东锚碇采用直径为152m的圆形筑岛围堰施工,同时外围采用20m直径的模袋混凝土进行防护。非通航孔桥第四联的第五跨(5号)及第六跨(6号)钢箱梁梁段位于伶仃洋大桥东锚碇中心正上方,架设高度最高为71m,且6号梁段与主缆存在空间位置交互,梁缆最近距离仅为26.7cm。基于钢箱梁架设过程存在锚碇及主缆等诸多复杂条件的影响,拟采用超大型浮式起重机原位吊装、小节段顶推施工、大节段整跨吊装与顶推施工三种可行钢箱梁架设方案进行方案比选与研究。

1. 整跨原位吊装

整跨原位吊装采用超大型起重船将110m钢箱梁整跨吊装至墩顶安装,如图2所示。在浮式起重机选型方面考虑到锚碇筑岛围堰直径152m,围堰外围防护20m,外围防护最外侧至主梁距离85.7m,所需浮式起重机最大吊幅91m,最大吊高77m,最大吊重1470t,针对起重参数需采用5000t浮式起重机。整跨原位吊装可大幅降低架设工期,架设速度可达9d/节段,无须其他临时结构等耗材,但架设过程中主缆与钢箱梁之间的碰撞冲突控制风险较大,超大型起重船数量稀少,租赁周期及费用难以估计。

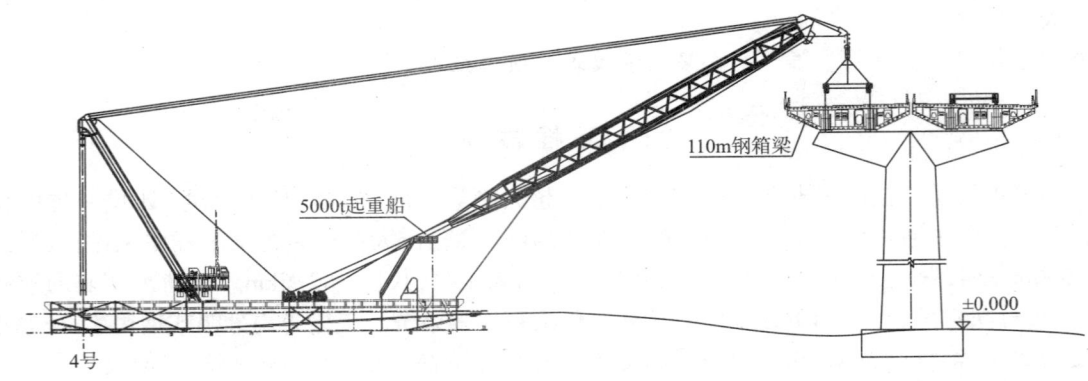

图 2 原位吊装施工方案示意图

2. 小节段顶推施工

小节段顶推施工是将110m梁段按照单个20m节段进行划分，在锚碇外围设置钢箱梁提梁站及拼装平台，通过提梁站将小节段钢箱梁提升放置于拼装平台，在平台上将每个小节段钢箱梁与前节梁段拼接，连接成整体的钢箱梁由27号墩向29号墩逐节顶推，重复上述步骤直至所有梁段顶推至设计位置，方案如图3所示。采用该种架设方法，施工设备简易轻便、节省施工用地、施工该过程简单安全，但采用小节段安装需进行多次运输及拼装焊接，整体施工周期较长，同时顶推过程所需提梁站、拼装平台、临时墩等临时结构耗材较多。

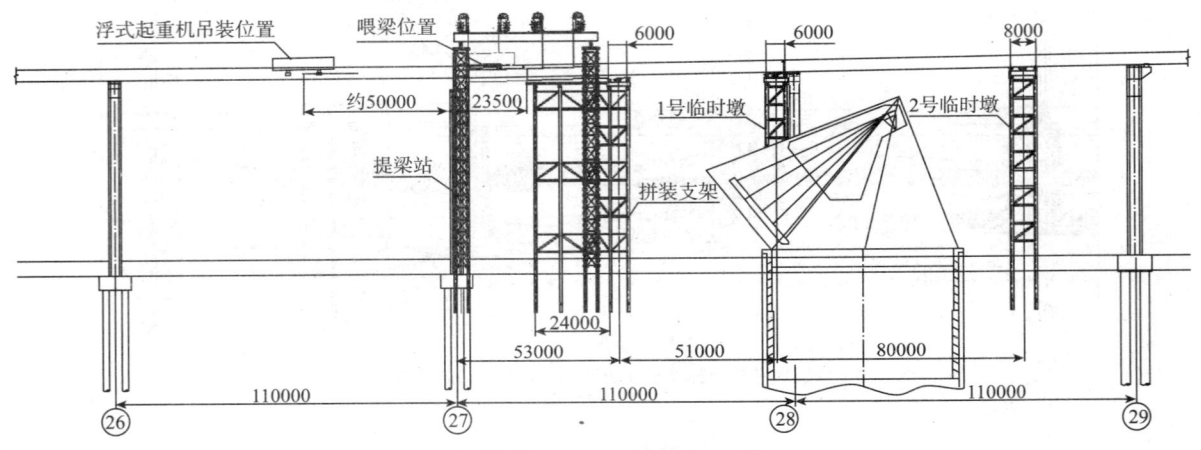

图 3 小节段顶推施工方案(尺寸单位：mm)

3. 大节段整跨连续顶推

大节段整跨顶推是采用既有大型设备整跨吊装顶推形成多跨连续梁，并采用整体快速顶推到位的施工方法，如图4所示。在25~29号墩间搭设临时墩，通过起重船将整节段钢箱梁分别吊装至25号及1号临时墩墩顶，采用步履式顶推的施工方法依次将6号、5号、4号钢箱梁由25号墩向29号墩进行逐节顶推并连接成整体，再整体顶推至设计设置，依次完成左、右幅上部结构钢箱梁的架设施工。采用该种架设方法，实现了大节段钢箱梁高效快速安装，大幅减少了现场钢箱梁节段现场拼装工作，兼具顶推施工的安全性与可靠性。

综合考虑设备投入、临时耗材、施工风险及施工周期等因素的影响，对三种架设方案进行对比分析，如表1所示，整跨原位吊装方案体现了钢箱梁架设的高效性与便捷性，小节段顶推施工体现了复杂工况钢箱梁安装的灵活性，减少了对大型起重船舶等设备的依赖性，大节段整跨连续顶推施工方案吸收了前两种方案的优点，实现了设备、临时结构及工期的高效协同。综合比选，决定采用方案三110m大节段整跨连续顶推架设方法。

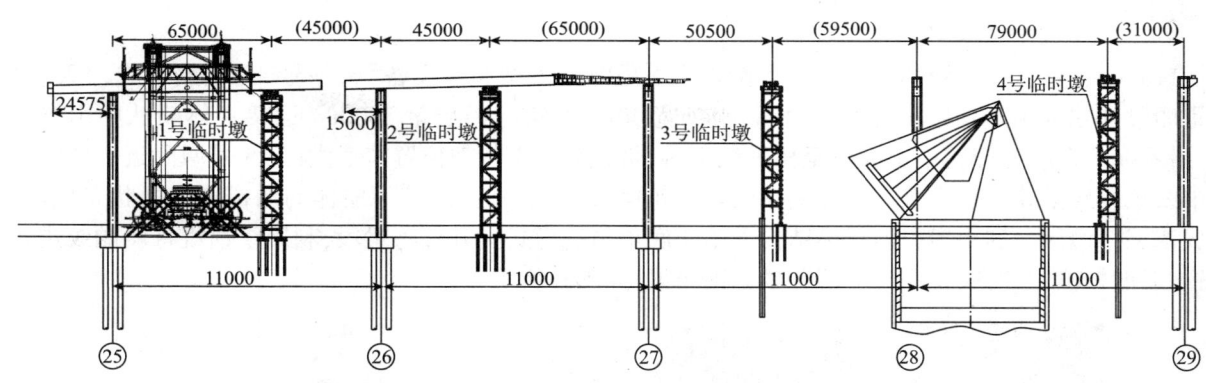

图4 大节段钢箱梁连续顶推施工方案(尺寸单位:mm)

钢箱梁架设方案比选　　　　　　　　　　　　　　　　表1

类别	设备投入	临时结构质量(t)	施工周期(d)
整跨原位吊装	5000t 浮式起重机	0	30
小节段顶推	500t 浮式起重机+顶推设备+提梁站	5800	130
大节段整跨连续顶推	3600t 浮式起重机+顶推设备+临时墩	4200	90

三、锚碇上方钢箱梁架设关键技术

1.临时墩支架及导梁结构设计

为保证整跨钢箱梁顺利顶推，需分别在25~29号各墩之间设置4个临时墩作为辅助支撑系统，临时墩与主墩间距设置分别为65m、45m、50.5m、59.5m、79m、31m，在25号墩与1号临时墩中央预留65m间隙作为起重船梁段吊装区域，顶推过程最大顶推跨度79m。每个临时墩由左、右幅两组墩柱组成，每幅由4个立柱及纵横梁组成顶推平台，通过对顶推过程计算分析，单桩最大反力为5220kN。其中1号、2号临时墩的每个立柱下方设置4根φ820mm的钢管桩打入水中作为承载基础；3号、4号临时墩位于锚碇围堰范围内利用锁扣钢管桩+复合基础的形式作为临时平台的基础，最大支架搭设高度为63.6m。钢管立柱每隔6m采用φ426mm钢管设置平联与斜撑。

为保证钢箱梁顶推跨越临时墩及永久墩过程中受力满足箱梁承载能力，顶推过程设置为前、后两组导梁，其中后导梁长43m，前导梁长55m，导梁主体采用Q355钢材由两片工字形变高度实腹钢板梁组成，两片钢板梁间采取桁架梁进行连接，增加钢导梁的刚度及整体稳定性，导梁结构如图5所示，导梁起点处与桥面梁段间焊接。

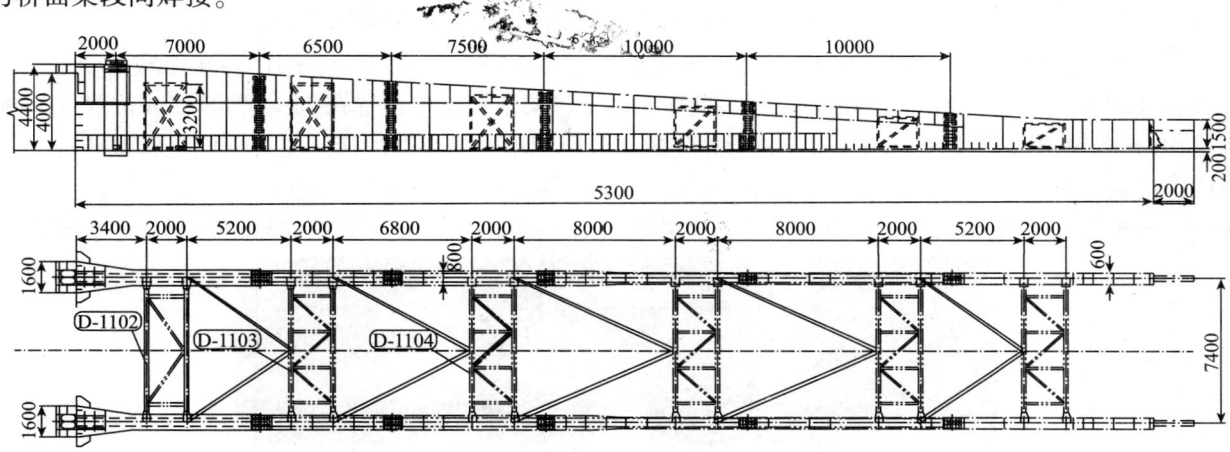

图5 导梁结构示意图(尺寸单位:cm)

2. 钢箱梁大节段吊装

110m大节段钢箱梁的取梁、浮运及安装均采用海上大型起重设备"天一号"起重船完成，"天一号"起重船设计吃水4.0m，起吊高度为70m，船身宽40m，额定起吊质量3600t。运架一体船从中山梁场取梁，沿着横门东航道穿越中山大桥至桥轴线下游，带载航行至待架位置东泄洪区25号墩附近。船舶沿船体中线顺待架梁孔横桥中线方向分别在船首及船尾进行抛锚定位，其中船体的艏锚成交叉状态抛出，艉锚成八字形抛出。利用扁担与托梁结构采用兜底抬吊的形式提升整跨梁段，利用绞锚机将船舶绞进桥孔位置，船舶精确定位，收紧锚绳下落并微调钢箱梁，如图6所示。

图6 整跨钢箱梁吊装

"天一号"起重船将6号、5号、4号梁段整跨按序分别吊装至25号墩与1号临时墩区域，各跨单幅钢箱梁临时支撑于25号墩与1号临时墩墩顶完成节段导梁安装与顶推。由于6号梁段存在部分范围的切割与修补，整体结构为异形钢箱结构，需根据钢箱梁吊装重心采用混凝土压重块等措施调整重心位置，保证钢箱梁在吊装过程中的安全性。

3. 钢箱梁连续顶推

钢箱梁整体顶推采用步履式顶推施工方法，在完成临时墩及设备安装后，采用起重船舶"天一号"将整跨钢箱梁与前导梁架设至25号永久墩盖梁顶及1号临时墩顶，安装后导梁随后将梁段顶推出25号墩与1号临时墩梁段吊装区域并拆除后导梁，原位吊装第二节段钢箱梁并顶推至首节钢箱梁尾部，与前节段钢箱梁连接成整体继续向前顶推；重复该共工艺，形成305.7m长的超长节段钢箱梁，再整体顶推至29号墩墩顶，逐节拆除前后导梁，右幅完成后顶推左幅。

步履式顶推设备采用1200t三向千斤顶，每个永久墩及临时墩按照单幅钢箱梁顶推施工布置2套1200t步履式千斤顶，整个顶推系统设备自成一体，在计算机控制下，可通过顶升油缸及推移油缸实现顶升、顺桥方向移动，同时还可以实现横桥方向的调整，在顶推过程中对钢梁随时进行纠偏。

钢箱梁的安装与顶推施工过程中需进行多次后导梁的拆除与安装工作，采用300t浮式起重机进行分块整体装配式快速安装。单节段钢箱梁与前序节段钢箱梁连接位置设置在26号墩侧15m位置，在夜间温度均匀稳定的时间段调整钢箱梁安装线形并完成大节段钢箱梁的环缝焊接。左右幅均完成顶推后，在永久墩顶支座旁安装垫梁及300t落梁千斤顶，拆除顶推千斤顶，安装永久支座及垫梁。通过垫梁及落梁千斤顶不断转换受力体系，将支座及落梁位置垫板逐级拆除，最终以达到落梁及支座锚固的效果，如图7所示。

图7 钢箱梁连续顶推施工

四、结　语

伶仃洋大桥接线非通航孔桥钢箱梁安装高度高、重量重、施工环境恶劣、安装风险高、组织难度大，通过方案比选提出了钢箱梁整跨吊装、步履式整体顶推的施工工艺，顶推总长共计360m，解决了常规锚碇上方长节段、大重量钢箱梁安装与主缆猫道等上部结构碰撞冲突问题，降低了钢箱梁安装风险，保障了钢箱梁安装线形及工期。伶仃洋大桥接线非通航孔桥已于2022年10月完成全部施工作业，可为其他类似项目提供参考依据。

参考文献

[1] 杨部廷. 空间双向折线钢桁梁顶推施工过程受力分析[J]. 铁道建筑技术，2022，354(9)：150-154，159.

[2] 姚亮. 跨高速公路曲线钢箱梁顶推施工技术[J]. 铁道建筑技术，2022，354(9)：155-159.

[3] 王东伟，蔺鑫磊，王宏博，等. UHPC钢-混组合梁全断面流水化顶推施工技术[J]. 公路，2022，67(9)：225-230.

[4] 周建庭，李轩，吴月星，等. 大跨轨道钢箱叠合梁桥顶推施工控制方法[J]. 世界桥梁，2021，49(3)：64-71.

[5] 张政，李伟，朱金龙，等. 长边跨钢箱梁步履式顶推施工脱空问题与计算模式研究[J]. 公路工程，2022，47(4)：1-8，46.

[6] 汪芳进，张小川. 鳊鱼洲长江大桥南汊航道桥主梁施工关键技术[J]. 桥梁建设，2022，52(3)：8-15.

[7] 王明慧，姚发海. 新白沙沱长江特大桥跨既有线钢桁梁施工方案比选[J]. 桥梁建设，2014，44(6)：7-11.

[8] 吴永南，李东，许祥山，等. 大跨径拱桥钢箱主梁顶推滑移施工技术[J]. 世界桥梁，2017，45(3)：25-29.

28. 全焊接桥梁钢塔柱(索塔钢壳)预拼装及线形控制技术

李军平　车　平

(中铁宝桥集团有限公司)

摘　要　钢塔节段(或索塔钢壳节段，统称钢塔节段或塔段)结构复杂、焊缝密集，其焊接质量及焊接变形、几何精度的控制有较大的难度。对于全焊接钢塔柱，塔段间桥位环缝焊接变形也会给钢塔柱的线形控制带来一定的难度。本文介绍了全焊接钢塔节段的制造难点、几何精度的控制方法、制作工艺、预拼装方案的合理选择以及钢塔柱的线形控制技术等，可供相关人员参考、借鉴。

关键词　桥梁工程　全焊接　钢塔(钢壳)　预拼装　线形控制

一、引　言

桥梁钢塔具有断面大、结构复杂、焊缝密集等特点，加之大多数全焊接钢塔为异形结构，为了方便制作并有利于控制焊接变形、确保几何精度，一般采用短线法制作方案，且尽量采用对称施焊、避免仰焊及必要的焊接变形约束措施等，最后，通过预拼装检验接口的匹配情况，以确保桥位顺利安装。塔柱线形直接影响钢塔柱传力，而全焊接钢塔柱的线形控制难度较大，必须高度重视。

二、全焊接钢塔柱的建造难点

(1)全焊接桥梁钢塔柱多为异形结构且焊缝密集,导致钢塔节段的几何精度控制有一定的难度,且必须选择合理的预拼装方案,以检验接口匹配精度等。

(2)根据受力要求,钢塔柱对线形有较高的要求,一般垂直度偏差要求≤1/4000(对一些特殊景观钢塔柱要求≤1/3000),如此高的精度要求,对于全焊接钢塔柱来说难度确实很大。

三、全焊接钢塔节段几何精度控制技术

钢塔节段的几何精度主要包括箱口几何精度以及长度、旁弯、轴线与端面夹角精度等,直接影响桥位能否安装及钢塔柱的线形,必须从严控制。

1. 钢塔节段箱口几何精度的控制

为了保证钢塔节段在桥位安装时的良好匹配,必须严格控制单个塔段箱口的几何精度,使其达到较高的精度要求:断面高度、宽度允许偏差±2mm;端口对角线差≤3mm;扭曲≤3mm;预拼及桥位安装时相邻接口错边量≤2mm(个别角点≤3mm)。而且,因焊接钢塔柱多为异形结构,必须结合具体的结构特点制定合理可行的制作方案,设计制作必要的组焊胎架,并从板单元制作及塔段组装精度控制、合理的焊接工艺选择(包括焊接方法、焊接顺序等)及必要的焊接变形约束措施等多方面来控制钢塔节段箱口的几何精度[1]。

索塔钢壳一般由内外壁板、竖向和水平加劲、剪力钉、连接角钢和钢筋等部分组成,不设横隔板单元。对于这类结构,一般采用"板单元→箱体"或"板单元→块体→箱体"的制作工艺流程,通过严格控制每一阶段的几何精度来确保最终塔段的几何精度。根据钢壳一般不设横隔板等结构特点,其箱体一般采用立式组焊方案为宜。

2. 钢塔节段的长度、旁弯、轴线与端面夹角精度等控制

预留合理的焊接收缩量是保证钢塔节段长度的关键。对于常规的非曲、非弧形板单元,应在制作完成后切割桥位环缝的焊接边及坡口,以消除板单元焊接、修整时的收缩影响,同时根据经验预留塔段制作过程的收缩量;对于弧形等异形板单元,采用一次性切割下料工艺,在预留收缩量时,既要考虑板单元焊接、修整时的收缩量,还必须考虑节段焊接、修整时的收缩量。

钢塔节段旁弯的控制主要靠合理的组焊胎架设计、组装时找正及对称施焊等措施来保证。

轴线与端面的夹角精度对塔柱线形影响较大,而一般全焊接钢塔又不进行端面加工,故必须通过合理的工艺措施来予以保证。对于复杂的箱体结构来说,纵、横基线是控制钢塔节段几何精度的关键,尤其对塔段轴线与端面的夹角精度。首先,在板单元组装前须划出纵、横基线,且在板单元组焊、修整完成或接宽完成后还要对基线进行修正,并以修正后的横基线为准划切边及坡口线,需要制作块体的还应在组焊完块体后对其纵、横基线进行修正;其次,组装箱体时应严格按纵、横基线进行组装,其中纵基线主要控制塔段箱口的几何精度及对角线差等,横基线主要控制塔段轴线与端面的夹角等。另外,采取边组装、边焊接的塔段制作方案,还是组装完成后统一焊接方案,应根据塔段的结构特点而定,且应采用对称施焊等工艺措施,以免对塔段的几何形态造成影响。

3. 钢塔节段制作实例

钢塔节段制作在专用胎架上完成。图1~图3为港珠澳大桥九洲航道桥钢塔组焊过程,图4~图7为某弧形塔段组焊过程,图8~图11为某扭曲形塔段组焊。

另外,除了组焊过程中要进行严格检测外,组焊完成后也要对其几何精度进行全面检查,以确保其满足规范要求,如图12所示。

某索塔钢壳节段的制作过程如图13~图15所示。

图1 钢塔组装1

图2 钢塔组装2

图3 钢塔节段焊接

图4 弧形板单元组焊

图5 弧形塔段组焊1

图6 弧形塔段组焊2

图7 弧形塔段组焊3

图8 扭曲形塔段组焊1

图9 扭曲形塔段组焊2

图10 扭曲形塔段组焊3

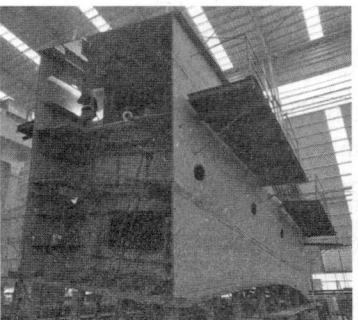
图11 扭曲形塔段组焊4

图12 塔段组焊完检测

图13 索塔钢壳板单元制作

图14 索塔钢壳块体制作

图15 索塔钢壳节段组焊

四、全焊接钢塔节段的预拼装技术

1. 预拼装方案的选择

对于节段间采用焊接连接的钢塔柱，预拼装的主要目的是检验箱口的匹配精度，对线形的检验作用次之。主要原因如下：①只要钢塔节段轴线与端面夹角精度（对于异形钢塔，可用两端口特征点偏差来衡量）能满足规范要求，预拼装时轴线的偏离度偏差就不会超差，也不会对钢塔柱线形造成较大影响；②桥位环缝焊接的影响远大于温度影响，故对于全焊接钢塔柱在制造时不必考虑温度对几何精度及预拼装精度的影响；③在桥位安装时每一个钢塔节段可以作为调整节段，利用间隙调整及采用合理的焊接顺序，以确保塔柱线形满足规范要求。既然如此，不论选择立式预拼装还是水平预拼装方案，主要应取决于钢塔的结构形式及场地、起重设备等条件。对于钢塔节段长度较长或较重或弧线形等异形结构的钢塔柱，采用水平预拼会更安全一点；而对于长度较短的非曲线形钢塔柱等，采用立式预拼装方案更好一些[2]。

2. 对钢塔预拼装节段的数量要求

由于预拼装主要是检验塔段箱口的匹配情况，故采用两两相邻塔段预拼即可满足要求。其中立式预拼装宜采用两两节段预拼装，这样既有利于安全，又能达到预拼装的目的；若采用多段立式预拼装，徒增安全风险，也毫无意义。对于采用水平预拼装的钢塔柱，因不需要特殊的起重设备等，只要场地允许，可以采用多塔段水平预拼装。

3. 钢塔预拼装实例

图16~20所示为水平预拼情况，图21~23所示为立式预拼情况。

图 16 港珠澳大桥九洲航道桥钢塔 1+1 水平预拼装

图 17 "南京眼" 1+1 水平预拼装

图 18 淮安大桥钢塔 3+1 水平预拼装

图 19 大榭二桥 3+1 水平预拼装

图 20 北京新首钢大桥 1+1 水平预拼装

图 21 顺德大桥钢塔 1+1 立式预拼装

图 22 南京五桥索塔钢壳 1+1 立式预拼装

图 23 滨海湾桥索塔钢壳 1+1 立式预拼装

五、全焊接钢塔柱线形控制技术

全焊接钢塔柱施工最关键的当属线形控制问题。由于全焊接钢塔节段一端需开焊接坡口等原因，一般不进行端面加工，加之，塔段桥位安装精度、环缝焊接变形等影响，都会给钢塔柱的线形带来影响。因此，必须采取切实可行的措施来保证钢塔柱线形。

(1) 必须严格控制单个塔段的几何精度。

(2) 桥位环缝采用非对称的 K 形坡口,塔段顶端不开坡口、底端开坡口,且内侧坡口大、外侧坡口小(临时匹配件一般装在外侧),如图24、图25所示,先焊接深坡口侧焊缝至1/2,然后,在小坡口侧清根,并焊完小坡口侧焊缝,再焊接大坡口侧剩余焊缝。

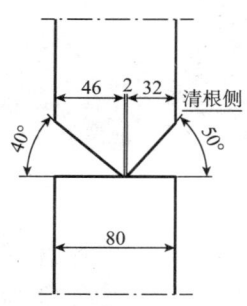

图24 港珠澳大桥九洲航道桥钢塔环缝坡口(尺寸单位:mm)

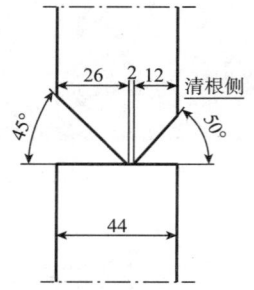

图25 北京新首钢大桥钢塔环缝坡口(尺寸单位:mm)

(3) 尽量采用对称施焊工艺,必要时可以根据线形情况调整焊接顺序;同时,应安排高水平的焊工完成焊接作业,以提高焊接质量、减少焊缝返修。

(4) 应将每个钢塔节段作为调整节段,每安装一个塔段均应对塔柱线形进行精确测量,根据测量结果与理论线形对比结果,确定下一个塔段的安装姿态,并通过间隙调整或调整焊接顺序等措施进行纠偏,以确保线形满足标准要求[3]。

对于直塔柱,一般采用塔式起重机吊装、调整;对于异形钢塔柱,一般高度较低,通常采用支架支撑、利用浮式起重机或履带式起重机或汽车起重机吊装、调整(图26、图27),而且,桥位安装过程中的线形检测必须考虑支架的支撑工况,由监控单位给出每一个塔段架设的姿态调整指令,并供确定环缝焊接顺序时参考。

图26 南京眼步行桥钢塔安装

图27 新首钢大桥钢塔安装

六、结　语

全焊接钢塔柱(钢壳)制造及安装的关键是桥位接口匹配良好、线形满足较高的规范要求,为此,必须严格控制每一个塔段的几何精度,即箱口几何精度以及长度、旁弯、轴线与端面夹角精度等。其中箱口几何精度主要靠合理的组焊方案、焊接工艺及焊接变形约束等措施来保证,通过预拼装在厂内进行检验,而预拼装的形式、节段的数量应根据钢塔柱的结构特点、场地、起重设备等条件确定;在保证塔段轴线与端面夹角精度等单个塔段制作精度的前提下,通过把每一个塔段当作调整节段、合理调整环缝焊接顺序等措施来保证钢塔柱的线形。

针对近两年出现的超大断面钢塔,如常泰长江大桥、张靖皋长江大桥钢塔断面尺寸最大分别达到了16m×16m、12m×16.5m,且结构非常复杂,考虑到桥位塔式起重机吊重的限制,分2块或3块制作、吊装,为了保证桥位安装时的良好匹配,采用了对应块体长线法制作、全位置焊接工艺,但也借鉴了前述钢塔节段几何精度控制的经验。

参考文献

[1] 李毅,李军平.南京三桥钢塔节段焊接变形及几何精度的控制[J].钢结构,2006(3):89-91.
[2] 常彦虎,章建,王岁利,等.大榭二桥钢索塔制作难点分析及对策[J].钢结构,2013,28(9):52-55,7.
[3] 方新民,蔡少云,孙加飞,等.南京五桥钢混组合塔测量控制[J].现代测绘,2019,42(4):38-42.

29. 波形钢腹板 PC 梁桥运转一体化吊架施工技术研究

罗 勇 胡积兴 郑 刚 王靖文 鲁 桥

(中交二公局第三工程有限公司)

摘 要 近年来,大跨径连续刚构混凝土桥梁腹板裂缝问题越来越突出,腹板裂缝处理成本越来越多。混凝土桥梁的自重是影响桥梁运行荷载、施工成本的重要限制因素。减轻桥梁自重、减少混凝土腹板裂缝等因素促进了波形钢腹板预应力混凝土(PC)梁桥的迅速发展。波形钢腹板 PC 梁桥以其优异的结构性能,漂亮的外观形式,开始出现在各个省市桥梁规划中,而现有的波形钢腹板 PC 梁桥施工工艺多采用挂篮及满堂支架形式,未能充分利用波形钢腹板 PC 梁桥的结构受力特点,运转一体化吊架能充分利用波形钢腹板变形小、强度高的特点,改变传统挂篮杠杆受力特点,实现垂直受力,结构更加稳固安全,施工效率更加高效,具有较高的研究推广价值。

关键词 波形钢腹板 PC 梁桥 运转一体化吊架 传统挂篮 垂直受力

一、引 言

传统的波形钢腹板 PC 梁桥施工方法主要是挂篮、满堂支架法施工,与传统的混凝土连续刚构施工方法相同。挂篮自重大,要通过后锚系统承担挂篮自身、混凝土块段的质量,挂篮一般质量为混凝土块段质量的 0.3~0.5。施工过程中挂篮在浇筑混凝土状态、挂篮行走状态对后锚固系统要求极高,极易产生后锚杆件变形、后锚杆件断裂等情况导致挂篮倾覆;行走状态时,挂篮模板的晃动、轨道平整度、顺直度等都对后锚固系统有较不利的影响。挂篮后锚固系统主要通过销轴、拉杆、销键等构件组成,材料要求高,加工精度高,维修保养成本大。满堂支架法施工成本大,且对地形要求高,不具备通用施工条件,无法大面积推广应用。

传统挂篮及满堂支架法施工都没有充分利用波形钢腹板 PC 桥梁的特点,波形钢腹板 PC 梁桥整体受力清晰,混凝土与钢腹板各司其职又共同作用,混凝土承受弯矩作用,波形钢腹板抗剪效果良好,几乎所有的弯矩与剪力分别由顶、底板混凝土翼缘板和波形钢腹板承担。为了充分利用波形钢腹板变形小、强度高的特点,在借鉴异步吊架施工技术后,自主设计并应用了运转一体化同步吊架,改进了异步吊架,实现吊架自主转运。本文对比分析了同步-异步双模式吊架的应用效果。

二、工 程 概 况

本文主要依托于陕西境内一座跨越汉江的波形钢腹板 PC 梁桥,主桥跨径为 80m + 140m + 80m,采用单箱单室箱形截面。桥面顶宽度为 12.5m,底板宽度为 7m,墩顶箱梁高度为 8.5m,跨中箱梁高度为 3.5m,以 1.8 次抛物线过渡。钢腹板中心间距为 6.25m。悬浇节段长度为 6×3.2m + 9×4.8m,单侧悬浇 15 块段,边跨及中跨合龙段长度为 3.2m,边跨现浇段长度为 8.2m。为了提高整个结构的横向抗变形能力与抗扭刚度,在边跨设置 3 道横隔板,在中跨设置 6 道横隔板。桥址区水位变化大且需要通航,枯水期水深为 2~6m,无法满足船载、浮式起重机等设备运行,栈桥无法搭设至河中间;波形钢腹板块段质量、大小相差较大,塔式起重机安装安全风险高。

波形钢腹板桥梁如图 1 所示。

图 1　波形钢腹板桥梁

三、运转一体化吊架组成

运转一体化吊架主要由承重系统、运转系统、行走系统、模板系统组成。承重系统主要由工字钢焊接而成,依据波形钢腹板的中心间距设计成框架结构,框架下设计 4 个支腿均支撑在 Ⅱ 形槽上,将吊架自重转移至钢腹板。异步吊架运转系统由三组支腿、纵向设置于支腿上的轨道以及放在轨道之上的运转小车组成,前两组支腿支撑在承重框架上,后一组支腿支撑在已浇筑混凝土上,同步吊架运转系统设计有两组支撑在承重框架上的支腿,轨道及运转小车与异步吊架相同,均可以实现波形钢腹板的转运、翻转、安装等功能;行走系统由液压油缸、连接件组成,为吊架的前行、后退提供动力;模板系统主要由整块钢模板、吊杆、滑杆等构件组成。承重系统承担吊架自重及块段整体重量,并将整个重量传递到波形钢腹板上。

吊架运转系统细部图如图 2 所示。

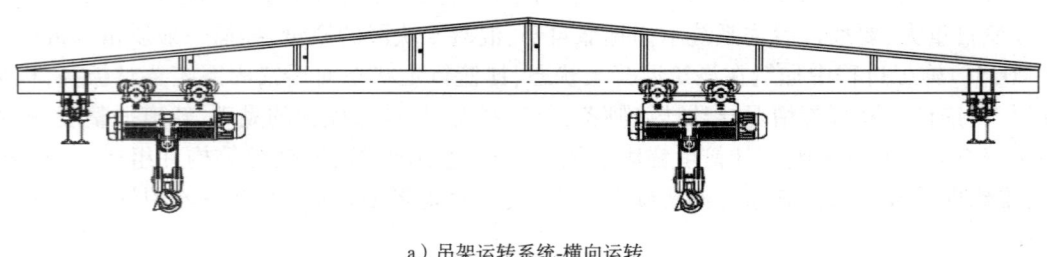

a)吊架运转系统-横向运转

b)运转一体化同步吊架　　　　c)运转一体化异步吊架

图 2　吊架运转系统细部图

四、吊架施工特点

吊架与传统挂篮相比较,其直接的竖向受力结构、安全的行走方式、轻巧简洁的结构、自主转运能力等均具有推广应用价值。施工过程中存在的块段转运的安全稳定性低、块段的安装精度难以控制、钢筋安装人工投入量大、人工搬运钢筋劳动强度高等难点,在吊架设计和使用阶段均有效解决。

1. 垂直受力原理保障结构安全

吊架将支腿直接作用在波形钢腹板或已浇筑梁段上,直接承担本施工块段的全部竖向荷载(块段钢筋、混凝土重量,施工机具、模板等重量)。如图3所示,传统挂篮的受力原理是后锚固杠杆受力,即依靠中间支腿作为支点,通过后端精轧螺纹钢与已浇筑块段顶板锚固作为后锚固受力点,通过锚固反力承担前端正在施工的块段重量,对后锚固杆件要求高,同时挂篮在移动过程中,后锚固受力点时刻在发生变化,行走过程的水平摩擦力对后锚固杆件不可避免的产生磨损、剪切力等,存在较高的安全风险。而吊架直接像人提水一样承受块段重量,直接将杠杆受力转变为简洁的竖直受力(图4),整个结构更加安全可靠。

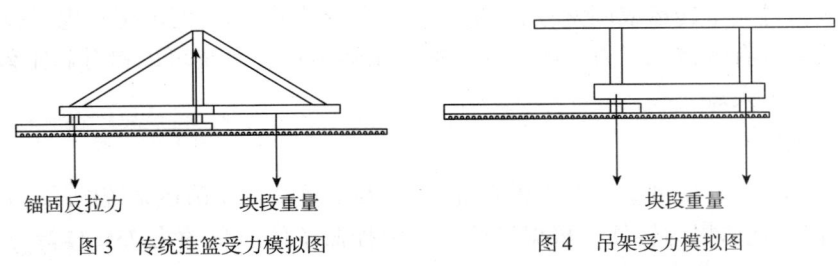

图3 传统挂篮受力模拟图   图4 吊架受力模拟图

2. 施工顺序变化提高施工效率

吊架需要以波形钢腹板作为支撑点及行走轨道,即波形钢腹板安装工序在块段钢筋绑扎工序前进行,相当于先将N号块段的腹板施工完成。在施工N号块段的钢筋绑扎时,同步安装N+1号块段的波形钢腹板,且应在N号块段混凝土浇筑前安装完成,以防调整波形钢腹板使得已浇筑N号块段与N-1号块段的连接处产生结构裂缝。而传统的挂篮块段施工一般是先安装底板钢筋,再安装波形钢腹板,最后安装顶板钢筋,正常的波形钢腹板安装时间需要2~3d,属于施工工艺不可避免的流水作业时间,而吊架法施工通过提前安装波形钢腹板直接将传统的流水作业转变为平行作业,实现底板、腹板、顶板同时作业,施工顺序的改变为每个块段节省2~3d的作业时间,极大地提高了施工效率。

3. 运转一体化降低施工成本

通过在吊架上安装运转一体化系统,可以实现吊架结构范围内的波形钢腹板转移、安装等工作,提高了吊架的功能性。考虑到波形钢腹板的竖向高度随着块段高度的变化而变化,而1号块段波形钢腹板高度约5.9m,依次向15号块段2m高度递减,若要满足前几个块段波形钢腹板的高度安装,运转一体化结构高度较高,结构安全及施工安全保障难度较大。为了解决此问题,设计人员提出了双轨道平行转移方案,即通过两个间距60cm的不同轴电动葫芦平行于桥面提升波形钢腹板,通过纵移轨道将波形钢腹板从N-2号块段上转移到N+1号块段上,在N+1号块段上空通过两个电动葫芦移动及收放吊钩,实现波形钢腹板从平行状态翻转成竖直状态,满足可安装焊接的要求,提高了施工的安全性,降低了吊架钢材使用量,减少了安装钢腹板所需的起重机施工成本。

4. 有效提高吊架行走转运安全性

吊运一体化吊架能有效提高施工的安全性,主要通过以下几个方面体现:

(1)吊架整体纵向行走。吊架整体行走在波形钢腹板的Π形槽内,利用了波形钢腹板的顶部连接构件作为行走轨道。通过Π形槽两侧的竖向钢板作为限位、导向装置,既保证了吊架行走过程不会脱轨,又简化了传统挂篮行走前的轨道验收工作,减少了传统挂篮施工过程中的后锚固杆件的检查维修保养工作,减少了传统挂篮施工过程中的轨道安装、拆卸、前移、锚固等工作,极大地提高了施工效率。

(2)吊运一体化系统纵向行走。吊运一体化系统行走在吊架上方框架体系的纵向轨道上,加工前按照轨道间距加工固定行走小车,两侧行走小车同步、同速移动,并且通过反扣构件限制纵向行走的横向位移,确保行走过程不发生脱轨情况。

(3)电动葫芦降速提升波形钢腹板。考虑到电动葫芦在提升波形钢腹板时加速度过大将会增加横向轨道的荷载,在电动葫芦上安装了不同转速的发动机,在提升较重物时采用低速,提升小构件时采用高速,避免提升过程对轨道的损伤。

5. 提升施工工效

由于在吊架上安装了吊运一体化系统,覆盖了 $N+1$ 号、N 号、$N-1$ 号、$N-2$ 号块段,相当于在此施工段落内安装一台起重机,且此起重机几乎不占用桥面位置,但是又提供了起重机的功能,提高了施工效率。传统的悬臂施工在未合龙前仅能通过塔式起重机转运钢筋、模板、张拉机具等施工构件,导致塔式起重机运行频繁,存在空中相互干扰、驾驶人员疲劳等不安全行为。吊运一体化系统自重轻,既不占用施工场地,又能提供转运、安装功能,能间接提高施工安全性。对于传统吊架施工,正在施工段落内的模板及钢筋安装过程,一般通过人工转运或调整,用工量大且工人劳动强度高,而吊架实现了施工段落内机械化作业,提高了施工效率且有效减少了人员的投入。通过吊运一体化系统可以提升施工效率约10%,每个块段节省3~5名施工工人。

6. 吊架结构轻便

吊架受力形式简单,主要质量集中在模板系统上,主要承重结构及吊运系统的质量所占比例小,吊架的支撑体系相对于传统挂篮极为轻便。根据设计方案中挂篮整体质量约为75t,挂篮自身承重体系质量为33~38t,吊架支撑体系能节省质量约30t。

五、吊架施工线形控制

1. 线形影响因素多

悬臂现浇结构线形控制难度大,特别是施工过程挂篮重量变化、块段重量变化、工序施工顺序等对结构线形均有不同程度的影响,而波形钢腹板桥梁相对于传统混凝土悬臂浇筑桥梁,箱梁自重减轻20%~30%,外部荷载变化对结构线形的影响效果更为显著,所以施工过程线形控制相对较难。且波形钢腹板桥梁的截面面积小于传统刚构桥,在张拉过程中的纵向变形显著,所以在考虑支座预偏和合龙段施工时应根据实际进行,同时在设计计算过程中项目上有针对性地考虑了支座预偏和合龙的影响,在模型中进行预偏校核(图5)。

图5 桥梁计算模型

2. 预拱度设置

在传统的大跨径连续刚构桥预拱度设置上,项目结合陕西省同类型桥梁相关文献,预拱度一般设置为 $L/1500$,同时考虑桥型特点、10年收缩徐变及活载挠度计算等,波形钢腹板的竖向变形与纵向变形差异大,设置了 $L/2000$ 的成桥预拱度,具体设置见表1。

成桥预拱度设置 表1

位置	3号边跨最大挠度位置	中跨跨中	4号边跨最大挠度位置
十年收缩变形(mm)	+5.1	-25.8	+5.1
1/2活载变形(mm)	-6.3	-16.6	-6.3
十年收缩徐变+1/2活载(mm)	-1.2	-42.4	-1.2
成桥预拱度(mm)	+17.5	+70.0	+17.5

3. 线形过程控制

结合计算参数、边界约束条件,对构件单元按照设计、施工方案进行节段划分,考虑施工荷载、桥梁刚度及不同部位特点,建立了模型(图6)模拟结构施工状态及过程,做到计算模型与实桥情况一致,使得监控目标满足设计状态,同时考虑波形钢腹板剪切变形等因素,对波形钢腹板无应力拼装工序、定位工序、吊架顶底模板安装工序等多个工况校核线形,施工过程中通过对波形钢腹板下料加工尺寸、吊架重量变化、模板块段拆解等荷载变化进行统计、计算分析,在全桥计算模型基础上动态设置预拱度值,同时根据上一个节段实际高程与计算模型的差异,建立已施工段落的实际线形图,将计算线形、张拉后线形、实际线形三线对比,检查分析误差值及原因,动态修整后续节段波形钢板下料加工尺寸及高程值,总结前四个块段数据进行动态调整,最终全桥线形误差均在合理范围内。通过管控,桥梁整体线形圆顺,外观美感十足,与当地环境融合度高。

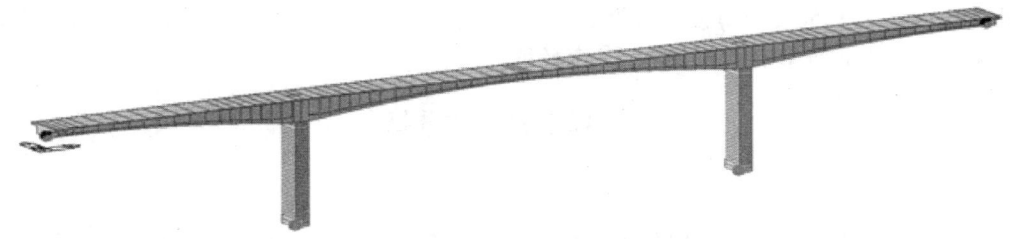

图6 桥梁整体模型

六、结　语

(1)吊运一体化吊架能有效提高施工效率。通过在吊架上安装吊运系统,提高了块段施工作业面的机械化程度,仅在钢筋安装工序上吊运一体化系统能节省6~8h,减少了人员劳动力的投入,也有效减小了施工工人的劳动量,符合国家、行业的发展方向。

(2)吊运一体化吊架通过提前安装 $N+1$ 号块段的波形钢腹板,合理改善了块段工序的施工顺序,节省了波形钢腹板的安装时间,每个块段能节省2~3d时间。充分结合了波形钢腹板PC桥梁的结构受力特点及波形钢腹板的力学性能,能够合理根据不同桥梁特点制定不同的施工工艺,有效、合理、因地制宜地开拓新的施工工艺。

(3)吊运一体化吊架通过改变传统挂篮的受力形式,有效提高了悬臂现浇施工的安全性。同时通过改变受力形式,能有效减轻吊架的自重,一般普通挂篮整个结构质量是块段质量的0.3~0.5倍,而本吊架增加了吊运系统后才是块段质量的0.25~0.28倍,每个吊架能节省25t左右钢材,在节能环保、节约钢材用量方面上有较好的推广价值。

(4)吊运一体化吊架的行走主要利用波形钢腹板的Ⅱ形槽,既能保证吊架行走的安全性,又能提高吊架行走的顺畅性,同时节省了调整、安装、拆卸、维修保养轨道的施工时间及费用。

30. 超大直径钢护筒智能化加工技术

罗 勇 王靖文 鲁 桥 郑 刚

(中交二公局第三工程有限公司)

摘 要 桥梁水中桩基施工多需要采用钢护筒起到导向、密闭、隔离水流等作用,钢护筒的加工质量、加工效率关系到钢护筒安装质量,尤其对于不同河床地质有不同的钢护筒加工要求。而在钢护筒加工过程中引进智能化程度高的焊接机械,采用工厂化、流水式的加工线,对于超大直径钢护筒的加工质量有较大的提升,文章主要针对场地内钢护筒的进料、切割整形、卷制焊接、拼装焊接及环缝自动焊方面进行说明,保证了施工质量,提高了施工效率,节省了人工,提高了智能化水平。

关键词 钢护筒加工 超大直径 智能化

一、工程概况

本文以一座主桥跨径为70m + 5 × 120m + 70m的连续刚构桥梁桩基工程为依托,此桥桩基直径为3.6m,桩长为30m,常水位水深10~13m。水上施工平台高出河床20~23m,钢护筒总长度23~26m,钢护筒直径为3.8m,采用壁厚为2cm的Q235C钢板卷制。此桥位于湘江流域,河床经过长年冲刷基本无覆盖层,钢护筒安装需要进行锚固处理,安装方式为先引孔后锚固,钢护筒不需要振设,竖直度容易控制,所以钢护筒直径、壁厚相对较小。

整根钢护筒质量约为50t,为了便于安装,分三节吊装,每节7.2m,配置3.6m和1.8m长的调整节。单根钢板的宽度为1.8m,每节有四根钢板、三道环缝。

二、焊接方法的选择

1. 母材性能

本项目采用了较为常见的20mm厚的Q235B钢板,具有良好综合力学性能和焊接性能,其化学成分及机械性能见表1、表2。

Q235B化学成分　　　　　　　　　　　　　　　　　　表1

化学成分	C	SI	Mn	P	S
含量(%)	0.15	0.24	0.64	0.032	0.03

Q235B机械性能　　　　　　　　　　　　　　　　　　表2

屈服强度R_{el}(MPa)	抗拉强度R_m(MPa)	延伸率A(%)	V形冲击吸收功A_{kv}(J)
≥235	375~500	≥26	≥27

2. 焊接方法选择

目前桥梁工程常见的焊接方法有焊条电弧焊、实芯焊丝气体保护焊、药芯焊丝气体保护焊。焊条电弧焊是公路工程中普遍使用的焊接方法,焊接接头具有较低的屈强比,且焊条药皮能有效起到冶金反应和保护焊缝的作用,但是熔敷速度小,生产效率较低,质量受焊工水平影响较大;实芯焊丝气体保护焊采用气体作为电弧介质并保护电弧和焊接区,相对于焊条电弧焊,实芯焊丝气保焊焊接质量高,金属熔敷效果好,能有效提高焊接效率,降低人工使用成本;而药芯焊丝气体保护焊是一种针对不同情况有不同药芯的特制产品,根据药芯不同可以分成多种类型。焊接时,药芯能有效改变电弧周边的环境,减少焊渣飞溅,并且药芯形成的熔渣能有效覆盖焊缝表面形成保护层,成型后的焊缝条纹更加清晰、美观,由于其具有良好的电流密度,焊接效率更高,可以达到焊条电弧焊的3~5倍。

本项目通过调查不同的焊条(丝)、焊剂的成分(表3~表7),选用适合的焊接方法。

E4043焊条熔敷金属化学成分 表3

化学成分	Fe	C	Si	Mn	P	S
含量(%)	余量	0.12	0.15	0.4	≤0.05	≤0.035

E5015焊条熔敷金属化学成分 表4

化学成分	Fe	C	Si	Mn	P	S
含量(%)	余量	0.12	≤0.07	0.8~1.4	≤0.04	≤0.035

ER50-6焊丝熔敷金属化学成分 表5

化学成分	Fe	C	Si	Mn	P	S
含量(%)	余量	0.077	0.87	1.45	≤0.025	≤0.025

E501T-1焊丝熔敷金属化学成分 表6

化学成分	Fe	C	Si	Mn	P	S
含量(%)	余量	0.18	0.90	1.75	≤0.03	≤0.03

HJ431焊剂化学成分 表7

化学成分	SiO_2	CaF_2	$Al_2O_3 \cdot MnO$	$CaO \cdot MgO$	FeO	P	S
含量(%)	40~44	3~7	35~42	7~14	≤1.8	≤0.08	≤0.06

E4043与E5015焊条是桥梁工程中常用的焊条,焊缝中起到固溶强化作用的C、Si、Mn三种元素在两种焊条的含量不同,但是经过查询相关文献得知两种焊条容易在焊缝中形成夹渣,故均不选用。

通过调查对比及咨询专业厂家,对于20mm厚的钢板可以采用ER50-6焊丝,即采用实芯气体保护焊,能满足焊接质量、效率的要求。同时为了提高焊缝质量,在环缝焊接时采用半自动智能焊接,配置防震摆动控制仪,实现自动焊接。

3. 仪器选择

为提高焊接质量,减少人员的劳动量,项目选用了机械化程度高的智能仪器。钢护筒加工设备见表8。

钢护筒加工设备表 表8

序号	仪器名称	型号	用途	备注
1	自动气割机	CG_1-30	用于坡口切割,能有效控制坡口角度,按照轨道自动切割	
2	摆动控制器	CG_1-30-S	能有效控制自动焊接摆动角度、频率、角度,同时能设定焊接起始位置、收弧位置等	
3	卷板机	25X500	卷制钢护筒,能有效调节圆弧度	
4	空压机	20A/I类	为坡口切割提供动力	
5	门式起重机	20t	场地内吊运钢护筒、原材料等	
6	滚动台		自主设计并加工,与自动焊接机配合使用	

三、钢护筒加工

1. 焊缝选择

项目根据钢板厚度、焊接工艺选择了完全熔透埋弧焊,考虑到转场、自动机械焊接等因素选用双面焊接,焊缝为封底+带钝边V形焊缝,如图1所示,先焊接底部(内侧)封底焊缝,再焊接顶部(外侧)V形焊缝。当焊接气温低于20℃时,焊前应预热至20℃以上。

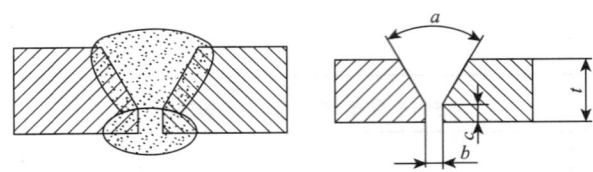

图1　封底+带钝边V形焊缝

2. 钢板进场

施工前根据护筒直径确定钢板尺寸及厚度,与厂家沟通开平尺寸。进场后应组织验收,对板厚、尺寸、理论重量及实际重量进行核算,并对钢板生产合格证、外观尺寸进行检查,检查合格后卸车至原材料区,钢板间采用木板间隔,便于后续吊运安装吊钩。

3. 钢板自动切割

钢板检验合格后,即开展钢板下料工序。由于钢板为2cm厚,焊接难度较大,需要设置坡口。进场的钢板四个边均存在不顺直情况,无法两两焊接,需要进行裁边工序。钢板裁边、设置坡口统一采用自动气割机,在钢板上放样并划线。本工程钢护筒直径为3.8m,钢板长度为11.932m,2cm厚的钢板采用单V对接焊缝,坡口收缩量一般为2.6mm,暂定钢板划线长度为11.94m。沿着线路布设轨道,在轨道上安放切割机,调整切割头角度符合坡口角度,调整出气量、行走速度,满足气割机能穿透钢板,并能满足割缝平整顺直,无锯齿状。

钢板的切割是尤为重要的一步,一方面是切割后能保证长边、短边顺直,卷制时能提高焊接效率,当出现斜边、锯齿状时,不便于拼装;另一方面是切割的坡口外观质量、坡口角度均需要严格控制。此工程焊接均为坡口平焊,坡口角度设置为55°~65°,坡口的外观质量对焊接质量影响较大,尤其是出现钝边、缺棱等缺陷时,焊接无法填充密实且影响焊接速度。所以在启动切割时,应根据切割的外观质量调整速度、出气量,确保切割坡口满足焊接要求。

自动切割机如图2所示。

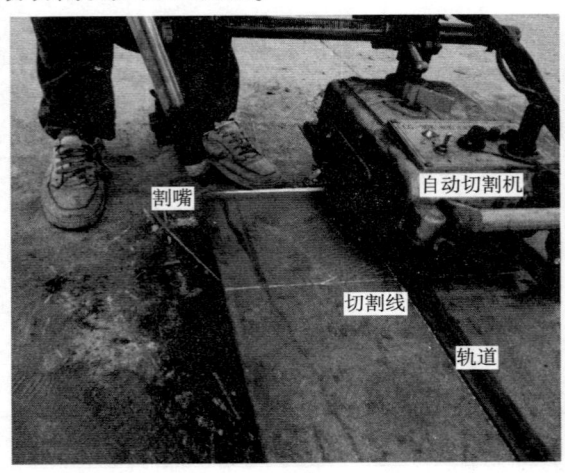

图2　自动切割

4. 钢板自动卷制

钢板切割完成后应吊运钢板至卷制区域，吊运过程中不能单点、双点起吊，必须采用4个对称的吊点匀速吊运至卷制平台上。卷制人员应调整钢板位置，使钢板轴线与卷板机轴线平行对齐后，开动W11S型卷板机自动卷制，应卷制2~3圈，以防圆弧度不符合要求。卷制完成后检查两端轴线、边线是否重叠，错开尺寸不大于2mm，否则应调整轴线；同时应多次、多点量取钢护筒直径，偏大、偏小处应重新卷制。检查合格后应先焊接内缝轴线，焊缝长度大于5cm，再间距均匀向两边焊接，间距一般选取40~50cm。

调整钢护筒外缝高度至焊工易焊接处，分内层、外层两道焊接外缝。焊接前应检查坡口内有无夹渣、水渍、油污等；焊接完成后吊运至半成品区存放；存放时应设置三角支撑，防止钢护筒滚动。

5. 钢护筒拼接

本工程钢护筒安装方案为在河床引孔3m深，钢平台距离河床21~24m，钢护筒长度为24~27m，分节长度为7.2m+7.2m+7.2m，加一个4~6m长调节块。每节由4个1.8m长单节钢护筒拼接而成，拼接时应错开布置单节钢护筒的纵缝，可以设置相邻钢护筒纵缝错开90°。

拼装时应通过手拉葫芦、千斤顶等机具调整相邻钢护筒间距，防止产生错台不利于焊接，间距($b \leq 4mm$)调整好后焊接内侧环缝；内侧环缝即为封底焊缝，焊接时应控制焊缝厚度，封底焊缝不得超出钢板3mm；相邻钢护筒在临时焊接前应采用水平尺检测内侧、外侧接缝处错台，不满足要求时应微调护筒圆弧度以保证接缝平顺。钢护筒拼接时应在两侧设置防滚动挡块，每节护筒设置两个挡块。

内侧焊缝焊接时作业场所属于半封闭状态，焊气、二氧化碳等有毒气体对工人的健康有不利的影响，所以在钢护筒内侧宜设置焊气收集器、通风机等，同时工人应正确佩戴口罩、安全帽等防护用品，以有效改善施工作业环境，切实保障工人的身体健康。

6. 环缝自动焊接

分段钢护筒内侧焊缝焊接完成后，吊运至自动焊接平台上，自动焊接平台由自动滚轮机、焊接框架台、移动轨道、自动焊接器组成。首先将钢护筒吊运至自动滚轮机上，要求防止平整；焊接框架台在轨道上移动至自动滚轮机上方，使得自动焊接器在环缝的顶部；调整自动焊接器摆动角度、速率，调整自动滚轮机的滚动速率与自动焊接器的出丝焊接速率相匹配。出丝速率与焊接速度的关系可用公式表示：

$$vS = \pi \left(\frac{d}{2}\right)^2 v_f \eta$$

式中：v——焊接速度；

S——单道焊缝截面面积；

d——焊丝直径；

η——焊丝的熔敷效率，取值0.90；

v_f——焊机的出丝速率。

根据经验，一般中厚板焊接电流范围为180~300A，焊接速度为2.5~6mm/s。

环缝分两层焊接（不含6mm厚的封底焊缝），如图3所示，封底上层填充焊缝厚度为8mm左右，顶层盖面焊缝厚度为6mm左右。

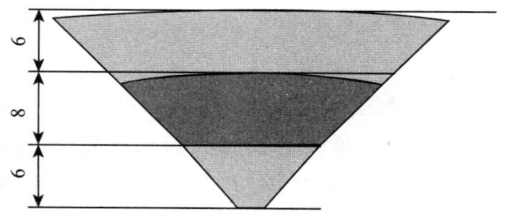

图3 焊缝分层示意图（尺寸单位：mm）

正式焊接前应采用气管式吹风机将环缝内灰尘、杂物清洗干净,焊接时应随时观察焊缝厚度,焊缝厚度及宽度不能小于设计值,否则填不满焊缝,容易产生拉裂;同时焊缝厚度不能过大,焊缝余高尽量超出钢板不大于2mm,因为焊缝的冷却收缩变形大于钢板,超出钢板部分没有钢板的约束容易产生裂缝,对焊缝受力有不利影响。

环缝正式焊接前应进行试焊,根据试焊结果,调整焊头高度、摆动速率及角度范围等参数。焊接过程中焊工应全程查看焊缝质量,如有问题应及时停止焊接,待调整完成后再重新开启自动焊接装置。

环缝同步自动焊接、调整焊头位置及角度分别如图4、图5所示。

图4 环缝同步自动焊接　　　　图5 调整焊头位置及角度

四、结　语

(1)钢护筒加工过程中采用机械化程度高的有轨切割仪器,能有效提高较厚钢板的坡口质量,特别是配备了大容量的空压机,能有效避免切割过程容易产生的钝边、棱角等缺陷。

(2)通过焊接过程的比对分析发现,焊接电流对焊缝余高有较大的影响,在一定的焊接速度上,增大电流能有效提高焊缝余高,主要是电流增大后,焊丝熔敷量增大导致焊池容量增加,造成余高增大,合适的余高能提高焊缝的质量。但是电流不能增加过大,电流过大会导致焊池容量无法承受过多的焊液,使得焊缝背面出现较多的焊瘤,影响焊缝整体性。

(3)在自动焊接环缝过程中发现,坡口大的环缝会造成较大的焊缝余高。经过分析得知,坡口角度大,钢板的焊缝空间大,坡口处的钢板厚度小,有利于钢板融化形成较多的焊液,所以切割过程中应严格控制坡口角度。

(4)焊接过程中容易产生大量的焊气,焊气中含有较多的有害气体,不利于人的身体健康,也不利于环境保护,所以在加工场所内应加强通风,场地内人员应加强自身健康保护,佩戴口罩,同时应在焊接处设置焊气收集器,将焊气及时收集至特殊装置内,减少对工人、环境的伤害。

(5)钢护筒加工中采用机械化程度高、智能化的加工设备,能有效提高施工效率,且对焊接质量有较好的提升效果。摆动控制器可以根据坡口宽度及深度调整摆动速度、角度、模式等参数,其能动态调整焊枪手柄的高度,操作简单且能长时间持续焊接,工人仅需通过观察焊缝质量情况、控制仪器的开关即可,减少了工人的劳动量。

参考文献

[1] 刘文.机器人变坡口角度焊接工艺研究[D].镇江:江苏科技大学,2013.

[2] 王天宇.不同焊接方法对低合金钢焊接接头屈强比的影响研究[D].镇江:江苏科技大学,2019.

[3] 全国焊接标准化技术委员会.气焊、焊条电弧焊、气体保护焊和高能束焊的推荐坡口:GB/T 985.1—2008[S].北京:中国标准出版社,2008.

31. 白居寺长江大桥水滴形索塔施工控制技术研究

李 杰[1,2,3]　穆文均[1,2,3]　龙 强[1,2,3]

(1. 中交第二航务工程局有限公司；2. 长大桥梁建设施工技术交通行业重点实验室；
3. 交通运输行业交通基础设施智能制造技术研发中心)

摘 要　重庆白居寺长江大桥索塔外形为空间异形曲面水滴形，高度为236m，下塔柱形状复杂，曲率及尺寸变化大，其上塔柱向内倾斜，整体施工及控制难度较大，因此有必要对该桥塔施工过程中的塔肢应力及线形控制进行研究；本文采用有限元模拟对该桥桥塔施工过程中的塔柱应力及塔肢变形进行分析计算，并提出相应控制措施。研究结果表明：索塔施工全过程，塔柱最大拉应力发生在下塔柱与下横梁分岔处，最大拉应力未超出规范限值；采用 BIM 技术对水滴形曲面模板进行设计及制造，可以较好地实现空间曲面线形的控制；通过在上塔柱设置五层临时撑杆，塔肢的位移误差控制在5mm以内，索塔线形控制效果显著，为同类斜拉桥索塔施工提供了参考。

关键词　索塔　施工控制　应力　线形

一、引　言

斜拉桥由于其外形美观、造型丰富，不仅在城市的交通发展中起着至关重要的作用，更是一座城市的风景体现。斜拉桥桥塔外形多样，设计者们越来越倾向于选用曲线形、天梭形、水滴形等特殊的构造形式以体现其美观性，索塔是斜拉桥的主要承重结构，其施工质量直接影响整个桥梁的使用寿命及结构安全[1]。如何确保曲线形桥塔的施工质量，成为学者重点研究内容之一。目前桥斜拉桥索塔施工工艺一般采用爬模法、翻模法及滑膜法等[2]，施工工艺已比较成熟，但索塔施工质量控制仍是重点难题。曲线形索塔的线形施工控制、应力控制等是索塔施工最重要的部分。本文依托重庆白居寺长江大桥超高水滴形索塔的施工，介绍空间水滴形斜拉桥索塔结构施工控制的关键技术。

二、工程概况

重庆白居寺长江大桥主桥以特大桥形式横跨长江。主桥为双塔钢桁梁斜拉桥，主跨为660m，边中跨之比为0.591:1，为增加主梁竖向刚度，在东西两岸分别设置辅助墩。桥跨布置为107m + 255m + 660m + 255m + 107m = 1384m，大桥为公轨两用斜拉桥，上层桥面为汽车双向八车道(城市主干道)，下层桥面中央设置双线轨道交通；主塔为水滴形混凝土桥塔，塔身采用C55混凝土，主塔总高度为236m，由上下两个塔柱和上中下三道横梁组成的空间曲面水滴形结构，其下塔柱水滴形曲面内外轮廓以及横梁外形均采用圆弧线条，整体线形复杂。其中下塔柱高54.2m，上塔柱高181.8m，索塔横桥向最大宽度为71.87m；纵向宽度塔底为11m，塔顶为5.39m。塔柱与下横梁采用变截面单箱室结构，中横梁采用变截面多箱室结构，共划分为55个施工节段。白居寺长江大桥主桥桥型布置及索塔效果如图1所示。

三、有限元分析

依托工程索塔下塔柱横桥向外倾，上塔柱横桥向内倾，塔柱节段混凝土自重会在塔肢根部产生较大的弯矩以及在横桥向产生较大的位移，不利于塔肢安全，难以保证线形顺直，也会影响塔肢的合龙，因此需要对索塔施工过程进行控制，明确索塔在施工过程中的受力及变形状态，进而采取相应的控制措施，实现精确控制索塔线形的目标。

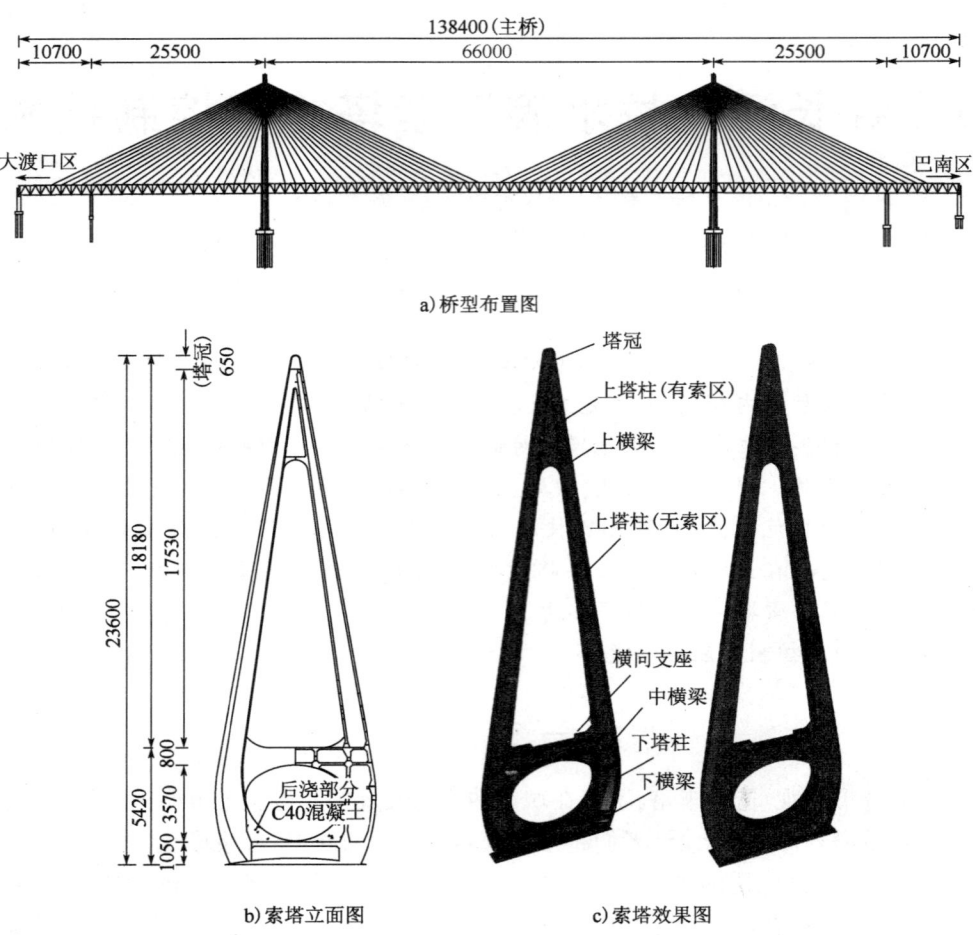

图 1　白居寺长江大桥桥型布置及塔柱效果示意图(尺寸单位:cm)

1. 有限元模型

采用 midas Civil 有限元软件对白居寺长江大桥索塔施工过程中应力变化进行整体受力分析,有限元模型如图 2 所示。主桁及索塔采用梁单元模拟,桥面板用板单元模拟,斜拉索采用索单元模拟,约束条件为:基础固结,主梁与过渡墩和辅助墩、塔柱与横梁之间采用刚性连接。模型考虑结构自重、桥面起重机和爬模荷载、收缩徐变等作用[3]。

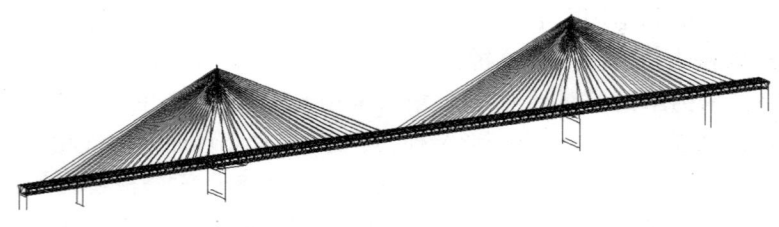

图 2　有限元模型

2. 索塔施工全过程受力分析

索塔在施工过程中主要受轴力和弯矩的作用,因此控制塔柱截面在各施工阶段下的应力变化是施工控制成功的关键。塔柱施工阶段应力包络如图 3 所示(拉应力为正、压应力为负),可知由于下塔柱外倾,塔柱从承台以上 11m 范围内截面内缘有拉应力产生,塔柱根部拉应力最大,为 0.93MPa,小于《公路钢筋混凝土及预应力混凝土桥涵设计规范》(JTG 3362—2018)[4]设计值 1.89MPa,拉应力大小随塔柱高度增加逐渐减小,其他位置拉应力水平较低,下塔柱外缘压应力普遍大于内缘压应力。上塔柱向内倾斜,故外缘压应力普遍小于内缘压应力;承台以上10.5m段为塔柱实心段,截面尺寸大,应力水平较低,10.5m以上为塔柱空心段,导致塔柱截面应力在10.5m位置因截面尺寸变化大而发生突变;塔柱最大压应力为10.45MPa(小于规范设计值24.4MPa),位于下塔柱中部外缘,施工阶段塔柱最大拉、压应力均小于规范限值。

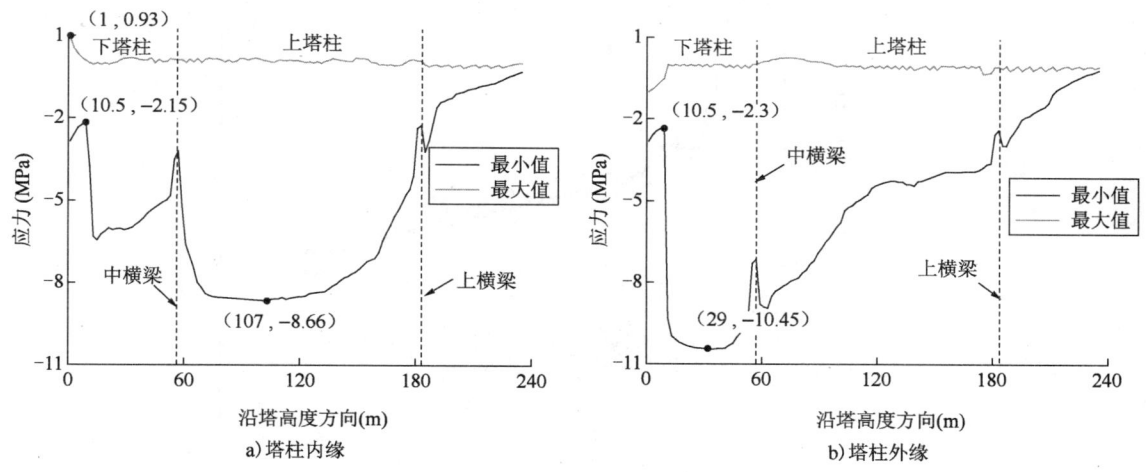

图3 塔柱施工阶段应力包络图

3. 下塔柱局部应力分析

采用 ANSYS 有限元软件建立局部实体模型对白居寺长江大桥索塔下塔柱施工过程应力进行分析计算,实体模型选取下塔柱至中横梁以上的两个节段共计16个节段的塔柱有限元模型,以准确模拟下塔柱施工过程中的受力情况,整个模型采用 Solid45 单元,采用映射网格划分[5]。中横梁施工前和施工后主拉应力云图如图4所示。

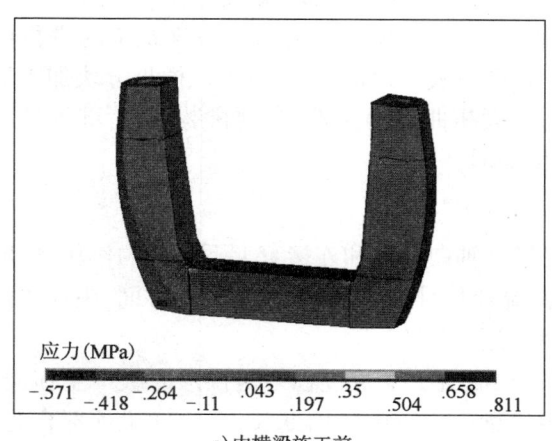
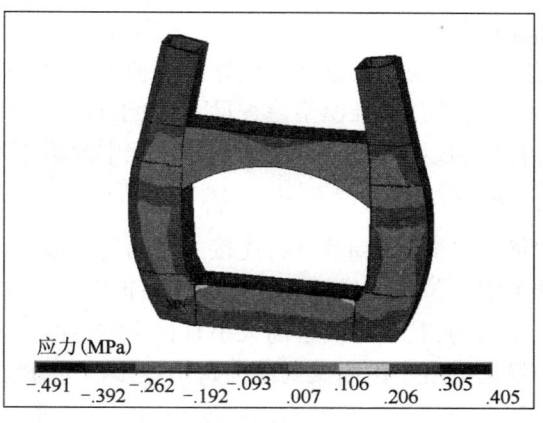

图4 主拉应力云图

分析图4可知,下塔柱分岔处受拉,混凝土主拉应力最大值为0.811MPa,发生在下塔肢和下横梁交界处内侧,主拉应力沿分岔线分布较均匀,离分岔线越远处主拉应力越小。着下塔柱内倾段及中横梁的施工,分岔处的主拉应力有减小的趋势,中横梁施工后,分叉处主拉应力为0.405MPa,应力分布状态与中横梁施工前相似。绘制下塔柱分岔处的应力时程曲线如图5所示,有限元计算应力和实测应力曲线趋势吻合度较好,大致可分为三个阶段,在施工下塔柱外倾节段时,分岔处应力有增大的趋势并达到最大值0.81MPa;在施工下塔柱内倾节段时,分岔处应力开始显著减小,并由拉应力改变为压应力;在施工上塔柱节段时,分岔处应力曲线开始趋于平缓,表明在施工上塔柱时,节段重量增加对分岔处的应力影响较小。由规范[4]可知,C55索塔施工过程中允许最大拉应力为1.89MPa,下塔肢与下横梁分岔处主应力及下塔柱竖向应力在整个塔柱施工过程中均在规范[4]允许范围以内,施工过程中应对分岔处的应力重点监测,防止分岔处混凝土拉应力过大而开裂。

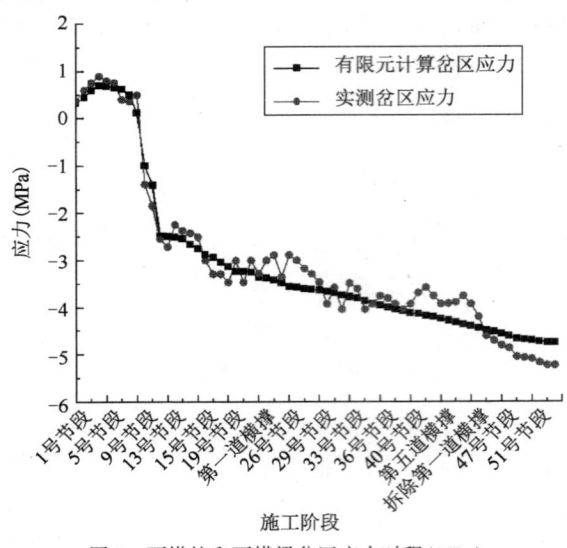

图 5　下塔柱和下横梁岔区应力时程(MPa)

四、索塔应力及线形施工控制

1. 水滴形空间曲面模板设计与制造

依托工程索塔施工应用 BIM 技术,根据主塔模型做节段划分,精确放样出每块模板的三维模型。根据模型拆分出每一块模板零件以满足扭曲面模板的加工工艺。采用钢板做背楞,调整钢板与面板的角度,保证模板整体受力及结构稳定,减少了背楞的尺寸型号,进而降低了加工难度。

曲面模板在设计上采用侧面模板围檩匹配圆弧模板,在三维模型上对每一节浇筑工况进行模拟匹配,将整个塔柱变化段放在一块异性模板上完成,减少异形模板工程量,降低成本。模板分块加工后在厂房内预拼装,结合三维模型检查尺寸,由于整个模板为空间扭曲异形模板,在预拼装后,背部焊接型钢和增加拉杆作为运输工装,以保证运输过程中模板不发生变形。

2. "拱形"中横梁线形控制

中横梁底面为拱形结构,连接主塔两个塔肢,承受塔肢轴向分力和连接着上下塔柱的作用,同时也是受力的关键部位。中横梁一方面为塔柱提供稳定支撑,减小塔柱的自由长度[6];另一方面,中横梁为预应力混凝土结构,其应力储备的大小直接影响后续运营的安全[7]。

中横梁混凝土由横梁两端向跨中逐步推进分层布料,混凝土浇筑过程中对拱形底板产生横向推力,要求支架系统具备足够的横向刚度和稳定性。整个中横梁(图6)施工周期长,在中横梁顶部合龙前,在环境温度及混凝土自身收缩徐变的影响下,支架模板系统可能会与已浇筑混凝土产生收缩缝隙[8],若不采取措施,在浇筑中横梁合龙段混凝土时由于加载过大且模板与已浇筑混凝土存在间隙,容易形成裂缝,造成横梁线形差,严重时会对结构安全产生影响,这就要求支架模板系统与横梁有较强的协同一致性[9],需明确何种工况下支架能与已浇筑混凝土共同受力,保证结构安全。

计算验证分析表明,前四次混凝土浇筑完毕后即可承受后续的横梁浇筑荷载,故支架设计时按照前四次混凝土质量的 100% + 后两次混凝土质量的 20% 考虑是偏于安全的,中横梁支架上部结构设计为"落地式不等高钢管支架 + 贝雷梁 + 弧形桁架模板系统"形式,满足横梁线形及安全质量控制要求。

中横梁同塔柱节段一起浇筑,分 3 层浇筑以及 3 次张拉预应力措施,分层厚度为 2.5m、3m、2.5m,即第一层混凝土浇筑完并达到设计强度的 95% 后开始张拉第一批预应力;第二层混凝土浇筑完并达到设计强度的95%后开始张拉第二批预应力；第三层混凝土浇筑完并达到设计强度的95%后开始张拉第三批预应力，以保证中横梁预应力混凝土结构安全。

通过在中横梁跨中上缘和下缘布设T5-1、T5-2、T5-3、T5-4四个测点，观测索塔施工过程中的中横梁应力值，如图7所示。可知，中横梁在整个施工过程中均处与受压的状态，上缘最小压应力储备有5.6MPa，下缘最小压应力储备有2.1MPa，中横梁应力测试结果与理论值十分吻合。

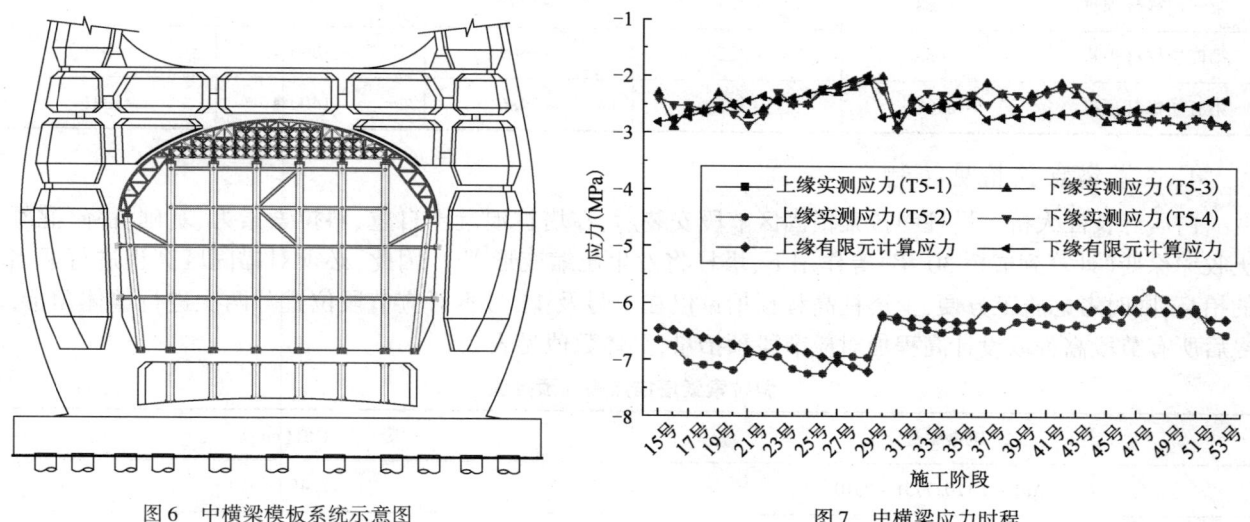

图6 中横梁模板系统示意图

图7 中横梁应力时程

3. 上塔柱线形和应力控制

白居寺长江大桥上塔柱向内倾斜，上塔肢受弯且外侧受拉，因此，需对上塔肢线形和内力进行控制，确保上塔肢在施工过程中应力和线形满足要求。通过设置五层临时撑杆并施加主动顶撑力以辅助施工，如图8所示，临时撑杆主动顶撑内力值见表1，索塔各施工阶段变形最大误差如图9所示。可知设置五层临时横撑，塔肢横向位移误差也控制在5mm以内，控制效果显著。施工过程中对控制断面应力进行了测试，发现塔柱均处于受压状态，塔柱结构安全，临时撑杆拆除后，实测断面应力和理论应力一致。

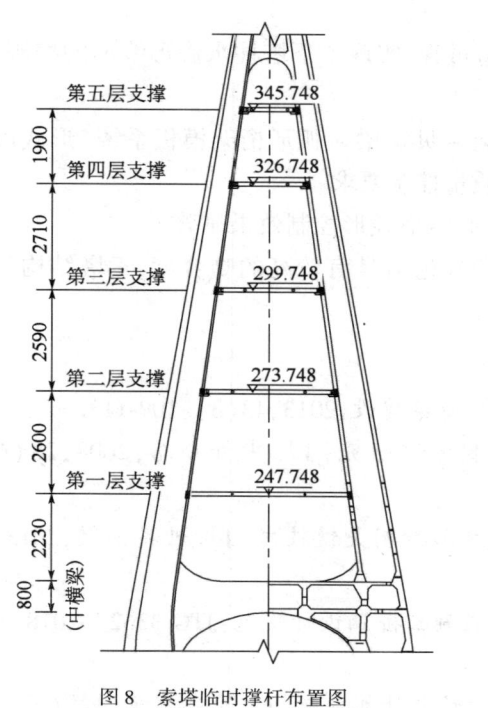

图8 索塔临时撑杆布置图

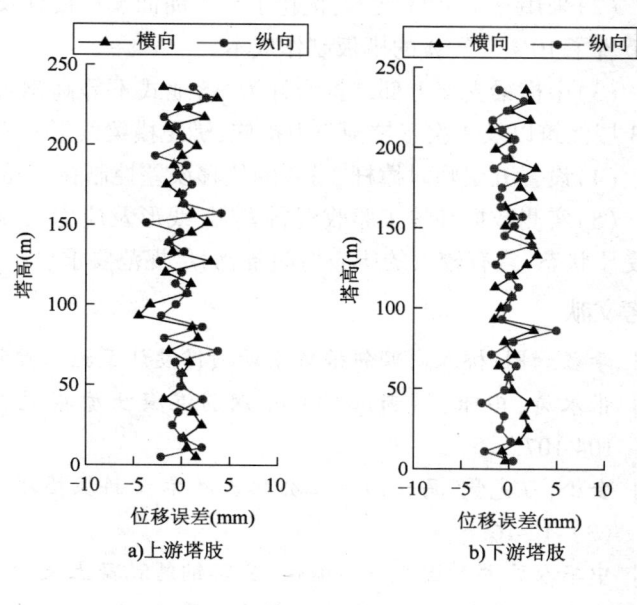

a) 上游塔肢　　b) 下游塔肢

图9 塔肢纵、横向最大变形误差

白居寺长江大桥临时撑杆各施工阶段内力值（单位:kN）　　　　表1

施工阶段	第一层撑杆轴力	第二层撑杆轴力	第三层撑杆轴力	第四层撑杆轴力	第五层撑杆轴力
第一层撑杆顶推	-1430	—	—	—	—
第二层撑杆顶推	-2610	-1842	—	—	—
第三层撑杆顶推	-2868	-3233	-1992	—	—
第四层撑杆顶推	-2868	-3222	-3609	-1890	—
第五层撑杆顶推	-2907	-3276	-3486	-1400	-1341

4.索塔锚点预抬量控制

白居寺长江大桥上塔柱斜拉索锚固区节段安装后,在塔柱混凝土自重、斜拉索索力、基础沉降、混凝土收缩徐变(计算到成桥30年)等作用下,塔柱将发生压缩变形[10]。因此,必须对锚固区高程进行适当的抬高,同时考虑施工方便,上塔柱高程预抬量仅在1号及11号索对应节段位置分两次进行整体预抬,之后所有节段高程取设计高程加对应节段预抬量,具体数值见表2。

斜拉索索塔锚点高程预抬值　　　　表2

拉索编号	竖向预抬值(mm)
7A01~7A10/7J01~7J10	47.4
7A11~7A20/7J11~7J20	49.4

五、结　　语

本文对白居寺长江大桥水滴形索塔施工过程中的线形和应力控制进行了研究,主要得到以下结论:

(1)通过对空间异形曲面索塔施工全过程进行有限元分析,索塔最大拉应力0.93MPa,最大压应力为13.2MPa,均未超出规范限值,符合设计要求。

(2)采用三维BIM技术,优化了异形曲面模板设计及制造过程,实现了下塔柱水滴形线形的控制,同时节省了10%~20%的模板制作成本。

(3)中横梁支架上部结构设计为"落地式不等高钢管支架+贝雷梁+弧形桁架模板系统"形式以及分3层浇筑以及3次张拉预应力措施,满足横梁线形及安全质量控制要求。

(4)设置五层临时撑杆,塔肢的位移误差控制在5mm以内,索塔线形控制效果显著。

(5)实测数据和竣工验收资料表明,线形及应力实测值和理论值具有较高的吻合度,索塔结构处于全受压状态,且有较大的压应力储备,满足规范要求。

参考文献

[1] 李毅.斜拉桥双向倾斜桥塔主动横撑设计及施工控制[J].桥梁建设,2013,43(3):109-113.
[2] 张永涛,田唯,游新鹏.300m钢筋混凝土索塔施工控制方法研究[J].中外公路,2008,28(6):104-107.
[3] 金松,刁先觉.马鞍山长江公路大桥右汊斜拉桥拱形塔线形控制关键技术[J].世界桥梁,2013,41(3):12-16.
[4] 中华人民共和国交通运输部.公路钢筋混凝土及预应力混凝土桥涵设计规范:JTG 3362—2018[S].北京:人民交通出版社股份有限公司,2018.
[5] 方哲形,叶以挺,吴刚.舟岱跨海大桥异形索塔临时横撑设计与计算分析[J].公路交通科技(应用技

[6] 裴山,陈常松.嘉鱼长江公路大桥索塔应力及线形施工控制[J].中外公路,2020,40(3):146-150.
[7] 罗显平,翁方文,郑建新.大跨斜拉桥索塔施工及控制技术研究[J].公路,2017,62(5):86-90.
[8] 伍艺,卢以龙.曲面索塔结构线型控制施工技术[J].公路交通技术,2014(6):109-113.
[9] 史晶,梅秀道,金红岩,等.全飘浮体系斜拉桥A形混凝土桥塔施工控制[J].桥梁建设,2020,50(S1):119-125.
[10] 何宇.大跨度公铁两用钢桁梁斜拉桥施工监控关键技术研究[D].北京:中国铁道科学研究院,2020.

32. 基于真空预压及夹芯搅拌桩处理的深厚软基梁场建设关键技术

刘小强

(中交一公局第七工程有限公司)

摘 要 沿海地区道路工程建设受水文地质条件影响主要以桥梁工程为主,预制梁在桥梁建设中广泛应用,深厚软基及纵横交错的河涌给梁场建设地基处理带来困难。在真空预压技术处理软基上进行梁场建设需对真空预压处理效果是否满足梁场建设条件进行判定,需明确梁场建设及生产荷载对真空预压处理后的软基影响;临近河涌位置具有侧向临空面,采用夹芯搅拌桩能够解决高流塑状深厚软基的沉降及滑移问题;同时对预制台座的设计及使用需进一步探索。对不同条件下的软土地基梁场建设关键技术进行研究,对解决沿海地区梁场建设问题至关重要,同时对进一步探究真空预压处理及夹芯搅拌桩处理后的软基特性具有积极意义。

关键词 深厚软基处理 真空预压技术 夹芯搅拌桩 台座设计及应用 荷载 软基影响性分析

一、引 言

1. 研究背景

真空预压软基处理方法是通过抽真空将大气压力作用于软基,通过排水系统,将软土中的水、气引流排出,从而达到固结软土的目的,以此提高地基承载力。在真空预压软基上建设梁场,荷载的交替变化会影响软基的处理效果,探寻循环荷载作用下对真空预压处理软基的影响有一定意义,同时真空预压处理后的软基仍具有不均匀沉降的特性,如何在不均匀沉降的基础上进行预制梁台座的设计及应用以及梁场建设及应用期间的观测方法需进一步探索。对于在具有侧向临空面的未做加固处理的具有高流塑性的深厚软土上进行预制梁场建设,需解决软基的沉降及侧向滑移问题,将水泥搅拌桩和预应力管桩相结合形成的夹芯搅拌桩,对处理该类软基效果明显。

2. 研究依托工程

香海大桥项目位于广东珠海,软土厚度为40~60m,软土主要为淤泥及淤泥质黏土,土质松软,易沉降,地基采用真空预压+竖向排水体进行软基处理,拟在真空预压软基上进行预制箱梁梁场建设(图1、图2)。

图1 区域地貌

图2 抽真空

珠海鹤港高速公路软土层厚35~51m,主要为淤泥及淤泥质黏土。流塑状态,高压缩性,在红线内建设梁场,厂区左侧邻近河道,最小距离3.5m,梁场填筑后的地坪高程与河道淤泥底面高差为6.8m,临空高差大,轨道基础距离河道边4.5m(图3)。

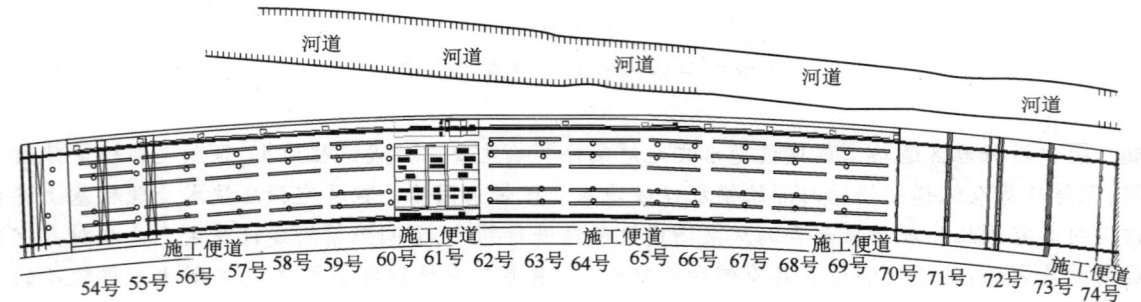
图3 梁场建设区域位置图

二、真空预压条件下梁场的建设探究

1. 沉降观测点的布设

拟建梁场位于K17+695~K18+540路基上,软基处理方式为真空预压+路堤填土+泡沫轻质土处理,真空预压膜下真空度为80kPa,设计沉降值3.1m,泡沫轻质土路堤高度为1.8m。分4个区域抽真空,各区域设置沉降观测断面如图4所示。

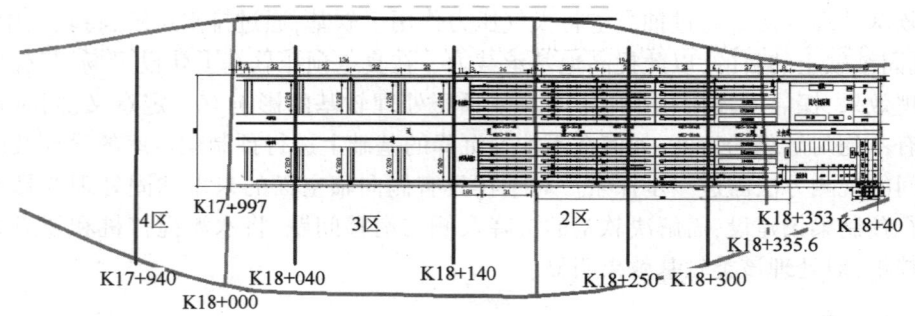
图4 观测点布设

2. 真空预压软基处理效果评价

梁场建设前需对软基进行处理,软基处理方式为塑料排水板+真空联合堆载预压方法,梁场建设首先需要进行真空预压卸载,而真空预压卸载的前提需要满足工程对沉降、承载力的要求。真空预压卸载分析分为以下三部分。

（1）沉降观测统计及分析。沉降观测数据统计见表1、图5。

数据统计表　　　　　　　　　　　　　　　　　表1

监测断面	累计沉降（mm）	初期4个月		近3个月	
		累计沉降（mm）	末期速率（mm/d）	累计沉降（mm）	最大速率（mm/d）
K18+250 左	1737	1242	4.2	125	3.3
K18+250 中	2152	1470	4.8	210	5.7
K18+250 右	1713	123	3.6	87	4.0
K18+300 左	1804	1317	4.4	112	3.0
K18+300 中	1970	1381	4.2	158	4.0
K18+300 右	1744	1250	3.6	90	2.7
K18+400 左	1737	1259	3.8	161	6.0
K18+400 中	2036	1497	4.9	188	4.0
K18+400 右	1708	1179	6.0	160	7.0
K18+500 左	1694	1158	5.6	208	9.0
K18+500 中	1982	1323	8.2	253	9.5
K18+500 右	1851	1268	5.4	226	6.0

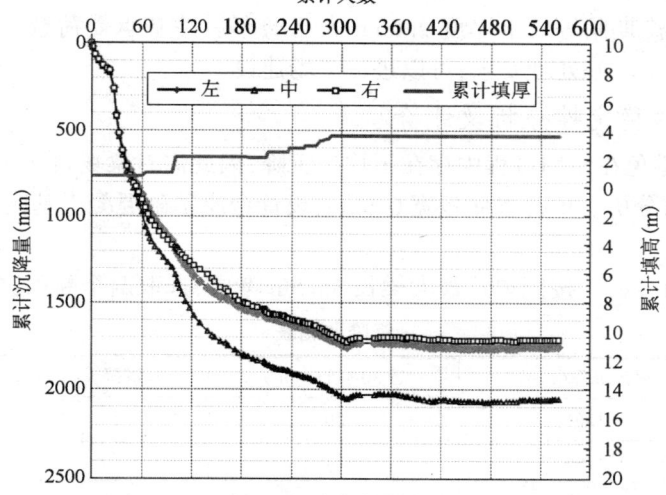

图5　沉降曲线绘制图

结论一：沉降数据表明，大部分沉降量是抽真空期间前4个月发生的，预压的等效填土荷载在前期沉降中已有显著体现，其间沉降速率从50mm/d下降至6mm/d。在4~7个月的路基填筑期间，最大沉降速率在10mm/d以内，截止梁场建设前，沉降速率在1.5~3.5mm/d之间，速率较小。正是因为真空预压等效的4m土荷载的提前加载预压，软土地基前期沉降固结较好。

（2）侧向位移观测数据统计及分析。经观测统计后绘图如图6所示。

结论二：真空预压对深层水平位移影响深度在15~18m之间。在梁场建设前3个月，侧向深层水平位移首次出现向路基外侧方向（反方向）的移动，表明现阶段填土荷载对软土地基向外的挤压已经在起作用了，填土荷载将占据主导作用。

（3）真空预压软基处理等效代换计算。

梁场建设后施加在软基上的等效土荷载需大于等于通车后路基承受荷载，才能具备真空预压卸载的条件，以此进行分析如下：

设计通车后路基承受荷载计算：汽车荷载0.8m；路面结构层0.68m；泡沫轻质土0.8m；设计路基填土高度3m；推算总沉降2.8m；折算土厚度为0.8+0.68+0.8+3+2.8=8.08（m）。

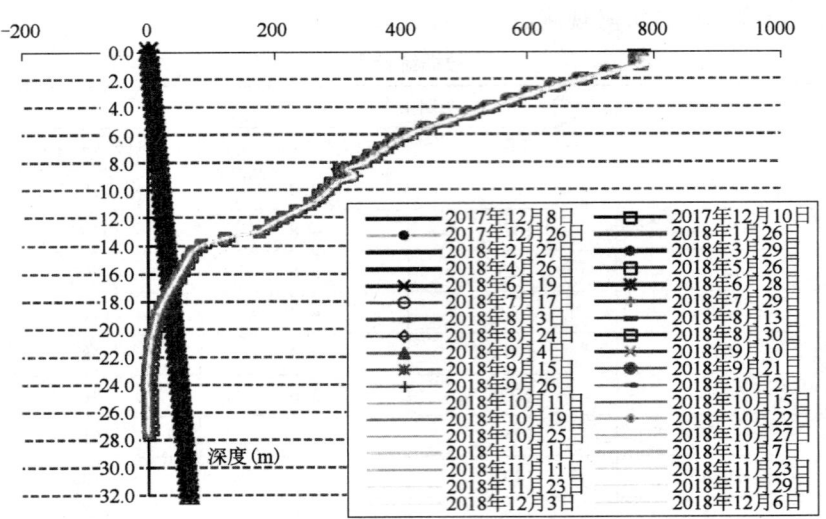

图 6　侧向累计位移曲线图

梁场建设后软基施加等效荷载计算：梁场建设时填土路基顶面高程为 1.82m，填前基底高程为 -0.8m，沉降 2.3m，填土厚度 1.82+0.8+2.3=4.92(m)，真空预压等效土荷载 4m，梁场建设施加混凝土及台座应力后等效土厚度 74cm，则梁场建设生产期间等效土厚度为 4.92+4+0.74=9.66(m)。

结论三：梁场建设生产期间等效土厚度 9.66m 大于通车后路基承受荷载 8.08m，结合结论一、结论二，真空预压处理效果满足软基处理要求，可以进行梁场建设。

3. 梁场建设台座的稳定性分析及评价

由于梁场台座不可避免在使用过程中存在不均匀沉降，因此需对梁场台座进行稳定性分析及评价。

（1）台座基础的横向分析。单片梁底板宽 0.92m，设计台座基础混凝土基座宽 1.5m，由于宽度较小，横向沉降差可不予考虑。

（2）台座基础的纵向分析。按照单片最大梁长 35.5m 考虑，选取两个断面进行分析，见表 2。

沉降监测表　　　　表 2

监测断面	累计沉降(mm)	近30d沉降(m)	沉降差(mm)	备注
K18+300 中	1561	50	4	纵向50m范围
K18+250 中	1796	54		
K18+300 左	1435	33	2	
K18+250 左	1429	31		
K18+300 右	1377	29	8	
K18+250 右	1431	21		

考虑单片箱梁长度最大 35m，较间距 50m 观测点所产生的沉降差更小，同时分析数据基于 30d 的沉降周期，而预制梁在台座留存时间为 8~9d，实际沉降时间远小于 30d 观测周期，实际沉降差更小。综上，单片梁预制期间，路基沉降差异小，不会对箱梁质量带来影响，但需要加强观测，在移梁完成之后进行台座高程复核及调整。

4. 钢混叠合预制箱梁台座的设计及应用

1）台座设计

混凝土扩大基础施工完成后，其上浇筑宽度为 1m、高 5cm 的混凝土基座，并在混凝土顶面设置抛物线预拱度，然后在混凝土台座上纵向铺设三道 I18 工字钢，工字钢纵向均匀分布，采用焊接形式连接，工字钢与混凝土台座采用锚固螺栓与压板连接，其上布设间距为 50cm 的横向槽钢（[5.6cm），与工字钢焊接，其上铺设4根纵向[5.6cm槽钢，间距30cm，然后在顶面铺设厚1cm的不锈钢底板，底板与腹板接触面粘贴5mm厚胶条作为止浆带(图7)。

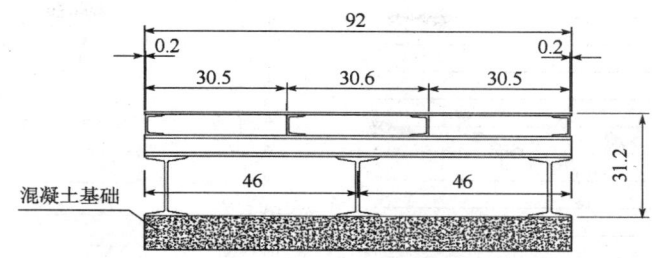

图7 钢混叠合台座设计立面图(尺寸单位：cm)

2）解决的问题

（1）台座不均匀沉降问题。

使用的型钢作为台座主体，具有良好的整体性，在台座发生局部沉降后，松掉压板，用钢垫片进行预拱度调整，调整完成后，将压板重新安装到位即可。

（2）单个台座预制不同梁长预制梁的问题。

在台座对应位置设置预留槽，不同梁长将楔形块调节块放置在对应槽口即可(图8)。

（3）喷淋养生系统、临时用电与叠合梁结合问题。

在工字钢外侧每3m设置圆孔，作为喷淋养生探头出口。在台座端头埋置接线插口及接线盒，以供临时用电(图9)。

图8 可调节钢混叠合台座设计效果图　　　　图9 喷淋养生系统与台座结合图

（4）梁底楔形块纵、横坡度不一致情况下楔形块调节块设计问题。

台座施工时，在支座中心的预留楔形块位置采用15mm厚的钢板焊接U形移动、调节式预留槽，并在预留槽的底板上安装由螺杆、螺母组成的调节装置，通过调整调节螺栓来调整楔块的纵横坡度，以满足多种纵横坡度调整的需要(图10、图11)。

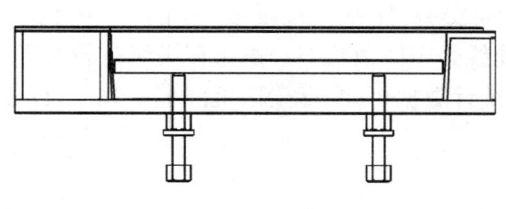 

图10 可调节台座楔形块模板设计图　　　　图11 钢混叠合台座应用

5. 梁场荷载对真空预压软基的影响研究

1）数据采集统计

梁场建设、生产期间沉降观测统计结果见图12、图13。

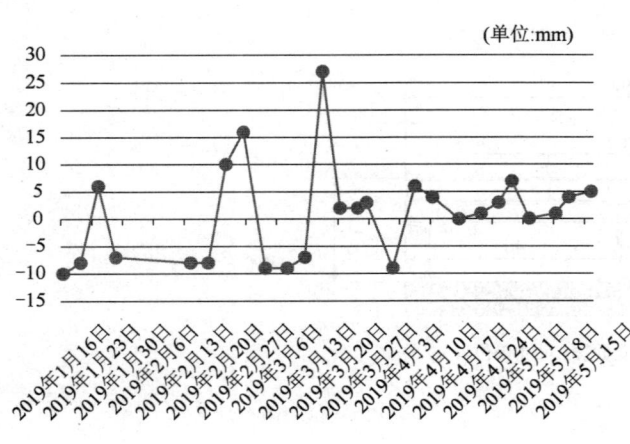

图12　K18+250沉降（制梁区）统计表

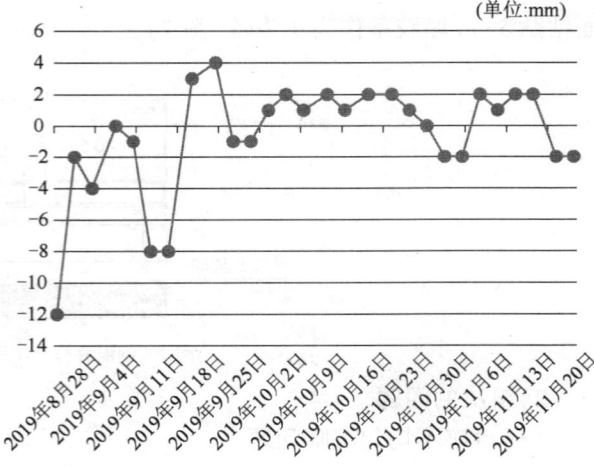

图13　K18+140沉降（存梁区）统计

2）数据分析（表3）

数据统计表　　　　　　　　　　　表3

序号	桩号	回填期（d）	回弹量（mm）	建设期沉降（mm）	运营期沉降（mm）
1	K17+940	27	-36/-31/-22	—	31/20/39
2	K18+040	27	-62/-24/-60	11/18/21	9/1/13
3	K18+140	27	-35/-35/-49	14/20/19	11/-8/2
4	K18+250	33	-32/-35/-42	40/66/80	-26/11/-36
5	K18+300	33	-26/-28/-36	56/47/40	-3/-11/24

数据分析如下：

（1）真空预压卸载后，沉降观测数据出现负值，路基产生向上"回弹"，持续时间约30d，回弹值-22～-60mm，其原因为真空预压卸载后，软基卸荷，在塑料排水板的引流作用下，真空膜下砂垫层内产生存水回流现象，地下水位上升，塑料排水板周围出现水浸反弹现象，但在前期持续的真空预压作用下，软土已产生固结，故吸水回弹只是阶段性现象，伴随着时间的推移，"回弹"速率慢慢变小，最终变为0。

（2）梁场建设期间为不断施加荷载的过程，在此期间软基继续向下沉降。由于在建设期制梁区台座基础处理、场区硬化、运梁通道硬化、钢筋场进料等产生的荷载大于存梁区所产生的荷载，故在梁场建设期间，制梁区沉降值大于存梁区沉降值，由统计数据可知，制梁区沉降值40～80mm，存梁区沉降值11～21mm，制梁区大于存梁区，与施加荷载大小吻合。

（3）梁场达产期为混凝土浇筑加载及提梁卸载不断交替，路基出现反复的向上回弹和向下沉降现象，回弹值和沉降值均较小，总体趋势趋于平稳，沉降曲线处于收敛状态。由于存梁区荷载慢慢加大超过制梁区的荷载，故制梁区沉降值小于存梁区沉降值，由统计数据可知，存梁区沉降值-36～11mm，制梁区沉降值-8～13mm。

（4）绘制加载—沉降—时间曲线如图14所示。

由图14可知，在运营期间，软基所承受的荷载相对稳定，路基沉降趋于稳定。在梁场整个建设及投入运营期间沉降曲线趋于收敛，处于稳定状态。

三、一侧临空的高流塑软基加固研究

鹤港梁场建设软基加固需解决龙门吊及台座基础的地基沉降及侧向位移问题；软土地基的加固方法需解决软基加固后承载力及稳定性问题；梁场建设完成后使用期梁场的软基稳定性评价问题。

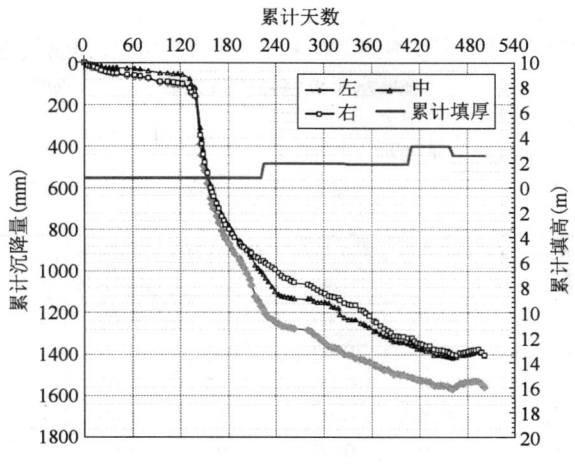

图 14 填土—沉降—时间关系图

1. 夹芯搅拌桩软基加固处理方法

1) 技术原理

加芯搅拌桩是利用水泥土搅拌桩成桩后水泥土搅拌体处于松软状态且尚未固结时,采用静压方式插入管桩、钢筋混凝土、素混凝土、型钢等各种芯桩而成桩。属于摩擦型桩,主要依靠桩侧较大的摩阻力较好的限制保证桩的沉降,同时通过在搅拌桩桩端采用复搅的方式创造持力层,增强桩端土的稳定性,保障桩顶沉降控制在合理的范围内。

桩身构造分为短芯桩、等长桩和长芯桩,可在应用时根据不同地质情况采用不同类型的夹芯桩来解决不同的软基抗滑移及沉降问题,芯桩分类如图 15 所示。

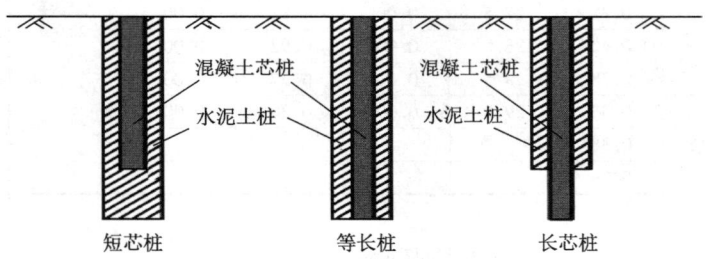

图 15 夹芯搅拌桩设计图

2) 现场实施

梁场段路基临河侧软基处治方式采用长加芯搅拌桩,芯桩采用 PHC-300mm 型管桩,桩纵向间距 3m;水泥搅拌桩桩径 60cm,咬合 10cm,排距 60cm。加芯桩桩长 45m,外芯水泥土搅拌桩桩长为 18m,邻侧搅拌桩桩长 18m,龙门轨道基础的中心与加芯桩中心保持一致(图 16、图 17)。

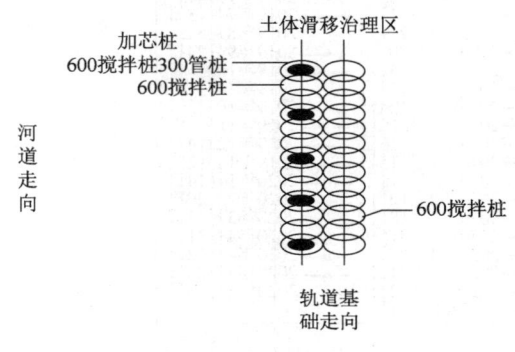

图 16 夹心搅拌桩布桩图

图 17 梁场应用效果图

2. 加固后软基的稳定性观测

在门式起重机轨道基础临河一侧埋入测斜管,深度达到底部稳定土层,进行观测,数据见表4、图18。

深层水平位移监测日报表 表4

监测单位:中铁建港航局集团勘察设计院有限公司
工程名称:珠海市鹤港高速公路梁场段软基处理工程　　　　　　　　　　　编号:191105
测试人员:石纯、周圆杰　　　　　　　　计算者:周圆杰　　　　　　校核者:陈胜
测点编号:K19+550左　　　　　　　　　天　气:晴　　　　　　　　观测日期:2019/11/5 11:42

深度	本次位移	累计位移	变化速率	深度	本次位移	累计位移	变化速率
m	mm	mm	mm·d^{-1}	m	mm	mm	mm·d^{-1}
1.0	-0.99	198.78	-0.16	19.0	0.00	21.45	0.00
1.5	-1.49	184.04	-0.24	19.5	0.00	11.77	0.00
2.0	-1.94	171.23	-0.32	20.0	0.00	9.48	0.00
2.5	-1.83	153.54	-0.30	20.5	0.00	7.56	0.00
3.0	1.36	145.29	0.22	21.0	0.00	5.91	0.00
3.5	1.23	145.01	0.20	21.5	0.00	4.89	0.00
4.0	1.41	150.19	0.23	22.0	0.00	4.30	0.00
4.5	1.51	157.40	0.25	22.5	0.00	4.10	0.00
5.0	1.67	159.64	0.27	23.0	0.00	3.30	0.00
5.5	1.74	157.66	0.28	23.5	0.00	2.64	0.00
6.0	1.99	154.17	0.32	24.0	0.00	3.15	0.00
6.5	2.08	149.57	0.34	24.5	0.00	3.68	0.00
7.0	2.15	145.73	0.35	25.0	0.00	3.59	0.00
7.5	2.22	140.52	0.36	25.5	0.00	3.52	0.00
8.0	2.25	133.55	0.37	26.0	0.00	3.01	0.00
8.5	2.27	130.80	0.37	26.5	0.00	2.56	0.00
9.0	2.27	129.21	0.37	27.0	0.00	2.23	0.00
9.5	2.35	127.05	0.38	27.5	0.00	1.84	0.00
10.0	2.43	124.99	0.40	28.0	0.00	0.92	0.00
10.5	2.35	123.54	0.38	28.5	0.00	0.57	0.00
11.0	2.32	125.36	0.38	29.0	0.00	0.30	0.00
11.5	2.31	127.48	0.38				
12.0	2.39	127.20	0.39				

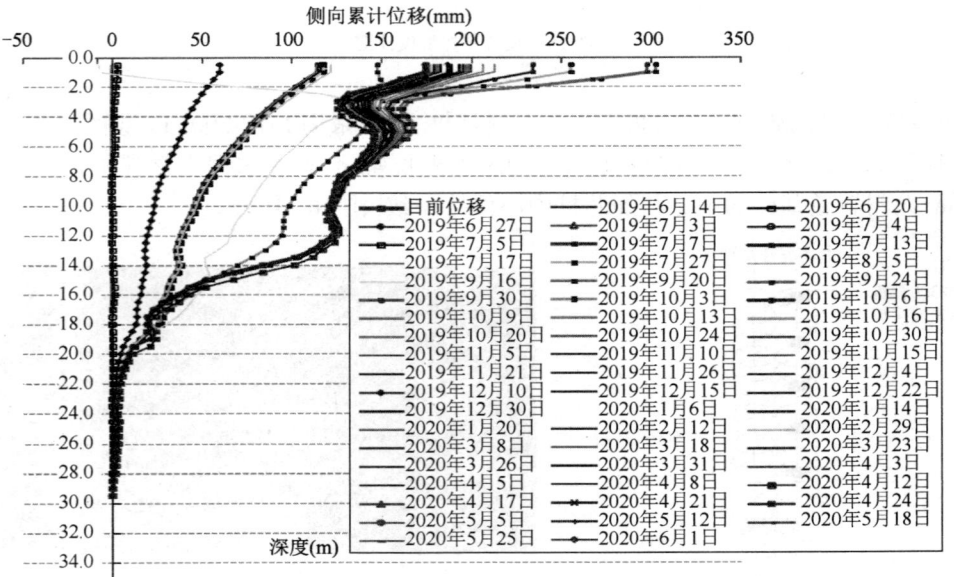

图18　深层水平位移检测统计图

夹芯搅拌桩打设180d后,两个监测断面的数据成果见表5。

深层水平位移数据分析表　　　　表5

监测项目	监测部位	土体深度（位置）	累计位移（mm）	累计位移方向	最大位移速率（mm/d）	目前位移速率（mm/d）	速率变化趋势	预警值（mm/d）
测斜管(深沉水平位移)	K19+470左	6.0m	50.7	河道方向	3.5	0.2	速率降低,趋于稳定	5
	K19+550左	5.0m	146.4	河道方向	4.6	0.3	速率降低,趋于稳定	5

3. 数据分析

在梁场制梁加载及运梁荷载影响下,临河侧门式起重机轨道的深层土体发生了不同程度的位移。最大水平位移速率分别为3.5mm/d、4.6mm/d,均在控制指标5mm/d以内,未达到预警标准。经过近1年持续观测,水平位移速率下降到0.3mm/d以下,位移速率呈持续减小并趋于稳定态势。

观测断面的最大累计位移量发生在地面以下4~6m处,累计位移量分别为50.7mm和146.4mm,数值较小。侧向滑移的起始段滑移量较小,中部滑移量较大。滑移起始段水平位移影响深度在6m左右,中部影响深度在20m左右。

4. 结论

①采用夹芯搅拌桩对具有侧向临空面的高流塑性深厚软基进行加固,能够有效解决软基的滑移问题。

②采用深层水平位移观测方法进行加固后软基观测,能够有效预报软基稳定性,用于指导施工。

四、经济效益分析

根据项目施工期市场调查,水泥搅拌桩的施工成本为48.65元/m,其中水泥用量65kg/m,打设费用14.85元/m;管桩施工成本约为150~160元/m,其中直径材料成本为125元/m,振动打设成本为25~35元/m,夹芯搅拌桩施工成本为190~210元/m;真空预压综合单价为106.49元/m²/6个月。

五、结　　语

(1)真空预压软基加固梁场建设

①梁场建设后施加在软基上的等效土荷载需大于等于通车后路基承受荷载,才能具备真空预压卸载的条件。

②使用钢混叠合预制梁台座,可以避免软基不均匀沉降带来的台座开裂,可实现预拱度适时可调,单个台座预制不同梁长预制梁,喷淋养生、临时用电系统与叠合梁台座有机结合,梁底楔形块纵、横坡度适时调节的目标。

③真空预压在卸载后软基产生反弹,反弹持续时间约为30d。随后会伴随荷载的增加而继续产生沉降。梁场的建设期、投产期为一个不断加载过程,该时期路基总沉降值较大,制梁区沉降大于存梁区。梁场达产期间,制梁区荷载不断交替循环,交替出现加载沉降和卸载回弹现象,总体稳定。随着存梁增多,存梁区沉降大于制梁区。

(2)一侧临空的高流塑软基加固研究

采用夹芯搅拌桩对具有侧向临空面的高流塑性深厚软基进行加固,能够有效解决软基的滑移问题。采用水平位移观测方法能够有效预报软基稳定性,用于指导施工。

(3)应用范围总结

真空预压梁场建设技术适用于原设计为真空预压处理的梁场建设场地;钢混叠合台座适用于在具有不均匀沉降特性的地基上的预制梁台座建设;夹芯搅拌桩适用于深厚软土且具有侧向滑移风险的软基加固。

参考文献

[1] 中华人民共和国交通运输部. 公路桥涵施工技术规范: JTG/T F50—2011[S]. 北京: 人民交通出版社, 2011.

[2] 中华人民共和国交通运输部. 公路工程质量检验评定标准 第一册 土建工程: JTG F80/1—2017[S]. 北京: 人民交通出版社股份有限公司, 2017.

33. 600m 劲性骨架拱桥关键施工技术

韩 玉 罗小斌 赵玉峰 李彩霞

(广西路桥工程集团有限公司)

摘 要 本文以600m的钢管混凝土劲性骨架上承式拱桥施工项目为背景,介绍了劲性骨架钢结构制造运输、缆索吊装及斜拉扣挂施工、外包混凝土分环分段浇筑方案等关键技术。缆索吊装采用吊扣塔基础与桥墩基础"永临结合"设计,通过采用智能张拉及综合监测技术,保证了大跨度缆索吊装作业安全;劲性骨架拱肋采用"过程最优、结果可控"优化控制原理及斜拉扣挂一次张拉技术,实现了合龙口弦管对接高程误差小于2mm;外包混凝土采用"3环6段8工作面"均衡加载施工工艺,保证外包混凝土最大拉应力及成桥后主拱线形满足要求。

关键词 600m劲性骨架拱桥 过程最优 结果可控 一次张拉 分环分段施工

一、引 言

钢管混凝土劲性骨架拱桥刚度大、承载能力好,非常适合跨越山川峡谷[1]。据统计[2,3],世界上跨径400m以上的混凝土拱桥有4座,均为钢管混凝土劲性骨架拱桥,由此可见,钢管混凝土劲性骨架拱桥为大跨径混凝土拱桥必选桥型。劲性骨架拱桥施工期间结构体系转换次数多,先后形成了钢管桁架拱结构、钢管混凝土拱结构和钢筋混凝土拱结构。而外包混凝土的施工使截面的几何物理特性不断发生变化,结构受力十分复杂[4]。随着跨径增大,施工难度差别很大[2],施工控制重要性突出,因此,有必要系统开展大跨径钢管混凝土劲性骨架拱桥施工研究。

本项目天峨龙滩特大桥为世界上在建的最大跨径钢管混凝土劲性骨架拱桥,如何确保钢管拱肋吊装精度控制和外包混凝土施工安全成为大桥施工的关键,因此,需对大跨径拱桥施工关键技术进行研究,为山区大跨径钢管混凝土劲性骨架拱桥施工提供参考。

二、工程概况

天峨龙滩特大桥是南丹至下老高速公路的控制性工程之一,是连接G75兰海高速公路和G69银百高速公路的重要纽带通道,同时也是对广西高速公路网体系的补充和完善,是为区域经济建设、对外交流、社会发展和群众生活提供安全、舒适、高效和可持续的交通运输的重要保障。

桥梁全长2488.55m,其中主桥长624m,采用上承式劲性骨架混凝土拱桥方案。桥面总宽24.5m,桥面主梁为12×40m预制T梁。主桥拱轴线采用悬链线,矢高125m,拱轴系数1.9,横向设置两片平行拱肋(图1)。拱肋采用变高度的混凝土箱形截面,拱脚位置的箱高12m,拱顶位置的箱高8m。主拱为钢管混凝土劲性骨架,钢管采用Q420qD,内部填充C80微膨胀混凝土,外包混凝土采用C60。腹板标准厚度为45cm,拱脚段由45cm渐变至95cm,顶板标准厚度为65cm,底板厚度由拱顶65cm渐变至拱脚130cm。

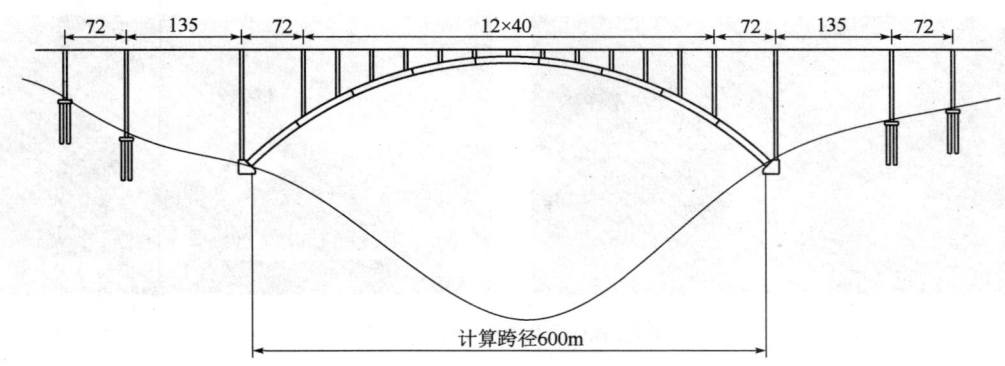

图 1　主桥立面图(尺寸单位:m)

三、关键施工技术

1. 拱肋钢结构加工及运输

超大跨钢管混凝土劲性骨架的制造过程面临多方面的复杂挑战。首要的问题是钢结构的制造周期较长,制造工序烦琐,同时需要高度关注累积误差的问题。此外,采用分段焊接的制造方法导致了焊接引起的变形,不仅使得装配过程更加复杂,还为变形校正带来了巨大挑战。对于超大跨劲性骨架而言,其尺寸庞大,因此制造精度要求极高,这无疑增加了制造过程的难度和复杂性。同时,由于零部件的形状和尺寸多样,结构之间的配合也变得复杂困难。劲性骨架零部件的加工和安装误差不可避免地会累积,加之焊接引起的变形问题,以及骨架受力后的变形,都会对劲性骨架的精确合龙和整体结构的安全性产生影响。尤其是对于 600 米级跨径拱桥的劲性骨架,上述问题显得尤为重要,必须全面考虑上述挑战,以确保结构的稳定性和性能不受影响。

因此,需采取多层次的质量监控措施以确保系统完整性,从材料选取到节段制作,都严格遵循规范进行性能评估和焊缝检查。通过采用"N+1"卧式耦合节段拼装工艺,严格管理拱肋节段的制造过程,有效降低制造误差,保证结构拼装过程中的偏差最小,从而提高拱肋节段的拼装精确度。为提升桥梁缆索起重机的性能、操作效率和安全性,我们开展了一系列数字化研发和设计工作。其中,最关键的一项是基于可编程逻辑控制器(PLC)控制的电气控制系统的开发,这一创新使得传统的模拟信号控制向数字化控制的转变成为可能,以满足不断变化的环境需求。新系统使得管理人员能够实时监测电流、电压、转矩以及卷扬机的限位和制动状态等重要参数。在出现问题时,系统可以快速定位问题根源,从而极大地提高了设备运行的准确性和可靠性。其次,我们还对 300 吨级缆索索鞍、跑车和吊具进行了全新的研发设计,从而实现了多索道起重机的快速组合与横移,显著提高了装备的使用效率。同时,这些新型部件的应用也大大降低了装备的故障率,进一步增强了其可靠性和稳定性。最后,通过研发装配式重型塔架,采用标准化设计和生产,降低了高耸塔架的安装和拆除风险。这一创新不仅提升了塔架的周转率,还具有节能环保的优势。这些创新措施不仅为系统的安全性提供了强有力的支持,还对拱肋安装精度等方面产生了积极影响,推动着超大跨度桥梁缆索起重装备领域的持续发展和进步。

天峨龙滩特大桥劲性骨架共分为 48 个拱肋节段,用钢量累计达 8572t,最重拱肋节段质量达 200t,拱肋节段的运输也是一项巨大挑战。天峨龙滩特大桥技术团队引进了广西交通建设中起重力矩最大的桅杆吊,该设备基础由"群桩基础+承台+钢管立柱"组成主要受力结构,整机起升高度为平台以下 45m、平台以上高度 60m,起吊半径可达 65m,分 220t 主钩和 110t 副钩,两者配合起吊,解决了雨、旱季水位高低差问题。为了满足特大桥梁构件的水上运输需求,对 2000t 运输船进行了改造,使其转变为深舱结构。充分利用了长 48m、宽 10.8m 的船舱空间,实现整体重心降低,从而确保拱肋节段在运输过程中的稳定性,进一步确保拱肋节段的安全运输。桅杆吊及拱肋节段翻身工艺如图 2 所示。

图2 桅杆吊及拱肋节段翻身工艺

2. 缆索吊装系统

1）分离式斜拉扣挂系统

天峨龙滩特大桥地处峡谷，两岸山坡陡峭，施工场地有限，为此设计了分离式拱肋节段的斜拉扣挂体系，并研发了相应的斜拉扣挂装备（图3）。这一设计显著提升了拱桥拱肋节段斜拉扣挂的施工效率和质量，同时确保了施工的安全性。拱肋节段的扣挂点（图4）采用了锚拉板式设计，并与扣索分配梁销轴相连接，而分配梁则与扣挂锚固块销轴连接。这种设计不仅简化了扣索的安装过程，还提高了拱肋节段扣挂的效率，降低了高空作业的难度，从而确保了施工人员的安全。另外，考虑到地形的限制，利用桥墩承台，在尾索拉力相反方向设置预应力锚索，形成组合式预应力地锚结构。通过优化锚固张力和尾索张拉的顺序，解决了尾索锚固与地锚位移控制的难题，确保了扣挂系统的稳定性和可靠性。最后，为了解决分离式扣挂结构中同一束扣索和尾索在水平方向力大小不一致的问题，在扣索和尾索的张拉端设置了自平衡的智能张拉设备。采用大行程智能千斤顶和强动力大型液压泵站作为控制手段，开展了施工过程拱顶位移的智能调载技术研究。根据保持索力水平分力为零的原则进行控制，确保了墩柱受力的平衡，防止了由于水平力不平衡而引起的墩柱偏移，进一步提升了施工的安全性和稳定性。

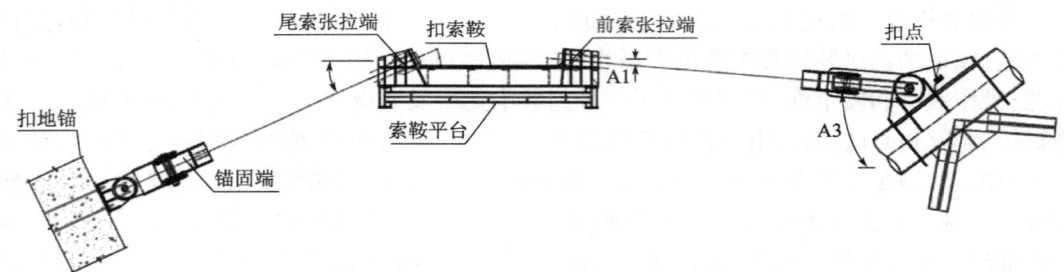

图3 分离式斜拉扣挂系统

图4 拱肋节段扣挂点

2）超长岩锚组合式扣地锚

天峨龙滩特大桥一岸存在巨型古滑坡堆积体，其扣地锚形式为"桩基承台+长锚索"的组合体系，最长锚索达120m，这对扣地锚设计与施工，以及主拱圈吊装时的扣索和锚索的张拉顺序造成了极大影响。

鉴于此，基于古滑坡堆积体中百米级长锚索的试验数据，聚焦于施工过程中可能出现的问题，如塌孔、下锚索困难、群锚施工时的偏位和交叉情况，以及超长锚索可能面临的长期预应力损失等方面，深入开展了关于超长锚索施工关键技术的研究。首先，在已加固的承台上，预埋了斜拉扣挂系统所需的预埋件，并设置了喇叭形锚索钻孔管道。通过详细分析计算，确定了扣索的根数和张拉力。借助提出的合理且科学的扣挂施工工序，我们研发了完整的"桩基承台＋超长锚索"组合式扣地锚（图5）施工技术。通过充分利用古滑坡堆积体的试验数据，解决了施工过程中可能遇到的多种问题，提出一套科学合理的施工方案，为超长锚索施工提供了有力的支持，同时也为施工安全和稳定性提供了可靠保障。

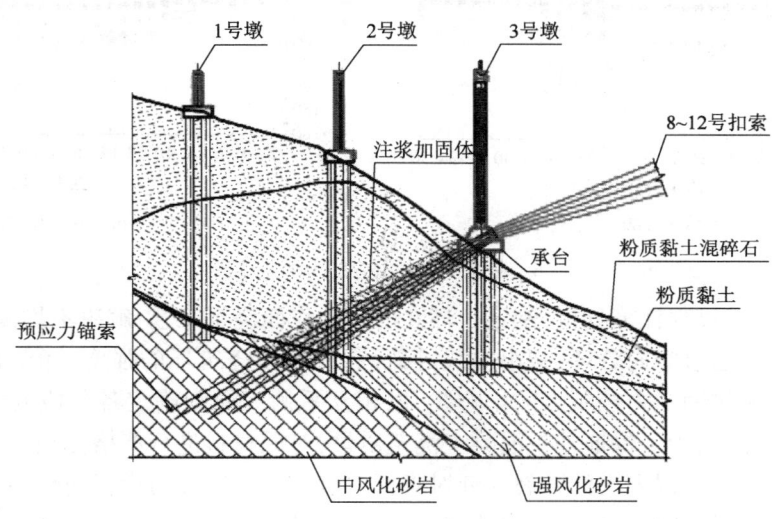

图5 "承台＋长岩锚"组合式扣地锚

3. 拱肋斜拉扣挂一次张拉

"过程最优、结果可控"的拱桥斜拉扣挂一次张拉的扣索力优化方法[5]是基于影响矩阵的思路研发的。首先，计算拱圈自身重量以及每个单元扣索施加的力对位移的影响，形成位移影响矩阵。进而将施工过程中各个控制点的位移与目标线形之间的差距作为优化目标，并将合龙松索后拱圈线形与目标线形之间的偏差作为约束条件。通过求解优化问题，得到拱圈斜拉扣挂施工过程中各个扣索的初始拉力。该方法已经在多个大跨径钢管混凝土拱桥施工项目中得到应用，并取得较高的拱肋合龙精度。

具体优化模型如下：

设计变量：
$$x = \{x_1, x_2, x_3, \cdots, x_n\}^T$$

目标函数：
$$\min f(x) = \|u_h(x) - u_t\|$$
$$x \geq 0$$

约束条件：
$$[u_s(x) - u_t]^2 \leq \Delta u^2$$

其中：$x = \{x_1, x_2, x_3, \cdots, x_n\}^T$ 为扣索初拉力荷载；$u_h(x)$、$u_s(x)$ 分别为预抬高向量和松索后控制点位移；u_t 为目标位移；Δu 为合龙松索后拱肋线形与目标线形的偏差限值。

利用本文方法对天峨龙滩特大桥施工过程拱肋线形进行分析，结果如图6所示，采用传统方法计算得到的拱肋线形变化较大，各控制点与目标线形偏差达到280mm，而采用本文方法最大偏差则只有180mm，误差显著降低。

4. 外包混凝土分环分段施工

天峨龙滩特大桥外包混凝土约3万m³，在施工过程中结构受力体系不断变化，国内尚无同类型桥梁施工经验借鉴。大体量混凝土如果施工控制不当，极易造成拱肋变形过大、局部应力超标等情况，导致结构失稳或混凝土开裂。

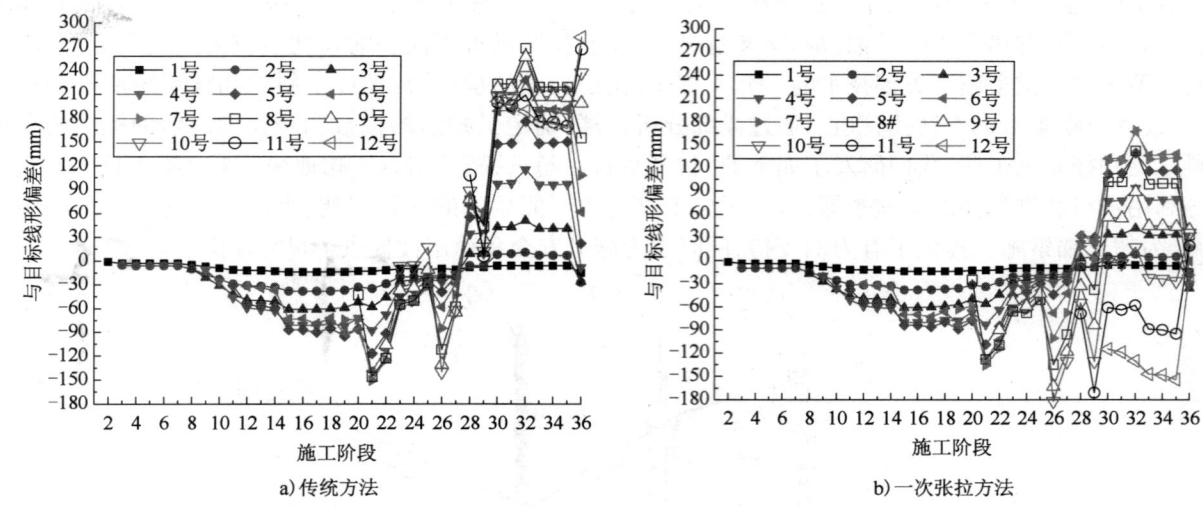

图 6 钢管拱悬臂拼装过程中拱肋线形

为此,经过详细施工过程计算分析,制定3环6段8工作面浇筑工艺,解决不均衡加载引起的拱肋变形及混凝土开裂问题。通过竖向分环,减小加载的荷载,利用已浇筑环的强度,降低骨架的受力,提高安全储备;纵向分段,分析拱肋受力控制点的影响线,以相互平衡为原则确定各分段的浇筑顺序,实现外包混凝土的安全浇筑。同时,为了保证外包混凝土浇筑质量,对原材料进行严格控制,并进行大量混凝土试验,研究合适的配合比,减少混凝土的开裂。针对腹板节点板处钢构件与模板间隙小的问题,定制$\phi 30$振捣棒,确保缝隙处混凝土密实度。采用冰水拌制混凝土,降低入模温度,并采用"两布一膜"喷水养护,减少混凝土开裂。

通过研发外包混凝土模架装备,解决高空倾斜施工混凝土等难题。以高空作业地面化为原则,底模在拱肋吊装节段同时安装,减少高空作业量。拱肋为变截面,以外包混凝土施工段为单元,设计易于安拆、调整的模板单元,确定模板的吊运移动路径,再结合设计悬吊式组合式脚手架,解决高空作业施工作业平台问题。

从图7中可以看出,拱肋阶段位移整体呈下降趋势,拱顶最大位移1175mm。拱肋钢管最大应力为345MPa,小于钢管屈服强度,满足设计要求。外包混凝土最大压应力为17.9MPa,最大拉应力为1.41MPa,满足设计要求。

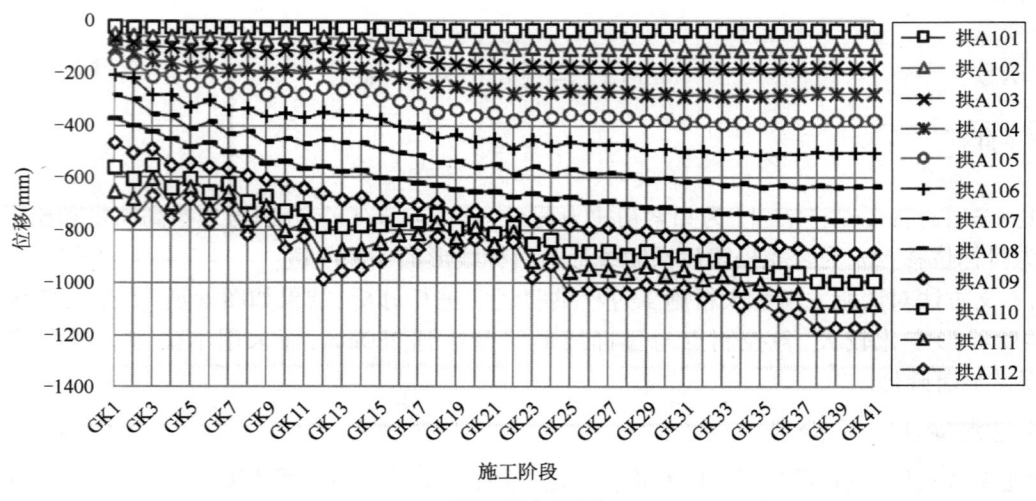

a)拱肋节段位移变化

图 7

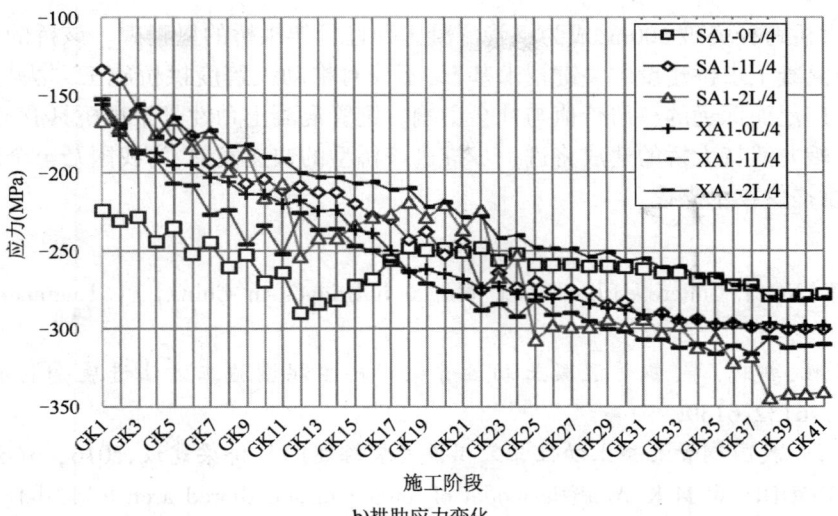

b) 拱肋应力变化

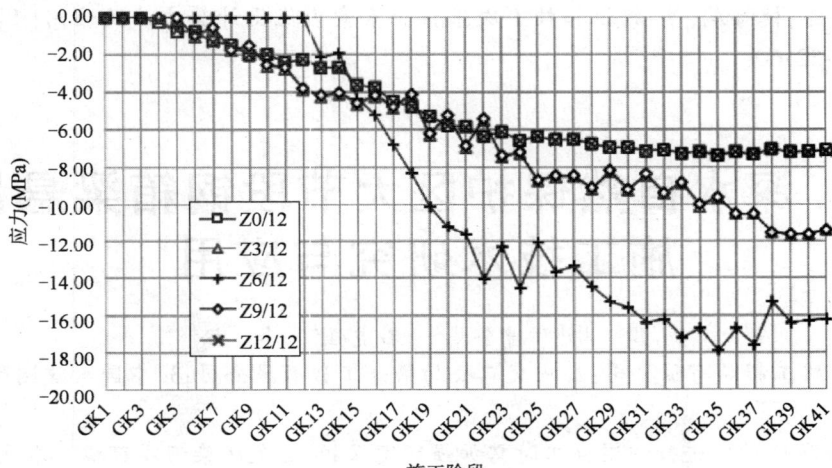

c) 外包混凝土底板应力变化

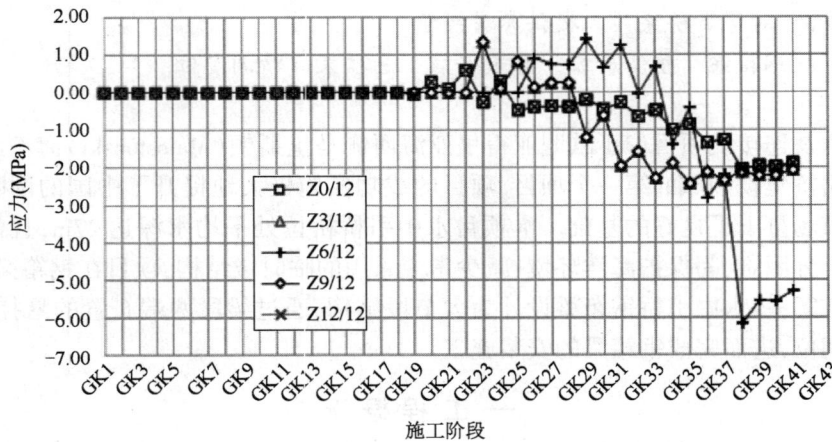

d) 外包混凝土腹板应力变化

图7 分环分段计算结果

四、结　语

天峨龙滩特大桥跨径突破600m，成为钢管混凝土劲性骨架拱桥的里程碑。该桥的成功修建，奠定了600m跨劲性骨架混凝土拱桥建设的关键技术基石，不仅对推动大跨度拱桥施工方法与工艺进步至关重要，同时也将产生广泛而深远的科研价值与社会影响。钢管混凝土劲性骨架拱桥具有造价低、刚度大、耐久性好等优势，天峨龙滩特大桥的建成将进一步推进该桥型的快速发展，为我国乃至全球在山区、峡谷区域修建大跨径拱桥提供技术支撑。

参考文献

［1］ ZHENG J, WANG J. Concrete-filled steel tube arch bridges in China［J］. Engineering, 2017, 4（1）: 143-155.
［2］ 邓年春, 李长胜, 郭晓, 等. 钢管混凝土劲性骨架拱桥主拱圈施工方法进展［J］. 科学技术与工程, 2021, 21（15）: 6132-6139.
［3］ 赵人达, 张正阳. 我国钢管混凝土劲性骨架拱桥发展综述［J］. 桥梁建设, 2016, 46（6）: 45-50.
［4］ LIU Z, LI F, RODDIS W M K. Analytic model of long-span self-shored arch bridge［J］. Journal of Bridge Engineering, 2002, 7（1）: 14-21.
［5］ 秦大燕, 郑皆连, 杜海龙, 等. 斜拉扣挂1次张拉扣索索力优化计算方法及应用［J］. 中国铁道科学, 2020, 41（6）: 52-60.

34. 深水自然保护区大节段钢箱梁悬吊施工技术研究与应用①

周　彬¹　曾令华²　石虎强³　李　松¹

（1. 中交第二公路工程局有限公司；2. 中交二公局第一工程有限公司；3. 中国交建国际工程分公司）

摘　要　在海洋保护区进行桥梁施工时需加强环境保护，避免污染海洋环境。本文主要介绍了克罗地亚佩列沙茨大桥水中引桥大节段钢箱梁施工关键技术及应用效果，系统阐述本项目跨中大节段钢箱梁施工的过程，项目采用梁段两端悬吊安装施工技术，既避免了常规钢管桩临时墩打入施工对环境的影响，又加快了施工进度，可对同类桥梁施工提供参考经验。

关键词　大节段钢箱梁　整体吊装　悬吊安装　悬挂架　精调定位

佩列沙茨大桥及连接线项目位于欧盟亚得里亚海西侧马里斯顿（Malostonski）海湾海洋自然保护区，是中国进入欧盟路桥建设领域的第一个项目，项目的成功实施极大地提升了中国的国际形象，为中国基建企业进入欧盟市场打下了良好的基础。本项目水中引桥桥位处平均水深达27m，且位于倾斜裸岩上，打入临时钢管桩十分困难，为保护海洋环境、减少常规采用的临时墩结构，项目在钢箱梁设计阶段协调创新制定安装施工方案，将水中引桥钢箱梁设计为大节段结构，通过梁段两端布置的悬挂架结构完成跨中钢箱梁的悬吊与调位，进而完成钢箱梁的安装施工。

一、工程概况

佩列沙茨跨海大桥为六塔斜拉桥，大桥全长2404m，跨径布置为84m + 108m + 108m + 189.5m + 5 ×

---

① 基金项目：陕西省交通运输厅交通科研项目，项目编号21-43K。

285m+189.5m+108m+108m+84m。除桥塔左右两侧各3.88m为混凝土箱梁外,其余均为钢箱梁。桥塔为独柱型,拉索为中央单索面布置。桥型布置如图1、图2所示。

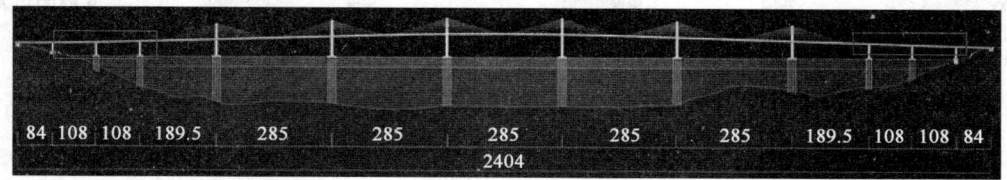

图1 佩列沙茨大桥桥型总体布置图(尺寸单位:m)

图2 佩列沙茨大桥实景图

水中引桥大节段钢箱梁长度为52m(墩顶梁段)和56m(跨中梁段),质量约580~780t,本桥钢箱梁为正交异性板结构,单箱三室构造,如图3所示。钢箱梁顶面宽22.5m,梁底部水平宽度为8.1m,梁高为4.5m,主跨钢箱梁纵向内腹板间距为3.5m,引桥跨钢箱梁纵向内腹板间距为8m。

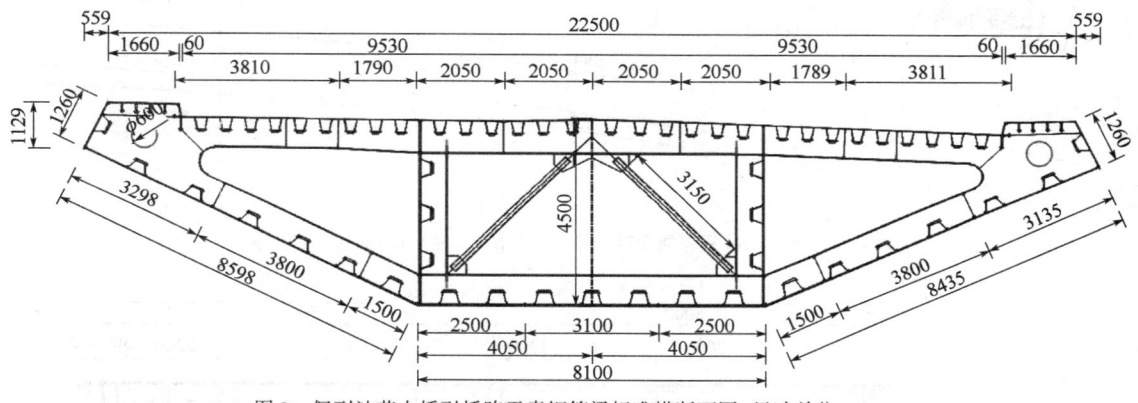

图3 佩列沙茨大桥引桥跨无索钢箱梁标准横断面图(尺寸单位:mm)

二、钢箱梁安装施工技术与应用

1.总体安装工艺

水中引桥跨中钢箱梁的大节段安装工艺为:厂内加工钢箱梁时,对施工吊点及受压位置按设计计算要求进行局部加强。在钢箱梁吊装前安装4件悬挂架,采用1000t浮式起重机配合专用吊具将钢箱梁吊装就位,悬挂架吊挂在两端墩顶钢箱梁顶面,通过三向千斤顶及悬挂架精调就位,最后进行钢箱梁环口缝隙焊接。根据总体施工进度安排,先安装大陆侧水中大节段,再安装岛侧水中大节段,具体安装顺序为:

(1)大陆侧:SS3(墩顶梁段)→R203(跨中梁段)→SS4(墩顶梁段)→R3(跨中梁段),如图4所示。
(2)岛侧:SS12(墩顶梁段)→R12(跨中梁段)→SS11(墩顶梁段)→R11(跨中梁段),如图5所示。

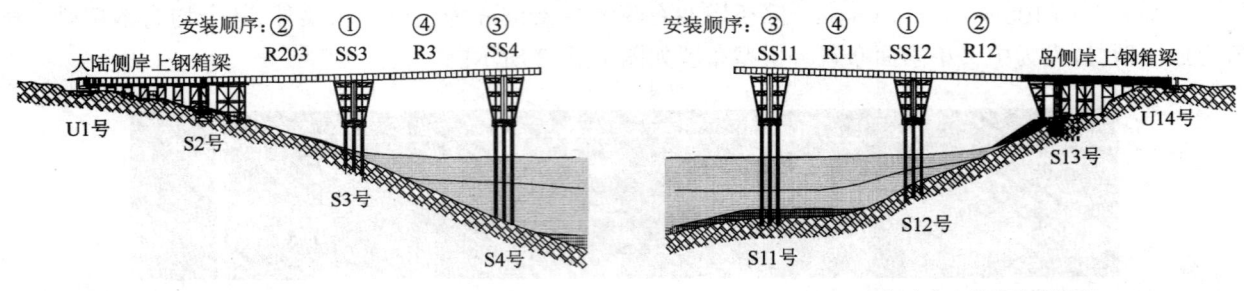

图 4 大陆侧水中大节段安装顺序　　　　图 5 岛侧水中大节段安装顺序

2. 悬挂架设计

悬挂架主要承担大节段钢箱梁重量,结构形式为双肢钢箱梁,在已安装梁段顶面设置支座(顶升端),挂架梁肢的滑块置于支座之上,安装示意图如图6~图8所示;在待安装大节段梁侧桥面设置承压柱脚(承压端),挂架梁肢、支座、主梁之间均采用10.9级M24高强螺栓连接;在挂架中间处采用销轴与待安装大节段梁连接(吊耳处);挂架梁两肢在顶升端、吊耳处设横向加强联系,在离承压柱脚2.5m处设横向连接板。

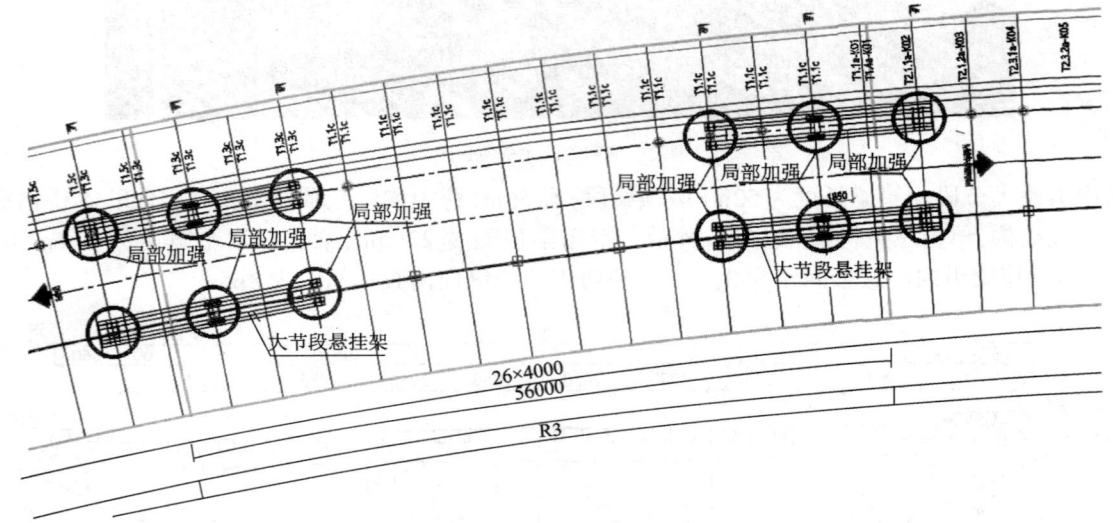

图 6 R3 钢箱梁及挂架平面布置图(尺寸单位:mm)

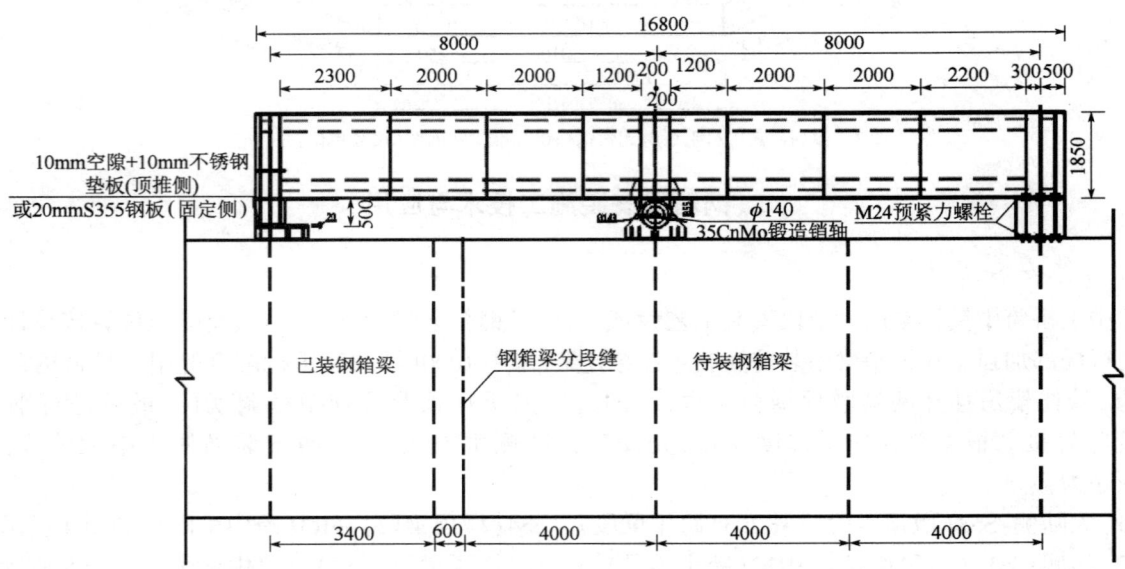

图 7 悬挂架在钢箱梁顶部安装立面示意图(尺寸单位:mm)

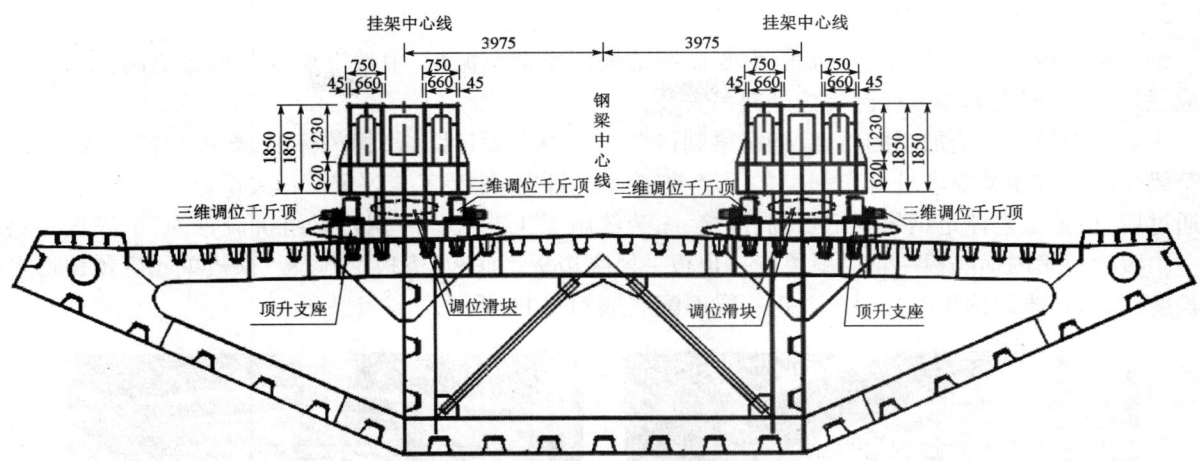

图 8 悬挂架在钢箱梁顶部安装横断面示意图(尺寸单位:mm)

挂架单梁肢外尺寸为 1850mm×750mm,采用不同厚度的 S355 材质钢板拼焊而成。根据设计,跨中大阶段钢梁共有 4 段,实际质量分别为:R11(632.34t)、R12(584.59t)、R3(630.99t)、R203(587.17t),取曲线段 R3 质量 631t 进行设计,则线荷载 6310kN/56m=112.7kN/m;经 midas 有限元软件模拟计算,在安装 R3 跨中大节段钢箱梁时,挂架的强度及刚度均满足规范及安全要求,如图 9、图 10 所示。

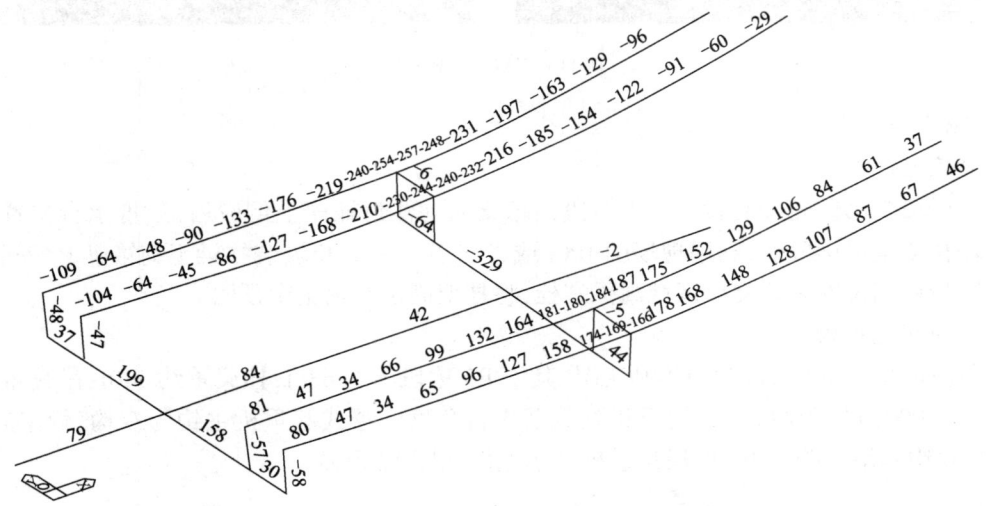

图 9 R3 钢箱梁悬挂架组合应力分布图(单位:MPa)

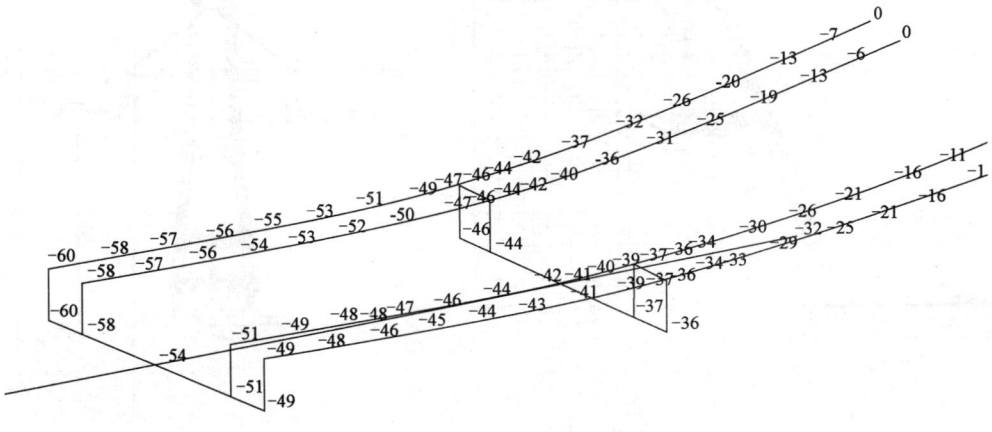

图 10 钢箱梁悬挂架变形图(尺寸单位:mm)

3. 钢箱梁加工及运输

钢吊箱采用欧洲最高 EXC4 标准,由专业钢结构厂家上海振华、中铁宝桥专业钢箱梁制作单位协助完成,然后通过海上远洋运输到桥位处起吊安装。

为确保钢箱梁制造加工的质量,钢箱梁制造单位应根据设计图纸、相关标准、规范和技术要求实施。钢箱梁制造前按相关要求进行切割工艺评定、焊接工艺评定、涂装工艺评定及相关试验等。工艺评定、试验通过后,根据工艺评定结果制定切割、焊接、涂装等施工工艺规程。钢箱梁组拼流程为:平底板→斜底板→中腹板→箱内横隔板→箱内斜撑杆→顶板→风嘴边板。底板、边板、中腹板、顶板单元应预留适当配切长度,以满足梁段预拼时的要求。钢箱梁匹配制造如图 11 所示。

图 11 钢箱梁匹配制造

4. 钢箱梁吊装

1)悬挂架安装

悬挂架在梁段起吊前先安装就位。大节段钢箱梁从远洋运输船上倒驳后,运抵承台位置驻泊,然后施工驳船运输挂梁至运梁驳船,利用现场的 100t 或 200t 浮式起重机安装挂梁至钢箱梁上,安装时先对准铰座、插入销,最后调位安装后支撑区域高强螺栓,将挂架固定在钢箱梁顶面。

2)浮式起重机站位模拟

跨中大节段以吊装 R3 梁段为最不利工况,其中 R3 梁段重约 630t,挂梁重约 140t,吊具重约 130t,共 900t,实际按照 1000t 进行模拟浮式起重机站位及大臂角度。浮式起重机主钩为双钩,额定起重荷载为 $2 \times 500t$,采用双钩起吊。跨中 R3 梁段吊装模拟示意图如图 12 所示。

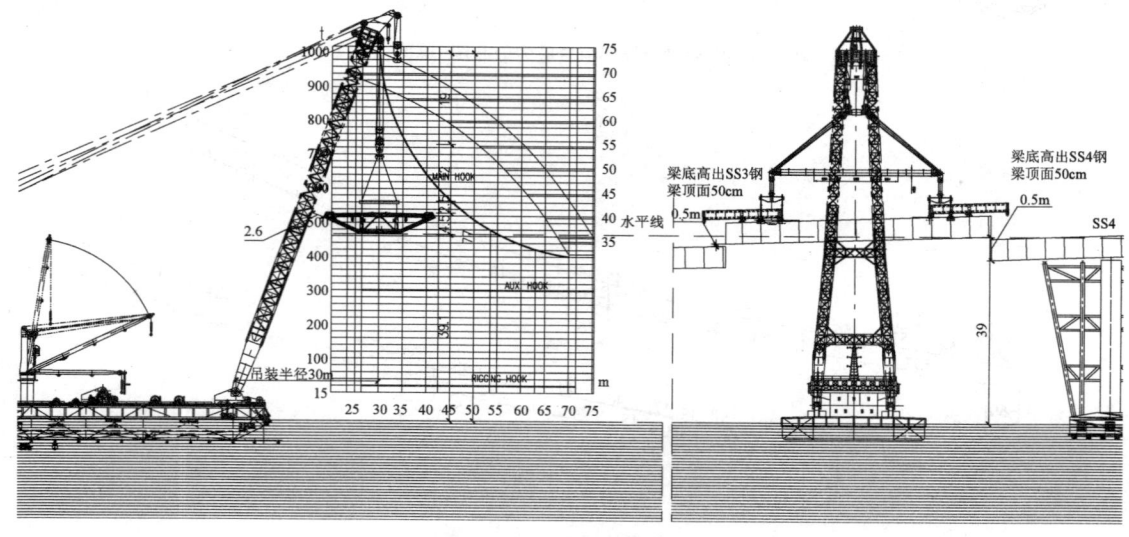

图 12 R3 跨中大节段吊装立面布置模拟示意图

3) 梁段起吊

(1) 取梁。

大节段钢箱梁采用专用吊具进行吊装,每个梁段8点起吊。在梁段吊装前,将浮式起重机钩头与吊具提前连接好,浮式起重机绞锚移至存梁驳船(甲板驳)停靠区,落钩将吊具与钢箱梁顶部的临时吊耳连接,检查无异常后,缓慢起吊钢箱梁使其脱离船舶甲板,如图13所示。

(2) 起升吊装。

待钢箱梁起升高度超过存梁驳船最高点后,浮式起重机搅锚移位至指定位置,继续起钩起升钢箱梁,直至钢箱梁顶面超过墩区支架(吊装墩顶梁段时)或已安装钢箱梁顶面(吊装跨中梁段时)50cm 后,调整浮式起重机大臂和船体,使梁段于预定安装位置正上方,如图14所示。

图13 跨中大节段取梁图

图14 跨中大节段起升吊装图

(3) 梁段入安装口。

浮式起重机吊装跨中梁段超过已安装梁段最高点至少50cm后,搅锚前移,使梁段位于安装口正上方,浮式起重机缓慢落钩,当待装梁段距已装梁段顶20cm 时,用手拉葫芦调整梁段轴线、平面位置及里程,缓慢落钩,使梁段逐渐平稳进入安装口,模拟示意图及实际吊装情景如图15、图16所示。

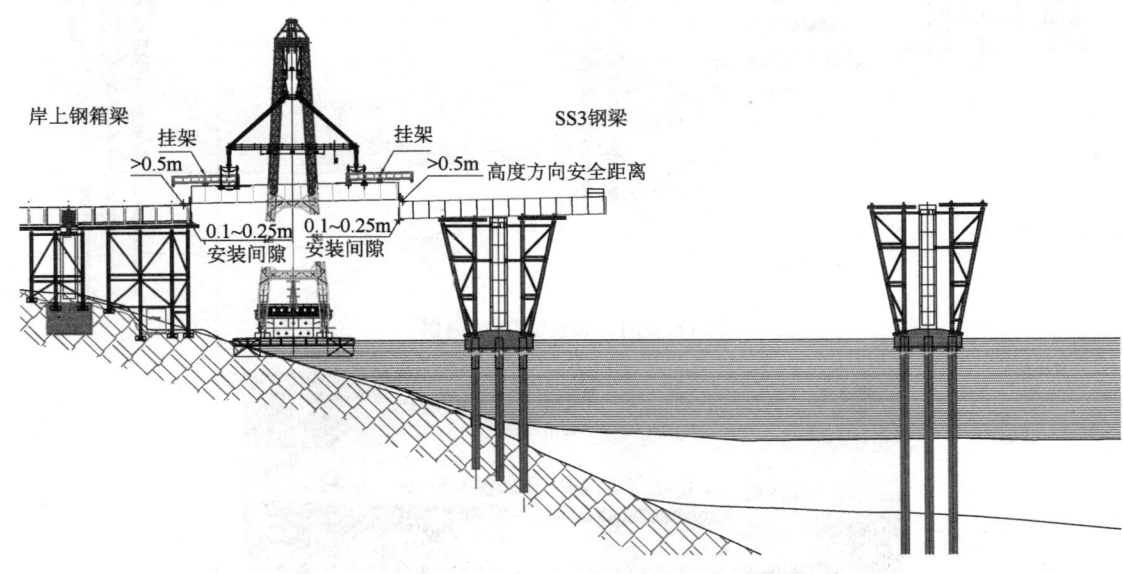
图15 跨中梁段入安装口模拟示意图

(4) 梁段挂设。

梁段底板进入安装口后,浮式起重机缓慢下放梁段,当挂梁距各支撑点顶5cm 时,停止落钩,用手拉葫芦粗略调整梁段轴线、平面位置及里程,继续落钩使梁段平稳落至已安装钢箱梁顶部预先布设的临时支座上,然后浮式起重机缓慢卸载,将梁段自重荷载分4级转移给临时支座,每级卸载完成后,停止落钩,全面检查墩顶梁段支架、悬挂架的挠度变形情况，以及梁段两端匹配端口的间隙等，无异常情况后，继续落钩，直至浮式起重机完全卸载，完成体系转换，然后吊具放松后解除钢箱梁与吊具的连接，模拟示意图及实际施工情景如图 17、图 18 所示。

图 16　跨中大节段吊装入安装口

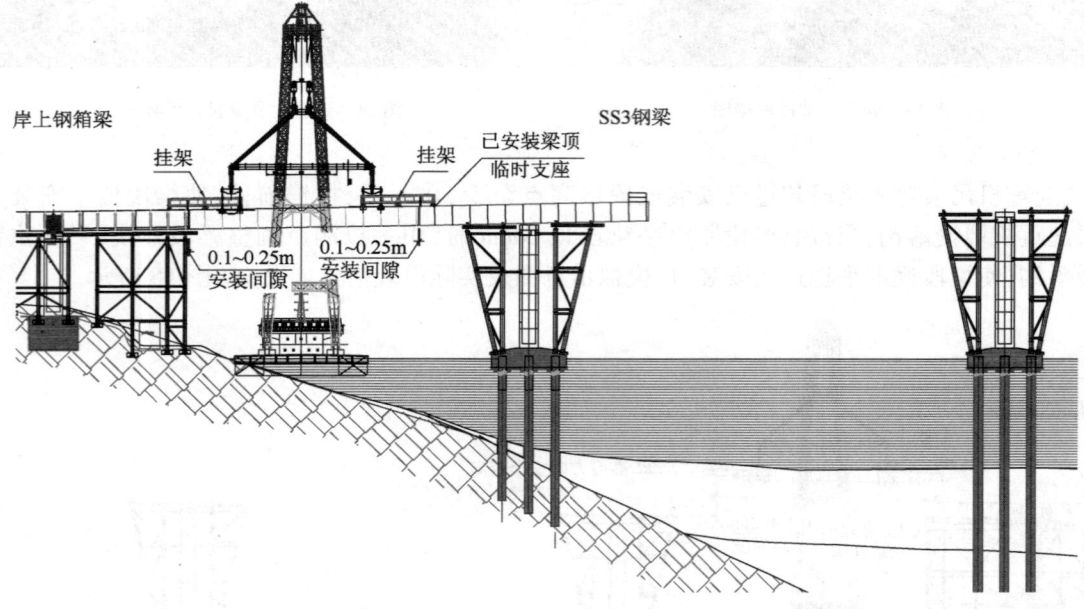

图 17　跨中梁段挂设模拟示意图

图 18　跨中大节段挂设完成

4) 挂梁调位

跨中大节段梁段环口匹配时,须根据监控指令数据对梁段进行精确调位工作,包括调整梁段平面位置(轴线)、顶面高程、线形、里程及环口转角等。大节段梁段的精确调位按照先调整高程、再调整轴线(横向)、最后调整里程(纵向)的顺序逐步调整,线形和环口转角随之进行调整。

精确调位采用200t三向千斤顶进行,悬挂架位置布置8台,大里程墩顶梁段底部布置4台(其中最前端荷载比较大,布置2台),小里程已安装梁段底部布置2台(布置在最前端),千斤顶布置在临时支撑点两侧,如图19所示。千斤顶顶升后,通过纵横轴线方向布置的水平油缸的驱动,液压动力系统带动所顶构件做纵向或横向移位。

图19 挂梁处布置调位千斤顶

最后确定梁段安装精确位置时,在一天内较低温度下进行。在精确调整过程中,由专人负责测量监控。梁段调位时,先用三向千斤顶将其顶起,在测量的控制下,利用三向千斤顶依次调整其平面位置及高程,由于箱梁较高、安装纵坡较大且定位精度要求高,箱梁的平面位置调整与高程调整总是相互影响,须反复多次才能使其里程、轴向位置及高程、高差满足要求,见表1。

钢箱梁调位精度要求 表1

项目	高程偏差	轴线偏差
精度(mm)	±20	±15

5) 梁段临时固定

梁段调整到位后,千斤顶卸载将梁段落在临时支垫梁上,垫梁上面通过垫不同厚度的钢板调整梁的高程。当所有的检测项目均符合设计及监控要求后,将梁段临时固结于支架顶的纵梁上。临时固定包括纵、横、竖向3个方向的限位。

竖向落位:每个大节段布置8个临时支点,跨中梁段布置在挂梁临时支座位置处,墩顶梁段布置在钢管立柱对应位置,当三向千斤顶将梁段调至监控给定位置时,在临时支撑与钢梁接触面设置硬橡胶垫,并用薄钢板垫实空间,之后将千斤顶卸载,将梁段荷载全部转至临时支撑上。

水平纵横向限位:纵横向限位,主要靠梁段与临时支撑之间的静摩擦阻力来实现,若静摩擦阻力无法克服纵横向外力,则在临时支撑侧边与梁段底板之间焊接止移板,进行纵横向限位,防止梁段移位,在大节段钢箱梁全部焊接成整体后割除止移板并修复梁体。

当跨中梁段大小里程侧端口全部临时工装连接并固定完成后,立即进行环缝焊接,最后拆除挂梁和配重。

三、结 语

本工程位于海洋自然保护区,靠岸侧坡度大,水位较深,大节段钢箱梁施工克服一系列难点,具有以下创新点:

(1)跨中大节段钢箱梁安装施工未采用常规的临时墩方式进行辅助施工,减少了大量临时结构的投入,同时避免了大量临时设施施工造成的海洋环境污染,既减少物资设备的投入,又做到了文明环保施工。

（2）悬挂架为大节段钢箱梁施工的主要受力构件，其受力稳定性对于施工安全至关重要，将其设计为小型钢箱梁形式，避免了大型钢的不足之处，大大提高了吊箱安全性及经济性。

（3）临时墩为一次性投入，占用资金较多，悬挂架可以周转使用来完成全桥跨中大节段钢箱梁的安装施工，相比之下可节约资金500万元以上，具有良好的经济效益。

随着大跨径桥梁技术的不断发展，在倾斜裸岩及深水条件下施工钢箱梁将会得到广泛应用，本文通过分析克罗地亚佩列沙茨大桥跨中大节段钢箱梁施工的工艺流程及方法，形成一系列创新方案解决设计及施工问题，为同类桥梁钢箱梁施工提供实践经验。

参考文献

[1] 李松,王春景,石虎强,等.佩列沙茨跨海大桥钢箱梁安装施工技术综述[J].公路,2021,66(9):62-71.
[2] 宪光侨.马尾大桥大节段钢箱梁施工技术研究[D].重庆:重庆交通大学,2018.
[3] 陈钊庭,王荣辉.港珠澳大桥深水区非通航孔桥大节段钢箱梁施工全过程控制[J].桥梁建设,2015,45(5):112-116.
[4] 蔡建军,季辉,沈锐利.青岛海湾大沽河航道桥钢箱梁大节段安装架设关键技术研究[J].施工技术,2011,40(21):66-71.
[5] 刘士林,赵富立,孙日双,等.红岛航道桥大节段钢箱梁精确调位技术[J].施工技术,2013,42(2):72-75.
[6] 孙敏.港珠澳大桥非通航段大节段钢箱梁吊装施工监控研究[D].武汉:武汉理工大学,2019.
[7] 郝胜利,石虎强.水中大跨度两塔连跨钢桁加劲梁悬索桥主梁施工技术[J].公路,2020,65(7):174-180.
[8] 牛亚洲,郝胜利.大跨径悬索桥钢箱加劲梁安装技术研究[J]公路,2015,60(5):83-89.
[9] 周水兴,何兆益,邹毅松.路桥施工计算手册[M].北京:人民交通出版社,2001.
[10] 汪正荣,朱国梁.简明施工计算手册[M].3版.北京:中国建筑工业出版社,2005.
[11] 中交第二公路工程局有限公司.公路桥梁施工系列手册　梁桥[M].北京:人民交通出版社,2014.

35. 大跨变高连续钢桁梁桥施工关键技术

张 聪　李望平

（中交二航局第二工程有限公司）

摘　要　钢桁梁桥是目前我国桥梁建造中的热点，其空腹式结构特点具有同时搭载公路和铁路的独特优势。目前国内外公轨两用的连续钢桁梁桥主跨跨径超过200m的应用实例并不多见。依托工程福州道庆洲过江通道工程跨江主桥采用三跨连续钢桁梁结构，结构新颖、构造复杂，它通过主墩两侧变高度设计及增设上层体外+体内预应力的方式将主跨跨径提升至276m，为目前国内同类型公轨两用桥梁的最大跨径。但随着主跨跨径的增大，悬臂施工过程中应力超限；主墩临近主航道，跨中设置的临时墩船撞风险大。本文围绕大跨径钢桁梁施工所面临的技术难题，制定了多项解决方案，顺利完成了道庆洲大桥施工，为以后同类型桥梁的施工控制提供了可行的方案和借鉴。

关键词　大跨径钢桁梁　体外索　不对称支撑体系　悬臂拼装　应力超限

一、工 程 概 述

福州市道庆洲过江通道是福州市第一座公轨两用跨江大桥。项目全长6.82km,采用公轨共建方式，上层为双向六车道一级公路兼城市主干道，下层为地铁6号线运行通道，公轨共建桥梁总长4.35km。

跨江主桥为双层变高度预应力钢桁结合梁,跨径布置为121m+276m+121m,跨径居同类桥梁国内第一。主桥边跨及主跨跨中附近为平弦,桁高9.5m;主墩附近桁高由9.5m逐渐增至23m。主桁标准节间长度为12m。主桥主桁为三角桁式布置,横断面为两片直桁结构。主桁采用焊接整体节点结构形式,杆件之间采用高强度螺栓拼接。

桥位处水深超17m,平均潮差为3.7m。实测流速最大流速为1.9m/s。一般冲刷深度为8m,局部冲刷深度为11~22m。覆盖层厚约30m,主要为淤泥夹砂、淤泥质土、砂混淤泥及中砂。桥区台风多发,风速40m/s。主跨航道等级为Ⅳ级,主墩距离航道50m。主桥立面如图1所示。

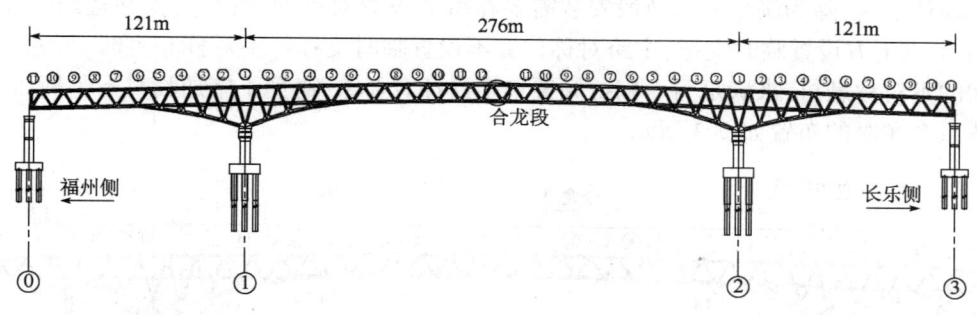

图1 主桥立面图

二、施工难点及解决方案

1. 原设计支撑体系

钢桁梁临时支撑体系的设置与施工顺序、施工工艺及结构受力相关。当采用先边跨后中跨的单悬拼施工工艺时,边跨常搭设满堂支撑或多点支撑,中跨是否设置支撑根据悬臂受力具体情况而定。当采用双悬臂拼装工艺时,应对称布置墩旁支撑以满足初始节段拼装需要,当设置扣塔+斜拉索的工艺时,其余位置通常不再设临时墩。

根据道庆洲大桥主桥的指导性施工组织设计图,钢桁梁采取双悬臂施工工艺,变高段范围对称设置满堂支架,原设计支撑体系如图2所示。

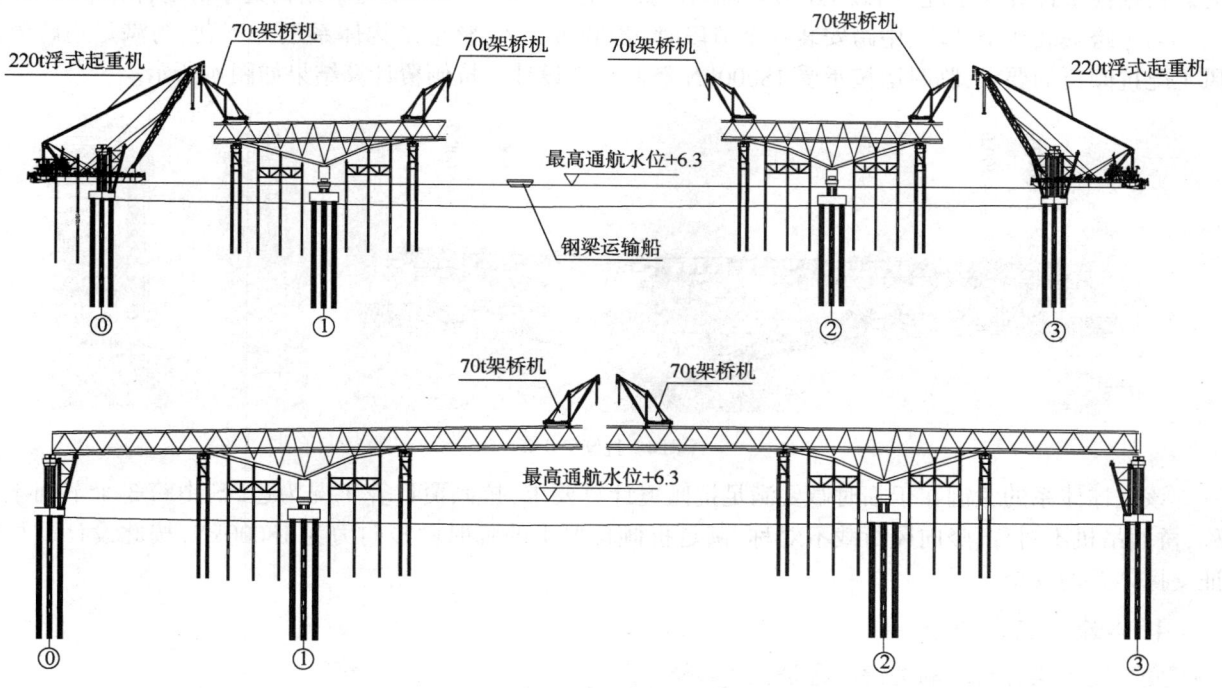

图2 原设计支撑体系(临时墩对称布置)

2. 存在问题

本工程中跨为Ⅳ级航道,航道距离主墩约50m,中跨设置临时墩船撞风险大,水中搭设临时墩钢材用量大、施工周期长。

3. 方案优化

在原有支撑体系基础上进行优化,提出采用不对称支撑体系,以减小施工期临时墩遭船撞风险、降低施工成本、缩短工期。

不对称支撑体系为:除为满足初始节段安装需要在墩旁设置对称的支撑外,仅在边跨第4个节间对应下弦E6/E6′节点下方设置临时支撑,中跨对称位置不设置临时支撑。不对称布置时,可通过边跨超前中跨2个节间的不对称悬拼,来满足另一侧抗倾覆稳定性计算要求,避免了施加临时不平衡压重的麻烦。不对称支撑体系合龙时的布置如图3所示。

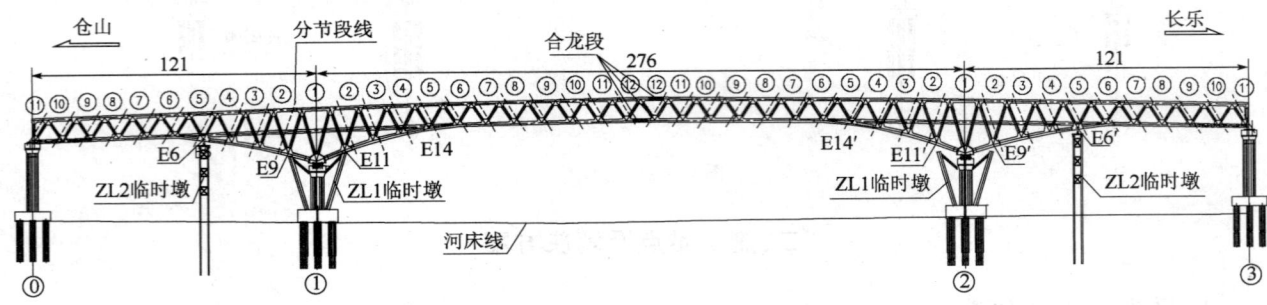

图3 合龙口立面图(尺寸单位:m)

抗倾覆计算典型工况1:桥面吊机拼装边跨第9个节间、中跨第6个节段,边跨侧超前安装第10个节段(上边墩)的下弦杆。中、边跨竖向风荷载不均匀系数为0.5:1.0。边跨侧满足抗倾覆系数为1.3时,边跨下弦E6/E6′节点临时墩需提供竖向反力13500kN。

抗倾覆计算典型工况2:桥面吊机拼装边跨第9个节间、中跨第6个节段。中、边跨竖向风荷载不均匀系数为1.0:0.5。中跨侧满足抗倾覆系数为1.32。E6/E6′节点临时支撑不需要提供抗倾覆所需支撑力。根据模型计算该工况下E6/E6′节点临时支撑反力为9000kN,该反力下结构处于静定体系。

当边跨安装9个节段、中跨安装6个节段时,若遭遇台风,整个结构体系最为不利,为满足边跨侧台风工况抗倾覆的要求,临时墩按承受18000kN竖向荷载设计。抗倾覆计算结果如图4所示。

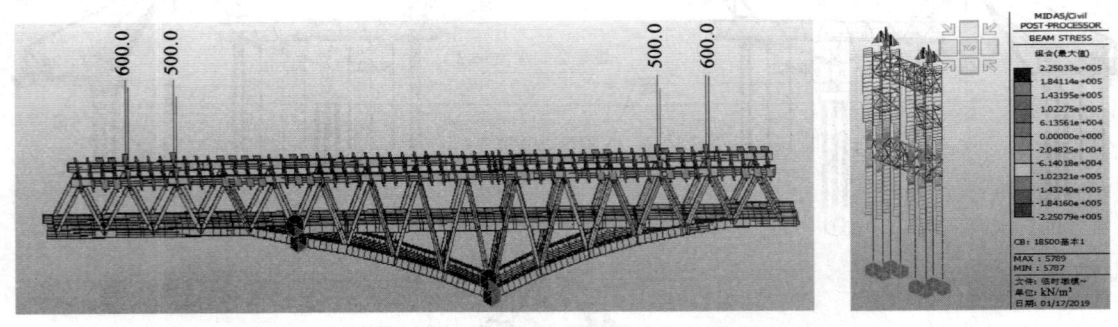

图4 抗倾覆计算

该支撑体系的关键在于临时墩要满足抗倾覆计算要求,抗倾覆计算工况为边跨、中跨3个节间不对称,桥面吊机不对称、竖向风荷载不对称,满足抗倾覆要求的临时墩竖向力为18000kN,按此设计即可保证支撑体系的安全。

4. 体外索辅助悬拼

变高度钢梁悬拼时的关键问题是:

(1)随着悬臂长度的增大,悬臂根部杆件会逐步增大,甚至超过允许范围。

（2）变高段和等高段相接的三角区域,下弦杆和下层铁路桥面系为闭合结构,三角区需无应力合龙。现有的做法主要是通过设置临时墩或采用临时斜拉索,来改善悬拼过程中的应力及实现三角区的合龙。设置临时斜拉索时,需相应安装临时扣塔,这增加了施工成本,加大了施工风险,另外本工程主墩处无竖杆,为将扣塔的竖向力有效的传递至墩身,还需设置临时的竖杆,需改造原设计结构构造。

本工程借助永久结构水平体外索辅助变高度钢桁梁连续梁桥悬拼施工工艺,解决了悬拼过程应力超限问题,相较传统的扣塔和临时竖杆等辅助措施,节省了施工成本,降低了大悬臂抗台风险。无体外索最大悬拼钢梁应力如图5所示,有体外索最大悬拼钢梁应力如图6所示。

图5 无体外索最大悬拼钢梁应力（单位:kPa）

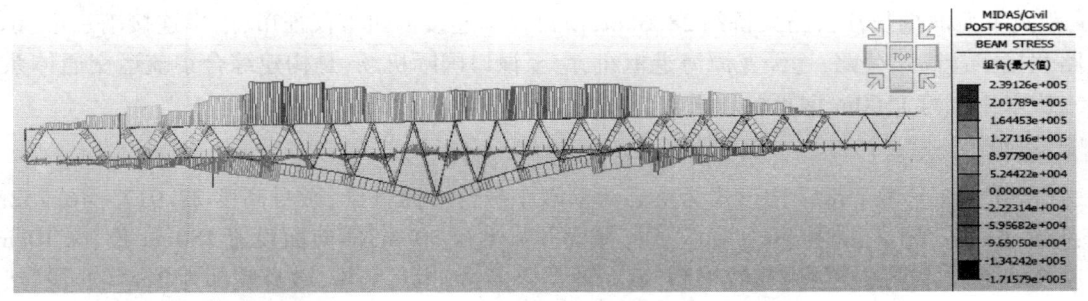

图6 有体外索最大悬拼钢梁应力（单位:kPa）

通过张拉体外索,可降低悬拼施工中最不利杆件应力约80MPa,将杆件应力控制在240MPa以内。相较设置扣塔,体外索方案可节省钢材约500t。

三、结　语

道庆洲大桥主桥施工面临的问题是:随着悬臂长度的增大,悬臂根部杆件会逐步增大,甚至超过允许范围;变高段和等高段相接的三角区域,下弦杆和下层铁路桥面系为闭合结构,三角区需无应力合龙;航道距离主墩约50m,中跨设置临时墩船撞风险大,水中搭设临时墩钢材用量大、施工周期长等。在存在诸多技术难题的情况下,通过以下创新保障了大桥在主墩邻近航道、台风多发等不利条件及紧迫的工期要求下的质量、安全和施工进度,为类似条件的桥梁设计与施工提供了借鉴及参考:

（1）借助永久结构水平体外索辅助变高度钢桁梁连续梁桥悬拼施工工艺,解决了悬拼过程中应力超限问题,相较传统的扣塔和临时竖杆等辅助措施,节省了施工成本,降低了大悬臂抗台风险。

（2）采用不对称大悬臂临时支撑施工工艺,降低了主航道通航风险,节省了中跨水中搭设临时墩的成本。

参考文献

[1] 魏鹏飞,吕志林,姜旭.三官堂超大跨径钢桁梁桥施工关键技术[J].施工技术,2019,48(11):6-11,15.

[2] 朱伟华.大跨度钢桁梁斜拉桥中跨合龙关键技术研究[D].长沙:长沙理工大学,2017.

[3] 王洪平,涂宏禾,李元生.东莞东江大桥钢桁梁合龙技术[J].桥梁建设,2010(2):76-79.

36. 浅析薄壁墩墩身施工技术及质量控制

曾令海 邓轶民 王 麟

(中交二航局第二工程有限公司)

摘 要 本文以南京龙潭长江大桥南引桥空心薄壁墩墩身施工为例,介绍了一种钢筋部品整体吊装配合挂架体系施工技术及其质量控制,减少高空作业时间,降低高空作业风险,提高施工质量和效率,可为类似工程施工提供一定参考、借鉴。

关键词 空心薄壁墩 钢筋部品 锥套锁紧 挂架 精细化施工

一、工程概况

1. 工程简介

龙潭过江通道位于南京栖霞山长江大桥与润扬长江公路大桥之间,距离上游南京栖霞山长江大桥约16.8km,距离下游润扬长江公路大桥约28.6km,项目北岸连接扬州市仪征市,南岸连接南京市、镇江句容市。线路北接宁盐高速公路,途经龙潭海港枢纽,南至禄口国际机场,是构建综合集疏运交通体系的重要工程。主桥采用主跨1560m钢箱梁悬索桥,南北引桥为钢混叠合梁桥。

2. 结构简介

南引桥S0~19号墩下部结构形式为空心薄壁墩小悬臂普通盖梁,墩身高度27.917~46.752m,墩身截面有:4m×6m、3.5m×6m和3m×6m三种,截面圆弧半径50cm,横向面设置180cm长、深10cm凹槽,墩身壁厚60cm,墩身主筋外层为双肢钢筋,箍筋种类繁多,且相互交错,墩身底部为2m实心段,然后衔接3m高变截面过渡段,顶部为3m高变截面过渡段,顶部空心,墩柱中部为等截面标准节段,结构形式及尺寸见表1,结构立面图及断面钢筋图如图1所示。

空心薄壁墩结构尺寸统计表   表1

类型	长度(m)	宽度(m)	高度(m)
1	6	4	36.633~45.581
2	6	3.5	43.487~46.752
3	6	3	27.917~38.909

二、施工重难点

为减少墩柱施工高空作业时间、减少墩柱钢筋安装时安拆辅助平台的次数、减少设备起重吊装的频率降低施工风险,薄壁墩柱钢筋施工采用装配化施工工艺,钢筋分节段后场定位绑扎,现场整体安装。其重难点主要有:

(1)钢筋节段整体吊装重量重,对位要求精度高;

(2)外侧主筋采用锥套锁紧接头,双肢主筋内侧采用滚轧直螺纹套筒连接,保证接头质量;

(3)钢筋加工精度要求高,钢筋间距、钢筋保护层满足精细化施工的要求;

(4)墩身施工工效高,养护满足龄期要求;

(5)拉杆孔封堵要求色差与混凝土外观一致。

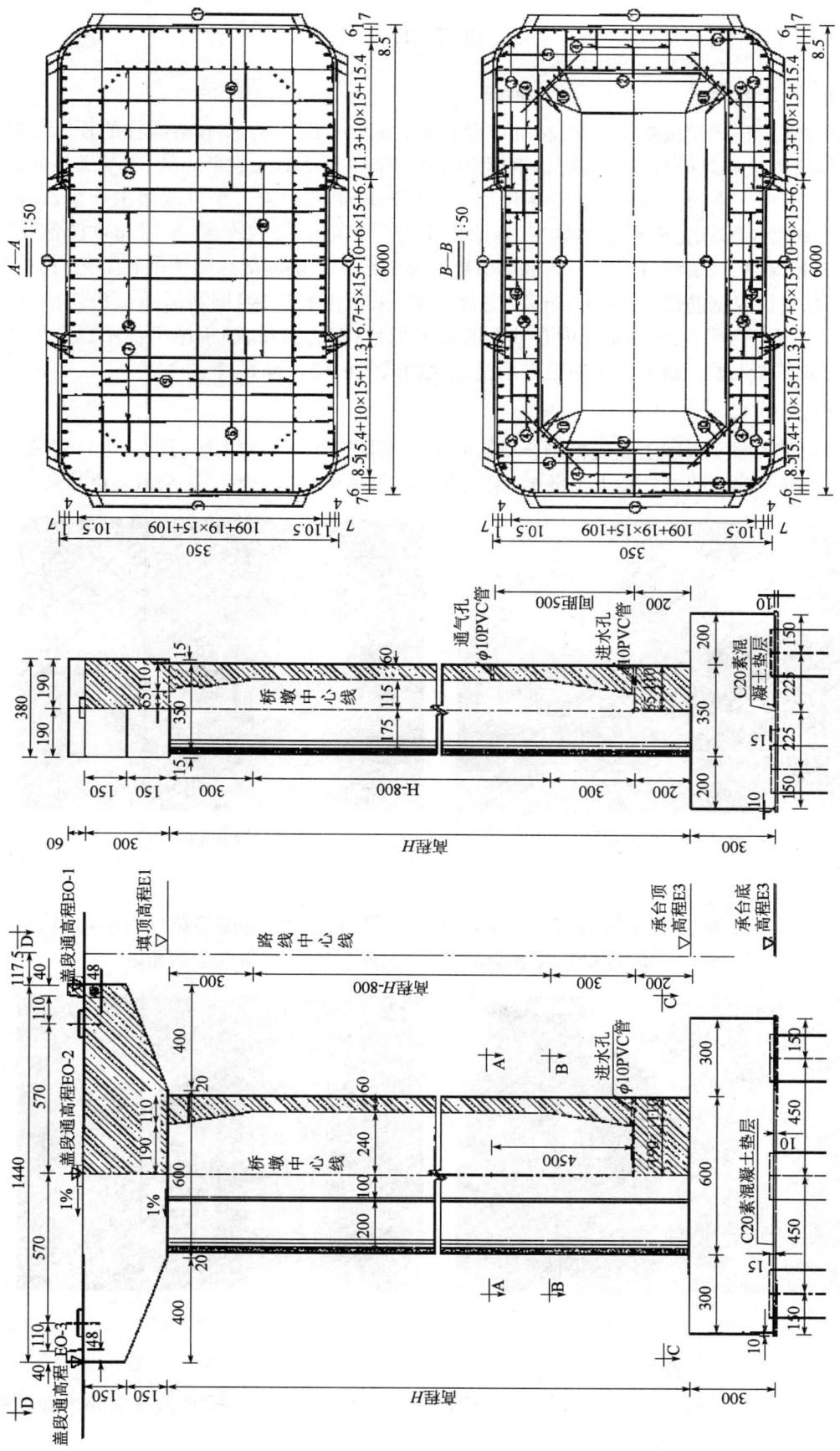

图1 空心薄壁墩结构立面图及断面钢筋图（尺寸单位：mm）

三、施工工艺

1. 总体施工工艺

薄壁墩墩柱采用挂架模板施工工艺，标准节段高6m，调整节段高3.5~6m；墩柱的顶、底倒角段内模采用木模，直线段内模和外模板均采用定型钢模。墩柱首节段钢筋加工成半成品、现场绑扎成型，墩柱外侧设置防护架作为施工平台。调节段钢筋采用固定在实心段顶部的施工平台兼做主筋接长的劲性骨架进行散绑，待钢筋骨架绑扎完成形成整体后，解除内平台与钢筋骨架的连接，采用起重设备安装挂架模板，并安装外模和内模，浇筑墩身混凝土。标准节段和顶节段采用钢筋部品整体吊装工艺，其钢筋采用在地面胎架内绑扎组拼成钢筋部品(6m高节段)整体吊装、采用锥套连接；钢筋部品接头连接及外模板操作采用挂架平台，内模操作采用固定在内仓壁上的施工平台；钢筋部品、模板施工使用履带吊吊装，混凝土浇筑使用泵车泵送入模。施工上下通道采用模块化箱式装配施工梯笼。

2. 钢筋部品加工

钢筋在加工场按照要求加工完成检测合格后转运到现场钢筋部品加工区(图2)进行安装，钢筋部品绑扎(图3)采用钢筋部品胎架定位人工散绑，采用专用吊具吊至转运平台运送至吊装点吊装。

图2　钢筋部品加工区

图3　钢筋部品绑扎

3. 钢筋部品吊装

钢筋部品运送至吊装点后，采用履带式起重机配合专用吊具吊装至连接位置(图4)，精准对位后进行锥套安装挤压(图5)，锥套挤压数量达到要求后再脱钩，然后完成剩余锥套挤压。

图4　钢筋部品吊装

图5　锥套挤压锁紧

4. 挂架提升、模板安装

墩柱钢筋绑扎完成验收合格后，退出上一节段模板，打磨干净后依次提升纵横向四个面的挂架架体(图6)。

图 6　挂架架体提升

挂架模板提升到位后，及时安装限位销子防止架体倾覆，然后通过三脚架顶部的传动装置移动模板安装。

5. 混凝土浇筑

混凝土采用泵车浇筑（图7），分层分区定人定岗浇筑，防止过振和漏振。混凝土入模前控制混凝土坍落度、入模温度等。冬夏季施工严格按照施工方案指导施工。

图 7　混凝土浇筑

6. 墩柱养护、外观修饰

墩柱浇筑完成后顶部覆盖土工布洒水养护（图8），上一节段混凝土龄期未达到7d的采用喷淋养护系统定时养护（图9）。

图 8　土工布覆盖养护　　　　　　　　　　图 9　喷淋养护

模板拆除后及时对混凝土外观进行局部修饰，拉杆孔的封堵采用固化工艺定人定岗修饰。拉杆孔封堵示意和效果图如图10、图11所示。

图 10　拉杆孔封堵示意图　　　　　　　　　图 11　拉杆孔封堵效果图

四、质量控制

1. 钢筋施工质量控制

为保证主筋位置定位准确，承台施工时在顶部安装定位梳齿板对主筋定位，在墩柱施工时为保证钢筋散绑段和钢筋部品段衔接位置接头满足规范要求，钢筋散绑段采用定位梳齿板对主筋进行定位（图12）。

图 12　定位梳齿板示意图

为满足钢筋部品加工精度高、对位精度高的要求，在钢筋部品加工胎架底部设置固定定位架（图13），为便于钢筋部品起吊，在顶部设置伸缩式定位板定位（图14），保证主筋间距以及钢筋部品结构尺寸满足精度要求。

图 13　底部定位架　　　　　　　　　　　　图 14　顶部伸缩式定位板

部品钢筋绑扎完成后需检查验收,保证部品钢筋整体吊装的安全。为控制部品钢筋在吊装过程变形、满足吊装质量吊耳数量的基础上,在专用吊具上对称设置20个吊耳(图15),使受力分散达到控制钢筋笼变形的效果。

图15　部品钢筋吊具安装

为保证接头位置质量满足要求,部品钢筋吊装前严格按照要求检查待连接面是否水平,钢筋是否有马蹄口,并用画线工具画好标记线,锁片安装时要保持对中、整齐,挤压完成后用卡尺检查挤压是否到位(图16、图17)。

图16　锥套夹片安装　　　　　　　　　图17　锥套挤压锁紧

2. 模板施工质量控制

模板与混凝土包边10cm,为防止模板底口漏浆,在模板底口混凝土面布置两道两层双面胶(图18),并在底口采用槽钢+防漏橡胶条进行堵漏。为防止模板出现错台,模板接缝位置采用定位销进行模板定位,保证错台位置不超过2mm,模板缝采用双面胶粘贴防止漏浆,拉杆孔直径42mm,40mmPVC管对穿拉杆孔后采用玻璃胶或双面胶填堵密实(图19),检查模板面层保证填堵物不能侵入结构层,影响混凝土的外观质量。模板安装完成后,要求工前保护层合格率达到98%以上,保证工后合格率达到95%以上。

 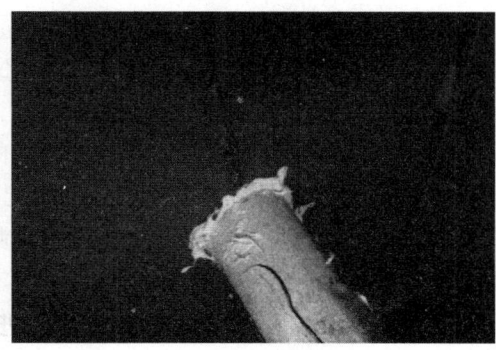

图18　底口防漏浆处理　　　　　　　　图19　拉杆孔处理

3. 混凝土施工质量控制

混凝土浇筑对称下料、分层振捣，每层混凝土布料厚度按 30cm 控制。混凝土振捣按分层浇筑厚度分别进行振捣，振动棒的前端应插入前一层混凝土中，插入深度约 10cm。振动棒垂直于混凝土表面并快插慢拔均匀振捣；当混凝土表面无明显塌陷、有水泥浆出现、不再冒气泡时，可结束该部位振捣（20～30s）。振动棒与模板的距离不大于 20cm；振捣插点间距约 30cm。模板底口防漏浆采用的槽钢+防漏橡胶条的小工装组合（图 20），达到防漏浆的处理要求，效果较好，可以很好地解决因漏浆导致成品墩柱受到污染而引起对墩柱重复修饰工作。

图 20　槽钢+防漏橡胶条的小工装组合在混凝土浇筑过程中的防漏浆效果图

墩柱浇筑完成后在顶部覆盖土工布洒水养护，上一节段混凝土龄期未达到 7d 的采用喷淋养护系统定时养护。

混凝土外观总体要求：局部处理、不允许整体涂装修饰，混凝土外观修饰、拉杆孔的封堵应定 2～3 名有经验的工人专门负责修饰处理。

拉杆孔封堵：清理掉表面上的 PVC 管，清理深度 5cm，打入同等型号的混凝土块，打入深度控制在混凝土块表面距离混凝土表面 5mm 左右，采用微膨胀封堵材料进行面层封堵，待微膨胀封堵材料干后再用黑白水泥进行面层修饰。修饰完成后可达到无裂纹的效果。

五、结　语

本文介绍的高墩空心薄壁墩施工技术，成功应用在龙潭过江通道南引桥空心薄壁墩施工，在墩柱高度高、施工作业风险大、高空作业周期长的条件下，减少了高空作业时间，保证高空作业的安全性、可靠性及高效性，经现场实践验证，结论如下：

（1）采用钢筋部品整体吊装工艺，解决了散绑工艺平台搭拆烦琐、周期长的问题，可有效提高施工工效。

（2）采用钢筋部品整体吊装工艺，相比散绑工艺，更能控制钢筋骨架规格尺寸、提高保护层合格率的同时保证了钢筋施工整体质量要求。

（3）模板底口防漏浆采用的槽钢+防漏橡胶条的小工装组合，达到防漏浆的处理要求，效果较好，可以很好地解决因漏浆导致成品墩柱受到污染而引起对墩柱重复修饰工作。

（4）采用喷淋养护系统可以解决墩柱待模养护龄期不足的问题，保证墩柱混凝土的强度满足要求。

（5）爬锥孔、拉杆孔封堵严格固化工艺；遵循"定人定工艺"原则，要求作业人员不断总结经验，不断对其进行质量教育培训；对爬锥孔、拉杆孔封堵也进行"三检制"制度。修饰完成后可达到无裂纹、无明显色差的效果。

空心薄壁墩施工采用挂架系统配合钢筋部品整体吊装施工,提高施工效率、缩短高空作业时间、降低高空作业风险、保证施工安全质量,值得广泛推广。

37. 应用于节段梁结构桥梁中的现浇隐横梁墩顶块施工方法

冯 新

(中交二航局第二工程有限公司)

摘　要　本文提出了隐形横梁与节段梁墩顶块结合形成隐横梁墩顶块并采用现浇工艺的施工方法。该施工方法通过在隐横梁墩顶块现浇制作时顶部设置横桥向临时体内预应力,临时体内预应力与永久预应力张拉完成后,使架桥机在架设节段梁过程中,支腿能够直接作用于现浇隐横梁墩顶块上;且隐横梁墩顶块在多向预应力作用以及架桥机站位工况下,能保证结构安全;隐横梁墩顶块体内设计的永久预应力能够在该复杂工况下,提前一次性张拉完成;并结合交叉锚设计,避免隐横梁墩顶块制作时横、纵向预应力管道冲突,确保整体结构受力的方式;优化节段梁结构桥梁中的墩顶块施工工艺流程,能够安全、高效地完成墩顶块施工及节段梁的架设拼装,降低了此类施工条件下的工程成本,提高了复杂工况下墩顶块使用的稳定性,使结构受力更加安全。

关键词　节段梁　隐横梁墩顶块　现浇工艺　临时体内预应力　交叉锚设计

一、引　言

随着我国桥梁事业的发展,节段梁施工技术不断进步和成熟,在结构和预应力设计上有"先简支后连续""逐跨连续"的不同体系,在安装方法上有"悬臂拼装""全悬挂拼装"等多种施工方法,其墩顶块通常采用预制安装的施工工艺,通过胶结缝、湿接缝等设计将节段梁连接。随着桥梁结构设计的多样化,节段梁墩顶块设计呈现出墩顶隐形横梁与节段梁墩顶块结合的隐横梁墩顶块结构形式,其体内设有横、纵向的预应力体系。隐横梁墩顶块横桥向预应力均布于下缘,在现浇制作完成的施工阶段,若一次张拉全部横梁预应力,会导致横梁顶面拉应力超限;若采用分次张拉,需考虑架桥机荷载、前后两端节段梁施加的荷载,导致操作难度大大增加;同时在多向预应力作用以及架桥机站位工况下,隐横梁墩顶块受力将更加复杂。

基于上述情况,本文提出了应用于节段梁结构桥梁中的现浇隐横梁墩顶块施工方法,该施工方法的特点是在隐横梁墩顶块现浇制作时其顶部设置临时体内预应力,使隐横梁在施工阶段能够一次性完成永久预应力张拉,在多向预应力作用以及架桥机站位工况下能够保证隐横梁结构安全,并通过交叉锚设计避免隐横梁制作时,纵、横向预应力管道冲突,确保整体结构受力。

本文以在瓯江北口大桥南引桥合并段上层节段梁中现浇隐横梁墩顶块的施工方法为应用实例,提供工程建设经验。

二、工程概况

1. 南引桥概况

瓯江北口大桥南引桥分为合并段与分离段,其中合并段里程桩号 K277+095~K278+145,长度为 1050m,双层结构,上层为高速公路,下层为南金公路,下层桥面净距约 10.1m。

南引桥合并段为节段梁结构桥梁,左右幅分幅设计,上层节段梁设计为五跨一联,标准跨径50m,墩号 S01 号~S16 号。南引桥合并段桥型立面布置如图1所示。

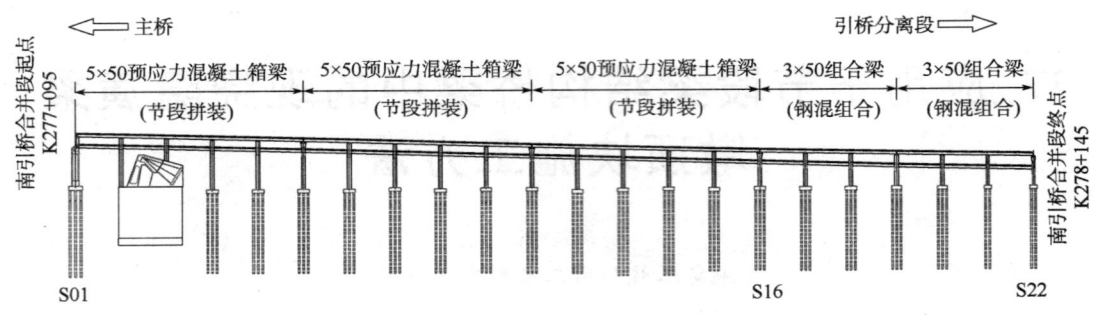

图1 南引桥合并段桥型立面布置图(尺寸单位:m)

2. 隐横梁墩顶块设计

1)隐横梁墩顶块结构设计

隐横梁墩顶块由横梁和箱形梁两部分组成,如图2所示。横梁为节段梁在墩顶位置主要受力结构,箱形梁为匹配节段梁伸出的节段。

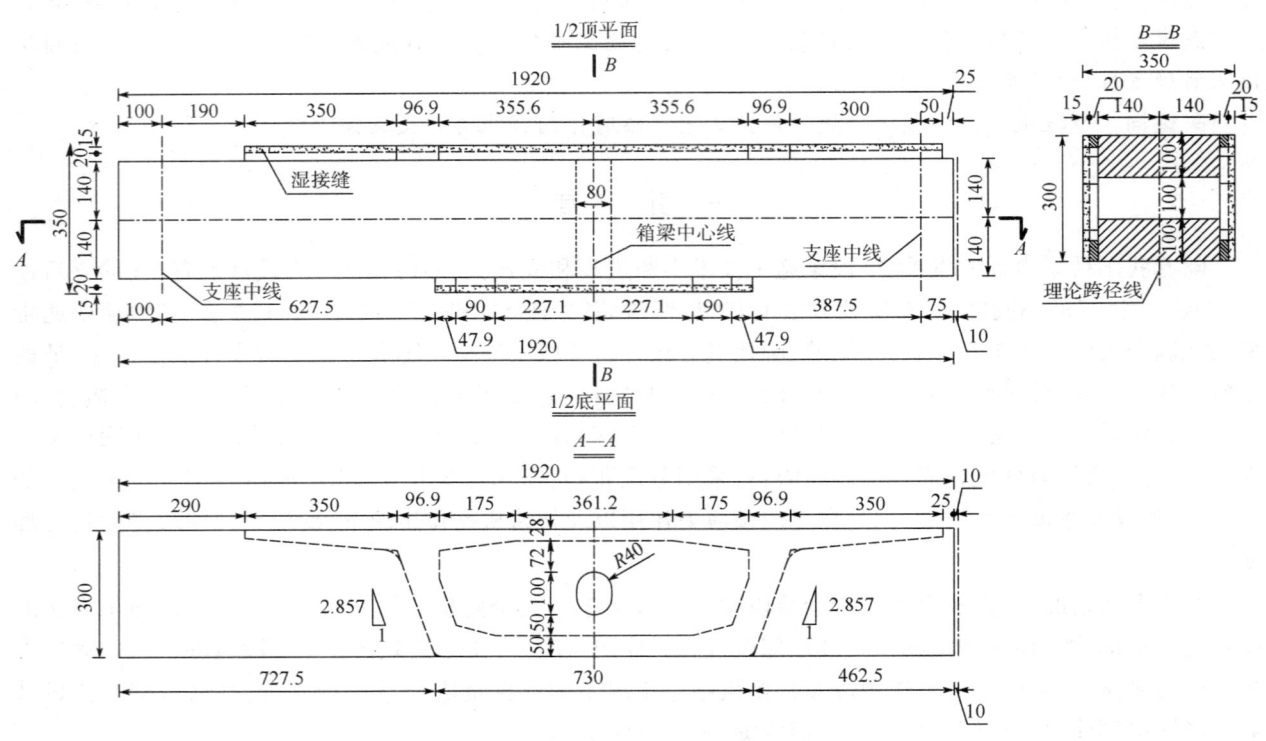

图2 隐横梁墩顶块结构图(尺寸单位:cm)

2)临时体内预应力体系设计

在横梁上部增设临时体内预应力束抵抗上缘的拉应力,经验算复核,上缘均匀布置6股16-Φ^s15.2型平直预应力束(锚下控制应力为1395MPa),预应力束中心线距离顶面35cm,可使得横梁全部预应力一次张拉到位后,在自重下横梁上缘不存在拉应力。临时体内预应力体系设计如图3所示。

横梁内新增的临时体内预应力束是否需要退张,须进行验算判定。本工程经验算判定,新增临时体内预应力若不进行退张,横梁在体外预应力施工阶段体系转换期间及运营期间最不利荷载组合工况下,导致横梁上、下缘应力超限,故横梁内新增的临时体内预应力在体系转换前须退张处置。

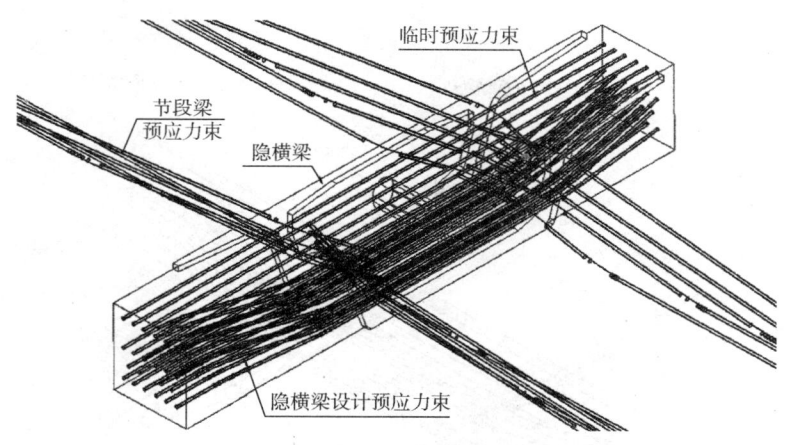

图3 临时体内预应力体系设计示意

3）交叉锚固设计

隐横梁墩顶块因在工地现场浇筑一次浇筑成型，节段箱梁腹板上预应力钢束无法在横梁的壳体内部进行锚固，故节段梁预应力体系在横梁处的锚固设计采用交叉锚固的形式。传统锚固设计与交叉锚固设计如图4所示。

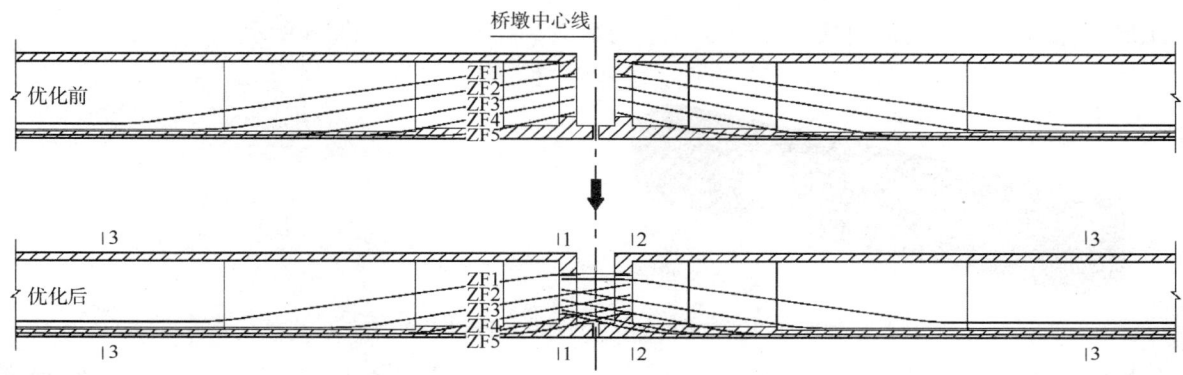

图4 传统锚固设计（上图）和交叉锚固设计（下图）

(1) 交叉锚固设计原则。

①锚点纵桥向前移至相邻跨横梁表面，锚点竖向向下移动，保证顶部ZF1预应力束足够的锚固及张拉空间，横向上向箱梁内部移动，锚点由腹板移动至横梁表面。

②横梁两侧锚点非对称布置，竖向上错开，以避免在横梁内部预应力束空间位置相交。

③ZF1束在横梁内部仅有平弯，使得在横梁表面的锚点无仰角，确保了预应力束的张拉空间，其余钢束在横梁内部既有平弯又有竖弯。

(2) 本工程交叉锚固设计方案。

在横梁处体内预应力布置的三维视图如图5所示。通过观察，交叉锚固方案腹板束和底板连接束与横梁内部横向预应力束（包括横梁顶板束）空间位置不冲突，交叉锚固方案理论上可实现合理布束。节段梁预应力体系变更后，在成桥状态及运营阶段仍可满足设计功能要求。

三、现浇隐横梁墩顶块施工方法

1. 总体施工技术概述

现浇隐横梁墩顶块采用落地式钢管少支架工艺施工，除内仓预应力锚固区域采用组合木模外，底模、侧模及人洞处均采用定型钢模，横向预应力（含临时体内预应力）单端一次张拉完成，临时体内预应力在一联节段梁体系转换前进行退张。

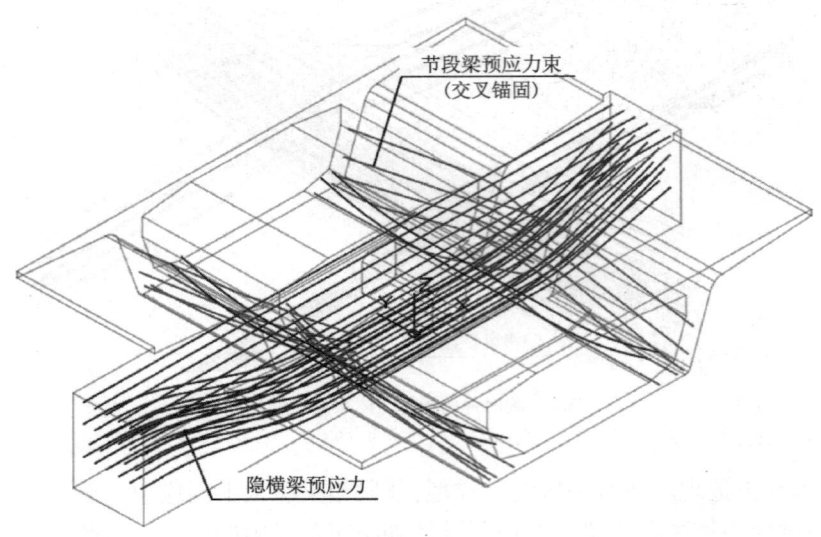

图 5　隐横梁内部及穿越隐横梁预应力束空间布置三维视图

基于 ANSYS 的横梁结构数值分析。

工况一：横梁仅受临时体内预应力、永久预应力荷载。有限元模型如图 6 所示。

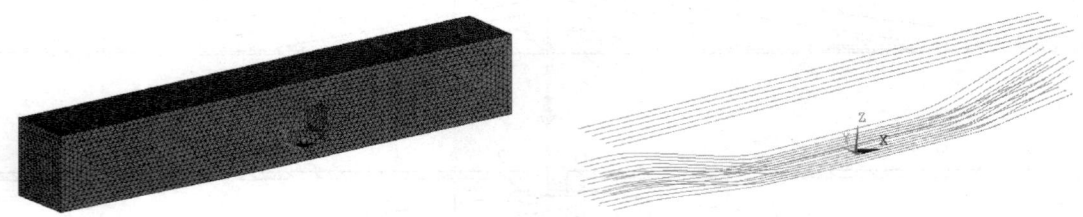

图 6　横梁有限元模型（左）和内部预应力束分布（右）

分析结果：横梁上下缘均无拉应力，上缘最小压应力为 2.6MPa，下缘最大压应力为 19.2MPa，横梁结构受力安全。分析结果如图 7 所示。

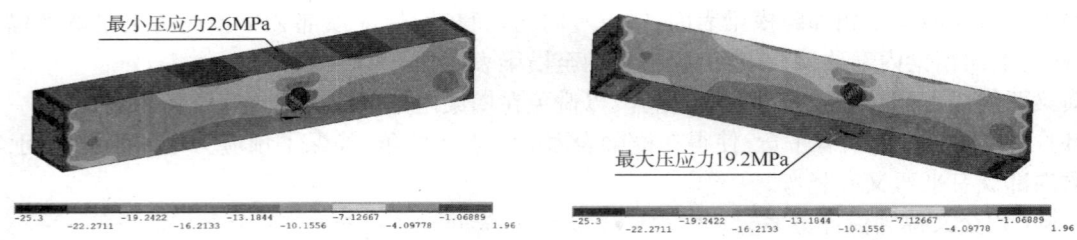

图 7　横梁应力云图

工况二：相邻两跨纵向体内预应力张拉完成后、支腿倒运工序下，横梁受架桥机支腿荷载。有限元模型如图 8 所示。

分析结果：横梁上下缘均无拉应力，上缘最大压应力为 12.0MPa，下缘最小压应力为 2.0MPa，横梁结构受力安全。分析结果如图 9 所示。

2. 施工工艺流程

现浇隐横梁墩顶块施工工艺流程如图 10 所示。

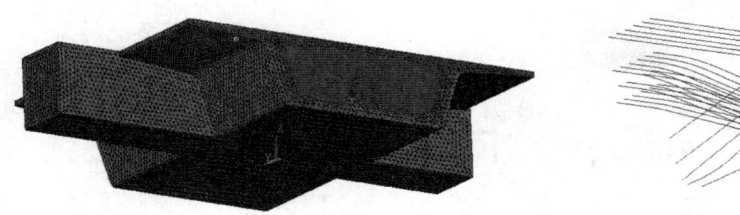

图 8 横梁有限元模型(左)和内部预应力束分布(右)

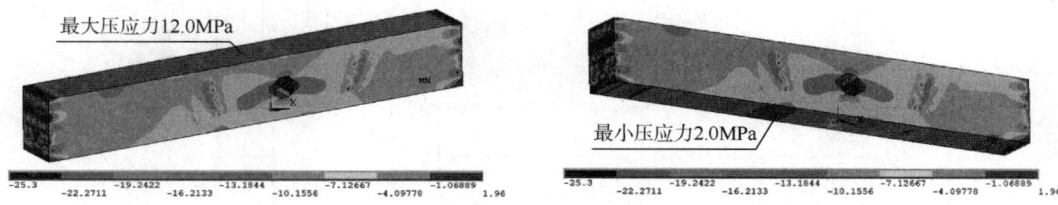

图 9 横梁应力云图

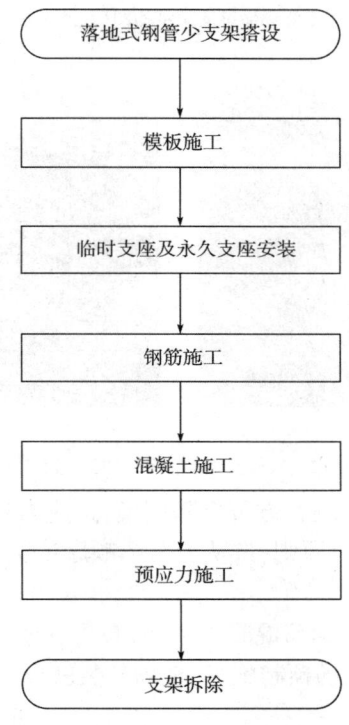

图 10 总体施工工艺流程图

3. 主要施工方法

1)落地式钢管少支架搭设

(1)支架设计。现浇支架采用落地式钢管少支架结构形式,支架整体高度约10m。支架结构如图11所示。

(2)支架搭设。支架搭设选用25t汽车式起重机,按从下向上顺序搭设。

2)模板施工

(1)模板安装。隐横梁墩顶块模板施工分为底模与侧模两个阶段。支架搭设完成后,安装底模;钢筋及预应力管道施工完成后,安装侧模、人洞模板,如图12所示。

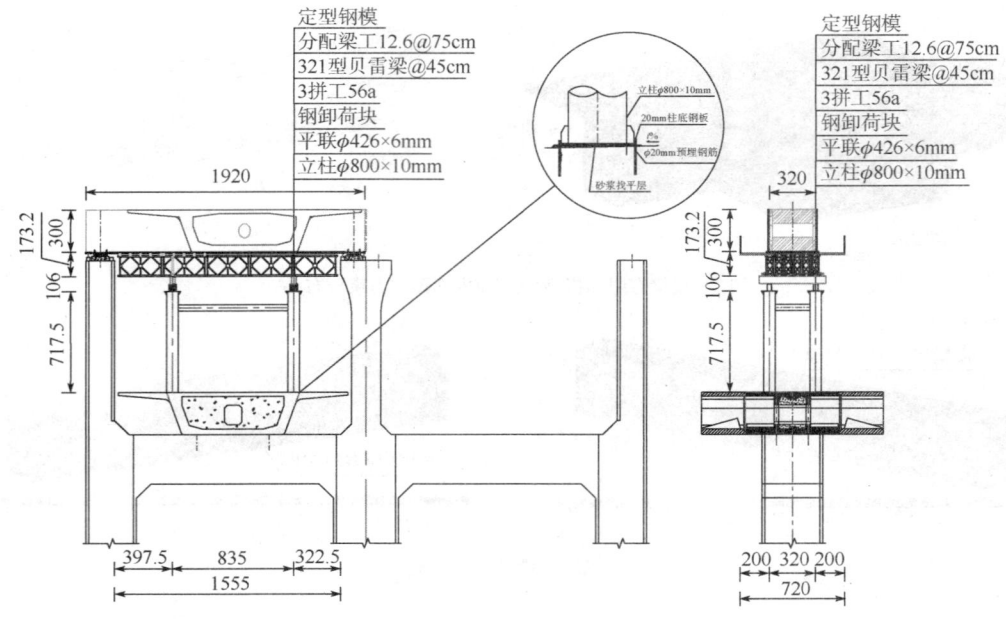

图 11 现浇隐横梁支架结构图(尺寸单位:cm)

图 12 底模安装(左)和侧模安装(右)

(2)模板拆除。混凝土带模养护7d后,方可拆除侧模,预应力施工完成后,方可拆除底模。模板利用25t汽车起重机遵循先搭后拆、后搭先拆原则,按从上至下顺序依次拆除。

3)临时支座及永久支座施工

(1)临时支座施工。临时支座采用钢筋混凝土结构,布置在永久支座垫石两侧。临时支座由基础和找平层两部分构成,临时支座基础在后场预制施工,现场吊装就位后,在隐横梁底模的活动模板内进行灌浆找平,保持与底模平齐,如图13所示。

图 13 活动模板(左)和找平层灌浆施工(右)

(2)永久支座安装。永久支座安装前,清理垫石支座预埋孔内杂物,使用5mm钢板支垫至设计高程,高程复核无误后进行灌浆施工,如图14所示。

图14 永久支座调节(左)和永久支座灌浆(右)

4)钢筋施工

隐横梁墩顶块的钢筋在钢筋厂内加工成半成品,现场绑扎成型。为方便预应力管道施工,钢筋骨架及预应力管道同步分节段施工。

5)混凝土施工

混凝土采用臂架泵泵送入模,分层布料,一次浇筑成型。混凝土顶面采用覆盖土工布+洒水方式养护,侧面采用带模方式养护,养护时间不少于7d。

6)预应力施工

(1)预应力管道定位及安装。预应力管道与钢筋分节段同步施工,即分节段绑扎钢筋、分节段定位预应力管道。体外预应力管道与钢筋位置冲突时,截断钢筋并采用Z形钢筋、L形钢筋补偿加强,如图15所示。

图15 预应力管道补偿加强筋

(2)预应力钢束穿束。预应力钢束采用先穿法施工,钢绞线下料时进行编束整形,最大限度降低预应力钢束的缠绕对张拉施工造成的影响。

(3)横向预应力施工。横向预应力采用智能数控设备张拉,遵循中间层→顶层→底层→中下层原则,从中心向两侧对称施工,一次张拉完成。预应力钢束的张拉顺序为 1-1(1-1′)→1-2(1-2′)→1-3(1-3′)→2-1(2-1′)→2-2(2-2′)→2-3(2-3′)→2-4(2-4′)→3-1(3-1′)→3-2(3-2′)→3-3(3-3′)→3-4(3-4′),张拉顺序示意如图16所示。

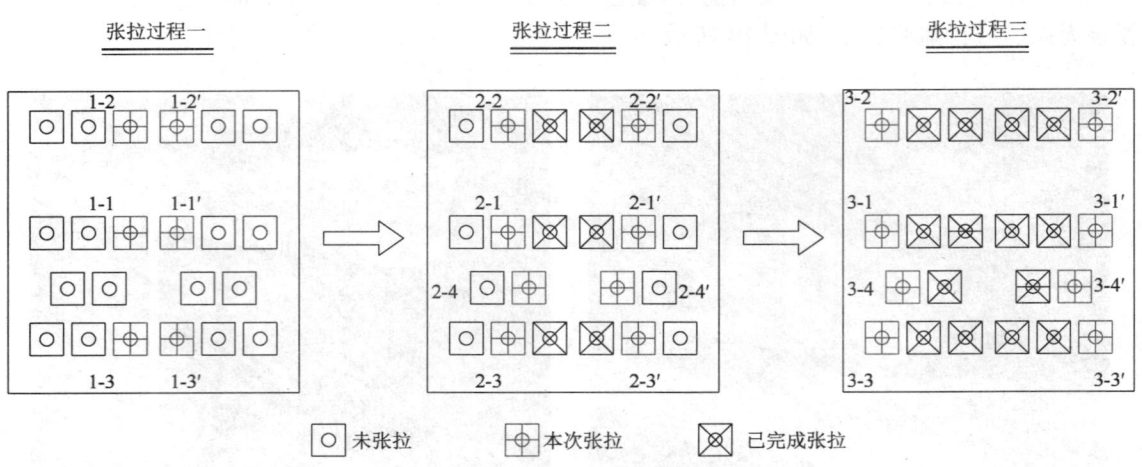

图 16 横向预应力张拉顺序示意

临时体内预应力在一联节段梁体系转换前进行退张,退张顺序为 1-2(1-2′)→2-2(2-2′)→3-2(3-2′),退张后对临时预应力管道灌浆封闭处置。

7)支架拆除

横向预应力张拉完成后,方可拆除支架。支架拆除遵循先搭后拆、后搭先拆原则,从上至下依次拆除。

四、结 语

(1)通过瓯江北口大桥南引桥合并段上层节段梁中现浇隐横梁墩顶块施工方法的应用实例,总结该施工方法的优点如下:

①解决传统工艺在架桥机架设节段梁施工时不能直接站位于墩顶块上,导致狭小空间架桥机站位下,须搭设辅助支架支撑的问题。

②隐横梁墩顶块在多向预应力作用以及架桥机站位工况下,能够保证横梁结构安全。

③隐横梁墩顶块体内设计的永久预应力能够在复杂工况下一次性完成预应力张拉施工。

④通过顺桥向交叉锚布置,能过避免纵、横向预应力管道冲突问题,并确保整体结构受力。

(2)在节段梁结构桥梁施工中,提出将预制墩顶块调整为现浇隐横梁墩顶块的新颖的施工方法,优化了墩顶块施工工艺流程,能够安全、高效地完成墩顶块施工及节段梁的架设拼装,降低了此类施工条件下的工程成本,提高了复杂工况下墩顶块使用的稳定性,使结构受力更加安全。

附件:隐横梁墩顶块施工影像资料(附图 1~附图 6)。

附图 1 支架搭设

附图 2 钢筋骨架施工

附图3 体外预应力管道施工

附图4 侧模安装

附图5 预应力束张拉

附图6 架桥机站位于隐横梁墩顶块上

38. 大跨斜拉桥水滴异形高塔施工关键技术

龙 强[1,2,3]　李 杰[1,2,3]

(1. 中交第二航务工程局有限公司；2. 长大桥梁建设施工技术交通行业重点实验室；
3. 交通运输行业交通基础设施智能制造技术研发中心)

摘　要　目前，国内斜拉桥索塔施工技术越发成熟，但水滴异形超高索塔建造可借鉴的经验很少，针对水滴异形高塔存在的线形控制难度高、爬模施工复杂、混凝土控裂难等问题，以重庆白居寺大桥236m水滴形索塔为例，进行施工关键技术研究。通过分批浇筑中横梁，并设计带有弧形桁架模板的临时支撑结构，减小横梁线形误差；通过以直代曲、逐节修正的轨道角度以及增加临时轨道，实现曲线爬模以及空中变轨；设计了一种低热低收缩高抗裂的超高性能混凝土，并结合混凝土匀质性施工等温控措施，提高下横梁大体积混凝土结构的抗裂能力。工程实践表明，所提出的技术措施能够满足施工安全质量要求，可为类似斜拉桥索塔施工提供参考。

关键词　斜拉桥　异形高塔　线形控制　爬模　混凝土控裂

一、引　言

随着我国桥梁工程建设的飞速发展，桥梁工程尤其是城市桥梁逐渐向大跨径、功能和外形多样化发展,且随着人们的审美意识和对结构美学的追求日益提高,桥梁结构外形受到了更多的重视[1]。斜拉桥由于跨越能力大、结构美观,成为城市跨江交通的优选桥型。伴随着主流斜拉桥的发展,异形塔斜拉桥也应运而生,工程师们倾向于选用拱形、Q形、水滴形等形状特殊的索塔以体现斜拉桥的结构美观性[2]。目前斜拉桥索塔一般采用爬模法、翻模法等进行施工[3],其中索塔的线形控制[4-6]以及混凝土控裂[7-9]至关重要。本文依托重庆白居寺长江大桥,介绍大跨斜拉桥水滴异形高塔施工关键技术。

二、工程概况

白居寺长江大桥是重庆市五横线跨越长江的节点工程,主桥结构为主跨660m的双塔双索面半飘浮体系钢桁梁斜拉桥,边中跨之比为0.591:1,主桥采用五跨连续方式,桥跨布置为107m+255m+660m+255m+107m=1384m。主桥立面布置如图1所示。

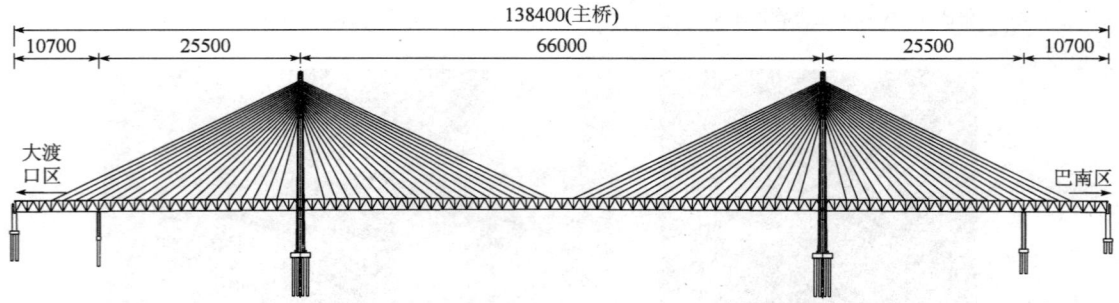

图1 白居寺长江大桥主桥立面布置图(尺寸单位:cm)

主塔为空间曲面水滴形混凝土结构,由2个塔肢和上、中、下3道横梁组成。主塔总高236m,为世界最高异形索塔,其中上塔柱高181.8m,下塔柱高54.2m,其下塔柱由9条不同半径圆弧线构成空间异形水滴结构曲面,中横梁与后浇带形成圆弧曲面,上塔柱以1/5.81的斜率向内倾斜,整体线形复杂。塔身采用C55混凝土,上塔柱(索区)采用钢纤维混凝土。索塔横桥向最大宽度为71.87m,单塔肢的塔底横向宽度为13.37m,塔顶为2.882m;塔底纵向宽度为11m,塔顶为5.39m。塔柱与下横梁采用变截面单箱室结构,中横梁采用变截面多箱室结构,上横梁采用实心结构。索塔采用液压爬模法施工。白居寺大桥索塔构造如图2所示。

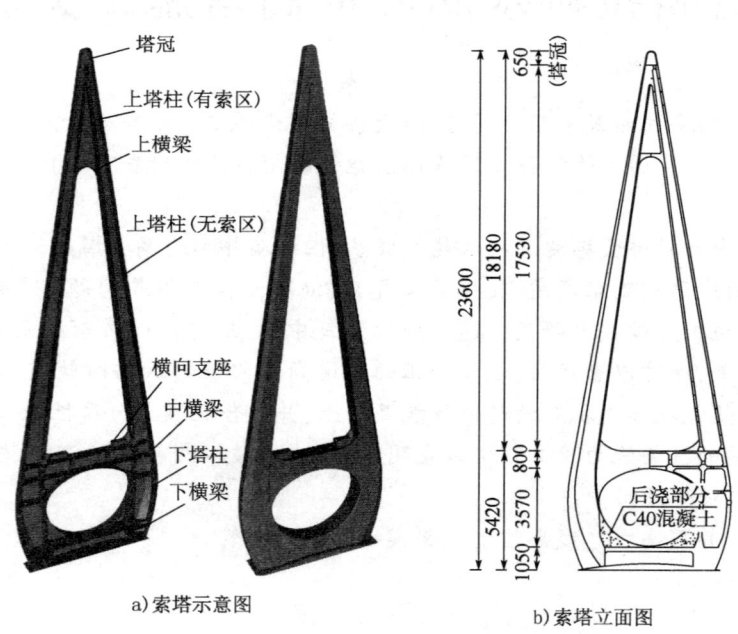

图2 白居寺长江大桥索塔构造图(尺寸单位:cm)

三、多曲率线形控制关键技术

白居寺长江大桥索塔轮廓线形多样,同时存在平直面、圆弧面、圆弧倒角、空间异形面,且塔柱倾斜率大,需要从临时支撑系统、现场测量定位调整等方面保证索塔线形,其中中横梁线形和索塔塔偏控制为施工线形控制的关键。

1. 中横梁线形控制

横梁底面及顶面含3种圆弧面,横梁与塔肢接触面积较大,由于异步施工钢筋连接接头较多且接触面为弧形,不易控制其线形,总体施工工艺采用塔梁同步施工。横梁底面为拱形,在混凝土浇筑过程中横梁底板承受较大的水平推力,要求临时支架系统具备足够的横向刚度。同时,由于中横梁的施工周期较长,混凝土收缩徐变以及温度的影响都会造成初始浇筑的混凝土与支架模板部分脱空,从而使得横梁合龙段浇筑时混凝土产生裂缝,造成线形误差。

考虑爬模单次爬升浇筑高度及中横梁结构特点,将中横梁横向分为6次浇筑,且前4次浇筑完成后中横梁拱结构合龙,可参与后续受力。经计算验证,横梁前4次浇筑形成的拱结构可承受后续的浇筑荷载,且通过比选后,最终中横梁支架采用"落地式不等高钢管支架 + 贝雷梁 + 弧形桁架模板系统",支架系统示意图如图3所示。浇筑前4次混凝土时,设置倾斜桁架与塔肢腔室内模对拉螺杆,增加弹性支点数量,减小倾斜桁架跨度以减小支架变形,从而避免在浇筑倾斜桁架上方混凝土时模板系统与已浇筑混凝土间部分脱空。

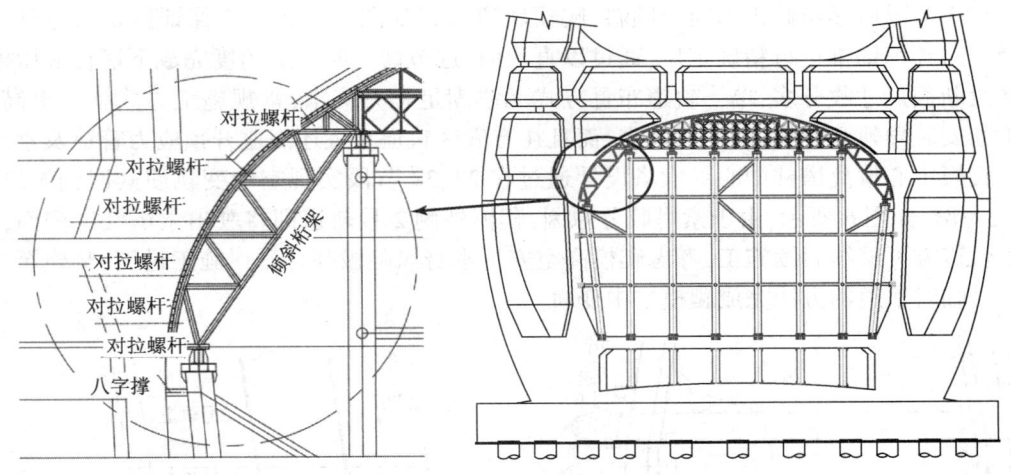

图3 中横梁支架系统示意图

2. 索塔塔偏控制

夏季高温施工时,索塔受太阳偏晒的影响会向背阳面倾斜,且倾斜值随温度的变化而变化,严重影响了测量精度。为解决该问题,索塔采用棱镜修正法进行放样,修正测量示意图如图4所示。跟随节段施工预埋塔上追踪修正棱镜,并根据预埋温度及应力传感器显示数值情况,在索塔温度均匀时采集追踪修正棱镜坐标值。施工放样时,首先测量追踪棱镜,得到实时的修正值,随后对放样点坐标进行实时修正,获得实时的放样目标位置,最后利用修正后的实时目标位置进行放样测量,以此工序重复进行,直到完成所有放样,保障了夏季高温差下的索塔放样精度。冬季施工受大雾影响较大,不能及时有效地进行放样工作,为有效推动索塔测量工作,施工时在索塔顶部提前放样2个以上的动测点位,在大雾等天气无法进行远距离放样时,利用动测点将全站仪放置在塔顶进行初步放样,此时全站仪与各放样点处于相对静止的局部坐标系中,放样精度将会大幅提高。基于"随动修正技术"的塔柱施工控制方法可实现全天候放样,降低施工误差。通过对施工误差分析,预测对后续塔段的影响以做出合理的调整,从而达到塔偏控制的目的。

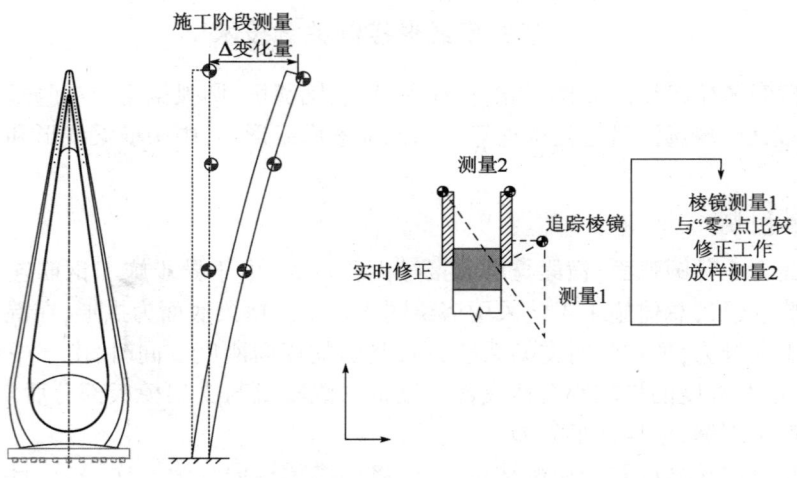

图4 塔偏修正测量示意图

四、曲线爬模及变轨关键技术

常规液压爬模方法为沿固定直角或倾斜角爬升,在遇到折线时需将爬模拆除后重新安装,经济性较差且安全风险高。为实现曲线爬升,索塔下塔柱4~12节段爬模轨道布置沿下塔柱曲线走向,倾斜角为向外倾斜,至13节段后逐步修正为向内倾斜,爬模轨道布置如图5所示。为保证行走轨道的位置精确,需要在模板上对预埋锚锥进行精确定位,通过以直代曲、逐节修正的轨道角度完成下塔柱液压模爬升。

上塔柱段断面尺寸收分多,单一轨道布置方式无法满足爬升需求,常规施工方式爬升至高空时不得不拆除后重新安装导轨和爬模,施工风险高,而且在有索区轨道布置还需避开预应力管道及索道管,导致多次爬升后爬模中心偏离塔柱中心。索塔设计通过在23、38节段实现空中变轨使其回到索塔中心。以38节段变轨为例,如图6所示,由于索塔收分原因,爬模外侧2号轨道即将驶出索塔江岸侧面,必须变轨至内侧3号轨道方可继续后续施工,考虑爬模高空安拆本身风险极高且延误施工进度,爬模至37节段后采取增加4号临时轨道的方法完成爬模空中变轨。

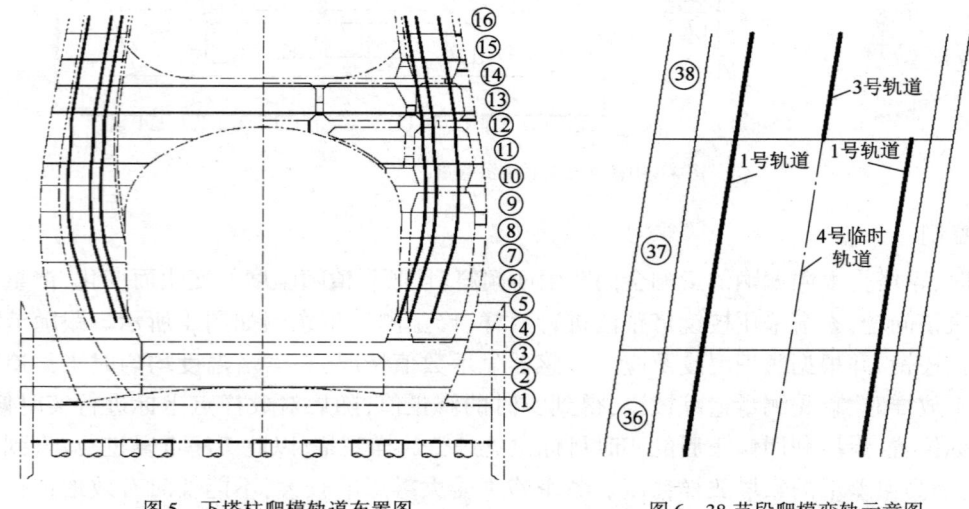

图5 下塔柱爬模轨道布置图　　图6 38节段爬模变轨示意图

索塔进入有索区段后,索区预应力数量较多且布置复杂,预应力管道高度方向最小间距为36cm,最小净距仅为26cm,为避免爬模锚锥与预应力管道冲突,通过有索区爬升模拟,在避开预应力的同时尽可能保证施工高度接近标准节段。经模拟调整后,将索区部分节段调整为4m、3.2m即可有效避开预应力管道。索塔整体存在较大收分,截面逐渐变小,需通过对爬模进行收分以满足各面爬模之间的匹配性要求,由于爬模整体结构较复杂,若每个节段都进行收分,将增加现场工作量,因此爬模收分标准节段施工收分工作集中在两次爬模变轨过程中,采取直接割除多余部分的方法对爬模进行收分,收分后恢复临边防护。

五、大龄期差大体积混凝土控裂关键技术

白居寺长江大桥的索塔下横梁横桥向最大尺寸长达62.8m,顺桥向15.0m,下横梁由实心段和下横梁弧形底板组成,采用变截面单箱室结构,中部宽9.76~15m,高10.5m,顶板厚200cm,底板厚0~300cm,腹板厚200cm,下横梁圆弧段直接与承台连接,且下横梁圆弧段存在0~40cm厚薄壁混凝土,其主体混凝土结构采用C55混凝土,属于超大尺寸、复杂结构、高标号混凝土结构,混凝土开裂风险大。同时,由于原有承台基础结构已施工2年,承台混凝土基本已经完成变形,承台混凝土对下横梁新浇混凝土的约束大,下横梁极易形成深层裂缝;下横梁位于高水位淹没区,部分结构常年处于干湿交替的环境下,运营环境较为恶劣,混凝土控裂要求高。

1. 下横梁混凝土温度应力计算

针对现场实际情况,充分考虑各方面因素,将下横梁分为三层浇筑,同时在下横梁中间设置2m后浇带,且第一层混凝土采用三种混凝土浇筑,分别为结构外圈1m范围内高30cm超高性能混凝土、100cm普通钢纤维混凝土和100cm常规C55塔柱混凝土。为掌握下横梁大龄期差大体积混凝土温度应力的发展情况,根据结构对称性,建立1/4下横梁的有限元模型,进行混凝土水化热计算分析。

图7为下横梁温度场,由图7可知,下横梁混凝土内部最高温度为65.2℃,符合《公路桥涵施工技术规范》(JTG/T 3650—2020)[10]对大体积混凝土内部最高温度不大于75℃以及《大体积混凝土施工规范》(GB 50496—2018)[11]对混凝土温升不大于50℃的规定。根据模型及温度场结果,下横梁7d、28d应力温度应力分布如图8所示,应力计算结果见表1,下横梁混凝土各层安全系数分别为1.28、1.30和1.16,但第三层安全系数较小,施工时在上表面薄弱位置增设防裂钢筋网片。

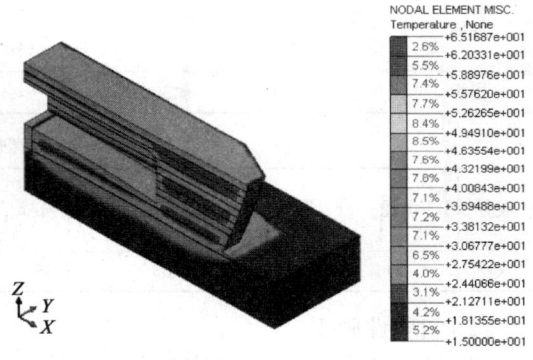

图7 下横梁温度场(单位:℃)

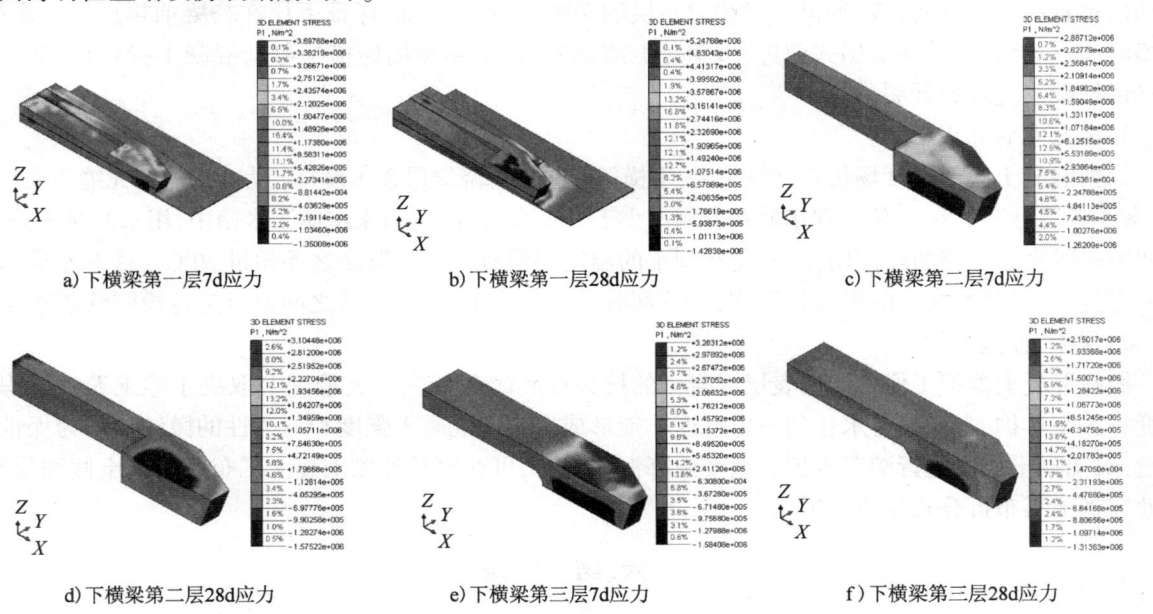

a)下横梁第一层7d应力　　b)下横梁第一层28d应力　　c)下横梁第二层7d应力

d)下横梁第二层28d应力　　e)下横梁第三层7d应力　　f)下横梁第三层28d应力

图8 下横梁温度应力分布(单位:Pa)

下横梁温度应力分布   表1

龄期	3d	7d	28d	最小安全系数	最高温度(℃)
劈裂抗拉强度(MPa)	2.5	3.8	3.2		
第一层超强抗拉纤维混凝土温度应力	2.42	3.69	5.25	—	65.1
第一层普通纤维混凝土温度应力	2.01	3.02	4.00	—	65.1
下横梁第一层C55混凝土温度应力	1.96	2.69	3.16	1.28	63.4
下横梁第二层温度应力(MPa)	1.93	2.89	3.10	1.30	64.5
下横梁第三层温度应力(MPa)	1.88	3.28	2.15	1.16	65.1

2. 混凝土温控防裂措施

1) 配合比设计

采用低热水泥,降低水泥用量以降低水化热;在胶材总量确定的情况下,尽量减少水泥用量,考虑大掺量矿物掺合料,实现混凝土的高性能化;掺入抗裂剂,改善混凝土的微观结构,提高混凝土的致密性;延长混凝土缓凝时间以推迟并削弱温峰。为满足施工要求,结合有限元计算分析结果,提出了混凝土材料性能的相关技术指标要求,见表2。经过多次试验对比并优化,最终确定了一个低热低收缩高抗裂超高性能混凝土的配合比,见表3。

低热低收缩超高性能混凝土性能指标要求   表2

性能	绝热温升(℃)	180d干缩(×10⁻⁶)	28d弹性模量(GPa)	28d劈裂抗拉强度(MPa)			28d抗压强度(MPa)
				3d	7d	28d	
指标	≤65	≤300	≤60	≥5	≥10	≥14	≥55

低热低收缩超高性能混凝土配合比表(单位:kg/m³)   表3

成分	水泥	微纳米	硅灰	钢渣粉掺量	膨胀剂掺量	石英粉	5~10mm碎石	25m钢纤维	水	减水剂
量	704	207	103	258	86	345	596	100	276	1.8

2) 匀质性施工

混凝土按规定厚度、顺序和方向浇筑,分层布料厚度不超过30cm。正确进行混凝土拌合物的振捣,振动棒垂直插入,快插慢拔,振捣深度超过每层的接触面10~20cm,保证下层在初凝前再进行一次振捣。振捣时插点均匀,成行或交错式前进,以免过振或漏振;避免用振捣棒横拖赶动混凝土拌合物,造成离下料口远处砂浆过多而开裂。

3) 冷却水管布设

依据混凝土内部温度场仿真计算结果,下横梁混凝土每浇筑层各布设直径为40mm的无缝钢质冷却水管,水平管间距为0.8m。施工现场放置容积不小于10m³的水箱,将自来水储于水箱中,用水泵泵入分水器,冷却出水回收至水箱循环使用,以避免冷却水的温度与混凝土内部温度之差超过20℃。冷却水管采用具有一定强度、导热性能好的黑铁管制作,弯管部分采用冷弯工艺,管与管之间通过黑色橡胶管紧密连接。

4) 保温、保湿养护

做好混凝土养护工作。结构表层混凝土的抗裂性和耐久性在很大程度上取决于施工养护过程中的温度和湿度养护,水泥只有水化到一定程度才能形成有利于混凝土强度和耐久性的微结构。为保证养护质量,对混凝土表面进行潮湿养护。遇暴雨降温天气时,可在模板外侧围裹土工布对混凝土侧面保温,边角处应将土工布折叠几层压实覆盖。

六、结　语

重庆白居寺长江大桥为主跨660m的半飘浮体系钢桁梁斜拉桥,在其236m水滴异形高塔施工过程

中,总结了超高异形索塔施工关键技术,以期为类似工程提供参考,主要经验如下:

(1)中横梁分6次浇筑,在横梁临时支撑结构中设置弧形桁架模板,减少横梁合龙段混凝土裂缝的产生,从而减小中横梁误差;采用随动修正技术控制索塔塔偏,进而实现全天候放样,降低施工误差。

(2)为实现曲线爬模,在模板上对预埋锚锥精确定位,通过以直代曲、逐节修正的轨道角度完成下塔柱液压模爬升,并通过增加临时轨道实现空中变轨。

(3)下横梁分为3层浇筑,并通过优化混凝土配合比,设计了一种低热低收缩高抗裂的超高性能混凝土,结合混凝土匀质性施工等温控措施,达到大龄期差大体积混凝土控裂要求。

参考文献

[1] 宋福春,王厚宇,马梓乔.基于地域文化的景观桥梁美学设计[J].公路,2019,64(3):182-186.
[2] 王石磊.大型空间异形钢塔斜拉桥施工监控技术研究[D].北京:中国铁道科学研究院,2019.
[3] 金松,刁先觉.马鞍山长江公路大桥右汊斜拉桥拱形塔线形控制关键技术[J].世界桥梁,2013,41(3):12-16.
[4] 罗长维,翁方文.泉州湾跨海大桥主桥桥塔施工关键技术[J].世界桥梁,2022,50(5):40-47.
[5] 裴山,陈常松.嘉鱼长江公路大桥索塔应力及线形施工控制[J].中外公路,2020,40(3):146-150.
[6] 罗显平,翁方文,郑建新.大跨斜拉桥索塔施工及控制技术研究[J].公路,2017,62(5):86-90.
[7] 蔡涛,高新学.某公路斜拉桥混凝土裂缝成因及防治措施[J].铁道建筑技术,2004(6):17-18,24.
[8] 徐文,张士山,李军堂.超高索塔结构混凝土裂缝控制关键技术研究[J].混凝土与水泥制品,2019(7):84-87.
[9] 杨勇,詹元林,刘涛."水滴型"索塔混凝土裂缝控制技术[J].公路交通技术,2022,38(1):100-106.
[10] 中华人民共和国交通运输部.公路桥涵施工技术规范:JTG/T 3650—2020[S].北京:人民交通出版社股份有限公司,2020.
[11] 中华人民共和国住房和城乡建设部.大体积混凝土施工规范:GB 50496—2018[S].北京:中国建筑工业出版社,2018.

39. 绿色智造背景下的跨海桥梁施工技术探究

陈 磊

(中铁大桥局集团第二工程有限公司)

摘 要 本文结合宁波舟山港主通道跨海桥梁工程项目实例,针对跨海桥梁工程项目实施过程中遇到的环境污染和资源浪费问题,制定了相应的扬尘、水体、噪声、光源控制和材料、水源、土地、能源节约措施,并围绕绿色施工理念,阐述了"四新技术"在跨海桥梁工程项目施工过程中的重要作用。旨在实现节能降耗,响应绿色智造的发展口号,最终完成品质工程建设的施工目标,以促进桥梁工程建设更加绿色、健康和环保。

关键词 跨海桥梁 绿色施工 四新技术 施工技术

一、引 言

近年来,随着我国对基础设施建设行业投入的不断加大,高速公路和铁路也迎来了建设的高峰期,尤其在靠近我国东海沿线,一座座举世瞩目的跨海桥梁给人民的生活带来了诸多便利。但是,如何在施工过程中真正地贯彻保护环境、节约资源的绿色施工发展理念,是施工过程中人们要面临的一项难题。

我国在 2005 年就提出了绿色施工的发展理念。简言之，绿色施工就是在保证质量和安全的前提下，通过科学的管理和技术进步实现保护环境和节约资源的目的。2020 年 9 月，习近平总书记在第七十五届联合国大会一般性辩论上提出了"双碳"目标，即二氧化碳排放力争于 2030 年前达到峰值，努力争取 2060 年前实现碳中和。

如今，在跨海桥梁施工过程中，运用绿色施工方法和理念已经成为一种必要的发展趋势[1]。本文以宁波舟山港主通道舟岱大桥为依托，着重介绍该项目在扬尘、水体、噪声、光源控制和材料、水源、土地、能源节约方面采取的一些措施，并阐述了"四新技术"在施工过程中的重要作用，能够为后续公路桥梁施工中更好地运用绿色施工技术发挥借鉴作用。

二、工 程 概 况

宁波舟山港主通道项目位于中国东海灰鳖洋海域，项目全线连接富翅岛、舟山本岛、长白岛、岱山岛、鱼山岛等 5 座岛屿，具有典型的工程环境及建设技术复杂的多重性重大工程特征。项目建成后的大桥与甬舟高速公路相连接，使舟山连岛工程跨越 8 个岛屿，拥有 10 座大桥，其工程规模为在建外海工程之首，混凝土总量超过 200 万 m^3，钢材总量超过 80 万 t，与杭州湾跨海大桥、港珠澳大桥桥梁主体工程相当，成为世界上最大的连岛高速公路和跨海桥梁群。

其中，连接舟山岛和岱山岛的舟岱大桥全长 25.6km，海域段长 16.7km，主通航孔桥为一座 2×550m 的三塔整幅钢箱梁斜拉桥，南通航孔桥为一座主跨 390m 的双塔钢箱梁斜拉桥，北通航孔桥为一座主跨 260m 的钢-混凝土混合梁连续刚构桥。为响应绿色施工的发展理念，该项目在设计阶段对全线结构物进行标准化设计，标准化设计示意图如图 1 所示。

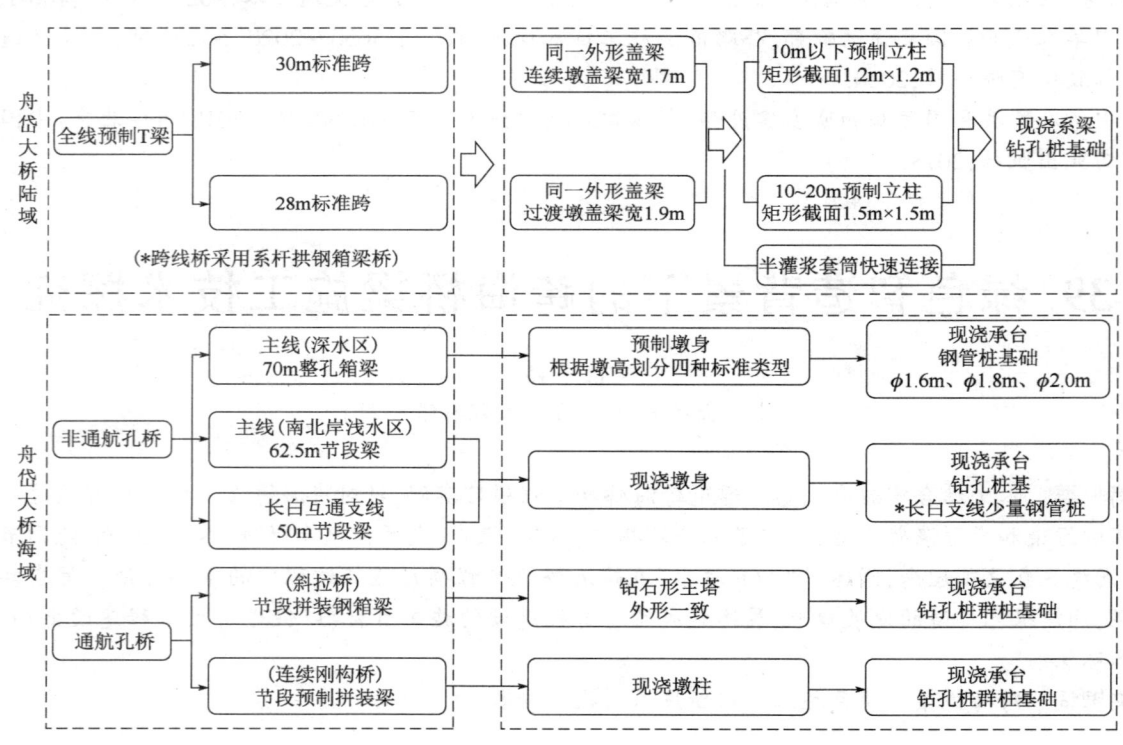

图 1　舟岱大桥标准化设计示意图

该项目在施工阶段大力推广工厂化建设，全线布设 3 个标准化预制场，在预制场内实现构件集中预制、钢筋集中加工、混凝土集中拌和的"三集中"工厂化管理理念，大幅提高跨海桥梁预制装配化率，上部结构装配化率达到 100%，下部结构装配化率达到 98%，减少了海上作业工序、海上作业时间及海上作业人员，在满足质量、安全、进度要求的前提下，最大限度体现绿色施工发展理念。

三、跨海桥梁工程环境保护相关措施

在跨海桥梁建设过程中,资源、能源消耗巨大,尤其在施工过程中,如果不重视环境保护,不仅会给周围环境带来巨大的破坏,还会制约工程项目的建设[2]。为此制定了一系列保护环境的控制措施,具体如下。

1. 扬尘污染控制措施

扬尘控制贯穿工程施工的全过程,在施工的前期准备阶段,在施工现场设置扬尘监测仪,对现场扬尘进行实时监测,对于易产生扬尘的施工道路,安排洒水车定时进行洒水降尘;在围墙外设置雨雾喷淋装置,拌和站采用封闭式储料罐,在储料罐外侧设置对接管道,粉尘通过对接管道可实现自动回收,减少扬尘污染。在施工过程中,对于细散颗粒材料、易扬尘材料宜封闭堆放、存储和运输;预应力孔道压浆前,对压浆料进行妥善保管,预应力孔道压浆时,采取防尘措施进行压浆料的拌和工作。

2. 水污染控制措施

在办公生活区及预制场建立完整的排水系统,减少污水给施工现场和周边区域带来的污染。为保证污水治理的有效性,对施工现场的相关设备进行不定期检查。在办公生活区、食堂设置油水分离器,在生活区设置化粪池,并安排专人定期进行清理,对于产生的生活污水经处理合格以后沿指定污水渠道进行排放。在现场施工区,对于存放的油料和化学溶剂等物品设专门库房,对地面进行防渗漏处理,对废弃的油料和化学溶剂进行集中处理,不得随意倾倒;预制场搅拌车和冲洗搅拌站经常会产生很多污水,现场设有沉淀池,对这部分污水进行专门治理,并将处理过的水用于现场的车辆清洗。对于海上船舶产生的生活及生产污水严禁直接排入海中,安排垃圾清理船定期搜集海上施工船舶所产生的垃圾,运至指定垃圾中转站进行处理。

3. 噪声控制措施

预制场在施工时会产生噪声污染,给场区周围的居民生活带来了影响。为了不影响项目周边居民的正常生活,项目刚开工就在预制场安装了噪声监测仪。设备采购时,要在保证机械设备基本要求的前提下,尽量选择低噪声、低振动的施工设备,严格控制噪声音量,白天施工时噪声不超过70dB,夜间噪声不超过55dB。为了进一步减小夜间施工产生噪声对周围居民的影响,项目部在施工现场靠近居民侧安装了隔音板。在安排施工计划时,对于非必要、非紧急的施工任务尽量安排在昼间进行施工,对于混凝土浇筑等需要连续进行作业的项目,提前向当地政府进行报备。

4. 光污染控制措施

施工现场光污染是指夜间作业时对周围居民产生的一种光亮影响,减少光污染的具体措施如下:第一,现场的施工任务非必要统一安排在昼间施工;第二,夜间室外照明灯增设灯罩,光照方向集中在施工区范围,对于夜间施工的搬运机和门式起重机等大型设备,设备进场安装后对灯光方向和照明度进行检验,确保尽量少影响或者不影响附近居民;第三,电焊作业时,在焊机四周设置电焊保护棚,可有效防止弧光外泄,并且通过安装焊烟净化装置,可有效减少有毒有害气体的排放;第四,对于距离施工现场比较近的居民区,在项目围墙外增设遮光板,可有效防止对周围环境的光污染。

四、跨海桥梁工程资源相关措施

1. 材料节约措施

节约材料主要体现在预制场施工和海上施工两个方面。

预制场施工时,材料节约体现在以下几点:首先,预制墩身和箱梁基本采用定尺钢筋,对于非定尺钢筋采用智能钢筋弯曲机械加工,减少钢筋原材的浪费,钢筋进场后进行有序摆放,对加工的余料进行二次回收利用;其次,设计混凝土配合比时采用高效复合减水剂,减少水泥用量,混凝土浇筑前通过扣除钢筋及波纹管体积,计算理论浇筑数量,避免尾料浪费,混凝土浇筑完成后对剩余的尾料一方面可以预制小型构件,另一方面通过砂石分离系统进行分离,对分离出的砂石进行重复使用;最后,预应力张拉完成后,采用砂轮锯切割多余钢绞线,切除的钢绞线进行统一回收。

海上作业时,材料节约体现在以下几点:第一,南岸施工栈桥及主塔钢围堰采用标准化设计,设计时考虑其通用性及可周转性,减少材料的浪费;第二,钻孔桩施工时通过泥浆分离器对泥浆进行分离,对处理过的泥浆进行循环使用;第三,将隧道开挖出的洞渣用作附近路基的回填材料,有效节省了路基的填充剂;第四,桥面临时护栏采用标准化设计,方便后续不同项目使用,提高材料的周转率。

2. 水源节约措施

水资源节约是项目施工过程中的一项重点控制工作,本工程中采用了一大批好的节约水源的措施,具体如下:一是预制场和生活区建设时建立完整的雨水搜集系统,将搜集来的雨水用于道路的洒水降尘;二是在预制墩身和箱梁存放区布设智能喷淋系统,对喷淋的水进行循环使用,提高水资源的利用率;三是定期检查供水管网是否出现漏水问题,如果发现相关装置和设备出现漏水的情况,进行及时维修,避免水资源的浪费;四是预制场充分利用自身地理优势,对靠近场区的河水进行净化处理,合格后用于混凝土浇筑和现场的洒水降尘,有效节约了水资源。

3. 土地节约措施

根据"设计标准化、构件制造工厂化、施工装配化及管理精细化"的新一代桥梁工业化建设理念,预制场选址时本着永临结合、动态管理、合理使用的原则,进行施工场地的科学规划设计,提高土地使用率。本工程负责海上非通航孔桥的694节预制墩身和370片预制箱梁,选择在原金塘大桥预制场进行集中预制,由于原预制场配有出海码头和材料码头,避免了新建码头占用土地,70m跨预制箱梁采用双层存梁方式,有效减少了土地的使用面积。

舟岱大桥陆域段全长约为10km,沿线村庄、农田密布,为了减少施工期对村庄道路和农田的占用,充分借鉴了上海城市高架桥的先进建造理念,采用了桩基接系梁、双立柱式墩接盖梁的下部结构形式,预制墩柱与系梁、盖梁之间采用半灌浆套筒的连接方式,上部结构采用跨径为28m和30m两种类型的连续PC标准化预制T梁结构,现场进行一体化架设[3]。项目减少了传统施工对土地的占用,有效地解决了生态环保部提出的"无害化穿越"的重大工程环保难题。

4. 能源节约措施

为了实现绿色施工中节约资源的发展目标,本工程在预制场办公生活区房屋屋顶实现太阳能板全覆盖,满足了生活区的日常用电需求,并与当地的电力公司合作,对剩余的电能进行回收。生活区采用太阳能热水器,并在每间房屋安装智能电表,实时监控用电情况,避免资源的浪费。预制场采用节能型搬运机,2台1200t搬运机实现70m跨预制箱梁在预制场自由行走,1台650t搬运机满足最高18.7m的空心薄壁墩身安全吊装需求。拌和站料仓采用自然采光的厂棚,对现场施工机械建立"一机一表"制,淘汰使用率低、耗能高的设备。在海上作业时,优先选用节能、高效、环保型的桥梁施工设备,通过1艘2600t和1艘1800t浮式起重机,实现了海上预制箱梁和墩身的快速安装。

五、跨海桥梁工程"四新技术"应用情况

1. 新技术应用情况

通过"5G+BIM"信息化管理平台实现了对施工过程的全方位管控:一是实现预制构件的可视化控制,提前检查出钢筋和预应力管道的碰撞,为现场施工提前清除障碍,避免现场二次施工,减少材料的浪费;二是BIM技术成功应用于施工计量,实现数字化办公,减少了纸张的浪费;三是建立试验检测数据联网监控系统、拌和站生产数据自动采集与监管系统,实现网上智能化办公[4];四是支付高效化,利用BIM系统三维模型+进度的4D维度基础,所有计量支付网上申报、审批流程化,根据实际进度计划实现各类资金报表出具自动化,并实现计量支付投资分析全程动态化管理。

预制墩身钢筋笼首先在钢筋绑扎胎架上进行绑扎，绑扎完成后需要将水平钢筋骨架转为竖向状态，这是整个施工过程中的一个难题。传统的方法是利用起重机与钢筋骨架连接拎起翻转，这种方法吊装安全风险高、钢筋骨架变形大、操作要求高。为此，项目部设计了钢筋笼自动翻转架，通过该翻转架，实现了预制墩身钢筋的快速绑扎，减少了钢筋绑扎的人员以及机械的投入，大大降低了施工成本，在提高构件质量的同时，也缩短了工期。

2. 新设备应用情况

针对装配式构件钢筋焊接效率低及人工焊接质量参差不齐问题，钢筋加工厂引入焊接机器人设备，通过对焊接机器人设定程序，可自动完成钢筋焊接操作，采用机器人焊接，焊缝均匀饱满，焊接质量有保证；可实现24h连续施工，焊接效率高；省去了采用现场人工焊接方法沿墩身高度方向的上下，降低了高空作业风险，焊接安全风险低；较人工焊接方法节省人工4470人·d，节约成本约200万元，节省时间100d，焊接成本低。

针对大尺寸预制构件混凝土浇筑问题，根据70m整孔箱梁平面尺寸大的特点，围绕混凝土布料难的问题，开发混凝土浇筑智能布料系统，作业人员仅需操作远程遥控装置即可实现混凝土的全方位布料，工人劳动强度显著降低。

3. 新材料应用情况

本工程非通航孔桥预制墩身连接原设计采用"底节墩内齿块+纵向预应力束+深埋锚"预应力体系。在该方案实施过程中，我们发现了不少值得优化的细节：一是底节齿块钢筋设计十分复杂，且钢筋密集，现场施工效率低，人员均为高空作业，安全风险大；二是墩内齿块是向内侧突出的上小下大的结构，振捣密实工作难度大，施工质量不易控制；三是底节齿块处固定端锚具制作困难、效率低。为此，经过多方对比和工艺试验，最终选择自锁预应力这种新工艺进行预制墩身节段间的连接，这种连接方式相较原设计连接速度快、质量好，大大减少了现场施工船舶和张拉作业人员的投入。

超高性能混凝土（UHPC）材料的研究及应用情况近几年来受到大家的广泛关注，被誉为新一代混凝土材料，未来很有可能成为跨海桥梁应用的新材料。为此，选取烟墩互通B匝道（UHPC混凝土预制）和烟墩互通D匝道（普通混凝土）进行全方位对比。经过现场实际应用发现该材料具有超强力学性能、高韧性、超高耐久性和优良的浇筑及成型性能，在效率和用量方面UHPC混凝土具有相对优势，但是在实际操作过程中仍存在提高空间：一是该混凝土掺加钢纤维特殊材料，拌和效率低；二是该混凝土具有较好的流动性，易漏浆；三是在施工过程中需使用模板布，方可确保梁板外观质量；四是在混凝土振捣过程中极易改变钢纤维的均匀分布。

4. 新工艺应用情况

结合高品质、快速化施工的理念，考虑预制墩身底部"金钟罩"结构的复杂性，项目部与模板厂共同研究设计金钟罩变截面模板，将金钟罩模板设计为无拉杆的整体外模，外模的安、拆均采用轨道式滑移技术，用液压油缸驱动实现模板的开启、闭合及纵横向移动，极大提高了模板安装效率，减少了机械和人员投入。

随着吊装技术的发展，工程70mPC梁钢筋与模板施工工艺也得到了很大提升，在东海大桥、杭州湾大桥施工技术的基础上进行技术优化，将以往底腹板钢筋、顶板钢筋分别吊装技术优化为"底腹板钢筋+顶板钢筋"整体吊装技术，减少了一半的吊装次数，进而降低吊装风险，质量也可控。箱梁内模采用全自动液压结构，模板能够实现沿着轨道行走、自动开合，提高了现场施工效率。

六、结　语

本文重点研究了舟岱跨海大桥绿色施工和智能建造技术在实际施工过程中的应用，并成功推动该桥梁向着高质量、高标准、高品质的方向发展，真正意义上体现了健康、环保、节约的绿色施工理念，具有良好的经济效益和社会效益。为了保证绿色施工在应用过程中能够得到更广泛的推广和落实，以下几点经验值得借鉴：

(1)项目成立后,建立以项目经理为第一责任人的绿色施工管理体系,实行分级管理,责任到人。

(2)施工过程中及时对绿色施工资料进行搜集、归档,并进行绿色施工经验总结,大力推广施工过程中好的地方,对做得不到位的地方进行改进。

(3)将先进的科学技术与绿色施工技术相结合,加强科研工作,大力推广绿色施工技术的研究与创新。

(4)建立奖惩制度,对绿色施工过程中表现优异的施工班组和先进个人给予奖励,真正将绿色施工这项工作落实到每个施工队伍、每个作业班组、每名作业人员身上。

参考文献

[1] 张永新.论绿色施工背景下的公路桥梁施工技术[J].价值工程,2013,32(12):64-65.
[2] 魏云飞.绿色施工背景下的公路桥梁施工技术[J].交通标准化,2014,42(4):68-70.
[3] 叶以挺,吴刚,江建群,等.某混凝土桥梁上下部结构全预制拼装施工关键技术[J].公路工程,2019,44(3):117-122,142.
[4] 陈翔.宁波舟山港主通道建设信息化管理的BIM+智慧[J].桥梁·BIM视界,2018,4:33-36.

40. 常泰长江大桥下横梁施工过程受力分析与监测

孙南昌[1,2,3]　吕昕睿[1,2,4]　黄甘乐[1,2,3]

(1. 中交第二航务工程局有限公司;2. 长大桥梁建设施工技术交通行业重点实验室;
3. 交通运输行业交通基础设施智能制造技术研发中心;
4. 中交公路长大桥建设国家工程研究中心有限公司)

摘　要　下横梁作为索塔承上启下的关键受力结构,其施工安全性及结构受力、线形控制等成为重要研究内容,常泰长江大桥5号墩索塔下横梁施工采用高支模、不分层一次性浇筑等方式,针对下横梁支架及模板等支撑结构安全要求高、整体施工安全风险大等难点,采取下塔柱两道对拉及支架中部断开等方式优化结构受力及支架结构体系,并对支架应力、模板变形进行了实时监测,确保了下横梁浇筑期间主体及临时结构安全可靠。施工信息化监控系统充当"智慧大脑",对监测数据超限事件进行实时预警,实现了下横梁浇筑过程可视、可测、可控。

关键词　斜拉桥　下横梁　一次性浇筑　受力优化　实时监测　监控系统

一、引　言

随着我国公铁两用斜拉桥的大力发展,斜拉桥的建设规模也越来越大,在斜拉桥施工中,桥塔作为重要的组成部分,其结构形式也越来复杂,由平面双塔肢索塔发展至四塔肢空间结构索塔,如常泰长江大桥、巢马长江大桥等。下横梁作为索塔承上启下的重要结构,其施工难度及受力控制仍是关键问题,一次性浇筑高度高、结构倾角大、混凝土体量大、预应力束数量多、结构受力复杂等都会影响下横梁的施工质量。以常泰长江大桥5号墩索塔下横梁为依托工程,研究下横梁施工过程中的受力状态及控制技术,并研发了基于数字孪生的下横梁专项施工监控技术及平台,通过信息化监控技术确保施工过程的安全性与合理性。

二、工　程　背　景

常泰长江大桥主航道桥桥跨布置为142m+490m+1176m+490m+142m=2440m的双塔双索面钢桁梁斜拉桥,如图1所示。主塔设计采用钢-混组合结构空间钻石形桥塔,总高352m,分为上、中、下塔柱

3个区域,上塔柱采用钢-混组合结构,中、下塔柱采用四塔肢钢筋混凝土结构。

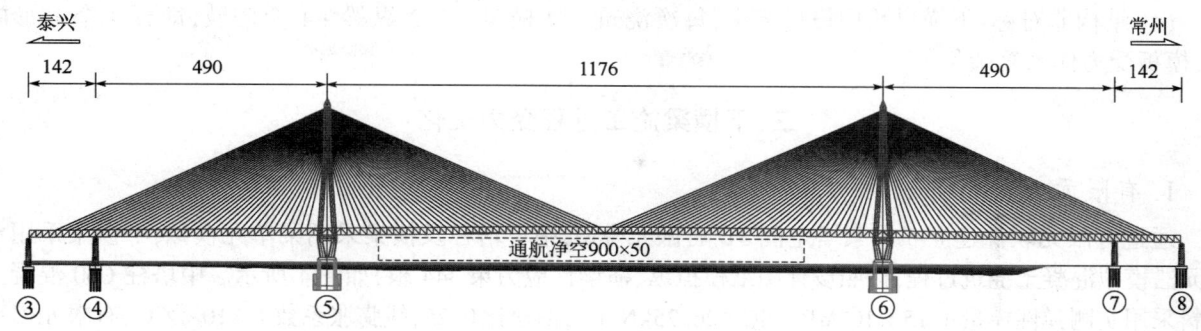

图1 常泰长江大桥(尺寸单位:m)

其中,中塔柱与下塔柱交界处设置下横梁,下横梁为单箱单室截面。横向及纵向下横梁均采用变截面设计,横向下横梁跨中梁高8m,梁宽7m,底板、腹板厚度1.5m,顶板厚度1m。下横梁顶部为水平状态,底部采用曲线设计,设计半径$R=126m$,边、中跨侧横向下横梁分别配置112束和96束25-Φ^s15.2预应力钢绞线;纵向下横梁跨中梁高6m,梁宽6m,底板厚度1.2m、腹板厚度1.5m、顶板厚度1m,底部曲线半径$R=35.3m$。纵、横梁均设置2m后浇段,4道下横梁与塔肢采用支架同步现浇,浇筑高度高10.15m,高度方向不分层具体如图2所示。

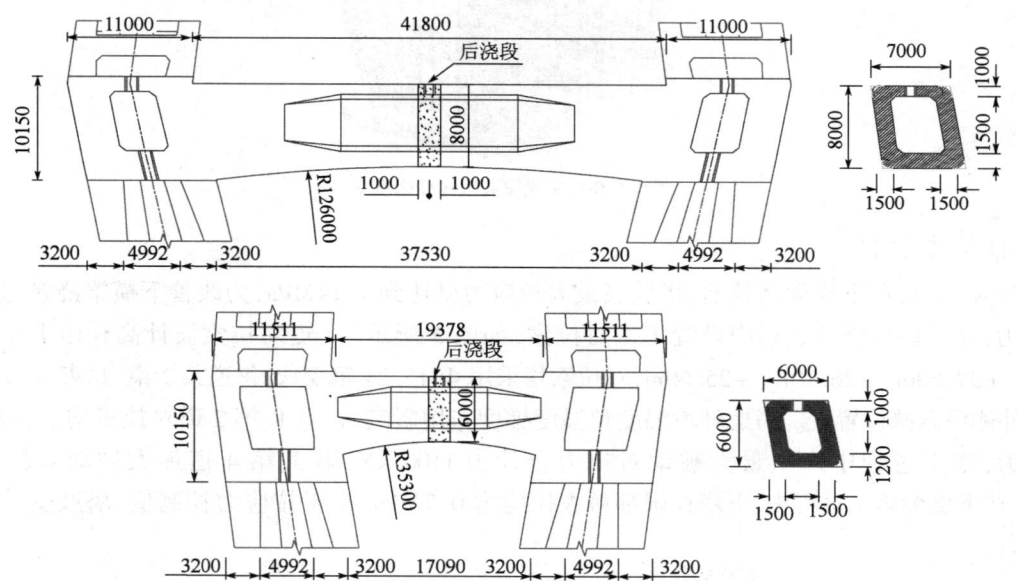

图2 5号墩下横梁构造示意图(尺寸单位:mm)

下横梁按照跨中的湿接缝位置划分为4个施工作业区域,每个L形区域对应塔肢编号,包含对应塔柱节段部分、1/2横向下横梁、1/2纵向下横梁,区域划分如图3所示。

下横梁施工具有以下特点:

(1)施工体量大:四塔肢共有4个下横梁,塔梁同步施工,总浇筑方量8000m³,总钢筋量1800t,支架荷载大,施工组织难度大。

(2)一次浇筑高度高:采用竖向不分层施工,下横梁最大截面高度9.5m,第8节塔柱浇筑高度10.15m,混凝土侧压力大。

(3)结构倾角大:纵梁最大倾角12.67°、横梁最大倾角9.88°、塔柱最大倾角15.3°,模板倾

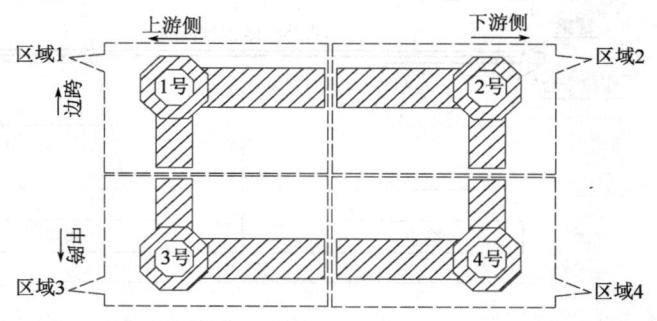

图3 5号墩索塔下横梁施工区域与界面划分示意图

覆力大，混凝土布料、振捣难度大。

(4)结构非对称：下横梁跨中设后浇带，每次浇筑1/2横梁+1/2纵梁+1个塔肢，即分4个L形施工，模板受力体系复杂。

三、下横梁施工过程受力优化

1. 有限元模型

通过有限元软件建立5号索塔空间3D有限元模型，中下塔柱及横梁采用梁单元模拟，下横梁采用双单元法模拟混凝土浇筑过程，按照设计图纸模拟纵、横梁预应力束444根，如图4所示。中塔柱C60混凝土材料采用实测弹性模量$4.15×10^4$MPa，重度26.25kN/m³，泊松比0.25，线膨胀系数$1×10^{-5}/℃$，有限元模型考虑施工过程中混凝土的收缩徐变效应。在有限元模型中，水平横撑及塔吊模型均采用梁单元模拟。

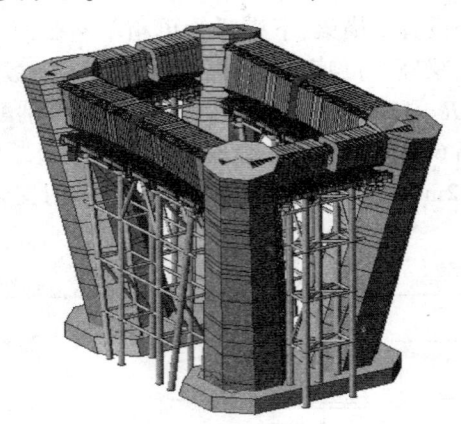

图4 桥塔下横梁有限元整体模型

2. 塔柱受力优化

根据计算结果，在下横梁浇筑前，塔肢底最大拉应力已达到1.14MPa，为改善下横梁浇筑过程中塔柱根部的受力，在下塔柱浇筑过程中设置4道对拉索，如图5所示。4道对拉索设计高程由上至下分别为+38.40m、+37.60m、+26.10m、+25.60m，对拉索均采用$\Phi^s15.24$钢绞线，每道共2束，每束均为25根均布置于塔肢外侧壁两侧位置上。考虑环境温度和温度梯度作用影响后，第1、第2道对拉索均进行9600kN的有效对拉力，施工过程中产生最大被动对拉力合计为11000kN，第3、第4道最大被动对拉力合计为10000kN。在下横梁施工过程中，下塔柱根部最大拉应力0.7MPa，小于拉应力控制值，塔肢受力状态得到了有效改善。

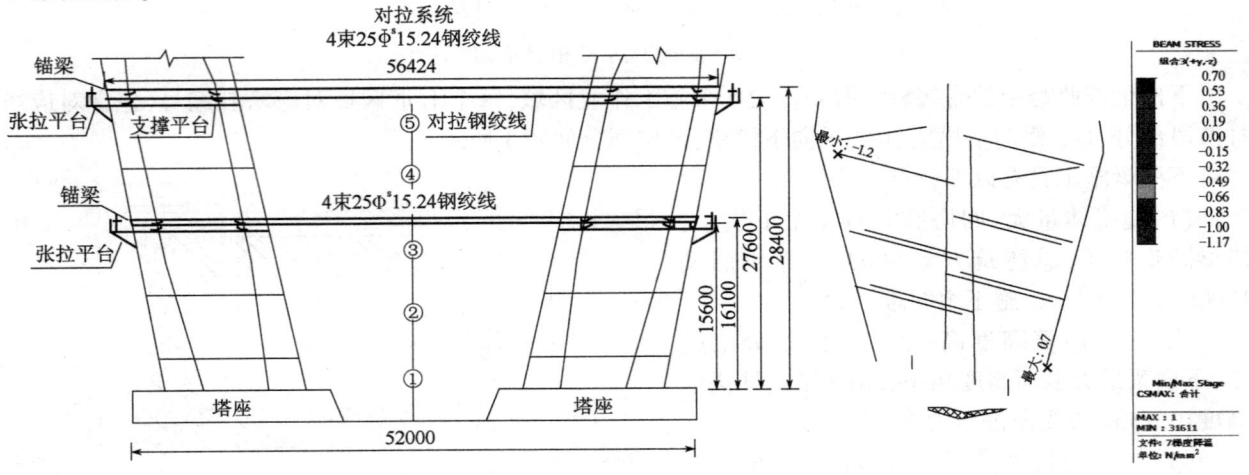

图5 下塔柱对拉系统布置图及塔柱应力图（尺寸单位：mm）

3. 支架支撑体系优化

由于下横梁是分4个区域进行浇筑，不同的浇筑顺序，下横梁2m合龙口处的线形有所不同，根据有限元计算模型分析可知：当4个浇筑区域的支架及模型支撑体系分别独立，互不影响时，则浇筑顺序对下横梁的受力及合龙口的线形无影响。通过3种方案比较（表1），选择方案二，通过将下横梁横桥向支架立柱钢管、分配梁、横梁钢筋断开，减小L形横梁浇筑顺序带来的影响。

支架断开方案比较　　表1

方案	描述	合龙口最大高差（mm）	塔肢根部最大拉应力（MPa）	影响分析
方案一	边中跨及上下游支架立柱钢管、分配梁、横梁钢筋在合龙口处断开	0.0	0.8	下横梁受力及合龙口线形不受浇筑顺序影响大，支架设计规模有所增大，支架受力风险增加
方案二	边中跨支架立柱钢管、分配梁、横梁钢筋在合龙口处断开，上下游支架不断开	6.2	0.7	下横梁浇筑顺序对短边及长边横梁合龙口均有一定影响，短边支架设计规模得到减小，支架具有较高的安全性
方案三	边中跨及上下游支架立柱钢管、分配梁、横梁钢筋在合龙口均不断开	18.6	0.8	下横梁浇筑顺序对短边及长边横梁合龙口影响较大，支架规模相对较小

在方案二中，分别考虑两种浇筑顺序，对比分析"先边跨后中跨"（浇筑顺序A）和"先中跨后边跨"（浇筑顺序B）二者的受力情况，在两种浇筑顺序下，各塔肢底部弯矩在横梁分步浇筑过程中弯矩大小基本相同（表2），在拆除支架后，塔肢底部弯矩 M_y 最大相差2.37%，M_z 最大相差0.80%，说明下横梁在两种浇筑顺序下塔肢内力相差很小，且横梁合龙口基本无高差。相较于方案一，支架立杆轴力仅增大2%，支架计算结果见表3，支架受力效果较好。

两种顺序下塔肢底部弯矩 M_y（kN·m）对比　　表2

塔肢编号	底部弯矩 M_y（kN·m）			底部弯矩 M_z（kN·m）		
	浇筑顺序A	浇筑顺序B	差值（%）	浇筑顺序A	浇筑顺序B	差值（%）
1号塔肢	329201.5	321393.5	2.37	329201.5	321393.5	2.37
2号塔肢	324926.9	320142.5	1.47	324926.9	320142.5	1.47
3号塔肢	331535.1	326701.5	1.46	331535.1	326701.5	1.46
4号塔肢	329201.5	324724.1	1.36	329201.5	324724.1	1.36

支架受力计算结果　　表3

杆件及规格（mm×mm）	组合应力（MPa）	轴力（kN）
钢立柱1200×14	168	7591
平联及斜撑600×8	83	675
斜撑800×10	47	839
主横梁2HN900×300	53	—
主横梁3HN900×300	188	—
纵梁HN900×300	182	—

四、下横梁施工监测

1. 模板变形测点布置

5号墩下横梁采用不分层一次性浇筑,模板侧压力大,模板变形、胀模风险高。针对以上风险因素,开发了基于倾角仪的模板位移监测系统,采用双轴倾角传感器,通过微转角转换为平动位移,实时采集模板变形量。

测点布置:单个"L"浇筑时的测点布置如图6所示。横梁、纵梁模板顶口位置(共6个测点),塔肢6个侧面(共18个测点),合计24个测点;在不同"L"浇筑过程中,轮流使用。倾角仪采样频率可调,监测频率拟设置为2次/min,信号采用485数字接口的智能数据传输模块,将位移数据传送至施工监控系统。

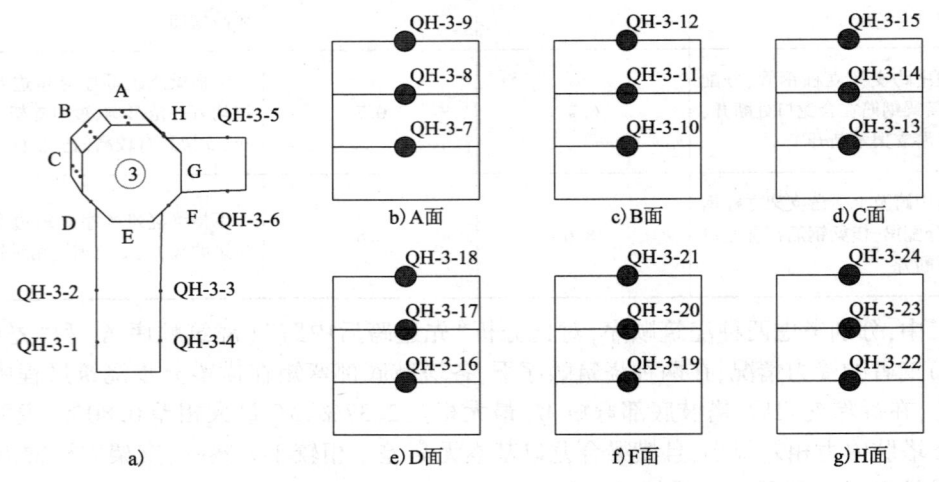

图6 桥塔下横梁模板变形测点布置图

2. 支架应力测点布置

5号墩索塔下横梁支架作为重要临时结构,承受着横梁自重、临时设备等荷载,在纵向横梁浇筑、横梁预应力束张拉过程中,下横梁支架易出现应力重分配,因此,在支架立柱底部与上部、斜撑、附墙等关键部位安装了共计28个应力传感器,通过物联网系统,对支架的关键部位应力进行可视化监测,实时掌握支架的受力状态并及时预警,以确保临时结构安全。下横梁支架应力测点布置如图7所示。

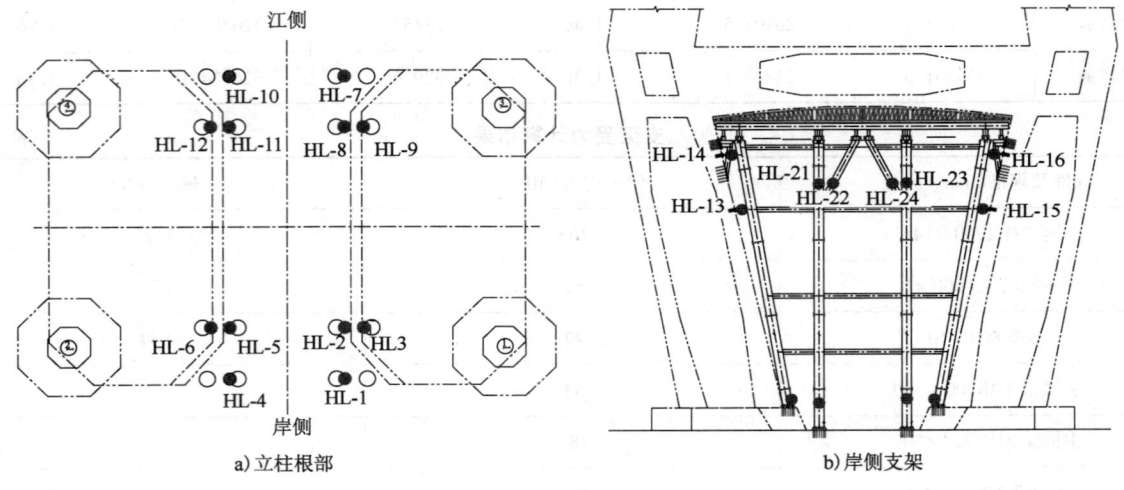

图 7

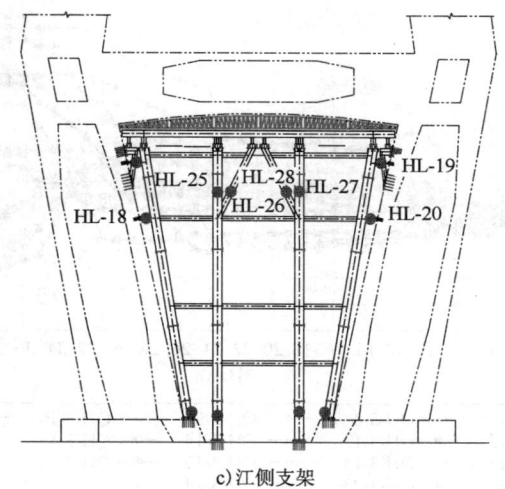

c) 江侧支架

图 7 下横梁支架应力测点布置图

3. 模板变形监测结果

通过4个L形塔肢横梁模板位移数据(图8)可以看出。

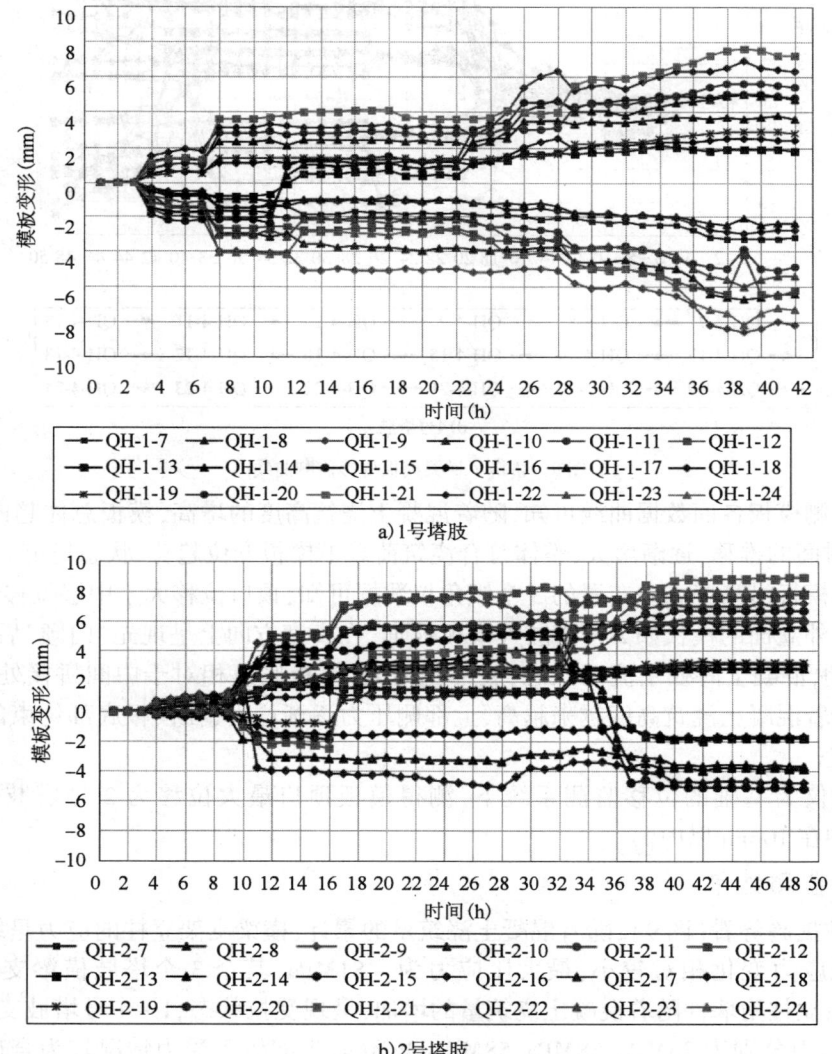

a) 1号塔肢

b) 2号塔肢

图 8

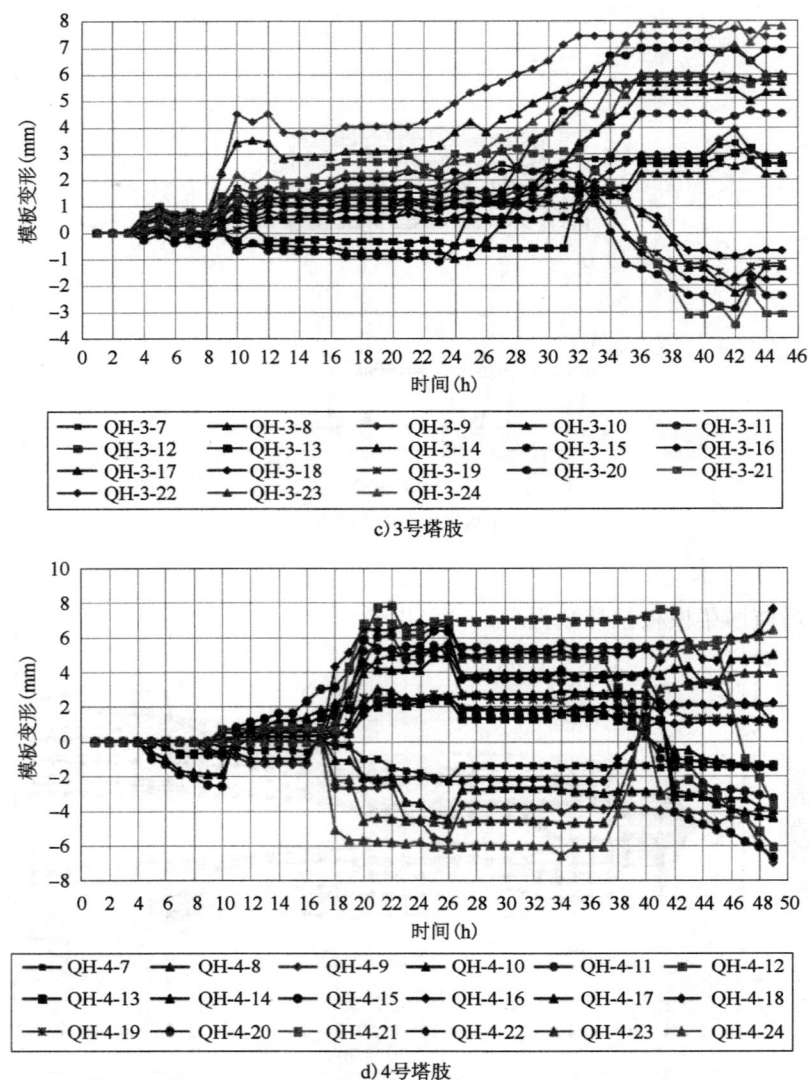

图8 桥塔下横梁模板变形监测曲线

（1）从塔肢外侧模板各面数据曲线可知，随着混凝土浇筑高度的增高，模板总体趋向"外倾"，塔肢顶口位移随着浇筑时间的推移，逐渐增大，整体符合浇筑荷载下模板变位趋势，状态稳定。

（2）塔肢外侧模板沿高度方向布置的3个倾角仪数据可知，顶口位移大于中层位移，大于底口位移。

（3）塔肢部分外立面的模板如2号塔肢外模板G面，在高度方向上呈现先"内倾"后"外倾"。可能的原因是再浇筑初期，混凝土尚处于流动状态，底部压力大，模板底口相对于中间拼接处形成倒喇叭口趋势，即"内倾"。随着混凝土浇筑高度越来越高，上部侧压力逐渐增大，在模板底部约束的条件下，模板逐渐形成"外倾"状态。

（4）在以倾角仪为基础的位移监测系统下，测得模板顶口最大位移为2号塔肢横梁顶口位移为12mm，其余测点均在10mm以内。

4. 支架应力监测结果

从支架应力数据趋势看（图9），随着混凝土浇筑量的累计，横梁支架立柱的应力呈缓慢增加的趋势。1号塔肢横梁支架应力变化相对较小，最大压应力为－81MPa，其余3个塔肢横梁支架最大压应力均为－100MPa附近；立柱附墙件随着混凝土浇筑量的增加，呈现受拉状态，1~4号塔肢支架立柱附墙处于受拉状态最大拉应力分别为36MPa、88MPa、58MPa、36MPa，支架体系受力情况较为合理，结构处于安全状态。

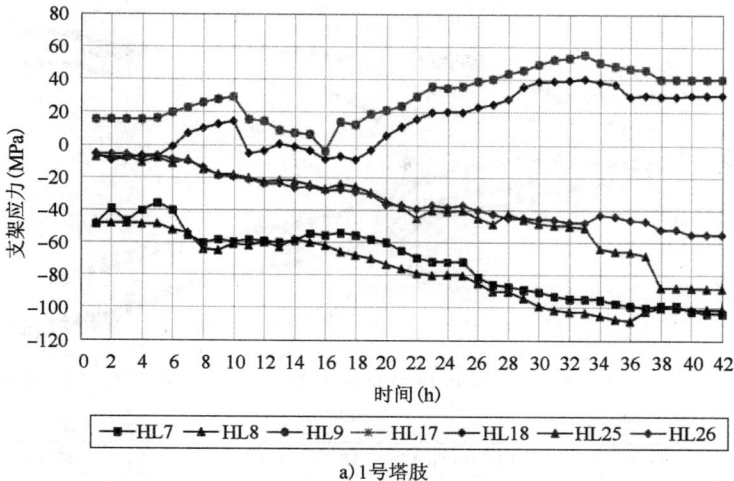

a) 1号塔肢

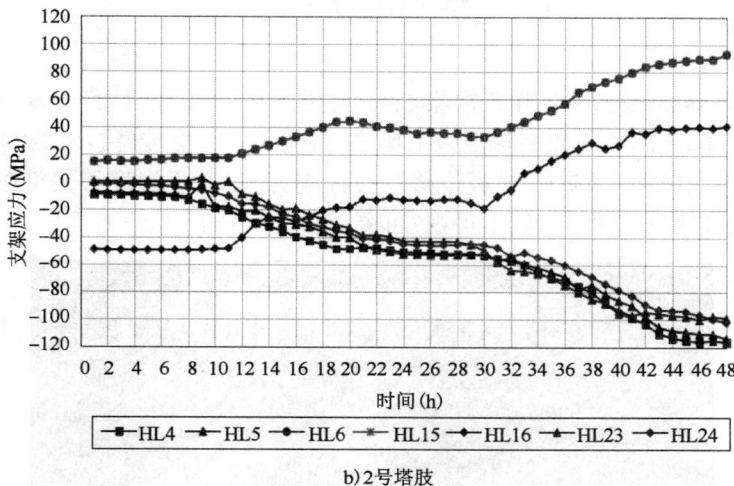

b) 2号塔肢

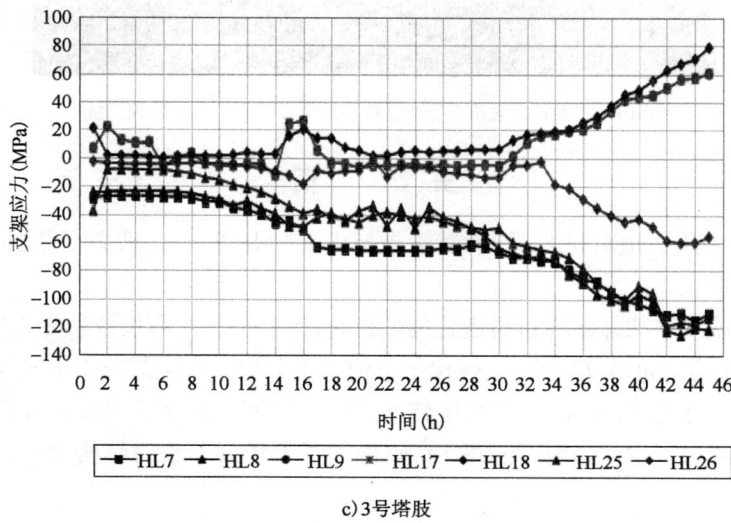

c) 3号塔肢

图 9

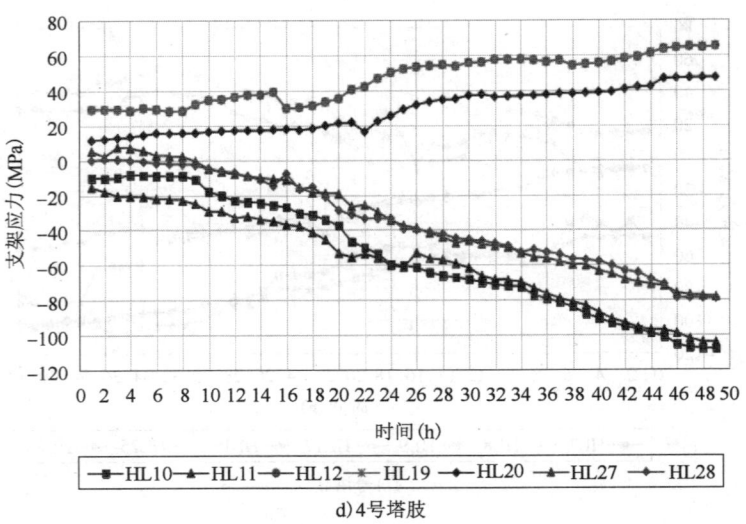

d) 4号塔肢

图9 横梁浇筑过程支架应力监测曲线

5. 施工监控系统

针对下横梁监测内容,研发并应用了常泰长江大桥5号墩索塔下横梁专项施工智能监控系统(图10),该系统建立了基于BIM的数字孪生施工场景,搭建了以智能传感技术为基础的无线数据采集系统,实时获取下横梁施工相关结构应力、模板位移及拉杆应力、混凝土温度等关键参数,为下横梁施工全过程提供强有力的安全与技术支撑,达到了可视、可测、可控的目的。

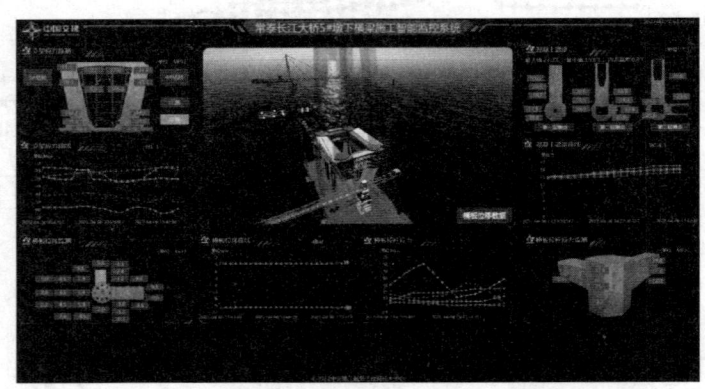

图10 常泰长江大桥5号墩索塔下横梁专项施工智能监控系统

五、结　语

(1)通过在下塔柱采用2道对拉装置、下横梁支架中部断开等方式,改善了塔柱结构及支架体系的受力状态,优化了结构线形。

(2)对高大模板系统及支架体系通过可视化的信息化监测手段,对模板位移变化进行全程监控,通过预警系统对模板位移、支架应力进行实时把控,确保了下横梁不分层一次浇筑施工中支撑体系的动态可控。

(3)研发了下横梁智能监控系统,监控系统作为"智慧大脑",结合结构理论计算结果,对监测数据超限事件进行实时预警,通过及时采取相应处理措施,确保了下横梁及临时结构处于合理状态。

参考文献

[1] 秦顺全,徐伟,陆勤丰,等.常泰长江大桥主航道桥总体设计与方案构思[J].桥梁建设,2020,50(3):1-10.

[2] 张鸿,张永涛,王敏,等.全过程自适应桥梁智能建造体系研究与应用[J].公路,2021,66(4):124-136.

[3] 张文斌.千米跨公铁两用斜拉桥超高主塔施工关键技术[J].交通科技,2020(3):11-15.

41. 超大型深水裸岩埋置式承台围堰施工技术

刘　颖[1]　万世成[2]　汤俊祥[1]

(1.中交第二航务工程局有限公司;2.成都交通投资集团有限公司)

摘　要　在深水水域中,无覆盖层或浅覆盖层硬质岩层条件下埋置式承台用岩板+钢板桩组合围堰,能有效克服传统围堰施工工艺在此类环境下施工的问题;能够提高钢板桩围堰的整体受力性能,增加渗流路径并大幅降低渗水风险;减少此类条件下的施工成本;确保安全、环保的围堰及承台施工环境。

关键词　深水　浅覆盖层　硬质岩层　钢板桩围堰　渗流路径

一、工程概况

金简仁快速路二期沱江大桥段位于成都市简阳市及东部新区,起点桩号K26+100,止点桩号K28+320,长约2.22km。道路等级为一级公路兼城市快速路,主线设计速度80km/h,辅道设计速度40km/h;城市段标准路基宽度64m,非城市标准路基宽度48m。沱江大桥为本项目重要节点工程,主、引桥全长963m,主桥为城市景观桥梁,结构形式采用独塔双索面斜拉桥,跨径布置为45m+185m+238m+45m=513m,主桥索塔为空间曲线六边形断面钢斜塔,索塔总高约173m(桥面以上140m,桥下33m),主桥为半封闭钢箱梁结构,梁高3.7m,梁宽64~86.7m,扭背拉索单个索面17对、共34对,引桥采用预制预应力小箱梁结构。桥型布置如图1所示。

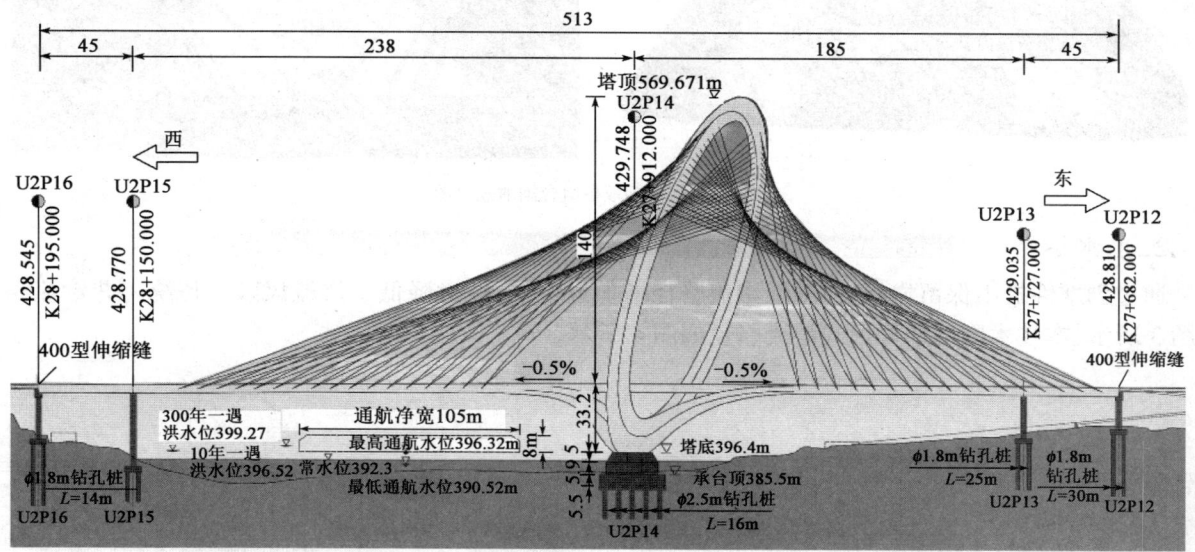

图1　沱江大桥主桥桥型布置图(尺寸单位:m)

沱江大桥主墩承台为深水裸岩埋置式承台,针对此类承台施工传统结构形式主要为"钢套箱""钢吊箱"或"锁扣钢管桩"围堰,传统围堰设计及工艺存在施工难度大、施工投入大、钢材回收利用率低及施工工效低的问题,且传统引孔施工不利于环境保护。而采用"岩壁+钢板桩"组合围堰结构形式,引孔实施过程中通过套管机+防护套箱,提高引孔质量并减少环境影响;并在基坑开挖实施过程中,将夹壁岩板保留,通过保留岩板使钢板桩围堰受力更均匀;利用保留岩板使渗流路径增大,且在引孔回填时采用分层回填细砂的方式,进一步减小渗透系数及阻断渗流路径,极大降低渗流风险。为达到高工效、经济成本优化,对施工工艺和方案进行比选,见表1。

沱江大桥主墩围堰方案比选　　　　　　　　　　　　　　　　　　　　　　　　表1

序号	总体工艺	方案名称	优点简述	缺点简述
1	先桩基后围堰	钻孔平台+锁扣钢管桩围堰	本项目地层可能存在岩层裂隙水,该方案可避免水头差对成桩质量的影响	①工期长; ②临时工程量大
2		筑岛围堰	①可保证桩基和围堰施工同步施工,总体节省工期; ②节省平台制作材料,且筑岛材料可利用路基段开挖土石方,材料充足	①地方相关文件通航要求,不可行; ②回填工程量大,后期清理费用高; ③对环境影响较大
3	先围堰后桩基	锁扣钢管桩围堰	①临时结构工程量相对较小; ②对环境影响较小	①桩基和围堰异步施工,工期相对较长; ②围堰需考虑止水加固方案
4		钢板桩围堰+岩板	①临时结构工程量小; ②对环境影响较小; ③钢板桩损耗小,重复利用率高	①围堰内支撑对后期承台开挖存在干扰; ②围堰需考虑止水加固方案

二、围堰结构设计

1. 总体设计思路

沱江大桥主墩基础围堰采用止水钢板桩围堰,钢板桩围堰总体由钢板桩、内支撑系统、内侧保留岩板、止水加固四部分组成,如图2所示。

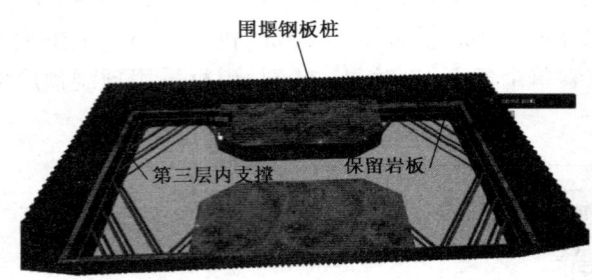

图2　岩板+钢板桩组合围堰效果图

2. 止水思路

通过创新性提出保留岩板,使围堰渗流路径增加近1倍,极大降低了渗流风险。传统工艺渗流路径如图3所示,本技术围堰结构形式渗流路径如图4所示。

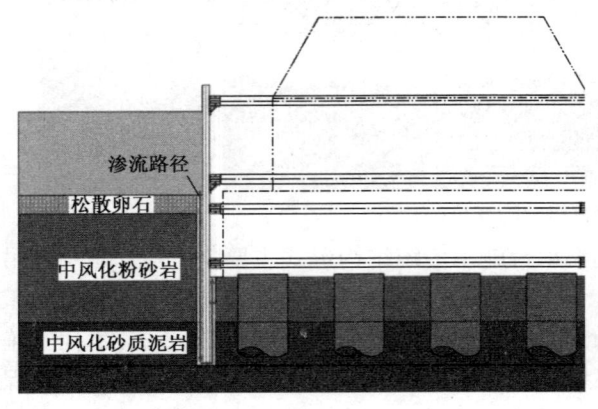
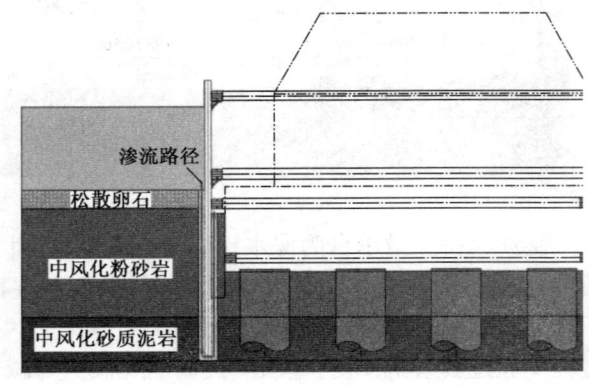

图3　传统围堰渗流路径示意图　　　　　　　　图4　本围堰渗流路径示意图

3. 结构形式

钢板桩围堰呈矩形，采用 21m 长 SP-IVw 型-600×210 钢板桩，桩顶高程 +395.5m，桩底高程 +374.5m，嵌入岩层 10m 以上。综合考虑承台几何尺寸和施工操作空间的需要，钢板桩围堰平面尺寸设计为 38.2m×95.0m（承台外侧操作净宽为 1.8m）。钢板桩围堰共设置四层内支撑，其中围檩均采用 2HN700mm×300mm 型钢；对撑及斜撑采用装配式 $\phi609mm×16mm$ 钢管；系梁区域的钢板桩通过保留岩体来支撑。承台高度范围内保留岩壁岩板。钢板桩围堰平面、立面布置见图 5、图 6。

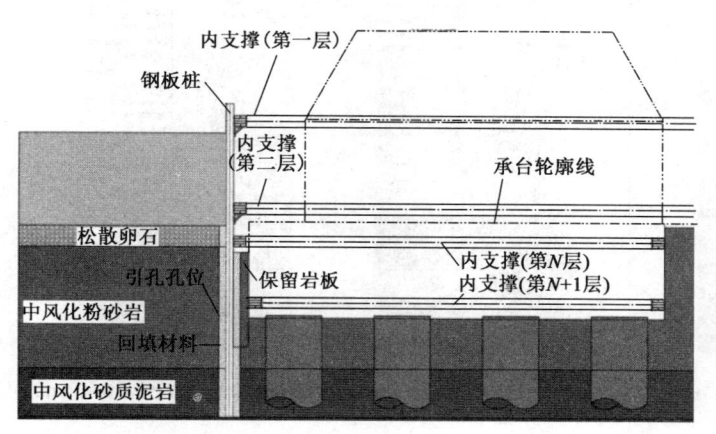

图 5 岩板+钢板桩围堰 1/2 立面示意图

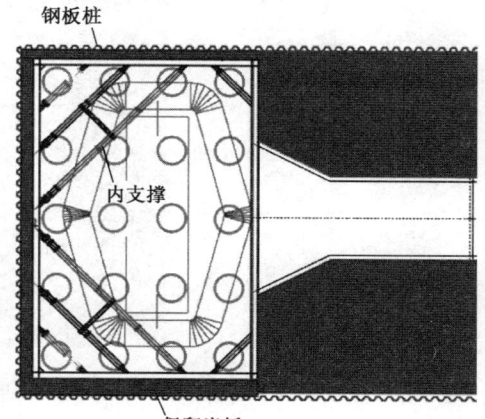

图 6 岩板+钢板桩围堰 1/2 平面示意图

4. 计算分析

1）材料设计参数取值

(1) 钢板桩采用拉森 IV w 型钢板桩，每米钢板桩截面特性：$W=2700cm^3$，材料容许应力 $[\sigma]=290MPa$；

(2) 围檩及撑杆钢材型号为 Q235，其组合弯曲容许应力 $[\sigma]=215MPa$。

2）土层参数取值

根据主墩地质勘察资料，主墩地层结构、土层物理力学指标见表 2。

各土层物理力学指标 表 2

土层	土重度(kN/m³)	内摩擦角(°)	黏聚力标准值(kPa)	主动土压力系数	被动土压力系数
松散卵石	20	26	0	0.39	2.561
中风化粉砂岩	25	35	50	0.271	3.69
中风化砂质泥岩	24	32	50	0.307	3.255

3）水文参数取值

依据现场提供资料与施工需求，围堰常水位为 +392.3m。

4）计算荷载

透水性较好的土层采用水土分算方法，透水性较差的土层采用水土合算方法。经过计算选取钢板桩受力最不利位置，厚度从上往下依次为卵石 0.5m，中风化粉砂岩 7m，中风化泥质岩 2.8m，按照单宽范围计算，围堰内侧入岩深度范围内按照土弹簧计算。

5）计算工况

根据上述地质土层、水文资料，围堰设计计算分下述三个工况：

工况一：插打拉森 IV w 型钢板桩，安装第一层内支撑（+393.0m 处），抽水开挖至第二层支撑下 100cm。

工况二：安装第二层内支撑（+388.0m 处），围堰内开挖至第三道支撑下 100cm。

工况三：安装第三层内支撑（+386.1m 处），抽水开挖至基坑底（+379.0m 处）。

6) 计算结果

详细计算结果见表3。

各工况下钢板桩计算结果　　　　　表3

(1) 工况一计算结果	(2) 工况二计算结果
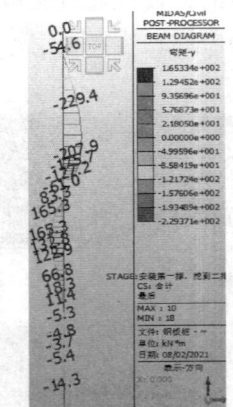 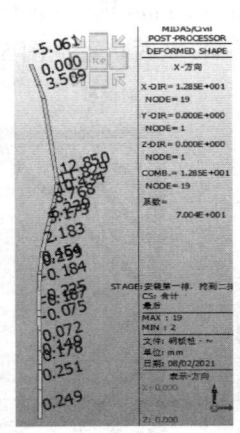 钢板桩弯矩图(单位:kN·m)　钢板桩变形图(尺寸单位:mm)	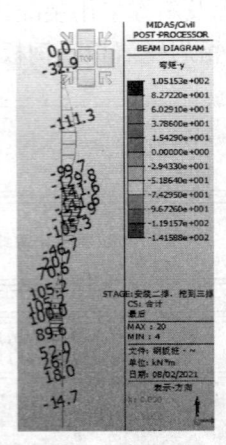 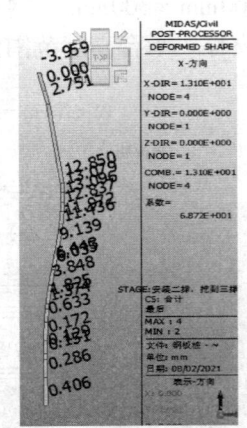 钢板桩弯矩图(单位:kN·m)　钢板桩变形图(尺寸单位:mm)
拉森Ⅳ w:$\sigma = \dfrac{M}{W} = \dfrac{229.4 \times 10^6}{2700 \times 10^3} = 84.96\,\text{MPa} < 290\,\text{MPa}$,满足规范要求,其水平最大位移值为12.85mm<60mm	拉森Ⅳ w:$\sigma = \dfrac{M}{W} = \dfrac{141.6 \times 10^6}{2700 \times 10^3} = 52.4\,\text{MPa} < 290\,\text{MPa}$,满足规范要求,其水平最大位移值为13.096mm<60mm

(3) 工况三计算结果
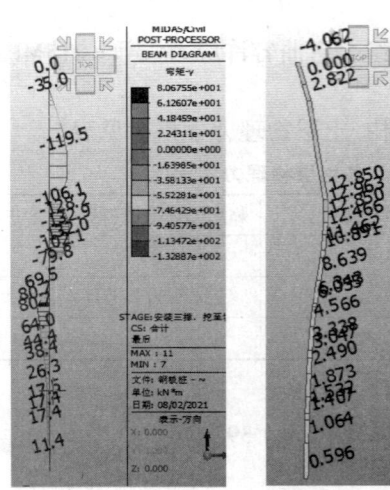 钢板桩弯矩图(单位:kN·m)　钢板桩变形图(尺寸单位:mm)
拉森Ⅳ w:$\sigma = \dfrac{M}{W} = \dfrac{132.8 \times 10^6}{2700 \times 10^3} = 49.18\,\text{MPa} < 290\,\text{MPa}$,满足规范要求,其水平最大位移值为12.96mm<60mm

注:1. 工况三中第三层内支撑为最不利情况。

　　2. 钢板桩水平位移允许值取60mm。

围檩型号为2HN700mm×300mm型钢,斜撑、对撑型号均为φ609mm×16mm钢管。建立围檩及撑杆模型,添加上述荷载,模型加载如图7所示。

经计算,围檩组合应力为147.9MPa<215MPa,剪应力18.3MPa<125MPa,满足规范要求。

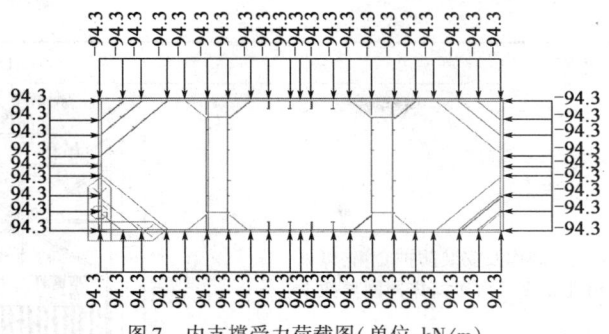

图7 内支撑受力荷载图(单位:kN/m)

三、围堰施工方法

围堰钢板桩采用套管机引孔回填砂再施沉钢板桩的工艺,为确保围堰止水效果满足汛期施工要求,钢板桩施沉到位后采用内外侧高压旋喷注浆的方式进行止水加固,见表4。

围堰施工工艺步骤　　　　　　　　　　　　　　　　　表4

施工工艺步骤	图示
(1)引孔设备:由于地层为岩层,钢板桩无法通过设备直接植入地层,须利用设备引孔,引孔孔位回填后才可进行钢板桩施沉,为确保引孔质量,引孔设备选用套管机(旋挖钻+套管)	
(2)覆盖层清理:对于浅覆盖层(无覆盖层无须进行此步骤),为防止引孔时临近覆盖层滑落至孔内影响引孔施工质量及后期围堰钢板桩插打施工,提前将松散卵石覆盖层进行清理	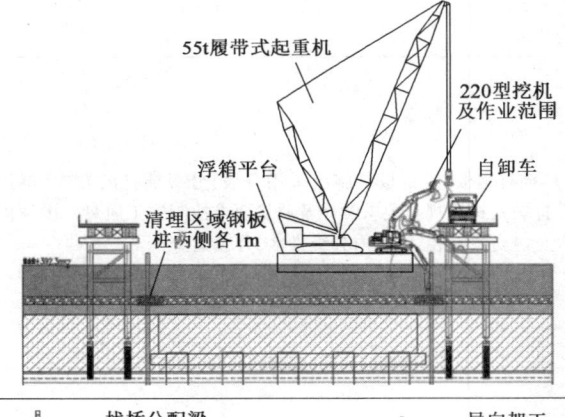
(3)导向架制作及安装:引孔施工前制作及安装导向架,用于定位引孔区域及导向引孔设备钻杆和套筒等	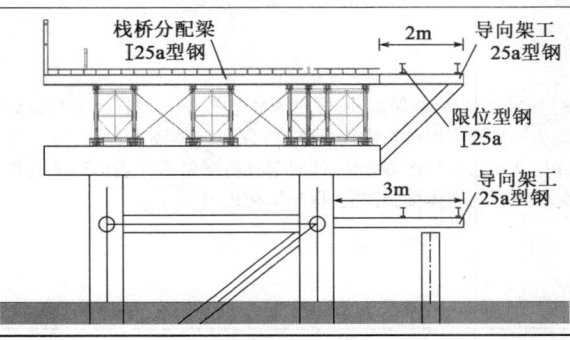

续上表

施工工艺步骤	图示
（4）防护套箱制作及安装：引孔施工前制作及安装防护套箱，以减少环境污染，同时防止引孔时及引孔完成后由于河床冲刷导致松散卵石进入引孔孔位内	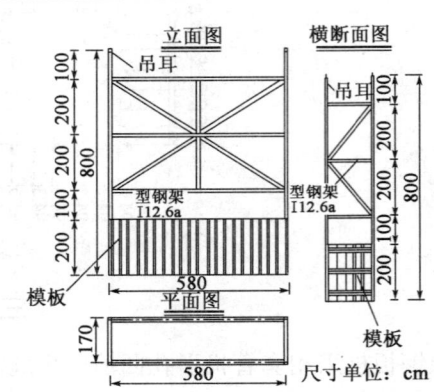
（5）引孔施工：利用套管机按照预定施工顺序及相关要求，进行引孔施工，并利用套管机进行清孔，确保引孔成槽的施工质量	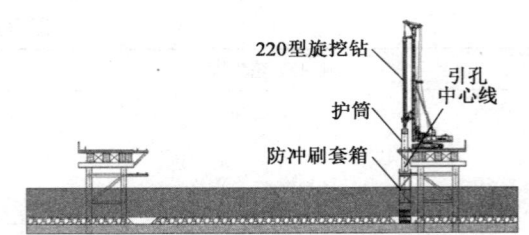
（6）回填施工：导管法引孔孔位内分层回填细砂，振冲器分层压实。粉细沙回填且经过振冲密实后，密实性好渗透系数小。相较传统工艺浇筑水下细石混凝土，降低了施工成本，减小了钢板桩与周围回填材料的摩擦力及黏聚力，提高了钢材回收利用率	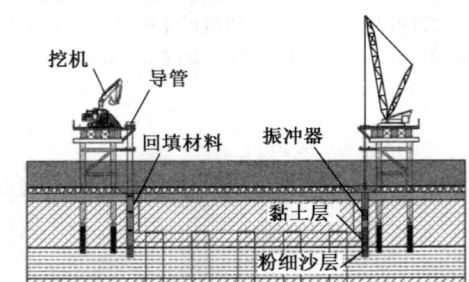
（7）插打钢板桩：钢板桩施沉采用分段、分级插打的方式（屏风式插打法），按照规范要求顺序及质量要求控制施工质量。围堰内排水及内支撑安装，围堰内分级排水，分级支护	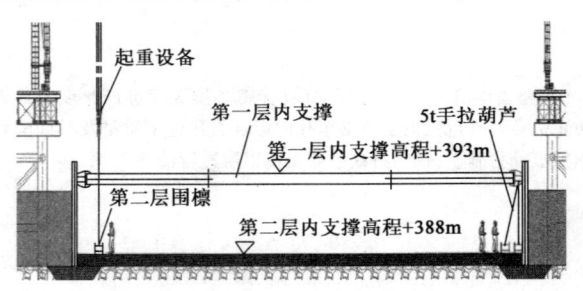
（8）承台开挖，岩板保留：围堰内排水完成，测量放样出承台轮廓线，地质钻机根据承台轮廓线钻孔，将保留岩体隔离；承台分层开挖，并挂网喷浆保护保留岩体；同时起到将保留岩体表面整平的作用，确保围檩与岩体接触密实，保证结构传力	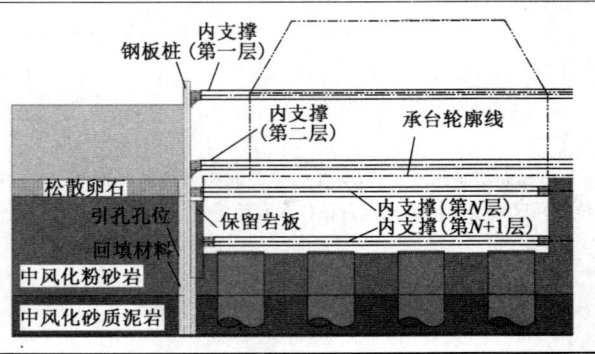

四、结 语

通过计算分析,确定围堰结构形式、内支撑布置及保留岩体厚度、高度等参数;制作及安装导向架、防护套箱及套管机进行引孔施工,确保引孔桩位的准确性并减少了环境污染;通过导管法引孔,孔位内分层回填细砂,振冲器分层压实,以减小回填材料渗透系数;插板机"屏风式"插打法施沉钢板桩;围堰内分级降水至河床表面,并依次安装围檩及内支撑;潜孔钻钻孔放样出承台边线,隔离出保留岩体;基坑分层开挖,保留岩体支护,并安装后续围檩及内支撑,完成基坑开挖施工和承台浇筑,得到结论如下:

(1) 提出岩板+钢板桩的组合围堰结构形式,相较传统的钢围堰结构形式,其临时结构工程量更低,设备投入量更少,减少了施工成本,缩短了施工工期,且使钢板桩围堰受力更均匀。

(2) 利用保留岩板增加了渗流路径,极大降低了渗流风险,确保了水中深基坑干施工环境的实现。

(3) 采用分层回填细砂的方式降低了渗透系数,进一步降低了渗流风险,相较传统工艺浇筑水下细石混凝土,降低了施工成本,提高了钢材回收利用率。

(4) 利用套管机及防护套箱进行引孔,极大减少了对环境的影响,保证了引孔垂直度、钢板桩施打精度。

参考文献

[1] 李迎九. 钢板桩围堰施工技术[J]. 桥梁建设,2011(2):76-79,84.
[2] 许红胜,颜东煌,黄元群. 深水基础钢围堰结构方案比选研究[J]. 中外公路,2007(3):94-97.
[3] 李成伟. 拉森钢板桩围堰施工中引孔技术的应用[J]. 铁道建筑技术,2014(S1):35-37.
[4] 毛景权,雷志强,王刚,等. 一种钢板桩围堰引孔回填材料、制备方法以及回填方法:110563396A[P]. 2019-09-16.
[5] 费志高,黄宇,白著,等. 深水硬岩钢板桩围堰引孔开槽注浆施工方法:108457283A[P]. 2018-08-28.
[6] 李洪涛,林海峰,沈文煜,等. 芒稻河特大桥超长钢板桩围堰结构优化设计[J]. 施工技术,2021,50(5):27-31.
[7] 何永昶. 深水基础桥梁承台施工超长钢板桩围堰内支撑最优布置研究[J]. 铁道建筑,2015(3):43-46.
[8] 丁巍,金乾明. 基于有限元法的钢板桩围堰结构分析[J]. 中外公路,2021,41(4):225-229.
[9] 黄宇,孟源,费志高. 深水浅覆盖层钢板桩围堰整体稳定性分析设计及施工[J]. 公路,2018,63(4):134-137.

42. 基于 K-means 聚类法的高空作业施工安全关键技术指标研究

冯晓楠[1] 李加朋[2] 张建东[1,3] 刘 朵[2]

(1. 苏交科集团股份有限公司;2. 河海大学;3. 长大桥梁安全长寿与健康运维全国重点试验室)

摘 要 为预防高空作业施工安全事故发生,提高施工安全管理效率,建立其施工安全关键技术指标。采用安全事故及现有规范标准调研分析、德尔菲法及 K-means 聚类分析等理论方法,研究得出以下结论:公路工程中高处坠落发生施工安全事故的频率最高,为"五大伤害"之首;共筛选了 63 个高空作业施工安全技术指标,并提取了 16 个关键技术指标,其中有 13 个关键技术指标为造成安全生产事故多发的原因,验证了高空作业施工安全关键技术指标提取的正确性。本高空作业施工安全关键技术指标的提出,将为高空作业施工安全控制提供技术支撑,减小安全事故的发生。

关键词 高空作业 施工安全 技术指标 K-means 聚类分析法 关键技术指标

在公路工程施工过程中,高空作业作为一种通用作业,其施工安全事故时有发生,不仅阻碍了工程的施工进度,也造成了极大的人员伤亡及财产损失。尽管近年来应急管理部和交通运输部制定了一系列相关的法律法规和规范标准,各级主管部门也加强了安全检查力度,但仍无法有效地降低高空作业施工安全事故发生的频率。因此,采取有效的控制措施对避免高空作业施工安全事故的发生具有重大意义。

目前,大多数专家学者针对高空作业设备或结构的安全、风险源或防范措施开展了大量的研究,例如:中铁电气局的潘义红研发了能满足现场作业的公路两用高空作业车;郭豪收采用安全系统事故树的方法提出了预防高处坠落事故的对策;沈阳建筑大学的王冬雪应用层次分析法计算高处坠落各指标权重来确保人员的作业安全有序进行。但是,高空作业施工安全控制指标众多,现场管理人员无法面面俱到,致使安全管理工作流于形式,安全事故频发。因此,必须运用科学的方法和手段对高空作业所有安全技术指标进行筛选,确定起关键控制作用的指标,通过少数的关键性指标达到控制整个工程施工安全的目的,这样对减小或规避由施工带来的生命和财产的损失显得尤为重要。

本文通过大量的典型安全事故及其原因统计分析,结合施工安全相关规范标准调研,筛选高空作业施工安全技术指标;并基于德尔菲法获得各安全技术指标科学、可靠的重要性程度打分及其关键指标勾选频率的两维数据,采用K-means聚类分析方法对高空作业施工安全技术指标进行归类分级,获得其施工安全关键技术指标,最终结合高空作业施工安全事故原因分析,验证其关键技术指标确立的可靠性,从而为高空作业施工安全控制提供技术支撑,减小安全事故的发生。

一、施工安全事故及技术指标调研统计

1. 施工安全事故调研

本文针对近10年500多起交通运输部通报的公路工程施工安全事故及各省市应急管理部门公布的事故进行统计整理分析,结果显示公路工程施工安全事故主要以高处坠落、坍塌、物打击、机械伤害、起重伤害等"五大伤害"为主,其中高空坠落事故占总公路工程施工事故的26.1%,占比最大;坍塌事故、物体打击事故分别占比为19.1%和12.3%,其中也有相当一部分发生在高空作业中。

同时,通过对60起典型高空作业施工安全事故的事故概况、事故原因、施工缺陷和涉及指标、事故防范与整改措施等四个方面进行系统分析,将其涉及的安全技术指标按照人、物、环、管等四类施工安全影响因素进行分类整理,整理结果详见表1。

高空作业施工安全事故涉及安全技术指标清单　　　　表1

指标类	序号	指标	标准
人	1	高空作业人员	经过专业的安全教育培训,具备足够的安全知识技能
	2	现场指挥人员要求	对施工现场安全生产监督、检查、隐患整改
	3	安全带、安全帽、防滑鞋使用方式	应正确佩戴
	4	起重机械驾驶员、起重信号司索工、起重机械安装拆卸工	应按照有关规定经专业机构培训,并应取得相应的从业资格
	5	起吊驾驶员操作要求	严格按规定做到"十不吊"
	6	作业人员	严禁在起吊作业范围内随意走动及吊装构件上停留,严禁在已吊起的构件下或起重臂下旋转范围内作业或通行
物	7	短期浇筑的混凝土结构物	不宜作为承重的结构,经验算稳定后才可使用
	8	吊篮和临时工作台固定状态	应绑扎牢靠,经工程监理单位验收后方可投入使用
	9	挂篮稳定性	挂篮按方案组拼后,要进行全面检查,做静载试验
	10	高空作业现场	应根据《中华人民共和国安全生产法》正确设置警示标志并保持色彩鲜明
	11	挂篮防护措施	应在挂篮四周设置维护设施、工作平台及安全通道
	12	作业面与安全网安装条件	作业面与坠落高度基准面≥2m时应搭设安全网且作业面和安全网高差需<3m
	13	安全带的使用方式	应高挂低用,并在牢固的物体上扣牢;安全绳不应打结使用,安全绳上不应挂钩;缺少或不易设置安全带吊点的工作场所宜设置安全带母索;安全带的各个部件不得随意更换或拆除

续上表

指标类	序号	指标	标准
物	14	安全绳的要求	专为挂安全带的钢丝绳
	15	挂安全带的位置	应挂在牢固结实的构件上，严禁挂在移动或不牢靠的构件上
	16	平台设置条件	平台应铺满防滑块并牢固固定，平台应设防护栏杆
环	17	夜间施工时	应提供足够的照明
管	18	安全生产教育与培训制度	应制定并落实到位
	19	建设单位管理要求	应根据《中华人民共和国安全生产法》，结合本单位的实际工程概况进行安全生产检查工作
	20	安全技术交底	施工前应进行安全技术交底
	21	安全专项施工方案	应制定经批准并且逐级落实到位
	22	挂篮施工作业要求	应对挂篮、临时支撑和托架进行安全验算

2. 施工安全技术指标统计

为提取科学、合理、可行性强的高空作业施工安全关键技术指标，本文在上节高空作业施工安全事故统计分析的基础之上，针对与高空作业施工安全相关的规范标准和管理文件进行了大量调研。并依照全面性、目的性、系统性、独立性、科学性等原则，从人、物、环、管等四个施工安全影响因素，共筛选了63个高空作业施工安全技术指标，从而为高空作业施工安全现场管理工作提供相应的技术支撑和依据，详见表2。

高空作业施工安全技术指标统计　　　　表2

指标类	指标	定性	编号
人	架子工培训	应按照有关规定经专业机构培训，并应取得相应的从业资格	R1
	安全带、安全帽、防滑鞋	应正确佩戴	R2
	……	……	…
	高空作业垂直下方	严禁人员站立或行走	R5
物	登高梯固定状态	登高梯上端应固定	W1
	吊篮和临时工作台固定状态	应绑扎牢靠	W2
	安全带主带扎紧扣的可靠度	可靠不能意外开启	W3
	安全带、安全帽、防滑鞋	质量应符合规范要求	W4
	护栏挡脚板高度	0.18m	W5
	……	……	…
	与500kV的危险电压带电体的距离	≥6m	W50
环	雨雪雷电天气	大雨、大雪、雷电等恶劣天气严禁施工	H3
管	上下作业要求	严禁上下交叉进行	G1
	支架脚手板设置要求	应铺满、固定，离结构物的距离≤0.15m	G2
	传递物料和工具操作要求	严禁随意抛掷	G3
	上面作业、下面通行车辆或行人的立交桥施工要求	应设置防护设施，并设专人进行安全管理	G4
	通信设备	高处作业应与地面联系配备专用通信设备	G5

注："……"表示因指标众多而省略。

二、关键技术指标提取方法研究

1. 确立原则

高空作业施工过程中，在"人—物—环—管"等多因素耦合作用下，必然面临着许多不确定性或不同程度的危险。每一安全技术指标对高空作业施工安全管理的重要性也不同，同时安全技术指标众多，在实际施工过程中对安全管理工作也将带来很多不必要的麻烦。因此，本文针对高空作业施工安全关键技术指标的确立设立了以下四条原则：

（1）关键指标应具有全面性。高空作业施工的特点决定了其指标的多样性，选取关键技术指标时必须考虑全面，尽可能真实反映施工的安全状态。

（2）与施工安全控制有较强的关联性。即所选定的关键技术指标能够真正帮助在高空作业施工期间规避危险事故。

（3）具有可实施性。即所确定的指标尽量与现有的施工工艺、施工设备相结合，使解决所存在安全问题的具有可实现性。

（4）具有较强的针对性。即所选定的安全技术指标有较强的针对性，通过设置层次清楚、关系明确的关键指标，全面真实的反映施工安全，最好还应有较强的普遍意义。

2. 提取方法调研分析

本文通过查阅大量的文献，发现目前关键技术指标提取的常用方法主要有权重提取方法、标杆基准法、鱼骨图分析法、频数分析法、聚类分析法等，各类提取方法的适用性分析见表3。

关键指标提取方法适用性分析　　　　　表3

方法	优点	不适用性
权重提取方法	通过计算出指标的权重大小进行排序，可直接得出权重大的即排序靠前的为关键指标	无法判别出关键指标与非关键指标的界限
标杆基准法	通过对比可简单直接的获取关键指标	公路工程施工缺少具有领先地位的基准
鱼骨图分析法	可以全面的分析考虑问题的各种因素，运用有序的、便于理解的图片格式阐明因果关系	公路工程施工安全涉及极端复杂且因果关系错综复杂的指标，成效不大
频数分析法	清楚的显示各组频数分布的情况，易于显示各组之间频数的差异	造成某些原始数据丢失，且无法明确频数为何值时划定为关键指标
聚类分析方法	通过利用循环再定位的技术不断对数据集进行划分，使同一类对象相似，不同类对象差距较大	指标间无相关联系时聚类模型不能识别

由表3可知，聚类分析方法属于无监督学习的算法，具有不需要训练集且算法简单快速的优点。其中，K-means聚类算法作为聚类问题的一种经典算法，该算法是相对可伸缩和高效率的，通过迭代将具有较高相似度的指标划分到同一类中，将具有较高相异度的指标划分至不同簇类中，对高空作业施工安全关键技术的提取上有着显著的效果。因此，基于距离的聚类算法可将两个对象的相似程度使用距离来衡量，距离越靠近即相似程度越大，可相对客观、准确地对高空作业的安全技术指标进行科学分类。

3. K-means聚类分析基本原理

1967年，MacQueen提出的K-means算法具有计算速度快、效率高、实现便易等特点，是目前大样本、多维数据分析应用最为广泛的聚类算法，可以挖掘出数据中隐含的结构。大量学者也在此算法的基础上进行了改进，但主要的算法思想仍是采用对象间的距离作为相似度的指标，距离越近表示相似程度越大，反之亦然。具体原理如下：

给定 n 个样本的 p 元评价数据 $X1 = (xi1, xi2, xi3, \cdots xip)^T$，$i = 1, 2, \cdots, n$，指定分类数目 K，按照某种

方法选择 K 个观测对象,设为 $\{X_1, Z_2, \cdots Z_k\}$,作为初始聚心。

此时,我们可以将每个对象视为 p 维空间的一个点,n 个研究对象就可以视为 p 维空间的 n 个点,每个点的相似程度用他们之间的距离来衡量。

设对象 x_i 与 x_j 的距离 d_{ij} 如下所示:

$$d_{ij} = \left(\sum_{i=1}^{w} |x_{iw} - x_{jw}|^q \right)^{1/q} \tag{1}$$

此距离公式被称为明考夫斯基(Minkowski)距离,上式中 q 为某一自然数。从公式的表达可以看出明氏距离是一种比较直观的距离,通过对公式中的 q 进行改变,可以得到以下几种不同的距离公式:

(1)当 $q=1$ 时,则称为绝对距离,公式如下:

$$d_{ij}(1) = \sum_{i=1}^{w} |x_{iw} - x_{jw}| \tag{2}$$

(2)当 $q=2$ 时,则为欧式(Euclidian)距离,公式如下:

$$d_{ij}(2) = \left(\sum_{i=1}^{k} |x_{iw} - x_{jw}|^2 \right)^{1/2} \tag{3}$$

(3)当 $q=\infty$ 时,称为切比雪夫距离:

$$d_{ij}(\infty) = \max |x_{iw} - x_{jw}| \tag{4}$$

欧氏距离是应用最多的距离,其优点是几何意义明确,可重点突出空间概念。计算每个观测量到 k 个聚心的欧式距离,根据欧氏距离将每个样本划分到据它最近的一个聚类中心所在的类别中。并将距离比较近的归为一个簇,使 K 个簇内对象之间的距离尽可能小,相似程度尽量大,不同簇之间的距离尽可能的大,差异程度尽量小,然后计算各个簇的均值作为新的聚类中心。重复上述步骤,依次迭代,直到满足某些终止条件,表明所有的数据对象分类完成,即得到 K 个聚类分级。

算法终止条件有以下三种情况:
(1)没有或最小数目的数据对象被重新分配给不同的聚类;
(2)没有或最小数目的聚类中心再发生变化;
(3)误差平方和局部最小。

三、基于 K-means 聚类算法的关键技术指标确立

针对高空作业施工安全技术指标的特点,将 K-means 聚类算法的相关特性与高空作业施工安全关键技术指标的判别问题上进行有效融合,从而实现高空作业施工安全技术指标的合理聚类,提取关键技术指标。

1. 数据统计

高空作业施工安全技术指标多为定量和定性的指标,而聚类分析是较为客观的数据挖掘算法。因此,为了方便统计与处理,应将能够充分反映出高空作业施工安全关键技术指标的参数进行组合,尽量避免因参数单一而对判定结果出现一定的偏差。本文基于德尔菲法,选取各个指标的重要性程度及关键指标勾选频率的两维特征变量构建安全关键技术的判别体系。

1)重要性程度调研

本次共调研了 22 位高空作业施工安全经验丰富的安全监管人员、施工技术人员、监理人员等,一定程度上保证了数据来源的准确性和科学性。各安全技术指标重要性程度打分标准详见表4。

重要性程度打分标准 表4

标准(分)	含义
1	特别不重要:极不可能发生事故及人员伤亡、伤害
3	不重要:可能发生事故但不会造成人员伤亡、伤害
5	一般:可能发生安全事故,也可能造成人员伤害但不至死亡
7	重要:很可能发生安全事故且会造成人员伤亡
9	特别重要:非常有可能发生安全事故且造成重大人员伤亡
2、4、6、8	为上述两相邻判断的中值

2) 关键技术指标勾选

同时,针对高空作业施工安全技术指标开展关键技术指标勾选调研,共调研43位高空作业施工安全监管或技术人员,每位专家凭借丰富的工作经验以可能诱发重大施工安全事故为标准进行关键技术指标勾选。

3) 数据处理

为减低专家打分的主观性和随意性,每个指标的重要性程度分值为22份问卷去除一个最低分及一个最高分后的平均值。关键技术指标勾选的频率为每个高空作业施工安全技术指标被勾选的次数与总调研专家人数的比例。同时,对每个安全技术指标的重要性程度均值及关键指标勾选的频率进行统计,统计结果详见表5。

重要性程度均值及关键指标勾选的频率统计表　　表5

编号	R1	R2	R3	R4	R5	W1	W2	W3	W4	W5	W6	W7	W8	W9	W10	W11	W12	W13	W14	W15	W16
均值	8.11	8.06	8.17	8.06	7.68	7.90	7.42	7.61	8.00	8.00	7.83	7.85	8.00	7.85	7.61	7.72	7.32	7.63	7.45	7.28	7.06
频率	0.68	0.65	0.59	0.59	0.56	0.56	0.53	0.53	0.53	0.50	0.47	0.47	0.47	0.47	0.47	0.44	0.41	0.41	0.41	0.38	0.35
编号	W17	W18	W19	W20	W21	W22	W23	W24	W25	W26	W27	W28	W29	W30	W31	W32	W33	W34	W35	W36	W37
均值	7.72	7.56	7.32	7.00	6.89	6.83	7.11	7.10	7.18	6.78	6.95	6.85	7.32	7.30	7.45	7.22	6.84	7.15	7.17	6.56	6.60
频率	0.32	0.32	0.29	0.29	0.26	0.26	0.26	0.26	0.24	0.24	0.24	0.24	0.24	0.24	0.21	0.21	0.18	0.18	0.18	0.18	0.18
编号	W38	W39	W40	W41	W42	W43	W44	W45	W46	W47	W48	W49	W50	H1	H2	H3	G1	G2	G3	G4	G5
均值	7.05	7.40	6.80	7.10	7.17	7.22	6.60	6.47	6.55	6.55	6.44	6.78	7.00	6.56	6.75	6.74	6.45	6.45	6.84	6.61	6.85
频率	0.18	0.18	0.18	0.18	0.18	0.18	0.18	0.15	0.15	0.15	0.15	0.15	0.15	0.15	0.12	0.12	0.12	0.09	0.09	0.09	0.09

2. 关键技术指标的确立

聚类算法主要是迭代和分类,保证输入的数据能够在多次的迭代过程中逐渐得到较为可靠的分级标准。通过参考国内外的规范、研究成果与本研究问题相结合将高空作业安全技术指标的聚类数目 K 设为3,即为3个等级,分别为关键指标、重要指标、一般指标三个层次。利用具有强大数据计算能力的MATLAB软件,输入分类的相关参数,同时为避免产生局部最优的结果,最大迭代次数在这里取100。

从63个高空作业安全技术指标数据中随机选取3个作为初始聚类中心,计算高空作业中每个指标到初始聚心的距离,判定指标间的相似程度,使得每个指标数据与它最近的聚类中心的欧式距离最小,并根据此距离把各个指标归类到相似程度较高的一个簇中,从而达到最相似的数据集中划分到3个分级域中。分类完毕后继续计算3个域中数据的平均值,将该平均值作为新的聚心,如此反复操作,直到迭代计算的聚心之间距离的最大改变量小于初始聚类之间最小距离的倍数时,或者到达迭代次数的上限时,停止迭代。具体计算结果如图1所示。

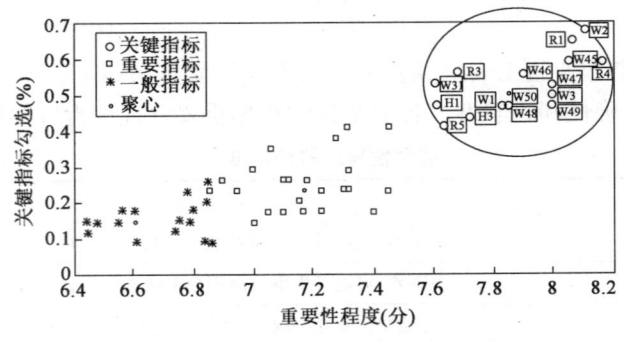

图1　高空作业聚类法分析图

根据图1可知,63个施工安全技术指标中被划分为关键指标的共有17个,其中W18的关键指标勾选频率仅有0.3左右,相对于其他关键指标的勾选频率明显较低,因此将其进行剔除。所以,经初步分析,高空作业共有16个施工安全关键技术指标,见表6。

关键技术指标统计　　　　表6

指标类	指标	标准	编号
人	架子工培训	应按照有关规定经专业机构培训,并应取得相应的从业资格	R1
人	安全带使用方式	应高挂低用,并应扣牢在牢固的物体上;安全绳不应打结使用,安全绳上不应挂钩;缺少或不易设置安全带吊点的工作场所宜设置安全带母索;安全带的各个部件不得随意更换或拆除	R3
人	高空作业垂直下方	严禁人员站立或行走	R5
物	登高梯固定状态	登高梯上端应固定	W1
物	吊篮和临时工作台固定状态	应绑扎牢靠	W2
物	安全带主带扎紧扣的可靠度	可靠不能意外开启	W3
物	人形塔梯基础	应稳固	W31
物	与≤10kV的危险电压带电体的距离	≥1.7m	W45
物	与35kV的危险电压带电体的距离	≥2.0m	W46
物	与63~110kV的危险电压带电体的距离	≥2.5m	W47
物	与220kV的危险电压带电体的距离	≥4.0m	W48
物	与330kV的危险电压带电体的距离	≥5.0m	W49
物	与500kV的危险电压带电体的距离	≥6m	W50
环	强风等级	<6级	H1
环	雨雪雷电天气	大雨、大雪、雷电等恶劣天气严禁施工	H3

将确立的关键技术指标与表1中高空作业施工安全事故涉及安全技术指标进行对比分析可知,13个是高空作业施工安全事故频发或高发的直接原因,例如:2018年深圳外环杶梓河大桥"3·20"高处坠落事故是由于未正确佩戴个人防护用品,即聚类计算分析所得的高空作业安全关键技术指标R3未按要求执行。因此,本文基于K-means聚类分析法确立的高空作业施工安全关键技术指标具有一定的合理性与实用性。

四、结　语

本文通过大量公路工程施工安全事故及高空作业施工安全技术指标调研统计分析,基于K-means聚类分析法对高空作业施工安全关键技术指标的确立进行了研究,研究结论如下:

(1)公路工程中高处坠落发生施工安全事故的频率最高,为"五大伤害"之首,结合高处作业施工安全相关规范标准调研,共筛选了63个高空作业施工安全技术指标。

(2)基于K-means聚类分析法,采用两维数据相融合的形式,选取指标的重要性程度和关键指标勾选频率的变量进行高空作业关键技术指标的分类判别研究,提出了16个高空作业施工安全关键技术指标。

(3)通过16个高空作业施工安全技术指标与高空作业施工安全事故涉及的安全技术指标进行对比分析,验证了高空作业施工安全关键技术指标提取的正确性。

参考文献

[1] 杨涛.建筑工程高空作业安全预警与管理研究[D].南京:东南大学,2016.
[2] 潘义红.公铁两用高空作业车技术研究[J].设备管理与维修,2019(14):202-203.
[3] 郭豪收,张建设.建筑施工高处坠落伤亡的事故树安全研究[J].山西建筑,2007(19):197-198.
[4] 王冬雪.基于AHP法的建筑工程高处坠落指标权重分析[J].价值工程,2018,37(24):177-179.
[5] 冯晓楠.公路水运工程施工安全技术指标体系及关键指标检测技术研究与应用[R].南京:苏交科集

团股份有限公司.2018.
[6] 许欣.基于KPI的绩效管理分析及实际应用[D].天津：天津大学,2007.
[7] 李学平.用层次分析法求指标权重的标度方法的探讨[J].北京邮电大学学报(社会科学版),2001(1):25-27.
[8] 童浩,杨羿,李程焕,等.钢桁架桥技术状况评定体系中的部件权重分析[J].公路交通技术,2021,37(2):78-83.
[9] 余忠磊,郑旭光.基于模糊综合评价法的山区高速公路隧道运营安全评价研究[J].公路交通技术,2018,34(2):102-106.
[10] 王健,卢锡凤.基于聚类分析的高速公路事故黑点鉴别及成因分析研究[J].公路交通技术,2016,32(5):114-119.
[11] 杨小兵.聚类分析中若干关键技术的研究[D].杭州：浙江大学,2005.
[12] 甘凯文.基于spss聚类分析的公路隧道围岩亚分级方法研究[D].长沙：长沙理工大学,2016.
[13] 王千,王成,冯振元,等.K-means聚类算法研究综述[J].电子设计工程,2012,20(7):21-24.
[14] 林璐,陈健,曲大义,等.基于K均值聚类算法的交通状态判别方法研究[J].青岛理工大学学报,2019(4):109-114.

43. 基于中央梁段浮运-吊装法的自锚式悬索-斜拉协作体系桥梁施工方案探讨

罗锦鹏[1] 孟杰[1,2] 刘钊[1]

(1.东南大学土木工程学院；2.林同棪国际工程咨询(中国)有限公司)

摘　要　重庆市土湾大桥是一座自锚式悬索-斜拉协作体系桥梁,属于一种新型的缆索承重桥梁,合理的施工方法是该类桥梁设计的难点之一。本文结合土湾大桥结构与桥位特点,尝试提出一种基于中央梁段浮运-吊装法的自锚式悬索-斜拉协作体系桥梁的施工方案,简述了本方案的施工步骤,分析了该施工方案的优点以及其可能存在的问题,探讨了本施工方案实施过程中的技术要点。

关键词　自锚式悬索-斜拉协作体系　无支架施工　浮运-吊装法　梁段减重　结构分析

一、引　言

作为缆索承重桥梁中的一种,悬索-斜拉协作体系最早由罗布林(J. A. Roebling)在1855年修建的主跨251m的尼亚加拉瀑布公铁两用桥中提出,斜拉索和吊索均在全桥范围内布置,荷载主要由吊索承担,斜拉索仅起增加悬索桥刚度和提高承载力的作用。1938年,狄辛格(F. Dichinger)提出了加劲梁在桥塔附近采用斜拉索支承、跨中采用吊索支承的新结构体系。在桥梁设计师们的不断探索下,更多的协作体系方案被提出,其中具有代表性的还有1953年斯坦因曼(D. B. Steinmann)提出的意大利墨西拿海峡大桥方案,1984年林同炎提出的直布罗陀海峡大桥设计方案等。近年来,随着计算方法的迭代更新和有限元分析软件的普及,可以对复杂的高次超静定结构进行明确的受力分析,悬索-斜拉协作体系桥梁也重新活跃于桥梁工程界的舞台之上。国内多座大跨径桥梁的方法设计中都曾出现过悬索-斜拉协作体系,2016年竣工的博斯普鲁斯海峡第三大桥是世界首座跨径超千米的公铁两用悬索-斜拉协作体系桥梁,博斯普鲁斯海峡第三大桥的实景图如图1所示。位于中国舟山的西堠门公铁两用大桥跨径为1488m,是目前世界上在建的最大跨径悬索-斜拉协作体系公铁两用大桥,西堠门公铁两用大桥的效果图如图2所示。

图1 博斯普鲁斯海峡第三大桥实景图

图2 西堠门公铁两用大桥效果图

根据协作体系中主缆锚固方式的不同,悬索-斜拉协作体系桥梁也可细分为两类:地锚式悬索-斜拉协作体系、自锚式悬索-斜拉协作体系。在一些特定的桥位下,自锚式悬索-斜拉协作体系桥梁会具有极强的竞争力,主要体现在:①因为该体系加劲梁有抗弯要求,因此其整体刚度较大;②与同跨径斜拉桥相比,其桥塔高度更低,适用于跨径较大但对桥塔高度要求严格的桥位;③与地锚式悬索桥相比,其不用修建大体积锚碇;④与自锚式悬索桥相比,跨中主梁承受的轴力较小。

迄今,自锚式悬索-斜拉协作体系桥梁的结构分析与设计已有较多的研究,但对自锚式悬索-斜拉协作体系桥梁施工方法的讨论较少。本文以重庆市土湾大桥为背景,提出了一种基于中央梁段浮运-吊装法的自锚式悬索-斜拉协作体系桥梁施工方案。

二、工程概况

重庆市土湾大桥为一座跨越嘉陵江的双层城市公轨两用桥梁,上层为双向六车道公路,设计荷载为城A级,下层为双线城际铁路,设计荷载为ZC-NL活载。基于桥位特点,本桥采用自锚式悬索-斜拉协作体系,跨径布置为95m+90m+690m+90m+95m,为半飘浮体系。土湾大桥的桥型布置如图3所示。大桥的边中跨比约为0.27,在两侧边跨设有辅助墩。加劲梁采用钢桁梁,鉴于大桥边中跨比较小,边跨需采用叠合混凝土桥面板桁架结构进行压重。大桥采用自锚式体系,主缆锚固边跨于梁端的混凝土锚体。桥塔采用宝瓶形设计,桥塔高度为197.0m,桥面以上高度为110.0m。桥梁主跨中央225m主桁范围由主缆吊索支撑,共设置16对吊索;其余主桁范围由斜拉索支撑,每个桥塔共设置28对斜拉索。纯吊索区与主跨长度之比约为0.33,设有3对交叉索。采用空间缆索体系,主缆选用抗拉强度≥1860MPa、公称直径为5.4mm的高强镀锌钢丝,主缆的垂跨比约为1/6.7。

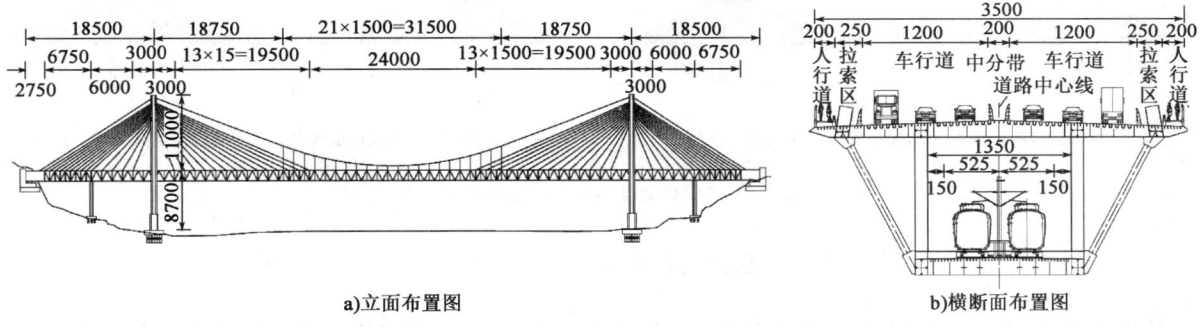

a)立面布置图　　b)横断面布置图

图3 土湾大桥桥型布置图(尺寸单位:cm)

自锚式悬索-斜拉协作体系桥梁的施工难点是主跨中央部分加劲梁的架设。土湾大桥位于嘉陵江之上,嘉陵江水流较为湍急,水位较深,且航道有通行需求,若采用有支架施工办法,不仅成本较高,且会影响来往船只的正常通行,故本桥跨中加劲梁的架设必须采用无支架的施工方法进行。

对于斜拉索的覆盖范围,在利用斜拉索悬臂拼装加劲梁到最大悬臂状态时,跨中尚有16个钢桁梁节间未安装。因此,此时不能通过加劲梁对压实现水平力的传递,也就是不能利用自锚式的主缆来吊装跨中的加劲梁。若采用临时接高桥塔的方法继续利用斜拉索悬臂拼装加劲梁至合龙,其需要增设14对斜拉索来辅助施工，同时边跨斜拉索的锚固区设置也存在一定问题。为尽可能地利用现有条件，在降低施工成本的同时尽可能地减少施工周期，本文尝试提出一种基于中央梁段浮运-吊装法的自锚式悬索-斜拉协作体系桥梁施工方案。

三、基于中央梁段浮运-吊装法的施工步骤

基于中央梁段浮运-吊装法的自锚式悬索-斜拉协作体系桥梁施工方案，其思路是先利用斜拉索悬臂吊装加劲梁至最大悬臂状态，再利用驳船将中央梁段浮运至指定位置而后整体吊装。本方案的主要施工步骤如图4所示，具体步骤如下：

第1步：主桥下部结构施工，包含桩基础、承台、辅助墩以及梁端锚固区混凝土段的施工，同时完成桥塔的主体施工。

第2步：搭设加劲梁0号节段钢桁架托架，用于塔梁临时固结，吊装0号节段钢桁架。

第3步：以桥塔为起点，利用斜拉索向两边悬臂拼装加劲梁，完成边跨部分加劲梁的合龙。

第4步：安装索鞍、施工猫道，架设主缆。

第5步：利用驳船将尚未吊装的加劲梁运至指定位置，在吊装前完成加劲梁的拼装，拼装好后等待吊装。

第6步：吊装加劲梁至指定位置，与现有结构进行焊接，完成加劲梁的合龙。

第7步：分步张拉所有吊索，完成张拉后调整斜拉索和吊索的索力。

第8步：完成桥面铺装以及人行道等附属设施的安装，并再次调整索力。

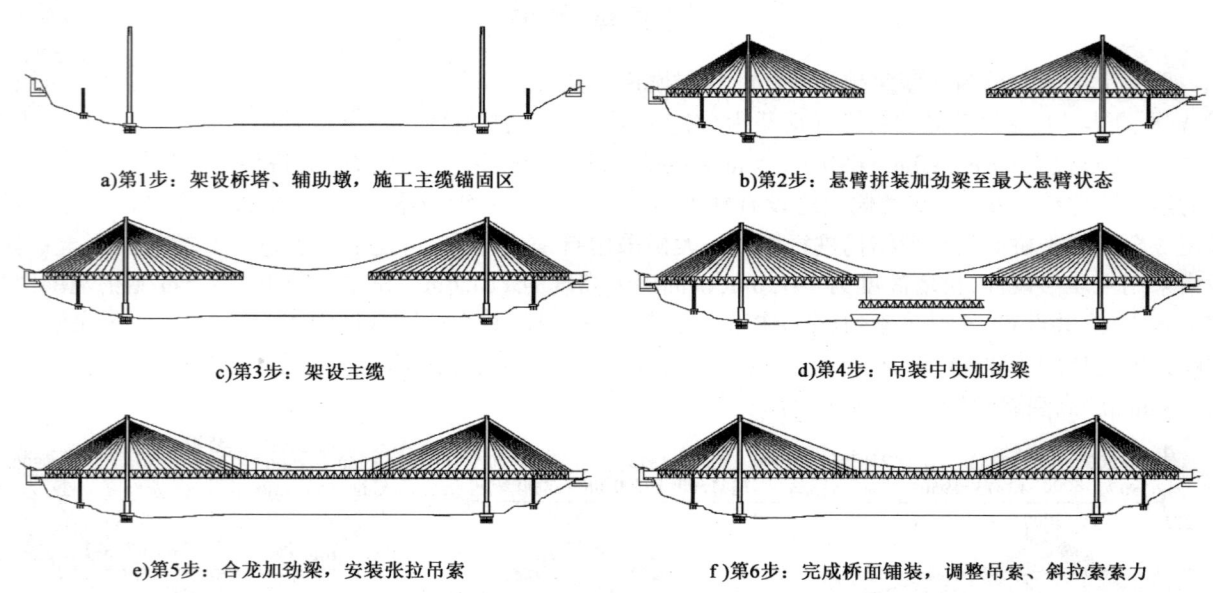

a)第1步：架设桥塔、辅助墩，施工主缆锚固区　　b)第2步：悬臂拼装加劲梁至最大悬臂状态

c)第3步：架设主缆　　d)第4步：吊装中央加劲梁

e)第5步：合龙加劲梁，安装张拉吊索　　f)第6步：完成桥面铺装，调整吊索、斜拉索索力

图4　基于中央梁段浮运-吊装法的施工方案

四、施工措施的技术要点

基于中央梁段浮运-吊装法的施工方案，较少增设附属结构物，利用现有永久结构即可完成跨中主梁的架设，不仅可降低施工成本，也能大幅度缩短施工周期。但本方案仍然存在着一些问题需要深化研究，这里简要讨论其施工措施及技术要点。

1. 航道浮运的可行性

土湾大桥跨越嘉陵江，桥位处江面宽度约为800m，需要吊装的中央加劲梁长度为240m，拼装好后的加劲梁质量约为4000t。为此，需考虑浮运驳船的吃水深度，还要进行钢梁加工场至桥位的水路运输规划，涉及水上钢梁运输许可申请、下水码头建造、运输驳船租赁等具体实施方案。

2. 中央梁段的减重设计

为减少运输及吊装过程中的安全风险，降低运架成本，同时为避免吊装中央梁段对桥梁结构产生较大变形，应在吊装过程中尽可能地减少加劲梁的质量。可通过减去加劲梁的次要构件（如桥面板、U形肋等）来降低中央梁端的质量，仅保留钢桁架进行浮运-吊装施工，在完成加劲梁合龙以及吊索的安装后再重新安装上述次要构件。经计算分析，仅保留钢桁架的加劲梁总质量约为4000t。土湾大桥有上下两层桥面系，上层桥面系中设置了边纵梁并在上下两层桥面系之间设置了斜向拉杆，如想进一步降低吊装时的桥面系质量，可考虑在吊装时去掉上层桥面系的边纵梁与斜向拉杆，同时也可去掉部分横隔板，若此方法可行，初步估计吊装的中央梁段质量可以再下降15%～20%。

3. 增设临时斜拉索

因跨中所吊装的加劲梁中央梁段很重，在吊装状态，使桁架梁的悬臂端部承受很大的吊装集中力作用，导致悬臂端挠度过大，同时也会在桥塔底部产生较大的附加弯矩，不利于后续施工，因此在吊装中央梁段之前需要在主跨加劲梁的最大悬臂端处增设临时斜拉索，相应地也需要在边跨增加背索以平衡桥塔底部的附加弯矩。增设临时斜拉索的方案如图5所示，图中示意了增设斜拉索的位置，拉索的规格还需根据后续计算结果确定。为了避免梁端出现拉力支座，需要在边跨采取相应的压重措施。进行斜拉索锚固于桥塔与加劲梁上锚固构造设计，保证临时锚固区的强度满足要求，同时在完成加劲梁合龙后也要便于拆除，降低施工成本。

图5　在边跨及中跨端部增设斜拉索位置示意

边跨可采用水袋、沙袋等进行临时压重，若条件允许，也可利用在吊装中央梁段时未与钢桁架一起吊装的次要构件来进行压重，降低工程成本。

4. 吊装设备

中央部分加劲梁质量达4000t，长达240m，对吊装设备的起重能力要求较高，限于桥位水道条件，不宜选用大型浮式起重机。在吊装加劲梁中央梁段时，可研发特制的桥面起重机，也可在已经悬臂拼装好的加劲梁上架设外伸的吊装桁架，利用吊装桁架安装相应的吊装设备，避免外伸部分产生过大的弯矩。适当加长桥面起重机支承范围，将吊装时产生的集中力均匀地分配至已拼装好的加劲梁上，使更多的斜拉索共同承担中央梁段的荷载。

5. 主缆架设后的结构分析

在架设主缆后，虽未安装吊索，但此主缆自重仍会在主缆的锚固端产生部分水平力，虽然空缆的水平力有限，也需要对此状态的桥梁进行受力分析与验算，确保结构安全。

6. 中央梁段吊装状态分析

中央梁段吊装状态，应从两方面进行分析。一是加劲梁在吊装状态的强度、变形及稳定性分析；二是吊装过程中，对已完成结构的状态分析，如桥塔底部是否会产生较大附加弯矩、增设的斜拉索与原有的斜拉索内力是否满足相关要求、吊装过程中加劲梁悬臂端挠度的变化等。

7. 中央梁段合龙后桥梁分析

在吊装中央梁段合龙后、吊索安装前，需再次对桥梁进行受力分析，因为此时桥跨结构处于合龙但没有吊索的状态。此后,还要进行吊索安装顺序及张拉力的优化,并考虑中央梁段其他构件的安装及边跨压重的调整,确保桥梁结构受力的合理性和安全性。

8. 成桥后的索力调整

在完成桥面铺装后,一般要对斜拉索与吊索的内力进行二次调整,以实现目标成桥状态。

五、结　　语

本文对一种自锚式悬索-斜拉协作体系桥梁的施工方案进行了探讨,有以下几点结论:

(1)所提出的基于中央梁段浮运-吊装法的自锚式悬索-斜拉协作体系桥梁施工方案,相较于已提出的临时接高桥塔方案,具有施工成本低、施工周期短、施工风险低等优点,是一个值得与临时接高桥塔方案做进一步比选的施工方案。但此方案部分施工过程中的技术要点需要进行深入讨论与计算分析。

(2)就客观条件而言,基于中央梁段浮运-吊装法的自锚式悬索-斜拉协作体系桥梁施工方案需要对多项因素进行调研。在浮运方面,需要对浮运驳船的吃水深度、水路运输规划、水上钢梁运输许可申请、下水码头建造、运输驳船租赁等问题进行调研;在吊装方面,需要对可能的多种吊装方案进行比选,可供选择的吊装设备有传统的自拼装桁架、大型浮式起重机、特制桥面起重机等,应从成本、工期、安全性等多方面对不同吊装方案进行比选。

(3)为保障施工过程中桥梁结构的安全性,应结合施工步骤和工艺进行详细的结构分析和设计,包括:最大斜拉悬臂状态的受力分析,增设斜拉索的规格与锚固区设计,吊装过程中结构强度及稳定性验算,结合中央梁段桥面系安装进行吊索张拉时机优化等。

参考文献

[1] GIMSING N J,GEORGAKIS C T. Cable supported bridges:concept and design[M]. 3rd ed. New York:John Wiley & Sons,Inc. ,2012.
[2] 孟杰,陈晓虎,邓宇,等.重庆土湾大桥主桥方法设计[J].桥梁建设,2021,51(1):101-108.
[3] 王二强,刘钊.一座大跨径斜拉-悬索协作体系桥梁的结构特色与关键技术[J].现代交通与冶金材料,2022,2(4):5-13.
[4] 刘飞,黄祖慰,郭殊伦,等.公铁两用斜拉悬索协作体系钢桥研究[J].钢结构,2019,34(5):49-55,38.
[5] 肖海珠,高宗余,何东升,等.公铁两用斜拉-悬索协作体系桥结构参数研究[J].桥梁建设,2020,50(4):17-22.
[6] 肖海珠,高宗余,刘俊锋.西堠门公铁两用大桥主桥结构设计[J].桥梁建设,2020,50(Z2):1-8.
[7] 张哲,王会利,黄才良,等.自锚式斜拉-悬索协作体系桥梁设计与分析[J].公路,2006(7):44-48.
[8] 张哲,朱巍志,潘盛山,等.基于几何非线性的自锚式斜拉-悬索协作体系桥成桥索力计算[J].沈阳建筑大学学报(自然科学版),2009,25(5):822-828.
[9] 王会利.自锚式斜拉-悬索协作体系桥结构性能分析与试验研究[D].大连:大连理工大学,2006.

44. 超长地连墙钢筋笼整节段吊装技术研究

张　振　魏　豪

(中交路桥华东工程有限公司)

摘　要　张靖皋长江大桥采用主跨1208m双塔悬索桥跨越福北水道,进入如皋中汊。该悬索桥南锚碇位于长江江心岛上,其基础采用圆形地下连续墙结构。该大桥的特点是地连墙采用整体吊装施工,钢筋笼质量大,对吊装要求比较严格。钢筋笼吊装作业是地连墙施工的关键环节,也是整个地连墙施工过程中最危险的施工工序。根据地连墙施工的实际情况,简要对钢筋笼吊装技术进行分析与探讨,为安全施工提供参考。

关键词 地下连续墙钢筋笼 吊装比选 整节段吊装 模型计算 结构分析

一、工程概况

张靖皋长江大桥北航道桥南锚碇基础采用外径90m、墙厚1.5m的圆形地连墙+环形钢筋混凝土内衬支护结构。地下连续墙底高程-51.80m,顶高程-0.5m,墙体厚度1.5m,嵌固深度33m。地连墙的轴线直径为88.5m,周长为278.0309m,Ⅰ期槽段31个,Ⅱ期槽段31个,共划分为62个槽段。

二、吊装方案比选

通过施工功效、机械设备、成本分析、质量控制及施工风险等,对整体吊装和分节吊装进行全面比选。

1. 整体吊装

在钢筋笼胎架上一次性焊接成型,采用260t履带式起重机辅助400t主吊进行钢筋笼在空中将整体翻身将其竖直,由400t履带式起重机带载行走至成槽位置后下放到位。钢筋笼绑扎2d,钢筋笼翻身竖转及运输至槽段1h,钢筋笼下放16h,合计约17h(起吊至下放完毕时间)。

整体吊装计划工期为3.5个月,400t履带式起重机+260t履带式起重机施工工期内租金约140万元,两台铣槽机月租金约为400万元,施工工期内设备租赁金额约为1890万元。

2. 分节吊装

在钢筋笼胎架上一次性绑扎成型,上节长30m,下节长23.6m,采用135t履带式起重机辅助260t主吊将钢筋笼在空中整体翻身竖直,由260t履带式起重机带载拎着下节钢筋笼先行下放,其次再回到绑扎区域,将上节钢筋笼翻身,再带载行走至成槽位置,其后将上下两节钢筋笼对接后下放到位。钢筋笼绑扎2d,钢筋笼翻身竖转及运输至槽段2h,钢筋笼下放16h,钢筋笼对接6h,合计约24h(起吊至下放完毕时间)。

分节吊装工期约为4.2个月,260t履带式起重机+130t履带式起重机施工工期内租金约100万元,两台铣槽机月租金约为400万元,施工工期内设备租赁金额约为2100万元。

3. 方案比选

采用钢筋笼整体吊装方法施工,相较于分节吊装方法可节省施工工期约20d,节约费用约210万元;且采用钢筋笼整体翻身下放,在钢筋笼在胎架上一次绑扎成型,其绑扎精度高,能有效地控制钢筋孔自身垂直度,从而保证钢筋笼下放顺利,避免剐蹭槽壁,造成塌孔。但钢筋笼采用整体一次翻身竖转,其重量大,长度长,带载行走时间长,翻转过程中更加考验操作人员协同性,吊装风险高。

对以上两种钢筋笼吊装方法进行综合比选,最终确定采用整体吊装下放地连墙钢筋笼。

4. 整体吊装场地布置

钢筋笼起吊区域为锚后平台钢筋笼拼装区中间的重载便道,起吊区域长度为90m、宽度为18m,总面积约为1620m²,满足钢筋笼双机抬吊所需区域面积大小,如图1所示。

三、钢筋笼整体吊装

1. 吊点布置

钢筋笼长53.65m,吊点沿钢筋笼长度方向布置为横6纵4,共计24个吊点,其中主吊采用横3纵4(共12个吊点),副吊采用横3纵4(共12个吊点),如图2所示。

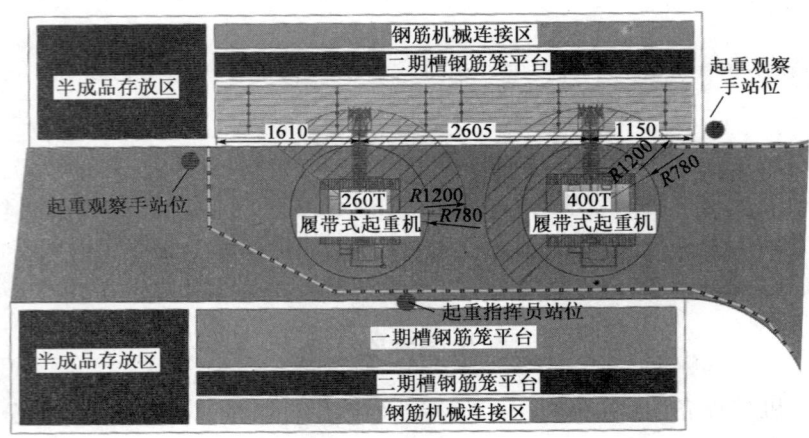

图 1 钢筋笼双机抬吊站位布置图

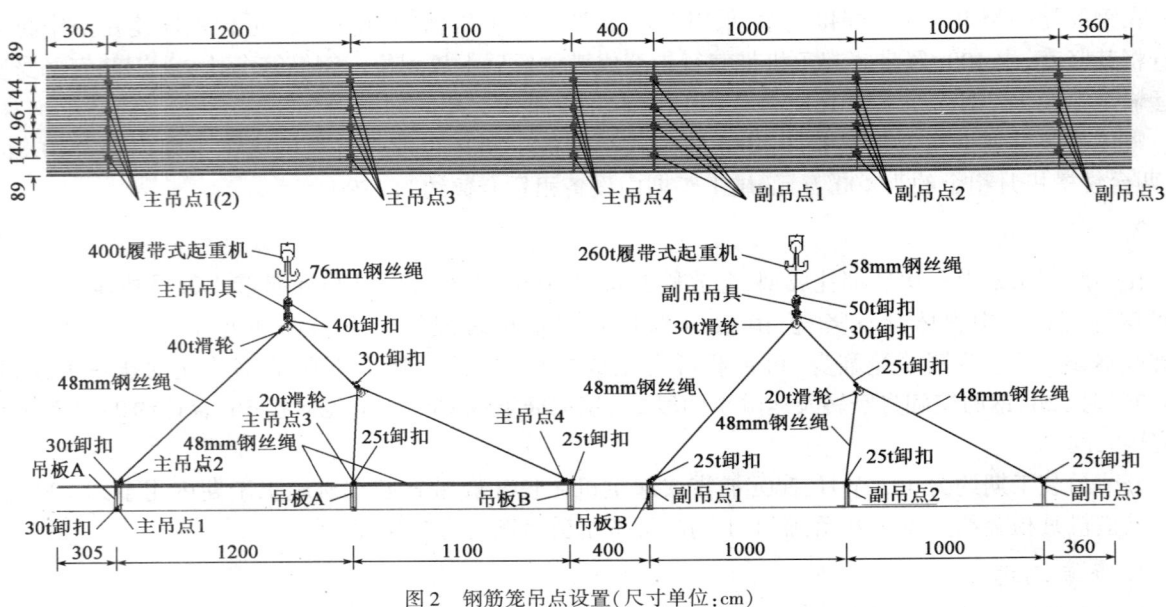

图 2 钢筋笼吊点设置(尺寸单位:cm)

2. 吊点加固

主吊吊点及副吊第一道吊点使用30mm厚吊耳板加固,吊耳板焊接于吊点处上下主筋,如图3所示。

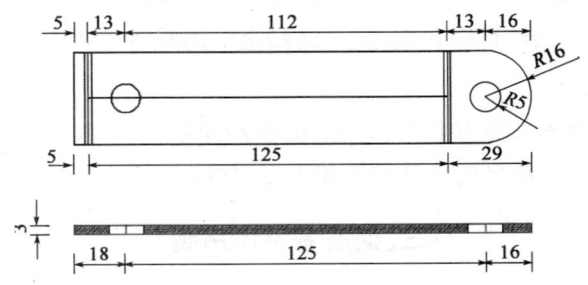

图 3 吊点加固耳板设计图(尺寸单位:cm)

副吊第二、第三道吊点使用$\phi 40$的C形圆钢和几字形圆钢组合与主筋单面焊接加固。采用2个C形圆钢与1个几字形圆钢组合加固吊点,如图4所示。

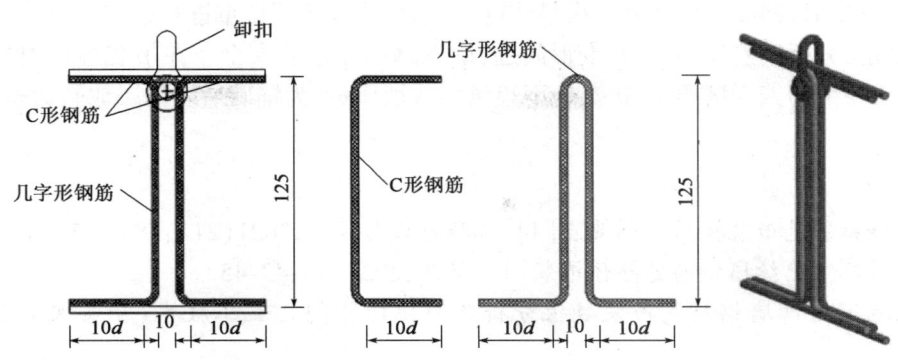

图 4　吊点加固耳板设计图(尺寸单位:cm)

3. 钢筋笼吊装步骤

(1)400t、260t 两台起重机移动到起吊位置,400t、260t 履带式起重机吊装半径均为 12m。安装吊点的卸扣与钢丝绳,安装完后复核其型号规格、安装位置是否准确。

(2)检查完成两台起重机钢丝绳的安装情况及受力重心后,开始同时平吊钢筋笼。平吊钢筋笼距地面 0.3m 时,将钢筋笼悬空 5~10min,检验钢筋笼及吊点的焊接质量,试吊无异常情况后,开始钢筋笼空中翻身竖直。

(3)主吊在原位缓慢起钩,旋转大臂缓慢向前副吊靠近,副吊随着钢筋笼竖起程度配合起钩,保证滑轮重心与起吊钢丝绳下钢筋笼重心重合,确保钢筋笼在起吊过程中保持动态平衡。待钢筋笼垂直于地面时,副吊松钩。

(4)卸除钢筋笼上 260t 履带式起重机起吊点的挂钩,然后驶离起吊作业范围。钢筋笼竖起后,由主吊单独吊装钢筋笼,并沿重载便道缓慢行走到孔口预定位置。

(5)400t 起重机吊装钢筋笼入槽、定位,缓慢下放钢筋笼。

(6)随着钢筋笼的下放,逐一卸除钢筋笼副吊点 3、副吊点 2、副吊点 1 上的 25t 卸扣及副吊钢丝绳。

(7)钢筋笼继续下放,下放至主吊点 4 处临时搁置钢板,插入搁置扁担将其固定于导墙上,进行第一次吊点转换。

卸除主吊点 4 处的 25t 卸扣及钢丝绳,把悬挂在主吊点 3 处的钢丝绳自由绳头与主吊点 4 处卸除的钢丝绳头通过 25t 卸扣连接,完成第一次吊点转换。

(8)微微吊起钢筋笼,抽出搁置扁担,钢筋笼继续下放,下放至主吊点 3 处临时搁置钢板,插入搁置扁担将其固定于导墙上,进行第二次吊点转换。

卸除主吊点 3 处的 25t 卸扣、钢丝绳和 20t 滑轮,将 20t 滑轮处的钢丝绳自由端与悬挂在主吊点 2 处钢丝绳的自由端通过 30t 卸扣连接,完成第二次吊点转换。

(9)微微吊起钢筋笼,抽出搁置扁担,钢筋笼继续下放,下放至主吊点 1 处临时搁置钢板,插入搁置扁担,进行第三次吊点转换。

首先将主吊点 1 和主吊点 2 处卸扣转换至吊筋上的最终搁置钢板吊孔处,吊起吊筋并将吊筋底部与吊点位置主筋采用直螺纹套筒连接或单面焊接,连接完成后缓慢提升钢筋笼抽出搁置扁担。然后缓慢下放钢筋笼至设计高程后插入搁置扁担支撑最终搁置钢板将其固定在导墙上,卸除全部吊具,400t 履带式起重机驶离,完成钢筋笼下放施工,进行下一步工序。

四、结　语

地连墙钢筋笼吊装是整个地下连续墙危险性最大的施工工序,也是整个锚碇基础的施工中不可或缺的重要一环,同时还是锚碇复合地基基础的主要受力结构。合理布置钢筋笼吊点,优化吊装施工流程对降低整个吊装过程的施工风险有着举足轻重的作用。通过 midas Civil 验算钢筋笼吊装翻身过程(0°、

30°、60°)的受力及变形，钢筋笼按整体一次吊装进行建模，荷载按照自重进行施加，吊点及加固方式按照设计要求进行设定，分析钢筋笼的受力、变形问题，确保钢筋笼吊装安全。在吊装过程中，严格按照设计进行吊装施工，确保钢筋笼入槽质量，提高地下连续墙成墙质量，为锚碇后续深层地基加固及基坑开挖打下坚实基础。

参考文献

[1] 王朝. 地连墙钢筋笼吊装技术控制要点[J]. 工程建设与设计，2021(21)：183-185.
[2] 陈冬冬. 超深地下连续墙钢筋笼整体吊装[J]. 居业，2023(4)：43-45.
[3] 赵晶. 超深地下连续墙钢筋笼吊装数值分析及简化计算[J]. 施工技术(中英文)，2022，51(19)：52-56.

45. 沱江大桥下塔区V形钢塔施工关键技术研究[①]

曹利景[1]　刘　颖[1]　万世成[2]　邓　栋[1]　孙浚杰[2]

（1. 中交第二航务工程局有限公司；2. 成都交通投资集团有限公司）

摘　要　沱江大桥主桥为空间非对称曲线形独塔扭索面斜拉桥，其桥面宽度、倾斜桥塔高度及同类桥型跨度均为世界之最，主塔下塔区V形钢塔结构受力复杂、施工难度大。国内外对如此大体量的空间非对称曲线钢结构桥塔的施工研究较少，本文对下塔区V形钢塔结构特点及施工重难点进行分析，从施工方案比选、组拼工艺、线形控制等方面进行探索，结合有限元计算软件对各施工工况进行计算分析，选择施工安全风险最低、安装精度更易控制的最佳施工方案。施工中运用"虚拟预拼装+BIM+有限元"等信息技术在钢梁制造、安装全过程进行精确控制，及早发现和消除线形控制风险点。实际施工应用表明，该施工工艺及线形控制技术保证了下塔区钢塔的拼装线形，可为今后曲线钢塔建造提供参考。

关键词　V形钢塔　组拼工艺　施工方案设计　线形控制　吊装调位

一、工程概况

金简仁快速路二期沱江大桥段[1]位于成都市简阳市及东部新区，起点桩号K26+100，止点桩号K30+400，长4.3km。道路等级为一级公路兼城市快速路，主线设计速度80km/h，辅道设计速度40km/h；城镇段标准路基宽度64m，非城镇段标准路基宽度48m。主桥为独塔双索面斜拉桥，跨径布置45m+185m+238m+45m。如图1所示，索塔采用空间扭曲面异形钢塔，六边形断面，截面高度、宽度均渐变，总高度约为173.3m，桥面以上140m，桥面以下33.3m，每个索面设置17对斜拉索。主梁采用半封闭双边钢箱梁，中心线处高度3.7m，标准断面宽度64m。索塔基准轴线为空间曲线，由立面完整椭圆及横断面部分椭圆相交形成后，绕Y横轴线旋转18°而形成，立面椭圆特征值为长轴165m，短轴45m。横断面椭圆特征值为长轴430m，短轴67.6m，倾角18°，共5个参数形成双椭圆空间曲线索塔。根据结构特点，将索塔分为塔顶区、锚索区、中塔区、塔梁固结区、下塔区、塔底锚固区6个部分。下塔区椭圆与梁底连接两条相切空间曲线，形成了V腿基准轴线。

前塔下塔区钢塔及边部主梁距离上塔座顶33.3m，总长78m，塔脚顶距离上塔座顶19.1m，索塔钢材设计强度等级主要为Q345qD，塔梁固结点D主要为Q420qD，外壁典型板厚50mm，内壁典型板厚40mm。填芯混凝土有三大区域：塔脚塔底段、T9A、塔梁固结点D。混凝土型号为C40微膨胀混凝土，混凝土压满横隔板全高范围，所有与混凝土接触的壁板、横隔板表面均布置$\phi 22\times 240$mm剪力钉，并配置$\phi 16$构造

---

① 基金项目：中国交建科技研发项目，项目编号2021-ZJKJ-JBGS01。

钢筋网片,如图2a)所示。后塔下塔区钢塔及边部主梁距离上塔座顶33.2m,总长71.5m,塔脚顶距离上塔座顶17.6m。填芯混凝土有三大区域：塔脚塔底段、T8B、T9B,如图2b)所示,其余同前塔下塔区。

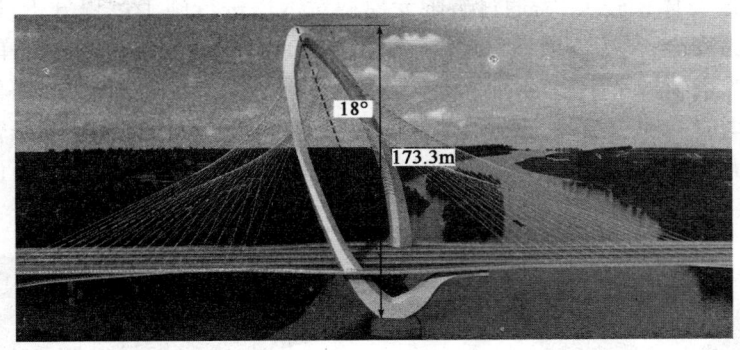

图1 成都沱江大桥BIM模型

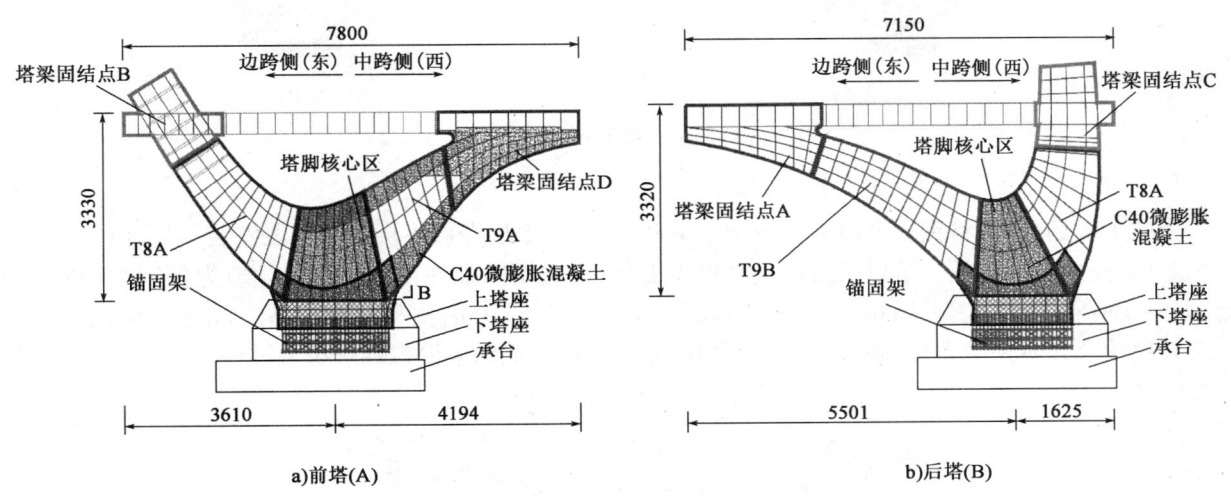

图2 下塔区钢塔及边部主梁立面图(尺寸单位：cm)

二、钢塔组拼工艺及技术难点

钢塔采用"单元制作,整体组拼"的制作工艺[2],制造完成后,采用整体式运梁车运输至施工现场,利用起重机吊装进行节段姿态调整,通过限位、匹配的方式及起重机不松钩、现场塞垫达到调位要求。沱江大桥钢塔造型复杂、分段分块多、板厚大,外壁板为形态各异的空间曲面板,其主要技术难点如下：

(1)钢塔结构复杂,调位安装难度大,测量控制精度要求高。钢塔的曲线成型精度及节段之间线形的平顺,是线形控制的一个难点。

(2)钢塔节段重量大、吊装高度高,安全管控风险难度大[3]。钢构件最大宽度6.65m,最大高度2.28m,最大长度20m,最重164t,运输时钢构件平放,吊装时需调整为竖直或倾斜状态。

(3)焊接工程量大,焊接质量对结构安全影响大。由于钢塔节段数量多,钢板厚度大,节段间环缝焊接时焊缝收缩可能造成已精确定位的节段产生一定偏差,同时多条环缝焊接所产生的焊缝收缩累积误差将对钢塔总体线形的控制产生不利影响[4]。

(4)测量定位及温度影响大[5]。钢塔每个节段的上下、左右相对位置精度要求均非常高,且钢结构收缩受温度的影响较大,同时由于日照的影响,会形成塔内外不同的温度场,塔柱各部位产生不均匀形变,塔柱节段定位时间的控制要求较高。

三、钢塔施工方案设计

由于V腿自身刚度及体积较大,需通过有限元模型对钢塔进行施工过程分析,以保证施工过程中临时支架及局部构件受力安全,其中安装荷载主要考虑结构自重,钢箱结构采用板壳单元、混凝土采用实体单元模拟。首先计算裸塔情况下钢塔的应力及变形情况(图3):一次落架时,前塔侧悬臂端最大竖向变形为 -12mm,截面平均应力约28MPa,钢箱内部局部最大应力为53MPa;后塔侧悬臂端最大竖向变形为 -22mm,截面平均应力约67MPa,钢箱内部局部最大应力为81MPa。综上所述,为保证钢塔拼装过程的线形,需采用支架体系进行辅助拼装。

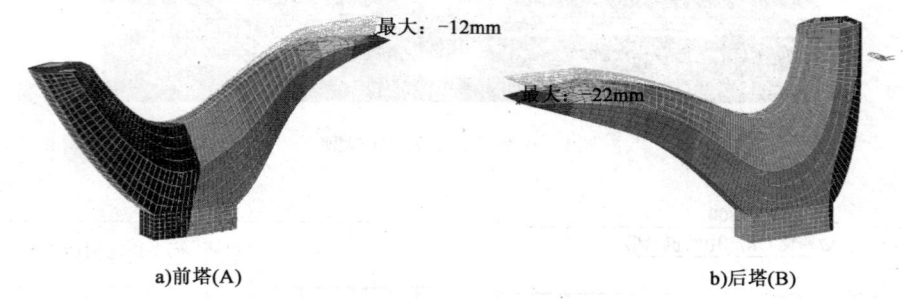

a)前塔(A)　　　　　　　　　　　　b)后塔(B)

图3　一次落架下钢塔变形

1. 少支点+临时预应力支撑体系

为减少现场焊缝,将钢梁节段安装分为上下两层,单个上层滞后下层一个节段安装,以提供相对较多的作业面,提高安装工效。节段拼装通过搭设少支架,再利用匹配件及体外临时预应力控制结构安装线形,如图4所示。临时索采用6φ15.2mm钢绞线,初张拉力为100t;支架尺寸为φ1200mm×60mm。V腿与支架顶端及临时预应力采用刚性连接,模型中通过释放梁端约束模拟钢塔拼装过程。

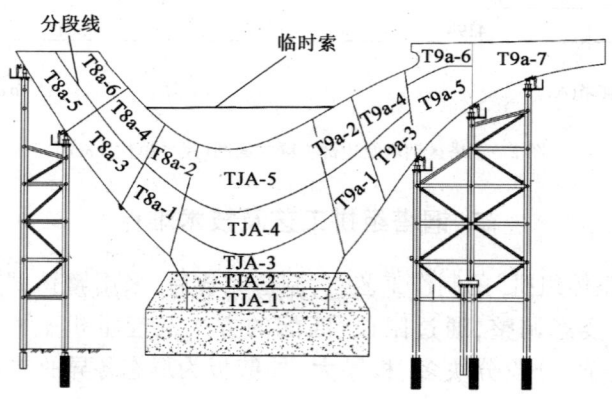

图4　前塔A钢塔分段示意图

经计算分析:前塔A和后塔B拼装完成后节段竖向最大累计位移分别为 -7mm、-5mm,Mises应力最大约25MPa;单根立柱最大支反力约1540kN,组合应力约 -67MPa;临时拉索索力最大1060kN(图5)。综上所述,少支架+临时预应力体系对钢塔拼装线形控制较好,V腿自身刚度很大,临时预应力对钢塔节段线形调整有限,且钢塔节段无支架位置处拼装线形仅依靠匹配件进行调位,支架需选用较大尺寸的结构体系。

2. 多支点支撑体系

基于以上技术难点分析,综合考虑钢塔及临时结构受力等因素,塔底段索塔分段以核心筒为主,保持索塔内部核心筒完整断面,四周索塔节段相匹配的原则;同时,钢梁节段安装尺寸尽量做大,以减少现场焊缝(图6)。

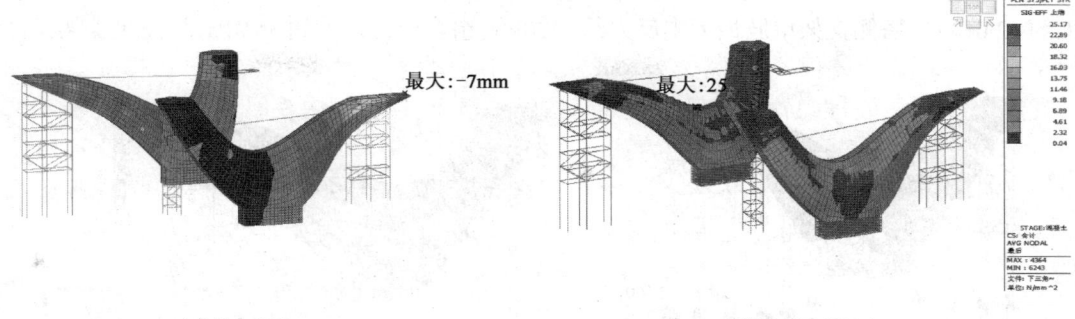

图 5 钢塔结构受力情况

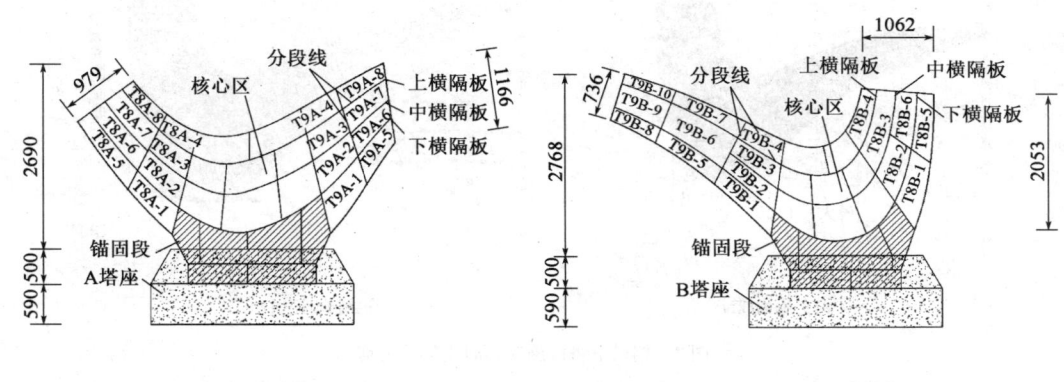

图 6 钢塔分块示意图

T8A 和 T9A 在纵断面分为 8 片,上、下横隔板之间的索塔在横断面上分为左中右 3 段或 2 段,下横隔板以下的索塔在横断面上分为 2 段或单独 1 段,T8A 共计 16 块,T9A 共计 17 块,单块重大质量为 63t。

T8B 在纵断面分为 6 片,上、下横隔板之间的索塔在横断面上分为左中右 3 段或 2 段,下横隔板以下的索塔在横断面上分为 2 段,上横隔板以上的索塔在横断面上单独分为 1 段,共计 12 块;T9B 在纵断面分为 10 片,上、下横隔板之间的索塔在横断面上分为左右 2 段,下横隔板以下的索塔在横断面上分为 2 段或单独 1 段,上横隔板以上的索塔在横断面上单独分为 1 段,共计 16 块,单块最大质量为 74t。

采用多支点支撑体系时,支架采用 φ800mm×10mm 钢立柱,平联采用 φ426mm×6mm 钢管,钢管之间采用 2[25a 连接系,顶部主横梁采用 3HM588 或 2HM588 型钢。安装荷载主要考虑结构自重,支架采用梁单元模拟,V 腿与支架顶端接触位置采用刚性连接,考虑节段拼装和焊接过程,节段拼装时按均布荷载施加在已拼装板节点位置进行模拟。

分层拼装施工时,如表 1 所示:前塔 A 拼装 T8A-7 时,钢箱内壁板 Mises 应力约 100MPa(局部应力约 139MPa),节段整体变形约为 −2mm(局部变形约 −34mm),拼装完成后悬臂端部竖向变形减小为 −7mm;后塔 B 拼装 T9B-6 时,钢箱内部壁板 Mises 应力约 72MPa(局部 Mises 应力最大约 99MPa),节段整体变形约为 −5mm(局部变形约 −20mm),拼装完成后悬臂端竖向变形减小为 −3mm。由于钢塔拼装截面为倾斜界面,加载方式仅考虑不利情况下施加于待拼装节段下方。

支架拼装下结构的变形及应力 表1

工况	DZ 最大变形(mm)		应力(MPa)	
	前塔 A	后塔 B	前塔 A	后塔 B
拼装过程	−2(−34)	−5(−20)	101(139)	72(99)
拼装完成	−7(−34)	−3(−20)	31(69)	24(73)

注:括号内数字代表局部最大变形或应力。

为保证支架受力安全,对支架进行计算分析,由图7可知,前塔侧支架单肢最大支反力约1560kN,组合应力最大约62MPa;后塔侧支架单肢最大支反力约1120kN,组合应力最大约35MPa,均满足支架设计要求。

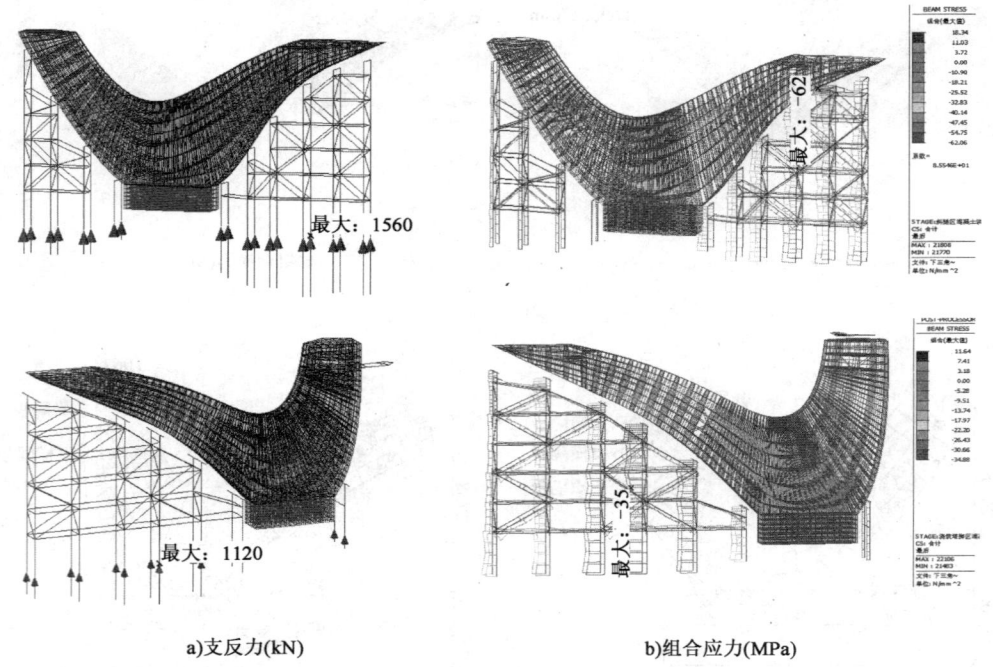

a)支反力(kN)　　　　　　　　　b)组合应力(MPa)

图7　钢塔下塔区施工临时支架受力情况

综上所述,推荐采用多支点支撑体系对钢塔安装过程进行调位,钢塔及支架结构受力均满足规范要求,且钢管柱宜布置在分段缝正下方,便于底层节段拼装时及时调整空间位置。

四、钢塔安装线形施工控制

钢塔塔身为曲线变截面钢结构,对钢塔节段空间定位提出了极高的要求,因此控制钢塔的整体安装线形和质量是施工过程中的重难点[6-10]。钢塔安装应用"虚拟预拼装+BIM+有限元"技术,对钢梁施工的应力、线形等关键参数实时采集,实现了施工的实时化、可视化,保证安装精度。

1. 总体吊装方案

钢塔在专业加工厂内加工完成后,分段运往本项目东侧钢结构拼装场临时存放,然后通过场内道路运输至安装场地。A、B塔座分为两个作业面独立施工,总体拼装顺序为:左右对称安装,同一截面高度按中→左→右进行,如图8所示。

2. 钢塔节段测量控制

1)空间位置控制

在构件定位前,先根据设计单位提供的构件控制点坐标换算到各支撑垫梁中点坐标和高程,并且按此坐标和高程来控制垫梁位置,其平面位置精度控制在10mm以内,高程比理论值低10mm以内,然后固定支撑垫梁。垫梁安装固定完成后,把构件控制点坐标放样于垫梁上,其误差控制在2mm以内,将构件控制点坐标放样于主分配梁上,其误差控制在1mm以内。

在构件安装前,必须先复核支架的轴线和高程,在构件吊装就位过程中,使构件底部的控制点对齐支架上的点位。在构件大致就位后,首先调整构件高程,当高程相差很小时,测量构件控制点的坐标,与设计值进行比较,计算出差值,在支架上作出标识,指挥操作人员通过三向千斤顶来调整位置。反复调整其平面位置和高程,当轴线点的坐标与其他控制点高程都达到设计要求时,再观测其余点的坐标,直到每个点的三维坐标均满足设计要求。

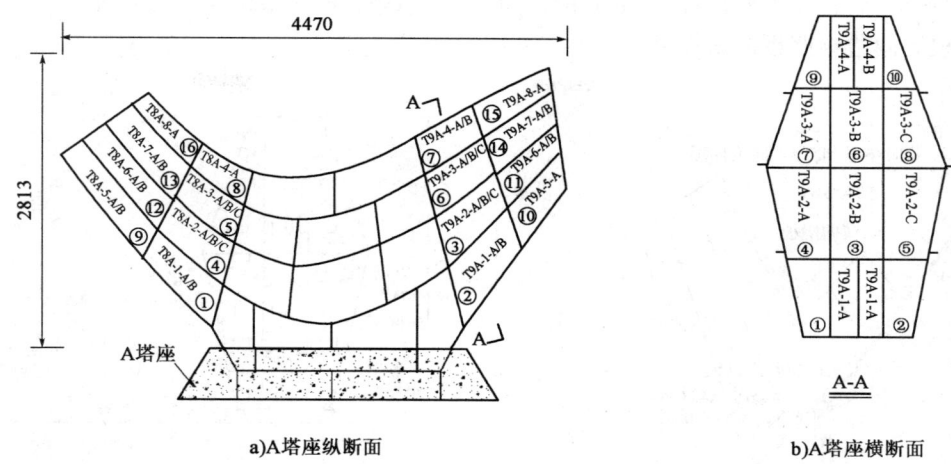

图8 A塔座安装顺序示意图(尺寸单位:cm)

2) 测量控制点布置

如图9所示,塔底段、T8、T9段及塔梁固结段索塔根据分段情况,将测量控制点布置在隔板与隔板交会处;边部主梁段将测量控制点布置在面板与隔板交会处;钢管支架顶部向下1m位置设置沉降观测点,观测索塔重量作用于支架后支架沉降量,以确定精确调位数值,设置预抬量。

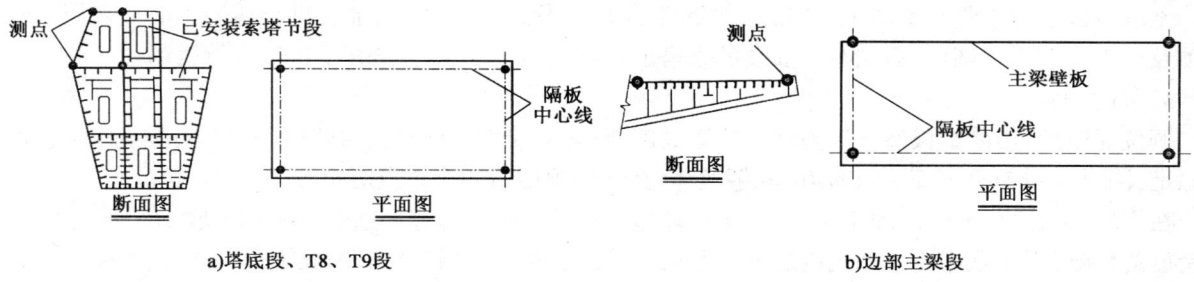

图9 索塔测量控制点布置

3) 测量精度控制

构件的制造误差通过BIM软件对钢梁进行三维放样建模,提取线形控制基准数据,并以此为基准在制造厂内搭设全联/半联整体胎架,采用"单元制作、整体组拼"的工艺进行制作,确保制作实体与设计线形一致;构件安装过程中,首先在支架及垫墩上放样出构件的设计线形,在进行构件的吊装过程中,发现问题及时改进,采用短对中杆、小棱镜等措施减少测量误差,尽量安排相同人员用同一精度的仪器在相同控制点上进行测量,同时尽量在温度较低的早晨或傍晚进行测量,避免阳光偏晒或直晒,避免大风或雨雪天气。

3. 钢塔节段定位及调整

钢塔节段采用350t履带式起重机+160t汽车起重机抬吊翻身,翻身后解除汽车起重机吊钩,最后由履带式起重机进行安装,节段上设有吊耳辅助翻身吊装。底层钢塔节段调位时,以T8A-5-A(典型杆件)为例,步骤如下:

1) 粗调位

索塔吊装前,在前一段已吊装索塔节段对接口焊接横向限位板和反力支架。横向限位板分别布置在纵向隔板(无加劲肋侧)和外壁板上,分别在上、下部位各设置一块,共4块,其中外壁板处的限位板在索塔节段初定位完成之后再安装。纵向限位装置采用2~3mm厚薄钢板,根据测量数据,在索塔初定位施工期间在底板分缝处进行塞垫,塞垫间距1~2m。竖向限位装置为导向牛腿,随钢梁在加工厂匹配放样安装;在前端支架主横梁适当位置焊接安装2×I25a反力支架,如图10所示。限位板采用Q235级厚钢板（$t=10\text{mm}$）制作，平面尺寸为$6\text{cm}\times21\text{cm}$，倒角为$2\text{cm}\times10\text{cm}$，横向限位板以已安装索塔节段外壁板为基准，将限位板导向边与壁板贴紧焊接。

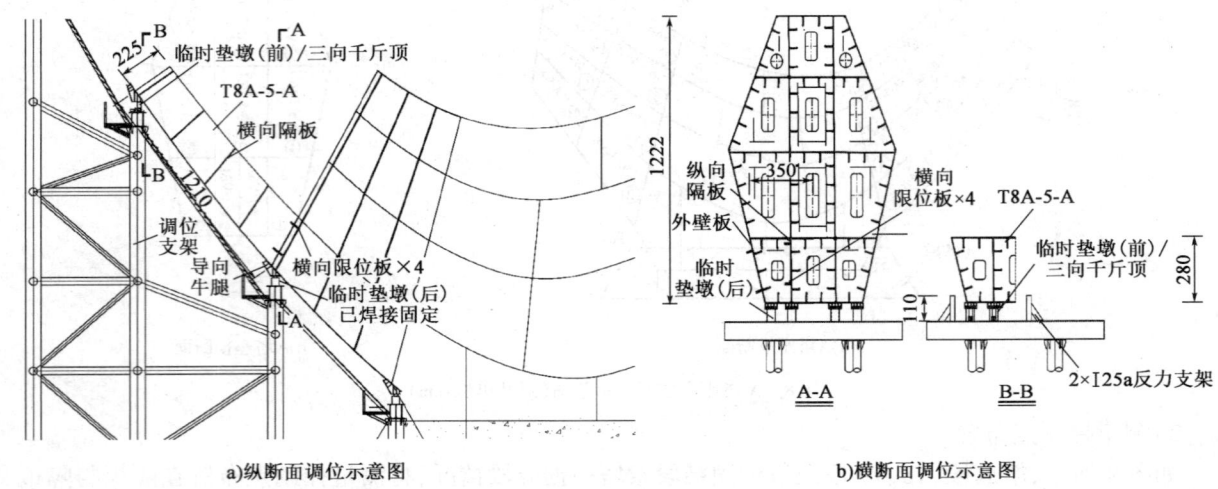

图10 纵断面及横断面调位装置布置示意图（尺寸单位：mm）

2）精调位

索塔节段落位于临时垫墩上，履带式起重机不受力，但不允许脱钩，准备进行精调。前端采用50t千斤顶及反力支架进行调位，后端在已安装的索塔上焊接反力牛腿，采用50t千斤顶进行微调。

3）临时固定

调位完成后，用薄钢板塞垫调整临时垫墩高度，将索塔受力转换至临时垫墩，并将索塔与临时垫墩焊接固定，同时采用5t手拉葫芦$+\phi10\text{mm}$钢丝绳，在索塔顶前后四个角点对拉加固。

在钢塔节段定位和临时固定完成后，进行环缝焊接。为控制环缝四边焊缝不均匀收缩对钢塔节段安装精度的影响，焊接顺序应遵循先内后外的原则，焊接完成后需进行节段测量，通过与焊接前测点坐标值进行对比，分析偏差值，为下一节段定位提供参考。

五、结 语

沱江大桥索塔为空间曲塔，在下塔区V形钢塔施工过程中，采取了可靠的节段组拼方案及施工工艺，利用"虚拟预拼装+BIM+有限元"等技术保证了现场安装精度，施工过程中钢塔尺寸、高程、节段偏差等实测数据精度控制优良，钢塔验收时节段偏差均小于$\pm10\text{mm}$，实现了空间曲线钢塔施工全过程的精确控制，为以后同类桥梁钢塔或类似钢结构加工制作积累了宝贵的经验。

参考文献

[1] 蒋仕持.成都沱江大桥主桥下部结构设计[J].城市道桥与防洪,2021(11):82-85.
[2] 许前顺,牛亚洲,石虎强.大跨度索结构桥梁钢塔施工技术研究综述[J].公路,2017,62(6):84-89.
[3] 彭武,王凤存,艾磊.超大拱钢塔节段制造和质量控制技术[J].公路,2013(7):87-93.
[4] 罗政军,马春江,朱庆菊.空间扭曲反对称结构钢塔的桥位环缝施工技术和质量控制[J].金属加工（热加工）,2019(12):7-11.
[5] 王石磊.大型空间异形钢塔斜拉桥施工监控技术研究[D].北京:中国铁道科学研究院,2019.
[6] 张年杰.空间异性桥梁钢塔安装中的线形控制技术[J].建筑施工,2011,33(3):241-244.
[7] 王孟宝.肇庆阅江大桥主塔塔柱测量控制方法[J].城市道桥与防洪,2018(7):225-227.
[8] 李军平.节段间"金属接触+高强螺栓"联合受力钢塔柱的线形控制技术[J].城市道桥与防洪,2023(3):57-60.

[9] 柳鑫星,张雪松,刘殿元,等.拱形钢塔斜拉桥线形控制技术[J].公路,2013(4):36-39.
[10] 吴义龙.马鞍山长江公路大桥钢塔线形控制技术[J].世界桥梁,2014,42(6):21-25.

46. 大跨悬臂浇筑拱桥施工发展方向

裴宾嘉[1] 牟廷敏[2] 王应良[3]

(1.四川公路桥梁建设集团有限公司;2.四川省公路规划勘察设计研究院有限公司;
3.中铁二院工程集团有限责任公司)

摘 要 国内拱桥从西攀高速公路主跨150m的白沙沟1号桥开始采用挂篮悬臂浇筑施工拱箱,至今已经建成近20座。目前最大跨径的公路悬浇拱桥是古今高速公路的水落河大桥,跨径已达335m。悬浇拱桥是适应山区钢结构现场加工、运输及养护困难的一种拱桥形式,国内的应用发展时间较短,在设计理念、新材料应用、施工装配及工艺、监控手段等方面,还有较大的研究和发展空间。本文结合国内外已施工悬浇拱桥,对施工方面的结构体系、材料、装备和工艺进行了研究,为今后450m级悬浇拱桥施工规划做好技术储备。

关键词 设计概念 施工工艺 材料 装备 组合结构

一、工程背景

悬臂浇筑施工的拱桥,按拱和梁的结构刚度划分,主要可分为强拱弱梁、强梁弱拱、拱梁协作体系三种,按拱和梁的连接方式,可以分为梁拱固结和梁拱分离(表1)。大跨径拱桥的悬臂浇筑,拱梁刚度差异不大,形成的协作体系能更好地体现结构整体受力概念,可以有效减少悬臂浇筑的拱圈质量、降低对锚碇的要求,同时梁拱协同受力的结构体系整体性好,对建设、运营均有其他结构体系不可比拟的优势。

拱桥悬臂施工分类表   表1

连接类别	桥图	刚度类型	桥梁名称/跨径	实施方法
		拱梁协作体系	日本 Ikeda Hesokko Ohashi Bridge($L=200m$)	矢跨比大,梁拱上下同步挂篮,辅助临时立柱斜拉扣索
梁拱固结体系		刚性梁柔性拱	葡萄牙亨里克大桥(Portugal Infant Henrique Bridge)($L=280m$)	小矢跨比,梁拱上下同步挂篮,辅助临时立柱斜拉扣索
		刚性梁刚性拱	瑞士塔米纳河谷大桥($L=260m$)	先拱后梁,大跨支架,现浇固结

续上表

连接类别	桥图	刚度类型	桥梁名称/跨径	实施方法
拱梁锚固支座体系		刚性拱柔性梁（连续梁）	西班牙洛斯蒂洛斯桥（Spain Los Tilos Bridge）（$L=255m$）	拱梁同步，H型钢钢结合梁
		柔性拱柔性梁（连续梁）	格鲁吉亚Khada Valley大桥（$L=285m$）	拱梁同步，钢箱结合梁，临时扣索
拱梁分离体系		刚性拱柔性梁（简支梁）	中国水落河大桥（$L=335m$）	先拱后梁，波折板现浇梁

1. 强拱弱梁

具有较大刚度的拱箱结构断面尺寸较大。国内类似桥梁有白沙沟1号桥、鸡鸣三省大桥、马蹄河大桥、沙沱河大桥、水落河大桥等，国外类似桥梁有洛斯蒂洛斯大桥、Wilde Gera大桥等。但国内的桥面板普遍为了便于安装均采用梁板简支、桥面连续体系，国外均采用整体性较好的主梁连续体系。

2. 强梁弱拱

拱上构造的桥道梁为适应行车荷载产生的竖向弯矩，一般梁体较高，拱截面高度较低，拱上立柱作为连接梁和拱的竖向构件，整体形成变截面刚架，这种构造可以实现小矢跨比的坦拱。类似的桥有葡萄牙的亨里克大桥等。

3. 拱梁协作体系

拱和梁的刚度较匹配，材料用量经济，但单独先施工拱或者梁都会因单独构件刚度较差，产生挠度大、线形调整较困难等问题。类似的桥如格鲁吉亚Khada Valley大桥，采用混凝土现浇拱桥设计，主跨跨径285m，采用拱梁同步施工的方法。

拱梁协作体系的主梁、拱圈及立柱刚架共同受力，可有效降低拱圈刚度，使其桥梁重量更优，抗震性能更好。

二、设计概念的发展

1. 拱轴线的合理方程

拱轴线已逐渐由单一的悬链线发展为更好适应压力线的多项式拟合线。以格鲁吉亚Khada Valley大桥为例。采用数学工具Mathematica拟合多项式拟合曲线（图1）。拱轴线方程为五次多项式方程（拱脚中心点为坐标系），建立的坐标方程为：

$$y = 4.51401 + 0.774281x - 0.00399048 x^2 + 8.6142 \times 10^{-6} x^3 - 1.55622 \times 10^{-8} x^4 - 1.74195 \times 10^{-14} x^5$$

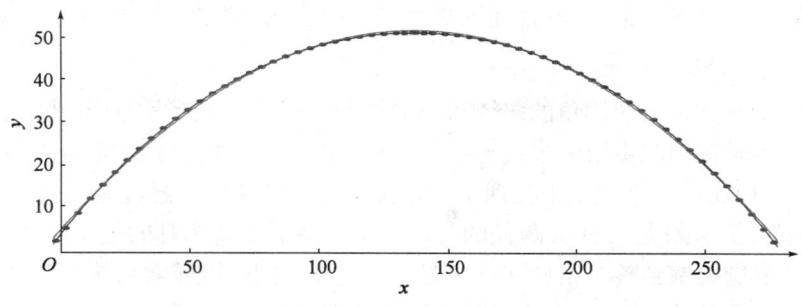

图 1　五次多项式拱轴线方程拟合图

2. 拱梁体系协同受力是发展方向

阿特蒙特大桥、塔米纳河谷大桥均充分体现拱梁共同受力特性,特别是塔米纳河谷大桥,巧妙地让斜立柱与梁拱共同形成框架体系(图2),共同受力。并为适应温度变化等对体系的影响,在斜立柱梁端设置了混凝土塑性铰(图3),让杆件受轴力的特征更清晰,有效减小了结构杆件的断面尺寸。

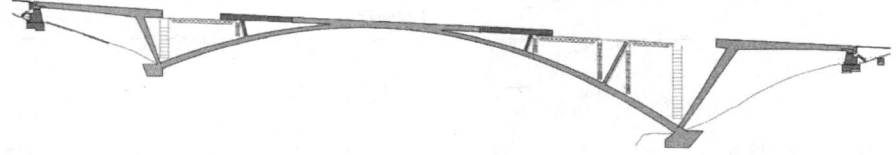

图 2　塔米纳河谷大桥上部构造设计

图 3　斜立柱的混凝土塑性铰实景图

跨径不大的悬浇拱桥一般采用的是利用桥台抵抗地震产生的水平荷载,如白沙沟1号桥等;国外上部构造采用的是连续梁体系,基本采用隔振支座及桥台对地震力进行抵抗,如位于高烈度地区的格鲁吉亚 Khada Valley 大桥。图4为 Khada Valley 大桥采用的隔振支座,上部连接钢箱梁,下端连接拱上立柱。

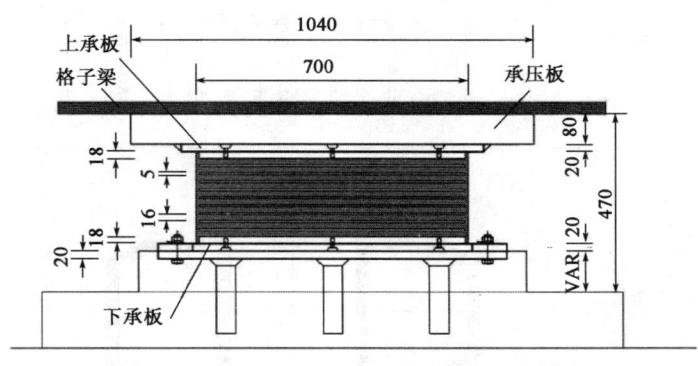

图 4　拱上立柱墩顶处的隔振支座连接(尺寸单位:cm)

桥台处的伸缩缝内有纵向型钢,具有传递地震水平力的作用,使整个桥梁结构具有较好的抗震能力。

3. 拱圈断面向"轻、薄"发展

胡佛大桥的拱圈断面开始出现倒角的多变边形的横断面形状。在中国,四川省公路规划勘察设计研究院在设计水落河大桥时首创四主肋的多边形拱肋结构,拱圈钢筋在设计和施工单位的共同努力下实现了全装配施工,自密实C80钢纤维混凝土实现了少振捣施工。悬浇拱桥悬浇施工每个节段循环按照9~10d(阿特蒙特大桥施工仅8d/段),350m跨径的悬浇拱桥大概需要7个月的施工时间。

悬浇拱桥的拱箱重量关系到整个结构在空中悬浇重量的大小、扣锚索系统的承载能力,因此从目前国内外发展趋势看,拱箱厚度已减薄至30cm,国外更是做到了25cm的薄混凝土板,总体是往轻薄型的新型拱箱薄壳结构发展;混凝土材料强度从中强度往高强度发展,混凝土的品质由普通泵送混凝土发展至自密实混凝土,对和易性、韧性的要求越来越高;从拱圈横断面形状看,原来截面为考虑挂篮轨道及抗剪块设置宽度问题,设置有四个倒角加宽位置,新的断面因为随着混凝土的品质提高、挂篮行走方式的改进,全部去掉倒角,使之具有良好的气动性能。拱圈断面的发展情况见表2。

拱圈断面的发展　　　　表2

时间	桥名	拱圈断面	混凝土设计强度
2003年	中国白沙沟1号桥		C50泵送混凝土
2015年	西班牙霍顿桥		C60混凝土
2015年	西班牙阿特蒙特大桥		C80混凝土
2022年	中国水落河大桥		C80自密实钢纤维混凝土
2019年	格鲁吉亚Khada Valley大桥		C95混凝土

双肋拱间的横向联系可以采用耐候钢材,这样可减少空中工作量。箱内横隔板由于起重空间受限,可以采用型钢外包的构造形式,挂篮先走行过去,之后再进行混凝土浇筑。

三、施工工艺的发展

为了适应不断发展的悬浇拱桥设计发展趋势,施工体系、挂篮装备、扣塔设施等也有了较大的进步。

1. 扣锚索体系的布置发展

白沙沟1号桥做施工阶段分析时,仅依靠桥博2.7进行施工阶段索力调整,现在可以利用可视化手段进行调索。对于先拱后梁的悬浇拱浇筑方式,阿特蒙特大桥(图5)、塔米纳河谷大桥等的扣索一般采用"两点"或"三点"锚固,这样使扣塔受局部弯矩变形最小。

2020年施工的日本下乡大桥(图6),则在先拱后梁施工体系中,去除了传统先拱后梁的悬浇拱箱施工的扣塔,将锚索锚固于拱座上,实现了类似桁架式悬浇拱桥的无扣塔浇筑方式。

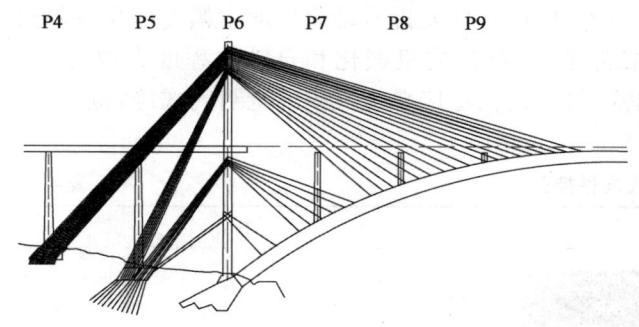

图5 西班牙阿特蒙特大桥的扣锚索布置图　　图6 日本下乡大桥施工实景

下乡大桥利用拱座上立柱锚固拱脚附近的拱箱段;跨中钢箱骨架安装通过拱上设置矮支架设置扣索,并将平衡锚索设置于拱座上直接锚固(图7);中间拱箱为内嵌式钢箱,采用劲性钢箱减少悬臂长度,劲性钢箱分为每岸两段,采用少扣索体系;完成劲性钢箱合龙后,将悬浇拱桥的挂篮作为移动的底模和外模支架体系完成钢箱外混凝土箱体的浇筑。

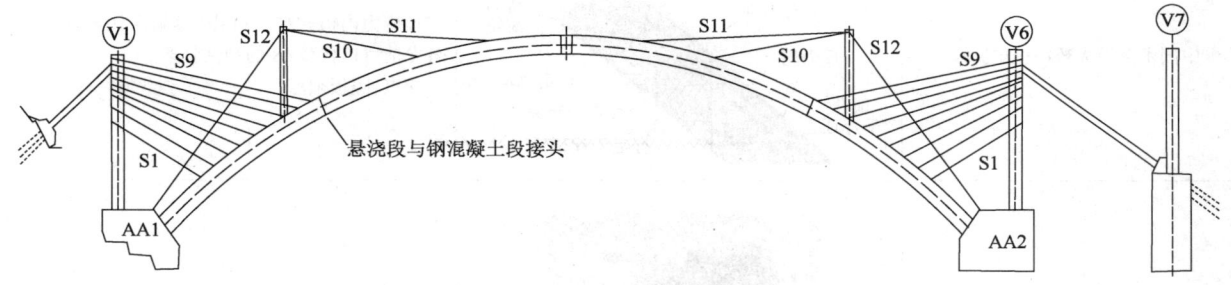

图7 下乡大桥的扣锚索布置

下乡大桥施工工艺具有以下特点:反映了无扣塔施工理念和少扣索理念,利用拱座自锚固理念,中间节段采用带剪力钉的钢箱混凝土组合拱箱体系。如果钢箱在完成拱箱混凝土外包后能够进行结构体系转换拆除,即可实现减小拱箱悬臂长度,实现更大跨径悬浇混凝土拱桥施工。

2. 悬浇施工装备的进步

1)挂篮方面

(1)早期挂篮的类型。

早期的挂篮结构见表3,设计的重点在金属承重结构上。功能较单一,具有调节拱轴线、预拱度、变截面、适应拱圈倾斜角度困难,扣索对挂篮的干扰较大,工作效率不高等问题,悬浇周期约为10~12d/段。

早期挂篮结构分类　　　　　　　　　　　　　　　　　　　　　　　　　　　表3

国外		国内	
三角侧桁	米字形侧桁	三角侧桁	
Krak桥（短悬臂浇筑）	Wilda桥（短悬臂浇筑）	白沙沟1号桥（长悬臂浇筑）	马蹄河大桥（长悬臂浇筑）

注：国外的菱形悬浇拱未列入，因其实际是悬臂三角形金属结构的位置不同，本质是一样的。

（2）近期挂篮的发展。

对于悬浇拱桥用挂篮，最近十年，随着机械行业的发展，内外模安拆自动化程度大幅度提高、钢筋装配化施工、混凝土振捣或免振捣施工已开始逐渐成为主流，挂篮的机械化和自动化程度大幅度提高（表4），能更好地适应拱箱倾斜角度、应用工位机械臂（机器人）、适应恶劣气候的全封闭式等特点，是拱箱悬臂浇筑用挂篮的发展方向。

国内外代表性挂篮　　　　　　　　　　　　　　　　　　　　　　　　　　　表4

桥名	构造图片	特点
中国水落河大桥（实施方案）		内模支架实现液压系统；钢筋模块化安装
中国水落河大桥（比选方案）		预应力内桁式挂篮；内外模架采用液压系统；合龙前可以代替48的劲性骨架。缺点：隔板须滞后
美国胡佛大桥		自带起重和混凝土布料杆行走自动化
瑞士塔米纳河谷大桥		利用底篮桁架自行走，木结构模板及安全防护系统

续上表

桥名	构造图片	特点
捷克240m悬浇拱桥		内外模板自动液压装置
西班牙霍顿大桥		内外模液压模板,竖向去除了传统的挂钩,采用可以调节高度的液压门式支架
西班牙阿特蒙特大桥		自适应拱箱变高变宽,自适应角度调整,全液压模板,工位起重臂及布料机
葡萄牙波尔图杜罗河新桥		梁拱施工通用挂篮

近年来,挂篮的主承重金属结构更靠近腹板,使金属结构的受力分布充分适应变宽变高的复杂拱箱特征,并且具有适应拱圈倾斜角度的操控台(图8);此外,10m及以上大悬臂拱箱混凝土浇筑用挂篮已开始出现采用预应力钢结构,以解决大节段拱箱施工所需要的刚度问题。

图8 挂篮适应变宽及操作平台需要的构造

2)扣塔设计

国内扣塔设计主要是采用钢管扣塔(表5),结构形式主要为格构式,同时采用塔脚固结体系,因此安装和拆除较困难。同时,锚箱设置在扣塔中间,通过转换梁与扣塔立柱连接,传力方式不直接,与国外近期扣塔的发展相比较为缓慢。

国内外悬浇拱桥扣塔类型 表5

桥名	构造图片	特点
中国鳡鱼大桥		扣塔采用全装配式;装配方式为抱箍;塔脚与盖梁固结;三点式扣索系统布置
中国鸡鸣三省大桥		扣塔采用全装配式;装配方式为抱箍;塔脚与盖梁固结;两点式扣索系统布置
中国木蓬大桥		采用1-1的分布式扣锚索布置;基本是两点式
德国 Wilde Gera 大桥		扣塔采用装配式索塔,三点式扣索系统布置
克罗地亚曼司特罗斯大桥		采用80cm钢箱作为索塔立柱
瑞士塔米纳河谷大桥		扣塔采用装配式索塔,三点式扣索系统布置
西班牙霍顿大桥		扣塔采用150cm钢箱
西班牙阿特蒙特大桥		扣塔采用H型钢,三点式扣索系统布置
葡萄牙波尔图杜罗河新桥		扣塔采用H型钢,扣索采用分离三点式布置

国外扣塔的结构形式早期采用装配式扣塔(如塔米纳河谷大桥等),霍顿大桥开始使用钢箱塔脚铰接形式,阿特蒙特大桥则大胆采用 H 型钢形式,锚点直接利用 H 型钢翼缘;但扣塔的安拆非常简单安全,采用竖转机构进行快速安装(图9、图10)。

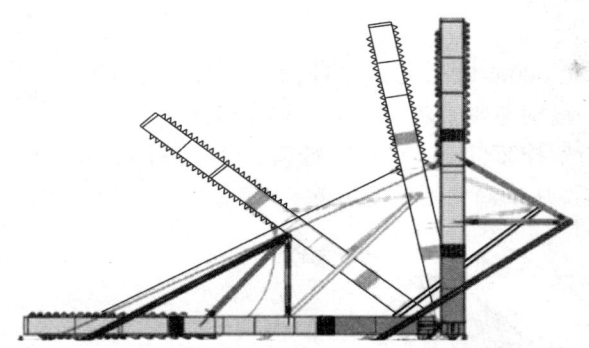

图9　阿特蒙塔大桥的索塔竖转机构

图10　竖转实景图

早期的胡佛大桥、塔米纳河谷大桥采用了铰接的吊塔进行材料运输,吊塔与扣塔分离;近期的霍顿大桥、阿特蒙塔大桥则采用了拱上塔机的方式。缆索吊运在国内有良好的应用基础,但运输效率偏低。

3) 扣索在拱圈的锚固

关于扣点布置,国外早期采用拱箱内混凝土齿块进行锚固,近期悬浇拱桥则均采用预应力锚杆进行锚固(图11),对拱箱腹板影响小,减少复杂的锚固齿块施工,提高工效;同时,可以实现拱箱段张拉,减少扣塔上张拉所带来的复杂构造。

4) 锚索在引桥的布置

由于锚索量较多,国内一直沿用类似于白沙沟1号桥的锚固系统设计方式,采用分散式锚固于各个引桥墩,国外则为了受力明确可靠,主要采用集中分层锚固(图12)。混凝土墩柱区,采用锚管与劲性骨架整体安装(图13),锚固区要进行多层锚固精细计算。

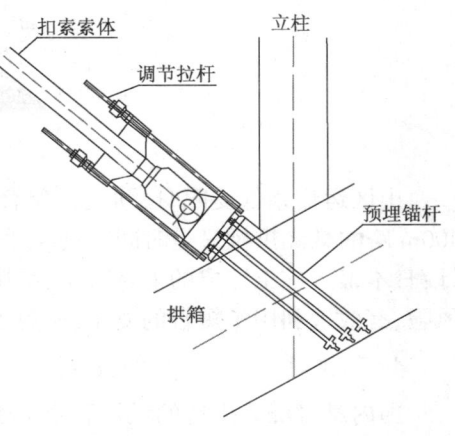

图11　国外近期扣索在拱圈锚固大样图

图12　混凝土墩内索道管整体安装

图13　锚索分层集中锚固

对于锚索的锚固,如果岩体坚硬整体性较好,也可以采用岩孔锚进行施工,这样可以充分利用岩体自身强度,降低工程造价;岩体若有少量裂隙,可以采用压力注浆等多种方式进行预处理。

5）少扣索体系应用

少扣索的理念逐渐应用在国内大多数拱桥项目上,可使悬浇拱施工扣塔锚固体系越来越简单。拱桥合龙原理实际是在一个两端固结的曲梁中间切割开,产生力矩平衡的逆过程,因此半幅拱箱合龙理论上仅需两组扣索：一组用于保持拱箱力矩平衡,一组用于调整合龙高程。

3. 合龙段的发展

在设计法国米约大桥时,其中一个比选方案是600m拱桥的试设计,其中中跨合龙段采用劲性骨架劲性合龙,是为减少对悬浇拱悬臂部分重量要求、锚碇地质要求而采取的重要措施。

水落河大桥的一个比选方案为箱内预应力桁架挂篮(图14),每个挂篮长24m,锚固4m,可以利用挂篮桁架实现跨中40m长的劲性骨架。完成合龙后,从拱箱预留孔中拆除。

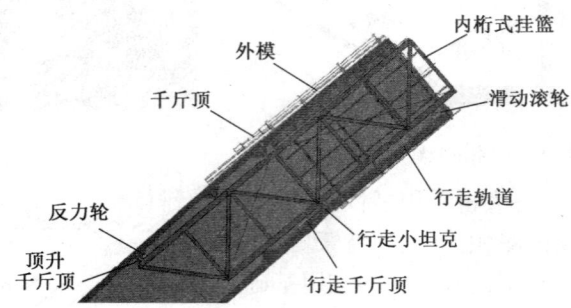

图14　水落河桥内桁式预应力挂篮

山区运输条件受限时,劲性骨架合龙长度设置为40~60m。水落河大桥净跨已达到335m,故实现400m跨的悬浇拱桥只是时间问题。西班牙技术学院在2015年进行了400m跨径悬浇拱的设计及抗震设计；日本最近施工完成的下乡大桥,采用无扣塔施工,中间合龙段采用了劲性钢箱骨架方法,减少了施工风险,有效地利用了短暂的夏季,避免了在恶劣冬季环境下拱箱混凝土的全天候施工。

4. 三维建模和仿真的发展

国内悬臂浇筑拱桥的设计和施工逐渐采用三维建模和仿真技术。通过三维建模软件,可以准确模拟拱桥的几何形状和悬臂浇筑过程,帮助设计师和施工人员更好地理解和掌握拱圈线形的变化规律(图15)。仿真技术还可以实现虚拟试验和优化,提前发现并解决拱圈线形控制中的问题。

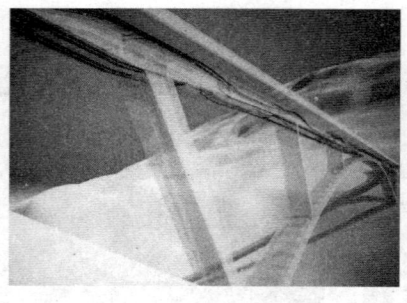 

图15　塔米纳河谷大桥的Allplan模型

5. 监控手段的发展

悬臂浇筑拱桥施工过程中产生的大量数据可通过聚类、主因分析等数据分析手段加以利用。通过对测量数据的分析和比较,可以了解拱箱线形的实际情况和变化趋势,各参数对拱箱建造过程中的敏感度,并对施工过程进行实时调整和优化(图16)。同时,基于历史数据的分析和辨识,还可以改进设计和施工方法,提高拱箱线形控制的精度和效率。类似系统在国内也已开始普及,如古今高速公路的水落河大桥,在施工时也采取了类似手段。

图 16　阿特蒙特大桥的实时监控系统

6. 计算需要补充的问题

1）临设的 E1 地震荷载验算

拱桥的修建区域一般位于山区，山区基本均属于地震频繁的地区。拱桥在施工过程中如果遇普通地震，临时结构如出现迫害，则会造成垮塌。日本的《钢构造桥梁施工指针》有详细的解析公式，要求对拱桥施工的缆索扣锚系统进行验算。格鲁吉亚 Khada Valley 大桥位于高烈度地区，在施工过程中也进行了抗震验算，计算表明，整个扣锚系统虽然位移大，部分位置接近于屈服点，但整个结构仍处于弹性工作阶段（图17）。

十二种工况组合的时程计算表明：永久结构墩柱上方的扣塔对于地震荷载尤为敏感。且地震作用下，扣锚索体系内力将会出现较大变化，受到影响最大的区域为交界墩柱两侧相对靠上方区域锚索。因此，在高烈度地区进行悬浇拱桥临设结构设计时应注意对上述位置进行加强。

2）拱桥特征值稳定系数的合理取值

阿特蒙特大桥在列车荷载下弹性稳定系数为 3.95（图18），低于我国规范要求的 4，说明相关规范规定数据的合理性应进行研究修正。

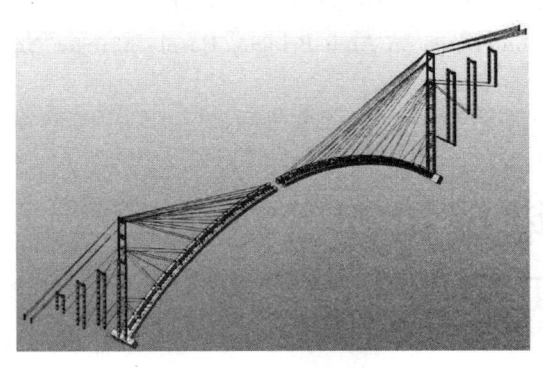

图 17　Khada Valley 大桥抗震计算模型

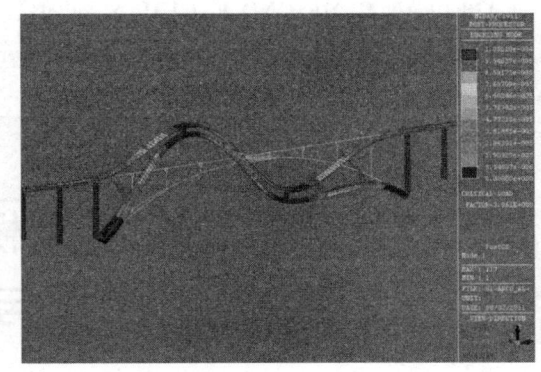

图 18　阿特蒙特大桥的弹性稳定系数计算结果(3.95)

四、结　　语

施工方法是制约拱桥向大跨径发展的重要因素，国外 300m 以上的悬浇拱桥目前已有 5 座，250～300m 跨径的约有 15 座，日本、西班牙、法国、德国、克罗地亚和中国的研究表明：200～600m 钢筋混凝土拱桥的经济性、耐久性优于斜拉桥。大跨径钢筋混凝土拱桥有两种施工方式：劲性骨架钢筋混凝土外包施工和采用挂篮悬臂浇筑混凝土。挂篮悬浇拱桥更能适应运输条件困难、无预制拼装场地、造价受限、养护困难等的山区自然环境，具有广泛的应用前景，国内已有多个单位在进行 300m 级钢筋混凝土拱桥的设计和施工实践。但梁拱体系的悬浇拱设计和施工实践还较缺少，通过对施工设备和工艺的分析，我们认为设计如采用梁拱固结体系的拱桥体系,拱箱悬臂施工的材料、设备、工艺发展是完全能够适应400m跨级的拱桥悬浇施工需要的。图19所示马德里理工大学试设计的具有良好抗震性能的400m跨径悬浇拱桥。

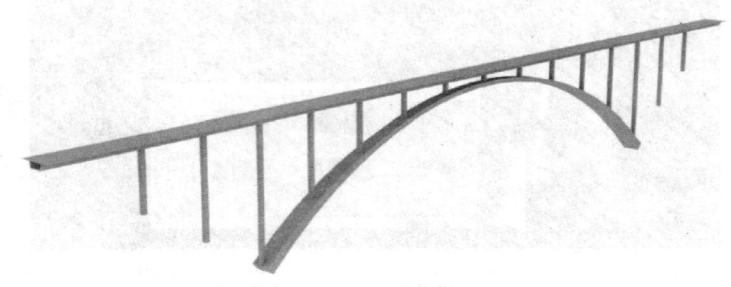

图19 马德里理工大学试设计的具有良好抗震性能的400m跨径悬浇拱桥(2015年)

参考文献

[1] 裴宾嘉,曹瑞,张佐安,等.白沙沟1号桥拱桥悬臂浇筑施工关键技术[C]//中国公路学会桥梁和结构工程分会.中国公路学会桥梁和结构工程分会2008年全国桥梁学术会议论文集.北京:人民交通出版社,2008:565-571.

[2] 裴宾嘉,曹瑞,彭劲根,等.拱桥悬臂浇注挂篮的设计和创新[J].公路,2008(1):98-104.

[3] 中国工程建设标准化协会公路分会.钢筋混凝土拱桥悬臂浇筑与劲性骨架组合法应用技术规程T/CECS G:D62-01—2021[S].北京:人民交通出版社股份有限公司,2021.

[4] ANGELMAIER V,EILZER W,HAUG H. Tamina canyon crossing,Bad Ragaz,Switzerland[C]// ARÊDE A,COSTA C. Proceedings of 8th International conference on Arch Bridges. Basel:Springer Nature Switzerland AG,2016:281-292.

[5] MANOUCHEHRI P. Nonlinear seismic behaviour of concrete arch bridge[D]. Madrid:Universidad Politécnica de Madrid,2015.

[6] CAPELLÁN G,MERINO E,GUIL Y,et al. A new arch bridge in Georgia:a high-seismicity area[C]// ARÊDE A,COSTA C. Proceedings of 9th International conference on Arch Bridges. Basel:Springer Nature Switzerland AG,2019:715-722.

47. 张靖皋长江大桥辅塔锁扣钢管桩围堰设计与施工实践

徐家宝 肖福春 黄修平 高宏磊

(中交第二航务工程局有限公司)

摘 要 为了对锁扣钢管桩围堰施工阶段情况进行充分了解,确保结构在强度、刚度、稳定性上满足使用需求,本文通过使用有限元软件对锁扣钢管桩围堰进行建模,并按施工工况对其进行加载,分析围堰受力,得到其最不利施工工况,同时在施工过程中对围堰进行应力位移监测,经理论与实际对比,结果相差较小,说明有限元模型可以较好地反映实际施工情况,可有力指导现场施工。文中的研究结果可为同类型的工程施工提供指导和参考。

关键词 锁扣钢管桩 钢围堰 有限元 受力分析 应力位移监测

一、引　言

张靖皋长江大桥位于长江下游澄通河段如皋沙群段,在张家港和如皋、靖江境内跨越长江,距离江阴长江公路大桥约28km、沪苏通长江公铁大桥约16km。跨江段设有两座航道桥,其中南航道桥采用桥跨布置2300m+717m=3017m两跨悬索桥;北航道桥采用主跨1208m单跨吊悬索桥。

南航道桥辅塔承台围堰采用锁扣钢管桩围堰对承台范围进行基坑支护,围堰内控制水位浇筑承台。钢管桩内浇筑水下混凝土,兼作永久冲刷防护和船撞消能设施。设计采用国家85高程系统基准。临时支护体系设计使用年限为1年。承台施工完成后,支护桩作为防撞结构永久保留。

二、钢围堰结构设计

南航道桥辅塔承台为哑铃形,平面外轮廓尺寸为20.4m×91.2m(顺桥向×横桥向),左右各设两个八边形承台,单体平面尺寸为20.4m×28.2m(顺桥向×横桥向),左右幅之间通过34.8m×8m(长×宽)的系梁连接,承台及系梁厚度均为6.0m。承台下设41根(含系梁下3根)φ2.2m钻孔灌注桩,采用行列式+梅花式混合布置,桩中心间距≥5.5m。

围护结构采用φ820mm×10mm锁扣钢管桩,长32m,钢管桩顶高程+7.00m,底高程-25.00m。钢管桩之间采用CT形锁扣连接。锁扣钢管桩顶采用HN900mm×300mm型钢作为圈梁,控制桩顶高程。设置2道支撑体系,高程分别为+5.00m、+3.00m。围檩采用2HN700mm×300mm型钢,支撑采用2HN700mm×300mm型钢、φ820mm×10mm钢管。封底混凝土厚度2.4m,钢管内填筑满C25水下混凝土,锁扣钢管桩的防腐。围堰平面与立面布置图如图1、图2所示,围堰具体材料参数见表1。

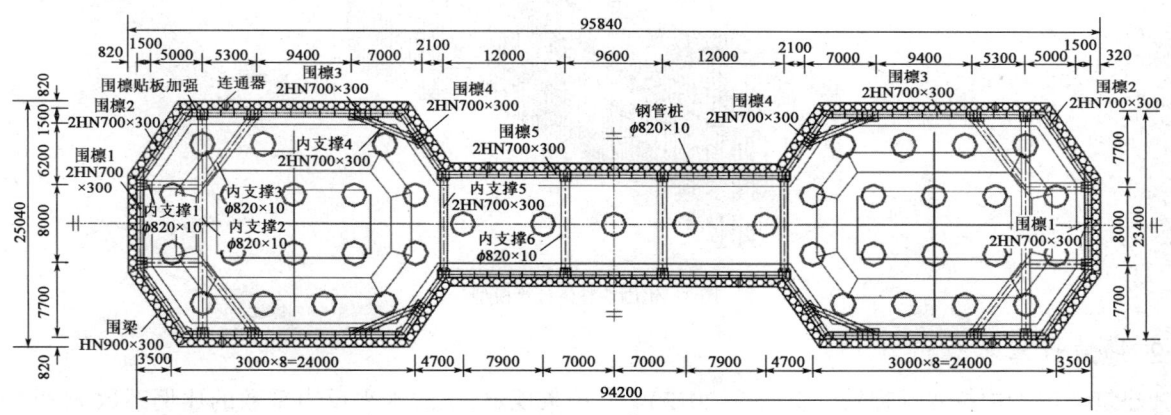

图1　钢管桩围堰平面布置图(尺寸单位:mm)

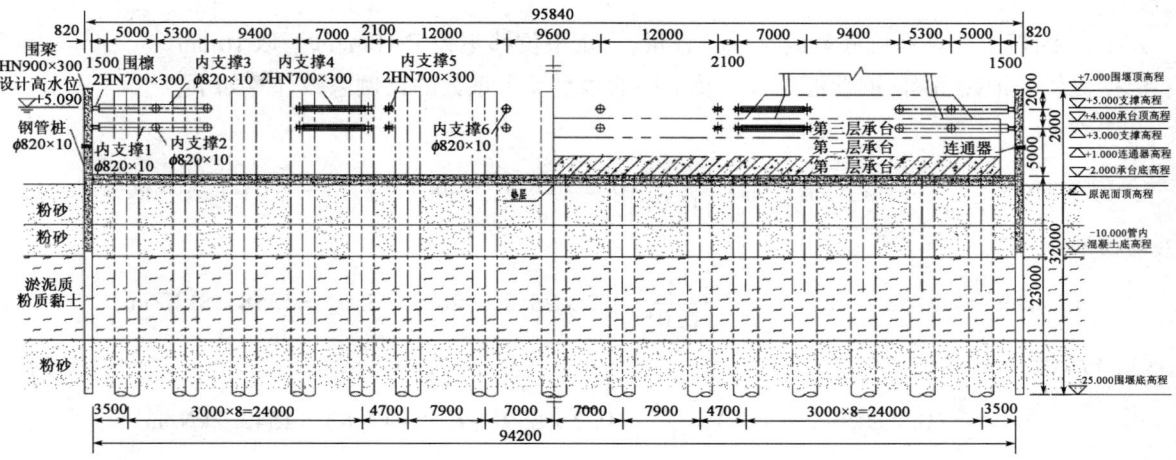

图2　钢管桩围堰立面布置图(尺寸单位:mm;高程单位:m)

围堰材料参数表   表1

序号	材料名称	材料规格
1	钢管桩内混凝土	C25水下
2	钢管桩	$\phi 820\text{mm} \times 10\text{mm}, L=32\text{m}$
3	锁扣	$\phi 159\text{mm} \times 8\text{mm}/\text{I}28a, L=32\text{m}$
4	围檩	$2\text{HN}700\text{mm} \times 300\text{mm}$
5	圈梁	$\text{HN}900\text{mm} \times 300\text{mm}$
6	内支撑	$2\text{HN}700\text{mm} \times 300\text{mm}, \phi 820\text{mm} \times 10\text{mm}$

除混凝土外,各材质均为Q235B

三、围堰结构受力分析

1. 结构有限元模型

采用有限元软件建立模型,支护桩、围檩、支撑均采用梁单元模拟,钢管桩底部约束竖向位移,被动土压力采用只受压土弹簧模拟,围檩与钢管桩之间采用只受压弹簧模拟,支撑与围檩间铰接,在牛腿处约束竖向位移模拟其对围檩的支撑作用。整体模型如图3所示。

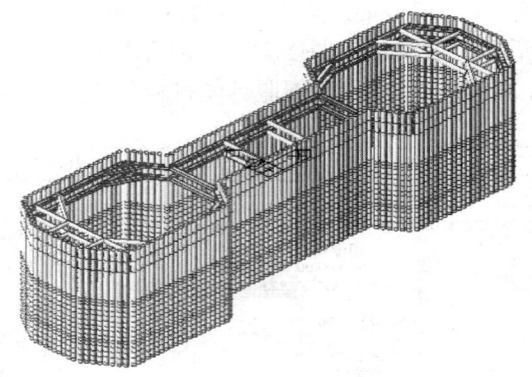

图3 钢围堰整体计算模型

2. 地质计算参数

《建筑基坑支护技术规程》(JGJ 120—2012)4.1.6条规定,土的水平反力系数的比例系数m可按公式$m=\dfrac{0.2\varphi^2-\varphi+c}{v_b}$计算。

式中,v_b为挡土构件在坑底处的水平位移量,当水平位移不大于10mm时,取10mm。

依据提供的地勘资料,钢管桩围堰涉及土层的水平反力系数的比例系数计算如下:

②粉砂:

$$m_1 = \frac{1}{v_b}(0.2\varphi_{1k}^2 - \varphi_{1k} + c_{1k}) = \frac{1}{0.01}(0.2 \times 28.1^2 - 28.1 + 5.3) = 13512.2\text{kN/m}^4$$

③粉砂:

$$m_2 = \frac{1}{v_b}(0.2\varphi_{2k}^2 - \varphi_{2k} + c_{2k}) = \frac{1}{0.01}(0.2 \times 28.2^2 - 28.2 + 5.0) = 13584.8\text{kN/m}^4$$

③₃粉质黏土:

$$m_4 = \frac{1}{v_b}(0.2\varphi_{3k}^2 - \varphi_{3k} + c_{3k}) = \frac{1}{0.01}(0.2 \times 6.9^2 - 6.9 + 12.8) = 1542.2\text{kN/m}^4$$

④粉砂:

$$m_3 = \frac{1}{v_b}(0.2\varphi_{4k}^2 - \varphi_{4k} + c_{4k}) = \frac{1}{0.01}(0.2 \times 28.9^2 - 28.9 + 4.5) = 14264.2 \text{kN/m}^4$$

回填碎石($c = 0, \phi = 40°$,系经验值):

$$m_3 = \frac{1}{v_b}(0.2\varphi_{5k}^2 - \varphi_{5k} + c_{5k}) = \frac{1}{0.01}(0.2 \times 40^2 - 40 + 0) = 28000 \text{kN/m}^4$$

3. 主要设计高程

钢围堰主要设计高程如下:

(1) 钢管桩顶高程: +7.00m;钢管桩底高程: -25.00m,钢管桩长32m。
(2) 锁扣顶高程: +7.00m;锁扣底高程: -25.00m,锁扣长32m。
(3) 钢管桩内混凝土底高程: -10.00m。
(4) 第一层围檩支撑高程: +5.00m。
(5) 第二层围檩支撑高程: +3.00m。
(6) 承台顶高程: +4.00m;承台底高程 -2.00m;厚度6.0m。
(7) 基坑底高程: -4.15m(设计以最不利孔口高程为例)。

4. 施工工艺说明

根据现场施工条件,本设计拟定的施工工序如下:

(1) 割除与支撑系统相冲突的钢护筒,拆除施工平台,通过导向装置施打支护桩直至合龙。
(2) 钢管桩内浇筑C25水下混凝土,低水位时安装第一层支撑系统。
(3) 钢管桩内混凝土达设计强度后,关闭连通器,围堰内第一次抽水至第二层支撑系统下1.0m(+2.00m)。
(4) 安装第二层支撑系统,并填实围檩与钢管桩间缝隙,确保有效接触。
(5) 继续抽降水至基坑底,并保证坑内水位在基坑底以下,但不得低于泥面50cm,设置集水井,然后回填砂至-2.5m,然后浇筑0.5m混凝土。
(6) 处理桩头,铺设模板,绑扎钢筋,施工承台,坑内持续排水。
(7) 第二层承台浇筑完成后,围堰内回灌水至第二层支撑系统下1.0m,拆除第二层支撑系统。
(8) 待承台全部浇筑完成后,打开连通器,使围堰内水位与围堰外齐平,然后拆除第一层支撑系统,进行塔座施工。

5. 荷载分析

(1) 结构自重。

结构自重由有限元软件自行计入。

(2) 土压力。

对应工况下的水土压力按《建筑基坑支护技术规程》采用,其中粉砂层采用水土分算,淤泥质粉质黏土层采用水土合算。基坑内侧土采用土弹簧模拟,水平反力系数根据 $k_s = m(z-h)$ 计算。土压力系数见表2。

土压力系数 表2

土层	主动土压力系数 Ka	被动土压力系数 Kp
②粉砂	0.360	2.781
③粉砂	0.358	2.792
③₃淤泥质粉质黏土	0.785	1.273
④粉砂	0.348	2.871

(3) 静水压力。

静水压力按各工况水头差,根据公式 $p = \gamma_w h$ 进行计算取值。

(4)水流力。

设计水流流速:1.4m/s。

6. 工况分析

根据前面的施工工序流程,对整个施工过程进行分析,以下选取1m支护桩墙进行受力分析,水平荷载主要考虑内外水土压力作用。

(1)CS1:第一次抽水至第二层支撑系统下1.0m(+2.00m)。

设计高水位(+5.09m)条件下打入支护桩并合拢,浇筑钢管内混凝土,钢管内混凝土达设计强度后,抽水至第二层支撑下1.0m(+2.00m)。支护桩受力示意如图4所示。

(2)CS2:抽水至基坑底。

第二层支撑系统安装完毕后,设计高水位(+5.09m)条件下,继续抽降水至基坑底,持续降水保持坑内干作业环境,整平坑底泥面,准备浇筑混凝土垫层。支护桩受力示意如图5所示。

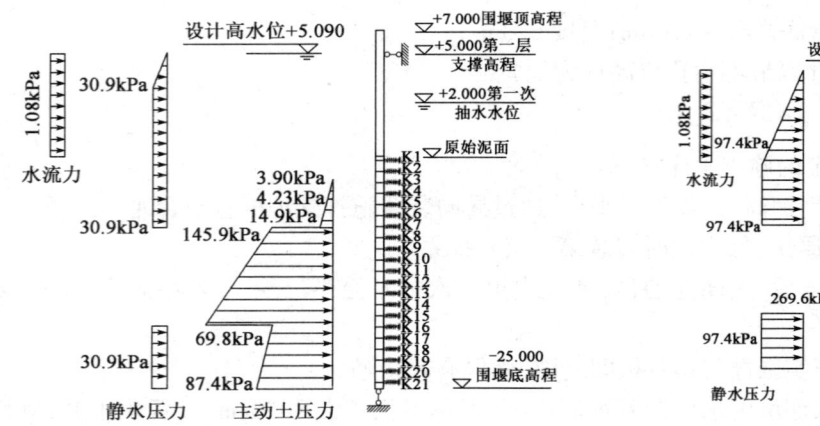
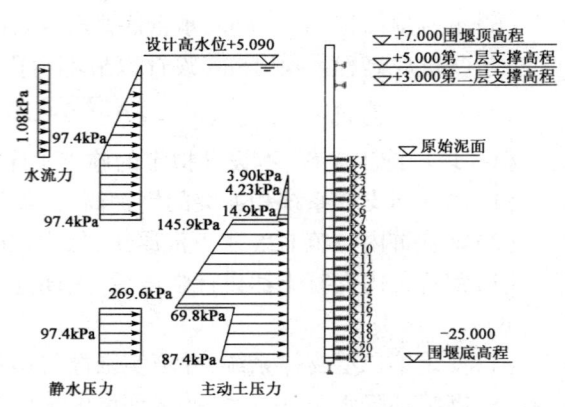

图4 CS1支护桩受力示意图(高程单位:m)　　　图5 CS2支护桩受力示意图(高程单位:m)

(3)CS3:拆除第二层支撑系统。

设计高水位(+5.09m)条件下,第二层承台施工完毕后,围堰内回灌水至第二层支撑系统下1.0m(+2.00m),拆除第二层支撑,准备浇筑第三层承台。支护桩受力示意如图6所示。

(4)CS4:拆除第一层支撑系统。

设计高水位(+5.09m)条件下,承台全部施工完毕后,围堰内回灌水至与围堰外水位齐平,拆除第一层支撑,准备施工墩身。支护桩受力示意如图7所示。

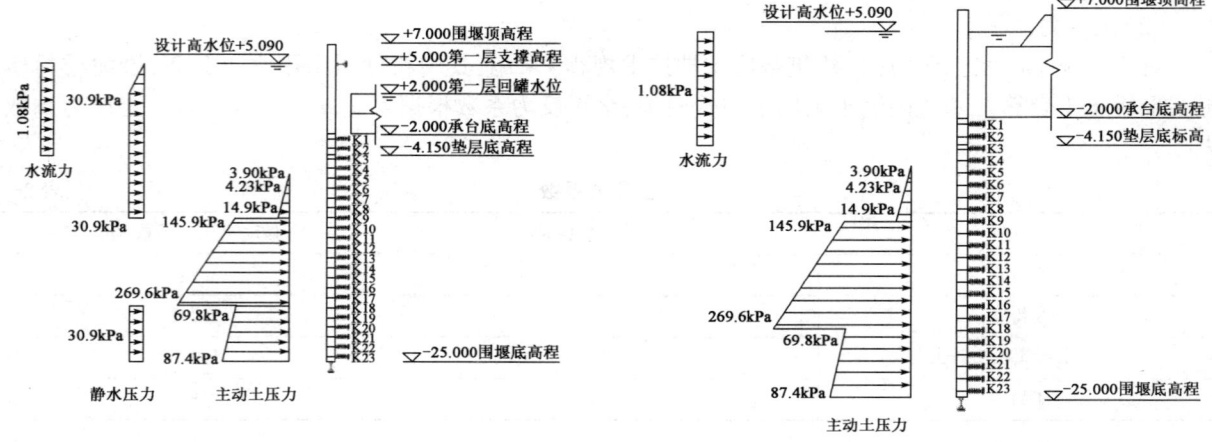

图6 CS3支护桩受力示意图(高程单位:m)　　　图7 CS4支护桩受力示意图(高程单位:m)

7. 组合原则

各工况考虑两种荷载组合形式,基本组合与标准组合。荷载组合形式如下:

基本组合:1.25×自重+1.25×静水压力+1.25×土压力+1.25×水流力。

标准组合:自重+静水压力+土压力+水流力。

以上组合中,基本组合计算结果用来评价强度及稳定性指标,标准组合计算结果用来评价刚度指标。

8. 计算结果

经计算,围堰工况 CS2 下为受力最不利工况,在工况 CS2 作用下围堰内外水压力差达到最大,此时围檩组合应力最大可达 177MPa,其应力图如图 8 所示。围堰的最大变形出现在工况 CS4 时,钢管桩顶部位移最大可达 35mm,其位移图如图 9 所示。围堰各个部位的计算结果,见表 3。

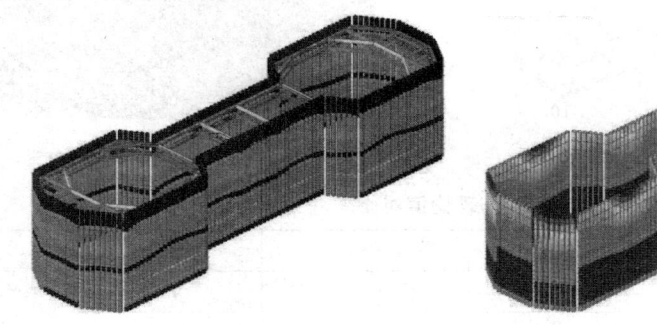
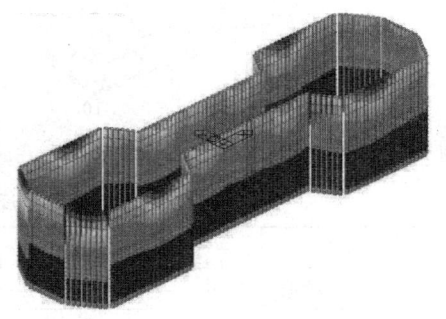

图 8　CS2:抽水到底,保持降水应力　　　　图 9　CS4:拆除第一层支撑位移

钢管桩围堰应力及位移计算结果　　　　　　　　　　　　　表3

施工工况			CS1	CS2	CS3	CS4
钢管桩	φ820mm×10mm	组合应力(MPa)	91	115	101	90
围檩	2HN700mm×300mm	组合应力(MPa)	147	177	158	—
		剪应力(MPa)	60	64	64	—
支撑	2HN700mm×300mm	组合应力(MPa)	100	108	107	
		轴应力(MPa)	62	63	67	
	φ820mm×10mm	组合应力(MPa)	142	168	154	
		轴应力(MPa)	78	85	84	
钢管桩水平位移(mm)			30	33	31	35

注:表中应力结果采用基本组合,位移结果采用标准组合。

四、实测理论对比

根据理论计算结果,辅塔钢围堰的应力监测包括围檩和内支撑的应力监测。围檩测点布置于型钢中间位置处,内支撑测点布置在型钢连接位置处,应变计布置方向沿型钢轴向。围堰分两层,每层 18 个测点,共计 36 个应变测点。图 10 为上层围檩及内支撑测点布置图,下层测点布置与上层相同。

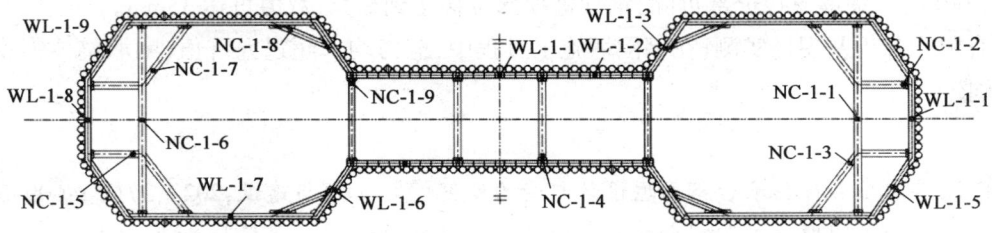

图 10　上层围檩及内支撑应力监测点布置

该围堰的位移监测主要对外围钢管桩进行监测，测点布置于钢管桩顶部，位移监测包括水平位移及竖向位移，位移监测所得的位移量是两期观测值（坐标、高程）的变化量，监测过程采用平面、高程控制网。图11为围堰位移监测点布置图，图12为施工现场仪器安装布置情况，部分应力测点实测值与理论值对比见表4。

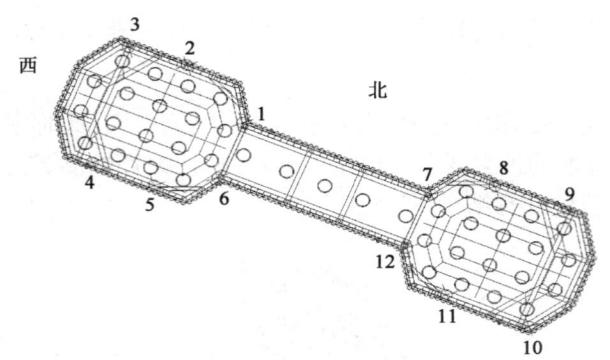

图11 围堰位移监测点布置图　　　　　　　　　　　图12 围堰仪器安装布置

实测值与理论值对比　　　　　　　　　　　　　　表4

测点	应力(MPa)	CS1	CS2	CS3	CS4
NC-1-6	实测值	2.9	26.4	15.1	—
	相邻工况实测差值	—	23.5	-11.3	—
	理论值	95.2	121.4	109.3	
	相邻工况理论差值	—	26.2	-12.1	
WL-1-1	实测值	2.4	10.9	21	
	相邻工况实测差值	—	8.5	10.1	
	理论值	56.8	67.2	76.5	
	相邻工况理论差值	—	10.4	9.3	
WL-1-7	实测值	2.2	22.6	5.5	
	相邻工况实测差值	—	20.4	-17.1	
	理论值	135.6	158.3	141.5	
	相邻工况理论差值	—	22.7	-16.8	

经实测值与理论值对比，工况间实测差值与理论差值相差较小，说明有限元模型可以较好地反映实际施工情况，可有力指导现场施工。

五、结　语

通过对本项目钢围堰结果的分析，得出以下结论：

（1）当钢围堰支撑安装完毕，围堰内的水位降至基坑底，此时为受力最不利工况，围堰围檩组合应力最大可达177MPa；当钢围堰支撑全部拆除，钢管桩顶部位移达到最大，数值可达35mm。

（2）经有限元分析及现场实测，在钢围堰施工过程中，应力均未超过允许值，围堰整体强度及刚度均满足规范要求。

参考文献

[1] 何文涛.深水基础哑铃形承台钢围堰设计与受力研究[J].工程与建设,2023,37(2):609-614,706.
[2] 罗利.锁扣钢管桩围堰施工监测分析——以嘉陵江三桥为例[J].科技和产业,2023,23(4):206-212.
[3] 唐李锋.钢围堰受力分析及方案比选[J].交通世界,2023(Z2):253-256.

[4] 王振杰.特大桥水中基础双壁钢围堰施工技术研究[J].广东水利电力职业技术学院学报,2022,20(4):5-9.
[5] 李大伟.双壁钢围堰关键施工技术研究[J].城市建筑,2022,19(12):180-184.

48. 水毁桥梁抢修技术与应用

裴宾嘉 李玉友 柏国胜 王子龙 王若海

(四川公路桥梁建设集团有限公司)

摘 要 水毁桥梁抢修是复杂地质水文气候条件的山区常遇到的问题,这些地区由于交通不便,路网较单一,水毁桥梁两侧接线也常常易被破坏,大型抢修设备短时间无法进场,因此水毁桥梁如何因地制宜快速抢修是个较大的问题。本文以2018年底国道318线在四川和西藏交界的竹巴笼大桥遭受洪水冲毁后的抢修为例进行简要介绍。竹巴笼大桥遭受洪水冲毁后,川藏线公路中断,为尽快施工恢复通车,在交通运输部专家等指导下,经过比选研究,采用了空中悬拼顶推法架设贝雷梁及多向转动调位的T梁复位方法,在5天内完成了9跨桥梁的保通任务,可供同类水毁桥梁抢修参考。

关键词 CB-200 贝雷梁 空中悬拼 顶推 多向复位 保通

一、工程概况

1. 现场情况

2018年11月14日,金沙江白格堰塞湖洪峰过境四川省巴塘县和西藏自治区芒康县交界处,造成318国道竹巴龙金沙江大桥损毁严重,原本9跨270m长的大桥(图1),有7跨桥面被完全冲毁(图2),长度达210m。金沙江水流湍急,船只无法通行,导致这一连接四川和西藏两地的重要交通要道中断。

图1 竹巴笼大桥冲毁前图片　　图2 竹巴笼大桥冲毁后图片

洪水过后,竹巴笼大桥的中间7孔30m跨T梁全部被洪水冲至下游25m位置附近,两岸剩余1孔30mT梁(图3),西藏岸较完好,四川岸则出现整跨梁体旋转4.19°,一片边梁一侧整体悬空,仅剩横隔板的钢筋相连(图4);水中墩柱柱顶偏位在4.5cm以内,盖梁高差在15mm以内。根据现场受损墩台梁情况的评估和川藏线已堵车数十千米的紧迫现状,11月23日上午,交通运输部抢险指挥部部署:中间冲毁上部构造采用CB-200型上承式钢架桥抢通,四川岸剩余1孔梁采用复位加固后保通,并要求一周内完成全桥通车。四川公路桥梁建设集团有限公司和武警支队分别从四川岸和西藏岸开始全面展开金沙江大桥抢险保通工作。

本次堰塞湖事件导致桥梁两岸陡峭且有临水挡墙的道路全部冲毁,两岸交通运输困难,大型起重设备和运输车辆无法进场,短时间抢通主要依靠小型机具设备进行。

2. 抢险工作总体安排

根据受损部位和抢险工作时间要求,四川岸靠岸侧T梁旋转复位顶推复位和中间7孔钢梁就位需要同步进行。

四川岸边跨一孔的T梁经过检测,采用旋转一次、平移顶推一次、竖向再顶推一次复位的施工方法。由于四川岸错位的一孔T梁需要先复位后,才能利用桥台及第一孔梁作为常规CB-200钢桥的顶推施工场地,而T梁复位及加固需要4~6d。故CB-200钢栈桥不能按照常规方法进行顶推施工,需要采用一种特殊的方法进行快速架设。

图3 四川岸第一孔T梁边梁悬空

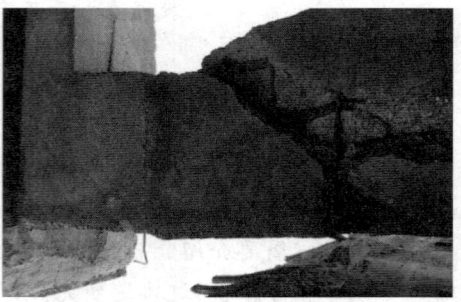
图4 悬空边梁横隔板连接混凝土损伤

二、CB-200钢桥的结构特点

1. 抢修保通栈桥方案总体布置图

考虑到已落梁的河心墩柱盖梁可能存在没有发现的水下损伤,为增大整个临时桥梁结构的可靠度,中间7孔钢桥设计全部采用30m简支结构的CB-200贝雷梁架设(图5、图6),横断面采用双车道的上承式结构(图7)。

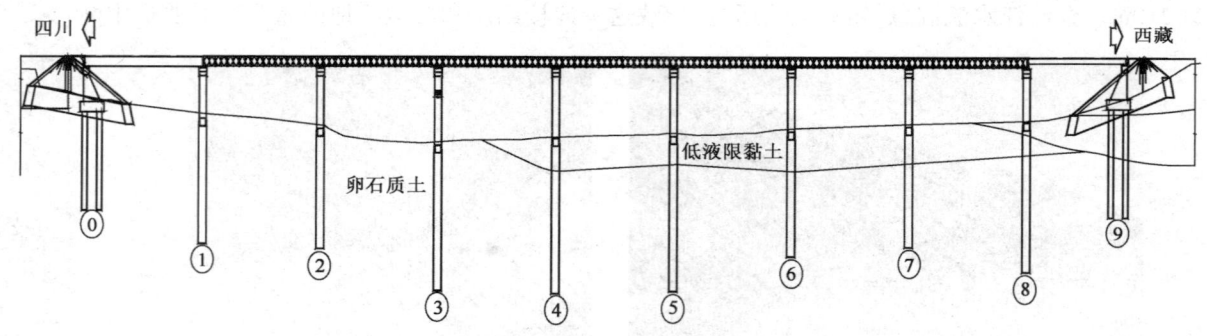
图5 抢通用钢栈桥立面图

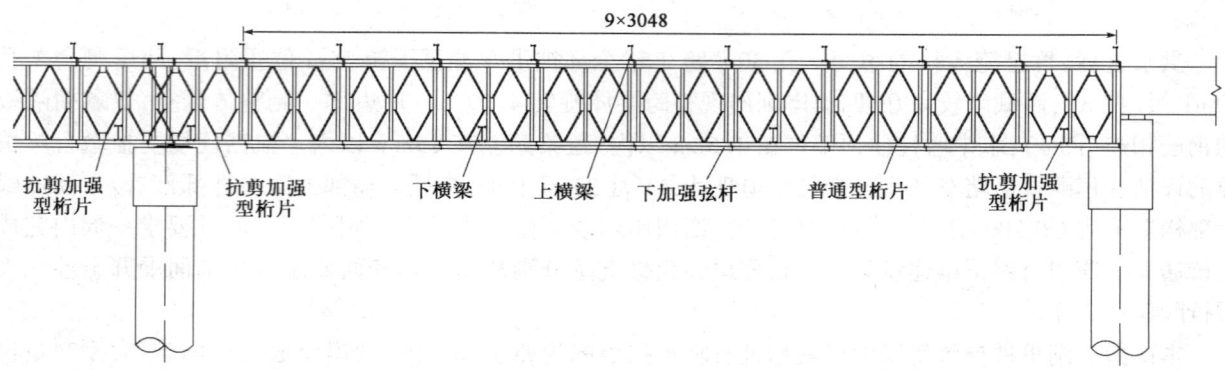
图6 抢通用钢栈桥大样图(尺寸单位:cm)

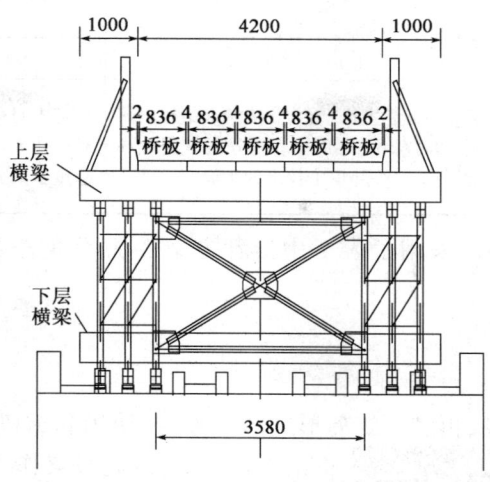

图7 CB-200 横向断面图(尺寸单位:mm)

2.桁架结构特点

临时便桥上部结构采用加强型双排单层 CB-200 战备钢桥,跨径为30m,行车道宽度为4.20m;用标准桁架单元装配成的桥梁为标准桥梁,考虑上承式桥梁,故上弦增加了加强弦杆,以适应节间弯矩。便桥桁架单元分为标准型桁架单元(CB200-101-000)和高抗剪桁架单元(CB200-104-000)两种类型。标准型桁架单元为米字形桁架,重量为306kg,双耳接头构件材料均为Q355C。

高抗剪单元是用作桥梁承受剪力较大部位的桁架单元。结构上除竖杆和腹杆采用矩形空心型钢外,其余构件及主要尺寸与标准桁架相同,高抗剪桁架单元质量353kg。与之相对应还有超高抗剪桁架单元,以满足特种桥梁承受更大剪力的要求。为了保证桁架单元的互换性,厂内制造时严格控制了单元连接尺寸的公差。为减少桥梁自重挠度,桁架上弦杆孔距按正公差加工,下弦杆孔距按负公差加工。

三、跨中钢梁安装施工方法

1.方案比选

贝雷梁安装一般采用悬臂推出法,适用于引道(或引桥)面与桥面基本平齐的地形。竹巴笼大桥两岸各有两孔梁板基本完好,其中四川岸一孔 T 梁需要顶升、旋转和顶推复位,时间大约需要 4~6d。如强行筑岛施工,则存在桥位处金沙江水流湍急,筑岛岛体过大会造成过度压缩河床断面,致使永久结构桥梁的摩擦桩基冲刷过大,影响永久结构的安全。因此,在选择方案前,抢险项目部进行了多种方法的比选。具体比选见表1。

跨中钢梁架设方案比选表　　　表1

序号	方法类型	优点	缺点
1	悬臂推出法	在河流两岸,先安装好摇滚和平滚,钢桥的大部分构件,在河岸引桥的滚轮上预先拼装好,然后用人力或机械牵引,将桥梁平稳而缓慢地推出,直达对岸摇滚后就位;工艺成熟,顶推工效高,工期时间很短	需要先复位和加固引桥一孔 T 梁,不能同步施工;引桥桥面与盖梁垫石顶面有2m左右高差,还需要加工简易门架进行快速落梁;无法满足工期要求
2	移动起重机逐孔安装法	需要大面积顺桥轴线筑岛作为起重机临时工作场地或者安装好一孔钢梁及桥面系后,用大型起重机将小型起重机吊上桥面后逐孔采用钓鱼法完成河心跨的安装	需要大面积顺桥向筑岛,金沙江水流量大,水流湍急,不能大面积筑填,否则会造成河心墩再受冲刷破坏;大型起重机在冬季进场困难,且易遇暗冰

续上表

序号	方法类型	优点	缺点
3	固定点起重机+空中悬臂拼装	在岸边筑岛形成起重机平台,完成基准钢桥段落后,前后空中同时悬拼,再顶推。充分适应当地环境及条件,利用了熟练起重工较多的优势	空中对称悬拼顶推工艺属于首创,技巧性较高,对操作人员要求非常高。该方法需要熟练的高空起重工人、高空顶推工人;对指挥人员要求高

经过充分比选,中跨钢梁架设采用了表1中推荐方案3;新型的空中对称悬拼工艺进行抢险保通工作。

2. 空中悬拼顶推主要方法

1)施工现场布置

在2号桥墩与3号墩间筑岛,再利用筑岛形成的小平台,使用起重机放置2~3号墩间钢梁,再以此钢梁为基准,并以此段梁作为顶推的平衡基本重量,前后对称同步空中悬臂拼装钢梁,拼装至0~1孔钢梁完成时,顶推后到达第3~4孔钢梁,同样步骤依次进行循环,直至全桥钢梁合龙。钢梁悬空现场拼装总体布置图如图8所示。

图8 钢梁悬空现场拼装总体布置图

2)施工主要步骤

(1)采用2台16t起重机在2~3号墩间拼装钢桥基准段,拼装完成后将其抬吊至2~3号孔上。

(2)岸侧2~3号墩间、河心侧3号墩前端分别悬拼标准钢梁及两节鼻梁,如图9~图11所示。

图9 拼装基准段

图10 悬臂拼装靠岸侧钢梁

(3)岸侧2~3号墩间拼装四段钢梁时,向河心顶推三段,直至顶推至4号墩;受条件制约,顶推牵引装置使用两台5t卷扬机。

(4)四川岸钢梁顶推到位后,拆除鼻梁后,与西藏岸钢梁汇合,完成全桥架通。

(5)落梁至临时支座上,拆分为简支梁再精确就位(图12~图14)。

图11 两侧对称拼装

图12 更换顶推用平托轮

图 13　平托轮细节　　　　　　　　　　　图 14　顶推鼻梁细节

3）顶推过程中盖梁的实测位移

考虑错孔挠度后，CB-200 桁片在顶推上盖梁时，计算下挠仅 13cm，说明 CB-200 的刚度及制造工艺较传统的 321 型贝雷梁有较大幅度提高。

同时在 2 号墩和 3 号墩采用多组平托轮进行卷扬机牵引顶推时，平托轮对支承盖梁的水平力较小，从实测位移均在 2mm 以内（图 15）。

4）实施过程中的问题

（1）CB-200 钢梁由标准梁型改为上承式后，下弦杆虽然受拉，但在重车荷载下，存在水平力，故下平联增设水平型钢作为横联杆件，保证其在重车作用下桁架的面外稳定，同时改善了偏载时钢梁多片之间荷载分布的不均匀性，使其更好地协同工作。设计布置的 7～30m 简支钢梁，梁端转角需要在桥面板上加工特殊的连接构造，保证重载下桥面结构耐久性。

（2）平滚的更换。采用上承式栈桥结构，顶推用平滚（图 16）拆除时，每片桁片均需要设置千斤顶，较烦琐。开发专用调节螺杆杠杆，一次到位。

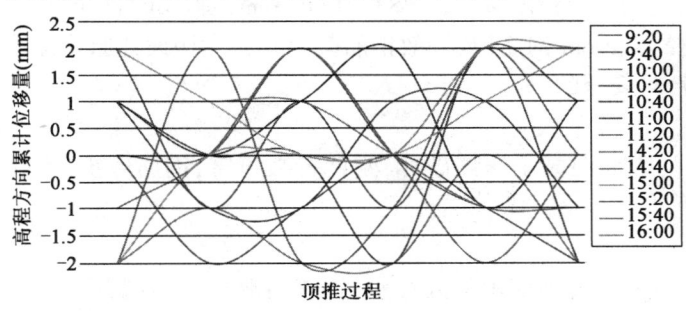 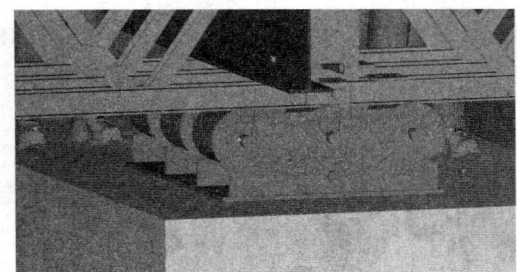

图 15　顶推过程中实测盖梁位移图　　　　　　图 16　顶推托盘大样图

3. T 梁复位

1）引桥 T 梁损伤情况

四川岸第一孔 T 梁外侧边梁完全脱离盖梁（图 17），仅靠翼缘板和断裂的横隔板处的钢筋承受边梁自重，处于危险状态；梁底比盖梁顶低 12cm，存在高差约 20cm，端部旋转后存在间隙有 33.5cm；故首先需要判断脱空、横隔板断裂的状态下是否安全，贸然处理，将导致更大的次生灾害。

2）状态评估

在短时间内对受损结构状态的评估非常重要，同时采用两种方法进行校核：一种是从杆系结构进行计算，另一种是从钢筋及混凝土细部状态进行评估。

（1）杆系结构的评估。

建立单跨模型，均采用梁单元模拟，湿接缝与梁之间采用虚拟横向梁连接，根据现场实际情况，位于桥台侧梁体均处于台帽上，1 号墩处边梁悬空，拟采用在 T 梁端部横隔梁设置千斤顶整体顶升复位方案，模型中边界条件设置如图 18 所示。

图 17　四川岸第一孔梁外侧边梁悬空

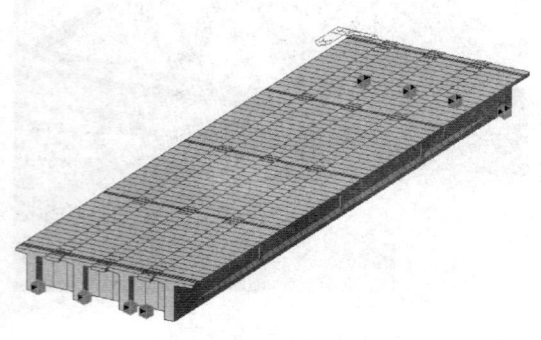

图 18　T 梁的实际支承状态

提取悬空处端部横隔梁最不利工况内力,如图 19、图 20 所示。

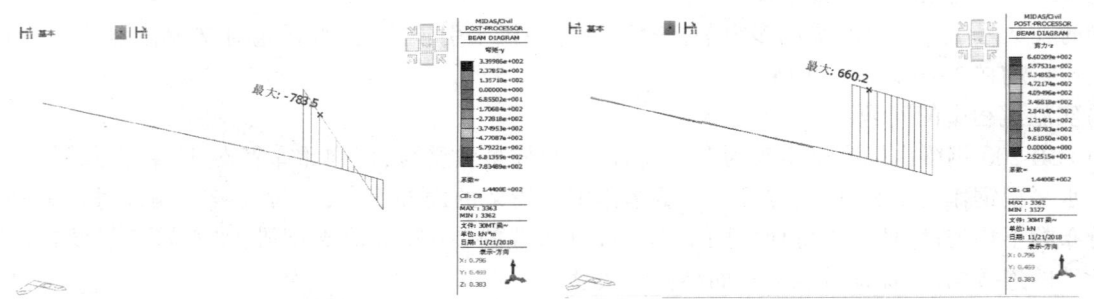

图 19　端部横隔梁弯矩图　　　　　　　　　图 20　端部横隔梁剪力图

采用梁单元计算,隔板连接处的内力为:弯矩设计值 $M = -783.50 \mathrm{kN \cdot m}$,剪力设计值 $V = 660.20 \mathrm{kN}$。横隔梁顶部横断面方向配有 4 根直径为 25mm 钢筋(或等效钢筋截面),按结构设计原理计算评估,可满足受力要求;因此判断自重情况下是暂时安全的。

(2)精细结构的评估。

由于 T 梁部分横隔板破损严重,多处"骨折",表面混凝土压碎破坏,刚度折减厉害,钢筋弯折,为确保复位过程中万无一失,同时进行了精细化计算。

①计算简化原则。

由于横隔板破损面损坏严重,在建模时考虑为表面与表面不侵入接触,钢筋与混凝土的耦合关系采用程序内置嵌入方式。因为只截取了梁端一小段进行建模,故截取面边界条件采用位移/转角类型。

②计算模型。

T 梁材料属性见表 2。

T 梁材料属性表　　　　　　　　　　　表 2

材料	质量密度 (kN/m³)	弹性模量 (kPa)	泊松比	强度设计值(MPa)	
				抗压	抗拉
C50 混凝土	24.0	3.45×10^7	0.2	22.4	1.83
钢筋	78.5	2.1×10^8	0.3	330	330

采用 ABAQUS 进行建模计算,计算模型如图 21 所示。

整个模型共划分为 9044 个单元,其中:混凝土采用 C3D8R 六面体单元,共计 84 个,采用 C3D10 四面体单元,共计 8546 个;钢筋采用 T3D2 线单元,共计 414 个。

混凝土主应力计算结果见图 22,根部已达 21MPa,已破坏;钢筋应力云图、位移云图如图 23、图 24 所示。

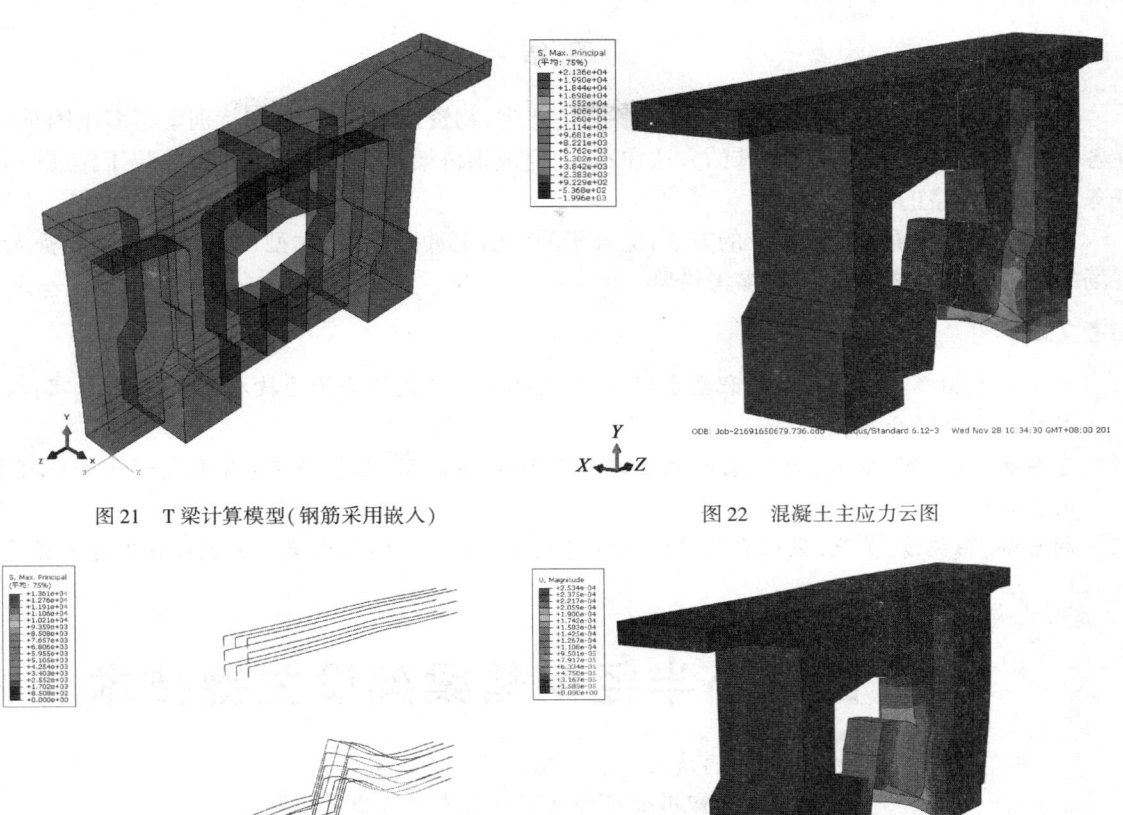

图21 T梁计算模型(钢筋采用嵌入)　　图22 混凝土主应力云图

图23 钢筋应力云图　　图24 位移云图

T梁计算结果见表3。

T梁计算结果表 表3

材料	主压应力(MPa)			主拉应力(MPa)			位移(mm)
	计算值	设计值	结论	计算值	设计值	结论	
C50混凝土	1.99	22.4	满足	21.4	1.83	不满足	0.25
钢筋	—	330	—	13.6	330	满足	

(3)计算结论。

计算表明:结构在悬臂状态下能够仅依靠横隔板钢筋承受边梁悬空,同时在相应作用点进行顶升、转动、复位施工时,横隔板断裂面位移为0.25mm,选取的复位方法是安全的。

3)主要施工方法

以上述计算为依据,根据T梁现场状态,按照顶升—旋转—平移复位的工序,进行T梁复位施工。复位时采用汶川地震时庙子坪大桥复位用扁顶配合机械顶进行。具体步骤如下:

(1)T梁状态是左侧低于右侧,并存在一定旋转,第一步应是顶升支垫,现场核实顶升支垫具体位置。顶升至一定高度,加入滑板。

(2)第二步需要旋转,需要补充旋转的转点临时支垫(形成转动力矩位置的支垫)和转动适应角度装置;同时增加对桥台位置四氟滑板支座附近的必要约束。

(3)第三步是平移顶推就位后,更换支座。

四、结　语

国道 318 线竹巴笼金沙江大桥抢通面临环境恶劣、物资运输困难、时间特别紧等多重困难,抢险队伍在各级领导关心指导下,采用特殊的方法在 6d 内完成钢桥架和旧 T 梁的多维度复位工作,顺利完成抢通任务,使川藏公路正常通车。

竹巴笼大桥栈桥及 T 梁复位的方法,适合于两岸引道冲毁严重、大型设备和自动化装备无法快速到现场的环境,可供类似条件地区参考借鉴。

参考文献

[1] 武警交通指挥部应急救援工程技术研究所. 道路交通应急抢险抢通技术指南[M]. 北京:人民交通出版社股份有限公司,2017.
[2] 李斐然,杜战军,曾彦. 超宽装配式公路钢桥研发与应用[M]. 北京:人民交通出版社股份有限公司,2015.
[3] 胡常福,彭德清,吴飞. 装配式钢栈桥设计与施工[M]. 北京:人民交通出版社股份有限公司,2018.

49. 山区小半径钢箱梁架设关键技术

冉凌波　瞿　飞　黄　平　裴宾嘉

(四川公路桥梁建设集团有限公司)

摘　要　山区高速公路互通立交桥受地势、地形、地质影响,展线困难,上部构造不便现浇和预制,故一般采用具有小半径、大纵坡的钢箱梁(或结合梁)。但由于大型起重设备到达山区桥位较困难,且陡坡上无法站位,因此小半径钢箱梁在高墩处的架设是一个较大的难题。峨汉高速公路乌斯河特大桥、乌史大桥乡互通钢箱梁经过研究比选,采用了桥上拼装、普通架桥机架设半径稍大的钢箱梁、全地面汽车起重机和特制小半径架桥机架设小半径钢箱梁的架设形式,完成了特大桥引桥、立交桥区钢箱梁吊装,施工方法值得同类项目借鉴。

关键词　山区立交桥钢箱梁　全地面汽车起重机　小半径架桥机　整体提升　钢梁拼装场

一、工程背景

四川西部山区建设公路桥梁,具有以下特点:(1)峡谷高速公路所在地形导致立交桥纵坡和平曲线半径小;(2)为避免对陡坡地貌的过度损伤,上部构造采用跨径较大的梁式桥设计;(3)考虑高墩抗震的因素,上部构造采用质量较轻的钢混凝土结合梁(钢箱梁)形式,以减少桥梁下部结构和基础设计材料用量;(4)峡谷风较大,风力常时达到 6 级,最大为 10 级。

乌史大桥乡互通立交及乌斯河特大桥(图1),也具有上述特点。项目地处四川盆地西缘,为盆地向青藏高原东部的过渡地带,位于著名景点大渡河大峡谷旁,两岸山势陡峭。每年 10 月至次年 5 月,为大风季,风速最大可达 14.3m/s,风力可达 6 级以上。主要工程包括:乌斯河特大桥和乌史大桥乡互通式立交(A、B、C、D、L 匝道)。乌斯河特大桥跨径布置为 100m + 188m + 100m。BD 匝道钢箱梁桥全长 802.53m,B 匝道桥全桥 B1～B13 号跨,D 匝道桥 D5～D14 号,BD 匝道钢梁桥跨布置如下:B 匝道桥桥跨布置为(25.33 + 35 + 22.35)m 钢箱梁 + 9×39.55m 钢箱梁,全长 438.63m,共 12 跨;D 匝道桥桥跨布置为(38.6 + 45 + 38.6)m 钢梁 + (46.05 + 2×46 + 46.05)m 钢梁 + 2×28.8m 异形分叉钢梁,全长 363.9m,共 9 跨。

图1 乌史大桥乡互通立交及乌斯河特大桥效果图

钢箱梁设计位置分布见表1,钢梁架设设备分布图及现场拼装场位置如图2所示。

钢箱梁设计位置分布表 表1

桥名	钢箱梁部位	桥位墩高（m）	跨径布置	结构形式	主梁结构形式	梁高（m）	梁宽（m）	横坡	纵坡	曲线半径（m）
特大桥	ML35~46	37~86	10×40m+41m	简支梁	两箱+双纵梁	2.5	12~14.4	-7%~-3%	2.5%	322
	MR34~45	38~86	10×40m+41m	简支梁	两箱+单纵梁	2.5	12~13.9	2%~7%	2.5%	323
B匝道桥	B1~B4号	16~50	25.33m+35m+22.35m	连续梁	两箱+横梁	1.8	9.76~10	-6%~-4%	-2.1%	76~63
	B8~B13号	73~45	6×39.55m	简支梁	两箱+横梁	2.5	9.19~9	-3.5%~2%	1.6%~2.8%	28~500
D匝道桥	D5~D8号	16~56	38.6m+45m+38.6m	连续梁	两箱+横梁	2.2	9.23~10	0.19%~6%	4.5%	275~350
	D10~D12号	48~60	46m+46.05m	简支梁	两箱+横梁	2.5	9.5~9	-3.5%~3%	4.5%	180
	D12~D13号	43	28.8m	简支梁	两箱+四纵梁	1.8	23.8~16	3%~2%	4.5%	—
	D13~D14号	42	28.8m	简支梁	两箱+双纵梁	1.8	16~11.9	2%	4.5%	—

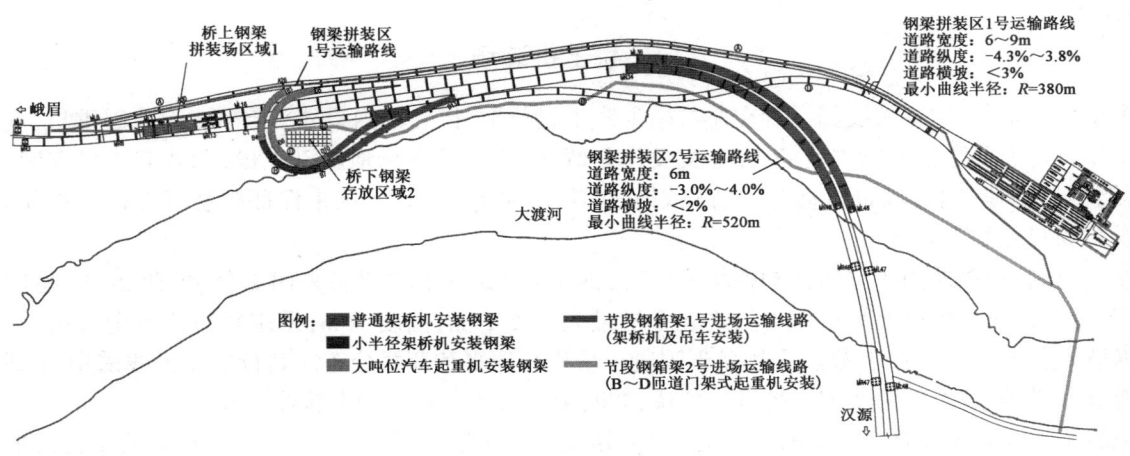

图2 钢梁架设设备分布图及现场拼装场位置图

二、方案总体规划

钢箱梁在加工厂生产后,由国道 G245 运输至施工现场桥上的拼装场(图2)进行纵向二次拼接,通过运梁车运输钢梁至安装位置,全地面汽车起重机或小半径架桥机将钢梁主梁安装就位后,桥上进行现场栓接、焊接等作业。

由于现场场地极其狭小,在乌史大桥乡互通左右幅主线桥上设置钢箱梁拼装场进行钢梁拼装。桥上拼装场可同时满足 2 跨钢箱梁的吊运、拼装、储存,场地设置下车区、拼装区、上车区、道路运输通道;上车区、下车区采用型钢进行临时支垫存放钢箱梁,拼装区钢梁支架采用型钢,满足不同梁长钢箱梁拼装,拼装场内设置 2 台 50t 门式起重机用于钢梁起吊。

B 匝道 B1～B4 号墩跨钢箱梁采用 240t、220t 起重机直接在已架设 T 梁桥上进行安装,共计 3 跨(图3);B7～B13 号墩跨钢箱梁通过运梁车运输至安装点位,由 40m 架桥机进行安装,共计 6 跨;B4～B7 号墩跨钢箱梁通过运梁车运输至安装点位,由 40m 小半径($R=63m$)专用架桥机进行安装,共计 3 跨。D 匝道 D5～D7.5 号墩跨钢箱梁采用 240t、220t 起重机直接在已架设 T 梁桥上进行安装,共计 3 跨;D7.5～D8 号墩跨钢箱梁采用 350t 汽车起重机在 C 匝道 T 梁桥上进行安装,D10～D14 号墩跨钢箱梁通过运梁车运输至安装点位,由 40m/50m 架桥机进行安装,共计 4 跨;D8～D10 号墩跨钢箱梁采用 450t、350t 起重机在 B、D 匝道钢梁桥上进行安装。

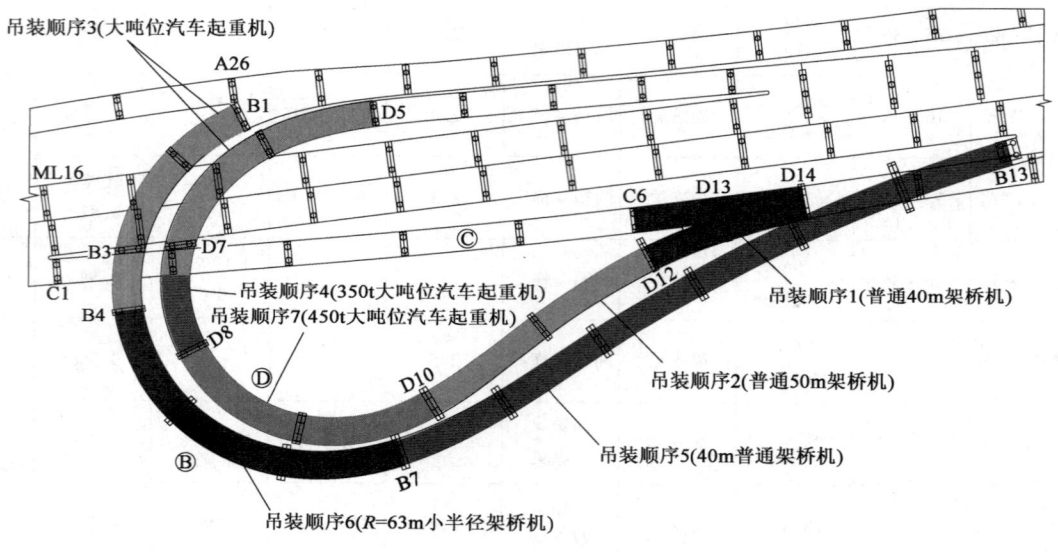

图3　B、D 匝道汽车起重机及架桥机吊装顺序图

三、桥上拼装场

由于场地限制,钢梁拼装场设置在左右幅主线 T 梁桥上,拼装场内设置 2 台 50t 门式起重机,其他桥上施工作业均需要穿越钢梁拼装场,存在交叉作业情况,拼装场在场地基础建设、门式起重机安装、钢梁拼装、钢梁上下车、门式起重机拆除等阶段划分作业区、通行区、禁止区来保证拼装场在桥上作业安全。桥上拼装场布置如图4所示。

左幅内侧、右幅外侧 T 梁防撞护栏均未施工,钢箱梁拼装场起重设备采用 2 台 MG50-24-16 型门式起重机,单台门式起重机最大吊重 50t,门式起重机最大跨度 24m,高度 16m,采用轨道式行走机构,基础沿桥梁纵坡方向设置 0.7% 的纵坡,采用条形混凝土带进行调平和荷载分布。其行走动力线采用 H 型单级组合滑触方式,轨道端部用型钢焊接做止挡块,并安装阻尼缓冲减振和夹轨器设施。

峨眉至汉源高速公路乌史大桥乡互通 BD 匝道钢混凝土组合梁(汽车起重机 + 架桥机安装),根据设计分段分块,最大尺寸为 2.5m×3.4m×16m(高×宽×长),最大质量不超过 33t。

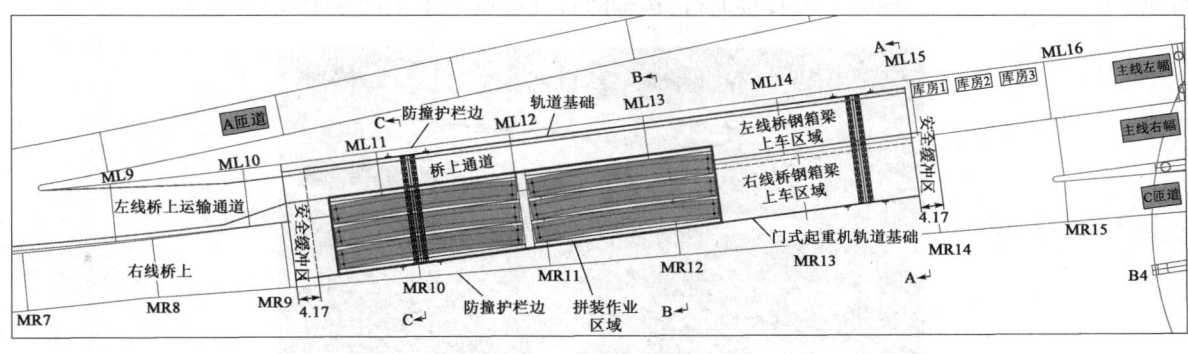

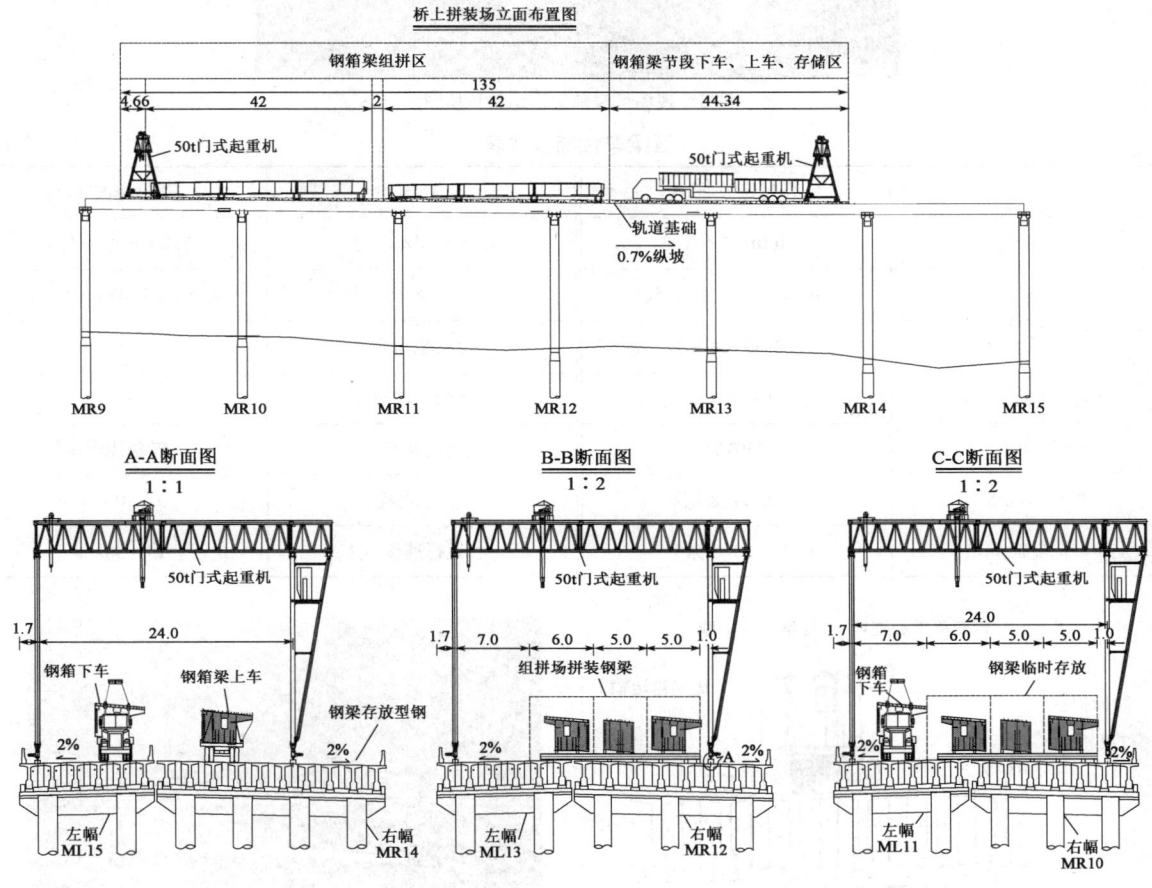

图4 桥上拼装场布置图(尺寸单位：m)

四、桥上运梁

17.5m平板拖车可满足运输要求。钢叠梁最大运输质量为33t，考虑板车自重15t，其车辆+货物最大质量合计为48t，采用6轴平板挂车进行运输，由于运输路线处于山区(图5)，牵引车选择功率约为382.46kW的牵引车。

为防止运梁车产生的惯性力、上下坡产生的重力坡度分力、颠簸时产生的惯性力、紧急制动产生的惯性力等几种情况可能导致钢梁产生位移，钢梁装车采用 $\phi16mm$ 的钢丝绳进行腰箍加固；并提前在钢箱梁底部按照施工设计图重心线位置对准运输车轴线，左右误差不得大于5cm，前后轴线误差不得大于50cm。

乌史大桥乡互通B、D匝道钢梁运输在已架设T梁桥上运输钢梁，桥梁宽度最小为9m，桥面最大横坡为3%，满足运梁车最大4%横坡要求。运梁车性能参数见表2。现场湿接缝已全部浇筑完成，左幅外侧防撞护栏已施工完成,运输炮车可直接通行,运输时选择在两片 T 梁肋板上通过(图6)。

图5　现场运输和架设钢梁环境图

运梁车性能参数表　　　　　　　　　　　　　　　　　　　　　　　表 2

型号	开封海波 200T	型号	开封海波 200T
额定载质量	100t(单车)	主动运梁车尺寸	7.5m × 3m × 1.4m
自重	20t(主车 15t、副车 5t)	被动运梁车尺寸	5m × 2.85m × 1.4m
适应纵坡	纵坡≤8%	运梁机轮距	2m
适应横坡	横坡≤4%	运梁车轮宽	3m
发动机功率	250kW	制动系统	气刹、断气刹
主车轮胎规格	1200-24(8 条)	急速喂梁速度	3 ~ 10m/min
主车转向轮胎规格	1200-20(8 条)	运行速度	15 ~ 50km/h

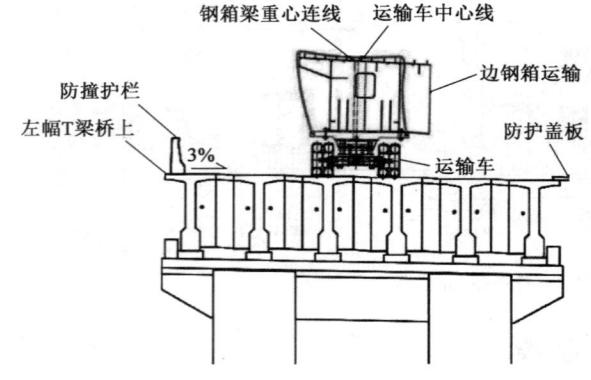

图6　钢梁在 T 梁上运输

在运输车钢支撑旋转架与钢箱梁底板接触位置,采用木板、橡胶皮进行铺垫;钢箱梁装上车后,钢梁底板两侧与运输车旋转架连接采用型钢、索具进行固定卡紧;钢箱梁顶部采用 5t 手拉链子葫芦 + 21.5mm 钢绳对拉至运输车支撑架吊耳锁紧,钢绳与钢梁接触位置采用木方支撑避让棱角,钢绳顶部与钢箱梁顶部锚固位置采用卸扣连接。

主线钢箱梁运输路段桥面横坡最大为 7%,运输炮车轮胎宽度 65cm。在炮车运输区域内采用 20cm × 20cm、20cm × 10cm 方木填充至钢梁 PBL 剪力键之间,以调整钢梁上横坡,使横坡调整至 3% 以内,同时木方高于 PBL 剪力键,也可起到保护梁顶 PBL 剪力键不被破坏的作用,且保证运输车在钢梁上顺利行走(图7)。

图 7　钢梁在已架钢梁上运输

五、架设钢梁

1. 起重机吊装钢箱梁

根据钢梁吊装质量、位置及起重机站位情况,拟选择三一集团 SAC4500(450t)全地面汽车起重机、三一集团 SAC3500(350t)全地面汽车起重机。SAC4500 全地面汽车起重机工况为:20～24m 回转半径,平衡配重 143t,车长 19.42m,全伸腿宽度为 9.6m。SAC3500 全地面汽车起重机工况为:20～24m 回转半径,平衡配重 140t,车长 17.555m,全伸腿宽度为 8.7m。根据 B 匝道和 D 匝道的上下位置关系,在架桥机完成 B 匝道(B4～B7 号墩)小半径钢箱梁吊装后,将两台起重机放置于待架的 B 匝道 B6 号墩位置及 D8、D10 号墩两端,进行抬吊安装。全地面汽车起重机吊梁平面、立面图见图8,施工期间 D 匝道的钢梁稳定计算模型见图9。

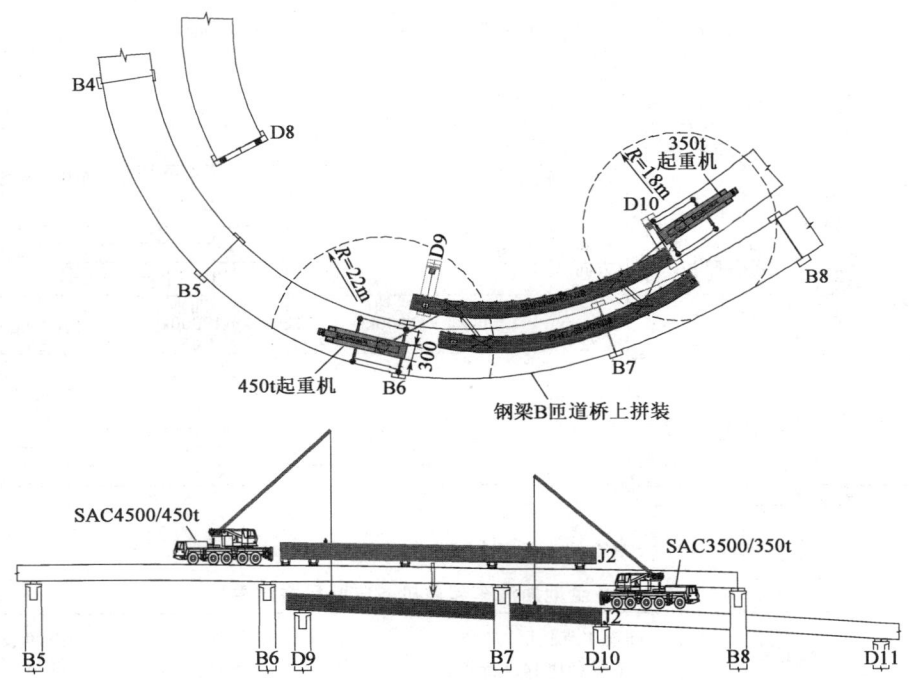

图 8　全地面汽车起重机吊梁平、立面图

D 匝道钢箱梁平曲线半径仅为 52m,全地面汽车起重机安装就位后,单片钢箱梁自身无法平衡,需要设置锚固梁 + 可调节吊杆(图10),以维持体系平衡。大吨位全地面起汽车重机在已有桥梁上进行吊装时,需要对桥梁结构进行精确的计算。SAC4500 起重机支腿受力模型如图11所示,SAC4500 全地面汽车起重机各支腿反力结果见表3。钢梁工况1下不同应力云图如图12～图15所示。

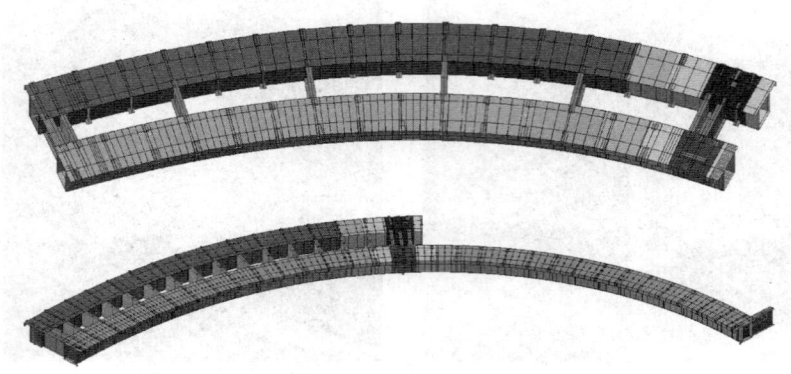

图 9　施工期间 D 匝道的钢梁稳定计算模型

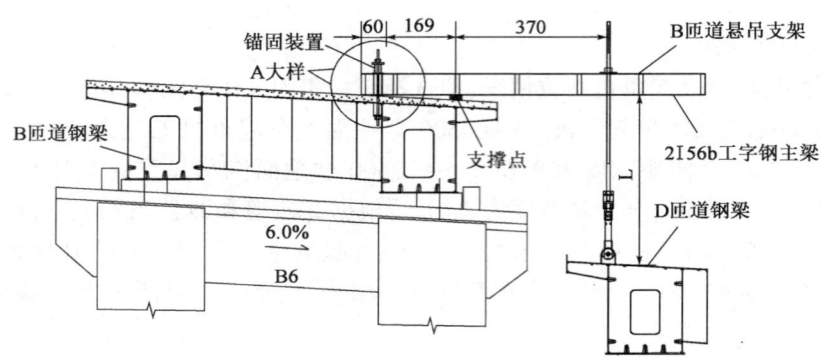

图 10　D 匝道钢箱梁安装就位后的平衡措施(尺寸单位:cm)

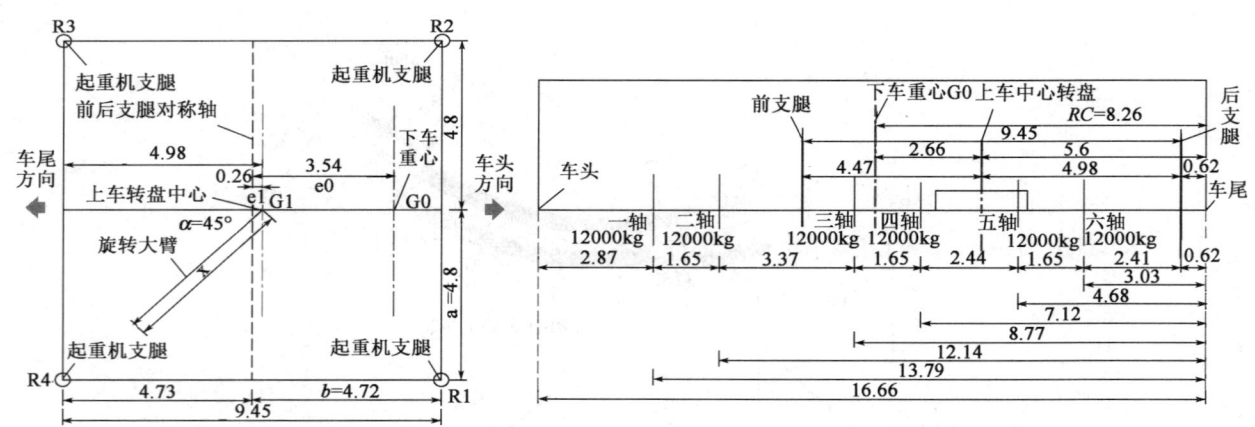

图 11　SAC4500 起重机支腿受力模型图(尺寸单位:m)

SAC4500 全地面汽车起重机各支腿反力结果　　　　　　　　　　　　　　　　　　　　　表 3

部位	全地面汽车起重机支腿	工况 1 支腿反力(kN) (空载悬挂 142t 配重)	工况 4 支腿反力(kN) (吊装最重梁段)	工况 9 支腿反力(kN) (吊装半径最远梁段)
B6 号墩	R1	985	98	857
	R2	578	819	173
	R3	75	1144	357
	R4	482	423	1040

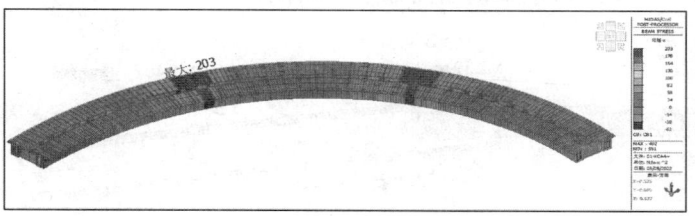

图 12　工况 1 弯曲应力图(单位:N/mm²)

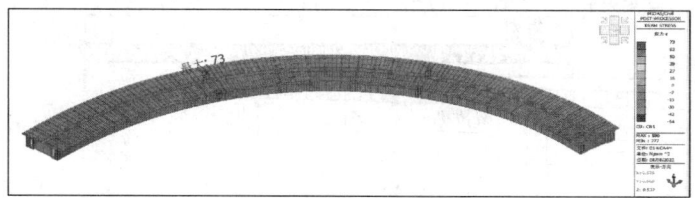

图 13　工况 1 剪应力图(单位:N/mm²)

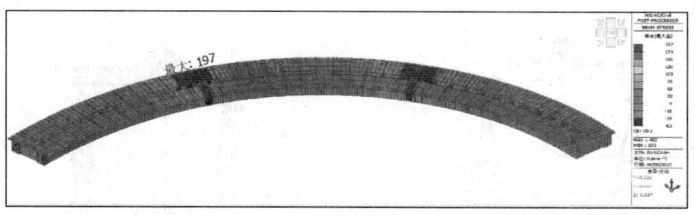

图 14　工况 1 组合应力图(单位:N/mm²)

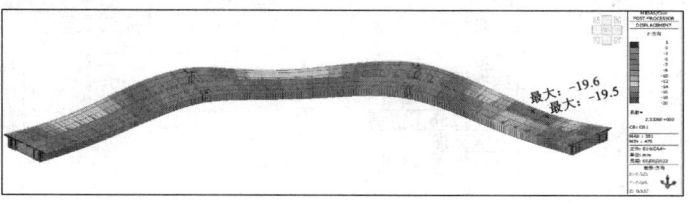

图 15　工况 1 钢梁变形图(单位:mm)

经计算,各工况作用下(表4)最大弯曲应力为203MPa,最大剪应力为 -115MPa,最大组合应力为197MPa,各构件应力范围均小于《钢结构设计标准》(GB 50017—2017)抗拉、抗压及抗弯强度设计值,满足要求。

B4 ~ B7 号墩钢梁应力、位移汇总表　　　　表4

跨数	部位部位	弯曲应力 f(MPa)	剪应力 $[\tau]$(MPa)	组合应力(MPa)	变形(mm)
B4 ~ B7 号墩	工况 1(CB1)	203	73	197	-19.6
	工况 4(CB4)	178	-63	173	-22.9
	工况 9(CB9)	145	-115	145	-26.1

经计算,在各工况作用下,最大竖向变形位于 B4 ~ B5 号墩钢梁跨中,钢梁最大变形 $f = -26.1$mm < 85mm(钢箱梁设计预拱 L/400),满足要求。

2. 普通 40m 架桥机吊装钢箱梁

主线桥引桥的钢箱梁平曲线半径达到 324m,经过梁、机、桥的解析计算和三维仿真验证,钢箱梁是可以采用普通 40m 架桥机完成梁板架设的,需要克服的问题是横坡较大,解决方法是设置硬性支垫。因此,需要提前在钢梁上设置垫块和分配量,并做好钢箱梁间的横向联系。普通架桥机过孔及喂梁布置如

图 16 所示,普通架桥机架设主线桥钢梁横断面如图 17 所示。

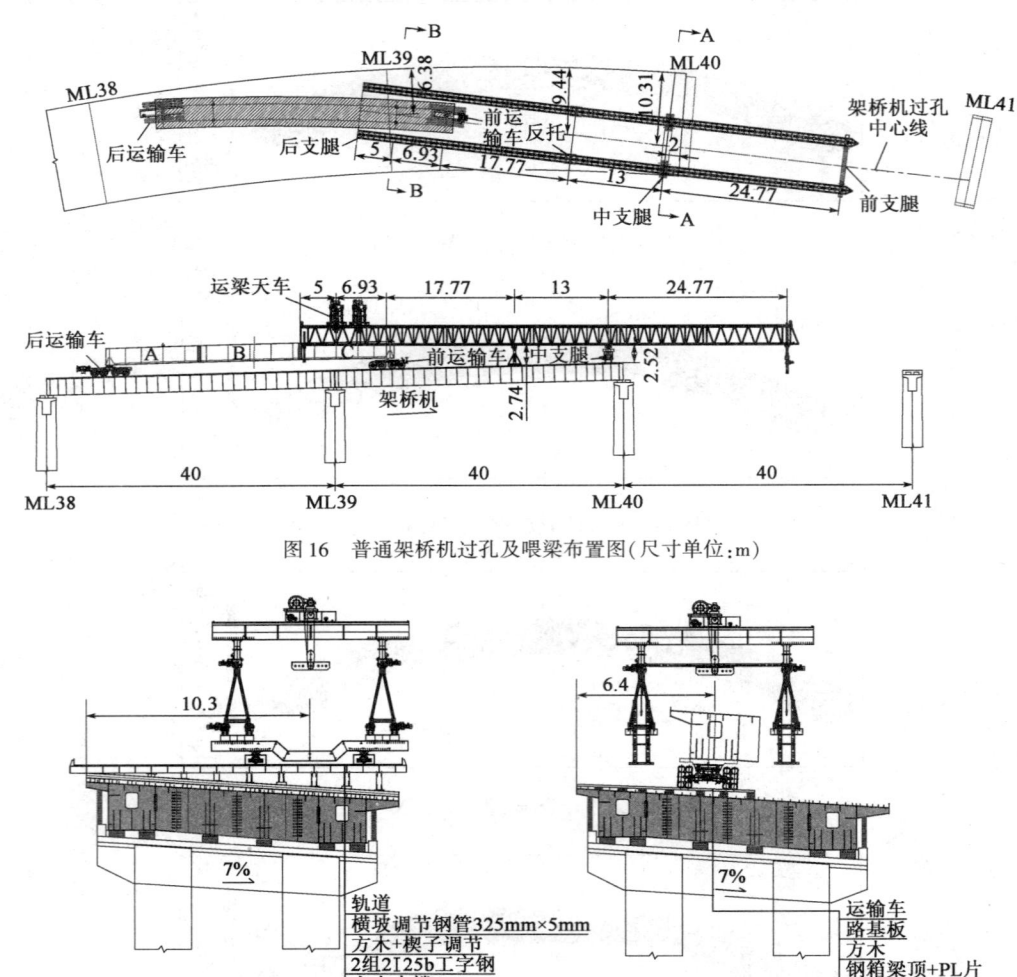

图 16　普通架桥机过孔及喂梁布置图(尺寸单位:m)

a)中支腿断面图　　　　b)后支腿断面图

图 17　普通架桥机架设主线桥钢梁横断面图(尺寸单位:m)

3. 小半径架桥机吊装钢箱梁

QJ40-220 架桥机由一套主梁构成(主梁包括主承重梁和前后联系梁),每套主梁均由一套前支腿、一套中支腿、一套后辅助支腿、一套前辅助支腿安装于架桥机或支撑于桥梁上。主梁前、后端部由两套连接杆通过高强螺栓连接成整体。前辅助支腿安装于主承重梁前端上弦的位置。前、中支腿安装于主承重梁中间下弦位置(根据架梁跨度不同可调整),后辅助支腿安装于主承重梁下弦后端位置,其中,前支腿和中支腿能够沿主梁自动走行,随所架桥梁的长度而相应变化。架桥机整机由无线遥控控制,用于驱动各运行部件。小半径架桥机总装图如图 18 所示,无线遥控原理如图 19 所示。

小半径架桥机原理:(1)前后支腿采用单立柱、单轨形式,能更好地适应小半径平曲线;(2)前后支腿采用双驱动轮与主纵梁连接,以适应两根主纵梁前后位置差;(3)增加了前后可调节高度的辅助支腿,确保各种工况下的结构抗倾覆稳定。

此外,还开发了手机 App 程序(图 20),实现现场操作人员随时了解各支腿的受力情况和架桥机状态。

小半径架桥机过孔及架设梁体时,需要确保支腿的位置配合不出问题,除采用程序控制外,还在主纵梁上下弦上设置有大比例刻度标识(图 21),作为辅助定位措施。小半径架桥机过孔状态如图 22 所示。

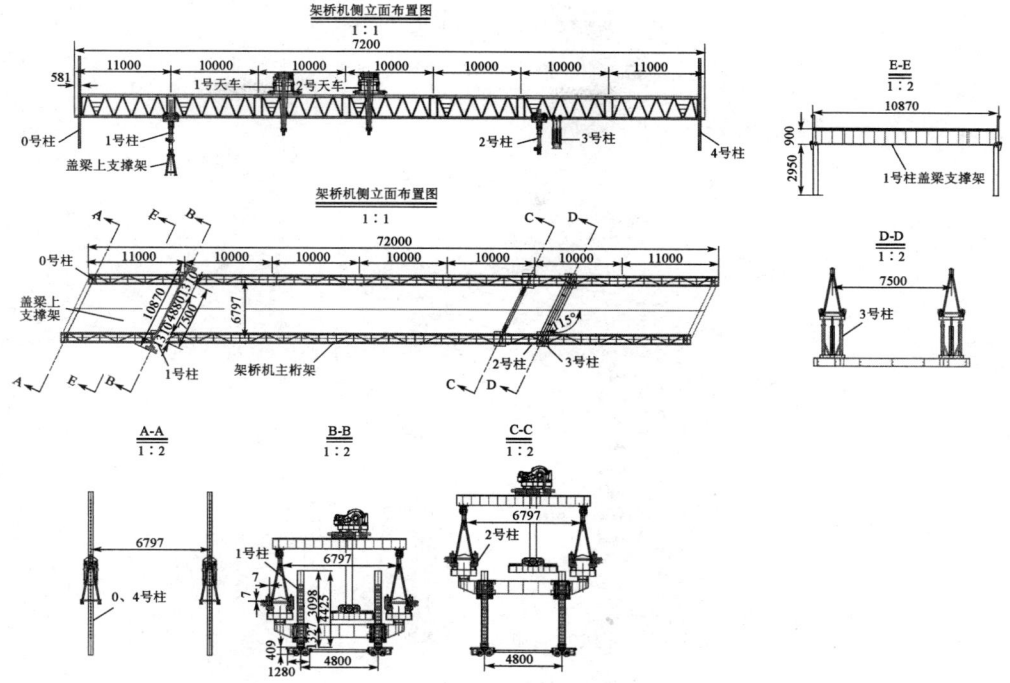

图18 小半径架桥机总装图（尺寸单位：mm）

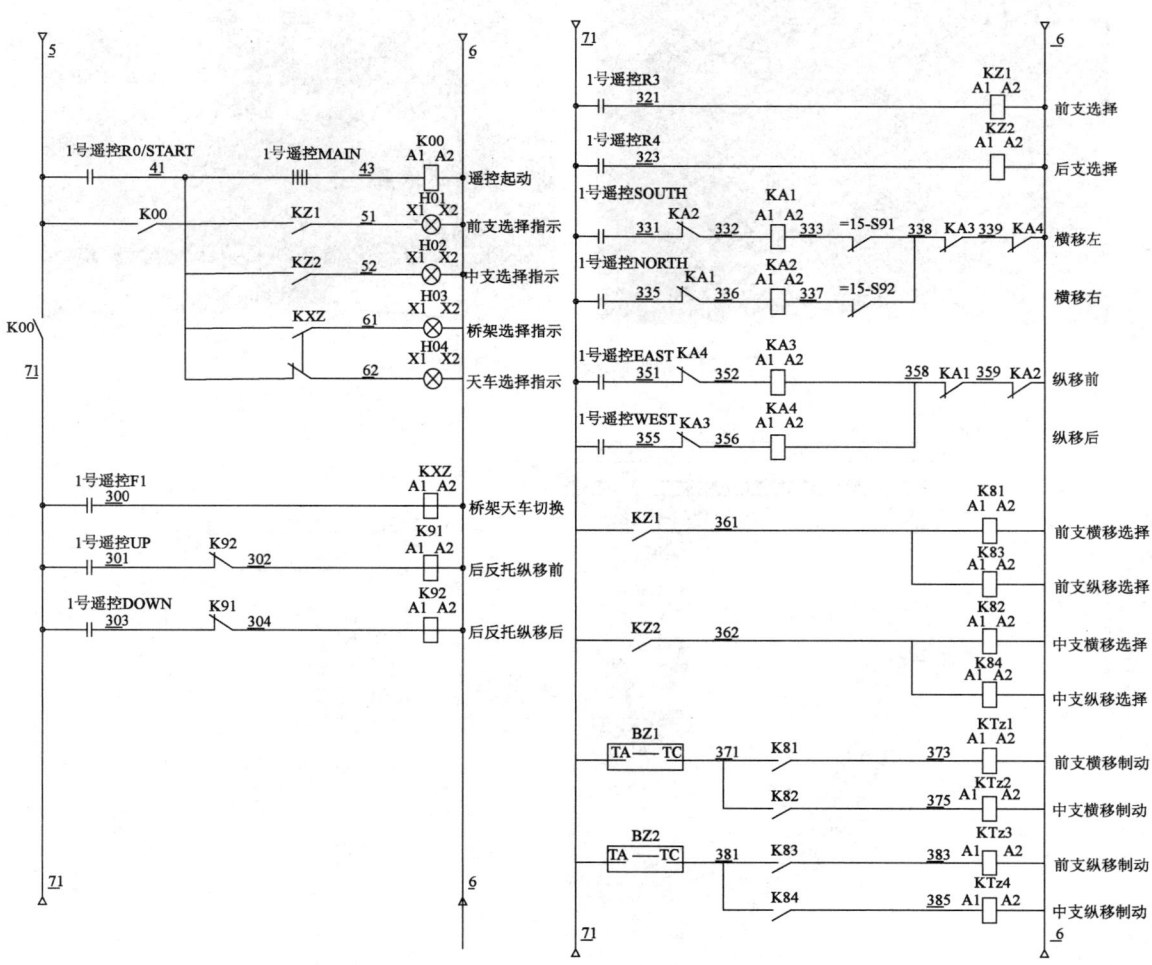

图19 小半径架桥机遥控原理图

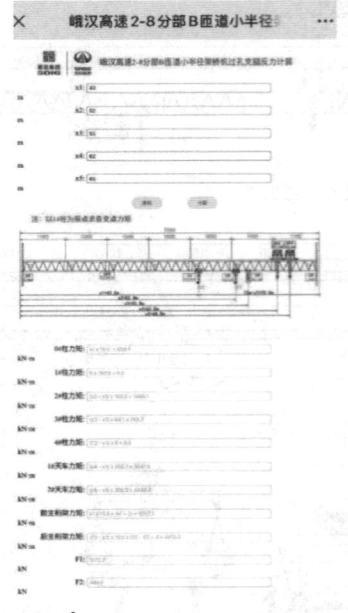

图20 手机小程序界面

图21 架桥机支腿、主桁架刻度标识

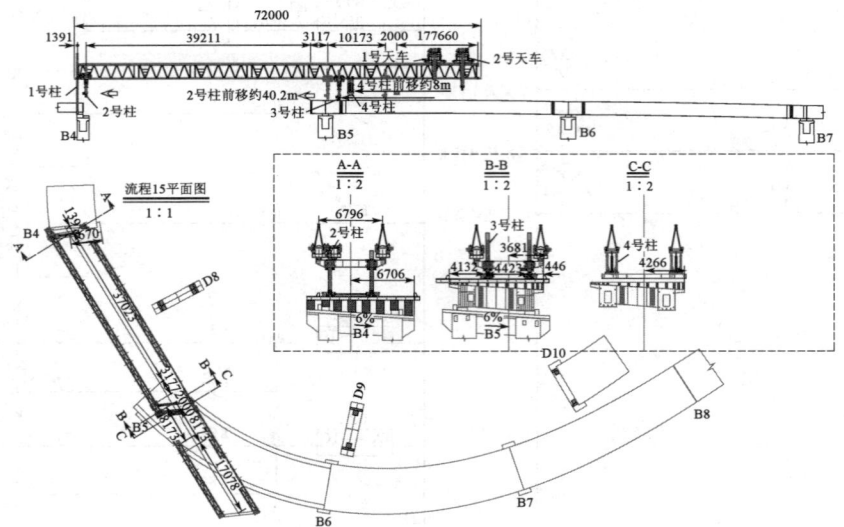

图22 小半径架桥机过孔状态图(尺寸单位：mm)

小半径架桥机架设梁板时，当平曲线半径小于80m时，梁体从架桥机后端运进困难，必须采用先将墩顶钢箱梁块件架设后再将中间段钢箱梁从桥下提升的方法（图23、图24），从而完成整孔钢箱梁架设。

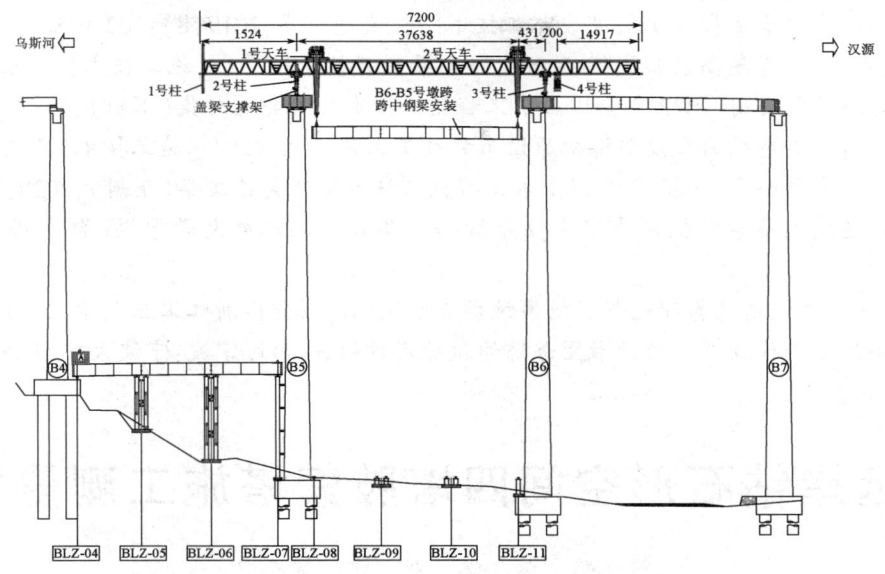

图23　小半径钢箱梁提升架设（尺寸单位：cm）

图24　小半径钢箱梁整体提升

整体提升钢箱梁时，按照施工设计图纸布设吊耳，架桥机进行试吊，根据智能监控系统确定钢箱梁吊装扁担梁平衡状态，进而调整扁担梁上吊点位置。为防止现场突然起风状况，在钢梁四角设置4根抗风绳，以确保吊装过程钢梁稳定。提升机构提升速率约为60m/h，架桥机提升至安装高度耗时约2h，两台提升机构同步进行提升，两侧高差不超过50cm。

五、结　语

峨汉高速公路超小半径（$R=52$m）钢箱梁在4%大纵坡上的架设，采用了450t级全地面汽车起重机桥上架设钢箱梁及特制小半径曲线架桥机自行过孔、提升架设钢箱梁的方法，成功完成了小半径钢箱梁架设，在小半径平曲线桥梁架设方面积累了宝贵的经验，也填补了国内小半径架桥机装备和工法方面的空白，可为同类型桥梁上部构造施工提供借鉴。

参考文献

[1] 王岩,张立人.半径74m曲线桥预制T梁架设施工技术[J].交通世界,2021(8):146-148.

[2] 朱小金,鲜亮,王博,等.虎门二桥小半径平曲线钢箱梁安装施工技术[J].中外公路,2021,41(5):137-141.

[3] 张伟元.城市快速路互通小半径曲线钢箱梁吊装施工技术[J].北方建筑,2022,7(4):38-42.

[4] 谢蕴强,顾彪.双导梁架桥机架设95m小半径曲线桥预制T梁施工技术[J].施工技术,2018,47(10):82-86.
[5] 黄华和,舒毅.高墩小半径桥T梁架设施工技术[J].交通世界,2019(8):102-103.
[6] 陈智勇,吴发展.大跨度高墩曲线钢-混凝土组合梁安装技术[C]//《施工技术》杂志社,亚太建设科技信息研究院有限公司.2022年全国土木工程施工技术交流会论文集(下册),2022:136-139.
[7] 雷洪根,李斌斌.小半径曲线段架桥机原位吊装施工工艺研究[C]//《施工技术》杂志社,亚太建设科技信息研究院有限公司.2020年全国土木工程施工技术交流会论文集(下册),2020:109-111.
[8] 张宏,张伟.连续钢箱梁桥抗倾覆稳定性分析[J].华北水利水电大学学报(自然科学版),2021,42(1):95-100.
[9] 魏金校.曲线梁桥倾覆计算理论与现场事故调查研究[D].杭州:浙江工业大学,2019.
[10] 聂载东.事故车辆施救工况独柱墩匝道桥倾覆稳定性研究[D].宁波:宁波大学,2020.

50. 远岸钻石形空间四塔肢索塔施工测量技术

解光路 秦洪 刘建 贺志中

(中交二航局第四工程有限公司)

摘 要 本文结合常泰长江大桥5号墩索塔中下塔肢施工,针对远岸钻石形空间四塔肢的结构设计特点和项目地理环境给索塔施工带来的测量难点,在保证索塔空间线形、几何尺寸和施工进度的前提下,着重介绍了索塔施工过程中所采用的测量方法和控制措施,并通过对索塔竣工线形姿态的分析,得出中下塔施工完成后的空间线形姿态远超现行规范及设计监控要求的结论,采用的测量方法和控制措施可为今后类似项目的索塔施工测量提供参考和借鉴。

关键词 斜拉桥索塔 施工测量方法 线形姿态控制 位移监测 精度分析

一、工程概况

常泰长江大桥位于泰州大桥与江阴长江公路大桥之间,距泰州大桥约28.5km,距江阴长江公路大桥约30.2km。采用"高速公路+城际铁路+普通公路"方式过江,主航道桥为142m+490m+1176m+490m+142m双层斜拉桥,总长2440m,主跨跨径为1176m。主航道桥桥型布置如图1所示。

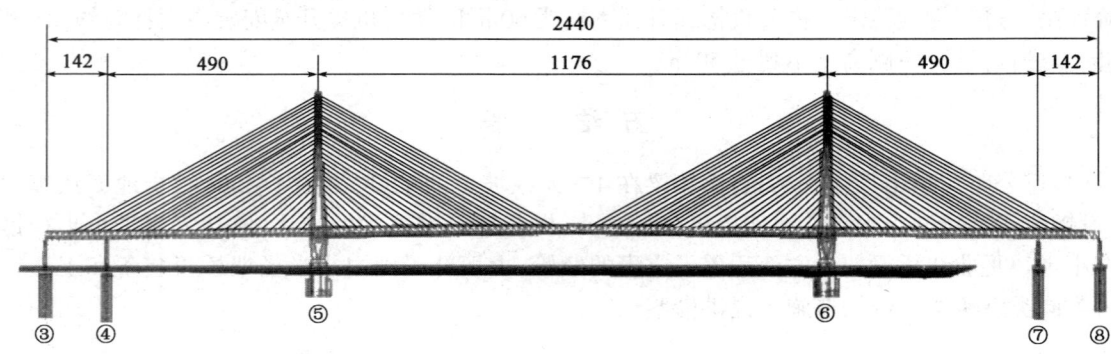

图1 主航道桥桥型布置图(尺寸单位:m)

5号墩索塔采用钢-混混合结构空间钻石形桥塔,主塔设计总高352m,分为上索塔、中索塔和下索塔三个区段,中、下索塔采用钢筋混凝土结构,中下塔总高为231.1m,单塔肢为正八边形截面,外轮廓尺寸由下至上为13m×13m渐变至8m×8m。

二、索塔施工测量难点

根据索塔结构设计特点、测量要求及现场情况,中下塔肢施工测量重难点为:

(1)离岸远,测量基点布设困难。索塔位于长江主航道旁,距泰兴岸 1.3 km,距常州侧录安洲岛岸 1.5 km,岸上基点不能满足施工需求,水中测量基点布设条件有限。

(2)设计新颖,外形结构复杂,空间姿态控制难度大。中下塔由 4 个分离式塔肢组成,单塔肢刚度小且为正八边形结构,塔肢倾角大,且索塔施工中结合大跨非对称荷载斜拉桥施工期结构体系特点的设计(即偏心结构),施工测量难度大。

(3)索塔高,变形规律难以掌握。5 号墩索塔位于长江江心,受风力、日照等外界环境影响大,且中下塔由 4 个分离式塔肢组成,不同步变形影响大,索塔线形控制难度大。

(4)施工涉及面广,相互干扰多,施工测量通视条件差。索塔施工过程中包括液面爬模、大型塔式起重机、布料机、升降电梯等众多大型设备的安装使用和拆卸,交叉作业面多且江心侧塔肢通测视线被严重遮挡,对测量视线影响大。

(5)索塔施工精度要求高,线形控制难度大。根据设计文件及监控指令要求,索塔总体倾斜度不大于 1/8000,单节段塔肢倾斜度不大于 1/1000,远高于现行规范文件要求。

三、索塔施工测量准备工作

1. 专用测量控制网

常泰长江大桥 5 号墩位于长江江心,距最近的泰兴岸 1.3 km,岸上基准点无法满足施工测量需要。为满足索塔施工需要,在索塔施工前,分别在 4 号墩钢围堰顶面、5 号墩主墩承台顶面以及 5 号墩沉井施工期间遗留下来的上下游锚墩平台顶面分阶段增设加密点,为减小对中误差,所有加密点均设置为强制对中结构。加密点设置如图 2 所示。

平面控制网测量精度依据《公路勘测规范》(JTG C10—2007)[1]中二等 GNSS 网精度要求施测,采用边联式和同步图形扩展式混合构网,以大地四边形和三角形为基本图形组成带状网。高程控制网测量精度依据《国家一、二等水准测量规范》(GB/T 12897—2006)[2]中二等水准网精度要求施测。两岸高程联测采用全站仪测距三角高程法对向施测。施工测量控制网定期复测,复测周期不应超过 6 个月,索塔专用控制网布设如图 3 所示。

图 2 索塔专用加密点示意图

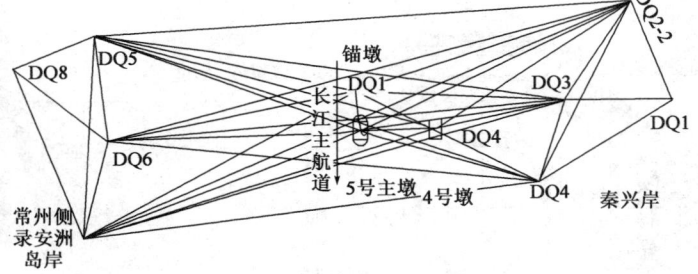

图 3 索塔专用控制网布设示意图

2. 索塔外形几何特征点设置

为更加准确地控制索塔空间姿态,根据索塔设计文件,建立数学模型,编制数据计算程序,并根据监控指令数据计算各特征点三维坐标。中下塔控制点编号示意如图 4 所示。

3. 桥轴坐标系的建立

为便于索塔施工测量,使测量数据成果更加直观明了,将常泰长江大桥设计坐标系转换成相对独立的桥轴里程坐标系[3]。桥轴里程坐标系以常泰长江大桥主桥 5 号墩墩中里程为 X 轴的起点,以线路前进方向为 X 轴正方向;以常泰长江大桥桥梁中心轴线(偏距 0m)为 Y 轴的起点,Y 轴指向上游侧为正,指向下游侧为负。桥轴坐标转换关系如图 5 所示。

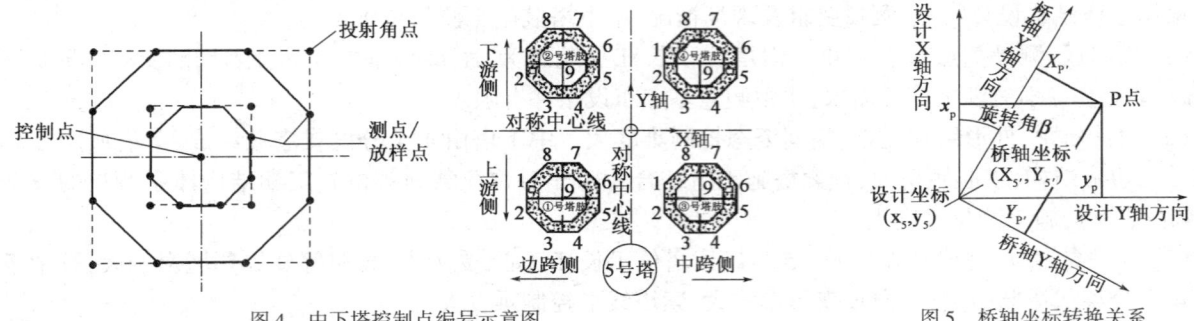

图 4　中下塔控制点编号示意图　　　　　　　　　图 5　桥轴坐标转换关系

设计坐标系中 P 点坐标为 (X_P, Y_P),计算 P 点在桥轴坐标系中 P' 点坐标公式如下:

$$X_{P'} = ((x_P - x_5) \times \cos\beta) + ((y_P - y_5) \times \sin\beta) + X_{5'} \\ Y_{P'} = -((x_P - x_5) \times \sin\beta) + ((y_P - y_5) \times \cos\beta) + Y_{5'}$$ (1)

式中:$(X_{P'}, Y_{P'})$——桥轴坐标系中 P' 点坐标;

(x_P, y_P)——设计坐标系中 P 点坐标;

(x_5, y_5)——设计坐标系中 5 号主墩中心坐标;

$(X_{5'}, Y_{5'})$——桥轴坐标系中 5 号主墩中心坐标;

β——两套坐标系之间的旋转角度(坐标方位角差值)。

四、索塔施工测量控制

(1)结合索塔设计及施工方法对索塔施工节段进行划分,塔柱的标准节段高度为 6m。为保证索塔的线形及钢筋的固定与精确定位,在中下混凝土索塔内设置劲性骨架。下塔肢施工时,为方便现场安装定位,劲性骨架场内分节段加工,运输至现场分节段吊装后,安装桁架,形成劲性骨架整体后进行钢筋散绑施工,劲性骨架分块如图 6 所示。

(2)中塔肢钢筋采用部品化施工工艺,钢筋在场内加工成小块体并运输到现场组拼成整节段,通过大型塔式起重机整节段吊装与已施工的塔柱钢筋进行连接,劲性骨架随部品钢筋一起整节段吊装。部品钢筋组拼吊装施工如图 7 所示。

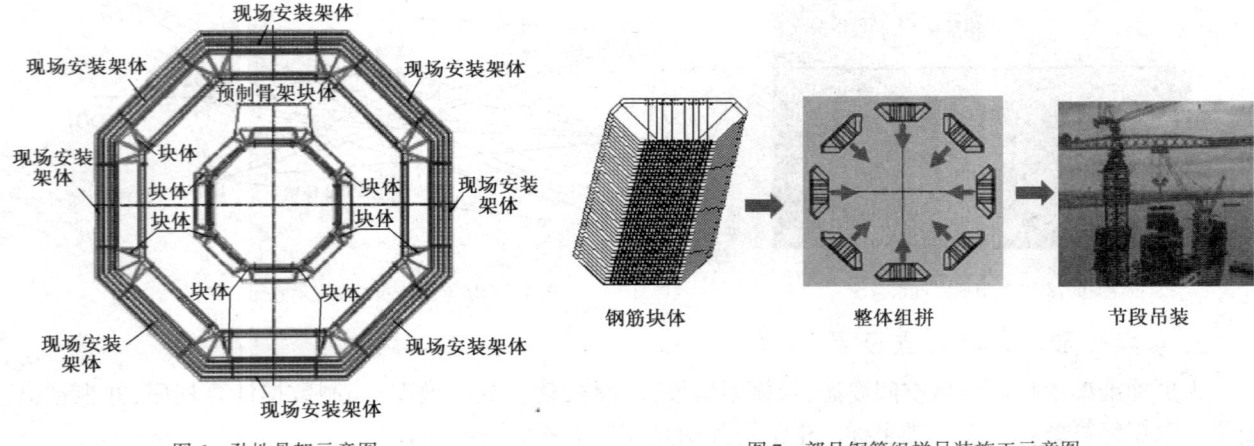

图 6　劲性骨架示意图　　　　　　　　　图 7　部品钢筋组拼吊装施工示意图

(3)下塔肢施工时,测量人员先对吊装的劲性骨架架体进行姿态测量,按照索塔斜率安装定位,形成劲性骨架整体后,在骨架侧面焊接小铁板,供现场绑扎钢筋和安装模板使用,中塔柱施工时,测量人员先对部品钢筋姿态进行调整,满足要求后在钢筋侧面焊接小铁板,供现场安装模板使用,测量控制流程如

图 8 所示。

1. 平面控制测量方法

（1）鉴于劲性骨架安装精度要求相对低于索塔施工精度，测量人员采用在相邻塔肢顶设置全站仪，交叉后视的方法先对吊装的劲性骨架架体进行姿态测量，按照索塔斜率安装定位，形成劲性骨架整体后在骨架侧面焊接小铁板，并延伸到索塔轮廓线以外，测量人员在铁板顶面放样出索塔轮廓线，供现场绑扎钢筋和安装模板使用。钢筋轮廓线如图 9 所示。

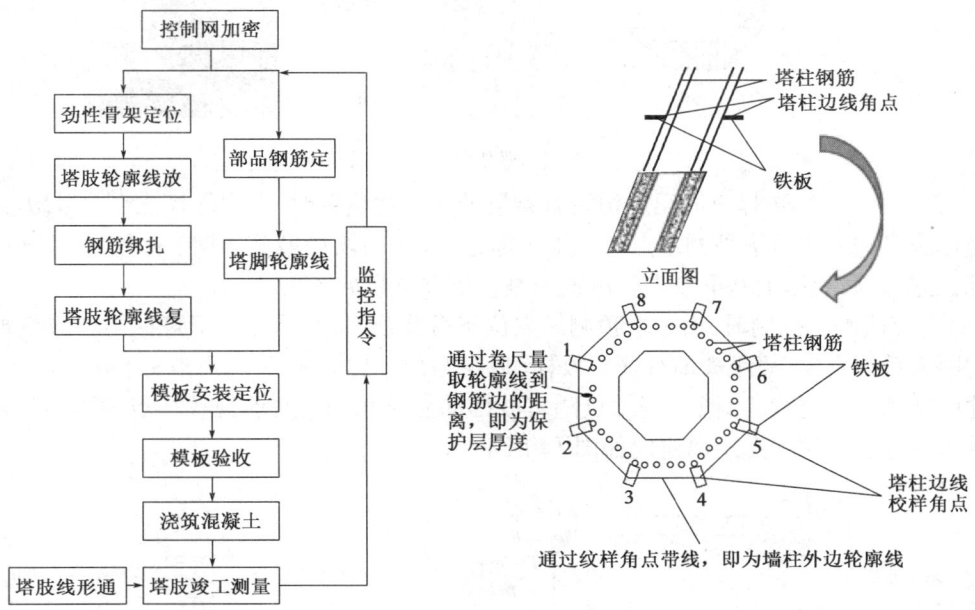

图 8　索塔测量控制流程图　　　　　图 9　索塔钢筋轮廓线示意图

（2）钢筋部品吊装过程中，鉴于安全因素及便利性，人员无法到达钢筋顶面获取部品姿态数据，测量人员研制了一种万向连接自锁定双棱镜装置[4]，提前在部品钢筋吊装前安装到钢筋顶面，吊装时，通过测量上下双棱镜，推算部品姿态。万向连接自锁定棱镜装置如图 10 所示。

（3）根据施工方案设计，为避免与塔座施工龄期差导致开裂问题，索塔的起步底节 3m 与塔座同步浇筑。测量放样时，直接将全站仪架设在主墩加密点，采用三维坐标法对塔座和塔肢空间姿态进行测量控制。首节塔肢测量控制如图 11 所示。

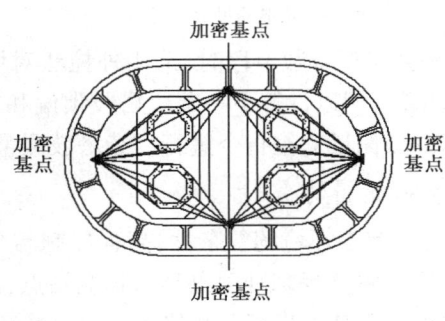

图 10　万向连接自锁定棱镜装置　　　　图 11　首节塔肢测量控制示意图

（4）随着索塔高度的增加及受塔肢自身荷载环境影响、四塔肢不同步摆动变形，以及江心侧塔肢受视线遮挡严重等客观因素的影响，无法直接在现有基点上直接设置全站仪进行测量控制。因此，测量人员结合施工工艺,采用内外控法相结合的方法,在劲性骨架或钢筋部品安装完成后,于骨架顶面视线开阔位置焊接测量平台,并设置成强制对中观测盘(以下称塔顶测站点),以满足索塔施工需求。劲性骨架顶面测站点如图12所示。

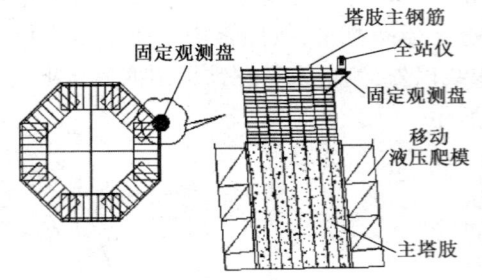

图12 骨架顶面测站点设置示意图

(5)测量控制时,选择夜间温度恒定且索塔处于中性位置时,采用外控法在4号墩加密点使用全站仪三维坐标法多测回测量塔顶测站点的三维坐标,其余时间段塔肢施工时,采用内控法以塔顶测站点数据为基准,远距离后视岸上基准点进行测量控制。塔肢测量如图13所示。

(6)内控法测量控制时,由于塔顶测站点位于塔肢顶面,测站点变形规律与塔肢变形规律基本一致。采用远距离后视定向,短距离前视测量放样(后视距离≥1300m,前视距离≤20m),以此保障塔肢相对几何尺寸的准确。通过模拟计算,测站点随塔肢摆动变形0.1m,对前视放样点的影响值为±1.5mm,基本可以忽略不计。内控法远距离定向如图14所示。

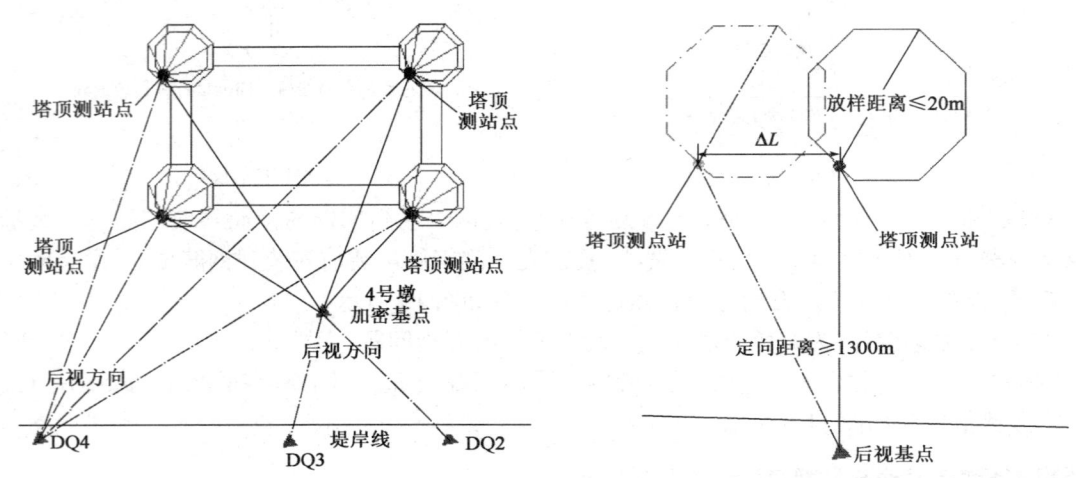

图13 塔肢测量示意图　　　　　　图14 内控法远距离定向示意图

(7)塔肢每施工至奇数节段时,采用外控法对塔肢外侧预埋的线形监测棱镜进行通测,并将剔除数据提供给监控单位,用以计算下一节段塔肢预偏和塔肢由于混凝土自重以及临时荷载所引起的预偏量,测量人员根据双预偏量监控指令进行后续塔肢测量控制。

2. 高程控制测量方法

(1)鉴于现场施工环境的复杂性,高程控制与平面控制相结合,外控法测量时采用全站仪单向三角高程差分修正法[5]将高程基准引测至塔顶测站点,用于塔肢节段高程控制,下塔肢施工测量时以5号墩承台顶面加密点高程基准进行差分修正。差分修正如图15所示。

(2)下横梁施工完成后,采用全站仪天顶测距法将承台顶高程基准引测至下横梁顶面,中塔施工以横梁顶高程基准进行差分修正,全站仪天顶测距高程基准传递如图16所示。

3. 距离投影改正

根据首级控制网交桩文件,本项目高程投影面为索塔下横梁顶面,投影面高程值为+52.000m,采用外控法在边墩架设全站仪测量塔顶测站点数据时,需进行距离投影改正。

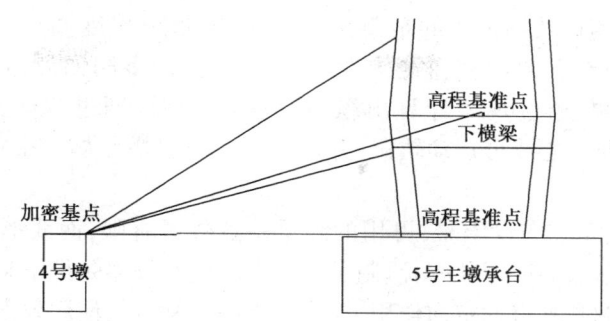

图 15　单向三角高程差分修正示意图

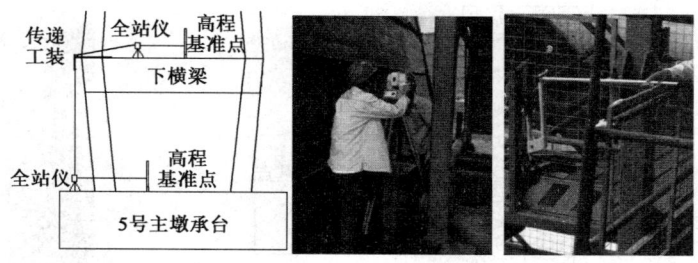

图 16　全站仪天顶测距高程基准传递示意图

加密控制点到索塔之间距离一般控制在 600m 范围内,将加密点到测量点之间的距离归算到工程投影高程面上,索塔不同高度投影改正数据见表 1。

距离投影改正值　　　　　　　　　　　　表 1

序号	距离(m)	塔顶高程(m)	投影面高程(m)	距离改正值(mm)
1	600	60	52	-0.4
2	600	120	52	-3.2
3	600	180	52	-6.0
4	600	240	52	-8.9
5	600	300	52	-11.7
6	600	360	52	-14.5

随着仪器制造水平的不断发展,现场实际操作时,具体修正可以通过全站仪设站棱镜常数或者仪器参数设置实现直接改正。

五、索塔位移监测

根据设计要求及索塔结构特点,索塔施工过程中,需对索塔因基础沉降、混凝土收缩、弹性压缩、徐变、温度、风力、临时荷载等情况对索塔空间姿态的影响进行监测,并根据监测数据对塔肢施工姿态进行相应调整,以保证索塔几何空间线形符合设计及规范要求。

1. 监测点设置

受测量基点布设困难以及塔肢之间测量视线相互遮挡等难题,通过研究讨论,每个塔肢分别在纵横向两个方向布设 2 个监测点,每节塔肢截面共布设 8 个监测点,为便利监测点的安装,采用铁路 CPⅢ 通用杆件,在混凝土浇筑前,将 CPⅢ 预埋件与钢筋进行焊接,预埋件顶面与塔肢表面齐平。

2. 位移监测实施

（1）受限于测量基点距离远及仰角大的难题，结合全站仪测距精度高于测角精度的特点，线形监测时，只针对仅有的加密控制点到位移监测点距离方向值进行多测回测量，初始值纵、横向观测值应与节段塔肢竣工同步观测，通过观测计算出纵、横位移变化量，通过位移变化量结合塔肢竣工的塔肢中心数据，推算出当前塔肢中心线形运动轨迹，并用于下一节段塔肢施工坐标修正。索塔位移监测如图17所示。

（2）因索塔离岸远，测量基点布设困难，可用的测量基点数量有限，而线形监测工作量大，占用测量基点的时间长，为提高测量基点的使用效率，研制了一种自动监测仪器防护罩和棱镜基座组合工装[6]，在基点进行线形监测时，不影响其基点的定向作用，极大地提高了基点的使用效率，保证了施工进度。监测仪器防护罩和棱镜基座组合装置如图18所示。

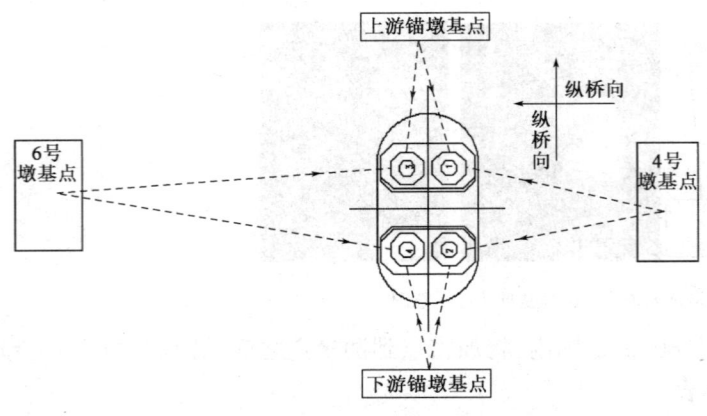

图17　索塔位移监测示意图　　　　图18　监测仪器防护罩和棱镜基座组合装置

3. 索塔日照变形观测

索塔受太阳日照，且侧面温度随照射时间的变化会发生一定的位移摆动，同时在采用外控法测量时，需要掌握塔肢摆动中性位置的时间段。因此，根据塔肢施工进度情况，采用全站仪三维坐标法（全站仪跟踪测量功能）对塔肢侧面位移监测点分不同季度温度进行连续监测，每2h观测一次，以第一次观测成果为基准值，每次观测值与基准值比较，得出索塔日照变形位移值，从而掌握索塔当季内受日照等外界条件变化影响下的摆动变形规律。索塔受日照等外界环境影响变化曲线如图19、图20所示。

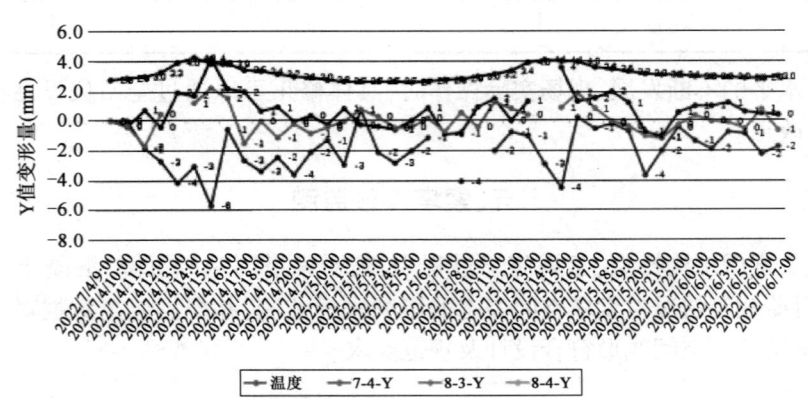

图19　高温季节索塔位移监测曲线（温度乘以10倍）

通过曲线图可以看出，索塔在夜间凌晨2:00左右的时间段内最为平稳，因此，索塔摆动规律为此时间内索塔处于中性位置，在此时间段内进行测量控制时误差最小。

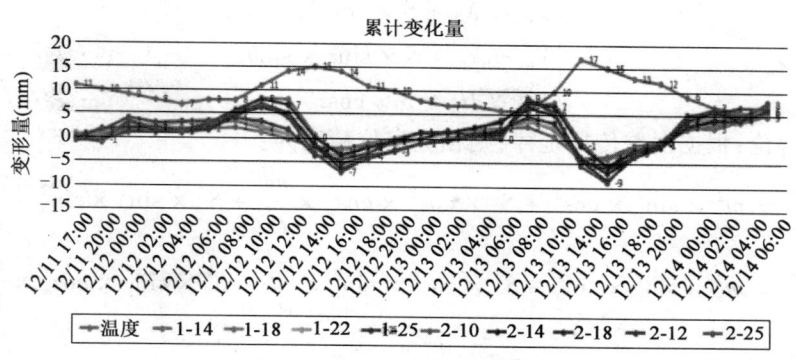

图20　一般季节索塔位移监测曲线

4. 索塔基础沉降监测

针对5号墩离岸远,监测频次高且水中桥墩沉降观测实施困难,传统全站仪测距三角高程耗时费力效率低等问题,通过调查研究并对现场试验获取的大量数据进行分析总结[8],采用磁致式静力水准来实施5号墩基础沉降工作[8],相对于传统测量方法,减少了仪器和人员的投入,提高了测量效率,并且在监测数据的时效性和自动化程度方面,反应更快,效率更高,很好地解决了传统测量方法带来的弊端。静力水准监测系统路线布设如图21所示。索塔中心线形误差曲线如图22所示。

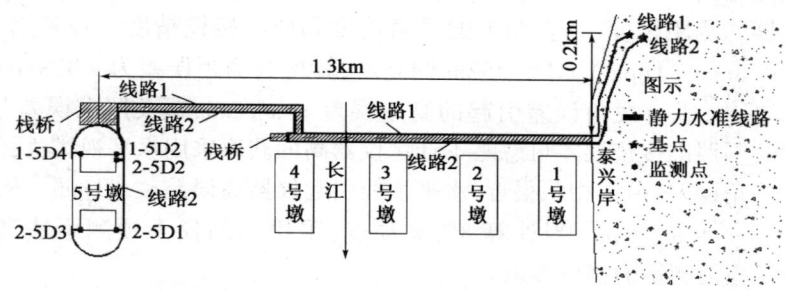

图21　静力水准自动监测路线布设示意图

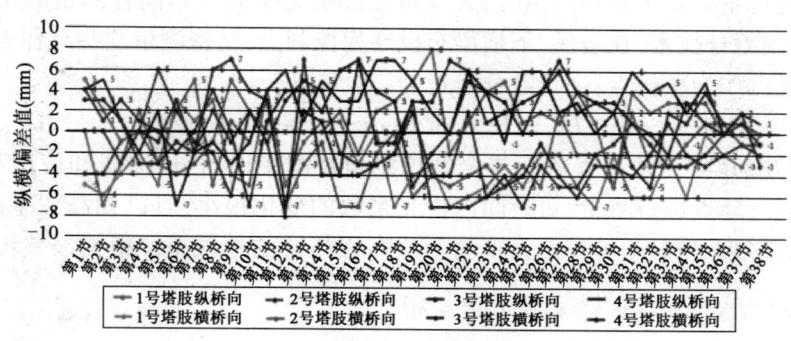

图22　索塔中心线形误差曲线

六、精度计算分析

1. 全站仪三维坐标法

索塔测量控制时,采用徕卡 TM60 型全站仪(测角 0.5″,测距 0.6mm + 1ppm)在基准点上测出塔顶控制点的平面坐标。由于仪器本身具有自动补偿、自动照准、自动进行大气折光系数等改正功能,其施工测量放样能达到很高的精度,无须做任何手工计算。以 X_0、Y_0、H_0 为测站点坐标和高程,S 为斜距,z 为天顶距,a 为方位角。平面坐标计算公式为[9]:

$$\begin{cases} X_P = X_0 + S \times \sin z \times \cos a \\ Y_P = Y_0 + S \times \sin z \times \sin a \\ H_P = H_0 + S \times \cos z \end{cases} \quad (2)$$

按照测量误差理论,根据误差传播定律,则相应定位精度为:

$$\begin{cases} m_x^2 = m_s^2 \times \sin_z^2 \times \cos_\alpha^2 + S^2 \times \cos_z^2 \times \cos_\alpha^2 \times \frac{m_z^2}{\rho^2} + S^2 \times \sin_z^2 \times \sin_\alpha^2 \times \frac{m_z^2}{\rho^2} \\ m_y^2 = m_s^2 \times \sin_z^2 \times \sin_\alpha^2 + S^2 \times \cos_z^2 \times \sin_\alpha^2 \times \frac{m_z^2}{\rho^2} + S^2 \times \sin_z^2 \times \cos_\alpha^2 \times \frac{m_z^2}{\rho^2} \\ m_H^2 = m_s^2 \times \cos_z^2 + S^2 \times \sin_z^2 \times \frac{m_z^2}{\rho^2} \end{cases} \quad (3)$$

测点平面位置中误差可表示为:$m_p^2 = m_s^2 \times \sin_z^2 + S^2 \times \cos_z^2 \times \frac{m_z^2}{\rho^2} + S^2 \times \sin_z^2 \times \frac{m_z^2}{\rho^2}$

由于测站点均设置为强制对中盘,因此,仪器对中误差及目标偏心误差相对较小,可以忽略不计,设 $m_a = m_z = \pm 0.5''$, $m_s = \pm 0.6 + 1\text{ppm}$(按600m距离) $= \pm 1.2\text{mm}$,天顶距 Z 取最不利角度为57°,计算点位中误差600m放样视线长度计算放点位误差为 $\pm 1.8\text{mm}$。其精度能够满足本项目施工测量要求。

2. 全站仪天顶测距法

使用全站仪天顶测距法进行观测时,上下两点在同一铅垂线上,距离在测量时已经进行了气象改正,距离的精度取决于仪器的测距精度、垂直向上的拨角精度和照准棱镜精度。若采用徕卡TM60型全站仪,按照其标称精度(0.6mm + 1ppm),对于352m的高度,算得的测距误差为 $\pm 0.81\text{mm}$。每次垂直拨角可控制在 $\pm 10''$ 偏差范围内,垂直拨角误差引起的高差误差 $\leq \pm 1\text{mm}$;顾及照准误差基本上反映在测角上,对测距基本无影响,则照准棱镜误差可忽略不计。仪器高的获取采用水平视线法,仪器高的量测误差便转化为水平视线的拨角误差,由于相距很近,水平视线引起仪器高误差 $\leq \pm 1\text{mm}$。根据误差传播定律,高差测量误差为: $m_h^2 = m_s^2 \times m_v^2 + m_i^2$,当计算352m高度,采用全站仪天顶测距法高程传递中误差 $\leq \pm 1.63\text{mm}$,满足本项目施工测量的精度要求。

3. 全站仪单项三角高程差分法

当采用全站仪进行单项三角高程测量时,大气折光影响是单向三角高程测量的主要误差来源,为削弱大气折光影响,采用差分技术,在塔座、下横梁布设高程控制点,精密测量这些高程点的高程数据,观测期间定时以此类高程点作为校核点,进行差分修正。

$$H_p = H_0 + S \times \cos z + i - v + f \quad (4)$$

由式(4)可以看出,单项三角高程精度与全站仪测角及测距误差、仪器高和棱镜高的量取误差以及球气差的影响。在同一地点进行测量,短时间内折光系数的变化很小,且已知高程基准通过全站仪天顶测距法进行传递,球气差影响误差可看作天顶测距法高程传统的中误差。根据误差传播定律,高差测量误差为:$m_H^2 = m_s^2 \times \cos_z^2 + S^2 \times \sin_z^2 \times \frac{m_z^2}{\rho^2} + m_i^2 + m_v^2 + m_f^2$。

仪器高和棱镜高的量取误差 $m_i = m_v = \pm 1\text{mm}$,若采用徕卡TM60型全站仪,设 m_z 为 $\pm 0.5''$, $m_s = \pm 0.6 + 1\text{ppm}$(按600m距离) $= \pm 1.2\text{mm}$,天顶距 Z 取最不利角度57°, $m_f \leq \pm 1.63\text{mm}$,计算352m高度时,采用徕卡TM60型全站仪单项三角高程差分修正高程中误差 $\leq \pm 2.6\text{mm}$,满足本项目施工测量的精度要求。

七、结　语

常泰长江大桥中下混凝土塔肢空间姿态线形满足规范要求,精度高于设计及监控文件要求。在常泰长江大桥中下塔肢施工过程中,采用多种测量方法对塔肢姿态线形进行测量控制,解决了远岸钻石形空间四塔肢非对称荷载索塔施工测量基点布设困难、施工测量组织难度大、空间线形控制难度大、精度要求高的难题,有力保障了索塔施工的安全、质量和进度,所采用的相关测量方法切实可行,易于实施,达到了预期的效果。

参考文献

[1] 中华人民共和国交通部.公路勘测规范:JTG C100—2007[S].北京:人民交通出版社,2007.

[2] 全国地理信息标准化技术委员会.国家一、二等水准测量规范:GB/T 12897—2006[S].北京:中国标准出版社,2006.

[3] 解光路.远岸大型钢沉井水中下沉定位测量[C]//河南省测绘学会.全国测绘科技信息网中南分网第三十四次学术信息交流会论文集:湖北集.[出版地不详:出版者不详],2020:253-260.

[4] 解光路,周海生,贺志中,等.一种万向连接自锁定棱镜测量装置:202222909936.9[P].2023-3-10.

[5] 杨辉.基于斜拉桥主塔施工极坐标法放样精度估算及误差分析[J].施工技术:2016,45(S1):257-260.

[6] 种爱秀,解光路,贺志中,等.一种自动监测仪器防护罩与棱镜基座组合装置:202220126440.1[P].2022-5-24.

[7] 解光路.超长线路静力水准自动化监测实验浅析[C]//安徽省地质学会.第二十三届华东六省一市测绘学会学术交流会优秀论文专刊.[出版地不详:出版者不详],2022:236-240.

[8] 康学云,解光路,种爱秀,等.一种远岸大跨径桥梁墩台沉降观测系统及方法:202222998507.3[P].2023-3-14.

[9] 岳建平,高永刚,谢波,等.利用全站仪坐标法放样桥梁高塔柱的精度分析[J].测绘通报,2005(8):39-41.

III 结构分析与实验研究

1. 刚性接头地连墙钢箱下放导向及调位关键技术研究

顾 健[1] 钟永新[2,3] 饶为胜[2,4] 李 靖[2,3] 江 船[2,3]

(1. 江苏省交通工程建设局；2. 中交第二航务工程局有限公司；3. 中交二航局第四工程有限公司；
4. 长大桥梁建设施工技术交通行业重点实验室)

摘 要 张靖皋长江大桥南航道桥南锚碇基础采用支护转结构复合地连墙结构，地连墙幅段间采用排插式钢筋网片刚性接头。为确保二期钢筋笼顺利下放及幅段间钢筋网片搭接长度，施工时需确保一期钢箱下放垂直度及平面位置精准定位。针对上述控制难点，研发了钢箱下放导向及调位装置，基于泥浆不可视环境下钢箱姿态监测系统，实现钢箱姿态精准控制。现场实施效果表明，二期钢筋笼均顺利下放，证明钢箱姿态控制效果达到预定目标。相关研究成果可为泥浆不可视环境下钢箱结构物姿态控制方法提供借鉴，具有推广应用价值。

关键词 刚性接头 钢箱 导向 调位 姿态控制

一、引 言

地下连续墙以其整体刚度大、施工机械化程度高的优点，广泛应用于地下工程围护结构[1,2]。受限于施工工艺，地连墙均为若干幅先后施工的若干槽段连接而成，在槽段连接的接头处，其受力性能较差，这极大地限制了地下连续墙进一步推广应用。其中，刚性接头由于大幅提高了接头处的抗弯性能，逐渐被大量应用。在张靖皋长江大桥设计比选阶段，创新性地提出了排插式钢筋网片刚性接头作为地连墙幅段间的连接形式，大幅提升了接头处的抗弯性能[3]。但设计创新带来了巨大的施工控制难题，如何确保二期钢筋笼顺利安装，确保二期钢筋笼不与一期钢箱两侧的排插钢筋发生卡笼，是整个工程得以顺利进行的关键。为实现二期钢筋笼的顺利安装，必须保证一期钢箱的安装精度。针对泥浆不可视环境下钢结构的安装精度控制方法，国内外学者亦开展了少量研究。Razek研制了一种固定于成槽机侧面的接触式探测设备[4]，可在泥浆环境下对周边结构物姿态进行探测，但该设备工作时，需要待探测结构物侧面存在较大的作业空间，适用性存在局限；陈晶晶等研制了超声波钻孔检测设备[5]，基于声波反射原理，实现泥浆不可视环境下结构物轮廓检测，但该设备对泥浆指标、作业面均有要求，适用性受限；徐厚庆等研究了通过全站仪测量钢筋笼入槽时出露槽口部分姿态[6]，推算钢筋笼在槽内的姿态，由于钢筋笼不满足刚体假设，采用该方法推算出的数据，无法反映槽内钢筋笼真实姿态。

本文依托张靖皋长江大桥南航道桥南锚碇基础刚性接头地连墙，在现有研究成果基础上，结合结构特点，对泥浆不可视环境下，排插式钢筋网片刚性接头安装姿态监测及控制技术进行了创新，其相关成果可为后续地下连续墙刚性接头安装精度控制提供指导。

二、工程背景

张靖皋长江大桥位于江阴长江公路大桥下游约28km处，沪苏通长江公铁大桥上游约16km处。起点接G40沪陕高速公路，终点接S82疏港高速公路，路线全长约29.8km，分跨江大桥、北接线、南接线三部分。南航道桥南锚碇采用了支护转结构复合地连墙锚碇基础，顺桥向长110.05m，横桥向宽75.05m，最大深度为83m，墙厚1.55m。外围设置32个小隔仓，内部设置15个大隔仓。地连墙基础总体构造如图1所示。

地连墙共划分为162个槽段,一期槽段与二期槽段采用排插式钢筋网片刚性接头连接(图2),排插钢筋搭接长度误差控制精度为±100mm。为满足二期钢筋笼顺利安装的要求,一期钢箱安装垂直度要求高达1/1000,钢箱安装姿态控制难度极大[7,8]。

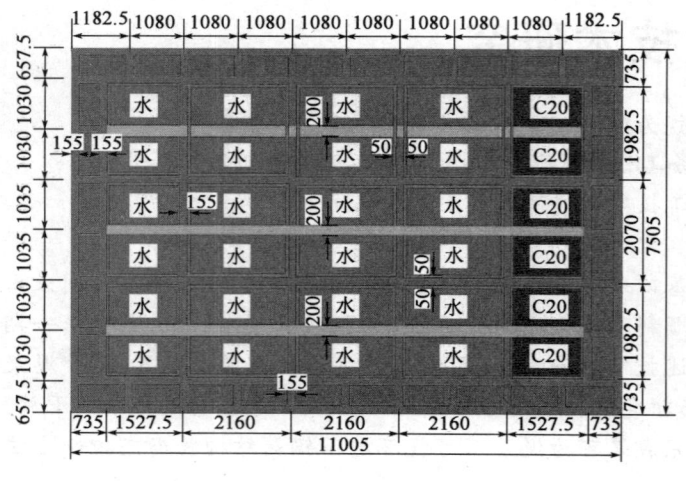

图1 地连墙基础总体构造(尺寸单位:cm)   图2 排插式钢筋网片刚性接头

三、钢箱安装姿态监测

1. 监测数据采集

由于钢箱安装环境为泥浆不可视环境,常规声学、光学测量仪器均无法使用,结合钢箱的结构特点,采用倾角仪作为钢箱姿态检测传感器。建立45m长的钢箱节段有限元模型,通过在钢箱顶部施加1cm刚体位移边界条件,在自重作用下,钢箱底口产生的计算位移为65.27cm。若假设钢箱为刚体,通过几何换算,可计算出在相同位移边界条件下,钢箱底口产生的位移:$\Delta X = 1 \times (4500 \div 686) = 65.5$ cm,与有限元计算结果基本一致,如图3所示。因此,在自重作用下,钢箱底口的位移为刚体位移,钢箱结构满足刚体假设。

根据钢箱刚体假设,可在钢箱节段上沿深度安装多个倾角仪,拟合钢箱实际姿态,如图4所示。由于钢箱均分为三个节段拼装,在每节钢箱顶部安装一个倾角仪,根据已知的钢箱节段尺寸及实测倾角仪数据,即可拟合出钢箱实际姿态。倾角仪监测精度达0.001°,可满足现场需求。

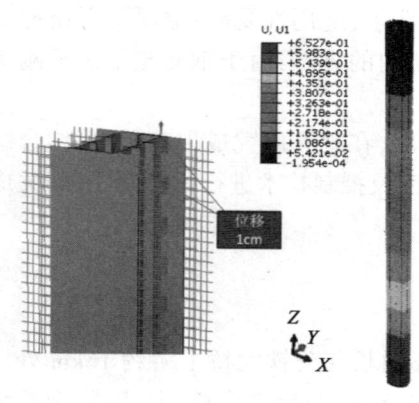  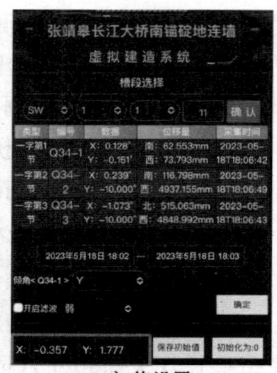

图3 钢箱底口位移云图   图4 倾角仪初值校正

倾角仪在钢箱工厂制作时提前焊接固定,每个倾角仪数据传输线独立布置,在钢箱下放的同时,进行数据传输线同步固定,直至三节钢箱全部安装完成后,将数据传输线接至采集终端。每节钢箱下放前,需对倾角仪进行初值校正,以全站仪人工测量钢箱姿态数据,对倾角仪进行初值校正,随后即可实现钢箱下放全过程姿态监测。

2. 姿态监测

钢箱下放时,由履带式起重机牵引缓慢下放,在移动端查看倾角仪实时监测数据(图5),根据三角函数转换关系,可直观显示当前钢箱偏斜量。以某钢箱现场实际监测数据为例,可看出每节钢箱底口相对于顶口的位移偏斜量,当偏斜量超过控制指标时,即表示需要进行姿态调整。

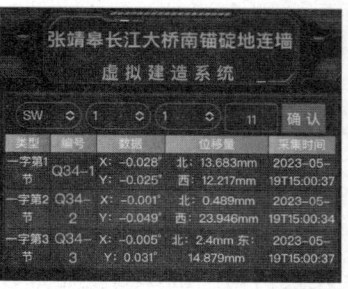

图5 钢箱姿态实时监测

四、钢箱安装姿态控制

1. 钢箱下放导向系统

钢箱下放时,需确保钢箱平面位置精确,通过在导墙顶面预埋导向滑轮,实现钢箱在垂直槽段轴线方向的限位。导向轮底座通过螺栓与导墙预埋件连接固定,钢箱下放时,利用丝杆调整导向轮至与钢箱翼板密贴的位置,实现限位。研制多功能导向架,架体内空间与钢箱尺寸匹配,钢箱从导向架内下放,实现平面上两个方向限位,如图6所示。

a)导向轮

b)导向架

图6 钢箱导向系统

2. 钢箱安装姿态控制系统

基于实测钢箱姿态监测数据,利用钢箱姿态伺服控制系统,可实现钢箱安装姿态动态控制,确保钢箱安装精度满足后续工序施工要求。控制系统包括三维千斤顶及调平伺服控制系统,其中,三维千斤顶竖向可承受1500kN荷载,纵向承受500kN荷载,横向承受500kN荷载,通过控制柜集成控制两个三维千斤顶,将三维千斤顶支撑在箱式接头顶端牛腿下,以对其顶口进行调平;伺服控制系统根据倾角仪等监测仪器测量得到箱式接头姿态数据,以及三维千斤顶油缸压力数据,系统根据生成的三维千斤顶调整指令,指挥三维千斤顶自动顶升或下降,过程中监测油缸压力并微调,对箱式接头姿态进行伺服控制与调整,如图7所示。

 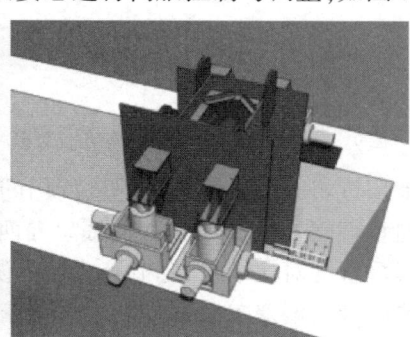

图7 三维千斤顶布置示意图

3. 钢箱调平伺服控制

现场实施时，钢箱调平伺服控制步骤为：

(1) 安装前预调，检验三维千斤顶及伺服控制系统可用性。

(2) 牛腿与千斤顶接触前，顶升牛腿使之与牛腿接触并均衡受力，再根据倾角仪数据顶升牛腿以调平。

(3) 下放到位后超声波测壁仪对钢箱下放垂直度检测校正。牛腿与三维千斤顶竖向油缸接触后，设置初始油缸压力使千斤顶上顶并全部与牛腿接触，记录油缸压力；逐级松钩使钢箱荷载逐级作用在千斤顶上，过程中记录油缸压力及箱式接头倾斜数据；主吊松钩后，根据倾角仪测量钢箱姿态，系统生成的三维千斤顶调整指令，三维千斤顶自动顶升或下降，对箱式接头姿态进行伺服控制与调整，如图8所示。

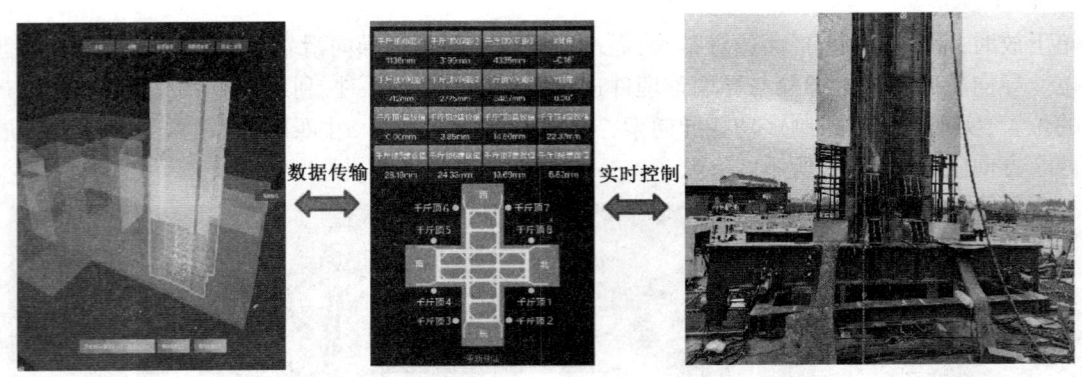

图8 箱式接头姿态伺服控制

下放到位并调平完成后采用超声波侧壁仪检测箱式接头下放垂直度。以某槽段箱式接头为例，顶节箱式接头下放到位后超声波检测与倾角仪数据对比如图9、图10所示。

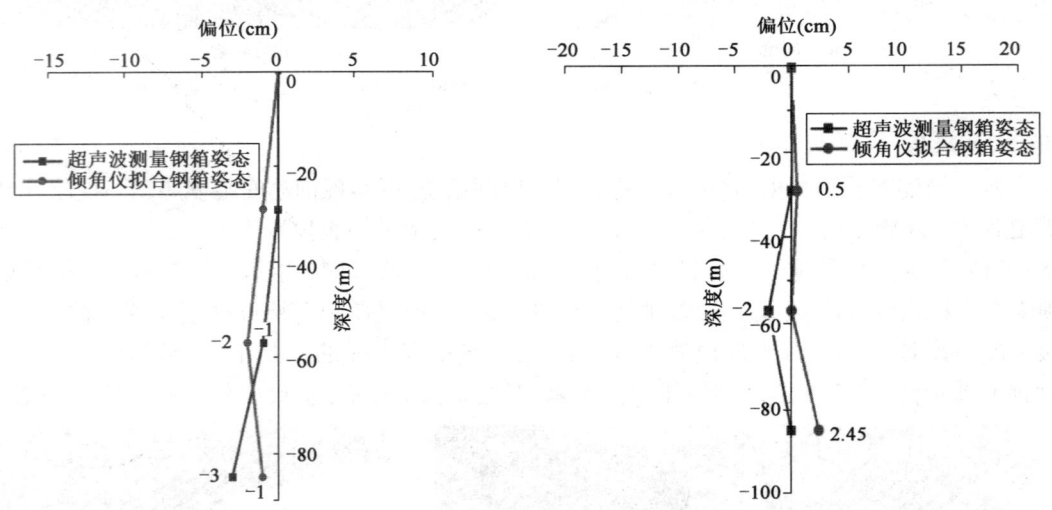

图9 东西方向超声波检测与倾角仪数据对比　　图10 南侧超声波测量结果（X北，Y西）

顶节顶口与底节底口近乎垂直，顶节顶口水平向北偏移3.5cm，最大偏移量向北偏移1.5cm，箱式接头南北向垂直度1/3469。东西向底口向西偏斜约2.45cm，换算垂直度1/4250。由箱式接头下放超声波与倾角仪垂直度对比结果，底节箱式接头误差几乎为0，中节下放到位后，偏位最大误差约为3.5cm，顶节下放到位后最大偏差2.5cm左右。采用箱式接头安装姿态监控平台和采取姿态伺服控制技术，可有效实现箱式接头高精度安装。

五、结　语

本文依托张靖皋长江大桥南锚碇基础地连墙,对刚性接头地连墙钢箱下放导向及调位技术进行了研究,主要得到以下结论:

(1)刚性接头地连墙整体刚度大,满足刚体假设,可通过在钢箱分节处安装倾角仪,以倾角仪实测数据推算钢箱在不同深度处的偏斜量。

(2)基于倾角传感器,可实现泥浆不可视环境下刚性接头姿态实时监测,数据与超声波测壁仪实测数据一致性良好。

(3)采用多层次、多方向组合导向系统,可保证钢箱安装平面位置精准,提高钢箱起始安装垂直度。

(4)基于三维千斤顶的调平伺服控制系统,在倾角仪实测的钢箱实际姿态数据驱动下,可实现对钢箱安装姿态的实时调整,确保复杂环境下钢箱安装姿态控制要求。

参考文献

[1] 孙超,郭浩天.深基坑支护新技术现状及展望[J].建筑科学与工程学报,2018,35(3):104-117.
[2] 孙静.我国基坑工程发展现状综述[J].黑龙江水专学报,2010,37(1):50-53.
[3] 蒋振雄.张靖皋长江大桥建设综述[J].公路,2023,68(6):1-7.
[4] RAZEK E L,MOHAMED E A. A new method of quality control for construction joints in diaphragm walls[J]. Journal of Construction Engineering & Management,2020(2):123-132
[5] 陈晶晶,王润田.利用超声波图像检测提取钻孔参数[J].声学技术,2010,29(2):167-170.
[6] 徐厚庆,袁梦星.地下连续墙钢筋笼吊装设计与施工关键技术研究[J].施工技术,2019,48(24):81-84.
[7] 夏欢,朱其敏,王通,等.超深锚碇地下连续墙钢箱垂直度控制关键技术[J].公路,2023,68(6):92-99.
[8] 朱其敏,朱俊涛,夏欢,等.超深异形地下连续墙成槽施工关键技术研究[J].公路,2023,68(6):107-114.

2. 超深异形地连墙槽段分步成槽施工关键技术研究

王　通[1,2]　付金磊[1,2]　屈　成[1,2]　郭　龙[1,2]

(1. 中交第二航务工程局有限公司;2. 中交二航局第四工程有限公司)

摘　要　本文以张靖皋长江大桥南锚碇基础地连墙为依托,从成槽稳定性控制和成槽精度控制两个方面分析了超深异形地连墙施工关键技术,结果表明:采用水泥土搅拌桩加固槽壁,加强施工过程中的泥浆管理以及双轮铣成槽参数,可以保证超深异形地连墙槽壁稳定性;通过合理设置异形槽段的成槽顺序,可充分发挥成槽机械的纠偏作用,提高成槽垂直度,同时应用加长型孔口导向架,能确保异形槽段不发生扭转。相关研究成果可以指导主体施工,可为进一步优化超深异形地连墙成槽施工以及类似工程施工提供借鉴。

关键词　地下连续墙　异形槽段　成槽施工　加长型导向架　施工技术

一、引　言

地下连续墙由于其整体刚度大、抗渗功能强、质量可靠等优点,被广泛应用于地下工程建设领域[1-4]。随着施工工艺的不断发展,其作用也逐步从止水防渗的临时围护结构向永久结构转变。伴随着功能的升级,地下连续墙的形式也越来越复杂,诸如隔仓式地连墙等结构形式已被应用于大型桥梁基础等场景。地连墙结构形式的复杂化则意味着地连墙槽段尺寸的扩大化和类型的多样化,在目前的地连墙施工过程中,除了常规的一字形槽外,也出现了大量超深异形槽段,部分学者对于如何控制超深槽段以及异形槽段的成槽稳定性和成槽精度展开了一定研究。赵明时[5]提出了超深异形地连墙垂直度控制经验公式,扩展了地连墙向超深、异形方向发展的应用范围。黄茂松等[6]采用强度折减法对不同泥浆渗透阶段下砂土地层槽段稳定性进行分析,得到松散砂土地层中需适当提高泥浆浓度以确保槽段稳定性的结论。仇正中等[7]以典型的冲积地质条件为例,分析基槽开挖过程和钢筋笼吊装过程的槽壁变形与安全系数,提出了实际工程中的槽壁稳定措施。周洋等[8]基于上限分析法,对L形地连墙成槽施工过程中的稳定性进行研究,揭示了异形地连墙槽壁失稳机理,并通过参数计算分析地连墙几何形状以及土体性质对槽壁稳定性的影响。

本文依托张靖皋长江大桥南锚碇基础地连墙,对超深异形槽段施工过程中的关键技术进行了创新和补充,其相关成果可为后续刚性接头防绕流施工提供参考。

二、工程背景

张靖皋长江大桥位于江阴长江公路大桥下游约28km处,沪苏通长江公铁大桥上游约16km处。起点接G40沪陕高速公路,终点接S82疏港高速公路,路线全长约29.8km,分跨江大桥、北接线、南接线三部分。南航道桥南锚碇采用了支护转结构复合地连墙锚碇基础(图1),顺桥向长110.05m,横桥向宽75.05m,最大深度为83m。外围设置32个小隔仓,内部设置15个大隔仓。地连墙基础总体构造如图1所示。

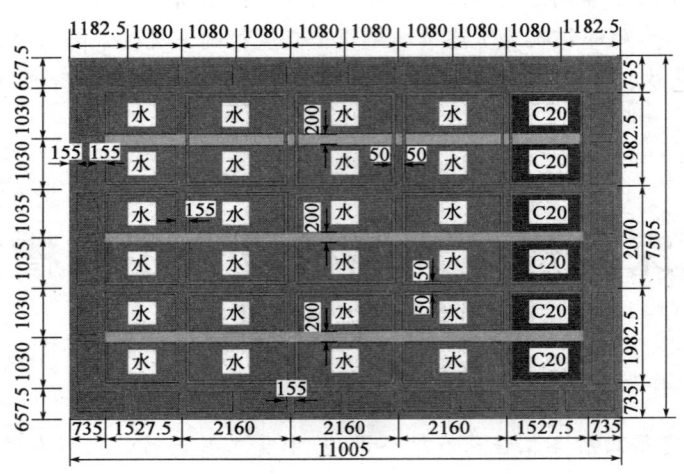

图1 地连墙基础总体构造(尺寸单位:cm)

地连墙共划分为162个槽段,其中一字形槽段86个,L形槽段4个,T形槽段52个,十字形槽段20个,地连墙最大成槽深度85m,异形槽段数量多、占比大,对施工组织、设备选型、成槽工艺的要求高,成槽垂直度要求高达1/800,控制难度大。

三、成槽稳定性控制

1. 槽壁加固

由于异形槽段成槽后临空面较多,且在施工扰动及水土压力作用下易产生应力集中,造成槽壁坍塌,故在槽段开挖施工之前采用三轴水泥搅拌桩进行槽壁加固。三轴搅拌桩桩径为850mm,间距600mm,其中考虑到十字形槽段施工风险较高,其加固深度为导墙以下30m,其余槽段加固深度为导墙以下20m。

槽壁加固采用两搅两喷工艺施工,桩机施工顺序上采用跳打方式,搭接方式为套接一孔。桩身采用42.5级普通硅酸盐水泥,设计无侧限抗压强度≥0.8MPa,水泥掺量20%,水灰比0.8~1.0。实际施工时采用1.0的水灰比，下沉速度0.58m/min（平均），上升速度1.26m/min（平均），喷浆流量145L/min，水泥掺量21.05%。施工完成后对搅拌桩进行取芯检测，芯样完整性较好，28d无侧限抗压强度如图2所示，平均无侧限抗压强度为1.78MPa，大于设计强度。

a) 芯样

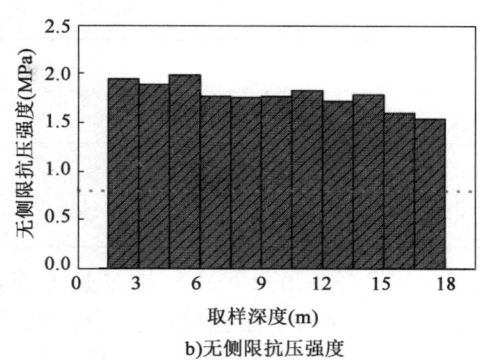
b) 无侧限抗压强度

图2 三轴搅拌桩取芯结果

2. 泥浆相对密度控制

泥浆是影响槽壁稳定性的关键因素，为保证槽壁稳定性，选择滤失量小的优质钠基膨润土作为泥浆制备原料，分散剂在出厂时已加在膨润土中。根据试验段地质特点，进行泥浆配合比试验，最终确定泥浆配合比为水：膨润土＝1000kg：50～80kg。为提高泥浆质量，减少人为因素影响，泥浆采用自动拌浆站进行泥浆制备，制备完成的泥浆在储浆柜内静置24h，充分膨化后方可投入使用。泥浆性能按表1进行控制，施工过程中如果泥浆性能不满足控制标准，应及时调整。

泥浆质量控制标准　　　　表1

泥浆性能指标	新制泥浆	循环泥浆	清基后泥浆
相对密度	1.03～1.10	1.05～1.25	1.10～1.15
黏度(s)	20～35	20～35	20～30
含砂率(%)	—	≤7%	≤2%

施工过程中应保证槽内泥浆液面高于地下水位1m以上，且不低于导墙顶面0.5m。成槽期间应持续监测泥浆性能指标。为实现泥浆性能高频准确检测，引入了特制的泥浆指标自动检测装置，该装置可实现任意深度泥浆相对密度、黏度、含砂率、pH值的一次性智能化自动检测，同时采用泥浆三件套和pH值计进行人工检测，互相校核以提高泥浆指标检测的准确度，从而加强对泥浆性能的管控，见图3。

a) 外观

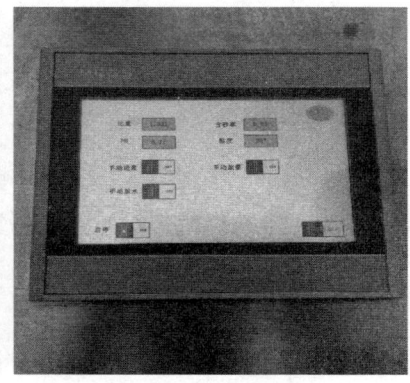
b) 监控面板

图3 泥浆指标自动检测装置

3. 双轮铣施工参数

成槽施工过程中需严格控制双轮铣的工艺参数，主要包括不同地层处的托力、进尺速度。在不同地层中的工艺参数见表2。

双轮铣不同地层工艺参数表　　　　表2

序号	地层	托力(t)	进尺速度(cm/min)
1	槽壁加固段	≤2	≤8
2	粉质黏土层	≤2	10~15
3	砂层	≤2	10~15

铣槽过程中如发现倾角角度过大、泵压过大、钢丝绳剧烈抖动、浆面变化过大、刀架吨位过大等情况，及时提铣，确保设备安全。测量孔壁状态，分析原因，采取相关措施补救。

单刀铣至设计孔深后，停止下放，保持铣轮铣削状态，直至机显铣架托力为0，且净化器除砂机出砂量显著降低为止。

四、成槽精度控制

1. 异形槽段分步施工顺序

双轮铣上设有倾斜仪和液压纠偏板，可以在施工过程中通过倾斜仪实时监控成槽垂直度，并依据仪器的反馈通过液压纠偏板调节成槽机具的姿态，可以极大程度地提高成槽的质量与效果。

在异形槽段施工过程中必然存在多铣成槽的情况，此时需合理规划成槽铣数以及各铣的先后顺序，否则可能会导致双轮铣纠偏板脱空，使成槽机械无法充分发挥自身纠偏的功能，导致槽段垂直度降低。以十字形槽段为例进行说明。若优先施工长边方向，则短边施工过程中一侧纠偏板临空（图4a），成槽机械的纠偏作用无法保证，因此选择优先施工短边方向，确保四铣成槽过程中纠偏板始终可以与槽壁接触（图4b），保证成槽垂直度。

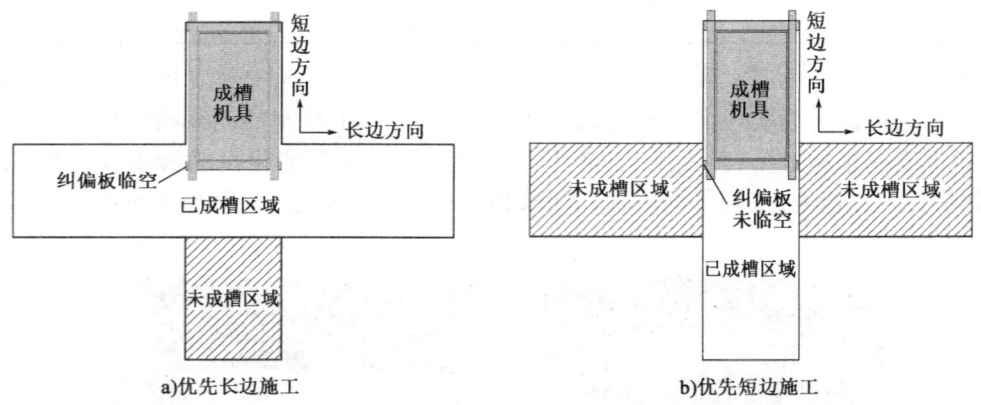

图4　十字形槽段施工顺序分析图

以充分考虑槽段形态和双轮铣纠偏板接触情况为原则，L形槽段和T形槽段的成槽刀数和分步成槽顺序如图5所示。

2. 加长型孔口导向架

受限于异形槽的结构形式，在双轮铣成槽过程中将不可避免地出现提铣移机、移位成槽的情况，传统的孔口导向架虽然可以在一定程度上确保当前施工部分的垂直度，但在多铣成槽的背景下，不同铣槽阶段可能会出现错台的情况（图6），最终导致槽段错位、扭转，影响后期刚性接头或钢筋笼吊装。

本工程在传统孔口导向架的基础上,采用加长型孔口导向架与传统孔口导向架联合使用的方式,避免了异形槽段同一条边两铣槽段扭转、错位的发生,并通过孔口导向架在导墙上精准定位,防止槽段的整体扭转,保证了成槽孔型,实现了后期钢筋笼的顺利下放(图7)。

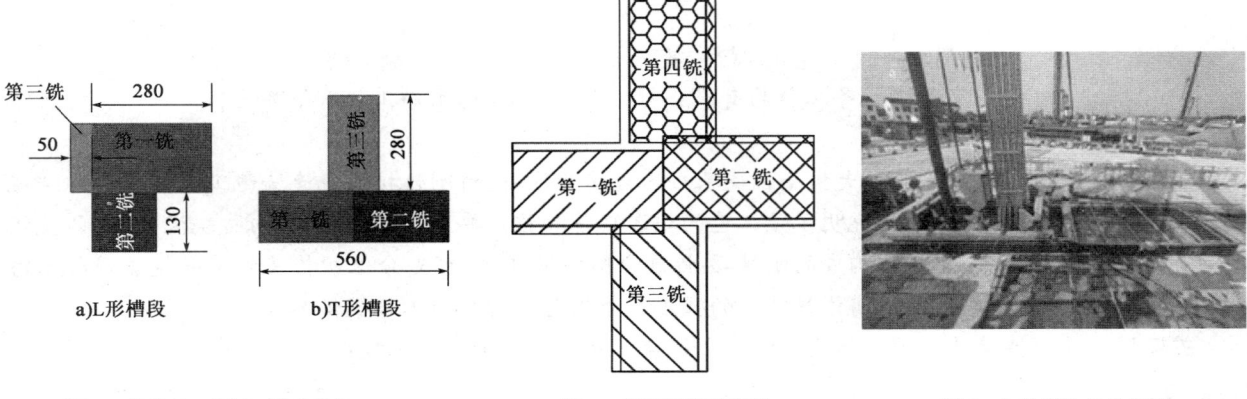

图5 槽段施工顺序(尺寸单位:cm)　　图6 槽段扭转示意图　　图7 加长型孔口导向架

五、结　　语

本文以张靖皋长江大桥南锚碇基础地连墙,对超深异形槽段成槽施工的关键技术进行了研究,主要得到以下结论:

(1)超深异形地连墙连续墙成槽施工时,应重点关注浅层覆盖层的槽壁稳定性问题,采用水泥搅拌桩可以有效提高槽壁稳定性,避免出现塌孔。

(2)护壁泥浆是影响槽壁稳定性的关键因素,施工过程中应加强泥浆性能及泥浆液面高度监测,并严格管控泥浆质量,保证槽壁稳定性。

(3)成槽过程中严格控制铣槽机在不同地层中的成槽参数,有利于确保超深异形槽段安全顺利成槽。

(4)异形槽段的成槽顺序对能否充分发挥成槽机械的纠偏功能具有重要意义,在进行异形槽段成槽施工顺序安排时,应充分考虑纠偏板与槽壁的接触关系,确保成槽机械的垂直度控制功能得以发挥。

(5)采用加长型孔口定位架,可有效防止异形槽段成槽孔型发生扭转,提高了异形槽段的整体垂直度,保证了下阶段施工的顺利进行。

参考文献

[1] 林能文.复杂施工条件下地下连续墙施工技术[J].陕西水利,2023(3):122-124,127.
[2] 查俊,邵羽,马少坤,等.3种大跨拱桥拱座地连墙基础适用性研究[J].广西大学学报(自然科学版),2022,47(4):862-872.
[3] 李思艺,邵羽.深覆盖层环形地连墙基础施工关键技术[J].公路,2022,67(4):190-196.
[4] 何锦章,崔立川,王昊,等.广西滨海公路龙门大桥东锚碇基坑支护分析[J].公路,2021,66(8):152-157.
[5] 赵明时.超深异形地连墙施工关键技术研究[J].现代隧道技术,2016,53(2):207-212.
[6] 黄茂松,宁剑新,俞剑,等.砂土地层中泥浆护壁地连墙成槽稳定性分析[J].岩石力学与工程学报,2023,42(7):1767-1777.
[7] 仇正中,张培培.地连墙施工过程槽壁稳定措施[J].水运工程,2017(3):178-182.
[8] 周洋,刘维,史培新,等.软土中异形地连墙成槽失稳机理研究[J].长江科学院院报,2020,37(2):147-152.

3. 刚性接头地连墙混凝土防绕流关键技术研究

周宴平[1,2] 范金祝[1,2] 栾寿福[1,2] 徐滔[1,2] 徐博[1,2]

(1. 中交第二航务工程局有限公司；2. 中交二航局第四工程有限公司)

摘 要 本文以张靖皋长江大桥南锚碇基础地连墙为依托，对刚性接头地连墙施工过程中的防绕流工艺进行了创新及验证，并详细说明了该工艺的施工环节和施工要点。结果表明：由防绕流铁皮、防绕流角钢、防绕流水带等防绕流措施构成的刚性-柔性复合防绕流体系，可充分保护接头处不受绕流混凝土污染，从而确保接头的完整性以及墙体接缝处的强度。该工艺可为类似工程提供参考。

关键词 地下连续墙 刚性接头 混凝土绕流 防绕流水带 施工技术

一、引 言

地下连续墙由于其地层适应性强、施工效率高、整体刚度大等优点，被广泛应用于桥梁基础、大型基坑支护结构等工程中[1-4]。在采用刚性接头的地下连续墙施工过程中，混凝土绕流一直以来都是长期存在的难题。一方面，固接在接头处的绕流混凝土会侵占相邻槽段钢筋笼的下放空间，导致钢筋笼卡笼等情况，另一方面，绕流的混凝土将极大影响地连墙接头处的搭接质量，不仅会降低结构的刚度及整体性，同时也为地下水提供可能的渗透路径，增加结构渗漏水风险，极大影响后期基坑开挖的安全性。截至目前，诸多学者和技术人员都对混凝土的绕流原因和预防处理措施进行了研究和分析：王飞等[5]对地连墙H型钢接头混凝土绕流产生的原因进行了详细分析，并提出了H型钢接头混凝土防绕流措施以及出现混凝土绕流后的处理方法。刘陪阳[6]等对比了"砂袋填充法"和"泡沫填充法"对H型钢接头的防绕流效果，结果证明泡沫填充法对混凝土绕流的预防效果更佳。赵明时[7]提出地连墙刚性接头软连接工艺，利用柔性填充物的柔软性和流动性，使填充物在接头处密实且均匀，从而实现防止混凝土绕流的目的。

随着刚性接头形式的不断丰富和拓展以及地连墙工程的复杂化，传统单一的防绕流手段已无法满足施工要求。本文依托张靖皋长江大桥南锚碇基础地连墙，对刚性接头防绕流手段进行了创新和补充，其相关成果可为后续刚性接头防绕流施工提供参考。

二、工程背景

张靖皋长江大桥地处长江三角洲城市群的中心，位于重点规划的锡常泰、(沪)苏通都市圈和沿江经济发展带的结合处，大桥位于江阴长江公路大桥下游约28km处、苏通长江公路大桥上游约57km处、沪苏通长江公铁大桥上游约16km，是国家发展和改革委员会《长江干线过江通道布局规划（2020—2035年)》中规划的公路过江通道之一。其中南航道桥南锚碇采用了支护转结构复合地连墙基础，地连墙顺桥向长110.05m，横桥向宽75.05m，最大深度为83m，墙厚1.55m。地连墙基础总体构造如图1所示。

南锚碇地连墙在修建过程中创造性地使用了排插式网片刚性接头地连墙施工工艺。该工艺是以刚性接头替代了传统地连墙施工中先行幅中的钢筋笼，使之与后行幅中的钢筋笼在混凝土的作用下构成墙体的施工方法。刚性接头的主体是由等厚钢板制成的钢箱，钢箱每侧均设有4道由钢筋和锚固板组合而成的钢筋网片，后行幅钢筋笼在刚性接头连接处设置2道横向钢筋，施工时将其插入先行幅的4道横向钢筋网片之内，从而形成非接触搭接。其接头形式如图2所示。

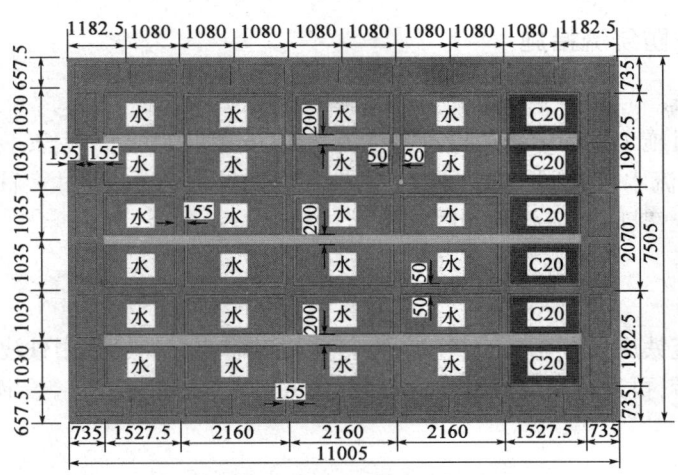 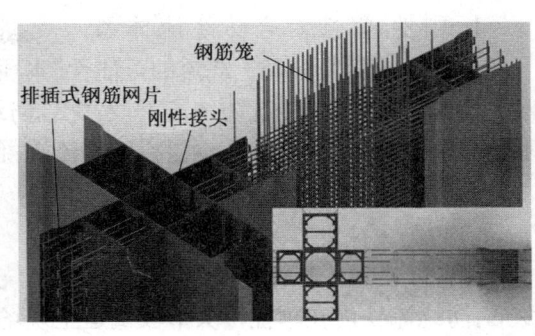

图 1　地连墙基础总体构造(尺寸单位:cm)　　　　　图 2　排插式网片刚性接头示意图

在后行幅钢筋笼的浇筑过程中,混凝土可能会沿刚性接头保护层区域向其他接头位置绕流(图 3),排插式网片刚性接头在搭接处存在大量密布的钢筋,这种特殊的结构更容易导致混凝土的附着,且一旦混凝土绕流固结,基本无法在不损害接头的情况下进行清理,这将对后行幅钢筋笼的下放以及接头的强度造成巨大影响,因此,预防混凝土的绕流成为施工过程的关键控制环节。为满足超高的防绕流需求,本项目在采用传统防绕流手段的同时,研发了防绕流水带,从而提高整体的防绕流效果。

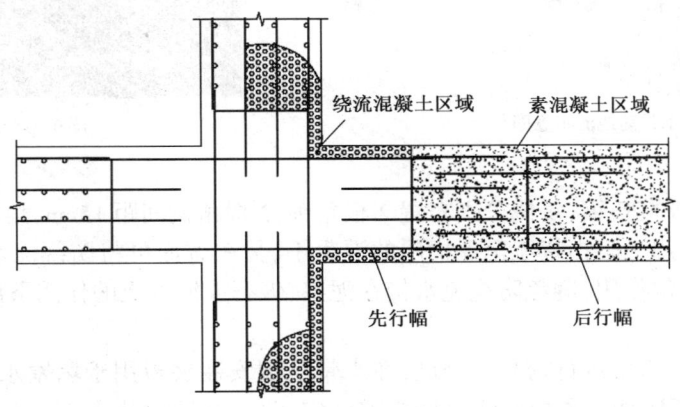

图 3　混凝土绕流示意图

三、防绕流水带的概念及原理

传统的防绕流手段主要包括焊接防绕流铁皮、增设角钢、回填保护层空隙等。但上述手段都存在一定的缺陷,一方面保护层空隙的填充质量既无法评估也无法保证,且即便槽壁不坍塌,也难免会出现壁面不平整的现象;另一方面,铁皮和角钢均属于"刚性"控制措施,即自身的形状较为规则且具有一定的刚度,难以动态地与槽壁贴合,上述情况均为混凝土绕流提供了可能的通道。

为解决上述问题,在本项目施工过程中除了设置传统的防绕流手段,还增设了防绕流水带。防绕流水带为涤纶纤维材质的抗高压软管,将水带固定在刚性接头侧壁,并在后行幅混凝土浇筑前,注水充盈水带,使水带填充刚性接头与槽壁间的空隙,阻挡混凝土。与铁皮和角钢相比,水带具有一定的柔性,可以依据槽壁形态的变化发生一定的形变(图 4),从而更好地贴合壁面。

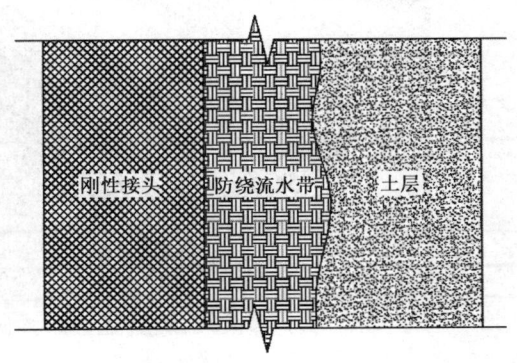

图 4　防绕流水带与槽壁贴合示意图

四、防绕流措施

1. 刚性-柔性复合防绕流体系

为进一步降低混凝土绕流的可能性,本项目施工过程中采用设置防绕流铁皮、安装防绕流角钢、安装接头箱、碎石回填的传统防绕流手段,配合防绕流水带共同形成了刚性-柔性复合防绕流体系,通过多种手段封堵混凝土绕流通道,逐层拦截绕流混凝土,其防绕流效果如图5所示。

2. 工艺操作要点

1）防绕流铁皮

刚性接头在工厂内进行加工,考虑到防绕流铁皮仅有0.5mm壁厚,为避免其运输及绑扎过程中铁皮变形,防绕流铁皮在刚性接头节段倒运至现场后,再进行防绕流铁皮的安装(图6),防绕流铁皮与压条钢板及节段间通过氩弧焊点焊固定。

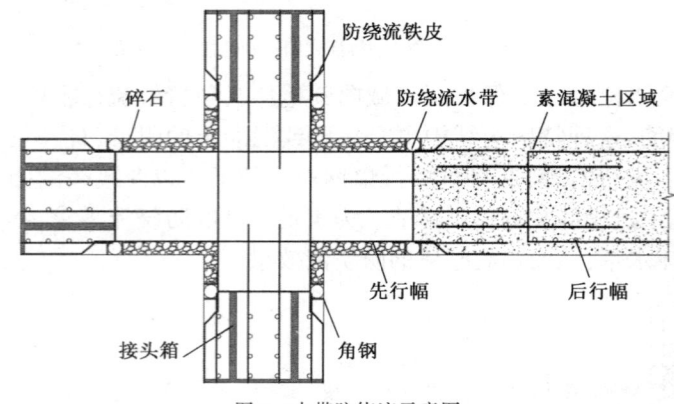

图5 水带防绕流示意图　　　　　　图6 防绕流铁皮安装

2）防绕流角钢

在刚性接头两侧均焊接角钢,每侧分别布置2根角钢,2根角钢间距15cm,角钢内角相对,呈"⌞⌟"布置,一方面双层角钢可用于阻挡绕流至保护层的混凝土,另一方面可将防绕流水带安装于2根角钢之间,角钢可起到一定的限位作用,避免防绕流水带在泥浆、碎石或混凝土的作用下出现移位。

3）防绕流水带

防绕流水带在安装前需要进行密封性测试,在水带一端安装夹板用于堵塞水带,另一端安装注水堵头(图7)用于注水及水压监测。夹板及注水堵头安装完毕后,向防绕流水带内部注水加压,并不断观察水压力表读数,当水压表读数为0.4MPa时,停止注水,并将水带注水口连接电子压力计,并比较水压表及电子压力计读数,确认一致后开始闭水保压,其间不断观测水压表及电子水压计读数,以及水带内压力的变化趋势,静置24h后,若水压表及电子水压机读数仍大于槽底泥浆压力,且不存在鼓包等现象,则说明水带保压性良好,满足工作需求,可进行下一步施工。

a) 夹板安装　　　　　　　　b) 注水堵头安装

图7 夹板及注水堵头安装

水带密封性检测完毕后,可进行水带安装。在底节刚性接头起吊前,在其底部安装夹板,并每隔5m在角钢上开小孔。当底节刚性接头起吊,且底部位于槽口时,将防绕流水带一端固定在刚性接头底部的夹板上,随刚性接头一同下放,下放过程中每隔5m由专人负责用铁丝穿过角钢上的小孔,将防绕流水带绑扎在2根角钢之间,避免下放过程中由于泥浆浮力及钢箱晃动,导致防绕流水带移位。

4) 接头箱安装

接头箱采用500t履带式起重机吊装,人工辅助定位入槽,接头箱应抵住刚性接头腹板,为刚性接头提供支撑,且接头箱腹板应与刚性接头贴合,从而阻挡混凝土绕流。为增加防绕流体系的整体防绕流效果,在接头箱翼板位置加设防绕流铁皮(图8),使铁皮向二期槽段方向弯曲,阻挡混凝土的流动通道,避免混凝土绕流。

5) 防绕流水带注水

接头箱下放完毕后,进行防绕流水带注水作业,通过水泵向防绕流水带内注水,直至水压表显示压力达到0.4MPa后,停止注水,并关闭注水口阀门。

图8 接头箱加装防绕流铁皮

6) 碎石回填

接头箱下放完成后须在接头箱背侧及保护层位置处进行碎石回填,回填时应采用颗粒级配良好的碎石以确保回填密实,回填过程应少量多次,避免石子下落过程中造成嵌挤,必要时采用吊锤插捣。采用特制的碎石回填装置配合人工进行回填。通过回填高度验算回填量,确保回填的密实度。

五、效 果 验 证

为验证各措施的防绕流效果,在刚性接头外壁处布置温度光纤,可通过光纤监测混凝土在凝固过程中的水化热,若在短时间内温度光纤监测到剧烈的温度变化,即可说明该处存在绕流混凝土。温度光纤的监测数据如图9所示,在混凝土浇筑后的12h中,光纤周边 −80 ~ −8m范围内,温度基本在±1℃之间变化,并未出现局部点位的温度突变,说明防绕流体系的封堵效果良好。

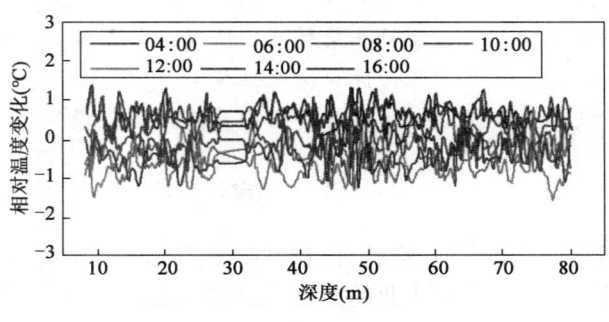

图9 温度光纤监测曲线

六、结　　语

本文以张靖皋长江大桥南锚碇基础地连墙为研究对象,对刚性接头的防绕流工艺进行了创新,将防绕流铁皮、角钢、碎石回填等多种传统防绕流手段与新式的防绕流水带进行有机结合,形成了刚性-柔性复合式防绕流体系,该工艺可充分封堵绕流通道、多层次拦截绕流混凝土,从而保证接头处不受绕流混凝土污染。该工艺为地连墙施工过程中预防混凝土绕流提供了新的思路和方法,可为后续类似项目提供参考。

参考文献

[1] 刘明虎.桥梁地下连续墙基础发展与展望[J].重庆交通大学学报(自然科学版),2021,40(10):

[2] 娄西慧,郭雪岩,周小涵.软土地层深大圆形锚碇基坑开挖稳定性研究[J].公路,2022,67(10):169-174.

[3] 李晃,李思吟,袁航.深中通道伶仃洋大桥东锚碇基坑开挖数值模拟及施工技术研究[J].公路,2021,66(10):130-134.

[4] 赵文艺,汪西华,韩冬冬,等.棋盘洲长江公路大桥南锚碇深基坑支护分析[J].公路,2019,64(4):135-140.

[5] 王飞,王凡,屈天葵.地连墙H型钢接头混凝土绕流预防及处理技术[J].现代隧道技术,2021,58(S2):192-196.

[6] 刘陪阳,方杰.泡沫填充法防混凝土绕流措施在地连墙施工中的应用[J].中国港湾建设,2020,40(10):56-59.

[7] 赵明时.超深异形地连墙施工关键技术研究[J].现代隧道技术,2016,53(2):207-212.

4. 基于改进蚁群算法的无人驾驶装载机集群作业调度方法

程茂林　程雪聪　杨俊雅

（中交第二航务工程局有限公司）

摘　要　随着无人驾驶技术的发展,探索与实现契合无人驾驶装载机在混凝土拌和站中作业特点的集群作业调度方法成为研究热点。针对基本蚁群算法存在收敛性能差、易陷入局部最优等特点,设计了一种改进蚁群算法。首先,针对不同任务点之间的距离设计了非均等初始信息素分配方法、自适应信息素更新方法和状态转移规则；然后,通过经典Solomon案例,对基本蚁群算法、精英蚁群算法和本文算法进行了对比分析；最后,根据真实场景中的储料斗集料消耗情况设计了验证案例,验证了本文算法对于解决无人驾驶装载机集群作业调度问题具有可行性和快速性。

关键词　无人驾驶装载机　任务规划　时间窗　蚁群算法　约束模型

一、引　言

张靖皋长江大桥项目探索性引入无人驾驶装载机来完成混凝土拌和站集料的"铲、装、运、卸"作业[1]。作为无人驾驶装载机实现自主集群作业的前提,装载机调度问题已变得至关重要。因此,探索与实现契合无人驾驶装载机在混凝土拌和站中作业特点的集群作业调度方法成为一个研究重点。

无人驾驶装载机集群作业调度问题是一种带时间窗的车辆路径问题(Vehicle Routing Problem with Time Window,VRPTW),在解决该问题时如何快速并高质量地求解是研究人员关注的重点。王伟权等人通过枚举出所有路径并进行约束来求解,仿真结果表明该方法可以求出大部分精确解[2]。Desaulniers等人给出一种分支定价算法[3]。Yu等人提出一种改进分支定价算法,实验表明该方法可缩短计算时间[4]。

VRPTW问题属于NP-hard问题,针对该问题的方法研究目前多集中在启发式算法上,通过采用模拟退火算法、变邻域搜索算法、萤火虫算法等可解决该问题[5-9]。在众多启发式算法中,蚁群算法因其全局搜索能力而到了广泛的研究,但其在求解质量和收敛速度上还有待提高。Luo等人对传统蚁群算法中信息素更新规则进行了改进[10]。杨立炜等人提出一种多层优化蚁群算法,有效提高了收敛速度和求解质量[11]。徐玉琼等人提出一种变步长蚁群算法,优化了状态转移规则和信息素更新规则[12]。

以上文献从不同角度提出了解决有时间窗车辆路径(VRPTW)问题的思路,但普遍存在收敛性能和求解质量互相矛盾、易陷入局部最优等问题。因此,本文结合无人驾驶装载机集群作业调度的需求,给出一种包含差异化非均等初始信息素分配方法、自适应动态信息素更新规则和状态转移规则的改进蚁群算法,并设计了无人驾驶装载机集群作业任务调度案例,验证算法求解集群作业调度问题的可行性和有效性。

二、问题描述与数学模型

1. 问题描述

在混凝土拌和站中,有用于存储集料的料仓和储料斗,不同储料斗中的集料种类不同。随着储料斗中集料的不断消耗,需要装载机从对应的集料料仓完成铲掘工作并把集料运往储料斗,装载机的一次"铲、装、运、卸"定义为一次作业任务,由于不同集料的消耗速度不同,所以在不同的时间窗口内混凝土拌和站中不同的储料斗会产生作业任务。在混凝土拌和站中有多台无人驾驶装载机,每台无人驾驶装载机从固定泊车点出发连续完成多条任务后返回泊车点,无人驾驶装载机集群作业调度示意图如图1所示。

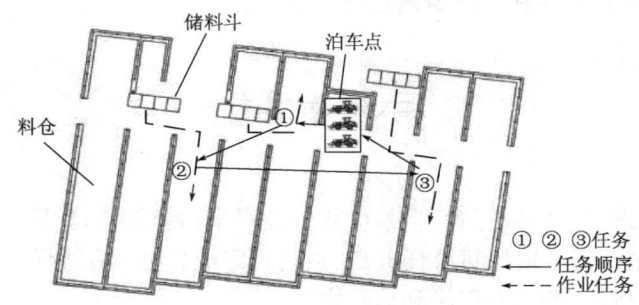

图1 无人驾驶装载机集群作业调度示意图

2. 参数定义及数学模型

令 $G=(N,A)$ 表示有向的无人驾驶装载机集群调度作业任务网络,相关参数与变量定义如表1所示。

参数定义   表1

	符号	定义	符号	定义
集合	N	节点集合,$N=\{i,j|i,j=0,1,\cdots,n\}$	A	任务路径的有向弧集合,$A=\{(i,j)|i\neq j\in N\}$
	D	任务点集合,$D=N/\{0\}$	K	无人驾驶装载机集合,其中总数 $K=\{k|1,2,\cdots,m\}$
	S	任务点子集,$S\subseteq D$		
参数	n	任务点数量,0为固定泊车点	s_i	无人驾驶装载机开始任务 i 的时间
	m	无人驾驶装载机数量	$c_{i,j}$	任务 i 与任务 j 之间的距离
	a_i	任务 i 的起始时间	t_i	任务 i 的作业时长
	b_i	任务 i 的终止时间		
变量	$x_{i,j}^k$	任务 i 由车辆 k 完成后是否去完成任务 j,完成为1,否则为0	y_i^k	任务 i 是否由车辆 k 完成,完成为1,否则为0

根据上述问题描述和参数定义,本文模型在满足约束条件的基础下,以无人驾驶装载机作业成本最低为目标,以实现最小化作业总成本 Z,即:

$$\min Z = c_d \sum_{i=0}^{n}\sum_{j=1}^{n}\sum_{k=1}^{m} c_{i,j} x_{i,j}^k + c_v \sum_{j=0}^{n}\sum_{k=1}^{m} x_{0,j}^k \tag{1}$$

约束条件:

$$\sum_{k=1}^{m} y_i^k = 1, i \in D \tag{2}$$

$$\sum_{j=1}^{n} x_{0,j}^{k} \leq 1, k \in K \tag{3}$$

$$\sum_{k=1}^{m}\sum_{i=0}^{n} x_{i,j}^{k} = 1, i \in N \tag{4}$$

$$\sum_{k=1}^{m}\sum_{i=0}^{n} x_{i,0}^{k} = \sum_{k=1}^{m}\sum_{j=0}^{n} x_{0,j}^{k} \tag{5}$$

$$\sum_{j=0}^{m} x_{i,j}^{k} = y_{i}^{k}, i \in N, k \in K \tag{6}$$

$$a_i \leq s_i \leq b_i \tag{7}$$

$$y_i^k, x_{i,j}^k \subseteq \{0,1\} \tag{8}$$

式(2)表示在一次调度任务中每辆无人驾驶装载机仅会被设计一条调度路线；

式(3)表示每辆无人驾驶装载机仅从泊车点出发一次；

式(4)表示每个任务仅允许被一辆无人驾驶装载机完成；

式(5)表示无人驾驶装载机的起始点和终止点均为固定泊车点；

式(6)表示无人驾驶装载机完成任务 i 后直接去开始任务 j；

式(7)表示无人驾驶装载机要在时间窗内进行作业；

式(8)为完整性约束。

三、算 法 设 计

1. 基本蚁群算法

基本蚁群算法的思想来源于蚂蚁觅食，自蚁群算法被提出后就被广泛用在解决组合优化问题上[13]。假设有 p 只蚂蚁，每只蚂蚁都需要遍历每个任务点，当蚂蚁完成任务 i 后选择下一任务点 j 时主要考虑两个任务点之间的距离和可行性，即启发因子和信息素。

在 t 时刻，蚂蚁 k 从任务 i 转移到下一任务 j 的状态转移概率为：

$$P_{i,j}^{k}(t) = \begin{cases} \dfrac{[\tau_{i,j}(t)]^{\alpha}[\eta_{i,j}(t)]^{\beta}}{\sum\limits_{j \in j_a}[\tau_{i,j}(t)]^{\alpha}[\eta_{i,j}(t)]^{\beta}} & j \in j_a \\ 0 & j \notin j_a \end{cases} \tag{9}$$

$$\eta_{i,j}(t) = \frac{1}{c_{i,j}} \tag{10}$$

式中：$\tau_{i,j}(t)$——t 时刻任务 i 到任务 j 的信息素；

α——信息素的重要程度；

$c_{i,j}$——任务 i 到任务 j 之间的距离；

$\eta_{i,j}(t)$——t 时刻任务 i 到任务 j 的启发因子；

β——启发因子的重要程度；

j_a——蚂蚁下一可选任务集合。

所有蚂蚁在一次迭代中完成所有任务后，将分别对每条路径上的信息素进行更新，更新规则为：

$$\tau_{i,j}(t+1) = (1-\rho)\tau_{i,j}(t) + \Delta\tau_{i,j} \tag{11}$$

$$\Delta\tau_{i,j} = \sum_{k=1}^{p} \tau_{i,j}^{k} \tag{12}$$

$$\tau_{i,j}^{k} = \begin{cases} \dfrac{Q}{L_k} & (i,j) \in L_k \\ 0 & 其他 \end{cases} \tag{13}$$

式中：$\tau_{i,j}(t+1)$——$t+1$ 时刻的信息素；

ρ——信息素挥发系数；

$\Delta\tau_{i,j}$——一次迭代后的信息素增量；

$\tau_{i,j}^k$——第 k 只蚂蚁在路径 (i,j) 上的信息素增量；

Q——信息素强度；

L_k——第 k 只蚂蚁走过路径的总长度。

2. 改进蚁群算法

1) 非均等初始信息素分配

首先求解当前任务点与其他任务点之间的距离均值；然后将当前任务点与其他所有任务点之间的距离与距离均值进行对比，若小于均值则对信息素进行，反之则进行挥发，信息素非均等初始化公式为：

$$\tau_{i,j}(0) = \tau_0 + \Delta\tau_{i,j}(0) \tag{14}$$

$$\Delta\tau_{i,j}(0) = -\left(c_{i,j} - \frac{\sum_{j=0}^{n} c_{i,j}}{n-1}\right) \tag{15}$$

式中：τ_0——初始信息素；

$c_{i,j}$——任务 i 与任务 j 之间的距离，且 $i \neq j$。

2) 自适应动态信息素更新方法

在每次迭代中对不同蚂蚁路径的优劣程度进行分类，根据不同的类别采用不同的信息素更新方法，从而加快算法的收敛速度和提高解的质量。如式(16)、式(17)所示，首先，采用每次迭代中最优路径与每只蚂蚁的路径比值作为对其进行分类的参数；其次，通过该参数的范围对每只蚂蚁进行分类。

$$Par_k = \frac{L_{\text{best}}}{L_k} \tag{16}$$

$$Std_k = \begin{cases} \text{优} & Par_k = 1 \\ \text{良} & e < Par_k < 1 \\ \text{劣} & \text{其他} \end{cases} \tag{17}$$

式中：L_{best}——本次迭代中最优路径长度；

L_k——第 k 只蚂蚁的路径长度；

Par_k——第 k 只蚂蚁的评优参数；

Std_k——第 k 只蚂蚁的分类；

$e \in (0,1)$——对蚂蚁进行分类的固定阈值。

根据式(17)所示的蚂蚁分级，调整不同蚂蚁在不同路径上的信息素增量，对式(13)进行改进可得：

$$\tau_{i,j}^k = \begin{cases} Par_k \left(\dfrac{1}{L_{\text{best}}} + \dfrac{1}{L_{\text{ave}}} - \dfrac{1}{L_{\text{worst}}}\right)Q & \text{优} \\ Par_k \left(\dfrac{2}{L_k} - \dfrac{1}{L_{\text{worst}}}\right)Q & \text{良} \\ 0 & \text{劣} \end{cases} \tag{18}$$

式中：L_{ave}——本次迭代中每只蚂蚁的平均路径长度；

L_{worst}——本次迭代中最差路径长度。

最后，在自适应信息素增量的基础上，额外增加每次迭代中最优路径的信息素，并减少每次迭代中最差路径的信息素。则自适应信息素更新公式为：

$$\tau_{i,j}(t+1) = (1-\rho)\tau_{i,j}(t) + \Delta\tau_{i,j} + \Delta\tau_{i,j}^{\text{best}} - \Delta\tau_{i,j}^{\text{worst}} \tag{19}$$

$$\Delta\tau_{i,j}^{\text{best}} = \begin{cases} \dfrac{Q}{L_{\text{best}}} & (i,j) \in L_{\text{best}} \\ 0 & \text{其他} \end{cases} \tag{20}$$

$$\Delta\tau_{i,j}^{\text{worst}} = \begin{cases} \dfrac{Q}{L_{\text{worst}}} & (i,j) \in L_{\text{worst}} \\ 0 & \text{其他} \end{cases} \tag{21}$$

3）改进状态转移规则

为解决 VRPTW 问题，本文在文献[14]和基础蚁群算法的状态转移规则中额外增加时间窗宽度因子、时间偏离程度因子、次优转移因子，从而减少算法陷入局部最优解的概率，提高全局搜索能力。

时间窗宽度的计算公式为：

$$Width_i = b_i - a_i \tag{22}$$

式中：$Width_i$——任务 i 的时间窗宽度；
b_i——任务 i 的结束时间；
a_i——任务 i 的开始时间。

时间偏离程度的计算公式为：

$$dev_i = \begin{cases} a_i - t_i & t_i < a_i \\ 1 & a_i \leq t_i \leq b_i \\ t_i - b_i & t_i > b_i \end{cases} \tag{23}$$

式中：dev_i——蚂蚁到达任务 i 的时间偏离程度；
t_i——蚂蚁到达任务 i 的时间。

通过增加次优转移因子可以增加次优任务点被选中的概率，提高算法跳出局部最优的能力，次优转移因子的计算公式为：

$$s_{i,j} = \min(c_{i,j} - \min(c_{i,j})), s_{i,j} \neq 0 \tag{24}$$

式中：$s_{i,j}$——次优转移因子；
$c_{i,j}$——蚂蚁从任务 i 到任务 j 的距离。

则在 t 时刻，蚂蚁 k 从任务 i 转移到下一任务 j 的状态转移概率为：

$$j = \begin{cases} \mathop{\mathrm{argmax}}_{j \in j_a} \left[\dfrac{\tau_{i,j}(t)^\alpha \cdot \eta_{i,j}(t)^\beta}{Width_j \cdot dev_j \cdot s_{i,j}} \right] & r < r_0 \\ P_{i,j}^k(t) & r \geq r_0 \end{cases} \tag{25}$$

$$P_{i,j}^k(t) = \begin{cases} \dfrac{\dfrac{\tau_{i,j}(t)^\alpha \cdot \eta_{i,j}(t)^\beta}{Width_j \cdot dev_j \cdot s_{i,j}}}{\sum\limits_{j \in j_a} \dfrac{\tau_{i,j}(t)^\alpha \cdot \eta_{i,j}(t)^\beta}{Width_j \cdot dev_j \cdot s_{i,j}}} & j \in j_a \\ 0 & j \notin j_a \end{cases} \tag{26}$$

四、实 验 分 析

1. 算例验证

本文使用 Solomon 标准测试算例中的 C101 算例对基本蚁群算法、精英蚁群算法和本文给出的算法进行对比分析，该算例的部分参数见表 2。

C101 算例参数表 　　表 2

任务点	坐标	时间窗口	需求量	服务时间
0	(40,50)	(0,1236)	0	90
1	(45,68)	(912,967)	10	90
...	...	...	...	...
25	(25,52)	(169,224)	40	90

已知该算例的最优目标值为 191.3，参与调度的车辆数目为 3，图 2 所示为最优调度路径。

在同一实验条件下,分别采用基本蚁群算法、精英蚁群算法和本文算法对上述算例分别进行50次独立实验。实验结果如图3所示,图中Y为50次独立实验中三种算法得到的最优解,从图中可以看出,基本蚁群算法得到的解质量普遍偏低,且最优解的次数较少;精英蚁群算法由于改进了信息素更新方式,提高了解的质量;本文所给算法在初始信息素浓度、信息素更新方式和状态转移规则上进行了改进,提高了所求解的稳定性和质量。

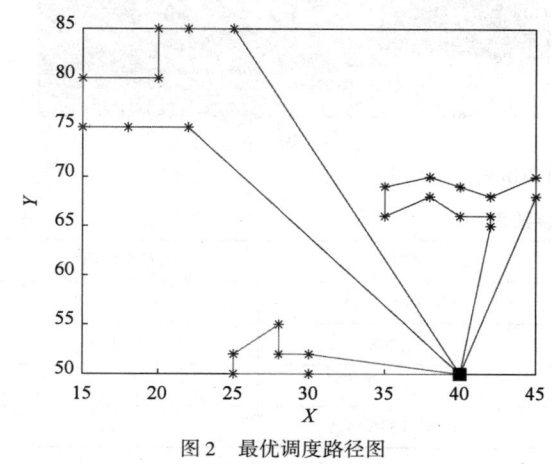

图2 最优调度路径图

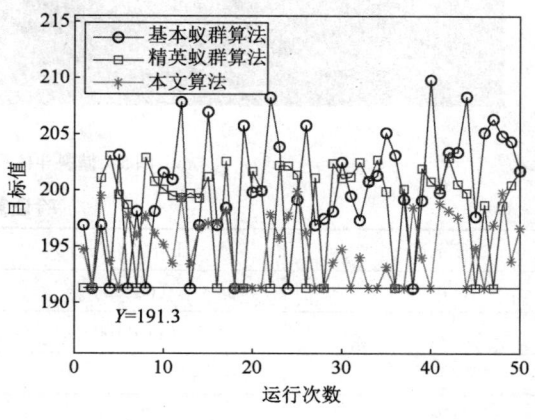

图3 运行结果对比图

表3为对三种算法进行50次独立实验的结果统计,从表中可以看出,本文所给算法相较于基本蚁群算法和精英蚁群算法,在目标值均值上分别提升了5.2和3.6,得到最优解的比例分别提升了16%和6%,得到近似最优解的比例分别提升了30%和26%。

算法性能对比　　　　　　　　　　　　　　　　表3

算法名称	目标值均值	最优解次数	近似最优解
基本蚁群算法	200	8	4
精英蚁群算法	198.4	13	6
改进蚁群算法	194.8	16	19

图4所示为三种算法在50次独立实验中各自最优结果的对比图。从图中可以看出,基本蚁群算法在迭代初、中期多次陷入局部最优,最终在第62代得到了最优解;精英蚁群算法改进了信息素更新方式,在第48代得到了最优解,但当陷入局部最优时仍不能快速跳出;本文所给算法通过改进初始信息素浓度,加强了算法前期的搜索效率,通过改进信息素更新方式,提高了对最优路径的敏感程度,通过改进状态转移规则,增大了跳出局部最优的概率,最终在第34代得到了最优解。

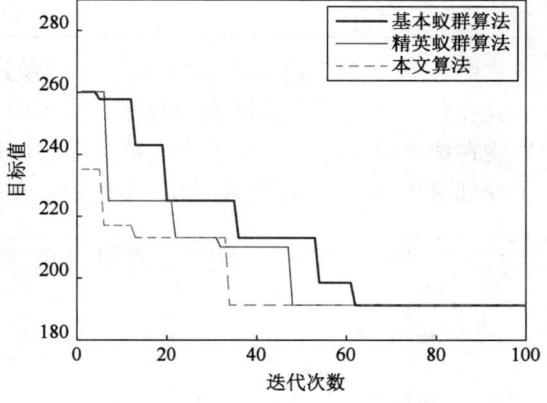

图4 算法收敛结果对比图

2. 实例验证

针对本文研究的无人驾驶装载机集群作业调度问题,在张靖皋长江大桥A1标项目开展实例验证。张靖皋长江大桥A1标项目混凝土拌和站宽123m,长182m,其中共有16个料仓和3条生产线,每条生产线共有4个储料斗,其具体分布如图5a)所示。在储料斗上方安装深度相机来实时检测集料体积来生成无人驾驶装载机的作业任务,图5b)为3号生产线的储料斗体积检测的夜间RGB图及深度图。

在本文所解决的无人驾驶装载机集群作业调度问题中,每两个任务之间的距离与装载机完成每个任务的距离量级基本相同,因此在定义每个任务的任务坐标时,不可忽略完成每个任务自身的距离。基于上述原则和储料斗集料实时余量体积数据所生成的无人驾驶装载机部分作业任务的相关信息见表4。

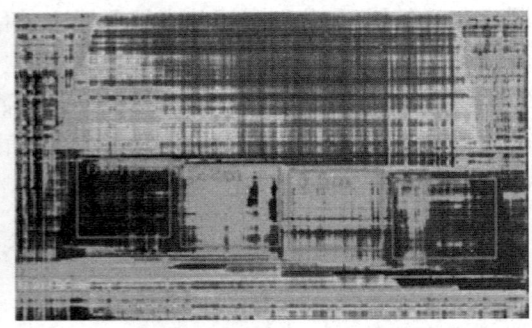

图 5　储料斗体积检测 RGB 图及深度图

验证算例参数表　　　　　　　　　　　　　　　　　　　　　　　表 4

任务 ID	任务坐标(m)	时间窗口(s)	任务距离(m)
0	(60,60)	(0,8500)	—
1	(110,100)	(2101,2298)	176
…	…	…	…
29	(7,53)	(1290,1376)	134

采用本文所给出的改进蚁群算法对无人驾驶装载机集群作业调度进行 10 次独立实验，图 6 所示为最优调度结果。10 次实验的结果见表 5，表中的评价值为式(1)所求的无人驾驶装载机集群作业的最小作业成本。10 次实验的平均作业成本为 735.25，求得最优解的次数为 6 次，体现了本文算法的寻优能力。

验证算例参数表　　　　　　　　　　　　　　　　　　　　　　　表 5

运行次序	评价值	运行次序	评价值
1	734.21	6	734.21
2	736.47	7	734.21
3	737.68	8	736.09
4	734.21	9	734.21
5	736.96	10	734.21

图 7、表 5 为上述 10 次独立实验中收敛速度和解的质量均为最优的一次实验的目标值与 10 次独立实验在每一代的平均目标值的对比。从图中可以看出，本文所给算法在第 32 代时收敛，10 次独立实验平均在第 47 代收敛，体现了本文算法在收敛性能上的优越性；本文所给算法在第 8 代、第 15 代分别陷入了局部最优，但都可以快速跳出，体现了本文算法的全局搜索能力。

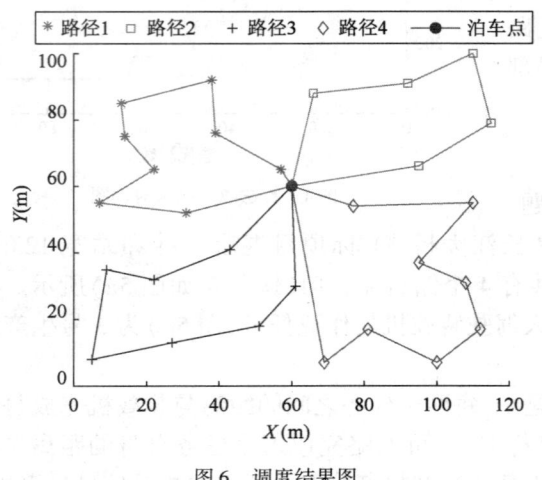
图 6　调度结果图

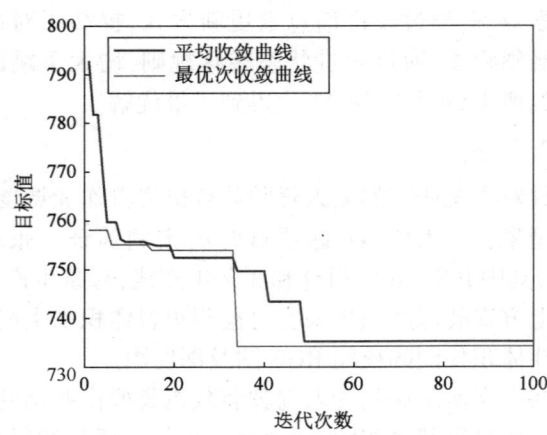
图 7　收敛结果图

五、结　　语

针对基本蚁群算法存在收敛性能差、求解质量低和全局搜索能力弱的问题,本文给出了一种改进蚁群算法。根据任务间的距离采用差异化非均等初始信息素分配方法;在单次迭代中根据蚂蚁的分级采用自适应动态信息素更新规则;对状态转移规则进行了改进,充分考虑了任务之间路径长度、信息素浓度和每个任务自身的时间窗口等特征。

在实验部分,首先利用Solomon经典算例对基本蚁群算法、精英蚁群算法和本文算法进行了实验分析,验证了本文算法在求解质量和收敛速度上的优势;然后根据真实场景中的储料斗集料消耗情况设计了验证案例,并采用本文算法进行了实例验证,结果表明,本文算法对于解决无人驾驶装载机集群作业调度问题具有可行性和快速性。

参考文献

［1］ 王伟权,丁鼎,颜林莎.线性充电策略下多车型电动车辆路径模型研究［J］.系统仿真学报,2022,34(3):614-623.

［2］ DESAULNIERS G, ERRICO F, IRNICH S, et al. Exact algorithms for electric vehicle-routing problems with time windows［J］. Operations Research, 2016, 64(6): 1388-1405.

［3］ YU Y, WANG S H, WANG J W, et al. A branch-and-price algorithm for the heterogeneous fleet green vehicle routing problem with time windows［J］. Transportation Research Part B: Methodological, 2019, 122(4): 511-527.

［4］ 石钧仁,孙冬野,秦大同,等.装载机避障轨迹规划及模型预测轨迹跟踪［J］.中国公路学报,2021,34(5):224-236.

［5］ 李常敏,陶颖,彭显,等.基于顾客时间满意度的车辆路径问题［J］.上海大学学报(自然科学版),2020,26(3):472-480.

［6］ 陈久梅,李英娟,胡婷,等.开放式带时间窗车辆路径问题及变邻域搜索算法［J］.计算机集成制造系统,2021,27(10):3014-3025.

［7］ OSABA E, YANG X S, DIAZ F, et al. A discrete firefly algorithm to solve a rich vehicle routing problem modelling a newspaper distribution system with recycling policy［J］. Soft Computing, 2017, 21(18): 5259-5308.

［8］ 张晓楠,范厚明.求解带时间窗车辆路径问题的混合Memetic算法［J］.运筹与管理,2021,30(7):128-135.

［9］ WU L B, HE Z J, CHEN Y J, et al. Brainstorming-based antcolony optimization for vehicle routing with soft time windows［J］. IEEE Access, 2019(7): 19643-19652.

［10］ LUO Q, WANG H, ZHENG Y, et al. Research on path planning of mobile robot based on improved ant colony algorithm［J］. Neural Computing and Applications, 2020, 32(6): 1555-1566.

［11］ 杨立炜,付丽霞,王倩,等.多层优化蚁群算法的移动机器人路径规划研究［J］.电子测量与仪器学报,2021,35(9):10-18.

［12］ 徐玉琼,娄柯,李志锟.未知环境下改进变步长蚁群算法的机器人路径规划［J］.传感器与微统,2021,40(9):150-152,156.

［13］ TANG J, LIU G, PAN Q T. A review on representative swarm intelligence algorithms for solving optimization problems: Applications and trends［J］. IEEE/CAA Journal of Automatica Sinica, 2021, 8(10): 1627-1643.

［14］ 汪勇,杨海琴,张瑞军.基于强基因模式组织算法的VRPTW研究［J］.控制与决策,2011,26(4):606-610.

5. 支护转结构复合地连墙钢筋笼吊装研究

黄 锋

（中铁大桥局第二工程有限公司）

摘 要 本文以张靖皋长江大桥南航道桥北锚碇支护转结构复合地连墙为研究背景，对二期槽段不同断面形状钢筋笼吊装技术进行研究。针对该支护转结构复合地连墙钢筋笼"重、大、长"的特点，对钢筋笼进行合理分节，根据钢筋笼重量及分节，选择合适的吊装设备。根据钢筋笼节段在翻身吊装过程中的不同受力工况，合理设置桁架筋，对钢筋笼吊点区域进行局部加强。本文分析钢筋笼在下放过程中的受力情况，提出钢筋笼临时打捎及接长时的稳定措施。

关键词 支护转结构 地连墙 钢筋笼 吊装 钢筋笼打捎

一、引 言

张靖皋长江大桥南航道桥为1220m+2300m+660m悬索桥，锚碇采用支护转结构复合地连墙基础，地连墙长为118m，宽75m，地连墙厚1.5m，外围双层地连墙深67m，地连墙在基坑开挖期间的作为基坑支护结构，运营期转换为永久结构的一部分。

随着地连墙结构尺寸越来越大，地连墙配套的钢筋笼也越来越重，工程中由于钢筋笼吊装受力复杂，安全风险高，关于地连墙钢筋笼吊装的研究一直备受关注。沈杰超[1]对于杭州地铁深度超过60m，重量超过90t的钢筋笼吊装设计进行了分析，提出了实际吊装施工中需要考虑的问题与注意的事项。叶茂森[2]探讨了大尺寸钢筋笼制作，吊点设置，吊装方法以及吊装加固等具体施工控制措施。张友光[3]研究了大型履带式起重机双机抬吊，竖转翻身，整体入槽的施工技术。温裕春等[4]对超大型地下连续墙钢筋笼施工吊装过程进行了动态数值模拟，以钢筋笼从水平到竖直的起吊过程中0°、30°、45°、60°四种工况建立了能够模拟动态吊装过程的有限元模型，根据数值模拟结果分析了动力效应影响下的笼体受力规律，确定出了吊装过程的最不利工况。罗赛楠[5]利用商业软件ABAQUS建立了43m长的大尺寸钢筋笼的三维数值模型，并根据已有吊装方案分析了大尺寸钢筋笼在吊装过程中的薄弱位置，给出了优化方案。

张靖皋长江大桥南航道桥地连墙一期槽段设置封闭钢箱结构，钢箱向两侧外伸4道横向钢箱网片，二期槽段在刚性接头连接处设置2道横向钢筋，插入一期槽段的4道横向钢筋之内，形成非接触搭接[6]。

由于本项目钢筋笼平面大，竖向长，质量重，钢筋笼自身刚度小，吊装、翻身、打捎均难以控制钢筋笼的受力和变形，如果出现意外将严重影响施工安全。本文选取施工工程中最重的钢筋笼作为研究对象，通过madis建模、分析，按照施工全流程计算了钢筋笼的变形和受力情况，确定吊装和打捎方案。

二、钢筋笼设计参数

1. 钢筋笼设计概况

本工程支护转结构地连墙共有112个槽段，本文研究对象为编号SN2-3的二期槽段，钢筋笼总长63m，宽8.25m，L形断面，短边长3.3m，重约204t。竖向主筋为直径28mm钢筋，横向主筋沿着高度方向直径有28mm、32mm、36mm 3种，加强筋直径为28mm，均为HRB400级钢筋，主体配筋如图1所示。

2. 钢筋笼分节

由于单个钢筋笼总长63m，整体起吊翻身难度较大，故将钢筋笼纵向分成两节。钢筋笼分节综合考虑钢筋笼的制作、运输、接长等工艺要求,以及主筋间距布置,确定顶节长37.5m,质量约为136t,底节长25.5m,质量约为68t。本文重点研究顶节钢筋笼的吊装下设过程。

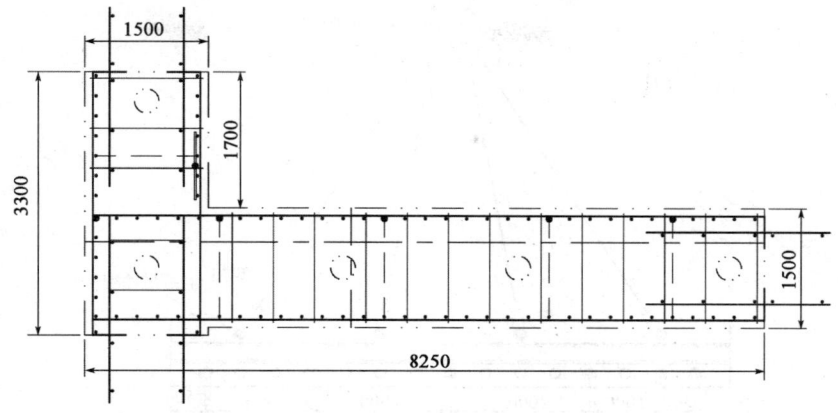

图1 钢筋笼标准断面示意图(尺寸单位:mm)

三、钢筋笼吊装方案

1. 钢筋笼吊点位置确定

由于钢筋笼纵向长、重量大、平面尺寸不规则,因此吊点位置的选择尤为重要,合适的吊点位置可以优化钢筋笼在起吊翻转跟过程中的受力情况。不合理的吊点位置将会增大钢筋笼吊装过程中吊点、钢筋受力,易造成连接点的焊缝脱落,从而引发严重的吊装事故。

根据钢筋笼的纵向尺寸和重量,确定本次吊装采用双机抬吊的方式,主吊负责钢筋笼上端起吊以及钢筋笼翻转到位的下设,副吊负责钢筋笼翻转过程中下端起吊,通过主吊提升、副吊下放实现钢筋笼空中翻转。通过计算确定吊点的跨度控制在9m以内钢筋笼受力比较合理,根据钢筋笼的实际配筋情况,确定主吊两个吊点间距为8.72m,副吊吊点间距为8.82m。吊点纵向布置见图2。吊点的设置除了考虑主体钢筋受力情况外,还需考虑翻转过程中两台起重机吊钩在是否会过于靠近,钢筋笼在下设过程中吊钩拆除的问题。

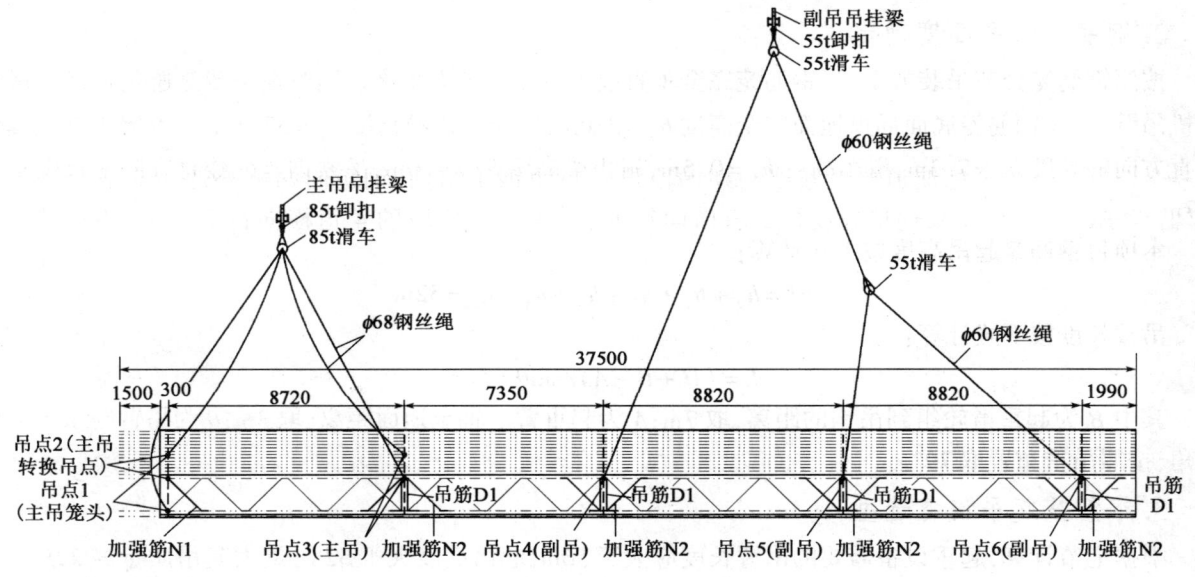

图2 长度方向钢筋笼吊点布置图(尺寸单位:mm)

由于本次吊装钢筋笼为L形断面,在平面上的重心确定十分困难,因此除了按常规设置了五组吊点以外,还额外增加了一个吊点,用于在钢筋笼竖直状态下稳定钢筋笼重心,保持钢筋笼姿态。稳定吊点布置如图3所示。

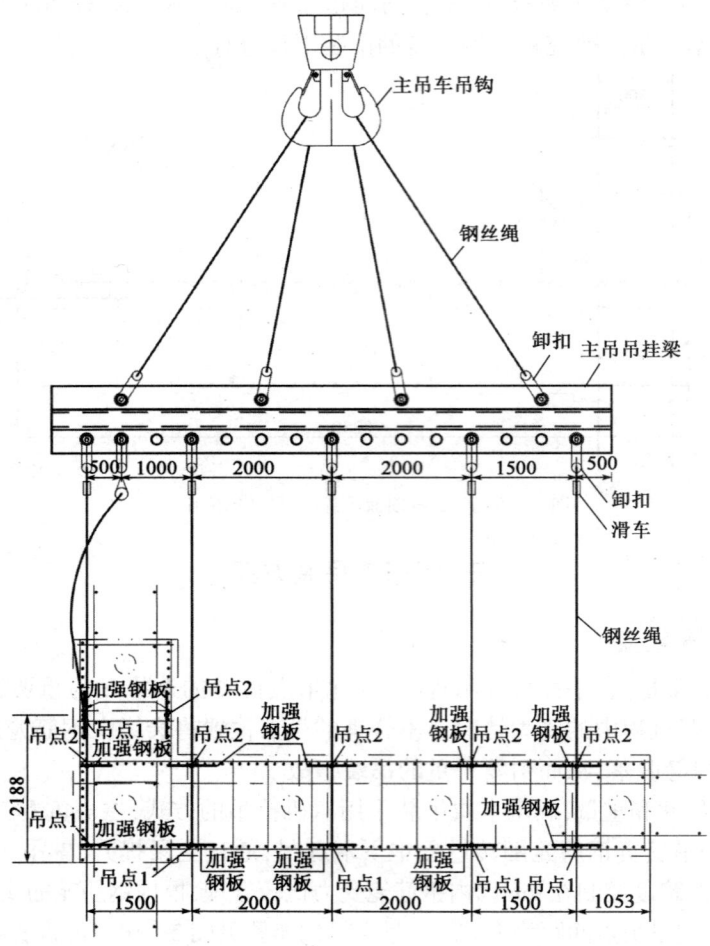

图 3 钢筋笼吊点断面布置图(尺寸单位:mm)

2. 钢筋笼起吊高度确定

按照钢筋笼分节吊装方案,当钢筋笼完全垂直起吊时需要最大吊高。同时在吊装是避免钢筋笼触碰吊机吊臂,考虑钢筋笼底面局里地面安全高度 $h_0=2.0\mathrm{m}$,钢筋笼自身长度 $h_1=37.5\mathrm{m}$,钢筋笼上方钢丝绳竖直方向的高度 $h_2=7.3\mathrm{m}$,滑车高度 $h_3=0.5\mathrm{m}$,扁担梁高度 $h_4=1.0\mathrm{m}$,吊索钢丝绳竖直方向上长度 $h_5=3.7\mathrm{m}$。

本项目钢筋笼起吊高度按下式计算:

$$H = h_0 + h_1 + h_2 + h_3 + h_4 + h_5 = 52\mathrm{m}$$

吊臂长度按下式计算:

$$L = (H + B - A)/\sin\theta = 56\mathrm{m}$$

其中 B 为起重滑轮组到吊钩的距离,取 7m;A 为起重臂下轴至地面距离,取 3m;θ 为吊臂与水平面的夹角,按照吊重布置取 79°。

3. 钢筋笼起吊设备选型

根据上节计算,起重设备需要的吊臂长度应大于 56m,起吊高度大于 52m,最大起吊质量为 225t。经过比选分析,主吊吊机选择 1000t 履带式起重机,臂长 61m,回转半径 12m,起吊能力为 389t,能满足起吊要求,同时能满足负载行走。

副吊吊机作为翻身辅助设备,在钢筋笼吊装翻身过程中经历一个变化过程。计算钢筋笼在翻身至不同角度时主吊、副吊吊机受力情况,结果见图 4。

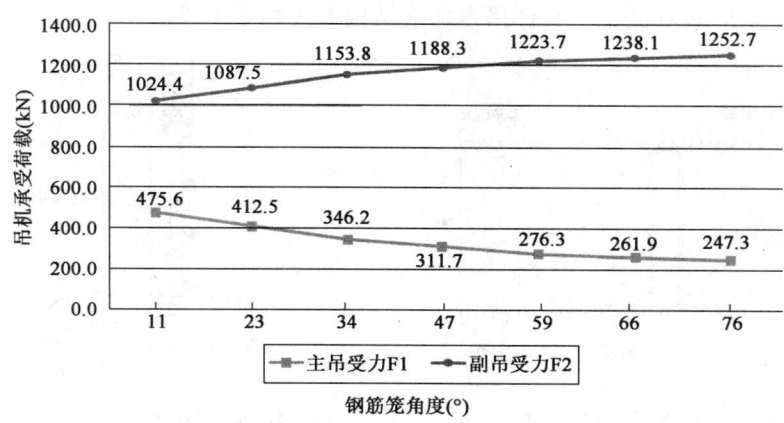

图4 吊机在翻身过程中吊重分配（单位：kN）

根据计算结果，副吊吊机最大吊重约125t，副吊吊机选择350t履带式起重机，臂长42m，回转半径12m，起吊能力176t，能满足起吊要求。副吊吊机在辅助主吊吊机将钢筋笼由水平翻转至竖直状态后脱钩。

四、钢筋笼起吊分析

1. 主体钢筋受力分析

选取顶节钢筋笼作为受力分析对象，利用madis建立钢筋笼分析模型，模拟钢筋笼翻转中从0°转至90°过程中，钢筋笼的受力和变形。其中钢筋的密度取值为7850kg/m³，弹性模量取值为206GPa。为简化模型，钢筋直接的连接均为焊接，吊点视为支座，自重由软件自动加载。

地连墙钢筋笼主体结构钢筋均为HRB400钢筋，其抗拉强度设计$f_y = 360$MPa，钢筋容许应力$[\sigma] = 270$MPa，钢筋笼在起吊时的应力云图见图5。

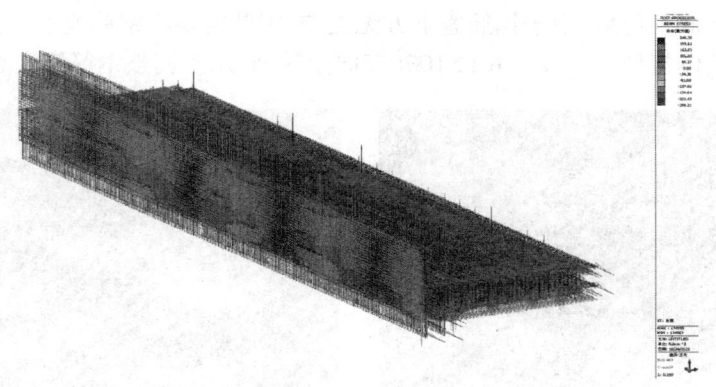

图5 钢筋笼起吊时应力云图（单位：MPa）

在荷载标准组合工况下，钢筋笼最大变形为13.8mm。

2. 吊点受力分析

为了满足钢筋笼吊装要求，保证钢筋笼在起吊过程中整体刚度与稳定性，钢筋笼各吊点需进行加固处理，按设计图纸要求设置横向与纵向桁架钢筋，横向桁架采用φ32@2m布置，纵向桁架采用φ32钢筋，沿钢筋笼横断面长度方向至少布置4道，并在每个吊点处增设加强桁架筋在吊点前后1m范围内形成"X"形加固。"X"形加固如图6所示。

加固钢筋与主筋和纵向桁架钢筋之间均焊接，防止脱落。吊装时卸扣与吊筋连接，通过吊筋将荷载传递至主筋与纵向桁架钢筋。

在笼头第一排吊点位置设置规格为700mm×25mm×200mm厚钢板与钢筋笼主体进行焊接；上下两

层主筋之间采用"几"字形 φ40 圆钢。具体吊点加强结构形式如图 7 所示。

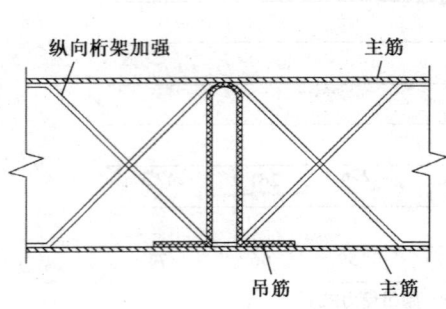
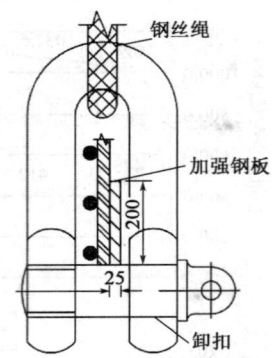

图 6　钢筋笼"X"形加固示意图　　　图 7　钢筋笼加强钢板示意图(尺寸单位:mm)

对"几"字形吊筋,最不利工况出现在双机抬吊翻身过程中,副吊所受荷载考虑全部由吊筋受拉。单个吊筋最大受力 154kN。

加强钢板平吊时受力最大,最大应力为 87.5MPa。

五、钢筋笼下放分析

1. 下放打捎方案确定

由于将钢筋笼分成两节制造下放,顶、底节钢筋笼对接时,通过在底节钢筋笼顶部位置设置扁担梁进行打捎,起重机提升上节钢筋笼悬置于下节钢筋笼上方,通过安装连接套筒方可将上、下节钢筋笼对接成整体。接长打捎如图 8 所示。

底节钢筋笼竖向主筋横向间距为 250mm,竖向间距环筋间距为 120mm。接长打捎用 5 根 Q355 材质钢扁担,横向环筋架设在扁担梁上,并在打捎处相邻 4 根主筋上焊接加强钢板,对打捎点进行局部加强,扁担梁两端设置临时抄垫搭设在导墙上方。

钢筋笼全部接长下放到位后,由于钢筋笼下方无支撑,因此需要将钢筋笼整体打捎吊挂于导墙上,整体打捎如图 9 所示。整体打捎支架设置 6 台 100t 三向千斤顶,用于调整钢筋笼姿态和平面位置。

图 8　底节钢筋笼打捎示意图　　　　图 9　钢筋笼整体吊挂图

顶节钢筋笼竖向主筋横向间距为 125mm,竖向间距环筋间距为 120mm。打捎方采用 5 根 Q355 材质钢扁担,横向环筋架设在扁担梁上,并在打捎处相邻 6 根主筋上焊接加强钢板,对打捎点进行局部加强,扁担梁两端设置临时抄垫搭设在导墙上方。

2. 下放打捎结构受力分析

根据以上结构,利用 midas 建立模型,对钢筋笼下放打捎阶段受力情况进行数值分析。主要分析接长工况与整体吊挂工况。其中接长工况为钢筋笼底节吊挂,整体吊挂工况为钢筋笼接长完成下放到位后,整体吊挂与导墙上。计算结果见表1。

下放打捎结构受力分析结果　　　　　　　　　表1

工况	扁担应力(MPa)	扁担变形(mm)	钢筋笼应力(MPa)	钢筋笼变形(mm)
接长工况	162.3	2.26	224.5	1.1
整体吊挂工况	114.6	0.7	227	2.35

六、结　语

(1)基于大尺寸地连墙钢筋笼吊装方案,进行全过程模拟和分析,论证了长37.5m、宽8.25m、重136t的钢筋笼整体起吊翻转的可行性,校验了吊装过程中的安全度,选择合适的吊装设备,并对吊装过程中钢筋笼的薄弱位置进行加强。

(2)对两节钢筋笼接长、打捎方案进行了过程模拟和分析,对钢筋笼的精确定位提出了建议,并对打捎过程中钢筋笼的薄弱环节进行加固。

(3)对于大尺寸地连墙钢筋笼,由于其刚度较差,除了能满足使用阶段受力性能要求外,还应满足施工阶段的受力性能要求。

(4)在打捎架下方设置三向千斤顶,可以精确调整钢筋笼平面位置及垂直度,对于地连墙钢筋笼非搭接接头效果较好,可为类似项目提供借鉴。

参考文献

[1] 沈杰超.超深地连墙钢筋笼吊装设计分析与实践[J].山西建筑,2021(15):96-98.
[2] 叶茂森.超深地下连续墙钢筋笼吊装技术研究[J].中国水能及电气化,2020(8):47-63.
[3] 张友光.地连墙钢筋笼整体吊装施工技术应用探析[J].现代工程科技,2022,12(1):23-26.
[4] 温裕春,王善谣,王海峰.大型地下连续墙钢筋笼动态吊装过程分析[J].城市道桥与防洪,2018(12):131-134,18.
[5] 罗赛楠.超深地连墙钢筋笼吊装过程分析及优化[J].土木工程,2021,10(4):304-311.
[6] 宋卫强.李围.刘文丽,等.复杂环境深厚基岩地连墙施工成套技术[M].北京:中国铁道出版社,2019.

6. 钢管桩插打力学行为数值分析

朱晓亮　赵俊臣　方升
(中交路桥建设有限公司)

摘　要　在张靖皋长江大桥北航道桥南锚碇临建拌和站施工时,受下部原状土分层过密集、上部土体存在非天然填筑大堤以及地勘资料所采用的取土工艺影响,管桩长度计算取值不确定因素过多,故通过方案比选确定管桩类型以及受力机理,结合现行规范对比分析,细化土体规范取值来源及判断依据,对承压持力层对比、计算数值参数分析等多个方面综合探讨数值的选取,并通过单桩承载力试验论证数值选取的准确性。

关键词　钢管桩插打　地基承载力　桩端阻力　土塞效应　施工技术

一、引　言

地基处理的方式多式多样,对于施工需要综合考虑施工便捷、经济实惠、最终成效、破坏恢复等多个方面,一般情况下采用换填的方式来增加地基承载力,对于粉料罐这种高耸的结构物来说,需要考虑抗倾覆,本实例采用的是钢管桩承台复合基础,若仅考虑换填及承台来解决倾覆问题,则承台需要考虑埋深,且承台尺寸将会异常大,尽管这样处理,但还是会出现倾覆问题,料罐并非一个,导致承台会为多个粉料罐组成的整体,在料罐反复上料下料的过程中必定会出现整个承台出现局部覆压不均,因为反复作用功效等同于混凝土振捣机器,会使下部土体液化从而导致不均匀沉降,于是一般采用桩基础对高耸临时结构处理,在桩基础施工种类中,混凝土桩基础多用于永久结构,钢管桩基础多用于临时结构,本工程属于临时结构,在考虑工期紧张的时候,选择钢管桩施工无疑是最为便捷的方式。

钢管桩施工需要考虑的问题是,如何根据施工所在地实际地质情况去计算所需长度;现行规范存在差异性,如何选用最为符合实际地层的计算公式;精准选择计算数值时需要考虑哪些因素。

二、拌和站地质情况

拌和站选址为民主沙岛大堤附近,由于此岛存在居民活动,原岛筑有大堤,根据防洪评价要求,拌和楼建成后高程为+5.8m,拌和楼通过斜皮带降低高程至料仓原地面高程+3.7m,即此部分以填土考虑。

据早期存在资料情况,拌和站处不存在地勘资料,最近的地勘点为张靖皋长江大桥北航道桥主塔的一点,距离实际钢管桩应用地超过300m,地层为第四系全新统冲积层,岩性为淤泥质粉质黏土、粉质黏土及沙土层等,相关数据见表1。

地勘资料表　　　　　　　　　　　　　　　　　　　　　　表1

位置	地质特性					
	岩层编号	土类	高程范围（0m以下）	层厚（m）	承载力特征值f_{a0}（kPa）	侧摩阻力标准值q_{ik}（kPa）
SZCQZK11号钻孔桩	①₄	种植土	2.68~2.18	0.5	0	0
	②₂	粉质黏土	2.18~0.38	1.8	100	30
	②	粉砂	0.38~-1.72	2.1	80	20
	②₁	淤泥质粉质黏土	-1.72~-7.52	5.8	80	20
	③	粉砂	-7.52~-13.52	6	90	25
	④₂	粉质黏土	-13.52~-14.92	1.4	100	30
	④	粉砂	-14.92~-23.12	8.2	110	30
	⑤	粉质黏土	-23.12~-41.72	18.6	110	35

钻口高程为2.68m,各土层性质如下:①₄种植土,灰黄色,软塑-可塑,以粉质黏土为主,表层30cm含植物根系。②₂粉质黏土,灰褐色,软塑-可塑,稍有光滑,夹粉砂薄层。②粉砂,灰色,饱和,松散,夹薄层粉质黏土,主要成分石英长石。②₁淤泥质粉质黏土,灰褐色,软塑,稍有光泽,土质不均,夹薄层粉砂。③粉砂,灰色,饱和,稍密,主要成分石英长石,夹薄层粉质黏土。④₂粉质黏土,灰褐色,软塑,稍光滑,夹薄层粉,干强度韧性中等。④粉砂,灰色,饱和,中密,主要成分石英长石,偶夹腐殖物和粉质黏土。⑤粉质黏土,灰褐色,可塑,稍有光滑,偶夹腐殖物,干强度韧性中等。

三、地勘资料数值分析及对比

根据张靖皋长江大桥地勘资料总说明中5种原位测试方法:标准贯入度试验(SPT)、双桥静力触探试验(CPT)、三桥静力触探试验(CPTU)、旁压试验(PMT)、扁铲侧胀试验(DMT),考虑到成孔地层探测以及原状土取样工艺可得,提供的地勘资料中的侧摩擦力数值具备精准的地质条件参考,然而桩端阻力标准值却在试验中弱化,主要体现为以估算,特征特性值等计算为主,给出结果为承载力特征值。

(1)根据《公路桥涵地基与基础设计规范》(JTG 3363—2019)(后称《公路基础规范》)[1]公式(6.3.5)可得:

$$R_a = \frac{1}{2}\left[\left(u\sum_{i=1}^{n}\alpha_i l_i q_{ik}\right) + \alpha_r \lambda_p A_p q_{rk}\right] \tag{1}$$

式中:u——桩身截面周长,$u = \pi \times 0.63 = 1.979\text{m}$;

n——土的层数;

l_i——承台地面或局部冲刷线以下各土层的厚度(m);

q_{ik}——与 l_i 对应的各土层与桩侧摩阻力标准值(kPa);

q_{rk}——桩端土的承载力标准值(kPa),宜采用单桩试验或静力触探试验测定,当无试验条件时按表6.3.5-2(表2)选用;

α_i、α_r——震动沉桩对各土层桩侧摩阻力和桩端承载力的影响系数,按公路基础规范表6.3.5-3(表3)取用;

λ_p——桩端土塞效应系数,对于开口桩,$1.2m<d\leqslant 1.5m$ 时取 $0.3\sim 0.4$,$d>1.5m$ 时取 $0.2\sim 0.3$,桩径为0.63m,0.63两倍为1.26,暂取0.8;

A_p——桩端截面面积(m^2),$A_p=\pi d^2/4$,其中 $d=0.63m$,即 $A_p=0.312m^2$。

沉桩桩端处土的承载力标准值 q_{rk}(《公路基础规范》表6.3.5-2 节选) 表2

土类	状态	桩端承载力标准值 q_{rk}(kPa)		
黏性土	$I_L>1$	1000		
	$1>I_L\geqslant 0.65$	1600		
	$0.65>I_L\geqslant 0.35$	2200		
	$0.35>I_L$	3000		
—		桩尖进入持力层的相对深度		
		$1>\dfrac{h_c}{d}$	$4>\dfrac{h_c}{d}\geqslant 1$	$\dfrac{h_c}{d}\geqslant 4$
粉土	中密	1700	2000	2300
	密实	2500	3000	3500
粉砂	中密	2500	3000	3500
	密实	5000	6000	7000

影响系数 α_i、α_r 值(《公路基础规范》表6.3.5-3) 表3

桩径或边长 d(m)	系数 α_i、α_r			
	黏土	粉质黏土	粉土	砂土
$0.8\geqslant d$	0.6	0.7	0.9	1.1
$2.0\geqslant d\geqslant 0.8$	0.6	0.7	0.9	1.0
$d\geqslant 2.0$	0.5	0.6	0.7	0.9

以SZCQZK11第④层为例子,该层为粉砂中密,根据《公路基础规范》表6.3.5-2可得最小值为2500kPa,与承载力特征值存在巨大差异。

(2)根据《建筑桩基技术规范》(JGJ 94—2008)(后称《桩基规范》)[2]公式(5.2.2)及(5.3.7-1)可得:

$$R_a=\frac{1}{K}\left[(u\sum Q_{sik}l_i)+\lambda_p q_{pk}A_p\right] \qquad (2)$$

式中:K——安全系数,取 $K=2$;

q_{sik}、q_{pk}——桩的极限侧阻力标准值、桩的极限端阻力标准值且与预制混凝土预制桩相同值(表4);

u——桩身截面周长,$u=\pi\times 0.63=1.979m$;

Q_{sik}——单桩第 i 层土的极限侧摩阻力标准值;

l_i——桩身穿过第 i 层的长度;

λ_p——桩端土塞效应系数,对于敞口若 $h_b/d<5$ 时,$\lambda_p=0.16h_b/d$,若 $h_b/d\geqslant 5$ 时 $\lambda_p=0.8$;

h_b——桩端进入持力层深度；

d——钢管桩外径；

A_p——空心桩敞口面积，$A_p = \pi d_1^2/4$，其中 $d_1 = 0.614\mathrm{m}$（壁厚8mm），即 $A_p = 0.296\mathrm{m}^2$。

桩的极限端阻力标准值（桩基规范表5.3.5-2节选）　　　　表4

土名称	土的状态		桩型	混凝土预制桩桩长 $l(\mathrm{m})$			
				$l \leq 9$	$9 < l \leq 16$	$16 < l \leq 30$	$l > 30$
黏性土	软塑	$0.75 < I_L \leq 1$		210~850	650~1400	1200~1800	1300~1900
	可塑	$0.50 < I_L \leq 0.75$		850~1700	1400~2200	1900~2800	2300~3600
	硬可塑	$0.25 < I_L \leq 0.50$		1500~2300	2300~3300	2700~3600	3600~4400
	硬塑	$0 < I_L \leq 0.25$		2500~3800	3800~5500	5500~6000	6000~6800
粉土	中密	$0.75 < e \leq 0.9$		950~1700	1400~2100	1900~2700	2500~3400
	密实	$e < 0.75$		1500~2600	2100~3000	2700~3600	3600~4400
粉砂	稍密	$10 < N \leq 15$		1000~1600	1500~2300	1900~2700	2100~3000
	中密、密实	$N > 15$		1400~2200	2100~3000	3000~4500	3800~5500

以 SZCQZK11 第④层为例子，该层为粉砂中密，到达第④层，桩长 > 17.6m，根据《桩基规范》表 5.3.5-2 可得最小值为 2700kPa，与承载力特征值存在巨大差异。

（3）两个公式计算差异：

公式前半段为桩侧摩阻力前者比后者多了一个 α_i 影响系数，钢管桩直径为 0.63m，影响系数对于黏土为 0.6,粉质黏土为 0.7,粉土为 0.9,砂土为 1.1,从实际地层可知地勘描述粉砂易与给定评定标准有歧义,根据名词解释去区分土层特性,粉砂是一种粒径在 0.0625~0.0039mm 之间的矿物或岩石碎粒,粒度介于砂和黏土颗粒之间;粉土指粒径大于 0.075mm 的颗粒质量不超过总质量的 50%,且塑性指数 I_p 小于或等于 10 的土;砂土是指土壤颗粒组成中砂粒含量较高的土壤,土壤质地的基本类别之一。根据国际制的规定,砂土含砂粒可达 85%~100%,而细土粒仅占 0%~15%。根据粉砂层描述主要成分石英长石,相对而言,该层为较好得持力层,综合判定粉砂层按1取值。

公式后半段为桩端阻力且差异较大,抛开 α_r 影响系数不谈,λ_p 差异不大,A_p 则前者为界面面积,后者为敞口面积,相差一个钢管桩壁厚,按 $\pi(R^2 - r^2) = 0.0156\mathrm{m}^2$,几乎可以忽略不计,$q_{rk}$ 为桩端土的承载力标准值,q_{pk} 为桩的极限端阻力标准值,就以上分析,两者存在较多变量,中间存在各项折减系数以及持力层厚度变量,还无法判断两者得差异性具体如何,还需进一步往下分析。

四、地基承载力特征值与桩端阻力标准值

地基承载力和桩端阻力都是承载能力的探讨值,但是应力条件和边界条件不一样,对地基承载力特征值乘以 2 变成承载力极限值,然后按桩的入土深度进行深度修正,差不多就可得桩的极限端阻力的标准值了,但根据实际的情况看来,在实际运用中通过深度修正后实际上远大于 2 倍的关系,实际上地基承载力与桩端阻力是不对等的,是浅基础和桩基础不同的工作状态的混淆。

钢管桩在插打施工过程中的受力主要分为两部分,一个是侧摩阻力,一个是端阻力,但侧摩阻力是每层或者说是沿着深度叠加的一个过程,但对于端阻力来说,仅持力层这一层提供承载力,单一看以上两个力,若增加侧摩阻力则需要从深度上考虑,增加端阻力则需要选择良好的持力层,这也给了我们一个分析的思路,首先要观察哪一层能够作为持力层使用,实际上震锤桩需要根据地层去考虑在该地层是侧模阻力占主导因素还是端阻力占主导因素。

公路基础规范要求使用的是桩侧摩阻力标准值、桩端土的承载力标准值;桩基规范中要求使用的是桩的极限侧阻力标准值、桩的极限端阻力标准值,特征值是以正常使用极限状态所确定的设计使用值,与此相对的是,根据承载力极限状态所确定的标准值,实际上两本规范指定相同。以现地勘资料为参考,侧

阻力标准值以地勘资料的侧摩阻力标准值计算,桩端土的承载力标准值按《公路基础规范》表 6.3.5-2 取,桩的极限端阻力标准值按《桩基规范》表 5.3.5-2 取。

五、土塞效应

钢管桩沉桩过程中,压桩力由两部分来承担,即钢管桩外侧提供的侧摩阻力和钢管桩端阻力[3]。钢管桩端阻力主要由管内土塞体侧壁与钢管桩内壁的侧摩阻力承担,钢管薄壁承担的端阻力可忽略不计,当钢管桩端阻力大于土塞体侧阻力极限值,土塞效应即发生。

(1)公路基础规范中指出λ_p桩端土塞效应系数,对于开口桩,$1.2m < d \leqslant 1.5m$ 时取 $0.3 \sim 0.4$,$d > 1.5m$ 时取 $0.2 \sim 0.3$,桩径为 $0.63m$,0.63 两倍为 1.26,暂取 0.8。

(2)桩基规范 λ_p 桩端土塞效应系数,如式(3)所示:

$$\lambda_p = \begin{cases} \dfrac{0.16 h_b}{d} & h_b/d < 5 \text{ 时} \\ 0.8 & h_b/d \geqslant 5 \text{ 时} \end{cases} \quad (3)$$

d 值可以固定,实际施工为 A630 钢管桩(壁厚 8mm),h_b 为桩端进入持力层深度,根据公式 $d = 0.63m$,即 $h_b = 3.15m$ 作为分界点。

(3)通过地层信息可以看出该地处于粉砂-黏土交替地层,实际选择持力层时,为保障良好的承载力,应选择粉砂层作为持力层。根据近年来分析,有学者提出现有的钢管桩桩基计算公式忽略了上部土体对桩端土塞效应的影响,计算偏于保守[4],但实际上像本地质中含有淤泥、黏土均成软塑性,即便是夹着粉砂层,很难保障,在振桩锤的动力作用下,对土地扰动,优劣土夹心层不发生挤压沉降,导致土塞不佳,从结果上很难保障,按本土层结构在做计算的时候仅可考虑粉砂层作为持力层计算厚度,若下层地质条件与上层相似,可中和两层为持力层结构,例如第④层与第⑤层,控制两层参数取值,方便钢管桩接长施工。

六、上部填土侧摩阻力数值分析

填土对比原状土主要考虑的是土体沉降而对桩产生的负摩阻力的影响以及填土压实不充分的影响,根据研究大面积填土产生的负摩阻力对端承载桩的影响很大,单桩承载力的折减系数在 35.3%,于是高程 +2.18m 以上以下部土层侧摩阻力标准值一半考虑,即 15kPa,顶部地面高低不一,原定地面为 +5.8m,为考虑方便计算以 +6m 计算考虑。

七、上部荷载分析与承载力计算

上部荷载分析,拌和站料罐基础采用的是复合桩基,复合桩基指的是低承台摩擦群桩或端承作用较小的端承摩擦桩与承台体共同承载的桩基础[5],但根据实际实际情况,钢管桩支撑能力远大于土体对承台的作用,当上部承台发生沉降的时候,下部钢管桩刚度足够大,上部荷载实际上全部由钢管桩承担,并且该区域地质条件特殊,存在填土,即钢管桩承担上部结构与承台重量的总和。

上部结构是否考虑风雪荷载也是设计承载力考虑的重要参数之一,现场料罐外存在封包,即风雪荷载不直接传导到钢管桩基础,通过对上部荷载的计算,分配到单个钢管桩需求的力是 955kN。

八、试算与钢管桩长度计算

根据以上分析,需要选择原地质的粉砂层作为持力层,通过试算,确定钢管桩插打的粗略长度,然后根据实际的参数精算,确定最终的需求长度,根据数值推算持力层会在第④层。

(1)使用《公路基础规范》计算:

$$\begin{aligned} R_a &= \frac{1}{2} \left[\left(u \sum_{i=1}^{n} a_i l_i q_{ik} \right) + a_r \lambda_p A_p q_{rk} \right] \\ &= \frac{1}{2} [1.979 \times (0.6 \times 15 \times (6-2.18) + 0.7 \times 30 \times 1.8 + 1 \times 20 \times 2.1 + 0.7 \times 20 \times 5.8 + \end{aligned}$$

$$1 \times 25 \times 6 + 0.7 \times 30 \times 1.4 + 1 \times 30 \times 8.08) + 1 \times 0.8 \times 3500 \times 0.312]$$
$$= 1047\text{kN} > F_{\text{单桩}} = 955\text{kN}$$

进入④号土层 8.08m，$h_c/d = 12.8$，选择沉桩桩端处土的承载力标准值为 3500kPa。

(2) 使用桩基规范计算：

通过 R_a 的公式分析可知 λ_p 会随着最后留在第④层粉砂层的深度发生变化，第④层的层厚为 8.2m，当穿过此层 3.15m 以上后 λ_p 就不再变化，所以会存在多次试算的情况。根据第④层的描述：灰色，饱和，中密，主要成分石英长石，偶夹腐殖物和粉质黏土。根据《桩基规范》表 5.3.5-2 注释中第一条：砂土和碎石类土中桩的极限端阻力取值，宜综合考虑土的密实度。

第④层偶夹腐殖物和粉质黏土表面地质条件较差，且通过试算去除上部填土层厚 $6-2.18=3.82\text{m}$，试算长度在 16~30m 区间内，综合第⑤层地层描述，综合分析取值 3000kPa。

通过带入以上分析数值套用 R_a 公式：

$$R_a = \frac{1}{K}[(u\sum Q_{sik}l_i) + \lambda_p q_{pk} A_p]$$
$$= \frac{1}{2}[1.979 \times (15 \times (6-2.18) + 30 \times 1.8 + 20 \times 7.9 +$$
$$25 \times 6 + 30 \times 1.4 + 30 \times 8.08) + 0.8 \times 3000 \times 0.296]$$
$$= 968.4\text{kN} > F_{\text{单桩}} = 955\text{kN}$$

(3) 通过两个公式进行对比计算，反映出来的结果是一致的，由于公式是整体反映，单独拆出来只能作为分析参考，不能单独拿来对比，这样误差较大。对比两个公式可以发现，两部分计算有一定的整体均衡补偿的作用，通过计算结果显示保障以 +6m 高程往下打入 29m 入土深度即可，由于预制钢管桩为 12m 一节，取 30m 钢管桩长度，以便满足承台施工、试验高差富余、钢管桩接长需求。

九、单桩承载力试验验证

实际上分析到这里，可以看出来，部分取值还是具备一定试错性，需要根据土层的实际情况严格对照规范去判断，符合规范要求，但需要去验证分析取值的正确性。

单桩承载力试验设计适用于多钢管桩区域，如图 1 所示，以相邻两桩架设扁担梁去反压中间桩，测定的是中间桩的竖向承载力，两边桩体现的是抗拔力，按力学平衡来看的话就是中间竖向承载力等于两边抗拔力之和，千斤顶可以反映施加荷载大小，再在千斤顶底部工字钢上放两个位移传感器，保障数据精准且能反映实际施压产生位移的变化，其他附属就是试验部分加劲板设置了，根据受力特性增加即可。

图 1 单桩承载力试验图

通过第三方试验单位给出试验结果，相关数据见表 5。

单桩承载力试验结果　　　　　　表 5

桩号（号）	试验累计用时	最大加载荷载		卸载后残余沉降量（mm）	曲线类型	单桩竖向抗压极限承载力
		荷载	累计沉降量（mm）			
试桩1	1500	1600kN	13.98	6.78	缓变型	1600kN

分析得出：实测单桩竖向抗压极限承载力取 1600kN。

即：1600kN 与设计值 955kN 大致成两倍的安全系数关系，满足设计需求。

十、结　语

综上所述：

(1)计算钢管桩长度时,不可忽略上部填土的影响,且应该分析是否考虑承台效应。

(2)当地层夹杂穿插土层较密集的时候,选择《建筑桩基技术规范》(JGJ 94—2008)能更为便捷地得到计算结果。

(3)精准选择计算数值时,需要综合考虑土层描述和土的状态特性。

参考文献

[1] 中华人民共和国交通运输部.公路桥涵地基与基础设计规范:JTG 3363—2019[S].北京:人民交通出版社股份有限公司,2019.

[2] 中华人民共和国建设部.建筑桩基技术规范:JGJ 94—2008[S].北京:中国建筑工业出版社,2008.

[3] 黄浩,余巍.敞口钢管桩土塞效应试验研究[J].四川建材,2020(5):70-71.

[4] 王君辉,冯建国,张化平.开口钢管桩桩基承载力桩端部分计算方法探讨[J].水运工程,2012(1):49-53.

[5] 周峰,宰金珉,梅国雄.复合桩基与复合地基[J].岩土工程技术,2005(3):141-143.

7. 江心孤岛锚碇地下连续墙基础数智建造技术研究与应用

欧长阳[1]　方升[2]　何思元[2]　赵俊臣[2]

(1.江苏省交通工程建设局;2.中交路桥建设有限公司)

摘　要　随着5G通信、智能硬件、云计算以及人工智能技术的兴起与普及,在工程建设领域逐渐形成以BIM技术为底层框架融合智能建造、智慧管理、动态监测等新一代智能建造技术,努力使项目建设逐渐向智慧化、智能化、无人化的建设管理体系过渡。充分挖掘江心孤岛深厚软弱覆盖层复合地基圆形地连墙基础施工重难点,将智能建造、数字孪生与工程建设实际相结合,以突破制约桥梁建设痛点和难点,为后续施工和类似工程建设提供借鉴意义。

关键词　数字孪生　智慧化管理　智能建造　BIM技术

一、引　言

自21世纪以来,以"中国桥、中国路、中国港"为品牌形象的"中国制造"逐渐走向国际市场,在新技术突破和更迭迅速的时代,以大数据、人工智能技术为依托的各行业发展突飞猛进,守正创新正是中国桥建品牌发展的动力源泉。由于本项目建设地处长江江心孤岛,周围环境敏感区、生态管控区较多,使得项目建设施工技术难度大、安全环保要求高、智慧化建设程度高、社会关注度高。本项目将数智建造与工程建设相融合,创新施工工艺、突破传统管理模式,以BIM技术应用为引领、以数字孪生为架构、以数字化举措为基调、以智能建造为核心,全方位提升项目管理水平,保障质量安全、绿色环保、施工进度等各项工作的有效推进,为项目建设更添助力。

二、工程概况

张靖皋长江大桥是世界级长江干线桥隧群,大桥跨江连接苏州、泰州、南通三市,大桥起自南通市如皋石庄镇西侧与沪陕高速公路交叉处,跨越江心洲,止于苏州市张家港疏港高速公路晨阳互通,路线全长约30km,跨江段全长7859m,包括南北两个航道桥,其中南航道桥为主跨2300m的超大跨径悬索桥,北航道桥为1208m的特大跨度悬索桥。

北航道桥南锚碇创新性采用桥梁领域首创复合地基圆形地连墙锚碇基础,地下连续墙直径90m、壁厚1.5m,墙体深度达51.3m,共计设计62个施工槽段,Ⅰ、Ⅱ期槽段各31个(图1、图2),其中Ⅰ期槽三铣成槽、Ⅱ期槽一铣成槽,采用"抓铣结合"施工工艺,投入一台液压抓斗和两台铣槽机同步施工以提高施工工效。

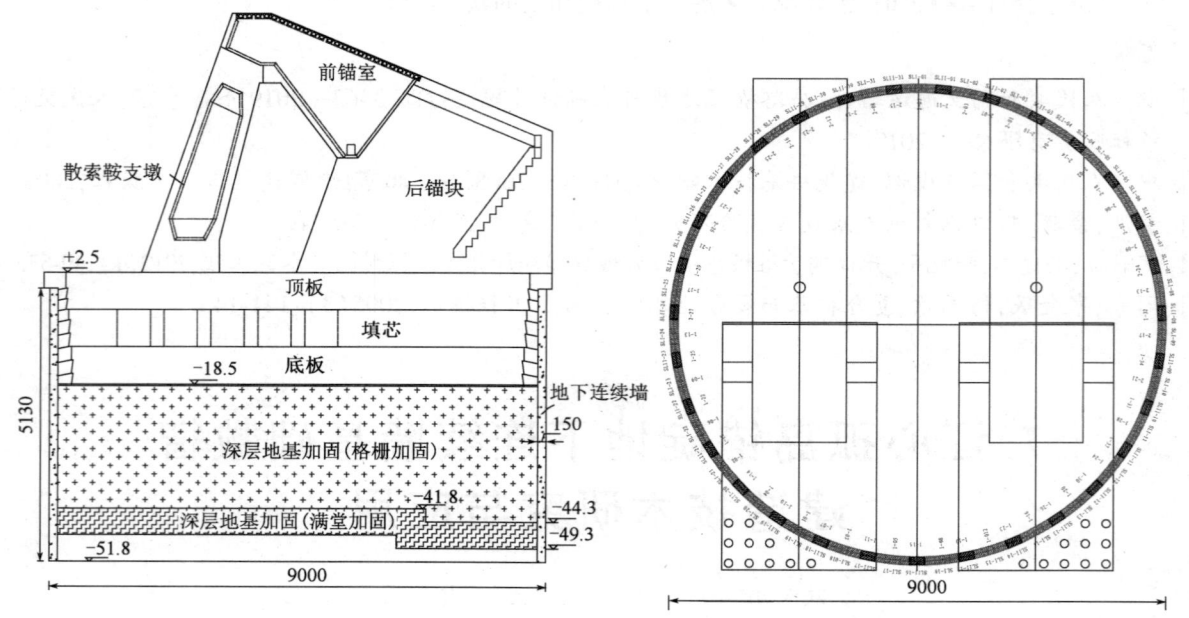

图1 锚碇地连墙基础结构布置图(尺寸单位:cm;高程单位:m)

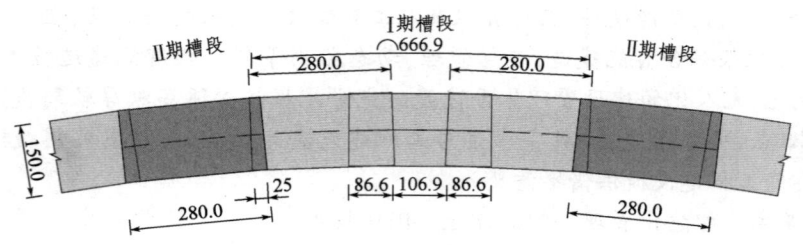

图2 地连墙槽段划分及搭接示意图(尺寸单位:cm)

地连墙施工主要施工重难点为:(1)超深高精度地连墙成槽质量控制;(2)超长钢筋笼整节段吊装精度控制;(3)江心孤岛生态敏感区施工全过程泥浆循环处理。针对三大施工重难点,从设备、工艺、技术等方面创新应用高端设备、智能监测、智慧管控措施,实现本项目地连墙高效、高精度、高质量完成全部槽段施工。

三、平台开发概述

1. 顶层设计

1)深化BIM技术应用

基于大桥统一WBS编码,赋予构件唯一"身份ID",实现模型交互应用。针对地连墙施工场地规划、专项施工方案、风险控制等,挖掘BIM场景应用,开展碰撞检查、施工方案模拟、BIM+VR虚拟教学、数字孪生等,强化安全质量管理,落实绿色低碳建设理念,做好可视化教育。

2) 建设智慧管理平台

贯彻工厂化、标准化、装配化、数字化建设理念，紧密围绕人、机、料、法、环关键要素，集成各专业子系统，横向打通应用壁垒，纵向整合多维数据，提供多元共享服务，以地连墙施工为基调、智慧管理为手段、智能建造为突破，融合BIM技术、数字孪生技术，实现各方参与、协同管理模式。

3) 提升智能建造水平

打造全项目、全过程、全要素的数智建造平台。开展地连墙智能建造技术攻关及应用，形成从基于物联网技术的数据采集、云计算的实时分析、AI技术的智能决策到智能设备的精准执行，辅助现场施工，提高工程建造水平。投入智能监控系统，实现对地连墙围护结构自动监控、环境智能感知、地下水位智能监测、视频智能监控。

4) 打造智能化云工厂

建设智慧钢筋云集中加工配送中心、混凝土智能配送中心，实现钢筋自动优化料单、自动下料，混凝土工程自送生产、订单配送，确保材料的全过程溯源，保障实体工程质量。

2. 建设思路

以数字孪生、物理引擎、大数据、BIM、GIS等技术建立数字-物理衔接模型，以数字化、智慧化和智能化为核心设计思想，从而实现智能感知、智能分析、智能决策、智能执行等功能，打造地下连续墙数智建造综合管理平台见图3。

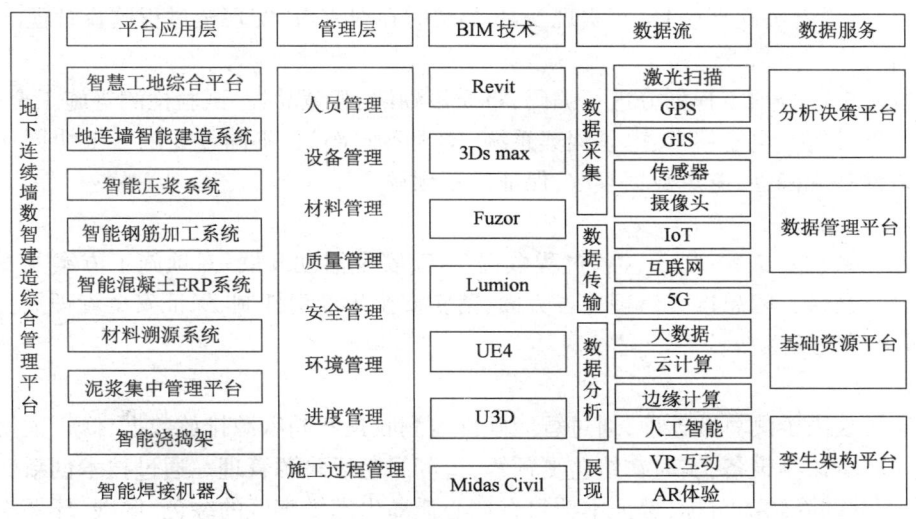

图3 地下连续墙数智建造综合应用框架

3. 数智建造与新IT技术

1) 数智建造与物联网

智能传感器、射频技术的物理感知模块是数字孪生实现虚实联动的基础和前置条件，由于项目建设地点位于江心岛，网络覆盖信号差，硬件数据采集传输效率低。通过布设5G信号基站，充分发挥5G通信技术优点，满足大量数据的传输和互联，实现硬件采集与云平台数据的实时交互，确保精准映射和快速反馈。

2) 数智建造与边缘计算

为满足和支撑项目建设周期内大量数据的处理和分析服务，采用云计算和边缘计算技术，将物理世界采集的数据内容通过边缘计算规则限制、筛选处理，实现云边数据协同处理，减少数据冗余，提高云计算效率，减少云端负荷，降低数据传输延时，做到全面、动态、实时交互。

3) 数智建造与智能决策

通过大数据比对、AI分析、区块链技术的综合应用，通过人工智能优选最佳算法，比对大数据价值信息，解释、预测施工生产过程和结果，预先干预，诱导事件向更好、更优、更可观的态势发展，以智能化技术手段，杜绝和避免事故发生，有效加快施工进度。

4）数智建造与精准执行

在经过数据集成、执行分析后，并以指令的形式反馈至铣槽机、智能浇捣架、智能焊接机器人等智能设备，实现设备特定控制命令的驱动，减少人为不可控因素干预，在保证工程施工质量和安全的同时，实现"机械化换人、自动化减人、智能化无人"的升级改造。

四、智慧管理平台

1. 协同管理系统

BIM协同管理平台是基于BIM+Web的信息管理平台，旨在将信息模型与网络交互，实现对模型数据的赋予、传输和交换，通过建立BIM协同、质量管理、安全管理、绿色低碳、进度管理、计量支付、工薪守护等数字化模块，将传统"人、机、料、安、环、测"透明化管理，实现数据的协同和信息共享，便于对项目建设全周期的动态把控。

1）BIM协同

对主体结构和附属工程使用唯一"身份"WBS编码进行建模和编码，以轻量化形式将BIM模型发布至协同管理平台，关联设计图档、施工进度、质量管理以及计量支付状态，建立施工场布轻量化模型，将监测监控、人员定位等设备关联至场景内，实现Web端实时在线查看，实现全过程监督管理。

2）质量管理

基于项目统一分部分项工程划分进行编码，将质量溯源、智慧品控、试验检测等施工全过程信息赋予构件，投入使用纸云同步、电子签章、电子档案系统，实现不同部门、不同专业的云上协同作业，确保施工过程数据的时效性和准确性，避免数据篡改，保证质量溯源。

3）安全管理

健全从安保体系、"一人、一机、一档"过程数据管控、安全活动开展、专项施工方案及交底编制、安全专项经费投入、风险管控、隐患排查治理等各方面，落实安全生产责任制，保证安全管理规范化，从源头杜绝安全隐患，避免事故发生。

4）绿色低碳

建立大桥碳排放因子测算数据库，通过智能硬件监测收集不同碳源排放数据，修正大桥碳排放因子，在关键区域投入环境监测设备，实时在线监测预警，追溯绿色风险源管理。通过技术创新、工艺优化等多种举措并行，实现减碳降碳的目标，保证本项目在江心孤岛生态敏感区的绿色、低碳、环保施工。

2. 智慧工地

1）人员管理

通过智慧门禁、智能定位手环、AI行为分析、工地云课堂、智能无人教室等智慧化管理措施，实现从人员进入施工现场的智能化识别考勤、施工现场内人员健康状态、实时位置的获取，保证关键管理人员和高危岗作业人员在岗和安全状态的监测预警。投入智能监控设备，进行AI行为分析，抓拍预警人员不戴安全帽、未穿反光衣、未系挂完全带、跌倒等多项行为，结合工地云广播系统及时制止作业人员不安全行为。基于专业化产业工人培训中心，打造从人员沉浸式一体化教育，专设24h无人化智能教室，闲余时间利用工地云课堂进行安全、质量、技术、环保等多方面知识普及教育，从思想上提高产业工人的精神面貌和知识储备，避免盲目作业。

2）设备管理

地连墙施工阶段主要设备为铣槽机、履带式起重机等，为保证施工过程关键参数的有效把控，在主要施工设备上安装智能传感器，通过视频识别技术、AI分析、区块链技术，将铣槽机面板数据实时获取，实时传输至数据库，经分析处理后反馈至智能建造平台，实现铣槽施工数据的实时展示和监测预警功能，基于铣槽机的高智能自动纠偏系统,将实时控制铣槽精度,在实际施工过程中,本项目全部62幅槽段的成槽垂直度均不超过1/1000。为确保钢筋笼吊装安全及下放垂直度控制,安装履带吊智能监测系统,实时获取履带式起重机吊装数据。通过陀螺仪获取钢筋笼姿态,以触发式动画模拟钢筋笼双机抬吊状态,应用GPS定位获取钢筋笼入槽位置,辅以吊装数据,模拟钢筋笼下放姿态及平面偏差,让施工过程管理更加直观。

3)物料管理

为确保原材质量和材料溯源性,在料仓内安装环境监测设备,监测数据超限自动开启与喷淋系统联动,实现自动降尘、智能喷淋。辅以智能摄像头,全覆盖料仓,通过AI智能分析,预估仓内余料体积数据,联动材料溯源,实时获取仓内材料受检情况,避免非法入仓,保证材料使用的可溯源性,确保工程实体结构物向构件追溯,由构件向原材追溯的通道。

3. 数字孪生技术

1)UE4 + 智慧工地

基于虚幻引擎UE4 + BIM模型可视化数字孪生建设理念,以面向应用、数据和AI分析的综合服务,来满足工地建设、管理、响应等需求,最终实现智慧工地数字孪生生态环境,赋能智慧工地建设。发挥UE4游戏引擎强大的渲染效果和强有力的表达形式,营造天气效果、场景变化给用户沉浸式三维体验感,有效区别于传统智慧工地Web端的轻量化表达,利用数字仿真、数字孪生技术进行项目建设周期内的多维度展示。

2)UE4像素流送技术

UE4系统在强大的表现形式和数字孪生体验感较强的同时,也存在以下问题:①UE4系统与业主网页端平台系统对接跳转问题;②UE4系统对使用者电脑配置要求较高;③UE4对外展示、短期体验者下载安装包不便。

在平台研发过程中通过技术攻关,基于像素流送(Pixel Streaming)、网络传输等技术手段,将渲染工作放置在远程服务器,基于网络形式,使用WebRTC协议将渲染后图像流传回本地设备显示,实现Web浏览器从手机、计算机和VR耳机访问的数字孪生平台。

3)BIM + 进度展示

以WBS编码为基准,通过BIM建模软件拆解整体结构模型构件,发布三维模型,分列不同施工阶段场景,挂接赋予每个构件施工起始时间、产值、构件体积信息。通过不同颜色区分构件施工进度,动态查看,解析施工工序节点进度和各阶段产值数据。

五、地连墙智能建造

1. 智能建造平台

1)系统定位及选择

地下连续墙智能建造系统,立足于网页展示,以便适配绝大多数硬件设备展示,从而增加使用人员,方便对现场管理,系统前端采用Html + Vue.js框架实现页面展示,后端采用Golang + MySql作为稳定数据传输支撑,辅以微信小程序做钢筋笼吊装安全确认,以智能化流程规范施工作业,实时展现智能化建造,随着施工进度推移,展现三维数字孪生模型。

2)模块及功能介绍

地连墙智能建造子系统主要分为七大模块:钢筋笼加工进度、工程进度统计、混凝土浇筑曲线、泥浆控制、成槽监测、成墙后检测、实时数字孪生三维界面,如图4所示。实现了地墙施工场地三维可视化底座,符号化显示场布内主要机械设备实时定位;图表化显示施工各项数据;动态监控展示钢筋笼制作进度;实施模拟双机抬吊姿态及数据;生成和储存施工过程中的泥浆控制、混凝土浇筑、成孔及成墙检测数据。

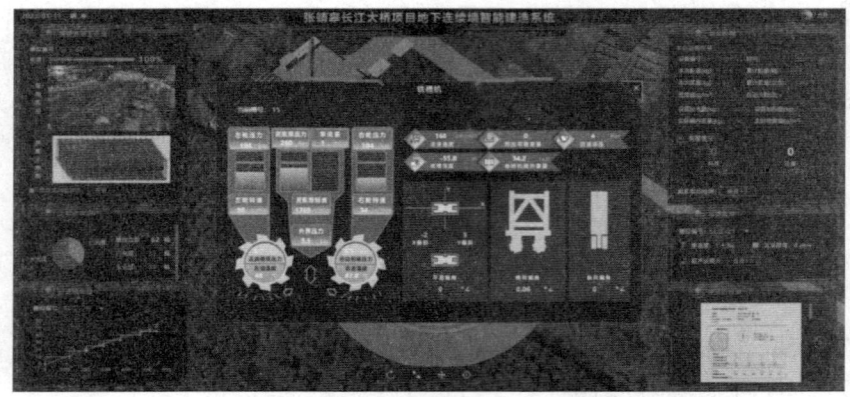

图 4　地下连续墙智能建造子系统

3) 研发吊装小程序

研发基于地连墙智能建造子系统数据联动的起重吊装小程序(图5)，方便现场施工管理,规范强化现场吊装安全,推行吊装标准化,作为起重吊装前必要安全核查内容,完善大型起重吊装的多级检查机制,保障现场大型吊装安全。

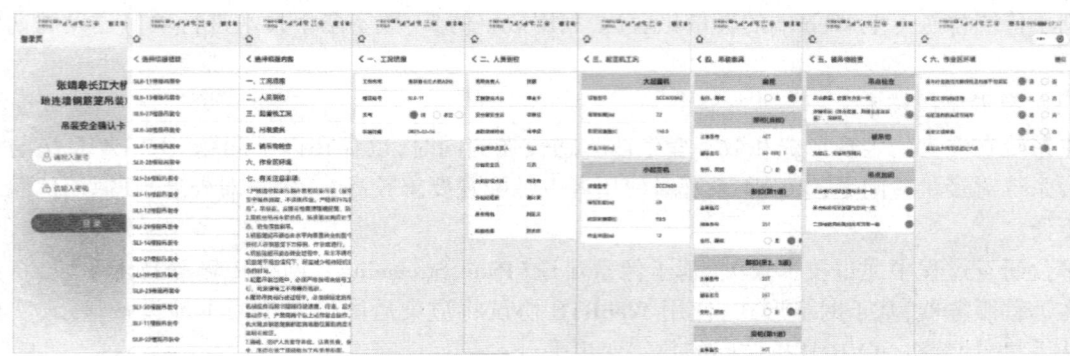

图 5　地下连续墙钢筋笼吊装小程序

2. 智能加工厂

1) 智能钢筋加工厂

通过智能钢筋加工系统及时掌握原材仓储情况、生产加工进度、钢筋配送情况、钢筋加工设备运行状态、作业人员行为及生产线环境状态。建设智能化钢筋厂智慧控制中心,内设控制大屏展示智能钢筋厂管理系统和钢筋半成品展示。在加工设备旁设置数字化生产监控终端,可直观了解当前设备生产情况,实现任务监控、效能统计。

2) 智能混凝土供应中心

通过建造智能混凝土集控中心,实现全过程混凝土生产可视化。打造拌和站智能化建设,投入ERP和智慧混凝土运输系统,与材料溯源、智慧试验室等系统打通数据壁垒,实现从材料进场、浇筑任务下达、试验配合比关联、仓储数据获取、生产拌和数据展示、混凝土运输与浇筑信息的全过程溯源管控。实现结构物从构件向原材料质量管理正反向溯源的智能信息化系统。

3. "四新技术"应用

1) 环保型泥浆工厂

地连墙施工期间,在锚碇中心区域打造环保型泥浆工厂(图6),集泥浆制备、循环、净化及压滤处理为一体的在线化泥浆管理平台。采用全自动制浆机、泥浆指标实时检测系统,提高泥浆的循环利用率和废浆的零污染排放。环保型泥浆工厂外设封包大棚封闭防护,避免恶劣气候对泥浆性能的影响,同时有效的控制膨润土扬尘污染,实现全天候、无扬尘及零污染排放的目标。

图6 环保型泥浆工厂

2) 钢筋笼智能焊接机器人

采用目前国内先进的地连墙钢筋笼自动焊接机器人(图7),通过程序测算,内置算法、AI分析、自主学习等多途径,利用高精度传感器结合视频识别钢筋笼加工进度,在既有固定数量胎架的前提下,自主优化加工速度,确保钢筋笼加工进度不滞后。同时智能焊接机器人其具有高稳定性和适应性,使焊接质量更能保证,在实际应用中降人工、提质量、升效率的效果明显。

图7 地连墙钢筋笼智能焊接机器人

3) 智能浮球法混凝土高程测量

在地连墙混凝土灌注施工过程中,采用创新设计的基于智能浮球法的地连墙混凝土高程测量系统,对混凝土高程进行测量,单体计数轮可有效计数精确到0.01mm(图8)。通过对浮球在不同液位中的实际重量进行判断,实时显示混凝土顶面曲线高程,操作方便、成本低、稳定可靠,有效避免了地连墙混凝土浇筑过程中形成不连续面,不仅提升了混凝土浇筑施工质量,而且测量效率高。相比常规混凝土高程测算及测量方式,其准确性大大提高。

图8 智能浮球法混凝土高程测量

六、结　语

随着智能建造、智慧城市等理念的提出和推广，在现有 BIM、GIS、人工智能、IoT 等新一代信息技术的应用基础上，在特大型桥梁建设过程中，综合应用数字化、智能化的管理方式，改变固有管理模式，提高项目建设水平，以信息技术解决在工程领域内现有数据孤岛，打通建设、设计、施工以及第三方单位之间的数据交互壁垒，实现云上协同作业和施工全过程的智能化闭环管理。本项目在地连墙施工阶段智能建造技术应用结果虽成效显著，但仍然存在不足之处，主要表现在以下几个方面：

（1）智能建造技术应用点不够集中，受传统施工工艺、机械设备等局限，难以大面积全面推广应用智能建造技术，技术手段不够成熟，全面应用前相对施工质量、安全及进度的保障性要求尚不明确，更多还以人为主，以智为辅的作业模式。

（2）智能建造技术受智能硬件、数字化平台的局限性较高，硬件数据采集的稳定性、可靠性以及保有率不高，在实际施工中受各类因素影响，采集终端在建设全过程的正常数据传输难以保证，在一定程度上系统的容差率和硬件设备的保有率仍是后续进一步研究的重点。

（3）投入成本高，且管理人员固有管理模式转变难度大，在智能化设备上花费较大的成本投入，现场落实执行不到位则会带来较小经济效益，造成资源的浪费和冗余，智能建造技术带来的优势将不明显，甚至被抵消。

综合在地连墙施工阶段数智建造技术带来的些许弊端，其成效也十分显著，在智能加工厂、智能焊接机器人、智能化设备的加持下，地连墙成墙质量得以保证，全部 62 幅槽段均为 I 类墙，也助力本项目在该工序较进度计划提前近两个月完成全部施工任务。在数智化应用上，得到业主及社会各界的一致认可，也为后续施工工序的顺利开展奠定基础，在后续的智能化建造中，将汲取优势，弥补不足，继续将数智化技术在项目建设中充分发挥，促进智能建造技术的提升和应用。

展望未来，传统建筑业面临转型升级的新机遇和挑战，智能建造技术将时新时代发展产物，作为全新领域，以工程建设为基础，以高端技术为引领，发挥新技术的优势，突破传统工程建设瓶颈，实现高效、优质、可持续的核心建设目标。

参考文献

[1] 张雍华,王富章,蒋丽丽,等.高速铁路智能基础设施发展关键技术研究[J].铁道建筑,2021,61(3):87-91.

[2] 李俊亭,梁立立,李颖涵,等.基于区块链技术的智能建造数据协同研究[J].情报杂志,2022,41(12):104-110.

[3] 宋姗,寇清.BIM 技术驱动的智慧工地数据流程与创新应用[J].建筑技术,2023,54(6):649-651.

[4] 郑文阳,杜俊豪,邰谍,等.全生命周期基于 BIM 协同管理的研究与应用[J].施工技术(中英文),2021,50(24):57-59,94.

[5] 李梅,姜展,满旺,等.基于虚幻引擎的智能矿山数字孪生系统云渲染技术[J].测绘通报,2023(1):26-30.

[6] 尤志嘉,吴琛,刘紫薇.智能建造研究综述[J].土木工程与管理学报,2022,39(3):82-87,139.

[7] 刘占省,孙啸涛,史国梁.智能建造在土木工程施工中的应用综述[J].施工技术,2021,50(13):40-53.

8. 附着作用下钢塔与塔式起重机的局部受力及整体稳定性研究

储长青[1] 王皓冬[2] 刘亮[2] 刘杰[2] 周彬[2]

(1. 江苏省交通工程建设局;2. 四川公路桥梁建设集团有限公司)

摘 要 目前学者们多对混凝土桥塔的受力特性、施工方法进行相关研究,而对于钢塔及塔式起重机附着施工的相关研究较少。依托某长江大桥项目,本文采用 Ansys 有限元软件根据对钢塔附着节段进行最不利工况下的局部分析。同时采用 midas Civil 对钢塔及塔式起重机的结构整体进行施工阶段分析。研究结果表明,附着情况下钢塔局部强度、刚度及塔式起重机的静刚度符合规范要求;相比之下,由于该项目结构整体高度超过 200m 且地处临江地段,随着钢塔安装高度的增加,风荷载将作为结构整体变形的主要影响因素。

关键词 钢塔 有限元分析 局部验算 施工阶段分析

一、引 言

随着我国交通基础设施的迅速发展,大跨径桥梁的建设已成为趋势。特别是随着斜拉桥与悬索桥设计跨度逐渐增大,桥塔的设计高度亦创下新纪录。

钢桥塔因其低自重、施工效率高及出色的抗震性能而在近年来被广泛采纳。在这类高塔的施工中,大吨位塔式起重机成为不可或缺的施工设备,其规格与安装高度随着桥塔设计高度的增加而调整。在施工阶段,塔式起重机与桥塔的连接常采用撑杆固定,其易受风荷载作用。由此塔式起重机荷载与风荷载的复合效应可能导致施工中桥塔受到显著的塔式起重机反力,使得桥塔与塔式起重机的动态响应复杂化。随着高度的增加,特别是在环境恶劣的条件下,钢塔与塔式起重机将呈现出典型的高柔结构特性。为确保结构的稳定性,必须控制其在受到吊装荷载与风荷载共同作用时的整体稳定性,确保满足相关规范,从而确保施工期间的人员与设备安全。目前,部分学者对桥塔与塔式起重机在附着状态下的动力响应进行了一系列研究,但此类研究仍然相对较少。潘胜平[1]以元洪航道桥为背景,介绍桥塔塔式起重机附着设计与施工技术。蔡俊[2]以济南市凤凰路黄河大桥工程为例,论述了桥塔外挂塔式起重机的悬挂及附着形式,计算分析外悬挂附着式塔式起重机对桥塔线形的影响。李盛洋[3]为保证主体结构在塔式起重机吊装作业等极端工况下的安全性,需根据塔式起重机附着反力对索塔的整体及局部安全性进行验算。马如进等[4]对比研究了联合体系中塔式起重机与桥塔在顺桥向、横桥向的振动响应差异。苏洋等[5]采用风洞试验方法测试了裸塔状态下和桥塔与塔式起重机组合体系下各自的风致振动响应,并进行了对比分析。

综上,本次研究基于某长江大桥项目,通过计算塔式起重机附着反力,分析钢塔最不利工况下的局部受力与塔式起重机附着的整体刚度,为主体结构在吊装施工过程中的稳定性与安全性提供理论支撑。

二、工程概况

本项目长江大桥位于长江下游澄通河段如皋沙群段跨越长江,主桥为双塔单跨吊钢箱梁悬索桥,全长 2268m,主跨为 1208m。索塔采用门式框架外形、钢索塔结构,如图 1 所示。塔柱总高 217m(含塔冠),塔冠高 9m,设置上下两道横梁。下横梁采用梯形截面,单箱双室结构。上横梁外形为横置"K"形,截面采用梯形。钢塔柱共划分为 23 个节段,首节段长度为 4.057m,其余节段长度范围为 5.6~11.2m。其中首节段为塔底节段,质量为 393.2t,由门式起重机进行吊装;其余节段质量最大为 170t,均采用塔式起重机进行吊装。根据设计要求,需要在索塔双肢中间靠跨中侧布置一台 R8000-320 塔式起重机,由于索塔承台为哑铃形,塔式起重机无法布置在承台上,故施工"桩+承台"基础作为塔式起重机基础。塔式起重机布置高度约为246.2m,由于塔身的斜率,在大悬臂状态下由自重和施工荷载等产生的水平分力在塔身根部形成较大的弯矩,使塔柱根部内外侧应力严重不均,甚至塔身根部内侧压应力超出设计要求或根部外侧压浆段出现拉应力而开裂。因此根据塔式起重机使用手册并结合实际情况,塔式起重机与钢塔的塔身及横梁进行3道附着连接,通过在钢塔施工阶段设置临时横撑保障钢塔及塔式起重机的稳定性要求。

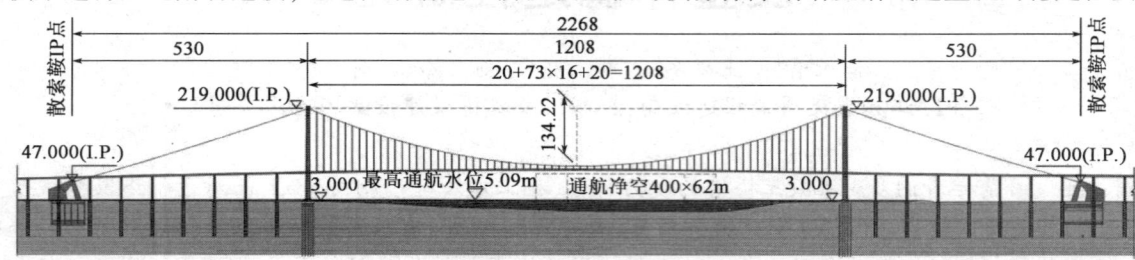

图1 主桥立面布置图(尺寸单位:m)

三、局部分析验算

1. 荷载工况

根据钢塔附着方案,塔式起重机第一道附着于钢塔下横梁,第二、第三道附着由相应的钢塔节段承受。为避免钢塔应力集中产生过大的变形,每个钢塔通过撑杆与两个单孔基座连接,通过螺栓及销轴承受塔式起重机附着处的剪力、拉力,钢塔附着立面图及第三道附着布置图如图2、图3所示。

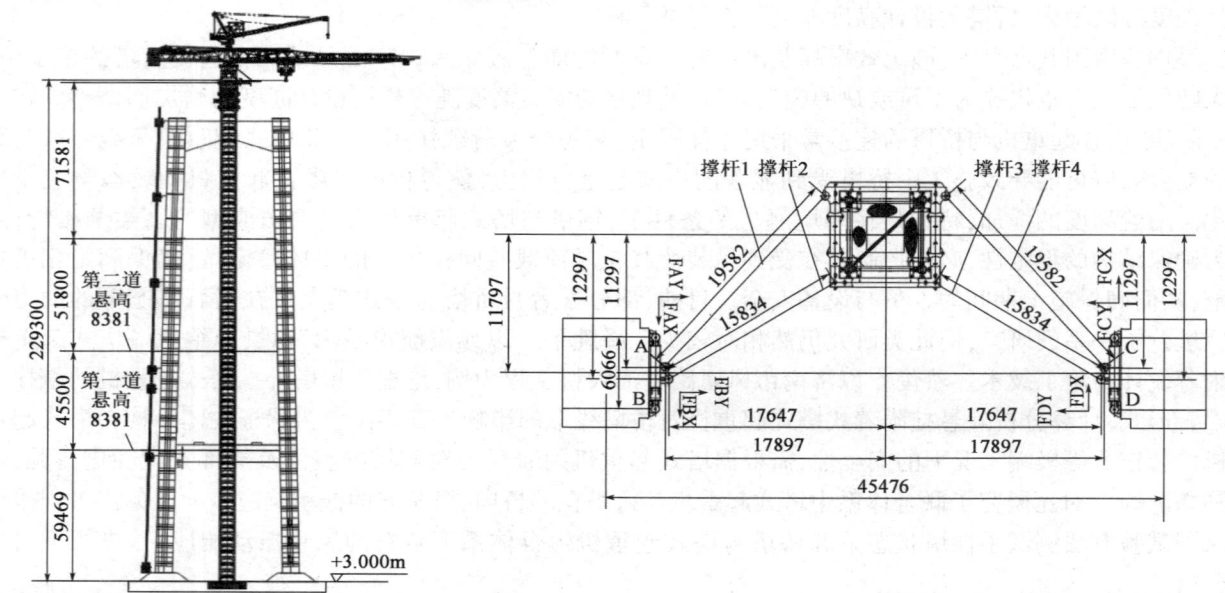

图2 塔式起重机附着布置示意图(尺寸单位:mm)　　图3 第三道附着布置图(尺寸单位:mm)

根据钢塔设计及附着计算结果表明,结构在第三道附着时的钢塔节段截面最小、受力最大,为最不利受力情况。此时支座处剪力最大值为±1128kN、法向力为±1917kN。两个支座下的结构受力共存在16种工况,考虑模型的对称性,取10种工况进行计算,如表1所示。

工况荷载取值表　　表1

工况	基座序号	剪力(kN)	法向力(kN)	工况	基座序号	剪力(kN)	法向力(kN)
1	基座A	1128	1917	3	基座A	1128	1917
	基座B	1128	1917		基座B	1128	-1917
2	基座A	1128	1917	4	基座A	1128	1917
	基座B	-1128	-1917		基座B	-1128	1917

续上表

工况	基座序号	剪力(kN)	法向力(kN)	工况	基座序号	剪力(kN)	法向力(kN)
5	基座A	-1128	-1917	8	基座A	1128	-1917
	基座B	1128	1917		基座B	1128	1917
6	基座A	-1128	-1917	9	基座A	1128	-1917
	基座B	-1128	-1917		基座B	-1128	-1917
7	基座A	-1128	-1917	10	基座A	-1128	1917
	基座B	-1128	1917		基座B	-1128	-1917

2. 算例模型及结果

1) 算例模型

本文利用 ANSYS 有限元软件对模型进行有限元分析。考虑最不利受力情况,模型采用第三道附着处钢塔节段 T17 进行建模,基座通过 $12 \times \phi 48$ 的螺栓和 $2 \times \phi 81$ 的销孔与钢塔连接,共划分 155361 个单元,有限元模型及附着基座布置如图 4 所示。材料本构采用与应变率无关的双线性随动硬化模型(Bilinear kinematic hardening),该模型能够体现材料在一个方向屈服点提高,其他方向的屈服应力相应下降的特点。计算分析中设定钢材的强屈比为 1.2,极限应变为 0.025。钢塔采用 Q390D 钢材,根据《钢结构设计规范》[6] 可知,44mm 钢板的抗拉/压强度设计值为 310MPa,抗剪设计值为 180MPa。模型中采用摩擦接触模拟基座与钢塔的表面接触,螺栓及销棒采用实体单元通过绑定连接进行模拟。钢塔节段上下表面采用固定约束作为边界条件。附着点支座荷载采用双向远程力布置在基座耳板中心。

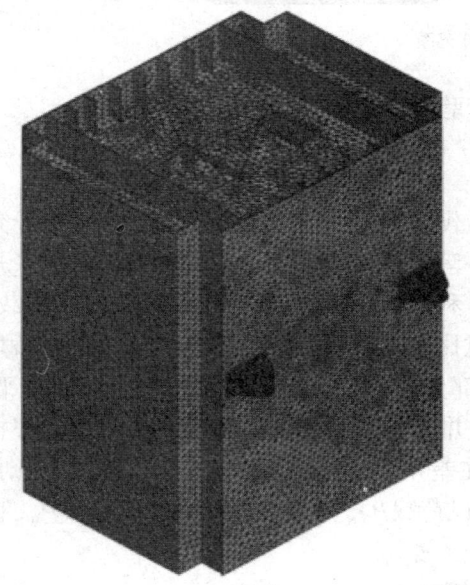 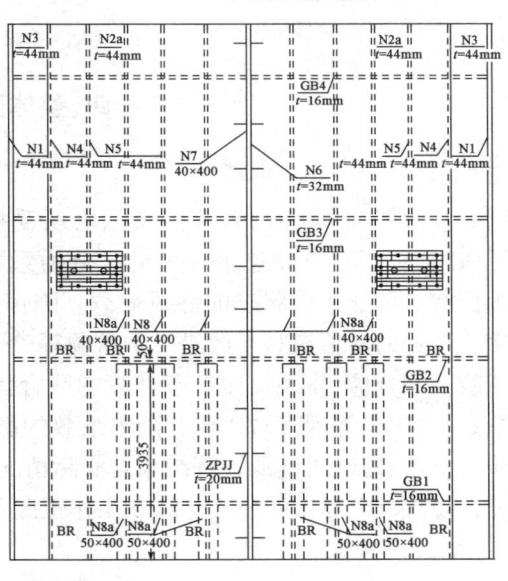

图 4 有限元模型及附着布置图

2) 分析结果

根据前文所述的 10 个工况,表 2 给出了各个工况下钢塔的 Von-Mises 有效应力、剪应力及总变形的计算结果。钢塔的有效应力变化范围为 128~264.9MPa,剪应力变化范围为 27.1~75.5MPa,小于规范设计值,结构强度满足要求。进一步参考各个工况下的合力受力方式可知,该钢塔的承载力变化对弯扭矩较为敏感,工况 9 时达到结构的承载力最不利状态。钢塔的总变形范围为 0.64~2.587mm,在工况 1 下钢塔节段的总变形达到最大,但均低于 $l/400 = 7.5$mm(l 为横隔板间距,其值为 3000mm),刚度满足规范要求。同时这说明该钢塔节段的刚度敏感性与强度不同,对于变形而言其更与压力相关,最大应力及变形云图如图 5 所示。综上可知,钢塔在各个最不利工况下的局部强度、刚度均满足规范要求,结构设计较为合理。

各工况计算结果   表2

工况	有效应力(MPa)	剪应力(MPa)	总变形(mm)	工况	有效应力(MPa)	剪应力(MPa)	总变形(mm)
1	242.2	56.9	2.58	6	132.1	33.8	0.71
2	221.1	43.1	2.44	7	128.2	34.7	0.64
3	220.3	63.5	2.51	8	264.2	75.5	1.81
4	219.7	42.4	2.41	9	264.9	75.8	1.74
5	242.8	57.2	2.07	10	157.5	27.1	0.38

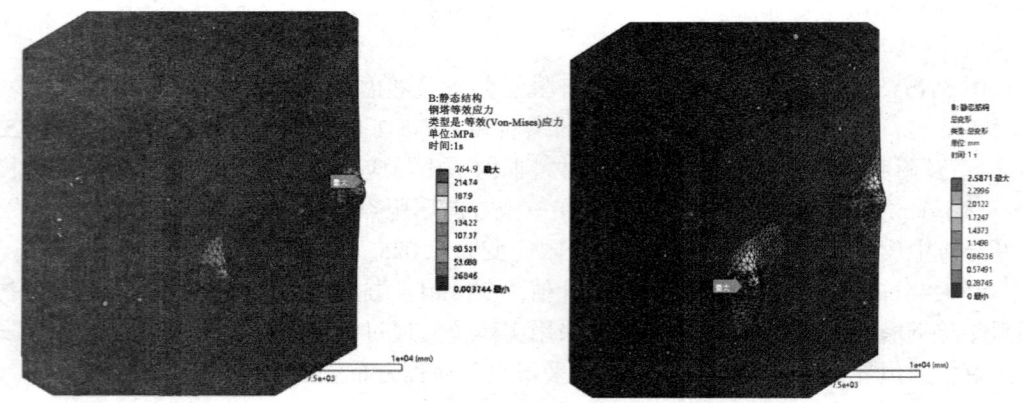

图5 有限元计算云图

四、整体刚度验算

1. 分析工况

目前已有众多学者对塔式起重机及钢塔所受风荷载的计算方法及特征进行了相关研究。王士刚[7]利用CFD计算了自立状态下桥塔的三分力系数和等效静力风荷载。崔少杰等[8]对比了规范中塔式起重机工价状态和非工作状态的静风荷载。陈伟等[9]利用CFD分析塔身和起重臂的风荷载作用,对风压高度变化系数的取值进行了改进。朱秋颖等[10]通过比较不同方法计算带塔式起重机钢桥塔联合体系在静风荷载下的响应,发现按照规范计算的联合体系部分位移响应极值偏于不安全。谢华平等[11]等研究挡风系数、风向角等因素对风荷载阻力系数的影响,并与各国规范及试验进行了对比。根据已有研究结果可知,现有国内外规范的计算结果与实际情况存在差异。但结合本项目工程实际,本文则根据《塔式起重机设计规范》[12]提供的公式计算非工作工况下的风荷载P_{WN}及工作工况下的风荷载P_W,公式如下所示:

$$P_W = 0.625 v_w^2 CA \quad (1)$$
$$P_{WN} = K_h 0.625 v_n^2 CA \quad (2)$$

式中:C——构件的空气动力系数;

A——构件的特征面积;

v_w、v_n——工作及非工作状态下的计算风速;

K_h——风压高度变化系数。

根据设计要求及上述公式,计算得到工作工况时塔身风荷载为1.34N/mm;第1道附着非工作工况塔身风荷载为11.24N/mm;第2道附着非工作工况塔身风荷载为11.95/mm;第3道附着非工作工况塔身风荷载为12.47/mm(10m处计算风压为1200Pa)。塔式起重机头部荷载采用三弯矩方程进行计算,计算结果见表3所示。

塔式起重机荷载计算结果　　　　表3

工况	弯矩(T·m)	水平力(kN)
工作工况	6531.4	110.4
非工作工况	-4734.4	644.5

2. 算例模型及分析结果

本节采用 midas Civil 对附着状态下结构的进行有限元分析。根据施工工艺流程,钢塔吊装及三道附着由下至上依次进行,结构模型如图6所示。钢塔节段、上下横撑均通过 SPC 截面特性计算器导入,塔式起重机及每道附着撑杆均采用梁单元模拟,钢塔及塔式起重机底部采用固定约束。

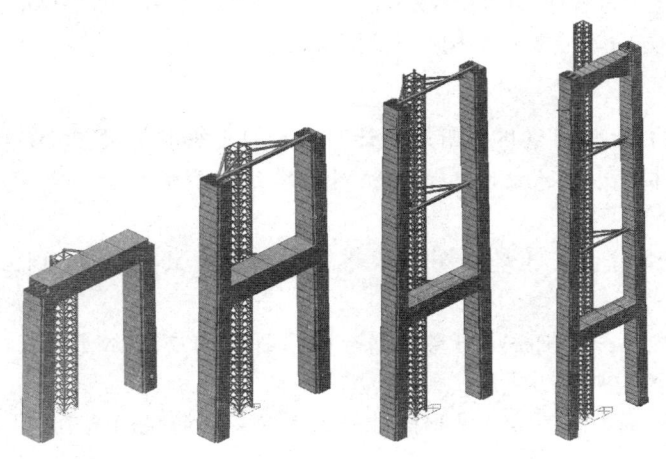

图6　算例模型

3. 静刚度验算

根据《塔式起重机设计规范》[12]的要求,需验算塔式起重机的静态刚性。该刚度定义为以规定的荷载作用于指定位置时产生变形的结构在某一位置处的静位移值来表征。在额定起升荷载作用下,起重臂根部连接处的水平静位移推荐不大于 $1.34h/100$,其中 h 为起重臂根部连接处至直接支撑整个塔身的平面的垂直距离。通过对各个工况下进行分析,计算结果见表4所示。从表中可以看出结构整体变形,为0.566m,远低于静刚度限值3.04m,附着设计合力,符合规范要求。而非风荷载(塔式起重机荷载、吊装荷载及自重等)对结构造成变形的占比随着结构高度的增加而逐渐减少,从最开占据主导地位的74%下降至15%。因此对于该工程项目而言,随着施工高度的增加,应考虑结构刚度主控因素的变化,并采取相应的控制措施。值得一提的是,在采用施工阶段分析时,若考虑结构的累计切向位移,其计算结果为2.09m。其原因在于由于构件自重及荷载的作用下,结构会发生变形,这个变形将在后续施工阶段激活的构件作为初始切向变形,并进而在随后的分析中产生附加弯矩、变形,使得计算结果差异较大。然而实际在施工过程中,根据塔式起重机的施工要求,结构在安装每道附着前均需要对塔机结构的垂直度进行调整,故在施工节段分析时,不需考虑累计切向位移。

计算结果　　　　表4

工况	总变形(m)	非风荷载占比
附着1	0.107	74%
附着2	0.128	58%
附着3	0.21	38%
完整结构	0.566	15%

五、总　结

通过对钢塔及塔式起重机附着进行局部、整体分析，本文得出以下结论：

(1) 本文分析了 10 种最不利工况下的钢塔局部强度、刚度及其敏感性，验证了钢塔在附着状态下的安全性。

(2) 通过分析塔式起重机在工作工况与非工作工况下的整体变形，验证了该塔式起重机在附着作用下的静刚度满足规范要求。同时在施工阶段分析中，考虑切向位移的累计初始变形对结果影响较大，应根据实际情况进行考虑。

(3) 通过对结构整体变形的占比进行分析可知，结构整体变形随着高度的增加，逐渐由风荷载起到主要控制因素。因此在施工过程中，不同阶段可根据风荷载实际情况，结合钢塔的受力敏感性，通过调整塔式起重机荷载的大小、方向等减少对结构产生的不利影响。

参考文献

[1] 潘胜平. 平潭海峡公铁大桥桥塔塔吊附着设计与施工[J]. 世界桥梁, 2020, 48(5): 16-20.
[2] 蔡俊, 王广涛, 程相伟, 等. 外悬挂附着式塔机对桥塔线形影响分析[J]. 建筑机械化, 2022, 43(7): 32-34.
[3] 李盛洋, 贺旭洲, 王寅峰, 等. 大跨径斜拉桥塔吊附着反力效应计算[J]. 中国水运, 2019, 19(9): 181-183.
[4] 马如进, 李方宽, 胡晓红, 等. 钢桥塔与塔吊联合体系抖振响应试验研究[J]. 湖南大学学报(自然科学版), 2021, 48(1): 92-99.
[5] 苏洋, 李鹏, 胡朋, 等. 施工态下塔吊对钢桥塔涡激振动影响的风洞试验[J]. 公路交通科技, 2020, 37(9): 67-72, 89.
[6] 中华人民共和国住房和城乡建设部. 钢结构设计规范: GB 50017—2017[S]. 北京: 中国建筑工业出版社, 2017.
[7] 王士刚. 超高桥塔风致振动及TMD振动控制研究[D]. 成都: 西南交通大学, 2014.
[8] 崔少杰, 范顺成, 管啸天, 等. 风载荷对动臂塔式起重机静力学的影响分析[J]. 机械设计, 2016, 33(2): 68-72.
[9] 陈伟, 秦仙蓉, 杨志刚. 塔式起重机塔身和起重臂的风载荷特征分析[J]. 浙江大学学报(工学版), 2018, 52(12): 2262-2270.
[10] 朱秋颖, 胡晓红, 韩治忠, 等. 钢桥塔与塔吊联合体系风荷载效应研究[J]. 上海公路, 2022(2): 26-29, 84, 165.
[11] 谢华平, 何敏娟, 马人乐. 基于CFD模拟的格构塔平均风荷载分析[J]. 中南大学学报(自然科学版), 2010, 41(5): 1980-1986.
[12] 中国机械工业联合会. 塔式起重机设计规范: GB/T 13752—2017[S]. 北京: 中国标准出版社, 2017.

9. 基于 CDP 的混凝土抗浮性能分析及损伤研究

王皓冬[1]　刘 杰[1]　刘 亮[1]　李清培[1]　余贵杨[2]

(1. 四川公路桥梁建设集团有限公司; 2. 江苏现代蜀宁工程建设有限公司)

摘　要　长江水位在汛期变化较大，为了解地下水浮力对某长江大桥围堰内封底混凝土板的影响，本文总结了目前考虑了水土渗流效应的地下水浮力计算方法，并依据弹塑性损伤模型(CDP)采用有限元软件 midas FEA 对混凝土底板进行不同水位下的有限元分析。结合计算结果及现场实际情况,将混凝土的损伤划分为三个阶段,同时进一步将地下水位与量化的损伤指数相对应,从而能够在达到临界水位前采取措施避免封底混凝土板发生破坏,为施工安全提供保障。

关键词 地下水浮力 损伤塑性模型 有限元分析 损伤指数 水位线

一、引 言

在土木工程设计与施工过程中,地下水浮力经常被视作不利荷载,可能导致结构抗浮稳定性的缺失。目前,结构抗浮的主要策略为在初步勘查阶段详细探究场地的水文地质条件与地下水赋存特性,为抗浮设防水位的确定提供具有足够安全度和经济合理性的依据。在设计阶段,通常以抗浮设防水位为基准计算浮力,并进行相应的抗浮验算。然而,临江地区的地下水位主要受长江水位制约,汛期阶段长江水位容易发生显著波动,从而引起地下水浮力的剧烈变化,增加了结构失效和破坏的风险。针对某长江大桥项目,为规避过高估计地下水浮力或低估结构抗浮性能所导致的资源浪费,并确保施工过程的安全性,本文对以下几个方面展开研究:

(1)地下水浮力的取值:需要确定地下水浮力的合理取值以便有效评估其对结构的影响。这涉及地下水位、水文地质特征等多方面的影响。

(2)结构的承载力计算:全面评估结构的抗浮承载能力并进行损伤等级的划分,为后续研究提供依据。

(3)地下水位与结构损伤的关系:确定地下水位与结构损伤等级之间的关系,通过量化安全工作范围,使得结构在施工过程中更加安全可控、避免资源浪费。

二、工 程 概 况

本次研究基于某工程项目,该项目位于长江下游,为 530m + 1208m + 530m = 2268m 的双塔单跨整体式钢箱梁悬索桥,索塔采用门式框架外形、钢索塔结构;钢塔桩基采用群桩基础。承台采用哑铃形承台,单个承台横桥向尺寸为 29.8m × 29m(横×纵),两承台之间采用 13.6m × 22m(横×纵)系梁相连,承台、系梁厚度为 6m,系梁设置 2m 后浇带,如图 1 所示。

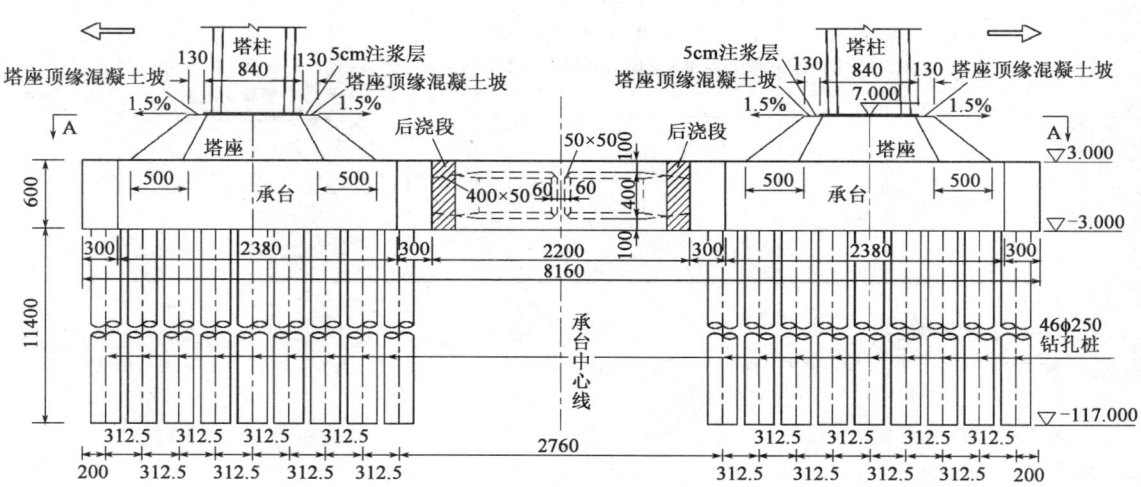

图 1 承台桩基示意图(尺寸单位:cm)

根据地质报告对含水层的岩性、地下水的赋存条件、水力特征等可知,地下水为松散岩类孔隙水,长江水位在高潮时高于潜水位,潜水主要接受大气降水与附近江河沟塘水的补给,与长江等地表水体有一定水力联系。本次计算混凝土底板所处区域的底部为淤泥质黏土,为弱透水层;底板之上土层为粉砂,为潜水层,涉及的土层物理力学指标见表1。

土层物理力学指标及岩土设计参数值表　　　　表1

岩土序号	数值1	天然含水率（%）	水平渗透系数（10^{-6}cm/s）	竖向渗透系数（10^{-6}cm/s）	渗透系数（10^{-6}cm/s）
1	粉砂	25.8	—	—	1310
2	淤泥质粉质黏土	37.7	0.76	0.55	—

三、地下水浮力计算

水浮力的实质是在地下结构顶面和底面间的液压差，是由地下水的渗流行为导致的重要现象。当结构处于黏性土层（弱透水层）时，水浮力将会相较于静水条件下的值有所降低。

在地下水浮力的计算过程中，地方性标准[1-3]建议，除非具备长期有效地下水位控制措施和专业的渗流分析，否则不宜对地下水水头进行折减。而文献[4]的试验研究认为黏性土中地下水对于地下结构产生的浮力是可进行折减的，其折减系数近似为0.65。文献[5]的模型试验结果指出，随着时间和水位的增长，无论基础是处于土层上或是埋于土层中，黏性土地基所受到的浮力均可能出现折减，且折减系数可以由0.4逐渐增大至约0.7。文献[6]提出考虑水浮力有利作用时，建议水浮力荷载组合系数取0.9。同时，文献[7]建议结合地区的实际经验对黏性土地基中的基础浮力进行折减。

由于学者们采用的试验方法及土层性质的差异性，目前关于地下水浮力的计算方法尚未统一。基于实际土层地质报告，本文参考现有研究成果挑选了三种地下水浮力的计算方法，计算模型如表2所示[8-10]。考虑结构的安全冗余度，选取最大值作为后续地下水浮力的计算值。

地下水浮力计算模型　　　　表2

序号	计算表达式	备注	图例
1	$p = \gamma_w h \dfrac{h_t - d}{h_t}$	本项目黏土含水量较大，在没有试验结果的情况下，I_0偏安全取1	
2	$p = k_f \psi_f \gamma_w (b - b_0)$	ψ_f为地下水浮力折减系数，本项目淤泥质黏土的渗透系数k为4.8×10^4，该处取0.5	
3	$p = k_f \gamma_w \left(h - \dfrac{h}{t} \right) d$		

注：式中：γ_w——水的重度；

　　h——潜水层厚度；

　　k_f——抗浮稳定安全系数，取1.05；

　　b_0——相对于水位高程b的结构底面高程；

　　h_t——渗流影响厚度，$h_t = \dfrac{h}{I_0}$；

　　I_0——渗流起始水力坡度；

　　t——弱透水层厚度；

　　d——底板埋入弱透水层的厚度。

四、基于CDP的混凝土损伤分析

1. CDP模型介绍

在有限元分析中，模拟混凝土的本构模型主要有弥散开裂模型、混凝土开裂模型和损伤塑性模型

(CDP)。CDP 模型以各向同性弹性损伤结合各向异性受压(受拉)塑性损伤来替代混凝土的非弹性行为,能够达到从材料内部微观角度探索宏观力学效应的目的[11]。该模型的优点在于可以模拟钢筋混凝土或素混凝土的单调、循环或动力荷载时的力学行为,同时仅有该方法对显示算法和隐式算法均适用。需要指出的是,偏保守考虑,计算中混凝土均采用规范中建议的素混凝土参数。本文采用《混凝土结构设计规范》[12]中的应力-应变关系,混凝土本构关系曲线参见图 2。

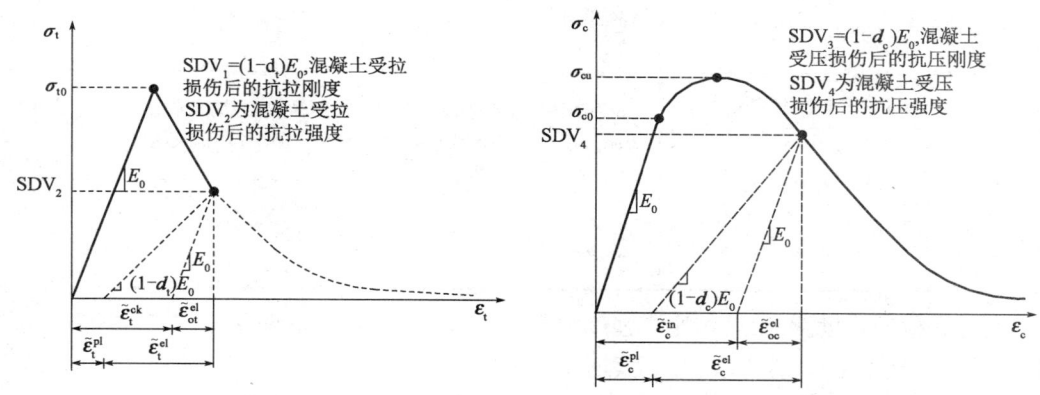

图 2 混凝土受拉、受拉应力-应变曲线

单轴受拉时,在达到极限弹性应力 σ_{t0} 之前为线弹性,之后为软化阶段,同时伴随着刚度的退化,描述为后续的破坏应力和开裂应变的关系。单轴压缩时,在达到初始屈服应力 σ_{c0} 之前为线弹性,之后为强化阶段,直到极限应力 σ_{cu},然后为软化阶段。

混凝土单轴受力应力-应变曲线如图 3 所示。当荷载由拉伸状态转变为压缩状态时,混凝土中的微观裂缝得到有效闭合,从而导致抗压刚度迅速回归至其初始抗压状态;而结构从受压状态转为受拉状态时,混凝土的抗拉刚度并未显示同等的恢复性,且随着混凝土材料塑性状态逐渐发展,其刚度呈现明显的衰减趋势。为了在弹塑性损伤本构模型中有效表达此类刚度衰减现象,需采用损伤指数进行描述。混凝土单轴应力状态损伤定义示意图如图 4 所示,在材料的纯弹性阶段,其相应的损伤指数为 0;当材料进入弹塑性阶段时,损伤指数的增长速率较快,一旦损伤指数值达到 1,材料即达到失效状态。众多研究均表明,混凝土材料的非线性响应主要受其内部损伤演化机制的控制,这种机制包括微孔隙和微裂缝的形成、扩展、聚合及其最终的贯通。此外,混凝土材料及其构件的失效特征,通常表现为裂纹的初始产生、扩展以及最终沿裂缝面的摩擦滑动。

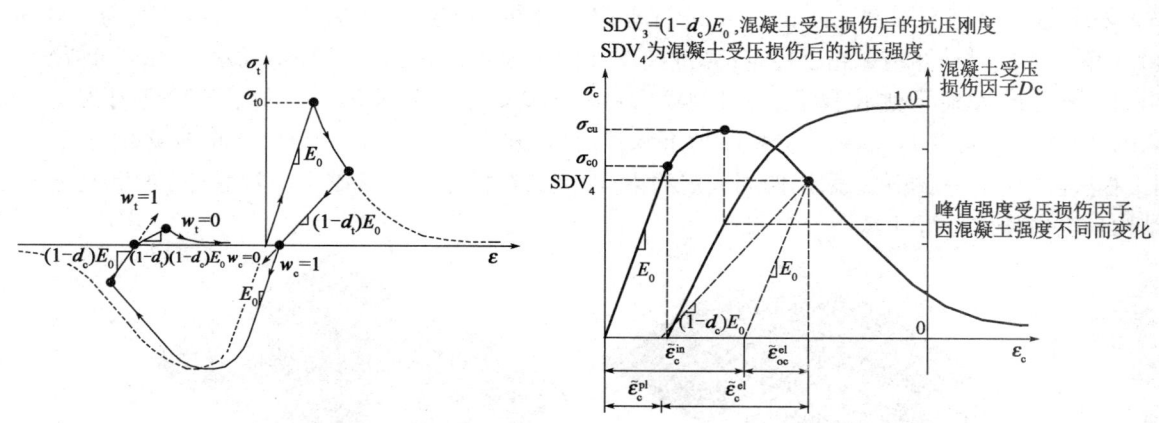

图 3 混凝土单轴受力应力-应变曲线图   图 4 混凝土单轴应力状态损伤定义示意图

目前,关于损伤指数的计算方法主要有高斯积分法[13]、Najar 应变能损伤公式[14]、张劲公式法[15]、Mazars 损伤公式等,见表 3。

损伤指数计算模型　　表2

序号	表达式	备注
1	$\dfrac{\frac{1}{2}E_0\varepsilon^2 - \int f(\varepsilon)\mathrm{d}\varepsilon}{\frac{1}{2}E_0\varepsilon^2}$	E_0 为混凝土初始弹性模量；ε 为材料应变；$f(\varepsilon)$ 由不同应变率下的混凝土应力-应变曲线确定
2	$\dfrac{W_0 - W_\varepsilon}{W_0}$	W_0 为无损状态下的应变能；W_ε 为损伤状态下的应变能
3	$\dfrac{(1-\rho)\varepsilon^{in} E_0}{\alpha_k + (1-\rho)\varepsilon^{in} E_0}$	ρ 为塑性应变与非弹性应变的比例系数；ε^{in} 为混凝土受拉情况下的非弹性应变；α_k 为混凝土单轴受荷应力-应变曲线下降段的参数值
4	$1 - \dfrac{\varepsilon_c(1-A_{1/c})}{\varepsilon} - \dfrac{A_{1/c}}{\exp(B_{1/c}(\varepsilon-\varepsilon_c))}$	ε_c 为混凝土失效应变；$A_{1/c}$、$B_{1/c}$ 为经验参数

本次混凝土底板的强度为 C25，相比高强度混凝土结构延性较好，根据文献[16]对不同损伤指数的分析结果，本文采用文献[17]的计算方法，如下式所示。

$$d_c = 1 - \dfrac{\sigma_c E_0^{-1}}{\tilde{\varepsilon}_c^{pl}\left(\dfrac{1}{b_c}-1\right) + \sigma_c E_0^{-1}}, \quad d_t = 1 - \dfrac{\sigma_t E_0^{-1}}{\tilde{\varepsilon}_t^{pl}\left(\dfrac{1}{b_t}-1\right) + \sigma_t E_0^{-1}}$$

式中：b_c，b_t 为试验值，由加载应力路径确定，在没有试验的情况下，建议 b_c 取 0.7，b_t 取 0.1。根据相关规范设计及已有研究成果，本文将结构损伤分为三个阶段：

(1) 弹性阶段：该阶段主要对应于规范中的设计值，混凝土完好，损伤指数 D 为 0，结构未发生塑性变形及裂缝。

(2) 塑性阶段：该阶段混凝土发生塑性变形，结构产生微裂缝。随着结构损伤的增大，裂缝逐渐发展，混凝土有效刚度逐渐退化，该阶段损伤指数范围为 $0 < D < 0.9$。

(3) 破坏阶段：将混凝土材料应力降至其峰值应力的 50% 作为损伤破坏的特征。此时混凝土裂缝充分发展，刚度退化较为严重，结构发生宏观裂缝，损伤指数 $D > 0.9$。

2. 算例模型及有限元分析

1) 算例模型

本文对系梁段混凝土底板进行局部分析，考虑结构抗浮最薄弱部位，模型尺寸为 2900cm × 2200cm × 80cm。采用通用有限元软件 midas FEA 进行有限元分析。经过多次验算，在单元尺寸为 100mm、共 11540 个单元数量时计算结果趋于稳定，算例模型如图 5 所示。根据该工程实际承台围堰的情况，本文将 +4.2m 作为最大地下水位高程，地下水浮力根据前文计算公式进行计算，其值范围为 41.78 ~ 47.8kPa，此处取最大值 47.8kPa。分析时地下水浮力按 20 次增量加载在结构底部，单次增加 2.39kPa。根据工程实际，模型一、模型二采用四周固定约束，模型二在模型一的基础上施加厚 1m 的混凝土压力荷载，结构自重由软件自行计算。

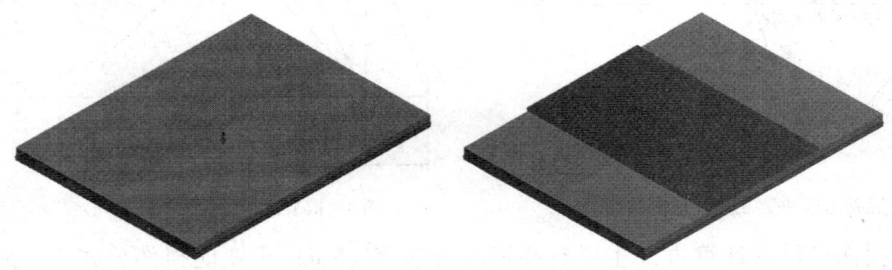

图 5　算例模型

2）有限元分析结果

（1）极限弹性变形阶段（$D<0$）：

混凝土结构在弹性阶段可依据第一主应力准则进行分析。根据计算结果可知,除去边界应力集中外,有限元模型在地下水浮力为18.6kPa,水位线为+1.38m时,混凝土底板峰值主应力为1.75MPa(低于规范限值1.78MPa),损伤指数均低于0.1,结构处于弹性极限阶段,如图6所示。同时一旦高于该临界水位时,结构将产生塑性变形,进入塑性发展阶段。

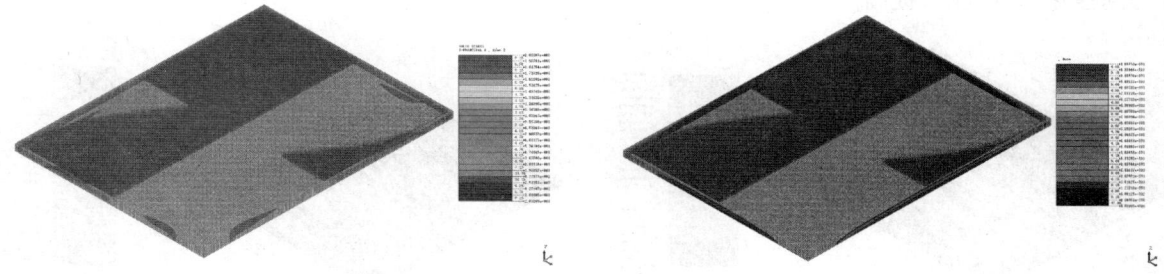

图6 第一主应力、损伤云图

（2）塑性发展阶段（$0<D<0.9$）：

该阶段地下水浮力范围为18.6～40.63kPa,水位线为范围为+1.38～+3.583m。此时混凝土结构已产生了塑性变形并存在微观裂缝,且随着损伤指数的增长,结构的塑性变形逐渐增大,结构强度、刚度也在逐步退化。但该阶段损伤指数未达到0.9,微观裂缝尚未发展为宏观裂缝,结构依旧有着较强的承载能力。目前,本文所依据的工程项目即处于这一阶段,结构的地下水位在+2.10m上下浮动,混凝土底板尚未发生宏观裂缝,底板局部实拍如图7所示。

图7 底板混凝土实拍图

（3）破坏起始阶段（$D>0.9$）：

该阶段除边界应力集中区域,混凝土底板中心单元损伤指数首次超过0.9,表明单元刚度退化严重,结构承载能力大幅下降。混凝土损伤指数及等效塑性变形如图8所示。该阶段地下水浮力荷载为40.63kPa,水位线为+3.583m,可作为宏观裂缝起始阶段。

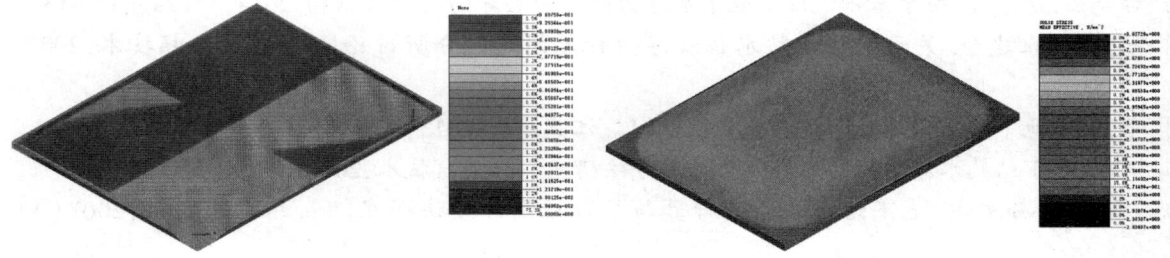

图8 混凝土损伤指数、混凝土塑性应变

(4)最大水位线阶段(附加混凝土压力荷载):

根据项目实际情况,本文将结构最大水位高程取为+4.2m,计算结果如图9所示。该水位下混凝土,损伤指数超过0.9的占比达到2.4%,最大值为0.96;混凝土板中心塑性变形大于0.00015,出现受拉宏观裂缝。而在施加混凝土压力荷载后,即使是最高水位线阶段,该混凝土板除边界处应力集中外,中心部分损伤指数均发生下降,如图10所示,损伤指数均小于0.2,等效塑性应变小于2.9×10^{-5}mm。这也与混凝土本构及受力形式的变化相符,即由单向受拉转化为双向受压,结构内部裂缝得到有效闭合,结构刚度得到强化,承载能力提高。

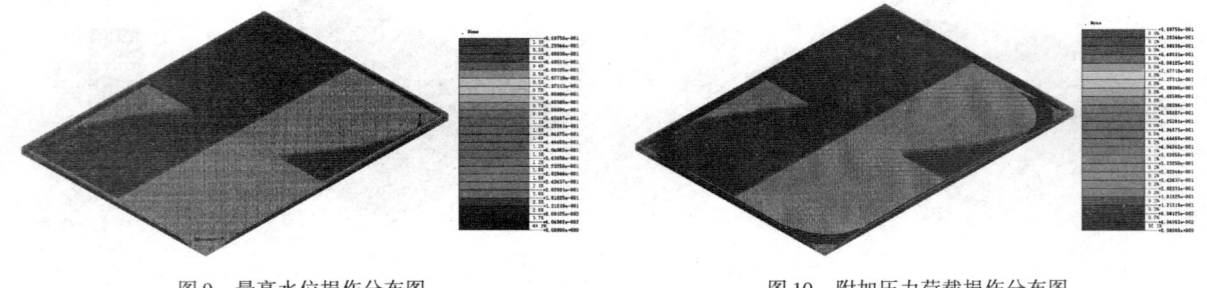

图9 最高水位损伤分布图　　　　图10 附加压力荷载损伤分布图

五、结　语

通过对混凝土板进行不同水位下的计算分析,本文得出以下结论:

(1)本文采用的三种地下水浮力计算公式的计算结果较为接近,但由于不同工程的地质情况及临水条件的不同,建议依据相关试验进行校核以得到更为准确的结果或计算方法。

(2)本文将结构损伤与地下水位划分为三个阶段:损伤指数$D<0$的弹性阶段(地下水位低于+1.38m)、损伤指数D处于$0 \sim 0.9$的塑性阶段(地下水位处于+1.38~+3.583m)以及损伤指数$D>0.9$的破坏阶段(地下水位大于+3.583m)。通过与工程实际情况进行对比可知,本文损伤等级的划分在是有效性,能够为工程实际提供参考。

(3)由于本文项目所处地区长江水位波动大、天气变化剧烈,因此长江水位与地下水位的关系、结构各个性能等级划分的验证等还需更多深入的研究。

参考文献

[1] 湖北省住房和城乡建设厅.建筑地基基础技术规范:DB 42/242—2014[S].湖北:中国标准出版社,2014.
[2] 贵州省住房和城乡建设厅.贵州省建筑岩土工程技术规范:DBJ 52/T-046—2018[S].贵州:中国标准出版社,2018.
[3] 叶树人.深圳地下水对地下建(构)筑物浮力作用参数取值的分析[J].四川建筑,2004(1):59-60.
[4] 宋林辉,梅国雄,宰金珉.黏土地基上基础抗浮模型试验研究[J].工程勘察,2008(6):26-30.
[5] 梅国雄,宋林辉,宰金珉.地下水浮力折减试验研究[J].岩土工程学报,2009,31(9):1476-1480.
[6] 古今强,侯家健.关于基础设计中地下水浮力问题的思考[J].建筑结构,2014,44(24):133-138.
[7] 张旷成,丘建金.关于抗浮设防水位及浮力计算问题的分析讨论[J].岩土工程技术,2007(1):15-20.
[8] 李卫平.地下水浮力计算和抗浮基础设计[J].江苏建筑,2013(4):78-83.
[9] 田微.地下结构水浮力的受力机理与计算方法研究[J].建筑技术,2013,44(6):500-502.
[10] 李镜培,孙文杰.地下结构的浮力计算与抗拔桩设计方法研究[J].结构工程师,2007(2):80-84,96.
[11] 秦浩,赵宪忠.ABAQUS混凝土损伤因子取值方法研究[J].结构工程师,2013,29(6):27-32.

[12] 中华人民共和国住房和城乡建设部.混凝土结构设计规范:GB 50010—2010[S].北京:中国建筑工业出版社,2010.
[13] 孙从亚,逯静洲,王凤达.基于高斯积分算法的混凝土损伤模型[C]//中国力学学会.第17届全国结构工程学术会议论文集(第Ⅱ册).《工程力学》杂志社,2008:144-147.
[14] KRAJCINOVIC. D,LEMAITRE. J. Continuum damage mechanics theory and application[M]. New York:Springer Vienna,1987.
[15] 张劲,王庆扬,胡守营,等.ABAQUS混凝土损伤塑性模型参数验证[J].建筑结构,2008(8):127-130.
[16] 史鑫宇,姚燕,王玲,等.基于单轴拉压模拟的CDP模型参数影响[J].建筑结构,2021,51(S2):999-1007.
[17] 张战廷,刘宇锋.ABAQUS中的混凝土塑性损伤模型[J].建筑结构,2011,41(S2):229-231.

10. 临江深厚覆盖层大型锚碇基础工程基坑降水模拟研究

林海峰[1]　武志远[2]　张志新[3]　庄超[2]　周志芳[2]

(1.江苏省交通工程建设局;2.河海大学地球科学与工程学院;3.中交一公局集团有限公司)

摘　要　长江下游目前在建多个大型桥梁与隧道工程,其中张靖皋长江大桥是目前在建的世界最大跨径桥梁,包括南、北两座航道桥。北航道桥北锚碇沉井基础(75m×70m×57m)下沉分为降排水下沉和不排水下沉两个阶段。沉井基础位于临江深厚覆盖层,具有含水层与弱透水层互层的典型二元结构特征,且工程区周边分布有变电站、长江大堤等重要建筑物。本研究在明确场地水文地质条件的基础上,开展群孔抽水试验确定含水层渗透参数,进而综合考虑基坑形状、防渗帷幕布置、周边建筑物空间分布等进行基坑降水方案设计。在不考虑止水帷幕基础上,首先运用解析模型反演模拟单井涌水量和渗流场,而后考虑止水帷幕的渗控作用,开展三维精细化渗流模拟,优化单井涌水量与井点数量。最终的模拟结果显示,基坑中心水位埋深达到15.0m的控制要求时,周边建筑物最大沉降量约为16.8mm。

关键词　锚碇基础　基坑工程　基坑降水　方案优化　数值模拟

一、引　言

张靖皋长江大桥位于江苏省境内长江的中下段,处于长江三角洲城市群的中心,位于重点规划的锡常泰、(沪)苏通都市圈和沿江经济发展带的结合处,建成后将成为新的南北向高速公路通道,对完善区域内高速公路、国省道布局具有重要作用。大桥总长约29.8km,可分为南航道桥段与北航道桥段两部分,其中北航道桥北锚碇沉井基础位于如皋长江镇华泰重工厂区内,基坑北侧存在长江大堤,西侧紧邻变电站,南侧有临时搭建的工人生活区,东侧靠近江北添加剂公司。沉井基础分为降排水下沉以及不排水下沉两个阶段,其中降排水下沉阶段要求基坑中心水位埋深不低于15.0m。经前期水文地质勘察发现,含水层与长江水力联系紧密,地下水位高、涌水量大、黏性土层压缩性强。在沉井基坑工程设计中,在基坑东北与东南两侧额外布置有L形止水帷幕,用于重点控制北侧长江大堤与东侧江北添加剂公司区域的沉降,但仍需优化设计降水方案,以满足沉井下沉施工对地下水位和周边建筑物的控制要求。

目前,设计基坑降水方案时常采用"大井"法和数值法。对于"大井"法的使用已有许多成果的案例,如山东省赵楼煤矿就通过"大井"法对矿井涌水量与最大涌水量进行预测,达到指导矿井施工的目的。但"大井"法对场地过于概化,计算过于简单,计算结果精度较低。数值模拟技术也常用来设计降水方案。数值模拟技术能够灵活建立实际水文地质模型,而且计算速度快,精准度较高。很多数值模拟商业软件可以进行基坑降水方案设计,例如 Feflow、GMS、Comsol Multiphysics 等,如孙蓉琳等以长江下游某大桥锚碇区基坑的地质信息为基础,建立了精细化数值计算模型,用于预测基坑涌水量并分析降水井排布对降水效果的影响,有效指导了现场施工。位于安徽合肥的地铁4号线和平路站深基坑则在降水方案设计中将"大井"法与数值法相结合,并对基坑涌水量进行了预测。需要指出,使用数值法对井群位置进行优化调整时需要不断重复模型构建工作。相比较而言,尽管解析法(包括"大井"法)在概化场地水文地质条件方面存在一定局限性,但其可以灵活优化设计井群数量、位置、流量等。因此,在充分掌握研究区水文地质条件的基础上,可使用合适的解析模型进行降水方案的初步设计,并为基于数值法的进一步优化提供便捷。

本研究首先明确研究区水文地质条件,其次开展越流含水层非完整井群井抽水试验以确定含水层渗透系数;随后在综合考虑基坑形状、止水帷幕和周边建筑物情况下设计降水方案;进而在不考虑止水帷幕的影响下利用解析模型对单井涌水量和研究区渗流场进行反演计算;最后考虑止水帷幕的影响,利用 Comsol Multiphysics 开展三维精细化渗流模拟,优化并验算降水与回灌井群的数量与流量,以同时满足基坑中心水位埋深和周边建筑物沉降的控制要求。

二、水文地质条件概况

根据钻孔揭露地层,地层共12层,土层详细信息见表1,基坑区域地层发育情况如图1所示。根据研究区地下水埋藏条件,地下水自上而下可分为潜水和承压水两种类型。潜水含水层为①$_3$层,厚度约为3.9m;第Ⅰ承压含水层为③至⑥$_2$层,厚度约为42.9m,第Ⅱ承压含水层为⑦$_5$层与⑧$_6$层,厚度约为36.3m;中间③$_2$层和④$_2$层为黏土透镜体层,厚度较薄,且分布范围有限;②$_1$层与⑥$_1$为弱透水层,层厚分别约为7.7m与4.3m。

各土层信息和水文地质参数取值参考汇总表　　　表1

层号	含水层组划分	岩性	渗透系数(m/d)	贮水率(m^{-1})
①$_3$	潜水含水层	杂填土	—	—
②$_1$	弱透水层	淤泥质粉质黏土	0.0014	2.25×10^{-3}
③	第Ⅰ承压含水层	粉砂	7.15	8.10×10^{-4}
④$_1$		粉土	7.15	8.70×10^{-4}
③$_2$		粉质黏土	0.0016	2.00×10^{-3}
④		粉砂(土)	7.15	8.81×10^{-4}
④$_2$		粉质黏土	0.0015	1.94×10^{-3}
⑤$_1$		粉砂	7.15	7.78×10^{-4}
⑥$_2$		粉土	7.15	9.02×10^{-4}
⑥$_1$	弱透水层	粉质黏土	0.0015	2.09×10^{-3}
⑦$_5$	第Ⅱ承压含水层	粉砂	24.6	7.88×10^{-4}
⑧$_6$		中砂	24.6	7.21×10^{-4}

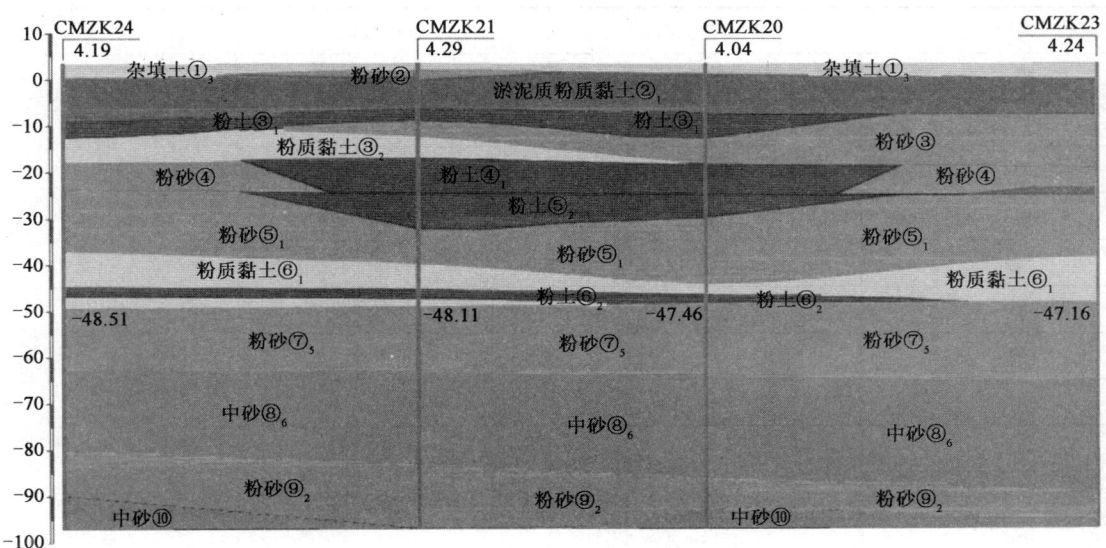

图1 基坑区域地层剖面图

由于沉井基础降排水下沉过程中要求基坑中心水位埋深不低于15.0m,此时对应的水位高程位于第Ⅰ承压含水层内。为科学设计基坑降水方案,本研究在现场开展含水层群孔抽水试验,以获取可靠的第Ⅰ承压含水层渗透系数。

三、非完整井群孔抽水试验

研究区抽水井和观测井总体布局如图2所示。抽水井编号为#11、#32、#33、#34、#35,抽水井井长29m,过滤器段长5.5m,其中编号为#11的抽水井的材质为钢管,井径400mm;编号为#32、#33、#34、#35的抽水井为PVC材质,井径为273mm。试验开始时间为2022年8月25日10:50,结束时间为2022年8月27日13:00。群井抽水试验抽水孔流量和降深与观测井降深见表2,其中编号#11的降水井在试验过程中正在洗井,因此在计算中将其视为流量未知的抽水井,而流量则视为未知参数进行反演计算。

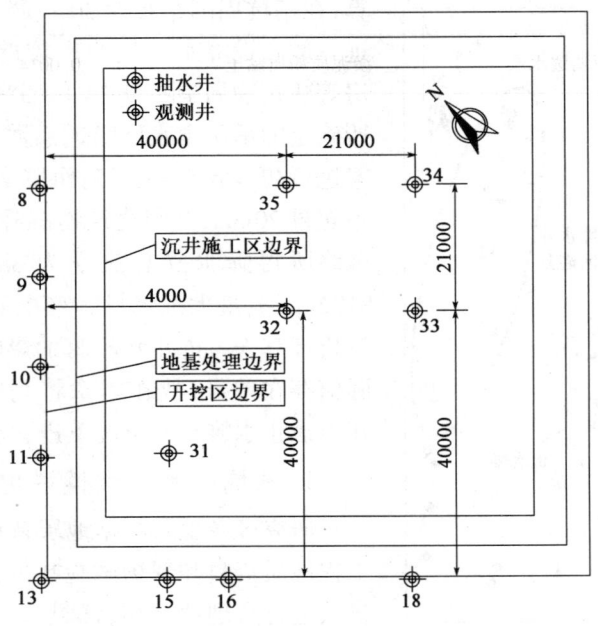

图2 抽水井与观测井总体平面布置图(尺寸单位:mm)

群井抽水试验流量与稳定降深信息表 表2

编号	平均流量(m³/d)	稳定降深(m)	备注
#32	103.92	12.5	抽水井
#33	102.48	13.93	
#34	206.88	11.57	
#35	179.33	15.08	
#11	—	19.04	抽水井(流量待求)
#8	—	4.77	观测井
#9	—	4.90	
#10	—	4.84	
#13	—	4.39	
#15	—	4.81	
#16	—	4.71	
#18	—	4.65	

本研究利用冯庆高等推导的越流含水层非完整井非稳定井流模型,并结合叠加原理,计算群井抽水引起的含水层降深。在具体实施时,将时间取足够大,以此获取稳定降深。另外,通过拟合各观测井模拟降深与实测降深,以此获取含水层渗透系数。解析模型涉及的其他参数包括含水层贮水率、弱透水层渗透系数、弱透水层贮水率,取值分别为 $8.47 \times 10^{-4} m^{-1}$、$2.8 \times 10^{-4} m/d$、$2.2 \times 10^{-3} m^{-1}$(表1)。需要说明的是,试验期间#11井未安装流量表,其流量与含水层渗透系数一同作为待求参数。最终通过数据拟合得#11井流量约为 $48 m^3/d$,第Ⅰ承压含水层平均渗透系数为 $2.85 m/d$。

四、基坑降水设计方案验算与优化

由于基坑附近存在长江大堤、变电站和其他重要建筑物,在基坑降水时控制这些建筑物沉降显得尤为重要,所以在设计井点位置以及后续进行模拟验算时需要将这些建筑物考虑在内。经过"大井"法计算,在基坑周围共布设30口降水井,基坑距离止水帷幕较远一侧布设降水井较距离较近一侧更密集;在变电站、厂房等建筑物周围布设34口回灌井(图3)。基于抽水试验所确定的承压含水层渗透系数,利用解析解计算对降水方案进行初步验算,关于对沉降的控制要求变电站处沉降量不超过20mm,其余建筑物沉降量不超过10mm,解析计算最终所得降水井总流量为 $8822 m^3/d$,回灌井总流量为 $8172 m^3/d$,最大沉降量为变电站处沉降 18.6mm。但由于解析计算未考虑止水帷幕的影响,计算流量和沉降量与实际值存在差异,故在本章将利用 Comsol Multiphysics 软件在考虑止水帷幕的情况下进一步优化降水设计方案。

1. 基坑降水三维模型构建

研究区各地层根据地层特性将其概化为6层,并结合工程地质资料和现场试验数据,对数值模拟所需要的计算参数进行合理地选用,详见表3。止水帷幕的渗透系数取土层渗透系数的十万分之一。

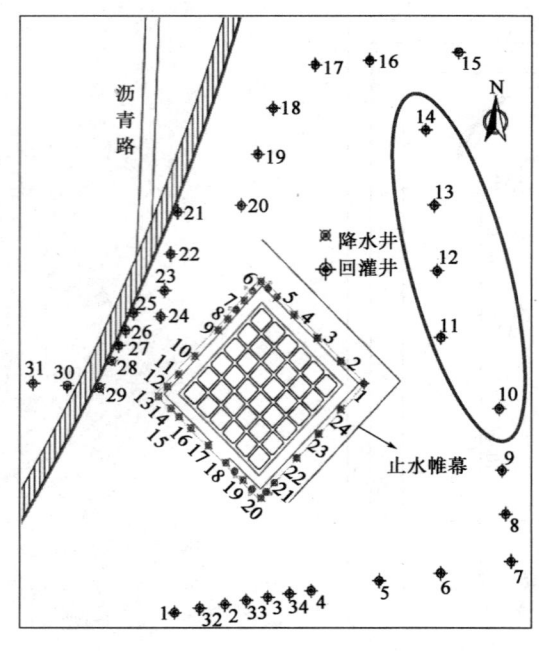

图3 井点平面布置图

地层概化详情与参数取值　　表3

分层	地层编号	渗透系数(m/d)	贮水率(m^{-1})
1	①$_3$	0.0014	1.00×10^{-3}
2	②$_1$	0.0014	2.20×10^{-3}
3	③、④、④$_1$、⑤$_1$、⑤$_2$	2.85	1.36×10^{-4}
4	⑥$_1$	0.0015	2.09×10^{-3}
5	⑦$_5$	24.19	7.88×10^{-4}
6	⑧$_6$	24.19	7.21×10^{-4}

依据现场情况,将止水帷幕考虑在内,构建三维地质模型,如图4所示。整个三维有限元模型规模为 3.98km × 3.45km × 95m。

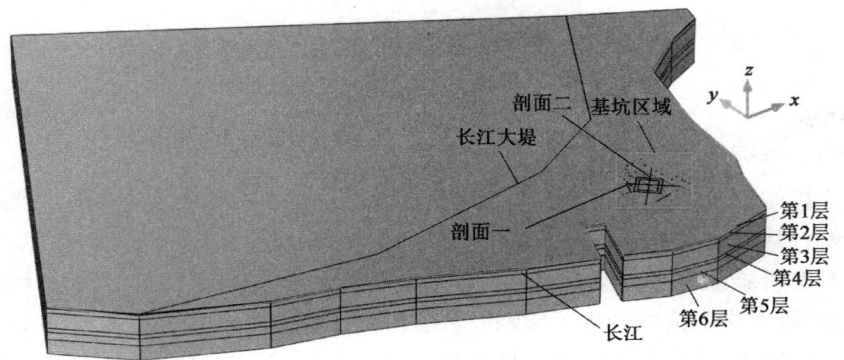

图4　三维地质模型

本研究数值模拟计算使用 Comsol Multiphysics 的地下水渗流模块,控制方程为:

$$\frac{\partial}{\partial x}\left(K_x \frac{\partial H}{\partial x}\right) + \frac{\partial}{\partial y}\left(K_y \frac{\partial H}{\partial y}\right) + \frac{\partial}{\partial z}\left(K_z \frac{\partial H}{\partial z}\right) = 0 \tag{1}$$

式中:x、y、z——坐标轴中的x、y、z方向;

K_x、K_y、K_z——x、y、z方向上的渗透系数,由于将研究区地层视为各向同性介质,则$K_x = K_y = K_z$;

H——水头。

研究区地面沉降量为含水层与弱透水层沉降量之和,其中含水层的沉降量直接由降深与贮水系数的乘积计算得到。对于弱透水层,其降深在垂向上分布不一致,其沉降计算公式为:

$$S = \int_0^M s(z) S_s dz \tag{2}$$

式中:S——弱透水层沉降量;

S_s——弱透水层的贮水率;

$s(z)$——弱透水层中指定位置的降深;

M——弱透水层的厚度。

模型中研究区与长江及人工港口接触的边界设置为定水头边界;最后一层地层的底板设置为不透水边界;将降水井滤段设置为定流量边界,模拟抽水泵以固定流量工作,非滤管段设置为不透水边界。

2. 有限元模型网格剖分

对于基坑降水三维模型的整个计算区域采用平面自由四面体网格单元进行离散,网格剖分总体上分为3个不同的区域,分别为长江大堤以西、长江大堤以东和基坑施工区域(图5)。

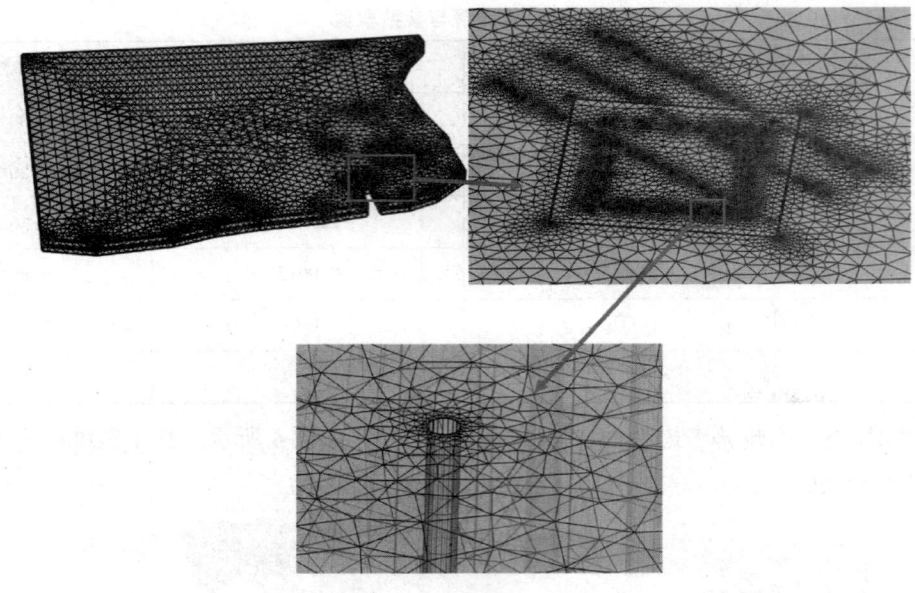

图 5 网格剖分

3. 基于降水方案的基坑稳定水位模拟

选择基坑中心控制水位埋深15m为计算标准。为了更有效率地得到符合降水要求的降水方案，数值模拟将以解析解计算结果为基础进行模拟计算。最终根据计算结果共需要布置30口降水井，而回灌井布置34口，这与解析验证时所布置的回灌井数量差别较大，这是由于在数值模拟计算中考虑止水帷幕的存在，止水帷幕对降水中的流场产生了影响。数值模拟计算中降水井总流量为7140m³/d、回灌井总流量为5950m³/d。选取两条相交于基坑中心并与基坑两边平行的剖面作为分析剖面，基坑中心控制水位埋深15m时剖面上的水位分布见图6，对应的研究区地面沉降分布见图7。计算结果显示变电站处最大沉降量为16.8mm，其余建筑物沉降量也满足不超过10mm的要求。

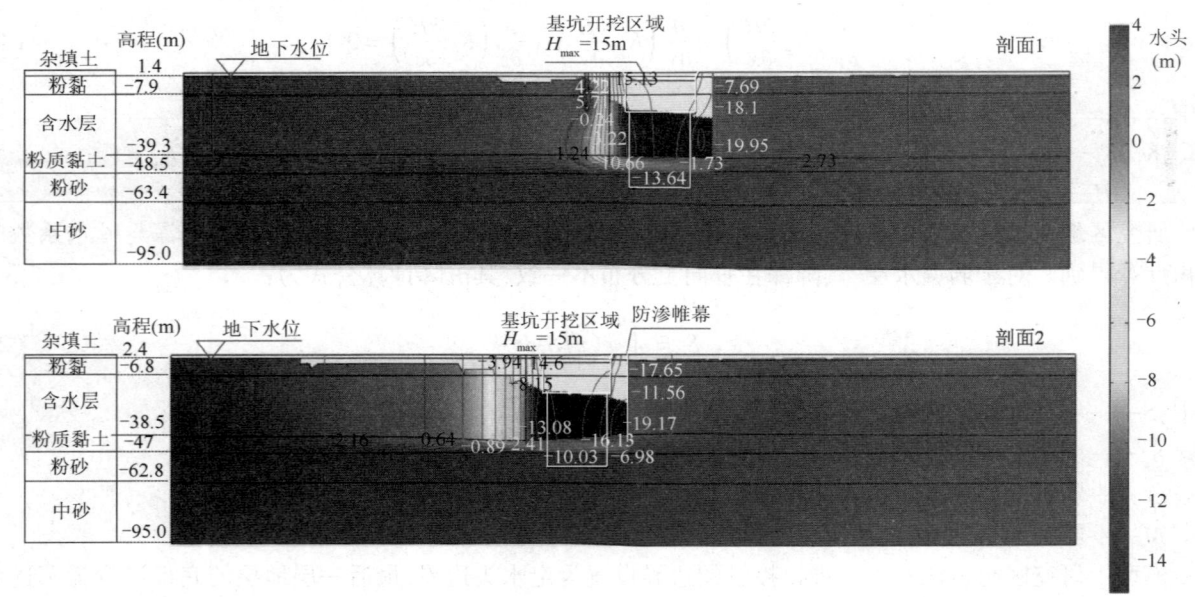

图 6 基坑中心控制水位埋深15m时研究区水位分布剖面图

通过数值模拟所得降水井和回灌井流量与基于解析解设计的流量值有较大差别，是由于止水帷幕的存在减轻了降水压力。基于数值模拟结果对基坑降水方案进行优化，去除5口回灌井(图4中红框内回灌井)，其余降水井、回灌井不变。经过优化后最终布置30口降水井、29口回灌井。

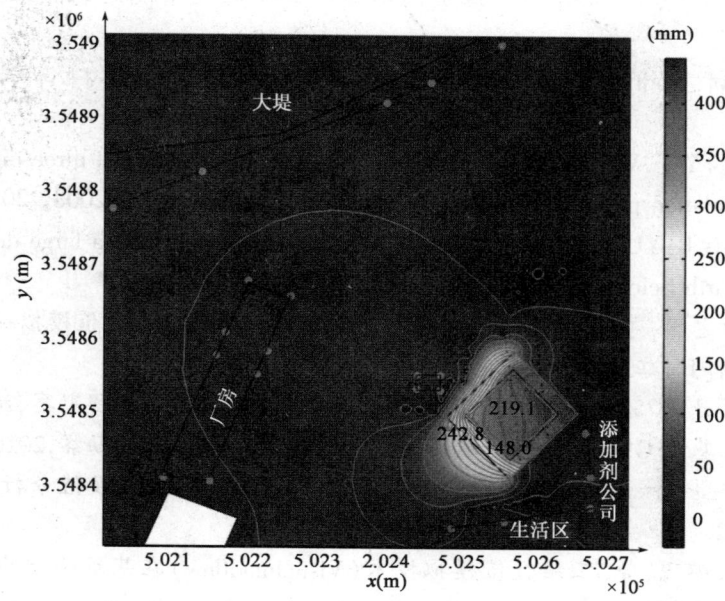

图7 基坑中心控制水位埋深15m时研究区地面沉降分布云图

五、结　语

为满足张靖皋长江大桥北航道桥北锚碇沉井基础在降排水下沉阶段对地下水位和周边建筑物沉降的控制要求,本研究开展了非完整井群井抽水试验用于确定含水层渗透系数,进而基于解析模型进行降水方案初步设计,最后使用Comsol Multiphysics验算并优化井群数量和单井涌水量,并给出渗流场与地面沉降分布云图,主要结论如下:

(1)基于现场群井抽水试验,确定研究区Ⅰ承压含水层的渗透系数约为2.85m/d。

(2)在不考虑止水帷幕的影响下,基于解析模型对降水方案进行设计,确定布置30口降水井与34口回灌井。此时,为同时满足基坑中心水位和周边建筑物沉降的控制要求,计算得降水井总流量为8822m³/d,回灌井总流量为8172m³/d。

(3)在考虑止水帷幕的影响下,使用Comsol Multiphysics对井群数量和单井涌水量进行优化,计算发现止水帷幕可有效控制地下水渗流场和地面沉降,并且初步设计方案中位于止水帷幕东侧的5口回灌井可不做考虑,此时降水井总流量为7140m³/d、回灌井总流量为5950m³/d。

参考文献

[1] 熊宗海,冯晓腊,张红章,等.武汉地区厚互层土中基坑抗突涌破坏评价方法研究[J].水文地质工程地质,2020,47(2):134-140.

[2] 王有旗,谢彬,蒋梁栋,等.深基坑降水开挖对围护结构弯矩与位移影响分析[J].广西大学学报:自然科学版,2022,47(5):1160-1173.

[3] 黄新,宋汉周.基于降水优化方案的基坑地面沉降数值模拟[J].勘察科学技术,2013,181(1):8-12.

[4] 胡其志,何世秀.基坑降水引起地面沉降的分析[J].湖北工学院学报,2001,16(1):66-69.

[5] 蒋亚萍,陈余道.南京某深基坑降水设计与效果分析[J].桂林工学院学报,2000,20(S1):96-100.

[6] 刘汉东,朱华,王东东,等.大井法分段降水设计在南水北调中线工程中的应用[J].华北水利水电大学学报(自然科学版),2014,35(5):24-27,32.

[7] 张国龙,范越,张伟,等.引江济淮凤凰颈泵站基坑降水方案优化[J].长江科学院院报,2022,39(3):111-117.

[8] 李再兴,梁杏,郭付三,等.大井法在基坑涌水量计算中的应用[J].人民长江,2009,40(15):50-52,55.
[9] 吴彬,刘磊,党建新.Modflow在石河子某工程基坑降水设计中的应用[J].新疆农业大学学报,2010,33(4):369-372.
[10] LUO Z J, ZHANG Y Y, WU Y X. Finite element numerical simulation of three-dimensional seepage control for deep foundation pit dewatering[J]. Journal of Hydrodynamics, 2008, 20(5): 596-602.
[11] WANG J X, FENG B, YU H P, et al. Numerical study of dewatering in a large deep foundation pit[J]. Environmental Earth Sciences, 2013, 69(3): 863-872.
[12] 骆祖江,李朗,曹惠宾,等.复合含水层地区深基坑降水三维渗流场数值模拟——以上海环球金融中心基坑降水为例[J].工程地质学报,2006,14(1):72-77.
[13] 廖翔,骆祖江,于丹丹.深基坑降水地下水渗流三维数值模拟[J].工程勘察,2014,42(7):22-25,30.
[14] 董佩瑾,胡敏红.基于GMS的场地基坑降水数值模拟研究[J].工程勘察,2020,48(8):41-47.
[15] 钟建文,李罡,牛磊,等.基于抽水试验的参数反演和基坑降水过程数值分析[J].工程勘察,2019,47(7):36-41,72.
[16] 李再兴,李静,宋鹏飞,等.三维数值模拟技术(Visualmodflow)在基坑降水中的应用[J].地下水,2016,38(2):22-25.

11. 大厚度淤泥质土层锁扣钢管桩围堰支护下的基坑变形研究——基于张靖皋长江大桥A6标段北索塔承台围堰的案例分析

宋 超[1] 朱星晨[2]

(1.中国铁建大桥工程局集团有限公司;2.苏交科集团股份有限公司)

摘 要 在桥梁承台施工过程中,通常需要临时支护措施来确保施工的正常进行,其中围堰支护体系就是常见的措施之一。在围堰施工中,锁扣钢管桩由于刚度大且具有较大强度,加之施工工序简单且施工周期短而被广泛应用。但由于桥梁工程的特点,钢管桩围堰支护的基坑也存在较多的不确定因素。比如,在桥梁承台基坑施工中,一般会遇到较厚的淤泥质土层,较大的水压力,施工过程中会受到各种临时荷载,而在东南沿海,较厚的淤泥质土层这一特点尤为突出,这使基坑的变形特点相对复杂。本文为探究大厚度淤泥质土层围堰施工过程中基坑的变形特点,利用商用有限元软件Plaxis 3D建立了张靖皋大桥A6标段北索塔承台锁扣钢管桩围堰基坑的模型,并基于施工工序和其中涉及的各种荷载(净水压力、土压力、堆载等)对施工全过程进行了数值模拟,最后与施工现场的监测数据进行了比较分析,结果显示数值模拟结果和监测结果具有良好的一致性,本文的分析结果将为钢管桩围堰的设计和施工提供有价值的参考。

关键词 哑铃形承台 锁扣钢管桩 围堰变形 施工监测 数值模拟

一、引 言

进入21世纪以来,我国对基础设施建设的重视程度不断提高,而桥梁建设作为其中的重要组成部分也一直受到很多重视。"十三五"期间我国新建桥梁99120座,铁路建成通车桥梁里程8864.1km,其中高铁桥梁建成通车里程6343.7km,我国在"十四五"期间也在桥梁建设方面提出了许多新的规划。在桥梁施工过程中,承台等结构往往需要开挖基坑并需要围堰等临时性围护结构为施工创造条件[1,2]。锁扣钢管桩围堰是通过锁扣将打入设计深度的钢管桩连接起来并形成一整体的围堰形式,由于其刚度大且具有较大强度,加之施工工序简单且施工周期短而被广泛地应用于围堰工程[3]。而桥梁的围堰工程由于其建造地点的特殊性,不可避免地会面临相对复杂的地质水文条件(风浪、潮汐、较厚的淤泥质土层),这些不利条件都对桥梁基坑工程的设计和施工造成不利的影响[4]。对于张靖皋大桥所处的东南沿海地区,较厚的淤泥质土层这一特点尤为突出。淤泥质土一般为灰色且含水率远大于液限,具有天然孔隙比大,天然含水率高、可压缩性大、固结时间长、剪切强度低等特点[5]。面临种种不利的水文地质条件,在锁扣钢管桩围堰工程建设时,需要对锁扣钢管桩围堰的变形、沉降进行分析以避免事故的发生。陈鹰[6]通过 ANSYS 软件建立了泰和赣江特大桥锁扣钢管桩围堰的有限元模型,考虑了动水压力和静水压力,分析了锁扣钢管桩围堰的变形特点,结果显示在设置第 3 道支撑,围堰内抽水至第 4 道支撑时,变形达到峰值。吴亮秦等[7]基于 ANSYS 建立了某连续梁桥主墩钢管桩围堰的有限元模型并对桩身应力进行了分析,结果表明桩身最大应力出现在混凝土封底处。姚德波和殷新锋[8]通过 midas Civil 建立了锁扣钢管桩的有限元模型,发现加内支撑后继续开挖且长江处于同期低水位时,桩顶的侧向位移最大。张玥[9]通过 midas 建立了马鞍山长江公路大桥南塔承台基坑锁口钢管桩的有限元模型,经过分析发现钢管桩最大位移发生在基坑开挖 10m 安装第二道支撑时,位于短边第二层支撑与坑底之间;钢管桩最大应力发生在拆除第二道支撑时,位于基坑底部。韦实等[10]通过 3D 打印技术进行了锁口钢管桩围护结构变形特性的试验,试验结果显示锁口钢管桩的最大水平位移在桩顶处,而锁口钢管桩最大应力点的位置位于基坑底部以下靠近基坑底面的部分。Gu 等[11]通过现场实验研究了被动钢管桩在软土中的变形特性,发现最大水平向位移出现在桩顶下方的附近位置。王硕等[12]研究了锁扣钢管桩的抗弯刚度折减,发现冠梁可以显著降低刚度的折减效应。

本文使用 Plaxis3D 建立了张靖皋大桥 A6 标段北主塔承台锁扣钢管桩围堰基坑的有限元模型,对其变形特征进行了分析,并与现场的监测数据进行了对比分析,为有较厚淤泥质土层的钢管桩围堰的设计提供了参考。

二、工程基本信息及水文地质情况

1. 工程基本信息

张靖皋长江大桥位于长江下游澄通河段如皋沙群段,在张家港和如皋、靖江境内跨越长江,距离江阴长江公路大桥约 28km,距离沪苏通长江公铁大桥约 16km。A6 标段北索塔位于长江北岸如皋沙群段,具体位置如图 1 所示。主塔承台采用哑铃形承台,每个塔柱下承台横桥向尺寸 29.8m,顺桥向尺寸 29.0m,设置 3.0m×7.7m 及 3.0m×5.0m(横桥向×顺桥向)倒角,承台厚 6.0m。两个承台之间采用 13.6m×22.0m(横桥向×顺桥向)系梁相连,系梁厚度为 6.0m,承台顶高程 3.0m,底高程 -3.0m。采用锁扣钢管桩围堰作为承台基坑开挖支护结构,围堰平面内尺寸为 86.762m×36.260m,设 2 层围檩及支撑,顶层围檩采用双拼 HN700mm×300mm×13/24mm H 型钢,底层围檩采用 3 拼 HN700mm×300mm×13/24mm H 型钢。钢管桩采用 P820×10mm,单根桩长 26m;内支撑为 P1020×10mm 钢管,内支撑平联采用 P630×10mm 钢管,内支撑在工厂加工为标准节段,节段间采用螺栓连接;竖向支撑采用 426×8mm 钢管 +2I32 工字钢垫梁;内支撑连接段与围檩之间为焊接,应在拼装围檩前在加工厂定型定位焊接;基坑开挖深度为 9m,钢管桩嵌固深度 16.7m,具体尺寸见图 2 和图 3。

2. 地质概况

1)地层构成

场地内地层分布自新至老分别为:第四系全新统冲积层 Q_4^{al},岩性为淤泥质粉质黏土、粉质黏土及砂土层等;第四系晚更新统冲积沉积层 Q_3^{al},岩性主要为软~可塑状黏土及稍密~密实状的粉砂~粗砂。主要地层信息见表 1。

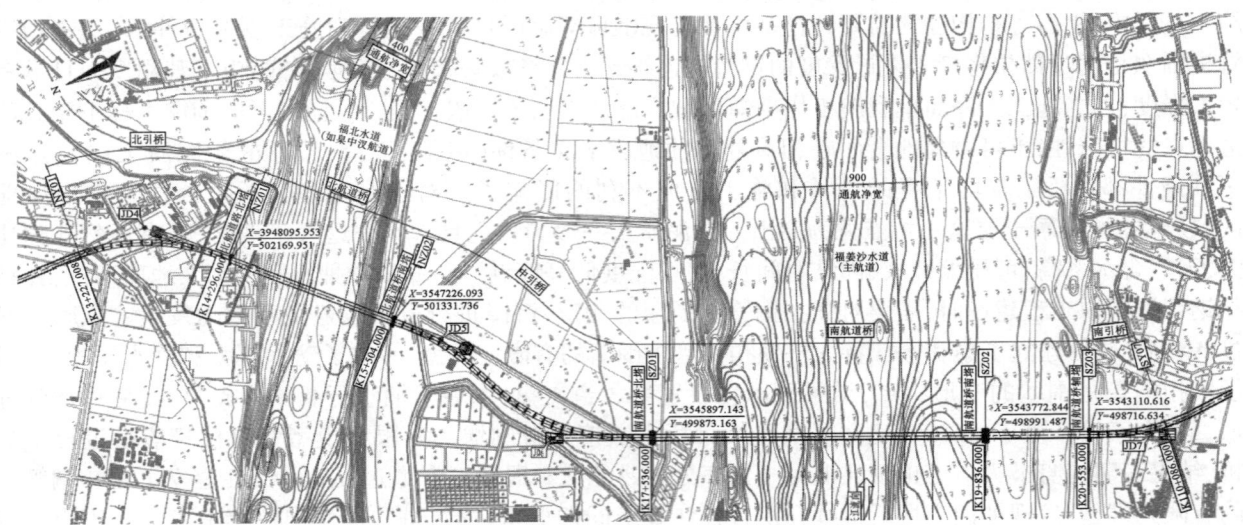

图 1 A6 标段北索塔承台位置

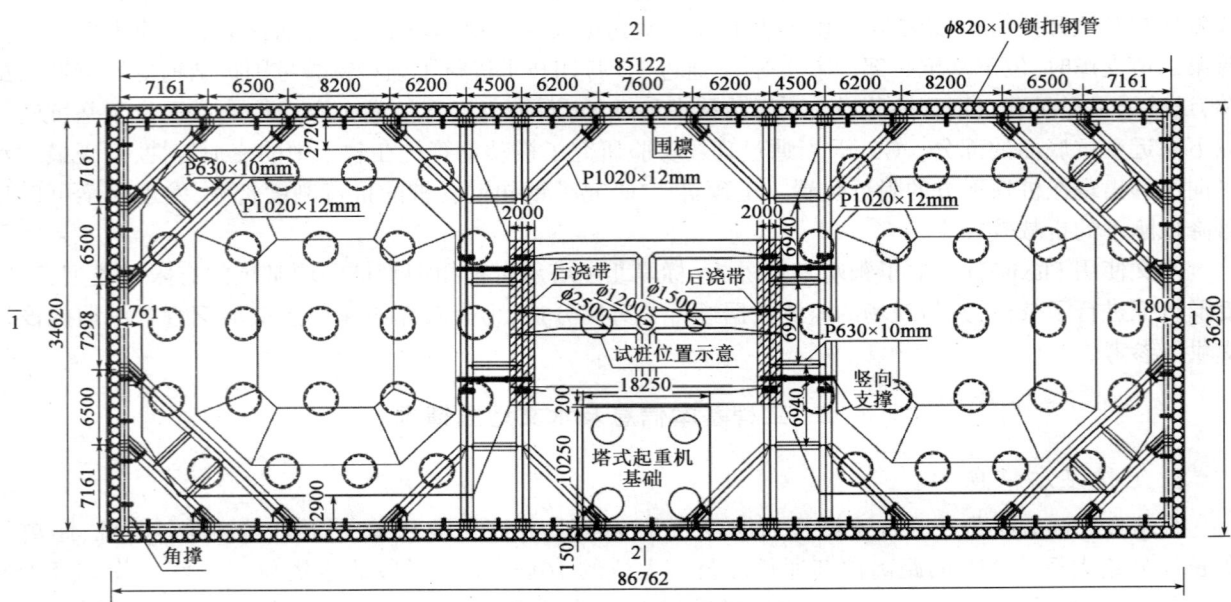

图 2 A6 标段北索塔承台围堰支护平面图(尺寸单位:mm)

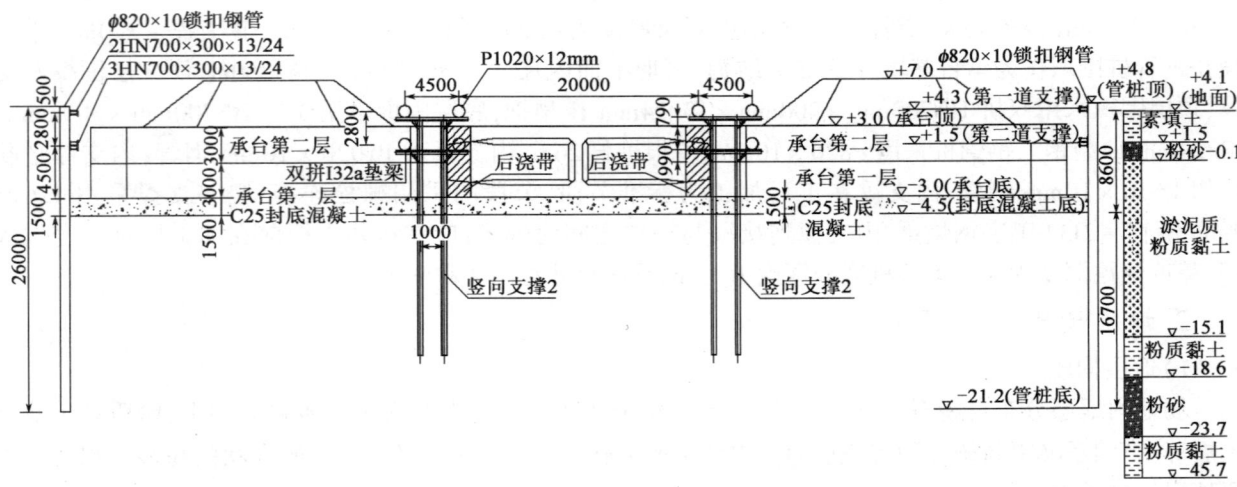

图 3 A6 标段北索塔承台围堰支护立面图(尺寸单位:mm;高程单位:m)

主要地层信息 表1

年代	层号	土层名称	顶板高程平均值(m)	厚度平均值(m)	状态
Q_4^{ml}	①₂	素填土	2.94	1.80	松散
Q_4^{al}	②	粉砂	1.59	1.89	松散
Q_4^{al}	②₁	淤泥质粉质黏土	-0.13	12.86	流塑
Q_4^{al}	②₂	粉质黏土	-13.52	4.66	流塑
Q_4^{al}	④	粉砂	-15.32	7.81	中密
Q_3^{al}	⑤	粉质黏土	-23.13	23.23	软塑~可塑
Q_3^{al}	⑦₁	粗砂	-54.52	2.25	密实
Q_3^{al}	⑦₅	粉砂	-48.10	12.28	密实

2）水文地质条件

桥址区地表水发育，主要有江水。长江潮汐为非正规半日浅海潮，每日两涨两落，且有日潮不等现象。桥位区的地下水类型有松散岩类孔隙水，其中潜水水位埋深1.20~1.70m，层厚约25m，长江水位在高潮时高于潜水位，与长江等地表水体有一定水力关联；承压水含水层顶板埋深51.10~52.60m，底板为黏土，层厚约70m，其静止水位随长江潮汐水位变化而变化，且存在滞后性，滞后时间0.5~1.5h，水位变化幅度小于长江水位变化幅度，约为长江水位变化幅度的四分之一。

三、基坑监测方案

监测方案以围堰基坑围护施工和开挖施工为监测工作的重点阶段，考虑评估围堰支护结构及水平钢支撑的稳定性及基坑开挖工程对周边环境的影响，结合规范要求，主要对基坑的以下项目进行监测：①钢管桩桩顶水平位移监测；②钢管桩桩顶垂直位移监测；③钢管桩深层水平位移监测；④水平支撑应力；⑤坑外地下水位监测；⑥港池码头沉降观测；⑦立柱沉降观测。详细的监测项目及布置见表2，监测点的位置见图4。

监测项目及布置 表2

序号	监测内容	布置原则	布点数量	检测频率	监测精度
1	现场安全巡视	支护结构体系、周边环境、监测设施等	—	1次/1d	
2	围堰顶部变形(沉降、位移)监测	沿地围堰顶部每20m左右布设1个监测点，共布设12个监测点	18个	开挖至5m深之前1次/3d，之后1次/1d	水平位移1.0mm，沉降0.5mm
3	钢支撑表面应力	沿基坑内部每层钢支撑(主受力构建)受力点位置布设1个监测断面，每层16，2层共32个振弦式应力计	32个	开挖至5m深之前1次/3d，之后1次/1d	0.5%FS
4	坑内外水位监测	在CX1~CX8八个断面各设一个水位观测井	8孔	开挖至5m深之前1次/3d，之后1次/1d	10mm
5	钢管桩外侧深层土体位移监测	在CX1~CX8八个断面各设置一个测斜井，每口安装10个全制动测斜仪(间距2m)	8个	开挖至5m深之前1次/3d，之后1次/1d	2mm
6	港池码头及防汛墙沉降	沿港池码头及防汛墙每20m左右布设1个监测点，共布设12个水准仪	12个	开挖至5m深之前1次/3d，之后1次/1d	0.5mm

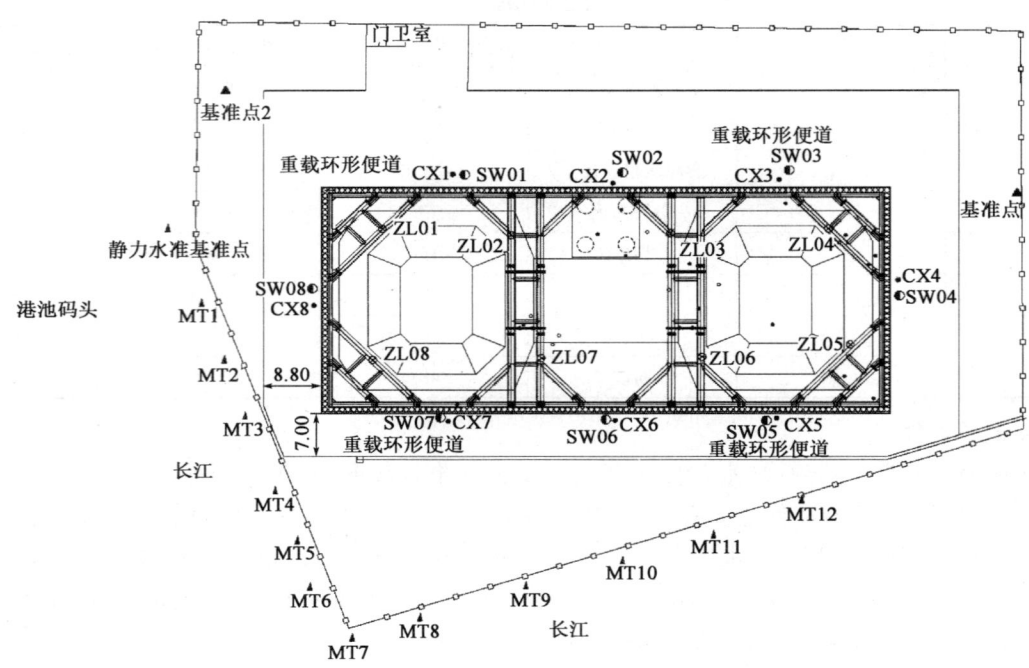

图4 A6标段北索塔承台围堰支护监测点分布图

CX-深层水平位移及地下水水位监测点;MT-港池码头及防汛墙沉降监测点;ZL-钢支撑轴力监测点

四、本构模型选择及模型参数设置

摩尔库仑模型(Mohr-Coulomb Model)是最为常见的理想弹塑性模型,其屈服面见图5a),因其形式简单、参数较少,被广泛应用于岩土领域,它可以较为准确地预测土体的破坏,但难以描述土体破坏前的变形行为,且不能考虑土体应力历史的影响,故在许多岩土工程问题上与实测数据拟合较差[13]。土壤硬化模型(Hardening-soil Model)为Plaxis商用有限元软件中提供的一种由Schanz等[14]提出的等向硬化弹塑性本构模型。它可以同时考虑剪切硬化和压缩硬化,采用不相适流动法则,其屈服面见图5b)。土体硬化模型能适合于多种土类的破坏和变形行为的描述[15],且大量学者的研究表明,与摩尔库仑模型相比,其可以更加准确地描述土体的变形行为[16,17]。

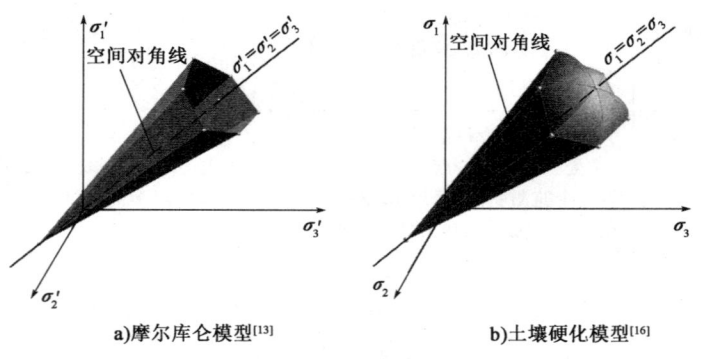

a)摩尔库仑模型[13]　　　　b)土壤硬化模型[16]

图5 常见模型屈服面

本模型采用Plaxis 3D商业有限元软件建立,三维模型见图6。考虑地下水的位置位于高程3m处,模型各土层采用土体硬化模型,总共考虑了六层土和表层的混凝土路面垫层(使用线弹性模型),各土层的物理参数见表3。对于锁扣钢管桩,由于锁扣的存在考虑为整体,根据惯性矩相等的原则采用450mm厚板单元使用线弹性模型进行模拟,钢管桩的轴向方向考虑其弹性模量为2.06×10^5MPa,垂直于轴向沿钢管桩纵向分布的方向进行折减考虑其弹性模量为1×10^5MPa。各水平支撑和竖直支撑皆采用梁单元使用线弹性模型进行模拟,弹性模量为2.06×10^5MPa。此外,为模拟挖土过程中挖掘机及运土车的堆载,结合设计的施工情况,在基坑东部和南部各设置8m×10m的均布荷载20kN/m²。结合设计的施工情况总共考虑八个施工工序:①钢管桩及竖向支撑施工;②开挖至地面以下0.8m;③安装第一道水平支撑;④开挖至地面以下3.6m;⑤安装第二道水平支撑;⑥开挖至基坑底(地面以下4.9m);⑦拆第二道水平支撑;⑧拆第一道支撑。各工序的模型图见图7。

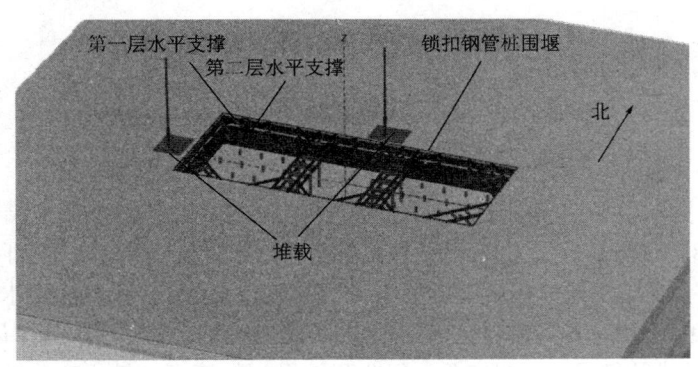

图6 围堰三维模型

土层设置及基本土性 表3

土层	深度(m)	深度(m)	饱和重度(kN/m³)	黏聚力(kPa)	内摩擦角(°)	E_s(MPa)	E_{50}^{ref}(MPa)	E_{oed}^{ref}(MPa)	E_{ur}^{ref}(MPa)	泊松比
混凝土	0.4m	0	25	—	—	2.8×10^3				0.167
素填土	0	-2.6	18.4	20.8	12.9	—	10	10	30	0.2
粉砂	-2.6	-4.2	20	3.0	29.8	—	14	14	42	0.2
淤泥质粉质黏土	-4.2	-19.2	19	18.4	12.0	—	8	8	24	0.2
粉质黏土	-19.2	-22.7	19	20.1	12.5	—	10	10	30	0.2
粉砂	-22.7	-27.8	19	2.0	30.0	—	38	38	114	0.2
粉质黏土	-27.8	-254.1	20	20.3	13.0	—	22	22	66	0.2

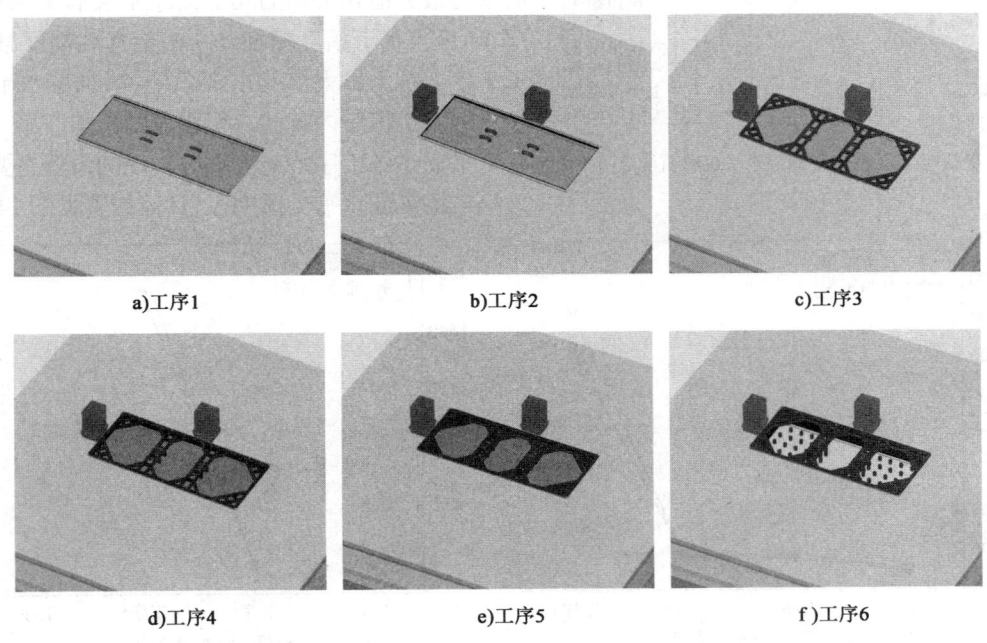

图 7

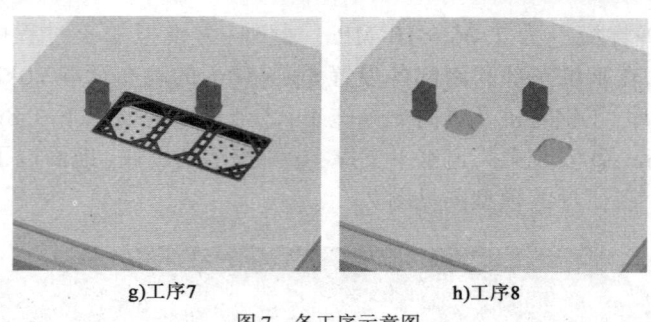

g)工序7　　　　　　　h)工序8

图7　各工序示意图

五、结果分析

结合实际施工情况,选取典型监测点在具有监测数据的施工阶段与模型模拟结果进行对比分析,深层水平位移对比分析见图8,支撑轴力(受压为正受拉为负)对比分析见图9。由于实际工程中基坑的施工环境相对复杂,不可避免地会在施工过程中会对钢管桩产生扰动。此外,基坑的深层水平位移也受降雨、长江水位的影响,而这些因素由于缺乏实测资料且存在很大不确定性难以在模型中具体体现。这一系列的因素都会造成监测和数值模拟结果存在一定的偏差。但监测结果和数值模拟结果变化趋势基本一致,且数值上相差不大,说明本模型设置及参数选取是合理的,可以用来研究基坑变形的规律。图10展示了各工序(考虑到钢管桩的安装拆除只考虑工序1~7)钢管桩最大水平位移的模型模拟结果(各工序的水平位移的最大值皆出现在围堰北部长边部分的钢管桩,如图11所示),模拟结果显示整个施工过程中钢管桩的水平位移的最大值出现在工序7,且前五个工序的最大值变化较小,后两个工序的最大值有明显的增加。图12展示了第一层水平支撑的各工序(考虑到第一层水平支撑的安装和拆除只考虑工序3~7)的最大轴力的模拟结果,模拟结果显示施工期间水平支撑的最大轴力出现在工序7;图13展示了第二层水平支撑各工序(考虑到第二层水平支撑的安装和拆除只考虑工序5~6)的轴力最大值的模拟结果。第一道支撑的轴力最大值在最初的几个工序不会有太大的变化(工序4~5会有小幅度增加,5~6会有小幅度减小),但到了工序7轴力最大值会出现激增;第二层水平支撑在安装后的一个工序内就会有很明显的增加。第一层和第二层水平支撑各工序的最大轴力出现的位置主要集中在西边第二道纵向水平支撑中段,具体位置见图14和图15。

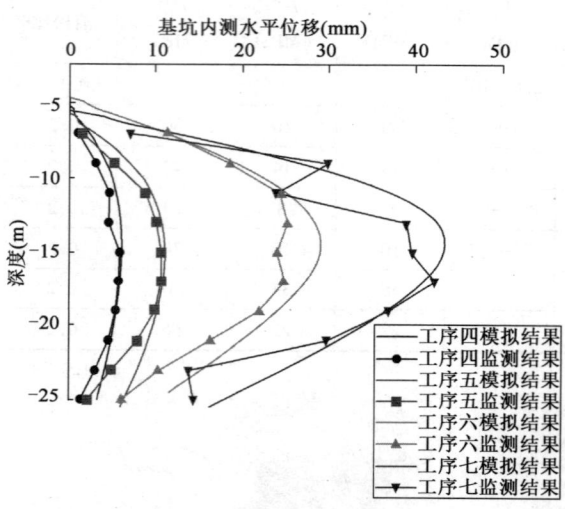

图8　关键施工阶段CX2深层水平位移监测点模拟结果同检测结果对比

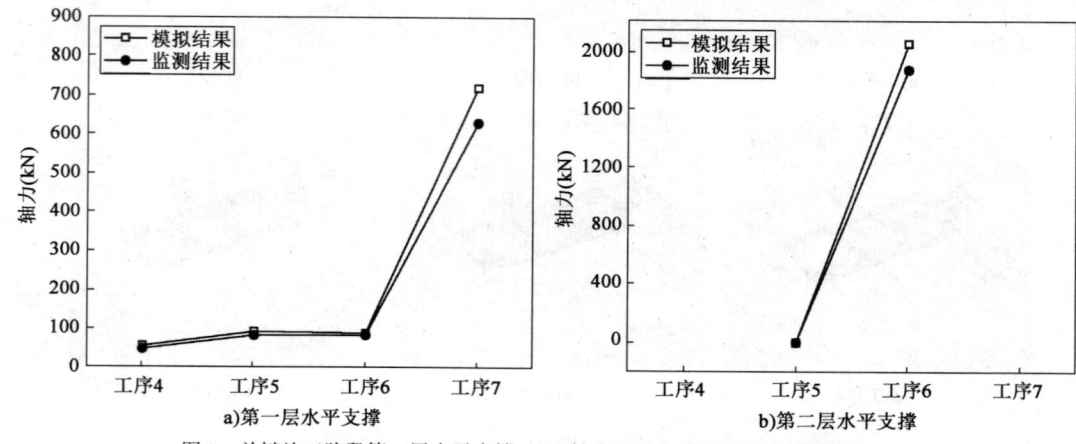

a)第一层水平支撑　　　　　　b)第二层水平支撑

图9　关键施工阶段第一层水平支撑ZL02轴力监测点模拟结果同检测结果对比

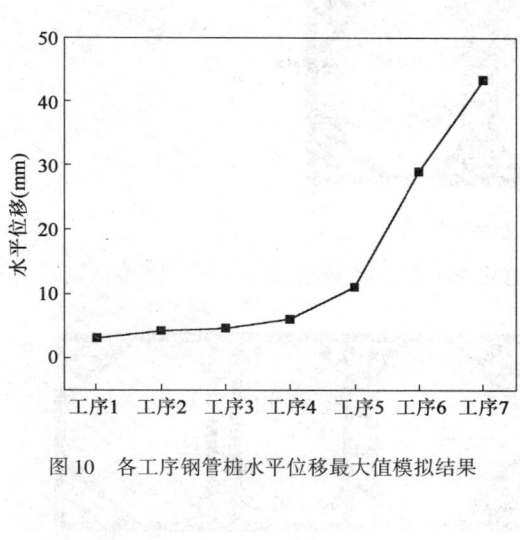

图10 各工序钢管桩水平位移最大值模拟结果

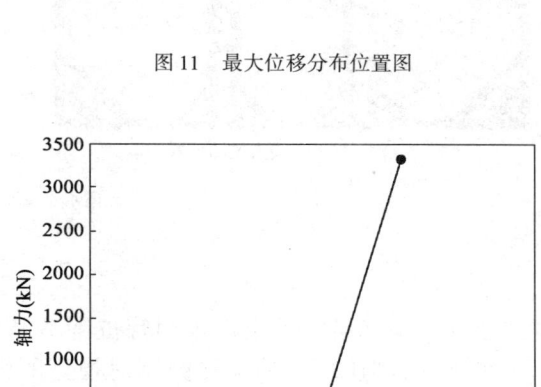

图11 最大位移分布位置图

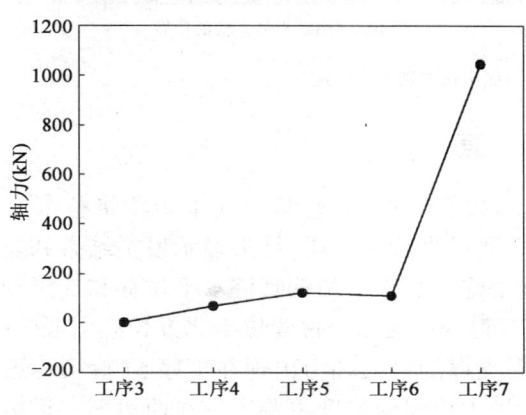

图12 各工序第一层水平支撑轴力最大值模拟结果

图13 各工序第二层水平支撑轴力最大值模拟结果

a)工序3轴力最大值的位置   b)工序4轴力最大值的位置

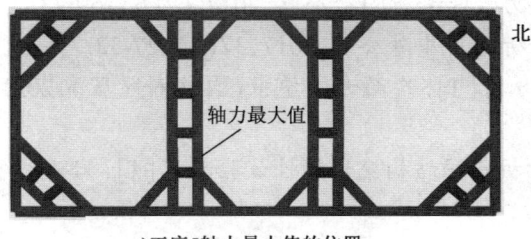

c)工序5轴力最大值的位置   d)工序6轴力最大值的位置

图 14

e)工序7轴力最大值的位置

图14　第一道水平支撑各工序中最大轴力的位置

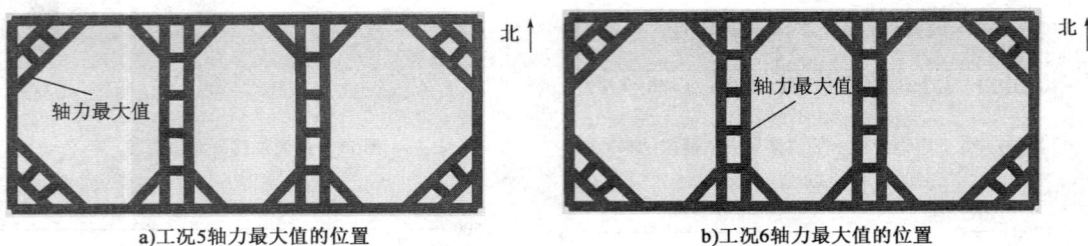

a)工况5轴力最大值的位置　　　　　　　　b)工况6轴力最大值的位置

图15　第二道水平支撑各工序中最大轴力的位置

六、结　语

本文建立大厚度淤泥质土锁扣钢管桩围堰基坑的数值模拟模型,基于施工步骤将整个施工过程分为了8个工序,利用现有的监测数据对模型的模拟结果进行了分析,结果显示模拟结果和监测数据有良好的一致性。随后利用验证好的有限元模型对整个施工过程中的钢管桩水平位移和支撑轴力进行了分析,最终发现钢管桩最大位移出现在工序7(拆第二道水平支撑),位置位于北方长边围堰中心处;第一道水平支撑的最大轴力也出现在工序7,第二层水平支撑的最大轴力出现在工序6(拆第一道水平支撑),且各工序第一层水平支撑及第二层水平支撑最大轴力出现的位置主要集中在西边第二道纵向水平支撑中段。

参考文献

[1] 罗国喜.TC锁扣咬合钢管桩围堰施工技术[J].福建建筑,2012(1):72-75.

[2] 韩勇.锁口钢管桩围堰在南宁五象大桥承台施工中的应用[J].四川建材,2013,39(5):163-164.

[3] 黄麒,黄翔.复杂条件下CO钢管桩围堰适应性研究与应用[J].黑龙江交通科技,2018,41(10):132-134.

[4] 方黎明.深厚淤泥质条件下锁扣钢管桩围堰受力特性分析[D].重庆:重庆交通大学,2022.

[5] 韩延庆.厚层淤泥质土中深基坑支护结构变形特征研究[D].南京:南京大学,2018.

[6] 陈鹰.桥梁深水基础钢管桩围堰受力特性分析[J].铁道建筑,2018,58(9):27-30.

[7] 吴亮秦,阚剑锋,伍海山,等.锁口钢管桩围堰结构受力性能分析[J].公路,2017,62(6):69-73.

[8] 姚德波,殷新锋.基坑锁口钢管桩围堰的受力行为分析[J].中外公路,2017,37(2):27-32.

[9] 张玥.马鞍山长江公路大桥南塔承台基坑支护仿真分析[J].广西大学学报(自然科学版),2011,36(4):664-670,676.

[10] 韦实,邓成龙,梁荣柱,等.基于3D打印的锁口钢管桩围护结构变形特性试验研究[J].岩石力学与工程学报,2020,39(S2):3676-3686.

[11] GU M X, CAI X C, FU Q, et al. Numerical analysis of passive piles under surcharge load in extensively deep soft soil [J]. Buildings, 2022, 12(11): 1988.

[12] 王硕,杨彦军,岳祖润.锁口钢管桩抗弯刚度折减行为及其影响因素分析[J].中南大学学报(自然科学版),2013,44(4):1551-1556.

[13] 徐中华,王卫东.敏感环境下基坑数值分析中土体本构模型的选择[J].岩土力学,2010,31(1):258-264,326.

[14] SCHANZ T, VERMEER P A, BONNIER P G. The hardening soil model: formulation and verification [C] // Beyond 2000 in Computational Geotechnics—10 Years of PLAXIS. Rotterdam: Balkema, 1999: 281-296.

[15] BRINKGREVE R B. Selection of soil models and parameters for geotechnical engineering application[C] // Proceedings of Geo-Frontier Conference. Texas: Soil Properties and Modeling Geo-Institute of ASCE, 2005: 69-98.

[16] 王卫东,王浩然,徐中华.基坑开挖数值分析中土体硬化模型参数的试验研究[J].岩土力学,2012, 33(8):2283-2290.

[17] HEJAZI Y, DIAS D, KASTNER R. Impact of constitutive models on the numerical analysis of underground constructions[J]. Acta Geotechnica, 2008, 3: 251-258.

12. 基于BIM技术的大体积混凝土全过程动态智能温控系统开发及应用

王海啸[1]　　徐永明[2]

(1.江苏省交通工程建设局;2.中国铁建大桥工程局集团有限公司)

摘　要　针对张靖皋长江大桥打造"无缝承台、无缝塔座"的高标准建设要求,以及传统温控手段获取温控信息不及时、不准确、不真实和不系统导致的温控措施与温控管理不到位的技术难题,基于BIM技术研发了一套智能可视化全过程动态大体积混凝土温控系统。为提高大体积混凝土冷却管通水效率,开发了智能冷却水调控系统,根据混凝土升、降温速率、内表温差、进出口水温差等参数,可实现对冷却水流量及温度进行实时调节,从而达到控制大体积混凝土内部温度发展的目的。为直观展示温控过程及效果,基于BIM技术开发了温控智能展示平台,对混凝土温度发展、智能冷却水调控过程、混凝土养护效果等进行综合展示;基于预设的温控指标对监控过程中出现的数据超标及异常进行预警,给出处理指令。开发的智能温控系统在张靖皋长江大桥ZJG-A6标北航道桥承台和塔座大体积混凝土进行了应用,结果表明该系统温度监测准确灵敏、冷却水控制精确快速、平台展示内容实用合理,承台和塔座混凝土控裂效果良好;与以往智能温控数据管理平台相比,基于BIM技术开发的系统智能化、可视化程度更高,实现了对大体积混凝土温控过程的高效快捷和全过程的动态管理。

关键词　智能冷却水　智能展示平台　智能养护　BIM技术　大体积混凝土

一、引　言

大体积混凝土开裂有多种原因,温度裂缝是其中较常见的一种。水泥水化过程释放的水化热所产生的温度变化和混凝土收缩的共同作用下,混凝土内部累积的温度应力大于材料本身的抗拉强度,就会导致混凝土结构出现有害裂缝[1]。裂缝一旦形成对混凝土结构的整体性、抗渗性及耐久性都有严重的影响,控制裂缝的产生成为大体积混凝土品质控制的迫切需求。开展大体积混凝土温控工作,能够为混凝土的裂缝控制提供技术支持,是确保混凝土结构耐久性和运行安全性的重要手段,具有非常重要的意义。

目前,国内大体积混凝土温控多采用自动定时温度监测仪来读取并记录温度数据,人工处理数据并结合温控指标来进行分析判断再指导现场施工的技术路线。依靠人工读取、分析、汇报数据,增加了现场温控人员的工作量,也无法做到实时、准确;依靠人工判断、调节冷却水,调整时间长,具有一定的滞后性,调节效率较低,影响冷却水降温效果;温控系统智能化程度低,需要专职人员24h值守、实时监控,很难满足现代工程行业大体积混凝土高质量快速施工的要求。

现代信息化技术的发展为这些弊端提供了解决方案,人们已经在不断探求一种实时高效、智能精确的温度控制方法。林鹏等[2]提出建立一种大体积混凝土通水冷却智能温度控制方法与系统,实现远程实时、在线复杂通水信息的自动采集与反馈控制。陈志远等[3]提出通过预设温度变化过程线和实测混凝土温度进行冷却水流的通断决策,提出对冷却通水的自动控制的新方法。Jing等[4]提出建立用于温度控制和裂纹预防的数据库系统。杜小凯等[5]建立了一种动态智能温控系统,利用GPS技术、网络技术、数据库技术、自动化监测技术和数值仿真技术对动态智能温控进行了分析与探究。李庆斌等[6]就智能大坝进行了详细论述,提出了基于物联网、自动测控和云计算技术实现个性化管理与分析,并实施对大坝性能进行控制的构想,指出智能大坝是在对传统混凝土大坝实现数字化后,采用通信与控制技术对大坝全生命周期实现所有信息的实时感知、自动分析与性能控制的大坝。

住建部2015年6月指出施工企业要全面推行基于BIM应用的施工管理模式和协同工作机制,综合应用数字监控、移动通信和物联网技术,实现施工现场集成通信与动态监管,进一步提高施工精度、效率和安全保障水平[7]。BIM技术与实时监测控制的集成研究日趋深入,在现场施工、资源管理、进度控制等方面在不断尝试多种实时控制系统,并与RFD及GPS结合形成各种资源跟踪技术[8]。廖哲男等[9]结合传统的大体积混凝土施工温控技术方法基础上,提出BIM技术与冷却水管相结合的大体积混凝土温控方案,开发出具有数据存储、信息查询、数据分析、预警和自动控制等功能的大体积混凝土BIM智能温控系统。

综合调研分析可知,水电工程建立了数字化、智能化和全过程的温控系统并开发了相关的监控设备,但是水电工程混凝土结构特点、环境特点及材料性能与桥梁工程存在较大差异,且暂没有采用BIM技术进行全过程温度监测,其技术和现有成果并不完全适应于桥梁工程;交通工程领域,目前基于BIM技术大体积混凝土智能化温控系统及其技术处于起步阶段,目前有基于BIM技术的智能化冷却水控温系统,但大体积混凝土的温控涉及全过程动态过程,有待进一步研究基于BIM技术的桥梁大体积混凝土全过程动态智能温控系统及其集成技术。

张靖皋长江大桥北航道桥跨越如皋中汊福北水道,采用主跨1208m单跨吊悬索桥,提出了"无缝承台、无缝塔座"的质量目标,在前期调研基础上有必要基于BIM技术研发一套集智能冷却水调控系统与智能展示平台为一体的大体积混凝土智能温控系统,在大体积混凝土施工过程中对混凝土温度进行监测并结合温控指标对冷却水、养护系统进行智能控制,从而达到降低混凝土温度应力、避免混凝土开裂的目的。

二、智能温控系统开发

1. 系统组成

智能温控系统主要包括无线数据收集、数据处理平台、在线平台推送及预警、智能控制等功能。系统硬件包括无线数据采集设备HWDAC、数据通信模块DTU、无线流量调节装置及智能养护设备;软件平台为自主研发混凝土温度智能监控系统平台,包括微信公众号、PC端网站和BIM技术智能化页面展示。

2. 系统网络架构

无线温度传感器、无线流量计及无线温湿度传感器等监测设备按照固定频率将数据传送给现场设备控制器,完成前端采集工作。现场设备控制器通过物联网与云服务器进行连接,并实时与云服务器进行通信,根据服务器设置要求完成对现场监测数据的实时上报。云服务器完成对现场监测数据的统计分析后,提供手机、电脑等多终端数据查询和展示,并将控制结果反馈给冷却水控制器或养护控制器,通过控制器发出指令对冷却水、养护措施进行调节,完成远程调控任务。系统网络架构见图1。

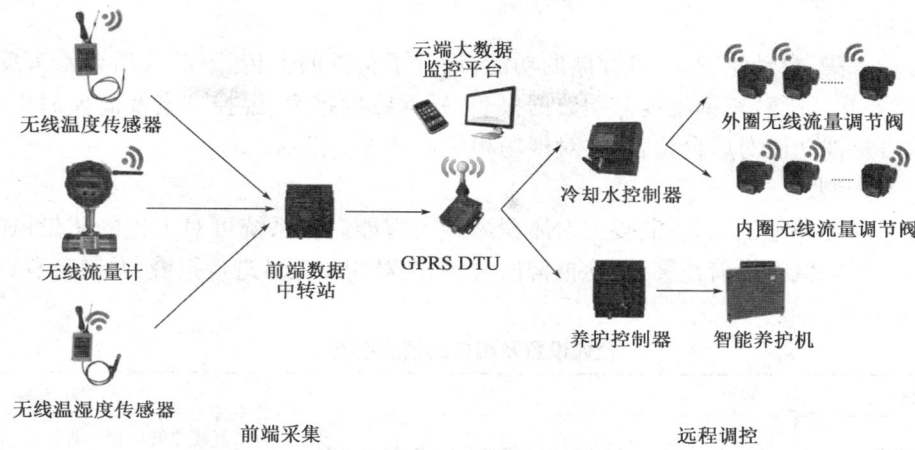

图 1 大体积混凝土智能温控系统网络架构

三、智能温控系统主要功能

1. 基于 BIM 系统的智能可视化展示和温控数据管理

1）特征温度参数展示

基于项目开发的 BIM 施工控制系统，通过微信公众号或电脑大屏在线实时接收现场的监控数据并绘制曲线，包括混凝土温度监测实时数据、温度特征值历史曲线、进出水温度及流量、水阀控制情况、养护数据及预警信息等，其中 PC 端展示界面见图 2、BIM 系统可视化展示界面见图 3。

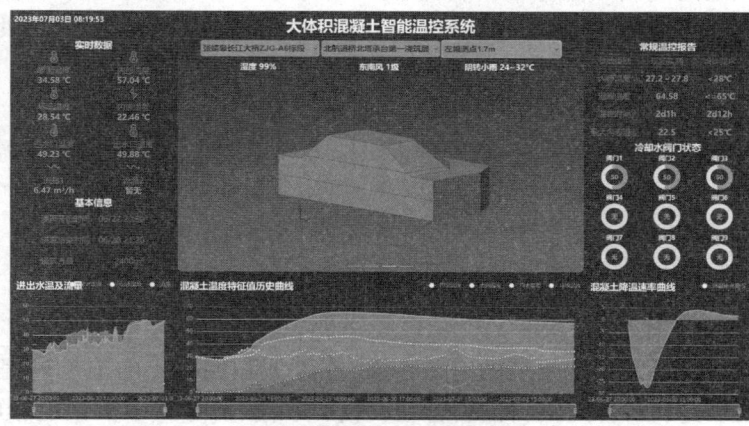

图 2 大体积混凝土智能温控系统 PC 端展示界面

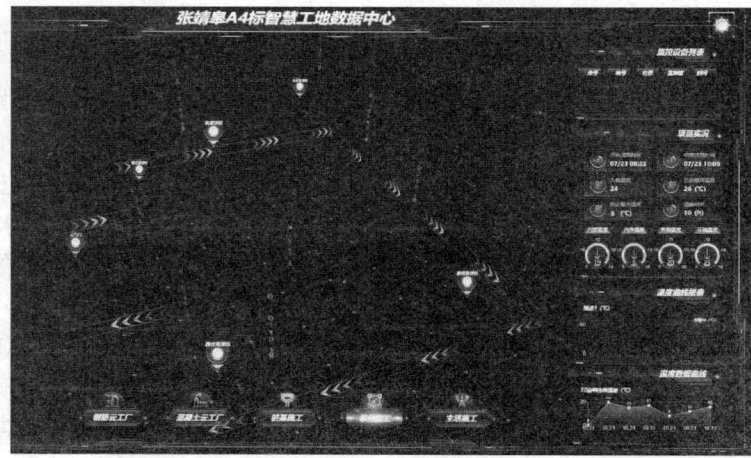

图 3 基于 BIM 技术的大体积混凝土智能温控系统展示界面

2) 数据及报表查询

系统具备自动采集、自动绘制、云端存储的功能,设置了文件的上传、下载及后台留言反馈等交互功能,用户可根据需要在线下载查询温度监测数据报表、异常数据报表、温控方案及温控简报等相关文件,同时还可通过留言反馈功能对后台留言,并对现场相关人员进行指示。

3) 异常预警及控制

根据温控施工内容和施工工艺,混凝土大体积混凝土智能温控系统可对工程的质量风险进行辨识,可在关键参数到达预警值时提前预警;到达报警值时,强制对相关人员进行报警,并制定有针对性的调整措施,预警设置见表1。

预警设置及相应的预控措施　　　　　　　表1

序号	预警消息类别	频率	说明	预控措施
1	温度预警	1次/h	温度超过预先设置的阈值,触发预警	混凝土智能循环控制系统自动控制水管到达最大流量,流量不足时进行报警
2	温差预警	1次/h	温差绝对值超过预设的阈值,触发预警	混凝土智能循环控制系统自动调整对应支管的流量,并提供养护加强建议
3	数据完整性报表推送	1次/h	对当前时间前4h数据进行核查	无论是否完整,都发送通知消息
4	设备数据延迟预警	1次/h	设备数据上报超过1h内没有新数据上报预警	自动反控获取新数据,如果设备掉线则反控失败

4) 数据传输通信

现场数据采集装置通过网络云服务器中转的方式、PC端和BIM系统进行通信。云服务器通过定时轮询各个设备终端来获取各个传感器的测量值,并将数据保存进入数据库中,供后续的查询、展现、分析。

5) 权限分类管理

后台根据需要设置不同权限的账号,包括管理人员账号和用户账号。根据具体需求给予账号不同信息的查询及修改权限。

6) 多平台查询访问

可通过手机App、PC端和智慧BIM系统展示屏进行多平台查询访问。

2. 冷却水管智能化控制

埋设冷却水管是控制混凝土温度发展的有效手段,在大体积混凝土的施工过程中发挥着重要的作用。冷却水管的降温效果受到水管间距、材质、管径、管长、水温、流量等多因素的影响[10]。在施工前可以控制水管排列方式、管径、管间距、管长等,施工中只能靠控制水温、流量来调节。

智能水控制系统主要由无线温度采集器、无线接收发送装置、无线控制阀门、无线流量计、加热棒、水泵等组成,可以对冷却水管进行智能化、自动化的管理。智能水控制逻辑充分考虑了升温期、降温期、内表温差、降温速率、进出水温差等因素,将冷却水管按照内部水管、外围水管分别控制,根据监测数据动态调节智能流量阀,分别执行打开流量阀、关闭流量阀、增减水流量、进水加热等命令,以控制混凝土各个温控指标在设定的标准范围内,并对水流量、进出水温度进行持续监测。其中进水温度低温期通过江水直取、出水口热水混合及辅助电加热的方法进行调节,高温期通过江水直取、冰水补充及定时添加冰块的方法进行调节。冷却水系统构成如图4所示,现场控制阀、无线流量计、信号接收装置及冷却水管循环控制系统如图5~图8所示。

冷却水智能控制系统采集数据主要包括混凝土内部最高温度T_1、混凝土表面温度T_2、进水温度T_3、出水温度T_4、环境温度T_5及水管流量Q。平台根据采集数据的数据进行汇总,根据预先设定的程序对收集数据进行处理,形成数据特征曲线图及相应表格。通过针对不同的处理结果对控制装置发出不同的指令。

III 结构分析与实验研究

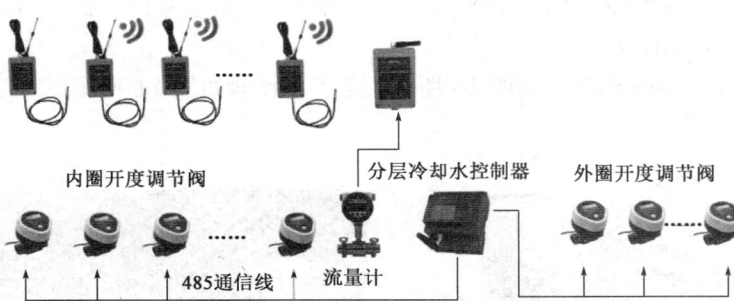

图4 冷却水系统构成

图5 控制阀门

图6 无线流量计

图7 接收发送装置

图8 冷却水管循环控制系统

3. 混凝土智能养护控制

养护是大体积混凝土施工的一项重要内容，混凝土浇筑后必须在适宜的环境下进行养护。美国混凝土协会（ACI）将养护定义为：水泥在水分与温度满足的条件下持续水化，水泥混凝土逐渐成熟和硬度发展的过程，因此混凝土养护包含保温与保湿两方面。

养护控制系统主要由前端数据采集、终端数据接收处理控制和远端工况查询监控部分组成。智能养护机包括升温装置、加湿装置及无线接收装置。通过加热空气，形成一定温度的暖风通入封闭养护区域，提高养护区域的温度。采用超声雾化装置将常温水变成粒径很小的水雾，保证养护区域的湿度的同时防止积水、结冰。实时接收控制系统发出的指令，控制升温装置、造雾装置使养护区域的温湿度和混凝土的内表温差维持在设计要求范围内。

加热设备如图9所示，超声雾炮器如图10所示，信号接收器如图11所示，手机端控制界面如图12所示。

图9 热风炮

图10 超声雾炮器

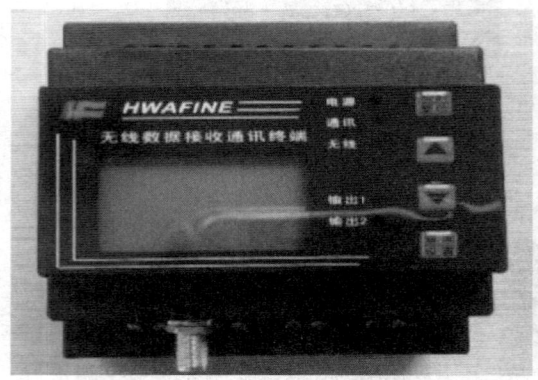
图11 信号接收器

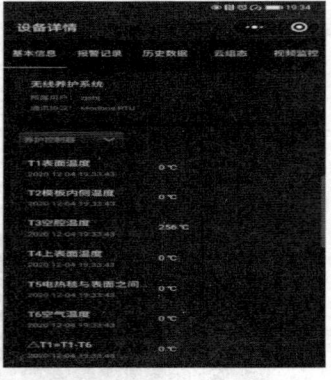
图12 手机端控制界面

4. 原材料指标—新拌混凝土性能—硬化混凝土性能大数据管理

通过BIM施工管理系统对混凝土原材料指标（水泥、矿物掺合料、砂石、外加剂和水等温度、理化检测指标）、新混凝土性能（出机温度、入模温度、坍落度、扩展度、凝结时间、重度等）和硬化混凝土性能（抗压强度、抗渗性能等）进行搜集，实现混凝土及其原材料性能的实时监测和大数据管理。

5. 混凝土抗裂性能监测

通过温度和应变的监测，基于内置的应力计算公式和分析模块，支持自约束和外约束实施防裂分析报告以及导入数据防裂分析报告（图13）。

Ⅲ 结构分析与实验研究

龄期	混凝土强度: C40 弹性模量(MPa) E=EC*0.985*(1-EXP(-0.4*t^0.6))	构件宽度: 0mm 内表温差	构件高度: 0mm 内约束应力(MPa)	构件长度: 0mm 抗拉强度(MPa) ftk(t)=ftk*(1-EXP(-0.3*t))	抗裂安全系数	临界系数	评估结果
0.25	5115	4	0.051	0.17	3.33	1.15	不开裂
0.5	7425	1.2	0.022	0.33	15	1.15	不开裂
0.75	9149	6.1	0.14	0.48	3.43	1.15	不开裂
1	10554	15.5	0.409	0.62	1.52	1.15	不开裂
1.25	11749	18.7	0.549	0.75	1.37	1.15	不开裂
1.5	12792	20.6	0.659	0.87	1.32	1.15	不开裂
1.75	13719	28.4	0.974	0.98	1.01	1.15	开裂
2	14554	30	1.092	1.08	0.99	1.15	开裂
2.25	15312	32.5	1.244	1.17	0.94	1.15	开裂
2.5	16006	31.3	1.252	1.26	1.01	1.15	开裂
2.75	16646	32	1.332	1.34	1.01	1.15	开裂
3	17239	32.5	1.401	1.42	1.01	1.15	开裂

图13 约束应力实时报表示意图

四、智能温控系统应用

1. 构件概况

张靖皋长江大桥北航道桥北塔基础采用哑铃形承台,单个承台平面尺寸为29.8m×29m(横×纵)并设置倒角,两承台之间采用13.6m×22m(横×纵)系梁相连,承台、系梁厚度为6m,系梁设置2m后浇带,承台、系梁C40混凝土共计10795.2m³,C40微膨胀混凝土229.6m³。北塔承台顶设置梯形锥台塔座,上表面尺寸为11.0m×14.0m(横×纵),下表面尺寸为21.0m×24.0m(横×纵),塔座厚4.0m,塔座C50混凝土共计2376.8m³。

承台、系梁竖向分两层浇筑,第一层为3m,第二层为3m(+75cm塔座预浇段),剩余塔座一次浇筑,承台中间系梁设置2m宽后浇段。

2. 有限元计算结果

采用midas FEA有限元分析软件模拟混凝土的实际施工过程进行建模计算分析,需要考虑混凝土的物理热学性能如混凝土的抗压/抗拉强度、弹性模量、徐变、比热容、绝热温升等[11],考虑工况条件如浇筑温度、间隔期、散热条件、养护及保温措施等因素,计算模拟结果如表2、图14所示。

温度计算结果　　　　　　　　　　　　　　　　　　表2

部位	内部最高温度(℃)	最大内表温差(℃)	温峰出现时间
承台第一层	61.11	21.15	第3d
承台第二层(含塔座预浇段)	62.36	21.67	第3d
塔座	67.78	22.42	第3d

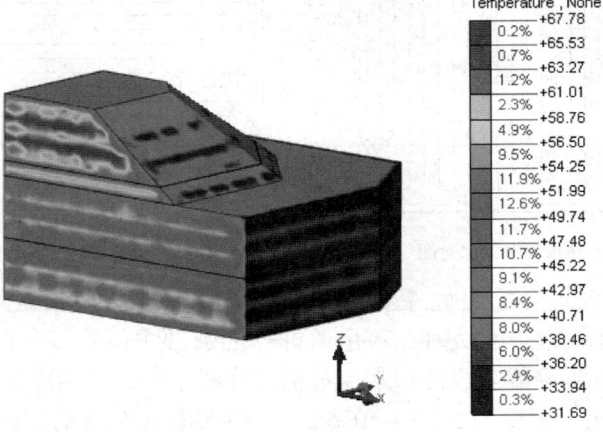

图14 主墩承台、塔座混凝土温度仿真模拟结果(单位:℃)

3. 温控标准

根据仿真计算结果,现行规范、规程及《关于张靖皋长江大桥大体积混凝土构件裂缝控制要求的通知》的相关要求,对本工程承台、塔座大体积混凝土施工制定温控标准。温控标准分为主控标准及参考标准,见表3、表4。

北塔承台、塔座温度主控标准　　　　　　　　　　　　　　　　　　　　　　　　　表3

序号	温控项目		控制标准
1	混凝土入模温度		≥5℃,≤28℃
2	混凝土内部最高温度	承台	≤65℃
		塔座	≤70℃
3	混凝土内表温差		≤25℃
4	混凝土降温速率		≤2.0℃/d

北塔承台、塔座温度参考标准　　　　　　　　　　　　　　　　　　　　　　　　　表4

序号	温控项目	控制标准
1	冷却水与混凝土内部温度之差	≤25℃
2	新浇混凝土与下层已浇混凝土温度之差	≤20℃
3	冷却水进出水口温差	≤10℃
4	混凝土表面与养护环境温度之差	≤20℃
5	养护水与混凝土表面温度之差	≤15℃

4. 冷却系统及控制

承台冷却水管水平管层距为100cm,竖直管间距为60cm。相邻两层冷却水管交错布置,同一平面层内设置内部水管及外围水管以便于智能调控,水管布设示意图见图15、图16,第一套水管为环形外围水管,其余为蛇形内部水管。

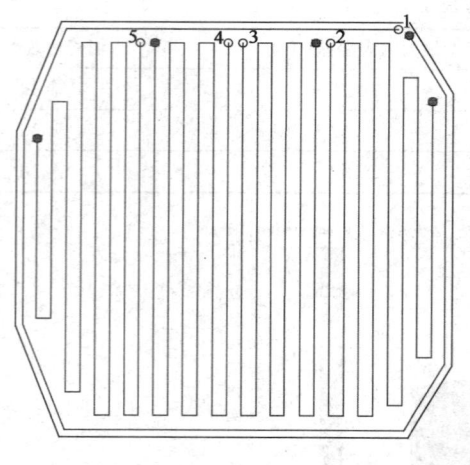 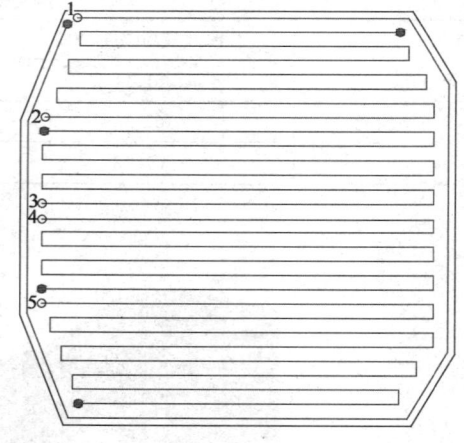

图15 奇数层冷却水管布设示意图　　　　　　　　图16 偶数层冷却水管布设示意图

当混凝土覆盖冷却水管时即开始通水,智能调控系统按照预设程序、根据测温结果对冷却水流量、温度进行实时调控,同时对进水温度、出水温度、流量值进行记录,见图17。可以看出,混凝土升温阶段,冷却水基本是全流量运转,混凝土降温阶段冷却水流量根据降温速率进行相应变化直至自动关闭。冷却水进水温度为28.6~49.3℃,出水温度为26.3~50.6℃,冷却水进出水温差为0.2~4.9℃,符合冷却水进出水温差≤10℃、冷却水与混凝土内部温度之差≤25℃的温控标准。

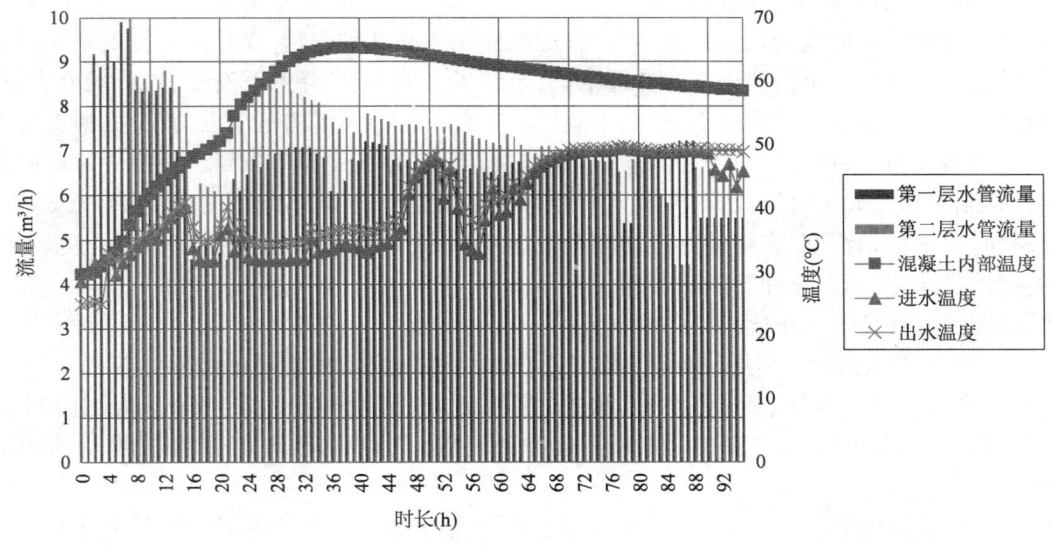

图 17 承台第一层冷却通水情况

5. 智能控制效果

通过智能化温控系统的应用,承台大体积混凝土实现了在"无人干预"的情况下对各温度参数的全面控制,监测数据结果见表5,承台第一层混凝土温度特征值历时曲线图见图18。混凝土内部最高温度为64.70℃,符合≤65℃的控制标准;混凝土最大内表温差为23.00℃,符合≤25℃的控制标准,温峰后混凝土降温速率为1.20~1.88℃/d,符合≤2.0℃/d的控制标准。混凝土拆模后表观良好,无有害裂缝产生。

承台混凝土温度特征值监测数据　　表5

浇筑层	内部最高温度(℃)	最高温度出现时间(h)	最大内表温差(℃)	降温速率(℃/d)
承台第一层	64.58	49	22.50	1.32~1.85
承台第二层	64.70	53	22.15	1.20~1.88

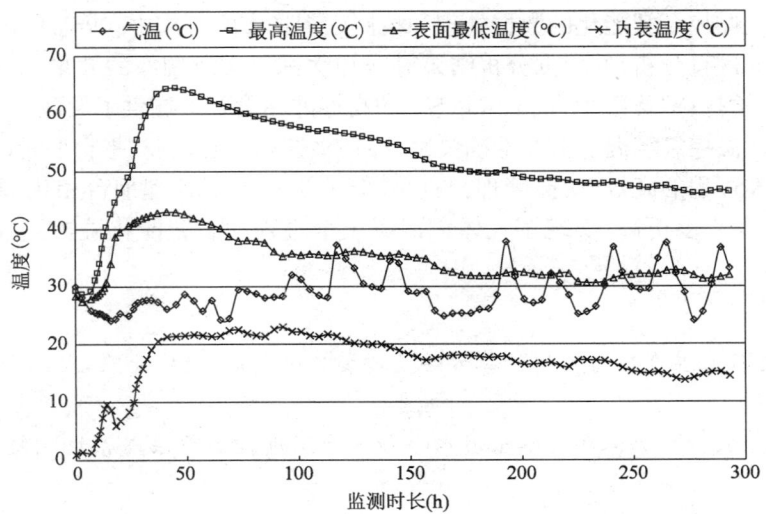

图 18 承台第一层混凝土温度特征值历时曲线图

6. 智能控制优势

在现场实际应用中,总结出智能温控系统具有以下优势:①软硬件集成一体,结构简单、安装方便、采集高效、功耗低、经济性好,具备良好的实用性及可普及性;②数据通信稳定可靠、灵敏度高、时效性强,解决了传统大体积混凝土温控监测数据采集不及时、温度控制效率低等问题,提升了温控效率;③实现了冷却水流量、水温的自动控制,不需要人员操作进水阀,节约了人力成本,降低了安全隐患;④可实时自动控制混凝土最高温度、内表温差、降温速率、进出水温差等参数在标准规定的范围内,减少混凝土开裂风险;⑤具备完善的预警及报警机制,可对工程的质量风险进行辨识,并在关键参数到达预警值时提前预警;到达报警值时,强制对相关人员进行报警,并制定有针对性的调整措施;⑥多维度展现、多终端支持,实时采集数据并进行时程图自动绘制、多终端远程访问及智能控制等,直观展示温控过程及效果,实现了对大体积混凝土温控的可视化、信息化和智能化管理。

与传统温控数据管理平台相比,存在如下特点:

(1)基于 BIM 信息化平台,利用物联网、数字化技术将桥梁大体积混凝土构件温控的全过程(包括原材料预冷、混凝土拌和、运输、入仓、平仓、振捣、通水冷却、表面养护等)进行智能化控制,实现了 BIM 技术与温控实时监测控制的集成,提高了温控现场施工、资源管理和进度控制等方面的管理水平。

(2)基于 BIM 信息化平台的冷却水和养护系统协同智能化温控技术。利用 BIM 信息化平台,研发智能化冷却水和养护控制系统及其设备,通过无线温湿度采集和传输设备将数据传输到 BIM 信息平台,通过分析与预警功能,与预期温控标准进行比较,以应力最优、措施合理可行为目标,动态确定混凝土的冷却曲线,在此基础上调整各环节的温控参数,通过预测目标温度和实测目标温度的反复比较,不断调整温控参数,使最高温度、温差、温度变化速率达到最优,从而达到防裂的目的。

(3)建立原材料指标—新拌混凝土性能—硬化混凝土性能的数据库,实现混凝土原材料指标、新混凝土性能和硬化混凝土性能的实时监测。

(4)支持自约束力和外约束力实施防裂分析报告以及导入数据防裂分析报告。

(5)基于 BIM 技术开发的本系统,智能化、可视化程度更高,实现了大体积混凝土全过程动态智能化温控。

五、结　语

通过无线智能监测模块、智能管冷模块、智能养护模块的研发和集成,基于 BIM 技术开发出具备数据分析、信息推送及预警、自动控制、远程监测等功能的一体化大体积混凝土智能温控系统,实现了对大体积混凝土构件无线化监控及智能化的数据处理和控制。现场实际应用中,达到了实时自动查询、上传、记录、展示数据,对数据进行分析,并根据分析结果对冷却水进行实时调控的效果,大幅减少混凝土开裂风险,为张靖皋长江大桥打造"无缝承台、无缝塔座"的高标准建设要求提供了保证。

大体积混凝土智能温控系统温度监测准确灵敏、冷却水控制精确快速、平台展示内容实用合理,实现了对大体积混凝土温控过程的高效、快捷管理,与以往智能温控数据管理平台相比,基于 BIM 技术开发的本系统智能化、可视化程度更高,实现了大体积混凝土全过程动态智能化温控,具备大范围推广应用价值。

参考文献

[1] 王新刚. 大体积混凝土温度应力实用计算方法及控裂工程实例[M]. 北京:人民交通出版社股份有限公司,2017.

[2] 林鹏,李庆斌,周绍武,等. 大体积混凝土通水冷却智能温度控制方法与系统[J]. 水利学报,2013,44(8):950-957.

[3] 陈志远,谭恺炎,王振振. 大体积混凝土冷却通水智能控制方法的应用[J]. 水力发电,2014,40(7):57-59,66.

[4] JING X Y, LIU X H. Real-time temperature control for high arch dam based on decision support system[J]. Transactions of Tianjin University, 2014, 20(2):118-125.

[5] 杜小凯,孙保平,张国新,等.大体积混凝土防裂动态智能温控系统应用与监测分析[J].水力发电,2015,41(1):46-49.
[6] 李庆斌,林鹏.论智能大坝[J].水力发电学报,2014,33(1):139-146.
[7] 关于推进建筑信息模型应用的指导意见[J].中国勘察设计,2015,(10):22-26.
[8] HWANG S, LIU L. BIM for integration of automated real-time project control systems[C]//Construction Research Congress 2010: Innovation for Reshaping Construction Practice. American Society of Civil Engineers, 2010:509-517.
[9] 廖哲男,魏巍,赵亮,等.大体积混凝土BIM智能温控系统的研究与应用[J].土木建筑与环境工程,2016,38(4):132-138.
[10] 朱伯芳.大体积混凝土温度应力与温度控制[M].北京:中国电力出版社,1999.
[11] 彭楚才,周文哲,刘晓平,等.基于BIM技术的大体积混凝土温度控制系统设计[J].湖南理工学院学报(自然科学版),2020,33(3):43-46.

13. 自动化焊接技术在钢壳塔制造中的应用研究

刘伯清　曾希琦　何涛

(中铁山桥(南通)有限公司)

摘要 本文介绍了张靖皋长江大桥辅塔钢壳在自动化焊接工艺以及自动化设备创新应用等方面的技术特点。在对比分析了国内外钢塔建造技术特点的同时,针对张靖皋长江大桥辅塔结构的制作难点,重点介绍了钢塔制作过程中板单元自动化焊接、节段拼装自动化焊接等工艺的优化措施和创新应用,并阐述了其应用效果。此外,对钢塔整体制作的各种自动化焊接设备也进行了介绍。

关键词 钢壳塔　自动化焊接　工艺优化　板单元制作　节段拼装

一、国内外自动化焊接技术特点的对比分析

我国焊接自动化技术对比欧美等先进国家起步相对较晚,至今在制造模式、机器人焊接以及全过程计算机连贯信息处理系统等方面仍存在显著差距,然而,经过多年的发展,已经取得了大量的成果和突破,积累了丰富的数据和实践经验。在工艺方面,当前我国在钢桥焊接方面主要采用的方法包括焊条电弧焊、埋弧焊、二氧化碳气体保护焊和双细丝埋弧焊等。针对能实现自动化焊接的钢箱梁、板单元等构件,通过专用组装胎架和反变形胎架的配合,我国已成功实现了自动化焊接、机器人焊接等高效焊接技术。

在张靖皋长江大桥的建设中,综合自动化焊接率达93%,自动化焊接过程中,我们采用了板肋组装与机器人定位系统、板肋机器人焊接系统、隔板机器人焊接系统、小型焊接机器人以及自动识别焊接系统等多种自动化焊接系统,这极大地提升了焊接效率,并保证了焊接质量和精度。

二、张靖皋长江大桥辅塔结构的制作难点

钢塔的材质为Q355MD,体积相当庞大,足以展现中国在焊接工艺方面的成熟技术。从钢塔的结构上分析,每一片壁板都呈现出一种独特的设计,壁板单元上交错着纵肋与横肋,以及在这些肋条上带有的倾斜角度,形成了一种独特的几何图案,使得焊接的角度变得更加复杂且刁钻。同时,板肋上均有过钢筋孔,为了确保钢筋能够顺利穿出,必须对焊接变形进行严格的控制,以避免在作业过程中出现不必要的误差。角壁板单元结构十分复杂,其尺寸也多样化,要实现自动化焊接,需要选用体积更

小、效率更高的设备。节段拼装大多为立位焊接以及横位焊接,每轮预拼装都要检查钢塔立体拼装的全高、轴线偏差、拼接错位、栓孔的通过率,以及钢筋匹配的精度,以确保钢塔在安装过程中保持稳定的状态。因此,要求在焊接过程中保持稳定的焊接热输入,以保证精确的焊接收缩量,以免在拼装过程中产生误差。

三、钢壳塔制作自动化焊接工艺的优化措施和创新应用

在钢塔制作过程中,板单元自动化焊接和节段对接自动化焊接是两个关键环节。针对这两个环节,我们进行了工艺的优化和创新应用。

板单元制作过程中我们应用了横隔板焊接机器人、船位反变形焊接机器人、多位置焊接小车。节段拼装对接过程中我们应用了多位置焊接小车、ER100系统。

1. 板单元:辅塔壁板自动化焊接

基于壁板单元的结构特性,纵向板肋的长度约为5m,每块板单元包含6~12根板肋,通过船位反变形焊接机器人(图1)进行焊接,能够一次性同时对6根板肋进行同向焊接,确保板单元的变形量和焊接质量。

纵向板肋与横向板肋交错,且板肋与壁板间呈现出不同倾斜角度(图2)。我们选择了横隔板焊接机器人(图3)(富氩气体保护焊)进行焊接,选用G49A3UC1S6(ϕ1.2mm)焊丝。该机器人能够根据预设程序自动检测组装精度,自动寻位跟踪,可以同时施焊同一条板肋的两侧焊缝,从而保证板肋的倾斜角度得到最大限度的保证,焊脚尺寸得到保障,焊接质量稳定,效率高。

图1 船位反变形焊接机器人

图2 壁板单元

图3 横隔板焊接机器人

经过试验,最终将焊接工艺参数确定为表1,对执行该工艺参数的板单元取样进行无损检测、力学性能试验、宏观断面观察,均符合要求。

壁板单元板肋角焊缝焊接规范参数（横隔板机器人） 表1

熔覆简图	焊接材料	焊脚尺寸(mm)	焊道	电流(A)	电压(V)	焊接速度(m/h)	气体流量(L/min)
	G49A3UC1S6 (φ1.2)	7	1	260±30	30±3	25±2	15~25

2. 板单元：辅塔角壁板自动化焊接

角壁板单元（图4）的长度平均可达5m，其宽度约500mm，其在内侧的坡口角焊缝处进行焊接，这种焊接形式不便于将其放置于大型自动化焊接机床上进行焊接。最初计划采用手工气体保护焊进行焊接，但考虑到焊缝长度较长，操作焊接角度的困难性以及为保证焊缝质量和减少焊接接头，最终选择了市场上功能先进的多位置焊接小车（图5）来取代手工焊接。该设备可以调整焊接速度，模拟手动多种摇摆方式，根据坡口状态调整焊枪在焊接过程中的左右停顿时间。

图4 角壁板单元　　　　图5 多位置焊接小车

调整为自动化焊接后，角壁板单元可以一次性完成焊接，焊脚均匀，焊缝质量良好，同时生产效率得到提升，每个焊工可同时操作2~3台设备进行角壁板单元的焊接，大幅降低了人工成本。

经过试验，最终将焊接工艺参数确定为表2，对执行该工艺参数的板单元取样进行无损检测、力学性能试验、宏观断面观察，均符合要求。

角壁板单元板角焊缝焊接规范参数 表2

熔覆简图	焊接材料	焊脚尺寸(mm)	焊道	电流(A)	电压(V)	焊接速度(m/h)	气体流量(L/min)
	G49A3UC1S6 (φ1.2)	8	1	240±20	30±2	15~20	15~25
			2~3	260±20	30±2	15~20	15~25

3. 节段拼装及对接自动化焊接

钢壳塔的节段组装采用对接焊缝，其全高、轴线偏移、拼装错位、孔洞通过率、钢筋匹配精度等要素，均需实施精确的控制，并需保持稳定的焊接热输入，以确保精确的焊接收缩量。单节段5m的人工焊接具有大量的不稳定性,可能对焊接质量产生影响,导致无法连续作业,引起变形。因此,我们选择使用多位置焊接小车来焊接节段拼装和立位对接焊缝。ER100焊接系统可以焊接节段间横位环缝。

多位置焊接小车的连续焊接控制了焊接变形,显著提高了焊接质量。

ER100焊接系统(图6)能实现多种焊接位置和多种坡口形式的焊接,包括单边V形坡口(T形接头)和V形坡口等。可以通过高压接触传感自动检测获取坡口信息,分析并推导相应的焊接参数,实现多层多道的自动焊接。编程内置,外部仅需通过系统程序面板(图7)选择条件,操作难度低。同时,采用磁控开关导轨,拆卸和移动方便。

图6 ER100焊接系统

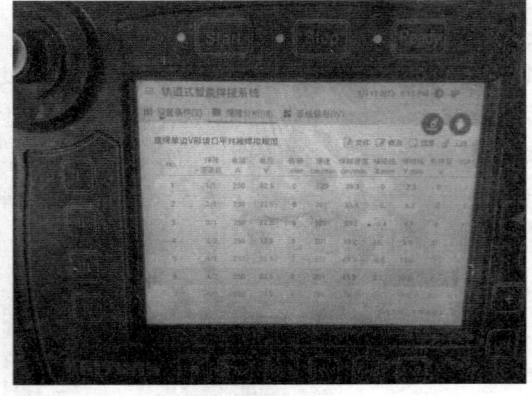

图7 系统程序面板

在安全性、经济性和实用性上,节段拼装和对接选用自动化设备焊接,相比传统手工焊接有了显著的提升。

经过试验,最终将焊接工艺参数确定为表3,对执行该工艺参数的板单元取样进行无损检测、力学性能试验、宏观断面观察,均符合要求。

节段间对接——ER100系统焊接合理参数　　　　表3

材质	层 (道数)	道间温度 (℃)	焊接电流 (A)	焊接电压 (V)	焊接速度 (m·h)	热输入 (kJ·cm)
16mm+16mm (Q355C)	1/1	—	240	32	24	48.0
	2/1	70	240	32	20	57.6
	3/1	85	210	30	32	33.8
	3/2	90	210	30	32	33.8
	4/1	110	210	30	32	33.8
	4/2	115	210	30	32	33.8
	4/3	120	210	30	30	36.0
	5/1	80	180	28	36	28.0
	5/2	95	180	28	37	27.2
	5/3	100	180	28	37	27.2
	5/4	90	180	28	41	24.6

四、自动化焊接与人工焊接对比分析

通过对比分析表4中的相关数据,发现相同的工作,自动化焊接要比人工焊接需求人力更少,焊接时间更短,即相对效率更高。尤其在节段对接阶段,焊缝位置高,长度长,自动化设备可在此处大展手脚,但人工焊接却受到限制,相同的工作需求投入更多的人力和时间,自动化焊接的优势一览无遗。

自动化焊接与人工焊接对比分析 表4

构件	焊接方法	材料消耗	单位工作投入（人）	焊接时间（h）	效率比例转换
壁板单元	自动	相同	1	6	1
	手动		1	10	1.8
角壁板单元	自动	相同	1	4	1
	手动		1	6	1.6
节段拼装	自动	相同	3	16	1
	手动		6	12	1.7
节段对接	自动	相同	2	16	1
	手动		4	24	2.9

在安全角度上分析，投入更少的人力无疑减少了各种安全风险，不需要人工近距离操作焊枪，用电风险随之降低；可远距离操控自动化设备，操作者远离工件危险区域，机械物体打击风险降低；后续随钢塔节段拼高，减少人工焊接操作，无疑减少了高处坠落的风险。

在质量方面分析，人工焊接易收到周围环境的影响，气温的高低和人自身的状态都会对焊接质量造成影响，自动化焊接可连续作业，且可排除众多人工焊接的不稳定性，能够实现精确的焊接参数控制，焊接质量更加稳定，焊接的质量可控。

自动化焊接和手工焊接虽各有优缺点。但在实际应用中，分析生产需求、产品特点、成本预算等因素，发现目前的自动化焊接，已经可以取代部分手工焊接。

五、未来展望

如今，焊接作业正在朝着自动化、智能化的方向快速发展，而"智能化视觉系统焊接"已在这个发展潮流中占据主导地位。智能化焊接机械臂配备了智能化视觉系统，它与传统的二维激光或二维图像识别系统有所不同，采用了三维扫描系统，可准确获取待焊工件的三维特性，边缘识别精度高，并能自动规划焊接路径，大幅缩短了编程和焊接工作的时间。这解决了人工焊接多层多道产品时可能出现的焊道遗漏、工人劳动强度过大等问题，同时降低了成本，提升了生产效率。这项技术可广泛应用于隔板单元、箱体箱口等各类结构的工件中。只要启动设备，就能对待焊工件进行扫描，获取的数据会自动与工件模型匹配，进而分析工件焊缝的待焊状态，实行自动化焊接。预计在未来的智能化车间，"智能化视觉系统焊接"必将占据重要位置。

新生的激光电弧复合焊技术相较于单一的激光焊接，具有更大的熔深、更出色的搭桥能力，能更好地适应大间隙；而且，激光电弧复合焊的熔池凝固速度较慢，有利于消除气孔和裂纹等缺陷，改善热影响区的组织和性能。相对于电弧焊接，焊接速度有显著提高，使得热输入较小，焊接变形小，保持了激光焊接的特点；由于电弧的作用，使得这项技术能够焊接高反射率、高导热系数的材料，该焊接技术兼具激光焊接的大熔深和电弧焊接的稳定性，均匀顺滑的焊缝外观和优秀的焊接质量令人眼前一亮，其发展速度飞快，有望在桥梁钢结构的生产制造中占据一席之地。

六、结 语

张靖皋长江大桥辅塔在自动化焊接工艺和自动化设备创新应用方面展现了重要的技术特点。在对比分析国内外钢塔建造技术特点的同时，针对张靖皋长江大桥辅塔结构的制作难点，重点介绍了钢塔制作过程中板单元自动化焊接、节段对接自动化焊接等工艺的优化措施和创新应用，并阐述了其应用效果。对于板单元自动化焊接工艺，采用了先进的自动化焊接设备，针对不同的板单元形状和材质，通过调整焊接参数和优化焊接路径，实现了高效、精准的自动化焊接。这不仅提高了焊接质量和效率，也降低了工人的劳动强度,提升了制作过程的智能化水平。对于节段对接自动化焊接工艺,采用了高精度的自动化对接设备和先进的控制技术,实现了精确的节段对接。大大提高了焊接质量和效率,降低了焊接成本,为钢塔的整体制作提供了强有力的技术支持。

总的来说,张靖皋长江大桥辅塔在自动化焊接工艺和自动化设备创新应用方面的技术特点,为钢塔的制作提供了重要的优化措施和创新应用,展示了现代工业自动化的最新成果,为我国桥梁建设事业作出了重要贡献。

参考文献

[1] 安小军.浅析桥梁钢结构焊接自动化技术的应用与发展[J].城市建设理论研究(电子版),2023(19):59-61.

[2] 马立朋,范军旗,徐向军.自动化焊接技术和装备提升钢桥制造水平[J].焊接技术,2022,51(12):43-47.

[3] 潘文联,成楠,郑黎明,等.焊接机器人自动化焊接的实现与探索[J].焊接技术,2022,51(1):72-75.

[4] 孙晓斐,白鉴睿,王佳,等.自动化设备及焊接新工艺的创新探究[J].石化技术,2022,29(1):99-100.

[5] 李海周.基于BIM的免示教焊接机器人在钢结构智能建造中的应用[J].施工技术(中英文),2023,52(5):36-40.

[6] 付瑶,樊亚斌,代超."口"字形焊缝自动化焊接技术开发与应用[J].焊接技术,2021,50(12):118-120.

14. 钢塔智能涂装生产线的开发与应用研究

李鸿伟[1]　吴建华[2]　厉志成[1]

(1.镇江蓝舶科技股份有限公司;2.武汉大通工程建设有限公司)

摘　要　目前,大型钢塔的涂装项目主要采用人工手持喷枪的方式对钢结构进行作业,劳动强度高,对人体健康具有较大危害,且涂装施工作业质量难以稳定。在钢塔涂装项目中,智能化涂装系统应用研究的内容包含自动喷砂供料系统、喷涂系统,机器人控制系统,涂装集控平台及先进性研究。实践证明,钢塔智能涂装生产线不仅使施工效率得到显著提高,且作业质量稳定,并成功在张靖皋长江大桥钢塔涂装项目中得到良好的应用。

关键词　智能涂装生产线　钢塔涂装项目　工艺布局设计　中央控制系统设计

一、引　言

张靖皋长江大桥钢塔的涂装体系主要包括喷砂和喷漆两道工序,而智能化涂装总体方案主要由钢结构工件的尺寸及结构形式、涂装厂房的净空尺寸及相关配套设备的摆放影响等多方面因素综合决定。其研究成果将为桥梁制造实现智能化转型打下了良好的基础。

二、智能化涂装设备总体设计方案

1.智能化喷砂车间布局

立面机器人布置:通过仿真编制八轴联动的机器人工作路径对工件的顶部及侧部进行作业。配合喷砂罐最大化利用输出压力与砂量,并通过优化参数来减少钢砂损耗、能源浪费。

底部机器人布置:平面喷砂机器人搭载五轴喷砂机械臂,电缆供电,携带砂管用于工件底部的自动喷砂作业,增加电机动力与配重,降低积砂对行走轨迹的影响,在工件下支墩之间对工件底部及部分侧面进行作业。

2. 智能化涂装车间布局

立面机器人布置：立面喷漆机器人搭载六轴防爆喷漆机械臂，通过仿真编制九轴联动的机器人工作路径对工件的顶部及部分侧部进行喷漆作业。配合供漆泵及脉冲信号控制的喷漆电磁阀使得供料系统与作业路径联动，减少油漆损耗及缺陷数量，并通过实时记录运行过程参数来不断地优化工作路径。

底部机器人布置：平面喷漆机器人，携带供漆系统，在工件底部进行自动喷漆作业。

三、智能化涂装设备功能参数及相关工艺流程

1. 智能化钢砂除锈系统

1）喷砂设备基本功能及参数

智能化喷砂系统由立面全向舵轮式喷砂机器人与平面全向舵轮式喷砂机器人构成。

（1）立面全向舵轮喷砂机器人见图1。

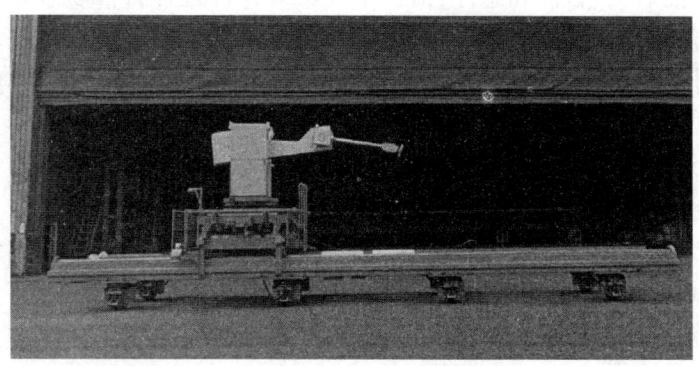

图1 立面全向舵轮喷砂机器人

其上承载6m臂长专用喷砂除锈机械臂，用于工件的斜顶面、斜底面的喷砂作业。该设备无须在厂房内搭设或利用原有厂房立柱，可适用于多种复杂结构形式的作业构件。

（2）平面全向舵轮式喷砂机器人见图2。

图2 平面全向舵轮式喷砂机器人

其上装载有1.7m臂长喷砂专用机械臂，用于工件底面的喷砂作业。

（3）功能介绍：

①通过人工遥控、导航编程等方式完成工件底面自动喷砂除锈施工（支墩部位除外）；

②可实现自动进料、供气、喷砂功能；

③可通过遥控控制设备运动轨迹和行走速度，具备离线编程、人机示教、G代码编程、远程诊断及复杂运动轨迹记忆等功能。

2）智能化除锈工艺流程

依照初步设定的工艺参数，使用喷砂机器人对试验件进行喷砂作业。

以工艺试验的工件为基础进行质量和功效分析，确定出喷砂机器人布置图，并且拟定智能化喷砂的工艺流程。

智能化喷砂设备工作流程如下：

（1）改造现有喷砂主机，使其满足不间断连续喷砂。喷砂参数能与机器人的行走速度联动；并具备压力检测、流量检测等功能，实现喷砂作业时喷砂主机参数实时监控。

（2）开启喷枪对工件进行喷砂处理。平面和立面喷砂机器人驶入预定位置，夹持端以30°的幅度、180次/min的摆频摆动，按预先编排好的工作路径完成作业。

（3）设备维护清洁。将机器人喷枪、砂管、电缆线及收束装置收拢，检查机器人本体及附属设备外表面的异常情况，将运行过程中的参数调出传至中控室备份，机器人载入回零程序将姿态和位置恢复到初始状态。

3）喷砂主机及机器人联调控制

通过遥控器集成喷砂主机和机器人的控制模块，以平面轮式车的移动控制为基础，新增砂缸的出气、出砂及停止，机器人程序的启动、暂停和急停，由技术人员对工件进行首件喷砂程序及工作流程编制，由操作员控制轮式车的行走和喷砂程序的启停，较于以往通过人工控制砂缸启停，再由技术人员编程作业的工作流程，极大地提升了移动式涂装机器人的工作连贯性和稳定性，减少涂装程序启停对覆盖率的影响，使得整体喷砂质量稳定提升。

2. 智能化喷涂系统

1）喷漆设备基本功能及参数

智能化喷漆系统由立面全向舵轮式喷漆机器人、平面全向舵轮式喷漆机器人构成。

（1）立面全向舵轮式喷漆机器人见图3。

图3　立面全向舵轮式喷漆机器人

其上搭载6m臂展防爆喷漆机械臂，用于工件侧部的喷涂作业，使工件整体表面的底漆面漆膜厚度符合标准，工件喷涂处理后的表面均匀，无流挂，质量达到标准。保证该喷涂系统的利用率，适应不同工件不同作业面的工作环境。

（2）平面全向舵轮式喷漆机器人见图4。

图4　平面全向舵轮式喷漆机器人

其上配置6个自由度关节臂,具有前进、后退、左右转弯等功能。机器人控制器联调供漆系统和涂装程序,用于工件的外表面的喷涂作业,使工件整体表面的底漆面漆膜厚度符合标准。

(3)功能介绍:

①通过人工遥控、导航编程的方式完成工件外表面自动喷漆施工(支墩部位除外);

②设备配有安全预警急停装置,当设备出现故障或漆雾浓度超标时,自动报警,设备同时可一键急停;

③设备可通过遥控器远程操控程序执行和停止。

2)智能化喷漆工艺流程

依照初步设定的工艺参数,使用喷漆机器人对试验件进行喷漆作业。

以工艺试验的工件为基础进行质量和功效分析,确定出喷漆机器人布置图,并且拟定智能化喷漆的工艺流程。

智能化设备喷漆工作流程如下:

(1)喷漆机器人接入喷漆系统。使用带有流量、压力实时监控的空压机连接至喷漆泵,接好气管、漆管,开启泵上气阀。

(2)开启喷枪对工件进行喷漆处理。立面、平面喷漆机器人在预先拟定的工作路径上运行时,喷枪以75°的喷幅,垂直工作面进行喷漆作业。使用脉冲信号控制供漆泵在喷枪离开工作面时提前停枪,在达到工作面时提前进行雾化程序,按预先编排好的工作路径完成作业后,自动关闭供漆及供气系统。

(3)设备养护及清洁。将漆罐底部的放料孔打开同时使用稀料进行清洗,关闭放料孔将稀料冲入机器人内部管路中,检查枪头及管路堵塞情况并清洗。检查机器人本体及附属设备外表面的异常情况,将运行过程中的参数调出传至中控室备份,机器人载入回零程序将姿态和位置恢复到初始状态。

机器人在工件作业面的轨迹为"已"形,每道轨迹之间间距初步定为1.8m,具体以现场调试为准。

四、智能化涂装中央集成监控系统

中央控制系统由工业级数据工作站(或服务器)、工业级监控主机、终端机等组成,控制人员通过控制系统实时掌握各设备的运行动态,且可对各设备的作业流程进行设置(图5)。单个设备可从生产线分离,用于设备维修和调试,不影响生产线的正常运行。

中控室计算机可监测各工序的现场生产作业状态。机器人控制系统具备机器人轨迹监测功能,中控室可在线显示机器人的运行状态和位置,喷砂除锈和喷漆工序的自动化设备可通过各自车间的控制单元,经局域网将现场生产作业数据(包括现场温度、露点、湿度、空气压力、压缩空气流量、作业起始时间、机器人即时运动参数、设备故障反馈等信息)传输至中控室服务器,直观形象地显示设备状态、当前加工任务、工作人员等电子信息,中控室的监控系统平台也应具备与BIM系统进行数据交互的功能。

图5 中控室实拍照片

五、智能化涂装设备的特性分析

1. 多自由度机器人自动化生产

(1)喷砂机器人由立面全向舵轮式喷砂机器人和平面全向舵轮式喷砂机器人组成,定位精准,移动灵活;喷漆机器人由立面全向舵轮式喷漆机器人及平面全向舵轮式喷漆机器人组成,既能较快地完成大平面作业,又可针对结构复杂处进行灵活处理。

(2)机器人的传动及电气等薄弱部位均为独特的密闭性结构设计,稳定可靠,在喷砂行业有广泛的应用。

(3)喷涂机器人可处理工件的上下风嘴、底部等外表面,并采用正压防爆设计。

2. 涂装作业生产参数实时监控

(1)机器人专用智能数控型喷砂主机的空气压力调节、砂流量调节等均为数控伺服控制,喷砂参数能与机器人的行走速度联网、联动;具备压力检测、流量检测及压力自动调整,实现智能化。

(2)喷漆系统设有涂料流量传感器,监测喷漆枪的运行情况,是否在正常作业。

(3)如果发现不正常的情况,系统及时报警,并依据程序设定马上进行处理。

3. 采用标准通用开放的机器人关节控制系统的优点

(1)快速准确:基于动力学模型,使用扭矩前馈功能,可提高伺服的响应速度,提高机器人的动态响应和精度在保护机器人硬件本体的前提下,设置动力学模型的扭矩限制,更大限度地发挥机器人的动作性能。

(2)开放性:示教器画面客户可自由编辑和修改;示教器宏指令客户可根据需要做修改和开发;支持快速配置自定义非标准机器人模型;可开发集成使用 C 或者 C++ 语言编写的功能库。

4. 同类设备特性对比分析

(1)控制系统特点:本方案采用通用的机器人数控系统,G 代码编程,使得编程容易,简单易学。同时,使用示教器并搭配离线编程软件,即可现场对简单梁段工作面快速编程,也可脱离现场生产,建立仿真模拟环境对复杂梁段进行精细化编程作业。

(2)外形性能特点:本方案的喷砂机械臂全部使用高铬合金钢制造,而且应用中空式设计,相比于减速机外置的外形设计,本方案的喷砂机器人外壳较为美观,且可适应恶劣的喷砂环境。

(3)设计细节特点:相较于同类产品采用变频电机驱动、同步带轮定位制造的往复机式的机器人,本方案采用伺服电机驱动及齿轮齿条定位可以进行高精度定位。同时,在机器人关键轴 R 轴(绕本体自转轴)上,机器人采用两套回转支撑,且两套支撑间距大于 1m,极大地减少了伸缩时 Z 轴的晃动,且机器人内减速机构具有输出扭矩大、外形尺寸小的特点,容易进行模块化设计及整臂密封,相比同类在长尺寸机械臂上采用液压驱动的方式,机器人结构更加整洁无油污。

5. 结合 BIM 技术的运用

(1)整合厂房、工件 BIM 模型及机器人本体模型的三维仿真:通过现场勘察、测绘,将厂房内部尺寸、管路管道、地面占用等建立三维厂房模型,再根据现场梁段的支墩定位方案,将 BIM 模型导入仿真环境中,由数模化的涂装机器人对涂装作业进行模拟运行,分析机器人建设中与厂房的匹配情况,及涂装动作中机器人对工件、厂房的干涉,并且根据运梁车尺寸、支墩的排布等制订合理的落墩方案,在实际应用过程中缩短生产准备时间并且指导涂装程序的编排。

(2)使用 BIM 制造模型的智能化涂装预编程:通过与配套控制厂家共同开发机器人控制系统,导入 BIM 制造模型到三维仿真软件中,即可脱离现场对梁段的智能化涂装施工流程进行预编程。

①使用涂装工艺参数对工作路径进行模拟运行,产出合理高效的工作路线。

②通过模拟测算 BIM 模型与厂房的位置参数,现场采用转换坐标系、三点定面等方式准确、快速地定义起始位置,执行涂装作业。

(3)基于板单元下料表的实际生产尺寸绘制成的 BIM 制造模型,可用于涂装作业的机器人预编程和落墩、定位工作中,并通过模拟测算 BIM 模型上的各类尺寸参数,对工件进行模块化编程,将涂装工艺参数及工作面的几何坐标和参数输入指定变量中,由机器人控制器自动生成对应的涂装程序。

六、结　语

综上所述,桥梁制造的智能化转型是桥梁发展历程的必经之路,在大型钢塔涂装领域中,利用智能化涂装设备来代替人工作业,不但可提升作业效率,还可提升产品质量稳定性,降低劳动强度,加强劳动保护。

今后,首先需要对重污染、人体危害大和安全风险高的行业进行自动化、机械化改造,同时结合飞速发展的交通运输业和桥梁制造业,对涂装生产的要求也在不断地提高,引入结合BIM模型和相关技术的智能化涂装设备不仅减轻了劳务人员的工作负担、降低了涂装生产中对人体的危害,并且通过集控生产作业流程,形成可追溯、可掌控、不断优化工艺参数的良性循环,达到提升示范线的生产质量和经济效益的目的。

参考文献

[1] 周济.全力推动传统制造业优化升级坚定不移建设制造强国[J].中国工业和信息化,2020(1):28-33.
[2] 周济.智能制造——"中国制造2025"的主攻方向[J].中国机械工程,2015,26(17):2273-2284.
[3] 徐秋红,李向阳.全智能控制液压钢模板在深中通道钢塔预制中的应用[J].世界桥梁,2021,47(6):36-40.

15. 张靖皋长江大桥新型热泵复合除湿系统

潘晓惠 胡颖健 朱军 王潇

(镇江蓝舶科技股份有限公司)

摘 要 为满足张靖皋长江大桥的特殊除湿需求,本文分别针对大桥钢箱梁和主缆的不同湿负荷特征与需求,提出采用CO_2热泵复合除湿机组满足钢箱梁空间大、除湿风量大的特点;提出CO_2/HFO混合工质双热泵复合除湿机组满足主缆除湿负荷波动大,绝对湿度要求更低(满足更长管道的除湿需求)的特点。定性对比了新型热泵复合除湿系统与传统系统的优缺点,为张靖皋长江大桥除湿系统的设计与研发提供支撑。

关键词 超长主缆 复合除湿机 CO_2 CO_2混合工质 双热泵

一、项目背景

随着"扬子江城市群"框架的形成,宁镇扬、锡常泰、(沪)苏通一体化不断加深,长江两岸形成发达的城市群。张靖皋长江大桥地处长三角城市群的中心,位于重点规划的锡常泰、(沪)苏通都市圈和沿江经济发展带的结合处,位于江阴长江公路大桥下游约28km处,苏通大桥上游约57km处;距沪通大桥约16km,在张家港和如皋境内跨越长江。张皋过江通道以苏州、南通、泰州和无锡四大城市为依托,对推动城市群跨江融合发展,以局部一体化推动长三角整体一体化具有重要意义。

2019年12月3日,江苏省交通工程建设局在南京组织召开了张皋过江通道桥隧方案比选专家论证会,推荐桥梁方案;该方案主航道桥初拟为主跨2300m悬索桥,如图1所示。

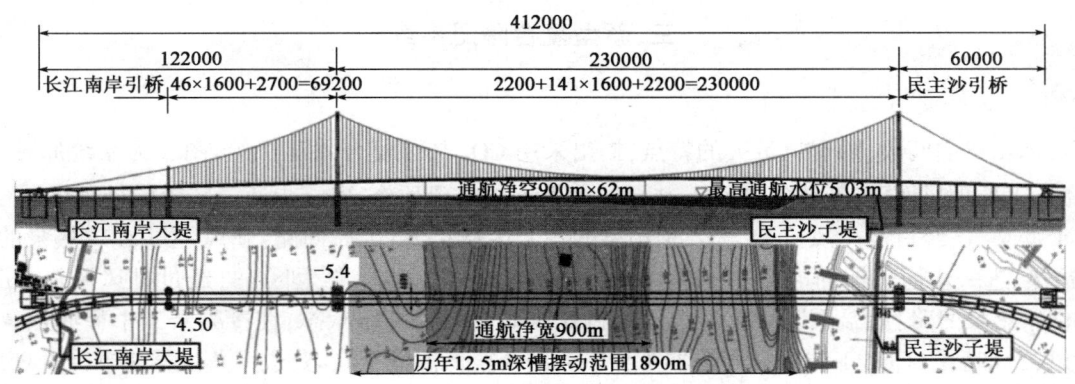

图1 主航道桥总体布置图(尺寸单位:cm)

主缆作为悬索桥连接主塔和锚碇,并通过连接悬索承载桥面,是悬索桥最核心的承力构件之一,因此主缆钢丝的工作状态对于悬索桥的运行安全性和可靠性具有决定性作用。

本项目主跨达2300m,是目前全世界最大跨径悬索桥。超长主缆的通风问题因量变演变成质变。主缆长度的增加,将突破现有主缆除湿管路设计上限;主缆直径的增加,也将给主缆内部通风提出新的难题。大空间的钢箱梁,对除湿量的要求巨大,降低除湿能耗是大桥长期低碳运行的重要保障之一。

二、桥梁除湿系统综述

目前,悬索桥除湿系统多采用转轮除湿技术满足空气湿度的调控要求[1]。传统的转轮除湿技术可以实现深度除湿,具有结构简单、除湿量大、无腐蚀性等优点,但是转轮除湿技术运用于主缆和钢箱梁除湿时存在以下缺点,一是在高温高湿工况下转轮除湿效果差,除湿能力不够,热湿环境适应性差[2];二是转轮除湿再生温度高,所需再生能耗高、经济性差;三是难以满足大风量和大除湿量的需求。因此,如何结合其他领域除湿技术实现悬索桥高温高湿环境下的深度除湿和降低除湿转轮的再生能耗,设计出灵活高效节能的悬索桥除湿系统成为悬索桥防腐技术领域的研究重点。

为解决高温高湿环境下转轮除湿能力差的问题。冉广鹏等[3]对转轮除湿与热泵冷凝除湿的最佳组合方式进行了试验探索,研究结果表明,除湿转轮前后各加一表冷器时除湿量最高。杜凯等[4]提出了热泵冷凝除湿与转轮除湿相结合的空调系统并对其性能进行研究,结果表明将冷凝除湿与转轮除湿相结合可以避免低露点下冷凝除湿易结霜的缺点,同时节约了转轮的再生能耗。上述表明,冷凝除湿和转轮除湿相结合可有效提高除湿系统的除湿效率。然而,现有热泵使用的CFCs和HCFCs对地球臭氧层会造成破坏,而HFCs大多有很高的GWP[5]。随着《蒙特利尔议定书》、巴黎协定和《基加利修正案》的签订[6],现阶段CFCs和HCFCs制冷剂已经禁止生产,因此现在人们迫切需要寻找新的替代型制冷剂[7]。

由于出色的环保和安全性(ODP=0、GWP=1)、良好的传热性能以及较高的制热温度,天然制冷剂CO_2脱颖而出成为关注重点。目前,Liu等[8]提出以CO_2为工质的热泵技术并将其应用在转轮除湿的再生中。然而,CO_2工质同样存在运行压力高,成本高的问题。因此,通过将低GWP类HFO工质[R1234ze(Z)和R1234ze(E)]与二氧化碳混合形成混合制冷剂,可降低二氧化碳热泵系统压力,获得具备更为优良的物性参数,可应用于桥梁除湿领域。

综上所述,CO_2及其混合工质的新型制冷剂对于应用热泵转轮复合除湿系统中具有理论优势。然而,针对桥梁的特殊环境,其应用可行性和除湿能效及其控制方法值得深入探讨。此外,桥梁转轮除湿系统需要在悬索桥运行的全生命周期持续运行,再生能耗极大,绝大部分降低再生能耗的方法在悬索桥除湿领域受到限制,将CO_2及其混合工质热泵技术应用于降低悬索桥除湿系统能耗也少有学者研究,其可行性和节能效果值得进一步分析。

三、新型复合除湿系统

1. CO_2热泵复合除湿系统

针对钢箱梁空间大、除湿风量大的特点,提出采用CO_2热泵复合除湿机组,图2为系统原理图,包含三个支路:①处理风回路:新风经过CO_2热泵的蒸发器3实现预冷,进一步通过转轮的处理区11,处理为低湿的干燥空气,经过高压风机15送入钢箱梁的各个区域;②再生风回路:新风经过CO_2热泵的冷凝器7实现预热,进一步通过辅助电加热19加热至再生温度,送入转轮再生区13,经过排风风机20排到室外。③CO_2热泵回路:低温低压CO_2经过压缩机6压缩至高温高压状态,在冷凝器7中释放热量用于加热再生风;冷却后的CO_2工质经过回热器4和节流阀8至低温低压状态,进入蒸发器3预冷处理风,完全蒸发后通过回热器,完成热回收,被压缩机6吸入,完成热泵循环。

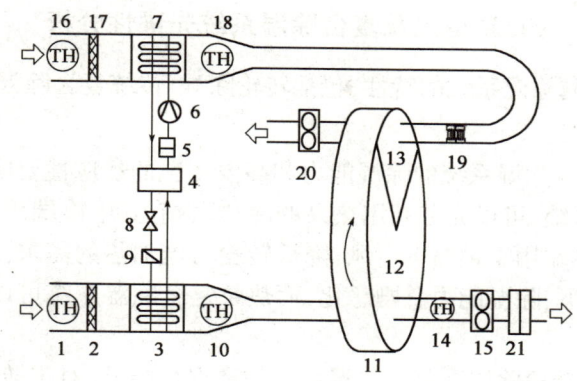

图2 CO_2 热泵复合除湿系统

1-温湿度传感器(处理进风);2-处理进风空气过滤器;3-蒸发器;4-回热器;5-气液分离器;6-压缩机;7-冷凝器;8-节流阀;9-储液器;10-温湿度传感器(冷凝除湿);11-除湿转轮;12-转轮除湿区;13-转轮再生区;14-温湿度传感器(处理出风);15-高压风机;16-温湿度传感器(再生进风);17-再生进风空气过滤器;18-温湿度传感器(再生加热);19-辅助再生加热器;20-再生风机;21-后冷却器

2. CO_2 混合工质双热泵复合除湿系统

针对张靖皋长江大桥主缆除湿负荷波动大,绝对湿度要求更低(满足更长管道的除湿需求)的特点。提出 CO_2/HFO 混合工质双热泵复合除湿机组,图3 为系统原理图,包含3个支路。与 CO_2 热泵复合除湿机组相比,二者存在一定差异。系统的动态可调性、除湿能力和能源利用效率得到进一步的提升。①处理风回路:新风分别经过 CO_2/HFO 混合工质双热泵的高温蒸发器 11 和低温蒸发器 12,实现处理风梯级预冷,进一步通过转轮的处理区 27,完成深度除湿,经过罗茨风机 18 送入主缆。②再生风回路:新风经过 CO_2/HFO 混合工质双热泵的梯级冷凝器 6、5、4、3 中,实现再生风的梯级预热,进一步通过辅助电加热 25 加热至再生温度,送入转轮的再生区 29,经过排风风机 26 排到室外。③ CO_2/HFO 混合工质双热泵回路:系统包含两个分段冷凝 CO_2/HFO 混合工质热泵循环,对由压缩机 1 驱动的热泵。低温低压 CO_2/HFO 制冷剂经压缩机 1 压缩成高温高压流体,随后经过高温冷凝器 3 之后,错位进入低温冷凝器 5,完全冷凝至液相,液体经膨胀阀 9 节流后成为低压低温的两相流体,随后进入蒸发器 11 蒸发吸热至气相,再进入压缩机压缩循环;对压缩机 2 驱动的热泵循环,低温低压 CO_2/HFO 制冷剂经压缩机 2 压缩成高温高压流体,随后经过高温冷凝器 4 之后,错位进入低温冷凝器 6,完全冷凝至液相,液体经膨胀阀 9 节流后成为低压低温的两相流体,随后进入蒸发器 12 蒸发吸热至气相,再进入压缩机压缩循环。

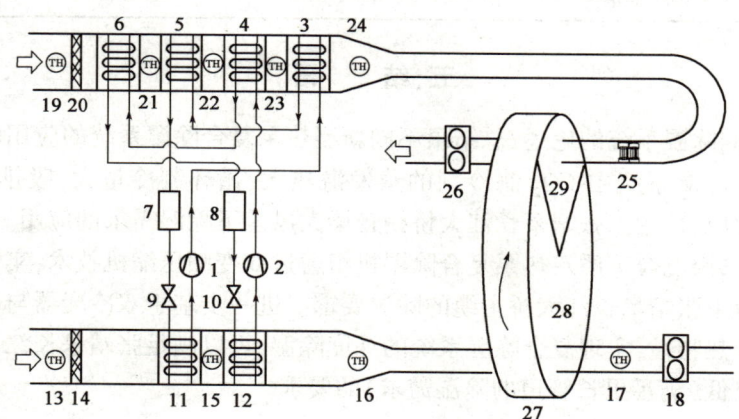

图3 CO_2 混合工质热泵复合除湿系统

1-压缩机Ⅰ;2-压缩机Ⅱ;3-第一气冷凝器Ⅰ;4-第一气冷凝器Ⅱ;5-第二气冷凝器Ⅰ;6-第二气冷凝器Ⅱ;7-储液器Ⅰ;8-储液器Ⅱ;9-膨胀阀Ⅰ;10-膨胀阀Ⅱ;11-蒸发器Ⅰ;12-蒸发器Ⅱ;13、15、16、17、19、21、22、23、24-温湿度传感器;14、20-过滤器;18、26-风机;25-辅助加热器;27-除湿转轮;28-转轮处理区;29-转轮再生区

四、新型热泵复合除湿系统先进性分析

表1定性对比分析了不同除湿系统的特性,包括转轮除湿、传统复合除湿、CO_2 热泵复合除湿和 CO_2 混合工质热泵复合除湿机组。

(1)就除湿能力而言,复合除湿系统的除湿能力和高温工况的适应性要明显优于传统转轮除湿。主要原因有:①热泵复合除湿系统,可以充分利用热泵的冷热两端,其中冷端用于预冷处理风,降低转轮的除湿需求和实现深度除湿,热端用于预热再生风,降低转轮对电加热的需求,综合提高除湿和再生效率;②传统转轮除湿在高温工况下,除湿能力急剧恶化,而热泵复合除湿系统可以充分利用热泵冷端预冷处理风,提高转轮除湿能力。

(2)就环保性而言,传统转轮除湿和复合除湿系统的环保性能差,对于转轮除湿而言,原因在于再生功耗高,而传统复合除湿系统存在工质不友好的问题。

(3)就机组的适应性和可靠性而言,传统转轮除湿机组的性能一般,主要原因在于对环境温度的适应性较差。而 CO_2/HFO 混合工质双热泵复合除湿机组通过双机组变频压缩机技术、实现系统能力的灵活可控,满足不同湿度环境下桥梁主缆的除湿要求。进一步基于双冷凝器与双蒸发器的能量协同匹配,充分利用逆流换热特性,实现复合除湿系统的深度除湿,有效提高了机组的适应性和可靠性。

(4)此外,复合除湿机组的占地面积、设备初成本和控制逻辑比传统转轮除湿机组高。

不同除湿系统对比　　　　　　　　　　表1

项目	转轮除湿	传统复合除湿	CO_2 热泵复合除湿	CO_2/HFO 混合工质双热泵复合除湿
除湿能力	较大	大	大	大
高温工况	差	优	中	优
再生功耗	大	中	中	低
环保性能	差	差	优	优
适应性	一般	一般	一般	强
可靠性	中	高	中	高
机组成本	低	中	高	高
占地面积	中	中	较大	较大
控制逻辑	简单	中	中	复杂

五、结　语

针对上述关于不同除湿系统的论述,总结出不同新型热泵复合除湿系统的应用前景。

(1)CO_2 热泵复合除湿系统中 CO_2 制冷剂的蒸发潜热大,循环制冷量大,吸排气压比低,产热指数高,产生较好的经济效应,适用于张靖皋长江大桥钢箱梁大风量下除湿需求的应用。

(2)CO_2/HFO 非共沸混合工质双热泵复合除湿机组通过双变频压缩机技术,实现系统能力的灵活可控,满足不同湿度环境下张靖皋长江大桥主缆的除湿要求。进一步基于双冷凝器与双蒸发器的能量协同匹配,充分利用逆流换热特性,实现复合除湿系统的深度除湿,可以满足张靖皋长江大桥主缆除湿负荷波动大,绝对湿度要求更低(满足更长管道的除湿需求)的要求。

参考文献

[1] ZHANG M, HUANG S, LI P, et al. Application of dehumidification as anti-corrosion technology on suspension bridges: A review[J]. Applied Thermal Engineering: Design, Processes, equipment, economics, 2021, 199(5):117549.

[2] ENTERIA N, MIZUTANI K. The role of the thermally activated desiccant cooling technologies in the issue of energy and environment[J]. Renewable and Sustainable Energy Reviews, 2011, 15(4):2095-2122.

[3] 冉广鹏,傅允准. 转轮除湿与冷却除湿结合的新风除湿系统性能试验研究[J]. 流体机械,2018,46(1):73-77.

[4] 杜垲,张卫红. 转轮与冷却除湿组合式空调系统变工况稳态性能模拟分析[J]. 东南大学学报(自然科学版),2005(1):86-89.

[5] MOTA-BABILONI A, BARBOSA J R, MAKHNATCH P, et al. Assessment of the utilization of equivalent warming impact metrics in refrigeration, air conditioning and heat pump systems[J]. Renewable and Sustainable Energy Reviews, 2020, 129(9):109929.1-109929.15.

[6] GULLO P, HAFNER A, BANASIAK K, et al. Multi-Ejector Concept:A Comprehensive Review on its Latest Technological Developments[J]. Energies, 2019, 12(3):1-29.

[7] MA Y, LIU Z, TIAN H. A review of transcritical carbon dioxide heat pump and refrigeration cycles[J]. Energy, 2013, 55:156-172.

[8] LIU Y, MENG D, CHEN S. Feasibility study on an energy-saving desiccant wheel system with CO_2 heat pump[J]. Renewable and Sustainable Energy Reviews, 2018, 121:52037.

16. 大体积混凝土施工质量控制关键技术研究

谭炜[1]　龚海鑫[2]　汪碧清[3]　赵亚军[2]

(1. 武汉大通工程建设有限公司;2. 华设科技检测有限公司;3. 中交二航局第四工程有限公司)

摘　要　张靖皋长江大桥南航道桥辅塔承台混凝土方量达8000 m^3,属于对混凝土抗裂性要求较高、外观质量要求较高的大型混凝土施工项目。结合辅塔承台实际情况及施工过程管控措施进行深入分析,针对施工工艺、混凝土配合比、原材料质量、混凝土温控、模板、混凝土浇筑及养护等方面提出优化建议及精细化控制措施,降低混凝土开裂风险,提高混凝土外观质量。

关键词　大体积混凝土　抗裂　外观　工艺优化　温控措施

一、引　言

随着大跨径桥梁日益增多,承台多为大方量混凝土结构。其施工特点:①结构尺寸大,单次浇筑方量大,混凝土内部温度较高且难以控制;②混凝土原材料温度难以控制,对混凝土出机温度影响较大;③承台结构面尺寸大,且位于长江水域内,对混凝土表面外观质量、保护层厚度要求高;④施工周期长,存在跨季施工,温度控制措施需更加全面,适应季节变化。

大体积混凝土因其方量大,分层分块较多,外观要求高、施工周期长等因素,施工中应考虑相应的施工技术措施,如优化配合比、降低混凝土入模温度、采取"内散外保"养护等方法;严格控制混凝土内表温差,进行仿真计算,制定温控方案,防止混凝土产生裂缝;加强模板、浇筑、养护等工艺精细化措施落实,保证混凝土外观质量。本文结合张靖皋长江大桥辅塔承台大体积混凝土施工工艺及温度监测结果,研究探讨了大体积混凝土施工质量关键技术。

二、工程概况

张靖皋长江大桥南航道桥跨越长江主江福姜沙水道,采用桥跨布置2300m+717m=3017m两跨吊悬索桥,辅塔承台平面为哑铃形,承台平面尺寸为91.2m×20.4m,左右两边为八边形承台,中间由系梁连接,单个八边形承台平面尺寸为28.2m×20.4m,系梁尺寸为34.8m×8m,厚度均为6m。辅塔承台采用C40混凝土,总方量为7992.5m³,高度方向上分3层进行浇筑,分层厚度为2m+2m+2m,均为大体积混凝土。辅塔承台平面图如图1所示。

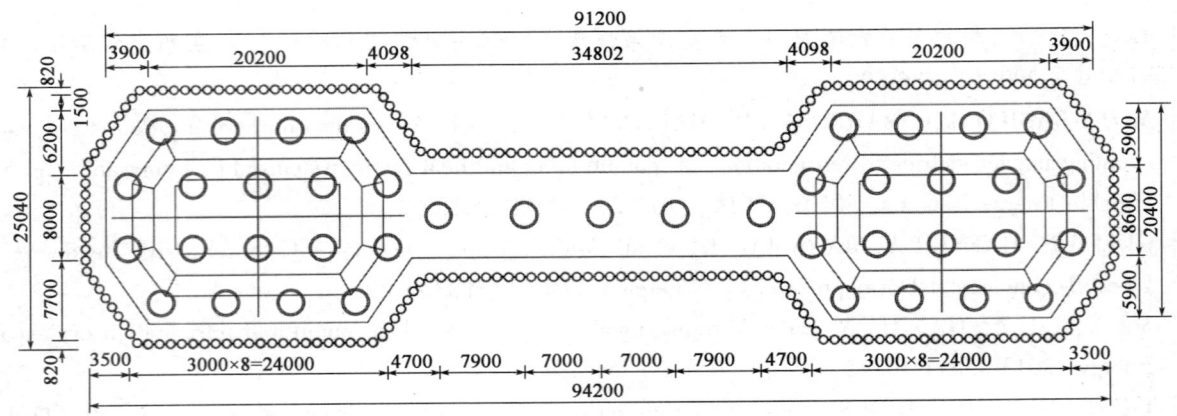

图1 辅塔承台平面图(尺寸单位:mm)

三、大体积混凝土施工控制措施

1. 分块分层优化

承台高6.0m,分3层进行浇筑,分层厚度为2m+2m+2m,每层浇筑方量为2664m³,单次最大浇筑方量为1476m³。辅塔承台第一层分两次浇筑,第二层设置一处后浇带(2m宽),第三层设置一处后浇带(2m宽)。辅塔承台分层及后浇带设置示意图如图2所示。

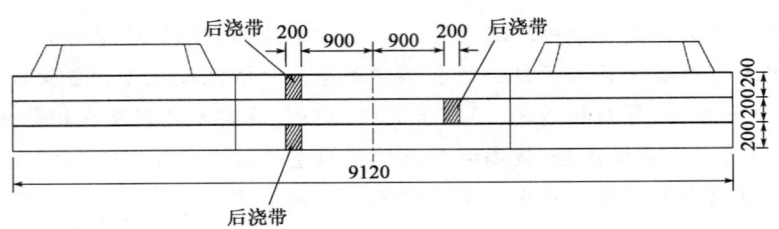

图2 辅塔承台分层及后浇带设置示意图(尺寸单位:cm)

2. 混凝土配合比优化

根据张靖皋长江大桥总体建设指导思想,为保证混凝土质量、提高耐久性和外观美观性,进一步对南塔、辅塔的承台加强裂缝控制,混凝土原材料及配合比除应符合有关规范及标准要求外,结合有关试验研究成果,提出更高标准要求。

1)原材料选择

为保证原材料稳定,均选用优质料源,并对相关检验指标进行明确。

(1)水泥:采用P.O. 42.5普通硅酸盐低碱水泥,比表面积要求≥300m²/kg且≤350m²/kg,水泥3d胶砂强度25~30MPa,28d胶砂强度50~55MPa,同时碱含量、C_3A含量、C_3S含量、C_3S/C_2S组分比例也纳入检测项。

(2)砂:使用Ⅱ区中河砂,细度模数控制在2.6~2.9之间。

(3)碎石:采用直径5~25mm连续级配碎石。

(4)粉煤灰:采用F类Ⅰ级粉煤灰。

(5)外加剂:采用PCAR-Ⅰ聚羧酸高性能减水剂(缓凝型)。

(6)抗裂剂:在辅塔承台A类部位混凝土掺加抗裂剂,选用HME-V,Ⅰ型。

2)配合比设计

辅塔承台混凝土配合比设计遵循低用水量、低水泥用量、适当水胶比、最大堆积密度的原则,同时提高抗开裂性能,混凝土现场缓凝时间要求大于20h,坍落度为180～220mm。承台C40大体积混凝土配合比见表1。

承台C40大体积混凝土配合比　　表1

工程使用部位	设计混凝土强度等级	设计坍落度(mm)	原材料信息（kg/m³）						
			水泥	粉煤灰	砂	碎石 5～16mm	碎石 16～25mm	水	减水剂	抗裂剂
承台B类部位	C40大体积	200±20	260	140	759	327	764	140	4.00	—
承台A类部位	C40大体积	200±20	236	132	759	327	764	140	4.00	32

3. 模板设计及施工

1)模板设计

模板加工前,组织对模板厂进行考察,优选具备加工能力、加工质量好的厂家。模板采用6mm厚面板,分成0.5m基准模板和1.5m标准模板,模板加工完成后厂内进行预拼,经验收合格后方可进场。

2)模板施工

新制模板在初次使用时,先用砂浆在模板表面浇筑一层1～2cm厚的砂浆层,待具一定强度后清除砂浆层,再进行打磨除锈、清除表面污物,重复多次直至表面平整光滑,无锈迹;模板拉杆孔位置安装定制密封橡胶圈封堵,接缝处填充止浆条,防止漏浆。

脱模剂采用经试验块试验确定的外观效果较好的水性脱模剂,使用滚轮刷均匀涂抹至模板板面,适当晾晒后即吊运安装。

钢筋绑扎完毕后,进行模板安装,根据钢筋保护层厚度,在封底上放样出模板的边线控制点,用墨线弹出支立控制线,采用角钢支模浇筑砂浆带精调模板底面高程。

采用橡塑海绵覆盖模板表面,达到保温效果,以降低混凝土表面的冷却速度。

4. 温控措施

1)温度应力仿真计算

入模温度:按夏季施工考虑,大体积混凝土浇筑温度28℃,并布设冷却水管考虑冷却水管降温效果进行计算。

环境温度:施工季节为夏季,按不利工况考虑取28℃±5℃。

散热系数:承台侧面采用6mm钢板,钢板外覆盖粘贴20mm橡塑海绵并加盖1mm防风防雨布,等效$\beta_s = 15.0 kJ/(m^2 \times h \times ℃)$。

间隔期:承台间隔期为14d。

冷却水管:承台浇筑分层为2m+2m+2m,每浇筑层布设冷却水管,冷却水管距离承台底面/分层面以上60cm,水平间距为0.8m、竖直间距为0.8m。计算考虑冷却水管的影响。

在以上设定条件下,进行建模计算,辅塔承台混凝土内部最高温度包络图如图3所示,承台混凝土温度应力场计算结果见表2。

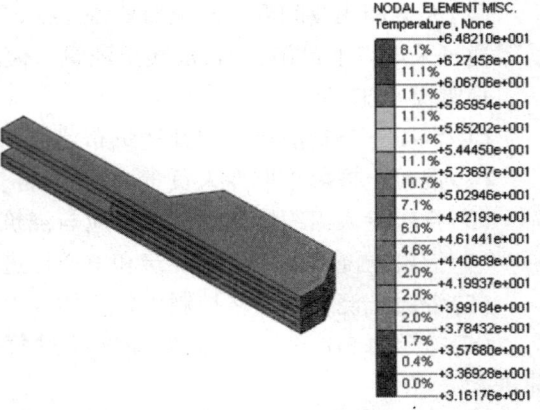

图3　辅塔承台混凝土内部最高温度包络图

承台混凝土温度应力场计算结果　　　　表2

结构部位	最高温度(℃)	温度应力(MPa)			安全系数			最小安全系数
		3d	7d	28d	3d	7d	28d	
第一层	64.8	1.42	1.48	2.42	1.55	2.03	1.53	1.53
第二层	64.8	1.54	1.83	2.20	1.43	1.64	1.68	1.43
第三层	64.7	1.44	1.57	2.23	1.53	1.91	1.66	1.53

经计算,辅塔承台内部最高温度为64.8℃,浇筑后第2~3d左右出现最高温峰。各龄期最小抗裂安全系数1.43(>1.4),抗裂能力较好,满足施工要求。

2)温控指标

根据上述模拟计算结果,并结合项目实际情况,制定承台大体积混凝土施工温度控制标准。辅塔承台混凝土温控标准主要指标见表3。

辅塔承台混凝土温控标准主要指标　　　　表3

构件	入模温度(℃)	最大温升(℃)	内表温差(℃)	降温速率(℃/d)
辅塔承台	日均气温≥25℃,≤28℃;10~25℃时,≤日均气温+8℃且≤28℃;日均气温<10℃,5~18℃	≤25	≤20	≤2

混凝土温度控制原则:降低混凝土浇筑温度;减小混凝土的温升速率、推迟最高温度出现时间;控制温峰过后混凝土的降温速率,使混凝土内部温度应力得到有效释放;降低混凝土芯表温差、环表温差。

3)入模温度控制措施

(1)混凝土浇筑前对水泥、粉煤灰、砂、石、水的温度进行测量,计算混凝土出机温度,结合出机温度采取适当的降温措施,通过降低原材料温度实现入模温度的降低。

(2)原材料提前入仓备料降温,料仓采用全封闭式,内设喷淋系统,可有效降低料仓砂石料温度。

(3)水泥在专罐内存放时间不少于14d,施工前提前5d打入指定水泥罐,确保水泥使用前温度≤60℃。

(4)240搅拌站配置制冰机组,高温季节施工时,通过增加冰屑,降低搅拌用水温度,同时搅拌过程中可采用直接添加冰屑降低出机温度。

(5)混凝土运输车罐体进行防晒包裹保温,罐车装运前罐体采用冷水淋透降温,合理组织混凝土生产与浇筑速率,减少混凝土待料温升。

(6)混凝土浇筑前对栈桥和平台进行洒水,降低浇筑时的环境温度。

(7)充分利用夜间温度较低时段施工。

通过采取以上措施,承台混凝土浇筑入模温度可控制在23.4~27.4℃,满足入模温度控制要求。

4)混凝土施工

(1)混凝土浇筑前组织召开浇筑布置会,对浇筑前准备工作进行梳理、施工作业人员进行布置。

(2)混凝土振捣采取专人负责、分区布料、振捣,责任到人。

(3)指定专人组织协调混凝土供应与浇筑速度,确保混凝土到场后等待时间不超过15min。

(4)混凝土浇筑采用分层浇筑和斜面推进法施工。

(5)混凝土浇筑时严格控制出料口的自由落差高度不大于50cm。

(6)按照每30cm一层,振捣深度超过每层的接触面10~20cm,振捣时插点均匀,成行或交错式前进。

(7)混凝土坍落度每2h检查一次并记录,现场浇筑前每车检测,控制在180~200mm之间。

(8)混凝土浇筑同步开启水循环系统。冷却管在浇筑混凝土过程中应防止堵塞、漏水及振坏,使用完毕后必须压浆封孔,并将露出混凝土部分管道切除。

5)混凝土养护

辅塔承台混凝土浇筑时间在6~8月,属于夏季施工,混凝土养护保湿措施如下:

第一、二层浇筑:终凝后采用顶面蓄水10cm养护直至下一次浇筑,侧面带模养护7d,且混凝土与环境温度差不超过15℃时,才能拆模,侧模拆除后继续采用洒水保湿养护。

第三层浇筑:承台顶面终凝前进行二次抹面,顶面采用薄膜覆盖并洒水养护。洒水养护24h后改为蓄水养护,蓄水深度10cm,蓄水养护期间持续监测混凝土温度变化,并根据现场实际情况及时调整蓄水深度,使混凝土内外温差控制不大于20℃。侧面需带模养护不少于14d。

模板侧面与围堰间搭设防风篷布进行保温,避免内外温差过大。

承台侧面填充消能材料后,可通过消能材料实现保温保湿养护。

蓄水养护14d后对承台表面覆盖5~10cm砂的方式进行永久养护,并持续保湿养护至30d。

为保证第一、二层顶部混凝土面蓄水养护不受影响,采用水泥砂浆将承台顶面分成多块小区域再进行蓄水,凿毛时,分块进行凿毛,待每块凿毛完成后,再继续蓄水养护,继续凿毛下一区域。

5. 混凝土温度监控

采用大体积混凝土智能监控系统进行大体积混凝土温度监控,通过混凝土智能监控平台实时在线监控、查询混凝土内表温差,最高温度的实时数据及变化曲线。大体积混凝土智能监控系统如图4所示。

图4 大体积混凝土智能监控系统

采用管冷智能循环控制系统,对冷却水管进行智能化、自动化的管理,实时调整水流量,控制混凝土的降温速率不高于2℃/d。

承台内布设测温点,并用角钢进行保护,温度检测仪采用HWDAC无线数据采集仪,传感器采用热敏电子传感器。

混凝土智能监控平台通过手机微信,可实时查询混凝土内表温差,最高温度等实时数据。安排专人负责按时收集承台混凝土温度监测数据,以便于后续分析。

四、施工结果及分析

辅塔承台的施工控制及温度监测措施严格按照以上控制措施严格执行,现场对混凝土的入模、芯部和表面及环境温度进行监测。

承台各层混凝土实测入模温度为23.4~27.6℃(<28℃);内部最高温度为62.1℃(<65℃);混凝土最大内表温差为18.0℃(<20℃)。

混凝土温度数据汇总表见表4。第一层承台下游温控曲线如图5所示。

混凝土温度数据汇总表　　　　　　　　　　　　表4

层数	入模温度(℃)	最高温度(℃)	内表温差(℃)
第一层上游	23.4～26.4	54.6	17.0
第一层下游	23.7～26.5	55.1	15.8
第二层上游	24.3～27.4	62.1	17.8
第二层下游	24.2～27.4	57.8	18.0
第三层上游	24.4～27.6	61.1	16.0
第三层下游	26.4～27.3	59.2	15.5

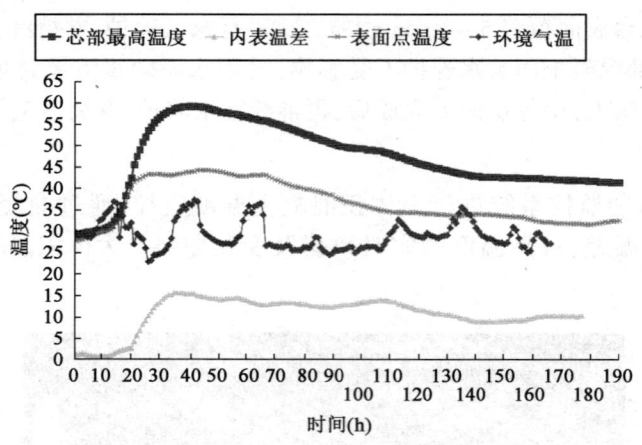

图5　第三层承台下游温控曲线图

由温控曲线图和温度数据汇总表可知,混凝土浇筑后42h达到温峰;受外界环境温度波动影响,于36h出现最大内表温差;至110h,混凝土表面点温度稳步下降,内表温差为13℃;至190h,混凝土内表温差为7℃,温度趋于稳定,结束监测。

辅塔承台在模板拆除后,其外观色泽均匀、无色差、基本无气泡,未发现裂纹,模板拼缝无明显错台;钢筋净保护层工前合格率100%,工后合格率大于98%。

五、结　　语

针对张靖皋长江大桥辅塔承台大体积混凝土施工的特点,通过对施工工艺、原材料及配合比、模板施工及各项温控措施进行研究,确定承台分层分块工艺、混凝土及原材性能参数,制定模板施工、混凝土浇筑及养护的精细化控制措施清单,应用智能数字化温控监测平台,较好地保证了承台大体积混凝土外观质量,可为后续类似工程施工提供参考。

参考文献

[1] 朱伯芳.大体积混凝土温度应力与温度控制[M].2版.北京:中国电力出版社,2012.
[2] 秦林清.大体积砼的施工控制[D].陕西:长安大学,2017.
[3] 潘胜平.厦漳跨海大桥主塔承台大体积混凝土温控施工技术[J].四川建材,2015,41(2):179-182.
[4] 康学云,徐文冰,郭佳嘉,等.南京长江第五大桥大体积混凝土温度裂缝智能控制技术研究[J].施工技术,2019,48(17):24-27.
[5] 钱涛.大体积混凝土防裂控制[J].建筑技术开发,2020,47(4):37-39.

17. 智慧试验室系统在张靖皋长江大桥项目中的应用研究

李 祥 胡怀秋

(苏交科集团检测认证有限公司)

摘 要 物联网技术应用的日趋广泛和"检测+物联网"概念的推广,为试验机构实现智能化提供了良好契机。本文依托张靖皋长江大桥项目,介绍了智慧试验室系统的功能模块和场景应用,包括委托管理、样品管理、数据采集传输、报告自动生成、BIM数据推送等,系统实现了试验检测信息化集成管理,打破了检测数据与物料溯源、BIM模型、施工工序等环节的信息屏障,体现了新时期交通工程建设质量管理的新思维、新技术,对交通建设项目的管理、效率、质量等方面的提升发挥着重要作用。

关键词 交通建设 智慧检测 系统架构 数据采集 管理系统

一、引 言

随着交通工程质量管理水平的提升,检验检测数据比以往更需要进行严格审查,这成为合规工地试验室的管理重点。建设智慧化工地试验室系统,是提升工地试验室质量管理水平的必经之路。智慧试验室管理平台针对试验室的整套环境而设计,是实现试验室人(人员)、机(仪器)、料(样品、材料)、法(方法、标准、质量)、环(环境、通信)全面资源管理的计算机应用系统,是一套完整的检验综合管理和产品质量监控体系,在满足日常管理要求,保证检验分析数据的严格管理和控制。它能全面优化工地试验室的检验管理工作,显著提升试验室的工作效率和生产力,提高质量控制水平。

智慧试验室管理平台是试验室完成日常检验检测工作过程管理的生产工具,它能保证对试验室规范的符合性和提升指挥部、试验室、总监办、各施工单位的协同化能力。智慧试验室管理平台是基于Web技术、物联网技术、数据库技术、自动化表单技术设计研发完成,实现了全面的报告、监督和网络功能,把独立的检验检测过程集成到一个单一的、统一的平台上,大大增强了数据管理和试验室内部及各参建方的数据共享能力。

张靖皋长江大桥项目位于江阴长江公路大桥下游约28km处,沪苏通长江公铁大桥上游约16km处,起点接如皋市沪陕高速公路,经靖江市民主沙,于张皋汽渡西侧登陆进入张家港,终点接张家港疏港高速公路,路线全长约29.8km,分跨江大桥、北接线、南接线三部分。本文介绍了在张靖皋长江大桥项目应用的智慧试验室系统的建设内容,以检测业务的主流程作为功能基点,阐述了智慧化检测管理系统的功能架构,及其对于交通基础设施建设的质量管理支撑作用。

二、工地试验室存在的问题

1. 检测流程不规范

在现阶段的公路桥梁工程试验检测过程中,由于操作流程存在的不规范性,使得试验检测工作开展中受到诸多阻碍,严重影响了试验检测结果的公正性和准确性。而造成这一问题的原因是多种多样的,部分工作人员在针对桥梁工程进行试验检测时的不合理操作,可能会影响整体流程的进展;还有的工作人员在选用试验检测技术时不够合理,也可能会对整体流程的开展造成不利影响;甚至是数据分析工作的不到位也可能会对试验检测流程的规范性造成威胁。而试验检测工作流程是否规范对试验检测工作的最终效果有着十分重要的影响。因此,相关工作人员必须加强对试验检测工作流程的严格控制。

2. 人员问题

试验检测工作需要由专业检测人员进行,这样才能确保试验检测工作的有序进行,提高试验检测工作的精准度,进而为公路桥梁建设质量的评估提供可靠依据。不过现阶段在试验检测过程中,检测人员自身的专业技能水平普遍偏低,责任感缺失较为严重,工作积极性相对较差,检测工作存在应付了事的情况,影响检测的精准度。另外,检测部门的管理制度不够完善,部分检测人员为了避开烦琐复杂的事项,便忽视了工程中的一些小问题,在后续工作中,小问题逐渐累积发展,结果对工程项目带来了不必要的经济损失。因此,加强试验检测人员的综合素质对整个工程项目是极为重要的。

3. 仪器问题

首先,由于资金投放力度不足,检测设备得不到及时更新,传统检测设备较为落后,使得检测工作无法满足现今工程施工的要求。再加上检测精准度的下降,检测仪器设备较为简陋,降低了最终检测结果的准确性,影响其参考价值。其次,检测仪器在使用前,并未按照标准要求进行检查和标定,使得检测过程中存在较多失误,很难按照预期要求完成检测工作,影响了试验检测的效果。最后,检测仪器管理制度的缺失,管理工作落实的不到位,使得各类仪器设备存在的故障问题得不到及时修复,阻碍了检测工作的顺利开展。另外,故障问题的频繁出现也在一定程度上增加了维修成本,给企业造成了较大的经济压力,间接影响了检测质量。

4. 试验报告问题

试验检测报告是试验检测工作结果的体现,对指导施工具有重要意义。公路工程建设项目普遍里程较长,涉及工作面广,试验检测项目繁多,工地试验室任务重,责任大,工作强度高,检测频率偏高,试验检测人员配备严重不足,而且工地试验室试验检测人员素质参差不齐,普遍缺少经验丰富、技术过硬的持证人员,导致出具的试验检测报告问题颇多,如无基本试验检测信息内容或检测信息错漏百出,试验依据及判定依据混淆不清、使用错误,试验检测结论不准确,甚至无试验检测结论等,不能有效发挥试验检测在控制工程质量和指导工程建设中的重要作用。

三、智慧试验室系统

工地试验室建立智慧管理系统,可以提高试验检测工作效率,节约工程建设成本,堵住管理漏洞,减少人为误差,实现数据共享等。根据公路工程工地试验室的标准化建设要求,张靖皋长江大桥智慧试验室管理系统主要包括委托管理、样品管理、数据采集、报告管理、人员管理、设备管理、规范标准管理、台账报表、接口数据管理等功能模块。

1. 委托与样品管理

智慧试验室系统考虑到工地现场的实际情况,通过线上委托单填写的方式完成质安中心检测任务的委托信息录入,大部分信息以菜单式点选的方式进行,提高收样人员的录入效率。同时,支持检测参数快速分级选取、自动按照指定格式生成委托编号、样品编号;编号格式自动分类,支持多套编号规则独立流水管理;支持自动打印委托单、可粘贴的热敏样品标签。

委托完成自动生成检测任务,通过任务分配环节将任务分配到检测部门,检测部门主管根据检测人员的工作量和能力范围,按需分配到具体的检测人员。检测任务可通过系统全流程追踪,检测状态实时可查询。

样品通过二维码标签进行试验室流转,可实时溯源样品状态和检测信息。

2. 数据采集传输

利用试验室现有设备,对设备加以数据化接口改造,在试验室人员试验过程中,后台完成试验数据采集,独立于试验人员操作过程,不影响试验人员的正常试验。将试验结果直接与系统关联,采集到系统中,省去试验数据再次录入的过程,减少试验人员的工作量,而且保证数据不被造假,真实有效。

数据采集可根据检测机构的具体需求对各类型微机伺服设备进行改造,如混凝土试件抗压试验机、钢材万能试验机等,同时支持对数显式现场检测设备(如回弹仪和钢筋保护层厚度检测仪)进行采集,不包括无计算机操作软件的设备,以及长度、称量、体积量测类直读式的仪器。

数据采集完成后,数据自动保存到本地计算机上,数据利用网络,后台传输,不干扰试验室工作的进行,支持断点续传;利用云平台,存储采集到的数据,完成试验过程中试验数据的第三方后台采集,确保试验数据真实有效;数据上传至网络服务器后,以数据库方式存储,并同时根据标准自动判断试验数据合格情况,并支持历史数据的查询、汇总评定和综合分析。

对各功能室(检测室与养护室、养护箱等)的温湿度环境记录进行自动采集,上传到系统中存储,自动生成各功能室的环境记录台账。并能通过预设温湿度范围进行超限告警,实现对检测环境的实时监控,保证试验条件满足规程要求。

3. 试验检测管理

智慧试验室系统提供了强大的数据处理能力,通过云存储、云计算工具和自主研发的在线电子表格组件,实现试验数据的专业处理,自动计算、自动修约、平行超差提醒、自动结果判定等。

其中内置1200余项公路水运工程检测参数、2000余张试验数据处理模板、1000本行业规范,供张靖皋长江大桥项目使用。

通过关联委托信息,自动生成原始记录空表中的表头信息,减少试验检测人员的手写工作量,提高记录效率。

系统中可以自主按参数选取使用设备,自动关联到记录表和报告中,并生成设备使用记录。当设备使用时间存在交叉时,支持设备使用的冲突提醒,防止同一时间段同一设备多人同时使用,减少资质风险;通过二次开发工具,支持表格的快速修改、快速扩展;支持按检测室或检测参数填写环境条件记录,生成环境记录台账。

由于试验检测工程师采用Excel来录入和处理试验检测数据较为常见,为了减少学习成本、提高数据录入效率,采用类似于Excel的电子表格(操作方式与Excel基本一致)并支持整行整列的复制、粘贴,并可一键导入Excel表格数据。

试验检测过程中存在大量图表绘制的情况,如集料筛分、土的颗粒分析和击实试验等。因此,表单式报告支持图文混排的排版方式,支持配置图表格式,并能根据录入的数据自动生成图表,提高数据录入和修改效率。

张靖皋长江大桥项目实现了符合《中华人民共和国电子签名法》的电子签名与签章,支持电脑端的电子签名。检测报告审批结束后,能够进行集中化的电子签名、签章,实现批量电子签名与签章,提高任务处理效率。考虑后续增加流程提交时自动签名的功能,无须独立再进行电子签名。

4. 设备管理

基于二维码标签实现设备的全生命周期管理,包括设备采购验收,设备台账更新,设备检校、检校到期提醒、检校确认管理、期间核查、维修、保养管理、报废管理等,并能自动根据岗位职责控制查看、修改、审批权限。

用户可通过系统提供的Excel模板,批量导入设备台账。对于导入系统的每一台设备,系统会为它生成一张唯一的二维码身份标签。基于设备二维码标签,实现对设备的检校管理、检测到期提醒、设备出入库存管理、设备使用记录管理功能。

通过移动端App扫描设备标签二维码,根据用户权限,可查看设备基本信息、使用记录、检校信息、保养记录、维修记录。

5. 规范标准

系统内置交通行业标准库,共计891本,支持快速选取,同时支持手动添加地方、企业标准和设计文件等类型文件,维护工地试验室自定的规范库,以满足实际业务需求;支持用户指定检测规程,自定提供检测规程中的技术指标,提供规程链接在线查看。

在新规范实施初期,存在新旧规范并行的情况。系统只做相应的提醒功能,不做强制限制。

6. 台账报表

常用的台账类报表包括:委托台账、样品台账、留样台账、报告发放台账、设备使用台账、设备使用记录、温湿度记录等,系统通过检索条件可自动生成电子台账,减少人工线下填写与登记的工作量和错误率。

7. 接口数据

智能系统数据接口主要用于各类智能系统的数据接入、有限的功能调用。通过统一接入接口,实现对安全、流量、权限的统一管控,同时通过分布式 NGINX 技术可实现分布式负载均衡,提升平台安全性和性能。

张靖皋长江大桥项目实现了检测系统与物料溯源系统及 BIM 协同管理系统的数据对接,实体检测数据通过 ebs 构件编码与 BIM 模型的挂接,原材料检测数据通过进场批次与物料溯源系统进行了智能化匹配,能够实时查询相应的检测报告。

四、应用效果

对于现阶段的工地试验室而言,全面应用智慧试验室系统是试验室自动化发展的必然趋势和高级阶段,它将试验室工作的重点从样品分析过程向信息管理过程延伸、转移和提升,有助于实现检验人员工作方式的根本性转变,是试验室建设与认证的一项重要技术基础。

张靖皋长江大桥在项目建设初期便开始展开智慧试验平台的应用,打破了检测数据与物料溯源、BIM 模型、施工工序的信息化壁垒,体现了新时期工程建设质量管理的信息化决策思维。其实际应用效果主要体现在试验室便捷化管理、检测任务管理、检测数据管理、规范试验室流程几个方面。

在试验室的项目生产中,会产生众多数据,这些数据主要来源于项目任务、仪器、耗材信息、人员管理信息。系统可以对这些数据信息实现可视化管理,这样管理者可以实时了解检测进度情况以及资产运作是否存在问题。可以将试验室的各种资源实现最大化地利用,最终保证所有项目高效运转,实现实验室便捷化管理。

在试验室的项目实施过程中,系统会对项目中的任务点进行全程监控,当项目进度较慢时,可以提醒并且督促项目顺利完成。提供灵活的工作配置,满足特殊个性化的流程,根据项目的相关重要信息自动生成各种可追溯性的电子报告,使得管理者轻松了解进展,实现项目的合理化管理。

系统会根据任务模板进行自定义,这样可以使项目任务更加清晰,通过物联网手段对重要的环节进行重点的监控,不合格品实时预警,及时发现问题,提升数据的可靠性和科学性。

五、结　语

随着交通建设的快速发展,利用"互联网+检测"技术,建设工地试验室的智慧化管理平台来提升管理质量是行业的发展趋势。充分运用云计算、大数据等手段,全面分析国省干线的工程技术难点和工程管理的重点问题,建立一套完整的智慧工地试验室管理平台,实现试验检测数据的线上处理、检测流程的标准化管控,通过人、机、料、法、环的溯源化、常态化作业来提升试验检测的工作效率,提高工程质量,满足工程建设的智慧化、品质化需要,同时,建设期间结构化存储的检测数据对于交通基础设施的管养运维具有重大意义。

参考文献

[1] 贺诚.探究公路工程工地试验室的质量管理[J].黑龙江交通科技,2020(4):190.
[2] 郝国途,钱立柱.浅析高速公路工程试验检测信息化管理[J].公路,2020(6):189.

[3] 冯攀,张煜.浅谈互联网+在检验检测服务上的质量创新[J].陕西煤炭,2020,39(1):198-200.
[4] 王俊杰.高速公路工程建设信息化背景下的工地试验室建设与管理[J].中国新技术新产品,2020(10):90.
[5] 高文武.广东省在建普通干线公路质量试验检测情况分析[J].交通世界,2019(16):65.
[6] 朱时得,马雨.高速公路工地试验室管理存在的问题及对策[J].公路交通科技(应用技术版),2020(4):30.
[7] 吴平.论"互联网+"与建筑工程质量检测管理服务系统建设[J].门窗,2017(1):67-68.
[8] 吴晓明.基于标准化管理的公路工程试验室信息管理系统关键技术研究[J].工程建设标准化,2019(3):97.
[9] 杨建喜,李兆恒,王立华,等.基于"互联网+智慧水利"的水利工程质量检测监管系统设计[J].广东水利水电,2021(10):81-85,103.
[10] 郭先超,林宗缪,姚文勇.互联网+质量检测平台设计[J].计算机技术与发展,2016,26(5):120-124.

18. 大型觇牌在高精度长距离跨江水准测量中的应用

孙玉强　李子豪

(中交公路规划设计院有限公司北京岩土工程技术分公司)

摘　要　为降低大气垂直折光误差等对精度的影响,高精度长距离跨江水准测量通常选择在夜晚进行,但夜间测量控制、照准难度大、作业效率低,是重难点工作。本文从工程实例出发,着重阐述大型觇牌在张靖皋长江大桥高程控制网中(二等水准测量)的应用。分析了大型觇牌与小型觇牌的特点,组织外业测量与数据精度统计分析,对使用大型觇牌测量结果进行分析,为高精度长距离跨江水准测量提供参考。结果表明:使用大型觇牌满足高精度跨江水准测量的精度要求,同时较常规测量方法效率更高,具有显著的推广应用价值。

关键词　跨江水准测量　测距三角高程法　高程控制测量　觇牌　误差分析

一、引　言

随着国家对基础建设的持续加强,科学技术的不断发展与创新,跨越江、河、湖、海的大型桥梁建设项目不断涌现,跨越水面距离也不断增长,两岸高程基准传递工作必不可少,因此使用测距三角高程法进行跨河水准测量也得到广泛的应用[1]。根据《国家一、二等水准测量规范》,在进行跨河水准观测时,观测目标均采用觇板或标灯作为照准目标[2],而在高精度长距离跨江水准测量中,传统小型觇标在观测中瞄准困难,导致中心点观测误差大。为此,结合张靖皋长江大桥二等跨河水准测量,设计并制作大型觇标,使用高精度全站仪进行测量,大幅提升观测效率,精度满足规范要求。

二、精密三角高程测量技术

1. 高程计算

跨江水准测量采用武汉大学研发的精密三角高程测量系统(测量方法研究曾获国家测绘科技进步二等奖),该系统属于目前国内领先的技术,借助高精度智能全站仪(测角精度不低于0.5″,测距精度不低于$1mm+1\times10^{-6}mm$)同时对向观测法,成果可以达到精密跨江水准测量所要求的精度。

精密三角高程传递软硬件系统主要包括照准设备及软件程序,使用Leica智能全站仪,人工先行粗瞄准,微动精确照准,通过操作笔记本电脑安装的软件程序,自动观测记录观测数据,自行发送指令使仪器自动转向正镜或倒镜再次概略照准目标,人工精确照准,进入下半测回的测量并记录。通过同步对向观测来消除主要误差源——气象误差。

精密三角高程测量采用两台高精度智能全站仪(Leica TM60),同时对向观测,跨江高程按式(1)进行计算[3]:

$$H_{AB} = \frac{1}{2}S(\tan\sigma_1 - \tan\sigma_2) + \frac{1}{2}(i_1 + v_1 - i_2 - v_2) + \frac{S^2}{4R}(k_2 - k_1) \tag{1}$$

式中:H_{AB}——跨江高程;

S、σ——分别为跨江水平距离、垂直角;

i、v——仪器高度、棱镜高度;

R——地球曲率半径;

k——大气折光系数。

假设江边两岸垂直角为小角度,且垂直角近似相等时,可基于统计学误差传播定律,对式(1)中跨江高程对向高差精度进行估算,得到:

$$m_h^2 = m_s^2 \tan^2\sigma + \frac{S^2}{2}\left(\frac{m_\sigma}{\rho}\right)^2 + \frac{1}{2}(m_i^2 + m_v^2) + \left(\frac{S^2}{4R}\right)^2 m_k^2 \tag{2}$$

式中:m_k^2——对向高差精度;

m_s、m_σ——测距中误差、垂直角测角中误差;

m_i、m_v——仪器高度中误差、棱镜高度中误差;

m_k——大气折光系数观测值中误差。

2. 误差分析

1)大气折光系数误差

大气折光系数由跨江区域气温变化、地形分布、水面气流等因素决定,受外部环境因素影响较大,在测量计算时,不可避免地会产生误差。因此,在精密二角高程测量期间,该误差始终是影响测量精密度的主要因素[4]。对于大气折光系数误差,无法借助数学模型进行表示。现有研究结果表明,夜间江边的大气垂直折光变化复杂,无明显的规律,但在午夜23:00—凌晨2:00较为稳定[5],选择该时间段进行跨江水准测量,能有效减弱大气折光对跨江水准测量的影响,在具体实施期间,也可通过缩短对向观测时长、同时对向观测的方式对大气折光系数误差进行控制。

2)垂直角误差

垂直角误差程度受距离影响,跨江距离越远则产生的误差越大,此外,垂直角误差可采用优化观测方式、增加观测回数、提高仪器精度的方式进行控制[6]。

3)测距误差

测距误差与垂直角存在关联,并与垂直角呈正比[7]。而在当前时代背景下,所应用的全站仪精度较高,因此,在精密三角高程跨江水准测量期间,可凭借高精度全站仪对测距误差进行控制。

三、棱镜觇标改进优化方案

一个大型的测量觇标不仅有利于提高瞄准精度,也有助于提高测量效率。觇标的要求有:觇标的图案中心与它的机械轴重合,即没有偏心差[8];形状和大小便于精确瞄准;没有相位差;反差大,亮度好。在图案设计方面,图案设计的效果应使人工使用仪器照准时,易于集中注意力,目标明确,有明显的几何中心轴感[9]。觇标需要具有足够的色彩反差,使目标的界限清晰、明显,同时能补偿采光不足。

本文使用Leica棱镜觇标的基本样式,比例放大觇标并保证轴线指向棱镜中心点。在觇标上设计孔洞,降低江风对觇标稳定性的影响,设计图及尺寸如图1所示。

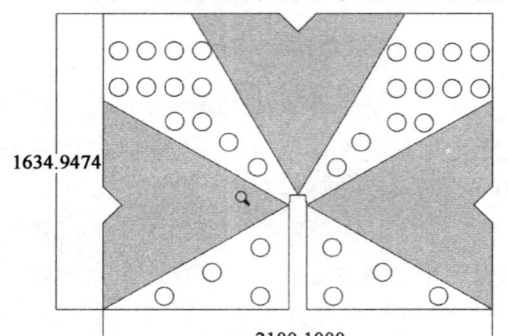

图1 大型觇标设计图(尺寸单位:mm)

四、基于张靖皋长江大桥的跨江水准测量实例分析

1. 工程概况

大型跨越水域通道的施工必须保证两岸高程控制系统一致并要求用相同的测量精度施测[10]。故大桥两岸需采用跨江水准进行联测,组成环线进行整体平差。

大桥高程控制网中的长距离跨江水准测量一直是桥梁和大型跨江通道工程中高程控制的难点,也是一个重点。根据张靖皋长江大桥实际情况,在张家港侧、民主沙岛及如皋侧江边设置2处跨江水准点,如皋—民主沙跨江水准距离约1.5km,民主沙—张家港跨江水准距离约3.5km,分别在线路中心上、下游。

2. 测点布设(图2)及测量方案

往测计算 A—B—D 线路所得 B 与 D 间高差取数;返测计算 C—D—B 线路所得 D 与 B 间高差取数;最后相关精度指标符合规范要求后往返测取平均数作为最后高差成果。

往测计算 A—B—C 线路所得 B 与 C 间高差取数;返测计算 D—C—B 线路所得 C 与 B 间高差取数;最后相关精度指标符合规范要求后往返测取平均数作为最后高差成果。

往测计算 B—A—C 线路所得 A 与 C 间高差取数;返测计算 D—C—A 线路所得 C 与 A 间高差取数;最后相关精度指标符合规范要求后往返测取平均数作为最后高差成果。

往测计算 B—A—D 线路所得 A 与 D 间高差取数;返测计算 C—A—D 线路所得 D 与 A 间高差取数;最后相关精度指标符合规范要求后往返测取平均数作为最后高差成果。

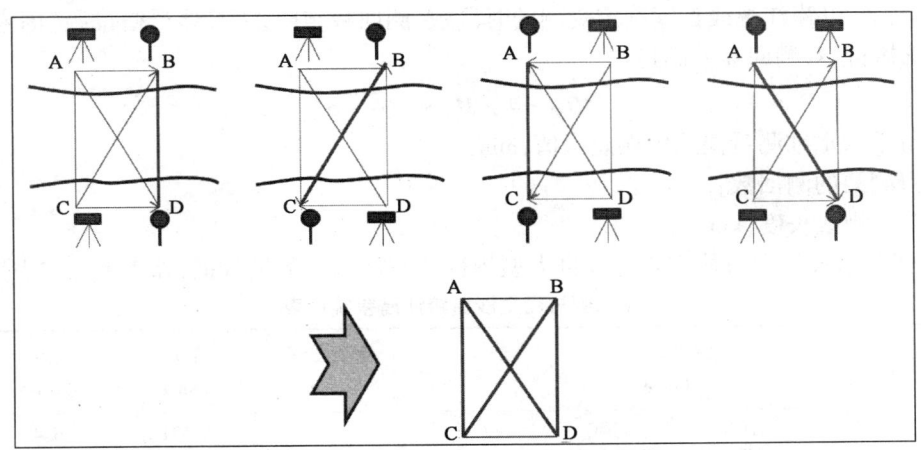

图2 跨江水准布置示意图

3. 跨江水准实施过程

1)跨江场地选取

跨江水准点满足以下要求[11]:

(1)因地制宜,合理选取测站点 A(C)*和目标灯点 B(D)*,本岸灯镜中心尽量与仪器的水平视线等高或接近;本岸测站点 A*至灯镜点 B*的距离10m左右,同时确保对向的长边(本岸仪器 C*至对岸灯镜 D*)距离大致相等,如图2所示。

(2)跨江视线满足相关规范要求,未通过草丛、干丘、沙滩的上方。

(3)两岸仪器至水边的一段距离大致相等,其地貌、土质、植被等基本相似,仪器位置设置在开阔通风之处,未靠近墙壁及土、石、砖堆等。

(4)布设跨江水准测量场地,使两岸仪器及标尺点构成大地四边形。

(5)尺台点位置均选择在稳定基础的地面,并埋设跨江水准点。

2）外业观测采取的相关措施

（1）跨江水准观测在风力微和、气温变化较小的阴天进行,当雨后初晴和大气折射变化较大时,均暂停观测。

（2）观测前30min,先将仪器置于露天阴影下,使仪器与外界气温趋于一致。

（3）由于本项目跨江路线上船只等障碍物较多,白天很难找到适宜的观测条件,只能进行夜间观测。在时间段选择上以地方时零点分界,零点前为初夜,零点后为深夜。

（4）仪器调岸时,配套的小棱镜、灯镜全部随仪器和观测人员一起对换。

（5）按照一测回观测完成后间歇15~20min,再开始下一测回的观测。

（6）两台仪器对向观测时,使用对讲机等进行通信,使两岸同一测段的观测,做到同时开始与同时结束。

（7）跨江观测开始前后,对两岸的普通水准标石（或固定点）与标尺点间,进行一次往返测,作为检测标尺点有无变动的基准。

3）外业观测

跨江水准测量中的棱镜觇标使用设计后大觇标、测回数及垂直角指标差及各测回天顶距互差限差等均由软件内部编码设定,无法更改,仅由计算器系统通过软件向仪器发送测量指令并实时读取仪器测量数据,自行计算各项限差合格与否,由软件系统自动判别并提示是否满足单向施测要求。外业数据直接使用笔记本电脑配合武汉大学研发的专用软件进行自动记录与成果后处理。

4. 高差数据

跨江水准测量,以跨江视线长度确定观测的时段数、测回数与限差,具体严格按照《国家一、二等水准测量规范》要求执行；双测回互差满足：

$$dH_{限} = 4 \times M_\Delta \times \sqrt{N \times S} \tag{3}$$

式中：M_Δ——每千米水准测量偶然中误差限值,mm；

N——双测回的测回数；

S——跨江视线长度,km。

给出基于张靖皋长江大桥使用自主改进大型觇标的跨江水准测量数据,如表1、表2所示。

如皋侧与民主沙岛跨江高差统计表 表1

序号	测段高差（m）				环闭合差（mm）	距离（km）	限差（mm）	备注
1	C-D	D-B	B-C		-3.8	2.571	6.4	合格
2	D-C	A-C	A-D		3.1	2.560	6.4	合格
3	A-B	A-C	A-D		1.0	2.565	6.4	合格
4	B-A	A-C	C-B		2.7	2.569	6.4	合格
5	A-B	B-D	D-C	C-A	1.0	2.572	6.4	合格

注：限差 $= 4\sqrt{S}$；S 为距离。

张家港侧与民主沙岛跨江高差统计表 表2

序号	测段高差（m）				环闭合差（mm）	备注
	E-F	F-H	H-G	G-A		
1	0.0274	-3.1292	-0.0578	3.1672	7.5	合格
2	0.0274	-3.1329	-0.0578	3.1657	2.5	合格
3	0.0274	-3.1319	-0.0578	3.1642	1.9	合格
4	0.0274	-3.1284	-0.0578	3.1624	3.6	合格
5	0.0274	-3.1292	-0.0578	3.1666	7.0	合格

续上表

序号	测段高差(m)				环闭合差(mm)	备注
	E-F	F-H	H-G	G-A		
6	0.0274	−3.1267	−0.0578	3.1638	6.7	合格
7	0.0274	−3.1266	−0.0578	3.1597	2.7	合格
8	0.0274	−3.1270	−0.0578	3.1638	6.4	合格
9	0.0274	−3.1268	−0.0578	3.1625	5.3	合格
10	0.0274	−3.1299	−0.0578	3.1607	0.5	合格
11	0.0274	−3.1306	−0.0578	3.1613	0.3	合格
12	0.0274	−3.1318	−0.0578	3.1624	0.1	合格
13	0.0274	−3.1304	−0.0578	3.1659	5.1	合格
14	0.0274	−3.1278	−0.0578	3.1592	1.1	合格
15	0.0274	−3.1306	−0.0578	3.1623	1.2	合格
16	0.0274	−3.1310	−0.0578	3.1605	−0.9	合格
17	0.0274	−3.1312	−0.0578	3.1645	3.0	合格
18	0.0274	−3.1281	−0.0578	3.1609	2.4	合格
19	0.0274	−3.1289	−0.0578	3.1622	2.9	合格
20	0.0274	−3.1311	−0.0578	3.1635	2.0	合格
21	0.0274	−3.1314	−0.0578	3.1624	0.6	合格
22	0.0274	−3.1224	−0.0578	3.1679	15.1	合格
23	0.0274	−3.1389	−0.0578	3.1599	−9.4	合格
24	0.0274	−3.1310	−0.0578	3.1559	−5.6	合格
均值	0.0274	−3.1297	−0.0578	3.1627	2.6	
平差值	0.0274	−3.1310	−0.0578	3.1614	0.0	
最大值(m)		−3.1224		3.1679		
最小值(m)		−3.1389		3.1559		
互差MAX(mm)		16.6		12.0		
互差限差(mm)	33			跨河距离(km)	2.99	

跨河距离 $S = 2.99$ km;有效测回24;测回限差 $d_{限} = 33$ mm;环闭合差限差 $W_{限} = 21$ mm

  根据二等跨江水准测量标准,经与全线水准平差数据比较,数据各项指标均符合规范要求,由此可证明,在高精度长距离跨江水准测量中,使用大型觇标能够满足二等水准要求,且相对于常规小觇标提高了测量效率,具有一定的优势。

五、结　　语

  综上所述,在自动化、精度达标的全站仪的支撑下,高精度长距离跨江水准测量使用大型觇牌满足高精度跨江水准测量(二等水准)的精度要求,同时较常规使用小型觇标的测量方法提高了效率,为其他工程进行跨江水准测量提供了参考,具有较强的应用价值。

参考文献

[1]　冯帅.城市轨道交通工程中的精密三角高程跨江水准测量[J].科学技术创新,2022(32):109-112.
[2]　国家测绘局.国家一、二等水准测量规范:GB/T 12897—2006[S].北京:中国标准出版社,2006.
[3]　周文彬.哈尔滨市三环西桥跨江二等水准测量[J].测绘与空间地理信息,2011,34(6):242-245.
[4]　向鑫,赵峰,蒋建国.长距离跨江高程联测平差方法及精度评估[J].测绘通报,2008(4):1-3.

[5] 黄腾,陈建华,岳荣花,等.夜间横跨江面大气垂直折光变化趋势的研究及应用[J].工程勘察,2008(2):39-42.
[6] 郝永攀,袁淑芳,孙广.基于精密三角高程实现跨河水准测量的应用[J].测绘与空间地理信息,2022,45(7):208-211.
[7] 崔信国,刘明河,韩玉成.高精度跨河水准测量方法研究[J].矿山测量,2018,46(2):80-82,88.
[8] 蒋辉,赵仲荣.测量觇牌的设计与精度分析[J].测绘工程,1997(2):54-57,63.
[9] 周建红,刘世振.跨河水准新式觇牌设计及照准方案研究[J].科技创新导报,2010(26):96.
[10] 王健,汪金花.棱镜觇牌倾斜对全站仪精密定位的影响[J].河北联合大学学报(自然科学版),2014,36(4):99-103.
[11] 李崇伟,花向红,杨克明,等.GPS跨河水准拟合方法研究与工程实践[J].测绘地理信息,2014,39(6):17-19.

19.临江富承压水超深基坑抗突涌方案设计及基坑开挖对周边环境影响分析

朱颖浩[1] 励彦德[1] 韩冬冬[1] 付佰勇[1]

(中交公路长大桥建设国家工程研究中心有限公司)

摘 要 本文聚焦临江地区富承压水对超深基坑开挖抗突涌问题,使用Plaxis 3D数值计算综合对比分析了降承压水、带水开挖及在坑底设置水平隔水层等方法的影响。研究成果表明:对于临江地区含承压水超深基坑,采用降承压水及带水开挖措施均存在较大安全风险且实施难度较大,而设置坑底水平隔深层,可有效增加坑底覆土压重,在降低承压水突涌风险的同时,对基坑开挖及周边环境的影响最小。进一步分析了采取坑底水平隔渗措施后,工作井超深基坑开挖对支护结构安全及对周边环境的影响。得出结论如下:①对于临江富承压水地区的超深基坑工程,设置坑底水平隔渗层,是一种有效且安全的坑底突涌防治措施;②采用水平隔渗隔绝部分承压含水层后,基坑仍可按常规干作业开挖,且其对支护结构变形及内力、地表沉降、周边建筑物沉降的影响均满足规范要求;③临江富承压水地区,大降深降承压水会对于地表沉降及周边建筑物沉降带来较大影响,应尽量避免大降深降承压水。

关键词 临江地区 富承压水 超深基坑 抗突涌 地表沉降 水平隔渗

一、引 言

我国长江三角洲地区沿江地层普遍分布着深厚粉砂层[1],这些粉砂层一般均伴有高水头的承压水。近些年,随着国家公路建设的快速发展,穿越长江的隧道工程逐渐增多,伴随而来的基坑工程深度越来越大,地质及水文条件越来越复杂,给沿江深大基坑工程的设计与施工带来了新的挑战。

深大基坑在遇承压水时,一般要进行抗突涌验算,如果基坑坑底距离承压含水层较近,抗突涌稳定性往往不满足规范要求,基坑开挖容易发生突涌破坏。工程实践中,深大基坑在应对高承压水突涌危害时,一般采取隔水、降水或坑底加固封底等技术措施,降低承压水在基坑开挖过程中的危害[2,3]。

钱江隧道江北风井基坑深达27.3m,承压含水层顶板与坑底的距离仅为2.0m,不满足抗突涌要求,设计采用坑内降承压水的措施,以增加基坑抗突涌稳定性[4]。南京纬三路长江隧道梅子洲风井基坑开挖深度46.5m,根据抗突涌稳定性要求,坑内承压水水头至少降低29.4m,由于承压含水层以强透水的卵砾石为主,地下水补给丰富,降水难度较大,且对周边地表沉降影响较大。因此,设计采用水下开挖,开挖至设计深度后,浇筑封底混凝土,隔绝承压水危害[5]。

但对于深大基坑,承压水头较高,承压水降压难度较大时,水下开挖,虽然可以很好地解决基坑突涌问题,但水下基坑开挖难度大,工期长,又会给施工带来新的困难[6-9]。本文以太仓某过江隧道南岸工作井为依托,为应对沿江富承压水超深基坑突涌危害,提出对地下连续墙墙底土层进行加固封底处理来隔绝承压含水层,增加坑底土体压重,减小承压水水头降深,并对该方案实施后基坑的变形特性及其对周边环境的影响进行数值分析,验证其可行性。

二、工程概况

苏南某长江隧道,全长11.185km,高速公路标准,双向六车道,设计速度100km/h,采用盾构下穿,盾构段长度9.315m,盾构直径16m。北岸工作井位于海门,南岸工作井位于太仓境内。

南岸工作井呈矩形,为接收井,兼作疏散通道,结构轮廓尺寸28m(长)×55m(宽)×32.45m(高),盾构工作井基坑尺寸为28m(长)×55m(宽)×34.65m(深)。基坑采用明挖顺作法施工,支护结构主要采用1500mm厚地下连续墙+内支撑支护形式,共设置5道混凝土支撑。工作井附近主要是农田及村庄,西侧距离最近自建房距离约47.5m,北侧距离最近自建房约133.7m,距离长江大堤距离约245m,场地空旷,建设条件相对简单,周边环境示意图如图1所示。

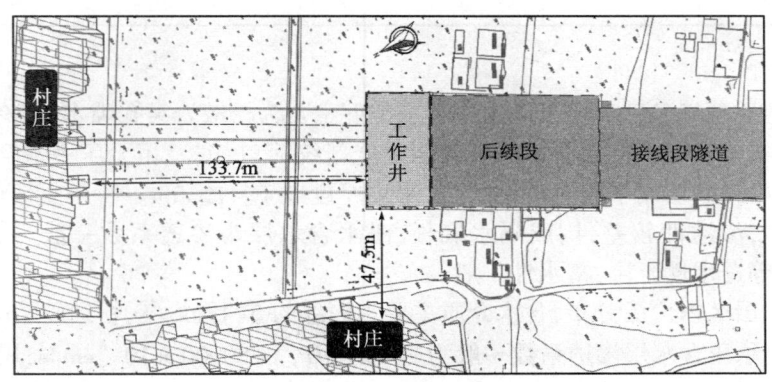

图1 工作井周边环境示意图

1. 工程地质条件

工作井处地质条件复杂,软土发育显著,表层分布有软塑状的粉质黏土层,12.0~24.7m为流塑状的淤泥质粉质黏土,24.7~36.3m分布着软塑~流塑状的粉质黏土夹粉土,44.5~53.6m分布着稍密~中密的粉土夹淤泥质粉质黏土,力学性质较差,其余多为粉砂层。

基坑坑底以上地层自上而下为:②$_1$粉质黏土,平均厚度4.1m;③$_5$粉土夹粉砂层,平均厚度7.5m;④$_1$淤泥质粉质黏土夹粉土层,平均厚度15.8m;④$_2$粉质黏土夹粉土层,平均厚度13.2m。

基坑坑底以下土层为④$_{3-1}$粉砂层,平均厚度3.3m;④$_3$粉土夹淤泥质粉质黏土层,平均厚度7.9m;⑤$_2$粉砂层,平均厚度12.8m;⑤$_3$粉细砂层,平均厚度14.5m;钻孔揭露地层最底端为⑤$_4$含砾中粗砂层,钧未揭露基岩层。如图2所示,各层土物理力学参数见表1。

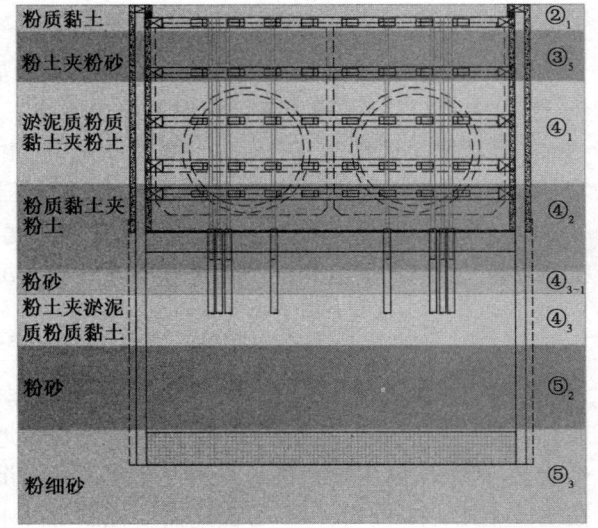

图2 工作井基坑地层分布示意图

土层物理力学参数表　　　表1

层号	重度 （kN/m³）	压缩模量 （MPa）	黏聚力 （kPa）	内摩擦角 （°）	泊松比	渗透系数	
						k_h	k_v
①₁	17.2	5	8	10	0.20	—	—
①₂	18.8	5	8	10	0.20	—	—
②₁	19.4	6	15	16	0.35	0.04	0.03
③₅	19.6	10	7	17	0.33	0.86	—
④₁	18.1	4	10	15	0.32	0.04	0.02
④₂	18	5	13	18	0.29	0.04	0.02
④₂₋₁	18.8	10	2	31	0.3	1.73	—
④₃	18.1	6	10	12	0.33	0.43	0.22
④₃₋₁	18.8	10	2	31	0.31	1.73	—
⑤₂	19.5	11	2	32	0.29	1.73	—
⑤₂₋₁	18.2	4	12	15	0.31	0.04	0.02
⑤₃	19.6	13	1	33	0.23	3.46	—
⑤₄	19.7	20	0	36	0.23	69.12	—

2. 水文地质条件

场地内特定的地质环境条件决定了区内地下水类型主要为松散岩类孔隙水，具有分布广、层次多、水量较为丰富、水质复杂等特征。潜水含水层由第四系全新统河口、滨海相无压潜水含水层组成。①层填土、②层粉土及③层粉砂层属于相对透水层，含水层厚度 5.1～12.8m。④层主要为淤泥质土、粉质黏土，局部夹粉土、粉砂，渗透性较差，构成隔水底板，潜水含水层为渗透系数一般为 30×10^{-6} ～ 2000×10^{-6} cm/s，属弱～中等透水性土层，富水性一般。

第Ⅰ层承压含水层区内广泛分布，含水介质主要为深部的⑤₂粉砂、⑤₃粉细砂、⑤₄含砾中粗砂、⑥₂粉细砂，埋深 53～81m，承压含水层渗透系数一般为 2000×10^{-6} ～ 80000×10^{-6} cm/s，属中～强等透水性土层，富水性好，第Ⅰ层承压水水位高程 -1.82～0.46m（场地高程 +4.0m）。承压水的补给来源主要为长江上游的侧向地下径流补给及垂向含水组间的越流补给，承压水水源补给丰富，降压困难。

3. 工程难点

由于项目工作井范围地质条件复杂，承压水丰富，给基坑开挖带来了许多难点，主要体现在以下几个方面：

（1）本项目基坑开挖深度 34.65m，属于深大基坑，基坑范围内广泛分布着流塑～软塑淤泥质粉质黏土，工程性质较差，不利于基坑开挖及地连墙施工槽壁稳定性。

（2）基坑紧邻长江，承压水丰富，水头较高，主要赋存在坑底深厚粉砂层中，透水性较强，水源补给丰富，围护结构无法隔断承压含水层，坑底以下承压隔水层较薄，基坑抗突涌稳定性较差，降承压水困难。

（3）基坑开挖影响范围内（3倍基坑开挖深度）存在较多农村自建房，多为地上 2～3 层建筑，浅基础，抗变形能力较差，基坑开挖及降水容易导致地面沉降及房屋开裂。

三、基坑方案设计

由于工作井基坑临近长江，基坑深，坑压水丰富，且水头高，为解决承压水带来的基坑突涌问题，需采取有效措施解决地连墙接缝漏水、基坑抗突涌及地表沉降问题。其中地连墙接缝漏水问题根据以往工程经验，一般采用高压旋喷桩进行接缝止水。地表沉降一方面要通过提高围护结构及支撑刚度、提高坑内被动区土压力来控制，另一方面还需要控制坑外水位降深以达到减小地表沉降的目的，工程实践中，也往往采用这两种措施相结合的手段控制地表沉降。

基坑抗突涌问题工程中一般采取带水作业或降承压水的方式解决,而本项目基坑较深,达到34.65m,若采用水下开挖,需继续加大基坑开挖深度,且支撑体系及水下超深开挖难度较大,安全风险较高。若采取降低承压水的措施,由于承压水由长江上游地下水补给,补给水源丰富,承压水水头降低有限,且大范围降低承压水会导致地表沉降较大。因此如何解决承压水抗突涌问题是关系基坑开挖安全的重中之重。

1. 基坑抗突涌分析

本项目基坑坑底④₃层粉土夹淤泥质粉质黏土为第Ⅰ层承压含水层上部隔水层,基坑开挖需经历两个阶段,第一阶段浅层开挖,坑底覆土较厚,基坑抗突涌稳定性满足要求,直至开挖至一定深度,基坑抗隆起稳定性达到临界值。第二阶段,随着基坑开挖深度加大,基坑抗突涌稳定性安全系数逐渐减小,直至开挖至坑底,若不采取有效措施,基坑随时可能出现突涌风险。

1) 工况1分析

基坑开挖至一定深度后,坑底土体压重与承压水压力达到动态平衡,基坑抗突涌稳定性处于临界状态,其临界开挖深度可根据《建筑地基基础设计规范》(GB 5007—2011)[10]或《建筑基坑支护技术规程》(JGJ 120—2012)[11]中相关公式计算。

$$\gamma_m (H - \Delta H)/\gamma_w \Delta h \geq K \tag{1}$$

式中:γ_m——透水层以上土的平均重度(地下水位以上为天然重度,地下水位以下为饱和重度)(kN/m³);

H——承压含水层顶至地面深度(m);

ΔH——基坑开挖深度(m);

γ_w——地下水重度(kN/m³);

Δh——承压含水层水头差(kPa);

K——抗突涌稳定性安全系数,取1.1。

式中,γ_m取18.4kN/m³;H取51.8m;γ_w取10kN/m³;Δh取48.3m。则按式(1)计算得ΔH为22.9m,即临界开挖深度为22.9m,此时,继续开挖基坑存在突涌风险,需采取一定措施消除承压水对基坑的影响。

2) 工况2分析

当不采取任何措施开挖至坑底(即取34.65m)时,$K=0.65<1.1$,基坑抗突涌稳定性不满足要求,基坑存在较大突涌风险,需采取措施减小承压水对基坑突涌影响。若采取降低承压水水头时,根据式(1)反算,可得需降低承压水水头19.6m,由于基坑承压水由长江上游地下水径流补给,补给源丰富,根据现场抽水试验结果,坑外承压水单井稳定抽水量为2041.6m³/d,承压水稳定水位降深12.7m时,影响半径达到179.1m,承压含水层渗透系数建议值为3.0m/d。这也进一步验证了承压含水层补给源丰富,采用降低承压水头的方案,降水风险较大,降水困难,不确定因素较多,不建议采用此方案[12]。

2. 基坑抗突涌技术措施

1) 基坑支护结构设计标准

本基坑工程深度34.65m,根据《建筑基坑支护技术规程》(JGJ 120—2012),并参考《上海市基坑工程技术标准》(DG/TJ 08-61—2018)[13],工作井基坑安全等级设为一级,变形控制等级按一级基坑控制。

基坑变形量限值根据基坑安全等级、周边环境确定,基坑变形限值为:围护结构深层水平位移≤0.3%h且≤40mm,墙顶最大水平、最大竖向位移≤0.2%h且≤30mm,地表沉降≤30mm。

2) 基坑支护结构设计方案

根据本项目工程地质、水文条件及周边环境,经必要的计算分析,并结合以往工程经验,制定本基坑工程支护结构方案。基坑支护结构采用1.5m厚地下连续墙+5道混凝土支撑。第一道混凝土支撑尺寸1200mm×1400mm,其余混凝土支撑尺寸1400mm×1400mm,冠梁尺寸2500mm×1200mm。腰梁设置充分考虑工作井内部结构布置,考虑与工作井环框梁永临结合形式设置,第一~第三道腰梁尺寸为2500mm×1500mm,第四~第五道腰梁尺寸为2500mm×1800mm。支撑下设置520mm×520mm临时格构柱,临时格构柱下设φ1200mm钻孔灌注桩基础,桩长35m,混凝土支撑处设置600mm×600mm钢筋混凝土连系梁。

3）基坑抗突涌方案

地表水处理方案：为防止雨水倒灌基坑，坑外设置排水沟、截水沟，同时作为坑内降水的排水沟，冠梁顶设置挡水坎，高度为500mm。

潜水降水方案：地连墙插入④₃层粉土夹淤泥质粉质黏土，进入底部承压含水层，隔绝坑外潜水，坑内设置潜水降水井，坑外设置潜水观测井，基坑开挖过程中，按需降水，随挖随降，始终保持坑内水位低于开挖面以下1.0m。

承压水处理措施：为降低承压水对基坑影响，又尽量较小其对地表沉降的影响，考虑利用高压旋喷桩对地下连续墙底部5.0m范围进行水平封底，隔绝坑底部分承压含水层，增加坑底覆土压重，以达到减小承压水影响的目的。初次之外，为防治地连墙接缝处漏水，采用高压旋喷桩进行墙缝止水，地连墙槽壁两侧14.0m深度范围内采用三轴搅拌桩进行槽壁加固。

本基坑地连墙深度70.0m，水平隔渗层位于地面以下65.0～70.0m之间。考虑到高压旋喷桩、MJS工法桩及RJP工法桩加固深度有限，在65.0～70.0m深度范围地基加固隔渗效果难以保证，因此，本项目采用新的止水帷幕工艺N-jet工法[14-16]。

N-jet工法全名是超高压喷射搅拌桩止水帷幕，可针对各种复杂地层，利用多喷嘴、多角度，可实现高精准不同规格组合的止水帷幕加固形式。最大桩径可达8.0m，最大加固深度可达110.0m。

具体处理方案为：地下连续墙接缝止水采用定角度150°，桩径φ2400mm N-jet工法，加固深度为地墙槽壁加固桩底至地下连续墙墙底，上部穿越三轴搅拌桩应引孔实施，竖向与搅拌桩搭接应不小于2m。工作井底部水平隔渗（φ2200mm@1400mm）及坑底加固（φ1700mm@1400mm）采用N-jet工法进行水平封底及坑底加固。

利用N-jet工法进行墙底水平隔渗后，根据式(1)计算，坑底抗突涌稳定性安全系数=0.98<1.1，根据式(1)反算后，仍需降低承压水头4.3m。因此，在基坑外侧设置承压降水井及承压水位观测井，基坑内侧设置应急兼备用降压井。根据式(1)反算可知，当基坑开挖至32.1m深度时，开启坑外降压井，将第Ⅰ层承压含水层水头将至−4.8m，随后需加快各工序衔接，开挖至坑底后尽快浇筑垫层及底板，待底板混凝土强度达到设计值后，可停用坑外降压井。

四、有限元分析及计算结果

1. 计算方法

本项目工作井基坑为矩形形状，传统二维计算难以真实反映支护结构的受力状态及地表沉降，且计算结果往往偏保守。因此，为真实反映工作井基坑开挖过程中支护结构受力及其对周边环境影响，采用基于Plaxis 3D的有限元分析方法，建立工作井基坑开挖的空间三维模型，利用软件中的梁单元模拟支护结构中的支撑、腰梁及冠梁；利用板单元模拟支护结构中地下连续墙；利用界面单元模拟地墙与土体相互作用及止水帷幕；而立柱桩则用embedded桩单元模拟。

模型尺寸260m×240m，工作井基坑尺寸55m×28m，另外考虑到最不利工况，工作井基坑与后续段基坑同期开挖，模型中还建立了56m长的后续段基坑（基坑深25.6m）。基坑周边西侧、北侧的村庄各建立了一个距离基坑最近的二层框架结构，用以分析基坑开挖过程中对周边村庄自建房的影响。工作井地面超载取30kPa，后续段地面超载取20kPa，模型共计40079个单元，67446个节点。模型如图3所示。

土体本构模型采用小应变硬化土模型（HSS），板、梁、embedded桩单元采用弹性本构，坑底加固及墙底水平隔渗采用土单元模拟，渗透系数设置为0。表2为土体本构模型参数表，表3为结构构件线弹性模型参数表。

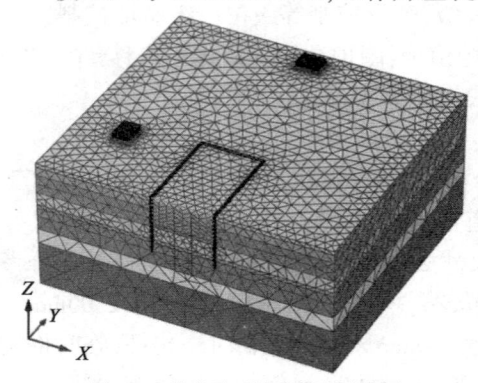

图3　工作井及后续段模型示意图

土体 HSS 本构模型参数表　　　表2

层号	E_{50} (10^3 kN/m²)	E_{oed} (10^3 kN/m²)	E_{ur} (10^3 kN/m²)	G_0 (10^3 kN/m²)	$\gamma_{0.7}$ (10^{-3})	R_{inter}
②₁	6	6	18	36	0.2	0.67
③₅	10	10	30	60	0.2	0.67
④₁	4	4	12	24	0.2	0.67
④₂	5	5	15	30	0.2	0.67
④₂₋₁	10	10	30	60	0.2	0.67
④₃	6	6	18	36	0.2	0.67
④₃₋₁	10	10	30	60	0.2	0.67
⑤₂	11	11	33	66	0.2	0.67
⑤₃	13	13	39	78	0.2	0.67
⑤₄	20	20	60	120	0.2	0.67
坑底加固	80	80	240	480	0.2	0.67
水平隔渗	80	80	240	480	0.2	0.67

结构构件线弹性模型参数表　　　表3

序号	支护结构	模拟单元类型	重度 (kN/m²)	弹性模量 (10^6 kN/m²)	泊松比
1	地连墙	板单元	2.55	31.5	0.2
2	混凝土支撑	梁单元	25	30	0.2
3	混凝土腰梁	梁单元	25	30	0.2
4	立柱	梁单元	78.5	206	0.2
5	立柱桩	embedded 桩单元	25	31.5	0.2
6	自建房板	板单元	25	31.5	0.2
7	自建房柱	梁单元	25	31.5	0.2

有限元分析根据基坑开挖实际工况分阶段模拟，第一步不激活任何结构构件，进行初始地应力平衡（K_0过程）；第二步激活自建房结构进行塑性分析并位移清零；第三步激活板桩墙、冠梁、地表荷载并进行塑性分析；随后，根据实际施工步序，分层开挖土体、施作支护结构，直至开挖至临界开挖深度后，降低承压水水头，进行稳态渗流分析，直至开挖至坑底。

2. 计算结果分析

1) 基坑开挖过程地连墙变形内力分析

(1) 由于工作井基坑开挖至坑底时，地连墙深层水平位移最大，此时，地连墙变形最大，由于工作井是矩形基坑，端头井侧地连墙横向宽度55m，处于最不利受力状态，因此选取端墙侧地连墙分析其变形计内力。端头井地下连续墙水平向位移如图4所示。

根据图4计算结果，端头井地下连续墙最大水平位移18.2mm < 40mm，发生在地面以下-30.5m处，地连墙深层水平位移满足要求。

(2) 端头井地下连续墙内力如图5所示。

根据图5计算结果，端头井地下连续墙竖向正弯矩

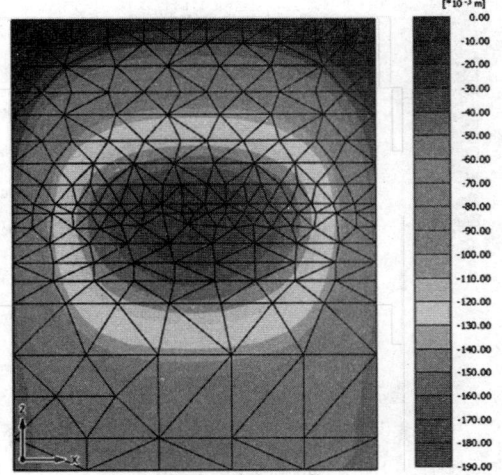

图4　工作井基坑端头井地下连续墙水平向位移云图

(M_{11})最大值 5948kN·m/m,发生在地面以下 -25m 处,负弯矩最大值 3538kN·m/m,发生在地面以下 58m 处。水平向最大正弯矩 650kN·m/m,发生在距两侧支座 7.5m 处,而负弯矩最大值 3283kN·m/m,发生在两端支座处。剪力最大值 2529kN/m,发生在地面以下 -20.5m 处。

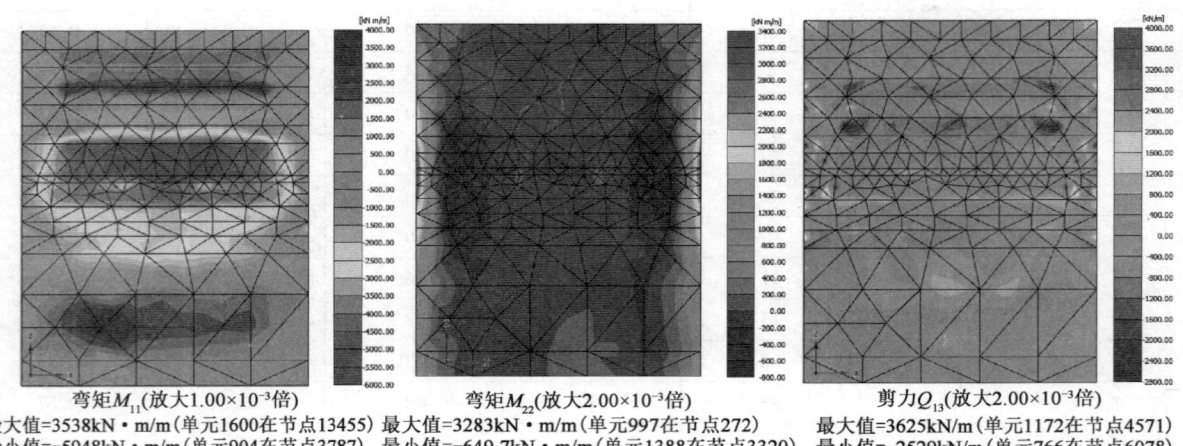

弯矩 M_{11}(放大 $1.00×10^{-3}$ 倍)
最大值=3538kN·m/m(单元1600在节点13455)
最小值=-5948kN·m/m(单元904在节点3787)

弯矩 M_{22}(放大 $2.00×10^{-3}$ 倍)
最大值=3283kN·m/m(单元997在节点272)
最小值=-649.7kN·m/m(单元1388在节点3320)

剪力 Q_{13}(放大 $2.00×10^{-3}$ 倍)
最大值=3625kN/m(单元1172在节点4571)
最小值=-2529kN/m(单元766在节点6078)

图 5 工作井基坑端头井地下连续墙内力云图

以上变形、内力最大值基本都发生在④₁淤泥质粉质黏土夹粉土层,这是由于淤泥质粉质黏土夹粉土侧压力系数较大,导致局部地墙内力变形较大。因此,基坑开挖至该层土时,应加快各工序衔接,分层分段开挖,不得超挖,及时施作混凝土围檩及支撑,待混凝土围檩及支撑达到设计强度后方可继续开挖。

2) 基坑开挖对地表沉降影响分析

地表沉降是基坑开挖最关键的控制指标,地表沉降的大小直接影响基坑周边场地、建构筑物的变形,因此,要加强基坑开挖过程中的支护强度及刚度,严格控制坑外地下水降深。本项目地表沉降如图 6 所示。

根据图 6 所示,地表沉降最大值 28.0mm<30mm,发生在端头井基坑外侧约 18.0m 处,后续段基坑两侧地表沉降约 22.0mm<30mm,虽满足规范要求,但地表沉降仍然过大。本项目基坑地下连续墙已插入承压水顶板隔水层进入承压含水层,隔绝潜水,但由于承压水水头较高,虽设置了墙底水平隔渗层,但仍需将降承压水头降至 -4.8m,导致地表沉降偏大,因此施工过程中严控承压水降深,降承压水前应先观察承压水水头,若承压水水头高于 -4.8m,则按需降至 -4.8m 即可,若承压水水头低于 -4.8m,则无须降低承压水。其次,基坑开挖至临界开挖深度后,应加强各工序衔接,分层分段开挖,及时浇筑混凝土腰梁及支撑,待混凝土腰梁及支撑达到设计强度后方可继续开挖,开挖设计高程后,应及时进行坑底验槽,施作垫层,并浇筑底板,尽量较小降水对地表沉降影响。

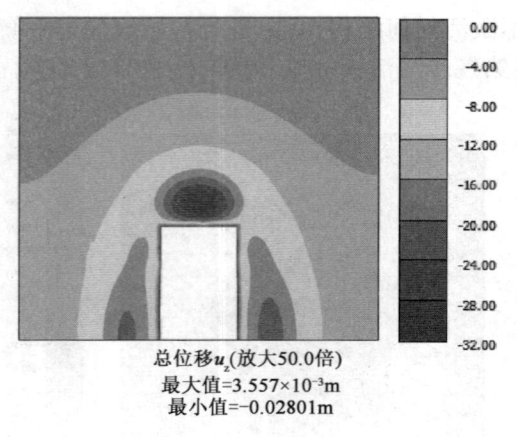

总位移 u_x(放大 50.0 倍)
最大值=$3.557×10^{-3}$m
最小值=-0.02801m

图 6 地表沉降云图

3) 基坑开挖对周边建筑物影响分析

基坑开挖过程中往往会导致地表沉降,进而影响周边建构筑物的沉降变形,本项目工作井附近主要是农田及村庄,西侧距离最近自建房距离约 47.5m,北侧距离最近自建房约 133.7m,基坑开挖对工作井西侧、北侧自建房变形影响如图 7 所示。

根据图 7 所示,基坑开挖对西侧自建房沉降影响较大,对北侧自建房沉降影响较小,西侧自建房沉降最大值5.9mm,北侧自建房沉降最大值1.5mm,根据《建筑地基基础设计规范》(GB 50007—2011),民用建筑地基基础变形允许值为120mm,差异沉降允许值为0.002l(l为相邻柱间距,此处取6.0m),则允许差异沉降为12mm,因此,基坑两侧村庄地建房变形沉降均满足规范要求。但为了安全起见,建议施工前在自建房周边临近基坑侧埋置袖阀管,并对建筑物沉降进行实时监测,发现异常后及时进行袖阀管注浆加固。

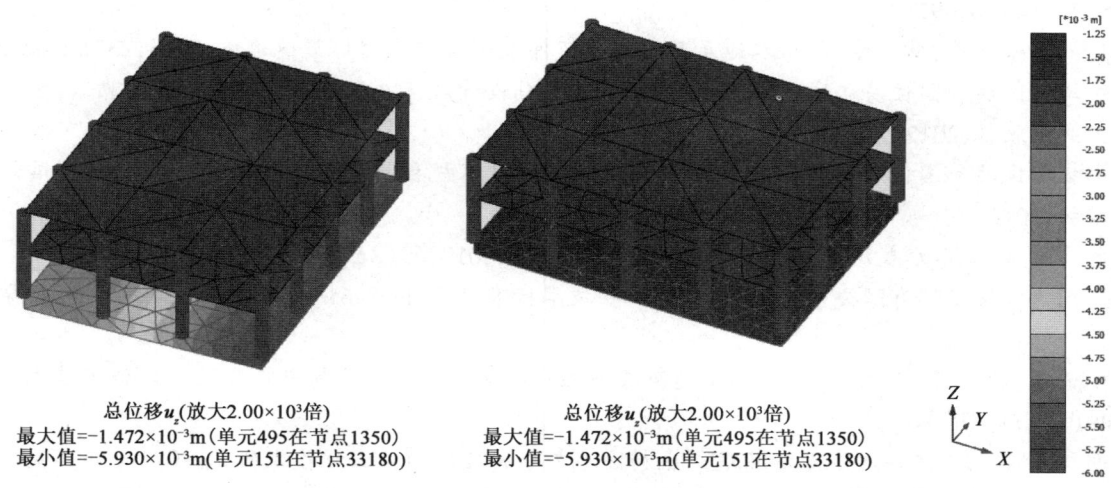

图7　工作井基坑周边自建房沉降云图(左图为基坑西侧自建房、右图为基坑北侧自建房)

五、结　语

聚焦临江地区富承压水对于超深基坑开挖带来的抗突涌问题,综合对比分析降承压水、带水开挖及在坑底设置水平个深层等方法,发现对于临江地区,由于承压水补给丰富,对于超深基坑而言,降承压水及带水开挖均存在较大安全风险且实际实施难度较大,而设置坑底水平隔深层,可有效增加坑底覆土压重,在降低承压水突涌风险的同时,对基坑开挖及周边环境的影响最小。并结合有限元计算,进一步分析了采取坑底水平隔渗措施后,工作井超深基坑开挖对支护结构安全及对周边环境的影响。主要得出以下结论:

(1)对于临江富承压水地区的超深基坑工程而言,设置坑底水平隔渗层,是一种有效且安全的坑底突涌防治措施。

(2)采用水平隔渗隔绝部分承压含水层后,基坑仍可按常规干作业开挖,且其对支护结构变形及内力、地表沉降、周边建筑物沉降的影响均满足规范要求。

(3)临江富承压水地区,大降深降承压水会对于地表沉降及周边建筑物沉降带来较大影响,应尽量避免大降深降承压水。

参考文献

[1] 元翔,宫全美,石景山,等.卵砾石地层深基坑高承压水降压方案分析[J].土木建筑与环境工程,2011,33(S1):185-190.

[2] 郑国平,李伟平,张迪,等.钱江隧道江北工作井结构设计及施工技术概述[J].公路,2011(8):271-276.

[3] 霍军帅,陈燾,宫全美,等.复杂周边条件下异形基坑承压水抽水试验研究[J].岩土力学,2011:32(S2):268-273.

[4] 刘建航,侯学渊.基坑工程手册[M].北京:中国建筑工业出版社,1997.

[5] 戴斌,王卫东.受承压水影响深基坑工程的若干技术措施探讨[J].岩土工程学报,2006(S1):1659-1663.

[6] 胡云华.临江高承压水超深基坑开挖抗突涌分析与对策——以南京纬三路长江隧道梅子洲风井基坑为例[J].隧道建设,2015,35(11):1194-1201.
[7] 刘国彬,王洪新.上海浅层粉砂地层承压水对基坑的危害及治理[J].岩土工程学报,2002,24(6):790-792.
[8] 聂庆林,高广东,轩华山,等.抽水试验确定承压含水层参数方法探讨[J].水文地质工程地质,2009,36(4):37-40,49.
[9] 郑剑升,张克平,章立峰.承压水地层基坑底部突涌及解决措施[J].隧道建设,2003,23(5):25-27.
[10] 中华人民共和国住房和城乡建设部.建筑地基基础设计规范:GB 50007—2011[S].北京:中国建筑工业出版社,2012.
[11] 中华人民共和国住房和城乡建设部.建筑基坑支护技术规程:JGJ 120—2012[S].北京:中国计划出版社,2012.
[12] 赵宗智.临江富水超深基坑施工关键技术[J].公路,2017,62(8):338-342.
[13] 华东建筑设计院有限公司.上海市基坑工程技术标准:DG/TJ08-61—2018[S].上海:同济大学出版社,2018.
[14] 杜云龙,姚燕明,欧祝明,等.N-JET超级旋喷桩在深基坑承压水控制中的应用[J].施工技术,2020,49(1):11-15.
[15] 郭勇军.N-JET工法桩在超深基坑封底加固施工中的应用[J].工程技术研究,2023,8(5):71-73.

20. 桥梁钢结构厚薄板对接焊缝无损检测对比分析

姚 腾 邓志刚 孙 文

（江苏法尔胜材料分析测试有限公司）

摘 要 本文主要介绍桥梁钢结构焊缝内部缺陷常用的无损检测（常规超声波检测、射线检测、超声相控阵检测和超声波衍射时差法检测）的基本原理以及各检测技术的优缺点。制备焊缝内部含有典型缺陷的不等厚焊接试块进行模拟检测验证试验，分析四种检测技术对不等厚板对接焊缝缺陷的检测精度，同时推广目前成熟、先进的超声波衍射时差检测技术在桥梁厚薄板对接焊缝无损检测中的应用，有效提高检测效率并节约成本，满足焊缝实时检测要求的同时对环境保护起积极作用。

关键词 张靖皋长江大桥 厚薄板对接焊缝 缺陷试板 超声相控阵检测技术 超声波衍射时差检测技术

一、引 言

张靖皋长江大桥全长29.849km，位于江阴长江公路大桥与沪苏通长江公铁大桥之间，跨江段包含南、北两座航道桥以及南、中、北三段引桥，全长7859m。大桥具有工程规模大、桥梁跨径大、施工难度大及环保要求高等特点，创下最大跨桥梁、最高悬索桥索塔、最长主缆、最大锚碇基础、最长钢箱梁、最大伸缩装置六项"世界之最"。伴随着桥梁结构高质量要求，在钢结构焊接过程中，焊接工艺参数设置不合理及操作不规范极易引起焊缝缺陷，焊缝的质量好坏直接影响桥梁的安全使用寿命。在桥梁建设的同时严格控制产品质量，针对钢结构焊接常见的不规则焊缝部件，采用成熟、先进的检测技术手段能有效提高检测效率并节约成本，符合焊缝实时检测要求，及时进行质量控制。

随着无损检测技术的发展，各项新型无损检测技术得到广泛应用[1,2]，目前焊缝内部缺陷无损检测技术主要以常规超声波检测、射线检测、超声相控阵检测及超声波衍射时差（TOFD）检测为主。TOFD检测技术已推广应用多年,主要用于承压设备焊缝[3-5]、厚板对接焊缝检测[6-8],缺陷定量、定位效率高。目前,有相关标准提出采用TOFD检测代替射线检测,对节约检测成本、提高生产效率、保护检测人员的健康具有积极意义[9,10]。

张靖皋长江大桥钢结构中存在不等厚板对接焊缝,如图1所示。超声波检测是单面双侧检测,从削斜面检测时,削斜的斜面存在使超声波的二次反射波角度改变,发现缺陷时,发射波回馈给仪器的水平距离和深度距离都不准确,无法对缺陷进行准确定位。针对不等厚板对接焊缝,引入TOFD无损检测方法,相比常规无损检测方法,TOFD检测设备灵活,自动化程度高,检测效率高,对缺陷定位和几何尺寸的定量更为精准,能清晰检测焊缝中缺陷情况,更加符合焊缝实时检测的要求。

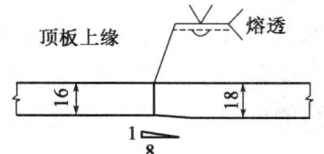

图1　厚薄板焊接示意图
（尺寸单位:mm）

本文全面介绍目前用于检测非等厚板对接焊缝无损检测方法(常规A型脉冲超声波检测技术、超声相控阵检测技术、射线检测技术及TOFD检测技术)基本原理及优缺点,并制备内部含有典型缺陷(裂纹、未熔合、夹渣、气孔)的试块进行模拟检测验证试验,分析四种检测技术及互相结合对不等厚板对接焊缝缺陷的检测精度,同时推广TOFD检测技术在钢结构不等厚焊缝无损检测中的应用,对桥梁钢结构焊缝的质量、检测效率及环境保护引起积极作用,响应张靖皋"绿色低碳大桥"的定位。

二、钢结构焊缝内部缺陷无损检测方法介绍

1. 常规超声波检测

常规超声波检测的工作原理是:通过仪器激励探头产生超声波,超声波以一定的速度在工件内进行传播,当遇到气孔、夹渣、裂纹等异面介质时,超声波就会发生反射,仪器接受反射回波并通过相应的处理,缺陷的回波会显示在示波器上,通过分析缺陷回波可以得知缺陷的大小和位置。超声波检测仪器便于携带且操作方便,检测速度加快,检测周期缩短,效率高而成本较低。常规超声波检测方法在钢结构桥梁焊缝检测中得到广泛应用。由于常规超声波检测法只能定量而不能定性缺陷,且常规超声波法一般只对全熔透性焊缝进行检测,因此在检测一些不规则的焊缝时,需要检测人员拥有丰富的操作经验,常规超声波检测法存在局限性。

2. 射线检测

射线检测一般利用X射线机或者放射性同位素作为放射源产生射线,射线穿过被检工件被吸收和衰减,当射线在工件中穿过的有效厚度不同时,到射线胶片的曝光强度也不同,即射线底片的不同部位吸收了不等数量的光子,经过暗室处理后,底片上便会出现不同黑度的缺陷影像,对缺陷进行定性和定量分析。利用射线穿过被检试件不同部分时衰减的强度不同来检测工件是否存在缺陷。射线检测能够对缺陷进行直观明了的分析,因此是钢结构桥梁检测、特种设备压力容器及压力管道检测中必不可少的。由于受到射线能量的限制,对检测工件的厚度及现场检测条件有要求。虽然目前射线设备越来越小型化,但仍需要具备射线曝光场所和暗室处理设施,射线检测同样具有一定的局限性。

3. 超声相控阵检测技术

相控阵检测技术是指按一定的时序和规则激发一组探头晶片,通过调整受激发晶片的数量、序列和时间来控制波束形成的形状、轴线偏转角度及焦点位置等参数的超声波电子扫查方式。它的原理在于由多个排列成一定形状的换能器阵元构成超声阵列换能器,每个阵元均可接收或发射超声波,调整每个换能器阵元发射/接收的相位延迟,可以使不同相位的超声子波束在空间叠加干涉,达到声束偏转和聚焦的效果,即相控阵检测利用了声场的叠加干涉原理。相控阵检测技术不仅能够对一些常规的对接焊缝和全熔透T形焊缝进行检测,也能对熔透焊缝进行检测,并且能检测常规超声波法无法检测的一些角焊缝。而且相控阵检测仪器能够对检测过程进行记录。因此,相控阵检测技术推广到钢结构桥梁焊缝的检测中,不仅能够有效解决角焊缝熔深缺陷的检测,也能对一些有缺陷的焊缝长期进行监测。

4. 超声波衍射时差检测技术

超声波衍射时差检测技术又称为 TOFD 检测。TOFD 检测技术是一种比较新的超声波检测技术，它利用传播在固体中的纵波在缺陷端部产生衍射能量来进行检测，是采用一对频率、尺寸、角度相同的纵波斜探头进行探伤，一个作为发射探头，一个作为接收探头。发射探头发射出斜入射纵波，若无缺陷，接收探头首先接收到在两个探头之间以纵波进行传播的直通波，然后接收到底面反射的回波。如果工件中存在缺陷，则在缺陷的上下端点除普通的反射波外，还将分别产生衍射波，衍射能量源于缺陷端部。上下端点的两束衍射信号出现在直通波和底面反射波之间，基本原理图和探头位置如图2和图3所示。

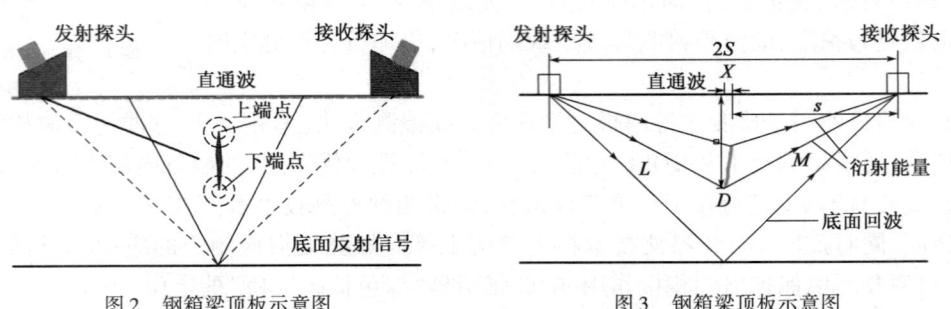

图 2　钢箱梁顶板示意图　　　　　　图 3　钢箱梁顶板示意图

综上所述，钢结构焊缝内部无损检测技术的原理和应用特点各不相同，在钢结构桥梁焊缝的检测中，应根据整体结构性能及被检对象的特点等因素合理选择无损检测方法，可以采取不同的检测方法组合进行检测。随着经济的发展和时代的进步，应充分利用可靠性好、定量精度高、操作方便及安全环保的无损检测技术保证桥梁钢结构焊缝质量。

三、焊接试件检测及结果对比

1. 检测试块

将检测试件设置为焊接工件，或利用存在真实缺陷的工件，利用其人工缺陷实现对 TOFD 系统的检测能力测试及工艺验证。本试验采用模具厂定制的 X 形坡口自然焊缝缺陷试块，尺寸为 500mm × 600mm × 40mm，主要材料 20 钢，包括裂纹、未熔合、未焊透、气孔和夹渣五种易出现的典型焊缝缺陷。试块缺陷分布如图4所示，缺陷位置见表1。

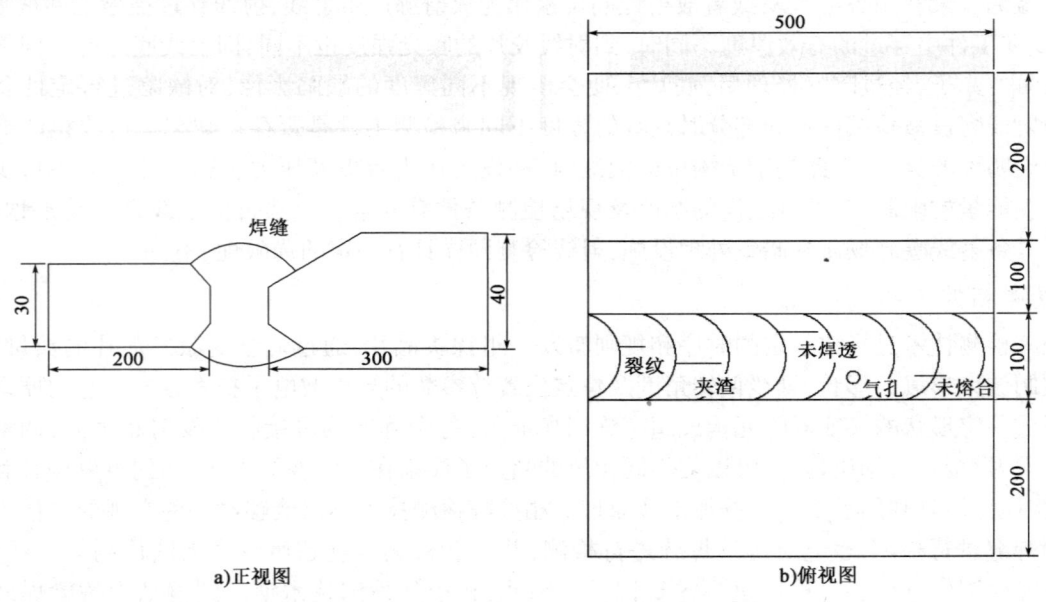

图 4　不等厚板焊接缺陷试块（尺寸单位：mm）

不等厚焊缺陷位置情况　　　　　　　　　　　　　　　　　　　　　　　　　　表1

序号	起始(mm)	长度(mm)	深度(mm)	结论
1	47	30	7	裂纹
2	96	31	24	夹渣
3	187	22	17	未焊透
4	250	—	8	气孔
5	321	23	19	未熔合

2. 超声波检测结果

采用常规超声波对缺陷试板进行检测,如图5所示。裂纹、夹渣、未焊透和未熔合缺陷反射波波峰尖锐,波峰宽度较窄,常规超声波检测能够对缺陷进行定量分析,由于超声波声束角度单一,在缺陷深度和高度测量方面误差较大。针对试板中气孔缺陷,缺陷当量小,扫查波峰小,属于极小气孔,评定等级为Ⅰ级合格,常规超声波检测未能发现气孔,超声波缺陷检测结果见表2。

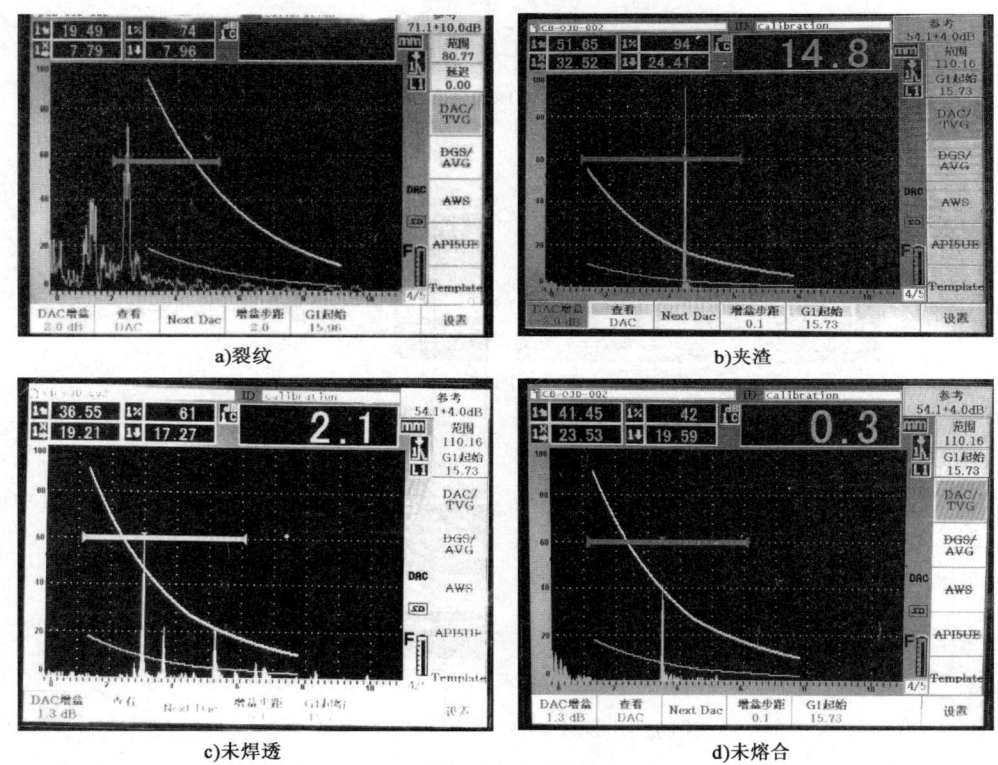

a)裂纹　　　　　　　　　　b)夹渣

c)未焊透　　　　　　　　　d)未熔合

图5　不等厚板焊接试块超声波检测

超声波检测结果　　　　　　　　　　　　　　　　　　　　　　　　　　　表2

序号	起始(mm)	长度(mm)	深度(mm)	结论
1	42	25	7.96	裂纹
2	88	35	24.41	夹渣
3	179	20	17.27	未焊透
4	315	21	19.59	未熔合

3. 超声相控阵检测

采用超声相控阵检测技术对缺陷试板检测,不同的缺陷类型的检测结果如图6所示,相控阵检测可以实现大范围声束覆盖,有效检测缺陷深度及自身高度。相控阵检测图像清晰呈现缺陷位置及缺陷大小,缺陷检测结果见表3。

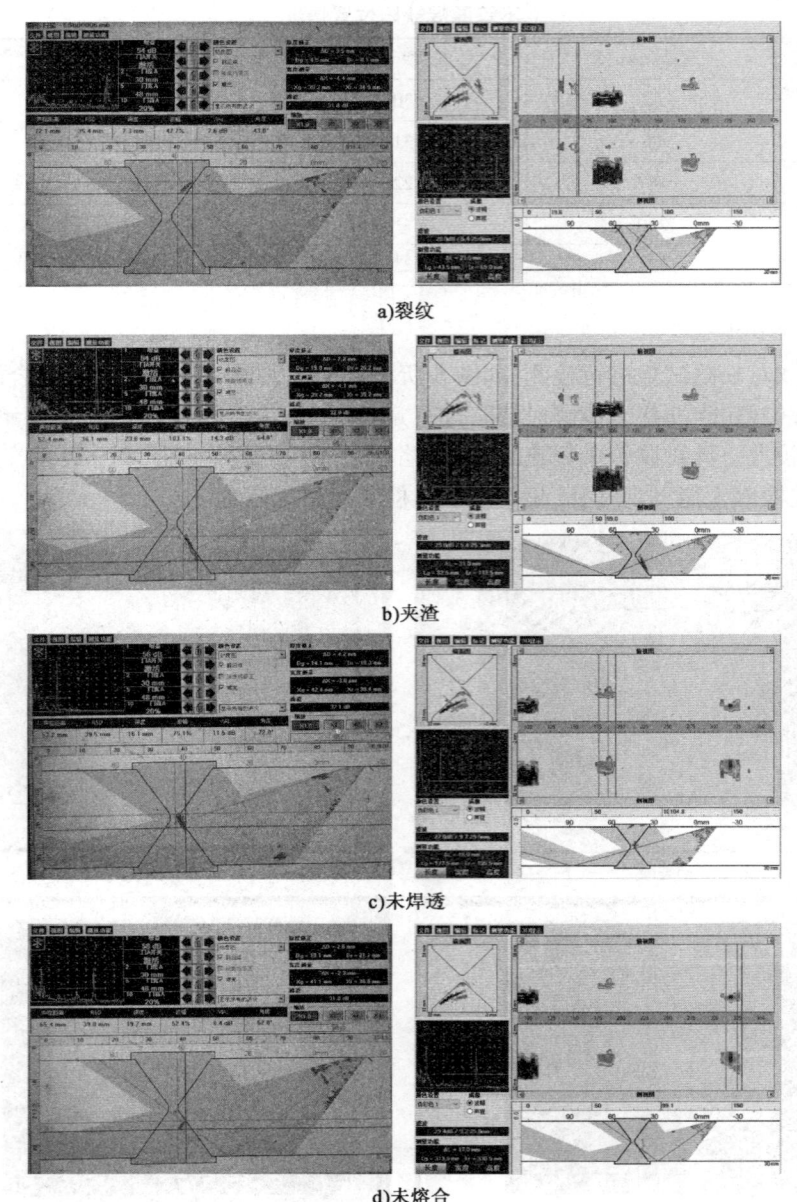

a) 裂纹

b) 夹渣

c) 未焊透

d) 未熔合

图 6　不等厚板焊接试块超声相控阵检测

相控阵检测结果　　　　　　　　　　　　　　　　　　　　　　　　　　　　　　　　表 3

序号	起始(mm)	长度(mm)	深度(mm)	结论
1	46	28.5	7.3	裂纹
2	93	31	23.6	夹渣
3	184	21	16.8	未焊透
4	255	—	—	气孔
5	319.5	22	19.3	未熔合

4. 射线检测

采用 X 射线对缺陷试板进行检测，不同类型的缺陷底片如图 7 所示，不同类型的缺陷具有不同的形貌特征，能准确检测出试板的 5 个缺陷，缺陷检测率高，可靠性好，射线检测能够准确对缺陷进行定性及定量分析，但是不能进行缺陷自身高度测量，需要借助其他辅助检测进行自身高度测量，检测结果见表 4。

Ⅲ 结构分析与实验研究

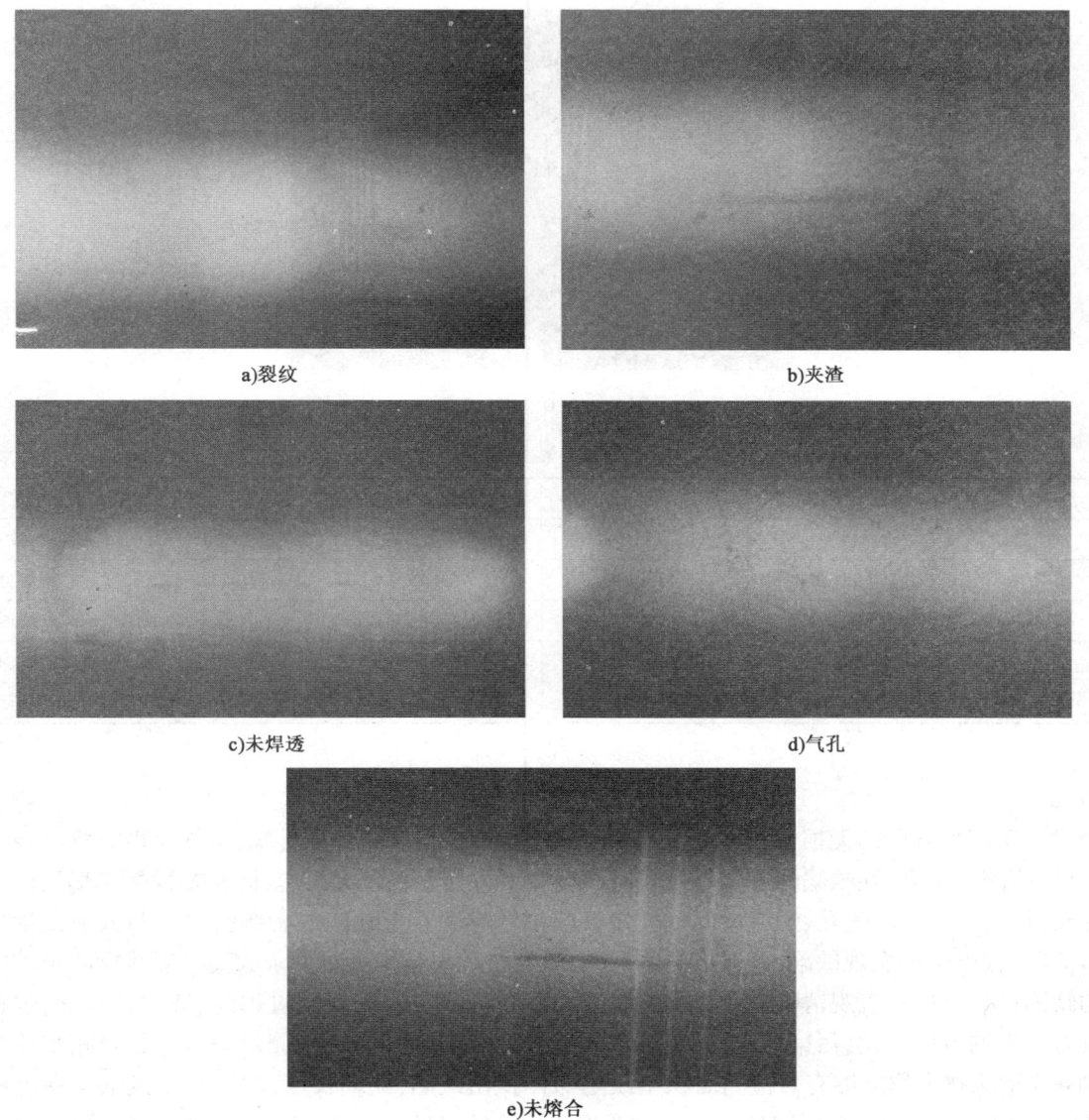

a) 裂纹　　b) 夹渣　　c) 未焊透　　d) 气孔　　e) 未熔合

图 7　不等厚板焊接试块射线检测

常规射线检测结果　　　　　　　　　　　　　　　表 4

序号	起始(mm)	长度(mm)	深度(mm)	结论
1	50	28	—	裂纹
2	95	33	—	未熔合
3	185	25	—	未焊透
4	255	—	—	密集气孔
5	320	25	—	夹渣

5. TOFD 检测结果

采用 TOFD 对缺陷试板进行检测，检测缺陷示意图如图 8 所示，TOFD 检测能准确检测出试板的 5 个缺陷，一次扫查即可完成焊缝缺陷检测，能通过实时图像显示完成内部缺陷分布情况，可靠性要好，对于焊缝中部缺陷检出率很高；采用 D-扫描成像，缺陷判读更加直观，检测图像可存储，以便技术人员后期进行缺陷检测。TOFD 检测过程环保，无放射性污染。缺陷检测结果见表 5。

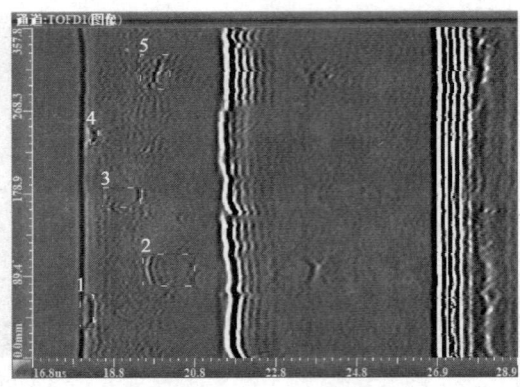

图 8 TOFD 检测示意图

TOFD 检测结果 表 5

序号	起始(mm)	长度(mm)	深度(mm)	高度(mm)	结论
1	45	29	6.6	4.8	裂纹
2	98	32.1	23.7	7.1	未熔合
3	184.9	21.3	16.7	7.2	未焊透
4	250		9	—	密集气孔
5	320.7	23	19.8	4.7	夹渣

四、试验数据分析

通过采用四种常用的无损检测方法对不等厚缺陷试板进行检测分析可知,常规超声波检测技术具有操作方便,检测效率高,在缺陷深度定量及自身高度测量方面存在较大误差,同时要根据现场情况选择合适的探头,针对当量小的气孔、焊缝中间或坡口根部位置有垂直型缺陷或者倾斜角度与入射角度接近的面积型缺陷,很难检测发现缺陷,会造成缺陷漏检,检测过程对技术人员要求较高。射线检测虽然能够对不同的缺陷进行定性和直观清晰的分析,对现场检测环境要求高,需要经过拍片、洗片及评片,过程复杂同时具有一定的放射性,会污染环境,对于厚板焊缝,检测曝光时间长,检测效率低。超声相控阵检测技术与 TOFD 检测技术均能够有效检测面积型缺陷与体积型缺陷,缺陷长度、缺陷高度及缺陷深度检测精确,检测图像直观可储存方便后期分析。TOFD 检测技术的定量误差可达到 1mm 以下,对裂纹、未熔合等危害性缺陷检出率高,对大壁厚构件具有优势,厚度越大精度越高。TOFD 检测的不足是焊缝上下表面存在盲区,对接焊缝以外的其他复杂形状构件不能检测、检测时对气孔类缺陷过于敏感。超声相控阵检测技术可以在不移动探头情况下实现多角度扫查,推荐在现场检测空间较好的中厚构件中使用,超声相控阵检测对缺陷方向性以及焊接施工工艺要求高,同时扫查速度不能过快。

五、结　语

本文针对钢箱梁中的厚薄板对接焊缝无损检测进行试验研究,对比分析常规超声波检测方法、射线检测、超声相控阵及 TOFD 检测方法对缺陷试板缺陷检测精度分析,常规超声波检测技术需要选择多组角度探头进行缺陷定位,测深误差大。TOFD 检测技术是一项先进成熟的检测手段,可以弥补桥梁现场复杂环境中无法开展射线检测的技术空白,仪器携带方便、检测快捷高效、安全环保的操作条件充分体现了桥梁建设过程中绿色健康发展的科学理念。虽然 TOFD 技术有自身原理缺陷,会形成表面及近表面盲区,但经其他检测方式进行辅助,焊缝质量便能全面和准确反映。随着国内桥梁制造验收规范的更新完善,TOFD 检测将成为一项常规的检测手段被广泛采用,在桥梁钢结构的焊接质量检测中必将会有广阔的应用前景。对于一些空间受限无法采用 TOFD 检测的特殊部位焊缝,宜采用组合检测的方式进行焊缝质量控制。桥梁钢结构焊缝 TOFD 无损检测方式的引入,为桥梁钢结构焊接过程中的质量监控、寿命预测提供有效数据,对节约运行成本具有积极意义。

参考文献

[1] 刘赞. 无损检测新技术在某钢结构桥梁中的应用研究[D]. 西安:长安大学,2011.
[2] 吴海丽. 超声 TOFD 法在桥梁焊缝检测中的应用[J]. 交通世界 2022(12):42-43.
[3] 李大林,司宗庆,贾向明,等. 基于 TOFD 的管道焊缝无损检测技术研究[J]. 石油化工自动化,2020,56(3):78-80.
[4] 王学林,李慧羽,李宗建,等. 基于 TOFD 的管道焊缝无损检测技术研究[J]. 油气田地面工程,2020,39(6):78-82.
[5] 王琨博. TOFD 技术在承压设备无损检测中的运用[J]. 化工管理,2015(16):178.
[6] 李天兵,郑雄胜,沈群. 海上风电超大钢管桩厚板焊缝无损检测工艺研究[J]. 新技术新工艺,2022(2):69-72.
[7] 张力华,杨洪志,刘红亮. 厚板对接焊缝无损检测方法选用的对比试验[J]. 无损探伤,2016,40(2):29-31.
[8] 张智伟,郑建勇,王文迪. 不等厚对接焊接接头的 TOFD 检测[J]. 无损检测,2019,41(8):70-72.
[9] 石丽敏. 电站锅炉焊缝超声波相控阵检测与射线检测的对比[J]. 特种设备安全技术,2019(4):6-7,48.
[10] 张艳飞,谢利明,刘琼. 相控阵与 A 型脉冲超声波检测试验结果比较[J]. 内蒙古电力技术,2017,35(5):27-31,40.

21. 超大跨径扁平钢箱梁悬索桥颤振气动措施试验研究

李 琦[1]　孙研博[2]　高广中[2]　李加武[2]

(1. 江苏省交通工程建设局;2. 长安大学公路学院)

摘　要　对于跨径超过 2000m 级的扁平钢箱梁悬索桥的颤振稳定性设计面临前所未有的挑战,为研究不同颤振气动措施对超大跨径扁平钢箱梁悬索桥的颤振稳定的影响,通过一主跨为 2300m 的超大跨径悬索桥进行节段模型风洞试验,分别研究检修车轨道位置、封隔人行道栏杆、设置上下中央稳定板和裙板 5 种气动措施对加劲梁颤振临界风速的影响。结果表明:选择镂空方式的检修车轨道在距离梁底边缘 $1/6b$ 的位置时可以提高颤振临界风速;在设置上中央稳定板的基础上,加装合适高度的下中央稳定板可以提高整体结构的颤振稳定性;对于选用合适高度的裙板,可以提高颤振临界风速,但受到风攻角的影响。传统的气动措施已经无法满足该类超大跨径桥梁的颤振稳定性设计要求,本文提出一种新型的带倾角的裙板气动措施,显著地提高了各个攻角下的颤振临界风速,使颤振设计满足规范要求。

关键词　大跨径悬索桥　扁平钢箱梁　颤振稳定性　气动措施　风洞试验

一、引　言

随着我国经济的发展和城市群之间的联系加密,我国沿海沿江城市对超大跨径桥梁的需求日益增多,现代大跨径桥梁变得更加的纤柔,结构阻尼比也变得越来越低。风和桥梁之间的相互作用成为超大跨径桥梁施工和运营期间的重要控制因素之一。在各种的桥梁风致振动中,颤振具有危险发散性,需要在设计阶段采用适当的方法进行颤振稳定性优化,杜绝颤振发生的可能性。本文以 2300m 超大跨径悬索桥为例进行颤振稳定性优化研究,其主桥采用 2300m 的悬索桥设计方案,是世界上在建的最大跨径悬索桥。

该桥的加劲梁采用整体扁平钢箱梁断面形式。闭口扁平钢箱梁具有较好的气动流线外形,气动稳定性性能良好,是大跨径悬索桥中常用的断面形式。但是,传统的扁平钢箱梁断面很难满足超大跨径桥梁的抗风设计要求,需要对传统的扁平钢箱梁断面进行气动外形优化。对于扁平钢箱梁较小的外形差异,例如栏杆透风率、风嘴和导流板的尺寸,其颤振稳定性有显著的差异。随着近几年钢箱梁断面形式的广泛使用,对钢箱梁的颤振稳定性研究也进一步深入。朱乐东等[1]研究了中央开槽、中央稳定板、水平导流板对1400m主跨的颤振性能的影响。李加武等[2]通过风洞试验研究了间隔封闭栏杆适当降低栏杆的透风率可以在一定程度上提高颤振临界风速。王骑等[3]通过风洞试验发现16°的斜腹板的倾角能显著的提高桥梁的颤振临界风速。以上的不同措施对扁平钢箱梁的颤振性能的影响,研究成果具有普适性,部分措施依旧具有局限性。因此,本文在综合考虑检修车轨道的布置位置、栏杆的透风率、上中央稳定板的高度等气动措施控制颤振基础上,提出一种新型的可以满足颤振设计要求的组合气动措施。

二、工程背景

本文以某长江大桥为工程背景,该桥是一座主跨为2300m的超大跨径悬索桥,加劲梁采用扁平钢箱梁,梁宽54.7m,梁高4.5m,宽高比达到11.5,具体的断面形式如图1所示。

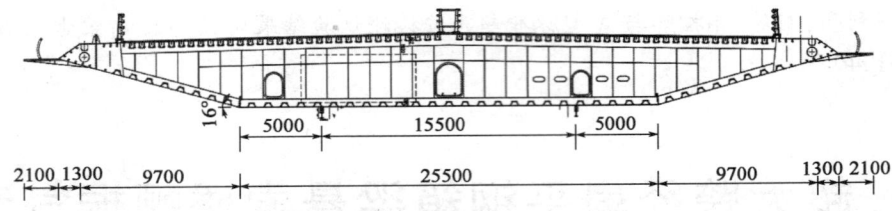

图1 某长江大桥加劲梁示意图(尺寸单位:mm)

按照《公路桥涵抗风设计规范》(JTC/T 3360-01—2018),取桥位处100年重现期的基本风速,按照《公路桥涵抗风设计规范》(JTC/T 3360-01—2018)计算得到0°和±3°风攻角下的颤振检验风速为62.8m/s。

三、节段模型风洞试验

为检验该桥加劲梁的颤振稳定性,在长安大学风洞实验室CA-1大气边界层风洞中对该桥的成桥状态进行阶段模型的颤振试验。模型的几何缩尺比为1:50,模型长度$L=2m$,宽度$B=0.95m$,长宽比$L/B=2.1:1$,阻塞率小于5%。节段模型通过8根拉伸弹簧悬挂在风洞实验室中,如图2所示,成桥状态的全桥动力特性表见表1。

图2 节段模型

成桥状态结构动力特性 表1

振型	实体模型频率(Hz)	振型描述
1	0.037	一阶正对称侧弯
2	0.060	纵飘
3	0.076	一阶反对称侧弯
4	0.083	一阶正对称竖弯
5	0.089	一阶反对称竖弯
14	0.160	一阶正对称扭转
15	0.168	一阶反对称扭转

颤振节段模型设计参数见表2,该桥成桥状态的颤振检验风速为62.8m/s,实际在风攻角下颤振临界风速明显不足,需要设置相应的气动措施,从而改善断面的颤振性能。

颤振试验节段模型设计参数 表2

参数名称	实桥值	缩尺比	模型设计值	实测值	误差(%)
等效质量 m(kg/m)	51744.1	1/50²	20.6976	20.5500	-0.71
等效质量惯矩 J_m (kg·m²/m)	12283500	1/50⁴	1.9654	1.9890	1.19
竖弯基频 f_b(Hz)	0.083441	50/4.9	0.8514	0.8545	0.36
扭转基频 f_t(Hz)	0.159895	50/4.9	1.6316	1.6480	1.00
竖弯阻尼比 ξ_v	—	—	0.5%	0.54%	—
扭转阻尼比 ξ_t	—	—	0.5%	0.19%	—

四、气动措施颤振性能比较

1. 检修车轨道

为了研究检修车轨道位置和形式对颤振临界风速的影响,本文试验了0.7m高的镂空检修车轨道和0.7m高的封闭检修车轨道安装到梁底不同位置(距离底板距离 l_1/b 为1/3、1/4、1/6、1/8)时的颤振稳定性。试验工况如图3、表3所示。

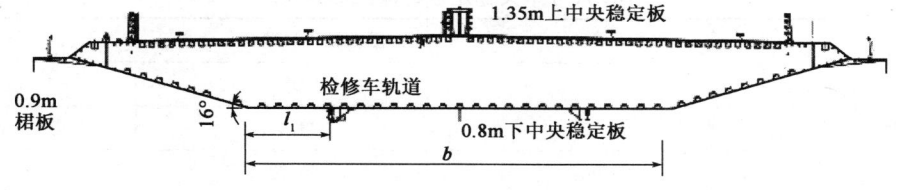

图3 检修车轨道处于不同位置示意图

检修车轨道工况颤振临界风速 表3

项目	工况1:0.9m裙板+1.35m上中央稳定板+0.8m下中央稳定板+0.7m镂空检修车轨道			
位置	l_1/b	-3°	0°	+3°
		颤振临界风速(m/s)		
3分点	1/3	59.76		
初始位置	0.235	61.69	64.32	65.52
6分点	1/6	61.92		
8分点	1/8	60.72		

续上表

项目		工况2:0.9m裙板+1.35m上中央稳定板+0.8m下中央稳定板+0.7m封闭检修车轨道		
位置	l_1/b	-3°	0°	3°
		颤振临界风速(m/s)		
3分点	1/3	56.16	—	—
初始位置	0.235	59.52	—	—
6分点	1/6	60.96	—	—

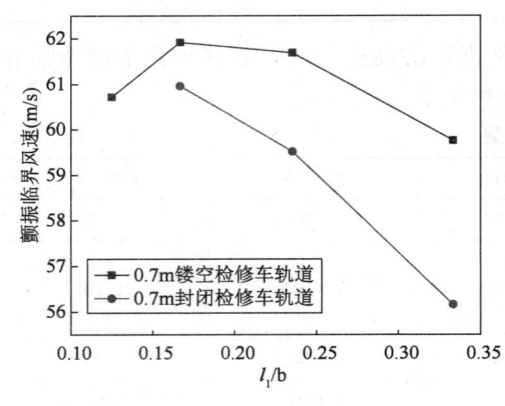

图4 检修车轨道处于不同位置颤振临界风速

试验结果如图4所示,不同检修车轨道的位置对颤振临界风速的影响是显著的。当处于同一位置时,采用镂空的检修车轨道的安装方式时,颤振临界风速高于采用封闭的检修车轨道。当检修车轨道位于距梁底边缘1/6b时,颤振临界风速最高,当检修车轨道向外部移动时,对于-3°攻角的颤振临界风速提高,并且封闭式的检修车轨道的提高更明显,但当移动到距梁底边缘1/8b时,对于-3°攻角的颤振临界风速降低。

梁底的气流通常会在梁底边缘发生分离,检修车轨道通常安装到底板边缘,因此改变检修车轨道的安装位置和安装方式,会改变气流绕过梁底时分离的规律,从而影响结构的颤振性能。

2. 上中央稳定板和下中央稳定板

为研究设置中央稳定板对颤振临界风速的影响,进行工况3、4、5试验,对比在设置上中央稳定板的基础上同时设置下中央稳定板,见表4、表5。

中央稳定板试验工况   表4

工况3	0.9m裙板+1.6m上中央稳定板+换0.7m初始位置镂空检修车轨道+1.4m下中央稳定板
工况4	0.9m裙板+1.6m上中央稳定板+0.8m下中央稳定板+0.7m初始位置镂空检修车轨道
工况5	0.9m裙板+1.35m上中央稳定板+0.8m下中央稳定板+0.7m初始位置镂空检修车轨道

不同尺寸中央稳定板的颤振临界风速   表5

试验工况	颤振临界风速(m/s)		
	-3°	0°	3°
工况3	65.52	73.44	65.76
工况4	60.96	66.72	65.45
工况5	61.69	64.32	65.52

设置上、下中央稳定板是在加劲梁断面的竖直方向上改变了气动外形,从而改变了表面的绕流,进而影响断面的颤振稳定性。根据工况3、4、5的结果对比可以得出,在设置上中央稳定板的基础上,设置高度约为1/5.6h的下中央稳定板,可以进一步提高加劲梁-3°风攻角颤振临界风速5%以上,显著地提高了加劲梁的颤振稳定性。

3. 栏杆的透风率

为研究不同人行道栏杆透风率对颤振稳定性的影响,在上述的工况5的气动措施上进一步采用不同的透风率的封隔方式对顺桥向的人行横道进行封隔,综合考虑下用"不封闭""四步一封""三步一封""两步一封""全封闭"。表6所示对应栏杆的透风率分别是100%、80%、75%、67%、0%。

封隔人行道栏杆示意　　　　　　　　　　　　表6

封隔方式	示意图
四步一封	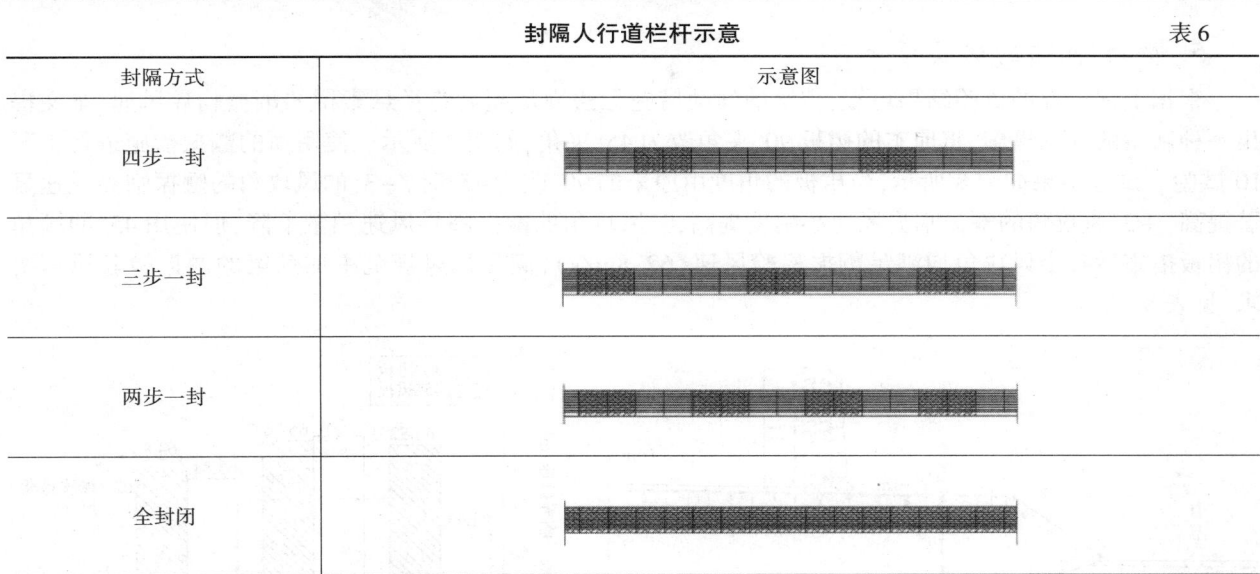
三步一封	
两步一封	
全封闭	

采用不同透风率的封隔人行道的栏杆,可以改变顺桥向气流的绕流分布。在 $-3°$ 到 $+3°$ 各个风攻角中, $-3°$ 风攻角的颤振临界风速最低,试验数据表明,采用不同透风率的人行道护栏,相对于全封闭人行道护栏的颤振临界风速均下降,且 $-3°$ 风攻角下颤振临界风速对于不同透风率的变化不敏感,20%的透风率时颤振临界风速甚至处于最低值,如图5所示。

4. 90°夹角裙板

已有研究表明,设置裙板可以使加劲梁涡振性能得到明显改善[4]。现研究裙板对颤振性能的改善情况,进行如表7所示的试验工况,试验结果如图6所示。当裙板的高度 h_2 增加时,对于 $-3°$ 和 $0°$ 攻角的颤振临界风速在一定范围内进行小幅度的变化,但对于 $+3°$ 的颤振临界风速提高较大,但依然不满足规范所要求的颤振检验风速。

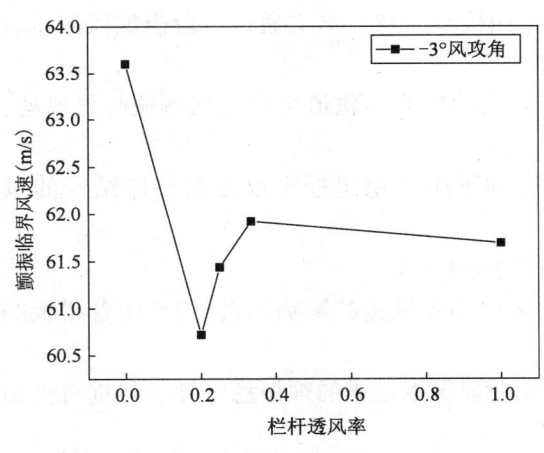
图5　人行道栏杆封隔工况颤振临界风速

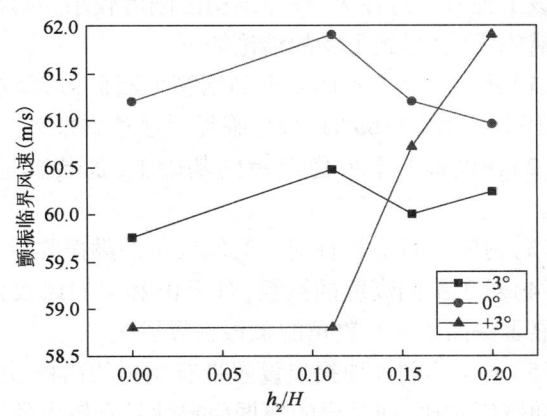
图6　设置不同高度的90°裙板试验颤振临界风速

设置90°裙板试验工况　　　　　　　　　　　表7

工况	h_2/H	颤振临界风速		
		$-3°$	$0°$	$+3°$
工况6:1.35m上中央稳定板+0.8m下中央稳定板	0	59.76	61.20	58.80
工况7:0.5m裙板+1.35m上中央稳定板+0.8m下中央稳定板	0.11	60.48	61.92	58.80
工况8:0.7m裙板+1.35m上中央稳定板+0.8m下中央稳定板	0.15	60.00	61.20	60.72
工况9:0.9m裙板+1.35m上中央稳定板+0.8m下中央稳定板	0.2	60.24	60.96	61.92

5. 带45°倾角的裙板

根据上述工况的试验结果可知,传统的气动措施无法满足超大跨径悬索桥的颤振临界风速,本文提出一种新型的气动措施,将原本的裙板90°夹角改为45°夹角,如图7所示。使用新的颤振措施进行工况10试验。试验结果如图8所示,当裙板的角度由原来的90°改为45°时,-3°的风攻角的颤振临界风速显著提高,+3°风攻角的颤振临界风速小幅度提高,0°风攻角的颤振临界风速稍微下降,但使用45°的倾角的裙板措施后各个风攻角均满足颤振检验风速(62.8m/s),满足抗风规范中加劲梁的颤振检验风速要求,见表8。

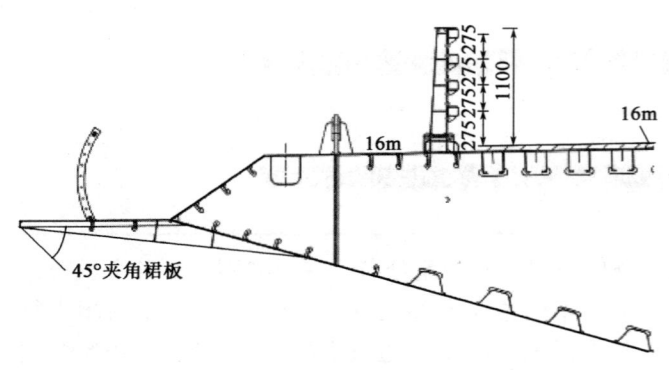
图7 设置45°夹角裙板气动措施示意图

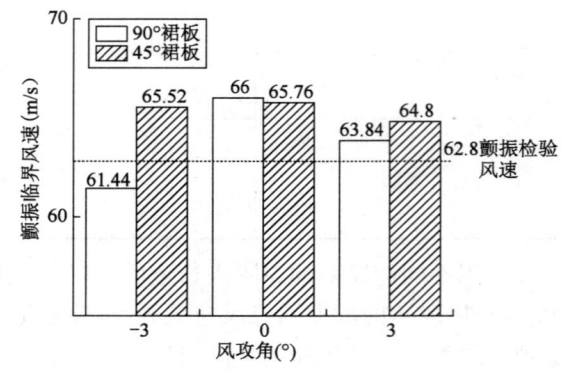
图8 设置45°夹角裙板气动措颤振临界风速

设置45°裙板试验工况   表8

工况10	0.9m裙板90°夹角+1.5m上中央稳定板+0.8m下中央稳定板+0.7m镂空检修车轨道(移至六分点处)
工况11	0.9m裙板45°倾斜+1.5m上中央稳定板+0.8m下中央稳定板+0.7m镂空检修车轨道(移至六分点处)

五、结　语

该工程桥梁跨径大,整体结构的刚度较小,对风的作用极其敏感。本文通过节段模型风洞试验进行气动措施优化,得到主要的结论如下:

(1)针对本文所示的扁平的钢箱梁断面,选择镂空方式的检修车轨道可以提高颤振临界风速,当轨道位于梁底边缘1/6b时,颤振临界风速达到最高。

(2)在设置上中央稳定板的基础上,加装合适高度的下中央稳定板可以提高整体结构的颤振稳定性。

(3)封隔人行道栏杆对-3°风攻角的颤振临界风速的影响不大。

(4)对于不同高度的裙板,对于0°和-3°风攻角的颤振临界风速的影响不大,但是随着裙板的高度增加显著提高了+3°攻角的颤振临界风速。

(5)本文开创性地提出设置带有倾角的裙板,用于提高扁平钢箱梁的颤振稳定性。与垂直夹角的裙板气动措施相比,加劲梁的颤振稳定性具有较大的提高。

参考文献

[1] 朱乐东,张宏杰,胡晓红.1400m跨径钢箱梁斜拉桥方案颤振控制气动措施试验研究[J].桥梁建设,2011(2):9-12.

[2] 李加武,潘辉,高广中,等.扁平钢箱梁颤振气动措施试验研究[J].公路交通科技,2021,38(1):69-78.

[3] 王骑,廖海黎,李明水,等.流线型箱梁气动外形对桥梁颤振和涡振的影响[J].公路交通科技,2012,29(8):44-50.

[4] 王峰,郑晓东,董小强,等.倒L型导流板对Π型断面斜拉桥涡振的抑振效果研究[J].合肥工业大学学报(自然科学版),2021,44(12):1652-1659.

22. 大跨悬索桥正交异性钢桥面板抗疲劳性能优化研究

王仁贵[1] 吴冲[2] 徐秀丽[3] 钱思博[3] 贺欣怡[2] 李雪红[3]

(1.中交公路规划设计院有限公司;2.同济大学土木工程学院;3.南京工业大学土木工程学院)

摘要 为提高正交异性钢桥面板抗疲劳性能,提出了3种新型开口肋正交异性钢桥面板结构。基于有限元数值分析明确了结构参数对新型结构疲劳易损细节应力幅的影响效果,采用足尺模型试验对新型结构疲劳易损部位开展疲劳性能试验研究。研究结果表明:新型结构疲劳裂纹出现均晚于闭口双面焊U肋;球扁钢肋-横隔板开苹果孔正交异性钢桥面板抗疲劳性能最优;工程上建议采用横隔板开苹果孔,纵肋采用300×9 L肋的桥面板结构。

关键词 桥梁工程 开口肋正交异性钢桥面板 参数分析 试验研究 疲劳性能

一、引 言

正交异性钢桥面板凭借其轻质高强的特点,被广泛应用于大、中跨桥梁建设中,且已成为大跨径悬索桥的首选桥面板形式[1,2]。然而,受结构构造特点影响,正交异性钢桥面板容易发生疲劳开裂[3-5]。目前国内外绝大多数正交异性钢桥面板的加劲肋都采用闭口形式,其中倒梯形纵肋由于具有较大的抗弯刚度和抗扭刚度,在工程中得到广泛应用。然而,在横隔板处U肋的扭转受到约束,增加了U肋与横隔板处焊缝的应力,极大增加了此处发生疲劳开裂的风险。此外,双面焊U肋内侧焊缝易产生焊接缺陷,质量尚需进一步提升,且U肋内侧疲劳裂纹的检测和维修较为困难。这些问题是由闭口U肋本身构造特点决定的,是无法避免的。故优化结构的构造体系、最大程度上降低正交异性钢桥面板焊接缺陷发生的概率、提高结构的抗疲劳性能、改善其后期维修便利性,是发展新型正交异性钢桥面板结构的主要目的。

国内外研究学者对新型正交异性钢桥面板结构形式进行探索,提出了多种新型结构形式,并进行了卓有成效的研究。张清华团队[6]对新型镦边纵肋与顶板连接构造进行试验和理论研究,研究表明新型镦边U肋与顶板连接构造细节能够显著提高顶板与纵肋连接构造细节的疲劳性能。邵旭东等[7,8]对组合桥面板结构开展了研究,结果表明:组合桥面板结构能够有效提高桥面板的局部刚度,降低疲劳损伤部位的疲劳应力幅,然而在实际工程应用中,混凝土结构层依然会出现较多的裂纹,其疲劳性能有待进一步研究。

上述研究表明,发展新型结构是提高正交异性钢桥面板抗疲劳性能的有效途径。然而,已有的新型结构大多是对常规的闭口纵肋正交异性钢桥面板构造进行优化或直接在常规的正交异性钢桥面板上设置各类结构层,由几何刚度过度不平顺,连接焊缝等应力集中所导致的疲劳风险依然较大。因此,本文以主跨2300m的世界在建最大跨悬索桥张靖皋大桥为工程背景,提出3种开口肋正交异性钢桥面板结构体系,通过有限元数值分析,研究结构参数对新型结构各疲劳易损部位的影响效应,优化新型结构体系,进一步通过足尺模型疲劳试验对新型结构各疲劳易损部位的疲劳性能进行对比,以期获得抗疲劳性能更为优异的结构体系。

二、工程背景

1.工程概况

张靖皋长江大桥位于长江下游澄通河段如皋沙群段,在张家港和如皋、靖江境内跨越长江。其中南航道桥采用双塔双跨吊悬索桥方案,主跨长2300m,桥型布置如图1所示。加劲梁采用扁平钢箱梁,全宽51.4m,加劲梁中心线处梁高4.5m。

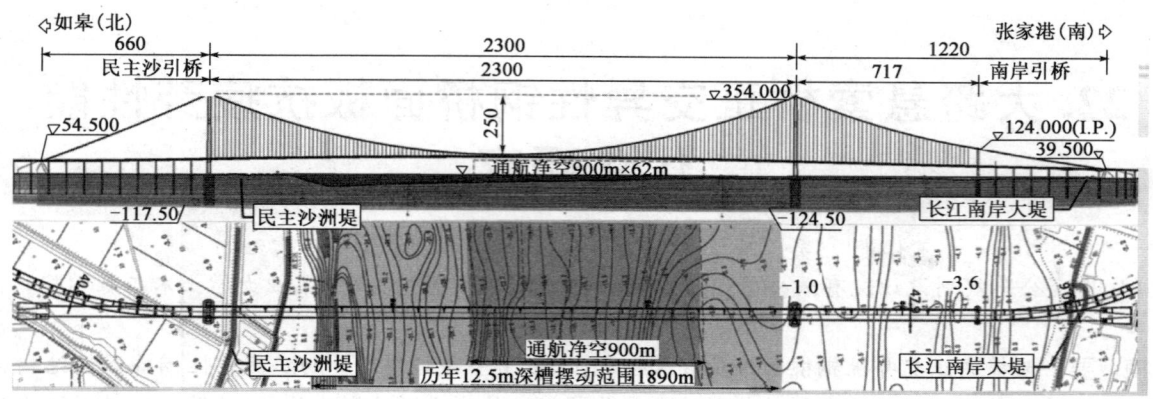

图1 南航道桥桥型布置图(尺寸单位：m；高程单位：m)

2. 桥面板构造选型

根据前期研究，在闭口U肋的基础上，初步提出以下三种开口纵肋选型结构：L肋-横隔板开大槽口(简称L肋大槽口)、L肋-横隔板开钥匙孔(简称L肋钥匙孔)及球扁钢-横隔板开苹果孔(简称球扁钢肋苹果孔)，如图2所示。

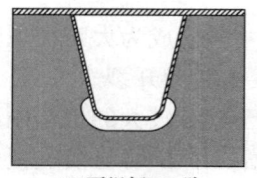
a)双面焊闭口U肋

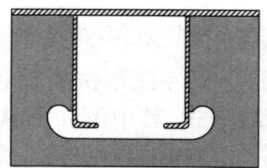
b)L肋-横隔板开大槽口

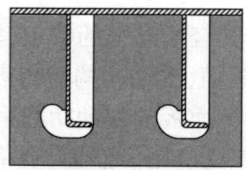
c)L肋-横隔板开钥匙孔

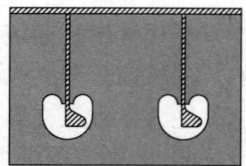
d)L肋-横隔板开苹果孔

图2 桥面板构造主要形式

三、有限元计算分析

1. 有限元模型

为研究各结构参数对正交异性钢桥面板疲劳受力的影响，建立有限元模型对其进行分析，探讨并优化出合理的构造形式。采用有限元软件建立了局部加劲梁节段有限元模型，横隔板间距3.2m，加劲梁节段共包含5个横隔板间距，总长为16m，加劲梁顶板厚16mm，纵肋间距为300mm，纵肋高度为400mm。在吊杆处布置竖向支撑约束。为提高计算效率，加劲梁节段有限元模型均采用壳单元，在所关注部位的桥面板局部，对网格进行加密，网格尺寸为10mm，有限元整体节段模型及部分局部网格细化如图3所示。

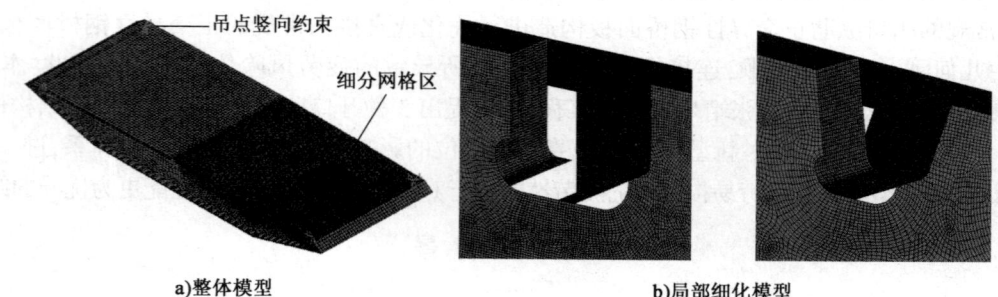

a)整体模型　　b)局部细化模型

图3 有限元模型

对于开、闭口肋的正交异性桥面板，主要关注A、B、C、D四个细节，如图4所示。细节A为顶板与纵肋连接细节，细节B为纵肋与横隔板连接细节，细节C为横隔板弧形切口细节，细节D为横隔板与顶板连接细节(L肋钥匙孔)。其中,细节B包含横隔板处的B1和位于纵肋处的B2,细节D包含横隔隔板处的D1和面板底部的D2。

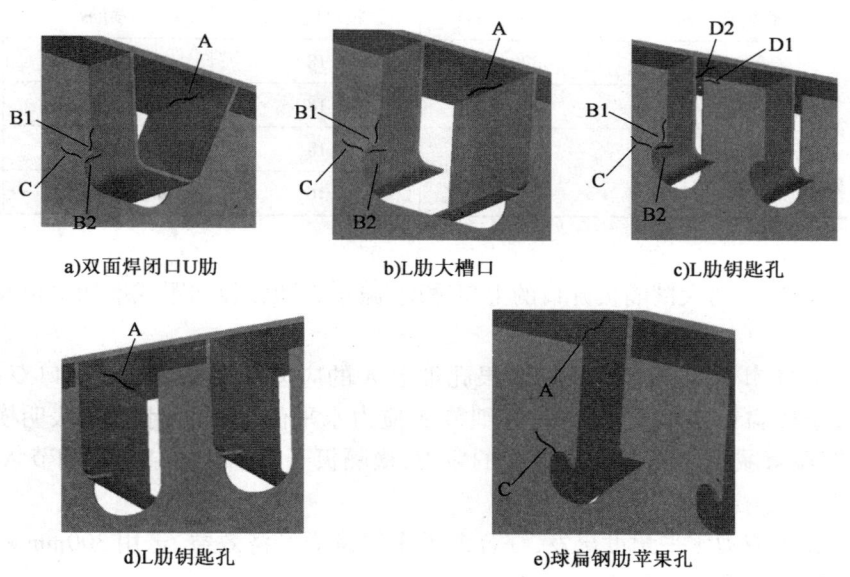

a)双面焊闭口U肋　　b)L肋大槽口　　c)L肋钥匙孔

d)L肋钥匙孔　　e)球扁钢肋苹果孔

图4　主要疲劳细节

2. 参数分析及结果汇总

为准确地模拟实际车辆作用效应,选取单轴双胎的车轮荷载,双胎面积0.6m×0.2m(横桥向×纵桥向),轴重120kN,车轮横向间距2m,考虑0.15冲击系数,模型施加单轴荷载为2×70kN=140kN。计算分析的参数包括:纵肋形式[包括常规U肋、L肋、球扁钢肋(简化为L肋)]、横肋布置间距、纵肋间距、顶板厚度及弧形切口形式等。由于本文关注的疲劳细节均与焊缝相关,疲劳性能与应力变幅直接相关,故而在讨论应力高低时,均以绝对值大小比较。根据关注细节的不同,计算相应的最不利工况,限于篇幅,本文仅将各参数有限元计算结果进行了汇总。不同构造桥面板的细节A应力对比如表1所示。

不同构造桥面板细节A应力对比　　　　表1

桥面板构造					最大应力幅(MPa)
类别	纵肋规格(mm)	纵肋间距(mm)	顶板厚度(mm)	横肋	细节A
闭口双面焊U肋	300×280×8	300	16	无	73
L肋大槽口	400×10	400	18	1道1.2m高	88
			18	1道0.8m高	88
			18	3道1.2m高	88
			18	3道0.8m高	88
			16	1道1.2m高	115
		300	18	1道1.2m高	56
			16	1道1.2m高	73
	320×9	320	18	1道1.2m高	63
			16	1道1.2m高	81
	300×9	300	16	1道0.8m高	71
L肋钥匙孔	400×10	400	18	1道1.2m高	30
	300×10	300	16	1道1.2m高	28
	300×9	300	16	1道0.8m高	22

续上表

桥面板构造					最大应力幅(MPa)
类别	纵肋规格(mm)	纵肋间距(mm)	顶板厚度(mm)	横肋	细节A
球扁钢肋苹果孔	280×9	320	18	1道0.8m高	17
	300×9	320	18	1道0.8m高	19
		300	18	1道0.8m高	9
		300	16	1道0.8m高	8

由表1可知：

(1) 对于顶板细节A，增大横隔板开口的上口宽度、减小纵肋腹板间距或增加顶板厚度能够有效降低该处的应力水平。

(2) 相同参数下，L钥匙孔和球扁钢肋苹果孔细节A的应力水平显著低于闭口双面焊U肋和L肋大槽口。此外，对于球扁钢肋苹果孔结构，其细节A应力水平低于L肋钥匙孔，表明横隔板开孔采用钥匙孔及苹果孔能够显著减小横隔板处细节A的应力，横隔板开苹果孔的结构在细节A处应力水平降幅最大。

(3) 从控制细节A应力水平角度出发，综合考虑用钢量等经济效益，选用300mm×9mm L肋的构造形式比400mm×10mm L肋更为合理。

细节B、C、D应力受横隔板切口形状和尺寸的影响较大，因此，根据不同构造桥面板细节A应力对比分析结果，选取300mm×280mm×8mm U肋和300mm×9mm L肋两种纵肋，肋腹板间距300mm，顶板厚度16mm的构造形式对B、C、D细节的应力进行对比分析，结果见表2。

不同构造桥面板的细节B、C、D应力对比 表2

桥面板构造		最不利工况应力幅(MPa)				
加劲肋	横肋	细节B1	细节B2	细节C	细节D1	细节D2
闭口双面焊U肋	无	41	36	104	—	—
L肋大槽口	1道0.8m高	41	22	88	—	—
L肋钥匙孔	1道0.8m高	38	21	85	64	28
球扁钢苹果孔	1道0.8m高	15	4	58	—	—

由表2可知：提出的三种新型开口纵肋正交异性钢桥面板结构各细节应力水平均小于闭口双面焊U肋，其中L肋苹果孔桥面板的各细节疲劳应力最低，其次是L肋钥匙孔。因此，从受力上看，横隔板采用苹果孔切口形式是优选方案。

四、疲劳性能对比试验

为深入研究新型结构在各疲劳易损部位的疲劳性能，本文设计了4个正交异性钢桥面板足尺节段模型，常规闭口U肋为模型Ⅰ(280mm×8mm U肋)，L肋大槽口为模型Ⅱ(300mm×9mm L肋)，L肋钥匙孔为模型Ⅲ(300mm×9mm L肋)，球扁钢肋苹果孔为模型Ⅳ(300mm×9mm 球扁钢肋)，开展疲劳性能对比试验，以期得到性能更优的结构体系，试验模型详细设计参数如图5所示，顺桥向长度为600mm。

1. 试验方案

疲劳试验采用两点加载方式，作动器与每个试验模型之间设置两个140mm(横)×160mm(纵)，中心距340mm(净间距200mm)的橡胶垫，模拟支座作用。模型Ⅰ与模型Ⅱ加载区域左边缘位于2号纵肋腹板正上方，模型Ⅲ与模型Ⅳ左边缘位于3号纵肋腹板正上方。为增大横隔板的面外变形，提高加载效率，纵桥向加载考虑一定的偏心作用，根据全桥模型最不利加载等变形原则，计算可得疲劳加载区域中心线与横隔板中心线的距离取为12mm,各模型试验加载区域如图5所示。综合考虑加载效率,采用增大荷载幅的加速试验,疲劳荷载最小P_{min}取为50kN,最大P_{max}取为220kN,荷载幅$\Delta P=170$kN;加载频率为6Hz。

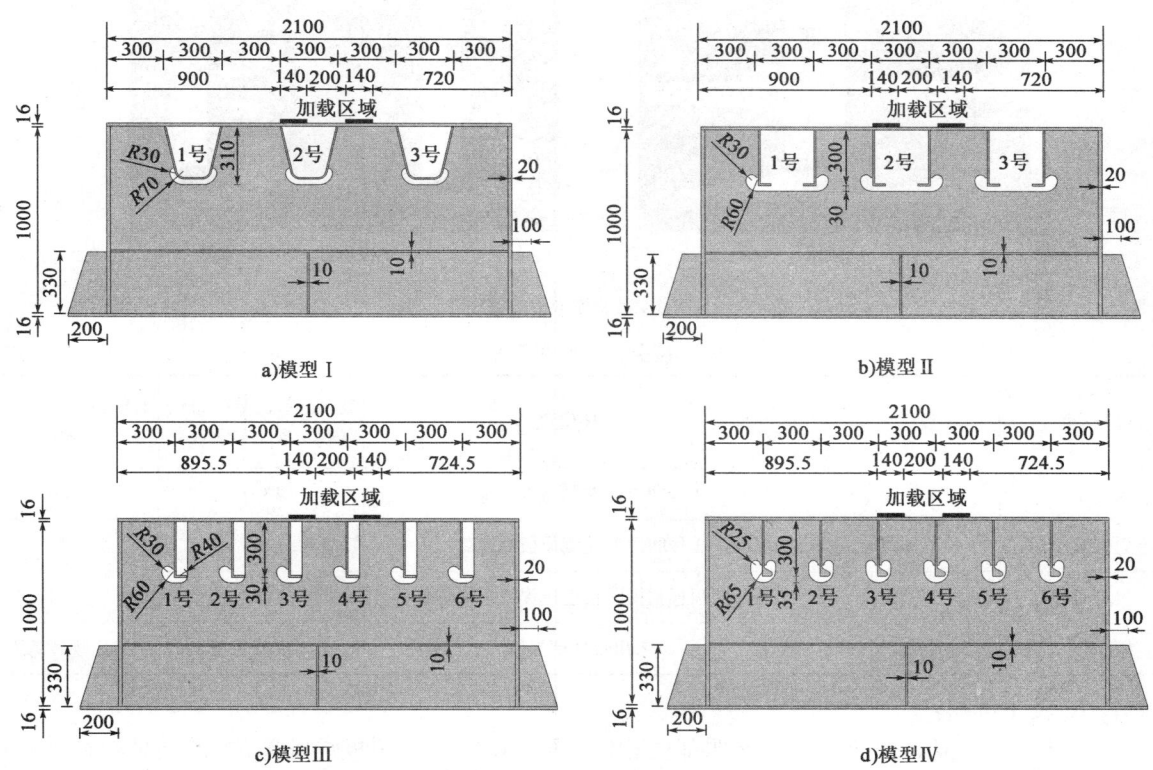

图5 试验模型设计(尺寸单位:mm)

2. 试验结果与分析

1)试验结果

经过1000万次疲劳加载,模型Ⅰ共出现了6条疲劳裂纹(记为1~6号裂纹),裂纹均产生于细节A。模型Ⅱ在1000万次加载过程中共出现1条疲劳裂纹,出现位置为2号肋内部左侧顶板焊趾处(亦为细节A)。模型Ⅲ和模型Ⅳ在1000万次疲劳加载过程中未出现疲劳裂纹。

为进一步研究模型Ⅲ和模型Ⅳ的疲劳性能,增大了加载偏心距至35mm、荷载幅至225kN,继续加载。当加载至1095万~1110万次时,模型Ⅲ于4号肋顶板与横隔板连接焊缝顶板焊趾处出现了1条裂纹(细节D)模型Ⅳ直至1200万次加载结束,未出现疲劳裂纹。各试验模型裂纹概貌如图6所示,疲劳试验结果汇总见表3。

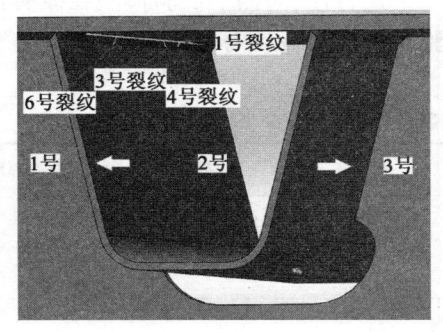
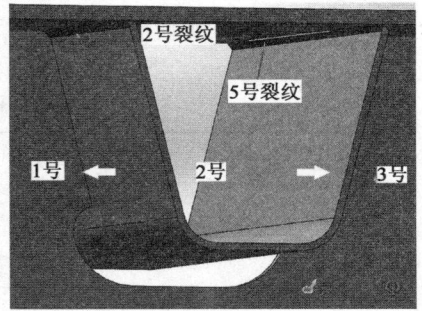

a)模型Ⅰ

图 6

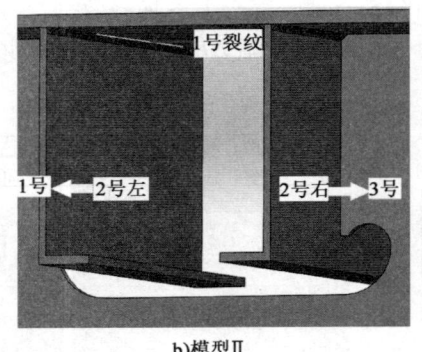
b) 模型Ⅱ

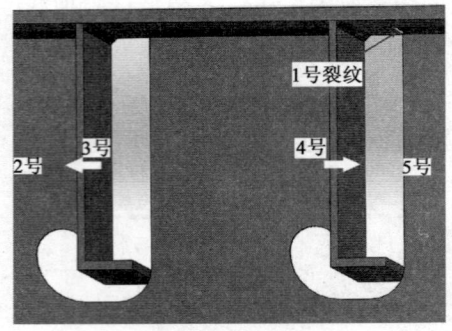
c) 模型Ⅲ

图6 试验模型裂纹概貌

疲劳试验结果汇总 表3

试验模型	裂纹编号	起裂位置	裂纹起裂次数(万次)(仅记录1号裂纹)	1号裂纹实测应力幅(MPa)
模型Ⅰ	1号裂纹	2号肋内部左侧顶板焊趾处	13.7	130
模型Ⅱ	1号裂纹	2号肋内部左侧顶板焊趾处	79	78
模型Ⅲ	1号裂纹	4号肋顶板与横隔板连接焊缝顶板焊趾处	1087	54
模型Ⅳ	未出现疲劳裂纹	未出现疲劳裂纹	未出现疲劳裂纹	未出现疲劳裂纹

由图6、表3可知：

(1)模型Ⅰ与模型Ⅱ的疲劳性能薄弱部位相同，均为U肋内侧顶板焊趾部位；模型Ⅲ则首先在横隔板与顶板连接焊缝顶板焊趾产生疲劳裂纹；模型Ⅳ的抗疲劳性能最优，在1200万次的加载过程中，未产生任何疲劳裂纹。

(2)对比四个试验模型，由试验模型Ⅰ、Ⅱ可知，模型Ⅰ与模型Ⅱ均在纵肋与顶板连接焊缝焊趾处产生了疲劳裂纹，而对于试验模型Ⅲ和试验模型Ⅳ，横隔板分别采用开孔较小的钥匙孔与苹果孔，可减小对横隔板刚度的削弱程度，约束了纵肋的扭转变形，从而降低了纵肋与顶板连接焊缝焊趾处的局部应力。

(3)三种新型结构的疲劳开裂均晚于模型Ⅰ，根据低应力幅高寿命、高应力幅低寿命原理可知：通过结构体系的优化创新，三种新型结构疲劳易损细节的应力水平均小于模型Ⅰ，其中，模型Ⅳ应力水平降幅最大，其次为模型Ⅲ，即苹果孔形式应力水平最低，其次为钥匙孔形式。

2) 疲劳性能对比

已有研究表明[9]，正交异性钢桥面板的疲劳问题属于包含多个疲劳开裂模式的结构体系疲劳问题，疲劳致损效应首先超过相应疲劳抗力的重要疲劳开裂模式即为结构体系的主导开裂模式，主导疲劳开裂模式对应的疲劳抗力决定了结构体系的疲劳抗力。基于上述特性，对四个试验模型在疲劳荷载作用下的疲劳性能进行分析。在1200万次疲劳加载过后，各试验模型主导疲劳开裂模式、200万次等效疲劳强度及换算实桥疲劳寿命见表4。

正交异性钢桥面板疲劳性能对比 表4

试验模型	主导疲劳开裂模式	疲劳强度(MPa)	实桥等效疲劳寿命(万次)
闭口双面焊U肋	U肋内侧顶板焊趾开裂	53.6	132
L肋大槽口	纵肋内侧顶板焊趾开裂	56.9	153
L肋钥匙孔	顶板与横隔板连接焊缝顶板焊趾开裂	77.9	10055
球扁钢肋苹果孔	未开裂	—	>80000

由表4可知：

（1）在疲劳试验加载条件下，闭口双面焊U肋与L肋大槽口的主导疲劳开裂模式均为纵肋内部顶板焊趾开裂，对应的疲劳强度分别为53.6MPa和56.9MPa；L肋钥匙孔的主导疲劳开裂模式为顶板与横隔板连接焊缝顶板焊趾开裂，对应的疲劳强度为77.9MPa；球扁钢肋苹果孔直至1200万次加载结束未出现疲劳裂纹，新型结构疲劳开裂处疲劳强度均大于闭口双面焊U肋。

（2）在本文加速试验加载工况下，闭口双面焊U肋、L肋大槽口、L肋钥匙孔球扁钢肋苹果孔结构体系的疲劳寿命换算成实桥寿命分别为：132万次、153万次、1亿次及大于8亿次。表明新型结构体系疲劳寿命高于闭口双面焊U肋结构，其中球扁钢肋苹果孔结构体系抗疲劳性能最优，其次为L肋钥匙孔结构体系。

五、结　　语

（1）闭口双面焊U肋正交异性钢桥面板与L肋大槽口的疲劳性能薄弱部位相同，均为纵肋与顶板连接部位顶板焊趾，L肋钥匙孔桥面板疲劳性能薄弱部位为横隔板与顶板连接焊缝顶板焊趾，球扁钢肋苹果孔桥面板在1200万次的加载过程中，未产生任何疲劳裂纹。闭口双面焊U肋、L肋大槽口及L肋钥匙孔结构体系的疲劳裂纹起裂时间分别为：13.7万次、79万次和1087万次。

（2）本文试验加载工况下，闭口双面焊U肋、L肋大槽口及L肋钥匙孔对应主导疲劳开裂模式下的等效疲劳强度分别为53.6MPa、56.9MPa及77.9MPa，换算成结构体系的实桥疲劳寿命分别为132万次、153万次及1亿次，球扁钢肋苹果孔正交异性钢桥面板实桥疲劳寿命大于8亿次，抗疲劳性能最优。

（3）考虑工业化生产，兼顾疲劳性能与经济效益，建议采用纵肋为开口L肋、纵肋高度300mm、纵肋腹板间距300mm、纵肋厚度9mm、顶板厚度16mm、跨中设置1道高0.8m的横肋、横隔板开苹果孔的正交异性钢桥面板结构。

参考文献

［1］邵旭东，蔡文涌，曹君辉，等.型钢-UHPC轻型组合桥面板及其抗弯性能研究［J/OL］.土木工程学报，2023：1-18.

［2］张清华，卜一之，李乔.正交异性钢桥面板疲劳问题的研究进展［J］.中国公路学报，2017，30(3)：14-30,39.

［3］孔丹丹，孙全胜，刁万民，等.正交异性钢桥面板U肋足尺静力荷载试验研究［J］.森林工程，2022，38(1)：145-151.

［4］何能.正交异性钢桥面板疲劳性能关键参数研究［J］.建筑结构，2023，53(S1)：1512-1516.

［5］中国公路学报编辑部.中国桥梁工程学术研究综述·2021［J］.中国公路学报，2021，34(2)：1-97.

［6］张清华，罗鹏军，徐恭义，等.新型镦边纵肋与顶板焊接构造细节疲劳性能试验［J］.中国公路学报，2018，31(5)：42-52.

［7］SHAO X D，YI D T，HUANG Z Y，et al. Basic performance of the composite deck system composed of orthotropic steel deck and ultrathin RPC layer［J］. Journal of Bridge Engineering，2013，18(5)：417-428.

［8］邵旭东，曹君辉，易笃韬，等.正交异性钢板-薄层RPC组合桥面基本性能研究［J］.中国公路学报，2012，25(2)：40-45.

［9］张清华，李俊，郭亚文，等.正交异性钢桥面板结构体系的疲劳破坏模式和抗力评估［J］.土木工程学报，2019，52(1)：71-81.

23. 开口肋正交异性钢桥面高韧冷拌树脂铺装足尺试验研究

刘李君[1] 张 辉[2] 李 娣[2] 崔 磊[2]

(1. 江苏省交通工程建设局；2. 江苏中路工程技术研究院有限公司)

摘 要 为了解决正交异性板桥面系耐久性问题，通过理论与足尺试验研究相结合的方法，在大节段足尺疲劳试验模型研究基础上，模拟桥梁结构在行车荷载作用下的实际状况，并分析"RAC+RSMA"高韧树脂铺装足尺结构体系的疲劳损伤状况和长期使用性能。结果表明：开口肋+小横肋结构横向最不利荷位为对齐钢板焊缝位置处，纵向最不利荷位为横隔板与小横肋的跨中位置处；在300kN荷载作用以及最不利加载工况下，"RAC+RSMA"高韧树脂铺装足尺结构铺装表面焊缝处横向应变基本未衰减，钢桥面板焊缝应变仅增大13%，肋间相对挠度平均增幅5%，整体桥面系受力状态良好，铺装和正交异性板均未出现明显损伤。

关键词 正交异性钢桥面板 开口肋 足尺模型试验 应变 挠度

一、引 言

近二十年来，我国的大跨钢桥建设经历了跨越式的发展，正交异性板钢桥面得到了大规模的应用。随着交通量的日益增长和气候等不利因素，正交异性板和桥面铺装疲劳损伤问题日益突出，造成桥面铺装的耐久性不足，是一项世界性难题。钢桥面铺装使用耐久性除了与铺装材料的性能及施工质量相关外，铺装的结构也至关重要[1-3]。

开口肋正交异性桥面板作为一种新型正交异性钢桥面结构[4]，相比较于闭口截面肋具有焊接施工简单，易按照不同截面内力来改变纵截面等优点，但是纵肋屈服强度较低，承受的压力较小[5]。当前对于开口肋的正交异性板铺装结构试验在国内研究比较少，有必要对这种结构开展研究[6]。

正交异性钢桥面体系构造和受力特性复杂，采用传统小型铺装结构试验无法准确模拟桥面结构整体的服役状态，足尺节段模型疲劳试验则可更准确地模拟实桥铺装结构体系受力与变形，因此本文以张靖皋大桥(图1)为工程背景依托，开展开口肋正交异性钢桥面"高韧树脂RAC+高韧树脂RSMA"铺装的足尺试验研究，从而更准确地模拟评估开口肋正交异性钢桥面板铺装体系的长期服役状况、结构耐久性和疲劳寿命，为开口肋桥面系提供理论和数据支撑。

图1 张靖皋长江大桥

二、钢桥面系足尺试验

1. 试验概况

本试验依托主跨2300m的钢箱梁悬索桥结构进行足尺模型设计。该桥面板为正交异性桥面板，纵向加劲肋为 L 肋。试验采用 10 个加劲肋的足尺模型,足尺模型的尺寸为:模型长 3.5mm,宽 2.9mm,高 0.8mm,纵向设置两个横隔板、跨中设置一个小横肋,其中横隔板高 0.8m,小横肋高 0.75m。模型主体结构(顶板,L 肋,横隔板)的设计参数与实际桥梁结构相同。具体数值为:顶板厚度 16mm、L 肋加劲肋板厚为 9mm、横隔板厚为 12mm、小横肋厚为 10mm。足尺试验模型均采用 Q345。细部构造如图 2 所示。

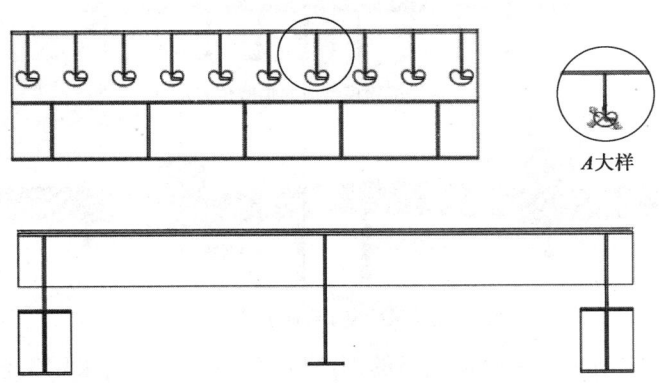

图 2　细部构造图示

2. 试验研究方法

试验用液压脉冲作动器进行试验,采集器采用高频动态采集系统,采集频率≥10Hz。作动器触头下布置一个 0.6m×0.2m×0.035m 的钢板和一个 0.6m×0.2m×0.013m 的橡胶板,钢板可以实现荷载均匀布置,橡胶垫板模拟车轮荷载。试验模型加载如图 3 所示。

图 3　试验模型加载图

试验加载程序分为静载试验和动载试验。静载试验是通过等效桥面荷载逐渐单调增加到预定荷载作用并测试结构性能,模拟结构、材料、荷载等受力条件;动载试验是通过常幅疲劳荷载控制方式进行循环加载,疲劳试验过程中动态量测试验荷载、挠度和应变参数值,监测钢桥面板、铺装结构以及层间黏结的受力状态及变形特征。

结合足尺模型"开口肋 + 小横肋"的构造特点,试验加载工况分为四种工况,见表 1。加载位置如图 4、图 5 所示。

足尺试验加载工况　　　　　　　　　　　表 1

加载工况	横向位置	纵向位置
1/4 跨荷位 Ⅰ	对齐钢板焊缝	1/4 跨
1/2 跨荷位 Ⅰ	对齐钢板焊缝	1/2 跨
1/2 跨荷位 Ⅱ	对齐钢板肋间	1/2 跨
1/4 跨荷位 Ⅱ	对齐钢板肋间	1/4 跨

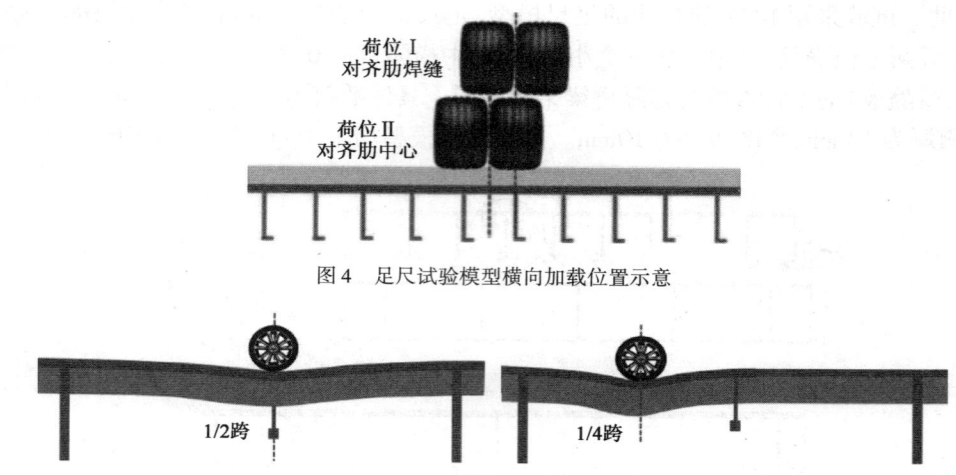

图4 足尺试验模型横向加载位置示意

图5 足尺试验模型纵向加载位置示意

本试验主要采用电阻式动应变片测量钢板的焊缝应变和铺装应变,采用组合式位移计测量肋间相对挠度以及采用电阻式位移传感器测量整体挠度变形。

3. 有限元分析

为了更真实地模拟正交异性钢桥面板在车辆荷载作用下的受力状况,建立有限元模型(图6)。本文在正交异性钢桥面板上增加了"下层3cm RAC+上层3.5cm RAC"的钢桥面铺装结构,使铺装层与钢桥面板成为一个整体,车辆荷载通过铺装层传递给正交异性钢桥面板[7,8]。铺装层在车轮直接作用下,受力状况非常复杂,有限元很难真实模拟其材料特性,为了方便建模分析,本文采用了如下假设[9,10]:

(1)假设环氧沥青是各向同性材料,且是完全弹性的、均匀的。

(2)黏结层是钢板与铺装层之间薄薄的一层黏结材料,假设黏结层非常薄,认为没有黏结层或认为黏结层是环氧沥青铺装层的一部分。

(3)假设钢板与环氧沥青铺装层之间的接触层的应变是连续。

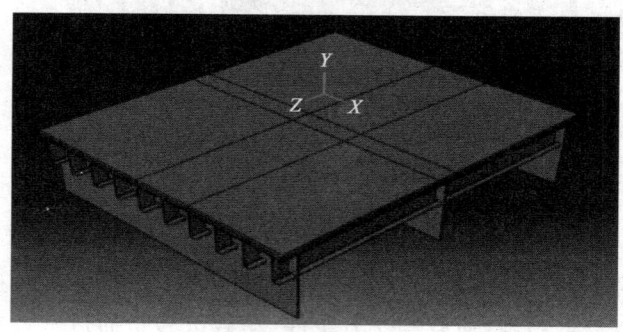

图6 有限元模型

足尺模型结构参数见表2。

足尺模型结构参数 表2

结构层	长度(m)	宽度(m)	厚度(m)	弹性模量(MPa)	泊松比
RSMA	3.5	2.9	0.035	3938	0.25
RAC	3.5	2.9	0.03	3938	0.25
防水黏结层	3.5	2.9	0.002	1000	0.25
钢桥面板	3.5	2.9	0.016	210000	0.3
横隔板	2.9	0.8	0.012	210000	0.3
L形肋	3.5	0.3	0.009	210000	0.3
小横肋	2.9	0.75	0.01	210000	0.3

三、结果与讨论

1. 足尺模型有限元受力分析

1) 铺装表面应变

图7a)、b)分别为1/4跨加载和1/2跨加载时铺装应变沿横桥向分布的特征。在荷载区域内,铺装上层RSMA顶面除了L肋位置,其余均受压,最大压应变为两L肋之间。在荷载区域外,铺装层为拉应变。由于荷载附近的加劲肋和横隔板分担了大部分荷载,影响应变的均匀传递,因此车辆荷载具有较为明显的局部效应,应变的峰谷值全部集中分布在荷载作用区域的4个L肋间距范围内。1/4跨加载所产生的铺装横向应变较为突出,其中1/4跨对齐焊缝加载所产生的焊缝横向应变峰值为316.93με,1/4跨对齐肋间加载所产生的焊缝横向应变峰值为189με。

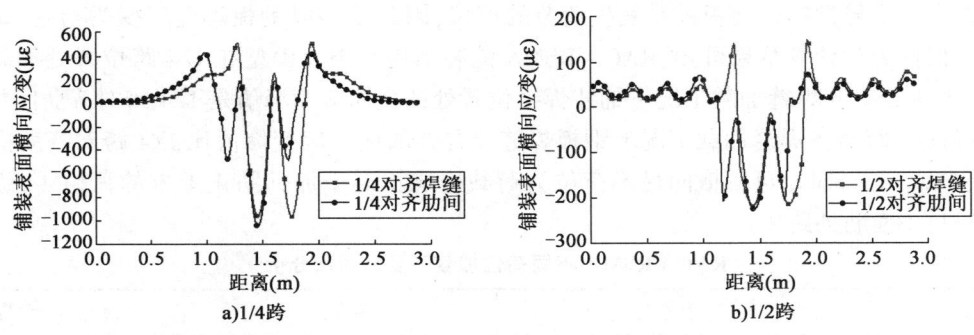

图7 不同位置加载铺装应变沿横桥向分布特征

2) 钢板肋间挠度

图8a)、b)分别为1/4跨加载和1/2跨加载时肋间挠度沿横桥向分布的特征。RAC+RSMA铺装结构的钢桥面板最大相对挠度发生在两肋间距中心处,1/4跨加载所产生的相对挠度较为突出,1/4跨对齐焊缝加载所产生的相对挠度峰值为-0.24mm,1/4跨对齐肋间加载所产生的相对挠度峰值为-0.254mm。两个工况所产生的肋间相对挠度接近,均为-0.25mm左右。

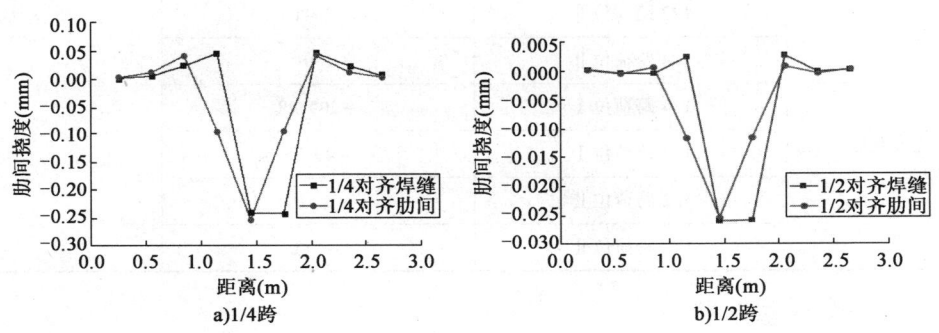

图8 不同位置加载肋间挠度沿横桥向分布特征

3) 钢板焊缝应变

图9a)、b)分别为1/4跨加载和1/2跨加载时钢板焊缝应变沿横桥向分布的特征。钢桥面板在荷载作用区域内,钢板顶面在焊缝处正上方为拉应变,在两肋中心为压应变。钢板底面在焊缝处为压应变,在U肋中心和两肋中心为拉应变。其中1/4跨加载所产生的焊缝横向应变较为突出,1/4跨对齐焊缝加载所产生的焊缝横向应变峰值为-209.49με,1/4跨对齐肋间加载所产生的焊缝横向应变峰值为-173με。

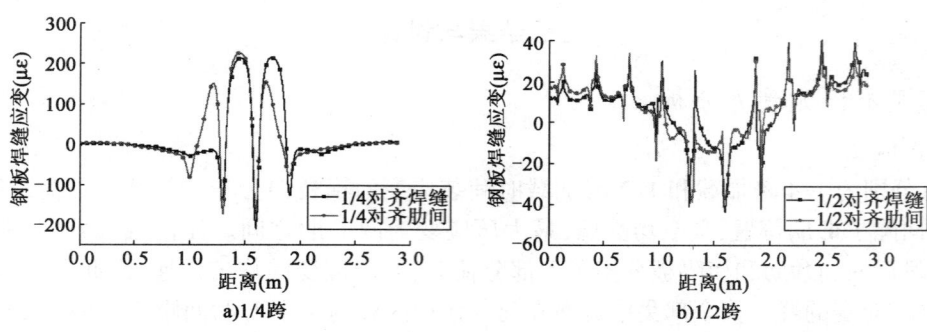

图9 不同位置加载焊缝应变沿横桥向分布特征

4）最不利荷位

钢板焊缝为正交异性钢桥面板最易发生疲劳的部位，因此重点以钢板焊缝应变为指标，确定最不利的荷载位置。根据力学计算结果可知，RAC＋RSMA铺装结构有限元模型在1/4跨位置处加载受力最为明显（表3）。1/4跨对齐焊缝加载工况下铺装焊缝位置处的横向应变峰值是1/4跨对齐肋间加载工况下峰值的1.6倍；1/4跨对齐焊缝加载工况下钢板焊缝位置处的横向应变峰值比1/4跨对齐肋间加载工况下峰值高21.1%。综合对比可得横向最不利荷位为荷载边缘正对于加劲肋正上方的荷位Ⅰ，纵向最不利荷位为横隔板与小横肋的跨中。

RAC＋RSMA不同荷位加载下受力对比分析　　表3

指标	荷载位置	最大值	最不利荷位
肋间相对挠度（mm）	1/4跨荷位Ⅰ	－0.25	1/4跨荷位，对齐焊缝
	1/2跨荷位Ⅰ	－0.026	
	1/2跨荷位Ⅱ	－0.025	
	1/4跨荷位Ⅱ	－0.25	
铺装表面焊缝位置处横向应变（με）	1/4跨荷位Ⅰ	316.93	
	1/2跨荷位Ⅰ	77.05	
	1/2跨荷位Ⅱ	62.41	
	1/4跨荷位Ⅱ	189	
钢板底面焊缝位置处横向应变（με）	1/4跨荷位Ⅰ	－209.49	
	1/2跨荷位Ⅰ	－43.78	
	1/2跨荷位Ⅱ	－38.91	
	1/4跨荷位Ⅱ	－173	

2. 足尺试验结构响应分析

通过对足尺模型进行有限元分析可知，最不利荷位为1/4跨对齐钢板焊缝位置处，因此针对该位置进行"RAC＋RSMA"高韧树脂铺装足尺结构加载，重点监测钢板底面应变、铺装表面应变以及钢板的挠度，分析"开口肋＋小横肋"桥面系下高韧树脂铺装结构整体的疲劳性能。

1）铺装表面应变

图10a)为1/4跨横断面铺装表面各位置应变随加载次数的变化情况。加载15万次时，荷载区铺装表面焊缝位置处的最大拉应变为295με，加载190万次时，最大拉应变为293με，平均拉应变为300με。图10b)为1/4跨横断面铺装表面最不利位置应变随荷载大小变化情况，铺装应变随荷载变化呈线弹性，峰值为295με。

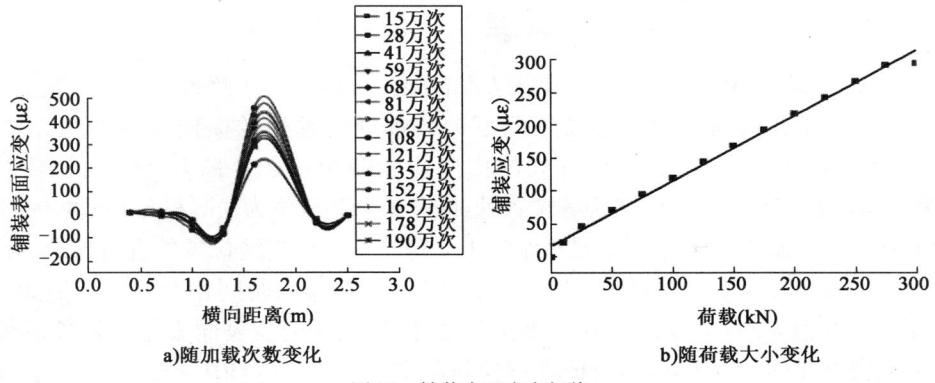

图10 铺装表面应变规律

2）钢板肋间挠度

图11a)为1/4跨横断面钢板底面各位置挠度随加载次数的变化情况。加载15万次时,荷载区肋间相对挠度峰值为-0.58mm,加载200万次后,荷载区肋间挠度峰值为-0.61mm,相比初始值增大5%。图11b)为1/4跨横断面钢板底面最不利位置肋间挠度随荷载大小变化情况,肋间挠度随荷载变化呈线弹性,峰值为0.58mm。

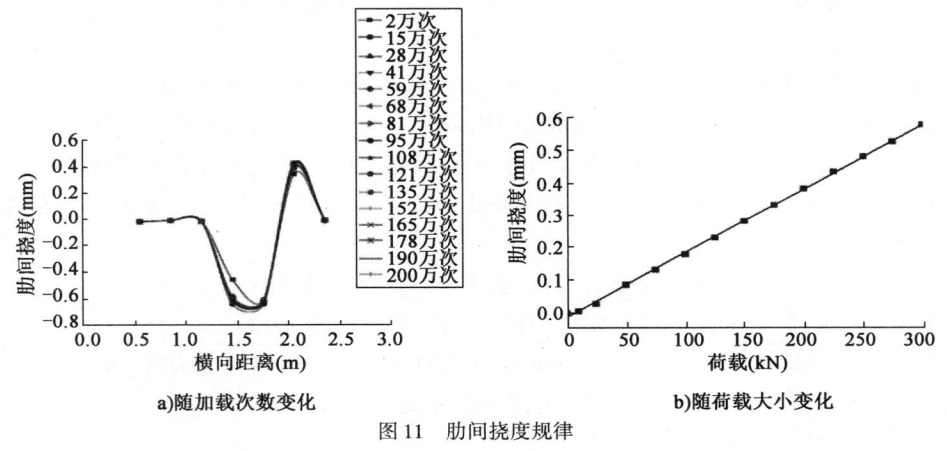

图11 肋间挠度规律

3）钢板焊缝应变

图12a)为1/4跨横断面钢板底面焊缝位置应变随加载次数的变化情况。初始加载2万次时,荷载区钢板焊缝位置处最大应变为-266.83με,加载15万次时,荷载区钢板焊缝位置处最大应变为-294.67με,加载200万次时,荷载区焊缝位置最大应变为-301.63με,相比初始增大13%。图12b)为1/4跨横断面钢板焊缝最不利位置应变随荷载大小变化情况,钢板焊缝应变随荷载变化呈线弹性,峰值为301με。

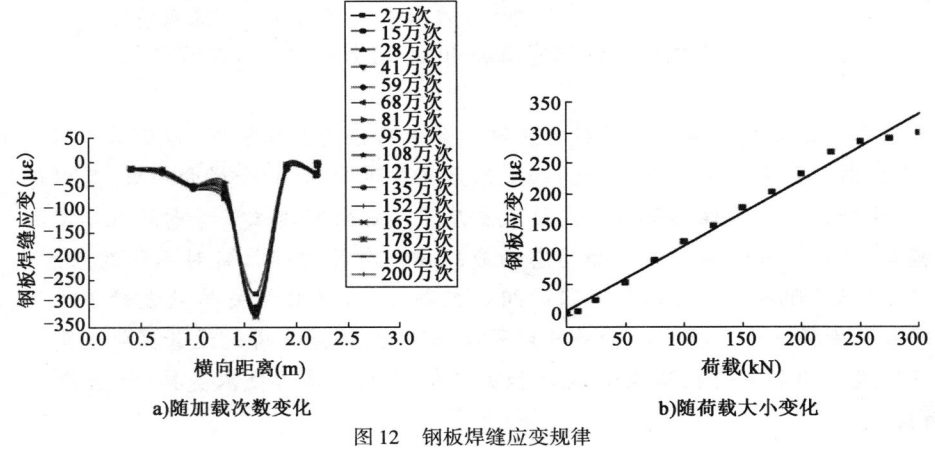

图12 钢板焊缝应变规律

四、结　语

（1）根据力学计算可得，"RAC+RSMA"铺装结构有限元模型在1/4跨位置处加载受力相比较于1/2跨加载受力更为明显。1/4跨对齐焊缝加载工况下铺装焊缝位置处的横向应变峰值是1/4跨对齐肋间加载工况下峰值的1.6倍，钢板焊缝位置处的横向应变峰值比1/4跨对齐肋间加载工况下峰值高21.1%。因此横向最不利荷位为对齐钢板焊缝位置处，纵向最不利荷位为横隔板与小横肋的跨中位置处。

（2）针对"RAC+RSMA"高韧树脂铺装足尺结构1/4跨对齐钢板焊缝位置处进行加载，分析可得：加载15万次时（初始），荷载区铺装表面焊缝位置处的最大拉应变为295$\mu\varepsilon$，肋间相对挠度峰值为-0.58mm，钢板焊缝位置处最大应变为-294.67$\mu\varepsilon$；加载至200万次时，荷载区铺装表面焊缝位置处的最大拉应变为293$\mu\varepsilon$，肋间相对挠度峰值为-0.61mm，钢板焊缝位置处最大应变为-301.63$\mu\varepsilon$；各力学响应随荷载变化均为线弹性，在300kN荷载作用下经过200万次加速加载疲劳试验，铺装表面焊缝处横向应变基本未衰减，钢桥面板焊缝应变仅增大13%，肋间相对挠度平均增幅5%，结构状态稳定。

参考文献

[1] 周跃.铺装层对正交异形板疲劳性能的影响研究[D].西安：长安大学，2015.
[2] 吴冲.现代钢桥[M].北京：人民交通出版社，2006.
[3] 张清华，卜一之，李乔.正交异性钢桥面板疲劳问题的研究进展[J].中国公路学报，2017，30（3）：14-30.
[4] Federal Highway Administration. Manual for design, construction, and maintenance of orthotropic steel deck bridges[M]. Washington D.C.: Federal Highway Administration, 2012.
[5] 章彬.钢桁梁桥正交异性开口肋钢桥面板力学性能研究[D].天津：天津大学，2012.
[6] 王仁贵，欧阳，徐秀丽.新型半开口纵肋正交异性钢桥面板疲劳性能试验研究[J].桥梁建设，2018，48（6）：64-69.
[7] 何平.钢桥桥面铺装力学特性深入分析[D].南京：东南大学，2003.
[8] 茅荃.大跨径钢桥桥面铺装力学特性研究[D].南京：东南大学，2000.
[9] 程庆.大跨径钢箱梁桥面铺装静力分析与试验研究[D].南京：南京林业大学，2010.
[10] 任重.ANSYS实用分析教程[M].北京：北京大学出版社，2003.

24. 超大跨径悬索桥在随机车流和风荷载作用下的阻尼系统研究

王仁贵[1]　封周权[2]　陈　智[2]　魏乐永[1]　张弘毅[2]　陈政清[2]

（1.中交公路规划设计院有限公司；2.湖南大学土木工程学院）

摘　要　张靖皋长江大桥南航道桥是目前世界上最大跨径的在建桥梁，为确保工程施工和运营期的结构安全，采用了创新的约束体系设计。新的约束体系涵盖纵向、竖向和横向约束，其中包括自平衡滚轴式主索鞍结构、竖向弹性支座和蝶形弹簧横向抗风支座等。本研究建立了考虑随机车流和风荷载的桥梁运营动力分析模型，通过计算获得了大桥的动态响应规律。在关键部位针对不同约束方向，本文提出了基于黏滞阻尼器、电涡流阻尼器和摩擦阻尼器的组合控制方案，并对相关参数进行了优化。这些方案成功解决了超大跨径悬索桥三向多类型振动响应协同控制难题，为悬索桥的运营提供了高效可行的减振耗能解决方案。研究成果为超大跨径桥梁的设计和施工提供了重要的技术支持，显著提升了桥梁的安全性、稳定性和耐久性。

关键词 超大跨径悬索桥 约束体系 阻尼器 动力分析 结构安全

一、引言

随着我国交通建设事业的迅速发展，桥梁结构朝着大跨、轻柔的方向不断演进。在这个背景下，确保合理的约束体系显得尤为关键。大跨径悬索桥常采用全飘浮体系或半飘浮体系，以减小地震响应。然而，这些体系在受到温度荷载、车流荷载和风荷载等作用时，容易发生纵向运动。加劲梁过大的纵向往复运动会影响桥梁附属结构的正常使用，导致伸缩缝、滑动支座和纵向阻尼器等构件的疲劳损坏，同时也可能对结构的安全性和行车舒适性造成不利影响。

为了应对这一问题，一些桥梁工程采取了相应的措施。润扬长江公路大桥南汊桥采用了高性能滑动材料，并增加了位移约束装置，而江阴长江公路大桥则安装纵向阻尼装置等措施有效处理伸缩缝病害[1]。南京长江第四大桥[2]通过采用纵向限位挡块和黏滞阻尼器控制加劲梁纵向位移。此外，韩大章等[3]通过对润扬大桥进行随机车流荷载下的计算分析，指出设置黏滞阻尼器可以显著降低伸缩缝纵向位移，减小速度指数和增大阻尼系数均能明显降低累计位移。梁龙腾等[4]分析了江阴长江公路大桥梁端纵向位移实测数据，指出拟静态纵向运动在累计行程中占比超过70%，而采用速度型阻尼器与摩擦阻尼器组合的方式，可以有效抑制纵向运动。黄国平等[5]通过研究矮寨大桥梁端纵向位移机理，指出在随机车流荷载下大桥梁端位移主要表现为车致拟静态位移，梁端阻尼器以及支座摩阻力对梁端位移有一定抑制作用。

除了纵向位移，加劲梁的竖向和横向运动也对行车和结构安全构成挑战。当连续体系悬索桥采用全飘浮体系时，连续加劲梁桥塔处的加劲梁易产生较大的竖向运动，采用刚性支撑半飘浮体系时，桥塔处加劲梁会产生较大的负弯矩，局部受力不利。然而，采用弹性支撑的半飘浮体系[2]可以显著减小加劲梁的竖向位移变幅，同时不会增加加劲梁受力。对于加劲梁的横向约束，通常会在加劲梁与桥塔之间设置刚性横向抗风支座或刚性横向限位装置。

由上述可知，基于悬索桥某一方向的减振需求，通常利用结构措施或阻尼措施进行针对性的控制。然而，对于超大跨径悬索桥，需要同时满足多个方向的振动控制要求，且在复杂运营环境下超大跨径悬索桥的振动状态更加复杂，这对其约束体系的设计提出了更高的要求。采用阻尼器、限位装置和支座等组合可以有效地减小桥梁动力响应。本文以在建的张靖皋长江大桥为例，以复杂运营环境为背景，以多个方向控制、"震振双控"为减振需求，在桥梁多个位置采用有针对性的约束体系[6]。其中，极具创新地运用了旋转型摩擦阻尼器以及新型电涡流-摩擦组合型阻尼器，并分析了阻尼系统在极端运营荷载作用下阻尼器的合理布置和参数，进行阻尼器设置的优化，并研究了阻尼器失效时对大桥动力响应的影响。这些研究为后续超大跨径悬索桥约束体系方案的设计，以及阻尼装置的研发，提供了有益的参考和借鉴。

二、工程概况

张靖皋长江大桥南航道桥（在建）为主跨2300m的双塔双跨超大跨径悬索桥，梁跨布置为2300m+717m。加劲梁采用扁平流线型钢箱梁，梁高4.5m，总宽度51.7m（计入风嘴）；主塔为组合结构桥塔，塔高350m；主缆矢跨比1∶9，缆跨布置为660m+2300m+1220m，主缆横向间距42.9m，标准索距16m。

1. 约束体系简述

1）加劲梁纵向约束

加劲梁纵向约束采用限位装置和纵向阻尼器。北塔、南塔塔梁间设置纵向限位支座和纵向抗震黏滞阻尼器，北塔、辅塔塔梁间设置纵向运营状态阻尼器。

2）缆塔纵向约束

缆塔纵向约束采用缆塔索鞍自平衡体系和纵向阻尼器。桥塔与主缆间采用纵向可滑移的自平衡滚轴式索鞍，并设置纵向挡块、纵向抗震黏滞阻尼器和纵向运营状态阻尼器。

3）加劲梁竖向约束

北塔、辅塔塔梁间设置竖向支座，南塔塔梁间设置竖向弹性支座和竖向运营状态阻尼器，竖向弹性支座刚度为 25MN/m。

4）加劲梁横向约束

加劲梁横向约束采用碟形弹簧横向抗风支座和横向阻尼器。塔梁间横向约束均设置碟形弹簧抗风支座，北塔塔梁间还设置了横向运营状态阻尼器。

塔缆、塔梁间的纵向抗震阻尼器和三个方向上的运营状态阻尼器，共同构成了用于震振双控的阻尼系统。大桥桥型布置、横断面和约束体系布置等详见文献[6]。

2. 动力特性

建立大桥的三维有限元模型，并计算动力特性见表1，主要的加劲梁纵飘振型如图1所示。

大桥动力特性　　　　　　　　　　　　　　　　　　　　　　　　　　　　　表1

阶次	频率(Hz)	振型描述
1	0.0363	加劲梁一阶对称横弯
2	0.0613	加劲梁一阶反对称竖弯 + 大纵飘
4	0.0829	加劲梁一阶反对称竖弯 + 小纵飘
10	0.1429	加劲梁二阶反对称竖弯

a) 第2阶振型　　　　　　　　　　　b) 第4阶振型

图1　第2阶振型图和第4阶振型图

为在后续计算中合理体现梁端纵向运动的贡献，结构阻尼采用瑞利阻尼模型，第一阶和第十阶模态阻尼比均取3‰。建模考虑支座摩擦和索鞍滚轴摩擦，其中，支座摩擦因数偏安全取1/100，索鞍滚轴摩擦[7]取1/10000。

三、运营荷载与动态响应

1. 运营荷载

1）随机车流荷载

大桥的道路等级为高速公路，跨江段为双向八车道，设计速度100km/h，设计年限（2047年）的交通量预测结果见表2。

设计年限的交通量预测结果　　　　　　　　　　　　　　　　　　表2

设计年限	车型占比							交通量(pcu/d)
	小客	大客	小货	中货	大货	特大货	集装箱	
2047年	65.80%	4.80%	3.30%	3.10%	1.80%	17.00%	4.20%	114886

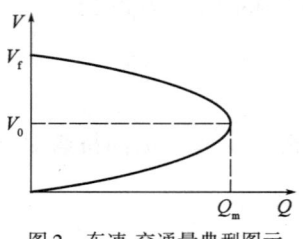

图2　车速-交通量典型图示
V_f-自由车速；V_0-临界车速；Q_m-最大交通量

根据公路交通流模型[8,9]可知，车速 V 会随着车流密度的增加而减小，当车流密度小于最佳密度时，交通量 Q 随着车流密度的增加而增加，当车流密度大于最佳密度时，交通量 Q 随着车流密度的增加而减小。车速 V 与交通量 Q 之间呈二次抛物线的形式，两者关系示意如图2所示。

当道路行驶车辆极少时，车速接近于自由车速，交通量接近于0；当道路堵塞时，交通状况表现为车辆首尾相接，车速和交通量均为0。据此，考虑交通流模型，生成车速区间为45～55km/h（低速）、65～75km/h（中速）、90～100km/h（高速）时的车流荷载[3]。

2）风荷载

采用谐波合成方法模拟脉动风场[10]，结合加劲梁节段模型风洞试验得到的三分力系数生成节点风荷载。大桥加劲梁的三分力测试结果如图3所示。

根据Davenport抖振力模型，风在桥梁结构加劲梁单位长度上引起的抖振力可表示为：

$$D_b(t) = \frac{1}{2}\rho U^2 B \left[2\frac{H}{B} C_D \frac{u(t)}{U} + \frac{H}{B} C'_D \frac{w(t)}{U} \right] \quad (1)$$

$$L_b(t) = \frac{1}{2}\rho U^2 B \left[2C_L \frac{(u)t}{U} + \left(C'_L + \frac{H}{B} C_D\right) \frac{w(t)}{U} \right] \quad (2)$$

$$M_b(t) = \frac{1}{2}\rho U^2 B^2 \left[2C_M \frac{u(t)}{U} + C'_M \frac{w(t)}{U} \right] \quad (3)$$

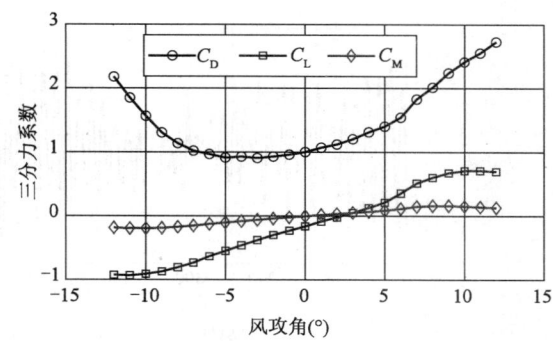

图3 加劲梁三分力系数曲线（风轴系）

式中：D_b、L_b、M_b——脉动阻力、脉动升力和脉动力矩；

ρ——空气密度；

U——平均风速；

B——特征宽度；

H——迎风面高度；

$u(t)$、$w(t)$——顺风向脉动风速和竖向脉动风速；

C_D、C_L、C_M——阻力、升力和力矩系数；

C'_D、C'_L、C'_M——阻力、升力和力矩系数对攻角的导数。

由Davenport抖振力模型可知，风速越大，结构所受风荷载越大。文献[11]指出，在风和随机车流联合作用下，随着风速的增加，桥梁上作用的风荷载越大，引发梁端伸缩缝的时位移极值和时累计位移越大。本文讨论阻尼系统，需要合理反映荷载作用下的运动、内力等响应结果，因此，在对大桥进行后续运营状态的风车联合分析时，取风速为25m/s（桥面行车时允许的最大风速）生成风荷载，进行阻尼系统分析。

2. 无控状态动态响应规律

计算并分析大桥在车流荷载作用下的梁端纵向位移响应，结果如图4所示。

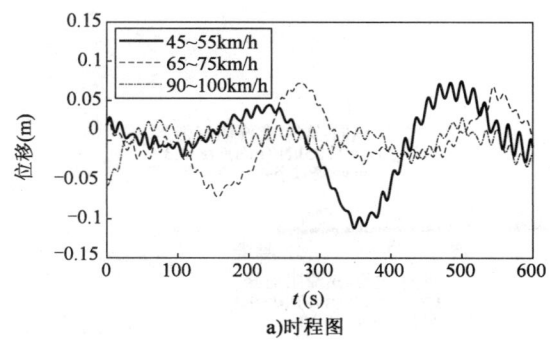
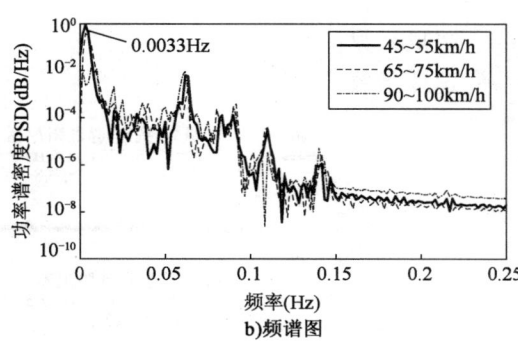

图4 加劲梁纵向位移的时程图、频谱图

由图4可知，在低、中速情况下，加劲梁纵向运动以拟静态运动为主，随着车流密度减小，车速增加，交通量减小，响应减小，中、高频成分的占比有所增大。在低、中、高三种车速区间下，加劲梁纵向位移的最大值分别为111.8mm、71.9mm、57.3mm，累计值分别为7.9m/h、5.5m/h、7.2m/h。过大的纵向位移及其累积位移常常会对桥梁的附属结构造成不良影响，例如伸缩缝和附加阻尼器，在这种情况下，会降低附属结构和桥梁本身的安全性和耐久性，同时也可能对行车的安全性和舒适性产生不利影响。在车速为临界车速时，交通量最大，加劲梁纵向位移响应和累计值均最大，此时对于大桥而言是相对不利的。故在后续阻尼系统参数分析的过程中,采用低速车流荷载进行计算。

计算并分析大桥在风车联合作用下的梁端纵向位移响应,结果如图5所示。

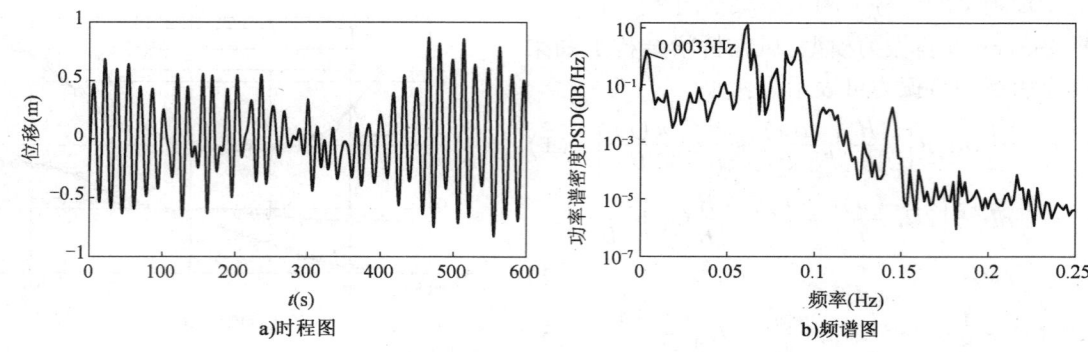

图5　加劲梁纵向位移的时程图、频谱图

由图5可知,风车联合作用下加劲梁纵向位移的最大值为869.1mm,累计值为403.3m/h,分别是车流荷载作用下结果的7.8倍和51.1倍,风车联合作用下纵向运动表现为响应增大,第2阶振型(加劲梁大纵飘)频率的占比最大,其与拟静态运动的功率谱密度比值约为7.9。这表明在较大风速时,风荷载会占据主导地位,纵向最大位移和累计位移会增大[11,12]。

四、阻尼系统设计

1. 阻尼器布设与选型

1)抗震阻尼器

根据《抗震设防体系》专题成果,确定抗震阻尼器的参数和布置如图6所示。主塔(北塔和南塔)塔缆、塔梁间抗震纵向黏滞阻尼器的总阻尼系数分别为18000kN/(m/s)$^{0.3}$、16500kN/(m/s)$^{0.3}$,共计20个阻尼器。抗震阻尼器的主要目的是减小桥梁在地震荷载作用下的纵向运动,同时要求连接装置不影响桥梁在其他荷载作用下的正常运营。黏滞阻尼器理论上的速度与阻尼力相关函数如下:

$$F(V) = CV^\alpha \tag{4}$$

式中:V——阻尼器两端相对速度;

$F(V)$——阻尼力;

C——阻尼系数;

α——速度指数。

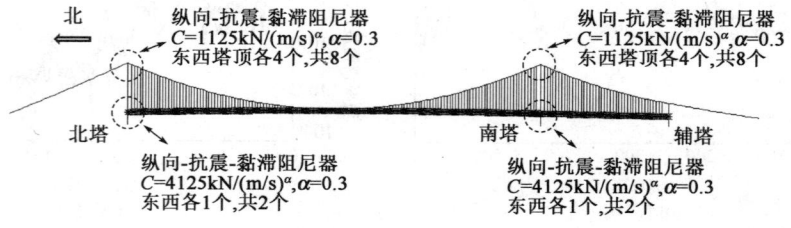

图6　抗震阻尼器布置图

2)塔缆间运营状态阻尼器

主塔塔缆间设置了纵向可滑移的自平衡滚轴式索鞍,索鞍的滚轴摩擦系数可达1/10000,设计目标状态[7]为1/1000。因此,为满足设计目标状态,减小桥塔和基础受力,抑制运营状态塔缆纵向运动,采用摩擦阻尼器作为塔缆间运营状态阻尼器。每个塔顶处索鞍的左右两侧各布置一个摩擦阻尼器,北塔、南塔塔缆间单个摩擦阻尼器的最大摩擦力分别为225kN、250kN,共计8个阻尼器,参数和布置如图7所示。摩擦阻尼器理论上的速度与阻尼力相关函数如下:

$$F(V) = \begin{cases} \leq f, & V = 0 \\ f, & V > 0 \end{cases} \tag{5}$$

式中：f——最大摩擦力。

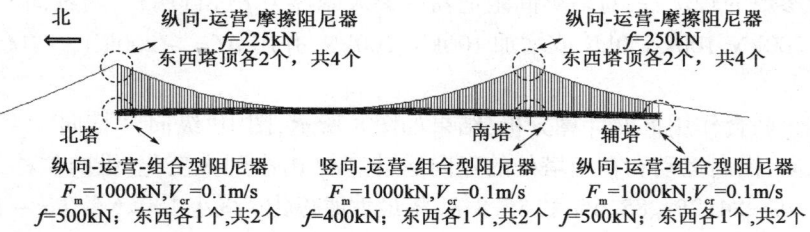

图7 运营状态阻尼器布置图

3）塔梁间运营状态阻尼器

塔梁间运营状态阻尼器分为北塔和辅塔梁端纵向阻尼器、南塔塔梁间竖向阻尼器和北塔梁端横向阻尼器。梁端纵向阻尼器的主要目的是降低加劲梁纵向运动幅度，同时提高纵向抗震阻尼器的耐久和抗疲劳性能，提高阻尼器以及梁端约束构件使用寿命；竖向阻尼器的主要目的是降低加劲梁竖向运动幅度，同时也可改善加劲梁的受力，提高约束构件使用寿命和行车舒适性；横向阻尼器的主要目的是减小加劲梁横向运动幅度，提高结构阻尼。然而，对于横向阻尼器，后续的计算表明加劲梁横向运动的响应很小，横向阻尼器对横向运动的减振效果微弱，且有无横向阻尼器对大桥其他指标的影响程度极小，因此对阻尼器进行设置优化，在最终的阻尼系统中不再采用横向阻尼器。为进行区分，将不采用横向阻尼器前、后的阻尼系统分别称为旧、新阻尼系统，有关横向阻尼器必要性的讨论请见后文。

对于张靖皋长江大桥的塔梁间运营状态阻尼器，分别设计了黏滞阻尼器方案和电涡流-摩擦组合型阻尼器两套方案，经过综合比选，最终采用电涡流-摩擦组合型阻尼器方案。限于篇幅，此处不再对黏滞阻尼器方案进行讨论。根据分析结果，最终确定塔梁间运营状态阻尼器的布置和参数，共计6个电涡流-摩擦组合型阻尼器（图中简写为组合型阻尼器）。电涡流-摩擦组合型阻尼器理论上的速度与阻尼力相关函数如下：

$$F(V) = \begin{cases} \leq f, & V = 0 \\ f + F_m \dfrac{2}{\dfrac{V}{V_{cr}} + \dfrac{V_{cr}}{V}}, & V > 0 \end{cases} \tag{6}$$

式中：F_m——最大电涡流阻尼力；

V_{cr}——临界速度；

f——最大摩擦力。

2. 阻尼器参数比选

对于塔梁间纵向、竖向运营阻尼器，确定阻尼器参数的初值，随后，对纵向、竖向阻尼器进行同步调整，以进行参数的比选。其中，纵向运营阻尼器基本参数的初值为 $F_m = 1000\text{kN}, V_{cr} = 0.1\text{m/s}, f = 500\text{kN}$，竖向运营阻尼器基本参数的初值为 $F_m = 1000\text{kN}, V_{cr} = 0.1\text{m/s}, f = 400\text{kN}$。

基于上述阻尼器参数设置，进行随机车流荷载作用下的计算，结果显示：阻尼系统对加劲梁纵向位移最大值的减振效率达到97.8%，时累计值为0.09m/h（无控制时为7.9m/h），加劲梁竖向、横向位移最大值的减振效率分别为44.5%、25.4%，北塔、南塔塔缆间纵向位移最大值的减振效率在分别为73.5%、96.6%，北塔、南塔塔底单个塔柱的顺桥向弯矩和南塔处加劲梁竖弯弯矩，分别为相对于无控制时结果的1.7、3.6和1.01倍。

基于同样的阻尼器参数设置，进行风车联合作用下的计算，结果显示：阻尼系统对加劲梁纵向位移最大值的减振效率达到84.2%，时累计值为11.9m/h（无控制时为403.3m/h），加劲梁竖向、横向位移最大值的减振效率分别为 24.0%、32.1%,北塔、南塔塔缆间纵向位移最大值的减振效率在分别为 93.9%、94.7%,北塔、南塔塔底单个塔柱的顺桥向弯矩和南塔处加劲梁竖弯弯矩,分别为相对于无控制时结果的 3.1 倍、1.8 倍和 1.1 倍。

为探讨阻尼器参数的较优解,对塔梁间阻尼器的最大摩擦力 f 进行调整,使纵向、竖向阻尼器的最大摩擦力 f 同时减小 200kN、100kN、0kN 或增加 100kN、200kN,并用 $\Delta f = -200$kN、-100kN、0kN、100kN 和 200kN 分别进行表示。

对大桥进行风车联合作用下的计算分析,结果如图 8 所示,图中"纵向""横向""竖向"分别表示加劲梁在北塔梁端的纵向、横向运动和在南塔处的竖向运动。Δf 由小到大变化,纵向位移最大值的减振效率分别为 80.3%、80.9%、84.2%、85.6% 和 85.8%,将最大摩擦力 f 减小 100kN($\Delta f = -100$)会导致减振效率降低 3.3%,增大或继续减小最大摩擦力 f 所带来的变化要远小于该值。横向位移最大值的减振效率在 32% 左右,当 $\Delta f = 100$kN 时,横向位移最大值的减振效率达到最大为 34.6%。$\Delta f < 0$ 时,竖向位移最大值被放大 4.6%,$\Delta f \geq 0$ 时,竖向位移最大值的减振效率在 24.0% 以上,从时程图可知,$\Delta f = -100$kN 时的竖向位移仅在某一很小的时段内被放大,大部分时段仍然是被抑制的状态,抑制效果要弱于 $\Delta f = 0$,显然应尽量避免使竖向位移最大值出现增大的现象。

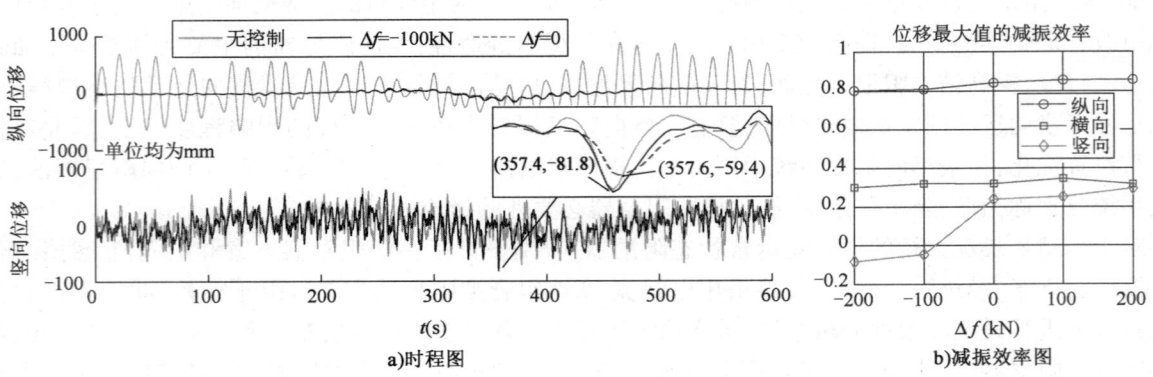

图 8 加劲梁纵向、竖向运动的时程图和加劲梁各向运动的减振效率图

受控状态下,对于北塔、南塔塔缆间纵向运动,位移最大值的减振效率分别在 93.6% ~ 93.9% 和 94.4% ~ 94.6% 的范围内,对于北塔塔底单个塔柱的顺桥向弯矩,最小值和最大值分别为 297447kN·m 和 319441kN·m,对于南塔塔底单个塔柱的顺桥向弯矩,最小值和最大值分别为 434144kN·m 和 487595kN·m,对于南塔处加劲梁竖弯弯矩,最小值和最大值分别为 160286kN·m 和 168087kN·m。结果表明,阻尼器参数的调整对于塔缆间纵向运动和结构内力的影响较小。

总体而言,基于加劲梁纵向、竖向运动控制效果增幅较大,加劲梁竖向位移最大值减振效率不出现负值,其他指标较稳定的情况,认为 $\Delta f = 0$ 时的阻尼系统为相对优解。

3. 横向阻尼器必要性讨论

在旧阻尼系统中,横向阻尼器布置在北塔与加劲梁间,东西侧各一个。阻尼器与碟形弹簧横向抗风支座的纵桥向间距为 4.2m(向南),采用电涡流-摩擦组合型阻尼器,基本参数 $F_m = 500$kN,$V_{cr} = 0.1$m/s,$f = 200$kN。对大桥进行随机车流荷载作用下的分析,结果表明北塔梁端横向位移的量级在 10^{-5}m,在有阻尼系统进行控制的情况下横向位移最大值的减振效率在 20% 左右。即使改变阻尼器参数,其减振效率也变化不大。

对大桥进行风车联合作用下的分析,结果如图 9 所示,图 9b)中"纵向""横向""竖向"分别表示加劲梁在北塔梁端的纵向、横向运动和在南塔处的竖向运动。由大桥无控制的计算结果可知,横向位移、速度的最大值分别为 6.4mm 和 3.1mm/s。对比大桥无控制和仅抗震阻尼器的计算结果可知,纵向阻尼器对横向运动有控制效果,仅抗震阻尼器时,横向位移最大值的减振效率为 21.4%。对于旧、新阻尼系统,位移最大值的减振效率分别为 32.5% 和 32.1%,两者的差异率仅为 1.5%。这表明,加劲梁横向运动响应本身较小,阻尼系统中的其他阻尼器能对横向运动起到控制效果,且横向阻尼器对横向运动控制效果的增益很小,不采用横向阻尼器后阻尼系统对位移最大值的减振效率仅减小了0.4%,时程曲线基本重合。

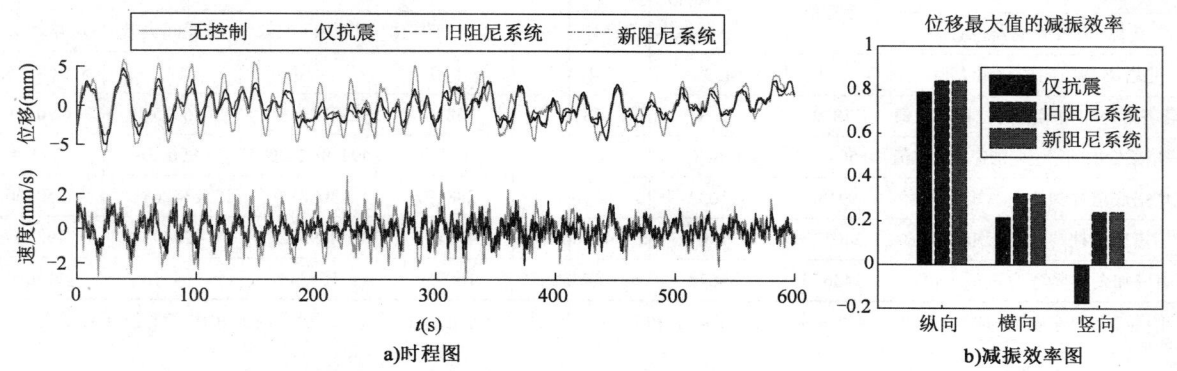

图9　加劲梁横向运动的时程图和加劲梁各向运动的减振效率图

此外,旧、新阻尼系统对大桥其他指标的影响程度极小。旧、新阻尼系统控制时,对于加劲梁纵向、竖向运动和塔缆间纵向运动,位移最大值的减振效率的差异率不足0.1%,对于北塔塔底单个塔柱的顺桥向弯矩,最大值分别为311809kN·m和311632kN·m,对于南塔塔底单个塔柱的顺桥向弯矩,最大值分别为436878kN·m和437404kN·m,对于南塔处加劲梁竖弯弯矩,最大值分别为163686kN·m和163678kN·m,这表明不采用横向阻尼器对大桥运动、内力等的影响很小。综合以上分析结果可得知,横向阻尼器在整个阻尼系统中并不是必要的组成部分。因此,在后续的分析中,将会采用经过优化设置的新阻尼系统。

4. 关于阻尼器失效的讨论

在整套阻尼系统的控制下,大桥和阻尼器应能够保持良好的运行状态。纵向运营阻尼器应能与纵向抗震阻尼器共同承担减小纵向运动的任务,减小抗震阻尼器在运营状态下的损耗,提高抗震阻尼器的使用寿命。在风车联合作用下,阻尼系统对北塔、南塔塔缆间纵向位移和北塔梁端纵向位移最大值的减振效率分别为93.9%、94.7%和84.2%。对于北塔梁端纵向阻尼器,包括抗震黏滞阻尼器和运营状态电涡流-摩擦组合型阻尼器,阻尼最大出力的比值$F_{FVD}:F_{ECD}:f$(黏滞阻尼力:电涡流阻尼力:摩擦力)约为3.2:1.0:1.2,在运动响应较小时,主要成分为摩擦力。对于塔缆间纵向阻尼器,当发生相对运动时(不计启动间隙),黏滞阻尼器开始与摩擦阻尼器共同工作,单个黏滞阻尼器最大出力370kN,这表明纵向阻尼器之间能够进行有序的协同工作。

各类阻尼器失效时大桥的动力响应结果见表3。分析表3可知,第一,塔缆间(或塔梁间)纵向阻尼器失效对塔梁间(或塔缆间)纵向运动的影响很小;第二,纵向抗震阻尼器失效所造成的不利影响要大于运营阻尼器,但即便塔缆或塔梁间抗震阻尼器失效,运营阻尼器仍能使纵向运动的减振效率在50%以上;第三,加劲梁横向位移的减振效率与纵向位移呈正相关关系,这是由于纵向和横向相互耦合的原因;第四,塔梁间竖向阻尼器失效将不利于加劲梁竖向运动,南塔塔梁竖向位移最大值增大19.4%,这是由于纵向阻尼器对加劲梁竖向运动有一定的影响;第五,纵向阻尼器失效可能会使加劲梁竖向运动的控制效果被削弱,这可能是纵、竖向运动之间的复杂耦合关系所导致的;第六,各类阻尼器分别失效对桥塔塔底弯矩和加劲梁竖弯弯矩的影响有限。

阻尼器失效时大桥的动力响应　　　　　　　　　　　　　　　　表3

失效阻尼器类别	无控制	抗震+运营整套阻尼系统	运营(纵向)		运营(竖向)	抗震(纵向)
指标\失效阻尼器位置			塔缆间失效	塔梁间失效	塔梁间失效	塔缆间失效	塔梁间失效
北塔塔缆间纵向位移最大值	73.1	4.5	7.5	4.7	5.0	30.8(57.9%)	5.1
南塔塔缆间纵向位移最大值	206.5	10.9	36.0	11.3	12.0	84.8(58.9%)	12.2
北塔梁端纵向位移最大值	869.1	137.3	162.0	183.9	162.7	137.9	288.2(66.8%)
北塔梁端纵向位移累计值	403.3	11.9	13.7	19.2	13.2	11.8	52.6(87.0%)

续上表

失效阻尼器类别	无控制	抗震+运营整套阻尼系统	运营(纵向)		运营(竖向)		抗震(纵向)
指标\失效阻尼器位置			塔缆间失效	塔梁间失效	塔梁间失效	塔缆间失效	塔梁间失效
北塔梁端横向位移最大值	6.4	4.3	4.4	5.0	4.4	4.1	5.9(8.5%)
南塔塔梁处加劲梁竖向位移最大值	78.2	59.4	78.6	58.6	93.4(−19.4%)	60.5	70.9
南塔塔梁处加劲梁竖向加速度最大值	504.0	196.8	404.7	197.6	492.8(2.2%)	206.3	344.0
北塔塔底塔柱顺桥向弯矩最大值	99186	311632	251078	288197	300814	234268	250366
南塔塔底塔柱顺桥向弯矩最大值	240177	437404	466849	475177	489502	429497	492709
南塔加劲梁竖弯弯矩最大值	143655	163678	159432	160256	164344	164276	144674

注：位移、加速度和弯矩最大值的单位分别为 mm、mm/s^2 和 kN·m，位移累计值的单位为 m/h，括号内为相对于大桥无控制时的减振效率。

上述分析表明，纵向阻尼器之间能够进行良好的协同工作，即便塔缆或塔梁间纵向抗震阻尼器失效，纵向运动的减振效率仍能保证在50%以上。然而，对于加劲梁竖向运动，纵向阻尼器失效可能导致减振效果被削弱，竖向阻尼器单独失效则会放大竖向响应，因此，在大桥后续的维护工作中，应加强对南塔与加劲梁间竖向阻尼器的关注。

四、结　语

通过对张靖皋长江大桥进行风车联合作用下的计算分析，完成了阻尼系统阻尼器参数比选、设置优化和阻尼器失效的研究，研究结果表明：

（1）电涡流-摩擦组合型阻尼器可以有效控制纵向运动。风车联合作用下，塔梁间纵向运营状态电涡流-摩擦组合型阻尼器的最大出力可以达到抗震黏滞阻尼器的68.8%，即便抗震黏滞阻尼器失效，也能保证加劲梁纵向位移的减振效率在60%以上。

（2）在设置蝶形弹簧横向抗风支座和横向阻尼器的约束体系中，纵向阻尼器也可以对加劲梁横向运动起到控制作用，仅有纵向抗震阻尼器时，横向位移最大值的减振效率有21.4%。同时，加劲梁横向运动较小，横向阻尼器的作用有限，因此对阻尼器进行设置优化，在阻尼系统中不再采用横向阻尼器。

（3）抗震阻尼器和运营状态阻尼器之间能够进行良好的协同工作，纵向阻尼器失效可能削弱竖向运动的控制效果，而竖向阻尼器失效会导致加劲梁竖向响应增大。在大桥后续的维护工作中，应加强对南塔与加劲梁间竖向阻尼器的关注。

参考文献

[1] 张宇峰,陈雄飞,张立涛,等.大跨悬索桥伸缩缝状态分析与处理措施[J].桥梁建设,2013,43(5):49-54.

[2] 董萌,崔冰,王潇军.三跨连续弹性支撑体系悬索桥结构体系设计研究[J].中国工程科学,2013,15(8):18-25.

[3] 韩大章,郭彤,黄灵宇,等.随机车辆荷载下大跨钢桥伸缩缝纵向位移响应及病害控制研究[J].振动与冲击,2019,38(24):172-178.

[4] 梁龙腾,封周权,陈政清,等.漂浮体系悬索桥拟静态纵向运动特性及其控制[J].地震工程与工程振动,2022,42(1):110-121.

[5] 黄国平,胡建华,华旭刚,等.移动车辆作用下大跨度悬索桥梁端纵向位移机理[J].振动与冲击,2021,40(19):107-115.

[6] 杨玉冬,廖海黎,王仁贵.张靖皋长江大桥抗风总体设计[J].公路,2023,68(6):8-13.

[7] 王仁贵,沈锐利,魏乐永,等.主跨2300m悬索桥自平衡体系及其力学特性研究[J].公路,2023,68(6):14-20.

[8] 沈建武,吴瑞麟.城市道路与交通[M].3版.武汉:武汉大学出版社,2011.
[9] 张喜刚,等.公路桥梁汽车荷载标准研究[M].北京:人民交通出版社股份有限公司,2014.
[10] 龙晓鸿,李黎,胡亮.四渡河悬索桥抖振响应时域分析[J].工程力学,2010,27(S1):113-117.
[11] 李光玲,韩万水,陈笑,等.风和随机车流下悬索桥伸缩缝纵向变形[J].交通运输工程学报,2019,19(5):21-32.
[12] 李永乐,钱逸哲,朱金,等.随机风、车流联合作用下大跨公路悬索桥纵向振动特性研究[J].中国公路学报,2021,34(4):93-104.

25. 浅析冲刷对桩基承载力的影响

林惠文　冯清海

(中交公路规划设计院有限公司)

摘　要　冲刷造成桩基周边土体流失,桩基的自由长度增加,造成桥梁桩基基础竖向承载力和水平承载力降低。本文以规范理论公式为基础,对摩擦桩和嵌岩桩进行冲刷作用下的竖向承载力和水平向承载力分析,得出冲刷对承载力的影响规律,并拟合得到承载力随冲刷深度的变化曲线,对实际工程设计有一定的指导意义。

关键词　冲刷　桩基　自由长度　竖向承载力　水平承载力

一、引　言

桩基具有承载力高、施工技术成熟的特点,在各类大、中、小桥中得到了广泛的应用。然而由于桩基的存在,水流在桩基周边不可避免地形成冲刷作用。冲刷作用使得桩基周边土体流失,造成桩基的自由长度增加,大大降低了桩基的竖向承载力和水平承载力。经调研,张靖皋长江大桥南航道桥主塔桩基础最大冲刷深度达20m,引桥桩基础最大冲刷深度也有5.7m;山西临猗黄河大桥的冲刷深度达到了30m。因此在进行桩基设计时,要考虑冲刷对桩基承载力的影响。

目前,很多学者开展了冲刷方面的研究。高洋[1]利用通过软件分析了冲刷对桩基承载力的影响。陈鹏等[2]建立了冲刷模型,分析了冲刷过程中桩基应力和位移的关系。蒋建平等[3]建立了水平受荷桩的有限元计算模型,分析冲刷角度、深度、桩直径、桩顶约束条件和桩自由段长度对桩水平承载的影响。薛九天等[4]研究了冲刷深度的计算,并分析了冲刷对桩基承载力的影响。从已有的研究来看,对冲刷的研究主要集中在冲刷对桩基自身截面承载力的研究,对由于冲刷而造成桩基基础承载力的研究较少。本文旨在根据理论公式,对桥梁桩基基础的竖向承载力和水平承载力进行研究,分析不同冲刷深度对不同种类的桥梁基础的水平承载力和竖向承载力的影响,并建立了竖向承载力-冲刷深度和水平承载力-冲刷深度的关系式。本文对桥梁桩基设计提供一定的参考。

二、承载力理论计算

桥梁基础是桥梁的最终传力构件,将上部的荷载传递给土体。基础除了承受自重等竖向荷载,同时还承受风荷载、车辆制动力、地震、船撞等传来的水平荷载。其中大部分横向荷载与竖向荷载相比是微不足道的,而地震河船撞对桥梁产生的水平荷载往往很大,而且是致命的。因此,有必要对桥梁桩基的竖向承载力和水平向承载力进行研究。

1. 单桩竖向承载力

承受竖向荷载的单桩,通常认为其承载能力发挥的过程是这样的:随着竖向荷载的施加,桩体受到压缩,由于桩体和土体刚度、受力情况的不同,桩体会产生相对于土体的向下位移,土体有抑制桩体沉降的趋势,因而对桩体产生向上的摩阻力,摩阻力和桩土接触处的桩体相对位移有关,由上向下逐渐产生以平衡桩体受到的竖向荷载。桩体受到的竖向荷载超过了最大荷载(桩土相对位移超过极限位移后),桩体和土体发生相对滑移,桩侧土体强度降低。

摩擦桩的单桩竖向承载力[5]为:

$$[R_a] = \frac{1}{2}U\sum_{i=1}^{n}q_{ik}l_i + A_p q_r \tag{1}$$

$$q_r = m_0\lambda[[f_{a0}] + k_2\gamma_2(h-3)] \tag{2}$$

支承在基岩上或嵌入基岩内的钻孔灌注桩、沉桩单桩轴向受压承载力[5]为:

$$[R_a] = c_1 A_p f_{rk} + u\sum_{i=1}^{m}c_{2i}h_i f_{rki} + \frac{1}{2}\zeta_s u\sum_{i=1}^{n}l_i q_{ik} \tag{3}$$

2. 单桩水平承载力

单桩承受水平荷载时,根据单桩承受的水平荷载大小,可以将桩土体系分为3个承载状态:当水平荷载小于临界荷载时,每一级水平荷载引起的桩身侧移几乎相等,桩身的变形在卸载后大部分可以恢复,此时桩处于弹性状态;当水平荷载大于临界荷载而小于极限水平荷载时,每一级水平荷载引起的桩身侧移逐渐增大,桩身的变形在卸载后不可以恢复,此时桩处于弹塑性状态;随着水平力的继续增大,大于水平极限承载力时,水平荷载产生的桩身位移剧烈增大,周围土体出现裂缝,整个桩土体系明显失稳。

按照《建筑桩基技术规范》(JGJ 94—2008)[6]桩基的水平承载力按照给定的位移限值进行计算,对于钢筋混凝土预制桩、钢桩、桩身全截面配筋率不小于0.65%的灌注桩,可根据静荷载试验结果取地面处水平位移为10mm(对于水平位移敏感的建筑物取水平位移6mm)所对应的荷载为单桩水平承载力设计值。以地面处桩的位移为10mm作为控制条件,来计算桩基的水平承载力。桩基与承台按铰接考虑,单桩的水平位移计算见《公路桥涵地基与基础设计规范》(JTG 3363—2019)中 L.0.3[5]计算。

知道桩顶的作用力H,便可求得地面或者冲刷线处的位移。通过试算,算出地面或冲刷线处桩基位移达到限制时的水平力即为桩基的水平承载力。

三、冲刷对桩基承载力影响分析

1. 分析工况

为了研究冲刷深度对摩擦桩和嵌岩桩承载力的影响,取冲刷深度为:0m,2m,4m,6m,8m,10m,12m,14m,16m,18m,20m进行竖向承载力和水平承载力计算。摩擦桩桩位处地质见表1,嵌岩桩桩位处地质见表2。

摩擦桩桩位处地质 表1

层底高程(m)	土层描述	q_{ik}(kPa)	f_{a0}(kPa)
-9.96	粉砂	25	
-16.76	粉细砂	33	
-26.46	粉细砂	38	
-39.06	粉细砂	55	
-41.06	中砂	58	
-48.46	粉细砂	55	
-52.26	圆砾	125	
-58.46	中砂	58	
-79.16	含砾中粗砂	85	
-82.86	强风化粉砂岩	75	
-114.72	中风化砂岩	120	400

嵌岩桩桩位处地质 表2

层底高程(m)	土层描述	q_{ik}(kPa)	f_{rki}(kPa)
−19.32	淤泥	10	
−40.62	淤泥质粉质黏土	15	
−54.92	粉质黏土	25	
−58.32	粗砂	75	
−76.52	粉质黏土	35	
−84.12	粉砂	50	
−86.32	粉质黏土	40	
−92.82	粉砂	100	
−99.52	粉质黏土	60	
−107.42	粉质黏土	70	
−109.62	强风化熔结凝灰岩	120	
−112.62	中风化熔结凝灰岩	120	30000

摩擦桩桩基顶部高程为 −4.72m，桩底高程为 −114.72m，桩长为110m。地面高程为 −5m，桩基直径为2.8m。嵌岩桩桩基顶部高程为 −1m，桩底高程为 −112.62m，桩长为116.62m。地面高程为 −17.35m，桩基直径为2.8m。

2. 分析结果

1) 冲刷对桩基竖向承载力的影响

当冲刷分别深度为：0m，2m，4m，6m，8m，10m，12m，14m，16m，18m，20m时，可以计算得到埋置桩基的各土层厚度，然后根据公式 $[R_a] = \frac{1}{2}U\sum_{i=1}^{n}q_{ik}l_i + A_p q_r$ 计算得到各冲刷深度对应的桩基竖向承载力。

以冲刷为深度为0时的竖向承载力为单位1，变化趋势如图1所示，对竖向承载力 V 与冲刷深度 h 进行拟合，摩擦桩拟合得到的二次曲线为：$V = 1 - 0.00266h - 0.000038h^2$；嵌岩桩拟合得到的一次曲线为：$V = 1 - 3.9 \times 10^{-4}h$。

由计算可知，对于摩擦桩随着冲刷深度的增加，桩基的竖向承载力逐渐减小，且减小的速率逐渐增大。对于嵌岩桩随着冲刷深度的增加，桩基的竖向承载力逐渐减小，近似于线性关系。由于嵌岩桩的竖向承载力大部分是由嵌入岩石的部分承担，因此，冲刷深度对嵌岩桩的竖向承载力影响程度小于摩擦桩。

2) 冲刷对桩基水平承载力的影响

摩擦桩地基土的水平抗力系数的比例系数 $m = 3500 kN/m^4$，嵌岩桩地基土的水平抗力系数的比例系数 $m = 5000 kN/m^4$，冲刷主要使得桩基的埋置深度减小，即伸出土体的长度增大，桩基的水平承载力将降低。

通过试算，得到不同冲刷深度的冲刷线处桩基的水平位移为10mm时，对应的桩顶水平力，即为对应的水平承载力。以冲刷为深度为0时的水平承载力为单位1，变化趋势如图2所示，对水平承载力 H 与冲刷深度 h 进行二次拟合，摩擦桩拟合得到的二次曲线为：$H = 0.9643 - 0.066h + 0.0017h^2$；嵌岩桩拟合得到的二次曲线为：$H = 0.9963 - 0.034h + 0.00062h^2$。

由计算可知，对于摩擦桩随着冲刷深度的增加，桩基的水平承载力逐渐减小，且减小的速率逐渐减小。对于嵌岩桩随着冲刷深度的增加，桩基的水平承载力逐渐减小，且减小的速率逐渐减小。冲刷深度对嵌岩桩水平承载力的影响程度小于摩擦桩。同时对比图1和图2，冲刷深度对水平承载力的影响大于对竖向承载力的影响。

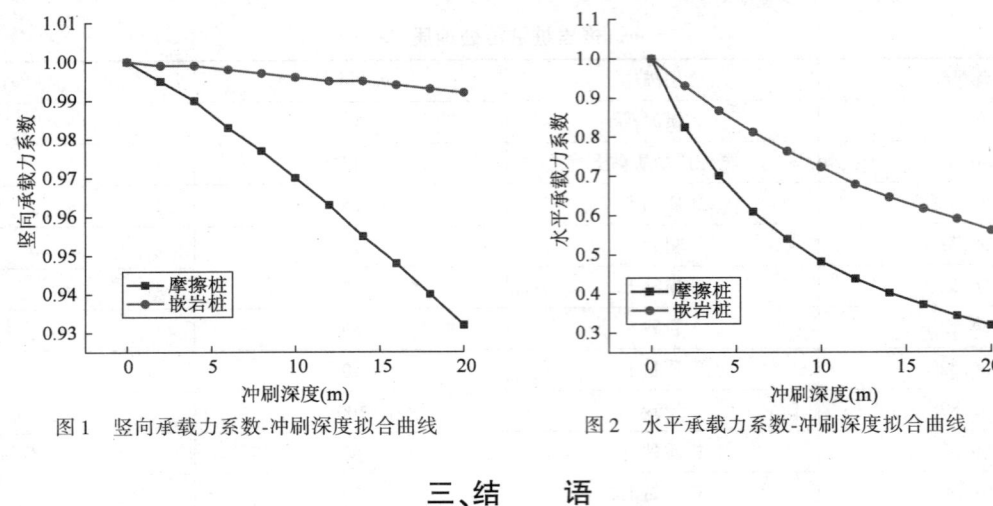

图1 竖向承载力系数-冲刷深度拟合曲线　　　图2 水平承载力系数-冲刷深度拟合曲线

三、结　语

（1）冲刷使得桩基的埋置深度变小，位于土体外面的自由长度增加，使得土体对桩基的抗力作用减小，因此，桩基的竖向和水平向承载力均减小。

（2）由计算可知摩擦桩和嵌入桩随着冲刷深度的增加，桩基的竖向承载力逐渐减小，且摩擦桩减小的速率逐渐增大，嵌岩桩基本呈线性关系。

（3）由计算可知摩擦桩和嵌岩桩随着冲刷深度的增加，桩基的水平承载力逐渐减小，且减小的速率逐渐减小。冲刷深度对桩基的水平承载力影响大于对竖向承载力的影响。

（4）摩擦桩的竖向承载力主要靠桩侧土的摩擦力，嵌岩桩的竖向承载力大部分是岩体部分承担，因此冲刷深度对摩擦桩竖向承载力的影响大于对嵌岩桩竖向承载力的影响。

参考文献

[1] 高洋.河流冲刷对既有桥梁群桩基础竖向承载性状影响的数值模拟[D].天津：天津大学,2016.
[2] 陈鹏,李文华,范涛,等.土体冲刷对桥梁桩基影响的三维差分模拟计算分析[J].山东科技大学学报（自然科学版）,2007(10):23-26.
[3] 蒋建平,陈文杰,杨栓.局部冲刷对部分埋入单桩水平承载性状的影响[J].水利水运工程学报,2017(3):64-70.
[4] 薛九天,王伟,杨敏.海水冲刷效应对海上风机桩基承载性能的研究[J].建筑科学,2012,28(S1):84-88.
[5] 中华人民共和国交通运输部.公路桥涵地基与基础设计规范：JTG 3363—2019[S].北京：人民交通出版社股份有限公司,2019.
[6] 中华人民共和国住房和城乡建设部.建筑桩基技术规范：JGJ 94—2008[S].北京：中国建筑工业出版社,2008.

26. 张靖皋长江大桥南航道桥吊索空间受力有限元分析

朱志远[1]　刘　森[2]　路顺权[2]　苏　翰[2]　郝海龙[3]　魏乐永[3]　杜进生[2]　周祝兵[4]

（1.江苏扬子江高速通道管理有限公司；2.北京交通大学；3.中交公路规划设计院有限公司；
4.江苏法尔胜缆索有限公司）

摘　要　为评估张靖皋长江大桥南航道桥吊索的结构安全性，进行了成桥阶段主缆线形的求取及运营阶段的静力有限元分析。在建模过程中采取了一种简化方法，先忽略南塔锚碇得到简化模型后对其进行完善,在求取精确平衡状态时不再约束垂点,最终得到了与设计相符的悬索桥成桥线形,分析了运营阶段下的吊索横向倾角。主跨跨中位置吊索横向倾角最大为 2.49°,并从跨中向桥塔递减,呈倒 V 形分布;跨中位置吊索较短,较大的横向倾角可能会导致吊索局部弯曲,进而产生较大的应力集中,应采取特殊处理。

关键词 悬索桥 主缆线形 有限元 吊索 横向变形

一、引　言

悬索桥是一种具有独特结构和美学价值的特殊桥梁形式,是千米级主跨跨度桥梁的首选桥型[1]。悬索桥有限元模型的建立和分析不仅有助于了解悬索桥在静力、动力和地震等多种荷载作用下的力学行为[2,3],还可以模拟和分析悬索桥在荷载作用下的受力分布、变形特性和振动响应等信息。柴生波等[4]通过有限元方法研究了塔顶位移及主缆伸长与主缆垂度变化的关系,并给出了相应的解析式。郑成成等[5]通过有限元和动力分析对悬索桥多模态涡激振动响应机理和有效抑振措施进行了研究。黄浩等[6]以吉茶高速公路矮寨特大悬索桥为例,根据桥址处的风速和设计参数研究了静风荷载对桥梁主要构件内力的影响,同时对桥梁静风稳定性进行了基于三维非线性优化理论的验算。鉴于目前对吊索横向位移的研究较少,本文采取了一种简化方法对张靖皋长江大桥南航道桥进行了整体有限元分析,得到了与设计相符的悬索桥成桥线形,并对成桥及运营阶段的吊索轴力及吊索横向倾角进行了研究。

二、悬索桥主缆线形的计算方法

成桥阶段的主缆线形直接影响了悬索桥的重力刚度,决定了悬索桥对于各种荷载的响应。成桥阶段主缆线形的求取是悬索桥设计和分析过程中至关重要的环节。根据对成桥阶段悬索桥恒载的简化方式,主缆线形的计算分为节线法、抛物线法、分段悬链线法。在运用 midas 进行全桥有限元模拟时,需根据三种方法的基本原理与假定进行模型的完善及参数的修正。

节线法[7]采用的索平衡状态计算方程,基于以下假定:①吊索仅可能在横桥向倾斜;②主缆张力沿着顺桥向的分量 H 在全跨分布一致;③主缆在两相邻吊索间不受分布力;④任意一跨的主缆两端坐标、跨中垂度、吊索在加劲梁上纵横向的吊点位置、加劲梁的恒荷载均已知。节线法将主缆从吊索上端节点分段,每段主缆仅受两端的节点荷载,节点间索曲线为一直线,主缆的线形为分段折线。

抛物线法是理想状态下主缆线形的近似计算方法,假定:①主缆张力沿着顺桥向的分量在全跨分布一致;②吊索保持竖直且分布足够密集。此时可将纵向离散分布的吊索看作一整体的膜结构,即一跨内的主缆受到的竖向分布力沿顺桥向均匀分布,主缆的线形为抛物线。

分段悬链线法[8]将主缆所受重力简化为沿弧长均匀分布的竖向分布荷载,假定悬索桥主缆的横截面面积在外荷载作用下的变化量可被忽略。分段悬链线法将主缆按照吊索与主缆的连接节点分成 n 段,每一段主缆受自身重力及两端集中力作用,每个连接节点受前后两段主缆的张力及吊索轴力作用。分段悬链线方程理论上有唯一解,可通过迭代法求解。值得注意的是,此时吊索轴力作为已知量出现,但实际求取成桥状态主缆线形时,吊索的轴力分布及主缆线形均未知,在操作过程中应结合抛物线法对模型进行修正使得最终计算出的成桥阶段的加劲梁弯矩分布均匀、桥塔顺直、吊索轴力沿纵向分布均匀。

三、基于 midas 进行的悬索桥建模方法

本文将结合三种计算方法的基本原理与假定进行张靖皋长江大桥南航道桥成桥阶段的求取及运营阶段分析。利用 midas 进行悬索桥分析的步骤包含:①利用 midas 悬索桥建模助手求取初始成桥状态;②对加劲梁、桥塔、索鞍、支座等进行修正完善;③利用悬索桥分析精确求取成桥状态;④利用独立模型进行平衡验证;⑤倒拆求空缆线形;⑥利用累加模型进行施工阶段的模拟;⑦施加荷载进行运营阶段的

分析。

由于步骤③中midas精确求取成桥状态是基于分段悬链线理论进行迭代计算,以索的无应力长度进行控制调整主缆坐标、主缆张力、吊索轴力,迭代时的收敛准为当前的迭代循环内悬索桥构型在自重、吊索轴力、主缆张力三者作用下保持平衡状态(通常这一判定准则的具体指标为所有吊索下端连接的加劲梁节点不平衡位移为零,当加劲梁节点在三者作用下产生较大位移时认为悬索桥不在平衡状态而进行下一次迭代循环),故采用midas进行的成桥状态的求取亦称为平衡状态的求取。

1. 工程背景

如图1a)所示,张靖皋长江大桥南航道桥主跨为2300m,主缆垂跨比为1∶9,边跨717m,设有副塔调节主缆线形,北锚碇距北塔660m,南锚碇距副塔503m,同一吊点位置处布置有两根吊索,两相邻吊点在纵桥向间隔16m,横向布置的两个吊点间距42.9m[加劲梁剖面如图1b)所示];桥梁纵向上,靠近三座桥塔位置的两吊点的吊索为加强吊索,其余为普通吊索。加强吊索型号为PSS5.9-241-1770-LM,普通吊索型号为PSS5.6-121-1770-LM。

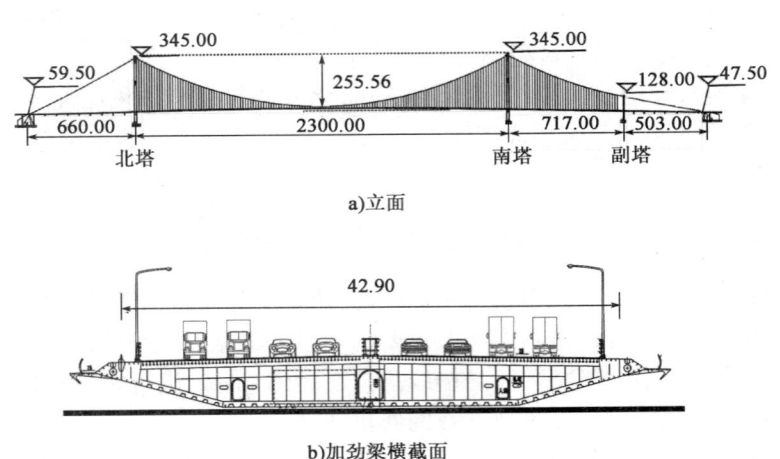

图1 张靖皋长江大桥南航道桥(尺寸单位:m;高程单位:m)

2. 初始成桥状态主缆线形的求取

迭代法需提供一初始状态才能进行循环,不同的初始状态收敛向不同的平衡状态。理想的成桥阶段应满足加劲梁弯矩分布均匀、桥塔顺直、吊索轴力沿纵桥向分布均匀,而通过悬索桥建模助手所建立的模型可提供一个接近于理想成桥阶段的初始状态。

利用midas悬索桥建模助手求取初始平衡状态是midas软件基于节线法进行的参数化建模,其界面主要分为节点位置、吊索间距、材料及构件截面属性、加劲梁自重及竖曲线四部分。吊索间距、材料及构件截面属性、加劲梁自重及竖曲线按照实际情况输入参数。

节点位置部分应输入两侧锚碇、两主塔索鞍、跨中垂点、每跨加劲梁起终点共5个主缆节点坐标、6个加劲梁节点坐标。三塔两跨式悬索桥具有两个锚碇、三个桥塔索鞍、一个主跨跨中垂点共6个主缆节点,与建模助手中的节点位置信息不匹配。但由于张靖皋长江大桥南航道桥副塔与南锚碇间无吊索,这一区域内的主缆仅受自身重力作用,其线形与加劲梁恒载及吊索轴力基本无关,因此可忽略南锚碇,将副塔索鞍位置视为锚碇,将其坐标填入建模助手界面对应锚碇处可自动生成与张靖皋长江大桥南航道桥接近的悬索桥模型(图2)。按照这种方式可快速计算最多三跨的悬索桥主缆线形。

图2 修正前的悬索桥模型

3. 模型的修正

模型的修正基于抛物线法及悬索桥设计理念进行,主要包含结构调整、材料及构件截面设置,加劲梁抗弯惯性矩的削弱、支座的模拟等。

结构的调整:由建模助手生成的悬索桥模型,加劲梁在桥塔处断开、桥塔均采用 H 型、主跨跨中垂点位置必定有吊索,因此需对加劲梁、桥塔进行补充完善并将跨中吊索删除。由于使用建模助手生成模型时忽略了南侧锚碇,在模型的修正阶段还应将副塔南侧主缆补充完善。悬索桥模型中主塔和加劲梁采用梁单元模拟,主缆和吊索采用仅受拉索单元模拟,调整后的全桥有限元模型共 1749 个节点、1901 个单元。锚碇及塔底与大地的连接采用一般支承模拟;在塔顶与对应的主缆节点间采用放松顺桥向的刚性连接模拟索鞍;吊索上端与主缆共节点,下端与加劲梁刚性连接。

材料及构件截面设置:加劲梁和桥塔的变截面采用线性变化的变截面组,各构件的材料参数见表 1。

构件材料参数 表1

参数	加劲梁	主缆	吊索	桥塔钢箱	桥塔混凝土
密度 ρ (kg/m³)	7850	7850	7850	7850	2600
泊松比 μ	0.3	0.3	0.3	0.3	0.2
线膨胀系数 a (1/℃)	1.2×10^5	1.2×10^5	1.2×10^5	1.2×10^5	1.2×10^5
弹性模量(MPa)	2.06×10^5	2.00×10^5	2.10×10^5	2.10×10^5	3.60×10^4

加劲梁抗弯惯性矩的削弱:本文计算模型中抗弯惯性矩削弱为 0.02,目的是在迭代进行收敛判定时尽可能忽略加劲梁刚度,使最终得到的成桥状态下的吊索轴力沿桥跨方向分布均匀,进而使得加劲梁弯矩分布类似于多点弹性支承的连续梁。

支座的模拟:支座模拟情况直接决定了计算结果中桥塔(支座)附近吊索轴力分布及加劲梁的负弯矩大小,对于加劲梁连续通过桥塔的悬索桥,应设置特殊支座降低加劲梁在桥塔处的负弯矩。对于张靖皋长江大桥南航道桥而言,南塔位置处的支座应做特殊处理,求取成桥状态时不设支座,在后续阶段再补充,其他位置处的支座采用仅受压弹性连接模拟抗风支座。修正后的悬索桥模型如图 3 所示。

图3 修正后的悬索桥模型

4. 成桥状态的求取及其平衡验证

计算过程中参数的选取:对模型进行修正后开启悬索桥分析控制可由 midas 计算悬索桥成桥状态,悬索桥分析控制中参数的选取如下:控制参数中迭代次数为 5 次,收敛误差为 10^{-5};分析方法为初始内力法,更新节点组为所有主缆节点,垂点组为两主塔顶部主缆节点;控制方法为吊杆底部加劲梁竖向变形为 0;荷载工况仅考虑恒荷载。

平衡验证:平衡状态求取完成后,应利用独立模型进行平衡验证(即建立一个一次落架的施工阶段,删除抗弯惯性矩的折减并在施工阶段分析中打开独立模型进行计算不平衡内力及位移)。若加劲梁在自重、吊索轴力、主缆张力作用下吊索下端节点的不平衡位移接近零、弯矩分布类似于连续梁且分布均匀时认为所求成桥状态平衡。图 4a)为成桥状态下加劲梁由于不平衡内力所引起的位移云图,最大位移位于主跨跨中为 0.005mm。图 4b)为加劲梁弯矩图,加劲梁弯矩分布均匀。

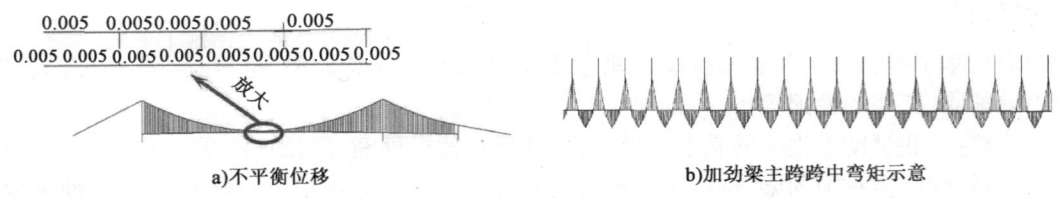

a) 不平衡位移　　　　　　　　　b) 加劲梁主跨跨中弯矩示意

图 4　成桥阶段平衡验证(尺寸单位:mm)

5. 荷载的施加

关注荷载作用下的吊索轴力水平,忽略施工阶段的模拟,直接在成桥阶段的基础上进行荷载的施加,认为经过施工阶段的主缆线形与所计算的成桥阶段主缆线形一致。荷载包括:恒荷载、温度荷载、静风荷载、收缩徐变及移动荷载。温度荷载包括整体温度荷载和温度梯度荷载,移动荷载包括公路—Ⅰ级车道荷载和人群荷载,共 8 个车道荷载和 2 个人群荷载。恒荷载包括一期恒载和二期恒载,静风荷载包括百年纵横风和十年纵横风,计算出风荷载集度后按照集中力加载到单元节点。

四、成桥及运营阶段的吊索轴力及吊索横向倾角

如图 5 所示,为方便描述,将吊点分为三部分进行编号,每一个吊点位置的两根吊索没有差别。在 NZ1、NZ2、SZ1、SZ2、SB1、SB2、SB41、SB42 吊点位置处设置加强吊索,其余为普通吊索。

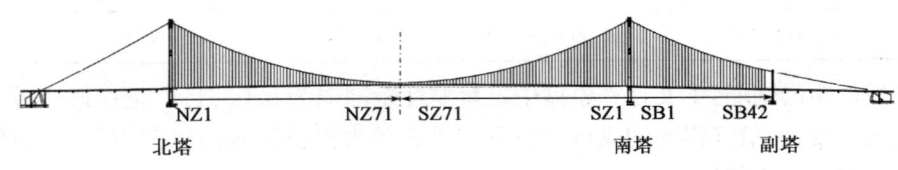

图 5　吊索编号

1. 吊索轴力及安全系数

如图 6 所示,为标准值直接组合的最不利情况下吊索的轴力沿顺桥向的分布。计算值与设计值趋势相同,均在邻近桥塔位置的第一根加强吊索达到极大值,在邻近桥塔位置的普通吊索达到极小值,而后略微上升趋于平稳,一般吊索的计算值与设计值的差值均不超过 5%,说明计算得到的成桥主缆线形及荷载的加载符合设计要求。

如图 7 所示,为成桥阶段(仅有恒载)下吊索轴力沿顺桥向的分布,计算得到的加强吊索轴力最大值为 2660.58kN,吊索编号 SZ1,最小为 1534.82kN,吊索编号 NZ2;计算得到的普通吊索轴力最大值为 1334.19kN,吊索编号 NZ5,最小为 1011.89kN,吊索编号 SZ3,跨中吊索轴力为 1260.17kN。

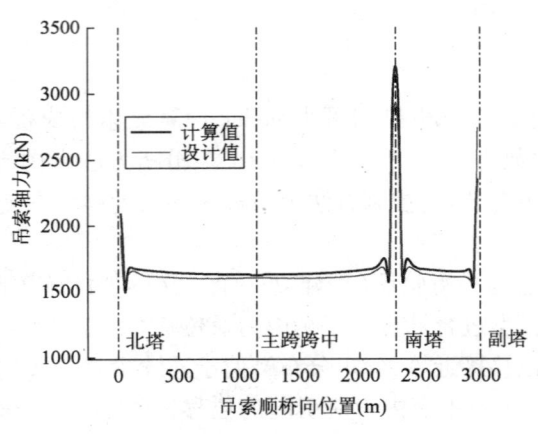

图 6　标准值组合最不利吊索轴力对比

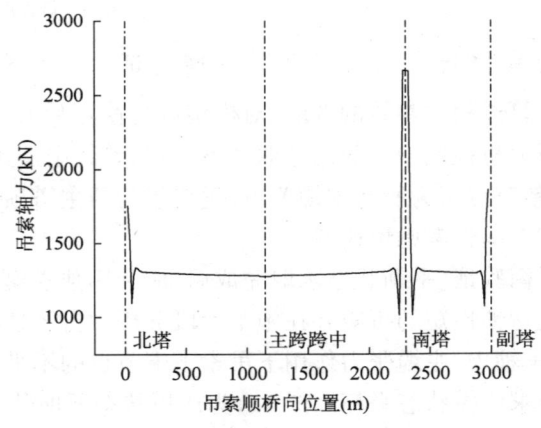

图 7　成桥阶段下吊索的轴力分布

定义吊索的安全系数为吊索公称破断索力与吊索轴力之比,成桥阶段的吊索安全系数如图 8 所示,一般吊索的安全系数明显小于加强吊索,成桥阶段一般吊索的安全系数在 3.95~5.21 内波动。

《公路悬索桥设计规范》(JTG/T D65-05—2015)中要求高强钢丝吊索的承载力应满足式(4-1)的要求。

$$\gamma_0 N_d / A \leq f_k / \gamma_R \quad (1)$$

式中:N_d——轴向拉力设计值(N);
  A——高强度钢丝吊索的截面面积(mm^2);
  f_k——高强度钢丝抗拉强度标准值(MPa);
  γ_R、γ_0——吊索材料分项系数(对于销接式吊索取 2.2)和结构重要性系数。

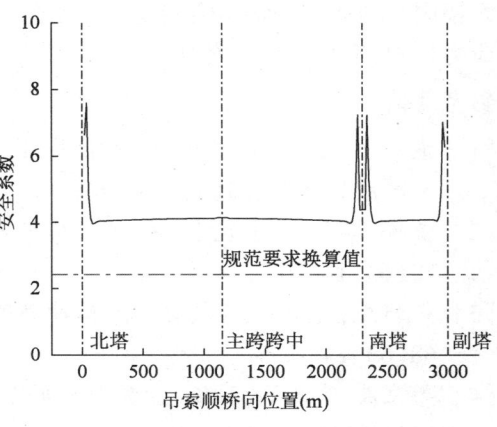

图 8 成桥阶段下吊索安全系数

换算后,吊索安全系数应大于 $2.2\gamma_0$,张靖皋长江大桥南航道桥的设计安全等级为一级,结构重要性系数为 1.1。即当吊索的安全系数大于 2.42 时,吊索截面布置可满足结构设计要求。

2. 吊索横向倾角

如图 9 所示,将变形前后吊索的横向转动角度定义为吊索横向倾角,吊索横向倾角的正切值为吊索上下端横向相对位移与索长之比,运营阶段最不利情况下吊索的横向倾角沿顺桥向的分布如图 10 所示,主跨的横向倾角呈倒 V 形分布。吊索横向倾角最大值为 2.49°,吊索编号 NZ71,为跨中吊索,最小为 0.22°,吊索编号 SZ1,为加强吊索。跨中位置吊索的横向倾角较大,常规吊索锚固端构造无法适应这种倾角,可能会导致吊索局部弯曲,引起较大的应力集中,不利于吊索安全,部分桥梁会采用关节轴承适应这种变形。

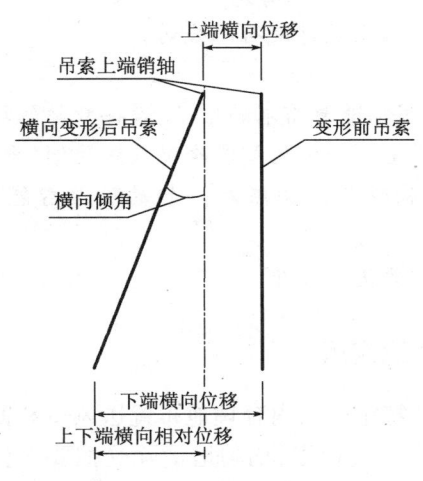

图 9 吊索横向倾角示意

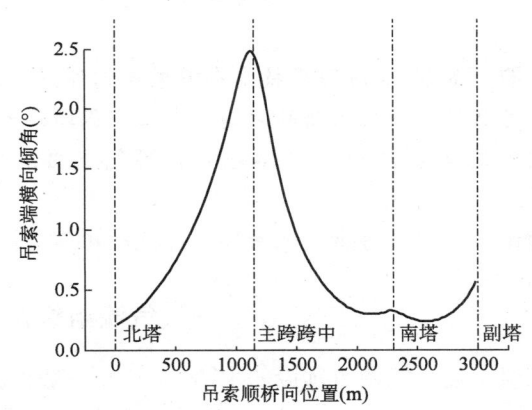

图 10 运营阶段最不利情况下吊索的横向倾角分布

五、结　语

本文依托张靖皋长江大桥南航道桥进行了全桥有限元分析,根据主缆线形计算的节线法、抛物线法和分段悬链线法的基本假定,进行了悬索桥成桥状态的求取及运营阶段的全桥有限元分析,得到了以下结论:

(1)标准值直接组合的最不利情况下吊索轴力的计算值与设计值趋势相同,且一般吊索的计算值与设计值的差值均不超过 5%,说明本文采用的简化建模方法能够在降低悬索桥建模难度的同时满足成桥主缆线形及荷载加载的设计要求。

(2)运营阶段主跨跨中位置吊索横向倾角最大 2.49°,并从跨中向桥塔递减,呈倒 V 形分布。常规吊索锚固端构造与吊索间的刚度差可能会导致吊索的局部弯曲,引起索体与锚固端连接部位处产生较大的应力集中,不利于吊索安全。

参考文献

[1] 袁智杰,王浩,茅建校,等.限位吊索对三跨连续悬索桥静动力特性的影响[J].东南大学学报(自然科学版),2023,53(3):395-401.
[2] 黄侨,单彧诗,宋晓东,等.特大跨径地锚式悬索桥静力稳定性分析[J].哈尔滨工业大学学报,2020,52(6):140-148.
[3] 师新虎,黄亚磊,李树鼎,等.脉冲型地震作用下大跨度非对称悬索桥地震反应分析[J].公路,2023,68(6):248-255.
[4] 柴生波,肖汝诚,孙斌.活载下悬索桥主缆变形特性[J].同济大学学报(自然科学版),2012,40(10):1452-1457.
[5] 郑成成,向泓舟,陈永祁,等.超大跨度悬索桥涡激振动响应与振动控制[J].科学技术与工程,2022,22(18):8103-8109.
[6] 黄浩.风荷载作用下悬索桥受力分析与静风稳定性研究[J].公路工程,2019,44(4):98-102,148.
[7] 刘政伟,高能祥.用节线法计算悬索桥缆形[J].交通科技,2014(3):26-28.
[8] 唐茂林,强士中,沈锐利.悬索桥成桥主缆线形计算的分段悬链线法[J].铁道学报,2003(1):87-91.

27. 气流组织在桥梁一体化智能除湿系统中的应用

赵 峰[1] 李 鹏[2] 魏乐永[2] 颜智法[2] 郝海龙[2]

(1.江苏省交通工程建设局;2.中交公路规划设计院有限公司)

摘 要 如今,除湿防腐技术在桥梁各构件得到广泛运用。随着需求的增多、设备数量的增加,系统稳定性和可靠性逐渐成为新的问题。本文以张靖皋长江大桥全桥一体化智能除湿系统为例,系统分析除湿系统优化整合的新技术,介绍充分利用气流组织将全桥构件除湿关联在一起的除湿智能化的基本情况。

关键词 除湿 防腐 悬索桥 气流组织 智能化 一体化 管理

一、气流组织在桥梁中的应用

气流组织是空气调节领域的术语,其含义一般认为是,在特定区域内合理地布置送风口和回风口,使得经过调节处理的空气,由送风口送入区域后,在扩散与混合的过程中,均匀地消除受控要素,从而使区域内空气参数达到使用的要求。气流组织需要对气流流向和均匀度按一定要求进行组织,由回风口抽走区域内空气,将大部分回风返回到空气处理机组,少部分排至室外。

桥梁结构中需要进行空调处理的区域主要有钢箱梁、锚室、鞍室、索塔和主缆,需要控制的空气参数主要是相对湿度(%RH)、洁净度(pc/m³)、压力(Pa)等,目的是降低桥梁构件的腐蚀速率,延长结构使用寿命,创造舒适的管养环境。通常将桥梁空调系统称为桥梁除湿系统。决定这些区域内部空调效果的因素不仅与设备处理能力的大小有关,其中气流组织的优劣也同样决定了其效果。通过合理布置送排风位置、风量分配以及风口结构形式,以期优化单位风量对区域内有害物的携带效率,进而可以降低风量,减少能源浪费,增加区域舒适度的目的。

不同的气流组织方式会形成不同的速度场、温度场、相对湿度、洁净度或有害物浓度场,直接影响桥梁除湿效果,桥梁分构件除湿的气流组织与不同类型的空调房间类似,如钢箱梁除湿一般按狭长空间考虑,多采用下送上回分区除湿方式;锚室按高大空间考虑,多采用侧送侧回除湿方式;主缆多采用置换通风方式等。目前,桥梁一体化除湿成为新的发展方向,各个桥梁构件统一考虑除湿和气流组织,不再采用独立除湿,对桥梁一体化气流组织的研究显得更加重要。

二、桥梁一体化智能除湿系统

1. 各自独立的桥梁除湿模式

在桥梁防腐技术中采用除湿机对大桥的钢箱梁、钢锚箱、钢塔、锚室、鞍室、钢箱拱、钢箱弦杆和主缆进行主动式防腐保护,是一项技术上先进、经济上合理的选择。目前,在世界上大部分钢结构桥都应用了除湿机作为防腐措施,成功延缓了钢梁和缆索的腐蚀,维护了大桥的安全与运行。

专业材料显示,钢铁腐蚀表面的氧化膜含有大量的氯化物和原子吸附,研究认为氧化膜是由三氧化二铁水合物 $Fe_2O_3 \cdot nH_2O$ 和氢氧化铁 $[FeO(OH),Fe(OH)_3]$ 组成。在陆地暴露 2 年的试样腐蚀率为 $0.016mm/年$,在海洋大气暴露 0.6 年的腐蚀率为 $0.659mm/年$。桥梁除湿最早出现在钢箱梁内,1972 年的小贝尔特大桥用 22 年的挂片试验充分证明除湿技术的有效性,如图 1 所示。

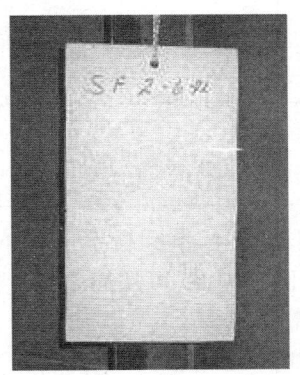 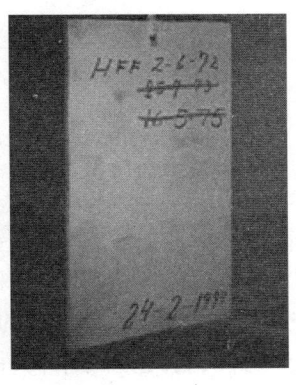

图 1 小贝尔特大桥挂片试验

虎门大桥建设期间对钢箱梁除湿方案做了经济性比选,得出结论:如果除湿机的寿命为 5 年,重防腐的寿命为 15 年,两种防腐全寿命周期总费用之比约为 1∶4。因此,在桥梁很多构件中,都开始采纳除湿防腐技术,逐渐演变成每个能够采用除湿防腐的钢结构件内均安装了除湿系统,如南京栖霞山长江大桥(图 2)和泰州大桥(图 3),分别设置了 29 套和 27 套除湿系统。

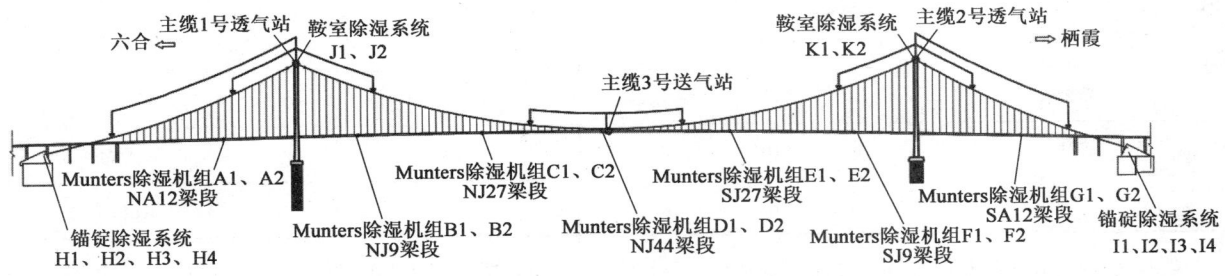

图 2 南京栖霞山长江大桥全桥除湿系统布置立面

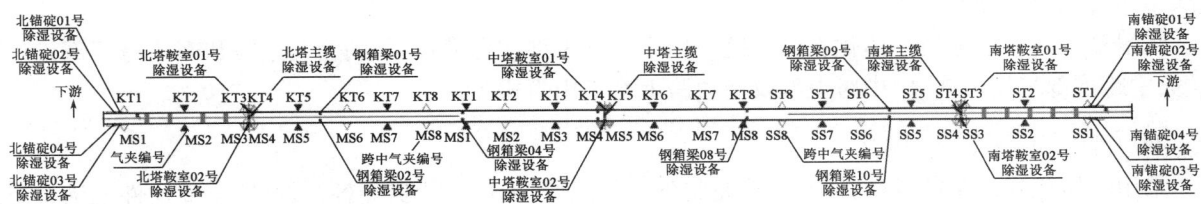

图 3 泰州大桥全桥除湿系统布置平面

随着系统数量的增加,稳定问题凸显,给管养造成困扰,构件内部相对湿度是核心指标,其日平均湿度和小时平均湿度达标率尚存不尽人意的情况,在主缆除湿方面尤甚。

从可靠性的角度看,系统的整个除湿系统的可靠性决定了防腐系统的可靠性,系统的单元多,则可靠性降低,这又对系统的监测、监控提出了新的要求,系统增加探测、检测点,则增加了单元的复杂程度,降低了单元的可靠性。因此,合理布置系统,选择系统的数量,同时,又要兼顾当前的技术水平、施工环境、初期投资等多个方面的因素,整个系统是一个多目标综合的结果,也就是一个需要多目标优化的系统。

2. 全桥一体化除湿系统

从除湿需求角度分析,桥梁不同构件的需求不同,以悬索桥为例,见表1。

悬索桥各构件除湿需求表 表1

构件名称	主控参数	辅控参数	附加参数
钢箱梁、钢塔	相对湿度(%RH)	风量(m^3/h)、压差(Pa)	温度(℃)
锚室	相对湿度(%RH)	风量(m^3/h)	温度(℃)
鞍室	相对湿度(%RH)	风量(m^3/h)	温度(℃)
主缆	相对湿度(%RH)、温度(℃)、风量(m^3/h)、压力(Pa)、洁净度(pc/m^3)	压差(Pa)、达标率(%)	泄漏率(%)

可见悬索桥钢构件中最复杂的是主缆,其次是钢箱梁,锚室和鞍室最简单。其他箱型钢构件可参照钢箱梁,目前钢箱梁广泛采用的参数与锚室和鞍室相同。因此,可从简单到复杂进行分级处理,即先解决简单的需求,在此基础上进行二次处理,解决复杂的需求。

多级处理需要满足两个条件,首先是两个构件相连或相邻,即空间可以连通;其次是两个构件有体积差,即大体积在前,小体积在后。从这两个角度分析,悬索桥各构件的内部空间体积量级和相邻构件见表2。

悬索桥各构件体积量级和相邻构件 表2

构件名称	总体积量级	10%体积量级	相邻构件
钢箱梁	10^5	10^4	钢塔、主缆
钢塔	10^3	10^2	鞍室、主缆
锚室	10^4	10^3	主缆
鞍室	10^2	10	主缆、钢塔
主缆	10^2	10	鞍室、钢塔、锚室

综合以上,可按以下顺序进行除湿系统一体化整合,即模式①钢箱梁→钢塔→鞍室→主缆;或模式②钢箱梁→主缆→鞍室;或模式③锚室→主缆→鞍室。以此为基础,张靖皋长江大桥设计了全桥一体化除湿系统,如图4所示。

张靖皋长江大桥全桥一体化除湿系统采用了以上3种整合模式,分别为北边跨和南边跨下部采用模式③,中跨下部采用模式②,中跨上部及南边跨上部采用模式①。

3. 全桥一体化气流组织

采用一体化除湿系统设计,核心工作是将气流组织好,确保其能贯穿各构件,即全部构件充满有组织气流,并在末端进行矢流送风,关于矢流送风,本文不予详述。

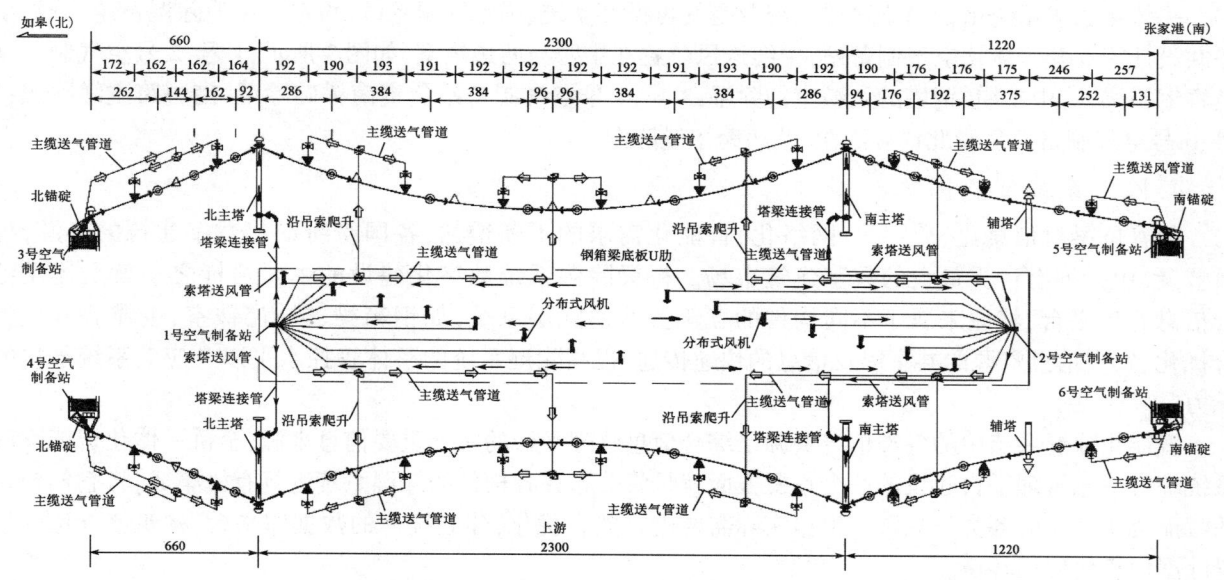

图4 全桥一体化除湿系统总体布置(尺寸单位:m)

对于全桥一体化气流组织,整体方案如下:①钢箱梁采用混合模式,新风+循环风模式。钢箱梁内部须保持一定正压,防止室外湿空气和雨水的渗入,新风来源室外。②锚室采用混合模式,新风+循环风模式,锚室内部须保持一定正压,防止室外湿空气和雨水的渗入,新风来源室外。③鞍室和钢塔塔采用置换模式,鞍室和塔内部须保持一定正压,防止室外湿空气和雨水的渗入,置换空气来源钢箱梁内,无须设置除湿设备,将减少投资和运行成本,有利运行管理。④主缆采用置换模式,置换空气来源钢箱梁和锚室,由于送入主缆的干空气参数比钢箱梁、锚室的参数要严格很多,除湿度要求高外,还对空气的含粉尘浓度有要求,因此须设置二次除湿设备。⑤钢箱梁内的设置了养护空调房,采用混合模式,新风+循环风模式,其新风源自室外,排放至钢箱梁内,如图5、图6所示。

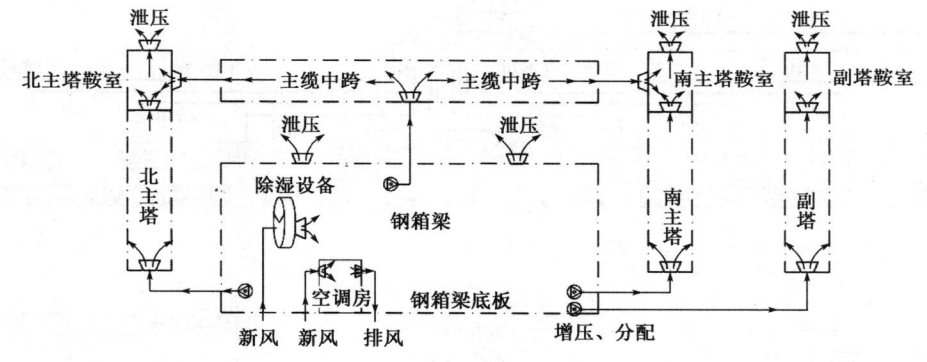

图5 全桥一体化气流组织原理一

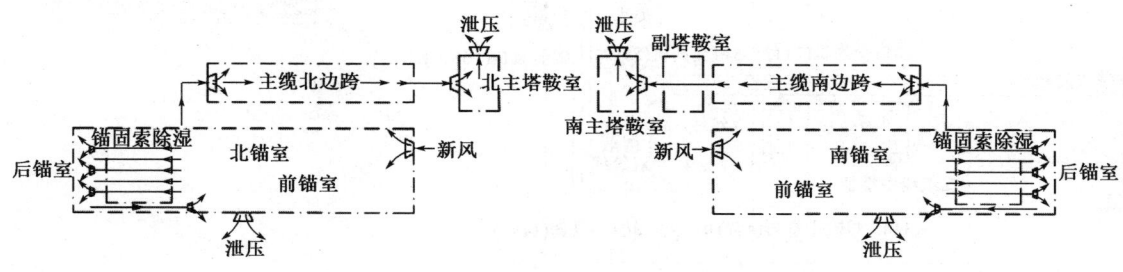

图6 全桥一体化气流组织原理二

一体化除湿系统由钢箱梁除湿系统及空气再循环系统、锚室除湿系统、鞍室及主缆除湿系统构成,全桥共设计了6套一体化空气制备站,主缆送风位置在中跨与两边锚室,如图3所示,1号、2号空气制备站负责钢箱梁、跨中主缆、钢塔的及鞍室的除湿;3号、4号空气制备站负责南锚碇除湿、南边跨主缆除湿;5号、6号空气制备站负责北锚碇除湿、北边跨主缆除湿。

4. 除湿系统智能化

随着桥梁对信息化、数字化、网络化、智能化需求的不断增加,各国纷纷兴起数字建筑的热潮,毋庸置疑,中国拥有世界最大的数字建筑市场。桥梁除湿系统数字化建设的主要目标之一就是建设综合信息管理平台,将原来属于不同构件的互不关联的除湿系统,如钢箱梁、锚室、鞍室、主缆等进行整合优化,实现信息资源的共享以及信息的快速传递,提高除湿系统的整体管控水平以及应对系统警报的能力。

智能化除湿系统中的各类信息资源是综合信息管理平台的一个重要信息来源,全桥一体化智能除湿系统综合信息管理平台建设的一个重要方面就是将分布在各构件的除湿系统进行有机集成,将它们包含的智能化子系统的各类信息资源根据实际需要进行整合优化,建立统一的数据库平台,构筑全方位的桥梁除湿信息化应用环境。

所谓的全桥一体化智能除湿系统,就是将全桥范围内多个构件的除湿系统部件,按照统筹的方法分别对其功能进行智能化,数据充分共享,在提供安全、稳定、节能的运行环境的同时,进行统一的管理和控制,并尽可能地提高性价比指标。利用计算机、通信与网络、自控技术,通过有效的传输网络,将多元信息采集、系统管理、智能化逻辑控制集成,为全桥除湿的监测与管理提供高技术的智能化手段,以实现快捷、高效的监测与管理,这一概念的核心问题是,在桥梁区域内,必须至少有一个除湿系统集成管理平台,它是该桥梁所有构件除湿子系统实现智能化的中央管理中心。

全桥一体化智能除湿系统以信息传输通道为物理平台,连接各构件除湿子系统,通过监控中心向各构件除湿子系统发送指令,如图7所示。

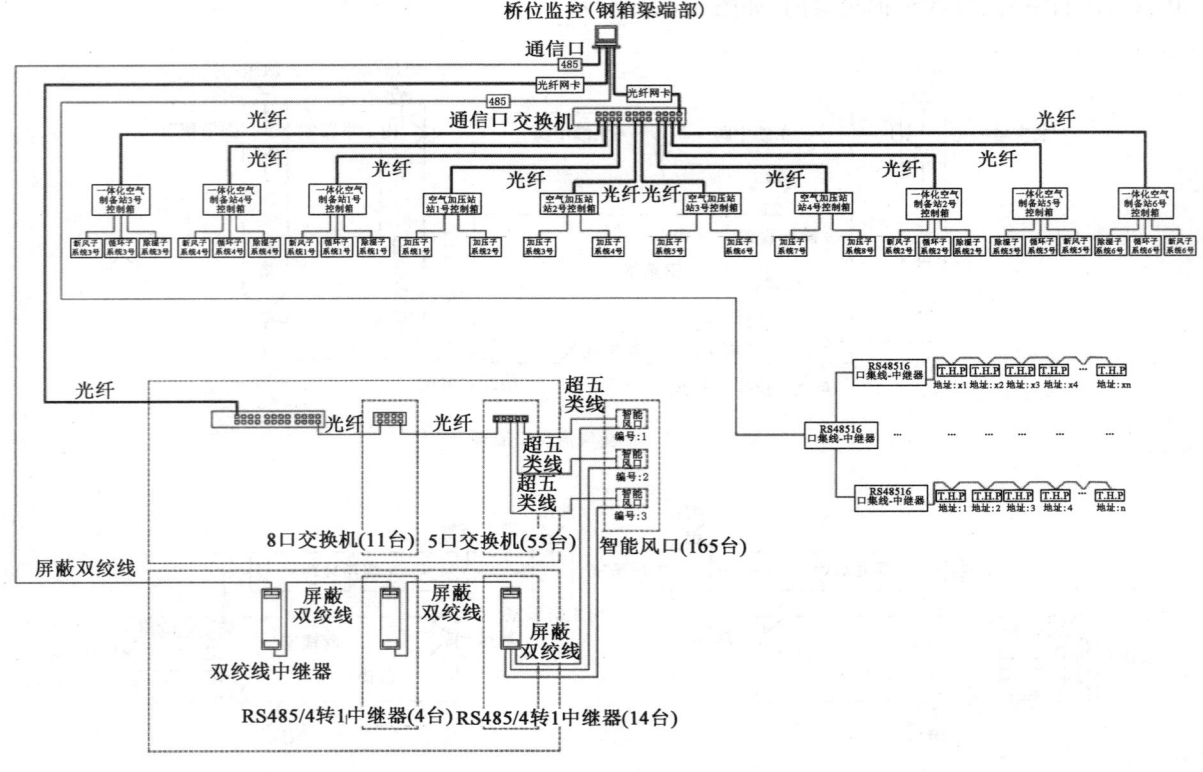

图7 全桥一体化智能监控网络架构

三、结 语

张靖皋长江大桥南航道桥的主缆直径超过1.1m,长度达4450m,单根索股净重达120t,为国内外长度最长、重量最重的索股。超大跨径悬索桥主缆选材、制作与运输及主缆除湿送风气流组织、管道布置、监控与适配设备等,都是严峻的挑战。

在分析研究国内外悬索桥除湿系统发展和现状后,先后进行了全桥一体化气流组织、主缆内外同步送气、集中与分布式监控网络、冷热湿一体化除湿装备的设计与研发。通过理论分析、仿真模拟、试验测试、引进开发、工程示范应用等综合手段,紧密结合工程实际需求,形成全桥一体化智能除湿防腐系统的成套技术体系,确立梁、缆、塔、锚、鞍一体化送风系统;采用主缆除湿采用主缆内部输气、外部气夹送风的互补模式;提出无线和有线混合组网通信策略;研发冷凝/转轮协同复合除湿机组;制定除湿设备能效分析策略以及分工况除湿控制策略。并针对钢箱梁长距离养护的难题,首次设计了采用先进材料和理念的钢箱梁养护应急空调房,为特桥特养增添特色。

参考文献

[1] 田碧峰.除湿防腐系统技术在虎门大桥中的应用[M].北京:人民交通出版社:1999.
[2] 丁鸿志,孙海文,郭强.南京长江第四大桥除湿系统施工问题及解决[J].中国交通信息化,2013(S2):101-103.
[3] 唐其环.钢在热带海洋大气中的腐蚀[J].环境技术,2002(5):10-13.

28. 张靖皋长江大桥混凝土质量提升探索与应用

李 明[1,2] 林 玮[2] 姜 骞[2]

(1. 东南大学材料科学与工程学院;
2. 江苏省建筑科学研究院有限公司高性能土木工程材料国家重点实验室)

摘 要 创下六项"世界之最"的张靖皋长江大桥对作为主要结构材料的混凝土质量及性能提出了新的更高的要求。为抑制大体积混凝土开裂、保障主塔钢管混凝土浇筑质量、避免管内混凝土脱空、提升大暴露面结构外观质量与耐久性能,本文介绍了张靖皋长江大桥在混凝土裂缝控制、钢管自密实无收缩混凝土制备与应用、混凝土外观质量提升等方面相关的探索与应用。

关键词 裂缝控制 自密实 无收缩 外观质量 表面防护 内实外美

一、工程概况

张靖皋长江大桥是国家发展改革委发布的《长江干线过江通道布局规划(2020—2035)》中"十四五"重点推进的过江通道项目,也是落实长江三角洲一体化和长江经济带发展国家战略以及江苏省跨江融合发展战略的重大举措[1]。工程采用主跨2300m双塔悬索桥跨越长江主航道,是世界最大跨径桥梁。跨径的突破、桥区建设条件、交通强国战略及平安百年品质工程建设需求等均对作为主要结构材料的混凝土质量及性能提出了更高的要求。

具体到本工程,主塔基础承台最大平面尺寸达105.2m×43.6m,如图1所示,锚体最大平面尺寸达113m×86.25m,这种分步浇筑的超大体积混凝土不仅在早期就因水化放热及收缩面临突出的开裂问题,处于暴露环境下的混凝土结构还容易遭受长期环境温度变化如气温年变化、气温骤降等因素的影响而再次出现开裂,需要控制全寿命周期内混凝土的开裂风险。南航道桥主塔高350m,是世界最高悬索桥索塔,采用钢箱钢管组合结构,单塔肢内设置4根直径达3.6m的钢管,如图2所示,钢管内采用C60自密实无收缩混凝土,单次最大浇筑高度超过40m。因此,钢管混凝土一方面需要具有良好的工作性能和自密实性能,以满足上行超高程泵送及下行高落差施工,且密实填充钢管,另外一方面还需要具有良好的体积稳定性能,保障管内混凝土与钢管不脱粘、不脱空,且管内大体积混凝土不开裂。主塔及辅塔塔座均采用八边形棱台构造,其中,南航道桥单个塔座顶平面尺寸达 16.7m×21.2m,底平面尺寸达 26.0m×30.5m,一方面,分步浇筑的承台、塔座大体积混凝土开裂风险突出,另外一方面,塔座混凝土大面积斜面容易出现气泡、麻面、色差等外观质量缺陷,为抑制混凝土开裂,限制混凝土胶凝材料用量,增加了混凝土外观质量控制难度;此外,处于暴露环境中的承台、塔座、锚体等混凝土表面容易遭受灰尘污染及雨水、二氧化碳等介质侵蚀,影响长期耐久性能,这种大体积混凝土进行裂缝控制的同时,还需要针对性采取外观质量提升及耐久性保障技术。

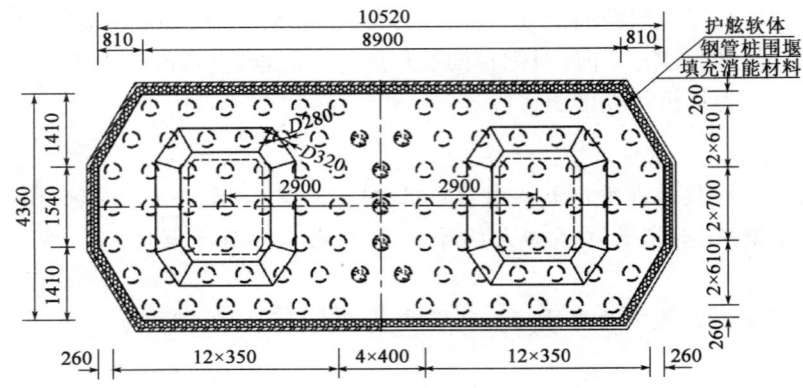

图1 南航道桥主塔基础平面图(尺寸单位:cm)

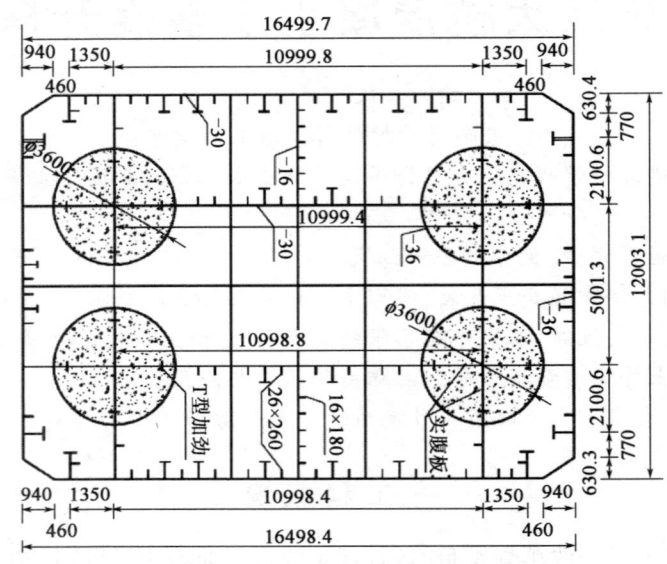

图2 南航道桥主塔钢管混凝土起始段截面(尺寸单位:mm)

为抑制大体积混凝土出现裂缝、保障主塔钢管混凝土浇筑质量、避免管内混凝土与钢管脱粘脱空、提升大暴露面结构外观质量与耐久性能,提高工程建设质量,保障混凝土结构内实外美的建设目标,本文介绍了张靖皋长江大桥在混凝土裂缝控制、钢管自密实无收缩混凝土制备与应用、混凝土外观质量提升等方面相关的探索与应用。

二、大体积混凝土裂缝控制

1. 混凝土裂缝控制方法

处于暴露环境条件高温季节施工的大体积混凝土典型温度历程如图3所示,在经历早期相对快速的温升温降后,混凝土温度继续受长期环境年温度变化影响,如图4所示。其中,表面点温度随环境温度变化较大,内部中心点温度则变化相对缓慢,最终达到工程当地所处年平均温度,在此过程中,基础混凝土由于处于地下或者水下,其温度受环境温度影响相对较小。此外,气温日变化、气温骤降、长期干燥收缩等都会影响混凝土开裂风险。因此,与处于地下或者水下环境相比,处于暴露环境下的混凝土结构长期开裂风险系数仍会继续增大。为抑制暴露环境下混凝土出现裂缝,应同时控制混凝土早期和长期开裂风险系数。考虑到混凝土长期强度及收缩等发展较为稳定,在现有研究及工程实践控制混凝土早期开裂风险系数≤0.7[2-4]的基础上,进一步提出控制本工程处于暴露环境下的承台、塔座及锚碇等大体积混凝土自浇筑至少1年后的长期开裂风险系数<1.0双控的裂缝控制方法。

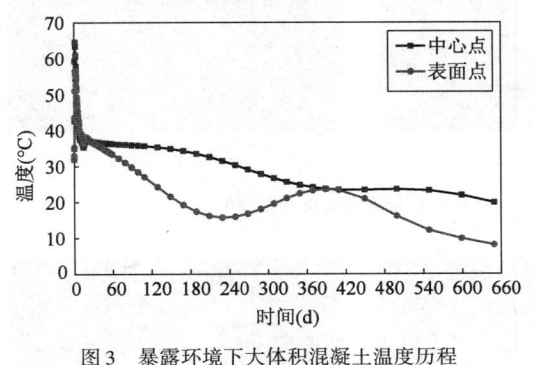

图3 暴露环境下大体积混凝土温度历程

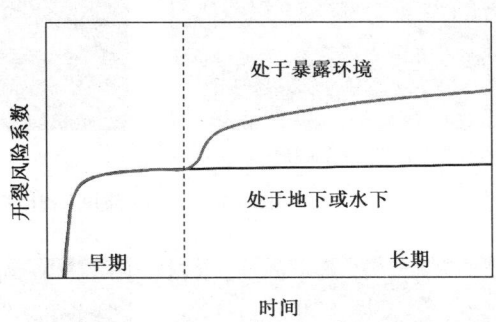

图4 混凝土开裂风险系数发展趋势

2. 混凝土裂缝控制关键技术

采用多因素耦合机制的抗裂性评估方法[2],以混凝土强度评定龄期60d内早期开裂风险系数≤0.7、浇筑1年内的长期开裂风险系数<1.0为控制阈值,结合桥址区工况条件,从材料和工艺措施两个方面提出了混凝土裂缝控制关键技术指标。以C40承台和C50塔座大体积混凝土为例,关键技术指标见表1。

混凝土裂缝控制关键技术指标　　　　表1

序号	项目		单位	控制指标
1	绝热温升	7d	℃	承台≤42,塔座≤47
		1d与7d比值	%	≤50
2	自生体积变形(以初凝为零点)	60d	με	≥+100
3	入模温度	日均气温>25℃	℃	≤28
		日均气温10~25℃		≤日均气温+8,且≤28
		日均气温<10℃		5~18
4	里表温差		℃	≤20
5	降温速率		℃/d	≤2
6	分层间隔龄期		d	承台之间≤30,承台与塔座≤20
7	冷却水管间距		m	0.5~1
8	后浇带		—	高温季节(6—9月)施工时设置,并在年最低温度时段封闭,最迟不晚于4月
9	养护	早期散热系数	kJ/(m²·h·℃)	≤15
		长期散热系数		≤5

为实现上述混凝土材料性能指标,提高精细化施工质量,实现无缝承台、无缝塔座建设目标,在原材料方面,对承台C40混凝土优选低碱P·O 42.5水泥并控制比表面积≤350m²/kg、碱含量≤0.6%、C_3A含量≤8%的基础上,结合太湖隧道、江阴靖江长江隧道等工程实践,进一步控制水泥胶砂强度3d宜为25~30MPa、28d宜≥49.3MPa;粉煤灰在满足F类Ⅰ级技术要求基础上,进一步控制铵离子含量≤

210mg/kg、粉煤灰流动度比≥95%，避免部分满足规范技术要求的劣质粉煤灰进场使用，如图5所示，粗集料采用三种单粒粒级碎石组成连续级配碎石，降低松散堆积空隙率≤43%。在混凝土配合比设计方面，优选单掺粉煤灰配合比，并掺加了具有水化历程及膨胀历程协同调控作用的抗裂剂，提高混凝土抗裂性能，如图6所示。

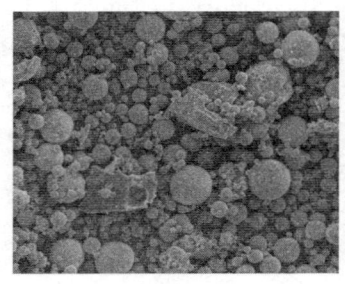
a)流动度比135%

b)流动度比105%

c)流动度比70%

图5 满足F类Ⅰ级技术指标要求的不同批次粉煤灰流动度比测试结果

a)制冰机

b)冷水机

c)冷风机

图6 入模温度控制措施

在工艺措施方面，为控制高温季节施工时混凝土入模温度，在材料提前进场、集料遮阳储存的基础上，还综合采用冷水机降低拌和水温度、碎冰替代拌和水、料仓内设冷风机、提前喷淋粗集料并均化等措施。承台、塔座施工采用的钢模板散热系数较大，为达到早期养护控制要求，在钢模板外嵌贴了橡塑海绵，带模养护时间≥14d。早期养护结束后对暴露在环境中的混凝土尽快采用厚度≥30mm的岩棉板、毛毡或其他等效材料（如200mm厚干砂或100mm厚泡沫混凝土）进行长期保温，并对保温材料采取防雨措施，避免雨水浸润保温材料后降低保温效果。

三、自密实无收缩混凝土制备与应用

1. 混凝土材料性能控制指标

以控制管内混凝土开裂风险系数≤0.7、混凝土与钢管界面早期收缩拉应力≤0MPa为控制阈值，提出了南航道桥主塔钢管C60自密实无收缩混凝土性能指标见表2。日均气温>25℃时，控制入模温度≤28℃，日均气温为10～25℃时，控制入模温度≤日均气温+8，且≤28℃，日均气温<10℃时，控制入模温度5～15℃。

主塔钢管C60混凝土性能要求　　　　表2

项目		计量单位	设计值
工作性能	坍落扩展度	mm	600～750
	扩展时间 T_{500}	s	2～8
	坍落扩展度与J环扩展度差值	mm	0～25
	离析率	%	≤15
	倒置坍落度筒排空时间	s	≤12

续上表

项目		计量单位	设计值
绝热温升	7d 值	℃	≤50.0
限制膨胀率	水中 14d	%	≥0.025
	转空气中 28d		≥ -0.010
自生体积变形(以初凝为零点)	7d	%	≥0.015
	90d		≥0.005

2. 混凝土制备及工艺试验验证

在设计阶段,依托某桥梁工程现场条件,开展了张靖皋长江大桥钢管混凝土工艺试验(图7)。一方面,验证混凝土工作性能,模拟高度43m下行浇筑工况,确定混凝土下行输送工艺,另外一方面,开展钢管混凝土足尺模型试验,验证施工工艺及混凝土浇筑质量。工艺试验混凝土配合比见表3,为满足混凝土自密实无收缩性能要求,掺加了匹配钢管大体积混凝土温度收缩历程、具有体积稳定性调控作用的钙镁复合膨胀剂[5]及具有黏度调控作用的流变改性材料[6]。

a)下行输送装置

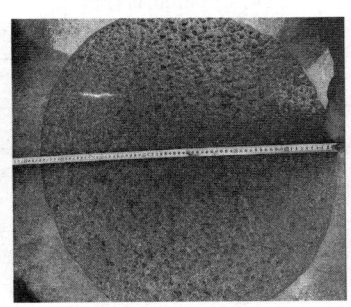
b)新拌混凝土

c)足尺钢管模型浇筑

图7 钢管混凝土工艺试验

主塔钢管混凝土模型试验混凝土配合比(单位:kg/m³)　　表3

水泥	粉煤灰	膨胀剂	流变改性材料	砂	石	水	减水剂
298	100	50	50	830	935	154	6

工艺试验验证了混凝土自密实性能,配合间距3m的外置式下行防离析导管,可避免混凝土离析,且入模后的混凝土能够密实填充钢管,集料分步均匀[7]。单个塔肢4根钢管混凝土交替施工时,将交替浇筑时间控制在45min以内可保证混凝土界面融合质量[8]。采用压电陶瓷及冲击回波等无损检测结果表明,混凝土和钢管结合良好,未发现脱粘及脱空现象。

四、混凝土外观质量提升

针对承台、塔座等大暴露面结构容易产生的气孔、色差等典型外观缺陷,根据专题研究及大量桥隧工程实践经验,从混凝土材料、工艺措施等两个方面针对性提出可量化执行管控措施,将经验性质量控制转化为定量实施方案,见表4和表5。在混凝土材料方面,提出了粉煤灰黑色轻质颗粒含量指标要求,其测试方法如图8所示,将该指标纳入现场验收内容后,可避免如图9所示的浮黑等常见外观质量问题。在工艺措施方面,根据典型外观问题成因分析结果,提出了优化措施及控制要求。通过上述混凝土材料、生产、施工及管理的闭环控制,可以保障混凝土本体结构质量达到气泡缺陷少、颜色均匀统一、质感良好的效果。传统的表面防护材料暴露在自然环境中数月或几年后,常常会因防护材料本身质量问题或混凝土本体开裂而出现鼓包、起皮、脱落的问题,无法发挥长期防护作用。本工程在抑制混凝土不开裂的前提下,结合江阴靖江长江隧道、常泰长江大桥等工程实践,采用易渗透、高耐候、防污染和可透气的硅烷-氟硅体系成品保护材料,可实现自然质朴、疏水防污的饰面清水混凝土长效防护(图10)。

混凝土材料控制措施　　表4

序号	项目	以往技术要求	本工程进一步指标要求	具体措施	外观提升作用
1	粉煤灰	F类Ⅰ级	流动度比≥95%,黑色轻质颗粒含量≤0.05%	将流动度比及黑色轻质颗粒含量指标纳入验收内容	降低混凝土工作性能波动,减少粉煤灰浮黑色差
2	胶凝材料组成	掺加矿物掺合料	超细粉体(必要时)	掺加流变改性材料	提高外观颜色均一性
3	浆体量	—	≥330L/m³	抗裂性专项设计基础上适当提高胶凝材料总量	减少气孔缺陷
4	细骨料	Ⅱ区中砂	细度模数2.6~2.9	入场检测优选	减少小气泡数量
5	粗骨料	松散堆积空隙率≤45%	松散堆积空隙率≤43%	采用两种及以上单粒级碎石组成连续级配碎石	减少气孔缺陷
6	减水剂	满足工作性要求	提高≤500μm新拌气泡占比≥30%	采用专用减水剂,专用气泡调控助剂	减少肉眼可见硬化气泡数量

工艺控制措施　　表5

序号	典型问题	成因	具体措施	指标要求
1	浇筑分层线	分层浇筑间隔时间长	布料点合理设置,混凝土生产、浇筑良好衔接	布料间距≤2m,浇筑间隔≤1h
		分层厚度控制不准确	相邻浇筑点中心内置反光测杆工装	浇筑厚度30cm
		振捣棒未插入前一层	振捣棒插入前一层混凝土	插入深度5~10cm
2	花斑色差	混凝土浇筑后浆骨分离	泵管末端接长软管或浇筑结构内设串筒	自由落距宜≤50cm,应≤200cm
3	斜面气泡缺陷	振捣棒与模板间距控制难	内倾角斜面预设导向槽钢	槽钢距离模板15cm
4	条带黑斑	振捣程度不均匀	振捣点均匀布置,各点振捣时间一致	反光贴标识,单点振捣时间30~40s
5	表面质感差异	模板表面粗糙度差异	模板入场处理,模板材质与清洁工具匹配	WISA板覆膜量≥120g/cm²,粗糙度≤1μm
		脱模剂涂刷均匀性差	脱模剂喷涂+二次刮涂工艺	涂膜厚度1~3μm
6	表面玷污	环境中污垢、水分、酸碱、CO_2等介质腐蚀	基于氟硅材料的多功能防护体系	混凝土吸水率≤0.01mm/min,氯离子吸收量降低≥90%

a)加水搅拌静置

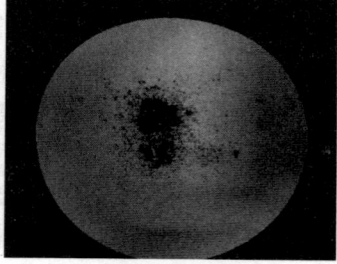
b)浮黑物过滤称重

图8　粉煤灰黑色轻质颗粒含量测试方法

图9　粉煤灰浮黑引起的外观问题

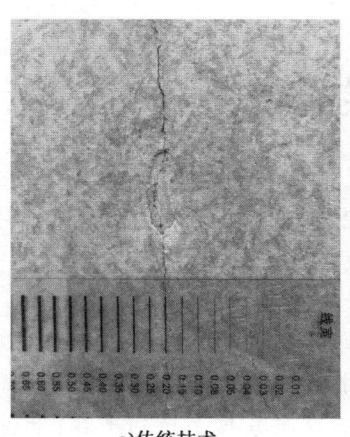 

a)传统技术　　　　　　　　b)本技术

图10　混凝土表面防护

五、结　　语

（1）处于暴露环境下的大体积混凝土不仅在早期就因水化放热及收缩面临突出的开裂问题,在服役过程中还容易遭受长期环境因素如气温年变化、气温骤降等影响而再次出现开裂,需要控制全寿命周期内混凝土的开裂风险。

（2）通过采取混凝土体积稳定性调控及黏度调控技术,结合混凝土材料质量控制及工艺措施的优化,可保障管内混凝土高落差下行浇筑时不离析、密实填充钢管,且管内混凝土不开裂、无裂缝。

（3）通过对混凝土材料、生产、施工及管理的闭环控制,可实现混凝土本体结构质量达到气泡缺陷少、颜色均匀统一、质感良好的效果。在抑制混凝土开裂的基础上,进一步对暴露环境下的混凝土结构表面采用易渗透、高耐候、防污染和可透气的硅烷-氟硅体系成品保护技术,可实现混凝土自然质朴、疏水防污的饰面清水混凝土及长效防护。

（4）张靖皋长江大桥超高、超大的工程特点对混凝土质量及性能提出了新的更高的要求。在现行标准规范要求及重大桥隧工程实践基础上,通过新方法、新技术、新材料的研究及综合应用,助力张靖皋长江大桥"内实外美"的品质工程建设。

参考文献

[1] 蒋振雄.张靖皋长江大桥建设综述[J].公路,2023,6:1-7.
[2] J P LIU, Q TIAN, Y J WANG, et al. Evaluation Method and Mitigation Strategies for Shrinkage Cracking of Modern Concrete[J]. Engineering, 2021, 7(3): 348-357.
[3] 周欣,夏文俊,王峻,等.太湖隧道结构混凝土收缩裂缝闭环控制关键技术[J].混凝土,2021(2):151-156.
[4] 王峻,李明,王育江,等.江阴靖江长江隧道工作井侧墙抗裂防渗研究与应用[J].隧道建设(中英文),2022,42(9):1514-1520.
[5] 颜智法,董香港,杨睿,等.大直径钢管内无收缩高抗裂混凝土设计与制备[J].江苏建筑,2021(5):100-104.
[6] 张庆芸,周新文,林玮,等.流变改性材料在超高桥塔高强混凝土中的应用[J].新型建筑材料,2021,48(12):41-46.
[7] 顾健,胡伟,彭成明,等.高落差自密实混凝土防离析装置试验研究[J].公路,2023,68(6):128-135.
[8] 阮静,胡伟,彭成明,等.张靖皋长江大桥钢管混凝土界面质量试验研究[J].公路,2023,68(6):122-127.

29. 桥梁施工累计误差分析信息化应用

彭运动[1]　袁川峰[2]　陈　亮[1]　芮文建[1]　张　凯[1]　曹竞文[3]

(1. 中交公路规划设计院有限公司；2. 三明莆炎高速公路有限责任公司；
3. 武汉思路致远数字科技有限公司)

摘　要　以福建莆炎高速公路沙溪大桥为依托工程项目，创建基于BIM的施工监控管理平台，在此平台上以三维模型和二维结构线形为载体，实现施工监控以及累计误差控制的可视化模拟分析。对钢桁组合桥梁的主梁位移、应力及温度变化进行施工监控，将监测数据上传到平台；平台通过配置工况组织、监控网络，实现施工组织执行过程中，模型监控点位与监测数据的关联；平台通过预置预警机制，对每一工况步骤下的关键节点的累计误差进行分析计算，当误差越限时自动预警，并可自动生成相应的监控报告。

关键词　BIM　桥梁　施工监控　工序模拟　累计误差控制

一、引　言

在公路建设施工过程中，桥梁的施工监控是保障桥梁施工安全、满足规范要求和设计质量的重要工作之一。在桥梁施工过程中，施工监控对施工期间的桥梁应力状态、线形进行监控，通过修正调整使结构尽可能达到设计目标。施工监控系统运行过程中产生的监控数据，对于桥梁施工以及运营运维期间的安全和质量监控以及管理维护等方面，具有重要的利用分析价值[1]。

2019年住房和城乡建设部工程质量安全监督司工作要点中强调，要加强工程信息化管理，提高工作效率与精度，这对于桥梁施工监控提出更高的要求和挑战。

2020年9月4日，住房和城乡建设部等部门印发《关于加快新型建筑工业化发展的若干意见》，意见中明确指出大力推广建筑信息模型(BIM)技术，要求加快推进BIM技术在新型建筑工业化全寿命期的一体化集成应用。

BIM技术很好地支撑了桥梁施工监控数据分析信息集成可视化。项目建设管理单位、施工单位、监理单位、施工监控咨询单位可以通过BIM技术相互共享信息，及时高效掌握桥梁施工过程，从而提升工程质量。

二、工程概况

本项目依托工程起始于三明市尤溪县中仙乡，顺接在建的莆炎高速公路永泰梧桐至尤溪中仙段，终止于建宁县里心镇，接已建的建宁至泰宁高速公路，全长212.104km，其中新建段长184.565km。全线采用高速公路标准建设，设计速度100km/h(图1、图2)。

图1　全景鸟瞰

图 2 主桥

三、基于 BIM 的施工监控管理平台

1. BIM 模型设计

沙溪大桥主桥为主跨 176m 钢桁组合连续刚构桥,引桥采用 40m 跨径的钢板组合梁桥。主桥和引桥均位于曲线和纵坡上,具有超高变化。整个项目采用 BIM 进行正向设计存在如下难点:

(1)时间紧迫,从合同签约到施工图文件送审稿交付仅 3 个月。

(2)线形复杂,沙溪大桥位于曲线上,局部超高变化,建模难度高。

(3)建模体量巨大,沙溪大桥上部为钢桁结构,构件数量多,样式多,构造不规则。

(4)建模精度要求高,主桥引桥上部钢结构、桥面板、护栏等均为预制结构,精度要求高。

(5)出图任务重,项目设计成果合计七册图,全部图纸合计近千张。

整个项目的模型设计基于 Dassault CATIA V6 平台进行。全桥构件采用标准化设计、参数化建模,提升模型后期变更效率。

以钢桁结构弦杆为例,其不同位置构造类似,但具体角度和长度参数不同,如采用手动建模的方案一一建模,其工作量巨大。本项目通过建立参数化的杆件模板,通过骨架线驱动,构件模板适应性实例化来完成大批量杆件建模。对快速实例化好的模型进行局部深化设计,通过改变预留参数完善构件修改,并根据三维模型对所有构件进行审核,确定最终构件模板(图3)。

图 3 钢桁结构弦杆参数化建模

通过向模型附加属性,添加维护了模型的构件材质、表面积、体积、重量、类别等设计信息,便于传递到施工阶段使用(图4)。

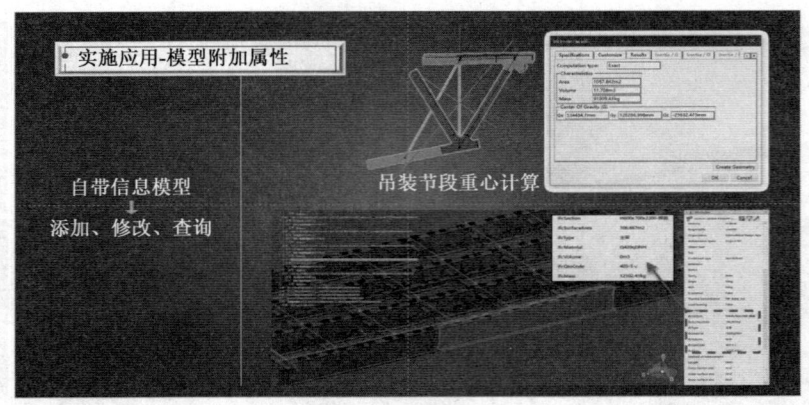

图 4 模型附加属性

2. BIM 平台搭建及在施工监控中的应用

1）BIM 轻量化引擎平台选型

BIM 轻量化引擎平台（简称 BIM 引擎）是基于 BIM 的施工监控管理平台的数字底座和核心，选择合适的 BIM 引擎至关重要。对于施工监控管理平台的 BIM 应用开发，项目组需要一个功能强大、性能优良、易扩展的三维 BIM 引擎平台，在此平台上进行各类 BIM 格式大体量模型文件的轻量化处理导入、BIM+GIS 融合、VR、AR 以及基于 BIM 的工程全周期项目管理平台的二次开发等，极大提高开发效率、提升项目性能并减少重复造轮子的费用投入。

基于国产自主可控的需要，项目重点考虑国内 BIM 引擎相关产品，经综合比较广联达 BIMface、大象云、超图、中科图新、葛兰岱尔等产品，超图 SuperMap iClient3D for WebGL 三维客户端开发平台搭配超图 SuperMap iServer、SuperMap iDesktop 等产品，能较好地满足项目的开发需求。

SuperMap iClient3D for WebGL 是基于 WebGL 开源技术实现的三维 Web 端开发平台，可用于构建无插件、跨操作系统、跨浏览器的三维 GIS 应用程序，可访问 SuperMap iServer 发布的多种服务，实现了三维场景可视化漫游、细粒度人机交互操作等功能，通过此项技术可实现在 Web 浏览器端快捷的开发集成各类三维场景应用。

SuperMap iClient3D for WebGL 以及超图的其他产品组成的产品家族，有效解决了 BIM 应用开发的关键性问题：

（1）支持主流的模型设计软件如 Autodesk Revit、Dassault Catia、Bentley 等输出的 BIM 模型的轻量化处理，同时也支持 IFC 等标准。

（2）支持卫星影像、地形、地图、矢量、倾斜摄影模型、BIM、激光点云数据加载与显示。

（3）全面的 GIS 数据处理及操作功能，包括多图层、标签、测量、各类模拟分析功能，空间查询、剖切、裁剪、挖方等功能。

（4）支持 BIM 模型构件级的交互操作二次开发。

（5）支持 VR 应用场景二次开发。

所以 SuperMap iClient3D for WebGL 及相关产品是 BIM 集成应用的一个较优的选择[2]。

2）BIM 模型在平台上集成

BIM 通常采用平面投影坐标系，而 GIS 数据所使用的坐标系一般采用地理坐标系。BIM 与 GIS 集成存在因各自坐标系不同而无法匹配的问题。GIS 系统应支持 BIM 模型的逐顶点坐标转换，支持 BIM 模型和 GIS 数据在平面投影坐标系和地理坐标系之间的坐标转换，实现 BIM 模型和 GIS 数据精确匹配，避免渲染时的裂缝和漏洞等问题[3]。

GIS 的数据来源众多，比如地形图、倾斜摄影、激光点云、地下管线等（图 5）。将 BIM 与 GIS 多源数据融合匹配，使其在空间上融合为一体，这对平台的技术要求很高[4,5]。

图 5　BIM + GIS

根据超图产品的集成要求,BIM 模型在平台上集成,应包括坐标转换、轻量化、加载倾斜摄影、配准纠偏、模型融合、发布服务六个步骤,具体说明如下:

(1)使用 SuperMap 导出插件,将设计软件模型文件导出,在导出参数中设置插入点信息,并设置球面坐标或者平面坐标,将 BIM 模型与倾斜摄影、地形等多源数据统一到一个地理坐标系中,实现各种信息对齐[6]。

(2)将导出的模型数据文件,导入 iDesktop 软件中,并加载 BIM 模型。在 iDesktop 软件中,使用"三角网简化""子对象简化""删除重复顶点"等功能,对 BIM 模型轻量化[7];将模型的非几何属性数据整理成 Excel 文件导入到数据库中,通过模型构件唯一编码与模型几何数据进行匹配。

(3)使用 iDesktop 软件加载倾斜摄影模型。

(4)使用 iDesktop 软件的"配准"功能,选择配准算法,设置合适的控制点,对有偏移的模型数据进行纠偏。

(5)使用 iDesktop 软件的"倾斜摄影数据镶嵌"功能,实现数据衔接处的平滑过渡。

(6)使用 SuperMap iServer 将已处理的 BIM 模型与倾斜摄影模型切片缓存,生成 S3M 格式的三维瓦片,并发布 iServer 服务。

3)工况组织配置

通过工况对施工步骤进行表达,通过串行的列表对工况进行组织,符合现场逐段施工的场景(图 6)。同时通过为每一工况配置进度信息(计划开始时间与实际实施时间的进度配置属性),可对施工步骤任务进行计划任务的规划与实际任务进度对比跟踪。该串行流程也是进行施工安装过程模拟的重要数据依据。此外,工况通过与施工组织建立关联,可实现在 BIM 场景内的工艺工序模拟。

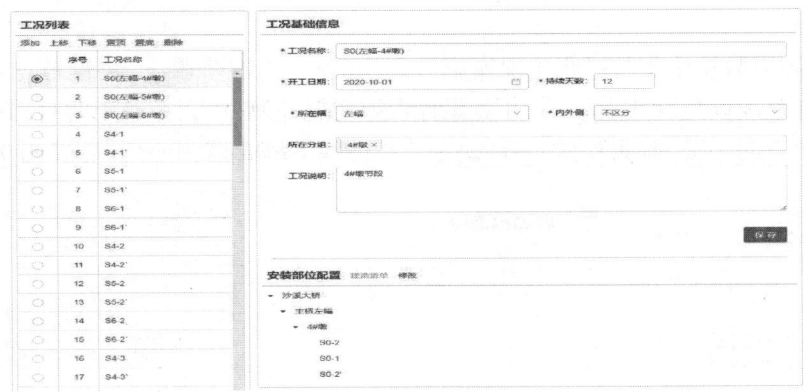

图 6　工况组织配置

4)工序模拟

综合施工组织与实施方案,在对钢桁架主体结构进行深化建模后,结合工程进度信息,将桁架中各类杆件按照施工拼装件要求对不同杆件进行分组,组成不同节段(图 7)。然后通过施工技术方案的交底,对不同节段施工工况顺序进行编排,以此来实现对主桥桁架的工序模拟[8]。

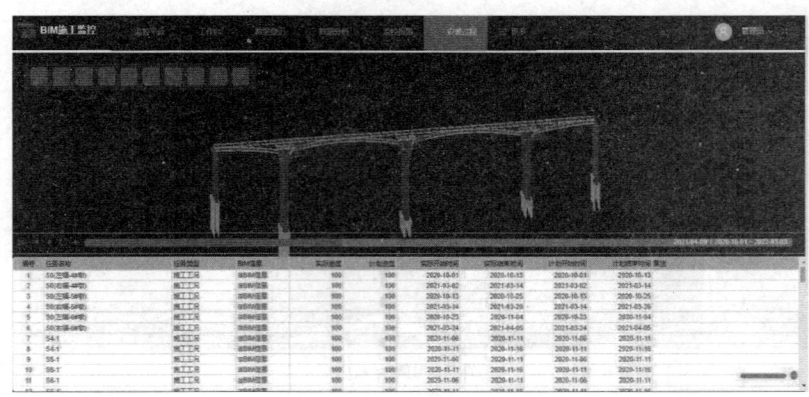

图 7 工序模拟

5）监控网络配置

结合 BIM 场景进行施组分组后,为每一施工组织部位配置监控观测点,并设置监控类别、允许误差范围等配置参数,以此构建整体的监控网络。基于 BIM 模型,对三维模型进行线形结构简化与投影处理,获取监控场景二维工作空间,在空间内,通过为每一施工步骤中每一组施工组织配置监控点方式,以可视化方式进行监控点的配置(图8)。

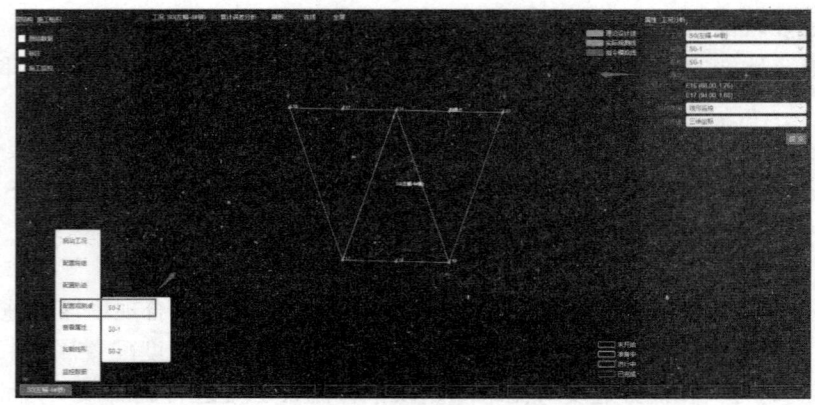

图 8 可视化配置监控点

6）累计误差分析

基于监控网络测点数据采集与过程工况实施管理,在每一工况步骤下,关键节点进行累计误差的分析计算,按误差允许范围设置警戒上下限,并对累计误差实施监测,当误差越限时自动预警。在累计误差控制主界面,可快速查询工况、监测数据、累计误差分析曲线等综合监测分析数据(图9)。

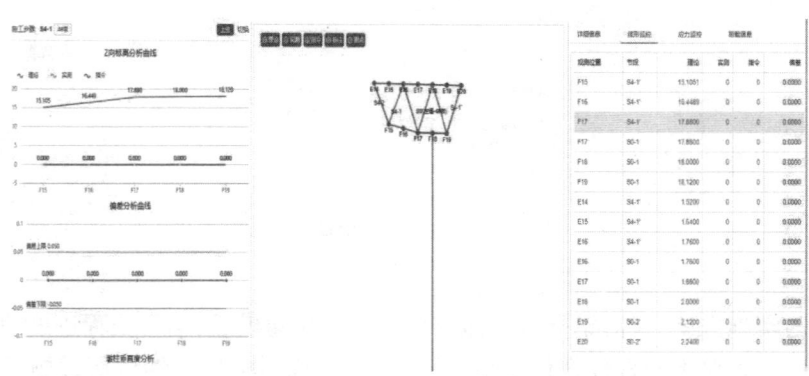

图 9 累计误差控制

7）误差监控通知

对监控的累计误差进行实时监控,设立不同级别的预警等级,系统自动推送预警消息通知,用于控制累计误差在安全区间(图10)。

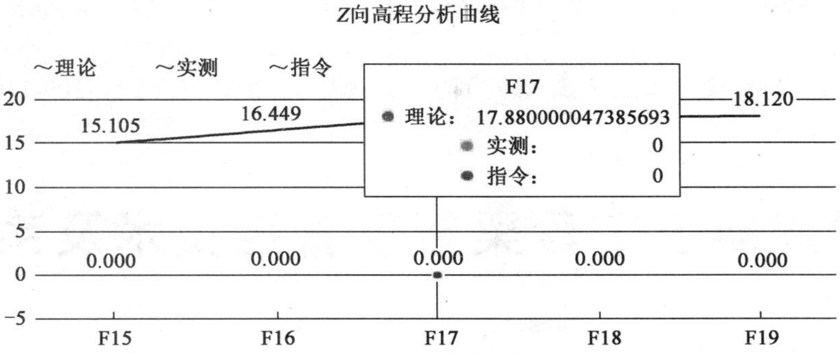

Z向高程分析曲线

```
         ~理论     ~实测     ~指令
 20                       ┌─────────────────────┐
                          │       F17           │
 15    15.105   16.449    │ 理论：17.880000047385693│      18.120
                          │ ● 实测：           0 │
 10                       │ ● 指令：           0 │
                          └─────────────────────┘
  5
  0    0.000    0.000     0.000        0.000      0.000
 -5
       F15      F16       F17          F18        F19
```

图10 误差监控

8）预警监控报告

依照施工步骤对工程主体进行阶段性监测数据综合分析,计算线形偏差。依据误差预警策略,针对每一个施工步骤进行累计误差的监控预警分析。对每一施工步骤,系统会生成相应的监控报告,报告依据监控单位测量数据,结合系统误差分析算法,针对不同的施工组织进行线形偏差放大分析以及累计误差曲线分析,在结论处,参照预警阈值,提出 A、B、C 三类不同级别的预警信息(图11)。

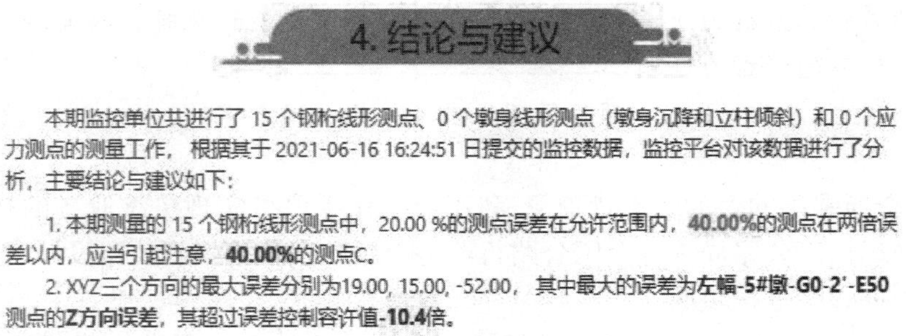

4. 结论与建议

本期监控单位共进行了 15 个钢桁线形测点、0 个墩身线形测点（墩身沉降和立柱倾斜）和 0 个应力测点的测量工作,根据其于 2021-06-16 16:24:51 日提交的监控数据,监控平台对该数据进行了分析,主要结论与建议如下:

1. 本期测量的 15 个钢桁线形测点中,**20.00 %** 的测点误差在允许范围内,**40.00%** 的测点在两倍误差以内,应当引起注意,**40.00%** 的测点C。
2. XYZ三个方向的最大误差分别为**19.00、15.00、-52.00**,其中最大的误差为**左幅-5#墩-G0-2'-E50**测点的**Z方向误差**,其超过误差控制容许值**10.4倍**。

图11 监控报告

3. 结 论

本项目完成了基于 BIM 的施工监控累计误差研究的相关研究内容,配套开发并完成了施工监控平台,提供了工况组织配置、监控网络配置、累计误差分析、监控预警与监控报告等功能,对过程数据进行了采集与存储,并对工况下的累计误差进行实时分析与监控,并按工况生成监控报告,系统性地为现场施工监控提供了管理平台,辅助现场作业人员进行累计误差控制,为施工过程各方参建单位统一了高墩连续刚构节段施工监控管理界面,提高了施工监控工作效率。

参考文献

[1] 朱三平,潘济,姜少波,等.基于 BIM 的瓯江北口大桥施工监控与健康监测一体化技术研究[J].公路交通科技(应用技术版),2020,16(10):239-241.

[2] 闫振海,郭毅霖,李法雄,等.BIM-施工监控与健康监测结合点[J].公路交通科技(应用技术版),2017(4):169-171.

[3] 张海兵,操锋.面向 SuperMap 的 BIM 模型轻量化处理研究[J].铁路技术创新,2021(5):49-54.

[4] 熊欣,杨克华,赵喜锋,等.BIM + GIS 在高速公路智慧建造中的关键技术[J].中国公路,2020(10):112-113.

[5] 乔天荣,刘平利,刘家橘,等.基于 BIM + GIS 融合的技术应用分析[J].地理空间信息,2021,19(1):

68-71.
[6] 张育雨,何志林.基于BIM+GIS的城市轨道交通项目智慧管控云平台系统设计与建设实践[J].中国建设信息化,2020(11):71-73.
[7] 房巨山,王君玲.动车所数字孪生可视化运维管理平台设计与应用[J].技术与创新管理,2021,42(4):477-482.
[8] 朱维香.基于BIM的桥梁施工监控技术应用[J].山西建筑,2021,47(13):109-110,139.

30. 桥梁混凝土节段梁智慧管控技术及系统研究

闫振海　王小宁　刘天成

（中交公路长大桥建设国家工程研究中心有限公司）

摘　要　在数字中国和交通强国的背景下,需通过信息化、数字化及智能化手段实现传统基建行业的转型升级,提升建设质量和效率。对此,本文以黄茅海跨海通道混凝土节段梁为研究对象,采用突破关键"卡脖子"关键技术的思路,系统地研究了混凝土节段梁智慧管控的成套解决方案,即站在顶层进行功能架构设计,突破功能架构中编码技术、图形引擎技术及多源异构数据融合等关键技术问题,进行梁场管理系统和项目指挥看板的研发。结果表明:通过梁场管理系统的研发,可有效地提高节段梁生产管理效率和场地利用率;项目指挥看板的研发可实现人、机、环等生产要素的实时在线监测,有效减少现场安全生产事故,提高生产过程的管控力度。

关键词　节段梁　信息化　BIM　项目管理　多源异构数据

在数字中国和交通强国的大的政策背景下,利用数字化手段可实现传统业务的转型升级,提高生产效能。因此,由交通运输部公路局统筹全国公路行业将公路数字化落实到公路设计、建设、养护、运行、管理、服务的全生命周期和全过程领域。

本文通过新的数字化技术,从BIM协同管理平台和智慧工地两方面进行黄茅海跨海通道混凝土预制梁智慧管控技术及系统研究,建立了基于BIM技术的新型生产管理模式,力争实现进度、质量、安全和人、机、环等的混凝土节段梁精益管理。

一、工程背景

黄茅海跨海通道(图1)路线全长约31km,是港珠澳大桥西延线,跨海段里程约14.35km,设置2座主桥跨越3条航道,互通立交4处,中、长隧道各1座。采用设计速度100km/h的双向六车道高速公路技术标准,路基宽度34m。黄茅海跨海通道引桥长4200m,分东引桥和西引桥,均采用60m跨径节段梁。东引桥节段梁设计数量为582片,西引桥节段梁设计数量为1688片,共2270片。

图1　黄茅海跨海通道效果图

二、智慧管控技术及系统研发

1. 功能架构设计

根据以往的特大型预制节段梁桥梁建设管理经验,考虑到预制节段梁施工应用场景会不断增加、系统会不断扩展的可能要求,应用系统进行过程中采用模块化、插件化、易扩展的思想,以形成一个开放兼容、易于管理,可持续扩容或删除功能模块而不影响系统平台稳定可靠运行的体系结构。智慧梁厂可视化管理系统平台拟采用分布式和分层架构体系,逻辑功能架构设计如图2所示,包括五层架构,包含数据的感知、数据的基础设施、数据的存储管理、应用服务中间支撑层和面向用户的应用层。

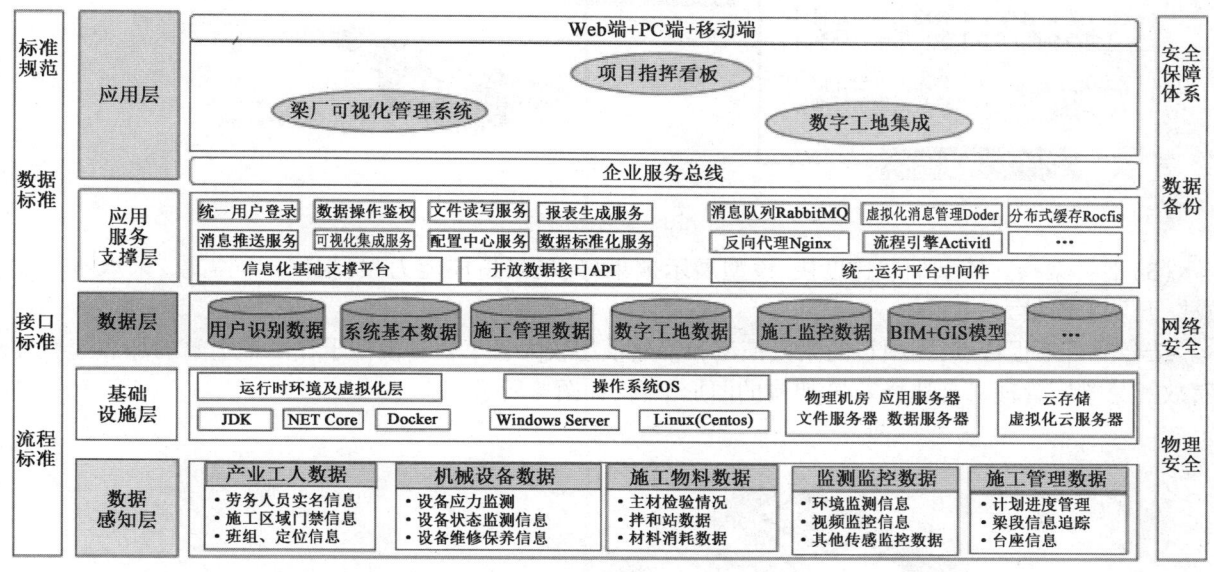

图2　智慧管控系统架构

2. 编码技术研究

线分类法、面分类法和混合分类法是信息编码分类的基本方法。线分类法结果是将对象按照特定属性或者特征划成有层次的结构树;面分类法是将对象不同的属性或者特征均视为"面",不同的面可进行自由组合;将线分类法和面分类法组合使用便是混合分类法。

结合黄茅海跨海通道T9标预制梁厂特点,调研既有行业BIM编码标准,充分考虑业务系统的兼容性,进行编码的编制。经研究,梁场编码采用混合分类法进行编码,主要通过"长码"实现智慧梁厂与业主管理系统、质检系统、拌和站等外部系统数据信息的集成;通过"短码"实现梁厂管理内部数据的采集分析。节段梁梁段编码作为梁段独立唯一的ID,是各种业务信息交互传递的纽带,具有横向协同,纵向打通的重要作用,可保证信息全寿命周期的无损流转,充分体现BIM技术的优越性和编码的重要性,如图3所示。

3. 可视化图形引擎技术研究

智慧梁厂管理平台以BIM技术为基础,需开展图形引擎技术的研究。经调研,主要存在三种形式图形引擎:

(1) C/S架构。模型加载速度快、模型展示效果好、分布功能弱,需要专门客户端、开发困难,不同平台开发不同客户端。

(2) B/S架构。分布功能强,客户端零维护,基于浏览器开发方便,共享性强,模型加载速度慢,模型展示效果略差。

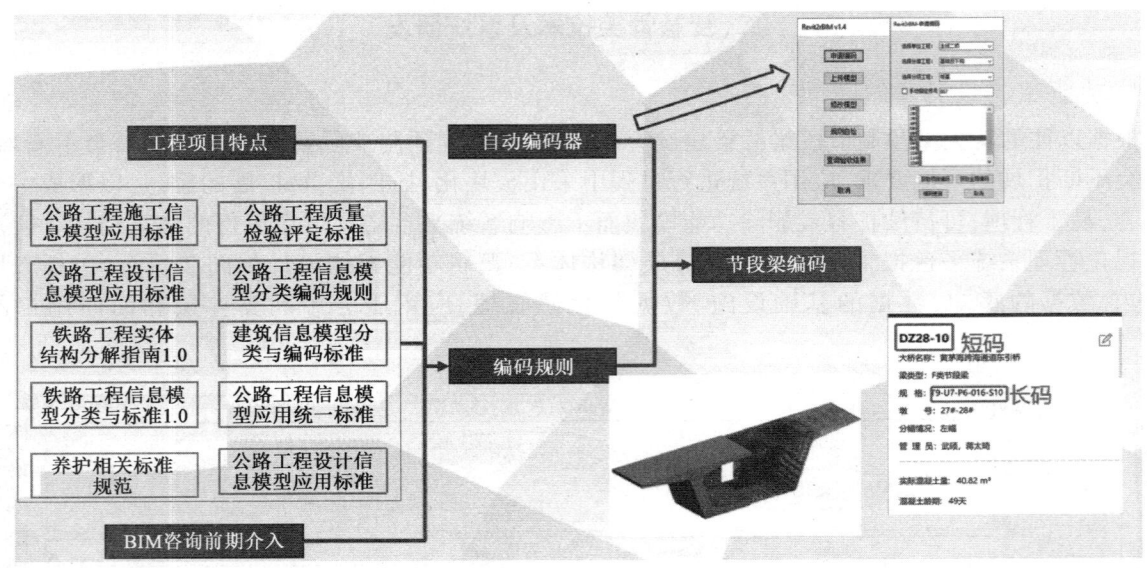

图3 编码技术研究

(3)混合架构。模型加载速度快、模型展示效果好、场景适应能力强,根据不同需求,采取不同部署方式,开发工作量大。

结合项目工程特点,因项目的梁段模型和临建模型较大且工程对模型子在图形引擎的加载速度要求高,故智慧梁厂管理平台选择C/S架构的图形平台,如图4所示。

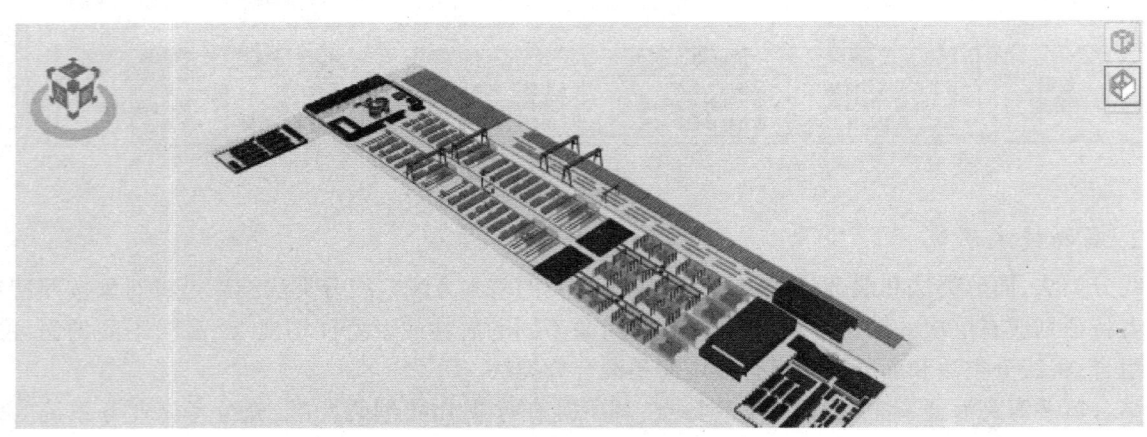

图4 图形引擎

4. 多源异构数据集成技术研究

智慧梁厂管理平台在研究过程中数据来源较多,针对过程中产生的多源异构数据进行研究,主要包括:梁厂生产过程中结构化管理数据的集成、物联网产生的人员、张拉压浆、特种设备、环境等结构化数据、图片、流体数据等。不同子系统间的数据采用标准的数据接口,实现数据的集成融合,进而可进行统计分析。

服务请求数据采用http请求,格式如下:http://地址:端口/wpwstable/服务名?参数名=参数值&参数名=参数值。其中,服务名是固定值,对应服务的服务名称;参数名是固定值,对应服务的参数名;参数值则是不固定值,对应相应请求的参数的值。

服务响应数据返回格式如下:
{
　"code":null,

```
    "data":[
        {
            数据对象
        }
    ],
    "msg":"操作成功",
    "success":true,
    "total":10
}
```

标准数据格式的说明见表1。

标准数据格式   表1

标签或属性名	值	数量	描述
code	无	1	该字段为内部使用,用户可忽略
data	不定值	1	返回的数据,类型为数组,数组中的每条数据用{}分隔
msg	不定值	1	服务调用的返回结果提示
success	true 或 false	1	true:服务成功调用;false:服务调用异常
total	不定值	1	数据库中包括的数据总条数

5. 混凝土节段梁智慧梁厂管理系统研发

为了解决黄茅海跨海通道预制梁厂管理问题,利用BIM、物联网、云计算等技术,研发预制梁厂管理系统,实现预制梁厂可视化、精细化、一体化、规范化、自动化及标准化管理,如图5所示。

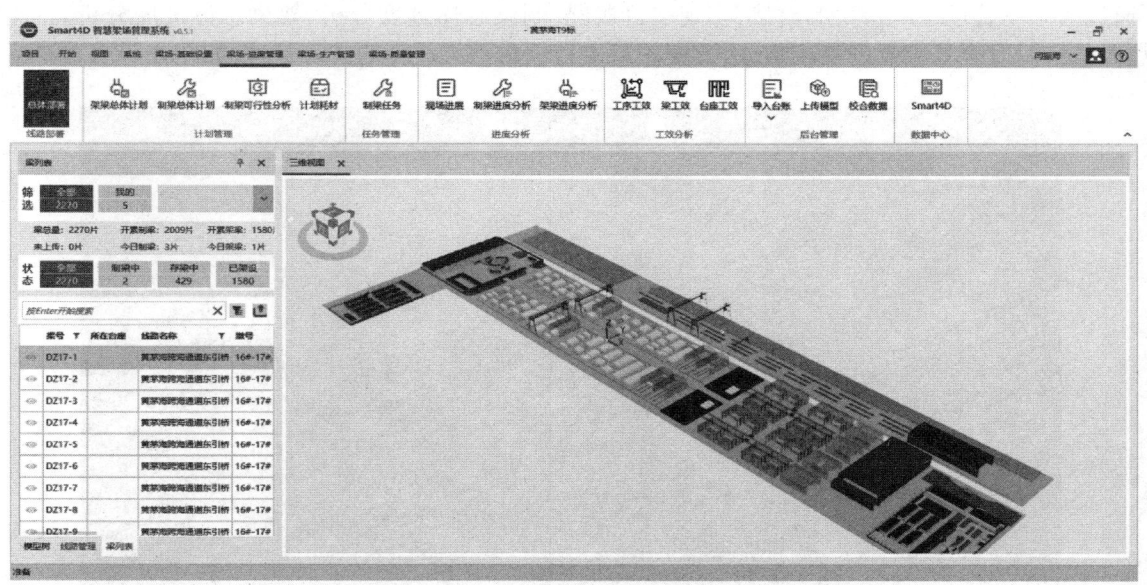

图5 智慧梁厂生产管理解决方案

(1)基础数据维护。

梁厂管理系统在使用前需进行系统的初始化,主要包括预制梁厂线路设置、工序设置、梁类型设置及台座等基础数据维护,为其他管理功能提供支撑。

(2)制、架梁计划。

因黄茅海预制梁厂的节段梁涉及东引桥和西引桥,故架梁计划需与项目的总体施工计划和下部结构关联,进行架梁计划的制定;架梁计划制定完成之后,确定每片梁的架设顺序,系统自动根据"先架先制"的原则,在规定的时间范围内,自动的生成制梁计划,指导现场的实际生产。

(3)制梁周订单。

黄茅海预制梁场项目部在每周日晚上进行项目的生产例会,通过系统将下周需要预制生产的梁段通过周订单的形式下发至现场技术员手机上,技术员依据周计划开展现场的实际生产。

(4)实际进度。

现场技术员根据制梁周订单进行现场生产管理,通过手机端微信小程序和二维码技术进行每道工序的填报,采集实际的生产进度信息。

(5)进度管控。

梁厂管理系统后台内置算法,可将制架梁计划与实际的预制架设进度进行对比分析,方便项目管理者及时进行进度纠偏,保证项目按工期完成。

(6)梁段可视化追踪。

黄茅海预制节段梁数量众多,在预制架设过程中找梁困难,梁厂管理系统支持通过微信小程序扫码的形式进行快速找梁;同时可实现生产过程信息的追溯。

(7)台座可视化管理。

黄茅海预制梁厂包含 16 个钢筋绑扎台座、16 个预制台座、12 个修饰台座、40 个喷淋台座,300 个存梁台座。台座如何进行科学高效的利用,对于项目生产至关重要,梁场生产管理系统可通过二维形象进度图的形式进行台座使用情况的可视化管理。

6. 项目指挥看板系统的研发

黄茅海跨海通道预制梁场根据项目需要进行项目指挥看板的开发,主要包含智慧管理和智慧物联两大模块。

(1)智慧管理。

通过与梁场管理系统接口的对接,实现项目概况、制梁总体进度分析、架梁总体进度分析、台座使用情况、人员情况及全景数据的高度集成,方便项目进行项目整体进度的统筹管理,如图 6 所示。

图 6 智慧管理

(2)智慧物联。

通过物联网技术实现人、机、料、法、环全要素信息实时采集,进行进度、质量、安全在线管控,如智能门禁(图 7)、智能试验室、智能拌和站、环境监测、智能张拉压浆、沉降监测、特种设备监控等,协助日常生产管理。

图7　智慧物联——智能门禁

三、结　语

通过在黄茅海跨海通道预制节段梁标段开展智慧管控技术和系统的研究,得出以下主要结论:

(1)编码技术作为智慧管控技术研究的重点,所有信息化系统数据的对接集成均需通过构件独立唯一的编码完成。

(2)预制节段梁在制造过程中产生的结构化的管理数据可实现对生产行为的管控,物联数据可实现对生产状态高效及时的管控。

(3)BIM管理系统和项目指挥看板的研发实现传统预制梁场业务的信息化和数字化,达到提质、增效的目的。

本文所研究的混凝土节段梁智慧管控技术和系统研发的成套解决方案具有可推广性,经济社会效益显著。

参考文献

[1] 李庆斌,马睿,胡昱,等.大坝智能建造理论[J].水利发电学报,2022,41(1):1-13.
[2] 刘占省,刘诗楠,赵红玉,等.智能建造技术发展现状与未来趋势[J].建筑技术,2019,50(7):772-779.
[3] 来猛刚,杨敏,翟敏刚,等.桥梁工业化智能制造[J].公路,2021,66(7):195-202.
[4] 刘佩斯.深中通道智慧梁场建设及运营研究[J].世界桥梁,2023,51(S1):26-33.
[5] 张迎松,梁海文,陶建山,等.深中通道BIM技术在预制梁场的成套解决方案研究与实践[J].土木建筑工程信息技术,2020,12(2):55-61.
[6] 白宇,刘洁,王欣南.基于BIM的施工进度精细化管控方法研究与实践[J].公路,2023,68(4):267-274.
[7] 张富泉,罗云.公路工程预制梁场生产信息化平台的设计与实现[J].科学技术创新,2021(28):130-133.
[8] 韩晓强,刘文荐,江忠贵,等.铁路智能化预制梁场实践[J].中国铁路,2021(9):73-78.
[9] 毕玉,张明闪,吴昊柱,等.桥梁混凝土节段梁钢筋数字化制造技术研究[J].公路,2022,67(8),172-177.
[10] 闫振海,张胜林,赵伟.大小井特大桥BIM技术应用研究[J].公路,2019,64(9):152-158.

31. 南京仙新路跨江大桥抗火性能及其防护方法研究

丁鸿志[1] 李雪红[2] 原 帅[2] 周祝兵[3] 唐贺强[4] 徐秀丽[2]

(1. 南京市公共工程建设中心；2. 南京工业大学土木工程学院；3. 江苏法尔胜缆索有限公司；4. 中铁大桥勘测设计院集团有限公司)

摘 要 随着火灾的日益频发，油罐车火灾对桥梁结构的危害越来越引起人们的关注。本文针对南京仙新路跨江大桥，分别从油罐车火灾模型、不利火灾场景及升温历程、主缆高强钢丝高温力学性能、结构响应及抗火性能、抗火防护方法等方面展开研究。主要成果及结论如下：提出了油罐火灾最大热释放速率的定量计算方法，建立了可表征不同泄漏孔径下油池扩散、燃烧动态过程的油池火灾模型，得到了2100级平行钢丝束弹性模量、屈服强度、极限强度和比例极限高温下的退化方程；确定了主缆、吊索、索夹和索梁节点的最不利火灾场景，得到其耐火极限分别为48min、9min、14min和20min，临界温度分别为500℃、623℃、419℃和750℃；给出了仙新路跨江大桥抗火防护目标；发明了主缆缠绕式多性能材料复合抗火结构及节点和索夹涂覆式防腐与抗火一体化防护体系。

关键词 桥梁工程 超大跨悬索桥 油罐车火灾 抗火性能 抗火防护 数值模拟 试验研究

一、引 言

我国悬索桥多位于交通要道，是交通基础设施的重要组成部分，数量众多且跨度较大。一旦发生火灾，会直接破坏桥梁结构，严重威胁交通基础设施安全。随着城市空间格局的加密，交通流量增大，能源交换的需求量也随之增大，装载运输"燃、气、爆、化"的危化品罐车日益增多，油罐车起火的概率也逐渐上升。一旦桥梁发生油罐车火灾，空气温度会迅速升高，悬索桥的主缆、吊索、加劲梁的温度也会迅速上升，导致弹性模量和强度显著降低，严重影响桥梁的安全性。

桥梁火灾模型是桥梁钢结构热力耦合分析的前提条件，也是抗火性能分析的重要基础，其中火源热释放速率是建立模型的重要参数，目前国内外学者对此已经取得了一些成果。Alfred Haack[1]、Allen R[2]、国际道路学会PIARC[3]基于试验给出了多种车辆发生火灾时的热释放速率和火灾规模。康俊涛[4]、李利军[5]、赵峰[6]分别提出了平方增长、热释放速率增长模型。Mohamed Elhelw[7]采用FDS提出燃烧速率是衡量火焰性能的最重要参数。Heskestad[8]、Ricardo Machado Leite[9]、马庆春[10]提出了火焰高度、油罐直径、风速等因素对油罐火灾的燃烧速度的影响。周健楠[11]基于FDS模拟提出池火火灾在30s左右就能达到最强辐射热强度，随后燃烧进入稳定阶段。Avinash Chaudhary等[12]通过试验研究，验证了油池火燃烧速率随油池直径的增加而增加，最终趋近于一个常数。

国内外学者对桥梁抗火性能也展开了相关研究。王莹等[13]利用HC_{inc}升温曲线模拟得到火灾下悬索桥主跨跨中吊索的抗火性能并通过数值模拟确定了吊索和主缆外包防火层的厚度及其防护范围。Ma等[14]提出了一个简化的火灾模型来模拟开放环境下桥梁中的车辆火灾并使用该模型进行了简单的传热分析。Lee等[15]提出了一种适用于模拟开放环境下斜拉桥火灾的火灾强度模型，并评估火灾后索构件的耐火性能。李艳[16,17]研究了悬索桥油罐车火灾位置对主缆和吊索力学性能和温度场时程变化以及缆索体系失效时间的影响；厉萱[18]分析了极端火势条件下悬索桥主缆的温度变化情况，探讨了不同防火层材

---
① 基金项目：江苏省交通运输科技项目(2021QD06)。

料、厚度对主缆的钢丝温度分布的影响,给出了防火层设置建议;马如进等[19]提出了一种简易的桥梁结构抗火评估方法;根据自定义缆索损伤标准对主缆局部损伤状况进行评估已确定增加防护措施的必要性;Yu Mengsheng[20]将使用 FDS 计算桥梁三维热学模型获得的温度场,应用于悬索桥热力耦合分析模型,确定主缆和吊索的失效时间。

上述研究表明,大跨桥梁抗火已引起学者们的关注,并取得了一定的研究成果,但在火灾模型、超高强钢丝高温下的力学性能、结构高温下的响应特性以及抗火防护方法等方面尚需进一步研究。本文针对仙新路过江通道跨江大桥,在油罐车火灾下,分别从不利火灾场景及升温历程、主缆高强钢丝高温力学性能、索梁节点区域失效机理、大跨径悬索桥结构响应及抗火性能、抗火防护方法等方面展开研究,建立最不利火灾温度场,确定大跨径悬索桥抗火性能综合控制参数及目标,提出大跨径悬索桥抗火防护方法。研究成果可为该类桥梁的抗火设计、运营管理及受火后的维修加固提供参考。

二、工程背景及火灾场景参数

1. 工程概况

仙新路过江通道位于八卦洲长江大桥和栖霞山长江大桥之间,起自栖霞区仙新路与科创路交叉处,沿仙新路向北穿乌龙山后,跨越长江,接入 S501,跨越滁河后接地。过江通道跨江大桥采用双塔单跨吊悬索桥方案,主跨 1760m,边跨 580m,桥型布置如图 1 所示。加劲梁采用扁平流线形封闭整体钢箱梁,钢箱梁总宽 31.5m,桥梁中心线处梁高 4m。

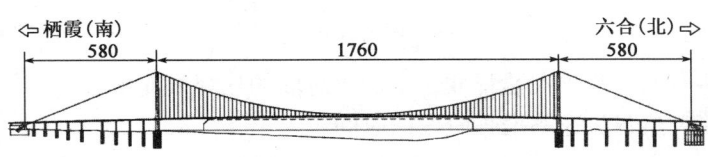

图 1 仙新路跨江大桥桥型布置图(尺寸单位:m)

2. 油罐车火灾及环境参数

火灾构成要素包括最危险可燃危化品、环境参数及油罐车尺寸。通过全面调研仙新路货运危化品清单,归纳对比后确定汽油为主要的桥梁火灾危险可燃危化品,热值为 43070kJ/kg,密度为 780kg/m³;桥址处全年平均气温为 15.4℃,即 288.75K,平均大气压为 101537Pa,平均空气湿度为 73%,基于规范计算,桥面最大风速为 10.84m/s,平均风速为 4.96m/s;经调研,目前油罐车油罐最大容积为 50m³,计算时将油罐简化为六面体。

三、火灾模型及不利火灾场景计算

油罐车火灾主要有两种类型:油罐燃烧火灾,简称为油罐火灾;油罐燃油泄漏油池火灾,简称为油池火灾。

1. 油罐火灾模型

油罐火灾模型需解决两个问题:确定火源最大热释放速率,建立火源热释放速率曲线。

1) 油罐火灾最大热释放速率计算

基于《火灾学基础》[21]与《矿井火灾学》[22],将理论分析与有限元模拟相结合,提出油罐火灾最大热释放速率的计算方法:通过预设 FDS 火焰影响区域,考虑桥面风、空气含水量等因素,计算最大热释放速率的理论值;基于理论值模拟火焰实际影响区域,对比并调整预设区域以重复上述计算,直至火焰区域误差小于预期目标。

基于实际火灾场景下的最大热释放速率理论值 Q_p 计算公式如式(1)所示:

$$Q_p = V \cdot \frac{P}{P_n} \cdot \frac{T_n}{T} \cdot \frac{1}{(1+d)} \cdot \frac{1}{V_o} \cdot q \tag{1}$$

$$Q_p \geq m''_{\max} \cdot q \cdot s \tag{2}$$

式中：V——实际条件下的气体体积流量（m^3/s），由桥面风速 U 和 FDS 火灾模型区域边界共同确定；

　　　P——实际条件下的气体压力（Pa）；

　　　P_n——标准条件下的气体压力（Pa）；

　　　T——实际条件下的气体温度（K）；

　　　T_n——标准条件下的气体温度（K）；

　　　d——该火灾环境下的空气含水量（g/kg）；

　　　V_o——单位质量可燃物完全燃烧所需要的空气量（m^3/kg）；

　　　q——可燃物热值；

　　　s——燃烧面积（m^2）；

　　　$m''_{\max}$——油品无风条件下最大质量燃烧速率，汽油燃烧时取值为 $0.055 kg/(m^2 \cdot s)$[23,24]。

2）油罐火灾热释放速率曲线

基于 H Ingason[25,26] 提出的火源热释放速率增长阶段抛物线方程进行计算，如式（3）所示：

$$\begin{cases} Q = \alpha t^2, & 0 \leq t \leq \sqrt{\frac{Q_p}{\alpha}} \\ Q = Q_p, & \sqrt{\frac{Q_p}{\alpha}} \leq t, \quad \rho V_{\max} q \geq t_1 Q_p/3 \end{cases} \tag{3}$$

式中：Q——油罐车火灾热释放速率增长阶段的热释放速率；

　　　t——热释放速率增长阶段的时间；

　　　α——火灾增长类型系数，考虑汽油燃烧属于超快速型，故 $\alpha = 0.1876 kW/m^2$。

2. 油池火灾模型

油池火灾模型的计算依然包括最大热释放速率和热释放速率曲线两个部分。

1）油池火灾最大热释放速率

Babrauskas[27] 在进行大规模池火实验的基础上，提出适合于大直径池火的燃烧速率估算公式，将其引入油罐车油池火灾最大热释放速率 Q_c 的计算，如式（4）所示：

$$Q_c = m''_{\max} \cdot q \cdot [1 - \exp(-k\beta D_m)] \tag{4}$$

式中：$m''_{\max}$——油品的最大质量燃烧速率；

　　　k——火焰吸收衰减系（m^{-1}）；

　　　β——平均光线长度校正系数，$k\beta$ 取值为 2.1[23]；

　　　D_m——燃烧泄漏油池的最大直径（m）。

当燃油泄漏和形成的油池火燃烧达到动态平衡时，单位时间内油罐破损处漏出的汽油量会和地面上形成的油池火燃烧的汽油量质量相等，故可依据伯努利方程建立平衡方程计算燃烧油池的最大直径 D_m，如式（5）所示：

$$C_d A \rho \sqrt{\frac{2\Delta P}{\rho} + 2gh} = m''_{\max} [1 - \exp(-k\beta D_m)] \times \frac{\pi}{4} \times D_m^2 \tag{5}$$

式中：C_d——泄漏系数，取其最大值 0.58（圆孔，液态）；

　　　A——泄漏孔面积；

　　　ΔP——储罐内与环境压力差，ΔP 根据《立式圆筒形钢制焊接油罐设计规范》（GB 50341—2014）
　　　　　取 6000Pa；

　　　g——重力加速度，取 $9.8 m/s^2$；

h——泄漏孔处的液压高度(m),若假设油罐内汽油全部泄漏,则 $h=2\mathrm{m}$(油罐高度)。

2)油池火灾热释放速率曲线

在式(4)的基础上可得油池火热释放速率曲线的数学模型如式(6)所示:

$$\begin{cases} Q = m''_{max} \cdot q \cdot [1-\exp(-2.1v_P t')] & 0 \leqslant t' \leqslant t_k \\ Q = Q_c & t_k \leqslant t' \end{cases} \quad \left(v_P = \frac{D_m}{t_k}\right) \tag{6}$$

式中:v_p——不同泄漏孔径下燃烧油池的平均扩散速度(m/s);

t'——燃烧油池扩散时间(s);

t_k——燃烧油池扩散至最大直径 D_m 的时刻(s)。

燃烧油池扩散阶段,单位时间内由泄漏孔流出的燃油量大于扩散所形成油池的燃烧量,这个油量差值一直累积到油池扩散达到最大直径 D_m 为止,则 t_k 可由式(7)计算:

$$\int_0^{t_k} \left\{ C_d A \rho \sqrt{\frac{2\Delta P}{\rho} + 2gh} - m''_{max}[1-\exp(-2.1v_P t')] \cdot \frac{\pi}{4}(v_P t')^2 \right\} dt' = \frac{\pi}{4} D_m^2 d' \rho \tag{7}$$

式中:d'——泄漏燃油所形成的液池最小厚度,悬索桥面铺装为沥青混凝土,故 $d'=0.01\mathrm{m}$。

3. 不利火灾场景计算

根据依托工程,建立火灾数值模拟计算模型(图2),通过对比2种不同火灾形式、2种不同燃烧方式、6种不同环境风速、3种不同泄漏孔半径,以及油罐车与缆索及节点不同水平距离时的空气升温曲线,同时考虑火灾最高温度、火灾影响范围、火灾升温速率等因素,得到了主缆、吊索及索梁节点区域的最不利火灾场景:①"无风工况+顶面和近主缆侧面燃烧+跨中靠近吊索位置"的油罐火灾,使主缆和吊索的高温区高度最高,对吊索和主缆的影响区域最大,为主缆和吊索的最不利工况;②环境风速4.96m/s,泄漏孔半径0.05m 的油池火灾,使节点区域空气峰值最大,升温时间最短,为索梁节点的最不利火灾场景。图3和图4给出了不利火灾场景下主缆、吊索及索梁节点处的空气升温曲线。

图2 火灾数值模拟计算模型图

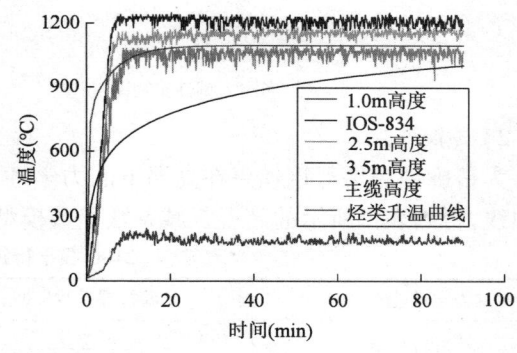

图3 不利火灾场景下跨中主缆和吊索不同高度处空气升温曲线

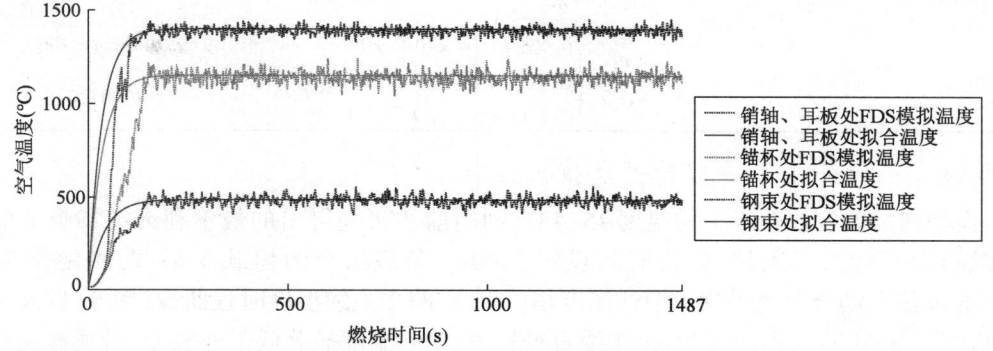

图4 不利火灾场景下索梁节点不同构件处空气升温曲线

四、火灾下悬索桥结构响应及抗火性能研究

基于 ANSYS Workbench 的顺序耦合分析法,建立火灾下悬索桥结构抗火计算模型,进行构件的温度场分布及力学响应分析,并对其抗火性能进行评价。

1. 主缆平行钢丝束高温力学性能

悬索桥主缆采用 2100 级平行钢丝束,目前尚缺乏 2100 级以上的高强钢丝束高温下力学性能的研究,因此首先进行主缆平行钢丝束高温力学性能试验以获得其高温下的力学参数,作为后续热力耦合分析时的基础力学参数。

1) 试验方案

试验选用的 2100 级平行钢丝束由 19 根直径 5.4mm 的镀锌钢丝平行组成,公称直径为 27mm,总截面积为 435mm^2,标准破断荷载 914kN。试验试件如图 5 所示。

选择稳态试验方式,选取 2 组共 24 个 2100 级镀锌平行钢丝束试件。每组试件设 12 个温度水平,分别为 20℃、100℃、200℃、250℃、300℃、350℃、400℃、450℃、500℃、550℃、600℃、700℃。在试验中,以 10℃/min 的速率升温,达到目标温度后恒温 30min;升温过程中,保持试件一端松弛,以消除热膨胀对试件的影响;保持温度后,采用 0.003℃/min 的恒定应变速率进行加载,直至试件断裂,破断状态如图 6 所示。

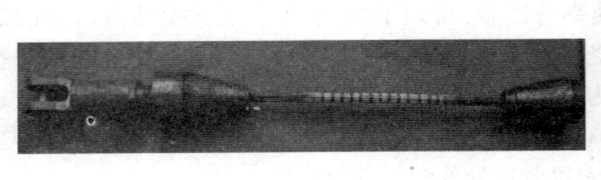

图 5　试件实物图　　　　　　　图 6　2100 级平行钢丝束高温破断状态

2) 试验结果

为精确预测平行钢丝束在高温下的力学性能,基于 logistic 曲线模拟力学性能折减系数与温度的关系曲线,得到表 1 所示的高温折减系数函数模型。

2100 级平行钢丝束高温折减系数模型　　　　表 1

力学性能参数	高温折减系数模型	力学性能参数	高温折减系数模型
弹性模量	$\dfrac{E(T)}{E_s} = \dfrac{1}{1 + e^{0.0099(T-450)}}$	有效屈服强度	$\dfrac{f_y(T)}{f_y} = \dfrac{1}{1 + e^{0.01106(T-409)}}$
极限强度	$\dfrac{f_t(T)}{f_t} = \dfrac{1}{1 + e^{0.01164(T-403)}}$	比例极限	$\dfrac{f_p(T)}{f_p} = \dfrac{1}{1 + e^{0.00948(T-347)}}$
极限应变	$\dfrac{\varepsilon_t(T)}{\varepsilon_t} = \begin{cases} 0.975 + 1.04 \times 10^{-3} \times T & 20℃ \leqslant T \leqslant 200℃ \\ 6.432 - 4.92 \times 10^{-2} \times T + 1.52 \times 10^{-4} \times T^2 \\ \quad - 2.11 \times 10^{-7} \times T^3 + 1.1 \times 10^{-10} \times T^4 & T \leqslant 700℃ \end{cases}$		

2. 主缆火灾高温作用下响应特性及抗火性能

热分析模型初始温度取全年平均温度 15.4℃,利用前述研究得出的最不利火灾场景下的空气升温曲线,对主缆施加温度边界条件,分析时间设定 5400s。荷载组合为恒载 + 活载,主缆常温下轴力为 293070kN。通过热力耦合分析得到主缆的温度场(图 7)、跨中主缆温度时程曲线(图 8)以及主缆应力与抗拉强度对比曲线(图 9)。由图可知:①主缆直径较大,中心温度显著低于外表面,沿横截面存在明显的梯度变化;②主缆强度随温度升高逐渐降低,前 10min 较稳定,之后逐渐下降;③在 48min 时,主缆截面平

均温度约500℃,应力为668MPa,等于此时主缆的抗拉强度,主缆发生破坏,即主缆的耐火极限为48min,临界温度为截面平均温度500℃。

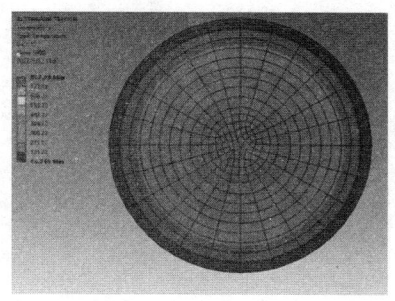 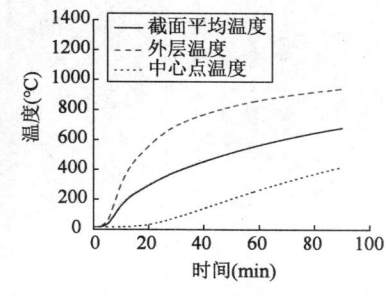 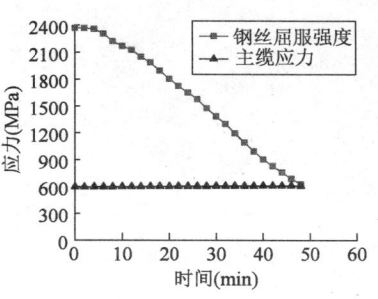

图7　主缆截面温度分布图　　　图8　跨中主缆温度变化时程图　　　图9　主缆应力与抗拉强度对比图

3. 吊索火灾高温作用下响应特性及抗火性能

吊索温度场分析模型边界条件同主缆,以跨中吊索为研究对象进行分析,常温下跨中吊索轴力为1909kN。通过热力耦合分析得到吊索的温度场分布(图10)、跨中吊索温度时程曲线(图11)以及吊索应力与抗拉强度对比曲线(图12)。由图可知：①吊索截面直径约78mm,吊索中心点和最外层温度基本一致,最不利工况下28min时达到1200℃,随后趋于稳定;②高温使吊索抗拉强度显著下降,火灾发生后前5min降低较慢,随后下降幅度迅速增大;③在9min时,吊索温度约623℃,吊索应力大于其抗拉强度,发生破坏。

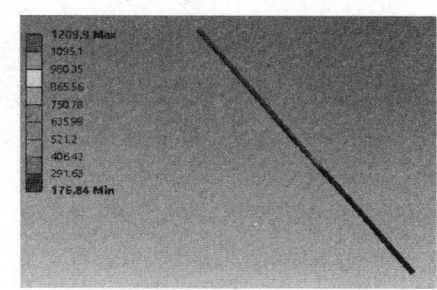 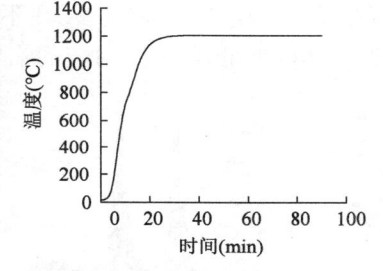 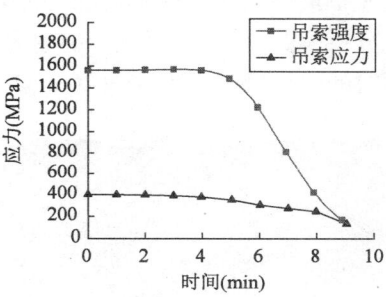

图10　跨中吊索温度场分布　　　图11　跨中吊索温度时程曲线　　　图12　吊索应力与抗拉强度对比图

4. 索夹火灾高温作用下响应特性及抗火性能

选择靠近跨中的47号梁段对应的SJ7索夹为研究对象,倾角为0.5182°。温度边界采用主缆最不利升温曲线,在下索夹耳板处施加吊索轴力1909kN,进行热力耦合分析,时间设定为60min(3600s),图13和图14分别给出了索夹温度和高温下变形云图及时程曲线。由图可知：①8个螺栓外表面升温基本一致,且温度高于上索夹和下索夹;②下索夹耳板最高温度高于下索夹本体温度;③结合内层温度,下索夹耳板升温最快;④索夹的耐火极限为14min,临界最高温度为854℃,临界平均温度为419℃;⑤下索夹耳板先进入塑性,其次是4号螺栓,索夹发生破坏。

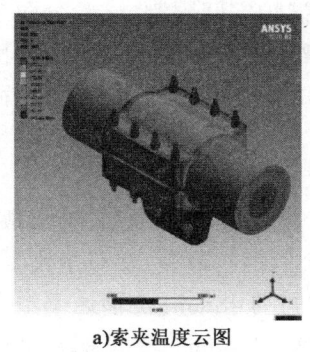 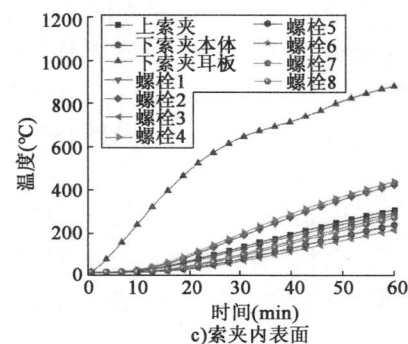

a)索夹温度云图　　　　b)索夹外表面　　　　c)索夹内表面

图13　索夹温度云图及时程曲线

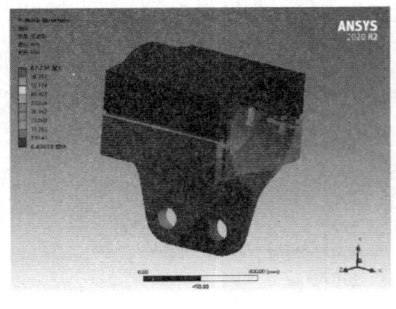 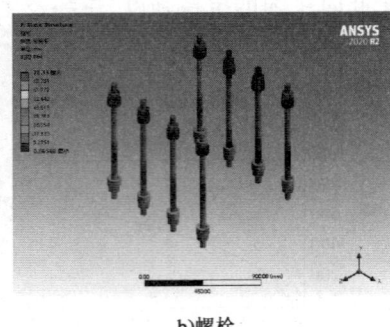 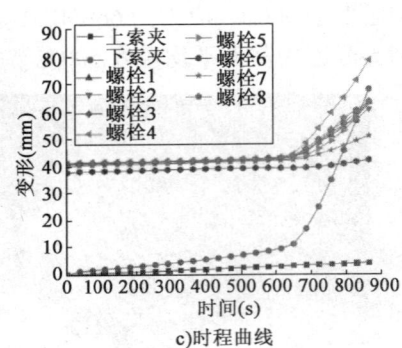

a)索夹变形云图　　　　　　　b)螺栓　　　　　　　c)时程曲线

图14　索夹高温下变形云图及时程曲线

5. 节点区域火灾高温作用下响应特性及抗火性能

热分析单元采用三维传热单元Solid70，不同部件间采用接触单元Conta174，接触类型为bonded，数值模型的升温边界为节点区域最不利火灾场景空气温度和火焰辐射强度，在钢束处施加吊索轴力1909kN，进行热力耦合分析。图15给出了节点区域温度云图、塑性应变图及等效应力曲线图。由图可知：①节点区域在不利火灾场景下，温度最大值出现在吊耳与加劲梁连接的底部，最小值出现在锚杯内部；②吊耳加劲板、吊耳、耳板距离桥面较近，在油池火灾下升温相对较快，温度相对较高；③锌铜合金升温速率最慢，但熔点相对较低，仅为420℃，可能发生锚固破坏；根据锌铜合金在最不利火灾场景下的相变分析，初步得到锚固破坏的耐火极限为1487s(24.8min)；④在不利火灾场景下，索梁节点发生强度破坏时的耐火极限为1206s(20min)，破坏部位为吊耳底部，对应的临界温度为750℃。

 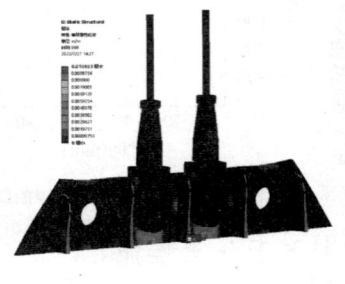 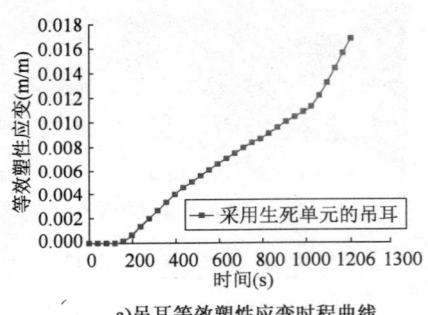

a)温度云图　　　　　　b)累积塑性应变　　　　　　c)吊耳等效塑性应变时程曲线

图15　节点区域温度云图及塑性应变图

6. 节点区域破坏形态试验研究

为了进一步研究节点在高温作用下的破坏形态，对其进行试验研究。

1) 试验方案

考虑到同时准确测得吊索及节点区域的力-位移曲线较为困难，并且受高温炉空间限制，试验分两个批次进行。试验Ⅰ：吊索索体及锚固节点区域高温力学性能试验；试验Ⅱ：索梁销接节点区域高温力学性能试验。利用试验机以2~3kN/s的速度给索体施加拉力，将吊索张拉至实际成桥索力962.476kN，持荷10min，待其变形稳定后，采用ISO 834标准升温曲线进行升温加载。

2) 试验结果与分析

吊索索体及锚头高温后试件形貌如图16所示，力、位移时程曲线如图17所示。由图可知：①锚板、套筒、密封罩以及钢丝束表面失去光泽，其他并无明显变化；②钢丝束最外层个别钢丝断裂，端口呈锥形，内部钢丝无明显变化；③整个升温持载时间为48.5min，张拉力突降点出现时间约48min；位移速率增大时间约43min，即张拉力突降点滞后于位移过渡点；④43min时个别钢丝屈服断裂，48min时锌铜合金握裹力失效，发生锚固破坏；⑤锚固失效时的临界温度为锌铜合金中心温度414℃。

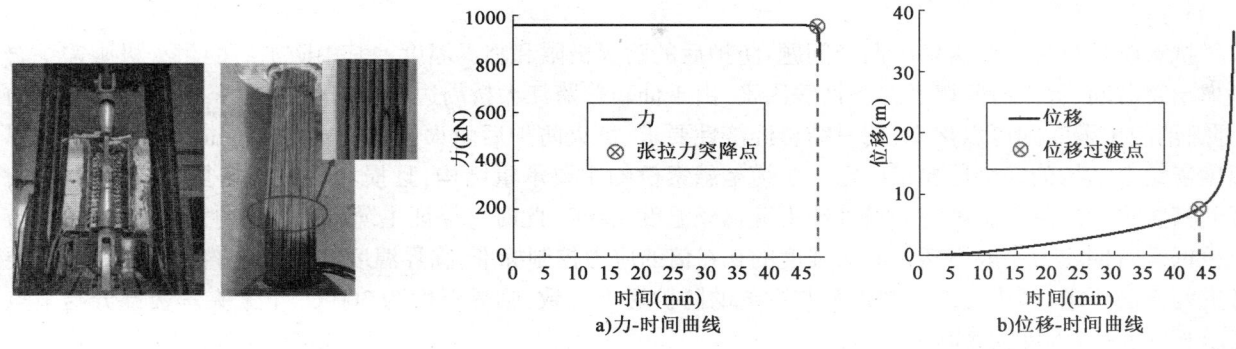

图16 过火后试件形貌　　　　图17 高温后试件力、位移时程曲线

索梁销接节点高温后试件形貌如图 18 所示,力、位移时程曲线如图 19 所示。由图可知:①叉耳发生明显变形,一侧被拉断,销孔由圆形被拉成水滴形;②吊耳主体发生明显的平面外弯曲,产生塑性变形,主要是吊耳加劲板及温度分布不均导致;③销轴出现明显的弯曲变形,无法将其从销孔中拔出;④升温持载时间 135.3min,张拉力突降点 134min,位移速率增大时间为 103min,即 103min 出现明显塑性变形,134min 节点破坏。

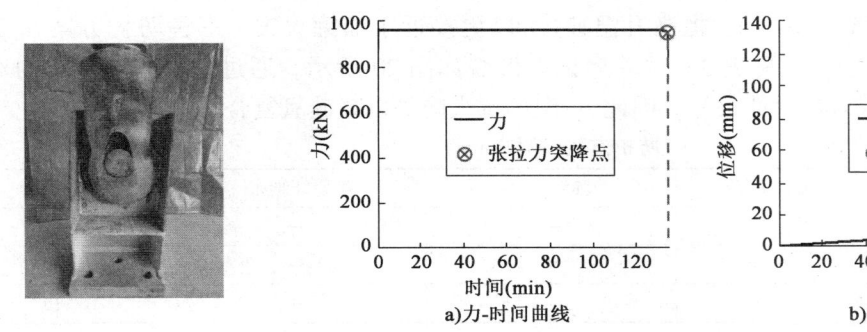

图18 过火后试件形貌　　　　图19 高温后试件力、位移时程曲线

综上两组试验结果,索梁连接节点可能发生锚固破坏和强度破坏两种形式,根据破坏时间,首先发生锚固失效破坏,其次为叉耳强度破坏,锚固破坏时锌铜合金中心温度为 414℃。与前述节点区域响应特性的分析结果进行对比可知,二者均发生锚固破坏和强度破坏两种形式。其中锚固破坏的临界温度基本一致,强度破坏位置不同,主要与二者所采用的升温曲线不同有关,前述数值模拟采用的是本文研究所提出的油池火灾最不利场景下的升温曲线,随高度的增加,温度衰减较快,吊耳底部温度比叉耳中部温度高200℃左右,会使吊耳强度下降更快,使吊耳先发生破坏,试验采用的是 ISO 834 标准升温曲线,炉内温度处于均匀分布状态,叉耳先于吊耳破坏;另外,前述模拟锚固破坏稍滞后于强度破坏,试验结果是锚固破坏早于强度破坏,依然与二者的空气升温曲线不同有关,油池火灾升温曲线锚头处的温度显著低于节点处的温度,使节点先发生强度破坏。由上述对比可知,火灾类型对节点破坏形态影响较大,因此准确的火灾模型的建立非常重要。对于节点来说,不管是哪种火灾作用模式,均可能发生两种破坏模式:锚固破坏和强度破坏。在实桥运营过程中,对节点危害最大的是油池火灾,因此应更为关注节点的强度破坏。

五、抗火防护方法研究

通过上述研究可知,若不进行抗火防护,在最不利火灾场景下,主缆的耐火极限为 48min,吊索的耐火极限为 9min,索夹为 14min,节点为 20min,会很快发生破坏。因此,需对各主要结构进行抗火防护。考虑到吊索是可更换构件,且在一辆油罐车火灾作用下不会发生多组吊索同时断裂导致的多米诺连续断裂,同时兼顾经济性要求,暂不对吊索进行抗火防护。因此,下面主要对主缆、索夹、索梁节点的抗火防护进行研究。

1. 抗火防护目标的确定

抗火防护目标主要需解决两个问题:防护后的耐火极限和临界温度。其中防护后的耐火极限需综合考虑出警时间、灭火时间以及经济性等因素,由于仙新路跨江大桥周边分布有化工园区,园区内设有消防大队,消防出警时间可以保障,同时结合经济性要求,抗火防护后耐火极限确定为45min。防护后的临界温度需结合结构的安全性要求确定。主缆是悬索桥的主要承重结构,且损坏后很难修复并且无法更换,因此其防护后的临界温度定为最外侧主缆钢丝温度300℃,此时可保证主缆具有2.0的安全系数;索梁节点根据运营期应力一般不超过屈服强度的0.6倍的应力控制标准,临界温度取为550℃;索夹的防护需要考虑两方面要求,其中环绕主缆部分与主缆的防护标准一致,临界温度为300℃,下索夹耳板部分与节点要求相同,临界温度为550℃。

2. 主缆抗火防护方案

根据主缆的结构特点,拟采用缠绕式抗火防护方案。

1) 防护方案对比

通过对抗火防护材料的全面调研和对比,结合研究团队的研发,提出三种缠绕式防护方案,见表2。对所提方案进行对比试验,确定较优方案。试验试件采用127ϕ5.4mm规格的足尺索股模型,六边形,纵向宽度61.5mm,横向宽度70.2mm,长2m,索股外侧缠绕防火保护层。试验采用水平高温炉进行,升温曲线在ISO834标准升温曲线的基础上,提高升温速度,以更接近于油罐火灾。三种防护方案在20min/40min/60min时的平均温度对比,见表3。试验后试件形貌如图20所示。通过不同防护方案的对比试验,高硅氧复合材料的抗火隔热性能最好。因此,主缆的抗火防护以高硅氧复合材料为防护主材。

防护方案(单位:mm)　　　　　　　　　　　　　　　　　　表2

防护方案	高硅氧复合材料	镀铝玻纤布	陶瓷纤维布	总厚度
1	12	—	—	12
2	—	9	3	12
3	6	3+3	—	12

防护方案20min/40min/60min时平均温度对比(单位:℃)　　　　表3

防护方案	20min	40min	60min
1	133	363	484
2	293	548	622
3	171	441	558

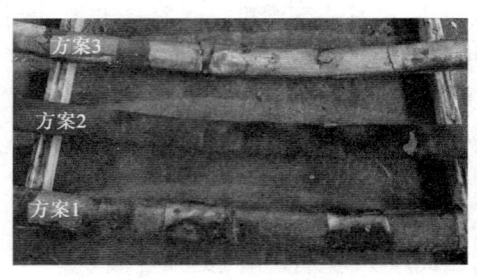

图20　不同防护方案试验后试件形貌图

2) 防护方案设计

由于在缠绕过程中,防护材料承受张拉力及挤压力作用,会使防护层厚度减小,为了研究防护层压缩后的防护效果,进行了对比试验。防护层厚度分别取自然状态下10mm厚,以及将10mm挤压为6mm厚两种工况进行对比试验,升温曲线为HC升温曲线。60min后,发现防护层被压缩后的方案各测点温度均较自然状态下的方案低,温度降低约10%,即防护层被压缩后不会影响防护效果,反而有一定的提升。

此外,由于主缆直径较大,且切割节段较为困难,所以较难进行主缆的足尺防护试验,因此进行了不同直径索股的防护对比试验,根据试验结果,得到防护层的热工参数,再利用数值模拟方法研究防护后温度与索股直径的关系,得到主缆的防护方案。共设计3种直径分别为70mm、159mm、201mm的试件,试件长度依然取2m,防护层取自然状态下10mm的高硅氧复合材料,燃烧时间为60min。试验后试件形貌如图21所示,直径(截面形状系数)与温度的关系曲线如图22所示,随直径的增大,试件温度显著降低。图23给出了高温作用60min时试件直径与最外侧钢丝温度的相关曲线,可知,在直径较小时,随直径的增大,试件温度迅速降低,随直径的逐渐增大,温度的降幅逐渐减小,趋于稳定。仙新路跨江大桥的主缆直径为868mm时,此时温度为288℃,即10mm厚的高硅氧复合材料防护方案,在HC升温曲线下,可以满足主缆的防护目标。为了进一步研究主缆在最不利火灾场景下的防护效果,采用最不利火灾场景下的升温曲线进行分析,45min时主缆外表面温度为224℃,60min时主缆外表面温度为266℃,均小于300℃的抗火防护目标。为了进一步提升防护效果,提高安全性能,将反射型抗火材料(铝箔)、隔热阻燃型抗火材料(高硅氧玻璃纤维)以及耐高温黏结材料(耐高温防火胶)相融合,提出了多性能材料复合抗火结构,通过加工工艺攻关,单层厚度可减小至5mm,采取50%搭接,双层缠绕,既方便施工,又可满足主缆抗火防护要求。

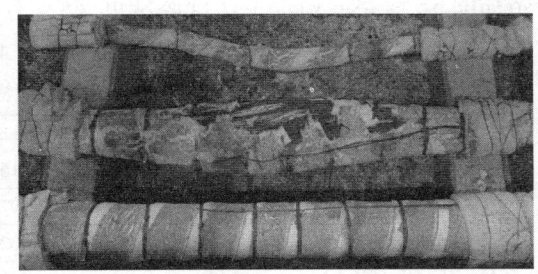

图21 不同直径试件试验后形貌图

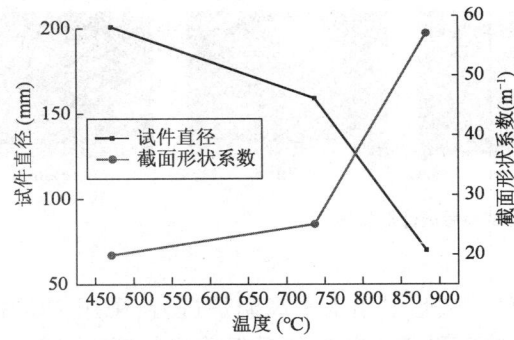

图22 直径和截面形状系数与温度相关关系曲线

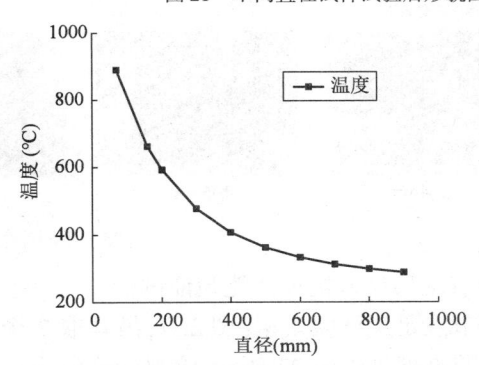

图23 直径与温度关系曲线

3. 索梁节点抗火防护方案

根据节点的结构特点,拟采用涂料类抗火防护方案。

1)防护方案对比

通过对防火涂料的调研和初步试验分析,选取三类涂料(水基性、溶剂性、环氧类)进行对比试验,防护层厚度取为2mm和4mm两种。试验试件为Q345D级钢板,规格为300mm×300mm,厚度为16mm。试验采用水平高温炉进行,升温曲线采用ISO 834标准升温曲线。各方案不同厚度下20min/40min/60min时的平均温度对比见表4。试验后试件形貌如图24所示。通过对比可知,环氧类防火涂料防护效果最好,因此选用该类涂料对节点进行抗火防护。

三类涂料不同厚度下在 **20min/40min/60min** 时的温度对比(单位:℃)　　　　　表4

防火涂料	20min		40min		60min	
	2mm	4mm	2mm	4mm	2mm	4mm
水基性防火涂料	474	345	753	652	886	758
溶剂性防火涂料	352	268	749	575	873	750
环氧类防火涂料	225	159	432	273	643	551

图24 不同类型涂料试验后试件形貌图
A-水基性;B-溶剂性;C-环氧类

2）防护方案设计

采用环氧类防火涂料,针对不同的防护层厚度,进行抗火性能对比试验,以确定较适宜的防护层厚度。共设置5种厚度,分别为4mm/5mm/6mm/7mm/8mm,不同时间点时的温度见表5,试验后各试件形貌如图25所示。根据上述试验结果,结合节点的抗火防护目标,防护方案拟选择环氧类防火涂料,涂层厚度为6mm,再通过足尺节点模型试验进行验证。

不同涂层厚度时钢板在不同时刻的温度值对比（单位：℃） 表5

时间	4mm	5mm	6mm	7mm	8mm
20min	243	216	191	174	160
40min	466	397	341	333	285
45min	526	502	395	384	334
60min	668	648	592	588	465

  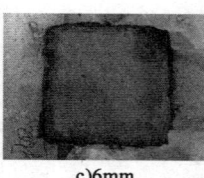  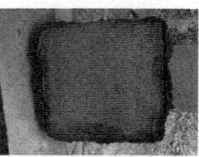

a)4mm　　b)5mm　　c)6mm　　d)7mm　　e)8mm

图25　不同涂层厚度试验后试件形貌图

3）节点足尺模型抗火性能验证试验

采用节点足尺试验模型(图26),吊耳取2个销孔。试验采用水平高温炉进行,采用HC升温曲线。试验后的节点模型如图27所示,涂料膨胀较为均匀,表面平整。各部位升温曲线如图28所示。在高温作用后45min时,节点最高温度为336℃,高温作用后60min,节点最高温度为439℃,均低于550℃的防护温度,说明6mm厚的环氧类防护方案可以满足节点的防护目标,且具有一定的安全储备。

图26　防护后的节点模型　　　　　图27　试验后的节点模型

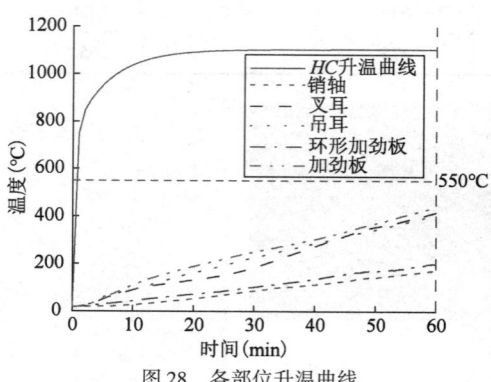

图28　各部位升温曲线

4. 索夹抗火防护方案

索夹的防护需考虑两方面的需求,既要保护主缆,又要保护索夹,通过对涂料和缠绕式防护方案的对比,索夹采用6mm厚环氧类防火涂料可以满足索夹的抗火防护目标,为了加强涂料的整体性及黏结性能,在防火涂层中间设置内部防火增强纤维网。

5. 一体化防护体系

通过上述研究,提出了主缆、节点及索夹的抗火防护方案,在实际应用中,尚需考虑各部位的防腐要求。因此,综合防腐需求，建立了悬索桥抗火与防腐一体化防护体系，如图29所示。主缆在常规缠包带外侧设置抗火防护层，抗火层外再缠绕一层缠包带，以满足主缆外观及防腐要求；节点和索夹将防火层设于中间漆外侧，防火层外设置氟碳面漆，既可以满足防腐要求，又可以满足防火需求。上述防护体系已应用于仙新路跨江大桥，防护实物图如图30所示。

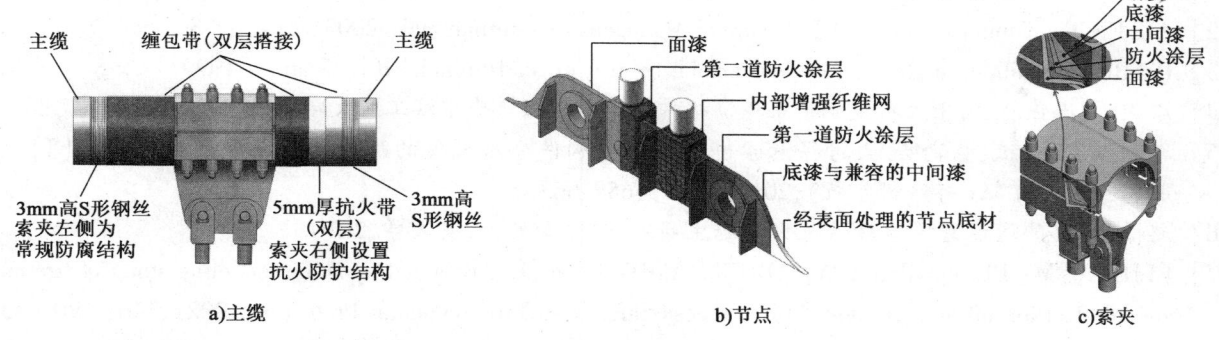

图29　仙新路跨江大桥抗火与防腐一体化防护体系

图30　仙新路跨江大桥抗火防护实物图

六、结　语

（1）基于火灾学原理，考虑危化品种类、桥面风速、风向、油罐车尺寸、自然环境等因素，建立了油罐燃烧火灾定量计算模型；基于油罐泄漏、油池扩散和燃烧等研究基础，提出了可表征不同泄漏孔径下油池扩散、燃烧的动态过程油池火灾模型，可定量计算油池火最大直径、油池扩展速度和燃烧时间。

（2）综合考虑火灾形式、燃烧方式、环境风速、泄漏孔半径以及油罐车与缆索及节点不同水平距离等对悬索桥各构件空气温度场的影响，确定了主缆、索夹和吊索的最不利火灾场景为："无风工况+顶面和近主缆侧面燃烧+跨中靠近吊索位置"的油罐火灾，节点区域的最不利火灾场景为：环境风速4.96m/s、泄漏孔半径0.05m的油池火灾。

（3）开展了2100级高强钢丝高温单向拉伸全过程试验，提出了2100级高强平行钢丝束高温下的LE-L应力-应变模型，建立了高温下平行钢丝束的应力-应变曲线方程，得到了平行钢丝束弹性模量、屈服强度、极限强度和比例极限在高温下的退化方程。

（4）采用ANSYS Workbench的顺序耦合分析法，进行各构件温度场分布及力学响应分析，得到了主缆、吊索、索夹及索梁节点的耐火极限分别为48min、9min、14min和20min，临界温度分别为500℃、623℃、419℃和750℃，其中主缆和索夹的临界温度为全截面平均温度。

（5）综合考虑各构件的可更换性、重要程度及经济性要求，同时结合周边消防力量配置情况，提出了仙新路跨江大桥的抗火防护目标，即：防护后的耐火极限为45min，主缆防护后的临界温度为主缆最外侧钢丝温度不超过300℃，索梁连接节点临界温度为550℃，索夹包裹主缆部分的临界温度与主缆一致，下索夹耳板与节点一致。

(6) 基于调研和对比试验,综合考不同材料的防火隔热性能特点以及结构受火特点,提出了主缆缠绕式多性能材料复合抗火结构及节点和索夹涂料类防腐与抗火一体化防护体系。其中主缆抗火防护层厚度为 10mm、节点和索夹的抗火防护层厚度为 6mm 时,可满足抗火防护目标要求。

参考文献

[1] HAACK A. Fire safety concepts in traffic tunnel[J]. Tunnel Management International, 2001, 10(3): 9-13.

[2] ALLEN R. Tunnel operations[J]. Tunnel Management International, 2003, 6(4):1-8.

[3] PIARC Committee on Road. Fire and smoke control in road tunnels[R]. France: 1999.

[4] 康俊涛,王伟. 火灾下大跨度钢桁架拱桥结构性能分析[J]. 哈尔滨工业大学学报,2020,52(9):77-84.

[5] 李利军,万祥斌,董晓明. 大跨径悬索桥缆索承重构件公路火灾的瞬态空间温度场数值模拟[J]. 合肥工业大学学报(自然科学版),2015,38(5):659-663.

[6] 赵峰. 公路隧道运营风险评估及火灾逃生研究[D]. 西安:长安大学,2010.

[7] ELHELW M, EL-SHOBAKY A, ABDELHAMID A, et al. Advanced dynamic modeling study of fire and smoke of crude oil storage tanks[J]. Process Safety and Environmental Protection, 2021, 146: 670-685.

[8] HESKESTAD G. Fire plumes, flame height, and air entrainment[M]//MORGAN J, GOTTUK D, HALL J R, et al. SFPE Handbook of Fire Protection Engineering. New York: Sptinger, 2016: 396-428.

[9] Ricardo M L, Felipe R C. Effect of tank diameter on thermal behavior of gasoline and diesel storage tanks fires [J]. Journal of Hazardous Materials, 2018, 342: 544-552.

[10] 马庆春,贺雅丽. 强风条件下大型储罐火灾的热辐射灾害影响[J]. 安全与环境学报,2018,18(3):935-940.

[11] 周健楠,姜雯,谢飞,等. 基于 FDS 模拟的超大丙烷储罐罐内池火火灾事故后果研究[J]. 南开大学学报(自然科学版),2017,50(6):95-98.

[12] AVINASH C, TIWARI M K, GUPTA A, et al. Experimental study on burning behavior of crude karanja oil pool fire[J]. Heat Transfer Research, 2021, 52(14): 25-45.

[13] 王莹,刘沐宇. 大跨径悬索桥缆索抗火模拟方法[J]. 中南大学学报(自然科学版),2016,47(6):2091-2099.

[14] MA R J, CUI C J, MA M L, et al. Numerical simulation and simplified model of vehicle-induced bridge deck fire in the full-open environment considering wind effect[J]. Structureand and Infrastructure Engineering, 2021, 17(12):1698-1709.

[15] LEE J, CHOI K, YOON J, et al. Numerical analysis-based structural behavior assessment of a cable-stayed bridge undertanker fire[J]. Structure and Infrastructure Engineering: Maintenance, Management, Life-Cycle Design and Performance, 2022:1-18.

[16] 李艳,刘政伟,周国华. 油罐车火灾下三塔悬索桥缆索体系抗火性能研究[J]. 中外公路,2018,38(5):124-130.

[17] 李艳,汪剑,周国华. 大跨径悬索桥缆索体系抗火设计研究[J]. 公路,2018,63(5):94-101.

[18] 厉萱. 火灾下悬索桥主缆温度场及抗火设计研究[D]. 成都:西南交通大学,2021.

[19] 马如进,邹明明. 三塔自锚式悬索桥主缆抗火性能评估方法[J]. 重庆交通大学学报(自然科学版),2022,41(12):77-84.

[20] YU M S, CHEN Q F, YAO X Y, ET AL. High-temperature properties of a long-span double-deck suspension bridge under a tanker fire [J]. Advances in Civil Engineering, 2021 (23): 2631346.1-2631346.14.

[21] 昆棣瑞. 火灾学基础[M]. 北京:化学工业出版社,2010.

[22] 王德明. 矿井火灾学[M]. 北京:中国矿业大学出版社,2008.

[23] 邱健. 储罐池火灾安全屏障性能评估及其应用研究[D]. 北京:北京化工大学,2020.

[24] 任婕. 多因素条件下油罐火燃烧特性研究[D]. 合肥：中国科学技术大学,2019.
[25] INGASON H. Fire development in large tunnel fires[J] Fire Safety Science, 2005(8): 1497-1508.
[26] INGASON H. Design fire curves for tunnels[J]. Fire Safety Journal, 2009, 44(2): 259-265.
[27] BABRAUSKAS V. Estimating large pool fire burning rates[J]. Fire Technology, 1983m, 19(4): 251-261.

32. 免涂装耐候钢在沙溪大桥上的应用

彭运动[1]　李铭[1]　张凯[1]　胡云天[1]　杨颖[2]　王佩[3]

(1. 中交公路规划设计院有限公司；2. 鞍钢集团科技发展有限公司；3. 中铁宝桥集团有限公司)

摘　要　本文依托莆炎高速公路沙溪大桥的设计与制造,介绍了福建闽西山区环境条件下免涂装耐候钢的适应性研究、构造细节设计、焊接工艺及表面稳定处理等,对类似环境下免涂装耐候钢桥的应用具有借鉴意义。

关键词　桥梁　免涂装耐候钢　焊接　大气环境　稳定处理

在国外,免涂装耐候钢在公路桥上的应用已超过了半个多世纪[1],英国、美国、日本等国家已有科研成果,积累了大量工程建设与养护经验,形成了相关标准和技术指南[2,3]。通过对英国、美国、日本等国家调查表明,目前世界范围内桥梁建设正在致力于推广使用高性能耐候钢,并且有相当数量的桥梁由于使用了耐蚀性强的高性能钢板因而不需要涂漆[4]。据不完全统计,从钢材用量来比较,美国与日本的耐候钢桥分别占新建全部钢桥的45%、20%[5]。在国内,耐候钢已经应用在鹤大高速公路宽甸立交、沈阳绕城高速公路后丁香大桥、南京大胜关长江大桥和重庆朝天门大桥等项目上,但仍进行了普通或长效涂装防腐。近年来,在京张官厅水库公路大桥和拉林铁路雅鲁藏布江大桥等项目上[6],免涂装耐候钢得到更多应用。

一、工程概况

沙溪大桥位于福建省三明市三元区莘口镇,为莆田—炎陵高速公路三明段重点工程,跨越205国道和沙溪河,按双向四车道高速公路桥梁设计,设计速度100km/h,荷载等级公路—Ⅰ级。沙溪大桥(图1)总长约1400m,主桥桥跨布置为100m+176m+176m+100m,主桥采用钢桁组合连续刚构体系,最大墩高117m；引桥上部结构采用40m、50m装配式工字钢混组合连续梁,下部采用薄壁空心墩和柱式墩。沙溪大桥为设计施工总承包项目,已于2022年5月建成通车。

图1　沙溪大桥实桥建成照片

二、耐候钢适用性研究

1. 初步调研分析

金属在大气自然环境条件下的腐蚀称为大气腐蚀。对能够在大气自然环境条件下耐腐蚀的钢称为耐大气腐蚀钢，也称之为耐候钢。耐大气腐蚀钢在大气中具有比普通碳素钢优良的耐腐蚀性能，只含有百分之几的少量合金元素，价格低廉，属于低合金钢。耐候钢中常见主要的添加元素有 Cu、P、Cr、Ni、Mo、Si 等。众多研究公认的各元素在钢中对提高钢的耐候性效果为：P、Cu、Cr 有显著效果；Ni、Mo、V、Nb、Ti 有效果。在不同环境中各元素效果排序为，对工业大气：P > Cu > Mo > Si、Cr；对郊外田园大气：P > Cu > Si > Cr[7]；对海洋大气：Mo > Cu > Ni > P > Si、Cr[8]。这些合金元素的复合添加，可以获得比分别单独添加更高的双重效果。

从国内外挂片的结果来看，一般耐候钢适用的城市和乡村大气环境特征主要有以下几个方面：①大气腐蚀性分级：C1、C2 和 C3；②污染物分级：二氧化硫 P0、P1；③大气腐蚀因子特征：年均氯离子沉积率小于或等于 0.03mg/(dm·d)；年均 SO_2 沉积率小于或等于 0.24mg/(dm·d)(30μg/m³)；④耐候钢可用在《金属和合金的腐蚀 大气腐蚀性 第1部分：分类、测定和评估》(GB/T 19292.1)所规定的相对湿度大于 80%，全年润湿时间占比小于 60% 的地区。根据初步调研结果，莆炎高速沙溪大桥桥址环境属于城市大气环境，腐蚀性中等，可采用耐城乡大气腐蚀桥梁钢系列，国内该系列钢种主要有 Q345q(D,E)NH ~ Q690q(D,E)NH。根据年极端温度达 -11.3℃ 的情况，采用保证 -20℃ 冲击韧性的 D 级钢即可满足要求，钢号主要有：Q345qDNH、Q420qDNH 和 Q500qDNH。

2. 挂片曝晒试验

对于金属和合金，大气腐蚀的关键因素为潮湿时间、二氧化硫和氯化物污染物的水平。为准确掌握桥址环境条件，在沙溪大桥桥址沙溪河边地面上开始进行高性能耐候桥梁用钢的挂片曝晒对比试验，于 2021 年 7 月 9 日完成一年的挂片。回收分为三个周期，分别为 6 个月、9 个月和 1 年。收回样品后进行失重检测、腐蚀产物分析、腐蚀速率计算、腐蚀形貌观察等（图2～图4、表1）。

a)1天后　　　　　　　　b)1个月后

c)半年后　　　　　　　　d)1年后

图 2　挂片曝晒试样宏观形貌照片

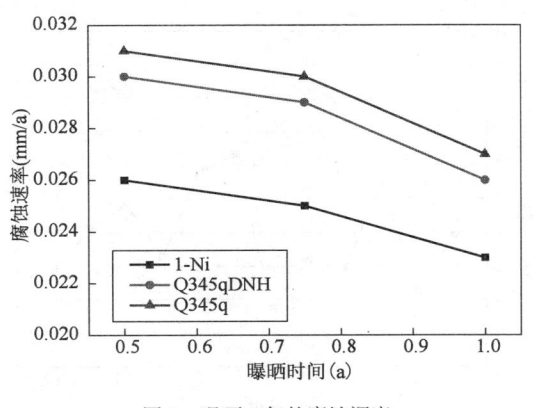

图3 曝晒一年的腐蚀深度

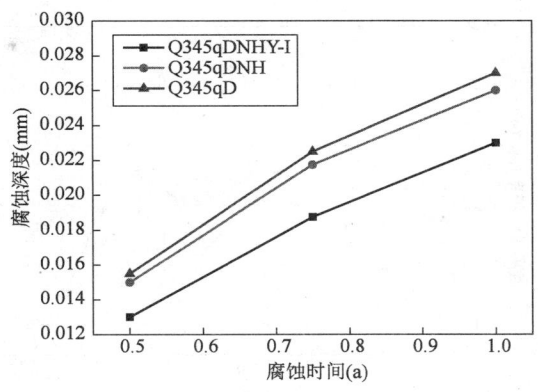

图4 腐蚀速率随曝晒时间变化规律

试验钢在曝晒一年后锈层的物相结构分析结果　　　　表1

钢种	编号	物相成分			α/γ
		α-Fe	α-FeO(OH)	γ-FeO(OH)	
1-Ni	1-1 正面	26.3	36.4	37.4	0.97
	1-2 反面	28	32	40	0.80
Q345qDNH	2-2 正面	23	36	41	0.88
	2-1 反面	19	37	44	0.84
Q345qD	3-1 正面	18	37	45	0.82
	3-2 反面	25	33	42	0.79

通过一年的挂片曝晒试验，获得了3个月、6个月、1年共三个试验周期的腐蚀数据。由于曝晒时间短，难以直接回归出幂函数 $Y = AX^B$，可以按照日本的研究者鹿毛勇等人的估算方法，在不考虑工业污染物 SO_2 浓度影响的前提下，把实测的第一年腐蚀量作为 A，而 B 值根据 A 值由下式计算得出：

$$B = -4611.3A^3 + 769.19A^2 - 32.421A + 1.0109$$

根据系数 A、B 即可以估算出耐候钢在相应环境中的50年或100年的腐蚀量，计算结果见表2。

试验钢腐蚀寿命预测结果　　　　表2

钢种	实测 A 值	日本式估算 B 值	50年腐蚀深度(mm)	100年腐蚀深度(mm)
Q345qDNH	0.026	0.607	0.279	0.426

3. 环境温度和湿度监测、腐蚀因子收集

挂片的同时布置了温度、湿度测量仪器，以及设置试验装置对大气中的氯化物、二氧化硫的沉积量进行采集。经过一年的数据采集，桥址环境温、湿度的变化规律如图5所示。根据监测结果分析(图6)，桥址地点各月氯离子沉积量均小于 $3mg/(m^2 \cdot d)$，按照《大气腐蚀性分类标准》(ISO 9223)判定，处在标准中的S0级，腐蚀性最弱。二氧化硫全年沉积量平均值在 $4mg/(m^2 \cdot d)$ 以上，但低于 $24mg/(m^2 \cdot d)$，属于ISO 9223标准中P1级城市大气环境，按照《大气腐蚀性分类标准》(ISO 9223)判定，腐蚀性等级属于C3类，腐蚀性中等。综上，初步确定该桥址环境具备采用免涂装耐候钢的使用条件。

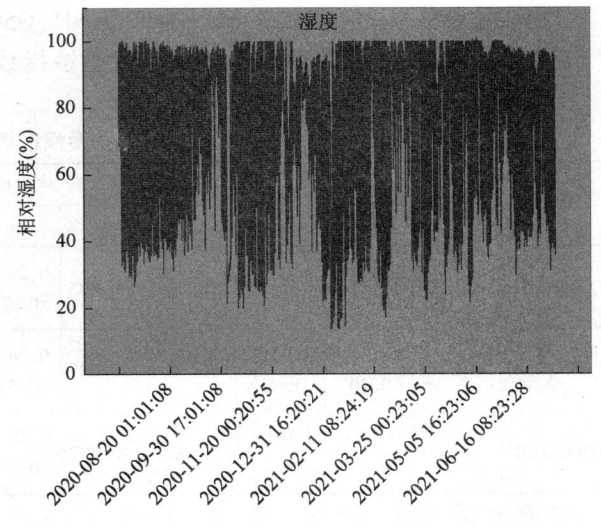

图5 1年内三个站点的温度、湿度随时间变化规律

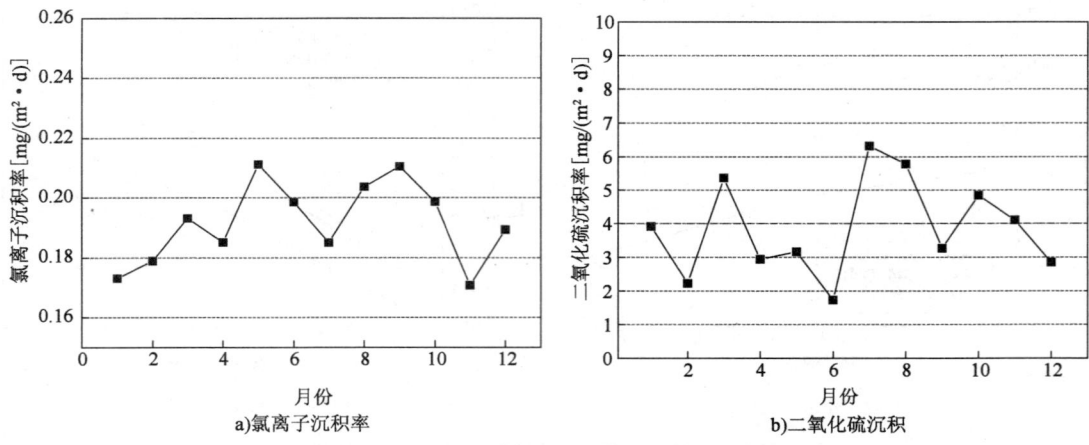

图6 氯离子和二氧化硫沉降率随月份变化规律

4. 结论和建议

（1）根据桥址环境温度和湿度监测结果，总的看来全年温度变化范围在 -5 ~ 48℃之间，其中5—9月温度较高，基本都在25℃以上，1月和12月的温度最低，有50%以上的时间低于15℃。从全年润湿时间角度来看，全年相对湿度大于80%时间占比是59%，润湿时间为5168h，属于ISO 9223标准中的τ4级。

（2）根据环境腐蚀因子监测结果判断该试验地点的大气环境腐蚀性处于较低水平，按照《大气腐蚀性分类标准》（ISO 9223），试验地点的平均氯离子沉积率处在ISO 9223—2012标准中的腐蚀性最弱的S0级，二氧化硫处在ISO标准中的P0级，腐蚀性等级属于C2类，大气环境腐蚀性较弱，具备免涂装使用耐候钢建造桥梁的环境条件。

（3）从1年的大气腐蚀曝晒结果来看，试验钢的耐蚀性最好，形成的锈层致密，年腐蚀速度小于0.05mm/a，处于《金属防腐蚀手册》中规定的4级耐腐蚀。腐蚀寿命预测结果表明，满足日本标准中"50年后钢板厚度的腐蚀减少量小于0.4mm"的免涂装使用基准。

（3）本项目耐候钢要选用配套的耐候钢焊材，其材料要与母材的成分、力学性能及自腐蚀电位等相匹配。

三、钢梁设计

1. 耐候钢材质

钢梁主体采用的 Q345qDNH、Q420qDNH、Q500qDNH 钢材，其技术标准应符合《桥梁用结构钢》（GB/T 714—2015）的相关要求，且耐大气腐蚀指数 $I \geq 6.0$，根据适应性研究结论，推荐的耐候钢的成分等具体请见表3。

耐候钢熔炼分析成分　　　　　　　表3

牌号	化学成分（质量百分数,%）												
	C	Si	Mn	P	S	Cu	Ni	Cr	Mo	Nb	Ti	V	Als
Q345qDNH	≤0.10	0.15 ~ 0.40	1.00 ~ 1.70	≤0.025	≤0.005	0.28 ~ 0.50	0.30 ~ 0.40	0.45 ~ 0.70	0.06 ~ 0.15	0.01 ~ 0.10	≤0.03	≤0.10	0.015 ~ 0.050
Q420qDNH	≤0.10	0.15 ~ 0.40	1.00 ~ 1.80	≤0.025	≤0.005	0.28 ~ 0.50	0.30 ~ 0.40	0.45 ~ 0.70	0.08 ~ 0.20	0.01 ~ 0.10	≤0.03	≤0.10	0.015 ~ 0.050
Q500qDNH	≤0.08	0.15 ~ 0.40	1.00 ~ 1.80	≤0.025	≤0.005	0.28 ~ 0.50	0.30 ~ 0.40	0.45 ~ 0.70	0.10 ~ 0.25	0.01 ~ 0.10	≤0.03	≤0.10	0.015 ~ 0.050

注：耐大气腐蚀指数 $I = 26.01(\%Cu) + 3.88(\%Ni) + 1.20(\%Cr) + 1.49(\%Si) + 17.28(\%P) - 7.29(\%Cu)(\%Ni) - 9.10(\%Ni)(\%P) - 33.39(\%Cu)^2 \geq 6.0$。

2. 沙溪大桥主桥钢桁梁

沙溪大桥主桥为钢桁架钢混组合连续刚构结构,跨径布置为100m + 176m + 176m + 100m,全长552.0m。钢桁架桁高5.5~16m,顶面处于2.0%的纵坡上,底面采用二次抛物线变化;标准节间水平长12m,两片主桁架弦杆中心距9.5m,桥面设有2.5%的横坡。除大里程边跨有约70m处在水平曲线上外,全桥其余为直线梁。总体布置和横截面如图7所示。钢桁梁由主桁、上横梁、小纵梁、下平联和横联等组成。主桁的上弦杆、下弦杆、腹杆均采用焊接箱形断面,其他杆件均采用焊接工字形断面。主桁采用焊接的整体节点,所有杆件均采用焊接连接,主要材质有Q345qDNH、Q420qDNH及Q500qDNH,其用量和使用位置见表4。

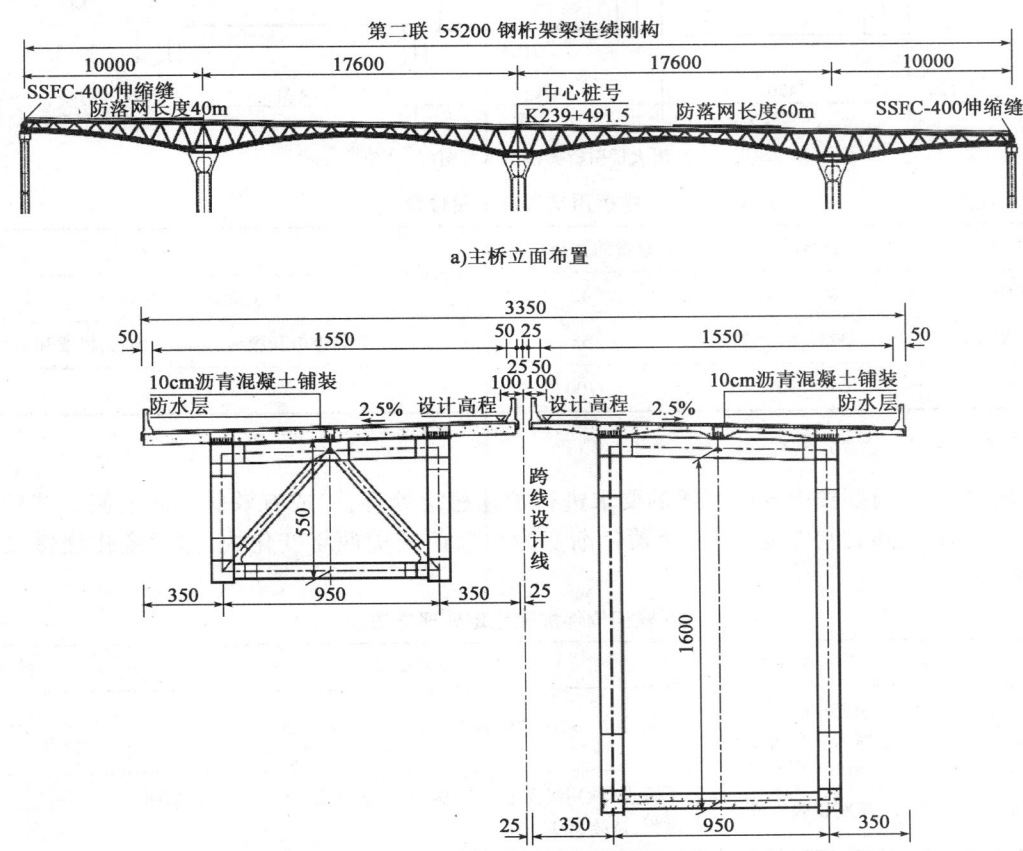

图7 沙溪大桥主桥总体布置和标准横断面(尺寸单位:cm)

主桥用钢量及使用位置 表4

钢种	数量(t)	占总量的百分比(%)	使用位置
Q500qDNH	1250.663	14.6	受拉下弦杆、上弦杆的翼缘板和竖板
Q420qDNH	5021.348	58.8	受拉压的下弦杆、上弦杆和腹杆的翼缘板和竖板
Q345qDNH	2274.138	26.6	弦杆和腹杆的内隔板、加劲肋,上横梁、小纵梁、下平联(横梁和K撑杆)和横联等
合计	8546.149	100	

3. 沙溪大桥引桥钢梁

钢主梁主要由上翼缘板、腹板、腹板加劲肋、底板及横肋组成,钢主梁中心间距4.7m,上翼板宽0.6m,下翼板宽0.7m。在墩顶及跨间位置,各片钢梁间设置横向联结系,其中在墩、台顶支撑处以及跨中采用实腹式构造,跨间其他位置采用 H 形断面小横梁;在相邻两片主梁中间设置一道小纵梁,小纵梁固定在横向联结系顶端(图8)。主梁和小纵梁的工地对接、横梁与主梁的对接均采用焊接连接,主要材质有 Q345qDNH 和 Q420qDNH,其用量和使用位置见表5。

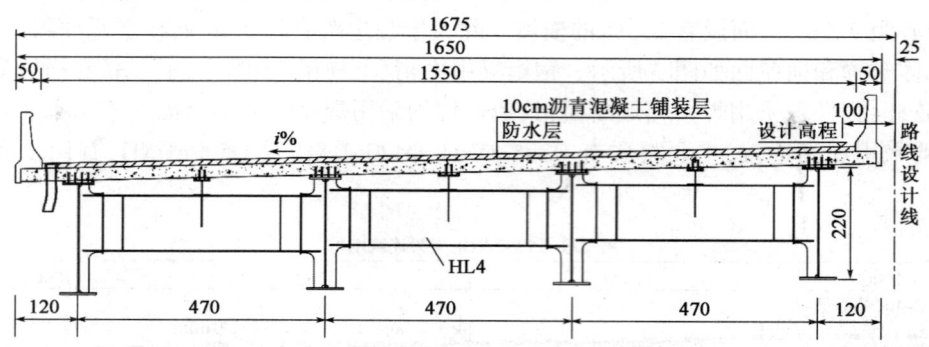

图 8　沙溪大桥引桥横截面示意图(尺寸单位:cm)

主桥用钢量及使用位置　　　　　　　　　　　　　　　　　　　　　　　　表 5

钢种	数量(t)	占总量的百分比(%)	使用位置
Q420qDNH	2697.328	42	主梁翼缘板和腹板
Q345qDNH	3727.873	58	主梁翼缘板和腹板、竖向加劲肋,横梁和小纵梁
合计	6425.201	100	

4. 耐久性设计

钢梁构件在出厂前要按表6中所述的要求进行加速稳定处理,生成有效的防腐锈膜。其后,耐候钢表面的防锈膜的颜色随时间而变化(由金黄色渐变为咖啡色),前两年变化快,之后变化缓慢,属于免涂装耐候钢的特性。

耐候钢构件加速稳定处理方法　　　　　　　　　　　　　　　　　　　　　表 6

部位	方法及用料	技术要求	场地
耐候钢构件外露面	表面喷砂处理(磨料为非金属材料)	Sa2　$R_z = 20 \sim 25 \mu m$	工厂
	防腐锈膜生成	喷水(饮用级质水)、自然晾干,至少每天 3 个湿-干循环过程,持续 30d	工厂

为防止异物污染和伸缩缝漏水的侵蚀,在桥台处距梁端1.5倍梁高范围内的所有构件外露表面进行涂漆处理,表面处理和涂装体系见表7。

梁端涂漆处理　　　　　　　　　　　　　　　　　　　　　　　　　　　　表 7

部位	方法及用料	技术要求	场地
桥台处梁端1.5倍梁高范围内构件外露面	表面喷砂处理	Sa2.5　$R_z = 40 \sim 70 \mu m$	工厂
	无机富锌底漆	$2 \times 40 \mu m$	工厂
	环氧封闭漆	$1 \times 30 \mu m$	工厂
	环氧云铁中间漆	$2 \times 75 \mu m$	工厂
	聚氨酯面漆	$2 \times 40 \mu m$	工厂

与耐候钢相匹配的其他构件,如伸缩缝、支座、等金属构件均使用耐候钢材,焊接材料亦应与母材相匹配。伸缩缝位置应要防止漏水,避免水携带杂物污染钢梁。桥面板排水管应及桥面板的防水处理。

选用本项目 Q345qDNH 材质耐候钢板分别在厂内和桥址现场进行表面稳定处理试验,采用间隔喷淋洒水方法,通过试件干、湿交替过程模拟大气环境条件变化,研究多种不同的洒水工艺和方法对钢板锈层稳定化处理效果。通过对比试验研究,确定方便操作、实用性强、适合大批量生产的耐候钢杆件表面加速稳定处理的成套工艺(图9)。

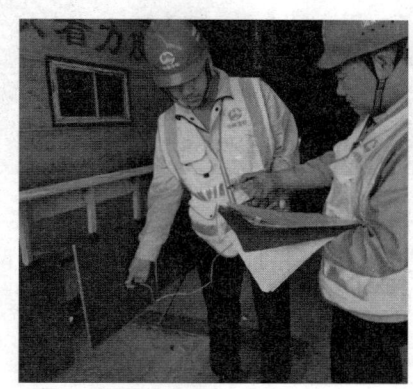 

a) 工厂内　　　　　　　　　　b) 桥址现场

图9　表面稳定处理试验

5. 耐候钢结构细节设计

沙溪大桥主桥和引桥在高位跨越,基本上不受国道和接线上车辆尾气和烟尘影响;三明当地森林覆盖率高,风中未见携带尘土,杆件积尘基本上可排除。施工期间注意保护耐候钢表面,如有污染及时进行清理。

对于主桥主桁,采用箱型截面,不易积尘和积水;上横梁和小纵梁被桥面板覆盖,不受风雨影响;下平联杆件采用工形截面,通风性能好,又高空位置风大,即使受雨水影响也容易自然风干。所有箱形杆件对接焊处的过焊孔均进行密封处理,杆件内形成密闭空间,防止进水长期处于潮湿状态。

对于引桥钢梁,构件均采用焊接工形截面,不易积水。边主梁外侧面不设竖向加劲肋(支座处除外),避免了阻风积尘;在桥梁盖梁以为 30cm 处,设置挡水板,起到阻挡雨水和冷凝水留到支座部位。所有竖向加劲肋(支座处和横梁接头处除外)均与下翼缘拉开一定的距离,防止积尘、阻挡水流(图10)。

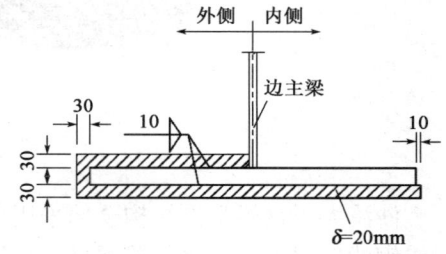

图10　引桥边主梁下翼缘挡水块设置
(尺寸单位:cm)

四、钢梁制造、安装

钢梁制造前,针对 Q345qDNH、Q420qDNH、Q500qDNH 钢板,进行了母材检验、焊接性评价试验、母材热加工工艺试验、配套焊材熔敷金属试验、钢板及焊接接头系列温度冲击试验及典型接头焊接工艺评定试验等研究,确定预热温度、热矫形加热温度、钢板焊缝及热影响区韧脆转变温度等,验证配套焊材,优选焊接工艺参数等。本桥材质种类多,结构形式多,杆件种类多,对接环口多,焊接变形不易控制,从而造成整节段外形尺寸精度不易控制,通过焊接工艺及焊接参数研究,制定合理的焊接工艺及焊接方法,减小焊接变形,提高焊接质量。

沙溪大桥主桥钢梁在工厂内加工后采用汽车运输至桥址,进行桁片拼焊和立体节段拼装焊接,采用缆索吊机进行吊装施工,如图11所示。针对桁片制造专门设计了胎架和工装,采用 $N+1$ 连续匹配制作,并用水准仪、千斤顶、马板等进行精确检测并调整,在接口处用码板刚性固定、桁片开放口连接H型钢固定,保证了桁片制造精度。专门设计了胎架、侧向支撑工装、临时连接杆等,并用水准仪、经纬仪、盘尺、千斤顶等精确调整,确保其轴线、几何尺寸和线形检测符合要求,保证了大节段制造精度。

图 11　主桥钢梁施工现场照片

沙溪大桥引桥钢梁杆件同样在厂内加工后采用汽车运输至桥址,边主梁、中主梁及两者之间的横梁、小纵梁拼装焊接成一个吊装单元,采用架桥机进行安装,安装到位后逐个吊装两中主梁间的横梁和小纵梁,如图 12 所示。

图 12　引桥钢梁施工现场照片

五、结　　语

沙溪大桥钢梁主体结构全部采用免涂装耐候钢,耐候钢总量近 1.5 万 t,是福建省第一个大规模采用耐候钢的新建高速公路桥梁项目。免涂装耐候钢的应用在提高材料利用效率的同时,极大地节约了工程全寿命周期成本,较好地解决了常规钢结构桥梁后期养护难等问题。沙溪大桥的成功建造,为免涂装耐候钢在山区桥梁建设中推广应用起到了示范作用,对同类型项目具有借鉴意义。

参考文献

[1] 刘玉擎,陈艾荣.耐候钢桥的发展及其设计要点[J].桥梁建设,2003(5):39-41,45.

[2] FEDERAL HIGHWAY ADMINISTRATION. Uncoated weathering steel in structures[R]. Washington D. C. :Federal Highway Administration, 1989.

[3] ALBRECHT P,COBURN S K,WATTAR F M,et al. Guidelines for the use of weathering steel in bridges (NCHRP 314)[R]. Washington D. C. :Transportation Research Board, 1989.

[4] 梁采凤,侯文泰.钢的大气腐蚀性及预测研究[C]//机械工业环境技术中心.首届中美材料环境腐蚀与老化试验学术研讨会论文集.[出版者不详].2001:118-125.

[5] 张志勤,秦子然,何立波.美国高性能桥梁用钢研发现状[J].鞍钢技术,2007(5):11-14.

[6] 李军平.免涂装耐候钢在雅鲁藏布江钢管拱桥上的研究应用[J].钢结构,2019,34(6):107-111.

[7] 松岛岩.低合金耐蚀钢[M].靳裕康,译.北京:冶金工业出版社,2004.

[8] 于福洲.金属材料的耐腐蚀性能[M].北京:科学出版社,1982.

33. 混凝土拌合物温度智能控制研究

王小宁　闫振海　王　伟　张　松

(中交公路长大桥建设国家工程研究中心有限公司)

摘　要　通过考虑制冰、制冷水的成本、混凝土出机温度及加水量等计算参数，以成本最优为目标函数，出机温度和加水量为约束条件，建立混凝土拌合物温度计算模型。利用物联网技术实时采集拌合物的温度数据，基于采集到的温度数据和预设的控制算法，自动计算常温水、冷水及冰的比例，数据发送给自动化控制系统，实现对加料过程的自动化控制。该研究为混凝土拌合物出机温度控制提供新的技术手段，有望带来显著的经济效益和质量改进。

关键词　混凝土　出机温度　目标优化　物联网　智能控制

一、引　言

混凝土作为土建施工中不可或缺的材料之一，其质量和强度对结构安全和使用寿命有着重要影响。混凝土的拌和温度是保证混凝土质量的关键因素之一，而现有的混凝土拌合物温度控制方法大多靠经验和试错来实现，并且存在效率低、精度差等问题。

本研究旨在探索高温环境下混凝土拌合物温度智能控制方法，详细分析智能控制系统的设计原理和相关算法，实现对混凝土拌合物温度的精确预测和控制，为混凝土生产提供一种全新的智能化解决方案。

二、混凝土拌合物温度计算原理

1. 拌合物温度计算公式

混凝土一般由石子、沙子、水泥、粉煤灰、水和外加剂组成。单方混凝土中外加剂含量很少，对混凝土拌和温度影响可忽略不计。控制混凝土拌合物出机温度是确保结构安全、提高强度耐久性、稳定质量和提高施工效率的必要措施。它可降低开裂风险，改善混凝土性能，保证结构稳定性，并保障施工顺利进行。当混凝土拌合物出机温度为 T_c 时，夏季混凝土拌和温度计算公式为：

$$C_g \Delta T_g m_g + C_s \Delta T_s m_s + C_c \Delta T_c m_c + C_f \Delta T_f m_f + \\ C_w \Delta T_g w_g + C_w \Delta T_s w_s + C_w \Delta T_w m_w + C_w \Delta T_{cw} m_{cw} + \\ C_i \Delta T_{i1} m_i + C_w \Delta T_{i2} m_i + Q_i m_i = 0 \tag{1}$$

式中：　C_g、C_s、C_c、C_f、C_w、C_{iw}、C_i——石子、沙子、水泥、粉煤灰、水、冷水和冰的比热容；

ΔT_g、ΔT_s、ΔT_c、ΔT_f、ΔT_w、ΔT_{cw}、ΔT_i——石子、沙子、水泥、粉煤灰、水、冷水和冰的温度与出机温度之差；

ΔT_{i1}、ΔT_{i2}——冰的温度与零度的温度之差、零度与出机温度之差；

m_g、m_s、m_c、m_f——扣除含水量的石子、扣除含水量的沙子、水泥及粉煤灰的质量；

w_g、w_s——石子中游离水的质量、沙子中游离水的质量；

m_w、m_{cw}、m_i——水、冷水和冰的质量；

Q_i——单位冰的溶解热。

混凝土配合比中的水含量是指在混凝土制备过程中，用于与水泥和其他固体材料混合形成浆状物质的水的质量或体积。水含量对混凝土的强度、耐久性和工作性能等方面有着重要的影响。

$$m_w + w_g + w_s + m_{cw} + m_i = W_w \tag{2}$$

式中：W_w——混凝土配合比中水的总质量。

混凝土拌和站制冰和制冷水成本不一样，冷水现场需要大型冷却剂对常温水进行降温，冰则需要大型制冰机进行制作。单位质量常温水成本最低，其次为冷水，成本最高的是冰。

$$\lambda_w m_w + \lambda_{cw} m_{cw} + \lambda_i m_i = V \tag{3}$$

式中：λ_w、λ_{cw}、λ_i——常温水、冷水及冰的单位成本；

V——水的总成本。

2. 最优化算法

在保证对混凝土拌合料成功降温的同时使得降温材料成本最低，是一个典型的最优化问题。最优化问题一般可以描述为在一定条件下，寻找使目标函数取到最大值或最小值的一组决策变量的取值，如式(4)：

$$\min_x f(x) \\ s.t.\ x \in \chi \tag{4}$$

式中：$x = (x_1, x_2, x_3, \cdots, x_n)^T \in R^n$——决策变量；

$f: R^n \rightarrow R$——目标函数；

$\chi \subseteq R^n$——约束方程或可行域。

最优化问题有多种求解算法：穷举法、梯度下降法、遗传算法、动态规划算法、线性规划算法。SLSQP算法是一种用于求解非线性约束的最优化问题的算法，基本思想是通过将非线性约束转化为等式约束，然后利用最小二乘法进行求解。它采用一种序列化的方式，每次迭代都求解一个线性化的子问题，并通过逐步改进决策变量的取值来逼近最优解。SLSQP算法的优点是可以处理非线性约束和非线性目标函数，具有较好的收敛性和全局搜索能力。SLSQP算法的详细步骤如下：

①给定初始解 x_0 和容许误差 tol；
②将非线性约束转化为等式约束，通过线性化目标函数和约束函数来构建线性模型；
③求解线性模型，得到线性模型的最优解 x^*；
④更新决策变量的取值为 $x = x^*$；
⑤判断是否满足终止条件，如果满足则停止迭代，返回 x^* 作为最优解；如果不满足，则继续迭代；
⑥根据更新后的决策变量 x，重新线性化目标函数和约束函数，返回步骤③；
⑦判断迭代是否收敛，如果收敛则停止迭代，返回 x^* 作为最优解；如果不收敛，则返回步骤④。

3. 基于成本最优的拌合物温度控制算法

(1) 基准配合比。

基准配合比中的各个参数的选择会综合考虑材料的可获得性、工程的要求和经济性。在确定配合比时，需要保证混凝土的强度、耐久性、流动性等性能达到设计要求，并尽量减小混凝土的收缩、裂缝等问题。以广东地区的混凝土基准配合比为例，遵循现行国家标准《混凝土结构设计规范》(GB 50010)的要求，并参考当地的施工实践和经验。这些要求包括水泥种类和掺合料的选择、水灰比、砂率、集料粒径分布、最大集料粒径等(表1)。

混凝土基准配合比　　　　　　表1

混凝土等级	PⅡ42.5R 水泥 (kg/m³)	粉煤灰 (kg/m³)	沙子 (kg/m³)	碎石 (kg/m³)	水 (kg/m³)	密度 (kg/m³)
C25	240	80	790	1050	190	2350
C30	260	90	785	1060	185	2380
C35	300	90	740	1070	180	2380
C40	330	100	705	1070	175	2400
C45	360	100	690	1080	170	2400
C50	390	100	660	1080	170	2400

(2) 基准计算参数。

设定：混凝土出机温度为25℃，冷水温度为$T_{cw}=5℃$，冰的温度为$T_{cw}=-4℃$，则$\Delta T_{cw}=-20℃$，$\Delta T_{i1}=-4℃$，$\Delta T_{i2}=-25℃$；$C_g=C_s=920(J/kg·℃)$，$C_c=C_f=840(J/kg·℃)$，$C_w=C_{iw}=4200(J/kg·℃)$，$C_i=2100(J/kg·℃)$；$Q_i=334kJ/kg$；设定常温水、冷水及冰成本系数分别为$\lambda_w=0.004$，$\lambda_{cw}=0.01$，$\lambda_i=0.3$。

(3) 实测参数。

选取C30混凝土配合比为计算样例。混凝土拌合料参数采用实测的方式获得，假设实测的石头、沙子、水泥及粉煤灰的温度为38℃、29℃、50℃、40℃，常温水的温度为26℃，则$\Delta T_g=13℃$、$\Delta T_s=4℃$、$\Delta T_c=25℃$、$\Delta T_f=15℃$，$\Delta T_w=1℃$；石头含水率按6%，沙子含水率为3%，则游离水的质量分别为$w_g=63.6kg$，$w_s=23.55kg$。

(4) 混凝土拌合物温度计算。

添加冷水和冰作为混凝土施工中的重要控温方法，制冷水和制冰需要大量的原材料和能源来支撑。混凝土拌和中的制冷水和制冰成本高是由水资源费用、能源消耗以及设备维护等多个因素共同造成的。这些成本会对混凝土施工过程中的经济效益产生一定影响。因此，在实际项目中，需要仔细评估和控制制冷水和制冰的使用，寻求合理的成本管理方案，以确保在保证质量的前提下，最大限度地降低成本的影响。

本文确定成本为优化目标，将混凝土拌合物温度计算抽象为多约束条件下的目标优化问题。目标函数为成本最小化，函数表达式为：

$$f(x)=\lambda_w m_w+\lambda_{cw}m_{cw}+\lambda_i m_i \tag{5}$$

混凝土拌合物中的各种原材料在混合过程中会产生放热效应，而当加入冷水和冰时，它们会吸收热量起到降温的作用。水泥与水发生水化反应的过程中，会释放出大量的热量，会导致混凝土温度的升高。集料也会参与到放热的过程中。当加入冷水和冰到混凝土拌合物中时，它们具有较低的温度。在混合过程中，冷水和冰会吸收部分放热过程中释放的热量。因此在混凝土制备过程中应控制放热量和吸热量，保证混凝土出机温度。本文将制备过程中的出机温度作为约束条件，函数表达式为式(1)。

不同等级混凝土配合比水含量是根据混凝土的设计要求、材料特性以及施工环境等因素来确定的。适量的水分可以提高混凝土的可塑性和流动性，便于施工和浇筑；过高的水含量会影响混凝土密实性和抗渗性，降低混凝土的强度和耐久性，导致更严重的干缩和开裂现象；过低的水含量会使混凝土水化反应不充分，出现混凝土强度的降低，可塑性下降等问题。因此，在混凝土制备过程中应严格控制加水量。本文将混凝土制备过程中的加水量作为约束条件，函数表达式为式(2)。

综上形成的数学模型如下：

$$\min \quad \lambda_w m_w+\lambda_{cw}m_{cw}+\lambda_i m_i \tag{6}$$

$$s.t. \quad \begin{aligned} &C_g\Delta T_g m_g+C_s\Delta T_s m_s+C_c\Delta T_c m_c+C_f\Delta T_f m_f+\\ &C_w\Delta T_g w_g+C_w\Delta T_s w_s+C_w\Delta T_w m_w+C_w\Delta T_{cw}m_{cw}+\\ &C_i\Delta T_{i1}m_i+C_w\Delta T_{i2}m_i+Q_i m_i=0\\ &m_w+w_g+w_s+m_{cw}+m_i-W_w=0\\ &m_w,m_{cw},m_i\geq 0 \end{aligned}$$

在上述数学模型的基础，代入混凝土设计参数、基本计算参数及实测参数，数学模型变化为：

$$\min \quad f(m)=0.004m_w+0.01m_{cw}+0.3m_i \tag{7}$$

$$s.t. \quad \begin{aligned} &4.2m_w-84m_{cw}-113.4m_i+26028.6=0\\ &m_w+m_{cw}+m_i-97.85=0\\ &m_w,m_{cw},m_i\geq 0 \end{aligned}$$

使用SLSQP算法求解上述方程最终结果为：$m_w=0$ kg，$m_{cw}=126.35$ kg，$m_i=25.65$ kg。出机温度控制为25℃的时候，在保证配合比加水量不变的情况下，常温水无法起到降温作用，需加冷水126.35kg，加冰25.65kg。

三、混凝土拌和智能温控系统

1. 系统架构设计

智能温控系统具有实时监测、自动计算及自动调节的特性。

（1）实时监测：混凝土拌和过程中，料仓温度的监测对于保证混凝土质量和控制施工工艺至关重要。为实时监测拌合料温度的变化情况，在料仓中加装温度传感器。拌合料实时监测的数据上传至云平台，实现拌合料远程监测。

（2）自动计算：在目标优化算法的支持下，根据实时的温度监测数据和成本最优控制策略，自动计算出常温水、冷水和冰的比例，以实现精确的温度控制，并根据不同的混凝土出机温度要求进行调整。

（3）自动调节：根据设计的配比和控制策略，利用目标优化算法计算出适当的加常温水、冷水和冰的比例，并将自动化控制系统与混凝土拌和设备连接起来，实现自动调节常温水、冷水和冰的混合比例。

拌和站物料仓及混凝土卸料口安装温度传感器，实时监测混凝土拌和原料的温度及混凝土出口温度，通过物联网关将监测的实时数据上传到云端数据库。每次拌和前，云端应用系统根据监测数据自动计算每盘混凝土所需常温水、冷水和冰的量，并将数据发送到自动化控制系统，自动控制温水、冷水和冰的添加量，温控系统结构图如图1所示。

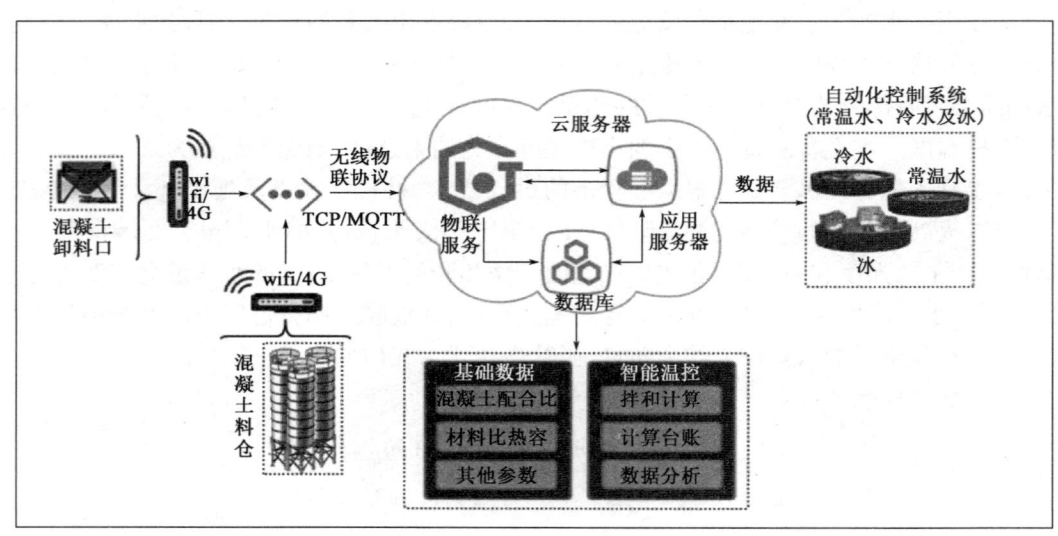

图1 混凝土拌和温控系统结构图

系统采用BS结构、开发框架为Springboot，系统开发所使用的主要中间件如表2所示，主要包括Web服务器、分布式缓存、数据库、消息队列及部署容器等中间件，这些组件共同支撑智能温控系统的业务实现，温控系统使用的中间件见表2。

混凝土智能温控系统使用的中间件　　　　表2

序号	中间件	用途
1	Nginx	作为Web服务器和反向代理服务器
2	MQTT	微消息队列组件，用于物联网设备上传监测数据
3	Redis	用作缓存和会话管理

续上表

序号	中间件	用途
4	Mysql	存储应用系统结构化数据的数据库
5	对象存储 OSS	存储半结构化和结构化数据的数据库
6	时序数据库	存储和管理时间序列数据的数据库
7	RabbitMQ	消息队列组件,用于应用程序之间的解耦和异步通信
8	Docker	用于部署应用程序和实现跨环境的一致性

2. 系统功能

基本数据模块是用来管理配合比数据、基准计算参数等信息的关键模块。在建筑行业或工程项目中,配合比数据是指混凝土、砂浆或其他材料中各组分的比例关系,它直接影响着材料的性能和质量,配合比管理功能如图 2 所示。基本数据模块的主要功能包括:

(1)配合比数据管理:基本数据模块可以记录和存储不同材料的配合比数据,包括水泥、砂、集料、水等成分的比例,这些数据可以根据具体的工程要求进行调整和修改。

(2)基准计算参数管理:基本数据模块还可以管理基准计算参数,例如冷水温度、冰的温度、出机温度等,这些参数是执行计算的基础。

(3)数据查询和更新:基本数据模块提供对配合比数据和基准计算参数的查询和更新功能。用户可以方便地查找特定材料的配合比信息,并根据需要进行修改。

(4)数据验证和合规性检查:基本数据模块可以对配合比数据和基准计算参数进行验证,以确保其符合相关标准和规范,这有助于提高施工质量和材料性能的可靠性。

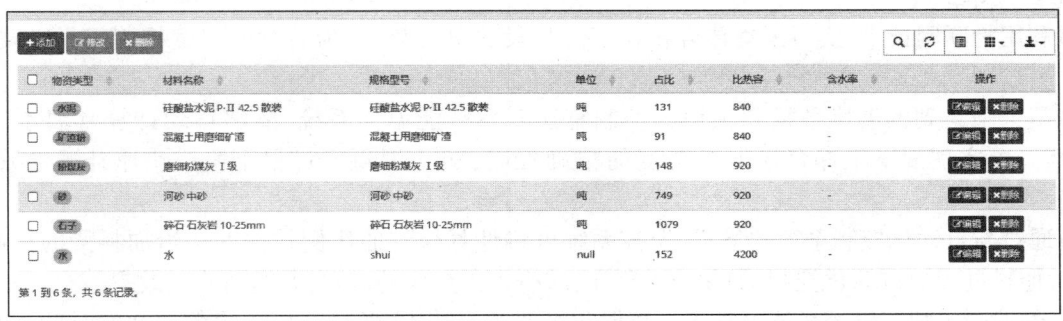

图 2 配合比管理功能

智能温控模块为根据物联网数据和调用目标优化算法来计算常温水、冷水和冰的比例的模块,通过智能温控模块,可以实现精确有效的温度控制,拌和控制功能如图 3 所示。智能温控模块的主要功能包括:

(1)物联网数据采集:智能温控模块通过连接传感器和物联网设备,实时采集环境中的温度数据等信息。这些数据为后续温度调节提供基础。

(2)目标优化算法调用:基于采集到的物联网数据,智能温控模块会调用特定的算法来计算出常温水、冷水和冰的最佳比例。目标优化算法可能基于温度、成本最优等多个因素,以实现最佳的温度控制效果。

(3)温度调节输出:智能温控模块会将计算得到的常温水、冷水和冰的比例转化为相应的温度控制数据,发送给自动化控制系统,实现常温水、冷水和冰的比例调节。

(4)实时监测和反馈:智能温控模块会持续监测混凝土拌合物出机温度变化,方便用户了解和优化温度控制效果,并及时根据实际情况进行调整。

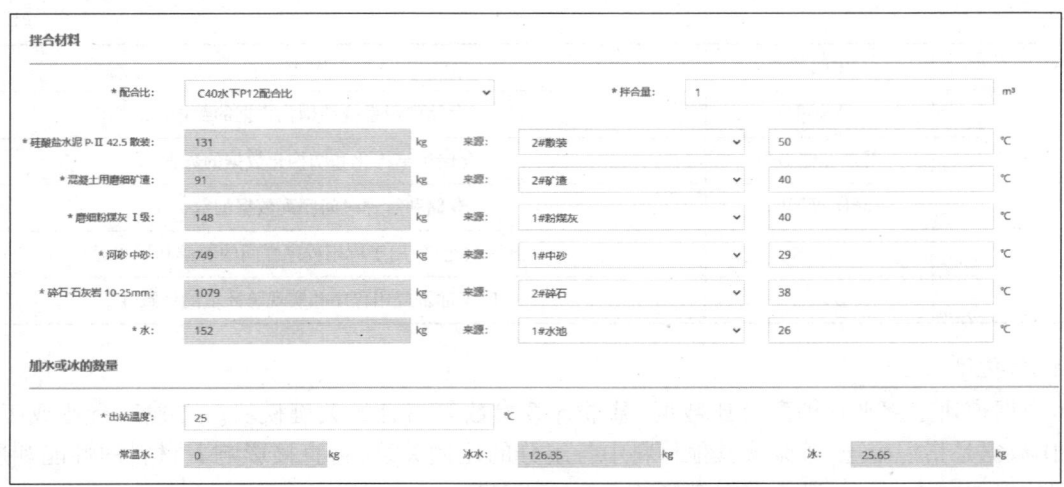

图 3　拌和控制功能

四、结　语

本文基于建立成本最优的混凝土拌合物计算模型,并采用物联网技术来采集拌合物温度数据,开发混凝土智能温控系统自动计算常温水、冷水及冰的比例,并将数据发送到自动化控制系统以实现对加常温水、冷水及冰的自动控制。通过混凝土智能温控系统的研究得出以下结论:

(1)基于混凝土拌合物放热及吸热的理论建立混凝土拌合物出机温度计算模型,并在此基础上构建以成本最优为目标函数的数学模型,利用 SLSQP 算法进行目标优化设计,可在满足工程要求的同时最大限度地节约成本。

(2)利用物联网技术,实时采集拌合物在不同阶段的温度数据,为后续的温度控制提供必要的数据支持。

(3)基于采集到的温度数据和预设的控制算法开发智能温控系统,能够自动计算常温水、冷水及冰的比例。可实现混凝土拌合物出机温度的精确控制,防止混凝土过早干燥或快速升温导致的质量问题。

(4)通过与自动化控制系统的集成,温控系统可将计算得到的比例数据发送给加料梁的控制系统,以实现对加料过程的自动化控制,简化施工程序,减少人工操作的需求,并提高施工效率。

未来的混凝土智能温控系统可基于大数据和机器学习技术,通过分析历史数据和实时监测数据,优化温度控制策略,为混凝土配合比设计和施工过程提供更精确的指导。

参考文献

[1] 李治,李家和,朱广祥.炎热季节大体积混凝土温度发展及控制[J].低温建筑技术,2010,32(10):119-120.

[2] 吴晓明,杨铮,刘冠国,等.苏通大桥混凝土拌合物温度控制研究[J].施工技术,2007,36(S2):73-75.

[3] 朱优平,李同春,冯树荣,等.大体积混凝土温控通水参数优选数学模型[J].长江科学院院报,2015,32(8):126-130.

[4] 林永权,文梓芸.预拌加冰混凝土及其温度控制[J].混凝土,2004(8):50-52.

34. 大坡度预应力混凝土连续小箱梁悬臂顶升监控分析

孙全胜 张 超 胡博文 唐连成

（东北林业大学土木与交通学院）

摘 要 本文依据哈尔滨东三环高架桥老桥顶升改造工程，采用有限元与现场试验结合，介绍了多点断柱同步顶升的施工工艺，对施工过程进行分析。并且对桥梁线形、高程和偏位进行施工监控，制定针对偏位状况纠偏体系，拓展分析不均匀顶升状况出现时的结构内力。本文所阐述顶升工艺可较好解决大吨位、大坡度、大顶升高度的城市连续梁顶升等顶升难题，顶升改造工程的成功实施验证了各项措施的可靠性，对后续桥梁改造提供参考。

关键词 交通运输 悬臂旋转顶升 有限元分析 施工监控 多点同步顶升

一、引 言

随着中国经济以及建筑业的快速发展，城市交通开始从原有的平面交通向立体交通转变。为了在有限的空间内开创出更多的交通资源，城市快速高架桥这一空间建筑被广泛应用于建设[1]。随之既有桥梁改造工程问题日益凸显，这样无疑是社会及经济资源的极大浪费。针对既有桥梁的类型顶升改造将会最大限度地利用既有桥梁结构，节约社会及经济资源[2,3]。桥梁顶升改造技术最早应用于国内为20世纪50年代，主要用于铁路桥梁的架设、位移和落梁[4]。随着液压技术的发展，2003年9月，由计算机控制的液压同步顶升技术首次应用于桥梁的整体顶升[5]。顶升作为新发展的桥梁改造技术，具有高经济型、快捷性、绿色等特点，被广泛应用于城市高架桥的改造工程中，具有良好的应用前景，桥梁整体顶升技术作为一种新的桥梁改造方法，在保持既有结构状态不变前提下，利用液压千斤顶控制顶升高度，既满足了下穿净空要求，又减少了资金投入，减少了不必要的浪费和对周围环境的破坏，被广泛地应用于桥梁改造中。但桥梁整体顶升作为一种特殊工程，本身具有复杂性、特殊性和风险发生突然性。常用的顶升方法有：枕木满布式支架法、桥面钢导轨法、端部整体顶升法、鞍形支架法、钢扁担梁法、钢蝴蝶梁法、钢套箍法、液压顶升法。本工程采用PLC多点同步位移顶升系统，将数字监控传输，液压传动控制，计算机数字信号处理技术整合，并将机械设备系统与传统的桥梁结构分析技术相结合，利用终端多组千斤顶来达到平衡、安全与高效的桥梁顶升的目的。

桥梁顶升作为桥梁改造维修中的一项关键技术，在国内外建筑结构物移位和顶升方面已取得了一些成功实践[6-11]。吴毅彬等[12]提出"分联顶升、同步控制、局部旋转角位移顶升"的总体工艺原则，并且阐述了同步顶升参数、局部旋转角位移顶升及施工监控等关键技术。美国金门大桥于2002年采用顶升技术进行修复加强工作，大大提升了结构抗震承载能力。自1967年以来，英国开发了一系列基于顶升预制单元的技术，Thomson[13]介绍了顶升隧道方法的开发和使用，避免交通中断。Zhao[14]分析了主梁与支撑梁之间的接触行为和应力分布特征，监测和分析了上部结构和支撑结构的感应应力。

本文通过顶升试验和有限元结合，采用有限元拓展分析的方法，研究大坡度连续梁在悬臂顶升过程中的力学特性，并且对桥梁线形、高程和偏位进行施工监控，制定针对偏位状况纠偏体系，拓展分析由于机械、人工等因素导致不均匀顶升状况发生时的结构内力。

二、悬臂顶升工程试验

1. 工程概况

哈尔滨东三环快速路顶升工程采用原化工路老桥顶升改造，上部结构采用简支转连续小箱梁，桥墩采用盖梁柱式墩。桥面分两幅布置,左右幅跨径均布置为 4×30m + 3×40m + 3×30m + 3×30m(简支转连续小箱梁)。本文以左幅 3×30m 连续小箱梁为研究对象,桥梁布置图如图 1 所示。上部主梁高 1.6m,单幅桥面宽度 23m。

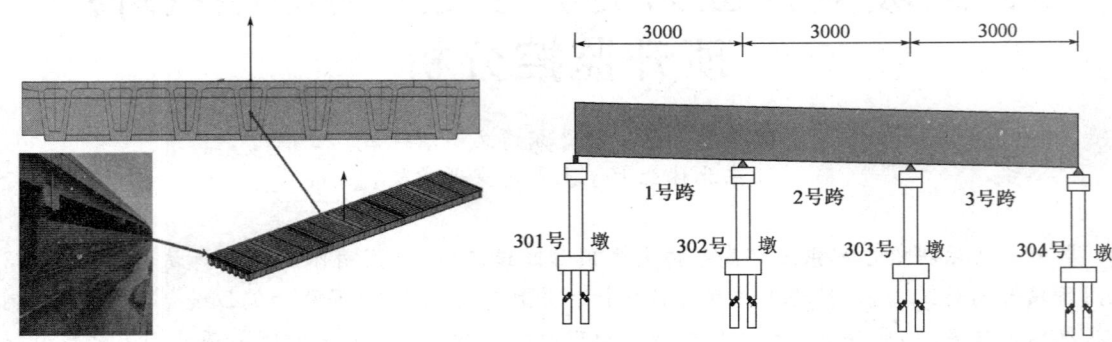

图 1　桥梁布置图(尺寸单位:cm)

因哈尔滨东三环快速路建造需要,该桥需经过调平与顶升阶段完成从引桥到高架桥的转变,提升至新设计高程,并与新建高架桥连接。据设计要求与桥梁实际情况,该项工程存在以下特点:①顶升质量大,单幅顶升质量达 4400t,所需顶升设备、限位设备、监控设备较多;②顶升面积大,在单幅面积 2000m² 范围内实现同步顶升,对多点同步顶升控制设备的精度要求较高;③顶升高度大,最大顶升高度达 6.897m,临时垫块摆放和顶升循环次数多;④设计到旋转顶升,桥梁在投影方向长度发生变化产生次内力。经东三环整体图纸分析,该桥各支点需调整高度见表 1。

北引桥 3×30m 简支转连续小箱梁顶升高度(单位:m)　　表1

墩支点	顶升高度	墩支点	顶升高度
301 号墩	4.197	302 号墩	5.097
303 号墩	5.997	304 号墩	6.897

2. 有限元模型分析

根据原桥的设计图纸,通过有限元分析软件 midas Civil 建立原桥状态的有限元三维空间计算模型,来进行结构的仿真模拟分析。3×30m 预应力混凝土连续箱梁,全桥划分 598 个节点、921 个单元,模型如图 2 所示。

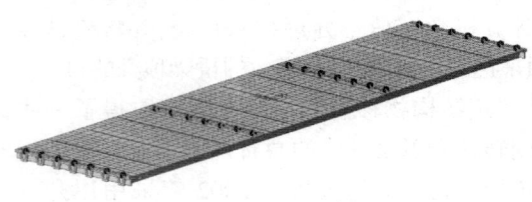

图 2　有限元模型图

有限元软件模拟原桥状态采用的材料参数和结构参数均为该桥竣工成桥是所提供的资料。同时考虑结构总重、二期恒载、收缩徐变、不均匀沉降、温度荷载对理论模型的影响。采用节点强制位移模拟现场顶升顶升施工过程,通过建立施工阶段完成模型结构的顶升模拟,材料参数见表 2。

材料参数表　　表2

构件材料	材料重度(kN/m³)	弹性模量(MPa)	泊松比
C50	26.0	3.5×10^4	0.2
1860	78.5	1.95×10^5	0.3

3. 悬臂顶升试验

出于经济、施工难度等因素的考虑,采用断柱顶升方式进行顶升施工,保留原桥上部结构、盖梁以及部分墩柱。桥梁先进行同角度旋转顶升至目标线形后,同位移顶升到目标高度。墩柱较高处采用现浇抱柱梁顶升,墩柱较矮处采用盖梁顶升,原桥台处采用钢分配梁进行悬臂顶升,顶升布置图如图 3 所示,顶升施工流程图如图 4 所示。

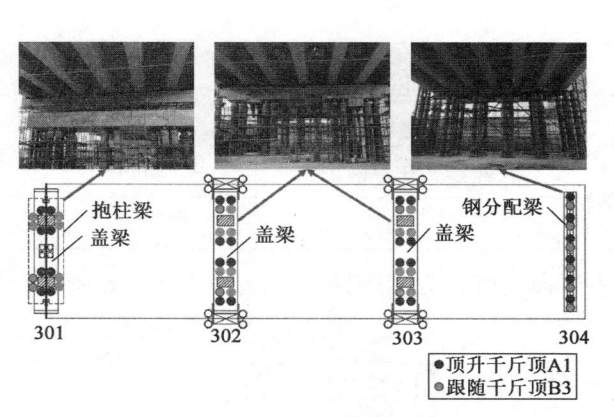

图3 顶升装置布置图

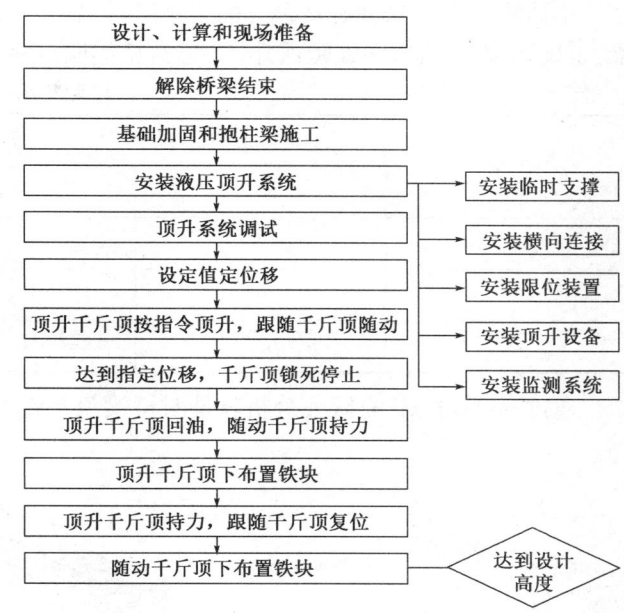

图4 顶升施工流程图

桥梁顶升采用 PLC 分泵组多点位移同步系统,将位移传感器、数字传输、液压控制、计算机信号处理等技术整合[15]。可以实现力与位移双闭环控制,保障结构的安全性。在桥梁悬臂旋转顶升过程中顶升点受到的集中力大于 1500kN,需对顶升桥梁进行结构内力分析[16,17]。为防止顶升施工过程中由于工程器械、周边列车通过以及自然因素引起的振动导致顶升体系发生偏移,本工程采用多种限位体系。原墩柱高度较小时采用横向限位架与对幅桥梁组合限位;原墩柱较高时采用抱柱梁与限位架组合限位,顶升及限位装置如图5所示。

a)悬臂端顶升及限位装置示意图

b)盖梁顶升及限位装置示意图

c)抱柱梁顶升及限位装置示意图

图5 顶升及限位装置安装示意图

本研究考虑到悬臂旋转顶升的三个阶段,即工况1,原桥边界体系转换由304号桥台转换为钢分配梁;工况2,桥梁同角度旋转顶升;工况3,桥梁同位移竖直顶升。各试验工况顶升高度见表3。

试验工况(单位:m)　　　　　　　表3

工况	墩号			钢分配梁
	301	302	303	
1	0	0	0	0
2	0	0.0357	0.0714	0.1
3	0.1	0.1	0.1	0.1

通过midas Civil有限元分析软件对桥梁顶升施工各阶段进行分析,得到各工况的内力如图6所示。

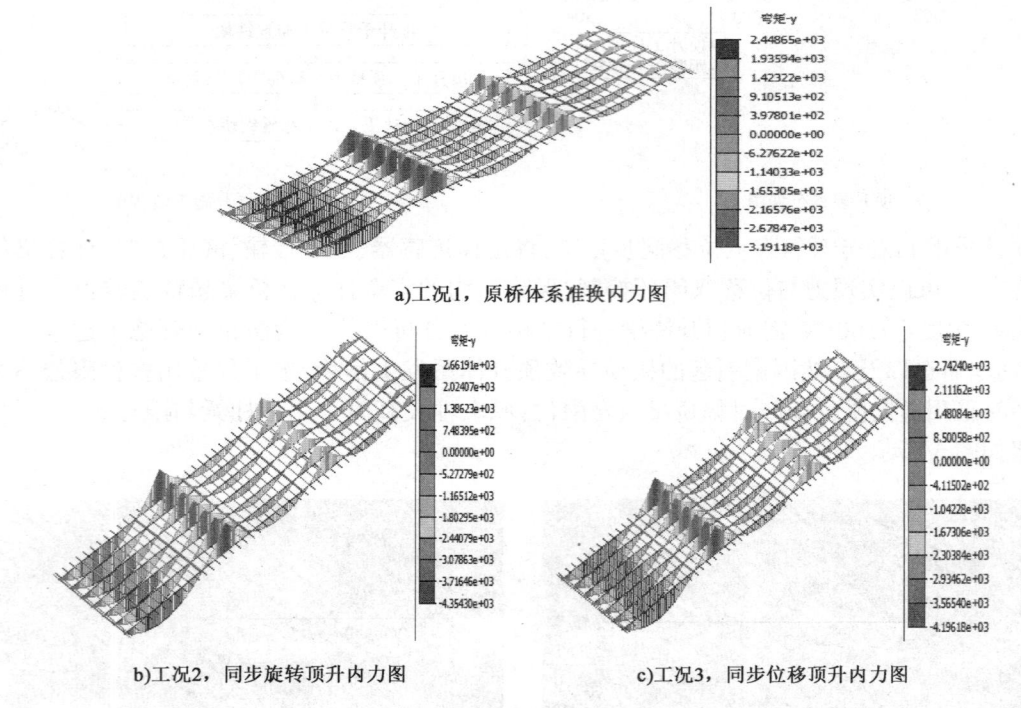

a)工况1,原桥体系准换内力图

b)工况2,同步旋转顶升内力图　　　　c)工况3,同步位移顶升内力图

图6　各阶段主梁顶升内力图

由图6可知,桥梁顶升各阶段由于桥梁体系发生转换,钢分配梁处主梁产生了负弯矩,为防止主梁开裂采用碳纤维板对主梁进行加固,防止梁体开裂,主梁加固如图7所示。

图7　碳纤维板主动加固图

由图6可得,各工况下的主梁弯矩内力见表4。

各工况主梁内力　　　　　　　　　　　　　　表4

工况	最大正弯矩		最大负弯矩	
	位置(m)	弯矩(kN/m)	位置(m)	弯矩(kN/m)
1	1号跨12m	2448.65	302号墩顶	-3191.18
2	1号跨12m	2661.91	302号墩顶	-4354.30
3	1号跨12m	2742.40	302号墩顶	-4196.18

由表4可知,同步旋转顶升和同步位移顶升过程的负弯矩最大值和正弯矩最大值分别出现在1号跨12m处和302号墩顶截面,且顶升对结构正弯矩影响较小,对墩顶负弯矩影响较大。为研究评定桥梁结构在顶升过程中的力学行为,选取302号墩顶截面作为测试断面,采用HY-65B数码应变计对桥梁结构进行应力的测量。试验应变测点布置图如图8所示。

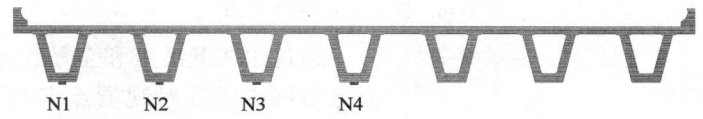

图8　测点布置图

4. 试验结果分析

应力与应变是体现结构受力情况的关键数据,对顶升桥梁进行监测,通过各测点理论值、实测应变值体现顶升过程中结构的受力状况。根据叠加原理,由理论模型各阶段应力差值得到顶升造成的主梁应力数据与实测应变数据如图9所示。

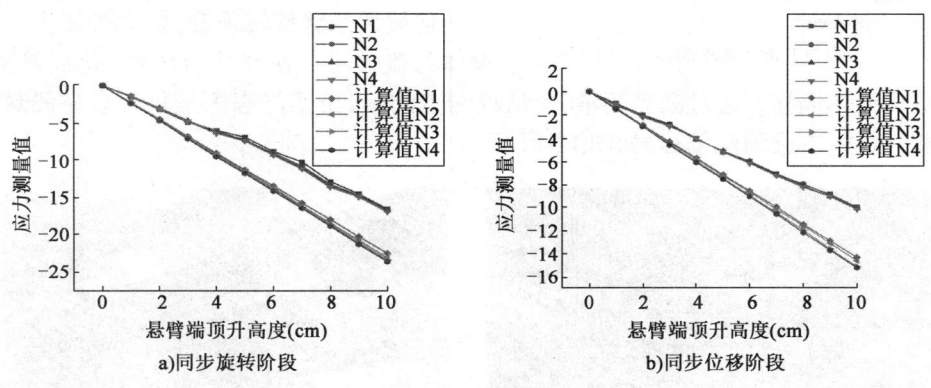

图9　应力实测与理论值

由图9可知,两个顶升阶段中302号墩顶截面应力与顶升行程成正比例相关,且各测点数据均衡,表明结构整体性较好。试验校验系数范围为0.58~0.80,截面应力呈线性变化,各截面实测值均小于理论计算值,最大校验系数为0.80,表明结构在顶升过程中处于合理控制状态,同步旋转顶升过程302号墩顶截面应力变化最大值为-17;同步位移顶升过程应力变化最大值为-10.2,表明同步旋转顶升过程对主梁内力的影响大于同步位移顶升阶段。理论计算值与实测值线性关系较好,表明有限元模型可以很好地反映顶升过程中结构的受力状况。

三、顶升监控分析

采用全站仪布点,对顶升过程进行监测。并且针对顶升过程中的施工因素、机械振动、外界荷载等因素导致顶升偏差问题。本研究采用有限元模型对施工过程中的顶升偏差对结构的影响进行分析。

1. 顶升施工监控

为准确掌握顶升梁体的受力情况,确保顶升工程顺利进行,在悬臂旋转顶升过程中,对梁体的线形、偏位进行监控；分别在墩顶、梁侧以及悬臂顶升端布置测点，采用全站仪以二等工程水准标准进行监控测量。

1) 线形监控

针对连续梁结构特点制定线形监控方案，布置全站仪测点如图10所示。

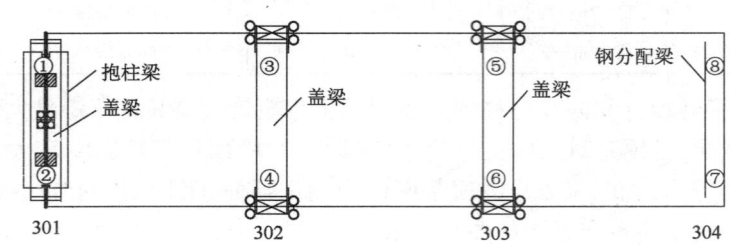

图10 桥面高程测点布置图

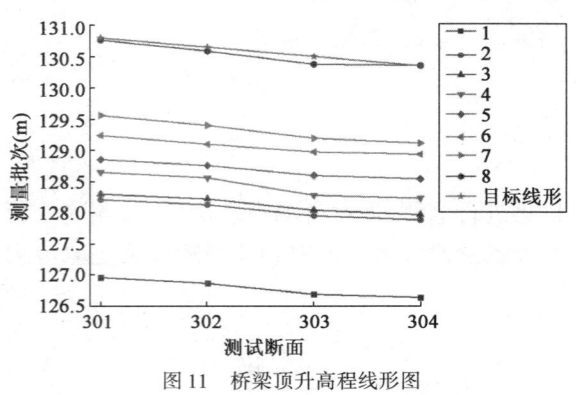

图11 桥梁顶升高程线形图

通过永久基准点和全站仪通过建站、转站、设立中间站等操作实现对观测点定时监测，把握桥梁顶升施工过程中的桥梁姿态。根据施工过程中采集的桥梁控制点高程数据。

桥梁顶升高程线形图如图11所示，各控制断面达到控制高程后通过桥面铺装等方式微调高程以达到目标线形。

2) 偏位监控

连续梁悬臂旋转顶升，桥梁投影方向上长度增加，梁体与盖梁间存在摩擦力作用，导致盖梁等支撑体系偏移，进一步造成梁体偏移。通过激光测量、全站仪测点测量、桥梁静态测量仪等设备测量，桥梁顶升体系存在盖梁旋转偏移、主梁纵向偏移，如图12所示。

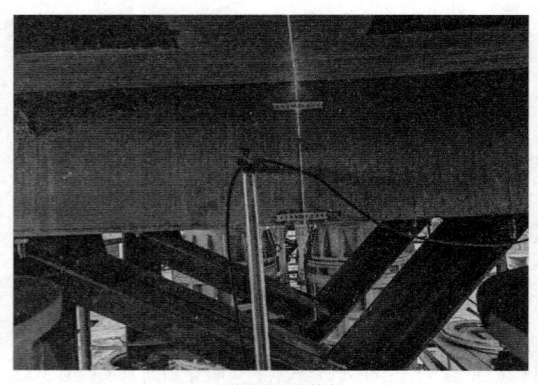
a) 盖梁倾覆偏位

b) 主梁偏位

图12 顶升体系偏位示意图

针对工程偏移制定纠偏方式，例如墩基础反力纠偏、限位架反力纠偏、更换支座后主梁反力纠偏等方式如图13所示。

2. 顶升偏差分析

多跨连续梁同步顶升，由于桥墩、分配梁、抱柱梁的液压装置的不同步与临时支撑结构的不平整可能会导致纵向偏差。采用 midas Civil 对顶升过程中可能出现的纵向偏差进行分析，分别是工况1：301号墩单独顶升；工况2：302号墩单独顶升；工况3：303号墩单独顶升；工况4：304号悬臂端单独顶升。各纵向偏差工况下主梁内力图如图14所示。

a) 墩基础反力纠偏

b) 限位架反力纠偏

c) 主梁反力纠偏

图 13　顶升纠偏体系

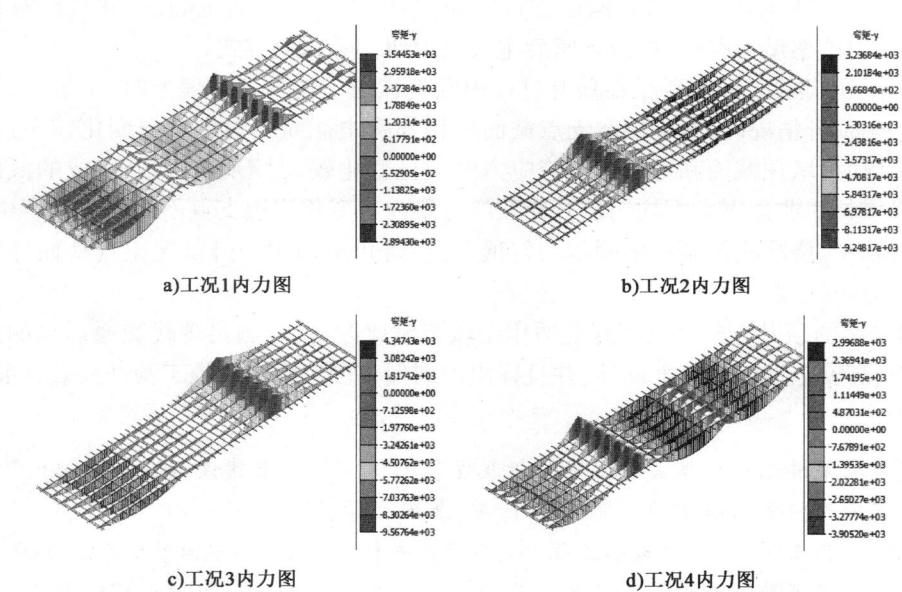

a) 工况1内力图

b) 工况2内力图

c) 工况3内力图

d) 工况4内力图

图 14　各纵向偏差工况内力图

由图 7 和图 14 对比分析可知,当边支点出现顶升不均匀的情况,相邻跨中正弯矩增大,且对称侧非边支点处负弯矩增大;当非边支点出现顶升不均匀的情况,该支点处的墩顶负弯矩增大,对称侧边跨正弯矩增大。对各工况变化最大截面进行应力分析,各工况应力变化如图 15 所示。

在边支点发生不均匀顶升情况时,对称侧墩支点截面和相邻跨中截面应力增大但变化较小;当非边支点发生不均匀顶升情况时,墩顶截面和对称侧边跨应力增大且变化较大,不均匀顶升造成的截面应力变化随顶升高度呈线形增长。非边支点不均匀顶升导致的主梁内力变化比边支点不均匀顶升产生的影响大，因此在顶升施工过程中，要严格控制各墩同步均匀顶升，以防止不均匀顶升状况出现从而导致的主梁支点负弯矩和跨中正弯矩过大。

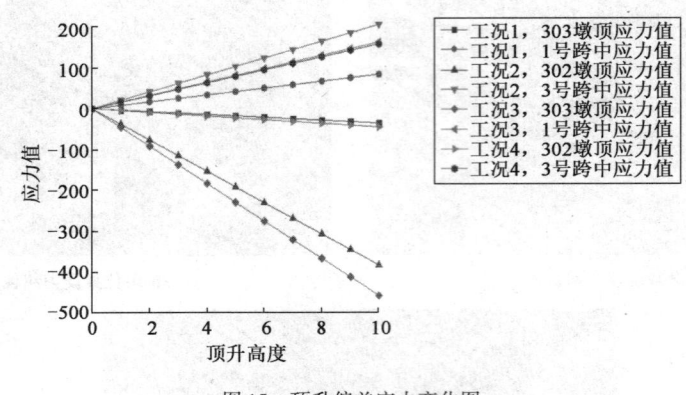

图15　顶升偏差应力变化图

四、结　语

本文以哈尔滨东三环快速路顶升工程为研究对象，将旧桥采用悬臂旋转顶升和同步位移顶升至设计高程，与新建高架桥连接。进行悬臂旋转顶升施工监控，结合顶升试验、midas Civil 有限元分析软件对顶升过程的结构内力进行分析，并且对可能出现的偏差进行研究分析，得出以下结论：

（1）同步旋转顶升过程主梁内力变化大于同步位移顶升阶段，同步旋转顶升和同步位移顶升过程对结构正弯矩影响较小，对墩顶负弯矩影响较大。可以采用碳纤维板对主梁进行加固，以防止钢分配梁处的负弯矩导致主梁开裂。

（2）针对顶升施工中的桥梁线形和偏位进行监控，验证顶升方式的正确性，并且针对偏位现象制定墩基础反力纠偏、限位架反力纠偏、更换支座后主梁反力纠偏等纠偏方式。

（3）采用有限元拓展法，研究桥梁在顶升过程中发生纵向不均匀顶升偏差时，主梁内力的分布变化。边支点发生不均匀顶升情况时，对称侧墩支点截面和相邻跨中截面应力增大但变化较小；当非边支点发生不均匀顶升情况时，墩顶截面和对称侧边跨应力增大且变化较大，不均匀顶升造成的截面应力变化随顶升高度呈线形增长。非边支点不均匀顶升导致的主梁内力变化比边支点不均匀顶升产生的影响大，因此在顶升施工过程中，要严格控制各墩同步均匀顶升，以防止不均匀顶升状况出现从而导致的主梁支点负弯矩和跨中正弯矩过大。

（4）本工程采用的顶升方式可以很好地适用于城市桥梁改造，以满足现代交通运输的发展。本方式具有高顶升速率、高安全性以及高准确性，并且提出的纠偏手段经模拟和施工验证高效且准确。

参考文献

[1] 陈建华.城市高架桥结构方案关键因素分析及发展构想[J].桥梁建设，2013，43(4)：99-104.

[2] 韩永军.桥梁顶升技术工程应用研究[D].西安：长安大学，2010.

[3] 韩振勇，张振学，张玉明，等.桥梁改造工程中同步顶升技术的应用[J].中国市政工程，2007(1)：24-25,96.

[4] 李方韬.城市桥梁顶升改造设计与施工工艺[J].结构工程师，2016，32(4)：176-182.

[5] 千继红，陈诚.桥梁顶升技术在城市高架改造中的应用探讨[J].工程质量，2022，40(6)：48-51,60.

[6] 米孝生，胡智敏，陈伟.大跨径钢箱拱肋整体提升关键技术研究[J].公路交通科技，2015，32(7)：92-97.

[7] 葛耀君，项海帆.桥梁工程可持续发展的理念与使命[C]//中国土木工程学会桥梁及结构工程分会.第十九届全国桥梁学术会议论文集.北京：人民交通出版社，2010：23-39.

[8] ZHANG X G, LIU G, MA J H, et al. Status and prospect of technical development for bridges in China

[J]. Chinese Science Bulletin, 2016, 61(4-5):451.
[9] LIU M, FRANGOPOL D M. Optimal bridge maintenance planning based on probabilistic performance prediction[J]. Engineering Structures, 2004, 26(7): 991-1002.
[10] ITUNUMI S, JOHN C E, GREGORY I O. Seismic analysis and base isolation retrofit design of a steel truss vertical lift bridge[J]. Computers and Structures, 1999, 72(1-3):317-327.
[11] 袁臻,朱文霞,肖汉. PLC同步顶升系统在高速公路桥梁改造中的应用[J]. 中外公路,2013,33(5):170-173.
[12] 吴毅彬,许丽华. 城市互通立交桥大吨位同步顶升施工与控制技术[J]. 施工技术,2017,46(20):31-33,60.
[13] THOMSON J C, ROBINSON A, HOWE C. Jacked installation of underbridges[J]. Proceedings of the Institution of Civil Engineers: Bridge Engineering, 2018,171(2): 118-126.
[14] ZHAO Y, WANG J F, PANG M. Integral lifting project of the Qifeng bridge[J]. Journal of Performance of Constructed Facilities, 2012, 26(3): 353-361.
[15] SONG C W, XIE S H, WANG J, et al. Design of shift synchronous control system based on PLC[J]. Instrument technology and sensors,2018(8): 47-51.
[16] 王艳,陈淮. 大跨度悬臂拼装施工连续梁桥0号梁段局部应力分析[J]. 铁道科学与工程学报,2008(3):23-27.
[17] 黄江,胡成. 某矮塔斜拉桥0号梁段空间应力分析[J]. 合肥工业大学学报(自然科学版),2012,35(8):1097-1100.

35. 混凝土泵送性能研究

易佳龙　吴舒谦

(中交第二航务工程局有限公司第五工程分公司)

摘　要　本文结合湖南省官新高速公路马路口资水特大桥6号、7号索塔施工,从混凝土拌合物工作性能评价方法、原材料性能对混凝土泵送性能的影响、胶凝材料组分及掺量对混凝土泵送性能的影响以及细集料质量对混凝土泵送性能的影响四个方面着手对混凝土泵送性泵进行了研究。

关键词　混凝土　可泵性　原材料　双掺技术

一、引　言

随着科技的发展,混凝土泵送设备不断更新迭代,混凝土泵送技术也迎来了大发展,但泵送距离越长、扬程越高出现的问题也越来越多,如何使混凝土拌合物在泵送过程中保持其应有的可泵性成为当今业内重点关注的问题。混凝土拌合物在泵送的过程中会受到诸多因素的干扰,从而导致"爆管""堵管"等现象。

二、工程概况

官新高速公路是国家高速公路网G59呼和浩特至北海高速公路的一段,项目建成后,将连接安化与怀化、娄底、常德等地的公路系统。马路口资水特大桥是官新高速公路重点控制性工程,全长1187m,主跨500m,为湖南省在建最大跨径钢混组合梁斜拉桥。大桥主塔采用H形设计,其中水中6号主塔高202.4m,陆上7号主塔高155.9m,混凝土设计强度等级为C55。

三、混凝土可泵性的评价方法

关于混凝土可泵性的评价，目前国内外并没有统一的标准方法。理论上讲，用同轴回转黏度计测量混凝土拌合物的屈服力和黏度系数两个指标，可以从根本上了解混凝土拌合物的性能，评价可泵性，但这种方法测试困难且不利于在实际工程中应用。另一种方法是通过模拟管道中的感应来反映混凝土泵送压力和摩擦阻力的变化，但该方法设备复杂不利于推广，成本较高。

混凝土的离析、泌水是泵送过程中"堵管"的罪魁祸首。在泵送过程中，混凝土拌合物依靠水泥浆包裹细集料、砂浆包裹粗集料，通过混凝土拖泵压力输送到管道中流动。在管道中，管道与混凝土拌合物之间的润滑层是非常重要的，这个润滑层是由水泥砂浆组成的。如果混凝土拌合物产生离析、泌水现象，坚持进行泵送，就很可能会出现"堵管"。当拌合物在管道内输送期间，产生泌水、离析现象，粗集料将失去浆体的包裹，粗集料与管壁的摩擦阻力会骤然增大，也可能发生堵管(图1)。

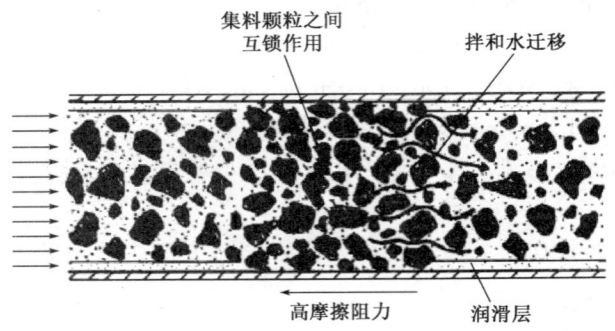

图1　混凝土拌合物离析造成"堵管"机理图

结合官新高速公路项目现场施工实际情况通过试验研究表明，评价混凝土可泵性的主要方法有以下几种：

1.坍落度及坍落扩展度试验

目前，大部分工程项目采用坍落度及坍落扩展度试验和目测(棍度、黏聚性、保水性)的方法来对混凝土可泵性进行评价。虽然目测的方法会出现人为的误差，但只要选择有经验的检测人员进行试验，尽量避免此类误差，坍落度及坍落扩展度试验不失为一种良好的检测方法。另外，坍落度试验仪装置简单、易于携带、操作简单，非常适合在施工现场对混凝土进行可泵性评价。

2.压力泌水试验

混凝土拌合物在管道中，由压力推动进行输送，水是传递压力的介质，如果在泵送过程中，由于压力大或者管道弯曲、变径等出现"脱水现象"，水分会通过集料间空隙渗透而使集料聚结，引起堵塞。压力泌水试验可以测定混凝土拌合物的保水性，反映阻止混凝土拌合物在压力下抵抗水渗透流出的能力，是衡量混凝土拌合物在泵送压力作用下测量其稳定性的重要评判标准。坍落度、坍落扩展度和压力泌水率是评价混凝土拌合物可泵性的重要参数，分别反映了混凝土拌合物的流动性、稠度和混凝土拌合物在泵送压力作用下抵抗泌水、离析的能力，三者互相结合起来可以评价混凝土泵送性能的优劣。

四、原材料性能对混凝土泵送性能的影响

从便于施工的角度而言，泵送混凝土相对于普通混凝土有更大的坍落度、更好的工作性能，虽然泵送混凝土在配合比设计时，其坍落度、坍落扩展度、强度、耐久性等各项性能能满足设计要求，但施工中经常会遇到"堵管"等现象影响施工。本节排除施工工艺的原因，从原材料方面分析影响混凝土泵送性能的因素。

1. 外加剂的影响

聚羧酸减水剂作为当今主流的混凝土外加剂，其分子结构可设计强、掺量低、减水率高等优点促进了混凝土的快速发展，使混凝土的性能得到了显著的改善，高性能、高强混凝土得到了实现。对泵送混凝土而言，通过调整各种不同种类外加剂的用量将其复配在一起使用，实现了"1+1>2"的效果。本项目采用的是以聚羧酸减水剂母液为主，复配保坍剂、缓凝剂、消泡剂、引气剂、保水剂等材料，以提高混凝土的泵送性能，借助消泡剂和引气剂的协同作用，实现混凝土气泡数量及结构的优化。消泡剂和引气剂存在合理的比例，当消泡剂用量偏高时，造成混凝土含气量偏低且气泡间距过大，这对混凝土的工作性能是相当不利的。当引气剂用量偏高时，混凝土拥有较高的含气量气泡间距较小，这对混凝土工作性能有利，但高含气量的混凝土在泵送过程中造成坍落度的"泵损"。当消泡剂引气剂比例合适，气泡分布均匀，含气量及气泡间距系数较为适宜，高质量的气泡细密而稳定的富集于浆体和集料交界面起"滚珠效应"，阻止自由水上升通道有效预防泌水，且与自由水一起强化了管道内的润滑作用，同时细密而稳定的气泡强化了集料之间的分散效果，使得混凝土黏度降低，因此用好、用对外加剂对泵送施工尤为重要。

2. 粗细集料的影响

细集料应采用级配良好、质地坚硬、颗粒洁净的2区中砂，细度模数2.7为宜。要严格控制细集料中的含泥量、泥块含量及颗粒级配，特别是0.315mm以下的含量对混凝土拌合物可泵性影响极大，当含量偏低时，拌合物易分层、离析、沁水现象增大。细粉颗粒含量过大时造成需水量增加，混凝土拌合物黏稠，流动性下降。

粗集料应采用质地坚硬、洁净、级配合理、粒形良好、吸水率小的碎石。为了提高混凝土的可泵性，采用良好级配的碎石，严格控制粒径大小，碎石最大粒径不应超过泵管直径的1/3，采用反击破工艺加工碎石，以保证碎石粒形圆润减少碎石针片状颗粒含量。图2为普通工艺与反击破工艺碎石成品对比照片。

图2　普通工艺与反击破工艺碎石成品对比照片

3. 水泥的影响

（1）温度的影响：新进场水泥往往温度较高（≥70℃），生产时需水量大，对外加剂吸附量大，外加剂掺量及用水量不变时，必然会造成混凝土坍落度损失快等现象，所以建议新进场水泥存放三天后再使用。

（2）细度的影响：比表面积较大的水泥，由于其细度较细，需水量增大，坍落度损失较快，此类水泥还要注意早起水化热很快，早期强度起来快，容易产生裂缝。

（3）三氧化硫的影响：在一批外加剂或水泥进场进行相容性试拌时候，时常会遇到坍落度损失特别大，甚至出机5~10min就开始失去工作性的情况，这种情况一般是因为水泥中三氧化硫含量非常低。

4. 矿物掺合料的影响

（1）粉煤灰：粉煤灰是燃烧煤粉后收集到的灰粒，其化学成分主要是氧化硅、氧化铝、氧化铁及氧化钙等，粉煤灰掺入混凝土后，可以取代部分水泥，与水泥互补短长，改善混凝土的一系列性能。

新拌混凝土的和易性受浆体的体积、水灰比、集料的级配、形状、孔隙率等影响。掺入粉煤灰对新拌混凝土的明显好处是增大浆体的体积，大量的浆体填充了集料间的孔隙，包裹并润滑了集料颗粒。掺入粉煤灰可以防止新拌混凝土的泌水，从而使混凝土拌合物具有更好的和易性，增强混凝土的可泵送性。但质量欠佳的粉煤灰对泵送性能影响也是巨大的，因为质量较差的粉煤灰，要么其颗粒大部分是表层光滑性较差的半球形颗粒碎片,球形微珠的润滑性并不理想,要么含有较多杂质,烧失量较大,会对新拌混凝土质量造成极大影响,严重影响混凝土的可泵性。图3为"真"粉煤灰的微观相片、图4为"假"粉煤灰的微观相片。

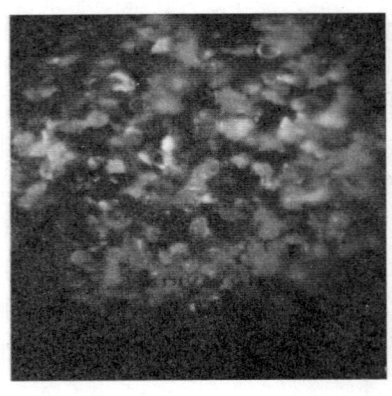
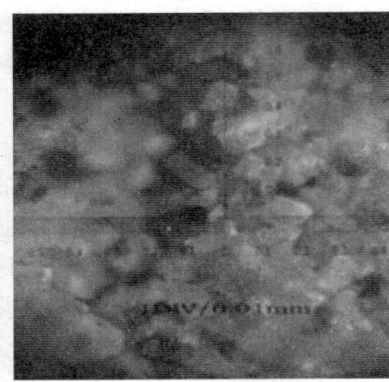

图3 "真"粉煤灰微观相片　　　　图4 "假"粉煤灰微观相片

(2)粒化高炉矿渣粉:粒化高炉矿渣矿粉是将高炉冶炼生铁时产生熔融态炉渣经过急冷得到的且来不及结晶而大部分形成玻璃态的物质,主要组分为硅铝酸钙。粒化高炉矿渣经干燥、粉磨达到相当细度且符合活性指标要求的粉体。

粒化高炉矿渣粉以等量取代部分水泥的方式掺入混凝土中,可以改善混凝土的工作性、延缓凝结时间、提高强度、增加混凝土的耐久性。单掺粒化高炉矿渣矿粉,可以有效提高混凝土的保水性、黏聚性,进而提高混凝土强度,但会减弱其流动性能。但采用粉煤灰与矿粉的双掺技术,比单掺矿粉或粉煤灰坍落度都明显增大,且强度也能得到保证,这主要是两种材料的火山灰效应、形态效应和微集料效应可以互相叠加,形成"工作性能互补效应"和"强度互补效应",使混凝土有具有良好的抗渗性和可泵性。

五、胶凝材料组分、掺量对混凝土泵送性能的影响

1. 工程难点

在本工程中,要将C55高强高性能混凝土一次性泵送至200m高度,要求混凝土必须具有良好的泵送性能和工作性,还要满足设计强度要求,高强度混凝土的水灰比低,水泥、细集料、混合材料的细颗粒多,黏聚性强,在泵送过程中难以形成有效的润滑层,致使运动阻力加大,比普通混凝土黏度大得多。但泵送混凝土长距离超高度,要求混凝土的流动性良好,黏度低,和易性及匀质性良好,这样才有利于降低泵送压力。因此,即要求混凝土的高强度又需要其良好流动性和低黏度具有相当大的难度。再者在泵送过程中存在强大的泵送压力,混凝土拌合物在泵送过程中会产生坍落度、扩展度的泵损,而且坍落度、扩展度的泵损会随着高度的增加泵压的增大而增大,混凝土在高扬程泵送时,由于混凝土拌合物与泵管管壁之间的摩擦阻力和高度差引起的压力是导致混凝土拌合物坍落度、扩展度在泵送是产生损失的最主要原因,摩擦的阻力与混凝土的黏度、流速、泵管管壁的粗糙度成正比。因此,如何减少混凝土拌合物坍落度、扩展度的泵送损失又是一个难点。

针对以上难点,本工程通过采用粉煤灰和矿粉双掺技术来配制C55高塔泵送混凝土,来解决混凝土黏度大、改善混凝土拌合物坍落度、扩展度的泵送损失的问题。

2. 配合比

1)原材料

(1)水泥主要性能指标。

采用湖南海螺水泥有限公司"雪峰牌"P.O 52.5普通硅酸盐水泥,碱含量0.40%,三氧化硫含量2.29%,氯离子含量0.023%,游离氧化钙0.43%,氧化镁1.67%,烧失量2.36%,其主要性能见表1。

水泥主要性能指标

表1

标稠(%)	密度(g/cm³)	比表面积(m²/kg)	安定性	凝结时间(min)		抗折强度(MPa)		抗压强度(MPa)	
				初凝	终凝	3d	28d	3d	28d
26.4	3.12	340	合格	178	235	6.1	8.7	29.5	55.2

(2)粉煤灰主要性能指标。

采用大唐华银金竹山电厂F类I级粉煤灰,其主要性能见表2。

粉煤灰主要性能指标

表2

密度(g/cm³)	细度(%)	含水率(%)	烧失量(%)	需水量比(%)	三氧化硫(%)	氯离子含量(%)	碱含量(%)	游离氧化钙(%)	活性指数(%)
2.6	7.7	0.6	3.55	95	2.07	0.011	0.93	0.40	91

(3)矿渣粉主要性能指标。

采用益阳东方建材有限公司S95矿渣粉,其主要性能见表3。

矿渣粉主要性能指标

表3

密度(g/cm³)	比表面积(m²/kg)	含水率(%)	流动度比	三氧化硫(%)	烧失量(%)	氯离子含量(%)	活性指数(%)	
							7d	28d
2.82	450	0.4	100	0.38	0.96	0.017	80	98

(4)细集料主要性能指标。

采用湘阴县洞庭湖2区中砂,其主要性能见表4。

细集料主要性能指标

表4

堆积密度(kg/m³)	表观密度(kg/m³)	空隙率(%)	含泥量(%)	泥块含量(%)	细度模数(%)	吸水率(%)
1523	2626	42.0	1.6	0.1	2.7	0.2

(5)粗集料主要性能指标。

采用新化县琅塘镇辽远采石场5~20mm碎石,其主要性能指标见表5。

粗集料主要性能指标

表5

表观密度(kg/m³)	空隙率(%)	含泥量(%)	泥块含量(%)	针片状颗粒含量(%)	压碎指标(%)	吸水率(%)
2708	44.6	0.4	0.2	3.3	7.2	0.4

(6)外加剂主要性能指标。

采用湖北恒利建材科技有限公司HL-8000型高性能聚羧酸减水剂,其主要性能指标见表6。

外加剂主要性能指标

表6

减水率(%)	含气量(%)	泌水率比(%)	1h坍损(mm)	收缩率比(%)	氯离子含量(%)	总碱含量(%)	Na₂SO₄含量(%)	抗压强度比(%)	
								7d	28d
30	3.3	13	5	100	0.1	1.3	0.6	149	136

2)配合比设计

根据本工程对力学性能、耐久性、施工工艺的要求,通过配合比的设计来保证混凝土拌合物质量及工作性能。

较低的水胶比是保证混凝土强度和耐久性的重要因素,在选择 0.30 水胶比之前分别选用了 0.28、0.30、0.32 三个水胶比进行试配,其目的是增加配合比选择的空间,多方位地去考虑配合比的力学性能、工作性能、耐久性能和经济性。

高强高性能混凝土胶材较多,用水量较大,为了保证强度和耐久性,必须降低其用水量,但是低用水量必然会导致混凝土坍落度、扩展度损失较快,混凝土黏稠、干涩无浆,这个时候就要在配合比设计时考虑矿物掺合料的使用来改善浆体和集料的界面结构,使新拌混凝土的工作性能得到更好的表现,本工程矿物掺合料的比例在 15% ~ 30% 之间。

根据施工工艺要求,混凝土拌合物在入模时要求坍落度 200mm、扩展度 450mm 以上,不离析、不泌水。

根据以上原则,设计配合比见表 7。

试验配合比 表 7

编号	混凝土强度等级	水胶比	水泥(kg)	粉煤灰(kg)	矿粉(kg)	河砂(kg)	碎石(kg)	水(kg)	减水剂(kg)	掺量(%)	胶材总量(kg)
PB1	C55	0.30	431	38	38	698	1093	152	7.098	15	507
PB2	C55	0.30	405	51	51	698	1093	152	7.098	20	507
PB3	C55	0.30	380	64	63	698	1093	152	7.098	25	507
PB4	C55	0.30	355	76	76	698	1093	152	7.098	30	507

3)配合比选择

对不同矿物掺合料掺量的配合比配制出的混凝土试样进行了相关工作性能检测,结果见表 8。

C55 不同矿物掺合料掺量混凝土性能检测结果 表 8

编号	初始坍落度(mm)	初始扩展度(mm)	2h 后坍落度(mm)	压力泌水率(%)	7d 抗压强度(MPa)	28d 抗压强度(MPa)	保水性
PB1	220	530	195	21	58.3	74.1	无
PB2	230	560	215	18	54.9	69.8	无
PB3	230	580	215	17	51.8	66.1	无
PB4	235	600	210	14	48.6	63.7	少量

(1)由图 5 不同配合比下混凝土压力泌水率对比图、图 6 不同配合比下 2h 后坍落度对比图的曲线走势可见,矿物掺合料掺量较少的混凝土拌合物,坍落度损失较快,压力泌水率较高。矿物掺合料掺量较多的混凝土拌合物,坍落度损失较慢,压力泌水率较小。这是因为优质的粉煤灰能够有效降低胶材水化速度、改善混凝土的工作性能。经过磨细的粒化高炉矿渣粉比水泥更细,更利于填补其他材料无法填补的空隙,有效地减少了泵送混凝土的压力泌水率,使得混凝土拌合物在泵送压力作用下有了更强的抵抗泌水、离析的能力。双掺粉煤灰及粒化高炉矿渣粉能够有效减少混凝土拌合物在入模时坍落度、扩展度的泵送损失。

(2)综上所述,本项目选择编号为 PB2 的配合比用于 15℃ 以下混凝土浇筑施工,选择编号为 PB3 的配合比用于 15℃ 以上混凝土浇筑施工(图 5 ~ 图 8)。编号为 PB3 的配合比在实际施工中出机坍落度 230mm、扩展度 570mm,经过 45m 水平管 180m 垂直管的泵送,入模前坍落度 210mm、扩展度 460mm。

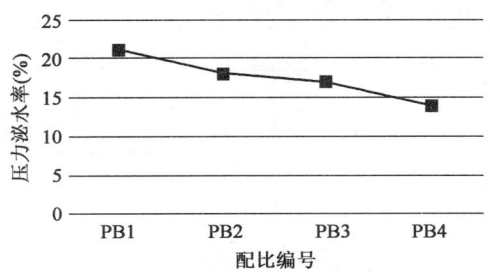

图 5　不同配合比下混凝土压力泌水率对比图

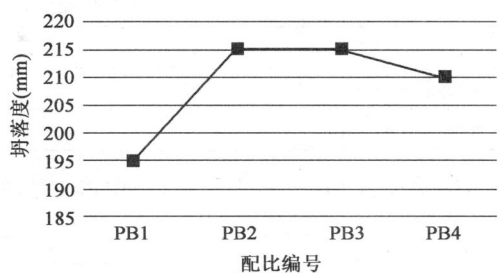

图 6　不同配合比下 2h 后坍落度

图 7

图 8

六、细集料质量对混凝土泵送性能的影响

影响混凝土泵送性能因素有很多,例如:细集料的颗粒级配、细度模数、含泥量、泥块含量等;粗集料的颗粒形状、级配、含泥量等;水泥的温度;矿物掺合料的质量优劣以及砂率、单位用水量等。其中,影响最大的是细集料,根据在湖南省各大河砂采区考察,河砂主要采集地以沅江市沅江河道、湘阴县洞庭湖、岳阳市洞庭湖以及新化县资水河道为主。

本项目采用的是湘阴县洞庭湖河砂,分十几个采区,每个采区的细度模数及含泥量均不同,每批次砂含泥量时高时低,低的有 0.5% 左右,高的达到 5% 以上,细度模数从 2.4～2.9,这样很难控制混凝土的和易性和工作性。因此为了系统的分析出细集料不同细度模数及不同含泥量对混凝土泵送性能的影响,我们通过考察时取回来的样品做了 5 组对比试验。

含泥量是指细集料中粒径小于 75μm 的颗粒含量称之为含泥量,本试验用湘阴县洞庭湖各采区取回的样品,含泥量从 1.2%～5.1% 不等,以上文中 PB3 混凝土配合比作为研究,找出不同含泥量对混凝土坍落度、2h 经时坍落度的曲线关系。设立 5 组对比试验,见表 9。

不同含泥量的配合比　　　　　　　　　　　　　　　　　　　　　　　　　　表 9

组号	水泥 (kg)	矿粉 (kg)	粉煤灰 (kg)	细集料 (kg)	粗集料 (kg)	外加剂 (kg)	水 (kg)	砂率 (%)	含泥量 (%)
HN1	380	63	64	698	1093	7.098	152	39	1.2
HN2	380	63	64	698	1093	7.098	152	39	2.0
HN3	380	63	64	698	1093	7.098	152	39	3.4
HN4	380	63	64	698	1093	7.098	152	39	4.2
HN5	380	63	64	698	1093	7.098	152	39	5.1

通过试验测得以下结果,统计结果见表 10。

不同含泥量的混凝土拌合物坍落度和1h经时坍落度					表10
细集料的含泥量(%)	1.2	2.0	3.4	4.2	5.1
混凝土初始坍落度(mm)	235	230	215	200	180
混凝土1h经时坍落度(mm)	225	215	190	170	140

将初始坍落度及1h经时坍落度制成曲线图,如图9所示。

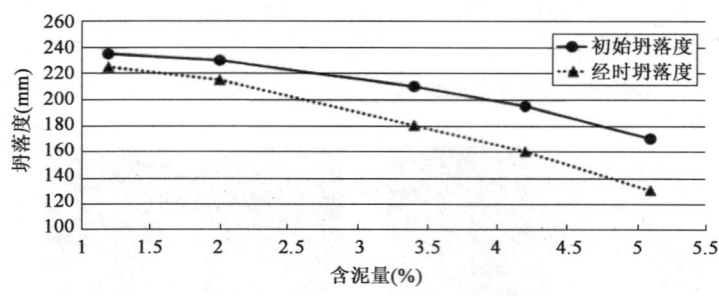

图9 含泥量与初始坍落度和1h经时坍落度曲线关系

从图9中可以看出,含泥量是造成混凝土拌合物工作性能下降的重要原因。随着含泥量的增大,混凝土拌合物坍落度及1h经时坍落度大幅降低,当含泥量在1%左右时,初始坍落度235mm,1h经时坍落度225mm,损失为10mm;当含泥量在2%时,初始坍落度230mm,1h经时坍落度215mm,损失为15mm;当含泥量>3%时,每增加1%的含泥量,坍落度就会降低20mm左右,1h经时坍落度降低30mm左右。

以上变化可以说明,泥颗粒吸附了大量的水分和减水剂,故出现了外加剂减水率不足、坍落度损失大的现象。当含泥量<3%时,混凝土拌合物保坍性能好,流动性好,有利于泵送施工;当含泥量>3%时,混凝土拌合物保坍性能差,虽然出机有流动性,但随着时间推移慢慢失去流动性,不利于泵送施工。

细集料细度模数对混凝土坍落度的影响如下:

细度模数是表征天然砂粒径的粗细程度及类别的指标。细度模数越大,表示砂越粗。普通混凝土用砂的细度模数范围在3.7~1.6之间,以中砂为宜,或者用粗砂加少量的细砂,其比例为4∶1。

细集料按细度模数分为粗、中、细三种规格,其细度模数分别为:粗3.7~3.1;中3.0~2.3;细2.2~1.6。细度模数不是细集料的级配参数。

细集料的粗细不同,对混凝土拌合物的泵送性能有极大的影响。

较细的细集料易出现混凝土拌合物呈坨状、毫无流动性、和易性极差、经时损失大,往往振动棒插入拔出时就是一个洞,极不利于生产,更不利于泵送,如图10所示。

而较粗的细集料混凝土拌合物保水性差、容易泌水、离析,黏聚性差,没有包裹性,浆体的流动不能带动粗集料流动,如图11所示。

图10　　　　　　　　　图11

经过试验,当细度模数在 2.7 时,混凝土拌合物工作性能最佳,如图 12 所示。

图 12

七、结　语

本文通过原材料、胶凝材料组分及掺量、原材料质量三个方面结合混凝土拌合物工作性能评价了混凝土拌合物的可泵性。主要结论如下:

(1)基于混凝土拌合物工作性能的评价,大坍落度大流动性的混凝土状态是大势所趋,坍落度 200～240mm,扩展度 400～600mm,压力泌水率 <20%,可泵送性能良好。

(2)优质的粉煤灰与矿渣粉两种材料的火山灰效应、形态效应和微集料效应可以互相叠加,形成"工作性能互补效应"和"强度互补效应",使混凝土有具有良好的抗渗性和可泵性。

(3)采用坍落度、坍落扩展度和压力泌水一起评价混凝土可泵性,最有操作性。

(4)原材料的质量是工程质量的基础,合格的原材料是建设高品质精品工程的前提。想要生产中不出现"事故",必须从源头控制,狠抓材料关,不合格的原材料不得进场。

参考文献

[1] 李帅. 泵送混凝土可泵性评价[D]. 天津:河北工业大学,2015.
[2] 中华人民共和国交通运输部. 公路桥涵施工技术规范:JTG/T 3650—2020[S]. 北京:人民交通出版社股份有限公司,2020.
[3] 汪东波. 高性能混凝土的流变性及泵送压力损失研究[D]. 重庆:重庆大学,2015.

36. 基于安全管控的公路桥梁智慧工地建设探析

李长寿　张素君

(山东欣鹏安全技术咨询有限公司)

摘　要　通过对信息化智能化技术在桥梁施工现场进行安全管控的应用总结,为施工项目智慧工地的建设工作提供参考。通过查阅资料与现场查看等方式对 LS 桥梁建设项目的智慧工地建设情况进行调研。分析出桥梁建设项目智慧工地建设内容和实施效果,总结出智慧工地的监控预警、设备管理、技术交底、安全培训等领域的新技术应用。基于信息化智能化技术的桥梁施工项目的智慧工地的建设,能够提升公司"本质安全"管理水平。

关键词　智慧工地　信息技术　智能技术　BIM 技术　VR 体验　监控预警

一、引　言

《2022 年交通运输行业发展统计公报》显示，公路水运工程建设领域全年共发生生产安全事故 47 起、死亡 61 人，比上年分别下降 26.6% 和 32.2%，虽然道路施工安全事故发生率和死亡率有所下降但是目前安全形势依旧严峻。为深入贯彻习近平总书记关于安全生产的重要指示精神，秉持"人民至上、生命至上"的理念，紧紧围绕防事故、保安全、保畅通[1]，加强公路桥梁安全科技创新应用，将安全信息化建设作为安全管理水平提升的重要措施。2021 年 9 月实施的《中华人民共和国安全生产法》首次明确的要求企业要"加强信息化建设"，实施生产现场安全管控的信息化智能化建设，已成为贯彻落实"科技兴安"战略，建设创新型国家的迫切需要，是顺应新时代发展要求的重要保障。W 公司围绕着推进施工现场安全管控信息化智能化建设对科学高效地做好安全生产各项工作指明了方向、提出了要求。适应安全管理数字化、信息化的形势，创新方法优化安全管理手段，运用数字化、信息化思维与方式进行安全管理成为企业提质增效的必修课。近年来，W 公司高速公路桥梁工程建设项目多、任务重、涉及业务板块多、项目体量大、劳务人员流动频繁，部分项目工期紧、压力大、安全风险高，W 公司为解决安全管理难题，大力推进科技兴安、科技强安工作，不断提升本质安全水平，通过智慧工地的建设实现施工现场安全管控的精细化和智能化。

二、智慧工地建设内容

智慧工地是采用数字化技术，对整个建设项目的人、机、物、环、管等要素实施智能化管理的工地[2]。目前对于智慧工地的定义还未完全统一，全国各地区的智慧工地建设情况存在着参差不齐，行业内对此还没有形成完备的要素评价体系。据统计，智慧工地技术能使项目施工进度平均加快 7%，施工成本平均降低 4.5%[3]。面对着传统施工方式的升级和人口红利的衰减，智慧工地凭借低成本、高效率的优势已经成为发展趋势。

1. 运用"物联网"技术，打造安全管理"智慧大脑"

为进一步加强关键部位、关键环节安全防控水平，W 公司多个项目利用"物联网"技术开展了智慧工地建设。以 LS 项目为例，其智慧工地系统涵盖视频动态监控、临时用电监测、劳务人员实名制、隧道人员定位、设备设施管理、车辆管理等近 10 项智能信息化子系统。项目设置了安全信息化中心，运用"云平台 + 物联网"技术将整个项目的关键场景进行还原，可通过手机端对施工过程实时监控，实现可视化监控管理和联动指挥调度。物联网日常情况下，自动采集施工现场的作业状态、人员数量、工地扬尘污染情况等数据，危险情况自动反馈给相关责任人和项目安全管理人员，紧急情况下进行自动应急处置，同时将相关处理情况形成记录，为项目安全管理提供数据支撑，提高安全管理效率。

2. 借力监控监测，打造安全预警"千里眼"

1）深基坑智能监测系统

近几年，W 公司涉水施工项目较多，在基坑封底、承台施工过程中，围堰遭受着河流的冲刷力和泥土的压迫力，其受力、位移变化幅度较大，可能出现钢管桩围堰、内支撑变形等情况，存在较大安全隐患，而传统光学测量仪器等措施，功能单一，无法及时掌握围堰支护体内受力情况与变化趋势。为解决这一难题，LS 项目通过基坑施工过程监测平台，利用三层钢管桩围堰、内支撑上安装的应力设备，对钢板桩围堰和内支撑应力、位移变化进行实时监测。通过数据收集、传输和后台实时处理，精确采集钢管桩水平位移、竖向位移和轴力变化，及时对钢管桩围堰变形超限进行预警。围堰变形监测安全监控通过先进、可靠的仪器及有效的监测方法将无法现场排查确定的因素数据化、可视化和形象化，经数据和图像对比分析后，研究制定有针对性的措施，及时化解现有的安全风险，确保安全施工有序推进。

2）架桥机全方位动态应力监控预警

LS 项目是国内首次采用无湿接缝、逐跨拼装工艺的节段拼装连续梁项目，3×56m 的节段拼装连续梁单联长 168m，梁段最大质量为 197.85t，采用全胶拼的节段预制拼装新工艺、剪力键新结构、环氧树脂胶新材料等创新设计和施工技术。在梁体架设施工过程中,架桥机承受梁体施加的竖向应力,由于梁体自重较大,架桥机可能出现构件变形、整体坍塌等情况。针对架桥机承受竖向应力较大的情况,项目在架桥机受力集中部位安装应力监测元件,通过传感器进行数据采集和后台数据分析,可实时掌握应力变化,实现对架桥机运行状态的全方位动态监控,有效提升架桥机运行效率和安全管理水平。

3) 智慧临电安全监管服务系统与智能配电箱

LS 项目开发使用智慧临电安全监管服务系统,在变电箱(柜)、配电箱、重要生产设备端加装智慧安全用电终端,对漏电、过载、过欠压、电弧花等主要风险因素进行实时监测并同步云端,实现 24h 不间断监测。一旦监测值超过预警值,可在 3s 内向专职电工、安全管理人员推送预警信息及专业性处理意见,指导其开展隐患排查治理工作。智慧临电安全监管系统已在 LS 项目进行了试点验证,有效地解决了临电隐患隐蔽性高、事故突发性强、监管难度大的问题,是采用"技防"手段消除潜在电气隐患危险的典型案例。LS 项目为了解决配电箱频繁移动、日常巡查难度大等问题,借鉴汽车安全带未系引发车辆提示音的做法,设计开发了配电箱提醒断电系统。当电工打开箱门进行接地等操作,系统自动断电,待操作完成、闸刀合上,若电工离开忘关箱门,系统发出声光报警,如 5min 未处理系统将二次断电,以确保操作人员人身安全。

4) 运用智能视频分析技术增效现场安全管理

在施工现场安装多种监控设备,建立智能监控和防范系统,能够实时监控和管理人员、机械等各方面的全面安全情况,实现由被动的"监督"转变为主动的"监控"。使用 360°球机实现现场实时视频、远传、通话、定时抓拍等功能。一是通过无线 4G 公网连接中心端和远端监控点,支持太阳能供电及远端存储和中心端存储功能,并且具备防火墙、VPN 等多种网络安全措施,能够保障数据隐私安全。二是拾音器、音响内置于整套设备,可以满足后台监管人员对近距离现场环境的收音及喊话功能,能够利用后台数据分析对现场违章作业实现实时蜂鸣报警功能。三是通过使用北斗定位终端,实现对人员、车辆实时位置的监控、历史轨迹的回溯。也可以通过设定电子围栏,对人员、车辆的行动范围和运行高度进行规范,并及时对违规越界或超高进行预警。四是可在露天环境下工作,整套设备防风、防尘、防水、防震、模块化、手提箱式、可车载,具有较强的便携性和复杂户外环境的适应性。

3. 创新形式、丰富内容,打造安全"培训利器"

1) 形式上创新,打造产业工人培训基地

LS 项目采用"理论学习 + 线下实操 + VR 模拟"的方法,搭建了集技能提升、技术比武、工伤预防等多项功能为一体的综合性培训平台,不仅增强了教育的针对性,更激发了全员参加安全教育的激情,使得教育效果更为显著,做到岗前学习、岗中实训、岗后考评,打造高素质的产业工人队伍。截至 2023 年 6 月,该基地已开展 140 余次安全教育培训工作,累计培训约 1500 余人次。

2) 内容上丰富,BIM 技术助力安全技术交底

口耳相传的传统描述方式不够直观,难以描述安全事故发生时的现场情况,存在被交底人对交底内容理解不到位等问题。LS 项目通过 BIM 技术将重难点施工工艺、节点制作模型、动画上传至智慧工地系统,形成二维码并在线化交底。现场班组通过手机扫码、网页浏览等形式,直观了解工艺节点材质、施工流程、注意事项等内容,实现复杂节点、施工工艺交底可视化,效率可提高 30% 以上[4]。将施工过程中的安全管控要求通过三维动画真实呈现,工人能够沉浸式进行施工现场畅游、熟悉建筑物件、掌握施工流程,使交底内容更直观形象,便于掌握相应防范要点和应急措施,大大提高安全技术交底成效。

4. 推行自动夹轨器等装置,拧紧起重机"安全阀"

近年来,门式起重机相关安全生产事故多发,各项目门式起重机使用较多,W 公司在检查过程中发现诸多安全隐患。为提升设备本质安全,加强门式起重机安全管理,有效防范安全事故发生,W 公司全面推行了门式起重机"五大"安全装置。要求所有门式起重机一律加设自动夹轨器、防脱轨装置、"双限位"装置(重锤限位、断火限位),爬梯一律设置护笼,室外门式起重机一律加设强风监测关停仪,有力提

升了门式起重机的稳定性与安全性。此外，还积极推广应用红外线防撞仪、人脸智能识别系统等技术，提高了设备本质安全水平。

三、智慧工地实施效果

随着科学技术的不断发展，传统的安全管理工作已不满足当前的发展需要，在日趋严峻的安全生产工作中需要不断创新，开展安全生产各项活动以来，W公司通过一系列信息化、智能化技术手段，进一步加强了施工现场危险作业、临时用电、特种设备、平交路口等安全管控，起到了良好的安全保障作用，有效降低了施工作业风险，未发生安全生产责任事故。

1. 智慧工地成果显著

LS项目智慧工地系统，始终关注人、设备、环境等关键因素，设置59个视频监控点位，实现对项目安全、质量隐患无死角、全天候监控，大大提高了远程监测预警、自动化控制和紧急避险救助能力。其"智慧临电安全监管系统"推送报警信息43条，共计排查处理用电机械操作过热电起火、接线错误、漏电等安全隐患19条，有效消除安全隐患；AI行为分析系统推送报警信息29条，排查人、机、物、环、管等因素失控造成的隐患16条。LS项目使用基坑和架桥机监控监测系统，确保钢管桩围堰安全稳定，系统2次发出黄色预警，均得到有效处置，保障了施工人员人身安全，切实提高了安全信息化、智能化水平和风险防控能力。

2. 全员安全责任落实落地

W公司全员围绕实际工作的安全重难点问题，发动全员提出安全管理合理化建议，积极采用"四新技术"；围绕"提高全员安全意识，实现标准化体系建设"的目标，在现场安全管理方面，充分运用信息化技术，积极联合高校或第三方团队进行科技创新研究，研发应用相关成果系统，用于指导现场作业人员、工程关键工序和部位的安全管理；在提升从业人员安全意识方面，采用虚拟现实方法和多维技术，将虚拟的VR体验、传统的实景体验以及更为完善的安全生产制度与规章结合[5]，全方位、立体式地保障了工程项目建设的安全文明推进，为打造精品项目提供了有力支撑。

3. 安全管理模式不断升级

通过管理模式和管理活动的不断升级，充分利用"人防 + 技防"的管理手段，加快推进了施工现场信息化、智能化、标准化建设。LS项目临时用电远程监控，避免人工抄表的费时费力，无线组网模式无需布线方便现场改造，节省费用20余万元。项目的配电箱提醒断电系统启动180余次，对配电箱门未及时关闭现象起到显著改进效果，细化了安全管控细节，提高了安全防控的覆盖面和精准度。安全智慧工地的创建中，通过在机械设备、分部分项工程上安装各类传感装置、监测设备等，构建全方位、实时的智能监控预警体系，能够有效地弥补传统靠人、靠经验在监管中的不足[6]。实践证明，以工地人员监管、环境监测、视频监控为基础，以物联网、智能感应设备等技术为手段，可实现项目的安全精细化、智能化管理。切实实现事前预警、事中应急、事后监控，提升企业整体安全管理水平。

四、结　语

安全管理信息化智能化建设是对安全管理模式、安全思维方式的创新和变革，更是一项涉及面广、建设周期长的系统工程。当前系统还需要现场应用过程中不断反馈信息，以不断地完善和提升改造，逐步实现数据分析、资源整合、监测预警的功能，实现对安全隐患的分类统计、分析，查找现场安全管理的薄弱环节。在促进安全管理信息化智能化实施、完善和提升的过程中，需要积极借鉴同行业领域推进安全管理信息化智能化的先进经验和好的做法。智慧工地系统的应用，有效提升了施工现场安全管理、设备与作业安全管理、人员安全教育培训等方面的管理效率，使得重点领域、重点环节、重点部位的全覆盖式管控变得更便捷，但系统的使用不能完全代替传统的安全管理方式，不仅仅是因为系统还需要不断的完善改进，而是传统的安全管理方式还有许多当前系统不可替代的作用，如线上安全教育培训解决了人员分散、覆盖率的问题，但是现场集体培训和接受警示教育时的安全氛围及同化辐射的作用是难以取代。

参考文献

[1] 李君. 坚持人民至上 踔厉奋发 凝心铸魂 为中国式现代化贡献交管新力量[J]. 道路交通管理, 2022(12):10-13.

[2] 段玉洁,金睿,刘东海. 施工工程中智慧工地应用研究与实践[J]. 土木建筑工程信息技术, 2022, 14(6):92-97.

[3] 曹吉昌,王晓. 智慧工地发展现状、存在问题及建议[J]. 建设科技, 2022(17):11-14,18.

[4] 杨汉宁,沈建增,陆峰. BIM5D+智慧工地系统构建研究与应用——以中国移动成都研究院科研枢纽工程项目为例[J]. 建筑经济, 2023, 44(5):46-52.

[5] 胡金锋. 智慧工地在建筑工程安全管理中的应用[J]. 智能建筑与智慧城市, 2022(6):120-122.

[6] 杨三建,梁利华. 建筑工程安全智慧工地的应用实践与研究[J]. 智能建筑与工程机械, 2023(1):53-57.

37. BIM神经网络之模型逻辑树扩展及通用数据结构研究

张师定

(张师定BIM神经网络工作室)

摘 要 本文笔者在其论文《BIM正向设计技术研究》及《通用BIM神经网络技术研究》的基础上,进一步探索了BIM神经网络、模型逻辑树及节点(模型)数据库表之间的关系及转化规则;提出模型逻辑树的四种基本扩展模式,包括"末梢属性扩展"模式、"再分枝"模式、"再生节点"模式及"根节点扩展"模式,进而创建通用模型树扩展路径,从而揭示了智能模型树数据结构的本质特征;并分别建立几何、事务及知识模型的通用数据结构,包含知识推理规则标准库结构,从而统一了业务技术、协同管理及知识推理的描述方式;其中首创新型数据库类型——树图型数据库,并建立树图型数据库存储模型的可视属性结构表;这样,便基本全面建立了BIM神经网络的核心/关键技术,实现"同构共享",提出了产业数字化/智能化的具体可行路径,为产业互联网甚至通用人工智能提出了通用解决方案。

关键词 BIM神经网络 模型逻辑树扩展模式 通用模型树扩展路径 BIM通用数据结构 几何模型 事务模型 知识模型 树图型数据库

一、引 言

BIM神经网络系统[1,2]是一种智能信息系统。其要求在领域知识分析的基础上,建立该领域神经网络,即逻辑框架,并且实现模型参数化。

领域模型是专业领域内的知识类或现实世界中对象的可视化表示,又称为概念模型或分析对象模型,它专注于分析问题领域本身,发掘重要的业务领域概念,并建立业务领域概念之间的关系。

领域知识模型化很关键。不仅要将实物模型化,也要将知识事务模型化;不仅要考虑共享模型,也要考虑扩展模型及"应用算法模型";扩展模型需要自输入来完成。基于共享输入模型+扩展模型,通过"应用算法",生成"应用成果信息模型"。这是BIM标准应该规范化的。

不失一般性,BIM神经网络系统可由图1代表。其通用结构特点包括:抛开"协同共享管理平台",其余各软件关系可以是依次(串行)关系或平行(并行)关系,其结构或为树形结构,或为串联结构,或为混合结构。

共享输入
自输入
协同共享管理平台
共享输出
自输出
共享输入
自输入
软件A
共享输出
自输出
共享输入
自输入
软件B
共享输出
自输出
共享输入
自输入
软件C
共享输出
自输出
共享输入
自输入
软件D
共享输出
自输出
共享输入
自输入
软件E
共享输出
自输出
张师定BIM神经网络

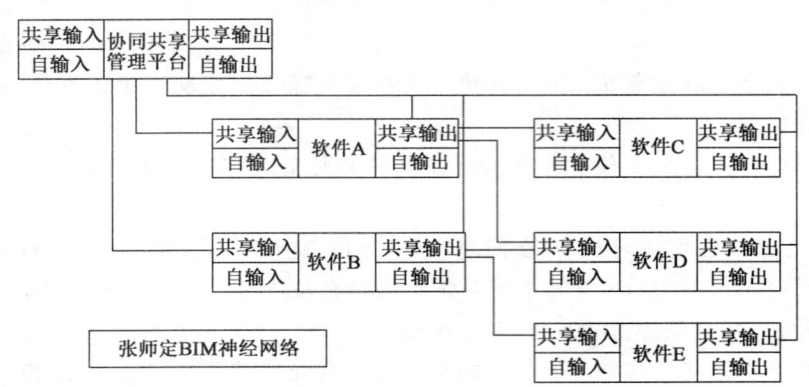

图1　通用BIM神经网络架构示意

其中,软件(平台)间数据传递通用流程如图2所示。

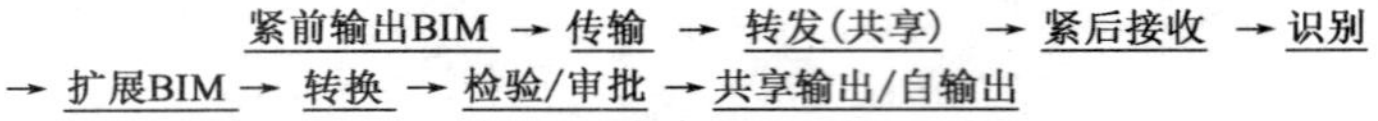

紧前输出BIM → 传输 → 转发(共享) → 紧后接收 → 识别
→ 扩展BIM → 转换 → 检验/审批 → 共享输出/自输出

图2　软件(平台)间数据传递通用流程

研究BIM神经网络的通用数据结构有着重要意义。信息模型数据结构是带有结构特性的数据元素的集合,它研究的是数据的逻辑结构和数据的物理结构以及它们之间的相互关系,并对这种结构定义相适应的运算,设计出相应的算法,并确保经过这些运算以后所得到的新结构仍保持原来的结构类型。简而言之,数据结构是相互之间存在一种或多种特定关系的数据元素的集合,即带“结构”的数据元素的集合。“结构”就是指数据元素之间存在的关系,分为逻辑结构和存储结构。

张师定在文献[1]中提出十大BIM关键技术,包括领域知识模型化技术;维度资源装配模型技术;基于信息模型之图形平台技术;模型约束求解通用平台技术;智能模型之经验规则库技术;模型功能评价与决策技术;动态模型控制技术;BIM软件系统神经网络技术;基于BIM的协同-共享-管理平台技术;事物BIM + GIS + 地质BIM + AI + IoT技术。基于软件四耳图,提出软件系统神经网络,并以桥梁设计系统为例,提出了其BIM架构及神经网络,它是复杂系统的通用结构模型。

张师定在文献[2]中基于领域知识与经验,分析了BIM正向设计本质,提出BIM正向设计过程应包含参数化几何模型创建技术、经验规则库技术、信息模型协同技术、BIM神经网络与协同管理技术等。

张师定等在文献[3]中基于软件四耳图,在提出软件系统神经网络的基础上,再度建立协同共享管理平台神经网络通用结构,进一步建立神经网络分解结构及传递信息编码方法,创立建筑信息模型(BIM)神经网络之协同/共享解决方案,包含区块间智能交易规则及协同管理对象逻辑树,并与传统人工神经网络做了比较。

笔者在以上研究的基础上,进一步提炼出信息模型(BIM)逻辑树通用的扩展模式,并建立其通用数据结构。

二、BIM神经网络转化为模型逻辑树

BIM神经网络系统与模型逻辑树间存在转化关系。可将图1通用BIM神经网络系统转化为如下模型逻辑树(图3)。

协同共享管理平台
软件A
软件B
软件C
软件D
软件E

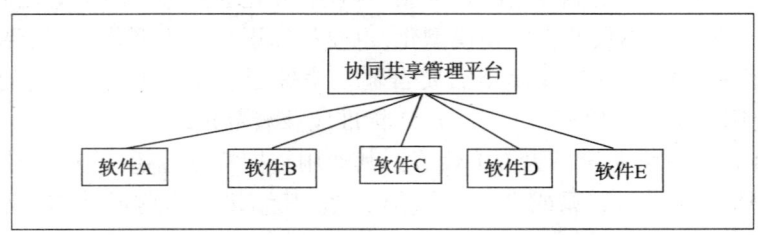

图3　通用BIM神经网络系统转化为模型逻辑树示意图

三、模型数据扩展模式研究

以共享输入模型为背景,以自输入数据为驱动数据,创建本维度应用模型,其相当于(共享输入)模型之扩展。

笔者提出模型扩展四种模式:

(1)"末梢属性扩展"模式;

(2)"再分枝"模式;

(3)"再生节点"模式;

(4)"根节点扩展"模式。

"再分枝"模式如图4虚线所示,其属于再接一棵分枝树情形。

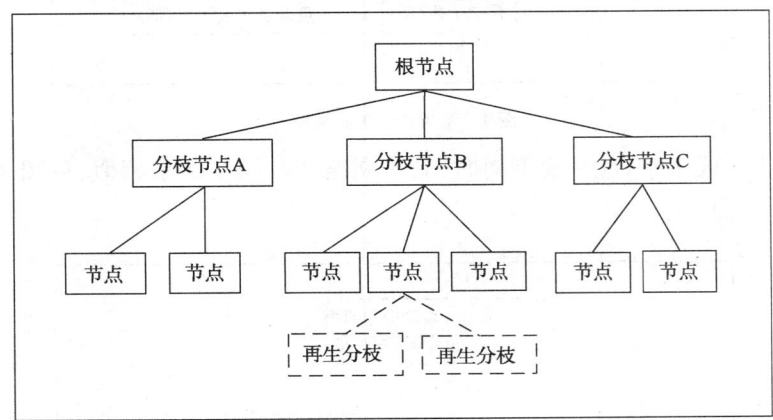

图4 "再分枝"示意图

"再生节点"模式如图5虚线所示,其在"树梢层"内再生兄弟姐妹节点。

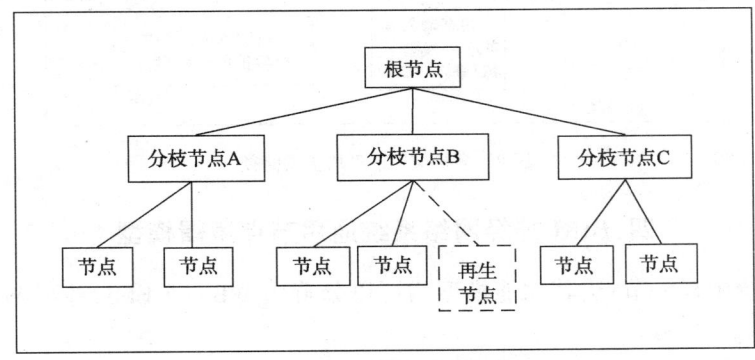

图5 "再生节点"示意图

"根节点扩展"模式是将共享输入模型根节点与自创建模型根节点(子树)形成兄弟姊妹节点关系,创建新的父母节点作为新的根节点,如图6虚线所示。

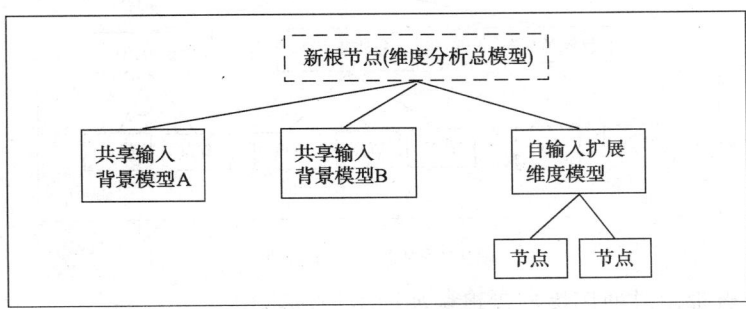

图6 "根节点扩展"示意图

一般地，BIM模型数据库扩展往往依据领域专家知识，实现以上四种模式的有限次组合。经综合信息抽象，笔者提出常规模型树扩展路径，如图7所示。

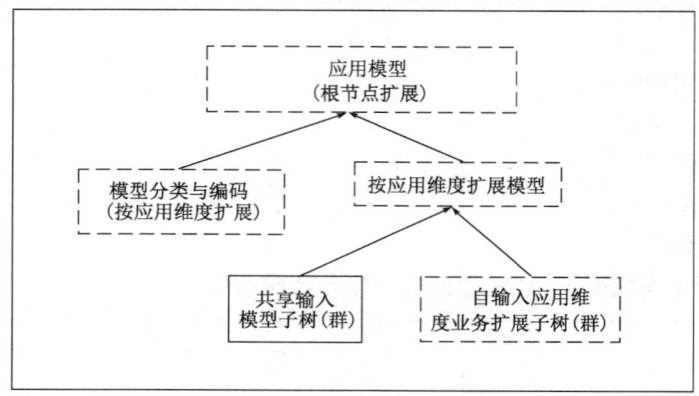

图7　常规模型树扩展路径

对于欲扩展为二阶（或多阶）应用模型树时，其扩展路径与图7所示相似，见图8。其揭示了通用模型树的本质结构。

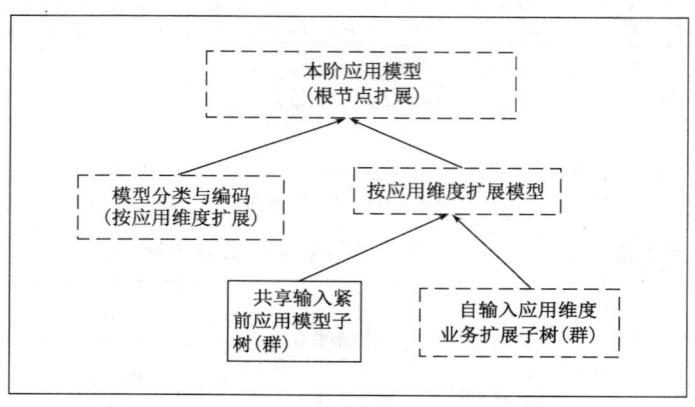

图8　多阶应用模型树扩展路径

四、BIM神经网络系统通用节点逻辑模型

BIM神经网络系统中任一节点，其功能模型均可以分解为WBS或EBS，甚至WBS+EBS，其均为树形结构[3]，如图9所示。

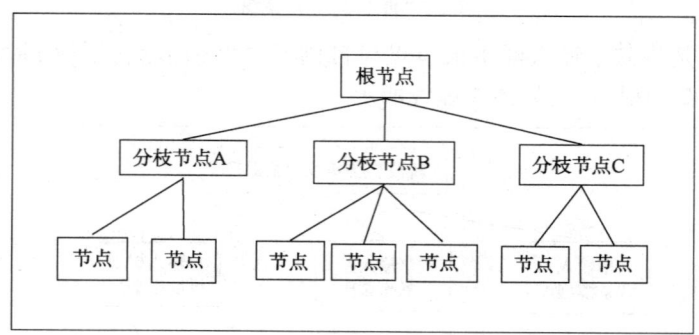

图9　通用模型（逻辑）树

对于实物模型，笔者提出其通用模型逻辑树如图10所示。

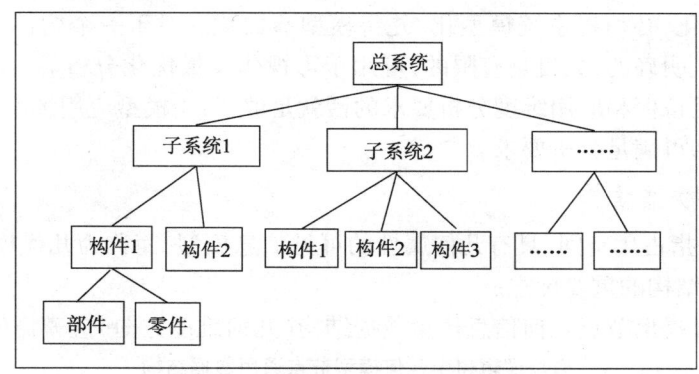

图 10　通用实物模型(逻辑)树

对于管理功能节点(图11),其通用模型(逻辑)树已由笔者提出[2]:

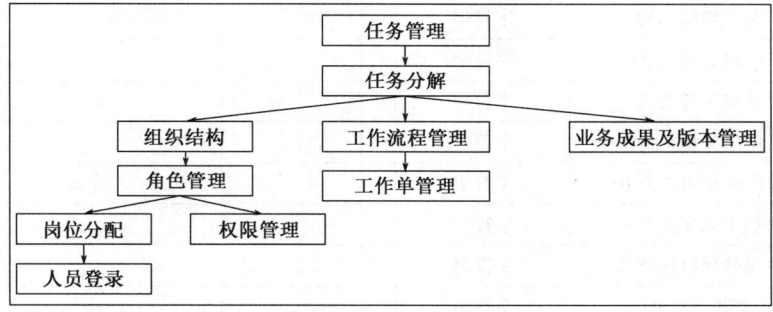

图 11　管理功能节点通用模型(逻辑)树

对于兼具业务与管理功能之节点,笔者提出其模型逻辑树应按"根节点扩展"模式来组建,如图12所示。

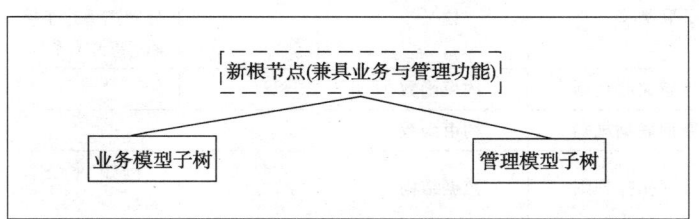

图 12　兼具业务与管理功能之节点模型逻辑树

五、节点信息模型通用数据结构

树形数据结构是基于对象的非线性数据结构,由一个根节点及若干个非根节点组成,可表示节点数据表素间一对多关系,从而显明层次结构及逻辑关系。父母节点可调用兄弟姊妹节点,反之不可。兄弟姊妹节点间不可调用,但可相关。节点属性形成节点模型模板。

数据库是存储数据的文件系统,包含若干数据库表。其数据库表中的数据被以特定(作为标准)的格式存储起来,满足用户对数据库中的数据进行添加、编辑(修改)、删除、查询、可视、发送等操作。

在树形分类架构的基础上,应创建相应数据库表。其对应关系见表1。

模型逻辑树与节点数据库表对应关系　　　　　　　　　　　　　　　　表1

树形分类架构	相应数据库表
各节点(类)	每个节点形成一个数据库表,全部节点形成若干个数据库表
类之属性	该类(节点)数据库表字段(参数),或叫表头,定义标准格式后也叫模板
对象(实例)	表中记录(参数值)

为了实现系统智能化,必须将系统模型化,并将模型参数化。对于一个构件,当使用信息模型表达时,该构件的几何参数是明确的,数目是有限的,可用于可视化及最优化分析等;而其非几何参数是无法穷举的,但只要属性满足该模型应用维度分析要求的话就足够了;当模型应用维度发生改变时,只需对模型数据进行相应扩展,即可满足分析要求。

1. 几何模型通用数据结构

狭义的 BIM 模型是指占用空间、具有几何属性的可见信息模型,简称为几何模型。几何维度应用属性是几何模型通用数据结构的重要标志。

经分析及抽象,笔者提出节点几何信息模型数据结构(几何维度方向)应遵循的共同规律,见表2。

模型逻辑树中几何模型节点通用数据结构　　　　表2

参数类别(维度)	参数名称	参数数据类型	数据单位	参数意义说明	备注
节点身份信息	节点ID	字符串			
	节点模型名称	字符串			
关联(背景)信息(模型)/共享输入协同	所属父母类ID	字符串			
	所属父母类名	字符串			
	所属父母类IP	字符串			
	关联弟兄姐妹类ID	字符串			
	关联弟兄姐妹类名	字符串			
	关联弟兄姐妹类IP	字符串			
	关联子女ID	字符串			
	关联子女类名	字符串			
	关联子女IP	字符串			
	关联类型	枚举		包括关联关系、分配关系、分解关系、连接关系、定义关系、声明关系	
	节点位置关联规则	约束函数			
	节点几何联动规则	约束函数			
节点主体维度信息	节点几何拓扑规则	数据结构		例如"长方体规则"或几何函数	列子表
	节点几何参数	浮点型	m/rad		
	节点所处坐标系	字符串		例如空间直角坐标系	
	节点位置信息	数据结构			
	几何包含素体(约束)个数				
	素体(约束)几何参数				
	素体(约束)几何拓扑规则				
	节点时间参数	日期与时间类型		与时间有关的动态模型,由若干姿态构成过程,由若干过程构成动作,由若干动作构成活动	时空一体
节点功能模型成果管理信息	节点功能	字符串		按维度说明节点模型功能	
	节点功能模型版本号	字符串			
	节点功能模型版本生成时刻	字符串			
	功能模型创建者	字符串		与模型权限有关	
	功能模型审核者	字符串		与模型权限有关	

续上表

参数类别(维度)	参数名称	参数数据类型	数据单位	参数意义说明	备注
共享输出协同	共享输出模型成果版本号	字符串			
	共享输出目标节点 ID	字符串		与模型数据安全有关	
	共享输出目标节点 IP	字符串		共享给紧后工作或领导中心	
自输出	自输出分析模型	数据库表			
	自输出决策模型	文档			

表2是模型逻辑树中几何模型节点的总数据结构，即装配表。它可以细分为若干子表，包括节点身份信息子表、关联(背景)信息(模型)/共享输入协同子表、节点主体维度信息子表、节点功能模型成果管理信息子表、共享输出协同子表及自输出子表等。

当使用标准几何模型数据库(族)创建节点模型时，其标准几何数据格式及标准值结构见表3。

应用维度标准几何模型数据库表 表3

参数类别(维度)	参数名称	参数数据类型	数据单位	参数意义说明	备注
应用维度	应用维度 ID	字符串			
	标准几何模型名称	字符串			
应用条件	条件参数	数组		标准几何适用条件	
标准几何信息	几何参数			各参数取值为优越解	预存标准值

以材料维度作为几何信息模型的资源扩展方向，则其扩展数据见表4。这样便是信息模型的继承(共享)与应用之例。

模型逻辑树中几何模型节点维度扩展参数表 表4

参数类别(维度)	参数名称	参数数据类型	数据单位	参数意义说明	备注
节点身份信息	节点 ID	字符串			
	节点模型名称	字符串			
节点材料维度扩展信息	节点材料所属类 ID	字符串			
	节点材料所属类名	字符串			
	节点材料信息	数据结构			列子表(树)

2. 知识(事务)模型通用数据结构

与几何模型相比较，领域知识(事务)模型的显著特点便是不需要几何属性等。但仍然可以建立领域知识(事务)模型的逻辑树，如图10所示。

经分析及抽象，笔者提出领域知识(事务)节点信息模型数据结构，见表5。

模型逻辑树中知识(事务)模型通用数据结构 表5

参数类别(维度)	参数名称	参数数据类型	数据单位	参数意义说明	备注
节点身份信息	节点 ID	字符串			
	节点模型(概念)名称	字符串			
关联(背景)信息或范围/共享输入协同	所属父母类 ID	字符串			
	所属父母类名	字符串			
	所属父母类 IP	字符串			
	关联弟兄姐妹类 ID	字符串			
	关联弟兄姐妹类名	字符串			
	关联弟兄姐妹类 IP	字符串			
	关联子女 ID	字符串			

续上表

参数类别(维度)	参数名称	参数数据类型	数据单位	参数意义说明	备注
关联(背景)信息或范围/共享输入协同	关联子女类名	字符串			
	关联子女 IP	字符串			
	关联类型	枚举		包括包含关系、从属关系、交叉关系、等价关系、上-下层关系、下-上层关系、异域关系(毫无)	
节点主体维度信息	内涵	字符串		概念所反映的事物的特有属性,采用自然语言或形式语言	
	外延	字符串		概念的适用范围	
节点功能模型成果管理信息	节点功能	字符串		按维度说明节点模型功能	
	节点功能模型版本号	字符串			
	节点功能模型版本生成时刻	字符串			
	功能模型创建者	字符串		与模型权限有关	
	功能模型审核者	字符串		与模型权限有关	
共享输出协同	共享输出模型成果版本号	字符串			
	共享输出目标节点 ID	字符串		与模型数据安全有关	
	共享输出目标节点 IP	字符串		共享给紧后工作或领导中心	
自输出	自输出分析模型	数据库表			
	自输出决策模型	文档			

表5是模型逻辑树中知识(事务)模型节点的总数据结构,即装配表。它也可以细分为若干子表,包括节点身份信息子表、关联(背景)信息(模型)/共享输入协同子表、节点主体维度信息子表、节点功能模型成果管理信息子表、共享输出协同子表及自输出子表等。

当使用标准词典模型数据库(族)创建知识(事务)模型时,其标准词语数据格式及标准值(语义)结构见表6。

应用维度标准词语模型数据库表结构　　　　　　　　　　　　　　　　　　　　表6

参数类别(维度)	参数名称	参数数据类型	数据单位	参数意义说明	备注
应用维度	应用维度 ID	字符串			
	标准词语模型名称	字符串			
应用条件	条件参数	数组		标准词语适用域	
标准词语信息	内涵			标准定义	预存标准值
	外延				
	文-图转换				

以推理维度作为知识(事务)信息模型的资源扩展方向,则其扩展数据见表7。这样便是信息模型的继承(共享)与应用之例。

模型(逻辑)树中节点知识(事务)模型维度扩展参数表　　　　　　　　　　　　表7

参数类别(维度)	参数名称	参数数据类型	数据单位	参数意义说明	备注
节点身份信息	节点 ID	字符串			
	节点模型名称	字符串			

续上表

参数类别(维度)	参数名称	参数数据类型	数据单位	参数意义说明	备注
节点推理维度扩展信息	节点推理所属类ID	字符串			
	节点推理所属类名	字符串			
	事实大条件	数组		元素为自然语言或形式化语言	
	事实小条件	数组		元素为自然语言或形式化语言	
	事实关系类型	枚举		包括逻辑关系和(限定);逻辑关系并;逻辑关系非(排除);逻辑关系因果;或然关系	
	调用规则标签				
	匹配度	数组	浮点型	包括大条件匹配度、小条件匹配度、关系匹配度	
	事实推理结果				
	用户自定义结果	参数			

当基于事实、依据标准规则库进行自动推理时,需预存标准规则库,见表8。

标准规则库表数据结构 表8

参数类别(维度)	参数名称	参数数据类型	数据单位	参数意义说明	备注
节点身份信息	节点ID	字符串			
	节点规则库名称	字符串			
规则库表关联信息	节点推理所属类ID	字符串			
	节点推理所属类名	字符串			
标准规则信息	标准大条件	数组		标准自然语言或形式化语言	
	标准小条件	数组		标准自然语言或形式化语言	
	规则关系	枚举		包括逻辑关系和(限定);逻辑关系并;逻辑关系非(排除);逻辑关系因果;统计相关;或然关系	
	规则可信度	浮点型	%		
	规则推理结果	判断(决策)			

经笔者高度抽象,建立自然语言知识推理应用模型逻辑树如图13所示。

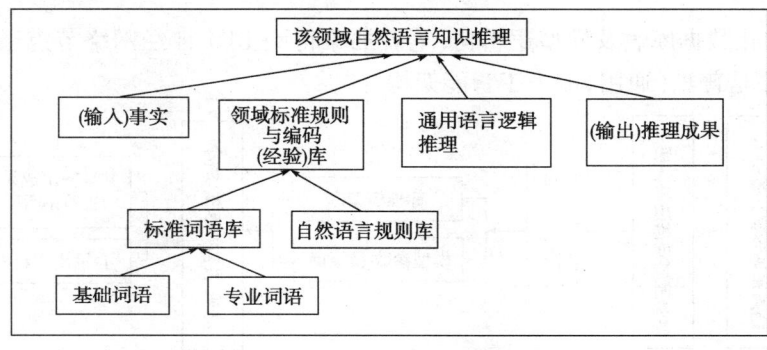

图13 自然语言知识推理应用模型逻辑树

六、通用数据结构存储——树图型数据库

基于物理本质的抽象,本文笔者提出通用数据库见表2~表5,客观上,其糅合了传统关系型数据库的优点与图数据库的优点,这是一种新型的数据库,笔者称其为"树图型数据库"。其主要特点包括:

(1)采用逻辑树来组织数据库;
(2)数据库可包含若干表,各表间存在关联关系;
(3)表由行与列组成;
(4)表头由若干参数(属性)组成;
(5)既存储树节点数据表,也存储节点关系(作为数据);
(6)方便数据库查询、更新、删除及扩展;
(7)不仅几何模型可视,知识(事务)模型也可视,而且模型间逻辑关系也可视。

树图型数据库存储的模型,其可视属性结构表见表9。

模型可视属性结构表　　　　表9

参数类别(维度)	参数名称	参数数据类型	数据单位	参数意义说明	备注
BIM	模型颜色	枚举型			
	模型线宽度				
	模型纹理			对于棱线,加密点列显示;对于(曲)面,网格差值显示	
	模型透明度				
标注模型	标注线颜色				
	标注线宽度				
	标注箭头颜色				
	标注箭头圆锥直径				
	标注箭头圆锥高				
	箭头与标注线装配规则			圆锥高度线与标注线共线;圆锥顶点与尺寸线端重合	
	标注值字体				
	标注值字型号				
位置关系	BIM与标注关联规则			二者位置固结,因此可实现同缩放、同旋转、同位移	
逻辑关系线	父子关系或因果关系用箭线				
	平行关系或依次关系用直线				

七、通用结构化数据库执行流程

基于通用的结构化数据库表及模型逻辑树,笔者抽象得到BIM神经网络节点通用结构化数据库执行流程,见图14,这便是普惠(通用)的人工智能架构。

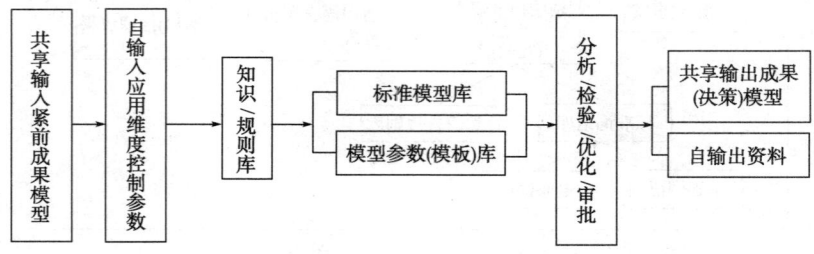

图14　通用结构化数据库执行流程

八、结　语

基于BIM神经网络,使用树形模型架构,本文探索了BIM神经网络、模型逻辑树及节点数据库表之间的关系及转化规则,进而建立了智能信息系统模型树扩展通用路径及通用数据结构,把"BIM神经网络(分布式)""模型逻辑树"与"信息模型数据结构"[4]紧密地结合起来,创建通用树图数据库并可视化,从而实现"同构共享"。

本文与笔者文献[2]及[3]一起,打通了业务技术、协同管理及知识推理三者边界,初步形成通用人工智能标准,对推动BIM技术融合专家(知识)系统[5]、促进人工智能AI发展、开拓服务型(确定型)工业(产业)互联网、研发相应服务器及操作系统有着重大意义。

参考文献

[1] 张师定.BIM智能软件系统结构研究[C]//中国公路学会桥梁和结构工程分会.中国公路学会桥梁和结构工程分会2020年全国桥梁学术会议论文集.北京:人民交通出版社股份有限公司,2020:702-705.

[2] 张师定.BIM正向设计技术研究[C]//马智亮.第七届全国BIM学术会议论文集.北京:中国建筑工业出版社,2021:316-319.

[3] 张师定,程杨.通用BIM神经网络技术研究[C]//中国土木工程学会桥梁及结构工程分会.第二十五届全国桥梁学术会议论文集.北京:人民交通出版社股份有限公司,2022:102-109.

[4] 张吕伟,吴军伟.市政工程BIM正向设计[M].北京:中国建筑工业出版社,2021.

[5] 张师定.桥梁总体设计构思[M].成都:西南交通大学出版社,2020.

38. 基于BIM的高速公路桥梁施工安全管理研究

肖　旭

(中交路桥建设有限公司)

摘　要　为了探究出切实可行的高速公路桥梁施工安全管理办法,现对采用建筑信息模型(Building information modeling,BIM)进行施工安全管理的方法优势进行分析,从实际施工管理的角度分析公路桥梁施工中存在的安全管理问题,并以问题为导向探究有效的施工安全管理策略。最终得出的结论有:BIM能够应用到高速公路桥梁施工安全管理的安全评估、信息化管理、进度调控、场地管理及数据监测等管理工序当中,改善施工安全管理的效果。

关键词　建筑信息模型　设施管理运营　高速公路桥梁施工管理　长效化维护

一、引　言

建筑施工中的BIM指的是实现建筑设计与管理数字化的过程,通过将BIM融入施工安全管理作业当中,管理人员才能够以建筑结构、施工管理系统等为依据,有效实施建筑施工安全管理作业,减少高速公路桥梁项目施工中产生的错误及冲突。对此,施工单位需要合理分析BIM在高速公路桥梁施工安全管理中的应用要点,坚持以分析安全管理问题为基础,实施切实有效的管理策略。

二、高速公路桥梁施工安全管理中BIM的应用优势

1. 工程算量和成本管理

在高速公路桥梁工程的造价算量与成本管理中,施工单位通常采用专业的算量软件处理工程造价信

息,并且借助算量软件制定切实可行的造价管理方案,最终才能够结合管理方案来应对施工中的经济管理风险。而BIM在工程算量以及造价管理中的应用主要有以下表现:首先,通过利用BIM对公路桥梁工程进行三维模型搭建,有利于从中了解项目设施施工的各项参数,见表1,这一类参数能够作为算量管理的依据,便于后期对施工模型进行设计变更,从而降低设计变更后的实际施工经济亏损。其次,通过采用BIM对工程的结构设计进行分析,施工单位才能够及时对项目工程的结构设计问题进行预警。例如,在香溪河大桥工程的施工中,施工单位采用BIM复核建筑工程的施工图纸,共计发现图纸中的78处设计问题,并且利用BIM得出的工程信息进行工程超危大方案模拟验证,有效地保障了各项施工工序之间的协调性,减少了工程建设的材料损耗。最后,在成本管理方面,BIM能够发挥其参数化的特点,对施工项目的各项成本参数进行精确测算。如:针对工程造价成本的管理,施工单位采用BIM对工程目标成本进行造价限额设计,并且打造出诸多不同的工程成本方案,由施工单位选择能够同时保障质量与经济性的方案进行实际施工,节约工程建设的成本支出。因此,BIM能够为工程算量与成本管理提供坚实的技术支持,实现管理全过程的可行性与有效性,从而达到保障工程经济管理安全的目的。

BIM下的工程算量指标 表1

算量指标	公路桥梁设施面积	公路桥梁设施体积	施工材料数量	材料重量	施工成本	施工时程	施工能耗	施工可持续性
1	总建筑面积	总体积	沥青	运输重量	材料成本	计划进度	电能耗	资源利用率
2	净建筑面积	空间体积	钢筋	存放承载重量	人工成本	总进度	水能耗	设备使用效率
3	使用面积	单位结构体积	混凝土	入库重量	设备成本	工期计划	燃料能耗	经济效益

2. 工程可视化

工程可视化指的是施工单位能够精准把控道路桥梁施工中的各项要素,并且完美配置出相应的施工方案辅助施工运行,而工程可视化有利于确保工程施工的全过程都能够在施工单位的管控范围之内,切实保障工程施工的可行性。在采用BIM进行施工安全管理的过程中,施工单位可以发挥出BIM的可视化优势,对公路或桥梁工程的施工模型进行可视化分析,并将分析结果用于调整项目使用方案。例如,在广连高速公路对枢纽型大桥方案的施工管理当中,施工单位采用BIM设计出方案的三维建模,并且从三维建模中分析互通立交半直连匝道、矮塔斜拉结构等设施的设计思路,而在可视化建模设计下,方案的精确性以及可行性等均能得到有效保障,为该项目施工的常态化运行奠定基础。因此,基于BIM的工程方案设计准确性能够得到保障,围绕项目三维模型实施的可视化施工设计能够有效反映施工的问题及要点,保障工程方案设计的科学性。

3. 模拟施工方案

为了判断公路桥梁施工方案是否合理,并且分析出方案设计中存在的施工隐患问题,施工单位通常需要针对公路桥梁设计的几何指标进行分析,并且通过图纸的二维分析或者模型的三维分析等方式,计算出准确的施工方案模拟量。为了保障三维分析模拟量的准确度,施工单位可以采用BIM对公路桥梁项目的安全性进行评价,例如,在测试施工方案中的平曲线半径、超高、路侧宽度、横断面及道路长度等几何指标的过程中,BIM下的三维模型分析能够从工程模型的平纵横线形是否满足标准规范,或者通过对施工路段进行行车视距模拟分析,判断道路桥梁工程中是否出现视距不良的路段、通行能力不足的路段,再以此为依据制定有效的施工改进方法,保障施工方案应用的便捷性与安全性。

三、高速公路桥梁施工安全管理现状问题

尽管当前高速公路桥梁施工的管理技术十分发达,但管理过程不免出现一些无法预估的安全管理问题,而这一类安全管理问题会对施工的质量及运行造成影响。施工安全管理问题的主要表现有以下几个方面:首先,因施工安全管理中未能做好现场协调工作,导致实际施工缺少安全保障措施(譬如施工防护网、施工现场防护栏等),降低了施工作业的安全系数,最终出现施工中的安全事故隐患。其次,因施工单

位缺少项目施工的监测工作手段，导致施工现场的风控工作迟迟无法得到落实，其间出现的安全事故也无法第一时间发现与解决。例如，在施工单位忽略施工现场监测管理工作的同时，公路桥梁施工中的物料监管工作无法得到落实，致使作业区域出现物料堆放混乱的情况，影响施工作业区域内的正常交通，并且形成安全隐患问题。因此，施工过程的安全管理问题往往会对施工作业造成威胁，施工单位需要协同落实问题的治理与防治措施，才能够改善施工的安全管理效果。

四、基于 BIM 的高速公路桥梁施工安全管理策略

1. 优化施工安全评估标准

安全评估标准能够为安全管理工作提供针对性的管理指标，引导施工人员严格按照评估标准执行施工作业，保障施工全过程的安全性。而在打造施工安全评估标准的过程中，施工单位可以基于 BIM 对评估标准的内容进行分析，确保评估标准符合实际的施工情况，并且能够反映出最准确的安全施工方法。基于 BIM 下的安全评估标准建设需从以下几点出发：首先，施工单位针对公路、桥梁工程建设完整的 BIM 数据化模型，并且从可视化模型中分类出公路桥梁的建筑构件、结构层分布等信息，结合设计图纸归类出可能出现安全隐患的设施结构，并根据安全隐患的类型制定相应的安全评估标准。其次，BIM 数字化模型可以用于提取公路桥梁设施建设的力学参数，以及帮助施工人员快速掌握施工的总体信息。因此，施工单位可以利用 BIM 模型对桥梁施工中的桥梁位置、底层岩石性质、钻孔信息、水文信息等进行归类，再以此为依据制定出满足桥梁底层稳定性的安全评估标准，提高桥梁设施施工的安全系数，以及完成建设后的桥梁设施质量。

2. 安全管理工作信息化

公路桥梁施工的安全管理需要多个部门同时参与方能有效进行，但在实际的管理过程中，多个部门之间难免会出现信息沟通困难、管理交底受阻的问题。对此，公路桥梁施工中的安全管理工作需要利用 BIM 的信息优势，打造出具有信息化特征的安全管理工作模式。首先，在安全管理信息的处理方面，施工单位应当优先建立工程项目的 BIM 模型，并且统计公路或桥梁的方案设计、结构参数、材料参数、设备使用方案及工序计划等施工信息，采用信息化档案的方式进行储存与多部门协同管理，保障多部门在管理工作中能够做到信息交流无阻。其次，在收集施工安全管理信息的过程中，施工单位应当采用信息化的管理手段代替人工操作，降低该领域中的人力成本投入，保障工程建设经济效益。例如，施工单位围绕道路或桥梁的施工 BIM 模型设置施工监测点，并且在施工点处安设监控设备和传感设备，使信息采集工作能够实现远程处理、自动化处理、全时段处理，为控制与修复施工安全管理问题提供信息保障。

3. 控制施工进度

为了如期完成施工任务，施工单位需要对施工过程的进度进行严格管控，并且以 BIM 为控制施工进度的前提，确保公路桥梁施工各项工序衔接的协调性。首先，针对施工进度中涉及的公路桥梁结构建设顺序问题，施工单位可以利用 BIM 打造可视化的施工项目模型，并且从模型中分析出多项施工路径的计划方案，利用 BIM 的数字模拟功能对方案进行推敲，选择出最具施工效率的施工方案，以此来达到合理调控施工进度的目的。其次，施工单位应当对公路桥梁施工中的各项工作领域进行划分，并且安排适当的进度管理计划，利用 BIM 对进度计划的可行性进行分析，排除计划中的误差内容。例如，在丰乐汉江大桥的工程施工中，为了有效避免桥梁施工对周围环境造成影响，施工单位利用 BIM 对建筑信息模型进行多视口分析，并且对建设桥台、桥墩等结构布局的工序进行有效调整，最终有效避免了桥梁施工出现占压河道的现象，并保证了桥梁施工各项工序衔接的合理性。

4. 布设施工场地

场地布设问题是引发施工安全事故的原因之一，由于施工作业区域的交通线路、物料堆放区域等划分不均，导致部分工序无法正常开展。但通过利用 BIM 进行施工场地的布设，有利于保障施工作业区域

的运输通畅,提高施工的便捷性,具体的场地布设的方法分为以下几个方面:首先,施工单位应当通过导入施工现场的总平面图,以图纸为参照对施工区域以及物料堆放区域进行细致划分,避免施工中出现临时设计布置的情况。其次,通过采用CAD等虚拟模型方法,对施工当中的临时道路、围墙围栏等设施的布置进行提前规划,保障公共设施布局的合理性,协调好施工场地设施与环境之间的关系。

5. 协调施工现场

在协调施工现场的过程中,BIM能够作为施工单位收集现场信息的来源,以便保证施工现场协调的科学性。例如,在施工现场机械设备布局方面,管理人员既需要考虑机械设备是否能够满足施工的使用需求,也需要考虑设备与公路桥梁设施之间的空间关系。典型的代表有:在桥梁工程的现场协调作业中,施工人员需要对塔式起重机的布置进行合理分析,确保塔式起重机尾部与桥梁设施的距离控制在标准范围之内,以及起重机与输电线、其他设备之间的距离关系,避免施工设备使用中出现碰撞的问题。

6. 进行数据监测

在开展施工安全管理工作中,施工人员需要对施工现场的部分指标进行数据分析,保障各项施工工序实施的合理性。而为了精准地获取施工数据信息,施工单位可以采用BIM进行实时化的数据监测,获取相关的施工数据内容。例如,在桥梁施工的基坑监测管控中,施工单位可以采用BIM建设深基坑的坐标模型,并且从模型中对基坑的坐标值、施工中基坑位移量、基坑变化速率等进行同步监测,得出施工现场基坑的空间数据。在此基础上,通过以BIM数字化模型为参照,施工人员可以对现场的基坑开展漫游监测,从而实时了解桥梁施工中的基坑施工现况,有效规避期间出现的安全隐患。

7. 实现风险感知

为了提前预知施工过程存在的风险隐患,施工单位需要采取BIM对施工的风险进行感知分析,结合BIM中提供的项目结构及施工场地信息,提前制定有利于防范施工风险的有效策略。首先,在信息收集方面,基于BIM实施的施工风险信息收集工作需要围绕两项内容展开,即"道路或桥梁设施的项目概况(包括道路桥梁设计图纸、预制构件信息等)、施工现场的安全文件信息(安全技术资料及安全培训内容等)",通过利用BIM完善施工安全信息的收集,施工单位才能够及时发现安全信息中的缺陷问题,并且预知其中的施工风险。其次,在信息处理环节中,管理人员可以介入BIM建模对施工项目的参数进行处理,快速查阅施工的具体信息,通过对比施工图纸及施工方案判断出其中的不合理内容,以便于及时规避不合理的施工风险。最后,在模型应用方面,施工单位可以利用BIM的安全信息模型执行改进施工方案、完善安全技术交底等工作,使施工安全管理能够以施工动态为基础,实现全过程的风险防控与感知。

五、结　语

总的来说,BIM在高速公路桥梁施工安全管理中具有显著的应用价值,在BIM技术的协调下,施工安全管理能够真正做到全过程的可视化,并且指导施工人员提前完善施工管理的措施及方法,有效预防施工中的突发风险及问题。因此,施工单位应当明确BIM在高速公路桥梁施工安全管理中的应用优势,并且不断结合工程实例来制定能够解决管理问题的BIM应用方法,为高速公路桥梁施工的安全建设提供保障。

参考文献

[1] 李光明.浅析高速公路桥梁施工安全管理与因素[J].低碳世界,2021,11(9):201-202.
[2] 彭耿佛,陈勇.BIM技术在高速公路桥梁施工安全管理中的应用[J].运输经理世界,2021,(23):99-101.
[3] 刘占省,刘诗楠,赵红玉,等.智能建造技术发展现状与未来趋势[J].建筑技术,2019,50(7):772-779.
[4] 闫振海,张胜林,赵伟.大小井特大桥BIM技术应用研究[J].公路,2019,(9):152-158.

39. 钢壳组合索塔施工图 BIM 模型参数化出图及算量技术研究

刘泽坡 张 倩 刘天成 程 潜

(中交公路长大桥建设国家工程研究中心有限公司)

摘 要 钢壳混凝土组合索塔结构形式复杂,施工图设计图纸数量庞大,为了快速生成图纸、减少设计工作量并保证质量,研发了 BIM 参数化模型出图及工程量统计的技术。首先,使用 Autodesk Inventor 软件创建 BIM 模型。模型包含了索塔的详细结构信息,如尺寸、材料等。通过 BIM 模型,可以生成所需的施工图设计图纸。为了进一步提高工作效率,开发了 C#插件来调整标注样式和一键导出工程量软件。可快速进行标注样式的调整。一键导出工程量插件自动统计材料数量和工程量,解决手动计算效率低问题。基于 BIM 参数化模型出图及工程量统计,在 2 个月内完成了索塔的施工图纸和修编工作,总出图量达 90% 以上。项目实践表明,参数化 BIM 模型出图及工程量统计,能够减少图纸错误,保证图纸质量,减少绘图工作量,准确统计工程量。该技术不仅适用于大型复杂桥梁结构的设计和施工,也可以在其他工程设计中推广应用。

关键词 BIM 参数化 模型出图 工程量清单 软件开发 正向设计

一、引 言

在建筑与工程领域,随着科技的不断进步和数字化转型的推动,建筑信息模型(Building Information Modeling,BIM)技术已经逐渐成为一种重要的工具和方法。BIM 模型作为一种全面且准确地描述建筑物各个方面的数字化表示,为建筑设计、施工、运营和维护等各个阶段提供了全新的可能性。

本文研发了 BIM 模型参数化出图及算量技术。首先,建立 BIM 模型出图的基本原理和方法,包括几何建模、编程方法、图纸约束等方面。将重点关注 BIM 模型在施工图纸生成中的作用,以及与传统手绘图纸相比的优势。进一步,利用 BIM 模型进行工程量的导出,包括模型构件的体积、长宽高几何尺寸、数量等。最后,研究 BIM 模型出图及出量在索塔施工图设计应用过程中的应用效果。

本文的研究,希望能够深入探讨 BIM 模型在出图过程中的优势和应用价值,为建筑与工程领域的技术人员提供参考和借鉴,推动 BIM 技术在工程设计领域的广泛应用和发展。

二、应用背景

索塔高约 337m,采用双柱六横梁方案,整体构造如图 1 所示。采用钢混组合结构,钢壳结构形式,如图 2 所示。为方便钢结构施工,索塔施工图将 T0~T61 节段分节段全部进行出图,出图时间紧,任务量大。

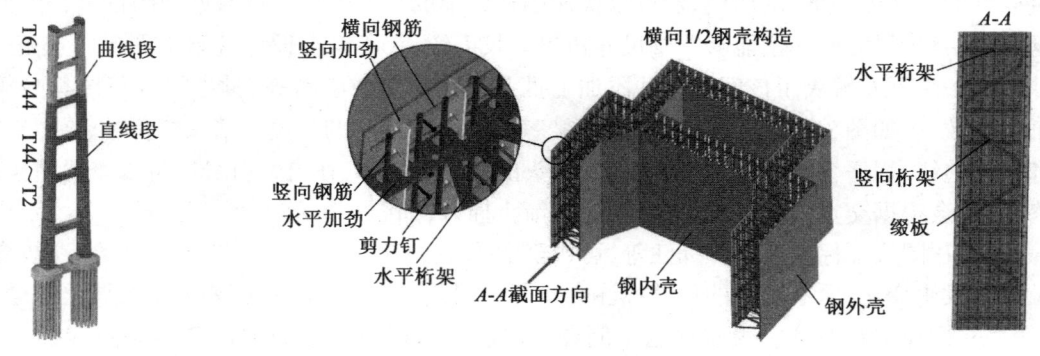

图 1 索塔整体构造　　图 2 1/2 索塔节段构造示意图

三、BIM 参数化模型创建

模型创建采用 Autodesk Inventor 软件。Autodesk Inventor 是一款功能强大的三维计算机辅助设计(CAD)软件,主要用于创建和修改产品设计和工程图纸。由 Autodesk 公司开发,适用于工程、机械、汽车和制造行业的专业设计师和工程师。Autodesk Inventor 的一些主要特点和功能:

(1)三维建模:Autodesk Inventor 提供了广泛的功能和工具,用于创建和修改复杂的三维模型。可以通过组装、切割、修剪、旋转等操作来构建工程设计。

(2)部件装配:使用 Autodesk Inventor,可以将多个部件组装在一起,并模拟它们的相互作用。将有助于查看和验证设计的实际运行情况。

(3)绘图和注释:通过 Autodesk Inventor 的绘图工具,可以快速创建详细的工程图纸。可以添加尺寸、注释、符号等,以准确地传达设计意图。

(4)模拟和分析:Autodesk Inventor 具有内置的模拟和分析工具,可以帮助评估设计的性能和可靠性。可以模拟应力、应变、碰撞等,并根据结果进行改进。

Autodesk Inventor 是一个综合的 CAD 软件,提供了丰富的工具和功能,可以帮助创建和修改复杂的三维设计。它在工程和制造领域非常受欢迎,并被许多专业设计师和工程师广泛使用。

Inventor 具有强大的参数化建模功能,允许使用参数来定义和控制模型的尺寸、形状和其他属性。这样,当更改参数时,模型会自动更新,节省了重新设计的时间和精力。索塔节段,是结构相似,截面尺寸随着高度升高逐渐缩小的构造,非常适用参数化建模。本项目实施过程中,T0~T1 为埋在承台及塔座内的节段,与其他节段结构相差较大,节段 T2~T58 为相似结构节段的,T59~T61 为塔顶渐变及混凝土实心段。参数化模型主要是实现的是 T2~T58 节段。通过参数化建模,首先建立了 T2 节段的参数化模型。其余节段的顶、底截面尺寸,均与塔柱斜率及节段所在高程有关。通过软件内置的公式及规则功能,可轻松实现将内部构造的所有参数挂接到高程上,从而实现只改变索塔节段的顶、底高程即可实现从 T2~T58 节段的全部节段模型的创建。

将索塔节段按照构造进行合理划分,可以减少建模工作量,方便图纸出图及工程量统计。例如,水平加劲和斜撑(每节段 5~6 层)、水平缀板(每节段 3~4 层)、水平钢筋(每节段 24~30 层)、剪力钉(每节段 24~30 层),建立这些模型时只需要建立一层模型,其他层模型随着外壳尺寸变化,随动变化。Inventor 的 iPart 是指可以在同一零件文件中创建多个变体。每个变体都可以具有不同的尺寸、参数或配置。创建模型时只需改变层结构距离节段底面的高度一个参数,即可自动实现更改模型。

索塔节段 BIM 模型最终模型划分为:①水平加劲及水平桁架;②竖向桁架;③外钢壳竖向加劲竖向钢筋;④缀板;⑤水平钢筋;⑥剪力钉。

四、BIM 模型出图原理

通过软件的工程图环境,剖切模型,可以快速创建详细的工程图纸。可以添加图框、尺寸、注释、符号等。但是,软件自带尺寸标注不能够调整尺寸边界线长度统一,不符合设计院施工图出图规范。通过 C# 进行了软件的二次开发解决了该问题。并添加了批量标注文字中心对齐,批量插入草图符号等功能,加快了图纸生成效率,如图 3 所示。"插入自定符号"功能,主要针对的是钢筋箭头的标注,通过选择号钢筋水平线和钢筋边线,程序会批量计算交点,即为箭头的插入点坐标,在自定符号中可以设置箭头的旋转角度。最终,程序会根据交点,旋转角度进行批量的箭头插入,如图 4 所示。

Inventor 工程图尺寸标注及注释标注等,可以随着参数的变化而自动更新。但是,当参数变化后,尺寸标注位置会发生变化,原本对齐的尺寸标注会错开。因此,参数变化后,需要人工去调整每个尺寸标注的位置,使尺寸标注重新对齐。为解决这一问题,开发了尺寸标注成组插件,使一条直线的尺寸标注成组,始终在一条直线上。

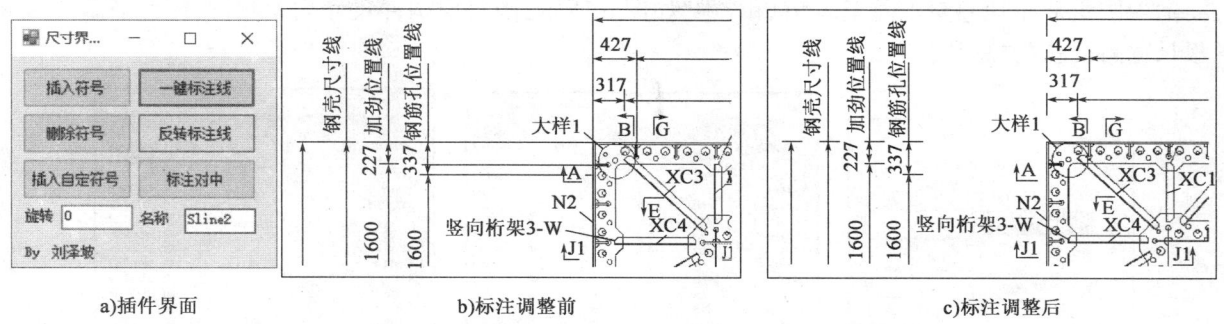

图3 工程图标注样式调整插件及标注调整前后对比

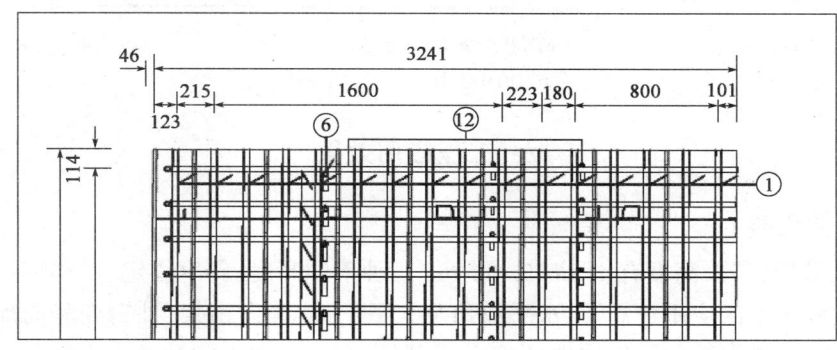

图4 钢筋箭头图纸标注

五、BIM 模型导出工程量原理

施工图纸中工程数量表,所需要的信息包括几何尺寸,材质,数量单件重及总重信息,如图5所示。

T28节段钢壳数量表（一）					
编号	规格(mm)	材质	数量	单件重(kg)	共重(kg)
N1	□7855×4800×18	Q355D	2	5327.9	10655.8
N2	□2869×4803×18	Q355D	2	1946.7	3893.3
N2′	□2869×4801×18	Q355D	2	1946.0	3891.9
N3	□1348×4800×18	Q355D	4	914.3	3657.1

图5 施工图工程数量表

Inventor 软件的 BOM(Bill of Materials)表功能,可以选择不同的参数和选项来创建适合的 BOM 表。可以选择显示零件号、描述、数量、材料、质量等信息。根据需求选择所需的列和排序方式。可以使用"添加列""删除列"和"移动列"按钮来自定义您的 BOM 表。但是,BOM 表是装配环境中的功能,只能对零件或部件进行统计,对于零件内含有多个实体,统计的是整个零件的数量或质量;不能对零件内多个实体进行详细统计,且不能添加实体长、宽、高尺寸信息。所以,BOM 表功能不能满足设计图纸对构件工程量清单的要求。

借助 C#对软件进行二次开发,以符合施工图数量表格式。首先,开发了对实体批量命名的功能,主要是对模型浏览器内的各实体构件进行快速命名。然后,对零件环境内的多实体进行循环,并将各实体的长、宽、高、数量、体积等参数,与 Excel 的对应列进行关联绑定,从而实现模型详细工程量的一键导出 Excel。

对于 iPart 零件,一个零件中存在多个变体。例如 T2 水平加劲及斜撑模型,存在5层该模型,每层模型实体构件的尺寸均不相同。插件可以循环遍历每层模型,将几何尺寸及体积导出至 excel 的表

"sheet1"中,并将节段总量汇总至表"总和"中,如图6所示,因每层构件尺寸均不相同,因此总表中未将各板长宽高汇总至"总和"。

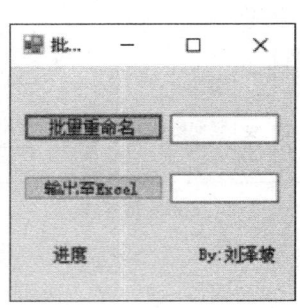
a)插件界面

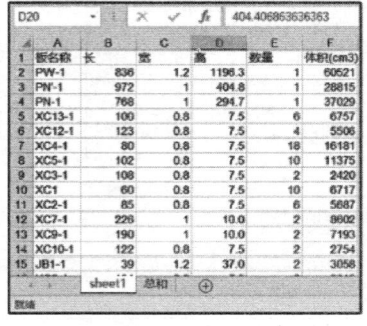
b)导出的单变体明细表

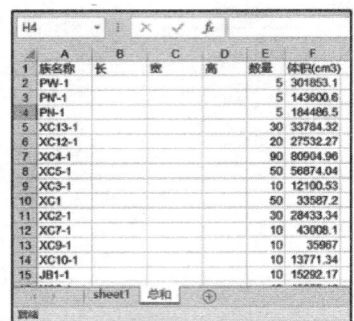
c)导出的汇总表

图6 BIM模型工程量导出插件

六、工程应用效果

1.参数化模型创建

索塔T2～T58节段,节段高度有4.8m、5.4m、6m三种不同高度,斜率固定、结构相似尺寸不同,为典型的参数化模型构件。本次应用建立了:水平加劲及水平桁架、竖向桁架、外钢壳竖向加劲竖向钢筋、缀板、水平钢筋、剪力钉6种参数化零件构件、1个总拼部件。其中,水平加劲及水平桁架、缀板、水平钢筋、剪力钉等只建立了一层模型,以钢筋模型为例,如图7所示。图7a)所示为单层钢筋模型,图7b)所示的是钢筋各参数通过规则功能,使模型最终只有钢筋在节段中的高度一个参数d135。图7c)所示的是ipart记录的单参数多变体参数表。图7d)所示的是部件中将ipart构件以原点坐标拼装的整体模型。

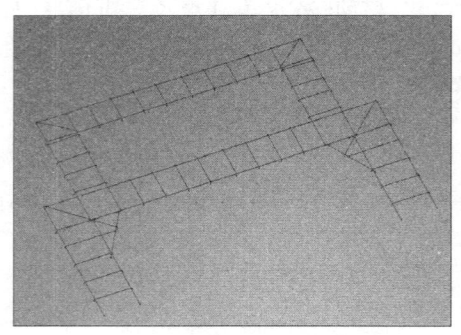
a)单层水平钢筋模型

b)软件规则编程界面

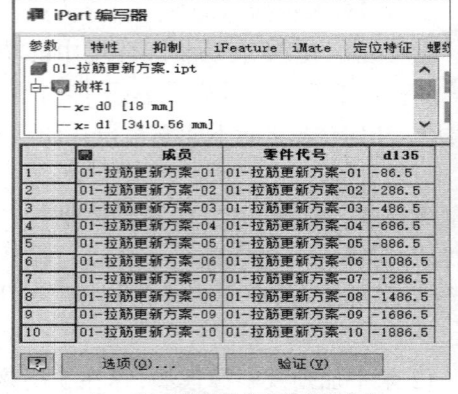
c)ipart记录单参数多变体钢筋构件

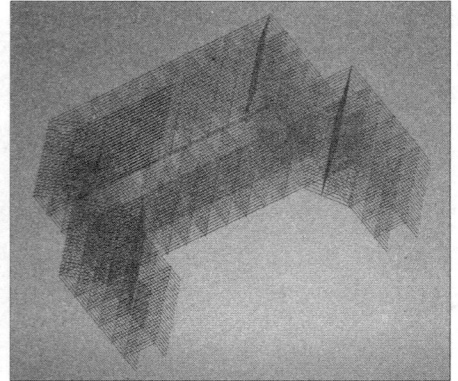
d)1/2节段水平钢筋整体模型

图7 水平钢筋参数化模型实现路径

通过所在层高与节段底面高度单个参数变化,即实现了T2~T58节段的全部模型创建,简化了绘图工作量。创建的模型满足了索塔技术设计,施工图设计,施工图修编等阶段的出图、出量要求。

通过建立参数化BIM模型,进行各个节段模型的创建,通过可视化的手段,看到各构件之间的碰撞。消除了设计过程中的错漏问题,避免了传统CAD绘图通过想象的方式进行表达设计方案而不能充分考虑各构件间的空间关系,而产生的错误。减少设计变更和施工过程中的问题,有利于加快建设速度和质量。

2. 模型出图

索塔T2~58节段进行了全节段出图,每个节段包括有水平加劲肋及斜撑平面图,缀板平面图,剪力钉平面图,钢结构剖面图、立面图,各节点大样图等钢结构图册及水平钢筋布置图,钢筋剖面图、立面图等钢筋图册。单节段图纸量平均约为50张,共57节段进行模型出图及出量。图纸总量为2800多张,占总图纸量的90%以上。主要参与人4人,总用时约2个月。第一个月末进行了施工图纸评审工作,并顺利通过了评审。第二个月,对施工图评审中提出的问题进行了修编,并最终完成索塔施工图出图。

利用BIM模型对模型进行出图,关键是对于参数化模型及图纸的模板设置要尽量合理,避免错误。对模型模板及出图模板进行多不同参数的测试、修改。否则,模板未及时发现错误,会导致全部图纸需要重新导出pdf。

因为方案变更,多次重复导出图纸,设计过程中难以避免。但这也是BIM模型出图优势,只需要更改参数化模型,图纸会自动更新变化。相比传统的CAD绘图,BIM模型出图优势明显。

3. 模型出量

对索塔T2~T58节段的模型构件工程量进行导出。在定义好模板文件后,通过插件可以一键导出工程量表。每个节段6张Excel清单表,共计342张表。由于方案变更,工程量清单表更新过3次。索塔节段模型包含了钢板、钢筋、角钢、板肋、剪力钉等形式构造,通过插件均可导出相应的必要信息。

通过BIM模型导出工程量清单,与传统CAD加Excel清单统计结果相比,更加自动化,更加精确。保证了工程量与模型方案的对应。可以避免人为错误,减少重复工作,并减少因为手动计算错误而引起的成本和时间上的损失。精确的塔重量对于计算索塔受力及索塔造价有很大帮助。

七、结　语

BIM技术在中国发展已有10多年时间,政府高度重视BIM技术的应用,提出了一系列政策措施来促进BIM的推广和应用。行业对BIM技术的需求不断增加,BIM技术能够提供全生命周期的建筑信息管理,提高效率,降低成本和风险,因此受到了业主、设计机构和施工单位的广泛关注。但是由于BIM技术发展时间尚短,存在某些应用不够扎实和深入,致使部分参与者对BIM技术产生怀疑及否定的情况。通过对钢混组合索塔施工图阶段的出图实践,探索了一条切实可行的参数化BIM模型出图路线,验证了BIM软件可以根据建模过程中的规则和约束,自动生成施工图纸。相比传统的手工绘图,BIM模型生成施工图纸可以大大提高效率,减少工作量和时间成本。这为BIM技术的应用提供了一个可行的解决方案,并为其他项目提供了借鉴和参考。希望未来能够进一步推广和应用BIM技术,以实现更多的经济效益和社会效益。

参考文献

[1] 毛宁,张正.大型工程设计出图与BIM关键技术[J].建筑技术,2022,53(11):1457-1460.
[2] 杨海涛,李冰.桥梁构件BIM正向出图技术的研究与应用[J].中国市政工程,2021(5):65-69,118.
[3] 张远艳,赵心莹,陈欢.BIM模式下二维图纸输出研究[I].吉林建筑大学学报,2021,38(1):74-78,88.
[4] 王文剑.BIM技术在结构设计出图及算量方面的应用[J].建筑监督检测与造价,2020,13(3):22-28.
[5] 严旭.蒋贵丰.基于BIM正向设计的埋件设计与出图[C]//中国国学学会建筑信息模型(BIM)专业委员会.第五届全国BIM学术会议论文集.北京:中国建筑工业出版社,2019:74-78.

40. 基于分布式测温系统的混凝土液面高程自动检测技术

杨华东[1,2]　朱　浩[1,2]　李　浩[1,2]　王永威[1,2]　刘志昂[1,2]

(1. 中交第二航务工程局有限公司；2. 长大桥梁建设施工技术交通行业重点实验室)

摘　要　针对桥梁基础建造过程中，混凝土浇筑液面高度无法实现自动测量，依赖人工作业、中断施工等问题，提出一种基于分布式测温系统的混凝土液面高程自动检测技术，利用混凝土浇筑过程中混凝土与空气介质之前的微小温差，采用中值滤波法对温度-位置曲线进行处理，获得类阶跃函数信号，构建不同周期阶跃函数，通过变步长搜索方法与获得的类阶跃函数温度曲线进行互相关运算，得到互相关系数曲线，最后通过对相关系数曲线进行寻峰处理，即可实现对混凝土液面高程的自动判别。该技术已成功应用于张靖皋长江大桥地连墙项目中，受限于测温系统的空间分辨率，液面高程分辨率为 ±0.5m，且自动判断的液面高程与通过温度云图判断的实际测量结果相符，说明算法具有良好的准确性，且同一时刻 30 次运算的结果一致，说明算法具有良好的稳定性。

关键词　分布式测温　混凝土液面浇筑高度　互相关算法　中值滤波　高程自动判别

一、引　言

地下连续墙(简称地连墙)是基础施工中一种重要防护结构，具有截水、防渗、承重、挡水的作用，同时具有刚度大、占地少、施工速度快、防渗性能好、经济效益高等优点[1,2]。我国首次使用地连墙工艺是在青岛丹子口水库，修建了水坝防渗墙。此后在桥梁建造领域被广泛应用于大跨悬索桥梁的锚碇基础建造中，取得良好的应用效果[3,4]，工艺也愈发成熟。在地连墙的施工中，准确测量混凝土浇筑液面高程对提高施工效率和质量具有重要意义，目前，其测量方法主要为人工铅锤法，但存在效率低、误差大、中断施工、依赖人工等缺点。

分布式光纤传感技术利用光纤中传输的光信号作为信息传输媒介，通过调制光的相位、波长、强度等特性实现对外界物理量的探测。具有分布式、易部署、传感距离长、抗干扰等诸多优势，在多个领域得到广泛应用[5,6]。其中，分布式温度传感技术主要有基于布里渊散射的温度传感和基于拉曼散射的温度传感两种，前者具有百公里级的传感距离，且温度测量精度可达到 0.1℃[7]，但受温度与应变交叉敏感作用，因此实际使用过程中需要进行解耦和补偿，使用较为烦琐；后者基于拉曼散射原理，不收应变、振动等外界干扰，只与外界温度变化有关，因此在工程使用中更为成熟[8,9]。

综上所述，目前基于分布式光纤传感的应用主要为结构物的应变应力和状态监测，以及环境感知的温度监测，还没有关于 RDTS 用于测量地连墙混凝土浇筑液面高程方面的研究。另外，在现场实测中，受限于解调设备的测量空间分辨率影响，识别精度无法提高，且关于被测介质的温度 RDTS 会形成大量的时空数据。如何提高实际应用中 RDTS 系统的空间分辨率和从大量数据中快速和准确地识别混凝土浇筑液面的位置，是需要深入研究的问题。

本文针对以上关键问题，开展了基于 RDTS 的地连墙混凝土浇筑液面高程测量方法研究，分别进行了试验和实证研究，获取了不同浇筑时段内地连墙钢箱内部介质的温度时空数据，实现了浇筑液面高程的实时测量，节约了人力且不会中断施工，验证了 RDTS 技术在混凝土浇筑液面高程测量方面的可行性。

二、测量原理、方法

1. 基于拉曼散射的 DTS 测量原理

拉曼散射是光纤中非线性效应中的一种,是由光子与声子的相互作用而引起的。拉曼散射中包含斯托克斯光和反斯托克斯光两种散射光,其中反斯托克斯光的光强随温度变化较明显,而斯托克斯光的光强随温度变化不明显。目前最常用的温度解调方案是采用波分复用器将斯托克斯光和反斯托克斯光分别用光电探测器进行探测,然后求出两者的比值,以获取温度信息[10]。

$$R(T) = \frac{K_{AS}}{K_S} \cdot \left(\frac{\nu_{AS}}{\nu_S}\right)^4 \exp(-h\nu/kT) \tag{1}$$

2. 互相关算法原理

在信号处理方面,互相关函数用于描述任意两个信号在一段时域上的相似程度。针对分布式光纤传感信号而言,通过求解任意两个时刻在同一段空间距离上的传感信号强度值的互相关系数,可以判断两个时刻传感信号的相似程度。假设任意时刻 t,沿传感距离的传感信号表示为 $h_t(x)$,则任意两个时刻 t_1 和 t_2 之间的相关系数可表示为[11]:

$$q = \frac{\operatorname{cov}(h_{t_1}(x), h_{t_1}(x))}{\sqrt{\operatorname{Var}[h_{t_1}(x)]\operatorname{Var}[h_{t_2}(x)]}} \tag{2}$$

式中:$\operatorname{cov}(h_{t_1}(x), h_{t_2}(x))$——$h_{t_1}(x)$ 与 $h_{t_2}(x)$ 之间的协方差;

$\operatorname{Var}[h_{t_1}(x)]$——$h_{t_1}(x)$ 的方差。

由式可知,q 取值在 $[-1,1]$ 之间,且当两个时刻的传感信号随距离变化规律和大小均相同时,q 为 1。

3. 液面高程自动检测原理

利用分布式光纤进行液面高程检测的原理是浇筑过程中,不同介质下温度不同,通过感温光纤安装在地连墙钢箱内部,测量其内部所填充介质的温度,来判断浇筑液面高度。

当地连墙钢箱内部没有浇筑混凝土时,其内部介质为泥浆,当浇筑混凝土时,由于混凝土的密度大于泥浆,混凝土会由钢箱底部逐渐将泥浆挤出钢箱,钢箱内部的介质自下而上由泥浆逐渐变为混凝土。由于泥浆和混凝土的温度不同,可利用这一特点,找出两者间温度突变的临界点,根据此临界点所在的平面位置即可判断出两介质交界面所处的位置,如图 1 所示,此位置坐标对应到的实际钢箱位置即为混凝土浇筑液面高程。

虽然通过温度-距离曲线可以人为看出混凝土浇筑的高程位置,但无法实现自动检测。基于此,本文提出了基于互相关算法的混凝土液面高程自动检测方法,其基本原理如下:

(1)由图 1 可知,混凝土浇筑过程中,分布式光纤感知的温度-高度曲线呈阶跃函数形式,因此可以构建一个虚拟的阶跃函数 $S(x)$;

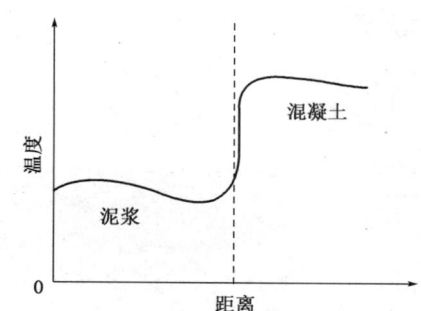

图 1 混凝土浇筑液面高程测量原理图

$$S(x) = \begin{cases} 1 & x >= t \\ 0 & 0 < x < t \end{cases} \tag{3}$$

式中:t——阶跃函数由 0 到 1 的跳变位置。设置 x 范围与高度范围相同。

(2)阶跃函数的 t 与实际液面浇筑高度相对应,因此按照一定步长改变虚拟阶跃函数 $S(x)$ 的 t,不同 t 值的阶跃函数与实际的温度-高度曲线进行互相关运算,求出互相关系数;

(3)求出互相关曲线峰值,根据峰值点对应的阶跃函数 t 值求出浇筑高度。

三、结果与讨论

1. 应用情况简介

本文依托张靖皋长江大桥地连墙工艺试验项目进行实际应用测试,张靖皋长江大桥主跨长达2300m,是目前世界上在建的最大跨径悬索桥,首创超大规模支护转结构复合地连墙锚碇基础,采用地连墙构造,施工难度大,质量要求高。图 2 所示是该项目所用一字形地连墙,本文将其作为混凝土浇筑高程测量的研究对象。地连墙共由三节钢箱组成,在钢箱制作的过程中,预先在第二节钢箱内部呈 U 形对称布置了多模感温光纤,如图 3 所示。

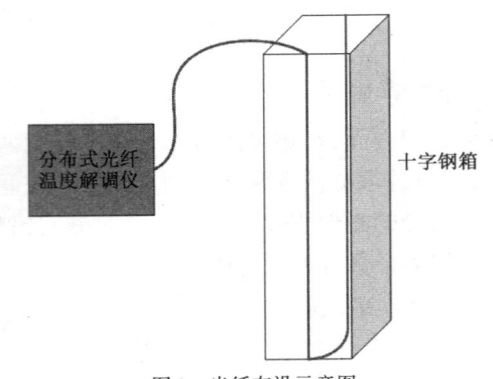

图 2　地连墙钢箱示意图　　　　　　　图 3　光纤布设示意图

实际布设的感温光纤长度约为 70m,高度方向距离钢箱底面 2m 处为数据起始点,对应光纤刻度 0m 处,U 形左右两段各 25m 为有效数据段,其余区段为非有效数据段,在后续数据采集中将不考虑该部分数据。

2. 原始数据采集

本文使用的测温光纤与解调设备主要参数如下:

(1)测温光缆:直径 3mm 的铠装松套结构,适用温度为 $-25 \sim 120$℃。

(2)分布式温度解调仪:空间分辨率为 1m,采集频率为 0.1Hz,温度测量精度为 ± 0.5℃。

在正式浇筑之前即开始进行数据采集,试验共计测得 3360 条数据,取其中浇筑前后一定时间段数据进行处理,将对应钢箱高度的 0 ~ 25m 的光纤温度数据生成原始温度时空图,如图 4 所示。由图可以看出,整个浇筑过程分三次,第一次浇筑高度为 7.5m 左右,第二次浇筑高度为 15m 左右,第三次完成 25m 的浇筑。

3. 自动检测结果

取其中某一时刻采集的原始数据,绘制成温度-距离曲线,如图 5 所示。

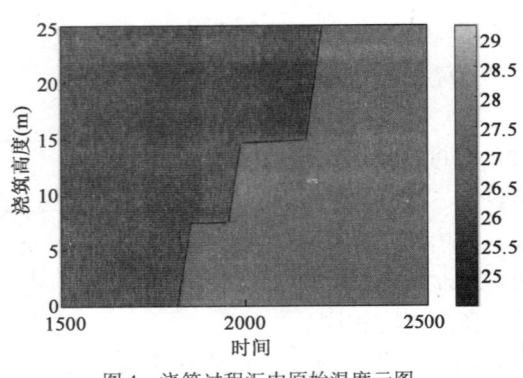
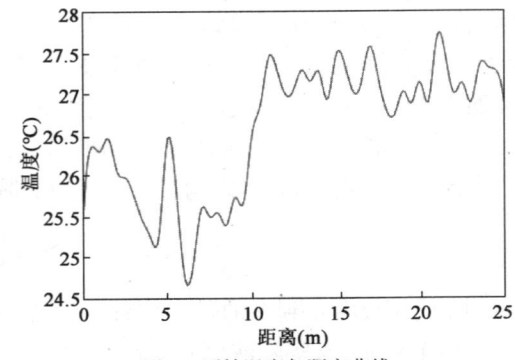

图 4　浇筑过程汇中原始温度云图　　　　　图 5　原始温度与距离曲线

从图中可以看出,浇筑的混凝土介质和泥浆介质中,温度差小于 2℃,由于 DTS 本身的温度精度限制和噪声影响,直接对该数据进行互相关运算,难以准确判断液面位置,故需要先进行数据预处理。

常规的信号处理方法(如小波去噪等)虽然可以使曲线更平滑,但难以完全消除温度波动带来的噪声问题,而中值滤波方法虽然会使信号边缘模糊,但可以有效地提取信号主要特征信息,是本文信号去噪处理的理想方法,其基本原理为将信号某一点的值用其邻域范围 m 内的中值来代替,m 可以根据信号特征进行设置[12]。

本文将 m 设置为合适值后,获得了较为理想的阶跃信号形式的温度与距离曲线,如图6所示。

由图6可以看出,经过中值滤波后,曲线出现明显的阶跃信号特征,说明中值滤波法可以有效消除噪声信号,适用于本项目的信号预处理。此时再进行互相关运算,获得的互相关系数与阶跃信号周期的关系如图7所示。

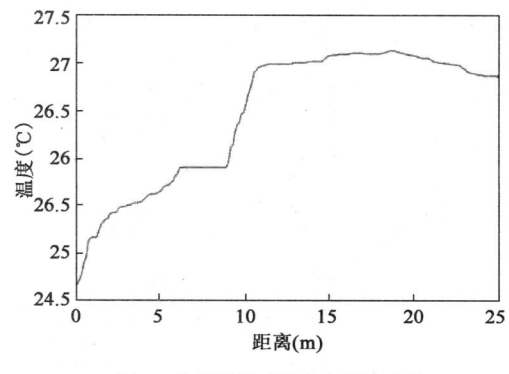

图6 中值滤波后温度与距离曲线

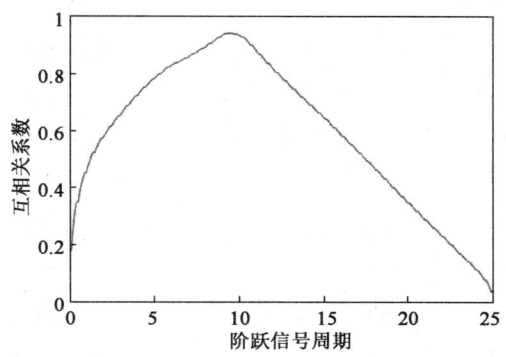

图7 互相关系数与阶跃信号周期关系曲线

由图7可知,经过数据预处理后,对虚拟阶跃函数和实际温度-距离曲线进行互相关运算所得到的互相关系数曲线有清晰的互相关峰值,且谱峰位置与实际浇筑高度相符。

在此基础上,以 0.1m 为搜索步长,对整个浇筑过程的温度-距离数据进行液面角度高度自动检测分析,得到如图8所示的散点图。

4. 结果分析

对比图4和图8可知,本文所研发的液面高程自动检测算法可以准确判断液面浇筑高度,在浇筑前和完成浇筑后由于温度-曲线数据特征已失去阶跃函数特征,故算法适用性下降,出现误判情况。

在此基础上,进一步对算法的稳定性和检测空间分辨率进行分析。

为了判断算法的稳定性,对同一个时刻的温度-距离数据进行30次的运算,结果得到的浇筑高度均为9.5m,说明算法具有良好的稳定性。

对同一浇筑高度的不同时刻的温度-距离数据进行处理,得到的结果如图9所示。由图可知浇筑高度在 7.6m±0.5m 的范围内波动,这与解调仪设备本身1m的空间分辨率有关,通过提高设备空间分辨率和改善光纤铺设方案可以提升自动检测的液面高程空间精度。

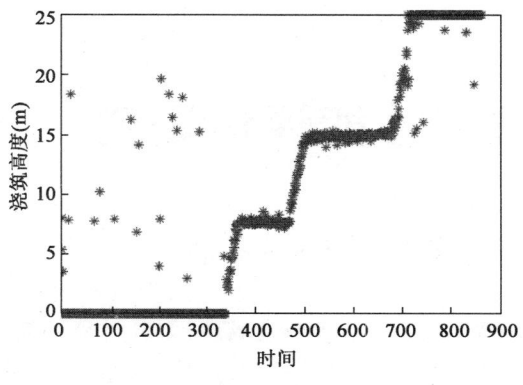

图8 自动检测的浇筑高度与时间关系曲线

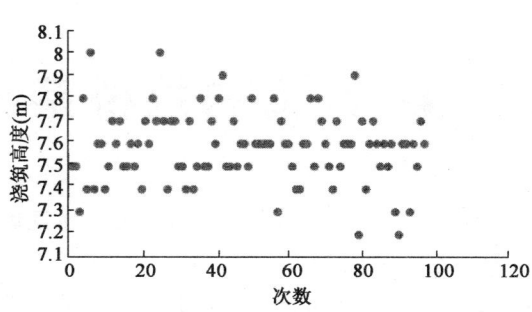

图9 同一浇筑高度100次处理结果

四、结　语

本文基于互相关算法提出了一种基于分布式光纤测温的混凝土液面高程自动检测算法。通过中值滤波算法成功地将温度-距离曲线的主要特征进行提取，获得了类阶跃函数的温度-距离曲线；然后设置互相关运算的搜索波长为0.1，对整个浇筑过程进行自动浇筑高度判别，获得的结果与原始温度云图人为判读的浇筑高度一致，三次浇筑高度分别为7.5m、15m和25m，说明本文提出的混凝土液面高程自动检测算法可准备识别浇筑液面高度；最后对算法的稳定性和空间分辨率进行分析，30次同一时刻的温度-距离数据处理结果一致，说明算法稳定性良好，100组同一浇筑高度的不同时刻的温度-距离数据处理结果显示波动误差在±0.5m的范围内，这与解调仪本身1m空间分辨率相对应。

未来与展望：在本次的试验中发现，虽然本文提出的混凝土液面高程自动检测算法可以准确判断浇筑过程中的液面高度，但对浇筑前和完成浇筑后的液面高度无法准确判别，根本原因是不存在不同介质的温差情况，导致算法原理失效。

参考文献

[1] 曾凡义,马荣增,董汉军,等.全卵石地质条件下地连墙冲击成墙法的工艺[J].武汉理工大学学报,2007(7):77-81.
[2] 黄茂松,王鸿宇,谭廷震,等.地下连续墙成槽整体稳定性的工程评价方法[J].岩土工程学报,2021,43(5):795-803.
[3] 王艳芬,刘彦峰,马远刚.悬索桥锚碇地下连续墙基坑开挖安全性影响分析[J].桥梁建设,2019,49(S1):51-55.
[4] 姚志安,陈炳耀.深中通道伶仃洋大桥东锚碇基坑支护施工关键技术[J].桥梁建设,2020,50(3):105-110.
[5] 饶云江.长距离分布式光纤传感技术研究进展[J].物理学报,2017,66(7):158-176.
[6] 刘铁根,于哲,江俊峰,等.分立式与分布式光纤传感关键技术研究进展[J].物理学报,2017,66(7):60-76.
[7] 杨志,李永倩,何玉钧,等.分布式光纤布里渊散射温度传感实验系统[J].光子学报,2003(1):14-17.
[8] 孙苗,杨爽,汤玉泉,等.基于拉曼散射光动态校准的分布式光纤温度传感系统[J].物理学报,2022,71(20):31-37.
[9] 许扬,李健,张明江.拉曼分布式光纤温度传感仪的研究进展[J].应用科学学报,2021,39(5):713-732.
[10] 刘涛,张文平,陈慧芳,等.卡尔曼滤波在分布式拉曼光纤温度传感系统去噪中的应用[J].红外与激光工程,2014,43(5):1643-1647.
[11] 王党卫,粟毅,马兴义.一种基于互相关处理的极点提取新算法[J].电子学报,2005(6):1015-1018.
[12] 孙海英,李锋,商慧亮.改进的变分自适应中值滤波算法[J].电子与信息学报,2011,33(7):1743-1747.

41. 跨海斜拉桥系统抗灾性能评估研究

白晓宇

（中交公路长大桥建设国家工程研究中心有限公司）

摘　要　我国东南沿海的跨海桥梁在其服役期间会遭受风浪侵袭和强震威胁,需针对性开展风浪地震联合作用下的跨海桥梁的综合抗灾性能评估。本文以某钢桁梁跨海斜拉桥为研究对象,基于串-并联思想构建斜拉桥整体的串-并联系统,采用R藤Copula函数计算斜拉桥串-并联系统的损伤概率,提出了一种基于R藤Copula函数的桥梁系统易损性评估方法,开展多灾害作用下跨海斜拉桥系统易损性分析,以期为跨海桥梁的综合抗灾性能评估和减灾优化设计提供借鉴和依据。

关键词 相关极端风浪 海底地震 跨海斜拉桥 串-并联体系 多灾害易损性

一、引　言

为适应区域经济一体化的快速发展,世界各国均致力于建立更加快速、便捷的陆路交通网络,一批跨越近海浅湾、连接岛屿的特大型跨海桥梁相继建成或投入建设。在我国,随着"一带一路"倡议的稳步推进以及长三角一体化发展、粤港澳大湾区建设等一系列国家重大战略的实施,跨海桥梁的建设需求显著提升。

与内陆桥梁相比,跨海桥梁所处的海洋环境更为复杂,其在全寿命周期内面临强风、巨浪的持续威胁。我国大型跨海桥梁通常采用斜拉桥、悬索桥的桥式方案,基础结构尺寸大,主跨柔度大,结构刚度和阻尼小,使得风浪激发的结构动力效应更加明显。同时,我国位于太平洋地震带与地中海-喜马拉雅地震带之间,且琉球海沟和马尼拉海沟板块俯冲带区域的地质构造活动非常活跃,致使我国东南沿海、台湾海峡等地区海域地震活动频度高,强度大。

为提高跨海桥梁的抗灾性能,保障此类生命线工程的安全运营,考虑其所处的实际海域环境与结构特性,有必要开展风-浪-海底地震多灾害联合作用下跨海桥梁的损伤特性研究,从而为其防灾减灾设计提供理论与技术支撑。

跨海桥梁多灾害作用示意图如图1所示。

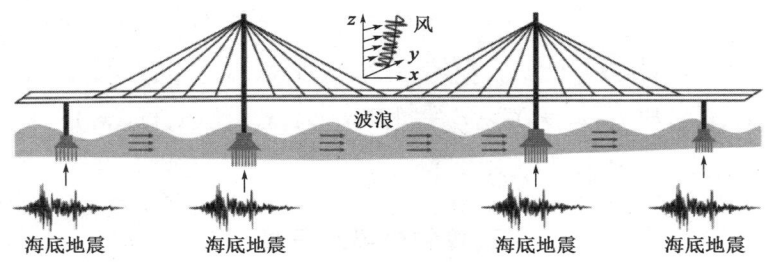

图1　跨海桥梁多灾害作用示意图

易损性分析已成为评估桥梁结构抗灾性能的重要手段。既有的易损性分析方法有:①一阶界限法[1],其一阶下界将桥梁各构件视为完全相关,一阶上界则将各构件视为完全无关。所得系统易损性上、下界范围较宽,误差较大。②基于Nataf变换的系统易损性分析方法[2],将构件相关非正态需求变量转化为独立正态变量,将需求变量间相关结构假定为Gaussian结构,求解桥梁系统多维地震易损性。③基于Copula函数的系统易损性分析方法[3],引入Copula函数,将构件地震需求之间的相关性和各构件的边缘概率分布函数进行分离,为考虑构件间复杂相关性的系统易损性曲线建立提供很好的思路。

本文拟基于串-并联思想构建桥梁整体的串-并联系统,进而采用交并集来计算串-并联关系的概率,其中,采用可考虑构件之间复杂相关性的R藤Copula函数进行构件之间多维联合概率的求解,从而计算整个桥梁系统的多灾害易损性,对跨海桥梁的抗灾性能进行准确评估。

二、基于R藤Copula函数的桥梁系统易损性评估方法

Copula函数可准确描述变量间的非线性相关特性,因对变量的边缘分布形式无限制,能够有效提高构建变量间联合概率分布模型的灵活性,在具有多个构件的大跨桥梁的系统易损性评估过程中具有显著的优势。

根据桥梁各构件的布置形式及构件对桥梁系统的重要程度,基于物理学中的串-并联思想构建桥梁系统的串-并联系统,其中,串联系统为系统中任一构件失效则造成系统失效;并联系统则为系统中所有

构件均失效则造成系统失效;采用数学集合论中的交-并集表示构件间的串-并联关系,其中串联关系用并集表示,并联关系用交集表示。桥梁系统易损性的评估即为桥梁串-并联系统损伤概率的求解,对与串联系统的损伤概率,可按照下式计算:

$$P_{fss} = \bigcup_{i=1}^{m} P_i = \sum_{i=1}^{m} P_i - \sum_{1 \leq i \leq j \leq m} C(P_i, P_j) + \cdots + (-1)^{m-1} C(P_1, P_2, \cdots, P_m) \tag{1}$$

对于并联系统的损伤概率,可按下式计算:

$$\begin{aligned} P_{fsp} &= \bigcap_{i=1}^{n} P_i = P_1 \cap P_2 \cdots \cap P_n = P[F_1[X_1] \leq x_1, F_2[X_2] \leq x_2, \cdots, F_n[X_n] \leq x_n] \\ &= C[F_1[X_1], F_2[X_2], \cdots, F_n[X_n]] = C(P_1, P_2, \cdots, P_n) \end{aligned} \tag{2}$$

式中:　　　　　　m——串联系统中构件串联个数;
　　　　　　　　　n——并联系统中构件并联个数;
　　　　　　　$P_1 \cdots P_m / P_n$——桥梁各子系统(或各构件)的损伤概率;
　　　　　　$C(P_1, P_2, \cdots, P_3)$——由Copula函数计算的多元联合概率。

由式(1)和式(2)可以看出,桥梁串-并联系统的损伤概率的求解,其关键在于准确估计不同桥梁子系统(或桥梁构件)的多维联合概率分布。

R藤Copula函数可采用不同的二元Copula函数进行高维相关变量的分解,进而准确建立其多元联合概率分布。以5维R藤Copula函数为例,一种藤结构分解如图2所示,对应的密度函数可按下式表示:

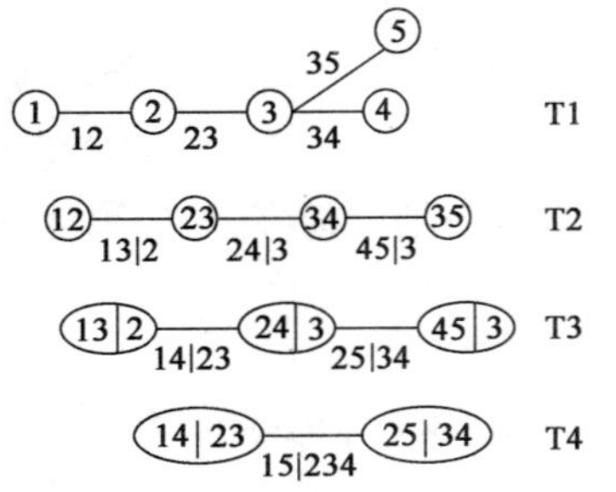

图2　5维变量的R藤Copula藤结构分解

$$\begin{aligned} f(x_1, x_2, x_3, x_4, x_5) &= f_1(x_1) \cdot f_2(x_2) \cdot f_3(x_3) \cdot f_4(x_4) \cdot f_5(x_5) \\ &\cdot c_{12}\{F_1(x_1), F_2(x_2)\} \cdot c_{23}\{F_2(x_2), F_3(x_3)\} \cdot c_{34}\{F_3(x_3), F_4(x_4)\} \cdot c_{35}\{F_3(x_3), F_5(x_5)\} \\ &\cdot c_{13|2}\{F(x_1|x_2), F(x_3|x_2)\} \cdot c_{24|3}\{F(x_2|x_3), F(x_4|x_3)\} \cdot c_{45|3}\{F(x_4|x_3), F(x_5|x_3)\} \\ &\cdot c_{14|23}\{F(x_1|x_2, x_3), F(x_4|x_2, x_3)\} \cdot c_{25|34}\{F(x_2|x_3, x_4), F(x_5|x_3, x_4)\} \\ &\cdot c_{15|234}\{F(x_1|x_2, x_3, x_4), F(x_5|x_2, x_3, x_4)\} \end{aligned} \tag{3}$$

三、算例桥梁及荷载

1. 工程概况

以某主跨为364m的双塔双索面钢桁梁斜拉桥为研究对象,其跨度布置为128m+154m+364m+154m+128m。桥址区位于世界三大风口海域之一,其所处海域具有风大、水深、浪高、流速大、冲刷严重、潮汐明显等特点,海洋环境十分恶劣。场地50年设计基准期超越概率63%、10%、2%的地表基岩加速度分别为39g、105g、198g。

算例桥梁平面布置如图3所示。

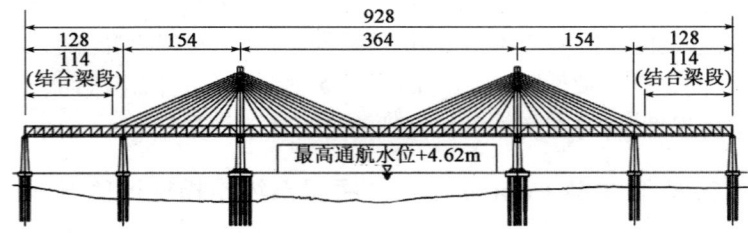

图3　算例桥梁平面布置图(尺寸单位:m)

2. 数值模拟

考虑斜拉桥垂度效应、主要构件的非线性特征、桩-土相互作用等影响因素,基于Opensees建立算例桥梁精细化数值模型,有限元模型、关键截面及单元本构等如图4所示。

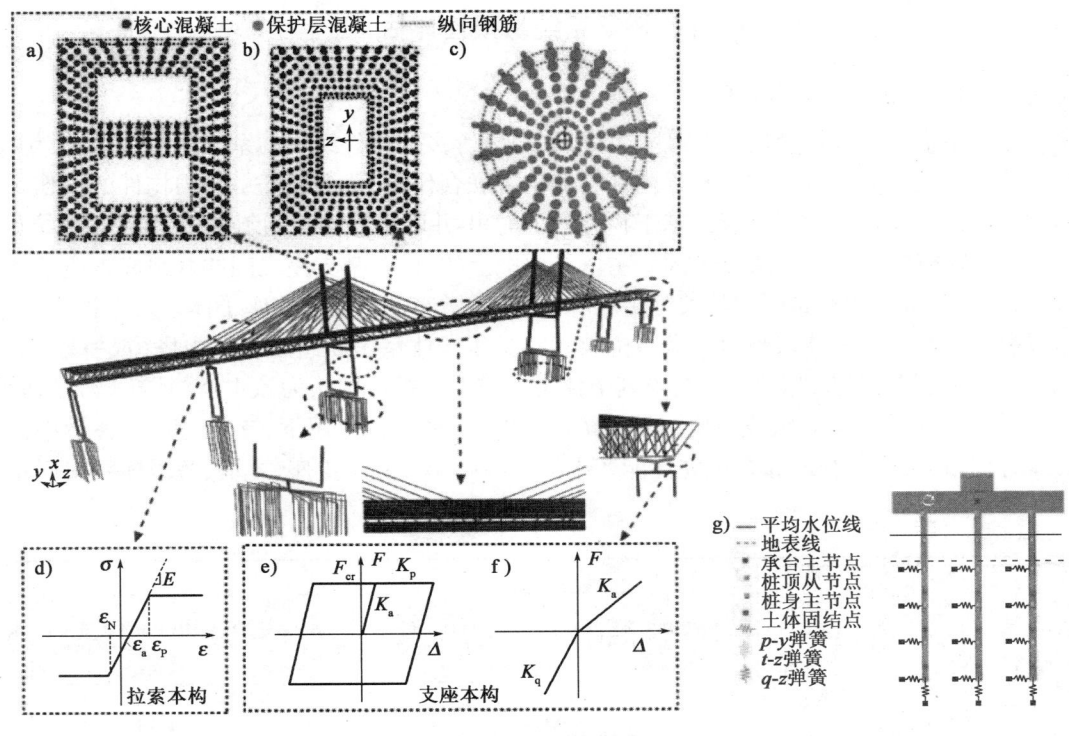

图 4 斜拉桥有限元模拟

3. 海底地震动选取

从日本 K-NET 地震台网选取日本相模湾的 6 个海底台站（KNG201～KNG206）观测到的 29 次地震事件中峰值加速度 PGA 大于 $100g$ 的 61 条海底强震记录，所选取的海底地震动加速度反应谱如图 5 所示。

4. 相关极端风浪参数选取

基于本人既有研究成果，通过基于直接采样法的风浪参数三维环境等值面，获得百年重现期水平下最不利海况的相关极端风浪参数（如 10min 平均风速的月度极值 V_{max}、有义波高 H_s、有义波周期 T_s）组合值[4]。V_{max}、H_s 和 T_s 不同月份的三维环境等值面如图 6 所示。

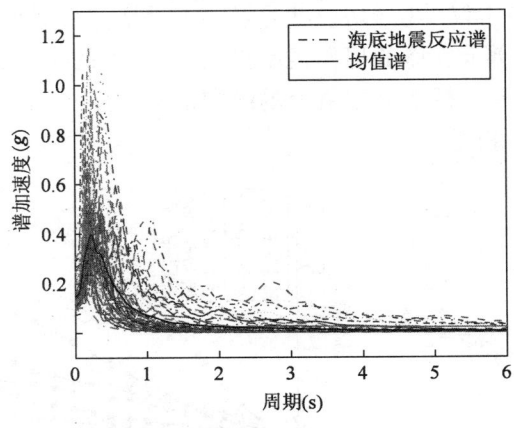

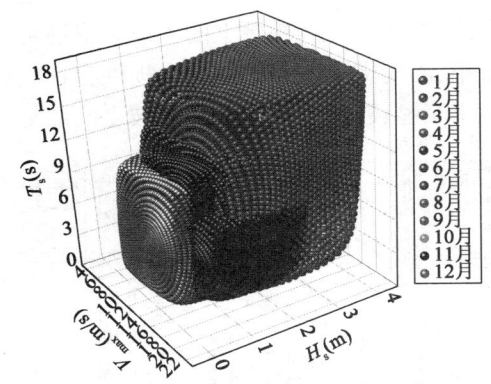

图 5 所选取的海底地震动的加速度反应谱　　　图 6 100 年重现期 V_{max}、H_s、T_s 不同月份的三维环境等值面

本文所选用的相关极端风浪组合值为 $V_{max} = 20.79\text{m/s}$，$H_s = 3.88\text{m}$，$T_s = 15.29\text{s}$。基于《公路桥梁抗风设计规范》（JTG/T 3360-01—2018）与 Morison 方程，将风浪参数转化为风浪荷载时程，施加至桥梁相应节点上。

四、桥梁系统易损性评估

1. 斜拉桥串-并联系统的构建

斜拉桥是由主塔、过渡墩、辅助墩、支座、主梁、斜拉索等多个构件组成的系统抗灾体系,其中支座、主塔、过渡墩、辅助墩是桥梁系统抗灾的易损构件。多灾害联合作用下,上述任一易损构件的损伤均会影响桥梁整体的抗灾性能及正常使用功能。基于物理学中的串-并联思想构建的斜拉桥串-并联系统如图7所示,具体的构建思路如下:①对于布置于同一主塔或桥墩上的支座,其支座之间并联组成支座子体系共同支撑上部主梁;斜拉桥一般为路网中的关键工程,如任一桥墩与主塔上的支座子体系发生损伤,可认为整个支座体系损伤,因此,支座体系则由主塔与桥墩上的支座子体系串联组成。②主塔(或桥墩)的多个塔肢(或墩肢)作为斜拉桥的基础支撑构件,当其中任意一肢发生损伤则认为该主塔(或桥墩)子体系损伤。不同主塔(或桥墩)子体系串联组成主塔(或桥墩)体系。③多灾害作用下,支座、主塔、桥墩中任一体系发生损伤,均会对斜拉桥系统的综合抗灾性能产生显著的影响,因此,支座、主塔、桥墩体系串联组成斜拉桥系统。

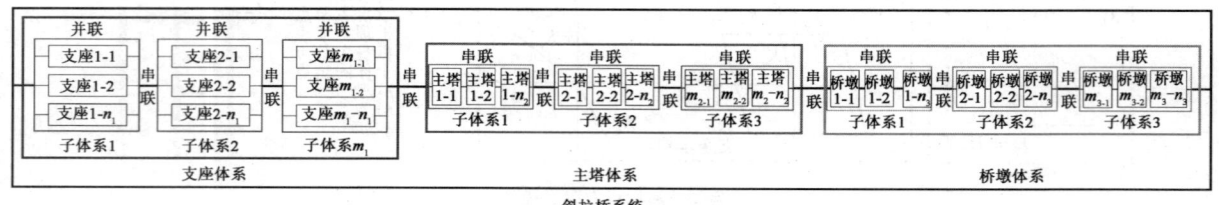

图7 斜拉桥串-并联系统构建

2. 桥梁构件多灾害易损性

本文的多灾种联合作用为特定相关极端风浪荷载与不同PGA下的61条海底地震动联合作用。在进行多灾种联合作用下桥梁构件的多灾害易损性分析时,考虑到海底地震动强度参数(PGA)与桥梁构件响应之间的强相关性,在基于TKC法[5]进行桥梁构件多灾害易损性计算时,以PGA作为多灾种联合作用的强度参数指标,计算的桥梁构件的多灾害易损性中考虑了相关极端风浪荷载的影响。

多灾种联合作用下,基于提出的TKC法计算的桥梁构件在不同损伤状态的损伤概率如图8所示。由图8可知,在海底地震动与相关极端风浪($V_{max} = 20.79\text{m/s}$、$H_s = 3.88\text{m}$、$T_s = 15.29\text{s}$)荷载共同激励下,所有主塔与桥墩上的支座均出现了完全破坏,主塔与桥墩中仅3-1号塔、3-2号塔、5-1号墩、5-2号墩出现了中等损伤;对比主塔和桥墩上的支座易损性可知,辅助墩上支座的损伤概率最大,主塔上的次之、过渡墩上的最小;不同类型支座之间的易损性存在明显差异,同一桥墩或主塔上的纵向活动支座与固定支座的损伤概率明显较大;不同塔肢和墩肢之间的易损性较为相近。

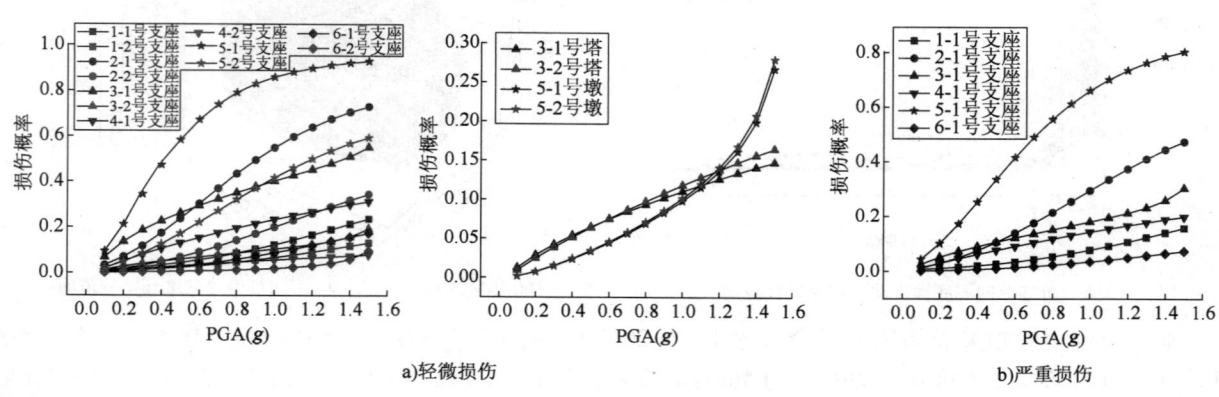

a)轻微损伤　　　　　　　　　　　　　　b)严重损伤

图 8

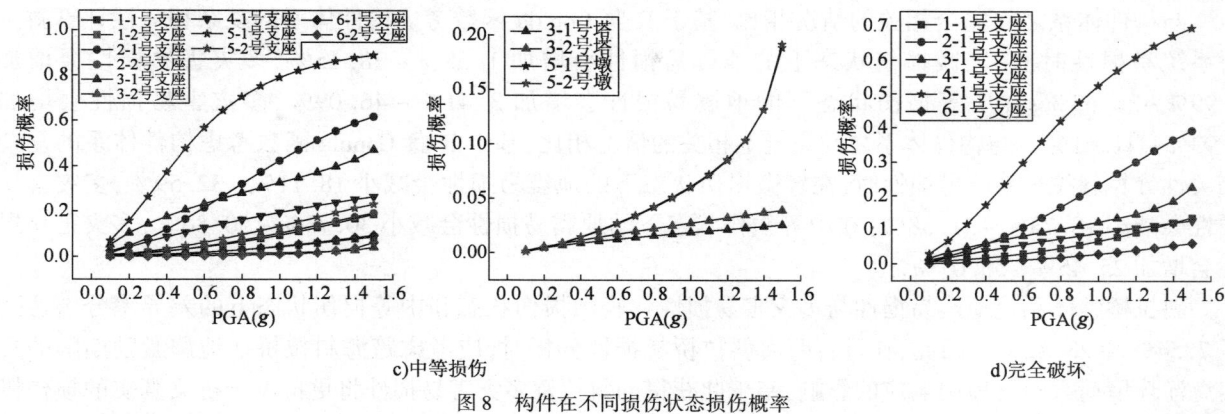

c) 中等损伤　　　　　　　　　　d) 完全破坏

图 8　构件在不同损伤状态损伤概率

本文跨海斜拉桥发生损伤的构件主要有：1-1 号支座、2-1 号支座、2-2 号支座、3-1 号支座、3-2 号支座、4-1 号支座、5-1 号支座、5-2 号支座、6-1 号支座、3-1 号塔、3-2 号塔、5-1 号墩、5-2 号墩。

3. 桥梁系统多灾害易损性

斜拉桥作为一种飘浮体系或半飘浮体系，其自振周期较大，系统易损性相对中小跨径的简支或连续梁桥较小。但因其为飘浮体系或半飘浮体系，拉索与主梁等上部结构在横桥向海底地震动与相关极端风浪作用下极有可能发生较大的横桥向水平位移，极易造成支座体系的横向破坏，从而对斜拉桥系统的横桥向多灾害易损性产生显著影响。

本文在基于 R 藤 Copula 函数计算斜拉桥系统多灾害易损性时考虑了支座、主塔及桥墩构件体系之间的复杂相关性。如假定各构件体系之间完全正相关，可认为桥梁系统中只要出现一个构件体系损伤，其他构件体系会迅速发生损伤，则桥梁系统的损伤概率由损伤概率最大的构件体系决定，此时桥梁系统易损性为：

$$P_{\mathrm{SL}} = \max_{i=1}^{n}\{P_i\} \tag{4}$$

式中：P_i——第 i 个构件体系的易损性。

如假定各构件体系之间完全不相关，由一阶界限理论可保守估计所有构件体系同时发生损伤的桥梁系统易损性为：

$$P_{\mathrm{SU}} = 1 - \prod_{i=1}^{n}[1 - P_i] \tag{5}$$

为进一步分析支座、主塔及桥墩体系之间的复杂相关性对斜拉桥系统易损性的影响，将基于 R 藤 Copula 函数构建的系统地震易损性及多灾害易损性与构件体系完全相关及完全不相关时的易损性进行对比，其结果如图 9 所示。由图 9 可知，由于各构件体系之间存在较强的相关性，基于 R 藤 Copula 函数考虑构件体系之间复杂相关性计算的斜拉桥系统的地震易损性及多灾害易损性与假定构件体系之间完全相关时的结果相近，而与假定构件体系之间完全不相关时的结果相差较大。

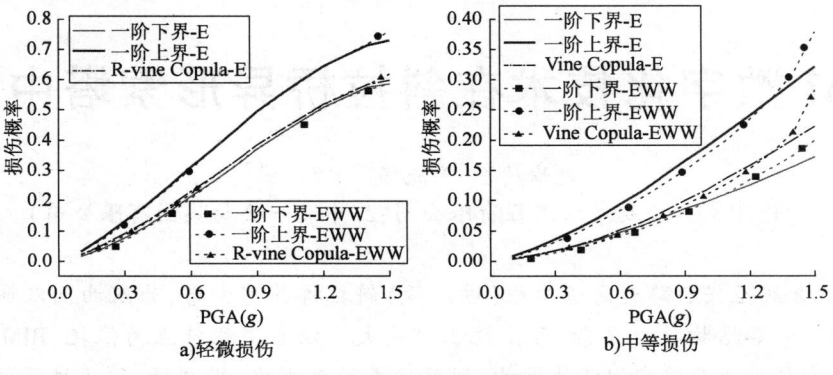

a) 轻微损伤　　　　　　　　b) 中等损伤

图 9　构件体系相关性对桥梁系统易损性的影响

与构件体系之间完全相关的情况相比，基于R藤Copula函数考虑构件体系的复杂相关性计算斜拉桥系统易损性时，在轻微损伤状态下的地震易损性会增加1.58%~38.15%，多灾害易损性会增加1.99%~36.63%；在中等损伤状态下的地震易损性会增加3.41%~46.09%，多灾害易损性会增加0.93%~41.61%。与构件体系之间完全不相关的情况相比，基于R藤Copula函数考虑构件体系的复杂相关性计算斜拉桥系统易损性时，在轻微损伤状态下的地震易损性会减小18.11%~32.59%，多灾害易损性会减小18.73%~31.38%；在中等损伤状态下的地震易损性会减小30.73%~50.80%，多灾害易损性会增加25.45%~53.07%。

斜拉桥整体系统地震易损性与多灾害易损性在轻微损伤状态和中等损伤状态下的差异率分别达到了7.54%和28.82%。因此，在进行跨海斜拉桥易损性分析时，应考虑跨海斜拉桥在地震激励期间的真实海洋环境荷载对其地震响应的影响，基于此获得的斜拉桥多灾害易损性将更接近于桥梁真实的损伤概率，获得的抗灾性能评估结果将更加准确。

五、结 语

本文基于R藤Copula函数提出一种桥梁系统多灾害易损性评估方法，开展了风浪及海底地震联合作用下跨海斜拉桥的综合抗灾性能评估研究，得到如下主要结论：

（1）与一阶界限法相比，基于R藤Copula的桥梁系统多灾害易损性评估方法可合理考虑构件之间的复杂相关性，计算结果更为准确。

（2）桥梁系统的地震易损性与多灾害易损性之间存在差异，差异率可达28.82%。在跨海桥梁的抗灾性能评估中，需关注此类桥梁所处的海洋环境荷载，应考虑其在海底地震动激励期间海底地震动与相关极端风浪荷载激发的桥梁动力响应之间耦合效应，基于此获得的桥梁多灾害易损性将更接近其真实的损伤概率，以便能够准确评估跨海桥梁的抗灾性能，从而为此类桥梁的优化设计提供可靠依据。

参考文献

[1] Cornell C A. Bounds on the reliability of structural systems[J]. Journal of Structural Division, 1967, 93(1): 71-200.

[2] 佳璐, 任乐平, 胡伟. Nataf变换的桥梁系统多维地震易损性分析方法[J]. 交通运输工程学报, 2022(1): 82-92.

[3] 宋帅, 钱永久, 吴刚. 基于Copula函数的桥梁系统地震易损性方法研究[J]. 工程力学, 2016, 33(11): 193-200, 207.

[4] BAI X Y, JIANG H, HUANG X Y, et al. 3-Dimensional direct sampling-based environmental contours using a semi-parametric joint probability model[J]. Applied Ocean Research, 2021(117): 102710.

[5] 白晓宇. 近海风浪地震组合概率特性及跨海桥梁致灾机理与易损性评估方法[D]. 北京: 北京交通大学, 2022.

42. BIM数字化技术在斜拉桥异形索塔中的应用

魏晗琦[1] 王成伟[2] 田 壮[2]

（1. 中交一公局第六工程有限公司；2. 中交一公局集团有限公司）

摘 要 长益复线至兴联路大通道工程（过江段）斜拉桥异形索塔，为双曲面双曲线变曲率空心带内凹槽多边形结构，索塔结构特性复杂，整体施工难度大。以本工程特点为依托、BIM信息化技术为基础，将二维平面状态转换为三维空间实体结构，利用优秀的可视化、模拟性、优化性等特点，从方案决策、技术优化及现场施工等方面开展建设全周期的深度融合,加强施工前期规划及施工动态管理,推动异形索塔高品质建设水平发展。

关键词 斜拉桥异形索塔 曲面双曲线 BIM信息化 模拟性 技术优化 动态管理

一、工程概况

长益复线至兴联路大通道工程(过江段)主墩采用双塔斜拉桥,索塔位于湘江水域。如图1所示,双塔斜拉桥采用类圆月造型,桥塔内外轮廓由多段相切的圆弧与直线组成,横桥外轮廓呈梭形,内轮廓与月亮岛形状相似,塔顶装饰与塔底装饰内凹空间曲面,呈现月牙姿态,塔冠圆润饱满,呈现满月姿态,为双曲面双线变曲率多边形结构。索塔高148.277m,索塔顺桥向宽8.0~7.0m,塔底横桥向宽58.05m,塔柱采用箱形截面,箱形截面外轮廓由矩形与圆弧组合而成,圆弧刻深0.5m、宽1m的槽,塔柱内壁设置50cm×50cm的直线倒角,施工总体采用液压爬模+临时支架的支撑体系。

图1 主墩双塔斜拉桥整体效果图

二、异形索塔工程重难点

斜拉桥异形索塔在塔肢间距与宽幅主梁空间条件下及索塔曲面双曲率变化的结构特性下,具有以下重难点:

(1)水上施工平台有限,索塔横断面受主梁及斜拉索影响,机械设备附着空间小,现场施工机械设备考虑液压爬模+临时支架体系范围后空间部署难度大。

(2)由于索塔空间变化曲面特点,下爬模+临时支架体系、塔式起重机及施工升降机附墙等设施预埋件存在曲面安装定位难度大。

(3)上塔柱塔内设有多个钢锚梁,需采用支架进行安装定位,对施工精度要求高,因塔柱内空间较小,钢锚梁支撑架机施工平台的焊接固定作业困难。

(4)设计图并未体现每节施工高度下的平面轮廓及定位,上塔柱为双曲率变化曲面,横断面变化尺寸难以确定,施工平面位置坐标难以计算。

(5)异形索塔于上塔柱、装饰板等双曲率曲面变化段结构不规则,各施工节段混凝土工程量难以标定。

针对工程特点及施工重难点,项目开展高精度建模,三维空间叠合仿真模拟,实现施工场景模拟,完成BIM信息化技术在方案决策优化、现场施工指导及数据支撑等建设全周期深度应用。

三、BIM技术高精度建模

1. 基于Dynamo空间异形结构精确建模

为保障建模精度,切实模拟实际结构空间,利用Dynamo+Revit自适应族样板建模,主要包含数据处理、拟合桥梁(结构)中心线、创建各截面轮廓族并放置等步骤。

根据索塔设计图纸各断面轮廓绘制成的参数化族,逐一定位至三维空间中,将各轮廓进行自适应成模型,逐一核对设计图的曲面曲率对模型细分微调,再根据施工部署进行索塔浇筑节段划分,分别将塔柱节段生成,以相同工序生成相应节段索塔空心,进行三维空间定位叠合,最后将空心剪切。Dynamo 空间异形索塔编程如图 2 所示。

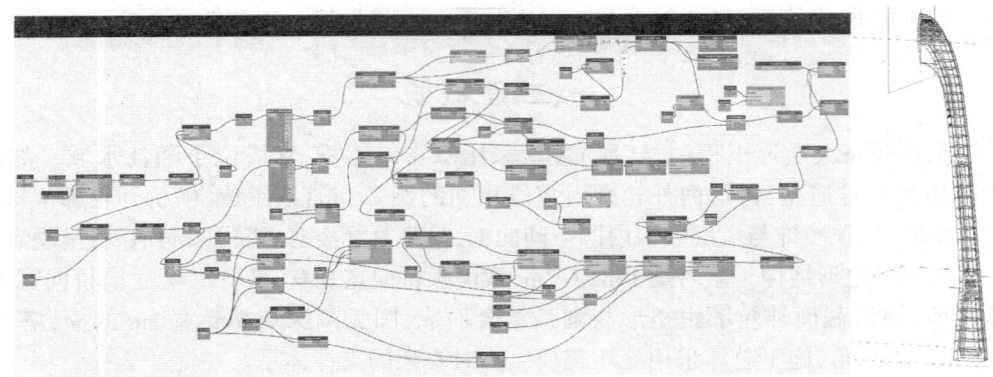

图 2　Dynamo 空间异形索塔精确建模

2. 模型三维实景叠合

针对斜拉桥异形索塔施工所涉及结构、施工机械设备、临时支架等各结构分别建模,集合 3DsMax 或 Blender 等适用格式广泛的 CG 动画制作软件,进行模型信息处理。空间内按设计坐标对各结构进行快速叠合,便于后续模型的应用。

四、BIM 信息化模型异形索塔应用

BIM 信息化模型可深度应用于方案深化阶段与施工阶段,利用仿真模型实现施工现场的空间状态动态可视化,进而完成对结构碰撞检测、现场施工部署、施工模拟以及施工指导数据统计与分析,以减少现场施工易产生的问题,保障斜拉桥异形索塔施工作业的稳步开展。

1. 空间碰撞检查及空间部署规划应用

基于 BIM 信息化模型的空间叠合及模型信息处理,于仿真施工环境中检查主塔空间曲面段施工支架的曲率贴合情况、结构施工的适用度、特种设备及结构稳固措施之间空间状态,如图 3 所示。进而对相关联的结构及机械设备进行统筹检查,形象表示出各结构之间的空间位置关系,查询可能存在的结构硬碰撞及软碰撞,突破 CAD 图纸观察在空间局限性以及人为主观认知性。

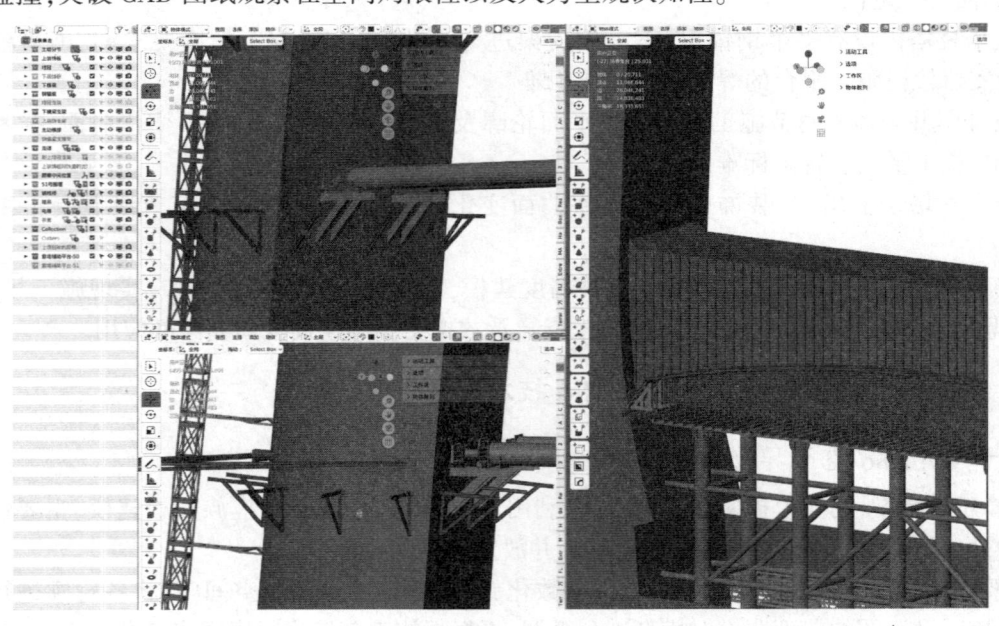

图 3　结构空间检测

同时考虑塔柱内空间以及施工现场三维空间状态，核对结构安装支架的使用以及附着件的安装是否满足施工安全、施工适用的要求，根据信息化模型空间数据完善施工现场空间部署优化。

2. 可视化施工模拟应用

通过对异形索塔施工方案不同阶段进行可视化模拟，如图4所示，对不同结构模型按照时间、空间以及资源进行信息定义，形成相应工况组。依次检查各结构的施工可行性、特种设备与结构间的位置部署及空间位置优化、相近支撑结构之间的共用状态分析，从施工安全性、经济性、适用性与现场管理多方面综合考虑，进而辅助施工方案深度优化。

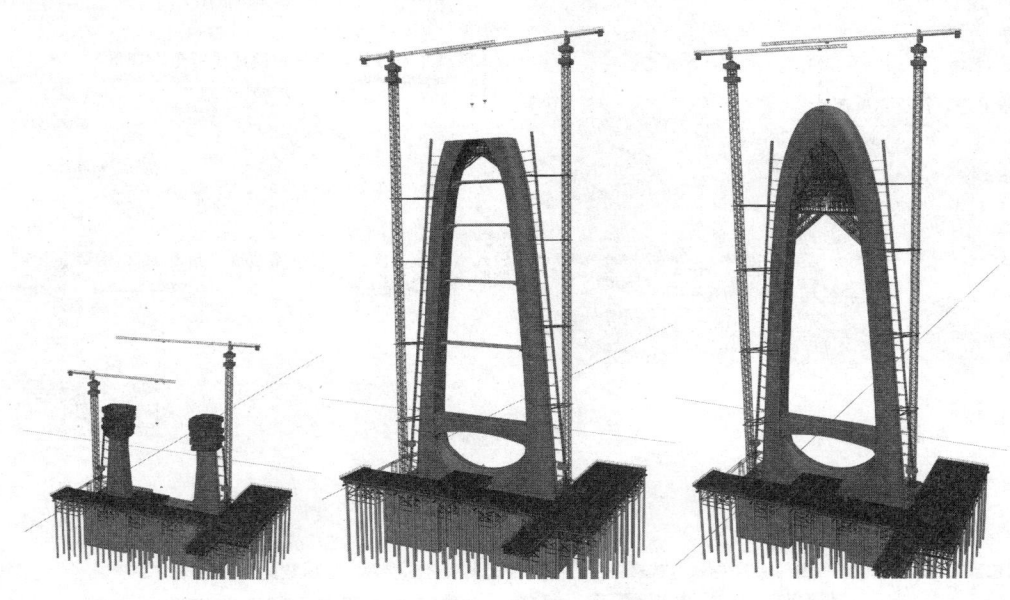

图4　异形索塔施工阶段模拟

利用BIM技术开展可视化施工模拟，对建筑项目所处的场地环境进行必要的分析，基于建筑单体方案设计阶段模型，进行设计方案比选、建筑性能化分析及造价估算等，为方案深度优化阶段提供可靠的数据基础，确保各相关专项施工方案编制优化后落到实处，达到真正可以指导施工的目的。

本工程上装饰板在塔冠施工完成后进行施工，原设计存在支架结构的二次调整。在异形索塔施工方案深度优化过程中，为保障施工便捷及高空操作安全，合理优化施工步骤，需要多次将高空加工的支架结构共用支撑体系转换为按工序进行整体安拆支架体系，以减少高空施工作业。塔冠及上装饰支架结构优化如图5所示。

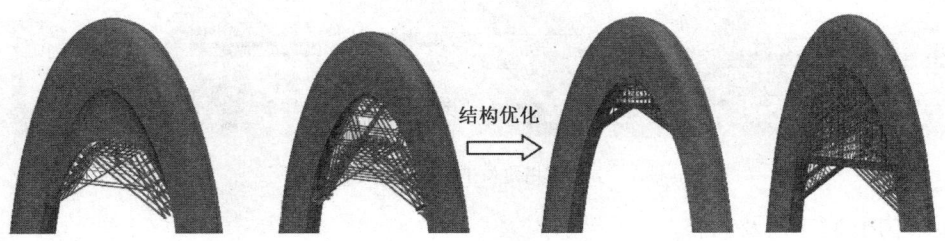

图5　塔冠及上装饰支架结构优化

3. 施工坐标导出应用

异形索塔具有曲面双曲线结构特性，横断面变化尺寸难以确定，导致现场施工测量放样坐标难以获取。利用BIM信息化技术，结合异形索塔高精度建模方式，采用逆向思维，将模型按坐标放样转换为定位模型的数据提取。即将模型调整至图纸测量体系坐标下，利用Dynamo + Revit软件进行编程，获取定位族位置参数与信息参数，并自动化导出 Excel 表格，为现场施工测量放样提供数据支持。异形索塔模型坐标定位见图6，异形索塔定位坐标读取及导出编程见图7。

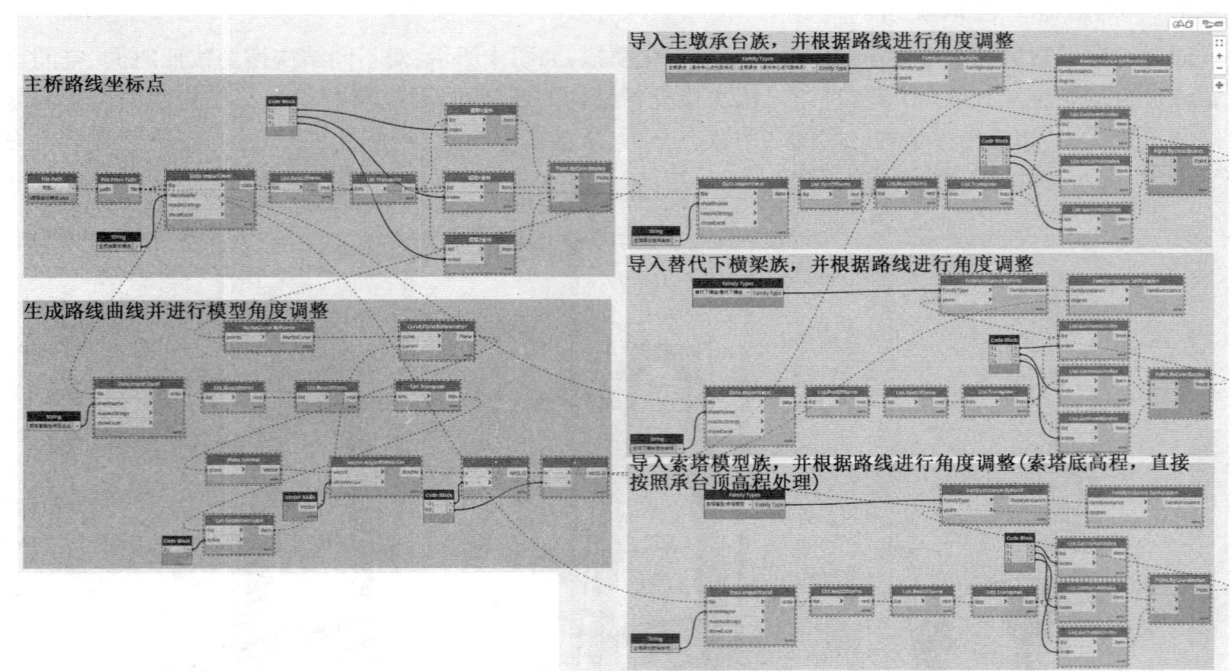

图6　异形索塔模型坐标定位

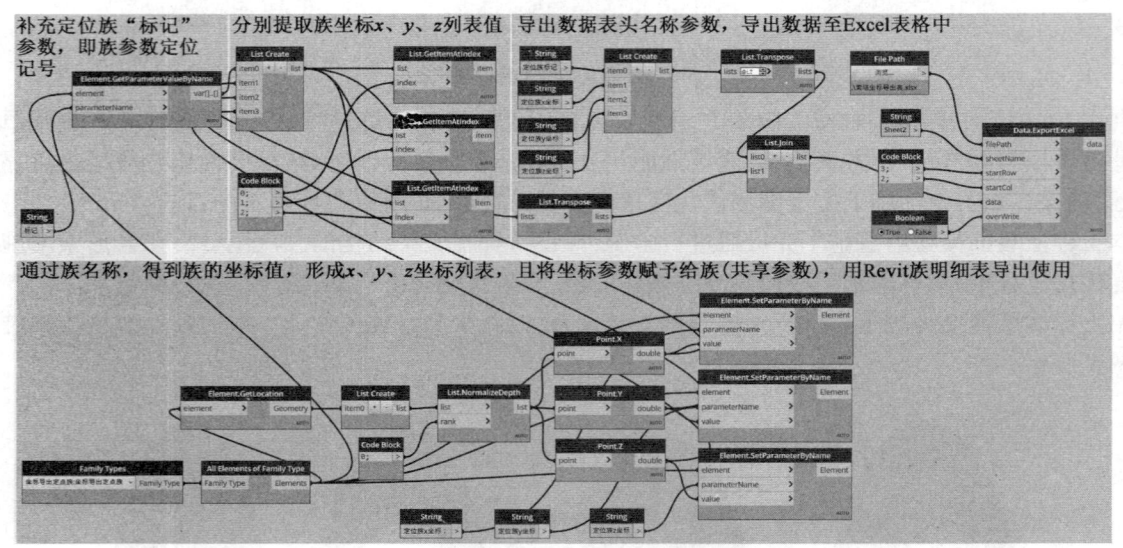

图7　异形索塔定位坐标读取及导出编程

（1）Revit 结构模型导入及调整。

在 Excel 表格当中对桥梁设计桩号的坐标进行处理。新建 Revit 项目并调整项目单位为 m，载入异形索塔模型，于管理指令当中进行 Dynamo 编程。

编程首先对处理完成的坐标参数进行读取，自动生成桥梁设计路径，将导入模型按设计路径完成结构族的坐标放样、角度调整。

（2）异形索塔截面坐标获取。

异形索塔截面坐标获取主要利用定位族在实体模型族上进行节点拾取放样，并注明相应模型信息。

如图 8 所示，编程通过拾取已完成放样的定位族，实现数据信息自动提取，通过编程处理分析，获取定位族三维坐标、标记名称等主要信息参数，再将获取信息以族类别参数赋予定位族模型，最后将编程处理完成的各类数据参数分别提取至 Excel 表格当中。

图 8　异形索塔截面坐标数据获取

4. 工程量统计应用

针对异形索塔等非常规结构，截面非规则变化，混凝土工程量统计难度大，利用 BIM 信息化高精度模型进行相关数据信息处理，如图 9 所示，于软件中直接对各节段工程量进行统计，极大加强了现场混凝土用量管控，提升项目建设中量差控制水平，推动工程建设技术与成本控制有机结合。

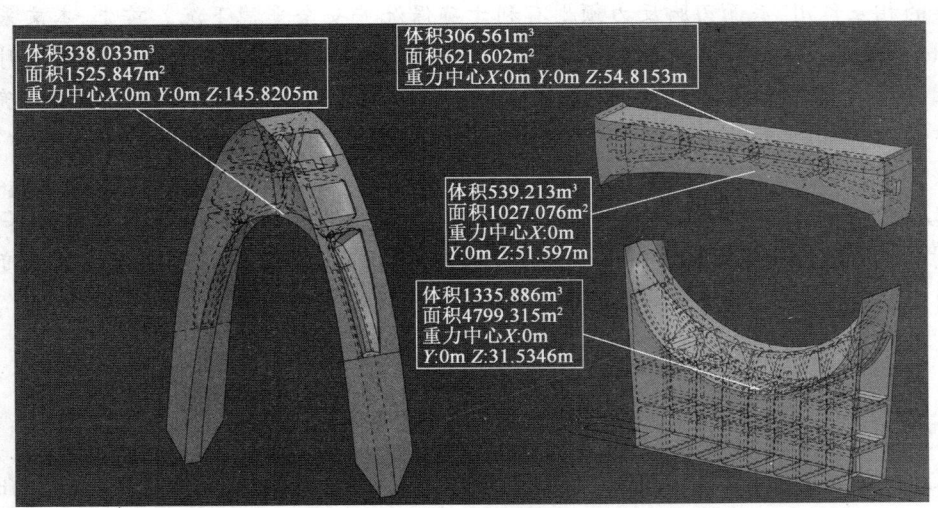

图 9　异形索塔节段混凝土统计

五、结　语

目前，工程景观性作为建设的考量指标之一，异形结构建设的难度及比重越来越大，利用 BIM 信息化技术高可视化、强模拟性等特点,在工程建设全生命周期开展深度融合,工程施工难点提前反馈,合理找寻问题及难点的解决优化方式,减少施工过程中的返工现象,提高施工效率和施工质量;基于BIM信息化技术的三维可视化施工模拟、技术交底,突破传统结构空间关系认知,优化施工阶段的工程质量管控,切实将实用、可靠、有效带入工程建设当中,加强施工前期规划及施工动态管理,推动斜拉桥异形索塔高品质建设。

参考文献

[1] 徐建成.基于Dynamo的参数化建模技术在桥梁项目中的应用[J].黑龙江交通科技,2020,43(5):166.

[2] 李庶安,王喆,孔晨光,等.Dynamo在桥梁缓和曲线段建模应用研究[J].公路交通科技(应用技术版),2019,15(4):165-167.

[3] 王占立,严鑫,任东.BIM技术在现代建筑工程项目管理中的应用研究[J].住宅与房地产,2019(33):144.

[4] 智鹏,史天运,王辉麟,等.泰和赣江特大桥BIM技术应用研究[J].铁路计算机应用,2017,26(12):39-41.

[5] 常诚.BIM技术在桥梁设计阶段的应用研究[J].中外公路,2021,41(4):131-134.

43. 基于VAR模型的大型水下沉井底面刃脚反力预测技术

焦岚馨[1]　朱浩[1,2,3,4]

(1. 中交第二航务工程局有限公司;2. 长大桥梁建设施工技术交通行业重点实验室;
3. 交通运输行业交通基础设施智能制造技术研发中心;
4. 中交公路长大桥建设国家工程研究中心有限公司)

摘　要　沉井底面刃脚反力是大型水下沉井下沉过程中的重要监测内容之一,在下沉过程中土和结构会发生复杂的相互作用,底面刃脚反力预测有利于确保沉井安全平稳下沉。首先,本文采用向量自回归(Vector Autoregression,VAR)模型的方法,对沉井底部传感器测得的沉井底面刃脚反力时间序列数据进行建模预测。其次,通过改变VAR模型的输入输出步长,分析评价其预测精度和误差,确定最佳预测参数为输入步长20输出步长为1步,VAR模型预测精度达到99.13%。当输出步长在6步范围内时,预测精度在95%以内,其后每多预测一步,预测精度减少1%左右。最后通过与BP(Back Propagation)神经网络、LSTM(Long Short-Term Memory)长短期记忆神经网络、决策树模型、随机森林模型等4种模型预测结果进行对比分析,表明预测沉井下沉底面刃脚反力时,VAR模型在测试集的预测精度平均值达到99.28%,各项误差指标最低,具有最好的预测效果,可用于施工辅助决策。

关键词　沉井　刃脚反力　向量自回归模型　预测　神经网络

一、引　言

沉井施工过程中底面刃脚反力的监测与有效分析,对安全沉井起着至关重要的作用。在大型沉井施工过程中,安装了一系列传感器来获取沉井下沉的动态信息。由于复杂的土-结构相互作用,沉井沉陷过程中的力学特性具有显著的非线性和塑性[1],现有的描述性设计方法不易准确预测沉井底面刃脚反力。

穆保岗等[2]对沉井下沉过程中结构受力特性及环境影响的研究表明,在沉井下沉深度较小时,结构墙体侧阻力与深度呈线性关系,而随着深度增加,侧壁摩擦阻力呈抛物线分布。徐鹏飞等[3]对沉井周围土体进行监测,发现沉井初始沉降阶段土体有先胀后沉降的趋势。杨栋、王锦国[4]研究发现,施工时调整沉井位置、吸力沉泥、高压注水助沉等施工因素会影响沉井底面刃脚反力的变化。郭明伟等[5]对不同区域沉井底阻力进行了分析计算,研究指出用数值模拟和试验方法预测底面刃脚反力既耗时昂贵,复杂的工作条件和多变的地质条件使预测更具挑战性。数据驱动以现场监测数据为输入,结合实时过程跟踪数据作为分析依据。从数据中快速提取关键信息需要进一步研究。

机器学习广泛应用于岩土工程领域,如岩土参数识别[6]、边坡[7]、隧道[8]、滑坡[9]等。在沉井方面,采用径向基函数神经网络模型[10]、人工神经网络[11]、长短期记忆[12]等方法对上拔能力进行了较好的计算。上述文献均是基于神经网络以及基于神经网络的改进模型。人工神经网络在非线性表达和多目标预测方面具有优势;然而,强大的拟合能力也容易带来过拟合问题。此外,沉井在下沉过程中,神经网络对于沉井的多标签底面刃脚反力的输出具有固有的多任务输出能力,能否用于沉井的底面刃脚反力预测还有待研究。

时间序列分析方法是一种重要的统计学方法,可以用于分析时间序列数据的周期性、随机性和趋势特征等。1980年Sims[13]提出向量自回归(VAR)模型。VAR模型是单变量自回归模型的推广,可以用于分析多个时间序列之间的关系,预测多个并行时间序列或者时间序列向量。VAR模型是用模型中所有当期变量对所有变量若干滞后变量进行回归。VAR模型用来估计联合内生变量的动态关系,不带有任何事先的约束条件,这种模型目前已得到广泛应用。在工程领域,孟蒙等[14]利用向量自回归(VAR)模型计算库区滑坡位移的周期项预测值并取得良好效果。

因此,为了更好地预测沉井过程施工决策的效果,本文基于沉井底部传感器测试的底面刃脚反力数据,首先进行数据平滑,去除数据噪声;其次建立向量自回归(VAR)模型对未来底面刃脚反力值进行预测,并建立指标评价其预测结果,通过和BP神经网络、LSTM神经网络、决策树和随机森林模型对比,检验VAR模型预测准确性。本文研究可以为开展大型沉井智能控制提供依据。

二、工程背景和数据准备

1. 工程背景

常泰长江大桥主航道桥为双层斜拉桥。桥的上层为高速公路,下层为城际铁路和普通公路。主航道桥两塔采用大型钢沉井基础,如图1a)所示,主桥5号墩沉井基础平面为圆端,高程为阶梯,阶梯宽度为9.0m。沉井底面长95.0m,宽57.8m,圆端半径28.9m。底面有80个传感器用于实时预测底面刃脚反力。沉井顶面长77.0m,宽39.8m,圆端半径19.9m。沉井外墙厚1.8m,高43m,内墙厚2.0m,高64m。内、外环隔墙厚均为1.4m,外环隔墙高64m,内环隔墙高39m。内井眼的标准尺寸为长11m、宽11m。隔墙和内竖墙倒立,长1.5m、宽1.5m。钢壳结构有28个隔间。钢沉井所在河段为长江下游潮汐河段。潮位受长江径流和潮位的共同影响。钢沉井位于主航道区域的北侧。桥墩的地形相对稳定。河床表层为松散淤泥,层厚不均匀,厚度在11.6~4.8m,工程性能较差。5号墩钻入的砂土层大部分为砂砾石胶结层,为非层状结构,呈零星分布,显示深度主要在河床下-45~-35m。

 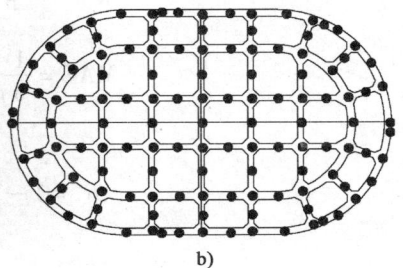

图1 沉井现场图和底面传感器布设图

常泰沉井存在以下施工难点:一是水文地质条件复杂,洪流量大,易冲刷河床,地面凹凸不平,表层存在硬塑性粉质黏土,沉陷姿态存在初期安全风险,难以控制;二是沉井结构新颖,采用圆端阶梯式结构影响设备布局，可拆卸临时外墙施工难度大。

2. 数据集介绍

获得的数据集为80个底面传感器2020年7月19日0:00—2020年7月29日8:00，共250h，每隔1h记录一次的传感器数据。由于数据测量过程中存在数据噪声，需要对其进行初步处理。卡尔曼滤波理论[15,16]是Kalman于20世纪60年代初提出的一种统计估算方法，可以有效处理数据噪声，提高变形监测数据精度[17]。卡尔曼滤波的基本方程是时间域内的递推形式，计算时不需要存储大量数据，一旦观测到新的观测值，随时可以求得新的滤波值，模型参数可动态自适应，特别适合实时处理观测数据[18]。对初始数据进行分析，以每个传感器为单位，绘制每个时间点的监测值图。平滑值与实际值对比如图2所示。

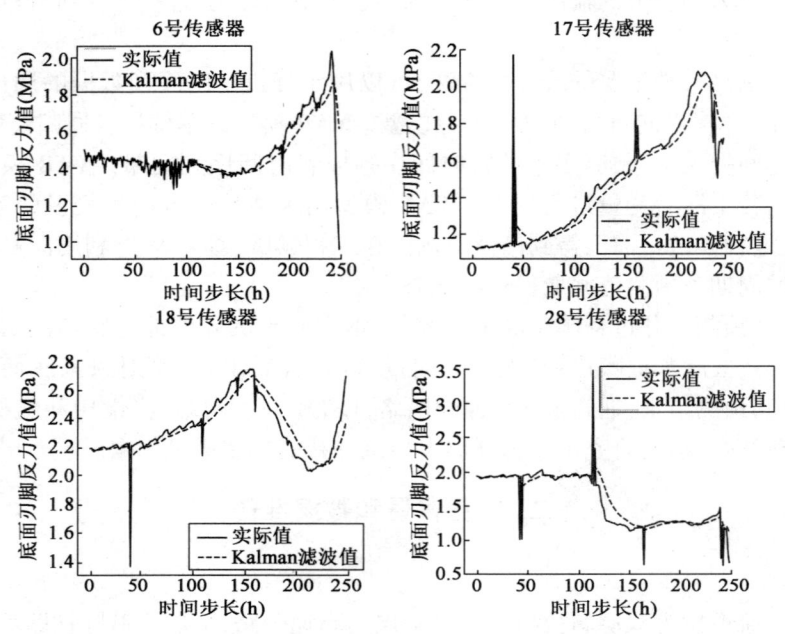

图2 卡尔曼滤波平滑值与实际值对比

通过图2，可以对比发现卡尔曼滤波法能有效平滑数据，去除数据噪声。另外本文通过计算均方根误差（RMSE）、均方误差（MSE）、平均绝对误差（MAE）、和拟合系数（R^2）定量评价卡尔曼滤波平滑和后续模型的拟合结果。

$$\text{RMSE} = \sqrt{\frac{1}{n}\sum_{i=1}^{n}(y_i - \hat{y}_i)^2} \tag{1}$$

$$\text{MSE} = \frac{1}{n}\sum_{i=1}^{n}(y_i - \hat{y}_i)^2 \tag{2}$$

$$\text{MAE} = \frac{1}{n}\sum_{i=1}^{n}|(y_i - \hat{y}_i)| \tag{3}$$

$$R^2 = 1 - \frac{\sum_{i=1}^{n}(y_i - \hat{y}_i)^2}{\sum_{i=1}^{n}(y_i - \bar{y}_i)^2} \tag{4}$$

式中：y_i、$\hat{y}_i$——分别为测试集的实际值和预测值；

　　　$\bar{y}_i$——实际值的平均值；

　　　i——数据量。

分析异常平滑值可以发现,80个传感器中,有8个传感器的RMSE值在0.2以上,90%的传感器的数据平滑后值在0.2以下,认为卡尔曼平滑是有效的。分别对比这8个传感器的数据平滑值与原数据值,可以发现数据本身的噪声很大,处理后的数据可以用于后续模型的输入。之后按样本量8:2的比例划分训练集和测试集,即前200条数据训练模型,后50条数据验证结果。

三、向量自回归(VAR)方法

VAR模型假设多个时间序列之间存在相互影响的关系,即一个时间序列的变化会影响其他时间序列的变化。VAR模型是用模型中所有当期变量对所有变量的若干滞后变量进行回归的过程。即向量自回归模型把传感器测得的沉井底面刃脚反力t时刻的预测值作为其过去时间内的测得值的函数来构造模型,从而实现了将单变量自回归模型推广到由多元时间序列变量组成的向量自回归模型。

1. VAR模型结构

模型的基本形式是弱平稳过程的自回归表达式,描述的是在同一样本期间内的若干变量可以作为它们过去值的线性函数。模型的一般表达式如下:

$$Y_t = \Phi_0 + \Phi_1 Y_{t-1} + \cdots + \Phi_p Y_{t-p} + BX_t + \varepsilon_t \qquad t = 1, 2, \cdots, T \tag{5}$$

$$Y_t = \begin{pmatrix} y_{1t} \\ y_{2t} \\ \cdots \\ y_{kt} \end{pmatrix} \quad \varepsilon_t = \begin{pmatrix} \varepsilon_{1t} \\ \varepsilon_{2t} \\ \cdots \\ \varepsilon_{kt} \end{pmatrix} \quad \Phi_0 = \begin{pmatrix} \Phi_{10} \\ \Phi_{20} \\ \cdots \\ \Phi_{k0} \end{pmatrix} \quad \Phi_i = \begin{pmatrix} \Phi_{11}(i) & \Phi_{12}(i) & \cdots & \Phi_{1k}(i) \\ \Phi_{21}(i) & \Phi_{22}(i) & \cdots & \Phi_{2k}(i) \\ \vdots & \vdots & \ddots & \vdots \\ \Phi_{k1}(i) & \Phi_{k2}(i) & \cdots & \Phi_{kk}(i) \end{pmatrix} \quad i = 1, 2, \cdots, p \tag{6}$$

式中: Y_t——k维内生变量列向量在t时刻的预测值,即k个传感器在一定预测步长内的数据,在本数据集中,k表示80个传感器;

Y_{t-i}——滞后的内生变量,即表示输入的传感器历史数据,其中i表示在t时刻前时间步长为i步的数据,$i=1,2,\cdots,p$;

X_t——d维外生变量列向量,它可以是常数变量、线性趋势项或者其他非随机变量;

p——滞后阶数,表示输入样本步长;

T——样本数目,表示输出样本步长;

$\Phi_0、\Phi_1、\cdots、\Phi_p$——$k \times k$维的待估矩阵;

B——$k \times d$维的待估矩阵;

ε_t——k维白噪声向量。

2. 模型定阶

在实际应用中,通常希望滞后阶数p足够大,进而能够更好地体现所构造的模型的动态特征,但是如果滞后阶数p过大时,那么模型所需要估计的参数就越多,将存在自由度太小的问题,如果没有足够多的样本数量,就会造成不能有效计算所需要估计参数。因此需要对模型的输入输出情况进行寻优。

从20～100,每隔20的步长选取一次数据作为输入,从1～6,每隔1的步长选取一次数据作为输出,得到共30组输入输出数据组合。绘制在不同的输入步长和输出步长下,对应的预测精度(图3)。通过对比得到,当输入步长为20,输出步长为1时,预测精度最高,最高为99.13%;当输入步长相同时,预测精度随着输出步长的增加呈现逐渐下降的趋势。

选择输入步长为20,对输出步长的预测精度单独进行分析,得到不同输出步长的评价指标表见表1。预测步长为1阶时,预测精度达到99.13%,RMSE、MSE和MAE这3个预测误差指标均小于0.1,拟合预测效果最好,分析可得随着输出步长的增加,预测精度平均每一步下降1%左右,RMSE、MSE和MAE值都逐渐升高。可见当步长越短,其预测效果越好。用VAR模型作样本外近期预测非常准确。

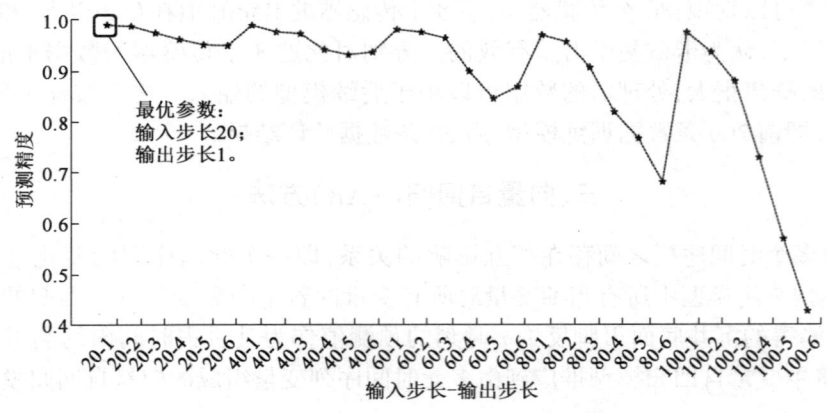

图3 输入步长-输出步长-预测精度图

不同输出步长的评价指标表　　　　表1

评价指标	预测1步(9:00)	预测2步(10:00)	预测3步(11:00)	预测4步(12:00)	预测5步(13:00)	预测6步(14:00)
RMSE(MPa)	0.0854	0.0989	0.1466	0.1812	0.2060	0.2096
MSE(MPa^2)	0.0073	0.0098	0.0215	0.0328	0.0424	0.0439
MAE(MPa)	0.0205	0.0262	0.0377	0.0459	0.0519	0.0527
R^2	0.9913	0.9885	0.9751	0.9623	0.9516	0.9500

四、结果对比

由上节可知，随着预测阶数的增加，VAR模型预测精度逐步下降，预测误差逐步上升。因此我们选择阶数为一阶的输出作为VAR模型的输出。为了检验VAR模型的准确性，本节将VAR模型三个不同的预测步长和BP神经网络、LSTM神经网络、决策树、随机森林模型以及实际值进行对比，其中LSTM神经网络包含3层隐藏层，输入历史时间步长为20，输出步长为1，输出维度为80，即80个传感器的预测值。训练批次为16，训练轮数为50；BP神经网络设置1层隐藏层，训练轮数为50。

通过不同模型评价指标对比结果可以发现，VAR模型具有最好的拟合预测效果，如图4所示。在50个预测样本中，预测精度平均值为0.9928，相比其他模型精度最高；预测均方根误差平均值为0.0764MPa，预测均方误差平均值为0.0080MPa^2，平均绝对误差平均值为0.01679MPa，均明显低于其他模型误差计算结果，相对其他模型具有明显优势。

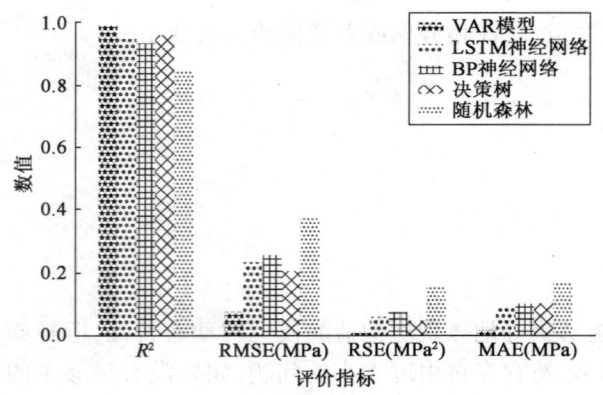

图4 不同模型评价指标对比

在回归模型中，不同的评价指标侧重于不同的方面。在评价指标中，R^2越接近1，RMSE、MSE、MAE越接近0，则模型性能越好。不同指标对模型预测能力的评价倾向不尽相同。单一指标对不同模式的评价缺乏全面性，因此，需要对不同模型进行多指标综合评价。Zorlu等[19]2008年提出的排序法是一种常用的多指标综合评价方法。张全太等[20]基于Zorlu在趋势均匀性和归一化方面进行了优化。本文进一步完善了上述研究，将RMSE、MSE、MAE按式(7)~式(9)转化为RMSE′、MSE′和MAE′，并得到各模型转化指标表，见表2。

$$\text{RMSE}' = \frac{1}{100 \cdot \text{RMSE}} \tag{7}$$

$$\text{MSE}' = \frac{1}{100 \cdot \text{MSE}} \tag{8}$$

$$\text{MAE}' = \frac{1}{100 \cdot \text{MAE}} \tag{9}$$

转化指标表　　　　表2

模型	RMSE′	MSE′	MAE′	R^2
VAR 模型	0.4781	7.2201	0.7141	0.9928
LSTM 神经网络	0.0408	0.1771	0.1054	0.9487
决策树	0.0491	0.2503	0.0951	0.9601
随机森林	0.0314	0.1016	0.0730	0.8645
BP 神经网络	0.0598	0.3871	0.1166	0.9340

再将 RMSE′、MSE′和 MAE′和 R^2 指标根据公式进行归一化,得到$\overline{\text{RMSE}}$、$\overline{\text{MSE}}$、$\overline{\text{MAE}}$和 $\overline{R^2}$。将这四个指标求和,得到综合评价指标。

$$\overline{I_M} = \frac{I_M - \min(I)}{\max(I) - \min(I)} \tag{10}$$

计算得到模型的综合评价指标计算表见表3,根据综合指标值从大到小排序,可以用于评价模型的好坏,结果显示,VAR 模型效果最好,随机森林模型效果最差。

模型综合评价指标计算表　　　　表3

模型	$\overline{\text{RMSE}}$	$\overline{\text{MSE}}$	$\overline{\text{MAE}}$	$\overline{R^2}$	综合指标	排名
VAR 模型	1.0000	1.0000	1.0000	1.0000	4.0000	1
LSTM 神经网络	0.0209	0.0106	0.0505	0.6560	0.7380	3
决策树	0.0396	0.0209	0.0345	0.7452	0.8401	2
随机森林	0.0000	0.0000	0.0000	0.0000	0.0000	5
BP 神经网络	0.0635	0.0401	0.0681	0.5415	0.7132	4

随机选取的5组不同模型同一时间预测值与实际值对比轨迹图(图5)可以直观发现,VAR 模型的拟合效果相对最好。对于其中个别异常数据,例如编号为 75、76、77 的传感器,由于其实际所处位置的地质条件影响,其测得的实际值与其他传感器相比就存在较大偏差,模型的预测误差也会随之增大,但 VAR 模型相对其他模型的预测偏差更小,更接近实际值。

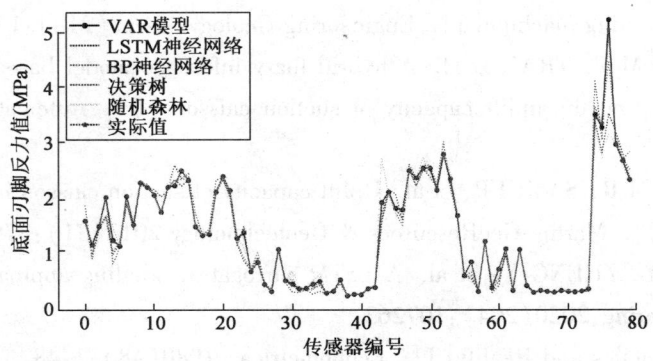

图5　2020 年 7 月 27 日 7:00 不同传感器预测结果与实际值对比

分析其他模型的预测结果可以发现,BP 神经网络模型和 LSTM 神经网络模型在处理大数据时具有明显优势,但受限于数据量偏少,其拟合效果也相对较差。而决策树模型和随机森林模型受限于其预测方式,预测结果分布情况偏离散化,预测效果较差。

五、结 语

(1)原始数据由于设备测量随机扰动和环境因素影响而存在一定的数据噪声,本文首先采用卡尔曼滤波法去除数据噪声,对比结果发现,卡尔曼滤波法能够较好地平滑数据,去除噪声,同时能保持原有数据不失真。

(2)建立 VAR 向量自回归模型预测沉井底面刃脚反力值,通过改变模型的输入输出对模型进行灵敏度分析,发现当输入步长为20,输出步长为1时,模型预测结果最好,当预测精度达到99%以上,随着输出步长增加,当在输出步长为6的范围内,每增加一步输出,预测精度平均降低1%左右。

(3)将 VAR 模型在测试集样本的预测结果与 BP 神经网络模型、LSTM 神经网络模型、决策树模型、随机森林模型进行对比,得出 VAR 模型的预测精度平均值最高的结论,为99.28%,各项误差指标都为最低;另外构建的综合指标表明 VAR 模型的综合指数最高,其后依次为决策树模型、LSTM 神经网络模型、BP 神经网络模型和随机森林模型;VAR 模型预测值对实际值也具有最好的轨迹拟合效果。

参考文献

[1] DAS B, SOBHAN K. Principles of geotechnical engineering[M]. 8th ed. Boston: Cengage Learning, 2013.

[2] 穆保岗,别倩,赵学亮,等.沉井下沉期荷载分布特征的细观试验[J].中国公路学报,2014,27(9):49-56.

[3] 徐鹏飞,李耀良,徐伟.压入式沉井施工对环境影响的现场监测研究[J].岩土力学,2014,35(4):1084-1094.

[4] 杨栋,王锦国.大型沉井下沉阻力监测技术[J].公路工程,2012,37(4):10-13,19.

[5] 郭明伟,马欢,杨忠明,等.常泰长江大桥施工阶段大型沉井基础沉降变形分析[J].岩土力学,2021,42(6):1705-1712,1723.

[6] PURI N, PRASAD H D, JAIN A. Prediction of geotechnical parameters using machine learning techniques[J]. Procedia Computer Science,2018(125):509-517.

[7] CHAO N. The application of BP artificial neural network in geotechnical engineering[J]. Applied Mechanics and Meterials,2014(580-583):823-826.

[8] WANG Q, XIE X, SHAHROUR I. Deep Learning Model for Shield Tunneling Advance Rate Prediction in Mixed Ground Condition Considering Past Operations[J]. IEEE Access, 2020(8):215310-215326.

[9] HUANG F, HUANG J, JIANG S, et al. Landslide displacement prediction based on multivariate chaotic model and extreme learning machine[J]. Engineering Geology, 2017(218):173-186.

[10] CHENG M Y, CAO M T, TRAN D H. A hybrid fuzzy inference model based on RBFNN and artificial bee colony for predicting the uplift capacity of suction caissons[J]. Automation in construction, 2014(41):60-69.

[11] MUDULI P K, DAS M R, SAMUI P, et al. Uplift capacity of suction caisson in clay using artificial intelligence techniques[J]. Marine GeoResources & Geotechnology 2013(31):375-390.

[12] ZHANG P, YIN Z Y, ZHENG Y, et al. A LSTM surrogate modelling approach for caisson foundations[J]. Ocean Engineering,2020(204):107263.

[13] SIMS C. Macroeconomics and Reality[J]. Econometrica, 1980(48):1-48.

[14] 孟蒙,陈智强,黄达,等.基于 H-P 滤波法、ARIMA 和 VAR 模型的库区滑坡位移综合预测[J].岩土力学,2016,37(S2):552-560.

[15] KALMAN R. E. A new approach to linear filtering and prediction problems[J]. Journal of Basic Engineering Transactions,1960,82(1):35-45.

[16] PAUL Z., HOWARD M. Fundamentals of Kalman Filtering: A Practical Approach[M]. 3rd ed. Reston: American Institute of Aeronautics&Astronautics, Inc., 2009: 41-90.
[17] 王利, 李亚红, 刘万林. 卡尔曼滤波在大坝动态变形监测数据处理中的应用[J]. 西安科技大学学报, 2006, 26(3): 353-357.
[18] 宋迎春. 动态定位中的卡尔曼滤波研究[D]. 长沙: 中南大学, 2006.
[19] ZORLU K, GOKCEOGLU C, OCAKOGLU F, et al. Prediction of uniaxial compressive strength of sandstones using petrography-based models[J]. Engineering Geology; 2008(96): 141-158.
[20] 张全太, 刘泉声, 黄兴. TBM净掘进速率预测模型及多指标评价方法研究[J]. 煤炭工程, 2021, 53(5): 107-113.

44. 基于有限元的常泰长江大桥稳定性研究

郑 兴[1,2]　黄 侨[1]　Maria Anna Polak[2]

(1. 东南大学交通学院; 2. 滑铁卢大学土木与环境工程学院)

摘　要　常泰长江大桥主跨1176m, 是我国在建的特大公铁两用斜拉桥。本文中, 采用有限元方法对常泰长江大桥的主桥结构进行了稳定性研究, 考虑了恒载、活载和风载。非线性计算中同时计入了材料非线性和几何非线性。结果表明, 常泰长江大桥线性稳定系数最小为10.50, 非线性稳定系数最小为2.04, 结构安全可靠。

关键词　公铁两用斜拉桥　空间钻石形桥塔　稳定性　屈曲　非线性

一、引　言

斜拉桥以其受力合理、跨越能力强等优点, 成为现代大跨度桥梁最常见的桥型之一。随着材料性能和设计水平的不断提高, 斜拉桥的发展呈现出大跨径的趋势。

由于斜拉桥的塔、梁均为受压受弯构件, 因此有必要对斜拉桥的稳定性进行研究。许多学者基于有限元法[1,2]、梁柱法[2]或能量法[1,3]对斜拉桥进行弹性屈曲分析。然而, 当斜拉桥达到极限状态时, 非线性将对结构产生至关重要的影响。弹性屈曲分析得到的稳定系数会远大于考虑非线性效应的稳定系数, 从而导致桥梁设计的不安全性。因此, 有必要研究桥梁的非线性稳定性进行计算, 并探索其破坏模式[4]。

值得注意的是, 以往对成桥阶段的研究中, 主要考虑了活载分布在全桥上和仅分布在主跨上两种情况[5,6]。然而常泰长江大桥同时包含公路交通和铁路交通, 且车道在横桥向采用了不对称的分布形式, 活载分布较为复杂。因此, 根据桥塔关键截面的影响线, 考虑不同活载布置的工况, 将使桥塔的受力合理, 使设计更加全面。

本文采用有限元方法对常泰长江大桥非线性稳定性进行研究。分析中, 考虑斜拉桥在成桥阶段受到的恒载、活载及静风荷载。根据塔柱弯矩和轴力的影响线, 考虑各种不利活载工况。对于主梁活载的横向不对称性, 特别考虑了塔柱最大横向弯矩对应的荷载工况。使用有限元分析对主桥结构的稳定性进行评估。

二、工程背景

常泰长江大桥是一座公铁两用斜拉桥, 主跨1176m。该桥采用横向不对称的双层桁架梁, 其上层为六车道公路, 下层上游为两线铁路, 下游为四车道公路。桥梁主体总体布置如图1a)所示。主梁为双层钢桁架梁, 标准断面如图1b)所示。主桥桥塔为空间钻石形桥塔, 每个塔由四根下塔柱、四根中塔柱、一根上塔柱和横梁组成,352m 高的桥塔具有优异的静态性能、动态性能以及良好的空间刚度。桥塔布置如图 1c)所示。

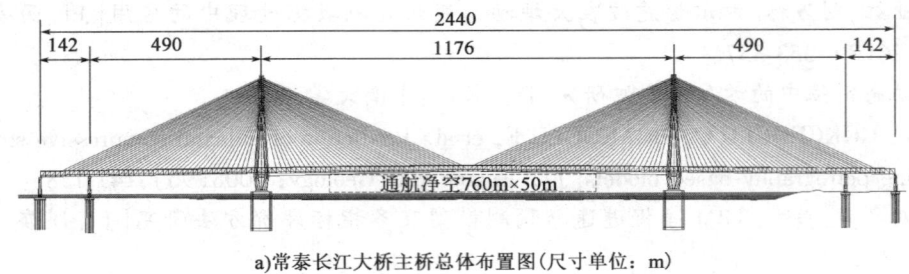

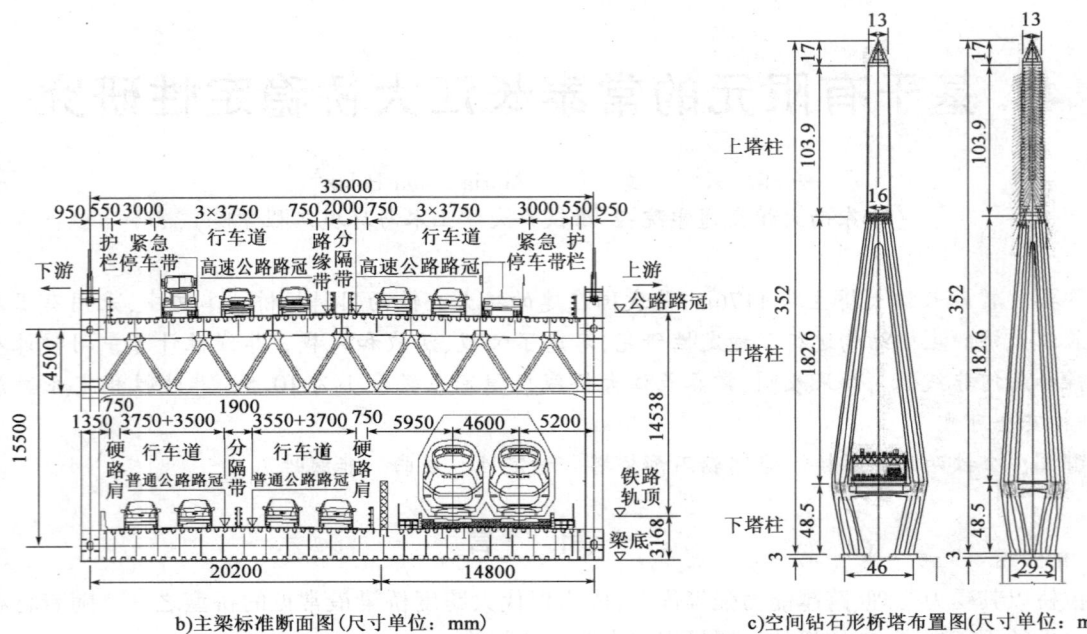

a)常泰长江大桥主桥总体布置图(尺寸单位:m)

b)主梁标准断面图(尺寸单位:mm)

c)空间钻石形桥塔布置图(尺寸单位:m)

图 1　常泰长江大桥结构布置图

常泰长江大桥桥塔由于纵向和横向均采用菱形设计,比其他传统桥梁桥塔具有更为复杂的静力响应。352m 高度桥塔使其建成后将成为世界上最高的斜拉桥桥塔,其稳定性分析具有重要的研究价值。

三、研究方法

1. 稳定分析流程

首先,采用 ANSYS 软件建立常泰长江大桥的有限元模型。空间钻石形桥塔采用实体建模方法尽可能准确地模拟结构响应。主梁则采用基于板壳单元的子结构模型来模拟复杂的桁架梁。

随后,进行线弹性屈曲分析,得到稳定性系数和屈曲振型。根据一阶屈曲模态形状更新模型的几何形状来引入初始缺陷。根据《公路桥涵施工技术规范》(JTG/T F50—2011)[7]的施工精度要求,初始缺陷的大小按塔顶水平位移为塔高的 1/3000 确定。

最后,对带有初始缺陷的模型进行了考虑几何非线性和材料非线性的稳定性分析,分析中恒载、活载和静风荷载同步增加。当模型逐渐加载至破坏时,荷载的放大倍数即为结构的非线性稳定系数。最后,对常泰长江大桥的破坏模式进行了分析和讨论。

2. 计算工况

计算分析中考虑了恒载、活载[8,9]和风载。恒载包含结构自重和二期恒载。由于桥塔是偏心受压构件,活载分布可根据桥塔关键截面的弯矩或轴力影响线确定。与在全跨或仅在中跨加载相比,按影响线分布的活载将使桥塔受力更加不利。静风荷载的模拟中,分别考虑 W1 和 W2 两个级别风速的纵风和横风。根据《公路桥梁抗风设计规范》(JTG/T 3360-01—2018)[10],W1 级风荷载应与活载共同计算,W2 级风荷载则不与活载同时考虑。

计算中共计考虑了 11 种荷载工况,活载和风荷载的组合情况见表 1,恒荷载包含在所有荷载工况中。施工过程中的稳定系数,包括裸塔状态等的稳定系数,经试算后未作为设计的控制条件,故本文不予列出。

计算工况   表1

计算工况	活载		风荷载
	内力影响线	截面	
LC1	—	—	—
LC2	纵桥向弯矩	上塔柱底部	W1 级纵风
LC3	纵桥向弯矩	下塔柱底部	W1 级纵风
LC4	轴力	上塔柱底部	W1 级纵风
LC5	轴力	下塔柱底部	W1 级纵风
LC6	横桥向弯矩	上塔柱底部	W1 级纵风
LC7	横桥向弯矩	下塔柱底部	W1 级纵风
LC8	横桥向弯矩	上塔柱底部	W1 级横风
LC9	横桥向弯矩	下塔柱底部	W1 级横风
LC10	—	—	W2 级纵风
LC11	—	—	W2 级横风

注:下塔柱底的四个塔柱中,以江侧铁路侧塔柱的截面取影响线时的典型断面。

3. 有限元模型

采用有限元软件 ANSYS 建立全桥有限元模型。模型中采用 Solid-65 和 Solid-185 单元模拟桥塔混凝土。Link-180 单元用于模拟塔柱内的钢筋。钢筋单元的每个节点都与混凝土单元上最近的节点耦合。上塔柱中的钢壳采用 Shell-181 单元进行模拟。桥塔 ANSYS 有限元模型如图 2 所示。

主梁为双层钢桁架结构。主梁建模中,采用 Beam-188 单元模拟桁架,采用 Shell-181 单元模拟正交各向异性板等其他构件;然后,采用子结构方法降低模型的自由度。斜拉索采用 Link-180 单元进行模拟,并按照恩斯特公式[11]计算其等效弹性模量。桥梁整体有限元模型如图 3 所示,模型共包含 2404025 个单元,2839444 个自由度。

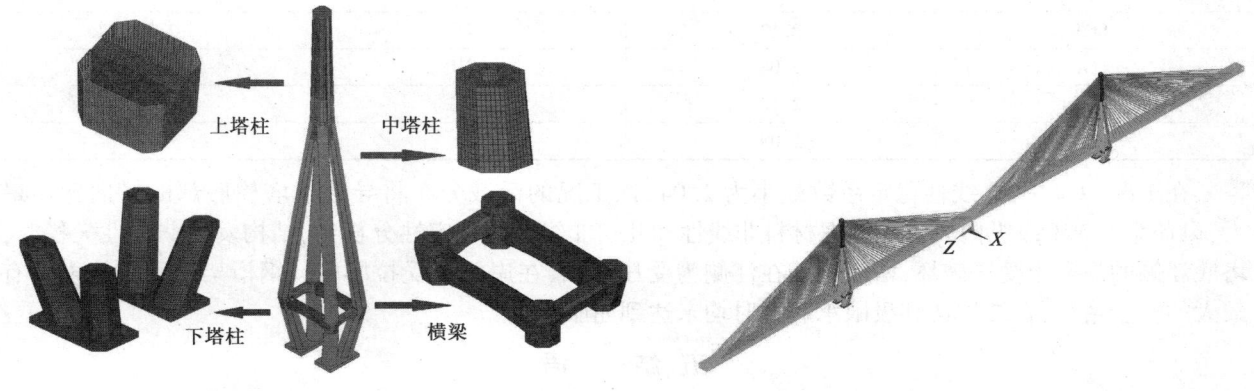

图 2　桥塔 ANSYS 有限元模型图　　　　　　　图 3　桥梁整体有限元模型图

在非线性稳定分析中,对桥塔中的混凝土和钢筋设置非线性材料本构模型。其中混凝土本构模型采用多线性等向强化(MISO)模型,钢筋本构模型采用双线性随动强化(BKIN)模型。此外,考虑斜拉索在达到极限拉应力时发生断裂。

四、稳定性计算结果

1. 屈曲荷载系数

利用有限元模型对常泰长江大桥在11种工况下进行了稳定性分析。一阶线性屈曲荷载系数、对应的线性屈曲模态见表2。

屈曲荷载系数计算结果 表2

工况	一阶屈曲荷载系数	线性屈曲模态
LC1	12.64	横桥向屈曲
LC2	11.48	纵桥向屈曲
LC3	11.47	横桥向屈曲
LC4	11.44	横桥向屈曲
LC5	11.45	横桥向屈曲
LC6	10.85	横桥向屈曲
LC7	10.73	横桥向屈曲
LC8	10.84	横桥向屈曲
LC9	10.72	横桥向屈曲
LC10	12.58	横桥向屈曲
LC11	10.50	横桥向屈曲

各工况的线弹性屈曲荷载系数均在10～13。这是因为特大跨径桥梁的恒载在全部荷载中所占比例大,对结果起决定性影响。常泰长江大桥的活载在竖向荷载中占比不超过5%,对线弹性稳定系数影响有限。工况LC11的线弹性屈曲荷载系数最小为10.50,表明W2级横向风荷载对该系数的影响最为显著。荷载工况LC6～LC9屈曲荷载系数均相对较小,这些工况中的活载均导致不利的横向弯矩,说明横向不对称的荷载将降低结构的屈曲荷载系数。

2. 非线性稳定系数

常泰长江大桥非线性稳定系数见表3。从表3可以看出,结构的非线性稳定系数明显减小到2.0～2.8。在所有工况中,考虑恒载、活载和风载的工况非线性稳定系数相对较小。不同的活载分布对结果有一定的影响。纵向风比横向风对结构的稳定性更不利。

非线性稳定系数计算结果 表3

工况	非线性稳定系数	工况	非线性稳定系数
LC1	2.79	LC7	2.04
LC2	2.09	LC8	2.35
LC3	2.12	LC9	2.30
LC4	2.08	LC10	2.18
LC5	2.12	LC11	2.69
LC6	2.09	—	

在工况LC7中,非线性稳定系数最小为2.04,该工况的活载分布将导致下塔柱底部的横向弯矩最大,风荷载为W1级纵向风。在考虑材料非线性和几何非线性的稳定性分析中,结构发生非线性失稳时,塔底江侧的混凝土受压破坏,塔底钢筋在江侧为受压屈服,在岸侧为受拉屈服。钢桁架梁和斜拉索具有较大的安全裕度,在结构达到极限承载力时均未达到屈服强度。

五、结　　语

本文对常泰长江大桥进行有限元分析,进行了线性屈曲分析和考虑非线性的稳定性计算,主要结论可概括如下：

（1）常泰长江大桥最小线性屈曲荷载系数为 10.50。恒载对于大跨斜拉桥的线性屈曲荷载系数起决定性的作用，活载和风荷载对线性屈曲荷载系数影响较小。

（2）考虑材料非线性和几何非线性后，最小稳定系数显著下降至 2.04，对应的工况为 LC7。非线性对大跨径斜拉桥稳定系数影响显著。考虑非线性的稳定性分析能够反映桥梁结构的极限承载力。

（3）常泰长江大桥非线性失稳时，塔底的混凝土压碎是结构破坏的控制因素，决定着结构的极限承载力。

参考文献

[1] XI Y, KUANG J. An energy approach for geometrically non-linear analysis of cable-stayed bridges[J]. Proceedings of the Institution of Civil Engineers: Structures and Buildings, 2000, 140(3): 227-237.

[2] CHOI D H, YOO H, SHIN J I, et al. Ultimate behavior and ultimate load capacity of steel cable-stayed bridges[J]. Structural Engineering and Mechanics, 2007, 27(4): 477-499.

[3] XI Y, KUANG J S. Ultimate load capacity of cable-stayed bridges[J]. Journal of Bridge Engineering, 1999, 4(1): 14-22.

[4] XI Z, XI Y, XIONG H. Ultimate load capacity of cable-stayed bridges with different deck and pylon connections[J]. Journal of Bridge Engineering, 2014, 19(1): 15-33.

[5] KIM S, WON D H, KANG Y J. Ultimate behavior of steel cable-stayed bridges-I. Rational ultimate analysis method[J]. International Journal of Steel Structures, 2016, 16(2): 601-624.

[6] OLIVEIRA PEDRO J J, REIS A J. Nonlinear analysis of composite steel-concrete cable-stayed bridges[J]. Engineering Structures, 2010, 32(9): 2702-2716.

[7] 中华人民共和国交通运输部. 公路桥涵施工技术规范: JTG/T F50—2011[S]. 北京: 人民交通出版社, 2011.

[8] 中华人民共和国交通运输部. 公路桥涵设计通用规范: JTG D60—2015[S]. 北京: 人民交通出版社股份有限公司, 2015.

[9] 国家铁路局. 铁路桥涵设计规范: TB 10002—2017[S]. 北京: 中国铁道出版社, 2017.

[10] 中华人民共和国交通运输部. 公路桥梁抗风设计规范: JTG/T 3360-01—2018[S]. 北京: 人民交通出版社股份有限公司, 2018.

[11] ERNST H J. Der e-modul von seilen unter berucksichtigung des durchanges[J]. Der Bauingenieur, 1965, 42(5): 52-55.

45. 新型消除残余应力抗疲劳钢桥面制作工法研究

杨　红　程江江　王洪福

（中建五洲工程装备有限公司）

摘　要　正交异性钢桥面板焊缝多、构造复杂，在焊缝和热影响区易产生严重的焊接残余应力，通常消除残余应力是在采用专用退火炉中进行，但目前已知的针对这种大型钢构件常规退火工艺操作简单、针对性较差，即使经过退火处理，去应力效果也比较有限，使用寿命依然相对较低。因此，需要对大型钢构件有针对性进行整体退火研究，研发一种正交异性钢结构焊接单元的退火工艺，有效消除残余应力，提高钢桥面板的抗疲劳性能和使用寿命。

关键词　正交异性钢桥面　残余应力　抗疲劳　整体退火　退火工装

一、引　言

正交异性钢桥面结构是钢桥最主要的部件和用量较大的组成部分(每年用量超过200万t)。早期建造的正交异性钢桥面桥梁,运营10年后普遍出现疲劳开裂;如果20年需要进行一次焊缝的修补,对于一座千米级六车道钢桥,一次修补费用不小于1000万元;如采用相对可靠的钢桥面,寿命期内可至少节约费用1000万元。

焊接残余应力是降低材料疲劳强度和应力腐蚀性能的主要因素之一。通过退火可以有效消除材料焊接后的残余应力并改善组织与力学性能。但现在焊后退火消除残余应力研究主要集中于压力容器领域,对钢桥面板相关研究极少,缺乏可供借鉴的退火工艺。同时,达到良好的退火效果要控制好两个方面,一是退火工艺参数(如升温速度、保温时间等)的合理设定;二是退火设备的合理选择及操作。若控制不当将出现过热、过烧、热裂纹、氧化等危害,从而影响处理效果。

常规方法:一是增加隔板、加劲板,可提高桥面板整体刚度、强度,减小变形,但产生更大焊接焊接残余应力;二是选择不退火处理,严格按工艺文件施焊,减少返修、降低残余应力累加,但无法提高钢桥面抗疲劳性能目的;三是选择退火处理,但针对桥面板大型钢构件,常规退火工艺操作较为简单,针对性较差,即使经过退火处理,去应力效果有限,相应的使用寿命依然较低。

小组成员通过借鉴前期查阅资料时发现的改变工艺,防止疲劳开裂和退火消除焊接残余应力的思路,提出了"研发消除残余应力抗疲劳钢桥面新方法"的研究思路:使用厚边U肋(提高强度)、增加内隔板(增加刚度)及焊后退火(消除残余应力),解决顶板与U肋连接焊缝裂纹的问题,提高正交异性钢桥面的疲劳性能。采用制造厂制造工艺技术开发、实验室试验研究及工程应用等研究手段,最终形成正交异性钢桥面板整体退火工艺。

二、方 案 研 究

根据U肋板单元制作工艺流程和查新借鉴的思路,提出研发消除残余应力抗疲劳钢桥面新方法的比选方案。

1. 反变形胎架

采用固定式,还是变位式反变形胎架?设计了一种变位式反变形胎架滑动轨道,用于改变卡位距离,实现多尺寸板单元加工;可通过转轴和插销,实现上部弧线平台架±30°旋转,完美实现船型焊。同时,反变形胎架操作方便,稳定牢固,安全性能较好,因此决定采用变位式反变形胎架。

2. 热处理工装胎架

采用多层整体式,还是多层分体式?所设计的多层分体式热处理工装胎架由支撑组件、可拆卸组件和限形组件组成,增焊筋板防变形,预留足够层间距,确保炉内热空气充分流动和温度均匀性,吊装方便;组件可自由拆装,存放场地不受限制。同时,多层分体式胎架实用性强,一个批次完成多个钢桥面板整体退火,降低焊后残余应力,缩短工期,降低生产成本,因此决定采用多层分体式热处理工装胎架。

3. 热轧变截面U肋

采用U肋8TE300-280/170,还是U肋6TE300-280/170?因采用8个厚热轧变截面U肋与桥面板更匹配,强度大,疲劳性能提高较多,决定采用。

4. U肋内隔板

采用上焊梯形满板、下焊梯形满板,还是上下留空梯形板?因上下留空梯形板只需焊两条焊缝,更经济,更利于实现课题研究目标,决定采用。

5. 残余应力测试

采用盲孔法,还是X射线法?因X射线法检测为非破坏性试验,检测残余应力的检测精度高、可靠性好,应用在应力小范围内急剧变化的情况中最为有效;同时,设备价格相对较低,易于操作,工时较少,决定采用。

6. 确定最佳方案

通过调查、试验分析及评价,确定了新型消除残余应力抗疲劳钢桥面技术具体方案,如图1所示。

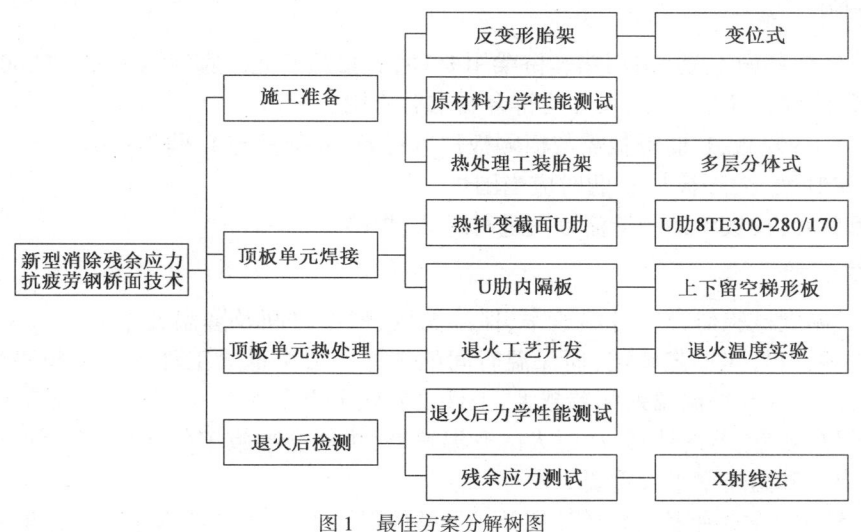

图1 最佳方案分解树图

三、工 艺 研 究

1. 制作变位式反变形胎架

通过设计反变形胎架,使板单元在预拱状态焊接,控制板单元焊接变形程度;通过增设滑槽,使压紧装置可以宽度调节,实现不同宽度板单元的使用;通过设置转动轴,可实现胎架±30°旋转,满足板单元焊接的各状态,从而保证U形肋焊接质量、减少板单元的起吊次数。

2. 原材料力学性能测试

为了检测热处理对于材料性能的影响,在板单元热处理过程中随炉加入局部U肋试件(与桥面板采用同种工艺制造),此试件用于力学性能检测、射线检测残余应力和盲孔检测残余应力。

首先制作局部U肋试件,共设计4个局部U肋试件,包含退火处理、U肋内隔板、U肋种类3个变量参数(表1),然后对材料进行拉伸试验,试验结果均符合要求。

U肋试件参数设置表   表1

试件编号	退火处理	内隔板	U肋种类
TJ-1-1	不退火	3,4号U肋	普通
TJ-1-2	退火	3,4号U肋	普通
TJ-2-1	不退火	3,4号U肋	热轧厚边
TJ-2-2	退火	3,4号U肋	热轧厚边

U肋模型、实物图分别见图2、图3。

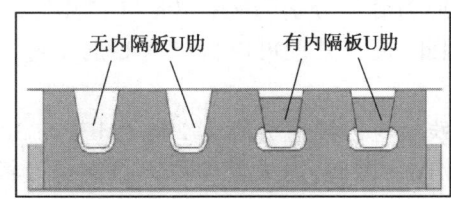

图2 U肋模型示意图

a)正视图   b)左视图

图3 U肋实物图

3. 制作多层分体式热处理工装胎架

钢材在温度超过300℃时,强度及弹性模量显著下降,塑性显著上升,为防止钢桥面板在热处理发生过大蠕变，需要为正交异性钢桥面板设计专门防变形工装。目前制作完成的多层分体式热处理工装胎架实用性强，一个批次完成多个钢桥面板整体退火，降低退火成本，缩短工期，符合绿色施工理念。同时，工装胎架自身防变形，减少了自身退火变形对钢桥面板的影响，促进了钢桥面板退火后消除残余应力。

4. 板单元制作

首先，选择热轧变截面 U 肋，采用热轧桥梁用 U 肋，直接从专业厂家定购 U 肋 8TE300-280/170，进场验收检查，开口尺寸、坡口角度、钝边尺寸均符合要求后待用。

然后，焊接 U 肋内隔板，U 肋隔板需与横隔板位置对齐，横隔板与 U 肋焊接时角部不得有起息弧，另外在焊接横隔板和 U 肋、内隔板与 U 肋时应当围焊。

最后，制造板单元，按板单元制造流程图进行组装、焊接。

5. 退火温度试验

首先进行退火温度试验研究。升温速率、保温温度、保温时间及降温速率是退火工艺的关键参数。保温温度的选择一般由具体工艺确定，而保温时间的选择一般由退火工件的最大板厚结合实际经验得出。升温速率越大，工件和炉温温差相差越大，工件内的残余应力越大。恰当的升温速率，可以在保证退火效果的情况下提高效率，节约能源；而过大的升温速率，可能会导致工件变形，甚至产生新的热残余应力。因此确定适当的升温速率十分重要。

通过借鉴《一种正交异性钢桥面板施工安装现场整体退火工艺》的参考数据，又根据现行《钢件的正火与退火》（GB/T 16923）、《承压设备焊后热处理规程》（GB/T 30583）、桥面板的结构特点以及热处理相关经验，进行加工试件试验。通过 3 种退火实验数据，发现 Q345qD 材料性能变化不大，残余应力消除效果相当，从经济环保考虑，选择退火温度最高，保温时间最短的退火温度 600～620℃，25min 为最优退火参数。

然后进行加工试件退火，对加工试件退火后进行有限元模拟分析，退火后变形分布与焊后变形分布相比，变形趋势基本相同，横向变形和纵向变形值较小，纵向变形量最大值由焊后的 0.49mm 减小到 0.21mm，板厚方向的变形分布变化较大，尽管钢箱梁中部也发生上挠变形，但是变形值减小，在 U 肋两侧的平板发生上翘，最大变形量约为 0.4mm，总体变形量最大值约为 0.43mm。

最后进行板单元退火，将前期制作好的 2 个足尺节段模型，与仙新路项目顶板单元一起进行退火处理。选取仙新路两个 A 类梁段（SG7、SG8）的顶板单元进行热处理，其中对 SG7 梁段所包含的顶板单元进行调质处理，对 SG8 梁段所包含的顶板单元不进行调质处理，热处理顶板单元总质量为 214.25t。

6. 退火后力学性能测试

为验证退火工艺对原材料性能的影响，增加随炉局部 U 肋试件进行退火处理，退火后进行拉伸、弯曲、冲击试验，检测数据均符合要求。

7. X 射线法残余应力测试

首先用 X 射线法对局部试件和板单元进行退火前后残余应力测试。取一条垂直于焊缝的横桥向直线，沿直线上邻近焊缝区域按 25mm 的间距取点检测，远离焊缝的区域按 50mm 的间距取点检测。

共对 4 个局部试件（2 件热处理前，2 件热处理后）和 4 个板单元（热处理前后）与进行了残余应力测试。

对于局部 U 肋试件，退火处理前板单元纵向、横向残余应力峰值分别为 236MPa 与 12MPa，退火处理后板单元残余应力峰值分别为 −29.4MPa 与 −9.6MPa。因此，退火处理可以将局部 U 肋试件的纵向残余应力降低 88.9%，横向残余应力降低 55.6%。

通过处理数据可以看出，退火处理前板单元纵向、横向残余应力峰值分别为 236.9MPa 与 32.2MPa，退火处理后板单元残余应力峰值分别为 12.3MPa 与 −5.3MPa。因此，退火处理可以将钢桥面板单元纵向残余应力降低 82.1%，横向残余应力降低 57.5%。

最后用盲孔法对局部试件进行残余应力测试。测试 4 个局部足尺 U 肋（2 件热处理前，2 件热处理后），每条焊缝选取 30 个测试点。根据测试结果和对比分析，退火后纵向残余应力下降 60%～80%，横向残余应力下降 50%～60%，残余应力下降非常明显。

8. 疲劳强度试验

为初步研究残余应力对焊缝疲劳性能的影响，开展了 4 个局部足尺单 U 肋试件的疲劳模型试验研究，其中 2 个试件采用退火处理，2 个试件不做处理。为了准确捕捉试件在荷载作用下的应力响应、识别应力峰值，在顶板与 U 肋焊缝顶板焊趾处、U 肋与横肋焊缝焊趾处粘贴应变片进行监测。作动器按照正弦波加载，加载频率为 2Hz，24h 不间断加载。

四、成效与成果

1. 质量效益

根据数据可以看出：改用热轧厚边 U 肋和增焊 U 肋隔板可以明显提高构件疲劳强度，在此基础上经退火处理疲劳强度进一步得到提高，焊缝处纵向残余应力由原来 480.1MPa 下降到 83.6MPa，降幅 82.6%，横向残余应力由原来 -73.7MPa 下降到 -20.1MPa，降幅 72.7%，关键焊缝疲劳强度应力幅至少提高 20% 以上。说明课题研究目标实现。

2. 经济效益

因目前仙新路项目还未发生抗疲劳开裂，无直接经济效益。但钢桥运行 10~20 年通常就会发生疲劳开裂，维修费少则几百万元，多则上亿元。钢桥面通过退火工艺，各关键焊缝焊接残余应力降低约 80%，试验结果显示各焊缝疲劳强度提高 20% 左右，相应的疲劳寿命可提高约 76%。若按照常规高架桥 50 年设计寿命计算，20 年需要进行一次焊缝修补，一次修补费用 1000 万元，至少需花费修补费 2000 万元；现退火后桥面服役寿命可提高到 35 年左右，服役期间可以减少维修次数，至少可节约维护成本 1000 万元，同时减少维修期间由于道路封堵引起的经济损失。

3. 社会效益

退火钢桥面便于标准化、规模化生产，有利于高品质钢桥面产业化推广，提升我国钢桥的制造水平。

五、结　语

针对钢箱梁桥正交异性钢桥面的日益突出疲劳开裂问题，本成果从制作工艺角度提出改进措施，降低了正交异性钢桥面的残余应力，达到了提高面板疲劳强度的目的，填补了相关领域空白。小组成员认真总结归纳小组活动中的技术成果，形成了一系列标准化文件，形成了钢桥面板热处理作业指导书、新型消除残余应力抗疲劳钢桥制作工法、抗疲劳正交异性钢桥面加工技术规程标准（报批稿），供后续类似施工项目参考使用。

参考文献

[1] 中华人民共和国住房和城乡建设部. 钢结构工程施工质量验收标准：GB 50205—2020[S]. 北京：中国计划出版社，2020.

[2] 中华人民共和国住房和城乡建设部. 钢结构工程施工规范：GB 50755—2012[S]. 北京：中国建筑工业出版社，2012.

[3] 江苏省质量技术监督局. 公路桥钢箱梁制造规范：DB32/T 947—2006[S]. 北京：中国计划出版社，2020.

[4] 江苏省交通厅工程质量监督站. 公路桥梁钢结构焊接质量检验规程：DB32/T 948—2006[S]. 江苏：江苏科学技术出版社，2007.

[5] 中华人民共和国住房和城乡建设部. 建筑结构加固工程施工质量验收规范：GB 50550—2010[S]. 中国建筑工业出版社，2010.

[6] 刘福建，刘文明，潘春宇，等. 一种正交异性钢桥面板施工安装现场整体退火工艺：202110893344.X[P]. 2021-10-22.

[7] 翟慕赛，钱佳宸，褚乐，等. 一种正交异性钢桥面板整体加固装置：202122122389.5[P]. 2022-01-28.

46. 悬索桥锚固钢拉杆螺纹弹塑性有限元分析研究

陈远林　付超然　张　旭　黄安明

(德阳天元重工股份有限公司)

摘　要　本文使用通用有限元软件对在不同荷载下的悬索桥锚固钢拉杆螺纹接头进行了分析。结果显示,在弹性阶段,随着荷载的增加,螺纹的第1牙的von Mises应力也随之增加。然而,当应力超过屈服强度后,其应力变化基本保持不变,但塑性应变会增加。此外,在轴向荷载一定的情况下,接触压力从第1牙开始依次减小,前5牙螺纹的接触压力较大,而其余螺纹的接触压力基本保持平稳。塑性变形发生后,相邻螺纹会承担更多荷载,且前5牙螺纹承担了约75%的总荷载。通过螺纹的弹塑性有限元分析,我们可以让设计人员更加清楚了解螺纹在各种荷载下的受力状态,从而为螺纹的优化设计和工程应用提供重要依据。

关键词　钢拉杆　弹塑性　有限元　von Mises应力　接触压力

一、引　言

大直径钢拉杆在桥梁工程、建筑工程和海洋船坞工程等领域有着广泛的应用。近年来,随着交通建设的大力发展,大直径钢拉杆在桥梁工程中的应用越来越广泛,特别是在悬索桥的锚固系统中,大直径钢拉杆扮演着重要的角色。悬索桥的锚固系统采用高强度合金钢材质的钢拉杆,直径通常在100mm以上,两端为大螺距梯形螺纹。钢拉杆结构强度的可靠性对于桥梁的安全运营至关重要。

许多学者对高强度钢拉杆的材料性能和热处理工艺进行了大量的理论和试验研究,但是对螺纹连接强度研究较少。考虑到梯形螺纹传力的特点,当钢拉杆受到轴向荷载时,钢拉杆发生轴向拉伸,从而使螺距增大,螺母受到轴向压缩,使其螺距减小,因而产生了螺距差,导致螺纹部位应力集中[1]。

现有的螺纹副荷载分布的研究方法主要包括理论分析法、光弹冷冻应力试验法和有限元法[2]。本文主要采用有限元法,考虑材料的弹塑性,对某大桥的锚固钢拉杆螺纹进行分析,总结螺纹受力规律,为后续项目的设计提供参考。

二、有限元模型

1. 几何模型

螺纹接触是一个高度非线性问题,为了简化计算,本文忽略了被连接件的影响,只考虑相互作用的钢拉杆、螺母。在计算中,螺纹尺寸规格按照《梯形螺纹　第3部分:基本尺寸》(GB/T 5796.3—2022)标准选取,其中螺距$P=12$mm,螺纹大径$D=100$mm。由于螺纹导程仅有12mm,螺纹的升角很小,因此建模时忽略了其影响,把螺纹视为轴对称结构。在模型中,螺纹咬合取17个螺牙的高度,并采用二维轴对称模型进行计算。通过简化处理,可以降低计算复杂度,提高计算效率。实际上,螺纹接触的非线性效应主要体现在接触区域的局部,因此这种简化处理是可行的[3]。

2. 材料本构

本文研究的钢拉杆材质为40CrNiMoA,为了获取其工程应力应变曲线,在试验室中进行了单轴拉伸试验。根据《钢及钢产品　力学性能试验取样位置及试样制备》(GB/T 2975—2018)、《金属材料　拉伸试验　第1部分:室温试验方法》(GB/T 228.1—2021)等标准规定,在钢拉杆本体的四分之一处取样,并制成直径10cm的拉伸试样。在型号为UTM5305,最大拉力为1000kN的微机控制电子万能试验机上进行单轴拉伸试验,获得材料参数如表1所示。

40CrNiMoA 材料参数

表1

名称	屈服强度(MPa)	抗拉强度(MPa)	延伸率(%)
40CrNiMoA	947	1042	18

由于螺纹自身受力特点,将螺牙根部应力水平和变形限制在弹性范围内是不现实的,产生塑性变形不可避免。因此,在有限元分析中,必须同时考虑材料的弹性变形和塑性变形。在弹性区域,遵循Hook定律进行计算;在塑性区域,采用Mises屈服准则。此外,为了更准确地预测螺纹区域的应力分布和变形情况,材料的应力-应变曲线必须是真实应力-应变曲线。假定材料体积守恒,即不论是压缩还是拉伸,材料体积既不发生减小也不发生增加,可以按式(1)和式(2)把工程应力、应变转换为真实应力与应变[4]。

$$\varepsilon_{true} = \ln(1 + \varepsilon_{eng}) \quad (1)$$

$$\sigma_{true} = \sigma_{eng}(1 + \varepsilon_{eng}) \quad (2)$$

式中:ε_{true}——真实应变;
ε_{eng}——工程应变;
σ_{true}——真实应力;
σ_{eng}——工程应力。

当材料发生屈服后,其行为会表现出非线性,为了在有限元软件中得到准确的应力-应变关系,我们可以选择使用(多线性各向同性硬化)(Multilinear Isotropic Hardening)模型。该模型可用于描述材料的塑性行为。在Multilinear Isotropic Hardening模型中,我们定义真实应力与真实塑性应变的函数关系,塑性应变计算见式(3)[4]。初始值为真实屈服应力,对应塑性应变为零。由于颈缩后的受力情况比较复杂,真实应力-应变曲线往往在颈缩开始后不够准确,因此在有限元分析中,由抗拉强度之前的工程应力-应变曲线数据计算出真实应力-应变曲线数据输入软件是更为准确的方法,但为了计算的连续性,我们将抗拉强度之后定义为理想弹塑性[5]。图1为40CrNiMoA工程应力-应变曲线和真实应力-应变曲线。

$$\varepsilon_{pl} = \varepsilon_{true} - \frac{\sigma_{true}}{E} \quad (3)$$

式中:ε_{pl}——塑性应变。

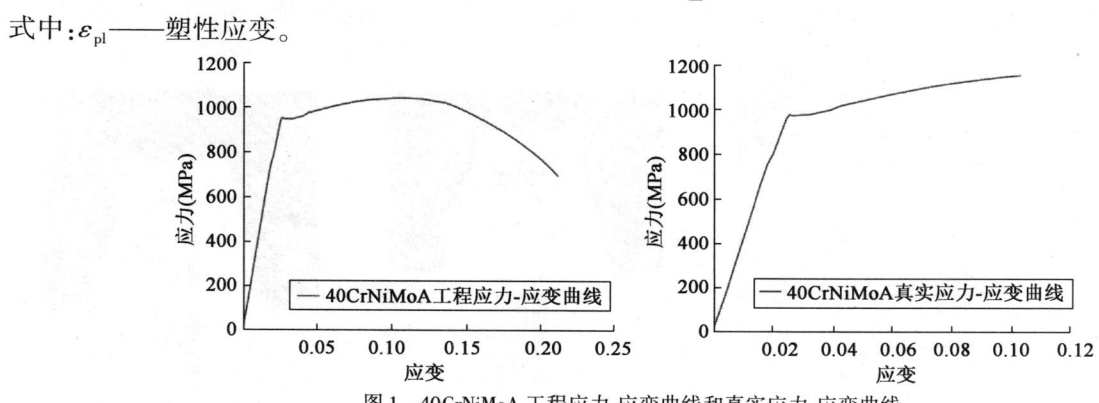

图1 40CrNiMoA工程应力-应变曲线和真实应力-应变曲线

3. 网格划分及边界条件

在进行网格划分时,全局网格尺寸设定为5mm,螺纹接触区域尺寸设定为0.5mm,网格单元总数为39628个,节点总数为120670个。外螺纹与内螺纹之间的接触采用摩擦接触,摩擦因数设置为0.15。螺母的下端面固定,轴对称面采用对称约束,在钢拉杆端面施加轴向荷载。

三、结果分析

1. 不同荷载下的有限元分析

为了更全面地理解和优化钢拉杆螺纹的受力,需要分析其在不同轴向荷载下的应力分布。特别需要关注von Mises应力,因为它被广泛用于评估结构的安全性和可靠性。当轴向荷载分别为1000kN、

2000kN、3000kN、4000kN时，进行了一系列有限元分析。考虑到螺牙根部 R 值太小，容易导致计算结果不收敛，因此选择前3牙螺纹底径中心位置节点作为特殊点进行比较。

如图2和图3分析结果显示，在不同荷载下，最大应力均发生在第1牙螺纹根部，且随着其他螺牙螺纹远离第1牙螺纹方向逐渐减小。在1000kN和2000kN轴向荷载下，第1牙螺纹在特殊点位置的 von Mises 应力分别为432.63MPa 和776.48MPa。这两个应力值均小于该材料的屈服强度，表明在此荷载范围内，螺纹仍处于弹性阶段，并且随着荷载的增加，应力不断增大。在3000kN轴向荷载下，第1牙螺纹在特殊点位置的 von Mises 应力为977.75MPa，该节点处产生屈服。这意味着在该荷载下，第1牙螺纹进入了塑性变形阶段。当荷载增加到4000kN时，该节点的应力为978.9MPa，最大应力几乎不变。这个结果表明，当第1牙螺纹产生屈服后，其他螺牙螺纹部位还未达到屈服，其应力逐渐增大。

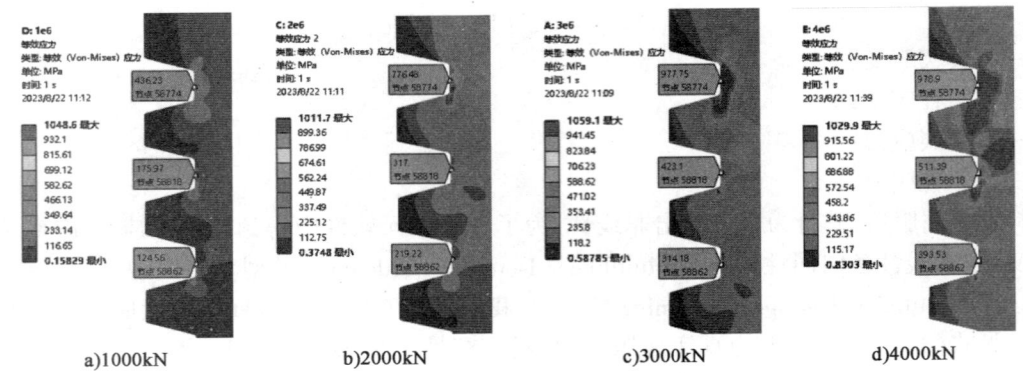

图2　不同荷载下螺纹 von Mises 应力分布云图（单位：MPa）

同时，通过有限元软件观察螺纹的塑性应变（图4），可以发现尽管第1牙螺纹的应力基本保持不变，但在3000kN和4000kN的轴向荷载下，塑性应变分别为0.018和0.034，随着荷载的增加，塑性应变也会随之增大。当材料出现屈服和应变强化时，基于应力的设计准则将不再适用，此时需要考虑材料应变失效准则[6,7]。这一发现对于优化钢拉杆的设计和使用具有重要意义，尤其在需要承受高荷载的应用场景中。

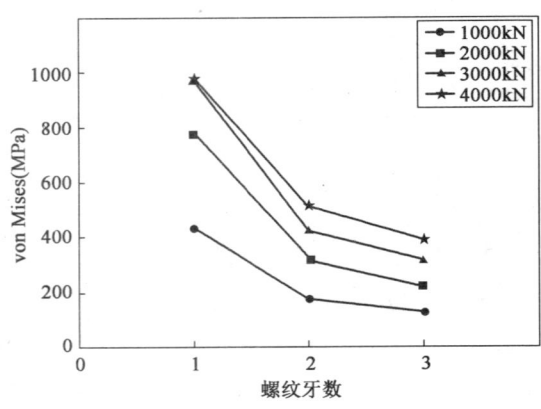

图3　不同荷载下第1～第3牙螺纹应力对比图

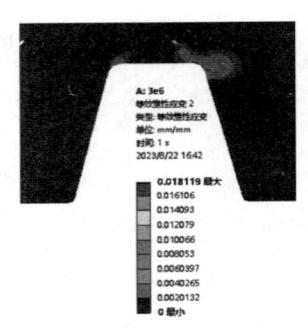

a)3000kN荷载下第1牙螺纹塑性应变　b)4000kN荷载下第1牙螺纹塑性应变

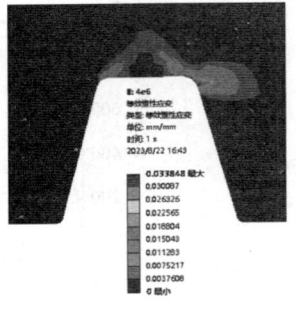

图4　塑性应变云图

2. 螺纹接触压力分布

图5展示了在3000kN轴向荷载下螺纹接触压力分布。最大接触压力出现在钢拉杆与螺母旋合的第1牙螺纹的左侧面，这是因为钢拉杆受到拉伸，螺母受到压缩，单侧的螺纹相互挤压，使接触压力集中在该位置。此外，还可以看到接触压力从螺纹顶部到螺纹根部逐渐增大，最大点位于螺纹根部附近。另外在轴向荷载一定的情况下，接触压力从第1牙螺纹开始依次减小，前5牙螺纹的接触压力较大，而其余螺纹的接触压力基本保持平稳。这种分布趋势可以解释为在前几牙中，螺纹的接触状态更好，能够更好地分担轴向荷载。

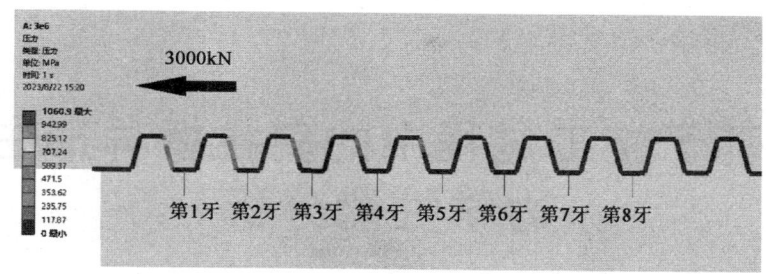

图 5　3000kN 轴向荷载下螺纹接触压力分布云图（单位：MPa）

3. 螺纹支反力分布

在 3000kN 轴向荷载下，分别在线弹性和非线性状态下，计算钢拉杆螺纹前 10 牙的支反力分布结果。通过提取前 10 牙螺纹的支反力 f_i，总的支反力 f_n，经过 $\eta = f_i/f_n$ 计算，得到每牙螺纹支反力占总的支反力百分比。由图 6 可知，线性状态下第 1 牙螺纹支反力略大于非线性状态，其余螺牙螺纹支反力略小于非线性状态，且越远离第 1 牙螺纹越趋于一致。这是由于考虑了材料非线性后，第 1 牙螺纹发生塑性变形，相邻的螺牙承担了更多的荷载。不论何种状态，前 5 牙螺纹承担了约 75% 的荷载。

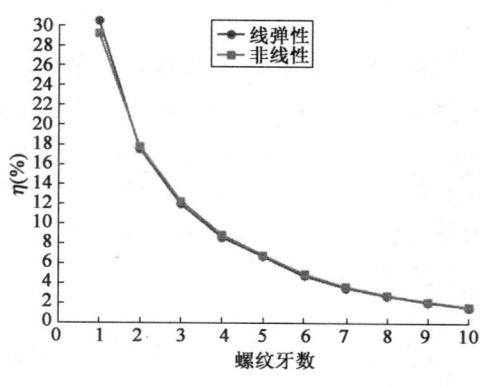

图 6　线弹性和非线性 η 与螺纹牙数关系图

四、结　语

本文利用通用有限元软件对在不同荷载下的悬索桥锚固钢拉杆螺纹接头进行了有限元分析，研究结果显示：

（1）不同荷载下，在弹性阶段，第 1 牙螺纹的 von Mises 应力随着荷载的增加而增大。然而，当应力超过屈服强度后，其 von Mises 应力保持不变，而后续未发生屈服的螺牙，应力将逐渐增大。

（2）在弹塑性阶段，随着荷载的增加，第 1 牙螺纹的 von Mises 应力超过屈服强度后基本保持不变，但塑性应变不断增加，此时需要考虑材料应变失效准则。

（3）在轴向荷载一定的情况下，接触压力从第 1 牙螺纹开始依次减小，前 5 牙螺纹的接触压力较大，而其余螺纹的接触压力基本保持平稳。

（4）在 3000kN 轴向荷载下，线性状态下第 1 牙螺纹的支反力略大于非线性状态，其余螺牙螺纹支反力略小于非线性状态；此外，前 5 牙螺纹承担了约 75% 的荷载。

参考文献

[1] 濮良贵，陈国定，吴立言．机械设计［M］．北京：高等教育出版社，2013．
[2] 颜庭梁，李家春．螺纹载荷分布计算方法研究及有限元分析［J］．机电工程，2020，37（5）：471-47．
[3] 晁利宁，刘云，苑清英，等．特殊螺纹接头弹塑性有限元模拟及试验研究［J］．塑性工程学报，2020，27（10）：156-164．
[4] 陈明祥．弹塑性力学［M］．北京：科学出版社，2007．
[5] 王少辉，李颖，翁依柳，等．基于棒材拉伸试验确定金属材料真实应力应变关系的研究［J］．塑性工程学报，2017，24（4）：138-143．
[6] 杨辉，王富祥，钟婷，等．基于应变的高钢级管道环焊缝适用性评价［J］．石油机械，2022，50（5）：150-156．
[7] 刘啸奔，陈严飞，张宏，等．跨断层区 X80 钢管道受压时的设计应变预测［J］．天然气工业，2014，34（12）：123-130．

47. 基于施工过程中的斜拉桥异形主塔力学性能分析

陆潇雄　陈露晔　杨世杰　宋志远　袁江川　周　超
(浙江数智交院科技股份有限公司)

摘　要　斜拉桥主塔为异形结构势必导致其施工过程中的受力较为复杂,为了系统性分析其受力情况,开展了现场监测分析,同步建立异形主塔有限元分析模型,基于相关假定情况下,对比分析现场监测结果与有限元计算结果,从而明确了主塔在不同施工阶段下的受力情况。结果表明:现场监测结果与有限元分析结果偏差基本小于10%,同时两者变化规律基本一致,验证了有限元模型的准确性;根据有限元分析模型,给出了主塔在不同施工阶段下的应力分布情况。

关键词　桥梁工程　斜拉桥　异形主塔　施工过程　受力分析

随着经济的快速增长,各种桥型结构建设应用较为广泛,但总体而言常规结构占总桥型结构数量基本为大多数,同时伴随城市化进程的推进,对于桥梁景观的需求在日益提升,因此衍生出装饰性桥梁结构形式[1-3],该桥梁以结构受力明确,景观效果好,造价相对较低的特点,逐步应用于城市桥梁建设中。围绕装饰性桥梁,对于该种桥梁的研究分析也逐步增多,例如曹菲[4]通过对城市景观桥梁的美学原理和艺术表现分析,充分从结构技术美学至桥梁建筑美学等观点进行了阐述;马超[5]、王研[6]以实际项目为背景,针对装饰性斜拉桥设计关键技术进行总结;岳仁辉等[7]结合数学简化模型,提供了装饰性斜拉桥拉索简单的计算施工。根据上述对于装饰性桥梁的研究分析逐步增多,且在结构形式及工程实际应用趋于多样性、广泛性。因此本文结合某实际项目为背景,重点分析异形主塔在施工阶段的受力情况,为后续该种桥型奠定一定基础。

一、工程背景

本项目为城市主干路,其中桥梁全长579.2m,跨径布置为$4 \times (3 \times 31.25m) + 5 \times 40m$,设计荷载等级为城A级,桥宽为36m,上部结构主梁采用整幅七箱室断面,结构形式为等截面预应力混凝土连续箱梁,主塔结构形式为单箱室钢箱梁,外观形状呈弧线形,主塔整体往单侧倾斜,整个主塔高约45m,宽度为2m,斜拉索通过主塔耳板与主梁相连接,主塔前倾侧拉索水平间距为4m,主塔与主梁通过采用预埋钢板,锚栓连接的方式固结。全桥示意图如图1所示。

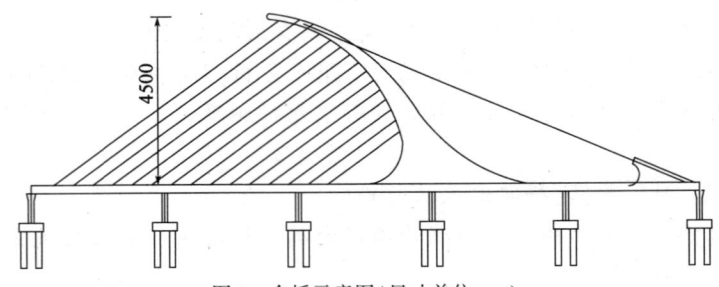

图1　全桥示意图(尺寸单位:cm)

通过对整座桥的结构进行分析,明确了主梁与主塔两者相互受力影响较少,因此忽略主梁的影响对主塔进行受力分析。主塔本身以传递竖向压力为主,但由于主塔存在一定的弧度,导致其每个截面轴向力传递的方向发生改变,且使主塔产生水平分力,故主塔的受力较为复杂。

二、主塔施工过程及测点布置

1. 主塔整体施工过程

主塔采用支架施工,通过将主塔划分为 7 个节段进行安装,其中主塔底部共分为 4 个节段进行吊装施工,并与第一个支架固定,其余 3 个节段逐段安装,同步与支架固定。主塔施工完成后,在主塔两侧安装背索,安装背索后,随即张拉背索,张拉值为设计值的 0.9 倍,张拉完成后,拆除支架,继而安装并张拉前倾侧拉索至设计值,待前倾侧索力传力稳定后,最终张拉背索至设计值,即主塔整体施工完成,相对应拉索拉力设计值见表 1,有限元模型模拟施工阶段见表 2。

拉索拉力设计值　　　　表 1

拉索位置	拉力值(kN)	拉索位置	拉力值(kN)
双背索	500	前索 2~15	10
前拉索 1	20		

有限元模型模拟施工阶段　　　　表 2

CS1	安装主塔	CS5	拆除支架 3
CS2	张拉双背索	CS6	拆除支架 4
CS3	拆除支架 1	CS7	张拉全部拉索
CS4	拆除支架 2		

2. 测点布置

为了确保有限元分析的准确性,结合主塔施工阶段,同时考虑到主塔在塔底部受力较为复杂的情况,在主塔两侧靠近断面角点处布置测点进行应力监测。

考虑到振弦式应变计[8,9]具有结构简单、实用性强、抗干扰能力强等优点,因而采用振弦式应变计进行监测,通过每日固定时间段采样,进一步减少环境温度等因素对监测结果的影响,如图 2、图 3 所示。

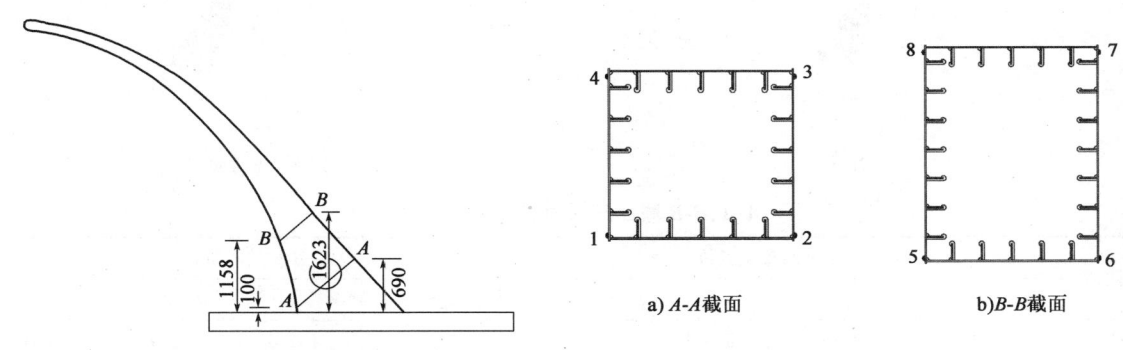

图 2　布置截面(尺寸单位:cm)　　　　图 3　现场施工截面

3. 监测结果

通过对不同施工阶段的应力监测得到具体的监测结果,见表 3。

A-A、*B-B* 截面应力值(1)(单位:kPa)　　　　表 3

施工阶段	A-A 截面布置点位				B-B 截面布置点位			
	1	2	3	4	5	6	7	8
CS1	-245.2	-244.2	370.3	364.1	139.4	141.6	487.5	484.3
CS2	-248.5	-250.1	352.2	357.1	138.1	136.9	483.4	480.1
CS3	-241.1	-243.4	367.3	360.2	138.4	139.5	484.6	483.7

续上表

施工阶段	A-A 截面布置点位				B-B 截面布置点位			
	1	2	3	4	5	6	7	8
CS4	−234.3	−233.2	371.2	369.1	146.3	144.7	486.5	481.3
CS5	−201.3	−203.6	346.8	349.5	132.5	130.2	492.2	495.4
CS6	−441.6	−439.3	352.7	354.3	−276.8	−277.6	680.1	672.6
CS7	−479.8	−480.1	349.2	352.4	−342.7	−340.1	675.9	671.1

三、有限元模型分析

1. 有限元建模

主塔采用 midas Civil 有限元分析软件进行建模分析，主塔模型如图 4 所示。考虑到主塔采用钢箱梁断面，因此为了精确反映主塔受力情况，采用板单元模拟主塔，桁架单位模拟拉索，模型共划分为 54572 个节点，55920 个单元，由于主梁对主塔及拉索受力影响较小，因此采用主塔及拉索固定支座进行模拟。

对主塔进行有限元分析前做如下假定：

(1) 忽略主梁对主塔的内力影响；

(2) 只考虑自重及拉索拉力的作用，不计环境因素对主塔的影响。

2. 有限元分析结果

通过有限元软件建模分析得到主塔施工完成后的应力，即对应 CS7 阶段，其具体结果如图 5 及表 4 所示。

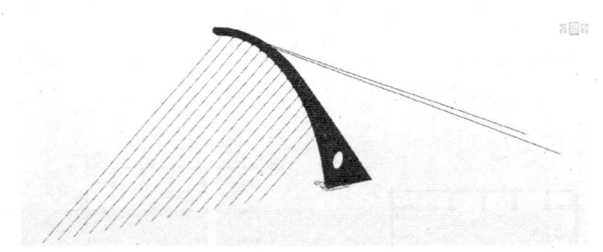

图 4 主塔模型

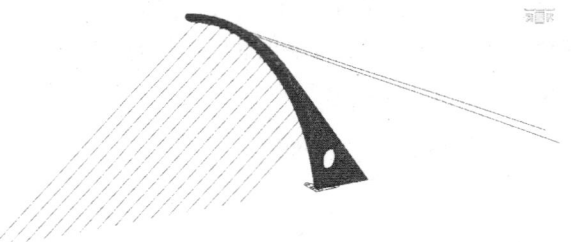

图 5 主塔应力

A-A、B-B 截面应力值(2)（单位：kPa） 表4

施工阶段	A-A 截面布置点位				B-B 截面布置点位			
	1	2	3	4	5	6	7	8
CS1	−264.8	−264.1	389.1	381	151.9	151.8	519.1	519.2
CS2	−268	−267.5	380.9	388	150.8	150.8	518.3	518.2
CS3	−264.3	−263.7	389.7	381.1	152.3	152.3	519.7	519.7
CS4	−254.5	−254	388.9	379.7	159.2	159.1	518.3	518.2
CS5	−219.7	−219	367.1	392.4	142.7	142.7	540.1	540
CS6	−477.9	−476.7	379.1	473.6	−301.6	−301.5	717.9	717.9
CS7	−479.8	−480.1	349.2	352.4	−366.5	−366.4	730.5	730.6

四、监测截面结果对比分析

通过对有限元计算值与实测值进行对比分析，表明两者在每个施工阶段下的应力变化规律基本一致,如图 6 所示。

从监测结果可知,A-A 断面在不同施工阶段中测点 1、2 均处于受压状态,而测点 3、4 均处于受拉状态;与此同时 B-B 断面受力状态相比 A-A 断面有所区别,在 CS1～CS5 施工阶段过程中,测点已受压为主,应力趋向于呈现不断减小的情况,在 CS6 施工阶段完成后,一方面应力瞬间产生变化,另一方面测点 5、6 的应力状态发生了变化,由受拉改变为受压的状态,具体结果如表 5 所示。从表中数据可知,实际监测结果相比有限元分析结果,其变化规律基本一致。

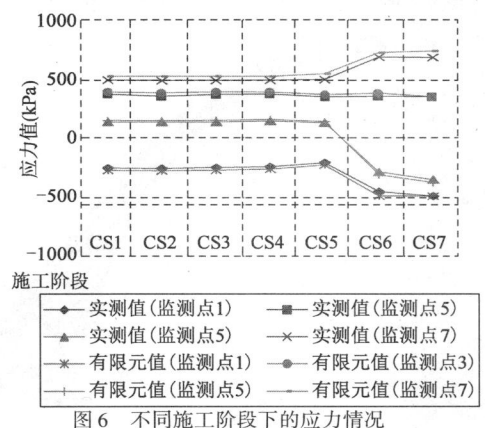

图 6 不同施工阶段下的应力情况

A-A、B-B 截面应力值(3)(单位:kPa)　　　　表 5

施工阶段		A-A 截面布置点位				B-B 截面布置点位			
		1	2	3	4	5	6	7	8
CS1	①	-264.8	-264.1	389.1	381	151.9	151.8	519.1	519.2
	②	-245.2	-244.2	370.3	364.1	139.4	141.6	487.5	484.3
CS2	①	-268	-267.5	380.9	388	150.8	150.8	518.3	518.2
	②	-248.5	-250.1	352.2	357.1	138.1	136.9	483.4	480.1
CS3	①	-264.3	-263.7	389.7	381.1	152.3	152.3	519.7	519.7
	②	-241.1	-243.4	367.3	360.2	138.4	139.5	484.6	483.7
CS4	①	-254.5	-254	388.9	379.7	159.2	159.1	518.3	518.2
	②	-234.3	-233.2	371.2	369.1	146.3	144.7	486.5	481.3
CS5	①	-219.7	-219	367.1	392.4	142.7	142.7	540.1	540
	②	-201.3	-203.6	346.8	349.5	132.5	130.2	492.2	495.4
CS6	①	-477.9	-476.7	379.1	473.6	-301.6	-301.5	717.9	717.9
	②	-441.6	-439.3	352.7	354.3	-276.8	-277.6	680.1	672.6
CS7	①	-519.2	-520.4	381.0	480.4	-366.5	-366.4	730.5	730.6
	②	-479.8	-480.1	349.2	352.4	-342.7	-340.1	675.9	671.1

注:①表示有限元计算值;②表示实测数值。

根据以上对比分析,主塔在不同施工阶段下实际监测结果与有限元分析结果的受力特性基本一致,且两者偏差基本小于 10%,进而表明主塔模型基本符合实际受力情况。

五、主塔各阶段应力分析

主塔施工安装共分为 7 个节段,考虑到主塔线形整体单侧倾斜,仅在自重的情况下,每节段施工对主塔存在附加弯矩,对其受力存在不同的影响,因此基于有限元模型,对整体主塔的应力进行分析。

1. 主塔安装阶段

在主塔节段安装完成后,未施加背索前,整体主塔基本以自重受力为主,由于支架的存在,主塔顶部受力以弯剪受力为主,而在主塔底部受力基本处于偏心受压状态,如图 7 所示。

2. 主塔张拉背索阶段

本阶段为张拉背索,张拉数值为设计值的 0.9 倍,即 450kN,从图 8 可知,在拉索的集中荷载下,耳板在拉索处出现应力集中的现象。其产生的最大的压应力为 -27.7MPa,最大拉应力为 26MPa,与此同时,在拉索的拉力下,靠近拉索锚固点位置支架固结处压应力逐渐减小。

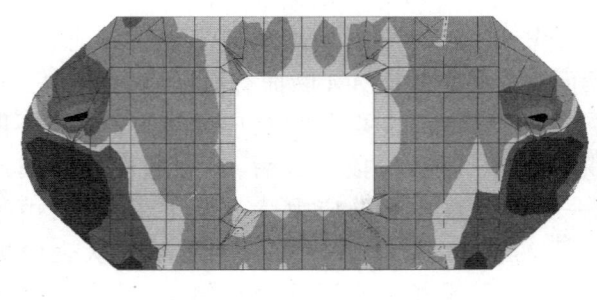

图 7　施工阶段 CS1 的主塔应力　　　　　　　图 8　耳板的应力

3. 主塔拆除支架阶段

主塔在拆除第一个支架后,塔顶出现下挠,其具体数值为 1.1cm,在释放约束的同时应力发生了重分布,其最大产生的压应力为 -48.6MPa;主塔在拆除第二支架后,塔顶相比前一阶段下挠增加了 2.63cm,主塔应力的变化情况基本与前一阶段一致;主塔在拆除第三个节段后,塔顶挠度为 5.83cm,随着支架约束的减少,主塔受力越明确,基本以顶板受拉为主,底板受压为主,同时对于主塔底板局部应力由原先为受拉状态突变为受压状态;支架全部拆除后塔顶向下挠度为 6.58cm(图 9a),其受力规律基本与上一阶段基本一致,仅其释放约束后的应力不断增大,对于主塔塔圆在背索的拉力下,塔圆兼顾圆形的受力特点(图 9b),分别在对角处产生压拉应力。

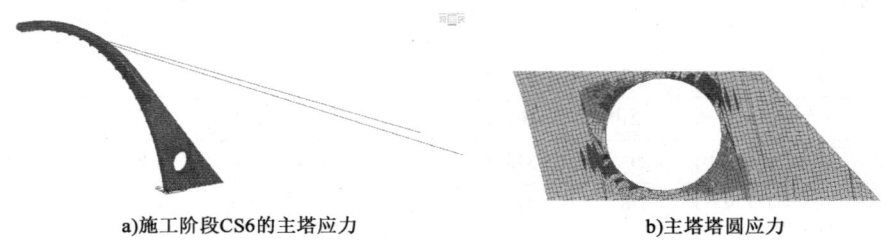

a)施工阶段CS6的主塔应力　　　　　　　b)主塔塔圆应力

图 9　主塔应力

4. 张拉全部拉索阶段

支架拆除后,主塔基本保持平衡,随后对前倾侧拉索的张拉至对应设计值(图 10a),同步张拉背索的索力至设计值,张拉完成后其主塔基本施工完成。施工阶段 CS7 的主塔应力如图 10b)所示。

a)前索张拉施工　　　　　　　b)施工阶段CS7的主塔应力

图 10　施工阶段 CS7 的主塔应力

根据上述分析,拉索完成后与拆除支架后的主塔应力对比,结果表明对于主塔受力而言,考虑到前倾侧拉索拉力值较小,对于主塔应力影响不大,而背索张拉对于主塔受力影响较大,在全部施工完成后,塔顶下挠值最终为 6.91cm,而实际监测中塔顶最终下挠值为 6.2cm 左右。

六、结　语

通过有限元计算结果及实测结果可以得出以下结论：

(1) 主塔监测截面有限元计算结果的受力规律与监测结果一致，同时两者偏差基本小于10%，进而验证了有限元分析的可行性及模型的精确性。

(2) 有限元计算结果与实测结果相比偏大，同时整个施工阶段 A-A 截面测点 1、2 处于受压状态，测点 3、4 处于受拉状态，而 B-B 截面应力在施工阶段 CS6 结束后发生突变，尤其测点 5、6 受力状态发生了改变。

(3) 通过有限元分析计算得出主塔在不同的施工阶段，由于主塔约束的不断释放其应力会发生重分布，因此对主塔应力分布情况进行分析，基本呈现主塔底板受拉为主、顶板受拉为主的状态，同时在支架处产生一定的应力集中。在施工阶段 CS5 完成后，主塔塔圆应力发生改变，出现对角拉、压应力情况一致的情况。

(4) 主塔施工阶段 CS7 完成后，前索拉力对主塔的受力影响较少，同时在施工阶段 CS6 中主塔应力集中区域沿主塔上下扩展，且其应力值均增大为 2~3MPa，主塔塔顶下挠为 6.91cm。

参考文献

[1] 方健,潘方. 异形连续板景观桥的设计计算方法探讨[J]. 结构工程师,2007,23(1):6-9,27.
[2] 娄廷会. 多跨连拱景观桥结构设计[J]. 公路工程,2011,36(4):106-108,123.
[3] 赖亚平,邓宇,安金星,等. 忻州市云中河景观桥方案设计[J]. 重庆交通大学学报(自然科学版),2013(5):51-54.
[4] 曹菲. 城市景观桥梁创新设计研究[D]. 南京:东南大学,2014.
[5] 马超. 装饰性拱形塔斜拉桥设计关键问题探讨[J]. 城市道桥与防洪,2022(273):83-85,110.
[6] 王研. 装饰无背索斜拉桥设计关键问题的探讨[J]. 北方交通,2013(2):83-87.
[7] 岳仁辉,王振强,苗超. 装饰性斜拉桥索力计算分析[J]. 工程设计,2013(27):817-819.
[8] 张慎伟,楼昕,张其林. 钢结构施工过程跟踪监测技术与工程实例分析[J]. 施工技术,2008,37(3):62-64.
[9] 陈常松,颜东煌,陈政清,等. 混凝土振弦式应变计测试技术研究[J]. 中国公路学报,2004,17(1):29-33.

48. 大跨变截面连续箱梁合龙高差处理新方法研究

杨世杰　陈露晔　欧阳静　袁江川

(浙江数智交院科技股份有限公司)

摘　要　以某三跨悬臂施工连续梁桥为背景，将典型施工阶段施工工序分为四种工况，讨论不同工序及两种中跨合龙误差消除方法对悬浇连续梁内力以及累计位移的影响。研究结果表明，典型施工阶段不同工序对悬臂施工连续梁桥的内力以及累计位移影响显著，提出通过改变施工工序，代替传统配重法消除合龙误差的新方法。

关键词　连续梁　累计位移　应力　合龙误差　线形

一、引　言

变截面预应力混凝土连续箱梁桥是我国广泛采用的桥型之一，其具有整体变形小、刚度大、行车平顺、养护简单、抗震能力强等优点。该桥型主梁大多采用箱形截面，仅在开始位置搭设支架，其他节段则借助挂篮移动悬臂浇筑[1]。而悬浇法施工工序复杂,尤其中跨合龙前后施工工序的改变使结构的受力体系也随之发生变化[2]。对于中小跨径连续梁桥,由于施工技术人员的认识水平或重视程度不够等原因,在实际工程中所采用的施工工序较为混乱。目前很少有论文针对中小跨径连续梁桥典型阶段不同的施工工序,对其受力及线形的影响进行专门讨论。另外,预应力混凝土连续梁桥悬臂施工过程中如材料弹性模量、重度、收缩徐变、预应力效应等因素会使桥梁实际线形与理论线形产生误差[3],尤其中跨合龙口误差为关注重点[4]。若合龙口误差较大,现场常用的处理方法有配重强制合龙法[5]、调整边跨底板束张拉顺序法等[6]。

包仪军等[7]在合龙方案对多跨连续梁桥施工监控的影响分析中,通过对3种合龙方案的多种体系转换方式,分析合龙顺序及合龙期间的预应力张拉阶段对施工阶段的预拱度及成桥内力的影响,结果表明合龙顺序对梁体施工中的预拱度设置量影响较大,特别是不同结构体系下预应力张拉效应差别较大。王冲等[8]以某6跨预应力混凝土连续梁为工程背景,提出了三种主梁合龙方案,分析了三种方案对主梁上、下缘应力和竖向位移的影响,得到先边跨再次边跨最后中跨合龙的理想方案。陈国等[9]在大跨连续梁桥主梁合龙参数敏感性研究中指出,合龙顺序显著影响桥梁线形以及应力状态;体系转换后最大弯矩值是转换最大弯矩值的3倍,由整体温度变化引起的变形和内力差值最小。

本文以应用广泛的"先边后中"合龙次序的三跨预应力混凝土连续梁桥为研究对象,系统讨论了中跨合龙前后典型阶段不同的施工工序对结构受力及线形的影响,对比分析了两种中跨合龙口误差处理方法对结构受力及线形的影响规律。

二、工程概况

某悬臂浇筑连续梁桥孔跨布置为40m+64m+40m,主梁为变高度单箱单室箱梁,跨中与支点截面梁高分别为2.8m、5.2m,梁底按二次抛物线变化。主梁纵断面节段划分及典型箱梁截面分别如图1、图2所示。其中1~7号为悬浇段,8号块为合龙段,9号块为边跨现浇段。

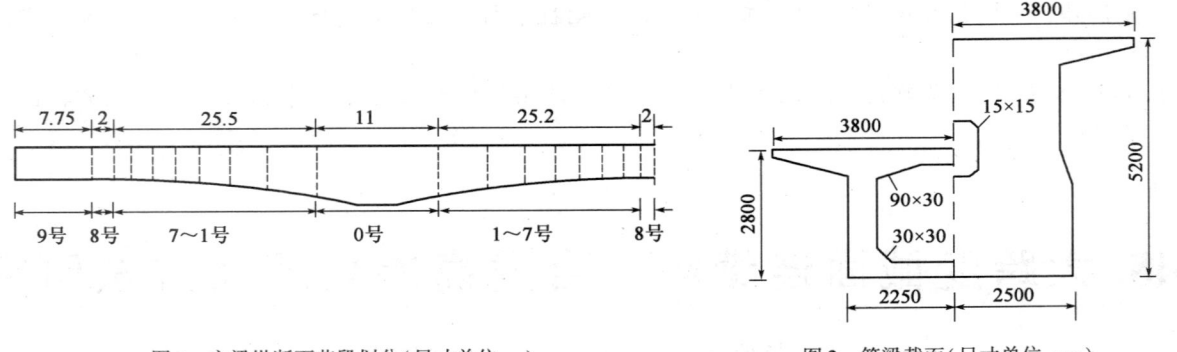

图1 主梁纵断面节段划分(尺寸单位:m)   图2 箱梁截面(尺寸单位:mm)

三、典型阶段不同的施工工序对结构受力及线形的影响

在预应力混凝土连续梁悬臂施工过程中,典型施工阶段一般包括:边跨合龙、张拉边跨底板钢束、拆除临时固结、中跨合龙、张拉中跨底板钢束。为了探讨不同的施工工序对连续梁内力以及成桥累计位移产生较大的影响,本文采用桥梁博士软件对该桥建立了施工阶段仿真模型,全桥有限元模型如图3所示。

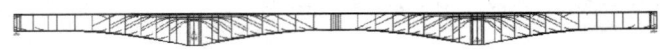

图3 全桥有限元模型

在该计算模型中,讨论了4种施工工况,每种工况均划分了36个施工节段。其中第1~27施工节段为主梁悬臂施工至最大悬臂状态,此时结构为静定结构体系。第35、36施工节段对应为二期恒载上桥与

徐变10年。4个计算模型在第1~27、第35~36施工节段完全相同。不同之处主要在于第28~34节段,具体差别见表1。

计算模型与施工工序关系　　　　　　　　　　　　　　　　表1

施工工况	施工工序
工况1	28边跨合龙-29边跨张拉-30拆临时固结-31中跨合龙-32中跨张拉
工况2	28边跨合龙-29边跨张拉-30中跨合龙-31拆临时固结-32中跨张拉
工况3	28边跨合龙-29边跨张拉-30中跨合龙-31中跨张拉-32拆临时固结
工况4	28边跨合龙-29拆临时固结-30边跨张拉-31中跨合龙-32中跨张拉

1. 对桥梁线形的影响

通过有限元软件分析得到成桥阶段累计位移,具体结果见表2和图4。

成桥阶段累计位移(单位:mm)　　　　　　　　　　　　　　表2

工况	边跨挠度值	中跨挠度值
工况1	6.05	-3.93
工况2	5.97	-4.01
工况3	4.33	3.35
工况4	7.89	-8.47

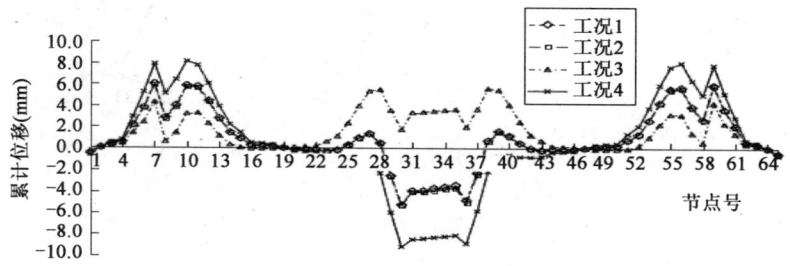

图4　成桥阶段累计位移曲线

从表2和图4可以看出:

(1)对比工况1与工况2分析结果,表明临时固结只要在中跨张拉之前拆除,桥梁成桥累计位移变形规律与最大位移值基本相同。

(2)对比工况1与工况3分析结果,表明若临时固结在中跨张拉之后拆除,因张拉预应力时,结构约束较强,预加力引起的次效应较大,结构变形将发生较大变化,中跨由下挠将变为上拱。

(3)对比工况1与工况3、4分析结果,表明临时固结拆除越晚,主梁边跨位移上拱值减小,中跨位移上拱值增大。

(4)对比工况3与工况4分析结果,若桥梁施工时按工况4提供的主梁立模高程,而实际的施工次序按工况3进行的,主梁中跨将产生11.8mm的挠度误差,对成桥线形影响显著。

2. 对连续梁桥受力的影响

利用结构的对称性,选取的主梁控制截面为:边跨$L/2$、支点截面、中跨$L/4$、中跨$L/2$、处作为控制截面。控制截面顶、底板各施工阶段应力见图5~图8、表3,从计算结果中可以看出:

(1)4种工况下,控制截面的顶、底板最大压、拉应力分别为9.64MPa、-1.76MPa,均小于混凝土的容许压、拉应力25.1MPa、-2.17MPa。即从结构安全角度,4种工况均能满足相关规范要求。

(2)工况1时,主梁顶、底板均未出现拉应力,主梁受力状态较好。工况2、3、4时,主梁底板受力较为不利,工况2时,底板拉应力最大,其值为-1.76MPa。

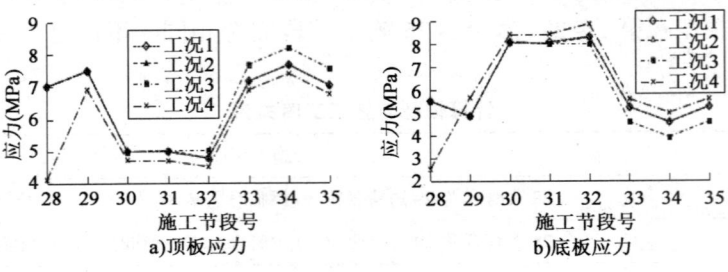

图5 边跨 $L/2$ 截面施工阶段应力

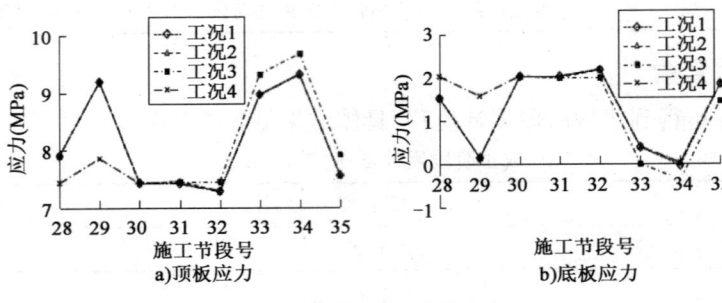

图6 支点截面施工阶段应力

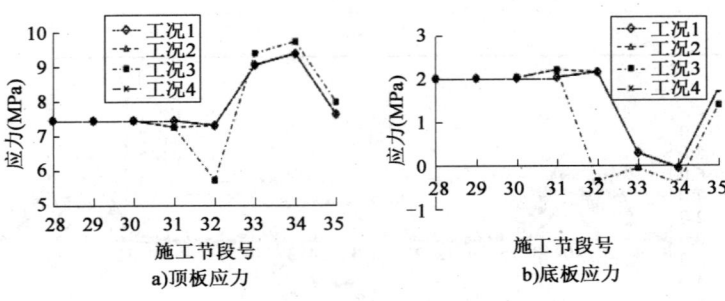

图7 中跨 $L/4$ 截面施工阶段应力

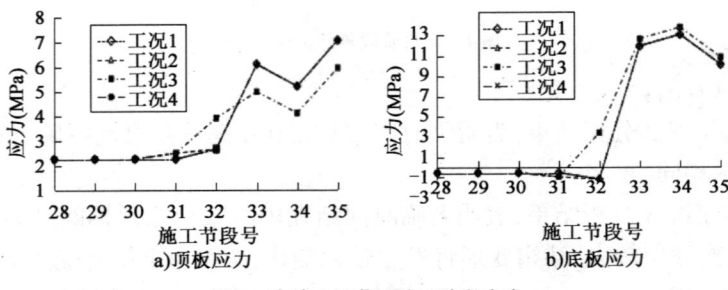

图8 中跨 $L/2$ 截面施工阶段应力

控制截面顶底板应力最大值(单位:MPa) 表3

截面位置			边跨 $L/2$	悬臂根处	中跨 $L/4$	中跨 $L/2$
顶板	工况一	压应力	7.5	8.82	6.63	6.59
		拉应力	0	0	0	0
	工况二	压应力	7.28	9.12	7.28	7.36
		拉应力	0	0	0	0
	工况三	压应力	8.13	9.7	8.2	7.94
		拉应力	0	0	0	0
	工况四	压应力	7.63	9.33	7.41	7.03
		拉应力	0	0	0	0

续上表

截面位置			边跨 L/2	悬臂根处	中跨 L/4	中跨 L/2
底板	工况一	压应力	9.57	2.91	6.28	11.9
		拉应力	0	0	0	−1.22
	工况二	压应力	8.74	2.39	5.46	12.4
		拉应力	0	0	0	−1.76
	工况三	压应力	6.62	2.04	4.81	10.8
		拉应力	0	−0.62	0	−0.54
	工况四	压应力	8.25	2.17	5.51	12.9
		拉应力	0	−0.04	0	−1.19

四、传统配重法和改变施工工序法对消除中跨合龙误差的对比分析

仍以"先边后中"合龙次序的 40m + 64m + 40m 连续梁为工程背景,假设在施工中由于各种原因,在拆除墩梁临时固结后,连续梁中跨合龙误差为 2cm,且左侧最大悬臂端较高,桥梁实际线形如图 9 所示。

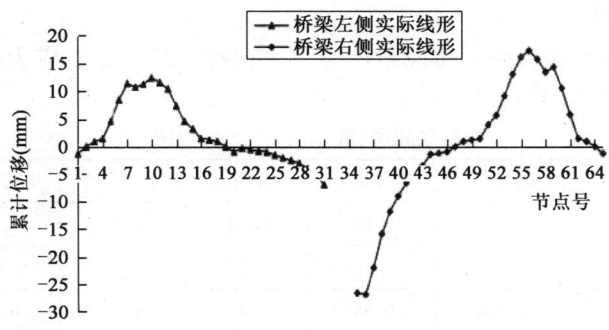

图 9 桥梁实际线形

由于合龙误差较大,需要降低合龙口误差后才能浇筑中跨合龙段。降低合龙口误差常用的处理方法有:配重强制合龙法、调整边跨底板钢束张拉顺序法。本文针对上述合龙误差调整方法,结合桥梁可能的施工情况,重点讨论了两种施工工序与合龙误差调整方法。方案一为配重强制合龙法,具体实施过程为边跨合龙-张拉边跨底板钢束-拆墩梁临时固结-压重-中跨合龙-卸配重。方案二为调整边跨底板钢束张拉顺序法,具体实施过程为边跨合龙-张拉部分边跨底板钢束-拆墩梁临时固结-张拉较高侧的底板钢束调整-中跨合龙-张拉剩余边跨底板钢束。

方案一:在第 31 施工阶段在悬臂端较高的一侧施加 500kN 配重。

方案二:在第 29 施工阶段,张拉部分边跨底板钢束,39-44 号、51-54 号钢束。在第 31 施工阶段张拉较高侧的底板钢束 41 号、49 号、71 号钢束,再进行中跨合龙。

1. 对连续梁线形的影响

成桥状态下挠度、成桥阶段累计位移曲线分别见表 4、图 10。

成桥状态下挠度(单位:mm) 表 4

方案	边跨最大挠度	中跨最大挠度	边跨最大挠度
方案一	4.49	−0.88	4.74
方案二	7.00	11.5	4.45
理想状态	5.84	−3.86	5.77

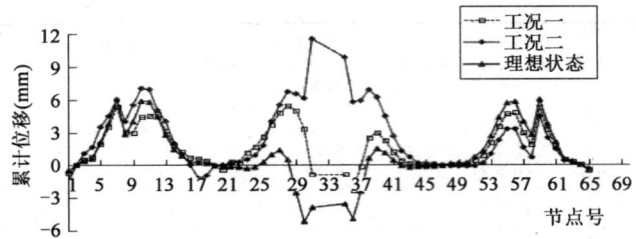

图 10 成桥阶段累计位移曲线

由表 4、图 10 可以看出：

(1) 方案一即传统配重法，主梁边跨上拱相差 2mm，中跨下挠相差 3mm，误差能被工程接受。方案二即调整边跨底板钢束张拉顺序法的成桥线形与理想成桥线形相比，理想成桥线形中跨下挠 -3.93mm，方案二主梁中跨上拱 11.5mm，两者相差 15mm，误差能为工程接受，且方案二线形对称，仅中跨跨中略有上拱。综合考虑以上两种情况，改变施工工序来调整合龙误差可行。

(2) 从现场实施角度分析，方案一需要在最大悬臂两侧梁端配重 500kN，需要设置较多的砂袋和一定人力实现。方案二需要在边跨张拉时，应预先通过仿真分析，合理确定边跨先期应先张拉哪些钢束，后期张拉哪些钢束，其优点为大大减少传统配重法的工作量，降低项目建设成本。

2. 对桥梁受力的影响

分别对比两种工况下控制截面施工阶段累计应力，控制截面顶、底板应力最大值见表 5。10、54、22、50 单元施工阶段内力如图 11 ~ 图 14 所示。

控制截面顶、底板应力（单位：MPa） 表 5

截面位置			边跨 L/2	悬臂根处	中跨 L/4	中跨 L/2	中跨 3L/4	悬臂根处	边跨 L/2
顶板	工况一	压应力	7.5	8.82	6.63	6.59	6.51	9.48	8.86
		拉应力	无	无	无	无	无	无	无
	工况二	压应力	7.64	9.36	7.45	6.93	6.44	9.28	9.2
		拉应力	无	无	无	无	无	无	无
	理想状态	压应力	7.63	9.33	7.41	6.07	6.46	9.3	8.62
		拉应力	0	0	0	0	0	0	0
底板	工况一	压应力	9.57	2.91	6.28	13.60	5.52	2.17	8.03
		拉应力	无	无	无	-1.22	无	-0.18	无
	工况二	压应力	8.35	2.16	5.27	13.20	5.67	2.19	7.28
		拉应力	无	无	无	-1.18	无	无	无
	理想状态	压应力	8.25	2.17	5.3	12.9	5.55	2.17	8
		拉应力	0	0	0	0	0	0	0

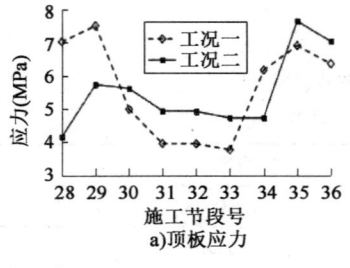

a) 顶板应力

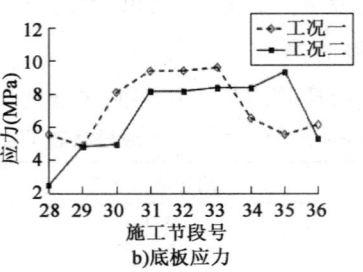

b) 底板应力

图 11 10 单元施工阶段应力

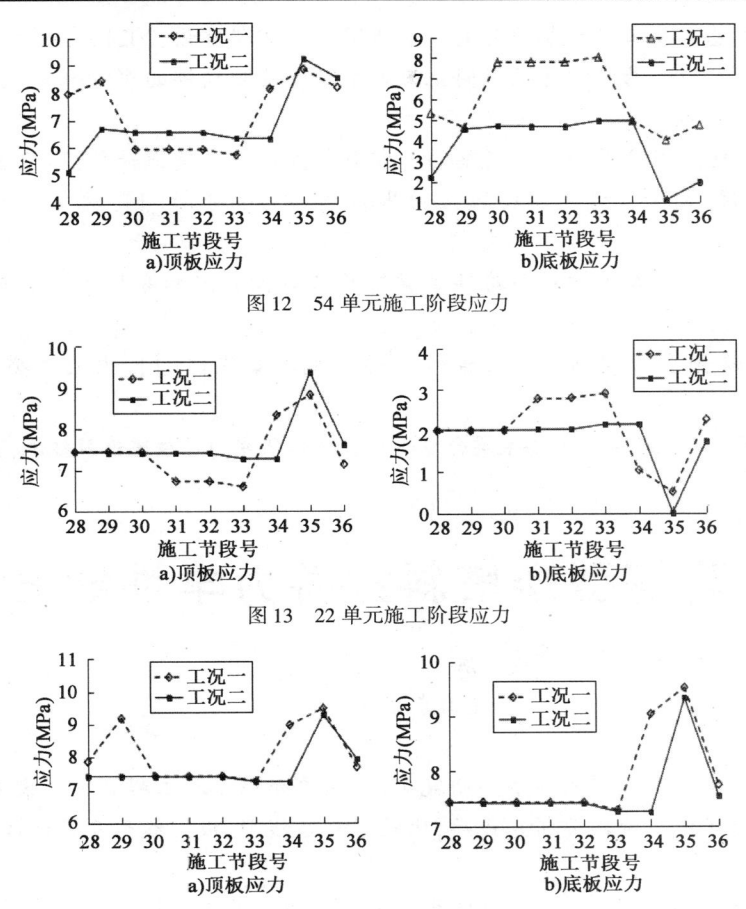

图12 54单元施工阶段应力

图13 22单元施工阶段应力

图14 50单元施工阶段应力

通过表5、图11~图14可以得到：

(1)2种工况下,控制截面的顶、底板最大压应力、拉应力分别为9.48MPa、-1.22MPa,均小于混凝土的容许应力25.1MPa、-2.17MPa。即从结构安全角度,两种方案均能满足规范要求。

(2)两种方案下,主梁控制截面的应力相差不大。

五、结　　语

通过平衡悬臂浇筑三跨连续梁桥结构体系转换时典型施工阶段不同施工工序以及中跨合龙口误差解决方法,对连续梁内力、位移的影响分析,可得到以下结论：

(1)对于悬臂浇筑"先边后中"合龙次序的三跨中小跨径连续梁桥,结构体系转换时的不同施工工序对桥梁成桥累计线形有较明显的影响,但对施工阶段主梁内力影响相对较小。

(2)临时固结拆除越晚,主梁边跨位移上拱值减小,中跨位移上拱值增大。若临时固结在边跨张拉之前拆除,将引起主梁边跨较大的上拱,中跨较大的下挠;反之,若临时固结在中跨张拉之后拆除,将引起主梁中跨较大的上拱。因此临时固结拆除应在边跨张拉之后,中跨张拉之间进行较为合理。

(3)对于中跨合龙口误差调整方法,传统配重法导致主梁应力增大,调整边跨底板钢束张拉顺序法的方法对主梁应力影响较小,两者成桥线形均能为工程接受。综合考虑,本文建议优先选择调整施工工序法来进行合龙误差调整,以大大降低建设成本,缩短工期。

参考文献

[1] 公晓旭.预应力混凝土连续箱梁桥悬臂法施工关键技术[J].科学技术创新,2023(4):109-112.

[2] 解亚龙,王万齐,赵静,等.铁路连续梁桥智能施工关键技术研究与应用[J].铁道工程学报,2020,37(11):63-68,76.

[3] 刘婷婷.连续梁桥悬臂施工线形监控关键技术研究[J].中华建设,2021,236(1):115-116.
[4] 邹兰林,管洪正,周兴林.悬浇时差下不同施工方案对连续刚构桥的影响研究[J].机械设计与制造,2022,375(5):163-166.
[5] 许倩.基于高墩大跨预应力混凝土连续梁的悬臂合龙技术[J].交通世界,2022,618(24):48-50,58.
[6] 何振东,丁巍,谢岚.大跨连续刚构桥预应力张拉顺序影响分析[J].施工技术,2022,51(18):29-33,38.
[7] 包仪军,丁明波,朱龙.合龙方案对多跨连续梁桥施工监控的影响分析[J].铁道标准设计,2016,60(3):82-86.
[8] 王冲,于晓光.多跨预应力钢筋混凝土连续梁桥合龙方案优化[J].内蒙古公路与运输,2022,190(4):1-4,8.
[9] 陈国,谈闯,吴新涛,等.大跨连续梁桥主梁合龙参数敏感性研究[J].铁道建筑技术,2022,357(12):54-59.

49. 高塔型矮塔斜拉桥力学性能分析

宋 涛 王保群 彭 义

(山东交通学院)

摘 要 本文以某高塔型矮塔斜拉桥为研究对象,简要介绍了其工程概况。采用桥梁专用有限元程序 midas Civil 对其进行了成桥阶段分析。最后,比较了制造线形、成桥线形及设计线形,并给出了无应力索长及下料长度。

关键词 桥梁工程 矮塔斜拉桥 制造线形 成桥线形 无应力线形

一、引 言

随着交通出行的日益不断增长的需求,需要修建跨越河流、峡谷等障碍物的大型桥梁。为满足航空净空的需要,矮塔斜拉桥是较为经济适用的桥型之一[1]。矮塔斜拉桥介于连续梁桥和常规斜拉桥之间,其力学性能与常规斜拉桥有着本质区别。现已建成的矮塔斜拉桥多为预应力混凝土矮塔斜拉桥,即为典型矮塔斜拉桥,其结构刚度大,一般用于高速公路或高速铁路中。随着技术水平的发展,矮塔斜拉桥朝着高塔新矮塔斜拉桥方向发展,高塔型矮塔斜拉桥与典型矮塔斜拉桥在力学本质上存在一定差异,本文研究对象为高塔型矮塔斜拉桥[2-4]。

二、工程概况

某桥为跨径布置为 145m+240m+145m=530m 的双塔双中央索面矮塔斜拉桥,主梁全宽 28.5m,在中分带内设置索塔并进行斜拉索锚固。本桥结构体系采用连续梁体系,在主墩和过渡墩墩顶设置摩擦摆支座及横向抗震挡块。桥梁立面布置如图 1 所示。

主梁梁高 4.8m,采用斜腹板单箱三室断面,桥面板采用正交异性钢桥面板。主梁底板横向宽 17.0m,斜拉索锚固于中央分隔带,锚固点横向间距 1.8m。主梁沿纵向共划分为 56 个梁段,最大梁段长度为 13.0m。桥面铺装采用 6cm 超高性能混凝土(UHPC)+4cm 沥青混凝土(SMA-13)。索塔采用钢索塔,桥面以上塔高 57m,横桥向索塔等宽 3.0m,顺桥向塔顶宽 5m,塔底宽 7m。索塔沿塔高方向分为 11 个节段,最大节段长度 6.6m。斜拉索在塔端锚固点横向间距 0.75m。斜拉索为中央双索面,双排布置在主梁的中央分隔带处。每个索塔设有 9 对 18 根斜拉索,全桥共 72 根斜拉索。斜拉索在梁端锚固采用扁担梁形式,斜拉索在塔端锚固采用钢锚箱形式。

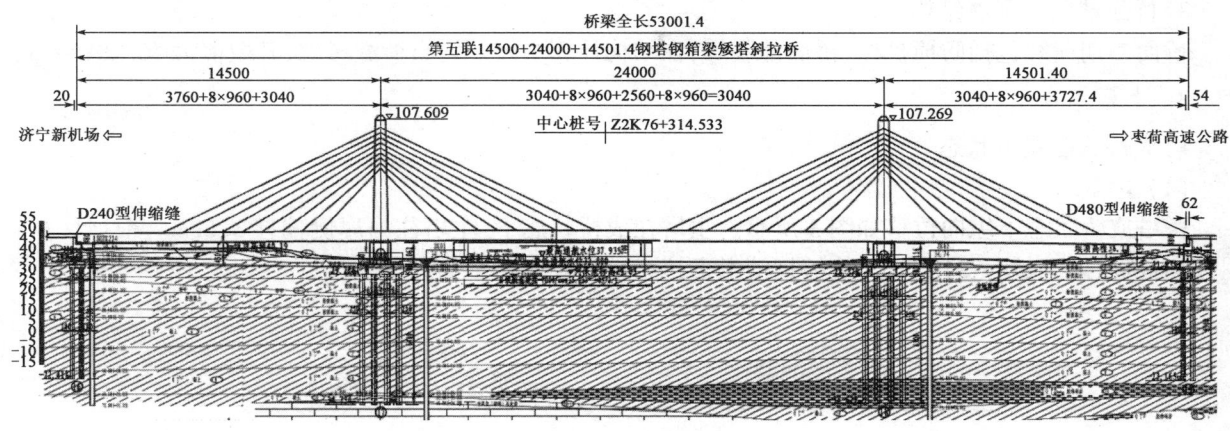

图1 桥梁立面布置图(尺寸单位:cm;高程单位:m)

三、结构计算

采用midas Civil计算程序进行全过程非线性分析,主梁及桥塔采用梁单元,拉索单元采用索单元进行模拟。主塔塔底采用固结约束,拉索与主梁之间的连接采用弹性连接,过渡墩及主墩均采用一般支承,其中在模拟顶推过程中大间距临时墩采用仅受压弹性连接。成桥有限元模型如图2所示。

图2 成桥有限元模型

1. 结构计算参数

主桥结构斜拉索、钢结构等构件的材料及参数多采用设计图纸提供的参数,斜拉索的弹性模量按照《大跨度斜拉桥平行钢丝拉索》(JT/T 775—2016)提供的取用,详细参数见表1。

结构计算参数表 表1

序号	构件	材料	弹性模量(MPa)	重度(kN/m³)	强度(MPa)
1	主梁	Q345D	206000	78.5	345
2	主塔	Q345D	206000	78.5	345
3	拉索	Φ^S15.2钢绞线	200000	84.5	1860

2. 计算荷载

1)钢梁质量

全桥钢梁总长为529.26m,共划分56个节段,分为近塔区(A、B梁段)、标准梁段(C、D、E、F、G梁段)、共用墩梁段(H梁段)和中跨跨中梁段(K梁段),各梁段之间采用工地现场焊接形成整体。主梁质量在计算模型中采用梁单元均布荷载模拟,见表2。

梁段参数表 表2

梁段类型	A	B	C	D	E	F	G	K
梁段长(m)	13	8.7	9.66	9.60	9.60	9.60	6.40	11.20
数量	2	4	4	12	28	2	1	1
梁段质量(t)	490.20	169.30	183.40	185.50	176.70	154.10	102.40	175.40

2)钢塔及拉索重度

钢塔及拉索等按照截面实际尺寸计算,其中钢塔重度为78.5kN/m³,拉索重度考虑保护层按照84.5kN/m³考虑。

3)桥面铺装及附属结构

桥面二期荷载包括防撞护栏、桥面铺装等,在结构计算中按照均布荷载考虑,其数值为46.10kN/m。

3.计算结果

1)成桥状态受力状态

(1)主塔。

桥塔成桥状态下纵向位移如图3所示。主塔在成桥状态下,主塔往河岸侧偏移3.6cm。根据计算表明:此时桥塔处于偏心受压状态,能够抵消考虑拉索松弛效应的影响。

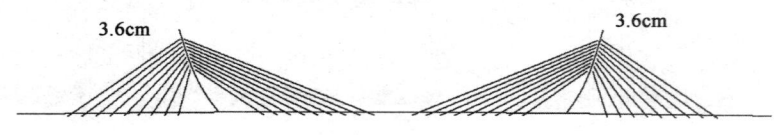

图3 桥塔成桥状态下纵向位移

(2)主梁。

图4、图5分别为成桥状态下主梁的竖向位移及主梁上、下缘的应力。其中主梁在恒载及拉索作用下跨中竖向挠度为13.20cm,主梁的上、下缘最大压应力分别为43.6MPa、31.2MPa,其主梁的应力远小于主梁的屈服应力345MPa。

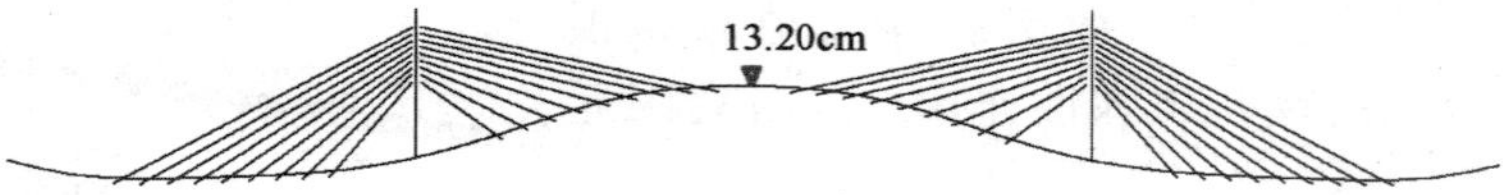

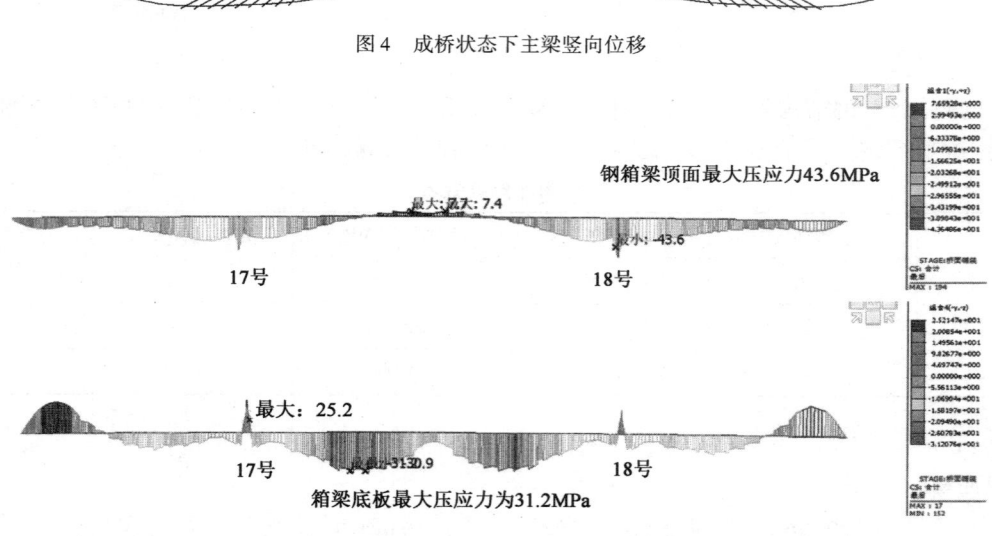

图4 成桥状态下主梁竖向位移

图5 成桥状态下主梁上下缘应力(单位:MPa)

(3)拉索。

图6为成桥状态下拉索索力图。由此分析可知,拉索索力较为均匀,此时拉索应力容许安全系数大于3.0。

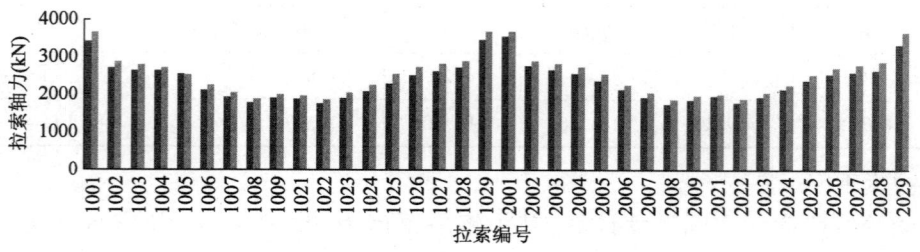

图6 成桥状态下拉索索力

(4)支座反力。

恒载作用下支座反力、活载作用下支座反力分别如图7、图8所示。

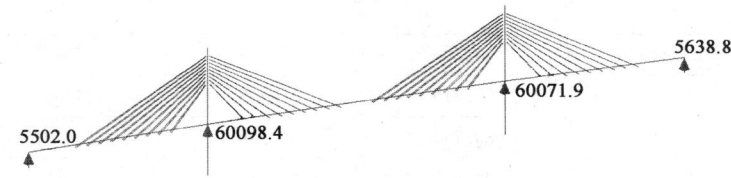

图7　恒载作用下支座反力(单位:kN)

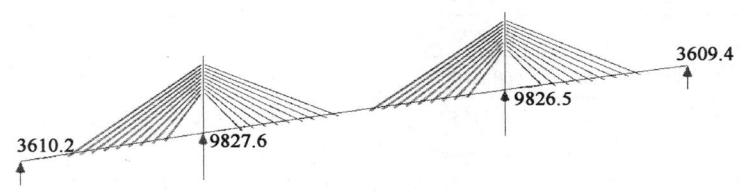

图8　活载作用下支座反力(单位:kN)

由图7、图8分析可知,在恒载或活载作用下支座反力均为压力,不存在支座脱空的风险。

2)钢梁制造线形和成桥线形

在充分理解设计意图基础上,通过主桥进行全施工过程的仿真计算,对斜拉索索力及索长反复迭代调整,计算出合理的设计线形成桥线形及制造线形,如图9所示。

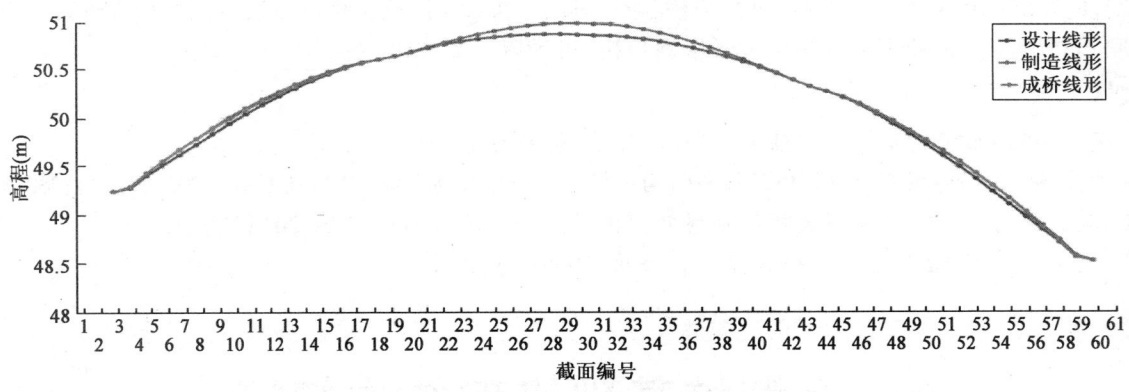

图9　设计线形、制造线形与成桥线形对比

3)无应力索长及下料长度

采用无应力状态法进行施工全过程计算分析,无应力状态量极为关键,无应力索长是一个控制核心因素,同时也决定斜拉索的下料长度。表3给出了的塔梁锚固点间的无应力索长及拉索下料长度。

拉索无应力索长及弹性伸长量　　　　　　　　　　　　　　表3

拉索编号	锚固点间无应力索长(m)	拉索下料长度(m)	拉索编号	锚固点间无应力索长(m)	拉索下料长度(m)
NA1	42.320	42.628	NA7	98.665	98.823
NA2	51.269	51.563	NA8	108.389	108.522
NA3	60.647	60.907	NA9	118.179	118.344
NA4	69.843	70.062	NJ1	42.085	42.396
NA5	79.389	79.619	NJ2	50.984	51.279
NA6	88.990	89.181	NJ3	60.139	60.544

续上表

拉索编号	锚固点间无应力索长（m）	拉索下料长度（m）	拉索编号	锚固点间无应力索长（m）	拉索下料长度（m）
NJ4	69.476	69.696	SA7	108.515	108.639
NJ5	78.986	79.215	SA8	118.310	118.475
NJ6	88.553	88.743	SA9	42.026	42.337
NJ7	98.184	98.341	SJ1	50.914	51.210
NJ8	197.888	197.761	SJ2	60.057	60.318
NJ9	117.648	117.812	SJ3	69.384	69.604
SA1	51.342	51.636	SJ4	78.887	79.117
SA2	60.550	60.810	SJ5	88.444	88.634
SA3	69.936	70.155	SJ6	98.158	98.315
SA4	79.491	79.721	SJ7	107.844	107.967
SA5	89.101	89.291	SJ8	117.596	117.760
SA6	98.784	98.941	SJ9	51.342	51.636

四、结　语

（1）高塔型矮塔斜拉桥其力学性能介于典型矮塔斜拉桥与常规斜拉桥之间，以主梁受力为主，属于索辅梁桥。

（2）本文采用无应力正装迭代法计算成桥状态，其结合桥梁实际施工情况可较方便实现成桥目标要求。

（3）该桥为国内为数不多的高塔型矮塔斜拉桥，可为以后工程提供参考。

参考文献

[1] 宋涛.矮塔斜拉桥近似分析方法研究[D].西安：长安大学,2016.
[2] 汪学著,林韬.高塔型部分斜拉桥设计与结构分析[J].公路交通科技(应用技术版),2011,7(10)：288-290.
[3] 上官兵,杨智贵,陈玮.槎马大桥的矮塔斜拉桥设计[J].中国市政工程,2018(2)：12-15.
[4] 袁钰,吴京.高塔型矮塔斜拉桥初探[J].公路,2008(1)：74-78.

50. 大型桩基础锚碇结构初探

朱秀玲[1]　张志新[2]

(1.中交综合规划设计院有限公司；2.中交一公局集团有限公司)

摘　要　大跨悬索桥锚碇，特别是修建于地质条件较差位置的锚碇，其基础目前主要以沉井、地下连续墙等重力式为主，这些基础体量巨大、施工困难、造价高、工期长，亟待研究新型锚碇基础结构克服上述难题。本文以长江某大桥南航道桥北锚碇为工程背景，结合国内外已有研究成果，提出大型桩基础锚碇结构的可行性，供同行参考。

关键词　悬索桥　锚碇　桩基础　结构初探

一、引　言

随着跨海越江工程的逐渐增多，大跨径悬索桥越来越普及，其锚碇具有"定海神针"的作用。锚碇锚体结构形式一般比较固定，但其基础则因地质条件等因素制约形式多样。目前我国常用的锚碇基础形式有扩大基础、沉井(箱)基础、地下连续墙围护施工的基础等[1]。

但随着2000m级跨径悬索桥诞生,其锚碇体量越来越大,埋置也越来越深,采用上述基础形式在工程造价、施工难度及工期等各方面的问题愈发明显,亟待创新锚碇基础形式,破解技术难题。

在锚碇深基础形式的选用方面,我们似乎在忽略最常见的桩基础。锚碇桩式基础在我国尚未有工程实例,仅在某些桥梁的锚碇方案中涉及。但在国外已经有工程实例,国内很少被同行注意,以至于认为这种基础形式不适用于锚碇基础,担心在运营期会产生过量水平位移而影响结构安全[2-4]。

鉴于此,本文重点研究充分发挥桩基础的诸多优点,采取必要的技术措施克服其缺点,初步探究作为锚碇基础的可行性。

二、探究依据

由于大跨悬索桥锚碇承受巨大的水平力,一般竖直桩水平承载力较差,故锚碇基础很少采用。但港口工程有些结构承受较大水平力,往往采用斜桩抵抗,斜桩技术在港口工程中应用很成熟;而《公路桥涵地基与基础设计规范》(JTG 3363—2019)又无具体斜桩设计相关规定[5]。因此,本文将借鉴《码头结构设计规范》(JTS 167—2018)[6]以及港口工程相关工程经验作为锚碇桩基础研究依据。

三、国际工程案例

1. 文森特大桥[2,3]

1997年,在美国洛杉矶建成的文森特大桥是一座大跨悬索桥,其锚碇基础即采用打入桩基础形式,桩基总共188根,其中前三排有26根直桩,其余采用5∶12斜桩,如图1所示。

2. 新卡圭尼兹大桥[2,3]

2002年,在美国加利福尼亚建成的三跨悬索桥——新卡圭尼兹大桥位于旧金山海湾,处于高地震带,水深27m,覆盖层15~24m。风化岩层的覆盖层是软土、松砂。地震时砂土可能发生液化。其南锚碇采用桩基础形式。设计采用380根直径0.76m管桩,为抵抗缆索拉力,其中1∶3斜桩占55%,桩中心间距为2.63倍桩距。锚碇桩基础立面如图2所示。

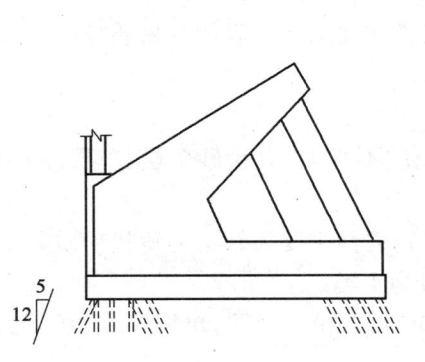

图1 锚碇桩基础立面图

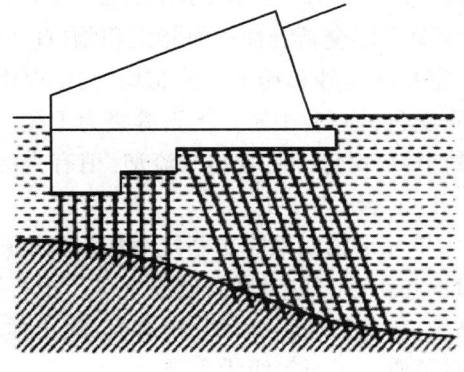

图2 锚碇桩基础立面图

四、探究背景及范围

我国刚开工建设的长江下游某大桥位于江苏省,大桥分南、北航道桥和南、中、北引桥五部分。其中南航道桥主跨2300m,建成后是当今世界范围最大跨径的桥梁。本文将以该桥南航道北锚为研究对象,将原支护转结构地下连续墙基础置换为桩基础,从锚碇抗倾覆、抗滑移、基础变形及施工可行性等方面研究桩基础锚碇。

五、工程结构方案

1. 锚碇荷载指标

长江下游某大桥南航道桥北锚碇锚体主缆入射角为21.523°，锚跨与水平面夹角为39.5°，缆力IP点高程59.5m，成桥阶段主缆缆力6.49×10^5kN，运营阶段主缆缆力7.26×10^5kN。运营阶段锚碇水平变位不宜大于10‰倍的主跨跨径(23cm)，竖向变位不宜大于20‰倍的主跨跨径(46cm)。整体抗倾覆系数$K_0 > 2.0$，抗滑系数$K_a > 2.0$。

因此，主缆最大水平力为$726000 \times \cos21.523° = 675376.3$(kN)；最大竖向力为$726000 \times \sin21.523° = 266351.0$(kN)。

2. 地质条件

某设计院有关长江下游某大桥的工程地质勘察报告表明，根据前期勘察资料和本次钻孔揭露地层，结合区域地层的对比分析，场地内地层分布自新至老分述如下：

(1)第四系全新统冲积层Q_4^{al}，岩性为淤泥质粉质黏土、粉质黏土及砂土层等。

(2)第四系晚更新统海相沉积层Q_3^{al}，岩性主要为可～硬塑状黏土及密实状的砂土。

本次勘察延续前期勘察全线统一分层的原则，结合本阶段的勘察成果，工程场区范围地层划分为7大岩土层，相关岩土层的工程地质特征分述如下：

(1)第1大单元层全新统人工填土(Q_4^{ml})。

(2)第2大单元层全新统冲积海相沉积物(Q_4^{al})：岩性为淤泥质土、粉质黏土和砂类土等，连续分布。

②粉砂：灰色，饱和，松散。土石等级为Ⅰ类。

②$_2$粉质黏土：灰色，饱和，流塑～软塑，稍有光泽，干强度、韧性中等。土石等级为Ⅰ类。

(3)第3大单元层全新统冲积海相沉积物(Q_4^{al})：岩性主要为流～软塑状黏土，和薄层松散～稍密状的粉砂和粉土。呈断续分布，分布不均，层厚较薄。

③粉砂：灰色，饱和，稍密，颗粒级配差，夹粉质黏土薄层。土石等级为Ⅰ类。

③$_2$粉质黏土：灰褐色，软塑，具水平层理，夹粉砂薄层。土石等级为Ⅰ类。

(4)第4大单元层全新统冲积海相沉积物(Q_4^{al})：岩性主要为流～软塑状粉质黏土，其下部多分布有薄层稍密～中密状的粉砂和粉土。分布均匀，层厚中等。

④粉砂：青灰色，饱和，中密。土石等级为Ⅰ类。

④$_2$粉质黏土：灰褐色，湿，软塑～流塑，稍有光泽，土质不均匀，夹粉砂单层，单层厚0.20～2.00cm，层厚比1:6。土石等级为Ⅰ类。

(5)第5大单元层第四系晚更新统海相沉积层(Q_3^{al})：岩性主要为软～可塑状粉质黏土和淤泥质土，稍密～中密粉土和粉砂，分布均匀，层厚中等。

⑤粉质黏土：灰色，软塑～可塑，稍有光泽，土质不均匀，夹粉砂薄层，单层厚0.20～1.00cm，粉粒含量高，局部见腐殖质。土石等级为Ⅰ类。

⑤$_1$粉砂：灰褐色，饱和，中密。土石等级为Ⅰ类。

(6)第7大单元层第四系晚更新统海相沉积层(Q_3^{al})：

⑦$_5$粉砂：灰褐色，饱和，密实，颗粒级配差。土石等级为Ⅰ类。

(7)第8大单元层第四系晚更新统海相沉积层(Q_3^{al})：岩性主要为可塑状粉质黏土，和密实砂土。

⑧粗砂：青灰色，饱和，密实，颗粒级配差，偶见圆砾，粒径1～2cm。土石等级为Ⅰ类。

⑧$_6$中砂：灰色，饱和，密实，颗粒级配较好。土石等级为Ⅰ类。

长江下游某大桥南航道桥北锚碇场地内相关土层力学参数综合推荐建议值见表1。

北锚碇场地内相关土层力学参数综合推荐建议值　　　　表1

岩土编号	岩土名称	压缩系数(1/MPa)	承载力特征值(kPa)	侧阻力标准值(kPa)
②	粉砂	0.164	90	25
②₂	粉质黏土	0.411	100	30
③	粉砂	0.139	90	30
③₂	粉质黏土	0.520	100	30
④	粉砂	0.161	150	40
④₂	粉质黏土	0.590	100	30
⑤	粉质黏土	0.483	110	35
⑤₁	粉砂	0.157	150	50
⑦₅	粉砂	0.140	200	55
⑧₁	粗砂	0.115	450	100
⑧₆	中砂	0.117	400	70
⑨	中砂	0.120	450	75

3. 桩基础结构拟定

长江下游某大桥南航道桥北锚碇基础平面尺寸为118m(长)×75m(宽),拟采用打入桩基础形式,桩间距约3.0m,棋盘状布置。桩基总共975根,其中后两排各设置25根直桩,其余采用1∶6斜桩。桩基通过台阶状承台与锚碇相连,如图3所示。打入桩拟采用各方面承载能力均较强的预应力高性能混凝土(PHC)桩,桩径1.0m.持力层拟采用中砂层,桩尖进入持力层不小于1倍桩径,桩长约65m。

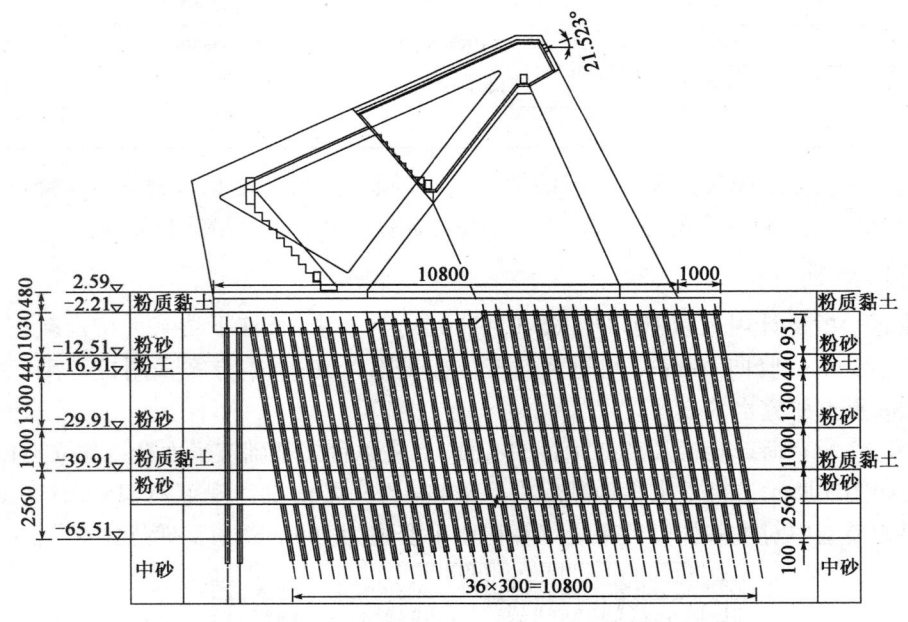

图3　锚碇桩基础立面图(尺寸单位:cm;高程单位:m)

4. 单桩承载力计算

根据长江下游某大桥南航道桥北锚碇基础地勘资料,依据《码头结构设计规范》(JTS 167—2018)[6]打入桩轴向承载力见式(1):

$$Q_d = (U\sum q_{fi} l_i + q_R A)/\gamma_R \tag{1}$$

由于桩尖埋深大于55m,持力层为密实中粗砂,故单位面积极限桩端阻力标准值q_R取值为8550kPa;

单桩轴向承载力分项系数按经验参数法取1.5,据此计算单桩承载力设计值为9826kN。

5. 锚碇抗滑移计算

根据二维桩结构线性弹性地基反力法的理论计算结果分析,斜桩承担了绝大部分的水平荷载作用。在设计过程中,为简化计算,可将水平荷载全部由斜桩承担,垂直荷载由直桩和斜桩共同承担。虽然有一些误差,但在工程设计中是可行的[7]。

根据上文长江下游某大桥南航道桥北锚碇拟定桩基础形式,斜桩共计925根,斜率1:6,倾斜角为9.464°,故水平抗力为 $925 \times 9826 \times \sin 9.464° = 1494493.1(kN)$,抗滑移系数为 $1494493.1 \div 675376.3 = 2.21$,符合规范大于2.0的要求[8]。

6. 锚碇抗倾覆估算

长江下游某大桥南航道桥北锚碇锚体由锚块、前锚室以及散索鞍支墩等组成,其中锚块混凝土146817.2m^3,占锚体绝大部分工程量,且位于锚体后方,因此是抗倾覆的主要构件。为简化计算,抗倾覆力矩主要计算锚块部分,其余作为安全储备。为此,将锚块从立面上分成三个区域,每个区域立面投影均为三角形,分别估算其重量和形心位置,估算图式如图4所示。

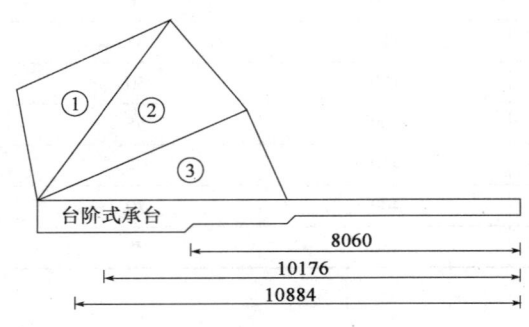

图4 锚碇抗倾覆力矩估算图式(尺寸单位:cm)

锚碇抗倾覆估算见表2。

锚碇抗倾覆估算表　　　　　表2

计算项目	区域①/水平	区域②/竖直	区域③	合计
重量(kN)	1056438.1	7938615.5	6913135.0	20534850.4
力臂(m)	108.84	101.76	80.60	—
抵抗力矩(kN/m)	114982718.2	150169110.0	103578308.8	368730138.0
倾覆力矩(kN/m)	41140774.2	14578044.0		55718818.1
倾覆系数				6.6

由表2可知,在仅考虑锚块抗倾覆贡献的情况下,抗倾覆系数高达6.6,远高于《公路悬索桥设计规范》(JTG/T D65-05—2015)规定的系数2.0[8],表明该锚碇抗倾覆安全储备非常高。

7. 锚碇变位分析

根据《公路悬索桥设计规范》(JTG/T D65-05—2015)[8]要求,长江下游某大桥南航道桥北锚碇锚体变位限值水平向230mm、竖向460mm,可见竖向变位要求不严,由于本方案采用桩基础,竖向变位较小,沉降不成问题,故重点研究水平变位。

为简化计算,将所有荷载转换加载在承台中心处,且将承台桩基础按平面杆系建立有限元模型,离散成965个单元,如图5所示。桩基水平地基反力系数按《码头结构设计规范》(JTS 167—2018)[6]附录D计算,并在有限元模型中对桩基加以约束。计算得水平变位为193mm,小于规范要求。

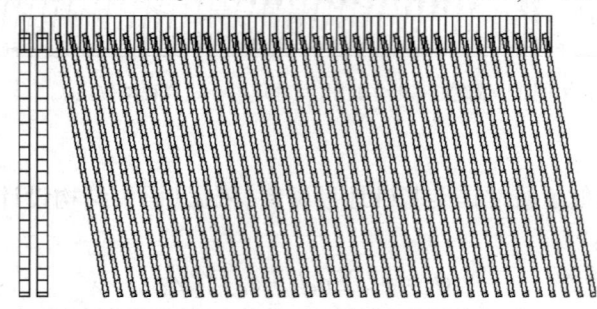

图5 锚碇水平变位估算有限元模型

六、方案施工可行性简述

该锚碇基础拟采用桩基础形式，相对于桥梁工程而言，斜桩施工稍显陌生，但该技术在港口工程中普遍采用，相对成熟。"他山之石，可以攻玉"，只需引进港口工程相关技术，即可大幅降低大跨径悬索桥锚碇基础的施工难度。

例如，我国在长江口已实施的某挖入式出运港池，其基础采用了桩径1000mm的PHC桩，其中斜桩斜率为1∶6，桩长56.0m。沉桩选择YBD-25步履式打桩机、D100-13筒式柴油锤。单节最大沉桩长20m，最大桩径1.2m，理论倾斜角度11°。实践表明，斜桩沉桩质量可控、功效较高，效果良好[9]。

七、方案优势简述

锚碇桩基础相对于沉井及地下连续墙支护等基础形式而言，其优势见表3。

三种锚碇基础优劣比较表　　　　　　　　　　　　　　　　表3

比较项目	桩基础	沉井	地下连续墙
受力特性	受力明确	较复杂	复杂
工序繁简	简	繁	繁
施工难易	易	稍难	难
工程造价	低	较高	高

由表3可知，锚碇采用桩基础形式，受力明确，施工工序简洁，施工技术较成熟，工程造价较低，综合优势明显。

八、结　　语

本文通过研究大量文献和水运工程相关规范，对大跨径悬索桥锚碇桩基础形式和锚碇稳定性分析进行了研究。借鉴国外同类工程经验，结合我国刚开工的长江下游某大桥南航道桥北锚碇工程案例，拟定了以斜桩为主，辅以少量竖直桩的打入桩锚碇基础形式。经锚碇稳定性和变位计算可知，即使是在长江下游地质条件较差的江心洲上，跨径超2000m的超大跨径悬索桥也有可能采用锚碇基础形式。

诚然，本文对锚碇采用桩基础形式的课题研究仅处于探索阶段，希望引起同行重视，起到抛砖引玉的作用。

参考文献

[1] 彭德运.大跨悬索桥锚碇基础的设计与施工[J].铁道标准设计,2003(1):19-23.
[2] 张志恒,梁铎.深水锚碇基础概念设计[J].内蒙古科技与经济,2013(11):101-103.
[3] 刘效尧.悬索桥锚碇桩式基础位移及受力分析[J].桥梁建设,2010(4):47-51.
[4] 孟凡超,王仁贵,徐国平.公路桥涵设计手册　悬索桥[M].北京:人民交通出版社,2011.
[5] 中华人民共和国交通运输部.公路桥涵地基与基础设计规范:JTG 3363—2019[S].北京:人民交通出版社股份有限公司,2019.
[6] 中华人民共和国交通运输部.码头结构设计规范:JTS 167—2018[S].北京:人民交通出版社股份有限公司,2018.
[7] 王燕,刘新梅.斜桩在大型皮带机工程中的应用设计[J].中国港湾建设,2017(7):44-47.
[8] 中华人民共和国交通运输部.公路悬索桥设计规范:JTG/T D65-05—2015[S].北京:人民交通出版社股份有限公司,2016.
[9] 宋成涛,程凯.大直径PHC管桩陆地斜桩的设计及施工[J].水运工程,2018(7):196-200.

51.32m跨钢-UHPC组合箱梁桥在高速铁路中的应用研究

黄星云[1] 胡玉庆[1] 班新林[2] 王景全[1]

(1. 长大桥梁安全长寿与健康运维全国重点实验室; 2. 中国铁道科学研究院集团有限公司)

摘 要 本文提出了高速铁路32m跨钢-UHPC组合箱梁桥方案,将超高性能混凝土(UHPC)桥面板和钢箱梁有机结合,充分发挥了钢的受拉性能和UHPC的受压性能。将该方案与同等跨径钢-混凝土组合简支梁桥方案进行了施工性、经济性、碳排放量对比,结果表明:钢-UHPC组合箱梁桥较钢-普通混凝土组合梁桥梁高降低9%,单位吊装重量降低25%,考虑全寿命周期成本降低18%,考虑全寿命周期碳排放量降低56%,具有广阔的应用前景。

关键词 超高性能混凝土(UHPC) 组合箱梁桥 高铁桥梁 装配式施工 碳排放

一、引 言

钢-混凝土组合结构在钢结构和钢筋混凝土结构基础上发展起来,其充分利用了钢的受拉性能与混凝土的受压性能。与钢筋混凝土结构相比,钢-混凝土组合结构可以减轻自重,减少地震作用,减小构件截面尺寸,增加有效使用空间,降低基础造价,节省支模工序和模板,缩短施工周期,增加构件和结构的延性等;与钢结构相比,钢-混凝土组合结构可以减小用钢量,增大刚度,增加稳定性和整体性,增强结构抗火性和耐久性等[1]。

UHPC是一种韧性高、抗压强度高和耐久性能好的纤维增强水泥基复合材料,其具有极其优异的力学性能与耐久性能,可以提升桥梁服役性能,延长结构服役寿命,实现桥梁结构的轻量化设计[2]。UHPC由于具有高强度和高弹性模量,其与钢结构组合协同受力的能力更强,能够进一步降低传统钢-混凝土组合梁自重。将UHPC运用到高铁桥梁结构中,除了能够发挥其超高强度、超高韧性和超长耐久性的优异特性,更能发挥其长期徐变系数低的特点。普通混凝土徐变系数终极值最低为1.0,而对于UHPC,在高温蒸养48h后,徐变系数终极值仅为0.3~0.5[3],与普通混凝土差异较大。采用UHPC建造的桥梁徐变较低,更能适应无砟轨道结构平顺性要求[4]。同时,UHPC较普通混凝土弹性模量大,可提升桥梁刚度,以满足高铁桥梁对列车活载下挠度限值的高要求。

UHPC作为主体结构材料已经在世界范围内公路及市政桥梁得到较广泛应用,而铁路UHPC桥梁应用较少。兰州至张掖高速铁路十八里堡特大桥于2023年3月28日顺利贯通,是UHPC桥梁在铁路桥梁中首次应用[5]。该桥梁体采用预应力单箱单室组合截面(先期U形UHPC+C50混凝土桥面板),跨径56m,质量约为普通混凝土梁质量的72%,有效降低了桥梁自重。该桥选用UHPC材料制梁单价偏高,尽管圬工减少35%,梁部投资仍高出1.4万元/m,但梁重减轻后有效减少了桥墩和基础投资,桥梁整体投资相当[6]。而钢-UHPC组合箱梁桥尚未在实际工程中得到应用。

本文设计了双线32m跨装配式钢-UHPC组合箱梁桥。上部结构采用超高性能混凝土组合梁方案,桥面板为全宽预制,预制UHPC桥面板(C150)和钢梁(Q345qE)上翼缘通过钢梁上的栓钉以及后浇UHPC相结合,形成组合截面共同受力;然后进行了施工阶段受力验算,并考虑主力与一个方向附加力的组合进行了运营阶段受力验算;最后控制关键控制指标竖向静活载下挠度一致。将本设计方案(后文简称为UHPC方案)与常规现浇钢-混凝土(C50)组合箱梁桥方案(后文简称为C50方案)进行了技术经济对比分析。

二、钢-UHPC 组合箱梁桥设计与计算

1. 设计要点与构造尺寸

装配式钢-UHPC 组合结构桥梁由 UHPC 预制板、焊接开口钢箱梁、群钉栓钉剪力连接件等组成,桥面板自重较轻,易于快速吊装,使用群钉连接件使得结构整体性能加强。

本设计采用双线无砟线路,截面选择单箱双室钢-UHPC 简支箱梁截面。线路间距 5.0m,采用 CRTS Ⅲ型板式无砟轨道,宽 2.5m。桥梁梁高 2.65m,跨度 32m,宽 12.6m,桥面板板厚 0.25m。桥梁横向布置图如图 1 所示,立面布置图如图 2 所示。

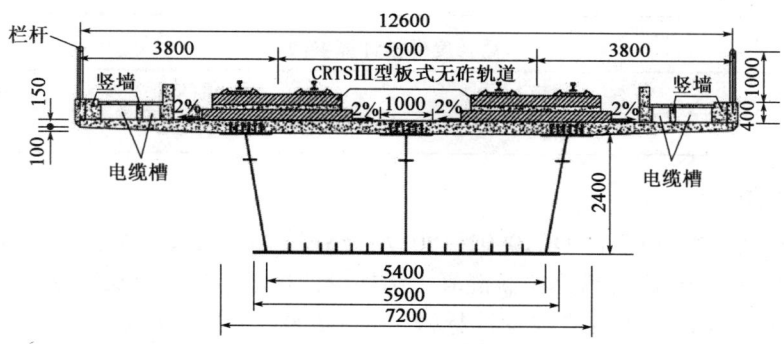

图 1 钢-UHPC 组合箱梁桥横向布置图(尺寸单位:mm)

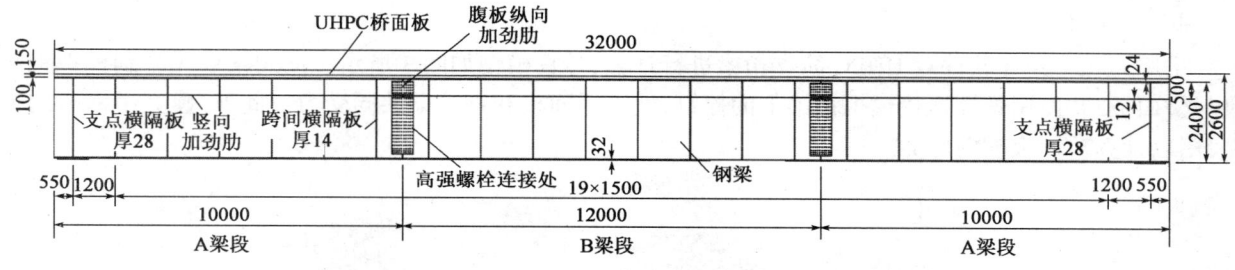

图 2 钢-UHPC 组合箱梁桥立面布置图(尺寸单位:mm)

1) 钢箱梁

采用工厂预制钢梁,如图 2 和图 3 所示。梁高 2.4m,为开口箱形截面,腹板厚 16mm,上翼缘厚 24mm、宽 1m,底板厚 32mm、宽 5.9m。腹板设横向和纵向加劲肋,底板设纵向加劲肋,箱梁内每隔 4.5m 设置一横隔板,厚度 20mm,以保证钢梁的整体稳定性。

考虑到运输条件,将钢梁分为三段运输,其中靠近支座的两段取 10m,跨中段取 12m,在施工场地使用双抗滑面摩擦型高强度螺栓连接。

2) UHPC 桥面板

采用全宽预制 UHPC 桥面板。为保证桥梁刚度,桥面板厚度取 0.25m。预制 UHPC 桥面板共分为 8 段,其中中间段每段长 3.5m,边段每段长 3.75m,和工字型钢梁上翼缘通过钢梁上的栓钉以及后浇 UHPC 相结合,形成组合截面共同受力。预制桥面板与工字型钢梁结合后,彼此间通过后浇 UHPC 混凝土完成连接。

2. 主要材料性能指标

钢梁主体采用 Q345qE,符合《铁路桥梁钢结构设计规范》(TB 10091—2017)的相关要求。弹性模量 $E = 2.10 \times 10^5$ MPa,密度为 7.85×10^3 kg/m³,泊松比为 0.3,容许弯曲应力为 210MPa,容许剪应力为 120MPa。

UHPC桥面板采用C150,弹性模量$E=4.8\times10^4$MPa,轴心抗压强度设计值$f_{cd}=74$MPa,轴心抗拉强度设计值$f_{td}=4.5$MPa,热膨胀系数为1.0×10^{-5},泊松比为0.167,密度为2.6×10^3kg/m³;属于应变硬化型,极限抗拉强度对应的应变$\varepsilon_{Utu}=0.1\%$。板内配置HRB400普通钢筋,符合《钢筋混凝土用钢 第2部分:热轧带肋钢筋》(GB/T 1499.2—2018)的规定。

栓钉采用ML15AL,规格为$\phi22\times200$mm,见表1。高强度螺栓采用M20,性能等级为10.9S,规格M20,见表2。

栓钉计算参数　　　　　　　　　　　　　　　　　　　　　　　　　　　表1

钢号	规格	屈服强度(MPa)	抗拉强度(MPa)
ML15AL	$\phi22\times250$	≥320	≥400

高强度螺栓计算参数　　　　　　　　　　　　　　　　　　　　　　　　表2

钢号	规格	预拉力设计值(kN)	摩擦面抗滑移系数
10.9S	M20	155	0.45

3. 计算理论依据

本文依据《铁路桥涵设计规范》(TB 10002—2017)、《铁路结合梁设计规定》(TBJ 24—90)、《高速铁路设计规范》(TB 10621—2014)、《铁路桥涵混凝土结构设计规范》(TB 10092—2017)、《铁路桥梁钢结构设计规范》(TB 10091—2017)、《钢结构设计标准》(GB 50017—2017)、《纤维混凝土结构技术规程》(CECS 38—2004)、《混凝土结构设计规范》(GB 50010—2010)和上海市工程建设规范《桥梁工程超高性能混凝土应用技术标准》,对钢-UHPC组合结构桥梁进行设计和验算。

4. 计算模型

采用midas Civil软件对UHPC简支箱梁进行计算,计算模型如图3所示。使用梁单元分别模拟钢箱梁与桥面板,并使用弹性连接模拟钢梁上的栓钉,使得桥面板和钢箱梁共同受力。此外,建立了横桥向模型,用以计算桥面板横向应力。

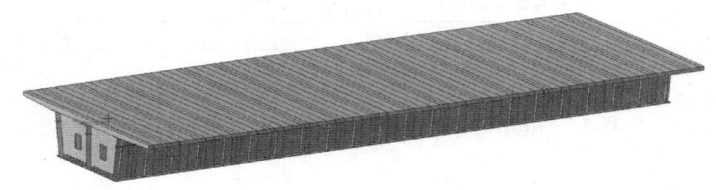

图3 midas Civil计算模型图

三、模型计算结果

根据《铁路桥涵设计规范》(TB 10002—2017)、《铁路结合梁设计规定》(TBJ 24—90)、《高速铁路设计规范》(TB 10621—2014)等,对模型施工阶段和运营阶段进行验算,各项设计指标均满足要求。

1. 施工阶段计算

1) 施工方案

UHPC构件经过高温高压养护,抗压强度、弹性模量和各项耐久性指标均能快速提高。UHPC在90d内收缩基本完成[7],后期徐变也大幅度减小。故本设计采用预制构件,桥面板浇筑90d后进行吊装。

按以下步骤进行施工:
①钢梁简支;
②吊装预制UHPC桥面板;
③预制UHPC桥面板和钢梁上翼缘通过钢梁上的栓钉以及后浇UHPC相结合,形成组合截面;
④完成铺装及桥梁附属设施。

2）计算结果与校核

施工阶段最大应力为86.34MPa,远小于容许应力210MPa,满足要求。

施工阶段最小弹性稳定系数为38.7,远大于4~5,满足要求。

考虑风力,施工阶段最不利横向倾覆稳定系数为13.4(大于1.3),满足要求。

施工阶段桥面板最大拉压应力分别为1.76MPa和2.57MPa,均不大于容许应力4.5MPa和74MPa,满足要求。

施工阶段最大位移为37.0mm。上拱度曲线与恒载和半个静活载产生的挠度曲线基本相同,但方向相反,设置预拱度49.3mm。

2. 运营阶段计算

运营阶段最大法向应力为135.50MPa,不大于钢板弯曲容许应力210MPa;最大剪应力为71.40MPa,不大于钢板剪切容许应力120MPa。满足要求。

运营阶段最大疲劳应力为59.99MPa,不大于疲劳允许应力幅$[\sigma_0]$为99.9MPa,满足要求。

运营阶段钢梁组合最大剪应力为100.98MPa,设置焊脚尺寸为10mm的凹形角焊缝,强度验算满足要求。

根据运营阶段桥面板受力情况,顺桥向在截面顶附近配置三级钢筋,钢筋总截面面积1132mm^2。横桥向每隔100mm配置一根C6钢筋。对桥面板进行强度、裂缝和疲劳验算,满足要求。

运营阶段栓钉连接件最大剪力为62.32kN,不大于容许剪力70kN;最大疲劳剪力幅为21.14kN,不大于容许疲劳剪力幅35kN,满足要求。

考虑ZK活载、横向摇摆力、离心力、风荷载、温度作用、半侧人群荷载,运营阶段桥梁最小横向倾覆稳定系数为12.0,大于1.3,满足要求。

运营阶段位移验算结果如表3所示,结果均满足要求。

运营阶段位移验算结果　　　　　　　　　表3

项目	结果	限值
竖向挠度(mm)	16.01	28
梁端竖向转角(‰)	1.27	1.5
水平挠度(mm)	0.09	8
钢轨横向位移(mm)	0.03	1
铁轨竖向相对变形(mm)	0.50	1.5

本设计自振频率为4.77Hz,不小于自振频率限值3.03Hz,满足要求。

四、技术经济性对比

1. 关键受力性能指标与材料用量对比

钢-混凝土组合模型梁高共2.9m,其中钢梁高2.55m,C50桥面板厚0.35m,其余构造细节与UHPC模型基本一致。通过midas Civil模型,进行了运营阶段和施工阶段的受力验算,结果满足规范要求,部分受力性能指标如表4所示;并对项目工程量进行了统计,结果见表5。

受力性能指标对比　　　　　　　　　表4

项目	UHPC	C50	UHPC/C50(%)
钢梁最大应力(MPa)	135.50	202.28	66.99
钢梁疲劳应力(MPa)	59.99	64.50	93.01
静活载下竖向挠度(mm)	16.01	15.86	100.95
静活载下水平挠度(mm)	0.09	0.15	60.00
静活载下梁端竖向转角(‰)	1.271	1.281	99.22

项目工程量统计　　表5

项目	UHPC	C50	UHPC/C50(%)
混凝土(m³)	92.16	128.16	71.91
钢筋(t)	0.952	22.35	4.26
钢材(t)	123.88	131.62	94.12
高强螺栓(个)	2588	2708	95.57
栓钉(个)	1728	2880	60.00

可见,控制关键受力指标——静活载下竖向挠度与静活载下梁端竖向转角基本一致时,采用UHPC桥面板一方面可以显著降低钢梁内应力水平;另一方面可以节约材料用量,尤其是钢筋用量,UHPC方案仅为C50方案用量的4.26%,栓钉剪力件用量亦减少了40%,大大节省了施工现场工作量。

由于UHPC方案桥面板为工厂预制,收缩徐变应力很小,桥面板内拉力水平较低,板内配筋量大大降低。同时,钢梁承受的收缩徐变带来的次应力也有所降低,从接近钢板弯曲容许应力$[\sigma_w]$的202.28MPa降低至135.50MPa,安全风险显著降低。

2. 施工便利性对比

对于UHPC方案,由于桥面板截面减小,节段重量降低,吊装难度也有所下降。假定普通混凝土方案亦采用预制桥面板,考虑B类桥面板的吊装重量,对两方案吊装难度做一比较。

对于UHPC方案的B型桥面板有:$G_{UHPC} = \gamma Al = 2.6 \times 2.88 \times 3.75 = 28.1(t)$

而对于C50方案的B型桥面板有:$G_{C50} = \gamma Al = 2.5 \times 4.01 \times 3.75 = 37.6(t)$

则 $\dfrac{G_{UHPC}}{G_{C50}} = \dfrac{280.8}{375.9} \times 100\% = 74.70\%$

UHPC方案吊装重量降低了25.30%,对于施工机械的要求显著降低,运输环节的费用和能源消耗亦有所下降。此外,UHPC方案采用预制桥面板,现场工作量极大减小,施工现场作业人数也大量减少,现场施工时间缩短。

3. 经济性对比

根据项目工程量对材料成本进行计算,结果见表6。

成本计算　　表6

项目	UHPC			C50		
	用量	单价(元)	成本(万元)	用量	单价(元)	成本(万元)
混凝土(m³)	92.16	7000	64.51	128.16	500	6.41
钢筋(t)	0.952	4000	0.38	22.35	4000	8.94
钢材(t)	123.88	5000	61.94	131.62	5000	65.81
高强度螺栓(个)	2588	3.5	0.91	2708	3.5	0.95
栓钉(个)	1728	2.3	0.40	2880	3.5	1.01
合计	—	—	128.14	—	—	83.12

文献[1]指出,根据上海铁路局数据,1孔双线32m简支箱梁桥100年寿命周期内的养护维修费用为19.6万元,1孔双线32m角钢支架简支T梁桥100年寿命周期内的养护维修费用为78.4万元。本设计采用的1孔双线32m简支组合箱梁桥,养护维修费用应在两者之间。

因此,本文对于钢-UHPC组合箱梁桥,100年内的养护维修费用取45万元;对于钢-混凝土组合箱梁桥,100年内的养护维修费用取50万元。

文献[8]指出,从理论上和目前试验结果分析,在大多数恶劣自然环境中,UHPC的结构寿命预期比HPC结构寿命高2倍以上。故本设计采用的钢-UHPC组合箱梁桥,寿命周期按照200年考虑。

计算两方案寿命周期内年均成本,有 $C_{UHPC} = 1.091$ 万元/年,$C_{C50} = 1.331$ 万元/年,$\frac{C_{UHPC}}{C_{C50}} = \frac{1.091}{1.331} \times 100\% = 81.97\%$。

UHPC方案虽然初期投资(128.14万元)高于C50方案(83.12万元),但考虑全寿命周期内年均成本时,UHPC方案经济性好于C50方案,年均成本降低18.03%。此外,由于桥梁自重显著下降,下部结构成本亦能降低,UHPC方案经济性得到进一步提升。

4. 碳排放量对比

文献[9]指出,UHPC每产生1MPa抗压强度的碳排放量在5kg $CO_2 e/m^3$ 以下,取本设计中C150 UHPC的碳排放因子 F_{UHPC} 为750kg $CO_2 e/m^3$。考虑材料生产阶段的碳排放量,碳排放量计算结果见表7。

碳排放量计算　　　　　　　　表7

项目	UHPC			C50		
	用量	F_i	C_{sc}	用量	F_i	C_{sc}
混凝土(m^3)	92.16	750	69120	128.16	385	49342
钢筋(t)	0.952	2340	2228	22.35	2340	55299
钢材(t)	123.88	2380	294834	131.62	2380	313256
合计	—	—	366182	—	—	417897

全寿命周期内年均碳排放计算如下:

$C_{SC-UHPC} = \frac{366182}{200} = 1830.91(kg)$,$C_{SC-C50} = \frac{417897}{100} = 4178.97 kg$,$\frac{C_{SC-UHPC}}{C_{SC-C50}} = \frac{1830.91}{4178.97} \times 100\% = 43.81\%$

故全寿命周期内UHPC方案年均碳排放仅为C50方案的43.81%,节材、节能和减排作用显著。

五、结　语

(1)将UHPC应用于钢-混凝土组合桥梁中,能够发挥其超高强度、超高韧性和超长耐久性的优异特性,钢-UHPC组合梁桥较传统钢-混凝土组合梁桥,其构件几何尺寸减小、结构自重减轻、收缩徐变降低。

(2)本文提出了32m跨钢-UHPC组合箱梁桥结构,通过对施工期和运营期结构安全性计算发现,主要计算结果均能满足规范要求。

(3)装配式钢-UHPC组合结构桥梁具有良好的受力性能、施工便利性、经济性、环保性,较钢-普通混凝土组合箱梁桥,梁高降低9%,单位吊装重量降低25%,年均成本降低18%,年均碳排放降低56%,应用前景广阔。

参考文献

[1] 聂建国,余志武. 钢-混凝土组合梁在我国的研究及应用[J]. 土木工程学报,1999(2):3-8.
[2] 张少锋. 超高性能混凝土(UHPC)在桥梁加固中的应用研究[J]. 低碳世界,2018(6):259-260.
[3] MANDER J B, PRIESTLEY M J N, PARK R. Theoretical stress-strain model for confined concrete[J]. Journal of Structural Engineering, 1988, 114(8):1804-1826.
[4] 高明昌,刘琛,陈应陶. UHPC在高速铁路大跨度简支梁中的应用与展望[J]. 铁道标准设计,2020,64(S1):34-38,56.
[5] 刘琛,陈应陶,杨少军,等. 兰张高铁十八里堡特大桥56m UHPC组合简支梁设计研究[J]. 铁道标准设计,2020,64(11):57-61.
[6] 高明昌,刘琛,陈应陶. UHPC在高速铁路大跨度简支梁中的应用与展望[J]. 铁道标准设计,2020,64(S1):34-38,56.
[7] SOLMAN A M. Early-age shrinkage of ultra high-performance concrete: mitigation and compensating mechanisms[D]. London: The University of Western Ontario, 2011.

[8] 班新林,苏永华.客货共线铁路T梁和箱梁全寿命周期技术经济分析[J].铁道建筑,2019,59(1):20-22.

[9] 赵筠,廉慧珍,金建昌.钢-混凝土复合的新模式——超高性能混凝土(UHPC/UHPFRC)之四:工程与产品应用,价值、潜力与可持续发展[J].混凝土世界,2014(1):48-64.

52. 自锚式悬索桥极限跨径影响参数分析

崔存玉 戴建国 卢永成

(上海市政工程设计研究总院(集团)有限公司)

摘 要 在自锚式悬索桥中,由于加劲梁需要承担巨大的轴向压力,其抗压强度和稳定性是制约自锚式悬索桥跨越能力提升的关键因素。通过理论分析发现,由于主缆和吊索为加劲梁提供了足够的弹性支撑,加劲梁不会发生面内失稳,但是加劲梁仍然可能发生面外失稳。本文根据加劲梁的强度和稳定性,分析了影响自锚式悬索桥极限跨径的关键参数,发现提高加劲梁的抗压屈服强度、加劲梁的宽度以及矢跨比可以提高自锚式悬索桥的极限跨径。

关键词 挠度理论 屈曲 弹性支撑 连续梁 三弯矩法

一、引 言

自锚式悬索桥是一种较为新颖的结构形式[1,2],仅有少部分学者和工程设计人员对其受力特性进行了研究,对其受力特性的认识仍然不够深入。邱文亮和张哲[3]对一座混凝土自锚式悬索桥的极限承载力进行了研究,发现混凝土自锚式悬索桥的弹塑性极限承载力远小于其弹性极限承载力。Qiu等[4,5]根据加劲梁和主缆的屈服强度推导了自锚式悬索桥的极限跨径计算公式,分析了极限跨度随矢跨比和边中跨比的变化关系,发现提高主缆和加劲梁的屈服强度以及采用较大的矢跨比等均可提高自锚式悬索桥的极限跨径。对于地锚式悬索桥来说,其极限跨径取决于主缆抗拉强度与自重的比值[6]。在自锚式悬索桥中,可以通过增大主缆横截面积使主缆满足抗拉强度的要求,而加劲梁由于受压,其受力状态相对于主缆的受力状态更为不利。

王春江等[7]以重庆鹅公岩轨道大桥为背景分析了自锚式悬索桥的整体稳定性和局部稳定性,发现自锚式悬索桥的稳定极限状态由加劲梁的整体塑性稳定性控制;在结构整体稳定极限状态下,加劲梁的主要板件不会发生局部失稳。Jung等[8]认为自锚式悬索桥的基本失稳模态是桥塔失稳。这一结论与王春江等[7]的研究结论相左,原因是Jung等[8]仅进行了弹性稳定性分析,而没有考虑结构构件屈服的影响。现有研究表明[9],进行加劲梁的面内和面外稳定性分析时,加劲梁的等效模型应分别为轴向压力作用下的弹性支撑连续梁和轴向压力作用下的刚性支撑连续梁。此外,自锚式悬索桥桥塔的受力状态与地锚式悬索桥相同。在地锚式悬索桥中,桥塔的抗压强度和稳定性并非限制结构极限跨径的控制因素。因此,进行自锚式悬索桥跨越能力分析时需要重点关注加劲梁的受压特性。

胡建华等[9]和王志诚等[10]根据挠度理论分析认为,当加劲梁在恒载状态下的面内稳定性有保证时,在活载作用下加劲梁也不会发生面内失稳。沈锐利等[11]和白伦华等[12]指出闭合的"主梁-吊索-主缆-主梁"传力途径是自锚式悬索桥不会发生面内弹性失稳的前提条件。李立峰等[13]通过钢加劲梁的节段模型试验发现,考虑材料和几何非线性、初始几何缺陷以及残余应力的影响后,加劲梁的非线性屈曲应力远小于其弹性屈曲应力。Bai等[14]和Shen等[15]通过钢加劲梁的节段模型试验发现,在钢加劲梁发生局部屈曲之后仍然具有一定的承载能力,不会发生突然失稳,钢加劲梁的最终破坏模式是塑性弯曲破坏。自锚式悬索桥加劲梁的受压特性,即加劲梁在轴向压力作用下的强度和稳定性问题是提高自锚式悬索桥跨越能力的关键。本文根据挠度理论[16]分析了影响自锚式悬索桥极限跨径的关键参数。

二、原型桥选择

根据收集的国内90座自锚式悬索桥数据(图1),50%自锚式悬索桥的主跨跨径介于100~200m之间,17.8%的主跨跨径介于200~300m之间,主跨跨径超过300m的为7.8%。独塔自锚式悬索桥的矢跨比均小于1/10,多塔自锚式悬索桥的矢跨比大部分介于1/6~1/5之间。国内多塔自锚式悬索桥的边中跨比介于0.3~0.5。在自锚式悬索桥中,两塔三跨自锚式悬索桥是最常用的桥型[17]。根据文献[18],国外自锚式悬索桥的矢跨比多在1/6左右。根据以上统计数据,本文选择某两塔三跨自锚式悬索桥为原型。原型桥的跨径布置为130m + 336m + 130m,矢跨比为1/5.17。原型桥的加劲梁为钢箱梁(图2),钢材屈服强度为275MPa(Q345qD)。加劲梁宽36.6m,高3.2m,纵向惯性矩为3m^4,横向惯性矩为275.2m^4。原型桥共两根主缆,平行缆面布置,每根主缆含52股平行钢丝索股,每股含127丝直径为5.3mm的镀锌铝合金钢丝,竖向排列成尖顶的六边形。缆索钢丝标准抗拉强度$\sigma_b = 1860$MPa,弹性模量$E = 2.0 \times 10^5$MPa。原型桥中,吊索间距为12m。

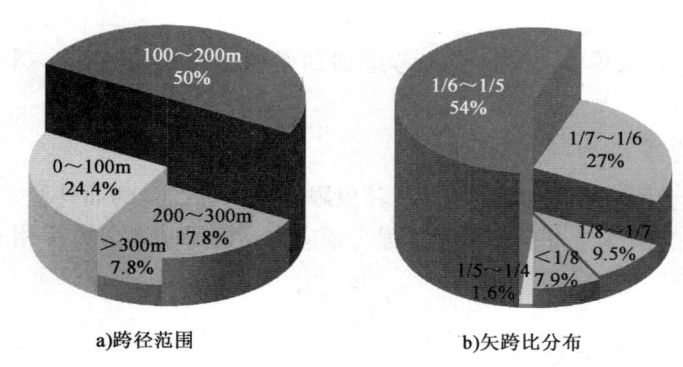

a) 跨径范围 b) 矢跨比分布

图1 国内自锚式悬索桥

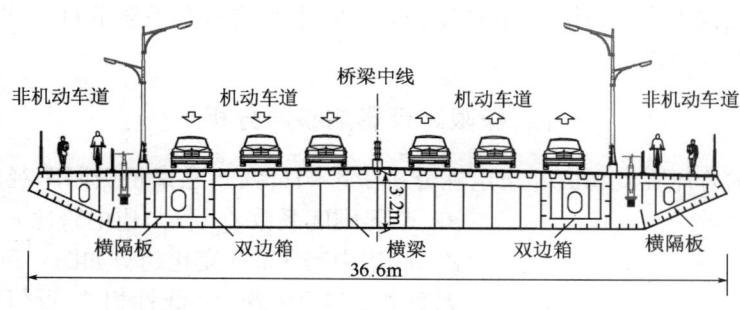

图2 钢箱梁截面示意图

三、加劲梁稳定性分析

1. 面内稳定性

通常,由活载产生的主缆拉力仅占主缆总拉力的10%~20%[19,20]。随着跨径的增大,活载产生的主缆拉力占比逐渐降低,自锚式悬索桥的极限跨径将由恒载决定。因此,本文分析加劲梁的稳定性时仅考虑了恒载作用。进行面内稳定性分析时,可以将加劲梁等效为弹性支承连续梁(图3)。弹性支承连续梁的稳定性随着支承刚度k_i的增大而增加,当支承刚度k_i大于某一阈值时,弹性支承连续梁的临界荷载与刚性支撑连续梁的临界荷载相同。例如,对于三跨连续梁(等跨),支承刚度的阈值为$k = 3H/l = 3\zeta^2 EL/l^3$ [$\zeta = \sqrt{Hl^2/(EI)}$为刚度系数[16,21]]。原型桥中,主缆的支承刚度k_c约为32896kN/m,吊索的支承刚度k_s约为26882kN/m。因此,将加劲梁等效为弹性支承连续梁后,由主缆和吊索共同提供的等效支承刚度k约为14793kN/m,由此求得$\zeta_{cr,1} = 0.65$。采用挠度理论根据加劲梁的屈服强度和面内稳定性计算得到的

原型桥极限跨径为 $l_m = 1750$m。达到极限跨径时加劲梁发生塑性破坏，此时 $\zeta = 0.35 < \zeta_{cr,1}$，即原型桥不会发生面内失稳，其极限跨径由加劲梁的抗压屈服强度控制。

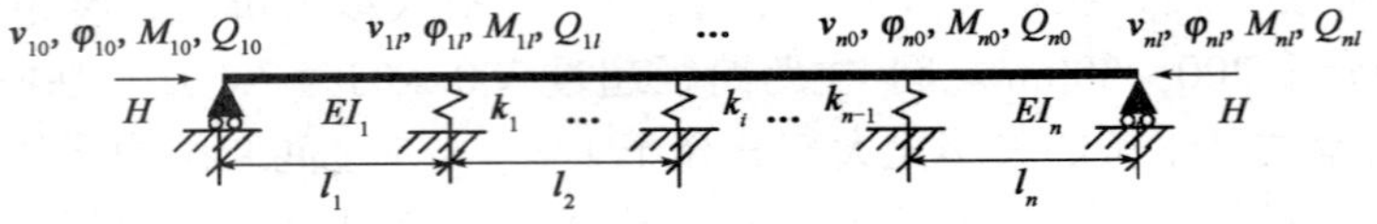

图3 弹性支承连续梁

2. 面外稳定性

分析原型桥加劲梁的面外稳定性时，可以将其等效为三跨连续梁。通过三弯矩方程求得加劲梁面外稳定性的控制方程：

$$\cot(\zeta_{cr,2}) - \csc(\zeta_{cr,2}) = \frac{1}{r\zeta_{cr,2}} - \cot(r\zeta_{cr,2}) \tag{1}$$

式中：r——边中跨比。

将原型桥参数代入上式求得 $\zeta_{cr,2} = 4.87$。考虑加劲梁的面外稳定性后，求得原型桥的极限跨径 l_m 为1640m。

3. 加劲梁稳定性的预应力梁比拟法

由前文分析可知，原型桥不会发生面内失稳，其极限跨径由加劲梁的面外稳定性控制。事实上，在竖向平面内，自锚式悬索桥的整体受力平衡微分方程与预应力梁的平衡微分方程相同，均为：

$$EI\frac{d^4v}{dx^4} = 0 \tag{2}$$

式中：EI——加劲梁的竖向抗弯刚度；
v——加劲梁的竖向位移。

将自锚式悬索桥比拟为预应力梁[22]后可知，对于边、中跨均密布吊索的自锚式悬索桥，主缆拉力的大小不会影响加劲梁的面内稳定性。

四、极限跨径影响参数分析

本节根据加劲梁的抗压强度和面外稳定性分析了影响自锚式悬索桥极限跨径的参数。由式(1)可知，临界刚度系数 $\zeta_{cr,2}$ 仅与边中跨比 r 相关。临界刚度系数 $\zeta_{cr,2}$ 随边中跨比 r 的变化趋势如图4所示。显然，临界刚度系数 $\zeta_{cr,2}$ 与边中跨比 r 线性相关，近似表达式为：

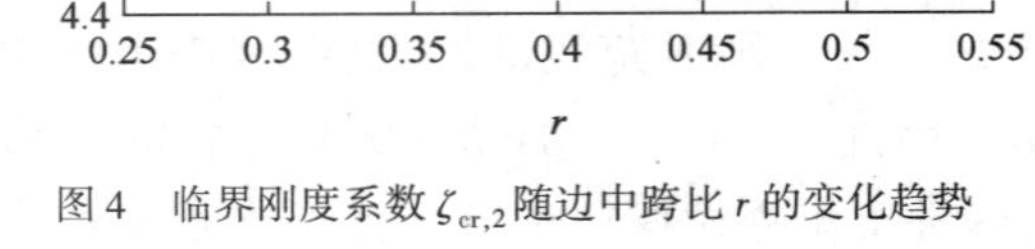

$$\zeta_{cr,2} = 6.20 - 3.42r \tag{3}$$

加劲梁在横桥向的抗弯刚度可以表示为：

$$EI = C_1 E A b^2 \tag{4}$$

式中：C_1——常系数；
A——加劲梁的面积；
b——加劲梁的宽度。

主缆施加在加劲梁上的水平压力为：

$$H = \frac{C_2 \rho A l}{8n} \tag{5}$$

图4 临界刚度系数 $\zeta_{cr,2}$ 随边中跨比 r 的变化趋势

式中：C_2——常系数；
ρ——加劲梁的密度；
l——主跨跨径；
n——矢跨比。

由式(4)和式(5)可得,由加劲梁面外稳定性控制自锚式悬索桥极限跨径为:

$$l_\mathrm{m} = C_3 \zeta_{\mathrm{cr},2}^{2/3} b^{2/3} n^{1/3} \quad (6)$$

式中:C_3——常系数。

由式(5)可得,由加劲梁的抗压屈服强度控制自锚式悬索桥极限跨径为:

$$l_\mathrm{m} = C_4 f_y n \quad (7)$$

式中:C_4——常系数;

f_y——加劲梁抗压屈服强度。

根据挠度理论计算得到原型桥的极限跨径随矢跨比的变化关系,如图5所示,通过数据拟合得到原型桥极限跨径的计算公式为:

$$l_\mathrm{m} = \begin{cases} 19.86 \zeta_{\mathrm{cr},2}^{2/3} b^{2/3} n^{1/3} & n > 1/6 \\ 34.40 f_y n & n \leqslant 1/6 \end{cases} \quad (8)$$

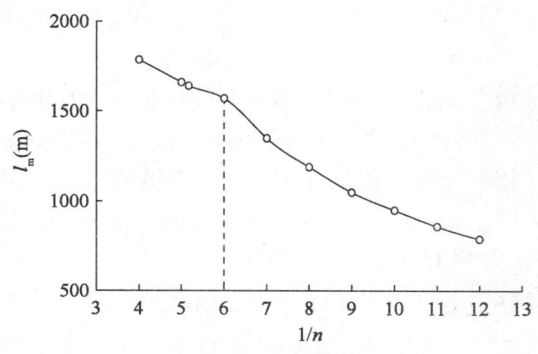

图 5 极限跨径随矢跨比的变化关系

五、结 语

本文分析了自锚式悬索桥加劲梁在轴向压力作用下的稳定性问题,并根据加劲梁的抗压屈服强度和稳定性分析了影响自锚式悬索桥极限跨径的主要参数。根据本文分析可以得到以下结论:

(1)由于主缆和吊索为加劲梁提供了弹性支撑,在竖向平面内,自锚式悬索桥的整体受力平衡微分方程与预应力梁的平衡微分方程相同。因此,对于在边、中跨均密布吊索的自锚式悬索桥,加劲梁不会发生面内失稳。加劲梁的面外稳定性随边中跨比的增大而线性减小。

(2)当自锚式悬索桥的矢跨比较小时,其极限跨径由加劲梁的抗压屈服强度控制,极限跨径与抗压屈服强度 f_y 和矢跨比 n 成正比;当自锚式悬索桥的矢跨比较大时,其极限跨径由加劲梁的面外稳定性控制,极限跨径与临界刚度系数 $\zeta_{\mathrm{cr},2}^{2/3}$、加劲梁宽度 $b^{2/3}$ 和矢跨比 $n^{1/3}$ 成正比。

参考文献

[1] 万利军. 钢-砼叠合梁自锚式悬索桥静动力特性模型试验研究[D]. 哈尔滨:东北林业大学,2013.

[2] 佛山市路桥建设有限公司. 大跨径自锚式悬索桥——广东佛山平胜大桥[M]. 北京:人民交通出版社,2008.

[3] 邱文亮,张哲. 混凝土自锚式悬索桥的极限承载力研究[J]. 武汉理工大学学报,2006,28(4):91-94.

[4] QIU W, JIANG M, YU B. Limit Span of Two-span Self-anchored Suspension Bridge[C]//2009 International Conference on Engineering Computation, ICEC 2009. IEEE, 2009:59-62.

[5] 邱文亮. 自锚式悬索桥非线性分析与试验研究[D]. 大连:大连理工大学,2004.

[6] MELAN J, STEINMAN D B. Theory of arches and suspension bridges[M]. Chicago: The Myron C. Clark Publishing Co., 1913.

[7] 王春江,戴建国,臧瑜,等. 自锚式钢箱梁悬索桥静力稳定性分析[J]. 桥梁建设,2019,49(2):47-51.

[8] JUNG M R, JANG M J, ATTARD M M, et al. Elastic stability behavior of self-anchored suspension bridges by the deflection theory[J]. International Journal of Structural Stability and Dynamics, 2017, 17(4):1750050.

[9] 胡建华,王连华,沈锐利,等. 大跨度自锚式悬索桥稳定性研究[J]. 湖南大学学报(自然科学版),2008,35(7):12-15.

[10] 王志诚,刘昌鹏,沈锐利. 自锚式悬索桥参数影响挠度理论研究[J]. 土木工程学报,2008,41(12):61-65.

[11] 沈锐利,成新,白伦华,等. 自锚式悬索桥极限承载力及安全性评价方法研究[J]. 铁道学报,2017,

39(11):89-96.
[12] 白伦华,沈锐利,张兴标,等.自锚式悬索桥的面内稳定性[J].吉林大学学报(工学版),2019,49(5):1500-1508.
[13] 李立峰,邵旭东,易伟建,等.扁平钢箱梁局部稳定模型试验[J].中国公路学报,2007,20(3):60-65.
[14] BAI L, SHEN R, WANG L, et al. Experimental and numerical study on buckling behavior of a rigidly stiffened plate with tee ribs[J]. International Journal of Steel Structures, 2018, 18(2): 582-595.
[15] SHEN R L, BAI L H, ZHANG S H. Ultimate capacity of narrow type steel box section for railway self-anchored suspension bridge under bias compression[J]. Advanced Steel Construction, 2019, 15(2): 173-184.
[16] BUONOPANE S G, BILLINGTON D P. Theory and history of suspension bridge design from 1823 to 1940[J]. Journal of Structural Engineering, 1993, 119(3): 954-977.
[17] 严国敏.现代悬索桥[M].北京:人民交通出版社,2002.
[18] OCHSENDORF J A, BILLINGTON D P. Self-anchored suspension bridges[J]. Journal of Bridge Engineering, 1999, 4(3): 151-156.
[19] BUCKLAND P G. Increasing the load capacity of suspension bridges[J]. Journal of Bridge Engineering, 2003, 8(5): 288-296.
[20] ZHANG Y, XIAO R, JIN C. Design of self-anchored suspension bridge[J]. Bridge Construction, 2002(5): 30-32.
[21] TAN Y G, ZHANG Z, YU Y, et al. Preliminary static analysis of self-anchored suspension bridges[J]. Structural Engineering and Mechanics, 2010, 34(2): 281-284.
[22] BAZANT Z P, CEDOLIN L. Stability of structures—elastic, inelastic, fracture and damage theories[M]. Singapore: World Scientific Publishing Co. Pte. Ltd., 2010.

53. 大跨悬索桥主缆防护系统研究与应用新进展

杨建平[1] 金芳[2]

(1.中交第二航务工程局有限公司;2.上海浦江缆索股份有限公司)

摘要 悬索桥主缆防护系统一直是国内外研究的重点,各国发展出不同的技术体系。随着中国悬索桥建设热潮的兴起,国内在主缆防护方法研究应用上取得了不少创新成果。本文从主缆防护技术的钢丝强度与镀层、缠丝技术、涂装技术、除湿系统技术等四方面介绍我国近年来悬索桥主缆防护系统研究与应用的新进展。

关键词 悬索桥 主缆 防护 除湿系统 缠丝 缠包带

一、引言

随着我国桥梁建设水平的不断提高,悬索桥作为大跨径桥梁中常见的桥型,其跨径在不断实现超越,从国内1995年最早建成的现代化悬索桥汕头海湾大桥到正在建设中的张靖皋长江大桥,悬索桥跨径从452m突破到2300m,悬索桥主缆长度也相应从1030m增长到4450m。而悬索桥主缆作为悬索桥的"生命线",主缆的防护状态备受关注。

主缆索股从完成制造到最终进入成桥状态,须完全暴露在自然环境中1~2年时间,其间由于水分湿热、腐蚀气体、应力水平、外力冲击等的综合作用下,钢丝很快就会处于腐蚀状态。此外,施工期主缆钢丝缝隙间由于降雨会困住大量雨水而无法排出,成为成桥后主缆内钢丝腐蚀的一大诱因(图1)。为避免主缆钢丝的腐蚀或降低腐蚀速度,必须进行主缆防护。本文结合近年国内外悬索桥主缆防护系统的研究新进展,首先对国内外已有主缆防护方法进行了回顾,列举分析了国内在建大跨径悬索桥所采用具体的主缆防护系统,并从主缆钢丝强度与镀层、缠丝技术、涂装技术、除湿系统技术等4方面详细介绍了主缆防护系统所取得的进展。

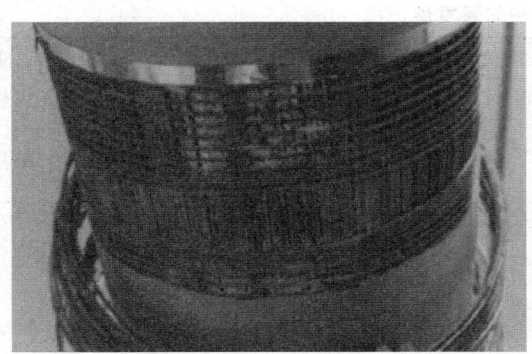
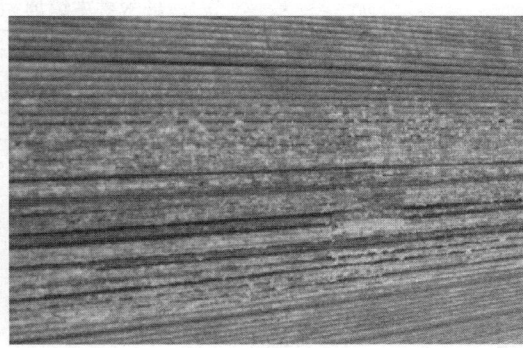

图1 悬索桥主缆严重腐蚀

二、悬索桥主缆防护方法

主缆防护的方式分密封与除湿。早在1883年布鲁克林大桥建设时,其大桥4根主缆就采用了"红丹(腻子) + 圆钢(缠丝) + 铅基涂料(面层)"与主缆钢丝"镀锌"的四重防护方式,如图2所示。该方式被后续修建的诸如威廉斯堡桥(1903年)、曼哈顿桥(1909年)沿用、金门大桥(1937年)、韦拉扎诺桥(1964年)等代表性悬索桥沿用。英国、法国、土耳其等欧洲国家在20世纪所建悬索桥受美国技术影响,采用了类似的主缆防护方式。欧美悬索桥主缆防护系统在长达100多年的发展期间,体系基本维持不变。但在1969年修建纽波特桥提出了预制平行索股(PPWS)法来替代主缆钢丝空中纺线(AS)架设法,一定程度上提高了主缆钢丝镀锌防护的现场保护质量。

日本在1970—2000年桥梁建设高峰期,早期仍沿用欧美主缆防护系统,但在腻子材料与面层涂料上丰富了很多,如腻子用铅酸钙、磷酸钙替代红丹,面层用耐腐性更好的树脂、环氧、聚氨酯材料替代对人体有害的铅基涂料。后期随着1991m超大跨径明石海峡大桥的建设,提出了主缆防护密封+除湿的新防护理念,并研究推出了主缆干燥空气除湿系统(图3),这也奠定了后续主缆防护系统的体系。后又在来岛大桥建设中,主缆防护引入了日本新日铁公司开发的S形钢丝,将沿用近二百年的圆形缠丝技术革新为S形缠丝技术,该技术大大提高了主缆的密封性,与除湿系统相得益彰。

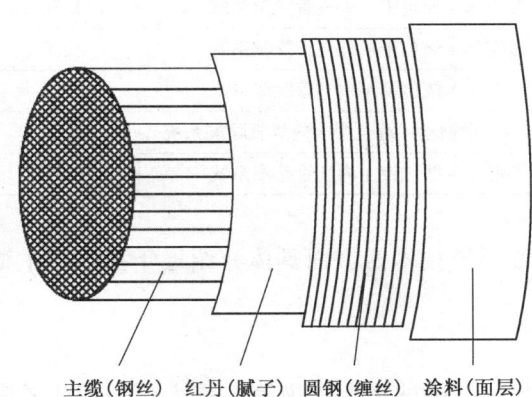
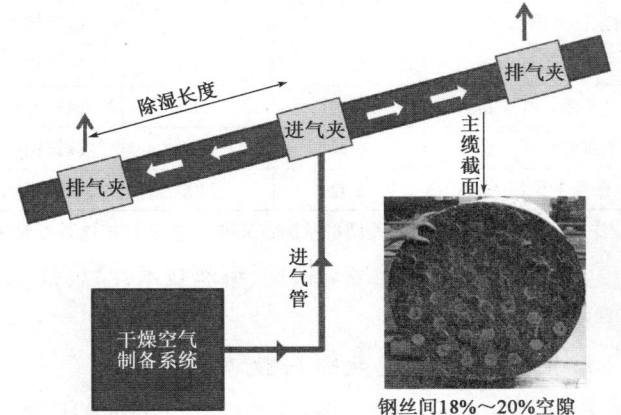

图2 早期主缆防护体系　　　　　　　图3 日本研究者发明的主缆干燥空气除湿系统

中国在1990后也进入大跨桥梁建设高速发展时期,早期由于缺乏建设经验,技术以沿用欧美与日本主缆防护技术为主,相应材料也都由国外进口,如润扬长江大桥的主缆防护除湿系统,其全套技术与设备均来自日本。随着悬索桥建设技术的逐渐成熟,国内开始进入主缆防护技术自研阶段,其中泰州长江大桥在这方面做的贡献最为突出。近几年,主缆防护技术在各方面取得重大突破,形成"镀锌铝(镁)钢丝+S形缠丝+缠包带+外/内气管"的主缆防护系统,材料设备几乎均国产化。

欧美、日本以及中国主缆典型防护体系发展过程见表1。

悬索桥主缆典型防护体系发展过程 表1

地区	时期	典型防护体系	特点
欧美	1883—2000年	镀锌钢丝+红丹/锌粉(腻子)+圆形钢丝(缠丝)+铅基/弹性涂料(面层)	基本不变
日本	1962—1998年	镀锌钢丝+高分子有机铅/铅酸钙(腻子)+圆形钢丝(缠丝)+树脂/橡胶/环氧/聚氨酯涂料(面层)	探索阶段
日本	1998—2008年	镀锌钢丝+磷酸铝(腻子)+S形钢丝(缠丝)+软性涂料(面层)+主缆干空气除湿系统	基本定型
中国	1995—2003年	镀锌钢丝+磷化底漆+聚异丁烯(腻子)+圆/S形钢丝(缠丝)+环氧、聚氨酯面漆(面层)	学习借鉴
中国	2004—2022年	镀锌(铝)钢丝+多重重涂装防护+主缆干空气除湿系统	探索研究
中国	2020年以后	镀锌铝(镁)钢丝+S形缠丝+缠包带+外/内气管	创新升级

三、悬索桥主缆防护方法新进展

表2统计了近年中国已建或在建大跨径悬索桥主缆所采用的防护体系,可以看出国内主缆防护体系在现有成果上不断创新,特别是在龙潭长江大桥应用内置气管除湿系统,打破了日本所提出的主缆外气管干燥除湿系统一家独大的局面。

近年中国已建成或在建大跨径悬索桥主缆防护基本情况 表2

桥名	建成时间	跨径(m)	主缆防护体系	桥址
广州南沙大桥	2019年	1688	镀锌铝合金+缠丝+磷化、环氧底漆+密封胶+柔性氟碳面漆+外气管除湿系统	近海
杨泗港长江大桥	2019年	1700	镀锌钢丝+S形钢丝+缠包带+外气管除湿系统	长江
华丽金沙江大桥	2020年	1386	镀锌钢丝+圆形钢丝+缠包带+外气管除湿系统	山区
瓯江北口大桥	2022年	800×2	镀锌钢丝+S形缠丝+环氧树脂底漆+2层环氧树脂种中间漆+氟树脂面漆+外气管除湿系统	近海
深中通道伶仃洋大桥	预计2024年	1666	镀锌铝镁钢丝+圆形钢丝+缠包带+外气管除湿系统	海上
南京仙新路长江大桥	预计2024年	1760	镀锌铝钢丝+S形钢丝+缠包带+外气管除湿系统	长江
燕矶长江大桥	在建	1860	镀锌铝钢丝+S形钢丝+缠包带+外气管除湿系统	长江
龙潭长江大桥	在建	1560	镀锌铝钢丝+S形钢丝+缠包带+内气管除湿系统	长江
双柳长江大桥	在建	1430	镀锌铝(镁)钢丝+S形钢丝+缠包带+内气管除湿系统	长江
张靖皋长江大桥	在建	2300	镀锌铝钢丝+S形钢丝+缠包带+内气管除湿系统	长江

注:在建桥梁尚未进入主缆防护系统施工阶段,主缆防护体系可能存在变动。

下面从主缆钢丝强度与镀层、缠丝技术、涂装技术及除湿系统技术四方面具体介绍近年我国在主缆防护系统上取得的进展。

1. 主缆钢丝强度与镀层技术的发展

钢丝强度方面,建于1995年的主跨452m的广东汕头海湾大桥被誉为中国第一座大跨径现代悬索桥,其主缆索股强度约为1500MPa,采用镀锌钢丝,以后10年内1570MPa的镀锌钢丝一直作为主缆索股主要材料,且钢丝多为进口,其间如江阴长江大桥主缆钢丝进行了国产化研发。进入2004年,随着润扬长江大桥的建设钢丝强度达到1670MPa,盘条仍由日本进口,而镀层加工工艺由国内钢铁厂承担,锌层质量远远超过300g/m²。2009年通车的舟山西堠门大桥在建设期间开发了φ5.0mm的1860MPa级高强镀锌钢丝,但实桥并未应用,实桥应用了φ5.25mm的1770MPa级高强镀锌钢丝。近十年,随着国内盘条生产技术的不断进步,钢丝强度得到了快速提升,目前在建的南京仙新路长江大桥采用了2100MPa的镀锌铝钢丝,在建的张靖皋长江大桥设计采用2200MPa的镀锌铝钢丝,见图4。

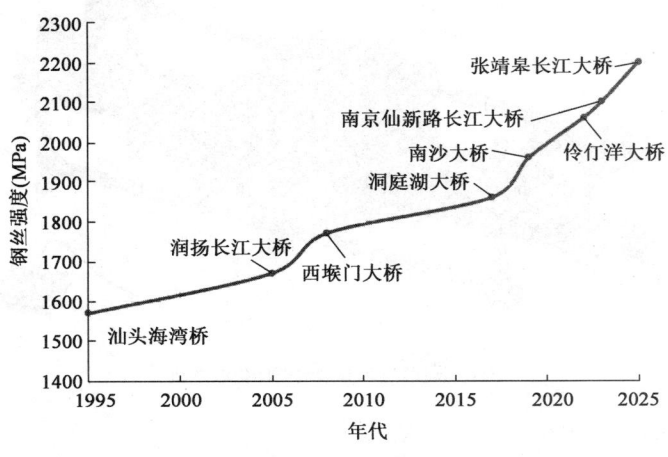

图4 国内主缆钢丝强度变化

钢丝镀层方面,早期悬索桥主缆大部分采用镀锌钢丝。2013年建设的抵母河大桥,是国内首次将镀锌铝合金钢丝应用到桥梁主缆中的,其钢丝为φ5.1mm的1670MPa高强镀锌铝钢丝,其后镀锌铝钢丝被大范围应用于主缆。2020年通车的贵州峰林特大桥是国内首次将镀锌铝镁钢丝应用到桥梁主缆中的,其钢丝为φ5.45mm的1860MPa高强镀锌铝钢丝。在建深中通道伶仃洋大桥与在建双柳长江大桥的钢丝也同样采用镀锌铝镁设计。主缆钢丝镀层也由镀锌→镀锌铝→镀锌铝镁逐步变化,钢丝整体的耐腐蚀性、耐磨性能也得到较大的提升,增强了主缆防护第一道防线。具体钢丝不同镀层性能对比见表3。

钢丝不同镀层性能对比 表3

项目	镀锌钢丝	镀锌铝钢丝	镀锌铝镁钢丝
力学性能(拉伸、疲劳试验)	镀层开裂	镀层有裂纹	镀层无裂纹
缺口保护性能(切口盐水喷雾试验)	1000h出现红锈	5000h出现红锈	5000h后未出现锈蚀
乙酸盐雾试验	150h出现红锈	300h出现红锈	650h出现红锈
耐磨性能(镀层损耗)	81.4%	59.1%	47.0%

2. 缠丝技术的发展

早期悬索桥大部分采用圆形钢丝缠丝。为解决圆形钢丝缠丝密封性不足问题,满足主缆除湿系统的需求,日本新日铁公司在1999年开发了S形钢丝,并在日本来岛大桥等大桥上应用,如图5所示。2004年,润扬长江大桥主缆防护用S形钢丝全部由日本进口。泰州长江大桥建设期间,国内开展了S形钢丝国产化研究,确定了S形钢丝生产工艺流程,具体如下:盘条→拉拔→收卷、放卷→多道次连扎→收卷、放卷→镀锌→收卷、放卷→精整→收卷。随着该工艺逐渐成熟,目前国内已有多家单位可生产出满足日本标准要求的S形钢丝;同时,国内也制定了《悬索桥主缆缠绕用S形钢丝》(JT/T 1106—2016)标准,国产化S形钢丝已在国内多座悬索桥上应用。

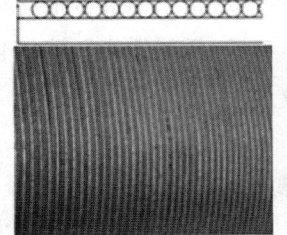 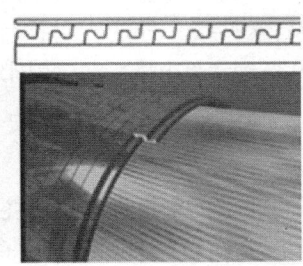

图5 圆形(左)与S形(右)钢丝截面

S形钢丝配套缠丝机研发上也早实现了国产化,国产缠丝机一般由机架、缠丝回转机构、缠丝张力控制机构、索夹跨越机构、整机移动机构及电气控制系统等组成,如图6所示。缠丝机可在已涂防腐密封膏或者光面的主缆表面,通过缠丝作业,以一定的张力使镀锌软钢丝密匝牢固地缠绕在主缆上。目前新型国产缠丝机规格众多,可满足不同主缆直径(最大1.3m)、不同缠丝力、不同缠丝速度、不同大小索夹的工程需求。

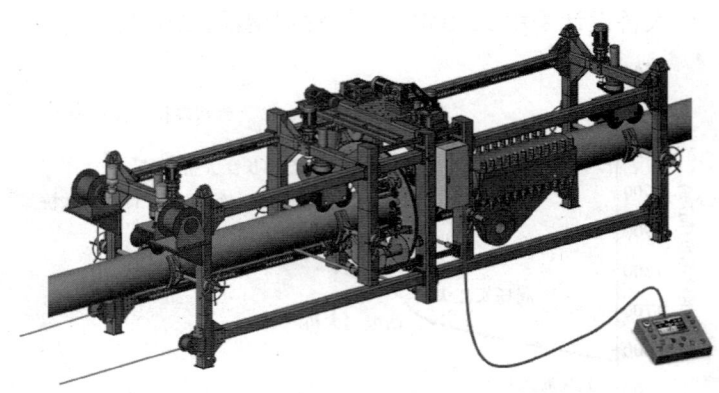

图6　圆形与S形钢丝一体化缠丝机

3. 涂装技术的发展

传统红丹+铅基涂料防腐技术所采用的腻子易干结脱落、污染严重、施工烦琐,且部分涂料含有有毒物质会对施工作业人员会造成伤害,该类技术基本淘汰。其他材料涂装类防腐技术,同样由于各种各样的缺点,随着主缆干燥空气除湿系统的大面积应用,正在被新兴的缠包带技术所取代。

缠包带技术为一定厚度的(1~1.2mm)的特殊橡胶制品,在现场由缠带机+人工缠绕在主缆外部,再加热后成为成品。缠包带寿命长、安装快速简单、各项耐久性能优异、施工总成本低于传统涂装技术(表4),目前国内已建清水河大桥、云南龙江大桥、杨泗港长江大桥和国外多数旧桥主缆维护项目均采用了该技术。

主缆涂装密封技术对比　　　　　　　　　　　　　　　　　　　　表4

项目	传统涂装技术	缠包带技术
寿命	5~10年	25年
施工速度	30d左右	15d左右
防护均匀性	易产生缺陷	厚度均匀
对人体危害	有	无
对环境污染	有	无
经济性	一般	较优

美国布朗公司的Cableguard缠包带产品较为知名,我国早期部分项目也采用了该产品。目前缠包带产品实现了国产化,我国在缠包带橡胶材料配方设计、现场施工的缠绕力、叠合宽度、热熔时间、温度、压力、索夹接头处的密封设计及产品颜色均进行了系列研究,目前产品质量与美国布朗公司相当,产品质量也得到了实桥验证。我国颁布了《桥梁缆索防腐缠包带》(HG/T 5600—2019)标准。

4. 除湿系统技术的发展

1) 新型除湿系统

自1998年日本提出主缆主动除湿系统后,已经过20多年。国内在应用该除湿系统后发现外部气管除湿系统存在外部送气系统能耗高、对主缆密封防护要求高、干空气只在外层钢丝流动等问题。2019年前后我国提出了内置大直径送气管的改进型除湿系统,如图7所示。该系统在内置气管结构设计、新除湿系统整体设计、气管安装工艺等方面进行了诸多研究,目前已在龙潭长江大桥现场得到安装,正式应用预计在2024年。

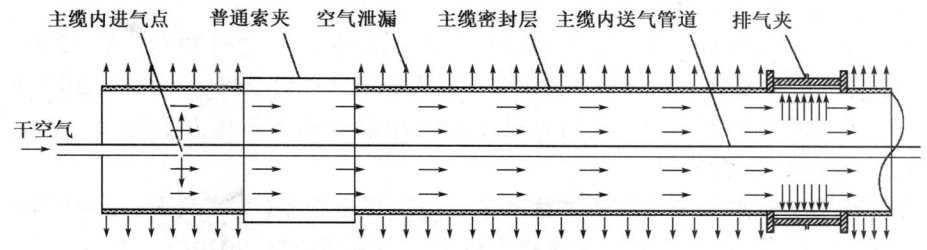

图7 国内提出的内部气管除湿系统工作原理

2) 除湿系统加装技术

欧美国家为解决主缆检查发现的钢丝大面积锈蚀以及承载力下降的问题,大多已建大跨悬索桥新增了外气管除湿系统,如美国奥克兰海湾大桥、英国福斯公路桥、土耳其博斯普鲁斯一桥、丹麦小贝尔特桥等知名悬索桥。除湿系统加装主要涉及临时通道(猫道)设计安装技术、缆索检修车技术、断丝续接技术(图8)、原防护去除等系列技术。日本在除湿系统加装技术方面积累了较多经验,在国际旧桥主缆维护工程身影频现。

近些年我国一些已建项目如江阴长江大桥、舟山西堠门大桥经过主缆检查综合评估后,也进行主缆防护系统升级改造,增设了主缆除湿系统(表5),我国积累了一定主缆除湿系统加装技术。

图8 主缆锈蚀断丝接续技术

中国悬索桥主缆除湿系统加装　　　表5

桥名	建成时间	跨径(m)	原防护体系	新防护体系
江阴长江大桥	1999年	1385	镀锌钢丝+锌粉(腻子)+圆形钢丝+环氧等涂料涂装(面层)	原防护+外气管除湿系统
舟山西堠门大桥	2009年	1650	镀锌钢丝+磷化底漆+圆形缠丝+聚氨酯面漆	原防护+缠包带+除湿系统

四、结　语

随着我国悬索桥建设跨径的不断突破,主缆所使用钢丝强度的不断提高,高强度钢丝对使用环境要求更为苛刻,这将会对悬索桥主缆防护提出更高的要求。目前我国投入了大量的精力来研究和提升改造传统主缆防护方法,并在主缆钢丝强度与镀层、缠丝钢丝与设备国产化、缠包带国产化以及新型除湿系统取得了一定的成果。但早期修建的部分悬索桥仍在沿用旧防护体系,希望尽早完成主缆检查评估,更换新的防护系统,保证桥梁的安全。

国际上,我国桥梁建设技术已处于全球前列,但在全球范围内推广程度仍不足,未来希望抓住主缆防护系统新技术的契机,引领全球悬索桥主缆防护技术发展。

参考文献

[1] 广东汕头海湾大桥公司.桥梁明珠:广东汕头海湾大桥工程总结[M].北京:科学出版社,1998.
[2] 叶觉明,李荣庆.现代悬索桥主缆防护现状与展望[J].桥梁建设,2009(6):67-71.
[3] 李嘉明,崔立川.CableGuard主缆缠包带国产化研发[J].广东公路交通,2021,47,(4):125-129.
[4] 楼朝伟,万田保,夏国星,等.大跨度悬索桥耐久性设计发展探讨——以龙潭长江大桥打造悬索桥精品工程为例[J].中国市政工程,2021(6):14-21.

[5] 陈策. 我国悬索桥主缆除湿系统研究的最新进展[J]. 中国工程科学, 2010, 12(4): 95-99.
[6] 杨宁, 钟建驰. 润扬大桥悬索桥主缆除湿防腐系统的应用[J]. 公路交通科技: 应用技术版, 2007(1): 136-142.
[7] 周克忠, 李颖. 悬索桥主缆防护技术及应用[J]. 电镀与涂饰, 2017, 36(22): 1227-1229.
[8] 朱建龙, 徐文雷. 悬索桥主缆防护用 S 形钢丝 + 干空气除湿系统的应用[J]. 公路, 2013(12): 118-121.
[9] 陈巍, 沈锐利, 万田保, 等. 悬索桥主缆内部通干空气除湿系统送气压力损失[J]. 东南大学学报(自然科学版), 2021, 51(2): 227-234.
[10] 黄军军. 悬索桥主缆防腐除湿系统施工技术探讨[J]. 交通世界(工程技术), 2021(35): 92-94.
[11] 李鹏, 于奇, 何少阳, 等. 中国悬索桥主缆检查现状[J]. 中国公路, 2020(5): 48-52.

54. 变截面单箱多室波形钢腹板 PC 连续刚构桥数值模拟方法探讨

张 说　李维生

(中交二公局第二工程有限公司)

摘　要　宽幅波形钢腹板 PC 连续刚构桥为了保证抗剪, 需要设计多道腹板, 截面采用单箱多室。现有桥梁计算软件并没有开发这种截面形式, 导致建模分析困难, 精度难以控制。本文以某单箱三室波形钢腹板三跨连续刚构桥为例, 分别建立单梁模型、等效模型与实体模型, 比较分析不同模型的结果差异, 探讨三种模型的适用性, 为该类桥型的后续设计计算提供参考。

关键词　单箱三室　波形钢腹板　三跨连续刚构桥　单梁模型法　等效模型法　实体模型法

一、引　言

波形钢腹板预应力混凝土(PC)连续刚构桥具有自重轻、预应力利用率高、跨越能力大等优点, 在近年来越来越受到关注[1,2]。随着交通量的增大, 宽幅波形钢腹板 PC 连续刚构桥的建设需求也不断增多, 为保证此类桥梁的抗剪承载能力, 常常需要设置多道腹板。然而, 现有桥梁计算分析软件仅开发了波形钢腹板 PC 组合梁单箱单室的截面形式, 需要二次开发单箱多室截面, 因此, 对于单箱多室波形钢腹板 PC 连续刚构桥的计算分析方法仍然值得研究。

单箱多室 PC 波形钢腹板连续刚构桥的计算主要有以下几种方法: ①单梁模型法: 这种方法采用桥梁软件截面数据库已经截面, 采用梁单元建模, 具有建模简单、计算快的优点。但单梁模型不能考虑桥梁的横向效应, 对于宽幅箱梁桥精度不够。②等效模型法[3]: 该方法将单箱多室箱梁中的每道波形钢腹板按刚度相等原则等效成正交异性钢腹板或混凝土直腹板, 采用梁单元建立全桥等效模型。这种方法大大减小了计算工作量, 且有一定的精度。③实体模型法[4]: 该方法依据桥梁的实际尺寸, 采用实体单元和壳单元建立有限元模型, 能够模拟各种类型截面, 且精度较好, 不足之处是建模分析工作量很大, 计算耗时且不容易收敛, 在实际工程整体受力分析中应用比较少。

本文针对单箱多室波形钢腹板 PC 连续刚构桥的数值计算面临的问题, 引入等效刚度法, 分别建立了等效单室模型、等效三室模型和实体模型, 比较三种模型方法计算结果的差异, 探讨了三种计算方法的适用性, 并给出了相应的建议。

二、等效刚度法基本理论

将平钢板制作成波折形波形钢腹板, 波形钢腹板纵向抗压刚度与平钢板相比有显著减小, 这种特性不仅使其纵向承受的纵向压力非常小,而且使其所受的纵向弯矩也非常小,使得波形钢腹板 PC 组合箱梁桥具有和常规钢-混凝土组合梁桥和混凝土箱梁桥不一样的特点。

为了模拟波形钢腹板的这种结构特征,按等效刚度法对波形钢腹板进行处理,即在单位力作用下变形相等进行刚度等效。取一段完整波形钢腹板,波形钢腹板结构如图 1 所示。

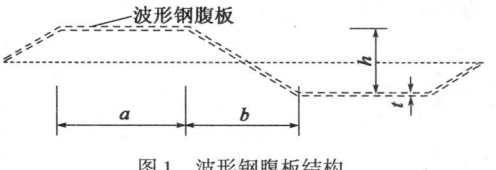

图 1 波形钢腹板结构

通过上述方法,在保证钢板弹性模量 E 不变的情况下,可以将波形钢腹板等效为直钢板。等效直钢板厚度 t_{0x} 按式(1)进行计算[5]。

$$t_{0x} = \frac{a+b}{3a+c}\left(\frac{t}{h}\right)^2 t \tag{1}$$

同理,如果认为波形钢腹板中斜面腹板的厚度 t 不变,也可以按刚度等效原则计算出等效钢腹板弹性模量 E_x,等效钢腹板弹性模量 E_x 采用式(2)进行计算[5]。

$$E_x = \frac{a+b}{3a+c}\left(\frac{t}{h}\right)^2 E \tag{2}$$

式中:t_{0x}——等效等效直钢腹板厚度(mm);

E_x——等效等效直钢腹板弹性模量(N/mm²);

a——直板段幅宽(mm);

b——斜板段投影宽(mm);

c——斜板段幅宽(mm);

h——波高(mm);

t——钢板厚度(mm);

E——钢的弹性模量(N/mm²)。

由式(1)与式(2)可知,等效直钢板既可以是厚度等效的直钢板,也可以是弹性模量等效的直钢板。但是在 midas Civil 软件中,梁单元的截面各区域不方便使用多种材料建模。为了便于建模与分析,进一步把等效钢腹板等效成混凝土腹板,厚度为 t_x,式(1)可以改成:

$$t_x = \frac{E}{E_c}\frac{a+b}{3a+c}\left(\frac{t}{h}\right)^2 t \tag{3}$$

式中:E_c——混凝土的弹性模量(N/mm²);

t_x——等效混凝土腹板的厚度(mm)。

三、有限元模型建立

1. 工程概况

南京仙新路过江通道工程北引桥第二联为 70m + 120m + 70m 波形钢腹板预应力混凝土变高度连续刚构,截面形式为直腹板单箱三室变高度箱梁。桥面顶板设置 2% 横坡,箱梁底板为平坡,波形钢腹板垂直布置。跨中箱室中心梁高 4.1m,中支点箱室中心梁高 8.0m。箱梁翼缘悬臂 4.0m,悬臂端部厚度 20cm,根部厚度 60cm。箱梁顶板宽度 25.95m,底板宽度 17.95m。全桥顶板厚度均为 30cm;底板为变厚度,边支点为 28cm,中支点为 100cm,跨中为 28cm,梁高和底板厚度均采用圆曲规律由跨中向中支点处变化。全桥在每一支点设置横梁,每隔一段距离设置一道横隔板。中支点横梁厚 350cm,边支点处横梁厚 250cm,其余隔板厚 50cm。本连续刚构箱梁采用挂篮悬浇施工方法。全桥划分为 0 号块、1~16 号块悬臂块段、边跨等高段和合龙段。波形钢腹板 PC 桥桥型与横截面布置如图 2 所示。

波形钢腹板 PC 组合箱梁的混凝土强度等级为 C55,波形钢腹板钢材型号为 Q345qD,钢筋采用 HPB300、HRB400,剪力钉采用 φ19×150 mm 的圆柱焊钉。体内束采用 φ15.24mm 高强低松弛镀锌钢绞线,体外预应力采用环氧涂覆无黏结成品索,单股钢绞线均由7根钢丝捻制而成,抗拉强度标准值f_{ptk} = 1860MPa,弹性模量$E = 1.95 \times 10^5$MPa。

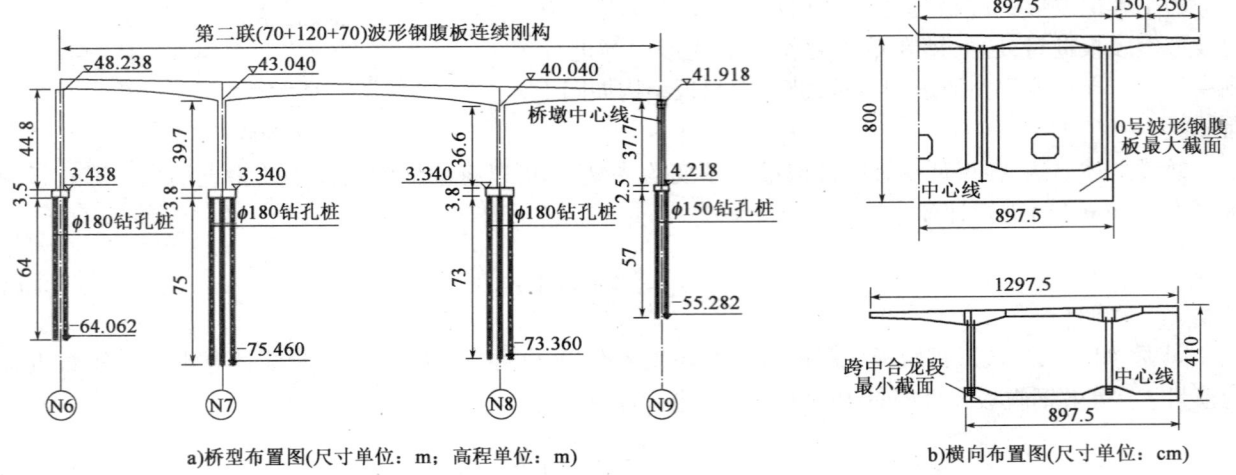

图2　70m+120m+70m波形钢腹板PC桥桥型与横截面布置图

2. 模型建立

为比较波形钢腹板PC组合连续刚构桥数值模拟计算方法的适用性,建立三种有限元模型(等效单室模型、等效三室模型与实体模型)。在这三种模型中,实体模型建模精细,精度较高,等效单室梁模型、等效三室梁模型的数值计算结果将与实体模型相应的结果进行对比,验证前面两种波形钢腹板等效刚度计算方法的可行性及计算效率。

等效单室截面采用midas Civil截面数据库中的波形钢腹板单箱单室截面,采用组合材料,顶底板为C55混凝土,腹板采用钢腹板。为了能够准确模拟箱梁的抗剪刚度,根据波形钢腹板面积等效原则,将四片波形钢腹板等效成两片,故单片腹板厚度变为原来的2倍,由16~22mm变成了32~44mm。

等效三室模型根据波形钢腹板纵向刚度等效相等原则,将波形钢腹板等效为具有相同纵向刚度的混凝土腹板,再利用截面数据库中单箱多室箱梁截面建立有限元模型,等效后的模型变为单箱三室预应力混凝土箱梁桥。

依据桥梁的实际尺寸,混凝土采用实体单元模拟,钢板采用板单元模拟,预应力束采用桁架单元模拟。使用自动网格划分实体网格,划分实体单元总数为25812个,板单元总数为2480个。预应力钢筋桁架单元每一节点与相邻箱梁实体单元节点共用节点,并参考等效三室梁模型与单室梁模型的计算结果,预应力损失暂定初始张拉力40%。以上三种计算模型如图3所示。

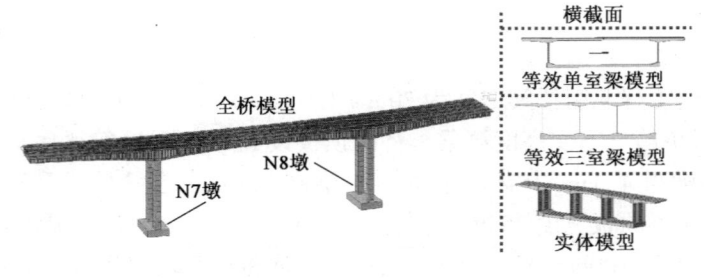

图3　计算模型

四、有限元数值模拟结果

1. 恒载作用下支反力比较

三种模型在恒载作用下(自重、预应力与二期恒载)的支反力见表1。

恒载作用下三种模型支座反力比较　　表1

支座位置	N6墩	N7墩	N8墩	N9墩
等效单室模型(kN)	69113	127913	125672	59772
等效三室模型(kN)	67612	129368	127208	58567
实体模型(kN)	67585	129479	126930	58544

通过表1，发现等效单室模型与等效三室模型支反力最大的差值出现在N7墩位置，相差1454kN，相差1.1%。等效三室模型与实体模型支反力最大的差值也出现在N7墩位置，相差111kN，相差0.08%。说明恒载作用下，等效三室模型更接近实体模型结果，可以更好地预测支反力。

2. 恒载作用下竖向位移比较

在恒载作用下，三种模型在恒载作用下的竖向位移进行比较，结果如图4所示。

通过图4可以发现，三种模型的竖向位移在恒载作用下趋势相同。等效三室模型与实体模型竖向位移几乎一致，最大位移差出现在距离N6墩100m位置，相差2mm。而等效单室模型与实体模型的位移相差最大为4mm，出现在距离N6墩93.2m的位置。这种差距主要原因是三种等效模型的模拟方法不同，抗弯惯性矩度差异。由于等效单室模型的抗弯惯性矩小于等效三室模型与实体模型，等效三室模型与实体模型抗弯惯性矩相近，在恒载作用下，等效三室模型与实体模型竖向位移相近，等效单室模型位移多大于等效三室模型与实体模型。

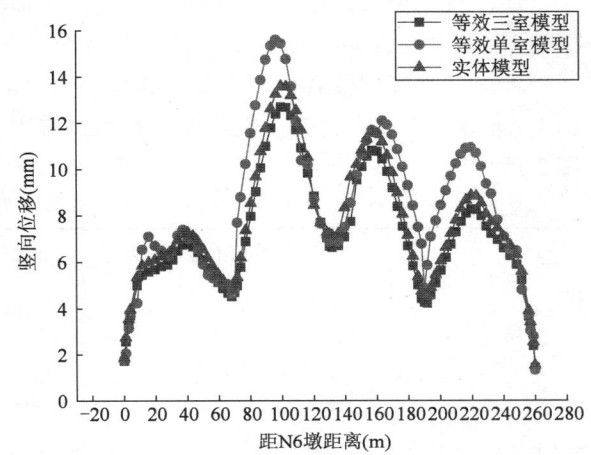

图4　恒载作用下三种模型的竖向位移比较

3. 恒载作用下正应力比较

对三种模型在恒载作用(自重、预应力与二期恒载)下的波形钢腹板组合箱梁的上、下缘混凝土正应力进行对比分析，其结果如图5、图6所示。

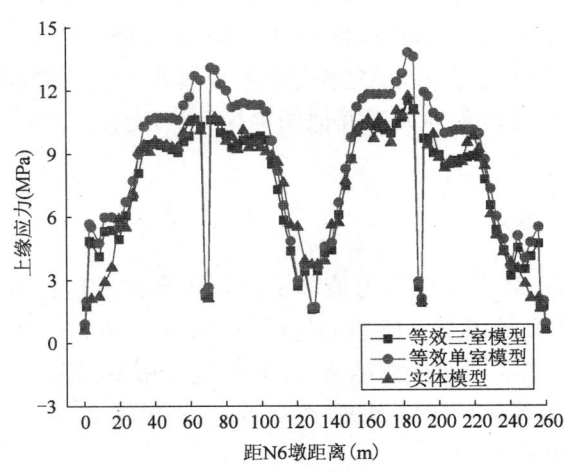

图5　组合箱梁上缘正应力

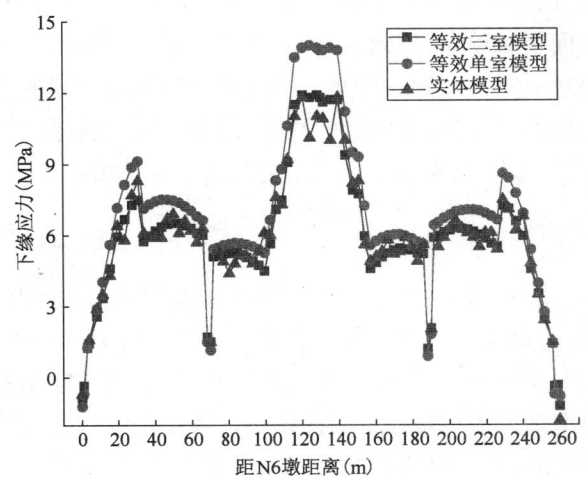

图6　组合箱梁下缘正应力

通过图5与图6可以看出，在恒载作用下，三种模型正应力趋势相同，等效单室模型与其他两种模型上下缘正应力相差较大，两种等效模型上缘正应力中最大误差产生在近N7墩、N8墩0号块边缘位置，上缘相差达到2.5MPa，下缘差距达到2.2MPa，出现在跨中位置。三种模型正应力主要由轴力与轴力正交方向的弯矩产生。对比三种模型的轴力与弯矩图,发现恒载工况下,三种模型的轴力与弯矩相差不大。但是两种等效模型横截面面积与抗弯惯性矩相差较大,以两种等效模型的应力差值较大。以 N7、N8 墩 0 号块边缘为例,等效三室模型横截面面积为 3.23m²,等效单室模型横截面面积为 2.8m²,相差达到 15%;等效三室模型抗弯惯性矩为 50.8m⁴,等效单室模型抗弯惯性矩为 49.2m²,相差达到 3%。这两种因素导致了两种等效模型的正应力会出现较大的差异。但是等效三室模型与实体模型横截面面积与抗弯惯性矩相近,这两种模型在恒载作用下应力也较为接近。

综上所述,在恒载作用下,等效单室模型与其他两种模型应力相差较大,等效三室模型与实体模型模拟结果较为接近,且满足设计规范要求。

4. 汽车偏载效应分析

考虑汽车偏载作用下的横截面应力,汽车荷载均按照设计荷载为公路—Ⅰ级,根据《公路桥涵设计通用规范》(JTG D60—2015),对三种模型进行汽车偏载加载。

考虑三种模型偏载作用下在中 0 号块内力最大,本节将对 0 号块波形钢腹板高度最大位置三种模型的上、下缘应力进行比较。在考虑汽车偏载作用,三种模型的中跨合龙位置上、下缘正应力比较如表 2 与图 7 所示。

汽车偏载工况下横截面正应力　　表2

位置	加载侧上缘正应力 (MPa)	非加载侧上缘正应力 (MPa)	加载侧下缘正应力 (MPa)	非加载侧下缘正应力 (MPa)
等效单室模型	0.6	0.5	0.3	0.2
等效三室模型	0.4	0.3	0.1	0.1
实体模型	0.4	0.4	0.2	0.1

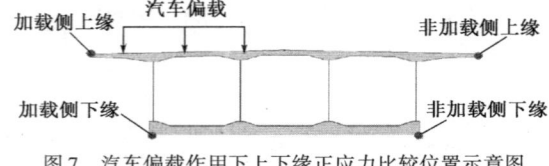

图 7　汽车偏载作用下上下缘正应力比较位置示意图

通过表 2 可知,实体模型与等效三室模型在偏载作用下应力相差不大,上、下缘正应力差均保证在 0.1MPa 以内。而等效单室模型与其他两种模型应力相差较大,等效单室模型与实体模型加载侧上缘正应力差值达到 0.2MPa。对汽车偏载作用力产生的应力进行分解,发现汽车偏载产生应力由正应力与剪应力组成。对三种模型截面进行分析,发现偏载作用下此截面等效单室、等效三室与实体模型的扭转角分别为 5.26×10^{-5} rad、3.48×10^{-5} rad 与 3.55×10^{-5} rad,等效单室模型的扭转角大于其他两种模型。说明在偏载作用下,等效单室模型抗扭刚度小于三室的其他两种模型,受畸变的影响更大,导致等效单室模型应力与扭转角均大于其他两种模型。因此,偏载作用下,等效三室模型模拟结果更接近于实体模型。

五、结　语

综合以上分析表明,等效单室模型和等效三室模型恒载下支座反力值非常接近于实体模型计算结果,可以通过这两种等效模型求解支座反力,为下部结构设计以及支座选型提供设计数据。对于主梁位移以及应力计算,比较等效单室模型、等效三室模型和实体模型的计算结果,发现恒载作用下,等效三室模型结果更加接近于实体模型计算结果。因此,建议采用等效三室模型进行波形钢腹板单箱多室 PC 组合梁的设计计算,它既可以满足工程精度,也可以缩短建模的时间。

参考文献

[1] 刘玉擎.组合桥梁结构[M].北京:人民交通出版社,2005.

[2] 陈宝春,陈宜言,林松.波形钢腹板桥梁应用调查分析[J].中外公路,2010,30(1):109-118.

[3] 莫利君,陈华.波形钢腹板 PC 箱梁的等效计算方法[J].湖南交通科技,2020,46(3):110-113,119.

[4] 潘芩,肖汝诚.单箱多室波形钢腹板箱梁桥设计方法探讨[J].城市道桥与防洪,2013(8):101-103,106,387-388.
[5] 宋随弟.大跨度波形钢腹板连续刚构桥受力特点及剪力键试验研究[D].成都:西南交通大学,2014.

55. 高烈度区大跨径刚构桥约束体系研究

刘得运　吕佳乐　张聪正

(中交公路长大桥建设国家工程研究中心有限公司)

摘　要　为研究优化高烈度地震区刚构桥约束体系,以某大跨径刚构桥为背景,采用非线性时程分析方法,分别从纵向、横向约束体系两个方面进行了刚构桥约束体系研究,提出了过渡墩处设置摩擦摆减隔震支座、纵向黏滞阻尼器、横向软钢阻尼器的约束体系,并深入研究了黏滞阻尼器和软钢阻尼参数对桥梁动力响应的影响。结果表明:摩擦摆减隔震支座、黏滞阻尼器和横向软钢阻尼器相结合的抗震体系可以明显改善大跨径刚构桥的地震响应,提高大跨径刚构桥的抗震性能,使结构受力和结构变形均处于最优状态,是一种合理的刚构桥约束体系,可以为同类型桥梁的抗震设计提供参考。

关键词　刚构桥　约束体系　摩擦摆减隔震支座　阻尼器

一、引　言

预应力混凝土连续刚构桥(简称刚构桥),因其纵横向刚度大、受力性能好、跨越能力大等特点,已成为大跨径梁式桥的主要桥型。但对刚构桥来说,有较多的超静定次数,在墩梁固结处仍有刚架受力性质和特点,地震下受力较为复杂。对于高烈度地震区刚构桥,确定合理的约束体系,以减小结构地震响应是需解决的关键技术问题,对桥梁结构各阶段受力性能和防灾减灾都有重要意义。因此,有必要结合地震作用下刚构桥复杂的受力特点,开展约束体系比选,选择合理的约束体系,以改善刚构桥的动力响应,提高刚构桥的抗震性能。

二、工程概况

某大跨径刚构桥为波形钢腹板箱形组合梁,跨径布置为90m+160m+90m,总体布置见图1,主梁采用单箱单室截面,中墩支点梁高取8.8m,边墩支点及跨中梁高3.8m。中墩墩身采用等截面双肢实心薄壁墩,单肢截面尺寸为2.0m×9.5m,肢间净距5.0m,最大墩高为37m,采用整体式承台,下设15根钻孔桩,桩径2.4m,桩间距均为6.0m。过渡墩墩身采用矩形等截面空心薄壁墩,截面尺寸为3.0m×6.5m(顺×横),壁厚采用0.5m(顺桥向)和0.7m(横桥向),最大墩高为33.5m,采用分离式承台,下设4根钻孔桩,桩径1.8m,桩间距横桥向为5.0m,顺桥向为4.5m。

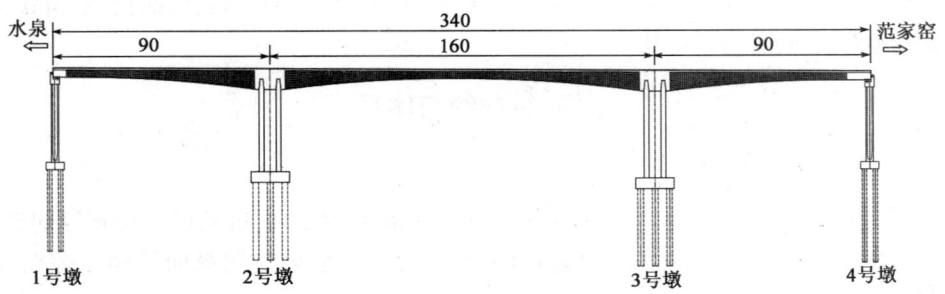

图1　某刚构桥总体布置(尺寸单位:m)

三、有限元模拟

1. 有限元模型

采用 SAP2000 Nonlinear 有限元软件,建立了某大跨径刚构桥的三维有限元动力计算模型,模型中桥墩和主梁均离散为空间梁单元,其中主梁采用单梁式力学模型,同时考虑边界条件非线性的影响,黏滞阻尼器采用 Damper-Exponential 单元模拟,摩擦摆支座、软钢阻尼器采用双折线弹塑性单元模拟,采用"m"法考虑桩-土相互作用,有限元模型如图 2 所示。

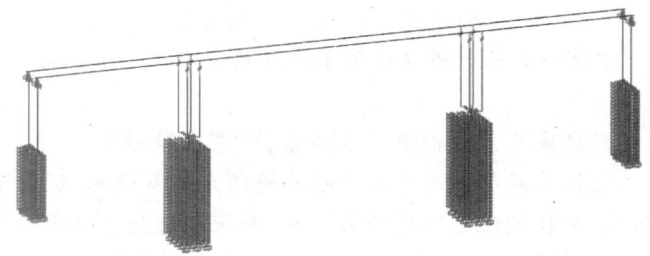

图 2　有限元模型

E2 地震作用按照重现期 2475 年考虑,地震动峰值加速度 0.63g,地震方向组合为纵向 + 竖向、横向 + 竖向,由于工程场地类别为Ⅲ类,竖向地震动作用取水平向的 0.7 倍。

2. 耗能关键装置

由于该刚构桥桥址处峰值加速度为 0.3g,基本地震烈度为Ⅷ度,桥梁存在抗震性能差的技术难题,针对高烈度区刚构桥的减震设计需求,推荐的约束方案为过渡墩处设置摩擦摆支座、纵向黏滞阻尼器和横向软钢阻尼器,下面对涉及的三种耗能关键装置的原理予以介绍。

(1)摩擦摆减隔震支座。

其屈服后刚度为:$K_h = \dfrac{W}{R}$;摩擦摆支座水平力 F 为回复力与摩擦力之和,$F = WD/R + \mu W$;等效刚度 $K_{eff} = W/R + \mu W/D$。其中,W 为上部结构的竖向荷载,D 为支座的滑动位移,R 为支座等效曲率半径,μ 为滑动球面的摩擦系数。

(2)黏滞阻尼器。

黏滞阻尼器的本构关系为:

$$F = CV^\alpha$$

式中:F——阻尼器出力;

　　　C——阻尼系数;

　　　V——阻尼器两端相对速度;

　　　α——速度指数。

(3)软钢阻尼器。

其初始刚度 $k = F/R$;屈服后刚度 $K_h = \lambda k$。其中,F 为软钢阻尼器屈服荷载;λ 为软钢阻尼器的屈服后刚度比;R 为软钢阻尼器屈服位移。

四、纵向约束体系

1. 纵向约束体系比选

针对高烈度区刚构桥,纵向主要考虑了以下 3 种约束体系:体系 1,过渡墩处设置纵向活动盆式支座;体系 2,过渡墩处设置纵向活动摩擦摆减隔震支座;体系 3,过渡墩处设置纵向活动摩擦摆减隔震支座和纵向黏滞阻尼器。

3 种纵向约束体系下桥墩关键截面内力、支座位移和支座水平力如图 3 所示。

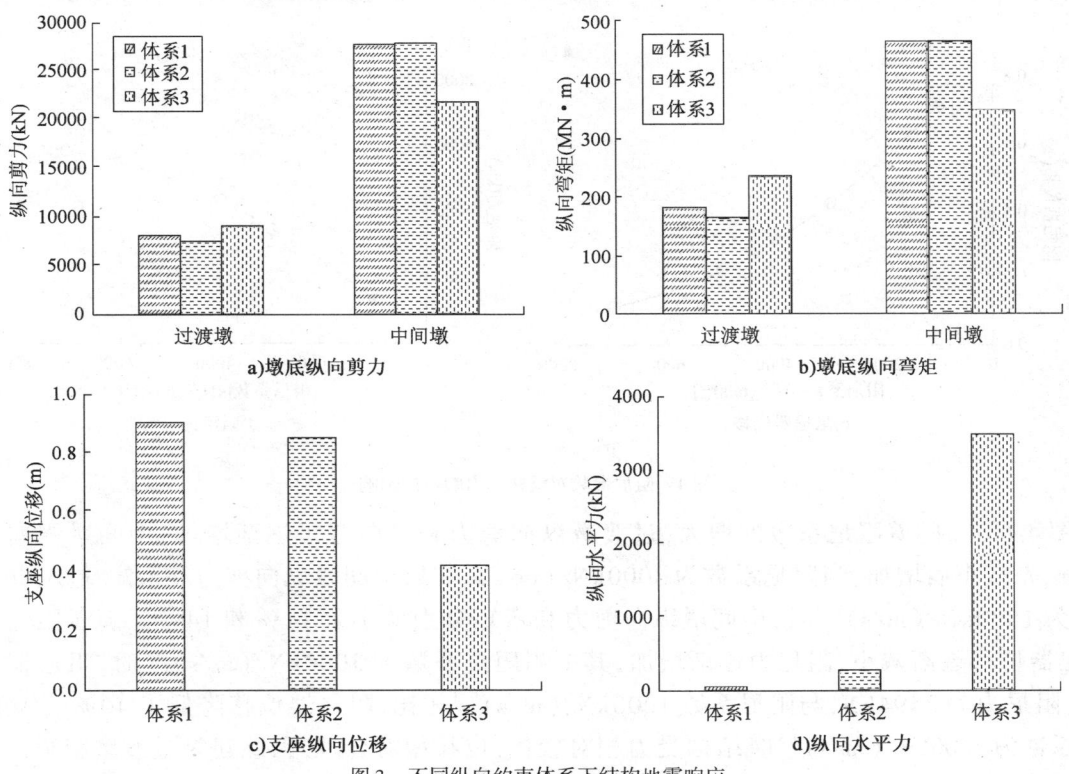

图 3 不同纵向约束体系下结构地震响应

由图 3 可知，E2 地震作用下，当过渡墩设置纵向活动支座时，由于过渡墩纵向约束刚度不足，导致支座纵向位移较大，达到了 90cm；设置摩擦摆支座可以适当提高纵向约束刚度，但效果不是特别明显，过渡墩支座纵向位移仅减小了 5cm，同时由于摩擦摆支座具有一定的减震耗能作用，过渡墩关键截面内力有一定程度的减小，减幅约为 8%；在设置摩擦摆减隔震支座的基础上设置纵向黏滞阻尼器，可以进一步减小过渡墩支座纵向位移，且中间墩关键截面内力也有不同程度减小，但会增加过渡墩关键截面内力，相比于体系 1，支座位移减小了 53%，中间墩关键截面剪力和弯矩分别减小了 21% 和 25%，过渡墩关键截面剪力和弯矩分别增加了 13% 和 30%。由于对于刚构桥纵向约束体系而言，关键技术难题是过大的过渡墩支座纵向位移，因此适当增加过渡墩受力是可以接受的。建议在过渡墩处设置摩擦摆支座和纵向黏滞阻尼器，该体系可以使中间墩和过渡墩受力更均匀，充分发挥过渡墩的抗震性能，减小中墩地震响应，提高桥梁整体抗震性能。

2. 黏滞阻尼器参数优化分析

为确定合理的黏滞阻尼器参数，进行了阻尼参数优化分析，阻尼指数 α 的取值为 0.3，阻尼系数 C 的取值范围为 $1000 \sim 8000 \mathrm{kN}/(\mathrm{m/s})^{\alpha}$。不同阻尼参数下的结构动力响应如图 4 所示。

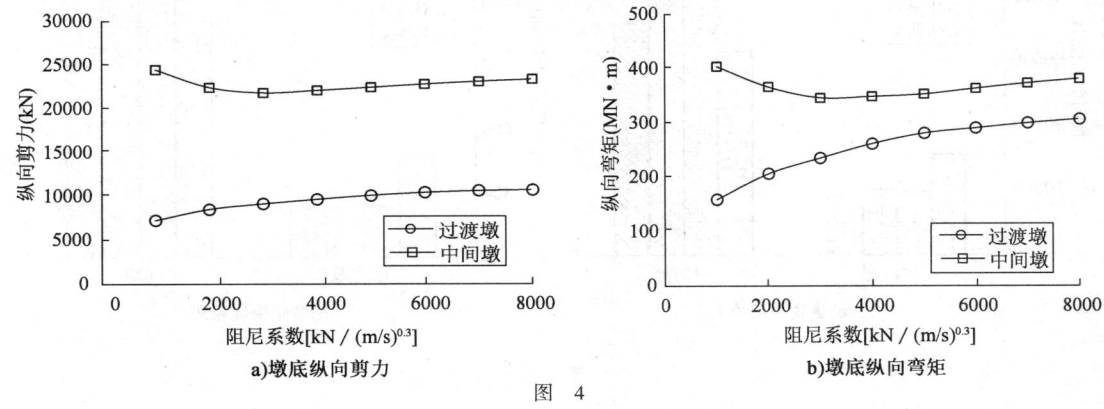

图 4

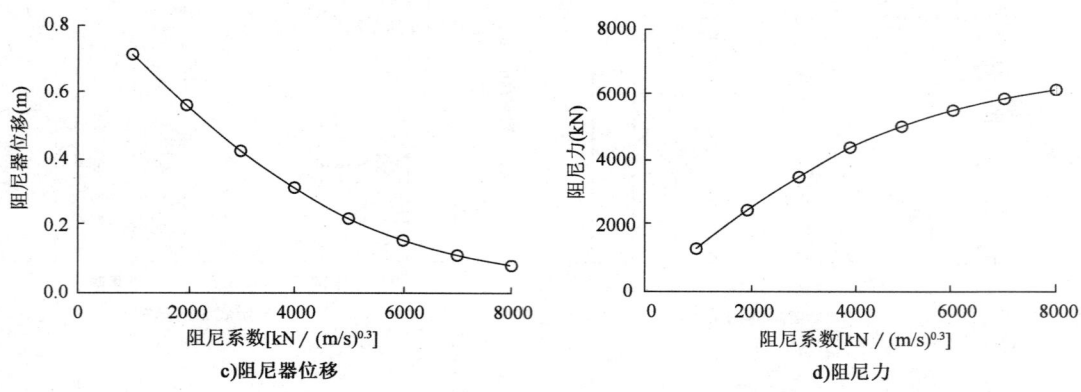

图 4　阻尼参数对结构动力响应的影响

由图4可知,随着阻尼系数的增大,过渡墩纵向剪力和纵向弯矩逐渐增加,中间墩纵向剪力和纵向弯矩先减小后增加,当阻尼系数为3000kN/(m/s)$^{0.3}$时,中间墩纵向剪力和弯矩最小,相比于阻尼系数为1000kN/(m/s)$^{0.3}$时,中间墩纵向剪力和弯矩分别减小了11%和14%。随着阻尼系数增加,阻尼器位移逐渐减小,阻尼力逐渐增加,其中当阻尼系数为3000kN/(m/s)$^{0.3}$时,阻尼器位移为0.42m,阻尼力为3494kN,与阻尼系数1000kN/(m/s)$^{0.3}$相比,阻尼器位移降低了40%。综上所述,当阻尼系数为3000kN/(m/s)$^{0.3}$时结构受力相对较优,位移相对合理,因此建议过渡墩阻尼系数取为3000kN/(m/s)$^{0.3}$,阻尼指数为0.3,每个过渡墩设置2个黏滞阻尼器,单个黏滞阻尼器的阻尼系数C为1500kN/(m/s)$^{0.3}$。

五、横向约束体系

1. 横向约束体系比选

进行墩梁约束体系比选时主要考虑4种横向约束体系:体系1,过渡墩处设置横向约束型盆式支座;体系2,过渡墩处设置横向约束型分级减震盆式支座,E2地震作用下剪力销剪断,分级减震盆式支座发挥隔震作用;体系3,过渡墩处设置横向约束型摩擦摆减隔震支座,E2地震作用下剪力销剪断,摩擦摆支座发生滞回耗能作用;体系4,过渡墩处设置双向活动型摩擦摆减隔震支座和横向软钢阻尼器,E2地震作用下,摩擦摆支座和软钢阻尼器共同发挥滞回耗能作用。

E2横向+竖向地震作用下4种体系的桥墩关键截面内力、支座位移和支座水平力如图5所示。

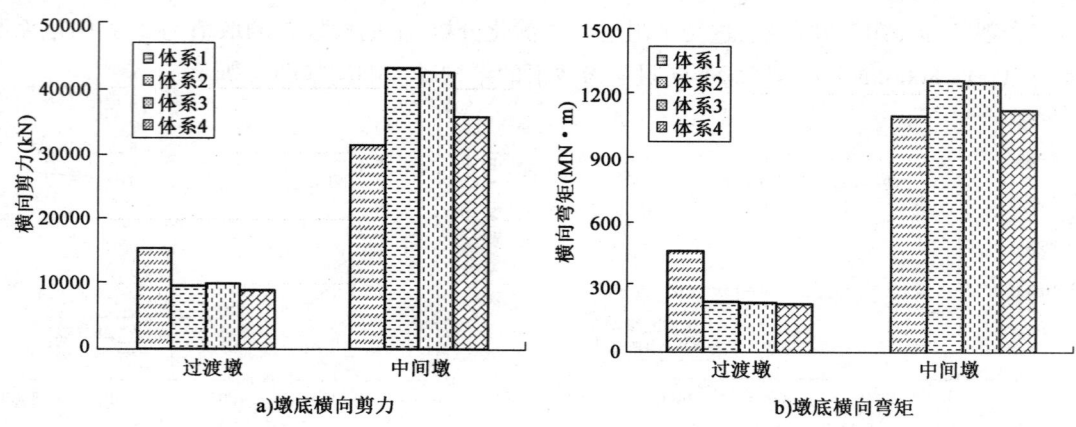

图 5

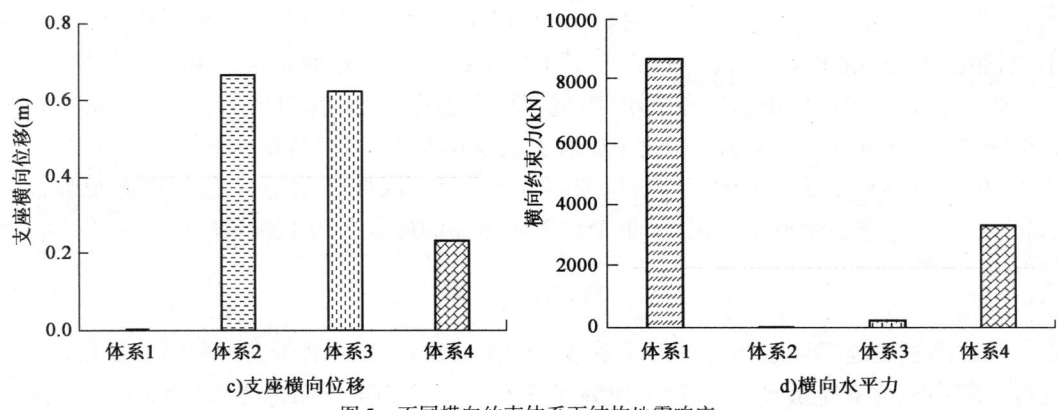

图 5　不同横向约束体系下结构地震响应

由图 5 可知,当过渡墩采用横向约束体系时,横向约束力较大,达到了 8750kN,导致过渡墩受力较不利;当过渡墩处采用分级减震支座或摩擦摆减隔震支座时,由于 E2 地震作用下横向无约束,所以过渡墩受力得到明显改善,相比于横向约束体系,过渡墩横向剪力均减小 35% 以上,横向弯矩均减小 50% 以上,但过渡墩支座位移较大,其中采用分级减震支座时支座位移为 0.665m,采用摩擦摆减隔震支座时支座位移为 0.623m,且中间墩墩底横向剪力和弯矩有所增加,相比于横向约束体系,采用分级减震支座时,中间墩墩底横向剪力和横向弯矩分别增加了 38% 和 15%,采用摩擦摆减隔震支座时,中间墩墩底横向剪力和横向弯矩分别增加了 36% 和 14%;在过渡墩设置摩擦摆减隔震支座的基础上设置软钢阻尼器,可以进一步减小过渡墩支座位移和中间墩横向剪力和横向弯矩,支座位移仅 0.234m,相比于过渡墩设置摩擦摆减隔震支座方案,由于软钢阻尼器具有耗能作用,中间墩墩底横向剪力和横向弯矩分别减小 16% 和 10%。综合考虑结构受力和结构位移响应,建议采用在过渡墩设置摩擦摆减隔震支座和软钢阻尼器。

2. 软钢阻尼器参数优化分析

为确定合理的软钢阻尼器参数,进行了阻尼参数优化分析,屈服后刚度比取 5%,屈服力的取值范围为 500 ~ 4000kN。不同阻尼参数下的结构动力响应如图 6 所示。

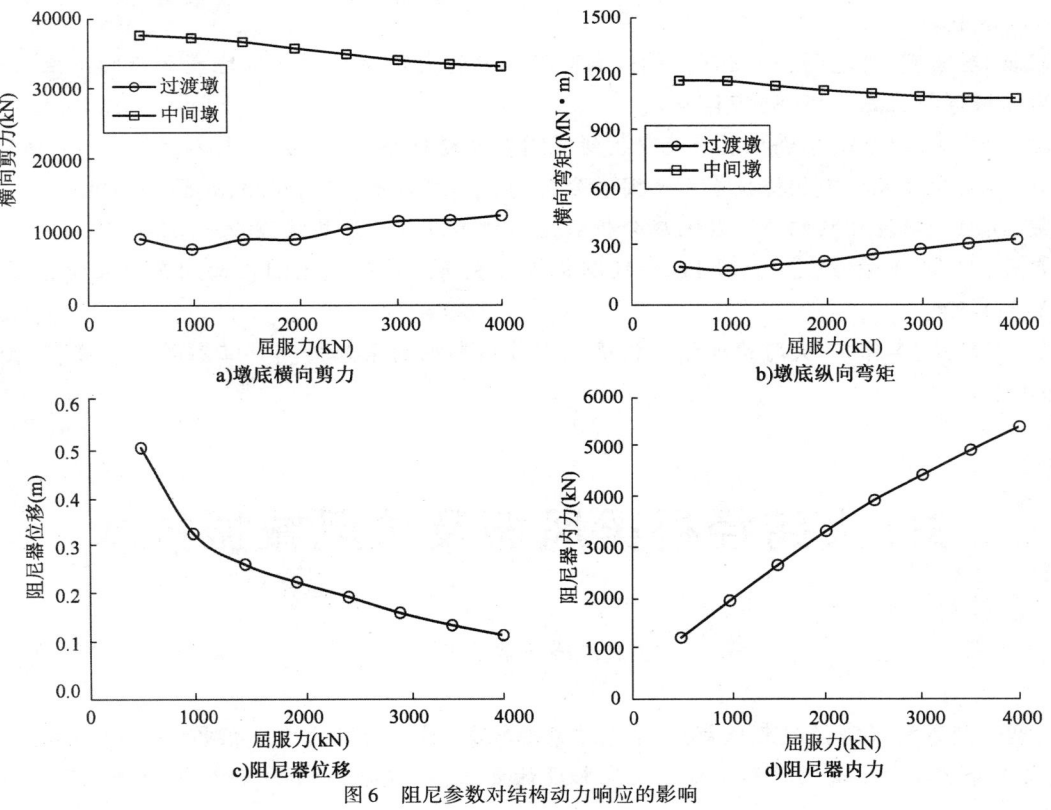

图 6　阻尼参数对结构动力响应的影响

由图6可知,随着屈服力的增大,过渡墩横向剪力和横向弯矩逐渐增加,中间墩横向剪力和横向弯矩逐渐减小,当屈服力为2000kN时,相比于屈服力为500kN时,中间墩纵向剪力和弯矩分别减小了5%和6%。随着屈服力增加,阻尼器位移逐渐减小,阻尼器内力逐渐增加,其中当屈服力为2000kN时,阻尼器位移为0.23m,阻尼器内力为3344kN,相比于屈服力为500kN时,阻尼器位移降低了53%。综上所述,当屈服力为2000kN时结构受力相对合理,结构变形相对较优,因此建议过渡墩软钢阻尼器屈服力取为2000kN,每个过渡墩设置2个软钢阻尼器,单个软钢阻尼器的屈服力为1000kN。

六、结　语

为研究优化高烈度地震区刚构桥约束体系,以某大跨径刚构桥为背景,分别从纵向、横向约束体系两个方面进行了刚构桥约束体系研究,并深入研究了黏滞阻尼器和软钢阻尼参数对桥梁动力响应的影响,得到以下结论:

(1)过渡墩采用摩擦摆减隔震支座+黏滞阻尼器的纵向约束体系可以充分发挥过渡墩的抗震性能,减小中墩地震响应,使中间墩和过渡墩受力更均匀,提高桥梁整体抗震性能,并有效减小过渡墩支座纵向位移,是合理的刚构桥纵向约束体系。通过参数优化分析确定了合理的黏滞阻尼器参数,即过渡墩设置2个黏滞阻尼器,单个阻尼器阻尼系数 C 为 $1500kN/(m/s)^{0.3}$,速度指数 α 为0.3。

(2)过渡墩设置摩擦摆减隔震支座+软钢阻尼器的横向约束体系可以利用软钢阻尼器的减震耗能作用,减小结构横向地震响应,提高大跨径刚构桥的横向抗震性能,是合理的刚构桥横向约束体系,并通过参数优化分析确定了合理的软钢阻尼器参数,即过渡墩设置2个软钢阻尼器,单个软钢阻尼器屈服力为1000kN。

(3)摩擦摆减隔震支座、黏滞阻尼器和横向软钢阻尼器相结合的抗震体系可以使结构受力和结构变形均处于最优状态,是一种合理的刚构桥约束体系,可以为同类型桥梁的抗震设计提供参考。

参考文献

[1] 周敉,朱国强,吴江,等.地震下大跨径连续刚构桥合理约束体系研究[J].振动与冲击,2019,38(10):98-104.
[2] 李忠献,樊素英,史志利,等.应用MRF-04K阻尼器的大跨连续刚构桥地震反应的半主动控制[J].土木工程学报,2005,38(8):74-79.
[3] 彭林,周柏宇.连续刚构桥抗震性能分析研究[J].交通世界,2023(21):152-154.
[4] 陈升高.大跨度连续刚构桥抗震影响因素分析[J].工程技术研究,2023,8(8):32-34.
[5] 尹笑.高墩大跨连续刚构桥地震响应分析研究[J].黑龙江交通科技,2023,46(4):71-73.
[6] 王东升,童磊,王荣霞,等.大跨PC连续刚构桥抗震研究进展综述[J].西南交通大学学报,2023,58(3):511-526.
[7] 刘瑶,邹德强,李伟东.大跨度连续刚构桥地震作用影响因素分析[J].工程技术研究,2020,5(23):170-171.

56.大跨径桥梁风振及抗风减振技术

程　斌

(武汉城市职业学院)

摘　要　随着桥梁跨径越来越大,体系也越来越轻柔,对风荷载的响应也更加敏感,也越容易造成桥梁损害,文章介绍风对桥梁的作用及抗风的基本设计要点,对颤振、涡振等产生机理进行了详细分析,并通过风洞试验及抗风优化措施来提高临界风速,最后总结了超大跨径悬索桥抗风设计的要求,为大跨径桥梁抗风设计提供借鉴。

关键词 大跨径桥梁 颤振 涡激振动 风洞试验 抗风减振措施

大跨径桥梁作为现代城市交通的重要组成部分,其安全性和稳定性一直备受关注。然而,由于自然环境的复杂性以及结构的特殊性,大跨径桥梁常常面临着风振问题,这给桥梁的使用和维护带来了巨大的困扰。因此,研究大跨径桥梁的风振问题以及开发适用的抗风减振技术显得尤为重要。

就目前统计来看,除了地震给大桥造成重大损害以外,台风给大桥造成的损害会更大,台风、龙卷风和季风造成的损害基本上都在90%以上,所以风对各种建筑结构的影响也是比较大的,特别是对于大跨径桥梁。

一、风对桥梁的作用及抗风设计需要考虑的问题

1. 风对桥梁的作用分类

风可以产生水平和垂直方向上的作用,这些作用会对桥梁结构产生不同的影响。在水平方向上,风会导致桥梁产生侧向位移和振动,这可能会影响桥梁的稳定性和安全性。在垂直方向上,风力会对桥梁产生向下的压力,增加桥梁自身的重量负荷,并可能导致桥面产生起伏。

风对桥梁结构的作用如图1所示。

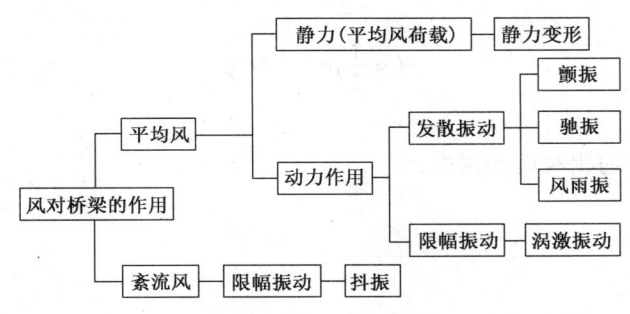

图1 风对桥梁结构的作用

2. 桥梁抗风设计需要考虑的问题

(1)确保桥梁在运营及施工期间具有足够的空气动力稳定性,杜绝发生破坏性的颤振、驰振及空气静力失稳。

(2)确保桥梁结构在风载作用下具有足够强度和刚度,为了能够抵抗风力的作用,桥梁的结构必须足够强大和刚性,以保持其原有的形状和位置。

(3)确保吊杆、斜拉索等局部构件在运营及施工期间不发生毁坏性的振动(驰振和风雨振)。

(4)确保桥梁在运营及施工期间的风致限幅振动(抖振和涡振)在结构安全、行车安全及舒适性的容许范围内。

(5)确保桥面具有良好的行车风环境。

针对不同的桥型,抗风的重点不一样,具体如下:

(1)悬索桥运营期和施工期要仔细校核抗风安全性和舒适性。

(2)斜拉桥运营期和施工期要考虑它的考虑抗风安全性和舒适性。

(3)拱桥刚度比较大,悬臂施工阶段的抗风安全是一个需要高度重视的问题,由于部分桥梁结构暂时无法得到完全支撑,此时,风力对桥梁的影响将更加明显,容易引起结构的振动和不稳定性,从而造成安全隐患。

(4)梁桥和拱桥一样,悬臂施工状态也比较危险。

(5)桥梁构件主要是吊杆和斜拉索,吊杆容易发生驰振,斜拉索容易发生风雨振。

(6)铁路桥梁还需要考虑在风的作用下,桥梁横向变形是否影响列车运营安全,公路桥梁对于横向变形的要求相对宽松一些。

3. 风对桥梁的静力作用

风对桥梁的静力作用一般情况下分为三个方向的力,分别是阻力 F_H、上下升力 F_V 和扭转力矩 M[1],如图2所示。

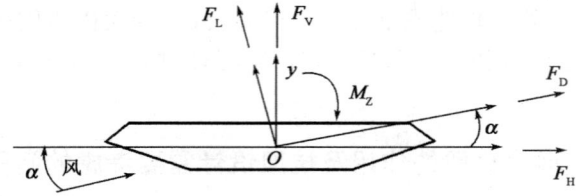

图2 体轴坐标系和风轴坐标系

三个力的大小可以由以下公式求出。

$$F_H = \frac{1}{2}\rho U^2 HLC_H \quad (1)$$

$$F_V = \frac{1}{2}\rho U^2 BLC_V \quad (2)$$

$$M = \frac{1}{2}\rho U^2 B^2 LC_M \quad (3)$$

式中: ρ——空气密度;
U——物体与空气的相对运动速度;
H——节段高度;
L——节段长度;
B——截面底宽度;
C_H、C_V、C_M——三分力系数,三分力系数与断面有关,钝体断面只和外形有关,缩尺没有影响,流线型断面(圆柱,拉索等)与缩尺有关。

1)典型桥梁断面的阻力系数及风荷载特征

对于典型桥梁断面阻力系数,而对于箱形桥梁阻力系数一般为0.8~1.2,梁高3~4m,对于典型桁架梁阻力系数统计数据见表1。

典型桁架梁阻力系数　　　　　　表1

桥名	梁宽(m)	梁高(m)	阻力系数
天兴洲公铁两用长江大桥	30.0	15.2	0.98
黄冈公铁两用长江大桥	16~27.5	15.5	0.63
安庆长江大桥	28.0	15.0	0.98
铜陵长江大桥	35.0	15.5	0.71
沪通长江大桥	35.0	16.0	0.98
公安公铁两用长江大桥	14~26	13.0	0.73
平潭海峡公铁大桥	15~35.5	13.5	1.01
韩家沱长江大桥	18.0	14.0	0.78
郁江大桥	16.0	15.3	0.62
坝陵河大桥	28.0	10.0	1.09

从表1可以看出,桁架梁阻力系数在1.0左右,由式(1)可以得出桁架梁的风荷载远远大于钢箱梁。

2)桥梁空气静力稳定性

主梁在静力作用下容易发生静力失稳,在风的作用下会产生变形,主梁攻角变大,风荷载变大,主梁变形加剧,就会产生失稳,如图3所示,静风失稳可以通过风洞试验来模拟。

3)与抗风相关的大跨桥梁结构动力特性。

(1)桥梁抗风设计中的重要模态。

大跨径桥梁抗风相关的结构非线性有两个比较重要的模态,如下:

颤振(驰振):第一对称竖弯、第一对称扭转、第一反对称竖弯、第一反对称扭转。

涡振:中小跨径桥梁为第一竖弯和第一扭转,对于大跨径桥梁为高阶振型,对于抖振,需要关注结构前20~30阶模态。

(2)结构阻尼比的取值。

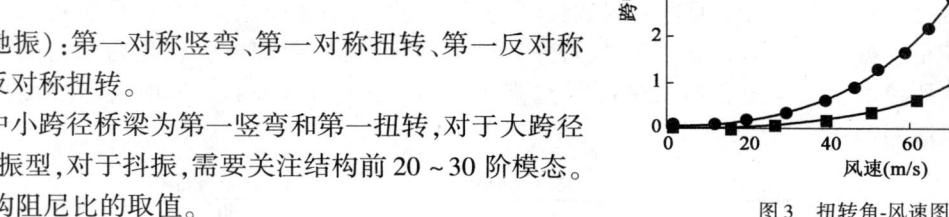

图3 扭转角-风速图

《公路桥梁抗风设计规范》(JTG/T 3360-01—2018)修正了钢箱梁、钢桁架主梁阻尼比,见表2。

以主梁振动为主的振型阻尼比　　　　　表2

主梁形式	阻尼比	主梁形式	阻尼比
钢箱梁	0.003	钢混组合梁桥	0.01
钢桁架主梁	0.005	混凝土梁	0.02

结构阻尼是非线性的,和振幅有关,不同计算目的取不同的阻尼比。

二、桥梁颤振

1. 桥梁颤振机理

桥梁颤振是一种破坏性的纯扭转或弯曲和扭转耦合的发散型振动,当达到颤振临界风速时,振动的主梁通过气流的反馈作用从气流中不断吸收能量,导致振幅迅速增大,直至结构破坏[2]。

颤振一般情况下风速比较高,只有在高风速下才会出现颤振,如果风速比较低,给主梁一个初次扰动,它的振幅会慢慢衰减,当达到颤振临界风速时,振幅震动比较平稳,稍微比颤振临界风速高,震动迅速发散,从而导致结构破坏,如图4所示。

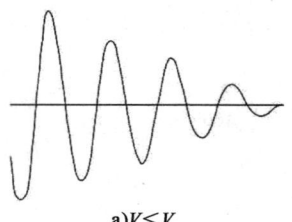　　　　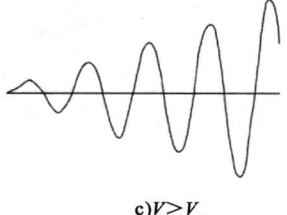

a)$V<V_{cr}$　　　　b)$V=V_{cr}$　　　　c)$V>V_{cr}$

图4 风速-振幅曲线

颤振机理可以从以下两个方程来说明。

竖向振动

$$m\ddot{y} + (C_{结构} + C_{风})\dot{y} + (K_{结构} + K_{风})y = 0 \quad (4)$$

扭转振动

$$I_m\ddot{\alpha} + (C_{结构} + C_{风})\dot{\alpha} + (K_{结构} + K_{风})\alpha = 0 \quad (5)$$

影响桥梁颤振的主要因素可以归结四个方面:

(1) 扭弯频率比 $\varepsilon = \dfrac{f_t}{f_h}$ 越大,颤振临界风速越高。

(2) 质量及质量惯性矩 m、I_m 越大,颤振临界风速越高。

(3) 结构阻尼:对于纯扭转颤振,结构扭转阻尼比越大,颤振临界风速越高;对于弯扭耦合颤振,结构阻尼对颤振的影响较小。

(4) 主梁气动外形:气动外形越接近于流线型、平板,颤振临界风速越高。

2. 桥梁颤振优化的气动控制措施

桥梁的颤振一般情况下可以通过风洞试验(即模型试验-气动选型试验)来进行优化,某大桥原始气动外形在不满足颤振检验风速的条件下,经过一系列的优化试验-风嘴优化,优化后的断面如图5所示,使得颤振临界风速由 53m/s 提高到了 67m/s,远高于检验风速(60.8m/s)。同时,优化后的主梁断面未发生显著的涡激振动。

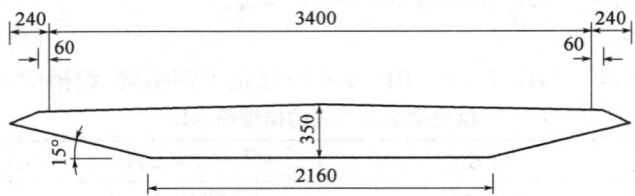

图 5　优化后的某大桥断面(尺寸单位:cm)

3. 提高颤振临界风速的措施

通过一系列的研究发现,对于钢箱梁,影响桥梁颤振临界风速的关键因素是斜腹板,斜腹板与水平夹角越小,一般情况下,颤振临界风速越高,这个角度要控制到 14°~18°,颤振性能好;超过 18°,颤振性能急剧下降。腹板倾角-颤振临界风速如图6所示,对于扁平箱梁设计时,要控制这个角度的大小,一般不要超过 25°;对于桁架梁,可以采用气动措施,加气动翼板和中央稳定板[3],如图7、图8所示。

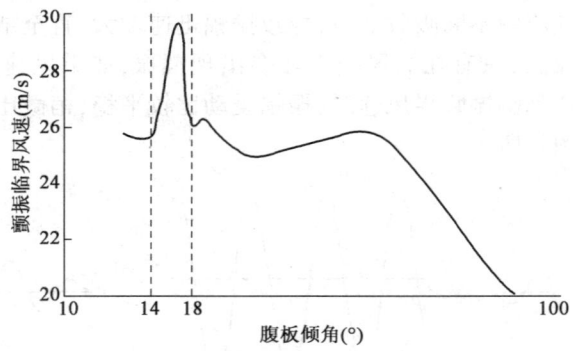

图 6　腹板倾角-颤振临界风速图

图 7　气动翼板设置图

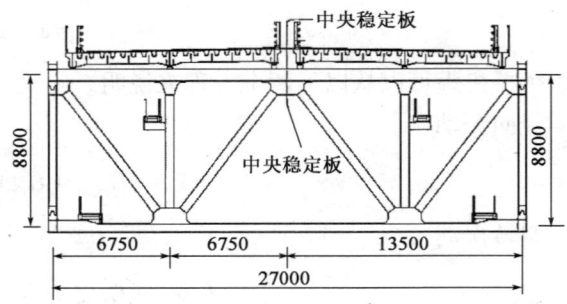

图 8　中央稳定板设置图(尺寸单位:cm)

除了气动措施外,还可以在结构上增加措施,如在悬索桥锁夹加中央扣,它主要的作用是提高扭转频率,从而提高颤振临界风速,这种措施对于中小跨径的桥梁比较实用,但对于大跨径的桥梁效果不明显[4]。

4. 悬索桥施工期颤振稳定性的一般规律

当主梁拼装长度很短时,悬索桥的颤振风速非常高,在主梁架设初期(拼装率在10%～20%),结构的颤振风速达到最低点,抗风稳定性处于最差状态,在主梁拼装的前半程(拼装率约在40%以前),颤振风速处于整个过程的低谷,如图9所示。

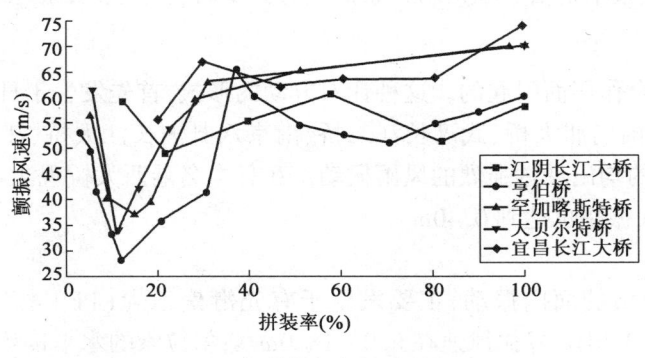

图9 拼装率-颤振风速图

三、结构横风向驰振

1. 驰振特点

驰振是具有特殊断面形状的细长结构物发生的风致不稳定现象[5],最初在结冰的电缆上发现其振幅较大,振动现象特点:

(1)截面形状为矩形、D形、H形,或一些裹冰输电线的有效截面形状。
(2)垂直气流方向的大幅度振荡(振幅为1~10倍的截面尺寸)。
(3)振动频率远低于该截面的旋涡脱落频率。

2. 桥梁抗风设计中对驰振的考虑

细长等截面结构可采用格-登判据判断初始驰振稳定性,并可求出驰振临界风速,宽高比较小的箱梁及矩形高塔可能发生驰振。

抵抗驰振的几种方法:

(1)在塔顶安装调质阻尼器(TMD)提高结构阻尼比,以提高临界风速。
(2)对矩形截面采用倒角的方法以降低升力系数的负斜率绝对值,从而提高临界风速。
(3)加大结构的刚度,提高弯曲基频f_k。
(4)加大结构的密度m和阻尼,如改用混凝土塔。

3. 尾流驰振

对于相邻两个平行结构,当下游结构正好处于上流尾流区域时,且尾流脱落的频率正好与下游结构的频率一致时,就会发生尾流驰振。易产生振动的结构有平行电缆、斜拉桥下风侧的斜拉索、悬索桥靠近桥塔的吊杆。

四、斜拉索振动

1. 涡激振动

斜拉索在风的作用下,当涡脱频率与其自振频率一致时周期性的涡激力将引起斜拉索的共振,此时振动的索对涡的脱落产生反馈作用,使涡脱频率在相当长的风速范围内被索的自振频率所"俘获",产生一种"锁定"现象,这就使涡激振动的风速范围有所扩大[6]。

2. 斜拉索尾流驰振

当顺风向布置有平行的两根或多根斜拉索时,当索的间距在一定合适的范围内,在风的作用下,背风侧索由迎风侧索的尾流作用而引起大振幅、规则的椭圆形振动。

3. 参数共振

当桥面或桥塔的振动频率整倍于单根斜拉索的固有频率时,斜拉索被激起的大振幅的振动。

4. 斜拉索风雨振

主要因素是风、雨联合作用而引起的。这种让对方动的形式,首先发生于日本名港西大桥、日本荒津大桥、丹麦法罗大桥及中国杨浦大桥、武汉长江二桥、南京八卦洲长江大桥、江西湖口大桥、鄂黄长江大桥、洞庭湖大桥等斜拉索的均出现过强烈的风雨振动。在日本名港西大桥观测到的最大风雨振动振幅达0.55m,洞庭湖大桥的最大振幅也达到0.40m。

(1)风雨振动的特征。

风雨振动主要是斜拉索的面内振动,主要发生于有光滑聚乙烯(PE)索套的斜拉索,直径为80～200mm;振动频率在1.0～3.0Hz,发振风速在6.0～18.0m/s;斜拉索的水平偏角在30°～80°;风雨振动发生时,上水路在斜拉索表面做环向振动;紊流度较大时,斜拉索不易发生风雨振动;斜拉索雨振易发生在位于平坦地区或跨海的桥梁上。

(2)斜拉索振动的抑制。

经过多年理论研究及工程实践,目前已经采用的斜拉索减振措施包括结构措施、机械措施与气动措施,其中机械措施又包括附设阻尼器及辅助索两种方法。

五、涡激振动

1. 涡激振动产生的原因及特点

产生原因:风经钝体结构时产生交替脱落旋涡脱落,在特定风速下涡脱频率与结构自振频率相近,导致结构发生涡激共振。

风速区间:只在特定风速范围内发生,且一般都属常遇风速,故发生频率较高。

振动类型:竖向振动或扭转的限幅简谐振动。

涡振对象:主梁、桥塔、斜拉索及吊杆均会发生涡振。

涡振危害:导致结构疲劳、人体不舒适,危及行车安全。

旋涡脱落频率与来流风速、钝体结构特征长度有关,对于某一断面,其旋涡脱落频率与风速成正比,见式(6)。

$$S_t = \frac{fd}{U} \tag{6}$$

结构振幅较大时,结构运动对气体的绕流形态产生反馈作用,使旋涡脱落频率在一定风速范围内和结构固有振动频率相等,即涡激共振的"锁定"现象。

2. 涡激振动风洞模型试验

涡激共振振幅大小一般情况下是通过节段模型风洞试验来检验,节段模型风洞试验包括常规节段模型,一般情况下常规节段模型是用1∶50的模型来试验。涡激振动对于细节非常敏感,需要用大比例尺(1∶20或者1∶10)进行试验。除了大比例尺模型外,还可以用全桥模型风洞试验来验证振幅,或者是在桥塔自立状态进行风洞试验。

六、桥梁抖振

风的紊流成分(脉动风)所激发的结构随机振动称之为抖振,也称为紊流风响应,是一种随机振动,振幅一般比较小[7]。

抖振响应分析应考虑脉动风的空间相关性和动力特征,以及结构的振动特性等因素,宜包括所有可能被紊流激发的振型。

桥梁抖振响应的大小主要取决于结构动力特性、主梁断面的气动力特性和紊流风特性。

在低风速下需关注的是涡振,在高风速下需关注抖振引起的风荷载的变化。

七、结　语

本文介绍了影响桥梁抗风设计的影响参数,得出超大跨径悬索桥抗风设计的几个方面的结论:

(1)主梁颤振稳定性。超大跨径悬索桥平均风荷载引起的静位移和附加攻角对颤振的影响更为显著,需要关注大变形对颤振稳定性的影响。针对软颤振评价,现有规范的评估标准不适用,需用适合于超大跨径桥梁变形特征的颤振评价标准对主梁的颤振稳定性进行评价。

(2)主梁静风稳定性。随着桥梁跨径的增大,横向变形和扭转变形急剧加大,对于超过2000m跨径的悬索桥,可能静风失稳比颤振失稳更控制设计,次要问题变成主要关键问题。

(3)主梁涡振。阻尼更低,应对涡振引起更充分的重视;振型密集,高阶振型必须检验。

(4)抖振。低风速下抖振振幅可能超过涡激振动振幅,需要关注抖振对行车舒适性的影响。

参考文献

[1] 刘楚,文琰.桥梁抗震与抗风设计理念及设计方法研究[J].工程建设与设计,2022(7):76-78.
[2] 应旭永.大跨度桥梁颤振性能的数值模拟研究[D].大连:大连理工大学,2020.
[3] 陈星宇,汪斌,李永乐,等.钢桁梁颤振气动优化措施攻角效应及分离式改善[J].华南理工大学学报(自然科学版),2017,45(8):120-125.
[4] 吉敏.浅谈当前形势下桥梁结构风振控制与设计要点[J].建材发展导向,2018,16(4):27-29.
[5] 张明杰.桥梁主梁非线性气动力和风响应特性研究[D].大连:大连理工大学,2018.
[6] 张晓利,赵敏.虎门大桥风致振动U-TRIZ分析及解决方案探讨[J].长江技术经济,2021,5(3):31-40.
[7] 黄正辉,彭孝旺.桥梁结构的风致破坏与风致振动控制措施[J].交通世界,2021(12):138-139.

57.空间扭索面曲塔钢箱梁斜拉桥抗震性能研究

左依洋[1]　励晓峰[2]　蒋仕持[2]　吴成峻[1]　王志强[1]
(1.同济大学;2.同济大学建筑设计研究院(集团)有限公司)

摘　要　以空间扭索面曲塔斜拉桥沱江特大桥为依托,采用有限元分析软件ANSYS建立三维有限元模型。选取板壳单元模拟主梁和主塔,进行动力特性分析和地震反应分析,对关键部位的应力进行校核。研究结果表明:板壳单元适用于特殊桥梁的抗震分析;该桥桥塔受力存在复杂的空间弯扭耦合效应;桥梁结构不对称导致主梁应力不对称;在地震作用下主塔、主梁等关键部位均未破坏但存在需关注损伤的区域。研究结果为今后同类斜拉桥的抗震设计和评估提供参考。

关键词　曲塔斜拉桥　空间索面　板壳单元　动力特性　抗震分析

随着我国基础建设的发展，桥梁的设计和施工水平逐步提升，斜拉桥因其优良性能逐渐成为中大跨径桥梁设计选择的主要桥型。国内斜拉桥数量迅速增加，大部分采用传统的对称桥塔和平面拉索，但近年来也出现了一些采用空间扭索或非对称桥塔的斜拉桥，如沙洲岛特大桥西溪主桥、摄乐桥、白沙大桥和滨海湾大桥等。这些非常规设计的桥梁，其结构动力特性、地震响应规律和抗震性能引起许多设计者的关注，对此类斜拉桥进行抗震性能研究具有重要工程意义。

斜拉桥抗震性能分析中，主梁和桥塔常采用梁单元建立有限元模型，而较少使用板壳单元，但也有研究在静力、局部失稳及动力特性分析中采用精细的板壳单元。Atavit等[1]采用板壳单元建立拱桥塔脚的精细模型评估其抗震性能，说明板壳单元局部模拟效果可靠。诸葛翰卿等[2]在拱梁固结点处使用精细板壳单元模拟，分析地震作用下拱桥的响应并比较局部损伤，说明了抗震分析中板壳单元的适用性。刘铁林等[3]分别采用板壳单元和梁格单元模拟某斜拉弯桥的钢箱梁，不同模型的比较结果表明钢箱梁用板壳单元模拟较为准确。Park等[4]研究表明，斜拉桥桥面采用板壳单元模拟的横向振动模态频率较高，更接近实测频率。邱燕红[5]建立了连续叠合钢箱梁弯桥的板壳模型并分析其受力性能，说明板壳单元能准确反映复杂钢箱梁每个部位的受力情况。Kilic等[6]研究表明对于桥梁扭转模态的计算，板壳单元模型比梁单元模型更准确。孙亮[7]对一座曲线门形钢塔斜拉桥分别建立空间杆系单元模型和空间板壳单元模型，对两者在竖向荷载作用下的稳定性进行计算，结果表明板壳单元模型能更好反映桥塔壁板、内部构造的受力情况。这些研究表明，动力分析中结构可采用多种单元类型模拟不同的构件，关注的部位可采用精细化板壳单元建立模型，以更好地反映局部损伤情况，且不会影响结构总体的响应；同时说明采用板壳单元对桥梁结构进行动力特性分析以及抗震分析的合理可行性，特别是对于桥塔和主梁设计复杂的桥梁，板壳单元模型能更好地计算局部受力，得到通过梁单元模型无法模拟的分析规律和结论，对实际工程设计有较高的参考价值。

本文以一座空间扭索面曲塔钢箱梁斜拉桥为依托，建立三维有限元模型，采用板壳单元来模拟主梁和主塔，研究非对称桥塔空间扭索面斜拉桥的动力特性和地震响应规律。此外，采用线性时程反应方法对该桥进行地震反应分析，对关键部位进行校核，识别其易损部位，分析该桥的地震响应规律。

一、工程概况

本桥为空间扭索面曲塔钢箱梁斜拉桥，结构形式为塔墩梁固结，辅助墩及过渡墩为简支支撑，其跨径组合为45m+238m+185m+45m，桥型布置如图1所示。桥塔为空间曲线形塔，桥塔截面基准线立面及横断面投影均为椭圆，立面椭圆长轴与水平方向夹角18°，桥塔最高点高出桥面139.4m。桥塔基础为承台桩基础，每个桥塔下方设置高10.9m的塔座，承台尺寸为横桥向23m，纵桥向34.6m，高5.5m，承台间通过变截面系梁连接。桥塔典型截面采用双层箱形截面形式，外层箱采用六边形截面，内层箱室通过2~3道横竖板围成单箱或多箱矩形。主梁采用钢箱梁的结构形式，靠近桥塔区域采用全截面整体箱梁的形式，为单箱十一室至单箱七室的变截面；远离桥塔区域采用分离式双箱截面，每个箱形截面由3个箱室组成，即一个锚箱与两个边箱。塔脚处采用C40混凝土进行填芯。辅助墩采用深"V"造型，外直内弧，从墩顶到墩底由双柱逐渐向下弧形加宽，最终合成一体，墩顶设置横系梁。斜拉索采用空间双索面布置，全桥共4×17根=68根斜拉索，梁上锚索间距为9m，塔上锚索间距为2.5m。

本项目场地岩层基本水平，地层结构简单，区域稳定性好，场地为Ⅱ类建筑场地。基本地震动峰值加速度$0.05g$，反应谱特征周期为0.40s。抗震设防分类为A类，基本烈度为Ⅵ度，抗震设防烈度Ⅶ度，抗震设防性能目标要求在E1地震作用下结构保持在弹性范围内，震后可立即使用。主桥抗震需要保证在E2地震作用下结构局部损伤轻微，根据《工程场地地震安全性评价》(GB 17741—2005)推荐的方法，拟合生成了7条水平设计地震动时程，各时程加速度反应谱绘于图2。

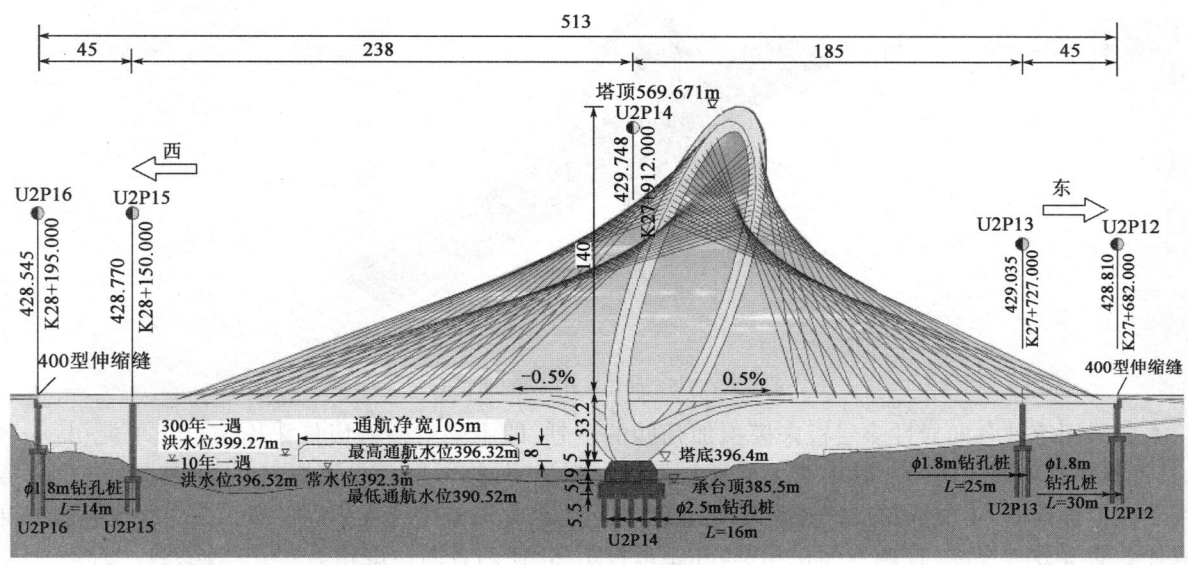

图 1 主桥立面布置图(尺寸单位:m)

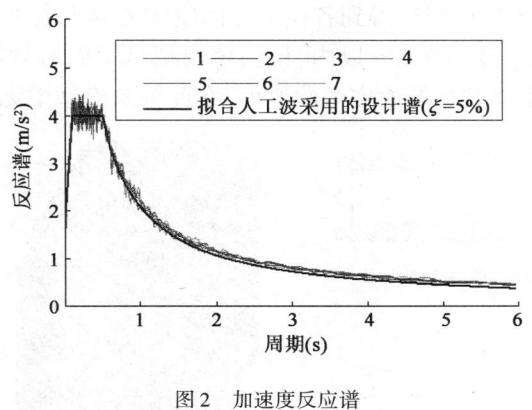

图 2 加速度反应谱

二、模型建立与参数选取

基于通用有限元软件 ANSYS,采用包括板壳、梁、杆和实体单元等多种单元,建立了可考虑主桥结构整体空间效应和局部受力特点的精细化全桥空间三维有限元分析模型,如图 3 所示。本文重点关注主桥桥塔和主梁采用板壳单元模拟,桥塔内混凝土填芯采用实体单元模拟。引桥、桥塔塔座、桩基、承台和系梁等采用梁单元,斜拉索采用杆单元。结合实际模型的特点与计算效率,板壳单元采用 Shell181,并设置为完全积分。此外,桥塔内外筒体、主梁顶板、底板、腹板、整体箱梁段隔板的单元模拟还考虑初始曲率的影响。

为了保证模型计算的准确性,在桥塔和主梁建模过程中考虑了加劲肋的贡献。现有对加劲肋的模拟主要包括 5 类方法:建立精细模型、用梁单元模拟、建立新的单元形式、等效为各向同性板、等效为理想正交异性板。其中,颜海[8]在研究加劲板的局部稳定问题中,推导了加劲板单元的形式,通过编写新的单元降低有限元求解耗费资源,提高计算效率;李延庆等[9]在 ANSY 中采用多层板单元进行模拟,将 U 形加劲肋的加劲板分为 3 层板单元,分别对每层板单元的密度和弹性模量进行等效处理。

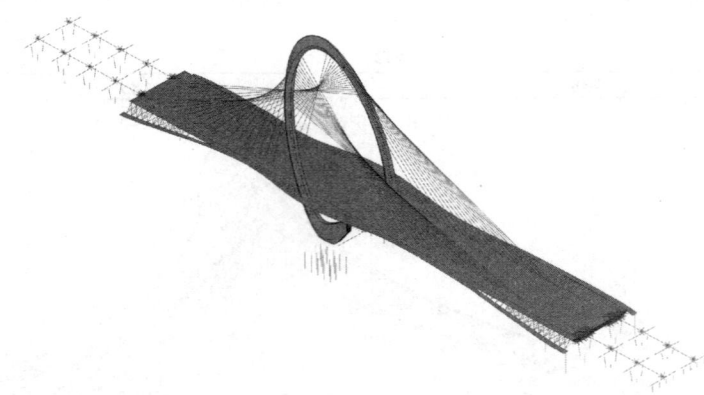

图3　全桥空间三维有限元分析模型

本文采用等效各向异性多层板来模拟加劲肋的贡献,即主梁与桥塔板件采用多层板单元(layer)模拟,其基本原理如图4所示。其中第1层板与母板材料相同;第2层只是填充材料,弹性模量很小;第3层用于模拟加劲肋,定义为单向纤维材料并指定纤维朝向,未调整密度和弹性模量。为了保证模拟效果,选取加劲肋等效板厚度(使两者面积相等)和距母板距离(使两者惯性矩相等)为等效参数。为验证该模拟的正确性,取桥塔标准截面延伸10m,建立带加劲肋的全板壳精细模型作为参考标准,并与不考虑加劲肋的模型(模型1)、将加劲肋等效为各向同性板的模型(模型2)和本文采用的等效各向异性板模型(模型3)进行比较,如图5所示。施加荷载后得到各模型之间刚度差异见表1。本文采用的等效正交异性模型与精细全板壳模型之间刚度差异均在5%以内,说明该模拟是正确有效的,能够反映加劲肋对板件总体刚度的影响,较小的差别源于加劲板的面内弯曲刚度,在此等效模型中无法精确模拟。

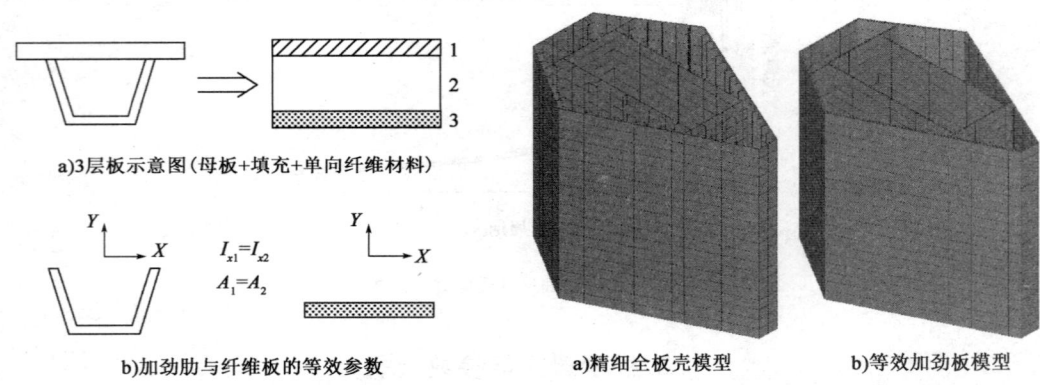

图4　多层板模拟加劲肋原理　　　　图5　加劲板的等效验证模型

各等效加劲板模型刚度差异　　　　　　　　　　　　　　　　　表1

模型	对比精细全板壳模型			
	轴向刚度	抗剪刚度	弯曲刚度	扭转刚度
1	22%	10%	23%	2%
2	6%	20%	6%	30%
3	2%	4%	3%	2%

三、动力特性分析

在ANSYS中选择了分块Lanczos法进行动力特性计算,基于小变形叠加原理将地震响应与恒载响应组合。有应力模态可以更准确地反映结构的动力特性。在计算模态之前,先进行静力计算并打开预应力效应选项以存储应力矩阵,然后在模态分析中读取储存的应力信息,因此本模型考虑了恒载对模态的应力刚度修正。

主桥的模态图表明桥塔上塔柱及塔顶受力成分复杂,由较多阶振型控制,理论上所有的主梁竖向振动都可以通过拉索传递至塔上索锚区。以桥塔为主的振型是1阶和19阶,分别对应桥塔的1阶侧弯模态和19阶桥塔的扭转模态,如图6所示。桥塔侧弯应力图与框架侧弯受力简图类似;桥塔扭转应力云图与框架扭转受力简图相似,特别是塔顶偏两侧处应力较大而框架两端的梁柱节点受力也大。说明桥塔力学特点接近于框架结构,其中塔顶偏两侧处对应框架的梁柱节点。

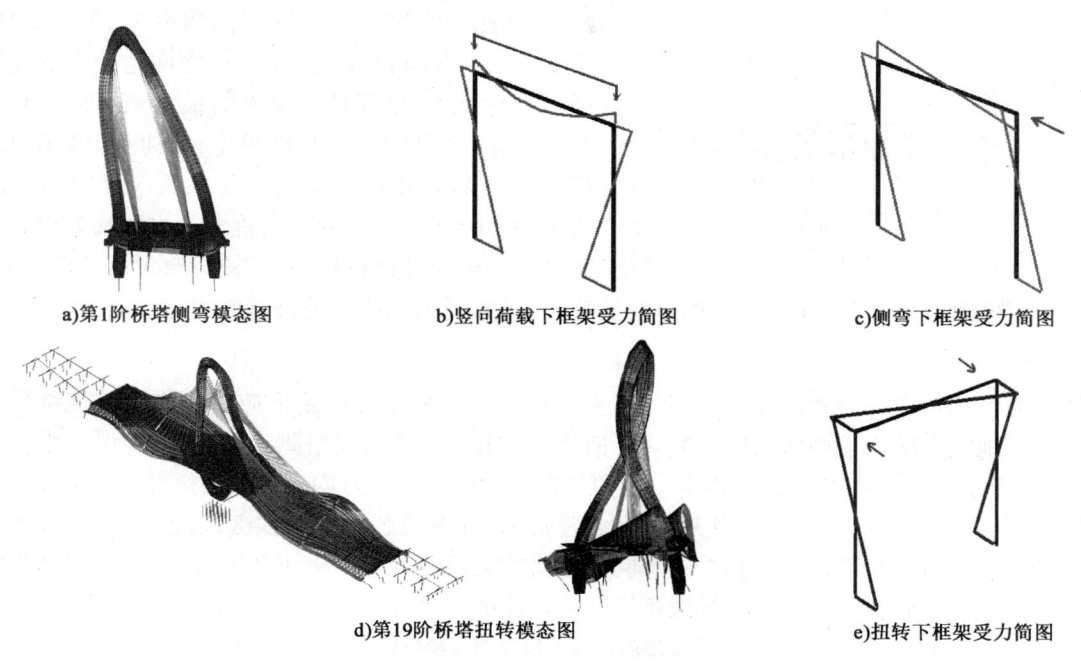

a) 第1阶桥塔侧弯模态图　　b) 竖向荷载下框架受力简图　　c) 侧弯下框架受力简图

d) 第19阶桥塔扭转模态图　　　　　　　　e) 扭转下框架受力简图

图6　桥塔模态图与框架结构受力简图

对1阶、2阶、7阶和19阶振型进行分析可以发现,主桥结构主要振型均显示梁和塔的空间耦合效应,且从表2的振型参与系数中也可以看出,单个振型在每个方向均有一定量的参与。这也表明,因主桥空间索面和曲塔的特点,桥塔和主梁之间通过拉索传递响应,两者的振动会相互影响,存在耦合现象。因此在地震作用下当桥塔受力较为不利时也需关注主梁的响应,而斜拉索作为传递这一耦合效应的重要构件,其刚度的模拟要特别注意。此外发现,振型中对应主梁的振幅关于主梁截面中心线是不对称的,分析表明也是桥塔自身结构不对称并耦合主梁所致。主跨北侧和边跨南侧的振幅偏大一些,这是南北塔固结点与辅助墩距离不同导致的。

主桥前六阶频率与振型参与系数　　　　　　　　　　表2

模态阶数	频率（Hz）	振型参与系数					
		DX	DY	DZ	RotX	RotY	RotZ
1	0.395141	571	-2332	-692	165980	285190	65078
2	0.492897	-1005	-1691	1843	96858	-430720	34997
6	0.785311	398	48	-252	-60387	7355	-110340
7	0.800918	-2160	-759	-3310	22656	-134300	-13460
13	0.98996	379	623	-1516	8972	-143390	41009
19	1.061501	696	-2303	-3	15600	-14439	-433920

四、地震响应规律分析

本模型时程分析输入的地震动为前文图2所示的7条人工波,计算结果取7条波的平均值。在使用直接积分法进行时程分析时,主要考虑地震动的输入方式和阻尼的选取两个方面。地震动采用三向地震动同时输入的方式，三个方向的地震动包括两个成分：竖向地震动与水平地震动的组合、水平地震动间的组合，并依据《城市桥梁抗震设计规范》（CJJ 166—2011）确定输入的参数和组合系数。采用瑞利阻尼假定，取结构基频与有效振型参与质量达到90%的振型频率计算质量、刚度矩阵的系数。由动力特性分析结果计算得到图7，当有效振型参与质量达到90%时，纵向频率为24.8176Hz对应第1663阶，横向频率为23.8796Hz对应第1611阶，竖向频率为12.7551Hz对应第965阶。在时程分析中取三个方向达到有效振型参与质量占比90%时所对应频率的最大值，即为X方向的24.8176Hz作为计算采用的频率，结构基频为0.3951Hz，根据规范$X:Y:Z$三方向的时程波反应谱间的比例大致为$1:1:0.65$。按照前述时程分析方法计算得到主桥关键部位的响应并进行校核，校核对象包括桥塔应力、主梁应力、拉索受力和桥塔处桩基内力等。

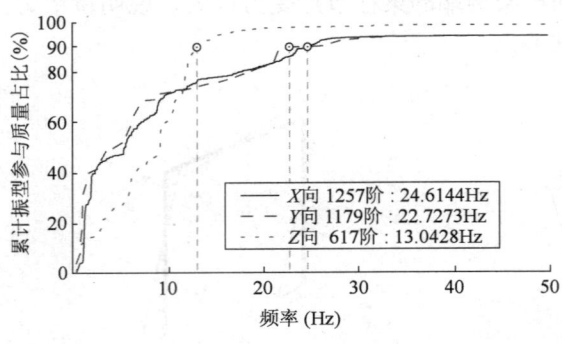

图7　累计有效振型参与质量占比与振型频率的关系

1. 桥塔应力

桥塔应力包括桥塔外壳和内筒两个部分。表3列出了桥塔地震作用下应力响应及校核结果。本模型算出的三向地震动输入下桥塔动应力响应峰值为116MPa，位于南塔塔脚无填芯处，与恒载组合应力峰值240MPa位于北塔塔梁固结点处。桥塔内筒和外壳各部位组合应力均小于强度标准值。从图8给出的桥塔等效应力云图可以看出，需要关注塔梁固结区域、塔脚无填芯处和索锚区周围；从应力云图还可发现，南北桥塔相同位置的等效动应力并不相同，南塔塔脚无填芯处应力大于北塔，北塔塔梁固结点处应力大于南塔，这是主桥结构不对称，进而导致桥塔地震响应的不对称。

桥塔地震作用下应力响应和校核　　　　　　　　　　　　　　　　　表3

		恒载应力(MPa)	等效动应力(MPa)	组合应力(MPa)	强度标准值(MPa)	验算
内筒	南塔塔脚无填芯处	62.2~77.8	102~110	164.2~187.8	330	√
	南塔塔梁固结点	124.4~140.0	59.4~66.5	183.8~206.5		√
	北塔塔梁固结点	124.4~140.0	73.7~80.9	198.1~220.9		√
外壳	南塔塔脚无填芯处	62.2~77.8	108~116	170.2~193.8	330	√
	南塔塔梁固结点	124.4~140.0	54.0~61.8	178.4~201.5		√
	北塔塔梁固结点	124.4~140.0	92.7~100	217.1~240.0		√

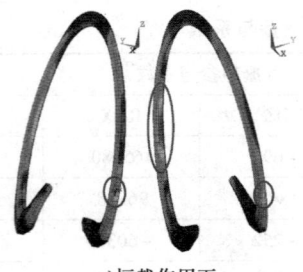

a)恒载作用下　　　　　　　　b)地震作用下

图8　桥塔等效应力云图

2. 主梁应力

主梁应力响应关注点包括主梁顶板和底板，主梁动应力响应峰值为132MPa，与恒载组合应力峰值272MPa小于强度标准值330MPa。顶板组合应力最大值154MPa，位于北塔桥塔固结点处，底板组合应力最大值272MPa，位于主跨边墩处。从图9主梁等效应力云图可以看出，需关注跨中处、步道连接处、辅助墩与边墩墩顶主梁的损伤。相对而言，塔梁固结点处由于板厚增加应力稍小，无论是南塔还是北塔固结点处底板的等效动应力和组合应力均比顶板大,说明固结点底板相对顶板更需要关注。在应力云图中同样发现了由于结构不对称导致的主梁受力不对称:主跨北侧跨中处应力较大,而主跨南侧步道连接处应力较大,两处应力较大区域在纵向上一前一后并不关于轴线对称;其次,主跨北侧的V腿固结处应力较南塔固结点偏大,边跨步道连接处也在北侧出现较大应力,而南侧对应位置的应力并不大。

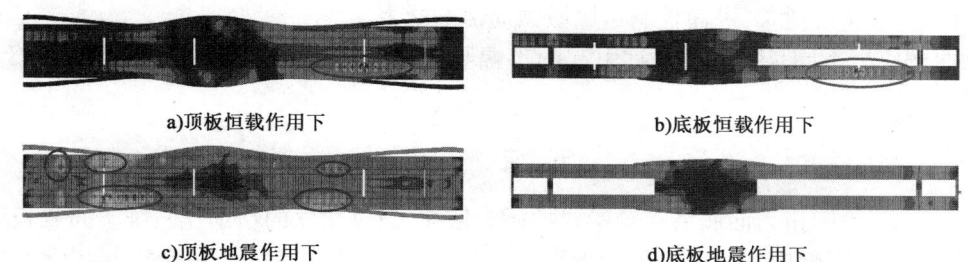

a)顶板恒载作用下　　　　　　b)底板恒载作用下

c)顶板地震作用下　　　　　　d)底板地震作用下

图9　主梁等效应力云图

3. 斜拉索受力

图10给出了拉索的等效应力云图。斜拉索动内力峰值为2204kN,动应力峰值为261.1MPa,组合应力最大值715.7MPa远小于强度标准值1670MPa。动应力峰值较大主要是竖向地震动的贡献,另外板壳单元建立的桥塔较柔,主跨的振动可以传递更多分量至边跨。从图10中可以发现,索力出现峰值部位主要在边跨北侧中间几根拉索,主跨南侧的几根拉索也有较大索力,应力上看,关键部位主要在于边跨,特别是北侧,这些应力较大的区域与主梁受力有一定关联,主梁振幅较大的区域对应的拉索受力也较大。

a)恒载作用下　　　　　　b)地震作用下

图10　拉索等效应力云图

4. 桥塔桩基内力

表4列出了桥塔桩基地震作用下的内力,地震动作用下桩动轴力峰值为36400kN,顺桥向桩动弯矩峰值为5790kN·m,横桥向桩动弯矩峰值为8080kN·m。组合后轴力出现负值,表明桩受拉,需要引起设计注意。且外侧桩基受到的动轴力较大,这是由于受弯为主导致的,偏心的竖向桩轴力提供了桥塔抗侧弯曲能力,使得单桩自身需要承受的弯矩减小。本桥桥塔桩基单桩较短,未考虑侧壁摩阻力的影响。对于弯矩而言,北塔处桩的弯矩更大,应该是桥塔在桥面以下区段的倾角导致的。

桥塔桩基地震作用下的内力　　　　表4

部位	恒载作用			地震作用			不利组合		
	轴力(kN)	顺弯(kN·m)	横弯(kN·m)	轴力(kN)	顺弯(kN·m)	横弯(kN·m)	轴力(kN)	顺弯(kN·m)	横弯(kN·m)
南塔桩基	21122	558	3778	35400	5380	5480	-14278	5938	9258
北塔桩基	21364	856	3576	36400	5790	8080	-15036	6646	11656

注:顺弯顺桥向桩动弯矩峰值简称,横弯是横桥向桩动弯矩峰值简称。

综合动力特性分析以及对主桥关键部位地震响应和校核分析结果,可大致总结以下规律:

(1)桥塔上塔柱及塔顶受力成分复杂,由较多阶振型控制,理论上所有的主梁竖向振动都可以通过拉索传递至塔上索锚区;且桥塔力学特点接近于框架结构,其中塔顶偏两侧处对应框架的梁柱节点,该处主要为扭转振型控制,而主梁竖向振动通过拉索传递至桥塔的竖向压力也对该处受力有较大影响。

(2)主梁横桥向及顺桥向振动控制主梁固结点局部和固结点下方桥塔塔脚的受力;主梁横向振型会耦合桥墩侧向及支座竖向位移,进而控制边墩墩顶局部的受力。

(3)主梁两侧应力不同是结构不对称引起的半幅竖向和扭转振型导致的,边跨南幅大于北幅,主跨北幅大于南幅。

五、结　语

本文以一座实际空间扭索面曲塔钢箱梁斜拉桥为依托,通过建立的精细化三维空间梁板壳有限元模型,对其动力特性和地震响应规律进行了分析研究。分析表明,板壳单元适用于空间扭索面曲塔钢箱梁斜拉桥的抗震研究,该桥地震响应和易损部位比较复杂,存在显著的空间塔梁耦合响应,需在设计中给予仔细考虑。下面给出主要结论:

(1)模态分析表明,主桥结构的主要振型均有空间的耦合效应,振型参与系数中各方向系数均有一定量值,耦合效应主要由于曲桥塔不对称布置和空间扭索面等因素造成;构件的耦合效应,即主梁主跨与边跨的振动会与桥塔耦合,是由斜拉索决定,该处的刚度需要进行合理的模拟,不可忽略。

(2)时程分析结果显示,该桥在抗震中需要关注的构件和不利部位有塔梁固结区域、南塔塔脚无填芯处、索锚区周围、主梁主跨边墩墩顶处、主跨V腿固结点附近、边跨侧步道连接处、边跨侧辅助墩支座处、边跨边墩墩顶等部位。地震作用下,桥塔组合应力为强度标准值的73%,主梁组合应力为强度标准值的82%,斜拉索组合应力为强度标准值的43%,均符合设计要求。桥塔桩基动轴力为36400kN,动弯矩顺桥向5790kN·m,横桥向8080kN·m,组合轴力为-15036kN,组合弯矩为顺桥向6646kN·m,横桥向11656kN·m,出现了较大轴拉力。

(3)应力时程和模态分析进一步表明,桥塔受力存在复杂的空间弯扭耦合效应,力学特点接近于框架结构,且由多阶振型控制;主梁横桥向及顺桥向振动控制主梁固结点局部和下方桥塔塔脚的受力;结构不对称引起的半幅竖向和扭转振型导致主梁南北两侧应力不同。

参考文献

[1] ATAVIT S, YAMAO T. A performance evaluation of the arch bridge members using the strain index based on the parameters obtained from linear buckling theory[J]. Advanced Steel Construction, 2008, 4(2): 85-102.

[2] 诸葛翰卿,谢旭,廖燕华,等.横桥向地震作用对钢拱桥地震损伤发展的影响[J].浙江大学学报(工学版),2019,53(4):702-712.

[3] 刘铁林,许传贵,刘泓.斜拉弯桥有限元分析模型的对比研究[J].沈阳建筑大学学报(自然科学版),2010,26(5):838-842.

[4] PARK W, KIM H K, JONGCHIL P. Finite element model updating for a cable-stayed bridge using manual tuning and sensitivity-based optimization[J]. Structural Engineering International, 2012, 22(1): 14-19.

[5] 邱燕红.小半径连续叠合钢箱梁弯桥设计及其受力性能浅析[J].城市道桥与防洪,2012(5):9,76-79.

[6] KILIC S A, RAATSCHEN H J, Körfgen B, et al. FE model of the Fatih Sultan Mehmet Suspension Bridge using thin shell finite elements[J]. Arabian Journal for Science and Engineering, 2017, 42: 1103-1116.

[7] 孙亮.斜拉桥曲线钢桥塔稳定性能研究[J].钢结构(中英文),2021,36(2):47-55.

[8] 颜海.大跨度钢桥加劲板件板组局部弹性稳定分析[J].中国市政工程,2007(S2):31-34,37,102-103.

[9] 李延庆,唐洪亮.在结构分析中简化模拟正交异性[J].林业科技情报,2008(1):97-98.

58. 变截面波形钢腹板组合悬臂梁扭转与畸变性能研究

裴辉腾[1,2] 吴廷楹[2] 贾丽君[1] 邓文琴[3]

(1.同济大学；2.江西省交通设计研究院有限责任公司；3.南京工业大学土木工程学院)

摘 要 为了研究悬臂施工期大跨径变截面波形钢腹板组合箱梁桥扭转与畸变性能，以鄱阳湖饶州特大桥(83m+152m+83m)为例，建立了最大悬臂施工阶段精细化实体有限元模型，对比分析了偏载作用下变截面波形钢腹板组合箱梁和传统混凝土箱梁扭转与畸变效应，并探讨了横隔板间距对变截面波形钢腹板组合箱梁扭转与畸变效应的影响。结果表明：悬臂施工期变截面波形钢腹板组合箱梁扭转与畸变效应明显大于传统混凝土箱梁；偏载作用下变截面波形钢腹板组合悬臂梁偏载挠度增大系数不宜小于1.07，混凝土顶底板偏载正应力增大系数不宜小于2.0，波形钢腹板偏载剪应力增大系数不宜小于1.5；综合考虑结构受力和经济性，建议变截面波形钢腹板组合箱梁横隔板间距宜取15m左右。

关键词 桥梁工程 波形钢腹板 变截面 悬臂施工 扭转与畸变性能 横隔板

一、引 言

波形钢腹板组合箱梁具有自重轻、施工速度快及避免混凝土腹板开裂问题等优点，近年来在大跨径连续梁桥中得到了广泛应用[1-4]。据不完全统计，截至2022年10月，我国已建/在建跨径超过100m的波形钢腹板组合梁桥超过70座，其中90%以上为变截面连续梁/连续刚构体系，均采用悬臂浇筑/异步悬臂浇筑施工[5,6]。由于波形钢腹板组合箱梁腹板较薄，其截面横向刚度远小于传统混凝土箱梁，尤其大跨径变截面波形钢腹板组合箱梁在悬臂施工期间扭转性能较弱，施工偏载作用下梁体空间效应显著[7]。在悬臂施工期间挂篮和节段混凝土自重偏载影响下，波形钢腹板组合截面扭转与畸变效应可能会达到较高的水平。因此，探明大跨径变截面波形钢腹板组合箱梁悬臂施工期偏载作用下的扭转与畸变效应，对确保该类桥型施工期受力安全具有重要意义。

李宏江[8]基于模型试验和箱梁理论，提出了波形钢腹板组合箱梁约束扭转与畸变翘曲应力计算方法。马磊等[9]推导了单箱双室等截面波形钢腹板组合箱梁扭转与畸变微分方程，并进行了参数敏感性分析，指出截面扭转与畸变主要因素为宽跨比。邓文琴等[10]以乌曼斯基第二理论为基础推导了单箱三室波形钢腹板悬臂梁扭转与畸变翘曲应力计算方法。Shen等[11,12]基于软化桁架模型理论，推导了波形钢腹板组合箱梁抗扭承载力计算方法。任大龙等[13]通过数值模拟研究了横隔板对波形钢腹板组合连续梁纵向正应力的影响，指出横隔板可有效改善箱梁的正应力分布并降低截面剪力滞效应。滕乐等[14]分析了横隔板间距对偏载作用下箱梁翘曲应力的影响，并拟合出横隔板合理间距经验公式。李宏江等[15]验证了横隔板对减小偏载作用下箱梁翘曲正应力的作用，计算了不同高跨比下横隔板间距的计算公式。

综上可知，国内既有针对波形钢腹板组合梁扭转与畸变性能的研究大多集中在等截面和简支梁，对于大跨径变截面悬臂施工期研究较少。因此，本文以鄱阳湖饶州特大桥为例，对比分析悬臂施工期大跨径变截面波形钢腹板组合箱梁与传统混凝土箱梁偏载作用下扭转与畸变效应，并基于参数敏感性分析研究横隔板对悬臂施工期变截面波形钢腹板组合箱梁扭转与畸变效应的影响，为同类结构横隔板合理设置提供技术支撑。

二、工程概况及模型建立

1. 工程概况

鄱阳湖饶州特大桥主航道桥为3跨变截面波形钢腹板组合连续梁桥，跨径布置为83m + 152m + 83m。变截面箱梁底板按1.8次抛物线变化，中支点梁高为9.2m，跨中梁高为4.2m，箱梁顶板和底板宽度分别为11.9m和6.9m，如图1所示。波形钢腹板采用1600型，从中支点至跨中厚度为14～30mm，波形钢腹板与顶底板混凝土分别采用双开孔钢板连接件和角钢连接件进行连接。0～4号节段波形钢腹板内衬设置有内衬混凝土，内衬混凝土与钢腹板采用焊钉连接。中跨设置8道横隔板，边跨设置4道横隔板。上部结构采用挂篮对称悬臂现浇施工，单个"T"构共划分16个节段，单个挂篮质量为100t，如图2所示。混凝土采用C60，弹性模量为3.55×10^4MPa，波形钢腹板采用Q345qC，弹性模量为2.06×10^5MPa，预应力钢束采用$\phi15.2$mm高强度低松弛钢绞线，弹性模量为1.95×10^5MPa。

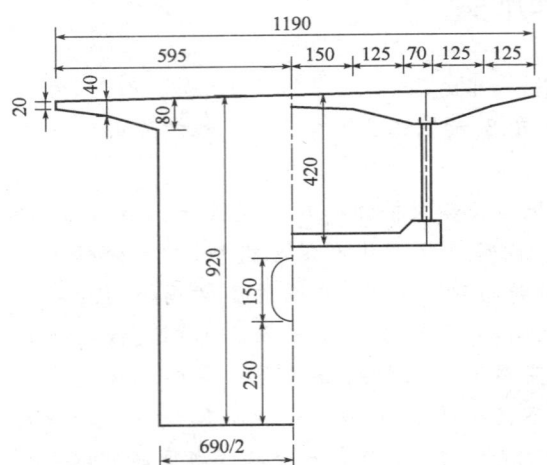

图1 标准断面图(尺寸单位：cm)

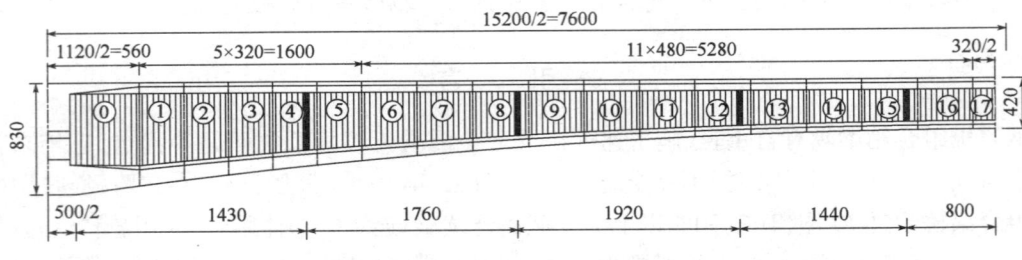

图2 节段划分示意图(尺寸单位：cm)

2. 有限元模型建立

为了研究大跨径变截面波形钢腹板组合箱梁桥悬臂施工期扭转效应，并与传统预应力混凝土箱梁桥进行对比，本文采用midas FEA NX建立分别建立波形钢腹板组合箱梁和混凝土箱梁最大悬臂节段的双悬臂实体有限元模型进行分析，如图3所示。混凝土顶底板、横隔板等采用3D实体单元，波形钢腹板采用2D壳单元，预应力钢绞线采用1D线，不考虑波形钢腹板与混凝土顶底板之间的滑移，因此模型中波形钢腹板与混凝土顶底板采用共节点处理，材料特性均按实桥选取。

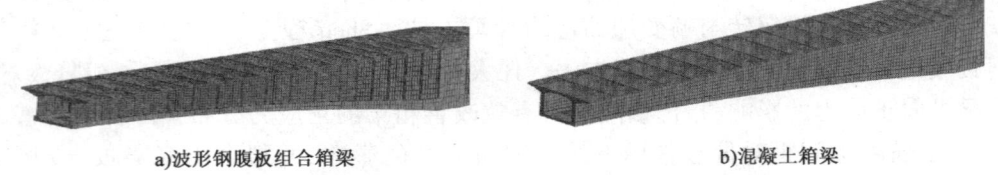

a)波形钢腹板组合箱梁   b)混凝土箱梁

图3 有限元模型

模型边界条件模拟实桥悬臂施工约束情况，以及在双悬臂梁墩底约束支座位置所有节点自由度。加载工况除了考虑结构自重、预应力钢束作用外，外荷载考虑在悬臂端施加对称荷载和偏心荷载两种工况，偏心荷载大小按单个挂篮质量取值，$P = 1000$kN，如图4所示。

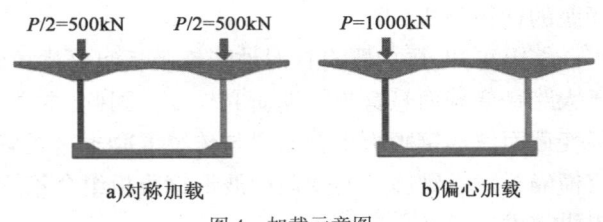

a)对称加载   b)偏心加载

图4 加载示意图

三、波形钢腹板组合梁与混凝土箱梁扭转效应对比分析

1. 偏载挠度增大系数

将偏载作用下梁体加载侧挠度与对称荷载作用下梁体挠度的比值定义为梁体挠度增大系数。图5给出了同等悬臂长度及相同偏载作用下波形钢腹板组合箱梁与传统混凝土箱梁的挠度增大系数沿顺桥向分布规律，从图中可以看出，除去墩顶附近20m范围内挠度值较小导致该区间挠度增大系数较大以外，传统预应力混凝土箱梁悬臂梁在悬臂端1000kN偏载作用下挠度增大系数基本为1.02，由于混凝土箱梁扭转刚度较大，偏载引起的挠度增量为2%。而波形钢腹板组合箱梁挠度增量由支点往悬臂端呈逐渐增大趋势，悬臂端偏载作用下最大挠度增量7%左右，这是由于波形钢腹板组合箱梁抗扭刚度较小，导致其截面扭转刚度明显小于混凝土箱梁。

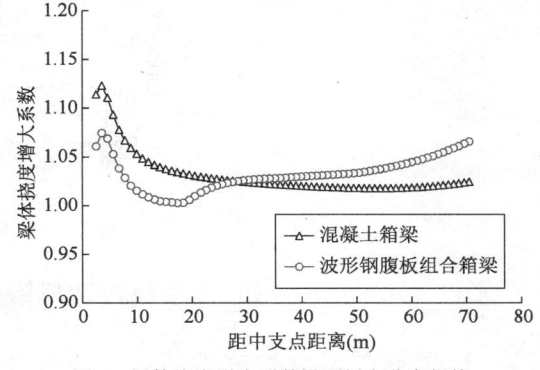

图5 梁体挠度增大系数沿顺桥向分布规律

2. 偏载正应力增大系数

将偏载作用下加载侧顶底板最大正应力与对称荷载作用下最大正应力比值定义为偏载正应力增大系数。图6给出了传统混凝土箱梁和波形钢腹板组合箱梁顶底板偏载正应力增大系数沿顺桥向的分布规律，从图中可以看出，悬臂施工阶段两者正应力沿顺桥向变化规律相似，靠近支点$L/2$区间顶底板偏载应力增大系数均为1.0，说明悬臂端偏载作用基本不会引起顶底板的应力增加。从悬臂跨中至悬臂端$L/2$区间，顶底板偏载正应力增大系数逐渐增大，且波形钢腹板组合箱梁顶、底板偏载正应力增大系数明显大于传统混凝土箱梁。此外，从图6中还可以看出，最大悬臂阶段波形钢腹板组合箱梁顶底板偏载正应力增大系数分别2.07和为2.67，明显大于既有文献给出的经验值1.15。因此，出于安全考虑，对于波形钢腹板悬臂梁而言，在悬臂施工过程中，最大悬臂端偏载应力增大系数不宜低于2.0。

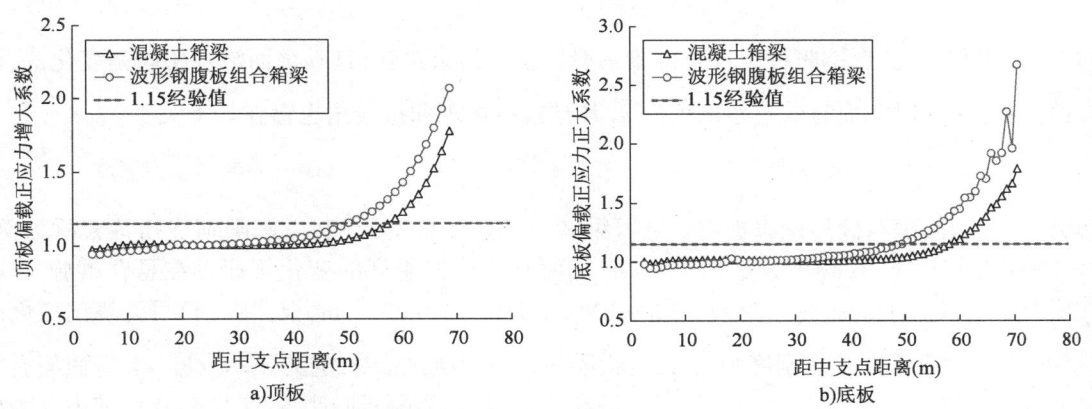

图6 混凝土顶底板正应力增大系数沿顺桥向分布规律

3. 偏载剪应力增大系数

同样，将偏载作用下加载侧腹板最大剪应力与对称荷载作用下最大剪应力比值定义为偏载剪应力增大系数。图7给出了传统混凝土箱梁和波形钢腹板组合箱梁腹板偏载剪应力增大系数沿顺桥向的分布规律，从图7中可以看出，波形钢腹板组合箱梁偏载剪应力增大系数明显高于传统混凝土箱梁。传统混凝土箱梁偏载剪应力沿顺桥向基本保持在1.4左右不变，而波形钢腹板组合箱梁偏载剪应力系数从内衬混凝土结束节段至悬臂节段逐渐降低，且波形钢腹板悬臂梁偏载剪应力增大系数也大于经验值1.05。因此，出于安全考虑，对于悬臂施工阶段，波形钢腹板偏载剪应力增大系数不宜低于1.5。

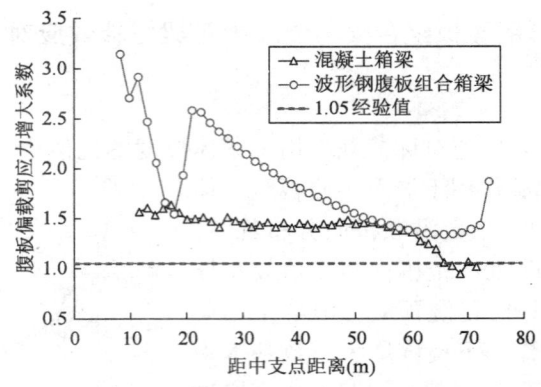

图7 腹板剪应力增大系数沿顺桥向分布规律

四、横隔板对波形钢腹板组合梁扭转与畸变效应的影响

1. 横隔板对截面有效抗扭刚度的影响

悬臂梁在发生自由扭转时，扭矩 M 与扭率 θ' 存在如下关系：

$$M = G_c J_t \theta' = k\theta' \tag{1}$$

式中：J_t——扭转常数；

G_c——组合梁等效剪切弹性模量；

$k = G_c J_t$——波形钢腹板组合箱梁的扭转刚度。

对于悬臂长度为 L 的悬臂梁而言，梁体扭率 $\theta' = \theta_f / L$，其中 θ_f 为自由扭转角，则由式(1)可得：

$$M = \frac{k\theta_f}{L} \tag{2}$$

则扭转刚度 k 为：

$$k = \frac{ML}{\theta_f} \tag{3}$$

但在实际工程中，波形钢腹板组合悬臂梁一般会发生约束扭转，且其截面沿顺桥向是变化的，因此假设梁体发生约束扭转时截面有效抗扭刚度为 $\tilde{k}$，其与梁体扭矩和扭转角也存在如下关系：

$$\tilde{k} = \frac{ML}{\theta_f} \tag{4}$$

为研究横隔板间距对波形钢腹板组合悬臂梁有效抗扭刚度的影响，以鄱阳湖饶州特大桥为例，分析偏载 $P = 1000\text{kN}$ 作用下，横隔板数量从 $0 \sim 6$ 时截面有效抗扭刚度的变化规律。在悬臂端施加 1000kN 偏载时，反对称荷载产生的截面扭矩 $M = 1000 \text{ kN} \times 3.1\text{m} = 3100\text{kN} \cdot \text{m}$，根据式(4)可计算出截面的有效抗扭刚度 $\tilde{k}$，无横隔板有效抗扭刚度为 $\tilde{k}_0$，设置横隔板的有效刚度为 $\tilde{k}_i$，定义 $\alpha = \tilde{k}_i / \tilde{k}_0 - 1$ 为截面有效抗扭刚度增大系数，横隔板间距 $S = L/(n+1)$，其中 n 为横隔板数量，计算结果如表1所示，图8给出了有效抗扭刚度增大系数 α 随横隔板间距 S 的变化曲线。从表1和图8中可以看出，当横隔板间距大于 25m 时，截面有效抗扭刚度变化不大；当横隔板间距大于 25m（即横隔板数量大于2）时，截面有效抗扭刚度增大系数随着横隔板间距的减小而增加；横隔板间距为 15m 左右时，有效抗扭刚度增大系数增加比例最大，而后随着横隔板间距减小，有效抗扭刚度增大系数增幅逐渐减小。因此，综合考虑受力和经济性，建议横隔板间距取值为 15m 左右最为适宜。

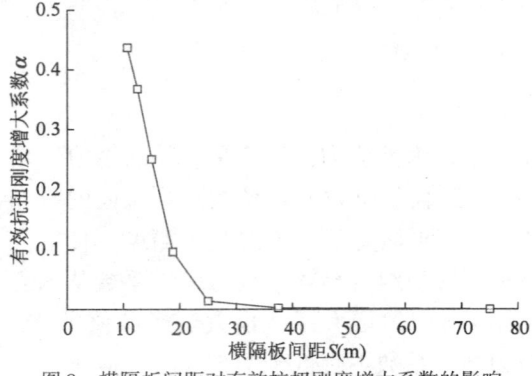

图8 横隔板间距对有效抗扭刚度增大系数的影响

横隔板间距对截面有效抗扭刚度的影响　　　　表1

横隔板数目	横隔板间距S（m）	偏心荷载挠度（mm）			扭转角θ_f（弧度）	有效抗扭刚度k_i（kN·m²）	α
		加载侧挠度δ_1	非加载侧挠度δ_2	$\delta_1-\delta_2$			
0	75.0	30.81	26.24	4.58	2.72×10^{-4}	8.54×10^8	0.00
1	37.5	30.81	26.24	4.57	2.72×10^{-4}	8.55×10^8	0.00
2	25.0	30.77	26.26	4.51	2.69×10^{-4}	8.65×10^8	0.01
3	18.8	30.57	26.39	4.17	2.48×10^{-4}	9.36×10^8	0.10
4	15.0	30.10	26.44	3.66	2.18×10^{-4}	1.07×10^9	0.25
5	12.5	29.80	26.46	3.35	1.99×10^{-4}	1.17×10^9	0.37
6	10.7	29.78	26.60	3.18	1.90×10^{-4}	1.23×10^9	0.44

2. 横隔板对截面畸变性能的影响

将偏载作用下畸变荷载分力作用产生的竖向位移δ_D与弯曲荷载竖向位移δ_M比值δ_D/δ_M定义为畸变竖向位移增大系数η_D，偏载作用下畸变荷载分力作用产生的翘曲正应力σ_D与弯曲荷载产生的弯曲正应力σ_M比值σ_D/σ_M定义为畸变翘曲正应力增大系数ζ_D。

图9、图10给出了偏心荷载作用下，横隔板数量与畸变竖向位移增大系数、畸变翘曲正应力增大系数的关系。在实际工程中，畸变与约束扭转综合产生的翘曲正应力与弯曲产生的正应力（考虑恒载）的比值控制在10%以内才可以接受。从图9、图10可以看出，截面畸变竖向位移增大系数η_D及畸变翘曲正应力增大系数ζ_D均随横隔板数量增加而减小，即横隔板数量可有效抑制截面的畸变效应。当横隔板数量大于或等于4，即横隔板间距大于15m时，截面畸变竖向位移增大系数小于4%，且截面畸变翘曲正应力与弯曲应力比值低于10%。

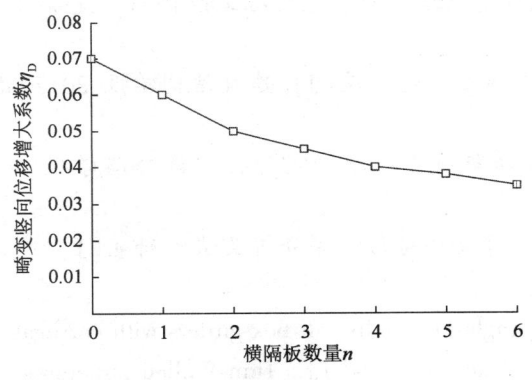
图9　横隔板间距对畸变竖向位移增大系数的影响

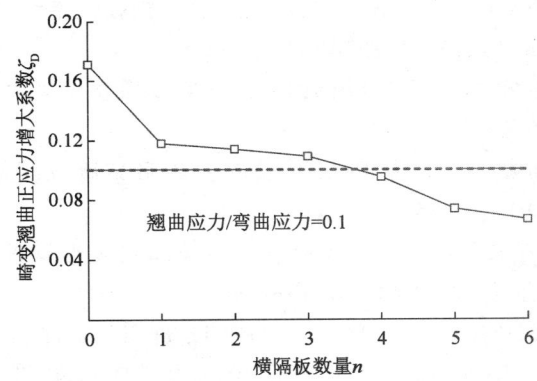
图10　横隔板数量对畸变翘曲正应力增大系数的影响

现有文献中波形钢腹板组合箱梁横隔板合理间距大多针对等截面简支梁推导，对于矩形截面波形钢腹板组合箱梁横隔板最大间距经验公式如下：

$$\frac{S_{\max}}{L}=0.98423-21.01853\left(\frac{h}{L}\right)+204.89232\left(\frac{h}{L}\right)^2-705.20171\left(\frac{h}{L}\right)^3 \quad (5)$$

从式(5)可以看出，横隔板最大间距与主梁高跨比有关，而对于变截面悬臂梁而言，截面高跨比沿顺桥向是变化的，既有经验公式不适用。通过上述变截面波形钢腹板悬臂梁横隔板参数敏感性分析结果可知，综合考虑截面有效抗扭刚度、畸变效应及经济性影响，对于变截面波形钢腹板组合箱梁横隔板间距宜取15m左右，实际工程中横隔板具体间距可根据节段划分模数和悬臂长度，以15m为参考值稍做调整即可。

五、结　语

本文对比分析了偏载作用下悬臂施工期波形钢腹板组合箱梁和传统混凝土箱梁的扭转效应，研究了横隔板对变截面波形钢腹板悬臂梁扭转与畸变效应的影响，得出如下主要结论：

（1）由于波形钢腹板横向刚度较弱，偏载作用下变截面波形钢腹板组合悬臂梁扭转与畸变效应明显大于传统混凝土箱梁，现有混凝土箱梁的偏载增大系数经验值不适用。

（2）变截面波形钢腹板组合悬臂梁偏载挠度增大系数不宜小于1.07，顶底板混凝土偏载正应力增大系数不宜小于2.0，腹板偏载剪应力增大系数不宜小于1.5。

（3）对于变截面波形钢腹板组合箱梁而言，横隔板合理间距宜取15m左右，具体可根据节段划分模数和悬臂长度以15㎡为参考值稍做调整。

参考文献

[1] 李斐然,袁波.装配式波形钢腹板梁桥设计研究及应用[J].桥梁建设,2022,52(2):119-125.

[2] 冀伟,张经伟.横联影响下波形钢腹板组合箱梁桥的冲击效应分析[J].桥梁建设,2020,50(6):53-58.

[3] ZHANG B, YU J, CHEN W, et al. Stress states and shear failure mechanisms of girders with corrugated steel webs[J]. Thin-Walled Structures,2020,157:106858.

[4] 宋随弟,陈克坚,袁明.波形钢腹板连续刚构桥极限跨度研究[J].桥梁建设,2017,47(4):72-77.

[5] HUANG S, CAI C, HE X, et al. Experimental and numerical investigation on the non-uniform temperature distribution of steel beams with corrugated web under solar radiation[J]. Journal of Constructional Steel Research, 2022,191:107174.

[6] 邓文琴,刘朵,冯杰,等.波形钢腹板箱梁桥异步施工节段足尺模型试验研究[J].桥梁建设,2019,49(1):53-58.

[7] 白云腾,王晓明,录哲元,等.波形钢腹板连续刚构桥架设过程的智能化施工控制[J].建筑科学与工程学报,2022,39(4):137-145.

[8] 李宏江.波形钢腹板预应力混凝土组合箱梁扭转与畸变研究进展[J].建筑结构学报,2017,38(7):59-67.

[9] 马磊,万水,蒋正文.单箱双室波形钢腹板箱梁扭转与畸变性能研究[J].中国公路学报,2016,29(10):77-85.

[10] 邓文琴,毛泽亮,刘朵,等.单箱三室波形钢腹板悬臂梁扭转与畸变分析及试验研究[J].建筑结构学报,2020,41(2):173-181.

[11] SHEN K J, WAN S, MO Y L, et al. Behavior of single-box multi-cell box-girders with corrugated steel webs under pure torsion. Part Ⅱ: Theoretical model and analysis[J]. Thin-Walled structures, 2018, 129: 558-572.

[12] ZHU Y B, WAN S, SHEN K J, et al. Experimental and numerical study on the nonlinear performance of single-box multi-cell composite box-girder with corrugated steel webs under pure torsion[J]. Journal of Constructional Steel Research, 2020,168:106005.

[13] 任大龙,李文虎,万水.横隔梁对波形钢腹板PC连续梁桥纵向正应力的影响研究[J].世界桥梁,2015(1):65-69.

[14] 滕乐,郑凯锋,吴涤,等.单箱双室波形钢腹板连续刚构桥横隔板间距研究[J].铁道建筑,2017,57(10):1-5.

[15] 李宏江,叶见曙,万水,等.波形钢腹板箱梁横隔板间距的研究[J].公路交通科技,2004,21(10):51-54.

59. 基于临时墩的桥梁顶推-转体组合施工受力分析

包龙生 吕本强 张子轩 于 玲 郝 薇

(沈阳建筑大学)

摘 要 为验证先顶推-后转体结合临时墩施工方法的可行性,通过对整个先顶推-后转体过程进行受力分析,模拟钢箱梁钢箱梁体外转体。计算结果显示,顶推过程中箱梁的最大拉应力为26MPa,最大压应力为 -44MPa;在顶推过程中出现的最大位移为97mm,转体过程中,最大Mises等效应力为76.11MPa。经过验算,结构受力满足规范要求,在转体阶段是安全的。本文综合国内外钢箱梁顶推、转体理论方法及现场经验,形成了一种新的先顶推,后利用临时支墩进行体外转体的施工方法。

关键词 顶推-转体 临时支墩体外转体 钢箱梁 体系转换 有限元分析

20世纪40年代,转体法施工工艺出现。20世纪40年代法国首次运用竖向转动法完成一座拱桥的施工建设。20世纪50年代,Stormo桥建成[2],80年代,跨径达到150m的阿根贝尔桥在德国建成。奥地利多瑙运河桥、法国Meylan桥和日本的东海道新干线桥均是采用水平转体法进行施工。

我国在桥梁转体法的研究起步较晚,20世纪80年代初期我国首次采用竖向转体施工工艺用于钢筋混凝土桁架拱的建设,但并没有得到良好反响。20世纪90年代,三峡莲沱钢管混凝土拱桥再次启动竖向转体法施工工艺。而这一次的应用在业界取得了极大的反响,为后续推动竖向转体法的应用奠定了坚实的基础。四川遂宁箱肋拱桥是我国首次应用水平转体法的施工工程。随后,水平转体法开始被应用于各种复杂地形,例如贵州省、湖南省、湖北省等地区的平地、山川、跨河流等各种不同复杂地形(图1、图2)。

图1 贵阳市都拉营桥转体T构

图2 河北保定乐凯大街南延工程转体斜拉桥

本文依托沈阳市胜利大街快速路——揽军路立交桥转体项目开展研究工作。该工程自西向东共跨越6条铁路,上跨铁路转体施工部分工程全长295m。因此,面对复杂、地形受限的施工环境,提出一种基于临时墩的顶推-转体结合使用的方法,在满足工程需要的同时确保施工安全。

一、顶推-转体施工概述及原理

1. 顶推法与转体法施工概述

1) 顶推施工原理

顶推法施工原理是在一侧梁台搭建施工平台,将梁段完成拼装后并运输至所需位置。随着顶推法施工工艺研究应用的不断深入,其应力变化也越来越复杂。

2)转体法施工原理

转体法的施工原理是在桥墩上架设旋转装置,在桥梁两端分别安装支撑架,通过将桥梁转动到预定角度后,使其在原地完成转体运动。

2. 顶推-转体结合施工概述

1)顶推-转体法概述

基于现已发展成熟的顶推法、转体法,提出一种将两者结合使用的新型施工方法,先将桥梁顶推至指定位置,然后利用临时转体墩进行转体,最后将临时转体墩拆除且回收球铰,即顶推-转体法,以应对更加复杂的施工环境,丰富桥梁施工方法。

2)顶推-转体法工艺流程

综合顶推、转体施工工艺,结合依托工程的现状,形成顶推-转体法工艺流程,如图3所示。

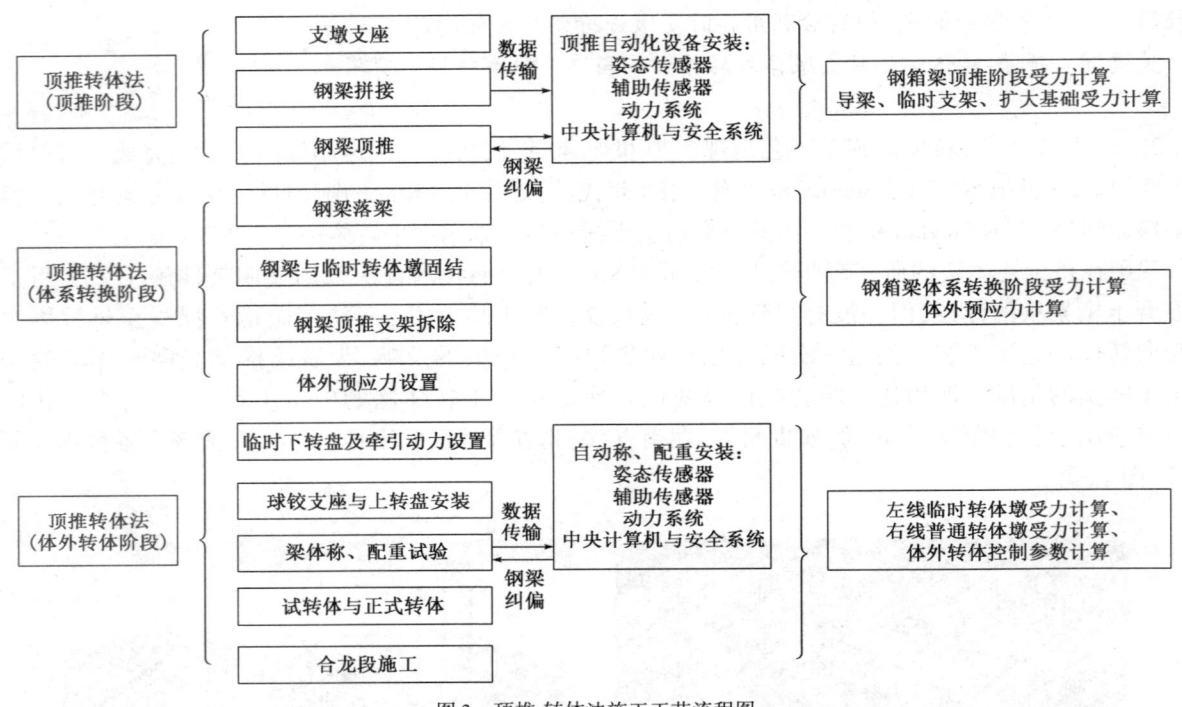

图3 顶推-转体法施工工艺流程图

二、钢箱梁顶推阶段受力计算

根据工程图纸和资料,建立有限元计算模型。钢梁有限元模型如图4所示。

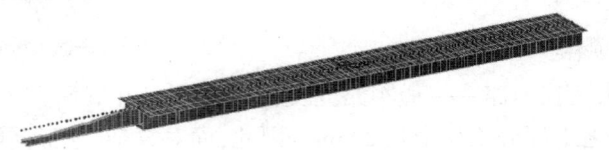

图4 钢梁有限元模型

整个顶推过程共需顶进66.2m,建立模型时将每顶进2m的结构状态作为一个施工阶段,另外,在导梁顶推至1号临时墩前和搭接到1号临时墩时分别作为一个施工阶段,上梁段、合龙、拆导梁和拆支架都分别作为一个施工阶段,最终转体前的状态作为一个施工阶段,计算整个顶进过程及转体状态的钢箱梁及钢导梁的受力状态。整个模型共分为49个施工阶段。

经过计算可得各阶段钢梁内力情况(剪力、正弯矩、负弯矩),提取每一阶段的梁内部的最大内力,结果见表1。

钢梁各阶段内力 表1

施工阶段	最大内力			施工阶段	最大内力		
	剪力(kN)	正弯矩(kN·m)	负弯矩(kN·m)		剪力(kN)	正弯矩(kN·m)	负弯矩(kN·m)
1	720	2334	−1677	25	1367	2961	−6396
2	720	2334	−1677	26	1310	3353	−6676
3	1159	4450	−1677	27	1208	3990	−7120
4	1151	4861	−1540	28	1112	4335	−7318
5	1147	5585	−1899	29	1131	4500	−7273
6	1157	6021	−2195	30	1168	4548	−7054
7	2178	2485	−26788	31	1174	4516	−6856
8	2035	2745	−22575	32	1174	4516	−6856
9	1892	2847	−18648	33	1174	4516	−6856
10	1748	2735	−15007	34	1123	4084	−6862
11	1605	2425	−11653	35	1138	4118	−7363
12	870	3242	−2238	36	1189	4198	−7035
13	870	3242	−2238	37	1232	4925	−6676
14	870	3242	−2238	38	1270	5564	−6410
15	1415	6159	−2899	39	1304	6084	−6295
16	1450	6174	−3320	40	1335	6434	−6342
17	2518	3494	−29016	41	1764	6528	−17112
18	2297	3123	−24200	42	1572	6522	−14142
19	2075	2608	−19128	43	1528	6560	−11456
20	1886	2116	−15898	44	1601	6636	−9052
21	1727	1637	−12413	45	1661	6684	−7582
22	1587	1993	−9370	46	1702	6814	−7383
23	1461	2976	−10160	47	1728	6942	−7124
24	1405	3444	−11055	48	1887	8428	−8675

根据上述计算结果绘制钢梁内部最大剪力、最大正弯矩、最大负弯矩随推进阶段的变化曲线,如图5所示。

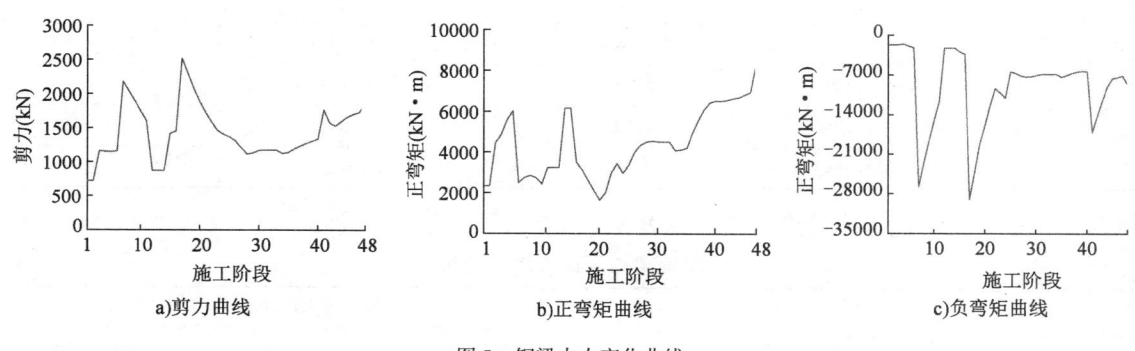

a)剪力曲线　　　　　b)正弯矩曲线　　　　　c)负弯矩曲线

图5　钢梁内力变化曲线

由图5可知,在整个顶推过程中内力峰值主要出现在阶段8和阶段17,分别对应顶推前进7m和顶推前进19m。后期安全性计算则应主要考虑这两个阶段的内力分布情况。

接下来提取顶推过程中梁体应力包络图,如图6所示。

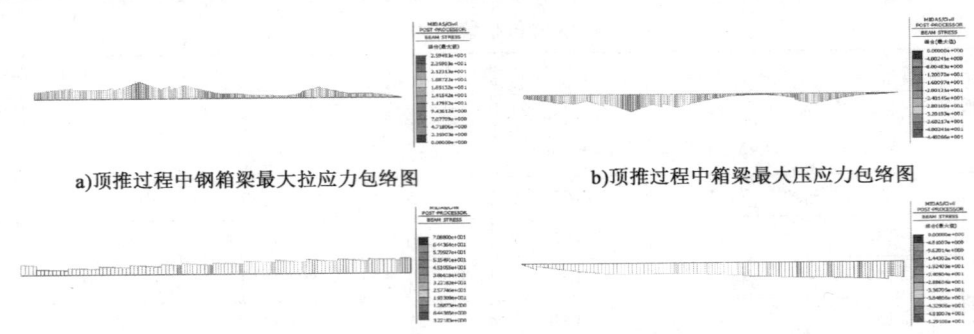

a) 顶推过程中钢箱梁最大拉应力包络图
b) 顶推过程中箱梁最大压应力包络图
c) 顶推过程中导梁最大拉应力包络图
d) 顶推过程中导梁最大压应力包络图

图6 顶推过程中梁体应力包络图(单位:MPa)

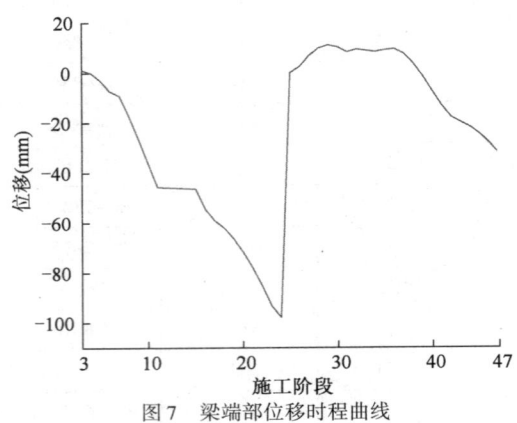

图7 梁端部位移时程曲线

顶推过程中箱梁的最大拉应力为26MPa,最大压应力为-44MPa。《公路钢结构桥梁设计规范》(JTG D64—2015)要求抗拉、抗压、抗弯强度设计值 $t \leqslant 16$、$f_d = 275$ MPa。经过对比发现均满足要求。

根据有限元分析结果与规范要求,对钢梁进行了挠度验算,计算得梁在顶推过程中出现的最大位移为-97mm(图7),根据《公路钢结构桥梁设计规范》(JTG D64—2015)4.2.3条规定,梁的悬臂端部最大挠度值为 $L/300 = 38/300 = 126.7$ (mm) > 97 mm、79mm。故满足要求,结构安全。

三、钢箱梁体系转换受力分析及计算

根据提供的图纸和资料,建立了图8所示的体外预应力有限元计算模型。按照施工过程分为三个施工阶段,第一个施工阶段为主梁转体前的悬臂状态,第二个施工阶段为体外预应力钢束安装并张拉0.5倍张拉力(每束张拉力1638kN),第三个施工阶段为张拉剩余张拉力(每束张拉至3276kN)。施工阶段分析采用几何非线性的累加模型分析,考虑施工过程中几何非线性对结构的影响。

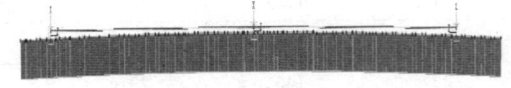

图8 体外预应力有限元计算模型

钢箱梁在整个施工过程中的内力结果见表2。

钢箱梁截面最大内力结果　　表2

阶段号	描述	最大内力		
		剪力(kN)	弯矩(kN·m)	轴力(kN)
1	未安装体外预应力	4278	-96367	—
2	安装体外预应力并初张拉	4254	-90269	-4916
3	体外预应力张拉到位	4223	-83672	-9832

钢箱梁在整个施工过程中的应力结果见表3。

钢箱梁截面最大应力结果　　表3

阶段号	描述	最大应力(MPa)	
		上缘	下缘
1	未安装体外预应力	68.8	-114.4
2	安装体外预应力并初张拉	59.7	-112.0
3	体外预应力张拉到位	50.2	-108.9

因此,该阶段钢箱梁内部应力均未超过其设计强度极限,钢梁安全。

钢箱梁在整个施工过程中的挠度结果如图9所示。

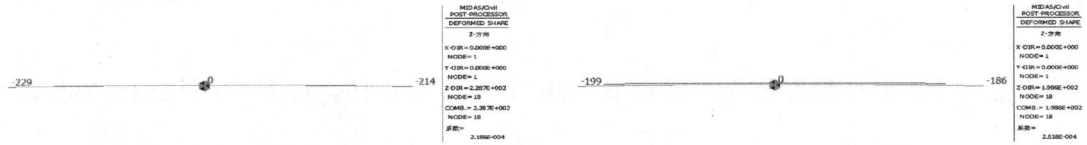

a)第一施工阶段(未安装体外预应力)梁端竖向挠度图　　　b)第二施工阶段(安装体外预应力并初张拉)梁端竖向挠度图

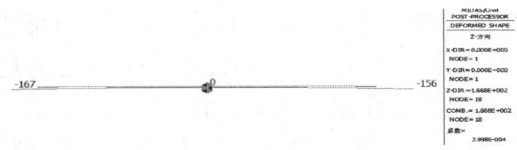

c)第三施工阶段(体外预应力张拉到位)梁端竖向挠度图

图9　施工过程中钢箱梁挠度变化示意图(尺寸单位:mm)

从结果可以看出,钢束对梁端的挠度影响分别为62mm(大里程端)和58mm(小里程端),张拉体外预应力钢束后梁端竖向挠度分别为-167mm(大里程端)和-156mm(小里程端)。预应力钢束内部最大拉应力为1300MPa,未超过其设计抗拉强度,因此预应力钢束在该阶段处于安全状态。

四、临时转体墩转体阶段受力分析

1. 体外转体阶段结构受力计算

1)临时转体墩有限元模型

根据提供的图纸和资料,建立了图10所示的有限元计算模型,其均为空间梁单元。

2)荷载及荷载工况

转体过程中考虑启动或停止时主梁惯性力对墩的作用,对转体墩进行受力验算,主要考虑结构自重的竖向力和主梁惯性力在水平面内的扭转作用。以下为惯性力产生的力偶计算:

转体梁加配重约8400kN,转体工作速度0.02rad/min,悬臂长度取49m,悬臂中心点的线加速度为$4.1×10^{-3}m/s^2$,每侧悬臂产生的惯性力为1.73kN,则扭转力偶为85kN·m。

悬臂状态分别考虑横桥向和顺桥向风荷载对转体墩的作用,对转体墩进行受力验算,主要考虑主要考虑结构自重的竖向力和风荷载的水平力作用。

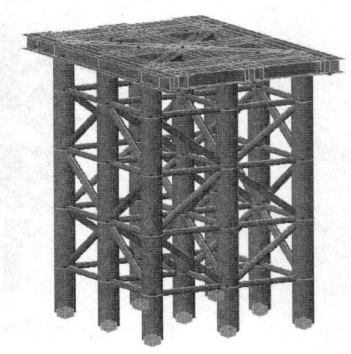

图10　临时转体墩有限元计算模型

3)惯性力组合临时转体墩受力结果

惯性力组合下临时转体墩各构件应力结果:最大正应力为-51MPa,剪应力2MPa(图11),结构应力较小,强度满足要求。

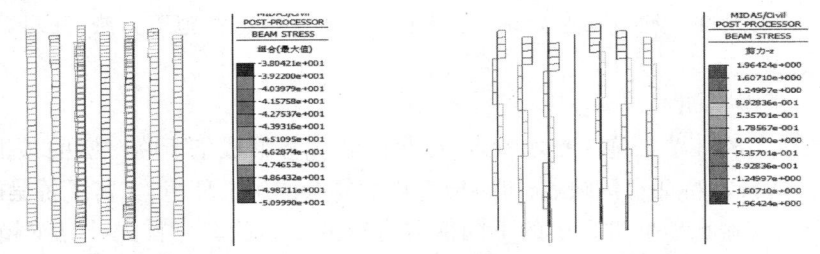

a)惯性力组合下临时转体墩立柱最大正应力图　　　b)惯性力组合下临时转体墩立柱最大剪应力图

图11　惯性力组合下临时转体墩各构件应力(单位:MPa)

4）风荷载组合临时转体墩受力结果

风荷载组合下临时转体墩各构件应力结果：最大正应力为95MPa，剪应力10MPa，结构应力较小，强度满足要求。

5）墩整体稳定结果

由横风荷载组合下的整体稳定结果可以看出，结构稳定系数为164，远大于6，结构整体稳定满足要求。

2. 体外转体阶段动力学分析

上述内容将风荷载与惯性力简化成静力作用于临时墩柱结构上，但是在顶推-转体的体外转体施工阶段是一个动态的过程，并与顶推过程、体系转化过程相比，受力情况更为复杂，因此本节主要分析临时墩结构在梁的重力与外部牵引力引起的力矩作用下的动态力学响应。

大型通用有限元软件ABAQUS对于复杂结构的动态力学响应分析较为擅长，因此该部分内容的计算选用ABAQUS，模型的建立与图10基本一致。为了充分利用ABAQUS的优势，转体墩的混凝土柱采用三维实体缩减积分单元（C3D8R）离散，具体如图12所示。

动态分析主要分为两个分析步：第一个为通用静态分析步，主要用于上部梁体及临时墩自重的施加；第二个为隐式动态分析步，用于施加驱动梁体转体的力矩，这是一个动态的过程。在模型上部几何中心处建立参考点，并与结构顶端表面进行自由度耦合，将梁的重力与力矩施加于参考点，等价于原始工程的受力情况。

提取转体过程中临时墩结构的最不利状态，即应力最大的状态，如图13所示。在整个转体过程中，最大Mises等效应力为76.11MPa，结构安全。

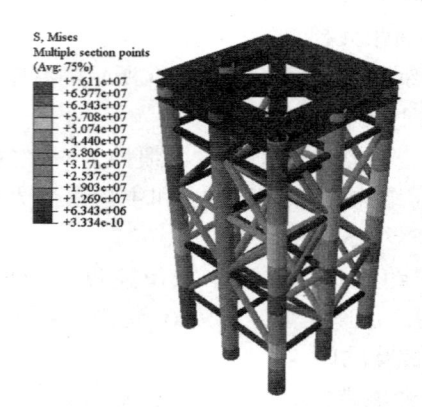

图12 转体墩动态有限元计算模型　　图13 动荷载作用下临时转体墩内部应力（单位：Pa）

五、结　语

本文介绍了一种新的施工方法——顶推-转体法，它是基于现已发展成熟的顶推法和转体法的优点结合而成的。以沈阳市揽军路立交桥为工程背景，对该方法在施工过程中的各阶段进行了模型模拟和受力分析，以确保施工的安全性。通过本文介绍，可以更加深入了解这种施工方法，并对其在实际工程中的应用有更为清晰的认识。

本文通过研究分析得出如下结论：

（1）讨论了顶推法与转体法的施工技术特点，结合两者优势形成基于临时墩的顶推-转体施工方法。结合顶推法和转体法的技术特征和优缺点，可以应对更加复杂的施工环境，丰富了桥梁施工方法。

（2）研究揽军路立交桥在顶推过程中的不同部位进行的受力验算。首先计算钢箱梁的最大拉应力为26MPa，最大压应力为−44MPa；还对进行的挠度验算，计算得在顶推过程中出现的最大位移为97mm；接着对临时墩进行了受力计算；最后经过验算可知，各部分结构的受力与变形情况均满足规范规定的阈值,确保这座钢结构桥梁在顶推过程中结构安全。

(3)研究顶推-转体法在体系转换阶段的结构受力情况。经过数值计算,钢箱梁在未安装体外预应力、安装体外预应力并初张拉、体外预应力张拉到位3个阶段,钢箱梁截面最大应力为114.4MPa;钢束对梁端的影响挠度最大值为167mm。预应力钢束内部最大拉应力为1300MPa。上述应力与挠度结果均满足规范规定要求,证明结构安全。

(4)对顶推-转体法在体外转体阶段的全过程进行了受力分析与安全性验算:首先对钢箱梁钢箱梁体外转体结构进行受力计算,发现惯性力组合下临时转体墩各构件最大正应力为 -51MPa,剪应力2MPa;风荷载组合下临时转体墩各构件最大正应力为95MPa,剪应力10MPa。经过验算,结构受力情况满足规范要求,在转体阶段钢箱梁是安全的。

参考文献

[1] 那泽轩.跨越站场咽喉钢箱梁步履式多点顶推施工关键工序及技术[J].中国高新科技,2021(12):121-122.
[2] 张明鑫,邱梓,李泽晖,等.一种严寒地区连续梁水平转体施工工法:111877185A[P].2020-11-03.
[3] 董琴亮,毕来发,荀东亮,等.新建哈大客运专线跨铁路桥水平转体法设计与施工监控[C]//中国土工工程学会桥梁及结构工程分会.第十九届:全国桥梁学术会议论文集.北京:人民交通出版社,2010:330-336.
[4] 王胜斌.淮河公路桥初步设计阶段方案比选研究[J].公路交通科技(应用技术版),2012,8(1):154-156.
[5] 陈宝春,孙潮,陈友杰.桥梁转体施工方法在我国的应用与发展[J].公路交通科技,2001,18(2):24-28.
[6] 高涛.转体桥施工监控及安全性分析[D].北京:北京交通大学,2012.
[7] 尹漠寒.预应力混凝土铁路简支T梁水平转体法施工技术探讨[J].建筑工程技术与设计,2016(8):115-115.
[8] 项海帆.高等桥梁结构理论[M].北京:人民交通出版社,2001.
[9] ROSIGNOLI M. Bridge launching[M]. Parma: Thomas Telford Publishing,2002.

60. 超高性能混凝土补偿收缩调控技术研究

谢恩慧[1] 王志金[2]

(1. 中交公路长大桥建设国家工程研究中心有限公司;2. 中交一公局第四工程有限公司)

摘 要 开展膨胀剂对超高性能混凝土(Ultra-high Performance Concrete,UHPC)工作性、抗压强度和自收缩规律的试验研究。试验结果表明,单掺适量的矿物膨胀剂可显著降低UHPC硬化后的自收缩,氧化镁类和CSA复合膨胀剂对抗压强度影响较小,氧化钙类和HCSA复合膨胀剂使28d抗压强度略微降低。单掺塑性膨胀剂对UHPC扩展度和初凝时间基本无影响,可有效抑制UHPC塑性阶段的收缩,但对28d抗压强度有不利影响。双掺0.03% CP2塑性膨胀剂与5%的CSA复合膨胀剂时,UHPC塑性收缩降低77%,28d自收缩为414×10^{-6}(降低26%),28d抗压强度为107MPa(降低13%),强度略低于两者单掺。

关键词 超高性能混凝土 膨胀剂 补偿收缩 自收缩 力学性能

一、引 言

超高性能混凝土(UHPC)是通过降低水胶比、提高均质性、增加密实度、改善微观结构和增强韧性等技术开发的一种新型水泥基复合材料,具有超高强、低脆性和高耐久等优异性能,应用前景广阔。

截至目前,UHPC已应用于全球1000多座桥梁,我国约有120座桥梁使用了UHPC材料[1],主要集中在钢-UHPC组合桥面结构、全UHPC桥梁结构、桥梁加固和桥梁接缝位置等方面。然而UHPC收缩往往大于普通混凝土,且收缩发展速度快,UHPC自然养护28d收缩达到$600\times10^{-6}\sim900\times10^{-6}$,收缩开裂风险较大[2]。如果控制不好,裂缝同样会使结构的耐久性降低,缩短使用寿命,最终造成不必要的经济损失。

在降低UHPC收缩的众多技术控措施中,收缩补偿调控是一种常用的方法[3]。氧化钙、硫铝酸钙或氧化镁等膨胀源能够通过水化反应生成氢氧化钙、钙矾石或氢氧化镁等产物,这些水化产物在结晶或吸水等过程中产生体积膨胀变形,最终达到弥补混凝土早期的收缩的目的。邓宗才等[4]使用6%的高性能低掺加型HP-CSA复合膨胀剂,使得UHPC 28d自收缩降低约94%。黄政宇等[5]通过试验研究得出,HC-SA复合膨胀剂能改善UHPC的微观结构,且膨胀性能稳定可靠,能够有效降低UHPC的自收缩。邓立贤等[6]分别在UHPC中单掺8%的氧化镁类膨胀剂和6%的HCSA复合膨胀剂,使得28d减缩率达到50%和80%。刘路明等[7]采用4%复合膨胀剂使得UHPC 90d龄期的自收缩降低34%。付泽东等[8]观测到主要成分为氧化钙和硫铝酸钙的CSA复合膨胀剂在$18\sim48h$内发挥膨胀作用较为明显,并且增加了3d抗压强度,但是略微降低了28d强度;15%含量时UHPC 7d龄期的自收缩降低50%,70d干燥收缩降低约20%。Park等[9]单掺CSA复合膨胀剂,在最优掺量下28d减缩率为44%。研究发现,膨胀剂可以改善高性能混凝土的微观结构,使得微观结构更加致密,提高了混凝土的均质性[5,7,8,10]。由于以上研究中膨胀剂性质的差异及配合比的不同等,使得混凝土膨胀剂对UHPC工作性和力学的影响规律并不完全相同,但对UHPC的收缩均起到了良好的补偿效果。

然而以上研究中收缩测试的零点多为初凝或终凝时刻,更侧重于UHPC在凝结硬化后的收缩值,而对于塑性阶段收缩的研究相对较少。混凝土塑性收缩包括早期的自收缩、化学收缩、沉降收缩和表面水分快速蒸发引起的体积变化。韩松等[11]在标准养护条件下测得UHPC的塑性收缩为$1000\times10^{-6}\sim1200\times10^{-6}$;邓宗才等[4]中从浇筑后3h开始测量,至$22\sim34h$时自收缩可达到28d总自收缩的70%以上,结果表明,收缩在前期得到急剧增长。较大的塑性收缩对尺寸较小的预制构件影响较弱,但对于钢桥面铺装、构造复杂或约束作用较强的结构体,会增加早期收缩开裂的风险。而常规的硫铝酸钙或氧化钙类等膨胀剂反应缓慢,并不能实现混凝土塑性阶段的微膨胀。而在压浆料领域常用的塑性膨胀剂可在浆体塑性阶段产生气体,在硬化之后不再有膨胀性能,能显著补偿浆体的体积收缩[12]。因此,塑性膨胀剂为调控UHPC塑性阶段的收缩提供了可能。

本文将从UHPC的塑性及硬化两个阶段来进行收缩调控,首先分别对比分析4种矿物膨胀剂和2种塑性膨胀剂对UHPC工作性、初凝时间、力学性能和收缩的影响;然后选择综合性能较好的矿物膨胀剂和塑性膨胀剂进行双掺试验,验证两者双掺之后的补偿收缩效果。

二、试 验

1. 原材料

水泥采用P.O42.5R等级的硅酸盐水泥,技术指标见表1。硅灰的SiO_2含量为94%,烧失量为0.9%,堆积密度为$407kg/m^3$,强度活性指数≥115%。粉煤灰微珠烧失量1.0%,$45\mu m$筛余量5.5%,堆积密度$1020kg/m^3$,强度活性指数为82%。细集料采用级配良好的石英砂,细度模数为2.53。镀铜端钩型钢纤维尺寸为$0.22\times13mm$,弹性模量210GPa,抗拉强度≥2850MPa。减水剂为白色粉末状聚羧酸高效减水剂,减水率约为33%。塑性膨胀剂由两家不同单位生产的SP1和SP2,产品均满足《水泥基灌浆材料应用技术规范》(GB/T 50448—2015)要求,产生的气体均主要为氮气。矿物膨胀剂有氧化镁类、氧化钙类和氧化钙与硫铝酸钙的复合膨胀剂,其中氧化镁类膨胀剂活性指数为113s,复合膨胀剂有HCSA和CSA两种,其中CSA为低添加型。

水泥技术指标　　　　表1

水泥	比表面积 (m^2/kg)	烧失量 (%)	初凝时间 (min)	终凝时间 (min)	抗压强度(MPa)		抗折强度(MPa)	
					3d	28d	3d	28d
P.O 42.5R	328	2.74	208	254	33.6	56.1	6.3	8.8

2. 试验方案和配合比

首先分别对4种矿物膨胀剂和2种塑性膨胀剂进行单掺试验,重点观测对UHPC工作性、初凝时间、力学性能和自收缩的影响规律,然后选择出综合性能较好的矿物膨胀剂和塑性膨胀剂进行双掺试验,来制备体积稳定性较好的UHPC,并通过环约束试验来验证UHPC双掺膨胀剂的最终抗收缩开裂效果。

UHPC的配合比见表2,各组配合比的水灰比均为0.18,钢纤维体积掺量为3.3%,胶凝材料中由硅灰和粉煤灰微珠组成的矿物掺和料比例保持不变,总质量为370kg/m^3。矿物膨胀剂均为等质量替代水泥,而塑性膨胀剂含量较少,按一定水泥质量的百分比进行外掺。

UHPC配合比　　　　表2

编号	水泥 (kg/m^3)	矿物掺和料 (kg/m^3)	细集料 (kg/m^3)	钢纤维 (kg/m^3)	减水剂 (%)	塑性膨胀剂 (%)	矿物膨胀剂 (%)	水灰比
A1	700	370	1030	257.4	8	0	0	0.18
B1	686	370	1030	257.4	8	0	2(CSA)	0.18
B2	665	370	1030	257.4	8	0	5(CSA)	0.18
C1	658	370	1030	257.4	8	0	6(HCSA)	0.18
C2	644	370	1030	257.4	8	0	8(HCSA)	0.18
D1	658	370	1030	257.4	8	0	6(CaO)	0.18
D2	644	370	1030	257.4	8	0	8(CaO)	0.18
E1	658	370	1030	257.4	8	0	6(MgO)	0.18
E2	644	370	1030	257.4	8	0	8(MgO)	0.18
F1	700	370	1030	257.4	8	0.06(SP1)	0	0.18
F2	700	370	1030	257.4	8	0.10(SP1)	0	0.18
F3	700	370	1030	257.4	8	0.14(SP1)	0	0.18
G1	700	370	1030	257.4	8	0.02(SP2)	0	0.18
G2	700	370	1030	257.4	8	0.03(SP2)	0	0.18
H1	665	370	1030	257.4	10	0.02(SP2)	5(CSA)	0.18
H2	665	370	1030	257.4	10	0.03(SP2)	5(CSA)	0.18

3. 试件的制备与养护

试件成型与养护过程按《活性粉末混凝土》(GB/T 31387—2015)实施,首先将一定质量的胶凝材料和细集料加入强制式混凝土搅拌机内干拌4min,加入水与减水剂后再继续搅拌4min;然后将钢纤维缓慢地加入搅拌机内(防止钢纤维结团),继续搅拌4min;最后将拌制好的UHPC浆体装入塑料模具内,震动约30s完成成型。抗压试验采用100mm×100mm×100mm的立方体试件,弹性模量试验采用尺寸为300mm×100mm×100mm的试件,抗折试验采用400mm×100mm×100mm的试件。成型好的试件及时覆膜,并移入温度为20℃±2℃、相对湿度大于50%的室内,养护48h后拆模。采用蒸汽养护的试件在拆模之后放入85℃的蒸养箱内养护72h,严格控制蒸养的升温降温速率,不大于12℃/h,其余试件全部放入温度为20℃±2℃、相对湿度大于95%的标准养护室内养护。

4. 测试方法

力学性能测试严格按照《活性粉末混凝土》(GB/T 31387—2015)进行测试,其中立方体抗压强度、轴心抗压强度和弹性模量使用量程为3000kN的压力试验机进行测试,加载速率均1.2MPa/s,位移采用千分表进行测量。抗折强度采用量程为 1000kN 的万能试验机进行测试,加载速率为 0.1MPa/s。

坍落扩展度和初凝时间采用《普通混凝土拌合物性能试验方法标准》(GB/T 50080—2016)进行测试,当 UHPC 浆体的贯入阻力等于 3.5MPa 的时刻为初凝时刻。

自收缩采用《普通混凝土长期性能和耐久性能试验方法标准》(GB/T 50082—2009)中的方法,其中单掺矿物膨胀剂时采用文献[13]中介绍的接触式法,收缩零点为初凝时刻。掺加有塑性膨胀剂时采用非接触法,模具的内模尺寸为 100mm×100mm×515mm,试模内测两端铺上 5mm 的软硅胶垫片,以便测试塑性阶段的收缩或膨胀。采用中国建筑科学研究院研制的 CABR-NES 型非接触式混凝土收缩变形测定仪,数据采集时间间隔为 5min。对于塑性阶段的收缩,统一规定自拌合物加水之后的 1h 为收缩测试的起始点。对于硬化阶段的收缩,初凝时间为自收缩的零点时间。所有试块自浇筑后表面一直处于密封状态,试验在温度为 20℃±2℃、相对湿度为 60%±5% 的恒温恒湿条件下进行。

三、试验结果与讨论

1. 单掺矿物膨胀剂对 UHPC 性能的影响

1)工作性与凝结时间

试验测得基准配比 A1 的坍落扩展度为 600mm,初凝时间为 9.3h,浆体具有良好的保水性与黏聚性,钢纤维在 UHPC 内部能够得到均匀分布,可满足桥面铺装工程对 UHPC 工作状态的要求。

不同膨胀剂对 UHPC 工作性与初凝时间的影响规律并不相同。分别掺加一定掺量的矿物膨胀剂后,B1/B2、C1/C2、D1/D2 和 E1/E2 的坍落扩展度分别为 600mm/595mm、620mm/615mm、700mm/700mm 和 615mm/610mm,掺加 2% 和 5% 低添加型的 CSA 复合膨胀剂对 UHPC 工作性几乎没有影响,掺加 6% 和 8% 的 HCSA 复合膨胀剂或氧化镁类膨胀剂使 UHPC 坍落扩展度增加 10~20mm(1.7%~3.4%),而掺加 6% 和 8% 含量的氧化钙类膨胀剂使 UHPC 坍落扩展度增加 100mm(16.7%)。一定掺量范围内 UHPC 坍落扩展度并未随着氧化钙类膨胀剂掺量的继续增加而发生显著改变。本文通过适当掺加不同膨胀剂使 UHPC 的工作性保持不变或提升,这与邓宗才[4]、付泽东[8]等学者的研究结果类似,但也有学者指出掺加膨胀剂使得工作性降低[5,6]。

掺加膨胀剂后 UHPC 的初凝时间得到不同程度的缩短,其中掺加氧化钙类膨胀剂的 D1/D2 初凝时间缩短为 7.9h/8.2h,与基准组相比减少 1.1~1.4h。掺加了 2% 和 5% 复合膨胀剂 CSA 的初凝时间分别为 8.9 和 6.7h,比基准组减少 0.4~2.6h,其他掺加氧化镁类或 HCSA 复合膨胀剂的初凝时间仅降低 0.1~0.2h。整体来看,掺加膨胀剂一定程度上加快了 UHPC 早期的凝结过程。

2)力学性能

标准养护 7d 时,基准组 A1 的立方体抗压强度为 99.7MPa,含不同种类与不同掺量膨胀剂的 B1/B2、C1/C2、D1/D2 和 E1/E2 分别为 105.4MPa/106.8MPa、89.3MPa/87.5MPa、90.5MPa/89.8MPa 和 98.1MPa/97.3MPa。6% 与 8% 掺量的 HCSA 膨胀剂使 UHPC 早期强度降低 10.4MPa(10.4%)和 12.2MPa(12.2%),掺加 6% 与 8% 氧化钙类膨胀剂使 7d 强度降低 9.2MPa(9.2%)和 9.9MPa(9.9%),含 6% 与 8% 氧化镁膨胀剂的 7d 抗压强度仅略微降低了 1.6~2.4MPa(1.6%~2.4%),而掺加 2% 和 5% 的 CSA 膨胀剂使得 UHPC 早期抗压强度增加 5.7MPa(5.7%)和 7.1MPa(7.1%)。

标准养护 28d 时,基准组 A1 的立方体抗压强度为 124.0MPa,而 B1/B2、C1/C2、D1/D2 和 E1/E2 的抗压强度分别为 122.6MPa/123.0MPa、111.3MPa/108.1MPa、112.1MPa/110.0MPa 和 122.3MPa/120.9MPa。除了 CSA 膨胀剂和氧化镁类膨胀剂使强度稍微降低 1.0~3.1MPa(0.8%~2.5%)外,HCSA 膨胀剂和氧化钙膨胀剂对强度的影响较大,降低了 11.9~15.9MPa(9.6%~12.8%)。

膨胀剂的补偿收缩效果主要是由水化反应生成的钙矾石、氢氧化钙或氢氧化镁晶体来实现的,这些膨胀源使混凝土内部的微观结构更加密实,降低了混凝土的内部缺陷,对力学性能起到了积极作用[7,10]。但膨胀剂等质量替代水泥使得胶凝材料的相对含量降低,造成强度下降[8];且膨胀剂水化所需的用水量较大,造成混凝土内部相对湿度与自由水含量降低,导致溶液内碱金属离子浓度升高,进而有可能影响水泥的水化程度[7]。因此在众多因素的综合作用下,不同性质的膨胀剂对 UHPC 力学性能的影响效果并不完全相同。

3)自收缩

已有研究指出 UHPC 的收缩以自收缩为主,自收缩可分为早期(0~7d)、中期(7~28d)和后期(28d 后)三个时期,其中在早期收缩发展较快,占总收缩的 61%~87%[3]。本节测试了 UHPC 在前 7d 的自收缩,如图 1~图 4 所示,由曲线可知,基准组 A1 初凝后的自收缩在前 2d 内得到迅速发展,2d 之后收缩的发展趋势变缓,B1/B2、C1/C2、D1/D2 和 E1/E2 的补偿收缩效果也主要集中在前 2d 内发挥作用。养护前期是 UHPC 自收缩发展最迅速的阶段,而掺加的各种膨胀剂大致也在此阶段发挥膨胀效能。因此,膨胀剂能很好地与 UHPC 协同工作。在 2~7d 范围内,不掺加膨胀剂的基准组与其他试验组相比,收缩发展的曲线基本平行。7d 龄期时,基准组 A1/A2 的自收缩数值为 348×10^{-6},B1/B2、C1/C2、D1/D2 和 E1/E2 分别比 A1/A2 低 $92\times10^{-6}/178\times10^{-6}$、$160\times10^{-6}/213\times10^{-6}$、$75\times10^{-6}/228\times10^{-6}$ 和 $109\times10^{-6}/149\times10^{-6}$。并且随着膨胀剂掺量的增加,补偿收缩效果逐渐增强。

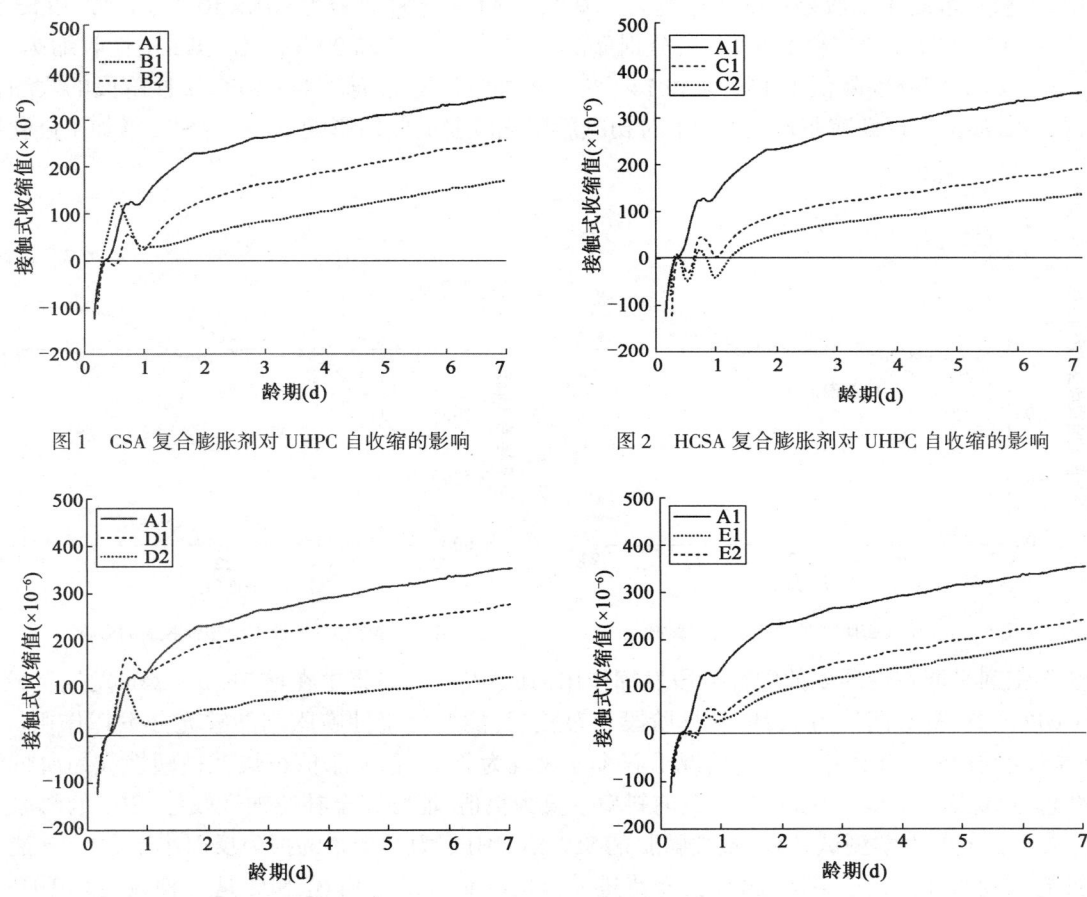

图 1　CSA 复合膨胀剂对 UHPC 自收缩的影响　　　图 2　HCSA 复合膨胀剂对 UHPC 自收缩的影响

图 3　氧化钙类膨胀剂对 UHPC 自收缩的影响　　　图 4　氧化镁类膨胀剂对 UHPC 自收缩的影响

2. 单掺塑性膨胀剂对 UHPC 性能的影响

1)力学性能

试验结果显示,掺加塑性膨胀剂对 UHPC 的工作性与初凝时间没有显著影响。掺加 0.06%、0.10% 和 0.14% 的 SP1 塑性膨胀剂 7d 抗压强度分别为 86.1MPa、81.8MPa 和 80.7MPa,分别低于基准组 13.6MPa(13.6%)、17.9MPa(18.0%)和 19.0MPa(19.0%),且随着掺量的增加,强度逐渐降低。SP2 塑性膨胀剂对强度的影响较小,0.02% 和 0.03% 掺量的 SP2 塑性膨胀剂 7d 抗压强度分别为 99.7MPa 和 98.1MPa。28d 龄期时,掺 0.06%、0.10% 和 0.14% 的 SP1 塑性膨胀剂抗压强度分别为 106.1MPa、105.1MPa 和

97.9MPa，抗压强度降低了14.4%～21.0%。而掺加0.02%和0.03%的SP2塑性膨胀剂抗压强度分别为121.5MPa和119.5MPa，抗压强度仅损失了2.0%～3.6%。掺加0.03%的SP2塑性膨胀剂立方体抗压强度降低3.9MPa（2.6%），轴压、抗折强度和弹性模量基本保持不变。掺加塑性膨胀剂会一定程度上降低UHPC的强度。

塑性膨胀剂主要是通过产生气泡来发挥膨胀作用，会因此改变水泥基材料的孔隙结构，对水泥基材料的强度带来不利影响[12]。掺量越大产生的气泡越多，强度越低。本试验表明，塑性膨胀剂同样会一定程度上削弱UHPC的力学性能。

2）塑性阶段自收缩

图5和图6为UHPC塑性收缩测试结果，测试的起始时间为加水搅拌后的1h，将初凝时刻的收缩值设置为零，收缩曲线斜率为正表示收缩，斜率为负表示膨胀。由图5、图6可知，塑性膨胀剂反应迅速，在加水1h即可生成气体，显著降低了UHPC浆体的塑性收缩，甚至产生了微膨胀现象。当收缩发展到贯入阻力测试的初凝时刻时，曲线斜率基本为零，此时混凝土失去塑性，水泥水化的潜伏期即将结束，随着水化的继续进行，混凝土的收缩速率明显提高。基准组A1的塑性收缩为401×10^{-6}，F1、F2和F3的塑性收缩为130×10^{-6}、71×10^{-6}和41×10^{-6}，分别降低了67%、82%和90%。G1、G2塑性收缩为-204×10^{-6}和-183×10^{-6}，分别降低了151%和146%。掺加塑性膨胀剂使得UHPC塑性阶段的收缩得到大幅度降低，SP2甚至出现微膨胀现象。SP1对初凝后硬化阶段的收缩影响较小，而SP2增加了硬化阶段的收缩值。

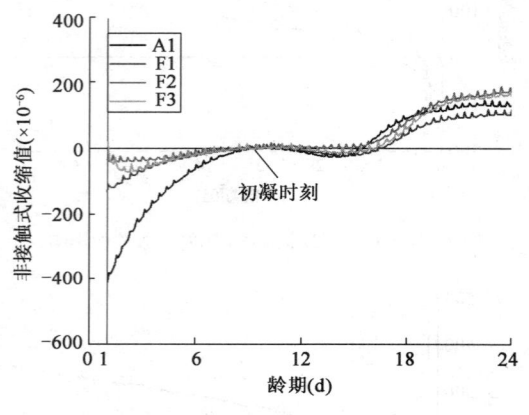 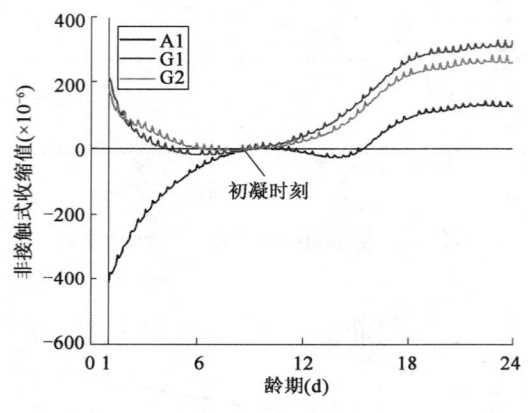

图5　SP1塑性膨胀剂对塑性收缩的影响　　　　　　图6　SP2塑性膨胀剂对塑性收缩的影响

塑性膨胀剂只能在混凝土的塑性阶段发挥作用，其中发气主要集中在前3h，3～24h发气量较低[14]。本文中UHPC的初凝时间约为9.3h，塑性阶段相对较长，能使得塑性膨胀剂能够充分发挥作用。由图5可见，在塑性阶段，SP1在掺量较高的情况下斜率才表现为负值，且膨胀值很快就被塑性收缩所抵消。而掺加SP2塑性膨胀剂的G1与G2，在初凝前斜率一直为负值，能够完全补偿塑性收缩，SP2的膨胀效果好于SP1。结合上节的力学测试结果，塑性膨胀剂SP2给UHPC力学带来的损失反而小于SP1，可能是由于塑性膨胀剂产生的气孔大小不同导致的，有待进一步的验证。综上所述，SP2是一种较适合UHPC的塑性膨胀剂，而对硬化阶段的影响，可以通过双掺膨胀剂进行补偿。

3. 膨胀剂双掺对UHPC性能的影响

由于掺加CSA复合膨胀剂会降低UHPC的初凝时间，本文采用的高性能减水剂有缓凝效果，因此通过额外增加2kg/m³减水剂来使初凝时间保持在9h左右。0.02%/0.03%塑性膨胀剂与5%的CSA复合膨胀剂双掺对UHPC抗压强度，7d龄期时，H1与H2的抗压强度分别为91.0MPa和89.7MPa，分别降低了8.7MPa（8.7%）和10.0MPa（10.0%）。标准养护28d时，抗压强度分别为106.9MPa和107.4MPa，分别降低了17.1MPa（13.8%）和16.6MPa（13.4%）。并且，各龄期的抗压强度也均低于单掺CSA或单掺塑性膨胀剂时的强度，但可以使UHPC满足《活性粉末混凝土》（GB/T 31387—2015）中大于或等于

100MPa 的要求。

非接触式收缩测试结果如图 7 和图 8 所示,测试仍从 1h 开始进行,初凝时刻规定为收缩的零点。由图可知 A1、H1 和 H2 的塑性收缩分别为 410×10^{-6}、127×10^{-6} 和 95×10^{-6},H1 和 H2 的收缩曲线光滑、没有突变,表明塑性膨胀剂发气反应均匀稳定。H1 和 H2 分别降低了 69% 和 77%,0.03% 比 0.02% 掺量的塑性膨胀剂效果好,两者均有效降低了 UHPC 塑性阶段的开裂风险。在双掺膨胀剂情况下,塑性膨胀剂的膨胀效果不如单掺时的效果好,可能不同外加剂之间存在相容性问题。本文中,如完全补偿塑性阶段的收缩,仍需要再适当添加塑性膨胀剂。对于硬化之后的收缩,从图 8 可知,基准配比中前 7d 的自收缩占 28d 总收缩的 47%,14d 龄期时发展到 28d 的 76%,14d 后收缩发展趋于平缓,28d 龄期时 A1、H1 和 H2 自收缩分别为 560×10^{-6}、365×10^{-6} 和 414×10^{-6},H1 和 H2 分别降低了 35% 和 26%。表明采用发气和固相体积膨胀的双重技术,可以显著提高 UHPC 水化硬化全过程的体积稳定性,弥补了矿物膨胀剂不能解决 UHPC 早期塑性收缩的问题。

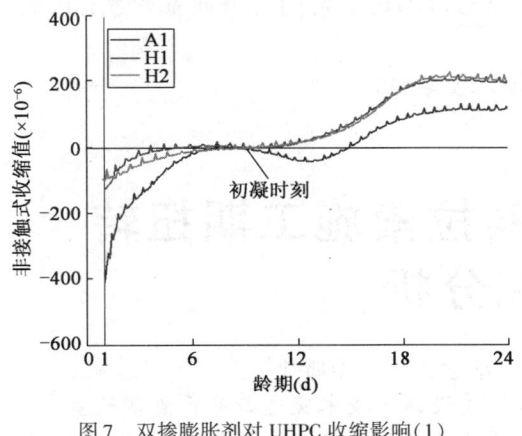

图 7 双掺膨胀剂对 UHPC 收缩影响(1)

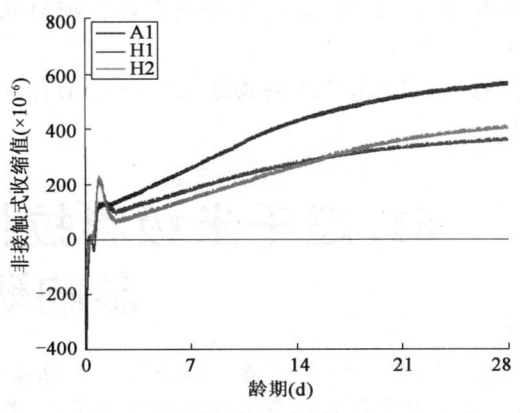

图 8 双掺膨胀剂对 UHPC 收缩影响(2)

四、结　语

(1)单掺矿物膨胀剂可显著降低 UHPC 硬化后的自收缩,其中 CSA 复合膨胀剂综合效果最好。2% 和 5% 的 CSA 复合膨胀剂对 UHPC 工作性没有不利影响,初凝时间略微缩短,28d 抗压强度仅降低约 1.0MPa,5% 的 CSA 复合膨胀剂使 7d 自收缩降低了 178×10^{-6}(51%)。

(2)单掺塑性膨胀剂对 UHPC 扩展度和初凝时间基本无影响,0.02% 和 0.03% 的 SP2 塑性膨胀剂抗压强度分别为 121.5MPa 和 119.5MPa,抗压强度仅损失了 2.0%～3.6%,塑性收缩分别降低了 151% 和 146%,单掺塑性膨胀剂可有效抑制 UHPC 的塑性收缩。

(3)双掺 0.03% 的 CP2 塑性膨胀剂和 5% 的 CSA 复合膨胀剂,使 UHPC 塑性收缩降低 77%,28d 自收缩为 414×10^{-6}(降低 26%),28d 抗压强度为 107MPa(降低 13%),对塑性阶段和硬化阶段的收缩均有很好的补偿效果。

参考文献

[1]《中国公路学报》编辑部.中国桥梁工程学术研究综述·2021[J].中国公路学报,2021,34(2):1-97.

[2] 邵旭东.钢-超高性能混凝土轻型组合桥梁结构[M].北京:人民交通出版社股份有限公司,2015.

[3] 陈宝春,李聪,黄伟,等.超高性能混凝土收缩综述[J].交通运输工程学报,2018,18(1):13-28.

[4] 邓宗才,连怡红,赵连志.膨胀剂、减缩剂对超高性能混凝土自收缩性能的影响[J].北京工业大学学报,2021,47(1):61-69.

[5] 黄政宇,刘永强,李操旺.掺 HCSA 膨胀剂超高性能混凝土性能的研究[J].材料导报,2015,29(4):116-121.

[6] 邓立贤,童轩胜,刘康宁.膨胀剂对超高性能混凝土抗裂性能的影响研究[J].节能,2020,39(8):8-12.

[7] 刘路明,方志,黄政宇,等.膨胀剂与内养剂对超高性能混凝土性能的影响[J].硅酸盐学报,2020,48

(11):1706-1715.

[8] 付泽东,吕林女,肖静,等.CSA膨胀剂对超高性能混凝土性能的影响[J].材料科学与工程学报,2019,37(4):559-564,594.

[9] PARK J J, YOO D Y, KIM S W, et al. Benefits of using expansive and shrinkage-reducing agents in UHPC for volume stability[J]. Magazine of Concrete Research, 2014, 66(13-14):745-750.

[10] 蔺喜强,王栋民,陈雷,等.CSA膨胀剂对C80高性能混凝土性能影响及膨胀机理研究[J].混凝土,2013(2):91-94.

[11] 韩松,涂亚秋,安明喆,等.活性粉末混凝土早期收缩规律及其控制方法[J].中国铁道科学,2015,36(1):40-47.

[12] 刘云霄,荏引引,田威,等.不同膨胀剂对水泥基灌浆料性能的影响[J].建筑材料学报,2022,25(3):307-313.

[13] 侯东伟,张君,孙伟.基于早期变形特征的混凝土凝结时间的确定[J].硅酸盐学报,2009,37(7):1079-1084.

[14] 胡超凡.水泥基灌浆料膨胀性能研究[D].杭州:浙江大学,2020.

61. 超千米级斜拉桥斜拉索施工期扭转影响研究分析

袁 灿[1,2,3,4]　厉勇辉[1,2,3,4]　康学云[1,5]　李昕飞[6]

(1.中交第二航务工程局有限公司;2.长大桥梁建设施工技术交通行业重点实验室;3.交通运输行业交通基础设施智能制造技术研发中心;4.中交公路长大桥建设国家工程研究中心有限公司;5.中交二航局第四工程有限公司;6.东南大学)

摘 要　为了研究分析施工期斜拉索扭转对大跨径斜拉桥斜拉索内力和主梁线形影响,以常泰长江大桥为例,分析了不同斜拉索扭转角度对斜拉索次应力、内力和主梁线形影响。计算分析表明,斜拉索扭转对主梁线形影响较大,斜拉索发生0.5°扭角,引起主梁线形误差为0.46m,施工过程中应加强对斜拉索扭转控制和监测,及时修正斜拉索扭转引起斜拉索无应力长度误差。

关键词　斜拉桥　平行钢丝斜拉索　扭转　次应力

一、引　言

大跨径斜拉桥施工过程中主梁线形受环境温度、风荷载及桥面上临时结构布置影响大,一般采用基于无应力状态法理论进行施工过程控制,斜拉索一张索力采用张拉力控制,二张索力以塔端锚头拔出量,即斜拉索无应力长度控制[1-3]。平行钢丝斜拉索具有钢丝受力均匀、耐久性好、施工效率高是目前大跨径斜拉桥斜拉索主要结构形式,为了便于斜拉索打盘运输,斜拉索在制造时存在3°左右扭角[4],斜拉索牵引和张拉过程中,斜拉索扭转会引起斜拉索钢丝间应力重分布和斜拉索无应力长度会增加。随着斜拉桥跨径增加,斜拉索直径和内力越来越大,斜拉索施工期扭转会引起斜拉索钢丝应力增加和对主梁线形影响大,需要开展斜拉索施工期扭转对斜拉索无应力长度、主梁线形、索力等关键控制参数影响分析研究。

二、工程概况

常泰长江大桥是世界上最大跨径斜拉桥,主跨跨径为1176m(图1),主梁为钢桁梁结构,钢桁梁横桥向荷载非对称布置,上层布置双向六车道高速公路,下层设置双向城际铁路和双向四车道一级公路,城际铁路位于钢桁梁上游侧,上、下游主桁结构相同。斜拉索采用平行钢丝结构,单塔单侧共布置了 39 对斜拉索,成桥后上、下游索力为 1.1∶1,上、下游索规格相同,钢丝强度不同,上游侧钢丝强度等级为 2100MPa,下游侧钢丝强度为 2000MPa,斜拉索钢丝直径为 7mm,全桥共 11 种规格,最小钢丝数量为 265,最大钢丝数量为 499,斜拉索最大长度为 633.457m,最大索质量为 100.72t,最大索力为 13330kN,是目前斜拉桥斜拉索最长和最重斜拉索,相对于苏通长江大桥和沪通长江大桥均有了较大提高。钢桁梁主梁采用桥面起重机整节段吊装,标准节段长度为 28m,标准梁质量约为 1550t,架设一个标准梁段,边、中跨安装两层斜拉索,塔端 8 根斜拉索同步张拉[5,6]。

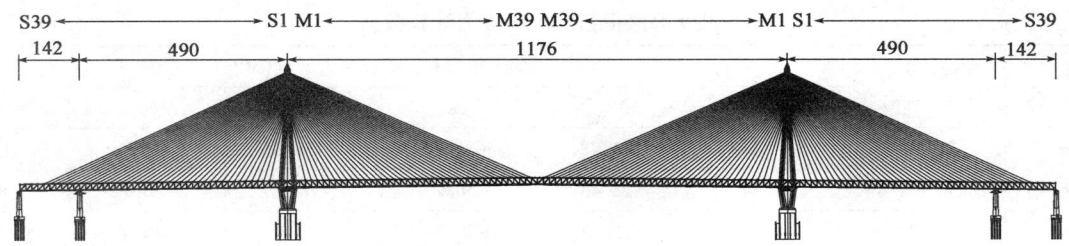

图 1 常泰长江大桥桥跨布置(尺寸单位:m)

三、斜拉索钢丝次应力研究分析

考虑斜拉索制作和斜拉索打盘造成斜拉索在未张拉时存在扭角,斜拉索在牵引和张拉过程中,斜拉索存在加扭转或退扭现象,斜拉索扭转会引起斜拉索截面钢丝应力重分布,斜拉索钢丝间内部形成次内力,斜拉索扭转产生次应力与斜拉索张拉力无关,与斜拉索长度、半径和斜拉索钢丝距中心的距离相关,距离斜拉索中心距离为 x 为钢丝距斜拉索中心的距离,斜拉索扭转 $m-n$ 圈引起斜拉索钢丝次应力采用下式进行计算[7]:

$$\Delta\sigma_x = E \cdot \{\Delta L_m - \Delta L_n - [\sqrt{L^2 + (2\pi \cdot m \cdot x)^2} - \sqrt{L^2 + (2\pi \cdot n \cdot x)^2}]\}/L$$
$$\approx E \cdot \left[\left(\frac{\pi \cdot R \cdot m}{L}\right)^2 - 2\left(\frac{\pi \cdot x \cdot m}{L}\right)^2\right] - \left[\left(\frac{\pi \cdot R \cdot n}{L}\right)^2 - 2\left(\frac{\pi \cdot x \cdot n}{L}\right)^2\right] \quad (1)$$

式中:E——斜拉索弹性模量;
  m——斜拉索完全退扭后扭转圈数;
  n——退扭后的剩余扭转圈数;
  L——斜拉索无应力长度;
  R——斜拉索半径;
  x——斜拉索钢丝距离斜拉索中心位置;
  ΔL_m——斜拉索扭转 m 圈斜拉索无应力长度变化量;
  ΔL_n——斜拉索退扭 n 圈斜拉索无应力长度变化量。

斜拉索退扭 m 圈后斜拉索无应力长度变化量 ΔL_m 计算方法如下:

$$L_m = \int_0^R \sqrt{L^2 + (2\pi \cdot m \cdot x)^2} \cdot 2\pi \cdot x \cdot \mathrm{d}x / (\pi \cdot R)^2$$
$$= \frac{[L^2 + (2\pi \cdot m \cdot R)^2]^{\frac{3}{2}}}{6\pi^2 \cdot R^2 \cdot m^2} - \frac{L^3}{6\pi^2 \cdot R^2 \cdot m^2} \quad (2)$$

$$\tan(\theta) = \frac{2\pi \cdot m \cdot R}{L} \quad (3)$$

$$L_m = \frac{2 \cdot L}{3 \cdot [\cos(\theta)]^3 \cdot [\tan(\theta)]^2} - \frac{2 \cdot L}{3 \cdot [\tan(\theta)]^2}$$
$$= \frac{2}{3} \cdot L \cdot \frac{1 - [\cos(\theta)]^3}{[\sin(\theta)]^2 \cdot \cos(\theta)} \quad (4)$$

$$\Delta L_{\mathrm{m}} = L_{\mathrm{m}} - L = L \cdot \frac{2 - 2 \cdot [\cos(\theta)]^3 - 3 \cdot [\sin(\theta)]^2 \cdot \cos(\theta)}{3 \cdot [\sin(\theta)]^2 \cos(\theta)}$$

$$= L \cdot \frac{3 \cdot \left[\sin\left(\frac{\theta}{2}\right)\right]^2 - 2 \cdot \left[\sin\left(\frac{\theta}{2}\right)\right]^4}{3 \cdot \cos(\theta) \cdot \left[\cos\left(\frac{\theta}{2}\right)\right]^2} \approx L \cdot \frac{\theta^2}{4} \approx \frac{(\pi \cdot R \cdot m)^2}{L} \quad (5)$$

边跨 S39 号索钢丝数量为 499，斜拉索直径为 168.5mm，斜拉索扭转 3°对应扭转圈数约为 67 圈，斜拉索截面不同位置处和不同退扭圈数钢丝应力增量计算结果如表 1 所示。

S39 号索退扭状态下应力计算数据　　　　　　　　　　　　　　　　　　　　　　　　　　　表 1

索半径 (mm)	钢丝距中心 距离(mm)	不同退扭圈数下钢丝应力增量(MPa)					
		3	12	27	45	60	67
67.56	78.18	−11.61	−43.28	−85.53	−118.85	−132.10	−133.77
67.56	71.18	−7.64	−28.48	−56.29	−78.21	−86.92	−88.03
67.56	64.18	−4.04	−15.07	−29.77	−41.36	−45.97	−46.56
67.56	57.18	−0.81	−3.03	−5.99	−8.33	−9.25	−9.37
67.56	50.18	2.04	7.61	15.05	20.91	23.24	23.54
67.56	43.18	4.53	16.87	33.35	46.34	51.50	52.15
67.56	36.18	6.64	24.75	48.91	67.95	75.53	76.48
67.56	29.18	8.38	31.23	61.72	85.76	95.32	96.52
67.56	22.18	9.75	36.33	71.80	99.75	110.87	112.28
67.56	15.18	10.74	40.04	79.13	109.93	122.19	123.73
67.56	8.18	11.36	42.36	83.71	116.30	129.26	130.90
67.56	1.18	11.61	43.29	85.55	118.85	132.10	133.77
67.56	0.00	11.62	43.31	85.59	118.91	132.16	133.83

注：表中负值表示钢丝应力减小。

由表 1 分析可知：

（1）斜拉索扭转过程中满足平截面假定，斜拉索退扭过程中外层钢丝由于长度伸长，外层钢丝受压，斜拉索钢丝应力减小，中心丝及周围钢丝长度增加，钢丝产生拉应力，钢丝拉应力会增加，斜拉索钢丝应力变化越大，中间钢丝拉应力增量越大。

（2）随着退扭圈数的增加，钢丝应力变化量逐渐增大，退扭圈数为 3 圈时，中丝应力增量为 11.62MPa，而当退扭圈数达到 67 圈，中丝应力增量将增加 133.83MPa，斜拉索安全系数下降 6.7%。

四、施工过程控制影响分析

1. 斜拉索无应力长度影响分析

斜拉索无应力长度是在斜拉索不受力时几何长度，是影响大跨斜拉桥成桥线形和内力主要影响因素，由式（5）可知，斜拉索施工期扭转过程中引起斜拉索无应力长度因素主要包含斜拉索长度和斜拉索扭转角度，与斜拉索张拉力和斜拉索直径无关。斜拉索退扭会使无应力长度增加，与设计时的状态产生一定的误差。分析不同斜拉索长度对斜拉索无应力长度的影响（计算结果如图 2 所示），以及不同退扭角度下每根斜拉索索长增量（图 3）。

在退扭角度一定时，斜拉索无应力长度变化量随索长呈线性变化，斜拉索退扭 3°时，S39 斜拉索长度为 634m，无应力长度增量 435mm，S1 斜拉索长度为 159m，无应力长度增量 109mm。随着斜拉索退扭角度增加时，斜拉索无应力长度而增加，斜拉索无应力长度增量随斜拉索扭转角度增加速率越来越小，当斜拉索退扭 0.5°时，斜拉索无应力长度增量为 130.5mm。

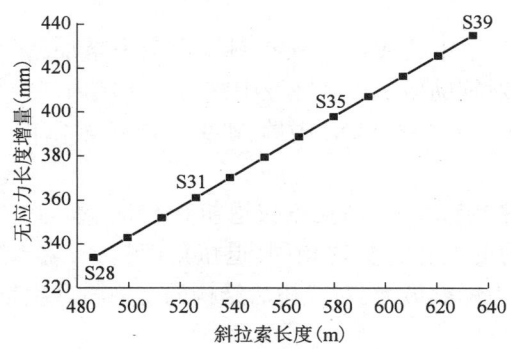
图2　D-S28～D-S39号索退扭3°时索长变化

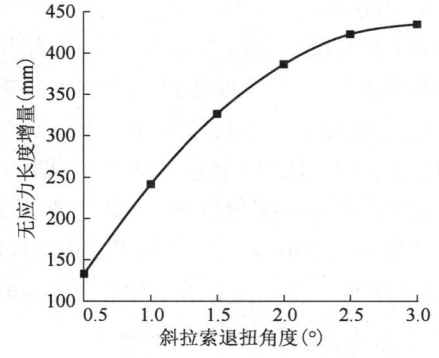
图3　S39号索在不同退扭角度下无应力长度增量

2. 主梁线形影响研究

常泰长江大桥成桥阶段横桥向恒载非对称布置，上、下游索力和无应力长度不同。为了减少施工期上、下游不同索力引起主梁旁弯和截面扭转变形对钢桁梁节段拼装和钢桁梁合龙影响，在进行施工期斜拉索退扭对主梁线形控制及斜拉索内力影响计算分析时，铁路侧斜拉索无应力长度采用公路侧成桥阶段斜拉索无应力长度。

斜拉索退扭后无应力长度增加，直接对成桥后的主梁线形产生影响。斜拉索退扭角度不同，无应力长度增量也不同，对主梁线形影响不同，假定全桥斜拉索分布退扭0.5°、1°、1.5°、2°、2.5°、3°时，分析斜拉索不同退扭角度下，对主梁合龙后二期铺装施工前线形影响，计算结果如图4所示。

施工期斜拉索扭转对主梁线形影响较大，斜拉索退扭3°较未退扭状态竖向位移在主跨跨中的位置线形变化达到1.54m，斜拉索退扭0.5°引起主跨跨中位移变化量为0.46m。随着斜拉索退扭角度增加，斜拉索无应力长度增加，主梁竖向位移相对于斜拉索未退扭状态，竖向位移逐渐减小，主梁位移变化越来越小，相对于中跨，斜拉索扭转对边跨位移变化较小。

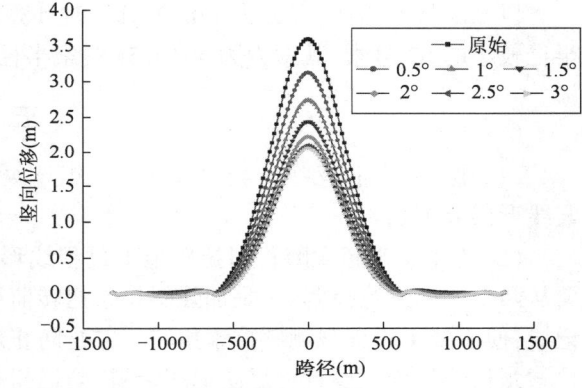
图4　不同退扭角度下主梁竖向位移

3. 斜拉索内力影响分析

斜拉索退扭会引起斜拉索钢丝间内力重分布，但不会引起内力变化，引起斜拉内力变化的主要原因是斜拉索无应力长度变化。假定全桥斜拉索退扭3°，主梁合龙后斜拉索索力相对于斜拉索未退扭状态下斜拉索索力变化量计算结果如图5所示。不同退扭角度下斜拉索索力变化量计算结果如图6所示。

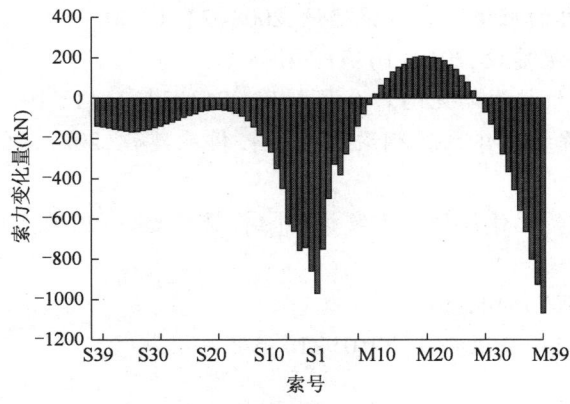
图5　退扭3°斜拉索索力变化量

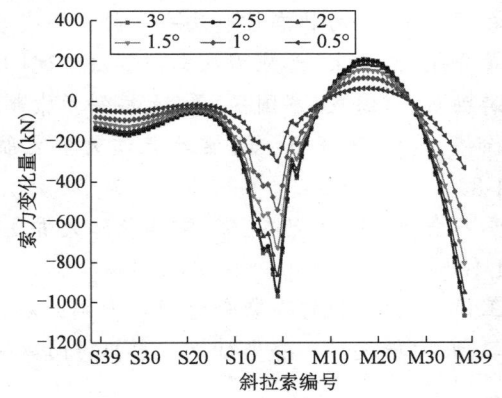
图6　不同退扭角度下索力变化量

由图5、图6分析可知：

（1）斜拉索退扭会引起大部分斜拉索索力减小，其中中跨M11～M30斜拉索索力增加，斜拉索扭转对接近主塔及主跨跨中位置的斜拉索索力影响较大，对辅助墩及边墩区及中跨1/4区域内斜拉索索力影响较小。斜拉索退扭3°时，边跨S39斜拉索索力减少了138.5kN，中跨M39号斜拉索索内力减少了1067.6kN，塔区S1号斜拉索索力减少了970.0kN。

（2）随着斜拉索退扭角度增大，斜拉索索力变化量趋势相同，斜拉索仅退扭0.5°时，索力变化量最大的索其索力减小为330.4kN。不同的退扭角度下索力的变化趋势均相同，退扭角度越大，索力变化程度越明显，斜拉索索力改变量越大，当完全退扭时，对索力影响最大，对成桥后结构的受力将产生较大影响。

4. 斜拉索抗退扭力影响分析

斜拉索在施工张拉的过程中，斜拉索在张拉过程中，沿斜拉索方向的拉力将在钢丝横截面产生切应力，从而形成较大的扭矩。对于大跨径斜拉桥，斜拉索规格尺寸大，斜拉索索力大，施工期张拉过程扭矩大，会导致斜拉索在施工中旋转，甚至使起重、张拉等设备一同发生旋转，给施工带来较大的困难和风险。斜拉索扭矩与斜拉索张拉力、半径和扭转角度有关，以3°扭角为例，斜拉索张拉为T时，扭矩$T_{扭}$计算方法如下：

$$T_{扭} = \int_0^R \frac{\tan 3°}{R} \cdot \frac{2\pi \cdot x \cdot dx}{\pi R^2} \cdot T \cdot x = \frac{1}{2} \cdot T \cdot R \cdot \tan 3° \approx \frac{1}{80} \cdot D \cdot T \tag{6}$$

以S39号索为例，索力为12899.1kN时计算可得产生的扭矩为26.43kN·m的扭矩，对于索力较小，半径较小的S2号索，其索力为5940.5kN，索半径为57mm，产生的扭矩为8.87kN·m的扭矩。

五、结　　语

（1）施工期斜拉索扭转会引起斜拉索钢丝次应力，对主梁线形影响较大，斜拉索退扭0.5°，引起斜拉索线形误差为0.46m。

（2）为了实现超大跨径斜拉桥施工过程线形精确控制，施工过程中应采取斜拉索扭转控制措施，主要从两个方面进行控制：一是加强斜拉索扭转监测。在斜拉索出厂前，在斜拉索聚乙烯（PE）护套外做标记线，便于施工过程观测斜拉索扭转。二是防止斜拉索扭转。斜拉索扭转多出现在斜拉索张拉阶段，斜拉索张拉千斤顶应设置可靠防退扭装置，防退扭装置设计可依据式（6），斜拉索打盘包装时，应采用较大索盘装斜拉索，减小斜拉索绕索盘产生的次应力[8]。

（3）为了实现斜拉桥施工中基于无应力状态控制法，施工过程中应加强对斜拉索扭转评估计算分析，及时修正斜拉索无应力长度。

参考文献

[1] 秦顺全.斜拉桥安装无应力状态控制法[J].桥梁建设，2003(2)：31-34.
[2] 秦顺全.无应力状态控制法——斜拉桥安装计算的应用[J].桥梁建设，2008(2)：13-30.
[3] 黄晓航，高宗余.无应力状态控制法综述[J].桥梁建设，2010(1)：71-74.
[4] 游胜意，张海良，罗国强，等.大桥斜拉索制造关键技术研究[J].金属制品，2013，39(3)：15-19.
[5] 徐伟，苑仁安，王强，等.常泰长江大桥主航道桥结构体系及钢梁设计[J].桥梁建设，2021，51(3)：1-8.
[6] 秦顺全，徐伟，陆勤丰，等.常泰长江大桥主航道桥总体设计与方案构思[J].桥梁建设，2020，50(3)：1-10.
[7] 王强.斜拉索扭转现象分析[J].中国公路，2015(7)：142-143.
[8] 邹勤.大跨度斜拉桥平行钢丝索扭转问题探讨[J].交通科技，2010(Z1)：5-8.

62. 车辆火灾下吊索系统的抗火性能计算方法

刘 志 李国强

(同济大学)

摘 要 将桥梁车辆火灾分为五级:第一、二级为乘用车火灾,第三、四级为货车火灾,第五级为油罐车火灾,并采用不同的最大燃烧热释放速率和最大燃烧时长进行表征。根据已有的车辆火灾试验,验证该分级方法的合理性,并结合车辆火灾事故建立第三、四、五级车辆火灾起火面的几何特性。针对乘用车火灾、货车火灾和油罐车火灾,分别采用圆柱火焰体模型、长方体火焰体模型、计算流体动力学方法,计算空间热流包络,推导吊索截面在热流边界条件下的升温计算公式,并提出吊索临界温度与其设计安全系数的函数关系。最后,提出车辆火灾下悬索桥吊索系统抗火性能的五步算法。

关键词 车辆火灾 吊索 抗火性能 计算方法 悬索桥 桥梁抗火

一、引 言

近年来,国内外许多悬索桥遭受过车辆火灾[1],引起业内对悬索桥吊索抗火性能的极大关注。2016年,《交通运输部关于推进公路钢结构桥梁建设的指导意见》要求重视钢结构桥梁的构造设计,"完善防火构造措施,提高应对火灾能力"。然而,由于车辆火灾行为复杂、随机性强,目前仍难以科学地对吊索系统进行防火设计。

悬索桥上的起火车辆类型包括轿车、大客车和货车,位于化工生产区域的悬索桥还存在较高的油罐车火灾风险。目前缺乏有效的车辆分级火灾模型,虽然部分文献[2,3]提出了不同车辆的火灾热释放速率,但难以直接应用。车辆火灾位于开放空间,使吊索系统所接收的热量以热辐射为主;已有研究中,施加在吊索表面的热流主要是基于升温曲线和对流换热系数的热对流,会显著异于车辆火灾产生的热辐射。同时,吊索所接收的热量取决于火源到吊索的距离,但已有研究并未确定车辆火灾下吊索表面的空间热流模型。另外,热流边界条件下吊索的升温历程决定了吊索的耐火时间,但尚无有效的升温计算模型。

本文首先将车辆火灾分为五级,采用不同的最大燃烧热释放速率和最大燃烧时长进行表征,建立货车火灾和油罐车火灾起火面的几何特征。采用圆柱火焰体模型、长方体火焰体模型、计算流体动力学方法,计算空间热流包络,推导了吊索截面在热流下的升温公式。根据已有的高强钢丝高温力学性能试验,确定吊索的临界温度与设计安全系数的函数关系和耐火时间。最后,提出车辆火灾下吊索系统的抗火性能算法。

二、车辆火灾的分级与表征

车辆火灾的随机性极强,交通事故造成的车辆破损程度、位置以及货物散落与液体扩散的形态都对火灾强度有显著影响。由于本文关注吊索,可将车辆的燃烧看作整体行为,而不考虑火灾在车辆内外的蔓延过程,因此车辆火灾的整体强度可采用随时间变化的热释放速率予以量化,记为 $\dot{Q}_c$,其在时间 $t_{c,\max}$ 时达到峰值,记为 $\dot{Q}_{c,\max}$。燃烧物的质量、燃烧速率、物理状态等因素决定最大燃烧时长,记为 t_c。《建筑钢结构防火技术规范》(GB 51249—2017)采用不同的升温曲线,来考虑不同位置处的建筑构件所处的差异性高温环境。类似地,本研究按车辆火灾的火源功率,将公路车辆分为五类,对应不同的火灾等级,见表1。

桥梁车辆火灾的分类与表征 表1

火灾等级	车辆类型	$\dot{Q}_{c,\max}$(MW)	t_c(h)
一	1辆小汽车(轿车、SUV、商务车等)	8	0.5
二	1辆大客车,或2~4辆小汽车,或1辆空货车	30	1
三	1辆总质量小于4.5t的轻型货车(载木材除外),或2辆巴士	80	1
四	1辆总质量大于或等于4.5t、小于12t的重型货车(载木材除外),或1辆总质量小于4.5t的载运木材的轻型货车,或2辆轻型货车	150	1.5
五	1辆运输液体、气体燃料的罐车,或1辆总质量不低于4.5t的载运木材的重型货车,或2辆其他重型货车	80~966	0.5~5.6

注:对于第五级火灾,该表只提供一般性表征量,而对于液化天然气(LNG)、液化石油气(LPG)等低温或高压运输的易爆燃料,建议另外根据燃料类型和罐车特性进行针对性研究。

第一级火灾的典型车辆为1辆小汽车。美国消防协会(NFPA)502标准中[3],1辆小汽车火灾的$\dot{Q}_{c,\max}$为5~10MW;欧洲UPTUN报告提出,1~2辆小汽车火灾的$\dot{Q}_{c,\max}$为5MW。近年来多个试验表明,小汽车火灾的$\dot{Q}_c$在燃烧前期可超过8MW;Shipp等[4]的试验中,1辆小汽车火灾的$\dot{Q}_{c,\max}$为8.4MW、t_c超过1h;Sungwook等[5]对电动汽车进行试验中,$\dot{Q}_{c,\max}$为7.9MW、t_c为70min,且$\dot{Q}_c$在5MW以上保持15min之久。此外,既有的燃油车火灾试验中,大部分油箱的含油量较低,约为10L,但2022年中国大陆轿车销量排行前十名中,车辆油箱的平均容量为51L。本研究将1辆小汽车火灾的$\dot{Q}_{c,\max}$取为8MW、t_c取30min,对应一级车辆火灾。

第二级火灾对应的车辆为1辆大客车,或2~4辆小汽车,或1辆空货车。瑞典SP技术研究所[6]和Steinert[7]的试验表明,大客车火灾的$\dot{Q}_c$呈前期极快、再逐渐放缓的规律,整个燃烧时间达110min。在燃烧前期,$\dot{Q}_c$可达29MW;20min后,$\dot{Q}_c$从13MW逐渐降低到60min时的5MW;随后$\dot{Q}_c$逐渐降低为零。NFPA 502标准[3]推荐取20M~30MW,UPTUN报告和Ingason[8]建议取30MW。本文取$\dot{Q}_{c,\max}$为30MW、t_c为1h。

第三、四级为货车火灾,燃烧物是所运输的固体货物。以4.5t为界限,将货车分为轻型(质量<4.5t)、中型(4.5t≤质量<12t)和重型(质量≥12t)三类。对第三、四级车辆火灾的$\dot{Q}_{c,\max}$的建议值分别为80MW和150MW,t_c均为1h。需注意的是,对木材及以木料为主的物品的危险性提升一级。《汽车、挂车及汽车列车外廓尺寸、轴荷及质量限值》(GB 1589—2016)规定,货车高度和宽度的限值分别为4m和2.55m,总质量不高于12t的货车的长度限值为8m、总质量不高于8t且高于3.5t的货车的长度限值为7m;美国联邦公路管理局规定,货车高度和宽度的限值分别为4.27m和2.6m。货车火灾的燃烧面为装车状态下的货物表面,故假定燃烧面为长方体,高度和宽度分别为3.5m和2.8m,底部燃烧面到桥面的竖直距离为0.5m,第三、四级火灾的投影长度分别为6.2m和8m。

第五级火灾的车辆主要是为1辆运输可燃液体、气体燃料的罐车。油罐车火灾又可分为两类:第1类是罐内-桥面泼洒池火,往往由油罐车发生严重破坏造成,既包含罐内的深池火,也包含罐体附近的桥面浅池火;第2类是渠火,其特征是燃烧面沿桥面边缘在纵桥向呈长条状。针对第1类,根据以往事故,将运输50m³汽油的油罐车作为代表性车辆。参考国内外油罐车设计尺寸,令罐体长11.6m、宽2.4m、高2m。为确定泼洒面积,参考2015年美国I-94公路上的油罐车事故,根据现场图片与美国公路标识设计尺寸,确定泼洒尺寸(长×宽)为48m×6.4m。假定罐内火灾的投影面积与罐体相同,罐内池火的起火面高度为2.9m。只发生罐内池火与同时发生罐内和泼洒池火时的$\dot{Q}_{c,\max}$分别为80MW和966MW。对于罐内池火,其燃烧时长为5.6h,罐内-泼洒池火的燃烧时长为0.5h。因此,第五级火灾的$\dot{Q}_{c,\max}$为80M~

966MW、t_c 为 0.5~5.6h。对于第 2 类火灾,参考 2022 年安徽船板冲大桥和 2023 年美国 Gold Star Memorial 桥的事故,确定渠火长度为 120m。

三、车辆火灾下吊索表面的热流

1. 第一、二级火灾

乘用车火灾的主要燃烧物为电气设备与内饰,但油箱常常被撞坏或烧毁,造成燃油泄漏。保守地将整车的燃烧转化为具有相同 $\dot{Q}_{c,\max}$ 的汽油的燃烧,则等效的池火直径为 $\overline{D}=2\sqrt{\dot{Q}_{c,\max}/(\pi \Delta H_c \dot{m}'')}$。此时火焰向外界传热的主要方式为热辐射[9]。将火焰抽象为直径 $\overline{D}$、长度 L 的圆柱体,其表面均匀发出辐射热。Mudan[10] 根据多个碳氢化合物池火试验,提出火焰以外的辐射热流为 $\dot{q}''=EF\tau$。式中,其中 E 为火焰表面的平均发射功率(kW/m²);$\tau=1$,为空气透射率;F 为从火焰到受热体的角系数,代表火焰面发射并传到受热体表面的辐射热流比例,只取决于火焰体与受热体的几何形状。采用 Thomas[11] 模型计算发光焰体的高度 L:

$$\frac{L}{\overline{D}}=42\left(\frac{\dot{m}''_\infty}{\rho_\infty \sqrt{g\overline{D}}}\right)^{0.61} \quad (1)$$

式中:ρ_∞——大气密度,取 20℃下的国际标准大气密度,为 1.204kg/m³;

g——重力加速度,取 9.81m/s²。

考虑一悬索桥,其路缘与吊索系统轴线的距离为 δ_0,如图 1a) 所示,则吊索与轿车火灾等效液池圆心的距离为 $\delta=\overline{D}/2+\delta_0$。在不高于 L 的吊索截面上,从火焰柱面到吊索侧面的最大角系数等于火焰体 1 和火焰体 2 到吊索的角系数之和;在高于 L 的吊索截面上,另计入柱体火焰顶部圆面对吊索的角系数。由此可确定火焰体对吊索边缘的最大热流 $\dot{q}''_{0,\max}$。

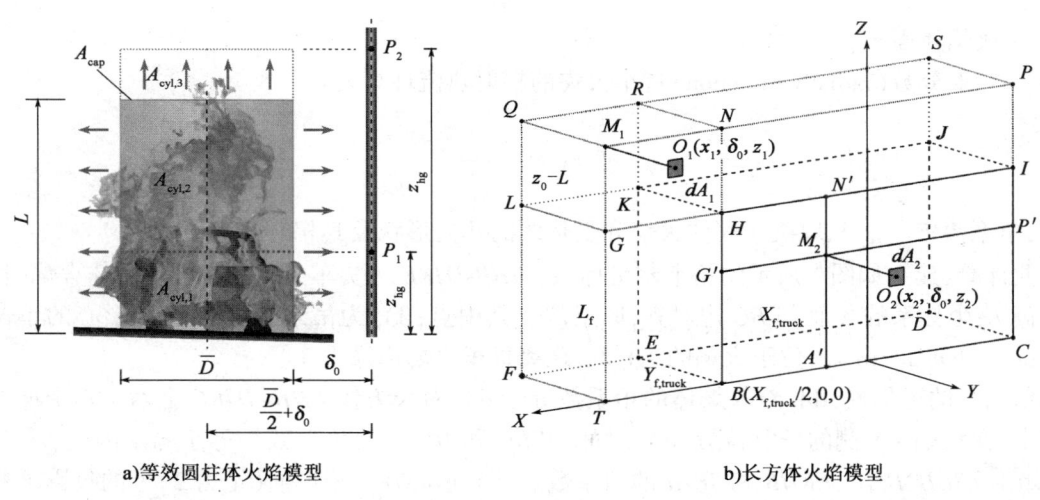

a) 等效圆柱体火焰模型　　　　　　　　　　　　b) 长方体火焰模型

图 1　第一、二级车辆火灾与第三、四级车辆火灾的固体火焰模型

根据有效承载面积的等效原则,偏保守地将吊索截面转化为直径为 d_0 的圆截面。由于火焰直径相比吊索直径很大,假定吊索截面的热流从靠近火焰侧处的 $\dot{q}''_{0,\max}$ 线性降低到零,得到截面外缘的径向平均辐射热流 $\overline{\dot{q}''_0}$,等于 $\dot{q}''_{0,\max}/2$。图 2 给出了第一、二级乘用车火灾的 $\overline{\dot{q}''_0}$ 分布,其中 δ_0 分别等于 1,1.2,…,2m。一级车辆火灾等效池火的高度为 5.27m,在此高度内,$\overline{\dot{q}''_0}$ 较大。吊索距离车辆边缘 1m 时,表面的 $\overline{\dot{q}''_0}$ 为 28kW/m²,距离为 1.8m 时,$\overline{\dot{q}''_0}$ 降低到 18.6kW/m²,二者对应的 z_{hg} 均为 2.64m,等于 L 的一半。对于二级车辆火灾,其等效池火的高度为 8.35m。δ_0 为 1.2m 时,吊索表面的最大 $\overline{\dot{q}''_0}$ 为 29kW/m²,距离为 1.6m 时,最大 $\overline{\dot{q}''_0}$ 降低到 25.4kW/m²,二者对应的 z_{hg} 均为 4.18m。相比一级车辆火灾,$\overline{\dot{q}''_0}$ 在高度上的峰值分布在较

长的吊索内,因此,此时吊索中较长部分的截面都可能是危险截面。整体上看,$\bar{\dot{q}}''_0$沿吊索竖向呈中间大、底部次之、顶部最小的分布规律。在L范围内,$\bar{\dot{q}}''_0$较大;高于L时,$\bar{\dot{q}}''_0$快速降低。另外,$\bar{\dot{q}}''_0$在吊索长度内的峰值对δ_0较敏感。

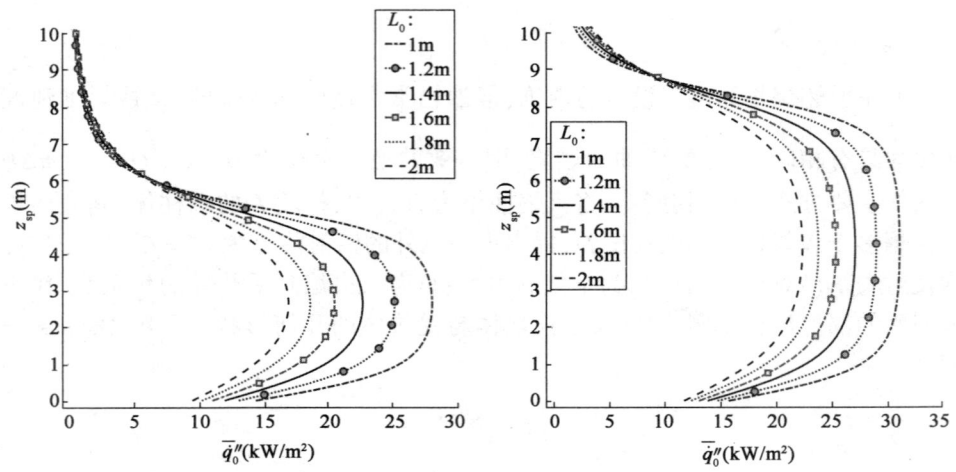

图2 一级车辆火灾下吊索系统表面的径向平均辐射热流$\bar{\dot{q}}''_0$

2. 第三、四级火灾

由于Mudan模型对投影面长宽比较大的火焰的适用性较差,本研究针对第三、四级货车火灾外的空间辐射热流,采用更加通用的火焰辐射体模型。火焰的单位面积发射功率为:

$$E = \frac{\chi_r \dot{Q}_c}{A_f} \tag{2}$$

式中:A_f——火焰体面积;

χ_r——辐射分数(radiative fraction)货车火灾的辐射热流计算公式:

$$\dot{q}'' = \chi_r \dot{Q}_c \frac{F_{A_f - dA_{hg}}}{A_f} \tag{3}$$

其中,角系数$F_{A_f - dA_{hg}}$只取决于固体火焰和受热体的几何形状及其相对几何关系。

为方便计算,建立如图1所示的笛卡尔坐标系,CIHB-DJKE为货车火灾的长方体固体火焰,长$X_{f,truck}$、宽$Y_{f,truck}$、高L;坐标系的X轴与BC边对齐,原点位于其中点;dA_i为吊索上以点O_i为形心的单位微分元素(differential element area),位于火焰的$+Y$侧,距离货车火焰边缘为δ_0。

根据角系数的可加性,dA_i对火焰体的角系数等于dA_i对长方体CIHB-DJKE上六个矩形面的角系数之和。其中,在火焰$+Y$侧的任意位置,dA_i对面$DEBC$和$DEKJ$的角系数均等于零。因此,所求的F等于dA_i对矩形$CIHB$、$DJIC$、$EKHB$和$JKHI$的角系数。针对形心在一矩形面(记为2)上的投影恰好位于一角点的单位微分元素dA_1,Hollands[12]推导了其到该矩形的角系数F_{d1-2}:

$$2\pi F_{d1-2} = \left(\tan^{-1}\frac{b}{c}\right)\cos\theta_i + \left(\tan^{-1}\frac{a}{c}\right)\cos\theta_j + \frac{a\cos\theta_k - c\cos\theta_i}{\sqrt{a^2+c^2}}\tan^{-1}\frac{b}{\sqrt{a^2+c^2}} + \frac{b\cos\theta_k - c\cos\theta_j}{\sqrt{b^2+c^2}}\tan^{-1}\frac{a}{\sqrt{b^2+c^2}}$$

式中:a、b、c——分别为矩形的长(沿x轴)、宽(沿y轴)、到dA_1形心的距离(沿z轴);

θ_i、θ_j、θ_k——分别为dA_1的法线与x轴、y轴和z轴所夹的角度。

若dA_1平行于矩形面,有$\theta_i = \pi/2$、$\theta_j = \pi/2$和$\theta_k = 0$;若dA_1垂直于矩形面且其法线与矩形长边(a)平行,有$\theta_i = 0$、$\theta_j = \pi/2$和$\theta_k = \pi/2$。若单位微分元素在平面$DEBC$上的投影位于矩形外,则矩形$DJIC$、$EKHB$和$JKHI$中至少一个对单位微分元素的角系数不为零,例如对于dA_1,有$dA_1 F_{dA_1 - DJIC} = 0$。对于火焰

体侧面 $CIHB$,可 dA_1 对其角系数为:

$$F_{dA_1-CIHB} = F_{dA_1-CPM_1T} - F_{dA_1-BNM_1T} - F_{dA_1-IPM_1G} + F_{dA_1-HNM_1G} \tag{4}$$

F_{dA_1-EKHB} 和 F_{dA_1-JKHI} 可在平面 $EKHB$ 和 $JKHI$ 内采用式进行计算。如果 O_i 在 $DEBC$ 面上的投影(图中为 M_2 点)位于矩形内,dA_2 对矩形 $DJIC$、$EKHB$ 和 $JKHI$ 的角系数都为零,则:

$$F_{dA_2-f} = F_{dA_2-M_2N'HG'} + F_{dA_2-P'IN'M_2} + F_{dA_2-CP'M_2A'} + F_{dA_2-M_2G'BA'} \tag{5}$$

采用上述方法,针对 dA 在 XZ 坐标平面上的投影点分别位于矩形 $CIHB$、$IPNH$、HNM_1G 和 $BHGT$ 区域内的四种情况,可得到 $F_{dA_{hg}-A_f}$。根据角系数的相对性(reciprocity rule),有:

$$F_{A_f-dA_{hg}} = \frac{F_{dA_{hg}-A_f}}{A_f} \tag{6}$$

由此计算出的空间热流分布如图3a)、b)所示。

货车火灾旁的 $\overline{q}_0''$ 呈近处高且均匀、远处低且梯度大的分布规律。在最近处(δ_0 为 0.5m),三、四级货车火灾下 $\overline{q}_0''$ 最大分别约为 120kW/m² 和 180kW/m²;δ_0 为 1.5m 时,三、四级货车火灾下的最大 $\overline{q}_0''$ 分别约为 100kW/m² 和 160kW/m²。特定 δ_0 下的高 $\overline{q}_0''$ 区近似为货车火焰在竖直面上的投影区域,对于三级火灾,该区域为长 6.2m、高 6.4m 的矩形,对于四级火灾,为长 8m、高 6.6m 的矩形。

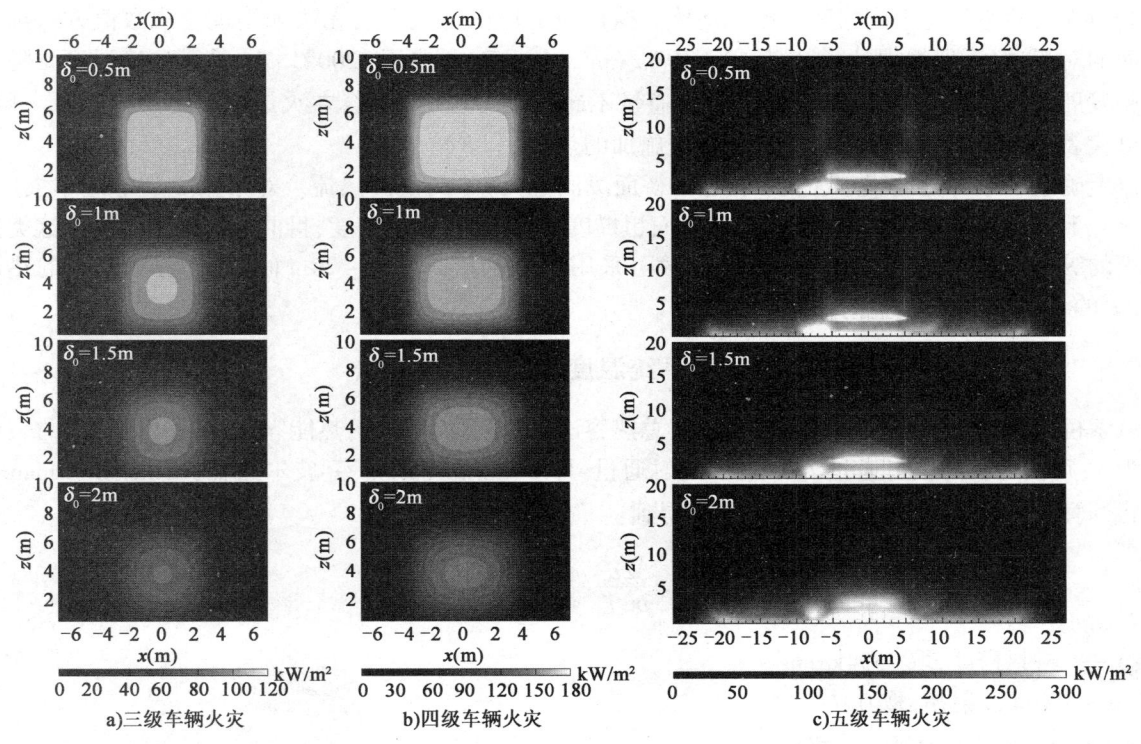

a)三级车辆火灾 b)四级车辆火灾 c)五级车辆火灾

图3 三、四、五级车辆火灾下吊索系统表面的 $\overline{q}_0''$ 等值线包络

3. 第五级火灾

采用由美国国家标准技术研究所(NIST)开发的基于计算流体动力学(CFD)方法的开源软件FDS,其主要用于火灾重构和烟气控制设计等场景,目前已成为火灾安全领域应用最广泛的软件之一。FDS以火灾中的烟气流动和热传递过程为主要模拟对象,采用数值方法求解热驱动的低速流动 Navier-Stokes 方程,可较准确地计算火场中的多种环境变量,已得到许多全尺寸火灾试验的验证。

在FDS中建立代表性油罐车火灾的数值模型,并另外考虑两种尺寸的起火面,一是只含罐内池火,二是罐内深池火与长24m、宽6.4m的桥面泼洒池火。考虑11种风速,即无风和速度为 1,2,…,10m/s 的横风,方向为从油罐车吹向吊索。因此,本研究共进行33个数值模拟分析。在FDS中设置燃烧物为辛烷，但赋予汽油的燃烧热值，即 $\Delta H_c = 43.7 \mathrm{MJ/kg}$；汽油的 $\dot{m}''$ 取 $0.066 \mathrm{kg/(m^2 s)}$；碳烟产率取 0.038，密度取 $742.9 \mathrm{kg/m^3}$。采用 device 方法测量油罐车火灾附近的辐射热流，测点间距为 0.5m，每个测点包括四个方向，为 $-x$、$+x$、$-y$ 和 $+y$，取 20~120s 间四个方向的时均辐射热流作为 $\bar{q}''_0$。

图 3c) 给出了空间辐射热流等值线的包络，其中每个子图都由对 33 个模型计算出的热流取最大值得到。$\bar{q}''_0$ 峰值位于罐内起火面和泼洒起火面附近，即桥面上方 4m 以下、纵桥向 20m 范围内，且在多数位置超过 $350 \mathrm{kW/m^2}$，这主要由罐内深池火产生；另一 $\bar{q}''_0$ 较高的区域在桥面泼洒池火上方 2m 以下、纵桥向 48m 范围内，$\bar{q}''_0$ 约为 $250 \mathrm{kW/m^2}$，这一区域由桥面泼洒池火产生。在其他位置，$\bar{q}''_0$ 随高度增加而迅速衰减，δ_0 为 1m 时，$\bar{q}''_0$ 能达到 $50 \mathrm{kW/m^2}$、$100 \mathrm{kW/m^2}$、$150 \mathrm{kW/m^2}$ 和 $200 \mathrm{kW/m^2}$ 的最大高度分别为 18m、13m、6m 和 5m，δ_0 为 1.5m 时，对应的最大高度分别为 18m、8m、6m 和 5m。

对比无风下的空间热流分布可以发现，多数超过 $200 \mathrm{kW/m^2}$ 的 $\bar{q}''_0$ 由环境风导致：横风使火焰倾斜并吞噬吊索，此时吊索在环向各位置都被火焰包围。需指出的是，火焰吞噬吊索时，吊索表面还受热对流作用，但并未包含在图 3 中。对流通量的表达式为 $h(T_{\mathrm{gas}} - T_{\mathrm{surf}})$，其中 h 为对流换热系数，取决于吊索表面流速等因素，而这又与池火的燃烧动力行为高度相关；T_{gas} 为吊索表面的气体温度，与风速相关；T_{surf} 为吊索的表面温度，取决于对流通量和辐射通量。同时，吊索的截面尺寸不足 FDS 中网格尺寸的 1/10，而 FDS 会消除尺寸不足一个网格间距的几何体。这两方面原因造成目前无法采用理论或数值方法确定吊索表面的对流通量，但根据计算，h 为 $10~40 \mathrm{W/(m^2 \cdot K)}$、$T_{\mathrm{gas}}$ 不高于 $1200 ℃$、T_{surf} 高于环境温度且随五级火灾的发展而快速升高，故吊索表面的对流通量不超过 $48 \mathrm{kW/m^2}$，且会在火焰包围下快速降低。因此，图 3 可代表风影响下油罐车火灾在吊索表面施加的热流。

以上确定了第 1 类油罐车火灾（即罐内-桥面泼洒池火）下的空间热流。对于第 2 类油罐车火灾（渠状池火），其几何特性取决于燃油的黏度、桥面粗糙度与桥面纵、横坡角度，目前无法预测。由于这类火灾投影面的纵横比很大，火灾动力效应较弱，故可采用图 3c) 中 x 为 15~20m 间的 $\bar{q}''_0$ 作为渠火的热流分布；渠火的长度可参考以往事故确定为 120m。

四、吊索系统温度响应的计算方法

悬索桥中，吊索截面一般较小，可采用集总热容法，建立吊索节段的热能守恒方程。记吊索的表面发射率为 ε，则被吸收的辐射通量为 ε 倍的入射通量，即 $\varepsilon \bar{q}''_{\mathrm{inc}}$。由斯蒂芬-玻尔兹曼（Stefan-Boltzmann）定律，吊索向外发出的辐射通量为 $\varepsilon \sigma T^4$，整理得到：

$$\frac{\partial T}{\partial t} = \frac{2\varepsilon}{\rho c_p r_0}(\bar{q}''_{\mathrm{inc}} - \sigma T^4) \tag{7}$$

式中：ρ——材料密度，取 $7534 \mathrm{kg/m^3}$；

ε——表面发射率，取 0.7；

σ——Stefan-Boltzmann 常数；

c_p——比热容，取 $600 \mathrm{J/(kg \cdot K)}$；

r_0——吊索截面的等效半径。

求解方程的解析解往往很困难，可采用增量法求得其数值解，即设定某个较小的时间，以上一步的温度结果作为下一步的初始温度 T，进而求得 T 随时间的变化曲线。

五、吊索系统的耐火极限

1. 高温下吊索的抗拉强度

《欧洲混凝土结构抗火设计规范》（EN 1992-1-2）规定了预应力钢丝与钢绞线的抗拉强度随温度的降低系数，但桥梁吊索比建筑结构中钢丝的强度更高，可达 2000 MPa 以上，其高温下的力学性能与规范值可能有所不同。EN 1992-1-2 与文献中高强钢丝抗拉强度与温度的函数关系表明,在 200~600℃ 范围内,$f_{u,T}/f_{u,20}$ 与 T 近似呈线性关系,拟合得到 $f_{u,T}/f_{u,20} = -0.002T + 1.326$,其决定系数为 0.97。

在火灾过程中,当吊索升温至某一温度时,其抗拉承载力减至所受轴力,该温度称为临界温度,记为 T_d。将吊索的安全系数记为 γ,则当吊索在火灾下的抗拉承载力与常温下抗拉承载力的比值为 $1/\gamma$ 时,吊索达到承载能力极限状态,此时 $1/\gamma = -0.002T + 1.326$,变形得到

$$T_d = 653 - 493/\gamma, \gamma \in [1.08, 7.94] \tag{8}$$

2. 吊索的耐火时间

根据由公式计算出的吊索升温曲线和由式计算出的吊索临界温度 T_d,即可确定吊索温度达到 T_d 所需的时间。美国后张法预应力协会编制的《Recommendations for Stay Cable Design Testing and Installation》(PTI DC 45.1-18)规范要求,斜拉桥中斜拉索受火 30min 的温度不应超过 300℃,但由于吊索容易更换,本研究以吊索截面整体承载能力达到临界状态为破坏指标,等效于吊索截面温度升高至 T_d,所需的时间即为吊索的耐火时间,记为 t_d。

六、车辆火灾下吊索系统抗火性能的计算方法

本文提出以下车辆火灾下吊索系统的抗火性能五步算法:

(1)由车辆与货物类型,根据表 1 第二列,确定最高车辆级别,作为悬索桥的车辆火灾等级;

(2)依据 δ_0 和对应五个火灾级别的图 2 与图 3 所示的空间热流包络 $\bar{q}''_0$,确定吊索表面的热流;

(3)根据吊索的等效直径 $\bar{d}_0$ 和 $\bar{q}''_0$ 分布,采用公式计算吊索的升温曲线;

(4)由吊索安全系数 γ,采用公式计算吊索临界温度 T_d;

(5)根据 T_d 和截面的温度-时间曲线,确定吊索的耐火时间 t_d,若低于表 1 中给定的 t_c,则抗火性能满足要求,否则不满足。

七、结　语

(1)车辆火灾可按车辆与载货类型分为五级:小汽车火灾、大客车火灾、轻型货车火灾、中型货车火灾、油罐车与重型货车火灾,可采用最大热释放速率 $\dot{Q}_{c,\max}$ 和最大燃烧时长 t_c 进行表征。前四级车辆火灾的 $\dot{Q}_{c,\max}$ 分别为 8MW、30MW、80MW 和 150MW,t_c 分别为 0.5h、1h、1h 和 1.5h;第五级火灾的车辆以 50m³ 汽油罐车火灾为代表,$\dot{Q}_{c,\max}$ 为 80M~966MW、t_c 为 0.5~5.6h。

(2)对于第一、二级乘用车火灾,圆柱固体火焰模型可用于预测火焰旁吊索表面环向均布辐射热流的包络($\bar{q}''_0$)。路缘到吊索水平投影距离(δ_0)和吊索截面高度(z_{hg})对 $\bar{q}''_0$ 有关键影响。δ_0 为 1~2m 时,第一、二级火灾的 $\bar{q}''_0$ 峰值分别为 17~28kW/m² 和 22~31kW/m²,出现于火焰半高处,分别位于桥面以上 2.6m 和 4.2m 处。

(3)三、四级货车火灾下 $\bar{q}''_0$ 最大分别约为 120kW/m² 和 180kW/m²,δ_0 为 0.5m 时,分别出现在长 6.2m、高 6.4m 与长 8m、高 6.6m 的竖直矩形区域中。

(4)速度为 0~10m/s 的横风影响下,第五级车辆火灾旁的高 $\bar{q}''_0$ 区域为桥面上方 4m 以下、纵桥向 20m 范围,其中多数位置超过 350kW/m²,这主要由罐内深池火产生;桥面上方 2m 以下、纵桥向 48m 范围内,$\bar{q}''_0$ 约为 250kW/m²,由桥面泼洒池火产生。

(5)基于热能守恒方程,推导了吊索截面在热流边界条件下的升温计算公式,高强钢丝温度为 200~600℃ 时,其抗拉强度近似随温度的升高而线性降低。

(6)本文提出车辆火灾下悬索桥吊索系统的五步抗火性能算法:确定车辆火灾等级、计算吊索表面热流、计算吊索升温曲线、确定吊索临界温度、计算耐火极限,可为悬索桥抗火安全评定与设计提供参考。

参考文献

[1] LIU Z, LI G, PAYA-ZAFORTEZA I, et al. Fire hazards in bridges: State of the art, recent progress, and current research gaps[J]. Journal of Bridge Engineering, 2023, 28(7): 3123003.1-3123003.29.

[2] 李雪红,杨星墀,徐秀丽,等. 大跨桥梁油罐车燃烧火灾模型计算方法研究[J]. 中国公路学报,35(6): 147-157.

[3] National Fire Protection Association. Standard for road tunnels, bridges, and other limited access highways[R]. Quincy, MA: National Fire Protection Association, 2011.

[4] SHIPP M, SPEARPOINT M. Measurements of the severity of fires involving private motor vehicles[J]. Fire and Materials, 1995, 19(3): 143-151.

[5] KANG S, KWON M, YOON CHOI J, et al. Full-scale fire testing of battery electric vehicles[J]. Applied Energy, 2023, 332: 120497.

[6] HAUKUR I, SOREN G, MARTIN D. Heat Release Rate Measurements in Tunnel Fires[R]. SP Report, SP Technical Research Institute of Sweden, 1994.

[7] STEINERT C. Smoke and heat production in tunnel fires[C]// The international conference on fires in tunnels, SP Swedish National Testing and Research Institute Borås, Sweden, 1994: 123-137.

[8] INGASON H. Design fires in tunnels[C]// Conference Proceedings of Asiaflam 1995, Hongkong: 1995.

[9] VYTENIS BABRAUSKAS. Estimating large pool fire burning rates[J]. Fire Technology, 1983, 19(4): 251-261.

[10] MUDAN K S. Thermal radiation hazards from hydrocarbon pool fires[J]. Progress in Energy and Combustion Science, 1984, 10(1): 59-80.

[11] THOMAS P H. The size of flames from natural fires[J]. Citeseer, 1963, 9: 844-859.

[12] HOLLANDS K G T. On the superposition rule for configuration factors[J]. Journal of Heat Transfer, 1995, 117(1): 241-245.

63. 大跨径波形钢腹板组合梁桥底板水化热及温控措施研究

陈加富[1] 侯 爵[1] 张家祥[2] 张爱军[3] 刘 朵[4] 张建东[2]

(1. 江苏省交通工程建设局;2. 南京工业大学;
3. 宿迁市高速公路建设指挥部;4. 苏交科集团股份有限公司)

摘 要 为了避免大跨径波形钢腹板 PC 混凝土连续箱梁施工期底板裂缝的产生,结合现场测试和制作同条件下养护试块测试混凝土早期力学性能,采用 Midas 建立相应梁段的时变模型,模拟探明波形钢腹板组合箱梁墩顶 0~1 号块底板混凝土的水化热温度场和应力场的发展规律,研究环境温度、入模温度、水泥用量对底板混凝土开裂的影响。结果表明:大跨连续箱梁底板混凝土施工期间水化热会持续1周,水化温升在1d后达到最高,里表温差在1~3d 内过大;建议在保证强度情况下,优化混凝土配比降低水泥用量或采用低水化热水泥,入模温度控制在20℃以内,环境温度过低时注意混凝土表面保温,避免应表面降温过快增加里表温差。

关键词 波形钢腹板组合梁 底板裂缝 水化热 早期裂缝 温控措施

大体积混凝土结构在浇筑后水泥产生大量水化热其内部温度不断上升,由于混凝土导热系数较小且温升峰值远高于环境温度,使得混凝土产生较大的温度梯度导致混凝土开裂。根据《大体积混凝土施工标准》(GB 50496—2018),大跨径波形钢腹板 PC 组合箱梁 0 号及 1 号混凝土用量大,且混凝土采用 C55,强度等级较高,水泥用量大,施工期水化反映较显著,尤其冬季施工由于水化热引起的混凝土开裂问题突出[1]。根据工程调研可知,由于墩顶附近内衬混凝土及底板厚度较大,国内已建或在建的大跨波形钢腹板组合箱梁桥采用挂篮悬臂施工时,都陆续在墩顶附近节段施工脱模时出现内衬及底板混凝土局部开裂等问题。施工期底板裂缝的存在对成桥运营期长期性能会产生很大的影响,因此有必有对该类桥型内衬、底板混凝土裂缝的成因、预防及施工控制进行系统研究,并提出相应的抗裂措施,确保桥梁耐久性[2,3]。

目前,国内外对于箱梁水化热温度场与应力场展开了一系列研究[4,5]。汪建群等[6,7]对进行了混凝土箱梁典型截面水化热温度实测,分析其温度变化规律,给出了控制拆模时间的建议;王力等[8]基于现场实测数据拟合新型波形钢腹板组合箱梁二维温度梯度。梁栋等[9]对比了冬夏季零号块水化热实测数据并进行模拟,提出了用竖向筋波纹管充当冷却管的温控方案;张宁等[10]在混凝土箱梁布置了温度传感器点阵,绘制了箱梁全截面水化热温度场来探究箱梁水化热发展规律。目前,针对波形钢腹板箱梁水化热分析较少,其热传递与传统的箱梁有明显差异,尤其是水泥用量较大的底板开裂原因以及控制裂缝的措施研究分析较少。

本文拟对某大跨波形钢腹板 PC 连续箱梁 0 号块、1 号块浇筑后的水化热数据进行监测分析并研究环境温度、入模温度、水泥用量对其早期水化热温度场的影响,探究温度应力对结构早期裂缝的影响,基于此提出相应的改进措施,同时验证现场采取的冬季施工及养护措施的有效性,为同类工程提供技术支撑。

一、波形钢腹板组合箱梁现场实测

1. 工程背景

某特大桥主桥上部结构采用 85m + 138m + 85m 三跨波形钢腹板预应力混凝土连续箱梁,由上下行分离的单箱单室截面组成,设置体外预应力,单箱底宽 6.5m,两侧悬臂 3.263m,全宽 13.025m。箱梁横桥向底板保持水平,顶面设 2% 单向横坡,由箱梁两侧不同腹板高度形成。中支点处箱梁中心梁高为 8.3m,跨中箱梁中心梁高为 4.2m,梁高以二次抛物线变化。顶板厚 0.3m,悬臂板端部厚 0.2m,根部厚 0.8m;腹板为波形钢板,板厚 0.016 ~ 0.026m;底板厚 0.32 ~ 1.0m。除在端部及墩顶根部设置混凝土腹板外(钢腹板内侧设置内衬混凝土),其余节段腹板均为波形钢腹板。中支点设置两道厚 1.2m 横隔梁,边支点设置厚 3.36m 的横隔梁。为了增加波形钢腹板箱梁的抗扭刚度,中跨设置 6 道钢筋混凝土横隔板,边跨设置 3 道钢筋混凝土横隔板。

本次研究的对象为该桥 143 号墩右幅于 2023 年 1 月 2 日浇筑的 0 号块底板及横梁与 2023 年 3 月 30 日浇筑的 1 号块底板,在 143 号墩右幅 0 号块采用两次浇筑,第一次浇筑底板混凝土,第二次浇筑顶腹板混凝土,1 号节段箱梁施工方法为整体浇筑。施工配合比为:525 水泥∶砂∶碎石∶水∶膨胀剂∶减水剂 = 450∶756∶1088∶116∶49∶7.35。

2. 现场实测

为探明 0 ~ 1 号节段现场混凝土浇筑因水化热引起的温度效应,在中支点底板厚度最大的 0 号和 1 号节段混凝土底板布置温度-应力测点,0 号节段上选取 1 个测试断面,共 3 个测点;1 号节段上选取 1 个测试断面,共 3 个测点,如图 1 所示。本研究实验采用 VWS-10F 型振弦式表面应变计,传感器沿横桥向布置,绑扎在底板上下层钢筋内侧。该应变计可同步采集混凝土测试位置温度值与应变值。0 号块与 1 号块底板水化热温度实测结果与里表温差时程曲线如图 2 所示。

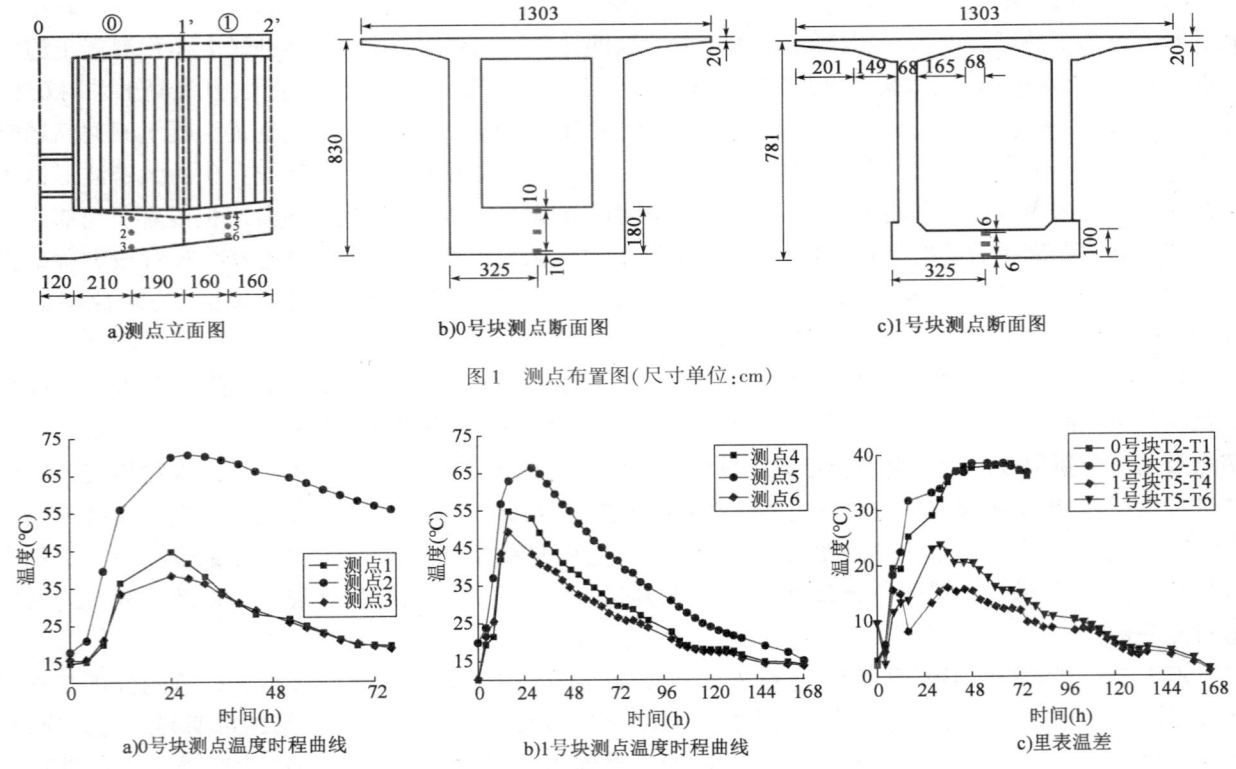

图1 测点布置图(尺寸单位:cm)

图2 0号块与1号块底板测点水化热温度与里表温差时程曲线

从图2中可以看出,0号块底板峰值温度在浇筑后26h达到最高温70℃,最大实测内表温差为37℃。1号块底板峰值温度在浇筑后30h达到最高温66℃,最大实测内表温差为24℃。由于混凝土是热的不良导体,热量不易散发,越是处于内部的混凝土与外界热交换越困难。因此底板中心测点和外侧测点存在温度梯值。0号块底板中心测点2与测点3的温度差较大于与测点1的温差,在12~24h差距5℃;1号块底板中心测点5与测点6的温差大于与测点4的温度差,原因是0号块底板与1号块底板养护条件为上部覆盖棉被,下部为钢模板,钢模板有良好的传递散热性能。

二、数值模拟

1. 有限元模型建立与参数设置

该桥由上下分离的单箱单室界面组成。利用midas FEA Nx建立0号块、1号块实体结构,以六面体为主导划分网格,形成单元尺寸为0.3m的三维有限元模型,单元类型为二阶四面体,单元共划分12371个实体单元,波形钢腹板采用2D板单元,分析模型如图3所示。其中,箱梁底部与端部边界采用固结约束。混凝土的材料力学性能和施工参数均根据现场实测结果取值,热物理参数取值,见表1。

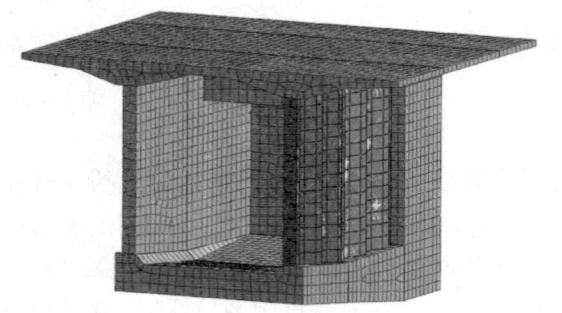

图3 有限元模型

混凝土施工参数与热物理参数　　表1

梁段	部位	环境温度(℃)	入模温度(℃)	比热	导热系数
0号块	底板	2.5	15	0.82	9.0
	顶腹板	5	12		
1号块	整体	15	15		

为了更加准确地模拟出现场的情况,需要考虑到混凝土与环境复杂的对流情况。根据实际工程采用的模板布置情况,设置对应的对流系数。0号块与1号块底板底部与外侧模、横梁内箱为6mm厚钢模板;内衬内模板、横梁外模板、端模为2cm厚木模板;内衬外侧为26mm后波形钢腹板;顶板与底板上层覆盖土工布。按文献[11]公式:

$$\beta = \frac{1}{1/\beta_i + (h_i/\lambda_i)} \tag{1}$$

式中:β——总传热系数[kJ/(m·h·℃)];

β_i——固体在空气中的传热系数[kJ/(m·h·℃)];

h_i——保温材料厚度(m);

λ_i——保温材料导热系数[kJ/(m·h·℃)]。

工程中风速取3m/s,计算得出无模板为67.49kJ/(m·h·℃),6mm厚钢模板为67.32kJ/(m·h·℃),26mm波形钢腹板为66.77kJ/(m·h·℃),木模板为28kJ/(m·h·℃),土工布为11.41kJ/(m·h·℃)。

在进行箱梁水化热测试的同时,制作同条件养护试块,测试其早龄期抗压强度和弹性模量。参考文献[12]采用下式确定混凝土抗拉强度。

$$f_{tk} = 0.88 \times 0.395 f_{cu,k}^{0.55} (1 - 1.645\delta)^{0.45} \times \alpha_{c2} \tag{2}$$

式中:f_{tk}——混凝土轴心抗拉强度标准值;

$f_{cu,k}$——立方体抗压强度标准值;

δ——强度变异系数;

α_{c2}——C40以上的混凝土需考虑脆性折减。

C55混凝土的材料性能见表2。

C55混凝土实测力学性能　　　　表2

龄期(d)	抗压强度(MPa)	抗拉强度(MPa)	弹性模量($\times 10^4$ MPa)
1	22.7	1.62	—
2	29.5	1.91	—
3	38.4	2.21	3.08
4	46	2.44	—
5	51.3	2.59	3.48
6	53.4	2.65	—
7	55.2	2.69	3.61

2. 计算结果与试验结果对比分析

从图4可以看出,各测点计算结果与实测结果较为吻合,误差在10%~20%,在可接受范围,温度发展经历上升至温度峰值最后缓慢下降至平稳,但计算结果温度峰值到达时间较实测晚2~4h。0号块测点实测虽仅采集3d数据,但计算结果模拟出测点完整温度时程曲线且与实测结果发展趋势接近,因此可作为后续研究依据。0号块底板浇筑时环境温度为2.5℃,1号块底板浇筑时环境温度为15℃,两者内部测点温度峰值仅相差4℃,但是两者表面测点温度峰值却相差近10℃,表明表层混凝土的温度非常容易受环境温度的影响。

3. 温度场分析

从图5可以看到,在浇筑后8h,混凝土水化热反应明显,0号块底板温度达到37.6℃,浇筑后32h温度达到最高73.7℃,其余的位置处由于已经到达了温度峰值点,所以温度值开始出现了下降趋势。当浇筑时间到达120h后,除底板中心区残余温度外,其余位置处因厚度较薄已经接近外部的环境温度。

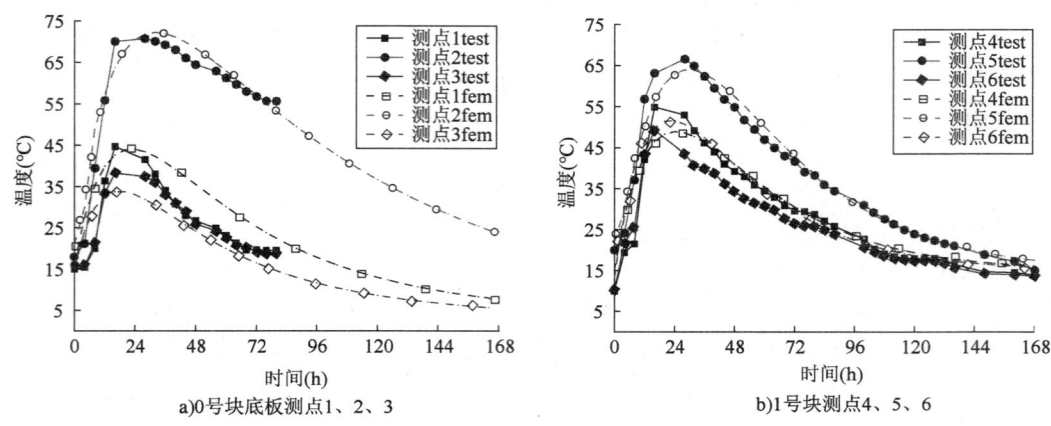

a) 0号块底板测点1、2、3　　　　　b) 1号块测点4、5、6

图4　底板测点实测与计算温度时程对比图

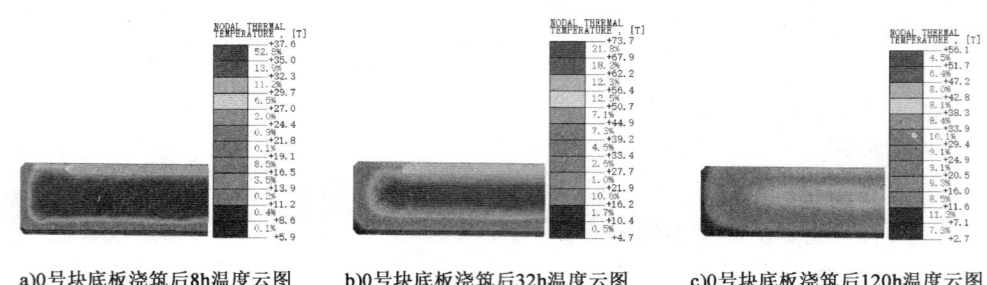

a) 0号块底板浇筑后8h温度云图　　b) 0号块底板浇筑后32h温度云图　　c) 0号块底板浇筑后120h温度云图

图5　0号块底板温度云图（单位：℃）

从图6可以看到，在浇筑后8h，混凝土水化热反应明显，1号块底板温度达到42.5℃，浇筑后32h温度达到最高68.2℃，其余的位置处由于达到了温度峰值点，所以温度值开始出现了下降趋势。当浇筑时间到达120h后，除底板中心区残余温度外，其余位置处因厚度较薄已经接近外部的环境温度。

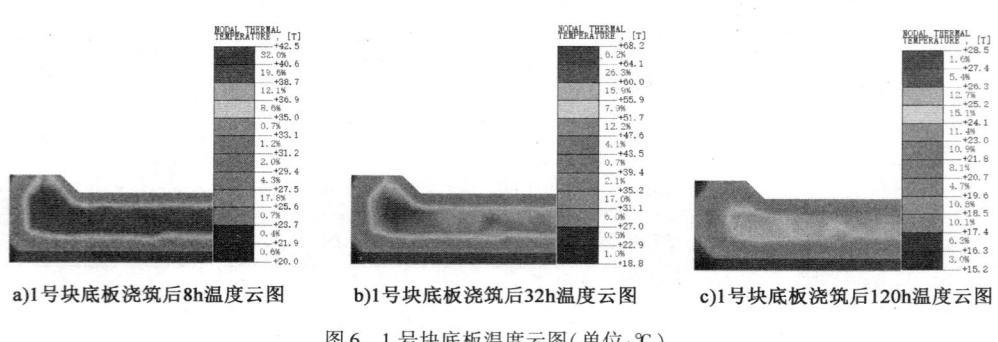

a) 1号块底板浇筑后8h温度云图　　b) 1号块底板浇筑后32h温度云图　　c) 1号块底板浇筑后120h温度云图

图6　1号块底板温度云图（单位：℃）

三、温控措施

1. 环境温度的影响

在混凝土浇筑及养护的过程中，外界环境温度对结构的表面散热情况有直接影响。为了研究环境温度对结构水化热产生的影响，以1号块混凝土为例，分别取5℃、15℃、25℃、35℃，其他条件不变。

从图7可以看出，环境温度从5℃升至35℃时，底板内部最高温度从58.4℃变为73℃，环境温度每增加10℃，结构最高温度上升大约5℃。在后期的降温过程中，混凝土的降温速率随着环境温度的增大而减小。底板里表温差随着温度的增高而降低，环境温度5℃里表温差最高为34℃，环境温度为35℃时里表温差为23℃。同环境温度会导致结构的里表温差发生较大的变化，当环境温度越低时，结构的里表温差越大,越容易产生温度裂缝。因此在夜间或冬季等气温较低的条件下浇筑混凝土时,需要加强混凝土的保温养护措施,避免因温度应力过大而产生裂缝。

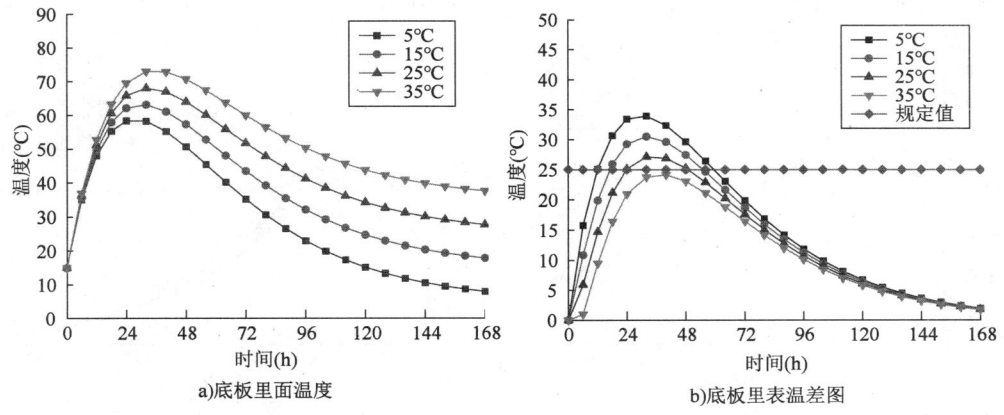

图 7　不同环境下底板里表温度-时间曲线

2. 入模温度的影响

入模温度也就是混凝土浇筑的初始温度,根据相关规范的要求,冬季施工时混凝土拌合物的入模温度不得低于5℃,夏季施工时混凝土拌合物的温度不得高于35℃。当入模温度低于5℃时,水泥不再进行水化热反应,混凝土也就不会凝固,当入模温度过高时,会使的结构内部呈现高温状态。可以看出,不同的入模温度对结构的也会产生较大的影响,为此本文以1号块为例其他条件不变,选取10℃、20℃、30℃三种入模温度对结构进行数值模拟。

从图8可以看出,当入模温度从10℃变化到30℃时,底板中心的最高温度从55.6℃升高到80.6℃,底板里表温差从25.6℃升高到43℃,且达到最高温度的时间也有所提前。这表明提高混凝土的浇筑温度会加快水泥的水化速度,并会增大结构的温度峰值与里表温差。因此,后期环境温度升高时,可以在混凝土浇筑时对集料进行冷却或加冰块拌和,以此来控制混凝土的入模温度。

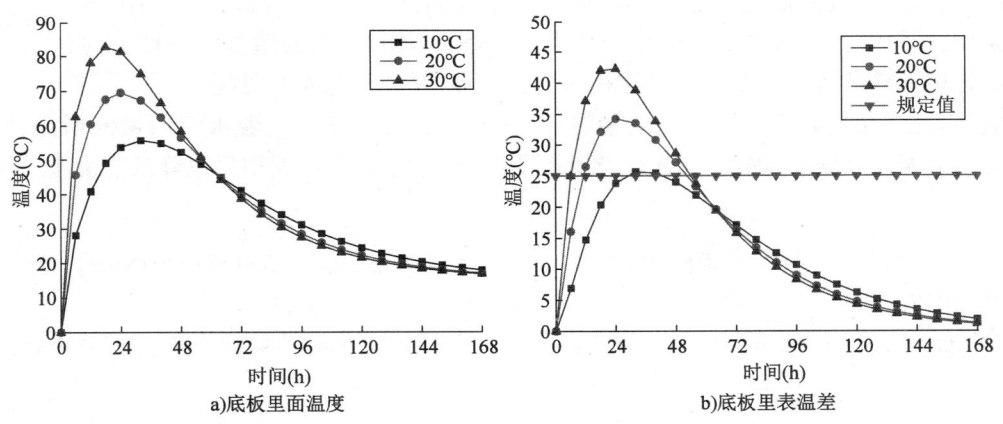

图 8　入模温度对混凝土水化温度的影响

3. 水泥用量的影响

为了研究水泥的种类及用量对混凝土水化热的影响,结合过程实际情况,以1号块为研究对象,采用C55混凝土,水泥用量取值范围从480~390kg/m³,对比分析底板与内衬混凝土最高温度峰值曲线与里表温差值曲线。

从图9可以看出:在水泥用量为390kg/m³时,结构的最高温度为58℃;在水泥用量为480kg/m³时,结构的最高温度为69℃;当每立方米混凝土的水泥用量增加120kg时,结构的最高温度相差11℃,与理论中混凝土每增减10kg水泥用量其温度增减1℃大体相符;在水泥用量从390kg/m³增加到480kg/m³时,底板里表温差从28℃增加到34.2℃。因此,在满足结构设计强度要求的前提下,可以适当减小混凝土的水泥用量,以降低结构的水化最高温度与里表温差,从而减小温度应力。

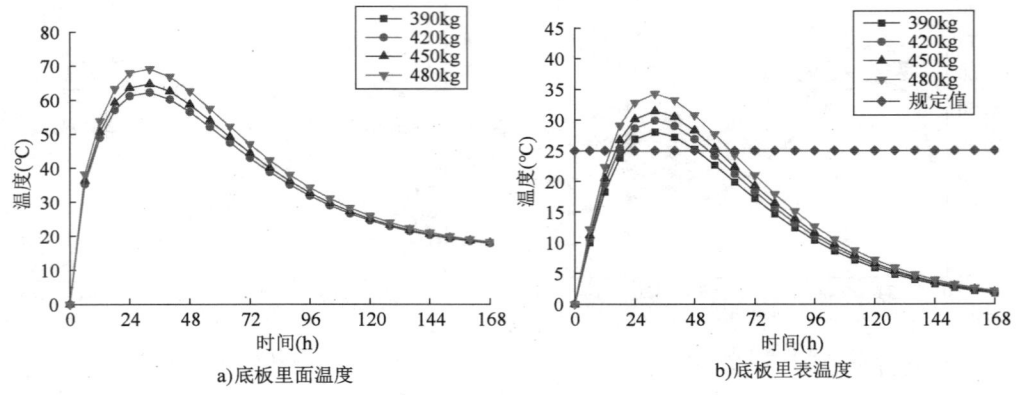

图9 水泥用量对混凝土水化温度的影响

四、结　语

为了研究大跨波形钢腹板PC混凝土连续箱梁底板混凝土水化-温度效应对早期裂缝的影响,分析了0号块、1号块浇筑后的水化热数据并研究了环境温度、入模温度、水泥用量对其早期水化热温度场的影响。采用有限元软件midas FEA模拟实桥底板混凝土浇筑后的水化热温度场,得到了以下结论。

(1)混凝土产生的水化热使得测点温度产生明显变化,呈现了快速上升至温度峰值而后缓慢下降至环境温度的趋势,混凝土内部热量积累使得内部温度高于同龄期表面温度。

(2)通过对比不同环境温度下浇筑的0号块底板与1号块底板里表温差时程曲线,发现环境温度越低混凝土里表温差越大,因此建议在冬季施工需要加强混凝土的保温养护措施,避免因温度应力过大而产生裂缝。

(3)通过对比不同浇筑温度下底板中心温度与里表温差,发现入模温度的升高,底板中心温度上升速率加快,温度峰值增大且到达时间提前,入模温度每增加10℃,里表温差则增加大约9℃。因此,建议在夏季施工时对集料进行冷却或加冰块拌和,以此来控制混凝土的入模温度。

(4)通过对比单位体积下不同水泥用量浇筑的底板混凝土,发现随着水泥用量的增加,底板内部温度峰值与底板里表温差增加,因此,建议优化混凝土配比,适量减少水泥用量以降低混凝土水化热。

参考文献

[1] 中华人民共和国住房和城乡建设部.大体积混凝土施工标准:GB 50496—2018[S].北京:中国计划出版社,2018.

[2] 韦达洁,毛建平,匡志强,等.大跨高强预应力混凝土箱梁零号块早期温度场及应力分析[J].混凝土2022(8):125-132.

[3] HAN S. Assessment of curing schemes for effectively controlling thermal behavior of mass concrete foundation at early ages[J]. Construction and Building Materials, 2020, 230(10): 11704.

[4] HOSSEIN A G, MAHMOUD N. Experimental and numerical assessment of thermal properties of self-compacting mass concrete at early ages[J]. European Journal of Environmental and Civil Engineering, 2022, 26(16): 8194-8211.

[5] 姚刚,余志给,杨阳,等.单室箱梁电热器养护温度场及温度应力分析[J].土木工程学报,2018,51(3):109-114,128.

[6] 汪建群,方志,刘杰.大跨预应力混凝土箱梁水化热测试与分析[J].桥梁建设,2016,46(5):29-34.

[7] 汪建群,魏桂亮,刘杰,等.跨海大桥大体积混凝土承台水化热实测与分析[J].桥梁建设,2020,50(3):25-31.
[8] 王力,刘世忠,丁万鹏,等.干寒地区新型波形钢腹板组合箱梁温度效应分析[J].工程科学与技术,2021,53(1):60-66.
[9] 梁栋,陈瀚森,董婉.零号箱梁水化热温度应变场分析[J].北京交通大学学报,2018,42(4):51-56.
[10] 张宁,周鑫,刘永健,等.基于点阵式测量的混凝土箱梁水化热温度场原位试验[J].土木工程学报,2019,52(3):76-86.
[11] 朱伯芳.大体积混凝土温度应力与温度控制[M].北京:中国水利水电出版社,2012.

64. 单纵肋磨光顶紧主索鞍制造技术研究

石红昌 黄安明

(德阳天元重工股份有限公司)

摘 要 针对新型单纵肋磨光顶紧主索鞍结构,分析结构制作重难点,进行缩尺模型工艺试验,优化产品制作工艺和质量检查控制,保证实物产品制作满足接触部位金属接触率≥80%的要求,可以为特大悬索桥磨光顶紧主索鞍的制作提供参考。

关键词 单纵肋 磨光顶紧 主索鞍 接触率 悬索桥

一、引 言

主索鞍是悬索的重要受力部件,一般在设置在主塔的塔顶,对主缆起到支撑和变向的作用。龙潭过江通道工程跨江大桥主桥采用两塔单跨吊钢箱梁悬索桥,主缆跨度布置为615m+1560m+552m,加劲梁跨度布置为1560m+100m。

传统的主索鞍鞍体主要采用全铸或者铸焊结合结构。铸焊结合形式的主索鞍鞍体鞍头材料为铸钢件,底座部分是由钢板组焊而成,两部分通过焊接的方式组成了主索鞍鞍体。对于特大型悬索桥来说,一般单纵肋主索鞍鞍体的厚度可以达到180mm以上,主肋与鞍头铸钢件之间通过采用全熔透焊缝焊接,由于是特厚板焊接,同时是异种材质的焊接,焊接难度高,焊接质量保证难度大,对工艺和人员的要求高。

龙潭过江通道跨江大桥的主索鞍鞍体也采用铸焊结合结构,鞍头用铸钢铸造而成,铸钢件鞍头材料牌号为ZG300-500H,与传统铸焊式主索鞍不同的是,本鞍体的鞍头与主纵肋不焊接,通过金属接触传力,鞍头与横向肋板采用焊接,纵向肋板、底板及横向肋板间均采用焊接,钢板采用Q345R材料。这种结构,大大减少了焊接工作量,降低了特厚板异质材料焊接的制造难度,减轻了工人的劳动强度。鞍头与主纵肋通过金属接触传力,接触端面需进行机械加工,金属接触率≥80%。

为了保证主索鞍主纵肋与鞍头接触率达到80%的要求,通过试制模型主索鞍并对其进行加工工艺、焊接工艺、组装顺序等试验研究,总结优化模型试验成果,将技术成果应用到龙潭主索鞍产品中,填补国内特大磨光顶紧悬索桥制造的技术空白。

二、制造难点分析

该项目主索鞍鞍体单件质量约85t,尺寸(长×宽×高)约4.7m×4.1m×3.9m,主索鞍鞍体尺寸示意图如图1所示。主索鞍鞍体采用铸焊结合结构,鞍头用铸钢铸造而成,铸钢件鞍头材料牌号为ZG300-500H,鞍头与主纵肋通过金属接触传力,鞍头与横向肋板采用焊接,纵向肋板、底板及横向肋板间均采用焊接,钢板采用Q345R材料。其特点是重量大,结构复杂,鞍体需要焊接和机加工,主纵肋与鞍头间通过磨光顶紧传递接触应力,接触端面需进行机械加工,精度要求如下:不圆度≤0.08mm/m,表面粗糙度 Ra = 12.5μm,金属接触率≥80%。要求采用 0.1mm 塞尺进行检测。

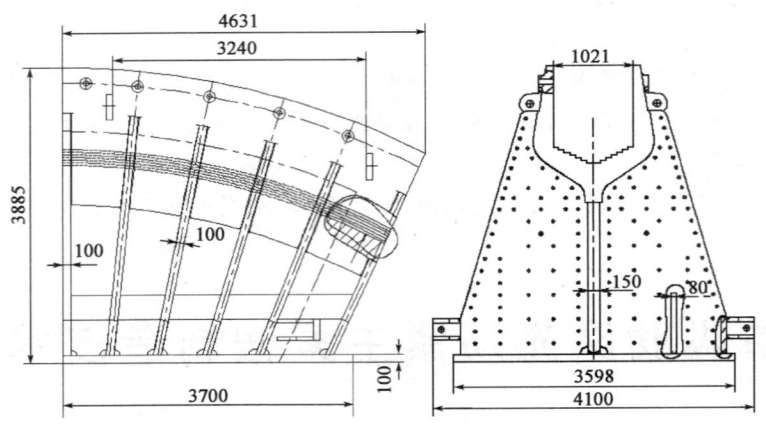

图 1　主索鞍鞍体尺寸示意图(尺寸单位:mm)

三、缩尺模型试验工艺研究

通过模拟主索鞍制造过程,验证预测的制造工艺的可行性和正确性。根据试验结果,对制造工艺进行优化,以达到设计图纸规定的技术指标。为保证试验数据真实可靠,采用与龙潭项目结构相同的缩尺试验模型进行,模型采用铸焊结合的结构,鞍头采用 ZG300-500H 铸钢,钢板牌号为 Q345R。按照研究分析的装焊工艺方案进行装配、焊接后,分别检测装配后、焊接后、鞍体热处理消应后的金属接触率,满足接触率≥80%,工艺试验模型结构如图 2 所示。

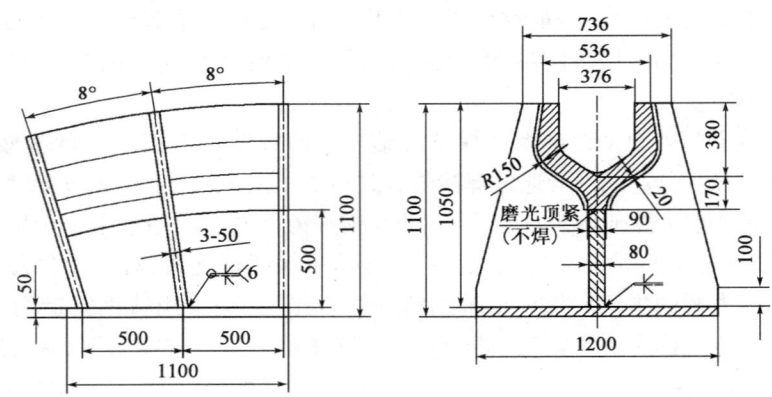

图 2　试验模型结构示意图(尺寸单位:mm)

1. 研究的技术路线

主索鞍鞍头与主纵肋通过金属接触传力,设计图纸要求鞍头与主纵肋金属接触率≥80%。考虑到产品的最终技术要求,因该模型为缩尺模型,为了更好地满足产品最终的基础率技术要求,主要从加工、焊接、热处理三个方面进行工艺优化控制。

(1)机加工艺的制定:要求满足装配后主纵肋和鞍头的接触部位的接触率大于 90% 的要求。

(2)焊接工艺的制定:所持模型焊接后要求满足焊接后主纵肋和鞍头基础部位的接触率大于 85% 的要求。

(3)热处理工艺的制定:最终满足热处理消应退火后主纵肋和鞍头的接触部位的接触率大于 80% 的要求。

为了更优保证产品的接触质量,通过定量的可操作性检验手段来进行质量检测控制,主要从焊前、焊后、热处理消应这三个节点进行检测控制,并提出具体的检测要求。

(1)焊前检测要求:磨光顶紧区域采用0.1mm的塞尺检查,要求全长范围内塞尺不通过、边缘最大间隙≤0.3mm。

(2)焊后检测要求:磨光顶紧区域采用0.1mm的塞尺检查,要求全长范围内塞尺不通过、边缘最大间隙≤0.5mm。

(3)热处理消应后检测要求:磨光顶紧区域采用0.1mm的塞尺检查,塞入面积小于20%,边缘最大间隙≤0.8mm。

2. 试验过程

按图纸要求对鞍头侧面、端面、主筋板接触面进行加工,其中主筋板接触面满足轮廓度误差≤0.08mm/m,表面粗糙度不低于12.5;在主筋板与底板焊接并探伤完成后,对主筋板圆弧面进行加工,满足轮廓度误差≤0.08mm/m,表面粗糙度不低于12.5。试验鞍头粗加工如图3所示。

为保证主纵肋顶部圆弧面与鞍头底部圆弧面能紧密贴合,减少主纵肋与底板焊缝对圆弧面的影响,先将主纵肋与底板进行装焊,焊接时主纵肋两侧加码板固定,焊接后对该焊缝进行超声波探伤(UT)检查;焊缝探伤合格后,机加工主纵肋顶部圆弧面,加工后对该圆弧面进行抛光打磨,粗糙度不得大于12.5;将鞍头与主筋板圆弧面进行组合试装配,检查接触率和间隙情况,对局部不满足要求的部位采取人工修磨,以调节适配两者之间的接触情况,使之符合要求,并在圆弧顶面涂抹红丹检查(接触率≥90%)(该步骤需要对接触面进行多次修磨,方可完成),示意如图4所示。

图3 试验鞍头粗加工

图4 涂抹红丹进行接触率检查

鞍头与主纵肋接触率满足要求后,装配侧筋板,并在主纵肋与鞍头间增设焊块进行连接。鞍体总的施焊顺序是从中间往两边焊接,在焊接同一截面的两侧筋板时,先焊接主纵肋与侧筋板间的焊缝;再焊接侧筋板与鞍头的焊缝,使主纵肋、侧筋板、鞍头成为一个整体;最后再焊接底板与侧筋板间的焊缝,这样就使得主纵肋与鞍头的接触面所受的力均为压应力,不会产生间隙。焊接顺序如图5所示。

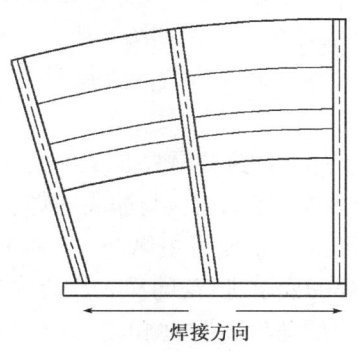
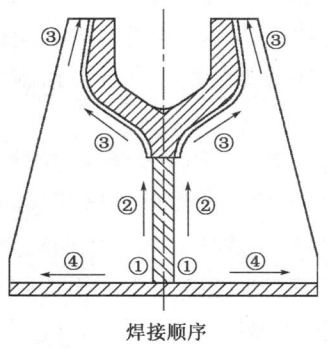

图5 缩尺模型焊接顺序示意图

焊接过程中严格按照对称施焊的要求进行,同样人数的焊工在主纵肋两侧相同位置同时施焊,两侧施焊焊接采用相同的焊接参数、相同的速度,使两侧的应力差尽可能小,防止焊接应力影响磨光顶紧部位的接触率。焊后对焊缝进行无损探伤检查,探伤合格后对主纵肋与鞍头接触面进行首次接触率检查,检查符合要求后,进炉进行焊后消除应力热处理,待热处理完成后,焊缝探伤复检,再进行最终的接触率检查。

3. 工艺试验结果

按照既定工艺方案进行加工、装配、焊接、热处理后,根据试验过程中规定的工序节点检测时机,对主筋板与鞍头接触面进行接触率检查,检测结果如下:装焊筋板前进行接触率检测(涂红丹检测),接触率约为95%,大于要求的90%。焊接前进行接触率检测,采用塞尺的形式进行检查,主纵肋全长范围内除100mm长一段0.12mm塞尺不入,其余0.08mm塞尺均不入。焊接后进行接触率检查,采用塞尺的形式检查,全长范围内0.03mm塞尺不入。因产品实际制造过程中,要进行两次消应热处理,因此对缩尺试验件进行了两次消应热处理,第一次、第二次热处理后都进行了接触率的检查,同样采用塞尺的形式进行,两次结果基本相同,全长范围内0.03mm塞尺不入。试验结果远超预期,能够达到图纸技术要求。

四、实物产品制作

针对该种结构采用同类型产品、同等规格缩尺尺寸主筋板与铸钢鞍头开展的磨光顶紧的工艺试验研究成果,根据工艺试验的结果,总结了关于铸钢鞍头内圆弧及主筋板外圆弧面的加工精度控制方法和装配焊接控制技术手段,然后再通过局部手工修磨进一步消除间隙提高接触率,保证产品的主筋板上部圆弧与鞍头底部圆弧的接触率能达到90%以上。

1. 制作过程要求

结合缩尺模型的试验结果、实际产品的接触面面积远远大于缩尺模型的接触面面积、工艺制造情况,提出了更严格的实物产品质量控制和检查的制作过程要求。实物产品的制作的检测要求塞尺检测用0.05mm的塞尺进行检测控制。各个工序节点的具体检测要求进行了严格规定。焊前检测要求:磨光顶紧区域采用红丹及0.05mm的塞尺检查,要求全长范围内塞尺塞入面积≤10%。焊后检测要求:磨光顶紧区域采用0.05mm的塞尺检查,要求全长范围内塞尺塞入面积≤8%。热处理后检测要求:磨光顶紧区域采用0.05mm的塞尺检查,要求全长范围内塞尺塞入面积≤8%。

为控制和减少鞍体焊接工作对磨光顶紧部位接触率的影响,参照缩尺模型的工艺制造成功经验和技术总结,进行反复分析论证,制定出合理可行的装配焊接顺序,先将底板与主纵肋焊接,焊后再加工主纵肋圆弧面,以消除后续焊接该焊缝对主纵肋圆弧面的影响;将鞍头与主筋板圆弧面进行组合试装配,检查接触率和间隙情况,对局部不满足要求的部位采取人工修磨,以调节适配两者之间的接触情况,使之符合要求;然后将鞍头与底板、主纵肋及端头四件侧筋进行装配,检查鞍头与主纵肋间紧密接触;在鞍头和主纵肋接头两侧增设多块工艺固定块进行固定连接,工艺固定块示意图如图6所示;再次复查接触情况,最后装配其余侧筋。这样的组装顺序和辅助措施能够最大程度减少后续的焊接对主筋板与鞍头磨光顶紧部位的影响。

参照缩尺模型的成果,制定鞍体合理的焊接顺序,鞍体总的施焊顺序是从中间往两边焊接,在焊接同一截面的两侧筋板时,先焊接主纵肋与侧筋板间的焊缝,再焊接侧筋板与鞍头的焊缝,使主纵肋、侧筋板、鞍头成为一个整体,最后再焊接底板与侧筋板间的焊缝,这样就使得主纵肋与鞍头的接触面所受的力均为压应力,不会产生间隙;焊接过程中严格按照对称施焊的要求进行,同样人数的焊工在主纵肋两侧相同位置同时施焊,两侧施焊焊接采用相同的焊接参数、相同的速度,使两侧的应力差尽可能小,防止焊接应力影响磨光顶紧部位的接触率。鞍体焊接顺序示意图如图7所示。

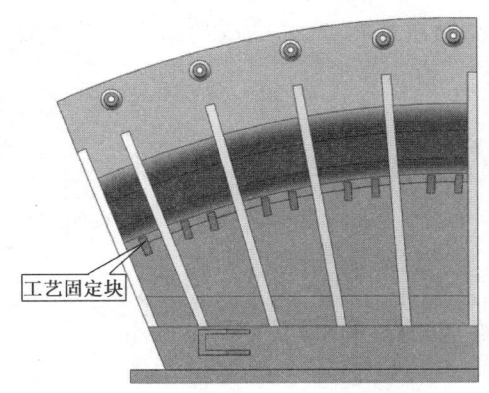
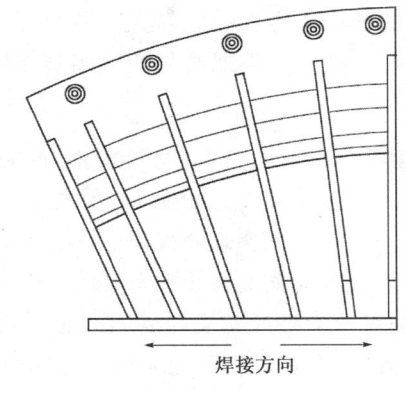
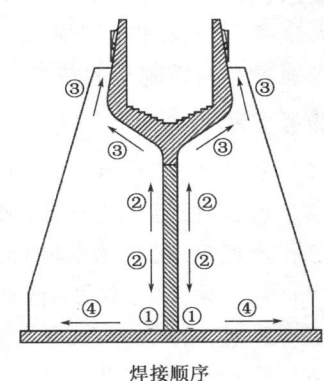

图6 鞍体装焊工艺固定块示意图　　　　　　　　　　图7 鞍体焊接顺序示意图

2. 工艺过程及检测结果

按照要求的工艺控制要求进行加工、装配、焊接、热处理后，制定严格的质量控制和检测要求，在产品制作过程中按照规定的工序节点检测时机进行检测。

（1）装焊及机加工及质量检查

现将主纵肋装焊在底板上，为了保证主纵肋和底板的垂直度，控制主纵肋与底板之间加筋板变形，焊接采用两侧多名焊工对称施焊，施焊方向由中间向两边分段退焊，焊后进行无损探伤合格后进行退火消应；退火消应后进行焊缝无损探伤复探，复探合格后进行主纵肋与底板组件的加工，同时进行机加工底部的鞍头装配接触率检查。为了便于观察接触面的接触情况，采用常用的红丹涂抹检查方法，即在主纵肋与底板组件的加工圆弧上均匀涂抹红丹，吊装鞍头底部与其装配接触，并进行微量的移动，接触接触率检查，中间过程根据接触情况采用局部修磨或者加工的方式来保证接触率达到90%以上的要求。红丹检测符合要求后进行塞尺检测，用0.05mm的塞尺进行检查，总共均匀检查50个点，经检查接触率可以达到95%以上。实物装配塞尺检测如图8所示。

（2）装焊侧筋板焊接及质量检查

主纵肋与鞍头装配接触率达到要求后，进行侧筋板的组装，同时在要求的部位加装工艺固定块，侧筋板的焊接采用从中间到两边焊接的顺序。焊接侧筋板时，采用多人对称焊接，多次翻面焊接、锤击消应，减小变形。焊接完成焊缝进行无损探伤检测，合格后进行接触率的检测，用0.05mm的塞尺进行周边缝隙的检测全不入。焊接后的接触率比装配前的更好，与缩尺模型的结果一致，由于焊接后鞍头与主纵肋的周边缝隙会进一步收缩，焊接的接触面实现了预期的收缩效果。

图8 实物装配塞尺检测

（3）热处理消应及质量检查

鞍体装焊焊接完成后按照工艺要求进行热处理消应处理，直至完成整体热处理消应处理。每个热处理过程完成后都进行接触率的检查，用0.05mm的塞尺检测，最终检测结果都是全周边0.05mm塞尺不入，完美达到了接触率≥80%的要求。

五、结　语

针对龙潭过江通道跨江大桥的单纵肋磨光顶紧主索鞍，通过研究其结构特点，制作重难点分析，进行缩尺模型工艺试验研究验证，制定优化的工艺措施和质量检测控制，最终实现了实物主索鞍产品的高质量制作，最终产品质量达到了接触率≥80%设计规范的要求。该新型单纵肋磨光顶紧主索鞍，无须采用复杂、高难度、特厚板的熔透焊接处理,既方便组装成型,又能够使鞍头与鞍座之间的结合部位承压强度大幅度提高,在提高索鞍整体的结构稳定性的同时大大降低了产品制造难度,产品的成功制作填补了磨光顶紧主索鞍制作的技术空白,对将来的类似产品的应用制作提供了有益参考。

参考文献

[1] 钱冬生,陈仁福.大跨悬索桥的设计与施工[M].成都:西南交通大学出版社,2015.
[2] 雷俊卿.悬索桥设计[M].北京:人民交通出版社,2002.
[3] 严国敏.现代悬索桥[M].北京:人民交通出版社,2002.
[4] 周孟波.悬索桥手册[M].北京:人民交通出版社,2003.
[5] 张哲,窦鹏,石磊,等.自锚式悬索桥的发展综述[J].世界桥梁,2003(1):5-9.
[6] 周世忠.中国悬索桥的发展[J].桥梁建设,2003(5):30-34.
[7] 金增洪.20世纪悬索桥的历史和美学[J].公路,2004(9):1-20.
[8] 苏兰,石红昌,杨芙蓉,等.悬索桥特厚异种板焊接技术研究[J].大型铸锻件,2018(5):11-13.
[9] 石红昌,苏兰,黄安明.铸焊式主索鞍鞍体倒装装焊工艺研究[J].工程建设与设计,2018(1):130-132,135.
[10] 全国铸造标准化技术委员会(SAC/TC 54)焊接结构用铸钢件:GB/T 7659—2010[S].北京:中国标准出版社,2011.
[11] 全国钢标准化技术委员会(SAC/TC 183).锅炉和压力容器用钢板:GB/T 713—2014[S].北京:中国标准出版社,2015.

65. 短悬臂预应力混凝土盖梁力学性能研究

项楚渝[1] 李涛[1] 王胜斌[1] 徐栋[2]

(1.安徽省交通规划设计研究总院股份有限公司;2.同济大学)

摘要 本文对短悬臂盖梁这一类深受弯构件进行研究,构建了一个短悬臂盖梁的三维实体有限元模型,旨在深入分析结构的力学性能。通过计算分析,研究了短悬臂盖梁的整体受力特点,同时聚焦于水平、竖直预应力束交会区域的局部受力状况。此外,本文还关注了超短预应力束的应力损失问题,对于预应力损失进行了详尽的计算和分析,从而为工程实践提供了有价值的参考。

关键词 单悬臂盖梁 深受弯构件 应力分析 预应力束交会区域 超短束应力损失

一、工程概况

随着经济发展和交通需求增长,合六叶K644+415高速公路拟进行改扩建工程,但由于支线上跨桥下部结构侵占部分扩建路面,使得需要对支线上跨桥进行改造。高速公路与支线上跨桥交角为25°,两侧拼宽10.25m,老桥桥墩侵占拼宽后的路基。为充分利用老桥主梁,现采用单悬臂盖梁桥墩方案。该方案利用悬臂盖梁承担上部梁体重量,同时顶升梁体,以避免悬臂盖梁侵占高速公路建筑界限。根据桥墩位置,1、3号桥墩需分别向支线小桩号侧、大桩号侧移动3.9m。桥型布置如图1所示。

单悬臂桥墩盖梁如图2所示,盖梁的悬臂端长度为4m。混凝土的强度等级为C50,弹性模量为3.3×10^4MPa,混凝土重度取25kN/m³。盖梁中共有4束预应力钢绞线(每束19根),按1行4列布置(图2),预应力钢绞线采用φ15.20高强度低松弛预应力钢绞线,标准强度$f_{py}=1860$MPa,弹性模量$E_s=1.95 \times 10^5$MPa。

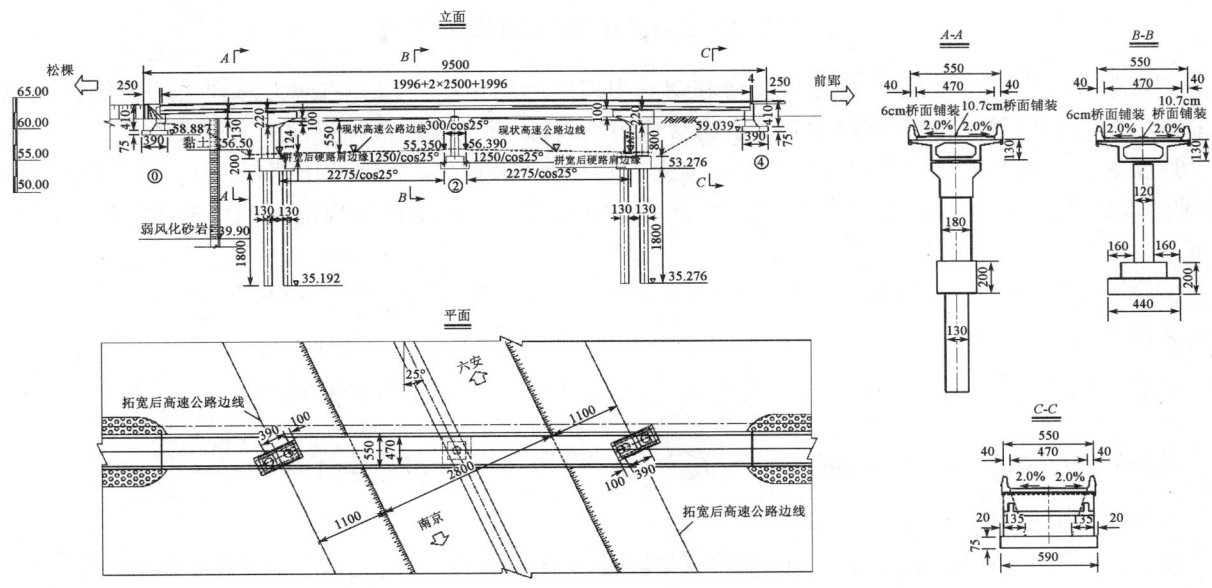

图 1　桥型布置图(尺寸单位:cm;高程单位:m)

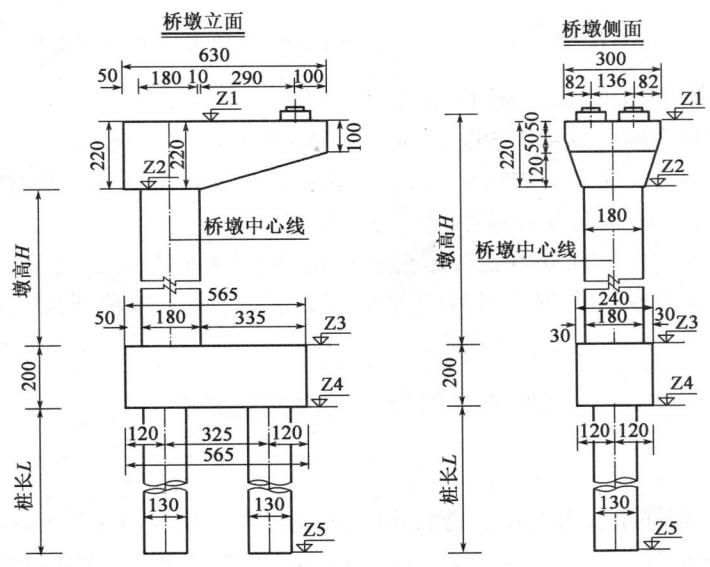

图 2　单悬臂桥墩盖梁一般构造图(尺寸单位:cm)

二、实体有限元模型

此类短悬臂盖梁剪跨比较小,已属于深受弯构件,力学性能复杂,拟采用实体有限元模型进行分析。建立下部结构实体模型,包括盖梁、墩柱、承台、支座和垫石,材料按照 C50 输入,建立了如图 3 所示的实体有限元模型。垫石与承台,锚垫板与盖梁均采用绑定连接,预应力钢束嵌固在盖梁和墩柱中。由于下部结构是静定结构,直接将承台底部六个自由度约束住。

根据《公路钢筋混凝土及预应力混凝土桥涵设计规范》(JTG 3362—2018)要求,盖梁悬臂部分的竖向力设计值按基本组合取用。通过建立上部模型提取基本组合下(并考虑汽车荷载冲击系数)支座反力。预应力的施加通过降温法实现。

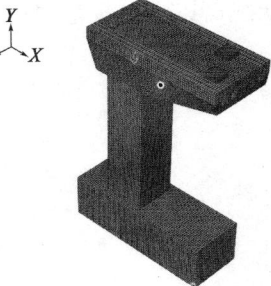

图 3　实体有限元模型

三、超短预应力束的预应力损失计算

超短束预应力束在张拉时,由锚具变形和钢筋内缩引起的预应力损失占应力总损失的比例较大,对有效应力的影响也很大,此时按经验估算的有效应力偏高,因此需要准确计算预应力损失值。

后张法预应力筋的预应力损失包括摩阻损失σ_{l1}、锚具变形损失σ_{l2}、弹性压缩损失σ_{l4}、应力松弛损失σ_{l5}、收缩和徐变损失σ_{l6},根据《公路钢筋混凝土及预应力混凝土桥涵设计规范》(JTG 3362—2018)计算如下。

①摩阻损失:$\sigma_{l1}=\sigma_{con}(1-e^{-(kx+\mu\theta)})=1395\times(1-e^{-(0.0015\times6.3+0.15\times0.2618)})=66.3(\text{MPa})$

②锚具变形损失:

普通锚具考虑锚具变形6mm:$\sigma_{l2}=\dfrac{a}{l}E_s=\dfrac{6}{6300}\times1.95\times10^5(\text{MPa})=185.7\text{MPa}$

采用低回缩考虑锚具变形2mm:$\sigma_{l2}=\dfrac{a}{l}E_s=\dfrac{2}{6300}\times1.95\times10^5(\text{MPa})=61.9\text{MPa}$

③弹性压缩损失:

先张拉一边的两根钢束后另一边两根钢束位置变形值小于1mm,这里取1mm压缩量考虑弹性损失$\sigma_{l4}=\dfrac{a}{l}E_s=\dfrac{1}{6300}\times1.95\times10^4(\text{MPa})=30.9\text{MPa}$。

④应力松弛损失:$\sigma_{l5}=\psi\xi\left(0.52\dfrac{\sigma_{pe}}{f_{pk}}-0.26\right)\sigma_{pe}=0.3\times0.26\times1395=108.8(\text{MPa})$

⑤收缩和徐变损失σ_{l6}取$0.08\sigma_{con}$,即112MPa。

采用普通锚具时预应力损失总和为503.7(66.3+185.7+30.9+108.8+112)MPa,约为$0.36\sigma_{con}$;采用低回缩锚具时预应力损失总和为379.9(66.3+61.9+30.9+108.8+112)MPa,约为$0.27\sigma_{con}$。通过计算结果,本次采用低回缩锚具,从而减小预应力损失。

由于预应力在盖梁安全性方面起着比较重要的作用,同时短束在施工过程中可能造成比较大的损失,有限元模型按照30%的预应力损失计算盖梁的应力状态,从而核验所配置的预应力束的安全富余度。

四、单悬臂盖梁受力性能分析

1. 整体受力分析

在盖梁钢筋设计中,钢筋主要布置在盖梁的外缘,在盖梁内部缺少钢筋的布置,这里通过分析内层的盖梁单元,分析盖梁的整体受力状态。在盖梁上施加基本组合支反力后,沿着盖梁宽度方向截取8层盖梁单元,分析盖梁单元的受力状况。

各层单元的位置如图4所示,盖梁的主拉应力如图5所示,除了锚下局部区域的拉应力超过限值外,其他单元的最大拉应力小于1MPa,局部应力过大的区域在距离顶部0.4m以内,而根据盖梁钢束构造图,锚下加强钢筋有5片,网片间距为0.1m,因此只要在局部承压构造上保证设计可靠性,盖梁的主拉应力状况可以满足规范限值。

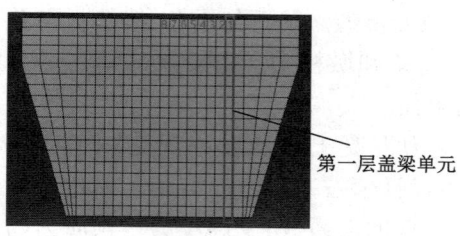

图4 8层盖梁单元沿宽度方向位置图

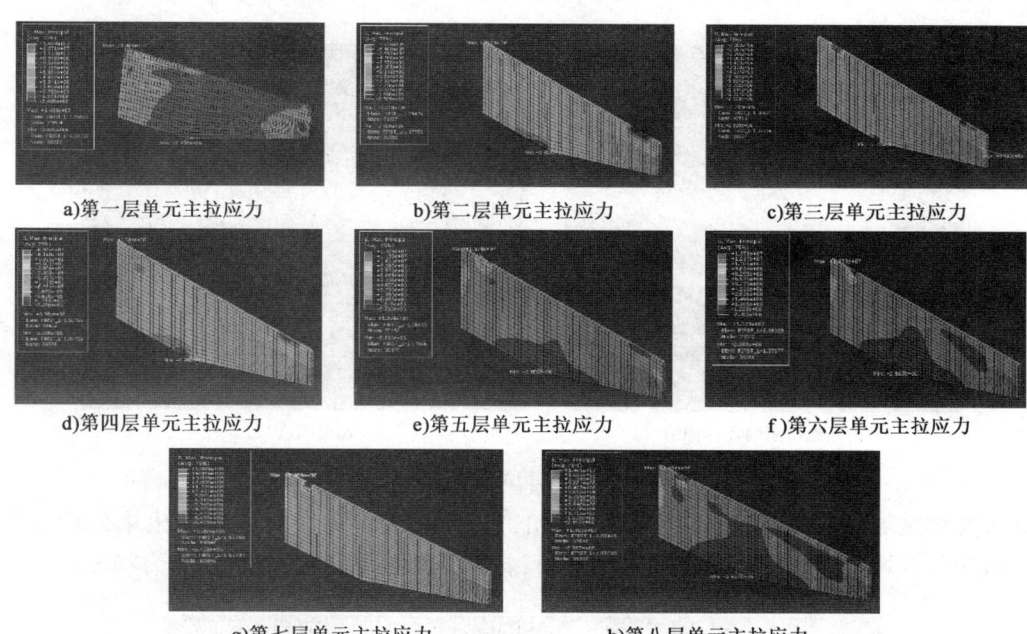

a) 第一层单元主拉应力　　b) 第二层单元主拉应力　　c) 第三层单元主拉应力

d) 第四层单元主拉应力　　e) 第五层单元主拉应力　　f) 第六层单元主拉应力

g) 第七层单元主拉应力　　h) 第八层单元主拉应力

图 5　各层盖梁单元主拉应力图(单位:Pa)

盖梁的主压应力如图 6 所示,最大压应力为 -15MPa,满足规范要求。此外,单元悬臂端盖梁截面面积相对较小,其局部承压区需要重点关注。

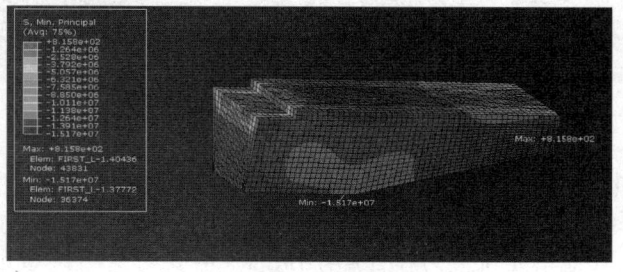

图 6　盖梁主压应力图(单位:Pa)

2. 水平预应力束和竖向预应力束交会区域受力分析

盖梁预应力束和墩柱预应力束都采用深埋锚具构造,盖梁存在水平预应力钢束和竖向预应力钢束交会区域。为了分析交会区域的力学性能,将局部区域精细建模,计算分析交会区域应力状况。深埋锚具构造如图 7 所示。

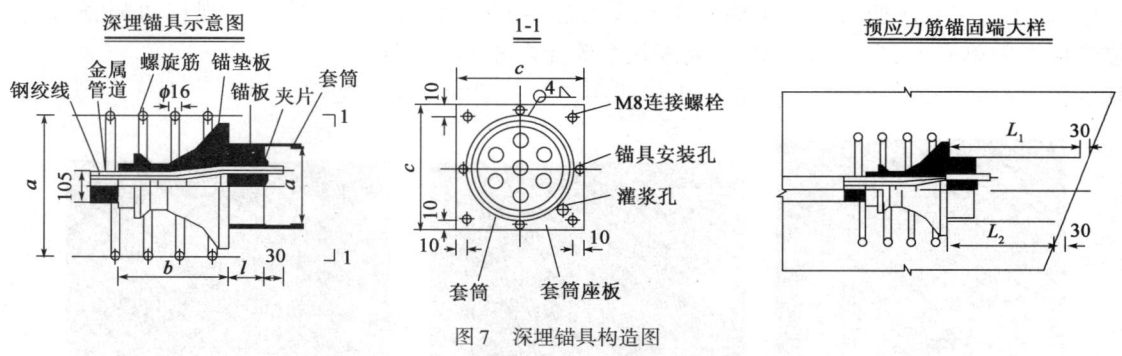

图 7　深埋锚具构造图

在实体有限元模型中,将锚具位置的盖梁实体挖除,深度为锚固端部到锚垫板的距离,将锚垫板和锚座简化为规格 206mm×206mm×80mm 的锚固块,锚固块与盖梁之间采用绑定连接,具体形式如图 8 所示,其他模型信息如前所述。

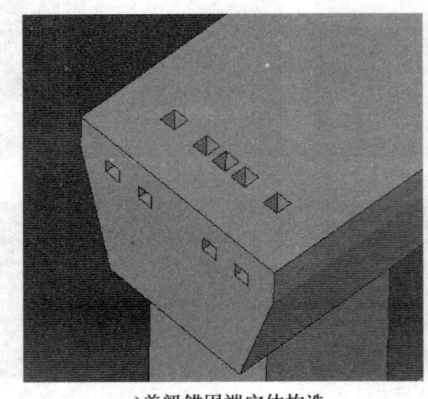
a) 盖梁锚固端实体构造

b) 锚固块

图8 考虑深埋锚具构造的实体有限元模型

为了分析交会区域的应力状况,将距离锚固端1.2m深度处的盖梁单元提取出来分析,具体位置如图9中左上角深色区域。对这一区域进行应力分析,具体分为七层,下面对各层应力状况进行分析。

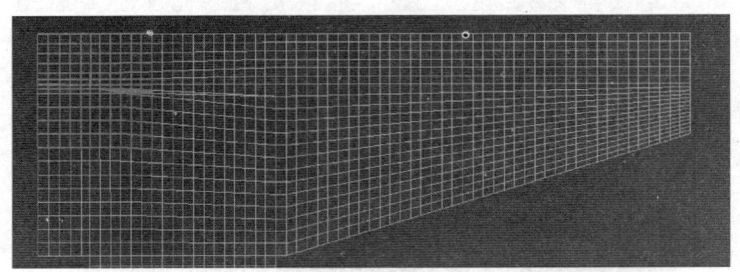

图9 交会区域在盖梁中的位置

第一层切分单元为锚固端到锚垫板边缘位置区域,如图10a)中左上角深色区域所示,应力状况如图10b)、c)所示,最大压应力为-13MPa,未超过规范限值;最大拉应力出现在靠近锚垫板的单元,局部区域单元最大值为7.05MPa,其他单元拉应力在3~4.5MPa。需要对这一区域也进行配筋,防止由于预应力张拉导致外缘混凝土开裂。

第三层切分单元为锚垫板边缘位置向下0.2m处区域,如图10d)中L形深色区域所示,应力状况如图10e)、f)所示,有局部几个单元压应力为-20MPa,其他单元小于-15.8MPa;最大拉应力出现在水平和竖向预应力局部承压的交会区域单元,大小为19MPa,周围几个单元的拉应力均超过10MPa。

第五层切分单元为锚垫板以下0.2m处区域,如图10g)中L形深色区域所示,应力状况如图10h)、i)所示,有局部2个单元压应力为-20MPa,其他单元在-13.7MPa;最大拉应力出现在两侧竖向预应力端部的锚垫板作用单元上,大小为18MPa,周围几个单元在6~12MPa。

其余各层也有类似的结果。图10列出了第一、三、五层的计算结果。

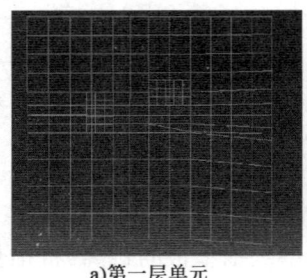
a) 第一层单元

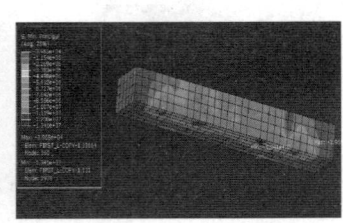
b) 主拉应力图   c) 主压应力图

图 10

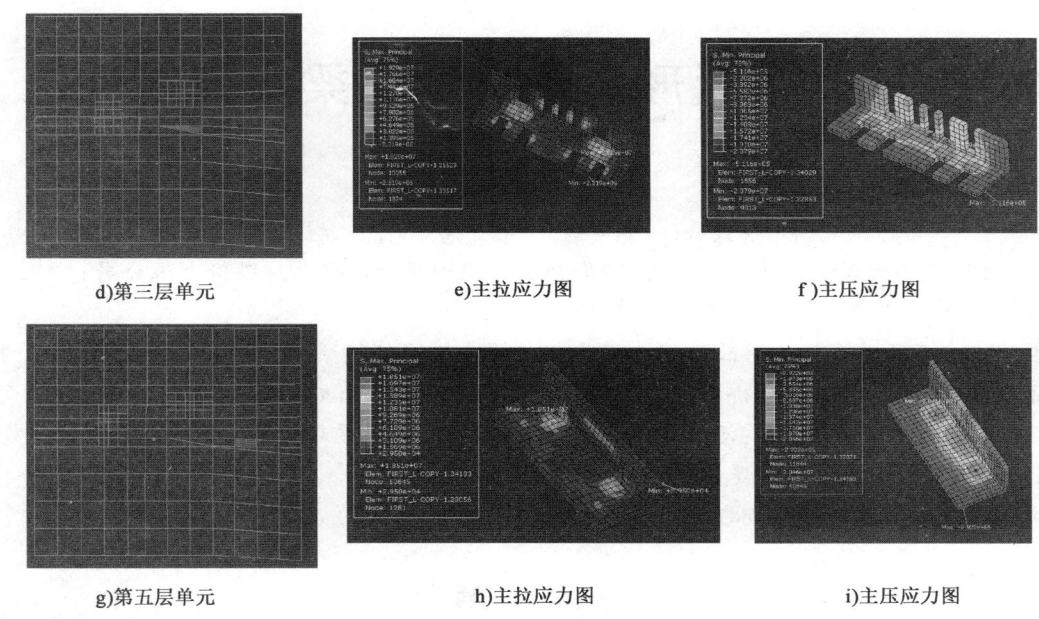

图10 交会区域各层单元应力图(单位:Pa)

五、结　语

本文通过建立单悬臂盖梁的实体有限元模型,考虑盖梁、墩柱、承台的相互作用,分析了盖梁的力学性能,得到以下结论:

(1)就盖梁的整体应力状态而言,剔除局部承压区域,盖梁的主拉应力也是小于抗拉强度标准值的。由于局部承压导致的局部应力超限深度很深,需要对于局部承压区域做进一步加强,保证局部承压的可靠性。

(2)盖梁的预应力钢筋和墩柱的预应力钢筋交会区域主压应力除了几个局部单元超过限值,其他单元主压应力未超过规范限值,而主拉应力超限区域较大,需要对盖梁从边缘到锚下0.4m均进行配筋设计。

(3)盖梁受力和局部承压区域的构造要与预应力钢束的尺寸相配套,从而保证盖梁整体和局部承压区受力的可靠性。建议采用低回缩锚具,从而减小预应力损失,保证预应力筋有效应力。

参考文献

[1] 顾祥林.混凝土结构基本原理[M].上海:同济大学出版社,2004.
[2] 中华人民共和国交通运输部.公路钢筋混凝土及预应力混凝土桥涵设计规范:JTG 3362—2018[S].北京:人民交通出版社股份有限公司,2018.
[3] 王成宝,张建恪,裴承润.短束预应力锚固的应力损失[J].市政技术,2009,27(S1):101-102.
[4] 范立础.桥梁工程(上)[M].北京:人民交通出版社,1987.
[5] 陈杰.桥墩盖梁悬臂端受力分析[D].西安:长安大学,2011.

66. 钢横梁布置形式对拼宽桥梁湿接缝性能影响研究

张森奇[1]　窦巍[2]　张浩[2]　徐栋[1]

(1. 同济大学土木工程学院；2. 安徽省交通规划设计研究总院股份有限公司)

摘　要　本文基于某高速公路改扩建工程就新旧桥主梁间钢横梁布置形式对接缝横向受力性能的影响进行了分析。计算结果表明：桥墩处主梁间钢横梁的布置能够有效降低该位置处湿接缝横向正应力水平，改善湿接缝的横向受力性能；活载作用下，桥墩处主梁间钢横梁对跨中位置处湿接缝受力几乎不产生影响；在桥墩位置处设置钢横梁是构造可行、受力合理的方案。

关键词　拼宽桥　湿接缝　钢横梁　有限元分析　梁格法

一、引　言

近年来，随着我国经济水平及交通运输需求的不断提高，现有的双向四车道高速公路已难以很好地满足日益增长的交通需要。因此，提高现有高速公路的通行能力成为当下桥梁工程中备受关注的问题之一。其中，拼接加宽是既有高速公路桥梁改扩建工程中广泛应用的方案，沪宁高速公路、沈海高速公路等高速公路超过160座桥梁均已进行加宽改建[1]。

拼宽桥梁的连接方式一般分为上下部结构均连接、上下部结构均不连接和上部结构连接而下部结构不连接，其中上部结构连接而下部结构不连接是最为常用的拼接方式[2]，上部结构的连接通常通过现浇湿接缝实现。从混凝土材料的收缩徐变、新旧桥基础不均匀沉降、汽车荷载布置方式等角度考虑，新旧桥间接缝都是受力较为薄弱的区域[3]，为了提高新旧桥的整体性和湿接缝的耐久性能，在新旧桥主梁间设置混凝土横梁或钢横梁是常用的技术手段。本文以某高速公路改扩建工程为研究背景，基于梁格法对该工程在不同的钢横梁布置情况下新旧桥间湿接缝的横向受力状态进行了计算分析。

二、工程背景

某高速公路右幅第10联现状桥为25.6m+38m+32m+28m跨径布置的预应力混凝土连续箱梁，箱梁为单箱三室等高截面，桥面宽13.25m，梁高2.1m。新建拼宽桥为25.6m+33.6m+36.4m+28m跨径布置的预应力混凝土连续箱梁，箱梁为单箱单室等高截面，桥面宽2m，梁高2.1m。新建拼宽桥立面布置如图1所示，图1中桥墩编号自左至右依次为35~39号，其中37号位置处新建桥与现状桥桥墩错位，其余桥墩对齐。设计右幅现状桥(下称"旧桥")与新建拼宽桥(下称"新桥")采用高0.25m，宽0.5m的现浇湿接缝连接。

拼宽的主要施工过程为：将现状桥拼接侧防撞护栏及一定范围内桥面铺装拆除；拼接侧翼缘按要求凿除。新桥现浇施工完成后，按照规定的时间进行堆载预压，待新桥混凝土发生一定的收缩徐变及基础沉降后，再按照规定对连接部位进行凿毛、植筋、浇筑湿接缝，最后进行桥面铺装和护栏的施工。

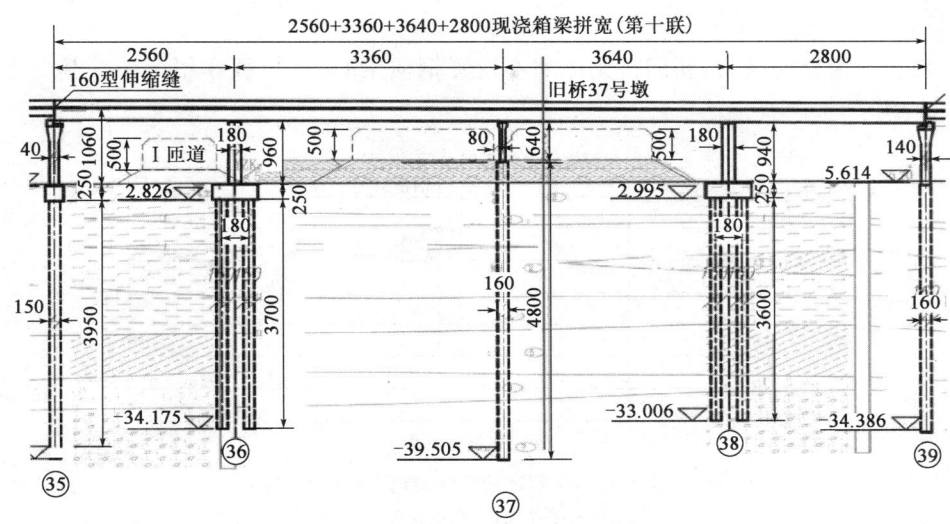

图 1 现状桥立面布置(尺寸单位:cm;高程单位:m)

三、有限元计算分析

1. 折面梁格模型

本文根据新旧桥及湿接缝设计图纸、设计参数等相关资料,采用结构分析与设计软件慧加(Wise-plus)建立全桥空间有限元计算模型,对该段改扩建桥梁的现浇湿接缝进行受力状态分析。全桥共计建立2334个节点和3967个单元,慧加有限元计算模型如图2所示。

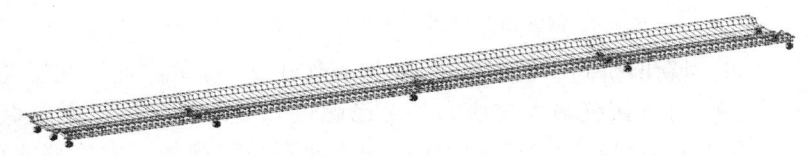

图 2 慧加有限元计算模型

计算模型为基于空间6自由度梁单元组成的折面梁格[4]模型,旧桥与新桥的箱梁截面梁格划分如图3、图4所示。在计算模型中分别以纵、横向梁单元模拟现浇湿接缝的纵、横受力,湿接缝纵横向单元均为矩形截面,如图5所示。

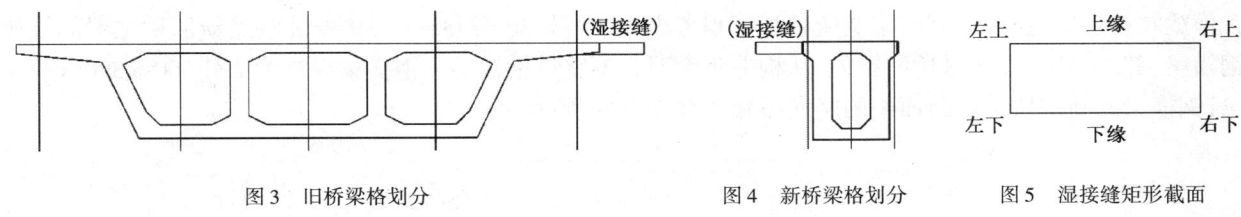

图 3 旧桥梁格划分　　图 4 新桥梁格划分　　图 5 湿接缝矩形截面

本文考虑的荷载作用包括:
(1)成桥恒载:考虑混凝土自重、桥面铺装、防撞护栏等。
(2)汽车荷载:按公路—Ⅰ级计算,拼宽完成后共计四车道,对湿接缝的局部加载计算采用车辆荷载。

由于湿接缝单元截面为双轴对称的矩形截面,在同一单元中,程序计算得到的截面左上与右上角点、左下与右下角点正应力完全相同。当发生弯曲变形时,截面的外缘正应力最大,因此,本文给出了荷载作用下湿接缝横向单元截面上下缘的正应力。

2. 不设钢横梁时恒载作用分析

湿接缝主要表现为横向受力,新旧桥梁体间不设置钢横梁时,在恒载作用下湿接缝上下缘的横向正应力分别如图6、图7所示。

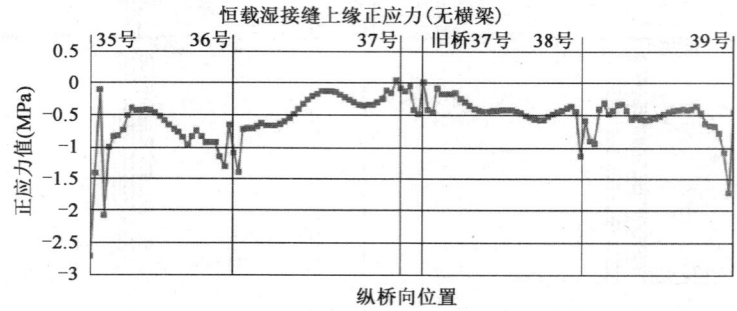

图6　无钢横梁时恒载作用下湿接缝上缘横向正应力
注:正应力受拉为正、受压为负,余类同。

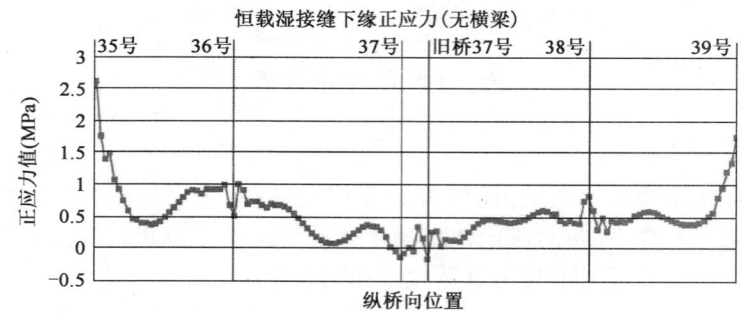

图7　无钢横梁时恒载作用下湿接缝下缘横向正应力

由上述计算结果可知:当新旧桥间不设钢横梁时,恒载作用下,桥墩位置处湿接缝横向正应力较大,外侧桥墩位置处(35号、39号)湿接缝最大拉应力甚至已超过C50混凝土抗拉强度设计值,恒载作用下桥墩处为湿接缝的横向受力最不利位置。这是由于墩顶支座对箱梁腹板竖向位移的约束作用导致湿接缝与其临近的新旧桥腹板的相对变形较大,使得桥墩位置处湿接缝横向受力最不利。其中外侧桥墩位置处受力最为不利。

当新旧桥主梁间设置横梁时,拼宽桥梁横向刚度得到有效增大,因而能改善湿接缝的受力状态。连续梁桥的主梁通常在桥墩位置处设有横隔板,使得该位置主梁具有较好的整体性以及较大的横向刚度。

就本文依托工程而言,桥墩位置处湿接缝在恒载下受力较为不利,而于桥墩位置处新旧桥主梁间设置横梁在构造上可行。因此,本文所依托工程考虑在35号、36号、38号、39号桥墩处新旧桥主梁间设置钢横梁,其中新旧桥37号桥墩错位,从构造角度而言不宜设钢横梁。钢横梁规格为HM 500×300×11×15,钢横梁在新旧桥梁横断面中的竖向布置位置如图8所示。

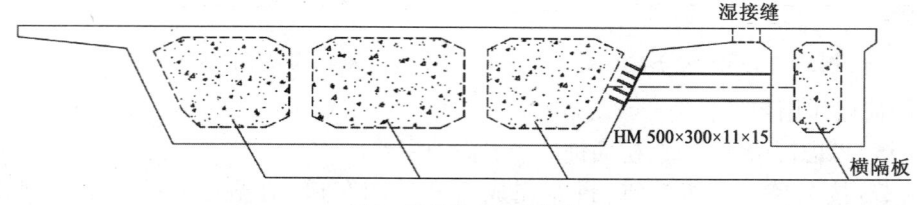

图8　钢横梁布置示意图

3. 不同钢横梁布置形式计算分析

为探究钢横梁在纵桥向的布置形式对湿接缝受力性能的影响,本文分别考虑以下4种工况:
(1)工况1:新旧桥间不设置钢横梁。

(2) 工况2：在35号、39号桥墩处主梁间设置钢横梁。
(3) 工况3：在36号、38号桥墩处主梁间设置钢横梁。
(4) 工况4：在35号、36号、38号、39号桥墩处主梁间均设置钢横梁。

恒载作用下，湿接缝在不同工况条件下的上下缘横向正应力如图9和图10所示。

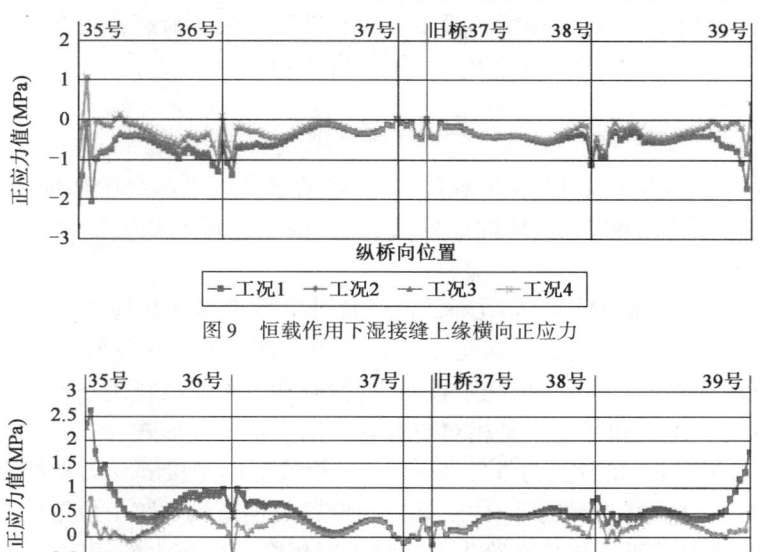

图9 恒载作用下湿接缝上缘横向正应力

图10 恒载作用下湿接缝下缘横向正应力

图9、图10中的计算结果表明：对比工况1和工况2、3、4的计算结果可知，设置钢横梁能够有效改善恒载作用下湿接缝的横向受力状态，降低横向拉应力水平。对比工况1和工况2、工况1和工况3的计算结果可知，桥墩位置处主梁间钢横梁的设置显著影响其局部的受力状态，而对远端的影响则相对较弱。

通过采用慧加软件影响面动态规划加载法，本文计算得车辆荷载作用下各典型位置处湿接缝上下缘最大横向正应力和最小横向正应力分别如图11、图12所示。

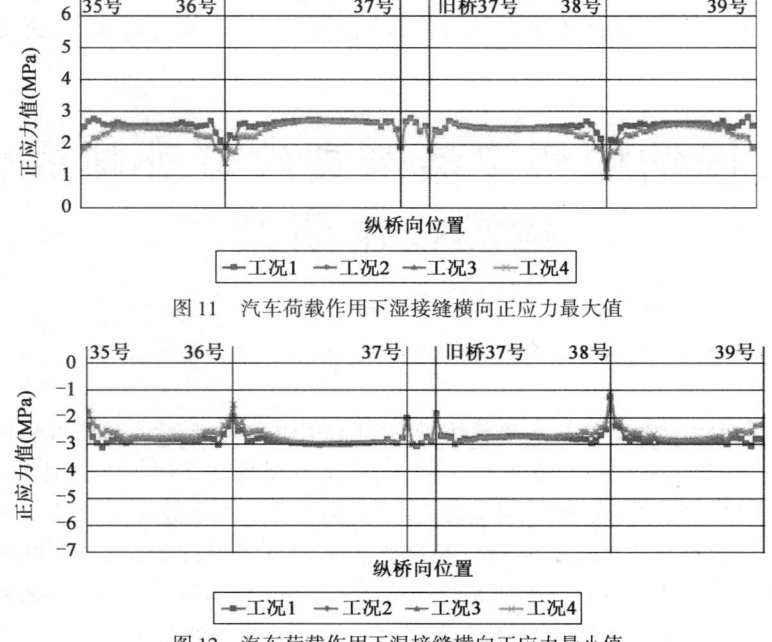

图11 汽车荷载作用下湿接缝横向正应力最大值

图12 汽车荷载作用下湿接缝横向正应力最小值

由图11、图12中的计算结果可知：车辆荷载作用下，湿接缝在全桥任意位置均可能产生较高水平的横向正应力。这是因为车辆荷载直接作用在湿接缝上时会引起该局部发生较大的横向弯曲变形，随着车辆的移动，湿接缝的最不利位置也相应改变，因此，车辆荷载作用下湿接缝在全桥任意位置均可能出现受力最不利的情况。

对比各工况下的计算结果可知，钢横梁的设置能够有效降低汽车荷载作用下桥墩位置处湿接缝的最大横向正应力，但对跨中位置处湿接缝的受力几乎不产生影响。

四、结　语

(1)当新旧桥梁间不设置钢横梁时，在恒载作用下，各桥墩位置处湿接缝横向受力最不利；各桥墩位置处主梁上设有横隔板，梁体刚度大、整体性能好，因此在桥墩位置处新旧桥梁间设置钢横梁是受力合理、构造可行的。

(2)恒载作用下，钢横梁的设置能够有效降低该位置处湿接缝横向拉应力；汽车荷载作用下，钢横梁的设置同样能使得桥墩位置处湿接缝的横向受力得到改善。钢横梁在一定程度上抑制了湿接缝横向受拉开裂，提高了湿接缝耐久性能；就本文依托工程而言，恒载和汽车荷载作用下外侧桥墩位置处湿接缝横向拉应力水平最高，因此工况2和工况4是相对更有效的钢横梁布置形式。

(3)钢横梁的布置根数与湿接缝受力性能改善呈"正相关"，即湿接缝受力性能在钢横梁布置位置的局部范围内得到有效改善，桥墩位置处新旧桥主梁之间设置的钢横梁对跨中位置处湿接缝横向受力几乎不产生影响。因此当车辆荷载直接作用在跨中湿接缝上时仍会产生较大的横向拉应力。

(4)钢横梁对湿接缝受力性能的改善作用实质上是增大了局部范围内整体的横向抗弯刚度，而第(3)条中的"正相关"关系，本质上仍是归结于横向刚度。因此，可以适当增大钢横梁截面尺寸，提高钢横梁自身抗弯刚度，进而增大整体的横向抗弯刚度，从而进一步减小湿接缝的最大横向拉应力。

(5)本文通过有限元计算分析，研究了钢横梁布置形式对于湿接缝横向受力性能的影响。在设计中可根据对湿接缝的控制要求、最不利位置、施工条件、经济条件等因素，确定钢横梁最优的布置位置、根数。

参考文献

[1] 罗文艺,李雅杰,严宇,等.公路桥梁拼宽改造应用与研究现状调查[J].安徽建筑,2019,26(6):76-81.
[2] 郭齐棣.混凝土桥梁拓宽理论与应用研究[D].武汉:华中科技大学,2006.
[3] 李喜梅.箱形连续梁桥拓宽及纵向接缝受力研究[D].西安:长安大学,2007.
[4] 徐栋,赵瑜,刘超.混凝土桥梁结构实用精细化分析与配筋设计[M].北京:人民交通出版社,2013.

67. 钢结构桥梁疲劳裂纹红外热成像检测技术研究

谢俊贤[1]　刘朵[1]　范杰[1]　杨羿[1]　张建东[2]

(1.苏交科集团股份有限公司长大桥梁安全长寿与健康运维全国重点实验室；2.南京工业大学土木工程学院)

摘　要　本研究针对运营期钢箱梁疲劳裂纹，开展了红外热成像检测技术应用研究。主要研究内容包括疲劳裂纹及次生病害红外特征及检测适用性研究、钢箱梁温度场演变规律及红外热成像检测时段分析、疲劳裂纹红外热成像优化研究。通过研究，验证了红外热成像技术在疲劳裂纹及其积水次生病害检测中的可行性，并确定了适用场景和范围。同时，通过仿真模型分析，获取了钢箱梁温度场分布及演变规律，并确定了适用于红外热成像检测的环境参数要求。本研究为钢箱梁疲劳裂纹及其积水次生病害检测提供了技术支撑。

关键词　红外热成像　疲劳裂纹　阻滞效应　钢箱梁　无损检测技术

一、引言

近年来,钢结构桥梁尤其是跨江钢结构桥梁通行荷载呈现"重载、高速、大流量"的显著特征,钢结构桥梁桥面板疲劳问题日益突出[1]。目前,疲劳裂纹检测主要采用目视检测与磁粉检测方法,目视检测工作量大、漏检概率高,磁粉检测需要去除钢结构表面防腐涂装,适用于疲劳裂纹尖端的识别,在日常巡检或定期检测过程中无法快速发现疲劳裂纹[2]。由于顶板贯穿疲劳裂纹的发生,造成U肋内腔和底板积水,其中U肋内腔积水处于封闭空间,隐蔽性强,难以发现。钢箱梁箱室内部积水只能通过定期进入箱室内部检查才能发现,缺少有效的巡查方法[3]。因此,有必要探索应用新型检测技术,实现疲劳裂纹及次生病害的快速无损检测。

正交异性钢桥面板上的沥青路面受到太阳加热,热量从铺装层经过桥面板传导至U肋,在U肋处产生温度梯度,当焊缝没有裂纹时温度变化是连续的。然而,当存在裂纹时,由于疲劳裂纹的阻热作用,桥面板与U肋之间出现了温度的跳跃变化,因此,采用红外热像仪沿焊缝扫查可以很容易发现疲劳裂纹的位置[4,5]。本文开展红外热成像检测技术研究,开展适用性分析、检测参数优化等技术应用研究,形成系统的钢桥红外热成像检测方法,具有显著的经济与社会效益。

二、典型疲劳裂纹红外热成像特征图谱分析

1. 现场红外测试

基于江苏某跨江大桥开展了疲劳裂纹红外热成像现场测试,本次测试采用目视检测、被动红外检测、主动红外检测和磁粉检测四种检测方法,针对顶板U肋角焊缝裂纹、横隔板弧形缺口裂纹和U肋母材裂纹三个关键疲劳裂纹进行检查,并对比结果验证。三个关键疲劳裂纹现场拍摄图像如图1~图3所示。

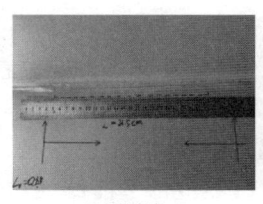  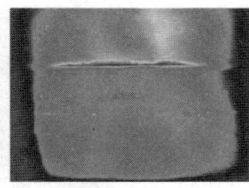 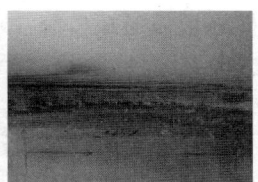

目视测试　　　　　被动红外测试　　　　　主动红外测试　　　　　磁粉测试

图1　顶板U肋角焊缝裂纹测试

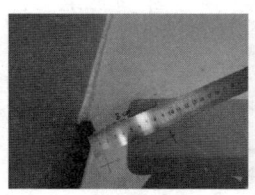 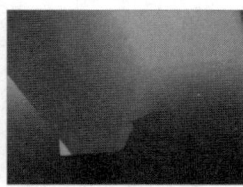 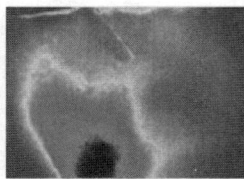 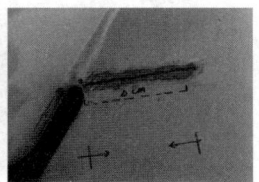

目视测试　　　　　被动红外测试　　　　　主动红外测试　　　　　磁粉测试

图2　横隔板弧形缺口裂纹测试

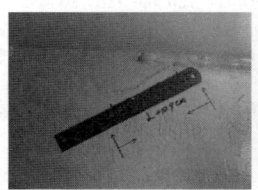  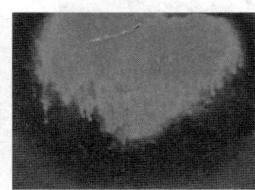 

目视测试　　　　　被动红外测试　　　　　主动红外测试　　　　　磁粉测试

图3　U肋母材裂纹缺口裂纹测试

从图1~图3可知，被动式红外检测可有效检测三种疲劳裂纹，精度优于目视和主动式红外，低于磁粉检测，而磁粉检测人工时间成本高，不适用于快速巡检。红外检测精度略低，但满足要求，其非接触、远距离、快速化等优势适合钢桥快速巡检。

2. 红外图像分析

1）顶板U肋角焊缝裂纹

数据提取路径如图4所示，从左到右依次是未开裂区域路径线，开裂区域边缘路径线，开裂区域1/4处路径线以及开裂区域中部路径线。

受拍摄环境和拍摄仪器影响，红外图像受噪声影响比较严重，图像曲线出现比较激烈的振动，但从曲线整体趋势来看，越靠近裂纹中部区域，温度跳跃越为明显，温差也越大。为了仔细研究图像特征，对图像进行简单降噪处理。从图5中可以看出，各路径起点温度基本保持一致，主要差异仍体现在温度跳跃处温差，各路径跳跃温差分别为0℃、0.6℃、0.8℃和1℃，由此可以说明路径越靠近裂纹中部，则跳跃处温差越大。

图4　路径提取示意图

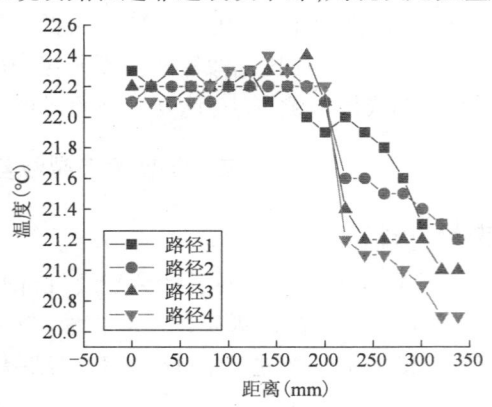

图5　降噪后各路径温度梯度对比

2）横隔板弧形缺口裂纹

数据提取路径如图6所示，从左到右依次是裂纹根部位置、裂纹1/4处位置、裂纹1/2处位置、裂纹3/4位置以及裂纹尖端位置。

如图7所示，针对横隔板弧形缺口裂纹，越靠近裂纹根部，则温度跳跃越为明显，温差也越大，越靠近裂纹尖端则温度跳跃越不明显，原因在于，裂纹尖端位置通常为未贯穿型裂纹，热量依然能够通过裂纹尖端未贯穿部分进行温度传递，因此红外热成像无法有效辨别裂纹尖端。

图6　数据提取路径示意图

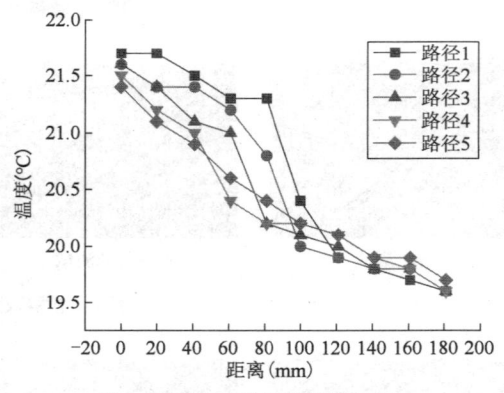

图7　降噪后各路径温度梯度对比

三、温度场演变规律仿真与裂纹阻滞效应分析

1. 仿真模型建立

1）材料参数设置

ABAQUS中选择壳单元进行建模，模型尺寸与实桥保持一致，钢箱梁节段选用跨中部位梁段，如图8

所示,钢箱梁桥主体结构材料采用 Q345qd 钢材。在太阳升起之前,箱梁内部的温度分布比较均匀同时与环境温度比较接近,因此将早晨 6:00 的大气温度作为钢箱梁的初始温度。如图 9 所示,此次分析以 s 为时间计算单位,每个分析步长均按照实际测试时间点确定,各设置七个分析步,分别对应 8:55、10:05、11:00、12:30、13:30、14:15、15:00 七个时刻,分析步属性为热传递瞬态分析步。

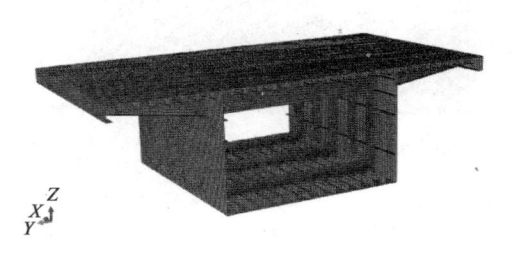

图 8　钢箱梁节段有限元模型

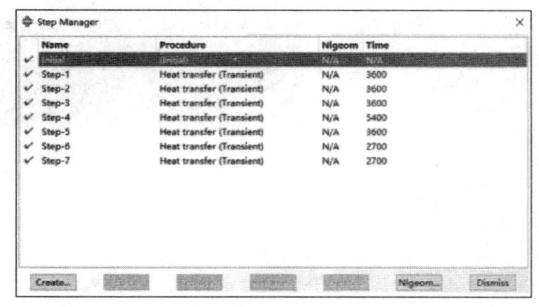

图 9　荷载分析步

2) 温度荷载施加

本文在考虑辐射作用时,只考虑太阳辐射,而将热辐射等效成对流荷载后,将综合辐射换热系数 h,赋予相应边界的各个面上。综合换热系数可分为对流换热系数 h_c 和热辐射换热系数 h_r。根据经验,取热辐射换热系数 h_r 为 $4.13\text{W}/(\text{m}^2 \cdot \text{℃})$,对流换热系数与风速、表面粗糙程度等多方面因素有关,可由经验公式计算,钢箱梁内风速为 0,对流换热系数取 $6.2\text{m}^2 \cdot \text{℃}$。

$$h_c = 6.2 + 4.2v$$

式中:v——风速(m/s);

h_c——对流换热系数($\text{m}^2 \cdot \text{℃}$)。

将热流密度换算到综合气温 T_{sa} 中,再将 T_{sa} 赋予到边界上的各个面。将对流换热系数 h_c 与辐射换热系数 h_r 之和合称为综合换热系数 h,最终将 h 和 T_{sa} 一同赋予边界上的各个面,来完成对钢箱梁温度荷载的施加。

$$T_{sa} = T_a + \frac{a_t I}{h}$$

式中:T_{sa}——综合气温;

T_a——外界气温;

I——太阳辐射强度(W/m^2);

a——辐射吸收率;

h——综合换热系数($\text{m}^2 \cdot \text{℃}$)。

2. 疲劳裂纹温度阻滞效应分析

1) 温度场分布特征

如图 10 所示,左图代表焊缝开裂区域温度场云图,右图代表未开裂区域温度场云图。顶板部位温度约 34℃,U 肋顶部 29℃。疲劳裂纹上下区域存在明显断层,开裂区域与未开裂区域温度梯度对比见图 11。如图 11 所示,开裂区域温度曲线呈现明显的温度跳跃变化,跳跃前温度为 34.43℃,跳跃后温度为 32.42℃,温差约为 2℃。起点开始时,焊缝未开裂区域温度要略低于开裂区域温度,这是由于裂纹具有隔热作用,热量汇聚于开裂区域上部而无法向下传递,因此开裂区域上部温度要高于未开裂区域,随着距顶板距离逐渐增加,两条曲线温度值开始趋于一致。由此可以说明,疲劳裂纹温度场分布特征为,受裂纹阻滞效应影响,裂纹上部区域温度较高,跨越裂纹时,温度会出现跳跃变化,远离开裂区域后,温度变化趋势则逐渐与其他区域保持一致,基于此可以通过红外热成像技术进行疲劳裂纹检测。

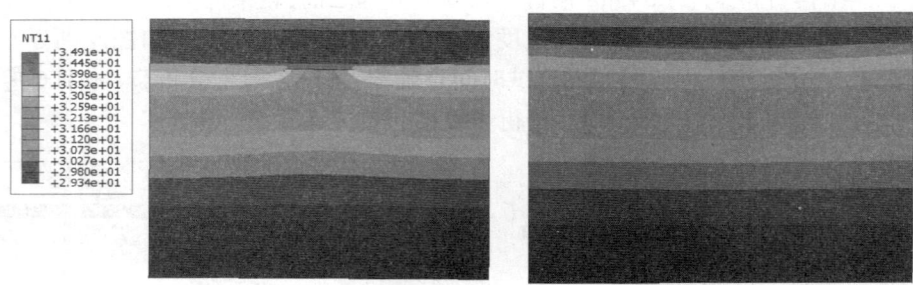

图 10 开裂/未开裂部位温度场云图(单位:℃)

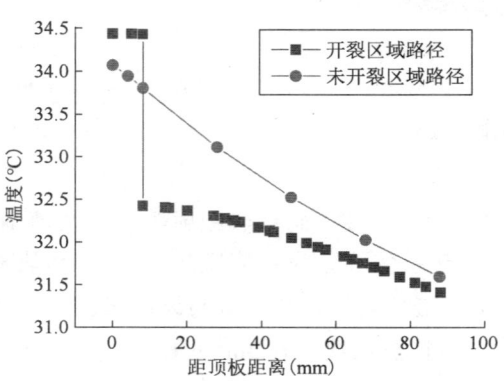

图 11 开裂区域与未开裂区域温度梯度对比

2)检测时段影响分析

为了探明红外热成像疲劳裂纹检测的适用性,提取了不同时间点下的开裂区域温度云图和温度梯度进行对比,设文献上限值为 30℃。从图 12～图 17 中可见,顶板温度增加使热量传递到 U 肋,热量集中在裂纹上部,而裂纹中部温度低于两侧。这是因为裂纹具有隔热作用,热量汇聚于裂纹上部区域,而裂纹两侧接触完整实体,热量由两侧向中部传递使得两侧升温明显。同一水平线上,远离裂纹区域温度基本保持同一水平,受裂纹影响较小。

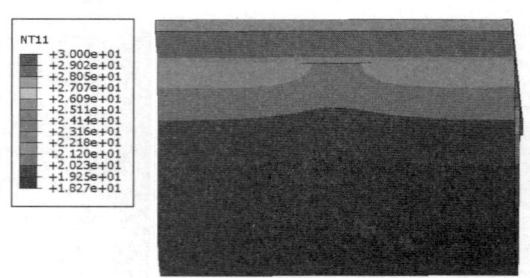

图 12 10:05 时开裂区域温度场(单位:℃)

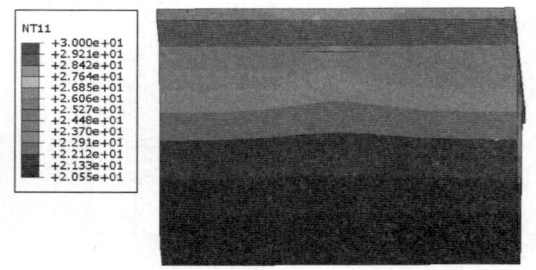

图 13 11:00 时开裂区域温度场(单位:℃)

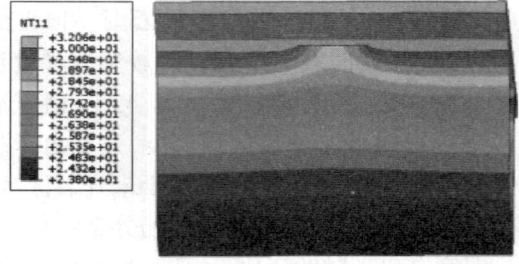

图 14 12:15 时开裂区域温度场(单位:℃)

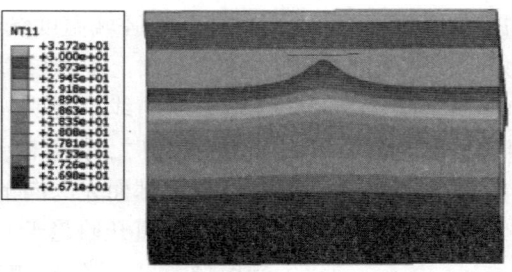

图 15 13:15 时开裂区域温度场(单位:℃)

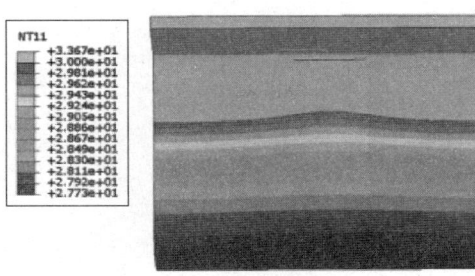
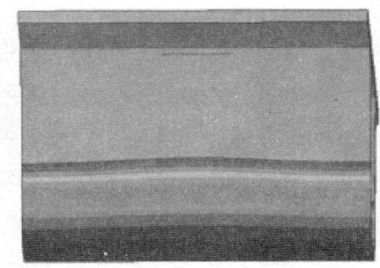

图16 14:15时开裂区域温度场(单位:℃)　　　　图17 15:00时开裂区域温度场(单位:℃)

对不同时刻的温度梯度变化进行分析,如图18所示,温度变化趋势一致,在裂纹处有温度跳跃,但温差不同,最大值分别为3.05℃和2.54℃,对应第三步和第六步末尾量,换算的综合气温分别为39.09℃和40.66℃,对应时段为12:00至15:00,因此高温时段适宜红外检测。

3)裂纹长度影响分析

为了探明红外热成像针对不同长度疲劳裂纹适用性,提取不同长度的开裂区域温度云图和温度梯度进行对比,时间节点选择为12:30时,即第三段分析步末尾,温度云图如图19~图21所示,裂纹长度变化对结构整体温度影响不大。

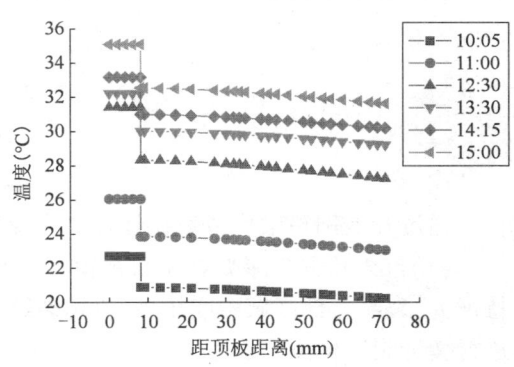

图18 各时刻开裂区域温度梯度变化

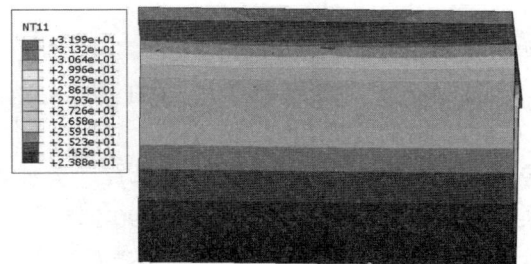
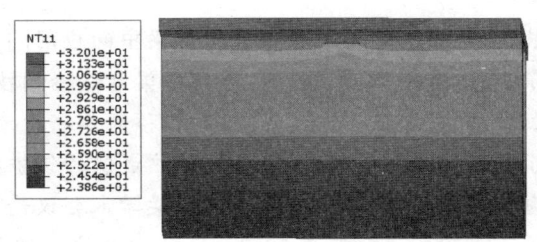

图19 20mm裂纹温度场(单位:℃)　　　　图20 50mm裂纹温度场(单位:℃)

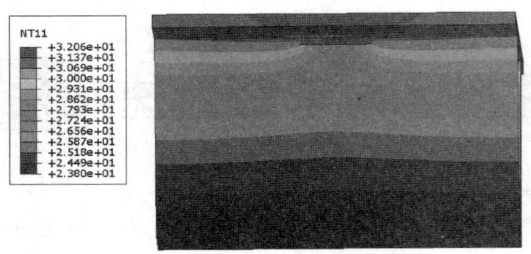

图21 100mm裂纹温度场(单位:℃)

同样提取不同裂纹长度下的温度梯度曲线进行分析,如图22所示,裂纹长度越长,温度跳跃处温度差值越大,分别为0.7℃、1.64℃和3.05℃,原因在于,有限元模型在设置时定义的裂纹接触面为完全隔热接触面,从而,裂纹下部区域接受的热量主要来源于顶板绕过裂纹传递的热量,因此裂纹长度越大,两侧向中间传递的路径越长,所需要的热量也就越大,因此中部温差也就越大。同理,开裂区域温差越大,越有利于红外热成像检测识别,即红外热成像疲劳裂纹检测针对中等长度以上的裂纹检测效果较好。

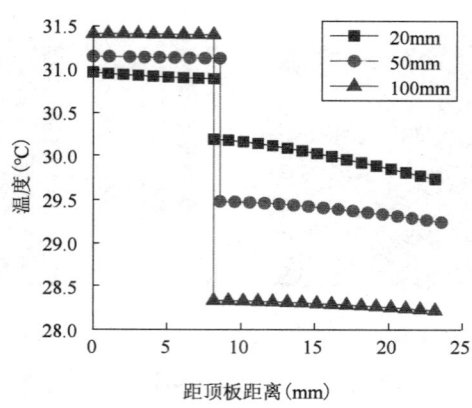

图22 不同裂纹长度下的温度梯度变化

四、结　语

通过开展钢箱梁疲劳裂纹红外热成像现场测试及疲劳裂纹温度分布仿真分析,主要得到以下结论:

(1)红外检测效果要好于目视检测以及主动式红外检测,略微低于磁粉检测。疲劳裂纹温度场分布特征为,裂纹上部区域温度较高,跨越裂纹时温度跳跃变化,红外热成像技术可以通过识别裂纹区域温差进行疲劳裂纹检测。

(2)外部温度越高,辐射强度越大,开裂区域温度差值越大,红外检测定位效果越好。中等长度以上裂纹中部温差大,红外检测识别效果较好。

参考文献

[1] 张鑫.无损检测技术在钢结构桥梁中的应用[J].四川建材,2022,48(10):36-37.
[2] 贺拴海,王安华,朱钊,等.公路桥梁智能检测技术研究进展[J].中国公路学报,2021,34(12):12-24.
[3] 张建东,王贤强,刘朵,等.追踪钢桥检测新技术[J].中国公路,2020(19):76-83.
[4] 叶华文,段熹,杨军川.基于红外热成像的钢桥疲劳裂纹检测研究[C]//中国土木工程学会桥梁及结构工程分会.第二十一届全国桥梁学术会议论文集.北京:人民交通出版社,2014:990-995.
[5] 高治峰,董丽虹,王海斗,等.振动红外热成像技术用于不同类型缺陷检测的研究进展[J].材料导报,2020,34(9):9158-9163.

68.公路桥梁桩基竖向承载力速载法检测技术研究

赵学亮[1,2]　张圣建[3]　龚维明[1,2]　戴国亮[1,2]　郭　庆[1,2]　嵇鹏飞[1,2]　王宇尘[1,2]

(1.东南大学土木工程学院;2.东南大学混凝土及预应力混凝土结构教育部重点实验室;
3.河南省黄河高速公路有限公司)

摘　要　桩基竖向承载力速载法检测技术是一种新型桩基竖向承载力检测技术,该技术创造性地利用力脉冲时延理论,实现动态荷载拟化桩基静态受力特征,基于该拟态静载特征检测单桩轴向抗压能力。本研究基于某高速公路匝道桥桩基工程,对砂土环境下大直径桩基竖向承载力速载法进行现场试验试验研究。对比现场试验结果得出,砂土环境下大直径桩基竖向承载力速载法桩基检测结果较为可靠,检测结果相对误差小于20%。

关键词　公路桥梁　桩基工程　竖向承载力　速载法　拟态静载

一、引 言

桩基是建筑、公路与铁路桥梁、地铁、海上风机等结构的主要基础形式,桩基的年均应用量超1000万根,桩基承载力检测市场份额在数百亿元[1]。随着重大工程建设难度的增加,桩基础的桩长和桩径也往更长更大的方向发展,目前国内最长的灌注桩桩长已达到142.6m(温州鳌江特大桥主塔桩基)[2],最大的灌注桩桩径已达4.9m(平潭海峡公铁两用大桥)[3]。

目前,桩基承载力研究方法包括理论、试验、类比与模拟等多种方法,现场试验是最为可靠的研究手段[4,5]。桩基现场试验常用的方法有静载法(堆载法、锚桩法、自平衡法等)与动测法(高应变等)[6]。静载法中荷载以长延时力脉冲施加于待检测桩顶,桩身产生拟静态位移,从而实现桩基承载能力检测[7],其结果准确可靠,但是存在设备多、试验周期长、测试成本高和抽样率低等缺点[8]。动测法利用施加在桩顶的瞬时荷载,桩身表现出强烈的动态现象实现桩基承载能力检测[9]。动测法检测周期短、成本低[10],但动测技术形成的张力波可能导致桩身损坏等缺点,受限于检测原理较难克服。综上所述,传统检测技术存在技术瓶颈,我国桩基检测领域亟须发展一种效率高、费用低且检测结果可靠的大吨位桩基检测新方法,以为桩基工程应用提供经济可靠的技术支持。

速载法是一种基于"动荷载拟静态"思想(简称"动拟静")的桩基检测技术,该技术的基本思路是通过在桩顶施加一个历时较长的冲击荷载,使得力脉冲延续时间较长,桩身应力分布、桩身各质点相对位移等特征接近静荷载试验,但冲击荷载仍然使桩产生速度与加速度。

二、研究现状

速载法桩基检测技术脱胎于静动法桩基检测技术,该项技术最早由Bermingham在1987年提出并形成了成套的检测技术[11],但由于该项检测技术所依托的检测设备核心技术必须借助火药方可实现"动拟静"的过程,因此在我国并未得到推广应用[12]。国际上,静动法由于可以使用较小配重实现较高检测荷载水平,且检测荷载延续时间较动测技术长,张力波可忽略等优点,该技术在桩基工程检测领域得到广泛应用[13]。针对爆炸式动静法检测设备,卸载点法、初始刚度法、结构阻尼法等针对不同桩土环境检测分析方法大量出现,动静检测分析技术有了长足进步。

由于亚洲地区人口密集,构筑物规模宏大且密集,施工人员较多,建设工程中火药安全管理较为困难,传统动静法检测成本远远高于静载动测技术。为保证检测现场安全可控,实现桩基检测安全可靠、便捷环保的技术迭代,速载法桩基检测技术逐渐形成。速载法桩基检测技术利用机械设备采用落锤弹簧法,有效规避了炸药技术,并基于加载方式对动静法检测技术进行了改良,形成了具有相应特色新型检测技术。因激励方式不同,仍需进一步研究速载法检测分析技术,且随着我国公路桥梁桩基础的桩长和桩径往更长更大的方向发展,急需对速载法分析方法进行更加深入的研究。

三、测试原理

1. 设备结构

速载法检测系统总体结构(图1)主要包括装备式载重系统、设备支撑系统、提升与释放系统、制动系统与延时系统等。为实现设备"动拟静"检测效果,研发了长周期冲击荷载拟静态加载设备,利用动荷载效应轻量化载重,使得桩基各部位产生同步沉降,均承受压应力,位移与压应力同步发生。为保证速载法检测效果,研发了自动化加载控制系统,利用可编程逻辑控制器(PLC)控制技术,实现加载设备自动化释放与制动,以减少反复冲击对桩身传感器采集动载信号干扰,提高检测信号精度,并研发形成了远场切向瞬态位移激光检测系统,保证位移时程信号实时独立且客观准确。

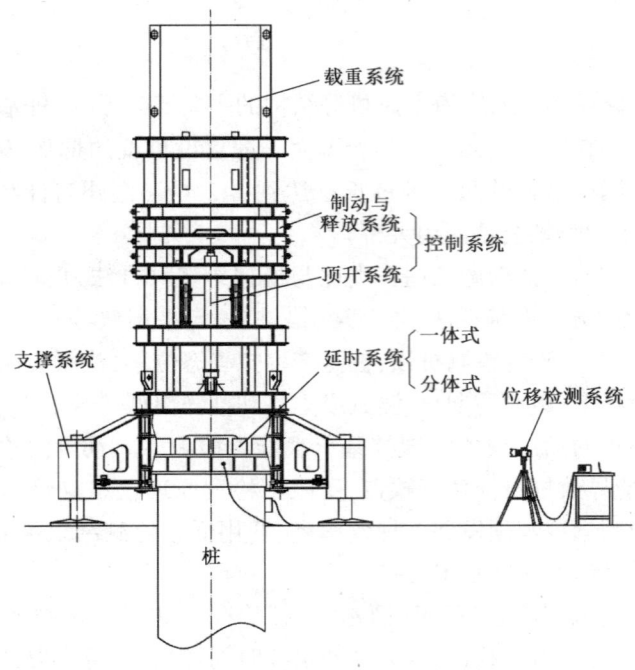

图 1 速载法检测系统总体结构示意图

2. 检测原理

对于砂土环境下的公路桥梁桩基竖向承载力速载法检测,其检测分析方法一般采用卸载点法进行分析处理,该方法基于 P. Middendorp 单质点模型[11],模型用于刚性桩拟静态速载法检测过程,利用集中质量、弹簧与阻尼等状态特性定义了静动力,如图 2b)所示。

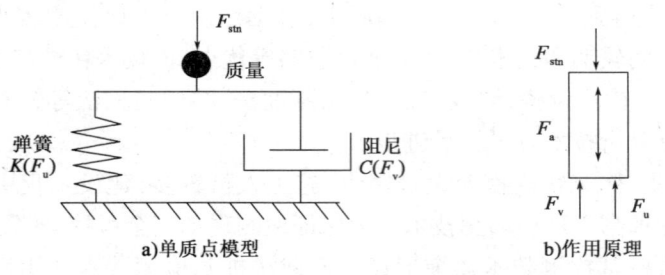

图 2 单质点模型图

基于达朗贝尔原理,速载法试验可根据实测的桩头荷载、位移、速度和加速度,得到桩基极限承载力。

$$F_{stn} = F_u + F_v + F_a \tag{1}$$

式中:F_{stn}——速载法试验过程中桩头荷载;

F_u——土的静阻力,是位移 u 的函数;

F_v——土的阻尼力,是速度 v 的函数;

F_a——桩的惯性力,是加速度 a 的函数。

利用

$$F_u = Ku \tag{2}$$

$$F_v = cv \tag{3}$$

$$F_a = ma \tag{4}$$

式中:K——地基土刚度;

u——桩身位移;

c——阻尼系数；
v——桩身速度；
m——桩身质量；
a——加速度。

得

$$P_u = F_u = F_{stn} - cv - ma \tag{5}$$

当 $u = u_{max}$ 时，速度 $v = 0$（卸载点），得：

$$P_u = F_u = F_{stn} - m\frac{d^2 u}{dt^2} \tag{6}$$

利用桩位移达到最大时速度为零，将实测的桩头荷载 F_{stn} 中减去惯性力，即可求得桩极限承载力。

为保证仪器改造后对桩基承载能分析可靠性，速载法有别于静动法桩基检测检测技术五阶段的受力特征。速载法检测过程共分为四个阶段：第1阶段中，载重开始逐渐施加荷载，待测桩桩身的惯性力与桩土之间阻尼力开始产生载重竖向压力，但由于竖向压力较小，此时桩土体处于弹性变形阶段；第2阶段，由于动荷载效应桩顶载重竖向压力逐渐增大，土体处于弹塑性变形阶段；第3阶段，由于动荷载效应，桩顶载重竖向压力呈现扩大趋势，土体以塑性变形为主，桩周土体达到极限承载能力；第4阶段，随着桩周土体达到极限承载能力，待检基桩刺入直至桩土出现最大沉降值；第5阶段，由于桩顶载重回弹，待检桩输入荷载持续减小至零值，桩身出现部分回弹并且产生不可逆转的塑性位移。

在速载法试验第3阶段结束时，由于当位移达到最大时，桩的速度为0，该点被称为"卸载点"，此时，桩的静阻力 F_u 可表示为：

$$F_u(t_{umax}) = F_{stn}(t_{umax}) - F_a(t_{umax}) \tag{7}$$

由此，可以得到卸载点处的静阻力。

假设在桩顶载重竖向压力达到最大后，土体屈服，同时假设此阶段，静阻力恒定，即将卸载点处的静阻力视作待检桩基荷载最大时的静土阻力，即有：

$$C_{Pmax} = F_c(t_{Pmax})/v(F_{max}) = [F_{stn}(t_{Pmax}) - F_a(t_{Pmax}) - F_u(t_{umax})]/v(F_{max}) \tag{8}$$

式（8）中即可得到待检桩基荷载最大时的阻尼系数。卸载点法假定在速载法检测中，待检桩基的土阻尼系数为一个常数，则利用式（1）即可得到整个阶段的静阻力。

四、试验方案

1. 工程概况

本次试验选择试桩为河南省某高速公路试桩，其试桩桩径约1.5m，桩长约25m，待检桩基具体参数见表1。

待检桩基参数 表1

桩号	桩长（m）	桩径（m）	混凝土强度（MPa）
2-0号	25	1.5	30
2-1号	25	1.5	30
3-0号	25	1.5	30
3-1号	25	1.5	30

待检桩基基底位于密实细砂层，基桩穿越地层分别为稍密粉土、松散粉砂、稍密粉砂、中密粉砂等土层，桩基所处土层环境较好，土层分布情况见表2。

土层分布情况　　　　　　　　　　　　　　　　　表2

项目	埋藏深度(m)	实测标贯击数(次)	渗透系数(10^{-5} m/s)
稍密粉土	0~9.2	0	1.5
松散粉砂	9.2~12.5	8~9	2.5
稍密粉砂	12.5~17.8	7~15	2.3
中密粉砂	17.8~34.5	15~30	1.9

2. 仪器设备

为保障测试精度,研发每秒记录不少于1000组数据的自动采集和存储功能测桩数据采集设备,设备各参数如下:

(1)动态采集仪:8通道,采样频率1k~5kHz。

(2)力传感器:综合精度大于±0.1%F.S,安全荷载150%,零点平衡±1%F.S。

(3)加速度计:最大量程不小于$50g$,频响大于5kHz,测量范围内加速度计自校正度不小于3%。

(4)位移检测系统:测量精度±0.25mm,响应时间小于0.1ms。

3. 试验方法

本次现场试验场地为黄河故道,桩基整体基本处于砂土环境下。通过对于桩头输入荷载、加速度计与桩头最终位移的测量,从而得到荷载-沉降曲线,通过与静载试验相对比,形成基于渗透系数下的砂土环境速载法竖向承载力检测成果。本次静载试验依据《基桩静载试验 自平衡法》(JT/T 738—2009)进行。

五、成 果 分 析

基于现场土层分布情况渗透系数,待检桩基工况见表3。

待检桩基工况表　　　　　　　　　　　　　　　　表3

工况	桩号	场地面地层孔隙比	桩端地层孔隙比
工况1	2-0号	2.4	1.2
工况2	2-1号	2.4	1.2
工况3	3-0号	2.4	1.2
工况4	3-1号	2.4	1.2

现场检测输入荷载时程如图3所示,桩头加速度时程如图4所示,桩头位移时程如图5所示。基于渗透系数下的桩基动荷载分时阻尼系数如图6所示。

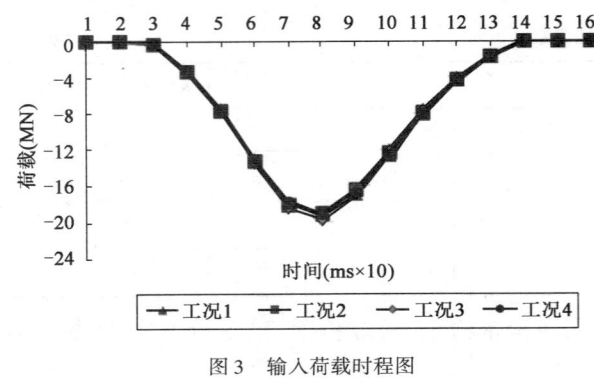

图3　输入荷载时程图　　　　　　　　　　图4　桩头加速度时程图

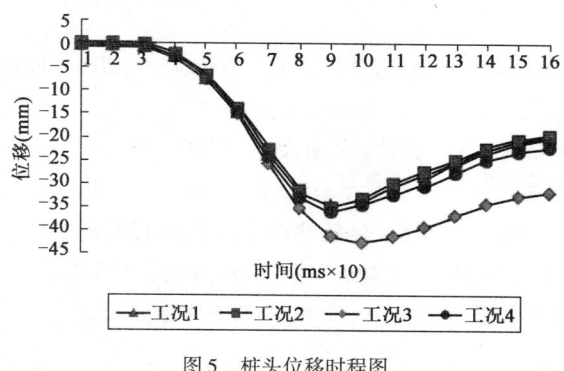

图5 桩头位移时程图

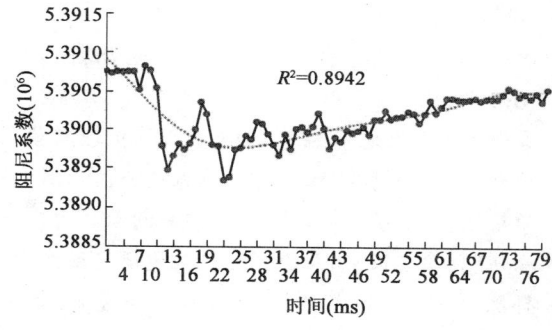

图6 桩基动荷载分时阻尼系数图

基于4根桩基现场检测的荷载时程曲线、加速度时程曲线与位移时程曲线均值,对桩基承载力进行卸载点法分析,研究得到的传统卸载点法分析曲线及引入渗透系数形成的桩基动荷载分时阻尼单自由度振动方程法(简称"振动方程法")。桩基荷载-位移曲线如图7所示。

基于图3~图5,本次4根试桩检测数据较好,除3-0号桩位移时程曲线相对误差较大(17%)外,相对误差均较小;由图7可知,砂土环境下大直径桩速载法桩基检测结果不论是传统卸载点法还是振动方程法,两种方法分析转换得到的拟静态荷载-位移曲线均较为可靠。

图7中卸载点法分析所得荷载-位移曲线完全位于静载试验的荷载-位移曲线左侧,检测结果相对保守,其相对误差小于20%。相对于传统卸载点法,引入渗透系数形成的桩基动荷载分时阻尼单自由度的修正,速载法荷载-位移拟合曲线更加接近于静载试验结果。由图7可知,以传统卸载点法拟合得到的速载法荷载-位移拟合曲线其最大静土阻力约为12MN,而振动方程法拟合得到的速载法荷载-位移拟合曲线最大静土阻力约为15MN,相比静载结果其误差约为2%,但需要注意的是,其拟合的荷载-位移曲线有部分位于静载试验荷载-位移曲线左侧,这是由于动态荷载速率效应无法完全避免,对于检测结果影响较为有限。

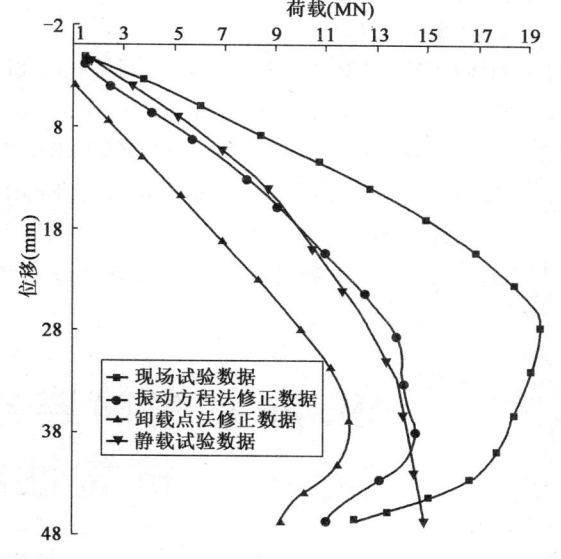

图7 桩基荷载-位移曲线图

六、结 语

本研究基于某高速公路匝道桥桩基工程,对砂土环境下大直径桩基速载法进行现场试验试验研究。研究以动荷载拟静态、控制系统自动化、位移时程准确化为切入点,解决桩基动测加载延时、信号稳定、测量准确的关键问题,推动速载法桩基检测技术在我国应用。

研究通过对比现场试验结果得出,砂土环境下公路桥梁大直径桩基竖向承载力速载法检测变化规律基本符合预期。根据现场试验数据可知,卸载点法契合砂土环境下公路桥梁大直径桩检测,当桩头位移最大检测所得桩头加速度时程曲线达到最大值,卸载点法桩基检测结果较为可靠,检测结果相对误差小于20%。

相比于卸载点法,研究基于渗透系数形成的振动方程法与静载试验结果想接近,且其误差约为2%,但整体安全储备较弱。对于大直径桩来说,振动方程法引入渗透系数形成的桩基动荷载分时阻尼单自由度虽然使得检测所得荷载-位移曲线结果与待检桩基静荷载试验结果更加贴合,但不同土体桩基动荷载分时阻尼系数较难获取完全数据,安全储备较小,具有一定的危险性,仍需进一步积累实测数据,完善分析方法。

参考文献

[1] 史永跃,王奎华,董天文,等.真空负压静力试桩方法关键技术试验研究[J].岩土力学,2020,41(5):1699-1708.
[2] 聂如松.软土地基桩基础桥台工作机理与设计方法研究[D].长沙:中南大学,2009.
[3] 梅新咏,徐伟,段雪炜,等.平潭海峡公铁两用大桥总体设计[J].铁道标准设计,2020,64(S1):18-23.
[4] 李镜培,楼晓明,贾付波.复合桩基的承载力安全度与可靠度分析[J].建筑结构学报,2003(2):86-90.
[5] 冷伍明,律文田,谢维鎏,等.基桩现场静动载试验技术研究[J].岩土工程学报,2004,26(5):619-622.
[6] 孙熙平.基于动力特性的高桩码头基桩损伤识别方法及承载力检测技术研究[D].天津:天津大学,2013.
[7] 张尚根,刘新宇.桩基大吨位静载荷试验中堆载对桩顶位移的影响分析[J].工程力学,1996(A3):185-187.
[8] 徐超.静载荷试验快速法与慢速法对比试验[D].北京:中国地质大学(北京),2007.
[9] 陈如连.对"动力测定桩承载力的方法"一文的讨论[J].岩土工程学报,1992,14(4):96-97.
[10] 唐国英,何德华.从工程实践浅析基桩高应变法检测承载力误差问题[J].震灾防御技术,2015,10(3):547-557.
[11] MIDDENDORP P. Statnamic load testing of foundation piles[C]//Proceeding of 4th International Conference. on Application of Stress-Wave Theory to Piles,1992.
[12] MIYASSKA T,LIKINS G,KUWABARA F,et al. Improved methods for rapid load tests of deep foundations[C]//American Society of Civil Engineers International Foundation Congress and Equipment Expo 2009,Orlando, 2009:629-636.
[13] 张为光.长基桩静动态载重试验诠释方法之研究[D].台北:台湾大学,1996.

69. 灌浆套筒连接离心预制矩形管墩抗震性能试验研究

王志强[1] 雷彬[1] 闫兴非[2,3] 郝晨宇[1] 杨通[2,3] 张涛[2,3]

(1.同济大学;2.上海市城市建设设计研究总院(集团)有限公司;
3.上海工业化装配化市政工程技术研究中心)

摘 要 本文研究了离心法预制工艺结合灌浆套筒连接的预制拼装矩形管墩的抗震性能,设计了三个相似比为1:2.8的试验试件,通过往复循环加载拟静力试验,研究了灌浆套筒连接离心预制矩形管墩的损伤机理、破坏模式和抗震性能。结果表明,灌浆套筒连接离心预制矩形管墩试件损伤主要集中在墩底接缝处和套筒顶部区域,采用灌浆套筒连接离心预制矩形管墩,可以获得与传统现浇钢筋混凝土矩形空心桥墩相近的抗震性能。

关键词 灌浆套筒连接 离心预制 矩形管墩 拟静力试验 抗震性能

一、引 言

随着我国基础设施建设的快速发展,快速施工、绿色施工正成为公路、城市和铁路桥梁建设面临的迫切需求。这一需求推动了预制拼装桥梁设计理论和拼装技术、桥梁施工设备和信息化管理等方面的创新和发展[1]。因此近些年来的国内的桥梁快速建造技术不断发展,并且逐步由桥梁的上部结构预制拼装拓展到桥梁下部结构,如国内的东海大桥[2]、杭州湾跨海大桥[3]、港珠澳大桥[4]以及一些公路桥梁[5]、市政高架桥[6]、铁路桥梁[7]等都运用了桥梁下部结构的预制拼装技术。

根据桥型特点、施工条件和所处工程环境等因素,目前我国常见的预制拼装桥墩的连接构造分为以下几种类型:灌浆套筒连接、灌浆波纹管连接、插槽式连接、承插式连接、预应力筋连接、后浇湿接缝连接和混合式连接等[8]。其中,灌浆套筒连接预制桥墩因其拼装简便、现场工作量少、缩短工期和连接可靠等优点,得到较广泛应用[9]。

但是对于现如今的预制拼装桥墩建造技术来说,根据现有文献总结有以下几方面不足[10]:

(1)对于现有的预制立柱,其构件自重大,需要大型的运输及吊装设备;

(2)借鉴传统现浇箱梁工艺的方式,探索空心立柱的预制,但传统的预制空心墩技术需布置内模板,安装和拆除内模板工艺较复杂,增加造价;

(3)传统预制立柱工厂生产机械化程度低,钢筋绑扎工作仍需要大量人工来完成,对预制厂工作人员素质要求高,不利于预制立柱的工业化生产。

上述不足成为制约预制拼装桥墩进一步高质量发展的重要因素,为此,本文探索将传统管桩离心法预制工艺生产方式与灌浆套筒连接相结合的预制管墩拼装连接形式,从而实现预制立柱轻型化、工厂生产机械化和现场拼装工作量少。离心法是利用模板高速旋转时的离心力使具圆心空腔的构件成型和密实的工艺,在小直径预制混凝土桩方面已经取得了较多的应用。离心法预制桥墩结合了管桩的钢筋笼机械化绑扎和离心法生产工艺,兼顾了使用空心构件解决桥墩结构大体量的优势,明显减少现场拼装工作量,并且提升预制厂预制工序的机械化程度,提高预制质量和建设效率。目前国内学者对离心法预制桥墩进行了一些研究。李玉[11]结合国内外预制装配式桥梁发展的趋势,总结了国内外使用离心法预制高强管墩作为下部结构的装配式桥墩抗震性能研究进展。左光恒等[12]以实际工程为研究背景,针对采用承插式连接离心预制管墩,通过拟静力试验研究比较承插式离心预制管墩和整体现浇管墩的抗震性能。分析结果表明:承插式离心预制管墩的损伤集中在桥墩与承台交界处,承插式管墩与整体现浇管墩的抗震性能相近。目前国内有少部分工程采用了离心法预制桥墩,如江北高速公路东延伸项目[13],该项目选用离心预制空心桥墩,预制桥墩与承台采用的是承插式连接构造,如图1所示。又如G3京台高速公路方兴大道至马堰改扩建项目[14],该项目下部结构采用离心管墩,分上下两段,预制节段间采用法兰连接,底部预制墩与承台间也采用承插式连接构造。

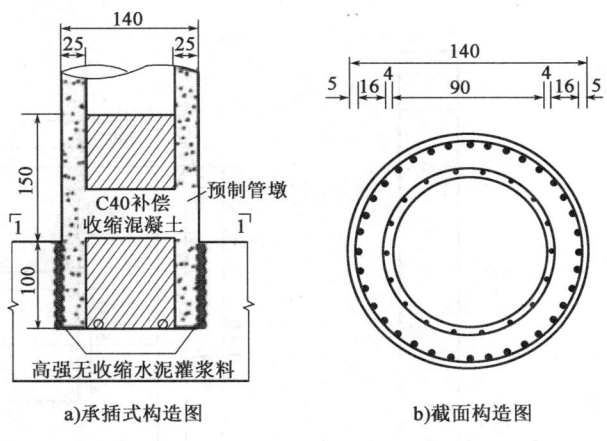

图1 江北路东延项目下部结构构造(尺寸单位:cm)

目前,国内外学者针对灌浆套筒连接预制拼装桥墩的抗震性能开展了大量的试验研究。葛继平等[15]、徐文靖等[16]和柳承辉等[17]等学者以灌浆套筒预埋于墩身的预制拼装桥墩为研究对象,分析了地震作用下此类桥墩墩身与承台接缝处的受力机理和套筒预埋于塑性铰区对桥墩整体受力性能的影响,结果表明,灌浆套筒预埋在墩底塑性铰区域时,因套筒刚度较大,套筒区域处在近似弹性状态,灌浆套筒会使传统塑性铰区变形上移至套筒顶部和拼接缝处,从而灌浆套筒连接的预制拼装桥墩的极限位移与常规现浇结构相比较,略有减小或基本相近。

从现有的研究可知,国内学者针对离心预制管墩的研究局限在承插式连接构造和少部分法兰式连接构造,而对灌浆套筒连接与离心预制管墩相结合的研究相对匮乏;现有的离心预制管墩应用及研究均是采用的圆形管墩,针对离心预制矩形管墩的研究较少;现有的预制桩配筋直接用到预制管墩,其配筋不满足现行桥梁抗震设计相关规范延性构造的要求。

综上所述,本文拟针对采用灌浆套筒连接的离心预制矩形管墩这种新型建造技术的预制拼装桥墩,通过拟静力试验,开展灌浆套筒连接离心预制矩形管墩和整体现浇矩形管墩的抗震性能试验研究,同时研究无拉筋构造对预制管墩的影响,研究该技术的可行性和预制管墩的抗震性能,并与现浇管墩进行比较,以便为工程应用提供可靠的理论和技术支撑。

二、试验方案设计

1. 试件尺寸、配筋设计及材料性能

依托实际工程,本文试验设计包含三个试件,分别为混凝土强度为 C40 现浇空心矩形管墩(1 号)、采用延性构造满足抗震设计规范要求的灌浆套筒连接的离心预制矩形管墩(2 号)和采用灌浆套筒连接的无拉筋离心预制矩形管墩(3 号)。1 号试件是整体现浇空心管墩,作为 2 号、3 号试件的比较基准。2 号、3 号试件均采用离心预制工艺生产,其构造特点是在墩底预埋灌浆套筒,套筒规格为套筒长度 270mm,套筒内钢筋锚固长度为 $8d$(d 为钢筋直径),2 号、3 号试件不同点在于箍筋布置不同。拼装时拼接缝及灌浆套筒内灌浆均采用 C100 高强砂浆作为连接材料,待承台预留钢筋完全伸入灌浆套筒内后采用高强砂浆封堵拼接缝,一定时间后向灌浆套筒内灌注 C100 高强砂浆料,保证灌注饱满,养护后完成试件制作。

本次试验试件模型缩尺比主要考虑以往经验及运输、制作等条件,尽量选择较大比例模型的原则进行试验。1~3 号试件选用 1∶2.8 的缩尺比进行设计,试件矩形管墩的截面尺寸为 500mm × 500mm,四角部位均设倒角,中间圆形空心部分直径为 250mm,最小壁厚为 125mm,墩柱高 3.2m。加载端的尺寸为 900mm × 500mm × 400mm,承台的尺寸为 1600mm × 1600mm × 600mm。试件加载中心到立柱底的距离为 3400mm,沿长边(边长 530mm)加载,则试件的剪跨比为 6.42。试件尺寸如图 2、图 3 所示。

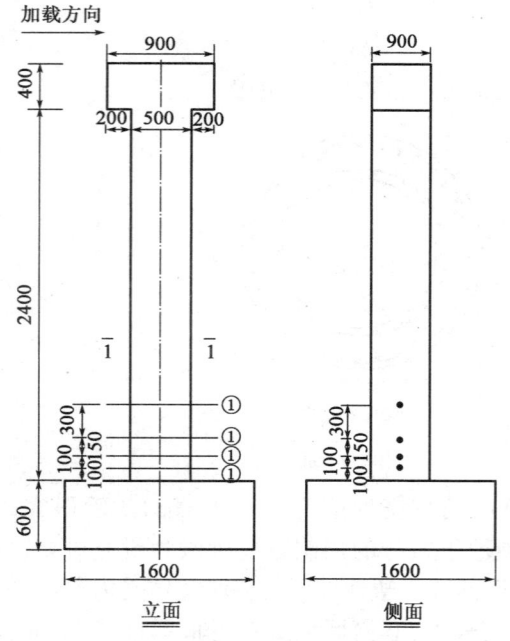

图 2 立柱尺寸示意图(尺寸单位:mm)

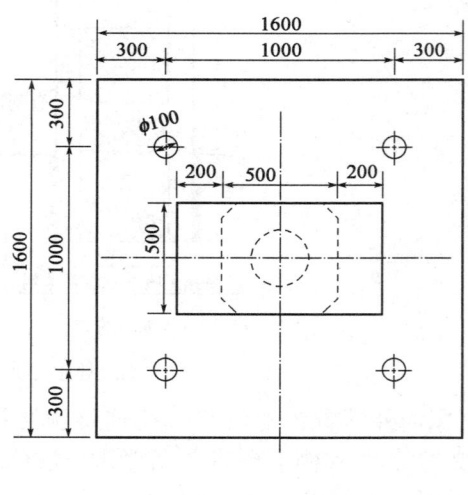

图 3 空心立柱断面图(尺寸单位:mm)

综合考虑配筋率和施工要求,同时为满足桥梁抗震设计规范相关延性构造规定,提出在预制空心矩形管墩采用双层配筋,单层连接的方案。三个试件截面主筋均为24根,直径16mm,纵筋配筋率均为2.5%。构造筋共24根,直径8mm,配筋率为0.625%。内外箍筋直径为6mm,间距5cm。其中3号试件不布置拉筋,除3号试件,其余试件拉筋为直径6mm,间距5cm,每根外层纵筋与其相邻内层构造钢筋间均布置一道拉筋,体积配箍率为1.248%。图4是1号试件配筋示意图,图5为2号试件配筋示意图,图6是3号试件配筋示意图,图7为承台配筋示意图。桥墩墩身纵筋为HRB400钢筋,纵向构造钢筋以及箍筋、拉筋均为HPB300钢筋。承台和加载端用钢筋均为HRB400钢筋。

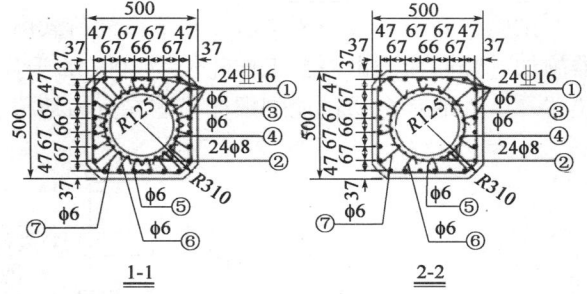

图4 1号试件配筋示意图(尺寸单位:mm)

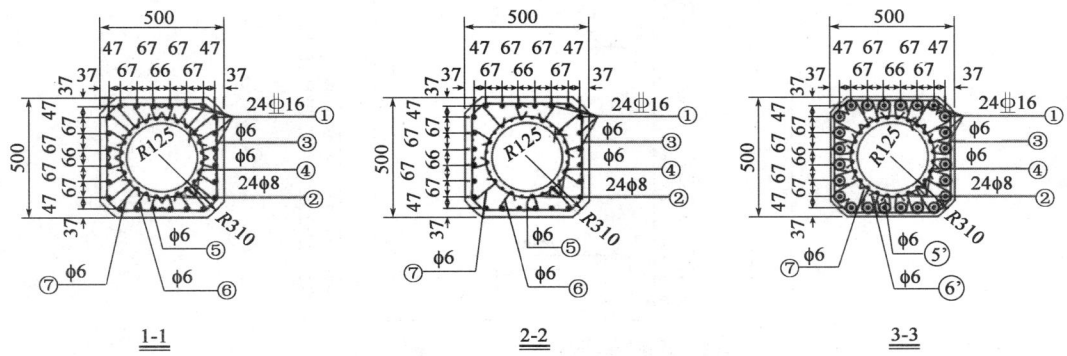

图5 2号试件配筋示意图(尺寸单位:mm)

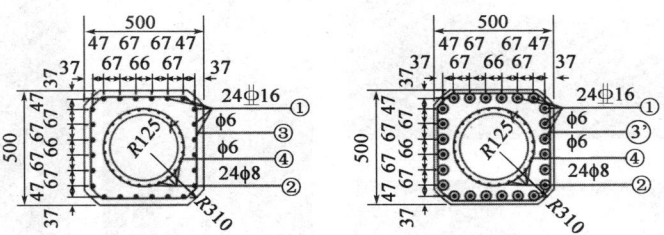

图6 3号试件配筋示意图(尺寸单位:mm)

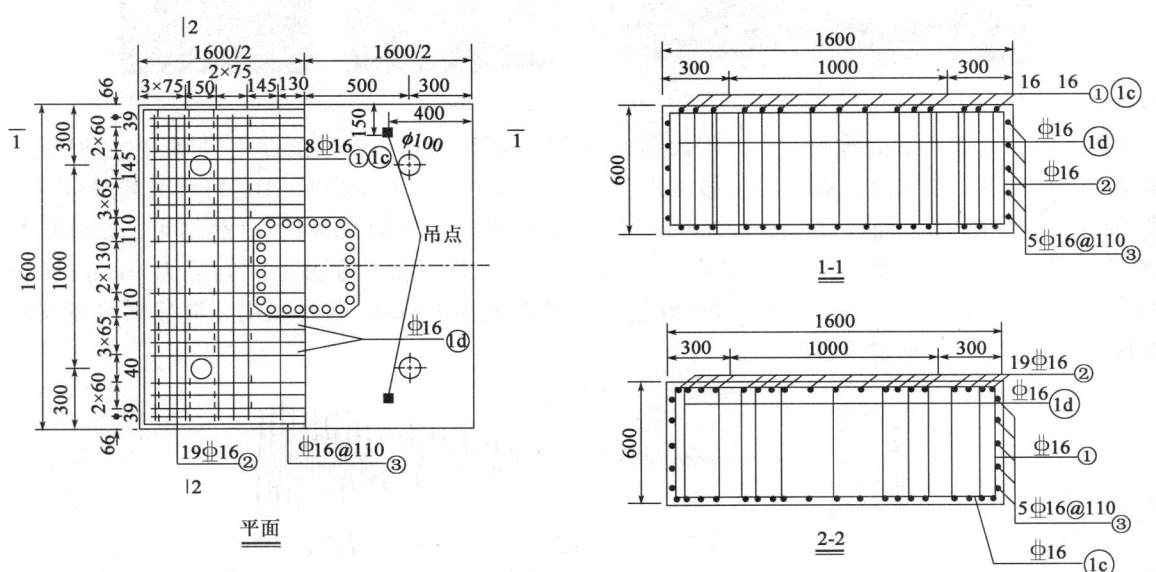

图7 承台配筋示意图(尺寸单位:mm)

1～3号试件设计混凝土强度均为C40,但制作完毕后,实测其强度分别为46.70MPa、58.50MPa、89.12MPa,可以看出,采用离心法预制的墩身混凝土抗压强度均显著大于混凝土设计强度。

2. 试验加载设备及加载制度

试验加载设备如图8所示。水平往复荷载由加载吨位为150t、位移行程为±250mm的电液伺服作动器施加。竖向荷载由一台工作吨位为100t的千斤顶施加,千斤顶的加载截面中心对准柱顶截面的形心位置。试件的承台通过地脚螺栓锚固在反力地槽上。试件的制作、安装及加载示意图如图9所示。

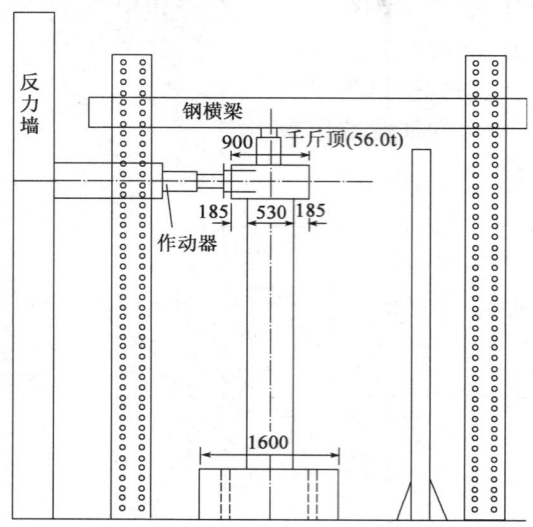

图8　试验加载设备示意图(尺寸单位:mm)

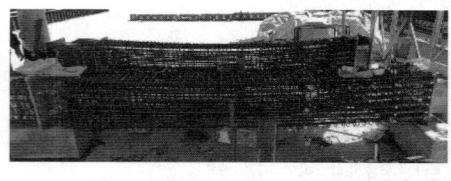

图9　试件制作、安装及加载

墩柱的轴压比对桥墩的抗震性能有很大影响,需要准确模拟,1～3号试件均采用10%轴压比,竖向施加荷载为521kN。水平向荷载采用位移加载,加载频率0.01Hz,采样频率5Hz,每级荷载进行三个循环加载,加载制度见图10。加载过程直到试件的强度下降到最大强度的80%时,加载结束。试件加载过程中,通过观察,记录试件的破坏过程和破坏形态。加载前采用墙面漆粉刷并绘制间隔为10cm的网格,以便在试验过程中观察裂缝出现位置和开展情况,并用黑色笔描出裂缝,同时采用裂缝显微测宽仪测量和记录不同加载水平下的裂缝宽度。

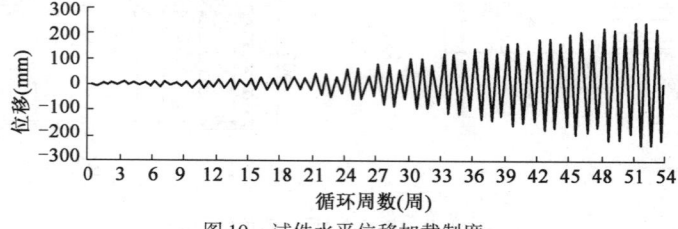

图10　试件水平位移加载制度

三、试验现象描述

本节将对三个试件试验过程中的损伤状态和最终破坏模式进行描述及讨论。首先定义基于构件层次的五水准损伤级别,见表1。

基于构件层次的损伤级别定义　　　　表1

损伤级别	损伤状态	构件破坏现象	可修复水平	功能性评价
Ⅰ	无损伤	几乎不可见的发丝般裂缝	不需要修复	可正常运营
Ⅱ	微小损伤	可见的裂缝开裂	不需修复或小修	可运营
Ⅲ	中等损伤	可见裂缝,保护层混凝土剥落,接缝张开	简单修复	仅可保证生命安全
Ⅳ	严重损伤	裂缝宽度很大,大范围混凝土剥落	需要大修	将近倒塌
Ⅴ	局部失效/倒塌	永久可见变形、钢筋屈曲、断裂、核心混凝土压碎	替换	倒塌

2号、3号试件在达到损伤级别Ⅰ时对应的加载位移值差距不大,均小于1号试件;该级别试件均无损伤,卸载后裂缝几乎不可见,构件无需修复。损伤级别达到Ⅱ级时,3号试件的位移加载值最大,达到30mm,2号试件的位移加载值最小,为20mm;三个试件均沿墩身高度出现大量弯曲裂缝,2号试件的裂纹间距最大,约为20cm,1号试件的间距最小,约为10cm;在该级别,卸载后裂缝均可闭合,构件可不修复或小修。损伤级别达到Ⅲ级时,3号试件的位移加载最大,达到80mm,2号试件的位移加载最小,为40mm;在该级别,三个试件墩身前期出现的弯曲裂缝宽度均会进一步扩展,多条水平弯曲裂缝在正反两个方向荷载作用下渐渐贯通,试件需要进行简单修复,试件可保证生命安全。损伤级别达到Ⅳ级时,1号试件与3号试件位移加载值相近,均约为120mm,2号试件位移加载值为100mm;在该级别,三个试件的墩底混凝土破坏均比较明显,具体破坏范围有所差别,构件在达到该损伤级别时,为保证其正常使用功能,构件需要进行大修。损伤级别达到Ⅴ级时,三个试件位移加载值均为160mm,在该加载级别,三个试件的墩底混凝土均出现大规模压溃,试件承载力下降严重,此时构件无法维修,只能替换。下面分别对三个试件的损伤状态和破坏现象进行描述。

1.1号试件

1号试件在达到损伤级别Ⅰ时,对应位移加载到10mm,水平荷载为60.0kN,如图11a)所示,最大裂缝宽度为0.06mm,卸载后裂缝闭合,该级别试件几乎无损伤,不需修复。损伤级别达到Ⅱ级时,如图11b)所示,对应位移加载到25mm,墩身裂缝宽度最大达到0.2mm,试件沿墩身出现多条弯曲裂缝,间距约为10cm,卸载后裂缝闭合,在该级别,试件可不修复或小修。损伤级别达到Ⅲ级时,如图11c)所示,对应位移加载到60mm,墩身前期出现的弯曲裂缝的宽度进一步增大,在0.2~0.3mm范围内,多条水平弯曲裂缝在正反两个方向荷载作用下连通。在该损伤级别,试件需要进行适当修复,可保证生命安全。损伤级别达到Ⅳ级时,如图11d)所示,对应位移加载到120mm,此阶段0~15cm墩身高度范围内墩底混凝土出现大量的弯曲裂缝和斜裂缝,墩底保护层混凝土出现明显的压溃剥落现象,墩底与承台接缝处裂缝张开明显。构件在达到该损伤级别时,为保证其正常使用功能,需要进行大修。损伤级别达到Ⅴ级时,如图11e)所示,对应位移加载到160mm,此阶段墩底0~30cm高度范围内保护层混凝土出现大规模的剥落现象明显,纵筋、箍筋外露,部分纵筋拉断,试件承载力降低至最大荷载的85%以下。

2.2号试件

2号试件在达到损伤级别Ⅰ时,对应位移加载到10mm,荷载为80.2kN,如图12a)所示,墩身在套筒顶部位置出现微小裂缝,卸载后裂缝闭合,拼接缝处没有发现裂缝,该级别试件几乎无损伤,不需修复。损伤级别达到Ⅱ级时,如图12b)所示,对应位移加载到20mm,套筒顶部墩身出现裂缝,沿墩身高度出现多条弯曲裂缝,间距约为20cm,墩身裂缝宽度范围为0.2~0.24mm,套筒顶端处裂缝宽度最大,达0.24mm,卸载后裂缝闭合,在该级别,试件可不修复或小修。损伤级别达到Ⅲ级时,如图12c)所示,对应位移加载到40mm,墩身前期出现的弯曲裂缝宽度进一步增大,在0.02~0.36mm范围内,多条水平弯曲裂缝在正反两个方向荷载作用下连通,墩底拼接缝处出现裂缝,接缝张开约0.6mm。在该损伤级别,试件需要进行适当修复,可保证生命安全。损伤级别达到Ⅳ级时,如图12d)所示,对应位移加载到100mm,拼接缝发生较大张开,宽度约为4mm;接缝附近垫层及墩柱混凝土发生局部受压破坏和剥落,套筒上方的裂缝仍有发展,宽度约为0.76mm。构件在达到该损伤级别时,为保证其正常使用功能,需要进行大修。损伤级别达到Ⅴ级时,如图12e)所示,位移加载到120mm,试件正向承载力降低至最大荷载的85%以下,此时墩身与承台间的垫层压碎,墩底与垫层间的接缝继续张开,宽度约为8mm,混凝土发生剥落,接缝处部分受拉侧钢筋附近有堆积砂浆粉末,疑似部分受拉侧套筒内钢筋出现一定的滑移,继续加载到负向160mm时,负向承载力下降至最大承载力的85%以下。

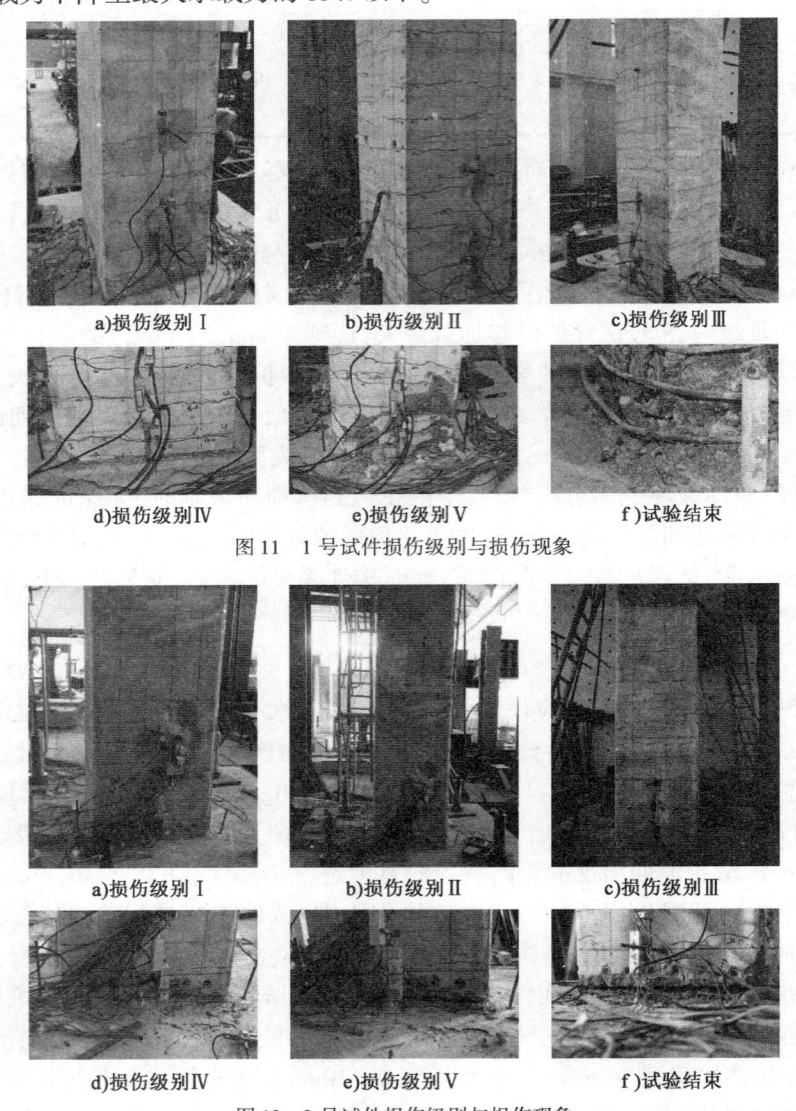

a)损伤级别Ⅰ　　　　b)损伤级别Ⅱ　　　　c)损伤级别Ⅲ

d)损伤级别Ⅳ　　　　e)损伤级别Ⅴ　　　　f)试验结束

图11　1号试件损伤级别与损伤现象

a)损伤级别Ⅰ　　　　b)损伤级别Ⅱ　　　　c)损伤级别Ⅲ

d)损伤级别Ⅳ　　　　e)损伤级别Ⅴ　　　　f)试验结束

图12　2号试件损伤级别与损伤现象

3.3号试件

3号试件在达到损伤级别Ⅰ时,对应位移加载到10mm,如图13a)所示,套筒顶部墩身出现发丝般微小裂缝,卸载后裂缝闭合,该级别试件几乎无损伤,不需修复。损伤级别达到Ⅱ级时,如图13b)所示,对应位移加载到30mm,此时试件套筒顶部沿柱身高度出现多条弯曲裂缝,裂缝间距比较均匀,间距约15cm,套筒顶端处裂缝张开达0.52mm且沿墩身四周基本连通,卸载后裂缝闭合,在该级别,试件可不修复或小修。损伤级别达到Ⅲ级时,如图13c)所示,对应位移加载到80mm,弯曲裂缝宽度不断扩展,套筒顶端处裂缝宽度进一步发展达到1.8mm,墩底拼接缝处张开,张开裂缝达到2.5mm,两条裂缝均基本沿墩身四周连通。墩底保护层混凝土发生轻微的压碎剥落。在该损伤级别,试件需要进行适当修复,可保证生命安全。损伤级别达到Ⅳ级时,如图13d)所示,对应位移加载到120mm,墩底保护层混凝土出现了明显的压溃剥落现象,垫层砂浆也发生破坏,拼接缝处裂缝宽度进一步增大,达8mm左右。构件在达到该损伤级别时,为保证其正常使用功能,需要进行大修。损伤级别达到Ⅴ级时,如图13e)所示,对应位移加载到160mm,试件承载力降低至最大荷载的85%以下。此时拼接缝处部分砂浆垫层完全压碎,墩底与垫层间拼接缝处的接缝宽度进一步增大,此时,套筒顶端裂缝张开宽度达8mm左右,保护层混凝土出现剥落现象。

图13 3号试件损伤级别与损伤现象

四、试验数据分析

试验的滞回曲线反映了构件的基本抗震性能,包括延性变形能力、耗能能力和残余变形能力等,根据滞回环的图形可以判断出不同构件的破坏机制。将滞回曲线的所有每次循环的峰值点连接起来,可以得到骨架曲线;滞回曲线对角线的斜度反映构件的总体等效刚度;滞回环包围的面积则是荷载正负交变一周结构所消耗的能量。本次试验三个试件的实测水平荷载-墩顶位移滞回曲线如图14～图16所示。从三个试件的滞回曲线看,在较低荷载阶段,三个试件基本均处于弹性阶段,滞回环集中和重叠;随着混凝土的开裂、钢筋的屈服,滞回环逐渐拉开呈梭形;随着荷载的不断增大,滞回环趋于饱满,试件表现出明显的弯曲破坏。

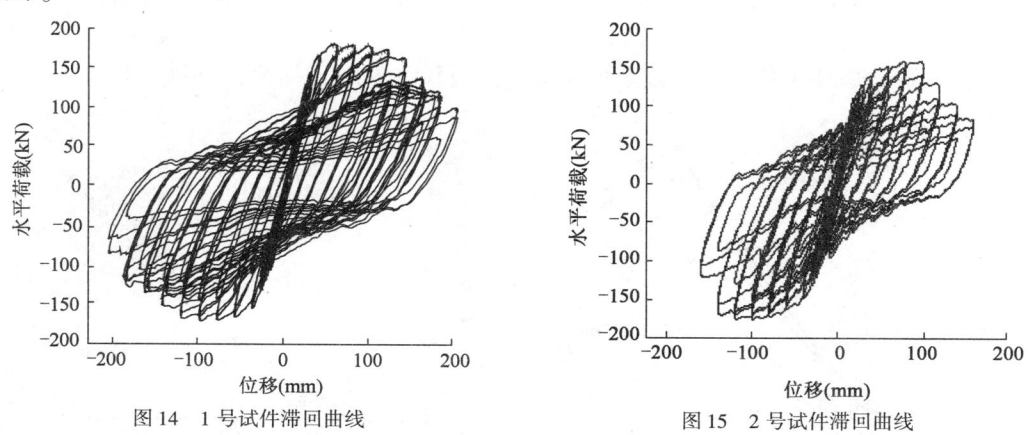

图14 1号试件滞回曲线　　　图15 2号试件滞回曲线

本次试验的三个试件的骨架曲线对比如图17所示。比较1号、2号和3号试件,实测材料强度分别为51.4MPa、65MPa和85MPa;试验得最大水平力分别为179kN(钢筋断裂)、167kN(纵筋滑移)和178kN

(钢筋拉断);水平力下降到最大水平力的0.85时对应的水平位移分别为140mm、130mm和140mm。

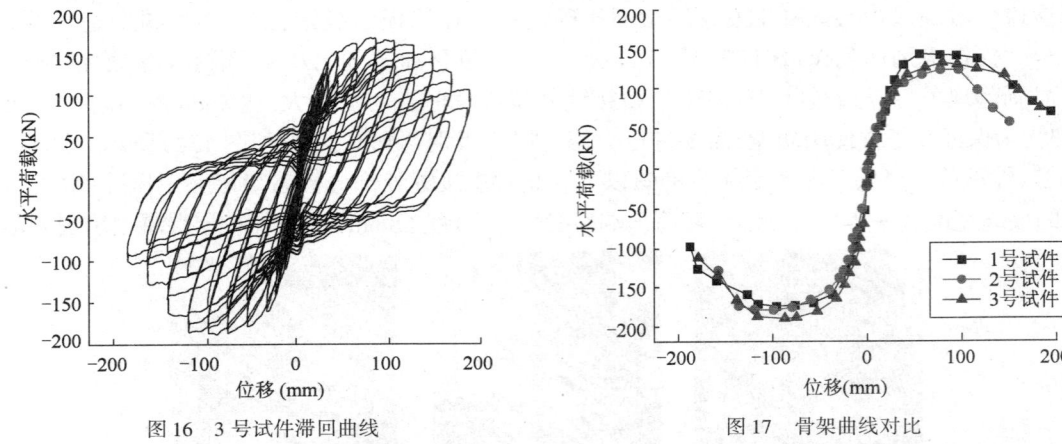

图16 3号试件滞回曲线　　　　　　　　图17 骨架曲线对比

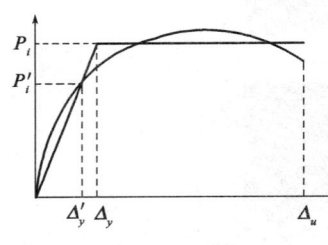

图18 位移延性系数定义

延性大小是构件抗震能力强弱的重要标志,延性是指在初始强度没有明显退化的情况下,构件非弹性变形的能力。延性的量化设计指标包括曲率延性系数和位移延性系数。曲率延性系数仅表征截面的延性,而位移延性系数不仅和塑性铰长度和曲率大小有关,还与构件的长度有关,所以通常用位移延性系数来表征结构或构件的延性。钢筋混凝土构件的位移延性系数定义为极限位移与理论屈服位移之比,如图18所示。确定构件位移延性系数时需要用到骨架曲线,图18中Δ_y和Δ_u分别表示构件的理论屈服位移和极限位移。

极限位移Δ_u为试件强度下降到最大强度值的85%时对应的位移。理论屈服位移根据实际和理论的(双线性)P-Δ曲线在Δ'_y与Δ_u之间所包围的面积相等的原则确定,Δ'_y为截面最外层受拉钢筋初始屈服时的位移。此处采用通用弯矩法来计算。经计算得到各试件位移延性系数见表2。

各试件位移延性系数　　　　　　　　　　　　　　　　表2

试件编号	极限位移(mm)	理论屈服位移(mm)	极限荷载(kN)	峰值荷载(kN)	位移延性系数
1	138.04	33.62	153.96	180.17	4.11
2	114.38	30.33	141.97	167.02	3.77
3	151.72	36.24	143.42	168.73	4.19

表征结构耗能能力的指标有很多,本文以各加载等级下滞回曲线所包围的面积E_d来表征构件的滞回耗能能力。对1~3号试件在各级荷载下第一循环的滞回环包围面积进行统计,以对比各试件的耗能能力,如图19所示。

对各级荷载下第一循环正负区段的残余位移分别进行统计并取平均值,结果如图20所示。

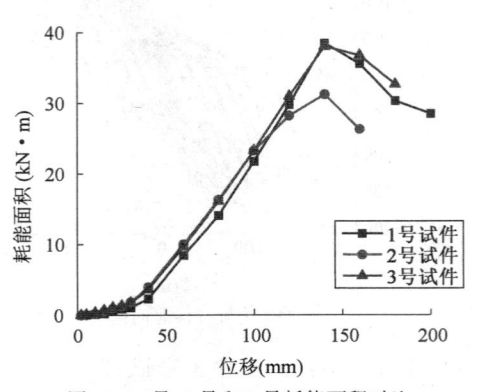　　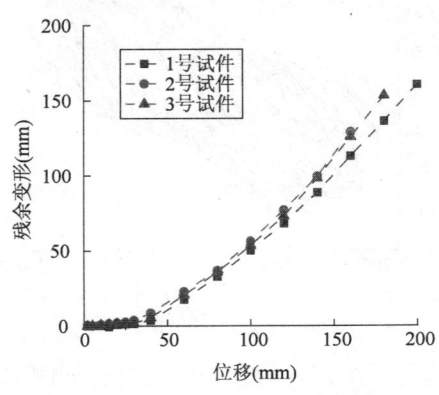

图19 1号、2号和3号耗能面积对比　　　图20 1号、2号和3号残余变形

初期加载时,试件整体保持弹性,荷载作用后能恢复到初始状态,残余变形接近于零;随着加载位移等级的提高,试件出现损伤,且损伤水平逐渐提高,残余变形随之增大。

综上所述,对比1号试件和2号试件,灌浆套筒连接离心预制拼装管墩与整体现浇管墩的滞回环形状非常相似,2号试件的极限荷载在正向略低于整体现浇,但是在负向加载时反而要略高于整体现浇管墩,分析原因是施工导致灌浆套筒黏结性能不足,加载后期墩身一侧部分钢筋相对套筒发生滑移。总体而言,在极限承载力方面1号试件和2号试件差距较小,非常接近。对比二者的骨架曲线,发现两个试件的骨架曲线的形状大体类似,大致呈三线性,具有明显的非线性拐点和强度下降点。从位移延性系数对比来看,2号套筒连接的离心预制拼装桥墩要略低于整体现浇桥墩,分析原因也是离心预制空心墩一侧的部分套筒内发生钢筋相对滑移,如果2号试件不发生套筒内钢筋滑移,其与现浇抗震性能相近。

对比2号和3号试件,实测材料强度分别为58.50MPa、89.12MPa,试验测得最大水平力分别为167.02kN(墩底接缝张开,套筒内钢筋滑移)和168.73kN(墩底接缝张开,未发现钢筋滑移现象),水平力下降到最大水平力的0.85时对应的水平位移分别为114.38mm和151.72mm。3号试件的位移延性系数比2号试件略大,考虑到2号试件施工导致的钢筋滑移,因此推断无拉筋的构造对强度和延性变形影响较弱。

分析三个试件的滞回曲线,在较低荷载阶段,1号试件和3号试件滞回曲线集中程度要优于2号试件,这表明在较低荷载阶段时2号试件由于施工导致的钢筋滑移现象已经产生。三个试件滞回曲线包围面积相近,其耗能能力也相近,因此无拉筋构造对本次试验试件抗震性能影响不大。

五、结　语

本文在国内外工程应用和研究的基础上,针对当前预制拼装桥墩的制作艺不足,提出了灌浆套筒连接的离心预制矩形管墩的方案,并设计了一组拟静力试验试件,研究其抗震性能。本文对三个试件在加载过程中的试验损伤、破坏现象和试验数据进行了详细描述与分析,包括裂缝的发展、拼接缝的张开、钢筋的损伤、破坏形态、滞回性能和延性性能等,主要结论有:

(1)本次试验研究中,试件的破坏均发生在墩柱底部,表现出明显的弯曲破坏特征。整体现浇管墩和灌浆套筒连接的离心预制管墩的破坏模式不同的地方在于,2号和3号试件均为底部拼接缝张开,和套筒顶端出现主要裂缝,进而发生钢筋滑移或者钢筋屈曲拉断破坏,套筒高度范围内损伤轻微。

(2)试验研究发现,灌浆施工质量对灌浆套筒连接离心预制管墩的抗震性能影响很大,灌浆不密实导致较早出现套筒内钢筋相对滑移,进而会导致构件在加载后期强度迅速降低,因此推广灌浆套筒连接预制桥墩时,需要注意加强套筒灌浆施工质量的要求。

(3)灌浆套筒连接的离心预制矩形管墩试件的抗震性能与整体现浇矩形管墩试件较为接近,试验表明,在施工质量得到保证的前提下,尤其是保证灌浆饱满,采用灌浆套筒连接的离心预制矩形管墩的构造措施是合理可行的。

(4)比较三个试件,不设拉筋构造对离心法预制矩形管墩试件的抗震性能影响较弱,在实际工程中,评估抗震可靠性之后,可适当减少拉筋的配置,以提高离心预制构件的制作效率。

参考文献

[1] 吴俊荨.预制节段拼装混凝土桥墩综述[J].科技风,2018(19):105
[2] 瞿振华.跨海大桥下部结构设计与施工技术研究[D].上海:同济大学,2007.
[3] 曾平喜,唐衡,冯永明.杭州湾跨海大桥预制墩身施工技术[C]//中国公路学会桥梁和结构工程分会.中国公路学会桥梁和结构工程分会2005年全国桥梁学术会议论文集.北京:人民交通出版社,2005:510-522.
[4] 郭熙冬.港珠澳大桥承台墩身工厂化预制施工技术[J].桥梁建设,2014,44(2):107-111.
[5] 鄢芳华,曹海顺.下部结构预制拼装技术在平原区高速公路桥梁中的运用[J].公路,2020,65(9):137-140.
[6] 姜群.全预制拼装城市高架桥设计[J].交通世界,2020(26):115-116.

[7] 郭各.高速铁路桥梁预制拼装桥墩施工[J].中文科技期刊数据库(引文版)工程技术,2022(2):94-99.
[8] 胡世德,魏红一,王志强,等.东海大桥抗震性能研究[R].东海大桥抗震性能研究专题研究报告之一,2004.
[9] 李田田.城市高架节段拼装桥墩构造及抗震性能研究[D].上海:同济大学,2013.
[10] 许子宜,张子飚,徐腾飞.预制装配式混凝土桥梁结构2020年度研究进展[J].土木与环境工程学报(中英文),2021,43(S1):288-296.
[11] 李玉.高强预制管墩的结构设计方案及施工技术研究[J].西部交通科技,2021(4):104-106.
[12] 左光恒,黄遵义,曾玉昆,等.承插式连接离心预制管墩抗震性能试验研究[J].结构工程师,2020,36(5):95-100.
[13] 岳文超.承插式离心管墩与承台连接力学特性研究[D].上海:上海应用技术大学,2020.
[14] 贺桂山.预制管柱桥墩连接构造性能研究[D].上海:同济大学,2019.
[15] 葛继平,闫兴非,王志强.灌浆套筒和预应力筋连接的预制拼装桥墩的抗震性能[J].交通运输工程学报,2018,18(2):42-52.
[16] 徐文靖,马矗,黄虹,等.套筒连接的预制拼装桥墩抗震性能研究[J].工程力学,2020,37(10):93-104.
[17] 柳承辉,胡云天.预制装配桥墩塑性铰区的抗震性能研究[J].公路,2021,66(12):128-133.

70. 混凝土T梁施工阶段温度梯度与作用效应研究

吕良宏 何恒波

(广东省南粤交通投资建设有限公司)

摘要 为研究T梁施工阶段的竖向温度梯度作用与效应,本文通过对一个钢筋混凝土T梁试验模型截面温度数据的长期采集,分析了典型测点的温度、截面温差等的时程和空间分布规律,给出了竖向正温度梯度作用模式;在此基础上,以一30m跨径钢筋混凝土T梁为例,计算了竖向正温度梯度作用效应。结果表明:T梁截面温度随季节不断变化,顶板、腹板和底板日最高温度随季节不断变化,夏季顶板日最高温度最大,腹板次之,底板最低;冬季腹板日最高温度最大,顶板和底板较为接近;竖向温差随季节不断变化,夏季温差大,冬季温差小,最大日温差出现的时间为2019年6月1日,为20.9℃;T梁温度沿截面竖向呈非线性分布,温度梯度近似呈三折线分布,即顶板、腹板和底板三部分,三条折线对应的温度特征值分别为$T_1=21℃$,$T_2=5℃$,$T_3=5℃$;本文得到的T梁施工阶段的温度梯度分布模式与美国国家公路与运输协会(AASHTO)规范有一定的区别,且温度梯度作用效应的计算采用美国AASHTO规范时,计算结果偏大。

关键词 桥梁工程 T梁 施工阶段 温度梯度 作用效应

一、引 言

桥梁施工时通常先施工主梁,后施工桥面铺装,这一施工顺序导致桥梁在施工阶段和运营阶段的温度作用与效应有一定的差别[1]。温度作用效应计算不准确会导致桥梁事故的发生,如奥地利和意大利均存在悬臂施工的连续梁桥因施工不当导致温度应力过大发生垮塌的现象[2]。因此,有必要对桥梁施工阶段的温度作用与效应展开研究,其中,温度梯度是最重要的温度作用之一。

桥梁顶面受太阳辐射影响较大,温度变化较快,底面太阳辐射影响小,温度梯度变化则缓慢。早期的学者认为桥梁温度沿主梁竖向是线性分布的,随着研究的深入,发现桥梁结构内部温度呈现明显的非线性特点[3,4]。现有研究主要是通过多段折线、高次抛物线和指数函数曲线来拟合桥梁沿竖向的温度梯度分布[2]。Priestley 等[5,6]以实测数据为基础,提出了混凝土箱梁的温度梯度曲线为 5 次抛物线,其中箱梁腹板以上 1.2m 范围内采用五次抛物线拟合,梁底部 0.2m 范围内为线性分布。Li 等[7]通过对加拿大某桥的实测数据的研究表明,对于工程中常用的混凝土箱梁,采用 5 次抛物线具有较好的拟合效果。刘兴法[8]根据大量实测资料统计分析得到混凝土梁竖向温度梯度可以用指数函数曲线来拟合,该温度梯度作用模式在虎门大桥辅航道桥[9]、广州东沙大桥[10]等桥梁中得到了验证。此外,我国铁路规范中截面竖向温度梯度即采用指数曲线模式。多折线模式因其形式简单,方便计算和应用于实际工程,被各国规范广泛采用,如美国的 AASHTO 规范、欧洲的建筑工程设计规范(Eurocode)、英国的桥梁规范(BS5400)以及我国的《公路桥涵设计通用规范》(JTG D60—2015)等[2,10]。我国公路桥梁规范的温度梯度作用模式是根据美国 AASHTO 规范太阳辐射区的规定进行适当修改得到的,为顶部双折线模式。聂玉东[11]通过对黑龙江三座混凝土箱梁桥温度场的实测分析,发现温度梯度分布模式接近于 AASHTO 规范的三折线模型。Miao 等[12]对青马大桥钢箱梁温度实测发现,可采用 2 折线形式进行温度梯度描述。然而,现有研究针对混凝土 T 梁温度梯度的研究相对较少,且针对施工阶段的研究尚未见相关文献报道。

为研究 T 梁施工阶段的竖向温度梯度作用与效应,本文通过对一个钢筋混凝土 T 梁构件截面温度数据的长期采集,分析了典型测点的温度、截面温差等的时程和空间分布规律,并给出了竖向正温度梯度作用模式。在此基础上,以一 30m 跨径钢筋混凝土 T 梁为例,计算了竖向正温度梯度作用效应。

二、试验概况

1. 模型设计

为研究预应力钢筋混凝土 T 梁的截面竖向温度梯度分布模式,本试验制作了 T 梁节段模型,试验模型如图 1 所示。试验模型长度为 2m,截面尺寸参数见图 1,其中,钢筋牌号 HPB300,混凝土强度等级为 C50,模型南北放置。

2. 温度测点布置与测试方法

选取模型中间截面为温度测试截面,温度测点布置如图 2 所示。本文仅研究 T 梁竖向的温度分布规律,因此,图 2 仅给出了截面竖向温度测点布置,共计 7 个测点,编号为 1~7。其中,T 梁上、下表面各一个测点,编号分别为 1 和 7;内部 5 个测点,编号为 2~6。靠近上下翼缘的地方,测点布置较密,中间腹板位置测点布置相对稀疏。混凝土内温度测点用钢筋来固定,然后浇筑混凝土。

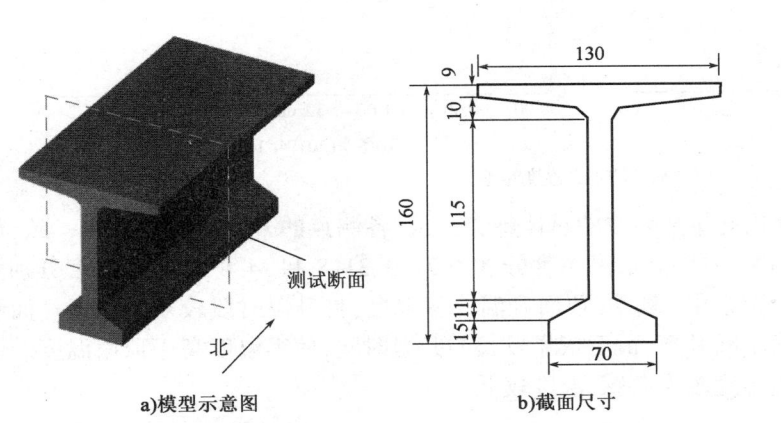

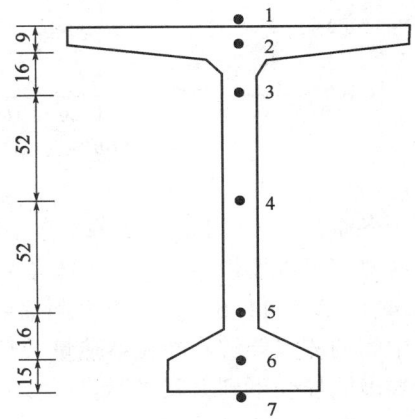

图 1 试验模型(尺寸单位:cm)

图 2 温度测点布置示意图(尺寸单位:cm)

温度测试采用温度传感器,如图 3 所示。采用无线自动温度采集设备进行长期数据采集,数据采集仪器如图 4 所示。数据采集时间为 2019 年 2 月 10 日至 2020 年 5 月 1 日,采集时间间隔为 30min。

图3 温度传感器
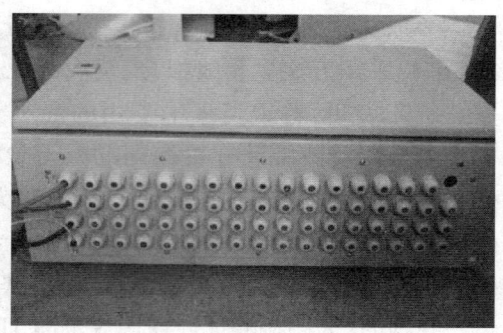
图4 数据采集仪器

三、试验结果分析

1. T梁截面竖向温度分布

1) 日温度变化

为研究T梁截面温度时程变化规律，选取顶面、腹板中间和底面的1号、4号和7号测点，作出三个测点在夏季（2019年6月1日）和冬季（2019年11月15日）两天的温度时程变化曲线，分别如图5a）、b）所示。以顶面1号测点为例，截面温度变化可以分为三个时段，即0:00～7:00为降温段，7:00～16:00为升温段，16:00～24:00为降温段。4号和7号测点的升温段较1号测点更长，为8:00～19:00。1号、4号和7号测点最高温度分别为53.6℃、42.4℃和38.2℃，最低温度分别为20.5℃、23.6℃和23.5℃。升温阶段，顶面温度最高；降温阶段，顶面温度最低。顶面测点受太阳辐射影响较大，白天温度上升较快，因此，其温度也是所有测点中最高的。在夜晚，顶面受环境温度、风等的影响，对流换热速率也是最快的，因此，其温度最低。底面测点正好相反，白天几乎照射不到太阳，温度上升较慢，温度最低；夜晚受风的影响相对顶面较小，温度高于顶面。腹板中心7号测点在混凝土内部，白天无法直接照射到太阳，且混凝土温度与环境温度变化具有一定的滞后性，因此，其温度低于顶面温度；夜晚，测点受环境温度和风的影响最小，因此，温度是三个测点中最高的。

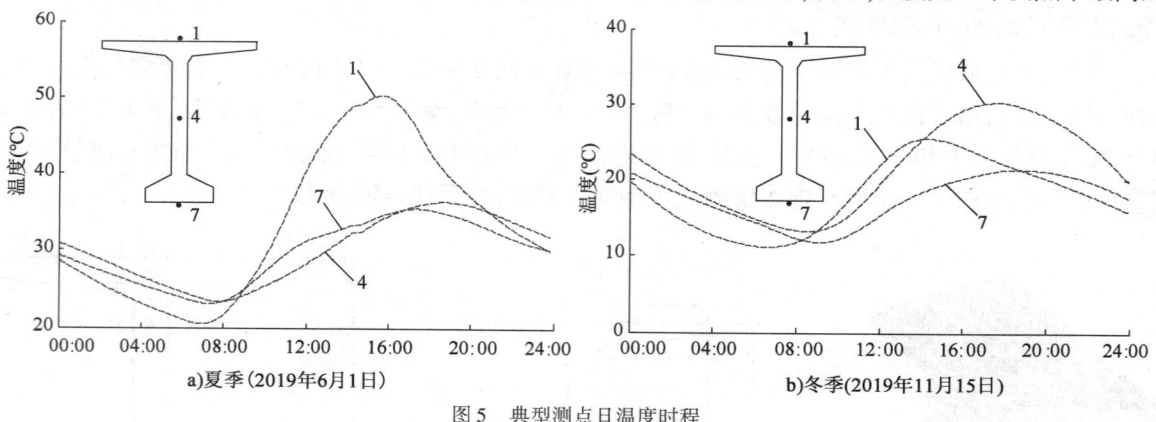

图5 典型测点日温度时程

冬季（2019年11月15日）的日变化规律与夏季的总体趋势一致，各测点的升降温时段基本一致，但是各测点日温度极值不同。1号、4号和7号测点最高温度分别为27.9、31.8和24.8℃，最低温度分别为11.4、13.2和11.6℃。冬季太阳辐射强度弱于夏季，顶面升温速率较慢，且升温时段较夏季更短。而腹板中间的测点能够不断积蓄热量，温度不断升高，最后依靠较长的升温时间，使得温度高于顶面温度。底面温度同样受不到太阳光照，且对环境温度较为敏感，温度较低。

2) 年温度变化

图6a）、b）分别展示了T梁顶面1号测点日最高和最低温度随时间的变化规律，时间范围为2019年4月—2020年3月，时长约为1年。其中有一部分数据不连续，原因是数据采集过程中发生了断电或者仪器维修，导致数据采集缺失。可以看出，顶面温度随季节变化较大，其中夏季温度最高，冬季温度最低，

春秋季节处于中间位置。此外,通过对数据的分析,测点 2~7 温度随季节的变化规律基本一致,但最大和最小温度值不同。

现选取三个典型测点,分别是顶面的 1 号测点、腹板中心的 4 测点和底面的 7 号测点,列出三个测点各月份温度最大值和最小值,见表 1。可以看出,各测点温度最大值发生的时间均在 6 月,1 号、4 号和 7 号温度最大值分别为 53.6℃、42.4℃ 和 38.2℃。各测点温度最小值均发生在 1 月,1 号、4 号和 7 号温度最小值分别为 -10.2℃、-8.3℃ 和 -8.8℃。此外,三个测点中,月温度最大值最高的是顶面 1 号测点,其次是腹板中心 4 号测点,最低的是底面 7 号测点。月温度最小值中,温度最低的是顶面 1 号测点,底面 7 号测点,最高的是腹板中心 4 号测点。顶面测点受太阳辐射影响较大,白天温度上升较快,因此,温度也是所有测点中温度最高的;而到了夜晚,顶面受环境温度、风等的影响,对流换热速率也是最快的,因此,温度最低。底面测点正好相反,白天几乎照射不到太阳,温度上升较慢,温度最低;夜晚受风的影响相对顶面较小,温度高于顶面。腹板中心 7 号测点在混凝土内部,白天无法直接照射到太阳,且混凝土温度与环境温度变化具有一定的滞后性,因此,温度低于顶面温度;夜晚,测点受环境温度和风的影响最小,因此,温度是三个测点中最高的。

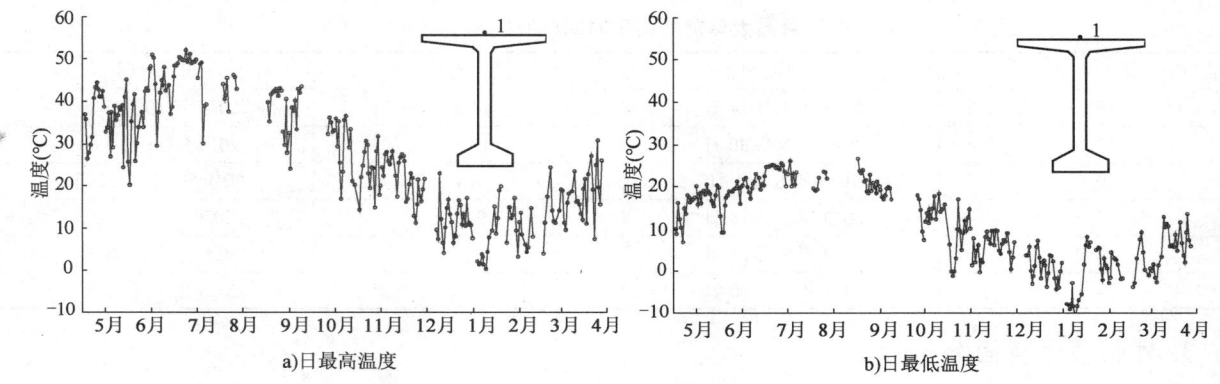

a)日最高温度　　　　　　　　　　　　　　b)日最低温度

图 6　测点 1 温度时程变化

典型测点每月日最高温度和最低温度(单位:℃)　　　　　　　　　　表1

时间	测点1		测点4		测点7	
	最高温度	最低温度	最高温度	最低温度	最高温度	最低温度
2019 年 4 月	45.5	7.5	33.6	10.0	31.5	11.2
2019 年 5 月	49.4	9.7	34.2	12.2	32.6	12.2
2019 年 6 月	53.6	17.6	42.4	19.8	38.2	19.6
2019 年 7 月	48.5	19.5	38.9	21.4	36.8	22.3
2019 年 8 月	43.0	17.8	24.5	18.2	32.2	18.8
2019 年 9 月	44.3	7.6	33.8	9.6	32.1	10.0
2019 年 10 月	36.8	-1.5	34.2	-0.5	26.2	0.0
2019 年 11 月	27.9	-0.5	31.8	0.6	24.8	2.4
2019 年 12 月	23.4	-4.6	24.9	-2.6	18.8	-2.5
2020 年 1 月	20.0	-10.2	23.8	-8.3	17.2	-8.8
2020 年 2 月	24.8	-3.8	25.1	-2.8	17.6	-3.2
2020 年 3 月	31.6	-2.5	26.9	-0.5	22.5	4.5

2. 截面竖向温差变化分析

图 7 展示了测试截面日最大温差时程变化规律。可以看出,截面日最大温差随季节有明显的变化,与测点温度变化类似,夏季截面温差高,冬季截面温差低,春季和秋季处于中间位置。夏天太阳辐射强,T 梁顶面白天温度升得快且高,底面温度上升相对较慢,温差大;而冬天太阳辐射相对较弱,温度上升速度较慢,且温度低,温差小。表 2 列出了各月份最大温差和对应的时间,可以看出,截面竖向温差最大的两个月份是 2019 年 5 月和 6 月,日最大温差仅相差 0.1℃,分别为 20.8℃ 和 20.9℃,温差最大值出现的时

间相差仅一天,分别为 2019 年 5 月 30 日和 6 月 1 日。截面竖向温差最小的两个月分别为 2019 年 12 月和 2020 年 1 月,日最大温差仅相差 0.3℃,分别为 9.4℃ 和 9.1℃,温差最大值出现的时间分别为 2019 年 12 月 22 日和 2020 年 1 月 1 日。

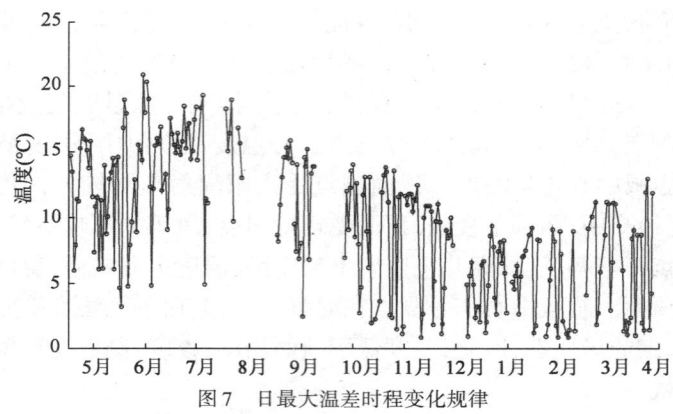

图 7　日最大温差时程变化规律

月最大温差及出现时间(单位:℃)　　　　　　　　　　　　　表 2

最大温差	出现时间	最大温差	出现时间
16.7	2019 年 4 月 24 日	14.1	2019 年 10 月 1 日
20.8	2019 年 5 月 30 日	12.5	2019 年 11 月 8 日
20.9	2019 年 6 月 1 日	9.4	2019 年 12 月 22 日
18.3	2019 年 7 月 18 日	9.1	2020 年 1 月 1 日
15.9	2019 年 8 月 25 日	11.1	2020 年 2 月 28 日
14.1	2019 年 9 月 30 日	11.9	2020 年 3 月 23 日

3. 截面温度空间分布

分别选取夏季 2019 年 6 月 1 日和冬季 2020 年 1 月 1 日两天,作出竖向温度沿截面高度方向的分布图,如图 8 所示。截面最大日温差出现的时间在 13:30,截面最小日温差出现的时间在 6:30。日最大正温差分布曲线中,截面最高温度出现在 T 梁顶面 1 号测点,最低温度出现在底板内部 6 号测点,且夏季和冬季截面温度最大和最小值出现的位置相同。日最大负温差分布曲线中,截面最低温度出现在 T 梁顶面 1 号测点,最高温度出现在底板内部 6 号测点,且夏季和冬季截面温度最大值和最小值出现的位置基本相同,冬季截面温度分布比夏季更加均匀。此外,负温差相对较小,本文不再讨论负温度梯度作用模式。

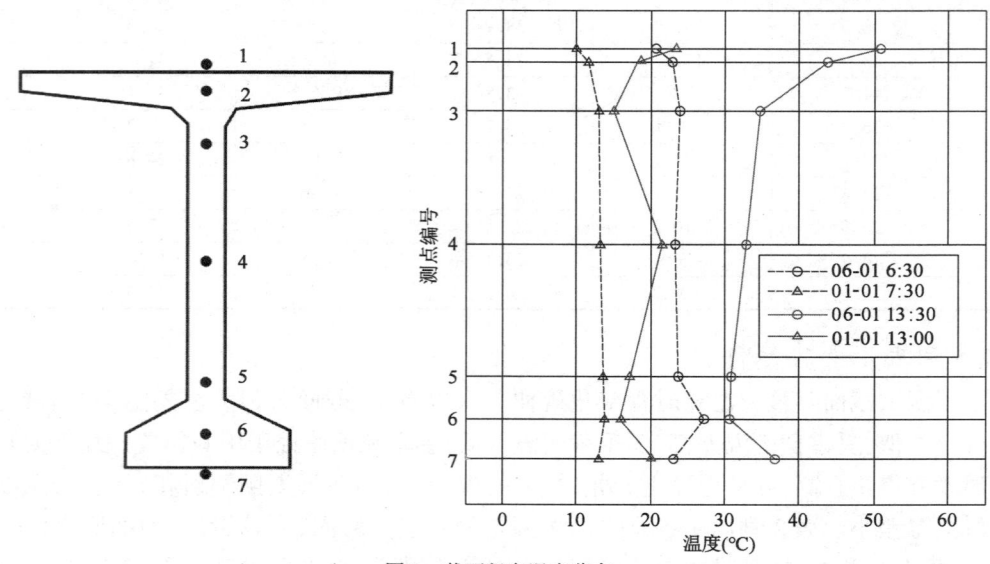

图 8　截面竖向温度分布

四、温度梯度作用模式

1. 截面竖向温度梯度

选取测试期内日温差最大的时间(2019年6月1日),作出截面竖向正温度梯度图,如图9所示。温度梯度的变化规律与温度分布规律基本一致。

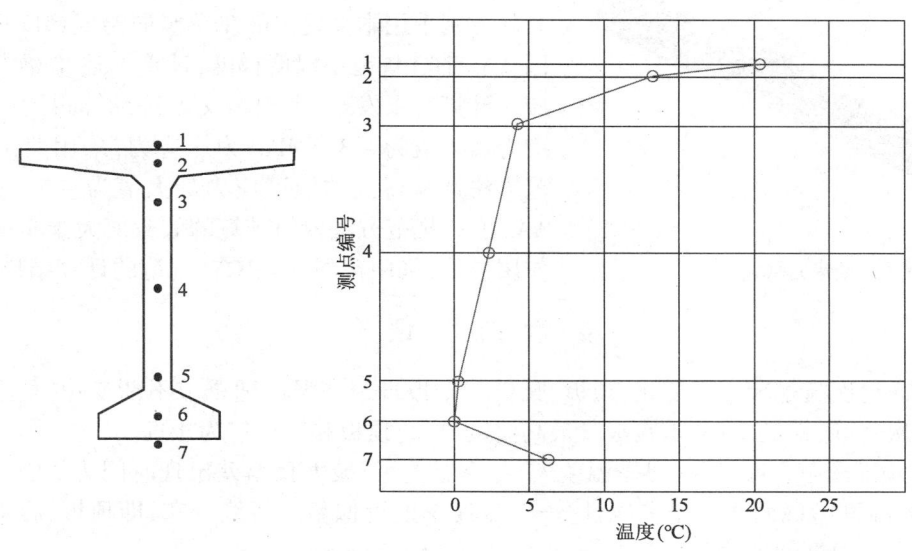

图9 截面竖向正温度梯度

2. 温度梯度作用模式

从温度梯度曲线图中可以看出,温度梯度曲线大致可以分为三部分,即顶板、腹板和底板,曲线大致可以简化为三条折线,如图10所示。T梁在施工阶段的竖向温度梯度作用模式按测试期间内最不利的温度梯度来取。图10所示的三条折线的三个温度特征值分别为 $T_1 = 21℃$, $T_2 = 5℃$, $T_3 = 5℃$。

3. 规范对比

《公路桥涵设计通用规范》(JTG D60—2015)中未规定T梁施工阶段温度梯度作用的取值方法。美国AASHTO规范中有相关规定。现将本文提出的T梁竖向温度梯度作用模式与美国AASHTO规范中的梯度模式进行对比,如图11所示。可以看出,美国AASHTO规范中温度梯度采用四折线模式,且腹板位置有一段是等温段,与本文的测试结果有一定的差别。此外,顶部的温度特征值为23℃,比本文测试结果大2℃;底部的温度特征值为3℃,比本文测试结果小2℃。

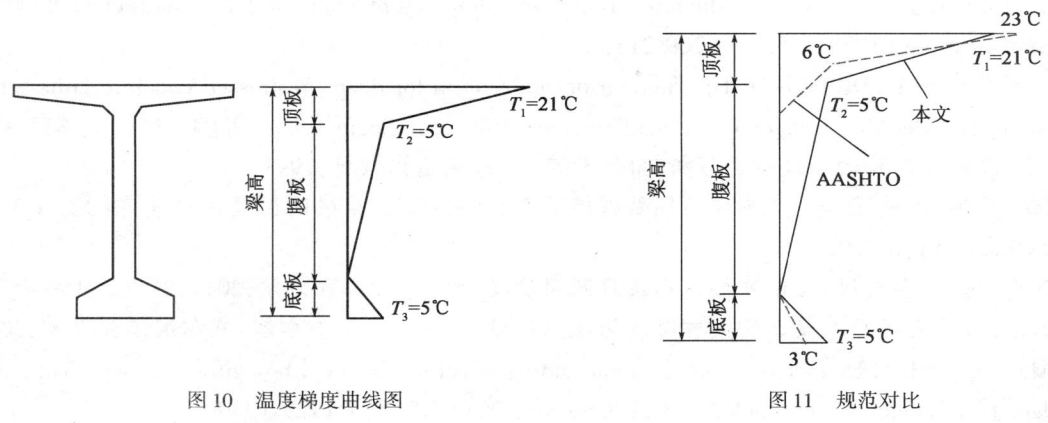

图10 温度梯度曲线图　　　　图11 规范对比

五、作用效应计算

为分析温度梯度作用效应,采用有限元仿真方法,建立一跨径为30m的T梁,T梁截面尺寸与本试验模型截面尺寸一致,梁端采用固端约束,T梁为3次超静定结构。T梁材料为C50混凝土。温度梯度作用效应计算采用大型通用有限元软件midas Civil 2019,有限元模型如图12所示。模型中T梁采用梁单元模拟,单元长度为1m,共计30个单元。

分别采用本文提出的T梁竖向温度梯度作用模式和美国AASHTO规范中温度梯度,计算上述T梁的温度作用效应。计算结果发现,采用本文方法计算得到的混凝土温度应力最大值为-3.1MPa,为压应力;采用美国AASHTO规范方法计算得到的温度应力最大值为-5.2MPa。即美国AASHTO规范方法取值计算的效应值大于本文提出的温度作用取值,采用美国AASHTO规范的计算结果偏不安全。

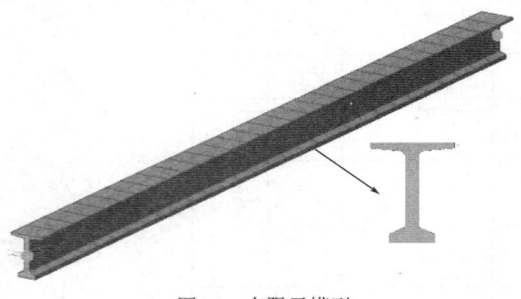

图12 有限元模型

六、结　语

(1) T梁截面温度随季节不断变化,顶板、腹板和底板日最高温度随季节不断变化,夏季顶板日最高温度最大,腹板次之,底板最低;冬季腹板日最高温度最大,顶板和底板较为接近。

(2) 竖向温差随季节不断变化,夏季温差大,冬季温差小,最大日温差出现时间为2019年6月1日,为20.9℃。T梁温度沿截面竖向呈非线性分布,温度梯度近似呈三折线分布,即顶板、腹板和底板三部分,三条折线的三个温度特征值分别为$T_1 = 21℃$,$T_2 = 5℃$,$T_3 = 5℃$。

(3) 本文得到的T梁施工阶段的温度梯度分布模式与美国AASHTO规范有一定的区别,且温度梯度作用效应的计算采用美国AASHTO规范时,计算结果偏大。

参考文献

[1] ZHOU G D, YI T H. Thermal load in large-scale bridges: a state-of-the-art review[J]. International Journal of Distributed Sensor Networks, 2013(7-8): 1-17.

[2] 刘永健,刘江,张宁. 桥梁结构日照温度作用研究综述[J]. 土木工程学报,2019,52(5):59-78.

[3] 赵人达,王永宝. 日照作用下混凝土箱梁温度场边界条件研究[J]. 中国公路学报,2016,29(7):52-61.

[4] 王永宝,赵人达,张双洋. 桥梁结构温度场测点布置方法[J]. 沈阳建筑大学学报(自然科学版),2016(2):271-278.

[5] PRIESTLEY M J N. Design thermal gradients for concrete bridges[J]. New Zealand Engineering, 1976, 31:213-219.

[6] PRIESTLEY M J N. Design of concrete bridges for temperature gradients[J]. Journal of the American Concrete Institute, 1978, 75(5): 209-217.

[7] LI D, MAES M A, DILGER W H. Thermal design criteria for deep prestressed concrete girders based on data from confederation bridge[J]. Canadian Journal of Civil Engineering, 2004, 31(5): 813-825.

[8] 刘兴法. 混凝土结构的温度应力分析[M]. 北京:人民交通出版社,1991.

[9] 李宏江,李湛,王迎军,等. 广东虎门辅航道连续刚构桥混凝土箱梁的温度梯度研究[J]. 公路交通科技,2005,22(5):67-70.

[10] 张玉平,杨宁,李传习. 无铺装层钢箱梁日照温度场分析[J]. 工程力学,2011,28(6):156-162.

[11] 聂玉东. 寒区大跨径混凝土箱梁桥温度场及温度效应分析[D]. 哈尔滨:哈尔滨工业大学,2013.

[12] MIAO C Q, SHI C H. Temperature gradient and its effect on flat steel box girder of long-span suspension bridge[J]. Science China Technological Sciences, 2013,56(8): 1929-1939.

71. 火灾下悬索桥缆索构件热力学响应及抗火性能研究

陈 巍[1,2]　沈锐利[2]

(1.三峡大学；2.西南交通大学)

摘　要　为揭示缆索构件火灾下的热力学响应及抗火性能，分析了缆索构件火灾下的三维传热特性及强度退化规律，并以某大跨径悬索桥为背景，分析了跨中位置发生油罐车火灾时缆索构件的力学响应及对结构的安全影响。结果表明：火灾下缆索构件温度达到700℃以上，导致吊索强度退化超过90%；火灾下相邻吊索间会发生内力重分配，受火吊索不会发生断裂，但会出现不可恢复的变形，总体上跨中油罐车火灾对整体结构安全影响不大。

关键词　悬索桥缆索构件　油罐车火灾　传热特性　强度退化　抗火性能

一、引　言

缆索承重桥梁以缆索体为主要承重及传力构件，具有跨越能力强、受力明确及造型美观等优点，是大跨径桥梁的首选结构形式之一[1]。目前，跨径超过1000m的桥梁都采用缆索承重桥梁结构形式。缆索承重桥梁中，悬索桥的主缆、斜拉桥的斜拉索是主要承重构件，悬索桥的吊索是重要传力构件。在桥梁运营过程中，主缆一旦遭受火灾作用达到破坏状态，将带来灾难性后果。斜拉索和吊索受火作用失去承载力，将引起结构大变形甚至发生斜拉索或吊索构件的连续断裂[2]。

缆索承重桥梁缆索体构件常年处于高应力工作状态[3,4]，火灾下，缆索体构件的升温速率快、强度退化迅速，具有很高的断索风险，极大地威胁桥梁结构安全[5]。近年来，在建筑钢结构、隧道及房建等领域，国内外学者开展了大量研究，研究对象覆盖了材料、构件与节点，简单结构体系中的框架、桁架及大跨径空间结构体系中的索、膜及穹顶等结构[6,7]。在桥梁结构抗火研究领域，研究重点一般集中在中小跨径钢梁桥、混凝土梁桥及钢混组合梁桥[8-10]，而直接与缆索承重桥抗火相关的研究很少，对缆索构件火灾下的热力学特性及抗火性能等认识不深。此外，目前桥梁设计中并不进行专门抗火设计，桥梁设计规范中也无相关条文可依。

缆索承重桥梁一般作为地标性建筑出现，具有重要的交通枢纽作用及社会经济效应，一旦发生火灾事故并造成严重后果将带来巨大的经济损失和恶劣的社会反响。因此，有必要针对缆索称重桥梁火灾下的热力学行为及抗火性能开展研究。本文以某大跨径悬索桥为背景，研究了缆索构件火灾下的热力学响应及抗火性能，揭示了缆索构件火灾下的传热特性及强度退化规律，并探明了火灾对悬索桥整体结构的安全影响。研究结果可为悬索桥的抗火设计、防火保护及火灾安全评估等提供依据。

二、缆索构件火灾下热力学响应

1.缆索构件火灾下升温模式

采用ANSYS软件建立大跨径悬索桥缆索构件三维传热分析有限元模型，主缆直径为840mm、强度为1960MPa，吊索直径为60mm、强度为1770MPa。缆索构件传热分析的单元类型采用Solid70热单元。传热参数按规范规定取值，其中比热容按EC3规范确定，对流换热系数取$25W/m^2 \cdot ℃$、辐射传热系数

---

① 基金项目：江苏省交通运输科技项目(R110120H01172)。

取0.7。传热分析的火源模型取油罐车燃烧升温曲线,缆索构传热分析的有限元模型及温度场分布云图如图1所示。

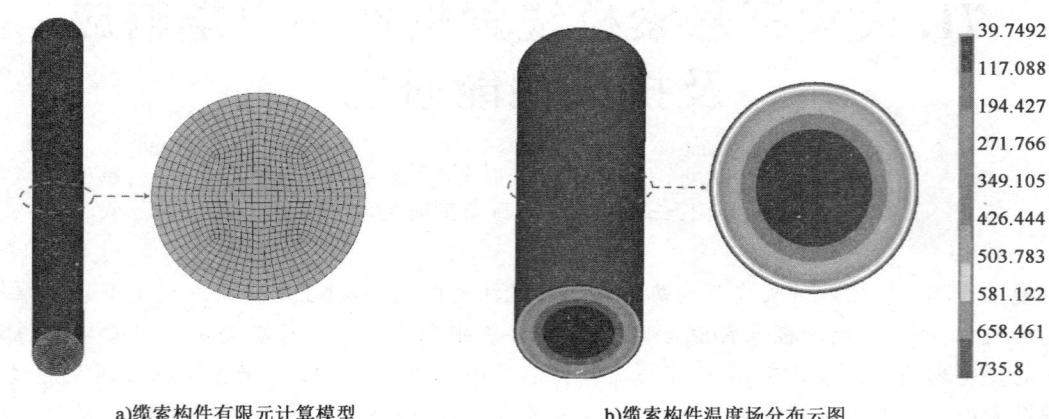

a)缆索构件有限元计算模型　　　　b)缆索构件温度场分布云图

图1　缆索构件有限元模型及温度场分布云图(单位:℃)

数值计算得到90min内悬索桥主缆及吊索的升温历程,其中由缆索构件表面至中心不同位置的升温历程曲线如图2所示。由图2可以看出,大直径主缆构件截面温度梯度大、温度场分布不均匀,小直径吊索构件截面温度梯度小、温度场分布均匀。

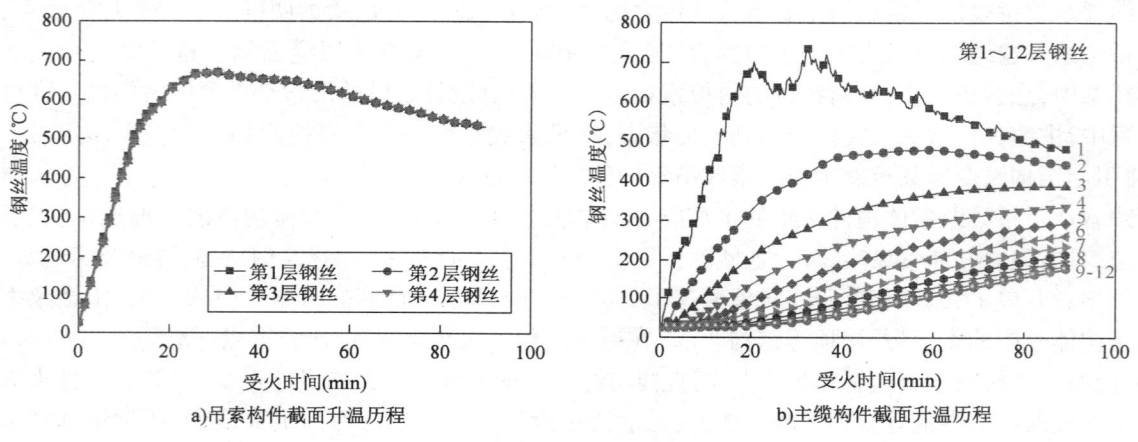

a)吊索构件截面升温历程　　　　b)主缆构件截面升温历程

图2　悬索桥缆索构件截面升温历程

2. 缆索构件火灾下强度退化模式

前期通过试验测试了1670～2060MPa高强钢丝高温力学性能参数,并拟合得到缆索承重桥用高强钢丝高温力学性能参数统一数学模型[11],其中强度退化计算式为:

$$\frac{f_u(T)}{f_u(20)} = 0.973 + 9.715\times10^{-4}\times T - 7.208\times10^{-6}\times T^2 + 4.535\times10^{-9}\times T^3 + 1.439\times10^{-12}\times T^4 \quad (1)$$

式中:T——高强钢丝温度(℃);

$f_u(T)$——高强钢丝在温度T水平下的极限抗拉强度(MPa);

$f_u(20)$——高强钢丝在20℃温度水平下的极限抗拉强度(MPa)。

采用式(1)计算得到某大跨径悬索桥主缆及吊索构件火灾下的强度退化模式,如图3所示。

由图3可以看出,火灾下主缆构件的极限抗拉强度由2030MPa降低至1440MPa,极限抗拉强度损失约25%。火灾下吊索构件极限抗拉强度由1800MPa降低至57MPa,极限抗拉强度约97%。此外,吊索构件剩余强度在受火50min后开始上升,这是因为火灾作用50min后火源温度逐渐降低,导致吊索温度逐渐降低,进而导致吊索的抗拉强度有所恢复。计算结果表明跨中油罐车火灾对大跨径悬索桥吊索构件的影响更大,后续将重点分析吊索构件的抗火性能。

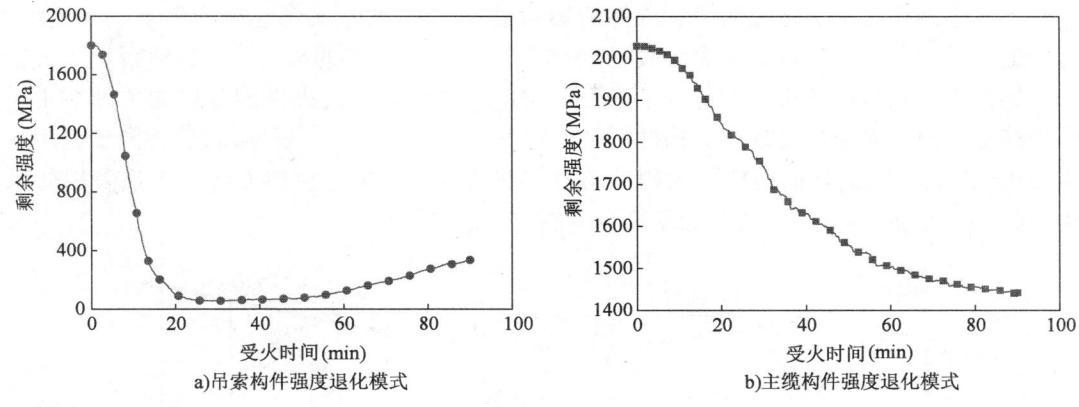

a) 吊索构件强度退化模式

b) 主缆构件强度退化模式

图3 缆索构件强度退化模式

三、缆索构件火灾全过程力学响应分析

1. 大跨径悬索桥抗火分析模型

采用 ANSYS 软件建立某大跨径悬索桥抗火分析模型,模型共计 848 个节点、1053 个单元。钢箱梁及混凝土桥塔采用空间梁单元 Beam4 模拟,主缆及吊索采用只受拉空间杆单元 Link180 模拟,主梁和吊索通过垂直于主梁的无质量刚性杆进行连接,钢箱梁一期恒载根据其实际截面面积与重度计算,经计算后取 175.9kN/m,桥面铺装等加劲梁二期恒载经计算后取 75kN/m,主缆索夹、吊索锚具等重量换算为主缆集度考虑在主缆重度内。缆索构件高温弹性模量及应力-应变关系按 EC3 规范取值,有限元计算模型如图4所示。

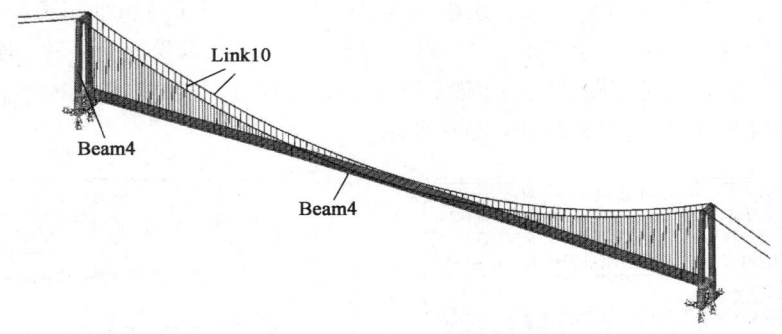

图4 某大跨径悬索桥全桥有限元模型

根据设计资料,桥塔底部采用灌注桩基础,主缆两侧采用重力式锚碇,则桥塔底及主缆两侧均采用固结约束;主缆和塔顶通过主索鞍连接,采用刚臂单元模拟;钢箱梁纵向无约束,梁端处设有竖向支承,并耦合梁端与桥塔的横向自由度。计算模型边界约束条件见表1,其中 x 表示纵桥向,y 表示竖直方向,z 表示横桥向。

某大跨径悬索桥全桥有限元模型边界约束条件 表1

节点位置	U_x	U_y	U_z	R_x	R_y	R_z
钢箱梁梁端	0	1	主从	0	0	0
塔底	1	1	1	1	1	1
边主缆两侧	1	1	1	1	1	1

注:"1"表示该方向自由度约束,"0"表示该方向自由度释放。

2. 最不利火灾作用场景描述

油罐车在桥面发生火灾事故时,火灾发生位置不同,对缆索构件造成的损伤也不同。研究表明,桥面紧急停车带上发生油罐车火灾事故对缆索构件的影响最大。因此,本文考虑桥面最不利火灾场景,即在悬索桥跨中最短吊索处发生油罐车火灾事故,如图5所示。采用建立的某大跨径悬索桥抗火分析模型分析上述火灾场景下缆索构件的抗火性能及结构力学响应。缆索构件抗火性能分析的关键在于受火构件的温度作用模拟。通过命令流实现受火构件按其火灾下的升温模式施加温度荷载,并同步调用高温弹性模量及应力-应变本构模型,从而模拟受火构件的材料非线性。该抗火模拟方法可实现采用杆系模型分析缆索构件的抗火性能,避免了采用热力学耦合分析方法的复杂性。

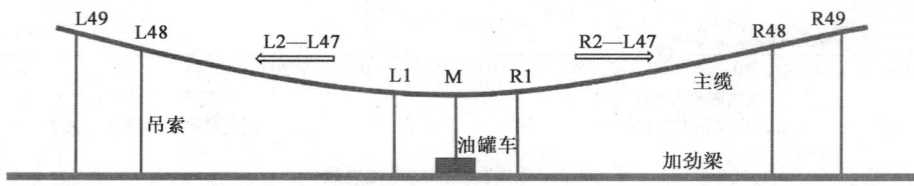

图5 某大跨径悬索桥跨中发生油罐车火灾场景

3. 最不利火灾场景下的力学响应结果

抗火计算主要考虑的荷载包括恒载、活载及温度荷载。恒载包括结构自重及二期恒载。温度荷载为火灾引起的构件升温,按其升温模式施加到受火构件上。活载主要考虑车道荷载,某大跨径悬索桥为双向八车道设计,采用八车道汽车的公路—Ⅰ级荷载,每车道的均布力 $q_k = 10.5\text{kN/m}$、集中力 $P_k = 360\text{kN}$,八车道折减系数取0.50,纵向折减系数取0.93。车道荷载按影响线加载到加劲梁上,首先计算出受火吊索构件的内力影响线,然后按影响线正值梁段施加车道荷载。图5火灾场景描述为油罐车火灾作用在跨中最短M吊索上,与M吊索相邻的两根吊索(R1及L1吊索)距火源中心距离为15m,超出了油罐车火灾温度沿纵桥向的影响范围。因此,仅在M吊索上施加温度荷载。此外,为研究活载大小对缆索构件抗火性能的影响,以 $0.1(q_k + P_k)$、$0.3(q_k + P_k)$、$0.6(q_k + P_k)$ 及 $0.9(q_k + P_k)$ 施加车道荷载,对应的计算工况分别为工况1-1、工况1-2、工况1-3及工况1-4。数值计算得到M吊索受火全过程(升温及降温)中,吊索内力变化时程曲线、吊索应变时程曲线、加劲梁竖向变形时程曲线、吊索伸长量时程曲线、主缆内力时程曲线及主缆应变时程曲线计算结果如图6~图9所示。

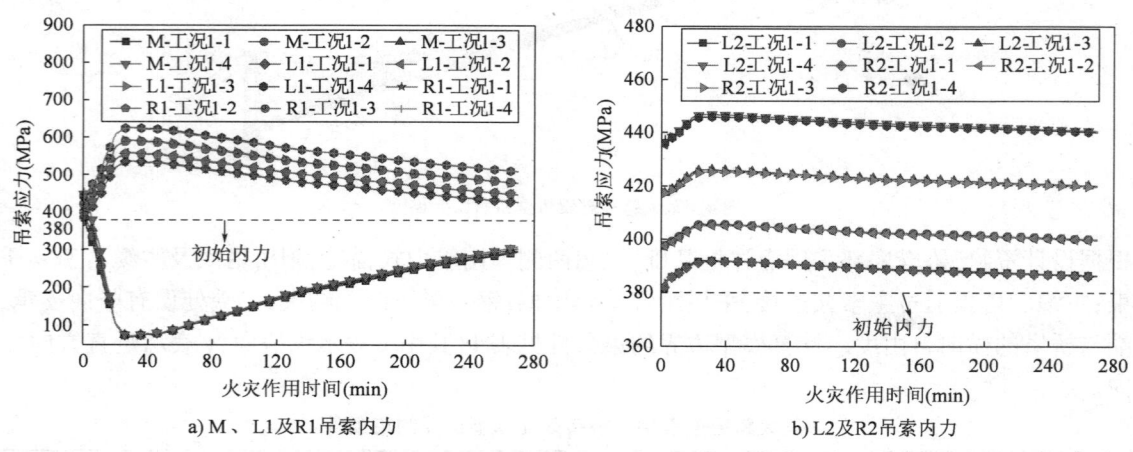

图6 吊索内力变化时程曲线

由图6可以看出,火灾作用下M吊索应力逐渐降低,而与之相邻的R1及L1吊索应力逐渐升高。火灾作用约22min后M吊索应力降低至最小值,相邻的R1及L1吊索应力上升至最大值,而远离M吊索的R2及L2吊索应力增幅不大。随着M吊索温度逐渐降低至室温水平,各吊索的应力逐渐恢复,但最终均不能恢复至初始水平。计算结果表明,M吊索受火全过程中吊索间会发生内力重分配,导致受火吊索应力降低而相邻吊索应力升高,且相邻两根吊索承受了绝大部分重新分配的荷载并成为影响结构安全的关键构件,而远离受火位置的吊索受影响较小。此外,不同活载大小工况下的吊索内力重分配过程基本一致,即活载大小对吊索火灾下的力学响应影响不大。

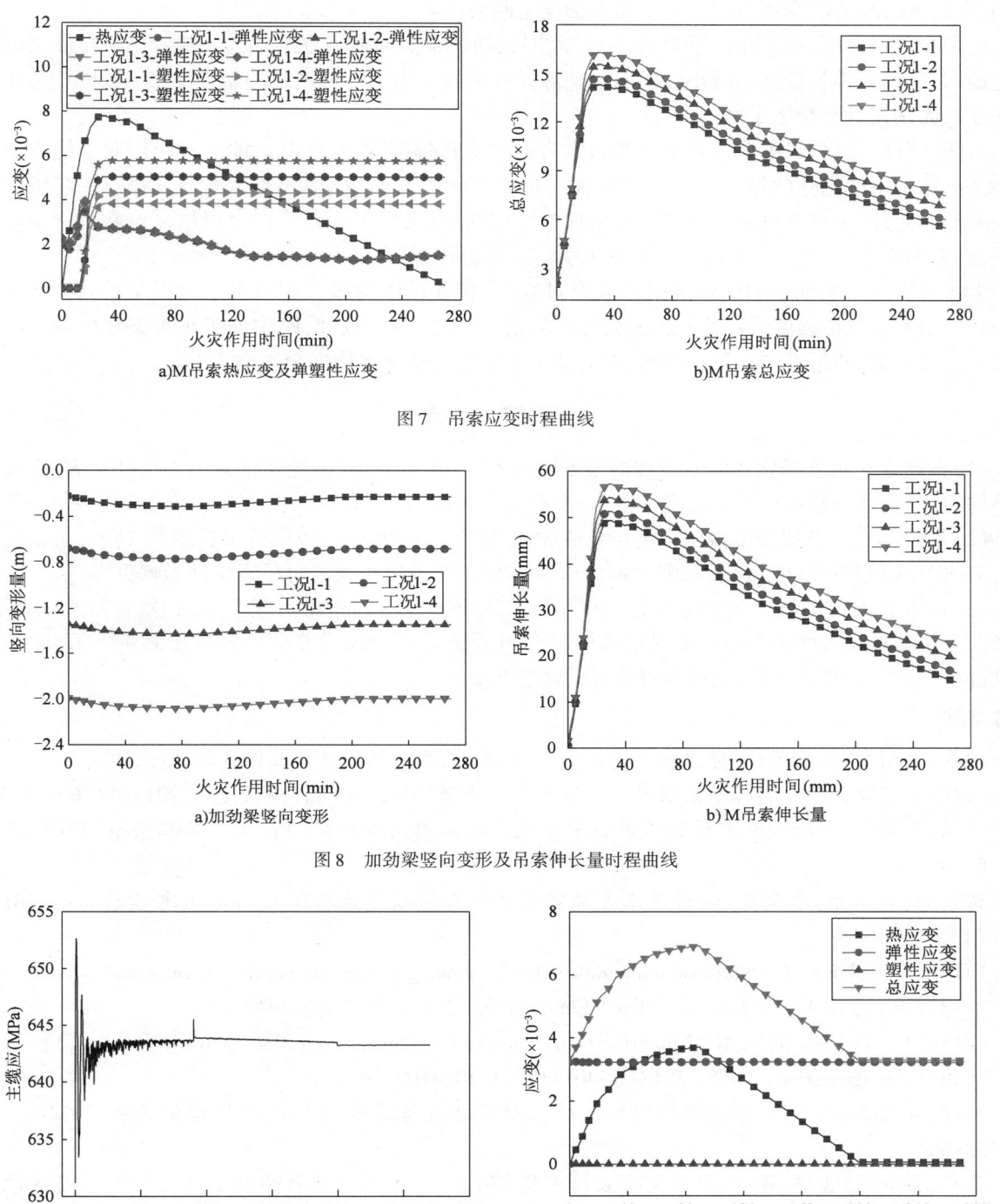

图7 吊索应变时程曲线

图8 加劲梁竖向变形及吊索伸长量时程曲线

图9 主缆内力时程曲线及应变时程曲线

由图7可以看出,火灾作用下M吊索轴向应变由温度引起的热应变及恒、活载引起的弹性与塑性应变三部分组成。热应变随着温度的升高逐渐增大,且热应变仅与吊索温度有关、与活载大小无关。弹性及塑性应变与结构承受的活载大小有关,活载越大,M 吊索的弹性及塑性应变均越大。受火前 13min,M 吊索处于弹性变形阶段,此时塑性应变为 0。受火 13min 后,M 吊索开始出现塑性变形、塑性应变快速增大,导致吊索出现不可恢复的变形。M 吊索受火全过程中的最大轴向应变为 0.0163,小于高强钢丝在 650℃高温下的断裂应变 0.16,即 M 吊索不会发生断裂破坏。

由图 8 可以看出,火灾作用下 M 吊索逐渐伸长、加劲梁竖向挠度逐渐增大。随着吊索温度逐渐恢复至室温水平,吊索伸长量逐渐减小。但由于高温导致吊索发生了不可恢复的塑性变形,则火灾后 M 吊索轴向变形无法恢复至初始水平。

由图 9 可以看出,火灾全过程中主缆的内力最大变化幅度约为 22MPa,即火灾作用对主缆内力影响很小。火灾下主缆钢丝的最大应变约为 0.007,远小于钢丝的断裂应变,即火灾全过程中主缆钢丝不会发生断丝。此外,火灾全过程中主缆不会出现塑性应变,火灾后主缆钢丝应变可恢复至常温水平。由此说明,跨中油罐车火灾作用对主缆变形及内力影响均很小。

上述计算结果表明,跨中 M 吊索受火全过程中,相邻吊索的最大应力水平均不超过 650MPa,低于 1770MPa 吊索的抗拉强度,最大应变均不超过钢丝的断裂应变。因此,跨中油罐车火灾作用场景不会造成吊索断裂,而会使吊索产生塑性变形,但总体上对悬索桥整体结构安全影响不大。

四、结　语

(1)油罐车火灾下悬索桥缆索构件的温度可达到 700℃左右,且主缆构件截面温度梯度大、温度场分布不均匀,小直径吊索构件截面温度梯度小、温度场分布均匀。

(2)油罐车火灾造成主缆极限强度由 2030MPa 降低至 1440MPa,极限强度损失约 25%,吊索极限强度由 1800MPa 降低至 57MPa,极限强度损失达到 97%。即油罐车火灾对吊索构件影响更大。

(3)油罐车火灾作用下吊索间会发生内力重分配,导致受火吊索应力逐渐降低、相邻吊索应力增加、远离受火处吊索应力增幅很小。火灾直接作用在 M 吊索上对吊索及整体结构安全影响不大,M 吊索受火全过程不会发生断裂,但会出现不可恢复的塑性变形。

参考文献

[1] 沈锐利,刘占辉,唐茂林.缆索承重桥梁[M].北京:人民交通出版社股份有限公司,2020.
[2] 沈锐利,房凯,官快.单根吊索断裂时自锚式悬索桥强健性分析[J].桥梁建设,2014,44(6):35-39.
[3] 严琨,沈锐利.大跨径悬索桥施工过程中主缆二次应力实测研究[J].土木工程学报,2018,51(4):62-68.
[4] 沈锐利,齐东春,唐茂林.杭州江东大桥静力特性全桥模型试验研究[J].土木工程学报,2011,44(1):74-80.
[5] CHEN W, SHEN R. Study of temperature field inhomogeneities in parallel wire strand sections under ISO834 fire[J]. KSCE Journal of Civil Engineering, 2021, 25(10): 3940-3952.
[6] GONG X, AGRAWAL A K. Numerical simulation of fire damage to a long-span truss bridge[J]. Journal of Bridge Engineering, 2015, 20(10):4014109.1-4014109.16.
[7] 杜咏,李国强.大跨径建筑钢结构抗火性能研究进展与趋势[J].建筑钢结构进展,2022,24(1):53-66.
[8] 张岗,宗如欢,黄侨,等.油罐车火灾致简支钢-混组合箱梁抗弯承载力衰变机理[J].长安大学学报(自然科学版),2018,38(6):31-39.
[9] 李徐阳,张岗,宋超杰,等.复杂环境下连续弯钢箱梁耐火性能提升方法[J].中国公路学报,2022,35(6):192-204.
[10] 周焕廷,聂河斌,张健,等.预应力简支钢梁高温性能试验研究[J].中国公路学报,2016,29(8):59-66.
[11] 陈巍.火灾下缆索承重桥用平行钢丝索热力学特性及抗火性能研究[D].成都:西南交通大学,2022.

72. 基于贝叶斯优化及高斯过程代理模型的桥梁有限元模型更新方法

曹宇[1] 陈宝龙[2] 刘兴宝[2] 施志俊[2] 王磊[2] 吴涛[2] 刘超[1]

(1. 同济大学土木工程学院; 2. 中国建设基础设施有限公司)

摘 要 建立准确的有限元模型，是在结构健康监测阶段对结构性能进行精准评估，进而对结构耐久性长效保障的基础。本文以某大跨径混合梁连续刚构桥为工程背景，基于贝叶斯优化方法，结合高斯过程代理模型替代有限元模型计算，研究桥梁的参数型有限元模型更新方法。以数值模拟方法获取数据并构建代理模型，进行参数型有限元模型更新，验证提出的优化方法的有效性。研究结果表明，采取本文提出的方法进行有限元模型更新，可以缩小模型计算响应与结构实测响应之间的偏差。

关键词 结构健康监测 模型更新 贝叶斯优化 高斯过程 代理模型

一、引 言

在桥梁的健康监测过程中，需要将理论计算数据与现场的结构响应实测数据进行对比分析，从而对结构进行有效评估。理论上，有限元模型能够准确地模拟桥梁的受力特征。但是，理论计算采用的弹性模量、重度等各项关键参数与实际结构存在差异。更重要的是，桥梁结构在服役期间的性能会逐渐退化，从而与成桥时的偏差越来越大。因此，应采取适当的优化方法更新有限元模型，降低偏差，从而可以更准确地模拟结构的实际性能。基于更贴切实际的有限元模型，实现桥梁耐久性长效保障。

20世纪末，国内外学者在总结矩阵型更新方法的基础上，逐步发展出了参数型方法，通过改变参数来调整有限元模型。目前，参数型更新方法已经成为有限元模型更新的主要方法。在模型更新时，常常采用代理模型替代有限元计算，以减少运算量。1998年，Beck[1]和Katafygioti[2]首次将贝叶斯概率模型框架引入有限元修正领域，提出了一种可以应用于有限元模型修正的一般贝叶斯统计框架。在随后的部分研究[3-6]中，贝叶斯推理、高斯过程响应面法、TMCMC方法等方法均被应用于有限元模型更新领域。但当前的代理模型多采取多项式的形式，拟合效果受函数项数影响，且采取贝叶斯方法优化代理模型拟合效果的研究较少。

本文以某大跨径混合梁连续刚构桥为工程背景，研究基于贝叶斯优化方法的高斯过程代理模型来更新有限元计算模型的方法。基于参数灵敏度分析，选择待优化参数，再通过高斯过程代理模型的方式替代有限元模型进行不断更新。更新后的误差显著降低，证明了该方法在桥梁有限元模型更新方面的有效性。

二、基于贝叶斯优化的高斯过程代理模型

1. 基于代理模型的有限元模型更新方法

基于数学代理模型的有限元模型更新方法，其基本原理是采用具备显式或隐式关系的数学模型替代有限元模型进行结构响应的求解。在建立代理模型之后，有限元模型更新过程可以直接在数学模型上实现，不需要进行有限元模型计算。这解决了由于有限元计算软件与优化算法间的重复迭代，而导致的运算时间过长的问题，提高了运算效率。除去较为简便的多项式代理模型外，如高斯过程[7]、神经网络等方法也常用于代理模型的构建。

2. 高斯过程

高斯过程是指一组随机变量的集合,这个集合内部的任意有限个随机变量均服从联合正态分布。在多维高斯分布中,均值向量中的每一个元素都遵循"均值函数"。同理,设置一个协方差函数(核函数),可以得到对应的协方差矩阵。由此可知,一个高斯过程可以由一个均值函数和一个协方差函数完全确认。

高斯过程核函数(RBF kernal)的一个典型形式如式(1)所示:

$$k(x,x') = \sigma_f^2 e^{\left[\frac{-(x-x')^2}{2l^2}\right]} \tag{1}$$

式中:x'——核函数中心;

x——样本点对应的横坐标取值;

σ、l——曲线形状控制参数。

式(1)定义了样本到数据中心的距离。除位于核函数上的σ、l两个超参数外,高斯过程还存在另一个超参数:协方差矩阵上的初始值δ,它能够控制高斯过程拟合结果的光滑程度。同时,合理设置这一参数能够避免优化过程中出现协方差矩阵对角线取值小于0的情况(从数学角度,这种情况往往代表着计算不收敛)。

以一个常见的多项式函数为例,说明超参数对于拟合效果的影响。函数表达式如式(2)所示:

$$F(x) = 0.03x^5 + 0.2x^4 - 0.1x^3 - 2.4x^2 - 2.5x + 6 \tag{2}$$

图1是相同原函数在区间($-5,1$)内均匀取10个样本点,在不同δ取值情况下的高斯过程拟合曲线与原函数曲线的对比图。其中,$F(x)$表示原函数曲线,$GP(x)$表示拟合曲线。可见,不同的超参数对应不同的拟合效果。需要选择较优的超参数取值,用来获得最佳的代理模型拟合效果。

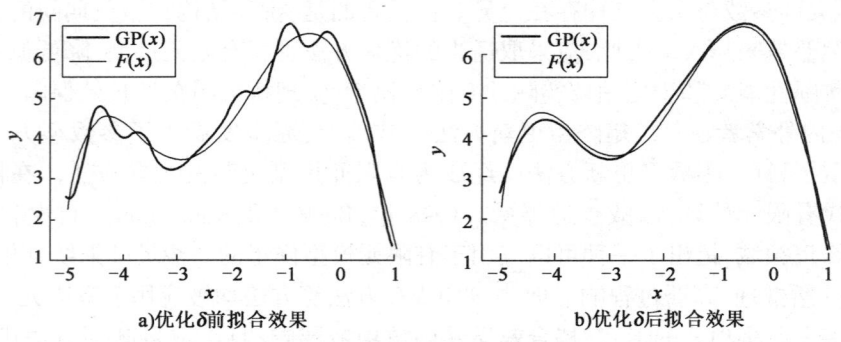

a)优化δ前拟合效果   b)优化δ后拟合效果

图1 超参数优化前后高斯过程拟合效果

3. 贝叶斯优化方法

贝叶斯优化方法基于贝叶斯定理,运用概率代理模型对目标函数进行拟合,并根据拟合结果对所需结果进行评估。贝叶斯方法能够充分结合样本的先验信息,并经过修正、优化后得到更为准确的后验信息。

代理模型以及采集函数是贝叶斯优化的关键部分。采集函数的作用是获取新的数据点。在贝叶斯优化过程中,通过最大化采集函数的方式选取新的超参数组合。代理模型的作用是对未知的目标数据集进行数学上的表示。在构建数据集后,通过采集函数不断获得数据点,将得到的数据点加入初始数据集中。多次迭代后将获得一个具备足够精度的数学模型。

4. 基于贝叶斯优化方法的高斯过程代理模型构建

本文提出的新方法是基于贝叶斯理论优化高斯过程内部超参数,提升高斯过程代理模型的拟合效果。本节以一维高斯过程代理模型的超参数优化为例,对该方法进行可视化的展示。

超参数优化首先需要确立优化目标。数学上,常常定义拟合曲线点与初始点的残差平方和最小为最优拟合结果。但时,该定义与实际需求存在偏差,需要结合实际需求确立优化目标。为了保证代理模型的拟合效果,除去用于构建代理模型的拟合点集外,设置了测试点集。将以代理模型与测试点集的接近程度来衡量优化结果的优劣。在后续的示例与计算中,训练集:测试集=7:3。

式(3)为应用贝叶斯方法进行高斯过程超参数优化时采取的目标函数,代表代理模型的拟合结果与测试点集之间的偏差比之和最小:

$$G(\theta) = \sum_i \left[\frac{E_i^0(\theta) - E_i(\theta)}{E_i^0(\theta)} \right]^2 \tag{3}$$

式中:$E_i^0(\theta)$——测试集上 θ 点对应的目标函数取值;

$E_i(\theta)$——代理模型上 θ 点对应的目标函数取值。

以一个简单的算例展示基于贝叶斯方法的高斯过程代理模型的超参数优化效果。

$$y = \sin x, y \in [-1, 1] \tag{4}$$

取式(4)所示的正弦函数,对其(0,15)区间的函数进行相应分析。取训练点70个,测试点30个,共计100个数据点。采用平均分布的方式,对数据点集内的各点设置一个大小位于±0.4区间内的噪声。图2内的三条曲线分别为原函数曲线、初始拟合曲线以及超参数优化后,高斯过程代理模型的拟合曲线(样本点已在图内标出)。

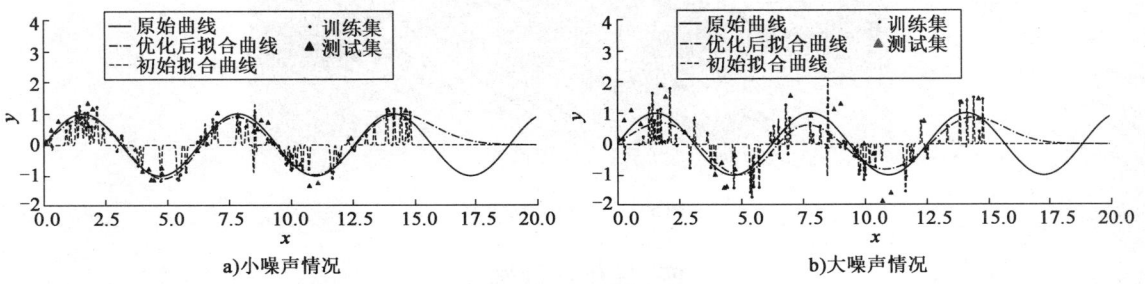

图2 超参数优化前后高斯过程拟合效果对比图

由图2a)可知,在数据点集存在噪声污染的情况下,采取贝叶斯方法可以使得高斯过程拟合结果更加接近原函数分布情况。由于高斯过程本身难以对数据点集外的曲线进行预测,因此图2a)最右端的拟合曲线,拟合效果均较差。

在结构健康监测过程中,采集数据的误差水平具备一定的波动性。因此,增大上述数据点集的误差水平至±1.0。针对上述数据再次进行超参数优化和函数拟合。图2b)为拟合结果。

由图2b)可知,增大噪声水平后,按照本文提出的方法仍然可以获得与原函数曲线较为接近的拟合曲线。该方法在具备较大噪声水平时,仍然能够较好地优化高斯过程代理模型的拟合效果。

三、有限元模型构建

以某在建的三跨混合梁连续刚构桥为工程背景。该桥中跨260m,跨中包含一90m长的钢箱梁。边跨长度120m。图3、图4分别为该桥的平面图和边跨部分的节段布置图。

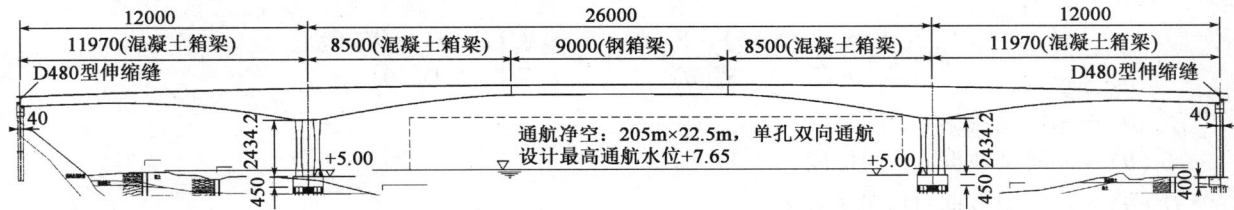

图3 桥梁立面图(尺寸单位:cm;高程单位:m)

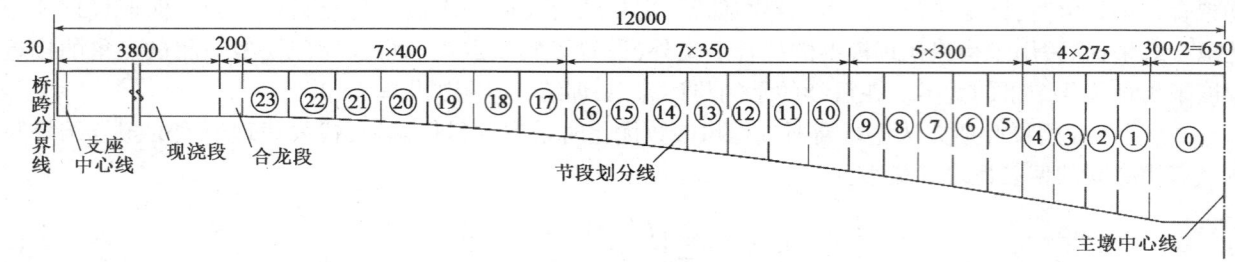

图4 边跨节段布置图(尺寸单位:cm)

结合混合梁连续刚构桥的特点,采用实体模型针对该桥进行建模。其中,混凝土梁与刚构桥墩采取实体单元建模,钢箱梁部分采取壳单元建模,预应力束采用桁架单元建立。全桥模型共339606个节点,257641个单元。在有限元模型参数中,混凝土材料(C60)的重度γ取26000N/m^3,弹性模量E取36000MPa;钢箱梁材料(Steel)的重度γ取80000N/m^3,弹性模量E取210000MPa。有限元模型如图5所示。

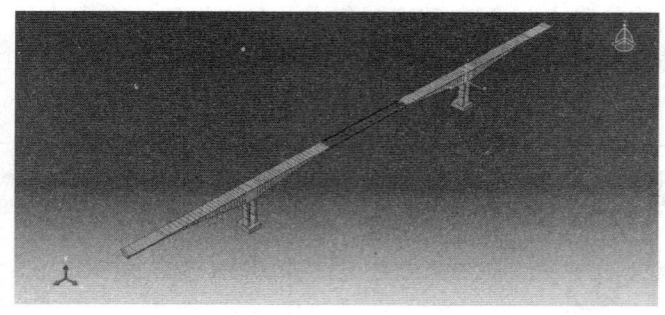

图5 有限元模型示意图

四、优化参数选择

1. 优化目标函数

有限元模型更新的本质是一个优化问题。因此,首先需要确定目标函数,以量化仿真结果与实测结果的相似性。为保证更新后有限元模型可以完整地反映结构质量和刚度特性,综合考虑后选择结构静力响应与动力响应构造目标函数。目标函数的一般形式如式(5)所示:

$$F(\theta) = \frac{\alpha_1}{n}\sum_{i=1}^{n}\text{SAI}(\theta) + \frac{\alpha_2}{k}\sum_{i=1}^{k}\text{DAI}(\theta) \tag{5}$$

式中:α_1、α_2——权重,代表目标函数内静力分析指标(SAI)、动力分析指标(DAI)的重要程度。

在设置权重大小时,考虑到动态特性是结构的固有属性,不随外荷载而变化,对精确动态特性的需求超过了对精确静态结果的需求。同时,测量的静态数据具备一定的随机性。因此,在更新过程中使用的测量动态数据比静力数据更准确[8]。综合上述考虑,取权重$\alpha_1 = 0.3$、$\alpha_2 = 0.7$。

在后续的更新过程中,用给定外荷载下的挠度评定SAI,用部分模态频率评定DAI。具体目标函数表达式如式(6)所示:

$$F(\theta) = \frac{\alpha_1}{n}\sum_{i=1}^{n}\left[\frac{S_i(\theta) - S_i^0(\theta)}{S_i^0(\theta)}\right]^2 + \frac{\alpha_2}{k}\sum_{i=1}^{k}\left[\frac{D_i(\theta) - D_i^0(\theta)}{D_i^0(\theta)}\right]^2 \tag{6}$$

式中:$S_i^0(\theta)$——实测数据i点的挠度;

$S_i(\theta)$——模型数据i点的挠度;

$D_i^0(\theta)$——实测数据对应的i阶频率;

$D_i(\theta)$——模型数据对应的i阶频率。

2. 待优化参数选择

灵敏度体现出参数变化对于目标函数的影响程度,可以作为有限元模型更新过程中参数选择的量化评定标准。由于模型结构复杂,在进行全桥有限元模型参数更新时,参数与目标函数之间很难用显式表达对应关系。因此,采取数理统计的方式确立有限元模型更新时涉及的参数。

主要考虑的结构参数是混凝土和钢材的弹性模量与重度。由于运营阶段桥梁跨中以及靠近支点部分性能退化程度不同,在模型更新时应分开考虑。因此,将该桥靠近支点部分的边跨现浇段、合龙段、0 号块以及 1~10 号块设置为同一材料 C60_b,将桥梁靠近跨中部分的 11~23 号块设置为同一材料 C60_z,钢箱梁材料设置为 steel。

仅改变单一参数,各参数均与初始值偏差 2% 取点,幅度 10%。通过对比不同参数变化相同幅度时,公式(6)所代表的目标函数变化的剧烈程度,进行最终的参数选取。目标函数变化图如图 6 所示。

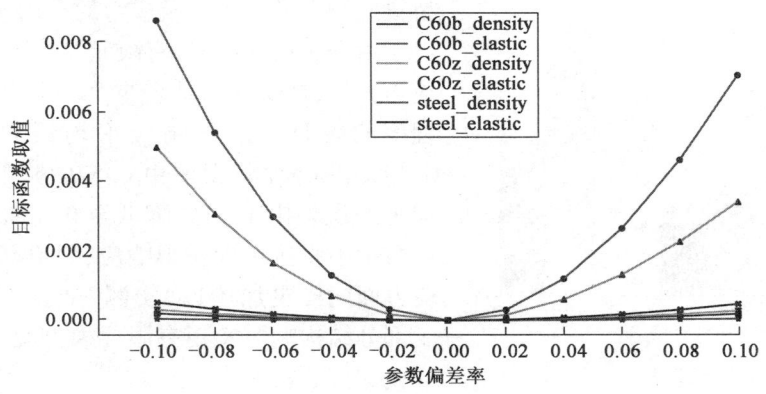

图 6 目标函数变化图

图 6 中的各条曲线越陡,代表该参数对目标函数的影响越大,即越灵敏。可见,在该权重组合下,混凝土弹性模量对目标函数的影响远大于其余参数,钢箱梁的各项参数对目标函数影响不大。考虑到灵敏度分析中各节段混凝土重度对目标函数影响基本一致,且全桥混凝土重度在运营阶段基本不变,将全桥混凝土重度设定为统一参数 γ。因此,最终选择混凝土重度(γ)、靠近支点处混凝土的弹性模量(C60b_elastic)、靠近跨中处混凝土的弹性模量(C60z_elastic)共计三个参数进行后续的模型更新工作。

五、模型测试

1. 数据集构建

在桥梁健康监测过程中,通常会设置位移传感器和加速度传感器。经过处理后,可获得荷载作用下的测点挠度以及结构的各阶频率。在后续的模型测试中,提取结构的前 12 阶频率以及沿全桥梁底均匀分布的 13 个测点挠度,用来进行后续的有限元模型更新。

为验证本文提出方法的有效性,取重度(γ)与初始值偏差 1.5%,C60b_elastic 与初始值偏差 -1.5%,C60z_elastic 与初始值偏差 1.5%,计算出的模型输出作为假定的"实测"数据。针对该数据添加一个均值为 0,标准差为 0.5% 的高斯白噪声,用来模拟健康监测数据本身的噪声。

上述三个优化参数取与初始值偏差 0%、±2%、±4%、±6% 的点相互组合,构建模型训练集。各参数取与初始值偏差 ±1%、±3%、±5% 的点相互组合,构建模型测试集。通过上述数据集共同构建基于贝叶斯方法的高斯过程代理模型。

2. 模型更新结果

由于本桥在建,尚未获取其实测数据,因此基于假定的"实测"数据来对该桥进行有限元模型更新。模型初始参数取值、假定的"实测"数据对应的参数取值以及更新后的参数取值见表 1。

模型更新结果 表1

参数	初始值	假定值	初始偏差率	计算值	优化后偏差率
$\gamma(N/m^3)$	26000	26390	1.5%	26344.2	0.17%
C60b_elastic(MPa)	36000	35460	−1.5%	35198.1	0.74%
C60z_elastic(MPa)	36000	36540	1.5%	36828.1	−0.79%

由表1数据可知,在经过有限元模型更新后,两个弹性模量参数与假设的"实测"值的偏差由1.5%降低到了0.74%与−0.79%。混凝土重度这一参数,更新后的计算值仅与假定值相差0.17%。因此,从参数取值上看,应用该方法进行有限元模型更新,可以有效降低模型参数与实际参数取值之间的误差。

除关注模型参数是否更加接近实际桥梁参数外,在结构健康监测过程中,模型计算响应与实测响应的接近程度,也是衡量有限元模型与实际结构是否接近的重要指标。图7为模型更新前后,前12阶频率、全桥梁底测点的挠度以及应力的平均误差的具体取值。

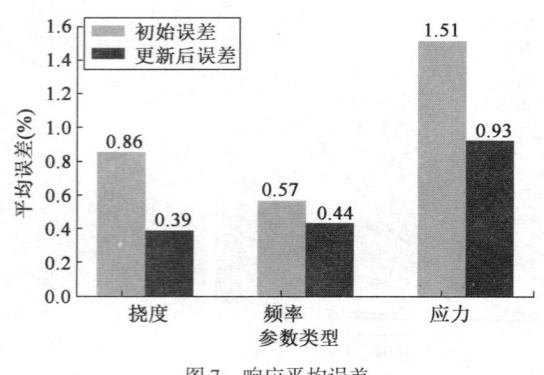

图7 响应平均误差

由图7可知,经过有限元模型更新后,在位移、频率、应力方面,模型计算结果与"实测"值的误差均呈现一定程度的降低。位移响应平均误差由0.86%降低至0.39%,频率平均误差由0.57%降低至0.44%,应力响应平均误差由1.51%降低至0.93%。尽管在优化目标函数中不直接包含应力响应,但更新后的模型在应力响应方面同样更加接近"实测"数据。说明该方法能够基于部分结构响应实现有限元模型更新,使得模型计算响应更加接近实测响应。

六、结　语

针对大跨径混合梁连续刚构桥的有限元模型更新问题,提出了一种基于贝叶斯优化方法,结合高斯过程代理模型的有限元模型更新方法。与传统方法相比,基于代理模型的更新方法对计算的需求更低,提高了整体效率。相较于多项式方式的拟合,高斯过程不需要进行最优阶次多项式的选取,拟合流程更简洁。通过计算机数值模拟结果验证了该方法的可行性,并获得以下结论:

(1)提出了基于贝叶斯优化的高斯过程代理模型进行桥梁有限元模型更新的方法,可以降低计算响应与真实值的误差,使参数更接近实际取值。利用该方法进行有限元模型更新,可以使模型更加接近实际结构。

(2)提出的方法可以通过部分响应信息进行有限元模型更新。模型更新后,不包含在目标函数内的模型响应与结构实际响应间的误差也将降低,但其更新后的平均误差高于直接包含在目标函数中的响应类型。因此,在采取本文提出的方法进行有限元模型更新时,应当在目标函数内直接体现较为关注的结构响应。

参考文献

[1] BECK J L, KATAFYGIOTIS L S. Updating models and their uncertainties I: Bayesian statistical framework[J]. Journal of Engineering Mechanics, 1998, 124(4): 455-461.

[2] KATAFYGIOTIS L S, BECK J L. Updating models and their uncertainties II: Model identifiability[J]. Journal of Engineering Mechanics, 1998, 124(4): 463-467.

[3] LU P Z, PAN J P, HONG T, et al. Prediction method of bridge static deformation based on dynamic test[J]. Structural Concrete, 2020, 21(6): 2533-2548.

[4] 王未寅,王佐才,辛宇,等.基于模块化贝叶斯推理的随机非线性模型修正[J].振动与冲击,2023,42(2):79-88.

[5] JENSEN H A, MUNOZ A, PAPADIMITRIOU C, et al. An enhanced substructure coupling technique for dynamic re-analyses: Application to simulation-based problems [J]. Computer Methods in Applied Mechanics and Engineering, 2016, 307: 215-234.

[6] 万华平,任伟新,黄天立.基于贝叶斯推理的随机模型修正方法[J].中国公路学报,2016,29(4):67-76,95.

[7] 闫业祥,孙利民.基于高斯过程回归的桥梁多变量地震易损性分析[J].振动与冲击,2022,41(23):27-35.

[8] LUO L, XIA Y, WANG A, et al. Finite element model updating method for continuous girder bridges using monitoring responses and traffic videos [J]. Structural Control and Health Monitoring, 2022, 29 (11):1-23.

73. 基于布谷鸟搜索算法的应用于桥梁涡振控制的TMDI参数优化分析[①]

苏如坤　杨詠昕　柴智敏　周　锐

(同济大学土木工程防灾减灾全国重点实验室)

摘　要　在大跨径桥梁涡激振动的机械控制措施中,调谐质量惯容阻尼器(Tuned Mass Damper Inerter, TMDI)相较于传统TMD系统可以显著改善后者的实用局限性问题。本文采用仿生群智能优化算法中的布谷鸟搜索算法(CS)进行了一座闭口箱梁斜拉桥的TMDI系统参数优化分析。以观音寺长江大桥为背景,针对其一阶竖弯振型进行涡振控制,通过大节段风洞试验获取涡激力参数,建立含TMDI系统的结构运动方程,分别以抑振效果最大化、质量块行程及静位移最小化、综合抑振及实用需求为目标建立不同的目标函数搜索优化取值,给出了不同形式的目标函数构成形式,对比不同搜索目标引导的优化效果。结果表明,在TMDI系统优化参数的搜索过程中选择综合抑振及实用效果的目标函数,有利于在保证抑振效果的情况下同时拥有较好的实用性。

关键词　桥梁涡振　涡振控制　群智能算法　调谐质量惯容阻尼器　多目标优化

一、引　言

大跨径桥梁结构的刚度和阻尼往往随着跨径的增长急剧减小,其对风荷载的动力作用更加敏感,容易产生振动幅度过大、气动不稳定等问题。涡激振动作为一种在常遇低风速下较易产生的具有强迫和自激性质的自限幅风振现象,例如2020年的虎门大桥涡振,虽然涡振不属于破坏性的发散振动,但会影响桥梁耐久性、行车安全及行车舒适性,需要采取有效的涡振控制措施。在涡振的控制措施中,机械措施由于其抑振效果相较于结构措施更为显著,其设计分析相较于气动措施更为简便,故应用较为普遍。现有桥梁用于涡振控制的机械措施以调谐质量阻尼器(Tuned Mass Damper, TMD)为主,虽然TMD频率接近主结构频率时可以有较好的抑振效果,但TMD在流线型扁平箱梁中的应用受限:一方面,由于大跨径桥梁自振频率较低,TMD中弹簧静位移及质量块行程较大,对主梁内部安装空间的要求很高,存在质量块与主结构发生碰撞的风险;另一方面,为保证较好的抑振效果一般采用质量较大的质量块,而大质量块本身亦不便于安装、后期的维护,还可能会对主结构振型产生一定影响。

---

① 国家自然科学基金项目(52178503);土木工程防灾国家重点实验室自主研究课题基金(SLDRCE19-B-10);广东省自然科学基金青年提升项目(2023A1515030148);深圳市基础研究面上项目(JCYJ20220531101609020)。

由 TMD 作用原理可知,TMD 附加质量越大,其振动控制越有效且鲁棒性越好,而理想惯性容器可以被解释为惯性放大装置,充当"无重量的"质量块,故引入惯容装置有望克服 TMD 的缺陷[1]。Marian 等[2]提出了调谐质量阻尼惯容器(TMDI)的系统,经优化设计的 TMDI 系统可以提供质量更轻的涡振控制解决方案。Xu 等[3-4]、Dai[5-6]等提出使用尺寸较小的惯容器来抑制桥梁的涡激振动,结果表明:惯容器的引入使 TMD 最优频率远高于结构特征频率,从而显著降低了 TMD 弹簧静变形,使其能够安装到流线型扁平箱梁内部,且含惯容器的隔振系统比传统 TMD 更具鲁棒性。因此,优化后的 TMDI 系统可以实现对大跨桥梁涡振的有效控制,且显著减小附加质量和质量块行程。

然而针对桥梁涡振控制的 TMDI 系统参数设计中,主要是按经验拟定质量比和惯质比,通过遗传算法对主结构抑振效果单目标最优化为目标搜索 TMDI 系统频率和阻尼比,但根据引入惯容器的最初目的,针对弹簧静位移及质量块行程的最小化也应作为优化目标以适应扁平箱梁中较为严苛的安装空间要求。根据启发式群智能算法的特点,本文基于布谷鸟搜索算法进行 TMDI 系统的参数搜索,针对一座闭口箱梁斜拉桥的竖向涡振,对比分析了单目标与多目标函数的优化结果,给出了综合考虑抑振效果和安装实用性为优化目标的目标函数构造形式。

二、工程背景

1. 工程概况

观音寺长江大桥是武汉至松滋高速公路江陵至松滋段跨越长江通道,主桥结构为主跨 1160m 双塔双索面柔性斜拉桥,跨径布置为 62m + 64m + 2×72m + 80m + 1160m + 96m + 72m + 2×64m + 54m。主跨为闭口钢箱梁,钢箱梁的梁高 4.0m、宽 41m。

2. 试验模型

为了测试该大桥的涡振性能,设计了闭口钢箱梁的几何缩尺比 1:25 节段模型,在同济大学土木工程防灾减灾全国重点实验室 TJ-3 边界层风洞中进行测振试验,节段模型总长 3.6m,横断面如图 1 所示,节段模型参数见表 1。

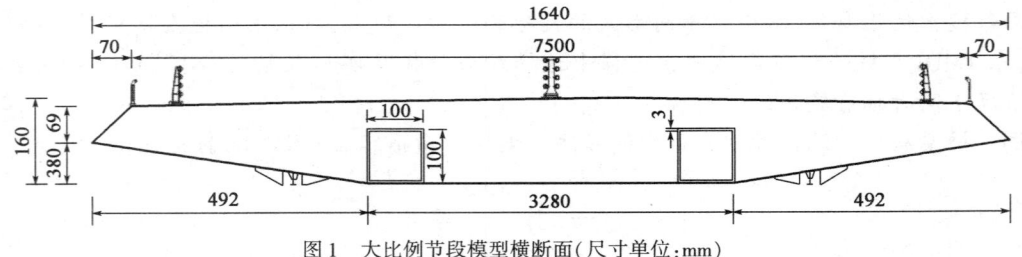

图 1 大比例节段模型横断面(尺寸单位:mm)

节段模型试验参数 表1

项目	实桥值	缩尺比	模型值
风速(m/s)	5.82	0.55	3.20
断面高(m)	4	0.04	0.16
频率(Hz)	0.1881	13.79	2.5938
阻尼比	3.325‰	1	3.325‰
每延米质量(kg/m)	37630	0.0016	60.208

由涡振试验结果可知,在成桥断面 +5°攻角,试验风速 2.7 ~ 3.4m/s 区间内出现了竖弯涡振,试验风速在 3.2m/s 时无量纲振幅达到最大值 0.033。

3. 计算模型

1) 涡激力模型

根据上述节段模型测振试验结果建立多项式竖向涡激力模型:

$$F_{\text{VIV}} = \rho U^2 D \left[\sum_{i=1}^{3} a_{2i-1} \left(\frac{y}{D}\right)^{2(i-1)} \frac{\dot{y}}{U} + \sum_{j=1}^{2} a_{2j} \left|\frac{y}{D}\right|^{2j-1} \frac{\dot{y}}{U} \right] \quad (1)$$

式中：ρ——空气密度，取 1.22kg/m^4；

U——试验风速；

D——节段模型高度；

y——主结构竖向位移；

a——涡激力参数，本组数据中取 $a = [24.2770, -3.5172 \times 10^3, 3.7960 \times 10^5, -1.8232 \times 10^7, 2.9230 \times 10^8]$。

2) 运动方程

按图 2 所示的 TMDI 组构形式，建立 TMDI 系统与箱梁主结构的运动方程如下：

$$\begin{cases} (m_1 + m_2)\ddot{y}_1 + m_2\ddot{y}_2 + c_1\dot{y}_1 + k_1 y_1 = F_{\text{VIV}} \\ m_2\ddot{y}_1 + (m_2 + gx)\ddot{y}_2 + c_2\dot{y}_2 + k_2 y_2 = 0 \end{cases} \quad (2)$$

式中：m、c、k——质量、阻尼系数、刚度，下标 1、2 分别指箱梁主结构与 TMDI；

gx——TMDI 所含惯容器的惯性系数；

y_1——主结构竖向位移；

y_2——TMDI 系统质量块与主结构的相对位移，$y_2 = y_{\text{TMDI}} - y_1$。

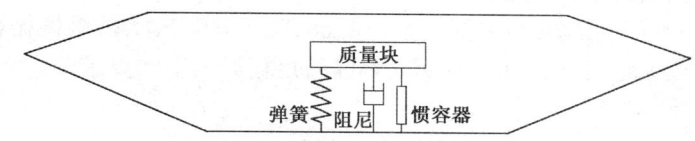

图 2 TMDI 系统的示意图

本文采用非线性 Newmark Beta 法对式(2)进行求解。

三、单目标优化分析

由式(2)可知，TMDI 系统的惯性系数、弹簧刚度、阻尼系数这三个重要参数需要进行优化选取，求解此类模型的优化算法有粒子群法、模拟退火算法、蚁群算法、遗传算法等。群智能算法操作简单、易于实现，在多领域的实际应用中取得了有效成果。本文采用的布谷鸟搜索算法(Cuckoo Search，简称 CS)属于启发式仿生群智能优化算法，能够在不知晓全局结构信息的情况下快速、有效、可靠地解决复杂优化问题。CS 算法通过模拟布谷鸟巢寄生育雏行为，结合鸟类的 Levy flights 机制进行全局搜索，可以快速有效地找到问题的全局最优解。相对于经典粒子群、遗传算法等，CS 算法具有较优的随机搜索路径，需要调整的参数更少，全局搜索能力很强。本文首先分别以主梁涡振振幅抑振效果或箱梁内空间需求为单目标进行优化参数搜索，验证搜索方法有效性。

1. 抑振效果最大化

以主梁涡振振幅抑振最大化效果为目标时，CS 算法目标函数 o 计算如式(3)所示：

$$o = \frac{u_1}{u_0} \quad (3)$$

式中：u_1——加 TMDI 后主结构振幅；

u_0——无 TMDI 时主结构原振幅，$u_0 = 0.033$。

为验证 CS 算法搜索方法有效性，按已有研究结果大致设定搜索范围，见表 2。

单目标的搜索范围 表 2

范围	f_{TMDI}	ξ_{TMDI}	μ	b
下限	2.58	0.01	0.001	0.0005
上限	2.78	0.1	0.02	0.5

其中，$f_{TMDI} = \sqrt{\dfrac{k_2}{m_2}}/2\pi$；$\mu = \dfrac{m_2}{m_1}$，为质量比；$b = \dfrac{gx}{m_1}$，为惯质比。

CS算法设置宿主鸟发现外来鸟蛋的概率 $P=0.25$，初始粒子总数为30，迭代次数50次，独立运行3次取平均。搜索结果为 $f_{TMDI}=2.6114, \xi_{TMDI}=0.0934, \mu=0.02, b=0.0014$。该组参数下减振效果如图3所示。

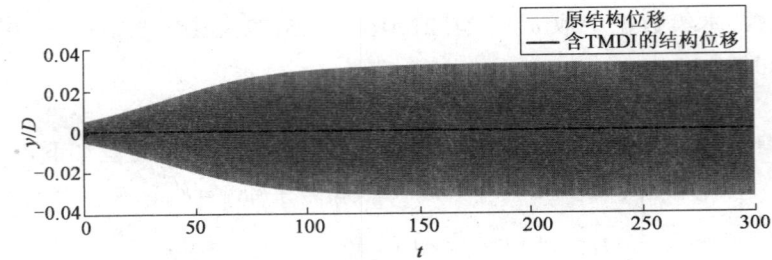

图3 有无TMDI系统下涡振振幅结果

由图3可知，以最大化抑振效果为目标则质量比尽量取大，惯质系数取小，TMDI频率接近主结构频率，符合TMDI系统一般规律。但相应计算结果中实桥质量块最大绝对行程为0.14127m，实桥质量块静伸长为6.5079m，不满足空间要求。以最大化抑振效果为目标的TMDI参数搜索结果与TMD结果类似，即预设 $b=0, \mu=0.02$ 进行参数搜索，结果为 $f_{TMDI}=2.68, \xi_{TMDI}=0.1$，实桥涡振振幅基本全部抑制，弹簧静伸长6.6256m，质量块最大绝对行程0.14089m，难以满足箱梁内空间要求。

2. 空间需求最小化

以箱梁内空间需求最小化为目标时，CS算法目标函数 o 计算如式(4)~式(6)所示：

$$xc = |[\max(y_{TMDI}) - \min(y_{TMDI})/0.04]| \tag{4}$$

$$sc = 0.25/[(1+b/\mu) \cdot f_i^2] \tag{5}$$

$$o = xc + sc \tag{6}$$

式中：y_{TMDI}——质量块位移；
xc——实桥质量块最大绝对行程；
sc——实桥弹簧净伸长；
f_i——实桥频率。

优化方法及搜索设置均同前节，得优化结果为 $f_{TMDI}=2.78, \xi_{TMDI}=0.1, \mu=0.001, b=0.5$，实桥最大绝对行程0.26464m，质量块静伸长0.01229m。该组参数下，由于惯性系数取值较大，TMDI对主结构几乎没有抑振作用。以空间需求最小化单目标的搜索结果表明，质量块的质量越大，TMDI系统抑振效果越好；惯性系数越大、TMDI弹簧刚度越大，TMDI系统实用性越好。综上，要选择既有良好抑振效果又有较好实用性的TMDI参数，需要综合两个目标平衡需求来设置目标函数。

四、双目标优化分析

为了综合考虑TMDI系统抑振效果及实用性，本文给出将抑振效果与空间需求为双目标函数构成加权形式与指数形式进行分析。为了充分发挥惯容器的优势，初步设定搜索范围，见表3。

表3 双目标的搜索范围

范围	f_{TMDI}	ξ_{TMDI}	μ	b
下限	2.58	0.01	0.005	0.025
上限	5.58	0.1	0.02	0.5

1. 加权形式

CS算法目标函数 o 计算如式(7)所示：

$$o = (xc + sc) \cdot q_1 + u_1 \cdot q_2 \tag{7}$$

式中：u_1——实桥振幅；

q_1、q_2——相对权重。

本文选取 $A(q_1 = 0.5, q_2 = 0.5)$ 与 $B(q_1 = 1/101, q_2 = 100/101)$，对比分析两种权重下涡振抑制结果，如图4所示。

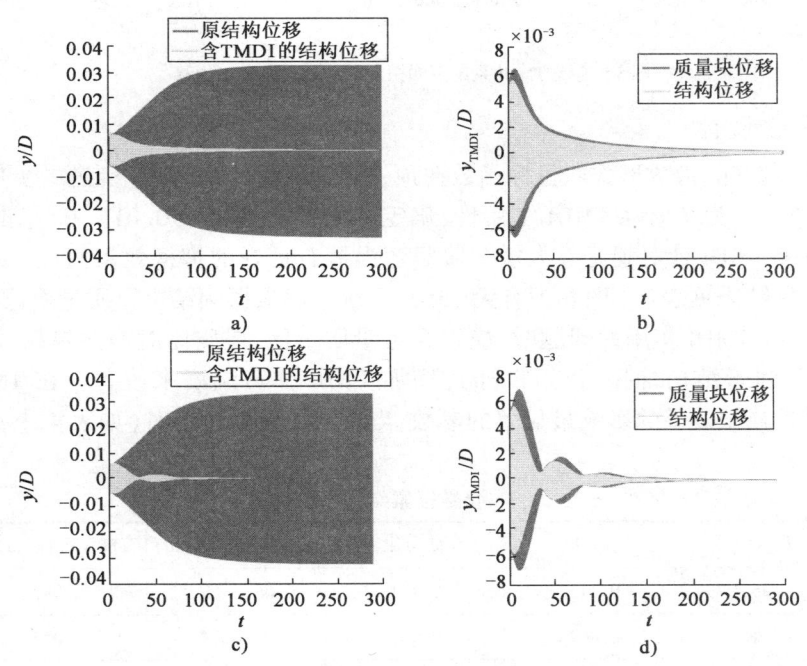

图4　有无TMDI系统下涡振振幅结果：$A(a、b)$；$B(c、d)$

由图4可知，双目标加权形式的目标函数可以满足同时实现抑振效果较优及较小空间需求的要求。q 的改变对最终优化的减振效果及最大行程影响不大，但瞬态阶段拍振情况不同。即增大某一目标的权重系数不一定能改变优化结果的侧重。

2. 指数形式

CS算法目标函数 o 计算如式(8)~式(10)所示：

$$o_1 = u_1 \tag{8}$$

$$o_2 = xc + sc \tag{9}$$

$$o = e^{o_1 - 0.1u_0} + e^{o_2 - hlim} \tag{10}$$

根据指数函数自变量越过定值后快速增长的特点构造如式(10)所示目标函数，该形式使得所选参数的实桥减振率计算结果在低于10%后显著减小（经计算，若将此限值设定过小如定为1%，则搜索寻优效果不佳），并使质量块行程及弹簧静位移在小于hlim后显著减小。此处hlim为人为设定的箱梁内部空间限值，观音寺大桥总梁高为4m，本文中hlim取为2m。

按式(10)作为目标函数，优化参数搜索结果为 $f_{TMDI} = 5.58$，$\xi_{TMDI} = 0.1033$，$\mu = 0.012$，$b = 0.051$。该组参数减振效果与空间需求如图5所示。其中实桥最终振幅为0.000586m，实桥质量块最大绝对行程为0.05m，实桥质量块静伸长为0.29308m。

由图5可知，指数形式的综合目标函数可高效搜索到同时满足抑振要求及空间要求的优化参数。指数形式目标函数可以引导搜索方向向希望的限值内移动，较易找到符合要求的参数结果。因此，TMDI系统弹簧刚度的增加有利于发挥惯容器的优势而不过大牺牲抑振效果，建议采用更大的TMDI弹簧刚度进行设计。

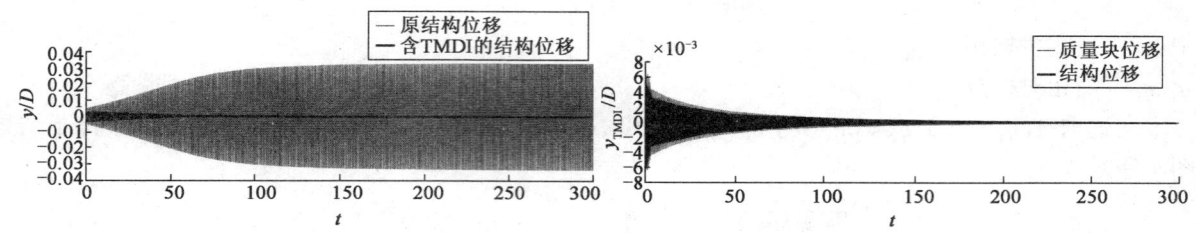

图5 有无TMDI系统下涡振振幅结果与质量块位移

3. 系统参数优化设计

本节以寻优效果较好的指数形式双目标函数在预先确定质量比的情况下,进一步优化TMDI系统弹簧刚度、阻尼比、惯质比。为了增强TMDI实用性,确定的质量比均小于0.01。在质量比位于0.0025~0.01范围内,优化所得TMDI针对观音寺大桥一阶竖弯涡振有良好的抑振效果,且质量块行程及弹簧静位移足够小,具体计算结果见表4。图6为有无TMDI系统下涡振振幅结果及质量块位移。由图6可得,引入惯容器来改善传统TMDI实用性问题时,应综合考量质量比、惯质比对抑振效果及空间需求两方面的影响。大惯质比不利于结构抑振,但可以通过增加TMDI弹簧刚度来改善。在TMDI设计中,类似TMD,质量块质量仍是减振效果的影响最显著的参数,当质量块质量过小时(如表4中$\mu=0.0016$),较难完全消振。

参数搜索结果 表4

μ	f_{TMDI}	阻尼比	惯质比	实桥最终振幅(m)	最大行程(m)	弹簧静伸长(m)
0.01	9.96	0.113	0.131	9.061×10^{-6}	0.057	0.036
0.005	9.788	0.067	0.067	0.00077	0.077	0.034
0.0025	8.827	0.032	0.026	1.367×10^{-5}	0.164	0.053
0.0016	3.994	0.056	0.002	0.0053	0.205	1.221

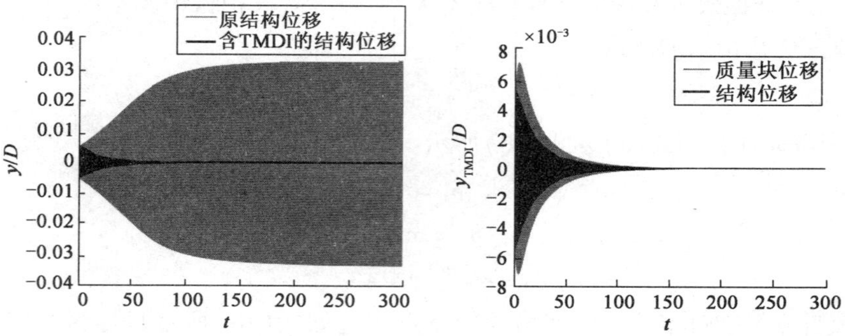

图6 有无TMDI系统下涡振振幅结果($\mu=0.01$)

五、结 语

本文以一座闭口箱梁斜拉桥的一阶竖弯涡振进行TMDI系统的不同目标优化分析,通过布谷鸟搜索算法寻找最优参数,验证了单目标与双目标的优化效果,可为真实大跨度桥梁涡振控制的TMDI参数优化设计提高实用建议,得到的主要结论如下:

(1)以抑振效果或空间需求最大化为单目标函数优化设计难以兼顾抑振效果和实用性要求。

(2)以抑振效果与空间需求的加权形式双目标函数优化设计可以平衡抑振效果和实用性要求,增大某一目标的权重系数不一定能改变优化结果的侧重,应针对搜索算法的特点提供限值进行引导。

(3)以抑振效果与空间需求的指数形式双目标函数优化设计,以相对高效地引导搜索方向至希望的范围内,实现兼顾良好抑振能力和较好实用性的效果。

(4)提高 TMDI 弹簧刚度有利于充分发挥惯容器优势,因而可以显著减小质量块质量。但质量比仍是抑振效果的决定性因素,惯容器的引入可在一定范围内减小质量块质量,降低安装空间需求。

参考文献

[1] 张瑞甫,曹嫣如,潘超.惯容减震(振)系统及其研究进展[J].工程力学,2019,36(10):8-27.

[2] MARIAN L, GIARALIS A. Optimal design of inerter devices combined with TMDs for vibration control of buildings exposed to stochastic seismic excitations[C]//11th International Conference on Structural Safety & Reliability,[S.1:s.n.]2013.

[3] XU K, BI K M, GE Y J, et al. Performance evaluation of inerter-based dampers for vortex-induced vibration control of long-span bridges: A comparative study[J]. Structural Control and Health Monitoring, 2020, 27(6): e2529.1-e2529.27.

[4] XU K, BI K M, HAN Q, et al. Using tuned mass damper inerter to mitigate vortex-induced vibration of long-span bridges: Analytical study[J]. Engineering Structures, 2019, 182(1): 101-111.

[5] DAI J, XU Z D, GAI P P. Parameter determination of the tuned mass damper mitigating the vortex-induced vibration in bridges[J]. Engineering Structure, 2020, 221(20): 1-11.

[6] DAI J, XU Z D, GAI P P, et al. Optimal design of tuned mass damper inerter with a Maxwell element for mitigating the vortex-induced vibration in bridges[J]. Mechanical Systems and Signal Processing, 2021, 148(3): 10718.

74. 基于点云数据与有限元模型自动转化的混凝土梁桥数字孪生方法

曾子粤　舒江鹏　周姝康　项贻强

(浙江大学建筑工程学院)

摘　要　以激光点云三维视觉为基础的桥梁三维建模技术是桥梁数字孪生的重要内容。然而,目前实体模型主要依赖于手工操作建模,其建模周期长、模型误差大,尤其是针对服役中已产生沉降、收缩等变形的桥梁实体。因此,为自动实现桥梁三维特征数据的准确提取和建模,本文提出了一种基于点云的箱梁桥自动建模方法,包括点云分割、构件参数提取、有限元建模。为验证该方法的有效性,实测了一座服役期箱梁桥,结果表明桥梁点云分割的准确率为 98.39%,平均交并比(mIoU)为 95.65%;桥墩、盖梁和桥面板的尺寸平均偏差分别为 0.46%、0.42%、0.15%,桥面板的弧度误差为 0.60%;有限元力学评估桥梁的承载能力为 2735kN;平均建模时间为 175.65s。

关键词　梁桥数字孪生　自动建模　点云模型　Rodrigues 算法　PointNet++

一、引　言

截至 2021 年末,我国公路桥梁总计 96.11 万座,总延米达 7380.21 万,位居全球榜首[1]。同时,桥梁的定期力学评估对其寿命评估和维护决策至关重要[2,3]。目前,基于实体模型的有限元分析在国内外研究中得到广泛应用[4-6],但这一过程通常需要烦琐的人工建模,特别是对于存在如支座沉降和混凝土收缩等未知变形的桥梁[7,8]。人工建模周期长,且常简化结构特征,限制了评估的准确性[9,10]。因此,亟需一种适用于大型桥梁的高效、准确的自动建模方法。

数字孪生技术是当前桥梁工程的热门领域,其中基于激光点云三维视觉的桥梁三维建模技术是其中的重要内容。一方面,点云数据能有效描述桥梁结构的外观特征,如测量桥梁结构在施工过程中的相对位移变化[11]、获取不同荷载情况条件下桥梁的变化形态[12]。与此同时,通过深度学习方法可分割点云数据,以更精确地解耦不同场景或构件[13,14]。另一方面,参数化建模是自动化有限元分析的重要过程,但针对不同场景需要采用不同的点云处理方法,如 B 样条方法生成了某室内结构的参数化描述[8]。

以上研究体现了点云实现力学评估过程中的结构参数化描述、有限元建模与数字孪生等方面的可行性。但目前鲜有针对箱梁桥点云的力学评估研究。这是由于箱梁桥相较于规整的建筑构件更复杂,源点云数据往往缺乏内部点,难以通过其构建完整的实体模型。因此,本文提出了一种基于箱梁桥点云的自动化建模与受力分析方法。本方法采用了多层次特征提取结构的 PointNet++ 网络,实现了对桥梁点云的多类别提取。其次,提出了一种针对桥梁构件的建模参数提取方法,解决了因点云数据因杂乱、无序等原因导致难以提取建模参数的问题。随后,通过 Rodrigues 算法建立设计图纸、三维实体模型坐标系统流程,提出了一种箱梁腹内结构建模方法,在点云数据缺失内部数据点的情况下实现箱梁桥的建模。最后,验证了一座现役箱梁桥建模过程,并预测了其承载力。

二、箱梁桥自动建模及力学评估方法

为实现箱梁桥自动建模及力学评估,本文所提方法分为:桥梁点云分割、桥梁构件参数提取、箱梁腹内结构建模、有限元分析建模四部分。第一部分是基于 PointNet++ 网络,将桥梁点云分割为桥墩、盖梁、桥面板三类,并利用 DBSCAN 算法二次分割各类实例;第二部分是基于 RANSAC 算法和凹包算法,分别对桥墩、盖梁与桥面板进行参数提取;第三部分是基于 Rorigues 算法的箱梁腹内结构参数转换与实体建模;最后是参数化有限元建模及力学分析,其技术路线如图1所示。

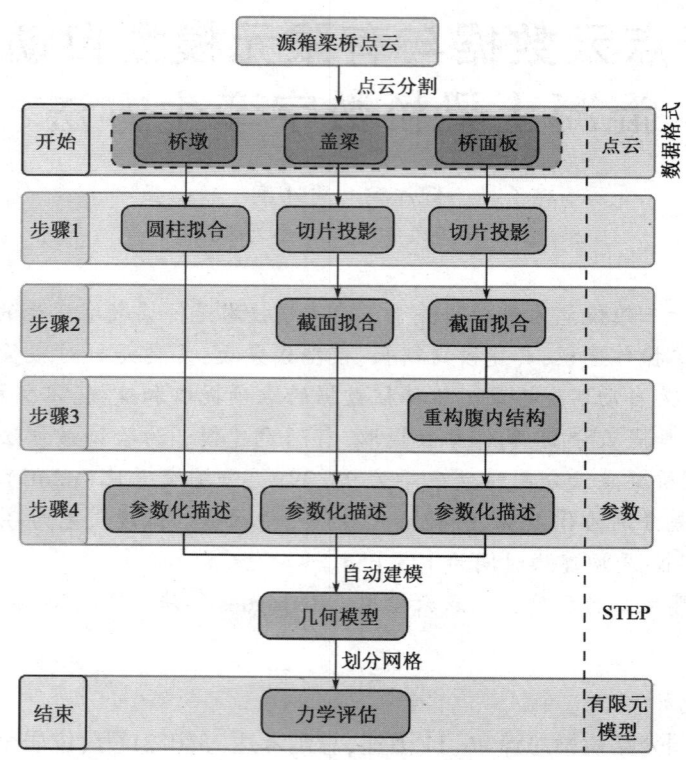

图1　自动建模及力学评估技术路线

1. 基于 PointNet++ 的桥梁点云分割

桥梁点云呈现不均匀、不规则、无序等特征,为了实现各构件点云之间的解耦以及准确分割出桥墩、盖梁和桥面板,本文选择了基于深度学习的点云分割,并选择 PointNet + + 作为分割模型。PointNet + +[15-17]是一个多级别特征提取神经网络架构,具备较好的局部特征提取能力和自适应密度的特征提取能力,被广泛用于点云分割。其次,在激光扫描仪、基于图像的几何方法或将 BIM 模型转换法等数据获取方法基础上,提出了基于常用的桥梁几何模型构建各面的几何方程的桥梁点云生成方法,增加桥梁点云数据集以提升网络泛化能力。同时,为实现后续参数提取,引入 DBSCAN 算法[18]对桥墩、盖梁点云进行二次实例分割。

2. 桥梁构件参数提取方法

为实现构件参数的提取,本文根据各类构件形状特征选用了针对性算法。针对规则截面的桥墩构件,本文采用了 RANSAC 算法[19]对桥墩点云进行圆柱拟合,获取各桥墩的端部圆心坐标、直径等建模参数,并以圆心坐标确定盖梁、桥面板的投影平面。而对于不规则截面的盖梁和桥面板,往往基于构件截面通过拉伸、扫掠等方式构建,实现了构件截面角点的自动提取[20,9]。但其投影平面点无序且边界不明,因此,本文提出了一种凹包算法的桥梁构件截面边界提取方法:

(1) 如图 2,对于任意一点 p,以其为圆心搜索距离 2α 以内的所有临近点,记为点集 Q。然后选取 Q 点集中的任意一点 p_1,根据 p、p_1 的坐标 (x,y)、(x_1,y_1) 和 α 值计算出 O_1、O_2 的圆心坐标 (x_2,y_2)、(x_3,y_3)。

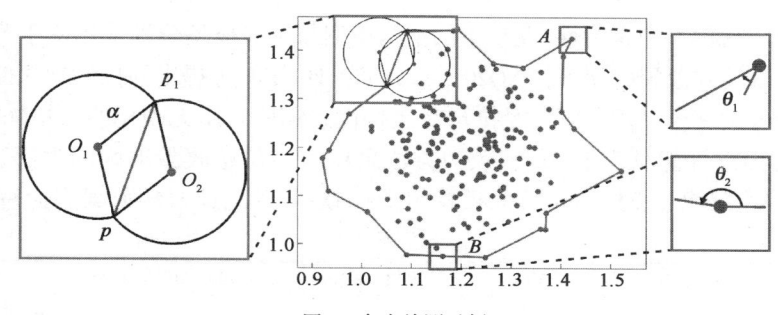

图 2 角点检测示例

(2) 在获取 O_1 和 O_2 坐标后,将 p_1 从点集 Q 中去除,迭代计算点集 Q 中的剩余点与 O_1、O_2 的距离。若剩余点到 O_1、O_2 的距离均大于 α,则表明 p 点为边界点。

(3) 反之,则将点集 Q 中的其他点依次替换为 p_1,并不断迭代点集 Q 中的剩余点与 O_1、O_2 的距离,直到剩余点中所有点到 O_1、O_2 点的距离均大于 α。停止迭代,将 p 点定为边界点。

(4) 若在迭代完毕后,点集 Q 中不存在满足上述条件的点,则表明 p 点为非边界点。

但实体建模中截面的构建往往需要输入有序闭环的点集,该方法未考虑边界点的顺序问题。因此,本文对边界点集进行了距离迭代,恢复边界点集的闭环顺序。同时,为优化模型质量、提高建模速度,本文对截面非角点进行了剔除。具体方法为遍历边界点集,若某点与邻近两点所呈的角度大于阈值 θ,则对该点进行剔除,反之保留该点。最后,在初步获取桥梁构件点云截面角点的基础上,考虑了桥面板与盖梁的建模特点,基于桥墩参数与投影平面方程确定了构件扫掠与拉伸路径。

3. 基于 Rorigues 算法的箱梁腹内结构建模方法

激光扫描仪无法获取结构内部点云,因此,箱梁桥内部孪生实体模型难以构建[21,22]。本文提出了一种基于 Rorigues 算法[23]的箱梁腹内结构建模方法。该方法实现了设计图纸坐标系到三维几何模型坐标系的自动转换,准确映射设计图纸数据,解决了箱梁桥内部结构建模难题。具体方法如下:

如图 3 所示,假设 Z_1 轴垂直于设计图纸平面向上,Z_2 轴垂直于实体模型截面向外。则基于 Rorigues 算法的 Z_1 轴与 Z_2 轴关系为:

$$Z_2 = \cos\theta Z_1 + (1 - \cos\theta)(Z_1 \cdot K) + \sin\theta K \cdot Z_1 \quad (1)$$

式中:K——旋转轴向量,可由 Z_1 轴、Z_2 轴叉积获得;

θ——两轴之间的夹角值。

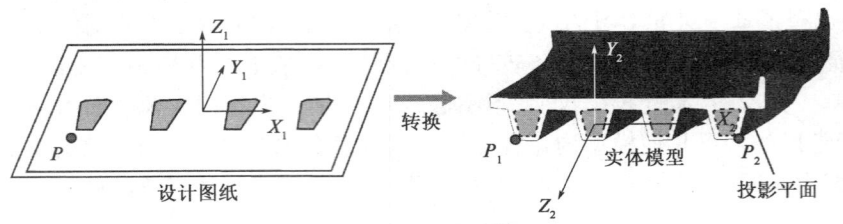

图3 箱梁腹内建模

同理可得,X_1轴和X_2轴之间的关系式。随后引入Rorigues算法的矩阵变式,输出方向转换对应的旋转矩阵R_1、R_2与平移转换对应的平移矩阵T,建立箱梁腹内结构坐标的自动映射数学关系:

$$Q_2 = Q_1 \cdot R_1 \cdot R_2 + T \qquad (2)$$

式中:Q_1——设计图纸上箱梁腹内结构的坐标点集,各点Z_1值设为0;

Q_2——映射到三维几何模型上的坐标点集。

将Q_2与桥面板扫掠参数相结合,得到高质量的箱梁腹内结构建模数据。最后,参数化建立含腹内结构的桥面板实体模型,为后续关于桥梁的非线性分析提供模型基础。

4.有限元模型材料本构模型及属性

为分析箱梁桥有限元模型力学特性,混凝土的本构模型与裂缝模型分别采用基于非线性断裂力学的本构模型和基于总应变旋转弥散裂缝模型(TNO2015)。同时,Hordijk等提出的拉伸软化曲线和Thorenfeldt等提出的应力应变曲线分别用于描述混凝土受拉与受压特性。钢筋采用无硬化的von Mises塑性模型。混凝土与钢筋材料属性与力学性能见表1。迭代收敛方法采用力与位移收敛准则的牛顿迭代法,容差设置为0.005。当计算无法收敛而停止时,界定桥面板发生受拉破坏,并以此时的荷载作为桥面的极限承载力。

材料属性 表1

材料	密度(kg/m^3)	屈服应力(MPa)	抗拉强度(MPa)	抗压强度(MPa)	杨氏模量(GPa)	泊松比
混凝土	2400	—	3.1	38.9	24	0.167
钢筋	—	505	—	—	240	—

三、试验验证

1.试验场地及设备

为验证本文所提方法的有效性,本试验选取某双向箱梁桥的四跨连续段作为验证对象,如图4所示,其单跨长30m,跨宽为11.85m。本试验采用FARO FOCUS S 350激光扫描仪对该箱梁桥下部结构进行多点扫描。激光扫描仪相关参数为:①测距精度为1mm;②最大测距为350m;③最高扫描速度为200万点/s;④全景像素为1.65亿。

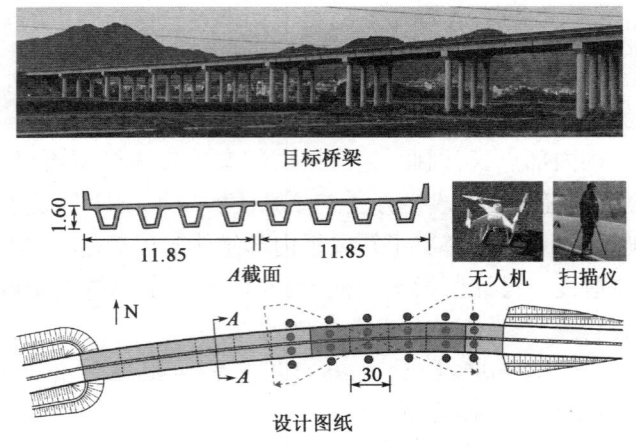

图4 目标箱梁桥及试验设备(尺寸单位:m)

为获取该桥梁行车道点云数据,本试验采用大疆 PHANTOM 4 RTK 无人机搭载相机对目标桥梁行车道进行图像数据采集,后基于三维重建获取行车道区域点云。无人机相关参数为:①RTK 定位精度为 $1.5cm+1\times10^{-6}cm$;②搭载相机的像素为 2000 万;③照片最大分辨率为 5472×3648。

2. 桥梁点云分割结果

训练集、验证集和测试集分别包含 240 个合成样本、120 个合成样本和 46 个扫描样本。训练结果表明:在训练集上,PointNet++模型的平均准确率(MA)高达 99.67%,平均交并比(mIoU)高达 98.64%。在测试集上,该模型的 MA 仍高达 98.39%,mIoU 高达 95.65%。对验证对象的分割效果如图 5 所示。以上结果表明,经训练后的 PointNet++网络对桥梁构件具有较好的识别能力和泛化能力。

图 5 桥梁点云分割

3. 桥梁构件参数提取

与设计图纸对比,本文提取的桥墩建模参数在直径上的平均绝对误差为 0.46%。为描述盖梁参数提取精度,本文提出了如图 6 所示的盖梁尺度标准,并随机选取三处盖梁建模参数对其进行验证,桥墩建模参数的平均绝对误差为 2.77%,见表 2。此外,本文提取的桥面板宽度参数、单跨长度参数、弧度参数平均绝对误差分别为 0.03%、0.15%、0.60%。由此可见,通过本文提出方法获取的桥梁构件建模参数具有较高的精度,引入参数化建模手段后,本文研究成果可以准确迅速地为后续桥梁的力学分析提供高质量的实体模型。

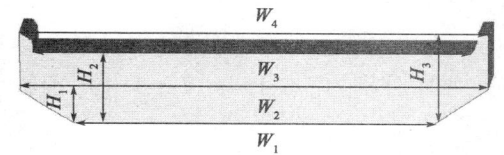

图 6 盖梁精度验证尺度

盖梁建模参数精度 表2

类别	盖梁	W_1(cm)	W_2(cm)	W_3(cm)	W_4(cm)	H_1(cm)	H_2(cm)	H_3(cm)
设计图纸(cm)	盖梁1	800.00	1035.00	959.00	1035.00	70.00	150.00	210.00
	盖梁2	800.00	1035.00	959.00	1035.00	70.00	150.00	210.00
	盖梁3	800.00	1035.00	959.00	1035.00	70.00	150.00	210.00
参数计算(cm)	盖梁1	804.23	1039.95	947.07	1036.99	75.70	162.95	212.30
	盖梁2	802.69	1040.63	933.99	1036.67	80.30	154.00	213.30
	盖梁3	808.44	1037.80	954.04	1037.89	70.20	168.50	211.20
平均绝对误差		2.77%						

4. 箱梁桥腹内结构建模

本试验基于上述箱梁腹内结构建模方法,对腹内结构进行自动化建模试验。首先整合提取的桥梁构件建模参数,引入 Diana 10.6 软件的参数化建模端口,输出桥墩、盖梁、桥面板三维实体模型,获得如图 7a)所示的无腹内结构的桥梁几何模型。随后引入本文提出的箱梁腹内结构建模方法,设计图纸关于腹内结构的二维坐标点集得以准确映射到实体模型的目标截面,同时结合桥面板的扫掠参数,输出如图 7b)所示的含腹内结构的桥梁几何模型。为验证本文方法构建的腹内结构精度,本试验基于设计图纸对应结构的尺寸进行了对比,对比结果见表 3,腹内结构建模的平均绝对误差为 0.50%。

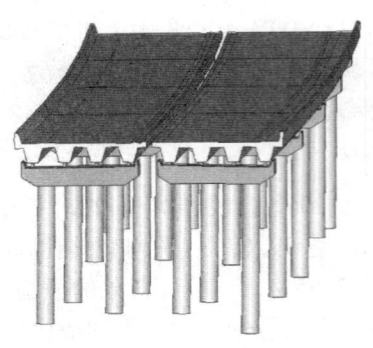
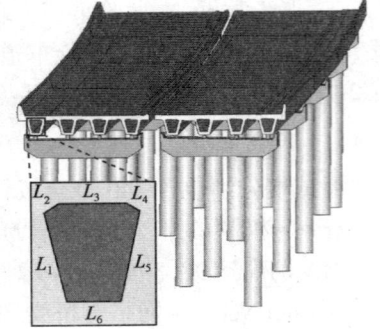

a) 无腹内结构的桥梁几何模型　　　　b) 含腹内结构的桥梁几何模型

图 7　腹内建模

腹内结构建模精度　　　　　　　　　　　　表 3

尺度	参数建模(cm)	设计图纸(cm)	相对误差(cm)	平均绝对误差
L_1	114.94	114.93	0.01	
L_2	16.43	16.43	0.00	
L_3	86.81	86.82	0.01	0.50%
L_4	16.43	16.43	0.00	
L_5	111.64	111.63	0.01	
L_6	62.60	62.60	0.00	

5. 荷载非线性分析

为确定合理的车辆荷载工况，本文参考肖凯东[24]和穆光耀[25]的超载车辆模型，设置了一辆五轴车辆，轴距分别为3m、1.4m、7m、1.4m，前轴至尾轴质量分别为3t、12t、12t、14t、14t，车辆总质量为55t，置于跨中。基于以上场景设置和表1所示的材料参数，对生成的箱梁桥实体模型进行网格划分与设置边界条件，构建桥梁非线性有限元模型。结果显示，桥面板在单调加载下，跨中四个点的荷载-挠度曲线如图8所示。试验荷载-挠度曲线分为四个阶段：①弹性阶段：桥面板荷载-挠度曲线近似呈线性关系。②屈服阶段：桥面板刚度在此阶段产生明显下降，开裂荷载为473kN。③塑性阶段：在屈服后进入强化段，峰值荷载下的最大挠度可达15mm。④破坏阶段：桥面板板顶混凝土压溃后，承载力开始迅速下降，直至板底纵筋全部屈服，发生弯曲破坏，桥面板最大承载力为2735kN。

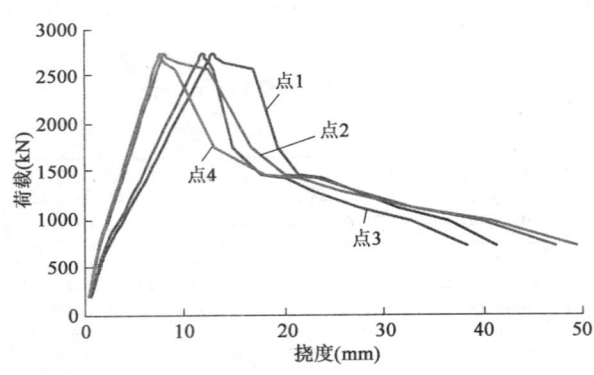

图 8　跨中荷载-挠度曲线

四、结　语

以激光点云三维视觉为基础的桥梁三维建模技术是桥梁数字孪生的重要内容。本文提出了一种基于点云的箱梁桥数字孪生自动建模方法，包括桥梁点云分割、桥梁构件自动参数提取和参数化有限元建模，实现了由箱梁桥点云到有限元模型的自动化过程，并以某服役期箱梁桥为对象，验证了本方法的有效性。主要结论如下：

（1）经训练的PointNet++模型对各种桥梁构件具有较高的识别与泛化性能。PointNet++模型的准确率与mIoU分别可达98.39%和95.65%。

（2）该方法可快速、精确地对非标准化桥梁的三种构件进行建模。某服役期箱梁桥的验证结果表明，与设计图纸相比，桥墩、盖梁和桥面板建模的平均尺寸误差分别为0.46%、0.42%和0.15%，桥面板的弧度误差为 0.6%。

（3）基于 Rorigues 算法实现了箱梁桥腹内结构建模，解决了内部结构特征点缺失问题，打破了点云数据与设计图纸数据融合壁垒，结果表明该方法的平均误差为 0.50%。

（4）针对大型在役多跨连续梁桥，本文提出的自动化建模方法相对传统人工方法极大提升了建模效率，全程建模耗时仅为 175.65s。

参考文献

[1] 殷岳,梅深.交通运输部发布《2021年交通运输行业发展统计公报》[J].水道港口,2022,43(3):346.

[2] 王玉娇.既有混凝土梁桥疲劳使用安全评估[D].西安:长安大学,2013.

[3] LIU Z, XIE H, HAN B, et al. Experimental study on residual bearing capacity of full-size fire-damaged prestressed concrete girders[J]. Structures, 2022, 45(1): 1788-1802.

[4] 黄育凡,吴庆雄,刘钰薇,等.墩梁半刚性连接节点受力性能与计算方法研究[J/OL].土木工程学报,2022:1-13.

[5] 崔明珠,殷永高,任伟新.基于挠度理论的连续梁与悬索组合桥梁结构静力计算[J].土木工程学报,2020,53(12):106-113.

[6] FAWAZ G, WAKED M, MABSOUT M, et al. Influence of railings on load carrying capacity of concrete slab bridges[J]. Bridge Structures: Assement, design and construction, 2016, 12(3-4): 85-96.

[7] 吴文清,杨松,张立志.梁板桥拓宽后新桥各主梁沉降变形分布模式研究[J].桥梁建设,2014,44(4):75-79.

[8] XU W, NEUMANN I. Finite element analysis based on a parametric model by approximating point clouds[J]. Remote Sensing, 2020, 12(3): 518.

[9] LU R, BRILAKIS I. Digital twinning of existing reinforced concrete bridges from labelled point clusters[J]. Automation in Construction, 2019, 105: 102837.1-102837.16.

[10] QIN G, ZHOU Y, HU K, et al. Automated reconstruction of parametric BIM for bridge based on terrestrial laser scanning data[J]. Advances in Civil Engineering, 2021(7):1-17.

[11] KIM D, KWAK Y, SOHN H. Accelerated cable-stayed bridge construction using terrestrial laser scanning[J]. Automation in Construction, 2020, 117: 103269.1-103269.12.

[12] ZIOLKOWSKI P, SZULWIC J, MISKIEWICZ M. Deformation analysis of a composite bridge during proof loading using point cloud processing[J]. Sensors, 2018, 18(12): 4332.

[13] YANG X, CASTILLO E del R, ZOU Y, et al. Automated semantic segmentation of bridge components from large-scale point clouds using a weighted superpoint graph[J]. Automation in Construction, 2022, 142: 104519.

[14] XIA T, YANG J, CHEN L. Automated semantic segmentation of bridge point cloud based on local descriptor and machine learning[J]. Automation in Construction, 2022, 133: 103992.1-103992.16.

[15] YAO X, GUO J, HU J, et al. Using deep learning in semantic classification for point cloud data[J]. IEEE Access, 2019, 7: 37121-37130.

[16] QI C R, YI L, SU H, et al. PointNet++: Deep hierarchical feature learning on point sets in a metric space[C]//Proceedings of the 31st International Conference on Neural Information Processing Systems, 2017:5105-5114.

[17] JIANG C, HUANG K, WU J, et al. Point GS: Bridging and fusing geometric and semantic space for 3D point cloud analysis[J]. Information Fusion, 2023, 91: 316-326.

[18] ESTER M, KRIEGEL H P, XU X. A density-based algorithm for discovering clusters in large spatial databases with noise[J]. Knowledge Discovery and Data Mining, 1996: 226-231.

[19] FISCHLER M, BOLLES R. Random sample consensus—a paradigm for model-fitting with applications to

image-analysis and automated cartography[J]. Communications of the ACM, 1981, 24(6): 381-395.
[20] 王华,韩祖杰,王志敏.高速铁路桥梁三维参数化建模方法研究[J].计算机应用与软件,2013,30(9):71-73,76.
[21] YAN Y, HAJJAR J F. Geometric models from laser scanning data for superstructure components of steel girder bridges[J]. Automation in Construction, 2022, 142: 104484.
[22] KIM H, NARAZAKI Y, SPENCER JR. B F. Automated bridge component recognition using close-range images from unmanned aerial vehicles[J]. Engineering Structures, 2023, 274: 115184.
[23] BISSHOPP K. Rodrigues' Formula and the Screw Matrix[J]. Journal of Engineering for Industry, 1969, 91(1): 179.
[24] 肖凯东.超载车辆作用下箱梁顶板受力分析[D].长沙:长沙理工大学,2014.
[25] 穆光耀.钢筋混凝土梁桥的受力分析及健康监测[D].沈阳:沈阳工业大学,2021.

75. 基于钢桥面系服役感知的钢桥面板-U肋焊缝应变特性分析

张 辉 罗瑞林 潘友强

(江苏中路工程技术研究院有限公司)

摘 要 钢桥面系服役状态与荷载、温度等多种因素密切相关,为掌握钢桥面系长期服役性能,本文以某大桥为工程背景,对正交异性钢桥面系铺装层和钢桥面板服役状态进行长期实时监测。通过海量实测数据,研究分析了不同因素与钢桥面板-U肋焊缝应变的关系,建立了结构动响应多维关联规律。研究表明,浇筑+环氧铺装结构钢桥面板-U肋焊缝应变幅值与轴重基本呈线性关系,应变大小随轴重的增加而变大;对于相同轴载,速度更大时产生的应变幅普遍更小,温度更高时产生的应变幅普遍更大。本文所建立的钢桥面板-U肋焊缝应变多元回归模型可为大跨径钢桥面系设计、管养提供科学依据。

关键词 桥梁工程 钢桥面系服役感知 钢桥面板-U肋焊缝 应变特性 回归分析

一、引 言

正交异性钢桥面板具有自重轻、施工方便、承载力高等优点,在大跨径桥梁中得到广泛应用[1,2]。然而桥梁在服役过程中,由于钢桥面长期承受车辆荷载的直接作用,U肋与顶板焊接细节容易发生疲劳。钢桥面板-铺装协同受力,随着桥面板疲劳裂纹发展,其受力状态的改变也将影响铺装层受力状态,铺装病害与桥面板裂纹息息相关。因此掌握钢桥面板真实服役状态,从而反映铺装层受力状态,可指导钢桥面铺装养护结构材料设计[3,4]。

在进入21世纪以后,许多工程从业人员及专家学者对桥梁管养与维护工作日益重视,首先提出了"主动预防"对结构进行监测的理念,逐步在一些重要的桥梁上安装了结构健康监测系统,并基于结构健康监测结果研究桥梁养护技术,这些管养维护内容也迅速成为国内外研究热点[5-8]。目前,对健康监测系统数据进行挖掘与分析已开展了不少研究,通过应变监测,可以对桥梁结构进行安全预警和状态评估,但传统桥梁结构监测往往忽略钢桥面系协同受力监测。另一方面,钢桥面系服役状态与荷载、温度、结构响应等多种因素密切相关,而传统分析方法多采用有限元分析,不能完全反映实际使用情况,难以直接反映桥梁局部损伤的真实情况[9]。

本文依托某长江大桥钢桥面系服役状态感知系统,针对交通荷载、车速、桥面温度等影响因素以及桥面系力学响应的海量监测数据,提出了一种数据清洗和挖掘分析方法,研究得到不同状况下实体钢箱梁桥面荷载与钢桥面U肋焊缝应力的相关关系。研究成果可为深入研究正交异性钢桥面系长期性能进行评估提供依据,并可为同类型大跨钢桥面铺装结构材料设计与管养提供理论依据。

二、钢桥面系服役感知系统

1. 桥梁概况

某大桥于2012年11月建成通车,为世界首座三塔两跨钢箱梁悬索桥,主桥全长2160m,桥面系为25mm环氧沥青混凝土+35mm浇筑式沥青混凝土+钢板结构,是江苏省"五纵九横五联"高速公路网重要组成部分。大跨径悬索桥是一种飘浮结构,其桥面受力特点对铺装提出了要求,尤其是在变形随从性方面。该地区极端最高气温37.9℃,极端最低气温-11.6℃,年平均降水量1037.7mm,季节性气候明显,在夏季高温季节,铺装层最高温度达到70℃。加上国内普遍存在超载情况,货车比例在10%以上,在高温重载耦合作用下,对桥面铺装结构材料提出了巨大挑战。

2. 钢桥面系服役感知系统简介

钢桥面系服役感知系统是集动态轴载-温度场-桥面系结构响应一体化的服役状态实时感知系统,长期实时感知分析全寿命周期内桥面系使用条件、结构响应、疲劳损伤等重要寿命因子,综合评估钢桥面系服役状态。

根据工程经验及力学计算结果,悬索桥结构桥面系局部最不利位置在1/4跨位置上坡段。因此,在1/4跨重车道位置安装了钢桥面系服役感知传感器,动态称重系统布设于北桥头,温度传感器布设于铺装上下层和桥面板,应变传感器布设于轮迹带桥面板-U肋焊缝位置,传感器采样频率为100Hz,实时监测该断面位置的温度、焊缝应变及行驶车辆的轴重、车速、轴型等参数,如图1所示。监测数据实时发送至云平台,共监测1年。

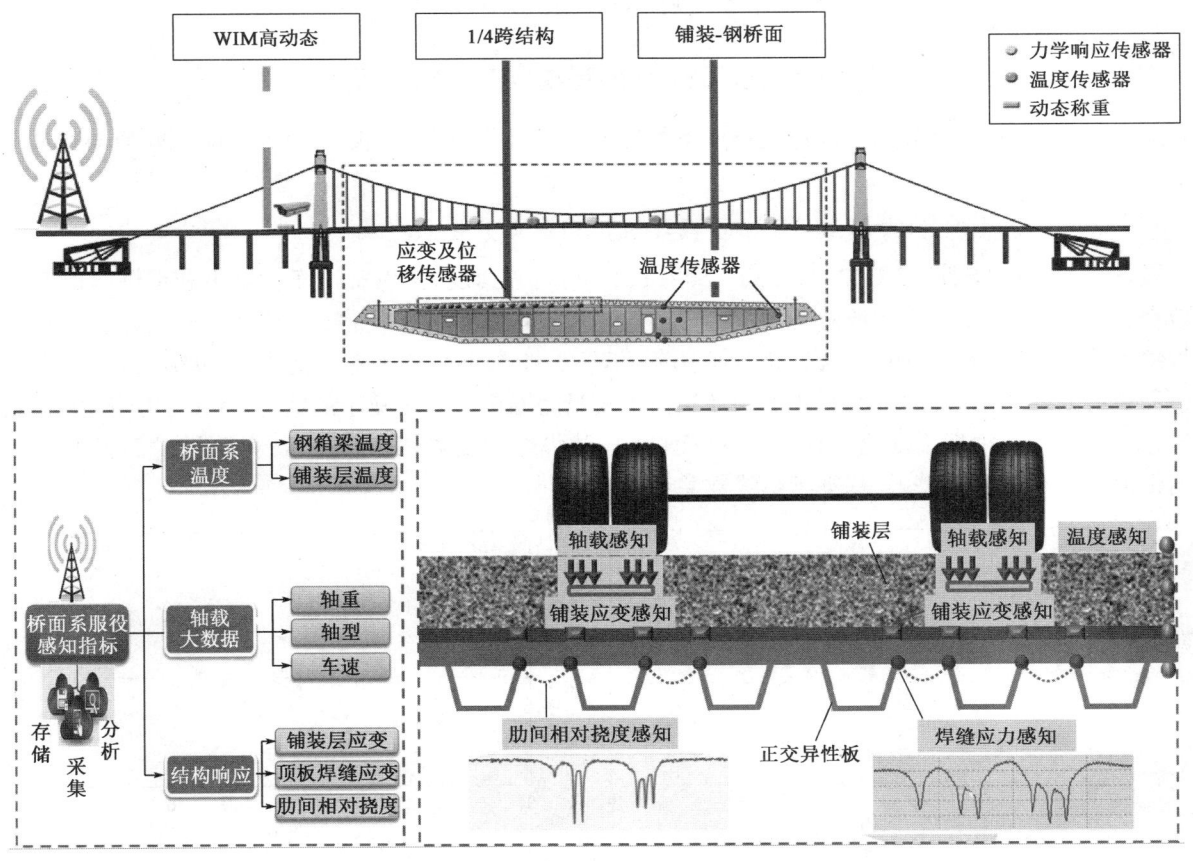

图1 钢桥面系服役感知系统

3. 监测数据融合处理

在获取相应的数据后,需要对数据进行预处理。考虑到由小汽车引起的应力对钢材疲劳寿命几乎没影响,因此分析交通荷载对力学响应的影响时,只考虑对桥面铺装不利的影响程度较大的多轴货车。

通过分析不同车型引起的钢桥面板 U 肋焊接处应变,发现应变时程曲线波谷值个数与轴数完全对应,典型的轴型应变响应结果如图 2 所示。基于此筛选出各轴型-温度-速度-轴载对应的结构响应有效数据。

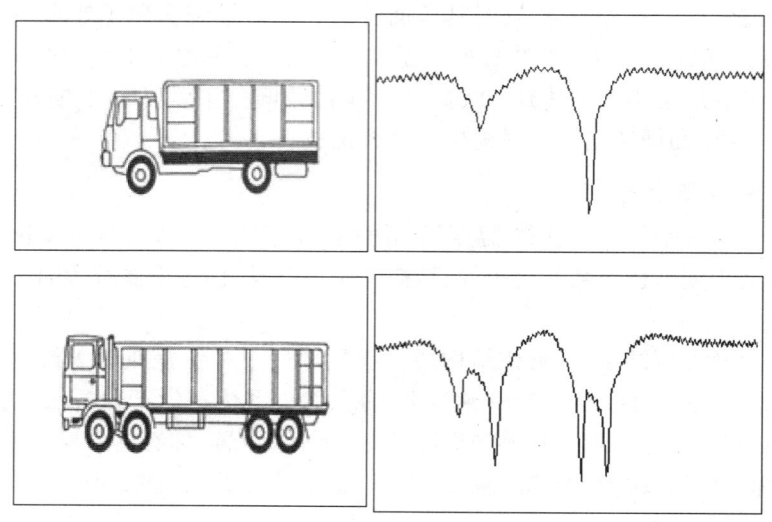

图 2 不同轴型结构响应行为典型图

三、钢桥面板-U 肋焊缝应变感知分析

本节通过分析不同温度、不同速度条件下的应变数据,研究钢桥面板-U 肋焊缝应变幅值与交通荷载的关系。

1. 不同温度条件下的荷载-钢桥面板-U 肋焊缝应变关系

提取桥面温度分别为 5℃、20℃、35℃、50℃状况下,行驶速度为 50km/h 车辆轴重和钢桥面板-U 肋焊缝应变数据分析,结果为图 3 所示。图 3 中虚线代表所选取数据的平均值,当温度为 5℃时,钢桥面板-U 肋焊缝平均应变为 28.27$\mu\varepsilon$;当温度升高到 50℃,钢桥面板-U 肋焊缝平均应变为 34.96$\mu\varepsilon$,增大了 24%。钢桥面板应变随温度升高而增大,考虑到环氧沥青模量随温度升高而减小的特性,其铺装层模量降低,从而导致应变增大。根据不同温度状况下钢桥面板-U 肋焊缝应变幅值拟合分析,得到钢桥面板-U 肋焊缝应变幅值与轴重的回归关系,基本满足线数关系。

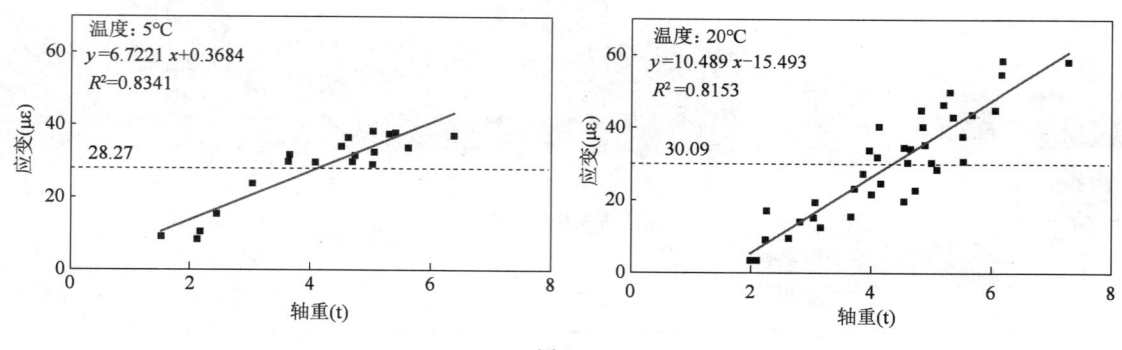

图 3

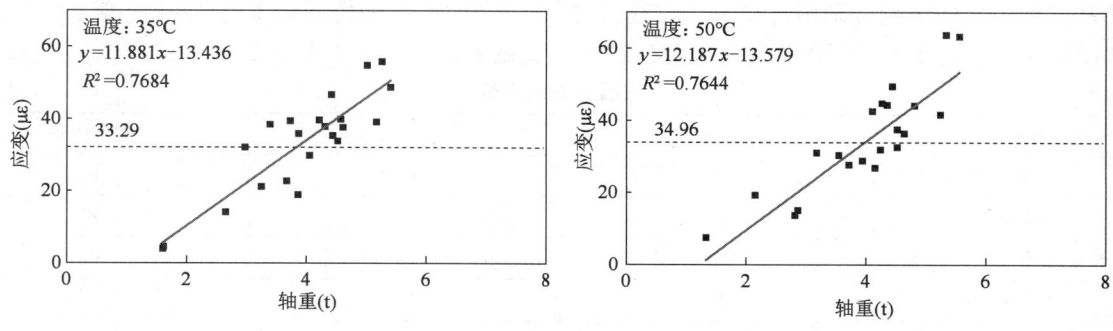

图3 50km/h 状况下不同温度时轴重-应变关系

2. 不同速度条件下的荷载-钢桥面板-U 肋焊缝应变关系

提取 20℃桥面温度状况下行驶速度分别为 40km/h、50km/h、60km/h、70km/h 的轴重和钢桥面板-U 肋焊缝应变数据,结果如图4所示。图4中虚线代表所选取数据的平均值,当速度为 40km/h 时,钢桥面板-U 肋焊缝平均应变为 $49.49\mu\varepsilon$,当速度增大到 70km/h,钢桥面板-U 肋焊缝平均应变为 $35.85\mu\varepsilon$,降低 28%。根据不同速度状况下的钢桥面板-U 肋焊缝应变幅值拟合分析,得到钢桥面板-U 肋焊缝应变幅值与轴载基本满足线数关系。

由于行驶中车辆对桥面有冲量作用,钢桥面板-U 肋焊缝应变与车辆的冲量大小有关,而冲量与行车荷载作用的时间有关。设 I、t 分别为车辆通过时对钢桥面结构作用的总冲量和时间,则:$I = \int_0^{t_1} F(t)\,\mathrm{d}t$;那么 I_u 为车辆对单位长度钢桥面作用冲量,并假定车辆以速度 v 匀速前进,则:$I_u = \dfrac{I}{S} = \dfrac{1}{S}\overline{P}\big|_0^{t_1} = \dfrac{t_1}{S}\overline{P} = \dfrac{\overline{P}}{v}$,其中 $\overline{P}$ 为车辆静载且不随时间变化。上述计算表明单位长度上车辆的冲量与速度成反比,速度提高,冲量减小,钢桥面板-U 肋焊缝应变也减小。

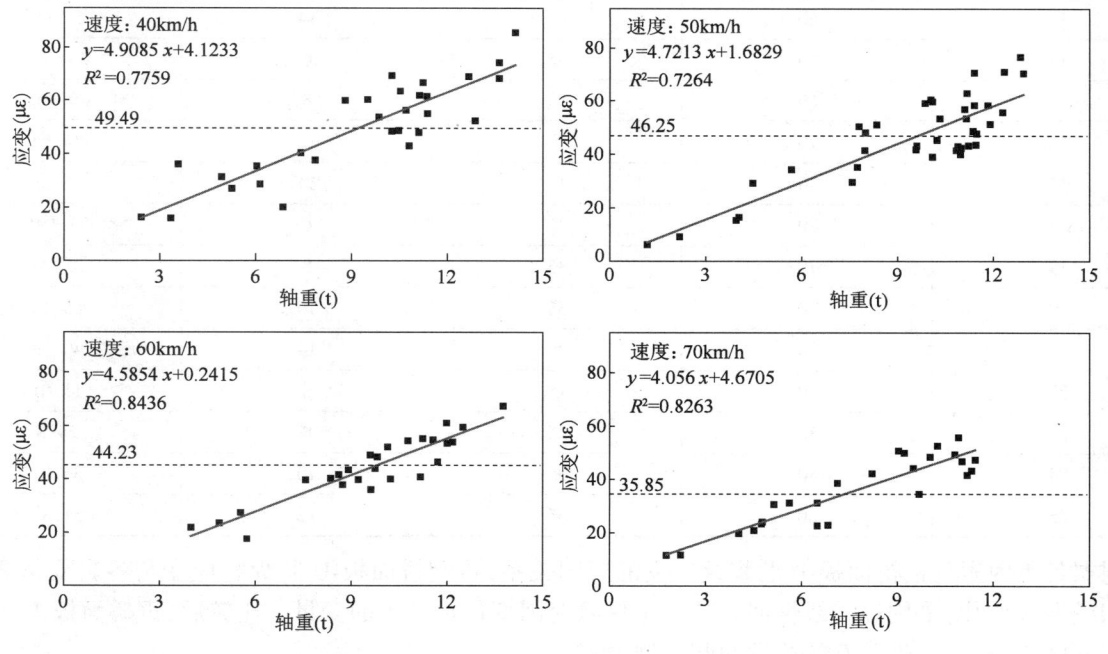

图4 20℃时不同车速双后轴轴重-应变关系

3. 钢桥面板-U 肋焊缝应变多元回归模型

在桥面系结构不变的前提下,荷载与温度耦合作用下,钢桥面板-U 肋焊缝应变 ε 主要受温度 T、速度

v、轴重 P 三个因素的影响。采用正交设计方法,分析这三个因素对钢桥面板-U 肋焊缝应变 ε 的影响,每个因素设置 5 个变化水平,采用 $L_{25}(5^3)$ 正交试验,正交试验设计见表1及表2。

三因素五水平表　　　　　　　　　　　　　　　　　　　　　　表1

水平	温度 T(℃)	速度 v(km/h)	荷载 P(t)
水平1	5	40	6
水平2	15	50	8
水平3	25	60	10
水平4	35	70	12
水平5	55	80	14

$L_{25}(5^3)$ 正交设计表及实测平均值　　　　　　　　　　　　　　　表2

组合	T(℃)	v(km/h)	P(t)	ε
1	40	5	6	25.13
2	40	15	8	32.085
3	40	25	10	51.595
4	40	35	12	70.15
5	40	55	14	85.98
6	50	5	8	23.07
7	50	15	10	35.68
8	50	25	12	58.52
9	50	35	14	65.67
10	50	55	6	45.89
11	60	5	10	28.155
12	60	15	12	40.315
13	60	25	14	57.99
14	60	35	6	33.705
15	60	55	8	39.665
16	70	5	12	34.56
17	70	15	14	56.68
18	70	25	6	23.695
19	70	35	8	35.28
20	70	55	10	55.13
21	80	5	14	40.03
22	80	15	6	11.01
23	80	25	8	24.8
24	80	35	10	36.01
25	80	55	12	51.82

根据各单因素与钢桥面板-U 肋焊缝应变的回归关系,将钢桥面板-U 肋焊缝应变与各自变量之间多元回归模型线性化,采用逐步线性回归的方法剔除对因变量贡献小的变量。比较后,钢桥面板-U 肋焊缝应变与温度 T、速度 v、荷载 P 的线性回归模型为:

$$\varepsilon = \lambda_1 v + \lambda_2 T + \lambda_3 P \tag{1}$$

式中:ε——钢桥面板-U 肋焊缝应变;

　　　T——钢桥面板温度(℃);

v——车速(km/h);
P——轴重(t)。

利用正交试验设计表中实测结果,采用最小二乘法可得钢桥面板-U肋焊缝应变与各变量间的线性回归模型为:

$$\varepsilon = 12.11 - 0.452v + 0.522T + 4.343P \tag{2}$$

将式(2)中计算得到的预测值与实测应变值进行比较,R^2值为0.94,其线性相关性显著,结果如图5所示,图中横坐标为正交试验的组号,纵坐标为钢桥面板实测与预测应变值,由图5可知,试验数据点分布在上下限以内且十分接近等值参考线,说明该焊缝应变多因素回归模型能够较好地反映温度、速度、轴重与应变关系。

为验证应变多因素计算模型的可靠性与有效性,此处分析预测值与实测值的比值波动情况,如图6所示,该比值在1.0附近上下波动,即离散性较小,吻合情况良好,符合数据波动规律。此外经计算得知,模型值与试验值的比值的均值$\mu = 1.004$,标准差$\sigma = 0.0365$,变异系数$\delta = 0.0363$,这表明上述焊缝应变多因素计算模型的预测精度较高,适用性良好。

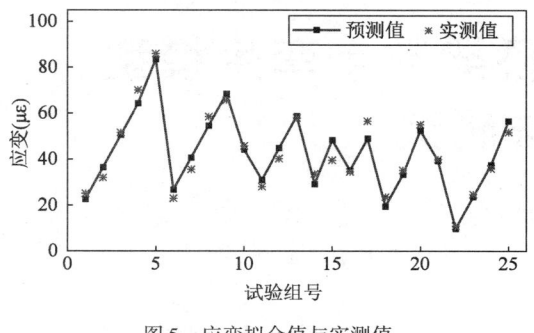

图5 应变拟合值与实测值　　　　图6 应变拟合值与实测值的比值

四、结　语

本文通过对某大桥长达一年的钢桥面系服役状态实测数据进行梳理、清洗和分类利用,对钢桥面板应变的主要影响因素进行了分析,得到了不同温度和不同速度条件下轴载-钢桥面板U肋焊缝应变关联规律,并建立了桥面板U肋焊缝应变-荷载-温度-速度的多元回归模型,得到的主要结论如下:

(1)当温度为5℃时,钢桥面板-U肋焊缝平均应变为28.27$\mu\varepsilon$,当温度升高到50℃,其平均应变增大24%。相同轴重情况下,由于铺装层模量随温度升高而降低,温度更高时产生的应变幅普遍更大。

(2)当速度为40km/h时,钢桥面板-U肋焊缝平均应变为49.49$\mu\varepsilon$,当速度增大至70km/h,其平均应变为35.85$\mu\varepsilon$,降低28%。由于车辆的冲量与速度成反比,速度提高,冲量减小,速度更大时产生的应变幅大小普遍更小。

(3)基于正交试验方法,建立了桥面板-U肋焊缝应变与温度、速度、荷载的多元回归模型,所提出的钢桥面板U肋焊缝应变实测模型具有较高的预测精度和良好的适用性,可为钢桥面系协同结构设计、材料研究、状态评估、养护决策等提供参考。

参考文献

[1] ZHANG H, LI Y, FU X, et al. Research on the evaluation system of epoxy asphalt steel deck pavement distress condition[J]. Journal of Harbin Institute of Technology (New Series), 2019, 26(5):41-50.

[2] ZHANG H, ZHOU C, LI K, et al. Material and structural properties of fiber-reinforced resin composites as thin overlay for steel bridge deck pavement[J]. Advances in Materials Science and Engineering, 2019(5):1-13.

[3] 林上顺. 正交异性钢桥面板典型细节的疲劳损伤分析[J]. 桥梁建设, 2020, 50(4):54-60.

[4] 林上顺.正交异性钢桥面板典型疲劳细节变形与裂纹尖端应力分析[J].世界桥梁,2020,48(1):71-76.
[5] NGELJARATAN L, MOUSTAFA M A. Structural health monitoring and seismic response assessment of bridge structures using target-tracking digital image correlation[J]. Engineering Structures, 2020, 213: 110551.1-110551.16.
[6] ZHANG Z, LIU S, WEI Y, et al. Structural health monitoring for bridge crane based on low temperature-sensitivity FBG sensors[J]. Frontiers in Physics, 2021, 9:1-7.
[7] TONELLI D, LUCHETTA M, ROSSI F, et al. Structural health monitoring based on acoustic emissions: Validation on a prestressed concrete bridge tested to failure[J]. Sensors, 2020, 20(24):7272.
[8] 《中国公路学报》编辑部.中国桥梁工程学术研究综述·2021[J].中国公路学报,2021,34(2):1-97.
[9] 孙利民,尚志强,夏烨.大数据背景下的桥梁结构健康监测研究现状与展望[J].中国公路学报,2019,32(11):1-20.

76. 基于三维重建的桥梁数字孪生模型生成方法研究

刘兴宝[1] 许博强[2] 陈宝龙[1] 施志俊[1] 王磊[1] 吴涛[1] 刘超[2]

(1. 中国建设基础设施有限公司;2. 同济大学土木工程学院)

摘 要 本文研究了基于计算机视觉技术的三维重建算法在桥梁数字孪生模型生成中的应用方法。通过无人机采集桥梁的平面图像,并采用三维重建方法生成几何模型,将其导入有限元软件进行计算分析,以评估桥梁的力学特点。该方法可以节省大量人力和时间成本,为桥梁的设计、维护和管理提供科学可靠的决策依据,在桥梁工程领域有着较高的理论价值与较大的应用潜力。

关键词 三维重建 数字孪生 计算机视觉 有限元模型

一、引 言

近年来,数字孪生技术作为一种新兴的研究领域,在土木工程领域被广泛关注[1]。数字孪生是指通过将实体世界中的物理对象或系统与其在数字环境中的虚拟表示相连接,实现实体和虚拟之间的实时互动与信息传递。这种技术的发展为土木工程领域带来了巨大的潜力和机遇。在桥梁工程领域,通过对桥梁结构进行数字化建模和仿真分析,可以准确评估其受力性能[2]、预测结构的疲劳寿命[3]、优化结构设计[4]等。此外,数字孪生模型还可以用于桥梁的健康监测和维护管理,实时监测桥梁的结构状态,及时发现潜在的问题并采取相应措施,从而保证桥梁的安全运行[5]。

近年来,计算机视觉技术作为数字孪生技术的重要组成部分,得到了广泛的关注和研究。其中,三维重建技术在图像处理、模式识别和机器视觉等领域取得了显著的成果[6]。基于计算机视觉,可以从图像或视频数据中提取并重建三维场景信息,实现对目标物体形状、尺寸和位置等特征的准确恢复。这为桥梁数字孪生模型的生成提供了强有力的技术支持。

本文旨在研究基于计算机视觉技术的三维重建算法在桥梁数字孪生模型生成中的应用。在缺乏完整设计资料的情况下,首先利用无人机采集桥梁的平面图像,然后利用三维重建方法生成其几何模型,再将该几何模型导入有限元软件中生成有限元模型并进行计算,分析桥梁在荷载作用下的力学特性,从而为其维修和保护工作提供参考依据。

二、桥梁三维重建

利用三维重建技术生成古桥的有限元模型主要分为图像采集、三维重建、建立有限元模型和计算分析四个步骤。本文以上海市浦东新区的洪德桥为研究对象,利用无人机拍摄,如图1所示。

图1 洪德桥

1. 图像采集

使用无人机对该桥进行拍摄,从而获取其各角度的平面图像。使用的无人机型号为大疆御 Mavic air,其相机主要参数见表1。

无人机相机主要参数 表1

设备组件	设备参数
影像传感器	1/2.3 英寸 CMOS 有效像素1200万
镜头	视角:85° 等效焦距:24mm 光圈:f/2.8 对焦点:0.5m 至无穷远
ISO 范围	100 ~ 1600(自动) 100 ~ 3200(手动)

为实现高质量的原始数据获取,飞行路径规划需要在多个方面进行考虑,以获得满足需求的高质量三维重建结果:

(1)全覆盖性:飞行路径应覆盖整个目标区域,确保获取到目标区域的所有细节和特征。避免遗漏或重叠拍摄。

(2)重叠度控制:为了进行三维重建和后续处理,相邻图像之间应具有适当的重叠度。通常,水平方向上的重叠度应在60% ~80%之间,垂直方向上的重叠度也应考虑。

(3)高程控制:飞行路径应根据目标区域的地形和高度变化进行规划,以确保在不同高程上获得适当的图像覆盖。对于具有高度变化的地形,可能需要调整飞行高度或飞行路径。

(4)视角多样性:尽可能从不同的视角和方向拍摄目标区域,以获得更全面的信息。这有助于减少遮挡和歧义,并提供更准确的三维重建结果。

(5)飞行安全性:飞行路径应考虑空间的限制和障碍物,确保无人机的安全飞行。避免与建筑物、树木、电线等障碍物发生碰撞,并遵循当地的飞行规定和法规。

根据上述原则,制定了较为合理的无人机飞行路线。在拍摄过程中分别从桥两侧对桥进行拍摄,从洪德桥的一侧起飞,并环绕全桥对其拍摄,保证桥梁的表面被完全拍摄到。单侧拍摄的飞行路线如图2所示。

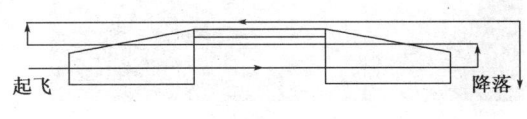

图2 单侧飞行路线

经过两次拍摄,共采集到洪德桥平面图像 256 张。

2. 稀疏点云生成

SFM(Structure from Motion)算法是一种用于三维重建的计算机视觉技术[7],通过分析从不同角度拍摄的多个二维图像,可以恢复出场景的三维结构和摄像机的运动轨迹。它可以从非常少的输入图像中进行三维重建,并且不需要事先知道相机的内外参数,因而被广泛应用于稀疏点云的生成。该算法是一种基于几何约束和特征匹配的技术,主要包括特征提取与匹配、运动估计、三角化与姿态估计与优化等步骤,具体如下:

(1)特征提取:对于每个输入图像,首先需要提取出一些特征点,例如角点、边缘点或斑点等。常用的特征提取算法包括 SIFT(尺度不变特征变换)和 SURF(加速稳健特征)等。本文采用较为先进的 SIFT 算子进行特征检测。

(2)特征匹配:通过在多个图像之间匹配特征点,建立它们之间的对应关系。本文采用最近邻算法来实现特征匹配。

(3)运动估计:根据特征点的对应关系,估计相机在不同图像间的运动(旋转和平移),并使用随机抽样一致性算法(RANSAC)用于去除错误匹配。

(4)三角化:对于每对匹配的特征点,使用多视图几何原理进行三角化,计算出其在三维空间中的位置。这样就可以得到一组稀疏的三维点云。

(5)姿态估计与优化:通过对所有图像中的相机姿态进行联合优化,进一步优化三维重建的结果。这可以使用非线性优化方法(如最小二乘法)来求解。

通过上述方法,得到了洪德桥的稀疏点云模型。由于稀疏点云只包含少量的三维点,因此对于场景的细节和几何形状的捕捉能力有限。较小或细节丰富的物体可能无法很好地表示,导致重建结果缺乏精细度和完整性。而且稀疏点云通常只包含几何信息,而缺乏纹理信息。这意味着在稀疏点云中往往无法准确捕捉到物体的纹理、颜色和细节信息。为此,本文将对其进行进一步的稠密点云重建。

3. 稠密点云生成

相对于稀疏点云而言,稠密点云[8]包含更多的点,能够更准确地描述物体的形状和细节。从稀疏点云生成稠密点云,可以使用以下步骤:

(1)导入稀疏点云数据:导入上述已经通过 SFM 算法得到的稀疏点云数据。

(2)创建稠密点云网格:为了生成稠密点云,首先需要创建一个稠密点云网格,这可以通过在点云空间中创建一个均匀的三维网格来实现。将整个点云区域覆盖在网格上,并为每个网格单元分配一个初始点。

(3)点云表面重建:基于 Poisson 表面重建算法,根据稀疏点云的位置和法线信息,估计出稠密点云的表面,实现基于稀疏点云数据对点云表面的重建。

(4)点云融合:通过最近邻插值方法来实现稠密点云与稀疏点云的融合,以填充稀疏点云中的空洞和缺失区域。根据稀疏点云的位置和稠密点云的表面信息,在稀疏点云中找到对应的稠密点,并将其位置进行插值得到稠密点云的值。

(5)点云平滑处理:生成的稠密点云可能存在噪声或不平滑的区域。为了提高点云的质量,可以应用平滑滤波器,如高斯滤波器或移动平均滤波器,来减少噪声并使点云的表面更加平滑。

通过上述步骤,得到了洪德桥的稠密点云模型,如图 3 所示。

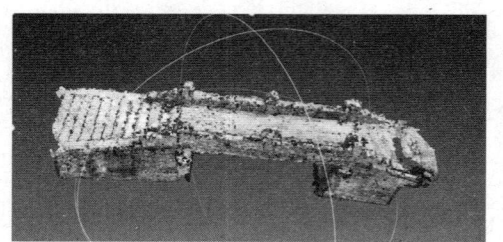

图 3　稠密点云模型

4. 网格模型生成

在得到稠密点云后,为了能够导入有限元模型,生成较为精准的数字孪生模型,需要将稠密点云网格化处理[9]。

首先,使用 MeshLab 软件对点云数据进行网格化处理,这通过导入点云数据并应用网格化算法来实现。本文采用了泊松表面重建算法实现网格化,并对网格化得到的结果进行了封闭。封闭算法可以根据网格表面的局部几何信息,估计出缺失的部分,并将网格表面封闭为一个连续的模型。这样可以确保生成的网格模型是完全封闭的,便于后续的数字孪生模型的生成以及力学计算的处理和分析。

随后,由于在三维重建过程中不可避免地会拍摄到少数与目标桥梁无关的环境中的物体,因此还需要对重建出来的网格模型进行手动选择,删除多余的面。这可以通过检查模型的拓扑结构和外观来确定需要删除的面。删除多余的面可以减少模型的复杂性,并提高后续处理的效率。在完成面的删除后,可以进行流行边缘修复操作。这样,可以修复网格模型中的尖锐或不连续的边缘,使模型获得更好的纹理处理效果,让三维重建得到的网格模型与实际情况更加吻合。采用 Laplacian 平滑算法使边缘更平滑和连续。

最后,根据相机投影关系创建 UV 映射并投影纹理。将模型的表面与图像的像素坐标对应,以创建纹理映射。通过将纹理图像投影到模型的表面上,可以为模型赋予颜色和纹理特征。在经过上述处理之后,得到了洪德桥的网格模型,如图 4 所示。

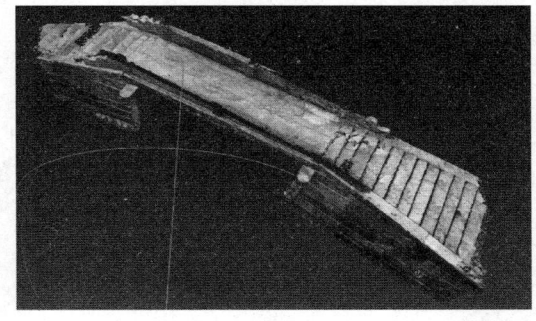

图 4　几何模型

三、数字孪生模型的构建

1. 有限元模型建立

为了建立一个能够反映桥梁受力状态的数字孪生模型,将得到的几何模型导入有限元软件 ANSYS 中并进行网格划分,建立了对应的有限元模型,材料设置为石材,如图 5 所示。

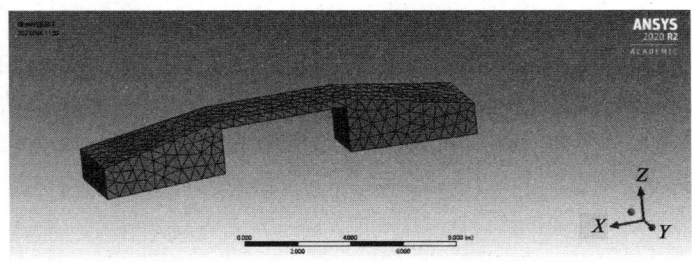

图 5　洪德桥的有限元模型

2. 计算分析

基于建立的有限元模型,分别计算了洪德桥在自重和地震作用下的应力和变形,确定其薄弱区域。自重荷载作用下的应力和变形云图如图 6、图 7 所示。

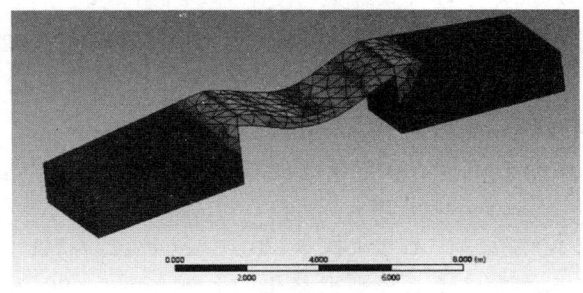

图 6　自重作用下的应力云图

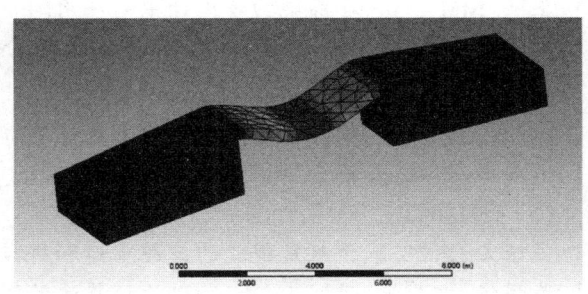

图 7　自重作用下的变形云图

可见,跨中区域的应力与变形较大,自重作用下最大应力和变形分别为 0.59MPa 和 0.31mm。地震作用下的应力和变形云图如图 8、图 9 所示。

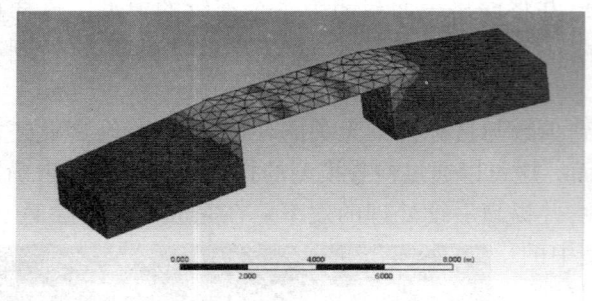

图 8 地震作用下的应力云图

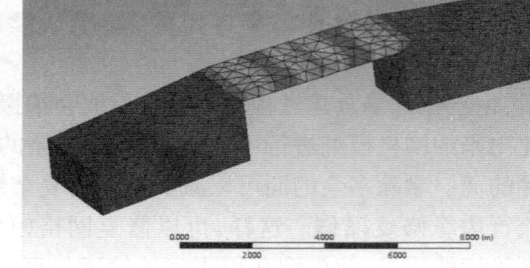

图 9 地震作用下的变形云图

可见,1/4 跨区域的应力与变形较大,自重作用下最大应力和变形分别为 1.31MPa 和 0.66mm。

综合以上两项计算结果可以看出,该桥的跨中和 1/4 跨区域属于受力薄弱区域,需要在运维中重点关注。

四、结　语

本研究旨在探索基于计算机视觉技术的三维重建算法在桥梁数字孪生模型生成中的应用。该方法可以节省大量的人力和时间成本,为桥梁的设计、施工和运维提供科学可靠的决策依据。

(1)通过合理规划无人机飞行路径,拍摄到了多角度的桥梁图像,并通过稀疏点云生成、密集点云生成、点云网格化等操作得到了桥梁的精准的三维模型。

(2)在得到桥梁的三维重建模型后,将其导入有限元分析软件中,得到数字孪生模型,从而可分析桥梁在自重荷载与地震荷载作用下全桥受力状态,确定受力薄弱区域,从而为桥梁后期运营维护提供数据支撑。

(3)三维重建得到的几何模型涵盖了过多的纹理特征等信息,这对受力分析是不必要的。同时,由于桥底等处光线较弱,在三维重建过程中能够检测到的特征点较少,获取结果中有着相当数量的表面缺损,难以直接用于有限元模型的建立,仍需要后期进行手动调整。在进一步的研究中,将针对如何减少不必要的表面纹理、颜色的建模以及如何减少人工后处理工作量等问题展开研究,以期达到数字孪生模型建立的高度自动化的目标。

参考文献

[1] 姚萱,许立言,樊健生.面向桥梁工程的数字孪生技术研究进展[J].市政技术,2023,41(8):17-25,102.

[2] 刘占省,史国梁,杜修力,等.数字孪生驱动的预应力钢结构安全智能控制方法[J].天津大学学报(自然科学与工程技术版),2023,56(10):1043-1053.

[3] 郁胜.公路桥梁监测数据孪生车流和温度作用模型与疲劳评估方法[D].大连:大连理工大学,2021.

[4] 王强.BIM+GIS 在桥梁初步设计中的应用[J].土木建筑工程信息技术,2020,12(1):95-99.

[5] 樊健生,刘宇飞.在役桥梁检测、健康监测技术现状与时空融合诊断体系研究[J].市政技术,2022,40(8):1-11,40.

[6] 徐超,李乔.基于计算机视觉的三维重建技术综述[J].数字技术与应用,2017(1):54-56.

[7] 张彦雯,胡凯,王鹏盛.三维重建算法研究综述[J].南京信息工程大学学报(自然科学版),2020,12(5):591-602.

[8] 吕耀文,康凯.基于双目视觉的三维重建和拼接技术研究[J].光电子技术,2016,36(4):237-241.

[9] 黄明伟,方莉娜,唐丽玉,等.改进泊松算法的图像三维重建点云模型网格化[J].测绘科学,2017,42(4):23-28,38.

77. 基于视觉增强的桥梁微小振动检测方法

朱尧于[1] 李佳欢[2] 何超[3] 刘玉静[4] 朱力[2] 刘涛[1] 宋国华[5]

(1. 中交公路长大桥建设国家工程研究中心有限公司；2. 北京交通大学土木建筑工程学院；3. 江苏苏通大桥有限责任公司；4. 江苏高速公路工程养护技术有限公司；5. 观为监测技术无锡股份有限公司)

摘 要 为提高结构微小振动及缺陷的检测效率，本文提出基于视觉增强的桥梁结构振动检测方法。首先设计简支梁模型验证基于相位的光流法对结构微小振动的识别精度，然后将运动放大算法应用于钢箱梁以观察裂纹发展情况。以上工作表明该方法在桥梁微振动信息量化识别和局部微变形可视化上效果明显，能够有效地检测桥梁结构的微小振动，补充了桥梁在微小振动视觉监测领域的空白，为桥梁健康状态监测和性能评估提供一种新的有力工具。

关键词 桥梁振动检测 计算机视觉 运动放大 基于相位的光流法 方向码匹配

一、引 言

近年来，我国桥梁建设规模不断扩大，根据交通运输部《2022年交通运输行业发展统计公报》，截至2022年底，我国拥有公路桥梁103.32万座、8576.49延米，体量十分庞大。桥梁在车辆荷载、环境等多因素的共同作用下会产生振动，振动特征反映结构的工作状态，异常的振动模态往往预示着结构的性能退化或损伤，这种情况甚至会造成重大的安全事故和经济损失[1]。因此对桥梁结构的振动情况进行检测具有重要意义。

传统的振动检测经常通过布置加速度传感器来获取结构振动数据，这种接触式测量方法操作复杂、部署成本高昂，可视化程度低。随着科技的进步和检测手段的发展，GPS、激光和雷达技术作为非接触式手段被应用到桥梁振动监测中，但GPS技术精度较低，并且一般只能进行单点测量，效率不高。激光和雷达设备价格昂贵，检测过程易受环境影响[2]。

近年来，随着计算机视觉技术和图像采集设备的不断发展，基于计算机视觉的非接触式结构振动检测方法不断涌现[3]，其因远距离、非接触、高精度、省时省力、多点检测等众多优点受到科研和工程人员的关注，并在实际工程应用中得到验证[4]。实际工程结构的振动幅度极其微小，大多数非接触视觉跟踪方法难以满足识别精度和稳定性的要求，因此需要开发一种高效普适的桥梁结构微小振动检测技术。本文受到运动放大算法及其发展出的相位光流法的启发，形成了基于视觉增强的桥梁结构微小振动检测技术，并首先设计简支梁模型验证相位光流法对结构微小振动的识别精度，然后将运动放大算法应用于实际工程中的钢箱梁振动视频以观察裂纹的发展情况。以上工作表明，该技术在振动信息的量化识别和局部缺陷的可视化上效果明显，并有望结合硬件设备进一步形成一套桥梁振动长期监测解决方案。

二、视觉增强技术及应用现状

视觉增强技术是近年来伴随机器视觉的快速发展所诞生的一种新技术，能够放大图像或视频中微小的、不可感知的位移，因此又称为视频运动放大技术、影像放大技术等。该技术的本质是改变连续运动图像序列中目标信号变化幅度，从而将人眼或是常规机器视觉无法感知的微弱变化放大到可以进行肉眼观察或是数据分析的幅度，达到数据增强的效果。视觉增强算法主要有拉格朗日视觉增强算法、欧拉视觉增强算法。

1. 拉格朗日视觉增强算法

拉格朗日的观点，是一种经典力学的还原论观点，认为物体的运动由每个组成它的粒子的运动构成，因此,如果能够跟踪并操控每个单个粒子的运动,就能够操控整个物体的运动。在视频或图像放大处理中,拉格朗日观点则引申为如果能够跟踪和放大每一个感兴趣的像素的运动,就能够放大最后形成的视频中的运动。这种方法原理直观、易于理解,在过去20年内形成了一些研究成果。

Liu C 等[5]成功提取了视频帧中的特征,然后跟踪和聚类这些特征成多组像素点集合,通过检测这些区域对图像序列中的微小变化进行了有效的放大。近年来,很多研究者关注如何通过图像序列获得振动的相关数据。Balakrishnan G 等[6]通过提取头部区域特征跟踪人体头部的细微起伏,进而采用拉格朗日方法的视觉增强处理来进行人体心跳安全评估。拉格朗日算法的思想虽然非常容易理解,但在实际操作上却面临非常大的困难,因为组成物体的粒子是海量的,如果物体所做的不是刚体运动,则很难对物体的运动进行细致的建模和跟踪。

2. 欧拉视觉增强算法

欧拉视角的视角固定,对整幅图像来说,假定整幅图像都在变,仅存在变化信号的振幅和频率等特征不同,而需要提取的微小变化信号即包含在变化信号之中。通过信号处理手段,对"变"的信号放大转换为对感兴趣频段的分离和增强。欧拉方法的思想是将每个像素独立看待,视频中每个像素的数据看作是一个时间序列,对每个感兴趣的像素的时间序列信号做标准的一维信号处理,放大特定的频域信号后进行视频重建即可获得视觉增强后的运动视频。首先基于拉普拉斯金字塔,将图像分解为具有不同空间和尺度的图像,然后采用时域滤波器提取指定频带内的时域信号,将提取出的时域信号乘以指定的放大因子后重建图像,即可在视频中放大肉眼不可见的结构振动或颜色变化。基于相位的光流法是一种基于欧拉视角的图像处理方法,认为物体特征处的局部相位在时域上形成并保持一种恒定的轮廓,而该轮廓在空域上的运动与物体的微小位移相对应,即:

$$\varphi^{\theta}(x,y,t) = \varphi^{\theta}(x+dx, y+dy, t+dt) = c \tag{1}$$

式中:c——常数。

进一步对右边项进行泰勒展开并略去高次项目,得到:

$$\left[\frac{\partial \varphi^{\theta}(x,y,t)}{\partial x}, \frac{\partial \varphi^{\theta}(x,y,t)}{\partial y}, \frac{\partial \varphi^{\theta}(x,y,t)}{\partial t}\right] \cdot u, v, 1 = 0 \tag{2}$$

式中:u、v——横向和竖向速度分量,$u = dx/dt$,$v = dy/dt$。

复值可控金字塔是一种复值的、过完备的线性变换,可将一副灰度图像 $I(x,t)$ 表示为一组复值系数,各复值系数对应于一个具有局部位置、尺度和方向的基函数,将复值系数与基函数相乘并求和即可重建图像。因此基于复值可控金字塔可将上述速度场表示为:

$$\begin{cases} u = -\left[\frac{\partial \phi^{0}(x,y,t)}{\partial x}\right]^{-1} \frac{\partial \phi^{0}(x,y,t)}{\partial t} \\ v = -\left[\frac{\partial \phi^{\pi/2}(x,y,t)}{\partial y}\right]^{-1} \frac{\partial \phi^{\pi/2}(x,y,t)}{\partial t} \end{cases} \tag{3}$$

式中:$\phi^{0}(x,y,t)$、$\phi^{\pi/2}(x,y,t)$——采用横向和竖向滤波器得到的相位信息。

为了得到位移场,对式(3)两端进行积分得:

$$\begin{cases} d_x(t_0) = -\left[\frac{\partial \phi^{0}(x,y,t_0)}{\partial x}\right]^{-1} (\phi^{0}(x,y,t_0) - \varphi^{0}(x,y,0)) \\ d_y(t_0) = -\left[\frac{\partial \phi^{\pi/2}(x,y,t_0)}{\partial y}\right]^{-1} (\phi^{\pi/2}(x,y,t_0) - \phi^{\pi/2}(x,y,0)) \end{cases} \tag{4}$$

式中:$d_x(t_0)$、$d_y(t_0)$——t_0时刻横向和竖向的位移。

3. 基于视觉增强的桥梁微小振动检测方法

结合视觉增强技术对细微病害进行放大处理以达到肉眼可见级别已经在机械结构检测领域得到成功应用,将这种思路拓展到桥梁工程检测养护领域,就形成了基于视觉增强的桥梁微小振动检测方法。该方法包含两个重要的方面:第一方面是在振动信息的定量识别方面采用基于相位的光流法量化识别结构振动位移时程,从而结合后续模态分析手段进行损伤指标计算或有限元模型更新;第二方面是在局部缺陷的定性评判方面采用运动放大算法处理局部缺陷的振动视频,从而为工程技术人员提供辅助决策依据。

三、简支梁模型试验

1. 试验设置

为验证基于相位的光流法对于结构微小振动的识别效果,设计简支梁模型进行实验室试验。如图1所示,该模型主体为3mm厚Q235钢板,钢板宽度为50mm,铰支端设计为轴承连接,链杆端在轴承连接的基础上采用滑轨释放纵向约束,简支梁模型计算跨径为1.5m。试验采用大恒图像MER2-301-125U3M工业相机作为视觉量测设备,该相机最大分辨率为2048×1536像素,最大帧率为$125f_{ps}$。试验中采用单片机进行外触发,将相机的实际采集帧率设置为$50f_{ps}$,使用25mm定焦镜头,相机架设在距离测点大约6m处。为采用比例因子法计算像素坐标到实际物理坐标的转换关系,试验中尽量保证像平面与测点振动平面平行,以便将各测点的振动视为平面运动。

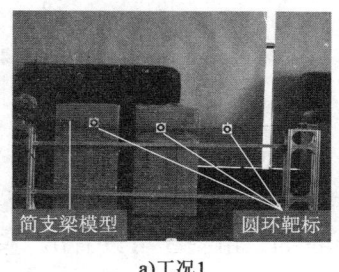
a) 工况1

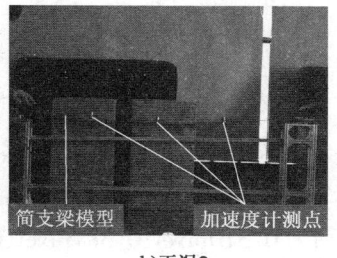
b) 工况2

图1 简支梁模型及测点设置

试验设置2个工况探究不同背景下基于相位的光流法的识别效果,各工况均采用敲击的方式激励简支梁模型,同时采用工业相机各拍摄4000张(80s)振动图像,各工况的测点设置及数据处理方法为:

工况1:如图2a)所示,在跨中及两个四分点处共设3个测点,各测点粘贴圆环靶标,试验中采用发展成熟的方向码匹配(OCM,Orientation Code Matching)及靶标圆心识别算法量测结构振动的像素位移作为真实值,采用基于相位的光流法识别时利用圆环靶标的白色边缘,通过将基于相位的光流法识别结果与真实值进行对比以验证前者的有效性。

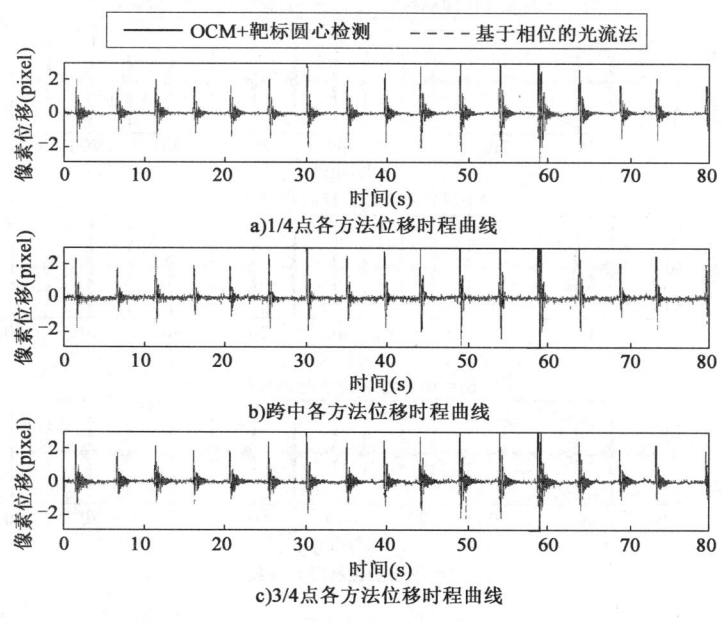

图2 工况1各测点像素位移识别结果

工况2：如图2b)所示,在跨中、2个四分点及4个八分点处共设7个测点,其中跨中及2个四分点处设置加速度传感器以获取结构振动的真实值,采用基于相位的光流法识别时仅利用钢板自身信息,通过将基于相位的光流法识别到的7个测点的振动信息与结构振动的真实值进行对比,以验证前者的有效性。

2. 试验结果及分析

1)工况1

工况1中,3个测点分别采用OCM+靶标圆心检测技术及基于相位的光流法处理,两种方法的像素位移识别结果如图2所示,计算位移时程的功率谱密度以识别频率如图3所示。

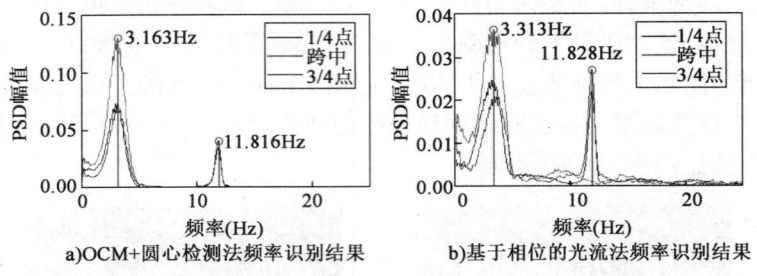

图3 工况1两种视觉方法频率识别结果

由图2可以看出,基于相位的光流法在±1pixel内能够识别到测点的振动位移,在超出±1pixel后,识别效果不佳。采用均方根(RMS, Root Mean Square)指标评价两种算法识别结果的误差,1/4点、跨中、3/4点的RMS结果分别为0.310pixel、0.387pixel、0.329pixel。由图3可以看出,基于相位的光流法能够正确识别结构的前两阶振动频率,计算其相对误差分别为4.7%及0.10%,识别精度较高。

2)工况2

工况2中,跨中及2个四分点处安装有加速度计,将加速度时程进行二阶频域积分即可获得真实位移时程,同时采用基于相位的光流法识别全部7个测点的像素位移时程,并采用比例因子法将跨中及2个四分点处的像素位移转换为实际位移,1/4点、跨中、3/4点的比例因子分别为0.847mm/pixel、0.841mm/pixel、0.794mm/pixel。跨中及2个四分点处的位移识别结果对比如图4所示,全部7个测点的位移功率谱密度平均值识别振动频率如图5所示。

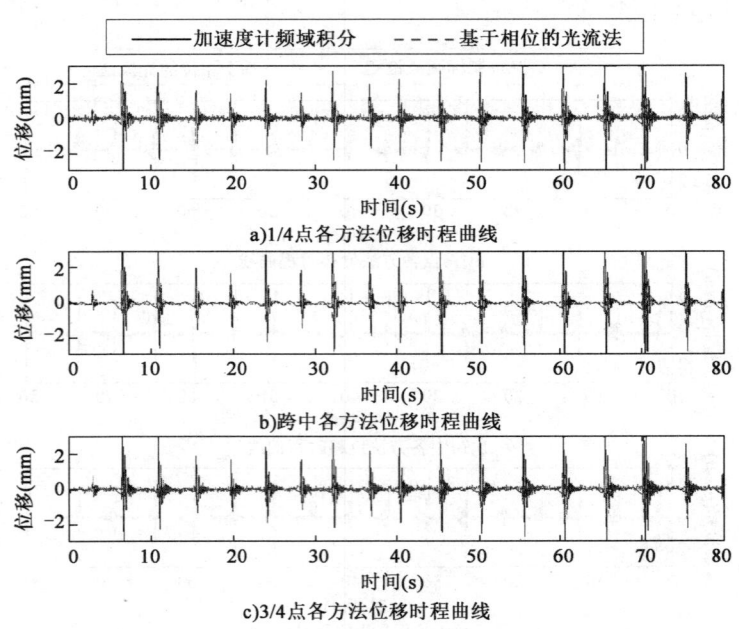

图4 工况2跨中及2个四分点实际位移识别结果

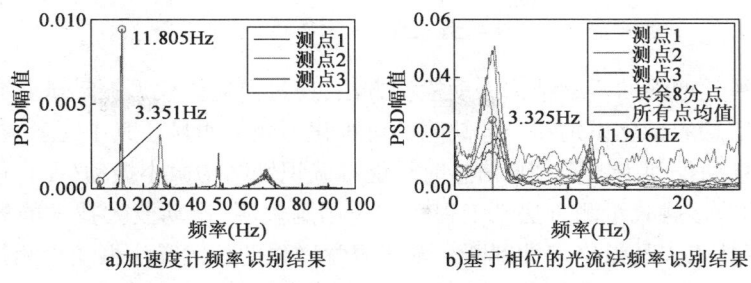

图 5 工况 2 加速度计及基于相位的光流法频率识别结果

由图 4 同样可以看出,基于相位的光流法在 ±1pixel 内能够准确识别到测点的振动位移,但在超出 ±1pixel 后,识别效果不佳,1/4 点、跨中、3/4 点的 RMS 结果分别为 0.490mm、0.684mm、0.541mm。由图 5 可以看出,基于相位的光流法能够正确识别结构的前两阶振动频率,计算其相对误差均在 1% 以内,识别精度较高。

结合工况 1 和工况 2,基于相位的光流法能够准确识别结构的微小振动位移(±1pixel 内),对略微超出该范围的工况的频率识别结果极为精确,并且该方法在依赖明显的边缘和结构自身信息时差异不大,证明该方法是一种可以仅依赖结构纹理而不需要人工安装靶标的完全非接触式量测方法,在桥梁检测领域具有显著的应用价值。

四、工程实例应用

运动放大技术可以揭示人眼无法识别的形变、位移、运动及振动,已经在工业结构损伤检测、机械设备运行检测中得到广泛的应用,将这种思路拓展到桥梁结构检测中,就形成了基于视觉增强的桥梁微小振动检测方法,这样的方法放大了裂纹活动情况、螺栓松动及局部结构的异常振动,方便工程技术人员直接做出判断。将基于视觉增强的桥梁微小振动检测方法进行实桥应用,对钢桥面裂缝在微小振动作用下的运动情况进行检测,并分析观测结果。

图 6 为某实际工程钢箱梁裂纹运动放大结果,图 6a) 和图 6b) 分别为视觉增强的前后的视频第一帧画面,可以看到经过视觉增强,视频帧的局部纹理细节发生了变化。为进一步展示处理结果,在裂缝全长上选取三个示例点,将示例点上的像素强度按照时间维度展平得到图 6c)、图 6d) 和图 6e),其中上部图像为各示例点视觉增强前的局部振动情况,下部为经过视觉增强处理后的局部振动情况。可以明显看出,在视觉增强处理前裂缝的开合情况难以察觉;在经过视觉增强处理后,钢箱梁的裂纹开合情况和运动方向可以明显地用肉眼进行观察,其重复出现的局部特征反映了裂纹开合的频谱特性。经过量化分析,该示例中裂纹开合的主要频率成分在 0.2~1.1Hz。通过实际工程测试,可以验证本文提出的基于视觉增强的桥梁微小振动检测方法在识别结构局部缺陷上具有良好的效果。

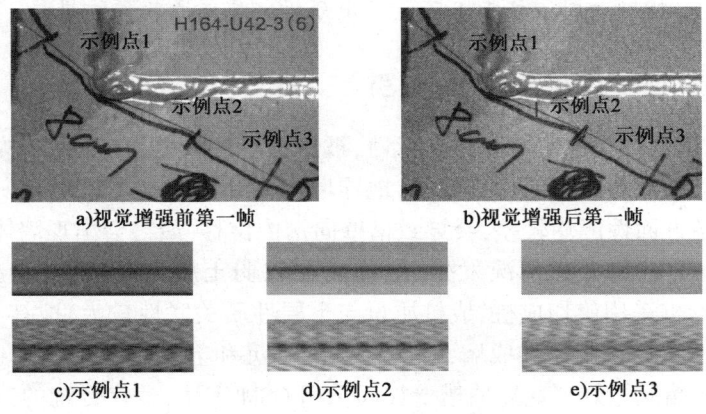

图 6 某实际工程钢箱梁裂纹运动放大结果

五、结语

本文提出了基于视觉增强的桥梁结构振动检测方法,通过简支梁模型振动试验和工程实例应用证明了该方法在微小振动信息的量化识别和局部缺陷的可视化上效果明显。其中,基于相位的光流法在利用靶高程对比度边缘信息和仅利用结构自身信息时均能准确识别结构微小振动(±1pixel)的位移时程和频率信息,是一种完全的非接触式量测方法。工程实例应用则表明,运动放大技术能揭示肉眼不可见的结构局部缺陷,方便工程技术人员做出定性判断。基于视觉增强的桥梁微小振动检测技术具有定量识别和局部缺陷可视化两方面的内涵,充分结合利用可以提高桥梁检测效率和水平,并且在硬件设备允许的条件下可以进一步形成一套桥梁振动长期监测解决方案,是一种桥梁检测和监测的新思路。

参考文献

[1] 苏丹. 大型桥梁结构健康评估及预防性养护多目标决策方法研究[D]. 北京:北京交通大学,2022.
[2] DONG C Z, CATBAS F N. A review of computer vision-based structural health monitoring at local and global levels[J]. Structural Health Monitoring, 2021, 20(2): 692-743.
[3] 简传熠. 基于视频数据的拉索损伤识别方法研究[D]. 重庆:重庆交通大学,2022.
[4] 李乐鹏. 基于微小运动放大的视觉增强及其应用研究[D]. 湖北:三峡大学,2015.
[5] LIU C, TORRALBA A, FREEMAN W T, et al. Motion magnification[J]. ACM transactions on graphics (TOG), 2005, 24(3): 519-526.
[6] BALSKRISHNAN G, DURAND F, GUTTAG J. Detecting pulse from head motions in video[C]// Proceedings of the IEEE conference on computer vision and pattern recognition, 2013: 3430-3437.

78. 双轮铣深搅(CSM)工法在锚碇地连墙基础中的应用

殷东明[1]　魏豪[2]

(1. 中交路桥建设有限公司华东区域总部;2. 中交路桥华东工程有限公司)

摘要　以张靖皋长江大桥北航道桥南锚碇项目为例,开展了双轮铣深搅(CSM)工法与传统的三轴搅拌桩等技术的比选,并在锚碇现场进行试桩试验,分析了CSM工法搅拌桩在深厚软土覆盖层中的成桩效果,归纳总结搅拌桩施工过程中常见质量通病原因和预防措施。

关键词　CSM工法　槽壁加固　施工工艺　应用分析　质量通病预防措施

一、引言

由于地连墙具有良好的结构稳定性和止水特性,被广泛应用于基坑、地下结构等工程。地连墙在地质情况好的地层中成槽,槽壁是能够保持自稳的,地连墙的设计厚度和质量也有所保证。而地连墙在软土中成槽时,由于软土各方面性能均较差,会导致槽壁向槽内位移,最终会出现墙体厚度小于设计值或墙体出现夹泥等现象。为了避免上述情况发生,地连墙在软弱土层中开槽前,会先对槽壁土体进行加固[1,2]。传统的三轴搅拌桩采用旋切成桩,成桩质量与土层性质关联性较大,搅拌不均匀且返浆多,在砂性地层易渗漏[3];CSM工法为铣削搅拌成桩,铣头在铣削下沉和上提过程中均喷射水泥浆液,切削土体与水泥浆液均匀搅拌,成墙质量好。地连墙槽壁加固采用CSM工法,替代传统的三轴搅拌桩等槽壁加固方式,可以缩短施工工期,提高地下连续墙施工质量。

二、工程概况

北航道桥南锚碇位于长江江心冲积岛上，软弱覆盖层以粉质黏土为主，强度和地基摩擦因数低，塑性差，承压水水头高。为保证地连墙施工质量满足设计要求，需要进行槽壁加固施工。

北航道桥南锚碇基础采用外径90m、墙厚1.5m的圆形地连墙+环形钢筋混凝土内衬支护结构。基础高度为21m，下设0.3m厚素混凝土垫层，基坑开挖深度21.3m，底高程为-18.8m。基底以下为28m厚人工处理地基，人工处理地基底高程为-46.8m，位于密实粉砂⑦₅层。地连墙底高程为-51.8m，嵌固深度为32m。逆作法分层开挖基坑土和施工内衬，基础顶面以下0~7m深度内衬厚1.5m，分层施工高度为3m+2m+2m；7~14m深度内衬厚2.0m，分层施工高度为2m+2.5m+2.5m；14~21.3m深度内衬厚2.5m，分层施工高度为2.5m+2.5m+2.3m。基础设置7m厚顶板、7m厚底板和7m高混凝土填芯，为提高基底应力分布的均匀性，在基础前半部填芯设置32个6m×6m空仓。北航道桥南锚碇效果图如图1所示。

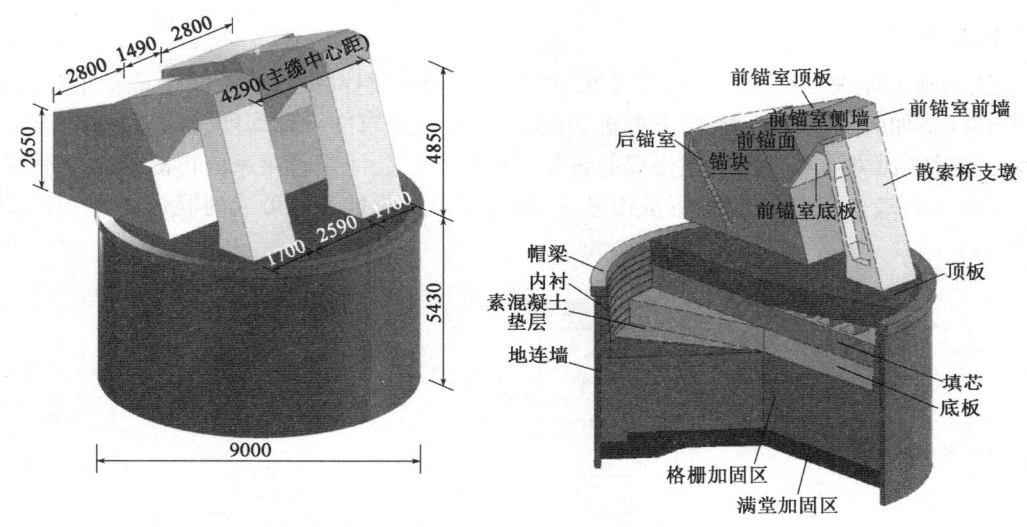

图1 北航道桥南锚碇效果图(尺寸单位：mm)

1. 工程水文地质情况

北航道桥南锚碇处于区域地质构造活动影响相对稳定地带。南锚碇地处Ⅵ区，根据《公路桥梁抗震设计规范》(JTG/T 2231-01—2020)规定，Ⅶ度以下地区即Ⅵ度区的公路桥梁可不考虑砂土液化影响。南锚碇区位地质主要为粉质黏土、粉砂及填土。基础地质剖面如图2所示。

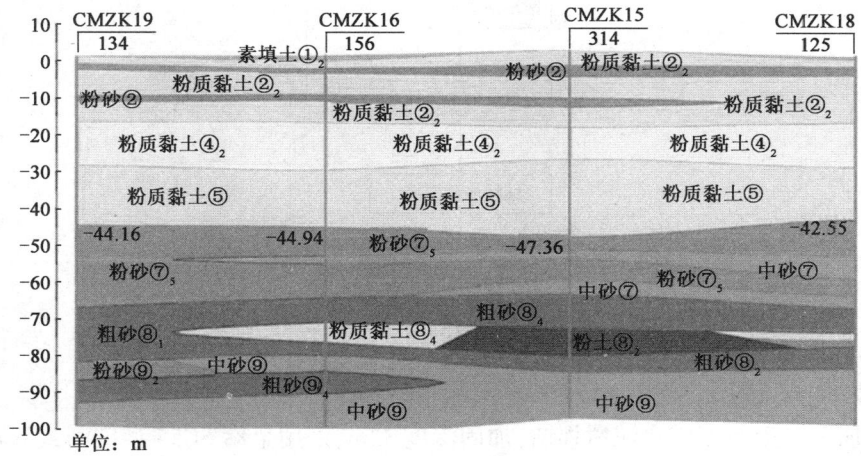

图2 基础地质剖面图

锚碇区位于长江入海口北岸,地区气候温和,雨水充沛,日照充足,雨热同季;地表水体与地下水的水力联系较好,在丰水期对地下水有补给作用,对区域地下水的补给起了重要的作用。地内地下水位较高,埋深不足2m,且周围河流沟渠较多,水系发达。承压水含水层厚度大、渗透性好、补给条件好,且隔水层厚度较薄且不均匀。抽水试验显示南锚区域承压水顶板埋深43.8~50.5m,承压水层厚度超过60m、渗透性好、补给条件好,且隔水层厚度较薄且不均匀。

2. 项目特点

(1)槽壁加固的垂直度和有效的水泥掺量以及地连墙的平面位置尺寸的控制,是项目施工管控的重点。

(2)槽壁加固与导墙施工在施工过程中存在交叉作业,机械设备的调用过程会对施工人员造成安全隐患,确保施工过程中的安全也是项目的控制重点。

三、CSM 工法简介

1. CSM 工法流程

CSM 工法的施工原理是铣削机在掘进注浆、供气、铣、削和搅拌的过程中,两个铣轮相对相向旋转,通过凯氏方形导杆施加向下的推进力,向下掘进切削地层,直至要求的设计深度。此后,两个铣轮作相反方向相向旋转,通过凯氏方形导杆向上慢慢提起铣轮,并通过供气、注浆管路系统再向槽内分别注入气体和固化液,并与槽内的基土相混合,从而形成由基土、固化剂、水、添加剂等形成的混合物。CSM 工法施工流程如图3所示。

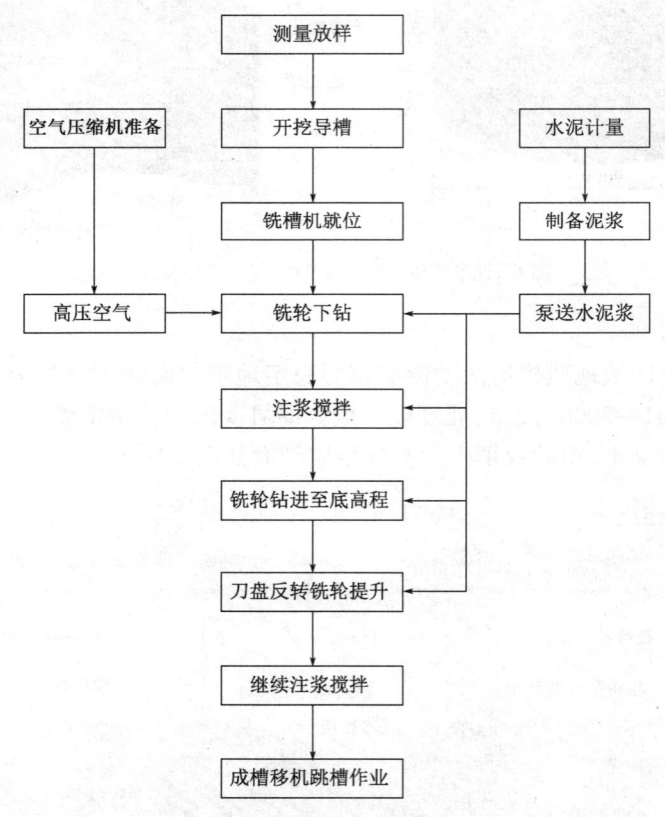

图3　CSM 工法施工工艺流程

2. 施工关键设备

本项目槽壁加固采用等厚度水泥搅拌墙,加固深度32m,采用金泰 SC55 型铣削式双轮搅铣削机进行施工,设备参数见表1。

金泰 SC55 参数表　　　　表1

型号	SC55	图示
铣削头型号	SC55	
最大深度(m)	55	
最小厚度(mm)	700	
扭矩(kN·m)	80×2	
空载旋转速度(rpm)	28	
主机	BZ-70	
最大起拔力(kN)	960+1000(油缸)	
主机功率(kW)	45	
液压系统压力(MPa)	31.5	
卷扬机提升拉力(kN)	960	
整机重	190t	

3. 工法对比分析

传统的二轴搅拌桩工法虽成本较低,但其施工工效低,稳定性差[4];加固深度和宽难以达到设计要求,导致出现冷缝的情况增大,槽壁稳定性不佳。

三轴搅拌桩工法较二轴搅拌桩整体搅拌均匀,稳定性较好,但其遇到砂性地层时浆液容易离析,造成桩体强度降低[5];其施工时土体置换率较高,占整个加固方量的1/4~1/3,浆液为碱性,对生态环境有较大影响[6]。

CSM 工法在施工时,铣头在铣削下沉和上提过程中均喷射水泥浆液,切削土体与水泥浆液均匀搅拌成墙,具有良好的止水和固壁效果,适用于地连墙成槽时的槽壁加固施工[7]。CSM 工法施工质量更容易控制,施工工效远快于传统工法,可节省施工工期[8]。

综合以上三种施工工法,CSM 工法施工工效快,稳定性较好,有利于保护现场环境,综合比选,最终确定采用 CSM 工法进行项目槽壁加固施工。

四、CSM 工法试验

CSM 工法成墙试验在保证成墙质量的前提下,试桩采用控制变量法进行试验,旨在确定和优化施工参数,验证得出适合该项目的水泥有效掺量、水灰比、下钻(提钻)速度等参数。

1. CSM 工法试验情况

CSM 工法水泥搅拌墙进行4幅试成墙进行试验,以确定最终施工参数。选择在锚碇轻载环道处进行试验,搭接长度为 27.5cm,搅拌墙尺寸为 2.8m×0.7m,墙身 32m。施工顺序为往复式双孔全套打复搅式标准形,即先施工1号、3号墙,再施工2号、4号墙,如图4所示。CSM 工法试验墙采用控制变量法进行参数对比验证,内容见表2。

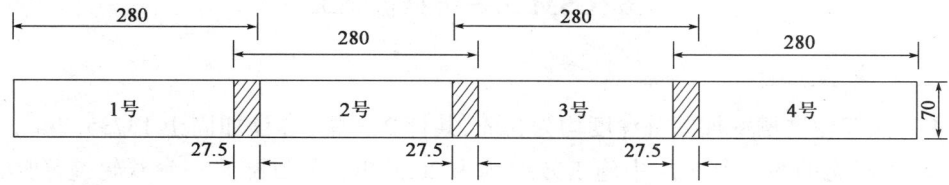

图4　CSM 工法试验桩平面图(尺寸单位:cm)

对比试验验证内容表　　　　　　　　　　　　　　　　　　　　　　表2

序号	对比槽段	验证内容
1	1号墙、2号、3号墙	在注浆压力、水灰比(1.2)不改变的前提下,通过调节下钻(提钻)速度和注浆量改变水泥有效掺量(22%、25%、20%),验证在满足设计要求下,得出适合本项目的水泥有效掺量
2	4号墙	在注浆压力、铣轮转速不变的基础上,采用水泥有效掺量20%、水灰比1.5,得出适合的水泥有效掺量、水灰比、下钻(提钻)速度等参数

2. CSM工法试验墙芯样检测

墙身强度成墙后14d进行现场钻取芯样强度试验的方法确定,采用绳索钻取芯样,钻头直径φ110。取芯处于槽壁加固中心位置、长边中心位置、接缝位置,如图5所示。芯沿墙体深度方向,每间隔5m取样一组,每孔取芯数量3组,每组3件试块。以14d桩体强度推28d桩体强度是否不小于0.8MPa。

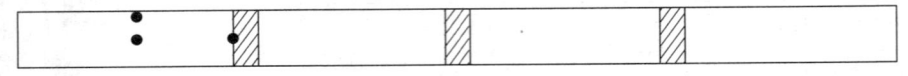

图5　取芯位置

芯样试块完整性高,无断桩,水泥含量高且搅拌均匀,强度经检测后符合相关要求。CSM工法试验墙芯样检测报告结论如图6所示。

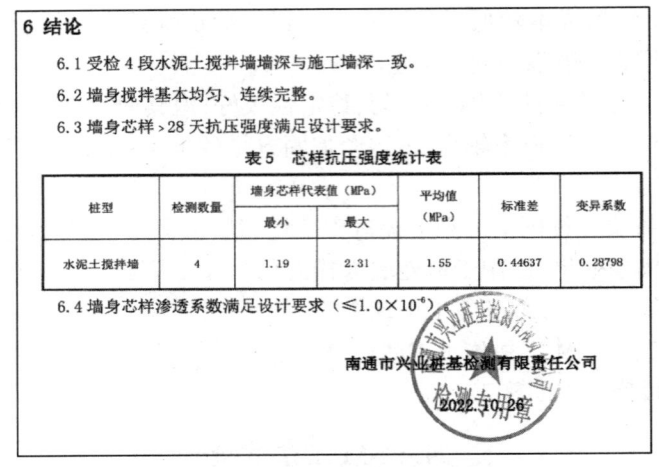

图6　CSM工法试验墙芯样检测报告

3. CSM工法搅拌桩施工参数

CSM工法试验桩经检测满足设计要求,可用于地连墙槽壁加固施工。CSM工法施工参数见表3。

CSM工法施工参数　　　　　　　　　　　　　　　　　　　　　　表3

项目	水泥掺入量	水灰比	下沉速度及时间	上升速度及时间	下沉喷浆量	上升喷浆量
单幅搅拌墙	20%	1.2	0.45m/s;72s	0.40m/s;80s	30%	70%

五、CSM工法搅拌桩施工

1. CSM工法施工工效

锚区CSM工法双轮铣槽壁加固桩深度均为32m,共计219幅,合计加固土13735.7m³,金泰SC55双轮搅在本项目软塑状态的粉质黏土层中施工效率约为20m³/h。项目配置一台双轮搅,每天进行16h作业,地下连续墙槽壁加固施工42d完成。

2. 搅拌桩施工顺序

CSM 工法搅拌桩施工顺序采用往复式双孔全套打复搅式标准形,搭接宽度分别为 26.8cm(内侧)和 27.5cm(外侧)。CSM 工法搅拌桩成墙顺序如图 7 所示。

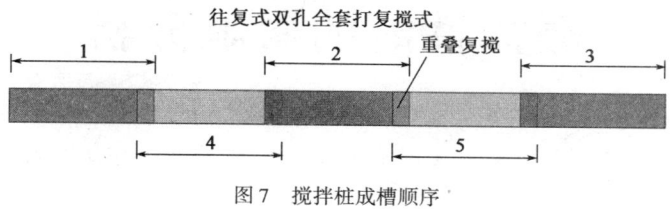

图 7 搅拌桩成槽顺序

六、CSM 工法搅拌桩质量通病及预防措施

CSM 工法搅拌桩施工受到地层变化、机械设备、作业人员、材料供应、周边环境或其他特殊情况等因素的影响,会有常见的质量通病产生。CSM 工法施工常见质量通病预防措施详见表 4。

CSM 工法搅拌桩质量通病预防措施表 表 4

常见质量通病	原因分析	预防措施
桩位偏差	桩位放样稍有偏差	1. 施工过程中控制钻孔位置与设计位置的偏差≤50mm; 2. 施工时,钻机就位须在测量员的测量下精确就位,经三方复核后,钻机方可开钻
桩身垂直度不满足要求	1. 基底发生不均匀沉降; 2. 机架垂直度不满足要求; 3. 地下障碍物影响	1. 机架底部架设槽钢基座或铺设钢板; 2. 钻机就位后进行调平;若因故钻机下陷倾斜,需及时调整,重新进行调平; 3. 对施工区域的地下障碍物提前清除
缩颈、夹泥、断桩	1. 材料不合格; 2. 操作不规范; 3. 浆液水灰比与设计不符; 4. 浆液离析	1. 原材料进场时,随船须附出厂合格证,试验室及时进行复验; 2. 各设备操作均要按规定施工,以避免单根桩的水泥用量使用不均; 3. 现场施工人员严格控制水泥浆液配比,试验室安排专人定期抽查浆液质量; 4. 对于离析的浆液作废浆处理,严禁使用

七、结　　语

在超厚软土覆盖层地区的地下连续墙工程中,采用 CSM 工法搅拌桩进行槽壁加固施工,能充分发挥其施工速度快、搅拌均匀、节省材料的优势,施工范围周边地层及结构物稳定,是一种安全可靠、节能环保的槽壁加固形式,具有推广意义。

参考文献

[1] 张雷. 水泥土搅拌桩在深基坑围护中的应用[J]. 建筑安全,2021,36(4):13-16.
[2] 张亚峰,龙伟义. 超深淤泥质地层单轴水泥土搅拌桩技术[J]. 建筑技术开发,2021,48(20):161-162.
[3] 宋珪. 五轴水泥土搅拌桩止水帷幕关键施工技术研究[J]. 江西建材,2022(8):232-235.
[4] 邓友生,孟丽青,蔡梦真,等. 水泥土搅拌桩加固黄土路基稳定性研究[J]. 郑州大学学报(工学版),2022,43(3):59-66.
[5] 陈盛原,张伟锋,韦未. 水泥土搅拌桩技术研究现状及发展前景[J]. 工程建设,2020,52(4):6-10.
[6] 沈丹. 五轴水泥搅拌桩与传统水泥搅拌桩的对比分析[J]. 山西建筑,2015,41(3):78-80.
[7] 徐鸿晟. 水泥土搅拌桩在地连墙槽壁加固中的应用[J]. 西部交通科技,2018(8):140-142,159.
[8] 蔡雷波. CSM 工法在上海地区深基坑围护止水帷幕中实践探究[J]. 山西建筑,2018,44(16):34-36.

79. 边检修道的气动外形对两种箱梁断面颤振性能的影响分析

毛汇[1]　杨詠昕[1]　周锐[2]

（1.同济大学土木工程防灾减灾全国重点实验室；2.深圳大学土木与交通工程学院）

摘　要　边检修道是设置在箱梁风嘴两端处的挑臂结构，会显著影响大跨桥梁的颤振性能。本文结合节段模型风洞试验和用二维三自由度耦合颤振分析方法，对比分析了不同封闭形式和不同宽度的边检修道对闭口箱梁和分体箱梁颤振临界风速的影响，结果表明：在分体双箱梁上设置封闭形式的边检修道颤振临界风速更高，而在闭口单箱梁上则是设置开口形式的边检修道时颤振临界风速更高，两种断面都存在一个最优边检修道宽度区间；边检修道的存在主要通过同时改变扭转牵连运动产生的两项气动阻尼随风速的变化规律改变颤振性能。

关键词　边检修道　气动外形　两种箱梁断面　颤振性能　控制机理

一、引　言

随着桥梁跨径的提升，桥梁结构逐渐向着轻柔化发展，桥梁的颤振性能成为限制桥梁跨径发展的关键控制因素之一。水平分流板是设置在风嘴尖端处的理想薄板，已经被许多专家学者证明是大跨径桥梁颤振控制的有效措施之一[1-6]，它能够显著地提升+3°攻角下的颤振临界风速，而可能会对0°攻角和-3°攻角产生不利的影响。在实际工程实践中，水平分流板通常以边检修道的形式实现，通常会在水平板下设置一定的支撑形式和栏杆等细节构造，这些细节构造的气动外形差异可能使得边检修道对桥梁的颤振性能影响可能产生较大的区别，然后其对两种典型的闭口箱梁与分体箱梁的颤振机理尚不清楚。因此，需要研究不同长度和不同支撑形式的的边检修道对闭口箱梁与分体箱梁颤振性能的影响规律。

本文以某在建的跨径1768m的悬索桥为工程背景，结合了节段模型风洞试验和二维三自由度耦合颤振分析方法，研究了不同气动外形（包括形式与宽度）的边检修道对两种箱梁颤振性能的影响规律，以进一步指导边检修道在实际工程中的设计和应用。

二、边检修道对颤振性能的影响

分体双箱梁断面因其颤振性能优越，而被广泛地应用于各项气动措施对其颤振性能的影响研究之中[7]。以主跨1768m的悬索桥研究背景，选取闭口单箱梁和分体双箱梁为两种原型断面，两个断面的宽度分别为36.1m、30.6m，高度分别为3.5m、4.0m，如图1所示。边检修道位于两种断面的风嘴两端处。

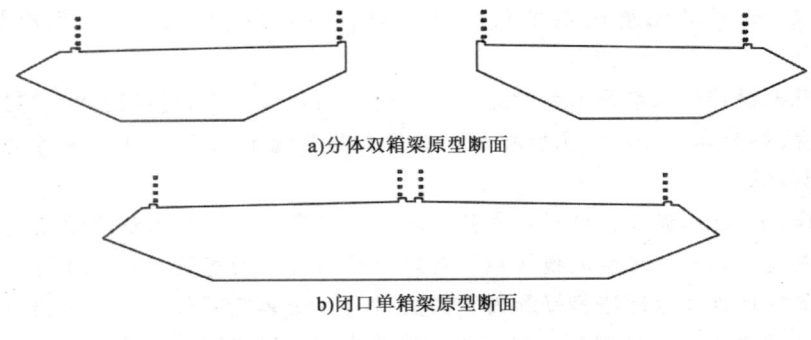

a)分体双箱梁原型断面

b)闭口单箱梁原型断面

图1　原始箱梁断面图

边检修道有两种形式。第一种是只有水平板和在其底下相隔一定间距布置的三角支撑形成的开口形式,如图2a)所示,其断面形式基本与水平分流板一致;第二种是将水平板下的支撑用通长的板封闭起来形成的封闭形式,其断面形式如图2b)所示,其中随边检修道宽度变化,保持封闭挑臂的板与水平方向的夹角为13°不变。

并且,为研究不同宽度的边检修道对两种断面的颤振性能的影响,在风嘴的尖端分别设置边检修道的宽度为1.5m、2.0m、2.5m和3m。

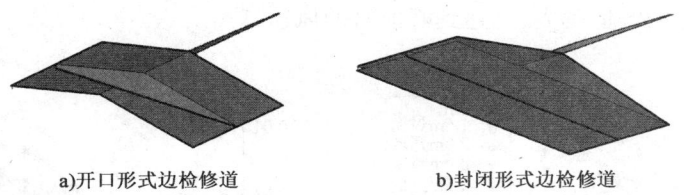

a)开口形式边检修道　　　　　b)封闭形式边检修道

图2　边检修道构造的两种形式

图3给出了闭口单箱梁在不同攻角下的颤振性能随边检修道宽度的变化规律。闭口单箱梁断面在+3°时,两种边检修道封闭形式都出现了明显的软颤振现象,故此处没有绘制出+3°攻角颤振临界风速。可知,设置边检修道后会降低闭口单箱梁-3°攻角下的颤振性能,提高0°攻角下的颤振性能;开口形式的边检修道的颤振性能略高于封闭形式;在设置边检修道的情况下,随着边检修道宽度的增加,各攻角下的颤振性能会逐渐降低。

图4给出了分体双箱梁在不同攻角下的颤振性能随边检修道长度的变化规律。其中开口形式的边检修道在1.5m宽度时出现了软颤振,在风速较低时振动超出了规范限制扭转振幅的根方差0.5°,故记录的风速较低。可知:设置边检修道后会降低分体双箱梁-3°和0°攻角下的颤振性能,提高+3°攻角下的颤振性能;封闭形式的边检修道的颤振性能略高于开口形式;在设置边检修道的情况下,随着边检修道宽度的增加,各攻角下的颤振性能会先增加后逐渐降低;在+3°攻角时设置1.5m宽度的边检修道时,封闭形式未出现软颤振,表明封闭的边检修道形式可能对分体双箱梁的软颤振现象有一定的控制效果。

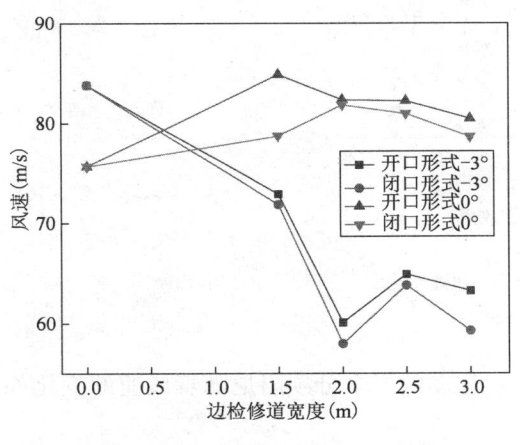
图3　闭口单箱梁各攻角下的颤振性能

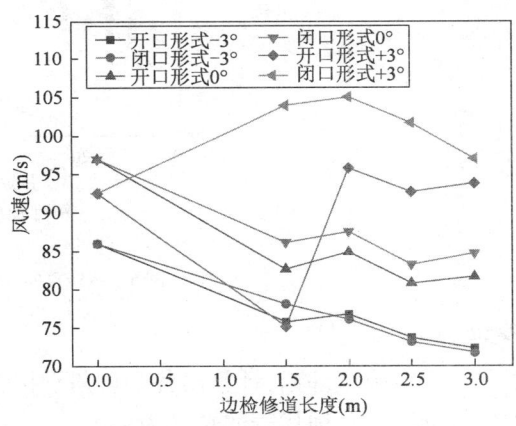
图4　分体双箱梁各攻角下的颤振性能

进一步对比两种箱梁的颤振性能结果可知:①边检修道会提升+3°攻角断面的颤振性能,而降低-3°攻角下的颤振性能,而对0°攻角的影响跟主梁断面形式有关;②边检修道封闭形式对两种断面颤振性能的影响呈现出相反的结论。

三、边检修道影响颤振性能的阻尼驱动机理

二维三自由度耦合颤振分析方法[8]是通过引入不同自由度之间的激励-反馈机制来解耦颤振运动方

程,从系统阻尼比和气动阻尼各分项的角度对边检修道的颤振机理进行分析。

1. 边检修道的阻尼控制机理

选取具有明显颤振临界风速升高的分体双箱梁+3°攻角,以及明显临界风速降低的分体双箱梁-3°攻角和闭口单箱梁-3°攻角工况,如图5所示,阻尼比越低,表示断面越不稳定,当阻尼比为负时断面发生颤振失稳。因边检修道长度和封闭形式的变化,对气动阻尼的影响规律总结如下:①随着风速的增加,两个断面在不同工况下的总体阻尼比都呈现出随风速的增加先升高在急剧下降的趋势;②断面的颤振临界风速越大,阻尼比出现的峰值越大,且达到峰值时的风速越高。

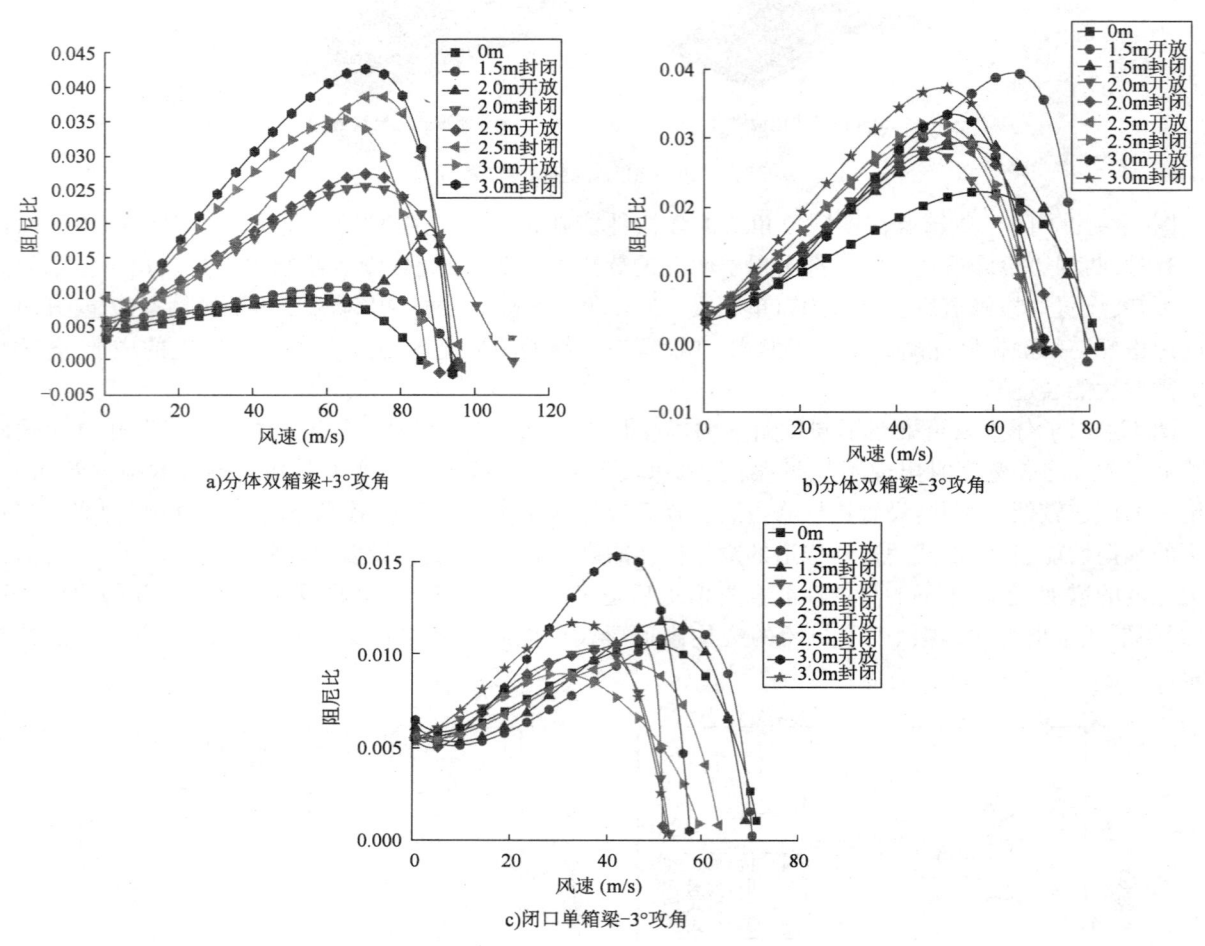

图5 扭转方向总阻尼比随风速变化图

2. 气动分项阻尼

根据二维三自由度理论,计算出各个攻角下扭转牵连运动的五个分项阻尼随着风速的变化如图6所示。其中各气动阻尼分项代表的意义为:

(1) A 为扭转运动速度产生的气动升力矩所形成的气动阻尼:$-1/2 \cdot \rho B^4/I \cdot A_2^*$。

(2) B 为扭转运动速度产生的气动升力激励起的耦合竖向运动的速度所产生的耦合气动升力矩形成的气动阻尼:$-\rho^2 B^6/2 m_h I \cdot \Omega_{h\alpha} \cdot A_1^* H_2^* \cos\theta_1$。

(3) C 为扭转运动速度产生的气动升力激励起的耦合竖向运动的位移所产生的耦合气动升力矩形成的气动阻尼:$\rho^2 B^6/2 m_h I \cdot \Omega_{h\alpha} \cdot A_4^* H_2^* \sin\theta_1$。

(4) D 为扭转运动位移产生的气动升力激励起的耦合竖向运动的速度所产生的耦合气动升力矩形成的气动阻尼:$-\rho^2 B^6/2 m_h I \cdot \Omega_{h\alpha} \cdot A_1^* H_3^* \cos\theta_2$。

(5) E 为扭转运动位移产生的气动升力激励起的耦合竖向运动的位移所产生的耦合气动升力矩形成的气动阻尼：

$$\rho^2 B^6 / 2 m_h I \cdot \Omega_{h\alpha} \cdot A_4^* H_3^* \sin\theta_2$$

式中：$\Omega_{h\alpha} = \dfrac{\omega_h^2}{\sqrt{(\omega_\alpha^2 - \omega_h^2)^2 + 4\xi_\alpha^2 \omega_\alpha^2 \omega_h^2}}$，$\theta_1 = \arctan\left(\dfrac{2\xi_h \omega_h \omega_\alpha}{\omega_\alpha^2 - \omega_h^2}\right) + \dfrac{3}{2}\pi$，$\theta_2 = \arctan\left(\dfrac{2\xi_h \omega_h \omega_\alpha}{\omega_\alpha^2 - \omega_h^2}\right)$；

B——主梁宽度；

ρ——空气密度；

m_h、I——结构竖向广义质量和广义质量惯矩；

ω_h、ω_α、ξ_h、ξ_α——竖弯频率、扭转频率、竖弯阻尼比和扭转阻尼比；

$A_i^*(i=1,2,3,4)$、$H_i^*(i=1,2,3,4)$——颤振导数。

在未设置边检修道的工况下，分体双箱梁截原始断面在+3°攻角下的各阻尼分项，及闭口单箱梁原始断面在-3°攻角下的各阻尼分项如图6所示。可知：(1)气动阻尼 A 项和 D 项的绝对值随着风速的增大而不断增大，在高风速时两者的影响远大于其他三个气动阻尼分项。因此，A 项和 D 项气动阻尼为主要气动阻尼。(2)为系统提供正阻尼的主要是扭转运动速度产生的气动升力矩所形成的气动阻尼 A，为系统提供负阻尼的主要是扭转运动位移产生的气动升力激励起的耦合竖向运动的速度所产生的耦合气动升力矩形成的气动阻尼 D。

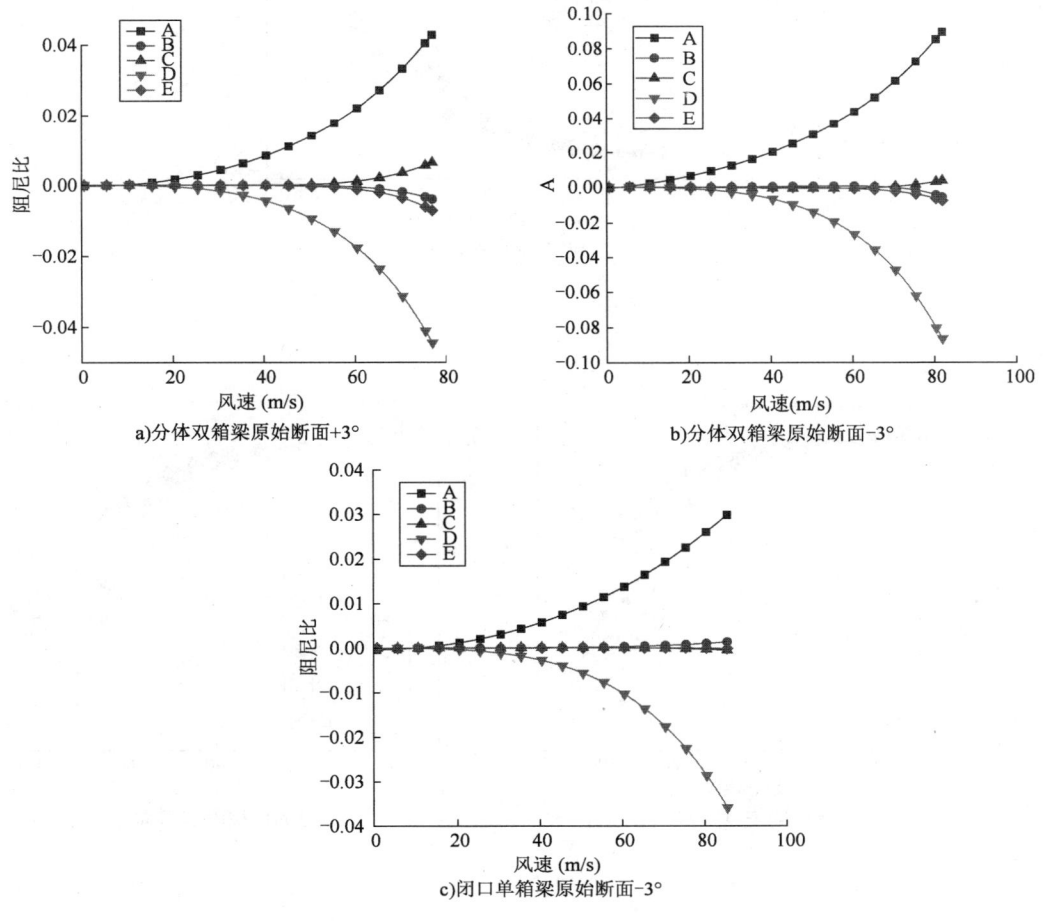

a) 分体双箱梁原始断面+3°

b) 分体双箱梁原始断面-3°

c) 闭口单箱梁原始断面-3°

图6 无边检修道时各阻尼分项

进一步分析各工况下的 A 项正气动阻尼变化如图 7 所示，D 项负气动阻尼变化如图 8 所示。

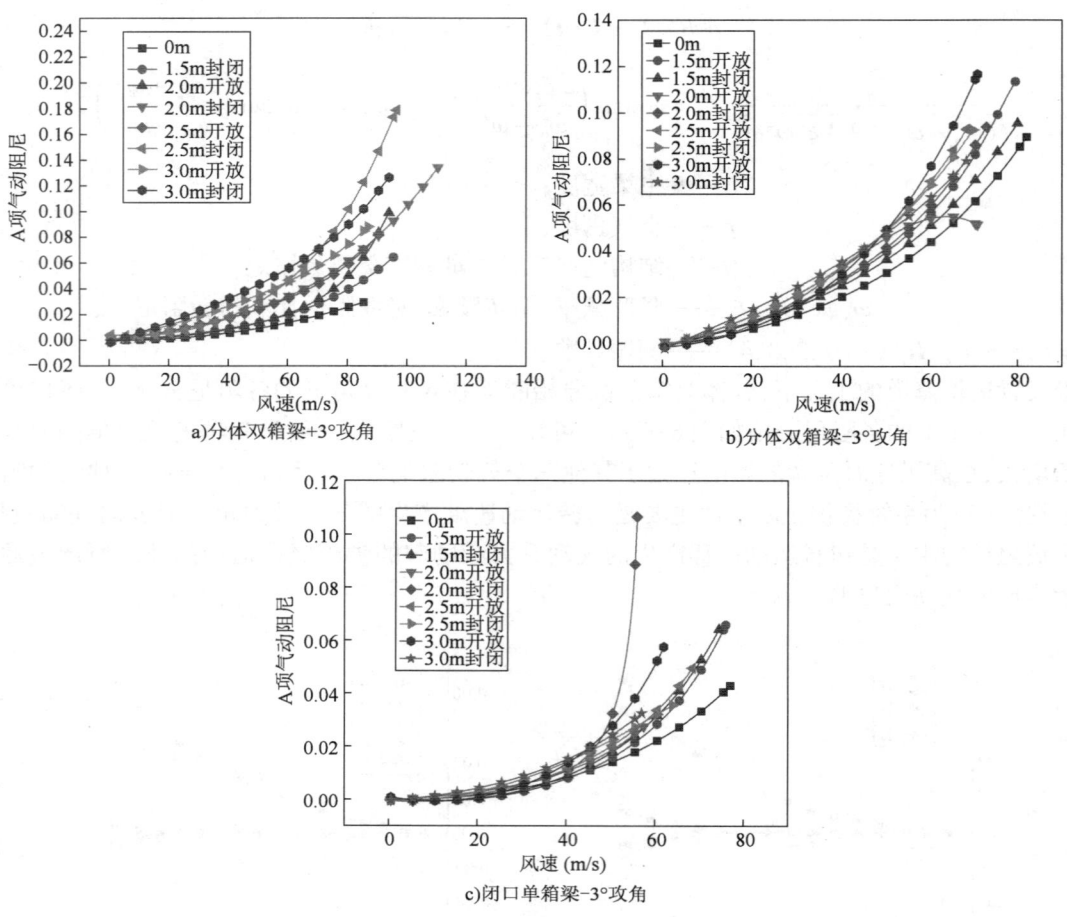

a) 分体双箱梁+3°攻角

b) 分体双箱梁-3°攻角

c) 闭口单箱梁-3°攻角

图 7　A 项气动阻尼分项随风速变化图

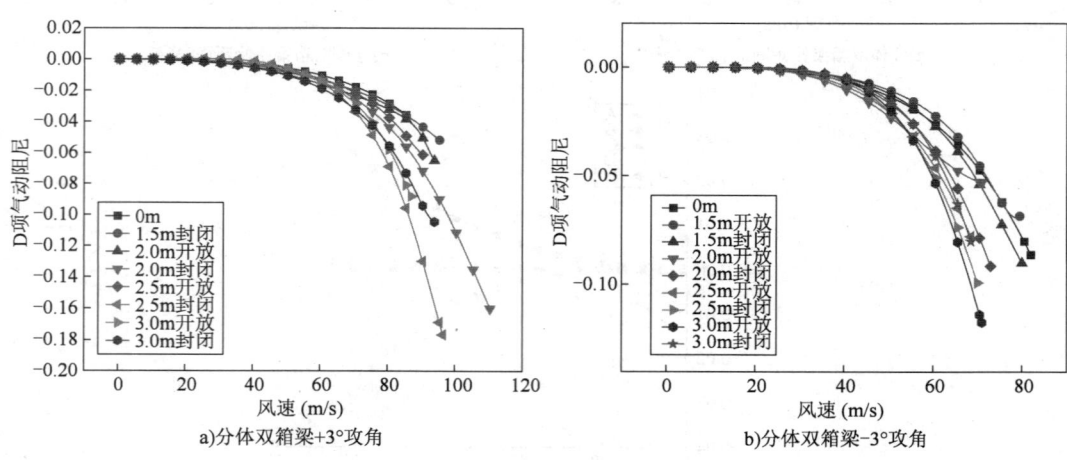

a) 分体双箱梁+3°攻角

b) 分体双箱梁-3°攻角

图　8

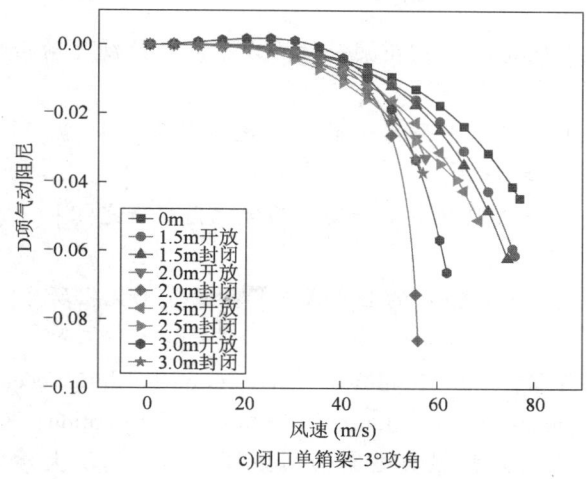

c) 闭口单箱梁 -3°攻角

图 8　D 项气动阻尼分项随风速变化图

对比图 7、图 8 可知：

（1）在增加边检修道之后，A 项气动阻尼和 D 项气动阻尼绝对值的大小都出现了随边检修道宽度增加而增加的趋势，即越宽的边检修道断面的 A 项气动阻尼和 D 项气动阻尼都越大，设置有边检修道的箱梁的颤振性能由这两项气动阻尼分项共同控制。

（2）在 +3°攻角时，随着边检修道长度增加，为系统提供气动正阻尼的 A 项相对于无边检修道工况大幅提升，且提升幅度大于 D 的降幅，随着风速持续增加，D 项下降的幅度急剧增大而 A 增加缓慢，导致断面发散颤振。

（3）在 -3°攻角时，随边检修道长度增加，为系统提供正阻尼的 A 项相对于无边检修道工况的提升幅度与 D 的减小幅度相近，但是随着风速的提升 D 项下降的幅度相对于 A 项提升幅度越来越大，导致颤振提前发生。

（4）在 +3°攻角，边检修道对 A 项气动阻尼的提升大于对 D 项气动阻尼的降低，因此边检修道的存在对 +3°攻角有利；而在 -3°攻角时，边检修道对 D 项的气动阻尼的降低大于对 A 项气动阻尼的提升，因此边检修道的存在对 -3°攻角不利。

四、结　语

通过在两种箱梁断面上设置不同形式与宽度的边检修道构造，并进行颤振控制分析，得到了以下结论：

（1）边检修道会提升两种断面 +3°攻角下的颤振临界风速，降低 -3°攻角的颤振临界风速；但边检修道会提升闭口单箱梁在 0°攻角下的颤振临界风速，降低分体双箱梁 0°攻角的颤振临界风速。

（2）存在一个最优边检修道宽度区间，在此区间内各攻角下颤振临界风速相对设置其他宽度的边检修道都更高，过长边检修道长度会降低断面各攻角下颤振临界风速。

（3）在分体双箱梁上设置封闭形式的边检修道颤振临界风速更高，而在闭口单箱梁上则是设置开口形式的边检修道时颤振临界风速更高。

（4）设置边检修道会同时提升 A 项气动正阻尼和降低 D 项负阻尼，且提升幅度跟边检修道宽度成正比，通过同时影响两者的相对增长速度以影响断面的颤振性能。

参考文献

[1] 卢桂臣,张红芬,杨詠昕,等.西堠门大桥初步设计钢箱梁断面气动选型[J].西南交通大学学报,2005(4):473-477.

[2] 鲜荣,廖海黎.封闭式扁平钢箱梁颤振稳定性气动优化措施风洞试验研究[J].世界桥梁,2008(3):

[3] 朱乐东,张宏杰,胡晓红.1400m跨径钢箱梁斜拉桥方案颤振控制气动措施试验研究[J].桥梁建设,2011(2):9-12.

[4] 张宏杰,朱乐东.箱形主梁悬臂水平分离板的颤振控制效果与机理[J].同济大学学报(自然科学版),2011,39(11):1569-1574,1640.

[5] 李翠娟,李永乐,强士中.分离式双箱主梁断面气动优化措施研究[J].土木工程学报,2015,48(11):54-60,102.

[6] 李永乐,安伟胜,李翠娟,等.基于CFD的分离式三箱主梁气动优化研究[J].土木工程学报,2013,46(1):61-68.

[7] ZHOU R, GE Y J, YANG Y X, et al. Nonlinear behaviors of the flutter occurrences for a twin-box girder bridge with passive countermeasures[J]. Journal of Sound and Vibration, 2019, 447:221-235.

[8] 杨詠昕,葛耀君,项海帆.大跨度桥梁典型断面颤振机理[J].同济大学学报:自然科学版,2006,34(4):455.

80. 旗门港大桥梁上运梁监测数据分析

陈嘉琪[1]　王全修[2]　李继平[3]　许越楷[1]　寇静[1]

(1.浙江省交通运输科学研究院；2.228国道三门园里至宁海一市段公路工程建设指挥部；
3.浙江公路水运工程咨询集团有限责任公司)

摘　要　本文结合浙江省G228国道旗门港特大桥工程建设实际,通过理论计算和实桥监测,对采用运梁车经旗门港特大桥主桥运输引桥T梁的安全性进行评价。通过有限元分析结果设置监测预警值,对运梁过程中的现场环境以及主梁挠度、主梁应力和塔顶偏位进行监测,及时掌握结构受力状态及规律,以指导运梁施工,保证运梁车作用下主桥结构的安全性。

关键词　梁上运梁　实时监测　结构响应　安全预警

一、引　言

桥梁结构在建设和运营过程中,存在环境因素和车辆荷载等的长期作用,以及一些临时性的施工荷载和超重车辆作用。随着健康监测技术的发展,越来越多的桥梁建设了结构健康监测系统,可实时监测桥梁运营状况,并能根据监测数据,对桥梁的安全性作出合理预测和判断[1-4]。

针对施工期运梁工况安全评价及实时监测,黎开政[5]以成都地铁建设过程中530t运梁车通过钢栈桥进行运梁作业为工程背景,对钢栈桥的应力、挠度和沉降进行监测,通过有限元分析设置监测预警值,监测数据显示运梁过程中钢栈桥运营状态正常,满足安全和使用要求；王福兴等[6]以宁波机场快速路南延为工程背景,对35m开口薄壁U形梁梁上运梁进行仿真分析,并进行现场测试,综合理论分析及试验结果,承压U形梁承载力满足要求,梁上运梁施工方案可行。针对运营期重车过桥响应分析,郭翠翠等[7]基于武汉军山长江大桥健康监测系统,对2辆载质量178t的重车先后通过该桥的主梁位移、桥塔偏位、主梁应力、索力进行了全程采集,并与有限元计算值进行对比,结果表明:重车过桥结构响应均在活载计算包络曲线内,重载对结构的影响很小,结构无损伤发生。

本文结合浙江省G228国道旗门港特大桥工程建设实际,通过旗门港大桥健康监测系统,对现场环境及运梁过程中的主梁挠度、主梁应力和塔顶偏位进行监测,及时掌握结构受力状态及规律,以指导运梁施工,保证运梁车作用下主桥结构的安全性。

二、工程概况

旗门港特大桥是浙江省 G228 国道三门园里至宁海一市段公路工程的重要节点,大桥全长 2.239km,包括北引桥、主桥和南引桥。主桥为双塔双索面混凝土梁斜拉桥,跨径布置为 90m + 210m + 90m,采用半飘浮连续体系。引桥上部结构采用预制预应力混凝土先简支后连续 T 梁,南岸跨径布置为:$4 \times (4 \times 40)m + 2 \times (3 \times 50)m$,北岸跨径布置为:$2 \times (3 \times 50)m + 3 \times 40m + 3 \times (4 \times 40)m$。

旗门港特大桥主桥及南岸(三门侧)引桥土建工程已先期施工完成,北岸(宁海侧)引桥下部也已施工完成,因缺少必要的预制场地,北岸引桥上部工程一直无法实施。经综合考虑和专家论证,决定北岸引桥 T 梁在南岸三门县境内进行预制,通过南引桥及主桥进行运输架设。运输采用的运梁车包含主车及副车,主、副车均采用 8 轴车辆,轴距均为 2m,主车长 18m,副车长 15.5m,轮距 2.1m(单侧双轮中心间距)。主、副车总质量约为 55t,其中主车 30t,副车 25t。

三、短暂状况主梁应力验算

根据规范要求,对梁上运梁工况进行短暂状况主梁应力验算,荷载组合为:1.0 恒载 + 1.15 运梁荷载 + 1.0 沉降 + 1.0 整体升降温 + 1.0 温度梯度。依据设计单位计算结果及工程进展情况,计算参数取值如下:

(1) 恒载、体系整体升降温、梁截面温度梯度及支座沉降等取值按设计单位提供的计算模型取用。

(2) 主桥已在 2020 年 12 月下旬合龙,故根据合龙后至运梁时预估时间,修正收缩徐变要素,即按合龙后 1 年计。

(3) 可选择有利条件(如无风或微风时)进行运输,故不考虑桥面风荷载。

(4) 单片 50mT 梁质量按 182t 计,叠加运梁车荷载,按主、副车及 T 梁重量加载,荷载图示见图 1。

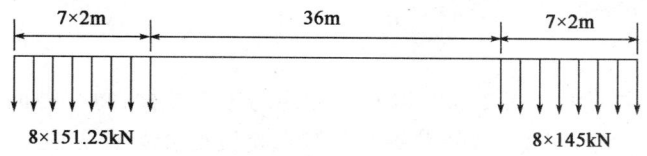

图 1　50mT 梁运梁车荷载图示

经有限元分析可得,短暂状况主梁上缘最大拉应力位于边跨支点位置,最大拉应力为 1.59MPa;主梁下缘最大压应力位于边跨 1 号拉索位置,最大压应力为 17.1MPa。

根据《公路钢筋混凝土及预应力混凝土桥涵设计规范》(JTG 3362—2018)[8] 第 7.2.8 条及旗门港大桥设计图纸,主梁上缘纵向钢筋配筋率大于 0.4%,拉应力限值按规范可取最大值 $1.15f'_{tk}$,即 3.151MPa;压应力限值为 $0.70f'_{ck}$,即 24.85MPa。由此可知,施工阶段短暂状况主梁应力满足规范要求。

四、梁上运梁监测数据分析

为提升旗门港大桥运营管理水平,及时、准确掌握桥梁运行状态,保障结构安全,考虑大桥结构特点、梁上运梁专项施工及运营管理需求,建设了旗门港特大桥结构健康监测系统,系统传感器总体布置如图 2 所示。本文利用监测系统对运梁期间现场环境条件及运梁过程主桥结构响应进行了实时监测,主要监测项包括环境条件、结构温度、主梁挠度、主梁应力和塔顶偏位。

针对"梁上运梁"专项施工安全预警,分别采用运梁车荷载作用下的理论值以及设计荷载(公路—Ⅰ级)作用下各专项监测项的设计值作为梁上运梁施工工况的预警阈值。以 2022 年 5 月 29 日上午 10:45 至 11:42 期间运输 50mT 梁监测数据为例进行分析,运梁车横桥向行驶位置为桥面西侧,其外侧车轮中心距离防撞护栏底部 2.5m。

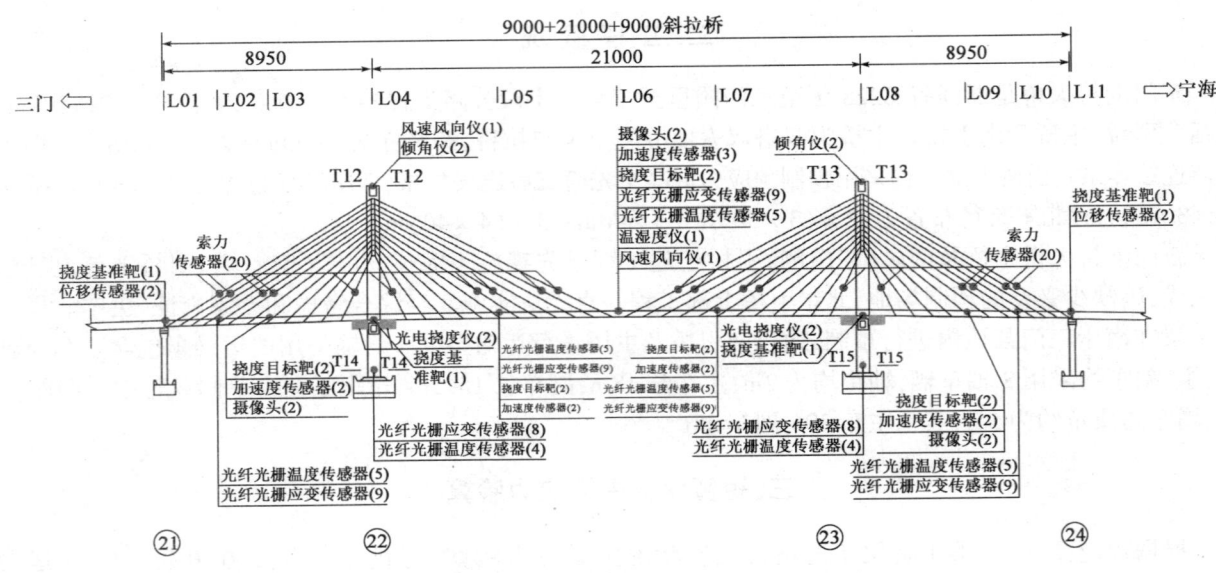

图 2 旗门港大桥主桥传感器总体布置示意图(尺寸单位:cm)

1. 环境监测及结构温度

根据运输方案,出现天气突变时不宜进行运梁作业,因此需要对桥址处环境状况进行监测,本时段环境温度为21.1～21.3℃,环境湿度为91.85%～93.6%,风速为0.53～1.22m/s,风向为57.64°～141.45°(西北转西南风)。

根据设计单位验算结论,运梁时,应选择一天中日照影响较小的时段,以减小日照温差引起的梯度应力。因此,在T梁运输之前持续对主梁各监测断面温度进行监测,至开始运输前,所有断面上下缘温差在-0.56～0.83℃,梁体基本处于恒温状态。

2. 主梁挠度

主梁挠度测点布置在主跨1/4、1/2、3/4以及两侧边跨1/2截面,每个截面布置2个挠度测点,共计10个。选择光电挠度仪作为主梁挠度监测设备。各测点挠度监测数据见表1。表中实测值为运梁车加载极值减去初值,残余值为卸载值减去初值,理论值为运梁车移动荷载作用下的最大值,设计值为公路—Ⅰ级汽车荷载作用下的最大值。

主梁挠度监测数据　　　　　表1

监测断面	测点位置	实测值(mm)	残余值(mm)	偏载系数	理论值(mm)	设计值(mm)
南边跨 L/2	东侧	-11.11	-0.7	1.25	-20.42	-43.32
	西侧	-18.49	-0.87		-20.42	-43.32
主跨 L/4	东侧	-18.03	0.3	1.27	-41.21	-80.84
	西侧	-31.27	0.4		-41.21	-80.84
主跨 L/2	东侧	-29.46	2.58	1.24	-52.52	-114.59
	西侧	-48.27	3.54		-52.52	-114.59
主跨 3L/4	东侧	-20.65	3.68	1.25	-41.21	-80.84
	西侧	-34.67	4.73		-41.21	-80.84
北边跨 L/2	东侧	-8.69	-0.66	1.26	-20.42	-43.32
	西侧	-14.75	-1.16		-20.42	-43.32

注:表中偏载系数为西侧挠度/东西侧挠度平均值。

由表1可知,主梁挠度最大值出现在主跨L/2断面西侧,相对挠度值为48.27mm,各测点主梁挠度值均未超过理论计算值。主梁挠度残余值较小,表明主梁变形在弹性范围内。由于重车行驶于西侧桥面,同一截面东西两侧挠度值有一定差异，各截面挠度偏载系数介于 1.24~1.27 之间。主跨 1/2 截面挠度时程曲线见图 3。

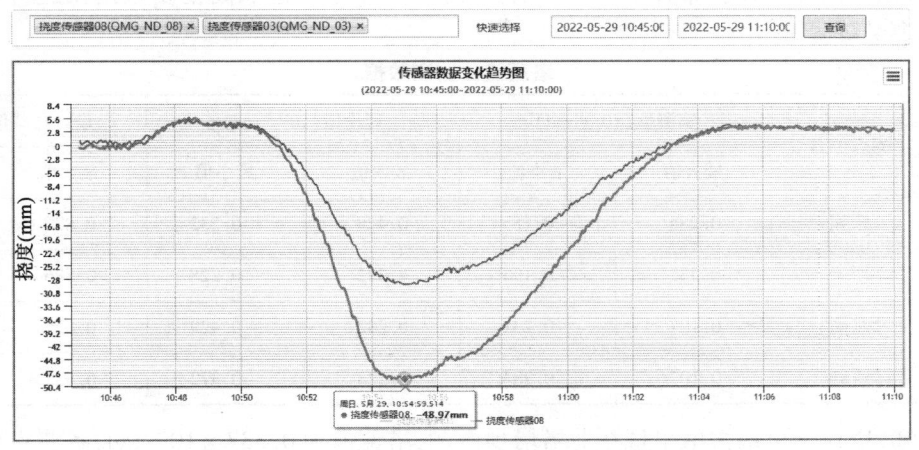

图 3　主跨 1/2 截面挠度时程曲线

3. 主梁应力

根据旗门港特大桥结构验算结果，选取两侧边跨 8~9 号索间、主跨 6~7 号索间、主跨跨中截面作为主梁应力控制截面，选取光纤光栅应变传感器作为主梁应变监测设备。本文以主跨跨中截面应力监测值为例进行分析，各测点应力监测数据见表 2。

主梁应力监测数据　　　　表 2

监测断面	测点位置		传感器编号	实测值(MPa)	残余值(MPa)	理论值(MPa)	设计值(MPa)
主跨 $L/2$	东侧	上缘	19	-0.35	0.03	0.05	0.21
		下缘	20	0.68	-0.06	1.81	3.7
	西侧	上缘	27	0.01	-0.09	0.06	0.21
		下缘	26	1.98	-0.05	1.89	3.7

主梁拉应力最大值出现在主跨 $L/2$ 断面西侧下缘，应力值为 1.98MPa，超过 50mT 梁运输的理论计算值，该测点应力超限的原因是目前理论计算模型为单梁模型，理论值未考虑横向偏载效应。其余各测点主梁应力值均未超过理论计算值。主梁残余应力较小，表明主梁受力在弹性范围之内。由于重车行驶于西侧桥面，同一截面东西两侧应变值有一定差异，主跨跨中截面下缘应变偏载系数为 1.45（西侧下缘应变/东西侧下缘应变平均值）。主跨 $L/2$ 截面应力时程曲线如图 4 所示。

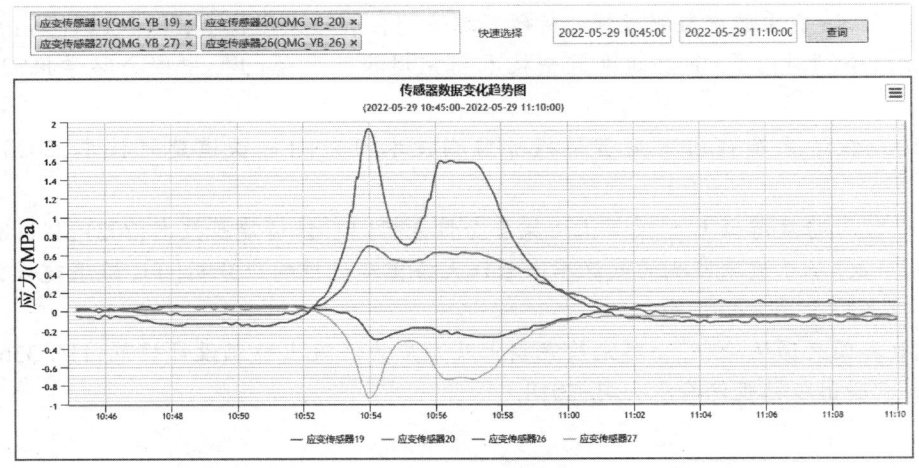

图 4　主跨 $L/2$ 截面应力时程图

4. 塔顶偏位

在南、北两索塔两侧塔顶各布置1个塔顶偏位测点,共4个。选取高精度倾角仪进行索塔偏位的监测。各测点监测数据见表3。

塔顶偏位监测数据　　　　　　　　　　　　表3

监测断面	测点位置	实测值(10^{-3} rad)		理论值(10^{-3} rad)		设计荷载值(10^{-3} rad)	
		最大值	最小值	最大值	最小值	最大值	最小值
北塔塔顶	东侧	0.284	-0.155	0.429	-0.232	0.886	-0.535
	西侧	0.337	-0.195	0.372	-0.228	0.886	-0.535
南塔塔顶	东侧	0.107	-0.231	0.232	-0.429	0.535	-0.886
	西侧	0.107	-0.284	0.228	-0.372	0.535	-0.886

由表3可知,塔顶偏位最大值出现在北塔塔顶西侧,塔偏值为0.337×10^{-3} rad,各测点塔顶偏位值均小于50mT梁运输的理论计算值。

五、结　语

本文对旗门港大桥梁上运梁工况进行短暂状况主梁应力验算,通过大桥健康监测系统对运梁过程中的现场环境以及主梁挠度、主梁应力和塔顶偏位进行分析,得到结论如下:

(1)旗门港大桥梁上运梁工况满足《公路钢筋混凝土及预应力混凝土桥涵设计规范》(JTG 3362—2018)对施工阶段短暂状况主梁应力的要求。

(2)主梁挠度测点实测值未超过理论计算值,主跨$L/2$断面西侧下缘应力值超过理论计算值,其原因是目前理论计算模型为单梁模型,理论值未考虑横向偏载效应,设置预警值时,应通过实测偏载系数对理论值进行修正。主梁挠度和应力测点残余值均较小,表明该桥处于弹性工作状态,受力特性未发生明显改变。

(3)塔顶偏位测点实测值均未超过理论计算值。

(4)理论计算和实桥监测表明采用运梁车经旗门港特大桥主桥运输引桥T梁安全可行。

参考文献

[1] 张启伟.大型桥梁健康监测概念与监测系统设计[J].同济大学学报(自然科学版),2001(1):65-69.
[2] 王戒躁,钟继卫,王波.大跨桥梁健康监测系统设计构成及其进展[J].桥梁建设,2009,195(S2):7-12.
[3] 唐浩,谭川,陈果.桥梁健康监测数据分析研究综述[J].公路交通技术,2014,114(5):99-104.
[4] 王凌波,王秋玲,朱钊,等.桥梁健康监测技术研究现状及展望[J].中国公路学报,2021,34(12):25-45.
[5] 黎开政.500t级运梁车作用下贝雷梁栈桥监测技术研究[J].铁道建筑技术,2020,326(6):96-99,104.
[6] 王福兴,王飞.大跨度薄壁U型梁梁上运梁安全性分析[J].铁道建筑技术,2021,341(8):10-13,41.
[7] 郭翠翠,张华兵.基于健康监测的武汉军山长江大桥重车过桥响应分析[J].桥梁建设,2014,44(6):29-34.
[8] 中华人民共和国交通运输部.公路钢筋混凝土及预应力混凝土桥涵设计规范:JTG 3362—2018[S].北京:人民交通出版社股份有限公司,2018.

81. 浅谈挂篮行走结构设计及同步性监控应用

杨翔宇 彭叔理 王士方

（中交路桥华东工程有限公司）

摘　要　我国自从 20 世纪 80 年代开始使用挂篮施工技术以来,已经取得了巨大的成就。我国的挂篮设计及制作已全部适应悬臂施工向高强、轻型、大跨发展的需要,预制混凝土连续梁或刚构的悬臂施工挂篮最初是平行桁架式,后来逐渐发展为多样化,结构越来越轻型,受力越来越合理,施工越来越方便,应用也越来越广泛。挂篮悬臂浇筑施工技术具有施工速度快、成本低、跨越能力强、操作方便等优点,已被广泛应用于连续梁、连续钢构、悬索桥、斜拉桥等桥梁建设中。挂篮也在连续桥梁施工中起到非常关键的作用。目前挂篮在连续梁悬臂浇筑施工越来越普遍,挂篮施工安全事故在施工过程中也越来越普遍,经调查分析挂篮施工中存在的安全事故主要包括：高空坠落事故、挂篮倾覆事故、跨既有线高空坠物事故、跨江、河等环保区的环保事故。目前挂篮结构的设计越来越机械化、智能化,但仍然存在很多安全隐患,针对挂篮施工过程中存在的较多安全隐患,如何避免或减少这些隐患的存在,目前国内外研究较少,如何提高挂篮的精细化施工,制定挂篮安全施工标准化施工工艺步骤,完善挂篮局部结构设计,减少挂篮施工安全隐患,是本文研究的方向。

关键词　挂篮结构　挂篮行走　行走同步性　监控方法　行走方法比选

一、引　言

挂篮悬臂浇筑施工又称迪维达克施工方法。自从 20 世纪 60 年代由联邦德国首先使用以来,发展至今,已成为修建大中跨径桥梁的一种极为有效地施工手段。日本预应力混凝土工业协会《关于预应力混凝土长大桥梁的调查研究报告》指出,1972 年后建造的跨径大于 100m 以上的桥梁近 200 座,其中悬臂法施工占 87% 以上,而采用悬臂浇筑法施工占 80% 左右。这充分表明了悬臂施工方法在当代以及今后桥梁施工当中将处于非常重要的地位。挂篮作为悬灌法施工的主要设备已发展为众多种类,如平行桁架式挂篮、三角形组合梁式挂篮、弓弦式挂篮、斜拉式挂篮及三角形桁架式挂篮等。

我国自从 20 世纪 80 年代开始使用这种技术以来,已经取得了巨大的成就。1980 年建成的重庆长江大桥为带挂梁的 T 形刚构桥,采用了三角形挂篮体系;1988 年建成的重庆石门长江大桥,作为预应力混凝土斜拉桥,采用了前支点（斜拉组合）挂篮;1991 年建成的云南怒江六库大桥为变截面连续梁桥,采用了三角形挂篮。20 世纪 90 年代,预应力混凝土斜拉桥大量流行,重庆李家沱长江大桥、广东三水大桥、重庆大佛寺大桥、广东肇庆金马大桥等,均采用了前支点挂篮施工。2000 年以来,重庆桥梁工程总公司在重庆云阳长江大桥上使用了斜拉桥三角悬臂挂篮,在渝黔路太平庄大桥（连续刚构）上使用了菱形挂篮,在云南昆明东连接线白沙河大桥（连续刚构）中使用了弓形挂篮,在重庆石板坡长江大桥复线桥（连续梁+连续刚构组合体系）上使用了三角形挂篮。挂篮作为悬臂浇筑施工的重要机具,由主梁结构、悬挂调整系统、行走系统和模板系统组成。随着桥梁设计样式的多样化,这种工艺必定会发挥更大的潜力。

目前,国内尚无关于挂篮施工安全设施、防护设施等安全作业相关统一完整的规范和标准,关于挂篮施工过程中挂篮行走系统和安全设施防护设施的研究,对挂篮施工的发展有着非常重要的作用。目前挂篮结构的设计越来越机械化、智能化,但仍然存在很多安全隐患,针对挂篮施工过程中存在的较多安全隐患,如何避免或减少这些隐患的存在,目前国内外研究较少,如何提高挂篮的精细化施工,制定挂篮安全施工标准化施工工艺步骤,完善挂篮局部结构设计,减少挂篮施工安全隐患,是本文研究的方向。

二、工程概况

本项目路线起于胡集镇周营村东侧,顺接既有482省道胡集至转斗段,之后向东南方向延伸,在关山变电站南侧布线,途经檀木昌村至转斗村,路线在转斗村南侧布线,后向东跨越汉江,新建汉江特大桥继续向东至三滩村北,终点接218省道。

本项目线路起讫里程K0+000~K6+694.691,施设长度为6.688km,其中上跨汉江特大桥一座,正线长度2319m(施设长度),路基长度为4379m(施设长度),其中跨汉江主桥采用57m+88m+160m+160m+92m五孔连续梁,如图1所示。

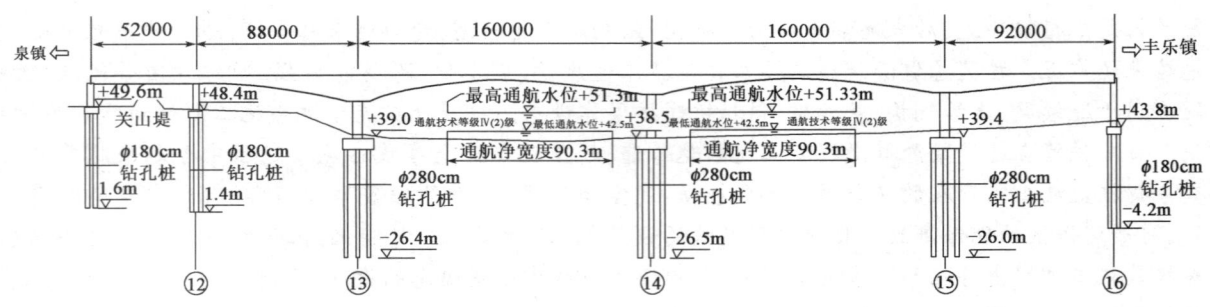

图1 跨汉江主桥结构图(尺寸单位:mm)

钟祥市丰乐汉江公路大桥工程上部主跨采用88m+160m+160m+92m跨预应力混凝土连续梁。箱梁断面为单箱单室直腹板断面。箱梁顶宽12m,底宽6.5m,翼缘板宽2.75m,根部梁高10m,悬浇段腹板厚50~80cm,底板厚度为30~95.9cm,顶板厚度为30cm。

箱梁0号段在托架上施工,梁段总长12m,中合龙段长为2m;挂篮悬臂浇筑箱梁1~4号梁段长3m,5~10号梁段长3.5m,11~20号梁段长4m,箱梁悬臂浇筑采用菱形挂篮进行施工。

三、挂篮行走方式设计

根据构造形式和受力体系的区别,挂篮形式可分为桁架式挂篮、斜拉式挂篮、牵索式挂篮及复合式挂篮。其中,桁架式挂篮按其受力主桁架的不同结构形式,常见的有平行桁架式挂篮、弓弦式挂篮、三角式挂篮、菱形挂篮等。

本项目挂篮选用菱形挂篮。菱形挂篮的主受力桁架为菱形结构,可认为是在平行桁架式挂篮的基础上简化而来。菱形主桁架结构较简单,受力明确,各构件均是拉压杆件,节点受力,不存在受弯现象,因此具有较大的承载能力,工作系数一般在0.3~0.6之间。菱形挂篮主桁结构为五根受力杆件组成的菱形桁架,前悬臂端与底篮通过分配梁垂直悬吊,底篮和侧模随挂篮主桁同时前移,内模在箱梁底板和腹板钢筋绑扎结束后滑移到位。在主梁截面高、节段荷重大时,比较适用。该挂篮是目前国内采用最多的结构形式。菱形挂篮主要结构可分为:主桁结构、悬吊系统、底篮系统、悬吊系统、后锚系统、行走系统、模板系统等。主桥采用的挂篮主体结构如图2、图3所示。

挂篮行走分为以下几个步骤:

(1)挂篮行走前,在已浇筑的1号块段箱梁腹板顶面位置测量放样出行走轨道中心线,调平轨道位置箱梁顶面,使各行走轨道中心线调平层面高差不得超过5mm;在既有轨道前端铺设轨道垫梁,然后用螺栓接长行走轨道,检查合格后将行走轨道锚固。图4为铺设行走轨道示意图。

(2)拆除内模和外模的对拉杆,收折或拆除内模侧板,使内模和外模脱离混凝土表面并悬挂于导梁上。

(3)将挂篮前上横梁上各吊带和底篮后横梁的吊杆慢慢松开,同一断面的吊带、吊杆必须同步放松,当底模面板脱离底板混凝土面20cm左右时停住。图5为底篮下降脱离底模示意图。

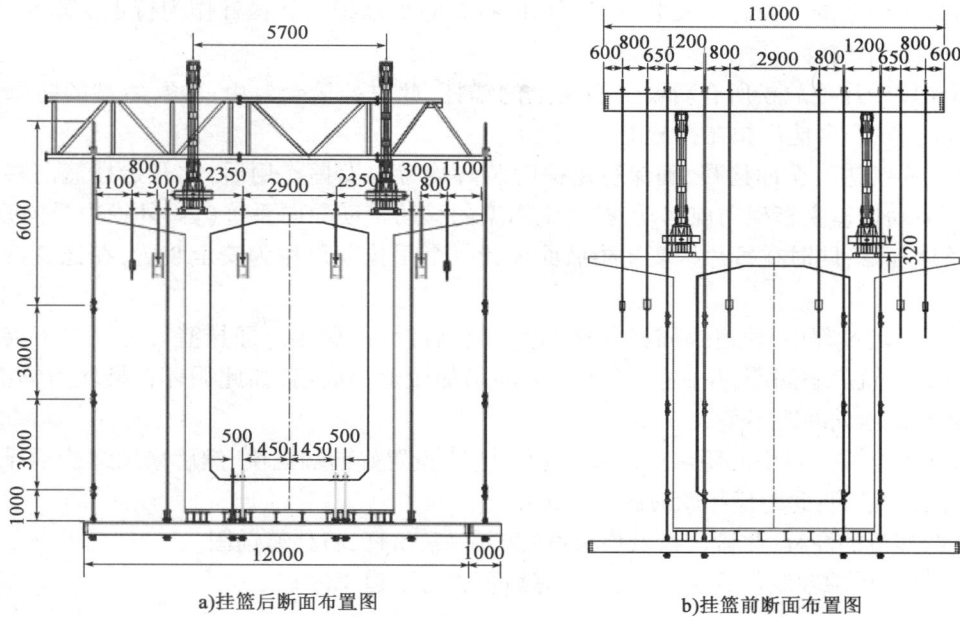

a) 挂篮后断面布置图 b) 挂篮前断面布置图

图 2　主桥连续梁挂篮正立面结构图(尺寸单位:mm)

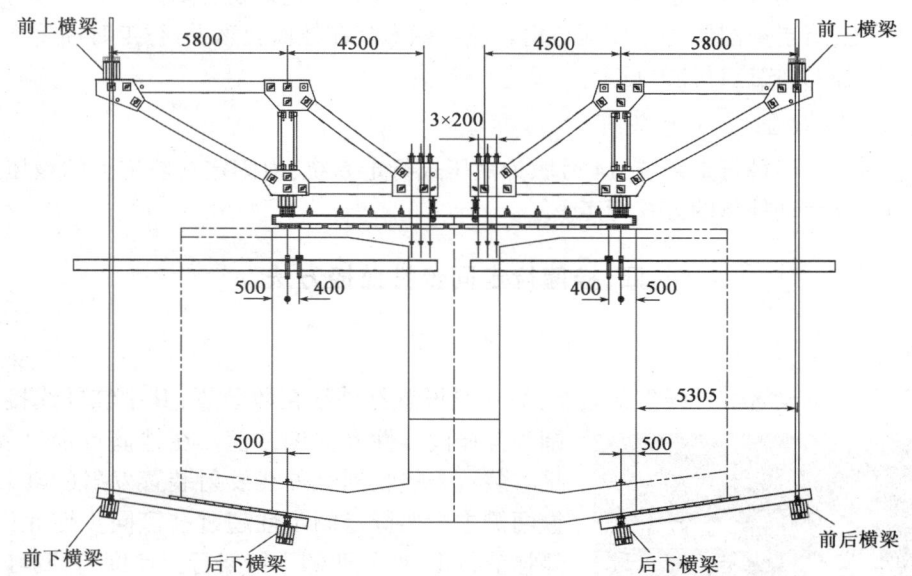

图 3　主桥连续梁挂篮侧立面结构图(尺寸单位:mm)

图 4　铺设行走轨道示意图　　　图 5　底篮下降脱离底模示意图

(4) 在每片主桁架的下弦杆上安装一个放松的行走防御扁担梁和锚杆作为行走保险装置,在行走一定距离后及时将保险前移。

(5) 采用螺旋千斤顶放松所有后锚扁担梁上的锚杆,此时挂篮会自由前倾,后端的防御系统不与轨道接触,使后反扣轮安全地反扣在挂篮走行轨道上。

(6) 对挂篮系统进行全面检查,确保行走保险装置均持力发挥作用后,才开始挂篮前移行走。使用挂篮行走系统驱动挂篮主桁架向前移动,挂篮主桁架的移动带动导向系统(内、外模由导向系统承托)和底篮系统等整体前移;同时在每片挂篮主桁后面设置一个手拉葫芦作为安全装置,在挂篮行走时逐渐松动手拉葫芦。

(7) 挂篮在行走过程中,轨道锚固必须遵循"先装、后拆"的原则。即挂篮行走一定距离后,拆除前、后支点前面有碍的轨道锚固筋,并在前、后支点后面增加轨道锚固筋,如此循环替换轨道锚固系统,行走过程中保证轨道锚固筋间距不得大于3m。

(8) 挂篮前移至前支点中心距离梁端0.5m后为止,设置好前端挡块,然后采用螺旋千斤顶重新调整挂篮后锚将后锚杆锚固,此时反扣轮应脱离轨道上缘。

(9) 调整好挂篮的高程,收紧底篮及模板系统的吊带、吊杆,将挂篮锚固。

(10) 调整外模板的轴线位置及高程,调整好后可进行下道工序施工。

1. 设计方案一:顶推式行走系统

本项目挂篮施工有两种行走系统,13号及15号为顶推式行走系统,采用千斤顶与精轧螺纹钢组合形式,属于外置系统,行走前需要将千斤顶与精轧螺纹钢安装在挂篮轨道上,行走时油千斤顶推动精轧螺纹钢,进而带动挂篮的方式进行挂篮行走。

2. 设计方案二:液压式行走系统

本项目挂篮施工有两种行走系统,14号墩为液压式行走系统,由固定在轨道上的液压泵推动固定在挂篮菱形架上的推杆带动挂篮的方式行走。

四、挂篮行走同步性监控方法

1. 监控方法简介

在挂篮下弦杆一侧设置红外线发射装置,另一侧设置红外线接收装置,其中红外线接收装置接收范围为挂篮同步性允许偏差值。在挂篮行走过程中,若红外线接收装置未接收到红外线发射装置发射的红外线,则说明挂篮两侧主桁架行走同步性超过挂篮同步性允许偏差值,需暂停挂篮行走,调整两侧主桁架行走速度,直到红外线接收装置接收到红外线发射装置发射的红外线,依此方法控制挂篮主桁架的同步性。另外,在挂篮上前横梁位置设置红外线发射装置,在内、外侧模相对应位置设置红外线接收装置,以同样方法控制挂篮主桁架与模板同步性控制。挂篮行走同步性监控如图6所示。

图6 挂篮行走同步性监控

2. 挂篮行走同步性数据统计分析

顶推式与液压式行走系统数据统计情况见表1、表2和图7、图8。

顶推式行走系统数据统计表　　　　表1

项目	1号块	2号块	3号块	4号块	5号块
时长	15h	16h	15h	14h	15h
偏差次数	8	7	9	6	6

续上表

项目	6号块	7号块	8号块	9号块	10号块
时长	14h	15h	16h	13h	14h
偏差次数	8	6	5	4	7
项目	11号块	12号块	13号块	14号块	15号块
时长	13h	13h	11h	11h	14h
偏差次数	4	6	5	5	6
项目	16号块	17号块	18号块	19号块	20号块
时长	11h	12h	11h	12h	11h
偏差次数	4	5	4	4	3

液压式行走系统数据统计表 表2

项目	1号块	2号块	3号块	4号块	5号块
时长	14h	13h	15h	12h	13h
偏差次数	4	6	5	4	4
项目	6号块	7号块	8号块	9号块	10号块
时长	13h	12h	12h	11h	10h
偏差次数	3	3	2	2	0
项目	11号块	12号块	13号块	14号块	15号块
时长	10h	11h	10h	11h	9h
偏差次数	2	1	3	3	2
项目	16号块	17号块	18号块	19号块	20号块
时长	10h	12h	10h	9h	9h
偏差次数	2	1	1	0	2

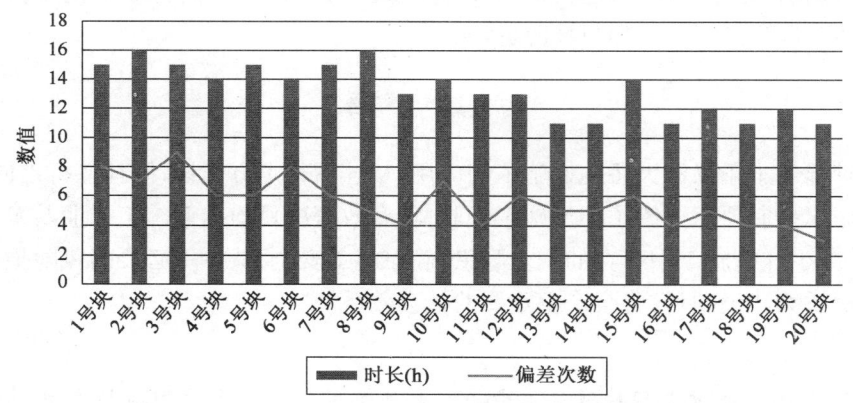

图7 顶推式行走系统数据统计图

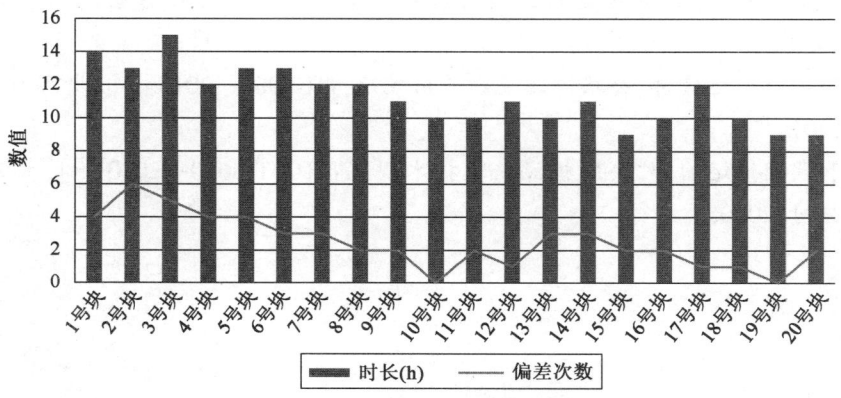

图8 液压式行走系统数据统计图

五、挂篮行走方法方案比选

1. 施工工效对比

顶推式挂篮行走包含千斤顶及精轧螺纹钢安装、挂篮轨道行走、拆除锚固螺栓、下方内模及底模、安装保险装置、挂篮行走、测量定位、挂篮固定。施工时间平均13.3h，至少需14人进行操作。

液压式挂篮行走包含挂篮轨道行走、拆除锚固螺栓、下方内模及底模、安装保险装置、挂篮行走、测量定位、挂篮固定。施工时间平均11.3h，至少需10人进行操作。

液压式行走系统与顶推式行走系统相比，顶推式系统属于外置系统，千斤顶与精轧螺纹钢需要行走前临时安装，且操作较之液压式系统更为复杂。每页主桁架移动，液压式系统只需一人即可完成操作，顶推式系统需要两人进行配合方可完成。

2. 同步性控制结果对比

经统计，顶推式挂篮行走系统平均偏差次数5.6次，液压式平均偏差次数2.5次。

3. 比选结果

通过对两种方案对比，可以看出：工效方面，液压式行走挂篮每次行走至少需要10人操作，11h，顶推式行走挂篮每次行走至少需要14人操作，13h，液压式挂篮相比较顶推式工效优势明显；经济性方面，进场1套顶推式行走挂篮，32665元/套/月，进场1套液压式行走挂篮，62500元/套/月，液压式行走挂篮成本较高；安全性上，顶推式前后无限位，在坡度较大情况下，存在主桁架位移风险，在挂篮行走同步性方面偏差平均次数5.6次，操作复杂且安全风险较大，液压式桁架及轨道由夹板连接，不存在位移风险，挂篮行走同步性方面偏差平均次数2.5次，操作简单且安全风险较低。

综上所述，顶推式行走系统租金便宜，但工效相较液压式行走系统而言效率稍差，操作相对复杂，安全方面存在一定风险。后续可根据项目情况选择。

六、结　语

本文依托于钟祥市丰乐汉江大桥挂篮施工的应用，从挂篮行走方式设计、挂篮行走同步性监控方法、行走方法比选和施工控制要点介绍了挂篮施工经验，将有效解决目前挂篮施工作业及安全设施防护设施方面存在的问题，减少挂篮施工中存在的安全隐患，确保施工安全，减少不必要的风险损失。如果本文成果能推广其他类似桥梁建设项目，将会产生重要的社会效益。

参考文献

[1] 陈保钢,宋宝军.小议桥梁工程挂篮施工中的主要施工工艺[J].科技创新与应用,2014(9):194.

[2] 卓海金,胡文学,段跃华.菱形挂篮与三角斜拉式挂篮施工应用对比分析[J].西部交通科技,2019(11):69-73.

[3] 中华人民共和国交通运输部.公路桥涵设计通用规范:JTG D60—2015[S].北京:人民交通出版社股份有限公司,2015.

[4] 中华人民共和国交通运输部.公路桥涵施工技术规范:JTG/T 3650—2020[S].北京:人民交通出版社股份有限公司,2020.

82. 桥下活动断裂带错动对悬索桥的静力影响分析

刘 瑞[1] 邹 宇[2] 庄卫林[1] 粟怀广[1] 季申增[2] 彭佳余[1] 姚宜成[1]

(1. 西南交通大学土木工程学院;2. 四川公路桥梁建设集团有限公司)

摘 要 本文以跨越活动断裂带的一座悬索桥为例,基于专项评价报告给出的断裂带百年位错量,从静力学角度出发,采用桥梁三维非线性有限元分析软件 BNLAS 分析断裂带地表永久位错对悬索桥结构的影响。根据断裂带错动特点,分别从地壳压缩、竖向位错、横向位错三个方向分析活动断裂带错动对悬索桥的受力影响,同时分析了紧邻活动断裂带重力式锚碇产生位移后对悬索桥结构的影响,并分析了断裂带错动后桥梁的通行能力,最后探讨了中央扣在断裂带错动后对桥梁的受力影响。

关键词 悬索桥 断裂带 地表位错 通行能力 中央扣

一、引 言

我国青藏高原东缘地处第一阶梯与第二阶梯的过渡地带,地形陡峭,深切峡谷众多,活动断裂带分布广,地震频发。受诸多因素限制,在该地区修建的高速公路有时不可避免地需要采用大跨径悬索桥跨越活动断裂带,而断裂带错动及错动后对悬索桥的影响将成为桥梁建设运营中的核心关注问题之一。有学者对跨断层悬索桥进行了研究,邹作家等[1]从跨断层角度、永久位移和脉冲周期研究桥梁的动力响应。程维等[2]利用神经网络提出了较高精度断层位错量预测模型,并从断层位置和跨越角度对悬索桥地震响应进行了研究。李林虎[3]对中央扣和黏滞阻尼器在跨断层悬索桥的减震效果进行了研究。目前关于跨断层悬索桥的研究主要是关于地震响应和减震设施,而断裂带产生的地表永久位错对悬索桥受力影响的相关研究较少。本文以高速公路上一座跨越活动断裂带的悬索桥为例,从静力学角度探究桥下活动断裂带错动对悬索桥的受力影响,用于辅助桥梁的震后评估。

二、工程概况

该大桥是 G4216 线宁南至攀枝花高速公路上一座跨越黑水河的悬索桥。主桥为跨径 550m 的双塔单跨吊钢桁梁悬索桥,主缆跨径布置为 138m + 550m + 131.5m,宁南岸锚碇为重力式锚碇,攀枝花岸锚碇为隧道式锚碇,桥梁总体布置图如图 1 所示。桥址区整体处于大型全新世活动断裂——则木河断裂带影响范围内,主桥跨越则木河断裂的分支断裂 F5,宁南岸锚碇紧邻另一分支断裂带 F4。根据对断裂带的专项评价结论,对桥梁造成直接影响的两条分支断裂 F4、F5,其百年最大位错量为:地壳缩短量为 0.6m ± 0.06m,垂直向 1.03m ± 0.01m,水平横桥向 1.99m ± 0.22m。

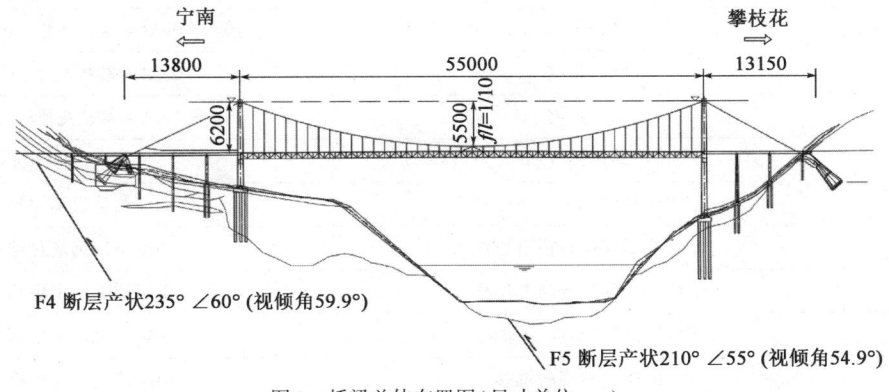

图 1 桥梁总体布置图(尺寸单位:cm)

大桥主缆采用公称抗拉强度为1860MPa的高强度镀锌钢丝,强度设计值为1005MPa。吊索采用抗拉强度为1670MPa平行钢丝吊索,强度设计值为759MPa,每侧吊点设2根吊索。加劲梁采用板桁结合式钢桁梁,标准节段长12m,桁高6.8m,宽30m,材料为Q345D钢,强度设计值为270MPa。加劲梁断面如图2所示。

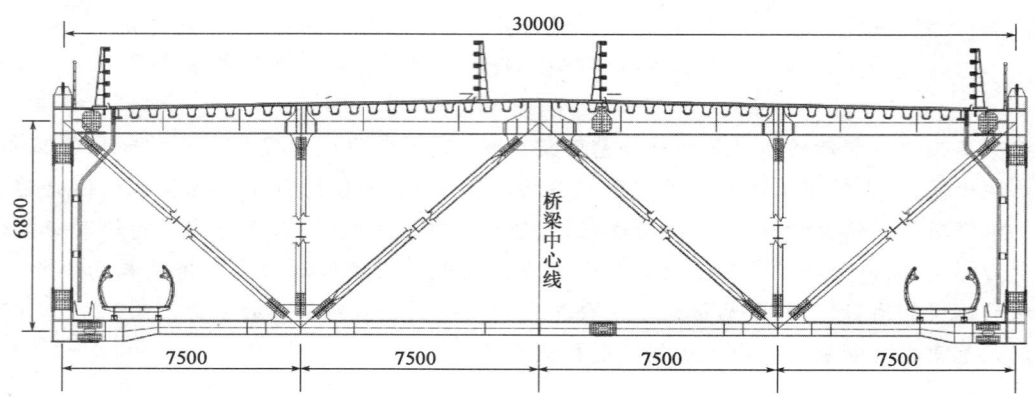

图2 加劲梁横断面(尺寸单位:mm)

三、有限元模拟

采用桥梁三维非线性有限元分析软件BNLAS建立如图3所示的空间计算模型,在模型中采用对塔底和边跨锚固点施加强迫位移的方式模拟断裂带错动产生的地表永久位错。具体采用在两岸索塔和锚碇各自施加相反的位错量来模拟断裂带错动引起的地壳压缩、竖向位错、横向位错,位错量采用专项评价报告提供的数值,其合计量值分别是0.66m、1.04m、2.22m。由于宁南岸重力式锚碇紧邻F4分支断裂,该断裂活动可能引起锚碇位移,从工程安全性角度出发,必须考虑该工况的影响。参照断裂带错动量,F4断裂带活动后引起的宁南岸重力式锚碇顺桥向位移取0.33m,竖桥向位移0.52m,横桥向位移1.11m。因此,计算工况共分为9种,具体见表1。

图3 空间计算模型

计算工况汇总　　　　　　　　　　　　　　表1

编号	工况类型	位移量(m)
1	地壳压缩	宁南岸0.33 + 攀枝花岸 -0.33(反向)
2	竖向位错	宁南岸0.52 + 攀枝花岸 -0.52(反向)
3	水平位错	宁南岸1.11 + 攀枝花岸 -1.11(反向)
4	三向位错叠加	1~3工况叠加
5	宁南岸锚碇靠近桥塔位移	宁南岸锚碇近塔位移0.33
6	宁南岸锚碇远离桥塔位移	宁南岸锚碇远塔位移0.33
7	宁南岸锚碇竖直向上位移	宁南岸锚碇向上位移0.52
8	宁南岸锚碇竖直向下位移	宁南岸锚碇向下位移0.52
9	宁南岸锚碇横向位移	宁南岸锚碇横向位移1.11

四、计算结果分析

1. 断裂带错动对悬索桥的影响

以恒载状态为基准,分别计算地壳压缩、竖向位错、横向位错以及三向同时发生时对桥梁结构的影响,计算结果如图4及表2所示。

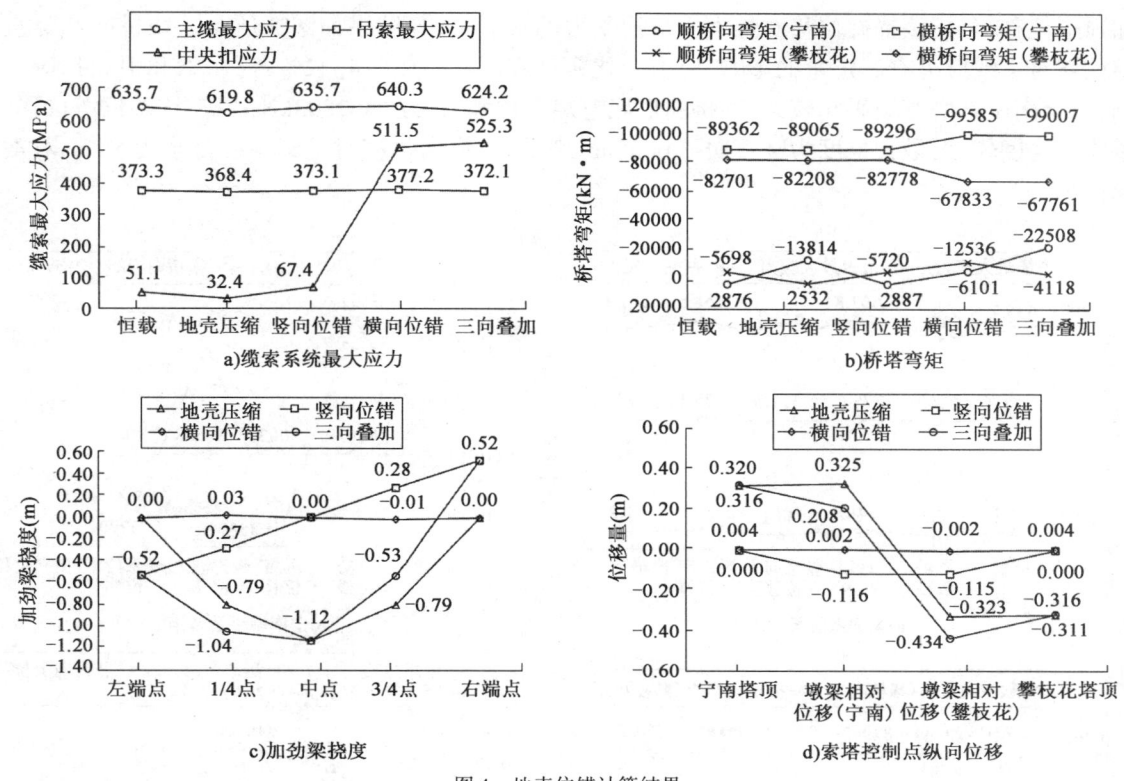

图4 地表位错计算结果

图4a)表明,缆索系统中,地壳压缩变形对主缆的影响最大,但总量不大,应力最大变幅约2.5%;吊索应力变化非常小;横向变形对中央扣应力影响最大,增大约900%;但各构件应力均未超出构件的承载能力设计值,即缆索系统在断层错动后仍具备一定的通行能力。

图4b)表明,地壳压缩对索塔的顺桥向弯矩影响较大,塔底顺桥向弯矩变化为16346 kN·m;竖向位错对桥塔受力基本无影响;横向位错对桥塔的横桥向塔底弯矩有一定的影响,最大增幅为11.4%,总量不大。

图4c)表明,对加劲梁挠度影响最大的是地壳压缩变形,压缩0.66m将使得加劲梁跨中下挠约1.12m;竖向位错与横向位错下加劲梁变形基本与断层错动位移量一致,各节点几乎无相对位移。

图4d)表明,地壳压缩变形工况下,塔顶位移接近塔底位移,主要是主缆应力变化幅度较小,引起索塔弯曲变形极小;塔梁相对位移在地壳压缩变形时最大,接近压缩变形量。

加劲梁杆件应力(单位:MPa)　　　　　　　　　　　表2

杆件类型	控制点				
	宁南岸端点	1/4处	跨中	3/4处	攀枝花岸端点
上弦杆(恒载状态)	12.8	42.4	39.8	42.4	13.1
下弦杆(恒载状态)	-7.0	10.9	-10.6	10.9	-6.8
斜腹杆(恒载状态)	-30.3	-24.8	-19.9	-24.8	-30.2
上弦杆(三向位错)	15.0	41.1	29.3	39.9	24.8
下弦杆(三向位错)	-8.2	-35.1	-61.4	-29.8	-8.1
斜腹杆(三向位错)	-39.1	-26.9	-21.6	-28.1	-44.6

表2表明,三向位错状态下,加劲梁上弦杆与斜腹杆应力变化较小,上弦应力变化10MPa,下弦应力变化50.8MPa,斜腹杆应力变化14.4MPa。

因此,在桥梁运营过程中应重点监测地壳压缩变形量与横向位错量。

2. 宁南岸重力式锚碇位移对悬索桥的影响

由于宁南岸锚碇紧邻F4断层破碎带上,可能出现一定量的位移,故以恒载状态为基准,对边跨锚固点施加强迫位移,分析该锚碇位移对悬索桥结构受力的影响,计算结果如图5所示。顺桥向和竖直方向的锚碇位移对主缆应力有一定量的影响,应力变化幅度在-4.41%~4.42%;对吊索和中央扣应力基本无影响;对宁南岸索塔弯矩影响较大,顺桥向塔底弯矩变化幅值可达362893kN·m。锚碇近塔位移时,加劲梁整体的挠度较大,最大挠度为竖直向下0.56m(跨中)。横向位移对缆索系统基本无影响,对索塔弯矩影响也小。

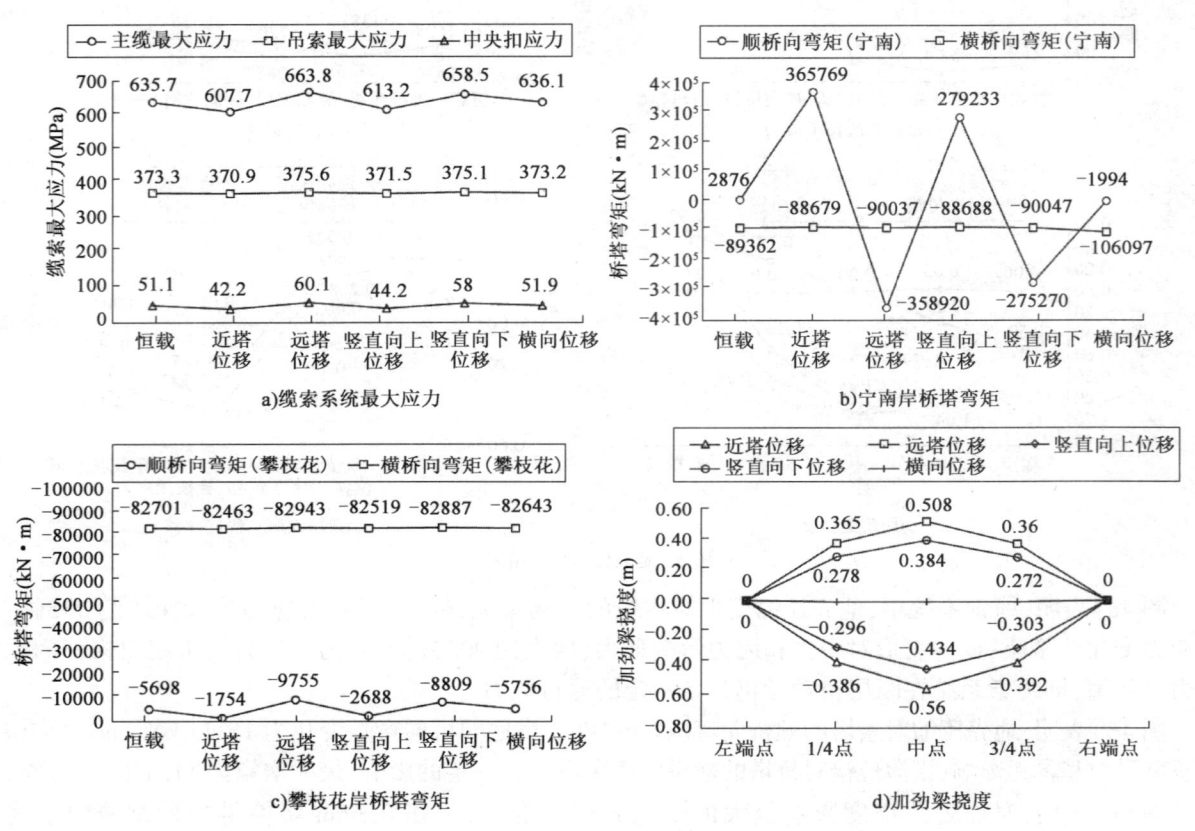

图5 锚碇相对位移计算结果

因此,在运营过程中,应主要监测顺桥向和竖直方向的锚碇位移,尤其是顺桥向方向的锚碇位移量。

3. 错动后桥梁通行能力计算

桥梁作为交通生命线工程中的控制性节点,在震后能否满足正常通行对抢险救灾至关重要。根据《公路桥涵设计通用规范》(JTG D60—2015)中的相关规定,进行断裂带错动后的桥梁通行能力计算,分别考虑了恒载、汽车、风、温度、汽车制动力、断裂带错动引起的强迫位移等荷载,按四车道进行承载能力极限状态计算,不同工况下强迫位移量值及荷载组合系数见表3。其中,工况1至工况6考虑F5断裂带产生三向位错后的各种荷载基本组合,工况7考虑F4断裂带引起宁南岸锚碇顺桥向水平位移后的各种荷载基本组合,工况8考虑F4断裂带引起宁南岸锚碇向上竖直位移后的各种荷载基本组合。

不同工况下强迫位移量值及荷载组合系数　　　表3

工况编号	强迫位移量值	组合内容
工况1	地壳压缩0.66m+竖向位错1.04m+横向位错2.22m	1.1(1.1恒+1.0强迫位移+1.4满布汽车荷载+1.1横向有车风+1.05温变+1.05汽车制动力)
工况2		1.1(1.1恒+1.0强迫位移+1.4满布汽车荷载+1.1顺桥有车风+1.05温+1.05汽车制动力)
工况3		1.1(1.1恒+1.0强迫位移+1.4横桥极限风+1.05温变)
工况4		1.1(1.1恒+1.0强迫位移+1.4顺桥极限风+1.05温变)
工况5		1.1(1.1恒+1.0强迫位移+1.4单向汽车荷载+1.1横向有车风+1.05温变+1.05汽车制动力)
工况6		1.1(1.1恒+1.0强迫位移+1.4单向汽车荷载+1.1顺桥有车风+1.05温变+1.05汽车制动力)
工况7	宁南岸锚碇近塔方向水平位移0.33m	1.1(1.1恒载+1.0强迫位移+1.4满布汽车荷载+1.1顺桥有车风+1.05温变+1.05汽车制动力)
工况8	宁南岸锚碇竖直向上位移0.52m	1.1(1.1恒载+1.0强迫位移+1.4满布汽车荷载+1.1顺桥有车风+1.05温变+1.05汽车制动力)

在各工况下缆索系统最大应力和塔底最大弯矩如图6所示。图6a)表明,主缆及吊索在各组合下应力均小于强度设计值,中央扣在工况4作用下最大应力为1591.6MPa,远超出其强度设计值,接近极限强度。

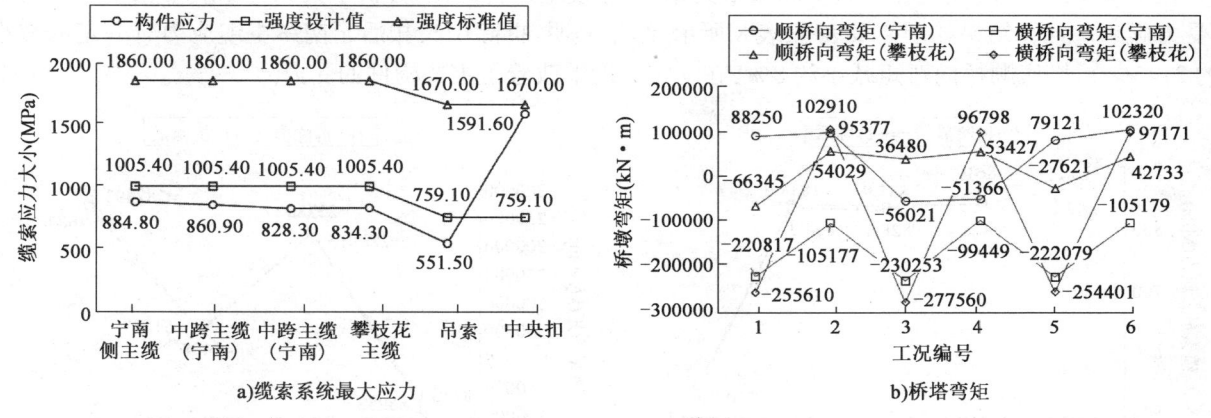

图6　各工况下缆索系统最大应力和塔底最大弯矩结果统计图

索塔最不利控制工况为最大弯矩截面控制。横桥向由工况3控制,故对工况3作用下的塔底截面进行承载能力极限状态验算,验算结果见表4。结果表明,塔身的承载能力满足要求。

地表位错工况塔底截面验算　　　表4

桥塔位置	数值类型	轴力(kN)	横桥向弯矩(kN·m)
宁南岸	荷载值	229559	230253
	抗力	481550	719007
攀枝花岸	荷载值	265687	277560
	抗力	534542	865743

索塔顺桥向由工况7或工况8受力控制,分别对塔底截面进行承载能力极限状态验算,计算结果见表5。工况7作用下,宁南岸塔底承载力略显不足;工况8作用下,宁南岸塔底承载力满足要求。

锚碇位移工况塔底截面验算　　　　　表5

组合编号	数值类型	轴力(kN)	顺桥向弯矩(kN·m)
组合7	荷载值	270224	587955
	抗力	481550	555844
组合8	荷载值	280718	483017
	抗力	481550	549773

加劲梁杆件应力由工况1控制,在工况1的荷载作用下,计算结果见表6,加劲梁最大压应力为90.5MPa,最大拉应力为212.8MPa,均满足规范要求。

工况1组合下加劲梁杆件应力(单位:MPa)　　　　　表6

杆件类型	控制点				
	宁南岸端点	1/4处	跨中	3/4处	攀枝花岸端点
上弦杆(工况1)	88.7	97.4	105.9	95.9	76.3
下弦杆(工况1)	-19.2	-210.7	-193.7	-212.8	-18.4
斜腹杆(工况1)	-205.0	-111.6	111.15	-109.6	-207.8

综上所述,若所跨F5断裂带震后发生的位错量不超过专项评价报告提供的理论位错量,从静力学角度分析来看,结构受力仍能满足四车道的通行需求。F4断裂带引起锚碇近塔侧水平位移0.33m后,若仍按四车道通行,宁南岸塔底承载力略显不足;若锚碇竖直向上位移不超过0.52m,桥梁仍能满足四车道通行。综上,断裂带发生不超过专项评价报告提供的理论位错量时,桥梁承载能力基本能满足通行的需求。

4. 有无中央扣对比计算结果

在上节工况1下,通过在模型中删减中央扣,与原模型进行对比,分析中央扣在断裂带错动后对桥梁的受力影响。计算结果如图7及表7、表8所示,结果表明:拆除中央扣后宁南岸主缆应力有一定的减小(约2.43%),塔底顺桥向弯矩减小约8%,在一定程度上改善了主要构件的受力。

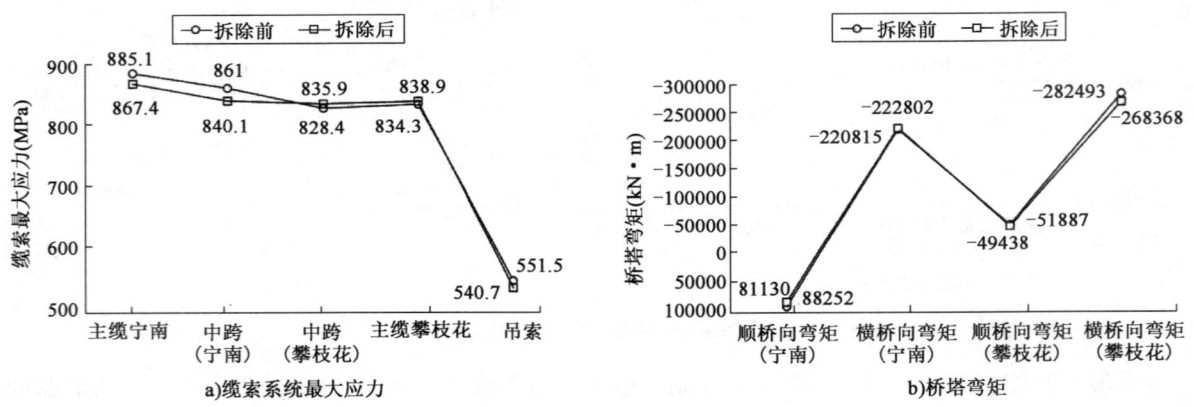

图7　中央扣拆除前后对比计算结果

中央扣拆除前后内力对比　　　　　表7

构件内力类型	内力值		差值百分比
	拆除前	拆除后	
宁南岸主缆拉力	145594	142682	-1.99%
中跨主缆(宁南)拉力	141638	138196	-2.43%
中跨主缆(攀枝花)拉力	136283	137510	0.90%
攀枝花岸主缆拉力	146260	147065	0.55%
宁南岸桥塔弯矩(顺桥)	88252	81130	-8.07%

续上表

构件内力类型	内力值		差值百分比
	拆除前	拆除后	
宁南岸桥塔弯矩(横桥)	-220815	-222802	0.90%
攀枝花岸桥塔弯矩(顺桥)	-51887	-49438	-4.72%
宁南岸桥塔弯矩(横桥)	-282493	-268368	-4.99%

注:拉力单位为kN,弯矩单位为kN·m。

中央扣拆除后杆件应力(单位:MPa)　　表8

杆件类型	控制点				
	宁南岸端点	1/4处	跨中	3/4处	攀枝花岸端点
上弦杆(拆除后)	87.56	97.29	115.75	96.20	82.70
下弦杆(拆除后)	-17.53	-214.37	-170.42	-219.31	-18.12
斜腹杆(拆除后)	-192.38	-110.90	72.30	-111.29	-208.12

将表8与表6进行对比,结果表明:拆除中央扣后,除跨中点外,各控制点杆件应力均无较大变化。跨中点下弦杆应力减小约23MPa,斜腹杆应力减小约39MPa,一定程度上改善了跨中杆件受力。

故震后拆除中央扣对改善桥梁主要构件的受力是有效且可行的,但拆除中央扣后,加劲梁在风荷载及汽车制动力作用下会出现较大纵向位移,因此,应在拆除后再次安装,可以减小运营状态及后期余震下的加劲梁位移。

五、结　语

本文采用桥梁三维非线性有限元软件,从静力学角度就桥下断裂带错动对悬索桥的受力变化进行分析,分别分析了地表压缩、横向位错、竖向位错、宁南岸重力式锚碇位移对悬索桥的受力影响,并分析了断裂带错动后桥梁的通行能力,最后比较了有无中央扣对断层错动后桥梁的受力影响。主要结论如下:

(1)悬索桥对地表永久位错的适应能力较强,所跨活动断裂带的错动对各构件的受力有一定的影响,除中央扣以外,其余各构件内力变化幅值均较小。断裂带的三向永久位错中,起主要控制作用的是地表压缩变形。因此,跨断层大跨桥梁选型时,悬索桥可作为优先选择方案,在运营过程中应重点监测悬索桥顺桥向方向的地表压缩变形。

(2)宁南岸重力式锚碇的顺桥向位移与竖向位移均会对桥梁构件尤其是索塔产生较大的不利影响,因此,锚碇位移对悬索桥索塔的受力影响大,在后期运营过程中应加强监测。

(3)断裂带错动,特别是横向错动对中央扣的受力影响大,易使中央扣破坏,设计中,应将中央扣作为可牺牲构件。当断裂带错动后,为了改善桥梁构件受力,消除中央扣产生的构件次内力,同时考虑后期运营和余震情况下加劲梁的位移,可将中央扣拆除后再安装。

(4)在所跨断裂带错动量不超过专项评价报告提供的位移量的情况下,若桥梁在地震过程中未发生明显破坏,主体结构完整,则桥梁仍能基本满足四车道通行的承载能力。

参考文献

[1] 邹作家,郑史雄,丁自豪,等.跨走滑断层大跨度桁架悬索桥地震响应分析[J/OL].铁道标准设计:1-9[2023-08-22].

[2] 程维,唐清华,贾宏宇,等.断层永久位移预测及断层悬索桥地震响应研究[J/OL].铁道科学与工程学报:1-11[2023-08-22].

[3] 李林虎.跨断层大跨悬索桥地震响应特性及减震研究[D].成都:西南交通大学,2021.

83. 铁路 H 形桥斜拉桥塔钢锚梁结构数值分析

魏孟春 刘国慧 熊 刚 付治强

(天津公路工程设计研究院有限公司)

摘 要 铁路斜拉桥桥塔同时受环向预应力、索力、温度应力,结构受力复杂,索塔锚固区是将拉索传递到桥塔的结构,是桥塔设计的重要部位,钢锚梁及刚牛腿在锚固区的应力水平较高,钢锚梁的安全性将影响斜拉索及整个桥梁结构的安全。本文对某布置环向预应力的铁路斜拉桥 H 形混凝土桥塔钢锚梁进行模拟分析,采用三维有限元模型对钢锚梁及相应部位桥塔进行建模,分析钢锚梁在斜拉索最大索力状态下的应力分布,研究钢锚梁的受力特性。

关键词 铁路斜拉桥 钢锚梁 钢牛腿 有限元分析 应力分布

一、引 言

混凝土桥塔为大跨径铁路斜拉桥中采用较多的形式,混凝土桥塔的索塔锚固区起到将斜拉索荷载传递到桥塔作用,为解决索塔锚固区的应力集中现象,近几十年多采用钢锚梁、钢锚箱形式来连接斜拉索与桥塔,钢锚梁锚固形式受力比较清晰,施工相对方便,钢锚梁与桥塔的锚固、钢锚梁与牛腿的连接为整个桥塔关键部位,对整个桥梁安全性影响较大,因此需要对该构造进行详细准确的分析。

目前,国内外对桥塔索塔锚固区开展了大量的研究分析,其中张树清、陈世教等人对钢锚梁基本受力状态进行了有限元分析,胡贵琼、祝兵、刘勇等人对较为复杂斜拉桥索塔钢锚梁及牛腿局部受力进行了分析。

铁路斜拉桥的索塔锚固区由于其结构复杂,并且同时受环向预应力、索力、温度应力、列车荷载作用,且其自重及活载均较大,对混凝土桥塔的索塔锚固区受力提出了更高的要求。本文通过对某大跨径铁路斜拉桥混凝土钢锚梁及钢牛腿采用有限元模型进行模拟分析,对钢锚梁及钢牛腿进行受力进行分析,分析薄弱部位,提出优化方案。

二、工 程 概 况

某新建跨河铁路桥采用斜拉桥形式,跨径布置为 50m + 70m + 260m + 70m + 50m,整体结构模型如图 1 所示。斜拉桥桥塔总高 97.5m,其中上塔柱高 42m,中塔柱高 45m,下塔柱高 8.5m,塔座高 2m。塔座下为 4m 高承台。

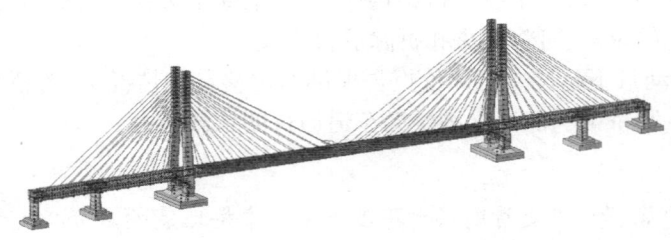

图 1 整体模型

塔座及塔身均采用 C55 混凝土,上塔柱索塔锚固区环向预应力钢束采用 U 形布置。上、下横梁及索塔锚固区预应力钢束均采用 7ϕ5mm,公称直径 15.2mm,抗拉标准强度为 1860MPa 的高强度、低松弛预应力钢绞线,钢锚梁及钢牛腿采用 Q370qD 钢材。钢锚梁 + 钢牛腿 + 桥塔节段三维图如图 2 所示。

钢锚梁作为斜拉索锚固结构,设置于桥塔内钢牛腿上,承受斜拉索的恒载平衡水平力,中跨侧与塔壁共同承受活载及附加力索力。钢锚梁与钢牛腿之间设置聚四氟乙烯滑板,张拉斜拉索时,钢锚梁的一端与牛腿采用螺栓固结,另一端滑动,斜拉索安装张拉结束后,滑动端同样采用螺栓固结。钢锚梁各钢板之间均采用熔透对接焊缝或角焊缝。钢锚梁三维图如图3所示。

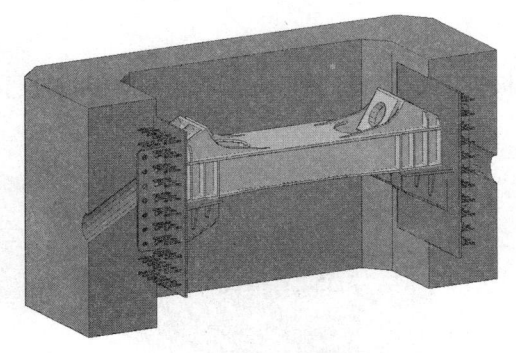
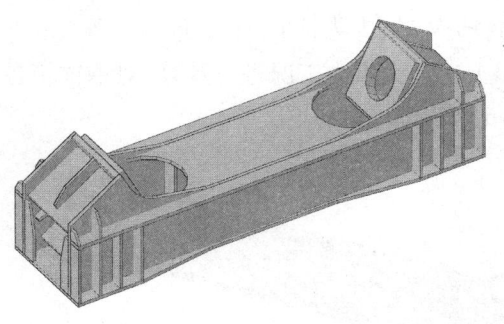

图2 钢锚梁+钢牛腿+桥塔节段三维图　　　　图3 钢锚梁三维图

三、有限元分析

本文采用通用有限元软件对钢锚梁和钢牛腿进行分析计算,模型中钢锚梁、钢牛腿、剪力钉以及桥塔节段均采用实体单元模拟,其余板件均采用板壳单元模拟,剪力键的钢筋采用钢筋单元模拟(图4)。

钢锚梁一端与钢牛腿接触范围内的钢锚梁底板节点约束 X(顺桥向)、Y、Z(竖向)方向平动自由度,另一端约束 Z 向自由度。斜拉索索力以面荷载形式加载于锚垫板顶面。预埋钢板与桥塔塔壁的接触,钢牛腿顶面以上的预埋钢板节点与塔壁节点不耦合,钢牛腿顶面以下的预埋钢板节点与塔壁节点耦合顺桥向自由度。模型中钢锚梁、钢牛腿、剪力钉以及桥塔节段均采用实体单元模拟,PBL剪力键的钢筋采用线单元模拟。

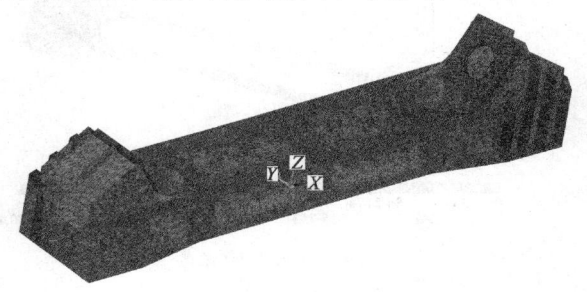

图4 钢锚梁模型

边界模拟:①PBL钢筋与桥塔混凝土黏结采用线单元节点与桥塔节点 X、Y、Z 自由度耦合方式模拟。②为偏于安全,不考虑PBL开孔板与桥塔混凝土的黏结力,PBL开孔板孔洞节点与临近桥塔节点耦合 X、Y、Z 平动自由度。③桥塔节段底面节点固结,节段顶面自由。④考虑到接触分析非线性计算所需时间较长,计算工作量较大,因此,对钢锚梁与钢牛腿的接触、钢牛腿桥塔预埋钢板与塔壁混凝土接触进行简化,简化原则如下:钢锚梁与钢牛腿的接触,钢锚梁底板一端接触范围内的节点与牛腿顶板节点 XYZ 平动自由度耦合,另一端耦合竖向自由度。预埋钢板与桥塔塔壁的接触,钢牛腿顶面以上的预埋钢板节点与塔壁节点不耦合,钢牛腿顶面以下的预埋钢板节点与塔壁节点耦合顺桥向自由度(图5、图6)。

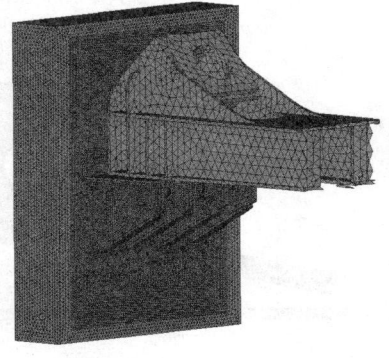

图5 钢锚梁与钢牛腿与混凝土模型　　　　图6 钢牛腿模型

1. 荷载工况

斜拉桥拉索荷载及主梁作用于桥塔荷载由整体模型计算所得,按照作用位置及大小施加于斜拉索索力以面荷载形式加载于锚垫板顶面。钢锚梁两端锚固斜拉索,钢锚梁承受其最大索力工况,主附下最大索力工况索拉力为5565kN。

2. 钢锚梁数值模拟计算分析

按照上述最大索力工况进行计算,对钢锚箱各个板件及钢牛腿的应力分布情况及云图进行整理,如图7~图18所示。

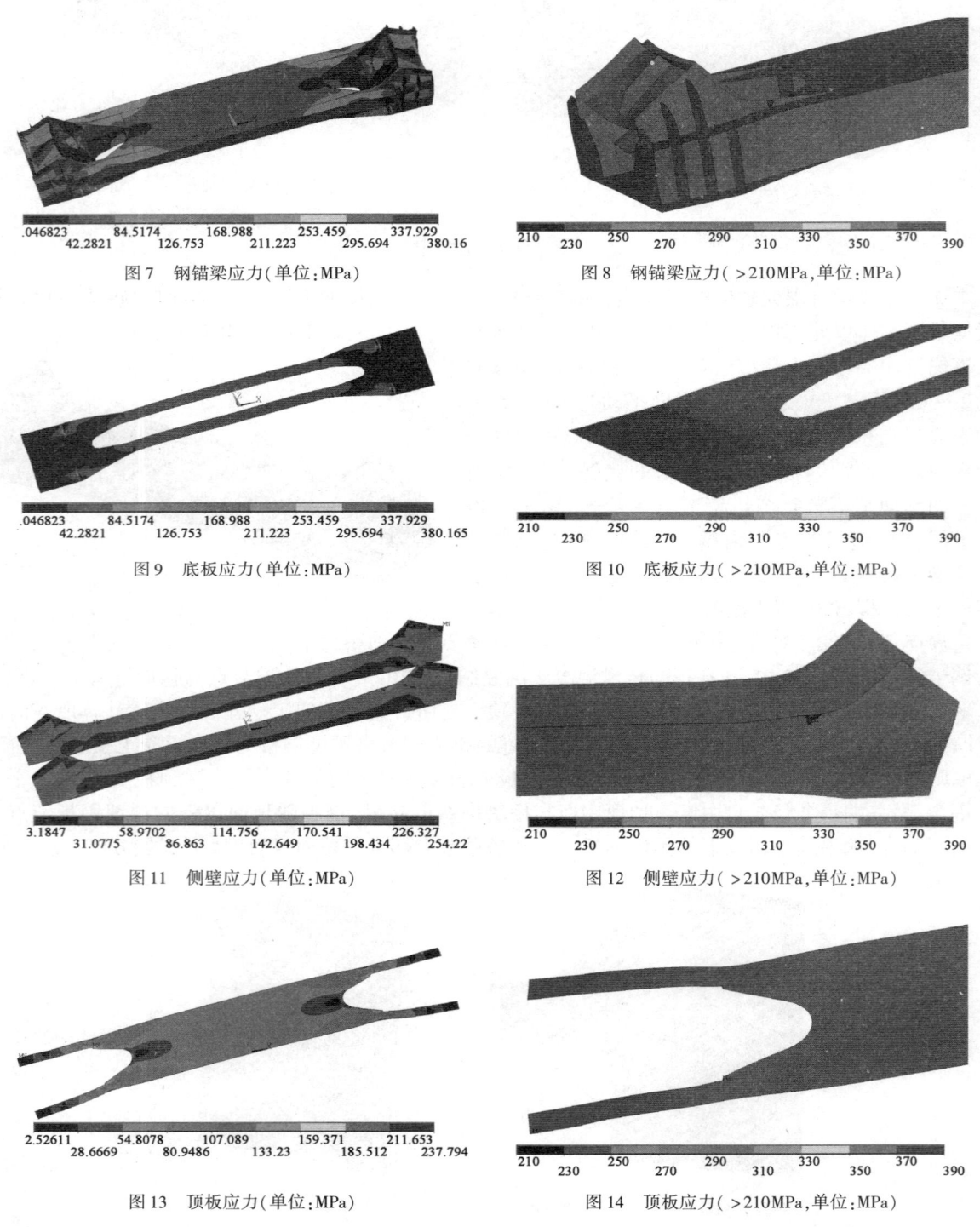

图7 钢锚梁应力(单位:MPa)　　图8 钢锚梁应力(>210MPa,单位:MPa)

图9 底板应力(单位:MPa)　　图10 底板应力(>210MPa,单位:MPa)

图11 侧壁应力(单位:MPa)　　图12 侧壁应力(>210MPa,单位:MPa)

图13 顶板应力(单位:MPa)　　图14 顶板应力(>210MPa,单位:MPa)

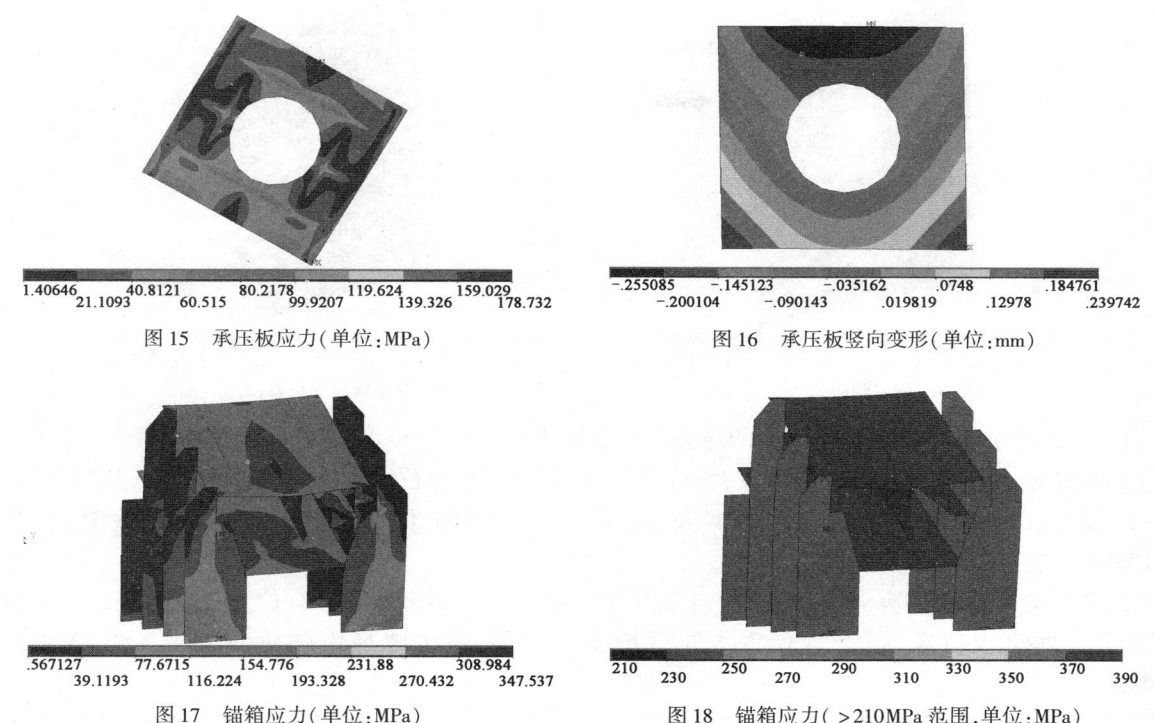

图15 承压板应力(单位:MPa)　　图16 承压板竖向变形(单位:mm)

图17 锚箱应力(单位:MPa)　　图18 锚箱应力(>210MPa范围,单位:MPa)

由计算结果分析可以得到钢锚梁的应力分布状况为：

(1)钢锚梁底板最大应力为380MPa,最大应力位置位于底板约束端部位置,范围较小,且应力值突变,为应力集中现象,可认为结构安全。

(2)顶板最大应力为238MPa,位于顶板圆弧端部与侧壁连接位置,同时,该应力较大的范围较小,该范围板件屈服后发生应力重分布,可认为结构安全。

(3)侧壁最大应力为254MPa,位于圆弧过渡段位置,同时,该应力较大的范围较小,该范围板件屈服后发生应力重分布,可认为结构安全。

(4)承压板最大应力为179MPa,最大应力位置位于承压板边缘位置,小于210MPa,结构安全。

(5)承压板和锚箱板件最大应力为380MPa,最大应力位置位于底板约束端部位置,范围较小,且应力值突变,为应力集中现象,可认为结构安全。承压板竖向变形最大为0.24mm,相比斜拉索长度,承压板变形对斜拉索倾角和锚固构造的影响忽略不计。

3. 钢牛腿数值模拟计算分析

按照最大索力工况进行计算,对钢牛腿的应力分布情况及云图进行整理,如图19~图22所示。

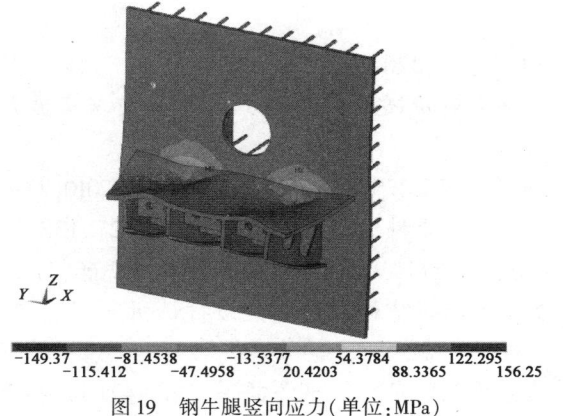 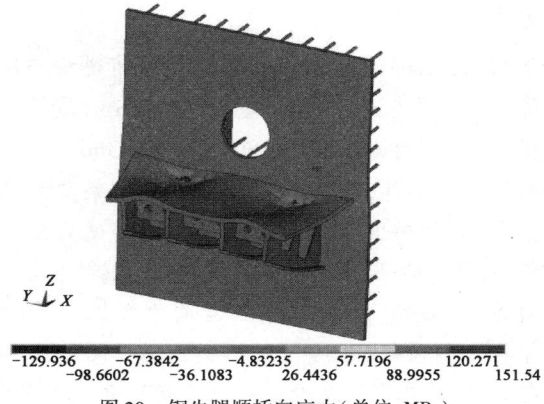

图19 钢牛腿竖向应力(单位:MPa)　　图20 钢牛腿顺桥向应力(单位:MPa)

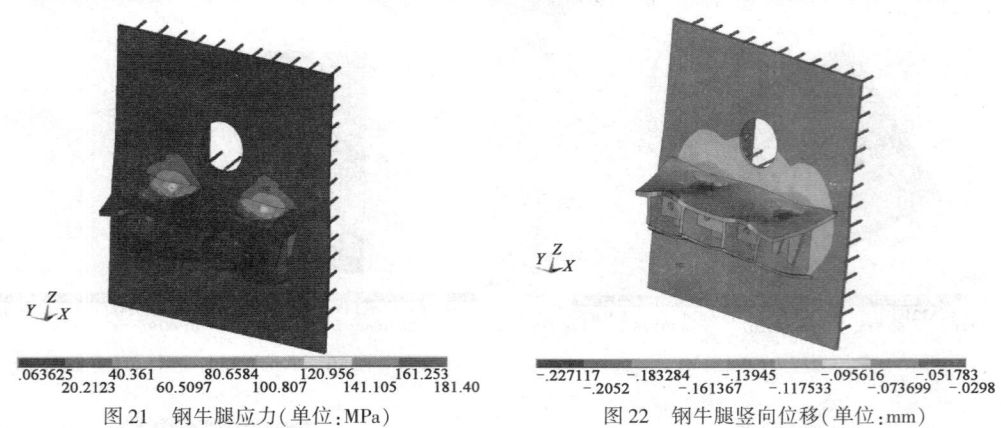

图21　钢牛腿应力(单位:MPa)　　　　图22　钢牛腿竖向位移(单位:mm)

由计算结果分析可以得到钢牛腿的应力分布状况为:

(1)钢牛腿预埋钢板竖向拉应力较大位置位于钢牛腿顶板与桥塔预埋钢板结合位置,压应力较大位置位于牛腿底部预埋钢板位置。钢牛腿最大竖向应力为156MPa,位于桥塔预埋钢板与塔壁耦合位置,小于210MPa,结构安全。

(2)钢牛腿顺桥向拉应力较大位置位于钢牛腿顶板与桥塔预埋钢板结合位置,压应力较大位置位于牛腿底部预埋钢板位置,符合悬臂钢牛腿弯剪受力特征,钢牛腿最大顺桥向应力为151MPa,小于210MPa,结构安全。

(3)钢牛腿总应力较大位置位于钢牛腿靠近桥塔位置,最大值为181MPa,位于钢牛腿范围内的剪力钉根部位置与桥塔预埋钢板开孔位置,小于210MPa,结构安全。

(4)钢牛腿承竖向变形最大为0.23mm,相比斜拉索长度,钢牛腿变形对斜拉索倾角和锚固构造的影响忽略不计。

四、结　语

本文对布置环向预应力的铁路斜拉桥H形混凝土桥塔钢锚梁进行模拟分析,采用三维实体元模型及壳单元模型进行建模,分析钢锚梁及钢牛腿在最大索力工况下结构各个细部的应力分布,对钢锚梁及钢牛腿应力分布进行分析,主要得到以下几点结论:

(1)钢锚梁最大应力分布于约束端部位置、圆弧端部、侧壁连接位置,多是由于约束及形状突变导致,因此在实施过程中应保证板件的焊缝质量及保证过渡区域平滑圆顺。

(2)钢锚梁及钢牛腿的整体刚度能较大,在最大索力下承压板及牛腿竖向变形相对较小,对斜拉索倾角和锚固构造的影响忽略不计。

(3)钢牛腿应力较大位置位于钢牛腿靠近桥塔位置,位于剪力钉根部位置与桥塔预埋钢板开孔位置,实施过程中应保证钢牛腿与桥塔的结合部位质量。

参考文献

[1]　张树清.钢锚梁有限元分析[J].城市道桥与防洪,2017(7):220-221,229,24.

[2]　陈世教,薛志武,杜波.基于ANSYS的厦漳跨海大桥主塔钢锚梁有限元分析[J].重庆交通大学学报(自然科学版),2011,30(3):357-360.

[3]　胡贵琼,郑舟军.荆岳长江公路大桥钢锚梁索塔锚固区单节段模型有限元分析[J].世界桥梁,2010(2):40-44.

[4]　张东.斜拉桥索塔钢锚梁及牛腿局部受力分析[J].湖南交通科技,2022,48(3):125-127,138.

[5]　祝兵,张子怡,张振,等.大跨度斜拉桥钢锚梁空间复杂力学性能研究[J].铁道标准设计,2022,66(3):95-99.

[6]　刘勇,程丽娟,卢立志,等.空间索面钢桁梁斜拉桥索桁锚固结构设计与受力特性研究[J].铁道科学与工程学报,2019,16(11):2759-2765.

[7]　赵文艺,周尚猛.大跨度斜拉桥新型索塔锚固构造力学性能研究[J].世界桥梁,2019,47(4):48-52.

84. 大跨径钢箱梁桥静风稳定性及改进措施研究

涂健[1] 段志[2] 雷俊卿[1]

（1. 北京交通大学；2. 中国公路工程咨询集团有限公司）

摘 要 为研究扁平钢箱梁斜拉桥的静风稳定性及既有大跨径索桥的静风稳定性其改进措施，本文采用数值计算方法对某扁平钢箱梁的三分力系数及静风稳定性进行研究；并与其他两种主梁类型（钢混组合梁、开口钢箱梁）的静风稳定性进行对比。研究结果表明：在前期低风速下，扁平钢箱梁的竖向位移、横向位移与扭转位移增长率较小，随着风速的提高，位移的非线性增长趋势明显；将正交异性钢桥面板改为钢混组合桥面板可以提高主梁整体刚度，进而提高静风稳定性；对于Ⅱ形截面主梁，可将底部封闭并在两侧安装风嘴降低钝性，以提高静风稳定性。

关键词 公路桥梁 静风稳定 静力三分力系数 数值计算 钢箱梁

一、引 言

风与结构之间的作用关系十分复杂，与结构的几何形状、自然风特性等多方面因素相关。当风绕过结构物时受到结构阻碍，会使得自身的动能转化为外力功作用在桥梁结构物上，使得结构物产生风致振动。然而这种风致振动的响应也与结构的自身刚度有关。当桥梁结构自身的刚度较大时，桥梁本身基本静止不动，此时的风就相当于静力作用在结构上，称之为静风荷载。为了研究方便，我们将静风荷载分为平均风荷载和均值为零的脉动风荷载。

静风作用指的是静风荷载对结构的作用，其会对桥梁结构造成过大的位移响应甚至是强度破坏；在20世纪末，日本明石海峡大桥的抗风试验中发现该桥主梁在静风荷载作用下产生了较高的横向位移。静风失稳指的是结桥梁结构在一定风速的静风荷载作用下，主梁发生竖弯、横弯以及扭转变形，桥梁结构变形后自身的刚度也将发生变化，结构姿态的改变也使得作用在结构上的静风荷载产生变化，并反过来增大了结构的变形，最终使得结构发生失稳。

在以往一段时间内，工程师们普遍认为大跨径斜拉桥的静风失稳临界风速会高于颤振临界风速。因此，自有桥梁风工程研究以来，各国学者以及工程师们的研究主要放在结构的动力失稳问题上。但是直到20世纪60年代，日本东京大学的学者在全桥模型风洞试验中，首次观察到了悬索桥的静力扭转发散失稳现象先于动力失稳。20世纪90年代，研究人员在风洞试验中也观察到了弯扭耦合失稳现象。因此，人们逐渐认识到，对于大跨径桥梁来说，静风失稳临界风速有可能会低于颤振临界风速。

目前，学者们多研究屈曲后状态山区峡谷等复杂环境下、非均匀风场下以及异性桥等的静风稳定性，而对于既有桥梁的静风稳定性改进措施研究不足。本文将弥补现有研究不足，重点研究静风稳定性的影响因素以及提升既有大跨径索桥静风稳定性的合理改进措施。

二、静风稳定性分析理论

1. 静力三分力系数

静力三分力系数是一组描述静风荷载的无量纲参数，根据静力三分力系数可以求出结构上的静风荷载，进而求解出结构在静风荷载作用下的位移响应与构件的应力。静力三分力系数也是进行静风稳定性分析的基本参数。因此，准确求解出构件的静力三分力系数尤为重要。

根据片条假定,我们认为桥梁上任意一处断面的静风荷载可以代表其他断面的静风荷载,因此,我们可以利用二维平面流场理论来研究静风荷载问题。根据风洞试验或者CFD数值模拟得到结构上的静力三分力,进而可求出静力三分力系数。

近年来在一些桥位处现场实测的数据发现,桥梁所受到的风攻角最大可达到10°左右,另外在我国的《公路桥梁抗风规范》中也建议主梁静气动力试验风攻角变化范围宜为-10°~10°,攻角变化步长应取1°。因此,计算成桥状态时,依托工程桥主梁断面在-10°~10°风攻角范围内的三分力系数,并采用多项式函数拟合。

2. 静风失稳临界风速

在给定风速的静风荷载作用下主梁将产生侧向弯曲变形与扭转变形来抵抗荷载,这种姿态的改变,一方面改变了结构的刚度,另一方面也改变了作用在主梁上的静风荷载的大小并反作用在结构上改变结构的变形,最终使得结构发生失稳,这种现象被称为静风失稳。

传统的二维线性分析理论对大跨径斜拉桥静风稳定性分析计算实质上是将实际的弯扭耦合作用失稳简化为单一的扭转失稳,虽然比较简单方便,但是未能考虑几何非线性、材料非线性与荷载非线性因素及其相互作用的影响,难以获得较准确的失稳临界风速,只能通过设置较大的安全系数弥补这一缺陷。

目前较为广泛使用的非线性静风稳定分析方法是由同济大学程进等人提出的荷载增量与内外双重迭代相结合的方法。荷载增量指的是将风速按照一定步长逐级增加,内层迭代指的是在给定级别的风速荷载下考虑结构的非线性因素进行静力计算,外层迭代即迭代寻找在该层级风速下的结构平衡状态。具体分析流程图如图1所示。

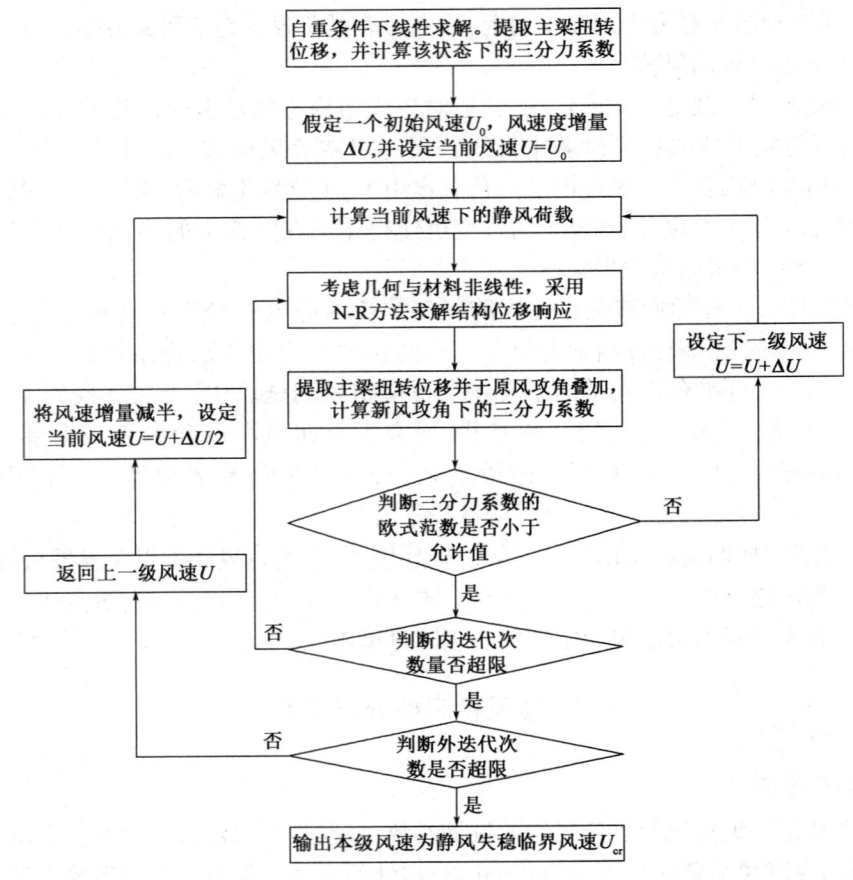

图1 分析荷载增量与内外双重迭代相结合分析流程

三、基于依托工程的静风稳定性分析

1. 依托工程简介

本文依托工程桥梁的主跨为1088m,边跨设置三个辅助桥墩。主梁采用扁平钢箱梁,高4.0m,宽41.0m,采用正交异性钢桥面板,梁体两侧安装风嘴提高气动稳定性。正交异性钢桥面板主梁如图2所示。

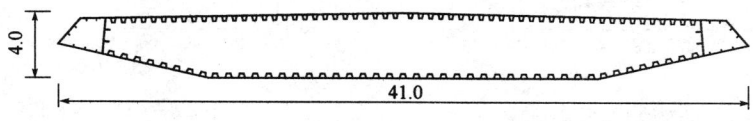

图2 正交异性钢桥面板主梁(尺寸单位:m)

2. 有限元建模

建立有限元模型时需要考虑计算效率以及准确性,因此,本文对实桥进行一定程度的简化后建立空间有限元模型。本文采用鱼骨梁模型,将主梁的竖向抗弯刚度、横向抗弯刚度与抗扭刚度与质量集中在节点上,对钢箱梁可以较好地模拟。斜拉索采用Link10单元模拟;主塔与主梁采用Beam4单元模拟,在ANSYS中计算出截面特性值赋予Beam4单元的实常数。全桥共2096个单元,1825个节点。结构的有限元模型如图3所示。

表1给出了本文计算有限元模型的振型与苏通大桥进行对比,结果显示各主要振型频率符合良好,说明本文建立的有限元模型较为可靠,可用于后续研究分析。

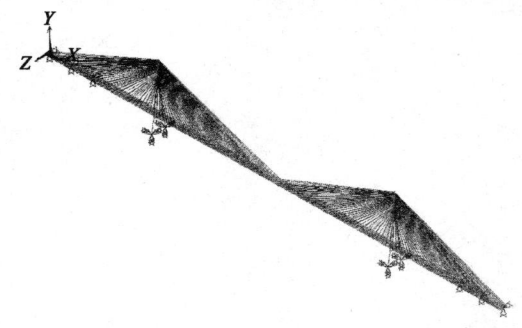

图3 空间有限元模型

有限元振型对比 表1

序号	本文计算频率	苏通大桥计算频率	振型描述
1	0.0685	0.0637	纵飘
2	0.1137	0.1012	一阶对称侧弯
3	0.2110	0.1950	一阶对称竖弯
4	0.5596	0.5307	一阶对称扭转

3. 依托桥梁的静风失稳临界风速分析

将三分力系数采用多项式拟合,则可以求得其他各个风攻角下的三分力系数。经对比计算,采用四次多项式可以取得较好的拟合精度,拟合优度R^2均为0.998以上。成桥状态下的拟合曲线如图4所示。C_D、C_L与C_M分别为主梁截面的阻力系数、升力系数与升力矩系数。

依托工程桥主梁跨中断面的竖向位移、横向位移与扭转位移如图5所示。

由图5可以看出,在前期低风速下,主梁的竖向位移、横向位移与扭转位移增长率较小,随着风速的提高,位移的非线性增长趋势明显。当风速由155m/s继续增加后,主梁的竖向位移与扭转位移突然大幅提高、横向位移突然大幅降低。这即是符合静风失稳的特征,因此,判断静风失稳临界风速为155m/s。结构在失稳前的竖向位移为1.05m、横向位移为1.54m,扭转位移为5.62°。

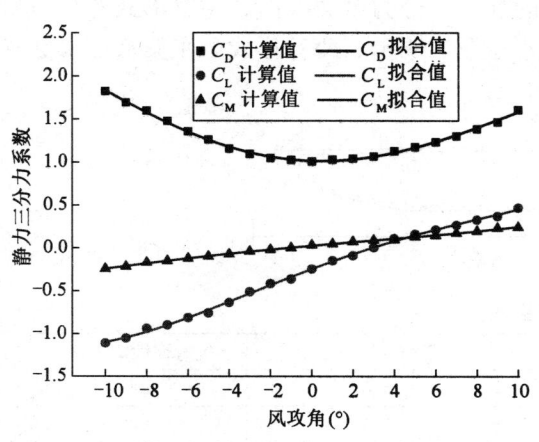

图4 成桥状态下的静力三分力系数

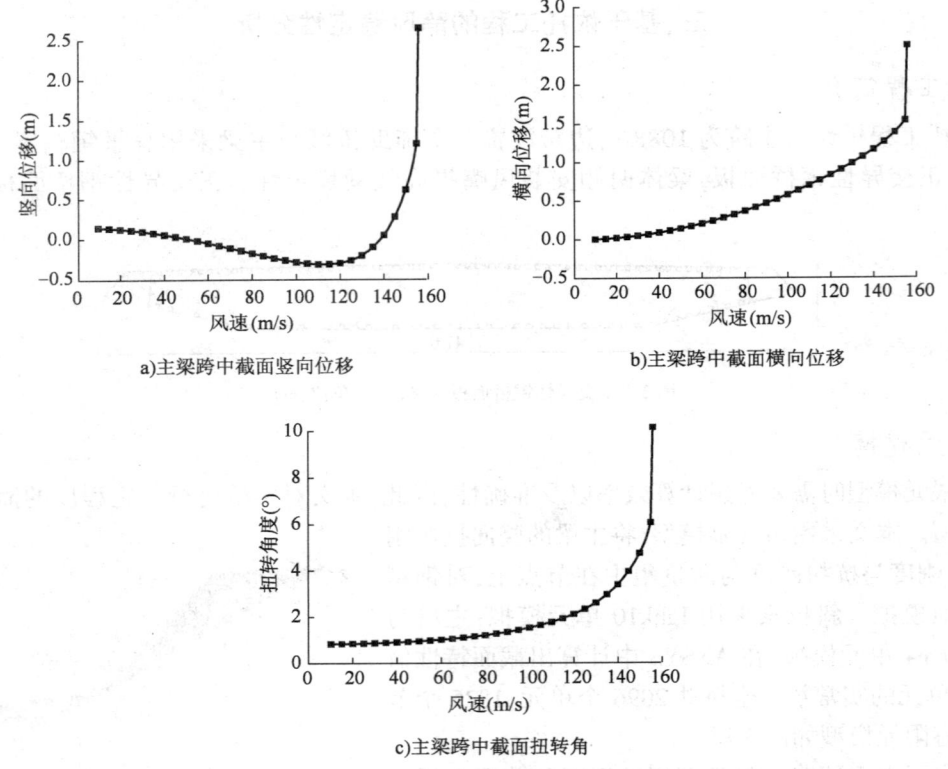

a) 主梁跨中截面竖向位移

b) 主梁跨中截面横向位移

c) 主梁跨中截面扭转角

图 5 主梁跨中截面位移随风速变化

四、既有桥梁的静风稳定性改进措施研究

在桥梁建成后,由于实际运营状况以及气候环境的逐渐变化,也可能会产生不利的风致响应。因此,对于既有大跨径桥梁,很有必要深入地对其进行静风稳定性研究分析,进而采取合适的措施改进桥梁结构。本节将对工程中常用的另外两种主梁形式进行研究对比:钢混组合梁与Ⅱ形截面的主梁,分析采用这两种主梁形式的大跨径斜拉桥的静风稳定性;最后对大跨径斜拉桥静风稳定性提出合理的改进措施。

1. 不同加劲梁形式对比

1) 钢混组合梁形式

本小节将本文依托工程桥主梁闭口钢箱梁上的正交异性钢桥面板替换成混凝土桥面板,其中混凝土桥面板厚设置为25cm,其他参数保持一致,如图6所示。两种主梁形式的几何外形非常相似,因此本节计算中对于钢混组合梁桥面板主梁将采用上文中成桥状态的静力三分力系数。两种主梁形式跨中位置在静风荷载下的位移响应以及桥梁结构的静风失稳临界风速如图7所示。两种形式的主梁截面参数见表2。

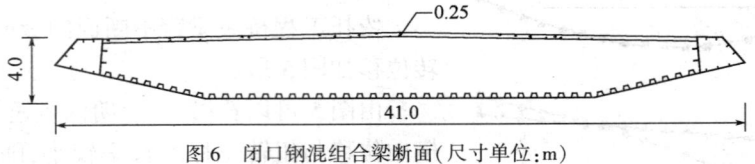

图 6 闭口钢混组合梁断面(尺寸单位:m)

两种形式主梁的截面参数　　　　　　　　表2

项目	抗扭惯性矩 $I_{xx}(m^4)$	每延米质量(kg)	抗弯惯性矩 $I_{zz}(m^4)$	抗弯惯性矩 $I_{yy}(m^4)$
钢箱梁	18.89	20096	6.66	409.74
钢混组合梁	24.21	36384	7.57	433.05
增幅	28.16%	81.05%	13.66%	5.69%

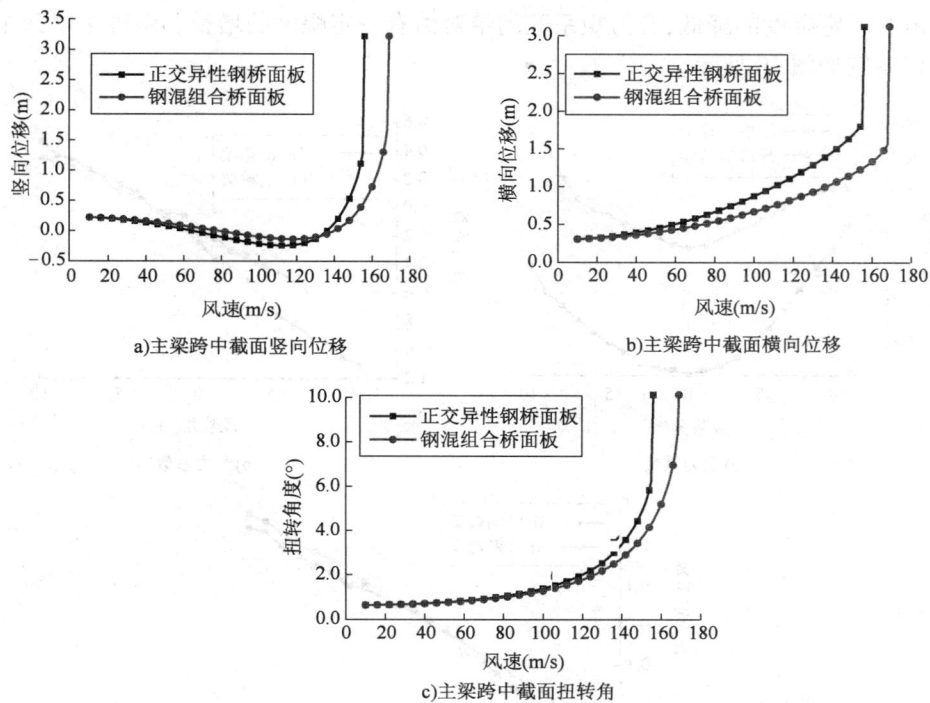

图7 不同主梁在静风荷载下的跨中位移响应

由图7与表2可以看出,随着风速的逐级提高,两种主梁的竖向位移基本一致,均为主梁跨中截面首先下挠,然后逐渐上抬,直至发生静风失稳;对于横向位移与扭转位移,钢混组合梁均小于闭口钢箱梁。另外,钢混组合梁的竖向位移、横向位移与扭转位移的变化速率均小于闭口钢箱梁,这是因为钢混组合梁的抗弯惯性矩与抗扭惯性矩相对于闭口钢箱梁有所提升。

采用钢混组合梁形式后,静风失稳临界风速由155m/s提高到了168m/s,增长了8.39%。一方面是由于截面抗弯抗扭惯性矩的提高,使得截面抵抗变形的能力提高;另一方面也是因为结构自重增加了结构的整体稳定性,可以看出,相比较于闭口钢箱梁,钢混组合梁的自重增加了81.05%。因此可以看出,采用钢混组合形式主梁可以有效提高大跨度斜拉桥的静风失稳临界风速。

2)开口箱梁形式

为比较闭口钢箱梁与Π形开口钢箱梁的静风稳定性,根据本文中依托工程桥的主梁闭口钢箱梁设计一开口钢箱梁,截面如图8所示,其他参数保持不变。两种主梁的截面参数见表3。

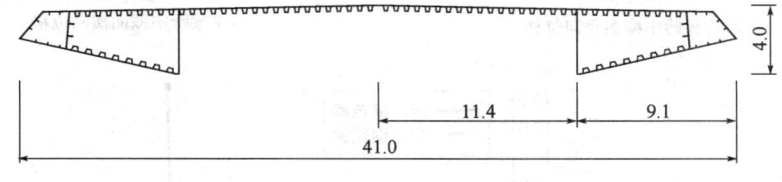

图8 开口钢箱梁截面(尺寸单位:m)

两种形式主梁的截面参数 表3

项目	抗扭惯性矩 I_{xx}(m^4)	每延米质量(kg)	抗弯惯性矩 I_{zz}(m^4)	抗弯惯性矩 I_{yy}(m^4)
开口钢箱梁	3.95	16485	3.08	376.58
闭口钢箱梁	18.89	20096	6.66	409.74
增幅	378.2%	21.9%	116.2%	8.8%

图9为两种截面主梁的静力三分力系数对比。可以看出,开口钢箱梁截面的阻力系数大幅增长,升力系数的绝对值有一定幅度的降低,升力矩系数的绝对值有一定幅度的增长。两种主梁跨中截面处在不同风速下的位移响应如图10所示。

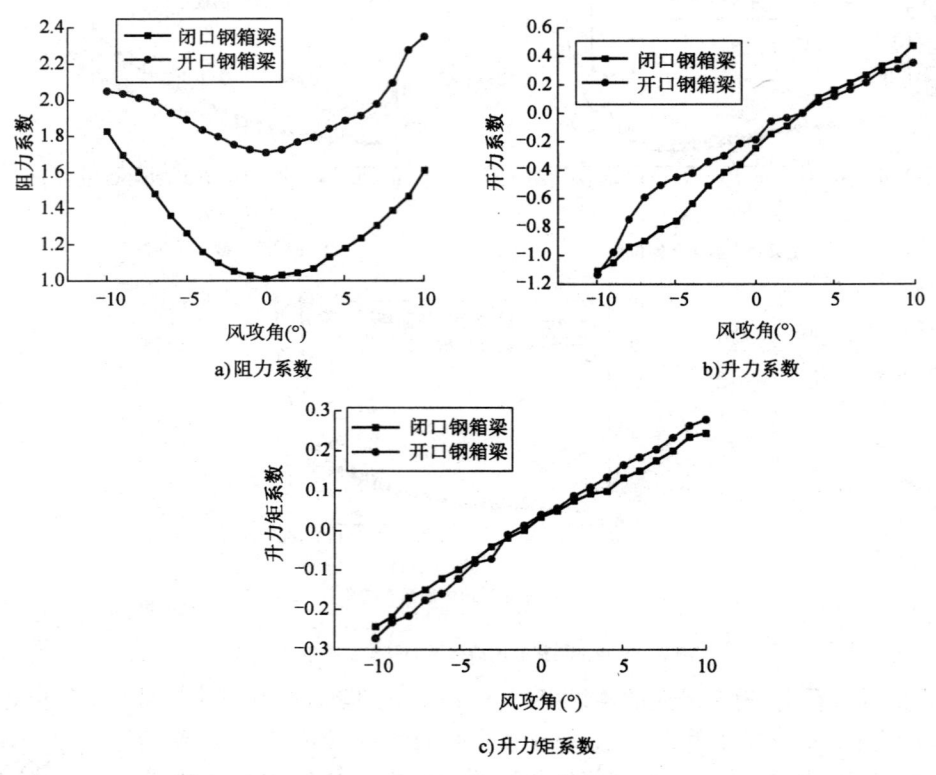

图9 两种主梁静力三分力系数

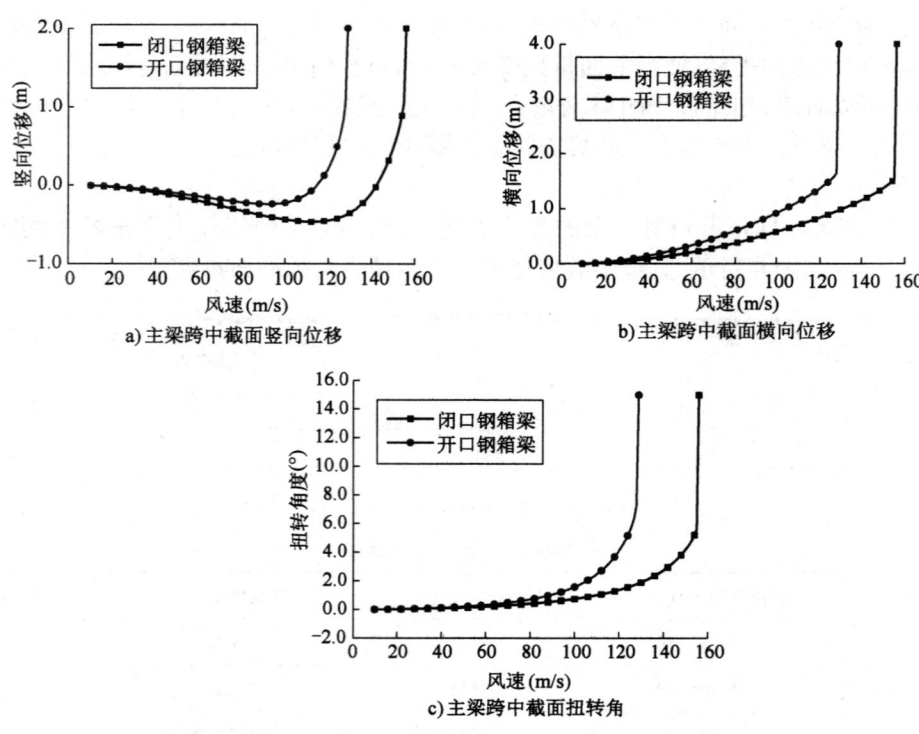

图10 不同主梁在静风荷载下的跨中位移响应

由图 10 和表 3 可以看出,开口钢箱梁的竖向位移比闭口钢箱梁的竖向位移要小,这是因为在 0°初始风攻角下,虽然开口钢箱梁的竖向抗弯惯性矩要小于闭口钢箱梁,但是其升力系数绝对值要小于闭口钢箱梁,作用在主梁上的升力较小。对于横向位移来说,开口钢箱梁的横向位移要大于闭口钢箱梁,这是因为开口钢箱梁的阻力系数要远大于闭口钢箱梁,另外,开口钢箱梁的横向抗弯惯性矩也小于闭口钢箱梁。对于扭转位移来说,开口钢箱梁的扭转位移要大于闭口钢箱梁,这是因为,虽然开口钢箱梁的升力矩系数绝对值要大于闭口钢箱梁,但是其抗扭惯性矩要远远小于闭口钢箱梁,可以看到,闭口钢箱梁的抗扭惯性矩是开口钢箱梁的 378.2%。

开口钢箱梁的静风失稳临界风速为 128m/s,相比于闭口钢箱梁的静风失稳临界风速降低了 17.4%。这是因为,相比于闭口钢箱梁,开口钢箱梁更小的抗扭惯性矩使得主梁的抗扭刚度大幅度降低,又由于升力矩系数也更大,这就使得在相同静风荷载下开口钢箱梁的扭转角更大;更大的扭转角与阻力系数使得主梁受到的阻力大幅上升,导致横向位移迅速增加,降低了结构的整体刚度;另外,作用在主梁上向上的升力也迅速增加,当主梁上抬到一定高度时,跨中部分斜拉索索力大幅下降,使得中跨主梁刚度降低,进而导致桥梁结构发生失稳。

2. 提高静风稳定性的改进措施分析

1940 年美国旧塔科马大桥持续扭转颤振数小时后,最终因吊索疲劳断裂,导致主梁断裂坠入河中。该桥主梁断面为 Ⅱ 形开口截面,高 2.45m、宽 11.9m,该桥的板梁抗扭刚度很小。2020 年 4 月,长江上某桥出现较大幅度的晃动,致使行车过程出现明显的不舒适,并且该桥在 2017 年也曾发生过类似事件。该桥主梁为钢混组合开口断面形式,高 3.0m、宽 36m,断面形状如图 11 所示。

我国《公路桥梁抗风设计规范》中规定:在设计使用年限内,桥梁结构及其构件的抗风性能应满足下列要求:①在设计风作用水平或与其他作用效应组合下,应满足规定的强度、刚度及静力稳定性要求。

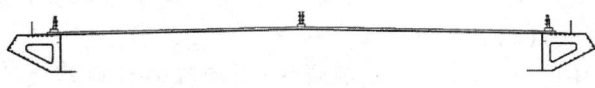

图 11　钢混组合主梁断面形式

②在设计风作用水平下,应满足规定的静风稳定性和气动稳定性要求。③在设计风作用水平或与其他作用效应组合下,应满足规定的耐久性、疲劳、行车及行人的安全性与舒适性要求。可以看出,若桥梁产生较大幅度的晃动,则必然对行车舒适度造成影响,需要改进。

目前许多工程均采用开口箱梁(Ⅱ 形截面)的形式,例如安徽望东长江公路大桥、山东济齐黄河公路斜拉桥、重庆江津观音岩长江大桥、上海卢浦大桥等。因此,本小节将基于前文的计算分析给出相应的提高该类已建成大跨度桥梁静风稳定性的合理措施。

(1)提高主梁刚度。可以在钢桥面板上铺设一层混凝土桥面板,将正交异性钢桥面板改为钢混组合桥面板后,桥梁结构的静风失稳临界风速提高了 8.39%。采用这种方式的优点是增加的混凝土桥面板,不仅增加了自重提高结构整体的稳定性,而且增加的混凝土桥面板也参与主梁受力,提高了主梁的刚度;但是缺点就是自重增大,拉索或者吊杆连接件的承受能力需要重新验证。

(2)对于目前广泛使用的钢混组合梁 Ⅱ 形截面,可以在主梁两侧增设长风嘴,以降低截面的钝性提高稳定性。根据计算结果可知,闭口箱梁相对于开口箱梁抗扭惯性矩大大提高,静风失稳临界风速由 128m/s 提高到 155m/s,提高了 21.1%。对于这种开口箱梁,建议在梁底安装下缘板使其封闭改造成闭口箱梁,不仅大大提高主梁的抗扭刚度,也降低了主梁的静力三分力系数,减小了作用在主梁上的静风荷载,提高结构体系的静风稳定性。

采用此种提高结构静风稳定性的措施,应首先检算斜拉索、主塔与其他相应结构构件及关键位置,这些关键位置的应力与变形均能满足规范要求才行。

五、结　语

本文通过理论分析以及数值计算方式,结合 ANSYS APDL 编写了静风失稳临界风速计算程序,计算分析了几种主梁的静风失稳临界风速,研究了几种常见主梁形式的既有钢箱梁桥的静风稳定性。本文主要结论如下：

(1) 在前期低风速下，主梁位移增长率较小，随着风速的提高，位移的非线性增长趋势明显。

(2) 随着风速的逐级提高，钢混组合梁与闭口钢箱梁的竖向位移基本一致，均为主梁跨中截面首先下挠，然后逐渐上抬直至发生静风失稳；对于横向位移与扭转位移，钢混组合梁均小于闭口钢箱梁。另外，钢混组合梁的竖向位移、横向位移与扭转位移的变化速率均小于闭口钢箱梁。

(3) 同级风速下，开口钢箱梁的竖向位移比闭口钢箱梁的竖向位移要小；对于横向位移，开口钢箱梁的横向位移要大于闭口钢箱梁；对于扭转位移，开口钢箱梁的扭转位移要大于闭口钢箱梁。

(4) 将正交异性钢桥面板改为钢混组合桥面板，可以提高主梁整体刚度，进而提高静风稳定性；对于Π形截面主梁，可以将其底部封闭，并在两侧安装风嘴降低钝性，以提高静风稳定性。

参考文献

[1] 王凯华. 大跨径钢管混凝土拱桥非线性静风稳定性分析[D]. 西安：长安大学, 2017.

[2] 葛耀君. 大跨度悬索桥抗风[M]. 北京：人民交通出版社, 2011.

[3] 陈政清. 桥梁风工程[M]. 北京：人民交通出版社, 2005.

[4] 项海帆. 现代桥梁抗风理论与实践[M]. 北京：人民交通出版社, 2005.

[5] 张陆. 大跨度斜拉桥静风非线性稳定分析[D]. 长沙：中南大学, 2009.

[6] 胡晓伦. 大跨度斜拉桥颤抖振响应及静风稳定性分析[D]. 上海：同济大学, 2006.

[7] 徐曼. 风与列车荷载作用下大跨度公铁两用斜拉桥静动力影响分析[D]. 北京：北京交通大学, 2019.

[8] 贾楠. 苏通大桥风致风险分析[D]. 南京：东南大学, 2015.

[9] 方明山, 肖汝诚, 项海帆. 大跨径缆索承重桥梁非线性空气静力稳定理论[J]. 土木工程学报, 2000(2): 73-79.

[10] 程进, 肖汝诚, 项海帆. 大跨径斜拉桥非线性静风稳定性全过程分析[J]. 中国公路学报, 2000, 13(3): 27-30.

[11] ZHAO L, MA T, CUI W, et al. Finite element based study on aerostatic post-buckling and multi-stability of long-span bridges[J]. Structure and Infrastructure Engineering, 2023: 1-15.

[12] QIAN C, ZHU L D, ZHU Q, et al. Pattern and mechanism of wind-induced static instability of super-long-span cable-stayed bridge under large deformation[J]. Journal of Wind Engineering and Industrial Aerodynamics, 2022, 221: 104910.

[13] 宋佳玲. 山区沟谷地形风场特性及其对人行悬索桥静风响应的影响[D]. 西安：长安大学, 2022.

[14] 唐翠兰, 杨飞, 刘志文. 考虑地形效应的山区大跨度悬索桥静风稳定性分析[J]. 公路工程, 2021, 46(2): 27-33.

[15] 杨吉新, 刘畅, 黎建华, 等. S形曲线斜拉桥非线性静风稳定性分析[J]. 武汉理工大学学报(交通科学与工程版), 2020, 44(5): 827-831.

[16] 瞿伟廉, 刘琳娜. 基于CFD的桥梁三分力系数识别的数值研究[J]. 武汉理工大学学报, 2007(7): 91-94.

[17] 中华人民共和国交通运输部. 公路桥梁抗风设计规范：JTG/T 3360-01—2018[S]. 北京：人民交通出版社股份有限公司, 2019.

[18] 程进, 肖汝诚. 大跨度桥梁空气静力失稳机理研究[J]. 土木工程学报, 2002, 35(1): 35-39.

[19] 程进, 肖汝诚, 项海帆. 大跨径斜拉桥静风稳定性的参数研究[J]. 土木工程学报, 2001(2): 57-63.

[20] 方明山. 超大跨度缆索承重桥梁非线性空气静力稳定理论研究[D]. 上海：同济大学, 1997.

[21] BOONYAPINYO V, YAMADA H, MIYATA T. Wind-induced nonlinear lateral-torsional buckling of cable-stayed bridges[J]. Journal of Structural Engineering, 1994, 120(2): 486-506.

[22] VIRLOGEUX M. Wind design and analysis for the Normandy Bridge[J]. Aerodynamics of Large Bridges, 1992(1): 59-70.

[23] CHENG J, JIANG J J, XIAO R C, et al. Advanced aerostatic stability analysis of cable-stayed bridges using finite-element method[J]. Computers and Structures, 2002, 80(13):1145-1158.
[24] BOONYAPINYO V, LAUHATANON Y, LUKKUNAPRASIT P. Nonlinear aerostatic stability analysis of suspension bridges[J]. Engineering Structures, 2006, 28(5):793-803.
[25] 张喜刚. 苏通大桥总体设计[J]. 公路, 2004(7):28-33.
[26] 战庆亮, 周志勇, 葛耀君. 开口叠合梁断面气动性能的试验研究[J]. 桥梁建设, 2017, 47(1):17-22.

85. 箱室内外温差对混凝土箱梁横向框架受力影响分析

张森奇[1] 蒋海里[2] 刘 佳[2] 窦 巍[3] 徐 栋[1]
(1. 同济大学土木工程学院; 2. 上海公路桥梁(集团)有限公司;
3. 安徽省交通规划设计研究总院股份有限公司)

摘 要 混凝土箱梁具有截面刚度大、整体性能好等优点,广泛应用于公路桥梁当中。由于混凝土材料导热性较差,日照等因素作用下往往会使得箱梁沿板厚方向形成箱室内外温差,箱室内外温差作用在规范中并未给出详细的表述及计算模式。本文以作者在工作中遇到的单箱单室截面和单箱三室截面为算例,通过实体有限元分析研究了箱室内外温差作用对于混凝土箱梁横向框架受力的影响,计算结果表明:箱室内外温差作用会引起单箱单室和单箱三室截面较大的横向应力,甚至超过一定布置形式下的汽车荷载所引起的横向应力,对于横向框架受力较为不利,在设计中应当加以充分的考虑。

关键词 箱室内外温差 横向框架 横向温度应力 实体有限元 面外效应

一、研究背景

混凝土箱梁是我国公路桥梁中一种常见的结构形式,其具有抗弯及抗扭刚度大、整体性能好等优点。随着我国混凝土桥梁的不断发展,关于混凝土桥梁的力学性能、病害的研究也更为全面,开裂是混凝土桥梁最为主要的病害形式。引起梁体开裂的因素众多,对于混凝土箱梁而言,温度作用是导致其产生纵桥向裂缝的重要原因之一[1]。温度作用包括年温差作用和局部温差作用。年温差一般不引起无水平约束结构的温度应力,相比之下,局部温差对结构的影响则较为复杂。由于混凝土材料热传导性能差,在日照、寒潮等环境因素作用下,沿箱梁梁高方向会形成竖向温度梯度,沿箱梁板厚方向还会形成温度差,即箱室内外温差。

一般竖向荷载作用下,箱梁在纵桥向弯曲的同时往往伴随着横桥向弯曲的发生。箱梁的横向弯曲以顶板、腹板、底板组成的横向箱梁框架为受力主体。由于箱梁框架是超静定的,当荷载直接作用于箱梁框架中的某一板件上时,使得除该板件会发生横向弯曲变形外,其余各板件也发生横向弯曲[2],箱梁的横向受力表现为横向框架受力。箱室内外温差作用下,受横向框架约束作用和横向混凝土自约束作用,箱梁产生较大的横向温度应力[3]。

就局部温差作用而言,我国《公路桥涵设计通用规范》(JTG D60—2015)(下称"通用规范")中给出了竖向温度梯度的计算模式。通用规范同时指出,对于无悬臂的宽幅箱梁,宜考虑横向温度梯度引起的结构效应,并给出了PK断面箱梁和整箱断面箱梁的横向温度梯度计算模式;美国AASHTO规范(LRFD Bridge Design Specifications)给出了竖向温度梯度的计算模式而对箱室内外温差未作出明确规定;欧洲规范(EN 1922-1-5)给出了不同类型桥面板采用的竖向温度梯度计算模式,并指出一般来说桥梁的局部温差仅需要考虑竖向温差分量,而在桥梁的方位或构造等因素导致一侧比另一侧暴露在日光下的面积更大等特定的情况下,宜考虑水平温差。除此之外,欧洲规范还提出如果大型混凝土箱梁桥的腹板内外侧可能出现明显的温差时,应当加以特别注意,推荐的线性温差值为15℃。我国《铁路桥涵混凝土结构设计规范》(TB 10092—2017)给出了铁路桥梁中混凝土箱梁沿板厚的温差分布以及箱梁总的温差应力和温差弯矩的计算公式,从侧面反映了箱室内外温差的作用。

事实上,上述规范并未全面地考虑箱室内外温差对于箱梁横向框架受力的影响,因此本文以作者在工作中遇到的单箱单室截面和单箱三室截面为切入点,通过实体有限元计算,对两种截面形式在箱室内外温差作用下的横向框架受力分别进行了计算分析,进一步明确了箱室内外温差作用对混凝土箱梁横向框架受力的影响以及对结构开裂病害的影响。同时本文就该单箱单室截面在汽车荷载作用下的横向框架受力与温差作用进行了简要的对比分析,为混凝土箱梁的温差效应研究和横向框架研究提供了参考。

二、箱室内外温差效应分析

1. 有限元模型建立

工程算例1为某单箱单室截面,截面宽16.4m,高4.5m,底板宽7.5m,顶、底板厚度分别为0.34m、0.32m,腹板厚0.45m;算例2为某单箱三室截面,截面宽13.25m,高2.1m,底板宽7.4m,顶、底板厚度分别为0.2m、0.3m,截面外侧两道斜腹板及中间两道直腹板厚度均为0.4m。

为将桥梁在温度作用下的纵向受力和横向框架受力分离且不计实桥中箱梁约束、结构体系对于横向框架受力的影响,本文分别取上述箱形截面的单位长度(1m)箱梁框架进行箱室内外温差效应计算分析。混凝土箱梁通过八节点六面体单元模拟,混凝土相关材料特性取值为:弹性模量$E_c = 3.45 \times 10^5 \text{N/mm}^2$;线膨胀系数$\alpha_c = 1 \times 10^{-5}/℃$。

对于单箱三室截面而言,其内腹板处于封闭的箱室内部,仅受到与大气的对流热交换作用,温度在一天之内几乎不发生变化[4],因此对单箱三室截面箱室内外温差的模拟仅考虑箱梁的顶底板和边腹板。本文所模拟的箱室内外温差作用为箱室外温度高于箱室内温度10℃,即"正温差"的情况。

单箱单室截面与单箱三室截面箱室内外正温差作用有限元模拟分别如图1和图2所示。

图1 单箱单室截面正温差模拟　　　　　　图2 单箱三室截面正温差模拟

2. 有限元计算结果

不同于箱梁的纵向效应,正温差作用引起的箱梁应力沿板厚分布是不均匀的,这种受力特征称为"面外效应"。因此,根据箱梁的完整验算应力指标[5]及温差作用的特点,本文给出各板件的如下应力计算结果:

(1)顶、底板:上缘横向正应力、下缘横向正应力。

(2)腹板:外侧竖向正应力、内侧竖向正应力。

本文图表中应力值以受拉为正,受压为负,单位为MPa。

箱室内外正温差作用下,单箱单室截面的横向、竖向应力分别如图3和图4所示。重点关注的板件应力指标中的最大值(绝对值的最大值,下表同)见表1。

单箱单室截面正温差下各板件应力最大值(单位:MPa)　　　　　表1

板件类别	上缘横向	下缘横向	外侧竖向	内侧竖向
顶板	-2.41	2.39	—	—
底板	1.73	-1.70	—	—
腹板	—	—	-1.68	1.67

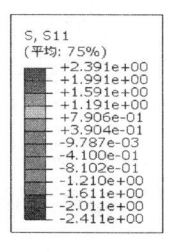 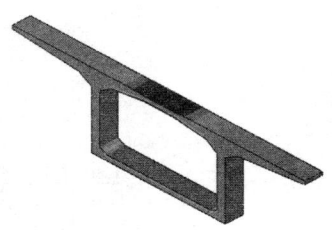 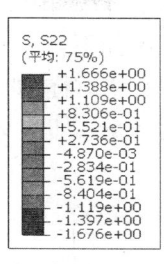 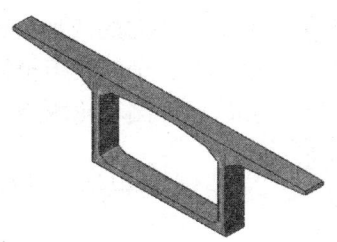

图3　单箱单室截面正温差横向应力　　　　　图4　单箱单室截面正温差竖向应力

根据以上结果可知,正温差作用下,顶板下缘、底板上缘以及腹板内侧产生较大的横向拉应力,即箱室内侧受拉。

为便于直观地反映各板件应力状态,依据该单箱三室截面的几何对称性以及温度分布的对称性,对半侧相应板件依次编号为 A~F,如图5所示。

正温差作用下单箱三室截面的横向、竖向应力分别如图6和图7所示,重点关注的应力指标计算结果最大值见表2。

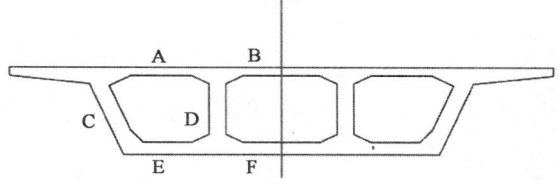

图5　单箱三室截面板件编号

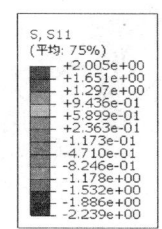 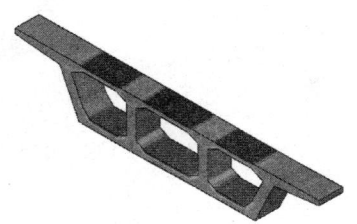 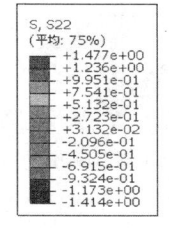 

图6　单箱三室截面正温差横向应力　　　　　图7　单箱三室截面正温差竖向应力

单箱三室截面正温差下各板件应力最大值(单位:MPa)　　　　　表2

板件类别	板件编号	上缘横向	下缘横向	外侧竖向	内侧竖向
顶板	A	−2.24	1.92	—	—
	B	−2.08	1.75	—	—
底板	E	1.98	−1.76	—	—
	F	2.00	−1.78	—	—
腹板	C	—	—	−1.41	1.48
	D	—	—	−0.07	−0.16

正温差作用下,单箱三室截面同样表现为箱室内侧受拉;靠近截面中心线的 B 顶板最大横向正应力略小于远离截面中心线的 A 顶板;E 底板和 F 底板的最大横向正应力基本一致;中腹板 D 竖向应力水平较低。

正温差作用箱室外侧横向纤维的伸长和箱室内侧横向纤维的收缩受到约束,因而表现为箱室外侧产生横向压应力和箱室内侧产生横向拉应力,应力带分布较为均匀。由上述应力计算结果可知,正温差作用下,单箱单室和单箱三室截面均表现出顶板下缘、底板上缘和(边)腹板内侧的横向框架受力不利,可能会导致相应的纵桥向裂缝产生。

三、与汽车荷载对比分析

为探究箱室内外温差对于箱梁横向框架受力的影响程度,本文对算例1中单箱单室截面在汽车荷载作用下的横向框架受力进行了计算分析。汽车荷载依照《公路桥涵设计通用规范》(JTG D60—2015)取值,汽车荷载等级为公路—Ⅰ级,该单箱单室箱梁上共计3个车道,汽车荷载以车辆荷载的形式施加。本文考虑了车辆沿横桥向的两种布置工况如下:

(1)工况1:三列车辆关于箱梁中心线对称,如图8所示。

(2)工况2:最外侧车轮距路缘带0.5m,如图9所示。

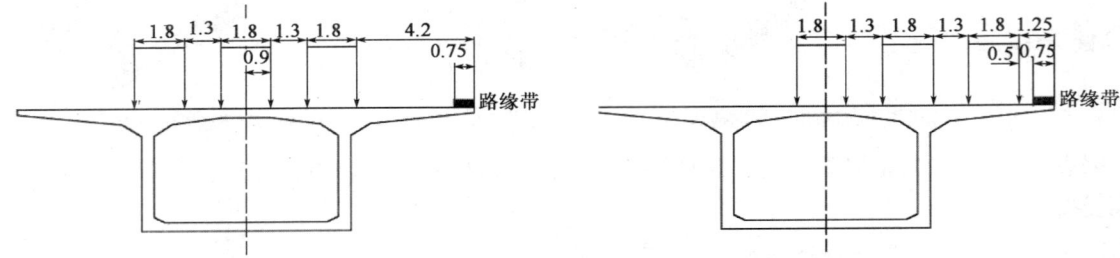

图8 工况1车辆横向布置(尺寸单位:m)　　　　图9 工况2车辆横向布置(尺寸单位:m)

汽车荷载各工况下,单箱单室截面的横向、竖向应力分别如图10~图13所示。

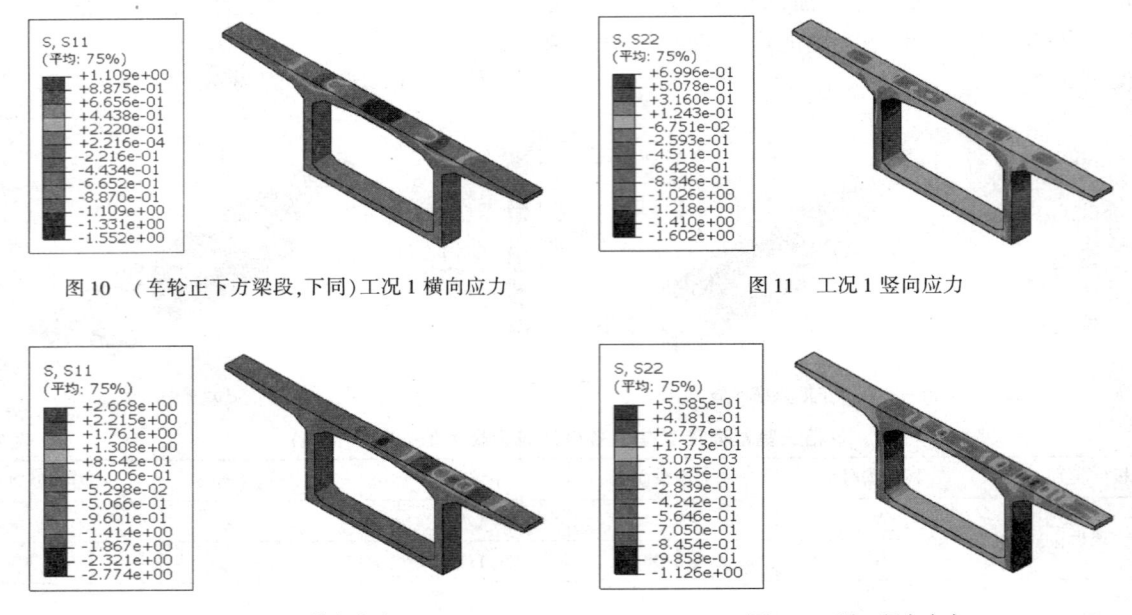

图10 (车轮正下方梁段,下同)工况1横向应力　　　图11 工况1竖向应力

图12 工况2横向应力　　　图13 工况2竖向应力

该单箱单室截面在汽车荷载作用下和在正温差作用下应重点关注的应力指标计算结果最大值见表3。

单箱单室截面正温差与汽车荷载作用下各板件应力最大值(单位:MPa)　　　表3

工况类别	板件类别	上缘横向	下缘横向	外侧竖向	内侧竖向
正温差	顶板	-2.41	2.39	—	—
	底板	1.73	-1.70	—	—
	腹板	—	—	-1.68	1.67
工况1	顶板	-1.55	1.11	—	—
	底板	0.12	0.08	—	—
	腹板	—	—	-1.03	-1.60
工况2	顶板	-2.77	-2.31	—	—
	底板	0.09	0.14	—	—
	腹板	—	—	-1.13	-1.02

就本文所考虑的工况而言,单箱单室截面正温差导致的顶板最大横向拉应力约为汽车荷载作用下顶板最大横向拉应力的89.5%;而正温差作用下底板和腹板的最大横(竖)向拉、压正应力均高于汽车荷载。箱室内外温差作用下横向框架的应力带均匀分布,而汽车荷载作用下横向框架应力集中于局部,相比之下箱室内外温差作用引起的横向框架受拉范围更广。

正温差及汽车荷载作用下,绘制在箱梁变形图上的竖向位移云图如图14~图16所示。

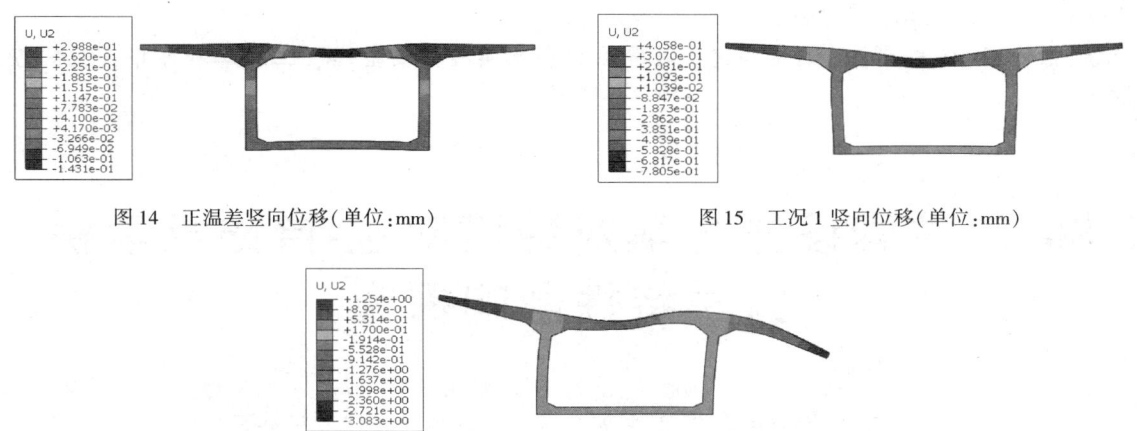

图14 正温差竖向位移(单位:mm)　　图15 工况1竖向位移(单位:mm)

图16 正温差竖向位移(单位:mm)

由横向框架变形及其发生的竖向位移可知:汽车荷载作用下,箱梁发生较大的横向框架变形,而顶板在框架中的相对变形尤为显著;箱室内外温差作用引起的横向框架变形相对汽车荷载较小。

通过对比箱室内外温差和汽车荷载对于该单箱单室箱梁的作用可以看出:尽管箱室内外温差作用下箱梁的框架变形相较于汽车荷载小,但在横向混凝土纤维自约束的作用下,仍然产生较大横向应力,对于横向框架受力较为不利。箱室内外温差作用同时引起顶板、底板、腹板较大的横向框架拉应力,而汽车荷载作用则表现为顶板的横向受力最不利,腹板和底板拉应力水平则较低。

四、结　语

(1)本文计算结果表明,对于单箱单室及单箱三室截面来说,箱室内外温差作用下,箱梁横向框架的应力水平较高,可能会导致箱梁开裂。就本文中的单箱单室箱梁而言,箱室内外温差作用下,箱梁框架的横向应力甚至超过一定布置形式的汽车荷载引起的横向应力。箱室内外温差作用对于横向框架受力较为不利,尽管箱室内外温差效应并未在通用规范中详细说明,但在混凝土箱梁的设计过程中仍应当对其加以重视。

(2)混凝土箱梁的完整验算应力能够精准地指向结构受力状态和可能发生的开裂形式。同时,能够根据裂缝形式反推是何种应力指标控制开裂,这对于混凝土桥梁的设计研究工作有着重要意义。

(3)箱室内外温差作用引起的横向框架应力是一种"面外应力",其所导致的裂缝往往不会沿板厚贯通。当正温差作用下箱室内部发生开裂时是不易被及时发现的,对于混凝土箱梁的耐久性和桥梁的长期服役较为不利。

(4)混凝土箱梁的温度场乃至工程热力学是较为复杂的问题,本文所考虑的箱室内外温差分布形式存在一定的局限性。事实上箱梁的温度场是三维的,沿梁的纵向、横向、竖向及板厚方向均存在温度梯度。实际工程中,桥梁的结构体系、支承条件等因素也会对箱室内外温差作用下横向框架受力产生影响。因此,对箱梁温度效应更精确的分析还应当考虑这些因素。

(5)尽管本文的箱室内外温差效应分析存在一定的局限性,但仍然为温度作用下混凝土箱梁横向框架受力的研究提供了参考。在后续的工作中,可采用更为精细准确的模拟方法或通过实测温度数据对箱梁的温度效应加以深入研究。

参考文献

[1] 杨永杰.预应力混凝土小箱梁病害分析与加固设计研究[D].西安:长安大学,2020.
[2] 范立础.桥梁工程(上册)[M].2版.北京:人民交通出版社,2012.
[3] 刘兴法.预应力混凝土箱形梁的日照温度应力与位移计算[J].桥梁建设,1980(1):32-38.
[4] 付春雨,严鹏,唐波.单箱多室混凝土箱梁结构的日照温度场分析[J].武汉理工大学学报(交通科学与工程版),2022,46(2):270-274.
[5] 徐栋,徐方圆,赵瑜,等.箱梁结构完整验算应力和空间网格模型[J].土木工程学报,2014,47(5):46-55.

86. 斜拉索设置方案对独塔斜拉-自锚悬索桥力学特性影响探究

徐旭航[1] 禹鹏飞[2] 张国栋[2]

(1.西南交通大学;2.山东省交通规划设计院集团有限公司)

摘　要　为研究斜拉索设置方案对独塔斜拉-自锚悬索桥结构力学特性的影响,以一座采用该结构的桥梁为对象,利用BNLAS建立空间有限元模型,通过改变斜拉索设置位置、数量,对部分构件的力学特性进行计算分析。结果表明:斜拉索的设置,可明显改善主梁轴力、主梁竖向弯矩、主梁竖向位移和主缆轴力;该结构随着斜拉索设置数量的增多,设置位置靠近跨中,整体竖向刚度有所提升,与跨中设置一对斜拉索相比,更多斜拉索的设置对提高结构力学性能作用不明显,考虑施工难度及经济性,在跨中处设置1对斜拉索对于该结构来说是较为合理的。

关键词　斜拉-悬吊自锚式悬索桥　斜拉索　容许应力法　BNLAS　力学特性

一、引　言

斜拉-悬吊协作体系桥是将悬索桥和斜拉桥结合后形成的一种缆索承重体系桥梁,其悬索部分较同跨径的悬索桥有所减小,进而减小主缆力,在结构施工和成桥状态具有较好的抗风稳定性[1]。地锚式体系需布设硕大的锚碇,费用高,对地基要求也高[2]。自锚式斜拉-悬索协作体系既解决锚碇造价高问题,又不受地基条件限制,对软弱地基和强风地区的适应性比较强,具有良好的经济性、更强的跨越能力和适应性,因此成为大跨径桥梁建设中极具竞争力的一种桥型[3]。

斜拉-悬吊协作体系桥中的斜拉索,在静力性能方面,对主梁起着弹性支承的作用,减小了主梁的恒载弯矩,可有效地降低主梁挠度,增加结构的整体刚度[4]。在动力性能方面,设置斜拉索能够有效提升该结构的抗风稳定性[5]。因此增设斜拉索可有效优化自锚式悬索桥整体力学性能,如何合理有效地布设斜拉索成为此类桥梁设计过程中需要解决的重要问题。

目前,已经有较多学者针对斜拉-悬索桥组合体系的力学性能进行了相关研究,何东升等[6]研究了中央扣对斜拉-悬索协作体系桥力学性能的影响,发现中央扣对梁端纵向位移的改善较明显,设置中央扣改善了斜拉索和端吊索的活载轴力幅,但会增加跨中区域吊索的活载轴力幅;肖海珠等[7]分析了辅助墩、吊跨比、矢跨比及交叉索数量等参数变化对结构竖向刚度、端吊杆活载轴力幅、桥塔弯矩等的影响,并结合工程背景提出了各结构参数的合理取值建议;李佳莹[8]总结了以往的研究成果,完成了两个公铁两用斜拉-悬索协作体系桥梁的方案设计,并对两个方案的静动力性能进行对比分析研究,总结了设计过程中出现的主要技术难点,为此类桥梁的设计提供了参考。上述研究主要针对双塔常规形式的斜拉-悬吊协作体系悬索桥,独塔自锚式悬索桥中采用斜拉索设计为协作体系的结构未见报道。本文以某跨河独塔斜拉-悬吊协作体系自锚悬索桥为工程背景,针对最不利活载下不同斜拉索设置方案对该结构力学特性的影响进行讨论,进而探究斜拉索布置方案对该结构竖向刚度的影响,旨在为这类桥梁设计提供借鉴。

二、工 程 背 景

1. 结构概况

背景工程桥梁的孔跨布置为 50m + 350m + 350m + 50m,桥长 800m。在成桥状态下,主缆跨中理论垂度为 27.320m,矢跨比为 1/12.81,跨径布置为 350m + 350m。为增加结构的整体刚度,在塔梁之间设置了斜拉索,使结构成为独塔斜拉-自锚式协作体系桥。主桥桥型立面布置如图 1 所示。

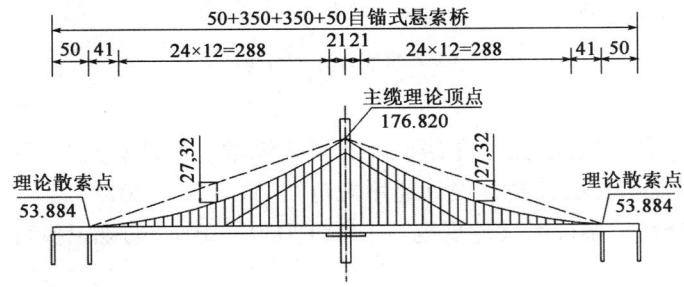

图 1 主桥桥型立面布置图(尺寸单位:m)

主缆为空间线形,布置在钢箱梁两侧,中跨的垂跨比为 1/12.81。每根主缆共有 61 根索股,每根索股由 127 根直径为 5.8mm 的高强度镀锌铝合金钢丝组成,标准强度大于 1960MPa。主桥桥型横向布置示意如图 2 所示。

桥塔采用独柱型,塔柱四角采用 1m × 1m 的切角来增加立体感。桥塔总高 166.2m。塔柱采用 C55 混凝土。桥梁立面布置如图 3 所示。

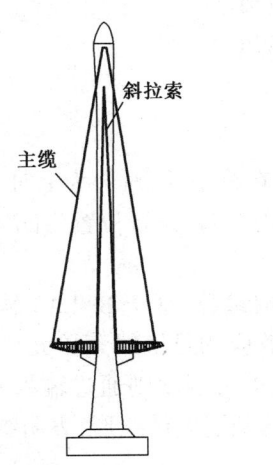
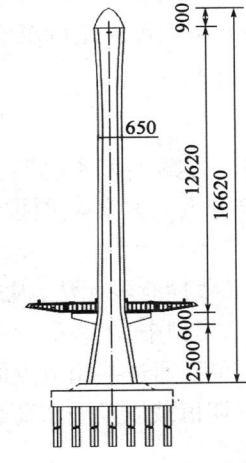

图 2 主桥桥型横向布置示意图　　图 3 桥梁立面布置图(尺寸单位:cm)

全桥钢梁总长 800m,主梁采用双边钢箱梁,全宽 47m(含风嘴),顶面设 2% 双向横坡,桥梁中心线处梁高 4.2m。主梁材料采用 Q420qD。桥面由 6cmUHPC 结构层 + 4cm 沥青混凝土铺装层组成。主梁标准断面图如图 4 所示。

2. 设计荷载

1)恒载

结构自重:钢筋混凝土重度按 26kN/m³;钢结构自重 γ = 78.5kN/m³。主梁、主缆、吊索、桥塔、桥墩等各结构均按照杆件实际重量计入。

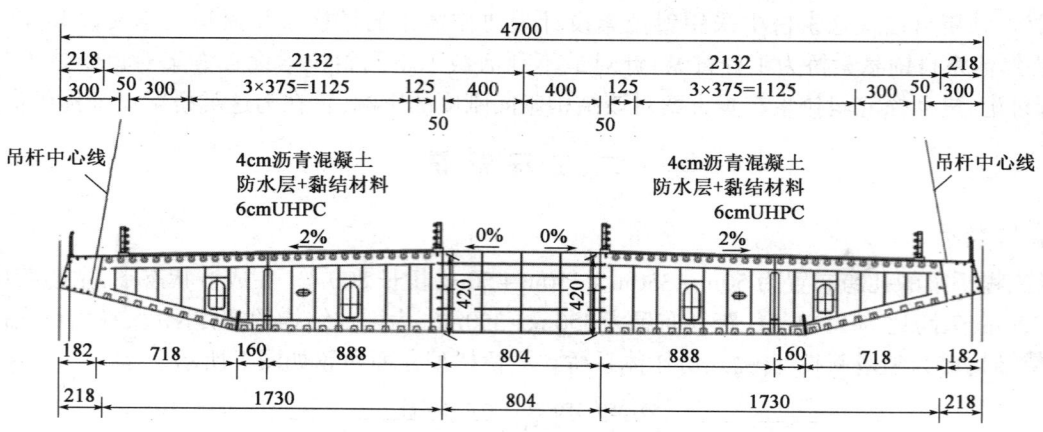

图 4 主梁标准断面图(尺寸单位:cm)

2)活载

移动活载:汽车活载(城 A 级/公路—Ⅰ级),不计冲击系数。设计双向八车道,横向折减系数 0.5,纵向折减系数 0.97。参照依据为《公路桥涵设计通用规范》(JTG D60—2015)。

风荷载:风荷载按《公路桥梁抗风设计规范》(JTG/T D60—2018)的规定执行。桥位处百年一遇风速为 28.9m/s。

温度荷载:考虑到升温时钢结构温度大于大气温度,结构计算中整体升温取 +45℃,整体降温取 -30℃。对混凝土结构,计算升温作用时,最大温差为 25℃;计算降温作用时,最大温差为 -25℃。

基础沉降:索塔和主引桥共用墩均考虑其最大沉降量。将辅助墩下沉 2cm。

3)荷载组合

运营状态荷载组合按《公路桥涵设计通用规范》(JTG D60—2015)和《公路悬索桥设计规范》(JTG/T D65-05—2015)相关规定进行荷载组合。最不利荷载组合主要考虑以下 2 种:

组合 1:恒载 + 移动活载 + 温度 + 基础沉降 + 横向运营风。
组合 2:恒载 + 移动活载 + 温度 + 基础沉降 + 纵向运营风。

3. 结构方案与计算模型

1)斜拉索设置方案

方案 1:不设置斜拉索。方案 2:基本模型,斜拉索设置在跨中处,对数为 1 对。方案 3:斜拉索设置数量为 2 对,设置位置为三等分点。方案 4:斜拉索设置数量为 3 对,设置位置为四等分点。

2)计算模型的建立

计算方法为空间几何非线性有限元法,根据给定的结构参数,基于 BNLAS 软件建立全桥空间模型,计算模型简图如图 5 所示。模型中,主缆采用考虑了垂度效应的悬链线索单元模拟,主梁及桥塔采用空间梁单元模拟;两种类型的单元通过共用节点的方式连接;重力刚度则通过输入主缆吊索的定型内力来进行添加[9]。模型在一、二期恒载以及施工荷载作用下均达到了设计线形,表明结构建立的合理性。

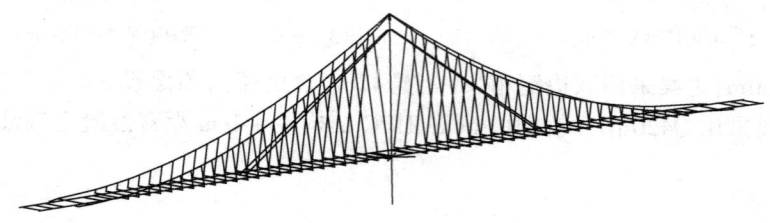

图 5 结构计算模型简图

3)斜拉索及主缆设计参数

不同斜拉索设置方案下需要根据安全储备调整斜拉索及主缆的布束形式,使得材料性能充分发挥。

为方便比较,采用容许应力法的安全系数,通过 BNLAS,计算出斜拉索及主缆在各种荷载组合下的最大轴力,得出各个方案下的斜拉索及主缆的应力和安全系数。由表1、表2可得,通过调整布束形式,各方案下斜拉索及主缆的安全系数大致接近,满足实际对比要求。

斜拉索面积调整　　　　　　　　　　　　　　　　　　　　　　　　　　　表1

斜拉索参数		钢绞线直径（mm）	钢绞线数量	面积（m²）	荷载组合下斜拉索最大轴力（kN）	应力（MPa）	斜拉索安全系数
斜拉索数量	基本模型	15.20	61	0.00854	3900.140	456.691	4.073
	2 对	15.20	61	0.00854	3844.690	450.198	4.132
		15.20	61	0.00854	3924.370	459.528	4.048
	3 对	15.20	61	0.00854	3863.910	452.448	4.111
		15.20	61	0.00854	3931.060	460.311	4.041
		15.20	61	0.00854	3852.210	451.078	4.123

主缆面积调整　　　　　　　　　　　　　　　　　　　　　　　　　　　表2

斜拉索参数		钢丝直径（mm）	单根索股钢丝数（根）	索股数（根）	面积（m²）	荷载组合下最大主缆轴力（kN）	应力（MPa）	主缆安全系数
斜拉索数量	基本模型	5.80	127	61	0.20468	136223.290	665.537	2.945
	2 对	5.73	127	61	0.19977	132387.390	662.695	2.958
	3 对	5.68	127	61	0.19630	129815.590	661.313	2.964
	0 对	5.92	127	61	0.21324	142271.430	667.192	2.938

三、不同斜拉索设置方案下结构力学特性分析

为了分析不同斜拉索设置方案对独塔斜拉-自锚式协作体系空间缆悬索桥结构力学性能的影响,通过改变斜拉索设置位置、数量,建立对数分别为 0 对、1 对(跨中)、2 对(三等分点)、3 对(四等分点)共 4 种空间有限元计算模型。通过比较,分析移动活载作用下斜拉索位置、数量对该结构部分构件结构性能的影响。

1. 主梁性能对比

将移动活载按照最不利作用区间进行加载,得到主梁最不利内力结果见表3,以方案2的主梁内力结果为基础,将其他方案下的结果与之进行对照,得出主梁最不利内力结果变化的相对值,表中弯矩结果为主跨跨中弯矩的计算结果。

移动活载作用下主梁最不利内力　　　　　　　　　　　　　　　　　　　表3

内力	方案1	方案2	方案3	方案4
最大轴力(kN)	8523.840	8185.700	8259.930	8463.470
相对值	4.131	0.000	0.907	3.393
最小轴力(kN)	-101.900	-100.320	-101.720	-102.850
相对值	1.575	0.000	1.396	2.522
最小轴力/最大轴力	0.012	0.012	0.012	0.012
最大弯矩(kN·m)	34413.590	28810.560	29983.030	27992.750
相对值	19.448	0.000	4.070	-2.839
最小弯矩(kN·m)	-82585.550	-68040.380	-75478.630	-68120.270
相对值	21.377	0.000	10.932	0.117

由表3、图6可知,对于该结构而言,不设置斜拉索时主梁最不利轴力整体最大,说明,斜拉索存在与否对主梁轴力的影响尤为显著;对于不同斜拉索设置方案,移动活载作用下,主梁最大、最小轴力变化不明显,且其比值稳定在0.012;斜拉索存在与否对主梁最不利弯矩有较大影响,斜拉索的设置较大程度上减小了主梁的竖向弯矩,但当斜拉索数量从1对变化到3对过程中,主梁竖向弯矩的变化幅度相对来说不明显。

由图7可知,设置斜拉索有利于减小主梁的竖向位移,不设置斜拉索时的主梁竖向位移最大,下挠值达到0.662m,随着斜拉索数量的增多,主梁竖向位移随之减小。以方案2的主梁竖向位移结果为基础,将其他方案下的结果与之进行对照,得出主梁竖向位移结果变化的相对值,见表4。在斜拉索数量从0对变化到3对过程中,活载作用下,最大下挠幅度减小了17.944%。斜拉索数量从0对变化至1对时,主梁挠度相对值减少了15.331%;斜拉索数量从1对变化至3对时,主梁挠度相对值减少了2.613%,减少了2cm,说明斜拉索的设置较大程度上降低了主梁挠度,但更多斜拉索的设置对降低主梁挠度作用不明显。

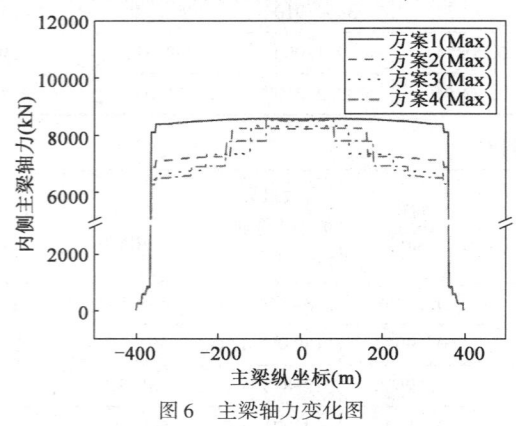

图6 主梁轴力变化图

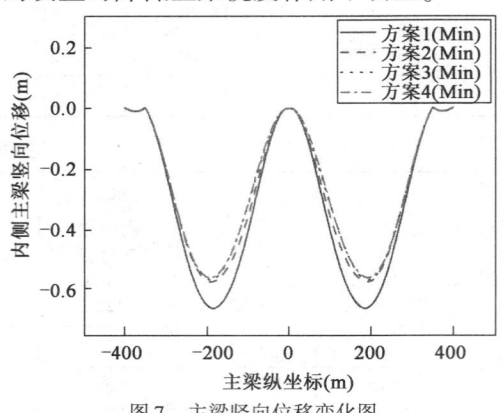

图7 主梁竖向位移变化图

不同斜拉索设置方案下的主梁挠度相对值 表4

位置	方向	方案1	方案2	方案3	方案4
$X=-186.5m$	最大下挠值(m)	-0.662	-0.574	-0.567	-0.559
	相对值(%)	15.331	0.000	-1.220	-2.613

2. 主缆性能对比

斜拉索设置方案的改变对主缆内力也有一定影响。如图8、图9所示,在八车道满布汽车活载的作用下,不设置斜拉索时的主缆轴力最大,且随着斜拉索数量的增多,主缆轴力随之减小。斜拉索数量从0对变化到1对时的主缆最大轴力曲线曲率明显大于斜拉索数量从1对变化到3对时曲线斜率;相比于不设置斜拉索,在跨中处设置1对斜拉索时的主缆轴力减小了近1500kN,降低了16.506%,而从1对变化到3对时主缆轴力变化了不足1000kN,说明斜拉索的设置较大程度上降低了主缆的轴力,但更多斜拉索的设置对减小主缆轴力作用不明显。

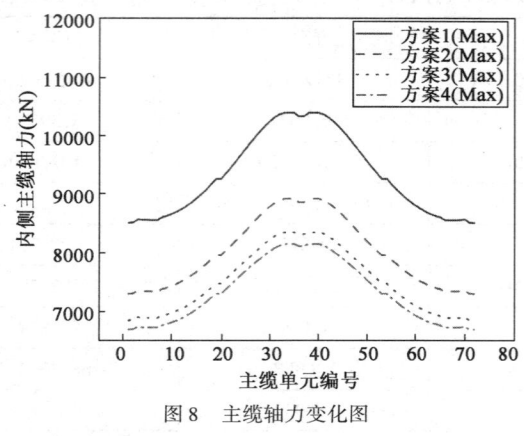

图8 主缆轴力变化图

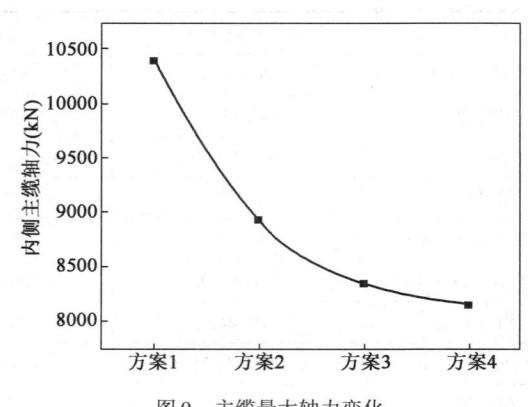

图9 主缆最大轴力变化

3. 桥塔性能对比

斜拉索设置方案改变,桥塔性能也会随之改变。如图10、图11所示,主塔轴力在斜拉索设置位置处发生突变,且在方案2时,即斜拉索数量为1对,塔底最大轴力最小,为20383.420kN。

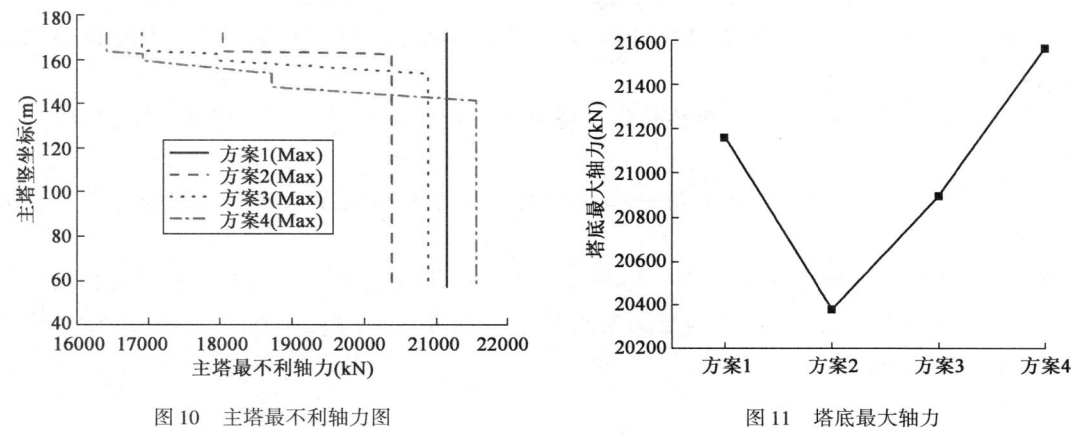

图10 主塔最不利轴力图　　　　　　　图11 塔底最大轴力

如图12、图13所示,随着斜拉索数量的增多,从塔顶到塔底主塔竖向弯矩曲线斜率随之减小。此外,当斜拉索设置数量为1对时,塔底最大竖向弯矩值最小,为380726.740kN·m;当斜拉索设置数量为3对时,塔底最大竖向弯矩值最大,为425593.810kN·m。

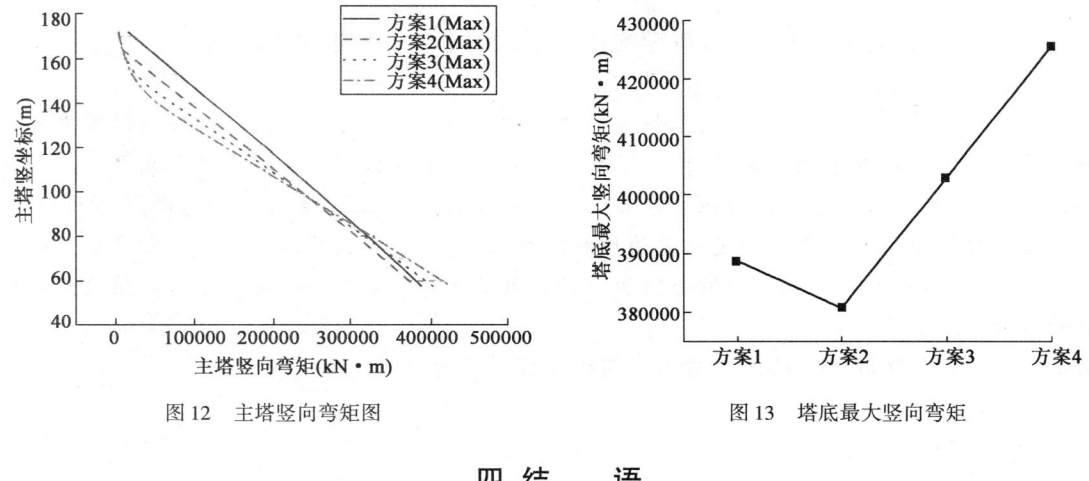

图12 主塔竖向弯矩图　　　　　　　图13 塔底最大竖向弯矩

四、结　语

以某跨河独塔斜拉-悬吊自锚式悬索桥为分析对象,研究了移动活载下不同斜拉索设置方案对该结构力学特性的影响,主要结论有:

(1)斜拉索的设置,可明显改善主梁轴力、主梁竖向弯矩、主梁竖向位移和主缆轴力,与设置1对斜拉索相比,更多斜拉索的设置对提高结构力学性能作用不明显。

(2)不同斜拉索设置方案,移动活载作用下,对主梁轴力的影响不明显。

(3)斜拉索的设置较大程度上减小了主梁的竖向弯矩和竖向挠度;移动活载作用下,不设置斜拉索时的主梁竖向位移最大,下挠值达到0.662m,跨中位置设置一对斜拉索,最大挠度可减小近16%。

(4)设置斜拉索可减小主缆轴力,设置一对斜拉索主缆轴力可减小16.506%。

(5)研究结果表明,对于背景工程桥梁,跨中位置设置一对斜拉索比较合理,对提高结构竖向刚度、减小主缆截面比较有利。

参考文献

[1] 齐宏学,高小妮,贺拴海.斜拉-自锚式悬索组合体系桥梁结构参数变化对活荷载效应影响[J].公路

[2] 董湘婉,任张晨.自锚式斜拉—悬索协作体系桥发展研究[J].江西建材,2017(5):130.
[3] 张文静.自锚式协作体系的简化分析与影响结构性能的参数研究[D].杭州:浙江大学,2020.
[4] 沈锐利.缆索承重桥梁[M].北京:人民交通出版社股份有限公司,2021.
[5] 叶毅,张哲,夏国平,等.大跨度自锚式斜拉-悬索协作体系桥的概念设计[J].中外公路,2009,29(6):149-152.
[6] 何东升,肖海珠.中央扣对斜拉-悬索协作体系桥力学性能的影响研究[J].桥梁建设,2020,50(S2):23-28.
[7] 肖海珠,高宗余,何东升,等.公铁两用斜拉-悬索协作体系桥结构参数研究[J].桥梁建设,2020,50(4):17-22.
[8] 李佳莹.主跨1736m公铁两用斜拉-悬索协作体系方案设计[D].成都:西南交通大学,2020.
[9] 沈锐利,侯康,王路.三塔悬索桥结构竖向刚度及主缆抗滑需求[J].东南大学学报(自然科学版),2019,49(3):474-480.

87. 预制节段箱梁接缝断面临时预压应力精细分析

孙宇凡[1]　蒋海里[2]　刘佳[2]　徐栋[1]

(1.同济大学土木工程学院;2.上海公路桥梁(集团)有限公司)

摘要　节段梁在预制拼装时,需要张拉临时预应力对接缝施压,以保证环氧砂浆的紧密黏结。施加临时预应力的传统方法是采用临时拉杆,其张拉控制应力一般仅由规范所要求的全断面平均压应力计算得出,而并未考虑接缝断面不均匀的应力分布特征。本文通过建立三维空间实体模型,对临时预应力作用下该节段梁接缝断面的预压应力进行更为精细的分析,并讨论了接缝断面的空间受力分布规律。结果表明,临时预应力有时并没有满足接缝全断面上的预压力要求,需要引起注意并根据箱梁断面特点设计更均匀的施加方式。

关键词　节段梁　胶接缝　临时预应力　实体建模　应力分布

一、引　言

近年来,预制装配化施工在桥梁工程中的应用逐渐普遍。全预制混凝土节段梁在悬臂拼装的过程中,接缝处的连接技术有三种类型,即干接缝、湿接缝及胶接缝。其中干接缝是指节段梁接缝上不涂任何黏结材料而直接相拼的接缝,通常应用在体内不配预应力筋的全体外预应力桥梁上;湿接缝则指应用于梁跨合龙或拼装误差纠正处的现浇混凝土接缝;胶接缝为节段梁接缝间涂有环氧树脂胶后拼接的接缝,通常应用在配有体内预应力筋的桥梁上。由于我国目前大部分预制混凝土梁桥均配有体内预应力筋,因此胶接缝是最为常见的一种接缝形式。为保证节段梁间的环氧树脂胶紧密黏合,需要在拼装时在两片节段梁之间张拉临时预应力,且规范要求节段拼接面的混凝土平均压应力不应小于0.3MPa。

然而,由于节段梁接缝处仅有预应力钢束通过,而纵向普通钢筋被完全切断,因此该处是受力性能及耐久性方面的薄弱环节。另外,在计算方面,仅考虑平均压应力来设计临时预应力,并不能保证断面上各处的预压值都满足规范要求,致使胶接缝本身无法紧密黏合,因此在实际工程耐久性方面存在隐患。

针对上述问题,本文建立了预制混凝土节段梁接缝处的三维空间实体模型,对张拉临时预应力后接缝断面的受力性能进行计算分析,以更精细地把握接缝断面预压应力的空间分布。

二、节段梁接缝处的临时预应力

采用的算例为63m等跨布置的预应力混凝土连续梁桥,上部结构采用节段预制悬臂拼装工法进行施工,箱梁为预制结构,采用密齿型剪力键,环氧树脂接缝,转向块采用横梁式。主梁采用纵、横向双向预应力体系。纵向预应力采用体内预应力和体外预应力相结合的体系。

为张拉临时预应力,在节段梁的顶底板上对称锚固10个钢齿坎,如图1所示。每个钢齿坎上张拉两根临时拉杆。临时拉杆采用JL32精轧螺纹钢筋,张拉控制力为每根543kN,屈服强度为930MPa。

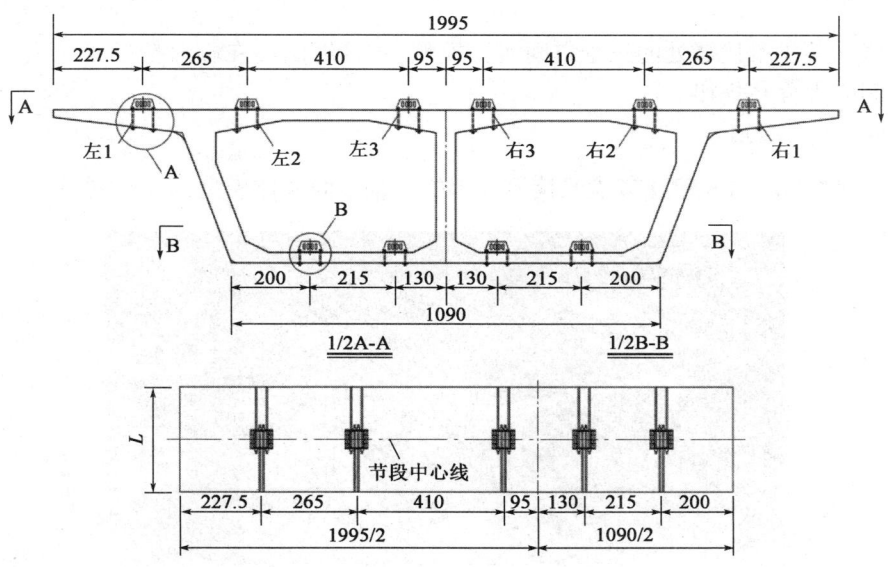

图1 接缝断面临时拉杆布置简图(尺寸单位:cm)

钢齿坎的细部构造如图2所示,通过高强螺栓锚固在节段梁顶底板上。

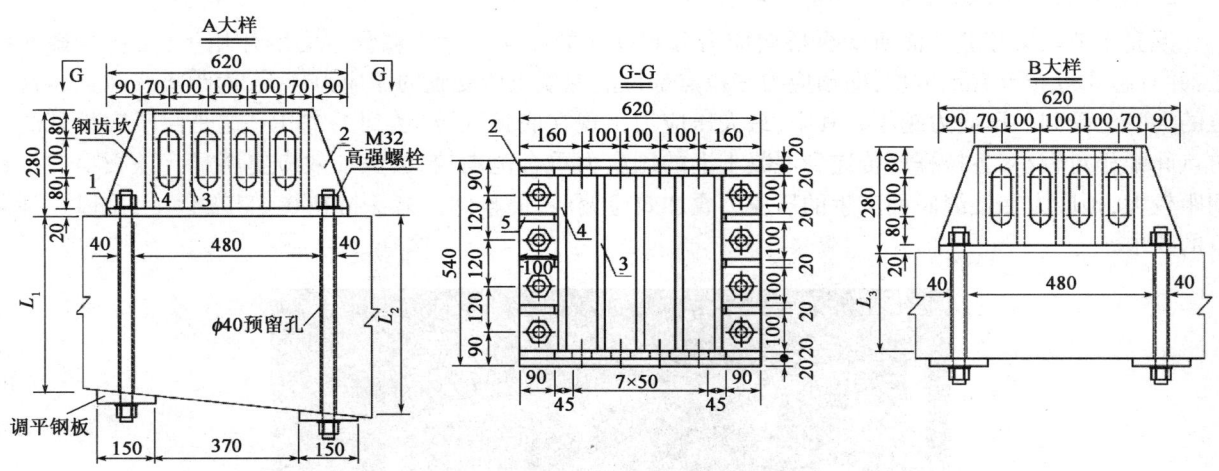

图2 钢齿坎大样图(尺寸单位:mm)

每个节段梁断面上总共张拉20根临时拉杆,按照总张拉力除以全截面面积的计算方式,可得临时预应力在接缝截面产生的平均压应力,满足规范中对全断面预应力值(0.3MPa)的要求:

$$\bar{\sigma} = \frac{20 \times 543 \times 10^3}{16.87 \times 10^6} = 0.64 (\mathrm{MPa})$$

还可根据截面的几何特征,分别计算截面上、下缘压应力大小,同样满足规范要求:

$$\sigma_{\text{上}} = \frac{20 \times 543 \times 10^3}{16.87 \times 10^6} + \frac{(12 + 1669 - 8 \times 2061) \times 543 \times 10^3 \times 1529}{3.82 \times 10^{13}} = 0.72 (\mathrm{MPa})$$

$$\sigma_{下} = \frac{20 \times 543 \times 10^3}{16.87 \times 10^6} + \frac{(8 + 2061 - 12 \times 1669) \times 543 \times 10^3 \times 2471}{3.82 \times 10^{13}} = 0.52(\mathrm{MPa})$$

三、接缝断面预压应力精细分析

如前文所述，由于箱梁截面较宽，仅关注节段梁接缝断面的平均压应力，无法表现接缝表面的应力分布规律。由于临时拉杆张拉的位置与分布不同，压应力在接缝全断面一定不是均匀分布的，上文计算只能保证截面的平均应力和上下缘应力满足规范要求，而截面的其他区域压应力可能无法达到0.3MPa。

因此，通过建立节段梁接缝处的三维空间实体模型，对接缝断面在临时拉杆张拉后的受力性能进行研究，分析其空间应力分布规律。

1. 三维空间实体模型

采用有限元软件 ABAQUS 建立节段梁接缝局部的三维空间实体模型，如图3所示。

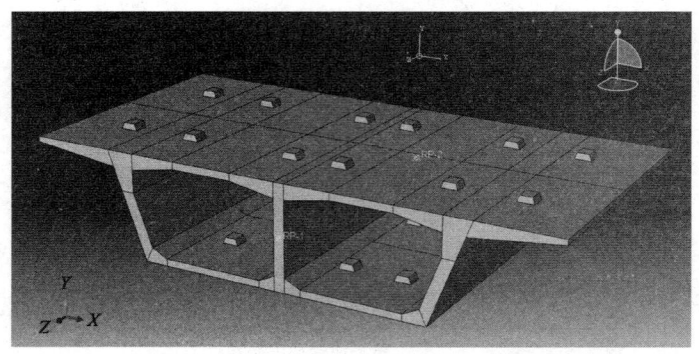

图3　节段梁接缝局部空间实体模型

2. 接缝断面混凝土受力性能

混凝土节段梁接缝表面所受纵桥向应力分布规律如图4所示。在预应力的作用下，接缝全截面受压，并且越靠近布置有钢齿坎，即预应力张拉点部位的混凝土所受到的压应力越大，而距离张拉点越远部位的混凝土受到的压应力越小。其中，最大压应力出现在底板区域，达到1.2MPa，这是由于底板处的张拉点间距相对较小，各拉杆所传递到混凝土上的压应力重合范围较大，叠加效应更明显。顶板上的拉杆间距较大，预应力在接缝断面产生的压应力叠加效应偏弱，但整体都能保持在0.6MPa以上，足以达到规范的要求。

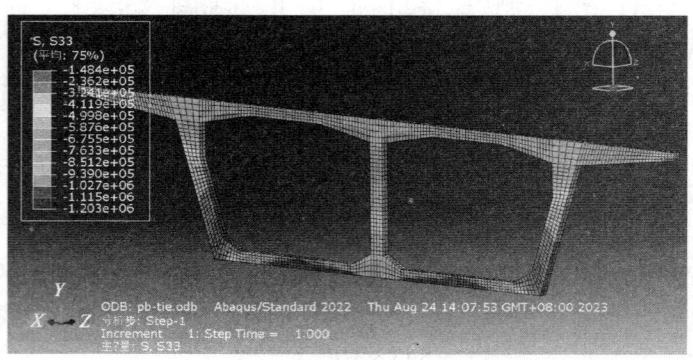

图4　混凝土节段梁接缝截面应力分布规律

截面上距离张拉点较远的区域主要是腹板和顶板悬臂的最外端。其中，中腹板由于可以同时受到左右两边临时拉杆传来的预应力作用，其压应力也能保持在0.5MPa左右，满足规范要求。但在边腹板与底板的交会区域以及顶板悬臂最外端的下缘，即图5中框出的区域，压应力均小于0.3MPa，无法满足规范对于胶接缝紧密黏合的要求。因此,在这个范围应该补充张拉临时预应力,或者调整已有的张拉位置,使整个截面的压应力分布更加均匀,每处都能有至少 0.3MPa 的压应力储备。

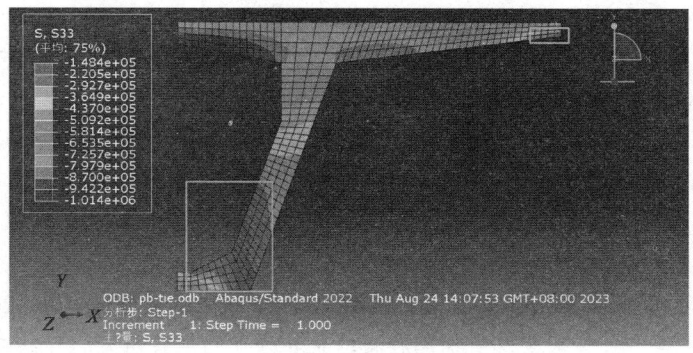

图 5　接缝截面上压应力不足区域示意

3. 钢齿坎处混凝土局部受力性能

除了接缝断面,在节段梁顶底板上与钢齿坎锚固的部位,可能存在应力集中现象,同样是值得关注的对象。如图 6 所示为底板混凝土钢齿坎附近区域的应力分布,可以看到,钢齿坎前端的混凝土部分由于预应力的张拉而受到压应力,再从此处扩散传至接缝断面;而钢齿坎后端的混凝土部分则产生了较大的锚后拉应力,但在后续施工阶段,该节段梁另一侧临时预应力张拉时,锚后拉应力会得到改善。

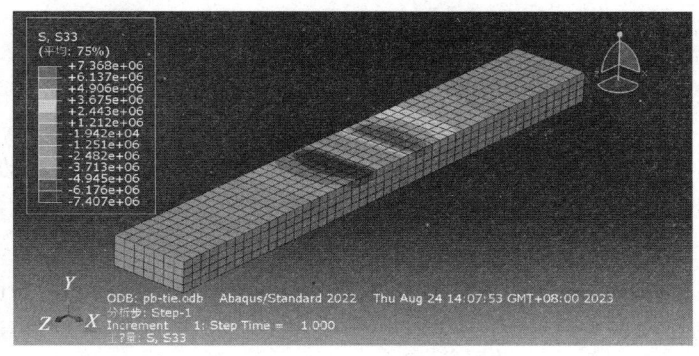

图 6　钢齿坎附近的底板混凝土应力分布规律

四、结　语

本文基于预制混凝土节段梁接缝处的临时拉杆方案,针对节段梁接缝局部建立了三维空间实体模型,对接缝断面以及钢齿坎附近的局部空间应力进行了精细的计算与数值模拟,得到结论如下:

(1)在临时预应力的作用下,混凝土节段梁接缝断面的压应力并非均匀分布,而是与箱梁断面有关。本例中的箱梁断面较宽,计算结果表现为越靠近张拉部位的混凝土区域压应力越大,且在钢齿坎间距更接近的底板上,应力叠加效果更为明显,压应力储备也最为充足。

(2)接缝断面的顶底板、中腹板的大部分区域,预应力提供的压应力都能满足规范要求。但在边腹板与底板的交会处,以及顶板悬臂最外端下缘区域的混凝土,由于距离每个预应力张拉点都相对较远,预压力无法达到规范要求。因此该处也会成为接缝黏结的薄弱点,影响接缝断面的受力性能和耐久性。

(3)临时预应力的张拉会使混凝土节段梁在钢齿坎的后端部分承受一定的锚后拉应力。尽管在张拉另一侧预应力时会将拉应力抵消掉,需要适当增加此处的局部纵向配筋。

(4)设计时仅考虑平均压应力无法保证全断面的预压值都达到规范要求,因此在设计时应采用更为精细的分析,并考虑在合适部位增加临时预应力的张拉点或适当加大张拉控制力,或者通过调整张拉位置使全截面的应力分布更加平均。

参考文献

[1] 中华人民共和国交通运输部.公路桥涵设计通用规范:JTG D60—2015[S].北京:人民交通出版社股份有限公司,2015.

[2] 中华人民共和国交通运输部.公路钢筋混凝土及预应力混凝土桥涵设计规范:JTG 3362—2018[S].北京:人民交通出版社股份有限公司,2018.

[3] AASHTO. Guide Specifications for Design and Construction of Segmental Concrete Bridges[S]. Washington DC:AASHTO,2003.

[4] 中华人民共和国建设部.预应力混凝土桥梁预制节段逐跨拼装施工技术规程:CJJ/T 111—2006[S].北京:中国建筑工业出版社,2006.

[5] 李国平.干接缝节段式预应力混凝土桥梁的优势与缺陷[J].中国市政工程,2007(S2):54-55,104.

[6] 李学斌,杨心怡,李东昇,等.节段梁环氧树脂胶接缝抗拉强度的试验研究[J].铁道建筑,2015(1):23-26.

[7] 邓果.预制节段梁悬拼施工中的临时预应力设计[J].交通科技,2019(3):24-25,29.

[8] 宋守坛.高速铁路预制拼装箱梁桥抗弯及接缝抗剪试验研究与理论分析[D].南京:东南大学,2016.

[9] 张蜀泸.基于ABAQUS的部分粘结预应力混凝土梁有限元分析[J].低温建筑技术,2009,31(5):40-42.

88. 原材料对粗集料UHPC力学性能的影响研究

谢恩慧[1]　王志金[2]

(1. 中交公路长大桥建设国家工程研究中心有限公司；2. 中交一公局第四工程有限公司)

摘　要　使用机制砂、粗集料、端钩型钢纤维和低黏度减水剂成功制备出力学性能优异的粗集料UHPC,对比了水灰比、粗细集料各自的级配与坚固性、钢纤维种类、钢纤维掺量和外加剂等的变化对粗集料UHPC工作性能和力学性能的影响。研究结果表明,各因素对粗集料UHPC的工作性能和力学性能均有一定程度的影响。其中,含5~10mm粒径的粗集料UHPC综合性能优于5~17mm,石灰岩不适宜制备粗集料UHPC,机制砂的级配与坚固性对力学性能影响较大。长径比较小的波纹型钢纤维力学性能较低,一定范围内降低钢纤维掺量对抗压强度影响不大,但会使抗折强度下降。

关键词　超高性能混凝土　粗集料　机制砂　力学性能　工作性能

一、引　言

超高性能混凝土(UHPC)具有优异的力学性能、工作性能和耐久性能,与普通混凝土相比不仅能够有效降低结构自重,还能大幅提高混凝土结构的使用寿命,在工程建设中具有巨大的应用潜力。通过在UHPC中掺加粗集料可有效降低UHPC的生产成本[1],并且可使其具有更高的弹性模量和抗收缩开裂能力,已被成功应用于我国重点工程建设中[2]。

目前,学者对于含粗集料的UHPC(coarse aggregate UHPC,简称CA-UHPC)力学性能影响的研究大致分为两种情况,一种是在粗集料掺量不变时,分别对比水灰比、纤维长度、纤维种类、粗集料粒径级配、粗集料尺寸等因素对CA-UHPC的影响[3-12]。如水灰比0.16水灰比时的抗压强度最大[3],采用玄武岩制备的CA-UHPC抗压强度大于使用花岗岩与铁矿石制备的CA-UHPC抗压强度等[11]。另一种是CA-UHPC基体、纤维与细集料不变单纯对比不同体积粗集料掺量对其力学性能的影响[3-11,13-16]。如弹性模量随着粗集料掺量增加而线性增加,抗折强度则不断降低。而抗压强度随着集料掺量的增加均先增加后降低,抗压强度存在一个峰值点。这是由于粗集料掺量增加使得CA-UHPC工作性能降低,当达到一定范围时导致内部缺陷增加,使得钢纤维结团、分散性差、利用率低,且集料浆体包裹少,界面过渡区黏结力低,这些弱化效应大于了粗集料对 UHPC 的集架、咬合锚固等的增强效应。抗压强度达到峰值点时,普遍在 300kg/m³~800kg/m³ 的较大范围内[3-11,13-15]。而在制备以上这些 CA-UHPC 时,细集料多采用石英砂或者级配良好的河砂,对原材料的质量要求非常高。赵学涛等[17]研究得出机制砂 10%~20% 部分替代河砂时 CA-UHPC 的力学性能较优;杨娟等[18]对比了两种细度模数的机制砂对 CA-UHPC 的影响。相比而言,目前采用机制砂制备 CA-UHPC 的研究较为缺乏。

机制砂棱角较多、表面粗糙,已有研究表明,采用机制砂与天然河砂或石英砂制备的无粗集料 UHPC 性能之间存在较大差异[19-21],因此亟须将机制砂引入 CA-UHPC 的研究中来。本文首先对比了水灰比、粗集料级配与种类对 CA-UHPC 力学性能的影响,利用石英砂制备出了 28d 抗压强度大于 150MPa 的 CA-UHPC;然后在此配合比基础上,重点从机制砂种类、钢纤维种类与钢纤维掺量三个方面进行含机制砂的 CA-UHPC 的工作性能与力学性能的试验研究,以获得工作性能与力学性能均较好的 CA-UHPC,使其具有更加广阔的应用前景。

二、试 验

1. 原材料

本文 CA-UHPC 的工作性能与力学性能试验研究由两部分组成,其中,研究内容 1 中细集料采用级配良好的石英砂;研究内容 2 中细集料全部为机制砂。两部分试验个别原材料来源不同,在文中用大写的上标英文字母表示。

水泥采用 52.5 强度等级的硅酸盐水泥,分为 P.Ⅱ 52.5R^A 和 P.Ⅱ 52.5^B,技术指标见表 1。硅灰的 SiO_2 含量为 94%,烧失量 0.9%,堆积密度为 407kg/m³,强度活性指数 115%。粉煤灰微珠烧失量 1.0%,45μm 筛余量 5.5%,堆积密度 1020kg/m³,强度活性指数 82%。细集料包括石英砂^C、机制砂^D、机制砂^E 和机制砂^F,技术指标见表 2。粗集料中玄武岩^G 压碎值为 8.9%,粒径有 5~10mm 和 10~17mm 两种,石灰岩^H 和辉绿岩^I 的压碎值分别为 11.6% 和 4.5%,集料粒径均为 5~10mm。镀铜钢纤维包括直型钢纤维^J、波纹型钢纤维^K、波纹型钢纤维^L、直型钢纤维^M 和端钩型钢纤维^N,主要技术指标见表 3。减水剂^O 为白色粉末状聚羧酸高效减水剂,减水率约为 33%。

水泥技术指标　　　　　表1

水泥	比表面积 (m²/kg)	烧失量 (%)	初凝时间 (min)	终凝时间 (min)	抗压强度 (MPa)		抗折强度 (MPa)	
					3d	28d	3d	28d
P.Ⅱ 52.5R^A	368	1.57	162	210	39.7	63.9	39.7	63.9
P.Ⅱ 52.5^B	358	2.47	193	242	36.1	62.3	36.1	62.3

细集料技术指标　　　　　表2

类型	石英砂^C	机制砂^D	机制砂^E	机制砂^F
细度模数	2.53	2.82	2.79	3.26
压碎值	1.8%	7.2%	13.6%	14.3%
石粉含量	1.10%	2.20%	2.34%	5.11%

钢纤维技术指标　　　　　表3

类型	抗拉强度(MPa)	弹性模量(GPa)	直径(mm)	长度(mm)	密度(kg/cm³)
平直型^J	≥2850	210	0.22	13	7.8
波纹型^K	≥2850	210	0.30	11	7.8
波纹型^L	≥2850	210	0.22	13	7.8
平直型^M	≥2850	210	0.22	15	7.8
端钩型^N	≥2850	210	0.22	13	7.8

2. 试验方案和配合比

所有试验研究中,保持CA-UHPC胶凝材料中的水泥、硅灰与粉煤灰微珠和集料体系中粗细集料的掺量不变,见表4、表5。

内容1:主要对比CA-UHPC的三个水灰比(目前研究中多采用0.16或0.18水灰比[3,4,6,7,10],因此本文选择0.16、0.17和0.18进行试验,以获得CA-UHPC在该配比下最合适的水灰比)、两种最大粒径石头(10mm和17mm)和两种石头类型(石灰岩、玄武岩),重点观察在标准养护状态下的抗压强度变化规律。

内容2:在内容1的配合比基础上,粗集料采用力学性能更好的辉绿岩,并通过改变机制砂种类、钢纤维种类、钢纤维掺量和外加剂种类,采用70℃蒸汽养护1d来快速地对比分析力学性能的变化规律,以最终制备出工作性能和力学性能均优异的含机制砂CA-UHPC。

含石英砂的CA-UHPC配合比　　　　表4

编号	水泥 (kg/m³)	矿物掺合料 (kg/m³)	细集料 (kg/m³)	粗集料 (5~10mm) (kg/m³)	粗集料 (10~17mm) (kg/m³)	钢纤维 (kg/m³)	减水剂 (%)	水灰比
A1	600[A]	300	620[C]	465[G]	465[G]	132.6[N]	8.0[O]	0.16
A2	600[A]	300	620[C]	465[G]	465[G]	132.6[N]	9.5[O]	0.17
A3	600[A]	300	620[C]	465[G]	465[G]	132.6[N]	9.5[O]	0.18
A4	600[A]	300	620[C]	930[G]	0	132.6[N]	8.0[O]	0.18
A5	600[A]	300	620[C]	930[H]	0	132.6[N]	7.5[O]	0.18

含机制砂的CA-UHPC配合比　　　　表5

编号	水泥 (kg/m³)	矿物掺合料 (kg/m³)	细集料 (kg/m³)	粗集料 (5~10mm) (kg/m³)	粗集料 (10~17mm) (kg/m³)	钢纤维 (kg/m³)	减水剂 (%)	水灰比
B1	600[B]	300	620[D]	930[I]	0	132.6[J]	9.5[O]	0.18
B2	600[B]	300	620[E]	930[I]	0	132.6[J]	9.5[O]	0.18
B3	600[B]	300	620[F]	930[I]	0	132.6[J]	9.5[O]	0.18
B4	600[B]	300	620[D]	930[I]	0	132.6[K]	9.5[O]	0.18
B5	600[B]	300	620[D]	930[I]	0	132.6[L]	9.5[O]	0.18
B6	600[B]	300	620[D]	930[I]	0	132.6[M]	9.5[O]	0.18
B7	600[B]	300	620[D]	930[I]	0	132.6[N]	9.5[O]	0.18
B8	600[B]	300	620[D]	930[I]	0	117.0[N]	9.5[O]	0.18
B9	600[B]	300	620[D]	930[I]	0	101.4[N]	9.5[O]	0.18

3. 试件的制备与养护

将称量好的水泥、硅灰、粉煤灰微珠、砂、石依次入强制式混凝土搅拌机内,首先干拌2min,然后添加水与减水剂继续搅拌3min,再将钢纤维缓慢地加入搅拌机内,继续搅拌5min,最后将拌制好的新鲜浆体装入塑料模具内,震动1min完成成型。其中抗压强度试件尺寸为100mm×100mm×100mm,弹性模量试件尺寸为300mm×100mm×100mm,抗折试件尺寸为400mm×100mm×100mm。将成型好的试件表面及时覆膜,并移入温度20℃±2℃室内,48h后拆模。采用蒸汽养护的试件在拆模之后用70℃热水养护24h即可,控制升降温速率为12℃/h,其余试件全部放入标准养护室养护。

4. 测试方法

力学性能按照《活性粉末混凝土》标准进行测试,其中立方体抗压强度与静力弹性模量采用3000kN量程的压力试验机进行测量,抗折强度采用1000kN量程的万能试验机进行测量。立方体抗压强度每组3个试件,加载速率为1.2MPa/s。静力受压弹性模量每组6个试件,加载与卸载速率均为1.2MPa/s,采用千分表测量位移值。抗折强度测试每组3个试件,加载速率为0.1MPa/s,通过记录试件的最大破坏荷载进行计算。

三、试验结果与讨论

1. 含石英砂CA-UHPC的工作性能与力学性能

1）水灰比的影响

CA-UHPC标准养护3d、7d、14d和28d抗压强度变化规律如图1所示。由图1可见,3d龄期时,A1、A2和A3抗压强度分别为109.6MPa、106.8MPa和106.8MPa,均达到了28d抗压强度的68%以上。7d龄期时抗压强度已增加到28d强度的78%~83%,14d龄期时抗压强度已增加到90%以上,该变化规律与Xu L[10]用0.18水灰比做出的结果类似。28d龄期时,A1、A2和A3抗压强度分别为160.2MPa、157.2MPa和155.5MPa,0.17和0.18水灰比抗压强度较0.16水灰比低1.9%~2.9%。且在不同龄期时,均呈现出高水灰比CA-UHPC抗压强度略低于0.16水灰比的抗压强度。CA-UHPC基体是经过胶凝材料体系与细集料体系的多级紧密堆积,并采用低水灰比与高性能外加剂而形成的微观结构致密的复合水泥基材料,内部孔隙率极低,具有较高的力学性能。当增加胶凝材料单位体积用水

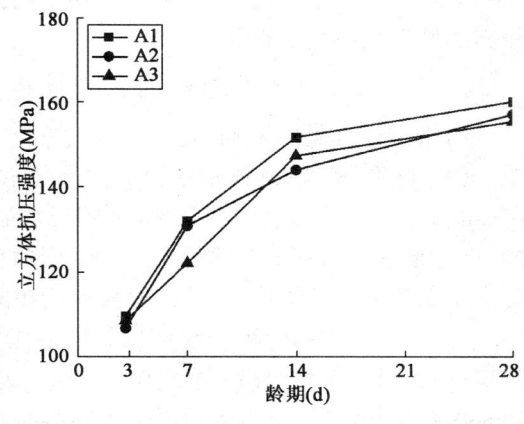

图1 不同水灰比CA-UHPC的立方体抗压强度发展规律

量时,水泥水化后留下更多的微观孔隙结构,一定程度上造成混凝土强度的降低。已有研究表明,0.18水灰比的CA-UHPC抗压强度比0.16水灰比低2.4%~6.9%[10],不含粗集料UHPC的抗压强度0.18比0.16水灰比的低约14.7%[7]。而本文中,0.18与0.16水灰比抗压强度仅相差2.9%。值得注意的是,0.17与0.18水灰比的CA-UHPC之间的抗压强度差别也不明显,28d抗压强度仅低了1.7MPa,在14d龄期时的抗压强度甚至出现相反的规律。水灰比为0.16、0.17和0.18的CA-UHPC扩展度分别为400mm、460mm和510mm,随着水灰比的增加工作性能的提升较为明显,扩展度均达到了工程中CA-UHPC对工作性能的要求[2]。因此,本文选择工作性能最好的0.18水灰比作为CA-UHPC的基准水灰比。

2）粗集料种类与级配的影响

粗集料级配与种类对CA-UHPC立方体抗压强度的影响如图2所示。A3、A4和A5粗集料掺量均为930kg/m³,其中A3、A4粗集料是玄武岩,A3粗集料粒径为5~10mm与10~17mm,按1:1比例混合,A4的粗集料粒径为5~10mm,A5的粗集料为5~10mm粒径的石灰岩。

对比A3与A4可知,将大粒径10~17mm的粗集料等质量替换成5~10mm小石头时,扩展度由

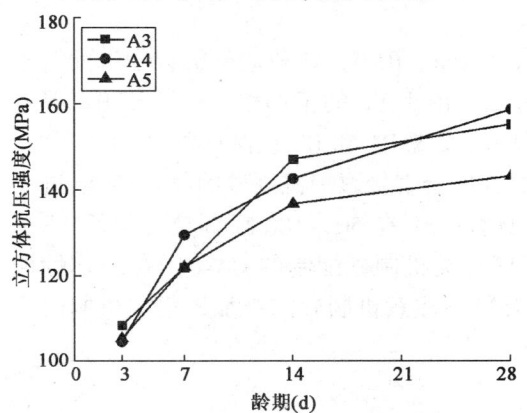

图2 粗集料级配与种类对CA-UHPC立方体抗压强度的影响

500mm增加至560mm,工作性能变得更好。而对于普通混凝土,集料粒径在5~25mm之间时,工作性能随着粒径增加而提高[22]。且对于自密实混凝土,集料粒径为20mm、16mm和10mm扩展度分别为630mm、650mm和660mm,同样工作性能随着粒径增加而改善[23]。对于CA-UHPC却有不同的规律,本文试验结果与黄维蓉[6]、杨凤玲等人[8]研究一致,在一定范围内,集料粒径大的CA-UHPC工作性能低[8]。8~10mm和5~8mm CA-UHPC的扩展度变化规律也与本文相似[6]。主要是因为随着粗集料尺寸的增加,钢纤维与粗集料更易构成的"棚架效应",导致CA-UHPC的工作性能降低。且随着粗集料粒径的增大,CA-UHPC的流变参数也会增加,从而使得工作性能降低[8]。28d龄期时,

粗集料粒径5~10mm的CA-UHPC抗压强度为159.0MPa,粗集料粒径为5~17mm的抗压强度为155.5MPa,随着粗集料最大粒径的降低,抗压强度增加了3.5MPa(2.3%)。可能由于粒径较大的粗集料比表面积较小,使得集料与UHPC基体整体的结合强度较弱。粗集料粒径过大或过小往往会降低CA-UHPC的强度[6,8],因此,寻找合适粒径的粗集料对CA-UHPC的工作性能和抗压强度是有帮助的。

粗集料为石灰岩的CA-UHPC,28d抗压强度仅为143.5MPa,同等条件下,相比于玄武岩CA-UHPC抗压强度降低了15.5MPa(9.7%)。石灰岩属于碳酸盐类,抗压强度在70~128MPa[24],压碎值为11.6%,在工程中多用于制备普通混凝土。而玄武岩属于硅酸盐类,质地坚硬表面粗糙,抗压强度在160~250MPa之间[24],压碎值为9.6%,多用于高强混凝土的研究中,因此在制备CA-UHPC时应选择力学性能较高的硅酸盐类粗集料。

2. 含机制砂CA-UHPC的工作性能与力学性能

1)机制砂种类的影响

B1、B2和B3原材料中水泥的性质与A4基本相同,粗集料选择力学性能更优异且经过整形的5~10mm粒径的辉绿岩,细集料全部采用机制砂进行等质量替换。为了提高含机制砂CA-UHPC的工作性能,钢纤维选择与端钩型钢纤维尺寸相同的直型钢纤维(因为同等条件下,直型钢纤维UHPC的工作性能要高于端钩型钢纤维[25]),其余原材料均相同。

表6为CA-UHPC的扩展度试验结果,B1、B2和B3扩展度分别为330mm、360mm和380mm。由试验结果可知,尽管含机制砂CA-UHPC采用了表面更加圆润的辉绿岩和直型钢纤维,但工作性能远低于A4的560mm扩展度。表明采用机制砂制备的CA-UHPC的工作性能相对较差,由于机制砂表面粗糙、棱角多且石粉含量高,导致混凝土流动性降低[19]。而石英砂的粒径均匀、颗粒圆润,颗粒间不易咬合,在浆体内能够起到一定的滚珠润滑作用,工作性能较好。

不同种类机制砂对CA-UHPC工作与力学性能的影响 表6

编号	抗压强度(MPa)	抗折强度(MPa)	扩展度(mm)
B1	164.7	20.1	330
B2	154.3	16.3	360
B3	152.5	17.8	380

B1、B2机制砂中50~100目(0.3~0.15mm)、30~50目(0.6~0.3mm)和16~30目(1.18~0.6mm)颗粒含量较为均匀,分别在15%~20%之间,8~16目(2.36~1.18mm)颗粒含量最高,约占24%,石粉含量均在2.2%左右。而B3石粉含量高且粒径级配不均匀,50~100目(0.3~0.15mm)含量低,约占7%,4~8目(2.36~4.75mm)含量较高,约占30%。虽然B3石粉含量较高,但粗颗粒含量较高,细颗粒含量较低,比表面积总体偏小。使包裹在机制砂颗粒表面一定厚度的UHPC浆体体积减小,导致不受细集料约束的自由浆体增加,从而B3的工作性能相对最大。

B1、B2、B3的抗压强度分别为164.7MPa、154.3MPa和152.5MPa。B1与B2机制砂的粒径级配基本相同,细度模数接近,而抗压强度却相差10.4MPa(6.3%)。可能是由于B2的工作性能略低于B1,混凝土内部气泡未能得到充分排出,导致CA-UHPC缺陷增加。但同时发现B1和B2机制砂的坚固性不同,B2机制砂的压碎值为13.6%,而B1的仅为7.2%,机制砂母岩强度会直接影响机制砂的物理性能,进而导致混凝土力学性能的差异。B3机制砂的压碎值为14.3%,且级配较差,50~100目颗粒含量低,不是最紧密堆积的状态,因此制得的CA-UHPC抗压强度最低。不同种类机制砂配制的CA-UHPC工作性能与抗压强度差别较大,因此,在配制含机制砂CA-UHPC时,需要特别注意机制砂的级配调整与机制砂本身的物理力学性能差异。

2)钢纤维种类的影响

钢纤维种类对CA-UHPC的工作性能与力学性能影响显著。B4扩展度为480 mm,而B5、B6和B7几乎没有工作性能。由于在CA-UHPC中,集料与纤维之间形成的"棚架效应",本身会使CA-UHPC的工作性能降低,而掺加棱角尖锐的机制砂会使得工作性能得到进一步的恶化,使得 B1 的扩展度仅为 330 mm。B4、B5、B6 和 B7 采用的机制砂与 B1 完全相同,试验结果显示,采用长度更长的直型钢纤维和长度直径相同而形貌不同的端钩型或波纹型钢纤维时,CA-UHPC 在坍落流动时,钢纤维与粗集料之间更易相互缠绕制约,工作性能变得更低。而采用长径比较小的波纹型钢纤维时,钢纤维与粗集料之间的"棚架效应"较弱,更易均匀分散,工作性能可得到大幅度的提升。

如表 7 所示,B1、B4、B5、B6 和 B7 的抗压强度分别为 164.7MPa、151.3MPa、162.7MPa、166.6MPa 和 165.3MPa。其中 B6 和 B7 的抗压强度相比于基准组 B1 抗压强度稍有增加,分别增加了 1.9MPa 和 0.6MPa,B5 抗压强度降低 2.0MPa,而 B4 抗压强度降低了 13.4MPa。B1、B4、B5、B6 和 B7 的抗折强度分别为 20.1MPa、16.9MPa、19.2MPa、22.4MPa 和 22.2MPa,B6 和 B7 的抗折强度比 B1 增加 2.3MPa 和 2.1MPa,B4 和 B5 分别降低 3.2MPa 和 0.9MPa。

同掺量下,直型和波纹型在提升力学性能方面比端钩型钢纤维低[26]。而本文中,增加直型钢纤维的长度和改变钢纤维的形貌对提升 CA-UHPC 的抗压强度并不明显。由于改变了钢纤维的参数,机制砂 CA-UHPC 的工作性能变得更低,使得内部缺陷较多,这与改变钢纤维长度和形貌来增加与 UHPC 基体的锚固能力相比,两者的平衡作用导致抗压强度变化不大。而长度稍长的直型钢纤维和端钩型钢纤维的抗折强度有小幅度的提升,长径比较小的波纹型钢纤维($l/d = 37$),纤维利用率低,抗压强度与抗折强度最低。

如表 7 所示,B4、B5、B6 和 B7 的弹性模量分别为 50.3GPa、53.2GPa、53.6GPa 和 53.1GPa。同等掺量下,直径和长度相同时,由直型、波纹型与端钩型钢纤维组成的 CA-UHPC,其弹性模量差异也很微小。B4 的弹性模量最低,可能是抗压强度低导致的,因为抗压强度与弹性模量存在较强的相关性[27]。

不同种类钢纤维对 CA-UHPC 工作与力学性能的影响 表 7

编号	抗压强度(MPa)	抗折强度(MPa)	弹性模量(GPa)	扩展度(mm)
B4	151.3	16.9	50.3	480
B5	162.7	19.2	53.2	210
B6	166.6	22.4	53.6	210
B7	165.3	22.2	53.1	210

3) 钢纤维掺量的影响

在提升 UHPC 力学性能方面,端钩型钢纤维比直型钢纤维表现得更加优异[26],因此本文只对比了端钩型钢纤维在不同掺量下的性能指标。不同钢纤维掺量对 CA-UHPC 工作与力学性能的影响见表 8。B7、B8 和 B9 的扩展度分别为 200mm、260mm 和 420mm,只有 1.3% 掺量的 CA-UHPC 满足工程施工要求。B7、B8 和 B9 抗压强度分别为 165.3MPa、164.1MPa 和 163.7MPa,抗压强度只有微小差异,文献[10]中 CA-UHPC 钢纤维掺量从 1.0% 到 2.0%,28d 抗压强度仅增加了 2.0MPa。本文中弹性模量分别为 53.1MPa、51.8MPa 和 53.8MPa,变化同样不显著。而不含粗集料 UHPC 抗压强度与弹性模量钢纤维在 1.0%~2.0% 之间变化较大[10]。表 8 中 B7、B8 和 B9 抗折强度分别为 22.2MPa、20.3MPa 和 19.6MPa,抗折强度随着钢纤维含量的降低而降低,1.3%、1.5% 比 1.7% 掺量降低 1.9MPa(8.6%) 和 2.2MPa(9.9%)。通过降低钢纤维掺量虽然可以达到改善 CA-UHPC 工作性能的目的,但会带来一定程度的力学性能损失。

不同钢纤维掺量对 CA-UHPC 工作与力学性能的影响 表 8

编号	抗压强度(MPa)	抗折强度(MPa)	弹性模量(GPa)	扩展度(mm)
B7	165.3	22.2	53.1	210
B8	164.1	20.3	51.8	260
B9	163.7	19.6	53.8	420

四、结　语

本文采用机制砂制备出了力学性能优异的 CA-UHPC,通过试验对比了水灰比变化、粗集料级配、粗集料种类对含石英砂 CA-UHPC 性能的影响,并在此基础上研究了机制砂种类、钢纤维种类、钢纤维掺量

和减水剂种类对含机制砂 CA-UHPC 的性能影响,主要得出以下结论:

(1) 0.18 水灰比的立方体比 0.16 水灰比的立方体的抗压强度低 4.7MPa(2.9%),而坍落扩展度却提升 110mm(28%)。5~10mm 粒径的 CA-UHPC 工作性能和力学性能优于 5~17mm。石灰岩比玄武岩抗压强度低 15.5MPa(9.7%),不适宜制备 CA-UHPC。

(2) 机制砂的级配与坚固性对 CA-UHPC 力学性能影响较大,抗压强度差异在 10MPa 左右。同等钢纤维掺量下,长径比较小的波纹型力学性能较低,直径相同长度稍长 2mm 的直型钢纤维与波纹型、端钩型钢纤维之间的力学性能差异微小。1.3%、1.5% 和 1.7% 掺量下端钩型钢纤维抗压强度与弹性模量变化不大,但抗折强度会随着纤维含量的降低而下降。

参考文献

[1] WILLE K, BOISVERT-COTULIO C. Material efficiency in the design of ultra-high performance concrete [J]. Construction and Building Materials, 2015, 86:33-43.

[2] 陈平,夏辉,尤琦. 粗集料活性粉末混凝土性能及应用研究[J]. 交通科技,2019(1):28-31.

[3] 苏捷,史才军,黄泽恩,等. 粗集料含量对超高性能混凝土抗压强度尺寸效应的影响[J]. 硅酸盐学报,2021,49(11):2416-2422.

[4] 黄政宇,李仕根. 含粗集料超高性能混凝土力学性能研究[J]. 湖南大学学报(自然科学版),2018,45(03):47-54..

[5] 程俊,刘加平,刘建忠,等. 含粗集料超高性能混凝土力学性能研究及机理分析[J]. 材料导报,2017,31(23):115-119,131.

[6] 黄维蓉,杨玉柱,刘延杰,等. 含粗集料超高性能混凝土的力学性能[J]. 硅酸盐学报,2020,48(11):1747-1755.

[7] 欧阳雪,史才军,史金华,等. 超高性能混凝土受压力学性能及其弹性模量预测[J]. 硅酸盐学报,2021,49(2):296-304.

[8] 杨凤玲,嵇银行,刘伟,等. 含粗集料超高性能混凝土的试验研究[J]. 混凝土,2018(12):110-113.

[9] 陈巨明. 粗集料超高性能混凝土配合比及其力学性能研究[J]. 市政技术,2020,38(4):270-273.

[10] XU L, WU F, CHI Y, et al. Effects of coarse aggregate and steel fibre contents on mechanical properties of high performance concrete[J]. Construction and Building Materials, 2019, 206:97-110.

[11] LV Y, ZHANG W, WU F, et al. Static mechanical properties and mechanism of C200 ultra-high performance concrete (UHPC) containing coarse aggregates[J]. Science and Engineering of Composite Materials, 2020, 27(1):186-195.

[12] 丁学兵,孙林柱,赵俊亮,等. 微钢纤维与集料粒径匹配关系对混凝土强度的影响[J]. 混凝土,2018(3):94-97.

[13] 叶庆阳,薛聪聪,余敏,等. 超高性能混凝土配合比设计与抗压强度试验研究[J]. 工业建筑,2020,50(3):124-130,141.

[14] 沈楚琦,李北星. 粗集料对超高性能混凝土力学性能的影响及拟合分析[J]. 材料科学与工程学报,2021,39(1):35-40.

[15] 郑青,王天琪. 粗集料及玄武岩纤维对超高性能混凝土性能的影响研究[J]. 混凝土世界,2021(11):68-71.

[16] 苏捷,史才军,鲁飞扬,等. 含粗集料超高性能混凝土弯拉强度尺寸效应[J]. 硅酸盐学报,2022,50(2):438-444.

[17] 赵学涛,杨鼎宜,朱从香,等. 掺机制砂的超高性能混凝土试验研究[J]. 混凝土,2020(9):152-154,160.

[18] 杨娟,朋改非,高育欣,等. 含粗集料的超高性能混凝土抗压强度试验研究[C]//吴文贵,冯乃谦. 第三届两岸四地高性能混凝土国际研讨会论文集. 北京:中国建材工业出版社,2012:351-359.

[19] 褚洪岩,蒋金洋,李荷,等.环保型细集料对超高性能混凝土力学性能的影响[J].材料导报,2020,34(24):24029-24033.
[20] 马正先,赵雅萌,陈炳江,等.机制砂超高性能混凝土(UHPC)性能影响因素试验研究[J].混凝土与水泥制品,2022(1):48-52,63.
[21] 王冠,李炜,葛文杰,等.不同因素对超高性能混凝土工作性及力学性能的影响[J].混凝土与水泥制品,2021(12):50-54.
[22] 吴锦光.粗集料粒径对C80混凝土工作性能、力学性能及耐久性能的影响探讨[J].广东建材,2019,35(5):14-16.
[23] 张志超.集料粒径对自密实混凝土流变性、工作性和静态稳定性影响研究[J].硅酸盐通报,2020,39(7):2139-2144.
[24]《工程地质手册》编委会.工程地质手册[M].5版.北京:中国建筑工业出版社,2018.
[25] 徐俊,许永和,王圣怡.钢纤维及硅灰对UHPC性能影响试验研究[J].粉煤灰综合利用,2017(6):8-10.
[26] WU Z,SHI C,KHAYAT K H. Investigation of mechanical properties and shrinkage of ultra-high performance concrete: Influence of steel fiber content and shape[J]. Composites, 2019, 174:107021.1-107021.12.
[27] 杨简,陈宝春,苏家战.钢纤维对超高性能混凝土弹性模量的影响[J].硅酸盐学报,2020(5):652-658.

89. 浙江省大件运输通行桥梁安全评估实践

田浩[1,2] 王吉吉[1,2] 叶品[1,2] 陈嘉琪[1,2] 王旭燚[1,2] 韩万水[3]

(1.浙江省交通运输科学研究院;2.公路桥隧智能运维技术浙江省工程研究中心;3.长安大学)

摘 要 为了应对日益增长的大件车辆通行公路桥梁结构安全评估需求,浙江省交通运输科学研究院研发"浙江省大件运输车辆通行公路桥梁快速验算系统",为浙江省大件运输车辆通行公路桥梁进行快速验算,服务大件运输审批管理和科学决策。论文简要介绍了浙江省大件验算系统的建设背景、系统功能、建设进展,通过大件车实际通行验算案例介绍了验算评估准则、过程和结论,并提出验算系统功能拓展研究方向。

关键词 大件运输 快速验算 评估准则 通行建议 快速荷载试验

一、引 言

随着我国装备制造、能源基础设施、航空航天、石油化工、船舶和海洋工程等一批国家重点工程建设的实施,国内对风电设备、变压器、燃机设备、盾构机等大件的运输需求逐年增加。大件运输具有超长、超宽、超高或超重的特性,运输过程中极易出现堵塞交通、危害沿线桥梁安全等问题,必须经公路管理部门及公安交警部门审核后才能按照许可路线通行。部分大件运输车辆装载质量在百吨以上,对其通行沿线的桥梁结构进行通行安全评估成为许可的重要环节。2017年以来,浙江省大件运输许可办件量从2017年的仅千余件迅速增长至2022年的17.5万件(图1),对通行线路的验算需求迅速增长。2021年,湖北鄂州"12·18"高速公路匝道桥倾覆事故中,大件运输车辆(实际总重521.96t,虚报总重198t)违法通行未经评估路线,致使桥梁整体倾覆,造成了较大人员伤亡和经济损失。据此,各省(区、市)交通运输厅相继发布《关于进一步加强大件运输管理服务工作的通知》,对大件运输通行验算及评审要求进行了规范。

2021年以来,浙江省交通运输科学研究院持续研发"浙江省大件运输车辆通行公路桥梁快速验算系统"(简称"验算系统"),旨在为浙江省大件运输车辆通行公路桥梁提供快速验算,服务大件运输审批管理和科学决策。该系统的目标是将所有大件运输主通道上的控制性桥梁提前建模入库，以实现对许可申请路线的快速验算及安全评估。此外，充分探索挖掘系统作为浙江省公路桥梁数据库的功能，开展与公路桥梁监测系统、公路治超系统等的联动研究，开展基于大件通行和轻量化检测的快速荷载试验及桥梁承载能力评估等研究。

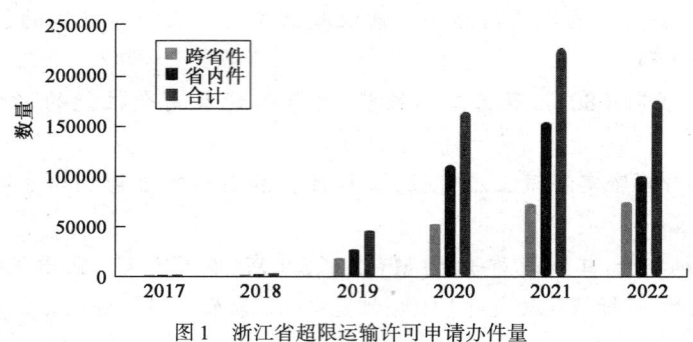

图1 浙江省超限运输许可申请办件量

二、浙江省大件验算系统介绍

1. 建设背景

按照国务院审改办发〔2017〕4号要求，地方公路管理机构对申请公路超限运输许可的，不再要求申请人提供公路桥梁结构荷载验算报告，改由审批部门根据工作需求委托有关机构编制。常规的对单次申请进行委托验算的流程存在重复建模验算、出具报告时间长、通行验算准则不一致等问题。为保障公路桥梁的安全性和耐久性，提升大件运输许可审批效率，对大件运输主通道控制性桥梁提前统一建模入库，开发集需求—验算—审批建议于一体的快速验算系统十分必要。

2. 系统功能

系统具有验算方法科学、验算效率高、评估准则全面等特点。（1）验算方法科学：考虑了车桥耦合下的车辆动力效应，与常规拟静力加载模式相比更符合实际运输情况；（2）验算效率高：系统通过多桥梁模型并行计算实现对申请线路桥梁的快速验算，自动提取关键响应并输出报告；（3）评估准则全面：除了对大件车通行下上部结构的承载能力、抗倾覆能力进行验算外，同时进行正常使用状态下应力和开裂验算，以全面评估安全性和耐久性。

系统具有智能验算、路线管理、审批联动等功能。（1）智能验算：每次评估仅需获取车辆信息和通行路线，系统将自动关联沿线桥梁并进行安全评估，单次大件运输验算时间可控制在30min内；（2）路线管理：存储大件运输主通道的相关路线信息，包括桩号、桥梁结构基本信息和计算模型等，后期可任意调用模型库进行桥梁结构安全评估，无须重复建模；（3）审批联动：与"浙江省大件运输许可审批系统"对接，实现验算需求推送、验算结果上报的一键联动。

3. 建设进展

通过与公路管养单位持续对接、现场勘察等方式，收集了浙江省高速公路桥梁竣工图纸、桥梁定检报告等资料，对沿线桥梁实际运营情况（如运营桩号与设计桩号的对应关系、互通枢纽桩号信息、加固改造情况等）、桥梁技术状况等级以及管养过程中发现的桥梁安全问题进行重点核查和跟进。目前验算系统已入库高速线路6条，包括G2504杭州绕城高速公路（北线、西线）、G56杭瑞高速公路、G25长深高速公路（杭宁段）、G60沪昆高速公路（杭金衢段）、G1523甬莞高速公路（宁波台州段）、S43杭州绕城西复线，覆盖高速公路里程935km，占全省高速公路总里程的19%。

未来两年，浙江省将继续加密高速公路桥梁验算网络，规划建模高速线路15条，包括G2504杭州绕城高速公路（东线、南线）、G60沪昆高速公路（嘉兴段）、G1523甬莞高速公路（温州段）、G25长深高速公路、G50沪渝高速公路、G92杭州湾环线高速公路等，实现与周边省市至少一条主通道可快速验算的目标。随着浙江省关于加快推进普通干线公路桥梁大件运输通行验算工作通知的下发,各地市积极开展国省道大件运输主通道和桥梁验算规划工作,未来相关成果将接入现有高速验算系统,织密浙江省公路桥梁通行验算路网,实现对申请路线全程快速验算评估。

三、大件运输通行验算案例分析

2023年2月,系统收到232t总重大件运输车辆通行验算任务,线路起点为杭州市某能源装备制造有限公司,终点为广西壮族自治区某公司,浙江省境内途经S13练杭高速公路、G2504杭州绕城高速公路、G60沪昆高速公路等高速公路,行驶里程328km,跨越817座桥梁。

1. 基本信息

本次大件运输车辆长35m、宽3m、高4.5m,最大轴重11.9t,共20个轴,大件车运输车货总质量为232.3t,具体如表1和图2所示。

大件车荷载信息　　　　　　　　　　　　　　　　　表1

项目	数值
计算车货总质量(t)	232.3
计算轴载分布(t)	10.0 + 10.0 + 10.0 + 11.9 + 11.9 + 11.9 + 11.9 + 11.9 + 11.9 + 11.9 + 11.9 + 11.9 + 11.9 + 11.9 + 11.9 + 11.9 + 11.9 + 11.9 + 11.9 + 11.9
轴距分布(m)	3.2 + 1.4 + 4.0 + 1.55 + 1.55 + 1.55 + 1.55 + 1.55 + 1.55 + 1.55 + 1.55 + 1.55 + 1.55 + 1.55 + 1.55 + 1.55 + 1.55 + 1.55 + 0.0
车货总尺寸(m)	35.0×3.0×4.5

图2　大件运输车辆

利用线路管理功能模块对本次运输沿线桥梁进行自动提取分析,申请线路途经空心板桥、T梁桥、箱梁桥等共817座桥梁,技术状况等级均为二类及以上,其中重点关注桥梁5座,包括2座整体技术状况等级为二类而上部结构为三类的桥梁以及3座独柱式墩桥梁。根据桥梁结构形式、跨径组成,结合技术状况等级和独柱式墩加固情况,该通行线路系统前期已建模入库59座代表性桥梁,桥梁类型组成如图3所示,代表性桥梁有限元模型如图4所示。

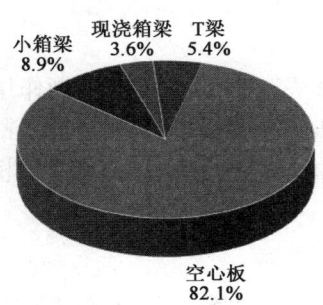

图3　代表性桥梁类型分布

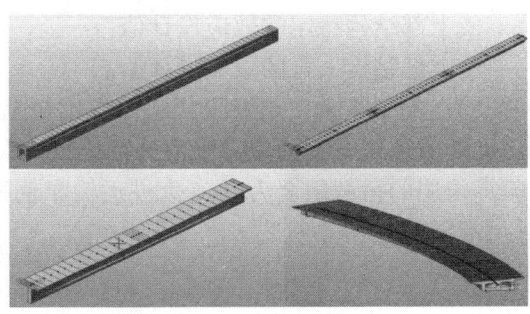

图4　代表性桥梁有限元模型

2. 评估准则

为保证沿线桥梁结构物的安全性与耐久性，综合规范要求并结合已有大件车辆运输验算的经验，采用两阶段验算方法验算：第一阶段为"基于控制性参数的荷载效应比较法"，针对弯桥包括含独柱墩的情况进行抗倾覆验算；第二阶段为"基于正常使用极限状态的作用短期效应检算法"。对于通过第一阶段荷载效应比较及抗倾覆验算的桥梁不进行第二阶段应力验算。此外，对于上部结构技术状况等级为3类及以下的桥梁进行极限承载能力验算。

第一阶段为"基于控制性参数的荷载效应比较法"，依据《公路桥涵设计通用规范》(JTG D60—2015)，通过比较"大件运输车辆荷载效应"与"设计汽车荷载效应"判断该桥是否满足目标大件运输车辆的通行需求。大件车辆荷载下结构承载能力检算的荷载组合效应为：

$$S_k = \gamma_0(1.2S_G + 1.1S_T) \tag{1}$$

设计车辆荷载下结构承载能力检算的荷载组合效应为：

$$R_k = \gamma_0(1.2S_G + 1.4S_{Qk}) \tag{2}$$

式中：S_k——大件车荷载效应组合值；

R_k——设计汽车荷载效应组合值；

γ_0——结构重要性系数；

S_G——恒载效应值；

S_T——大件车效应值；

S_{Qk}——设计汽车效应值。

因此，荷载效应对比满足下式即通过验算：

$$S_k < R_k \tag{3}$$

式(3)化简后可得到：

$$S_T < 1.3 S_{Qk} \tag{4}$$

针对弯桥包括含独柱墩的情况，为保证梁桥不发生结构体系改变，基于《公路钢筋混凝土及预应力混凝土桥涵设计规范》(JTG 3362—2018) 4.1.8条相关规定，在持久状况下，应同时满足下列规定：

(1) 在作用基本组合下，单向受压支座始终保持受压状态。

(2) 按作用标准值进行组合时，整体式截面简支梁和连续梁的作用效应应符合下式要求：

$$\frac{\sum S_{bk,i}}{\sum S_{sk,i}} \geq k_{qf} \tag{5}$$

式中：k_{qf}——横向抗倾覆稳定性系数，取2.5；

$\sum S_{bk,i}$——使上部结构稳定的效应设计值；

$\sum S_{sk,i}$——使上部结构失稳的效应设计值。

第二阶段为"基于正常使用极限状态的作用短期效应检算法"，即大件运输车辆作用下的应力值与规范中作用短期效应组合下的应力限值进行比较。大件运输车辆荷载属于确定性荷载，故对于正常使用极限状态验算采用的荷载组合为：1.0大件运输车辆荷载+1.0恒载。具体公式须参照桥梁建设所依据的规范进行，不再赘述。

3. 验算过程

1) 一阶段验算结果

基于荷载效应比较法，目标大件运输车辆申请通行的S13练杭高速公路、G2504杭州绕城高速公路、

G60沪昆高速公路范围内5座桥未通过一阶段验算,需进行第二阶段验算,具体结果见表2。以严家桥中桥为例,正弯矩、正应力及挠度分布如图5所示。

一阶段验算结果 表2

项目	桥梁名称	目标大件运输车荷载效应			$\eta \times$设计汽车荷载效应($\eta=1.3$)			是否通过
		正弯矩极值 (10^3 kN·m)	负弯矩极值 (10^3 kN·m)	剪力极值 (10^3 kN)	正弯矩极值 (10^3 kN·m)	负弯矩极值 (10^3 kN·m)	剪力极值 (10^3 kN)	
1	严家桥中桥	345.76	0	155.75	449.27	0	124.31	不通过
2	植树茂分离式立交桥(第3联)	1140.93	1262.82	432.3	1659.87	1206.47	637.78	不通过
3	徐河分离立交(第1联第2跨)	2001.92	1665.48	508.56	1560.67	1237.51	579.38	不通过
4	常山港特大桥最后几联	5525.03	0	627.95	4710.63	0	645.26	不通过
5	崇贤枢纽F匝道第2联	6025.97	5466.75	1657.49	3389.82	2943.59	734.617	不通过

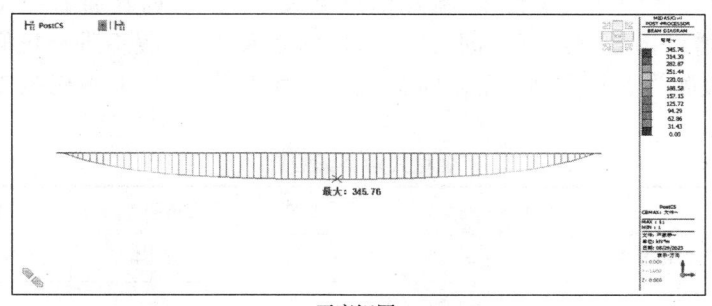

a) 正弯矩图

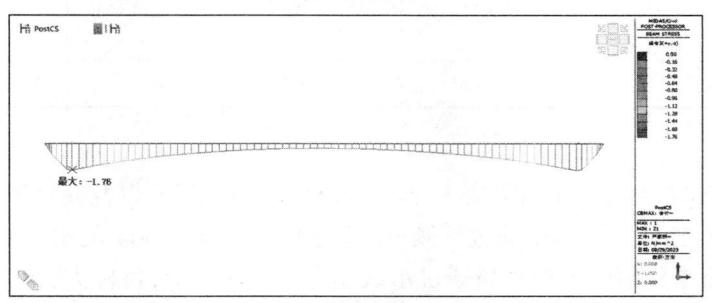

b) 正应力图

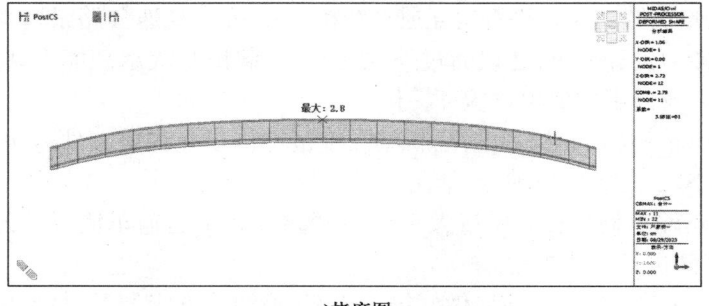

c) 挠度图

图5 严家桥中桥有限元计算结果

2) 二阶段验算结果

对一阶段未通过验算的5座桥进行二阶段验算,结果显示全部通过第二阶段验算,计算结果见表3。

二阶段验算结果 表3

项目	桥梁名称	1.0×大件车+1.0×预应力+1.0×恒载（正应力）			1.0×大件车+1.0×预应力+1.0×恒载（主拉应力）		是否通过
		截面下缘最大拉应力（MPa）	截面上缘最大拉应力（MPa）	控制应力（MPa）	最大拉应力（MPa）	控制应力（MPa）	
1	严家桥中桥	−1.76	0	2.4	1.06	2.4	通过
2	植树茂分离式立交桥（第3联）	−0.03	0.34	1.855	0.01	1.855	通过
3	徐河分离立交（第1联第2跨）	−1.98	−1.17	1.855	0.99	1.855	通过
4	常山港特大桥最后几联	−0.45	0	1.855	0.19	1.855	通过
5	崇贤枢纽F匝道第2联	−4.13	−0.80	1.855	1.26	1.325	通过

3）抗倾覆验算结果

本次通行路线经过3座独柱式墩桥梁，具体信息见表4。因石塘互通E匝道桥跨320国道桥、崇贤枢纽A匝道已采用增设钢盖梁进行加固，此方法加固效果较好，故不进行抗倾覆验算，选择崇贤枢纽F匝道桥进行抗倾覆验算。验算结果显示抗倾覆稳定系数为5.7，大于规范2.5限值，通过抗倾覆验算。

独柱式墩桥梁信息 表4

序号	桥梁名称	曲率半径	支承形式	双支承间距（m）	跨径组成（m）	备注
1	石塘互通E匝道桥跨320国道桥	$R=\infty$	2+3+3+2	4.64	20+28+20	已加固
2	崇贤枢纽A匝道第2联	$R=55$	2+1+1+2+1+1+2	3.75	16+4−19+15.57	已加固
3	崇贤枢纽F匝道第2联	$R=400$	2+2+1+2+2	4.5	25+2−35+25	—

4. 结论建议

根据高速公路运营部门提供的桥梁图纸资料、沿线桥梁检测报告，以及验算依据的相关规定，代表性桥梁均通过二阶段验算；独柱式墩桥梁通过抗倾覆验算；上部结构G2504杭州绕城高速公路石塘互通主线桥、S13练杭高速公路崇贤枢纽F匝道桥通过承载能力验算。综上，目标大件车可以通行该路线，为保证人员及桥梁结构的安全，建议在通行过程中需遵循以下原则：

（1）由于G2504杭州绕城高速公路石塘互通主线桥、S13练杭高速公路崇贤枢纽F匝道桥上部结构技术状况为三类，承载能力验算通过，建议通过外观检查、荷载试验或承载能力评定等，确定其实际承载能力，为本次大件车通行及以后类似项目验算提供依据。

（2）通行过程中，为保证桥梁结构的安全，桥梁长度范围内仅允许该大件运输车辆单独通行，并且该车辆应匀速过桥，速度5km/h，居中行驶，严禁制动、停留或起动。

（3）由于此次大件运输车辆车货总质量大于100t，根据《超限运输车辆行驶公路管理规定》要求，承运人应配备专业护送团队进行全线护送。

（4）因通行线路车流量较大，通行前应做好护送方案，沿线公安交警及时做好车流引导，避免出现堵车情况。

（5）大件运输车辆通行石塘互通E匝道桥跨320国道桥、崇贤枢纽A匝道、崇贤枢纽F匝道三座独柱墩桥梁时，应严格遵守居中行驶规定，并由专业护送团队进行过桥引导。

（6）大件车通行可能会对桥梁耐久性产生影响，为防止大件车辆通行过程中裂缝进一步开展，建议在大件车辆通过后，加强日常巡检观测桥梁裂缝是否有变化。

四、大件验算系统功能拓展研究

随着验算系统入库桥梁模型数量的增长,不断延伸系统路线管理功能,探索挖掘系统作为浙江省公路桥梁数据库的作用。依托验算系统已有数据库及相关大件验算业务,立项申报"基于大件车辆荷载的空心板梁桥快速荷载试验及承载能力评定方法研究""大件货运车辆全维度自动识别勘验及预警技术研究"等课题,在桥梁状态评估和管理养护决策方面开展进一步研究。

1. 基于大件车辆荷载的快速荷载试验及承载能力评定方法研究

传统的桥梁承载能力评定方法中最可靠、最成熟的是静力荷载试验法,其需要在交通封闭、温度稳定、结构温差较小以及尽可能避免其他影响静力加载效应的条件下进行,费时费力,影响交通,社会成本较高。大件运输车辆由于其重量重,且荷载已知,通过桥梁时往往需要低速、匀速、单车过桥,与荷载试验的工况要求十分接近,因此利用大件运输车辆开展快速荷载试验及桥梁承载能力评定方法研究具有非常大的应用推广价值。研究基于大件车辆荷载的桥梁承载力快速评估方法,既是辅助大件运输通行验算,保障桥梁安全的重要补充,又是推动桥梁承载能力评估方法体系创新的有效手段。项目研究目标包括:①确定满足加载效率的大件车型及适用的桥梁跨径,确定大件车动力响应与静力响应间的换算公式;②基于实测数据的有限元模型修正,为后续其他大件运输车辆通行验算提供更为精确的基础数据;③借助大件运输车的特殊性建立一种不中断交通的快速荷载试验方法。

2. 基于实际车辆荷载的大件车动态安全评估技术研究

大件车实际车货总重及轴载分布存在与申报信息不一致的情况,而桥梁结构安全评价的基础是申报数据,申报数据与实际荷载信息的差异是影响桥梁结构安全的风险点。在利用申报数据进行沿线桥梁安全评估的基础上,如何低成本高效率获取大件车实际总重、轴载分布并进行动态安全评价成为近期研究方向之一。目前浙江省公路治超系统与大件许可系统已实现部分联动,如对于已取得超限运输许可的车辆,在经过非现场执法治超点时若识别出超限情形将免于处罚。项目将进一步开展验算系统与公路治超系统的联动研究,利用公路治超系统动态称重系统联网数据,标记重点关注大件车,提取实际轴载分布,联动验算系统开展快速复核验算,实现基于实际车辆荷载的大件车动态安全评估。

五、结　语

浙江省交通运输科学研究院开发的"浙江省大件运输车辆通行公路桥梁快速验算系统"具有验算方法科学、验算效率高、评估准则全面等特点,可实现智能验算、路线管理、审批联动等功能,为浙江省内大件运输审批管理和科学决策提供了重要技术支撑,有助于服务保障大型装备生产制造和重大工程建设、保护人民群众生命财产和公路基础设施安全。在对近年来浙江省大件验算实践总结基础上,对浙江省大件验算工作的展望如下:

(1)加快公路验算网络成型。加快开展规划高速公路桥梁的建模入库工作,积极推进地市干线公路主通道桥梁验算规划的落地实施与模型入库,实现全省公路验算网络成网运行。

(2)建立桥梁信息动态维护机制。动态维护已入库高速桥梁,定期对已入库桥梁技术状况进行全面排查,建立技术状况三类及以下桥梁台账,根据最新定检报告及时更新模型数据。

(3)逐步升级大件验算系统。不断挖掘验算系统的桥梁数据库功能,开展不中断交通的快速荷载试验等科研项目研究,为桥梁管理养护提供数据支持。

参考文献

[1] 中华人民共和国交通运输部. 公路桥涵设计通用规范:JTG D60—2015[S]. 北京:人民交通出版社股份有限公司,2016.

[2] 中华人民共和国交通运输部. 公路钢筋混凝土及预应力混凝土桥涵设计规范. JTG 3362—2018[S]. 北京:人民交通出版社股份有限公司,2018.

90. 智能监测型复合功能阻尼器设计研发及试验研究

王志强　张精岳　刘福康

（中交公路长大桥建设国家工程研究中心有限公司）

摘　要　某 500m + 1666m + 500m 三跨吊全飘浮体系悬索桥加劲梁纵向刚度较低，通过分析其梁端的运动速度分布、不同位移出现的概率，设计研发了具有良好减振（震）效果，且具备弹性限位功能、智能监测功能的智能监测型复合功能阻尼器，并进行了试验验证。试验结果表明，智能监测型复合功能阻尼器在不同速度阶段均能够按照设计目标输出适宜的阻尼力，可满足悬索桥温度荷载、车辆活载、脉动风、地震作用等不同荷载下的功能需求，具有良好的阻尼消能效果，保证桥梁安全和耐久，且能够在极端荷载下发挥弹性限位功能，可降低伸缩缝规模。本文研发的智能监测型复合功能阻尼器在悬索桥工程中具有较好的适用性，可为其他悬索桥阻尼器设计、选型提供参考。

关键词　悬索桥　减振（震）控制　功能复合　智能监测　试验研究

一、引　言

目前，悬索桥的最大跨径已超过 2000m，已经建成通车的土耳其 1915 恰纳卡莱大桥主跨径达到 2023m，我国正在修建的张靖皋长江大桥、狮子洋大桥主跨径达到了 2300m、2180m。悬索桥吊索与加劲梁垂直，不对梁体提供纵向约束力，为了释放加劲梁温度应力，其纵向通常采用飘浮或半飘浮体系，导致悬索桥纵向刚度较小，静、动力荷载作用下，梁端位移极值、累计位移均较大，造成了伸缩缝、支座规模过大，且容易出现过早磨损等病害。近年来黏滞阻尼器（简称"阻尼器"）在桥梁领域广泛应用，取得了一定的效果，但在悬索桥中应用还存在一些问题，具体表现为：（1）功能单一，阻尼器通常只能提高悬索桥的阻尼比，而不能提供适当的纵向刚度，导致要单独安装限位装置，占用空间大，建造成本高；（2）减振效果差，漏油频发，如美国奥克兰海湾大桥、文森特托马斯大桥以及我国的江阴长江公路大桥等多座悬索桥，均因为阻尼器减振效果差，活塞杆与密封件长距离磨损而引发漏油问题[1-3]；（3）工作状态不明，阻尼器属于密闭式结构，其服役过程中的力学性能衰退情况无法及时获取，通常需要将阻尼器拆卸后运输至实验室进行力学性能试验才能了解其力学性能[4]。以上几个问题不仅会导致悬索桥的运营养护成本升高，还其存在一定的安全隐患。因此，针对悬索桥开发具备复合功能、减振效果好、性能可监测的阻尼器具有重要意义。

二、工程背景

某悬索桥采用 500m + 1666m + 500m 三跨吊全飘浮体系，建成后将是世界上跨径最大的三跨连续飘浮悬索桥，其立面布置如图 1 所示。该悬索桥加劲梁在两个桥塔处设置横向抗风支座、阻尼器，过渡墩位置设置抗震竖向拉压支座和横向抗风支座。

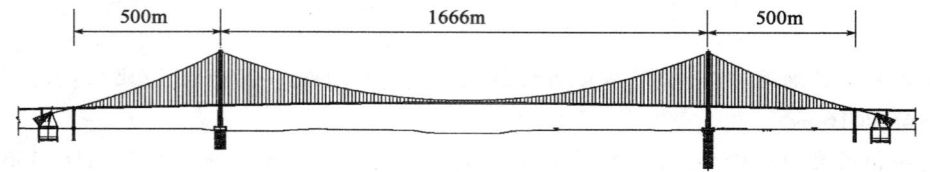

图 1　500m + 1666m + 580m 悬索桥立面布置图

该悬索桥不仅具有超大跨径的特点,且加劲梁连续长度达2666m,使得纵向刚度更低,采用常规黏滞阻尼器时,伸缩缝规模超过2800mm,这不仅为伸缩缝的加工制造带来困难,也降低了行车舒适性,并增大运营期伸缩缝病害的发生频率;且车辆活载、脉动风引起的梁端振动更加频繁,巨大的累计位移容易导致伸缩缝、滑动支座磨损破坏,常规阻尼器本身也更容易漏油。

为解决上述问题,本文研发一种智能监测型复合功能阻尼器,其具备抗震、减振、弹性限位等功能,且不会限制加劲梁的温度位移。

三、智能监测型复合功能阻尼器设计研发

1. 复合功能阻尼器功能需求分析

悬索桥加劲梁的位移,根据速度大小主要由包含三个阶段:(1)由温度作用引起的梁端运动,其速度较慢,称其为"慢速运动阶段";(2)由车辆活载、脉动风引起的梁端频繁振动,称其为"中速运动阶段";(3)由地震作用等极端荷载引起的加劲梁往复运动,速度较大,称其为"快速运动阶段",上述三个速度阶段对阻尼器的力学性能要求不同。针对第二节工程背景中的悬索桥,慢速运动阶段速度不大于0.1mm/s,为防止加劲梁产生过大的温度应力,要求阻尼器输出的阻尼力尽量小,参照现行规范[5]该阶段阻尼力不大于最大设计阻尼力的10%;对于中速运动阶段,由随机风、车、桥耦合振动分析得到其速度不大于10mm/s,但速度大于1mm/s时会对伸缩缝、支座的耐久性带来不利影响[6],因此1~10mm/s范围内阻尼器应输出适宜的阻尼力,且该阻尼力为恒定值时可较大限度降低梁端累计位移[7],通过参数敏感性分析,得到该阶段的阻尼力最优值为1500kN;对于快速运动阶段,可参照常规阻尼器进行设计,通过抗震分析,兼顾桥塔受力及梁端位移,得到其最优的阻尼系数$C=4000$、速度指数$\alpha=0.3$,最大设计阻尼力3750kN,对应的最大运动速度807mm/s,按照现行规范[5]在80.7~807mm/s范围内阻尼力均能满足$F=Cv^\alpha$的本构关系,其中F为阻尼力,v为运动速度。

悬索桥加劲梁的位移,按照发生的概率进行划分,主要包含两种情况:(1)由梁端温度位移以及车辆活载、脉动风产生的振动位移叠加并考虑一定安全系数得到的位移,称其为"常遇位移";(2)常遇位移以外,地震作用等极端荷载下的产生的位移,称其为"罕遇位移"。两个位移阶段对阻尼器的性能要求存在差异,考虑到常遇位移时刻发生,则要求阻尼器可按照设计参数发挥阻尼消能功能,第二节工程背景中的悬索桥取1.2倍安全系数,计算得到常遇位移为±660mm;另一方面,罕遇位移出现概率低,常遇位移达到最大值时罕遇位移出现的概率则更低,属于极小概率事件,结合悬索桥纵向刚度低的特点,可通过弹性限位的方式进行罕遇位移的控制[8],可有效降低伸缩缝的规模,并防止伸缩缝、支座等装置在这种极小概率事件中发生破坏。因此,经过对该悬索桥进行静动力分析,弹性限位的合理刚度为100kN/mm,限位位移量为40mm。

2. 复合功能阻尼器结构设计

为了满足复合功能阻尼器不同速度、位移阶段的功能需求,设计了结构方案,如图2所示。在密闭缸体两端设置碟形弹簧,当活塞从中间位置运动660mm后与碟簧接触,可发挥弹性限位功能,有效限制加劲梁在极端荷载下的大位移,通过调节碟簧的参数、布置方式、数量即可满足设计的限位刚度、限位位移需求。

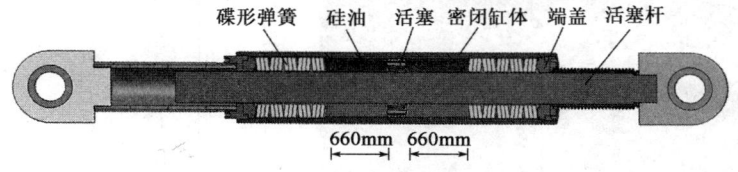

图2 复合功能阻尼器结构方案

活塞上设置若干组液压阀和节流孔,节流孔为细长圆孔,每组液压阀内部安装有预压弹簧,各组液压阀的弹簧预压力不同、弹簧刚度不同,使得每组液压阀都具有不同的开启压力,且液压阀开启后的过流面积会随硅油压力变化,细部构造示意图如图3所示。温度荷载下,阻尼器运动速度≤0.1mm/s,密闭缸体

内部压力未达到液压阀的开启压力,硅油则只通过节流孔流通,根据文献[9],得到节流孔的数量、孔径,使其满足慢速运动阶段速度阻尼力的输出要求。中速、快速运动阶段,活塞运动速度加快,节流孔无法满足硅油的快速流通的需求,内部压力迅速升高并达到第一组液压阀的开启压力时,第一组液压阀开启,压力继续升高,其开启的程度增大,过流面积增大,当开启面积达到最大后,如压力继续上升,第二组液压阀开启,其过程与第一组液压阀相同,其他液压阀的开启以此类推,进而实现阻尼器中速、快速运动阶段运动速度与阻尼力的对应。

3. 复合功能阻尼器监测系统设计

阻尼器的关键指标参数包含阻尼力、速度,可通过获取这两个数据并与设置的阈值进行对比分析,来评估预警功能,本文设计的监测系统不仅可本地有线网络查看,且支持数据共享至云端平台,便于养护人员通过手机小程序查看。

监测系统与养护工作协同运行流程如图 4 所示。具体实现方案为:通过在复合功能阻尼器密闭缸体两端设置压力传感器,可得到活塞两侧的压力差值,经过换算可得到阻尼力大小;通过在复合功能阻尼器活塞杆处设置磁致伸缩位移计,可监测到位移的变化,经过差分计算可得到阻尼器运动速度,进而可得到阻尼力与速度的对应关系,反映复合功能阻尼器的力学性能;养护单位可根据评估结果,进一步结合现场检查工作,来综合评判复合功能阻尼器的工作状态,并针对性开展养护工作。

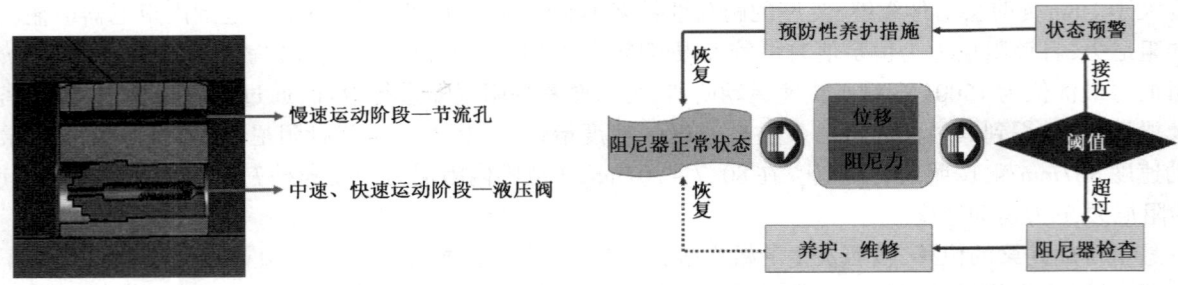

图 3　活塞细部构造示意图　　　　　　图 4　监测系统与养护工作协同运行流程图

四、智能型复合功能阻尼器力学性能研究

对智能监测型复合功能阻尼器进行了加工试制并开展试验研究(图5),研究其工作性能。试验包括慢速运动性能、中速运动性能、快速运动性能、弹性限位性能。

1. 慢速运动性能

慢速运动性能试验采用三角波进行加载,加载幅值 ±50mm,加载速度 0.1mm/s,加载过程中阻尼力最大为 243kN,不大于 3750kN 的 10%,其滞回曲线如图 6 所示。试验结果表明,温度荷载下的阻尼力维持在较低水平,不会引入过大的加劲梁温度应力。

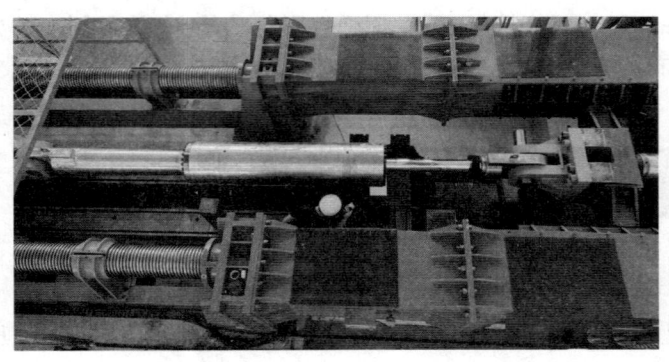

图 5　智能监测型复合功能阻尼器试验研究

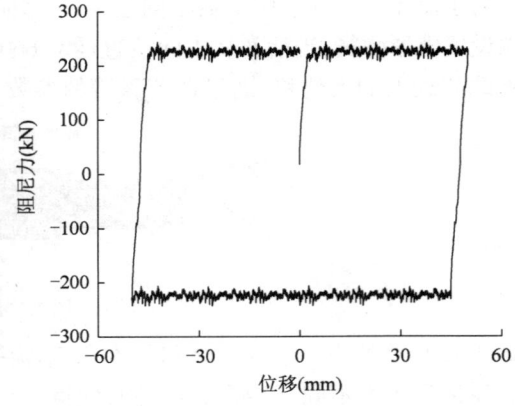

图 6　慢速运动性能滞回曲线

2. 中速运动性能

中速运动性能试验采用三角波进行加载,速度为 1mm/s、2.5mm/s、5mm/s、7.5mm/s、10mm/s。试验结果表明,阻尼力随速度呈缓慢增大趋势,各个速度下阻尼力与设计值(1500kN)的偏差均不大于 ±15%,如图 7 所示,可知车辆活载、脉动风作用下阻尼力的输出较稳定,具有较好的梁端振动控制效果,梁端累计位移下降,滑动部件磨损得以缓解,使伸缩缝、支座的、智能监测型复合功能阻尼器的耐久性得到有力保障。

3. 快速运动性能

快速运动性能试验采用正弦波进行加载,加载速度 80～807mm/s。试验结果表明,实际阻尼力随速度呈增大趋势,与设计值偏差均不大于 ±15%,如图 8 所示,可知智能监测型复合功能阻尼器在地震作用下可发挥较好的减震消能作用,保障桥梁结构安全。

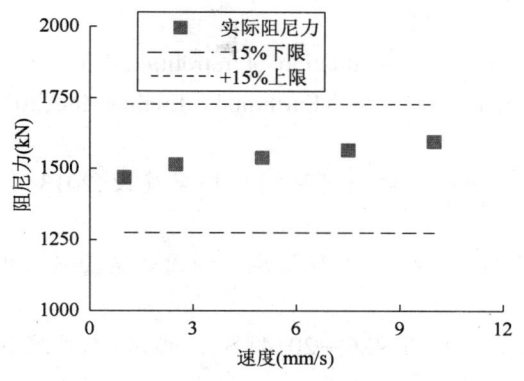

图 7 中速运动性能试验阻尼力随速度分布情况

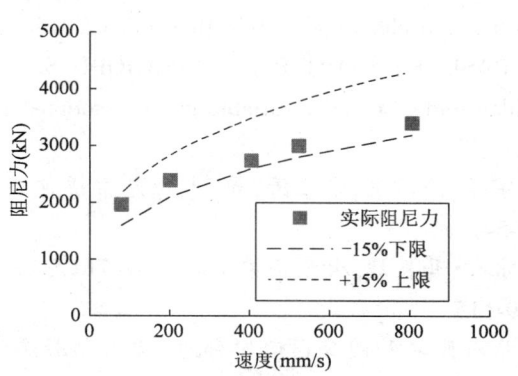

图 8 快速运动性能试验阻尼力随速度分布情况

4. 弹性限位性能

弹性限位性能主要验证极端荷载下弹性限位刚度的大小,为了扣除阻尼力的影响,试验采用 0.05mm/s 的恒定地速加载,加载位移为 40mm。弹性限位性能试验结果表明,智能监测型复合功能阻尼器拉伸、压缩方向的限位刚度分别为 96kN/mm、99kN/mm,与设计值(100kN/mm)的偏差均不大于 ±15%,其试验曲线如图 9、图 10 所示,可知极端荷载下梁端位移超过常遇位移后,智能监测型复合功能阻尼器能够发挥良好的弹性限位功能,防止梁端位移进一步增大,在降低伸缩缝规模,并保障其不发生超量位移破坏。

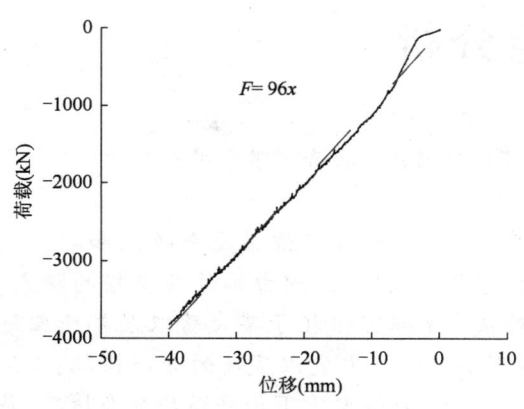

图 9 弹性限位性能荷载-位移曲线(拉伸方向)

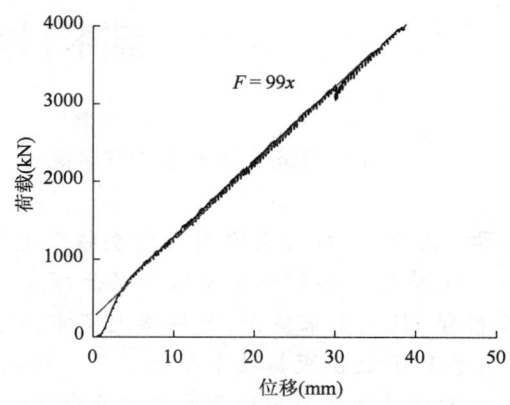

图 10 弹性限位性能荷载-位移曲线(压缩方向)

综上试验结果可知,研发的智能型复合功能阻尼器力学性能均满足设计要求,具有良好的减振(震)消能功能,且能够在极端荷载下发挥限位功能,在悬索桥工程中具有较好的适用性。

五、结 语

本文结合某 500m + 1666m + 500m 三跨吊全飘浮体系悬索桥纵向刚度小、梁端位移大的特点,研发了智能监测型复合功能阻尼器,试验结果表明,其满足温度荷载下对加劲梁限制小,车辆活载、脉动风荷载减振效果好,地震作用下耗能能力强的特点,具备良好的消能能力,可提高伸缩缝、支座以及智能监测型复合功能阻尼器的耐久性;其在极端荷载下能够发挥弹性限位功能,能够降低伸缩缝和支座规模,降低了伸缩缝损坏的风险,提高行车舒适性和安全性;且其配备了智能监测系统,可实时反馈其工作性能,能够科学指导养护人员开展养护工作。本文研发的智能监测型复合功能阻尼器在悬索桥工程中具有较好的适用性,应用前景较为广阔。

参考文献

[1] DIMITRIOS K, NICOS M, JAMES M. In-situ condition assessment of seismic fluid dampers: experimental studies and challenges [J]. Meccanica, 2014, 50(2): 323-340.
[2] DEBASIS K, SAMIT R C, MASANOBU S. Seismic response evaluation of retrofitted Vincent Thomas bridge under spatially variable ground motions [J]. Soil Dynamics and Earthquake Engineering, 2012, 42: 119-127.
[3] 张宇峰,陈雄飞,张立涛,等. 大跨悬索桥伸缩缝状态分析与处理措施[J]. 桥梁建设, 2013, 43(5): 49-54.
[4] 陈永祁,马良喆. 大型桥梁用液体黏滞阻尼器的耐久性研究[J]. 工程抗震与加固改造, 2017, 39(1): 109-115.
[5] 中华人民共和国交通运输部. 桥梁用黏滞流体阻尼器: JT/T 926—2014[S]. 北京: 人民交通出版社, 2014.
[6] 万田保. 改善桥梁结构耐久性的阻尼器性能要求[J]. 桥梁建设, 2016, 46(4): 29-34.
[7] 梁龙腾,封周权,陈政清,等. 飘浮体系悬索桥拟静态纵向运动特性及其控制[J]. 地震工程与工程振动, 2022, 42(1): 110-121.
[8] 刘波,袁洪. 悬索桥主梁梁端伸缩装置病害和设计伸缩量探讨[J]. 公路, 2021, 66(5): 107-111.
[9] 丁建华,欧进萍. 油缸孔隙式粘滞阻尼器理论与性能试验[J]. 世界地震工程, 2001(1): 30-35.

91. 大跨径双层三桁钢桁架连续梁桥火灾结构性能分析

张博菡[1] 阮 欣[1] 梁 力[2]

(1. 同济大学土木工程学院; 2. 广东湾区交通建设投资有限公司)

摘 要 近年来,桥梁火灾事故发生频率逐年升高,逐渐成为威胁桥梁安全性能和耐久性能的重要因素。大跨径双层钢桁架梁桥下层油罐车火灾具有火灾温度高、承力构件易受损的特点,相比其他类型桥梁,抗火需求突出,是桥梁火灾重点设防对象。本研究依托于某大跨双层钢桁架连续梁桥,首先基于 FDS 数值模拟技术分析双层钢桁架梁桥下层油罐车火灾温度场的分布情况;以油罐车火灾温度场的计算结果为基础开展火灾场景下构件传热分析,获得火灾下构件温度分布情况;基于构件温度分布情况建立多尺度有限元模型,采用间接热-结构耦合分析方法,分析全桥在火灾荷载作用下的火损情况及力学行为。研究结果表明:按照中国规范的计算方法,结构在火灾发生后700s内失效,而采用热-结构耦合分析方法时,结构抗火冗余性较好并未失效;内侧车道火灾和外侧车道火灾均造成腹杆和桥面火损严重,内侧车道火灾对上层桥面损伤更大,桥面板抗火防护时应重点关注内侧车道火灾。

关键词 桥梁火灾 双层桥梁 钢桁架 有限元法

一、引 言

随着公路桥梁基础设施建设的飞速发展,桥梁火灾事故的发生频率逐年升高。美国纽约运输部门等18个州立运输部门在2008年开展了一项针对1746座桥梁失效原因的调查研究,调查结果显示,因火灾失效的桥梁数量超过因地震失效的桥梁数量。大跨径双层钢桁架连续梁桥发生火灾的风险高,火灾作用下结构的性能复杂且杆件内力大,抗火需求相较于其他类型的双层桥梁更加突出。

本研究依托于某大跨径双层钢桁架连续梁桥,开展大跨径双层钢桁架梁桥下层油罐车火灾结构性能分析。桥梁的孔跨布置为194m+272m+194m,采用变高度双层组合桥面桁架梁。车道布置采用双层十六车道(上层八车道+下层八车道)。上下车道间距为13.5m,桥宽43.7m,桥梁方案布置如图1~图3所示。

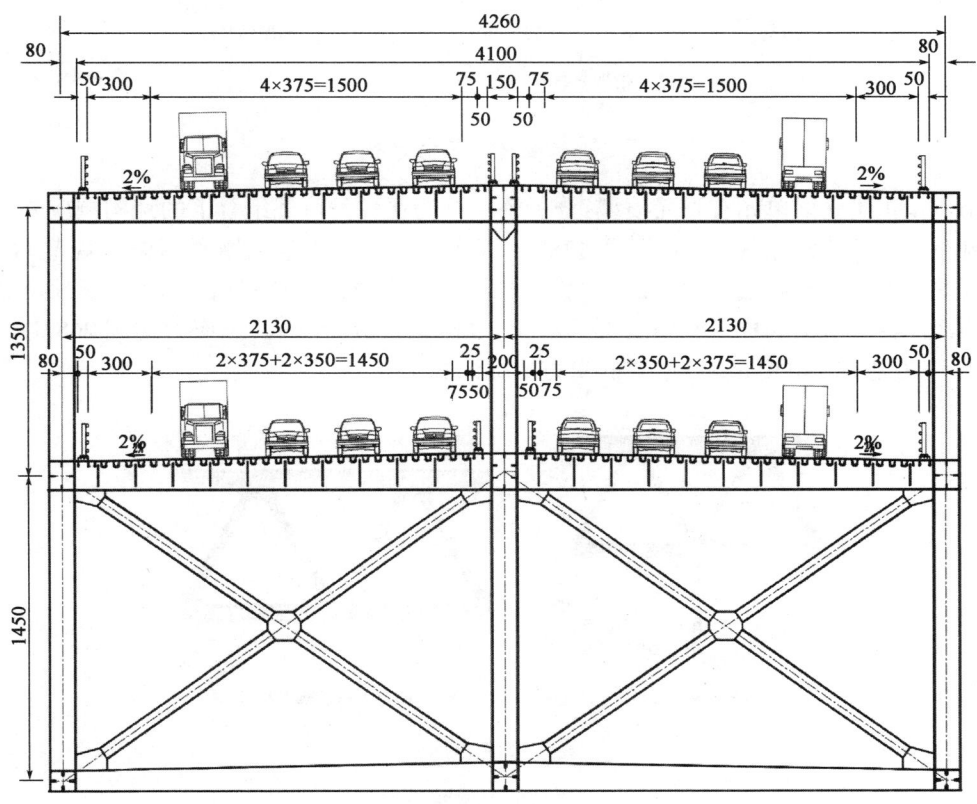

图1 中墩处横断面布置图(尺寸单位:cm)

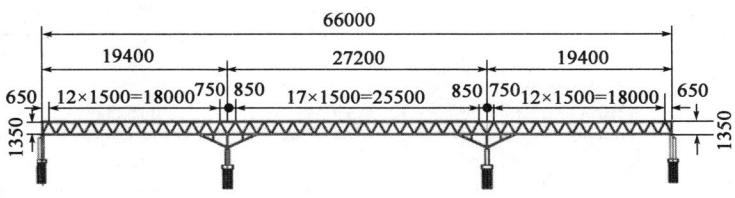

图2 桥梁立面布置图(尺寸单位:cm)

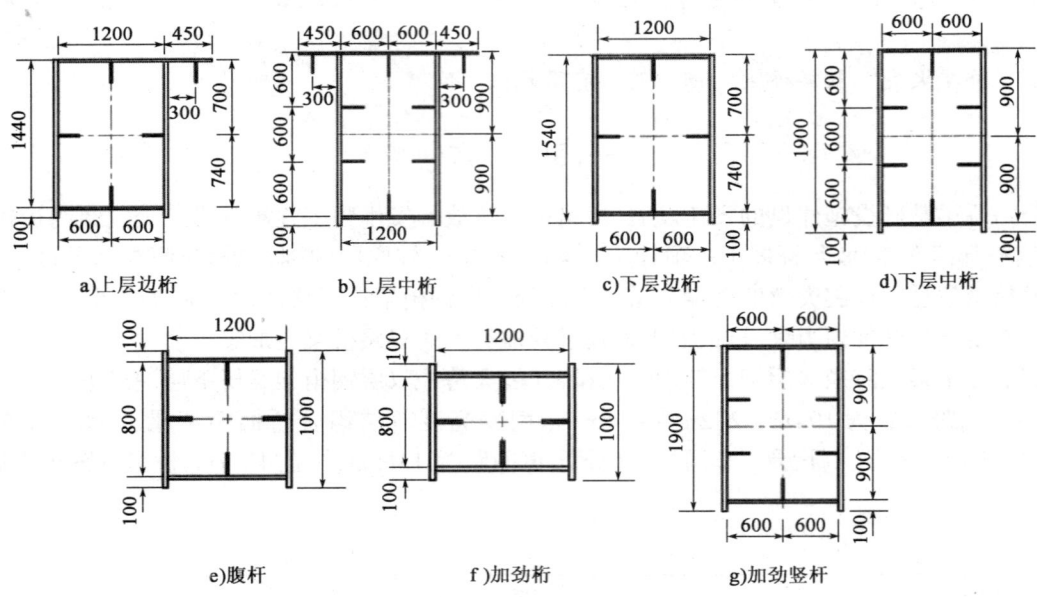

图 3　桁架杆件截面尺寸(尺寸单位:mm)

二、桥梁结构性能分析

基于 midas Civil 建立梁单元有限元模型,分析桥梁结构在各类荷载组合下的结构响应并识别火灾分析中的关键构件。全桥共建立 3541 个单元,1381 个节点。根据《公路桥涵通用设计规范》(JTG D60—2015)[1]条文,共形成 12 个荷载工况。在各类荷载组合包络值中,高应力杆件出现于墩顶位置和跨中位置,将高应力桁架编号,桁架编号情况如图 4 所示,①号桁架拉应力最高,拉应力达到 268MPa,④号桁架压应力最高,压应力达到 240MPa。各桁架的受力情况汇总于表 1。

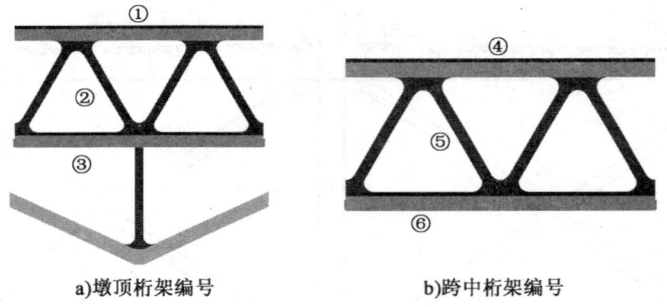

图 4　桁架编号

桁架受力情况　　　　　　　　　　　　　　　　　表 1

桁架号	轴力(kN)	面内弯矩(kN·m)	面外弯矩(kN·m)	受力类型
①	74142	-11161584	90109	拉弯构件
②	-14229	-1065835	679303	压弯构件
③	-8210	-12031330	116334	压弯构件
④	-44551	7223817	-126451	压弯构件
⑤	3346	502438	833881	拉弯构件
⑥	3429	4478452	-120846	拉弯构件

因此,后续火灾分析将针对桥梁的墩顶位置和跨中位置建立多尺度有限元模型,分别分析墩顶火灾和跨中火灾影响下桥梁整体结构性能。

三、桥梁火灾传热分析

1. 油罐车火灾温度场分析

FDS(Fire Dynamics Simulator)在分析火灾烟气流动和热传递过程方面展现出了优异的性能,大量学者采用FDS进行桥梁火灾温度场的分析[2-6]。因此,本文基于FDS开展桥梁火灾温度场分析。

1)火灾计算参数

火灾温度场分析中将采用平方增长模型[2],火灾热释放速率平方增长计算公式如下,其中α_f按文献[7]取$1kW/s^2$。

$$HRR = \begin{cases} \alpha_f t^2 & 0 < t_{max} \\ a_f t^2 = Q_{max} & t_{max} \leqslant t < t_D \\ Q_{max} e^{\beta(t-t_d)} & t_D \leqslant t < t_d \end{cases} \tag{1}$$

式中:Q_{max}——充分发展阶段的火灾热释放速率(kW);

α_f——火灾增长系数(kW/s^2);

β——火灾衰减系数(kW/s^2);

t_{max}——火灾初始增长时间(s);

t_D——从火灾有效燃烧开始至充分发展阶段结束所需的时间(s);

t_d——从火灾有效燃烧开始至火灾全过程结束所需的时间(s)。

油罐车火灾的火源面积除了与油罐车尺寸有关之外,还与液体燃料的泄漏量和泄漏速率有关。根据文献[7]公式计算得到单位面积热释放速率约为$2403.5kW/m^2$。油罐车火灾最大热释放速率取值范围$100\sim300MW$,取平均值得到油罐车火灾的火源面积为$6.9\times12m^2$。

2)FDS计算模型

FDS网格尺寸按文献中的经验公式[8]计算,网格尺寸设置为$0.8m\times0.8m\times0.8m$,共144000个计算网格。分别针对内侧车道油罐车火灾和外侧车道油罐车火灾场景建立模型。外侧车道油罐车火灾FDS计算模型如图5所示。

3)火灾温度场瞬态分析

基于火源热释放速率平方增长曲线,计算得到火源达到最大热释放速率的时间为447s,火源热释放速率在达到峰值之后保持不变。经过多次试算,当火灾发展至500s后,火灾温度场基本保持不变,因此分析时长共设置800s。火灾发生后800s时刻火源中心横截面温度场分布如图6所示。

图5 FDS计算模型

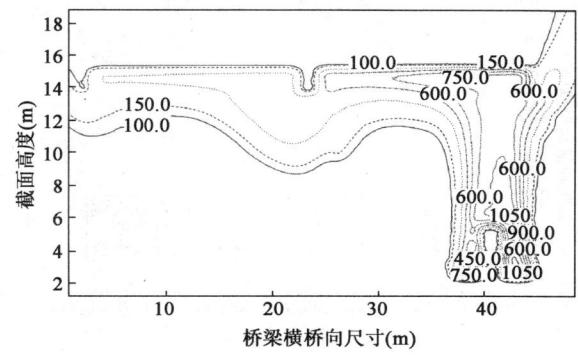

图6 火灾800s时刻火源中心横截面温度场分布(单位:℃)

由火灾温度场瞬态分析结果可知,火灾高温区域主要聚集在火源位置附近,由于空气流动引起上层桥面的下侧存在部分高温区域,但温度相比火源位置的温度场较小。因此,在后续的构件传热分析中对远离火源位置处可能出现温度变化的区域进行简化,将火灾温度场划分为 $3 \times 3 \times 12$ 的等温块,提取各个时刻等温块中心位置处的温度进行等效分析。

2. 构件传热分析

1) 热力学参数

欧洲钢结构设计规范[9]针对钢材在高温下的热力学参数已作出相应规定并在工程实践中大量运用,因此,研究中钢材在高温下的热力学参数根据欧洲钢结构设计规范取值,热力学参数取值汇总于表2。

钢材热力学参数取值表 表2

热力学参数	计算公式	温度区间
热膨胀系数 $\alpha_s [m/(s \cdot ℃)]$	$\alpha_s = 1.4 \times 10^{-5}$	
热传导系数 $\lambda_s [W/(m \cdot ℃)]$	$\lambda_s = 54 - 3.33 \times 10^{-2} T_s = 27.3$	$20℃ < T_s < 800℃$ $T_s > 800℃$
比热容 $C_s [J/(kg \cdot ℃)]$	$C_s = 425 + 7.73 \times 10^{-1} T_s - 1.69 \times 10^{-3} T_s^2 + 2.22 \times 10^{-6} T_s^3$ $= 666 + \dfrac{13002}{T_s - 738}$ $= 545 + \dfrac{17280}{T_s - 738}$ $= 650$	$20℃ < T_s < 600℃$ $600℃ < T_s < 735℃$ $735℃ < T_s < 900℃$ $T_s > 900℃$

2) 传热计算模型

基于从 FDS 火灾仿真软件得到的火场温度数据,在 Ansys 中建立等效火源模型。双层钢桁架连续梁桥主要受火灾影响的构件包括腹杆和上层桥面系结构,分别针对这两类主要构件建立相应的传热分析模型。腹杆和上层桥面系采用 Solid70 实体热分析单元建立,为进行热辐射分析,在腹杆和上层桥面系表面建立 Shell181 单元用于热辐射分析。腹杆传热模型共建立 25864 个单元,27664 个节点,上层桥面系传热模型共建立 52362 个单元,93528 个节点。

3) 构件传热计算

根据 FDS 计算得到火场分析结果,提取火场温度以体荷载的形式施加至传热模型中的等效火源对应位置,开展结构传热分析。火灾温度场大致在 500s 后趋于稳定状态,因此,500s 后的火灾温度场取恒定值进行分析。分析过程共设置 7200s,荷载步间隔设置 120s。腹杆最高温曲线和桥面板最高温度变化曲线如图7和图8所示。

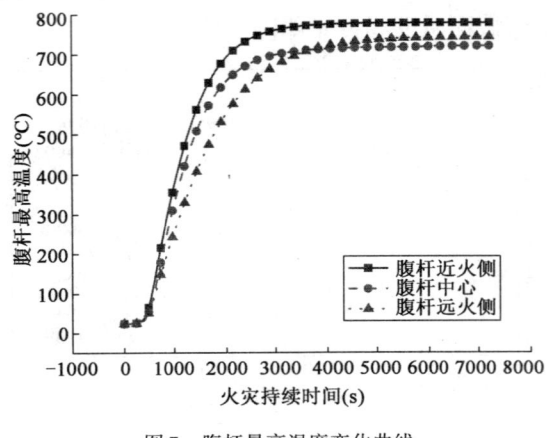

图7 腹杆最高温度变化曲线

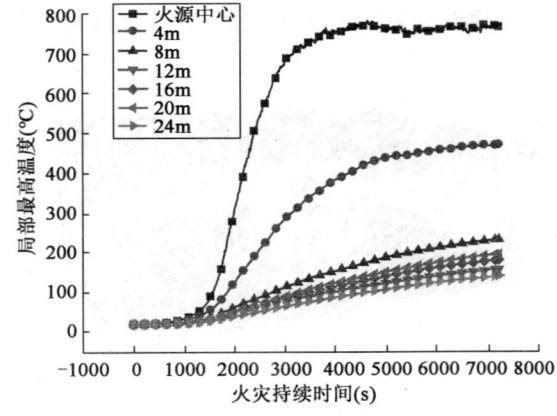

图8 桥面最高温度变化曲线

四、结构抗火性能分析

1. 结构计算模型

基于构件传热分析得到结构温度场分布,以结构温度场和重力场为荷载,建立多尺度热-结构耦合分析模型,根据前述结构性能分析,选取墩顶位置和跨中位置建立 Shell181 单元节段模型,其余构件选取 Beam189 单元建立对应结构模型,采用间接耦合分析方法分析边榀桁架下层油罐车火灾场景下的结构力学行为。多尺度有限元模型如图9所示。

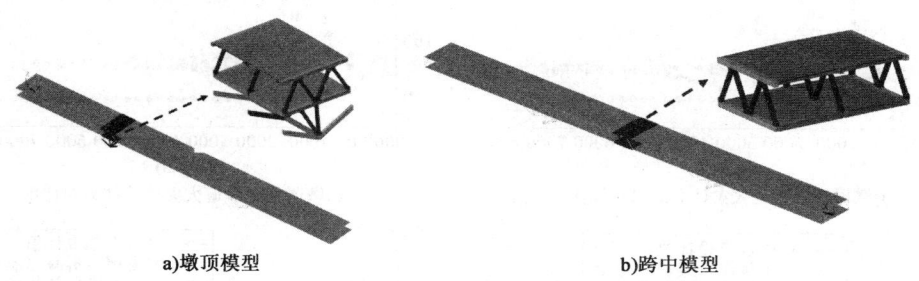

a) 墩顶模型　　　　　　　b) 跨中模型

图9　多尺度有限元模型

2. 钢材材料参数

钢材的弹性模量和屈服强度是描述钢材本构关系的物理量。当温度增加时,钢材的弹性模量会迅速降低,从而导致钢材应力增加,降低钢构件的承载能力,而钢材的屈服强度同样会随着温度的升高而降低,导致钢材屈服。根据欧洲规范[9],抗火设计中钢材的弹性模量折减系数和屈服强度见表3。一般情况下,钢材在常温下的泊松比取值为0.27~0.3,而温度对结构钢泊松比的影响也很小,因此在计算过程中,钢材的泊松比取常数0.3。钢材的密度受温度影响同样较小,因此取常数 $7850kg/m^3$。

高温下钢材材料属性表　　　表3

钢材温度(℃)	屈服强度折减系数	弹性模量折减系数	钢材温度(℃)	屈服强度折减系数	弹性模量折减系数
50	1.000	0.998	600	0.453	0.5
100	1.000	0.986	700	0.226	0.214
200	1.000	0.955	800	0.100	0.100
300	1.000	0.912	900	0.050	0.038
400	0.914	0.847	950	0.025	0.017
500	0.707	0.739			

3. 火灾下结构性能变化

火灾作用下桥梁构件温度不断升高,火灾区域附近构件刚度不断下降,从而引起桥梁力学行为的改变,造成桥梁结构的损伤。根据构件温度场计算结果,在结构分析模型中施加对应的温度,开展多尺度模型结构火损分析,分析火灾下结构性能。

1) 火灾下腹杆性能分析

火灾过程中直接受到火灾影响的构件主要包括近火侧的腹杆及火灾中心上层桥面系,其中腹杆作为桁架梁桥的主要承力构件,其性能的劣化会对结构造成显著影响。分别考虑四种火灾场景:墩顶外侧车道火灾、墩顶内侧车道火灾、跨中外侧车道火灾和跨中内侧车道火灾。选取近火侧腹杆应力最大点作为观察点,分析构件在火灾作用下的性能变化趋势,如图10所示。同时,根据中国规范[10]中对梁柱构件的验算规定对腹杆结构进行结构验算,验算结果和多尺度模型进行对比。

根据欧洲规范给出的材料属性值进行热-结构耦合分析,同时按照中国规范计算结构的屈服强度和构件设计值。当采用中国规范计算结构的抗火性能时,无论火灾发生于跨中还是墩顶位置,其结构应力设计值在700s内超过受火钢材的屈服应力,按中国规范可判定结构发生失效。当采用火灾温度场模拟,并进行热-结构耦合分析时,结构的应力峰值始终低于结构的屈服应力,火灾分析全过程结构并未发生失效。

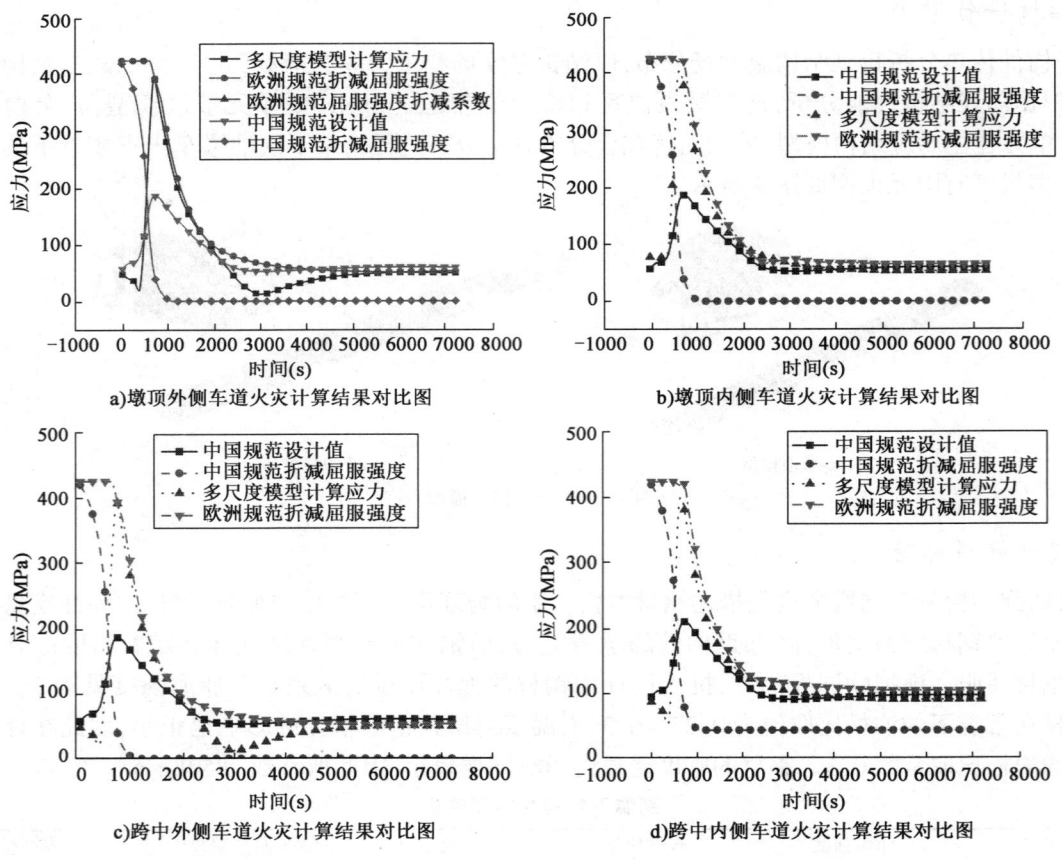

图10　构件应力变化曲线图

2)桥面系性能演化过程及分析

火灾中心上层桥面系在火灾发展初期温度上升速率较缓慢,但是由于桥面结构受热膨胀,引起桥面系的应力水平显著升高,上层桥面系的应力在1080s时达到420MPa并保持不变,随着火灾发展,上层桥面系应力在1560s时开始下降。上层桥面系的弹性模量和屈服强度的下降速率相比腹杆要低,弹性模量和屈服强度下降较缓慢,在1560s时桥面屈服强度开始下降,在1920s时弹性模量显著下降,桥面应力变化如图11所示。

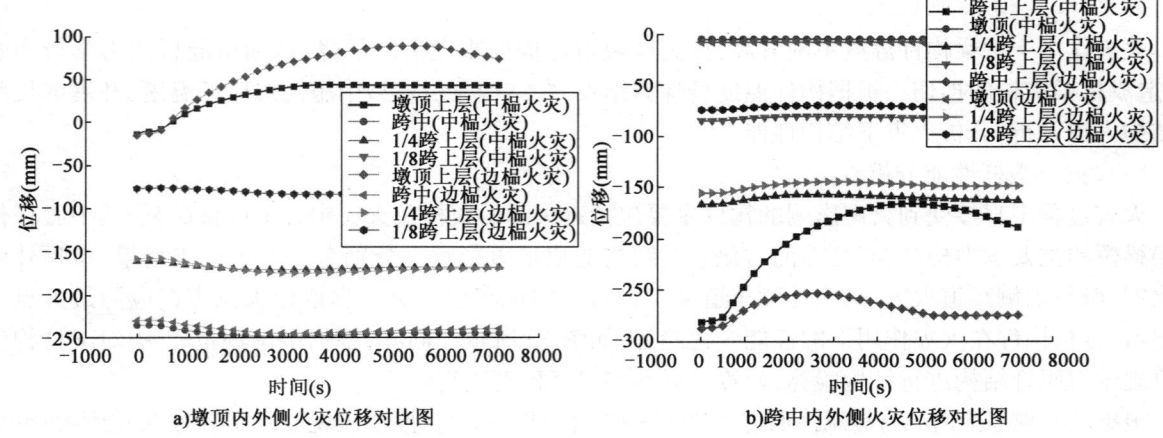

图11　桥面应力变化曲线图

火源位于下层桥面,上层桥面系的温度上升较为缓慢,主要由火灾烟气流动和远距离的热辐射引起上层桥面系的升温。上层桥面系首先受热膨胀引起桥面应力迅速升高,并达到屈服应力,此时桥面板的屈服应力尚未显著下降,因此在上层桥面系中并没有发生显著的卸载现象。当钢材的弹性模量大幅折减之后,上层桥面系开始卸载,应力峰值开始向周围弹性模量尚未衰减的部分移动。最终桥面应力保持在屈服应力不变。桥面系在火灾过程中结构应力始终低于钢材的屈服应力,可以认为结构尚未发生失效。内侧车道火灾造成上层桥面更大的位移,应该重点关注内侧车道火灾。

3) 火灾下桥梁结构力学行为

火灾过程中腹杆和上层桥面系的损伤会引起结构整体力学行为的改变。为探究两榀桁架与三榀桁架在火灾作用下的结构行为差异,建立了分幅两榀桁架方案结构模型进行火灾性能下结构性能的计算。选取火灾中心位置横截面桁架的轴力变幅以及桥梁结构关键位置位移变幅进行分析,探究火灾下桥梁结构力学行为,两榀桁架和三榀桁架的轴力变化曲线及位移变化曲线如图12所示。

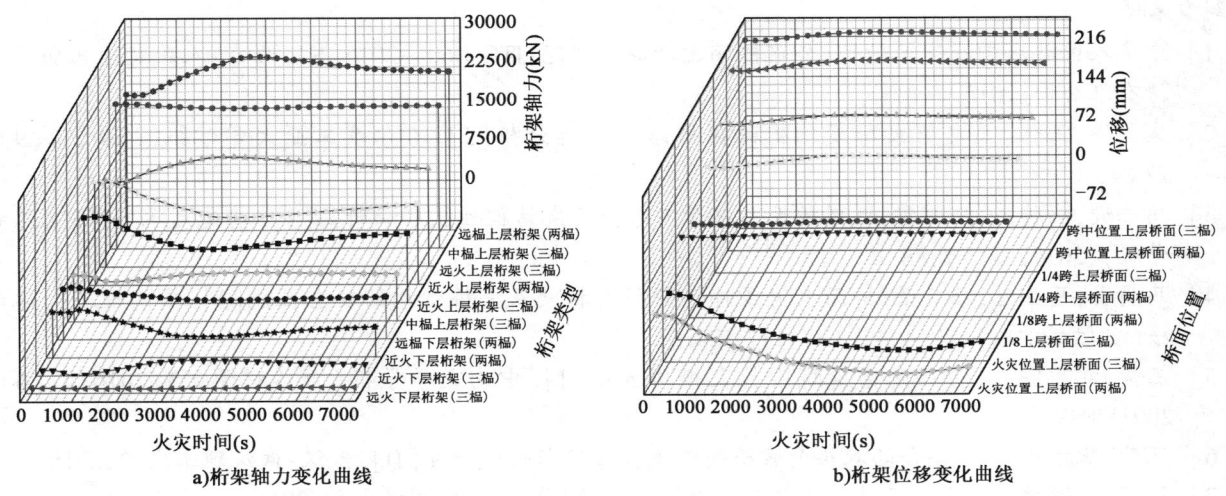

图 12 桁架轴力和位移变化曲线

(1) 桁架轴力演化过程及分析。

两榀桁架和三品桁架在火灾发生后360 s内近火侧上层桁架轴力小幅上升,随后近火侧桁架轴力开始逐渐减小,在3360 s时轴力下降至最低值,然后轴力开始增加。近火侧下层桁架轴力变化趋势与上层桁架相反且变幅较小。远火侧桁架轴力变化趋势与近火侧桁架轴力变化趋势完全对称,轴力变幅相近。

在火灾发展初期,结构受热膨胀,引起近火侧桁架轴力小幅上升,远火侧桁架轴力小幅下降。随着火灾不断发展,近火侧桁架刚度下降导致内力首先由近火侧桁架向远火侧桁架转移,然后内力沿纵向桁架传递,并在距离火灾更远的构件处重分布,因此出现内力重新增加的现象。三榀桁架结构冗余性较好,结构的初始内力相比两榀桁架较低,在火灾过程中内力变幅比两榀桁架更小,在火灾作用下结构具有更高的安全性。

(2) 结构位移演化过程及分析。

火灾发展过程中,火灾位置上层桥面不断上凸,火灾中心位置上层桥面位移达到105 mm,而距离火灾位置较远的1/8跨、1/4跨和跨中位置,上层桥面位移几乎没有改变。火灾主要影响桥梁节段的局部范围,对于桥梁整体的位移影响较小。

五、结　语

本文以某大跨径双层钢桁架连续梁桥为对象,针对油罐车火灾的抗火性能进行分析。首先针对下层油罐车火灾场景的火灾温度场进行FDS火灾分析,获得下层油罐车火灾场景火场的温度分布情况;基于

FDS火灾分析获得的火灾温度场数据,建立构件火灾传热模型并开展构件传热分析;依托构件火灾分析建立全桥多尺度有限元模型,分析火灾过程中的桥梁火损情况及火灾下桥梁的力学行为。主要结论如下：

（1）按照中国规范中的承载力法进行抗火性能计算,桥梁墩顶的腹杆在700s内结构应力超过屈服应力。

（2）基于火灾场景分析、构件传热分析和热-结构耦合分析,下层桥面发生油罐车火灾后的7200s内结构应力始终低于钢材的屈服应力,结构并未发生失效。

（3）内侧车道火灾引起上层桥面变形更大,在抗火设计时可以增加防火层厚度；内外侧车道火灾可能会造成腹杆的严重损伤,桁架腹杆应涂装防火涂料或加装防火板材。

（4）三榀及多榀的双层钢桁架梁桥具有较高的抗火冗余性,火灾发生后对结构局部范围影响较大,而对距离火灾较远的构件影响较小,内力重分布主要发生在火灾位置附近范围。

参考文献

[1] 中华人民共和国交通运输部.公路桥涵设计通用规范：JTG D60—2015[S].北京：人民交通出版社股份有限公司,2015.
[2] 康俊涛,王伟.火灾下大跨度钢桁架拱桥结构性能分析[J].哈尔滨工业大学学报,2020,52(9)：77-84.
[3] 马如进,崔传杰,马明雷.近塔桥面火灾对三塔悬索桥结构性能影响研究[J].湖南大学学报(自然科学版),2017,44(5)：88-95.
[4] 马明雷,马如进,陈艾荣.桥面火灾条件下斜拉桥拉索及全桥结构的安全性能[J].华南理工大学学报(自然科学版),2014,42(10)：117-124.
[5] 王莹,刘沐宇.大跨径悬索桥缆索抗火模拟方法[J].中南大学学报(自然科学版),2016,47(6)：2091-2099.
[6] 王莹.基于热-结构耦合的双层悬索桥高温建模方法与性能研究[D].武汉：武汉理工大学,2016.
[7] 马明雷.桥梁车致火灾及基于性能的抗火设计方法[D].上海：同济大学,2016.
[8] 王浩.基于FDS模拟温度场作用下钢结构体系抗火性能分析[D].哈尔滨：哈尔滨工业大学,2016.
[9] British Standards Institution. EUROCODE3: Design of steel structures—Part 1-2: General rules—Structural Fire Design: BS EN 1993-1-2:2005[S].[S. l.：s. n.],2005.
[10] 中华人民共和国住房和城乡建设部.建筑钢结构防火技术规范：GB 51249—2017[S].北京：中国计划出版社,2018.

92. 大跨径变截面连续组合箱梁桥日照温度效应分析

于春江[1]　徐利超[2]　苏皓[2]　阮欣[2]
(1.安徽省交通控股集团有限公司；2.同济大学土木工程学院)

摘　要　连续组合箱梁桥构造上结合了混凝土制桥面板和钢制箱梁,不同构件由于材料属性的不同,构件之间在日照温差的影响下会产生复杂的应力响应,影响桥梁运营阶段的耐久性。在大跨径连续组合梁桥中,这一问题尤为突出,且由于实际组合梁桥的构件界面之间存在可观的温差,规范温度梯度模式在计算温度荷载响应时与实际情况有所差别,无法完全代表实际情况,以致无法彻底明晰日照温差对大跨径组合桥梁的影响。本文基于某大跨径钢箱组合梁施工实例,统计并分析桥址温度、日照及风速等环境特性;采用构件二维温度场域精细化模拟方法,提出适合于组合梁复杂结构的温度梯度模式,并分析了同现有规范温度梯度模式的差异,对比了两种温度模式下的结构响应。研究结果表明,各构件温度场不同步,精细化温度模式与规范相比,服役状态截面整体温度小于规范温度值,但局部温度梯度存在超越规范值的状态,对于结构响应而言,真实温度荷载引起的响应比规范更小,减小约10%。

关键词 大跨径桥梁 钢箱组合梁 日照作用 场域温度

一、引 言

对于钢混组合结构桥梁而言,混凝土部分由于导热系数较小,在外表温度变化的情况下,内部温度变化存在明显的滞后现象,构件内部将产生非线性温度场;钢构件导热性能较好,吸热能力较强,太阳曝晒下,构件的整体升温较高且迅速。以上两个因素将导致桥梁整体产生非线性温度场及构件间的较大温差[1]。

大跨径变截面连续组合箱梁是一种超静定结构体系,中支点到跨中截面连续变化,在日照温差影响下,结构内部产生不均匀温度场,导致复杂的应力响应,结构体系服役性能在运营阶段会受到严重影响。目前设计规范主要通过规定结构整体温度升降、主梁梯度温度、不同构件温差来确定温度荷载,但实际构件温度场具有时变特性,钢材和混凝土对温度场的敏感程度不同,直接借鉴规范往往与实际有所差别。随着对温度荷载研究的不断深入,温度分布研究从线性形式发展到非线性形式,逐渐考虑到太阳辐射、风速等环境因素对结构的实际影响,有限元模拟是分析桥梁截面温度分布最常用、最有效的方法之一[2,3]。

温度效应的考虑和控制在桥梁设计和施工中具有重要意义,为了保证结构安全,必须进行计算和分析。TOMÉ E 等[2]提出了大型混凝土桥梁结构的温度响应模拟方法,考虑了实际温度变化的影响。朱劲松等[3]对某大跨径悬索桥不同构件温度的空间分布进行了研究,考虑复杂构件之间的太阳辐射屏蔽问题,将构件几何位置的时变屏蔽特征转化为热边界,计算了大跨径悬索桥的空间温度场。

本文以某大跨径钢箱组合梁为例,综合考虑太阳辐射、风速以及桥址现场温度等环境因素,对照规范温度模式,提出精细化的温度模式,并结合有限元计算,分别得出不同温度模式下的温度荷载响应。

二、桥址气候参数调研

桥梁所处服役环境对结构场域温度分布具有重要影响,背景工程所经区域气候属亚热带温润季风气候区,光照充足,雨量充沛,四季分明,气候适宜,夏季高温多雨,冬季温和湿润。这样的环境条件对桥梁整体结构温度场影响显著,结构所受温度荷载时变性较高,桥梁整体温度计算模式有着显著的地域特性。研究中对桥址地区主要影响结构温度的环境温度、环境风速和太阳辐射特征分别进行了详细的统计分析。

1. 环境温度及风速

对环境日最高温和日最低温进行统计得到如图1所示的散点图,从图中可以看出,本地区温度具有明显的周期性和规律性,日最高温与日最低温基本呈现稳定的规律性,变化不大。因此得出结论,在气候相对稳定的一定历史时期内,可用历史的气象数据去推演未来的气象数据。基于以上获得的历史数据,以2019年10月1日为初始时刻对日平均温度进行深入分析并进行拟合,得到图2所示结果。

不同时段下的温差分布统计特性如图3、图4所示。同时,获取环境风速进行数据统计,统计分析中,用威布尔分布拟合风速统计数据得到如图5所示的统计分析结果。

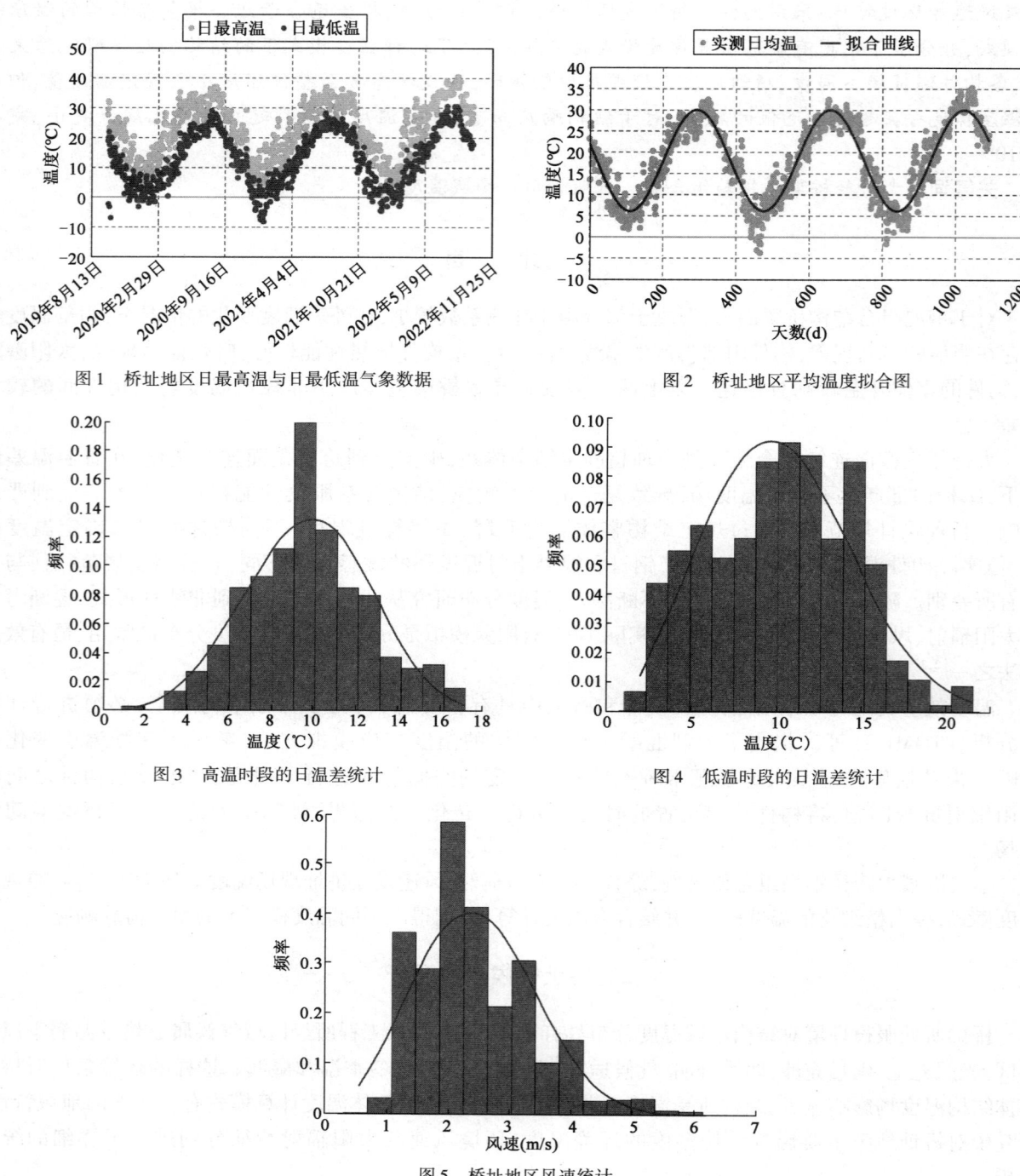

图1 桥址地区日最高温与日最低温气象数据

图2 桥址地区平均温度拟合图

图3 高温时段的日温差统计

图4 低温时段的日温差统计

图5 桥址地区风速统计

从温度统计结果可以看出，一年中，不同时段的日温差分布会有一定不同，低温时段的温差最大值相对较大，分散特征较为离散；高温季节日温差相对较小，分布也趋于集中。基于上述统计结果，高温季节取95%保证率的温差为14.5℃；低温季节取95%保证率的温差为17.4℃。

从图5中明显可以看出，桥址地区风速主要分布在0~4.2m/s左右。由此，风速分布可进一步预测在一定概率保证率下的风速，取95%保证率的风速为4.1m/s。

2. 太阳辐射

基于桥址地区的经纬度可以确定一年之中任意一天的桥址地区辐射特性，对近3年的太阳辐射特性进行分析，分别得到高温季节和低温季节的太阳高度角、太阳方位角、水平面太阳辐射强度的变化规律，如图 6 所示。

图 6 用角度大小表示太阳方位角,用半径大小表示太阳高度角,由此可以得到高温季节和低温季节太阳的运动规律。图 7 所示为不同季节水平面太阳辐射强度随时间的变化规律,可以看到太阳辐射总体呈现正态分布,且均在正午 12 时左右达到高峰,高温季节在约 4~20 时存在太阳辐射,辐射最大值约为 1100W/m²,低温季节在约 8~18 时存在太阳辐射,辐射最大值约为 600W/m²。

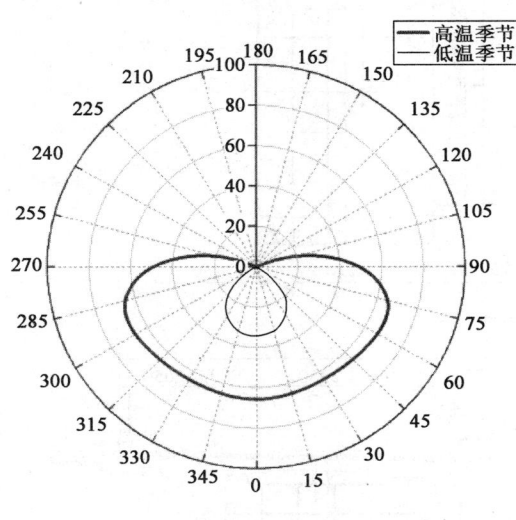

图 6 太阳高度角与太阳方位角(°)

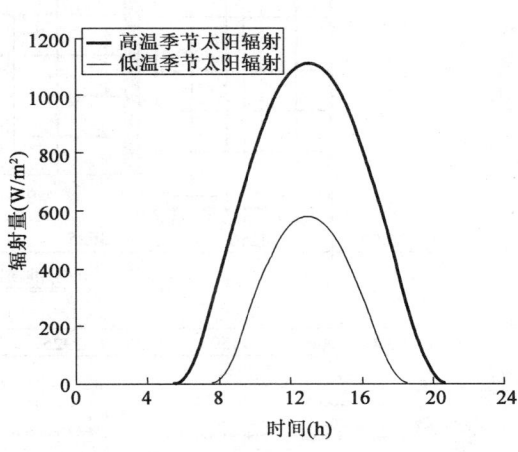

图 7 太阳辐射强度

分别选取对桥梁构件温度具有代表性影响的冬季和夏季两个时间点,根据上述统计分析的各环境参数,基于环境参数进行构件热学边界模拟方法,可以得到桥梁各构件的精确热学边界。

三、运营阶段日照温度特征分析

1. 温度场计算模型

本研究基于某大跨径预应力变截面连续钢箱组合梁,跨径布置为 70m + 125m + 125m + 125m + 70m,箱梁跨中高度为 3.5m,支点高度为 6.5m。设计速度为 120km/h,横向设置为双向四车道,左右分幅,单幅桥宽 20.75m。主梁钢箱梁截面设置为双箱单室,室间布有小纵梁和横隔板,箱梁宽 4.25m,箱梁间距 3.6m,支点截面如图 8 所示。

由背景工程可以得到,大跨径连续钢箱组合梁几何尺寸大,整体呈现超静定状态,箱室众多,构件数量多,构件间约束条件复杂,在构件间同时升降温的情况下,所产生的温度变形还可以协调。但钢材的导热性能远强于混凝土,在昼夜温度剧变或日照阴影遮盖的情况下,组合梁钢梁部分与混凝土板的温度变化不同步。在组合箱梁约束复杂的情况下,构件间的温差会产生数值可观的次内力。理论和试验研究均表明,在大跨径连续组合梁中,温度引起的应力与汽车荷载作用下的应力水平不相上下[4]。真实温度荷载下组合桥梁的应力响应便成了影响桥梁运营阶段耐久性的重要因素。

为研究桥梁真实的温度荷载响应,选取主梁典型断面建立二维精细化有限元模型,如图 9 所示。主梁模型中,考虑了桥面及混凝土对主梁温度场的影响,桥梁各构件有限元模型中涉及的材料参数取值见表 1。

有限元模型材料参数取值　　　　表1

材料类型	热传导系数[W/(m·℃)]	比热容(J/℃)	密度(kg/m³)
沥青混凝土	1.21	920	2300
混凝土	2.33	960	2600
钢材	52.34	480	8163
空气	0.024	1020	1.29

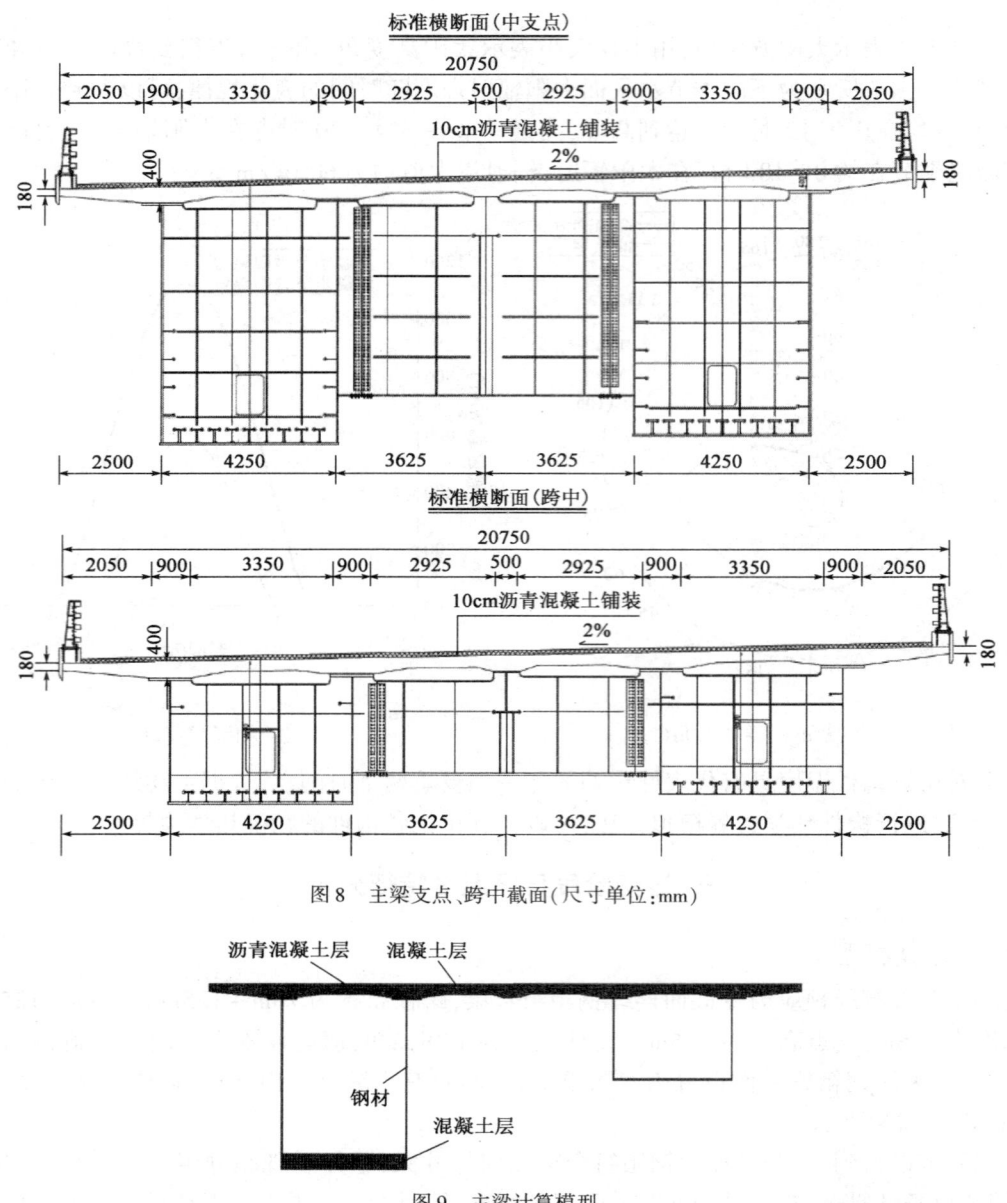

图8 主梁支点、跨中截面(尺寸单位:mm)

图9 主梁计算模型

基于前述环境参数的统计分析,开展对主梁瞬态时变温度场的分析。经由仿真分析可以得到任一时刻结构各构件温度场分布情况。

2. 主梁梯度温度基数

依照《公路桥涵设计通用规范》(JTG D60—2015)中的温度梯度温度模式[5]进行分析数据处理,整理后分别得到夏季和冬季主梁截面的梯度温度基础随时间的变化规律,如图10、图11所示,基于精细化温度场计算得出的主梁温度 T_3 为桥面板下部温度。

从图10、图11可以看出,对于混凝土桥面板而言,温差最大时间出现在13时,夏季可以达到22℃左右,冬季可以达到13℃左右;冬夏两季的顶板最大负温差绝对值低于10℃。针对不同断面,温度变化趋势的差异主要体现在桥面板下部温度,跨中断面 T_3 温度相较于中支点断面会更容易保持相对较高的温度状态,该差异是由跨中断面下方无混凝土层引起的,钢构件的导热性能较好,吸热能力较强,环境温度下,构件的升温较高且迅速;中支点断面和跨中断面达到各自温度峰值的时间并不同步,组合箱梁构件之间存在温度异步性,这种特征会引起超静定结构的次内力。

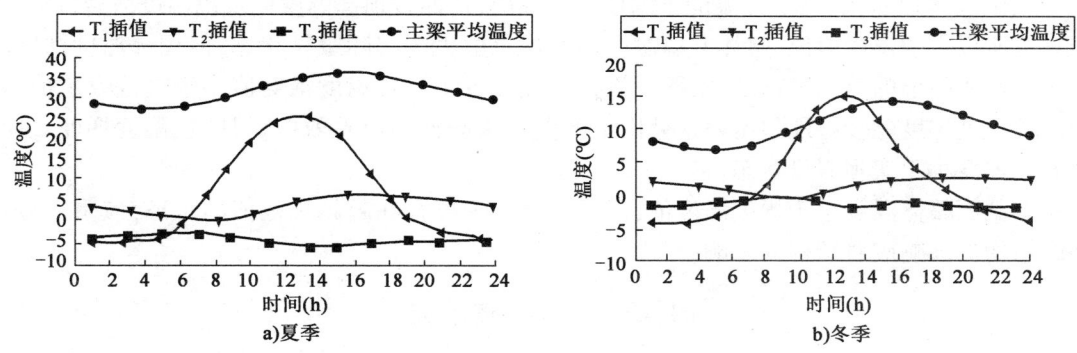

图10 中支点主梁梯度温度的时变规律

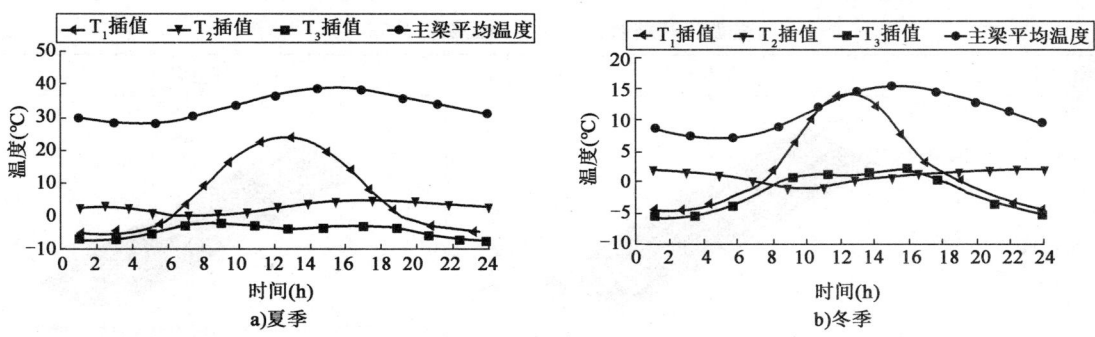

图11 中跨主梁梯度温度的时变规律

3. 运营温度梯度

将实际计算得到的各位置主梁的日照截面温度梯度以规范对应截面位置为准进行温度值提取,同时与规范进行对比,如图12、图13所示。

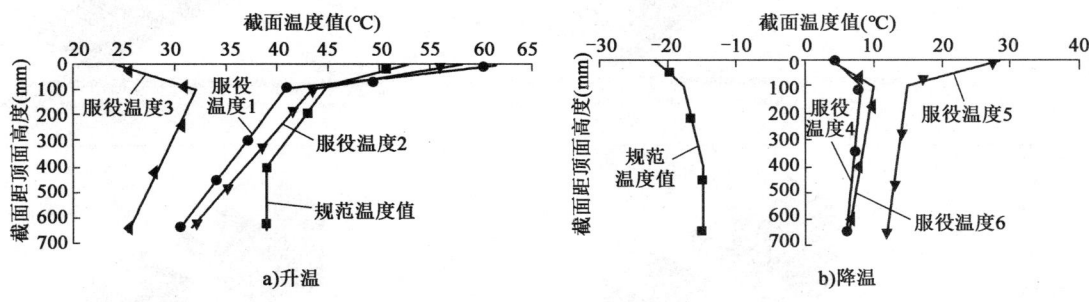

图12 不同工况中支点截面温度梯度对比

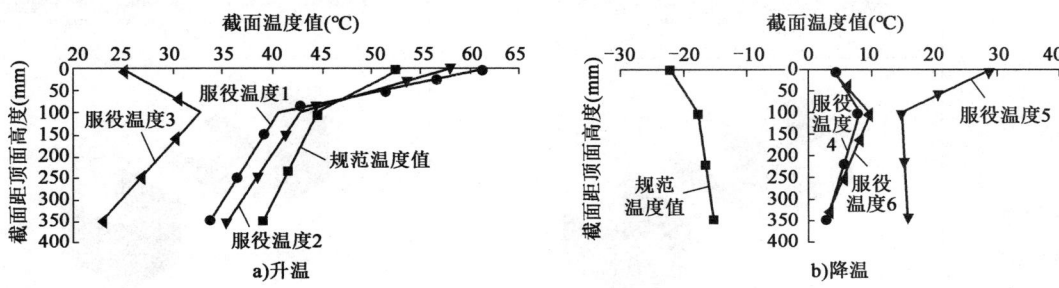

图13 不同工况中跨截面温度梯度对比

从图12、图13可以看出,对于升温的正温度梯度效应,桥面板顶部温度同规范温度荷载接近,下部温度则小于规范所设定的温度取值,整体升温温度梯度规范值大于实际服役状态,但局部温度梯度小于实际服役状态。对于降温的负温度梯度,实际计算得到截面各个位置温度绝对值小于规范设定值,现行规范中设定的负温度梯度能较好地包络桥址处由于降温带来的截面温差效应,但同正温度梯度效应类似,局部规范温度梯度小于实际服役状态。

服役状态截面整体温度小于规范温度值,但局部温度梯度存在超越规范值的状态,应重点分析温度梯度带来的结构局部响应对结构的影响。

四、结构整体温度响应

利用基于Ansys建立的全桥有限元分析模型,分别采用前述温度梯度提取所得温度荷载模式及规范温度荷载模式进行结构温度效应计算,进而得到桥梁各构件的温度效应状况,见表2。

各温度荷载组合下主梁截面极值分布　　　　　表2

桥梁构件	真实温度	规范温度
墩顶桥面板		
跨中桥面板		
墩顶钢箱梁		
跨中钢箱梁		

由表2可得，真实温度荷载模式下，混凝土桥面板与钢箱梁最大应力量值及出现位置同规范存在一定差异。真实温度荷载模式下，桥面板在主梁夏季梯度升温最大时出现最大应力，为 +2.74MPa，钢箱梁在主梁夏季达到最高温时出现最大应力，为 +28.3MPa；规范温度荷载模式下，混凝土桥面板在体系整体升温 + 梯度降温作用下出现最大应力，为 +3.00MPa，钢箱梁在体系整体降温 + 梯度升温作用下出现最大应力，为 +24MPa。冬夏两季真实温度荷载模式下主梁桥面板最大应力较规范温度荷载模式要减小约 0.8MPa，主梁钢箱梁最大应力较规范温度荷载模式要减小约 4MPa。

在温度荷载下，无论何种工况，桥面板最大都会增加约 2.7MPa 的拉应力，而目前大多数连续组合桥梁的桥面板压应力储备只有 3 ~ 5MPa，考虑温度引起的拉应力和车辆荷载引起的拉应力，桥面板状态很有可能变为受拉，对长期受力和桥梁耐久性不利。

五、结　语

本文针对背景工程，结合全桥实体-板壳精细化有限元模型，对背景工程所处桥址环境温度、日照及风特性进行了数据收集，拟合统计时变规律，建立了钢主梁二维温度场分析模型，提取了适合桥址环境的温度荷载模式，分析了结构温度响应并与规范模式进行了对比。本文研究得出以下结论：

（1）主梁中支点断面和跨中断面达到各自温度峰值的时间并不同步，组合箱梁构件之间存在温度异步性，会引起超静定结构的次内力。

（2）升温的主梁精细化温度场的截面整体温度较规范整体温度偏低，但局部尤其是混凝土桥面板顶部偏高，降温的精细化温度与规范温度有较大差异，与规范相比偏高，说明规范的降温温度设定不太适合桥址区域的温度场。

（3）真实温度荷载模式下，钢梁与桥面板均在主梁夏季梯度升温最大时出现最大拉应力；规范温度荷载模式下，钢梁在体系整体降温 + 梯度升温作用下出现最大应力，桥面板在体系整体升温 + 梯度降温作用下出现最大压应力。组合箱梁中支点和跨中断面在桥址位置可能经历的高温和低温状态下，产生的最大应力响应均小于现有规范荷载响应值，但对于跨中断面，钢腹板的约束作用较强，容易在桥面板连接混凝土位置产生较大的温度应力，此时结构响应同规范相比已经较为接近。

参考文献

[1] LIN J H, XUE J Q, HUANG F Y, et al. Research on the internal thermal boundary conditions of concrete closed girder cross-sections under historically extreme temperature conditions[J]. Applied Sciences, 2020,10(4):1274.

[2] TOMÉ E S, PIMENTEL M, FIGUEIRAS J. Structural response of a concrete cable-stayed bridge under thermal loads[J]. Engineering Structures, 2018(176): 652-672.

[3] 朱劲松,陈科旭,孟庆领. 大跨度悬索桥空间温度场精细分析方法[J]. 天津大学学报(自然科学与工程技术版),2018,51(4):339-347.

[4] 王耀旭. 钢—混凝土组合梁桥在日照温度场空间效应下的结构行为研究[D]. 成都:西南交通大学,2017.

[5] 中华人民共和国交通运输部. 公路桥涵设计通用规范:JTG D60—2015[S]. 北京:人民交通出版社股份有限公司,2015.

93. 大跨径变截面连续钢箱组合梁施工技术研究

苏 皓[1] 窦唯禹[2] 阮 欣[1]

(1. 同济大学土木工程学院；2. 安徽省交通控股集团有限公司)

摘 要 连续组合桥梁墩顶区域承受负弯矩,是连续组合桥梁受力的薄弱点,存在混凝土桥面板开裂的风险,影响桥梁耐久性。在大跨径连续组合梁桥中,这一问题尤为突出,以致成为控制大跨径组合桥梁设计的要素,极大地影响设计决策方向。本文基于某大跨径钢箱组合梁施工实例,利用对比分析与有限元模拟的方法,针对组合梁钢梁的组成构件多、分段吊重大、施工受力状态复杂的问题,分析现有钢梁架设方法的利弊；针对负弯矩区混凝土桥面板应力水平高的问题,对比预制和现浇两种方式的区别；针对大跨径组合梁桥的负弯矩内力、应力控制问题,计算并对比两种内力控制方式与三种应力控制方式分别对桥梁的负弯矩区内力、应力的控制效果。得出相应的结论,并对大跨径变截面连续钢箱组合梁的施工技术进行总结,为同类桥梁的负弯矩控制方法提供借鉴。

关键词 大跨径桥梁 钢箱组合梁 施工工艺 施工流程设计 有限元模拟

一、引 言

钢-混凝土组合结构是在钢结构和钢筋混凝土结构基础上发展起来的一种新型结构[1],具有自重轻、材料强度高、抗震性能好、工业化程度高、低碳环保等优势。但根据业界经验,连续组合梁尤其是大跨径组合梁,仍有诸多问题有待解决。

在组合结构梁桥负弯矩区,混凝土桥面承受拉力,会导致混凝土局部拉应力过大而产生裂缝[2]。随着桥梁跨径的增大,桥梁各处内力水平增大,负弯矩混凝土开裂问题越发明显。在运营期间,混凝土收缩、徐变易产生的裂缝,也将影响桥梁的功能和寿命[3]。因此,在施工过程中改变混凝土桥面板的浇筑顺序,或改变预应力钢束的张拉与结合顺序,对于负弯矩混凝土开裂问题的改善较大[2,4]。

同时,钢结构在受压、受剪或受弯等条件下,可能发生整体失稳或者局部失稳。组合梁的钢主梁在与混凝土桥面板充分结合之前,呈变截面开口形式,在大跨径条件下,其稳定性问题变得极为突出,需要重点关注[5]。

因此,为了保证结构施工阶段和使用阶段的安全性能,本文从施工方案比选、施工流程设计等方面,对大跨径变截面连续钢箱组合梁的施工技术进行了分析总结。

二、背景工程概况

本研究基于主跨为 70m + 3×125m + 70m 五跨变截面连续钢混组合梁桥。该桥梁设计速度为 120km/h,为双向四车道高速公路。主桥立面如图 1 所示,主跨箱梁由预应力钢筋混凝土桥面板与钢梁组合而成。箱梁跨中高度为 3.5m,梁高按二次抛物线变化。

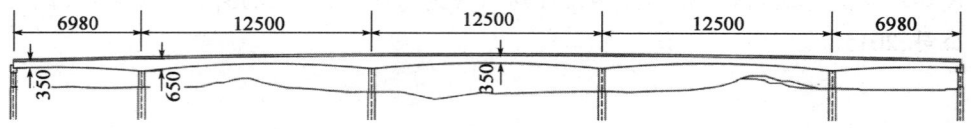

图 1 主桥立面图(尺寸单位:cm)

主梁为钢箱组合梁,左右分幅,单幅桥宽 20.75m,包括两边箱梁、小纵梁、现浇混凝土桥面板及横隔板。箱梁间距为 3.6m,跨中和中支点典型横断面如图 2 所示。

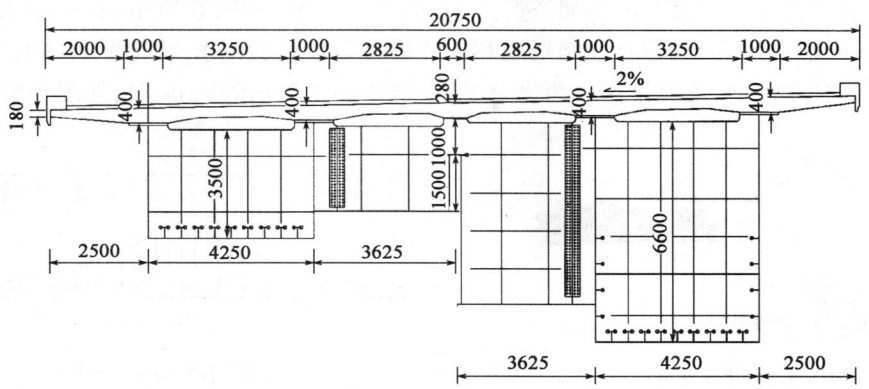

图 2　箱梁跨中和中支点典型横断面(尺寸单位:mm)

主梁桥面板纵向预应力钢绞线共分 3 种规格:5Φ$_j$15.24、9Φ$_j$15.24 和 12Φ$_j$15.24,共有 11 个批次:Ta1~3、Tb1~6、Tc1、Tc2,具体情况如图 3 所示。

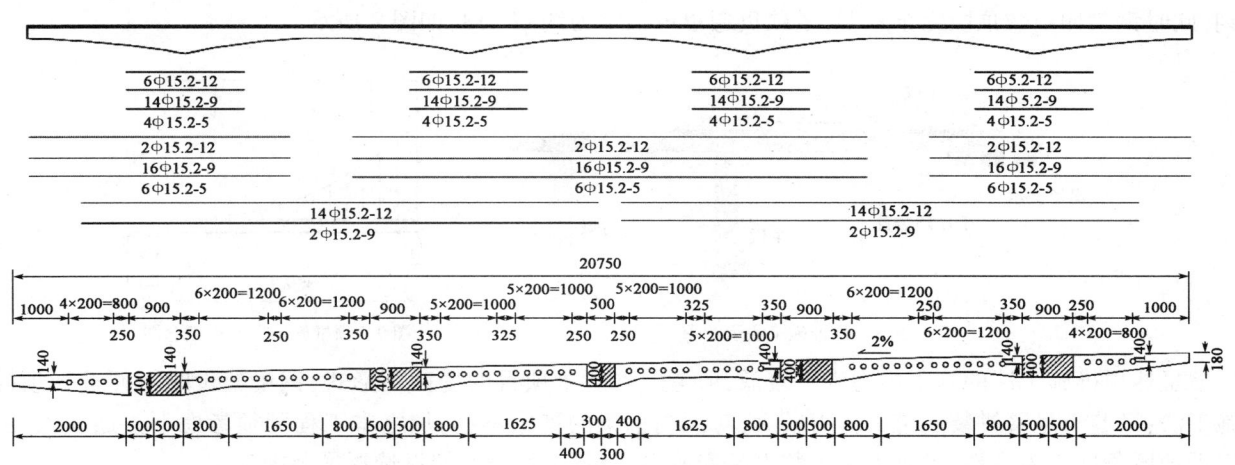

图 3　主桥现浇段预应力设置示意图(尺寸单位:mm)

三、总体施工方案

1. 钢梁架设

由于大跨径钢箱组合梁的组成构件多、分段吊重大、施工受力状态复杂,且施工方法与过程会关系到成桥应力状态,因此架设方法的选择就变成了影响施工方案决策的关键。目前工程中应用较为广泛、技术较为成熟的钢梁拼装方式包括吊装施工法、悬臂拼装法与顶推施工法。

吊装施工法利用起重机进行钢梁的安装,如图 4 所示,具有稳定性强、施工效率高等优点。但支架的布设将可能影响河道通航。钢梁吊装施工过程中的最不利状态可能出现在吊装过程中或钢梁拼装完成、拆除支架时。此时,支点处虽有赘余约束,但整体受力状态接近于简支受力,跨中弯矩可以按照 $ql^2/8$ 估计,如图 5 所示。

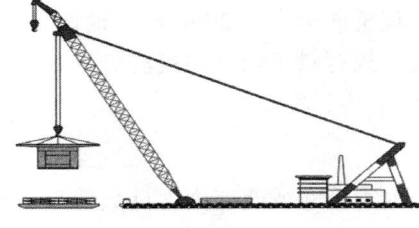

图 4　吊装施工法示意图

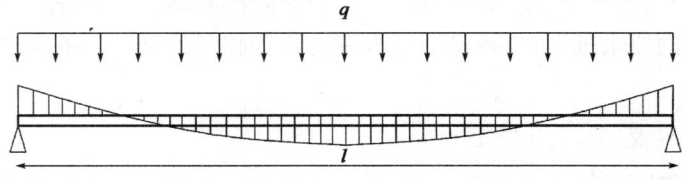

图 5　吊装施工法弯矩概念图

悬臂拼装法利用桥墩两侧设置的吊架,进行钢梁的逐段安装,如图6所示,具有施工速度快、梁段施工质量好、受气候影响小等优点,但对预制场地和吊装设备有较高的要求;钢梁悬臂拼装施工过程中的最不利状态是在两侧合龙之前,此时钢梁半跨完全悬臂,墩顶负弯矩达到约 $ql^2/4$,如图7所示。

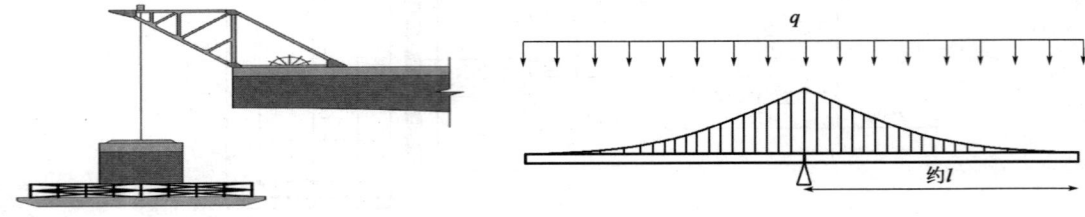

图6 悬臂拼装法示意图　　　　　　图7 悬臂拼装法弯矩概念图

顶推施工法则利用顶推装置与导梁进行钢梁的纵向顶推,如图8所示,具有无高空作业、无须大型起重设备、对桥下交通影响小等优点。但对桥梁结构的几何外形限制较多,变截面梁段、曲线梁和变坡度梁均需特殊工序处理后才能顶推;钢梁顶推施工过程中的最不利状态是导梁达到主墩或临时墩之前的时刻,此时钢梁伸出墩顶段完全悬臂,墩顶负弯矩可估算为约 $ql^2/18$,如图9所示。

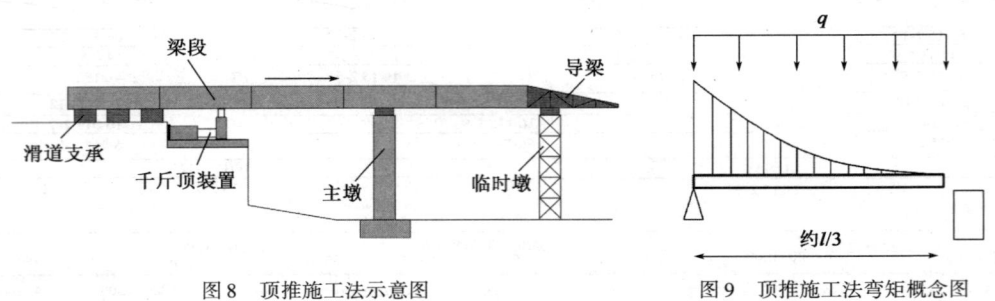

图8 顶推施工法示意图　　　　　　图9 顶推施工法弯矩概念图

虽然顶推施工法的施工内力水平较低,但考虑到背景项目的变截面形式,钢梁架设时不便选择顶推施工法;又鉴于悬臂拼装法施工应力较大,对控制钢梁的稳定不利;加之本工程无须考虑下方通航条件,附近环境条件较为宽裕,可供大型吊装设备安放,故背景工程钢梁架设选择吊装施工法。

2. 桥面板铺设

由于连续组合梁存在受力不利的负弯矩区,混凝土在该区域受拉,使组合结构的优势无法充分发挥,因此,控制负弯矩区混凝土桥面板应力便成为桥面板施工设计的核心。

目前,混凝土桥面板主要有现浇和预制两种施工方式:现浇桥面板具有整体性好、施工质量好、施工成本低、抗震抗冲击性能好、易预留预应力孔道等优点;预制混凝土桥面板在工厂中统一生产,现场拼装,具有节省材料、产品机械化程度高、施工周期短等优点[5]。

但同时,两种方法都有各自的适用范围:预制混凝土桥面板适宜制作尺寸跨度相对较小、对结构整体性能影响不大、设计无特殊要求的部位;而现浇混凝土桥面板适合梁截面尺寸大、跨度较大、应力水平较高、采用预制桥面板不能满足设计要求的部位,或者采用预制梁进行预制、运输或安装非常不便的部位[6]。

鉴于背景工程桥面板中有大量不同规格、不同分布的通长预应力筋,而预制混凝土桥面板需要根据预应力筋布置孔道,导致预制工厂难以制作统一的模板,给施工带来不便;背景工程跨径大,受力情况复杂、应力水平高,桥面板性能对全桥整体性能影响不可忽略;背景工程桥面全宽达20m,对运输设备、吊装设备的要求极高;且桥址附近没有能作为临时预制工厂的合适地址。故背景工程选用现浇法进行桥面板施工。

3. 施工内力调整

确定整体施工方案之后,仍可以通过一些施工方式对桥梁改变内力分布或改变内力计数值来对负弯矩区的内力进行调整。

1）二次落架

二次落架施工顺序为：先进行钢梁第一次落架，将落架后的钢梁支撑住，随后进行混凝土桥面板铺设，形成组合截面后，再进行第二次落架。该施工方式使钢箱梁仅承担自身重量，组合截面只承担混凝土自重，充分利用了钢材强度，有利于减小负弯矩区混凝土应力。二次落架与全一次落架施工弯矩和挠度对比如图10、图11所示。

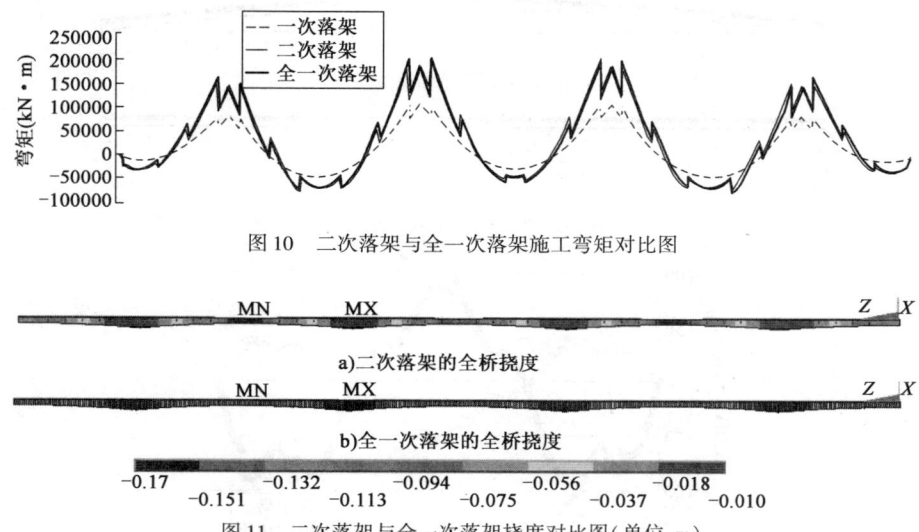

图10 二次落架与全一次落架施工弯矩对比图

图11 二次落架与全一次落架挠度对比图（单位：m）

可以看出，二次落架几乎不改变全桥弯矩分布与极值，而其全桥挠度分别为16.9cm和14.8cm；且在单个二期铺装工况中，在等量的二期铺装荷载下，两种施工方式的位移增量基本相同，变量最大值为3.7cm，说明二次落架并未改变组合桥梁结构刚度。

同时提取中墩处前后2.5m，共5m长的梁段，二次落架与全一次落架桥面板应力图如图12、图13所示。

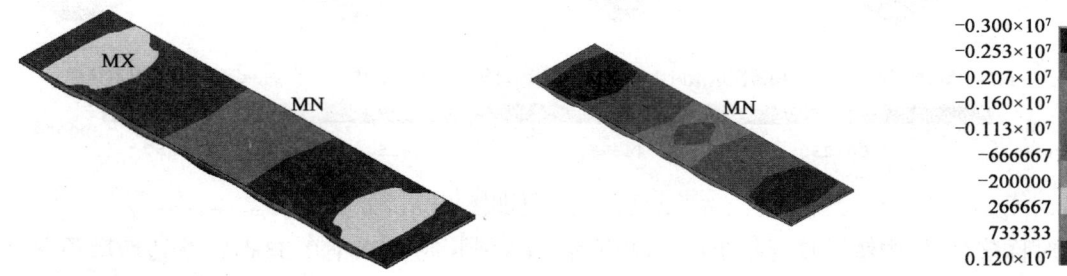

图12 二次落架桥面板应力图（单位：Pa）　　图13 全一次落架桥面板应力图（单位：Pa）

从实体模型的计算中得出，直到二期铺装工况，全一次落架情况下，墩顶桥面板拉应力达到了0.85~2.9MPa；二次落架情况下，混凝土桥面板的压应力储备达到了0.8~2MPa。

二次落架这一施工方式几乎没有改变内力与桥梁刚度，其主要作用是改变组合梁桥各部件的内力分配从而改变其应力，这种施工方法有利于改善混凝土桥面板受力状态。

2）支点顶升法

支点顶升法是在浇筑负弯矩区混凝土前预先将中支座顶升一定高度，待该区域混凝土浇筑并达到设计强度后再将中支座降回设计高度。该方法通过支座回落后产生的预压应力来抵消负弯矩导致的混凝土板拉应力，从而减小裂缝，过程如图14所示。

为探究强迫位移施工方式对负弯矩区钢箱梁与桥面板混凝土应力水平的影响，对未施加荷载的无应力的有限元模型分别施加中墩墩顶落梁10cm与次边墩墩顶落梁10cm，其中两次落梁均是关于全桥中点对称施加，施工弯矩对比如图15所示，应力计算结果如图16所示。

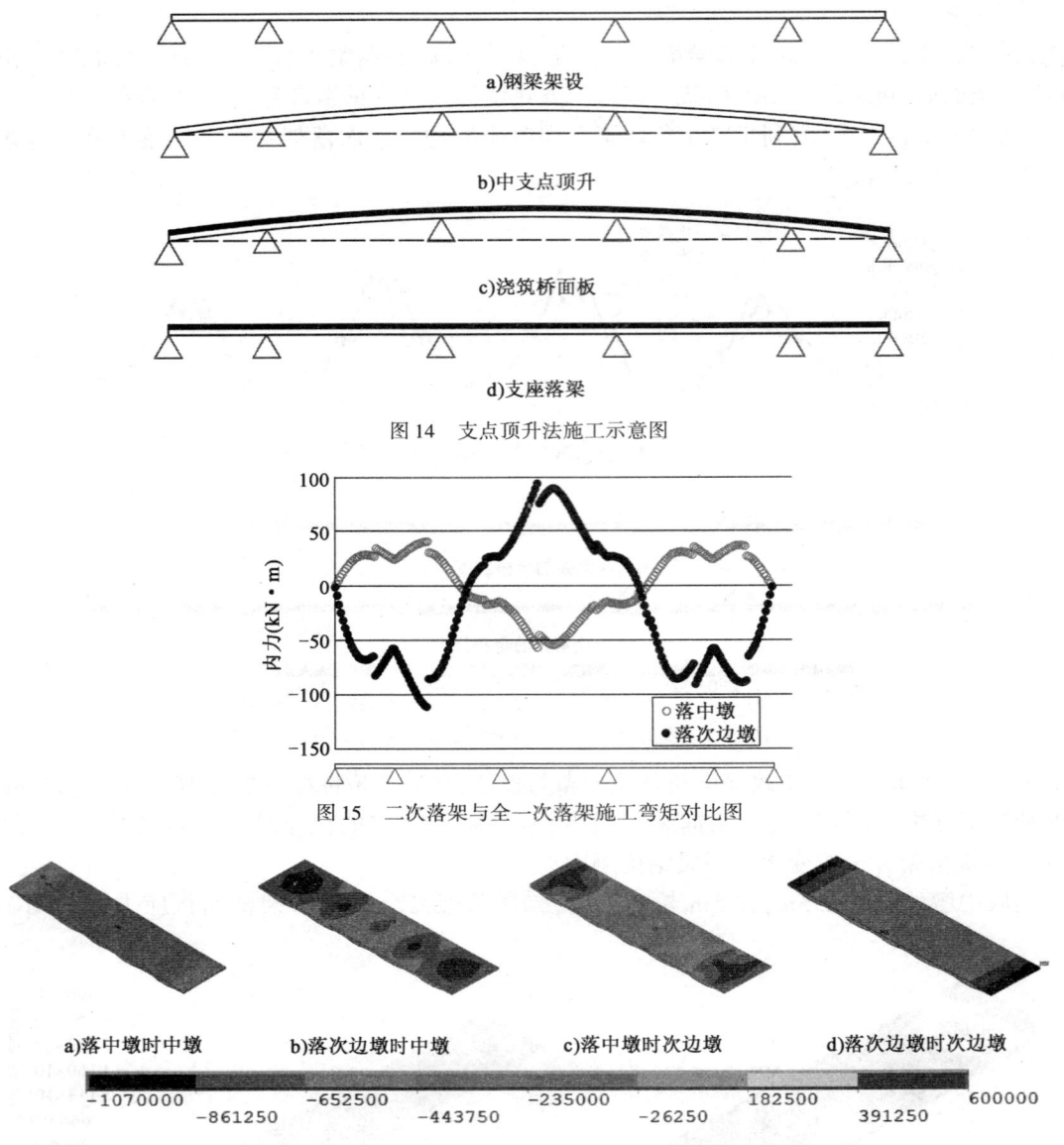

图 14　支点顶升法施工示意图

图 15　二次落架与全一次落架施工弯矩对比图

图 16　墩顶桥面板应力图

中墩对称落梁时，中墩墩顶混凝土内力减小约 15kN·m，应力减小 0.33MPa，次边墩墩顶混凝土内力增加约 25kN·m，应力增加 0.4MPa；次边墩对称落梁时，中墩墩顶混凝土内力增加约 25kN·m，应力增加 0.42MPa，次边墩墩顶混凝土内力减小约 60kN·m，应力减小 1.07MPa。上述计算结果大体符合连续梁的结构特点。

然而对于多跨连续组合梁而言，对某一非边墩进行墩顶落梁等强迫位移操作时，会对相邻墩产生负面效果。虽然可以让正在进行落梁的墩的负弯矩减小，但会增加与此墩相邻的墩的负弯矩，对总体受力不利，因此还需要在实际应用中确定具体的强迫位移施加方法与比例。

由于桥体质量较大，不适合支点顶升，因此背景项目选用二次落架辅以后结合预应力的方式进行负弯矩区混凝土内力调控。

四、局部应力调整

除前述的内力控制方法外，实际施工中还可以对桥面板进行局部的应力调整，以保证负弯矩区桥面板的正常工作。

1. 超高性能混凝土(UHPC)替代普通混凝土

为了提升负弯矩区桥面板的受力强度,施工单位会将负弯矩区桥面板的普通混凝土更换为超高性能混凝土(UHPC),不仅可以提升桥面板应力承受极限,还可以加强截面强度,改善应力条件。普通混凝土(NSC)与超高性能混凝土(UHPC)材料性能数值见表1。

普通混凝土(NSC)与超高性能混凝土(UHPC)材料性能对比　　表1

性能	普通混凝土(NSC)	超高性能混凝土(UHPC)
抗压强度(MPa)	20~40	120~180
轴心抗拉强度(MPa)	2.2~2.6	8~10
弹性模量(GPa)	14~41	37~55
圆柱劈裂抗拉强度(MPa)	2.5~2.8	4.5~24
密度(kg/m³)	2200	2000

从表中可以看出,UHPC 的抗拉强度在 8MPa 左右,普通混凝土的抗拉强度在 2MPa,UHPC 能承担更多的拉应力,更不容易开裂;UHPC 的密度相较普通混凝土没有明显的增长,说明同样的设计下,UHPC 桥面板的恒载相较普通混凝土没有增长,不会给桥梁内力带来额外负担;UHPC 的弹性模量是普通混凝土的 1~3 倍,表明桥梁截面可以用更小的梁高满足原有的受力需求。

2. 调整浇筑顺序

混凝土桥面板的施工顺序对成桥应力有极大影响,在预应力的作用下,调整浇筑顺序,使预应力效果尽量最大化。不同浇筑顺序下中墩顶压应力结果见表2。

不同浇筑顺序下中墩顶压应力结果　　表2

方案	桥面板浇筑顺序	中墩顶压应力
方案1	先墩顶,后跨中	0.85~1.95MPa
方案2	先跨中,后墩顶	0.11~1.35MPa

由上述计算结果分析可知,方案1先浇筑墩顶,使预应力储备达到 0.85~1.95MPa;方案2先进行跨中浇筑,使预应力储备减小到 0.11~1.35MPa,导致预应力损失增大,对结构长期受力性能不利。

3. 后结合法预应力桥面板

后结合法即先对桥面板施加预应力,随后再进行钢梁与混凝土板的结合。与先结合法相比,后结合法的预应力完全施加在桥面板中,提高了混凝土的预应力效率,更适用于设置体内预应力束的混凝土桥面板。

现按照背景工程的浇筑顺序进行施工仿真模拟,得到如图17、图18所示的后结合法与先结合法的应力结果,桥面板取中墩墩顶左右各10m,共20m的长度。

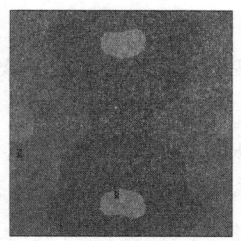
a)二次落架完成

b)二期铺装完成

图17　后结合法施工各阶段应力结果(单位:Pa)

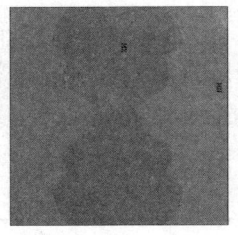 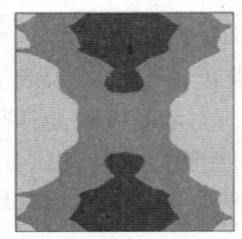 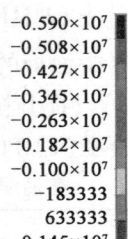

a)二次落架完成　　b)二期铺装完成

图18　先结合法施工各阶段应力结果(单位:Pa)

由实体模型的计算结果可得,直到二期铺装工况完成,后结合法中墩墩顶截面压应力为0.85~1.95MPa,保有一定的压应力储备。而先结合法中墩墩顶截面应力为-0.2~1.45MPa,与后结合法相比,压应力储备大幅度减小,且出现了数值较大的拉应力,明显不如后结合法。

综上所述,在预应力存在的条件下,可以选用后结合法辅以浇筑顺序调整的方式,控制混凝土桥面板的局部应力。

五、结　语

本文对大跨径组合梁施工过程中的钢梁架设、桥面板铺设、施工内力、应力调整等方式选取进行了细致的说明与计算对比,针对背景工程的实际条件分别选择了吊装法进行钢梁拼装、使用现浇法进行桥面板铺设、使用二次落架加后结合预应力辅以桥面板顺序调整的方式进行负弯矩区混凝土应力调控。

目前,背景工程现场测试结果安全,确保了施工过程的安全、标准、高效,为日后相同结构类型的大跨径桥梁的负弯矩问题明晰了原理,并提供了借鉴。

参考文献

[1] 聂建国,余志武.钢-混凝土组合梁在我国的研究及应用[J].土木工程学报,1999(2):3-8.
[2] 张军.钢-混组合梁桥负弯矩区混凝土抗裂设计研究[J].山西交通科技,2022(4):81-84,104.
[3] 潘本金,任万鹏.钢混组合箱梁与桥面板整体现浇施工关键技术[J].施工技术(中英文),2022,51(12):42-45,54.
[4] 张鑫.钢板-混凝土组合梁桥模拟方法与负弯矩区桥面板应力改善方法探究[D].西安:长安大学,2019.
[5] 谢涛,张强,李京.连续钢混组合梁桥后结合关键技术分析[J].中国市政工程,2022,(2):4-7,102.
[6] 王跃龙,俞沛然,奚林胜.组合钢板梁桥全宽预应力桥面板预制施工关键技术[J].施工技术,2020,49(4):36-39.

94.碳纤维增强基复合材料(CFRP)钢筋和绞线弯曲性能比较研究

林雨婷[1]　杜隆基[1,2]

(1.中交公路长大桥建设国家工程研究中心有限公司;2.北京工业大学)

摘　要　碳纤维增强基复合材料(CFRP)作为独立构件和修复构件的拉伸性能已得到广泛研究。然而,关于CFRP绞线和CFRP筋的弯曲性能,仍然缺乏相关知识和设计指南。因此,本研究通过三点弯曲试验,对CFRP绞线和CFRP筋的弯曲性能进行了试验研究。试验表明,绞线的极限弯曲半径仅为钢筋的一半左右,且绞线的极限抗弯强度比钢筋高10%以上,验证了绞线的抗弯性能优于钢筋。

关键词　CFRP绞线　CFRP筋　弯曲行为　三点弯曲　极限曲率半径　弯曲强度

一、引 言

自20世纪初以来,钢筋混凝土(RC)因其低成本、高抗压强度和与钢筋材料相容的热膨胀系数而成为最具吸引力的收缩材料[1]。虽然钢筋具有优点,但用钢筋加固的混凝土结构表现出某些缺点,如由氯离子引起的腐蚀,尤其是在海洋环境中[2]。为了克服这一缺点,塑料和纤维增强复合材料的发展导致引入了纤维增强聚合物(FRP)来代替混凝土结构中的钢筋。目前相关研究更多地集中在碳纤维增强聚合物(CFRP)钢筋和绞线上,以取代钢筋,因为它们具有无腐蚀和防锈性能、高抗拉强度(比钢高近4倍)、轻量(比钢低20%)、低维护成本、电磁一致性等优点,并具有卓越的疲劳回弹性[3-6]。与钢筋相比,这些有利特性大大提高了混凝土构件的抗弯刚度,并降低了其变形[7,8]。

目前,FRP材料的弯曲特性主要集中在刚性或半刚性结构上,尚未发布包括绞线形式在内的相关测试规范。较少有研究系统地研究FRP绞线和钢筋的弯曲性能。例如,Marco Rossini等[9]使用三点弯曲试验研究GFRP绞线的弯曲半径,并使用经典的Euler Bernoulli假设来计算绞线弯曲时的极限曲率。Zhang B R等[10]为材料规范、质量保证以及结构设计和分析标准提供了一种新的测试方法用以确定FRP筋的弯曲性能。因此,对CFRP绞线和CFRP筋的抗弯性能进行对比分析的研究还不够。

在本研究中,研究了CFRP筋和CFRP绞线在弯曲条件下的弯曲性能,并与钢筋的弯曲性能进行了比较。试验研究了CFRP绞线在弯曲荷载作用下的弯曲性能,并研究了弯曲后的最小线圈直径和性能变化。本研究旨在检验无腐蚀性CFRP筋代替预应力混凝土构件的钢筋,以提高其抗弯性能和耐腐蚀性。这项研究的发现增加了开发预测弯曲条件下CFRP绞线弯曲强度模型所需的知识库。了解CFRP筋和绞线的弯曲性能将扩大其在更广泛的民用基础设施应用中的用途,并与钢筋相比扩大其市场份额。

二、试验概况

1. 试件样本

将试件分为CFRP筋和CFRP绞线。CFRP绞线试件选择两种不同的直径:10.2mm和15.2mm,相应的有效横截面积分别为140mm²和64mm²。每一股由沿中心的6根螺旋单丝组成。为了比较绞线和钢筋试件的弯曲性能,CFRP筋试件的直径值选择为9mm、12mm和14mm,以尽可能接近绞线试件。

根据ASTM D 790—17[11],CFRP绞线和CFRP筋的长度取为直径的16倍。用切割机将CFRP筋和绞线切割成所需长度,并对切割后的绞线末端进行加固,以防止绞线分裂。每个直径均准备了3个试件进行测试,如图1所示。试件的物理力学性能见表1,试件的参数见表2。

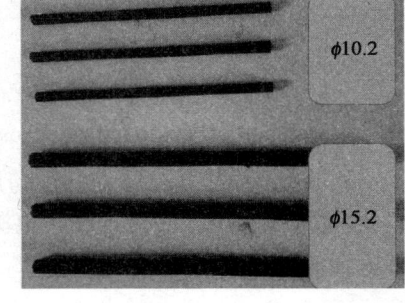

图1 不同直径的CFRP绞线试件

CFRP绞线和CFRP筋的物理力学性能 表1

材料属性	抗拉强度(MPa)	弹性模量(GPa)	密度(kg/m³)	极限延伸率(%)
CFRP绞线	2500	150	1.65	1.5
CFRP筋	2850	170	1.65	1.0

试件参数表 表2

样本ID	规格	有效横截面积(mm²)	数量
S-15.2	1×7φ5mm	140	3
S-10.2	1×7φ3.4mm	64	3
B-14	φ14mm	154	3
B-12	φ12mm	113	3
B-9	φ9mm	64	5

注:S-15.2表示公称直径为15.2mm的CFRP绞线试件;B-14代表直径为14mm的CFRP筋试件。

2. 试验设置

本研究采用的测试方案基于 ASTM D 4476—97[12]和 GB/T 13096—2008[13]。ASTM D 4476—97 规范描述了评价 CFRP 筋弯曲性能所需的三点标准试验,规范中使用的试件是通过两个支架之间的加载梁加载的半圆形横截面钢筋。GB/T 13096—2008 中的三点弯曲试验装置与 ASTM D 4476—97 类似,适用于拱形截面试件。因此,如图 2 所示,对 CFRP 筋和 CFRP 绞线的全截面构件进行了三点弯曲试验。

试验装置由一个可移动支撑底盘、一根加载梁(杆)和一台 MTS 试验机(即一台用于压缩荷载加载试件的试验机)组成。本研究采用的三点弯曲试验装置见图 3。可移动支撑底盘包括固定底座和可移动支撑,可用于调整支撑点的位置以改变负载跨度。支撑板上的凹槽适用于钢筋和绞线,通过避免试件的滚动,有利于测试装置在测试过程中的稳定性。可根据试件的尺寸更换支架,以确保凹槽半径始终大于试件的半径。加载梁固定在试验机上,用于向试件的中跨施加横向荷载。MTS 机器的总承载能力为 1000kN,超过了试件的拉伸能力,并允许试件以所需的加载速率加载。在测试过程中,MTS 采集系统可以实时读取并记录试件上的加载力和加载梁的垂直位移(即挠度)。

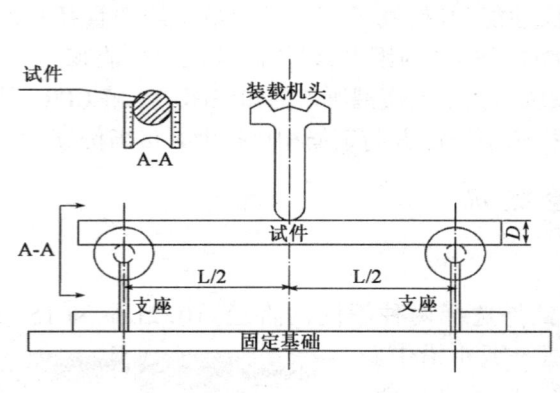
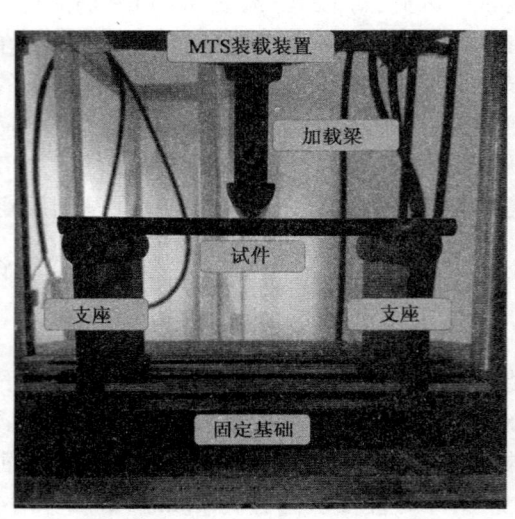

图 2 符合规范 GB/T 13096—2008 的三点弯曲试验装置　　　　图 3 三点弯曲试验装置

在开始测试之前,首先调整跨度,并将样品垂直放置在机器中,与支撑槽接触。然后施加约为故障负载 5% 的初始负载,以检查和调整测试机并开始收集数据。最后使用试验机的结果数据计算跨中挠度和极限弯曲应力。

三、试验结果及分析

为了表述 CFRP 筋和 CFRP 绞线的弯曲性能,从破坏模式、极限曲率半径和弯曲强度等方面对试验结果进行了评估。

1. 失效模式

图 4 显示了三点弯曲试验期间的 CFRP 筋和 CFRP 绞线试件。从图中可以明显看出,在杆件试件完全压缩和断裂之前,杆件试件的底面出现裂纹和失效。直到试件完全断裂前,这种破坏序列伴随着裂纹发展。在由于高水平的荷载而经历大的挠度后,绞线之间的连接在整体开裂之前变得薄弱,从而导致试件的弯曲失效。

测试 CFRP 试件的荷载-挠度曲线如图 5、图 6 所示。从图中可以观察到,CFRP 绞线和 CFRP 筋最初表现出线性荷载-挠度响应,直到极限荷载。在该区域,CFRP 筋跟随底部开裂,然后裂缝继续发展,直到 CFRP 筋完全断裂。这一阶段的特点是其非线性和不断波动的曲线。对于 CFRP 绞线,当达到极限荷载时，整个试件逐渐剥落，并随着底部单根CFRP绞线的开裂而失效。这是指由高弯曲应力引起的线束之间的连接松动。

a)开裂前的CFRP试件(左：钢筋；右：绞线)

 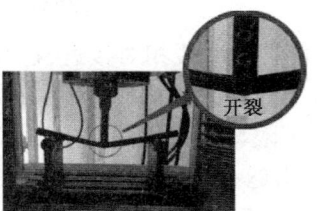

b)有裂纹的CFRP试件(左：钢筋；右：绞线)

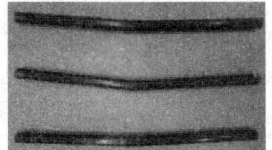 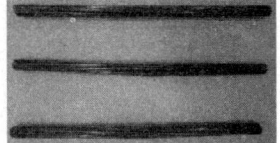

c)试验后反弹的CFRP试件(左：钢筋；右：绞线)

图4 CFRP试件三点弯曲破坏顺序

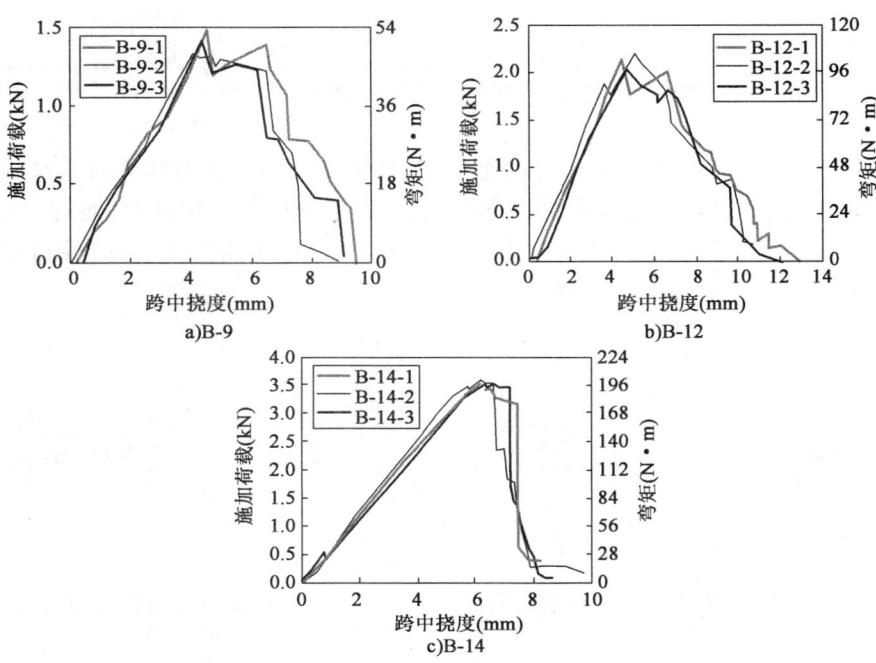

图5 CFRP筋的荷载-挠度和弯矩曲线

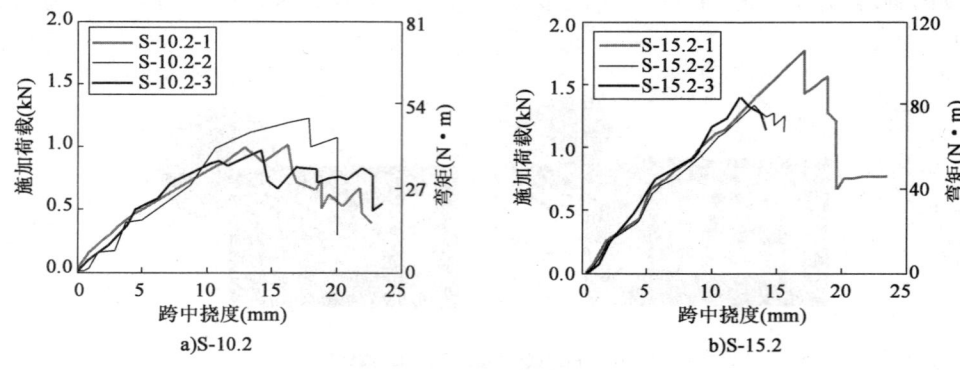

图6 CFRP 绞线的荷载-挠度和弯矩曲线

每组试件的荷载-挠度特性曲线相对接近,这突出了试验结果的高度一致性和可靠性。从图5和图6可以看出,试件最初表现出线性弹性响应,然后在荷载接近极限荷载值时开裂。在这个阶段,裂纹继续发展,直到试件完全失效。极限弯曲强度是在出现第一个裂纹的最大点处获得的。之后,观察到斜率的突然变化(即曲线上负载的转变),这与试件的渐进失效有关。计算每组试件的算术平均值(Avg.)、标准差(SD)和变异系数(COV),以观察和比较它们的归一化数学值。这些值是根据试验结果计算出来的,见表3。

CFRP 筋和 CFRP 绞线试验结果的统计分析　　　表3

参数	值	S-15.2	S-10.2	B-14	B-12	B-9
F(kN)	算术平均值(Avg.)	1.44	1.01	3.51	2.36	1.35
	标准差(SD)	0.11	0.12	0.04	0.04	0.02
	变异系数(COV)	0.08	0.12	0.01	0.02	0.01
S(mm)	算术平均值(Avg.)	12.08	13.22	5.53	4.90	4.15
	标准差(SD)	2.31	1.43	0.08	0.07	0.11
	变异系数(COV)	0.19	0.11	0.01	0.02	0.03

注:F(kN)表示外层纤维第一次断裂时的荷载;S(mm)表示外层纤维第一次断裂时的挠度;COV(变异系数)=标准差(SD)/算术平均值(Avg.)。

试验数据的标准差(SD)和变异系数(COV)非常小,如表3所示。这意味着每组试件的荷载-挠度曲线可以用一条荷载-挠度线(即归一化或平均曲线)表示。采用这种归一化过程,通过只绘制每组试件的平均荷载-挠度曲线来比较不同 CFRP 筋和 CFRP 绞线试件的荷载-挠曲曲线。具有相似有效横截面积的 CFRP 绞线和 CFRP 筋的平均荷载-挠度曲线如图7所示。

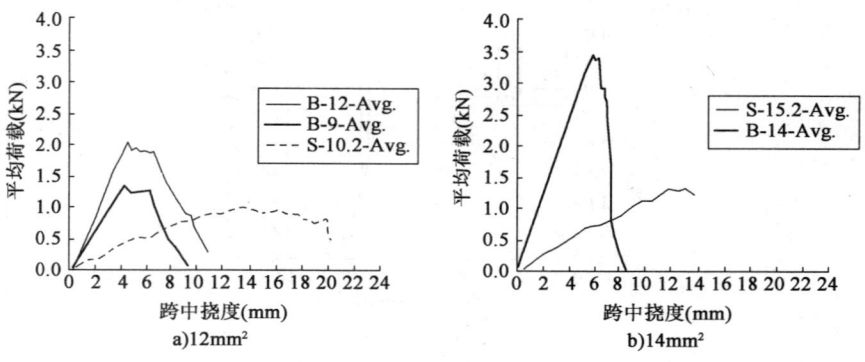

图7 具有相似有效横截面积的 CFRP 绞线和 CFRP 筋的平均荷载-挠度曲线

从图7中可以得出结论,CFRP 绞线比 CFRP 筋具有更好的延性,并且 CFRP 绞线的挠度可以达到钢筋挠度的2倍或更多。这一观察结果意味着,与 CFRP 筋相比,CFRP 绞线具有更小的极限曲率半径和更大的应用空间。另一方面,CFRP 绞线的极限承载力小于 CFRP 筋的极限承载能力。为了研究 CFRP 绞线和 CFRP 筋的弯曲性能,还分析了材料的极限曲率半径和极限弯曲强度。

2. 极限曲率半径

考虑到 CFRP 加固构件是具有正交各向异性和非对称性能的复合材料,因此确定试件的抗弯刚度和抗弯强度非常复杂。扭曲 CFRP 绞线的几何形状增加了计算的复杂性,需要考虑弯曲和剪切引起的位移变化。然而,假设弯曲对位移的影响超过了剪切贡献,则可以基于简化的挠度值来计算 CFRP 绞线的极限曲率和弯曲强度。

三点弯曲结构中的挠度和曲率公式可以利用经典的欧拉-伯努利假设简化如下:

$$\delta = \frac{1}{48} \times \frac{PL^3}{E_b} \tag{1}$$

$$\chi = \frac{1}{4} \times \frac{PL}{E_b} \tag{2}$$

由式(1)和式(2),得:

$$\chi = \frac{12\delta}{L^2} \tag{3}$$

式中:δ——跨中挠度;
χ——跨中曲率;
P——跨中施加的荷载;
L——净跨度;
E_b——CFRP 绞线的弯曲刚度。

极限曲率的半径是通过极限曲率的倒数计算的,将极限曲率加倍以获得与卷轴相对应的最小直径,在卷轴处,可以在不损坏的情况下缠绕绞线。直径越小,可以缠绕的材料越多,传输效率越高。传统的高速钢绞线可以缠绕在直径低至610mm 的卷轴上。基于试验结果,CFRP 试件曲率半径的理论分析见表4。

CFRP 绞线和 CFRP 筋的极限曲率半径分析 表4

试件	Y(mm)	L(mm)	χ(mm^{-1})	$R\chi$(mm)	$D\chi$(mm)
S-15.2	12.08	243	0.0024549	407.35	814.69
S-10.2	13.22	163	0.0059709	167.48	334.96
B-14	5.53	224	0.0013225	756.12	1512.24
B-12	4.9	192	0.0015951	626.94	1253.88
B-9	4.15	144	0.0024016	416.39	832.77

从表4中可以得出结论,与 CFRP 筋相比,CFRP 绞线的极限曲率半径较小,在类似区域的情况下,绞线的极限弯曲半径仅为钢筋的一半或更小。10.2mm 直径 CFRP 绞线的极限曲率直径仅为 335 mm,小于传统钢绞线的极限弯曲直径(即 610 mm)。因此,与钢绞线相比,CFRP 绞线可以缠绕在较低的直径上而不会损坏。这一特点大大提高了 CFRP 绞线相对于钢绞线的运输效率和竞争力。

3. 极限弯曲强度

为了研究 CFRP 绞线和 CFRP 筋的抗弯承载力,通过简化问题,忽略剪切变形引起的跨中挠度的影响,计算了试件的抗弯参数。从表 1 和表 2 中获得并在式(1)～式(3)中替换的试件的参数如表 5 和图 8 所示。

CFRP 筋和 CFRP 绞线试件的三点弯曲试验结果汇总　　表 5

试件	D (mm)	L (mm)	P_{max} (N)	I (mm^4)	外层纤维第一次断裂时			E_b (GPa)
					Y (mm)	σ (MPa)	ε (%)	
S-15.2	15.2	243	1440	803.86	12.08	816.18	18.65	44.33
S-10.2	10.2	163	1010	231.15	13.22	908.08	30.45	29.82
B-14	14	224	3510	1884.78	5.53	730.01	9.25	78.85
B-12	12	192	2360	1017.36	4.9	668.08	9.57	69.80
B-9	9	144	1350	321.89	4.15	679.41	10.81	62.86

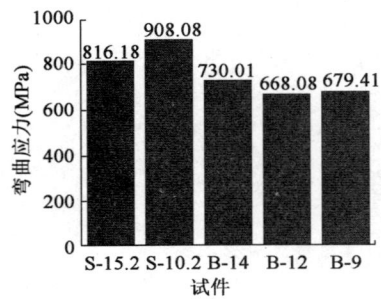 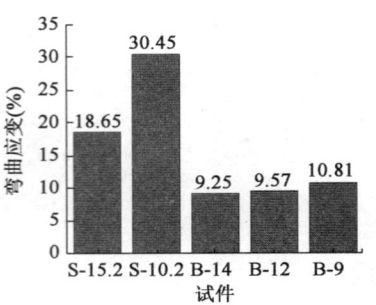

图 8　CFRP 筋和绞线试件的弯曲应力和应变能力

根据表 5 和图 8,就弯曲应力和应变而言,CFRP 绞线的弯曲性能优于 CFRP 筋。在类似区域的情况下,绞线的极限弯曲应力比钢筋的极限弯曲应力高出 10% 以上,绞线的最终应变是钢筋的 3 倍以上。这一发现证明了 CFRP 绞线在抗弯强度和延性方面优于 CFRP 筋。

对于现场使用的结构构件,有必要引入安全系数,以考虑材料强度(即在试验室中确定)与实际强度的比值。在目前的研究中,根据平面截面假设,最大弯曲强度出现在截面的最外层纤维处。在弯曲试验中,CFRP 绞线和 CFRP 筋在上部纤维或下部纤维处断裂,CFRP 材料的抗压强度低于抗拉强度。因此,安全校正系数 k 定义为试验产生的弯曲应力(σ)除以理论抗压强度(f_c)。试件的安全校正系数见表 6。

基于 CFRP 筋和 CFRP 绞线试验应力值与理论应力值之间变化的安全校正系数　　表 6

参数	S-15.2	S-10.2	B-14	B-12	B-9
σ (MPa)	816.18	908.07	730.01	668.08	679.41
f_c (MPa)	1253.3				
k	0.62	0.73	0.58	0.54	0.54

注:f_c 是材料的抗拉强度和抗压强度中较小的一个,对于 CFRP 材料,表示其抗压强度。

四、结　语

在本研究中,在三点弯曲试验下对 CFRP 筋和 CFRP 绞线的弯曲性能进行了试验研究。使用纯弯曲试验装置消除了剪切变形引起的挠度变化,以获得准确和有代表性的结果。从破坏模式、极限曲率半径和弯曲应力等方面对 CFRP 绞线和 CFRP 筋的弯曲性能进行了分析和比较。试验结果证明,与钢筋相比,CFRP 绞线具有优异的延性和增强的抗弯性能。将试验结果与理论值进行比较,进一步证明了钢绞线和钢筋的弯曲行为,以加深对钢筋混凝土结构中 CFRP 筋和钢绞线设计概念的理解。此外,引入了安全校正系数,以考虑试验和理论弯曲强度值之间的值变化。本研究得出以下结论:

(1)本文比较了不同直径 CFRP 筋和 CFRP 绞线的弯曲试验响应。对直径为 15.2mm 和 10.2mm 的 CFRP 绞线以及直径为 14mm、12mm 和 9mm 的 CFRP 筋进行了标准三点弯曲试验,记录并研究了破坏模式和荷载-挠度响应。

(2)系统分析了 CFRP 筋和 CFRP 绞线的弯曲性能,并计算了平均受力曲线和极限曲率半径,验证了绞线在弯曲延性方面的优越性。在类似区域的情况下,绞线的极限曲率半径仅为钢筋曲率半径的一半或更小。其中,公称直径为 10.2mm 的钢绞线可以卷绕在直径为 335mm 的线圈上,若用横截面积相似的 CFRP 筋,是传统钢绞线的 1/3。它比钢筋更方便、更实用,还可以降低运输成本。

(3)根据材料力学和 ASTM D 4476—97,计算了 CFRP 试件的弯曲应力、应变和弹性模量,并在弓杆试验规范的基础上,扩展了绞线的全截面弯曲荷载和计算分析,获得了更加准确的试验数据。

(4)对钢绞线和钢筋的各项指标进行了比较分析,验证了 CFRP 绞线的整体抗弯性能优于钢筋,并给出了实际工程中使用的 CFRP 试件的弯曲安全校正系数。在类似区域的情况下,绞线的极限弯曲应力比钢筋的极限弯曲应力高出 10% 以上,绞线的最终应变是钢筋的 3 倍以上。

本研究的重点是 CFRP 筋和 CFRP 绞线的弯曲性能。然而,关于 CFRP 加固在钢筋混凝土和预应力混凝土结构中的黏结和复合性能,还需要做进一步的研究。这些研究将提高对 CFRP 加固设计基本原理的理解。因此,彻底的设计指南和建议可以标准化,与钢筋相比,这将扩大 CFRP 筋在民用基础设施中的应用。

参考文献

[1] HOSEN M A, JUMAAT M Z, ALENGARAM U J, et al. Near surface mounted composites for flexural strengthening of reinforced concrete beams[J]. Polymers, 2016, 8(3): 67.

[2] SIRISONTHI A, JULPHUNTHONG P, JOYKLAD P, et al. Structural behavior of large-scale hollow section rc beams and strength enhancement using Carbon Fiber Reinforced Polymer (CFRP) composites[J]. Polymers, 2022, 14(1): 158.

[3] LIU Y, ZHANG H T, TAFSIROJJAMAN T, et al. A novel technique to improve the compressive strength GFRP bars and development of its strength prediction model[J]. Construction and Building Materials, 2022, 326(4): 126782.

[4] JIA L Q, WANG B, TAFSIROJJAMAN T. Experimental research on bonded anchorage of carbon fiber reinforced polymer prestressed strands[J]. Polymers, 2022, 14(19): 4015.

[5] LIU Y, XIE J Z, TAFSIROJJAMAN T, et al. CFRP lamella stay-cable and its force measurement based on microwave radar[J]. Case Studies in Construction Materials, 2022(16): e00824.

[6] LIU Y, GU M Y, LIU X G, et al. Life-cycle cost analysis of long-span CFRP cable-stayed bridges[J]. Polymers, 2022, 14(9): 1740.

[7] OKELO R, YUAN R L. Bond strength of fiber reinforced polymer rebars in normal strength concrete[J]. Journal of Composites for Construction, 2005, 9(3): 203-213.

[8] BARROS J A O, TAHERI M, SALEHIAN H, et al. A design model for fibre reinforced concrete beams pre-stressed with steel and FRP bars[J]. Composite Structures, 2012, 94(8): 2494-2512.

[9] MARCO R, ANTONIO N. Composite strands for prestressed concrete: state-of-the-practice and experimental investigation into mild prestressing with GFRP[J]. Construction and Building Materials, 2019(205): 486-498.

[10] ZHANG B R, MASMOUDI R, BENMOKRANE B. New method for testing fiber-reinforced polymer rods under flexure[J]. Journal of Testing and Evaluation, 2007, 35(2): 171-176.

[11] American Society for Testing and Materials. Standard test methods for flexural properties of unreinforced

and reinforced plastics and electrical insulating materials: ASTM D 790—17[S]. [S. l. :s. n.], 2017.

[12] American Society for Testing and Materials. Standard test method for flexural properties of fiber reinforced pultruded plastic rods. : ASTM D4476—09[S]. [S. l. :s. n.], 2009.

[13] 全国纤维增强塑料标准化技术委员会. 拉挤玻璃纤维增强塑料杆力学性能试验方法: GB/T 13096—2008[S]. 北京:中国标准出版社, 2008.

Ⅳ 养护管理、检测、加固及其他

1. 提高超高压旋喷桩加固硬化材料置换率关键技术研究

朱晓亮[1] 王 荣[2] 何思元[1] 魏 豪[1]

(1.中交路桥建设有限公司;2.江苏省交通工程建设局)

摘 要 超高压旋喷技术是常用的软土地基加固方法,兼顾止水功能,在工程界应用广泛。其作用机理是通过喷射超高压射流将一定范围内地基土体原有的结构破坏,使地基土体由原来的固体变成流态的泥浆体,与喷射水泥浆等硬化材料固结后成桩。基于其工法特点,超高压旋喷技术普遍存在返浆水泥含量高、冒浆量大、资源浪费等问题。针对该问题,结合现场试验展开研究,改进传统的超高压旋喷工法,分析总结提高水泥有效置换率的关键技术,实现超高压旋喷加固的技术先进性、工艺可行性、质量可靠性。

关键词 超高压旋喷 地基加固 硬化材料 置换率 试验

一、引 言

超高压旋喷注浆法就是利用钻机把带有喷嘴的注浆管钻入至地层预定深度后,以高压把浆液或水、气从喷嘴中喷射出来,形成喷射流冲击破坏土层,土粒从土体剥落下来,一部分细颗粒随浆液冒出地面,其余部分与灌入浆液掺混,以置换土体方式固结,固结体强度高。大量的理论数据和工程实践表明,超高压旋喷加固体中水泥含量与桩体强度和渗透系数成正比关系。在喷射定量的硬化水泥浆液情况下,优化工艺,提高超硬化材料置换率,对保证桩体强度和渗透性有显著效果。

二、工程背景

张靖皋长江大桥北航道桥南锚碇位于长江中下游江心岛,厂区软弱覆盖层厚,对锚碇基础持力层的要求高,同时为保证锚碇基坑的干开挖作业,设计采用首创的超高压旋喷桩工法在底部形成全断面人工加固土复合基础,实现90d强度≥2.7MPa、摩擦因数≥0.35、渗透系数≤0.5×10^{-6}cm/s的"人工隔水层"和持力层。针对超高压旋喷工法加固首次运用于桥梁基础,为保证大面积施工的加固质量,开展前期类原位试验。

三、超高压喷射注浆技术

1.加固体强度与水泥含量关系

超高压旋喷加固后,加固体本质上是一种水泥土。现有研究表明,原状土里掺的水泥越多,其抗压强度越高。取现场原状土进行强度试验,天然土含水率30.0%,湿密度1.89g/cm³,水泥浆水灰比1.0。图1给出了不同龄期的粉质黏土加固体强度随水泥掺入比 C(水泥重量/土重量×100%)的变化曲线。由试验结果可知,随着水泥含量的增加,黏土固结体强度也随之增加。基于此,提高单位体积加固体中水泥的有效掺量是保证加固体强度的前提。

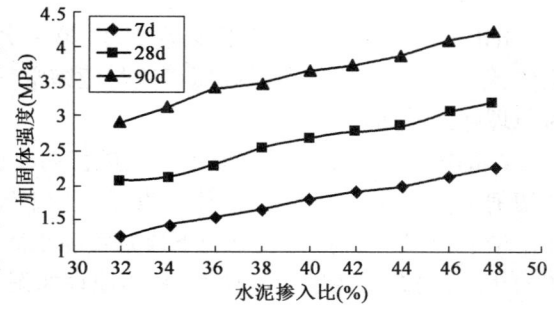

图1 不同龄期加固体强度与水泥掺入比曲线

2. 硬化材料用量分析

根据流体力学动量定律,喷射动压是破坏土体结构的最主要因素,喷射时的破坏力为:

$$N = \rho Q v = \rho A v^2 \tag{1}$$

式中:ρ——密度;

Q——流量;

A——喷嘴截面积;

v——平均流速。

旋喷时,高压喷射流在地基中把土体切削破坏。其破坏力与喷射距离成正比,加固范围就是喷射距离加上渗透部分或压缩部分的长度为半径的圆柱体。在满足加固桩直径的前提下,其喷射破坏力即基本固定,则其单位时间喷射流量 Q 为定值,同时,根据超高压喷射注浆各施工参数间关系,单位时间喷射浆量仅与喷嘴直径和喷射提供的动压 P 有关,则施工所需的动压为定值。

针对超高压旋喷桩硬化材料用量,根据规范所推荐的喷量法进行计算。通过单位时间喷浆量及喷射持续时间,即可计算出总浆量,计算式为:

$$M = \frac{H}{v} Q(1 + \beta) \tag{2}$$

式中:M——总浆量;

H——喷射长度;

Q——单位时间喷浆量;

β——损失系数;

v——提升速度。

根据分析的超高压旋喷桩喷射成桩的机理,在同等直径条件下,由于单位时间喷浆量 Q 为定值,则单位长度的加固体所需总浆液估算值基本固定。

加固总浆液一部分随细颗粒浆液冒出地面,其余部分与细颗粒原状土浆液掺混,以置换土体方式固结。大量的理论数据和工程实践表明,返浆废弃浆液中含有大量的水泥,资源浪费严重。采用 RJP(Rod-in Jet Pile)工艺进行超高压旋喷施工,同时在 40%~60% 水泥有效掺量的情况下,其加固体强度仅为 1.5~1.9MPa,远不满足设计要求的 ≥2.7MPa。

四、技术创新

为了保证超高压加固桩质量,需要解决返浆废弃浆液中含有大量水泥的问题,从而提高水泥利用率,避免资源浪费,降低施工成本。在控制加固体总浆液前提下,如何通过增加水泥加固体中水泥含量,提高水泥置换率,是提高超高压旋喷桩桩体强度的关键。本研究从工艺上进行改良,以求从根本上解决该问题。

1. 工法原理

RJP 工艺对土体进行两次切削破坏,第一次是利用上段超高压水与压缩空气复合喷射流体先行切削土体;第二次是利用下段超高压浆液与压缩空气复合喷射流体扩大切削土体,从而形成大直径的桩体,具体原理如图 2 所示。

D-RJP 工艺是本项目在原工艺上进行的改良,增大上段切削水、气的流量和压力,喷射复合流体一次性切削土体成孔达到桩径,形成大直径原状土混合液,下段取消浆液辅浆高压空气并喷射高压浆二次搅拌。增大上段"气辅水"喷嘴与下段浆喷嘴距离至 1.5m,降低上段切削土体时"气辅水"对下段浆液混合体的扰动,提高水泥浆液置换率,具体原理如图 3 所示。

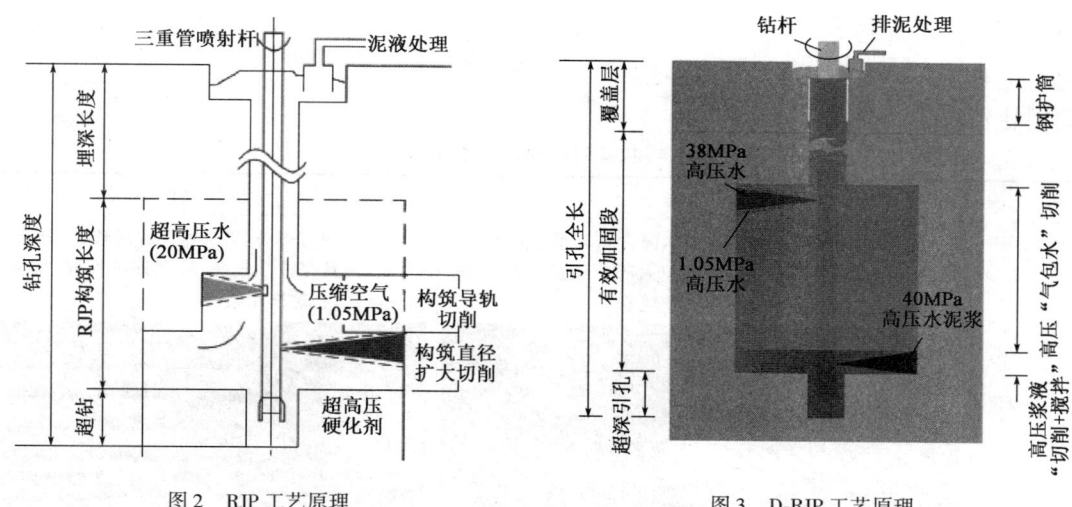

图2 RJP工艺原理　　　　图3 D-RJP工艺原理

2. 技术创新

(1) 拉开两个喷嘴距离,降低扰动,提高水泥置换率。

拉开上、下两个喷嘴(高压"气包水"喷嘴、高压浆液喷嘴)距离,降低上部气举对下部的扰动,避免气举作用带上下部高压水泥浆,同时关掉下部高压浆喷射辅助气,彻底阻断原RJP工艺气举通道,从而在二者的作用下,提高水泥置换效率,提高桩体强度。

(2) 利用水泥量调节成桩强度。

改变下部喷嘴"高压浆+高压气"再次切削桩体情况,可将下部水泥喷浆流量直接调节控制桩体成桩强度。下部不加空气,桩体内无气泡,有利于提高桩体强度。

(3) 将水泥滞留在下部浆液中。

上部喷嘴喷射浆液和高压气体将废弃浆液向上气举的同时,也将产生向下的压力,从而将下喷嘴喷射的水泥浆更多的压在下部桩体中,提高留置率,提高桩体质量。

五、工艺试验验证

针对改进的工艺,为验证实施效果,结合现场加固、返浆测定、取芯验证等工作,在锚碇工区现场进行对照工艺试验。

1. 工艺对比试验参数

工艺对比试验参数见表1。

工艺对比试验参数　　　　表1

内容	原工艺		改良工艺		
	RJP1	RJP2	D-RJP1	D-RJP2	D-RJP3
水灰比	0.8		0.8	1.0	1.0
水泥浆压力	≥40MPa		≥40MPa		
水泥浆流量	155L/min		120L/min		
高压水压力	≥35MPa		≥35MPa		
高压水流量	185L/min		185L/min		
辅水(浆)空气压力	≥1.05(1.05)MPa		≥1.05(0)MPa		
辅水(浆)空气流量	≥2(5)Nm³/min		≥5.0(0)Nm³/min		
提升速度	25min/m		25min/m		
步距行程	25mm		25mm		
转速	4r/step				
加固试验范围	−51~−42m				

2. 工艺验证试验结果

1) 芯样对比

芯样对比情况见表2。

芯样对比情况汇总表　　　　表2

工艺	RJP工艺	改良版RJP工艺
芯样情况	取芯率约为85%，全部芯样水泥含量较低，且分布不均匀，少部分芯样完整性较高，但大部分完整性较差，芯样破碎，强度较低，伴有夹泥夹砂现象	取芯率约为98%，芯样水泥含量较高，分布均匀，芯样强度较高且完整性较高，取芯连续性好，部分芯样夹少量块状泥块，芯样稍破碎

工艺试验完成后取芯验证，选取具有代表性芯样并对比，发现改良版工艺在取芯芯样完整性、表观质量上均优于RJP工艺。根据总浆量计算公式，RJP工艺注浆量为155L/min，改良后工艺注浆量为120L/min，若在相同水泥置换率下，理论上单位桩长加固体中RJP工艺水泥含量应远高于改良后工艺水泥含量。试验芯样表明，优化后工艺加固桩体水泥含量更高，更多的水泥滞留在水泥土中。

2) 强度结果

通过整体分析可知（图4），采用RJP工艺成桩后，在粉质黏土层的强度平均值为1.88MPa，砂土层的强度平均值为6.75MPa，其中50%芯样强度不足1.8MPa，且粉质黏土层的强度均≤2.7MPa，仅砂土层的强度平均值≥2.7MPa。改良后工艺加固试样在粉质黏土层的强度平均值为4.59MPa，砂土层的强度平均值为22.3MPa，所有芯样强度均≥2.7MPa。

根据加固体中水泥含量与加固体强度成正比的关系，可以分析得出采用优化后工艺进行加固施工试验的单位桩长加固体中水泥含量高，提高了水泥的置换率和利用率。

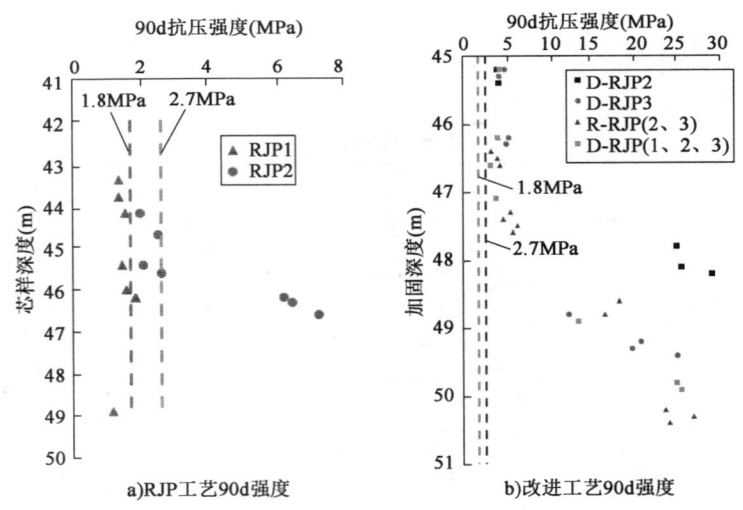

图4　加固桩强度对比

a) RJP工艺90d强度　　b) 改进工艺90d强度

3) 水泥置换率

基于旋喷施工过程中返浆的各项物理参数研究，预测返浆中水泥的含量。采用EDTA滴定试验测试改良后工艺返浆中水泥含量,从而推算旋喷桩的实际有效掺量。D-RJP 工艺足尺单桩试验结果(图5)显示:返浆水泥含量整体从下往上,随深度变化逐渐增大。粉质黏土层中返浆水泥含量总体高于砂土层中返浆水泥含量,粉质黏土层返浆水泥含量的平均值为27%,砂土层返浆水泥含量的平均值为18%,其返浆中水泥含量远小于传统工艺。此外,在进行现场旋喷桩对比试验时,在不同深度取样留存小样袋,观察小样袋硬度和返浆颜色,也印证了 EDTA 滴定试验的结果。

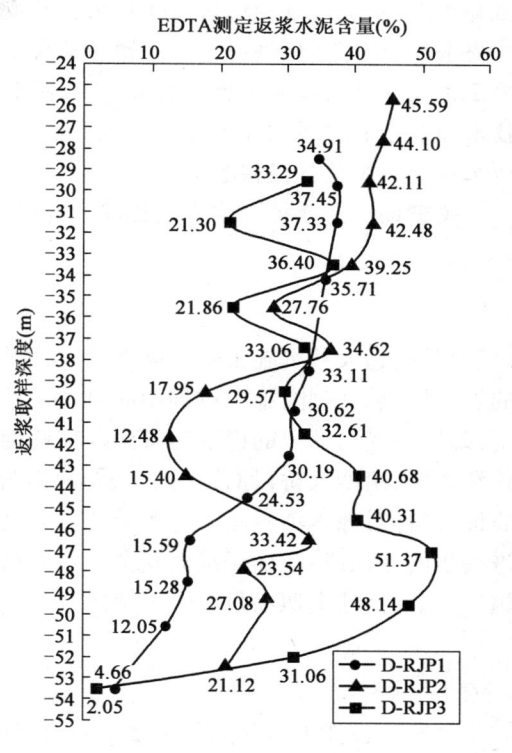

图5 改进工艺水泥滴定结果

六、结 语

通过对传统 RJP 工艺的改进,优化加固工艺,改变下部喷嘴的喷浆方式,从而阻断传统超高压旋喷桩工艺的气举通道,将更多的加固硬化材料滞留在加固体中,从而提高水泥的置换率。通过本研究,传统超高压旋喷桩加固完成后的桩体强度将进一步提高,同时在相同的水泥使用量下,通过合理提高加固硬化材料置换率,增强了桩体强度,减小了渗透性效果,为张靖皋长江大桥项目后续锚碇全断面深层地基加固提供指导,也为类似项目和工程提供借鉴。在满足设计需求的情况下,可减少加固硬化原材料消耗量,从而降低项目成本。

参考文献

[1] 中华石油和化工勘察设计协会.高压喷射注浆施工技术规范:HG/T 20691—2017[S].北京:科学技术文献出版社,2018.
[2] 王凯.富水砂层高压旋喷成桩机理及工程应用研究[D].北京:北京交通大学,2022.
[3] 余立新.MJS 及 RJP 高压旋喷桩加固机理及成桩质量研究[D].淮南:安徽理工大学,2016.
[4] 仇兆明.RJP 工法与 MJS 工法的比较分析[J].山西建筑,2016,42(3):54-55.
[5] 胡晓虎,川田充,中西康晴,等.RJP 高压旋喷工法及其在日本的工程应用[J].岩土工程学报,2010,32(S2):410-413.
[6] 刘红卫.地基加固的复合注浆技术及应用研究[D].重庆:重庆大学,2003.
[7] 汤怡新,刘汉龙,朱伟.水泥固化土工程特性试验研究[J].岩土工程学报,2000(5):549-554.

2. 张靖皋长江大桥南航道桥南锚碇基础施工期安全监测技术研究

徐 杰[1]　耍荆荆[2]　韩冬冬[3]　励彦德[3]　管维东[3]

(1.江苏省交通工程建设局;2.中交公路规划设计院有限公司;
3.中交公路长大桥建设国家工程研究中心有限公司)

摘 要 以世界上最大的地下连续墙锚碇基础——张靖皋长江大桥南航道桥南锚碇基础为例,开展超深基坑施工过程的关键参数监测与风险控制技术研究。通过监测基坑开挖施工过程中的支护结构内力与变形、基坑周边和坑内土体水文状态、基坑周边地基变形等变化情况,跟踪施工安全风险源、判断施工安全风险水平、提供安全风险预警及安全应急预案,确保项目施工过程处于受控的安全状态。本文明确了锚碇基础施工安全监测指标、风险控制值和布点原则,系统介绍了每项指标监测方法,结合数值仿真技术和基于BIM的智能化监测系统,构建了锚碇基础施工工期安全监测成套技术和评价体系,为其他类似工程的施工监控提供参考。

关键词 悬索桥 重力式锚碇 双回字地下连续墙 施工安全监控 智能化监测

一、引　言

超深、超大基坑施工安全风险较大,发生破坏会严重危及附近建(构)筑物的安全,一直以来是行业的发展痛点。因此,施工过程中必须制订合理完善的信息化控制方案,建立预测模型,以便有效指导施工,确保各受力部位的稳定与安全。在锚碇基坑施工监测技术研究方面,武汉阳逻长江大桥、南京栖霞山长江大桥、南沙大桥(原称虎门二桥)有较好总结,对超大超深基坑的变形特性进行数值模拟分析和实测验证,但针对像本项目施工过程异变因素复杂、水文条件影响明显、施工安全风险极大的项目,还需开展进一步的深入研究,确保绝对安全。本文结合锚碇建设条件,系统总结了安全控制技术,既保障项目顺利施工,也为其他类似项目提供参考。

二、工程概况

张靖皋长江大桥起点位于张家港市晨阳镇附近S32省道,向北经长江主航道延伸至G40北侧的王石线,总长29.849km。桥梁跨江段全长约7859m,主桥由两座大跨径悬索桥组成,其中南航道桥为桥跨2300m+717m的双塔双跨吊悬索桥(为目前世界最大跨径悬索桥),北航道桥为主跨1208m的双塔单跨吊悬索桥。张靖皋长江大桥跨江段桥梁总体布置如图1所示。

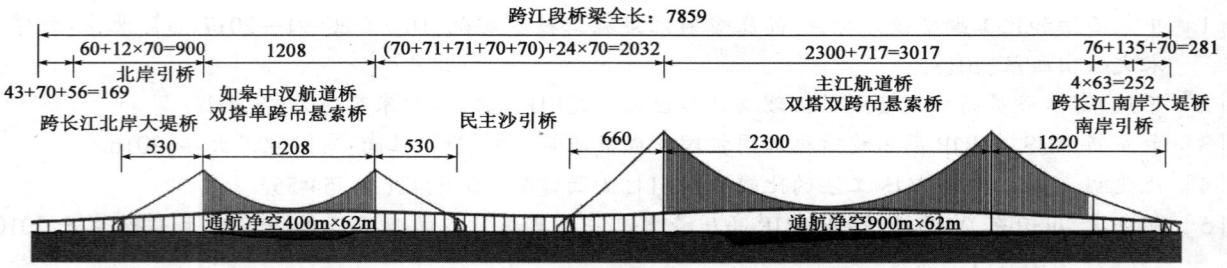

图1　张靖皋长江大桥跨江段桥梁总体布置图(尺寸单位:m)

南航道桥南锚碇采用支护转结构复合地下连续墙(简称地连墙)基础,地连墙长110.05m,宽75.05m,墙底埋深-82.0m。采用双层墙结构,墙厚1.55m,墙净间距4.25m,双层墙间采用地连墙分割,形成长边方向8×(9.25×4.25)m+2×(9.5×4.25)m、短边方向2×(8.8×4.25)m+4×(8.75×4.25)m的矩形隔仓,如图2所示。双层墙间水下开挖至-49.0m后,向上10m厚混凝土封底,边抽水边安装钢支撑,凿除地连墙松散混凝土,清理表面,之后浇筑双层墙间夹层混凝土,与双层地连墙形成7.35m厚墙体,作为基坑开挖时围护结构。锚址区域揭露地层为第四系松散层,浅部地层为全新世冲积淤泥质粉质黏土、粉土、粉砂及粉质黏土,其下为晚更新世粉砂、中砂,覆盖层较厚,钻孔140m深度范围内未揭露基岩,原状地层-67.0m以上没有理想持力层,如图3a)所示。根据其含水介质和水力条件,场区地下水自上而下可分为潜水和承压水,潜水层厚27~31m,局部夹黏性土透镜体,底板埋深27.0~31.4m,该层水位变动受长江水位变动影响大;承压水顶板埋深65.8~69.2m,水位埋深1.61~1.71m,分布均匀,补给以侧向径流为主,排泄主要为侧向径流和人工开采,如图3b)所示。

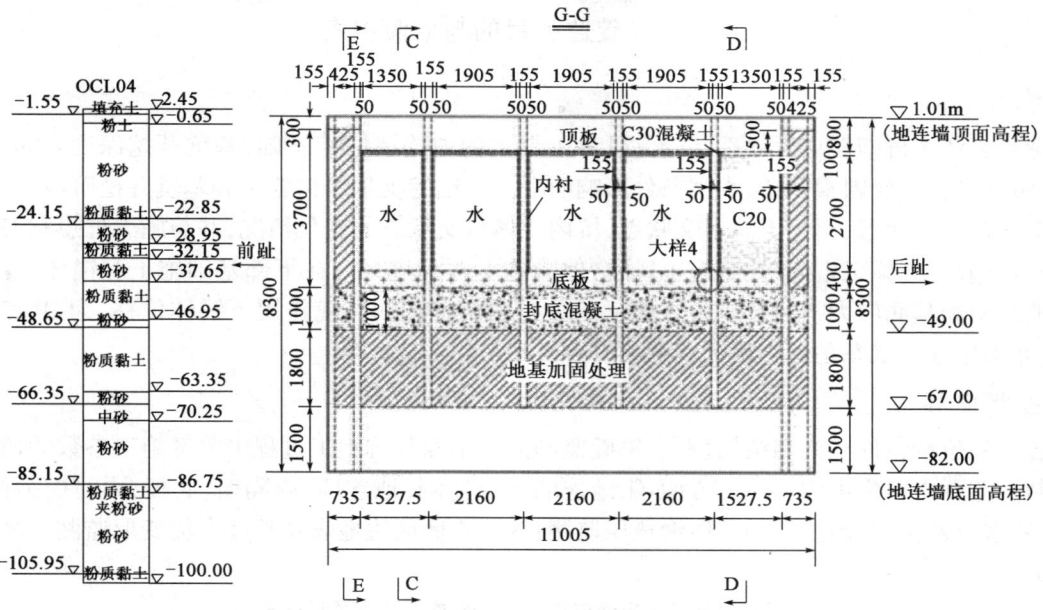

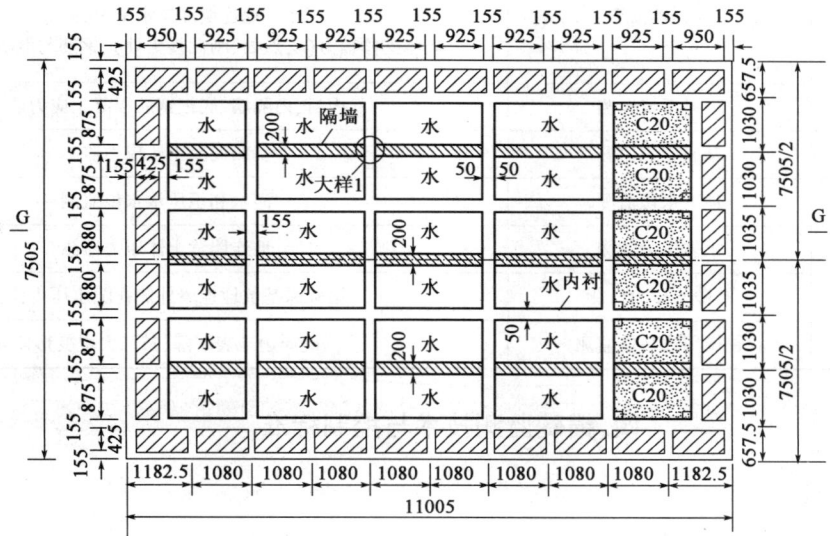

图2 张靖皋长江大桥南航道桥南锚碇基础构造图(尺寸单位:cm;高程单位:m)

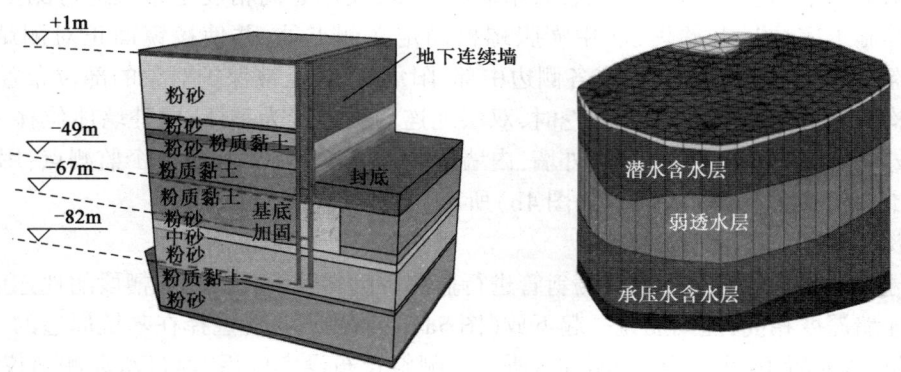

a) 南航道桥南锚碇地层分布图　　　　b) 南航道桥南锚碇含水层空间分布图

图3 张靖皋长江大桥南航道桥南锚碇地层和地下水分布图

三、锚碇监测目的与监测内容

1. 监测目的

张靖皋长江大桥南航道桥锚碇基础是世界上最大的地连墙锚碇基础,基坑开挖深度67m,施工安全风险大,施工过程异变因素复杂,水文条件影响明显。在锚碇支护结构施工和基坑开挖阶段,通过监测施工过程中支护结构状态、周边土体水文状态、坑内土体水文状态的变化情况,并与施工理想状态进行比较评估,才能有效把握施工走向,控制施工风险,保障施工顺利进行。在下部基础施工和锚体施工阶段,通过监测地连墙和基底应力、基础位移,才能反演分析和精准预测挂缆作用下锚体位移,为IP点预偏量提供依据,并确定施工状态是否与设计意图相符合。

2. 监测内容

结合工程建设条件与锚碇结构特点,锚碇监测需集中深基坑施工过程中关键施工参数的监测与施工风险控制。监测内容集中体现在三方面:①地连墙变形监测,地连墙、内隔墙、底板、内衬应力监测;②地连墙内、外水位差监测,地连墙外土体渗透压监测;③地连墙周边地表及长江大堤变形监测。具体监测指标见表1。

张靖皋长江大桥南航道桥南锚碇施工监测项目一览表　　表1

序号	监测项目	监测内容
1	地连墙监测	地连墙顶部水平和竖向变形 地连墙深层水平位移 墙体支撑轴力(支点处、刚性接头处)、钢筋与混凝土应力监测
2	内衬系统监测	内衬、内隔墙、底板钢筋混凝土应力监测
3	基底应力监测	基底混凝土压应力监测
4	地下水位监测	潜水和承压水水位监测
5	土体压力监测	地连墙背土体压力监测
6	孔隙水压力监测	锚碇深基坑地连墙外侧孔隙水压力监测
7	锚碇周边环境监测	锚碇周边地表沉降、长江大堤变形监测

四、锚碇监测技术与控制标准

1. 锚碇监测技术

1)地连墙顶水平和竖向位移监测

地连墙顶部的水平和竖向位移监测点,共用监测棱镜,使用超高精度全站仪进行测量。监测棱镜在每段地连墙墙体施工完成后开始埋设,用膨胀螺栓固定在测点处,并使棱镜面正对测站,埋设原理如图4a)所示。监测点沿基坑周边布置,在各侧边中部、阳角处、临近被保护对象的部位布置监测点。由于本项目支护结构为双层地连墙,大隔仓开挖时,双层地连墙被连接为整体,内外墙体位移一致,且由于内墙设计高程比外墙低,故测点主要布置在外墙,内墙仅在基坑各边中部布置4个监测点,用作验证内外墙变形一致性。本项目共布置24个测点,如图4b)所示。

2)地连墙深层水平位移监测

地连墙墙体深层水平位移选用预埋测斜管进行监测。测斜管绑扎在相应槽段的地连墙钢筋笼上,测斜管长度与地连墙深度相同,随钢筋笼一起下放(图5a)。监测点布置选择在基坑周边的中部、阳角处及其他代表性部位,共布置16个测点,如图5b)所示。测斜管布设完成后,通过滑动测斜仪测量测斜管变形,确定地连墙深层水平位移。

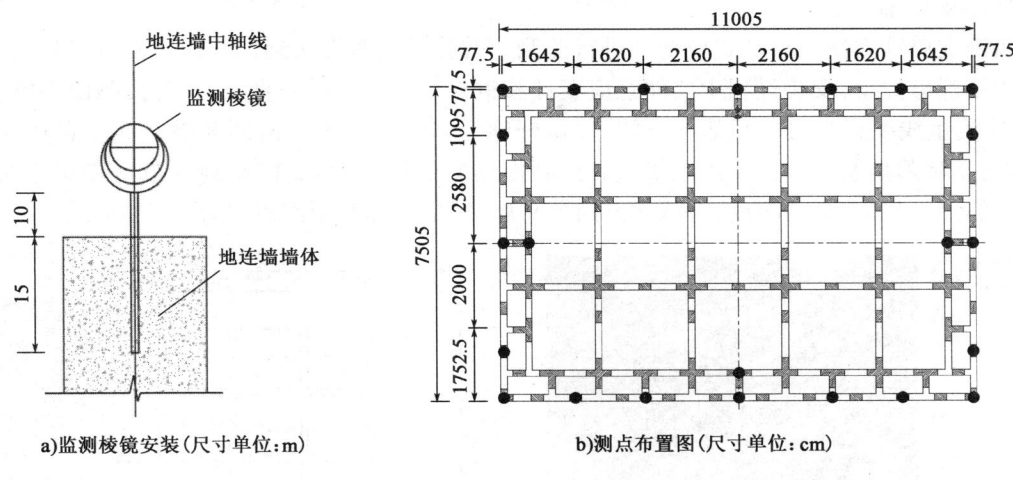

图4 南航道桥南锚碇地连墙墙顶监测设备安装图和测点布置图

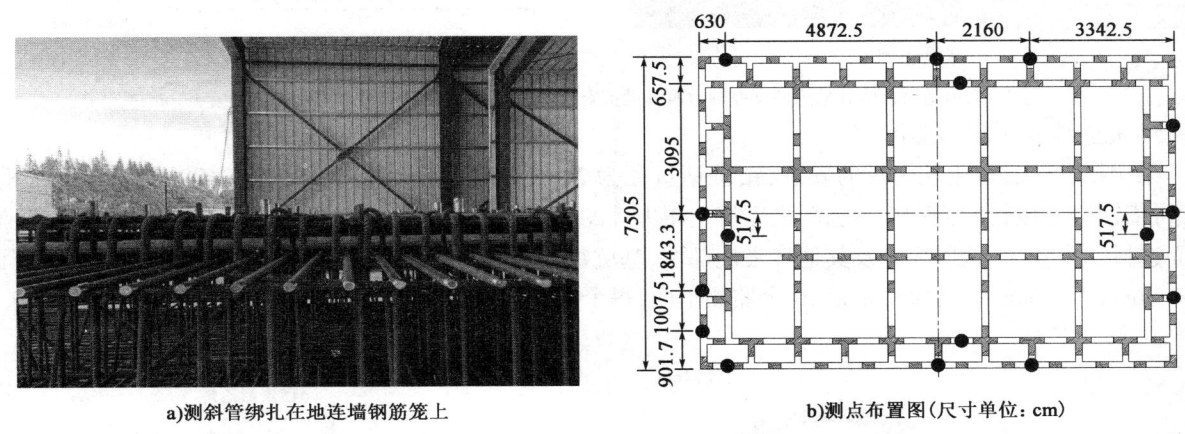

图5 南航道桥南锚碇深层水平位移监测设备安装图和测点布置图

3) 地连墙、内衬及隔墙应力监测

使用套筒将钢筋计与主筋对接连接,地连墙、内衬及隔墙的应力监测断面布置在设计计算受力、变形较大且有代表性的部位,竖直方向监测点间距宜为4~6m,且设计计算弯矩极值处应布置监测点,每一监测点沿垂直于围护墙方向对称放置的传感器应不少于1对。测点布置如图6所示。

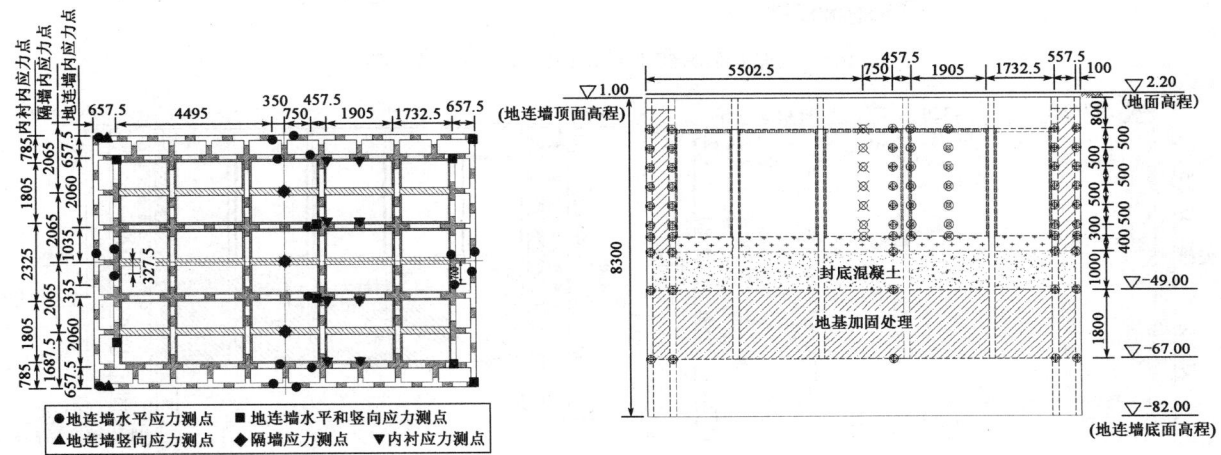

图6 南航道桥南锚碇地连墙、内衬及隔墙应力测点布置图(尺寸单位:cm;高程单位:m)

4)地连墙支撑轴力监测

地连墙钢支撑轴力使用表贴式应变计进行监测。首先将底座焊接到钢支撑表面,再将应变计装入安装座内并使用螺母拧紧,安装过程中要注意应变计和钢支撑轴线在同一直线上,各接触面平整,并加保护罩(图7a)。测量线缆集中整理到基坑一侧,并做好标记和保护措施。监测断面平面布置在支撑设计计算内力较大、基坑阳角及在整个支撑系统重点控制作用的杆件上,钢支撑监测点布置在支撑的端头或两支点间1/3部位。共72个监测点,沿深度方向分9层,每层平面8个测点,如图7b)所示。

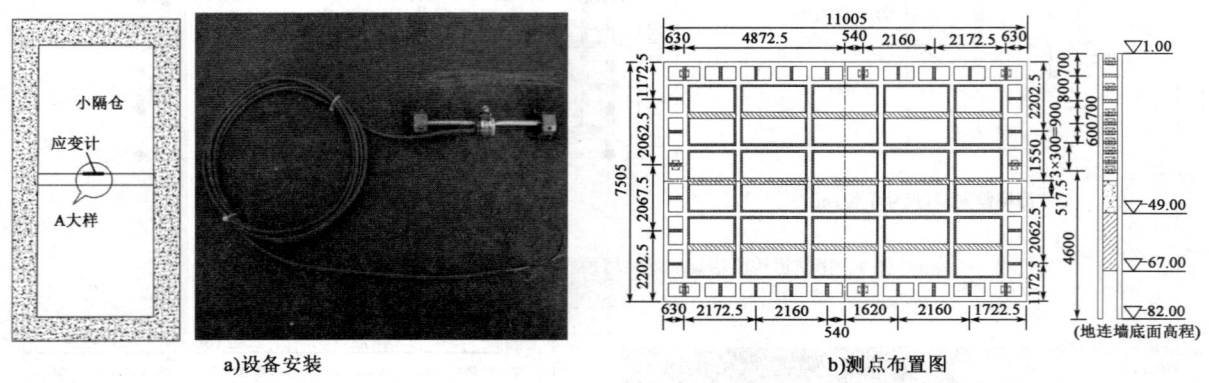

a)设备安装　　　　　　　　　　b)测点布置图

图7　南航道桥南锚碇地连墙支撑轴力监测设备安装图和测点布置图(尺寸单位:cm;高程单位:m)

5)地连墙背土压力监测

采用钻孔法进行土压力计的安装,钻机钻直径为21cm的孔,将土压力计焊接在100mm×5mm的槽钢上,将槽钢逐节接长后,下放至孔底,之后将土压力计的测线引至地面后用细石填充孔洞,如图8所示。监测平面选择受力较大、地层变异及其他代表性部位,基坑每边的监测断面不少于2个,沿深度方向,监测点间距为4~6m,下部加密。沿深度布置10个监测平面,每个平面上有10个测点,共50个测点,如图9所示。

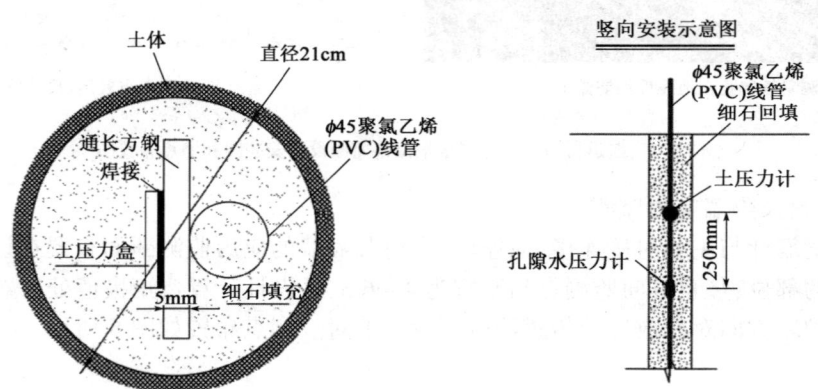

图8　南航道桥南锚碇地连墙土压力计设备安装原理图

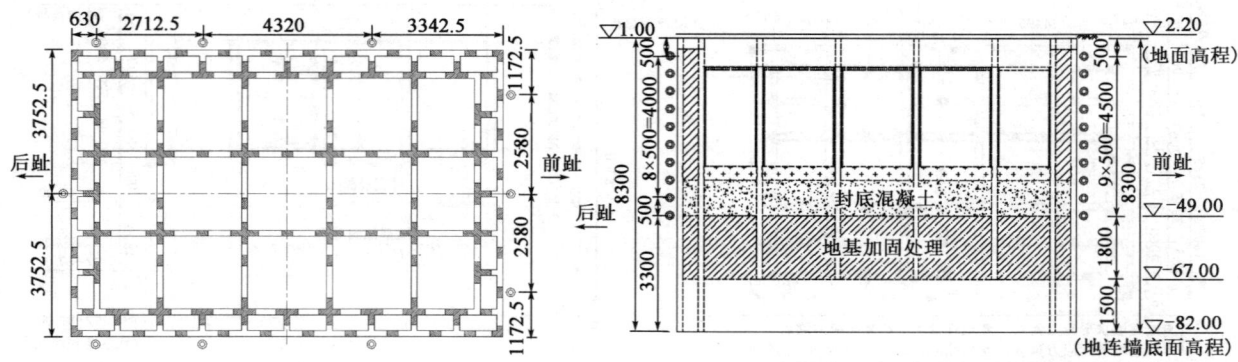

图9　南航道桥南锚碇地连墙背土压力测点布置图(尺寸单位:cm;高程单位:m)

6) 锚碇基底应力监测

土压力计埋入 15cm 厚的混凝土底座（15cm×25cm×25cm），将包含土压力计的混凝土底座下放到基底，下放过程中应保证该底座含传感器的一面始终朝上，下放到位后，在自重的作用下，底座将保持与基础平行接触，同时传感器的线缆沿着下放钢筋引入至地面。下放用的钢筋长 50m，土压力计线缆每隔 50cm 使用扎带与钢筋固定。基底应力监测选择在封底混凝土底部，深层地基加固的顶面。沿基底四周，共布置 9 个监测点，如图 10 所示。

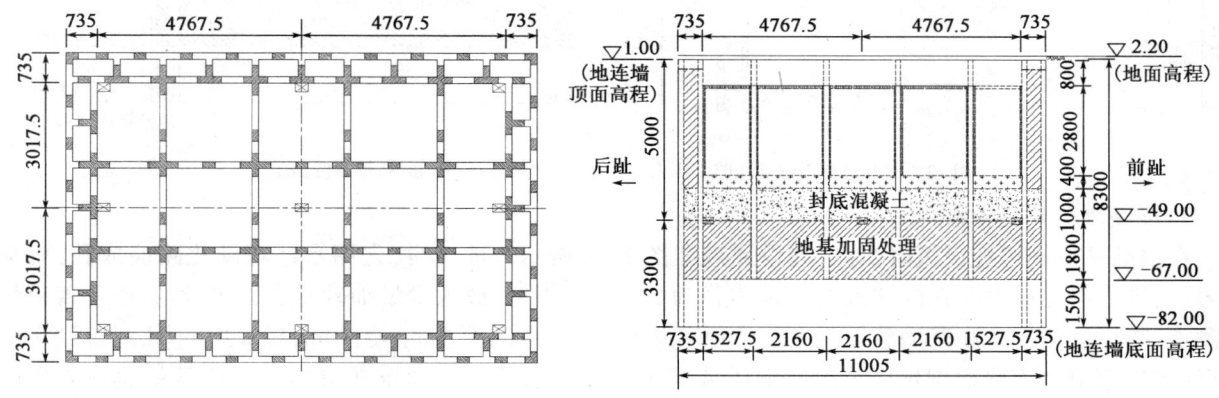

图 10　南航道桥南锚碇锚碇基底应力测点布置图（尺寸单位:cm；高程单位:m）

7) 地下水位监测

潜水和承压水的地下水位使用智能渗压计进行测量，通过水压力反算地下水位至传感器的深度，继而得到地下水位埋深。水位管采用直径为 53mm 的聚氯乙烯（PVC）塑料管，水位管底部设 1m 沉淀段，沉淀段以上为滤水段，滤水段管壁设 6~8 列 6mm 孔径的滤水孔，滤水段外壁用 3~5 层纱网包裹，绑扎牢固。在水位监测点设计位置处使用钻机钻孔（孔径为 100mm）至设计深度，用清水冲洗沉渣。冲洗完成后，将制作好的水位管下入孔中。钻孔与管间用粗砂回填至过滤段，再用黏土填充，潜水和承压水埋设原理如图 11a）所示。地下水位监测共布置 12 个测点（包括 6 个潜水孔和 6 个承压水孔），监测点位布设在地连墙外侧 2m 处；潜水孔和承压水孔的孔深低于控制水位以下 3~5m。潜水层井深 20m，承压水层井深 72m，如图 11b）所示。

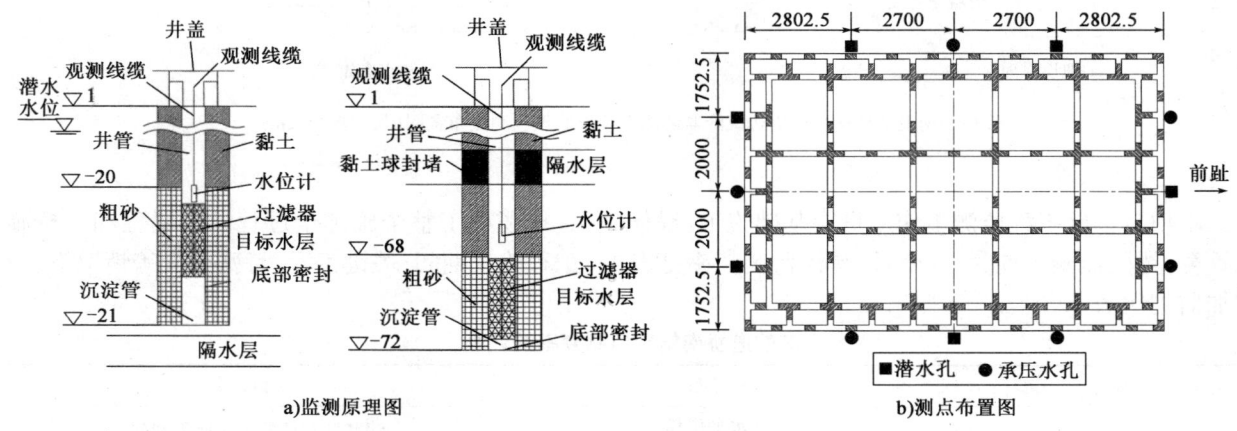

图 11　南航道桥南锚碇地下水位监测原理图和测点布置图（尺寸单位:cm；高程单位:m）

8) 孔隙水压力监测

孔隙水压力监测使用孔压计进行测量，该传感器与土压力监测计同步埋设。沿深度方向，共埋设 9 层，每层 6 个测点，共 54 个测点，如图 12 所示。

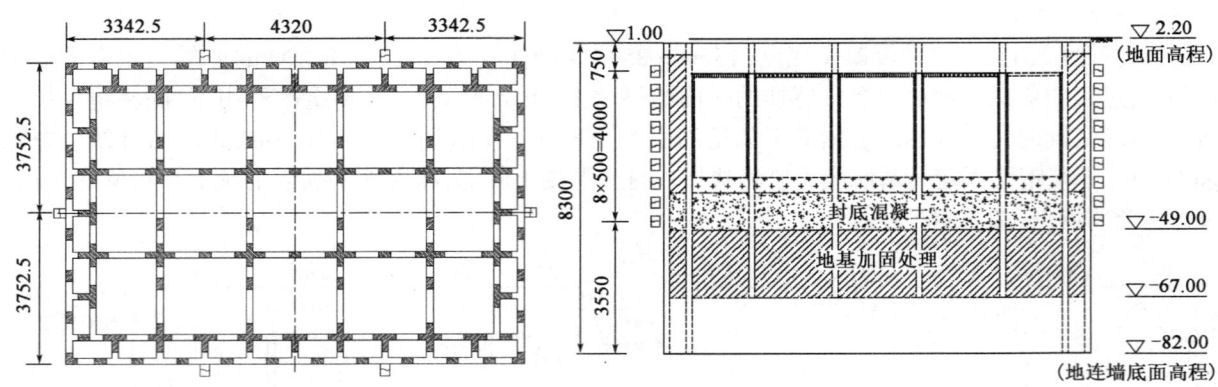

图12 南航道桥南锚碇孔隙水压力测点布置图(尺寸单位:cm;高程单位:m)

9)锚碇周边环境监测

在锚碇基坑周边埋设沉降测点,埋设原理如图13a)所示。埋设时,先用水钻在硬化路面成孔,打穿地表层,进行清孔后再在孔内插入120cm直径为20mm的钢筋,放入少量细砂回填密实,然后放置盖板保护测点,防止过往行人和车辆破坏测点。在距离基坑边缘,按间距2m、5m、10m、10m、10m分别布设5个测点(锚碇东侧和南侧根据现场情况取消或减少测点埋设),监测断面设在坑边中部或其他有代表性的部位,并优先与其他测项断面保持一致,测点如图13b)所示。

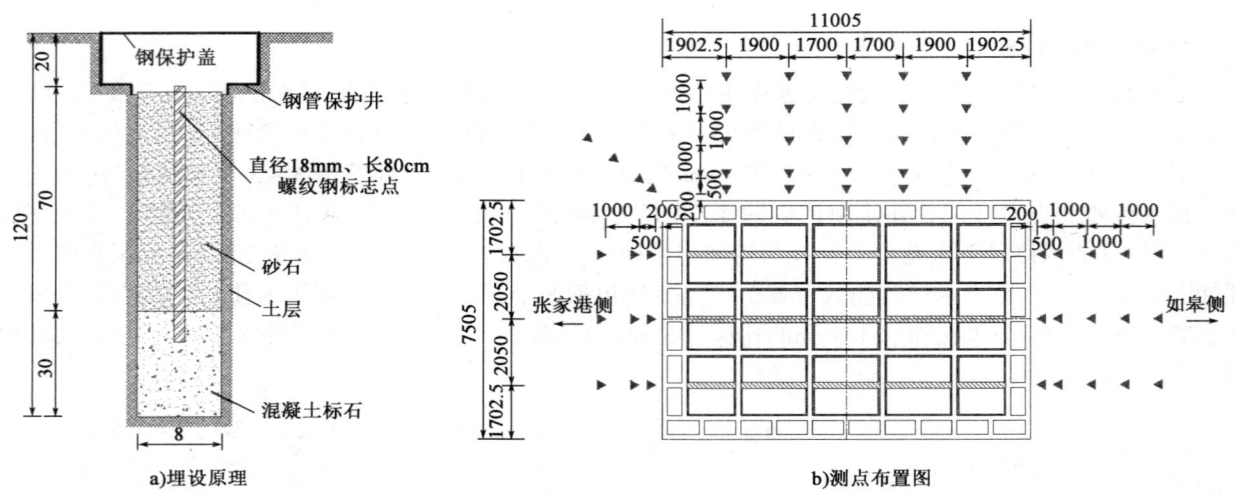

图13 南航道桥南锚碇周边沉降监测测点埋设原理和测点布置图(尺寸单位:cm)

2. 监测频率

本项目锚碇工程监测工作应贯穿基础施工、锚体施工、挂缆施工整个施工全过程。按锚碇和全桥施工计算,锚碇监测工期为66个月,具体监测频率见表2。工程施工期间,关键工况、特殊天气等情况下,应增加监测次数。

南航道桥南锚碇监测频率统计表　　　表2

序号	监测项目	监测频率
1	墙顶水平位移	深基坑开挖施工至底板期间, 开挖至 $h \leq H/3$;1次/3d; 开挖至 $H/3 \leq h \leq 2H/3$;1次/2d; 开挖至 $2H/3 \leq h \leq H$;1次/2d; 底板施工完成至顶板施工完成,1次/7d; 顶板施工完成后,1次/15d
2	墙顶竖向位移	
3	地下水位监测	
4	地连墙深层水平位移	
5	地表沉降	

续上表

序号	监测项目	监测频率
6	地连墙内应力	深基坑开挖施工至底板期间， 开挖至 $h \leq H/3$：1 次/3d； 开挖至 $H/3 \leq h \leq 2H/3$：1 次/2d； 开挖至 $2H/3 \leq h \leq H$：1 次/2d； 底板施工完成至顶板施工完成，1 次/7d； 顶板施工完成后，1 次/15d
7	内衬内应力	
8	隔墙内应力	
9	支撑轴力	
10	基底压力	
11	地下水压	
12	土体压力	
13	安全巡视	1 次/d，截至顶板施工完成

3. 监测控制标准和监测报警值

深基坑施工监测报警值指标一般由累计变化量和变化速率两个量控制，累计变化量的报警指标不应超过设计限值。周边环境监测报警值及地连墙监测报警值应根据设计和监控的要求确定，当无具体规定时，可根据规范要求按表3～表5采用。

深基坑工程周边环境监测报警值　　表3

监测对象	累计值(mm)	变化速率(mm/d)	备注
地下水位变化	1000～2000(常年变幅以外)	500	—
临近建筑位移	30	2	—
基坑周边地表竖向位移	30	2	—

地连墙锚碇基础施工期间监测报警值　　表4

序号	监测对象项目	累计值		变化速率(mm/d)
		绝对值(mm)	相对基坑深度 h 控制值	
1	地连墙墙顶水平位移	15	0.1%	3
2	地连墙墙顶竖向位移	15	0.1%	2
3	地连墙深层水平位移	15	0.1%	3
4	地连墙内应力	设计标准值		—
5	内衬内应力	设计标准值		—
6	隔墙内应力	设计标准值		—
7	支撑轴力	最大值：$(60\% \sim 70\%)f_2$ 最小值：$(80\% \sim 100\%)f_y$		—
8	孔隙水压力	$(60\% \sim 70\%)f_1$		—
9	土体压力	$(60\% \sim 70\%)f_1$		—

注：h 为基坑设计开挖深度；f_1 为荷载设计值；f_2 为构件承载能力设计值；f_y 为钢支撑预应力设计值，累计值取绝对值和相对基坑深度控制值两者的小值。

锚体施工至全桥施工完成期间监测报警值　　表5

序号	监测对象项目	累计值		变化速率(mm/d)
		绝对值(mm)	相对挂缆后累计值(mm)	
1	锚碇基础顶板水平位移	150	75	5
2	锚碇基础顶板竖向位移	300	150	10
3	IP点水平位移	230	115	5
4	IP点竖向位移	460	230	10
5	锚碇底部水平位移	30	15	2
6	孔隙水压力	$(60\% \sim 70\%)f_1$		—
7	土体压力	$(60\% \sim 70\%)f_1$		—

注：f_1 为荷载设计值，累计值取绝对值和相对挂缆后累计值两者的小值。

五、基于BIM的锚碇智能化监测云平台

本项目现场传感器部分采用由智能采集终端或自带采集—传输模块定时采集数据,并通过4G无线网上传至服务器。服务器收到数据后进行处理、存储,同时推送至Web前端、手机App端、微信小程序端,用户可方便地查看数据及报警情况。数据采集工作主要由各种传感器和自动采集仪进行,根据确定的采集布点图进行安装布置,钢筋计、轴力计、孔隙水压计、土压力计等钢弦式传感器可以统一接入至多通道自动采集仪,固定测斜仪接自动采集仪第5通道(485数字通道)。二维面阵激光位移计和自动水位计无须另配采集,可自动上报数据至监测云平台。各个无线采集终端将每个传感器采集的数值通过4G无线网,用单点传输的方式将数据上传至云平台。数据自动上传至监测云平台后,可自动计算出监测所需物理量,相关人员可通过Web端、可视化大屏端、移动端查看分析数据。监测云平台还可接入视频监控功能、BIM展示功能等拓展模块,当监测数据超过设置的报警值后,平台会自动发送报警信息至相关人员手机和邮箱,并在平台数据查看页面重点展示,实现安全预警功能。自动化监测工作流程如图14所示。

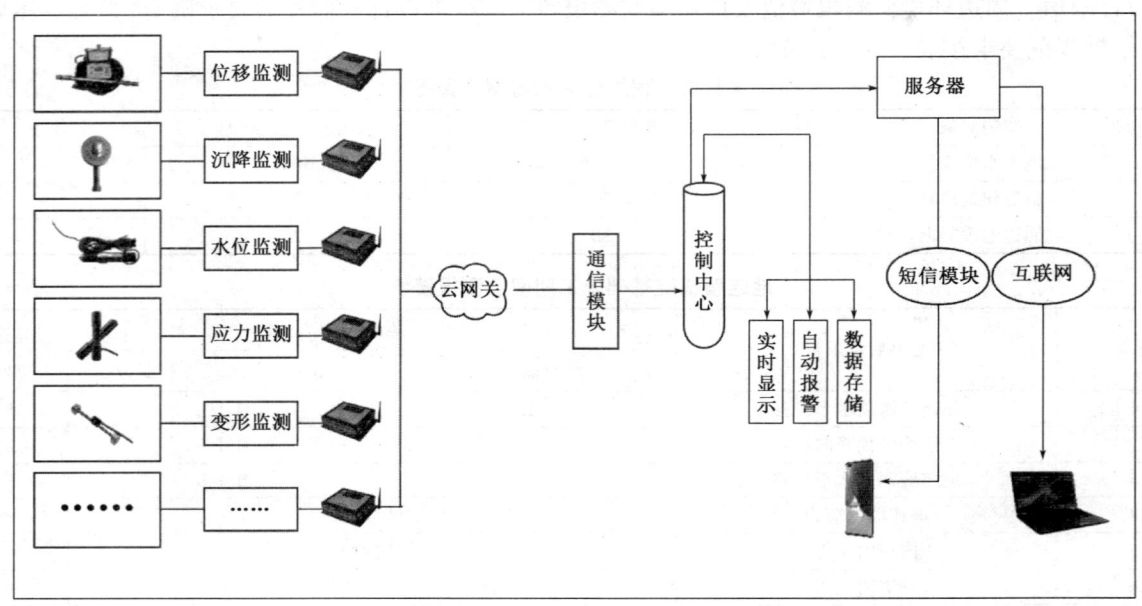

图14 自动化监测工作流程

除数据呈现外,Web端还提供了数据对比分析功能、监测日报/监测报告一键导出功能、BIM变形可视化功能等模块,方便相关人员直观、整体地分析监测数据,从而对工程安全性有更全面的判定。

六、结　语

通过对张靖皋长江大桥南航道桥南锚碇深基坑开挖过程中的监测内容、监测方法、监测频次、监测控制标准进行总结,保证了基坑开挖期间的施工安全,为今后类似工程施工监测提供借鉴和参考。

参考文献

[1] 杨玉泉.吴浩.刘明虎.武汉阳逻长江公路大桥南锚碇深基坑监测技术及研究[C]//《第二届全国岩土与工程学术大会论文集》编辑委员会.第二届全国岩土与工程学术大会论文集(上册).北京:科学出版社,2006:548-575.

[2] 白雪濛.南京四桥南锚碇深基坑施工安全监控研究[J].隧道建设,2010,30(5):540-545,585.

[3] 朱治宝.虎门二桥坭洲水道桥西锚碇基坑施工监测技术[J].桥梁建设,2016,46(5):6-11.

[4] 丁玉平.锚碇基坑嵌岩地下连续墙施工监测研究[J].城市道桥与防洪,2013(7):227-229,19.

[5] 谭利华,王巍伟,何晓军.重力式锚碇深基坑监测技术[J].公路,2017,62(1):91-95.

3. 粘贴铁基形状记忆合金 Fe-SMA 加固钢桥面板嵌补段焊缝疲劳裂纹[①]

姜 旭　吕志林　强旭红

（同济大学土木工程学院）

摘 要　为实现对钢桥面板嵌补段U肋对接焊缝疲劳裂纹的有效修复，提出一种粘贴铁基形状记忆合金 Fe-SMA 的主动加固方法。通过热激活铁基形状记忆合金，在焊缝裂纹附近引入预压应力来降低疲劳应力水平，从而达到延长开裂细节的剩余疲劳寿命。共设计了2个足尺单U肋嵌补段试件模型，首先进行疲劳开裂试验加载出疲劳裂纹，然后对损伤区域粘贴 Fe-SMA 板条以验证疲劳性能提升效果。试验结果表明：激活的 Fe-SMA 板条能在焊缝细节附近引入 -59.1~-20MPa 的预压应力。经 Fe-SMA 修复后的U肋对接焊缝疲劳性能显著提升，其平均疲劳强度为130MPa，是现有钢桥规范规定细节的1.86倍。

关键词　正交异性钢桥面板　U肋对接焊缝　Fe-SMA　疲劳裂纹　主动加固

一、引　言

正交异性钢桥面板是一种目前在大型桥梁中广泛应用的结构形式，具有自重轻、承载力高和施工方便等优点。然而在服役期间，正交异性钢桥面板受到重交通荷载、温度变化等多种因素作用，加上制造缺陷带来的应力集中影响，疲劳开裂问题日益突出[1]。钢桥面板U肋嵌补段是早期钢桥节段之间通过对接焊缝连接的一种构造，多项研究表明该构造细节是钢桥面板典型的疲劳细节[2-4]。该问题的主要原因是现场使用仰焊施工进行U肋嵌补段焊接，焊接质量不佳，在重载车辆反复作用下容易产生疲劳裂纹。当疲劳裂纹扩展贯穿到U肋全断面，将会影响桥面板结构的受力和安全运营。因此，采取高效的维护和修复措施是确保钢桥安全运营和延长寿命的关键。

针对正交异性钢桥面板疲劳开裂问题，传统的加固方法包括止裂孔法、焊补法和钢板补强板法[5]。止裂孔法是通过在裂纹尖端钻孔来去除尖端塑性区，从而达到止裂效果。然而由于孔边应力集中，仍会出现二次开裂，只能作为一种临时止裂措施。唐亮等[6]对U肋对接焊缝裂纹进行钻孔止裂，但发现在加载7万次后便出现二次开裂。焊补法是对既有开裂部位局部打磨后重新进行焊接，但由于现场焊接质量难以保证，仍存在开裂的风险，因此已较少采用。对于钢板补强法，Wang等[7]在U肋焊缝底部粘贴一块钢板进行裂纹修复，试验结果表明粘贴钢板可通过增加局部刚度来降低裂纹区域的应力水平，因而疲劳寿命可延长为原来的70%。然而，由于重型钢板不易安装并且会增加结构自重，吕志林等[8]采用轻质高强、抗疲劳性能优异的碳纤维布对U肋对接焊缝疲劳裂纹进行包裹粘贴修复，足尺试验结果表明，经过3层碳纤维复合材料（CFRP）布修复后，不同损伤程度的对接焊缝裂纹的疲劳强度为原来的0.8~2.6倍。

然而，相对于被动补强方法，通过施加预应力实现主动加固对裂纹修复更为有利。近年来，铁基形状记忆合金（Iron Shape Memory Alloy）Fe-SMA 因其独特的形状记忆效应和价格相对低廉，在加固工程领域受到欢迎[9]。形状记忆效应指的是预变形的 Fe-SMA 材料在加热激活到一定温度下会恢复其变形。当有效抑制这部分形状恢复，Fe-SMA 将产生预应力并实现对损伤钢构件的主动维护。基于此，本文设计了U肋嵌补段足尺试件，首先对试件进行疲劳预开裂试验以获得疲劳裂纹，然后利用铁基形状记忆合金进行粘贴修复，达到对钢桥面板疲劳裂纹的主动维护以提升结构疲劳寿命的目的。

[①]　基金项目：国家自然科学基金（52278207），上海市科技计划项目（21ZR1466100），中央高校基本科研业务专项资金（22120210574）。

二、试件设计与修复

1. 疲劳开裂试件

设计并制作2个带有嵌补段的足尺单U肋试件模型,如图1a)所示。其中,模型全长3720mm,宽度为600mm,顶板厚度为14mm,底板厚度为12mm,横隔板厚度为12mm。模型横向取为一个U肋,尺寸为300mm×280mm×6mm。U肋嵌补段长度根据实桥细节取为400mm,对接焊缝采用内置衬垫的坡口熔透焊接,背垫板宽度和厚度分别为60mm和4mm。为了加快试验进度,特意使嵌补段一侧对接焊缝(焊缝A)处于跨中。图中焊缝A、焊缝C为U肋对接焊缝,焊缝B为顶板对接焊缝。试件钢材均为Q345等级,其相关焊接工艺均与实桥制作一致。试件首先进行疲劳开裂试验,跨中疲劳加载区域尺寸为600mm×200mm,加载频率为4Hz,具体加载历程及裂纹特征见表1。最终2个试件的疲劳裂纹均在跨中焊缝圆弧过渡处萌生,并沿着腹板扩展,典型的疲劳裂纹结果如图1b)所示。

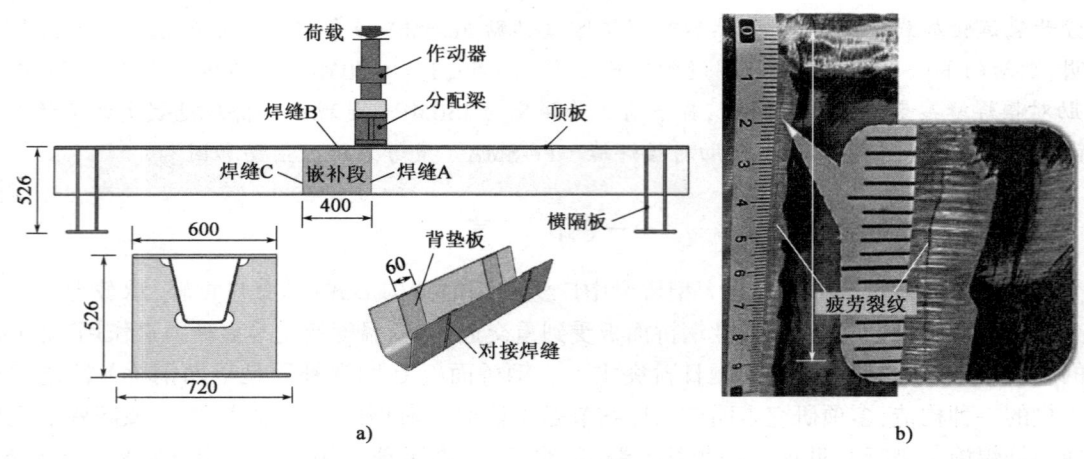

图1 试件设计模型及疲劳裂纹(尺寸单位:mm)

疲劳开裂试验过程　　　　　　　　　　　　　　　　　　　　　　　表1

试件编号	疲劳荷载(kN)	加载次数(万次)	等效应力幅(MPa)	裂纹长度(mm)
SJ1	20~50	0~215	102.4	90
	25~75	215~305		
SJ2	20~80	0~33	160.5	80

2. 加固材料及方案

本次加固的Fe-SMA材料为国产3mm的热轧Fe-SMA板,根据课题组前期的研究[10],相关力学性能见表2。Fe-SMA材料拥有比常规Q345钢材较高的屈服强度和抗拉强度,但弹性模量相对Q345钢材略低。由于独特的金属相变关系,Fe-SMA在激活到200℃时可产生213MPa的恢复应力。将Fe-SMA热轧板材切割为长400mm、宽105mm的加固板条,然后在室温下进行预拉伸,预拉伸应变为4%,最后针对已开裂的U肋对接焊缝试件,采用3块Fe-SMA板条进行粘贴修复,如图2所示。所用的Fe-SMA板条分别设置在U肋底部及腹板两侧拉应力区。黏接所用的结构胶是一种双组分自研的耐高温结构胶,试验测试表明,其拉伸强度为28.2MPa,弹性模量为4863MPa,玻璃态转化温度为80℃。

研究用Fe-SMA材料力学性能　　　　　　　　　　　　　　　　　　表2

性能	弹性模量(GPa)	屈服强度 $\sigma_{0.2}$ (MPa)	抗拉强度(MPa)	延伸率(%)	200℃激活下恢复应力(MPa)
数值	182	734	1136	45	213

 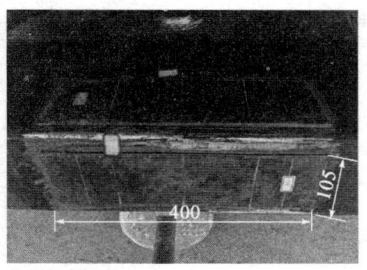

图2 加固试件示意(尺寸单位:mm)

3. 加固流程

采用前述的 Fe-SMA 合金板对 U 肋对接焊缝进行补强,如图3所示。具体步骤如下:(1)首先对合金板和 U 肋母材粘贴面进行打磨清理,然后利用酒精将基材表面擦拭干净,等待干燥后投入使用;(2)按规定质量配比 2∶1 进行配胶,充分搅拌均匀并掺入直径为 1mm 的玻璃珠(控制胶层厚度为 1~2mm);(3)用抹刀均匀涂抹结构胶,将合金板贴于预定位置,并用木工夹及压重块进行加压固定,在常温下养护不少于 7d;(4)对养护后的试件进行加热激活,激活温度为 200℃,加热区域为中间 50mm 区域,加热时间为 2min。

图3 粘贴 Fe-SMA 加固步骤

三、疲 劳 试 验

疲劳加固试验装置如图4所示。与前述一致,试件同样采用跨中单点加载,疲劳加载频率为 100Hz。荷载幅根据实桥应力幅选取,并根据加载情况适当提高荷载幅以加快试验进度,具体加载历程见表3。加载过程中,记录试件的数据变化和破坏现象,直至加固系统完全失效,随即停机检查。

图4 疲劳加固试验装置

疲劳加载历程　　　　　　　　　　　　　　　　　　　　表3

试件编号	初始损伤度 α(%)	疲劳荷载(kN)	加载次数(万次)	等效应力幅(MPa)
JG1	12.2	15~35	0~200	101.3
		20~50	200~250	
		25~75	250~300	
		35~105	300~325	
JG2	10.9	15~35	0~200	106.1
		20~50	200~300	
		25~75	300~450	
		35~105	450~467.8	

注：初始损伤度 α 为初始裂纹长度与 U 肋全截面长度之比。

四、分析与讨论

以 JG1 试件为例，进行激活试验结果分析，如图 5a)所示。由图 5a)可以看出，对试件 3 块 Fe-SMA 板中部同时进行激活，在激活 2min 内测点温度达到 200℃，而此时粘贴锚固区的最高温度为 60℃，小于结构胶的玻璃态转化温度 80℃。在冷却至室温后，测得加固区域的预压应力分布如图 5b)所示。在激活 Fe-SMA 后，加固区域获得的预压应力范围为 -59.1~-20MPa。其中圆弧过渡区域由于相邻 Fe-SMA 的叠加作用，获得了较大的预压应力，显然对疲劳受力更为有利。

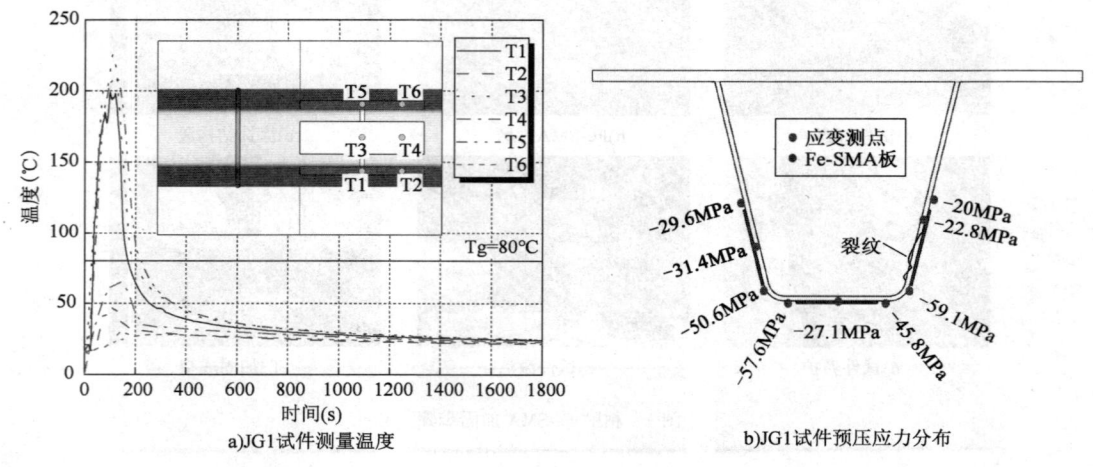

a)JG1 试件测量温度　　　　　　b)JG1 试件预压应力分布

图 5　激活试验结果

疲劳加固试验加载过程中发现，所有加固试件疲劳破坏均包含 Fe-SMA 部分脱胶破坏和焊缝裂纹扩展破坏。图 6 记录了试件 JG1 关键测点应力幅随循环次数变化结果。在前 250 万次疲劳加载期间，所有测点应力幅均保持稳定，表明加固体系完好且无裂纹扩展。当加载至 282 万次，底部的 Fe-SMA 率先发生端部脱胶，测点 26 及埋入的测点 12 的应力幅立即下降。同时发现底部的焊缝应力幅（测点 4 和测点 6）在失去预压应力后显著增加，而腹板两侧的测点应力幅略有增加。然而此时，初始裂纹并未扩展，因为存在于腹板两侧的 Fe-SMA 仍发挥协同作用。而后继续提高荷载幅进行加载，裂纹侧的 Fe-SMA 板以及对侧的 Fe-SMA 板相继发生端部脱胶破坏，随即裂纹尖端的应变片失效（测点 8 和测点 9），表明裂纹开始扩展。当加固系统完全失效（即 3 块 Fe-SMA 板条均发生端部脱胶后），试件的疲劳裂纹迅速发生失稳扩展，同时观测到试件跨中变形大幅增加，因此停止加载。最终试件的破坏形态如图 7 所示。从图 7 可以看出，新增裂纹沿着初始裂纹的两端继续延伸，直到扩展到底板中部，判断此时试件已经失去承载能力。

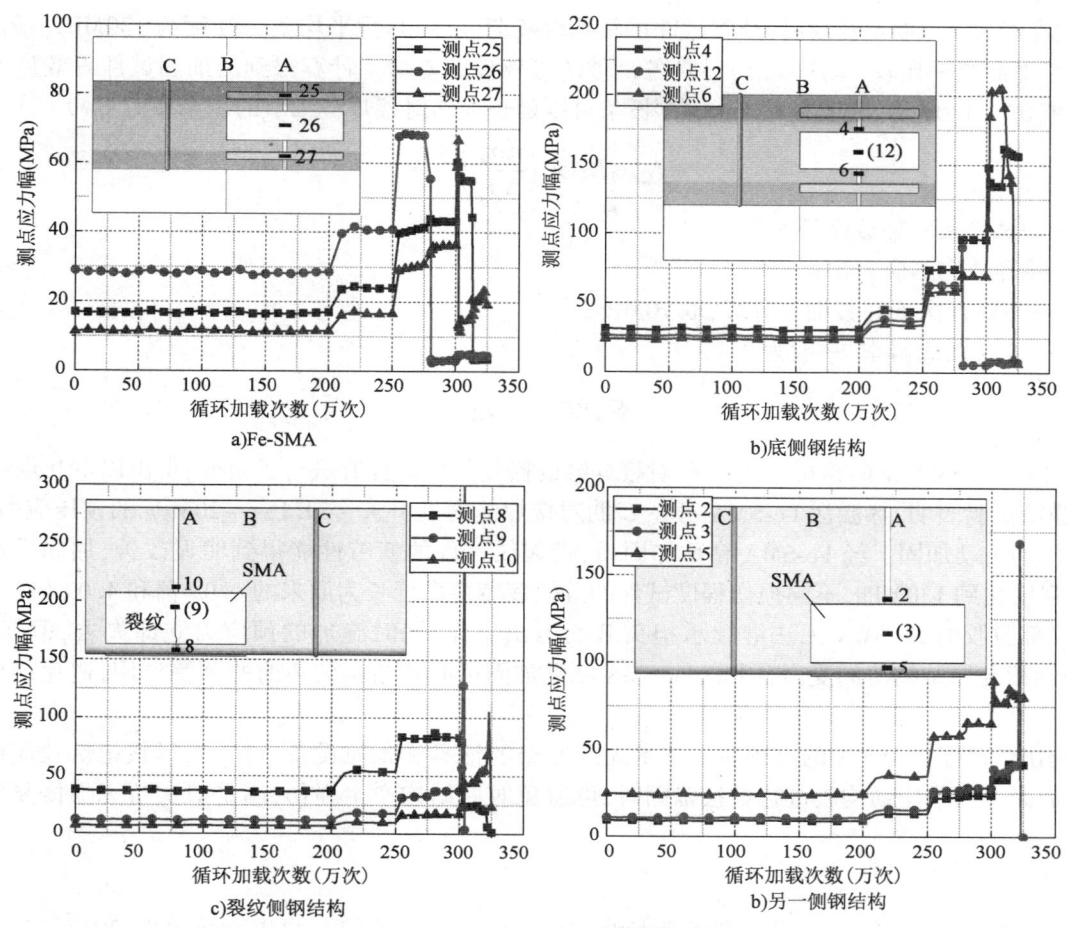

图6 测点应力幅随循环次数变化结果

图7 加固试件最终破坏形态

根据Miner损伤累积原则,进行加固后焊缝疲劳强度评定。表4记录了修复后试件疲劳性能提升结果。修复前各焊缝的疲劳强度均能满足我国钢桥规范规定的71级。即便如此,在经历足够的疲劳加载次数之后,该细节仍会出现疲劳裂纹。

修复试件疲劳性能提升评估　　　　表4

试件编号	初始损伤度 α (%)	疲劳强度(MPa)		等效疲劳寿命(万次)	
		修复前	修复后	修复前	修复后
JG1	12.2	117.8	119.1	914.3	943.1
JG2	10.9	88.0	140.8	381.1	1558.9

为此,在经过 Fe-SMA 修复后,开裂试件重新获得疲劳强度,并且平均疲劳强度为 130MPa。另外,为了便于疲劳寿命统一比较,采用式(1)计算各试件的等效疲劳寿命。计算得到的加固试件等效疲劳寿命为原来的 1.03~4.09 倍,表明粘贴 Fe-SMA 板条可以延长损伤对接焊缝细节的剩余疲劳寿命。

$$N_e = N_R \times \left(\frac{\Delta\sigma_R}{\Delta\sigma_c}\right)^m \tag{1}$$

式中:N_R——试件实际加载循环次数;

$\Delta\sigma_R$——等效实测应力幅;

$\Delta\sigma_c$——200 万次下疲劳细节等级,取 70MPa;

m——S-N 曲线斜率,一般为 3。

五、结　语

本文针对 Fe-SMA 粘贴钢桥面板 U 肋对接焊缝的修复与性能提升进行了研究,得出以下几点结论:

(1)激活试验表明,热激活 Fe-SMA 可在 U 肋对接焊缝附近引入 −59.1~−20MPa 的预压应力,从而实现对结构的主动加固。经 Fe-SMA 粘贴加固后,带裂纹试件的疲劳性能得到明显改善,加固后试件的平均疲劳强度达到 130MPa,不同损伤程度试件的等效疲劳寿命延长为原来的 1.03 倍和 4.09 倍。

(2)局部脱胶的 Fe-SMA 无法继续承担荷载而退出工作,同时施加的预应力立即失去,但其余 Fe-SMA 板条继续与原结构协同受力,因此,Fe-SMA 粘贴加固可起到结构破坏前的预警作用,避免结构的突然断裂。

(3)提出的基于 Fe-SMA 的自预应力技术无须复杂的锚具和张拉设备,可凭借形状记忆效应快速完成预应力加固。当采用结构胶进行黏接锚固时,可避免对原结构产生损伤,满足对实桥无损修复的使用要求。

参考文献

[1] 张清华,卜一之,李乔.正交异性钢桥面板疲劳问题的研究进展[J].中国公路学报,2017,30(3):14-30,39.

[2] XIAO Z G, YAMADA K, INOUE J, et al. Fatigue cracks in longitudinal ribs of steel orthotropic deck[J]. International Journal of Fatigue, 2006, 28(4): 409-416.

[3] CHEN S M, HUANG Y, ZHOU C, et al. Experimental and numerical study on fatigue performance of U-rib connections[J]. Journal of Constructional Steel Research, 2019(163): 105796.1-105796.12.

[4] SHI Z C, SU Q T, KAVOURA F, et al. Fatigue behavior evaluation of full-scale OSD-UHPC composite bridge deck system[J]. Engineering Structures, 2023(275): 115179.1-115179.18.

[5] 吕志林,姜旭,强旭红.钢桥板疲劳裂纹修复进展及合金贴片法研究[J].科学技术与工程,2023,23(6):2242-2251.

[6] 唐亮,黄李骥,刘高,等.正交异性钢桥面板足尺模型疲劳试验[J].土木工程学报,2014,47(3):112-122.

[7] WANG C S, ZHAI M S, DUAN L, et al. Cold reinforcement and evaluation of steel bridges with fatigue cracks[J]. Journal of Bridge Engineering, 2018, 23(4): 4018014.1-4018014.12.

[8] 吕志林,姜旭,杨燕,等.碳纤维加固钢桥面板 U 肋对接焊缝疲劳试验[J].同济大学学报(自然科学版),2023,51(8):1220-1230.

[9] QIANG X H, CHEN L, JIANG X. Achievements and perspectives on Fe-based shape memory alloys for rehabilitation of reinforced concrete bridges: An overview[J]. Materials, 2022, 15(22): 8089.

[10] 强旭红,武亚鹏,姜旭.铁基形状记忆合金力学性能和激活回复性能研究[J].同济大学学报(自然科学版),2023,51(5):718-727.

4. 现代桥梁伸缩装置
——浮动齿桥梁伸缩缝

侯炳才 郑朝辉 李汉军 史 鹏

(山东公路机械厂有限公司)

摘 要 本文介绍了一种适合现代桥梁特性要求的浮动齿伸缩装置,对其结构特点、变位特性、抗振性、安全性和使用维护便捷性进行了介绍。

关键词 浮动齿 伸缩缝 柔性支撑 变位箱 闭合横移 立体变位 大转角

一、概 述

随着经济的发展,人们对行车的舒适性、安全性、可靠性要求已越来越高;随着我国桥梁建设技术的高速发展,斜拉桥、悬索桥、大跨径预应力桥、大型钢箱梁桥等的应用也越来越普遍,这对桥梁配套设施和附件的抗振性、四季梁端摆动变位适应性和立体多维度振摆变位要求越来越高。这使得桥梁伸缩装置技术的发展有些滞后,并成为现代桥梁服役的薄弱环节。现有模数式和梳齿式桥梁伸缩装置,都存在近闭合状态下横向变位有死点问题,无论是转轴式梳齿缝的刚性轴连接还是多模数式支撑梁的元件附着式支撑,在桥梁振动状态下或梁端有较大横摆变位时,极易产生结构性损坏或支撑元件偏移甚至脱落等问题。

浮动齿桥梁伸缩装置,契合现代桥梁抗振性和梁端立体变位要求,特别是其大转角和在闭合状态下的横移变位特性,使其更具适应桥端各型摆振变位特长。同时,该技术在应用安全性、易检、易修、易维护性能方面都有很大提升,浮动齿伸缩装置单元结构如图1所示。这项技术的应用,较好地解决了现代桥梁建设技术中伸缩装置的弱点和技术不足问题。

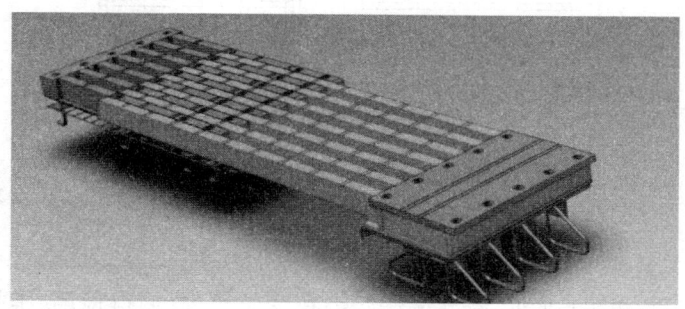

图1 浮动齿伸缩装置单元结构示意图

二、产品结构原理与性能特点

1. 结构原理

浮动齿采用全弹性浮动连接方式,可实现立体空间全自由度变位。浮动齿板在安装完成后可以随着桥梁在任意方向上转动或横向移动。因无刚性轴连接,能适应桥梁的各型振动状态。浮动齿不同于其他结构形式,在转动中并没有以某一个轴为圆心转动,而是在弹性元件作用下浮动。变位箱结构原理如图2所示。

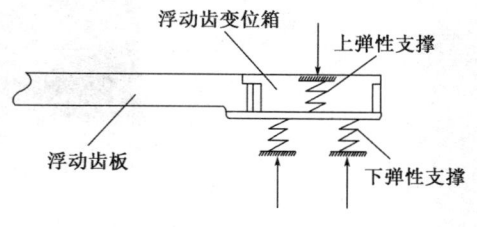

图2 变位箱结构原理

2. 性能特点

浮动齿伸缩装置在常规伸缩装置的基础上进行了改进,性能上也有很大的提高。

(1)大转角、大扭转角、大折叠角设计,给大型桥梁四季立体变位提供了充裕空间,为现代摩擦摆支座的应用提供了良好的匹配条件。《单元式多向变位梳形板桥梁伸缩装置》(JT/T 723—2008)3.3 节产品主要参数中有以下规定:"伸缩装置的伸缩量分为:80、120、160、240、320、400、480、560、640、720、800、880、960、1040、1120、1200、1280、1360、1440、1520、1600、1680、1760、1840、1920、2000、2080、2160、2240、2320、2400、2480、2560、2640、2720、2800、2880、2960、3000mm。"并规定:伸缩装置的竖向转角和平面转角分级为 0.01、0.02、0.03、0.04、0.05rad。说明一般梳齿缝要求转角在 0.02~0.03rad 之间。浮动齿 1200型在中路高科交通检测检验认证有限公司的实测值见表1。

容许转角偏差检测结果　　　　　　　　　　　　　　　　　　　　　　　表1

试样编号	YP-2023-SSF-0054			
检测项目	设计转角 (rad)	实测转角 (rad)	标准要求转角偏差 (rad)	检测结果 (rad)
竖向容许转角偏差	0.050	0.050	≤0.005	0.000
水平向容许转角偏差	0.050	0.051	≤0.005	-0.001
备注	容许转角偏差未在"桥梁隧道工程专项"试验检测项目及参数范围内			

注:浮动齿主要特点是可以根据不同桥梁要求设计出更大转角。

(2)设计的闭合横移功能。在受横向力时,浮动齿会产生横移(图3),为现代桥梁梁端闭合状态下的振动和立体大变位提供了可靠保证,使桥梁结构安全性得到了提升。

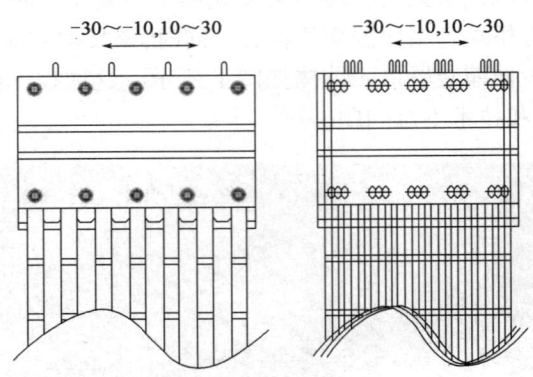

图3　浮动齿横移示意图(尺寸单位:mm)

(3)浮动齿变位箱原理如图4所示,各连接件归纳在变位箱内,使得检测、维护、更换元件更方便、快捷,也更安全。

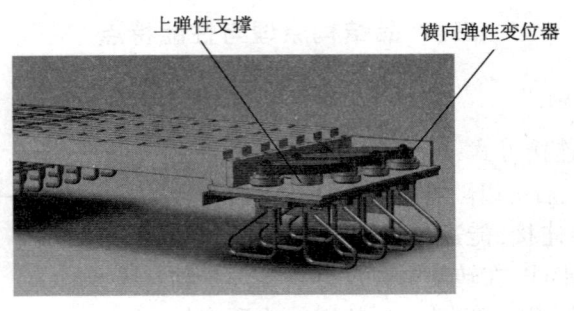

图4　变位箱原理示意图

(4)全柔性支撑(图5)可以更好地适应桥梁板的伸缩、振动和无规则摆动,也减小了车辆通行冲击,降低了噪声,提高了通车平顺性。

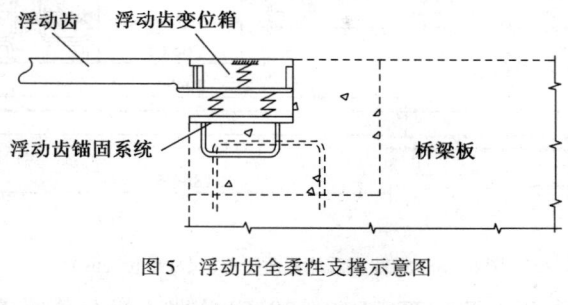

图5 浮动齿全柔性支撑示意图

三、产品应用安全性

(1)浮动齿支撑安全性。

浮动齿板的底支撑采用了多个专用弹性支座支撑,并设有极端变形刚性限位,因此浮动齿板底面支撑安全可靠。

(2)检测、维护、更换元件安全性。

打开变位箱上面板,所有连接件均置于变位箱内,检修维护安全、快捷、方便。

(3)结构安全性。

因浮动齿板与锚固系统每单元采用多立轴为连接基柱,两者之间采用了横向弹性变位器连接,同时也采用了多点独立扣紧方式,提高了安全系数,确保应用安全无隐患。

四、施工安装便捷性

(1)安装方便。

浮动齿端基座的锚固分钢箱梁端的焊接式和预埋筋锚固式。因基座为单元式工厂产品,并在设计中刻意考虑了通行桥梁施工设计习惯和现行标准,使得施工、找正都比较方便。

(2)锚固安全。

固定齿端锚固装置为工厂生产的标准单元式固定模块,找正、焊接、混凝土浇筑均安全、方便、快捷。

(3)排水灵活。

排水采用扣压式整体橡胶止水带和排水槽式(跨缝式梳齿缝使用)两种方式,且为独立的防水系统,结构形式选择更加多样,可以根据不同的桥梁设计要求进行更加合理的设计选择。

五、结构设计合理性

经过分析,可以认定浮动齿伸缩装置能够满足现代大型桥梁对伸缩装置的要求,并且改变了现代大型伸缩装置存在的一些问题,适应性更强。浮动齿桥梁伸缩装置是山东公路机械厂有限公司通过多年的研究设计和试验改进形成的新型产品,取得了两项发明专利和多项实用新型专利,并且该项产品已通过国检中心的功能检测验证。

六、主要承载部件强度校核计算书

下面通过一些简单的计算来证实浮动齿的安全性。以SSF1200型浮动齿为例,对浮动齿独特的结构和主要零部件进行校核。

1.计算依据

(1)SSF1200型浮动齿设计图纸。浮动齿伸缩装置基本情况为:SSF1200型设计为骑缝式梳齿伸缩装置;伸缩缝角度为90°;伸缩量为0~1200mm;桥梁中缝间隙为664.5~1865mm(设计值,不同桥梁有不同要求),设计总体截面图纸如图6所示。

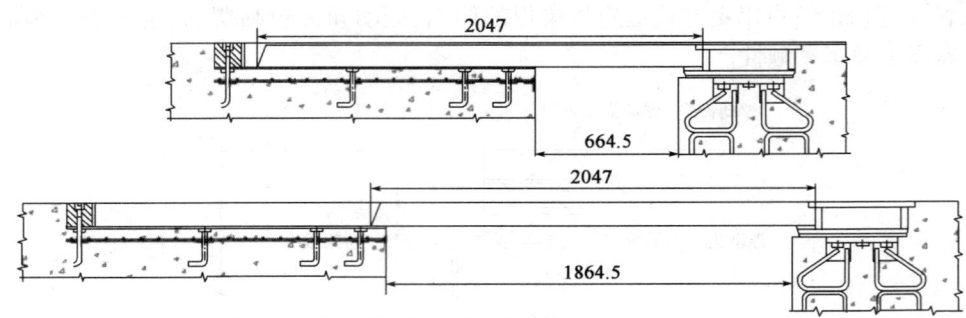

图 6　SSF1200 型总体截面图纸(尺寸单位:mm)

(2)根据《公路桥涵设计通用规范》(JTG D60—2015)公路Ⅰ级荷载要求,行驶方向间距为 1.4m,轮距 1.8m 的 2×140kN 的车轴荷载,冲击系数取 1.45,作用在齿板上的汽车单轴最大荷载为 1.45×140 = 203kN,汽车单组轮最大荷载为 F = 203/2 = 101.5kN(考虑了冲击影响)。考虑 1.3 倍公路Ⅰ级荷载,即单组车轮最大荷载为 101.5kN × 1.3 = 131.95kN,可以得到的数值见表 2。

标准值表　　　　　　　　　　　　　　　　表 2

荷载取值	计算值	单位
后轴单侧重力标准值 V	140	kN
汽车荷载的局部加载冲击系数	1.45	—
垂直作用力 $F = 1.3 \times (V \times 1.45/2)$	131.95	kN
水平荷载为汽车后轴重力的 30%	42	kN

2. 浮动齿强齿的强度和挠度校核计算

车辆后轴两轮纵向距离为 1400mm,每个车轮的着地尺寸为 600mm × 200mm。若车轮在通过齿时如图 7 所示,则最少有 5 个齿全承载了车轮重量。单个齿上的垂直作用为 $F_1 = 131.95/5 = 26.4$kN,设计齿高 $h = 110$mm,齿宽 $b = 55$mm,齿间隙 $b_j = 65$mm,拉开最大时齿在两个桥梁板之间的悬空长度 $L = 1865$mm。

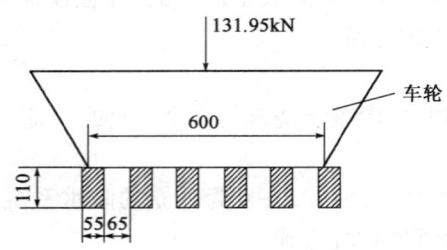

图 7　齿受力图(尺寸单位:mm)

(1)单齿垂直受力校核如下:
单齿截面惯性矩: $I = (b \times h^3)/12 = 610416.667$ (mm^4)
单齿抗弯截面模量: $W = I/(h/2) = 110916.667$ (mm^3)
单齿受力截面弯矩: $M = F_1 \times L/4 = 12304337.5$ (N·mm)

齿板极限弯曲拉应力: $\sigma = M/W = 110.933 \leqslant 172.5$MPa(Q345D 钢板安全系数为 2)

(2)最大剪应力: $\tau_{max} = F_1/hb = 4.36 \leqslant 117.5$MPa(Q345D 钢板安全系数为 2)。

(3)单轮在齿中心时的最大挠度: $y_{max} = F_1 L^3/48EI = 2.78$mm $\leqslant 3.4$(单齿长 2047/600mm)。

以上计算为单车轮在齿中间时(图 8)如图 7 所示的最大受力情况,但因齿的长度大于后两轮之间的距离,因此在车辆通过齿时也会出现双车轮都在齿板上的情况,如图 9 所示。

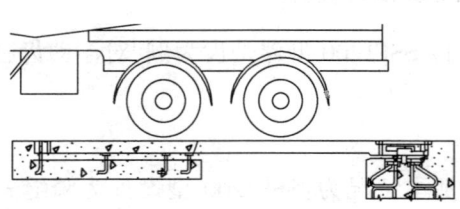

图 8　单车轮通齿板

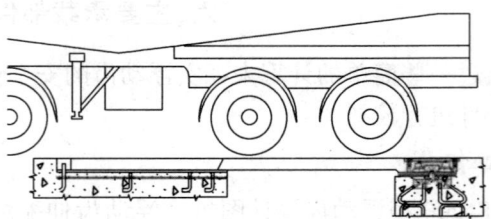

图 9　双车轮通齿板

(4)双车轮同在齿上时,校核中心挠度值。双轮通过受力如图 10 所示,计算中心挠度为:$y_{双轮}$ = 2.039mm。

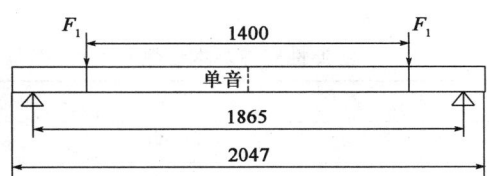

图 10 双轮通过受力(尺寸单位:mm)

考虑 1865mm 与车轮轮距相差不多,所以两车轮同时在齿上时所产生的不利条件,并非是齿的最危险情况。

3. 浮动齿连接轴的强度校核计算

浮动齿与浮动齿锚固系统之间由 6 个直径为 45mm 的轴相连,在浮动齿跟随桥梁板运动时,浮动齿变位箱底板对连接轴产生作用力。所受的力是车辆在通过时产生的水平力 F_h 和桥梁板在转动时浮动齿与之产生的水平力 $F_{浮}$(按试验时产生最大转角时的力计算),如图 11 所示;此外还有浮动齿与下弹性支撑之间的摩擦力,但因摩擦力较小,对桥梁的受力影响不大,因此不予考虑。计算得到公式:$F_S = F_h + F_{浮}$。

(1)根据试验,最大水平转角时产生的水平力(图 12)可求出:

$F_{浮} = 15.71 \times 1380 / 112.7 = 192.4(kN)$

$F_S = 42 + 192.4 = 234.4(kN)$

单个连接轴受最大力为:$F_{S1} = F_S / 6 = 39.1 kN$

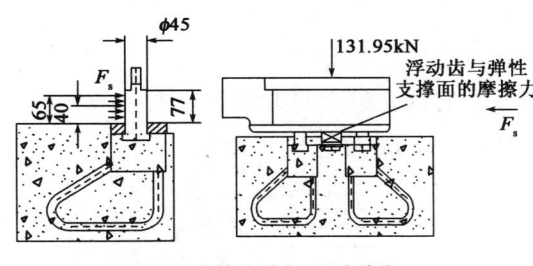

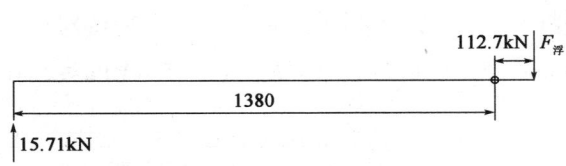

图 11 连接轴的受力(尺寸单位:mm)　　　　图 12 水平力分析(尺寸单位:mm)

(2)所产生的剪切应力为:$\tau = \dfrac{F_{s1}}{S_{浮}} = \dfrac{39.1 \times 1000}{3.14 \times 45^2 / 4} = 24.6(MPa)$

(3)所产生的最大弯曲应力为:$\sigma = \dfrac{M}{\pi D^3 / 32} = \dfrac{39.1 \times 1000 \times 40}{3.14 \times 45^3 / 32} = 174.91(MPa)$

若转动轴使用 40Cr 钢调质处理:$\sigma_s = 785(MPa)$

(4)安全系数为:$n = \dfrac{\sigma_s}{\sigma} = \dfrac{785}{174.91} = 4.49$

4. 上弹性支撑的受力校核计算

(1)上弹性支撑的受力分析。

浮动齿位移箱内有 3 个压紧浮动齿的橡胶弹簧,试验时浮动齿垂直转动最大转角时的受力如图 13 所示。

$F_{支} = 47.12 \times 2220 / 200 = 523.03(kN)$

(2)上弹性支撑的直径校核。

每个压紧橡胶弹簧在最大垂直转角时受到的最大力为 $F_{支1} = F_{支} / 3 = 174.34 kN$。

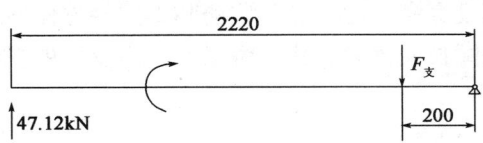

图 13 上弹性支撑的受力(尺寸单位:mm)

设计支直径为 $d_0 = 110\text{mm}$, $A_e = \pi d_0^2/4 = 9503.32\text{mm}^2$; $\sigma = F_{\text{支}1}/A_e = 18.35\text{MPa} \leqslant 25\text{MPa}$(天然橡胶的容许抗压应力)。

（3）上弹性支撑基本参数见表3。

上弹性支撑基本参数　　　　　表3

计算参数	符号	计算值	单位	备注
圆形支座钢板直径	d_0	100.00	mm	
支座中间层单层橡胶厚度	t_{es}	10.25	mm	
支座形状系数	S	4.88	—	$S = d_0/(4t_{es})$
支座剪变模量	G_e	1.00	N/mm²	
支座抗压弹性模量	E_e	128.49	N/mm²	$E_e = 5.4 \times G_e \times S^2$
支座承压面积	A	9503.32	mm²	
支座净高	L	55.00	mm	
支座 X 方向刚度	SD_x	22202.33	N/mm	
支座 Y 方向刚度	SD_y	172.79	N/mm	
支座 Z 方向刚度	SD_z	172.79	N/mm	

5. 浮动齿下弹性支撑参数的设计校核

浮动齿下弹性支撑采用的是尺寸为 70mm × 80mm × 28.5mm 的弹性元件,每件最大承载力为140kN,最大压缩量为2.3mm。下弹性支撑结构如图14所示,浮动齿变位箱下方设有4件弹性支撑,可支撑起的最大力为 140 × 4 = 560kN > 131.95kN,因此弹性支撑安全。在总体压缩变形为2mm时,钢支撑会起到保护作用,从而保证支撑安全。

6. 横向变位器受力校核

横向变位器受力如图15所示。横向变位器在受到水平力时内孔最大受力面积为 $A_{e1} = \pi \times 45 \times 50 = 141.4\text{mm}^2$, $F_{s1} = 38.2\text{kN}$, $\sigma = F_{s1}/A_{e1} = 5.4\text{MPa} \leqslant 25\text{MPa}$(天然橡胶的容许抗压应力)。

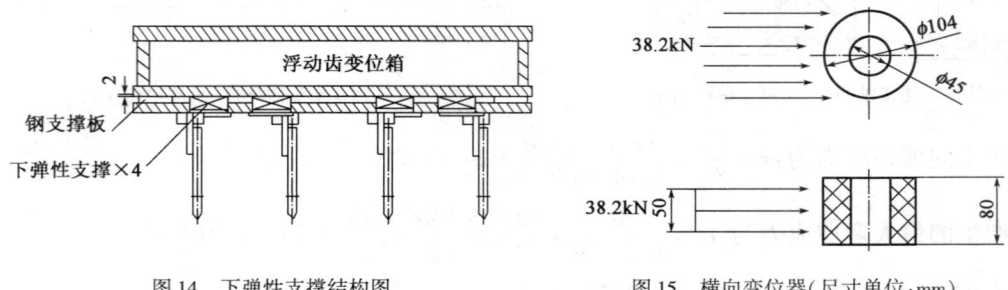

图14　下弹性支撑结构图　　　　图15　横向变位器(尺寸单位:mm)

七、结　　语

通过对浮动齿伸缩装置主要功能元件的受力分析和参数校核,验证该设计安全可靠,能满足各种桥梁设计、使用要求。浮动齿桥梁伸缩缝的开发与摩擦摆支座在大型桥梁上的应用形成了互相适应配套的桥梁附件产品,使大型桥梁的立体变位有了相适应的桥梁附件配套,在抗风、抗振、通车平顺性和安全性、服役寿命,以及检测、监测和维护的方便性等方面,都有了质的提升。浮动齿桥梁伸缩缝的应用,必将为我国长大桥梁和特殊桥梁的应用及发展提供安全保障。

参考文献

[1] 中华人民共和国交通运输部. 公路桥梁伸缩装置通用技术条件:JT/T 327—2016[S]. 北京:人民交通

出版社股份有限公司,2016.
[2] 中华人民共和国交通运输部.单元式多向变位梳形板桥梁伸缩装置:JT/T 723—2008[S].北京:人民交通出版社,2008.
[3] 中华人民共和国交通运输部.公路桥涵设计通用规范:JTG D60—2015[S].北京:人民交通出版社股份有限公司,2015.
[4] 侯炳才,孙辉,郑朝辉,等.浮动齿式大位移量桥梁伸缩装置:201510498673.9[P].2017-01-04.

5. 基于拉拔法的悬索桥索夹螺杆紧固力检测技术研究

穆丰睿[1]　周勇军[2]　赵 煜[1]　曹资源[1]　景 媛[1]　药天运[1]
(1. 长安大学公路学院;2. 长安大学公路大型结构安全教育部工程研究中心)

摘　要　拉拔法是悬索桥索夹螺杆紧固力检测中比较常见的一种方法。本文针对目前拉拔法检测过程中螺杆受力原理不明晰、张拉力和有效紧固力关系不明确的问题,首先对拉拔过程的螺杆受力状态进行理论分析,将其受力行为分为两阶段,然后开展有限元模拟和模型试验,研究螺杆受力情况。研究结果表明:在拉拔过程中,螺杆受到的紧固力随拉拔过程发生变化,随着张拉力先缓慢增加,在张拉端螺母松动后随张拉力同步增加,张拉力的变化值等于紧固力和张拉端螺母力的变化值差值。论文研究结果可为螺杆紧固力检测及规范编制提供参考。

关键词　桥梁工程　悬索桥　拉拔法　索夹　紧固力检测

一、引　言

悬索桥是大跨径桥梁中最有竞争力的桥型。悬索桥的索夹通过高强螺杆的紧固力夹紧主缆并固定,成为悬索桥主缆与吊索的连接及传力构件,承担着将结构恒载和车辆活载等荷载产生的吊索拉力传递至主缆的关键作用。然而,由于自身材料特性、荷载作用等内外因素的作用[1],高强螺杆的紧固力会产生不同程度的损失,当紧固力下降到一定程度时,会导致索夹松动或滑移,从而改变悬索桥缆索结构体系,致使结构内力重新分配[2],严重影响悬索桥的结构受力安全。

《公路缆索结构体系桥梁养护技术规范》(JTG/T 5122—2021)[3]规定索夹螺杆应保持紧固力不低于其安装设计值的70%。索夹螺杆的紧固力检测是悬索桥管养的必需工作。目前,众多学者对螺杆紧固力的检测技术进行了研究。Nikravesh等[4]研究了扭矩扳手法的扭矩效率,发现在扭矩扳手法中,施加扭矩仅有10%~15%用于旋转螺栓,85%~90%被用以抵抗现有摩擦,导致精度显著降低。Wang等[5]设计并制作了一种在螺栓头顶面粘贴应变片的螺栓紧固力传感器,并展现了良好的线性关系。汪志福[6]针对压力环传感器在测量过程中的偏心和损坏,提出了修正系数。郭珍珠等[7]将图像识别应用于螺栓角度松动检测,识别率高达90%以上。伊建军等[8]通过拉拔螺杆反算无应力时的方法,实现已紧固螺栓的轴力测试。张祥和Ding等[9,10]提出了一种利用电磁超声换能器测量紧固螺栓应力的方法。Huynh等[11]提出了一种基于压电智能接口获得阻抗信号的紧固力监测方法。潘勤学等[12]认为螺杆轴力存在不均匀性,螺杆有效受力区域的轴力不发生改变,并在此基础上提出形状因子修正超声检测方法。

目前,紧固力检测技术研究主要针对机械领域及风力发电工程等小型螺栓构件,类似悬索桥索夹螺杆的高强螺杆的紧固力检测特点是紧固力大、高空作业、检测平台狭小,此类构件检测方法还是局限于拉拔法与超声法。而超声波检测技术通常需进行室内无应力状态超声标定试验,且极易受环境温度影响,应用场景有限,因此,悬索桥索夹螺杆紧固力检测大部分采用拉拔法。目前,该方法存在拉拔过程中螺杆受力原理不明晰、张拉力和有效紧固力关系不明确问题。因此,本文基于螺杆紧固力拉拔法检测技术,通过理论分析、有限元模拟和模型试验相结合的方法,探究拉拔法检测过程中螺杆的受力原理,为相关螺杆力检测及规范编制提供参考。

二、拉拔法检测螺杆紧固力机理

1. 理论分析

为详细说明拉拔法螺杆检测过程中螺杆受力机理,基于单螺杆拉拔简化模型进行推导分析,简化模型如图1所示。图中 F 为螺杆中持续变化的轴力,P 为张拉力,$F_下$ 为非张拉端螺母对螺杆的紧固力,按照作用力与反作用力原理即为下螺母受到的支持力,$F_上$ 为张拉端螺母对螺杆的紧固力,按照作用力与反作用力原理即为上螺母受到的支持力。假定在张拉过程中螺杆紧固段的紧固力是持续变化的,同时认为螺母和垫片是刚性的,忽略螺母和垫片的长度及形变量。

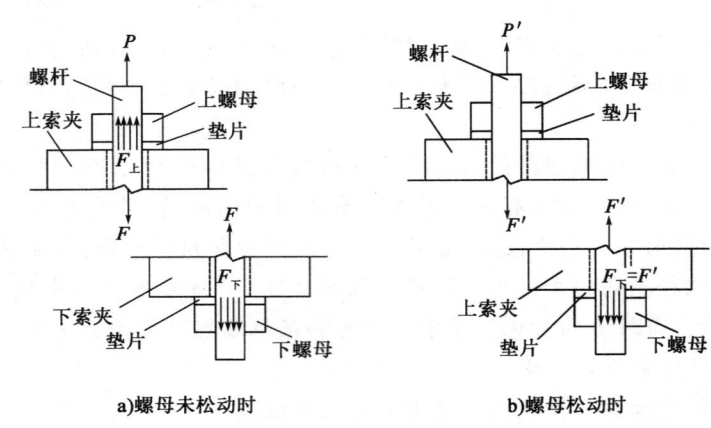

图1 单根螺杆简化模型

当上螺母未松动时,随着张拉力 P 的增大,上螺母受力 $F_上$ 减小,下螺母受力 $F_下$ 增大;螺杆伸长,紧固段的紧固力 F 亦增大。以竖直向上为正方向,根据力学平衡方程,各部件彼此受力存在以下关系:

$$P = F - F_上 \tag{1}$$

$$F = F_下 \tag{2}$$

联立式(1)、式(2),即有:

$$P = F_下 - F_上 \tag{3}$$

当螺母松动时,上螺母不再受力,此时紧固力 F' 等于张拉力 P',即有:

$$P' = F_下 = F' \tag{4}$$

$$F_上 = 0 \tag{5}$$

2. 有限元模拟

1) 有限元模型

有限元模型由 M27 螺杆、100mm × 100mm 的上下垫板构成。研究主要对象为在拉拔过程中螺杆的受力变化,故忽略螺纹的详细构造,将螺母与螺杆一体化建模。螺杆和垫板均采用 40Cr 合金钢材料,材料参数见表1。材料采用双线性本构模型,其应力-应变关系可表示为:

$$\sigma = \begin{cases} E\varepsilon & \varepsilon \leq \dfrac{\sigma_y}{E} \\ \sigma_y + H\left(\varepsilon - \dfrac{\sigma_y}{E}\right) & \varepsilon > \dfrac{\sigma_y}{E} \end{cases} \tag{6}$$

式中:σ——应力;

E——弹性模量;

ε——应变；
σ_y——屈服应力；
H——应变硬化率。

合金钢材料参数 表1

材料	密度(kg/m³)	弹性模量(GPa)	泊松比	屈服应力(MPa)
40Cr	7800	210	0.3	835

模型中各接触面的接触类型设置为面-面接触,定义螺杆与下垫板之间为"Tie"接触,定义螺杆和上下垫板其他接触面之间的摩擦因数为0.3,定义上下垫板之间为绑定接触。将下垫板底面做固定约束,以便消除计算中的刚性位移。给螺杆施加10kN紧固力后创建分析步,在分析步中,通过创建参考点和耦合约束的方式以1kN为间距逐级施加张拉力。有限元模型的建立参考文献[13],得到的有限元模型如图2所示。

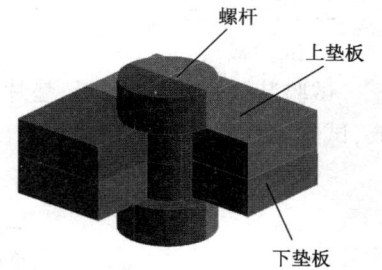

图2 螺杆有限元模型

2)结果分析

有限元模型中螺杆紧固力施加后和拉拔检测阶段的等效应力云图如图3、图4所示,分别代表紧固完成后以及拉拔检测过程中的螺杆受力情况。

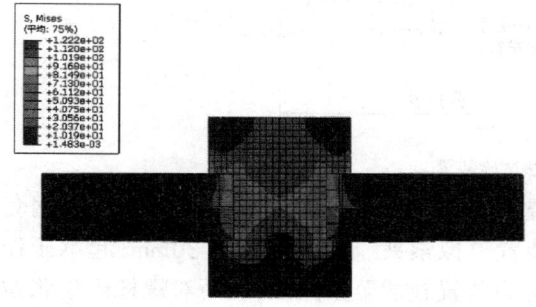

图3 紧固力施加后螺杆应力图(截图)　　图4 拉拔过程中螺杆应力图(截图)

由图3和图4可知,等效应力在螺杆和螺母交接处达到最大值,并向周围逐渐减小,交界处的应力集中较大;而在检测张拉阶段,螺杆紧固力有增大趋势,上螺母应力减小。为进一步分析螺母螺杆应力变化趋势,通过有限元软件后处理分别提取部分张拉分析步中张拉力变化值以及上下螺母与垫板的接触对的压力变化值,见表2。

张拉力与螺母压力变化值(有限元) 表2

下端螺母压力变化值(N)①	张拉端螺母压力变化值(N)②	两端螺母力变化值差值(N)③=①-②	张拉力变化值(N)④	差值与张拉力偏差(%)(③-④)/④
1874.34	-4041.61	5915.95	5925.00	-0.15
2507.36	-5380.95	7888.31	7900.01	-0.15
2517.04	-5371.68	7888.72	7899.99	-0.14
2528.54	-5360.63	7889.17	7899.99	-0.14
2539.15	-5350.43	7889.58	7900.01	-0.13
2551.95	-5337.97	7889.92	7899.99	-0.13
2617.27	-5273.95	7891.22	7900.01	-0.11
4122.55	-3774.67	7897.22	7899.99	-0.04
4961.72	-2938.35	7900.07	7899.99	0.00

注:"+"表示增大(省略不写),"-"表示减小。

有限元模型中,非张拉端(下端)螺母的压力大小等于螺杆紧固力大小,由表2可知,随着张拉力的逐渐增大,张拉端(上端)螺母的压力减小,而非张拉端(下端)螺母的压力则缓慢增大,表明在检测张拉过程中,紧固段的紧固力不是不变的,而是在缓慢增大的。此外,在检测张拉过程中,张拉力的变化值恰好与下端螺母和上端的螺母压力变化值差值相等,从而验证了拉拔法中螺杆受力分析的正确性。

总的来说,在检测张拉过程中,螺杆受到的紧固力随张拉力缓慢增加;张拉力的变化值恰好与紧固力和上端的螺母压力值的变化值差值相等。这也进一步解释了基于拉拔法的悬索桥索夹螺杆紧固力检测方法的误差来源,未来可以为基于拉拔法的螺杆紧固力检测提供技术支持。

3. 试验研究

1) 试验概况

试验装置由螺杆、螺母、垫片、支撑钢板、钢套筒、千斤顶、压力传感器1、压力传感器2、垫片应变片组成,试验装置整体如图5所示。

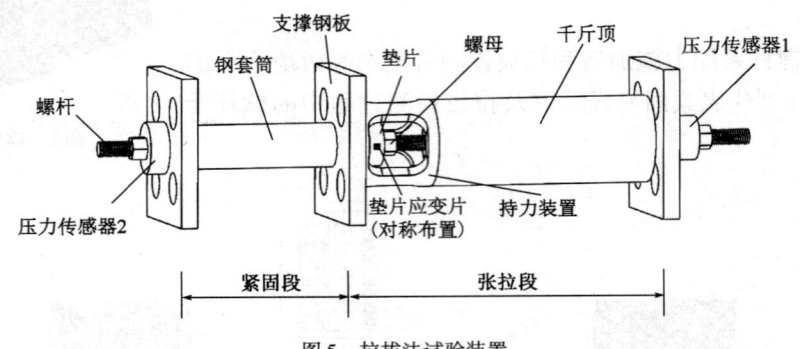

图5 拉拔法试验装置

螺杆采用10.9级M27螺杆,长度为1000mm。垫片外径80mm,内径40mm,高27mm。钢套筒外径80mm,高200mm,厚30mm,钢套筒作为紧固力保持装置模拟索夹。钢板厚度为30mm,起承压作用。千斤顶作为张拉设备,使张拉段产生位移,张拉力通过持力装置施加至紧固段,从而对螺杆产生张拉力。压力传感器1为JMZX-3110HAT振弦式压力传感器,精度为0.1kN,以采集张拉段右侧的张拉力变化;压力传感器2为FDBG-27-200应变式压力传感器,精度为0.01kN,以采集紧固段左侧的紧固力变化。在千斤顶持力装置处的垫片两侧对称粘贴应变片1和2,以辅助判断螺母状态。当螺母脱离垫片产生松动时,垫片应变的变化趋势会发生变化,从而出现拐点,以此判定螺母松动。采用液压千斤顶给螺杆施加初始紧固力以模拟实桥中螺杆的有效紧固力。

试验步骤如下:(1)利用千斤顶将螺杆张拉一定大小的张拉力;(2)待螺杆张拉力达到设定值,通过持力装置的空隙将螺母拧紧,记录此时螺杆振弦式压力环值(即实际螺杆紧固力大小)以及垫片应变值;(3)利用千斤顶重新以一定张拉力逐级张拉加载,并测试各级荷载下的振弦式压力环值以及垫片应变值;(4)实时读取垫片应变数据,当应变值变化产生拐点时,判定螺母松动,停止张拉操作。

2) 结果分析

拉拔法在各级张拉力下试验数据见表3、表4。

第1次试验下应变与压力变化(螺杆有效紧固力为26kN)　　表3

试验数据	张拉力											
	0	20kN	30kN	40kN	50kN	60kN	70kN	80kN	90kN	100kN	110kN	120kN
压力传感器1压力值(kN)	0	21.4	30.2	37.9	43.8	55.8	66.8	73.0	83.3	95.1	108.0	120.0
压力传感器2压力值(kN)	25.77	29.92	32.89	36.80	40.36	48.64	57.94	62.98	72.07	85.11	94.43	105.37

续上表

试验数据	张拉力											
	0	20kN	30kN	40kN	50kN	60kN	70kN	80kN	90kN	100kN	110kN	120kN
应变片1应变值 ε_1 ($\mu\varepsilon$)	39	34	26	19	14	6	4	3	2	2	2	3
应变片2应变值 ε_2 ($\mu\varepsilon$)	30	13	5	4	4	3	1	0	1	1	0	2
放张后张拉端垫片压力值	27.31	—	—	—	—	—	—	—	—	—	—	—

第2次试验下应变与压力变化(螺杆有效紧固力为27kN)　　表4

试验数据	张拉力											
	0	20kN	30kN	40kN	50kN	60kN	70kN	80kN	90kN	100kN	110kN	120kN
压力传感器1压力值(kN)	0	24.0	31.0	38.4	43.9	51.5	58.2	71.5	83.6	95.3	106.9	117.0
压力传感器2压力值(kN)	27.16	32.02	34.26	37.67	41.16	45.98	51.76	62.47	73.20	83.74	94.54	103.83
应变片1应变值 $\varepsilon1$ ($\mu\varepsilon$)	41	34	29	22	17	10	8	5	5	5	4	6
应变片2应变值 $\varepsilon2$ ($\mu\varepsilon$)	29	13	9	5	5	5	5	3	3	3	2	2
放张后张拉端垫片压力值	27.71	—	—	—	—	—	—	—	—	—	—	—

由表3、表4可知:螺母紧固放张后,张拉端的垫片压力 $F = \sigma A = EA(\varepsilon_1 + \varepsilon_2)/2$ (E 为弹性模量,取210GPa;ε_1 为垫片应变片1应变值;ε_2 为垫片应变片2应变值;A 为垫片面积,取 3769.8mm²),与螺杆另一端的压力传感器2大小相同,与实际情况相符,认为两组试验数据准确,可进行下一步分析。对1组、2组张拉端垫片应变均值进行受力变化趋势分析,如图6、图7所示,螺杆张拉过程中的整体受力变化如图8、图9所示。

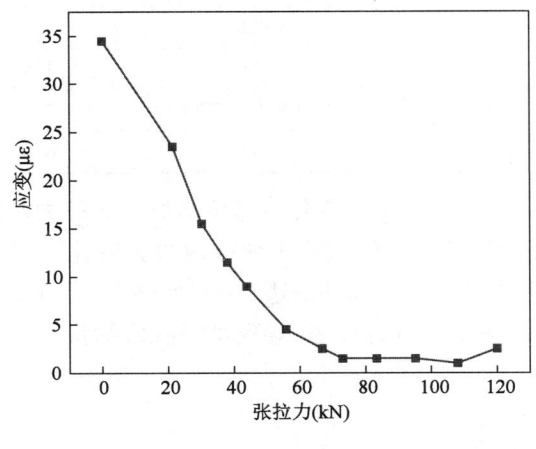

图6　试验1垫片应变数据

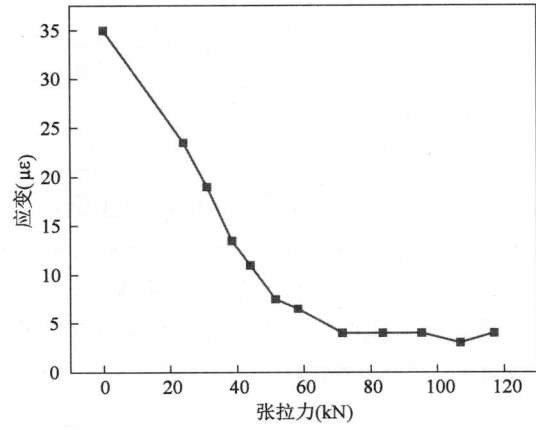

图7　试验2垫片应变数据

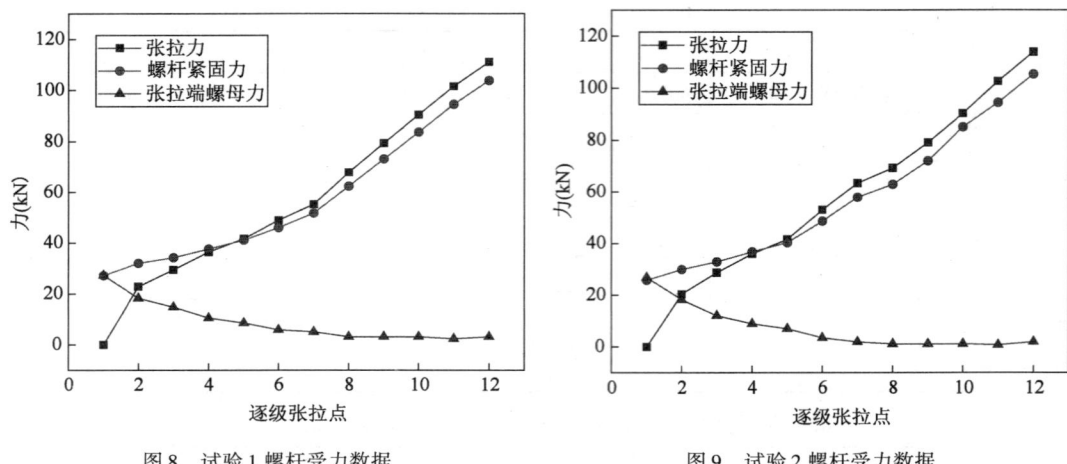

图 8　试验 1 螺杆受力数据　　　　　　　图 9　试验 2 螺杆受力数据

试验中压力传感器 2 压力值大小等于螺杆紧固力大小,由图 6 和图 7 可知,随着张拉力的逐级增大,垫片应变值逐渐减小;当垫片应变值几乎为零时,手动即可旋松螺母,说明螺母此时已经脱离垫片。

由图 8 和图 9 分析可知,螺杆有效紧固力随着张拉力的增大而缓慢增加,前期增长速率低于张拉力的增长速率,但当螺杆紧固力与张拉力相同时,螺杆紧固力随着张拉力的增长同步增加,而此时垫片应力为 0,可认为当紧固力与张拉力达到相同时螺母发生松动,此时张拉力并非螺杆初始时有效紧固力,而比实际有效紧固力偏大,这也意味着通过拉拔法检测出的紧固力值会更大。

张拉端的螺母脱离垫片后,螺杆紧固力与张拉力相同且同步增长。为了进一步分析螺母松动前,非张拉端螺母力(螺杆紧固力)与张拉端螺母力的变化值与张拉力的变化关系,将垫片压力为 0 前部分张拉力和两端螺母受力变化值及其误差汇于表 5。

张拉力与两端螺母力变化值(试验)　　表 5

试验	非张拉端螺母压力变化值(N)①	张拉端螺母压力变化值(N)②	两端螺母力变化值差值(N)③=①-②	张拉力变化值(N)④	差值与张拉力偏差(%)(③-④)/④
试验 1	2.97	-6.216	9.186	8.36	9.88
	3.91	-3.108	7.018	7.315	-4.06
	3.56	-1.9425	5.5025	5.605	-1.83
	8.28	-3.4965	11.7765	11.4	3.30
	9.3	-1.554	10.854	10.45	3.87
试验 2	3.41	-4.2735	7.6835	7.03	9.30
	3.49	-1.9425	5.4325	5.225	3.97
	4.82	-2.7195	7.5395	7.22	4.43
	5.78	-0.777	6.557	6.365	3.02
	10.71	-1.9425	12.6525	12.635	0.14

由表 5 可知,螺杆紧固力(远端螺母的变化值)与张拉端的螺母力变化值差值恰好与张拉力的变化值相同(误差均在 10% 以内),符合理论分析和有限元模拟的结果。但试验中两端螺母力变化差值与张拉力的偏差大于有限元模拟的结果,可能原因是试验装置中螺杆和各部件的边界条件与有限元模型存在差异,并且试验装置采用横向放置,压力传感器以及各部件安装时存在间隙,导致某一阶段的张拉力变化值用于产生构件之间的压缩等非弹性变形。

三、结　　语

针对悬索桥索夹螺杆紧固力拉拔法检测过程中螺杆受力不明确、检测原理不明晰的问题,本文利用

理论分析、有限元模拟和室内试验相结合的方法,探究拉拔法检测过程中螺杆受力情况,得到以下结论:

(1)在拉拔过程中,螺杆受到的紧固力随着拉拔过程而发生变化,当张拉力与紧固力相同时,紧固力随张拉力同步变化。

(2)张拉力和紧固力存在一定关系,张拉力的变化值等于非张拉端螺母压力(螺杆紧固力)和张拉端螺母压力的变化值差值,螺母松动时张拉力并非螺杆初始时有效紧固力,而是比实际有效紧固力大。

(3)基于拉拔法的悬索桥索夹螺杆紧固力检测方法的误差来源于检测过程中紧固力的变化,未来可以通过降低该类误差为目标提高检测准确度,或进一步利用张拉力与有效紧固力的关系进行检测。

参考文献

[1] 张鹏飞.悬索桥索夹螺杆预紧力下降原因分析与预防性养护对策[J].公路,2019,64(2):101-105.

[2] LI H F,LIU Y C,LI C W, et al. Force analysis of self-anchored suspension bridges after cable clamp slippage[J]. Symmetry,2021,13(8):1514.

[3] 中华人民共和国交通运输部.公路缆索结构体系桥梁养护技术规范:JTG/T 5122—2021[S].北京:人民交通出版社股份有限公司,2021.

[4] NIKRAVESH S M Y, GOUDARZI M. A review paper on looseness detection methods in bolted structures[J]. Latin American Journal of Solids and Structures,2017,14(12):2153-2176.

[5] WANG T, TAN B H, LU G T, et al. Bolt pretightening force measurement based on strain distribution of bolt head surface[J]. Journal of Aerospace Engineering, 2020, 33(4):4020034.1-4020034.9.

[6] 汪志福.弦式锚索测力计仪器系数修正方法探讨[J].水电自动化与大坝监测,2005,29(3):60-63.

[7] 郭珍珠,赵伟,陈涵深,等.基于图像识别的高强度螺栓松动检测方法的研究[J].工业建筑,2022,52(2):175-179,195.

[8] 伊建军,高天,荆国强,等.悬索桥已紧固索夹螺杆轴力超声纵波测量方法[J].桥梁建设,2021,51(6):39-44.

[9] 张祥.基于EMAT的单向应力横纵波联合测量方法[D].大连:大连理工大学,2019.

[10] DING X, WU X J, WANG Y G. Bolt axial stress measurement based on a mode-converted ultrasound method using an electromagnetic acoustic transducer[J]. Ultrasonics,2014,54(3):914-920.

[11] HUYNH T C, DANG N L, KIM J T. Preload monitoring in bolted connection using piezoelectric-based smart interface[J]. Sensors,2018,18(9):2766-2786.

[12] 潘勤学,邵唱,肖定国,等.基于形状因子的螺栓紧固力超声检测方法研究[J].兵工学报,2019,40(4):880-888.

[13] 戴志成,王唱舟,周丽.高强度螺栓高温条件下预紧力松弛的有限元模拟[J].工具技术,2016,50(5):41-44.

6. 两座墩柱偏位桥梁的检测评估与纠偏加固案例[①]

郑舟军[1] 孙海滨[2] 叶奂[3] 樊晋安[1]

(1.浙江交工装备工程有限公司;2.浙江交工高等级公路养护有限公司;
3.浙江数智交院科技股份有限公司)

摘 要 本文介绍了两座淤泥质软土地基互通立交桥发生墩柱明显偏位后进行纠偏处治的工程案

[①] 基金项目:浙江省省级重点研发计划项目(2021C03185)。

例。在现场应急抢险后,针对桥梁现场偏位情况进行专项检查和成因分析,并建立有限元模型对墩柱及桩基的变形和应力进行工况模拟,对结构受损程度进行评估,为纠偏处治设计提供依据。制订了针对性的纠偏加固方案,案例1采用墩顶顶推等多种措施纠偏复位,并采用新增桩基、承台、支座进行加固;案例2采用墩顶顶推、墩底拉拽等多种纠偏措施综合施策复位,并采用新增联系辅助墩进行加固。两座桥梁均已完成纠偏和加固施工,应用效果良好。

关键词 桥墩偏位 墩柱纠偏 墩柱加固 墩柱损伤分析 顶推纠偏 拉拽纠偏

一、引　言

既有桥梁在营运过程中,由于穿越施工、绿化施工等引起土压力变化,造成墩柱、墩台发生偏位是相对常见的危及桥梁结构安全的突发事件。不平衡土压力作用于桥梁结构上形成较大不利位移,轻则构成桥梁结构安全隐患,重则引起桥梁倾覆垮塌。此类事件发生通常较为突然,发现后首先应视情况立即采取应急抢险措施,目的是将现场的不利情况消除或减缓,为后续处治决策和实施提供条件。常见的应急抢险措施有恢复前置状态以消除不平衡土压力、反向卸压或反压措施、安装限位装置防止结构往不利状态继续发展等,情况紧急的,可立即采取封闭交通措施。

本文介绍了两座淤泥质软土地基互通立交桥墩柱发生明显偏位后进行纠偏处治的工程案例,详细讨论了桥梁工程墩柱偏位处治时的检测、评估、纠偏和加固方案的决策和实施过程,供同类工程参考。

二、工程概况

案例1是运营中的高速公路互通匝道,2009年建成通车,桥全长146.58m,全桥共两联,跨径布置为$4\times18m+4\times18m$。上部结构为钢筋混凝土连续箱梁,下部结构为桩柱式墩台,均为摩擦桩基础。其中3号墩为独柱墩,柱径130cm,柱高7.154m,桩径150cm,桩长55.701m。桩位处地质为约20m淤泥质黏土,20m亚黏土,桩端入微风化层。桥下铺设输油管道穿越施工造成匝道3号桥墩大幅度倾斜,发现后施工单位立即平整恢复场地,桥墩倾斜未恢复。后续管养单位组织采取了反向卸压和安装限位装置的应急处治措施。

案例2是高速公路连接线互通的高架分叉口,7号墩桩位处地质为约26m淤泥和淤泥质黏土,25m黏土,桩端入中风化层。7号墩位于河道和堤岸坡边,不平衡土压力造成7号各墩有不同程度的偏位。施工单位发现墩柱偏位后,立即在墩顶安装了限位装置防止偏位扩大。

三、检测与评估

1. 桥梁检测的内容与结果

为掌握桥梁结构墩柱偏位的程度和损失范围,准确评价结构受损程度,为后续处治提供依据,需要对桥梁进行全面、专业的检测。检测内容应根据现场情况制订,并与设计单位协商。条件许可时还可以布置传感器实现对桥梁结构实时监测,以便对结构隐患进行跟踪和预警,还可以研究结构状况规律及与外界环境的关联性。

案例1经检查,墩顶位置支座位置偏移477.5mm,且处于卡死状态。墩底受拉侧底部有少量水平环形裂缝,越往下开裂越严重,挖开后一直延伸至桩柱接头位置。桩柱接头位置有少量常见的施工期缺陷,桩基部分无法检查。3号墩偏位示意如图1所示。

案例2经检查,7-1号墩为双支座,支座滑移量分别为13.5cm、15cm;7-2号墩为三支座,支座滑移量分别为17cm、17.5cm、14cm,如图2所示;7-3号墩为双支座,支座滑移量分别为4.6cm、4.0cm;根据伸缩缝缝宽和支座位移分析,主线第二联梁体无纵向位移,主线在7号墩分叉后的第三联主梁存在约2~3cm的纵向位移。墩身和梁体未发现裂缝,现场测斜孔数据显示深层土体基本稳定,其他无异常。

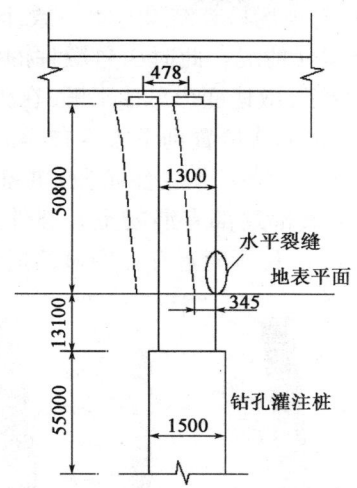
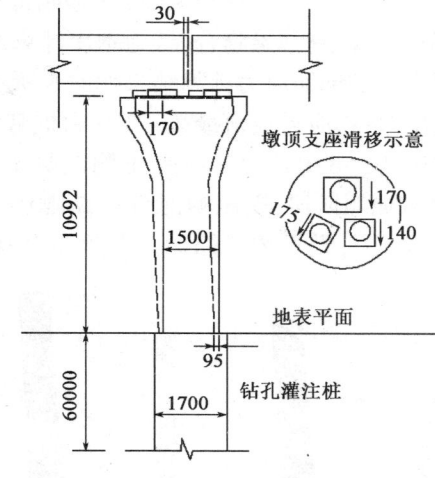

图 1　案例 1 中 3 号墩偏位示意图(尺寸单位:mm)　　　　图 2　案例 2 中 7-2 号墩偏位示意图(尺寸单位:mm)

2. 偏位原因分析

桥梁桥墩产生偏位的原因很多,较典型的都是外界施工引起的不平衡土压力作用,同时也会耦合一些结构本身设计缺陷、不良地质条件、外界偶尔荷载作用等各类不利因素。两个工程发生墩柱倾斜的桥墩均采用单桩独柱结构形式,且结合所处淤泥质层较厚的地质条件,说明桥梁工程中单桩独柱结构形式不适宜在不良地质条件处应用。

案例 1 主要是桥下坑槽开挖,加之取土后在墩柱的另一侧堆积,造成不平衡土压力作用于墩柱和桩基上,如图 3 所示。在施工期间,第三方监测单位已经监测到墩顶有 5cm 左右的偏位,未及时采取有效措施进行控制和缓解,导致在夜里突然墩顶偏位大幅增加至约 48cm。说明一方面土体结构的变形和失稳存在一个渐变的过程和有征兆的现象,另一方面,不平衡土压力与墩顶支座位置摩擦力的平衡关系容易在温度和变形等作用下被打破,一旦失去平衡,结构变化非常剧烈。

案例 2 的 7 号墩所处边坡位置存在持续的水平土压力作用,加之河道侧开挖、施工堆土和车辆轮压产生土压力造成墩柱倾斜,如图 4 所示。虽然 7 号墩上方边上已经布置了河道防护桩,但坡顶和河床底高差加大后,防护桩本身也可能存在偏位、滑移、推移等现象。如果没有防护桩,桥墩偏位将更加严重。

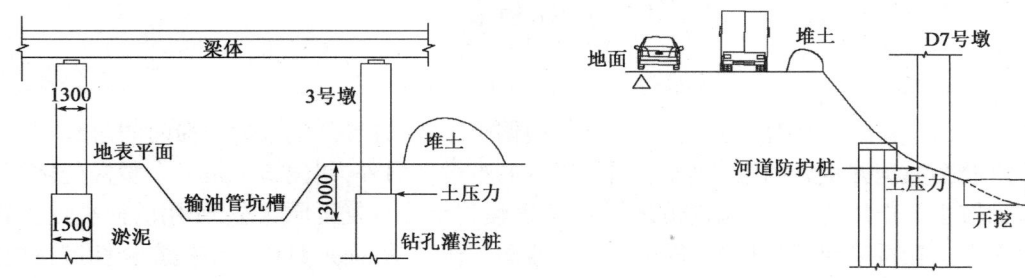

图 3　案例 1 偏位原因分析(尺寸单位:mm)　　　　图 4　案例 2 偏位原因分析

3. 结构受损状态分析与评估

采用大型有限元软件进行三维实体建模,并对偏位过程进行反演分析。墩身和桩基按实际尺寸和长度采用实体单元建模,混凝土材料属性上考虑混凝土开裂特性,开裂应力 2.6MPa。主筋采用杆单元模拟,考虑材料弹塑性,屈服强度 450MPa。土体根据地质勘察结果按等效弹性模量的实体单元模拟,建立空心圆柱体土体,长度与桩基一致,土体厚度取超过 5 倍的桩基直径。模型全部底部和土体外部侧面施加固定约束,梁体恒载施加在墩顶支座位置。图 3 与图 4 的不平衡土压力位置施加强制约束,以桥墩顶部和底部的位移与现场检查结果相符为目标进行反演分析。

案例1 按照图3示意施加约30cm的强制位移,其墩顶位移与现场检查结果基本一致,同时墩柱底部混凝土开裂范围与检查结果吻合,认为本次计算结果基本符合实际情况。此时3号墩柱的纵向位移、竖向应力、开裂应变和钢筋应力计算结果如图5所示。计算结果显示,墩柱变形总体平顺,在桩柱接头下方7m位置形成反弯点,应力极值最大。3号墩桩基的受拉侧,桩基顶部0位置到下方-17.4m范围混凝土已开裂,开裂应变达3.05×10^{-3},受压侧混凝土-45.8MPa已进入受压非线性阶段;桩基受拉侧钢筋450MPa,已进入屈服阶段,受压侧钢筋-274MPa。3号墩柱除了底部局部有混凝土开裂外,其余混凝土和钢筋受力均在弹性范围内。综上,3号墩桩基在桩柱接头下方7m位置附近存在明显的损伤。

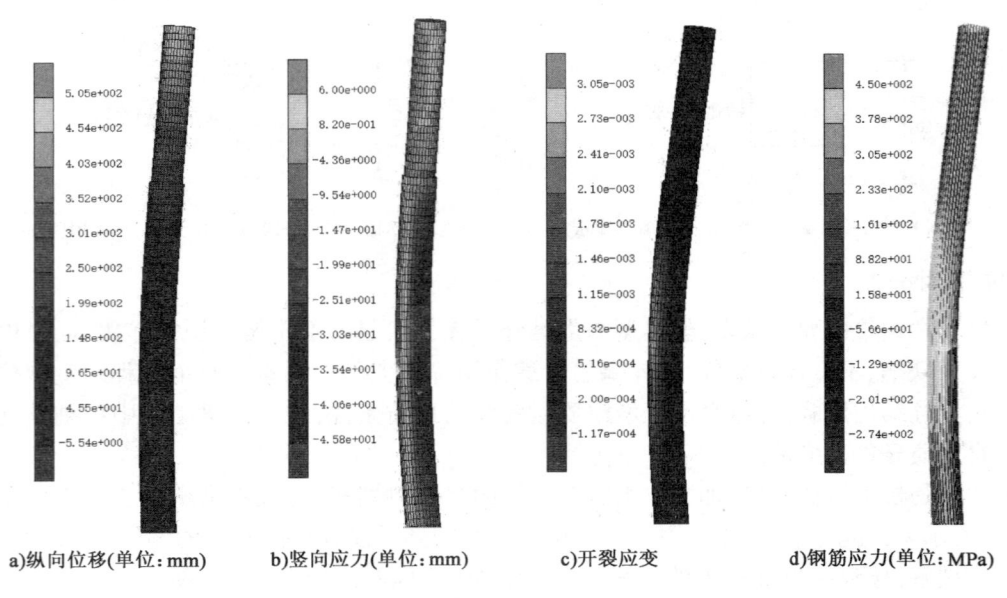

a)纵向位移(单位:mm)　　b)竖向应力(单位:mm)　　c)开裂应变　　d)钢筋应力(单位:MPa)

图5　案例1仿真分析结果(截图)

案例2 按照图4示意施加约10cm的强制位移,其墩顶位移与现场检查结果基本吻合。计算结果显示,7-2号墩桩基-16.5~-1.5m范围受拉侧混凝土已开裂,受压侧混凝土应力-10.1MPa。桩基受拉侧钢筋172.1MPa,受压侧钢筋-122.2MPa,均在弹性范围内。墩身应力均在线弹性范围内。综上,7-2号墩桩基在桩柱接头下方7.5m位置附近混凝土已开裂,结构受损不大。

四、纠偏加固

1. 墩柱纠偏技术

根据工程经验,在桥梁发生偏位的第一时间进行纠偏施工效果最好,偏位后停滞时间过长后,桩体偏位形成的土体空腔会填满并重新固结,加大了纠偏复位的难度。另外,纠偏施工是一个缓慢的恢复过程,通常是采取施加较小的作用荷载配合动态的应力消散缓慢将结构恢复至原状态,作用的荷载过大容易对结构产生二次伤害。在桥梁纠偏过程中,要做好实时监测工作,一方面是对桥梁结构安全性进行监控,另一方面是准确评价纠偏措施的实际效果。根据桥梁偏位情况,需要制订合适的纠偏施工方案,常见的纠偏复位技术可以分为以下四类,但绝大多数情况的纠偏复位工程需要采取多项措施综合施策。

1)自然恢复

自然恢复主要针对偏位不大的情况,在引起偏位的不利因素解除后,依靠结构自身的恢复力缓慢恢复至目标位置。在恢复过程中,当桩体与土体产生新间隙时,可以灌入河沙,让河沙缓慢下沉推动土体继续恢复。为了减小纠偏过程中梁体与墩台之间的摩阻力,可以设置临时滑移面替代原有支座,如图6所示。并且,在墩顶位置设置竖向千斤顶,在梁体下方进行顶升—卸压,来回几次,也有助于墩柱自然恢复。

2)反压恢复

在工程实践中,桥墩偏位往往是由于桩基两侧的不平衡土压力引起的,因此可以采取对应措施将土压力方向逆转从而让结构恢复至原状态。可以采取的主要措施有：高压旋喷桩、应力消散孔、土体开槽、反向堆载等。应力消散孔施工如图7所示。

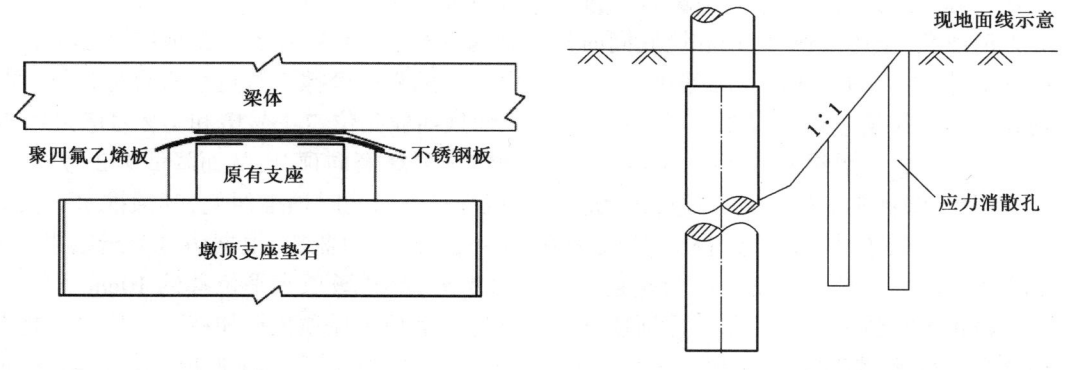

图6 滑移面示意　　　　　图7 应力消散孔施工示意

3）墩顶顶推纠偏

自然恢复中的所有措施和反压恢复中的应力消散孔、土体开槽和反向堆载往往作为前期辅助措施普遍使用，能纠偏恢复部分偏位，最后往往采用墩顶顶推纠偏方式强制恢复到位。其中，墩顶顶推纠偏就是利用相对固定的上部结构梁体或盖梁锚固反力装置，通过水平千斤顶逐步顶推墩柱顶部，使墩柱恢复至目标状态。支座位置存在较大的支座反力和界面摩擦力作用，顶推的水平力首先要克服摩擦力，超过部分才是作用于结构上的顶推纠偏荷载。在墩柱纠偏工程中，要防止梁体出现不正常的滑动，因此需要在临近伸缩缝位置和墩柱上进行临时固结约束，以免产生梁体位移或使其余墩受损。通常墩顶顶推纠偏的作用效果比较明显，但对于高墩，顶推对墩柱底部和桩基将产生较大的弯矩作用，需要进行应力监控。

4）墩底拉拽纠偏

纠偏过程中墩柱复位主要克服两个阻力，一个是墩顶支座摩阻力，另一个是土体阻力。在靠近土体的墩底位置进行拉拽纠偏，对克服土体阻力效果较好，且与上述其他措施基本不冲突，是比较有效且相对安全的纠偏措施。墩底拉拽时需要查看现场是否有承载力足够的锚固点，《大桥桩基纠偏与加固的施工方法》一文提出利用锚索牵引拉拽纠偏，也可以利用辅助墩桩基对拉。

2. 纠偏案例

案例1：3号墩偏位较大，前期采用自然恢复和反压恢复进行复位，后期联合采用墩顶顶推完成纠偏施工。先在偏位的反向挖坑卸压，利用千斤顶顶升梁体解除支座位置的卡死状态，墩顶偏位迅速恢复了近20cm。然后在桩体与土体间隙处灌入河沙，使其缓慢自然恢复。自然恢复动能释放完毕后，因在墩底没有合适的锚固作用点，且墩柱高度不大，在墩顶和墩底顶推作用效果差异不大，因此采用墩顶逐级顶推措施加载恢复至目标状态，其他恢复措施保持不变。根据前述分析评估，3号墩原桩基存在明显受损，会导致部分传力折减，该点以下桩体恢复能力弱，纠偏后可能存在图8所示的状况。从桩基结构受力角度分析，桩基存在小偏心缺陷对桩基的竖向承载力可能有影响，但考虑到后续有加固补强措施，加固后的总体结构承载力不受影响。因此，现场处治为先墩顶纠偏到位，然后墩梁约束锁定，最后进行加固补强施工。

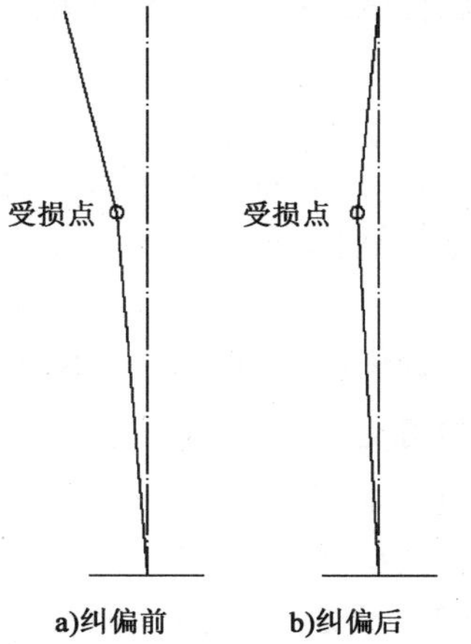

案例1采用新增桩基、增加承台进行桥梁结构加固补强。主要是3号墩的老桩基根据结构评估情况存在较严重受损，影响结构的安全性和耐久性，因此采取在老桩基两侧增加新桩基，通过承台联结协同受力。受桥梁净空限制，增加的新桩基在桥面外侧，距离原支座中心5.75m。为了减小老墩柱上支座的受力，通过拼宽墩柱在两边增加两个辅助支座。

案例2：现场存在三个墩柱和一片梁需要同时纠偏的情况。梁体复位

图8 案例1桥墩纠偏前后示意图

后,在支座上的偏心有利于该墩柱恢复,且由于梁体抵死后梁端间隙过小无法进行墩顶顶推纠偏,因此采用先梁体复位后墩柱纠偏的措施。本工程7号各墩基础相互独立,但各墩竖向顶升过程中会引起其他墩支座反力变化,因此先对偏位大的墩纠偏,逐墩进行顶推纠偏,可同时持荷。

采用应力消散孔、土体开槽、墩顶和墩底同时加载纠偏复位,如图9所示。在顶推过程中,支座位置的摩擦力不好估计,一方面支座的反力很难准确获得,另一方面界面摩擦因数也很不容易估计,受现场约束条件影响大。本次纠偏过程中,7-3号墩采用30t的千斤顶纠偏到位,7-1号墩和7-2号墩采用50t的千斤顶纠偏到位。在7-2号墩纠偏过程中,可以在7-1号和7-3号墩竖向顶升,从而降低7-2号墩的支座反力和摩擦力,有利于降低7-2号墩水平顶推滑动时的荷载。三个墩同时顶推纠偏,其顶推水平反力较大,需要采取预防措施。在7号墩顶推过程中,需要做好墩柱底部的应力监控,根据仿真分析结果,100kN净水平力顶推作用在墩底受拉侧混凝土应力接近开裂应力水平,此时墩顶水平位移约10cm。实际中是采用墩底应变和墩顶水平位移辅助控制千斤顶顶推荷载。每次墩顶千斤顶顶推加载到位后进行持荷,在墩底反复采用紧螺杆拉拽,前期采用大扭矩扳手施拧,后期采用10t穿心千斤顶张拉,每2~4h拉拽一次。根据监测数据,墩柱顶部每天恢复1~2cm,墩底每天恢复0.5~1cm,现场顶推加载10d左右纠偏到位。

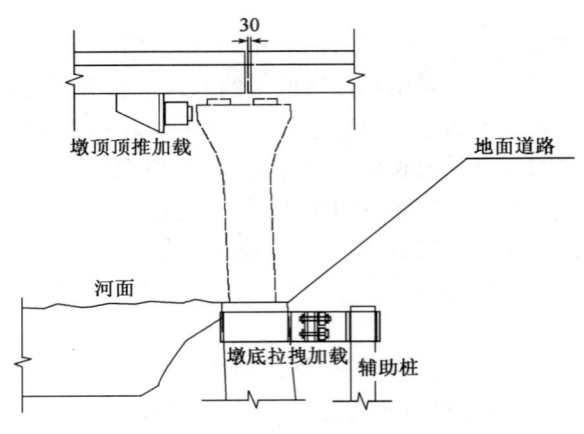

图9 案例2纠偏施工示意图

纠偏完成后,静置观察,根据监控数据判定墩柱相对稳定,墩柱和梁体应力和位移及支座位移满足要求,确认纠偏到位后,安装永久连接和限位装置,拆除临时支撑,移除四氟滑板,解除伸缩缝固定,并将所有的应力消散孔填埋处理。

根据案例2桩基和墩柱的结构评估结果,7号墩各墩柱结构未发生明显结构损伤,墩柱纠偏结束后结构可以正常使用,不影响结构安全性和耐久性。但是考虑到现场不良地质条件、单桩独柱且位于边坡地形上,在每个墩柱边上增设辅助墩。一方面是为了施工时协助纠偏,另一方面,纠偏结束后辅助墩和原墩柱联结锚固,以增加墩柱在不平衡土压力作用下的抵抗能力。

五、结 语

(1)目前案例1、案例2纠偏施工完成已分别超2年、1年,根据现场监测数据分析,结构稳定、无异常,说明本次采取的纠偏和加固方案有效。

(2)桥梁结构发生偏位后,应对潜在的受损部位进行检测和评估,为后续纠偏和加固补强方案的制订提供依据,现场应尽早进行纠偏施工,逐步综合施策。

参考文献

[1] 孙剑平,唐超,王军,等.堆载致桥梁桩基偏移机理分析与纠偏技术研究[J].建筑结构,2020,50(6):61-67,33.
[2] 蔡宗彦.某立交桥墩柱偏位原因分析及纠偏处理[J].福建建设科技,2020(1):42-45.
[3] 周浩.城市高架桥桥墩纠偏施工监控[J].世界桥梁,2015,43(2):85-88.

[4] 潘振华.沪杭客运专线松江特大桥简支梁桩基纠偏技术探讨[J].铁道建筑,2016(9):38-42.
[5] 冯永航.连续梁桥桥墩偏位成因分析及纠偏方案验算[J].低温建筑技术,2021,43(4):91-94.
[6] 赵成功.桥梁纠偏技术及其应用[D].西安:长安大学,2015.
[7] 蒋昌平,陈莉莉.某高速公路匝道桥墩柱偏位纠偏的探讨与实践[C]//中国公路学会养护与管理分会,中交基础设施养护集团有限公司.中国公路学会养护与管理分会第八届学术年会论文集.[出版地不详:出版者不详]2018:99-107.
[8] 雷少全.大桥桩基纠偏与加固的施工方法[J].探矿工程(岩土钻掘工程),2011,38(12):65-68,73.
[9] 侍刚,伍贤智.某桥桥墩桩基偏位纠偏方案设计与实施[J].桥梁建设,2015,45(1):97-102.

7. 固结扩盘桩在滨海软土地区大跨径斜拉桥主墩基础中的探索应用

田山坡[1] 刘 涛[1] 刘海涛[1] 裴晓峰[2] 祝 波[2]

(1.中国铁路设计集团有限公司;2.广东磐石基础工程技术有限公司)

摘 要 大直径超长钻孔灌注桩在桥梁建设中被广泛采用,但随着桩基础长度的增加,其施工难度和风险会显著增加,在滨海软土地区表现更为明显。针对滨海软土地区大跨径斜拉桥主墩基础,本文从设计角度提出固结扩盘桩技术,并对该技术桩型在构造、受力机理、承载力计算、施工工艺等方面进行了分析研究,结果表明固结扩盘桩技术在提高桩基础承载力、缩短桩长以及降低长桩基施工风险方面表现优异,对桩基础的技术进步以及我国桥梁领域大直径超长桩基础风险问题的解决和突破具有重要意义。

关键词 大直径超长钻孔灌注桩 滨海软土地区 大跨径斜拉桥 固结扩盘桩 承载力

一、项目介绍

天津港集疏运专用货运通道工程与京津高速公路共同构成北部核心港区"北进北出"双通道,构建北部核心港区"两横一纵"集疏运体系,是天津港建设世界一流港口的重要基础设施。

项目主线起于京津塘高速公路与长深高速公路交叉处,止于天津港港区内海铁大道,全长约21.3km,为双向十二车道断面标准。

港城大道互通立交上跨北塘西站特大桥跨铁路桥部分,孔跨布置为引桥30m简支小箱梁+主桥2×155m转体斜拉桥,全长340m。

二、项目桩基难点

本项目转体斜拉桥主塔荷载大,地处天津滨海新区,抗震设防烈度为Ⅷ度,软土分布广泛,尤其是其最上部四层土分别为⑥$_{1-1}$稍密粉砂层、⑥$_{2-2}$流塑粉质黏土层、⑥$_3$流塑淤泥质粉质黏土层和⑥$_4$稍密粉砂层,四层土的平均总厚度为15.5m,其中两层⑥$_{1-1}$和⑥$_4$稍密饱和粉砂层为液化土层,在地震作用下液化,地基液化等级为中等。另外两层⑥$_{2-2}$和⑥$_3$流塑淤泥质粉质黏土层为灵敏度极高的淤泥质粉质黏土。

原设计方案为主塔下采用34根直径为2m的钻孔灌注桩群桩,考虑到Ⅷ度设防要求,桩顶反力要求达到20000kN以上,常规灌注桩有效长度须达到148m,入土深度须达到156m,施工难度和风险均巨大。且本项目为涉铁项目,最近处距离铁路20m,施工设备不仅有高度限制,施工过程更不允许出现任何事故。在此情况下,本项目引进固结扩盘桩(简称固盘桩)[1]技术来解决这些问题。

三、固盘桩技术

1. 技术简介

地基土对桩基础提供支撑力主要是依靠其抗剪与抗压能力,但土体的抗剪强度只有 $30kN/m^2 \sim 80kN/m^2$,且以塑性变形为主;而土体的抗压能力却能达到 $600kN/m^2 \sim 2000kN/m^2$,在小变形情况下以弹性变形为主,并具有压密特性。因此,如何安全高效地利用地基土的抗压能力是未来桩基础研究的重要方向。

扩盘型桩基础是目前对地基土的抗压能力利用程度最好的桩基础形式,但目前的扩盘类桩型,其工艺均为在原状土中进行盘腔成形(即扩盘),其本质是对原状土进行了扰动,使得盘腔存在易塌孔的风险,并易导致成桩质量难以控制,由此也导致扩盘类桩技术一直未能得到规模化应用。

固盘桩是在预先设置的复合固结体内将桩身进行变径扩盘以形成突出于桩身的盘体,且盘体嵌于固结体内并与固结体融为一体的一种复合结构桩基础(图1),由于其盘周固结体实现了对盘腔的护壁作用,杜绝了盘腔塌孔的风险。

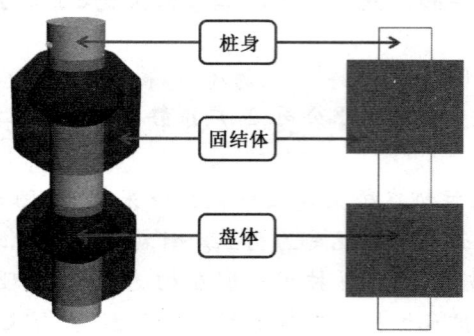

图1 固盘桩构造示意图

2. 受力机理分析

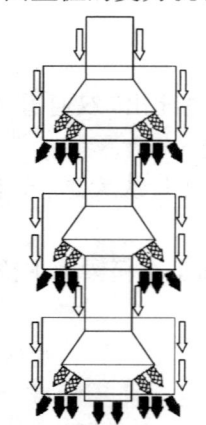

图2 固盘桩荷载传递机理

固盘桩的受力机理为荷载先通过桩身传递到盘体,再由盘体传递到盘周固结体,然后通过固结体传递到周边原状土体。由于固结体的加固作用,盘体上下端的土体得到了加固,降低了土体的压缩性,提高了土体内摩擦角和压缩模量,使其物理力学性质达到了原状土的2~4倍。在承力时,因为盘体周边土体预先得到固结,类似于"预加固"或"超固结"作用,减小了土体的压缩量,其结果使得土体的竖向承载力和抗拔力都成倍地提高。固结体进一步扩大了土体的承载面积,从而降低了盘底和桩端压力,达到了提高承载力、降低沉降的目的。这是目前常规的扩盘型桩基础在承力时不可能实现的,也是固盘桩承载力较其他常规扩盘型桩基础更高的一个主要原因。固盘桩荷载传递机理如图2所示。

在承载力计算方面,固盘桩的固结体对承载力的提高仅纳入承载力安全储备,不参与承载力计算,因此固盘桩符合《公路桥涵地基与基础设计规范》(JTG 3363—2019)[2]的相关要求。

3. 工艺流程

固盘桩的施工工艺流程为:首先在预设盘位处施工固结体,固结体的施工采用超高压旋喷(即 MJS 或 RJP)工艺,施工顺序为自下而上;其次是在固结体养护达到一定强度后,再进行成孔、扩盘和成桩的施工,其中成孔与扩盘同步进行并完成,具体如图3所示。在固结体养护结束后,以上两工序可形成并行的流水作业。

为了适应涉铁项目的要求,固结体的施工采用 YDL-180D 型钻机,设备高度约为 3m,成桩设备则选用自主研发的新型钻扩一体机,设备高度约为 7m。

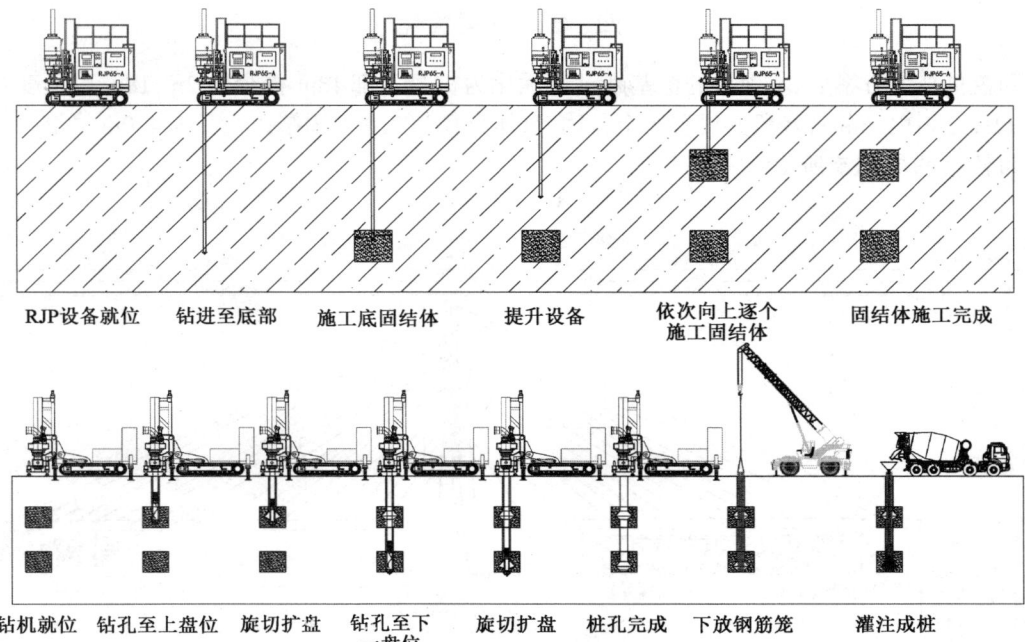

图3 固盘桩工艺流程

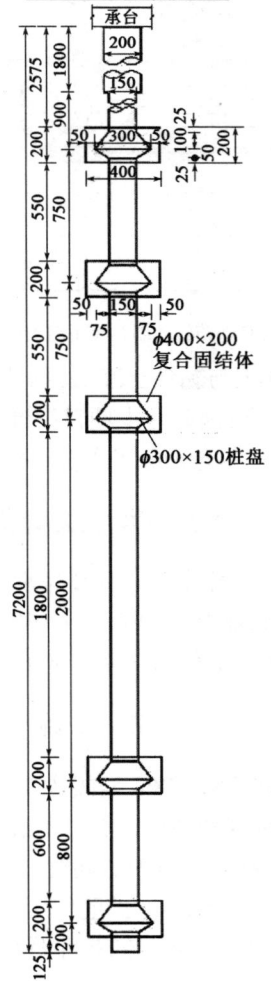

图4 主塔下固盘桩构造图(尺寸单位:cm)

四、设计方案优化

采用固盘桩技术方案后,本项目的桩基础设计优化为桩身上部18m桩径为2m,18m以下变径为1.5m,有效桩长72m,其中1.5m直径段共设置5个盘体,盘体直径为3.0m,固结体直径为4.0m,如图4所示。本项目桥型图如图5所示。

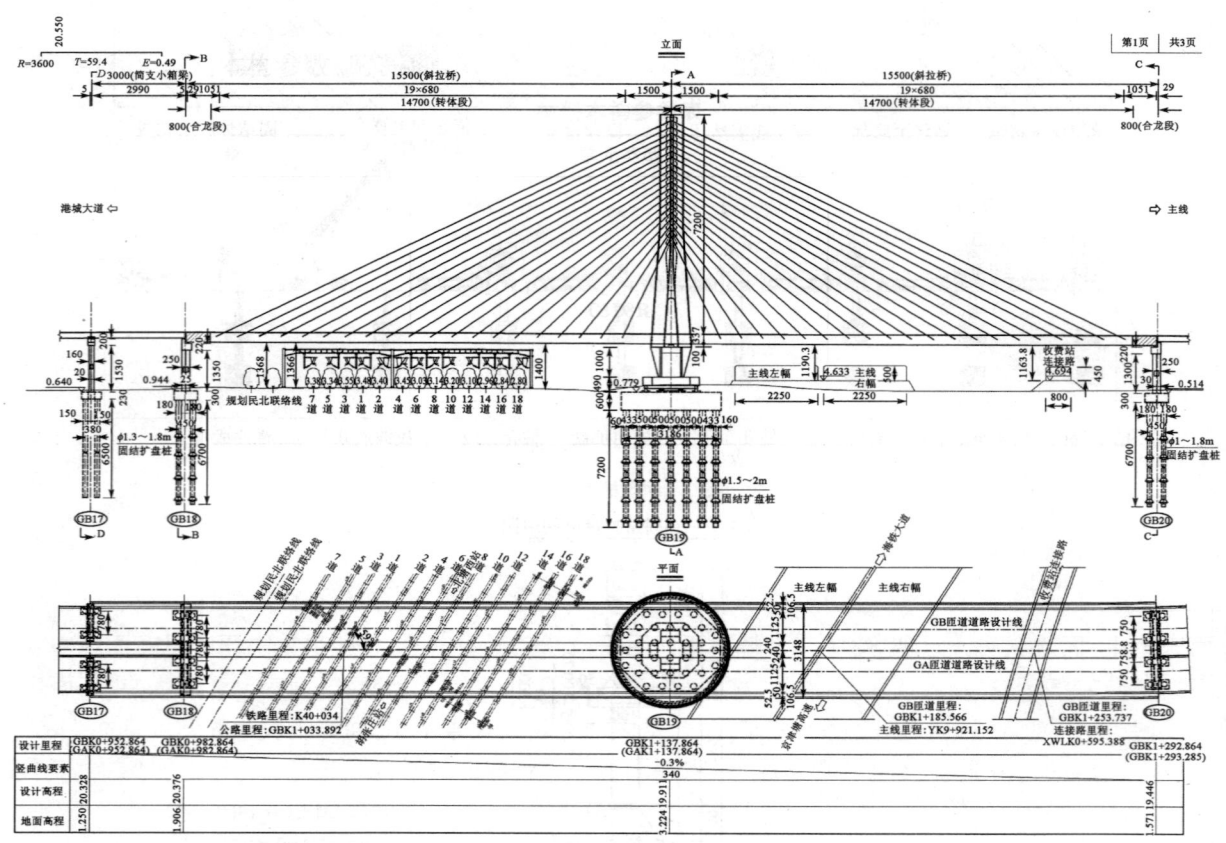

图5 上跨北塘西站特大桥跨铁路转体斜拉桥桥型图(尺寸单位:cm;高程单位:m)

由于天津滨海软土地基的特点是砂性土与黏性土互层,黏性土以粉质黏土为主,其端阻力普遍不高;而砂性土以密实粉、细砂为主,端阻力相对较高;因此在本项目设计中,盘体位置均设置于密实的粉、细砂层中,由于固结体对盘腔的护壁作用,所以在砂层中扩盘消除了盘腔塌孔的风险,能充分发挥砂性土的端承力。

五、固盘桩承载力计算

固结体对承载力的提高仅纳入承载力安全储备,不参与承载力计算,另外淤泥质粉质黏土和液化稍密粉砂层摩擦力均不取值,按照《公路桥涵地基与基础设计规范》(JTG 3363—2019)中的计算公式进行计算。表1所示计算结果显示,固盘桩的承载力特征值超过了26000kN。

六、解决风险

采用固盘桩技术后,本项目设计有效桩长由148m缩短为72m,缩短幅度达51%,在确保桩基承载力的前提下,极大地降低了超长桩基础的施工难度和风险。盘腔周围用固结体护壁,杜绝了盘腔塌孔风险。此外,针对桩孔上部易塌孔的稍密细砂层,在固结体施工的同时,同步将该段桩周喷射水泥浆,用水泥土进行护壁,消除了该部位砂土层的塌孔风险,通过固结体的护壁作用,可完全杜绝盘腔及桩孔的塌孔风险。

在降低桩基础施工风险的同时,计算结果表明,在未将固结体对桩基承载力的贡献计算在内的情况下,桩基承载力安全储备提高幅度达30%。

表1 港城大道互通式立交上跨北塘西站固盘桩基础承载力计算结果

墩台编号： 固结扩盘桩 | 桩长72m | 变径高程 -25.56m | 桩端高程 -79.6m

土层编号	层底高程(m)	土层厚度 l_i(m)	土层 q_{ik}(kPa)	桩径 d(m)	桩身周长 u(m)	侧壁摩阻力(kN)	计算参数	上盘	中1盘	中2盘	中3盘	底盘	桩底	荷载	数值
桩顶高程	-7.56						高程(m)	-33.56	-42.56	-48.56	-68.56	-76.56	-79.56	桩自重(kN)	2482
流塑粉质黏土6-22	-8.86	1.30		2.0	6.283	0	桩端截面面积 A_p(m²)	5.30	5.30	5.30	5.30	5.30	1.77	桩顶反力(kN)	20000
流塑淤泥质粉质黏土6-3	-10.16	1.30		2.0	6.283	0	清底系数 m_0	1	1	1	1	1	0.7	桩基承载力(kN)	26034
稍密粉砂6-4	-12.06	1.90		2.0	6.283	0	修正系数 λ	0.7	0.7	0.7	0.65	0.7	0.7	富裕系数	1.30
可塑粉质黏土6-41	-15.56	3.50	26	2.0	6.283	286	基本容许值 f_{a0}(kPa)	160	200	200	300	200	200	桩端所占比例	3%
可塑粉质黏土7-1	-17.46	1.90	40	2.0	6.283	239	深度修正系数 k_2	2.5	2.5	2.5	4	2.5	2.5	盘所占比例	71%
可塑粉质黏土8-1	-19.16	1.70	45	2.0	6.283	240	γ_2 (kN/m³)	9	9	9	9	9	9	盘个数	5
密实粉土8-11	-23.16	4.00	45	2.0	6.283	565	桩端的埋置深度 h(m)	34.0	40.0	40.0	40.0	40.0	40.0	直径2.0m 桩长(m)	18
可塑粉质黏土9-1	-25.56	2.40	45	2.0	6.283	339	q_r (kPa)	600.3	722.8	722.8	1060.8	722.8	505.9	直径1.5m 桩长(m)	54
可塑粉质黏土9-1	-26.96	1.40	45	1.5	4.712	148	端阻力(kN)	3182.2	3831.6	3831.6	5623.8	3831.6	894.0	总桩长	72

续上表

固结扩盘桩				侧壁摩阻力				计算参数	盘体及桩端端阻力					总效应	
土层编号	层底高程(m)	土层厚度 l_i(m)	土层 q_{ik}(kPa)	桩径 d(m)	桩身周长 u(m)	侧壁摩阻力(kN)			上盘	中1盘	中2盘	中3盘	桩底	荷载	数值
可塑黏土 9-22	−30.86	3.90	45	1.5	4.712	414									
密实粉土 9-21	−31.96	1.10	50	1.5	4.712	130									
密实粉砂 10-1	−35.96	2.00	60	1.5	4.712	283									
可塑粉质黏土 10-2	−36.96	1.00	50	1.5	4.712	118									
密实粉砂 10-3	−38.76	1.80	60	1.5	4.712	254									
密实粉砂 11-11	−50.06	7.30	60	1.5	4.712	1032		说明：①砂层、卵石层中，λ取值0.7；粉质黏土层，λ取0.65；可塑粉质黏土层，k_2取1.5；密实粉土层，k_2取1.5；密实粉砂层，k_2取2.5；密实细砂层，k_2取4.0。盘直径为2.8m，盘高1.4m，单个盘体积取2.7m³。②q_{ik}为与l_i对应的各土层与桩侧的摩阻力标准值；γ_2为桩端以上各土层的加权平均重度；q_r为修正后的端阻力承载力特征值							
密实粉砂 11-1	−50.96	0.90	60	1.5	4.712	127									
可塑粉质黏土 12-11	−54.46	3.50	50	1.5	4.712	412									
密实粉砂 12-22	−56.26	1.80	50	1.5	4.712	254									
可塑粉质黏土 12-2	−58.06	1.80	50	1.5	4.712	212									
可塑粉质黏土 13-12	−62.46	4.40	50	1.5	4.712	518									
可塑粉质黏土 13-2	−66.83	4.40	50	1.5	4.712	518									
密实细砂 13-41	−70.06	1.20	60	1.5	4.712	170									
密实粉砂 13-5	−74.66	4.60	60	1.5	4.712	650									
密实粉砂 13-7	−79.56	2.90	60	1.5	4.712	410									
桩长合计(m)	1.5	54			侧壁摩阻力合计(kN)	7321		端阻力合计(kN)							21194.8

七、结　语

基于对固盘桩技术的研究,本文结论如下：

(1)固盘桩技术改变了桩基础设在天然地基上的行业传统,将常规的端承摩擦桩改变为多支点摩擦端承桩。与常规摩擦桩相比,固盘桩能够以较短的桩长实现同等的承载力,同时还可以增加桩基础的安全储备。

(2)固盘桩的盘周固结体能够解决常规的扩盘型桩基础工艺在原状土中进行盘腔成形存在的易塌孔的问题。

(3)在确保桩基承载力的前提下,固盘桩对桩长缩短的贡献极为显著,极大地降低了长桩基础施工的难度和风险,为桥梁领域斜拉桥的桩基础设计提供了新的解决方案,并对桩基础的技术进步和桥梁领域大直径长桩基础风险问题的解决和突破具有重要意义。

参考文献

[1] 祝波,裴晓峰,陈永顺,等.一种复合扩盘桩施工方法及设备:201911204245.5[P].2019-06-19.
[2] 中华人民共和国交通运输部.公路桥涵地基与基础设计规范:JTG 3363—2019[S].北京:人民交通出版社股份有限公司,2020.

8. 基于索夹齿缝间距监测的悬索桥索夹紧固状态评估方法研究

于海波[1,2]　周文松[2]

(1.黑龙江省交通规划设计研究院集团有限公司；
2.哈尔滨工业大学土木工程智能防灾减灾工业和信息化部重点实验室)

摘　要　索夹紧固状态是影响悬索桥结构安全的关键因素之一。螺杆检测等手段无法实时掌握索夹紧固状态,难以实现长期监测。本文提出基于索夹齿缝间距监测的索夹紧固状态长期监测方法,研究并建立了在螺杆预紧力损失、吊索力、主缆拉应力、温度、摩阻系数等工况作用下,索夹齿缝间距变化与抗滑摩阻力损失的定量关系。理论分析和数值模拟研究表明,该方法可实现索夹紧固状态评估,灵敏度较高。与传统检测手段相比,可提高监测效率,降低索夹滑移风险。

关键词　悬索桥　索夹　齿缝间距　监测　理论分析　数值模拟　状态评估

一、引　言

悬索桥是以通过索塔悬挂并锚固于大地或其他结构的缆索或钢链作为上部结构主要承重构件的桥梁。索夹是悬索桥连接吊索和主缆、保证力流可靠传递的关键构件,索夹的功能定位决定其必须具有足够的可靠性。索夹紧固状态是影响主缆成桥线形、吊索力及桥梁后期运营状态的关键因素之一,在诸多不利因素的作用下,随着索夹服役时间的增加,螺杆预紧力损失[1,2],索夹紧固状态出现衰减,导致索夹抗滑摩阻力损失,最终引起索夹滑移,危害悬索桥结构安全。

目前,螺杆轴力检测是索夹紧固状态评估的主要手段,但该方法的检测精度受螺杆尺寸、螺杆无应力长度、检测环境及标定方法等诸多因素影响,测量误差偏大,无法准确评估索夹紧固状态。同时,该方法受检测原理的制约,应用于长期监测难度较大。由于投入的人力和时间成本较高,无法同步掌握全桥索夹紧固状态,时间上存在滞后性。工程实践表明,常规抽检及定期检测等养护手段无法实时掌握索夹紧固状态,缺乏对索夹紧固状态的长期实时监测,难以实现索夹结构紧固状态的实时监测及预警,桥梁结构存在一定的安全隐患。鉴于既有悬索桥索夹紧固状态检测现状与实际工程需求,寻求一种可替代螺杆轴力检测,能够提高索夹紧固状态评估准确性,同时具备实现长期监测功能的新方法变得越来越迫切。

本文以上半索夹和下半索夹之间的齿缝间距变化为切入点,通过理论分析和数值模拟方法,对基于索夹齿缝间距监测的悬索桥索夹紧固状态评估方法开展初步研究与探讨。

二、索夹紧固状态监测方法

1. 基本原理

悬索桥索夹-主缆锚固系统由主缆、上半索夹、下半索夹和螺杆组成;其中,下半索夹与吊索连接。将上、下半索夹对合于主缆后,对贯穿索夹的螺杆施加预紧力。根据库仑定律,在螺杆预紧力的作用下,索夹与主缆间的接触界面将产生阻止索夹滑移的摩阻力,即索夹抗滑摩阻力。索夹抗滑摩阻力储备越大,表明索夹紧固状态越好;若索夹抗滑摩阻力发生损失,则说明索夹紧固状态出现衰减。本文研究的方法主要是将上半索夹和下半索夹对合后预留的齿缝间距作为监测对象,将应变传感器跨索夹齿缝垂直布设,采集索夹齿缝间距相对位移变化参数,并利用已建立的齿缝间距变化与索夹抗滑摩阻力损失的定量关系,实现对索夹紧固状态的实时监测与评估,具体监测方法示意图如图1所示。

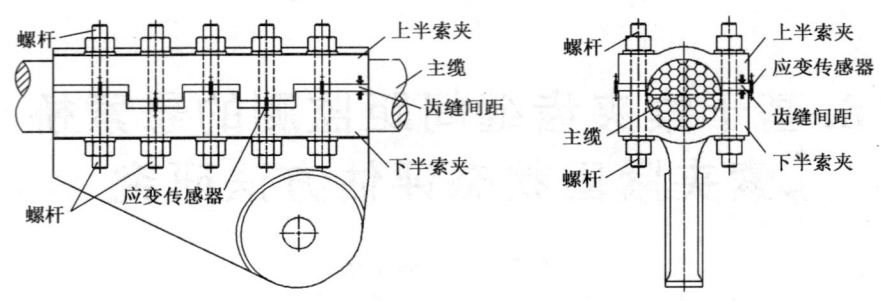

图1 索夹齿缝间距监测方法示意图

2. 理论分析

1) 基本假定

在本方法中,理论分析包括以下几点基本假定:

(1) 主缆假定为正交各向异性实体圆柱体;

(2) 小变形假定成立,因此力的叠加原理是适用的;

(3) 索夹与主缆间的环向摩擦力总是等于径向压力和切向摩擦系数的乘积;

(4) 主缆径向应力沿主缆平面周界均匀分布,且为绕主缆轴线(Z轴)的对称应力;主缆径向应变仅由径向应力产生,忽略摩擦切向应力对径向应变的贡献;

(5) 忽略螺杆预紧力偏心弯矩及附加应力对索夹齿缝间距变化的影响;

(6) 忽略索夹齿缝间距与螺杆长度之间的变化差异导致的螺杆附加应力;

(7) 忽略上、下半索夹防滑齿间摩擦力;

(8) 螺杆仅考虑轴向拉压产生的应力,不计入弯曲变形产生的应力。

2) 主缆等效本构关系的建立

(1) 主缆三向异性均质化等效模型。

平行钢丝主缆是具有各向异性的非均匀材料,其结构材料与性能之间的关系十分复杂,力学性能具有非线性的特点。

在具体受力分析研究中,本文将主缆视为整体考虑,重点关注的是主缆轴向、径向和切向方向的材料参数和力学行为,而不关注钢丝本身受力和钢丝间相互作用。因此,忽略主缆钢丝受索夹挤压密贴后的相互滑移情况,以此为前提,考虑采用等价的均匀连续体替代复杂主缆结构的平均特性,认为等效均质化材料和实际非均质材料在力学效应方面具有一致性[3]。在不失计算精度的同时,可极大地降低计算成本。主缆三向异性均质化等效模型示意图如图2所示。

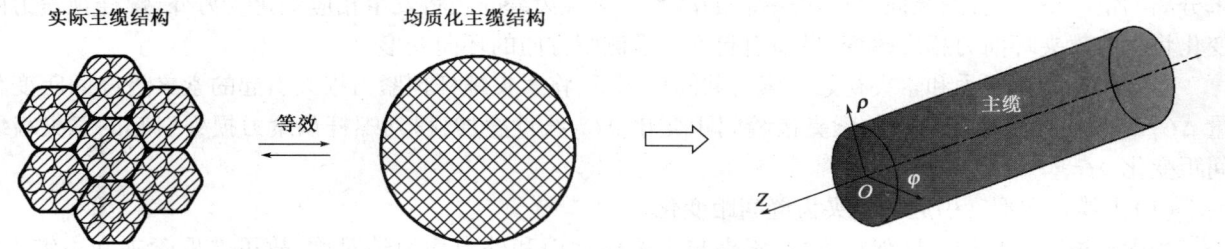

图2 主缆三向异性均质化等效模型示意图

根据索夹-主缆锚固体系受力特点,将主缆等效转化为柱坐标系($Z-\rho-\varphi$)下的三向异性材料。

轴向 Z:主要承受主缆拉力,材料主要表现为高强钢丝的特性。

径向 ρ:主要传递相邻钢丝层间挤压作用,这种挤压作用随主缆紧固过程中空隙率的减小而越发明显。

切向 φ:主要传递相邻钢丝层间摩擦与同层钢丝间的挤压作用。

(2)三向正交异性材料本构关系。

广义胡克定律定义了各向异性弹性体中应力与应变的线性关系,构成各向异性弹性力学的本构方程。在小变形情况下,对于三向正交异性材料,具有三个正交弹性主轴。将坐标面与弹性对称面保持一致,则坐标轴即成为主缆材料的主轴,在这种情况下,弹性常数可减少至9个,如式(1)所示:

$$
\begin{Bmatrix} \varepsilon_\rho \\ \varepsilon_\varphi \\ \varepsilon_Z \\ \gamma_{\rho\theta} \\ \gamma_{\varphi Z} \\ \gamma_{Z\rho} \end{Bmatrix} = \begin{bmatrix} \dfrac{1}{E_\rho} & \dfrac{-\nu_{\theta\rho}}{E_\varphi} & \dfrac{-\nu_{Z\rho}}{E_Z} & 0 & 0 & 0 \\ \dfrac{-\nu_{\rho\theta}}{E_\rho} & \dfrac{1}{E_\varphi} & \dfrac{-\nu_{Z\theta}}{E_Z} & 0 & 0 & 0 \\ \dfrac{-\nu_{\rho Z}}{E_\rho} & \dfrac{-\nu_{\varphi Z}}{E_\varphi} & \dfrac{1}{E_Z} & 0 & 0 & 0 \\ 0 & 0 & 0 & \dfrac{1}{G_{\rho\theta}} & 0 & 0 \\ 0 & 0 & 0 & 0 & \dfrac{1}{G_{\varphi Z}} & 0 \\ 0 & 0 & 0 & 0 & 0 & \dfrac{1}{G_{Z\rho}} \end{bmatrix} \begin{Bmatrix} \sigma_\rho \\ \sigma_\varphi \\ \sigma_Z \\ \tau_{\rho\theta} \\ \tau_{\varphi Z} \\ \tau_{Z\rho} \end{Bmatrix} \quad (1)
$$

式中:$\varepsilon_i, \gamma_{ij}$——应变分量;

σ_i, τ_{ij}——应力分量;

E_i——弹性模量;

G_{ij}——剪切模量;

ν_{ij}——泊松比。

在螺杆预紧力损失工况作用下,可将索夹范围内的索夹-主缆锚固体视为平面问题进行求解。在柱坐标系下,将得到轴对称应力状态下应力函数的通解及各应力分量。考虑应力边界条件和位移单值条件后,径向应变 ε_ρ 可表示为径向应力 σ_ρ 与名义径向弹性模量 $\widehat{E}_\rho$ 的比值,如式(2)所示:

$$
\varepsilon_\rho = \sigma_\rho \left(\dfrac{1}{E_\rho} - \dfrac{\nu_{\theta\rho}}{E_\varphi} - \dfrac{\nu_{Z\rho}\nu_{\rho Z}}{E_\rho} - \dfrac{\nu_{Z\rho}\nu_{\varphi Z}}{E_\varphi} \right) = \dfrac{\sigma_\rho}{\widehat{E}_\rho} \quad (2)
$$

3)考虑螺杆预紧力损失的索夹齿缝间距与抗滑摩阻力损失关系

螺杆发生应力松弛时,总变形保持不变,应力随时间缓慢降低,体现为螺杆预紧力损失。在螺杆预紧力发生损失时,索夹与主缆间的径向应力将发生变化,主缆将产生相应的径向形变。索夹与主缆之间在未分离的情况下,两者的径向变形将保持相互协调,索夹齿缝间距将发生相应变化。另外,螺杆预紧力的变化将引起索夹环向力相应改变,进而引起索夹沿侧壁方向的环向变形。

在螺杆初始预紧力和索夹初始吊索力共同作用下,将索夹螺杆预紧力损失引起的索夹齿缝间距变化量 ΔC_a 和索夹环向形变引起的索夹齿缝间距变化 ΔC_b 线性叠加,得到螺杆预紧力损失引起的索夹齿缝间距变化 ΔC。

(1)主缆径向形变引起的索夹齿缝间距变化。

令索夹横断面环向长度保持不变,索夹与主缆横截面和外力均为轴对称,故可选取索夹和主缆 1/4 横断面作为隔离体进行受力分析,在 y 轴方向建立力学平衡关系,如图 3 所示,并得到式(3):

$$\int_0^{\frac{\pi}{2}} \Delta\sigma_\rho Rd\theta b\sin\theta + \int_0^{\frac{\pi}{2}} \Delta\sigma_\rho Rd\theta b\mu_\theta \cos\theta = \Delta P \tag{3}$$

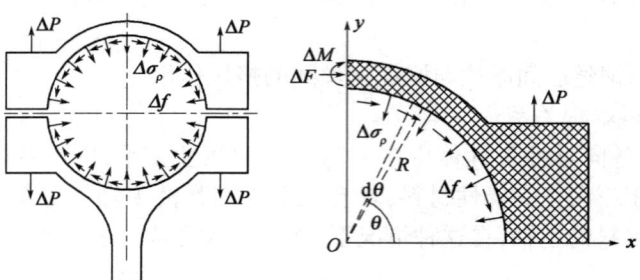

图 3 索夹平面受力简图

将式(3)进行整理,得到在螺杆预紧力损失 ΔP 时,主缆径向应力变化表达式如式(4)所示:

$$\Delta\sigma_\rho = \frac{\Delta P}{Rb(1+\mu_\theta)} \tag{4}$$

联立式(2)~式(4),综合考虑主缆径向应变与索夹-主缆锚固体几何尺寸的关系,得到索夹-主缆锚固体在螺杆初始预紧力和索夹初始吊索力共同作用下,索夹螺杆预紧力损失引起的索夹齿缝间距变化量 ΔC_a,如式(5)所示:

$$\Delta C_a = \frac{\pi D}{2}\left[1+\frac{P_1}{Rb(1+\mu_\theta)\widetilde{E}_\rho}\right]^{\frac{1}{2}}\left[1+\frac{H_1}{4Rb(1+\mu_\theta)\widetilde{E}_\rho}\right]^{\frac{1}{2}}\left\{\left[1+\frac{\Delta P}{Rb(1+\mu_\theta)\widetilde{E}_\rho}\right]^{\frac{1}{2}}-1\right\} \tag{5}$$

(2)索夹环向形变引起的索夹齿缝间距变化。

在索夹-主缆锚固体系处于阻滑阶段(正常使用状态)时,吊索力往往小于螺杆预紧力的合力,吊索力的增加将会减小下半索夹与主缆间的接触径向压应力,而对螺杆的附加应力影响很小。通过力学分析,得到索夹环向形变引起的索夹齿缝间距变化,如式(6)所示:

$$\Delta C_b = \Delta P \frac{2R}{\delta b E_c}\left[\frac{\cos\theta_2(\sin\theta_1 - \theta_1\cos\theta_2)}{\theta_1} + \frac{(\theta_1 - \sin\theta_1)(1-\mu_\theta)}{\theta_1(1+\mu_\theta)}\right] \tag{6}$$

(3)索夹抗滑摩阻力损失与索夹齿缝间距定量关系。

根据库仑定律,建立索夹与主缆接触界面力学平衡关系,得到索夹抗滑摩阻力损失表达式,如式(7)所示:

$$\Delta F_{fc} = 2\pi Rb\Delta\sigma_\rho \mu_z \tag{7}$$

联立式(4)和式(7)，将整理结果代入式(5)和式(6)，分别得到式(8)和式(9)：

$$\Delta C_a = \frac{\pi D}{2}\left[1 + \frac{P_1}{Rb(1+\mu_\theta)\widetilde{E_\rho}}\right]^{\frac{1}{2}}\left[1 + \frac{H_1}{4Rb(1+\mu_\theta)\widetilde{E_\rho}}\right]^{\frac{1}{2}}\left\{\left[1 + \frac{1}{2\pi\mu_z} \times \frac{\Delta F_{fc}}{Rb\,\widetilde{E_\rho}}\right]^{\frac{1}{2}} - 1\right\} \quad (8)$$

$$\Delta C_b = \Delta F_{fc}\frac{1+\mu_\theta}{\pi\mu_z} \times \frac{R}{\delta b E_c}\left[\frac{\cos\theta_2(\sin\theta_1 - \theta_1\cos\theta_2)}{\theta_1} + \frac{(\theta_1 - \sin\theta_1)(1-\mu_\theta)}{\theta_1(1+\mu_\theta)}\right] \quad (9)$$

$$\Delta C = \Delta C_a + \Delta C_b \quad (10)$$

式中：μ_z——索夹与主缆 Z 轴方向摩阻系数；

μ_θ——索夹与主缆接触界面切向摩阻系数；

b——索夹长度；

R——索夹初始半径；

D——索夹初始直径；

δ——索夹壁厚；

P_1——螺杆初始预紧力；

H_1——初始吊索力；

E_c——索夹弹性模量；

θ_1——索夹横断面变厚点与竖直方向的夹角；

θ_2——θ_1 余角；

E_ρ——主缆径向弹性模量。

将式(8)～式(10)联立，整理得到式(11)：

$$\Delta F_{fc}^2 - \frac{2(Q+\Delta C)W + Q^2 U}{W^2}\Delta F_{fc} + \frac{2Q\Delta C + \Delta C^2}{W^2} = 0 \quad (11)$$

其中：

$$Q = \frac{\pi D}{2}\left[1 + \frac{P_1}{Rb(1+\mu_\theta)\widetilde{E_\rho}}\right]^{\frac{1}{2}}\left[1 + \frac{H_1}{4Rb(1+\mu_\theta)\widetilde{E_\rho}}\right]^{\frac{1}{2}} \quad (11a)$$

$$U = \frac{1}{2\pi\mu_z Rb\,\widetilde{E_\rho}} \quad (11b)$$

$$W = \frac{1+\mu_\theta}{\pi\mu_z} \times \frac{R}{\delta b E_c}\left[\frac{\cos\theta_2(\sin\theta_1 - \theta_1\cos\theta_2)}{\theta_1} + \frac{(\theta_1 - \sin\theta_1)(1-\mu_\theta)}{\theta_1(1+\mu_\theta)}\right] \quad (11c)$$

由式(11)求得索夹抗滑摩阻力损失量与索夹齿缝间距变化量之间的定量关系式，如式(12)所示：

$$\Delta F_{fc} = \frac{2(Q+\Delta C)W + Q^2 U}{2W^2} - \left\{\left[\frac{2(Q+\Delta C)W + Q^2 U}{2W^2}\right]^2 - \frac{2Q\Delta C + \Delta C^2}{W^2}\right\}^{\frac{1}{2}} \quad (12)$$

三、数值模拟及对比分析

1. 有限元模型

某在役桥梁为五跨双塔钢-混凝土组合梁自锚式悬索桥，主跨为248m，全长556m。主梁为钢-混凝土组合梁，主缆采用标准强度1670MPa的镀锌高强钢丝，设计弹性模量为 2.0×10^5 MPa。紧缆后主缆直径为391mm(空隙率为20%),索夹处直径为386mm(空隙率为18%)。吊索采用标准强度1770MPa的高强镀锌钢丝,设计弹性模量为2.0×10^5MPa。采用上下对合型销接式索夹,索夹采用ZG20Mn铸钢结构,螺杆采用40CrNiMoA。

依照工程案例中索夹-主缆锚固体构造尺寸,采用Abaqus有限元分析软件,在弹性范围内建立索夹-主缆锚固体系空间有限元模型。其中,主缆、索夹和螺杆均采用C3D8R八结点线性六面体单元模拟。文献[3-5]对主缆等效模型参数进行了理论和试验研究,本文以此为基础,选取主缆等效模型工程常数,赋予各构件相应材料本构参数,见表1。

材料本构参数表　　　　　　　　　　　　　　　　　　　　　　　表1

构件名称	单元类型	材料参数
主缆	C3D8R	$E_Z = 200$GPa $E_\theta = 36000$MPa $E_R = 4100$MPa $G_{Z\theta} = G_{ZR} = 79400$MPa $G_{\theta R} = 15300$MPa $\nu_{ZR} = \nu_{Z\theta} = 0.26$ $\nu_{\theta R} = 0.176$
索夹	C3D8R	$E_c = 206$GPa $\nu = 0.31$
螺杆	C3D8R	$E = 206$GPa $\nu = 0.31$

主表面和从表面构成接触对,各构件间接触均采用面面接触。其中,主缆与索夹接触面,主缆表面为主表面,索夹表面为从表面;索夹与螺帽接触面,索夹表面为主表面,螺帽表面为从表面;索夹凸凹槽接触面,上半索夹齿槽表面为主表面,下半索夹齿槽表面为从表面;索夹孔壁与螺杆接触面,索夹孔壁侧表面为主表面,螺杆侧表面为从表面。接触法向行为采用硬接触,利用罚函数方法,保证构件间不产生穿透行为;切向行为采用各向同性的罚摩擦公式,剪切力与摩擦因数成正比,基准模型纵向摩擦因数按0.15取用。在主缆端部截面施加固定约束,按荷载步分别施加螺杆预紧力、吊索力和相应工况荷载。索夹-主缆锚固体系有限元模型如图4所示。

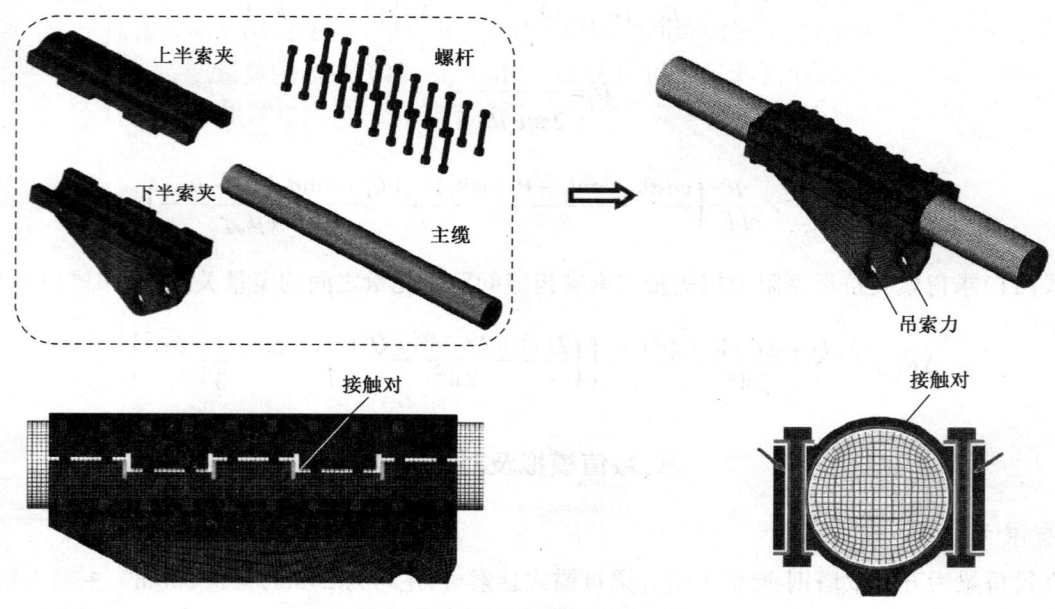

图4　索夹-主缆锚固体系有限元模型

2. 数值模拟分析结果

利用有限元计算模型,分别考虑未计入初始吊索力时螺杆预紧力损失、计入初始吊索力时螺杆预紧力损失、吊索力递增、吊索力递减、主缆拉应力递增、升温、降温及切向摩阻系数衰减等影响工况作用,研究索夹齿缝间距变化量与索夹抗滑摩阻力损失率之间的定量关系。数值模拟分析结果见表2。

各工况作用下索夹齿缝间距变化量与索夹抗滑摩阻力损失率分析结果 表2

工况编号	影响因素	参数变化区间	齿缝间距	齿缝间距变化量	抗滑摩阻力损失率
工况1	螺杆预紧力损失(未计初始吊索力)	−40% ~ −10%	增大	+0.6mm	−43%
工况2	螺杆预紧力损失(计入初始吊索力)	−30% ~ −10%	增大	+0.5mm	−35%
工况3	吊索力递增	+10% ~ +30%	增大	+0.009mm	−0.04%
工况4	吊索力递减	−30% ~ −10%	减小	−0.002mm	+2.8%
工况5	主缆拉应力	+10% ~ +40%	减小	−0.047mm	−7.0%
工况6	升温	+5 ~ +30℃	增大	+0.025mm	+1.7%
工况7	降温	−30 ~ −5℃	减小	−0.030mm	+0.7%
工况8	切向摩阻系数衰减	0.05 ~ 0.30	减小	−0.047mm	+5.0%

依据表2的分析结果,按索夹抗滑摩阻力影响程度高低对各影响因素进行排序,从大到小结果依次为螺杆预紧力损失、主缆拉应力、切向摩阻系数衰减、吊索力和温度工况。在所研究的影响因素中,螺杆预紧力损失为最重要的影响因素。

由表2分析可知,吊索力递减、升温、降温和切向摩阻力衰减对索夹抗滑摩阻力均有一定的提升作用,在研究索夹抗滑摩阻力损失时,保守起见,将上述影响因素仅作为安全储备,不计入其有利贡献。而吊索力递增工况对抗滑摩阻力损失影响较小,可忽略;其次,以本案例悬索桥为例,在汽车荷载作用下,主缆应力增量变化区间为−10~80MPa(+21.7%),相应索夹抗滑摩阻力损失率最大为−3.4%;工程中主缆拉应力增量也常在20%左右,与螺杆预紧力损失工况引起的抗滑摩阻力损失而言,主缆拉应力影响比重相对较小。上述分析表明,螺杆预紧力损失是导致索夹抗滑摩阻力损失的首要原因,影响权重最大。

为节约篇幅,仅列出在螺杆预紧力损失工况下,齿缝间距变化量与抗滑摩阻力损失率关系曲线,如图5所示。定性分析可知,索夹齿缝间距变化量与索夹抗滑摩阻力损失率呈线性变化。螺杆预紧力损失变化区间为−40% ~ −10%时,索夹齿缝间距相应变化量(开口量)在0.1~0.6mm,若以30mm标距的应变传感器对该形变进行监测,应变变化区间为3333~20000με,具有较高的灵敏度。

将理论分析得到的式(12)和数值模拟分析结果进行对比分析,其分析结果如图6所示。在螺杆预紧力损失工况下,理论分析和数值模拟计算结果相近,表明索夹齿缝间距变化与索夹抗滑摩阻力损失存在正相关的线性关系。

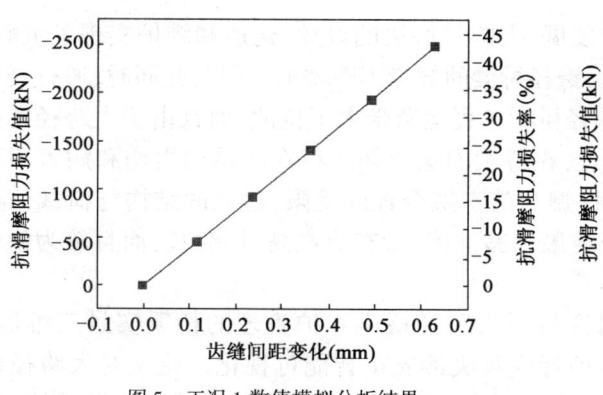

图5 工况1数值模拟分析结果

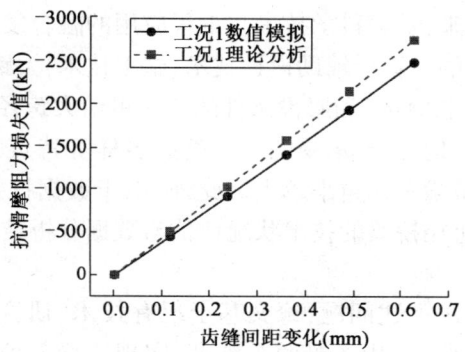

图6 理论分析与数值模拟对比分析结果

四、结　语

综合上述分析可知，在所研究的影响因素中，螺杆预紧力损失对索夹抗滑摩阻力损失影响最大，同时对索夹齿缝间距变化影响显著；理论分析和数值模拟分析结果相近，索夹齿缝间距变化与索夹抗滑摩阻力损失存在正相关的线性关系。研究结果表明，本文提出的基于索夹齿缝间距的监测方法可实现索夹紧固状态评估，灵敏度较高，具有很好的可行性。与传统检测手段相比，此方法可极大提高监测效率，降低索夹滑移风险，提高在役悬索桥结构安全可靠度。同时，此方法可大幅降低人力、物力和时间成本，经济效益和社会效益明显，具有广泛的推广应用价值。

参考文献

[1] 张鹏飞.悬索桥索夹螺杆预紧力下降原因分析与预防性养护对策[J].公路,2019,64(2):101-105.
[2] 日本若户大桥主缆健全度检查及维修[J].世界桥梁,2014,42(2):94.
[3] 何恺.铁路悬索桥长索夹下主缆应力及索夹抗滑承载力研究[D].成都:西南交通大学,2017.
[4] 黎志忠,蒋劲松.悬索桥上、下对合型索夹结构分析研究[J].桥梁建设,2013,43(3):60-65.
[5] MIAO R S, SHEN R L, WANG L, et al. Theoretical and numerical studies of the slip resistance of main cable clamp composed of an upper and a lower part[J]. Advances in Structural Engineering, 2021, 24(4):691-705.

9. 桥梁监测系统在大跨径桥梁养护管理及决策中的应用研究

贾　萌[1]　周立平[2]　朱润秋[2]　任　驰[3]

（1.南京市公路发展中心；2.广东省公路建设有限公司；3.南京智行信息科技有限公司）

摘　要　本文针对大跨径桥梁管养过程中数据挖掘与信息融合程度受限、建立的结构及荷载模型较为粗糙、技术状况评估与数据分析结果不够准确等技术难点，基于BIM、大数据等信息化技术，对大跨径桥梁管养数据进行分类处理，构建了大跨径桥梁管养平台。通过对历史和实时数据进行分析，较好地了解了桥梁的受力状况，实现了桥梁养护管理可视化、决策支持智能化。

关键词　大跨径桥梁管养　BIM　大数据　智能化

一、引　言

近年来，随着科学技术与工程应用的融合发展，大跨径桥梁的设计、建造和维护实现了突破和创新，配合先进的计算机辅助设计技术、施工技术，大跨径桥梁的数量不断增加。但与此同时，通行交通量的增加、桥梁"老龄化"和服役条件的恶化也给大跨径桥梁工程运营带来了挑战，而且由于大跨径桥梁具有规模庞大、结构复杂、承受的荷载类型多样等特点，在桥梁的运营期间存在的结构损伤和病害问题日益突出，危病桥梁占比越来越大。此外，由于数据挖掘与信息融合程度受限，建立的结构与荷载模型较为粗糙，对大跨径桥梁的技术状况评估与数据分析结果不够准确，检查成本高、耗时长，而且较为依赖检查员的判断。

为解决上述问题，论文基于现有技术，研究针对大跨径桥梁养护管理的桥梁实景三维展示功能，从技术手段、应用场景两个维度，实现桥梁养护管理及决策支持智能可视化。论文对大跨径桥梁管养数据进行分类处理，构建了大跨径桥梁管养平台，对历史和实时数据进行分析。依靠系统，可以较好地了解桥梁的受力状况、所承受的荷载类型、荷载的分布特征,对桥梁进行实时监控和维护,确保其安全运行。

二、大跨径桥梁管养数据

1. 桥梁基础数据

大跨径桥梁的基本信息主要包含的桥梁基础数据有:桥梁名称、桥梁代码、中心桩号、路线编号、路线名称、技术等级、桥梁全长、跨径总长、单孔最大跨径、跨径组合、桥梁全宽、桥面净宽、跨径类型分类、使用年限分类、结构类型、材料类型、桥墩类型、设计荷载等级、抗震等级、跨越类型、跨越名称、通航等级、是否为互通立交、建设单位、设计单位、施工单位、监理单位、修建年度、建成通车日期、管理单位代码、管理单位名称、收费性质、技术状况等级、评定日期、最近一次改造情况、主要病害、交通管制措施、政区代码等。

2. 结构监测数据

大跨径桥梁结构安全监测不同于传统的潜力健康监测,应立足桥梁结构运营安全,监测指标应分为结构整体响应和结构局部响应两类。结构整体响应主要有结构振动、变形、位移、转角,结构局部响应则有局部应变、裂缝、索力、支座反力及位移等。除此之外,还需根据桥梁类型、所处地理环境情况进行具体分析。桥梁结构监测数据可分为挠度监测、裂缝监测、振动监测、索力监测、位移监测和应变监测等。

3. 养护维修数据

大跨径桥梁的养护维修是指经常性的养护管理工作,目前主要采用人工检测并出具检测报告的方式对桥梁进行养护维修,并将数据以纸质文件的形式进行书面记录。桥梁养护维修数据主要包括桥梁表面清洁情况、排水设备状态、局部缺陷情况、表面损伤情况、结构物情况、生锈情况和安全承载能力等。

4. 气象环境数据

鉴于大跨径桥梁"大""高""柔"的自身结构特点,以及所处环境一般存在风力大、风期长、风况复杂的情况,了解桥位地区的气候背景、灾害性天气的发生情况,监测现场气象状况,有助于对桥梁建设和营运进行合理调度,为规避气象灾害风险提供决策依据。桥梁结构主要需要考虑的风参数包括风压、风压系数、基本风速、设计基本风速、能见度分布规律等。除了风参数研究,还应根据桥梁建设需要及桥区的气候特点,开展其他气象参数的研究,如桥梁排水系统、路面设计中需要的不同的降水极值及未来酸雨程度等。

5. 荷载流量数据

大跨径桥梁结构建成后将承担巨大的交通荷载并且暴露在自然环境中,从运营开始就面临一个损伤累积的过程,结构的运营状态不断发生变化。而且当前桥梁车辆荷载与日俱增,超载、重载现象时常发生,汽车荷载发展变化快,反映为单车超载和总体货车荷载不断提升,因此大量的超载车辆通过桥梁结构,车辆荷载的长期作用将对大桥运营的耐久性、安全性产生巨大影响。高效、准确地测量汽车重量及轴载不仅有利于治理车辆超载,同时对桥梁的设计、建造、运营、管理、养护等具有重要意义。交通荷载流量数据主要包括车流量、车速、车辆类型、轴重、轴数、轴距、总重、所在车道等。

三、大跨径桥梁管养平台

基于BIM和大数据技术,建立大跨径桥梁管养平台,一方面通过BIM技术形成桥梁构件全生命周期信息管理,另一方面,接收从桥梁监测端传输回的数据并进行长期存储,并对监测数据进行处理、分析、展示,通过视觉界面向用户展示实时桥梁监测整体状态以及重点结构性能情况与变化趋势,通过对桥梁结构可靠度的分析进行预警,向桥梁管理者提示风险,从而更好地进行管理与养护决策。

1. 静态信息管理

基于 BIM 的大跨径桥梁管养平台可以实现对静态信息的可视化与结构化管理。针对设计阶段，主要将二维图纸和三维模型关联，材料属性、力学性能等设计属性信息可通过批量添加的方式添加到模型中；针对施工阶段，以文档、图片为主的非结构数据，参照施工阶段的有关质量验收标准，将信息与三维模型进行关联。图 1 为大跨径桥梁静态信息管理界面。

图 1 大跨径桥梁静态信息管理界面

2. 传感器布点图

为掌握桥梁的结构情况，针对桥梁不同结构布设了大量传感器。在大跨径桥梁管养系统中，对桥梁模型里布置传感器的结构部位做相应标记，鼠标点击即可弹出传感器布点图（图 2），通过布点图即可实现模型与数据交互的功能。

图 2 传感器布点图

3. 监测数据展示

桥梁监测的主要目的就是方便地查看桥梁各部位的状况，因此监测数据的展示也就成了系统中最重要的一部分。在大跨径桥梁中，为了确保监测的全面性，通常需要布置几十个甚至上百个传感器，传感器采集数据的频率一般是几分钟一次，长期积累下来，数据量非常庞大。

1）实时数据监测

实时数据监测是以单个传感器来进行的，把某一个传感器离当前时间最近的 n 条数据取出来，按照时间和数值两条坐标轴生成二维图表，并以一定的频率刷新。同时，平台界面也实时显示每座桥梁的主梁挠度、动态应变、主梁振动、裂缝宽度、梁端位移、所处位置大气温度等信息（图 3）。

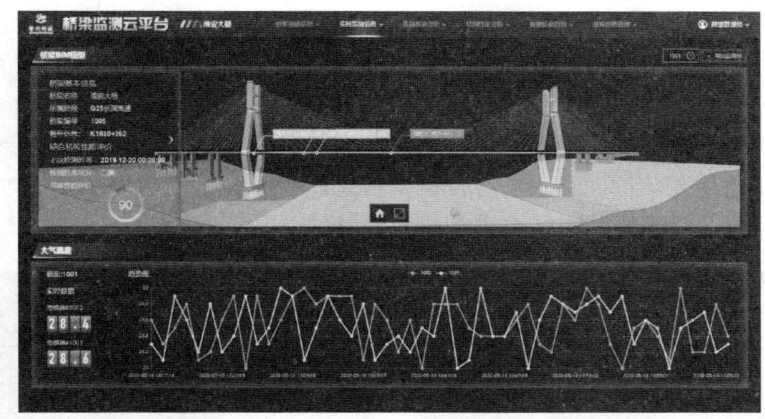

图 3　实时数据监测界面

2）历史数据监测

利用 BIM 模型和监测数据，实现结构状态及损伤识别，并结合检查、检测结果对桥梁结构的安全状况进行预警评估；对荷载与环境数据、结构整体响应数据和结构局部响应数据进行全面统计分析和特殊分析，为安全预警、评估提供基础数据，并在 BIM 模型上展示出指标评估及预警状态（图4）。

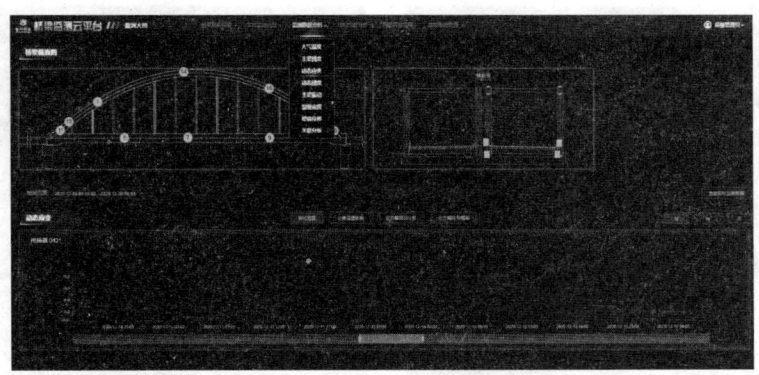

图 4　历史数据监测界面

在桥梁监测的几项指标中，有些可能是有一定关系的，彼此会相互影响，例如温度，可能会影响位移、应变、挠度等指标。桥梁结构有热胀冷缩的性质，温度的改变就会使伸缩缝之间的位移发生变化，同样，大跨径桥梁结构发生的微小变化都会给其他指标带来或大或小的影响。因此，平台还选取了温度、挠度、应变、支座位移、裂缝等指标进行关联性分析（图5）。

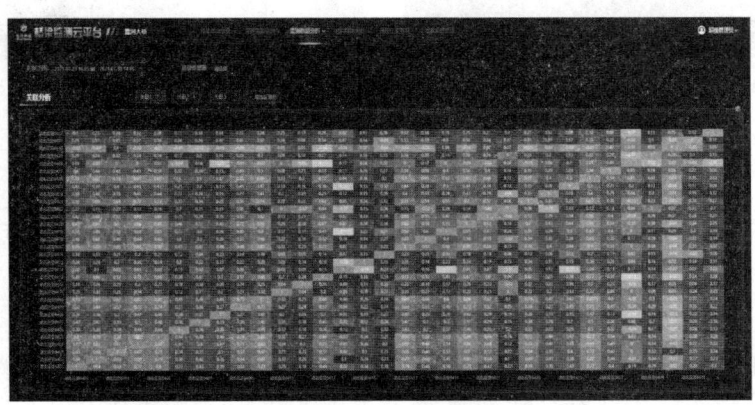

图 5　关联性分析

4. 结构性能分析

通过对不同数据指标的关联性分析,计算相关系数,利用算法集成至平台。从桥梁监测数据中提取有效的数据节段进行性能监测指标计算,包括横向联系的应变相关系数指标和动力响应相关系数指标、刚度矩阵的抗力刚度因子指标、截面特性的中性轴高度指标、边界条件的支座刚度指标等(图6~图8),通过各类性能监测指标的数值与长期趋势,对桥梁关键结构性能进行分析与评估,对可能的典型病害类型进行提示,对路网中同类桥梁的结构状况进行趋势预测。

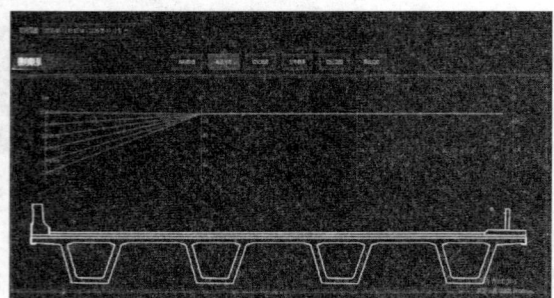

图6 截面特性分析

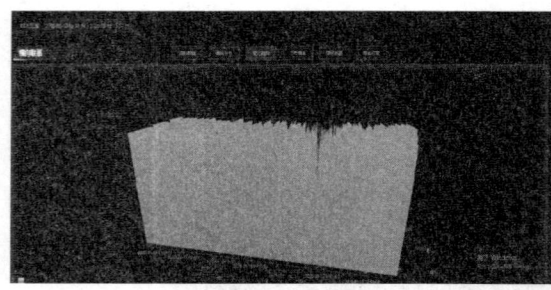
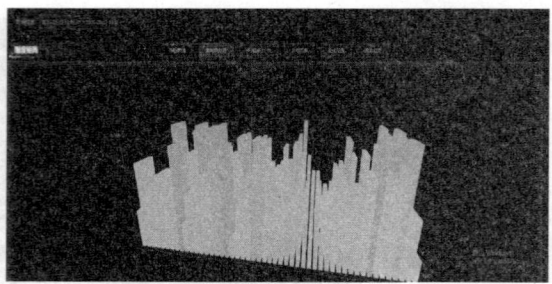

图7 结构热力分布分析

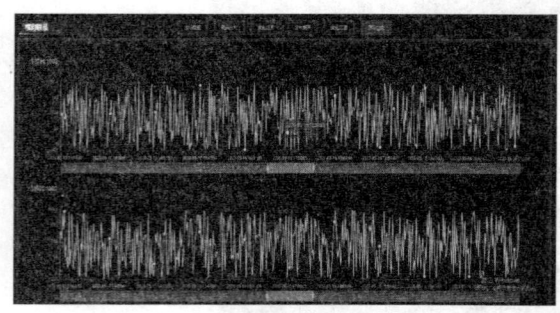

图8 性能趋势分析

四、大跨径桥梁状况评估与决策

大跨径桥梁管养平台中,利用桥梁模型的信息集成度高、信息可视化展示等特点,针对传统评估过程进行优化,从而提高桥梁养护的精细化管理水平。

1. 巡检工作

BIM技术不仅可以实现桥梁工程整体的可视化,还能够使在运营管养阶段的桥梁检查实现可视化,即通过软件模拟出桥梁养护人员进行日常巡查、经常检查、定期检查的工作。表1为某特大跨径桥梁巡检任务汇总表。

大跨径桥梁巡检任务汇总表　　　　表1

检查类型	检查项目	检查频率
日常巡查	桥面系	1次/天
经常检查	引桥	1次/月
	主桥伸缩缝	1次/月
	锚碇	2次/月
定期检查	引桥	1次/年
	主塔	2次/年
	鞍座	1次/季
	钢箱梁防腐涂装	1次/年
	钢箱梁焊缝	1次/年
	缆索系统	1~2次/年
	地基基础安全监测	1次/年
	水下地形测量	1次/年
	路面使用性能	1次/年

2. 病害管养

在实现桥梁检查可视化的同时,也可以将桥梁检查出的病害情况进行可视化,即通过软件模拟出桥梁部件病害发展的过程,让桥梁养护管理人员在发现并记录病害的时候有据可依,并且让桥梁病害的记录更加规范,方便检查后输入到桥梁运营管理系统中。图9为某大跨径桥梁的模拟模数式伸缩缝开裂进而导致伸缩缝中的橡胶条掉落的示意图。

3. 维修管理

对桥梁进行定期检查,能够评定桥梁的使用功能,并可根据检查结果制订桥梁养护管理计划。但是根据实际情况,大跨径桥梁在进行桥梁检查时,不同机构对桥梁各构件的命名是不统一的,大大增加了养护管理人员对有病害构件的了解难度。系统应用在桥梁运营管养阶段,可以降低桥梁检查维修成本,提高检修效率,对某一构件的名称进行规范性标定,并通过对软件进行简单的二次开发,使软件能够将复杂且抽象的文字病害信息通过可视化的方式展现出来。

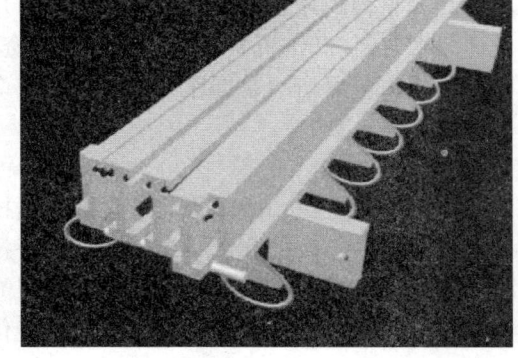

图9 某大跨径桥梁模拟模数式伸缩缝开裂示意图

4. 辅助决策

传统桥梁检测采用"先填写纸质文档再登记电子档案"的工作模式,这种方法不仅加重了桥梁检测人员的工作量,增加了时间成本,同时对病害的记录只有简单文字描述的纸质文档,描述不够直观、具体和形象。

应用管养平台后,通过桥梁管养相关技术标准,对采集到的桥梁病害数据进行整理分析,根据各部分得分及相应权值计算桥梁技术状况得分,划分桥梁评定等级,提出相应的养护建议,桥梁管养部门可通过对系统进行查询并打印桥梁检查报告,下发管养指令,实现桥梁管养自动化。桥梁技术状况评定流程如

图 10 所示。桥梁技术状况评定等级可分为 5 类,具体分类情况见表 2。

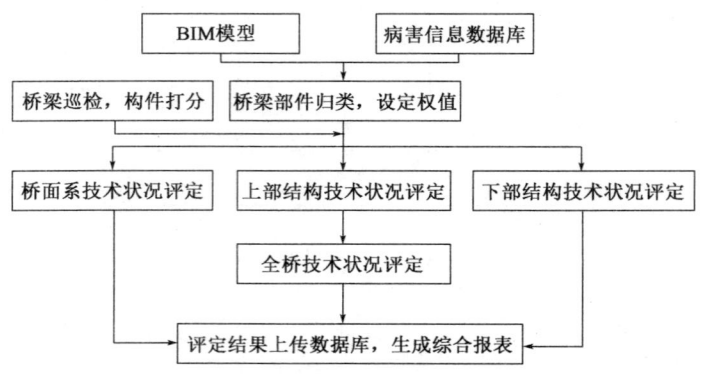

图 10　桥梁技术状况评定流程

桥梁技术状况评定等级　　　　　　　　　　　　　　　　　　　　　　　　　表 2

技术状况评定等级	状况描述
1 类	新建桥梁,处于全新状态,功能完好无损
2 类	桥梁构件有轻微损伤,不影响日常使用
3 类	桥梁构件有中等缺损,仅能维持基本功能
4 类	桥梁构件有较大的损伤,无法保证功能正常
5 类	桥梁的构件损伤严重,桥梁处于危险状态

5. 项目管理

管养平台管理多个项目资源,每个项目独立存在,并配备相应的数据库,互不干扰。每个项目的相关设计图纸资料、施工资料、竣工资料、验收资料以及不同批次的管养维修记录等均存储在云端数据库中,可以通过浏览器访问数据库的方式进行查询,为管养部门制定最终维修方案提供数据支撑。

五、结　　语

本文针对大跨径桥梁管养过程中数据挖掘与信息融合程度受限、建立的结构及荷载模型较为粗糙、技术状况评估与数据分析结果不够准确等技术难点,基于现有技术,研究针对大跨径桥梁的养护管理系统,实现桥梁养护管理可视化、决策支持智能化。未来,在本文研究基础上,将持续不断地进行技术迭代开发,推动大跨径桥梁管养向数字化、智能化方向不断发展。

参考文献

[1] 张启伟,周艳. 桥梁健康监测技术的适用性[J]. 中国公路学报,2006(6):54-58.
[2] 赵义龙,王少钦,曹明盛,等. 基于大数据分析的桥梁健康状况评价[J]. 都市快轨交通,2021,34(1):29-36,51.
[3] 周宾. 道路桥梁检测数据结合 BIM 技术的应用研究[J]. 城市道桥与防洪,2021(3):183-186,23.
[4] 周京华. 道路桥梁与桥梁施工建设质量的研究分析[J]. 建筑工程技术与设计,2021(11):2138-2139.

10. 超高性能混凝土内养护技术研究

谢恩慧

（中交公路长大桥建设国家工程研究中心有限公司）

摘　要　为降低超高性能混凝土的自收缩，且不显著降低其抗压强度与弹性模量。将预湿高强陶粒以外掺的方式掺入超高性能混凝土中，并测试其对工作性、抗压强度、抗折强度、弹性模量和自收缩的影响。结果表明：采用143kg/m³掺量的预湿高强陶粒，超高性能混凝土仍具有良好的工作性；标养28d的抗压强度增加了10.3%，达到168.8MPa，弹性模量略微降低，为42.2GPa，抗折强度为23.5MPa；超高性能混凝土的自收缩得到显著控制，28d自收缩值仅为328εμ，降低了41.4%。最终采用预湿高强陶粒内养护技术，制得了具有良好体积稳定性与抗压强度的超高性能混凝土。

关键词　超高性能混凝土　内养护　预湿陶粒　自收缩

一、引　言

超高性能混凝土(UHPC)具有良好的工作性、超高的力学性能和优越的耐久性等特点，已应用于桥梁、核废料储存和一些军事设施等的建设[1]。但是，UHPC也有着成本高和收缩大等问题，在一定程度上限制了其更广泛的推广与应用。

现有抑制混凝土收缩的措施主要有补偿收缩调控法、减缩剂调控法和内养护调控法等[2]。补偿收缩调控法通过膨胀剂水化后产生的膨胀变形来消除收缩，但工程应用中存在较大的风险；减缩剂调控法通过降低毛细孔张力来达到降收缩的目的，但成本较高；内养护法通过预吸水的养护材料释水保持混凝土内部较高的湿度来达到降低收缩的目的，通常有页岩陶砂、粉煤灰陶砂和黏土陶砂等高效内养护剂[3]，且具有降低材料密度从而达到结构轻质的效果，有较大的应用前景。

徐彬彬等[4]采用预湿粉煤灰陶砂等体积替代30%的石英砂，使得UHPC的收缩降低65%，但抗压强度却降低了23%；张高展等[5]采用吸水率为13%、筒压强度为5.3MPa的黏土陶粒，发现随着轻集料掺量增加，UHPC的工作性和力学性能均先提升后降低，最优掺量为20%。易双秦等[6]采用31%吸水率的珊瑚砂，30%等体积替代率时，7d自收缩降低48%，但抗压强度降低了32%。杨荣辉等[7]采用10%吸水率的珊瑚砂，压碎值为25%，55%等体积替代率时自收缩降低51%，抗压强度降低了31%。ZHANG G Z等[8]采用30%体积替代率的预湿煅烧沸石，使得UHPC收缩降低80%，抗压强度降低20%。以上学者采用的内养护技术，虽然使得UHPC的收缩得到了一定的控制，但是由于采用多为强度较低的陶砂、陶粒、珊瑚砂和沸石等，对UHPC力学性能的损失较大，不利于UHPC向高强、低收缩和轻质方向发展。

因此，本文拟采用高强陶粒，通过外掺的方式掺入，即采用预湿陶粒替代UHPC基体的一定体积，而非单纯替代细集料，这样可以保持除外掺陶粒外的UHPC基体部分仍处于最紧密堆积状态，不改变基体部分的颗粒级配。通过研究高强陶粒不同掺量下，对UHPC的表观密度、抗压强度、抗折强度、弹性模量和自收缩性能的影响，从而得出最优掺量，降低UHPC的自收缩。

二、原材料及试验方案

1. 原材料

水泥采用广西隆安海螺P·Ⅱ52.5硅酸盐水泥；硅灰为半加密硅灰，SiO_2含量约为94%，烧失量0.9%，强度活性指数115%；粉煤灰微珠烧失量1.0%，筛余量≤6%，强度活性指数≥80%；细集料为南宁地区河砂与鹅卵石机制砂的混合物,细度模数为2.5,石粉含量约2.1%;陶粒粒径4.75~9.5mm,通过特殊的煅烧工艺使得陶粒的筒压强度达到20MPa,吸水率16.6%。镀铜端钩钢纤维尺寸为φ0.22mm×14mm,主要技术指标见表1。减水剂为液体低黏型聚羧酸高效减水剂,固含量37%,减水率约为35%。

钢纤维技术指标　　　　　　　　　　　　　　　　　　　　　　　表1

项目	抗拉强度(MPa)	型状合格率(%)	长径比	密度(g/cm³)
钢纤维	≥2850	≥99	64	7.8

2. 配合比

基准配合比水灰比为0.16,钢纤维体积掺量为3.3%。采用预湿陶粒按细集料体积的一定百分比进行掺加,掺加方式为外掺,分别为0、40%和80%。具体配合比见表2。

具体配合比　　　　　　　　　　　　　　　　　　　　　　　　　表2

编号	胶凝材料(kg/m³)	细集料(kg/m³)	饱水陶粒(kg/m³)	钢纤维(kg/m³)	水灰比	外加剂(kg/m³)
A0	1070	1030	0	257	0.16	9
A1	972	935	143	257	0.16	9
A2	873	841	286	257	0.16	9

3. 试件制备与养护

将称量好的胶凝材料和细集料依次加入搅拌机内,首先干拌1min使颗粒充分混合,然后添加水与减水剂搅拌2min,拌合物处于流动状态后,缓慢加入预湿陶粒,继续搅拌3min,在此期间将钢纤维通过方孔筛缓慢地筛入搅拌机内,最后将拌制好的UHPC均匀装入塑料模具内,在振动台震动30s完成成型。将成型好的试件上表面及时进行薄膜覆盖,移入温度为20±2℃的室内养护,48h后拆模,试件采用标准养护方式养护到规定龄期。

力学测试按照《活性粉末混凝土》(GB/T 31387—2015)规定进行,非接触式收缩按《普通混凝土长期性能和耐久性能试验方法标准》(GB/T 50082—2009)的要求进行测试。

三、试验结果

1. 工作性与表观密度

UHPC的工作性由图1所示,A0、A1和A2的坍落扩展度分别为600mm、540mm和400mm。随着陶粒掺量的增加,UHPC的工作性呈现逐渐下降的趋势,A1与A2的坍落扩展度分别降低60mm与200mm。这是由于陶粒粒径较大,圆形陶粒充当粗集料的作用,与钢纤维之间存在搭接咬合,从而产生"棚架"作用,降低了UHPC的工作性。但整体来看,UHPC的工作状态良好,没有发生钢纤维的结团现象,混凝土浆体无离析、不泌水。

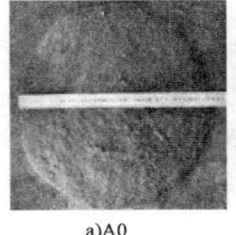 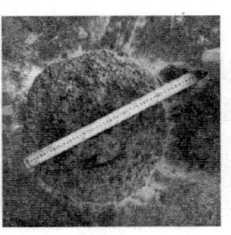

a)A0　　　　　　　　b)A1　　　　　　　　c)A2

图1　UHPC的工作性(坍落扩展度)

A0、A1与A2的表观密度分别为2474kg/m³、2427kg/m³和2360kg/m³,A1、A2分别比A0的表观密度略微降低了1.9%和4.6%。由于陶粒掺量较小,密度整体降低并不明显。

2. 力学性能

由图2可知，A0、A1和A2标养7d的立方体抗压强度分别为125.6MPa、140.4MPa和128.3MPa，标养14d的抗压强度分别为143.1MPa、156.7MPa和149.6MPa，标养28d的抗压强度分别为153.0MPa、168.8MPa和164.8MPa，预湿高强陶粒使得UHPC在前28d内的抗压强度增加。可能由于预湿陶粒的筒压强度较高，属于高强陶粒，呈现出类似粗集料的骨架效果，加上与纤维之间锚固咬合作用，使得抗压强度增加；且UHPC在水化过程中消耗水分，使得预湿陶粒内部的水分不断释放，为UHPC基体的持续水化提供反应条件，从而在一定程度上增加了UHPC的水化程度，因此前28d内抗压强度得到提升，但后期强度有待验证。

抗折强度与弹性模量的影响如图3所示。A0、A1和A2的抗折强度分别为36.7MPa、23.5MPa和19.9MPa，A1和A2分别降低13.2MPa（36.0%）与16.8MPa（45.8%）。弹性模量分别为43.8GPa、42.2GPa和39.3GPa，A1和A2分别降低1.6GPa（3.7%）与4.5GPa（10.3%）。陶粒的掺入改变了UHPC钢纤维的分散系数，从而使得抗折强度降低。陶粒为粉煤灰与黏土等材料经过高温烧结而成，弹性模量不高，因而导致UHPC的弹性模量略微下降。

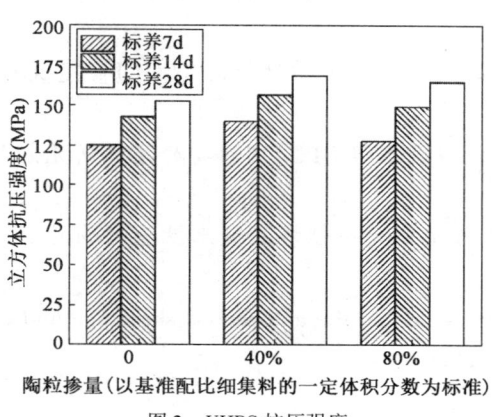

图2　UHPC抗压强度

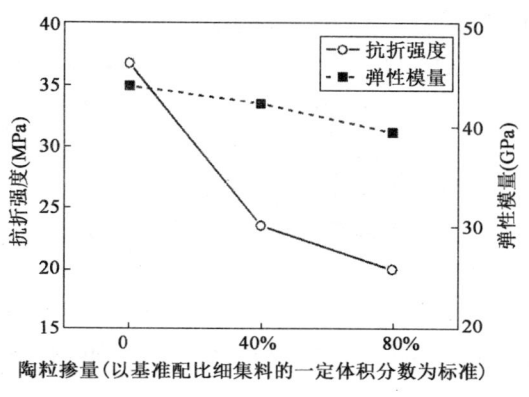

图3　UHPC抗折强度与弹性模量的影响

3. 自收缩

按测试方法一，当贯入阻力为3.5MPa时对应的时间为初凝时间，测得A0、A1和A2的初凝时间分别为7.9h、8.3h和9.5h；按测试方法二，规定自收缩曲线斜率为零的时刻为初凝时间，得到初凝时间分别为7.9h、8.9h和9.6h，两种测试方法初凝时间较为接近，掺加预湿陶粒略微增加了UHPC的初凝时间。

A0、A1和A2自收缩发展曲线如图4所示，规定自收缩的零点为初凝时刻。由图4可知，基准组A0自收缩在前3d发展较为猛烈，然后逐渐趋于平缓。而掺加了预湿陶粒的A1与A2在前3d自收缩发展较为缓慢，由于水泥的水化作用主要在前期，消耗水分较多，且自收缩与化学收缩耦合在一起，造成基准组在前期收缩发展较快。而陶粒本身内部的释水速率较快，当UHPC内部水分降低时能够及时进行补水，以增加混凝土内部的湿度，降低引发自收缩驱动力的毛细张力，从而能够在混凝土水化前期及时地降低收缩。3d后A1收缩发展趋势与A0较为接近，而A2仍然发展缓慢。28d时收缩值分别为560εμ、328εμ和-178εμ，A1和A2分别降低232εμ（41.4%）、738εμ（131.8%）。

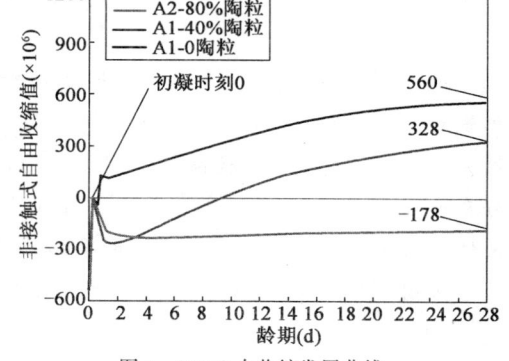

图4　UHPC自收缩发展曲线

综上可知，A1配合比的力学性能与收缩性能较好。相比于基准组，A2的抗折强度与弹性模量降低幅度较大。A1收缩降低41.4%，而抗压强度升高11.8MPa，抗折强度降低13.2MPa，弹性模量略微降低，该配合比更适用于结构的受压部位。

四、结　语

（1）当预湿高强陶粒掺量为143kg/m³（体积为基准配合比细集料体积的40%）时，UHPC的坍落扩展度为540mm，标养28d抗压强度为168.8MPa，抗压强度增加10.3%，抗折强度为23.5MPa，弹性模量为42.2GPa，力学性能指标较高。

（2）28d龄期时，自收缩为328εμ，降低41.4%，体积稳定性较好。

参考文献

[1] WANG C, YANG C H, LIU F, et al. Preparation of ultra-high performance concrete with common technology and materials[J]. Cement and Concrete Composites, 2012, 34(4):538-544.
[2] 陈宝春,李聪,黄伟,等.超高性能混凝土收缩综述[J].交通运输工程学报,2018,18(1):13-28.
[3] 韩宇栋,张君,岳清瑞,等.现代混凝土收缩研究评述[J].混凝土,2019(2):1-12,16.
[4] 徐彬彬,欧忠文,罗伟,等.饱水轻骨料和减缩剂对UHPC水化过程和自收缩的影响[J].材料导报,2020,34(22):22065-22069.
[5] 张高展,王宇譞,葛竞成,等.轻集料对超高性能混凝土工作和力学性能的影响[J].建筑材料学报,2021, 24(3):499-507.
[6] 易双秦,刘开志,邱晶,等.吸水珊瑚砂作为超高性能混凝土(UHPC)内养护介质的研究[J].硅酸盐通报,2019,38(8):2506-2512.
[7] 杨荣辉,张国志,陈飞翔.预湿珊瑚砂与减缩剂复合作用对超高性能混凝土性能影响的研究[J].新型建筑材料,2020,47(10):22-26,48.
[8] ZHANG G Z, WANG X Y. Effect of pre-wetted zeolite sands on the autogenous shrinkage and strength of Ultra-High-Performance Concrete[J]. Materials, 2020, 13(10):2356.

11. 高强抗裂玄武岩纤维复合材料网格在黄茅海跨海通道中的应用

梁志磊[1]　冯玉祥[2]　魏　星[3]　王　策[1]　陈占力[1]

（1.中交公路规划设计院有限公司；2.广东省公路建设有限公司（黄茅海跨海通道管理中心）；
3.江苏绿材谷新材料科技发展有限公司）

摘　要　大跨径桥梁工程用大体积混凝土在施工中极易产生裂缝，且在复杂海洋环境下，氯离子会加剧对钢筋的侵蚀，降低结构耐久性。目前，通过增设防裂钢筋网、混凝土抗裂纤维、抗裂剂等常规控裂措施，虽在一定程度上能预防早期裂缝的产生，但上述材料本身不具有耐腐蚀性或会降低混凝土和易性，存在一定弊端。通过在黄茅海跨海通道工程的试验与应用，证明了玄武岩纤维复合材料网格可有效控制大体积混凝土裂缝，为创建平安百年品质工程发挥了积极作用。

关键词　桥梁工程　控裂措施　大体积混凝土　耐久性　玄武岩纤维复合材料网格　品质工程

一、应用背景

由于水化热、混凝土收缩、收缩后的徐变应力作用、外界气温影响、施工质量均匀性影响等，大体积混凝土在施工过程中容易产生裂缝，影响结构外观及耐久性。

近年来,随着工程技术的发展,桥梁跨径不断增加,由此带来索塔结构尺寸及壁厚的增大、混凝土强度等级的提高。因此,高强、大体积混凝土水化热及裂缝控制日渐成为工程建设中的重点、难点课题。

黄茅海跨海通道是港珠澳大桥西延线,是构建粤港澳大湾区交通网络、串联广东沿海经济带的重大交通工程。路线起于珠海高栏港,向西跨越黄茅海水域,终于江门台山。全线设置海中通航孔桥两座,分别为高栏港大桥(主跨700m斜拉桥)和黄茅海大桥(主跨2×720m三塔斜拉桥),黄茅海大桥桥型布置如图1所示。大桥索塔采用C55混凝土,单个塔柱混凝土为18840m^3,边索塔和中索塔底截面分别为直径18m(壁厚2.0m)和直径20m的圆环(壁厚2.3m),属于高强、大体积混凝土,初期水化放热和收缩会导致混凝土开裂,且在海洋环境下容易造成钢筋锈蚀锈胀。因此,项目组结合考虑对浪溅区结构的防裂设计与耐久性设计,除采取规范规定的耐久性附加措施外,通过调研、试验论证等方式,采取有效的主动防裂措施。

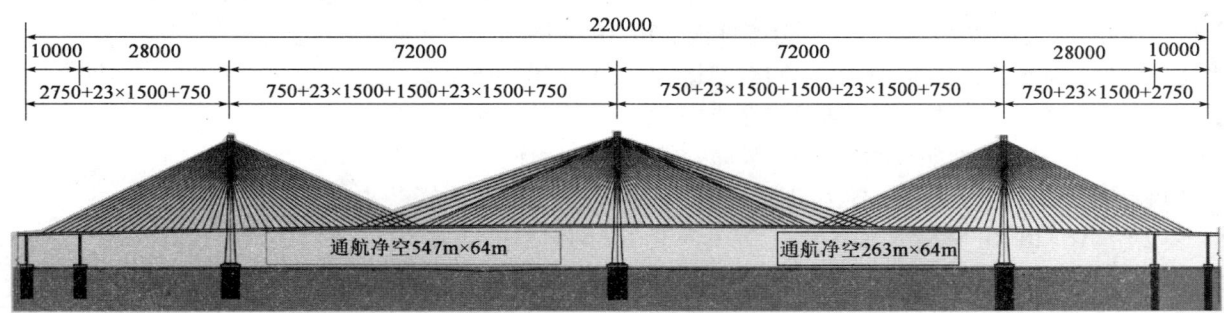

图1 黄茅海大桥桥型布置图(尺寸单位:cm)

二、玄武岩纤维复合材料网格介绍

1. 玄武岩纤维的概念

连续玄武岩纤维,是一种以纯天然火山岩(玄武岩为主)为原料,将其破碎后加入熔窑中,经1450~1500℃高温熔融后,通过铂铑合金拉丝漏板而制成的连续纤维。玄武岩纤维的生产过程不排放任何有毒气体和CO_2,符合我国"绿色低碳化"的发展要求,被称为21世纪无污染的"绿色工业原材料"。

2. 性能、技术指标

玄武岩纤维具有轻质、高强、耐腐蚀、无磁、透波、耐高低温、热膨胀系数与混凝土一致等特性。通用型玄武岩纤维性能指标见表1。

通用型玄武岩纤维性能指标　　表1

性能		指标要求
拉伸强度(MPa)		≥2500,<3000
拉伸弹性模量(GPa)		≥80,<90
耐碱盐侵蚀性	侵蚀后纱线拉伸断裂强度(N/tex)	≥0.20
	强度保留率(%)	≥50
耐高温性	热处理后纱线拉伸断裂强度(N/tex)	≥0.20
	强度保留率(%)	≥50

3. 玄武岩纤维增强复合材料网格

玄武岩纤维增强复合材料网格(Basalt Fiber Reinforced Polymer Composite Grids,BFRP网格)是连续玄武岩纤维按一定工艺(如模压成型或真空辅助成型)生产的网格状复合材料制品。BFRP网格实物如图2所示。

 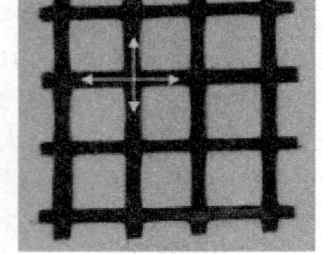

a)连续网格生产设备　　　　b)网格外观

图2　BFRP网格实物

BFRP网格可代替纤维布、钢筋等材料,广泛应用于新建桥梁、隧道以及建筑加固,可有效提升结构抗裂、耐久性能,以及承载力、延性、抗疲劳等性能。BFRP网格具有以下特点:

(1)BFRP网格的比强度(强度与密度之比)是钢材的10~15倍。

(2)双向均衡力学性能,抗黏结滑移性能好,保证了完整性和一体性。

(3)良好的耐腐蚀性能,能有效抵御酸碱盐等严酷自然环境。

(4)具有一定刚度,成型方便,施工效率高,安装简便,锚固性能好。

表2给出了BFRP网格的规格尺寸,表3为BFRP网格的关键力学指标。

BFRP网格规格尺寸　　　　表2

幅宽(m)	网眼尺寸(mm×mm)	厚度(mm)	密度(g/cm^3)
1.5	100×100	5	2.1
1.5	50×50	3	2.1

BFRP网格关键力学指标　　　　表3

分类	等级代号	拉伸强度(MPa)	拉伸弹性模量(GPa)	断裂伸长率(%)
玄武岩纤维网格	BFG2000	≥2000	≥85	≥2.3
	BFG2400	≥2400	≥90	≥2.6

三、控裂机理和设计方案

1. 控裂机理

大跨径桥梁混凝土索塔为高强、大体积混凝土结构,浇筑过程中胶材水化放热快、温升高且自收缩大,混凝土表面易产生拉应力,由此引起的施工期开裂风险突出。

混凝土防裂技术除优化混凝土自身配合比设计外,可采用的主动措施有增设防裂钢筋网、混凝土抗裂纤维、抗裂剂等,虽然能在一定程度上预防早期裂缝的产生,但上述材料本身不具有耐腐蚀性或会降低混凝土和易性,不利于全寿命周期的质量控制。

BFRP网格强度高,热膨胀系数与混凝土基本一致,温度变化下可与混凝土结构协同受力,且双向均衡力学性能和抗黏结滑移性能好。用BFRP网格作为增强材料,通过与混凝土的黏结抵抗混凝土表面的拉应力,减小混凝土表面拉应力,从而避免裂缝的出现。

2. 控裂设计方案

在塔底10m高度大体积混凝土范围内(实心段及截面过渡段)的保护层内设置一层5mm厚的BFRP网格,网格布置示意如图3所示。索塔钢筋的净保护层厚度为80mm,BFRP网格的净保护层厚度为30mm,参照《纤维增强复合材料工程应用技术标准》(GB 50608—2020)。

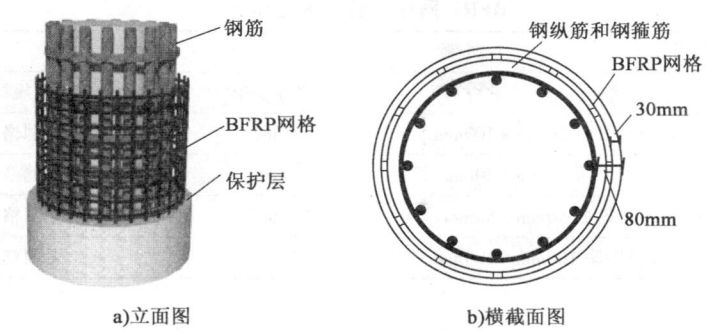

图 3 BFRP 网格布置构造

索塔塔底截面为直径 18m/20m 的圆截面,向上延伸 10m 至塔底十字隔板顶倒角处,网格沿环向设置 4 个搭接点,即由 4 片 BFRP 网格搭接,如图 4 所示,高度方向设置 7 个搭接点。

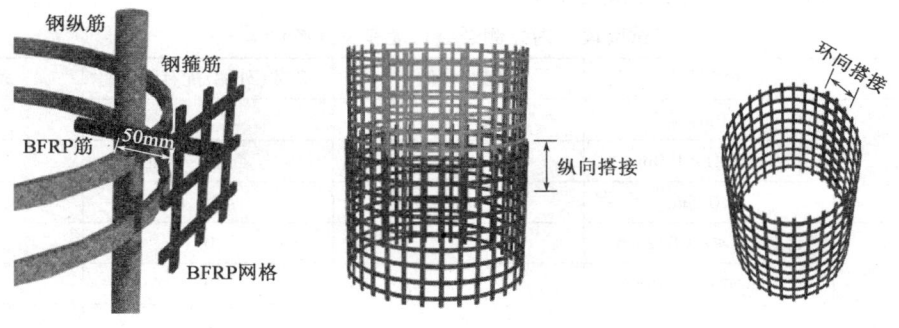

图 4 BFRP 网格搭接、定位示意

网格的保护层通过混凝土垫块和 BFRP 复合定位筋来共同保证。BFRP 网格与内部结构钢筋之间可通过玄武岩纤维复合定位筋(直径 12mm,长度 12cm)进行连接定位,如图 4 所示。玄武岩纤维复合定位筋通过扎丝与结构钢筋和 BFRP 网格进行绑扎连接。

四、控裂试验及效果

为确保 BFRP 网格首次在索塔上运用的抗裂效果,黄茅海跨海通道项目组织了 4 个批次的试验,分别为线外试验段一、线外试验段二、线外试验段三和西塔第一节。线外试验段 BFRP 网格绑扎如图 5 所示。

图 5 线外试验段 BFRP 网格绑扎现场

为验证 BFRP 网格的抗裂有效性,试验段的设计参数见表 4。通过对比观察试验段外侧(设置 BFRP 网格)和内侧(未设置 BFRP 网格)的裂缝长度、宽度、数量等情况,验证 BFRP 网格的抗裂性能。

BFRP 网格试验段参数设计 表4

试验段	外侧		内侧	
	网格规格	网格保护层	网格规格	钢筋保护层
试验段一	一层 5mm 厚网眼 100mm×100mm	30mm	无网格	50mm
试验段二	一层 3mm 厚网眼 50mm×50mm	30mm	无网格	50mm
试验段三	一层 3mm 厚网眼 50mm×50mm	20mm	无网格	50mm
西塔第一节	一层 5mm 厚网眼 100mm×100mm	30mm	无网格	50mm

1. 试验段一

试验段一为西塔第一节 1/4 试验柱，试验段外侧配置 5mm 厚网眼 100mm×100mm 的 BFRP 网格，保护层厚度为 30mm，内侧和侧面无网格。浇筑、拆模后，统计内外侧的裂缝分布情况，观察可发现：外侧裂缝分布短而稀疏，内侧的裂缝分布长而密集；内侧混凝土表面出现很多细小裂纹，外侧混凝土表面基本无细小裂纹。试验段一内外侧裂缝长度和宽度统计见表5。

试验段一内外侧裂缝长度和宽度统计 表5

统计内容	裂缝尺寸	条数(内侧)	条数(外侧,配有网格)	条数(侧面)
裂缝长度(l)	$1.0m \leq l$	5	3	3
	$0.5m \leq l < 1.0m$	25	9	0
	$l < 0.5m$	30	10	0
裂缝宽度(d)	$0.15mm \leq d \leq 0.2mm$	3	0	0
	$0.1mm \leq d < 0.15mm$	0	0	0
	$d < 0.1mm$	57	22	3

注：内侧保护层厚度为 50mm，外侧保护层厚度为 80mm。

试验段一的试验表明：对比内外侧裂缝分布的宽度、长度及条数，设置 BFRP 网格的外侧试验面，裂缝数量较内侧明显减少，裂缝数量减少约 60%；87% 的裂缝长度小于 1m，96% 的裂缝宽度小于 0.1mm。

2. 试验段二

试验段二为中塔第一节 1/8 试验柱，试验段外侧配置 3mm 厚网眼 50mm×50mm 的 BFRP 网格，保护层厚度为 30mm，内侧和侧面无网格。拆模后统计裂缝分布长度、宽度及数量：外侧混凝土表面均未出现裂缝，但未配置网格的侧面和内侧混凝土表面出现了裂缝。因此，可证明 BFRP 网格有明显的抗裂效果。试验段二内外侧裂缝长度和宽度统计见表6。

试验段二内外侧裂缝长度和宽度统计 表6

统计内容	裂缝尺寸	条数(内侧)	条数(外侧,配有网格)	条数(侧面)
裂缝长度(l)	$1.0m \leq l$	0	0	2
	$0.5m \leq l < 1.0m$	2	0	0
	$l < 0.5m$	0	0	0
裂缝宽度(d)	$0.15mm \leq d \leq 0.2mm$	0	0	0
	$0.1mm \leq d < 0.15mm$	0	0	0
	$d < 0.1mm$	0	0	2

试验段二的塔壁内侧、侧面均有少量裂缝，但外侧(设置 BFRP 网格)无裂缝，裂缝减少约 100%。

3. 试验段三

试验段三为西塔第一节 1/4 试验柱，试验段外侧配置 3mm 厚网眼 50mm×50mm 的 BFRP 网格，保护层厚度为 20mm，内侧和侧面无网格。模板拆除完成后，对试验段三的裂缝分布长度、宽度及数量进行统计，见表7。观察可发现：塔壁内侧、侧面均有少量裂缝，但外侧(设置 BFRP 网格)无裂缝，裂缝减少约 100%。

试验段三内外侧裂缝长度和宽度统计 表7

统计内容	裂缝尺寸	条数(内侧)	条数(外侧,配有网格)	条数(侧面)
裂缝长度(l)	$1.0m \leq l$	0	0	1
	$0.5m \leq l < 1.0m$	2	0	0
	$l < 0.5m$	0	0	0
裂缝宽度(d)	$0.15mm \leq d \leq 0.2mm$	0	0	0
	$0.1mm \leq d < 0.15mm$	0	0	0
	$d < 0.1mm$	2	0	1

4. 西塔第一节

在西塔第一节外侧保护层里配置一层5mm厚网眼100mm×100mm的BFRP网格,保护层厚度为30mm。实际浇筑完成后,据统计,西塔柱混凝土表面裂缝分布的长度、宽度及数量见表8,平均裂缝长度都在15~80cm,裂缝数量约为8条。西塔第一节为实心段,仅可看到外侧裂缝分布情况。

西塔第一节裂缝长度和宽度统计 表8

统计内容	裂缝尺寸	条数(外侧)
裂缝长度(l)	$1.0m \leq l$	0
	$0.5m \leq l < 1.0m$	3
	$l < 0.5m$	5
裂缝宽度(d)	$0.15mm \leq d \leq 0.2mm$	0
	$0.1mm \leq d < 0.15mm$	0
	$d < 0.1mm$	8

5. 取芯、弹模检测

在线外试验段上,在有、无BFRP网格的裂缝处分别取芯,取芯深度为50mm,对比分析发现:未使用BFRP网格处裂缝深度大于50mm,使用BFRP网格处裂缝深度未超过网格,裂缝深度小于25mm。

经现场检测中心对试验段进行弹模测试,使用网格的混凝土回弹强度同未使用网格的无明显差别,网格的设置不影响混凝土的回弹强度。

五、试验结论及展望

(1)通过对试验结果的统计分析发现:采用BFRP网格的外侧最大裂缝宽度小于0.1mm,而未采用网格的内侧裂缝宽度大部分大于0.15mm,最大超过0.2mm。

(2)内侧的钢筋保护层厚度为50mm,而外侧的钢筋保护层厚度为80mm。保护层越厚,特别是保护层厚度超过50mm后,初期及长期温度、收缩及徐变裂缝控制越难,但试验段一至试验段三的结果均证明:增设BFRP网格后,保护层厚度为80mm的外侧裂缝数量和宽度远少于保护层厚度为50mm的内侧,进一步证明了BFRP网格显著提高了混凝土的抗裂性。

(3)试验表观验证表明:使用BFRP网格,保护层厚度为30mm、20mm均不会出现网格外漏或显影、集料渗透差等不良现象。

(4)通过综合对比4个试验段,试验段二和试验段三设置网格处裂缝明显减少,即3mm厚网眼50mm×50mm的网格相比于配有5mm厚网眼100mm×100mm的网格,索塔表面裂缝数量更少,裂缝减少比例更大,具有更好的裂缝控制效果。

(5)通过取芯观察,设置BFRP网格的混凝土裂缝深度未超过网格,且回弹无异常。

(6)本项目试验验证了BFRP网格具有较好的短期收缩裂缝控制效果,长期控裂效果需通过长期观测进一步验证。

(7)通过本次试验,可以证明BFRP网格可提升新建桥梁结构的抗裂性和耐久性,建议在同类项目及桥梁结构其他易开裂部位推广使用,如塔座外表面、连续刚构0号块、锚碇锚体外侧等部位,也可为推广使用绿色低碳材料、建设平安百年品质工程发挥更加积极的作用。

参考文献

[1] 黄茅海跨海通道管理中心,中交公路规划设计院有限公司,广东省交通规划设计研究院有限公司.黄茅海跨海通道工程初步设计、施工图设计[R].广州,2020.

[2] 潘放.黄茅海跨海通道总体方案及创新技术[J].桥梁建设,2021,51(4):10-16.

[3] 吴智深,汪昕,史健喆.玄武岩纤维复合材料性能提升及其新型结构[J].工程力学,2020,37(5):1-14.

[4] 魏星,刘水,汪昕,等.BFRP网格增强水泥砂浆永久模板力学与协同工作性能试验研究[J].南京工业大学学报(自然科学版),2023,45(2):202-210.

[5] 江佳斐,豆香香,隋凯.玄武岩纤维网格拉伸性能试验研究[J].结构工程,2018,34(1):76-83.

[6] 徐文,闫志刚,张士山,等.沪通长江大桥主航道桥桥塔温度场与膨胀调控抗裂技术[J].桥梁建设,2020,50(1):44-49.

[7] 王涛.嘉鱼长江公路大桥主墩混凝土配制及防裂技术研究[D].武汉:武汉理工大学,2017.

[8] 龙勇,刘爱林,董继红,等.马鞍山公铁两用长江大桥主航道桥桥塔混凝土抗裂技术研究[J].桥梁建设,2023,53(3):8-15.

[9] 周乾大,魏剑峰.安九铁路鳊鱼洲长江大桥桥塔防裂技术[J].世界桥梁,2022,50(1):40-45.

[10] 中华人民共和国住房和城乡建设部.纤维增强复合材料工程应用技术标准:GB 50608—2020[S].北京:中国计划出版社,2020.

[11] 中华人民共和国住房和城乡建设部.纤维增强复合材料筋混凝土桥梁技术标准:CJJ/T 280—2018[S].北京:中国建筑工业出版社,2018.

[12] 全国纤维增强塑料标准化技术委员会(SAC/TC 39).结构工程用纤维增强复合材料网格:GB/T 36262—2018[S].北京:中国标准出版社,2018.

12. 公路桥梁结构健康监测及安全性分析

何乃福[1]　周琪琪[2]

(1. 宜兴市公路事业发展中心;2. 华设检测科技有限公司)

摘　要　公路桥梁在荷载、环境变化等多种因素影响下运营多年后,其结构材料性能无法避免地会逐步劣化,容易引发各类桥梁病害,影响车辆通行安全。开展公路桥梁结构健康监测及安全性分析,已成为桥梁管养的重点工作之一。为此,本文结合工程实例介绍桥梁健康监测项目的工作分析步骤,利用midas Civil计算软件,考虑实际车流和最重车辆通行的影响,评估桥梁结构的安全性,应用效果良好,以期为相似桥梁的养护管理提供参考。

关键词　公路桥梁　结构健康监测　超重车辆荷载　安全性分析　预警

一、引　言

交通运输部于2023年发布的行业统计公报显示,截至2022年底,全国公路桥梁共有103.32万座,其中建龄超20年的正在运营桥梁占35%以上。在荷载、环境变化等多种因素的长时间影响下,公路桥梁的结构材料性能不可避免地出现衰减劣化,容易引发各类桥梁病害甚至坍塌事故。传统的监测方法存在无法实时监测、监测数据量小、人员随机误差大等问题，较难及时反映桥梁结构性能衰变趋势。为了能在桥梁病害扩展前及时进行外在干预，科学制定预防性养护方案，交通运输部于2018年发文要求长大桥梁的经营管理单位利用现代信息技术，按"一桥一策"原则建立桥梁养护管理信息系统。因此，亟须对重点桥梁结构进行实时健康监测，进而给出桥梁安全性评估及桥梁管养方案。

目前，桥梁健康监测系统主要关注结构应力、挠度、位移、温度、湿度等监测指标，通过midas Civil等计算软件模拟桥梁在荷载、外部环境等因素影响下的截面效应，拟定监测点布置方案。同时，确定基于单一或综合指标的多级预警阈值，并根据监测数据进行调整修正。然后，将剔除异常值后的采集数据与预警阈值进行比较，分级评估预警桥梁结构的安全性。现有研究中，大多参考相关设计规范或桥梁受力情况，考虑运营最不利工况下的应变、位移等指标为预警阈值。然而，正常运营情况下桥梁的应变、位移等指标较小，较难触发警报，当警报触发时，桥梁结构已病变明显，错过最佳养护预防时期。本文结合工程实际，考虑实际车流和最重车辆通行的影响，用midas Civil模拟计算实际车辆、最重车辆单车过桥和含最重车在内的实际车流过桥情况下的桥梁结构关键截面效应，并与设计值进行比较，确定统计概率95%的分位值，评估桥梁结构的安全性，为桥梁科学管养提供建议。

二、工程项目

1. 桥梁概况

徐舍东大桥位于宜兴市，于2001年建成，全长160m。主桥为单孔跨径56.0m的系杆拱桥，南引桥为3跨20m简支空心板梁桥，北引桥为2跨20m简支空心板梁桥。主桥（系杆拱桥）上部结构由拱肋、横向联结系、吊杆、系杆、桥面板、横梁、支座等组成，横向2片混凝土拱肋，每片拱肋有11根吊杆，下部结构采用三柱式矩形墩。支座采用盆式橡胶支座。桥面采用水泥混凝土铺装，设置4道型钢伸缩缝。该大桥技术标准主要包括：

（1）设计荷载标准：汽车—20级，挂车—100。
（2）桥宽布置：桥宽17.0m，桥宽布置为0.75m（护栏）+15.5m（行车道）+0.75m（护栏）。
（3）行车道数：双向四车道。

2. 结构计算分析

根据桥梁设计技术资料、桥梁现场踏勘及桥梁构件尺寸复核结果，运用midas Civil计算软件建立该大桥的模型。

1）模型建立

该大桥有限元分析计算模型如图1所示，共划分449个单元，有411个节点，结构材料及尺寸等严格按照竣工资料取用。

2）计算结果

监测项目针对运营期的结构安全监测管理，传感器布置的初始状态即为结构的成桥状态，单就各个监测项目而言，相关监测物理量均为成桥状态下的变化量。在布置相关测点时综合考虑结构成桥内力状态，并以后期运行荷载作用下结构响应较为明显区域为主要监测点。

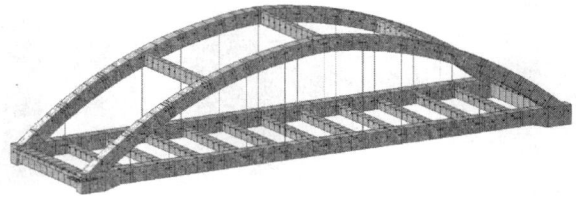

图1 有限元分析模型

经计算，该大桥的结构响应云图如图2所示。在外荷载作用下，结构响应特征如下：

（1）在活载作用下，系梁及拱肋轴向压力相对均匀，拱脚轴力略大。
（2）在活载作用下，系梁结构弯矩四分点区域最大，拱肋四分点区域次之。
（3）在活载作用下，结构挠度以系梁及拱肋四分点区域最大。

因此，结构安全监测重点区域为拱脚区域、系梁及拱肋四分点区域、系梁及拱肋跨中区域。

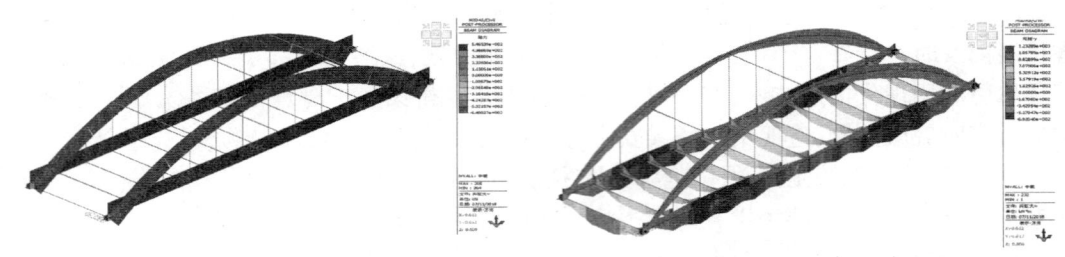

a) 活载作用下结构轴力包络图　　　　b) 活载作用下结构挠度包络图

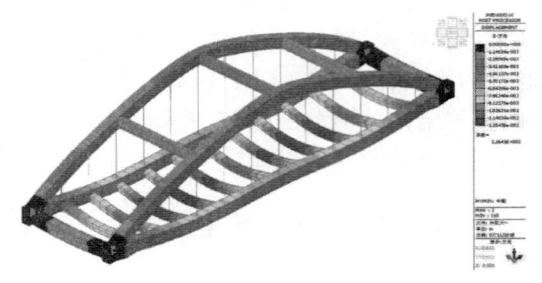

c) 有限元仿真分析模型

图2　外荷载作用下的桥梁结构响应云图（截图）

三、监测系统设计

1. 系统架构

系统架构分为采集层、应用层和数据层，详见图3。数据采集层采用工控机接收采集设备发送的数据，并将数据预处理后转发至省局服务器。应用层又分为控制层、业务逻辑层和数据服务层。控制层负责场端数据的接收、校验、反馈及存储；业务逻辑层负责数据的分析、展现等；数据服务层为数据深入挖掘提供对外数据接口。数据层负责数据的存储、读取。

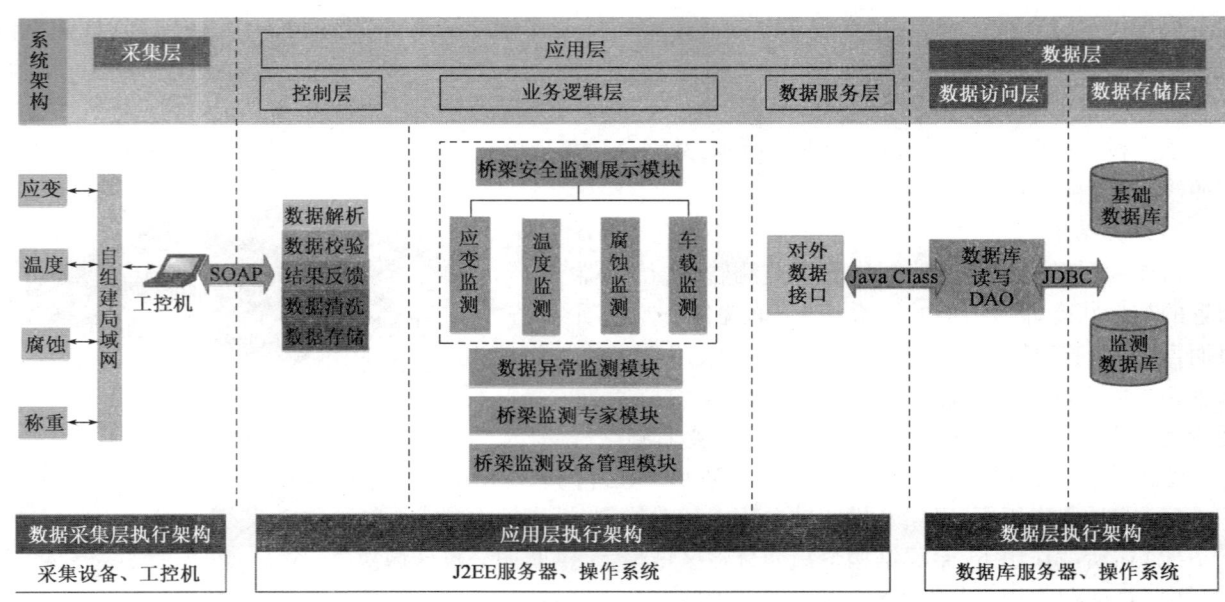

图3　系统架构图

2. 监测项目及点位布置

参考相关桥梁监测系统建设指南,借鉴已有跨江大桥安全监测经验,结合桥梁结构实际特点及服役现状,桥梁安全监测包括结构变形、结构应变、结构温度、车辆荷载4项自动监测内容及人工检查。

根据桥梁的有限元计算结果、实际工程经验及相关规范要求,选取监测桥梁两侧拱肋及系梁布置应变(温度)传感器,布置断面为拱脚、拱肋及系梁四分点、拱肋及系梁跨中等8个截面,全桥共对称布置16个应变测点,具体点位布置如图4所示。

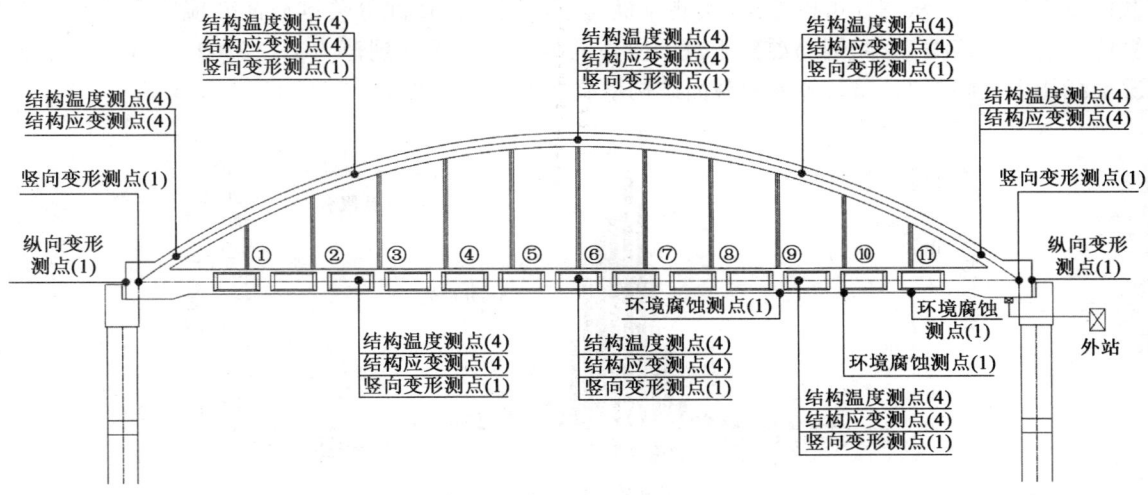

图4 桥梁监测系统总体布置图

四、结 果 分 析

1. 监测数据分析

经过3个月的实时监测,剔除异常数据值后的温度、应变监测结果如图5所示(以某一截面顶部测点为例)。由图5可知,本阶段桥梁各监测截面测点数据相对平稳,各监测截面没有出现数据缺失或异常情况,工作良好。结构应变与温度变化相关性较大,各单项指标变化在合理范围内。

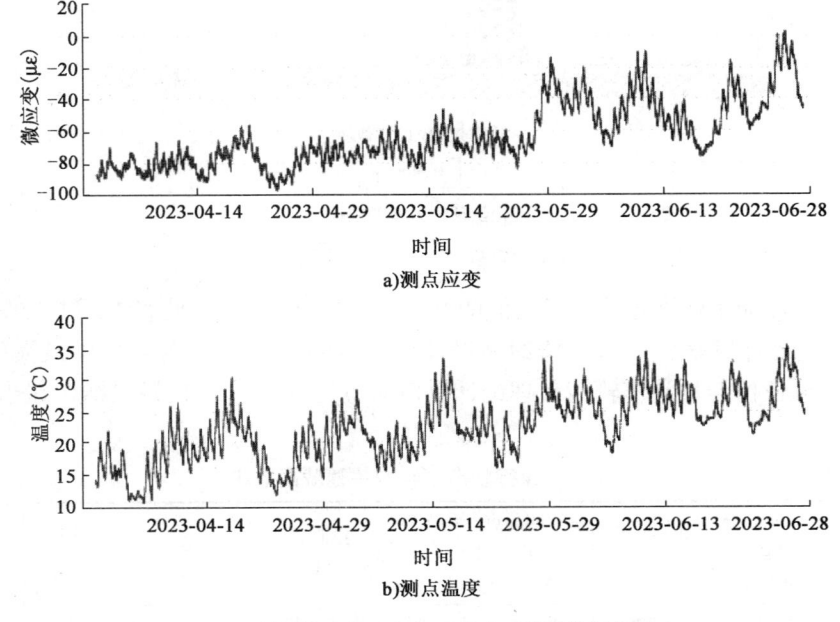

图5 桥梁某一截面应变、温度实时监测数据实例

2. 车载效应分析

根据结构分析结论，选取桥梁拱肋拱脚、拱肋四分点和系梁四分点处共16个截面作为受力关键截面计算结构荷载效应，将交通荷载监测系统记录的实际车辆荷载加载于桥梁结构上，以0.2s为时间步长逐步加载计算，得到关键截面对应荷载效应时程曲线。

以各关键截面荷载效应设计值为预警限值(不含分项系数)，以各个关键截面实际车辆荷载效应值为计算值，计算当前阶段各关键截面荷载效应计算值与设计值比值并进行概率统计分析，如图6所示(以拱顶截面效应为例)。从图6可以看出，实测车辆荷载作用下存在部分关键截面效应实际计算值超出设计计算值的情况。依据《公路钢筋混凝土及预应力混凝土桥涵设计规范》(JTG 3362—2018)中第5节持久状况承载能力极限状态计算，各关键截面结构承载能力均满足要求。

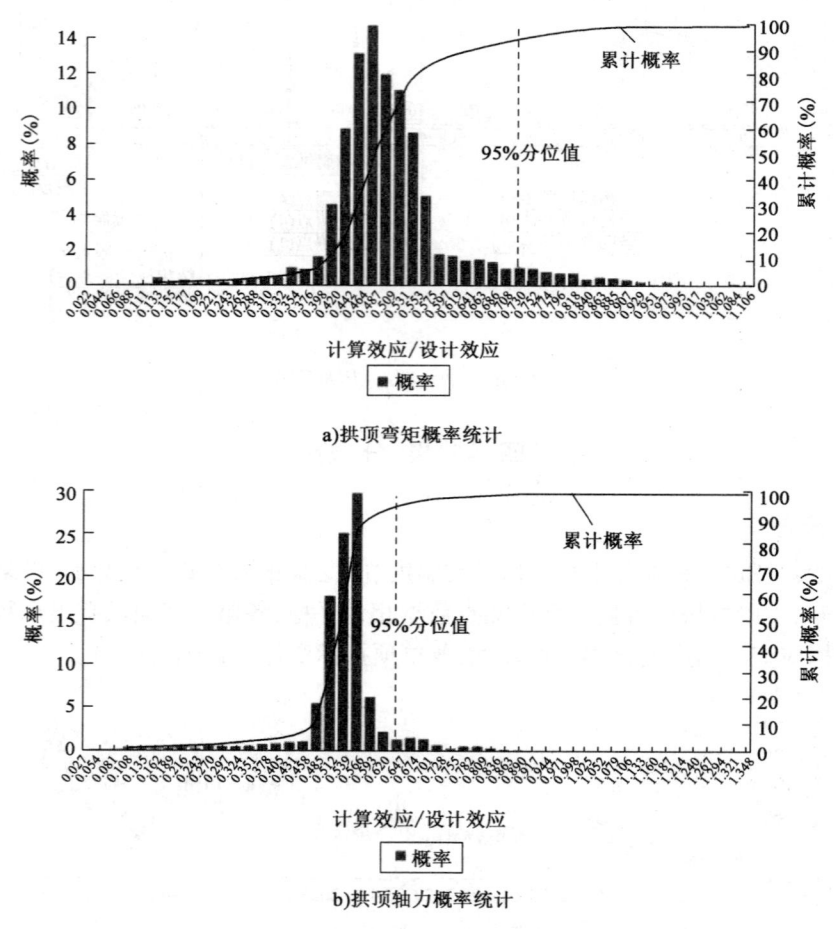

图6 桥梁拱顶车载效应统计分析

各关键截面荷载效应计算值与设计值比值的95%分位值计算结果见表1。结果表明，在当前阶段，拱脚轴力实际计算值统计概率95%分位值约为设计计算值的0.887，为各效应中最大值，所有结构效应对应统计概率95%分位值与设计车辆荷载理论计算值对应比值均小于1，桥梁结构在当前荷载作用下结构状况良好。

最重车通行状态下结构关键截面效应　　　　　　表1

概率类别	拱脚弯矩 (kN·m)	拱肋四分点弯矩 (kN·m)	拱顶弯矩 (kN·m)	系梁四分点弯矩 (kN·m)	系梁跨中弯矩 (kN·m)	拱脚轴力 (kN)	拱肋四分点轴力 (kN)	拱顶轴力 (kN)	系梁四分点轴力 (kN)	系梁跨中轴力 (kN)
95%分位值	0.554	0.613	0.730	0.614	0.759	0.887	0.801	0.647	0.697	0.598

3. 最重车过桥效应分析

选取数据监测3个月内最重的一辆车进行计算分析，计算内容分为两个工况：

①最重车单车过桥，每个车道通行一次，不考虑其他车辆的影响；

②按照包含最重车在内的实际车流过桥。

本阶段计算通行重车为总质量158t的7轴车，对应关键截面效应值见表2。车辆荷载作用下，存在部分截面荷载效应计算值超出设计值的情况，需依据JTG 3362—2018的规定，用汽车—20级对应设计荷载验算截面承载能力。计算结果见表3，本阶段在最重车实际通行情况下结构关键截面荷载效应未超出承载能力，最重车单车通行状态下结构关键截面效应未超出承载能力。

最重车通行状态下结构关键截面效应　　　表2

项目	拱脚弯矩 (kN·m)	拱肋四分点弯矩 (kN·m)	拱顶弯矩 (kN·m)	系梁四分点弯矩 (kN·m)	系梁跨中弯矩 (kN·m)	拱脚轴力 (kN)	拱肋四分点轴力 (kN)	拱顶轴力 (kN)	系梁四分点轴力 (kN)	系梁跨中轴力 (kN)
车道1	335.79	611.39	262.49	2535	1952.7	−1380.81	−1293.7	−1174.19	1149.52	1155.03
车道2	335.79	611.39	262.49	2535	1952.7	−1380.81	−1293.7	−1174.19	1149.52	1155.03
车道3	336.56	630.62	261.97	2778.62	1957.35	−1381.25	−1291.38	−1174.24	1149.67	1155.22
车道4	336.56	630.62	261.97	2778.62	1957.35	−1381.25	−1291.38	−1174.24	1149.67	1155.22
含最重的实际车流计算值	335.87	611.07	262.02	2519.85	1938.22	−1381.49	−1293.85	−1174.53	1149.86	1155.37
最大值	336.56	630.62	262.49	2778.62	1957.35	−1381.49	−1293.85	−1174.53	1149.86	1155.37

截面承载能力验算(无量纲)　　　表3

项目	拱脚弯矩	拱肋四分点弯矩	拱顶弯矩	系梁四分点弯矩	系梁跨中弯矩	拱脚轴力	拱肋四分点轴力	拱顶轴力	系梁四分点轴力	系梁跨中轴力
最大值/理论计算值	0.9	1.23	1.08	1.16	1.23	1.77	1.67	1.35	1.45	1.25
是否超出承载能力	否	否	否	否	否	否	否	否	否	否

五、结　语

本文结合工程实际，用midas Civil模拟计算考虑实际车流和最重车辆通行影响下的结构关键截面效应，评估桥梁结构的安全性，并提出桥梁养护管理建议。主要结论如下：

(1)本阶段桥梁各监测截面测点数据平稳，各监测截面没有出现数据缺失或异常情况，工作良好。结构应变与温度变化相关性较大，各单项指标变化在合理范围内。

(2)本阶段拱脚轴力实际计算值统计概率95%分位值约为设计计算值的0.887，为各荷载效应中最大值，所有结构效应对应统计概率95%分位值与设计车辆荷载理论计算值对应比值均小于1。车辆荷载作用存在部分截面超出设计值的情况，经验算截面承载能力均满足规范要求。桥梁结构在当前荷载作用下结构状况良好，处于安全水平。相似桥梁可以统计不同概率对应的分位值，分阶段预警及制定养护方案。

（3）本阶段，在最重车实际通行情况下结构关键截面荷载效应未超出承载能力，最重车单车通行状态下结构关键截面荷载效应未超出承载能力。超载车辆通行对结构截面效应影响较大，桥梁日常养护过程中需要重点关注，同时要及时处理坑槽等桥面铺装病害，防止汽车冲击效应。

参考文献

[1] 吴坚. 信息技术在公路桥梁运行监测中的应用研究[J]. 中国建设信息化, 2023(12): 70-74.

[2] 王璐. 大跨径斜拉桥健康监测预警体系及阈值研究[D]. 沈阳: 沈阳建筑大学, 2022.

[3] 苏成, 廖威, 袁昆, 等. 桥梁健康监测在线预警指标研究[J]. 桥梁建设, 2015, 45(3): 44-50.

[4] 张一鸣. 面向大跨度桥梁结构健康监测的多源数据预测方法及其应用研究[D]. 南京: 东南大学, 2021.

[5] 中华人民共和国交通运输部. 公路钢筋混凝土及预应力混凝土桥涵设计规范: JTG 3362—2018[S]. 北京: 人民交通出版社股份有限公司, 2018.

13. 海洋环境下特大跨径悬索桥主缆长效养护技术

周建峰[1]　刘舟峰[1]　官华[1]　李鹏[2]

（1. 浙江舟山跨海大桥有限公司; 2. 中交公路规划设计院有限公司）

摘　要　在海洋环境的影响下，主缆极易发生结构性腐蚀病害。为确保桥梁结构安全，延长其使用寿命，各国都在不断探索和更新主缆养护技术。本文总结了近20年来国内外主缆养护维修的典型案例，结合最新标准规范的要求，介绍了西堠门大桥主缆养护相关的创新技术。

关键词　主缆　除湿　养护　跨海大桥　检测　评估　运维　管理

一、引　言

常规的桥梁管养较为分散和琐碎，作为悬索桥的"生命线"，主缆管养工作通常是应急式、尝试性的，主缆的历史信息、病害发展、设备检养修等技术档案较多呈现碎片化状态，给总体统筹管养带来了一定难度，对主缆耐久性管理不利。建立悬索桥主缆的中长期养护计划，以20年为一个周期，更适合主缆全寿命周期管理。

目前国内新建悬索桥主缆除湿已成为标准配置，但行业以上的主缆除湿规范标准尚未出台，给建管养带来一些问题。越来越多的在役悬索桥也启动了增设主缆除湿工作，在主缆百年设计寿命中，运营期是耐久性养护的主要阶段，主缆除湿如何适应长期使用需求已成为关键问题，关于主缆长效养护及长周期运维的技术是未来的创新方向。浙江舟山跨海大桥有限公司提出海洋环境下跨海大桥主缆的成套养护技术，推动养护管理向"高质量服务、高技术创新、高质量发展"的方向前行。

二、悬索桥主缆养护典型案例

1. 以检为主的主缆检养修模式

福斯公路大桥（Forth Road Bridge）是1964年9月建成通车的大跨径悬索桥，跨径组合为408m + 1006m + 408m，主缆直径600mm，主缆钢丝直径4.98mm。2004年采纳美国国家合作公路研究计划（NCHRP）报告534号的建议，对主缆进行第一次内部检查，并通过有限的主缆内部检查结果得出结论。第一次内部检查在2004—2005年完成，在2根主缆中共打开了10个长18m的索夹节间（图1），对每一节间进行内部检查,取钢丝样本进行试验检测,然后再重新缠丝包覆。通过物理化学试验,确定钢丝镀锌层的劣化程度。并最终得出结论,如果不能制止腐蚀恶化,主缆可能会在2014年损失其原强度的13%,到2019年损失就会达到17%。专家建议主缆的安全系数应不低于2。同时,根据福斯桥的第一次检查结果,传统涂装保护悬索桥主缆似乎受到严重质疑,如果腐蚀速率不能降低,需要考虑在2014—2021年之间限制福斯桥荷载。

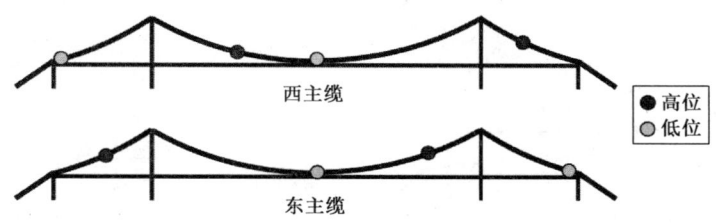

图1 福斯桥主缆内部检查点位

福斯桥管理局随后开展了一系列改进工程和研究:①在主缆上安装声学监测断丝的装置;②增设主缆除湿系统;③进行更换或加大主缆的可行性研究,并调查锚碇的状况。

主缆声学监测断丝的装置于2006年安装完成,2008年进行了第二次内部检查,并于2009年完成增设主缆除湿系统工作。桥梁除湿是一种久经考验的防止钢结构腐蚀的技术,并且已经在桥梁钢箱梁、锚碇、主缆等构造中应用,但是,主缆中的应用主要是新建桥,日本、瑞典和丹麦的老桥进行除湿改造后仍发现了腐蚀现象。尽管有很多证据证明除湿可以减缓或停止腐蚀,但还没有足够的证据证明福斯桥可以无条件安装除湿系统。

2011年进行了第三次主缆内部检查,对主缆除湿系统的监控显示,主缆内部相对湿度稳步下降至40%(福斯桥确定的主缆除湿临界值)以下,仍有一两个位置相对湿度大幅下降,但尚未低于40%。第三次主缆内部检查首次证实了除湿系统对在役桥梁的有效性,并指出不需要在2014—2021年期间限制桥梁荷载。图2为福斯桥除湿与断丝监测对比图。

图2 福斯桥除湿与断丝监测对比图

随后,英国赛文桥、英国亨伯桥、丹麦大带桥等大跨悬索桥的主缆全部沿用内部检查、声学监测、增设除湿的技术路线进行养护维修,其中声学监测是除湿效果的验证依据,无须进行多次内部检查验证。目前,以上养护模式已经延续十多年,至今运转良好。

2. 以设备管养为主的主缆养护模式

明石海峡大桥为主跨1991m的三跨悬索桥,于1998年4月5日通车。该桥是日本本州—四国联络线桥梁工程的一部分,也是日本主干公路网的一部分。

在腐蚀性很强的海洋环境中,防腐成了桥梁维护的一个重要问题。明石海峡大桥针对主缆开发出世界上第一个主缆除湿防腐系统(图3),通过向主缆内部注入干燥气体,观察主缆进排气保护罩内空气的相对湿度,可以检验除湿系统的效果。

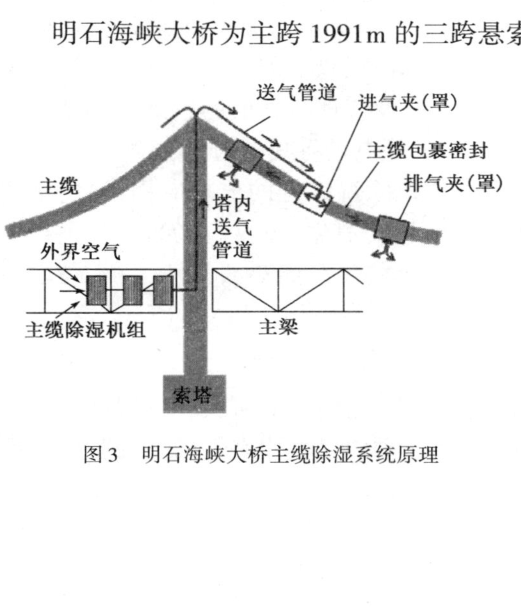

明石海峡大桥定义了新的主缆防护系统,包括除湿机组(图4)、输送管道、进排气构造、监控网络、主缆包裹密封。主缆包裹密封采用了氯丁橡胶带等新材料,主缆除湿采用了串联式洁净高压技术。在桥梁建成后一年内,主缆内部平均

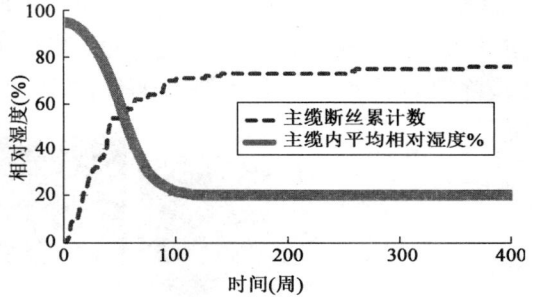

图3 明石海峡大桥主缆除湿系统原理

湿度即达到设计要求的相对湿度40%以下(图5)。

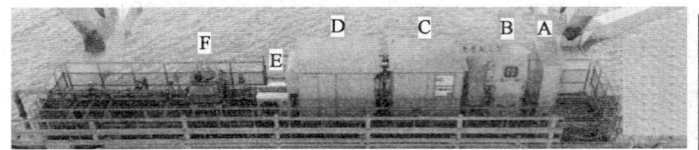

图4 明石海峡大桥主缆除湿机组

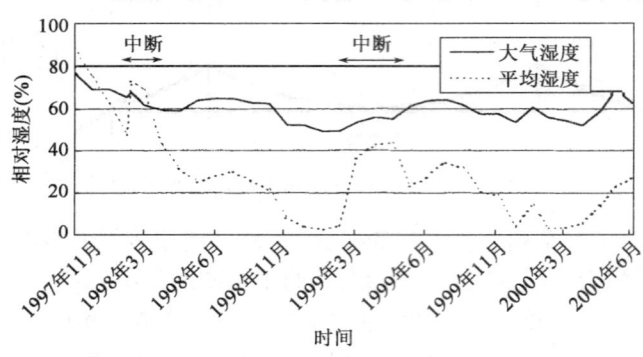

图5 明石海峡大桥主缆湿度变化曲线

为了验证除湿系统持续有效,分别于2008年和2018年对主缆跨中最低点同一位置进行开窗检查(含主缆外层内部钢丝),钢丝表面的防腐效果良好(图6),20年后仍处于镀锌层消耗状态,相比未采取主缆除湿的桥梁,有明显的腐蚀速率下降效果。

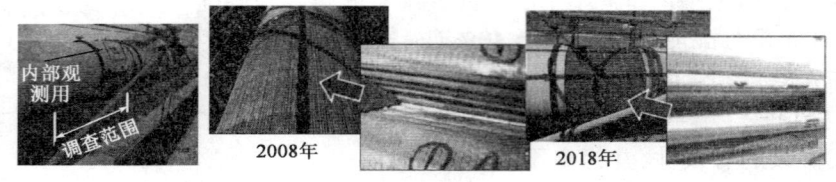

图6 明石海峡大桥主缆定期检查情况(2008年和2018年同一部位检查)

主缆送气系统的湿度管理标准是相对湿度40%以下,明石海峡大桥已经满足了这一标准,因此进行经济化运行。送气系统中最消耗电力的机器是制造干燥空气的除湿机组,采用转轮吸附式除湿原理,再生加热脱附水分消耗的电力较大。除湿方式除了吸附式以外,还有冷却使空气中的水分结露除湿的冷却式。吸附式具有低温时除湿能力强,高温高湿时除湿能力弱的特点;冷却式具有低温时除湿能力弱,高温高湿时除湿能力强且耗电量小的特点。

因此,利用这两种除湿方式的特点,明石海峡大桥在吸附式除湿机的基础上增加了冷却式除湿,将其改造成预冷型吸附除湿机(图7)。该除湿机在高温高湿时使用冷却式除湿,低温时使用吸附式除湿。通过此次改造,可以降低吸附式除湿机再生加热器的设定温度,在满足湿度管理标准值的范围内调整除湿能力,确保了经济运行。通过这项措施,预估明石海峡大桥输气系统的耗电量将减少约30%。

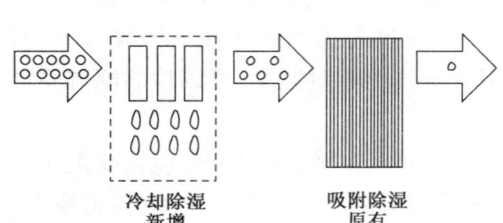

图7 预冷型吸附除湿机

鉴于明石海峡大桥主缆除湿系统的成功应用,国内从润扬长江公路大桥起,经过引进、消化、吸收、再创新,分别在泰州大桥、南京栖霞山长江大桥、武汉鹦鹉洲长江大桥、马鞍山长江大桥等项目应用该技术。

3. 国内的主缆养护情况

随着国内悬索桥进入第一个10年和20年运营区间,主缆防腐问题必须高度重视。国内最具代表性的主缆防腐体系主要有三种,分别为以江阴长江公路大桥、虎门大桥为代表的英美防腐体系,以厦门海沧大桥、宜昌长江公路大桥、西堠门大桥为代表的国产防腐体系,以润扬长江公路大桥、南京栖霞山长江大桥为代表的日本防腐体系。除日本防腐体系外,其他均没有安装主缆除湿系统。

江阴长江公路大桥于2013年初在下游侧跨中主缆最低点处打开了400mm长的缠丝进行检查。通过主缆开窗检查分析,江阴长江公路大桥主缆部分钢丝锈蚀严重,尽管良好的密封系统阻止了外部水分的进入,但是无法排出内部的残留水汽,未能解决钢丝的锈蚀问题。2014年12月,主缆除湿系统进入运行状态,连续输送干空气至今。主缆除湿系统一方面能够将内部水分带出,另一方面同传统防护体系一起防止外部水分进入。

虎门大桥于2012年对主缆防护进行维修,采用国产防腐体系附加在原防腐涂层外。另外参照NCHRP报告534号,于2018—2019年对主缆进行内部检查,分别检查了2个跨中12m区段、1个塔顶9m区段和2个边跨1m区段,显示主缆内外部腐蚀较严重,未见断丝,防腐层未能保护主缆外层钢丝。虽然主缆防护的密封性较好,阻止了水的侵入,但未能阻止水汽进入。通过取样分析,发现存在氯离子腐蚀迹象,钢丝腐蚀速率较大。随即开展了主缆腐蚀通气试验和主缆除湿设计,2020年完成主缆除湿系统安装,2021年8月交工验收,主缆内湿度控制标准为相对湿度50%以下,连续运转至今。

宜昌长江公路大桥于2001年9月通车后,主缆防护未进行过维修,2018年末对主缆进行内部检查,分别检查了2个跨中12m区段和2个边跨1m区段,显示主缆最外层钢丝受保护良好,外部钢丝不均匀腐蚀,未见断丝,有少量水侵入主缆。通过取样分析,发现主要为氢氧腐蚀,即大气腐蚀,总体腐蚀程度较轻,但腐蚀速率仍较高。此后,开展了主缆通风试验设计和主缆除湿设计,2020年1月,湖北省交通运输厅高速公路管理局批复宜昌长江公路大桥主缆防腐除湿系统工程施工图设计,采用"主缆缠包带+除湿系统方案",成为国内首座成体系改造主缆防护的在役悬索桥。经过2年的工程安装及试运行,主缆内湿度控制标准为相对湿度50%以下,持续运转及监测至今。

三、悬索桥主缆养护探索

1. 基于检评修的主缆养护模式

随着2021年《公路桥涵养护规范》(JTG 5120—2021)和《公路缆索结构体系桥梁养护技术规范》(JTG/T 5122—2021)的发布,明确悬索桥主要构件的定期检查内容包括主缆内部湿度是否符合要求,从行业规范高度提出主缆养护的目标。西堠门大桥面对恶劣的海洋环境条件,充分借鉴国内外其他桥梁主缆养护经验,积极探索因地制宜的养护理念,总结摸索适合跨海大桥主缆的养护模式,提出检测—评估—试验—设计—维修的技术路线。

国内大跨径悬索桥主缆的防腐与除湿系统趋于合并,主要有两方面原因,一是主缆防腐和除湿系统是一个完整的防腐体系,主动和被动技术相结合;二是这两个系统关联度很高,互相制约,又相互补充。主缆的防腐与除湿合并为一个系统,可分为四部分,分别是主缆密封、主缆除湿、监控管理、检测评估,形成一个有机闭环,又可称之为四位一体养护体系(图8)。可以看出,英国福斯桥将重点工作放在检测评估上,日本明石海峡大桥则更加关注监控管理,这与各自国情和管养体制有关,各有利弊。

图8 主缆四位一体养护体系

建立四位一体的主缆养护体系,需要根据不同的桥梁运营状态,因地制宜地编制工作程序。西堠门跨海大桥定义的主缆四位一体养护技术的特点是双核心,即监控管理与检测评估并行,监控管理的参数由检测评估提出,定期检测的结论指导阶段性监控指标。在没有标准规范可以参考的条件下,需要投入更多精力与更加专业的人员,同时在执行过程中,注重形成制度体系文件,力求探索一座桥,指导百座桥。

主缆四位一体养护工作程序,包括但不限于以下方面(图9)。

主缆四位一体养护工作程序									
检测评估	方案设计	试验研究	工程设计	工装设计	维修实施	调试	试运行	交工验收	数据分析	运维管理

图9 主缆四位一体养护工作程序

与新建桥梁不同,在役悬索桥主缆四位一体养护工作程序具有以下特点:

(1)主缆钢丝病害不明确,通过检测评估,了解主缆技术状况,提出养护需求;
(2)主缆内部的通气未知,通过试验研究探明其阻力特性,确定设计参数;
(3)通过试验可获得主缆密封老化缺陷情况;
(4)工程设计和工装设计将解决维修实施的主要问题;
(5)调试是设备与系统运行状态评价,试运行是防腐性能评价;
(6)交工后的数据分析可定期执行,可作为除湿系统后评价的依据。

2. 养护工作阶段划分

通常,养护工作划分为设计、施工、运营三个阶段,不仅在技术上界面划分清晰,还有利于决策执行。

(1)四位一体养护模式下的设计阶段包括检测评估、方案设计、试验研究、工程设计和工装设计,集中精力解决在役悬索桥主缆内部通风特征不明的问题,摸清主缆内部腐蚀情况,检测与主缆除湿系统施工的相关构件是否可靠,同时为施工所采用的特殊工装做好准备。

(2)施工阶段已具有明确的指导方案,包括实施、调试、试运行和验收,以安全、质量、工效为中心,精心做好工艺化,把握好现场最佳施工窗口期,做好优质工程建设。

(3)运营阶段不仅要维持系统的长期可靠性,还要时刻关注主缆防腐的效果。数据分析一般交给专业人员完成,运维管理则根据管养人员配置情况决定。国内外经验证明,维持系统稳定运行20年以上是完全可行的。

当系统进入寿命末期,或数据分析出现病害失控的结论,则应采取检测评估再次获取养护需求,进入下一个养护循环。

四、结　　语

西堠门大桥主跨1650m,于2009年建成通车,是世界首座分体式钢箱梁悬索桥,在主缆四位一体养护模式指导下,主缆密封采用"原涂装+缠包带+柔性氟碳面漆"方案,在原涂装层外增加缠包带,提高主缆密封性。针对主缆除湿系统需要保持长期高稳定性和可靠性的需求,主缆除湿设备采用"一主一备、主备互投"的设计,主用设备采用性能更优的"冷凝转轮串联"机组,备用设备采用创新式的"浓缩冷却串联"机组,主用、备用设备共用输出,空气流量、湿度上限、温度上限、压力上限等各项参数一致。

在实践主缆四位一体养护模式过程中,不仅完成了西堠门大桥增设主缆除湿系统工程两阶段设计文件,同时形成并发布了企业级的《主缆除湿系统工程质量检验评定标准》,针对其他桥梁除湿,还编制了《除湿系统检养修标准》。目前正在编制团体标准《公路桥梁钢箱梁除湿系统运行维护技术指南》,后续还将有更多技术成果面世。

浙江舟山跨海大桥有限公司将继续深入贯彻落实交通运输部《"十四五"公路养护管理发展纲要》精神,积极实践海洋环境"多重防护"养护理念,不断总结桥梁养护工程典型案例,持续完善"四位一体跨海大桥养护体系",助力加快建设交通强国。

参考文献

[1] 胡贵琼,叶觉明,龚志刚.英国福斯公路大桥的维护和维修工程[J].世界桥梁,2010(3):54-59.
[2] 李运生,张彦玲.明石海峡大桥的监测[J].世界桥梁,2002(3):52-54.
[3] 蔡国宏.明石海峡大桥营运阶段监控和养护新技术[J].中外公路,2002,22(3):45-48.

[4] 中华人民共和国交通运输部.公路桥涵养护规范:JTG 5120—2021[S].北京:人民交通出版社股份有限公司,2021.

[5] 中华人民共和国交通运输部.公路缆索结构体系桥梁养护技术规范:JTG/T 5122—2021[S].北京:人民交通出版社股份有限公司,2021.

14. 三塔悬索桥中塔钢混叠合段性能评估及养护对策研究

徐志民　张　婷　刘少超

(中交公路规划设计院有限公司)

摘　要　以某三塔悬索桥中塔钢混叠合段为研究对象,基于实测数据分析钢混叠合段无黏结预应力钢束服役现状,确定预应力筋损失水平,建立钢混叠合段精细化分析模型,模拟无黏结预应力损失对结构性能影响,提出悬索桥塔钢混叠合段养护方案建议。结果显示,无黏结钢绞线有效预应力水平基本符合正态分布规律,随着有效预应力损失增大,钢混叠合结合面应力集中现象显著且可能出现压溃,无黏结预应力钢束的最迟补张时机控制在松弛率为80%。

关键词　三塔悬索桥　钢混叠合段　无黏结预应力　预应力损失

一、引　言

三塔悬索桥受力特点与常规两塔悬索桥不同,中塔效应是制约其发展的重要因素[1]。偏载作用下中塔顶鞍座两侧主缆不平衡缆力大,鞍槽内主缆抗滑问题突出[2],设计中通过降低中塔抗推刚度来满足索鞍处抗滑性能,但中塔抗推刚度降低会导致偏载作用下加劲梁挠跨比过低,从而影响悬索桥正常使用状态,因此,三塔悬索桥中塔适宜刚度至关重要。中塔采用钢混叠合索塔上柔下刚,合成刚度适中,能有效降低主缆在中塔两侧产生的不平衡缆力[3],提高主缆与鞍座间的抗滑移安全系数,典型钢混叠合桥塔工程包括南京大胜关长江大桥(南京长江三桥)[4]、马鞍山长江大桥[5]、武汉鹦鹉洲大桥[6]、东莞滨海湾大桥[7]等。

本文依托工程为一座三塔悬索桥,建设期跨径位居世界同类桥梁第一。该桥钢箱梁两跨连续,在中塔处采用非飘移结构体系,与中塔下横梁固结;中塔采用钢混叠合塔,上塔柱为钢结构,下塔柱为预应力混凝土结构,通过110根φS15.24-37无黏结预应力钢绞线锚固。钢混叠合段属于整个桥塔结构受力突变位置和重要环节,自投入运营以后,养护管理部门投入了较大精力。

在日常巡查和养护过程中发现,钢混叠合段的无黏结预应力钢绞线上下锚头存在积水、渗水和钢构件腐蚀等状况。由于无黏结预应力钢绞线锚索隐蔽部位多,没有有效的抵近检查手段,预应力钢绞线的腐蚀状况难以识别和准确判断。长期效应下,预应力钢绞线会出现松弛,导致有效预应力降低[8]。在高应力状态下,中塔无黏结预应力钢绞线束承受循环受力作用次数多,应力幅度变化大[9,10],其使用寿命受到影响。上述可能存在的隐患问题,后期管养风险较大,确定合理的干预时机是养护工作的痛难点。

基于预防性养护理念,极有必要开展中塔钢混叠合段无黏结预应力钢绞线腐蚀情况及预应力损失对性能状态影响分析,为解决该类桥塔管理养护提供一条有效途径。

二、钢混叠合段现状检测分析

1. 锚索外观检测

钢混叠合段钢接头采用可更换的带高密度聚乙烯(HDPE)护套的镀锌钢绞线索,上端锚在钢塔柱底座上,下端锚在混凝土塔柱内壁齿块上。在大桥建成运营后第6年,对上、下锚头进行维护,在全部打开防护罩进行油脂更换过程中,发现锚头内存在积水,个别钢绞线在锚头附近表面局部出现了浅黄色的点状锈斑。

2. 有效预应力水平分析

在大桥建成运营后第7年,进行了无黏结预应力水平检测,其中均匀性检测8束(共196根),安全性评估检测64束(共488根)。

1)均匀性检测结果

表1为均匀性检测钢束的样本数据分析结果,同时经夏皮罗-威尔克检验法(Shapiro-Wilk)检验,样本实测数据的均匀性基本可以认为符合正态分布规律,并且相关数据中异常数据出现的概率低,可以以平均值来代表实测预应力水平。

均匀性检测描述结果 表1

检测钢束	检测根数	最大值(kN)	最小值(kN)	平均值(kN)	标准差	中位数	方差	峰度	偏度	变异系数
L21	12	134.3	106.5	121.433	7.453	121.05	55.546	0.704	-0.441	0.061
L60	12	143.1	115.3	127.192	6.862	127.65	47.088	2.267	0.669	0.054
R21	12	156.3	132.9	145.692	5.716	146.4	32.67	1.994	-0.538	0.039
R60	12	158.1	126	134.458	8.094	133.15	65.512	7.706	2.531	0.060
L1	37	134.96	125.34	130.503	2.867	131.28	8.22	-1.112	-0.304	0.022
R1	37	142.83	124.57	133.93	3.667	133.64	13.444	0.843	0.371	0.027
L80	37	135.61	125.72	130.166	2.257	129.77	5.096	-0.157	0.228	0.017
R80	37	142.87	124.59	131.415	3.416	131.3	11.672	2.604	0.882	0.026

2)安全性评估检测结果

表2为无黏结预应力实测数据正态分布检验结果。由于样本总数$N<5000$,采用Shapiro-Wilk检验,水平呈现显著性,因此数据不满足正态分布。但样本数据峰度(2.657)绝对值小于10并且偏度(-0.531)绝对值小于3,结合正态分布直方图(图1a)呈现出钟形(中间高,两端低),说明数据虽然不是绝对正态,但基本可接受为正态分布;同时,从检测累计概率(P)与正态累计概率(P)的P-P图(图1b)拟合情况看,两者拟合程度较高,可基本接受为正态分布;比较检测值(X轴)与假定正态分布的预测值(Y轴)不同分位数的概率分布,制作Q-Q图(图1c),散点与直线重合度越高越服从正态分布,散点差异越大越不服从正态分布,结果显示,除了最大、最小范围的异常数据以外,其他数据与正态分布规律的符合程度较高。

正态分布检验结果 表2

变量名	样本量	中位数	平均值	标准差	偏度	峰度	Shapiro-Wilk检验	Kolmogorov-Smirnov检验
测试预应力	488	130.185	129.665	7.655	-0.531	2.657	0.961(0.000***)	0.076(0.007***)

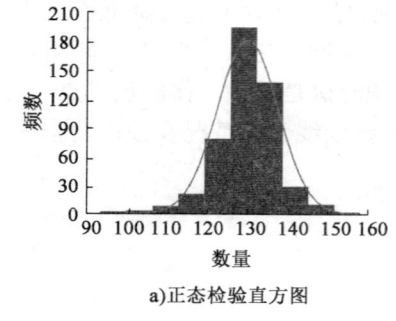
a)正态检验直方图

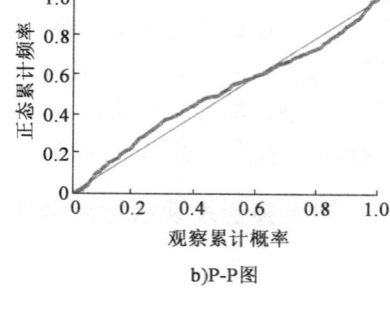
b)P-P图

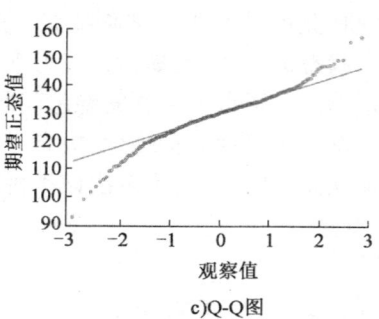
c)Q-Q图

图1 正态性检验

因此,可以认为以正态分布的函数来表征无黏结预应力钢绞线的有效预应力实测值,其概率密度函数可表示为:

$$f(x,\mu,\sigma) = \frac{1}{\sigma\sqrt{2\pi}}e^{\frac{-(x-\mu)^2}{2\sigma^2}} \tag{1}$$

式中,$\mu = 129.665$,$\sigma = 7.655$,分别对应样本数据的平均值和标准差。

在此基础上,进行钢混叠合段区无黏结预应力水平的推测分析,单束预应力钢绞线的有效预应力为5000kN,平均到每根钢绞线为135.14kN,结果见表3。当无黏结预应力钢绞线的张拉力在122.01~137.32kN范围内时,对应概率约为68%;在114.36~144.98kN范围内时,对应概率约为95%;在106.70~152.63kN范围内时,对应概率约为99.7%。

有效预应力水平推测　　　　　　　　　　　　　　　　　表3

工况	概率
永存预应力≥108.11kN(预应力损失20%)	0.9976
永存预应力≥114.86kN(预应力损失15%)	0.9734
永存预应力≥121.62kN(预应力损失10%)	0.8533
永存预应力≥128.38kN(预应力损失5%)	0.5667
永存预应力≥135.14kN(设计有效预应力)	0.2374

利用当前样本数据预测,绝大多数钢绞线(99.76%)的永存预应力损失在20%以内,但满足设计有效预应力要求的钢绞线仅占23.74%,实测预应力水平下钢混叠合段安全性需要进行评估验证。

三、钢混叠合段性能评估分析

1. 有限元模型

采用ANSYS进行叠合塔墩接头与塔梁固结处空间三维实体仿真分析,以判断钢混叠合段安全性和现状工况可靠性。

1)实体模型

模型包括钢主塔、混凝土主塔、钢横梁、无黏结预应力钢束等构件。混凝土下塔柱高为40.5m,沿顺桥向长度为17~25m,沿横桥向长度为9.2~12m,顺桥向和横桥向的长度均沿高度往上递减,顺桥向壁厚为2m,横桥向壁厚为1.6m,在钢混叠合段分别有一段变厚度段和实心段,内壁有锯齿形阶梯。钢主塔模拟分析考虑T1和T2两塔段,T1节段采用阶梯形变截面段,阶梯顶面设接头预应力的上锚固点,塔梁固结处位于阶梯的顶层上缘,T1与T2连接部位和塔梁固结在同一高度范围,采用预应力高强螺栓进行连接。

模拟计算中,钢主塔与钢横梁采用Shell64单元模拟;混凝土主塔采用Solid45单元模拟,无黏结预应力钢束采用Link8单元模拟,无黏结预应力钢束与混凝土塔柱间的无黏结作用采用Combin14单元进行连接处理,钢塔柱与混凝土塔柱之间的竖向只受压支撑采用Combin39单元进行模拟。

2)约束与荷载

结构约束情况为混凝土塔柱底部固结处理。

荷载考虑结构在自重和无黏结预应力不同工况下的钢混叠合段受力性能,分别对以下两种不同的内力工况进行计算:

荷载工况1:为中塔柱叠合截面最大剪力、竖向弯矩和扭转工况,即恒载+活载(左跨满载)+降温+横风组合工况。该工况下,混凝土塔柱的受力和变形以顺桥向受弯为主,使塔柱大偏心受压;钢塔柱的受力和变形以轴向受压为主,同时还受到一定的横桥向弯矩和顺桥向弯矩的作用,使塔柱大偏心受压。

荷载工况2:为中塔柱叠合截面最大横向弯矩工况,即恒载+活载(中塔两侧各1/3跨加载)+降温组合工况。该工况下,混凝土塔柱的受力和变形以轴向受压和横向受弯为主。

2. 无黏结预应力影响分析

中塔混凝土下塔柱与钢上塔柱之间通过无黏结预应力紧密连接,接触截面依靠截面正压力以及摩擦力来抵抗塔柱剪力及力矩作用,钢混叠合段预应力工作状态对桥梁安全运营起着至关重要的作用,因此分别考虑以下5种不同预应力水平下钢混叠合段计算工况,以分析判断无黏结预应力的安全状态水平。

(1)设计状态工况:预应力束全部按照设计要求工作,即无黏结预应力为 $1860 \times 0.55 = 1023 \mathrm{MPa}$。

(2)横外断裂工况:横桥向最外侧(主塔外侧)单排钢束断裂情况,该工况仅作为一种极端假设条件进行计算,其余无黏结预应力为 $1860 \times 0.55 = 1023 \mathrm{MPa}$。

(3)顺外断裂工况:顺桥向最外侧单排钢束断裂情况,该工况仅作为一种极端假设条件进行计算,其余无黏结预应力为 $1860 \times 0.55 = 1023 \mathrm{MPa}$。

(4)实际检测工况:根据有效预应力检测结果进行无黏结预应力计算工况,由于实际检测并未全部开展,且检测数据离散性较小,因此采用预应力检测值的平均值作为本工况的张拉应力,数值为 $877.32 \mathrm{MPa}$。

(5)应力松弛工况:全部无黏结预应力钢束存在松弛情况(设计应力的80%、70%等),可用于确定何种情况为预应力松弛最低限度的补张时机。

有限元分析结果如图2和表4所示。可以看到,混凝土塔柱最不利受力位置位于钢混结合面处,且以受压为主;变形主要为顺桥向大偏心受压,最大总变形位于混凝土塔柱靠近加劲梁侧的角点处。钢塔柱最大应力主要集中在无黏结预应力钢束的锚固位置处。钢混结合面相对变形程度用以判断结合面的脱黏趋势或程度,变形量越小表示钢塔柱传给混凝土塔柱的压力越小,越容易趋于脱黏。

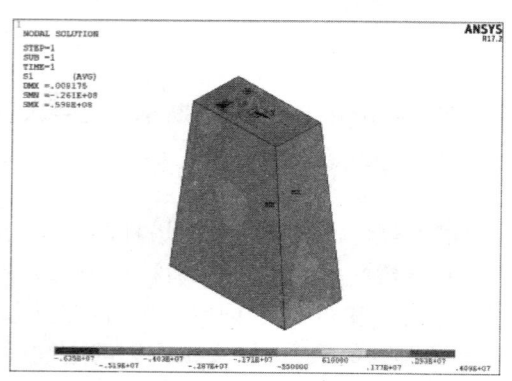

a)设计状态工况下混凝土塔柱主压应力

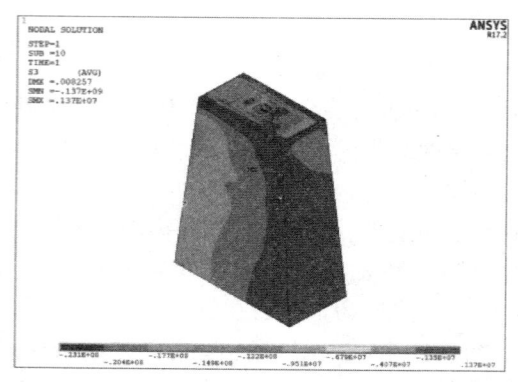

b)横外断裂工况下混凝土塔柱主拉应力

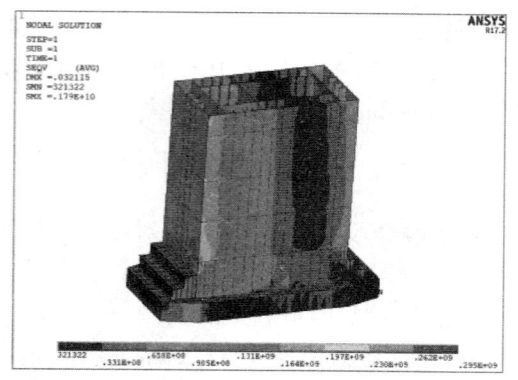

c)顺外断裂工况钢塔柱Von mises应力

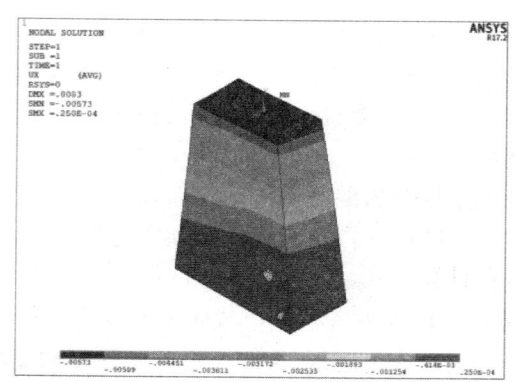

d)检测工况下混凝土塔柱顺桥向变形

图 2

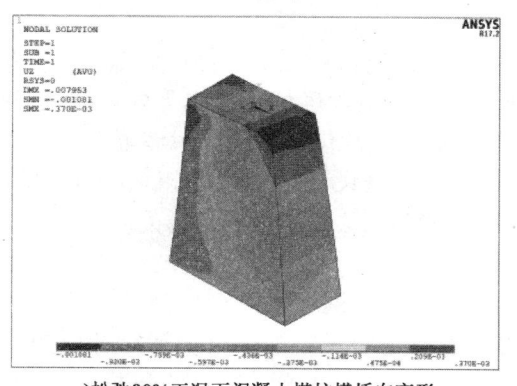
e)松弛80%工况下混凝土塔柱横桥向变形

f)松弛70%工况下钢塔柱von Mises应力

图2 有限元分析结果(截图)

有限元分析计算结果　　　　　　　　　　　　　　　　　　　　　　　　　　　表4

结果类型		荷载工况1						荷载工况2					
		设计状态	横外断裂	顺外断裂	检测工况	松弛80%	松弛70%	设计状态	横外断裂	顺外断裂	检测工况	松弛80%	松弛70%
混凝土塔柱	主压应力(MPa)	17	17.7	21.8	19.7	20.3	19.8	15.8	16.7	20.4	17.6	18.6	21
	主拉应力(MPa)	2.93	2.82	3.91	3.27	3.18	3.42	2.95	3.5	3.59	2.58	2.71	3.45
	横桥向变形(mm)	1.171	2.649	1.079	1.073	1.081	1.074	4.704	6.41	4.953	4.934	4.925	4.912
	顺桥向变形(mm)	5.327	5.443	5.782	5.73	5.404	5.404	2.167	2.23	1.843	1.888	2.212	2.205
	竖向变形(mm)	6.423	6.278	6.589	6.263	6.082	5.86	6.109	6.35	5.952	5.656	5.796	5.556
钢塔柱	Mises应力(MPa)	279	273	262	256	267	278	193	225	232	216	233	239
结合面	最大变形(mm)	192.9	208.8	194.9	182.2	178.1	166.2	168.4	170.8	170.8	169.6	150.6	141.7
	最小变形(mm)	0.285	0.045	0.161	0.101	0.171	0.114	0.953	0.685	0.675	0.895	0.839	0.782

从混凝土塔柱角度看:①随着预应力钢束松弛程度的增加,顶面主应力基本呈现变大的趋势,竖向变形逐渐变小,顺桥向变形逐渐增大,即预应力松弛到一定程度时,在外荷载作用下,造成通过钢塔柱传给混凝土塔柱的力出现局部过度集中的情况,进一步导致混凝土可能出现压溃;②"横外断裂"和"顺外断裂"作为极端状况,预应力失效,一侧混凝土塔顶应力会在一定程度上减小,但另一侧同步存在一定程度的应力提升,会造成混凝土塔顶出现局部应力过于集中而导致拉压应力过大情况,但钢混结合面不会出现滑移或脱黏的情况。

从钢塔柱角度看,预应力束松弛程度对钢塔柱的受力影响较小,基本维持在正常的受力状态,但在荷载工况2下,钢塔柱的最大应力值呈现随着钢绞线松弛而逐渐增加的情况,故运营期仍需进一步加强对钢绞线张拉力的定期检测,保证桥梁结构的安全。

从钢混结合面看,预应力钢束出现松弛后,钢混结合面最大受压变形是随着松弛程度的提升而降低的,说明预应力钢束的松弛程度在一定程度上影响钢塔柱与混凝土塔柱的黏结效应。当钢束松弛80%时,最小变形程度的最大降低率为40%左右;钢束松弛70%时,最小变形程度的最大降低率为60%。由此推断,预应力钢束的松弛率进一步提高,则钢塔柱与混凝土塔柱之间可能会出现脱黏的情况。为了保证结构的安全,且为保证结构能够保持一定的安全度,建议无黏结预应力钢束的最迟补张时机控制在松弛率为80%。

四、钢混叠合段养护方案

针对三塔悬索桥中塔钢混叠合段不同性能状态,提出钢绞线防腐防锈、预应力钢绞线补张、预应力钢绞线更换等不同养护措施。

1）钢绞线防腐防锈措施

从耐久性防护方面，可采取防腐油脂更换和干燥空气除湿防腐两种预防性养护措施。前者利用检查孔可作为旧防腐油脂排放口及新油脂的注入口，经采用超声波等手段确认管道内无残油后，通过高压油泵向预应力预埋管内灌注新油脂，直至灌满，并检查管道油脂注入及包裹情况。后者通过在上下锚头内充入干空气的方法来降低管道内部的空气相对湿度，同时干燥空气设置的出气孔能够保障管道内部的积水及时排除，使锚头的钢丝处于一个相对封闭、干燥的环境，避免锚头预应力钢丝锈蚀。

2）预应力钢绞线补张方案

打开防护罩至垫板端面完全外露；对锚固端锚板、外露预应力钢绞线进行仔细清洁、除锈，并采用防锈除锈清洁润滑剂进行解锈和润滑。检查管道内的油脂及钢绞线锈蚀情况。标定补张拉千斤顶和油泵配套，安装张拉夹具，直接夹持在锚板外端进行张拉。超张拉，并测量夹具与垫板间的间隙高度，垫入 U 形垫片，检查位置无误后，放张。补张拉后，进行预应力损失检测，判断有效预应力是否满足要求。

3）预应力钢绞线更换方案

安装千斤顶，楔紧夹盘之中的钢丝进行张拉，锚塞随钢丝伸长被带出后用钢钎卡住，取出钢束，穿布新预应力束后，即可进行张拉。对同一锚固块预应力束进行张拉时，为了消除由于张拉次序的先后引起预应力束的弹性压缩损失，宜采用超张拉式重复张拉的方法，对称、均衡张拉至设计吨位，按相关顺序进行分级张拉，调整各束的预加力，使得各根钢束的有效预加力基本相等。最后，在预应力管道内注入符合设计要求的防腐油脂。

五、结　　语

围绕三塔悬索桥中塔钢混叠合段规模大、隐蔽部位多、运营环境复杂等特点，通过现场检测、统计分析、有限元模拟，开展无黏结预应力钢绞线腐蚀分析及预应力损失下性能评估，得出以下主要结论：

（1）对现有实测预应力水平进行了统计特征分析，通过正态分布检验有效预应力水平，可认为符合正态分布规律。当无黏结预应力钢绞线的张拉力在 122.01～137.32kN 范围内时，对应概率约为 68%；在 106.7～152.63kN 范围内时，对应概率约为 99.7%。整体预测状况表明，目前钢绞线永存预应力水平大于设计有效预应力的概率为 23.74%，需要引起足够的重视。

（2）钢混叠合段通过无黏结预应力锚固，随着钢绞线预应力损失增大，混凝土塔柱局部压应力集中并可能导致压溃，钢塔柱应力逐渐增加。在钢束松弛 80% 以上时，钢混结合面处摩擦因数较小，钢混结合面的摩擦抗剪存有较大的安全度。随着运营时间增长，构件腐蚀、预应力损失将进一步影响结构性能，需要定期开展钢混叠合段检测、监测与评估。

（3）针对无黏结预应力钢绞线束上下锚头存在积水、渗水和腐蚀状况以及预应力损失下性能退化问题，提出钢绞线防腐防锈、预应力钢绞线补张、预应力钢绞线更换三种不同的养护方案。

参考文献

[1] 朱伟华，颜东煌，许红胜. 三塔悬索桥中塔适宜刚度数值解析算法[J]. 中国公路学报，2023，36(4)：112-123.

[2] 白伦华，张兴标，沈锐利，等. 塔段连接对多塔悬索桥中间钢桥塔极限承载力的影响[J]. 防灾减灾工程学报，2020，40(2)：214-221.

[3] 邓露，张利. 椭圆形钢-混凝土组合桥塔受力性能试验研究[J]. 桥梁建设，2019，49(2)：57-61.

[4] 崔冰，赵灿辉，董萌，等. 南京长江第三大桥主塔钢混结合段设计[J]. 公路，2009(5)：100-107.

[5] 高康平，张强，唐贺强，等. 马鞍山长江公路大桥三塔悬索桥中塔刚度研究[J]. 桥梁建设，2011(5)：1-5.

[6] 李翠霞. 武汉鹦鹉洲长江大桥桥塔设计[J]. 桥梁建设，2014，44(5)：94-98.

[7] 宁立，梁立农，张旸，等. 东莞滨海湾大桥主桥总体设计[J]. 桥梁建设，2023，53(1)：108-115.

[8] 黄侨,李俊方,李文贤,等.斜拉桥钢桥塔承压式钢-混结合段有限元分析[J].公路交通科技,2020,37(1):50-57.

[9] 杜云威,王荣辉,甄晓霞,等.钢混桥塔结合段内剪力连接件的弹性刚度计算[J].华南理工大学学报(自然科学版),2023,51(2):76-87.

[10] 施洲,顾家昌,余万庆,等.大跨度斜拉桥双向曲面混合桥塔钢-混结合段受力性能研究[J].中国公路学报,2022,35(6):73-85.